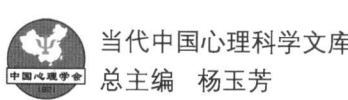 "十三五"国家重点出版物出版规划项目

当代中国心理科学文库
总主编 杨玉芳

Psychological Studies of Social Issues

社会心理研究 （上册）

许燕 主编

华东师范大学出版社
·上海·

图书在版编目(CIP)数据

社会心理研究/许燕,杨宜音主编.—上海:华东师范大学出版社,2022
(当代中国心理科学文库)
ISBN 978-7-5760-2428-9

Ⅰ.①社… Ⅱ.①许…②杨… Ⅲ.①社会心理学-研究 Ⅳ.①C912.6-0

中国版本图书馆 CIP 数据核字(2022)第 019508 号

当代中国心理科学文库

社会心理研究

主　　编	许　燕　杨宜音
责任编辑	彭呈军　吴　伟
责任校对	邱红穗　刘伟敏　时东明
装帧设计	倪志强

出版发行	华东师范大学出版社
社　　址	上海市中山北路 3663 号　邮编 200062
网　　址	www.ecnupress.com.cn
电　　话	021-60821666　行政传真 021-62572105
客服电话	021-62865537　门市(邮购)电话 021-62869887
地　　址	上海市中山北路 3663 号华东师范大学校内先锋路口
网　　店	http://hdsdcbs.tmall.com

印 刷 者	浙江临安曙光印务有限公司
开　　本	787×1092　16 开
印　　张	81.5
字　　数	1455 千字
版　　次	2022 年 2 月第 1 版
印　　次	2022 年 2 月第 1 次
书　　号	ISBN 978-7-5760-2428-9
定　　价	258.00 元

出版人　王　焰

(如发现本版图书有印订质量问题,请寄回本社客服中心调换或电话 021-62865537 联系)

《当代中国心理科学文库》编委会

主　任：杨玉芳
副主任：傅小兰
编　委（排名不分先后）：
　　　　莫　雷　舒　华　张建新　李　纾　张　侃　李其维
　　　　桑　标　隋　南　乐国安　张力为　苗丹民
秘　书：黄　端　彭呈军

总主编序言

《当代中国心理科学文库》(下文简称《文库》)的出版,是中国心理学界的一件有重要意义的事情。

《文库》编撰工作的启动,是由多方面因素促成的。应《中国科学院院刊》之邀,中国心理学会组织国内部分优秀专家,编撰了"心理学学科体系与方法论"专辑(2012)。专辑发表之后,受到学界同仁的高度认可,特别是青年学者和研究生的热烈欢迎。部分作者在欣喜之余,提出应以此为契机,编撰一套反映心理学学科前沿与应用成果的书系。华东师范大学出版社教育心理分社彭呈军社长闻讯,当即表示愿意负责这套书系的出版,建议将书系定名为"当代中国心理科学文库",邀请我作为《文库》的总主编。

中国心理学在近几十年获得快速发展。至今我国已经拥有三百多个心理学研究和教学机构,遍布全国各省市。研究内容几乎涵盖了心理学所有传统和新兴分支领域。在某些基础研究领域,已经达到或者接近国际领先水平;心理学应用研究也越来越彰显其在社会生活各个领域中的重要作用。学科建设和人才培养也都取得很大成就,出版发行了多套应用和基础心理学教材系列。尽管如此,中国心理学在整体上与国际水平还有相当的距离,它的发展依然任重道远。在这样的背景下,组织学界力量,编撰和出版一套心理科学系列丛书,反映中国心理学学科发展的概貌,是可能的,也是必要的。

要完成这项宏大的工作,中国心理学会的支持和学界各领域优秀学者的参与,是极为重要的前提和条件。为此,成立了《文库》编委会,其职责是在写作质量和关键节点上把关,对编撰过程进行督导。编委会首先确定了编撰工作的指导思想:《文库》应有别于普通教科书系列,着重反映当代心理科学的学科体系、方法论和发展趋势;反映近年来心理学基础研究领域的国际前沿和进展,以及应用研究领域的重要成果;反映和集成中国学者在不同领域所作的贡献。其目标是引领中国心理科学的发展,推动学科建设,促进人才培养;展示心理学在现代科学系统中的重要地位,及其在我国社会建设和经济发展中不可或缺的作用;为心理科学在中国的发展争取更好的社会文化环境和支撑条件。

根据这些考虑,确定书目的遴选原则是,尽可能涵盖当代心理科学的重要分支领域,特别是那些有重要科学价值的理论学派和前沿问题,以及富有成果的应用领域。作者应当是在科研和教学一线工作,在相关领域具有深厚学术造诣,学识广博、治学严谨的科研工作者和教师。以这样的标准选择书目和作者,我们的邀请获得多数学者的积极响应。当然也有个别重要领域,虽有学者已具备比较深厚的研究积累,但由于种种原因,他们未能参与《文库》的编撰工作。可以说这是一种缺憾。

编委会对编撰工作的学术水准提出了明确要求:首先是主题突出、特色鲜明,要求在写作计划确定之前,对已有的相关著作进行查询和阅读,比较其优缺点;在总体结构上体现系统规划和原创性思考。第二是系统性与前沿性,涵盖相关领域主要方面,包括重要理论和实验事实,强调资料的系统性和权威性;在把握核心问题和主要发展脉络的基础上,突出反映最新进展,指出前沿问题和发展趋势。第三是理论与方法学,在阐述理论的同时,介绍主要研究方法和实验范式,使理论与方法紧密结合、相得益彰。

编委会对于撰写风格没有作统一要求。这给了作者们自由选择和充分利用已有资源的空间。有的作者以专著形式,对自己多年的研究成果进行梳理和总结,系统阐述自己的理论创见,在自己的学术道路上立下了一个新的里程碑。有的作者则着重介绍和阐述某一新兴研究领域的重要概念、重要发现和理论体系,同时嵌入自己的一些独到贡献,犹如在读者面前展示了一条新的地平线。还有的作者组织了壮观的撰写队伍,围绕本领域的重要理论和实践问题,以手册(handbook)的形式组织编撰工作。这种全景式介绍,使其最终成为一部"鸿篇大作",成为本领域相关知识的完整信息来源,具有重要参考价值。尽管风格不一,但这些著作在总体上都体现了《文库》编撰的指导思想和要求。

在《文库》的编撰过程中,实行了"编撰工作会议"制度。会议有编委会成员、作者和出版社责任编辑出席,每半年召开一次。由作者报告著作的写作进度,提出在编撰中遇到的问题和困惑等,编委和其他作者会坦诚地给出评论和建议。会议中那些热烈讨论和激烈辩论的生动场面,那种既严谨又活泼的氛围,至今令人难以忘怀。编撰工作会议对保证著作的学术水准和工作进度起到了不可估量的作用。它同时又是一个学术论坛,使每一位与会者获益匪浅。可以说,《文库》的每一部著作,都在不同程度上凝结了集体的智慧和贡献。

《文库》的出版工作得到华东师范大学出版社的领导和编辑的极大支持。王焰社长曾亲临中国科学院心理研究所,表达对书系出版工作的关注。出版社决定将本《文库》作为今后几年的重点图书,争取得到国家和上海市级的支持;投入优秀编辑团队,将本文库做成中国心理学发展史上的一个里程碑。彭呈军分社长是责任编辑。他活跃机敏、富有经验,与作者保持良好的沟通和互动,从编辑技术角度进行指导和把关,帮助作者少走弯路。

在作者、编委和出版社责任编辑的共同努力下,《文库》已初见成果。从今年初开始,有一批作者陆续向出版社提交书稿。《文库》已逐步进入出版程序,相信不久将会在读者面前"集体亮相"。希望它能得到学界和社会的积极评价,并能经受时间的考验,在中国心理学学科发展进程中产生深刻而久远的影响。

杨玉芳

2015 年 10 月 8 日

上册主编：许　燕

参编人员（按照在章节中出现的先后顺序排序）：

蔡华俭　杨紫嫣　徐科朋　田　一　吴胜涛
寇　彧　杨　波　刘宇平　夏凌翔　权方英
李　雄　刘　文　刘　方　蒋　奖　孙　颖
刘翔平　于　是　邓衍鹤　陈云祥　孙晓敏
佐　斌　温芳芳　郭永玉　杨沈龙　胡小勇
吕小康　姜　鹤　伍　麟　彭子剑　赵德雷
熊　猛　赖凯声　李　丹

主编简介

许 燕 博士,北京师范大学心理学部二级教授,博士生导师;原中国社会心理学会会长,原北京市社会心理学会理事长,原北京师范大学心理学院院长;现任中国社会心理学会理事,中国社会心理学会人格心理学专业委员会主任、出版工作委员会主任,中国心理学会积极心理学专业委员会主任,北京市心理学会副理事长,北京市社会心理学会监事长,中国健康管理协会公职人员心理健康管理分会副会长,中国灾害防御协会社会心理服务专业委员会第一届副主任委员,卫健委精神卫生和心理健康专家委员会成员,《心理学报》副主编;曾任教育部高等学校心理学类专业教学指导委员会副主任委员,中国心理学会常务理事,中国心理学会心理学教学工作委员会副主任,中国心理学会人格心理学专业委员会副主任,中共北京市委党的建设专家顾问组成员。研究方向为人格与社会心理学。发表中英文论文270余篇,撰写和翻译人格心理学、心理健康等专业书籍30余部。中国心理学会认定心理学家,获中国心理学会学科建设成就奖。

编者简介

(按在书中出现的先后顺序排序)

蔡华俭 博士,中国科学院心理研究所研究员,博士生导师。曾任中国心理学会社会心理学专业委员会主任、*Asian Journal of Social psychology* 副主编、《心理学报》副主编、《心理科学进展》编委、《心理科学》编委。研究领域涉及自我、内隐社会认知、文化心理学、认知神经科学、行为基因学等。曾主持国家社会科学基金重大项目和国家自然科学基金多项。多次入选爱思唯尔十大高被引中国心理学家榜。

杨紫嫣 博士,中国科学院心理研究所助理研究员,硕士生导师。主要研究领域涉及自我、文化心理学、社会认知神经科学等。主持国家自然科学基金项目。已发表中英文论文 20 余篇。

徐科朋 博士,毕业于北京师范大学心理学部,师从许燕教授。现就职于广西师范大学教育学部心理学系,讲师。主要研究领域为道德心理、社会阶层、心理干预等。主持广西高校人文社会科学重点研究基地广西民族教育发展研究中心项目 1 项,发表 SSCI 期刊论文 2 篇,CSSCI 期刊论文 10 篇。

田 一 博士,毕业于北京师范大学心理学部,师从许燕教授。现就职于北京教育科学研究院,副研究员。主要研究领域为人格与社会心理学、心理与教育测量等。主持北京市委组织部优秀人才项目、北京市教育科学规划青年专项课题等 2 项,发表 SSCI 期刊论文 2 篇,CSSCI 和中文核心期刊论文 20 余篇。

吴胜涛 博士,厦门大学社会与人类学院副教授,博士生导师。主要研究领域为正义动机与社会规范、社会变迁与文化适应、大数据分析。已在 *European Journal of Personality*、*Social Justice Research*、《科学通报》、《中国社会心理学评论》、《社区心理学研究》等刊物上发表论文 40 余篇。

寇 彧 博士,北京师范大学心理学部教授,博士生导师。中国社会心理学会常务理事,理论与教学专业委员会主任。主要研究领域为儿童青少年社会性发展、亲社会行为与品德心理等。承担国家自然科学基金、教育部人文社会科学重点研究基地重大项目等。在国内国际心理学学术期刊发表研究成果150余篇,主编或参编、编译学术著作、教材20余部。

杨 波 博士,中国政法大学社会学院教授,博士生导师。中国药物滥用协会副会长、中国社会心理学会司法心理学专委会主任委员。主要研究领域为犯罪心理学、成瘾行为心理学。承担科技部司法重点研发计划、国家社科基金、国家自然科学基金等十余项重要课题,在 SCI、SSCI 以及《中国科学》《心理学报》等期刊上发表论文100余篇。

刘宇平 中国政法大学犯罪心理学在读博士研究生,主要研究领域为攻击行为、反社会人格和黑暗人格。在《心理学报》等国内外期刊发表论文10余篇。

夏凌翔 博士,西南大学心理学部,中国心理学会认定心理学家,博士生导师。中国心理学会人格心理学专业委员会副主任。主要从事人格与社会心理学研究,特别是攻击、暴力、敌意、社会认知、道德心理、人格与认知、人格神经科学、人格理论与评鉴等主题。主持国家社会科学基金西部项目、国家自然科学基金面上项目等项目,已在 SSCI 和《心理学报》等期刊发表论文120篇。

权方英 博士,广西师范大学教育学部心理学系副教授,硕士生导师。主要研究领域为敌意心理与行为、攻击认知与行为等。承担省级等课题4项,已在 *Neuropsychologia* 等 SSCI 一区和二区期刊发表论文近10篇。

李 雄 西南大学心理学部在读博士研究生。主要研究领域为敌意与攻击。以第一作者的身份在《心理学报》等权威期刊发表论文。

刘 文 博士,辽宁师范大学校特聘二级教授,博士生导师,辽宁省首批特聘教授,副院长。中国心理学会认定心理学家,中国心理学会理事,中国社会心理学会理事,中国家庭教育学会理事,教育部高等学校心理学教学指导委员会委员。世界学前教育组织(OMEP)中国委员会委员。主要研究领域为儿童青少年人格和社会性发展与教育、婴幼儿早期发展与教育、处境不利儿童心理发展与促进。承担多项重要课题,国社科重大项目首席专家,已在 SCI、SSCI 检索杂志以及《心理学报》《心理科学》等核心期刊发表论文近百篇,曾获国家级教学成果二等奖等奖项几十项。

刘 方 博士,宁波大学教师教育学院心理系讲师。主要研究领域为早期逆境与儿童社会性发展。目前承担一项教育部人文社科青年基金,已在 *Child abuse & neglect*、《心理科学》《心理科学进展》等期刊发表论文10余篇。

蒋 奖 博士,北京师范大学心理学部教授,博士生导师。担任中国社会心理学会常务理事,中国心理学会社会心理学专业委员会委员,北京市社会心理学会常务理事。研究方向为人格与社会心理学,主要研究领域包括价值观、自我、心理健康与幸福感、亲社会行为等。主持和参加了多项国家自然科学基金、国家社会科学基金、教育部人文社会科学规划基金和北京市教育科学规划项目。在 *Journal of Experimental Social Psychology*、*Personality and Social Psychology Bulletin*、*Environment and Behavior*、《心理科学》、《心理发展与教育》等国内外学术期刊发表论文 90 余篇。

孙　颖　博士,毕业于北京师范大学心理学部。现就职于郑州师范学院教育科学学院,讲师。研究方向为人格与社会心理学,主要领域有物质主义、幸福感、社会阶层、依恋等。在 SSCI/CSSCI 学术期刊中发表学术论文 10 余篇。

刘翔平　博士,北京师范大学心理学部二级教授,博士生导师。主要研究积极自我和积极关系。发表论文近 200 篇,著作 30 多部。

于　是　博士,毕业于美国普渡大学,现为香港中文大学深圳校区心理学院讲师,主要研究自我决定理论。发表论文 10 余篇。

邓衍鹤　博士,首都师范大学心理学院讲师,硕士生导师。研究方向为社会与临床心理学,主要研究领域为亚临床人群的人际认知机制及积极心理干预策略。出版个人编著 1 本,参编和编译学术著作 2 本,在 *Journal of Positive Psychology*、*Personality and Individual Difference* 等 SSCI 和 CSSCI 收录的核心期刊上发表学术论文 20 余篇。

陈云祥　罗切斯特大学在读博士研究生,本科与硕士均毕业于北京师范大学心理学部。主要研究领域为依恋与人际认知、归属需要的满足与受挫等。曾主持并参与国家社科基金项目课题,参加国际、国内学术会议,发表中英文学术论文近 20 篇。

孙晓敏　博士,北京师范大学心理学部副教授,博士生导师。担任亚洲社会心理学会秘书长、中国心理学会经济心理学专业委员会委员、中国社会心理学会副秘书长及管理心理学专业委员会委员、《社会心理研究》编辑部主任。主要研究领域为群体动力、收入不平等、消费决策、风险决策、司法决策。主持完成了多项国家自然科学基金、教育部人文社科规划基金、科技部重点研发项目。在 *Journal of Experimental Social Psychology*、*Personality and Individual Differences*、*Journal of Adolescence*、*Current Psychology*、《心理学报》等国内外学术期刊发表论文 60 余篇。

荣获 2020 年度北京师范大学首届"彭年杰出青年教师奖"。

佐　斌　博士，中山大学心理学系教授，博士生导师，华中师范大学社会心理研究中心主任。教育部新世纪优秀人才，湖北省有突出贡献中青年专家。担任中国社会心理学会候任会长、中国心理学会社会心理学专业委员会主任、湖北省心理学会理事长（2010—2020）等；中国心理学会认定心理学家。主要研究领域为文化与社会心理学、社会认知、群体刻板印象等。主持国家社科基金重大项目和教育部社科重大攻关项目、国家自然科学基金项目等。在 SCI、SSCI 和《心理学报》等国内外专业期刊发表论文 120 余篇，出版专著和教材 16 部。

温芳芳　博士，华中师范大学心理学院副教授、硕士生导师，美国东北大学心理学系访问学者。担任中国心理学会社会心理学专业委员会委员、中国社会心理学会候任秘书长、湖北省心理学会副秘书长。主要研究领域为社会心理学、性别刻板印象、社会分类等。主持国家自然科学基金青年项目、国家社会科学基金后期资助项目、教育部人文社科规划项目等 7 项，在 SCI、SSCI 以及《心理学报》等专业期刊发表学术论文 50 余篇，出版著作和教材 7 部。

郭永玉　博士。南京师范大学心理学院教授、博士生导师、人格与社会心理研究所所长。兼任教育部高校心理学类教学指导委员会委员，中国心理学会常务理事、心理学与社会治理专业委员会主任。主持国家自然科学基金、国家社会科学基金、教育部人文社会科基金等多个科研项目。在中英文期刊上发表论文 200 余篇，出版专著、译著及主编、参编学术著作或教材 10 余部。获得中国心理学会学科建设成就奖、教育部高等学校科学研究优秀成果奖（人文社会科学）等多项奖励。主要研究领域为人格与社会心理学，聚焦于中国现代化进程中的社会问题研究。

杨沈龙　博士，西安交通大学人文社会科学学院副教授、硕士生导师。兼任中国心理学会心理学与社会治理专业委员会委员兼秘书、中国社会心理学会人格心理学专业委员会委员、中国科协"绿平台"创新资源共享平台专家库专家、《中国心理学前沿》期刊编委。主持国家自然科学基金、教育部人文社会科学基金、中国博士后科学基金等 7 项科研课题，在 SSCI、EI、CSSCI 收录期刊发表同行评议论文 30 余篇。主要研究领域为社会治理中的心理学问题及社会阶层心理学。

胡小勇　博士，西南大学心理学部副教授、硕士生导师。兼任中国心理学会心理学与社会治理专业委员会委员，中国社会心理学会人格心理学专业委员会委员、中国科协"绿平台"创新资源共享平台专家库专家,重庆心理学会青年工作委员会副主任,《中国大百科全书》(第三版)心理学学科人格心理学分支编委,《中国心理学前沿》期刊编委。主持国家自然科学基金、全国博士后面上基金一等资助、教育部人文社科基金等科研项目10项;参与国家自然科学基金面上项目、国家社科基金重点项目、教育部人文社会科学重点研究基地重大项目等17项。在SSCI、EI、CSSCI核心期刊上发表同行评议论文30余篇。主要研究领域为人格与社会心理学,聚焦于社会阶层心理学与心理贫困问题研究。

吕小康　博士,南开大学周恩来政府管理学院社会心理学系教授、博士生导师,应用心理硕士(MAP)中心主任,南开大学计算社会科学实验室成员,中国社会心理学会大数据网络心理学专业委员会委员、中国社会心理学会社会心理服务专业委员会委员,天津市社会心理学会理事,天津市社会学会理事。主要研究领域为社会心态与社会心理服务体系、医患关系与健康治理、数据分析与可视化等。承担国家社科基金青年项目和重点项目、教育部人文社科基金青年项目等项目多项,在《心理学报》、《社会学研究》等刊物发表论文多篇。

姜　鹤　南开大学周恩来政府管理学院社会心理学系在读博士研究生。研究方向为社会心态、医患信任,在《心理科学进展》、《心理科学》、《西北师大学报》等刊物发表论文多篇。

伍　麟　博士,武汉大学社会学院教授,博士生导师。担任中国社会心理学会理事,中国心理学会心理学与社会治理专业委员会副主任。研究方向为社会心理学,主要研究领域包括信任、风险认知、道德心理等。主持多项国家社会科学重大专项、国家社会科学基金、教育部人文社会科学规划基金项目。在 *Frontier in Psychology*、*Religious*、《心理科学》、《心理科学进展》等国内外学术期刊发表论文100余篇。

彭子剑　武汉大学社会学院在读博士研究生。研究方向为社会心理学,主要研究领域包括社会认同、道德心理等,在CSSCI期刊发表论文2篇。

赵德雷　博士,哈尔滨工程大学副教授,硕士生导师。中国社会心理学会理事,黑龙江省社会心理学会秘书长。主要研究领域为群际关系、公平感、社会心态等。主持省部级项目5项,发表中英文学术论文20余篇,出版专著1部。

熊　猛　博士,长江大学"菁英人才"、教育与体育学院副教授、博士生导师、副院长,英国爱丁堡大学心理学系访问学者。中国心理学会心理学与社会治理专业委员会委员,湖北省社会心理学会副理事长,湖北省心理学会常务理事、副秘书长。主要研究领域为处境不利群体的相对剥夺感、青少年积极发展与教育等。主持全国教育科学规划项目、湖北省社科基金重大项目、福建省社科基金项目等近10项,在 *Journal of Health Psychology*、*Current Psychology*、*Frontiers in Psychology*、*Child and Adolescent Psychiatry and Mental Health*、《心理学报》《心理科学进展》《心理与行为研究》《心理学探新》等国内外学术期刊发表论文30余篇。荣获"福建省优秀博士学位论文"奖、湖北省社会科学优秀成果奖、中部十佳青年心理学人等。

赖凯声 博士,暨南大学新闻与传播学院教授,硕士生导师。中国社会心理学会大数据网络心理学专业委员会委员、副秘书长,中国心理学会网络心理专业委员会委员。主要研究领域为网络心理学、健康传播、大数据传播等跨学科交叉领域研究。发表相关领域中英文学术论文成果20余篇,出版专著1部,主持国家社科基金重大课题子课题、教育部人文社科青年基金、教育部人文社科特别委托项目、广东省哲学社科基金项目、国家发展改革委地区经济司委托课题等多项科研课题。

李 丹 暨南大学新闻与传播学院在读硕士研究生。主要研究领域为健康传播、网络舆情、网络与新媒体。

前言

中国——一个经历过血雨腥风旧世界、建设着繁华腾飞新世界的国家。新中国建设所带来的巨大成就,也引起了世界的关注。特别是改革开放以来,中国社会发生了巨大的时代变化与社会变迁,随着全球化进程的不断加速和中国城镇化道路的不断推进,人民的生存环境与生活水平发生了巨大的变化,其中有量变,也有质变,在心理层面,人们也随之不断地涌现出新的体验与新的感受,新的语言和新的行为也由此产生。在建构美好社会的进程中,我们会面对问题、研究问题、解决问题。这本书就是我们一群社会心理学的学者们为这一目标而设计的。

关于书的初衷

写这本书的初衷是:作为学者,要胸怀社会使命、学科情怀与科学愿景,让更多的人关注中国社会心理学研究,对社会及人类问题作出心理学思考,并最终成为解决问题的实践者。人类是社会中的人,社会也是人类建构的产物。人类就是个体、群体与社会的共融体,社会问题也是人类生活的自生问题,所以要由我们人类自己来解决。问题不可怕,可怕的是无力面对,以及无法有效地解决问题。人类的进步就是不断地产生着生活中的问题,又努力地解决着这些社会中层出不穷的问题。每解决一个问题,就是向未来迈进了一步。知识分子是一群聚焦问题、追求真理、推进社会进步的知识运用者与传播者。希望可以通过这本研究著作,向大众传播社会心理学知识,让大家了解心理学所关注的社会问题、心理学研究问题的视角与思路,以及解决问题的方法与技术。更希望年轻的学术后生们能够通过阅读此书,将兴趣聚焦于社会心理研究,加入到我们的队伍中来,成为有社会抱负的研究者与实践者。

关于书的选题

在确定研究选题上,我们着重聚焦在六类主题上:一是热点问题,例如,社会治理、社会心态、社会变迁、社会流动、社会阶层、社会剥夺、社会信任、社会认同、社会刻板印象、社会价值观等;二是现实主题,例如,社区心理、网络谣言传播、金钱心理、物质主义、腐败心理、非常规突发社会事件等;三是研究主题,例如,社会心理的大数据研究、人机关系、群体动力、心理枯竭、全球化与文化适应等;四是中国主题,例如,中国人的善恶观、自我观与群己观、中庸思想、孝道,以及中国人的人格测评等;五是难点问题,例如,反社会行为、敌意心理、心理虐待、污名歧视、留守儿童心理等;六是倡导主题,例如,自尊、道德心理、正义动机、社会善念、亲社会行为、主观幸福感等。书中所涉及的社会心理问题,都是发生在我们身边的现象,了解它们,才能进一步应对它们,并借此增长我们面对时代挑战、解决社会问题的勇气与能力。

关于书的作者

这本书集结了众多社会心理学研究者,他们每个人都是某一个社会心理问题的研究专家,有着强烈的学科情怀与学术使命,他们的研究在中国也产生了广泛影响。我们对作者的选择慎之又慎,选择标准有五:首先,依据问题选题来选人,以问题为中心是这本书的核心,根据选定的问题再去找深通此领域的学者。其次,作者是这个研究领域的"专家",对该问题有着热切的关注与深刻的思考,当看到某一研究主题时,我们就会想到,这位学者是在此领域中的先行者或钻研者。再次,作者具有一定的学术积累,在某一研究问题上已经有了一些研究成果或学术成就,特别是有自己的独立思考或原创性成果。然后,作者以中青年学者为主力,唯学术不唯年龄,作者中多半是年轻人,他们会带给我们一种鲜活的学术生气,后浪的冲力强劲于前浪,他们有一种乘风破浪的前进力,他们的学术智慧也会给后继者们一种示范。最后,他们愿意奉献出自己的学术思考,我们能从每一篇文章的广度和深度上看到作者们所付出的心力。

关于书的形式

这本书以问题研究综述的方式呈现,内容丰富而全面,既是学术著作,也是研究手册或工具书,其功能适合于研究者的问题思考、教师的教学、学生的文献查阅等。全书分上下册,共有四编:第一编个体与人际,包含10个主题;第二编群体与群际,包含8个主题;第三编社会与变迁,包含11个主题;第四编本土与文化,包含8个主题。全书共计浓缩了37个研究主题,所涉及的问题也是受到各类基金资助的研究课题,具有很强的结构化,从概念到理论、到测量、到机制、到研究主题、到未来研究展望,深刻展示了对中国相关问题的思考。对一个问题的全面介绍对于读者的思想启发具有极高的价值,可以让读者在短时间内浏览内容,尤其是在信息爆炸的当今,这种汇集问题的阐述方式有助于读者快速扩展视野、理解知识、掌握方法。另外,本书不只服务于心理学专业的读者,同样,这本书也具有学术跨界交流的特点,它可以吸引不同领域的学者聚焦同一社会问题,共同为思考与解决中国社会问题建言献策。

马克思曾说:"人是最名副其实的社会动物。"人只有与社会发生关系才成为真正意义上的人,社会文化学派强调人的心理问题也是社会问题的反映,研究社会问题是社会心理人的学术责任。社会研究问题不仅限于此书的 37 个主题,希望后继学者不断地去续写它。为大众贡献学术著作,将知识服务于国家、服务于社会、服务于民众是我们的初心,为社会心理服务体系建设作出我们心理人的贡献是我们的使命。我们作者团队也希望这本书能够为各界人士提供广阔的视野,从多个角度作出社会思考,提升社会服务的能力。

感谢杨玉芳老师和彭呈军老师给予此书的支持与鼓励,感谢所有作者为此书奉献的知识与思考,感谢杨宜音老师与我一起合作完成此书,感谢我的学生史慧玥、于孟可和薛莲为此书进行了格式整理的工作,感谢编辑吴伟为此书付出的辛劳。

许燕

2021 年 5 月 20 日于北京靖恭坊

目 录

第一编 个体与人际

1 自尊   3
- 1.1 引言   3
- 1.2 自尊的概念与测量   4
  - 1.2.1 自尊的概念   4
  - 1.2.2 自尊的测量   6
- 1.3 自尊的理论   7
  - 1.3.1 恐惧管理理论   7
  - 1.3.2 社会度量计理论   8
  - 1.3.3 现象学理论   10
- 1.4 中国的自尊研究   11
  - 1.4.1 中国人的自尊：本土研究   11
  - 1.4.2 中国人的自尊：文化视野下的研究   20
- 1.5 在中国文化下研究自尊需要注意的问题   24
- 1.6 思考与展望   26

2 道德决策   39
- 2.1 引言   39
- 2.2 道德决策的概念   42
  - 2.2.1 概念界定   42
  - 2.2.2 概念辨析   42
- 2.3 道德决策的理论基础   44
  - 2.3.1 理性认知模型   44

		2.3.2 社会直觉模型	45
		2.3.3 双加工理论	46
	2.4	道德决策的测量	47
		2.4.1 道德两难困境范式	47
		2.4.2 加工分离程序	48
		2.4.3 道德决策 CNI 模型	50
	2.5	道德决策的相关研究	56
		2.5.1 道德决策的神经科学研究	56
		2.5.2 道德决策的影响因素研究	58
	2.6	道德决策的研究思考与展望	63
		2.6.1 整合研究视角	63
		2.6.2 实验情境的真实性	64
		2.6.3 被试群体的多样性	64
		2.6.4 中国文化背景下的道德决策	64

3 社会善念   73

	3.1	引言	74
	3.2	社会善念的概念	74
		3.2.1 概念界定与辨析	74
		3.2.2 表现特征	79
	3.3	社会善念的理论基础	81
		3.3.1 相互依赖理论	81
		3.3.2 自我决定理论	82
	3.4	社会善念的测量方法	83
		3.4.1 经典测量范式	83
		3.4.2 其他测量变式	86
	3.5	社会善念的相关研究	90
		3.5.1 社会善念的认知加工特征	90
		3.5.2 社会善念的相关因素研究	96
	3.6	社会善念的研究思考与展望	99
		3.6.1 特质-状态结构验证	99
		3.6.2 个体层面本土化测量	99
		3.6.3 认知加工特征探究	99

	3.6.4 相关因素及影响机制探索	100

4 正义动机 — 109

- 4.1 引言 — 109
- 4.2 正义动机的概念 — 110
- 4.3 正义动机的理论进展 — 112
  - 4.3.1 应得正义与社会规范 — 112
  - 4.3.2 正义作为心理补偿 — 114
  - 4.3.3 正义作为文化 — 116
- 4.4 正义动机的测量及反思 — 119
  - 4.4.1 正义动机测量的实验范式及自陈量表的出现 — 119
  - 4.4.2 正义观量表的发展 — 120
  - 4.4.3 正义动机的内隐测量 — 122
- 4.5 局限与展望 — 123
  - 4.5.1 超越正义 — 124
  - 4.5.2 走向亲社会正义 — 125
- 4.6 结论 — 126

5 亲社会行为 — 135

- 5.1 引言 — 136
- 5.2 亲社会行为的概念与测量 — 137
  - 5.2.1 亲社会行为的概念 — 137
  - 5.2.2 亲社会行为的测量 — 139
- 5.3 亲社会行为的发生与发展 — 140
  - 5.3.1 亲社会行为的发生 — 141
  - 5.3.2 亲社会行为的发展 — 142
- 5.4 亲社会行为的影响因素 — 146
  - 5.4.1 施助者视角 — 146
  - 5.4.2 接受者视角 — 148
  - 5.4.3 旁观者视角 — 148
  - 5.4.4 调节亲社会行为的因素 — 149
- 5.5 亲社会行为的促进 — 150
  - 5.5.1 宏观层面 — 150

		5.5.2	中观层面	152
		5.5.3	微观层面	153
	5.6	亲社会行为研究的问题与展望		155
		5.6.1	现存的主要问题	156
		5.6.2	未来研究展望	157

6 反社会人格　　162

  6.1　引言　　163
  6.2　反社会人格概述　　163
      6.2.1　反社会人格的定义　　163
      6.2.2　反社会人格的组成　　164
      6.2.3　反社会人格的发展　　165
  6.3　反社会人格的影响因素　　166
      6.3.1　心理特点　　166
      6.3.2　家庭社会因素　　167
      6.3.3　神经生物学基础　　170
  6.4　反社会行为的防治　　179
      6.4.1　生物防治　　179
      6.4.2　心理防治　　181
      6.4.3　社会防治　　182
  6.5　对司法领域的启示　　183
      6.5.1　对"如何看待犯罪"的启示　　183
      6.5.2　对"如何评估罪犯"的启示　　185
      6.5.3　对"如何矫治罪犯"的启示　　186

7 敌意心理　　195

  7.1　引言　　196
  7.2　敌意心理概述　　197
      7.2.1　敌意心理的涵义与分类　　197
      7.2.2　敌意心理的测量　　198
      7.2.3　敌意心理的神经生理基础　　201
      7.2.4　敌意心理的理论模型与观点　　203
  7.3　敌意心理的危害　　203

7.3.1	损害身心健康	203
7.3.2	引发行为问题	204
7.3.3	导致社会危害	204

7.4 敌意心理的影响因素 205
- 7.4.1 社会环境 205
- 7.4.2 人格因素 206
- 7.4.3 不利经历 208

7.5 社会中的敌意心理 209
- 7.5.1 家庭中的敌意心理 209
- 7.5.2 社会矛盾中的敌意心理 211
- 7.5.3 社会群体中的敌意心理 213

7.6 敌意心理的防治 215
- 7.6.1 敌意心理的预防 215
- 7.6.2 敌意心理的干预 217

7.7 未来研究的展望与思考 219

8 心理虐待 230

8.1 引言 231

8.2 心理虐待概述 231
- 8.2.1 心理虐待的研究历史 231
- 8.2.2 心理虐待的定义 232
- 8.2.3 心理虐待的类别 234
- 8.2.4 小结 236

8.3 心理虐待的测量 236
- 8.3.1 心理虐待和其他虐待类型的关系 236
- 8.3.2 心理虐待的问卷测量 237
- 8.3.3 心理虐待的访谈测量 240

8.4 心理虐待的认知神经机制 241
- 8.4.1 素质-压力模型 242
- 8.4.2 心理虐待的脑机制 242

8.5 心理虐待与个体发展 244
- 8.5.1 心理虐待与认知发展 244
- 8.5.2 心理虐待与情绪、社会性发展 246

   8.5.3 心理虐待与问题行为 249
   8.5.4 心理虐待的代际传递 251
   8.5.5 心理虐待与心理弹性 252
  8.6 心理虐待的研究展望：前沿与趋势 254

9 物质主义 265

  9.1 引言 266
  9.2 物质主义概念 266
  9.3 物质主义的测量 268
   9.3.1 贝尔克的物质主义量表 269
   9.3.2 里金斯和道森的物质主义价值观量表 269
   9.3.3 卡塞尔的欲望指数问卷 270
   9.3.4 儿童、青少年物质主义测量工具 270
  9.4 不安全感与物质主义 273
   9.4.1 经济不安全感与物质主义 274
   9.4.2 自我不安全感与物质主义 275
   9.4.3 存在不安全感与物质主义 275
  9.5 社会学习与物质主义 276
   9.5.1 家庭与物质主义 276
   9.5.2 同伴与青少年物质主义 279
   9.5.3 大众传媒与物质主义 280
  9.6 物质主义与主观幸福感 281
   9.6.1 物质主义与主观幸福感的关系 281
   9.6.2 物质主义与主观幸福感：动机理论 285
   9.6.3 物质主义与主观幸福感：价值观理论 286
  9.7 研究思考与展望 289

10 主观幸福感 294

  10.1 引言 295
  10.2 主观幸福感的定义 295
   10.2.1 幸福和主观幸福感 295
   10.2.2 主观幸福感的特点 296
   10.2.3 主观幸福感的内涵与结构 297

     10.3 主观幸福感的影响因素 298
          10.3.1 内部因素 298
          10.3.2 外部因素 301
          10.3.3 其他影响幸福感的因素 309
     10.4 主观幸福感的神经机制 310
          10.4.1 主观幸福感评价基础的神经机制 310
          10.4.2 主观幸福感影响因素的神经机制 311
     10.5 主观幸福感的测量 312
          10.5.1 单题测量工具 312
          10.5.2 多题测量工具 313
          10.5.3 其他评估方法 314
     10.6 主观幸福感的增进 315
          10.6.1 积极改善人际关系 316
          10.6.2 悦纳自己,相信自己 316
          10.6.3 保持身体健康 317
          10.6.4 培养个人爱好 318
          10.6.5 针对意向性活动的干预 318
     10.7 思考与未来展望 319

第二编 群体与群际

11 群体动力 327
     11.1 引言 327
     11.2 群体动力的概念 329
     11.3 理论基础 329
          11.3.1 场图 329
          11.3.2 极化和统一理论 330
     11.4 群体研究模型、方法与实验范式 333
          11.4.1 群体动力研究的多水平模型 333
          11.4.2 群体研究的观察编码 340
          11.4.3 群体动力的实验室研究 343
     11.5 群体动力研究展望 345
          11.5.1 群体动力研究的新技术 345

        11.5.2 群体互动中的非言语信息 　　351
        11.5.3 虚拟团队 　　354

12 群体刻板印象 　　362
   12.1 引言 　　363
   12.2 刻板印象的概念 　　364
   12.3 刻板印象的理论 　　365
        12.3.1 基于社会认知维度的刻板印象内容模型 　　365
        12.3.2 基于群际情绪的行为与刻板印象系统模型 　　368
        12.3.3 刻板印象维护理论与阈限模型 　　369
   12.4 刻板印象的测量 　　371
        12.4.1 刻板印象的外显测量 　　371
        12.4.2 刻板印象的内隐测量 　　372
   12.5 不同形态的刻板印象研究 　　376
        12.5.1 性别刻板印象 　　376
        12.5.2 年龄刻板印象 　　378
        12.5.3 国民与民族刻板印象 　　379
        12.5.4 职业刻板印象 　　380
   12.6 刻板印象的加工机制与影响因素 　　382
        12.6.1 刻板印象信息加工过程 　　382
        12.6.2 刻板印象的内隐机制 　　384
        12.6.3 自我在刻板印象加工过程中的作用 　　384
        12.6.4 刻板印象的认知神经机制 　　385
        12.6.5 刻板印象的影响因素 　　386
   12.7 研究展望 　　389
        12.7.1 根植于中国社会文化的刻板印象理论构建 　　389
        12.7.2 刻板印象研究方法的创新和中国化 　　389
        12.7.3 研究领域拓展：新刻板印象现象的测量与更新 　　390
        12.7.4 刻板印象认知加工及神经机制探索 　　391
        12.7.5 加强刻板印象应用研究 　　391

13 社会阶层 　　397
   13.1 引言 　　397

- 13.2 作为心理学概念的社会阶层　　398
  - 13.2.1 社会阶层的学术传统　　398
  - 13.2.2 社会阶层心理学：从一个概念到一个领域　　399
  - 13.2.3 社会阶层的界定与操作化定义　　401
- 13.3 社会阶层心理学的代表性理论视角　　403
  - 13.3.1 阶层社会文化理论　　404
  - 13.3.2 阶层社会认知理论　　404
  - 13.3.3 等级视角　　405
- 13.4 社会阶层与个体健康　　406
  - 13.4.1 社会阶层与健康的关系　　407
  - 13.4.2 社会阶层预测健康的心理机制　　408
  - 13.4.3 社会阶层预测健康的整合机制　　408
- 13.5 社会阶层与个体心理　　409
  - 13.5.1 阶层与自我　　410
  - 13.5.2 阶层与社会认知　　411
  - 13.5.3 阶层与社会态度　　411
- 13.6 阶层与社会问题　　414
  - 13.6.1 不平等会造成阶层固化吗？　　414
  - 13.6.2 为富者一定不仁吗？　　415
  - 13.6.3 低阶层者能够做到人穷志不短吗？　　417
- 13.7 社会阶层的心理学研究展望　　418
  - 13.7.1 理论层面：本土观点与现实导向　　418
  - 13.7.2 方法层面：操作定义的真实与偏差　　419
  - 13.7.3 应用层面：促进公平的思路与实践　　419

14 社会信任　　428

- 14.1 引言　　429
- 14.2 社会信任的概念与理论　　430
  - 14.2.1 心理学视角下的信任　　430
  - 14.2.2 社会学视角下的信任　　433
  - 14.2.3 经济学视角下的信任　　434
  - 14.2.4 信任的类型　　436
- 14.3 社会信任的测量方法　　439

	14.3.1 心理测量范式	439
	14.3.2 博弈实验范式	443
	14.3.3 计算科学范式	448
14.4	转型中国的突出信任问题	451
	14.4.1 政治信任	451
	14.4.2 医患信任	453
	14.4.3 食品药品安全信任	455
14.5	未来展望：迈向现代化社会信任体系	457

15 社会认同   468

15.1	引言	468
15.2	概念及理论基础	469
15.3	社会认同和集体行动	472
	15.3.1 集体行动的产生机制	472
	15.3.2 集体行动的社会认同模型	473
	15.3.3 集体行动社会认同模型的验证	474
15.4	社会认同与身心健康	475
	15.4.1 心理压力	475
	15.4.2 成瘾行为	477
	15.4.3 幸福体验	478
15.5	社会认同与相对剥夺感	479
	15.5.1 相对剥夺与集体行动	479
	15.5.2 社会认同的相对剥夺模型	480
	15.5.3 相对剥夺引发的现象	481
15.6	社会认同与社会变迁	482
	15.6.1 社会交往	482
	15.6.2 社会观念	483
	15.6.3 社会分化	484
15.7	社会认同与社会整合	485
	15.7.1 社会整合的宏大叙事	486
	15.7.2 社会整合的族群模式	487
	15.7.3 社会整合的人格基础	487
15.8	思考与展望	488

16 污名歧视 496

- 16.1 引言 497
- 16.2 污名歧视的概念辨析 497
  - 16.2.1 污名 497
  - 16.2.2 污名、偏见与歧视 500
  - 16.2.3 污名的测量 501
- 16.3 污名的影响 502
  - 16.3.1 公众对污名的态度与反应 502
  - 16.3.2 受污者的污名遭遇与应对 503
- 16.4 污名的源起和作用机制 507
  - 16.4.1 污名的源起 507
  - 16.4.2 污名化的机制 510
- 16.5 去污名化 514
  - 16.5.1 个体取向的策略 514
  - 16.5.2 群体取向的策略 516
- 16.6 污名研究的未来展望 517
  - 16.6.1 污名化的神经机制 518
  - 16.6.2 污名间的关联 518
  - 16.6.3 减少污名 519

17 社会剥夺心理 525

- 17.1 引言 526
- 17.2 剥夺感与相对剥夺感 527
  - 17.2.1 剥夺感及其类别 527
  - 17.2.2 相对剥夺感的概念 527
  - 17.2.3 相对剥夺感与相关概念的辨析 529
- 17.3 相对剥夺感的发展演进 532
  - 17.3.1 相对剥夺感的早期发展 532
  - 17.3.2 相对剥夺感的当代发展 533
- 17.4 相对剥夺感的理论基础 535
  - 17.4.1 社会比较理论 535
  - 17.4.2 社会认同理论 536
  - 17.4.3 自我归类理论 537

		17.4.4 社会公平理论	538
		17.4.5 理论的整合	539
	17.5	相对剥夺感的结构与测量	539
		17.5.1 RD 的二维垂直结构模型	540
		17.5.2 认知-情感 RD 的双维结构模型	541
		17.5.3 个体-群体 RD 的双维结构模型	542
		17.5.4 RD 的三维结构模型	542
	17.6	相对剥夺感的影响因素与形成机制	543
		17.6.1 相对剥夺感的产生条件	543
		17.6.2 个体特征变量的影响	544
		17.6.3 社会环境变量的影响	545
		17.6.4 人口统计学变量的影响	546
	17.7	相对剥夺感的影响效应与作用机制	546
		17.7.1 相对剥夺感与心理健康	547
		17.7.2 相对剥夺感与幸福感	548
		17.7.3 相对剥夺感与自尊	549
		17.7.4 相对剥夺感与个体行为	551
		17.7.5 相对剥夺感与群际态度	552
		17.7.6 相对剥夺感与集群行为	554
	17.8	相对剥夺感的实验范式与干预转化	556
		17.8.1 相对剥夺感的实验范式	556
		17.8.2 相对剥夺感的干预与转化	557
	17.9	相对剥夺感的未来研究展望	558
		17.9.1 厘清和完善相对剥夺感的概念与结构	558
		17.9.2 注重对特殊群体以及青少年相对剥夺感的研究	558
		17.9.3 丰富相对剥夺感的研究内容和研究视角	559
		17.9.4 完善测量工具并强化纵向干预研究	560
		17.9.5 加强相对剥夺感的本土化和跨文化研究	560
18	**网络谣言的传播心理**		**567**
	18.1	引言	568
		18.1.1 网络谣言：互联网时代的"数字野火"	568
		18.1.2 当前中国社会的网络谣言传播现状	568

18.2 相关概念及社会心理基础 569
  18.2.1 谣言的概念内涵 569
  18.2.2 网络谣言的概念及核心特征 571
  18.2.3 谣言和网络谣言的社会心理机制 573
18.3 网络谣言的传播机制研究 576
  18.3.1 内容特征研究 576
  18.3.2 参与主体特征研究 577
  18.3.3 传播特征研究 580
18.4 网络谣言的治理研究 581
  18.4.1 基于辟谣策略的网络谣言治理研究 581
  18.4.2 基于制度建设的网络谣言治理研究 582
  18.4.3 基于技术的网络谣言治理研究 583
18.5 未来研究展望 584

术语表 590
索引 610

第一编　个体与人际

17世纪英国诗人约翰·多恩(John Donne,1572—1631)曾说过"没有人是一座孤岛",他深刻地点睛了人类的社会属性。个体构成了社会的核心元素,人际构成了社会的连接单元。我们每个人都是社会中的人,我们的人际关系都运行在社会网络之中。在个体与人际关系中,我们有自尊、有道德、有善意、有正义、有亲社会行为,也会存在敌意、心理虐待和反社会行为,我们的言行会受到个体价值观的影响,同时,我们的言行也会对我们体验幸福感产生影响。

本编将回答以下十个问题:

▫ 自尊是包治现代人心理问题的万能药吗?
▫ 道德两难困境如何影响人们的道德决策?
▫ 你的选择会影响或阻断他人的选择权吗?
▫ 正义不会迟到、也不会缺席吗?
▫ 助人为乐可以让社会和谐,也会让个体幸福吗?
▫ 早期家庭教养与反社会人格有直接关系吗?
▫ 敌意沉浸会让人难以自拔吗?
▫ 心理虐待对儿童的伤害会超越身体虐待吗?
▫ 物质主义价值观会让世界变得物欲横流吗?
▫ 追求幸福一定会让人快乐吗?

——许燕

1. 自尊
2. 道德决策
3. 社会善念
4. 正义动机
5. 亲社会行为
6. 反社会人格
7. 敌意心理
8. 心理虐待
9. 物质主义
10. 主观幸福感

1 自尊[①]

1.1 引言 / 3
1.2 自尊的概念与测量 / 4
    1.2.1 自尊的概念 / 4
    1.2.2 自尊的测量 / 6
1.3 自尊的理论 / 7
    1.3.1 恐惧管理理论 / 7
    1.3.2 社会度量计理论 / 8
    1.3.3 现象学理论 / 10
1.4 中国的自尊研究 / 11
    1.4.1 中国人的自尊：本土研究 / 11
        中国人自尊的基本特征 / 11
        自尊的可能影响 / 14
        影响自尊的因素 / 15
        提高自尊的实践 / 17
        中国的内隐自尊研究 / 17
        自尊的神经机制 / 19
    1.4.2 中国人的自尊：文化视野下的研究 / 20
        自尊的结构对比 / 20
        自尊的水平对比 / 21
        自尊的功能对比 / 22
        自尊的维护和促进方式对比 / 23
        关于自尊文化差异的原因探讨 / 23
1.5 在中国文化下研究自尊需要注意的问题 / 24
1.6 思考与展望 / 26
参考文献 / 28

1.1 引言

自尊是现代心理学研究最多的课题之一，也是日常生活中人们关注的一个重要问题(Baumeister 等,2003)。在西方，自尊曾一度被奉为包治现代人心理问题的万能药，个体获取健康、幸福的催化剂，摆脱失败、犯罪的解毒剂(Branden, 1995; Mecca, Smelser, 和 Vasconcellos, 1989)。因此，自尊在人格、社会和临床

[①] 本文系国家社会科学基金重大项目"中国社会变迁过程中的文化与心理变化"(17ZDA324)的阶段性成果。

心理学等领域受到大量关注,相关研究报告多达数十万篇。中国学术界对自尊的关注起源于20世纪80年代,早期仅涉及对国外相关概念的介绍和对自尊含义的探讨(朱智贤,1989)。90年代中期,关于自尊的实证研究开始起步(刘娅俐,1995);2000年后,对自尊的研究开始快速发展(见图1.1)。截至2019年底,在中国知网查询主题包含"自尊"的文献,共获得39 557条记录,这不仅表明自尊受中国学者广泛关注,更表明自尊对中国人的重要性。

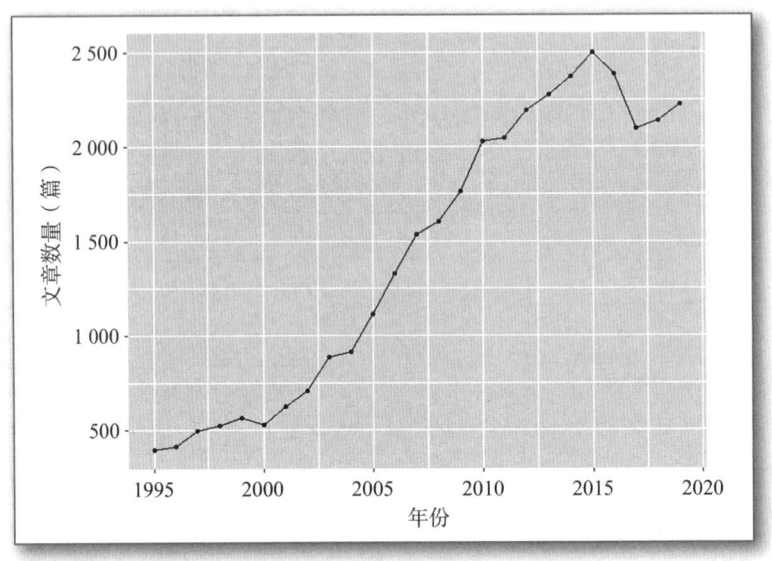

图1.1　1995—2019年中国自尊研究发展趋势
(注:横坐标为文章发表年份,纵坐标为中国知网主题中包含"自尊"的文章数量)

本章中,我们将主要从两个视角介绍和梳理中国的自尊研究。一方面我们将立足于本土,对中国研究者所做的关于自尊的研究结果进行概括和介绍;另一方面我们将从东西方对比的角度或者文化心理学的角度,对涉及中国人自尊的研究进行审视。鉴于中国的自尊研究基本都是以西方文化下对自尊的理解为基础,采用的量表大多也源于西方,因此,在介绍中国学者的研究之前,我们首先对西方文化下自尊的含义、理论和测量进行简要介绍。

1.2　自尊的概念与测量

1.2.1　自尊的概念

从词源上讲,在英语中,"自尊(esteem)"源于拉丁语"estimate",意指"尊重",

对事物,就是珍视它,或对其赋予较高的心理评价;当用于指人时,通常带有赞许、亲热和喜爱等更加亲切的涵义。在中文《辞海》(夏征农,1999)中,对自尊的描述为:"自我尊重。"心理学中,关于自尊的论述最早见于1890年威廉·詹姆斯(William James)的名著《心理学原理》(James,1890)。在该书中,作者把自尊描述为:"我们每个人都拥有的自我情感的主基调,这种基调独立于我们对自己是否满意的客观理由"。换句话说,自尊反映的是我们对于自己的基本感觉;并且,自尊的高低不依赖于具体的成功和失败,是个体对于自我的基本态度取向。詹姆斯认为在操作上可以通过成就与抱负之比来衡量自尊,即:自尊水平与个人成就成正比、与个人抱负水平成反比。继詹姆斯之后,尽管研究者从不同的角度提出了对自尊的许多不同理解,但是,在当今人格与社会心理学中,广为接受的一种理解是:自尊是自我的核心成分之一,是个体对自己是喜欢或不喜欢的一种基本感受或态度,表现为个体对自己的情感性评价(Brown和Cai,2010;MacDonald和Leary,2012)。

  自尊有总体和特定之分,总体自尊(global self-esteem)指个体对自己的总体看法或评价,特定自尊(specific self-esteem)则指个体对自己在某特定领域的能力或特性的评价,比如对自己外表的评价、对自己数学能力的评价等。同时,自尊还有特质自尊(trait self-esteem)与状态自尊(state self-esteem)之分,特质自尊是指个体对自己相对稳定的看法或评价,而状态自尊则是指在某一具体时刻或情境下,个体对自己的看法或评价。作为一种特质,高自尊的人对自己有稳定而持久的喜欢,对自己的能力和价值有积极而肯定的看法,既能接受自己的优点、又能接受自己的缺点,并且在一定程度上具有终生稳定性(Orth和Robins,2014)。作为一种状态,自尊受诸多情境因素的影响,比如:成功或失败;被接受或被拒绝;受到表扬或批评等。从自尊的来源来看,自尊可以分为个体自尊(personal self-esteem)、关系自尊(relational self-esteem)和集体自尊(collective self-esteem)(Brewer和Gardner,1996;Du,King,和Chi,2012)。个体自尊指基于个体本身特质(如能力、成就等)的自我评价,关系自尊指基于个体与重要他人之间关系的自我评价,集体自尊指基于个体所属集体的自我评价。

  近二十年来的内隐社会认知研究表明,自尊还有外显与内隐之分。外显自尊(explicit self-esteem)是指个体能意识到的、能口头报告出来的自我评价;而内隐自尊(implicit self-esteem)则指存在于个体意识之外、无法通过内省或自我报告获得的自我评价。具体地讲,内隐自尊是一种自动化、习惯化了的自我评价,经常以某种自发的方式表现出来(Greenwal和Banaji,1995;Koole,Dijksterhuis,和Knippenberg,2001)。现有的研究表明,内隐自尊与外显自尊相对独立(Greenwald和Farnham,2000;蔡华俭,2003b)。

1.2.2 自尊的测量

测量自尊的工具有很多(48种,Kwan和Mandisodza,2007)。外显自尊的测量主要采用自我报告法,其中使用最广泛的是罗森伯格自尊量表(Rosenberg,1965)。该量表一共有10道题,其中5道题为正向陈述(比如:"我对自己持积极肯定的看法"),5道题为反向陈述(比如:"有时我认为自己一无是处")。测验时人们需要报告自己在多大程度上同意这些陈述(1=非常不同意;4=非常同意)。反向陈述题需反向计分。该量表考察的是人们的总体自尊,总分或平均分越高,表明个体的自尊水平越高。除了罗森伯格自尊量表外,其他常用的还有库珀史密斯(Coopersmith,1967)的自尊调查表(Self-Esteem Inventory),塔法罗迪和斯旺(Tafarodi和Swann,1995)的自我喜爱和自我能力量表(self-liking和self-competence),皮尔斯-哈里斯(Piers-Harris,1984)的自我概念量表(Piers-Harris Self-Concept)等。

对于内隐自尊,一种常用的测量工具是内隐联系测验(Implicit Association Test, IAT, Greenwald和Farnham,2000)。该测验由格林沃德(Greenwald)等人于1998年提出,内隐联系测验是一种计算机化的分类任务,通过测量自我相关的刺激与积极或消极的属性词之间自动化联系的程度来实现对内隐自尊的测量。自我相关的刺激与积极词联系越紧密、越强,个体的内隐自尊就越高。测量内隐自尊的内隐联系测验包括两种基本的分类任务:一种任务是要求把自我词和积极的属性词归为一类,即进行相容的归类;另一种是要求把自我词和消极的属性词归为一类,即进行不相容的归类。一般而言,进行相容的归类时,反应时短;进行不相容的归类时,反应时长;不相容归类和相容归类的反应时之差即为内隐自尊的指标,差越大,表示内隐自尊水平越高。

另外一种常用的内隐自尊的测量是名字(包括构成名字的字符)或生日数字偏好测验。该测验类似于投射测验,如果一个人在无意识中喜欢自己,则他或她就会把这种内隐的喜爱投射到与自己相关的事物中去,比如自己的名字(或名字中的字符)或生日数字。这样,我们就可以通过个体对自己名字或生日数字的偏好来间接测量个体的内隐自尊。内隐自尊的测量还有:语义或情感启动测验,反应与不反应联系测验(Go-Nogo Association Test, GNAT),西蒙任务,Stroop任务等。尽管内隐自尊的测量很多,但是,这些测量彼此之间的相关却很低,甚至为零(Bosson, Swann,和Pennebaker,2000)。这在一定程度上导致了对现有内隐自尊测量效度的一些质疑,这也是目前困扰内隐自尊研究的一个核心问题

(Buhrmester，Blanton，和 Swann，2011)。

中国的自尊研究中,外显自尊测量用得最多的是罗森伯格自尊量表,内隐自尊测量用得最多的是内隐联系测验。鉴于中国文化的独特性,有研究者还尝试开发适合中国人的自尊量表,比如:黄希庭等开发的自我价值量表(黄希庭,1998)、杜(Du 等,2012)编制的关系自尊量表等。

1.3 自尊的理论

自 20 世纪 40 年代开始,不同流派的心理学家从不同的视角先后提出了许多关于自尊的看法。社会学取向的观点认为自尊源于他人对自己的评价,是对他人评价内化的结果(Mead,1934)。精神分析的观点认为,自尊源于个体超越自我的基本动力,是个体对现实自我与理想自我接近程度的体验和反映(Adler,2013)。行为主义观点认为,自尊是个体学习的结果,个体通过观察和模仿,认识到自己的价值,并通过不断的操作和实践,使这些价值不断得到强化和提高,最终学会自尊(Coopersmith,1967)。人本主义的观点认为,自尊是人类的一种基本需要,自尊的获得最初源于无条件的关注和爱,自尊需要的满足不仅意味着自己对自己尊重,也意味着别人的尊重(Maslow,1943；Rogers,1951)。认知取向的认知—体验自我理论(cognitive-experiential self theory,2003)认为,人都有提升自尊的需要,同时也需要真实地将现实的经验融入一个稳定、一致的概念体系,个体必须在这两种需要之间取得平衡(Epstein,2003)。三个比较新、也较成系统的现代理论是:恐惧管理理论(Greenberg，Pyszczynski，和 Solomon，1986)、社会度量计理论(Leary 和 Downs，1995)、现象学理论(Mruk，1999),前两个理论在学术界影响很大,最后一个理论的影响则主要在临床实践领域。下面我们将对这三个理论逐一进行介绍。

1.3.1 恐惧管理理论

自尊的恐惧管理理论(Terror Management Theory，TMT)是格林伯格(Greenberg)等于 1986 年提出的。该理论试图把哲学的、文化的、精神分析的等多学科相关认识综合起来,对自尊的起源、功能、特性等给出一个深层次的理解。该理论来源于贝克尔(Becker,1975)关于文化的思考,认为自尊的主要功能是克服恐惧、缓解焦虑。焦虑的一个基本来源是死亡。人类有智慧,可以预知未来,能意识到死亡发生的不可避免,出于求生的本能,因而就会不可避免地产生一种基本焦虑。但是，个体可以通过寻求和提升个体的价值来获得不朽。在所罗门（Solomon，1991）看来，自尊是个体对自己的生活环境的意义感以及在这些环境中的价值感的体会，自我价值感或自尊越高，个体对死亡的焦虑就越低。从这个意义上讲，自尊是一种焦虑缓冲器。恐惧管理理论认为，自尊是个体社会化的结果，它是个体对自身是否达到了文化价值和世界观要求的体会，反映了个体在特定的环境中获得的意义感和价值感；个体社会化的过程，既是个体适应环境的过程，也是个体获得和维持自尊的过程。任何对价值感和意义感的威胁都会引起焦虑，并影响自尊。自尊可以被视为焦虑的缓冲器，所以当个体受到威胁时，自尊会诱发一定的社会行为去补救和防御。冲击和威胁过重，时间太长，自尊的适应机制受损，就会引起适应不良和障碍，导致各种心理和生理问题。

该理论从提出至今已经有三十多年的历史，在世界范围内得到广泛验证。我国研究者也对此进行了不少研究。张阳阳等人首次在国内撰文介绍了恐惧管理理论（张阳阳和佐斌，2006）。周欣悦等第一次在国内发现，死亡启动后，个体对计划生育的政策更加反感（Zhou 等，2008）。之后，蔡华俭等重复了这一结果，并进一步发现死亡启动诱发的对计划生育政策的反感可以通过自我肯定（self-affirmation）来消除（Cai，Sedikides，和 Jiang，2013）。研究者们还发现，婴儿或新生动物也可以抵御死亡诱发的焦虑，表明新生儿可作为一种永生的符号来加强人们的世界观和增进自尊（Zhou 等，2009）。清华大学廖江群参与的一项关于恐惧管理的跨文化研究表明，不管是在东方文化还是西方文化中，与死亡有关的认知都会降低生活满意度、生命意义（Routledge 等，2010）。杜等人（Du 等，2013）发现在中国文化下，对死亡焦虑有缓解作用的主要因素是关系自尊。还有研究者探讨了地位消费作为心理补偿的恐惧管理功能，发现相对于高社会地位感知，低社会地位感知更加会导致个体较强的地位消费倾向；并且，自尊水平在其中起到调节作用，相对于低自尊个体，高自尊个体在感知到低社会地位状态时，地位消费倾向表现更为强烈（王财玉等，2013）。

总之，恐惧管理理论整合了文化的、心理的、甚至哲学的关于自尊的看法，把人类的终极关怀和自尊需要联系起来，分析了自尊的本质和起源，并阐明了自尊的功能。迄今，该理论已得到了不少实证研究的支持，并且在集体主义和个人主义文化下均适用（Du 等，2013）。但是该理论把自尊作为一种文化现象、一种文化产物，忽视了个体的独特性和多样性。

1.3.2 社会度量计理论

社会度量计理论（Sociometer Theory）是利里（Leary）等于1995年提出的，目的是对自尊的性质和功能给出一个更为宽泛、实用的解释。该理论认为人人都有归属的需要，因为人类的资源是有限的，而个人的力量也是有限的，为了获得更多的资源以使生命得以延续，必须和他人建立某种联系，以保持竞争的优势。因此，人类具有一种基本的天性，即至少和他人保持必需的联系，以适应环境、获得繁衍和生存。稳定的、充满爱的、长期的人际关系对个体的幸福和快乐具有重要意义。对此，个体发展出了一种内在的监控机制，即自尊系统。自尊是个体与他人关系好坏的内在反映，正如疼痛是身体受到伤害的信号，饥饿感和饱腹感是个体营养和饮食状况的标志。当个体被他人所爱或所喜欢时，个体的自尊就会上升，而被拒绝和排斥时就会导致自尊下降。当个体感到别人对他们的关系的评价偏低时（即归属感遭到威胁时），就会引起个体的自尊下降，并作为一个信号激起个体的某种行为去获得、保持和恢复对关系的感觉。同样，当个体人际关系出现问题时，自尊作为一种社会关系的度量计就会发出下降的信号，引起个体焦虑、不适等，并引发个体的某种行为去维护和修复人际关系。

自尊作为监控系统，标志着个体即时的和潜在的人际关系状况，这两种人际关系分别与状态自尊和特质自尊相对应。状态自尊标志着个体当前的关系价值，即个体在当前可能被他人接受或排斥的程度，它容易随着当前情景的变化而变化（Leary 和 Downs，1995）。特质自尊则反应个体能被所期望的群体或同伴接受的程度，标志个体对关系的一种预期，它不会因为社会关系暂时的变化而变化。根据自尊的社会度量计理论，个体当前的人际价值知觉和未来的预期之间会存在差异，即状态自尊和特质自尊之间会存在差异，并且，自尊作为一种监控系统可以自动化地发生作用，自尊的变化会导致某种情感性反应。基于此，社会度量计理论认为影响自尊的因素主要有社会品质、地位等。有价值的社会品质越多，社会地位越高，个体被社会和他人接纳的可能性越高，从而自尊也会越高。

总之，自尊的社会度量计理论认为，自尊之所以重要，并不是因为自尊本身有特别的内在价值，而是因为自尊在帮助我们维持与他人良好的关系中扮演着重要的作用，测量着某些特别重要的东西。自尊是个体对其个人和社会、尤其是和重要的他人之间关系的主观度量，反映了个体和他人的关系在别人眼中的重要性，或别人对他们关系的亲密程度的看法和关注程度。换个角度看，自尊系统反映的是个体是否拥有持久而友好的人际关系，其中包括其在一些重要团体中的地位等。自尊扮演的是人际关系度量计的角色，帮助个体保持被他人接受（Leary 和 Downs，1995）。主观的高自尊反映的是个体这样的一种知觉，即知觉到对于某群体或亲密的人来说，自己是有价值的、可爱的。相反，低自尊反映的就是个体对自身被社会接受程度低的知觉。

自尊的社会度量计理论从进化和人际的角度对自尊的功能做出了新的解释，可以对自尊的许多特性以及与自尊相关的许多现象给予新的解释，并且还具有相当的临床意义。目前，该理论得到了一些研究的支持，影响颇大，甚至有研究者认为这是自尊领域最富革命性的理论；然而，自尊如果仅作为社会度量计，未免显得过于片面。

1.3.3 现象学理论

默尔克(Mruk)基于长期的观察和临床实践，于1999年提出了自尊的现象学理论。该理论一方面试图整合各方面的观点，另一方面试图为临床咨询和治疗提供更为实际的指导。该理论认为，能力和价值感是决定自尊的两个主要维度，自尊是通过价值感和能力的相互作用产生的。按照能力和价值的不同组合关系，自尊可以分为四类：高自尊、低自尊、防御型自尊（包括Ⅰ型和Ⅱ型）和中间型自尊。高自尊又称真实的自尊，拥有高自尊的人能力和价值感都高，并且这种自尊是通过个体努力取得的而非外界给予的。低自尊的人能力和价值感都低，通常采取消极防御或躲避风险的方式面对生活的挑战，容易导致焦虑和抑郁。防御型自尊Ⅰ型的人拥有高的价值感、低的能力，通常表现出自我中心和自恋倾向，当自尊受到威胁时，会产生强烈的负面效应。防御型自尊Ⅱ型的人拥有低的价值感、高的能力，通常过分担心成功和失败，缺乏安全感，特别渴望成功或避免失败，遭遇挫折容易导致自残或暴力行为。中间型为大多数人所拥有，即具有中等的价值感和能力。

该理论还认为，自尊是一种发展的现象。在儿童早期，个体只拥有萌芽形式的自尊，自尊的价值感维度先于能力维度出现，最初的自尊是源于他人的评价、接受或拒绝。自尊在儿童期和青春期基本形成，一直至成年期或成熟期，自尊仍然是个体的主要发展任务。成年期的个体自尊已成为一种意识现象，自尊经常会被唤醒，并且经常被体验。但作为成年人，当自尊被唤醒时，个体通常会控制自己的行为，努力实现自我价值，成功地解决那些挑战他们能力的问题。尽管如此，生活中的许多事件还是会对我们的自尊造成威胁，从而需要我们对自尊进行不断的维护和管理，否则会造成自尊的丧失。因此，自尊主要在早年形成，而成年期则主要是进行自尊的管理。

默尔克的现象学理论综合了既往的许多理论，对以往自尊界定中的一些矛盾现象进行了分析和整合，该理论能够解释的现象大大扩展，具有很强的生态效度和临床意义。然而，该理论很大程度上是基于对临床和日常现象的观察，主观性强，许多观点缺乏严格的实证依据。

1.4 中国的自尊研究

下面将从两个方面介绍关于中国人的自尊研究。我们先从单一文化或本土的视角对中国已有的自尊研究进行整理和介绍，然后再从跨文化的角度来审视中国人的自尊。下面，我们先介绍基于本土的中国自尊研究。

1.4.1 中国人的自尊：本土研究

中国人自尊的基本特征

在这一部分，我们希望利用现有的大量研究回答两个问题：一是中国人的自尊的总体水平如何？即总体上中国人对自己的评价或态度是积极的还是消极的？二是中国人的自尊和一些主要的人口统计学变量之间的关系如何？三是中国人的自尊是如何随时间变迁的？

自尊反映了个体对自己的基本态度或评价，那中国人对自己的基本态度或评价是积极的还是消极的？尽管直接探讨这个问题的研究不多，但是，几乎所有的研究都在一定程度上为这个问题提供了信息。为了明确地回答这个问题，蔡华俭等对中国的自尊研究进行了一项元分析(Cai, Wu, 和 Brown, 2009)。参照以往的研究(Heine等，1999)，该研究假设测量自尊量表的中点得分代表中性的自我评价，并以此为参照点，以样本实际得分和该参照点的标准化偏差(偏差/标准差)作为指标，偏差大于零，表示自我评价是积极的，偏差小于零，表示自我评价是消极的。在综合了近十万人的信息后发现，中国人对自己的评价是相当积极的(见图1.2)，整体分布明显偏向大于零的一端，加权平均偏差为0.70(95%置信区间：0.66—0.73)，即中国人的整体自尊水平高于理论中点0.70个标准差；研究还发现，这种积极自我评价的趋势不因年龄、性别而转移，即不管年龄多大、是男还是女，平均而言，中国人都对自己有积极的评价。此外，基于间接测量的内隐自尊研究也表明，中国人也具有内隐的积极自我偏差，并且偏差水平和西方相当。山口等人(Yamaguchi等，2007)对日本、中国、美国三个国家的大学生的内隐自尊进行了研究，发现不管是和一般他人、还是和群体内成员或好朋友相比，三个国家的大学生都表现出了显著的积极自我偏差，认为自己比任何参照群体都要好；并且偏差水平具有跨文化相似性。蔡华俭等(2011)在另一项研究中也发现，中国大学生和美国大学生具有类似水平的内隐自尊。此外，国内发表的大量关于中国人的内隐自尊的研究都显示，中国人存在内隐的积极自我知觉偏差(蔡华俭，2003b；蔡华俭，杨治良,2003);而且这种偏差不仅表现在内隐联系测验上,还表现在阈下情感和语义启动等其他间接测量上(蔡华俭,2007)。总之,无论是采用外显的测量,还是内隐的测量,都发现中国个体对自己有着积极的评价。

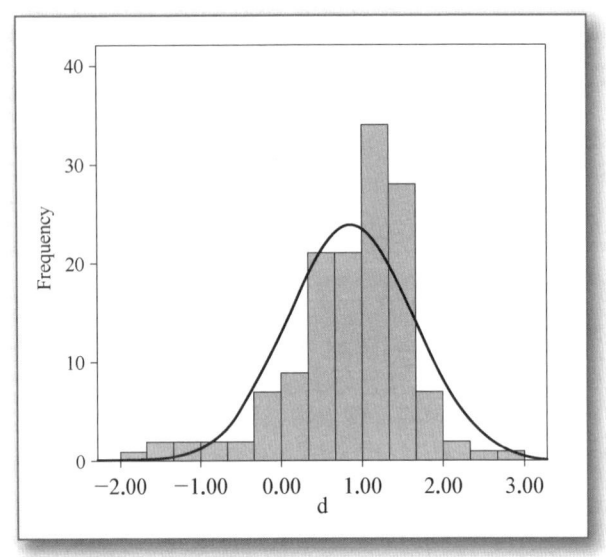

图 1.2　中国人的自尊偏离理论中点程度分布图
(注:横坐标为量表原始分和量表中点的标准化偏差,纵坐标为研究频数)

年龄差异　中国的自尊研究迄今为止考察最多的是从小学到大学的在校学生。蔡华俭等的元分析对各阶段学生的自尊(偏差)也进行了考察(Cai 等,2009)。结果发现,小学生的自尊水平最高($d=0.99$),到初中阶段降至最低($d=0.50$),高中阶段开始,自尊水平又开始回升($d=0.70$),大学阶段继续回升($d=0.81$)(见图1.3),小学、初中、高中、大学阶段的个体自尊水平分别高于量表中点 0.99、0.50、0.70、0.81 个标准差。另一项新近的元分析考察了各个年级学生的自尊水平,结果发现,虽然从 7 年级到 12 年级学生的自尊水平总体上呈上升趋势,但是在小学向初中过渡的期间(7—8 年级)及 11 年级,自尊都出现了明显的下降(Liu 和 Xin,2015)。

性别差异　中国的自尊研究中涉及性别差异的研究非常多,但是所获结果非常不一致。总体来看,发现男生自尊水平高于女生的研究和女生自尊水平高于男生的研究几乎差不多,同时也有不少研究发现自尊性别差异几乎为零(Watkins 和 Yu,1993)。鉴于此,蔡华俭等对中国人的自尊性别差异进行了元分析(伍秋萍、蔡华俭,2006)。结果发现,总体上中国男、女两性自尊没有差异($d=0.03$)。但

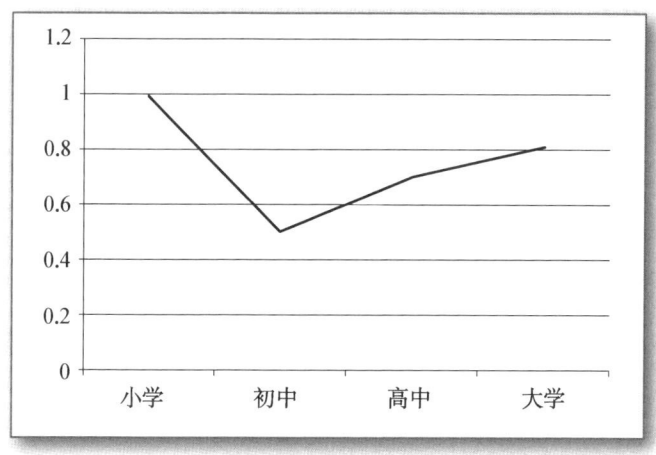

图 1.3 中国人的积极自我评价与年龄
（注：横坐标为学校阶段，纵坐标为以量表中点为参照自尊标准偏差）

是，年龄调节性别差异的大小。具体地说，自尊性别差异大小随年龄增长呈倒 U 型趋势。即自尊性别差异从青春期开始有男性大于女性的趋势，并且这种趋势随年龄增长由小到大；到青春期晚期达到最大（$d=0.08$），大学阶段后差异又逐步缩小；到老年后差异方向开始逆转，女性开始大于男性。不过，尽管自尊的性别差异随年龄而变，但是总体幅度很小。

城乡差异 在城乡差异上，现有研究的结论比较一致：城市个体自尊显著高于农村个体（郭兴保，韩雪，2008）和生活在城市的民工及其子女（曾守锤，2009）（例外见：赵笑梅，李婷，2010）。

独生子女和非独生子女之间的差异 现有的研究几乎一致发现，独生子女自尊显著高于非独生女的自尊（陈翠玲等，2008；张丽华，宋芳，2008）。

自尊的变迁 关于中国人近二十年自尊水平的变迁，已有元分析发现，自 20 世纪 90 年代中国大学生（沙晶莹，张向葵，2016）和青少年（Liu 和 Xin，2015）的自尊水平都在下降。一项最新的元分析发现，虽然中国人的自尊从 20 世纪 90 年代开始呈下降趋势，但是在近十年开始上升（Li 等，2020）。

小结 根据上面的分析我们可以看出：总体上，大多数中国人对自己都有显著的积极评价，认为自己是有价值、有能力的；中国人的自尊性别差异总体上不显著，但是不同年龄阶段不一样，青春期总体上男性高于女性，随着年龄增长，这种差异渐渐变小，到老年阶段开始逆转；自尊城乡差异显著，城市个体的自尊水平高于农村个体。同时，独生子女自尊水平高于非独生子女；年龄差异显著，从小学进入初中个体自尊水平下降，到高中自尊水平开始回升，这种回升的趋势一直持续到大学和成人阶段;中国人的自尊水平从20世纪90年代呈下降趋势,近十年开始呈现上升趋势。

自尊的可能影响

自尊在西方之所以受到如此广泛的关注和研究,是因为自尊和个体很多心理、行为及个体发展后果相关,例如高自尊可以预测心理健康、主观幸福感,甚至是人际关系、工作、职业成就等(Orth和Robins,2014)。中国的研究者对此也进行了大量的研究,发现了许多有意义的结果。

自尊与学习、工作 研究发现,在各级学校中,高自尊的学生通常有更高的成就动机(张丽华,宋芳,2008),更好的学业成就(丁丽玮,满晓琳,2009;孙凤华,沈慧娟,2006;朱艳丽,赵山明,2007),更高的学业满意度(黎建斌,司徒巧敏,马利军,2008;张庆辞,栾国霞,李建伟,2006),以及更低的学业倦怠(杨安博等,2008)。还有研究发现,自尊与学业成就的相关存在互为因果的关系,自尊水平降低会导致学业成就的低下和行为偏差,反过来,学习受挫或学习困难会导致低自尊(李小青等,2008)。其他发现还有,自尊与倦怠呈负相关(崔晓佳,李志,2009;段陆生,王志军,李永鑫,2008),与自我效能感呈正相关(刘维维,2010;赵锋,王卫平,2009)。

自尊与心理和行为健康 有不少研究直接检验了自尊与心理健康的关系。主要发现有:高自尊与高水平的心理健康相联(蔡亚敏,2008;李永鑫,高冬东,申继亮,2007);自尊与各种形式的焦虑或诱发的焦虑呈负相关关系(王震宇,王万章,何桂宏,2009;尹洪菊等,2010);与抑郁呈负相关(蔡华俭,2003c);与消极情绪呈负相关(许燕,梁志祥,2007;严标宾,郑雪,2006);与孤独感呈负相关(郭兴保,韩雪,2008;于绪丽,2009);与羞耻感呈负相关(李波,钱铭怡,钟杰,2005);缓解应激的消极后果(林旭星,唐艳超,徐利平,2009);缓解失败诱发的消极情绪(张向葵,田录梅,2005);而与自我同一性呈正相关(叶景山,2006);与主观幸福感呈正相关(李丽英,李淑环,2009;李西彩,2009)。还有研究发现,集体自尊也和生活满意度存在正相关(张力为,梁展鹏,2002)。

研究发现低自尊与许多不良行为相关,这些不良行为包括:吸烟、酗酒(柳春红等,2004);撒谎行为(晏碧华,兰继军,邹泓,2008);网络成瘾(余强等,2010);偏差行为(俞彬彬,崔丽娟,尹亭亭,2009);人际冲突(李丽兰,唐超文,徐欣国,2009);工作家庭冲突(王朝霞等,2009);攻击行为(辛自强,郭素然,池丽萍,2007);适应不良的冒险行为(田录梅等,2016)。

面对压力能否积极地进行自我调节是个体心理健康和适应能力的重要指标。大量研究表明,在中国,个体的自尊水平与积极应对的方式呈正相关,自尊水平高的个体更愿意采取积极的应对方式,比如:求助、问题解决,而不愿意采取压抑、逃避、幻想、抱怨、退缩等消极方式(吕长超,周粉莉,张敏荣,2008;马利军,谭慧萍,2009);甚至身体自尊也与积极的应对方式呈正相关(王立新,2009)。自尊和自我调节的关系还表现在:高自尊的人更少采用自我妨碍这种消极方式来维护自我(朱丽芬等,2009);高自尊的人通常有更为积极的认知风格(黄妍妍,何亚芸,雷兵,2007),偏好并且更容易记住积极的自我相关信息(田录梅,张向葵,2008),更善于进行时间管理(聂玉玲,郭金花,李建伟,2008)。

当然,也有一些不一致的研究发现,比如:自尊越高,心理健康状况越差(徐丽君,2008;杨新华,朱翠英,屈正良,2009);农民工自尊水平与自我效能感呈负相关(曹运华,牛振海,张丽宏,2010);自尊与离职意向呈正相关,自尊水平高的个体,离职意向也高(李永鑫等,2007);某些群体的自尊水平与主观幸福感呈负相关(李佳,冯正直,2008),比如:强迫症患者(韩康玲,刘琳,2006)、康复期精神分裂症患者(侯东强,韩凤珍,2006)、高中生(魏群等,2008);自尊水平越高,越容易采取消极的应对方式(李莎莎,周郁秋,杨金伟,2010)。这些相反的发现可能涉及特殊类型的高自尊(比如脆弱的高自尊),也可能与某些特殊群体或特殊情境相关。

蔡华俭等(2009)曾对自尊与心理健康的关系进行了一项元分析。结果发现,自尊和抑郁、焦虑等都呈负相关($r=-0.41,-0.32$);自尊和主观幸福感呈正相关($r=0.35$)。一项新近的元分析以中国大学生为研究对象,结果发现,自尊对大学生心理健康有显著影响,与SCL-90各因子呈中度负相关,自尊与抑郁、焦虑、人际敏感的负相关较高(高爽,张向葵,徐晓林,2015)。

小结 在中国,高自尊与许多积极的结果联系在一起。具体来说,高自尊的个体有更高的成就动机、更好的学业和绩效;更高的心理健康水平和幸福感;更少的抑郁、焦虑、孤独、不良情绪;此外,高自尊有更少的不健康行为,会进行更多的积极的自我调节。

影响自尊的因素

中国研究者进行了大量研究探讨哪些因素会影响个体的自尊。这些因素包括个人本身的因素和个人以外的因素。下面,我们从这两个方面对相关研究进行梳理。

个人本身的因素 现有的研究表明,能力与自尊密切相关。比如:优秀大学生的自尊水平显著高于普通大学生(张丽华,宋芳,2008);运动员的自尊水平要高于正常群体(田录梅,张向葵,于海峰,2003);体育专业女生的自尊水平高于非体育专业女生(徐学美,秦钢,2009);艺术专业学生的自尊水平高于非艺术专业的学生(王蓬,2009)。

许多研究发现,个性与自尊水平也密切相关。比如:自尊与神经质呈负相关

(冯现刚,张小远,解亚宁,2007);与精神质呈负相关(钟杰,李波,2002);与外向程度呈正相关(张春妹,邹泓,向小平,2006);与宜人性呈正相关(张春妹等,2006);与个体完美主义呈正相关(朱玉娟等,2007)。

研究还表明良好的生理状况与高自尊密切相关。比如：体重越重,自尊水平越低(陈欣,蒋艳菊,叶浩生,2008);对自己身体形象越不满,自尊越低(陈秋燕等,2007;马秀梅,2009);外表越好,自尊越高(宋斐,2006);牙齿畸形程度越高,自尊越低(孙燕,姜潮,2004)。

此外,研究还发现,心理和行为不健康的个体自尊水平要低于正常人群。比如：精神分裂症患者(彭建玲等,2009);有自杀意念的群体(张小远,俞守义,赵久波,2007);吸毒人员(李鹏程,2006);少年劳教人员(朱艳丽,赵山明,2007)。

非个人的因素 家庭和社会环境会影响个体的自尊。大的方面讲,在经济和社会上处于弱势或不利地位的个体自尊水平比较低,比如：贫困群体的个体自尊低于正常个体(李春山,姜丽平,张丽萍,2008);城市个体自尊高于农村个体或生活在城市的农民工及其子女。小的方面讲,在家里,个体成长的家庭氛围越好、越和谐,个体自尊越高(陈学彬,付海荣,秦晓民,2007);家庭经济水平越高,儿童自尊水平越高(申继亮,胡心怡,刘霞,2008);单亲家庭子女自尊水平较低(张茂林,杜晓新,张伟峰,2009)。在学校,满意的师生关系,老师的支持、关心、鼓励、期望、参与都与学生高的自尊水平相联(魏运华,1998)。

家庭和学校教育也是影响个体自尊的重要因素。大量研究表明,自尊与父母的教养方式密切相关(戴丽,尹厚平,葛明贵,2007)。父母越温和,个体自尊水平越高(张庆辞等,2006);相反,父母的严厉、惩罚、过分干涉、偏爱、拒绝、否定等都与低的自尊相联系(肖三蓉,袁一萍,2005);民主型教养方式和高的自尊相联系,而溺爱型的教养方式和低的自尊相联系(张丽华,杨丽珠,宋芳,2006);父母过于宽松、过于支配和干涉、过于严厉等行为都与子女低的自尊水平相联系(程学超,谷传华,2001);父母的情感温暖和理解与高的自尊相关,惩罚严厉、拒绝否认和过度保护与低的自尊相联系(韩雪,李建明,2008)。也有研究表明,良好的学校教育有助于提高个体的自尊(高晓翠,赵巧云,闫玉秋,2007)。

还有很多研究显示,人际关系、社会支持也与个体自尊密切相关。主要结果有：人际关系越好,自尊越高(吕长超等,2008);自尊与同伴接纳呈正相关,自尊水平高的小学生,同伴对其接纳程度也高(薛文霞,2008);良好的同伴关系有利于自尊的发展,不好的同伴关系则不利于自尊的发展(赖建维,郑钢,刘锋,2008);满意的同伴关系与学生自尊水平呈正相关,且相关最高(魏运华,1998);自尊和人际信任呈正相关(刘冰,王胜男,2009);个体得到或能够得到的社会支持越多,自尊越高

(曹宝花等,2009;梁书生,王璐,2009);各种社会支持中,朋友支持最为重要(张晶,洪一丹,2009);自尊与主观支持呈正相关(牛盾,李海华,2006);自尊与社会支持中的利用度正相关(马绍斌等,2005);实质性支持、情绪情感支持、认知信息支持、言语指导支持均与自尊水平呈正相关(范兴华,方晓义,2005);自尊与计划解决问题,寻求社会支持,自我控制呈正相关(王桂平,陈会昌,2001);弱势妇女的自尊与社会支持存在正相关(梁良,2003);留守青少年自尊水平与父亲、母亲、老师支持网络呈正相关(赵景欣,申继亮,刘霞,2008),贫困大学生自尊水平与社会支持呈正相关(李春山等,2008);一项意外的发现是,流动儿童的自尊水平与社会支持、主观支持以及支持利用度均呈负相关(赵笑梅,李婷,2010)。

小结 良好的个人生理条件(健康、少缺陷)、心理、个性品质(聪明、能力强,外向、宜人而不神经质)、良好的家庭(温暖、和谐)、学校环境,良好的人际关系,丰富的社会资源和社会支持(尤其是同伴和朋友支持)、良好的家庭教育(民主、温暖、接受、理解、支持,而不是专制、溺爱、惩罚、拒绝、放纵、过度保护、过度干涉等)、学校教育等都有助于个体高自尊的形成。

提高自尊的实践

中国已有大量研究表明,个体自尊可以通过干预(至少暂时)得到提高。效果显著的干预方式有:团体或其他形式的心理咨询或辅导(储昭帅,才忠喜,2009)、自我管理训练(杨辉,2009)、情绪调节(周丹霞等,2005)、支持性心理治疗、放松训练(赵敏,王芳,于洋,2003)、心理剧治疗(周玉萍,唐文忠,2002)、自信心训练(陈朋月等,2006)、游戏(张义飞,2009)、团体回忆治疗(戴碧茹等,2010)、综合性培养训练(柳春红等,2004)、健康行为训练(楚平华,闫景新,魏贵明,2008)、开展个性教育(杨周,唐燕容,2006)。

还有大量研究表明体育锻炼能提高自尊,这些锻炼有:身体锻炼(刘春来,殷晓旺,2010)、健美操(王晓芳,周庆柱,2009)、羽毛球(黄有为,2009)、篮球运动(陈春一,2009)、拉丁舞训练(熊文俊,2009)、跆拳道(刘河杉,张玉,2009)、形体训练(鲍碧栩,2009)、瑜伽(徐勤萍,2009)、健身气功、五禽戏(郭勤,2009)、体操(代坤,丁红娜,2010)。

小结 个体的自尊可以通过多种形式的咨询、辅导、教育得到提高。尤其是体育锻炼,它除了具有提高个体的生理健康或体质的功能外,还可以显著地提高个体的自尊。

中国的内隐自尊研究

内隐自尊首次由格林沃德和班尼基(Greenwald 和 Banaji)于 1995 年提出。中国对内隐自尊的研究始于 2002 年,蔡华俭(2002)第一次在他的博士论文中对中国人的内隐自尊进行了系列研究。近二十年来,中国关于内隐自尊的研究已经有了很大发展。下面我们分几个方面对这些研究进行介绍。

内隐自尊效应 国内的内隐自尊研究中,在几乎所有的内隐测量和指标上都发现中国人对自己有一个积极的内隐的评价。这些测量和指标有:内隐联系测验(蔡华俭,2003b),语义和情感启动测验(蔡华俭,2003a)、反应与不反应联系任务(许静等,2005)、姓氏偏好、生日数字偏好(陈敏燕,史慧颖,陈红,2009)、外部情感西蒙任务(陈进,梁宁建,杨福义,2009)、眼动指标(许静,梁宁建,2007)等。

外显自尊和内隐自尊的关系 内隐自尊和外显自尊的关系一直是研究的热点。蔡华俭(2003)等最早发现,在中国文化下,内隐自尊和外显自尊是相互独立的,二者只存在很低的正相关。此后,很多研究都得到了类似的结果(常丽,杜建政,2007a;耿晓伟,郑全全,2005;杨福义,梁宁建,2007;翟群,萧自康,2006)。但是,内隐自尊和外显自尊的相关随外显自尊的维度变化而变化:内隐自尊与外显自尊的情感维度存在正相关,与自尊的认知维度则不相关(Oakes,Brown,和 Cai,2008)。

内隐自尊的稳定性 内隐自尊具有不稳定性。研究发现,内隐自尊容易受情境的影响(蔡华俭,杨治良,2003;张守臣,温国旗,2009);阈下评价性条件反射可以改变个体的内隐自尊(陈进等,2009);积极的情境线索会提高个体内隐自尊效应,而消极的情境线索会降低内隐自尊效应(翟群,萧自康,2006;张镇,李幼穗,2005a)。

影响内隐自尊的因素 现有研究主要探讨了许多因素与内隐自尊的可能关系,比如:性别、年龄、地域(城乡)、生理疾患、家庭环境和教育、早期经历等。关于性别,大多数研究发现男女差异不显著(沈杰,2010;许昭,冯展涛,2009;翟群,萧自康,2006;张镇,李幼穗,2005b),但也有少数研究发现女性的内隐自尊高于男性(常璞,郑女女,2009),或者男性高于女性(刘元,2008;马爱国,2006;杨福义,谭和平,2008)。在年龄方面,蔡华俭等人的研究表明,在青少年阶段(11—18岁),随着年龄增长,个体的内隐自尊逐渐下降(Cai 等,2014);但另一项针对初中生、高中生和大学生的内隐自尊的对比研究发现,三个年龄组没有显著差异(张镇,李幼穗,2005b)。其他的发现有:城市人的内隐自尊高于农村人(沈杰,2010);贫困大学生的内隐自尊低于一般大学生(李宇,2009);生理上的残疾越严重,内隐自尊越低(杨福义,谭和平,2008);父母婚姻状况越差、经历的负性生活事件越多、父母的文化程度越低、父母的情感温暖和理解越少,个体的内隐自尊就越低(杨福义,梁宁建,2007;杨福义,谭和平,2008)。

内隐自尊与心理、行为健康 研究发现内隐自尊和心理健康的许多指标有显著的相关。具体来看,高内隐自尊的人有更高的幸福感(陈丽娜,张建新,2005;耿晓伟,张峰,郑全全,2009;徐维东,吴明证,邱扶东,2005);更高的心理健康水平(冯建英等,2009;吕勇,王钰,2008);更少的焦虑(常丽,杜建政,2007b)、更低的学习倦怠(时金献,谭亚梅,2008)、更少的网络不良行为(胡志海,2009)和自我妨碍(李晓东,袁东华,孟威佳,2004);相反,低内隐自尊的人具有更高的攻击性、愤怒、敌对行为(刘贺,李静,2010;许昭,冯展涛,2009),更高的隐性自恋(梁宁建,杨福义,陈进,2008)等。但是,也有研究发现内隐自尊和心理健康无关,例如基于 SCL-90 的心理健康(马爱国,2006;马春霞,2007;周帆,王登峰,2005)、抑郁(蔡华俭,2003c;高玥,陈图农,张宁,2008)、焦虑(孙配贞,江红艳,赵辉,2008),甚至与更多的问题行为相联(杨福义,梁宁建,2005)。

小结 总体而言,中国人普遍具有积极的内隐自尊,总体上内隐自尊与外显自尊无关,但是和自尊的情感维度正相关;中国人的内隐自尊容易受情境等外部因素影响发生短期波动。另外,年龄、性别、地域、生理条件、家庭环境等也与内隐自尊相关。与外显自尊相似,内隐自尊与个体的心理健康和行为问题也有密切的联系,尽管结果不尽一致。

自尊的神经机制

对自尊神经基础的探索是近年才开始在国际上出现的。基于功能核磁共振(functional magnetic resonance imaging,fMRI)和经颅磁等技术的研究发现,与自尊相关的脑区主要涉及海马、前额叶、眶额叶、扣带回、奖赏区域(如纹状体)等。主要发现有:自尊越高,海马体积越大(Pruessner 等,2005)、右侧杏仁核灰质体积越小(Wang,Kong 等,2016)、腹内侧前额叶和双侧海马的功能联结越强(Pan 等,2016)、前额叶和腹侧纹状体的白质结构完整性越强、功能联结性也越强(Chavez 和 Heatherton,2014);自尊越高的人对积极的自我信息加工时背侧前额叶和眶额叶皮层的激活水平越高,而对积极的社会信息加工时前额叶、后扣带区域的激活水平越高(Yang 等,2014;Yang 等,2016)。自尊越低,腹侧前扣带回和前额叶皮层对积极的社会反馈的反应越大(Somerville,Kelley,和 Heatherton,2010),背侧前扣带回对自我相关信息的反应越大(Yang 等,2012),且贫困的低自尊个体的海马灰质体积越小(Wang,Zhang 等,2016)。内隐自尊越高,大脑奖赏相关区域对自我面孔的反应越强(Izuma 等,2018)

国内的学者也通过 ERP 指标探讨自尊如何调节脑电反应。对于外显自尊,主要发现有:在自我评价过程中,触及自尊但不符合自尊的词语比不触及自尊的词语会诱发更大的 P3 成分(杨娟,张庆林,2008),以触及自尊但不符合自尊的词语评价自我时比评价他人时诱发了更大的 P3 成分(陈晨等,2012);对于低自尊个体,与自我积极性一致的信息诱发的 P2 潜伏期更长(Zhang 等,2013),情绪性信息或威胁信息能诱发更大的 P1、N1 和 P2 成分(Li 和 Yang,2013;Li 等,2012;杨娟,李海江,张庆林,2012);难的数学任务会诱发更大的 P2 和 N2 成分(Yang 等,2013);消极的自我相关词会使 P2 成分的潜伏期更长(Yang, Qi, 和 Guan, 2014)。这些研究表明,外显自尊的高低会影响个体的早期注意偏向和认知加工,低自尊个体对情绪性和威胁性信息有更强的脑电反应。

对于内隐自尊,基于反应-不反应联系测验(GNAT)的研究发现,消极自我联系比积极自我联系诱发的 P3 潜伏期更长且波幅更大,而积极他人与消极他人联系只在诱发的 P3 潜伏期上表现出差异(许静等,2005);基于内隐联系测验(IAT)的研究也发现,积极自我联系比消极自我联系诱发了更大的 P3 成分(Yang 和 Zhang, 2009)。基于 GNAT 的最新研究进一步发现,内隐的自我积极性早在自我相关刺激出现后的 270 ms 左右就会通过延长 N2 潜伏期的方式表现出来(Wu 等,2014)。这些研究表明,内隐自尊的表征出现较早,P3 与积极的内隐自我积极性关系密切。

小结 综合现有的关于自尊的神经机制研究,我们可以看到,参与自尊的表征或受到自尊的调制的脑区主要有:前额叶、眶额叶、腹侧前扣带回、后扣带回、海马等多个区域;与自尊相关的脑电主要有:P1、N1、P2、N2、P3 等;外显自尊和内隐自尊对自我相关信息的早期注意和晚期的认知、情感加工都会产生影响;低自尊个体的大脑对情绪性刺激或可能威胁自我的刺激有更强烈的反应。

1.4.2 中国人的自尊:文化视野下的研究

近二十年来,研究者还从跨文化视角对中国人的自尊进行了许多研究,在更广阔的背景下揭示了中国人自尊的特点。下面,我们从自尊的结构、水平、功能、维护和促进方式,以及文化差异起源五个方面来对这些研究进行介绍。

自尊的结构对比

对于总体自尊的结构,目前主要有两种不同的看法。一种观点认为总体自尊是一种单一维度的结构,可以通过罗森伯格自尊量表测量(Rosenberg, 1965);另一种观点认为总体自尊包含两个维度:自我悦纳(self-liking)和自我能力(self-competence),可以通过塔法罗迪自尊量表测量(Tafarodi 和 Swann, 1995)。这两种不同的理解是否都适用于中国呢?对于罗森伯格自尊量表测量的自尊,施密特和阿莱(Schmitt 和 Allik, 2005)曾运用因素分析对其在全球 53 个国家和地区(其中包括中国)的结构对等性进行了研究。结果发现,罗森伯格自尊量表在所有的文化下都具有因素结构对等性;并且,自尊和神经质、内外向、依恋风格的相关在所有文化下都类似,这表明罗森伯格自尊量表测量的自尊结构具有文化普遍性。新近,桑等人(Song等,2011)运用项目反应理论对罗森伯格自尊量表的项目差异功能进行了研究。结果发现,总体来看,罗森伯格自尊量表在中国和西方都有着类似的单维结构;但是在具体项目上,10道题中有6道题存在题目功能差异,即这些题目在不同的文化下难度和鉴别力不完全相同,意味着对基于罗森伯格自尊分数进行直接的跨文化对比时需要考虑这些不对等因素的影响。但是,该研究也指出,这并不意味着该量表不适用于中国。实际上,该量表是目前在中国应用最为广泛的量表,获得了大量有价值、可解释的结果。所以,研究者只是在进行跨文化的对比时,需要考虑量表题目差异功能的不对等性等所带来的影响。

对于塔法罗迪自尊量表测量的两维自尊,塔法罗迪和斯旺(Tafarodi和Swann,1996)曾同时考察了中国大学生和美国大学生,结果发现该两维的结构对中国人和西方人同样适用。这表明,不管把自尊作为一种单维的结构来理解还是作为一种双维的结构来理解,总体来看,自尊在中、美之间都具有跨文化的对等性。此外,关于自尊来源的跨文化研究也支持了自尊的跨文化对等性。关、匡和辉(Kwan,Kuang,和Hui,2009)发现,中、美两种文化下,自尊的变异(variation)都可以从三个方面得到解释:仁慈(benevolence),品质或成就(merit),积极自我偏差(self-positivity bias)。也就是说,无论是在中国还是在美国,高自尊可能都是因为:对包括自己和他人在内的多数事物都有相对积极的评价,有好的品质或成就,对自己的看法存在积极自我偏差,或者三个方面共同作用的结果。这为自尊作为一个心理结构的文化普遍性提供了进一步的证据。总之,按照现有的理解,中国人和西方人的自尊在结构上是类似的,但来源和不同维度的表现水平可能存在差异。

自尊的水平对比

关于自尊的跨文化对比研究主要涉及两个方面:和西方国家的对比;和亚洲其他国家或地区的对比。在和西方国家的对比研究中,一个比较一致的结果是:就总体自尊而言,中国人的自尊水平比西方文化下的个体低(Cai等,2007;Schmitt和Allik,2005;Tafarodi和Swann,1996;Yamaguchi等,2007)。不过,支持该结果的所有证据几乎都是来自基于罗森伯格自尊量表的研究。由于自尊既包括情感成分又包括认知成分(Brown,2014;Cai等,2007);既可以从自我悦纳维度衡量,又可以从自我能力维度衡量(Tafarodi和Swann,1995,1996);既可以通过外显的形式表现,也可以通过内隐的形式表现(Greenwald和Banaji,1995),研究发现,自尊的文化差异随成分、维度和表现形式的不同而有所不同。蔡华俭(2011)等发现,自尊的认知成分存在显著的文化差异,情感成分则没有差异;并且,总体自尊的文化差异主要是由认知成分的差异所导致的(Cai 等,2007)。塔法罗迪和斯旺(Tafarodi 和 Swann,1996)曾对中美大学生在自我悦纳和自我能力两个维度上的差异进行了对比研究。结果发现,控制总体自尊后,中国大学生在自我悦纳上得分高于美国大学生,在自我能力上得分低于美国大学生。山口等人(Yamaguchi 等,2007)曾对中国、日本和美国大学生的外显自尊和内隐自尊进行了对比研究。结果发现,在外显自尊上,包括中国、日本的大学生确实比西方文化下的大学生低;但是在内隐自尊上,中国、日本的大学生并不低于西方文化下的大学生。在新近的一个中、美对比研究中,蔡华俭等(2011)也发现中国大学生虽然外显自尊比美国大学生低,但是内隐自尊水平却类似。由于自我悦纳和内隐自尊涉及的主要都是自尊的情感成分(Brown 等,2008;Hofmann 等,2005),综合起来我们可以看出,就认知成分而言,中国人的自尊水平比西方人要低;但是,在自尊的情感成分上,中国人的自尊水平和西方人类似。

在亚洲内部,内斯代尔(Nesdale,2002)发现中国人的自尊高于越南人;邦德和张(Bond 和 Cheung,1983)发现中国人的自尊高于日本人;山口等人(Yamaguchi 等,2007)则发现中国人的外显自尊略高于日本人,内隐自尊却略低于日本人。但是韩国人的自尊水平和中国人类似(Galchenko 和 Vijver,2007;Kang 等,2003)。可见,在亚洲其他国家相比,中国人的自尊偏高或类似。

自尊的功能对比

在西方,自尊主要有两方面的功能:促进个体的心理健康和幸福感(Baumeister 等,2003;Taylor 和 Brown,1988);增强个体的自我调适能力,帮助个体应对挫折和压力(Brown,2014)。在中国文化下,自尊是否也具有这些功能呢?对于前者,蔡等人(2009)以国内发表的大量研究为基础,对相关研究进行了元分析。结果发现,中国情况和西方类似,自尊和焦虑、抑郁都呈显著的负相关,而和幸福感呈显著的正相关,即高自尊的人不容易焦虑、抑郁,幸福感较高。国内大量类似的研究也表明,自尊越高,基于 SCL-90 的心理健康水平越高(罗伏生等,2009;马雪玉,2009;徐强,2010)。较新的研究发现关系自尊对幸福感有很高的预测作用(Du 等,2014)。可见,在中国,高自尊一样有益于身心健康。对于自尊的第二项功能,国内也有不少研究。比如,张向葵、郭娟和田录梅(2005)发现高自尊可以缓解失败带来的焦虑和抑郁情绪;缓解死亡凸显(mortality salience)带来的焦虑。此外,蔡华俭(2009)参与的一项跨文化研究发现,不管是在美国还是在中国,自尊对受威胁后的自我都具有类似的保护作用:在收到关于自我的失败信息后,和低自尊的个体相比,高自尊的个体较多进行有利于自我的归因,较少体验到失败带来的消极情感。总之,高自尊在中国有着和在西方类似的功能,既有益于心理健康,又能够促进个体的适应。

自尊的维护和促进方式对比

既然对中国人而言,自尊也是非常重要的。那么,中国人在自尊的维护和促进策略上和西方人有何不同？新近的一个研究对中国和西方的自我维护方式进行了对比。结果发现,中国更倾向于使用保护性的策略,会更多地使用认知解释的策略,但和西方一样也经常使用自我肯定策略(Hepper、Sedikides,和Cai,2011)。另一个研究则专门对中国人的自我肯定进行了考察(Cai等,2013)。结果发现,在中国文化下,自我肯定可以增强个体的自我完整性和价值,消除由死亡威胁、刻板印象威胁等造成的负面影响;但是,与西方不同的是,在中国有效的是肯定家庭相依的我(family-dependent self),而不是独立的我(independent self)或朋友相依的我(friend-dependentself)。这表明西方文化下使用的维护和促进自我的手段也适用于中国人,但是,其在具体实现方式上会变得更具中国特色。

中国人还采用一些特有的方法来维护和促进自我。谦虚是中国最重要的传统价值之一。表面看来,谦虚会抑制个体的自尊。近年的一项研究却显示,谦虚具有促进自尊的功能(Cai等,2011)。具体地说,该研究发现,作为特质的谦虚和外显自尊呈负相关,即一个人越谦虚、自尊就会越低;意外的是谦虚和内隐自尊呈正相关,即一个人越谦虚,其内心深处自视越高;作为状态的谦虚会抑制个体的外显自尊,但是个体的内隐自尊却因为谦虚提高了。这个研究表明谦虚在中国可以促进个体的内隐自尊。另一项研究则发现,谦虚还可以最终提升个体的外显自尊(Han,2011),因为谦虚可以收获他人更多的表扬和认可,他人的这些表扬和认可反过来又会使谦虚者的自尊得到促进和提高。但是,当中国人受到死亡凸显时,违反谦虚这一规范将可以提高内隐自尊,相反,遵循谦虚规范将导致内隐自尊降低(Du和Jonas,2015)。总之,这些发现表明,中国人在维护和促进自尊上非常讲究策略,甚至以退为进,通过谦虚来间接提升个体的自尊。

关于自尊文化差异的原因探讨

从上面的论述可以看出,自尊的结构和功能在不同文化下基本类似,但是,和西方人相比,东方人的总体自尊和自尊的某些维度在水平上确实相对要低。对此,海涅等(Heine,1999)认为,这是东方人(当然包括中国人)缺乏追求高自尊的动机或需要所致。但是,许多研究发现东西方的自尊差异完全可以由其他因素解释,比如：谦虚、反应偏差和认知风格。崇尚谦虚是东方文化的一个显著特点,但是在西方,谦虚却非常不合时宜(Markus和Kitayama,1991)。谦虚要求个体保持低调、必要时进行自我贬抑。那么,东方文化对谦虚的强调是不是会导致中国人的低自尊？研究表明确实如此(Cai等,2007;Kurman,2001,2003;Shi等,2017)。一项跨文化研究发现,总体自尊的文化差异可以由自尊的认知成分的差异所解释,而认知成分的差异又可以进一步被谦虚解释(Cai等,2007)。另一个研究采用实验范式对中国和美国大学生在不同情境下的自我评价进行了对比,发现谦虚作为一种规范确实可以抑制中国人的自尊(Kim等,2010)。这些研究表明,谦虚会导致外显自尊的降低,自尊的文化差异可以被谦虚的文化差异解释。反应偏差则是另外一个导致自尊文化差异的可能原因。研究表明,包括中国人在内,集体主义文化下的个体在完成自我报告的测量时,会有一种趋中的反应倾向;相比较而言,个人主义文化下的个体则更多地表现出极端的反应倾向(Chen,Lee,和Stevenson,1995);更重要的是,这种与文化相关的反应倾向确实可以解释总体自尊的文化差异(Song等,2011)。关于认知风格,研究已经表明,中国人的认知具有朴素辩证主义倾向(Spencer-Rodgers等,2009);并且,认知风格上的文化差异可以在一定程度上解释中国和西方在自尊水平上的差异(Spencer-Rodgers等,2004)。具有辩证认知风格的人更能忍受冲突和不一致,可以同时接受积极的我和消极的我,这使得个体在自尊量表的正向题和反向题上容易得到类似的分数,以至最终均分处于中间水平;相比较而言,西方文化下个体更强调认知的一致性,不能忍受冲突,认可积极的我就意味着拒绝消极的我,这使得个体在自尊量表的正向题上得高分而在反向题上得低分,最终使得总分偏高。金姆、彭和赵(Kim,Peng,和Chiu,2008)在另外一个研究中发现了类似的现象,即东方文化下个体的低自尊在一定程度上可以由他们的辩证认知风格解释。值得注意的是,布歇(Boucher,2009)等还发现中国文化下的个体在内隐自尊上也表现出了类似的朴素辩证倾向。可见,朴素的辩证主义对中国人的自我认知影响非常深入。

小结 按照现有的操作定义,自尊作为一种特质在中国和西方有着基本类似的结构;中国人在总体自尊和自尊的认知成分水平比西方人低,但是在自尊的情感成分以及内隐自尊上和西方人水平类似;和西方一样,高自尊也有利于中国人的健康、幸福感和适应;和西方人直接维护和促进自尊不同,中国人善用间接手段维护和促进自尊;自尊的文化差异不是自尊需要本身的差异所致,可以被需要或动机以外的因素解释,比如谦虚、趋中的反应偏向、朴素的辩证认知风格等。

1.5 在中国文化下研究自尊需要注意的问题

迄今为止,几乎所有中国的自尊研究都是以西方或科学心理学对自尊的理解为基础。我们知道,西方心理学中的自尊和我们日常生活中常说的"自尊"或"自尊心"不尽相同,中国语言中并不存在一个和西方的自尊完全同义或对等的词语或术语;我们还知道,中国文化并不鼓励追求高自尊,而更强调谦虚、面子。这就带来一些疑问:西方舶来的自尊在中国是否存在?自尊对中国人是否重要?在中国是否有必要进行研究?等等。对于这些问题,上面整理的许多研究其实本身就是一种回答。这里,我们再做一些专门的澄清,以促进自尊研究及其应用在中国的健康发展。

首先,虽然中国语言中不存在一个与西方所说的自尊或心理学中的自尊完全对等的词语,但这并不意味着自尊在中国不存在。在我们看来,西方某个科学术语在中国语言中不存在一个对应词汇更可能意味着中国人认识世界的一个盲点。这样的例子很多。比如:物理学的"质量"一词和中文语境下的"质量"一词含义完全不同,但这不意味物理学的"质量"在中国不存在或不重要,而是意味着中国人当时还没有认识到"重量"之外还有一个"质量";同样,西方人格心理学的"气质"一词和中文里的"气质"意义非常不一样,但这也不意味西方心理学的"气质"不适用于中国人。实际上很多时候,中国人是在保留某个词中文语境下原始含义的同时,也接受新的、舶来的科学含义,在不同的语境下取其不同的含义。这种情况应该也适用于自尊。在日常生活中、非心理学领域中,我们大可按照中国语境中自尊的本来含义去理解和使用。但是,在科学的心理学中,我们则可以按照西方科学心理学的界定去理解和使用这个词:即自尊代表着与自我的认知成分(即自我概念)相对的情感成分,反映的是个体对自我的基本感受和评价:爱还是不爱、喜欢还是不喜欢、好还是不好等。和西方一样,作为行为的主题,"我"在中国也是无处不在:我思、我想、我行,等等;作为体验的对象,对"我"的感受也是无时不在,比如骄傲、自豪、羞耻、尴尬,等等,尽管这种感受可能存在于意识或无意识中。自我感受对西方人重要,对中国人也重要。上面介绍的大量涉及中国人自尊的研究足以表明自尊在中国不仅存在,而且重要。

其次,我们还是要弄清西方或心理学领域的自尊和中国语境下的自尊、自尊心的异同。西方的自尊在本质上是个体对自我的一种感受,对自我的基本评价,高自尊意味着良好的自我感觉、积极的自我评价。中国语境下的自尊可以简单地理解为自我尊重,但更多的是指既不向别人卑躬屈膝,也不允许别人冒犯和歧视;当我们说某个人不自尊时,通常意味着这个人不在乎自己干外人觉得不齿的事情或听任别人的侮辱和冒犯。而自尊心,则是一种希望自己能力强、被重视且不容侮辱和冒犯的心态,通常表现为努力、上进、期望被尊重而不容被轻视、冒犯或侮辱。可见,中国语境下的自尊、自尊心与心理学中的自尊不完全相同,尽管最终都涉及对自我的感受。这就要求我们在不同的情况下对自尊做不同的理解,允许自尊在心理学领域内外有不同含义。

然后,我们还要正确认识自尊和谦虚的关系。在文化心理学领域,有一种观点认为,东方文化强调谦虚,包括中国人在内的东方人不需要自尊,而是需要谦虚和自我批评,因此在中国没必要研究自尊。对此,我们不敢苟同。首先,谦虚和自尊是两个完全不同的概念。谦虚是一种文化价值,被内化后可以成为一种人格特质。这种特质既可以抑制自尊,也可以促进自尊。自尊则是一种自我感受和评价,是一种与谦虚不同的特质。更重要的是,自尊作为一种内部体验并不依赖于谦虚而存在,谦虚也未必意味着不需要良好的自我感觉或高自尊。研究已经表明,在中国文化下,谦虚的人内隐自尊高,谦虚具有提升自尊的功能(Cai等,2011;Han,2011)。因此,说中国人因为需要谦虚而不要自尊是不对的。

最后,我们还要正确认识自尊和面子的关系。有一种观点认为,中国人要面子,即他人的尊重,而不是自尊,所以自尊对中国人不重要。我们知道,自尊有个体内和个体外两个来源,分别指自己对自己的认可和社会或他人对自己的认可。对自尊而言,这两种来源都很重要,但是在不同的文化下,其倚重的侧面可能不一样。西方人虽然也看重他人的认可(或面子),但更多地是看重自己对自己的认可,而中国人虽然也看重自己的评价,但更多地倚重他人对自己的认可(或面子)。实际上,对他人认可的看重是中国人看重面子的根本原因(刘继富,2008;王轶楠,2006;王轶楠,杨中芳,2005)。在中国,面子只是个体自尊的一个来源和提升自尊的一个手段或途径(Lin和Yamaguchi,2011)。中国人看重面子并不意味中国人不看重自尊,而是意味中国人的自尊更依赖于他人的尊重或是否有面子。自尊的本质,即个体对自己的评价与感受,在中国和西方并没有差异,不同的是,自尊的来源、表现、作用、维护与促进方式等存在不同程度的差异。

1.6 思考与展望

本章首先对西方的自尊概念、测量、理论作了一个简单的介绍,然后重点从本土和文化两个不同的视角对中国人的自尊及相关研究进行了梳理,最后我们针对可能对中国自尊研究产生干扰的一些问题进行了讨论。至此,我们已经获得了对中国人自尊的一个较为全面的认识:中国人的自尊是积极的;男性比女性高,城市比农村高,独生子女比非独生子女高;从发展的角度看,青春期前最高,进入青春期开始下降,到青春期后期开始上升,一直到成年晚期开始再次下降;高自尊的个体表现出更少抑郁、更少焦虑、更高幸福感、更高水平的心理健康,更能应对挫折;高自尊的个体还有更少不良行为、更高的学业和职业成就;自尊受家庭、学校、社会、个人心理、生理状况等诸多因素影响;体育锻炼和诸多心理咨询和治疗都有利于促进和提高自尊等;自尊可以调节大脑对情绪性或威胁性信息的反应。和西方人相比,中国人的总体自尊水平偏低,但在情感维度、内隐水平上和西方类似;和亚洲其他国家相比,中国人的自尊水平基本持平或偏高;高的自尊在中国一样有利于心理健康、幸福和适应;中国人自尊的表现方式、维护和促进的方式与西方不尽相同,相对委婉和间接,有其独特性;自尊的文化差异不是由自尊需要的缺失导致的,而是完全可以由动机以外的因素解释。中国人的内隐自尊和外显自尊是相对独立的;不良的个人经历、个人生理状况、社会经济地位等与低内隐自尊相联;内隐自尊可以预测幸福感等。为了更为直观地看出中国人的自尊特点,我们把高、低自尊的特点及相关变量分门别类列在了表1.1中。

表1.1

中国人的自尊特点

外显自尊		内隐自尊	
低	高	低	高
青春期女性、老年男性、农村、非独生子女	青春期男性、老年女性、城市、独生子女	青春期晚期、农村	青春期早期、城市
能力低、神经质、精神质、内向;超重、牙畸形;精神分裂、自杀意念、焦虑、抑郁、消极、孤独感、羞耻感;吸毒、问题行为、吸烟、酗酒、网络成瘾、撒谎、攻击、适应不良冒险行为	高能力、宜人、外向;高成就动机、高自我效能感、高自我同一性、完美主义;体貌好;幸福感高、生活满意度高、高离职意向;社会可接受冒险行为	隐性自恋、焦虑、学习倦怠、网络不良行为、攻击、敌对行为、自我妨碍、生理残疾	谦虚、高幸福感、高心理健康
贫困、单亲、父母严厉、惩罚、拒绝、工作家庭冲突、溺爱、过度保护	富有、温暖、家庭和谐、民主、理解	贫困、父母婚姻不好、	好的父母情感、父母理解
低成就、高倦怠	学业成就、满意度高;学校环境好		
人际冲突多	人际、同伴关系好;高社会支持	负性经历、不良情境	积极情境
消极应对	积极的应对、认知风格、自我调节;善于时间管理		

总之,二十年多年来,中国的自尊研究取得了丰硕的成果,既证明了大量在西方文化下的发现在中国文化下具有可推广性,又揭示了中国文化下自尊独有的一些特征。中国研究者未来可以继续坚持两条腿走路,一方面继续在基础的、具有共性的自尊前沿领域努力开拓,比如,自尊的神经机制、遗传基础、内隐自尊的本质等;另一方面,继续深入探讨中国人的自尊的特点,努力构建适合中国人的自尊理

论和模型,寻找提升中国人自尊的方式和途径。中国心理学的春天,特别是人格与社会心理学的春天已经到来,我们有理由期望,中国的心理学家能够在自尊等诸多前沿领域不断做出既有中国特色又有基础性影响的工作。

(蔡华俭　杨紫嫣)

参考文献

鲍碧栩.(2009).形体训练对高职院校学生身体自尊的影响.考试周刊(44),149-150.
蔡华俭.(2002).内隐自尊的作用机制及特性研究.上海:华东师范大学博士学位论文.
蔡华俭.(2003a).Greenwald 提出的内隐联想测验介绍.心理科学进展,11(3),339-344.
蔡华俭.(2003b).内隐自尊效应及内隐自尊与外显自尊的关系.心理学报,35(6),796-801.
蔡华俭.(2003c).外显自尊,内隐自尊与抑郁的关系.中国心理卫生杂志,17(5),331-336.
蔡华俭.(2007).泛文化的自尊——基于中国大学生的研究证据.心理学报,38(6),902-909.
蔡华俭,丰怡,岳曦彤.(2011).泛文化的自尊需要:基于中国人的研究证据.心理科学进展,19(1),1-8.
蔡华俭,杨治良.(2003).内隐自尊的稳定性——成败操纵对内隐自尊的影响.心理科学,26(3),461-464.
蔡亚敏.(2008).浅析大学生自尊与心理健康的关系.江苏工业学院学报:社会科学版,9(2),111-113.
曹宝花,雷鹤,张银玲,徐巧玲,史瑞洁.(2009).护生自尊与社会支持,主观幸福感研究.护理研究:上旬版(6),1430-1431.
曹运华,牛振海,张丽宏.(2010).农民工心理健康与自尊,自我效能的相关研究.齐齐哈尔医学院学报(12),1933-1934.
曾守锤.(2009).流动儿童的自尊及其稳定性和保护作用的研究.华东师范大学学报:教育科学版,27(2),64-69.
常丽,杜建政.(2007a).IAT 范式下自尊内隐性的再证明.心理学探新,27(1),61-64.
常丽,杜建政.(2007b).内隐自尊的功能:缓冲器,还是滤波器.心理科学,30(4),1017-1019.
常璞,郑女女.(2009).高校运动员内隐自尊与心理健康的初步研究.临沂师范学院学报(6),93-96.
陈晨,杨东,邱江,齐森青.(2012).金钱对外显自尊的影响:一项 ERP 研究.西南大学学报:自然科学版 ISTIC,34(6),145-149.
陈春一.(2009).篮球运动对普通男性大学生心理健康影响的实验研究.广州体育学院学报,29(6),80-82.
陈翠玲,冯莉,王大华,李春花.(2008).成年独生子女自尊水平和主观幸福感的特点及二者间的关系.心理发展与教育,24(3),71-76.
陈进,梁宁建,杨福义.(2009).自尊内隐改变的初步实验研究.心理科学(4),812-815.
陈丽娜,张建新.(2005).大学生一般生活满意度及其与自尊的关系.中国心理卫生杂志,18(4),222-224.
陈敏燕,史慧颖,陈红.(2009).贫困大学生内隐自尊状况分析.中国学校卫生,30(3),229-230.
陈朋月,朱岚,盛嘉玲,孔令芳,顾燕君,沈怡,席才良.(2006).自信心训练对提高精神分裂症患者自尊水平的对照研究.神经疾病与精神卫生,5(6),461-462.
陈秋燕,付丹丹,陈薇,王建平.(2007).自尊对进食障碍的影响:身体不满的中介作用.中国临床心理学杂志,15(3),290-292.

陈欣,蒋艳菊,叶浩生.(2008).大学生媒体影响,体重指数和身体自尊的关系.应用心理学,13(2),119-124.

陈学彬,付海荣,秦晓民.(2007).兰州大学医学新生自尊及控制水平与心理健康状况.中国学校卫生,28(2),133-135.

程学超,谷传华.(2001).母亲行为与小学儿童自尊的关系.心理发展与教育,17(4),23-27.

储昭帅,才忠喜.(2009).团体心理辅导对高校贫困生人际关系和自尊的影响.牡丹江师范学院学报,2,112-113.

楚平华,闫景新,魏贵明.(2008).健康行为训练对提高学龄期癫痫患儿自尊水平的研究.护理管理杂志,8(9),9-11.

崔晓佳,李志.(2009).大学生学习倦怠及其对自尊的影响.素质教育论坛(12),5-5.

代坤,丁红娜.(2010).合作学习体操教学对体育专业男生集体自尊影响的研究.体育科技文献通报,18(1),14-15.

戴碧茹,高婧,袁群,何国平,冯辉.(2010).团体回忆治疗对社区老年人自尊及情感平衡的干预效果研究.护理研究:上旬版,24(7),1704-1707.

戴丽,尹厚平,葛明贵.(2007).农村中学生自尊与父母教养方式的相关研究.中国初级卫生保健,21(9),35 36.

丁丽玮,满晓琳.(2009).小学生自尊与学习成绩的关系研究.科教文汇(32),49-49.

段陆生,王志军,李永鑫.(2008).大学生自尊与学习倦怠相关性分析.临床心身疾病杂志,14(3),222-226.

范兴华,方晓义.(2005).友伴的社会支持与大学生自尊的关系.中国健康心理学杂志,12(5),379-381.

冯建英,杜学元,曾云华,王洪荣.(2009).内隐、外显自尊分离状况与心理健康关系研究.教育研究与实验(5),92-96.

冯现刚,张小远,解亚宁.(2007).人格特征,自尊水平与航空兵部队人员心理健康的关系.中国临床心理学杂志,15(4),407-408.

高爽,张向葵,徐晓林.(2015).大学生自尊与心理健康的元分析——以中国大学生为样本.心理科学进展,23(9),1499-1507.

高晓翠,赵巧云,闫玉秋.(2007).健康教育对慢性肝炎患者自尊水平的影响.中国健康教育,23(2),136-137.

高玥,陈图农,张宁.(2008).抑郁症患者的内隐自尊研究.中国健康心理学杂志,16(4),426-428.

耿晓伟,张峰,郑全全.(2009).外显与内隐自尊对大学生主观幸福感的预测.心理发展与教育,1,97-102.

耿晓伟,郑全全.(2005).中国文化中自尊结构的内隐社会认知研究.心理科学,28(2),379-382.

郭勤.(2009).健身气功·五禽戏对高校大学生身体自尊影响的研究.运动(1),98-99.

郭兴保,韩雪.(2008).小学儿童自尊水平与孤独感的关系研究.中国校外教育(理论)(Z1),818-819.

韩康玲,刘琳.(2006).强迫症患者自尊水平与主观幸福感及其自我和谐的调查.护理学杂志,21(5),58-59.

韩雪,李建明.(2008).高中生父母教养方式与自尊关系的研究.中国健康心理学杂志,16(1),105-107.

侯东强,韩凤珍.(2006).康复期精神分裂症患者自尊水平与主观幸福感及自我和谐状况的调查.护理学杂志,21(13),58-60.

胡志海.(2009).网络行为失范者的内隐攻击性,内隐自尊研究.心理科学,32(1),210-212.

黄希庭.(1998).青年学生自我价值感量表的编制.心理科学,21(4),289-292.

黄妍妍,何亚芸,雷兵.(2007).女大学生自尊感与人际交往状况的分析与研究.昆明冶金高等专科学校学报,23(4),25-29.

黄有为.(2009).长期羽毛球锻炼对中老年人心境与身体自尊影响的研究.南京体育学院学报:

自然科学版,8(4),159-160.

赖建维,郑钢,刘锋.(2008).中学生同伴关系对自尊影响的研究.中国临床心理学杂志,16(1),74-76.

黎建斌,司徒巧敏,马利军.(2008).大学新生自尊与成就动机的关系及外显自尊的中介效应.社会心理科学,22(5),59-64.

李波,钱铭怡,钟杰.(2005).大学生社交焦虑的羞耻感等因素影响模型.中国心理卫生杂志,19(5),304-306.

李春山,姜丽平,张丽萍.(2008).贫困大学生社会支持,自尊与心理健康的相关研究.中国健康心理学杂志,16(7),728-730.

李佳,冯正直.(2008).离退休老干部主观幸福感,自尊和社会支持关系研究.中国健康教育,23(7),493-495.

李丽兰,唐超文,徐欣国.(2009).不同自尊的大学生在宿舍人际冲突感及处理方式的比较研究.文教资料(12),211-213.

李丽英,李淑环.(2009).医学高职生的生活满意度与自尊,父母教养方式的关系.医学研究与教育,26(3),53-56.

李鹏程.(2006).吸毒者自尊水平,应对方式与吸毒行为的相关研究.中国社会医学杂志,23(4),234-236.

李莎莎,周郁秋,杨金伟.(2010).护理本科生的自尊水平与心理控制源及应对方式的相关研究.护理管理杂志(1),24-25.

李西彩.(2009).地方师范院校大学生自我概念,自尊与主观幸福感的研究.渭南师范学院学报:综合版(6),65-67.

李小青,邹泓,王瑞敏,窦东徽.(2008).北京市流动儿童自尊的发展特点及其与学业行为,师生关系的相关研究.心理科学,31(4),909-913.

李晓东,袁东华,孟威佳.(2004).国外关于自我妨碍研究的进展.东北师大学报,210(4),131-136.

李永鑫,高冬东,申继亮.(2007).教师倦怠与自尊,心理健康和离职意向的关系.心理发展与教育,23(4),83-87.

李宇.(2009).大学贫困生的内隐自尊效应研究.宁波大学学报:教育科学版,31(1),46-49.

梁良.(2003).上海弱势妇女群体自尊与社会支持的关系研究.社会心理科学,18(1),72-74.

梁宁建,杨福义,陈进.(2008).青少年内隐自尊与自我防卫关系研究.心理科学,31(5),1082-1085.

梁书生,王璐.(2009).大学生社会支持与自尊的水平及其关系的研究.鞍山师范学院学报,11(2),65-68.

林旭星,唐艳超,徐利平.(2009).在校护生心理健康与自尊及应激事件的相关性研究.护理管理杂志(12),12-13.

刘冰,王胜男.(2009).护理专业大学生自尊,人际信任与被接纳程度的关系研究.中国西部科技,8(25),90-91.

刘春来,殷晓旺.(2010).课外体育锻炼对大学体育后进生身体自尊及生活满意感的影响.体育学刊,17(5),46-49.

刘河杉,张玉.(2009).跆拳道练习对大学生身体自尊水平的影响研究.科教文汇(14),41-42.

刘贺,李静.(2010).内隐攻击性和内隐自尊对足球运动员竞赛攻击性行为的影响.西安体育学院学报(1),125-128.

刘继富.(2008)."面子"定义探新.社会心理科学,23(5),30-35.

刘维维.(2010).实习护生自我效能,自尊与主观幸福感的相关性研究.护理研究:中旬版(5),1236-1238.

刘娅俐.(1995).孤独与自尊,抑郁的相关初探.中国心理卫生杂志,9(3),115-116.

刘元.(2008).内隐自尊的情境启动效应研究.今日南国(理论创新版)(7),200-201.

柳春红,张德新,刁平,龚洁,夏江,杨瑾丽.(2004).私立学校1307名中学生吸烟与自尊水平调查.中国心理卫生杂志,18(2),111-112.

罗伏生,沈丹,张珊明,王小凤,袁红梅,李志强.(2009).贫困大学生心理健康状况及其影响因素研究.中国临床心理学杂志(3),272-274.

吕勇,王钰.(2008).贫困大学生内隐,外显自尊与心理健康的关系.天津师范大学学报:社会科学版(1),71-75.

吕长超,周粉莉,张敏荣.(2008).公办与民办高校大学生压力,应对方式和自尊的比较分析.中国健康心理学杂志,16(3),297-299.

马爱国.(2006).聋生内隐自尊的初步研究.中国特殊教育(3),25-27.

马春霞.(2007).运动员内隐自尊与心理健康的初步研究.临沂师范学院学报,29(3),55-57.

马利军,谭慧萍.(2009).医学院校贫困生自尊水平与应对方式相关性研究.卫生软科学,23(6),627-629.

马绍斌,范存欣,彭欣,武晓艳.(2005).大学生自尊与社会支持的关系.中国临床康复,9(8),226-227.

马秀梅.(2009).职业女性肥胖兼低自尊的成因分析和体育干预.山西大同大学学报:自然科学版,25(1),79-82.

马雪玉.(2009).邢台市大学生心理健康与自尊水平的关系研究.社会心理科学(5),93-95.

聂玉玲,郭金花,李建伟.(2008).高二学生时间管理倾向,自尊与成就动机的关系研究.中国健康心理学杂志,16(2),195-196.

牛盾,李海华.(2006).初中生外显自尊,社会支持与气质的关系.中国健康心理学杂志,14(2),141-143.

彭建玲,杨婵娟,叶碧瑜,赵素华.(2009).96例精神分裂症患者自尊感与妄想症状的相关性分析.广州医药,40(3),48-50.

沙晶莹,张向葵.(2016).中国大学生自尊变迁的横断历史研究:1993—2013.心理科学进展,24(11),1712-1722.

申继亮,胡心怡,刘霞.(2008).流动儿童的家庭环境及对其自尊的影响.华南师范大学学报:社会科学版(6),113-118.

沈杰.(2010).师范大学生的内隐自尊与主观幸福感.湖州师范学院学报,32(1),103-107.

时金献,谭亚梅.(2008).大学生学习倦怠与外显自尊,内隐自尊的相关性研究.心理科学,31(3),736-737.

宋斐.(2006).大学生体貌自尊,学业成绩,归因方式和自尊的关系.北京印刷学院学报,13(4),82-85.

孙凤华,沈慧娟.(2006).少年儿童自尊发展特点与自身因素关系探微.通化师范学院学报,27(3),143-147.

孙配贞,江红艳,赵辉.(2008).初一新生内隐,外显自尊与社交焦虑的关系研究.中国健康心理学杂志,16(1),116-118.

孙燕,姜潮.(2004).错(殆)畸形对青少年自尊发展影响的多因素分析.中华口腔医学杂志,39(1),67-69.

田录梅,夏大勇,李永梅,单楠,刘翔.(2016).积极同伴压力,自尊对青少年不同冒险行为的影响.心理发展与教育,32(3),349-357.

田录梅,张向葵.(2008).不同自尊者对自我相关信息的记忆偏好.心理发展与教育,24(2),91-96.

田录梅,张向葵,于海峰.(2003).运动员与非运动员大学生身体自尊及整体自尊研究.心理学探新,23(4),55-58.

王财玉,孙天义,何安明,惠秋平,崔磊.(2013).社会地位感知与地位消费倾向:自尊的恐惧管理.中国临床心理学杂志,1,021.

王朝霞,杨敏,高伟,穆敏敏.(2009).济南市三甲医院医务人员反应性评价及差异分析.齐鲁护理杂志,15(3),1-3.

王桂平,陈会昌.(2001).中学生面临学习应激的应对方式及其与控制点,自尊和心理健康的关系.中国心理卫生杂志,15(6),431-434.

王立新.(2009).大学生应对方式与身体自尊的相关性研究.内江科技,30(9),54-54.

王蓬.(2009).大学生生活满意度与身体自尊的相关研究——以南阳师范学院大学生为例.新课程研究:高等教育(3),158-161.

王晓芳,周庆柱.(2009).健美操运动对大学生身体自尊影响的研究.赤峰学院学报:自然科学版(5),144-145.

王轶楠.(2006).从东西方文化的差异分析面子与自尊的关系.社会心理科学,21(2),102-108.

王轶楠,杨中芳.(2005).中西方面子研究综述.心理科学,28(2),398-401.

王震宇,王万章,何桂宏.(2009).大学新生心理健康与人格特征关系研究.中国民康医学,21(23),3057-3058.

魏群,杨学军,李英华,等.(2008).北京市高中生主观幸福感及其影响因素分析.中国学校卫生,29(2),132-134.

魏运华.(1998).少年儿童的自尊发展与人格建构.社会心理科学,1,8-14.

伍秋萍,蔡华俭.(2006).对中国人自尊性别差异的元分析.中国社会心理学会2006年学术研讨会论文集,21(7).

夏征农.(1999).辞海:上海辞书出版社.

肖三蓉,袁一萍.(2005).高职大学生自杀意念与自尊,父母教养方式的关系.中国健康心理学杂志,13(5),385-388.

辛自强,郭素然,池丽萍.(2007).青少年自尊与攻击的关系:中介变量和调节变量的作用.心理学报,39(5),845-851.

熊文俊.(2009).拉丁舞训练对大学生身体自尊影响的研究.常熟理工学院学报,23(6),122-124.

徐丽君.(2008).个体心理健康和自尊对心理健康观的影响研究.继续教育研究(7),80-81.

徐强.(2010).大学生希望感与心理健康的关系.中国健康心理学杂志,18(2),178-181.

徐勤萍.(2009).瑜伽练习对女大学生身体自尊及其来源方式影响的实验研究.运动(2),86-88.

徐维东,吴明证,邱扶东.(2005).自尊与主观幸福感关系研究.心理科学,28(3),562-565.

徐学美,秦钢.(2009).女大学生身体自尊比较研究——体育专业与非体育专业的对比.教育学术月刊(11),20-22.

许静,梁宁建.(2007).内隐自尊的ERP和EB研究.第十一届全国心理学学术会议论文摘要集.

许静,梁宁建,王岩,王新法.(2005).内隐自尊的ERP研究.心理科学,28(4),792-796.

许燕,梁志祥.(2007).北京大学生多元自尊的解析.心理学探新,26(4),50-53.

许昭,冯展涛.(2009).青少年运动员内隐自尊与攻击行为关系研究.军事体育进修学院学报(2),53-56.

薛文霞.(2008).小学儿童自尊发展的特点及其与同伴接纳的关系.社会心理科学,22(5),69-75.

严标宾,郑雪.(2006).大学生社会支持,自尊和主观幸福感的关系研究.心理发展与教育,3(3),60-64.

晏碧华,兰继军,邹泓.(2008).大学生撒谎行为及其与自尊水平,社交焦虑的关系.中国特殊教育(7),81-86.

杨安博,王登峰,滕飞,俞宗火.(2008).高中生对父母的依恋与学业成就和自尊的关系.中国临床心理学杂志,16(1),55-58.

杨福义,梁宁建.(2005).问题学生内隐自尊的初步研究.心理科学,28(2),332-336.

杨福义,梁宁建.(2007).内隐自尊与外显自尊的关系:多重内隐测量的视角.心理科学,30(4),785-790.

杨福义,谭和平.(2008).听觉障碍学生的内隐自尊及其影响因素研究.中国特殊教育(8),31-38.

杨辉.(2009)."合作教学"方法应用于体育教学中提高自尊水平的可行性研究.中国科教创新导刊(31),193-193.

杨娟,李海江,张庆林.(2012).自尊对情绪面孔注意偏向的影响.心理科学(4),006.
杨娟,张庆林.(2008).外显自尊的P300效应:来自ERP的证据.心理研究,1(2),16-20.
杨新华,朱翠英,屈正良.(2009).优秀大学生自尊与心理健康关系探讨.中国校医,22(6),652-653.
杨周,唐燕容.(2006).关于贫困大学生自尊心态问题的探析.内江师范学院学报,21(B06),146-148.
叶景山.(2006).大学生自我同一性,自尊与心理健康的相关研究.中国学校卫生,27(10),896-897.
尹洪菊,吕善辉,柳月娟,肖敏.(2010).医学院校大学生的心理自尊与社交焦虑研究.新西部:理论版(7),156-156.
于绪丽.(2009).大学生孤独感及其与自尊,社会支持的关系研究.东南大学学报:哲学社会科学版(S1)
余强,袁晓艳,赵永清,冯欣.(2010).大学生网络游戏成瘾的现状调查分析.攀枝花学院学报:综合版,27(2),112-115.
俞彬彬,崔丽娟,尹亭亭.(2009).自尊,防御机制与流浪儿童偏差行为的关系研究.心理科学,31(6),1369-1372.
翟群,萧自康.(2006).搏击运动员内隐自尊与外显自尊发展特征研究.体育科学,26(9),59-62.
张春妹,邹泓,向小平.(2006).中学生的自尊与人格特质的相关性.中国心理卫生杂志,20(9),588-591.
张晶,洪一丹.(2009).师范类大学生自尊和社会支持关系的研究.今日科苑(24),180-180.
张力为,梁展鹏.(2002).运动员的生活满意感:个人自尊与集体自尊的贡献.心理学报,34(2),160-167.
张丽华,宋芳.(2008).大学生自尊发展的特点.心理与行为研究,6(3),197-201.
张丽华,杨丽珠,宋芳.(2006).父母教养方式对3—9岁儿童自尊的影响.中国心理卫生杂志,20(9),565-567.
张茂林,杜晓新,张伟峰.(2009).聋人大学生与健听大学生人际关系困扰及自尊状况的比较研究.中国特殊教育(5),8-11.
张庆辞,栾Ф霞,李建伟.(2006).初中生成就动机与自尊,父母教养方式关系研究.中国健康心理学杂志,14(6),621-623.
张守臣,温国旗.(2009).成败操纵反馈情境下内隐自尊的稳定性研究.心理科学,31(6),1409-1412.
张向葵,郭娟,田录梅.(2005).自尊能缓冲死亡焦虑吗.心理科学,28(3),602-605.
张向葵,田录梅.(2005).自尊对失败后抑郁,焦虑反应的缓冲效应.心理学报,37(2),240-245.
张小远,俞守义,赵久波.(2007).医学生自杀意念与人格特征,内外控和自尊水平的关系研究.第四军医大学学报,28(8),747-749.
张阳阳,佐斌.(2006).自尊的恐惧管理理论研究述评.心理科学进展,14(2),273-280.
张义飞.(2009).体育游戏与儿童个性形成和社会化的研究.科学大众.科学教育(10),102-102.
张镇,李幼穗.(2005a).内隐与外显自尊情境启动效应的研究.中国临床心理学杂志,13(3),318-320.
张镇,李幼穗.(2005b).青少年内隐与外显自尊的比较研究.心理与行为研究,3(3),219-224.
赵锋,王卫平.(2009).新生自尊,一般自我效能感与应对方式的研究.山西科技(3),75-76.
赵景欣,申继亮,刘霞.(2008).留守青少年的社会支持网络与其自尊,交往主动性之间的关系——基于变量中心和个体中心的视角.心理科学,31(4),827-831.
赵敏,王芳,于洋.(2003).心理干预对精神分裂症患者自尊水平的影响.中国临床康复,7(24),3381-3381.
赵笑梅,李婷.(2010).流动儿童社会支持与自尊的关系研究.宁波教育学院学报(3),60-63.
钟杰,李波.(2002).自尊在大学生人格,羞耻感与心理健康关系模型中的作用研究.中国临床心理学杂志,10(4),241-245.

周丹霞,俞爱月,王国松,等.(2005).大、中学生焦虑、抑郁、自尊水平测值比较及相关性研究.中国健康心理学杂志,13(2),88-89.

周帆,王登峰.(2005).外显和内隐自尊与心理健康的关系.中国心理卫生杂志,19(3),197-199.

周玉萍,唐文忠.(2002).心理剧治疗对提高精神分裂症患者自尊水平的对照研究.中国心理卫生杂志,16(10),669-671.

朱丽芬,王贵青,韩云萍,夏胜利.(2009).高职大学生自尊特点的调查研究.昆明冶金高等专科学校学报,25(6),22-23.

朱艳丽,赵山明.(2007).少年教养人员人格类型及其与自尊,成就动机,应对方式的调查.中国组织工程研究与临床康复,11(17),3306-3309.

朱玉娟,刘圣荣,李建伟,李飞.(2007).高校教师完美主义与自尊的关系研究.中国健康心理学杂志,15(9),845-846.

朱智贤.(1989).心理学大词典.北京:北京师范大学出版社.

Adler, A. (2013). *Understanding human nature*. London: Routledge.

Baumeister, R. F., Campbell, J. D., Krueger, J. I., & Vohs, K. D. (2003). Does high self-esteem cause better performance, interpersonal success, happiness, or healthier lifestyles? *Psychological science in the public interest*, 4(1), 1-44.

Becker, E. (1975). *Escape from evil*. New York: Free Press.

Bond, M. H., & Cheung, T.-S. (1983). College Students' Spontaneous Self-Concept The Effect of Culture among Respondents in Hong Kong, Japan, and the United States. *Journal of cross-cultural psychology*, 14(2), 153-171.

Bosson, J. K., Swann Jr, W. B., & Pennebaker, J. W. (2000). Stalking the perfect measure of implicit self-esteem: The blind men and the elephant revisited? *Journal of personality and social psychology*, 79(4), 631-643.

Boucher, H. C., Peng, K., Shi, J., & Wang, L. (2009). Culture and implicit self-esteem Chinese are "good" and "bad" at the same time. *Journal of cross-cultural psychology*, 40(1), 24-45.

Branden, N. (1995). *The six pillars of self-esteem*. New York: Bantam Books.

Brewer, M. B. & Gardner, W. (1996). Who is this "we"? Levels of collective identity and self representations. *Journal of Personality and Social Psychology*, 71(1), 83-93.

Brown, J. (2014). *The self*. New York: Routledge.

Brown, J. D., & Cai, H. (2010). Self-esteem and trait importance moderate cultural differences in self-evaluations. *Journal of cross-cultural psychology*, 41(1), 116-123.

Brown, J. D., Cai, H., Oakes, M. A., & Deng, C. (2008). Cultural similarities in self-esteem functioning: East is east and west is west, but sometimes the twain do meet. *Journal of cross-cultural psychology*, 40(1), 140-157.

Buhrmester, M. D., Blanton, H., & Swann Jr, W. B. (2011). Implicit self-esteem: nature, measurement, and a new way forward. *Journal of personality and social psychology*, 100(2), 365-385.

Cai, H., Brown, J. D., Deng, C., & Oakes, M. A. (2007). Self-esteem and culture: Differences in cognitive self-evaluations or affective self-regard? *Asian Journal of Social Psychology*, 10(3), 162-170.

Cai, H., Sedikides, C., Gaertner, L., Wang, C., Carvallo, M., Xu, Y., ... Jackson, L. E. (2011). Tactical self-enhancement in China: Is modesty at the service of self-enhancement in East Asian culture? *Social Psychological and Personality Science*, 2, 59-64.

Cai, H., Sedikides, C., & Jiang, L. (2013). Familial Self as a Potent Source of Affirmation Evidence From China. *Social Psychological and Personality Science*, 4(5), 529-537.

Cai, H., Wu, M., Luo, Y. L., & Yang, J. (2014). Implicit Self-Esteem Decreases in

Adolescence: A Cross-Sectional Study. *PloS one*, *9*(2), e89988.

Cai, H., Wu, Q., & Brown, J. D. (2009). Is self-esteem a universal need? Evidence from The People's Republic of China. *Asian Journal of Social Psychology*, *12*(2), 104–120.

Chavez, R. S., & Heatherton, T. F. (2014). Multi-modal frontostriatal connectivity underlies individual differences in self-esteem. *Social cognitive and affective neuroscience*, nsu063.

Chen, C., Lee, S.-y., & Stevenson, H. W. (1995). Response style and cross-cultural comparisons of rating scales among East Asian and North American students. *Psychological Science*, *6*, 170–175.

Coopersmith, S. (1967). *The antecedents of self-esteem* (Vol. 23): WH freeman San Francisco.

Du, H., Chi, P., Li, X., Zhao, J., & Zhao, G. (2014). Relational self-esteem, psychological well-being, and social support in children affected by HIV. *Journal of health psychology*, 1359105313517276.

Du, H., & Jonas, E. (2015). Being modest makes you feel bad: Effects of the modesty norm and mortality salience on self-esteem in a collectivistic culture. *Scandinavian Journal of Psychology*, *56*(1), 86–98.

Du, H., Jonas, E., Klackl, J., Agroskin, D., Hui, E. K., & Ma, L. (2013). Cultural influences on terror management: Independent and interdependent self-esteem as anxiety buffers. *Journal of Experimental Social Psychology*, *49*(6), 1002–1011.

Du, H., King, R. B., & Chi, P. (2012). The development and validation of the Relational Self-Esteem Scale. *Scandinavian journal of psychology*, *53*(3), 258–264.

Epstein, S. (2003). Cognitive-experiential self-theory of personality. *Handbook of psychology*.

Ev, P. (1984). Piers-Harris children's self-concept scale: revised manual. *Los Angeles: Western Psychological Services*.

Galchenko, I., & van de Vijver, F. J. (2007). The role of perceived cultural distance in the acculturation of exchange students in Russia. *International Journal of Intercultural Relations*, *31*(2), 181–197.

Greenberg, J., Pyszczynski, T., & Solomon, S. (1986). The causes and consequences of a need for self-esteem: A terror management theory. *Public self and private self* (pp. 189–212). New York: Springer.

Greenwald, A. G., & Banaji, M. R. (1995). Implicit social cognition: attitudes, self-esteem, and stereotypes. *Psychological review*, *102*(1), 4–27.

Greenwald, A. G., & Farnham, S. D. (2000). Using the implicit association test to measure self-esteem and self-concept. *Journal of personality and social psychology*, *79*(6), 1022–1038.

Greenwald, A. G., McGhee, D. E., & Schwartz, J. L. (1998). Measuring individual differences in implicit cognition: the implicit association test. *Journal of personality and social psychology*, *74*(6), 1464.

Han, K. H. (2011). The self-enhancing function of Chinese modesty: From a perspective of social script. *Asian Journal of Social Psychology*, *14*(4), 258–268.

Heine, S. J., Lehman, D. R., Markus, H. R., & Kitayama, S. (1999). Is there a universal need for positive self-regard? *Psychological review*, *106*(4), 766–794.

Hepper, E. G., Sedikides, C., & Cai, H. (2011). Self-enhancement and self-protection strategies in China: Cultural expressions of a fundamental human motive. *Journal of cross-cultural psychology*, 0022022111428515.

Hofmann, W., Gschwendner, T., Nosek, B. A., & Schmitt, M. (2005). What moderates implicit — explicit consistency? *European Review of Social Psychology*, *16*(1), 335–390.

Izuma, K., Kennedy, K., Fitzjohn, A., Sedikides, C., & Shibata, K. (2018). Neural activity in the reward-related brain regions predicts implicit self-esteem: A novel validity test of

Kang, S.-M., Shaver, P. R., Sue, S., Min, K.-H., & Jing, H. (2003). Culture-specific patterns in the prediction of life satisfaction: Roles of emotion, relationship quality, and self-esteem. *Personality and Social Psychology Bulletin*, 29(12), 1596–1608.

Kim, Y.-H., Chiu, C.-Y., Peng, S., Cai, H., & Tov, W. (2010). Explaining East-West differences in the likelihood of making favorable self-evaluations: The role of evaluation apprehension and directness of expression. *Journal of cross-cultural psychology*, 41(1), 62–75.

Kim, Y.-H., Peng, S., & Chiu, C.-Y. (2008). Explaining self-esteem differences between Chinese and North Americans: Dialectical self (vs. self-consistency) or lack of positive self-regard. *Self and Identity*, 7(2), 113–128.

Koole, S. L., Dijksterhuis, A., & van Knippenberg, A. (2001). What's in a name: implicit self-esteem and the automatic self. *Journal of personality and social psychology*, 80(4), 669–685.

Kurman, J. (2001). Self-enhancement: Is it restricted to individualistic cultures? *Personality and Social Psychology Bulletin*, 27(12), 1705–1716.

Kurman, J. (2003). Why is self-enhancement low in certain collectivist cultures? An investigation of two competing explanations. *Journal of cross-cultural psychology*, 34(5), 496–510.

Kwan, V. S., Kuang, L. L., & Hui, N. H. (2009). Identifying the sources of self-esteem: The mixed medley of benevolence, merit, and bias. *Self and Identity*, 8(2–3), 176–195.

Kwan, V. S., & Mandisodza, A. N. (2007). Self-esteem: On the relation between conceptualization and measurement. *Frontiers in social psychology: The self*, 259–282.

Leary, M. R., & Downs, D. L. (1995). Interpersonal functions of the self-esteem motive: The self-esteem system as a sociometer. In M. R. Leary & D. L. Downs (Eds.), *Efficacy, agency, and self-esteem* (pp. 123–144). New York: Plenum Press.

Leary, M. R., Tambor, E. S., Terdal, S. K., & Downs, D. L. (1995). Self-esteem as an interpersonal monitor: The sociometer hypothesis. *Journal of personality and social psychology*, 68(3), 518–530.

Li, H., & Yang, J. (2013). Low self-esteem elicits greater mobilization of attentional resources toward emotional stimuli. *Neuroscience letters*, 548, 286–290.

Li, H., Zeigler-Hill, V., Luo, J., Yang, J., & Zhang, Q. (2012). Self-esteem modulates attentional responses to rejection: Evidence from event-related brain potentials. *Journal of Research in Personality*, 46(5), 459–464.

Lin, C.-C., & Yamaguchi, S. (2011). Under what conditions do people feel face-loss? Effects of the presence of others and social roles on the perception of losing face in Japanese culture. *Journal of cross-cultural psychology*, 42(1), 120–124.

Liu, D., & Xin, Z. (2015). Birth cohort and age changes in the self-esteem of Chinese adolescents: a cross-temporal meta-analysis, 1996–2009. *Journal of Research on Adolescence*, 25(2), 366–376.

MacDonald, G., & Leary, M. R. (2012). Individual differences in self-esteem. *Handbook of self and identity*, 354–377.

Markus, H. R., & Kitayama, S. (1991). Culture and the self: Implications for cognition, emotion, and motivation. *Psychological review*, 98(2), 224–253.

Maslow, A. H. (1943). A theory of human motivation. *Psychological review*, 50(4), 370–396.

Mead, G. H. (1934). *Mind, self and society* (Vol. 111). Chicago: University of Chicago

Press.

Mecca, A. M., Smelser, N. J., & Vasconcellos, J. (1989). *The social importance of self-esteem*. Berkeley: University of California Press.

Mruk, C. (1999). Self-esteem Research, Theory and Practice. *New York: Springer*.

Nesdale, D. (2002). Acculturation Attitudes and the Ethnic and Host-Country Identification of Immigrants. *Journal of Applied Social Psychology*, *32*(7), 1488–1507.

Oakes, M. A., Brown, J. D., & Cai, H. (2008). Implicit and explicit self-esteem: Measure for measure. *Social Cognition*, *26*(6), 778–790.

Orth, U., & Robins, R. W. (2014). The development of self-esteem. *Current Directions in Psychological Science*, *23*(5), 381–387.

Pan, W. G., Liu, C. C., Yang, Q., Gu, Y., Yin, S. H., & Chen, A. T. (2016). The neural basis of trait self-esteem revealed by the amplitude of low-frequency fluctuations and resting state functional connectivity. *Social Cognitive and Affective Neuroscience*, *11*(3), 367–376.

Pruessner, J. C., Baldwin, M. W., Dedovic, K., Renwick, R., Mahani, N. K., Lord, C., ... Lupien, S. (2005). Self-esteem, locus of control, hippocampal volume, and cortisol regulation in young and old adulthood. *Neuroimage*, *28*(4), 815–826.

Rogers, C. R. (1951). Client-centered therapy: Its current practice, implications and theory. *London: Constable*.

Rosenberg, M. (1965). The measurement of self-esteem. *Society and the adolescent self image*, *297*, V307.

Routledge, C., Ostafin, B., Juhl, J., Sedikides, C., Cathey, C., & Liao, J. (2010). Adjusting to death: the effects of mortality salience and self-esteem on psychological well-being, growth motivation, and maladaptive behavior. *Journal of personality and social psychology*, *99*(6), 897–916.

Schmitt, D. P., & Allik, J. (2005). Simultaneous administration of the Rosenberg Self-Esteem Scale in 53 nations: exploring the universal and culture-specific features of global self-esteem. *Journal of personality and social psychology*, *89*(4), 623–642.

Shi, Y., Sedikides, C., Cai, H., Liu, Y., & Yang, Z. (2017). Disowning the self: The cultural value of modesty can attenuate self-positivity. *Quarterly Journal of Experimental Psychology*, *70*(6), 1023–1032.

Solomon, S., Greenberg, J., & Pyszczynski, T. (1991). A terror management theory of social behavior: The psychological functions of self-esteem and cultural worldviews. *Advances in experimental social psychology*, *24*, 93–159.

Somerville, L. H., Kelley, W. M., & Heatherton, T. F. (2010). Self-esteem modulates medial prefrontal cortical responses to evaluative social feedback. *Cerebral Cortex*, *20*(12), 3005–3013.

Song, H., Cai, H., Brown, J. D., & Grimm, K. J. (2011). Differential item functioning of the Rosenberg Self-Esteem Scale in the US and China: Measurement bias matters. *Asian Journal of Social Psychology*, *14*(3), 176–188.

Spencer-Rodgers, J., Boucher, H. C., Mori, S. C., Wang, L., & Peng, K. (2009). The dialectical self-concept: Contradiction, change, and holism in East Asian cultures. *Personality and Social Psychology Bulletin*, *35*(1), 29–44.

Spencer-Rodgers, J., Peng, K., Wang, L., & Hou, Y. (2004). Dialectical self-esteem and East-West differences in psychological well-being. *Personality and Social Psychology Bulletin*, *30*(11), 1416–1432.

Tafarodi, R. W., & Swann Jr, W. B. (1995). Self-linking and self-competence as dimensions of global self-esteem: initial validation of a measure. *Journal of personality assessment*, *65*(2), 322–342.

Tafarodi, R. W. , & Swann, W. B. (1996). Individualism-Collectivism and Global Self-Esteem Evidence for a Cultural Trade-Off. *Journal of cross-cultural psychology*, *27*(6),651–672.

Taylor, S. E. , & Brown, J. D. (1988). Illusion and well-being: a social psychological perspective on mental health. *Psychological bulletin*, *103*(2),193–210.

Wang, Y. , Kong, F. , Huang, L. J. , & Liu, J. (2016). Neural correlates of biased responses: The negative method effect in the rosenberg self-esteem scale is associated with right amygdala Volume. *Journal of Personality*, *84*(5),623–632.

Wang, Y. , Zhang, L. , Kong, X. Z. , Hong, Y. Y. , Cheon, B. , & Liu, J. (2016). Pathway to neural resilience: Self-esteem buffers against deleterious effects of poverty on the hippocampus. *Human Brain Mapping*, *37*,3757–3766.

Watkins, D. , & Yu, J. (1993). Differences in the source and level of self-esteem of Chinese college students. *The Journal of social psychology*, *133*(3),347–352.

William, J. (1890). The principles of psychology. *Harvard UP, Cambridge, MA*.

Wu, L. , Cai, H. , Gu, R. , Luo, Y. L. , Zhang, J. , Yang, J. , ... Ding, L. (2014). Neural Manifestations of Implicit Self-Esteem: An ERP Study. *PloS one*, *9*(7),e101837.

Yamaguchi, S. , Greenwald, A. G. , Banaji, M. R. , Murakami, F. , Chen, D. , Shiomura, K. , ... Krendl, A. (2007). Apparent universality of positive implicit self-esteem. *Psychological Science*, *18*(6),498–500.

Yang, J. , Dedovic, K. , Chen, W. , & Zhang, Q. (2012). Self-esteem modulates dorsal anterior cingulate cortical response in self-referential processing. *Neuropsychologia*, *50*(7), 1267–1270.

Yang, J. , Dedovic, K. , Guan, L. , Chen, Y. , & Qi, M. (2014). Self-esteem modulates dorsal medial prefrontal cortical response to self-positivity bias in implicit self-relevant processing. *Social cognitive and affective neuroscience*, nst181.

Yang, J. , Qi, M. , & Guan, L. (2014). Self-esteem modulates the latency of P2 component in implicit self-relevant processing. *Biological psychology*, *97*,22–26.

Yang, J. , Xu, X. , Chen, Y. , Shi, Z. , & Han, S. (2016). Trait self-esteem and neural activities related to self-evaluation and social feedback. *Scientific reports*, *6*(1),1–10.

Yang, J. , & Zhang, Q. (2009). P300 as an index of implicit self-esteem. *Neurological research*.

Yang, J. , Zhao, R. , Zhang, Q. , & Pruessner, J. C. (2013). Effects of self-esteem on electrophysiological correlates of easy and difficult math. *Neurocase*, *19*(5),470–477.

Zhang, H. , Guan, L. , Qi, M. , & Yang, J. (2013). Self-esteem modulates the time course of self-positivity bias in explicit self-evaluation. *PLoS One*, *8*(12),e81169.

Zhou, X. , Lei, Q. , Marley, S. C. , & Chen, J. (2009). Existential function of babies: Babies as a buffer of death-related anxiety. *Asian Journal of Social Psychology*, *12*(1),40–46.

Zhou, X. , Liu, J. , Chen, C. , & Yu, Z. (2008). Do children transcend death? An examination of the terror management function of offspring. *Scandinavian journal of psychology*, *49*(5), 413–418.

2 道德决策[①]

- 2.1 引言 / 39
- 2.2 道德决策的概念 / 42
  - 2.2.1 概念界定 / 42
  - 2.2.2 概念辨析 / 42
    - 与道德判断的区别 / 42
    - 与道德推理的区别 / 43
- 2.3 道德决策的理论基础 / 44
  - 2.3.1 理性认知模型 / 44
  - 2.3.2 社会直觉模型 / 45
  - 2.3.3 双加工理论 / 46
- 2.4 道德决策的测量 / 47
  - 2.4.1 道德两难困境范式 / 47
  - 2.4.2 加工分离程序 / 48
  - 2.4.3 道德决策CNI模型 / 50
- 2.5 道德决策的相关研究 / 56
  - 2.5.1 道德决策的神经科学研究 / 56
    - ERP研究 / 56
    - fMRI研究 / 57
  - 2.5.2 道德决策的影响因素研究 / 58
    - 个体生理特征 / 58
    - 个体心理特征 / 60
    - 社会因素 / 62
- 2.6 道德决策的研究思考与展望 / 63
  - 2.6.1 整合研究视角 / 63
  - 2.6.2 实验情境的真实性 / 64
  - 2.6.3 被试群体的多样性 / 64
  - 2.6.4 中国文化背景下的道德决策 / 64
- 参考文献 / 65

2.1 引言

电影《我不是药神》上映后,引起了社会公众的强烈反响与讨论,越来越多的人

[①] 本文系广西高校中青年教师科研基础能力提升项目"中国式忠诚影响道德行为判断的机制研究"(2021KY0045),广西师范大学教育学部·广西高校人文社会科学重点研究基地广西民族教育发展研究中心2020年度一般课题"忠诚对行为和道德判断的影响研究"(2020MJYB006)的阶段性成果。

们关注到了影片中主人公的原型——陆勇。影片中,陆勇在2002年被查出患有白血病,医生推荐他服用一种产于瑞士的"格列卫"抗癌药,这种药可以帮他稳定病情、正常生活,但需要不间断服用。而这种药的售价高达23 500元一盒,吃药的那两年,药费加治疗费几乎掏空了他的家底。2004年,陆勇在网上看到一篇韩国病友的文章,得知印度公司有一款"格列卫"仿制药,一瓶只要3 000多元,且对比检测结果显示,印度和瑞士两种"格列卫"的药效并无二致。之后,陆勇开始服用仿制的"格列卫",并且为成百上千位患友代购此药。在他的帮助下,众多白血病患者的病情得到了控制。但在2013年,因曾向银行卡贩卖团伙购买银行卡以便向印度制药公司汇款,陆勇被警方抓获。一年后,陆勇被检察院以"妨害信用卡管理罪"和"销售假药罪"的罪名提起公诉,这一事件在当时引起了很大轰动。在这一事件中,陆勇不为牟利,为众多患者点燃了生命之光,为无数家庭带去希望和生机,被诸多患者尊称为"药神"。但与此同时,印度的仿制药并未在国内取得销售许可,这一行为是不被法律所允许的。这一事件引出了一个发人深思的两难困境问题:遵守法律法规就意味着众多生命受到威胁时,个体应当做何选择?

为了探究人们在类似道德困境中的道德决策及心理加工,心理学采用类似的困境来研究道德心理。一辆失控的电车会撞死5名铁路工人,除非你选择拉动控制杆,使电车转到另一条轨道上,但这会撞死1名铁路工人,面对这样的情况,你会选择拉动控制杆吗?(Foot,1967)(如图2.1)同样地,在一辆失控的电车会撞死5名铁路工人的情境下,你可以将一名身材强壮的男子推下天桥,用这个人的身体挡住电车,就可以挽救5名铁路工人,面对这样的情况,你会选择将这名男子推下天桥吗?(Gardner,2016;Thomson,1976)(如图2.2)这是用于研究道德决策的道德两难困境情境,是道德心理学研究的经典范式。前者是由哲学家福特(Foot,1967)提出的电车困境,后者是它的经典变式——天桥困境。最初,格林(Greene等,2001)将道德两难困境应用于心理学研究(Greene, Sommerville, Nystrom, Darley,和Cohen,2001),随后这一范式被广泛用于道德心理学的研究。

图2.1 电车困境

图 2.2 天桥困境

国内学者对道德决策的研究集中于其心理机制、影响因素以及如何提升道德行为或道德水平这三个方面。该领域的研究从理论上扩充了道德心理学的内涵;从实践上对企业及组织的生存发展(杨继平,王兴超,2012)、社会道德规范和公民素质(钟毅平,占友龙,李琎,和范伟,2017)有重大的现实意义和实用价值。截至2020年12月,以 moral decision 或 moral dilemma judgment 为关键词在 web of science 中搜索,共有 18 892 篇文献;再以"道德决策"或"道德两难困境判断"为关键词在知网中搜索,共有 70 篇文献,其中包括 3 篇博士论文,38 篇硕士论文,24 篇期刊论文以及 5 篇会议摘要。从相关文献的检索结果来看,关于道德决策的论文数量在逐年递增(见图 2.3),内容上也日益丰富。本章将系统介绍道德决策的概念,围绕其理论、测量以及相关研究等内容进行阐述并提出未来的研究方向。

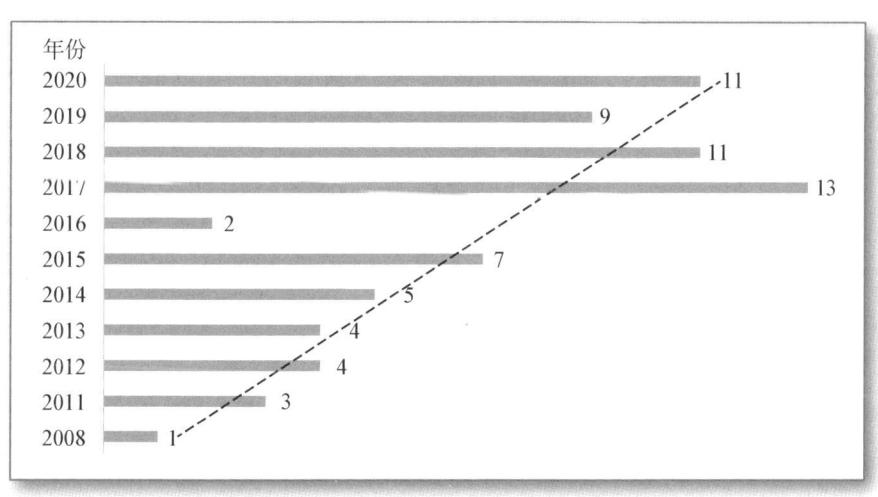

图 2.3 2008 年—2020 年中国研究者在道德决策领域发表中文文章数量

2.2 道德决策的概念

2.2.1 概念界定

自古以来,道德是社会生活中的一个中心议题,也是维持和调节群体间相互作用的基础。研究者认为,道德是指一系列被社会所拥护,用于引导人们社会行为的价值观念和传统习俗的集合(罗跃嘉,李万清,彭家欣,刘超,2013)。在一些文化背景下,只要一个人的所作所为绝大多数是符合社会规范的,就会被认为是有道德的。道德(moral)是规范人际关系的重要原则,它在调节人与人之间的关系时发挥着法律所无法起到的重要作用,几乎所有文化都强调和推崇道德的作用,人们往往愿意把道德看作人和动物的分界线,并且愿意听到道德高尚的评价(Karim 等,2010)。决策(decision making)是人们社会生活的重要组成部分,无时无刻都伴随着我们的生活,可以说人们的一切行为活动几乎都是决策的结果。由于一些不可控的因素,人们在做决策的过程中经常会处于为难的境地,以致被迫做出选择。人们通常会思考自己的决策是否符合道德规范,道德决策是两难决策过程中涉及道德相关的内容,这类的决策权衡往往没有明显的正确和错误之分。

道德决策一直是道德心理学研究的重点,研究者认为,道德决策(moral decision)是指个体面临两种或两种以上道德观或道德需求之间的冲突时,对行为和行为结果进行利弊权衡并做出最终选择(徐科朋,杨凌倩,吴家虹,薛宏,张姝玥,2020)。在道德两难困境中,个体做出的选择没有对错之分,只是在特定情境下的道德选择,不能因为在两难困境中做出功利论判断(utilitarian judgment)就认为个体是功利主义者,对其做出消极评价;也不能因为做出了道义论判断(deontological judgment)就认为个体是人道主义者。研究者认为道德决策由以下几个步骤构成:(1)道德感知(moral perception);(2)道德推理(moral reasoning);(3)道德判断(moral judgment);(4)道德目的(moral intention);(5)道德行为(moral behavior);(6)道德行为评价(moral behavioral evaluation)。

2.2.2 概念辨析

与道德判断的区别

道德判断是道德决策心理过程的核心环节,因此它也一直是学者们研究的重点内容,引起了大批研究者的浓厚兴趣。有研究者认为道德判断是个体对个人或群体的行为或事件赋予道德价值的活动(Greene,2003),也有研究者认为道德判断是人们对行为的道德恰当性做出判断,并给予他人责任和惩罚,或赞扬和奖励(Feldman Hall,Dalgleish,Evans,和 Mobbs,2015;Gao 等,2018;Garrett,Lazzaro,Ariely,和 Sharot,2016)。综合来讲,道德判断指个体对道德情境中的道德行为进行是非判断。具体来说,个体根据社会中形成的标准和价值观,结合自身积累的道德价值取向和过往道德经验,在此基础上对道德情境或道德行为做出自己的理解、分析,并对行为进行好或坏的评价(例如,不去偷窃抢劫,做一个好公民等)。人们往往根据这些标准或价值观在他们自身的内部表征来判断某种行为从道德上来讲是好的还是坏的(Prehn 等,2008)。

道德决策与道德判断的区别有两方面。首先,道德决策与道德判断的含义不同,道德判断是对行为的道德程度进行评价,道德决策是对具有不同道德冲突的多种行为进行选择。其次,道德决策与道德判断的测量方法不同,道德判断通常使用李克特量表对道德相关行为的道德程度做出判断(Cameron,Payne,和 Doris,2013;Wheatley 和 Haidt,2005;Zhong,Strejcek,和 Sivanathan,2010),而道德决策通过道德两难困境情境来研究,基于两种原则可以通过一个原则对抗另一个原则的情境来衡量(徐同洁,刘燕君,胡平,彭申立,2018),根据个体的反应判定个体的选择属于功利论判断还是道义论判断。

与道德推理的区别

道德推理不同于其他形式的推理,因为它是由与道德相关的规则、知识和理解引导的,并作为道德图式储存在记忆中。道德推理是一个可以指导道德决策的过程,但也涉及其他过程和因素,它们的参与程度可能因所作决策的类型而异。道德推理的测量通常分为结构化和非结构化两种,非结构化测量通过访谈的方式提供一些故事情境,然后让被试判断行为的合理性并指出其理由。结构化测量是按照标准的心理测量学程序编制的,使用较多的包括道德判断测验(the moral judgment test,MJT)、定义问题测试(the defining issues test,DIT)以及亲社会推理客观测量(prosocial reasoning objective measure,PROM),此类量表根据科尔伯格的道德发展理论,要求被试对一些故事情境做出行为选择,并对行为选择的理由进行评定。

道德决策与道德推理都是道德心理中的认知因素,但是它们是不同的,区别在于道德推理侧重于推理与分析,关注道德现象背后的理由与解释(吴鹏,刘华山,2014)。道德决策关注判断,但不一定涉及判断的理由。因此,道德推理可以作为道德决策的深入探讨。其次,两者的区别还体现在,不同的个体可能有相同的道德决策,但是其道德推理可以是完全不同的。

2.3 道德决策的理论基础

道德决策的过程与机制虽然一直是道德心理学的研究重点,但对其的研究始终没有统一的答案,为了探究道德决策的内在机制,不同时期的心理学家提出了不同的理论,主要包括理性认知模型、社会直觉模型以及双加工理论。

2.3.1 理性认知模型

20世纪80年代以前,对道德决策的理论解释主要是理性认知模型(rational reasoning model)。理性主义者认为,道德知识和道德决策主要是通过反思和推理过程实现的。皮亚杰(Piaget,1933)使用两难问题对4至12岁儿童的道德观念的形成以及道德决策的过程进行考察,提出道德发展的两个时期:他律道德阶段(3—7岁)和自律道德阶段(7—12岁),并从认知层面提出道德发展理论(moral development theory),该理论认为,道德发展是个体认知发展的一部分且具有阶段性。在他律道德时期,道德规则表现为权威的绝对意志,被认为是神圣不可触犯的,此时儿童会产生遵守成人标准和服从成人规则的义务感。在自律道德时期的儿童认为,规则不再是外在的法则,也不是不可改变的,只要获得集体同意就可以改变某个规则。之后,科尔伯格(Kohlberg,1981)同样使用道德两难问题研究道德推理的发展阶段,"汉斯偷药"是其最经典的问题,以此为基础提出道德认知发展理论(moral cognitive development theory)认为,道德的发展取决于主客体之间的相互作用,它是个体心理认知发展的结果。皮亚杰和科尔伯格提出的道德理论的基础就是理性认知模型,该模型从认知层面出发,认为理性推理决定道德决策,人们做出道德决策的过程是在搜索证据后通过一系列认知推理完成的,而非受到情感等非理性因素的作用。理性认知模型认为,道德情境引发道德推理,由道德推理产生道德决策。

理性认知模型强调认知推理在道德决策中的作用(Killen, Smetana, Killen,和 Smetana,2006;Turiel,1983)。研究者认为,道德推理是指"在多个可供选择的道德标准之间进行比较、评价,从而最终做出一种价值判断的有意识的心理过程"(Paxton 和 Greene,2010),也就是说,道德推理涉及在几种可能不一致的道德标准之间进行权衡和判断,它可能往往发生在比较复杂的道德决策情境中。

2.3.2 社会直觉模型

传统的理性认知模型无法解释的是，为何道德决策已经产生，但人们却无法给出得到这一判断的原因，显然，传统的理性认知模型是存在问题的。根据实际生活经验，人们并非对所有道德情境的判断都需要基于严谨而理性的推理，比如，当对"兄妹乱伦"这一情境进行判断，人们大多会立即判断为不道德，很少有人会在做出判断之前为此提出一种明确解释或适宜理由，这一现象叫作道德失声现象（moral dumbfounding）。海德（Haidt，2001）由这一现象提出社会直觉模型（social intuitionist model），认为道德推理并不能产生道德决策，实际上，直接引发道德决策的是道德直觉，即道德决策是一个由情绪驱动的过程，情绪诱发的直觉在短时间内就能够自动完成道德决策，只有在道德决策形成以后，才会出现道德推理，而道德推理的作用只是为了寻找支持道德决策的证据。海德认为，道德直觉是指没有意识到任何搜索、权衡证据或推断结论的步骤，而突然出现在意识中的感觉，或者说，它是处在意识边缘的关于一个人的性格或行为的评价性感觉。

海德并不否认道德推理过程的存在，他认为道德决策是由直觉和推理两个系统构成的，二者的区别在于前者快速、无需意志努力、自动化，而后者缓慢、需意志努力、涉及意识层面的加工。情绪加工直接决定了道德决策结果，这个过程无需认知参与，也不受认知影响，正如人们看到或听到一个事件时，通常无需思考就能够进行对错判断一样，道德直觉就是意识中突然呈现一种道德决策；而道德推理则是将既有信息进行转换以达到决策的一种加工过程，人们往往能够意识到这个过程的存在。

因此，与道德的理性认知模型完全不同，社会直觉模型认为，道德决策是一个由情绪启动的、快速的、自动化的直觉过程。道德决策中包含的直觉成分多于推理成分，有意识的推理过程发生在道德决策之后，起到一个补充说明的作用。情绪因素影响道德决策的观念得到了大量研究的支持。相关研究的行为数据表明，个体在进行道德两难问题判断之前被诱发的积极或消极情绪都会直接影响人们在道德两难问题中的道德决策和评价（Eskine，Kacinik，和 Prinz，2011；Kliemann，Young，Scholz，和 Saxe，2008；Schnall，Benton，和 Harvey，2008；Schnall，Haidt，Clore，和 Jordan，2008；Valdesolo 和 DeSteno，2006；Wheatley 和 Haidt，2005)，相关的脑成像研究结果与以往结果一致（Harenski 和 Hamann，2006；Koenigs 等，2007；Moll，de Oliveira-Souza，Bramati，和 Grafman，2002），此类研究都证实了情绪在道德决策中的重要作用。

理性认知模型低估了情绪因素的作用，以往大量的行为数据、脑成像数据和神经心理学数据表明,情绪启动是道德决策中重要的参与因素。社会直觉模型第一次系统而明确地提出情绪在道德判断中的重要作用。尽管该模型有实证数据的支持,但是目前大多数研究也只能验证,情绪会参与到道德决策的过程中,尚没有充分的证据说明道德决策完全是由情绪驱动的。因此,并没有证据说明情绪在道德决策中的决定性作用(Huebner,Dwyer,和 Hauser,2009)。

2.3.3 双加工理论

随着理论研究的发展,格林等人(Greene,2003;Greene 等,2001)将直觉情绪与认知推理过程相结合,对道德决策的脑机制进行了大量实证研究,在此基础上提出道德的双加工理论(Greene,Nystrom,Engell,Darley,和 Cohen,2004)。道德双加工理论(Dual-process Model)是道德决策的经典理论(田学红,杨群,张德玄,张烨,2011),该理论认为,道德决策是情绪直觉与审慎认知并存的信息加工过程(谢熹瑶,罗跃嘉,2009),即道德决策既含有一个快速、无意识的"情绪"系统,又含有一个慢速、有意识的"认知"系统(王鹏,方平,姜媛,2011),人们在加工道德问题的过程中可能会包含更多情绪因素,也可能包含更多的认知加工因素(钟毅平等,2017)。这两种加工方式参与的程度和方式不同,而道德决策是情感系统与认知系统相互竞争的结果(唐江伟,路红,刘毅,彭坚,2015)。因此,格林认为,情绪和推理在道德判断过程中均存在,影响个体道德决策的并非只有其中一种因素,但两种过程不是时刻都处于均衡状态。当情绪占主导地位时,个体就会做出道义论判断;相反,如果认知推理占主导,个体更倾向于做出功利论判断。

格林等人设计了两种不同类型的道德两难困境情境来考察被试在道德决策时的脑部活动情况。一类是非个人卷入的道德两难困境(impersonal moral dilemma,IM),以电车困境为代表,这类困境涉及对他人的间接伤害;另一类是个人卷入的道德两难困境(personal moral dilemma,PM),以天桥困境为代表,这类困境涉及对他人的直接伤害。研究表明,在非个人卷入的道德两难困境中,被试的情绪诱发较弱,而个人卷入的道德两难困境则会诱发被试较为强烈的情绪,两类困境所激活的脑区存在显著差异。非个人卷入的道德两难问题主要激活背侧前额叶和顶叶,这两个区域与工作记忆、抽象推理、问题解决等认知加工有关;而个人卷入的道德两难问题主要激活内侧前额叶和扣带后回,这些区域与边缘系统有直接的投射联结,主要与社会情绪加工有关(Greene 等,2001)。这一结果证实了格林提出的双加工理论,即道德决策有认知和情绪两种加工过程,不同类型的道德决策所对应的主导加工过程有所不同。此后,研究者又将个人卷入的道德两难困境分为高冲突两难困境（high-conflict dilemma）和低冲突两难困境（low-conflict dilemma）。研究发现被试在进行高冲突两难困境时做出的功利论判断与认知相关脑区激活有关，且个体的决策速度更快，进行低冲突两难困境时个体的决策速度较慢（Greene，Morelli，Lowenberg，Nystrom，和 Cohen，2008）。这一结果进一步证实了认知和情绪共同影响道德决策过程。

2.4 道德决策的测量

2.4.1 道德两难困境范式

道德两难困境是道德心理学研究的经典范式，传统的道德两难困境范式基于功利论和道义论的反应可以通过一个原则对抗另一个原则的情境（如电车困境）来衡量。为了揭示道德两难困境决策的差异，格林的道德判断双加工理论假设，道德两难困境有功利论（Utilitarianism）和道义论（Deontology）两种原则，功利论与穆勒提出的道德哲学有关，强调更大的好处（即整体幸福感），其决策标准是收益最大化（Mill，1992）；道义论与康德提出的道德哲学有关，强调权利和道义不可更改的普遍性，其决策标准是符合道德规范（康德，1957）。被试行为选择的道德本质是从其选择与功利论或道义论原则的一致性中推断出来的（Greene，2007）。根据功利论原则，一个行为选择取决于其对结果的影响。在某种程度上，如果行为的选择能够使结果利益最大化，那么它在道德上就是可以接受的（Conway 和 Gawronski，2013）；然而，如果同样的行为选择降低了结果利益或并不能使结果利益最大化，那么它在道德上就是不可以接受的。根据道义论原则，一个行为选择取决于其与道德规范的一致性。在某种程度上，如果行为选择符合道德规范，在道德上就是可以接受的；如果行为不符合道德规范，在道德上就是不可以接受的。以这两种原则的观点看电车困境和天桥困境，根据功利论原则，拉杆和推人在道德上是可以接受的，因为这两种行为都能使结果利益最大化，即如果有助于挽救 5 个人的生命，杀死 1 个人在道德上是可以接受的。根据道义论原则，拉杆和推人在道德上是不可以接受的，因为这些行为与不应该伤害他人的道德规范相冲突，即不管结果如何，伤害他人在道德上是不可以接受的。因此，认为这些行为可以接受的被试通常被判定为做出了功利论决策，而认为这些行为不可以接受的被试则被判定为做出了道义论决策（Janoff-Bulman，Sheikh，和 Hepp，2009）。道义论和功利论的判断的分数可以通过计算多个两难困境中不可接受反应的比例得出。传统道德两难困境范式在道德心理学中被广泛用于研究个体的道义论和功利论判断（Bartels，2008；

Carney 和 Mason，2010；Ciaramelli，Muccioli，Ladavas，和 di Pellegrino，2007；Hofmann 和 Baumert，2010；Mendez，Anderson，和 Shapira，2005；Moore，Clark，和 Kane，2008；Nichols，2002；Pellizzoni，Siegal，和 Surian，2010）。

2.4.2 加工分离程序

虽然传统道德两难困境范式在道德心理学中被广泛应用，但也遭受到了许多质疑。被试必须将伤害行为判定为可接受或是不可接受，从而支持道义论原则或功利论原则。遵守道义论原则的选择同时也违背了功利论原则，反之亦然。因此，传统方法混淆了选择一个选项和拒绝另一个选项。这导致传统方法存在四个缺陷：第一，如果数据分析将两种道德倾向对立，那么两种道德倾向就无法被独立分析，也无法检验两种倾向的正相关。第二，如果功利论和道义论倾向是负相关的，那么将某些两难困境定性为高冲突困境将是一种误导，因为功利论和道义论倾向不会发生冲突。第三，将道义论和功利论倾向对立导致理论上的模糊，例如，当实验操作（例如，积极情绪的诱发）改变对道德两难困境的反应时，研究者可能将观察到的变化归因于一种倾向的增加，尽管结果可能反映了另一种倾向的减少。最后，许多学者认为道义论和功利论判断是两个性质不同的结果（Greene，2007），但如果将两种结果视为单个连续体的相反端，就没有必要接受双加工模型的解释。基于以上问题，加工分离程序被提出，它能够独立地量化个体的道义论和功利论倾向，有效克服传统方法存在的问题。

加工分离程序（process dissociation procedure，PDP）最初由雅各比（Jacoby，1991）提出，被用于分离记忆过程中内隐加工与外显加工的作用，之后费雷拉（Ferreira，Garcia-Marques，Sherman，和 Sherman，2006）将其应用于考察不确定决策、道德判断以及跨期决策等心理机制，也由此确认了双加工过程的存在。PDP可以用于包含两个独立加工过程的研究，能够有效量化两个加工过程的影响，因此能够有效测量和分离道德决策过程中直觉情绪与认知推理的效力，分别计算道德决策中直觉加工与认知推理各自的贡献量。

使用 PDP 研究道德两难决策需要被试完成两套不同的道德两难困境（如表2.1），不一致困境对应高冲突困境：需要考虑所造成伤害的大小，使结果利益最大化，例如为了避免撞倒两个人而突然撞向一个人。在这种困境中，选择接受造成的伤害违反了道义论原则，但又支持功利论原则。一致困境与不一致困境在情境上相同，只是造成的伤害不再是最大的结果，例如为了避免撞倒两个人而突然撞向一群人。在这种困境中，不接受造成伤害既坚持道义论原则，又坚持功利论原则。

PDP通过评估被试在不一致的困境中接受和拒绝功利论原则的次数计算个体的道德决策,通过测量对一致和不一致困境的反应,PDP可以通过使用以下公式独立推导出道义论和功利论倾向。U参数反映做出功利论选择的倾向,D参数反映做出道义论选择的倾向。因此,1-U反映功利论不驱动选择的情况,1-D反映道义论不驱动选择的情况(如图2.4)。

表2.1

加工分离程序道德困境样例

不一致困境	一致困境
你正开车穿过一条繁忙的城市街道,突然一位年轻的母亲抱着一个孩子将会撞向你的车。你开得太快了,没法及时刹车,此时你能做的就是转弯。不幸的是,你现在唯一能转弯的方向有一位老太太。如果你为了避开年轻的母亲和婴儿而转弯,你会严重伤害或撞死老太太。为了避开年轻母子,拐弯撞老太太是否合适?	你正开车穿过一条繁忙的城市街道,突然一位年轻的母亲抱着一个孩子将会撞向你的车。你开得太快了,没法及时刹车,此时你能做的就是转弯。不幸的是,现在你唯一能转弯的方向有一群上学的孩子。如果你为了避开年轻的母亲和婴儿而转弯,你会严重伤害或撞死一群学生中的几个。为了避开年轻母子,拐弯撞一群学童是否合适?

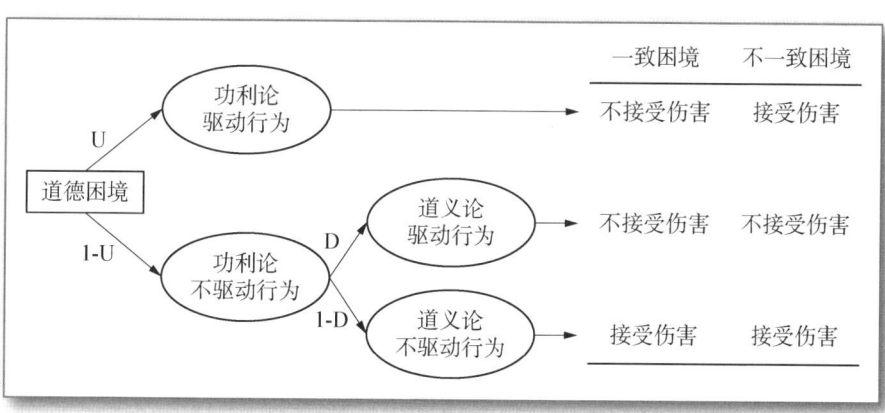

图2.4 加工分离程序工作路径图,表明导致有害行为在一致和不一致的禁止性道德困境中的接受和不接受情况。从左到右的路径反映了三种情况:(1)功利论驱动行为,(2)道义论驱动行为,(3)功利论和道义论都不驱动行为。右边的表格中分别描述导致一致和不一致困境中接受伤害和不接受伤害的潜在情况。

判断不接受伤害的概率在一致困境中表现为功利论驱动反应或道义论驱动反应,具体方程式如下所示:

(1) p(不接受|一致)=U+[(1-U)×D]

在一致困境中,判断接受伤害的概率也可以通过测量功利论和道义论都不驱动反应的情况:

2 道德决策

(2) p(接受|一致)=(1-U)×(1-D)

在不一致困境中,不接受伤害的可能性是由道义论驱动:

(3) p(不接受|不一致)=(1-U)×D

在不一致困境中,接受伤害的可能性是由功利论驱动的:

(4) p(接受|不一致)=U+[(1-U)×(1-D)]

通过计算一致和不一致困境中接受和拒绝伤害的概率,可以使用公式(5)和(6)计算出独立的功利论和道义论得分。U为功利论参数,将不接受不一致困境伤害的概率与不接受一致困境伤害的概率相见,即为结果最大化的指标,即功利论倾向。独立的道义论U参数同理,将不一致困境中不接受伤害的概率除以功利论倾向的反面。这些分数是指选择对两难困境反应的倾向性。

(5) U=p(不接受|一致)-p(不接受|不一致)

(6) D=p(不接受|不一致)/(1-U)

PDP的优点在于可以分离自动加工和控制加工过程。该范式假设存在自动加工系统和控制加工系统两个独立的决策系统,如果操纵改变某个因素导致某个系统的贡献率产生变化,则说明这一加工系统在决策过程中的确能够产生作用,若该系统的贡献率没有发生改变,则说明此系统在决策中不起作用。

2.4.3 道德决策CNI模型

道德决策CNI模型(CNI model of moral decision-making)由学者加夫龙斯基(Gawronski,2017)针对传统道德两难困境范式存在的缺陷所提出的。第一,传统道德两难困境范式具有不现实性(Gold,Pulford,和Colman,2014)。有研究者认为,被试往往认为电车困境是有趣的,但并不会发人深思,更不太可能引出与现实世界中道德情境相同的心理过程(Bauman,Mcgraw,Bartels,和Warren,2014)。第二,缺乏客观有效的指标量化功利论倾向和道义论倾向。在传统的道德两难困境范式中,功利论和道义论反应的后果方面和道德规范的定义方面没有被控制和操纵,这削弱了对观察到的反应的理论解释。第三,对于被试在传统道德两难困境范式的反应还有一些替代性解释,被试的反应可能不是处在功利论和道义论两种道德价值之下做出的。例如,个体之所以不愿意牺牲一个人的生命救更多人或愿意牺牲一个人以救更多人,可能是由个体作为或不作为的行为反应偏好所致。为了解决传统道德两难困境范式的劣势,加夫龙斯基提出了道德决策CNI模型(Gawronski,Armstrong,Conway,Friesdorf,和Hutter,2017),通过多项式建模的方法,分别计算被试对结果的敏感性、对道德规范的敏感性,以及被试的行为反应偏好,更准确地解释个体在道德两难困境中的反应。

CNI模型对功利论和道义论进行重新操作化定义,它将行为归类为功利论的原因是对结果敏感,因为利益最大化而选择作为;将行为归类为道义论的原因是对道德规范敏感,因为行为与道德规范一致而选择不作为(Gawronski 等,2017)。另外,CNI模型也区分了功利论和对作为的反应偏好,道义论和对不作为的反应偏好。同时,它又将道德两难困境的反应结果考虑进来。因此,加夫龙斯基在传统道德两难困境的基础上,建立四种类型的道德两难困境:(1)道德规范禁止做出行为,且做出行为的利益大于成本;(2)道德规范禁止做出行为,且做出行为的利益小于成本;(3)道德规范允许做出行为,且行为的利益大于成本;(4)道德规范允许做出行为,且行为的利益小于成本(如表2.2所示)。CNI模型使用多项式模型量化道德两难困境判断的三个决定因素:(1)被试对结果的敏感性C(图2.5中的第一行),C的值越高,被试对后果的敏感性越高;(2)被试对道德规范的敏感性N(图2.5中的第二行),N的值越高,被试对道德规范的敏感性越高;(3)被试对作为或不作为的反应偏好I(图2.5中的第三行和第四行),I的值高,被试对不作为的反应偏好越大,I的值越低,表示被试在做决定时越倾向于作为,而不考虑后果和道德规范。

表2.2

CNI道德困境样例			
规范禁止行为		规范允许行为	
行为的利益大于成本	行为的利益小于成本	行为的利益大于成本	行为的利益小于成本
您是一名高度传染性疾病爆发地区的医生。初步测试表明,一种新疫苗由于严重的副作用,未得到国家卫生部门的认可。疫苗的副作用可能会导致数十名未感染者死亡,但该疫苗将通过阻止病毒传播而挽救数百人的生命。	您是一名高度传染性疾病爆发地区的医生。初步测试表明,一种新疫苗由于严重的副作用,未得到国家卫生部门的认可。疫苗的副作用可能会导致数十名未感染者死亡,但该疫苗将通过阻止病毒传播而挽救大约相同数量的生命。	您是一名高度传染性疾病爆发地区的医生。初步测试表明,一种新疫苗由于严重的副作用,未得到国家卫生部门的认可。疫苗的副作用可能会导致数十名未感染者死亡,但该疫苗将通过阻止病毒传播而挽救大约相同数量的生命。您的一位同事计划使用该疫苗,但是您可以通过向卫生部门报告他的计划来阻止他。	您是一名高度传染性疾病爆发地区的医生。初步测试表明,一种新疫苗由于严重的副作用,未得到国家卫生部门的认可。疫苗的副作用可能会导致数十名未感染者死亡,但该疫苗将通过阻止病毒传播而挽救数百人的生命。您的一位同事计划使用该疫苗,但是您可以通过向卫生部门报告他的计划来阻止他。
在这种情况下使用疫苗是否合适?	在这种情况下使用疫苗是否合适?	在这种情况下,将您同事的计划报告给卫生部门是否合适?	在这种情况下,将您同事的计划报告给卫生部门是否合适?

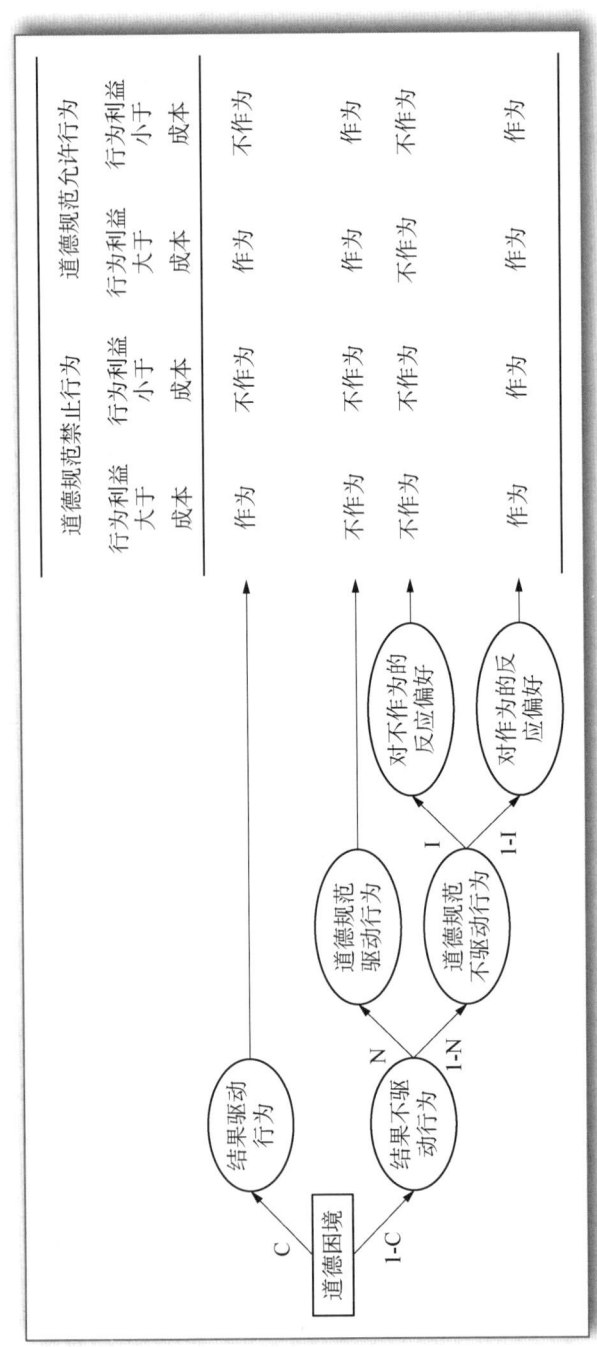

图 2.5 道德决策 CNI 模型工作路径图

多项式建模是一种统计学上的方法,多项式加工树模型(Multinomial Processing Tree Model)旨在将多种因素对反应的影响区分开(张红霞,陈小莹,王栋,马靓,周仁来,2016;Hutter 和 Klauer,2016),能够得到具体的参数估计值来反映不同的道德决策过程,考察被试在具有不同后果和道德规范要求的道德两难困境中做出的行为选择所具有的不同意义,这是目前其他分析方法所不具备的。在社会心理学中,多项式建模已经被用于研究对痛苦的有意和无意的共情(Cameron,Spring,和 Todd,2017)、有意和无意的道德评价(Cameron,Payne,Sinnott-Armstrong,Scheffer,和 Inzlicht,2017)以及内隐测量(Meissner,和 Rothermund,2013;Nadarevic 和 Erdfelder,2011)等。

CNI 模型的三个参数 C、N、I 分别对应行为选择由结果、道德规范和行为反应偏好所驱动的可能性,该模型的四条路径描述了行为选择的四种情况。当行为选择由结果驱动时,符合功利论反应模式,这种情况由路径 C 描述,代表结果驱动行为选择的情况(图 2.5 中的第一行)。当行为选择由道德规范驱动时,符合道义论反应模式,这种情况由路径由(1−C)×N 描述,代表结果不驱动行为选择的情况下,道德规范驱动行为选择的情况(图 2.5 中的第二行)。当行为选择反映个体倾向于不作为时,符合不作为反应模式,这种情况由径由(1−C)×(1−N)×I 描述,代表后果和道德规范不驱动行为选择的情况下,个体对不作为的反应偏好(图 2.5 中的第三行)。当行为选择反映个体倾向于作为时,符合作为的反应模式,这种情况由径由(1−C)×(1−N)×(1−I)描述,代表后果和道德规范不驱动行为选择的情况下,个体对作为的反应偏好(图 2.5 中的第四行)。

根据 CNI 模型的四条路径可以推导出相应的数学方程式,能够描述在四种类型的道德两难困境中行为选择发生的可能性。方程可由以下方式推导:(1)找到给定列中的作为或不作为反应的所有情况;(2)将每种情况对应到相应的处理路径;(3)将这些路径在一个数学方程中表示。例如,在道德规范禁止行为且行为利益大于成本的道德两难困境中,选择不作为的路径有两条:(1)结果不驱动行为选择但道德规范驱动行为选择,即路径(1−C)×N;(2)道德规范和结果都不驱动行为选择,对不作为的反应偏好,即路径(1−C)×(1−N)×I。这一概率在数学上被描述为:p(不作为|道德规范禁止行为,行为利益大于成本)=[(1−C)×N]+[(1−C)×(1−N)×I]。同理,在道德规范禁止行为且行为利益大于成本的道德两难困境中,选择作为的路径也有两条:(1)结果驱动行为选择,即路径 C;(2)当道德规范和结果都不驱动行为选择,对作为的反应偏好,即路径(1−C)×(1−N)×(1−I)。这一概率在数学上被描述为:p(作为|道德规范禁止行为,行为利益大于成本)=C+[(1−C)×(1−N)×(1−I)]。同样程序可以推导出其他三种类

型的道德两难困境中作为和不作为反应的方程式。对四种类型的困境和两种潜在的反应(即作为与不作为),共有八个方程式。因为在给定的道德两难困境类型上做出作为反应的可能性等于1减去在此困境类型上做出不作为反应的可能性,共有四个非冗余方程,包括三个未知参数(即C、N、I),具体方程式如下所示:

(1) p(不作为|道德规范禁止行为,行为利益大于成本)=[(1−C)×N]+[(1−C)×(1−N)×I]

(2) p(不作为|道德规范禁止行为,行为利益小于成本)=C+[(1−C)×N]+[(1−C)×(1−N)×I]

(3) p(不作为|道德规范允许行为,行为利益大于成本)=(1−C)×(1−N)×I

(4) p(不作为|道德规范允许行为,行为利益小于成本)=C+[(1−C)×(1−N)×I]

(5) p(作为|道德规范禁止行为,行为利益大于成本)=C+[(1−C)×(1−N)×(1−I)]

(6) p(作为|道德规范禁止行为,行为利益小于成本)=(1−C)×(1−N)×(1−I)

(7) p(作为|道德规范允许行为,行为利益大于成本)=C+[(1−C)×N]+[(1−C)×(1−N)×(1−I)]

(8) p(作为|道德规范允许行为,行为利益小于成本)=[(1−C)×N]+[(1−C)×(1−N)×(1−I)]

P值是研究中已知的因变量,通过带有C、N、I三个未知参数的方程式,可计算出三个参数的值。使用最大似然统计,多项式建模生成变量估计三个未知参数的估计值,旨在减小被试对四种类型的两难困境的反应中观察到的作为与不作为之间的差异,以及使用所识别的参数估计的模型方程预测作为与不作为反应的概率间的差异。通过拟合优度统计评估模型描述数据的充分性,模型拟合将反映在经验观察到的概率和模型预测的概率在统计学上的显著差异中。加夫龙斯基用多叉树(Multitree)软件建构多项式模型,在软件中输入被试对每种类型的道德两难困境做出的"作为"和"不作为"的反应总和(即8个p值),就能得到相应的C、N、I参数的估计值。对于C参数,估计值显著大于零表明被试对道德两难困境的反应受结果的影响;对于N参数,估计值显著大于零表明被试对道德两难困境的反应受道德规范的影响;对于I参数,估计值显著大于0.5表明被试对不作为的反应偏好,估计值显著小于0.5表明对作为的反应偏好。

在道德心理学中,CNI模型已经被用来研究性别(Gawronski等,2017)、睾酮素(Brannon，Carr，Jin，Josephs，和Gawronski，2019)、压力(Zhang，Kong，Li，Zhao，和Gao，2018)、情绪(Gawronski，Conway，Armstrong，Friesdorf，和Hutter，2018)、人格特质(Kroneisen和Heck，2019)、精神病性(Gawronski等，2017)、时间压力(Kroneisen和Steghaus，2021)、认知负荷(Gawronski等，2017)、问题框架(Gawronski等，2017)、语言(Bialek，Paruzel-Czachura，和Gawronski，2019)、权力(Gawronski和Brannon，2020)和宗教(Korner，Deutsch，和Gawronski，2020)对道德决策的作用,CNI模型的有效性被初步证实,但也存在一定局限性。第一,CNI模型对后果、道德规范以及行为反应偏好的关注是有限的。虽然这三个变量与多数研究中要验证的假设相吻合,但一些对道德两难困境判断产生的额外影响可能无法通过CNI模型观察到。而且,任何基于CNI模型研究得出的结论都取决于其三个变量的结构效度,如果不能充分操纵后果和道德规范,C变量和N变量是否分别反映了对后果和对道德规范的敏感性就必然会受到质疑。第二,CNI模型不适用于个体差异研究。该模型适合涉及各组之间比较的研究(例如实验组或具有已知特征的组),但是它不适用于个体差异的研究。在个体差异研究中,CNI模型必须基于每个被试的数据(而不是来自被试组的汇总数据)进行分析,而加夫龙斯基等人采用的24个道德两难困境判断所能提供的实验次数较少(Gawronski等,2017),少量的观察结果经常导致个体水平的模型拟合程度不佳,无法在个体层面获得可靠的估计(Korner等,2020)。第三,CNI模型并没有完全驳斥传统道德两难困境范式。从根本上来讲,CNI模型针对功利论和道义论重新进行了操作化定义,又重新建立道德两难困境判断材料,使其很难与传统两难困境范式进行同一水平上的比较,更缺少一针见血的证据推倒道德两难困境范式的理论假设。第四,CNI模型在中国文化背景下的适用性还有待检验。CNI模型由西方学者加夫龙斯基建立,而东西方文化的差异可能导致不同文化背景下人们道德认知的不同,那么其背后的心理机制是否存在差异(詹泽,吴宝沛,2019),CNI模型是否适用于东方文化,需要跨文化研究来探讨这一问题。

在这里指出CNI模型与PDP的异同。从数学上讲,PDP独立考察功利论和道义论倾向的贡献,与多项式建模非常相似,这两种方法都能使研究者量化多个因素对行为结果的贡献(Hutter和Klauer，2016；Payne和Bishara，2009)。区别在于,PDP主要是用具有两个未知数的方程式通过线性代数直接计算,受限于两个因素;而多项式模型可以通过最大似然统计来估计并量化两个以上的因素。从内容上讲,使用PDP研究道德决策仅限于规范禁止行为的道德困境,并不能反映规范允许行为和禁止行为之间的差异。因此,PDP所展现的结果仅限于图2.2左上角的前三列。这就导致加工分离程序混淆了两个主要变量：(1)PDP参数中对道德规范的敏感性与对不作为的偏好之间的混淆,该参数被认为反映了道义论倾向(D 参数);(2)PDP 参数中对结果的敏感性与对作为偏好的混淆,该参数被认为反映了功利论倾向(U 参数)。

2.5 道德决策的相关研究

2.5.1 道德决策的神经科学研究

传统的道德决策采用的主要是行为学研究,对采集到的行为学数据进行统计分析最终得出结论。近年来,一些研究者结合事件相关电位(event-related potentials,ERPs)、功能性磁共振成像(functional magnetic resonance imaging, fMRI)、功能性近红外光学成像技术(functional near-infrared spectroscopy, fNIRS)技术,对被试的电生理指标进行检测,并结合行为学数据进行分析,探讨两者之间的相关关系。

ERP 研究

虽然 fMRI 等脑成像技术具有高空间定位的特点,能对道德决策过程中激活的脑区准确定位,但其缺点也很明显,即时间精确性不够,难以结合道德决策过程中的反应时,投入的注意等对结果进行说明。所以,一些研究者结合 ERP 技术,即事件相关电位技术进一步考察道德决策过程中的时间进程。近年来,相关的 ERP 研究采用不同的情境范式,探讨不同情境下进行道德决策的神经机制及其时间进程,并发现了一些与道德决策相关的成分。

N1 是在刺激呈现后 100 ms 左右出现的一个负波,N1 成分能在刺激出现后快速地区分道德行为的效价,反映出早期的道德决策阶段是一个快速的、自动化的直觉过程,能够快速地对情境中的关键信息进行编码和处理。研究者发现,比起道德无关图片,道德图片诱发的早期前额 N1 峰值更大,这表明与道德相关的思想出现在道德决策的早期阶段(Gui,Gan,和 Liu,2016)。被试在观看道德情境后,最快可以在 62 ms 内区分开有意和无意的有害行为(Decety 和 Cacioppo,2012)。最近,有研究表明,N1 可以在观看道德图片任务中区分好的行为和坏的行为(Yoder 和 Decety,2014)。

P2 是在刺激呈现后 140—230 ms 左右出现的一个正波,主要能在前额部和额中部明显观测到;P260 是在刺激呈现后 260 ms 出现的一个正波,主要能明显在中部、顶中部和顶部脑区明显观测到;N2 是在刺激呈现后 170—300 ms 左右出现的一个负波,主要能在前额部和额中部明显观测到。P2、P260 和 N2 成分反映了道德决策中期情绪和认知的加工过程中,被试体验到的认知冲突和情绪反应,且情境诱发的冲突越大,负性情绪反应越强。许多研究表明 P2 可能反映刺激评估和决策的启动(高文斌,魏景汉,彭小虎,罗跃嘉,2003;罗跃嘉和 Parasuraman,2001;Lindholm 和 Koriath,1985;Potts,2004)。研究发现,与低冲突的道德困境(如拯救陌生人 A 或 B)相比,被试在面对高冲突的道德困境(如拯救父亲还是母亲)时会产生更大的 P2 波幅(Chen, Qiu, Li,和 Zhang,2009)。当对传统的道德两难困境范式进行研究时,比如说,比起电车困境,被试在对人行天桥困境做出决策时,会诱发更大的 P260 波幅,于是研究者将 P260 成分解释为反映决策第一阶段的即时情感反应,主要涉及自动处理阶段(Pletti, Sarlo, Palomba, Rumiati 和 Lotto,2015;Sarlo, Lotto, Rumiati,和 Palomba,2014)。也有研究者把道德困境分类为附带困境和工具性困境,并采取此困境对被试进行道德决策研究。结果表明,比起附带困境,被试在对工具性困境做出决策时,其额极和额部会出现一个更大的 P260 波幅,这表明该成分可能反映了决策第一阶段对道德困境的情感反映(Michela,2012)。

P3/LPP 是在刺激呈现后 300—800 ms 左右出现的晚期慢波,这些晚期成分表明个体在进行有意识的精细加工和评估判断。已有研究表明,P3 等晚期慢波与道德认知以及道德决策相关(Chen 等,2009;Chiu Loke, Evans,和 Lee,2011;Yoder 和 Decety,2014)。P3 波幅也可能反映出在给定任务中分配投入的注意资源(Nieuwenhuis, Aston-Jones,和 Cohen,2005),而 LPP 被认为是初始刺激处理后发生的注意机制的标志(Cacioppo,1996),当采用道德两难困境作为研究材料时,比起工具性困境,被试在对附带困境做出决策时,在后部会观察到一个更正的晚正电位波幅。这种晚正电位的波幅被认为与投入的注意力资源和工作记忆负荷的分配或决策所需的加工和认知工作量成正比(F 和 M,1991;S, R,和 S,1982)。

fMRI 研究

近年来,越来越多的研究者采用功能性磁共振成像技术(fMRI)对道德决策任务进行研究,旨在找到被试行为与大脑激活区域的关系。大量人类脑成像研究发现道德决策通常会涉及情绪和认知过程的复杂交互(Decety, Michalska,和 Kinzler,2012)。研究发现,与道德决策任务相关的脑区主要有腹内侧前额叶(VMPFC)、背外侧前额叶(DLPFC)、眶额皮层(OFC)、杏仁核、颞上沟(STS)、角回、前部扣带回(ACC)和后部扣带回(PCC)(Buckholtz 和 Marois,2012;Decety 等,2012;Gillett 和 Franz,2016;Lisofsky, Kazzer, Heekeren,和 Prehn,2014)。而在道德决策中,与情绪加工紧密相关的脑区主要集中在腹内侧前额叶皮层

(VMPFC)、眶额皮层(OFC)、脑岛、杏仁核、丘脑、前部扣带回(ACC)、腹侧纹状体(Ho，Gonzalez，Abelson 和 Liberzon，2012；Lotfi 和 Akbarzadeh，2014)。在道德决策中，与认知加工密切相关的区域主要涉及腹内侧前额叶皮层(VMPFC)、眶额皮层(OFC)、前颞叶、后部扣带回(PCC)、颞顶交界区(TPJ)以及后颞沟(Gasquoine，2014；Harle，Chang，van't Wout，和 Sanfey，2012；Jahn，Nee，Alexander，和 Brown，2014；Uddin，Kinnison，Pessoa，和 Anderson，2014；Woodward 和 Allman，2007)。即个体的认知和情绪相关脑区在决策任务中往往表现出高度重叠的网络结构(Decety 和 Cowell，2014；Decety 和 Howard，2013；Moll，De Oliveira-Souza，和 Zahn，2008；Shenhav 和 Greene，2010)。

此类研究的实验材料采用较多的是极端情况的道德困境情境，当人们面临道德两难困境时，情感和认知的相关脑区会呈现不同的激活程度，被试在这种情况下做出的功利主义决策被证明与背外侧前额叶皮层(DLPFC)以及顶叶下叶(IPL)的激活增加有关，这些区域参与了审议处理；而道义主义决策则与腹内侧前额叶皮层(VMPFC)、颞上沟(STS)和杏仁核的激活增加有关，这些区域更多地参与了情感处理(Greene，Nystrom，Engell，Darley，和 Cohen，2004；Greene，Sommerville，Nystrom，Darley，和 Cohen，2001)。

也有研究者把困境类型分为工具性困境(将杀死一个人描述为拯救他人的一种预期手段，典型困境为人行天桥困境)和附带困境(将杀死一个人描述为拯救他人的可预见但非预期的后果，典型困境为电车困境)，进行道德决策分析结果发现，工具性困境会激活与情绪相关的大脑区域，如前额叶皮层、后部扣带皮层/楔前叶、杏仁核，以及涉及"心理理论"的大脑区域，如颞顶连接部(TPJ)和角回。另一方面，附带困境(电车型困境)与工作记忆以及认知控制相关的神经区域的激活有关，如背外侧前额叶皮层和顶下小叶(Greene 等，2004；Greene 等，2001；Michela，2012)。

2.5.2 道德决策的影响因素研究

在影响道德决策因素中，主要包括个体生理特征、个体心理特征和社会因素。其中，个体生理特征包括性别、睾酮素和慢性压力对道德决策的影响；个体心理因素包括情绪状态、人格特质、心理距离、认知负荷和问题框架对道德决策的影响。社会因素包括语言、宗教种族和权力对道德决策的影响。

个体生理特征

有研究表明，在道德两难困境判断中存在明显的性别差异。卡拉罗等人

(Capraro 和 Sippel, 2017)对道德决策中的性别差异进行研究,研究结果发现女性比男性更倾向于做出道义论选择;阿鲁秋诺娃和亚历山德罗夫(Arutyunova 和 Alexandrov, 2016)在俄罗斯研究不同性别个体的道德决策特征,评估 16—69 岁的 327 个被试的道德决策过程,研究结果表明男性更倾向于做出功利论选择;同样地,阿姆斯特朗等人(Armstrong, Friesdorf, 和 Conway, 2019)对 8 项研究进行大规模样本分析,证实女性比男性更倾向于做出道义论选择,研究者将道义论倾向上的性别差异解释为,它由伤害规避和行为规避共同引起。这些研究从传统道德两难困境角度发现性别在道德两难困境决策上存在差异,相比于女性,男性表现出对作为的反应偏好,这种差异被解释为男性更倾向于做出功利论反应,但也可能是由于男性确实比女性有更强的对作为的反应偏好。之后加夫龙斯基等人用 CNI 模型研究性别对道德两难困境决策的影响。结果发现,相对于男性来说,女性对道德规范的敏感性更强,对不作为的反应偏好更强,而在对结果的敏感性上,两者并没有显著差异(Gawronski 等,2017)。依据传统道德两难困境范式,性别对道德两难困境决策的差异是由于男性更倾向于做出功利论反应。CNI 模型为这一差异提供了进一步的解释,表明男女在道德两难困境中的差异是由于女性对道德规范更敏感,以及女性对于不作为的反应偏好。

先前关于激素影响道德决策的研究表明,较高水平的睾酮素与较强的功利论倾向相关,功利论倾向个体的睾酮水平明显高于其他个体(Carney 和 Mason, 2010)。布兰农等人的研究发现睾酮素与道德两难困境决策间存在着相关关系。研究者用双盲实验检验这一假设,研究对 100 名被试给予睾酮补充剂,100 名被试服用安慰剂。结果与假设相反,使用睾酮素的被试在道德两难困境决策中更倾向于不作为。CNI 模型进一步的分析表明,服用睾酮补充剂的被试通过增加对道德规范的敏感性来影响道德两难困境决策。结果表明睾酮素在道德决策中的作用比以往的研究结果更复杂(Brannon 等, 2019)。

早期有研究考察压力与道德决策的关系。使用不同的压力源和压力测量方法来检验压力对道德决策的影响,用演讲故事诱导 25 名被试产生压力,通过问卷和心率评估压力水平和压力反应,最后完成道德两难困境决策。研究结果发现,相比于对照组,压力组的被试做出的功利论选择较少,且要用更长的时间来做出决定(Starcke, Ludwig, 和 Brand, 2012)。有学者使用 CNI 模型对慢性压力和道德两难困境决策之间的关系进行考察(Zhang 等, 2018)。研究者招募了 197 名大学生被试完成了压力知觉量表,接着对道德两难困境做出决策。得出的结果与之前研究一致,即有较高慢性压力的被试表现出更多的道义论倾向。研究使用传统分析方法的结果表明,慢性压力越大,被试越倾向于做出道义论反应。而 CNI 模型分析进一步表明,比起低压力组的被试,高压力组的被试更倾向于不作为,即慢性压力影响道德决策是通过影响被试对不作为的反应偏好,而压力对道德规范的敏感性和对结果的敏感性没有影响。

个体心理特征

以往研究表明,情绪状态是影响道德决策的重要因素。瓦德索洛等人(Valdesolo 和 DeSteno, 2006)的研究发现,通过影片诱发快乐情绪,在快乐情绪下的个体在天桥困境中更倾向于做出功利论判断。研究者将这一结果解释为积极情绪的增加导致个体的决策反应时增长,并且关注于结果的最大化,更倾向于做出功利论判断。斯特罗明格和路易斯等人(Strohminger, Lewis, 和 Meyer, 2011)的研究分别使用幽默影片和道德榜样诱发欢乐和高尚的积极情绪,研究结果表明,与欢乐情绪相比,个体在高尚情绪下面对道德两难困境会更少做出功利论判断。研究者将这种结果解释为,欢乐情绪增加了对违反道德规范的宽容度,而高尚的积极情绪包含着榜样的积极引导作用,教导个体遵守道德规范,避免伤害行为,因而他们更倾向于做出道义判断。研究表明,欢乐和高尚情绪具有不同的认知后果,其性质反映了它们各自的社会功能,而非具有相同的积极价值。还有研究考察厌恶与道德决策的关系,结果表明个体在厌恶情绪下对道德行为的评价更严格,在道德两难困境判断中更倾向于做出道义论决策(Chapman 和 Anderson, 2013)。

加夫龙斯基等人采用 24 个道德两难困境情境研究偶然情绪(快乐、悲伤和愤怒)对道德决策的影响。研究者用不同的音乐诱发被试相应的情绪,用 CNI 模型探究情绪通过何种方式影响道德两难困境决策(Gawronski 等, 2018)。结果发现,偶然快乐降低了被试对道德规范的敏感性,而不影响被试对结果的敏感性以及对不作为的反应偏好(实验 1a 和 1b),而偶然悲伤(实验 2a 和 2b)和偶然愤怒(实验 3a 和 3b)对道德两难困境决策没有显著影响。在研究偶然快乐对道德两难困境的影响时,研究者首先分析了在传统两难困境范式下被试对道德两难困境的反应,即仅分析在道德规范禁止做出行为,且做出行为的利益大于成本的困境下被试的反应。发现快乐情绪条件下的被试表现出对作为的反应偏好,传统方法将这种差异解释为在偶然快乐情绪下,被试更倾向于做出功利论反应。CNI 模型的进一步分析表明,快乐情绪条件下的被试对作为的反应偏好是由于偶然快乐降低了被试对道德规范的敏感性,且偶然快乐对结果的敏感性以及对不作为的反应偏好没有影响。在研究偶然悲伤和偶然愤怒对道德两难困境决策的影响中,使用传统分析方法并没有显示出悲伤和愤怒情绪对道德两难困境决策的影响,而 CNI 模型也进一步证实了偶然悲伤和愤怒可能对道德两难困境决策没有影响,即偶然悲伤和愤怒对结果的敏感性、对道德规范的敏感性,以及对不作为的反应偏好没有显著影响。

研究揭示了情绪加工在道德决策过程中的重要地位。

克罗内森等人的研究探讨了 CNI 模型的基本人格特征(Kroneisen 和 Heck,2019)。他们采用加夫龙斯基等人的道德两难困境材料,并用 HEXACO 人格量表评估被试的人格特征,研究结果表明诚实—谦卑性与个体对道德规范的敏感性呈正相关,情绪性与个体对结果的敏感性呈正相关,而尽责性与个体对不作为的反应偏好无关。研究发现,道德决策的差异性可以通过将特定的人格特征与潜在的道德推理过程联系进行解释。另有研究探究暗黑人格与道德决策的关系,结果发现,在精神病性、马基雅维利主义以及缺乏生命意义维度上得分更高的被试,在道德两难困境决策中更倾向于做出功利论选择(Bartels 和 Pizarro,2011)。精神病性特质(psychopathy)是一种人格障碍,表现为情绪功能紊乱、冷漠及控制力差(Tassy,Deruelle,Mancini,Leistedt,和 Wicker,2013)。大量研究证实了功利论倾向与精神病性的相关性(Kahane,Everett,Earp,Farias,和 Savulescu,2015)。有研究以 302 名大学生为被试考察精神病性特质与道德决策间的关系,结果表明高精神病性特质个体对伤害行为的厌恶感较低,更愿意为了利益而采取伤害行为,做出功利论判断(Gao 和 Tang,2013)。近期也有学者研究了 62 例双相情感障碍患者和 27 例对照组,根据道德两难困境的反应检验双相情感障碍对道德决策的影响(Larsen 等,2019)。结果表明,与对照组相比,双相情感障碍患者具有更高的功利论倾向。研究者认为,由于传统道德两难困境范式的影响,其实践和临床意义受到限制。综上,早期研究发现表明,用传统两难道德两难困境范式进行的研究发现精神病性会增加被试的功利论倾向。加夫龙斯基用 CNI 模型探究精神病性对道德两难困境决策的影响(Gawronski 等,2017),结果发现与非精神病性被试相比,精神病性被试表现出对道德规范的敏感性降低,对结果的敏感性降低,以及对不作为的反应偏好降低。传统分析方法表明高水平精神病性被试表现出对作为的反应偏好,即与非精神病性被试相比,精神病性被试更倾向于做出功利论决策。CNI 模型为这一结果提供了进一步的解释,表明精神病性对道德两难困境决策的影响是通过降低这 3 个变量来实现的。

也有研究者使用 CNI 模型考察了心理距离对道德两难困境决策的影响(景夏慧,2019)。研究结果发现心理距离影响道德决策。心理距离影响被试的行为反应偏好,相比远心理距离,近心理距离条件下的个体倾向于选择不作为,但心理距离对结果的敏感性及对道德规范的敏感性没有显著影响。研究还发现,情绪在近心理距离对道德决策的影响中起调节作用,相比远心理距离,情绪影响近心理距离条件下的被试对道德规范的敏感性,且积极情绪下个体对道德规范的敏感性更高。另外,不管在心理距离近或远时,认知负荷对道德决策的影响均不显著。研究肯定了 CNI 模型在解释道德决策的行为选择和心理机制方面的作用和价值。

在传统道德两难困境领域中,关于认知负荷是否影响道德两难困境决策这一点一直没有达成一致。有研究证明认知负荷和功利论倾向存在负相关,认知负荷有选择地减少了功利论倾向(Conway 和 Gawronski,2013)。也有研究要求被试在认知负荷条件下对道德两难困境做出反应,研究者在 3 个不同的国家进行了 1400 多项实验,结果表明认知负荷不会对道德两难困境决策产生影响(Tinghog 等,2016)。加夫龙斯基等人用 CNI 模型探究认知负荷对道德两难困境决策的影响(Gawronski 等,2017),发现高认知负荷条件下的被试在道德两难困境决策中更不愿意接受行动,CNI 模型的进一步分析表明,认知负荷通过增加被试对不作为的反应偏好影响道德决策,而对结果和道德规范的敏感性无显著影响。

加夫龙斯基等人在问题框架对道德两难困境决策的影响研究中发现,对道德行为的关注会增加对不作为的反应偏好,降低对道德规范的敏感性,但对结果的敏感性没有影响(Gawronski 等,2017)。这些影响变化不能被传统方法检测到,从传统道德两难困境方法来看,这两种效应会相互抵消,因为对不作为的反应偏好增强了不作为倾向,而降低对道德规范的敏感性降低了不作为倾向。即传统分析方法表明,问题框架对道德决策的影响不显著。

社会因素

西恩和金姆(Shin 和 Kim,2017)使用传统道德两难困境范式的研究发现语言环境和心理距离可以影响道德两难困境决策,研究材料改编自格林等人的道德两难困境情境(Greene 等,2008),被试为韩语—英语双语者。研究 1 发现,在情感比认知加工更重要的个人冲突情境下,母语和外语条件下,被试的功利论决策存在显著差异。与母语条件下的被试相比,外语条件下的被试更倾向于做出功利论选择,表明外语条件下被试的情绪性更弱。研究 2 检验了心理距离是否会增加外语效应,结果表明,在外语条件下,被试的自我偏差效应会降低,证明外语效应是由情感反应的减少和决策时的认知加工引起的,而认知加工可能是由于心理距离的增加引起的。同样地,早期有学者得到相同的实验结果,西波列蒂等人(Cipolletti, McFarlane,和 Weissglass,2016)早期研究的实验结果表明,在道德语境中,当双语者面对外语的道德两难困境时,更有可能做出功利论选择。

比亚莱克等人(Bialek 等,2019)使用 CNI 模型研究了外语对道德两难困境决策的影响。共 634 个被试在外语条件和母语条件下对不同语言的道德两难问题做出选择,并对道德两难情境的理解度做出评分。结果发现,外语降低了对结果的敏感性和对道德规范的敏感性,并不影响行为反应偏好。而研究用传统两难困境范式分析时,母语和外语条件下被试的选择没有差异,这与之前研究的结果(比起用母语处理道德两难困境,当人们用外语处理相同困境时更倾向于功利论)相反。这一研究说明当人们用外语处理道德两难困境时,他们较少关注道德,即外语降低了功利论意义上对结果的敏感性,以及道义论意义上对道德规范的敏感性。

苏森巴赫(Suessenbach 和 Moore,2015)的研究用传统道德两难困境范式考察权力对道德两难困境决策的影响,结果发现高权力条件下的被试会做出更多功利论选择,且研究发现当被试生命受威胁时做出功利选择的可能性更大。而加夫龙斯基和布兰农(Gawronski 和 Brannon,2020)的研究使用 CNI 模型,就不同方式诱发权力对道德两难困境决策的影响进行了考察。研究者用记忆回忆与分配社会角色这两种不同的方式来诱发被试对权力(高或低)的体验,采用加夫龙斯基等人的道德两难困境情境作为道德决策的材料。结果发现比起被试回忆低权力经历,在被试被要求回忆高权力经历时,他们对道德规范的敏感性较弱,而这对结果的敏感性以及对不作为的反应偏好没有影响。在被试被分配到高或低权力的社会角色条件下,同样没有证据表明权力会影响对结果的敏感性或对不作为的反应偏好,与回忆操纵的结果相反,比起低权力条件,在高权力条件下被试对道德规范的敏感性增强。综合分析表明高权力增加了被试对道德规范的敏感性,且研究发现与社会角色操纵权力相比,回忆的效果可能更可靠。

有研究证明了宗教性与道义论选择的相关(Barak-Corren 和 Bazerman,2017;McPhetres,Conway,Hughes,和 Zuckerman,2018)。也有研究者对宗教和道德决策间的关系进行了探讨,结果表明在日常生活中寻求宗教指导的倾向能够正向预测道义论选择(Szekely,Opre,和 Miu,2015)。科尔纳等学者用 CNI 模型对道德两难困境决策中的个体差异进行研究,结果表明在 4 项研究中,有宗教信仰的被试对结果的敏感性比无宗教信仰的被试要低(Korner 等,2020)。

2.6 道德决策的研究思考与展望

2.6.1 整合研究视角

对道德决策的理论解释,从一开始的理性认知模型到社会认知理论,再到双加工理论,随着实验材料和实验证据的不断积累,大多数研究者认为道德决策是由情绪、认知等多种概念和加工过程复合在一起的,大脑中也并不仅仅存在一个区域与道德相关(Young 和 Dungan,2012)。基于道德决策的复杂性,未来的道德决策研究不仅应强调生理基础或社会文化环境,还应继续探讨其他因素。在使用实验法的定性分析等方法的同时结合内省法等定量手段,力图从一个整合视角分析和研究道德决策。此外,研究者未来应将传统心理学、认知神经科学、生物学、进化论心理学等研究视角整合起来,强调理论与方法的多元性和多样性,深层次对道德决策进行研究研究。

2.6.2 实验情境的真实性

现有关于道德决策的研究范式大都采用假设的道德两难困境情境,这种方式有利于对变量进行严格控制,也有助于吸引被试兴趣并排除其他因素的影响。但实验使用的两难困境情境和现实生活中的两难情境并不一致(田学红等,2011),现实中发生的情境要比实验中更复杂,掺杂着各种因素,研究者的简单化处理很可能会以牺牲研究的生态效度为代价。未来研究应考虑到两难困境情境的效度问题,即如何能够将道德情境真实性最大化。研究者可以使用新技术提高道德两难情境的生态效度,例如近年来,虚拟现实技术(virtual reality)在心理学中的应用越来越广泛,研究者可以创设虚拟的两难情境,使个体更加投入困境中,以期捕捉个体更加真实的反应(Skulmowski, Bunge, Kaspar,和 Pipa, 2014)。

2.6.3 被试群体的多样性

现有的道德决策研究大多以大学生作为被试群体,且有研究表明,大学生作为被试的实验研究结果与社会人士作为被试得到的研究结果没有显著差异(Guth, Schmidt,和 Sutter, 2007)。然而这一群体的道德决策结果能否代表社会上的大多数人尚未可知。因此,未来研究有必要增加被试群体,考虑不同年龄层(儿童、成年人、老年人等)和不同职业的样本。此外,可以增加特殊群体,如精神病患者、抑郁症人群、罪犯和弱势群体等。多维度考察不同群体对道德决策的反应及内在机制是否存在差异。

2.6.4 中国文化背景下的道德决策

国内对道德决策的研究成果逐年递增,但与中国文化相关的道德决策问题的基础性理论创新并不多见。目前,大多数国内学者使用与西方研究类似的研究范式和研究方法进行对道德决策的研究,忽视了我国文化特异性的影响。有研究表明,不同文化、不同种族的人们在进行道德决策的过程和结果中都存在差异(Gold 等,2014; Graham, Meindl, Beall, Johnson,和 Zhang, 2016),且东西方不同的文化背景下,被试在道德决策过程中的信息加工方式也是不同的,西方被试可能更早的进入决策启动阶段,而中国被试在进行道德决策时更倾向于采取相对整合的信息加工方式(Wang, Deng, Sui,和 Tang, 2014)。像"亲亲相隐"、"大义灭亲"等传统的道德问题,也应该引起学者的重视。中国学者在研究道德决策问题时应立足于国情,关注当前社会的相关热点问题,并结合传统文化,编制适合中国被试的道德两难困境情境,对于此类问题的探究能够丰富国内的道德理论,同时能更好的服务社会,构建更加和谐的道德社会。

(徐科朋)

参考文献

高文斌,魏景汉,彭小虎,罗跃嘉.(2003).位置提示与汉字提示视觉注意范围的脑机制差异.航天医学与医学工程(1),14-18.

景夏慧.(2019).心理距离对道德判断的影响:基于 CNI 模型的研究.太原:山西大学硕士学位论文.

康德.(1957).道德形而上学探本:商务印书馆.

罗跃嘉,李万清,彭家欣,刘超.(2013).道德判断的认知神经机制.西南大学学报(社会科学版),39(3),81-86+174.

罗跃嘉,Parasuraman, R.(2001).早期 ERP 效应与视觉注意空间等级的脑调节机制.心理学报(5),385-389.

唐江伟,路红,刘毅,彭坚.(2015).道德直觉决策及其机制探析.心理科学进展,23(10),1830-1842.

田学红,杨群,张德玄,张烨.(2011).道德直觉加工机制的理论构想.心理科学进展,19(10),1426-1433.

王鹏,方平,姜媛.(2011).道德直觉背景下的道德决策:影响因素探究.心理科学进展,19(4),573-579.

吴鹏,刘华山.(2014).道德推理与道德行为关系的元分析 心理学报,46(8),1192-1207.

谢熹瑶,罗跃嘉.(2009).道德判断中的情绪因素——从认知神经科学的角度进行探讨.心理科学进展,17(6),1250-1256.

徐科朋,杨凌倩,吴家虹,薛宏,张姝玥.(2020).CNI 模型在道德决策研究中的应用.心理科学进展,28(12),2102-2113.

徐同洁,刘燕君,胡平,彭申立.(2018).道德两难困境范式在心理学研究中的使用:回顾与展望.中国临床心理学杂志,26(3),458-461+457.

杨继平,王兴超.(2012).道德推脱对员工道德决策的影响:德行领导的调节作用.心理科学,35(3),706-710.

詹泽,吴宝沛.(2019).无处不在的伤害:二元论视角下的道德判断.心理科学进展,27(1),132-144.

张红霞,陈小莹,王栋,马靓,周仁来.(2016).学习困难儿童的事件性前瞻记忆:多项式加工树状模型的应用.中国临床心理学杂志,24(5),800-804.

钟毅平,占友龙,李琎,范伟.(2017).道德决策的机制及干预研究:自我相关性与风险水平的作用.心理科学进展,25(7),1093-1102.

Armstrong, J., Friesdorf, R., & Conway, P. (2019). Clarifying Gender Differences in Moral Dilemma Judgments: The Complementary Roles of Harm Aversion and Action Aversion. *Social Psychological and Personality Science*, 10(3), 353–363. doi: 10.1177/1948550618755873.

Arutyunova, K. R., & Alexandrov, Y. I. (2016). Factors of Gender and Age in Moral Judgment of Actions. *Psikhologicheskii Zhurnal*, 37(2), 79–91. Retrieved from <Go to ISI>://WOS: 000374616000007.

Barak-Corren, N., & Bazerman, M. H. (2017). Is saving lives your task or God's? Religiosity, belief in god, and moral judgment. *Judgment and Decision Making*, 12(3), 280–296. Retrieved from <Go to ISI>://WOS: 000402423000007.

Bartels, D. M. (2008). Principled moral sentiment and the flexibility of moral judgment and decision making. *Cognition*, 108(2), 381–417. doi: 10.1016/j.cognition.2008.03.001.

Bartels, D. M., & Pizarro, D. A. (2011). The mismeasure of morals: Antisocial personality traits predict utilitarian responses to moral dilemmas. *Cognition*, 121(1), 154–161. doi: 10.1016/j.cognition.2011.05.010.

Bauman, C. W., Mcgraw, A. P., Bartels, D. M., & Warren, C. (2014). Revisiting External Validity: Concerns about Trolley Problems and Other Sacrificial Dilemmas in Moral Psychology. *Social & Personality Psychology Compass*, 8(9), 536–554. doi: 10.1111/spc3.12131.

Bialek, M., Paruzel-Czachura, M., & Gawronski, B. (2019). Foreign language effects on moral dilemma judgments: An analysis using the CNI model. *Journal of Experimental Social Psychology*, 85, 8. doi: 10.1016/j.jesp.2019.103855.

Brannon, S. M., Carr, S., Jin, E. S., Josephs, R. A., & Gawronski, B. (2019). Exogenous testosterone increases sensitivity to moral norms in moral dilemma judgements. *Nature Human Behaviour*, 3(8), 856–866. doi: 10.1038/s41562-019-0641-3.

Buckholtz, J. W., & Marois, R. (2012). The roots of modern justice: cognitive and neural foundations of social norms and their enforcement. *Nature Neuroscience*, 15(5). doi: 10.1038/nn.3087.

Cacioppo, J. T. (1996). Attitudes to the Right: Evaluative Processing is Associated with Lateralized Late Positive Event-Related Brain Potentials. *Personality and Social Psychology Bulletin*, 22(12). doi: 10.1177/01461672962212002.

Cameron, C. D., Payne, B. K., & Doris, J. M. (2013). Morality in high definition: Emotion differentiation calibrates the influence of incidental disgust on moral judgments. *Journal of Experimental Social Psychology*, 49(4), 719–725. doi: 10.1016/j.jesp.2013.02.014.

Cameron, C. D., Payne, B. K., Sinnott-Armstrong, W., Scheffer, J. A., & Inzlicht, M. (2017). Implicit moral evaluations: A multinomial modeling approach. *Cognition*, 158, 224–241. doi: 10.1016/j.cognition.2016.10.013.

Cameron, C. D., Spring, V. L., & Todd, A. R. (2017). The Empathy Impulse: A Multinomial Model of Intentional and Unintentional Empathy for Pain. *Emotion*, 17(3), 395–411. doi: 10.1037/emo0000266.

Capraro, V., & Sippel, J. (2017). Gender differences in moral judgment and the evaluation of gender-specified moral agents. *Cognitive Processing*, 18(4), 399–405. doi: 10.1007/s10339-017-0822-9.

Carney, D. R., & Mason, M. F. (2010). Decision making and testosterone: When the ends justify the means. *Journal of Experimental Social Psychology*, 46(4), 668–671. doi: 10.1016/j.jesp.2010.02.003.

Chapman, H. A., & Anderson, A. K. (2013). Things Rank and Gross in Nature: A Review and Synthesis of Moral Disgust. *Psychological Bulletin*, 139(2), 300–327. doi:

10.1037/a0030964.

Chen, P., Qiu, J., Li, H., & Zhang, Q. (2009). Spatiotemporal cortical activation underlying dilemma decision-making: an event-related potential study. *Biol Psychol*, *82*(2), 111 – 115. doi: 10.1016/j.biopsycho.2009.06.007.

Chiu Loke, I., Evans, A. D., & Lee, K. (2011). The neural correlates of reasoning about prosocial-helping decisions: an event-related brain potentials study. *Brain Res*, *1369*, 140 – 148. doi: 10.1016/j.brainres.2010.10.109.

Ciaramelli, E., Muccioli, M., Ladavas, E., & di Pellegrino, G. (2007). Selective deficit in personal moral judgment following damage to ventromedial prefrontal cortex. *Social Cognitive and Affective Neuroscience*, *2*(2), 84 – 92. doi: 10.1093/scan/nsm001.

Cipolletti, H., McFarlane, S., & Weissglass, C. (2016). The Moral Foreign-Language Effect. *Philosophical Psychology*, *29*(1), 23 – 40. doi: 10.1080/09515089.2014.993063.

Conway, P., & Gawronski, B. (2013). Deontological and Utilitarian Inclinations in Moral Decision Making: A Process Dissociation Approach. *Journal of Personality and Social Psychology*, *104*(2), 216 – 235. doi: 10.1037/a0031021.

Decety, J., & Cacioppo, S. (2012). The speed of morality: a high-density electrical neuroimaging study. *Journal of Neurophysiology*, *108*(11), 3068 – 3072. doi: 10.1152/jn.00473.2012.

Decety, J., & Cowell, J. M. (2014). The complex relation between morality and empathy. *Trends Cogn Sci*, *18*(7), 337 – 339. doi: 10.1016/j.tics.2014.04.008.

Decety, J., & Howard, L. H. (2013). The Role of Affect in the Neurodevelopment of Morality. *Child Development Perspectives*, *7*(1), 49 – 54. doi: 10.1111/cdep.12020.

Decety, J., Michalska, K. J., & Kinzler, K. D. (2012). The contribution of emotion and cognition to moral sensitivity: a neurodevelopmental study. *Cereb Cortex*, *22*(1), 209 – 220. doi: 10.1093/cercor/bhr111.

Eskine, K. J., Kacinik, N. A., & Prinz, J. J. (2011). A Bad Taste in the Mouth: Gustatory Disgust Influences Moral Judgment. *Psychological Science*, *22*(3), 295 – 299. doi: 10.1177/0956797611398497.

F, R., & M, H. (1991). Toward a functional categorization of slow waves: taking into account past and future events. *Psychophysiology*, *28*(3). doi: 10.1111/j.1469 – 8986.1991.tb02205.x.

FeldmanHall, O., Dalgleish, T., Evans, D., & Mobbs, D. (2015). Empathic concern drives costly altruism. *Neuroimage*, *105*, 347 – 356. doi: 10.1016/j.neuroimage.2014.10.043.

Ferreira, M. B., Garcia-Marques, L., Sherman, S. J., & Sherman, J. W. (2006). Automatic and controlled components of judgment and decision making. *Journal of Personality and Social Psychology*, *91*(5), 797 – 813. doi: 10.1037/0022 – 3514.91.5.797.

Foot, P. (1967). The problem of abortion and the doctrine of double effect. *Oxford Review*, *2*(2), 152 – 161.

Gao, X. X., Yu, H. B., Saez, I., Blue, P. R., Zhu, L. S., Hsu, M., & Zhou, X. L. (2018). Distinguishing neural correlates of context-dependent advantageous- and disadvantageous-inequity aversion. *Proceedings of the National Academy of Sciences of the United States of America*, *115*(33), E7680 – E7689. doi: 10.1073/pnas.1802523115.

Gao, Y., & Tang, S. (2013). Psychopathic personality and utilitarian moral judgment in college students. *Journal of Criminal Justice*, *41*(5), 342 – 349. doi: 10.1016/j.jcrimjus.2013.06.012.

Gardner, M. (2016). The Trolley Problem Mysteries. *Ethics*, *126*(4), 1105 – 1110.

Garrett, N., Lazzaro, S. C., Ariely, D., & Sharot, T. (2016). The brain adapts to dishonesty. *Nature Neuroscience*, *19*(12), 1727 – 1732. doi: 10.1038/nn.4426.

Gasquoine, P. G. (2014). Contributions of the insula to cognition and emotion. *Neuropsychol Rev*, 24(2), 77-87. doi: 10.1007/s11065-014-9246-9.

Gawronski, B., Armstrong, J., Conway, P., Friesdorf, R., & Hutter, M. (2017). Consequences, Norms, and Generalized Inaction in Moral Dilemmas: The CNI Model of Moral Decision-Making. *Journal of Personality and Social Psychology*, 113(3), 343-376. doi: 10.1037/pspa0000086.

Gawronski, B., & Brannon, S. M. (2020). Power and moral dilemma judgments: Distinct effects of memory recall versus social roles. *Journal of Experimental Social Psychology*, 86, 15. doi: 10.1016/j.jesp.2019.103908.

Gawronski, B., Conway, P., Armstrong, J. B., Friesdorf, R., & Hütter, M. (2018). Effects of incidental emotions on moral dilemma judgments: An analysis using the CNI model. *Emotion*, 18(7), 989-1008. doi: 10.1037/emo0000399.

Gillett, G., & Franz, E. (2016). Evolutionary neurology, responsive equilibrium, and the moral brain. *Conscious Cogn*, 45, 245-250. doi: 10.1016/j.concog.2014.09.011.

Gold, N., Pulford, B. D., & Colman, A. M. (2014). The outlandish, the realistic, and the real: contextual manipulation and agent role effects in trolley problems. *Frontiers in Psychology*, 5, 10. doi: 10.3389/fpsyg.2014.00035.

Graham, J., Meindl, P., Beall, E., Johnson, K. M., & Zhang, L. (2016). Cultural differences in moral judgment and behavior, across and within societies. *Current Opinion in Psychology*, 8, 125-130. doi: 10.1016/j.copsyc.2015.09.007.

Greene, J. D. (2003). From neural 'is' to moral 'ought': what are the moral implications of neuroscientific moral psychology? *Nature Reviews Neuroscience*, 4(10), 846-849. doi: 10.1038/nrn1224.

Greene, J. D. (2007). Why are VMPFC Patients More Utilitarian? A Dual-Process Theory of Moral Judgment Explains. *Trends in Cognitive Sciences*, 11(8), 322-323. doi: 10.1016/j.tics.2007.06.004.

Greene, J. D., Morelli, S. A., Lowenberg, K., Nvstrom, L. E., & Cohen, J. D. (2008). Cognitive load selectively interferes with utilitarian moral judgment. *Cognition*, 107(3), 1144-1154. doi: 10.1016/j.cognition.2007.11.004.

Greene, J. D., Nystrom, L. E., Engell, A. D., Darley, J. M., & Cohen, J. D. (2004). The neural bases of cognitive conflict and control in moral judgment. *Neuron*, 44(2), 389-400. doi: 10.1016/j.neuron.2004.09.027.

Greene, J. D., Sommerville, R. B., Nystrom, L. E., Darley, J. M., & Cohen, J. D. (2001). An fMRI investigation of emotional engagement in moral judgment. *Science*, 293(5537), 2105-2108. doi: 10.1126/science.1062872.

Gui, D. Y., Gan, T., & Liu, C. (2016). Neural evidence for moral intuition and the temporal dynamics of interactions between emotional processes and moral cognition. *Social Neuroscience*, 11(4), 380-394. doi: 10.1080/17470919.2015.1081401.

Guth, W., Schmidt, C., & Sutter, M. (2007). Bargaining outside the lab — A newspaper experiment of a three-person ultimatum game. *Economic Journal*, 117(518), 449-469. doi: 10.1111/j.1468-0297.2007.02025.x.

Haidt, J. (2001). The emotional dog and its rational tail: A social intuitionist approach to moral judgment. *Psychological Review*, 108(4), 814-834. doi: 10.1037//0033-295x.108.4.814.

Harenski, C. L., & Hamann, S. (2006). Neural correlates of regulating negative emotions related to moral violations. *Neuroimage*, 30(1), 313-324. doi: 10.1016/j.neuroimage.2005.09.034.

Harle, K. M., Chang, L. J., van't Wout, M., & Sanfey, A. G. (2012). The neural mechanisms of affect infusion in social economic decision-making: a mediating role of the anterior insula. *Neuroimage*, *61*(1), 32–40. doi: 10.1016/j.neuroimage.2012.02.027.

Ho, S. S., Gonzalez, R. D., Abelson, J. L., & Liberzon, I. (2012). Neurocircuits underlying cognition-emotion interaction in a social decision making context. *Neuroimage*, *63*(2), 843–857. doi: 10.1016/j.neuroimage.2012.07.017.

Hofmann, W., & Baumert, A. (2010). Immediate affect as a basis for intuitive moral judgement: An adaptation of the affect misattribution procedure. *Cognition & Emotion*, *24*(3), 522–535. doi: 10.1080/02699930902847193.

Huebner, B., Dwyer, S., & Hauser, M. (2009). The role of emotion in moral psychology. *Trends in Cognitive Sciences*, *13*(1), 1–6. doi: 10.1016/j.tics.2008.09.006.

Hutter, M., & Klauer, K. C. (2016). Applying processing trees in social psychology. *European Review of Social Psychology*, *27*(1), 116–159. doi: 10.1080/10463283.2016.1212966.

Jacoby, L. L. (1991). A process dissociation framework: Separating automatic from intentional uses of memory. *Journal of Memory & Language*, *30*(5), 513–541. doi: 10.1016/0749-596X(91)90025-F.

Jahn, A., Nee, D. E., Alexander, W. H., & Brown, J. W. (2014). Distinct regions of anterior cingulate cortex signal prediction and outcome evaluation. *Neuroimage*, *95*, 80–89. doi: 10.1016/j.neuroimage.2014.03.050.

Janoff-Bulman, R., Sheikh, S., & Hepp, S. (2009). Proscriptive Versus Prescriptive Morality: Two Faces of Moral Regulation. *Journal of Personality and Social Psychology*, *96*(3), 521–537. doi: 10.1037/a0013779.

Kahane, G., Everett, J. A. C., Earp, B. D., Farias, M., & Savulescu, J. (2015). 'Utilitarian' judgments in sacrificial moral dilemmas do not reflect impartial concern for the greater good. *Cognition*, *134*, 193–209. doi: 10.1016/j.cognition.2014.10.005.

Karim, A. A., Schneider, M., Lotze, M., Veit, R., Sauseng, P., Braun, C., & Birbaumer, N. (2010). The Truth about Lying: Inhibition of the Anterior Prefrontal Cortex Improves Deceptive Behavior. *Cerebral Cortex*, *20*(1), 205–213. doi: 10.1093/cercor/bhp090.

Killen, M., Smetana, J., Killen, M., & Smetana, J. G. (2006). *Handbook of Moral Development*: Psychology Press, Taylor & Francis Group.

Kliemann, D., Young, L., Scholz, J., & Saxe, R. (2008). The influence of prior record on moral judgment. *Neuropsychologia*, *46*(12), 2949–2957. doi: 10.1016/j.neuropsychologia.2008.06.010.

Koenigs, M., Young, L., Adolphs, R., Tranel, D., Cushman, F., Hauser, M., & Damasio, A. (2007). Damage to the prefrontal cortex increases utilitarian moral judgements. *Nature*, *446*(7138), 908–911. doi: 10.1038/nature05631.

Kohlberg, L. (1981). *The philosophy of moral development: moral stages and the idea of justice*: Harper & Row.

Korner, A., Deutsch, R., & Gawronski, B. (2020). Using the CNI Model to Investigate Individual Differences in Moral Dilemma Judgments. *Personality and Social Psychology Bulletin*, 16. doi: 10.1177/0146167220907203.

Kroneisen, M., & Heck, D. W. (2019). Interindividual Differences in the Sensitivity for Consequences, Moral Norms, and Preferences for Inaction: Relating Basic Personality Traits to the CNI Model. *Personality and Social Psychology Bulletin*, 14. doi: 10.1177/0146167219893994.

Kroneisen, M., & Steghaus, S. (2021). The influence of decision time on sensitivity for consequences, moral norms, and preferences for inaction: Time, moral judgments, and theCNImodel. *Journal of Behavioral Decision Making*, *34*(1), 140–153. doi: 10.1002/bdm.2202.

Larsen, E. M., Ospina, L. H., Cuesta-Diaz, A., Vian-Lains, A., Nitzburg, G. C., Mulaimovic, S., ... Burdick, K. E. (2019). Effects of childhood trauma on adult moral decision-making: Clinical correlates and insights from bipolar disorder. *Journal of Affective Disorders*, 244, 180–186. doi: 10.1016/j.jad.2018.10.002.

Lindholm, E., & Koriath, J. J. (1985). Analysis of multiple event related potential components in a tone discrimination task. *International Journal of Psychophysiology Official Journal of the International Organization of Psychophysiology*, 3(2), 121–129. doi: 10.1016/0167-8760(85)90032-7.

Lisofsky, N., Kazzer, P., Heekeren, H. R., & Prehn, K. (2014). Investigating sociocognitive processes in deception: a quantitative meta-analysis of neuroimaging studies. *Neuropsychologia*, 61, 113–122. doi: 10.1016/j.neuropsychologia.2014.06.001.

Lotfi, E., & Akbarzadeh, T. M. (2014). Practical emotional neural networks. *Neural Netw*, 59, 61–72. doi: 10.1016/j.neunet.2014.06.012.

McPhetres, J., Conway, P., Hughes, J. S., & Zuckerman, M. (2018). Reflecting on God's will: Reflective processing contributes to religious peoples' deontological dilemma responses. *Journal of Experimental Social Psychology*, 79, 301–314. doi: 10.1016/j.jesp.2018.08.013.

Meissner, F., & Rothermund, K. (2013). Estimating the Contributions of Associations and Recoding in the Implicit Association Test: The ReAL Model for the IAT. *Journal of Personality and Social Psychology*, 104(1), 45–69. doi: 10.1037/a0030734.

Mendez, M. F., Anderson, E., & Shapira, J. S. (2005). An investigation of moral judgement in frontotemporal dementia. *Cognitive and Behavioral Neurology*, 18(4), 193–197. doi: 10.1097/01.wnn.0000191292.17964.bb.

Michela, S. (2012). Temporal dynamics of cognitive-emotional interplay in moral decision-making. *Journal of cognitive neuroscience*, 4(24). doi: 10.1162/jocn_a_00146.

Mill, J. S. (1992). *On Liberty And Utilitarianism*: New York, NY: Bantam Books.

Moll, J., de Oliveira-Souza, R., Bramati, I. E., & Grafman, J. (2002). Functional networks in emotional moral and nonmoral social judgments. *Neuroimage*, 16(3), 696–703. doi: 10.1006/nimg.2002.1118.

Moll, J., De Oliveira-Souza, R., & Zahn, R. (2008). The neural basis of moral cognition: sentiments, concepts, and values. *Ann N Y Acad Sci*, 1124, 161–180. doi: 10.1196/annals.1440.005.

Moore, A. B., Clark, B. A., & Kane, M. J. (2008). Who shalt not kill? Individual differences in working memory capacity, executive control, and moral judgment. *Psychological Science*, 19(6), 549–557. doi: 10.1111/j.1467-9280.2008.02122.x.

Nadarevic, L., & Erdfelder, E. (2011). Cognitive processes in implicit attitude tasks: An experimental validation of the Trip Model. *European Journal of Social Psychology*, 41(2), 254–268. doi: 10.1002/ejsp.776.

Nichols, S. (2002). Norms with feeling: towards a psychological account of moral judgment. *Cognition*, 84(2), 221–236. doi: 10.1016/s0010-0277(02)00048-3.

Nieuwenhuis, S., Aston-Jones, G., & Cohen, J. D. (2005). Decision making, the P3, and the locus coeruleus-norepinephrine system. *Psychol Bull*, 131(4), 510–532. doi: 10.1037/0033-2909.131.4.510.

Paxton, J. M., & Greene, J. D. (2010). Moral Reasoning: Hints and Allegations. *Topics in Cognitive Science*, 2(3), 511–527. doi: 10.1111/j.1756-8765.2010.01096.x.

Payne, B. K., & Bishara, A. J. (2009). An integrative review of process dissociation and related models in social cognition. *European Review of Social Psychology*, 20, 272–314. doi: 10.1080/10463280903162177.

Pellizzoni, S., Siegal, M., & Surian, L. (2010). The contact principle and utilitarian moral judgments in young children. *Developmental Science*, 13(2), 265-270. doi: 10.1111/j.1467-7687.2009.00851.x.

Piaget, J. (1933). The moral judgement of the child. *philosophy*. doi: http://dx.doi.org/.

Pletti, C., Sarlo, M., Palomba, D., Rumiati, R., & Lotto, L. (2015). Evaluation of the legal consequences of action affects neural activity and emotional experience during the resolution of moral dilemmas. *Brain Cogn*, 94, 24-31. doi: 10.1016/j.bandc.2015.01.004.

Potts, G. F. (2004). An ERP index of task relevance evaluation of visual stimuli. *Brain and Cognition*, 56(1), 5-13. doi: 10.1016/j.bandc.2004.03.006.

Prehn, K., Wartenburger, I., Meriau, K., Scheibe, C., Goodenough, O. R., Villringer, A., ... Heekeren, H. R. (2008). Individual differences in moral judgment competence influence neural correlates of socio-normative judgments. *Social Cognitive and Affective Neuroscience*, 3(1), 33-46. doi: 10.1093/scan/nsm037.

S, R. D., R, M., & S, S. (1982). P300 and slow wave in a message consisting of two events. *Psychophysiology*, 19(6). doi: 10.1111/j.1469-8986.1982.tb02514.x.

Sarlo, M., Lotto, L., Rumiati, R., & Palomba, D. (2014). If it makes you feel bad, don't do it! Egoistic rather than altruistic empathy modulates neural and behavioral responses in moral dilemmas. *Physiol Behav*, 130, 127-134. doi: 10.1016/j.physbeh.2014.04.002.

Schnall, S., Benton, J., & Harvey, S. (2008). With a Clean Conscience: Cleanliness Reduces the Severity of Moral Judgments. *Psychological Science*, 19(12), 1219-1222. doi: 10.1111/j.1467-9280.2008.02227.x.

Schnall, S., Haidt, J., Clore, G. L., & Jordan, A. H. (2008). Disgust as embodied moral judgment. *Personality and Social Psychology Bulletin*, 34(8), 1096-1109. doi: 10.1177/0146167208317771.

Shenhav, A., & Greene, J. D. (2010). Moral judgments recruit domain-general valuation mechanisms to integrate representations of probability and magnitude. *Neuron*, 67(4), 667-677. doi: 10.1016/j.neuron.2010.07.020.

Shin, H. I., & Kim, J. (2017). Foreign Language Effect and Psychological Distance. *Journal of Psycholinguistic Research*, 46(6), 1339-1352. doi: 10.1007/s10936-017-9498-7.

Skulmowski, A., Bunge, A., Kaspar, K., & Pipa, G. (2014). Forced-choice decision-making in modified trolley dilemma situations: a virtual reality and eye tracking study. *Frontiers in Behavioral Neuroscience*, 8, 16. doi: 10.3389/fnbeh.2014.00426.

Starcke, K., Ludwig, A. C., & Brand, M. (2012). Anticipatory stress interferes with utilitarian moral judgment. *Judgment and Decision Making*, 7(1), 61-68. doi: 10.1027/0269-8803/a000066.

Strohminger, N., Lewis, R. L., & Meyer, D. E. (2011). Divergent effects of different positive emotions on moral judgment. *Cognition*, 119(2), 295-300. doi: 10.1016/j.cognition.2010.12.012.

Suessenbach, F., & Moore, A. B. (2015). Individual differences in the explicit power motive predict "utilitarian" choices in moral dilemmas, especially when this choice is self-beneficial. *Personality and Individual Differences*, 86, 297-302. doi: 10.1016/j.paid.2015.06.031.

Szekely, R. D., Opre, A., & Miu, A. C. (2015). Religiosity enhances emotion and deontological choice in moral dilemmas. *Personality and Individual Differences*, 79, 104-109. doi: 10.1016/j.paid.2015.01.036.

Tassy, S., Deruelle, C., Mancini, J., Leistedt, S., & Wicker, B. (2013). High levels of psychopathic traits alters moral choice but not moral judgment. *Frontiers in Human Neuroscience*, 7. doi: 10.3389/fnhum.2013.00229.

Thomson, J. J. (1976). Killing, letting die, and the trolley problem. *The Monist*, 59(2), 204-

217. doi: 10.5840/monist197659224.

Tinghog, G., Andersson, D., Bonn, C., Johannesson, M., Kirchler, M., Koppel, L., & Vastfjall, D. (2016). Intuition and Moral Decision-Making — The Effect of Time Pressure and Cognitive Load on Moral Judgment and Altruistic Behavior. *Plos One*, *11*(10), 19. doi: 10.1371/journal.pone.0164012.

Turiel, E. (1983). The Development Of Social Knowledge: Morality And Convention. *American Political Science Review*, *78*(4). doi: 10.2307/1955945.

Uddin, L. Q., Kinnison, J., Pessoa, L., & Anderson, M. L. (2014). Beyond the tripartite cognition-emotion-interoception model of the human insular cortex. *J Cogn Neurosci*, *26*(1), 16–27. doi: 10.1162/jocn_a_00462.

Valdesolo, P., & DeSteno, D. (2006). Manipulations of emotional context shape moral judgment. *Psychological Science*, *17*(6), 476–477. doi: 10.1111/j.1467-9280.2006.01731.x.

Wang, Y., Deng, Y. Q., Sui, D. N., & Tang, Y. Y. (2014). Neural correlates of cultural differences in moral decision making: a combined ERP and sLORETA study. *Neuroreport*, *25*(2), 110–116. doi: 10.1097/wnr.0000000000000077.

Wheatley, T., & Haidt, J. (2005). Hypnotic disgust makes moral judgments more severe. *Psychological Science*, *16*(10), 780–784. doi: 10.1111/j.1467-9280.2005.01614.x.

Woodward, J., & Allman, J. (2007). Moral intuition: its neural substrates and normative significance. *J Physiol Paris*, *101*(4–6), 179–202. doi: 10.1016/j.jphysparis.2007.12.003.

Yoder, K. J., & Decety, J. (2014). Spatiotemporal neural dynamics of moral judgment: A high-density ERP study. *Neuropsychologia*, *60*, 39–45. doi: 10.1016/j.neuropsychologia.2014.05.022.

Young, L., & Dungan, J. (2012). Where in the brain is morality? Everywhere and maybe nowhere. *Social Neuroscience*, *7*(1), 1–10. doi: 10.1080/17470919.2011.569146.

Zhang, L. S., Kong, M., Li, Z. Q., Zhao, X., & Gao, L. P. (2018). Chronic Stress and Moral Decision-Making: An Exploration With the CNI Model. *Frontiers in Psychology*, *9*, 6. doi: 10.3389/fpsyg.2018.01702.

Zhong, C. B., Strejcek, B., & Sivanathan, N. (2010). A clean self can render harsh moral judgment. *Journal of Experimental Social Psychology*, *46*(5), 859–862. doi: 10.1016/j.jesp.2010.04.003.

3 社会善念[①]

3.1 引言 / 74
3.2 社会善念的概念 / 74
 3.2.1 概念界定与辨析 / 74
  与正念的区别 / 75
  与善良的区别 / 77
  与其他亲社会行为的区别 / 77
 3.2.2 表现特征 / 79
3.3 社会善念的理论基础 / 81
 3.3.1 相互依赖理论 / 81
 3.3.2 自我决定理论 / 82
3.4 社会善念的测量方法 / 83
 3.4.1 经典测量范式 / 83
 3.4.2 其他测量变式 / 86
  第一种变式 / 87
  第二种变式 / 88
3.5 社会善念的相关研究 / 90
 3.5.1 社会善念的认知加工特征 / 90
  双重加工理论 / 91
  亲社会的认知特征 / 93
  社会善念的认知特征 / 95
 3.5.2 社会善念的相关因素研究 / 96
  认知因素 / 96
  人格因素 / 96
  环境因素 / 97
  情绪因素 / 98
3.6 社会善念的研究思考与展望 / 99
 3.6.1 特质-状态结构验证 / 99
 3.6.2 个体层面本土化测量 / 99
 3.6.3 认知加工特征探究 / 99
 3.6.4 相关因素及影响机制探索 / 100
参考文献 / 100

[①] 国家自然科学基金面上项目(31671160)"善良人格的结构、机制及其促进研究"、国家社会科学基金重大项目"中国人道德认知和情绪特点的心理、脑与人工智能跨学科研究"(19ZDA363)的资助。

3.1 引言

爸爸和儿子在早餐桌前,桌上有三杯果酱,两杯草莓味的,一杯杏仁味的。儿子问爸爸:"如果我让您选择其中一个果酱杯,您会选哪个?"爸爸说:"我选杏仁味的,谢谢!"儿子就不高兴了:"您把唯一的杏仁味果酱选走了,我现在不能选了。"(Van Doesum,2016,p.7)

这就是引出社会善念的真实生活场景,由荷兰自由大学的研究团队最先提出并进行研究(Van Doesum,Van Lange,和 Van Lange,2013)。国内学者最初将其应用于感知层面与合作行为的研究(窦凯,2016),后续其他学者逐渐开始探究其相关研究领域。该领域的研究从理论上将扩展亲社会理论体系的内涵,丰富不同文化背景下的人格与社会行为特征;从实践上对同理心教育、员工成长培训和社会和谐心态营造均具有一定的现实意义。

截至 2020 年 7 月,以 social mindfulness 为关键词在 web of science 中搜索,仅有 14 篇文献;再以"社会正念"或"社会善念"为关键词在知网中搜索,共有 9 篇文献,其中 1 篇博士论文,3 篇硕士论文,还有 5 篇期刊论文。因此,自范·杜斯恩(Van Doesum 等,2013)提出此概念至今,国内外有关社会善念的文章仅有 23 篇。本章将系统介绍社会善念的概念和表现特征,阐述其理论基础、测量方法及相关研究等问题,进而提出未来研究思考。

3.2 社会善念的概念

3.2.1 概念界定与辨析

从概念的来源看,"社会善念"一词出自英文 social mindfulness,最初直译为社会正念。用作者的观点来说,就是人们怎样以一种注意关注的方式,社会化地建构了一个情境(Van Doesum,2016)。换句话说,就是用正念方式关注社会交际环境。由于这个概念较新,所以存在很多争议。研究表明,"社会正念"与正念注意意识量表(mindfulness attention awareness scale)所测的正念水平没有显著相关(Van Doesum 等,2013),同时,范·兰格和范·杜斯恩(Van Lange 和 Van Doesum,2015)也提出,低的"社会正念"相当于"社会敌意(social hostility)",而社会敌意对应的名词应该是社会善念,而非社会正念。结合心理学报编委所提出的专业建议,国内学者将最初发表在心理学报和心理科学论文中的社会正念修改为社会善念(窦凯,刘耀中,王玉洁,聂衍刚,2018;窦凯,聂衍刚,王玉洁,刘耀中,2018)。考虑到我国当前的社会背景,以及正念所具有的佛学教义,本文认为采用心理学专家所认可的社会善念这个概念能更好地反映其背后的意义,更适合学术表达,也符合中国本土化特色。故后续采用社会善念作为关键词进行阐述。

从概念的内涵看,最初提出者将社会善念界定为"个体做出顾及他人的选择,这种选择包含了善意关注他人控制结果的技能和意愿"(Van Doesum 等,2013, p. 86)。之后,相关学者又基于相互依赖理论进一步指出,社会善念是指个体在人际交往中善意关注、尊重并保护他人选择需要和权利的倾向,对建立良好的人际关系和团队关系有重要作用(Van Doesum, Van Prooijen, Verburgh, 和 Van Lange, 2016)。国内学者基于前人研究,对社会善念进行了操作性界定:"个体在社会决策过程中对'关注他人'的自我控制,即有意识地识别情境中他人可支配的选项,可理解为一种心智技能;并愿意做出不限制他人选择的决策,可理解为一种意愿动机"(窦凯,聂衍刚,王玉洁,张庆鹏,2017, p. 1103)。

纵观国内外关于社会善念的概念阐述,研究者均强调一种情境、两种能力。一种情境即人际互动情境;两种能力分别是,感知技能——能够觉察他人状态的知觉能力,意愿动能——尊重对方并做出选择权让渡的意愿表达。

此外,有研究者指出,社会善念具有低成本的亲社会(low-cost prosociality)特征(Van Lange 和 Van Doesum, 2015),是一种自发主动的亲社会特质(Van Doesum, 2016)。具有宜人性、共情、利他等良好品质的个体,更容易主动觉察对方处境,从而做出让渡选择的行为,获得他人信任和好感,增进人际关系(Van Doesum 等,2019)。由此推测,个体具备的某种内在积极品质,促进了个体在互动情境中的感知技能和意愿表达。

综上,本文把个体所具备的良好品质反映在人际互动情境中能够感知他人状态、愿意尊重对方选择、做出让渡权利行动的善意定义为社会善念。

下面对相近的几个概念进行深入辨析。

与正念的区别

为了更好地理解社会善念是一种人际互动中的善意表达,是一种对当前社会情境的心理建构,而不是正念的社会表达。对正念的概念进行详细辨析如下。

正念存在于当下,是通过当下有目标的时刻注意,不加任何判断地将经验一刻一刻展现出来的意识。历史上,正念被称为佛教冥想的"心"(Thera, 2014)。它是佛教教义的核心,传统上用梵语中的"法"来描述,它具有"物理定律"或"事物方式"中"法"的含义,如中国"道"的概念。它完全利用自己的身心和经验这些本体资源,最大程度地深入探究人类苦难的本质,从这一艰苦而专一的沉思中,发现一系列深刻的见解、对人性的全面认识,以及治疗"毒性"的"良药",而"良药"要解的"毒性"是贪婪、仇恨、厌恶和无知妄想(Kabat-Zinn,2003)。

有学者也会认为佛法中的正念是一种普遍的生成语法,是一套内在的经验检验的规则,是支配和描述人类痛苦和幸福体验的生成器(Chomsky,2014)。从这个意义上说,作为佛教教义核心的正念具有真正的普遍性,而不仅仅是在佛教范畴。它不是信仰,不是意识形态,也不是哲学。相反,它是一个对状态、精神、情感、痛苦和潜能释放的连贯现象描述,是基于实践的高度精炼,通过意识系统训练,培养个体关注精神和心的各个方面的注意状态(Kabat-Zinn,2003)。

后来研究者将其定义为意识或感知到某一事情的状态(Stevenson 和 Lindberg,2015),它越来越成为日常生活或研究中的流行概念(Weinstein,Brown,和 Ryan,2009),更多的时候是作为经过时间验证的正念心理疗法,受到学者和普通大众的强烈关注(Grossman,Niemann,Schmidt,和 Walach,2004)。有研究者对正念减压训练(mindfulness-based stress reduction,MBSR)进行了元分析,结果表明正念减压训练能够减少反刍思维和特质焦虑,同时可以增加移情和自我同情(Chiesa 和 Serretti,2009)。将视角转向国内,以"正念"为关键词的研究在知网可以搜到 2 443 条结果,其中以近四年的研究成果居多,有 1 600 多条(截至 2020 年 7 月)。有些学者关注正念的基础理论、内部机制及认知神经结构(陈思佚,崔红,周仁来,贾艳艳,2012;陈语,赵鑫,黄俊红,陈思佚,周仁来,2011;段文杰,2014;汪芬,黄宇霞,2011),更多学者聚焦于正念训练、正念干预、正念疗法在心理健康、医学护理、运动训练等领域中的应用(李英,席敏娜,申荷永,2009;石林,李睿,2011;汪冕,陈晓莉,2015;钟伯光,姒刚彦,张春青,2013)。

简言之,正念来源于佛教,是佛教的核心教义,起源是人类对内在自我苦难和幸福体验的沉浸式反省,但它又具有极强的普遍性,不是佛教也不是哲学,是可以运用意识进行系统训练的注意能力,所以使其具有更广泛的流行性和研究价值。国内外学者以正念理论为溯源,将注意力从内部机制、神经结构更多地聚焦于正念心理疗法的实践应用。总体而言,所有这些对于正念的研究和应用都有一个共同的出发点,那就是个人对自我的关注,是可以通过自我意识训练来实现的,更多聚焦于注意状态(Kabat-Zinn,2003)。

而社会善念与正念的区别在于:从来源和内涵上来讲,社会善念源于社会困境与合作动机的研究,是破解社会困境,促进人类提升合作动机的契机,关注的是在社会情境下对他人的关注,是在更大范围人际互动的背景下,识别他人需求,并做出满足他人需求的善意决策(Van Lange 和 Van Doesum,2015)。它是亲社会动机的一种,是对关注他人感受并愿意做出善意决策的意念。从背后的驱动力来讲,社会善念背后的驱动力不是提高自身意识的能力倾向,而是将这种感知技能与社交互动情境相结合,提升社会关注意识。而正念更多的是关注自身意识能力的提高。从实证研究的角度来讲,有研究论证,社会善念确实与他人的需求和利益有关,而不是与自己有关,正念注意意识量表所测的正念水平与社会善念没有显著相关(Van Doesum 等,2013)。

综上,社会善念并非正念。正念专注自我,并不意味着也会专心于其他人。而社会善念更强调关注他人需求后的善意表达,不仅仅聚焦于注意状态,更侧重于关注他人状态后的善意决策,是一个更强调与他人互动的人际概念。

与善良的区别

善良(virtuous)是众所周知的传统概念,代表着个体的美好品格。其概念和哲学背景更早追溯到我国的孔孟时代,三字经中"人之初,性本善"的传诵就是性善论的典型代表。国内学者提出的中国人七因素人格结构包含"善良"维度(王登峰,崔红,2005),有学者编制了特质善良人格词汇问卷,建构善良人格的四维度,包括诚信友善、利他奉献、宽容和善、重情重义,具有直觉加工特点,且对善行表达具有显著影响(张和云,赵欢欢,许燕,2018)。同时,有研究者探究中国人的善和恶人格,结果显示,中国人的"善"人格包含尽责诚信、利他奉献、仁爱友善、包容大度四个维度(焦丽颖,杨颖,许燕,高树青,张和云,2019)。但因为东西方文化的差异,西方学者研究的人格结构中未出现这一独立的人格维度,而多以美德、仁慈、利他人格表示,同时也有研究者对特质善良和状态善良在环境下的善行表达进行了研究,结果表明个体内在的善良人格特质抵制了强大的情境力量,展现出了稳定的善良行为(Jayawickreme, Meindl, Helzer, Furr, 和 Fleeson, 2014)。

社会善念中的"善念"与"善良"的概念确实存在一定的重叠,两者都具有反映个体亲社会倾向的良好品质;但两者又有一定的区别,善良更多表达的是一种个体内在稳定的人格特质,可以理解为"大善"。而社会善念以个体本身良好品质为基础,聚焦在人际互动环境中的感知技能和意愿表达,可以理解为"小善"。因此,社会善念既体现个体的善良特质,又强调善念的认知注意,是一种将个体优良品格付诸于人际交互环境中做出善意决策的修善之念。

与其他亲社会行为的区别

亲社会行为(prosocial behavior)是指对社会和他人有益的行为,包括但不限于合作、分享、帮助、慈善捐赠和志愿服务等。可以通过多种方式体现,诸如社会价值取向(social value orientation,SVO)(Murphy, Ackermann 和 Handgraaf, 2011; Van Lange, 1999),诚实-谦逊、宜人性(Hilbig, Glöckner, 和 Zettler, 2014)以及其他行为变量,例如慈善捐赠(Harbaugh, Mayr, 和 Burghart, 2007),志愿服

务(Penner, Brannick, Webb, 和 Connell, 2005)以及经济游戏和社会困境中的合作决策等(Van Lange, Balliet, Parks, 和 van Vugt, 2014)。这些亲社会行为通常会给行为者带来一些小的甚至大的成本,比如花费资源、时间和精力,有时甚至会造成身体伤害。例如,在公共汽车上让座或给乞丐几枚硬币的善举或慈善行为,捐肾救人或在紧急情况下甘愿帮助陌生人的自我牺牲或英雄主义(Manesi, Van Doesum, 和 Van Lange, 2017)。从本质上讲,它在社会交往和人际关系中通过多种形式表现,涉及利他、公平、互惠和信任等多个方面(Kelley 和 Thibaut, 1978)。

利他 利他(altruism)是指给他人带来帮助的同时需要牺牲自我的利益(Tomasello, 2009)。人类的利他主义远远超出了互惠利他主义和基于声誉的合作,表现为强烈的互惠(Fehr, Fischbacher, 和 Göchter, 2002; Gintis, 2000)。强烈的互惠是利他主义奖励和惩罚的结合,利他主义奖励是一种倾向于奖励他人的合作、遵守规范的行为,利他主义惩罚是一种倾向于对他人违反规范的行为实施制裁。利他主义是一种代价高昂的行为,它会给其他人带来经济利益,但是对于个体而言需要付出更高的代价(Fehr 和 Fischbacher, 2003)。

互惠 互惠(reciprocity)是指人们在日常生活中不是独自存在的,而是在社会环境中你来我往,互相帮助的。互惠有两个典型特征:一是重复性,二是条件性(刘长江,2017)。互惠有别于动机、偏好或社会规范。公平、利他等动机都可能促成互惠行为(Seinen 和 Schram, 2006)。人们在其他社会互惠中所产生的情感体验会影响当前社会困境中的亲社会行为。

公平 公平(fairness)在狭义上是人们通过社会比较后获得的一种心理感受,它是一种个人偏好。在广义上是指双方获取大致相同利益的平等互利关系。人们关注公平不仅可以避免自己的利益受到损害,而且还有利于群体凝聚力和绩效。追求公平是人们亲社会价值取向的一种表现。

信任 信任(trust)是一种复杂的社会心理现象。有研究者认为信任是对合作方的判断,易受到个体认知方式和任务特征的影响(Malhotra, 2004;严进,2007)。信任是建立、维持和促进社会关系的核心(刘长江,2017)。信任是对同伴的友好和乐善好施意图所做出的预期,是对他人合作意图的期望。如果个体预期到他人是乐善好施、仁慈的,那他就会表现出信任状态,体现亲社会倾向。

社会善念有一个关键核心词——"社会",对于社会情境的反应,体现的是个体的社会价值取向。而在社会情境中表达善念,更多的是体现出亲社会价值取向。广义的社会善念包括在共享情境的社会建构中承认他人的存在。然而,与社会善念相关的意识不是一种空洞的意识。更确切地说,这是在行为上尊重的意识,即我们的决定对他人有影响;正如前人所言,行动是在一个连续的情境转换链中的反应

(Kelley，1984)。在积极的社会互动中,如果"注意到差距",就会试图做出反应减小这个差距;如果"注意到关系",就会倾向于积极地促进关系。在亲密关系下,个体会相信对方是以关系为导向的,接受并尊重对方,有相互的思想、情感和行为,并在未知的情况下保持互动过程的持续(Harvey 和 Omarzu,1997)。因此,可以将社会善念理解为一种关系导向,以此建构一个更大的"亲社会集合"(Van Doesum,2016)。

综上,社会善念和其他亲社会行为也存在一定的概念重叠,例如,它们都是亲社会的一种,都旨在为他人谋便利,都具有善意表达;但从更细致的内涵、能力、动机、外部环境等方面又有所不同。从内涵上讲,这些传统的亲社会行为忽略了亲社会性的一个重要方面:感知他人的需要。而这恰恰是社会善念的核心之一。从能力上讲,执行功能可能是社会善念不同于传统亲社会行为的基础认知能力(Van Doesum等,2013)。从动机上讲,社会善念是基于个体自身优良品格的意念表达,是让渡选择权的意愿或动机,是被人际交互环境的实际存在所激发和增强的(Van Doesum,2016)。从外部环境上讲,传统的亲社会行为偏重在社会环境下个体的自我表现,但社会善念更加关注人际交互的环境,更多地顾及到他人的感受,体现在与对方互动的过程中所表达出来的善念。

3.2.2 表现特征

通过概念界定及辨析可知,社会善念既可以作为一种稳定的心理品质,也可以作为一种受外部环境影响的心理状态。研究者们倾向于对个体稳定的特质倾向以及其外部情境下的状态反应进行分析,尝试将个体的心理变量划分为特质(trait)和状态(state),特质表达的是一种不受环境影响的稳定的人格品质,注重探究个体的差异性;而状态则表达受情境影响的心理特征,强调心理特征的变异性(Chaplin，John，和 Goldberg，1988)。

虽然对某些心理变量的特质—状态概念的实体存在性或解释性价值没有得到经验证据的支持(Hogan，DeSoto，和 Solano，1977),但很多心理学家仍然相信一些心理变量具有特质或状态两种表现特征,例如众所周知的特质焦虑与状态焦虑,它们具有解释性的价值或可以凭经验进行识别。尽管特质和状态的概念受到了挑战,但仍在心理学文献中被广泛使用,甚至那些挑战它们的人也对这一心理表现特征很感兴趣(Mischel 和 Peake，1982)。有研究者(Fridhandler，1986)认为,特质和状态可以从四种角度来区分:短期和长期的条件,连续性和反应性的表现,具体和抽象的实体,情境和人格的因果。

特质和状态的概念已在人格心理学和其他心理学领域得到广泛使用。它们之间的区别在理论和研究中具有重要意义。如同奥尔波特和奥斯波特（Allport 和 Odbert，1936）阐述的一样，研究者倾向于将特质和状态的区分界定到持续时间或稳定性上，其中，持续不变保持稳定的是人格特质，而受各种因素影响、随时间变化表现出可变性的是心理状态。因此，只有将特质与状态的区别界定在稳定与可变时才更有意义。

后来，有很多研究者将一些人格或社会心理学的重要概念分为特质和状态表现。例如，特质自尊和状态自尊（Heatherton 和 Polivy，1991），特质信任和状态信任（刘长江，2017），特质美德和状态美德（Jayawickreme 等，2014），特质创造性和状态创造性（谷传华，张笑容，陈洁，郝恩河，王亚丽，2013），特质焦虑和状态焦虑（Endler，Kantor，和 Parker，1994；Piatka，1987；Spielberger，Sydeman，Owen，和 Marsh，1999；张树凤，丁玲，胡冬梅，司继伟，2016），特质情感和状态情感（李亚丹，2016），特质好奇和状态好奇（Boyle，1989；陈梁杰，蔡诗涵，张媛，王一凡，张春雨，2017），特质共情和状态共情（刘相燕，2018），特质自我控制和状态自我控制（梁献丹，2019），特质错失恐惧和状态错失恐惧（肖曼曼，刘爱书，2019），特质敬畏和状态敬畏（赵欢欢，2017），等等。

社会善念根植于相互依赖理论，该理论承认动机方面的个性差异特征，也假设任何人际情境的结果都取决于有能力产生影响的个人。因此，将社会善念概念化为反映动机状态以及认知和影响的基本取向，它位于个体内（作为个性变量），但也可以由关系变量（例如对方是谁）或情境变量（例如在某种情况下传达的社会规范）所激活（Van Lange 和 Van Doesum，2015）。所谓内化于心、外化于行，社会善念的表现恰恰是由内心稳定的人格特质所决定，而在外部环境的影响下发生状态性的变化，因此有研究者指出"社会善念既是一种状态，也是一种特质"（窦凯等，2017，p. 1108）。

实证研究也表明，社会善念既有类特质的特征，又有类状态的特征（Mischkowski，Thielmann，和 Glöckner，2018）。有研究者提出，社会善念是在相互依赖的情况下感知和采取行动的一种类特质倾向的观点，个人愿意表现出社会善念的倾向与两个特质维度（诚实谦恭和社会价值取向）之间有意义联结（Van Doesum 等，2019；Van Doesum 等，2013）。同时，社会善念的动机倾向受技能操纵影响也很强，这意味着决定采取社会善念决策也涉及行为状态的方面。

3.3 社会善念的理论基础

社会善念的构建深深植根于相互依赖理论(interdependence theory)(Kelley 和 Thibaut,1978;Van Lange 和 Balliet,2015),同时在过程中体现了自我决定理论(self determination theory)(Deci 和 Ryan,2002)的思想。

3.3.1 相互依赖理论

勒温是社会心理学各主题的发起人,相互依赖理论也不例外。事实上,有人说他是相互依赖观点的奠基人,因为他首先定义了相互依赖的群体,强调团队生产力、合作、冲突、成员关系,将人际依赖定义为相互作用的人影响彼此经验的过程,即个人对他人思想、情感、动机、行为和结果的影响。

相互依赖理论最初由蒂博(Thibaut,1959)在其出版的《群体社会心理学》(*The social psychology of groups*)一书中提出,它是社会和行为科学的经典理论之一。在过去的几十年里,这一理论得到了扩展,凯利和蒂博(Kelley 和 Thibaut,1978)在《人际关系:相互依赖理论》(*Interpersonal relations: a theory of interdependence*)一书中将其称之为相互依赖理论,但 1959 年的书应被视为这一理论的发源地。相互依赖理论源于两个经典理论——交换理论和博弈理论——它们是理解人际关系和群体动力学的重要框架。之后,其他人将其发展成为一个更全面的社会互动理论(Kelley 等,2003)。

相互依赖理论的影响已经持续了 60 多年,它激发了社会心理学各个领域的研究,包括关注情感、认知等内在过程,以及人与人之间的互动行为过程。自提出以来,相互依赖理论及其关键概念和原则被用于分析群体动力学、权力和依赖、社会比较、冲突与合作、归因与自我呈现、信任与背叛、情感、爱与承诺、协调与沟通、风险与自我调节、绩效与动机,以及社会发展与互动的神经科学模型(Kelley 等,2003;Rusbult 和 Van Lange,2003)。

研究者将该理论概括为四大原则:第一是结构原则,即情境。理解情境的相互依赖结构对于理解动机、认知和情感等心理过程和社会互动行为至关重要。这些结构在情境中的分类基于依赖程度、依赖相互性、依赖基础、时间结构和信息可用性等。第二是转换原则,即人们对情境的看法。相互依赖过程重点强调转换的概念;互动情境可能会受到转换的影响,通过这种转换,个人可以根据自己和他人的结果以及直接和未来的结果来考虑自己(和他人)行为的后果。转换是一个以交互目标为指导的心理过程,它可能伴随动机、认知和情感等过程。第三是互动原则,即互动是由个体和客观属性相互作用所决定的。社会互动由社会情境和所涉人员的结构产生,它是情境中个体和客观属性的函数,情境会激活个体的特定动机、认知和情感,最终通过他们相互的行为反应,产生特定的互动模式。第四是适应原则,即重复的社会互动。这些适应是概率性的,反映了人们在不同的互动对象和情境中的取向——在特定互动对象中的取向为关系取向;在特定互动情境中的取向为规则取向,即以特定社会规则对特定类别的情况做出反应的倾向(Van Lange 和 Balliet,2015)。

在相互依赖理论的基础上解读社会善念。顾名思义,相互依赖理论适用于人与人之间相互依存的情况,也就是说,一个特定情况的结果(即谁最终在哪里和以什么结束)取决于每个人的初始位置和随后的决定,以及每一个相关的个人。因此,相互依赖理论关注人们在其情境表现和个人动机方面的个性差异,同时也假设任何人际情境的结果都取决于有能力产生影响的个人决定。社会善念的提出充分契合了相互依赖理论的原则,即决策是随后而不是同时做出的——"先是你,然后是另一个人"。实际上,先行者有权改变后继者的情况。这使社会善念更多地关注过程而不是结果。

此外,相互依赖理论关注情境,注重在人际互动情境下所体现出来的感知技能和意愿表达。尽管从一个依赖矩阵到另一个依赖矩阵转换的可能性相当复杂,但是社会善念要求人们至少具有一定程度的"如果,那么"感知能力和善意表达,并且愿意尊重并保护对方选择的权利(Van Doesum,2016)。

简言之,相互依赖理论强调的是环境,是结构,是互动转换适应的矩阵,是人与人的相互影响。而社会善念就是在这个相互依赖中产生,强调人际环境,强调感知能力和善意表达,强调相互影响的意愿。

3.3.2 自我决定理论

自我决定理论由德西和瑞安(Deci 和 Ryan,1985)在《人类行为的内在动机和自我决定》(*Intrinsic motivation and self-determination in human behavior*)中首次提出,它是有关社会环境中人类动机和人格的理论,认为可以根据自主性和控制性来区分动机(Van Lange,Kruglanski,和 Higgins,2011)。

社会心理学的研究重心长期以来一直是关注社会环境对人们的态度、价值观、动机和行为的影响。许多社会心理学理论倾向于认为,社会环境可以教会个人如何思考、关注什么和做什么,以此获取态度、价值观、动机和行为。这种观点被称为具有相对可塑性的人性"标准社会科学模型",由其社会环境塑造而成(Tooby 和 Cosmides,1992)。自我决定理论也关注社会环境对个体发展和当前状况下的态度、价值观、动机和行为的影响。但对这些问题的探讨则采取了完全不同的方法。具体而言,自我决定理论假设人类已进化成为具有内在活力与动机的个体,倾向于通过整合过程而自然发展,这些素质不需要学习,它们是人性所固有的。但是,它们会随着时间流逝而发展,在学习中发挥核心作用,并受到社会环境的影响(Deci 和 Ryan,2002)。

经过数十年的实证研究,该理论在内外动机的基础上提出三大需求:自主需求(autonomy)、能力需求(competence)和归属需求(relatedness),其中对他人自主需求的满足与互相依赖模型类似,强调随着时间推移和环境变化,它会影响动机选择,使外部动机内化、内部动机自发,产生积极效果。温斯坦和瑞安(Weinstein 和 Ryan,2010)最新研究表明,与无选择相比,当个体被给予具有帮助性质的选择时,他们会体验到更大的自主需求满足感,并表现出更好的心理健康。同时,研究发现,受助者受益越多,受到心理威胁的程度就越小,并且在他们获得帮助时会更加自愿地实施感恩行为。

映射到社会善念,即个体具备在环境中感知他人的能力,并能够做出善意决策,就相当于给予对方更多的自主控制权,满足他人基本需求,有利于个体和他人身心健康。具体而言,第一人对多重物品的选择将被视为社会善念,因为它使第二人也具有相同的控制权。但是,如果第一人选择了唯一物品,那么也就移除了第二人的控制权。而第一人对第二人授予这种控制权具有亲社会动机(Magee 和 Langner,2008),因为它允许另一方在条件允许的情况下对结果具有尽可能多的自主控制权,在这个过程中即体现了自我决定理论,满足了个体的自主需求(Deci 和 Ryan,2002)。因此,为他人提供一定程度的自主权,被视为尊重他人的需求和观点的表现,是一种社会善念的行为。

3.4 社会善念的测量方法

3.4.1 经典测量范式

社会善念的测量范式来源于由金姆和马库斯(Kim 和 Markus,1999)设计并由后来的研究者扩展的铅笔选择范式,后来被桥本、李和山岸(Hashimoto, Li, 和 Yamagishi,2011)发展使用。在铅笔选择范式中,个体被要求在两种颜色的五支笔中选择一支,例如两支红色笔和三支绿色笔,或者一支红色笔和四支绿色笔,颜色是区分的唯一标准,对不同颜色铅笔的选择是人们战略选择的结果。人们遵循相应的策略驱动做出自我选择,那些对多数颜色对象有所偏好的人占少数,他们被称为"文化游戏玩家(cultural game players)"(Hashimoto 等,2011)。研究同时注意到当人们为自己选择时,或者成为最后选择的人,他们没有任何社会压力,无论文化背景是怎样的,大多数人似乎更喜欢独特的选择。因此,选择独特的物品可以被看作是缺乏其他外在选项时作为激励因素的一种默认选择。

后来,范·杜斯恩等(2013)受此研究范式的启发,开发了物品选择游戏作为社会善念测量范式(social mindfulness paradigm,简称 SoMi 范式)。SoMi 范式是一系列社会决策任务组合,使参与者可以在不同类别的三个或四个对象中选择一个,例如笔、棒球帽、水杯或苹果。每个类别中,有两个或三个物品是完全相同的,第三个或第四个只是在某一方面有所不同(例如,一个灰色的棒球帽和两个或三个黑色的棒球帽)。每次物品的类别数量有所不同,但参与者必须始终记住,他/她是在与另一个人的双人互动中共同参与决策任务。同时,他们会被告知,请他们想象自己可以将其中的一个物品带走。此外,实验者会特别强调说,这些物体将不会被替换。某物品一旦被一个人选中,另一个人将不能再选此物品了。相互依赖的环境与多个物品的选择相结合,建构了整个任务的执行空间,使物品选择范式发展成为测量社会善念的一种经典范式(classic SoMi paradigm)。图 3.1 呈现了经典 SoMi 范式的示例项目。

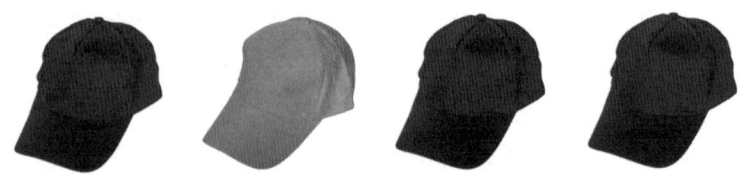

图 3.1 社会善念测量经典范式示例图
来源:www.socialmindfulness.nl/。

该范式的基本原理是:如果参与者选择非独一无二的物品(例如黑帽子),则另一个人仍然可以选择其他两类物品(黑色或灰色帽子),这将被记为社会善念(计 1 分)。但是,如果参与者选择了唯一的选项(灰帽子),他人只能选择另一类选项(三个相同的黑色帽子),这将被记为无社会善念(计 0 分)。各种类别以及每个类别的三或四个对象以随机顺序显示,范式以表 3.1 所示的物品比率(即,每个试次显示物品 a 多少次和物品 b 显示多少次)按完全随机的顺序呈现,物品在框中随机分配。每类物品使用两次,并按以下方式划分实验:某类物品一次出现在实验组,一次出现在控制组,且随机以三物品或四物品的结构呈现。最终分数为实验组计分的平均值(即社会善念计分的比例),得出的数字介于0(全部是无社会善念选择)和1(全部是社会善念选择)之间。具体如表3.1所示。

表 3.1

传统 SoMi 范式的设计表

试次	物品	实验	物品在屏幕上的呈现	计分 a	计分 b
1	1	S	aaab(b-唯一选项;a-社会善念选项)	1	0
2	2	S	aaab	1	0
3	3	S	aaab	1	0
4	4	C	aabb(非结果选择的控制条件)	—	—
5	5	C	aabb	—	—
6	6	C	aabb	—	—
7	7	S	aab(b-唯一选项;a-社会善念选项)	1	0
8	8	S	aab	1	0
9	9	S	aab	1	0
10	10	C	aaa(非结果选择的控制条件)	—	—
11	11	C	aaa	—	—
12	12	C	aaa	—	—
13	12	S	bbba(a-唯一选项;b-社会善念选项)	0	1
14	11	S	bbba	0	1
15	10	S	bbba	0	1
16	9	C	bbaa(非结果选择的控制条件)	—	—
17	8	C	bbaa	—	—
18	7	C	bbaa	—	—
19	6	S	bba(a-唯一选项;b-社会善念选项)	0	1
20	5	S	bba	0	1
21	4	S	bba	0	1
22	3	C	bbb(非结果选择的控制条件)	—	—
23	2	C	bbb	—	—
24	1	C	bbb	—	—

注:"实验"列的S代表实验组,C代表控制组;下同。

以上是经典 SoMi 范式的设计思路和计分方式。但该范式目前主要在西方文化和个体文化背景下有所应用（Gerpott，Fasbender，和 Burmeister，2020；Mischkowski 等，2018；Van Doesum 等，2019；Van Doesum，Tybur，和 Van Lange，2017；Van Doesum 等，2013）。但社会善念的利他选择会受文化因素的影响，而个体主义和集体主义是影响社会心理的重要维度。例如，在东方的集体主义文化下，个体处事原则是不给别人添麻烦（Hashimoto 等，2011），社会善念中的利他选择更多地是防御聚焦（prevention focus），即保持现有的好名声，预防自私选择损害个人形象。但在西方的个体主义文化下，社会善念中的利他选择更多地是促进聚焦（promotion focus）（Higgins，1998；Lockwood，Jordan，和 Kunda，2002），为他人考虑的选择可以使其获得积极的认可或自我奖励。由此可见，不同的文化背景，不同的互动模式，会影响个体对利他选择的不同推断，进而影响其社会善念的表达（任彧，2017）。

国内学者关于社会善念测量范式的应用主要体现在互动层面的感知视角（Dou，Wang，Li，Li，和 Nie，2018；陈雅姣，2019；仇不凡，2019；窦凯等，2018；窦凯，聂衍刚，王玉洁，刘耀中，2018），而在个体层面的应用仅有几位研究者涉及，且结果存在较大待议问题（陈满琪，2016；刘嘉，2018）。有研究者提出，社会善念范式中的物品选择对于个体来说得失影响不大，因此如何修改社会善念范式，加重物品选择的权重，可能更有助于探明社会善念的内涵（陈满琪，2016）。

在对社会善念进行本土化验证的过程中，研究者也产生较多疑问。首先，经典 SoMi 范式所使用的物品类型是否符合中国文化特点？例如，其所使用的郁金香、巧克力等可能更具西方色彩，用其作为实验刺激是否具有代表性？其次，被试对备选物品进行选择时，会不会依赖于自己的物品偏好进行选择，从而导致无法用"非唯一物品"选择比例来衡量个体的社会善念水平。最后，个体对独一无二物品的稀缺关注是否会影响不同文化背景下被试的物品选择？这些问题都使得对经典 SoMi 范式进行本土化改进成为未来研究的重要议题。

3.4.2 其他测量变式

目前，窦凯（2016）已经将社会善念范式所使用的物品进行了本土化更新，但研究更多关注感知社会善念层面，而未从个体层面进行更深入的探讨。密史可夫斯基等（Mischkowski 等，2018）从个体层面对经典 SoMi 范式进行了相应的改进，主要有以下两种变式。

第一种变式

在第一种变式中,为了能够解释参与者的真实物品偏好,实验在 24 个原始试次的基础上增加了 6 个对照试次。在经典 SoMi 范式中,只有一半的对照试次实际上涉及在实验试次中呈现的两种物品类型之间的选择(例如,两个红苹果和两个绿苹果)。因此,对于这些物品类别,研究者其实可以从对照试次中推断出参与者的偏好。然而,对照试次的另一半只包含三个相同的物品(如三个一模一样的红杯子)。因此,对于这些试次中呈现的物品类别,研究者不可能推断出参与者对一种物品类型的真实偏好。为了克服这一限制,研究者在六个额外的对照试次中重新分配了这些物品类别,包括每种类型的两个物品(例如,两个红杯子和两个绿杯子)。这使研究能够计算出一个调整过偏好的分数。具体设计方式如表 3.2 所示。

表 3.2

第一种社会善念测量变式的物品呈现顺序表

试次	物品	实验	物品 a/b 在屏幕的呈现顺序
1	1	S	baaa(b-唯一选项;a-社会善念选项)
2	2	S	abaa
3	3	S	aaba
4	4	C	aabb(非结果选择的控制条件)
5	5	C	abab
6	6	C	baba
7	7	S	aaab(b-唯一选项;a-社会善念选项)
8	8	S	baaa
9	9	S	abaa
10	10	C	bbaa(非结果选择的控制条件)
11	11	C	aabb
12	12	C	abab
13	12	S	bbab(b-唯一选项;a-社会善念选项)
14	11	S	bbba
15	10	S	abbb
16	9	C	baba(非结果选择的控制条件)
17	8	C	bbaa

续 表

试次	物品	实验	物品 a/b 在屏幕的呈现顺序
18	7	C	aabb
19	6	S	babb(b-唯一选项;a-社会善念选项)
20	5	S	bbab
21	4	S	bbba
22	3	C	abab(非结果选择的控制条件)
23	2	C	baba
24	1	C	bbaa

本变式的计分方式与传统状态中的社会善念范式不同,它需要将实验条件和控制条件结合在一起。例如第 1 试次的第一类物品(一个红苹果,三个绿苹果)和第 24 试次的第一类物品(两个红苹果,两个绿苹果),如果被试第 1 试次选择三个绿苹果中的一个,第 24 试次选择两个红苹果中的一个,则表明被试对红苹果存在物品偏好,那么他/她在第 1 试次控制住了红苹果的物品偏好,选择了非唯一的绿苹果,证明被试有很强的社会善念。相应地,如果被试第 1 试次选择三个绿苹果中的一个,第 24 试次选择两个绿苹果中的一个,则表明被试对绿苹果存在物品偏好,他/她在第一次试次中没有控制自己的绿苹果偏好,依然还是按照自我偏好做了选择,那我们说被试社会善念并没有那么强烈(但也有可能被试也有一定的社会善念,只是正好和他/她的偏好一致了),为了严格测验强烈社会善念,出现这种组合不计分。同时,还有被试第 1 试次选择唯一的红苹果,第 24 试次选择红苹果或绿苹果,都不计分。最终被试计分总和除以 12,即为社会善念分数。

第二种变式

在第二种变式中,研究者在每个试次中添加了一个具有反向对象构成的补充试次。例如,当在一个试次中呈现一个绿苹果和三个红苹果时,互补试次呈现一个红苹果和三个绿苹果。这将 12 个实验试次从经典 SoMi 范式增加到 24 个。具体设计方式如表 3.3 所示。

本变式的计分方式与前两个范式不同,其表面看起来都是实验条件,但是这些实验条件都是稀缺性的刺激,研究试图让被试在更强烈的刺激下,还能控制个体的物品偏好做出真正的社会善念表达。本变式的计分举例说明:第 1 试次的第一类物品(一个红苹果,三个绿苹果)和第 24 试次的第一类物品(一个绿苹果,三个红苹

表 3.3

第二种社会善念测量变式的物品呈现顺序表

试次	物品	实验	物品 a/b 在屏幕的呈现顺序
1	1	S	baaa
2	2	S	abaa
3	3	S	aaba
4	4	S	aaab
5	5	S	aaba
6	6	S	abaa
7	7	S	aaab
8	8	S	baaa
9	9	S	abaa
10	10	S	baaa
11	11	S	aaab
12	12	S	aaba
13	12	C	bbab
14	11	C	bbba
15	10	C	abbb
16	9	C	babb
17	8	C	abbb
18	7	C	bbba
19	6	C	babb
20	5	C	bbab
21	4	C	bbba
22	3	C	bbab
23	2	C	babb
24	1	C	abbb

果),如果被试第 1 试次选择三个绿苹果中的一个,第 24 试次选择三个红苹果中的一个,则表明被试完全控制了对苹果的物品偏好,在两次稀缺性刺激下,依然选择了非唯一的那个物品,证明被试有更强烈的社会善念。相应地,如果被试第 1 试次

选择三个绿苹果中的一个,第 24 试次选择了唯一的绿苹果,那只能说明被试对绿苹果存在物品偏好,他/她在两次选择中都是按照自我偏好来进行的选择,就不能计分。类似的情况是:如果被试第 1 试次选择唯一的红苹果,第 24 试次选择 3 个红苹果中的一个,也不能计分的。但如果被试在第 1 试次选择了唯一的红苹果,在第 24 试次选择了唯一的绿苹果,表明被试无视物品偏好,受到物品稀缺性的强烈刺激,也就是文化选择中个体对独一无二的选择倾向,这从社会善念的角度来讲,在不停引导"你先选择,然后别人才能选择;你选了的物品,别人就没有机会再去选了"下,被试依然奔向了独一无二的选择,则从一定程度上说明了被试社会善念较低,换言之有一定的社会敌意(social hostility)(Van Lange 和 Van Doesum,2015),这在某种角度上可以作为社会敌意测量的工具。最终还是以被试计分的总和除以 12,作为其社会善念分数。

在第二种改进方式的基础上,还有更进一步的改良:再增加 24 个一样的新试次,仅指导语不同,以揭示个体的基线对象偏好。具体来说,再次展示 24 个试次中的相同实验,要求参与者在没有其他人选择的情况下选择他们喜欢的对象。因此,选择没有任何社会后果。最终改良的 SoMi 范式涉及 48 个试次:24 个实验试次,包括 12 个对象类别(如苹果、棒球帽等),每个类别以互补的对象组合呈现两次,和 24 个新对照试次,在这些试次中,参与者被要求在不考虑任何社会后果的情况下自主选择。

研究者称第一种变式的分数为偏好调整后的 SoMi 分数(the preference-adjusted SoMi score),第二种变式的分数分别为稀缺调整后的 SoMi 分数(scarcity-adjusted SoMi score)和后果调整后的 SoMi 分数(consequence-adjusted SoMi score)。从描述结果来看,第二种变式测量的社会善念分数更低,被称为最严格最纯净的社会善念。同时,研究表明经典 SoMi 分数确实受到物品偏好的影响。稀缺和后果调整分数的平均值和高度相关性反过来又提供了这些方法的交叉验证,这意味着两者都是很适合测量社会善念的范式,可以控制其他干扰(例如偏好和稀缺性)的影响。

3.5 社会善念的相关研究

3.5.1 社会善念的认知加工特征

理解人类亲社会行为背后的认知加工过程是社会心理学研究领域的重要课题(Rand 和 Nowak,2013;Zaki 和 Mitchell,2013),同时,作为人类生活的重要特征,亲社会行为也是自然科学和社会科学研究的重点。而社会善念作为一种低成本亲社会倾向,关键内涵涉及认知技能,其核心基础即为认知,故探究其认知加工特征对理解社会善念的内涵和外延具有重要意义。本部分介绍社会心理学研究中的双重加工理论,试图结合亲社会领域中的认知加工理论,来分析社会善念的认知加工特征。

双重加工理论

在认知心理学领域,早在 20 世纪 70 年代,埃文斯(Evans)与合作者就提出人类行为和思维的推理过程存在两种类型,类型 1 是潜意识的加工,类型 2 是有意识的加工(Evans 和 Wason, 1976; Wason 和 Evans, 1974),国内学者介绍该理论时采用"双重加工理论"(dual-process theory)的称谓(高华,余嘉元,2006;胡竹菁,胡笑羽,2012),根据双重加工理论(Evans 和 Stanovich, 2013),研究者推理反映了两个具有相同贡献但又有所不同的过程,类型 1 过程是自主的,因此通常更快;类型 2 过程需要工作记忆,因此通常比较慢。双重加工理论的内涵经历 40 多年的发展,由最初的类型 1(type 1)和类型 2(type2)、启发式(heuristic)和分析式(analytic)、不言自明的加工(tacit processes)和外显加工(explicit processes)、系统 1(system 1)和系统 2(system 2),再回归到具有新内涵的类型 1 和类型 2(胡竹菁,胡笑羽,2012)。理论模型也由埃文斯的"双因素理论"(two-factor theory)发展到"两心灵假设"(the two minds hypothesis),从斯坦诺维奇(Stanovich, 2009)的"三过程理论"(tri-process theory)发展到彭尼库克等人(Pennycook, Fugelsang, 和 Koehler, 2015)的"双重加工的三阶段推理",乃至升级到双重加工理论 2.0 时代(De Neys, 2018)。

双重加工理论的出现也是社会心理学史上最重要的理论发展之一(Sherman, Gawronski, 和 Trope, 2014)。在过去的几十年中,双重过程理论几乎涵盖了社会心理学的所有领域,自开创性的著作《社会心理学的双加工理论》(*Dual-process theories in social psychology*)问世以来,双重加工理论在社会心理学领域中得到了长足发展。

多年来,在社会心理学的特定主题领域中已经开发了许多双重加工模型(Smith 和 Collins, 2009),史密斯和德科斯泰(Smith 和 DeCoster, 2000)提出了一个通用于社会心理学领域的双重加工模型,该模型整合集成了大多数早期模型。在劝说、态度获取、个人感知、归因判断、刻板印象、感性和理性思维、归因推理等方面对已有的理论模型进行了基于联想加工、规则加工和加工模式相互作用三个角度的整合集成。自从史密斯和德科斯泰整合以来,斯特拉克和多伊奇(Strack 和 Deutsch, 2004)提出了扩展模型-反射-冲动模型(reflective-impulsive model),解释了如何在不同情况下通过不同的过程来控制行为。反射系统可以处理信息,并做出决定,然后采取行动。然而随着时间流逝,行为模式也可以被编码到冲动系统中,之后通过相关的刺激(身体状态、熟悉的情况或物体等)激活这些刺激,而无需进行反射。

发展至今,双重加工理论已不能被简单地理解为独立的两类加工类型,两者之间存在着更多的关联和发展,也存在很多质疑和需要继续探讨的问题(付春江,袁登华,罗嗣明,梅云,2016),但学者们所总结的两类型加工过程的典型关联属性(见表3.4)依然是进行社会心理学研究的切入点之一(Evans和Stanovich,2013;Stanovich,West,和Toplak,2014)。

表3.4

类型1和类型2过程的典型关联属性

类型1过程	类型2过程
整体性	分析性
自动化	控制性
高容量	容量有限
独立于认知能力	与认知能力相关
相对快	相对慢
偏见回应	规范回应
上下文背景	抽象
联想	规则
基于经验的决策	基于后果的决策
通过生理或个人经验获得	通过文化和正式学习获得
并行	先后顺序
进化比较早	进化比较晚
与动物认知相似	人类独有
内隐	外显
通常无意识或前意识	通常有意识
基本情绪	复杂情绪
短期遗传目标	追求个人利益最大化的长期目标

以上这些典型关联属性大多可以在实验室中通过认知过程控制进行验证,例

如时间压力、认知负荷、自我损耗、诱导唤醒、神经刺激和双重反应范式等（Capraro，2019）。尽管这些操作中的每一个都有局限性，但将它们结合使用，可以对亲社会的双重加工理论研究提供有价值的见解。

亲社会的认知特征

兰德等（Rand，2014）使用双重加工理论框架探索亲社会的认知特征，在该框架中，决策是基于两个不同的认知过程来进行的，一个是自动、直观和相对轻松但不灵活的过程；一个是受控、有意和相对费力但灵活的过程。遵循双重加工理论的逻辑，由于自动过程比深思熟虑过程需要更少的认知资源，因此在时间压力或认知负荷下的决策者应该较少依赖深思熟虑，他们的行为应该转向更自动的过程所支持的反应（Alós-Ferrer 和 Strack，2014）。但来自两者研究的证据却参差不齐。

时间压力 就时间压力研究的证据而言，有一些研究表明，在高时间压力下，个体更倾向于表现亲社会行为。例如，兰德等（2012）在两项研究中发现，相对于在做出决定前深思熟虑的被试，被要求快速做出决策的被试会增加公共物品游戏中的贡献。兰德等（2014）在对15个时间压力研究的元分析中也发现了类似的总体效应，尽管研究水平存在重大差异：一些研究发现时间压力的影响是正面的，而一些研究则没有发现时间压力的影响，但没有研究发现时间压力会带来明显的负面影响。兰德等（2014）在参加公共物品游戏的被试中依然发现了时间压力的正效应，但是也有研究者并未找到时间压力对亲社会行为影响的效果（Tinghög 等，2013；Verkoeijen 和 Bouwmeester，2014）。

认知负荷 就认知负荷研究的证据而言，有一部分研究表明，在个体面临更高的认知负荷时，表现出的亲社会行为更高。例如，有研究者发现当认知资源枯竭时，被试会向慈善机构捐款更多（Kessler 和 Meier，2014）。有学者发现与低负荷条件下的被试相比，高负荷条件下的被试更为慷慨，他们更经常选择公平分配（Schulz, Fischbacher, Thöni, 和 Utikal，2014）。有人也验证了独裁者游戏中亲社会表现的自发性（Cornelissen, Dewitte 和 Warlop，2011）。研究者发现在重复公共物品游戏中，具有较高认知负荷的被试表现出较高的初始合作水平（Døssing, Piovesan, 和 Wengström，2017）。但也有研究表明，认知负荷对于独裁者游戏中被试的贡献量没有显著影响（Hauge, Brekke, Johansson, Johansson-Stenman, 和 Svedsäter，2009）。此外，有研究者发现，高认知负荷下，被试在重复多人囚徒困境游戏中的战略性行为较弱，与低负荷的被试相比，他们之间的合作率略低（Duffy 和 Smith，2014）。

梳理关于亲社会的认知加工特征，结合前人理论模型，可以将其观点分为三种：

第一种观点为直觉亲社会 典型代表是扎基和米切尔（Zaki 和 Mitchell，2013）提出的亲社会性直觉模型（intuitive model of prosociality），兰德等（2012；2014）提出的直觉合作，以及基于社会启发（social heuristics）（Hertwig 和 Hoffrage，2013）的假设，即采用社会启发法解释自发合作效应。虽然这一观点引起了全球学者的巨大反响和争议，丁赫格等（Tinghög，2013）未能复制五个系列实验的结果，国际上有二十多个实验室的五十多位学者联合起来对该实验的可重复性进行了研究（Bouwmeester 等，2017），发现时间压力与合作行为之间没有因果关系。也有研究者对兰德等（Rand，2012；2014）的分析提出了质疑，并认为这些论文中的数据实际上并不支持合作是直觉的这一结论（Myrseth 和 Wollbrant，2017）。但该观点也受到了众多研究的支持（Cappelen，Nielsen，Tungodden，Tyran，和 Wengström，2016；Evans，Dillon，和 Rand，2015；Kessler，和 Meier，2014；Lotito，Migheli，和 Ortona，2013；Nielsen，Tyran，和 Wengström，2014；Schulz 等，2014），它已成为当前亲社会领域，尤其是合作领域的重要观点之一。

第二种观点为控制亲社会 有研究者用自我控制资源模型（self-control strength model）（Baumeister，Vohs，和 Tice，2007）来解释亲社会行为的控制反思性。个体在先前任务中进行的自我控制会消耗一定的认知资源，当这种资源处于暂时枯竭状态时，后续即使毫不相关的亲社会任务表现也会下降（黎建斌，2013）。同时也有研究者结合双重加工理论，认为亲自我行为是一种直觉的、快速的，是类型 1 过程，而亲社会行为需要缓慢的深思熟虑，是控制亲自我倾向的类型 2 过程（Kahneman，2011；Stanovich 等，2014）。基本假设是：亲自我行为通过更自动的过程实现，个体在自我控制的消耗下更多地依靠自律，而亲社会的动机则以受控的方式实现（Achtziger，Alós-Ferrer，和 Wagner，2018），即个体需要通过自我控制抑制本能反应或进行长时间深思熟虑才能做出亲社会行为。这一观点也受到一些研究的支持（Baumeister 和 Newman，1994；Fiedler，Glöckner，Nicklisch，和 Dickert，2013；Lohse，Goeschl，和 Diederich，2017；Piovesan 和 Wengström，2009）。

第三种观点为无影响亲社会 有研究者提出，认知过程控制对亲社会行为的表现没有效果（Hauge 等，2009）。例如，鲍威米斯特等人（Bouwmeester，2017）研究表明，时间压力与合作行为之间没有因果关系。鲍威米斯特等（2018）通过研究也发现直觉或深思熟虑对亲社会行为没有影响。另外，相关研究者发现，在亲社会行为下，直觉与深思熟虑之间没有冲突，两者均存在，有互相抵消的效果（Tinghög 等，2013；Verkoeijen 和 Bouwmeester，2014）。

此外，近期还有一个观点已经超越双重加工理论，建构了新的模型（主要基于合作的亲社会行为)。有研究者提出,合作行为背后的认知机制是一个证据累积模型(drift-diffusion model)(Krajbich, Bartling, Hare, 和 Fehr, 2015),也就是说,它不是双过程交互作用的结果,而是带有倾向偏差的证据累积模型(biased drift-diffusion model)(Chen 和 Krajbich, 2018)。

社会善念的认知特征

基于以上三种亲社会认知观点,映射到社会善念,也会产生不同的理论假设:(1)根据直觉亲社会观点,高社会善念个体做出善意决策完全源于自发的直觉内心,如果被迫"认真思考",会形成他们的合作违约,从而导致在深思熟虑过程中社会善念水平的下降。(2)根据控制亲社会观点,结合社会善念涉及有意识加工的理论构想(Van Lange 和 Van Doesum, 2015),与没有思考的个体相比,经过深思熟虑的个体应该表现出更多的社会善念决策。社会善念通过时间压力、认知负荷或其他干扰因素与执行功能相冲突,从而使个体看到自身行动对他人选择产生的影响。(3)根据无影响亲社会观点,社会善念是在人际情境中感知并采取亲社会行为的普遍倾向,不受认知资源的限制,也不会因深思熟虑而增长,是一种稳定的亲社会特质。

就当前关于社会善念的相关认知研究来看,前人研究表明,社会善念与需要认知资源的人际反应变量(例如移情关怀、观点采择)存在显著相关(Van Doesum 等,2013)。但有研究者通过时间压力、认知负荷两种认知过程控制探究社会善念的认知加工特点,结果发现认知过程控制对社会善念的影响可忽略不计(Mischkowski 等,2018)。这些实证研究所带来的矛盾体现了社会善念认知特征的复杂性。因此,进一步验证认知过程控制对社会善念的潜在影响将有助于解开社会善念理论构想与三种亲社会认知观点的关系,从而更全面地阐明社会善念的认知加工特征。

有研究者提出,除考虑情境激活的认知过程控制外,还应考虑个体亲社会特质的调节(Mischkowski 等,2018)。前人有研究表明,认知过程控制对亲社会行为的影响主要是由具有亲社会倾向的个人所体现(Ashton 和 Lee, 2007; Ashton, Lee, 和 De Vries, 2014)。研究也表明了具有亲社会价值取向或较高的诚实—谦恭水平的人比那些具有亲自我倾向的人更可能以认知处理方式为条件(Dorothee 和 Andreas, 2016)。从这些发现可以看出,认知过程控制对社会善念的潜在影响可能会被个体的亲社会特质所调节。尤其对于亲自我个体,无论认知过程如何控制,其社会善念通常都较低。相比之下,对于亲社会个体,社会善念会因为认知过程控制而有所不同。因此,在探究认知过程控制对社会善念的影响时,从人与环境的相互作用考虑潜在的人格变量也至关重要。

综上,基于双重加工理论类型 1 和类型 2 过程的典型关联属性,可以在实验室情境中操纵不同的认知过程(如时间压力、认知负荷等),以探究社会善念的认知加工特征与三种亲社会认知观点(直觉加工、控制加工,抑或无影响)的关系。

3.5.2 社会善念的相关因素研究

与社会善念相关的因素主要包括认知、人格、环境和情绪因素等。其中认知因素是影响社会善念的核心因素。

认知因素

社会善念的逻辑是"人们需要看到它,并能够对其采取行动",因此"看到它"的认知因素就是社会善念的核心部分。而其认知建构的一个重要的基础是执行功能(executive function)(Borkowski 和 Burke,1996;Payne,2005;Pronk,Karremans,Overbeek,Vermulst,和 Wigboldus,2010)。范·兰格等人(Van Lange 等,2015)假设社会善念会受到时间压力、认知负荷,或与执行功能相冲突的其他干扰源的影响,不太可能完全自动化,需要一些执行功能的参与。在更新、转换和抑制这三个关键执行功能中,抑制可能对社会善念最为重要。抑制(inhibiton)是对个体自动的、占主导地位的反应偏好的控制,以使个体将注意力集中在人际过程上(Smith 和 Jonides,1999)。例如,在经典 SoMi 范式中,人们倾向于在没有任何说明的情况下选择唯一的物品,而要选择非唯一物品,这需要个体抑制默认的偏好倾向,将注意力集中到人际互动中。

有研究者探讨了社会善念与人际反应指标(interpersonal reactivity index)的关系,结果发现,社会善念与移情关怀、观点采择以及想象有着显著相关;但与心理理论和特质信任的相关性很低(Van Doesum 等,2013)。不过,感知社会善念却与用信任博弈游戏测量的状态信任具有很高的相关,且具有一定的预测作用(Dou 等,2018;窦凯等,2018)。

此外,社会善念与公平感知有很大关系。一个具有社会善念的选择会产生期望平等的结果选择,即个体希望通过社会善念选择使大家均具有公平选择的机会。最近的理论表明,亲社会价值取向是关于平等主义的取向(Eek 和 Gärling,2006;Fehr,Naef 和 Schmidt,2006;Van Lange 和 Van Doesum,2012),而亲社会价值取向与社会善念高度相关(Van Doesum 等,2013),那社会善念就体现了个体对结果公平的渴望。

人格因素

范·杜斯恩等(2013)对社会善念与相关的人格变量也进行了调查,这些人格变量包括 HEXACO 人格特质模型中的诚实-谦恭、情绪性、外向性、宜人性、尽责性、经验的开放性六种人格特质以及相应的子维度(Ashton 和 Lee,2001),还有社会价值取向(Murphy 等,2011)等人格变量,结果表明,社会善念与诚实-谦恭以及宜人性具有显著相关,且与社会价值取向存在显著相关关系。将大六人格特质模型进行拆解分析,可以看出诚实-谦恭维度中的公平、不贪婪、谦虚,宜人性维度中的宽容、温和、柔韧、忍耐,还有情绪性中的敏感、外向性的社交勇气,以及利他都与社会善念有显著相关。

近年,有研究者基于荷兰的一个大型代表性样本(18 至 90 岁之间的 1098 位被试),在 2008—2014 年连续五次收集关于 HEXACO 大六人格特质和社会价值取向的数据,然后在 2016 年测量社会善念,结果表明社会善念与诚实-谦恭、利他和亲社会价值取向呈显著正相关,与反社会人格特质(例如暗黑人格和道德推脱)呈现负相关,而与 HEXACO 大六人格特质的相关与之前的研究存在分歧,在诚实-谦恭维度上依然相关显著,但是在宜人性上相关不显著(Van Doesum 等,2019;Van Doesum 等,2013)。其他研究者在各自的研究中也纷纷验证了社会善念与诚实-谦恭、亲社会价值取向、利他等的显著关联(Manesi,Van Lange,Van Doesum,和 Pollet,2019;Mischkowski 等,2018)。

综上,人格因素是与社会善念高度相关的重要因素,特别是诚实-谦恭和宜人性,同时亲社会价值取向对社会善念有很强的预测作用。

环境因素

影响社会善念的环境因素有很多,目前主要研究的因素有社会距离、主观社会阶层等。

社会距离(social distance)是反映个体间情感、关系亲密度的概念,在社会人际互动中,可被定义为参与者间的亲密程度(Charness,Haruvy,和 Sonsino,2007)。社会善念利他选择的行为会受到人际距离知觉的影响(Van Doesum 等,2013)。面对不同的人,个体所产生的人际距离知觉也会不同。研究者发现,当个体喜爱、信任互动时,会做出更多的利他选择(Van Doesum,2016)。面对不同的互动方,比如陌生人和亲密的朋友,个体明显会对更为熟悉的朋友做出更多的社会善念行为(Van Doesum 等,2013)。有研究者发现,相比陌生人而言,个体在面对敌人或竞争对手时,做出的利他选择行为更少(Van Doesum 等,2016)。也有研究者发现,个体对亲近的人会表现出更多的助人行为,而面对社会距离较远的个体则表现出更少的助人行为减少(Rachlin 和 Jones,2008)。

主观社会阶层(objective social class)影响人际互动(Fiske 和 Markus,2012)。很多研究发现,社会阶层会影响人们如何平衡自我,相对于较高阶层的人,低阶层的人更容易表现出更多亲社会行为(Guinote,Cotzia,Sandhu,和 Siwa,2015;

Stephens,Markus,和Phillips,2014)。但也有研究表明个体的主观社会阶层与社会善念关系很小或没有关系(Van Doesum等,2017)。就社会善念中的利他选择而言,研究发现,对方的主观社会阶层会对利他选择行为产生影响,人们更愿意对低社会阶层的人表现出友好态度且做出利他选择行为(Van Doesum等,2017)。国内研究结果表明,高、低主观社会阶层的社会善念无显著差异;而被试对低目标社会阶层的社会善念显著高于对高目标社会阶层的社会善念(刘嘉,2018)。因此,阶级观念有助于塑造人们日常社会交际的互动,在这种互动中,人们基于不同的环境决定自己是否做出利他选择。

情绪因素

前文提到执行功能可能是影响社会善念的关键因素,而焦虑、抑郁、内疚等情绪状态是影响个体决策中执行功能正常发挥的重要因素(Patil,Cogoni,Zangrando,Chittaro,和Silani,2014)。因此,情绪也会对社会善念产生影响,同时社会善念的选择也会影响或引导特定的情绪(Van Lange和Van Doesum,2015)。有研究者发现,积极情绪对感知社会善念影响合作行为有正向作用(窦凯,刘耀中等,2018)。

综上所述,社会善念溯源于社会困境与合作动机,基于互相依赖理论并在过程中体现自我决定理论,与正念、善良和其他亲社会(利他、互惠、公平、信任等)有区别和联系,表现为特质和状态两种形态,有自己独特的测量范式,受人格、认知、环境、情绪等相关因素的影响。基于以上讨论,建构社会善念的综合框架如图3.2所示。

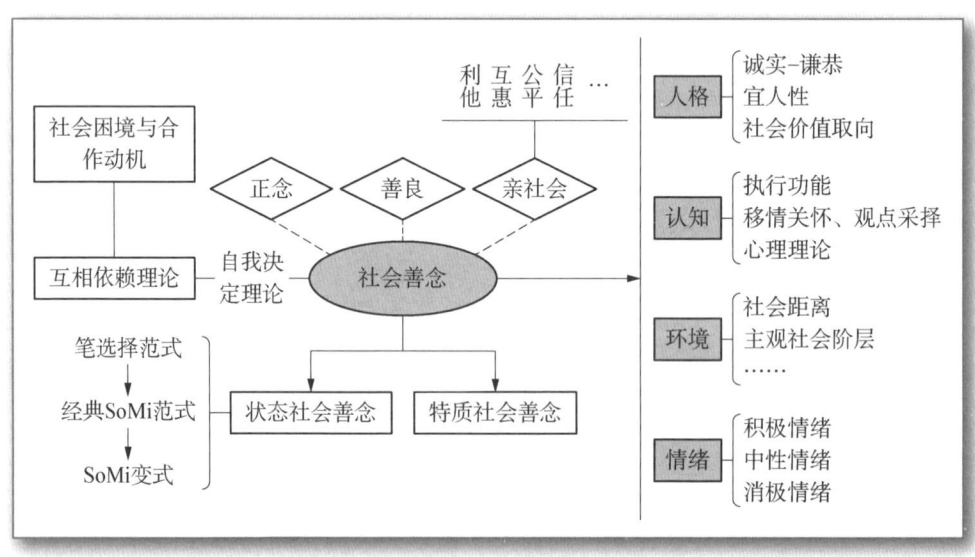

图 3.2 社会善念综合框架图

3.6 社会善念的研究思考与展望

3.6.1 特质-状态结构验证

社会善念属于一个新兴的概念,其背后的理论基础为互相依赖理论,提出者的内涵界定更多地从人际交互的角度探究个体感知他人状况并能让渡选择的善意表达,具有一定的状态特征(Van Doesum 等,2013;Van Lange 和 Van Doesum,2015),但也有研究者通过分析表明社会善念也具有相对的稳定性,有类特质的属性(Mischkowski 等,2018;窦凯等,2017)。虽然有研究者试图通过分析社会善念与人格特质(例如诚实-谦恭、宜人性等)的关系来探讨其内部结构(Van Doesum 等,2019),但到目前为止,仍然没有具体研究对特质类型的社会善念进行心理结构的探究,特别是基于中国文化大众视角下的社会善念内在结构。结合当前人格与社会心理学的研究主题之——中国文化背景下的人格与社会行为特征,未来研究可将社会善念的特质和状态表现特征作为研究主题,并对其心理结构进行探索和分析。

3.6.2 个体层面本土化测量

目前主要以范·杜斯恩等(2013)提出的经典 SoMi 范式为基础,开展个体社会善念和感知社会善念控制等方面的测量。同时,研究者也提出了社会善念的文化差异性,例如在西方个体主义文化和东方集体主义文化背景下,相应的社会善念测量是否具有差异(Van Doesum 等,2013;Van Lange 和 Van Doesum,2015),国外有研究尝试进行了经典 SoMi 范式的改编(Mischkowski 等,2018);国内也有学者对经典 SoMi 范式的物品进行了本土化处理,并以此为基础开展了感知社会善念的控制实验(Dou 等,2018;窦凯,刘耀中等,2018;窦凯,聂衍刚等,2018)。但从个体层面开展社会善念的研究仅有几篇硕士论文,其信效度有待进一步验证。因此,未来研究很有必要从个体层面、本土化视角出发,同时考虑物品属性、个人偏好和稀缺关注等方面的干扰,开发科学有效的中国文化背景下的个体社会善念测量工具。

3.6.3 认知加工特征探究

考虑到社会善念关键核心的内涵在于认知要素。有研究者提出未来研究应探索抑制以及其他认知技能在社会善念中是否真正起作用以及作用程度如何(Van Doesum 等,2013)。社会善念不仅仅是一种动机状态,还与某些可以激活认知成分和神经机制的社会心理密切相关。因此,社会善念很可能受到认知控制等相关变量(例如时间压力或认知负荷)的影响,并且与执行控制相关联(Van Doesum,2016)。未来研究可进一步验证不同的认知过程控制对社会善念的潜在影响,这将有助于解开社会善念理论构想与三种亲社会认知观点的关系,从而更全面地阐明社会善念的认知加工特征。

此外,当前社会善念的研究仍处于社会行为学研究范畴,未来应该增加脑电、认知神经方面的研究。当前已有研究者采用功能性磁共振发现,具有社会善念的选择与右侧顶叶皮层以及尾状核的活动有关,而没有社会善念的选择与左侧前额叶皮层的活动有关(Imke 等,2019;Lemmers-Jansen 等,2018)。

3.6.4 相关因素及影响机制探索

与社会善念有关的前因后效因素很多,未来研究可将这些因素考虑在内,系统研究认知、人格、环境、情绪等因素对于社会善念的影响。例如,在研究认知因素对社会善念的影响时,从人与环境相互作用的角度,考虑潜在的人格变量和环境变量在其中的作用。同时,范·兰格和范·杜斯恩(2015)认为社会善念可以正向预测合作、信任等行为,反向预测敌意、仇恨等行为,这些理论构想需要实证研究,且影响这些行为的内部机制也需要更进一步的尝试探索和重复论证。

综上所述,随着当前社会心理学的发展,其对理性经济人的研究有了新的贡献和挑战(彭凯平,2009)。未来可以将社会善念所反映的低成本小善作为契机,结合竞争合作转换、社会互动秩序、文化价值观等多层面,采用更多的研究方法综合探寻其内涵本质以及对其他社会行为的影响机制,以期解决更大的社会问题。

(田一)

参考文献

陈梁杰,蔡诗涵,张媛,王一凡,张春雨.(2017).状态-特质好奇量表在中国大学生群体中的测评.中国临床心理学杂志,25(5),868-872.
陈满琪.(2016).社会正念及其与道德关系的研究.中国社会心理学评论(01),151-164.
陈思佚,崔红,周仁来,贾艳艳.(2012).正念注意觉知量表(MAAS)的修订及信效度检验.中国临床心理学杂志,20(2),148-151.

陈雅姣.(2019).感知社会正念和心理距离对大学生信任修复的影响.上海：上海师范大学硕士学位论文.

陈语,赵鑫,黄俊红,陈思佚,周仁来.(2011).正念冥想对情绪的调节作用：理论与神经机制.心理科学进展,19(10),1502-1510.

仇不凡.(2019).藏族学生的社会善念及合作行为研究.石家庄：河北师范大学硕士学位论文.

窦凯,刘耀中,王玉洁,聂衍刚.(2018)."乐"于合作：感知社会善念诱导合作行为的情绪机制.心理学报,50(1),101-114.

窦凯,聂衍刚,王玉洁,刘耀中.(2018).信任还是设防？互动博弈中社会善念对合作行为的促进效应.心理科学,41(2),390-396.

窦凯,聂衍刚,王玉洁,张庆鹏.(2017).人际互动中的社会善念：概念、测评及影响机制.心理学进展,7(9),1101-1112.

窦凯.(2016).感知社会正念：有效促进合作行为的心理机制.广州：暨南大学博士学位论文.

段文杰.(2014).正念研究的分歧：概念与测量.心理科学进展,22(10),1616-1627.

付春江,袁登华,罗嗣明,梅云.(2016).双重加工模型发展概况及研究展望.心理学探新(1),59-63.

高华,余嘉元.(2006).推理过程中非理性现象的新解释.南京师大学报(社会科学版)(4),106-110.

谷传华,张笑容,陈洁,郝恩河,王亚丽.(2013).状态与特质之分：来自社会创造性的证据.心理发展与教育,29(5),483-490.

胡竹菁,胡笑羽.(2012).Evans双重加工理论的发展过程简要述评.心理学探新,32(4),310-316.

焦丽颖,杨颖,许燕,高树青,张和云.(2019).中国人的善与恶：人格结构与内涵.心理学报,51(10),1128-1142.

黎建斌.(2013).自我控制资源与认知资源相互影响的机制：整合模型.心理科学进展,21(2),235-242.

李亚丹.(2016).特质情感和状态情感对创造性思维的影响.重庆：西南大学博士学位论文.

李英,席敏娜,申荷永.(2009).正念禅修在心理治疗和医学领域中的应用.心理科学,32(2),397-398+387.

梁献丹.(2019).赌博情境下特质—状态自我控制对风险决策的影响.重庆：西南大学硕士学位论文.

刘嘉.(2018).社会阶层对社会正念的影响：合作/竞争的作用.银川：宁夏大学硕士学位论文.

刘相燕.(2018).非有意共情、特质共情、状态共情与人际合作.南昌：江西师范大学硕士学位论文.

刘长江.(2017).社会困境中的合作(人与情境的交互作用).北京：科学出版社.

彭凯平.(2009).经济人的心理博弈：社会心理学对经济学的贡献与挑战.中国人民大学学报(3),67-75.

任彧.(2017).社会正念中的利他选择综述.科教导刊(中旬刊)(5),147-148.

石林,李睿.(2011).正念疗法：东西方心理健康实践的相遇和融合.中国临床心理学杂志,19(4),566-568+565.

汪芬,黄宇霞.(2011).正念的心理和脑机制.心理科学进展,19(11),1635-1644.

汪冕,陈晓莉.(2015).正念干预在护理学领域应用的研究进展.护理学杂志,30(18),101-104.

王登峰,崔红.(2005).解读中国人的人格.北京：社会科学文献出版社.

肖曼曼,刘爱书.(2019).特质——状态错失恐惧量表的中文版修订.中国临床心理学杂志,27(2),268-272.

严进.(2007).信任与合作——决策与行动的视角.北京：航空工业出版社.

张和云,赵欢欢,许燕.(2018).中国人善良人格的结构研究.心理学探新,38(3),221-227.

张树凤,丁玲,胡冬梅,司继伟.(2016).大学生自立人格与职业决策困难的关系：状态-特质焦虑的中介作用.中国临床心理学杂志,24(4),684-688.

赵欢欢, 许燕, 张和云. (2019). 中国人敬畏特质的心理结构研究. 心理学探新, 39(4), 345-351.
赵欢欢. (2017). 敬畏的心理结构及对腐败行为意向的影响. 北京: 北京师范大学博士学位论文.
钟伯光, 姒刚彦, 张春青. (2013). 正念训练在运动竞技领域应用述评. 中国运动医学杂志, 32(1), 65-74.

Achtziger, A., Alós-Ferrer, C., & Wagner, A. K. (2018). Social preferences and self-control. *Journal of Behavioral and Experimental Economics*, 74, 161-166. doi: 10.1016/j.socec.2018.04.009.

Allport, G. W., & Odbert, H. S. (1936). Trait-names: A psycho-lexical study. *Psychological Monographs*, 47(211), 1-171. doi: 10.1037/h0093360.

Alós-Ferrer, C., & Strack, F. (2014). From dual processes to multiple selves: Implications for economic behavior. *Journal of Economic Psychology*, 41, 1-11. doi: 10.1016/j.joep.2013.12.005.

Ashton, M. C., & Lee, K. (2001). A theoretical basis for the major dimensions of personality. *European Journal of Personality*, 15(5), 327-353. doi: 10.1002/per.417.

Ashton, M. C., & Lee, K. (2007). Empirical, theoretical, and practical advantages of the HEXACO model of personality structure. *Personality and Social Psychology Review*, 11(2), 150-166. doi: 10.1177/1088868306294907.

Ashton, M. C., Lee, K., & De Vries, R. E. (2014). The HEXACO Honesty-Humility, Agreeableness, and Emotionality factors: A review of research and theory. *Personality and Social Psychology Review*, 18(2), 139-152. doi: 10.1177/1088868314523838.

Baumeister, R. F., & Newman, L. S. (1994). Self-regulation of cognitive inference and decision processes. *Personality and Social Psychology Bulletin*, 20(1), 3-19. doi: 10.1177/0146167294201001.

Baumeister, R. F., Vohs, K. D., & Tice, D. M. (2007). The strength model of self-control. *Current Directions in Psychological Science*, 16(6), 351-355. doi: 10.1111/j.1467-8721.2007.00534.x.

Borkowski, J. G., & Burke, J. E. (1996). Theories, models, and measurements of executive functioning: An information processing perspective. In G. R. Lyon & N. A. Krasnegor (Eds.), *Attention, memory, and executive function*. Baltimore: Paul H Brookes Publishing Co.

Bouwmeester, S., Verkoeijen, P. P., Aczel, B., Barbosa, F., Bègue, L., Brañas-Garza, P., ... Espín, A. M. (2017). Registered replication report: Rand, greene, and nowak (2012). *Perspectives on Psychological Science*, 12(3), 527-542. doi: 10.1177/1745691617693624.

Boyle, G. J. (1989). Breadth-depth or state-trait curiosity? A factor analysis of state-trait curiosity and state anxiety scales. *Personality and Individual Differences*, 10(2), 175-183. doi: 10.1016/0191-8869(89)90201-8.

Cappelen, A. W., Nielsen, U. H., Tungodden, B., Tyran, J.-R., & Wengström, E. (2016). Fairness is intuitive. *Experimental Economics*, 19(4), 727-740. doi: 10.1007/s10683-015-9463-y.

Capraro, V. (2019). The dual-process approach to human sociality: A review. Available at SSRN 3409146. doi: 10.2139/ssrn.3409146.

Chaiken, S., & Trope, Y. (1999). *Dual-process theories in social psychology*: Guilford Press.

Chaplin, W. F., John, O. P., & Goldberg, L. R. (1988). Conceptions of states and traits: dimensional attributes with ideals as prototypes. *Journal of Personality and Social Psychology*, 54(4), 541. doi: 10.1037//0022-3514.54.4.541.

Charness, G., Haruvy, E., & Sonsino, D. (2007). Social distance and reciprocity: An Internet experiment. *Journal of Economic Behavior & Organization*, 63(1), 88-103. doi: 10.1016/

j. jebo. 2005. 04. 021.

Chen, F., & Krajbich, I. (2018). Biased sequential sampling underlies the effects of time pressure and delay in social decision making. *Nature Communications*, 9(1), 3557. doi: 10. 1038/s41467-018-05994-9.

Chiesa, A., & Serretti, A. (2009). Mindfulness-based stress reduction for stress management in healthy people: a review and meta-analysis. *The journal of alternative and complementary medicine*, 15(5), 593-600. doi: 10. 1089/acm. 2008. 0495.

Chomsky, N. (2014). *Aspects of the Theory of Syntax* (Vol. 11). Cambridge: MIT press.

Cornelissen, G., Dewitte, S., & Warlop, L. (2011). Are social value orientations expressed automatically? decision making in the dictator game. *Personality and Social Psychology Bulletin*, 37(8), 1080-1090. doi: 10. 1177/0146167211405996.

De Neys, W. (2018). *Dual process theory 2. 0*. New York: Routledge.

Deci, E. L., & Ryan, R. M. (1985). *Intrinsic motivation and self-determination in human behavior*. Berlin: Springer Science+Business Media.

Deci, E. L., & Ryan, R. M. (2002). Overview of self-determination theory: An organismic dialectical perspective. *Handbook of self-determination research*, 3-33.

Dorothee, M., & Andreas, G. (2016). Spontaneous cooperation for prosocials, but not for proselfs: Social value orientation moderates spontaneous cooperation behavior. *Scientific Reports*, 6(1). doi: 10. 1038/srep21555.

Døssing, F., Piovesan, M., & Wengström, E. (2017). Cognitive load and cooperation. *Review of Behavioral Economics*, 4(1), 69-81. doi: 10. 1561/105. 00000059.

Dou, K., Wang, Y. J., Li, J. B., Li, J. J., & Nie, Y. G. (2018). Perceiving high social mindfulness during interpersonal interaction promotes cooperative behaviours. *Asian Journal of Social Psychology*, 21(1-2), 97-106. doi: 10. 1111/ajsp. 12210.

Duffy, S., & Smith, J. (2014). Cognitive load in the multi-player prisoner's dilemma game: Are there brains in games? *Journal of Behavioral and Experimental Economics*, 51, 47-56. doi: 10. 1016/j. socec. 2014. 01. 006.

Eek, D., & Gärling, T. (2006). Prosocials prefer equal outcomes to maximizing joint outcomes. *British Journal of Social Psychology*, 45(2), 321-337. doi: 10. 1348/014466605 X52290.

Endler, N. S., Kantor, L., & Parker, J. D. A. (1994). State-trait coping, state-trait anxiety and academic performance. *Personality and Individual Differences*, 16(5), 663-670. doi: 10. 1016/0191-8869(94)90208-9.

Evans, A. M., Dillon, K. D., & Rand, D. G. (2015). Fast But Not Intuitive, Slow But Not Reflective: Decision Conflict Drives Reaction Times in Social Dilemmas. *Journal of Experimental Psychology-General*, 144(5), 951-966. doi: 10. 1037/xge0000107.

Evans, J. S. B. T., & Stanovich, K. E. (2013). Dual-process theories of higher cognition: Advancing the debate. *Perspectives on Psychological Science*, 8(3), 223-241. doi: 10. 1177/ 1745691612460685.

Evans, J. S. B. T., & Wason, P. C. (1976). Rationalization in a reasoning task. *British Journal of Psychology*, 67(4), 479-486. doi: 10. 1111/j. 2044-8295. 1976. tb01536. x.

Fehr, E., & Fischbacher, U. (2003). The nature of human altruism. *Nature*, 425(6960), 785. doi: 10. 1038/nature02043.

Fehr, E., Fischbacher, U., & Göchter, S. (2002). Strong reciprocity, human cooperation, and the enforcement of social norms. *Human nature*, 13(1), 1-25. doi: 10. 1007/s12110-002-1012-7.

Fehr, E., Naef, M., & Schmidt, K. M. (2006). Inequality aversion, efficiency, and maximin preferences in simple distribution experiments: Comment. *American Economic Review*, 96

(5),1912-1917. doi: 10.1257/aer.96.5.1912.

Fiedler, S., Glöckner, A., Nicklisch, A., & Dickert, S. (2013). Social value orientation and information search in social dilemmas: An eye-tracking analysis. *Organizational Behavior and Human Decision Processes*, *120*(2),272-284. doi: 10.1016/j.obhdp.2012.07.002.

Fiske, S. T., & Markus, H. R. (2012). *Facing social class: How societal rank influences interaction*. New York: Russell Sage Foundation.

Fridhandler, B. M. (1986). Conceptual note on state, trait, and the state-trait distinction. *Journal of Personality and Social Psychology*, *50*(1),169-174. doi: 10.1037/0022-3514.50.1.169.

Gerpott, F. H., Fasbender, U., & Burmeister, A. (2020). Respectful leadership and followers' knowledge sharing: A social mindfulness lens. *Human Relations*, *73*(6),789-810. doi: doi: 10.1177/0018726719844813.

Grossman, P., Niemann, L., Schmidt, S., & Walach, H. (2004). Mindfulness-based stress reduction and health benefits: A meta-analysis. *Journal of psychosomatic research*, *57*(1),35-43. doi: 10.1016/S0022-3999(03)00573-7.

Guinote, A., Cotzia, I., Sandhu, S., & Siwa, P. (2015). Social status modulates prosocial behavior and egalitarianism in preschool children and adults. *Proceedings of the National Academy of Sciences*, *112*(3),731-736. doi: 10.1073/pnas.1414550112.

Harbaugh, W. T., Mayr, U., & Burghart, D. R. (2007). Neural responses to taxation and voluntary giving reveal motives for charitable donations. *Science*, *316*(5831),1622-1625. doi: 10.1126/science.1140738.

Harvey, J. H., & Omarzu, J. (1997). Minding the close relationship. *Personality and Social Psychology Review*, *1*(3),224-240. doi: 10.1207/s15327957pspr0103_3.

Hashimoto, H., Li, Y., & Yamagishi, T. (2011). Beliefs and preferences in cultural agents and cultural game players. *Asian Journal of Social Psychology*, *14*(2),140-147. doi: 10.1111/j.1467-839X.2010.01337.x.

Hauge, K. E., Brekke, K. A., Johansson, L.-O., Johansson-Stenman, O., & Svedsäter, H. (2009). Are social preferences skin deep? Dictators under cognitive load. rapport nr. : Working Papers in Economics 371.

Heatherton, T. F., & Polivy, J. (1991). Development and validation of a scale for measuring state self-esteem. *Journal of Personality and Social Psychology*, *60*(6),895. doi: 10.1037/0022-3514.60.6.895.

Hertwig, R., & Hoffrage, U. (2013). *Simple heuristics: the foundations of adaptive social behavior Simple heuristics in a social world* (pp. 3-36). Oxford: Oxford University Press.

Higgins, E. T. (1998). Promotion and prevention: Regulatory focus as a motivational principle. In *Advances in experimental social psychology* (Vol. 30, pp. 1-46). Amsterdam: Elsevier.

Hilbig, B. E., Glöckner, A., & Zettler, I. (2014). Personality and Prosocial Behavior: Linking Basic Traits and Social Value Orientations. *Journal of Personality and Social Psychology*, *107*(3),529-539. doi: 10.1037/a0036074.

Hogan, R., DeSoto, C. B., & Solano, C. (1977). Traits, tests, and personality research. *American Psychologist*, *32*(4),255-264. doi: 10.1037/0003-066X.32.4.255.

Imke, L. J. L. -J., Anne-Kathrin, J. F., Niels, J. V. D., Paul, A. M. V. L., Dick, J. V., & Lydia, K. (2019). Social Mindfulness and Psychosis: Neural Response to Socially Mindful Behavior in First-Episode Psychosis and Patients at Clinical High-Risk. *Frontiers in Human Neuroscience*, *13*. doi: 10.3389/fnhum.2019.00047.

Jayawickreme, E., Meindl, P., Helzer, E. G., Furr, R. M., & Fleeson, W. (2014). Virtuous states and virtuous traits: How the empirical evidence regarding the existence of broad traits saves virtue ethics from the situationist critique. *Theory and Research in Education*, *12*(3),283-

308. doi: 10.1177/1477878514545206.
Kabat-Zinn, J. (2003). Mindfulness: The heart of rehabilitation. *Complementary and alternative medicine in rehabilitation*, 11-15.
Kahneman, D. (2011). *Thinking, fast and slow*. New York: Farrar, Straus and Giroux.
Kelley, H. H. (1984). The theoretical description of interdependence by means of transition lists. *Journal of Personality and Social Psychology*, 47(5), 956. doi: 10.1037/0022-3514.47.5.956.
Kelley, H. H., & Thibaut, J. W. (1978). Interpersonal relations: A theory of interdependence. New York: Wiley.
Kelley, H. H., Holmes, J. G., Kerr, N. L., Reis, H. T., Rusbult, C. E., & Van Lange, P. A. M. (2003). *An atlas of interpersonal situations*. Cambridge: Cambridge University Press.
Kessler, J. B., & Meier, S. (2014). Learning from (failed) replications: Cognitive load manipulations and charitable giving. *Journal of Economic Behavior & Organization*, 102, 10-13. doi: 10.1016/j.jebo.2014.02.005.
Kim, H., & Markus, H. R. (1999). Deviance or uniqueness, harmony or conformity? A cultural analysis. *Journal of Personality and Social Psychology*, 77(4), 785. doi: 10.1037/0022-3514.77.4.785.
Krajbich, I., Bartling, B., Hare, T., & Fehr, E. (2015). Rethinking fast and slow based on a critique of reaction-time reverse inference. *Nature Communications*, 6, 7455. doi: 10.1038/ncomms8455.
Lemmers-Jansen, I. L. J., Krabbendam, L., Amodio, D. M., Van Doesum, N. J., Veltman, D. J., & Van Lange, P. A. M. (2018). Giving others the option of choice: An fMRI study on low-cost cooperation. *Neuropsychologia*, 109, 1-9. doi: 10.1016/j.neuropsychologia.2017.12.009.
Lockwood, P., Jordan, C. H., & Kunda, Z. (2002). Motivation by positive or negative role models: regulatory focus determines who will best inspire us. *Journal of Personality and Social Psychology*, 83(4), 854. doi: 10.1037/0022-3514.83.4.854.
Lohse, J., Goeschl, T., & Diederich, J. H. (2017). Giving is a question of time: response times and contributions to an environmental public good. *Environmental and resource economics*, 67(3), 455-477. doi: 10.1007/s10640-016-0029-z.
Lotito, G., Migheli, M., & Ortona, G. (2013). Is cooperation instinctive? Evidence from the response times in a public goods game. *Journal of Bioeconomics*, 15(2), 123-133. doi: 10.1007/s10818-012-9141-5.
Magee, J. C., & Langner, C. A. (2008). How personalized and socialized power motivation facilitate antisocial and prosocial decision-making. *Journal of Research in Personality*, 42(6), 1547-1559. doi: 10.1016/j.jrp.2008.07.009.
Malhotra, D. (2004). Trust and reciprocity decisions: The differing perspectives of trustors and trusted parties. *Organizational Behavior and Human Decision Processes*, 94(2), 61-73. doi: 10.1016/j.obhdp.2004.03.001.
Manesi, Z., Van Doesum, N. J., & Van Lange, P. A. M. (2017). Prosocial Behavior. In V. Zeigler-Hill & T. K. Shackelford (Eds.), *Encyclopedia of Personality and Individual Differences* (pp. 1-4). Cham: Springer International Publishing.
Manesi, Z., Van Lange, P. A. M., Van Doesum, N. J., & Pollet, T. V. (2019). What are the most powerful predictors of charitable giving to victims of typhoon Haiyan: Prosocial traits, socio-demographic variables, or eye cues? *Personality and Individual Differences*, 146, 217-225. doi: 10.1016/j.paid.2018.03.024.
Mischel, W., & Peake, P. K. (1982). Beyond déjà vu in the search for cross-situational consistency. *Psychological review*, 89(6), 730. doi: 10.1037/0033-295X.89.6.730.

Mischkowski, D., Thielmann, I., & Glöckner, A. (2018). Think it through before making a choice? Processing mode does not influence social mindfulness. *Journal of Experimental Social Psychology*, 74, 85–97. doi: 10.1016/j.jesp.2017.09.001.

Murphy, R. O., Ackermann, K. A., & Handgraaf, M. J. J. (2011). Measuring Social Value Orientation. *Judgment and Decision Making*, 6(8), 771–781. doi: 10.2139/ssrn.1804189.

Myrseth, K. O. R., & Wollbrant, C. E. (2017). Cognitive foundations of cooperation revisited: Commentary on Rand et al. (2012, 2014). *Journal of Behavioral and Experimental Economics*, 69, 133–138. doi: 10.1016/j.socec.2017.01.005.

Nielsen, U. H., Tyran, J.-R., & Wengström, E. (2014). Second thoughts on free riding. *Economics Letters*, 122(2), 136–139. doi: 10.1016/j.econlet.2013.11.021.

Patil, I., Cogoni, C., Zangrando, N., Chittaro, L., & Silani, G. (2014). Affective basis of judgment-behavior discrepancy in virtual experiences of moral dilemmas. *Social Neuroscience*, 9(1), 94–107. doi: 10.1080/17470919.2013.870091.

Payne, B. K. (2005). Conceptualizing control in social cognition: How executive functioning modulates the expression of automatic stereotyping. *Journal of Personality and Social Psychology*, 89(4), 488. doi: 10.1037/0022-3514.89.4.488.

Penner, L., Brannick, M. T., Webb, S., & Connell, P. (2005). Effects on Volunteering of the September 11, 2001, Attacks: An Archival Analysis *Journal of Applied Social Psychology*, 35(7), 1333–1360. doi: 10.1111/j.1559-1816.2005.tb02173.x.

Pennycook, G., Fugelsang, J. A., & Koehler, D. J. (2015). What makes us think? A three-stage dual-process model of analytic engagement. *Cognitive Psychology*, 80, 34–72. doi: 10.1016/j.cogpsych.2015.05.001.

Piatka, A. (1987). The conceptual and methodological distinction between state and trait anxiety: Construct validation of the State-Trait Anxiety Inventory. (8729279 Ph.D.), University of Cincinnati, Ann Arbor. ProQuest Dissertations & Theses Global A&I: The Sciences and Engineering Collection database.

Piovesan, M., & Wengström, E. (2009). Fast or fair? A study of response times. *Economics Letters*, 105(2), 193–196. doi: 10.1016/j.econlet.2009.07.017.

Pronk, T. M., Karremans, J. C., Overbeek, G., Vermulst, A. A., & Wigboldus, D. H. (2010). What it takes to forgive: When and why executive functioning facilitates forgiveness. *Journal of Personality and Social Psychology*, 98(1), 119. doi: 10.1037/a0017875.

Rachlin, H., & Jones, B. A. (2008). Social discounting and delay discounting. *Journal of Behavioral Decision Making*, 21(1), 29–43. doi: 10.1002/bdm.567.

Rand, D. G., & Nowak, M. A. (2013). Human cooperation. *Trends in cognitive sciences*, 17(8), 413–425. doi: 10.1016/j.tics.2013.06.003.

Rand, D. G., Greene, J. D., & Nowak, M. A. (2012). Spontaneous giving and calculated greed. *Nature*, 489(7416), 427. doi: 10.1038/nature11467.

Rand, D. G., Peysakhovich, A., Kraft-Todd, G. T., Newman, G. E., Wurzbacher, O., Nowak, M. A., & Greene, J. D. (2014). Social heuristics shape intuitive cooperation. *Nature Communications*, 5. doi: 10.1038/ncomms4677.

Rusbult, C. E., & Van Lange, P. A. M. (2003). Interdependence, interaction, and relationships. *Annual Review of Psychology*, 54(1), 351–375. doi: 10.1146/annurev.psych.54.101601.145059.

Schulz, J. F., Fischbacher, U., Thöni, C., & Utikal, V. (2014). Affect and fairness: Dictator games under cognitive load. *Journal of Economic Psychology*, 41, 77–87. doi: 10.1016/j.joep.2012.08.007.

Seinen, I., & Schram, A. (2006). Social status and group norms: Indirect reciprocity in a repeated helping experiment. *European Economic Review*, 50(3), 581–602. doi: 10.1016/j.

euroecorev. 2004. 10. 005.

Sherman, J. W., Gawronski, B., & Trope, Y. (2014). *Dual-process theories of the social mind*. New York: Guilford Publications.

Smith, E. E., & Jonides, J. (1999). Storage and executive processes in the frontal lobes. *Science*, 283(5408), 1657-1661. doi: 10. 1126/science. 283. 5408. 1657.

Smith, E. R., & Collins, E. C. (2009). Dual-process models: A social psychological perspective. J. St. BT Evans & K. Frankish (Eds.), In two minds: Dual processes and beyond, 197-216. doi: 10. 1093/acprof: oso/9780199230167. 003. 0009.

Smith, E. R., & DeCoster, J. (2000). Dual-process models in social and cognitive psychology: Conceptual integration and links to underlying memory systems. *Personality and Social Psychology Review*, 4(2), 108-131. doi: 10. 1207/S15327957PSPR0402_01.

Spielberger, C. D., Sydeman, S. J., Owen, A. E., & Marsh, B. J. (1999). Measuring anxiety and anger with the State-Trait Anxiety Inventory (STAI) and the State-Trait Anger Expression Inventory (STAXI). *In M. E. Maruish (Ed.), 2nd ed.* (2nd ed. ed., pp. 993-1021, Chapter xvi, 1507 Pages). Mahwah, NJ: Lawrence Erlbaum Associates Publishers.

Stanovich, K. E. (2009). Distinguishing the reflective, algorithmic, and autonomous minds: Is it time for a tri process theory. In J. S. B. Evans & K. Frankish (Eds.), *In two minds: Dual processes and beyond* (pp. 55-88). Oxford: Oxford University Press.

Stanovich, K. E., West, R. F., & Toplak, M. E. (2014). Rationality, intelligence, and the defining features of Type 1 and Type 2 processing. In J. W. Sherman, B. Gawronski & Y. Trope (Eds.), *Dual-process theories of the social mind* (pp. 80-91). New York: Guilford Publications.

Stephens, N. M., Markus, H. R., & Phillips, L. T. (2014). Social class culture cycles: How three gateway contexts shape selves and fuel inequality. *Annual Review of Psychology*, 65, 611-634. doi: 10. 1146/annurev-psych-010213-115143.

Stevenson, A., & Lindberg, C. A. (2015). *Mindfulness New Oxford American Dictionary*. Oxford: Oxford University Press.

Strack, F., & Deutsch, R. (2004). Reflective and impulsive determinants of social behavior. *Personality and Social Psychology Review*, 8(3), 220-247. doi: 10. 1207/s15327957pspr 0803_1.

Thera, N. (2014). *The heart of Buddhist meditation: The Buddha's way of mindfulness*. New York: Weiser Books.

Thibaut, J. W. (1959). *The social psychology of groups*. New York: Routledge.

Tinghög, G., Andersson, D., Bonn, C., Böttiger, H., Josephson, C., Lundgren, G., ... Johannesson, M. (2013). Intuition and cooperation reconsidered. *Nature*, 498(7452), E1. doi: 10. 1038/nature12194.

Tomasello, M. (2009). *Why we cooperate*. Cambridge: MIT Press.

Tooby, J., & Cosmides, L. (1992). The psychological foundations of culture. The adapted mind: Evolutionary psychology and the generation of culture, 19.

Van Doesum, N. J. (2016). *Social Mindfulness*. Enschede: Ipskamp drukkers BV.

Van Doesum, N. J., de Vries, R. E., Blokland, A. A. J., Hill, J. M., Kuhlman, D. M., Stivers, A. W., ... Van Lange, P. A. M. (2019). Social mindfulness: Prosocial the active way. *Journal of Positive Psychology*, urn: issn: 1743-9760. doi: 10. 1080/17439760. 2019. 1579352.

Van Doesum, N. J., Tybur, J. M., & Van Lange, P. A. M. (2017). Class impressions: Higher social class elicits lower prosociality. *Journal of Experimental Social Psychology*, 68(C), 11-20. doi: 10. 1016/j. jesp. 2016. 06. 001.

Van Doesum, N. J., Van Lange, D. A. W., & Van Lange, P. A. M. (2013). Social mindfulness: Skill and will to navigate the social world. *Journal of Personality and Social Psychology*, *105*(1), 86–103. doi: 10.1037/a0032540.

Van Doesum, N. J., Van Prooijen, J. W., Verburgh, L., & Van Lange, P. A. M. (2016). Social Hostility in Soccer and Beyond. *Plos One*, *11*(4), 13. doi: 10.1371/journal.pone.0153577.

Van Lange, P. A. M. (1999). The pursuit of joint outcomes and equality in outcomes: An integrative model of social value orientation. *Journal of Personality and Social Psychology*, *77*(2), 337–349. doi: 10.1037/0022-3514.77.2.337.

Van Lange, P. A. M., & Balliet, D. (2015). Interdependence theory APA handbook of personality and social psychology, Volume 3: Interpersonal relations. (pp. 65–92). Washington, DC, US: American Psychological Association.

Van Lange, P. A. M., & Van Doesum, N. J. (2012). The psychology of interaction goals comes as a package. *Psychological Inquiry*, *23*(1), 75–79. doi: 10.1080/1047840X.2012.657566.

Van Lange, P. A. M., & Van Doesum, N. J. (2015). Social mindfulness and social hostility. *Current Opinion in Behavioral Sciences*, *3*(4), 18–24. doi: 10.1016/j.cobeha.2014.12.009.

Van Lange, P. A. M., Balliet, D., Parks, C. D., & van Vugt, M. (2014). *Social dilemmas: The psychology of human cooperation*. Oxford: Oxford University Press.

Van Lange, P. A. M., Kruglanski, A. W., & Higgins, E. T. (2011). *Handbook of theories of social psychology*. New York: SAGE publications.

Verkoeijen, P. P., & Bouwmeester, S. (2014). Does intuition cause cooperation? *Plos One*, *9*(5), e96654. doi: 10.1371/journal.pone.0096654.

Wason, P. C., & Evans, J. S. B. T. (1974). Dual processes in reasoning? *Cognition*, *3*(2), 141–154. doi: 10.1016/0010-0277(74)90017-1.

Weinstein, N., & Ryan, R. M. (2010). When helping helps: Autonomous motivation for prosocial behavior and its influence on well-being for the helper and recipient. *Journal of Personality and Social Psychology*, *98*(2), 222. doi: 10.1037/a0016984.

Weinstein, N., Brown, K. W., & Ryan, R. M. (2009). A multi-method examination of the effects of mindfulness on stress attribution, coping, and emotional well-being. *Journal of Research in Personality*, *43*(3), 374–385. doi: 10.1016/j.jrp.2008.12.008.

Zaki, J., & Mitchell, J. P. (2013). Intuitive prosociality. *Current Directions in Psychological Science*, *22*(6), 466–470. doi: 10.1177/0963721413492764.

4 正义动机

- 4.1 引言 / 109
- 4.2 正义动机的概念 / 110
- 4.3 正义动机的理论进展 / 112
  - 4.3.1 应得正义与社会规范 / 112
  - 4.3.2 正义作为心理补偿 / 114
  - 4.3.3 正义作为文化 / 116
- 4.4 正义动机的测量及反思 / 119
  - 4.4.1 正义动机测量的实验范式及自陈量表的出现 / 119
  - 4.4.2 正义观量表的发展 / 120
  - 4.4.3 正义动机的内隐测量 / 122
- 4.5 局限与展望 / 123
  - 4.5.1 超越正义 / 124
  - 4.5.2 走向亲社会正义 / 125
- 4.6 结论 / 126
- 参考文献 / 127

4.1 引言

正义是人类道德的基石,也是中国社会的核心价值之一。然而,在现实生活中我们总是不得不面临家庭出身、生活境遇、甚至贫穷、犯罪、歧视等各种不公或违规现象(Rawls, 1958)。一言以蔽之,正义是人类社会之本,不公也无处不在,因此,持有怎样的正义观念以及面对不公该如何反应,既关系到个人福祉,也关系到社会秩序的维系与修复。值得注意的是,尽管正义及不公问题具有普适性,但不同文化或信仰传统却给出了不同的认知框架和解决方案。因此,无论是不恰当的正义观念和心理反应(如是非不分,或报仇心切),还是强行以一种文化的正义方案回应和解决另一文化的问题,在实践中都会造成道德混淆、误导人们的价值观,甚至以"正义"之名追求个人利益、伤害他人或违反公德。

本章回顾了正义作为人类根本动机的基本概念及相关心理特征,并从社会规范、心理补偿及文化传统等角度梳理了正义动机研究的理论进展,从外显、内隐两个方面介绍了正义动机的测量方法。进而,考虑到人类道德基础的多维性和文化演化的协同性,我们分析了以往正义动机研究的局限性,并主张超越正义、亲社会正义感等全新的问题视角和理论框架。

4.2 正义动机的概念

秩序是人类的根本需要,秩序感可以帮助个体获得意义、免遭恐惧,而无序状态总是让人很反感(Heine, Proulx 和 Vohs, 2006; Landau 等, 2004)。《正义论》的作者约翰·罗尔斯(John Rawls, 1958)认为,对于人类社会而言,正义是秩序的首要体现。为了能够稳定、有序地生活,人类一方面从制度层面谋求社会的公平(Fairness)和公正(Justice),当然这是一个艰难的过程;另一方面,"人人心中有杆秤",我们可以在心理层面建立"好有好报、恶有恶报"的私人契约,认为自己生活在一个由正义主宰的世界里。

根据勒纳(Melvin J. Lerner)的正义动机理论,人类从根本上有一种相信"世界稳定有序"、"好有好报、恶有恶报"的动机,这种信念就被称为正义观或正义世界信念(Lerner, 1980)。得其应得、也应得其所得,因为只有这样,个体才有信心面对他们所处的物理、社会环境;否则,个体将无法树立长远的目标,甚至无法遵从日常行为规范。由于正义观具有如此重要的适应价值,我们很难放弃这一观念。如果有证据表明这个世界实际上并非公平正义或井然有序,我们将会非常烦恼;于是,我们宁愿"否认"眼前事实,也不愿转变固有观念(Lerner 和 Miller, 1978)。

20世纪九十年代以前,西方研究者们的主要观点是,正义动机作为一种对事实上并不总是公正的客观世界的一种幼稚看法,是人类对外部世界的正向错觉,生活于其中的我们会有所防御,并极力地低估显而易见的不公(Lerner, 1980)。从这个角度来看,正义观是一种反社会的观念体系,它促使个体去指责或贬低弱势群体,如穷人(Furnham 和 Gunter, 1984)、失业者(Reichle, Schneider, 和 Montada, 1998)、老年人(Lipkus 和 Siegler, 1993)、被强暴者(Jones 和 Aronson, 1973)。

然而,近期研究表明,正义观也是一种应对不公挑战的心理资源(Dalbert, 2001)。它作为应激缓冲(Dalbert, 1998)和意义生成(Park 和 Folkman, 1997)机制,在个体面对艰难生活时,能保护其心理健康并促进其社会适应(Lambert, Burroughs, 和 Nguyen, 1999),如创伤后成长(Dalbert, 1997; Otto, Boos, Dalbert, Schöps, 和 Hoyer, 2006)、疾病应对(Park, 2010; Park, Edmondson, Fenster, 和 Blank, 2008; Park 和 Folkman, 1997)、学业压力与负性情绪的调节(Dalbert 和 Dzuka, 2004; Dalbert 和 Stoeber, 2005)、晚年幸福感的促进(Dzuka

和Dalbert，2006)、危机管理(Cubela Adoric，2004)、暴力犯罪的预防等(Correia 和Dalbert，2008；Dzuka和Dalbert，2007；Otto和Dalbert，2005)。于是,正义观的心理适应功能,尤其对弱势群体自身的保护作用,就受到越来越多研究者的关注(Dalbert，1998；Dalbert，2001；Jost和Hunyady，2002；Jost，Pelham，Sheldon，和Sullivan，2003；Kay和Jost，2003；Kay等,2007)。

在体制合理化理论看来,正义观也被认为是一种"既定社会安排合情合理"的合理化策略,对弱势群体的生活逆境起到缓冲剂的作用(Jost和Hunyady，2002；Jost，Pelham，Sheldon和Sullivan，2003)。特别是,在两极转换的思维模式下,如贫穷但诚实、贫穷但快乐,合理化策略可以有效地对弱势群体当前的劣势地位给予心理补偿(Kay和Jost，2003；Kay等,2007)。后续研究表明,即便在日常生活中,人们也有这种两极转换、正义补偿的思维倾向(Gaucher，Hafer，Kay和Davidenko，2010)；在灾难等极端条件下,人们仍会看到一线希望,从劣势情境中发现阳光的一面(Anderson，Kay和Fitzsimons，2010)。

不难看出,正义动机是一把"双刃剑",它既被"正派"的西方中产阶级知识分子当作是反社会态度,又被弱势群体用来维护心理健康；既被当作是儿童的美丽童话或朴素世界观,又被一些成年人顽固坚守。换言之,一般情况下,正义观会使人们相信,社会总体来说是正义的,人们"得其应得",这对于个人心理健康是有利的,但对于理性思考和亲社会行为却是不利的,它促使个体去指责或贬低弱势群体。正义观的自我—他人模型进一步证实了这一矛盾区分,即正义观可以分为指向他人或世道整体的一般正义观和指向自我或个人遭遇的个人正义观。前者是一种相信他人遭遇或整个世道当然合理的观念,如"总的来说人们得到的都是他们应该得到的,我相信从长远来看遭遇不公的人将会得到补偿",它与受害者指责等反社会态度联系更密切,也可以作为一种补偿控制源促进逆境下的心理适应；后者是一种相信自己受到合理对待的观念,如"我相信我得到的通常都是我应该得到的,在我的生活中不公正的事情只是个别现象,而不是常规",它与个体的压力水平等心理健康指标联系更密切(Bègue和Bastounis，2003；Dalbert，1999；Lipkus，Dalbert，和Siegler，1996；Sutton和Douglas，2005；Wu等,2011)。

总之,正义观是人类相信"世界稳定有序"、"好有好报、恶有恶报"的动机或观念模式,但其心理功能存在矛盾性。这使我们不免怀疑,不同研究者看待正义动机的理论视角很可能是不同的；另一个可能普遍存在的问题是,不同的研究者在研究正义动机时采用了不同的测量工具(Furnham，1998；Lerner，2003)。因此,接下来本文将对正义动机的理论进展、测量方法及其研究局限进行回顾。

4.3 正义动机的理论进展

4.3.1 应得正义与社会规范

首先,"好有好报、恶有恶报"是一种朴素的社会规范,因为正义观是一个维系"应得"秩序的动机系统,其所主张的奖惩机制对坏人、坏事发挥着不可替代的震慑作用。尤其21世纪以来,恐怖主义、暴力犯罪频发,这对社会秩序和人们内心的正义观都构成了极大的威胁。特别是在转型的中国社会,一些暴力犯罪分子甚至将魔爪伸向了幼儿园或小学,凶手手段之残忍、幼童伤亡之惨重震惊世界,并对民众产生了巨大的心理冲击。我们关注的是,民众对校园惨案究竟如何反应,其内心持有的正义观又如何影响他们对凶手和受害者的态度。2010年系列校园惨案(如外科医生郑民生持刀在某小学大门口杀死8名小学生、捅伤5名小学生)发生后,研究者对中国父母(小学生家长)和青少年(初中生)的正义观及他们对校园惨案凶手的惩罚态度进行了调查,检验了正义观诱发惩罚态度的社会心理机制,并探讨了媒体信息关注度(Attention)与惩罚态度的关系。结果发现,小学生家长的正义观越强烈,则越倾向于赞同对凶手进行严厉惩罚(如认为"必须对疑犯进行强烈声讨"、"相关部门应该对疑犯严办快办"),但未必赞同对受害者的贬损(如认为"家长疏忽大意、没能保护好自己的孩子"、"家长之前得罪了疑犯");民众对校园惨案综合消息的关注度越高,也越倾向于支持惩罚凶手。中学生的正义观越强烈,则越倾向于对凶手进行严厉惩罚;个体压力在正义观与惩罚之间起显著的中介作用,而共情的中介作用不显著(Wu和Cohen,2017)。总之,正义动机所蕴含的正义—惩罚模型在校园惨案的民众反应中得到了验证。此外,儒家文化中"以直报怨"的传统观念以及司法实践中的正义威慑或许也对民众的惩罚态度具有一定解释力,但其作用机制还有待后续研究来系统验证。

基于应得正义的奖惩规范在儿童社会化以及大众文化中发挥重要作用。研究发现,婴儿如天使一般天生会分辨好恶,并且他们有惩恶扬善的念头和行为趋向。耶鲁大学一项著名的研究证明,半岁婴儿就能识别好人、坏人(Hamlin等,2011)。实验者向6个月大的一组婴儿和10个月大的一组婴儿演示一个拟人化的"木偶表演",即用3个不同形状的木块扮演3个角色:试图登上一座山的"攀登者"、代表好人的"帮助者"以及代表坏人的"破坏者"。"帮助者"协助"攀登者"爬上山,而"破坏者"则将"攀登者"推下山。随后,研究人员将代表"帮助者"和"破坏者"的木块放在一起让两组婴儿挑选,在16名10个月大的宝宝中有14个更喜欢"帮助者",12

名6个月大的宝宝选择的全是"帮助者"。这表明婴儿们更喜欢慷慨助人的好人，不愿接近坏人。婴儿的活动范围和方式相当狭小，想要探究他们的想法只能通过观察他们的简单动作和眼神停留。在广受世界各地儿童欢迎的童话故事里，更是充满了"好有好报、恶有恶报"的情节，比如美丽善良的灰姑娘嫁给了王子、而两个恶毒的姐姐则被鸟儿啄瞎了双眼，单纯可爱的小红帽被救出、而邪恶的狼则被剖腹扒皮（Appel，2008）。

至于大众文化，西方娱乐节目中对正义的典型呈现就是"坏人被子弹打得千疮百孔，并在致命的抽搐中倒下时所表现出来的欣快感"（Zillmann，1994）。广受欢迎的戏剧或大众电影往往包含一个正义序列，它包括描述犯罪行为的一系列事件以及罪犯所经历的最终后果——正义序列的初始活动（犯罪）必须是不公正的，而作为对犯罪行为的回应，影片会安排一个或多个角色采取行动，通过惩罚（报复）肇事者来修复不公——当观众对角色的期望与正义序列相一致时，他们就会体验到一种媒介享乐感（Media Enjoyment）（Raney 和 Bryant，2002）。基于正义序列的媒介享乐理论揭示了大众文化的道德逻辑，但并未阐明受众正义动机与媒介享乐的直接关系。为此，我们检验了受众正义动机对电影中道德信息（如犯罪-复仇序列）传播效果的影响。结果发现，相对于杀人电影（人物角色没有理由地被杀），复仇电影（反派角色干坏事、然后被杀）的媒介享乐得分更高，并且这一效应在中、美两国电影上均得到验证。进一步的回归分析表明，受众的正义动机越高，对中国复仇电影的媒介享乐也就更高（吴胜涛，周怡苇，2020）。

值得注意的是，为了保存具有如此重要适应价值的正义观，个体有诸多理性与亲社会的策略可供选择，如同情、帮助受害者，通过自身的努力得到补偿（DePalma，Madey，Tillman，和 Wheeler，1999；Haynes 和 Olson，2006；Miller，1977；Zuckerman 和 Gerbasi，1977）。遗憾的是，众多研究证明，正义观这一道德动机是一个为"个人利益"服务的观念系统，研究甚至还发现了个体在面对不公威胁时的报复倾向。尽管报复连同惩罚、声讨等极端行为常常被认为是不理智的、无效的，但是这些策略在近年来越来越广泛地被政府、组织、个体所使用（Gollwitzer 和 Bücklein，2007；Gollwitzer 和 Denzler，2009；Kaiser 等，2004；Skitka 和 Mullen，2002）。然而，当社会组织或制度是不公的制造者时，个体却不会那么容易去指责它，反而是会用另一种相反的方式对不公的事实进行合理化，来减少负性情绪（如道德义愤和愧疚感）；但同时，这种合理化也是制度改革与社会资源重新分配的障碍（Wakslak，Jost，Tyler，和 Chen，2007）。

作为一种观念上的私人契约（Personal Contact），正义观也具有一定的危害性，如果把正义这一公共事务交由私人、而不是社会契约来裁决，那么正义可能会因为私人"自主性"的至高无上而沦落为纯粹的个人偏好,也可能不可避免地成为欲望或利害权衡的手段。因而,私人契约在道德上是非常脆弱的;在公共领域,它常常与反思、关爱等涉及身份认同和他人利益的道德原则是相悖的(Sandel,1998)。实证研究也表明,在面对不公时,无论世道整体的正义如何,个体均会本能地优先考虑自己的情感幸福(吴胜涛等,2009);甚至会根据不同的情境来权衡利害,从而采取不同的保守策略来应对正义的威胁,例如,对强者(如组织机构)采取体制合理化的策略,而对弱者采取行为指责或人格贬损、报复、惩罚、声讨等策略(Hafer 和 Gosse,2010)。这无疑会对社会契约产生巨大的危害,社会之中的个体如果只关注个人利益而不顾社会的总体利益,社会发展会受阻、甚至陷入冲突。

4.3.2 正义作为心理补偿

个体会通过各种方式来满足秩序的需要,当客观现实不能满足时,他们便会通过观念系统或认知模式来满足(Lerner,1980;Whitson 和 Galinsky,2008)。根据补偿控制理论(Compensatory Control Theory),当我们对个人生活缺乏控制感时,个体会在心理上赋予其所处生活世界以秩序和结构,或者通过相信其他秩序的存在来获得心理上的补偿控制感(Kay 等,2009)。有两种常见的补偿控制来源:一种是内在的认知模式或规律,如结构需要、因果报应;另一种是诉诸外在的力量,如上帝信仰(Kay 和 Sullivan,2013)。当个体控制感较弱时,有的人会强烈地相信世上存在一个掌控众人命运的超越力量,如上帝(Kay 等,2010)。类似的,个体控制感的缺乏也会促使人们诉诸内在的认知模式——甚至为了获得意义和秩序,可以把随机斑点刺激知觉为人或风景画面,或者认为两个无关行为之间存在因果联系,如"踩脚带来好运气"(Whitson 和 Galinsky,2008)。然而,上帝信仰并不能适用于所有文化(Cohen,2009),现代社会也在变得越来越世俗化(Greenfield,2013)。所以,从更加普世、根本的心理动机出发,来丰富补偿控制模型的具体表现形式,对于理解人类在面对控制感威胁时的一般心理过程具有重要的意义。

作为人类的根本动机之一,基于认知模式的正义观可以在个体控制感缺乏时帮助他们缓解压力(Landau 等,2004)。尤其对于相对弱势的群体或相对落后的国家民众,这种认知模式显得更加重要;它被认为是一种正义的补偿,在个体的压力缓解和动机促进上具有重要的心理适应功能(Anderson 等,2010;Bond 等,2004;Jost 和 Hunyady,2002;Jost 等,2003;Wu 等,2011)。正义观作为应激缓冲(Dalbert,1998)和意义生成(Park 和 Folkman,1997)机制,在个体面对艰难生活时,能保护心理健康和促进社会适应(Lambert,Burroughs 和 Nguyen,1999),如创伤后成长(Dalbert, 1997; Otto, Boos, Dalbert, Schöps, 和 Hoyer, 2006)、疾病应对(Park, 2010; Park, Edmondson, Fenster, 和 Blank, 2008; Park 和 Folkman, 1997)、学业压力与负性情绪的调节(Dalbert, 2004; Dalbert 和 Stoeber, 2005; Tomaka 和 Blascovich, 1994)、晚年幸福感的促进(Dzuka 和 Dalbert, 2006)、危机管理(Cubela Adoric, 2004)、暴力犯罪的预防等(Correia 和 Dalbert, 2008; Dzuka 和 Dalbert, 2007; Otto 和 Dalbert, 2005)。

越来越多的证据表明,正义观在特定的生活情境下也起到维持控制感、秩序感、意义感的作用,特别是在弱势情境下尤为重要,因为正义观所蕴含的社会秩序与生活信心可以对相对失控的生活起到次级控制或心理补偿的作用(Cohen, Wu, 和 Miller, 2016; Kay 等, 2009; Wu, Cohen, 和 Han, 2015; Wu 等, 2011)。例如,通过对西方研究的系统梳理,我们发现,尽管正义观随着年龄的增长而有所减弱,但正义观其实在成年期仍然会保持稳定,甚至在老年期会有所上升(Maes 和 Schmitt, 2004; Oppenheimer, 2006),在受到威胁时还会进一步强化(Callan, Ellard, 和 Nicol, 2006)。与之相类似,那些未能享受中产阶级或大学生优越生活的弱势群体(如接受住房救济的居民)的正义观也较强(Sutton 和 Winnard, 2007)。关于 36 个中国文化样本(n=8 396)的元分析也发现,中国人总体而言相信这个世界是公平合理的,尤其是在非学生样本、弱势情境下更是如此(吴胜涛等, 2016)。比如,灾区民众(Wu 等, 2009; Zhu 等, 2010)、贫困地区的青少年(Wu 等, 2011),其正义观一般会相对更强,对生活满意度和心理复原的预测效应也更大。

在心理补偿的框架下,正义观是一种重要的思维策略和重建控制感的价值路径。在日常生活中,正义补偿的思维倾向可以有效地对弱势群体当前的劣势地位给予心理补偿(Gaucher, Hafer, Kay, 和 Davidenko, 2010);在灾难等极端条件下,人们仍会看到一线希望,从劣势情境中发现阳光的一面(Anderson, Kay, 和 Fitzsimons, 2010)。中国道家哲学所倡导的阴阳转换,如"天之道损有余而补不足"、"柔弱者生之途"、"祸兮福之所倚",也类似于这种补偿。更进一层,这种转换最终可以帮助人们享受现在、融于自然,从而超越自身的局限和当前的不幸(Fung, 1985; Zhang 和 Veenhoven, 2008)。

近年来,正义观研究也被应用到临床领域,比如肿瘤幸存者、关节炎和纤维肌痛的慢性疼痛患者群体(McParland 和 Knussen, 2010; Park, Edmondson, Fenster, 和 Blank, 2008)。病痛经历并不是一个单纯的物理或生理过程,而是通过有意义的社会认知(Park, 2010),在社会环境中发生的心理与社会过程(Platow 等, 2007)。像肿瘤这样的疾病,虽然会在生理上对患者造成致命威胁,但未必会给他们的生命质量造成致命打击。究其原因,可能是社会认知在疾病应对上发挥了重要作用。具体而言,正义观作为一种补偿控制源(Cohen,Wu,和 Miller,2016;Kay 等,2009),在肿瘤幸存者对生命的掌控受到威胁的情况下提供了心理层面的控制感和意义感——因为相信公正合理、付出有报,所以在患病条件下就会产生这样的心理预期(Park 等,2008);只要努力付出(坚持治病、坚强生活),就会获得好的回报(如疾病康复、生活幸福)。人们在身体健康时,往往对所谓"九死一生"、"否极泰来"这样的积极社会认知与心理预期,体会不深,认为其作用不大,但在生命受到威胁时就会强烈地感受到这些认知,其效应也会凸显——身体状况在正义观与主观幸福感之间的调节作用支持了这一点。进而,中介分析也表明,公正合理、付出有报的信念给了肿瘤幸存者更强的生命控制感,例如增强了生命的意义和希望、坚定了他们战胜疾病的信心,这些都是主观幸福感(更多积极情绪、更少抑郁症状)的保护因素(吴胜涛等,2018)。

4.3.3 正义作为文化

像其他所有社会心理概念一样,正义动机的表达也嵌套在文化历史当中。谁是正义的主宰或规范的制定者?不同的文化或信仰传统给出了不同的认知框架和解决方案。在宗教信仰盛行的文化里,上帝或类似的超越力量是正义的终极主宰和人们获得社会秩序的重要手段,特别是以基督教为代表的西方宗教以人类原罪和苦难为前提,假定了不公的先验存在性,所以很难相信人类的世俗世界是一个正义美好的世界;相反,虔诚的宗教信仰有利于应对生活中的无序或不公,以及缓解由此而来的失控感与生活压力(Kay 等,2008;Kay,Moscovitch,和 Laurin,2010)。然而,中国文化在先秦时期就逐渐失去了"上帝"(薛涌,2007;余英时,1987),那么世间的秩序从何而来呢?一个办法就是,更加注重从观念上宣称我们已然生活在一个和谐、有序的世俗世界里,并形成了深厚的秩序情节,这构成了中国人私人生活及社会秩序的文化底色(张德胜,2008)。

任何一种文化下的个体都有秩序的需要,但中国文化尤甚。我们发现,与西方的研究结果相比,中国人所持有的一般正义观极其突兀。我们调研了中国四个城市的普通成年人、地震遇难者家属及贫困地区青少年,发现生活相对艰难的中国人持有较高的一般正义观和较低的个人正义观,且其一般正义观独立于个人正义观,正向地预测心理坚韧。另外,通过未来关注的跨文化调研、未来取向的真实生活启动以及实验室启动研究,研究者证实了一般正义观通过长远取向来起作用。进而,涵盖全国 13 个城市的更大范围的调研再次验证了一般正义观的凸显效应及其心理适应功能。尽管最近西方学者的一些研究也暗示了一般正义观在弱势群体(如女性、住房困难户、慢性病患者)中表现较为明显、且具有一定的适应价值(McParland 和 Knussen，2010；Sutton 等，2008；Sutton 和 Winnard，2007)，但像中国人这样截然相反地持有如此强健的一般正义观，却实属意外。因为大多数西方研究一致地发现，个体会认为自己的遭遇是公平合理的，但相信他人遭遇或世道整体却存在诸多不幸(Bègue 和 Bastounis，2003；Dalbert，1999；Lipkus 等，1996；Sutton 和 Douglas，2005)。

其实，以秩序需要为基础的一般正义观在中国人群中的强健表达，以及被试在面对不公威胁时表现出的情绪和防御，与中国文化中的秩序情节是一致的(张德胜，2008)。早在春秋战国这一中国文化的初生阶段，内乱征伐、道德失范的动乱对社会构成了创伤性的打击，中国人即产生了回避动乱与渴望秩序的心理情节。在这一秩序情节的推动下，当时的先哲们从各自的角度做出了不同的回应，如儒家的礼治秩序、道家的自然秩序、佛家的因缘秩序、法家的强制秩序、墨家的尚同秩序(孙隆基，2004；张德胜，2008)。尽管任何一种文化下的个体都有秩序的需要，但中国的先哲们并不会像西方人那样在寻求秩序的同时去怀疑"秩序为什么是可能的"，而是将"文物丰盛、秩序井然"的远古传说作为理想的本原，将世界看成一个和谐、均衡的整体。如此，中国思想的基本模式便是，力图把看来是冲突的东西调和为互相补充、彼此需要的，而不是敌对、相悖的；以致对秩序之外的其他问题往往熟视无睹，社会的不公则不仅未受到重视，而且还被看作是自然的"粗细不齐"而加以合理化(Bodde，1952；Solomon，1971)。

然而，在经典的正义观理论看来，一般正义观只是天真的童话、粗鄙的观念，一个正派的成年人不会持有这一观念(Lerner，1980；Lerner 和 Miller，1978；Oppenheimer，2006)；至少，在外显的自我报告中大家都不会这样去宣称，而是表现出对不幸的极大关注和对受害者的深切同情(Lerner，1998；Lerner 和 Goldberg，1999)。然而，我们的研究发现，无论是成年人还是青少年，无论是普通人还是受害者，无论男女，无论受教育水平高低，无论外显或是内隐，中国人均认为自己遭遇了委屈和不幸，而他人遭遇或世道整体却是正义美好的。按照经典的正义观理论，我们不免要发问：是否大多数中国人都是幼稚可笑的？是否我们正陷入转型时期的道德困境，或是一直都对他人的遭遇缺乏基本的正义感呢？是的，中国人的天真、漠然、怯懦、麻木不仁、缺乏公共精神给西方学者留下了深刻的印象(Russell，1922；Smith，1894)；20 世纪以来，这些有悖普世精神的文化性格也遭到了人文知识分子的激烈批判(费孝通，1949；罗家伦，1942)。例如：

> 中国人的冷漠必定会让盎格鲁-撒克逊人大为惊异。他们没有人道主义冲动，而正是这一冲动使我们用百分之一的精力能使另外百分之九十九的精

力所造成的损害有所缓解……可怜的情形不仅不能激发一般中国人的慈悲，相反却让他们得到快感。——伯特兰·罗素《中国问题》

现代中国的社会已经堕落到一个惭愧的社会，一个最缺少侠气的社会。中国人常讲"恻隐之心"、"不忍人之心"，而事实上的表现，却正相反。——罗家伦《新人生观》

关于中国人的文化性格，有许多这样激烈的人文争论。不过，当我们将这些文化性格放在理性的科学视野中来审视的时候，就不得不关注天真、漠然、怯懦、麻木不仁、缺乏公共精神背后的生命处境，以及这等处境中的人们不同于西方人的文化努力。例如，是否艰难的生活逐渐扭曲了个体关切他人的方式？抑或自我关注本身就是儒家"独善其身"、道家"顺其自然"的生存之道？如果答案是肯定的，那么中国人相较于西方人的、强健的一般正义观或积极的外部幻觉就值得从个体生活处境和文化机制上来加以解读。

从"应得"的角度，如果有证据表明这个世界实际上并非是公平正义或井然有序的，我们将会非常烦恼。于是，我们宁愿否认事实上的不公，也不愿转变观念。然而，正义观作为一种对事实上并不总是公正的客观世界的幼稚看法，是人类对外部世界的正向错觉，会被生活于其中的我们所采用，进而帮助我们低估显而易见的不公（Lerner，1980）。西方研究者较多地从分配是否"应得"的视角来理解正义问题，将正义观看作是一种反社会的观念体系，它促使个体去指责或贬低弱势群体。但值得注意的是，近来，西方关于正义观是一种反社会态度的传统观点也逐渐受到文化社会心理学研究者的质疑和挑战。柏拉图以来，"不应得"（Undeserved）或充满不公与假相的洞穴是西方文化对世俗世界的基本预设——正因为此岸世界是无序的、不可控的，所以追求善的理想国或理念世界才显得符合逻辑和律令；相反，以儒家传统为代表的中国文化保留了对世俗世界的逻辑肯定和道德美化——因为此岸世界是和谐、有序的，彼岸世界的"怪、乱、力、神"则只须存而不论（Cohen，Wu，和Miller，2016）。以往的跨文化研究确实也发现，东亚人比欧美人持有更强的正义观（Furnham，1985，1993）。

从"报"的角度，正义观提供了一种对未来的期待和对生活的希望，否则个体将失去人生奋斗的动力。以中国文化为背景的研究较多触及了正义问题中"报"的成分，他们的研究发现，正义观作为世俗世界的付出回报观与意义建构系统，在心理健康与生活适应上具有重要的功能，例如：它可以起到心理缓冲和正向激励的作用，帮助那些遭遇生活逆境、对生活缺乏掌控的弱势群体缓解压力，并激励他们努力工作、投资未来（Bond等，2004；Wu等，2013）。尤其在倡导"天道酬勤"与"祸福相依"的中国文化下，正义观甚至起到了意义建构和价值尺度的作用。我们的研究发现,中国人的正义观越高,其在灾难下的心理复原越好;在未来时间框架下(特质性的未来取向或情境性的未来希望),正义观的健康促进效应则更大(Wu 等,2011;2013)。从"报"的角度入手,正义观能够促进中国人的亲社会行为并表现出其积极的适应功能,例如促进幸福感(蒋奖,王荣,张雯,2013),减少攻击(Poon 和 Chen,2014)和腐败(Bai,Liu,和 Kou,2014)——这些适应功能在西方文化下很少被发现(Wu,Cohen,和 Han,2015)。

4.4 正义动机的测量及反思

4.4.1 正义动机测量的实验范式及自陈量表的出现

正义动机的研究文献可以被清晰地区分出实验范式和心理测量范式(Furnham,1998)。前者以勒纳及其合作者(Lerner 等,1965a;1965b;1977;1980;1967;1978,1966)为代表,主要关注心理过程,以检验个体在面对不公威胁时的应对策略,它通常假设正义动机是情境性的;后者以利普库斯(Lipkus,1991)与施密特(Schmitt,1998)为代表,他们主要关注心理内容,即自我报告的个体差异及相关因素,它通常假设正义动机是稳定的人格特质。

弗海姆(Furnham,1998)将正义动机的量化研究分为八个阶段,其中前两个阶段为"现象识别"和"重复检验"。首先,勒纳及同事(1965a;1967;1966)在实验室中偶然发现了一种稳定的"贬低受害者"的行为模式,即施虐者、观察者会通过相信受害者"活该如此"来对他们的不公遭遇进行合理化。接着,勒纳(1980)在其专著《正义观:一个基本错觉》中对 20 世纪 60 年代以来所有关于"正义动机"的研究证据进行了系统总结,并明确提出正义需求是人类的一项根本性动机。

在第三个阶段,鲁宾和佩普劳(Rubin 和 Peplau,1973;1975)编制了第一个正义观量表,并主张人们对不公反应存在很大的个体差异。其问卷测量结果表明,大多数人表现出了对彩票失利者(受害者)的同情、喜爱而不是厌恶,而只有在正义观量表上得分较高的个体才会贬低受害者。该量表包含 20 个条目,1—6 点计分(1=非常不赞同,6=非常赞同)。其中有 11 题为正向计分,它们对世道做一般的正义描述,或者罗列善行受到奖赏、恶行遭到惩罚的情境(如"这个世道基本上是公正合理的"、"各行各业几乎都是能人优先得到提拔");还有 9 题是反向计分,罗列了各种善行遭到惩罚、而恶行得到奖赏的事例(如"做好事通常不为人注意,也得不到奖励"、"有罪的人逃脱法律制裁是常有的事")。该问卷最初在 180 名波士顿大学本科生中施测时的内部一致性 α 系数为 0.81。

在第四、五阶段,鲁宾和佩普劳(Rubin 和 Peplau,1973;1975)的量表激发了大量验证性研究与因子分析(Furnham,2003;Furnham,和 Procter,1989)。一些研究证实了该量表具有良好的信效度;但也有一些研究发现该量表的内部一致性系数较低,甚至对最初的单维假设提出了质疑(Loo,2002;O'Quin 和 Vogler,1990)。例如,因子分析表明,正向计分条目与反向计分条目应该落在不同的维度上(Couch,1998;Dalbert,Lipkus,Sallay,和 Goch,2001),或者呈现四因子、五因子的多维结构(Caputi,1994;Whatley,1993)。

尽管如此,研究者们还是很偏爱此量表,并对正义观的相关因素展开了广泛的探索。除了受害者贬损以外,研究还发现正义观与独裁主义(Lambert 等,1999;Rubin 和 Peplau,1973)、人际信任(Zuckerman 和 Gerbasi,1977a)、控制点(Witt,1989;Zuckerman 和 Gerbasi,1977b)、宗教性(尤其是新教伦理)(Hunt,2000;Rubin 和 Peplau,1973)、服从性(Feather,1991)等有显著的正相关。但在这些相关因素中,良好品德与反社会态度矛盾共存、甚至相互混淆。所以,在第六、七、八阶段,研究者进一步怀疑单维量表的信度及结构效度问题,并在对正义观的关键成分进行测量学区分的基础上开发新的量表,使得其慢慢被广泛接受并写进教材。

4.4.2 正义观量表的发展

如表 4.1 所示,有三个研究小组分别从不同的角度开发新的量表,从而对正义观进行测量学的区分。一方面,德国的达尔伯特等人(Dalbert 等,1987)和美国的利普库斯(Lipkus,1991)开发出了单维的、无反向计分的 6 题一般正义观(General Belief in a Just World)量表和 7 题总体正义观(Global Belief in a Just World)量表,二者都具有良好的信效度。另一方面,英国的弗海姆与普罗克特(Furnham 和 Proctor,1992)比照控制感的个人经历、人际关系与社会政治等三个视角,编制了一个三维的正义观量表,但这三个分量表的内部一致性 α 系数并不高(0.58—0.63)。

表 4.1

		八个正义观量表的基本信息汇总		
作者(年代)	量表名	条目数	计分方式	备注
Rubin 和 Peplau (1973)	Just World	16	1—6 点(不赞同,赞同)	量表使用前的试测相对较少。

续 表

作者(年代)	量表名	条目数	计分方式	备注
Rubin 和 Peplau (1975)	Just World (revised)	20	1—6 点(不赞同,赞同)	在上一量表 16 个条目中选用 13 个,再新加入 7 个。
Dalbert 等(1987)	General Belief in a Just World	6	1—6 点(不赞同,赞同)	由特利尔(Trier)团队编制,被广泛使用。
Lipkus(1991)	Global Belief in a Just World	7	1—6 点(不赞同,赞同)	几乎只有原作者在后续研究中使用过。
Furnham 和 Proctor (1992)	Multidimensional Just World	30	1—7 点(赞同,不赞同)	测量个人、人际、社会政治三个维度。
Maes(1999)	Belief in Immanent Justice	7	1—6 点(赞同,不赞同)	大量证据证明这两个因子是分离的。
	Belief in Ultimate Justice	13	1—6 点(赞同,不赞同)	
Mohiyeddini 和 Montada(1998)	Hope for a Just World	9	0—6 点(不正确,正确)	这两个量表与 BJW 量表的相关因素很不相同。特里尔大学编制。
	Self Efficacy to Promote Justice	9	0—6 点(不正确,正确)	
Schmitt (1998)	Centrality of Justice	6	1—6 点(不赞同,赞同)	强调控制感和正义交往的需求,特利尔(Trier)团队编制。
Dalbert(1999)	Personal Belief in a Just World	7	1—6 点(不赞同,赞同)	特利尔(Trier)团队编制。

此外,德国特利尔(Trier)大学的梅斯(Maes,1998)基于时间维度对正义观做出了当下正义(Immanent Justice)与终极正义(Ultimate Justice)的区分,前者考虑以往行为在当下的直接后果,而后者考虑不公问题在将来终究会得到解决。量表包含 20 个条目,两个分量表具有中等程度的相关($r=0.39$)。相关研究发现,当下正义观与受害者贬损、消极情绪显著正相关,而终极正义观则不然(Maes,1998;Maes 和 Kals,2002;Maes 和 Schmitt,1999)。

特利尔(Trier)大学的莫希耶迪尼和蒙塔达(Mohiyeddini 和 Montada,1998)还注意到,正义观持有者是否贬低受害者,取决于他们能否帮助受害者或采取补救措施;只有当助人或补救措施的代价太高时,他们才会贬低受害者。于是,他们编制了正义效能(Self Efficacy of Justice in the World,SEJW)与正义期望(Hope for a Just World,HJW)两个正义观量表。二者均包含 9 个条目,具有很高的内部一致性信度(SEJW=0.94,HJW=0.89);以及区分效度,即正义效能是助人与补救行为的预测指标,而正义期望则不是。

特利尔(Trier)大学的施密特(Schmitt,1998)考虑到正义动机有时不能在意识层面清晰地表达出来,因此自陈式的正义观量表往往测不出来。进而,它将正义诉求与正义观区分开来,编制了由6个条目组成的正义中心(Justice Centrality)量表,如"很难有任何事比看到不公更让我愤怒"、"我不会跟那些对公平无所谓的人交朋友"。相关研究发现,二者仅有0.20的低相关,前者更接近保存正义的积极诉求以及面对不公时的自然反应,而未必意味着与正义观相关联的受害者贬损——如上文所言,能帮则帮;不能帮,才会贬损受害者(Mohiyeddini 和 Montada,1998)。

4.4.3 正义动机的内隐测量

西方人在外显的问卷测量中大多呈现出较低的一般正义观,但他们对受害者的贬损却是无处不在,因此研究者怀疑外显测量结果可能是道德伪装所致。因为绝大多数"正派"的西方中产阶级与大学生在自陈量表上均表现出了对社会不公的关注,而不会在正义观量表上得高分。然而,正义动机理论的创始者们很快意识到,正义观可能存在两种心理过程。第一种是意识层面的认知过程,它包含既定的习俗以及道德判断、道德推理的理性规则。第二种是潜在的、前意识的反应,它根据相对天真、朴素和自发联想的规则来发挥作用;这一过程是一种内在的混沌物(Introspectively Opaque),它常常和愤怒、羞愧、内疚等情绪反应有关,进而导致对受害者的贬损。两者都有"应得"和正义的内容,但是后者的内隐过程却与前者的外显过程根本不同,它常常是反道德的。

为了避免以往外显问卷测量中印象管理、社会赞许因素的干扰,一些研究者采用 Stroop 或内隐测验来直接测量被试在高情绪卷入、低认知加工条件下的内隐正义观。这些研究证实了内隐正义动机的存在,即不公威胁(如他人无辜受害)会促使个体更加关注正义问题,例如在正义相关词汇的 Stroop 任务上反应时会更长(Lipkus 和 Siegler,1999[3]);反应时越长,对受害者的疏离和贬损程度也越强(Hafer,2000)。此外,在无辜者未被补偿的"应得"情境下(如贫穷而悲惨、富有而快乐;或贫穷而欺诈、富有而诚实),被试在正义相关词汇的词汇判断任务上的反应时会更快(Kay 和 Jost,2003)。笔者主持的内隐联想测验验证了正义观的内隐区分,被试在"他人-应得"的联合任务比在"自我-应得"的联合任务上反应要更快,认为他人、而不是自己得到更公平的对待;同时还发现对"他人-应得"反应越快的被试,其内隐未来取向越明显、外显的消极情绪越少,但利他行为也越少(吴胜涛,

2011)。

进而,基于微博语料库的词向量分析发现,"他人"-"正义"词向量余弦相似度(语义关联度)显著大于"自我"-"正义"词向量的余弦相似度;进而,基于谷歌 BERT 模型的句向量分析也表明,"他人"-"正义"句向量余弦相似度显著大于"自我"-"正义"句向量的余弦相似度(吴胜涛等,2020)。通过机器学习或词嵌入联想测验,研究发现,网络用户在文本的内隐表达上呈现出正义相关属性与自我、他人指向目标的语义关联,再次验证了理论早期创立者关于正义动机内隐自动加工的猜想(Lerner,1999;Lerner 和 Goldberg,1998);同时,正义动机在词、句向量指标上的他人凸显效应,也与以往小样本的内隐联想测验结果相一致,并有力证明了以往在外显测量中被掩盖的他人指向正义动机实际是内隐存在、并可以准确测量的(Hafer 等,2000)。相关研究也在一定程度上回应了近年来关于正义动机加工过程及其他人凸显效应的争论,证明了正义动机的内隐属性以及自我、他人指向区分的必要性(Hafer 等,2019;Wu 等,2011)。

之所以会出现正义动机的他人凸显效应,可能包括三方面原因。首先,与自我指向正义动机相比,他人指向正义动机作为人类社会的付出回报规范和意义建构系统,更可能与我们内心深处的价值判断和社会态度有关(Wu 等,2011;吴胜涛等,2016),所以"他人"-"正义"的语义关联度要显著大于"自我"-"正义"的语义关联度;其次,在心理路径和功能上,自我指向正义动机受个人经历影响、与个人利益高度相关,而在表达策略上只有主张自己受到不公平对待才更有利于获得利益补偿或再分配,所以会对自我受到公平对待的信息产生防御心理(Alves 和 Correia,2010),并造成"自我"-"正义"词/句向量的语义关联较小;然后,在文化习俗上,中国社会是典型的集体主义文化,个体的正义动机或控制感在很大程度上寄托在互相依存的他人身上,并且社会整体的正义假定也是基本的价值规范(Wu 等,2011;吴胜涛等,2016),这也是造成微博词向量、谷歌 BERT 句向量模型中"他人"-"正义"词/句向量语义关联度较大的可能原因之一。

4.5 局限与展望

自罗尔斯以来,西方众多的伦理学家、道德心理学家均把正义作为人类社会的首要美德。确实,正义动机在推动社会进步和维护个人平等权益方面发挥了重要作用,但如前文所述,很多反社会的态度和行为也是以正义之名而激发,其根本原因是忽视了正义之外的其他道德、甚至是对人类社会更加重要的道德法则。

4.5.1 超越正义

首先,吉利根等人(Gilligan 和 Attanucci,1988)认为女性的道德发展不同于男性,关爱(Care)、而非正义(Justice)才是最高的伦理法则。道德上的性别差异在儿童对道德困境的解决方式上也展露无遗,男性的道德发展遵循科尔伯格道德发展的六个阶段的轨迹,即从基于个人需求的、以自我为中心的公平理解(第一和第二阶段),到以社会协议的共同约定为基础的公平概念(第三和第四阶段),最后是建立在平等和互惠的独立逻辑之上的公平原则(第五阶段和第六阶段);而女性对于他人的关怀和需求的关注可能属于柯尔伯格较低层次的道德发展阶段——这显然是不合理的,因为女性和男性的道德发展路径可能不同。在面对海因茨道德困境时,男孩将道德两难困境中的冲突从人际关系中抽离出来,他们试图用逻辑推理解决财产与生命的冲突,并假设这种逻辑是正确的且能被他人理解,哪怕违背法律也是法律出了问题,从而得到基于公正的结论;相反,女孩将这种困境看作缺乏沟通导致的人际关系的断裂,通过交流修复人际沟通网络解决冲突,这是因为女性对道德的理解源自于对关系的认识,她们注重人与人之间的关系,认为人们应当彼此负责,并关注和回应对方的需求,因此她们也没有系统地思考道德或法律的概念,或挑战权威或审查道德真理的逻辑,而相信沟通是解决冲突的方式。

吉利根认为这种差异是在道德发展过程中形成的,关怀和正义取向植根于幼儿期的依恋和不平等经历,这些不同的经历分别培养了关系型和个人型自我概念(Gilligan 和 Attanucci,1988)。在一个性别二分的社会中,男性和女性在道德推理模式的选择和使用上有所不同,原因是他们成长过程中依恋和不平等的经历得到了不同程度的强化。根据乔多罗(Chodorow,1978)对性别认同发展的观点,在大多数文化中,女性是主要的照顾者,女孩的自我概念建立在对自己与母亲相似的定义上,而男孩的自我概念则源于他们与母亲的差异和分离,以及父亲可能认为他们的权威高于其他人。因此,依恋和联系的经验对女孩更为显著,而不平等和分离的经历对男孩更为突出。这些最初的依恋和不平等经历可以在儿童后期和青春期得到证实,并导致道德取向的性别分化。

进而,海特等人(Haidt,2007)对以正义为中心的道德做了更加系统的反思。根据道德基础理论,人类社会包含两种与个体化(Individualizing)相关以及三种与社会绑定(Binding)相关的道德法则。前者包括:(1)伤害/关爱,即个体保护和照顾弱小后代及亲属的动机使得人类在进化过程中关注并试图减少受苦和伤害行为;(2)公平/欺骗,即个体在与非亲属的合作中,对合作成果被掠夺的担忧形成了惩罚欺骗者的规范,并随之产生了一系列道德情绪,如愤怒、内疚等。后者包括:(1)忠诚/背叛,即在两人以上群体合作的过程中,担心合作成果被掠夺从而使其对群体背叛者和欺骗者保持着高度警惕,同时自己也要承诺忠于群体;(2)权威/反叛,即人类为了维系群体的等级结构及统治阶级特权,而发展出来的一些服从规范以及给内群体成员提供有力保护的社会责任;(3)纯洁/堕落,即人类在进化过程中为了避免接触致命的细菌和寄生生物,形成了对疾病和致病菌的厌恶情绪和神圣信仰。在进化过程中,那些能在思想上预先组织起来、更容易形成凝聚力的群体,更有可能在资源的竞争中获胜;同时,权威/反叛是希望保持集体的等级结构,尊重那些更权威的人,那些在道德观念上能够有效驾驭等级制度并建立有益关系的群体,比起那些在复杂的社会互动中不能正确反应的人更有优势(de Waal,1982;Fiske,1991)。纯洁/堕落与抑制肉欲有关,即力图在身体和精神上保持纯洁。人类在漫长的进化中发展出一系列与厌恶有关的认知和情绪适应,是对生存挑战的一种适应(Rozin 等,2008)。

即便在个体主义的美国,随着政治光谱从自由移向保守,人们越来越倾向于认为涉及忠诚、权威和圣洁的问题与道德有关(Graham 等,2009)。当然,经典的心理学理论常常将保守主义与忽视社会不公、维持体制现状联系起来,似乎保守主义者违背了公平、关爱这些明显的道德原则。然而保守主义者有这样的表现是因为他们的道德包含了更广的领域,他们不仅使用了个体化的道德基础,也使用了团结的道德基础,即他们不仅强调个人权利和自由,也强调对群体的忠诚和对传统的尊重。研究者甚至进一步提出,由于保守主义者拥有更广的道德领域,这使得他们能更好地利用进化带来的五大道德基础,也更符合社会上多数的、持传统价值观的人们,因此具有保守主义优势(Greene 等,2009)。此外,格雷厄姆、诺塞克与海特(Graham,Nosek,和 Haidt,2012)还提出,正是由于保守派有着比自由派更广的道德领域,他们应该能更准确地理解自由派,而这对自由派则不成立。

4.5.2　走向亲社会正义

沿着个体、群体利益有别的逻辑,施密特等人(2010)进一步考察了不同角色或视角当事人的正义感(Justice Sensitivity),即他们在面对不公遭遇时较低的认知阈限、强烈的情感反应(如生气、内疚)以及重建正义的深思与动力。从不公反应的心理过程来看,一个人在不公情境下会扮演不同的角色,即不公平的受害者、目击者、得利者或过错者;相应地,正义感也可以分为受害者正义感、目击者正义感、得利者正义感和过错者正义感,后三种视角是建立在亲社会标准——利他与遵守道德规范——基础上的亲社会正义感,是指向他人的(而非自己)、对他人不公遭遇的关切(吴胜涛等,2020)。亲社会正义感是从他人角度出发的亲社会体现,是对道德违反的觉察和对不公遭遇的普遍关切与妥善修复(Gollwitzer 和 Rothmund,2011;Gollwitzer 等,2009);相反,从自我或受害者视角出发,以防止受伤害为目的的正义感具有利己和防御的属性(Gollwitzer 和 Rothmund,2011;Gollwitzer, Rothmund, Pfeiffer, 和 Ensenbach, 2009)。

研究表明,亲社会正义感较高的人更加关心社会公平,对他人遭遇不公信息的注意加工更集中(Rothmund, Baumert, 和 Zinkernagel, 2014;陈勃,杨瑞娟,邓稳根,2013);而防御性正义感高的人合作意愿较低(Maltese 等,2016;刘燕君等,2016)。此外,因为亲社会正义感是关涉他人利益的正义,因此超越了自身利益,并与责任、共情、谦虚、和善等他人导向的人格呈正相关(Schmitt 等,2010;Schmitt 等,2005)。同时,亲社会正义感还与道德情感和亲社会行为相关联。例如,得利者正义感与内疚感显著正相关,比如研究者正向预测了西德人为改善东德的生活条件而缴纳特别税的意愿(Gollwitzer 等,2005);目击者正义感、过错者正义感与积极互惠行为(如报答他人的恩德)正相关,得利者正义感与消极互惠行为(如惩罚他人的伤害)正相关,而过错者正义感与消极互惠行为负相关(Baumert 等,2014)。还有一些研究发现了集体主义文化与亲社会正义感的关联。例如,菲律宾人(集体主义文化主导)在亲社会正义感上的得分比德国人(个人主义文化主导)更高(Malteses 等,2014)。与俄罗斯大学生相比,中国大学生在得利者视角的亲社会正义感上得分更高;研究采用一个综合的集体主义指标,发现集体主义对上述亲社会正义感的文化差异起部分中介作用,并且这一文化效应在实验情境下的中国不同文化群体中也得到了重复验证(Wu 等,2014)。

4.6 结论

总之,作为人类道德基础的重要维度,相信"世界稳定有序"、"好有好报、恶有恶报"的正义动机在日常生活中扮演着私人契约和社会规范的作用。然而,正义是一把双刃剑,尤其在不公情境下,正义动机因其对"应得"的固守会诱发受害者贬损等反社会态度,也会促进对坏人、坏事的惩罚和威慑;同时,又因为与"报"的价值传统不谋而合,正义动机也会作为世俗世界的付出回报观与意义建构系统,在心理健康与生活适应上发挥重要的功能,例如,它可以起到心理缓冲和正向激励的作用,帮助那些遭遇生活逆境、对生活缺乏掌控的弱势群体缓解压力,并激励他们努力工作、投资未来。

此外,考虑到不同文化或信仰传统对正义及不公问题给出了不同的认知框架和解决方案,本章进一步从文化心理学角度梳理了正义观在人类中心文化与上帝中心文化中的心理呈现及心理差异,发现中国人持有强健的一般正义观,而且这一正义观的他人凸显效应不仅表现在自呈量表中,更深深嵌套在无意义的内隐加工过程及无结构的互联网大数据文本中。

更重要的是,我们应时刻铭记,正义只是众多人类道德基础中的一个维度,基于个体自主的关爱伦理,以及基于社会绑定的忠诚、权威、圣洁也是人类道德系统的重要组成部分。同时,受害者取向的防御性正义感往往与个人利益以及反社会人格、行为相关联,他人取向的亲社会正义感往往与他人利益以及亲社会的人格、行为和集体主义文化相关联。未来关于正义动机的研究应超越西方个体主义文化下的正义中心论,提倡一种包容的道德心理研究,并把利他或亲社会取向作为正义动机研究的重要视角和理论框架。

(吴胜涛)

参考文献

何友晖,彭泗清,赵志裕. (2007). 世道人心——对中国人心理的探索. 北京:北京大学出版社.
桑德尔. (2001). 自由主义与正义的局限,万俊人,译. 南京:译林出版社.
孙隆基. (2004). 中国文化的深层结构. 桂林:广西师范大学出版社.
文崇一. (1982). 报恩与复仇:交换行为的分析. 见:杨国枢,文崇一(编.),社会及行为科学研究的中国化(Vol. 10). 台北:中央研究院民族学研究所专刊.
吴胜涛,王力,周明洁,王文忠,张建新. (2009). 灾区民众的公正观与幸福感及其与非灾区的比较. 心理科学进展,17(3),579-587.
薛涌. (2007). 论语研究之一:学而时习之. 北京:新星出版社.
杨联陞. (1957). 报作为中国社会关系的一个基础. 北京:世界知识出版社(2008年版).
余英时. (1987). 中国思想传统的现代诠释:台湾:聯經出版事業公司.
张德胜. (2008). 儒家伦理与社会秩序:社会学的诠释. 上海:上海人民出版社.
Anderson, J., Kay, A., & Fitzsimons, G. (2010). In Search of the Silver Lining: The Justice Motive Fosters Perceptions of Benefits in the Later Lives of Tragedy Victims. *Psychological Science*, 21(11), 1599-1604.
Appel, M. (2008). Fictional narratives cultivate just-world beliefs. *Journal of Communication*, 58(1), 62-83.
Bègue, L., & Bastounis, M. (2003). Two spheres of belief in justice: Extensive support for the bidimensional model of belief in a just world. *Journal of Personality*, 71(3), 435-463.
Bargh, J. A. (1999). The cognitive monster: The case against the controllability of automatic stereotype effects. In S. Chaiken & T. Trope (Eds.), *Dual Process Theories in Social Psychology* (pp. 361-382). New York: Guilford Press.
Bodde, D. (1952). Harmony and Conflict in Chinese Thought. In A. Wright (Ed.), *Studies in Chinese Thought* (pp. 54). Chicago: University of Chicago Press.

Bond, M., Leung, K., Au, A., Tong, K., & Chemonges-Nielson, Z. (2004). Combining social axioms with values in predicting social behaviours. *European Journal of Personality*, 18(3), 177–191.

Bond, M., Leung, K., Au, A., Tong, K., de Carrasquel, S., Murakami, F., 等(2004). Culture-Level Dimensions of Social Axioms and Their Correlates across 41 Cultures. *Journal of Cross-Cultural Psychology*, 35(5), 548–570.

Callan, M., Ellard, J., & Nicol, J. (2006). The belief in a just world and immanent justice reasoning in adults. *Personality and Social Psychology Bulletin*, 32(12), 1646–1658.

Caputi, P. (1994). Factor structure of the just world scale among Australian undergraduates. *The Journal of Social Psychology*, 134(4), 475–482.

Couch, J. V. (1998). Another psychometric evaluation of the just world scale. *Psychological Reports*, 82(3c), 1283–1286.

Correia, I., & Dalbert, C. (2008). School Bullying: Belief in a Personal Just World of Bullies, Victims, and Defenders. *European Psychologist*, 13(4), 248–254.

Cubela Adoric, V. (2004). Belief in a just world and young adults' ways of coping with unemployment and the job search. In C. Dalbert & H. Sallay (Eds.), *The Justice Motive in Adolescence and Young Adulthood: Origins and Consequences* (pp. 189–214). London: Routledge.

CubelaAdoric, V., & Kvartuc, T. (2007). Effects of mobbing on justice beliefs and adjustment. *European Psychologist*, 12(4), 261–271.

Dalbert, C. (1997). Coping with an unjust fate: The case of structural unemployment. *Social Justice Research; Special Issue: "Job Loss, Unemployment, and Social Injustices"*, 10(2), 175–189.

Dalbert, C. (1998). Belief in a just world, well-being, and coping with an unjust fate. In L. Montada & M. J. Lerner (Eds.), *Responses to Victimization and Belief in a Just World* (pp. 87–105). New York: Plenum.

Dalbert, C. (1999). The World is More Just for Me than Generally: About the Personal Belief in a Just World Scale's Validity. *Social Justice Research*, 12(2), 79–98.

Dalbert, C. (2001). *The Justice Motive as a Personal Resource: Dealing With Challenges and Critical Life Events*. New York: Plenum Publishers.

Dalbert, C. (2004). The implications and functions of just and unjust experiences in school. In C. Dalbert & H. Sallay (Eds.), *The Justice Motive in Adolescence and Young Adulthood: Origins and Consequences* (pp. 117–134). New York: Taylor & FrancisGroup.

Dalbert, C. (2009). Belief in a just world. In M. R. Leary & R. H. Hoyle (Eds.), *Handbook of Individual Differences in Social Behavior* (pp. 288–297). New York: Guilford Publications.

Dalbert, C., & Dzuka, J. (2004). Belief in a just world, personality, and well-being of adolescents. In C. Dalbert & H. Sallay (Eds.), *The justice motive in adolescence and young adulthood: Origins and consequences* (pp. 101–116). London, UK: Routledge.

Dalbert, C., Montada, L., & Schmitt, m. (1987). Glaube an eine gerechte welt als motiv: Validierungskorrelate zweier Skalen (Belief in a just world as motive: Validity correlates of two scales). *Psychologische Beiträge*, 29, 596–615.

Dalbert, C., & Stoeber, J. (2005). *The belief in a just world and distress at school*. *Social Psychology of Education*, 8(2), 123–135.

Dalbert, C., & Yamauchi, L. (1994). Belief in a Just World and Attitudes Toward Immigrants and Foreign Workers: A Cultural Comparison Between Hawaii and Germany. *Journal of Applied Social Psychology*, 24(18), 1612–1626.

DePalma, M., Madey, S., Tillman, T., & Wheeler, J. (1999). Perceived patient responsibility and belief in a just world affect helping. *Basic and Applied Social Psychology*, 21(2), 131-137.

Diener, E., Emmons, R. A., Lar. Sem, R. J., & Griffin, S. (1985). The Satisfaction With Life Scale. *Journal of Personality Assessment*, 49(1), 71-75.

Dzuka, J., & Dalbert, C. (2006). The belief in a just world and subjective well-being in old age. *Aging & Mental Health*, 10(5), 439-444.

Dzuka, J., & Dalbert, C. (2007). Student Violence Against Teachers: Teachers' Well-Being and the Belief in a Just World. *European Psychologist*, 12(4), 253-260.

Ellard, J. H., Miller, C. D., Baumle, T. L., & Olson, J. M. (2002). Just world processes in demonizing. In M. Ross & D. T. Miller (Eds.), *The Justice Motive in Everyday Life* (pp. 350-362). Cambridge, UK: Cambridge University Press.

Feather, N. T. (1991). Human values, global self-esteem, and belief in a just world. *Journal of Personality*, 59(1), 83-107.

Fung, Y.-L. (1985). *Short history of Chinese philosophy*. New York: The Free Press.

Furnham, A. (1998). Measuing belief in a just world. In L. Montada & M. Lerner (Eds.), *Responses to Victimizations and Belief in a Just World* (pp. 141-162). New York: Plenum.

Furnham, A. (2003). Belief in a just world: research progress over the past decade. *Personality and Individual Differences*, 34(5), 795-817.

Furnham, A., & Procter, E. (1989). Belief in a just world: Review and critique of the individual difference literature. *British Journal of Social Psychology*, 28, 365-384.

Furnham, A., & Procter, E. (1992). Sphere-specific just world beliefs and attitudes to AIDS. *Human Relations*, 45(3), 265-280.

Furnham, A. F., & Gunter, B. (1984). Just world beliefs and attitudes towards the poor. *British Journal of Social Psychology*, 23(3), 265-269.

Gaucher, D., Hafer, C. L., Kay, A. C., & Davidenko, N. (2010). Compensatory rationalizations and the resolution of everyday undeserved outcomes. *Personality and Social Psychology Bulletin*, 36(1), 109-118.

Gilligan, G., & Attanucci, J. (1988). Two Moral Orientations: Gender Differences and Similarities. *Merrill-Palmer Quarterly*, 34(3), 223-237.

Gollwitzer, M., Schmitt, M., Schalke, R., Maes, J., & Baer, A. (2005). Asymmetrical effects of justice sensitivity perspectives on prosocial and antisocial behavior. *Social Justice Research*, 18(2), 183-201.

Gollwitzer, M., & Bücklein, K. (2007). Are "we" more punitive than "me"? Self-construal styles, justice-related attitudes, and punitive judgments. *Social Justice Research*, 20(4), 457-478.

Gollwitzer, M., & Denzler, M. (2009). What makes revenge sweet: Seeing the offender suffer or delivering a message? *Journal of Experimental Social Psychology*, 45(4), 840-844.

Graham, J., Nosek, B. A., Haidt, J., Koleva, R. I. S., Ditto, P. H. (2011). Mapping the Moral Domain. *Journal of Personality and Social Psychology*, 101(2), 366-385.

Graham, J., Haidt, J., Nosek, B. A. (2009). Liberals and Conservatives Rely on Different Sets of Moral Foundations. *Journal of Personality and Social Psychology*, 96(5), 1029-1046.

Graham, J., Nosek, B. A., Haidt, J. (2012). The Moral Stereotypes of Liberals and Conservatives: Exaggeration of Differences across the Political Spectrum. *Plos One*, 7, 5682-5700.

Greene, J. D., Cushman, F. A., Stewart, L. E., Lowenberg, K., Nystrom, L. E., Cohen, J. D. (2009). Pushing moral buttons: The interaction between personal force and intention in moral judgment. *Cognition*, 111(3), 364-371.

Greenwald, A., & Banaji, M. (1995). Implicit Social Cognition: Attitudes, Self-Esteem, and

Stereotypes. *Psychological Review*, 102(1), 4-27.

Greenwald, A. G., McGhee, D. E., & Schwartz, J. L. K. (1998). Measuring individual differences in implicit cognition: The implicit association test. *Journal of Personality and Social Psychology*, 74(6), 1464-1480.

Hafer, C. (2000). Investment in long-term goals and commitment to just means drive the need to believe in a just world. *Personality and Social Psychology Bulletin*, 26(9), 1059-1073.

Hafer, C., Bègue, L., Choma, B., & Dempsey, J. (2005). Belief in a just world and commitment to long-term deserved outcomes. *Social Justice Research*, 18(4), 429-444.

Hafer, C. L. (2000). Do Innocent Victims Threaten the Belief in a Just World? Evidence From a Modified Stroop Task. *Journal of Personality and Social Psychology*, 79(2), 165-173.

Hafer, C. L., & Gosse, L. (2010). Preserving the belief in a just world: When and for whom are different strategies preferred? In D. R. Bobocel, A. C. Kay, M. P. Zanna & J. M. Olson (Eds.), *The Psychology of Justice and Legitimacy: The Ontario Symposium* (Vol. 11, pp. 79-102). New York: Psychology Press.

Haidt J, & Graham J. (2007). When Morality Opposes Justice: Conservatives Have Moral Intuitions That Liberals May Not Recognize. *Social Justice Research*, 20, 98-116.

Haynes, G., & Olson, J. (2006). Coping With Threats to Just-World Beliefs: Derogate, Blame, or Help? *Journal of Applied Social Psychology*, 36(3), 664-682.

Heine, S. J., Proulx, T., & Vohs, K. D. (2006). The meaning maintenance model: On the coherence of social motivations. *Personality and Social Psychology Review*, 10(2), 88-110.

Hunt, M. (2000). Status, religion, and the "belief in a just world": Comparing African Americans, Latinos, and Whites. *Social Science Quarterly*, 81(1), 325-343.

Jones, C., & Aronson, E. (1973). Attribution of fault to a rape victim as a function of respectability of the victim. *Journal of Personality and Social Psychology*, 26(3), 415-419.

Jost, J., & Hunyady, O. (2002). The psychology of system justification and the palliative function of ideology. *European Review of Social Psychology*, 13(1), 111-153.

Jost, J. T., Banaji, M. R., & Nosek, B. A. (2004). A decade of system justification theory: Accumulated evidence of conscious and unconscious bolstering of the status quo. *Political Psychology*, 25(6), 881-919.

Jost, J. T., Pelham, B. W., Sheldon, O., & Sullivan, B. N. (2003). Social inequality and the reduction of ideological dissonance on behalf of the system: Evidence of enhanced system justification among the disadvantaged. *European Journal of Social Psychology*, 33(1), 13-36.

Kaiser, C., Vick, S., & Major, B. (2004). A prospective investigation of the relationship between just-world beliefs and the desire for revenge after September 11, 2001. *Psychological Science*, 15(7), 503-506.

Kay, A. C., Gaucher, D., Napier, J. L., Callan, M. J., & Laurin, K. (2008). God and the government: Testing a compensatory control mechanism for the support of external systems. *Journal of Personality and Social Psychology*, 95(1), 18-35.

Kay, A. C., & Jost, J. T. (2003). Complementary Justice: Effects of "Poor but Happy" and "Poor but Honest" Stereotype Exemplars on System Justification and Implicit Activation of the Justice Motive. *Journal of Personality and Social Psychology*, 85(5), 823-837.

Kay, A. C., Jost, J. T., Mandisodza, A. N., Sherman, S. J., Petrocelli, J. V., & Johnson, A. L. (2007). Panglossian ideology in the service of system justification: How complementary stereotypes help us to rationalize inequality. *Advances in Experimental Social Psychology*, 39, 305-358.

Kay, A. C., Moscovitch, D. A., & Laurin, K. (2010). Randomness, attributions of arousal, and belief in God. *Psychological Science*, 21(2), 216-218.

Kay, A. C., Shepherd, S., Blatz, C, W., Chua, S. N., & Galinsky, A. D. (2010). For God (or) country, the hydraulic relation between government instability and belief in religious sources of control. *Journal of Personality and Social Psychology*, 99(5),725 - 739.

Kay, A. C., Whitson, J. A., Gaucher, D., & Galinsky, A. D. (2009). Compensatory Control Achieving Order Through the Mind, Our Institutions, and the Heavens. *Current Directions In Psychological Science*, 18(5),264 - 268.

Lakshminarayanan, V. R., & Santos, L. R. (2008). Capuchin monkeys are sensitive to others' welfare. *Current Biology*, 18(21),R999 - R1000.

Lambert, A., Burroughs, T., & Nguyen, T. (1999). Perceptions of risk and the buffering hypothesis: The role of just world beliefs and right-wing authoritarianism. *Personality and Social Psychology Bulletin*, 25(6),643 - 656.

Landau, M. J., Greenberg, J., Solomon, S., Pyszczynski, T., & Martens, A. (2006). Windows into nothingness: Terror management, meaninglessness, and negative reactions to modern art. *Journal of Personality and Social Psychology*, 90(6),879 - 892.

Landau, M. J., Johns, M., Greenberg, J., Pyszczynski, T., Martens, A., Goldenberg, J. L., et al (2004). A Function of Form: Terror Management and Structuring the Social World. *Journal of Personality and Social Psychology*, 87(2),190 - 210.

Laurin, K., Fitzsimons, G. M., & Kay, A. C. (2011). Social disadvantage and the self-regulatory function of justice beliefs. *Journal of Personality and Social Psychology*, 100(1), 149 - 171.

Lerner, J. S., Goldberg, J. H., & Tetlock, P. E. (1998). Sober second thought: The effects of accountability, anger, and authoritarianism on attributions of responsibility. *Personality and Social Psychology Bulletin*, 24(6),563 - 574.

Lerner, M. (1977). The justice motive: Some hypotheses as to its origins and forms. *Journal of Personality*, 45(1),1 - 52.

Lerner, M. (2003). The justice motive: Where social psychologists found it, how they lost it, and why they may not find it again. *Personality and Social Psychology Review*, 7(4),388 - 399.

Lerner, M. J. (1965). Evaluation of performance as a function of performer's reward and attractiveness. *Journal of Personality and Social Psychology*, 1(4),355 - 360.

Lerner, M. J. (1980). *The Belief in a Just World: A Fundamental Delusion*. New York and London: Plenum Press.

Lerner, M. J. (1998). The two forms of belief in the just world: Some thoughts on why and how people care about injustice. In L. Montada & M. Lerner (Eds.), *Responses to Victimizations and Belief in a Just World* (pp. 247 - 270). New York: Plenum.

Lerner, M. J., & Goldberg, J. H. (1999). When do decent people blame victims? The differing effects of the explicit/rational and implicit/experiential cognitive systems. In S. Chaiken & T. Trope (Eds.), *Dual Process Theories in Social Psychology* (pp. 627 - 640). New York: Guilford Press.

Lerner, M. J., & Matthews, G. (1967). Reactions to suffering of others under conditions of indirect responsibility. *Journal of Personality and Social Psychology*, 5(3),319 - 325.

Lerner, M. J., & Miller, D. T. (1978). Just world research and the attribution process: Looking back and ahead. *Psychological Bulletin*, 85(5),1030 - 1051.

Lipkusa, I. M., Dalbert, C., & Siegler, I. C. (1996). The importance of distinguishing the belief in a just world for self versus for others: Implications for psychological well-being. *Personality and Social Psychology Bulletin*, 22(7), 666 - 677.

Lipkus, I., & Siegler, I. (1993). The belief in a just world and perceptions of discrimination. *Journal of Social Psychology*, 127(4),465 - 474.

Loo, R. (2002). Belief in a just world: support for independent just world and unjust world dimensions. *Personality and Individual Differences*, 33(5), 703-711.

Maes, J. (1998). Immanent justice and ultimate justice: Two ways of believing in justice. In L. Montada & M. J. Lerner (Eds.), *Responses to Victimizations and Belief in a Just World* (pp. 9-40). New York: Plenum.

Maes, J., & Kals, E. (2002). Justice beliefs in school: Distinguishing ultimate and immanent justice. *Social Justice Research*, 15(3), 227-244.

Maes, J., & Schmitt, M. (1999). More on ultimate and immanent justice: Results from the research project "Justice as a problem within reunified Germany". *Social Justice Research*, 12(2), 65-78.

Maes, J., & Schmitt, M. (2004). Transformation of the justice motive? Belief in a just world and its correlates in different age groups. In C. Dalbert & H. Sallay (Eds.), *The Justice Motive in Adolescence and Young Adulthood: Origins and Consequences* (pp. 64-82). London: Routledge.

McParland, J., & Knussen, C. (2010). Just world beliefs moderate the relationship of pain intensity and disability with psychological distress in chronic pain support group members. *European Journal of Pain*, 14(1), 71-76.

Miller, D. T. (1977). Altruism and Threat to a Belief in a Just World. *Journal of Experimental Social Psychology*, 13(2), 113-124.

Mohiyeddini, C., & Montada, L. (1998). BJW and self-efficacy in coping with observed victimization: Results from a study about unemployment. In L. Montada & M. Lerner (Eds.), *Responses to Victimizations and Belief in a Just World* (pp. 43-53). New York: Plenum.

Montada, L. (1994). Injustice in harm and loss. *Social Justice Research*, 7(1), 5-28.

Morling, B., & Evered, S. (2006). Secondary control reviewed and defined. *Psychological Bulletin*, 132(2), 269-296.

Mou, T.-S. (2005). *Nineteen lecture on Chinese philosophy*. Shanghai: Shanghai Ancient Book Press.

Oppenheimer, L. (2006). The belief in a just world and subjective perceptions of society: A developmental perspective. *Journal of Adolescence*, 29(4), 655-669.

Otto, K., Boos, A., Dalbert, C., Schöps, D., & Hoyer, J. (2006). Posttraumatic symptoms, depression, and anxiety of flood victims: The impact of the belief in a just world. *Personality and Individual Differences*, 40(5), 1075-1084.

Otto, K., & Dalbert, C. (2005). Belief in a just world and its functions for young prisoners. *Journal of Research in Personality*, 39(6), 559-573.

Park, C. (2010). Making sense of the meaning literature: an integrative review of meaning making and its effects on adjustment to stressful life events. *Psychological Bulletin*, 136(2), 257-301.

Park, C., Edmondson, D., Fenster, J., & Blank, T. (2008). Meaning making and psychological adjustment following cancer: The mediating roles of growth, life meaning, and restored just-world beliefs. *Journal of Consulting and Clinical Psychology*, 76(5), 863-875.

Park, C., & Folkman, S. (1997). Meaning in the Context of Stress and Coping. *Review of General Psychology*, 1(2), 115-144.

Park, C. L. (2005). Religion as a Meaning-Making Framework in Coping with Life Stress. *Journal of Social Issues*, 61(4), 707-729.

Parker, G., Gladstone, G., & Chee, K. (2001). Depression in the planet's largest ethnic group: The Chinese. *American Journal of Psychiatry*, 158(6), 857.

Pavot, W., & Diener, E. (1993). The affective and cognitive context of self-reported measures

of subjective well-being. *Social Indicators Research*, 28(1),1-20.
Proulx, T., & Heino, S. J. (2009). Connections from Kafka: Exposure to meaning threats improves implicit learning of an artificial grammar. *Psychological Science*, 20(9),1125-1131.
Raney, A. A., & Bryant, J. (2002). Moral judgment and crime drama: an integrated theory of enjoyment. *Journal of Communication*, 52(2),402-415.
Rawls, J. (1958). Justice as fairness. *The Philosophical Review*, 67(2),164-194.
Reichle, B., Schneider, A., & Montada, L. (1998). How do Observers of Victimization preserve their Belief in a Just World-Cognitively or actionally? Finding from a Longitudinal Study. In L. Montada & M. J. Lerner (Eds.), *Responses to Victimizations and Belief in a Just World* (pp. 55-64). New York: Plenum.
Ren, B. M. (2000). *On Disaster: Seeking Another China*. Middletown: BeAuthor Press.
Rubin, Z., & Peplau, A. (1973). Belief in a just world and reactions to another's lot: A study of participants in the national draft lottery. *Journal of Social Issues*, 29(4),73-93.
Rubin, Z., & Peplau, L. (1975). Who believes in a just world? *Journal of Social Issues*, 31(3),65-89.
Russell, B. (1922). *The Problem of China*. London: George Allen and Unwin LTD.
Sandel, M. J. (1998). *Liberalism and the Limits of Justice*. Cambridge: Cambridge University Press.
Schmitt, M. (1996). Individual differences in sensitivity to befallen injustice (SBI). *Personality and Individual Differences*, 21(1),3-20.
Schmitt, M., Baumert, A., Gollwitzer, M., & Maes, J. (2010). The justice sensitivity inventory: Factorial validity, location in the personality facet space, demographic pattern, and normative data. *Social Justice Research*, 23(2-3),1-28.
Schmitt, M., Gollwitzer, M., Maes, J., & Arbach, D. (2005). Justice sensitivity: Assessment and location in the personality space. *European Journal of Psychological Assessment*, 21(3),202-211.
Schmitt, M., & Mohiyeddini, C. (1996). Sensitivity to befallen injustice and reactions to a real-life disadvantage. *Social Justice Research*, 9(3),223-238.
Schmitt, M., Neumann, R., & Montada, L. (1995). Dispositional sensitivity to befallen injustice. *Social Justice Research*, 8(4),385-407.
Schmitt, M. J. (1998). Methodological strategies in research to validate measures of belief in a just world. In L. Montada & M. J. Lerner (Eds.), *Responses to Victimizations and Belief in a Just World* (pp. 187-216). New York: Plenum.
Skitka, L., & Mullen, E. (2002). The dark side of moral conviction. *Analyses of Social Issues and Public Policy*, 2(1),35-41.
Smith, A. H. (1894). *Chinese Characteristics, reprinted Port Washington*. NY and London: Kennikat Press (1970).
Solomon, R. H. (1971). *Mao's Revolution and the Chinese Political Culture*. Berkeley: University of California Press.
Song, H. (2004). 4 bodies found in a Yunnan University dorm, China Daily. from http://www.chinadaily.com.cn/english/doc/2004-02/26/content_309644.htm.
Sriram, N., & Greenwald, A. G. (2009). The brief implicit association test. *Experimental Psychology (formerly Zeitschrift für Experimentelle Psychologie)*, 56(4),283-294.
Sutton, R., & Douglas, K. (2005). Justice for all, or just for me? More evidence of the importance of the self-other distinction in just-world beliefs. *Personality and Individual Differences*, 39(3),637-645.
Sutton, R., Douglas, K., Wilkin, K., Elder, T., Cole, J., & Stathi, S. (2008). Justice for

whom, exactly? Beliefs in justice for the self and various others. *Personality and Social Psychology Bulletin*, 34(4), 528–541.

Sutton, R., & Winnard, E. (2007). Looking ahead through lenses of justice: The relevance of just-world beliefs to intentions and confidence in the future. *British Journal of Social Psychology*, 46(3), 649–666.

Taylor, D., Wright, S., Moghaddam, F., & Lalonde, R. (1990). The personal/group discrimination discrepancy: Perceiving my group, but not myself, to be a target for discrimination. *Personality and Social Psychology Bulletin*, 16(2), 254–262.

Tomaka, J., & Blascovich, J. (1994). Effects of justice beliefs on cognitive appraisal of and subjective, physiological, and behavioral responses to potential stress. *Journal of Personality and Social Psychology*, 67(4), 732–732.

Vella-Brodrick, D. A., & White, V. (1997). Response Set of Social Desirability in Relation to the Mental, Physical and Spiritual Well-being Scale. *Psychological Reports*, 81(1), 127–130.

Wakslak, C., Jost, J., Tyler, T., & Chen, E. (2007). Moral outrage mediates the dampening effect of system justification on support for redistributive social policies. *Psychological Science*, 18(3), 267–274.

Whatley, M. A. (1993). Belief in a Just World Scale: Unidimensional or multidimensional? *The Journal of Social Psychology*, 133(4), 547–551.

Whitson, J. A., & Galinsky, A. D. (2008). Lacking control increases illusory pattern perception. *Science*, 322(5898), 115–117.

Witt, L. A. (1989). Urban-nonurban differences in social cognition: Locus of control and perceptions of a just world. *The Journal of Social Psychology*, 129(5), 715–717.

World Bank. (2009). From poor areas to poor people: China's evolving poverty reduction agenda. from https://openknowledge.worldbank.org/bitstream/handle/10986/3033/480580v10Revised0Box338876B01Public10.pdf?sequence=1&isAllowed=y.

Wu, M. S., Yan, X., Zhou, C., Chen, Y., Li, J., Shen, X. Q., et al. (2011). General belief in a just world and resilience: Evidence from a collectivistic culture. *European Journal of Personality*, 25(6), 431–442.

Wu, M. S., Zhou, C., Han, B., Chen, Y., & Zhu, Z. (2011, September 1–3). Wronged and deserved: The self-others' distinction of belief in a just world. Paper presented at the 7th Chinese Psychologists Conference, Taipei.

Yu, S.-H., Lin, Y.-C., Huang, C.-L., Hwang, K.-K., & Chang, J.-H. (2010). The Relationship between Long-Term Orientation and Psychological Adjustment. *Formosa Journal of Mental Health*, 23(3), 347–375.

Zhang, G., & Veenhoven, R. (2008). Ancient Chinese philosophical advice: Can it help us find happiness today? *Journal of Happiness Studies*, 9(3), 1–19.

Zillmann, D.. (1994). Mechanisms of emotional involvement with drama. *Poetics*, 23, 33–51.

Zuckerman, M., & Gerbasi, K. C. (1977). Belief in a just world and trust. *Journal of Research in Personality*, 11(3), 306–317.

5 亲社会行为[①]

- 5.1 引言 / 136
- 5.2 亲社会行为的概念与测量 / 137
  - 5.2.1 亲社会行为的概念 / 137
  - 5.2.2 亲社会行为的测量 / 139
    - 量表法 / 139
    - 假设故事 / 139
    - 实验室情境 / 140
    - 社会现场观察 / 140
- 5.3 亲社会行为的发生与发展 / 140
  - 5.3.1 亲社会行为的发生 / 141
    - 亲社会行为发生的不同理论观点 / 141
    - 亲社会行为的起源 / 141
  - 5.3.2 亲社会行为的发展 / 142
    - 儿童青少年的亲社会行为 / 142
    - 成年人的亲社会行为 / 144
    - 亲社会行为的传递 / 145
- 5.4 亲社会行为的影响因素 / 146
  - 5.4.1 施助者视角 / 146
    - 自主动机 / 147
    - 共情 / 147
    - 价值取向 / 147
  - 5.4.2 接受者视角 / 148
    - 感恩之情 / 148
    - 互惠规则 / 148
  - 5.4.3 旁观者视角 / 148
    - 道德认同与道德提升 / 149
    - 榜样激励 / 149
    - 社会规范 / 149
  - 5.4.4 调节亲社会行为的因素 / 149
    - 个人因素 / 149
    - 情境因素 / 150
- 5.5 亲社会行为的促进 / 150
  - 5.5.1 宏观层面 / 150
    - 亲社会价值体系 / 150
    - 公平公正的制度 / 151
    - 扬善惩恶的文化 / 151

[①] 本文系国家自然科学基金面上项目"经济不平等影响亲社会行为及其传递的机制:基于社会互动的多角度研究"(31971011)的阶段性成果。

  5.5.2 中观层面 / 152
    亲社会教养实践 / 152
    相应的支持情境 / 152
    群际之间的良性互动 / 153
  5.5.3 微观层面 / 153
    亲社会的价值观 / 154
    平和友善的心态 / 154
    解决冲突的能力 / 155
5.6 亲社会行为研究的问题与展望 / 155
  5.6.1 现存的主要问题 / 156
    亲社会行为不同测量方法的有效性与差异性 / 156
    亲社会行为的复杂动机探索 / 156
    群际亲社会行为 / 156
    亲社会行为传递机制 / 156
  5.6.2 未来研究展望 / 157
    亲社会行为研究的多手段多方法 / 157
    多重环境对亲社会行为的交互影响 / 157
    亲社会行为的多重功能 / 157
    亲社会行为的培养 / 157

参考文献 / 158

5.1 引言

  亲社会行为(prosocial behavior)泛指一切符合社会期望且对他人及社会有益的行为(Eisenberg, Fabes, 和 Spinrad, 2006),是人们在社会交往中表现出来的友好积极行为,其特点是使他人乃至整个群体获益,并能促进交往双方的和谐关系(寇彧,张庆鹏,2006)。亲社会行为的类型很多,像帮助、捐赠、分享、安慰、合作、志愿活动等,都属于亲社会行为的范畴。

  从本质上说,亲社会行为反映了自我与他人的关系,反映了个人与社会或群体的关系。它不仅具有维持人际、群际以及社会和谐的重要功能,而且也具有提升个人身心健康水平、增强主观幸福感的作用。因此,亲社会行为能促进人类的生存适应和社会的持续发展。

  从20世纪70年代开始,关于个体亲社会行为的发展与促进的话题受到关注(Radke-Yarrow, Zahn-Waxler, 和 Chapman, 1983),近年来,随着健康心理学风潮的兴起,信息化、全球化、城市化等社会变迁的加速,以及全球范围经济不平等的加剧,无论是个体微观层面的身心健康与社会适应问题,还是社会群体之间的和谐相处问题,都引发了学者们对这一领域的重视。我国心理学界也从亲社会行为的概念与测量,亲社会行为的发生与发展,亲社会行为的抑制与促进等方面进行了大量的探讨,积累了许多重要的结果。

5.2 亲社会行为的概念与测量

"亲社会(prosocial)"这个词并不是一个本土的术语,美国学者威斯伯(Wispe,1972)最早提出这个术语并用它特指那些与破坏、攻击等反社会行为相对立的行为。社会心理学领域关于亲社会行为的研究特别强调这种行为能给他人带来益处。早期美国心理学家霍夫曼(Hoffman,1982)认为,他人的情绪状态可以引起个体的情绪情感反应,进而引发个体关注他人,甚至对他人施以帮助、安慰、分享、合作等亲社会行为。可见,亲社会行为的首要标志是关注他人,而且强调使他人获益。但是,如果从亲社会行为的功能看,它绝不限于对他人有利,亲社会行为的实施者本身其实也是获利者。因此,亲社会行为的概念随后由于研究者对其认识的不断深入也在发生变化。本节将介绍亲社会行为的概念及其测量。

5.2.1 亲社会行为的概念

什么是亲社会行为 如前所述,亲社会行为的特点是有意识地使他人、群体乃至社会获益,同时促成交往双方的关系和谐(寇彧,张庆鹏,2006;Carlo,2014)。它是个体在社会交往的情境中有意识地做出助益于他人的行为(Carlo,2006,2014;Eisenberg 和 Fabes,1998)。关于亲社会行为的概念界定经历了研究者广泛讨论的过程。首先,早期研究通常仅选取帮助、分享、合作、安慰四种典型行为中的一两种作为亲社会行为的代表(Eisenberg 等,2006;Greener 和 Crick,1999),但大量研究结果表明,不同亲社会行为的形成机制、发展趋势以及相关社会心理变量差别巨大,而且不同种类的亲社会行为也具有基本的内涵和外延。根据这样的认识,人们对亲社会行为的概念也在发展变化。目前主要可以从下面的四个不同层面来理解。

一是从动机层面来理解,认为它与纯粹利他行为(altruistic behavior)不同,亲社会行为更强调外在的行为表现与多样化的行为动机,因此其概念的外延更宽泛,只要是对他人有益,都具有亲社会性,不管行动者是否伴随有自利动机(张庆鹏,寇彧,2012)。

二是从它与一般的社交能力(social competence)的区别来理解,强调亲社会行为根植于道德原则、道德情感及道德价值观,强调行为的有益价值(Carlo 和 de Guzman,2009),所以亲社会行为与单纯的社交行为不同,它是具有社会评价性的积极的、强调他人福祉和公共利益的行为(Krebs 和 Hesteren,1994)。

三是从亲社会行为发生的多样化情境角度来理解,认为众多不同情境都能体现出亲社会性,但又各有侧重,公开的、匿名的、利他的、依从的、情绪性的、紧急的等情境代表了亲社会行为的不同倾向(Carlo 和 Randall,2001)。

四是从亲社会行为的概念持有者的心理表征来理解,认为概念是人对一类事物的概括的心理表征,它在表现形式上通过不同的维度来表示一类事物,例如青少年的亲社会行为概念表征就包括遵规与公益性、社交性、特质性、利他性四个维度,这四个维度代表了青少年在心理上对亲社会行为这个概念的表征(寇彧,张庆鹏,2006;寇彧,付艳,张庆鹏,2007)。

总之,研究者常常把亲社会行为看作是从自我获益到他人获益的连续体,认为它是同时具有个人意义与社会价值的行为(Kumru,Carlo,和 Edwards,2004;Carlo 和 Randall,2001)。

亲社会行为的功能　显然,亲社会行为是一种积极的社会行为,它具有维持个体内部、人际、群际以及社会和谐的重要功能。

从个体层面说,亲社会行为能使个体形成或强化良好的自我概念(Carlo, White,Streit,Knight,和 Zeiders,2018;Yang,Li,Sheldon,和 Kou,2019),提升主观价值感和幸福感(Yang,Zhao,Aidi,和 Kou,2018),进而增进自我提升的作用(张庆鹏,寇彧,2012),这个过程可能是通过个体的内部路径完成的,例如亲社会行动者可以通过自激励的内在过程,强化自己的亲社会行为,促进自身的身心正性互动,带来内部效用增益,从而提高自身的适应性(谢晓非,王逸璐,顾思义,李蔚,2017)。

从人际层面说,由于亲社会行为指向于提高他人的福祉,所以其行动结果总是能使他人获益,这就不仅在行为后果上增强了他人的利益,而且在交往双方的情感联系上也产生了积极的促进作用,因此亲社会行为不仅有利于建立和维护人际关系(杨晶,余俊宣,傅鑫媛,寇彧,2015),而且还有助于解决人际冲突(王磊,谭晨,寇彧,2005;黄玉,郭羽熙,伍俊辉,王锦,寇彧,2012)。在这个过程中,行为接受者因为感激行动者的恩惠而增强了与交往者的人际关联(杨莹,寇彧,2017),行为实施者在通过自我价值观增强自我肯定的同时,也能够通过良好的声誉增强未来的人际关联(Yuan,Wu,和 Kou,2018)。

从群际关系与社会层面说,亲社会行为也是增强群际联结,化解群际矛盾与冲突的利器(张庆鹏,寇彧,2020)。这其中的机制可能比较复杂,但是,亲社会行为毫无疑问会传递出友好及利他信号,这有助于使互动的群体之间形成积极的预期,进而展开良性互动;也有助于整个社会形成积极的氛围和互信的体系,增强友善的心态,提升不同群体之间的合作和共同的认同感,促进全社会层面的良性循环(寇彧,2018)。

总之,亲社会行为虽然以提供他人福祉为目的,甚至还会使亲社会行动者付出一定的代价或牺牲,但是它在个人层面、人际层面、群际与社会层面上所体现的强大功能,使之得以保存下来。

5.2.2 亲社会行为的测量

测量亲社会行为的方法很多,这与不同研究者对亲社会行为的不同界定,或者对亲社会行为的概念的不同理解都有关系。常用的方法有下面几种。

量表法

量表测查是心理学中很常见的对于心理量的评定方法。亲社会行为的量表测量又有以下几种分类:

一类是测查个体稳定的亲社会特质或测查个体在不同情境中实施亲社会行为的可能性的量表。前者主要强调个体实施亲社会行为的稳定性,包括其能力水平和意愿强度。例如许多人格测量量表中与宜人性相关的分量表,许多态度量表中涉及个体自我利益与他人利益权衡的量表(社会价值取向),还有针对青少年个体亲社会行为概念表征研制的"青少年亲社会行为量表(PBSA)"等,都属于这种注重稳定的、偏人格特征的测查量表;后者主要根据亲社会行为发生的多样化情境特性,强调个体实施不同亲社会行为的倾向性,例如实施不同类型亲社会行为的偏好或在不同情境中实施亲社会行为的偏好,这方面的一个例子就是"亲社会行为倾向量表(PTM)",它注重个体在体现不同特征的情境中所表现的亲社会行为倾向。

另一类是自我报告的测查量表和他人评定的测查量表。因为亲社会行为是在社会互动中发生的,所以亲社会行为既可以由个人自己来评定,也可以由他人来评定。这样就可以分为自我报告的亲社会行为量表和他人报告的亲社会行为量表。

假设故事

因为亲社会行为的目标是提升他人的福祉,所以它本身带有较强的社会赞许性。由于人们在报告亲社会行为时,可能会倾向于按照社会赞许的方向来反应,这就可能出现测查偏差,失去测查的客观性。另一方面,亲社会行为又是发生于社会互动之中的,带有比较明显的情境性特征。因此,为了避免测量偏差,也为了避免人格稳定性特征对亲社会行为测查造成局限,使亲社会行为的测查更准确,研究者常常使用编制的具有亲社会色彩的假设故事来使人们产生代入感,然后记录个体的反应。这样做一方面可以考察人们在具有不同情境特征中的反应,另一方面也避免了人们直面高社会赞许性时所可能表现的不真实性。

实验室情境

与上同理,用实验室情境测查亲社会行为也是为了提高测查效度,实验室情境比假设故事的方法更具现实性和情境特定性,而且它测查的亲社会行为就是个体表现出来的真实行为,而不是亲社会行为意愿或态度。研究者们在实验室中创设出个人利益与他人利益或群体利益相冲突的情境,以此来观测个体的行为是不是表现出为他人福祉着想的特征。常用的测查亲社会行为的实验室情境有"囚徒困境"、"公共物品分配情境"、"捐助情境"、"助人/分享情境"等。

社会现场观察

当然,对于亲社会行为来说,最准确而真实的测量是在社会生活中观察人们的具体行为。但在社会生活中观察个体的亲社会行为具有一定的困难,比如多变而独特的情境变量就会造成观察的误差;研究者通常也很难有多次观测同一个个体在不同情境中表现的机会,这也会带来观测难度;还有,有的亲社会行为发生在突发事件中,研究者可能还没有做好观测准备,该行为就已经发生过了,等等。所以,研究者常常将实验室实验与现实生活场景结合起来,在实验室中模拟生活场景,进而操纵自变量,观测因变量,从而在接近社会现实的场景中获得被试有关亲社会行为的信息。

5.3 亲社会行为的发生与发展

亲社会行为是何时发生的?它又是如何发展的?社会心理学家在这方面进行了大量的研究,有许多重要结果,也形成了一些重要的理论观点,对于我们理解亲社会行为的本质具有启迪。

亲社会行为的发生,主要是指亲社会行为的起源问题,不同的学者从进化的角度、社会交换的角度、社会规范的角度解释了亲社会行为起源的问题,并对儿童的亲社会行为萌芽及动物的亲社会行为表现进行了研究。

亲社会行为的发展涉及三个方面,第一个方面是与人的年龄有关的亲社会行为的变化,也就是人在不同年龄时表现出来的亲社会行为的发展规律,第二个方面是因为不同情境或条件而表现的亲社会行为的变化规律,第三个方面是亲社会行为从两人互动转变为多人互动的变化规律。

5.3.1 亲社会行为的发生

亲社会行为发生的不同理论观点

依据进化心理学的观点,生命的本质是要保存基因。基因会驱使人们以最大限度取得生存机会的方式来活动,因此就出现了亲缘保护(kin protection)和互惠(reciprocity)现象。这两种现象的本质都是为保证基因存活而展现出的自我牺牲,例如父代为子代作出奉献;在遇到外敌的时候,一个生物体帮助另一个生物体以便使相互之间得到更大的生存可能。除了这两种为了维护自己的基因而实施亲社会的行为以外,研究人员还发现,在某些情况下,人和动物甚至会因为对受害者的共情而引发无私的利他行为。可见,进化的观点是建立在生物学基础上的。建立在心理学基础上的社会交换观点认为,人类的行为本质是趋利避害,所以人际互动或相互作用的目的是以个人付出的最小代价换取最大的报偿。然而,报偿不仅有外部的,也有内部的。这就是为什么有人愿意花费金钱或时间去帮助他人,因为这个过程能够为自己带来自尊和价值感这样的内部报偿。另一种建立在社会学基础上的观点是社会规范理论,这种理论观点主张,人们的行为并不是有意识计算得失的结果,而是按照社会期待行事的结果。因为社会成员是相互依赖的,社会运转离不开成员的互惠。因此,相互平等的人之间就形成一个人帮助了另一个人后,被帮助的人应回报施助者(直接回报)或去为其他人提供帮助,以至于使整个社会发生良性运转(间接回报)的规范,最先为他人提供帮助的人也会期待日后得到回报;而在地位、力量、资源等不平等的人之间则形成了社会责任规范,那些高地位的、强有力的、有资源的人对他人应负有责任,例如警察负有维护社会治安的责任,所以常在公共场合为老百姓排忧解难;俗话说养兵千日用兵一时,因此,在人民需要的时候,武警官兵也会提供帮助;父辈对子辈负有培育的责任,子辈对父辈负有赡养的责任。

以上三种理论观点从不同角度对亲社会行为的发生做出了解释,在实证研究中,学者们主要从两种视角探讨亲社会行为的起源问题。

亲社会行为的起源

研究者一方面通过观察儿童从何时开始有亲社会行为的萌芽,另一方面通过观察动物是否有亲社会行为,来探讨亲社会行为的起源问题。

研究发现,婴儿很早就能对其他婴儿的情绪状态做出反应,例如新生儿的哭声往往会唤起其他新生儿一系列的哭声。这种由其他婴儿情绪引起的情绪传染,可能是人类最早表现出的共情。共情可以引发人们对他人情绪状态的关注,由此产生利他的亲社会行为。研究还发现,儿童在 2 岁之前就会帮助他人,会分享自己的东西和食物给他人,并能为他人提供安慰。一项追踪了 32 名 4—5 岁儿童的研究表明,亲社会的人格特征在儿童早期就出现了,并且会保持终生。例如,富有同情心并且自发地与朋友进行分享的幼儿,往往在 17 年后依然会表现出亲社会理解和共情,所做的亲社会行为也更多(Eisenberg 等,1999)。

有关动物亲社会行为的研究发现,像蚂蚁这类群居的小昆虫能表现出明显的合作行为;黑猩猩、老鼠这样的哺乳类动物甚至会对其他遭遇痛苦的同类动物产生共情,继而帮助遭遇痛苦的动物。例如,黑猩猩会通过拥抱、亲吻等行为自发地慰藉遭受侵害的猩猩(Clay 和 de Waal,2013);老鼠看到由于自己按压杠杆获取食物而会使其他老鼠遭受电击时,就会停止按压杠杆,宁愿自己不获得食物(Church,1959)。

总之,研究人员通过针对动物和人类婴儿的研究,探索了亲社会行为的起源问题,认为无论是出于亲缘保护和互惠,还是出于社会交换和社会规范,亲社会行为广泛地存在着,尽管亲社会行为是一种需要付出代价、甚至牺牲自身利益的行为,但是动物和人都普遍具有亲社会性,在共情之下,还会做出完全无私的利他行为,因此,亲社会行为被认为是一种具有社会适应意义的行为。那么,亲社会行为又是如何发展的呢?

5.3.2 亲社会行为的发展

对于个体亲社会行为的发展,研究者已经积累了不少成果。以下分三个方面分别介绍。

儿童青少年的亲社会行为

由于儿童和青少年阶段是人生发展中随年龄的增长而在心理与行为方面变化最为明显的时期,因此,与个体年龄相关的亲社会行为发展研究主要集中于这方面。

个体在婴幼儿阶段就表现出了帮助、同情他人、与他人合作的意识和行为。例如,18 个月大的孩子已经会自发地表达同情;在 2 岁左右的时候就会开始表现出亲社会行为,并且随着年龄的增长而增多(Eisenberg,2000)。在更早的时候,婴儿还表现出了对亲社会者的喜好,在一个系列研究中(Hamlin,Wynn,和 Bloom,2007),研究者向 6 个月和 10 个月大的婴儿呈现一个一次次重复爬坡的木马(攀爬者),有时候会有一个"好帮手"从后面推木马上坡,有时候则会有一个"捣蛋鬼"在后面把木马拉下坡。之后让婴儿在"好帮手"和"捣蛋鬼"中间做出选择,他们会偏向于选择前者。

从学龄期到青少年期,个体的亲社会行为也一直在发展变化,但发展的轨迹并不是线性的。例如,一项采用我们在前文中提到的 PBSA 量表对儿童青少年亲社会行为的调查(张梦圆,杨莹,寇彧,2015),就是以年级作为自变量,以社会赞许性为控制变量,分别以亲社会行为的利他性、遵规公益性、关系性、特质性维度为因变量做单因素方差分析,其调查结果如图 5.1 所示。具体来说:利他性亲社会行为的年级主效应不显著,但呈现上升趋势。两两比较结果发现,小学四年级的利他性亲社会行为显著低于高一($F=4.30, p<0.05$)、高二($F=3.87, p<0.05$)年级。以学段为自变量的方差分析结果发现,学段主效应显著($F=3.21, p<0.05$);两两比较结果发现,高中生的利他性亲社会行为显著高于小学生($F=6.43, p<0.05$)。

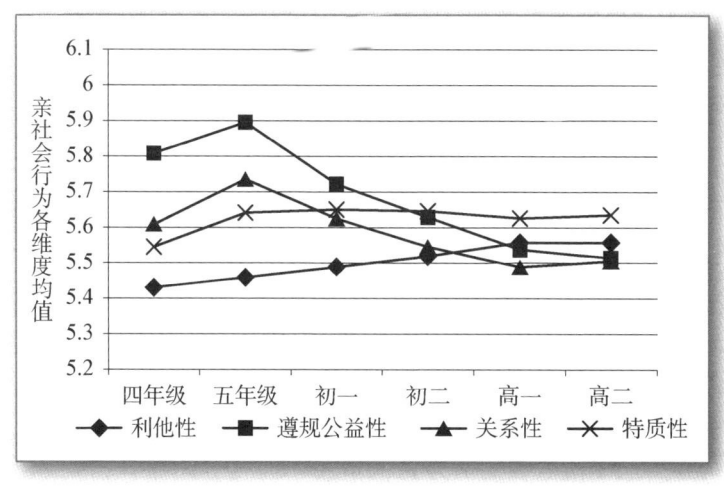

图 5.1 青少年四种亲社会行为的发展趋势

遵规公益性的亲社会行为年级主效应显著($F=13.89, p<0.001$)。两两比较结果发现,各学段内差异均不显著,跨学段年级差异均显著。以学段为自变量进行方差分析,结果显示:小学生遵规公益性亲社会行为显著高于初中生($F=19.20, p<0.001$)、高中生($F=64.37, p<0.001$),初中生显著高于高中生($F=13.52, p<0.001$),即从小学至高中,遵规公益性亲社会行为呈明显下降趋势($F=32.21, p<0.001$)。

关系性亲社会行为年级主效应显著($F=5.01, p<0.001$)。两两比较结果发现,小学五年级关系性亲社会行为得分最高,显著高于小学四年级($F=4.35, p<0.05$)、初二年级($F=10.67, p<0.01$)、高一年级($F=18.82, p<0.001$)、高二年

级($F=14.87, p<0.001$),略高于初一年级($F=3.34, p=0.68$);小学四年级得分显著高于高一年级($F=4.43, p<0.05$);初一年级得分显著高于高一年级($F=6.10, p<0.05$)、高二年级($F=4.22, p<0.05$)。以学段为自变量的方差分析结果显示,小学生的关系性亲社会行为得分显著高于初中生($F=4.56, p<0.05$)、高中生($F=18.49, p<0.001$);初中生显著高于高中生($F=4.80, p<0.05$)。由此可得,从小学至高中,关系性亲社会行为整体呈下降趋势。

特质性亲社会行为的年级主效应不显著;以学段为自变量的方差分析结果与年级保持一致,即特质性亲社会行为在青少年群体中保持稳定。

研究还发现,青少年在亲社会行为的整体表现及四种类型的亲社会行为上都存在显著的性别差异,即女生的亲社会行为表现优于男生。值得注意的是,虽然在亲社会行为的四个维度上,女生表现均显著优于男性,但显著性水平有所不同。关系性亲社会行为的性别差异的显著性水平低于其他三个维度,即与其他三种亲社会行为相比,男女生在关系性亲社会行为表现上的差异最小。这可能表明,在青少年阶段,女生比男生明显更加关注其他类型的亲社会行为,但是无论是男生还是女生,他们对于同伴关系的关注程度都较高。

成年人的亲社会行为

个体进入成年期以后,由年龄而导致的亲社会行为发展变化已不明显,但不同情境对个体的亲社会行为却有较大的影响。一项针对大学生的研究(洪慧芳,寇彧,2008)发现,大学生的亲社会行为受情境因素影响很大,他们自我报告的亲社会倾向(PTM)按其得分平均数由多到少依次是:紧急的、利他的、情绪性的、依从的、匿名的、公开的亲社会倾向。从平均数数值大小来看,紧急的倾向最高,公开的倾向最低,其他倾向数值接近。他们自我报告的亲社会推理按其得分平均数由多到少依次是:需要定向、刻板定向、内化价值定向、享乐主义定向、赞扬定向的亲社会推理。从平均数数值大小来看,需要定向、刻板定向、内化价值定向的推理数值接近,而赞扬定向的推理最低。说明在紧急、高情绪唤醒、有人求助的情境下,大学生更容易产生亲社会行为;而且,大学生的功利色彩较淡,更容易表现出利他的亲社会倾向;对匿名的亲社会倾向的较高评价和对公开的亲社会倾向的较低评价,都可能是因为受到了社会赞许性的影响,前者是社会赞许性的正效应,而后者是反效应。

另一项关于大学生公正世界信念与助人意愿关系的研究(姬旺华,张兰鸽,寇彧,2014)发现,大学生的个人公正世界信念高于中位数,但帮助意愿却低于中位数,而且他们对模糊情境中的受害者遭遇倾向于做内归因。在高代价条件下,大学生帮助受害者的意愿较低;代价相同时,内归因条件下帮助受害者的意愿显著低于外归因条件下帮助受害者的意愿。个人公正世界信念对内归因、低代价条件下的帮助受害者意愿的预测作用边缘显著，$R^2=0.092, \Delta R^2=0.7\%, F(1,396)=3.27, p=0.071$；而个人公正世界信念可以显著预测外归因、低代价条件下的帮助受害者意愿，$R^2=0.155, \Delta R^2=2.8\%, F(1,396)=12.99, p<0.001$。

除此之外，研究还发现成年人的亲社会行为也会因为其所处的社会经济地位、所拥有的权力、已获得的亲社会名声、道德水准等的不同而不同（Yuan 等，2018）。总之，成年人的亲社会行为的发展变化较为复杂，是多重因素交互作用的结果（苑明亮，李文岐，寇彧，2019）。

亲社会行为的传递

研究者还对两人互动的亲社会行为如何转变为多人互动的亲社会行为进行了研究，并探讨了其变化规律。

在图 5.2 中，ABCD 代表亲社会互动中的多个不同角色，依次分别是行为实施者、接受者、旁观者以及与当前互动无关的其他人，ABCD 之间的连线和箭头则代表了他们之间的行为互动及方向。例如，A 与 B 之间，就是 A 首先作为行为实施者帮助了 B，而 B 接受了亲社会行为之后，发生了"投我以桃，报之以李"、"滴水之恩，涌泉相报"的现象，他又返回去向 A 做出亲社会行为。这种由亲社会行为的接受者反过来向实施者做出的亲社会行为被称为"直接回报"（direct reciprocity）。在现实生活中，接受者 B 除了可能会回报实施者 A 以外，还有可能会将这种善意传递给其他更多的人，即"你帮助我，我帮助他"，在上图中体现为 B 去帮助与当前他与 A 的互动无关的 D。这种由接受者将亲社会行为传递给其他人的行为被称为"上行回报"（upstream reciprocity；也有学者称之为 pay it forward，Gray，

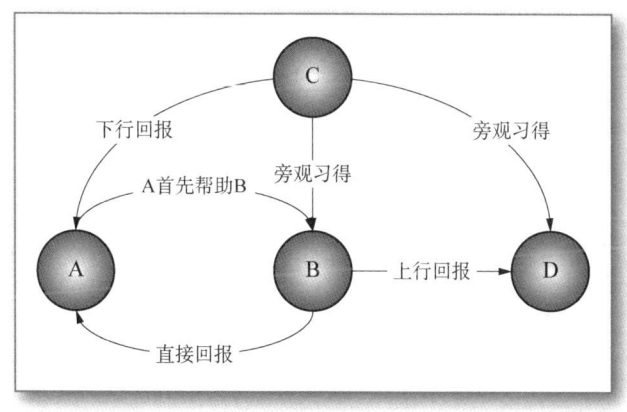

图 5.2　亲社会行为的传递

Ward,和 Norton，2014）。C 作为旁观者，在目睹了 A 帮助 B 的善行后，可能会认为亲社会行为实施者 A 是一个善良的值得帮助的人，所以在随后可能的社会互动中，他会给予 A 更多的亲社会行为，即"得道者多助"。这个现象被称之为"下行回报"（downstream reciprocity，Nowak 和 Sigmund，2005）。当然，旁观者 C 在目睹了 A 的亲社会行为之后，也很可能将 A 作为榜样进行学习，进而也去帮助 B，或为与当前互动无关的 D 提供帮助。这就产生了旁观者对于亲社会行为的习得。而 D 也可以像 B 一样，转而成为接下来的亲社会行为实施者，再进而引发更多的亲社会行为。

可见，实施者的一次亲社会行为可能引发接受者和旁观者在后续社会互动过程中，继续针对不同对象做出亲社会行为，这种现象被统称为广义的"亲社会行为传递"（prosocial transmission）。成年人的亲社会行为发展也通过这一过程体现出来。

5.4 亲社会行为的影响因素

如前所述，亲社会行为的发生和发展都不是一个简单的过程，毫无疑问受到了多重因素的影响。下面我们分别从亲社会互动的三个主要参与者：施助者、接受者、旁观者的视角，以及可能调节亲社会行为表现的个人因素和情境因素来分析。

5.4.1 施助者视角

我们已经阐述过了，亲社会行为发生于社会互动之中，常常是一方为另一方提供亲社会行为，例如帮助、安慰、分享、合作、捐赠等，我们将提供方称为施助者，就是图 5-2 中的 A。什么会影响 A 的亲社会行为呢？如前所述，个人的责任感、宜人性和诚实谦逊性等人格特质（Thielmann，Spadaro，和 Balliet，2020），共情能力、自我关怀以及社会支配倾向等稳定的个体差异（Yang 等，2019；Yang，Guo，Kou，和 Liu，2019），以及个体所处的社会阶层和拥有的权力及地位等特征都会影响亲社会行为（蔡颖，吴嵩，寇彧，2016；苑明亮等，2019），不同性别和年龄阶段的个体的亲社会特征也有所不同（Eisenberg 等，2006；张梦圆等，2015）。环境因素方面，社会系统给人的信任感和公平知觉（Li，Wu，和 Kou，2019；姬旺华等，2014）、互动对象的群体身份（Balliet，Wu，和 De Dreu，2014）、是否有他人在场等情境特征（傅鑫媛，陆智远，寇彧，2015）、事情的紧急性和帮助他人的代价（姬旺华等，2014）、早期生活经历等生命史因素（Wu，Yuan，和 Kou，2020），以及社会规范和文化传统等宏观条件（Miyamoto 等，2018），都会对行动者的亲社会行为造成一定影响。在这些纷繁的因素中，个体的自主动机、共情，以及价值取向的作用最为突出。

自主动机

心理学家德西和瑞安的自我决定理论（self-determination theory；Deci 和 Ryan，2000）指出，自主性、关系性与能力感是人类的三种基本心理需要。它们分别指人在一定程度上可以决定自己的行为；建立与他人的良好关系、感知来自他人的关爱与支持；能够胜任一定的活动。大量研究证实，三种基本心理需要是人类幸福感的源泉：当需要得到满足时，人们的幸福感更强，活力感更高，同时抑郁、焦虑等心理问题更少，更能获得心理、社会机能的完满发展。作为行动者，当助人的动机是自主而不是被逼迫的，亲社会行为才能给其带来美好的主观体验，并使之持续下去。

共情

我们在前面已经讲过，很小的婴儿就能对他人的情绪状态有所反应。当感受到他人的不良情绪状态时，个体也会因此产生感同身受的不良情绪状态，这就是共情。共情又分为关注自我的（self-focused）和关注他人的（other-focused）两种状态，前者引发个体迅速摆脱自己这种不良情绪状态的动机，因而不一定实施亲社会行为，个体也可以躲开引发自己不良情绪的情境。后者则引发使他人迅速摆脱不良情绪状态的动机，因为此时个体的不良情绪只能随着他人的摆脱而摆脱，所以，关注他人的共情一定会导致亲社会行为，而且是以他人利益为重的利他性亲社会行为。

价值取向

价值取向（value orientation）指个体基于自己的价值观在面对或处理各种矛盾、冲突、关系时所持的基本立场、态度以及所表现出来的行为取向，一般被区分为个体性、竞争性、合作性。个体性价值取向强调自己的利益要最大化，而不太看重自己的利益优于对手多少；竞争性价值取向更注重自己的利益要远优于对手的利益，而不太看重自己的利益是不是最大化的；合作性价值取向则与这二者相反，注重的是双方共有利益的最大化，而不是自身利益的多少。所以，研究者常将个体性和竞争性价值取向合称为亲自我的价值取向（proself orientation），而将合作性价值取向称为亲社会的价值取向（prosocial orientation）。很多实证研究结果显示，价值取向对个体的亲社会行为具有强有力的预测作用，亲社会价值取向通常与亲社会行为具有积极关系，而亲自我价值取向与亲社会行为具有消极关系，因此，一个拥有亲社会价值取向的人，在通常的情境中常常会稳定地做出亲社会行为。

5.4.2 接受者视角

接受者在受到施助者的帮助之后会怎么做呢？他会不会继而也做出亲社会行为，即发生亲社会行为传递现象？图5-2解释了这个现象。其实在这个传递过程中，从接受者角度看，他针对施助者做出的亲社会行为属于直接回报，而针对于其他无关人员的亲社会行为属于上行回报。促成直接回报与上行回报的主要因素是感恩和互惠规范。

感恩之情

感恩是个体在接受他人恩惠后产生的认知-情感反应，是一种积极且愉悦的体验（McCullough，Emmons，和Tsang，2002）。感恩既是一种积极情绪，也是一种道德情绪。特质感恩水平较高或体验到较强状态感恩的人，做出亲社会行为的可能性也更大（Ma，Tunney，和Ferguson，2017）。也就是说，施助者发出的亲社会行为如果使接受者产生了感恩情绪，那么接下来，感恩一方面可以促进接受者发出指向施助者的直接回报行为；另一方面，感恩还可以促进接受者发出指向其他人的上行回报行为。但是，接受者愿意传递亲社会行为是有条件限制的，并不是所有的亲社会行为都会诱发接受者的感恩和亲社会行为传递。自我决定理论认为，亲社会自主动机能激发个体出于乐趣和兴趣或者为了践行自己所认同的价值观而做出的亲社会行为，而受控动机则导致个体为了避免自身的内疚和自责或者为了寻求社会赞许，甚至是为了获得奖赏和避免惩罚而做出的亲社会行为（Weinstein和Ryan，2010）。在亲社会互动中，接受者并非完全被动，他们会对施助者的行为进行归因。接受者在接受到由自主动机引发的亲社会行为时，内心的体验才会是积极和怀有感恩情感的，在随后也才更愿意回报施助者，或将亲社会行为传递给其他人（杨莹，寇彧，2017）。

互惠规则

互惠的社会规范也能促成接受者做出亲社会行为或传递亲社会行为。在人与人之间的平等关系中，普遍遵循着互惠规则，即人们认可社会生活中成员的相互依赖性，如果接受者接受了他人的帮助或好意而没有反过来给予回报，那么就违反了社会规则。但是回报可以是直接的和近期的，也可以是间接的和长远的。所以，互惠规则不仅可以导致直接回报，也可以就造成前文所说的上行回报。

5.4.3 旁观者视角

参与亲社会互动的，当然不仅有施助者和接受者，而且也还有旁观者（图5.2

中 C)。能够促进旁观者变为亲社会行为的施助者的主要因素有道德认同与道德提升、榜样激励和社会规范。

道德认同与道德提升

道德认同指个体同意并认可他人行为所反映的道德标准,道德提升是个体目睹或耳闻他人做出值得称赞的行为后,内心产生的一种积极情感体验,如"钦佩"、"感动"、"喉咙有种哽咽的感觉"等感受(Aquino, McFerran, 和 Laven, 2011)。道德认同与道德提升的感受会使个体更关注与他人的关系,更能体会到他人的困难处境,并愿意履行自己认可的行为规则。这两种心理过程都能促使个体做出见贤思齐的亲社会行为,从而变成亲社会行为的施助者。

榜样激励

榜样激励作用类似于社会学习过程,当旁观者观察到亲社会施助者与接受者的亲社会互动时,一方面可能把他们的行为当作自己的模仿对象,在随后的社会生活中按照施助者与接受者的行为方式行事,做出亲社会行为;另一方面也会因为自己的所见而产生替代性强化作用,认为自己如果也做出类似于施助者的亲社会行为,就也会得到亲社会名声,在日后就会像亲社会施助者那样得到更多的人尊重和钦佩。这两方面都可能激励亲社会行为的旁观者转变成施助者。

社会规范

如同接受者一样,互惠规范也会影响旁观者的行为。虽然旁观者并未参与施助者与接受者的亲社会互动,但旁观者会依据间接回报的原理做出亲社会行为,他们的亲社会行为既可以指向施助者,也可以指向接受者,还可以指向与此次互动无关的其他人。

5.4.4 调节亲社会行为的因素

我们知道,任何一种社会行为都受到个人因素和情境因素的制约。我们已经分别从施助者、接受者、旁观者的角度分析了影响亲社会行为的因素,其实还有一些个人与情境因素可以调节上述过程,从而对亲社会行为造成影响。

个人因素

如前所述,个人的责任感、宜人性和诚实谦逊性等人格特质(Thielmann 等,2020),共情能力、自我关怀以及社会支配倾向等稳定的个体差异(Yang 等,2019;Yang, Guo 等,2019),以及个体所处的社会阶层和拥有的权力及地位等特征都会影响亲社会行为(蔡颖等,2016;苑明亮等,2019),不同性别和年龄阶段的个体的亲社会特征也有所不同(Eisenberg 等,2006;张梦圆等,2015)。我们已经从施助者、接受者、旁观者的角度分析了影响亲社会行为的复杂因素,除此之外,还有很多个人因素会与前述的那些具体影响因素交互作用,制约它们对亲社会行为的影响。例如,一项关于儿童早年生活压力对其亲社会行为影响的研究(Wu 等,2019)揭示,童年不良经验会通过抑制个体形成诚实-谦逊人格和对他人的信任,进而对亲社会行为产生消极影响。

情境因素

情境方面也有许多因素调节个体的亲社会行为。例如,社会系统给人的信任感和公平知觉(Li 等,2019;姬旺华等,2014)、互动对象的群体身份(Balliet 等,2014)、是否有他人在场等情境特征(傅鑫媛等,2015)、事情的紧急性和帮助他人的代价(姬旺华等,2014),以及社会规范和文化传统等宏观条件(Miyamoto 等,2018),都会对个体的亲社会行为造成一定影响。此外,人们在社会情境中难免受到从众的影响,如果当下的特定情境中多数人都做出亲社会行为,那么亲社会行为规范即可形成,当它成为一种普遍的影响人们行动的准则时,它就变成了示范性规范。在一项研究(Wang, Fu, Zhang, 和 Kou, 2015)中,研究者通过假设情境设置行贿是多数人都做的事,或者不是多数人都做的事,来操纵行贿的示范性规范,结果发现,当行贿成为示范性规范时,人们普遍反映出对行贿行为更高的容忍。反过来其实也一样,当亲社会行为成为普遍的示范性规范时,人们也会更可能做出亲社会行为。

5.5 亲社会行为的促进

亲社会行为对个体具有积极的适应意义,对群体和社会也具有良好的和谐功能,所以,社会心理学家一直致力于亲社会行为促进研究。但是,这是一项艰巨而重要的任务,需要我们从宏观的社会层面、中观的人际和群际层面、微观的个体层面一起下功夫。下面我们从上述三个层面提出一些建议。

5.5.1 宏观层面

从宏观的社会层面来说,良好健康的民众心态,运转正常的社会制度和秩序,明确公正的社会规范,以及善良友好的文化氛围等因素,都会影响亲社会行为能否产生并进一步传递。具体来说,下面一些宏观因素方面对于亲社会行为的促进至关重要。

亲社会价值体系

价值观是指个体依据所认同的事物重要性做出的认知、理解、判断或抉择,即对哪些是重要的,哪些是次重要的,哪些是不重要的等做出的判断与选择。价值观具有相对稳定性和持久性,对人的行为方式具有导向性,这就使得拥有不同价值观的人会做出不同的行为选择。从整个社会层面说,价值体系对亲社会行为的影响是巨大的,例如,已有研究已经发现,东方的集体主义价值体系注重人与人之间的和谐,注重对权威的服从,集体意识高于个体意识,而西方的个体主义价值体系则正好相反。在不同的价值体系引导下,人们的亲社会行为会有所不同。东方文化下的亲社会行为可能更注重依从他人的、讲究为了和谐关系而奉献的、为了获得赞赏而公开的等亲社会行为类型;而西方文化下的亲社会行为可能表现为个体为了享受助人而自愿的、利他的等亲社会行为类型。

亲社会价值体系是人们在情绪、认知、价值观和行为意向方面表现出的平和、善意、合作、利他的意愿和倾向,以及对亲社会性的高度认可的行为标准,具体来说,它是对社会主义核心价值观和道德标准的认同。基于良好的社会责任感,乐于合作的积极品质,对他人痛苦的同情而做出的对他人及事物的评价都是人们亲社会价值观的具体表现和重要内容。总之,亲社会价值体系是全社会向上、向善心态的集中反映,亲社会价值体系不仅表现为全社会的美好信念体系,而且激励人们在多种情境下做出亲社会行为,并且会给予亲社会行为高度评价。

公平公正的制度

研究发现,公正世界的信念对亲社会行为具有积极预测作用(姬旺华等,2014;Li 等,2019),而对腐败等不道德行为具有消极预测作用(Bai, Liu, 和 Kou, 2016)。因此,从宏观层面致力于公平公正制度的建立,致力于公正信念的培育,都无疑会促进亲社会行为及其传递。但是目前较大的贫富差距会让人们更难以信任他人和某些社会机构,会让人们形成社会不够公平的感觉,也会使金钱至上的物质主义价值观更为流行,这些都非常不利于亲社会行为的产生和传递。因此,从社会治理的角度,国家层面的各级政府应全力去建立秩序和活力兼备的社会体系,以及全社会的良好的公平公正的制度体系,这样才能在宏观上为促进良好的亲社会行为的发生发展培植土壤。

扬善惩恶的文化

中国传统文化中有许多有利于亲社会行为的内容,例如强调集体主义的价值观,强调"天下大事,匹夫有责"的家国情怀和"一方有难,八方支援"的社会责任感,强调"滴水之恩当涌泉相报"的回报意识等。中国传统文化也特别强调要提高个人的道德修养,形成了仁、义、礼、智、信的"五常"之德,所谓"君子进德修业"、"大学之道,在明明德,在亲民,在止于至善"。对于学校教育,我们也注重培养人的德性,要立德树人。这些在宏观层面上对于亲社会行为的促进都具有积极作用。因此,要大力维护和弘扬这样的积极文化。

5.5.2 中观层面

中观层面主要指具体情境的变量。尽管宏观层面的文化价值与制度体系方面的因素会作为背景,对人的行为产生巨大影响,但是个体生活或发生人际互动的具体情境中的各种因素却会在宏观背景的影响下,与人的因素一起交互影响行为,即发挥制约作用。所以,在促进亲社会行为的过程中,我们也应充分认识到这个方面,在中观层面上也做努力。

亲社会教养实践

教养实践是父母为了培养孩子特定的行为或观念,在一定情境下进行的教养行动(Darling 和 Steinberg,1993)。不同的教养实践对应不同的教养情境和目标。常见的教养实践主要通过两种具体情境执行:(1)日常生活情境中帮助孩子养成良好的行为习惯、树立良好观念。(2)违规情境中帮助孩子应对未知风险、辨别是非、避免做出伤害他人的行为。亲社会教养实践是在特定的宏观背景因素影响下,比如在中国立德树人的传统文化的影响下,父母采取的以培养青少年的亲社会行为为目标的教养行为。主要表现为五个方面:(1)道德对话:父母告诉孩子要做一个有道德的人,在孩子面前表露对道德事件的看法和情感,比如父母会表露对有困难的孩子的怜悯和同情、鼓励孩子换位思考,告诉孩子如何分享;(2)话语交流:父母在做道德决策时,主动听取孩子对道德事件的看法,尊重孩子的自主性;(3)经验学习:带着孩子一起做慈善、帮助他人;(4)社会奖励:孩子做了好事,会表扬孩子;(5)物质奖励:如果孩子做了好事,父母便会给予金钱或积分奖励(Carlo,McGinley, Hayes, Batenhorst, 和 Wilkinson, 2007)。我国历来比较推崇德育,从家庭到学校的亲社会教养实践有利于儿童青少年的亲社会行为培养。

相应的支持情境

有研究(Whillans, Caruso, 和 Dunn, 2017)发现,慈善呼吁的类型制约不同社会阶层者的亲社会行为,当慈善机构的慈善呼吁强调能动性目标,即强调追求个体自身的目标,如提倡"每个人都有力量和责任减少社会的贫困"时,高阶层者的捐赠倾向更强并且捐赠数额也更大;而当慈善呼吁强调公共性目标,即强调追求社会或社区共同的目标,如提倡"大家一起携手努力来减少社会的贫困"时,低阶层者的捐赠倾向更强并且捐赠数额更大。亲社会情境的公开性也能对亲社会行为起到制约作用,克劳斯和卡拉汉(Kraus 和 Callaghan,2016)的系列研究发现,在公开的慈善活动中,地位高的人参与率也更高,在公开的独裁者博弈中,也是高地位的人表现得更加慷慨;而低社会地位者在匿名的独裁者博弈中则表现更慷慨。这可能是因为高地位者更关注自己的名声,而公开情境中的捐赠或慷慨表现会给他们带来更强的自豪感。

另有一项针对个体早年生活压力与成年后的决策偏好关系的元分析(Wu, Guo, Gao,和 Kou,2020)发现,早年生活压力水平越高,个体成年后越倾向于更冒险、更关注现在,且亲社会水平更低,这提示我们要高度重视个体的早期成长环境,包括亲子关系、家庭社会经济地位、家庭环境的不可预知性等给个体带来的消极影响,但也不必夸大早年生活压力的消极影响,因为当前压力情境会放大早年生活压力与时间偏好的关系,换句话说,即便个体在早年经历了严重的生活压力事件,但如果当前不处于压力情境中,其早年不良经历也不会唤起对当前利益的偏好。所以重视个体当前所处的社会情境,并帮助处于压力情境中的个体学习情绪调节技能,提高抗压能力是至关重要的。

群际之间的良性互动

社会分类是社会互动的常见方式。两人以上的人们为了一定的共同目标,以一定的方式进行相互作用,在心理上存在共同感和相互认同时,就可以构成群体。不同群体之间,或一个群体的成员与另一个群体的成员之间,在社会互动时会因为顾忌对方群体对自己所属群体的态度而采取不同的行动。例如,如果老年人觉得年轻人看不起自己,那么对于年轻人的帮助行为就会特别敏感,当觉察到他们的帮助是试图控制自己(依赖定向的帮助)时,往往会拒绝;而当感到他们的帮助是真的想使自己脱离困境(自主定向的帮助)时,才会有积极受助体验(林之萱,杨莹,寇彧,2020);但是,如果老年人没有觉得年轻人轻视自己,那么就不会对来自年轻人的帮助行为过于敏感了,而且还会主动参加与年轻人的社会互动,为年轻人提供主动帮助。

因此,针对不同的人群或个体,从中观层面上采取一些干预措施,比如设置相匹配的、支持性的目标情境,加强对青少年的亲社会行为培养实践,帮助不同群体成员形成共同的内群体认同等,都可以有效促进亲社会行为,避免反社会行为。

5.5.3 微观层面

微观层面指的是个体层面的因素,例如个体的人格特征、信念、情绪状态和能力等。其实,前述的宏观和中观层面的因素,都是要通过微观的个人因素起作用的。因此,在微观层面上进行干预,会对促进亲社会行为产生直接的影响。

我们在青少年群体中进行过多个主题的长时间的干预活动,对于青少年亲社会行为的促进收效非常明显,下面我们择要做一些介绍。其干预的核心目标是帮助青少年在"依从-认同-内化"(Kelman,1958)的发展路径上逐步养成亲社会的价值观、态度体系和行为模式。概括来说,干预的目标主要是帮助青少年学习亲社会行为方式,预防不良行为和不适当行为的出现或恶化。

亲社会的价值观

价值观指个人对客观事物及自己行为结果的重要性进行评价时所拥有的衡量标准,是人对什么是好的、什么是应该的总的看法。它使人的行为带有稳定的倾向性。因此,培养亲社会的价值观对于促进亲社会行为至关重要。基于人们在社会互动中关于个体与个体之间或个体与社会之间关系的架构,研究者区分出了不同的价值取向(Van Lange,1999),认为价值取向是个体同时考虑自身利益、他人利益以及两种利益间的关系平等与否的结果。拥有亲社会价值取向的人同时关注自身的利益与他人的利益,并追求二者之间的平等和共同利益的最大化;竞争价值取向的人追求自我利益的相对最大化,希望自己比别人获得更多的利益;个体主义价值取向的人追求自我利益的绝对最大化,不关注他人的利益,只关注自己是否获得了最大的利益。拥有后两者价值取向的人,由于都追求自我的利益最大化,所以常被统称为亲自我者,其是与亲社会者相对立的(吴宝沛,寇彧,2008)。个体的观念与行为受价值取向的影响,亲社会者会更倾向于以集体理性的方式行动,与他人合作共赢,参加更多慈善、捐赠等活动;而亲自我者则倾向于以个人理性的方式行动,与他人竞争或被判他人,甚至做出伤害他人的行为。因此,在微观层面上进行亲社会价值观的培养或引导教育,可有效促进亲社会行为(寇彧,张庆鹏,2017)。

平和友善的心态

群体社会心理的集中体现被称为社会心态。社会心态折射了整个社会的价值取向和社会的共识。社会心态由社会情绪、社会认知、社会价值观和社会行为意向构成(杨宜音,2006;王俊秀,2014)。目前,一个全球性的问题是贫富差距的扩大,这是很多国家当前面临的困境之一。据统计,我国的基尼系数已达 0.46 以上。较大的贫富差距使得不同社会阶层群体间的差异更为凸显,竞争与焦虑的感受更为强烈,也让人们更难以信任他人和社会。中国社会科学院发布的《社会心态蓝皮书》指出,当今人们具有较多的消极社会心态,如心理健康水平普遍较低、居民的生活满意度和社会安全感相对下降、社会公平感不高、社会不信任感扩大化等(王俊秀,杨宜音,2013)。贫富差距的扩大可能会让一些人(尤其是低阶层者)体验到强烈的不公平感,甚至产生悲观、愤怒、厌世等消极情绪。这不仅会严重影响个体的身心健康,也会严重影响社会的稳定和谐。那么,是什么可以缓解这样的焦虑、紧张等不良情绪呢？进而保持一个较好的、积极的、亲社会的心态呢？我们的一项研究(Li 等，2019)发现，无论是高阶层者还是低阶层者，相信社会公平的人都感到更幸福；而且，认为社会公平的人会觉得自己有更大的可能实现社会阶层的向上流动，而这种向上的预期可以进一步促进人们的幸福感。很多时候，只有当人们相信社会是公平的，他们才会相信自己的努力能够获得回报，自己的梦想终将开花结果，日子才能过得舒心幸福，也更愿意帮助他人。

解决冲突的能力

人们在社会互动过程中，或是由于目标和行为方式的差异，或是由于信息交流的障碍，总会产生一些误解和冲突。如果误解和冲突进一步恶化，就可能形成更深的矛盾或怨恨，甚至产生攻击或战争，以及反社会行为。所以，培养解决冲突的能力也可防止不良心态与行为，促进亲社会心态与行为。在培养青少年解决冲突技能方面，我们的研究发现，最关键的是使冲突双方能够换位思考，体验和觉察对方的需要与目标，而后在双方认可的情况下，通盘考虑，求同存异。所以，我们提炼出了有效解决青少年同伴冲突的六步技能(如图 5.3)，编制成课程，进行训练，效果甚佳(寇彧，张庆鹏，2017)。

解决同伴冲突的六步技能训练

阐述冲突者当时的想法
描述冲突者当时的感受
分析冲突者有这种想法和感受的原因
帮助冲突者换位思考，提出方案
小组讨论提出解决冲突的可能策略
找出解决冲突的最佳策略

图 5.3　同伴冲突解决的六步技能

5.6　亲社会行为研究的问题与展望

亲社会行为一直是心理学家关注的重要课题。多年来，无数研究者对亲社会行为的发生发展、影响因素进行了多方面的探讨，并对亲社会行为与其他心理与行为现象的关系进行了大量的研究。随着研究的深入，以及研究手段与方法的多样化，也发现了一些值得继续深思的问题，需要在未来的研究中得到重视。

5.6.1 现存的主要问题

亲社会行为不同测量方法的有效性与差异性

如前所述,亲社会行为的测量方法很多,多样化的测量方法各有利弊和特点,也带来了亲社会行为测量的信度和效度差异问题。例如,前面提到的涉及19万多名被试的元分析研究(Wu等,2020)发现,个体的早年生活压力对成年后亲社会决策偏好的影响,只在自我报告的亲社会行为偏好上具有显著预测作用,对于实验室方法测量的亲社会行为偏好没有明显预测作用。这可能显示了不同测量方法带来的差异。因此,亲社会行为到底应该如何测量,不同测量方法之间在信度与效度上的差异该如何评价,以及亲社会行为本身所带的难以避免的社会赞许性带来的测量偏差该如何控制?都是令研究者感到棘手的问题,也是目前该领域研究中面临的需要解决的重要问题。

亲社会行为的复杂动机探索

亲社会行为是处于从完全利他到完全利己之间的一种社会互动行为,它涉及互动双方对个人利益及共同利益,以及对方利益的态度,所以亲社会行为背后的动机类型非常复杂。如果我们仅从行为结果或行为的不同表现方式来进行研究,就很难从本质上揭示行为的核心特点,而且,人们在评价亲社会行为时,或者为亲社会行动者赋予亲社会名声时,都会去做动机的推断,而动机又是相对内在的,所以这也是亲社会行为研究的一个令人感到困难的问题。

群际亲社会行为

毫无疑问,亲社会行为发生在人与人之间的社会互动中,但是每一个人都具有一定的社会属性,人们为了交往的便利和节省认知资源,无时不在进行着社会分类。所以,当个体的社会类别属性凸显的时候,例如一个群体的成员与另一个不同群体的成员进行交往时,其各自类属的群体的特征就也会掺杂在社会互动中。我们前面所提到的老年人在感到年轻人对他们有消极刻板印象的时候,甚至会拒绝来自年轻人的帮助。可见,亲社会行为与群际关系,或者说群际之间的亲社会行为也是值得进一步研究的。

亲社会行为传递机制

一次亲社会行为也许就发生在两个个体之间,但它绝不是仅涉及两个互动的个体,每一次亲社会行为都可能拥有旁观者及潜在的旁观者,所以,亲社会行为的实施者、接受者、旁观者,已经潜在的旁观者,都可能受到影响。如果这些人因为一次亲社会行为而受到积极影响,接下来将亲社会行为传递下去,形成更多的亲社会行为,就会使更大范围内充满这种温馨的美好的社会互动。因此,一次亲社会行为如何变成连锁的亲社会行为,实施者继续从事亲社会行为的机制是什么? 接受者转为实施者的机制是什么? 旁观者转为实施者的机制是什么? 这个过程中的微观、中观、宏观等不同层面的因素如何起作用等也是值得探讨的问题。

5.6.2 未来研究展望

亲社会行为研究的多手段多方法

已有研究(Kogan 等,2014)发现,亲社会行为带有明显的生理指标,而且不同类型或动机的亲社会行为的生理指标可能具有差异,尽管这方面的研究还有待于深化探讨,但是已有的相关研究对于进一步使亲社会行为的测量和研究方法更准确、更有效无疑是有巨大意义的。未来研究应更广泛地采取多手段多方法来测量评价亲社会行为,提高研究的可靠性及生态效度。

多重环境对亲社会行为的交互影响

亲社会行为的发生和发展机制比较复杂,因此未来研究要结合多重环境进行探讨,例如,已有很多研究揭示环境变量制约着人的行为,甚至人对环境的主观感知也制约着人的行为,而根据生态环境理论的观点,任何人所处的环境都是一个相对完整的系统,所以我们不能忽视多层级的环境系统之间的相互影响或制约,反而要对其更加重视。只有将宏观、中观、微观结合起来,才有可能揭示亲社会行为的实质,并有效促进亲社会行为。

亲社会行为的多重功能

以往研究对于亲社会行为的个体层面的功能有了一定的探讨,例如发现亲社会行为可以给个体带来主观幸福感,提高人际技能和社会适应性等。但是,如果从亲社会行为的传递角度来看的话,亲社会行为的社会功能也非常强大,而且,这种强大的社会功能还会再反过来继续影响个体的功能,因为社会功能会作为一种环境,体现在人的社会生活之中。因此,未来的研究应该将个体之间的亲社会行为扩展为群际之间的亲社会行为,甚至在更大的范围中探讨整个社会的亲社会行为的传递问题。

亲社会行为的培养

除了帮助人们认识到社会互动的实质、规律及人性本质以外,亲社会行为研究还有另一个主要的目标,即探讨如何培养人们更多的亲社会行为,提高人的亲社会性。虽然已有大量研究在这方面进行了探索,取得了一定的成效(寇彧,张庆鹏,2017),但这方面依然任重而道远,尤其是在全球环境出现诸多不稳定以及世界各国贫富差距不断加剧的情况下,亲社会行为的培养就更为重要。于是,未来研究更应加强对有效促进亲社会行为的方法展开探讨。

(寇彧)

参考文献

蔡頠,吴嵩,寇彧.(2016).权力对亲社会行为的影响:机制及相关因素.心理科学进展,26(1),120 - 131.

傅鑫媛,陆智远,寇彧.(2015).陌生他人在场及其行为对个体道德伪善的影响.心理学报,47(8),1058 - 1066.

洪慧芳,寇彧.(2008).用典型相关进一步研究大学生亲社会倾向和亲社会推理的关系.心理发展与教育(2),113 - 118.

黄玉,郭羽熙,伍俊辉,王锦,寇彧.(2012).中小学情绪胜任力干预的实践与思考.中国教师(18),51 - 55.

姬旺华,张兰鸽,寇彧.(2014).公正世界信念对大学生助人意愿的影响:责任归因和帮助代价的作用.心理发展与教育,30(5),496 - 503.

寇彧.(2018).亲社会心态培育是社会心理服务的重要内容.心理技术与应用,6(10),595 - 595.

寇彧,付艳,张庆鹏.(2007).青少年认同的亲社会行为:一项焦点群体访谈研究.社会学研究(3),154 - 173.

寇彧,张庆鹏.(2006).青少年亲社会行为的概念表征研究.社会学研究(5),169 - 187.

寇彧,张庆鹏.(2017).青少年亲社会行为促进:理论与方法.北京:北京师范大学出版社.

林之萱,杨莹,寇彧.(2020).老年人元刻板印象及其对社会互动的影响.心理发展与教育,36(6),686 - 693.

王俊秀.(2014).社会心态:转型社会的社会心理研究.社会学研究(1),104 - 124.

王俊秀,杨宜音.(2013).中国社会心态研究报告.北京:社会科学文献出版社.

王磊,谭晨,寇彧.(2005).同伴冲突解决的干预训练对小学儿童合作的影响.心理发展与教育(4),83 - 88.

吴宝沛,寇彧.(2008).西方社会价值取向的研究历程与发展趋势.心理科学进展(6),987 - 992.

谢晓非,王逸璐,顾思义,李蔚.(2017).利他仅仅利他吗?——进化视角的双路径模型.心理科学进展(9),1441 - 1455.

杨晶,余俊宣,寇彧,傅鑫媛.(2015).干预初中生的同伴关系以促进其亲社会行为.心理发展与教育(2),239 - 245.

杨宜音.(2006).个体与宏观社会的心理关系:社会心态概念的界定.社会学研究(4),117 - 131.

杨莹,寇彧.(2017).亲社会自主动机对青少年幸福感及亲社会行为的影响:基本心理需要满足的中介作用.心理发展与教育(2),163 - 171.

苑明亮,李文岐,寇彧.(2019).社会阶层如何影响个体的亲社会行为?——机制与相关因素的探讨.北京师范大学学报(社会科学版)(5),37 - 46.

张梦圆,杨莹,寇彧.(2015).青少年的亲社会行为及其发展.青年研究(4),10 - 18.

张庆鹏,寇彧.(2012).自我增强取向下的亲社会行为:基于能动性和社交性的行为路径.北京师范大学学报(社会科学版)(1),51 - 57.

张庆鹏,寇彧.(2020).群际互动中的亲社会行为:全球化浪潮下的"群性光辉"(代卷首语).中国社会心理学评论(2),1 - 15.

Aquino, K., McFerran, B., & Laven, M. (2011). Moral identity and the experience of moral elevation in response to acts of uncommon goodness. *Journal of Personality and Social*

Psychology, 100(4), 703-718.

Bai, B. Y., Liu, X. X., & Kou, Y. (2016). Belief in a just world lowers bribery intention. *Asian Journal of Social Psychology*, 19(1), 66-75.

Balliet, D., Wu, J., & De Dreu, C. K. (2014). Ingroup favoritism in cooperation: A meta-analysis. *Psychological Bulletin*, 140(6), 1556-1581.

Carlo, G. (2006). Care-based and altruistically based morality. In M. Killen & J. Smetana (Eds.), *Handbook of moral development* (pp. 551-580). New York: Routledge Press.

Carlo, G. (2014). The development and correlates of prosocial moral behaviors. In M. Killen & J. G. Smetana (Eds.), *Handbook of moral development*. New York, NY: Psychology Press.

Carlo, G., & de Guzman, M. R. T. (2009). Theories and research on prosocial competencies among US Latinos/as. In F. Villaruel, G. Carlo, M. Azmitia, J. Grau, N. Cabrera, & J. Chahin (Eds.), *Handbook of U. S. Latino psychology* (pp. 191-211). Thousand Oaks: Sage Publications.

Carlo, G., McGinley, M., Hayes, R., Batenhorst, C., & Wilkinson, J. (2007). Parenting styles or practices? Parenting, sympathy, and prosocial behaviors among adolescents. *The Journal of Genetic Psychology*, 168(2), 147-176.

Carlo, G., & Randall, B. A. (2001). Are all prosocial behaviors equal? A socioecological developmental conception of prosocial behavior. In F. Columbus (Ed.), *Advances in psychology research*, Volume II (pp. 151-170). New York: Nova Science.

Carlo, G., White, R. M., Streit, C., Knight, G. P., & Zeiders, K. H. (2018). Longitudinal relations among parenting styles, prosocial behaviors, and academic outcomes in US Mexican adolescents. *Child Development*, 89(2), 577-592.

Church, R. M. (1959). Emotional reactions of rats to the pain of others. *Journal of Comparative and Physiological Psychology*, 52(2), 132-134.

Clay, Z., & de Waal, F. B. (2013). Bonobos respond to distress in others: consolation across the age spectrum. *PloS one*, 8(1), e55206.

Darling, N., & Steinberg, L. (1993). Parenting style as context: An integrative model. *Psychological Bulletin*, 113(3), 487-496.

Deci, E. L., & Ryan, R. M. (2000). The "what" and "why" of goal pursuits: Human needs and the self-determination of behavior. *Psychological Inquiry*, 11(4), 227-268.

Eisenberg, N. (2000). Emotion, regulation, and moral development. *Annual Review of Psychology*, 51(1), 665-697.

Eisenberg, N., & Fabes, R. (1998). Prosocial development. In W. Damon (Series Ed.) & N. Eisenberg (Vol. Ed.), *Handbook of child development: Vol. 3. Social, emotional, and personality development* (5th ed., pp. 701-778). New York: Wiley.

Eisenberg, N., Fabes, R. A., & Spinrad, T. L. (2006). Prosocial development. In W. Damon, R. M. Lerner, & N. Eisenberg (Eds.), *Handbook of child psychology*, Vol. 3: *Social, emotional, and personality development* (6th ed.) (pp. 646-718). New York, NY: Wiley.

Eisenberg, N., Guthrie, I. K., Murphy, B. C., Shepard, S. A., Cumberland, A., & Carlo, G. (1999). Consistency and development of prosocial dispositions: A longitudinal study. *Child Development*, 70(6), 1360-1372.

Gray, K., Ward, A. F., & Norton, M. I. (2014). Paying it forward: Generalized reciprocity and the limits of generosity. *Journal of Experimental Psychology: General*, 143(1), 247-254.

Greener, S., & Crick, N. R. (1999). Normative beliefs about prosocial behavior in middle childhood: What does it mean to be nice? *Social Development*, 8(3), 349-363.

Hamlin, J. K., Wynn, K., & Bloom, P. (2007). Social evaluation by preverbal infants.

Nature, *450*(7169), 557–559.

Hoffman, M. L. (1982). Development of prosocial motivation: Empathy and guilt. In N. Eisenberg (Ed.). *The development of procicial behavior*. New York: Academic Press.

Kelman, H. C. (1958). Compliance, identification, and internalization three processes of attitude change. *Journal of Conflict Resolution*, *2*(1), 51–60.

Kogan, A., Oveis, C., Carr, E. W., Gruber, J., Mauss, I. B., Shallcross, A., ... Keltner, D. (2014). Vagal activity is quadratically related to prosocial traits, prosocial emotions, and observer perceptions of prosociality. *Journal of Personality and Social Psychology*, *107*(6), 1051–1063.

Kraus, M. W., & Callaghan, B. (2016). Social class and prosocial behavior: The moderating role of public versus private contexts. *Social Psychological and Personality Science*, *7*(8), 769–777.

Krebs, D. L., & Van Hesteren, F. (1994). The development of altruism: Toward an integrative model. *Developmental Review*, *14*(2), 103–158.

Kumru, A., Carlo, G., & Edwards, C. P. (2004). Relational, cultural, cognitive, and affective correlates of prosocial behaviors. *Turkish Journal of Psychology*, *19*, 109–125.

Li, W., Wu, J., & Kou, Y. (2019). System justification enhances life satisfaction of high-and low-status people in China. *Social Psychological and Personality Science*. Advance online publication. doi: 10.1177/1948550619866182.

McCullough, M. E., Emmons, R. A., & Tsang, J. A. (2002). The grateful disposition: A conceptual and empirical topography. *Journal of Personality and Social Psychology*, *82*(1), 112–127.

Ma, L. K., Tunney, R. J., & Ferguson, E. (2017). Does gratitude enhance prosociality? A meta-analytic review. *Psychological Bulletin*, *143*(6), 601–635.

Miyamoto, Y., Yoo, J., Levine, C. S., Park, J., Boylan, J. M., Sims, T., ... & Coe, C. L. (2018). Culture and social hierarchy: Self-and other-oriented correlates of socioeconomic status across cultures. *Journal of Personality and Social Psychology*, *115*(3), 427–445.

Nowak, M. A., & Sigmund, K. (2005). Evolution of indirect reciprocity. Nature, *437*(7063), 1291–1298.

Radke-Yarrow, M., Zahn-Waxler, C., & Chapman, M. (1983). Children's prosocial dispositions and behavior. In P. H. Mussen (Series Ed.) & E. M. Hetherington (Vol. Ed.), *Handbook of child psychology: Vol. 4. Socialization, personality and social development* (4th ed., pp. 469–545). New York, NY: Wiley.

Thielmann, I., Spadaro, G., & Balliet, D. (2020). Personality and prosocial behavior: A theoretical framework and meta-analysis. *Psychological Bulletin*, *146*(1), 30–90.

Van Lange, P. A. (1999). The pursuit of joint outcomes and equality in outcomes: An integrative model of social value orientation. *Journal of Personality and Social psychology*, *77*(2), 337–349.

Wang, J., Fu, X., Zhang, L., & Kou, Y. (2015). The impacts of moral evaluations and descriptive norms on children's and adolescents' tolerance of transgression. *Journal of Pacific Rim Psychology*, *9*(2), 86–96.

Weinstein, N., & Ryan, R. M. (2010). When helping helps: Autonomous motivation for prosocial behavior and its influence on well-being for the helper and recipient. *Journal of Personality and Social Psychology*, *98*(2), 222–244.

Whillans, A. V., Caruso, E. M., & Dunn, E. W. (2017). Both selfishness and selflessness start with the self: How wealth shapes responses to charitable appeals. *Journal of Experimental Social Psychology*, *70*, 242–250.

Wispe, L. G. (1972). Positive forms of social behavior: An overview. *Journal of Social Issues*,

28(3), 1–19.

Wu, J., Guo, Z., Gao, X., & Kou, Y. (2020). The relations between early-life stress and risk, time, and prosocial preferences in adulthood: A meta-analytic review. *Evolution and Human Behavior*. Advance online publication. https://doi.org/10.1016/j.evolhumbehav.2020.09.001.

Wu, J., Yuan, M., & Kou, Y. (2020). Disadvantaged early-life experience negatively predicts prosocial behavior: The roles of Honesty-Humility and dispositional trust among Chinese adolescents. *Personality and Individual Differences*, 152, 109608.

Yang, Y., Guo, Z., Kou, Y., & Liu, B. (2019). Linking self-compassion and prosocial behavior in adolescents: The mediating roles of relatedness and trust. *Child Indicators Research*, 12(6), 2035–2049.

Yang, Y., Li, W., Sheldon, K. M., & Kou, Y. (2019). Chinese adolescents with higher social dominance orientation are less prosocial and less happy: A value-environment fit analysis. *International Journal of Psychology*, 54(3), 325–332.

Yang, Y., Zhao, H., Aidi, M., & Kou, Y. (2018). Three good deeds and three blessings: The kindness and gratitude interventions with Chinese prisoners. *Criminal Behaviour and Mental Health*, 28(5), 433–441.

Yuan, M., Wu, J., & Kou, Y. (2018). Donors' social class and their prosocial reputation: Perceived authentic motivation as an underlying mechanism. *Social Psychology*, 49, 205–218.

6 反社会人格[①]

6.1 引言 / 163
6.2 反社会人格概述 / 163
 6.2.1 反社会人格定义 / 163
 6.2.2 反社会人格的组成 / 164
  精神病态 / 164
  破坏性行为障碍 / 164
  冷酷无情特质 / 165
 6.2.3 反社会人格的发展 / 165
6.3 反社会人格的影响因素 / 166
 6.3.1 心理特点 / 166
  执行功能障碍 / 166
  情绪识别障碍 / 167
  奖赏偏好 / 167
 6.3.2 家庭社会因素 / 167
  早期经历 / 167
  同伴与社会环境 / 168
  社会支持 / 169
 6.3.3 神经生物学基础 / 170
  先天基因 / 170
  大脑结构功能 / 171
  自主神经系统 / 174
  信号传导物质 / 176
6.4 反社会行为的防治 / 179
 6.4.1 生物防治 / 179
  生命早期 / 179
  幼儿期 / 180
  药物治疗 / 180
  精神疗法 / 180
 6.4.2 心理防治 / 181
  行为治疗 / 181
  认知治疗 / 181
 6.4.3 社会防治 / 182
6.5 对司法领域的启示 / 183
 6.5.1 对"如何看待犯罪"的启示 / 183
 6.5.2 对"如何评估罪犯"的启示 / 185
 6.5.3 对"如何矫治罪犯"的启示 / 186
参考文献 / 187

[①] 本文系国家重点研发计划项目"循证矫正策略推荐技术与装备研究"(2018YFC0831002)的阶段性成果。

6.1 引言

反社会人格(antisocial personality)与犯罪行为关联密切,对社会的危害较大。以 DSM 中定义的反社会人格障碍(antisocial personality disorder, ASPD)为例,在正常人群中 ASPD 的检出率为 0.2%—3.3%,在物质成瘾和罪犯群体中比例则高达 70%(American Psychiatric Association, APA, 2013)。在中国罪犯中,该比例为 32.8%,在累犯中更是高达 55.6%(蒋奖,许燕,2007)。同时,反社会人格受到了研究者的广泛关注,且发展迅速,基于 web of science 的统计结果显示,截至 2018 年,有关 ASPD 的研究数量在所有人格障碍中位列第二,仅次于边缘型人格障碍,其中 76.3% 的研究发生在最近 15 年(Raine, 2018)。这与近年来心理学研究方法的发展密不可分,尤其是认知神经科学的发展,为反社会人格的研究提供了新的方法,使研究者们能够更好、更全面地认识反社会人格,并对其进行预测和干预。

6.2 反社会人格概述

6.2.1 反社会人格的定义

在《精神障碍诊断与统计手册(第五版)》(*Diagnostic and Statistical Manual of Mental Disorders, Fifth Edition*, DSM—5)中,ASPD 被定义为漠视或侵犯他人权益的普遍行为模式。对于 ASPD 的诊断需要符合以下标准:个体必须至少 18 岁,且在 15 岁前有品行障碍(conduct disorder, CD)的证据,排除精神分裂和双相障碍后,至少符合下述 7 条标准中的 3 项:(1)不能遵守与合法行为有关的社会规范;(2)欺诈,表现出为了个人利益或乐趣而多次说谎,使用假名或欺骗他人;(3)冲动性或事先不制定计划;(4)易激惹和攻击性,表现为重复性地斗殴或攻击;(5)鲁莽且不顾他人或自身的安全;(6)一贯不负责任,表现为重复性地不坚持工作或不履行经济义务;(7)缺乏懊悔之心,表现为做出伤害、虐待或偷窃他人的行为后显得不在乎或合理化。DSM—5 对 ASPD 的定义较好地描述了反社会人格的核心特点,为反社会人格和反社会行为的研究提供了标准和参照。但如上文所述,ASPD 在正常人中的检出率最高只有 3% 左右,是反社会人格一种严重且极端的表现。事实上,在不符合 ASPD 诊断标准的健康人群中,同样存在着反社会人格倾向和反社会行为。同时,DSM 对 ASPD 诊断标准作出的一些规范,例如必须年满 18 周岁,且有品行障碍史,在临床诊断时是必要的,但在非临床的人格/社会心理学取向研究中则显得过于严苛。可以说,ASPD 只是代表了最典型、最极端的反社会人格,但要想全面地理解反社会人格和反社会行为,还有很多相关变量及其相应的研究需要被纳入讨论。

6.2.2 反社会人格的组成

无论是精神卫生领域还是人格社会心理学领域,都存在着与 ASPD 相似且与反社会行为关联密切的概念,它们都是反社会人格的重要组成部分。本章中,我们会将这些概念及其相应主题的研究均纳入讨论之中。

精神病态

精神病态(psychopathy)是一种个体表现在人际关系、情感、生活方式和反社会特征等方面的人格障碍。在 ASPD 的 DSM—5 替代模式中,精神病态被视为 ASPD 的一种独特的变异型(APA,2013)。精神病态量表修订版(psychopathy checklist-revised)被称为精神病态诊断的"金标准",它将精神病态分为两个因子,因子 1 为人际—情感维度,其核心特点为残忍、麻木不仁、自私、利用和操作他人,强调精神病态者在情感、共情等方面的异常,因子 2 为冲动—反社会维度,其核心特点为缺乏计划、做事冲动、对刺激极度渴求、容易烦躁和缺乏现实目标,强调精神病态者在行为层面的异常(Hart,Hare,和 Harpur,1992)。精神病态与 ASPD 存在着密切的关联,一般来说,精神病态比反社会人格障碍更加严重,大多数 ASPD 不属于精神病态,但大多数的精神病态都符合 ASPD 标准(Patrick,2007),而以 200 名男性罪犯为被试的研究表明,ASPD 与精神病态的相关系数高达 0.88(Wygant 等,2016)。除了具备反社会的行为模式外,精神病态者还具有情感冷漠、自私、利用操作他人等人际情感方面的特点,使得他们常常做出更为极端残忍的反社会行为(刘宇平,赵辉,李姗姗,张卓,杨波,2019)。精神病态与反社会行为及犯罪同样有着密切的联系,在美国,相比于非精神病态者,精神病态者有 20—25 倍的可能性被处以监禁,且他们大多对于治疗持抵抗态度(Kiehl 和 Hoffman,2011)。

破坏性行为障碍

破坏性行为障碍(disruptive behavior disorder,DBD)是对青少年反社会行为及人格的描述,主要包括对立违抗障碍(oppositional-defiant disorder,ODD)和品行障碍(conduct disorder,CD)两种。ODD 的程度相对较轻,是指与年龄不相符合的愤怒和对立行为;CD 是一种侵犯他人基本权利或违反与年龄匹配的主要社会规范或规则的反复的、持续的行为模式,通常在儿童期或青少年期出现。在时间上,ODD常常发生在CD之前(宋平,赵辉,张卓,杨波,2018)。根据DSM—5,15岁前的CD史,是ASPD诊断过程中必备的标准(APA,2013)。可以说,CD是ASPD发展过程中的必要环节,也是ASPD的早期表现之一。研究表明,有45%—70%的品行障碍儿童会在成年后成为反社会人格障碍(陈益专,唐海波,蒲唯丹,2018)。可以看出,CD与成年后的反社会人格障碍存在着密切的联系,但这种关联并不是必然的。一般来说,具有冷酷无情特质的CD青少年会有更严重的CD症状,且难以治疗,最终更容易演变成为ASPD。

冷酷无情特质

冷酷无情特质(callous unemotional,CU)是指对他人冷漠、缺乏罪责感、低共情的一种人格倾向,是预测精神病态的重要依据,同时与反社会行为联系密切(肖玉琴,张卓,宋平,杨波,2014)。CU特质与青少年犯罪的关联十分密切,高CU的儿童和青少年均表现出更严重、更稳定、更高攻击倾向的反社会行为(Munoz和Frick,2012)。弗里克(Frick)和黑尔(Hare,2001)等人使用冷酷无情量表筛选出了一组具有高冷酷无情特点的青少年,发现这些青少年未来的犯罪风险更高,其违法行为也会更早地出现。高CU特质的反社会青少年更可能发展出严重和持续的犯罪行为,有研究者对一群在押的青少年进行了研究,结果发现,与非暴力犯相比,CU特质在暴力犯中的检出率更高(Caputo,Frick,和Brodsky,1999)。相似的,在一个学龄儿童样本(6—13岁)的研究中,只有CU特质可以诊断和预测儿童的早发性的破坏性行为障碍,而其他相关特质(如冲动性和自恋)则不能(Christian,Frick,Hill,Tyler,和Frazer,1997)。具有CU特质的反社会青少年存在着独特的认知、情绪和人格特点。认知上,具有CU特质的反社会青少年表现出对惩罚线索的更加不敏感(Pardini,Lochman,和Frick,2003)。情绪上,具有CU特质的青少年在加工积极的情绪内容上不存在异常,但对恐惧、悲伤等负性情绪的加工却存在缺陷(Loney,Frick,Clements,Ellis,和Kerlin,2003)。人格上,CU特质与无畏(fearlessness)以及感觉寻求呈正相关,与特质焦虑或神经质呈负相关(Pardini,Lochman,和Powell,2007)。这使得他们很容易为了寻求刺激而不顾后果,并且减少发生攻击行为时的焦虑感,很少会因自身的反社会行为及产生的不良后果而感到焦虑和内疚。

6.2.3 反社会人格的发展

在ASPD的诊断标准中,15岁前的CD史是必要的条件之一,这预示着反社会人格的形成和发展是有迹可循的。在出生前和生命早期，透明隔腔（cavum septum pellucidum）的产生便是反社会人格的标志之一。透明隔腔是边缘系统发育异常的结果和重要标志，存在透明隔腔的个体在成年后会具有更强的攻击性、更高的 ASPD 得分、精神病态得分及更多的犯罪行为（Raine，Lee，和 Colletti，2010），同时透明隔腔的大小与反社会行为成正相关（White 等，2013）。

在 DSM—5 的诊断标准中，ASPD 是唯一的一个对时间发展历程有要求的人格障碍，它要求个体必须有 15 岁前的 CD 行为史，而 CD 患者也常常是从 ODD 发展而来的，ODD 最早会在学龄前表现出来，这意味着 ASPD 是一个逐渐发展的过程。反社会人格者在儿童期到青春期都有着一些症状，从这些症状中我们可以看出反社会人格的发展历程，从童年早期表现出的坏脾气、易愤怒等到童年后期及青少年早期的更多的攻击行为、不诚实行为和违反规则，再到成年早期更为严重的反社会行为。可以说，ASPD 的发展过程存在着一定的规律和轨迹。

值得一提的是，反社会人格的严重程度与首次反社会行为的年龄有关。墨菲特（Moffitt，1993）的终身持续反社会行为（life-course-persistent antisocial behavior）理论指出，较早开始产生反社会行为的个体，其反社会行为模式持续时间会更长，甚至会持续终身。因此，在较小年龄就开始表现出反社会行为的个体在长大后会有更高的风险表现出终身持续的反社会行为。同时，具有 CU 特质和更多精神病态倾向的青少年也有更高的风险在日后产生反社会人格。这为反社会人格和行为的预测以及青少年犯罪的预防和控制提供了一定的借鉴。

6.3 反社会人格的影响因素

6.3.1 心理特点

执行功能障碍

犯罪行为与执行功能障碍有着密切的联系。最近的一项元分析表明，各种类型的罪犯，包括反社会人格障碍患者和精神病态人群的执行功能均存在着异常，总体的效应量达到了 $d=0.44$（Ogilvie，Stewart，Chan，和 Shum，2011）。经典的赌博任务显示，反社会人群往往会做出较差的决策，在赌博任务中获得较差的成绩，同时犯罪人在抑制控制任务过程中表现相对较差，无法对自己的错误行为进行监控，这使得他们很容易出现行为偏差，从而导致犯罪行为。前额叶皮层（prefrontal cortex，PFC）与自我控制、冲动性、执行功能密切相关，而反社会人群的前额叶皮层在发育过程中存在异常，因此，反社会人格者的行为偏差可能与其前额叶皮层的异常有关(Raine，2018)。

情绪识别障碍

大量研究表明,犯罪人的情绪识别存在障碍,这种障碍主要表现在他们识别恐惧等负性情绪的能力较差。一项涉及 20 项研究的元分析表明,罪犯群体识别恐惧、悲伤和惊讶等表情的能力存在异常(Marsh 和 Blair,2008)。这一方面导致了犯罪人缺乏共情,无法体验到他人的负性情绪,另一方面阻碍了犯罪人通过厌恶、恐惧等负面刺激完成学习,使其无法产生对惩罚的规避。神经生物学的观点认为,情绪识别障碍主要与杏仁核功能的异常有关。杏仁核在情绪加工(Phelps 和 Ledoux,2005)以及道德决策过程中均发挥着重要的作用(Glenn, Raine, 和 Schug, 2009)。基于功能性核磁共振成像(functional magnetic resonance imaging, fMRI)技术的研究表明,犯罪人的杏仁核体积较小,在面对情绪相关信息的刺激时杏仁核激活水平较低(Hyde, Byrd, Votrubadrzal, Hariri, 和 Manuck,2014),这在一定程度上导致了其情绪识别功能的障碍。

奖赏偏好

除了对负面刺激和惩罚信息不敏感外,犯罪人往往还对奖赏信息格外敏感,这种现象被称为奖赏偏好。奖赏偏好是犯罪人普遍存在的认知功能障碍。例如,在赌博任务中,犯罪人往往会做出高回报、高风险但总体收益期望较低的选择(张峰,2019)。在金钱刺激及苯丙胺类药物作用下,精神病态的反社会得分与多巴胺释放量呈显著正相关(Buckholtz 等,2010)。这意味着反社会倾向越高,个体从奖赏中获得的快感越多,因此会更多的关注和追求奖赏。基于跨期决策任务的研究结果显示,反社会倾向高的被试在面对与主观价值有关的信息时,掌管多巴胺分泌的重要脑区伏隔核的激活程度会更高(Hosking 等,2017)。

总地来说,反社会人格者的抑制控制和决策能力较差,无法根据情景做出正确、理性的行为。同时,他们对于惩罚等负面信息的认知能力较差,无法认识到犯罪行为对自己和他人造成的危害与后果;却又对奖赏信息过于敏感,对犯罪带来的收益会有非理性的追求。这些因素会共同导致个体在权衡犯罪利弊时忽视惩罚信息,同时高估收益,做出非理性的选择,从而产生反社会行为甚至实施犯罪。

6.3.2 家庭社会因素

早期经历

个体早期的家庭环境和社会经历对反社会人格的形成有着重要的影响。这种影响最早始于母亲的妊娠期。在这一时期沾染烟酒的母亲,其子女 15 岁时的犯罪率显著高于正常母亲的子女(Haghighi等,2013)。这一时期,如果母亲滥用药物或接触有毒害的物质,如重金属铅、镉、锰、钴等,则有可能损害胎儿的大脑,增加其日后患有反社会人格障碍、产生不良行为的可能。如果母亲在妊娠期营养不良,缺乏必要的微量元素,或个体在婴幼儿时期摄入的营养物质不够充分和全面,也会影响大脑结构及功能发育,进而使其患有反社会人格障碍的风险显著提高。婴儿时期母亲科学周到的抚育和教养方法,以及对婴儿投入丰沛的爱意与关怀,关注并及时满足婴儿生理和情感上的需求,这同样也是至关重要的,这会大大减少个体童年期品行不端,进而在成年期发展出反社会行为的可能。反之,如果母亲对婴儿生理和情感上的需求采用忽视和漠不关心的态度,采用不良的抚育方法,或是没有及时给予正确科学的教育、规范其行为,那么个体则可能会在成年后会发生暴力等不良的反社会行为,甚至走上违法犯罪的道路(Raine,2013)。同时,童年的创伤经历,如个体在童年期遭受到躯体或情感虐待、欺凌、侵害、歧视、忽视等个体无法承受的重大负面事件,会对其造成极大的冲击和伤害,这种创伤会对个体的身心健康造成重大影响,使其缺乏心理安全感,产生焦虑、抑郁等不良情绪和症状,甚至会对人格和社会功能的发展都造成不良影响,这种影响在今后漫长的人生中是潜移默化且长久存在的,而个体会出于对创伤经历的过度补偿,以及对其曾遭受过的虐待和欺凌等不良经历的习得,大大增加自身的反社会人格倾向(任怡臻等,2018)。如果童年受到虐待和忽视,那么儿童与父母或照料者之间的交流就会较少,儿童没有习得识别或理解他人情绪或观点的本领,因此会表现出精神病态者突出的人际情感障碍(低共情、情绪识别能力差、恐惧感缺失)(杨敏齐,王国芳,韩鹏,杨晓辉,2014)。童年创伤经历对个体反社会行为的影响同样存在着神经生物学角度的解释,童年期受到创伤的个体会有较小的杏仁核体积,导致其识别和管理情绪的能力受到影响(Hanson等,2015)。

同伴与社会环境

反社会行为受同伴的影响较大,安德鲁斯和邦塔(Andrews和Bonta,1995)将反社会同伴作为预测犯罪行为的"大四"(big four)风险因子之一。盗窃、诈骗、毒品犯罪等具有一定团伙性的犯罪受同伴的影响较大。张峰(2019)的调查结果发现,近半数的诈骗犯与犯过罪的人交往过。青少年时期是发展同伴关系的重要时期,在这一时期,个体依从的对象逐渐从家长转变为身边的同伴(Bukowski和Sippola,2010),同伴群体内部往往有一套特有的规范和价值标准,以此达到群体成员团结统一的目的,如穿相同的服饰,有相同的兴趣爱好,共同从事某项活动,学习和模仿相同的语言表达和行为模式,尊崇同一位英雄或榜样,有同样的信念和人生目标,等等。这些同伴群体内部的规范和价值标准,可能符合社会主流文化,也有可能截然相反。这便使得个体从青少年时期开始便容易受到同伴的影响,或受到同伴群体的压力,产生反社会行为,甚至成立青少年犯罪团伙,走上违法犯罪的道路。

除了直接相处的同伴,个体所处的社会环境也会对反社会行为造成影响。研究表明,日常生活环境中的暴力接触会增加个体的攻击和欺凌行为(张林,刘燊,徐强,吴晓燕,杨梦圆,2017)。社会学习理论可以较好地解释同伴及社会环境对个体反社会行为的影响。反社会行为是通过向其他反社会行为者学习或通过观察反社会行为而习得的,是受同伴和其他有着反社会价值观和生活方式的人影响的结果。加入反社会群体会提高他们对反社会行为的接受度,一旦他们与反社会同伴形成关系纽带,反社会人际关系就会阻碍亲社会行为,从而增加反社会甚至犯罪行为的风险。个体在与反社会同伴交往后,对反社会行为会有更长久和频繁的接触,导致其易于合理化自己的反社会行为,承担社会责任的意愿降低(陈娜,2016),进而更易诱发违背社会准则的反社会行为乃至犯罪行为。

社会支持

包括家庭、婚姻在内的良好的社会支持是减少反社会人格形成的重要保护因子。以往的研究表明,社会支持是影响攻击行为的重要因素,良好的社会支持可以有效降低个体的攻击行为(Benhorin 和 McMahon,2008)。在暴力风险评估量表(Violence risk scale,VRS)(Wong 和 Gordon,2006)等最新暴力风险评估工具中,社会支持都被认为是预测暴力犯罪风险的重要指标。社会支持的缓冲器模型认为,社会支持可以减少压力事件对个体的破坏,有效降低不良情绪并减少对于威胁情境下的过激反应(Hyde,Gorka,Manuck,和 Hariri,2011),从而降低冲动、攻击等反社会行为。

婚姻/家庭情况(Family/Marital Circumstances)主要是指成年人的婚姻情况及青少年的家庭情况,这一因素对犯罪的影响较大。对青少年群体来说,父母对其的教育、监管以及亲子关系的质量与青少年犯罪存在高相关关系(Simourd 和 Andrews,1994)。父母是青少年的榜样,如果对孩子的亲社会行为不支持、鼓励或对其反社会行为不及时进行制止并正确引导的话,会导致青少年亲社会行为减少,反社会行为的增加。积极的亲子关系是预防犯罪的保护因子,有助于父母把亲社会的信念、生存技能传递给子女,而消极的亲子关系不仅不利于亲子之间的沟通还可能引起敌意进而引发更多的反社会行为。对于成年人来说,稳定和谐的婚姻关系在减少反社会行为的发生方面具有重要的积极作用。具有良好婚姻家庭关系的人在遭遇困难时可以获得更多无条件的积极关注和良好的社会支持,良好的社会支持系统有助于个体积极应对各种困难,减少个体做出危险行为的可能性。在分析、解释、评估成人罪犯再犯风险时,家庭婚姻关系、与配偶的关系、家人对其的支持、理解与帮助都是评估的重点,因为家人的支持与帮助是个体社会支持的重要来源,决定了其社会支持系统的好坏,对预测再犯有重要的参考意义(Andrews 和 Bonta,1995)。

对于有反社会行为和违法犯罪史的个体,整个社会系统对他们的包含和支持同样十分重要。反社会行为者常常会形成一个亚文化群体,例如吸毒行为,吸毒者会逐渐与其他吸毒人员组成圈子(Valente,Ritt-Olson,Stacy,Unger,和 Sussman,2010)。同时,许多有不良行为史的个体,如罪犯、吸毒人员都面临着较为严重的污名化(Room,2005),遭遇到种种社会排斥,在就业、教育甚至日常出行等方面都会受到一定的限制,使得他们无法回归正常社会的生活。一旦受到社会和大众的排斥以及污名化,他们便很容易继续与反社会同伴交往,增加继续从事反社会行为的可能。

国内针对犯罪群体的实证研究也证实了社会支持对于减少反社会行为的作用。张峰(2019)的研究发现,包括诈骗犯、盗窃犯、暴力犯等在内的罪犯群体普遍没有稳定的婚姻和工作,社会支持系统缺失严重。针对这一不足,研究者基于认知行为疗法开展了为期12周的,针对诈骗犯的团体心理辅导,以增加个体在领悟社会支持等方面的能力。结果发现,经过了团体治疗的被试在狱内表现、再犯风险以及情绪、共情等方面都有了显著的改善。

6.3.3 神经生物学基础

从上文中可以看出,无论是反社会人格的心理特点,还是社会因素,都与神经生物学因素密切相关。神经生物学的因素或是反社会人格某些心理特点背后的基础,也可能在外部环境的作用下发生改变,进而导致反社会人格和行为的产生。近年来,认知神经科学的迅速发展,使得反社会人格障碍的神经生物学基础越发受到重视,这也帮助研究者们更加全面和深刻地理解反社会人格的特点、成因以及矫治策略,并为我们如何看待反社会和犯罪行为提供了启示。

先天基因

遗传因素是导致反社会人格形成的重要原因。双生子研究表明,遗传因素对ASPD的解释率达到了51%(Rosenström 等,2017),对精神病态的解释率更是高达69%(Catherine,Serena,Adrian,和 Baker,2014)。尽管如此,一项元分析对各种基因与反社会行为的关联进行了梳理,结果表明,没有任何一个单独的基因与犯罪的关联达到显著水平(Vassos,Collier,和 Fazel,2013),与犯罪关联最密切的单胺氧化酶 A（Monoamine Oxidase A，MAOA）基因必须在考虑童年期受虐待等后天环境因素的交互作用后，才能显著地预测犯罪行为（Avshalom 和 Moffitt，2006）。可见，反社会人格虽然与先天遗传及生物学因素有关，但这种关联是较为复杂的，导致反社会人格产生的生物学因素也是多样的。

大脑结构功能

大脑作为中枢神经系统的主要组成部分，一直是神经生物学研究的重点，也直接决定了个体的心理和行为。大脑的一些异常会使得个体更容易产生反社会行为，其中比较重要的部分为前额叶皮层、杏仁核、纹状体，分别导致了执行控制功能障碍、情绪功能障碍和决策过程中的偏好奖赏这些反社会人格患者核心的心理行为特点（Raine，2018）。除此之外，边缘系统重要组成部分——海马的异常会使得个体的学习能力下降，导致个体难以从惩罚中习得规则，从而增加违反社会规则和违反犯罪的可能性。

前额叶皮层：执行与控制 前额叶皮层（Prefrontal Cortex，PFC）与自我控制、冲动性、执行功能密切相关（Macdonald，Cohen，Stenger，和 Carter，2000）。眶额叶皮层（Orbitofrontal Cortex，OFC）在评估加工社会情绪刺激中起到重要作用，腹内侧前额叶（Ventral Medial Prefrontal Cortex，VMPFC）则与情绪反应以及道德决策密切相关，背外侧前额叶（Dorsal Lateral Prefrontal Cortex，DLPFC）在推理、计划和工作记忆中起到关键作用，而前扣带回（Anterior Cingulate Cortex，ACC）则与错误监控有关（Gillespie，Brzozowski，和 Mitchell，2017）。ASPD 患者高冲动性、执行功能障碍、缺乏责任心、缺乏悔恨等特点和持续错误的犯罪行为，可能与前额叶皮层的结构异常以及发育不良有关。

大量的研究表明，ASPD 患者的前额叶皮层在发育过程中存在异常。早期的元分析结果表明，ASPD 患者的 OFC、ACC 和 DLPFC 在结构和功能上均存在异常（Yang 和 Raine，2009）。近年来的研究结果也证实，ASPD 患者的眶额叶及上、中额回皮层厚度不足（Jiang 等，2016），同时 OFC（Raine，Yang，Narr，和 Toga，2011）及 ACC（Kumari 等，2014）的体积较小。脑白质的研究表明，眶额叶皮层的各向异性分数（fractional anisotropy，FA）与精神病态因子 1 呈负相关，表明高精神病态者眶额叶皮层的白质完整性较差（Vermeij，Kempes，Cima，Mars，和 Brazil，2018）。

然而，科波奈（Korponay）等（2017b）的研究发现，精神病态的因子 2 与前额叶，尤其是 OFC 和 DLPFC 的灰质体积及 PFC 的内部功能性连接均存在显著正相关。这样的结果，一方面可能反映了部分 ASPD 患者 PFC 在发育过程中存在突触和神经元修剪不足问题，导致 PFC 体积和功能的异常，使得个体产生决策和冲动控制障碍(Korponay 等,2017b)。另一方面,眶额叶皮层是奖赏加工环路的重要组成部分(Maia 和 Michael,2014),上述结果可能与反社会人群的奖赏偏好特点有关。

除自身功能结构的异常外,反社会人群的 PFC 与其他脑区的连接也异于常人。PFC 与边缘系统(Contrerasrodriguez 等,2015),尤其是杏仁核(Motzkin, Newman, Kiehl, 和 Koenigs, 2011)以及纹状体(Korponay 等,2017a)的连接存在异常。这些研究提示我们,PFC 的异常不仅对执行功能、抑制控制产生影响,还可能通过与其他脑区(如杏仁核、纹状体)的连接,对情绪功能、奖惩偏好的异常产生影响。

杏仁核:情绪与惩罚 杏仁核(amygdala)一直是 ASPD 研究重点关注的脑区,它与情绪加工过程关系密切(Phelps 和 Ledoux,2005),在道德决策过程中也发挥着重要的作用(Glenn, Raine,和 Schug, 2009)。ASPD 患者常表现出缺乏同情和悔恨的特点(APA,2013),存在面孔情绪识别功能障碍(Marsh 和 Blair,2008),这可能与杏仁核结构和功能的异常有关。

杏仁核体积较小的问题在 ASPD 发育过程中的各个阶段均存在,这在具有精神病态特质的儿童(Pardini, Raine, Erickson, 和 Loeber, 2014)、CD 青少年(Rogers 和 De Brito, 2016)以及成年精神病态人群(Yang, Raine, Narr, Colletti, 和 Toga, 2009)中均得到了验证。除总体体积不足外,反社会人群的杏仁核结构异常还体现在局部异常。精神病态个体的杏仁核基底部、基底外侧及中心核团存在着局部变形(Yang, Raine, Narr, Colletti, 和 Toga, 2009),同时符合 CD 和 CU 诊断标准(CD+CU)的青少年杏仁核内部存在局部生长不足(Aghajani 等,2017)。

功能方面,在加工情绪信息时,部分 ASPD 患者的杏仁核激活程度较低,尤其在以恐惧为代表的负性情绪加工过程中表现得格外突出(Hyde, Byrd, Votrubadrzal, Hariri, 和 Manuck, 2014)。这一方面导致了 ASPD 患者缺乏共情,无法体验到他人的负性情绪,另一方面阻碍了 ASPD 患者通过厌恶、恐惧等负性刺激完成学习,使其无法产生对惩罚的规避。在道德决策过程中,反社会人群会表现出杏仁核与 VMPFC 的连接不足(Harenski, Harenski, Shane, 和 Kiehl, 2010);在恐惧情绪条件下,包括 ACC、OFC 在内的 PFC 以及脑岛同样存在与杏仁核连接不足的问题(Birbaumer 等,2005)。弥散张量成像(diffusion tensor imaging, DTI)的研究也表明,精神病态的因子 1 得分与右侧钩束(连接前额叶与杏仁核的白质束)的 FA 呈负相关(Wolf 等,2015)。这表明反社会人群情绪加工迟钝、道德决策异常等障碍可能是杏仁核与其他脑区,尤其是 PFC 共同作用的结果。

除对外界情绪信息不敏感外,其自身不当、过度的情绪反应及在此过程中表现出的杏仁核过度活跃也是部分 ASPD 患者,尤其是非精神病态的 ASPD 患者情绪功能障碍的重要表现(Verona,Sprague,和 Sadeh,2012)。同时也有研究发现反社会人群前额叶皮层与杏仁核的连接过度(Philippi 等,2015)。这些不一致的结论可能与杏仁核不同核团的分工有关。杏仁核一般可以分为基底外侧杏仁核(Basolateral Nucleus of Amygdala,BLA)和中央内侧杏仁核(Centromedial Amygdala,CMA),BLA 负责接收信息,与情绪信息的感知、记忆有关,而 CMA 则是杏仁核的输出核团,向脑干、小脑、下丘脑传递与情绪有关的生理、行为方面的信号(Ledoux,2007)。反社会人群的认知情感障碍可能是由于 BLA 的活动不足和 CMA 的过度活跃有关(Moul,Killcross,和 Dadds,2012)。

利用内在功能连接技术(intrinsic functional connectivity)对 25 名 CD+CU 青少年罪犯的静息态磁共振扫描结果显示,与健康对照组相比,CD+CU 青少年罪犯 BLA 与额顶叶皮层及感觉联合皮层的连接过度活跃,而 CMA 则与腹内侧 PFC/眶额叶连接不足(Aghajani 等,2017)。在基于观看打斗视频的任务态扫描中也得到了相似的结果(Yoder,Porges,和 Decety,2015)。

这从脑功能连接角度解释了反社会人群在情绪功能上的异常:PFC 对负责接收信息的 BLA 存在过度的自上而下控制,导致其活跃度不足,无法正常地完成对情绪信息,尤其是负面刺激的注意、感知和学习;同时 PFC 对负责输出的 CMA 存在较少的自上而下控制,导致其过度活跃,并向脑干、下丘脑等自主神经系统输出更多的负面情绪信息,进而表现出不适当的生理反应,做出冲动、攻击等过激行为。

纹状体:奖赏与决策　对惩罚等负面信息加工存在异常的同时,反社会人群表现出的另一重要特点是对奖赏的非理性偏好(Blair,2013)。这可能与纹状体,尤其是腹侧纹状体中的伏隔核(Accumbens Nucleus,NAcc)的异常有关。

伏隔核在奖赏加工过程中,起到关键性的作用,有精神病态倾向的青少年、成人精神病态及成人 ASPD 患者的纹状体体积均大于正常人(Hosking 等,2017)。面对奖赏刺激时,左侧纹状体的激活程度与精神病态严重程度呈显著正相关(Pujara,Motzkin,Newman,Kiehl,和 Koenigs,2014),在金钱刺激及苯丙胺类药物作用下,精神病态因子 2 得分与伏隔核的多巴胺释放量均呈显著正相关(Buckholtz 等,2010)。这使得反社会人群可以从奖赏中获得更多的刺激和快感,增加对奖赏的偏好,从而倾向于为了奖赏而做出非理性的决策。

近来,有研究表明,反社会人群的奖赏偏好及其导致的决策障碍同样与脑功能连接异常有关。基于静息态的研究表明,精神病态(尤其是因子 2)得分与纹状体以及背外侧 PFC、腹侧中脑的连接呈正相关(Korponay 等,2017a)。纹状体—前额叶连接性高的个体,会表现出较高的奖赏依赖,个体会更倾向于延续以往的可获得奖赏的行为(Cohen,Schoene-Bake,和Elger,2009),这解释了ASPD患者强迫重复的反社会行为模式,以及很高的再犯率。腹侧中脑也是奖赏加工环路的重要组成部分,皮层-纹状体-中脑环路(cortex-striatum-midbrain)被认为是大脑奖赏系统的核心(Haber和Brian,2010)。该环路的过度活跃在一定程度上解释了反社会人群在奖赏加工和决策过程中的异常。

基于任务态的研究结果则与静息态研究略有不同。精神病态群体在执行跨期决策任务过程中,面对主观价值信号(subjective value signals)时,伏隔核激活水平提升,与VMPFC的连接强度减弱,且二者呈显著负相关(Hosking等,2017)。认知神经科学研究表明,在执行与奖赏有关的任务时,内侧前额叶对纹状体具有抑制作用(Ferenczi等,2016)。上述结果说明,反社会人群在面对奖赏信息时,VMPFC对纹状体的控制不足,导致纹状体过度活跃,从而表现出对奖赏信息的非理性关注和追求。

海马:规则学习　海马是边缘系统的重要组成部分,它的异常与ASPD的形成也有着密切的关联。瑞恩(Raine等,2004)对精神病态罪犯、未犯罪精神病态和正常人的海马结构进行了磁共振成像(Magnetic Resonance Imaging,MRI)扫描,结果发现,精神病态罪犯的前部海马存在较为严重的不对称,其右侧体积显著大于左侧体积。精神病态得分与海马后部体积的相关则高达-0.79(Laakso等,2001)。对67名间歇性爆发障碍(Intermittent Explosive Disorder,IED)(一种无法控制攻击性冲动的反复行为暴发)个体和73名正常对照组的形态学测量分析(morphometric analysis)发现,尽管两组个体在杏仁核和海马体积方面没有显著差异,但IED患者的海马存在明显的变形,主要表现为细胞和神经元的缺失(Coccaro,Lee,Mccloskey,Csernansky,和Wang,2015),这说明海马异常可能导致个体丧失自我控制能力。

同杏仁核一样,海马在基于惩罚的规则学习过程中发挥着重要的作用,这可能与海马的记忆学习功能有关(Baeuchl,Meyer,Hoppstädter,Diener,和Flor,2015)。海马结构和功能的异常阻碍了反社会人群条件性恐惧的习得,使其无法从惩罚过程中学会规则。此外,海马的异常可能会导致反社会人群行为控制能力较差。以青少年为对象的研究发现,海马的灰质体积与去抑制(disinhibition)得分呈显著负相关,即海马体积不足的个体往往伴随着较差的自我控制能力(Walters和Kiehl,2015),在针对正常成年人的研究中也得到了相似的结论(Cherbuin等,2008)。

自主神经系统

自主神经系统(Autonomic Nervous System,ANS)异常也是ASPD患者神经

生物学基础的重要表现。一方面，ASPD患者在静息状态下ANS活动水平较低，导致了高感觉寻求，增加了ASPD患者的冒险行为；另一方面，部分ASPD患者在应激状态下ANS反应不足，使其表现出冷酷、无畏的特点，导致更多主动性攻击，而另一部分ASPD患者则对应激刺激反应过度，表现出冲动和更多的反应性攻击。

静息态自主神经系统 静息心率是静息态ANS活动水平的重要指标，低静息心率与反社会行为的关系已经被大量的研究证实（Koegl，Farrington，和Raine，2018）。基于115项研究的元分析结果表明，横向研究、纵向研究的结果均显示，低静息心率往往伴随着较为严重的反社会行为，且表现出跨性别、跨年龄的稳定性（Portnoy和Farrington，2015）。同时，静息心率与反社会行为的关联不仅表现在主动性攻击和ASPD患者的人际情感障碍中，在反应性攻击和冲动性中也同样成立（Raine，Fung，Portnoy，Choy，和Spring，2014）。

两项基于大样本的纵向研究表明，在控制了身体和心血管及精神疾病、认知功能、社会经济地位等变量后，低静息心率和低血压均对物质滥用以及暴力犯罪有显著的预测作用，但对性犯罪的预测作用不明显（Latvala，Kuja-Halkola，Almqvist，Larsson，和Lichtenstein，2015）。

克格尔（Koegl）等（2018）在成人监管场所中验证了静息心率和收缩期血压（systolic blood pressure）与犯罪的关系，并探讨了不同犯罪类型间的差异。结果表明，低静息心率及收缩期血压可以有效预测除了性犯罪以外的各类犯罪，并与首次犯罪年龄呈负相关。较以往的研究，该研究的被试群体同质性更高，其结果进一步验证了低静息心率和收缩期血压预测反社会行为的可靠性。

有关ANS活动水平与反社会行为关联的机制，主要存在两种说法。一方面，较低的ANS活动水平使得个体的唤醒水平不足，因此个体会选择冒险、刺激的行为来提高自身的唤醒水平，表现出高感觉寻求的特点（Raine，2002）。另一方面，较低的ANS活动水平使得个体对压力等负面信息不敏感，战斗/逃跑反应不足，存在情绪信息处理缺陷，缺乏恐惧感，无法从经验，尤其是惩罚过程中完成学习，表现出无畏（fearless）的特点（Goozen和Graeme，2008）。波特努瓦（Portnoy）等人（2014）的研究显示，冲动性感觉寻求在低静息心率与反社会行为间起中介作用，而无畏的中介作用不成立，表明唤醒水平不足可能是低静息心率导致反社会行为的主要原因。性犯罪通常是追求异常性兴趣的结果（Baur等，2016），且这种追求远远超过了自身唤醒水平和感觉寻求的影响（Koegl等，2018），因此低静息心率对性犯罪者的影响主要表现在无畏而非感觉寻求。低静息心率/收缩期血压不能预测性犯罪，在一定程度上也印证了无畏可能不是低静息心率引发反社会行为的主要原因。ANS活动水平低所导致的无畏对攻击和反社会行为的影响，可能更多表现在应激状态和负性刺激条件下。

应激条件下的自主神经系统 反社会人群在应激和负性刺激条件下ANS活动的异常呈现出不一致的结果。以108名男性罪犯为对象的研究发现，面对惊跳反射时，反社会人群的眨眼反射存在缺陷。这种缺陷仅与精神病态的因子1有关，而与因子2及ASPD得分无关（Vaidyanathan，Hall，Patrick，和Bernat，2011）。以180名大学生为被试的研究同样表明，对厌恶刺激的眨眼反射缺陷与鲁莽（boldness）（核心特点为无畏）正相关，但与去抑制（核心特点为冲动）无关（Esteller，Poy，和Moltó，2016）。以儿童和青少年为被试的研究则发现，在面对挑衅时，个体心率和皮肤导电性等ANS活动水平越高，其反应性攻击越多，主动性攻击则越少（Hubbard，Mcauliffe，Morrow，和Romano，2010）。

这样的结果说明，在应激状态和负面信息刺激下，存在人际情感障碍的反社会人群仍能保持较低的ANS活动水平，对惩罚等负性信息表现出无畏，保持"冷血"，进而增加主动性攻击；而冲动型的反社会行为者则表现出正常或较高的ANS活动水平，不会增加主动性攻击，但可能引发过激的行为，表现出更多的反应性攻击。

信号传导物质

从大脑做出决策到躯体完成行为的过程中，离不开信息的传递。神经递质、激素和细胞因子等化学物质在信号传导过程中发挥了重要的作用，称为传讯分子（signaling molecular），其中细胞因子的作用主要局限在免疫系统，神经递质和激素则与攻击、暴力等反社会行为存在密切关联（张卓，2014）。同时，表观遗传学的研究也提示我们，ASPD患者的神经递质和激素系统可能存在着异常。

多巴胺 多巴胺作为一种神经递质，在奖赏过程中扮演着重要的作用，多巴胺的释放会使个体获得快感。研究表明，攻击具有使个体获得快感、提高正性情绪的功能（Chester和Dewall，2017），因此多巴胺与攻击行为可能存在密切的关联。相关研究证实了多巴胺系统与ASPD间的关联。一方面，过度活跃的多巴胺系统伴随着更多的攻击（Seo，Patrick，和Kennealy，2008）。布赫霍尔茨（Buckholtz等，2010）利用正电子发射断层显像（Positron Emission Tomography，PET）和功能磁共振成像（Functional Magnetic Resonance Imaging，fMRI）发现，在金钱刺激及苯丙胺类药物作用下，精神病态的因子2得分与多巴胺释放均呈显著正相关。精神病态个体能够从外界的奖赏中获得更多的刺激和快感，因而具有奖赏偏好的特点。另一方面，切斯特（Chester等，2016）通过对多巴胺受体基因多样性的研究指出，多巴胺系统功能不足也会导致个体不得不从外界寻求额外刺激，提高感觉寻求水平，进而导致更多的冒险和攻击行为。

这种不一致的结论可能由研究方法和研究选取的指标之间的差异所导致的。布赫霍尔茨等(2010)是基于实验操作的研究,以多巴胺分泌量为指标,反应个体在面对奖赏刺激时多巴胺系统的活跃程度,而切斯特等(2016)的研究则是基于生物学指标和问卷的相关法,以多巴胺受体基因多样性为指标,反应个体在静息状态下多巴胺系统的功能水平。两者的研究共同表明,多巴胺系统与反社会行为有着密切的关联。静息状态下,ASPD患者多巴胺系统活动水平不足,使得个体更倾向于寻求刺激和奖赏;而在面对奖赏刺激时,ASPD患者能从中获得更多快感。二者的共同作用,使得ASPD患者对奖赏存在更高的关注与追求,从而产生更多的攻击、冒险、物质滥用等行为。

血清素 血清素与情绪及行为的管控有关,这其中包括对攻击行为的抑制控制(Seo等,2008)。元分析结果表明,脑脊液中血清素浓度与攻击存在负相关,但随着研究年代的推移,二者关系的效果量在逐渐降低。这可能与研究方法的完善以及技术水平的提高有关,同时也预示着早期的研究可能高估了二者之间的关联,今后需要更为精确的研究进一步确认二者的关系。以往的研究表明,血清素主要与冲动性攻击有关(Coccaro,Fanning,Luan,和Royce,2015)。已知包括眶额叶皮层在内的前额叶皮层与自我控制以及冲动性密切相关(Macdonald,Cohen,Stenger,和Carter,2000)。另有研究表明,具有高攻击行为的成年男性,其两侧眶额叶皮层的血清素浓度均低于正常人群(Wang等,2012)。干预研究也证明,在服用血清素激动剂12周后,个体前额叶皮层活动增强,冲动性降低(New等,2004)。此外,血清素仅能降低冲动性攻击,对主动性攻击则没有显著效果(Barratt,Stanford,Felthous,和Kent,1997)。这些结果共同说明,低血清素可能导致个体冲动性高、抑制控制能力差,进而引发更多的冲动性攻击。

睾酮 作为下丘脑-垂体-性腺(hypothalamic-pituitary-gonadal,HPG)和下丘脑-垂体-肾上腺(hypothalamic-pituitary-adrenal,HPA)调控下的终端产物,睾酮和皮质醇是与反社会行为关联最密切的两种激素,二者各自会对反社会行为产生影响的同时,彼此间还存在相互作用。

睾酮会增加个体的攻击等反社会行为,基线睾酮浓度与攻击行为(Aromäki,Lindman,和Eriksson,2010)存在显著正相关。这在一定程度上解释了反社会行为在男性,尤其是青春期男性群体中的高发比例(Moffitt,1993)。但元分析的结果表明,睾酮与攻击行为的相关虽然显著,但很微弱(r=0.08)(Archer,Graham-Kevan,和Davies,2005)。卡雷(Carré)和奥姆斯戴德(Olmstead,2015)梳理了睾酮与竞争及攻击的关系,指出睾酮对由竞争、挑衅引发的攻击行为有更为明显的预测作用。

对外源性睾酮的研究和纵向追踪研究的结果则进一步说明了睾酮与反社会行为间的因果关系。外源性睾酮会显著增加个体对他人愤怒面孔的注视时间（Terburg，Aarts，和 Van，2012），以及杏仁核和下丘脑等相关脑区在此过程中的激活水平（Hermans，Ramsey，和 Jack，2008），导致个体对威胁和挑衅有更多的关注和更强的反应。另有研究表明，外源性睾酮仅对低自我控制个体的攻击行为产生显著影响（Carré 等，2016），而前额叶脑区（例如眶额叶皮层）与皮层下脑区（例如杏仁核）的区域连接失衡是低自我控制人群的核心特点之一（Heatherton 和 Wagner，2011），这样的结果预示着睾酮对攻击行为的影响可能与掌管自我控制的脑区（如前额叶皮层）及其与皮层下核团（如杏仁核）的连接异常有关。一方面，外源性睾酮会使得眶额叶皮层在面对社会挑衅时的控制作用降低，导致个体产生攻击行为（Mehta 和 Jennifer，2010）。另一方面，外源性睾酮还会降低社会挑衅条件下眶额叶皮层与杏仁核的联系，并增强杏仁核与丘脑的联系（Wingen，Mattern，Verkes，Buitelaar，和 Fernández，2010）。这使得杏仁核过度活跃，并向丘脑—下丘脑输出更多的负面信息，产生过度的情绪反应，增加反应性攻击。同时，纵向研究的结果表明，青春期的高睾酮浓度会显著降低 2 年后眶额叶皮层与杏仁核的连接（Spielberg 等，2014）。

以上研究结果说明，睾酮与攻击等反社会行为存在着较为稳定的关联。睾酮会降低眶额叶皮层对杏仁核自上而下的控制，导致杏仁核面对负面信息，尤其是威胁和挑衅时过度活跃，并向丘脑、下丘脑传递过多的负面信息，进而导致冲动、反应性攻击等失控行为。

皮质醇 皮质醇是下丘脑-垂体-肾上腺轴的最终产物，与焦虑、恐惧、畏惧惩罚、行为抑制及应激反应有关（Schulkin，Gold，和 Mcewen，1998）。反社会人群的皮质醇基线浓度、日常变化节律以及压力情境下的皮质醇浓度变化均低于正常群体（Shirtcliff 等，2010），这使得他们具有较低的恐惧、焦虑，应激反应不足，对惩罚的畏惧较少，导致更多的反社会行为。

同时，皮质醇可以增强眶额叶皮层与杏仁核的连接（Schutter 和 Honk，2005），使得个体情绪不易失控，对反社会行为产生保护性作用，这与睾酮的功能恰好相反。皮质醇还会抑制 HPG 系统的活动、抑制睾酮靶器官的活动并抑制雄性激素受体（Mehta 和 Josephs，2010），从而对睾酮系统产生影响。

睾酮与皮质醇的相互作用 近年的实证研究指出，在预测攻击等反社会行为方面，两个系统间的确存在着此消彼长的关系，二者的浓度之比是预测社会攻击的重要标志（Terburg，Morgan，和 Honk，2009）。研究证实，基线睾酮浓度与压力源下皮质醇浓度变化之比与精神病态正相关(Glenn，Raine，Schug，Gao，和 Granger，2011)。除此之外，二者表现出复杂的交互作用。有研究表明，只有在低皮质醇水平下，睾酮与支配、攻击、冒险行为呈正相关(Popma 等，2007)。但也有研究证实，该调节作用只在高皮质醇水平下成立(Roy，Cook，Carré，和 Welker，2018)，即高睾酮且高皮质醇的个体具有最多的攻击行为。这样的差异可能与被试的类型及攻击类型有关。前者的研究是基于支配、竞争任务等与主动性攻击相关的行为，或以罪犯青少年为被试；后者则是基于反应性攻击和以大学生群体为被试，而大学生群体的反应性攻击远多于主动性攻击(Falkenbach，Poythress，和 Creevy，2008)。因此，低皮质醇引发的低恐惧、无视惩罚可能在罪犯群体中及主动性攻击时起作用；高皮质醇所引发的高焦虑、高应激反应则更可能在正常群体中及反应性攻击时起作用。

6.4 反社会行为的防治

如前文所述，在罪犯中反社会人格障碍极为普遍，尤其是它经常会与一些恶性犯罪相关联，如暴力犯罪等，对社会的安定与和谐造成极其恶劣的影响和危害。因此，对反社会人格障碍进行有效的防治，是阻止患者走向犯罪道路的重要举措。生物防治、心理防治以及社会防治，是目前经过实践检验的、公认的较为有效的反社会行为防治手段。

6.4.1 生物防治

许多生物学风险因素和社会风险因素，都会通过阻碍大脑发育、损害大脑结构与功能，导致个体患有反社会人格障碍。而生物防治手段则是使用最为普遍也最为有效的防治手段，通过营养补充、风险物质规避、教育普及、药物治疗等方法，保证大脑的结构与功能得到正常发育，减少大脑受损的可能性，以此对反社会行为进行防治。

生命早期

首先，在生命初期就可以尝试对反社会行为进行有效干预。研究证明，妊娠期间仍旧吸烟的准妈妈生下的子女在成年后成为暴力罪犯的可能性要比不沾尼古丁母亲的子女高出 3 倍。此外，分娩并发症、孕期营养不良、准妈妈酗酒、孕期和出生伊始的母爱，都对孩子的大脑发育有着很重要的影响，都是造成一个人在成年期可能会患上反社会人格障碍的风险因子。如果孕期中的母亲缺乏一些重要的微量元素,如维生素、铁、锌等,会导致很早期的大脑异常。除此之外,如果孩子在产前期、婴儿期或童年期暴露于重金属环境下,如铅、镉、锰、汞等,同样会导致大脑结构受到损伤,认知能力遭到损害,进而导致童年产生品行不端问题,成年后出现反社会行为的倾向增加。

幼儿期

在孩子3—5岁时,也可以采用干预手段来遏制反社会行为。根据彼得(维纳布尔斯在毛里求斯的环境强化实验项目中的研究结果表明,营养、认知刺激、身体锻炼这三项强化干预手段,可以使孩子的注意力得到大幅提升,大脑发育程度更高、也更为成熟,品性障碍或多动症倾向评分偏低,相对来说并不热衷于寻求刺激,牵涉恶性案件的比例相比于对照组也低了34.6%。其中,在营养方面,孩子们反社会行为倾向的减弱和吃鱼有着密切联系,因为鱼中富含的欧米伽—3脂肪酸具有部分修复大脑异常、预防暴力倾向的功效;认知刺激指的是玩具、画作、手工、戏剧和音乐等,这对于生理注意力和唤醒力的增强大有裨益,给了我们一个改造大脑作用机制的线索;而运动和锻炼也可以改善大脑结构和功能,例如对海马体的神经细胞生成大有益处,同时还有排解不良情绪、降低成年后出现反社会行为的可能的效果。

药物治疗

有些药物在降低攻击性和暴力行为方面卓有成效。药物作为一种干预儿童攻击性倾向的手段,受到了强有力的临床实践支持。很多药品都有缓解攻击性倾向、抑制暴力行为的效果,其中新一代抗精神病药的疗效最为显著。此外,苯哌啶醋酸甲酯(利他灵)一类的兴奋剂也有很好的抑制暴力的疗效,而情绪镇定剂的效果中等。在青少年中,实验证明药物可以帮助治疗和缓解多项精神病态,包括儿童和青少年中的注意力缺乏多动障碍(ADHD,多动症)、自闭症、躁郁症、智力迟钝和精神分裂症等。而相关的药物疗法对于成年人的作用,还缺乏应有的研究和实验。但有实验表明,抗痉挛药物可以通过对大脑边缘系统产生镇静作用,有效降低成年人的暴力攻击行为。药物疗法比现在最佳的社会心理干预疗法,也就是认知行为治疗,还要有效得多,疗效高出许多倍。

精神疗法

研究显示,密集的脑电图生物反馈疗法确实有助于矫正反社会型人格障碍个体。精神疗法的疗效不如药物明显,但成本更低、更加简单。比如冥想疗法可以通过专注训练操控大脑而改善大脑的功能和结构,让人忘却毒品和酒精,减少犯罪复发的概率,克制犯罪和暴力。精神疗法对女性的治疗效果明显高于男性。但精神疗法可减缓反社会行为的具体功效还需要随机对照实验进一步佐证。

6.4.2 心理防治

由于反社会人格障碍患者具有不遵守社会规范、不负责任、情感淡漠、对他人缺乏关注等特点,很难与治疗师之间建立良好的咨访关系,也缺少做出改变的动机,因此反社会人格障碍是目前公认的最难治疗的心理障碍之一。但心理防治手段还是具有一定的效果,相关研究者与实践者也在不断地进行探索研究和改进,因此它目前仍然是反社会行为的首选防治手段。

行为治疗

行为治疗指的是根据条件反射的形成和消退规律,对某些不良行为进行矫正。如班杜拉(Bandura)的社会学习理论就认为,想要矫正行为,可以先撤销不良行为的强化物,或对不良行为加以惩罚,再树立正面榜样,并用奖励等方式对患者模仿榜样的良好行为进行强化,最后逐步撤销外部奖励,使患者做出良好行为的动力逐渐由外部转向内部,以达到矫正不良行为的目的。

应用社会学习理论的矫正方法比较适用于反社会人格障碍轻症患者的行为防治,减少其攻击等反社会行为的出现。而对于难以做出改变的重症患者来说,在条件允许的情况下,则可以考虑厌恶疗法,也就是将不良行为与电击等厌恶刺激所导致的厌恶反应,通过条件反射训练联系起来,以达到矫正不良行为的目的。但该方法具有一定的副作用和伦理问题,因此并未得到普遍的使用和推广,疗效的证据也很少。

认知治疗

认知治疗是通过认知手段和技术,对个体的不合理认知进行矫正,进而改变其不良行为的一种心理治疗手段,目前在全世界心理临床治疗上的应用十分广泛,且卓有成效。认知治疗的理论依据是"ABC 理论",A 代表诱发事件(activating events),B 代表个体的信念(beliefs),也就是个体的认知和看法,C 代表症状(consequences)。该理论认为 A 直接导致 C 的传统观念是错误的,实际上,是 B 在 A 和 C 之间起到中介作用,即个体并不会对某个事件直截了当地产生客观认识,而是在主观层面上,通过自己过去习得的已有的经验、观念、看法、偏好等,还带有需求和动机,对事件做出认识和反应,进而产生行为结果,因此这种结果是主观的、因人而异的。而不合理的、具有偏差的信念被称为"非理性信念",如主观臆想、一叶障目、乱贴标签、非此即彼的绝对思想等,这也正是个体会产生不良行为的直接原因。而所谓认知治疗,就是通过认识自动思维、列举歪曲认知、改变极端的信念和原则、检验假设、积极的自我对话等治疗手段,采用夸张诘问的方式与患者的不合理信念进行辩论,对不合理信念提出质疑,使患者的不合理信念有所动摇进而消除,然后治疗师会与患者共同思考事件另一方面的理解方式,考虑新的能带来积极结果的解决方法,为患者建立起新的适应性的合理信念,使患者在新的合理信念的指导下,在预想中的积极结果的激励下,改变自身的行为方式。将认知治疗应用于反社会行为的防治中,前景是可观的。

6.4.3 社会防治

虽然我们在生物和心理方面都对反社会行为的防治提出了一些手段和方法,并已有一定的显著疗效,但反社会人格障碍确实是目前公认的最难治疗的心理障碍之一,而且目前现有的治疗方法都具有一定的局限性。因此,对反社会行为的防治焦点,应从心理障碍的治疗转向早期对儿童采取一些预防措施。而早期预防措施中,家庭、学校和社会应发挥重大作用。

唐颂亚等(2016)的研究结果指出,一些早期创伤是导致反社会人格障碍发生的危险因素之一,如童年期虐待(Grover 等,2007)、功能不良的家庭因素(Mallick 等,2015)、低社会经济地位、童年期受到侵害、与反社会的同辈团体的联系、与学校环境的疏远、学业上的失败、早期时遭遇的犯罪事件(例如被绑架)等,都被认为是反社会人格障碍的公认危险因素(Andre 等,2005)。虽然目前现有研究还存在局限和不足,比如并不是所有受到虐待的儿童都会发展出反社会人格障碍,可以考虑中间是否存在某些中介变量。但由此可以推断,预防儿童虐待、对受虐儿童进行及时救助和心理疏导,以及在个体的生命早期鼓励父母与孩子建立良好依恋关系、让孩子得到父母的关爱、尽量保持家庭环境健全良好,这些早期措施在减少反社会人格障碍倾向上都是具有一定的积极意义的。如健康的母婴关系就是重要的影响因素之一,早期的母爱缺失(例如母亲很少卷入到家庭生活中或母亲只是对幼儿的需要敷衍了事)能够预测个体在成年早期时反社会人格障碍的发生(Shi 等,2012)。这些都是在个体生命早期有机会实施的反社会人格障碍形成和暴力犯罪的预防措施。

因此,在家庭方面,家长应该给予孩子充分的爱与关注,不要忽视孩子在生理和情感上的需求,及时给予孩子认同与认可,提高孩子的心理安全感,不要让孩子感到自卑、羞耻和不可控感。还要讲究科学的教育方法,在孩子出现品行不端的苗头,或有轻微的反社会行为迹象出现时,就及时地给予关注、教育和帮助,不能过于溺爱和纵容,使其发展为严重的反社会行为,但也不要一味地批评指责,或是经常严厉地惩罚,这样只会伤害到孩子的自尊,让孩子感到羞耻,激发助长孩子的叛逆心理，对其反社会行为的预防并没有好处。家长在家庭中应以身作则，为孩子树立一个良好的榜样。孩子在幼年时期，以模仿学习为主，如果家长经常做出一些不符合正确价值观念的反社会行为，成为不良榜样，孩子很容易对其进行模仿学习，然后逐步将父母不正确的价值观念内化，这将大大增加孩子在日后会出现反社会行为的可能性。

在学校教育方面，同样要为学生创造良好的受教育条件，尽量减少学生向坏榜样学习的机会，加强对学校教师的素质培养，不能只看重教师的教学水平，也要关注教师的心理健康水平，要确保其能成为学生学习的良好榜样。同时，不能只注重学生的学业成绩，还要加强对学生遵守法律意识、提升道德水平、关注他人情绪情感、提高共情能力等方面的教育，并教授给学生适宜的社会行为，以及解决问题的方法，防止学生在遇到问题时会使用非适应性的解决方法，如诉诸暴力等，这些教育内容都可以对学生做出反社会行为进行有效的预防。还要加强对学校制度的管理和维护，杜绝校园中出现霸凌等现象，并教会学生在遭遇这类事件的时候如何应对，如何维护自己的身心健康。在青少年时期受到校园霸凌、侮辱或歧视等，对个体是一种极其严重的创伤性经历，会大大增加反社会行为出现的可能。

在社会方面，要加大对娱乐场所以及网络等媒体中不良内容的整治力度，避免青少年和儿童接触和观看淫秽色情、血腥暴力等内容的可能性，这也可以减少青少年和儿童对不良行为的模仿学习，防止内化不良的价值观念。还要防止青少年加入社会不良组织，或成立青少年犯罪团伙，同伴群体压力可能会导致青少年受到被群体认可和接纳的压力的胁迫，从而走上违法犯罪的道路。

6.5 对司法领域的启示

6.5.1 对"如何看待犯罪"的启示

从前文中不难看出，反社会人格的形成和反社会行为的产生受多方面因素的影响，包括生理、心理和社会等多方面因素的作用，我们应当以更全面的视角看待犯罪人和犯罪行为。

犯罪人对他人和社会造成了伤害和损失，显然应当受到法律的惩罚。并且由于反社会人格者存在着固有的生理和心理缺陷，在某种程度上，他们的犯罪行为很可能是难以消除的，可能会给社会造成更大的隐患。因此，在罪犯改造与治疗的同时，对难以矫治的"顽固"分子，尤其是具有明显反社会人格的犯罪人，还应加强管理，降低其狱内风险，同时限制其减刑假释，避免其过早回归社会，再次对社会造成危害。但我们同时要认识到,对于部分罪犯来说,他们表现出的行为上的"丧尽天良",在很大程度上也受到家庭不健全、生理缺陷以及一些社会问题、社会事件的影响。从这一角度来说,他们既是罪犯,也是病人和受害者,我们应当在给与其相应惩罚的同时,对其进行治疗和帮助,以使其重新回归社会。这种帮助和治疗并不是简单的劳动、学习和传统的心理学干预,针对其更深层次的生物缺陷以及外部家庭环境的治疗同样重要。同时,司法从业人员和社会公众应当尽量减少对其不必要的道德层面作出遣责,避免对犯罪人员的污名化和标签化。

瑞恩提出将 ASPD 作为一种神经发育型疾病的观点,并列举了 ASPD 与神经发育型疾病的相同之处,例如,它存在着大脑结构与功能的异常并伴随着认知神经功能损伤,同时有一定的遗传基础,这为我们认识 ASPD 以及犯罪行为提供了新的视角(Raine,2018)。然而,现有的研究大多只能说明相关关系,无法说明准确的因果关系。同时我们也无法给出大脑正常或异常的严格标准,家庭、社会环境的影响及生理上的异常与犯罪的关联并非必然、精确的。尽管反社会人格障碍者在某种程度上有着"病人"的身份,但与一般的病人不同,他们发病的代价往往是他人受到生命和财产的损失,这是不能被社会公众所接受和原谅的。无论是我国"杀人偿命"的传统观念,还是《汉谟拉比法典》中的"以牙还牙,以眼还眼"原则,都体现着人类对于犯罪行为的痛恨和处罚准则。因此,想要将 ASPD 视为一种精神疾病,甚至将 ASPD 患者的神经生物学异常作为减轻处罚的依据,还需要大量的研究和更确凿的证据,尤其是需要纵向追踪研究的支持,以证明生物学异常与犯罪行为间的必然关系。更为重要的是要有配套的治疗策略及风险评估手段以防止犯罪人对社会造成二次伤害。

我们还应当更加全面地思考青少年这一特殊群体的反社会和犯罪行为。神经生物学的证据显示,前额叶皮层发展不完全是导致行为失控、决策能力丧失的重要原因,而人的前额叶皮层一直到 30 岁才能够发育完全(Raine,2018)。同时,青春期个体在激素水平等方面存在着异常,这些都大大增加了其产生攻击、冲动等反社会行为的可能性。随着年龄的增长,其大脑发育会趋于完备,激素等生理水平也回归平稳,反社会行为会相应减少或消失。这在很大程度上解释了 DSM—5 中对于 ASPD 患者必须年满 18 周岁的原因。对于未满 18 周岁者,一般只能诊断为 CD。CD 患者有很大可能会演变为 ASPD,研究表明,具备 CU 特点的 CD 患者往往更容易产生反社会人格和精神病态。同时,根据墨菲特的终身犯罪人理论,第一次犯罪的年龄越小,其反社会行为越可能持续终身。可以说,在问题青少年中,不乏未来的终身持续犯罪人和严重的反社会人格者,但这并非全部,其发展演变也是有一定规律可循的。如果引导得当,教育及时,多数的"问题"青少年是可以走回正轨的。因此,司法实践过程中经常遇到有问题行为甚至是犯罪行为的青少年,对于他们的管理教育必不可少,但也应当有所侧重。可以根据其既往的行为史和心理特点等,对其反社会人格倾向及其未来的行为进行预测,并针对其主要存在的问题进行教育和矫治。青少年时期是同伴关系建立的关键时期,要加强对未成年人的教育和保护,减少社会对他们的排斥和污名化,避免其过度卷入反社会同伴和负面的社会环境,导致反社会行为模式受到强化。

6.5.2 对"如何评估罪犯"的启示

此前,罪犯风险评估工具历经了四代的发展。第一代风险评估主要是由受过良好训练精神科医生和临床医生实施,他们主要依据丰富的临床经验、精神病理学、犯罪学等专业知识对罪犯的风险等级进行判断,其决策判断较为主观,有时只是凭直觉或者本能感觉进行评估,信效度较差。第二代工具是通过结构化的、量化的、静态的风险评估量表进行判断,使得决策判断有了一定的依据。第三代工具进一步增加了动态因子,将罪犯的心理和行为特征纳入了考量。第四代工具则在罪犯风险评估以及在再犯风险评估的基础上提出罪犯矫正方法和矫正效果如何维持的建议。目前的再犯风险评估的研究重点还是编制更精准的再犯风险评估工具,现阶段的再犯风险评估工具还没有将生物学因子纳入到犯罪再犯风险性评估体系中。神经生物学的研究结果提示我们,在下一代风险评估工具中,不应仅局限于表面的行为指标,还应对个体完成特定行为时的生物学指标进行考察。巴斯和努斯鲍姆(2010)曾建议利用生物学的指标对不同类型的罪犯进行评估,以确定其人身危险性,对其是否可以减刑假释做出判断。反社会人格主题的神经生物学研究为这种观点提供了依据。例如,瑞恩等人(2000)曾对21名符合ASPD诊断标准的非罪犯被试和34名健康被试进行了研究。结果发现,除父母离异、受虐经历等心理社会因素外,前额叶灰质体积/全脑体积、心率和皮肤电指标同样对ASPD有着良好的预测作用,他们共同对ASPD预测的准确性可以达到88.5%。但该研究被试量小,且均为非罪犯群体,其信效度水平相对不足。近期,基尔(Kiehl等,2018)通过独立分量分析(Independent Component Analyses,ICA)和机器学习技术(Machine Learning Techniques)提出,用灰质的体积和密度表示大脑年龄(Brain age),并作为预测再犯的指标之一。结果表明,眶额叶皮层和前内侧颞叶(杏仁核、颞极)的大脑年龄与再犯密切相关,结合PCL-R得分、物质滥用情况及go-nogo任务表现及在此过程中ACC的活跃程度,对于再犯具有良好的预测作用。此外,脑电指标也可以用来预测犯罪。25%—50%的高攻击暴力人群存在着脑电波

(Electroencephalogram,EEG)异常,且大多发生在额叶皮层,而一般人群中这一比例仅为 5%—20%(张卓,2014)。在执行与负性情绪相关的 go-nogo 任务时,ASPD 患者的额部 P3 表现出异常(Verona 等,2012)。在面对新异刺激时,反社会人群右侧顶部的 P3 同样存在着异常(Gao 等,2018)。

在今后的研究和司法实践过程中,我们要开发迈向第五代的罪犯风险评估工具,以提高罪犯风险评估的客观性和科学性,并将神经生物学指标纳入减刑假释评估的指标体系。这要求研究者开展更为严谨的研究,对再犯率、再犯间隔时间等信息进行跟踪随访,以获得更为准确的因果关系,并确保神经生物学指标对犯罪预测的准确性。

6.5.3 对"如何矫治罪犯"的启示

当下对罪犯尤其是 ASPD 罪犯的矫治效果并不理想,一项元分析表明,包括认知行为疗法、辩证行为疗法在内的大多数传统心理学干预手段,都难以显著降低 ASPD 患者的再犯率、攻击性及社会功能障碍(Gibbon 等,2010)。另一项元分析也显示,接受传统治疗方法的 ASPD 患者,其再犯率与对照组无显著差异(Wilson,2014)。这可能是由于反社会人格患者的神经生物学缺陷和异常,在很大程度上限制了传统矫治方案的效果,难以解决 ASPD 患者的根本问题。

而目前的生物学疗法仍不够成熟,实施难度也很大,而且涉及伦理问题,也很难作为主要的矫治方法大规模推广。这提醒研究者们应当在使用传统的心理手段进行治疗和干预的同时,应当从更深层的成因和机制着手,采用生物学方法辅助治疗。传统的心理学疗法效果不佳,可能并非是方法本身的问题,而是 ASPD 患者的生物学缺陷阻碍了治疗的开展。例如,ASPD 患者无法识别他人的负面情绪,导致共情能力差(Marsh 和 Blair,2008),故而以提升共情能力为基础的治疗便难以产生效果。未来的矫治实践中,可以利用生物学疗法为传统的治疗扫清障碍,将二者结合,设计出适合 ASPD 患者的矫治体系。例如,在开展降低个体冲动性的治疗方案时,可以利用 TDCS/TMS 对前额叶皮层的相关区域进行阳性刺激,增加主管抑制控制脑区的活跃度,以进行辅助治疗。同时,ASPD 患者表现出的奖赏偏好及对惩罚信息的忽略等特征可以提醒我们,在制定治疗方案时,应充分发挥奖励的作用,而非一味地使用惩罚性手段。

(杨波 刘宇平)

参考文献

陈娜.(2016).社区服刑人员悔罪程度及影响因素实证研究——基于上海的问卷调查.法学论坛(5),90-98.

陈益专,唐海波,蒲唯丹.(2018).品行障碍青少年冲动性人格在抑郁与攻击行为间的中介作用.中国临床心理学杂志,26(4),716-720.

蒋奖,许燕.(2007).罪犯反社会人格障碍的调查.中国特殊教育(5),80-85.

刘宇平,赵辉,李姗珊,张卓,杨波.(2019).反社会人格障碍的神经生物学基础及其司法启示.心理科学进展,27(10),1726-1742.

任怡臻,周海波,杨红敏,王思远,郭旗,周世杰.(2018).强制戒毒人员童年期创伤与反社会人格障碍症状:共情的中介作用.中国临床心理学杂志,26(4),701-705.

宋平,赵辉,张卓,杨波.(2018).品行障碍的脑成像研究.中国临床心理学杂志,26(6),1074-1080,1251.

唐颂亚,安静,周世杰.(2016).早期创伤与反社会人格障碍的关系.中国临床心理学杂志,24(1),155-159.

肖玉琴,张卓,宋平,杨波.(2014).冷酷无情特质:一种易于暴力犯罪的人格倾向.心理科学进展,22(9),1456-1466.

杨敏齐,王国芳,韩鹏,杨晓辉.(2014).精神病态的家庭风险因素.心理科学进展,22(8),1258-1268.

张峰.(2019).诈骗犯再犯风险评估与矫正.北京:中国政法大学博士学位论文.

张林,刘燊,徐强,吴晓燕,杨梦圆.(2017).日常环境中的暴力暴露对攻击行为的长期影响:一个有调节的中介模型.心理学报,49(1),50-59.

张卓.(2014).攻击与暴力犯罪的神经心理学研究.北京:中国政法大学出版社.

Aghajani, M., Klapwijk, E. T., Der Wee, N. J. A. V., Veer, I. M., Rombouts, S. A. R. B., Boon, A. E., ... Colins, O. F. (2017). Disorganized Amygdala Networks in Conduct-Disordered Juvenile Offenders With Callous-Unemotional Traits. *Biological Psychiatry*, 82(4), 283-293.

Andrews, D., & Bonta, J. (1995). *LSI-R: The Level of Service Inventory-Revised*. Toronto, Canada: Multi-Health Systems.

Archer, J., Graham-Kevan, N., & Davies, M. (2005). Testosterone and aggression: A reanalysis of Book, Starzyk, and Quinsey's (2001) study. *Aggression and violent behavior*, 10(2), 241-261.

Aromäki, A. S., Lindman, R. E., & Eriksson, C. J. P. (2010). Testosterone, aggressiveness, and antisocial personality. *Aggressive Behavior*, 25(2), 113-123.

Avshalom, C., & Moffitt, T. E. (2006). Gene-environment interactions in psychiatry: joining forces with neuroscience. *Nature Reviews Neuroscience*, 7(7), 583-590.

Baur, E., Forsman, M., Santtila, P., Johansson, A., Sandnabba, K., & Långström, N. (2016). Paraphilic Sexual Interests and Sexually Coercive Behavior: A Population-Based Twin Study. *Archives of Sexual Behavior*, 45(5), 1163-1172.

Baeuchl, C., Meyer, P., Hoppstädter, M., Diener, C., & Flor, H. (2015). Contextual fear conditioning in humans using feature-identical contexts. *Neurobiology of Learning & Memory*, 121, 1-11.

Barratt, E. S., Stanford, M. S., Felthous, A. R., & Kent, T. A. (1997). The effects of phenytoin on impulsive and premeditated aggression: a controlled study. *Journal of Clinical Psychopharmacol*, 17(5), 341-349.

Bass, S. L. S., & Nussbaum, D. (2010). Decision Making and Aggression in Forensic Psychiatric Inpatients. *Criminal Justice and Behavior*, 37(4), 365 – 383.

Benhorin, S., & McMahon, S. D. (2008). Exposure to violence and aggression: Protective roles of social support among urban African American youth. *Journal of Community Psychology*, 36(6), 723 – 743.

Birbaumer, N., Veit, R., Lotze, M., Erb, M., Hermann, C., Grodd, W., & Flor, H. (2005). Deficient Fear Conditioning in Psychopathy: A Functional Magnetic Resonance Imaging Study. *Archives of General Psychiatry*, 62(7), 799 – 805.

Blair, R. J. R. (2013). The neurobiology of psychopathic traits in youths. *Nature Reviews Neuroscience*, 14(11), 786 – 799.

Bukowski, W. M., & Sippola, L. K. (2010). Friendship and development: Putting the most human relationship in its place. *New Directions for Child & Adolescent Development*, 2005(109), 91 – 98.

Buckholtz, J. W., Treadway, M. T., Cowan, R. L., Woodward, N. D., Benning, S. D., Li, R., ... Shelby, E. S. (2010). Mesolimbic dopamine reward system hypersensitivity in individuals with psychopathic traits. *Nature Neuroscience*, 13(4), 419 – 421.

Caputo, A. A., Frick, P. J., & Brodsky, S. L. (1999). Family Violence and Juvenile Sex Offending — The Potential Mediating Role of Psychopathic Traits and Negative Attitudes Toward Women. *Criminal Justice & Behavior*, 26(3), 338 – 356.

Carré, J. M., & Olmstead, N. A. (2015). Social neuroendocrinology of human aggression: Examining the role of competition-induced testosterone dynamics. *Neuroscience*, 286, 171 – 186.

Catherine, T., Serena, B., Adrian, R., & Baker, L. A. (2014). The heritability of psychopathic personality in 14- to 15-year-old twins: a multirater, multimeasure approach. *Psychology Assessement*, 26(3), 704 – 716.

Cherbuin, N., Windsor, T. D., Anstey, K. J., Maller, J. J., Meslin, C., & Sachdev, P. S. (2008). Hippocampal volume is positively associated with behavioural inhibition (BIS) in a large community-based sample of mid-life adults: the PATH through life study. *Social Cognitive and Affective Neuroscience*, 3(3), 262 – 269.

Chester, D. S., & Dewall, C. N. (2017). Combating the sting of rejection with the pleasure of revenge: A new look at how emotion shapes aggression. *Journal of Personality and Social Psychology*, 112(3), 413 – 430.

Chester, D. S., Dewall, C. N., Derefinko, K. J., Estus, S., Lynam, D. R., Peters, J. R., & Jiang, Y. (2016). Looking for reward in all the wrong places: dopamine receptor gene polymorphisms indirectly affect aggression through sensation-seeking. *Social Neuroscience*, 11(5), 487 – 494.

Christian, R. E., Frick, P. J., Hill, N. L., Tyler, L., & Frazer, D. R. (1997). Psychopathy and Conduct Problems in Children: II. Implications for Subtyping Children With Conduct Problems. *Journal of the American Academy of Child & Adolescent Psychiatry*, 36(2), 233 – 241.

Coccaro, E. F., Fanning, J. R., Luan, P. K., & Royce, L. (2015). Serotonin and impulsive aggression. *Cns Spectrums*, 20(3), 295 – 302.

Coccaro, E. F., Lee, R., Mccloskey, M., Csernansky, J. G., & Wang, L. (2015). Morphometric analysis of amygdla and hippocampus shape in impulsively aggressive and healthy control subjects. *Journal of Psychiatric Research*, 69, 80 – 86.

Cohen, M., Schoene-Bake, J., & Elger, C. B. (2009). Connectivity-based segregation of the human striatum predicts personality characteristics. *Nature Neuroscience*, 15(1), 29 – 30.

Contrerasrodriguez, O., Pujol, J., Batalla, I., Harrison, B. J., Sorianomas, C., Deus,

J., ... Hernandezribas, R. (2015). Functional Connectivity Bias in the Prefrontal Cortex of Psychopaths. *Biological Psychiatry*, 78(9), 647–655.

Esteller, À., Poy, R., & Moltó, J. (2016). Deficient aversive-potentiated startle and the triarchic model of psychopathy: The role of boldness. *Biological Psychology*, 117, 131–140.

Falkenbach, D., Poythress, N., & Creevy, C. (2008). The exploration of subclinical psychopathic subtypes and the relationship with types of aggression. *Personality & Individual Differences*, 44(4), 821–832.

Ferenczi, E. A., Zalocusky, K. A., Liston, C., Grosenick, L., Warden, M. R., Amatya, D., ... Ramakrishnan, C. (2016). Prefrontal cortical regulation of brainwide circuit dynamics and reward-related behavior. *Science*, 351(6268), 9698.

Frick, P. J., & Hare, R. D. (2001). *The antisocial process screening device*. Toronto: Multi-Health Systems.

Gao, Y., Zhang, W., Eisenbarth, H., Fung, A. L.-C., Lu, M., Raine, A., ... Li, X. (2018). P3 amplitude and psychopathic traits in youths: Distinct contributions of the grandiose-manipulative and daring-impulsivity traits. *Personality and Individual Differences*, 120, 87–94.

Gibbon, S., Duggan, C., Stoffers, J., Huband, N., Völlm, B. A., Ferriter, M., & Lieb, K. (2010). Psychological interventions for antisocial personality disorder. *Cochrane Database of Systematic Reviews*, 65(6), CD007668.

Gillespie, S. M., Brzozowski, A., & Mitchell, I. J. (2017). Self-regulation and aggressive antisocial behaviour: insights from amygdala-prefrontal and heart-brain interactions. *Psychology Crime & Law*, 24(3), 243–257.

Glenn, A. L., Raine, A., & Schug, R. A. (2009). The Neural Correlates of Moral Decision-Making in Psychopathy. *Molecular Psychiatry*, 14(1), 5–6.

Glenn, A. L., Raine, A., Schug, R. A., Gao, Y., & Granger, D. A. (2011). Increased testosterone-to-cortisol ratio in psychopathy. *Journal of abnormal psychology*, 120(2), 389.

Grover, K. E., Carpenter, L. L., Price, L. H., Gagne, G. G., Mello, A. F., Mello, M. F., & Tyrka, A. R. (2007). *The relationship between childhood abuse and adult personality disorder symptoms*. Journal of Personality Disorders, 21(4), 442–447.

Goozen, S. H. M., Van, & Graeme, F. (2008). How can the study of biological processes help design new interventions for children with severe antisocial behavior? *Development and Psychopathology*, 20(3), 941–973.

Hubbard, J. A., Mcauliffe, M. D., Morrow, M. T., & Romano, L. J. (2010). Reactive and proactive aggression in childhood and adolescence: precursors, outcomes, processes, experiences, and measurement. *Journal of Personality*, 78(1), 95–118.

Hyde, L. W., Gorka, A., Manuck, S. B., & Hariri, A. R. (2011). Perceived social support moderates the link between threat-related amygdala reactivity and trait anxiety. *Neuropsychologia*, 49(4), 651–656.

Haber, S. N., & Brian, K. (2010). The reward circuit: linking primate anatomy and human imaging. *Neuropsychopharmacology*, 35(1), 4–26.

Haghighi, A., Schwartz, D. H., Abrahamowicz, M., Leonard, G. T., Perron, M., Richer, L., ... Pausova, Z. (2013). Prenatal exposure to maternal cigarette smoking, amygdala volume, and fat intake in adolescence. *JAMA psychiatry*, 70(1), 98–105.

Hanson, J. L., Nacewicz, B. M., Sutterer, M. J., Cayo, A. A., Schaefer, S. M., Rudolph, K. D., ... Davidson, R. J. (2015). Behavioral Problems After Early Life Stress: Contributions of the Hippocampus and Amygdala. *Biological Psychiatry*, 77(4), 314–323.

Harenski, C. L., Harenski, K. A., Shane, M. S., & Kiehl, K. A. (2010). Aberrant neural processing of moral violations in criminal psychopaths. *Journal of Abnormal Psychology*, 119

(4),863-874.

Hart, S. D., Hare, R. D., & Harpur, T. J. (1992). The Psychopathy Checklist — Revised (PCL-R). *Advances in Psychological Assessment*. Springer US.

Heatherton, T. F., & Wagner, D. D. (2011). Cognitive neuroscience of self-regulation failure. *Trends in Cognitive Sciences*, 15(3),132-139.

Hermans, E. J., Ramsey, N. F., & Jack, V. H. (2008). Exogenous testosterone enhances responsiveness to social threat in the neural circuitry of social aggression in humans. *Biology Psychiatry*, 63(3),263-270.

Hosking, J. G., Kastman, E. K., Dorfman, H. M., Samanez-Larkin, G. R., Baskin-Sommers, A., Kiehl, K. A., ... Buckholtz, J. W. (2017). Disrupted Prefrontal Regulation of Striatal Subjective Value Signals in Psychopathy. *Neuron*, 95(1),221-231.

Hyde, L. W., Byrd, A. L., Votrubadrzal, E., Hariri, A. R., & Manuck, S. B. (2014). Amygdala Reactivity and Negative Emotionality: Divergent Correlates of Antisocial Personality and Psychopathy Traits in a Community Sample. *Journal of Abnormal Psychology*, 123(1), 214-224.

Jiang, W., Li, G., Liu, H., Shi, F., Wang, T., Shen, C., ... Wang, W. (2016). Reduced cortical thickness and increased surface area in antisocial personality disorder. *Neuroscience*, 337,143-152.

Kiehl, K. A., Anderson, N. E., Aharoni, E., Maurer, J. M., Harenski, K. A., Rao, V., ... Decety, J. (2018). Age of gray matters: Neuroprediction of recidivism. *Neuroimage Clinical*, 19,813-823.

Kiehl, K. A., & Hoffman, M. B. (2011). The criminal psychopath: History, neuroscience, treatment, and economics. *Jurimetrics the Journal of Law ence & Technology*, 51(4),355-397.

Koegl, C. J., Farrington, D. P., & Raine, A. (2018). The relationship between low resting heart rate, systolic blood pressure and antisocial behavior in incarcerated males. *Journal of Criminal Justice*, 55,88-95.

Korponay, C., Pujara, M., Deming, P., Philippi, C., Decety, J., Kosson, D. S., ... Koenigs, M. (2017). Impulsive-antisocial dimension of psychopathy linked to enlargement and abnormal functional connectivity of the striatum. *Biological Psychiatry Cognitive Neuroscience & Neuroimaging*, 2(2),149.

Korponay, C., Pujara, M., Deming, P., Philippi, C. L., Decety, J., Kosson, D. S., ... Koenigs, M. (2017). Impulsive-antisocial psychopathic traits linked to increased volume and functional connectivity within prefrontal cortex. *Social Cognitive and Affective Neuroscience*, 12(7),1169-1178.

Kumari, V., Uddin, S., Premkumar, P., Young, S., Gudjonsson, G. H., Raghuvanshi, S., ... Das, M. (2014). Lower anterior cingulate volume in seriously violent men with antisocial personality disorder or schizophrenia and a history of childhood abuse. *Australian and New Zealand Journal of Psychiatry*, 48(2),153-161.

Laakso, M. P., Vaurio, O., , Koivisto, E., , Savolainen, L., , Eronen, M., , Aronen, H. J., ... Tiihonen, J., . (2001). Psychopathy and the posterior hippocampus. *Behavioural Brain Research*, 118(2),187-193.

Latvala, A., Kuja-Halkola, R., Almqvist, C., Larsson, H., & Lichtenstein, P. (2015). A Longitudinal Study of Resting Heart Rate and Violent Criminality in More Than 700 000 Men. *JAMA Psychiatry*, 72(10),971.

Ledoux, J. (2007). The amygdala. *Current Biology*, 17(20),868-874.

Loney, B. R., Frick, P. J., Clements, C. B., Ellis, M. L., & Kerlin, K. (2003). Callous-Unemotional Traits, Impulsivity, and Emotional Processing in Adolescents With Antisocial

Behavior Problems. *Journal of Clinical Child and Adolescent Psychology*, 32(1), 66–80.

Macdonald, A. W., Cohen, J. D., Stenger, V. A., & Carter, C. S. (2000). Dissociating the Role of the Dorsolateral Prefrontal and Anterior Cingulate Cortex in Cognitive Control. *Science*, 288(5472), 1835–1838.

Maia, P., & Michael, K. (2014). Mechanisms of reward circuit dysfunction in psychiatric illness: prefrontal-striatal interactions. *Neuroscientist*, 20(1), 82.

Mallick, A., & Pan D. (2015). Case study of a prisoner with antisocial personality disorder in a jail of west bengal. *European Psychiatry*, 30: 1516.

Marsh, A. A., & Blair, R. J. R. (2008). Deficits in facial affect recognition among antisocial populations: A meta-analysis. *Neuroscience & Biobehavioral Reviews*, 32(3), 454–465.

Mehta, P. H., & Jennifer, B. (2010). Neural mechanisms of the testosterone-aggression relation: the role of orbitofrontal cortex. *Journal of Cognitive Neuroscience*, 22(10), 2357–2368.

Mehta, P. H., & Josephs, R. A. (2010). Testosterone and cortisol jointly regulate dominance: evidence for a dual-hormone hypothesis. *Hormones & Behavior*, 58(5), 898–906.

Moffitt, T. E. (1993). Adolescence-limited and life-course-persistent antisocial behavior: a developmental taxonomy. *Psychological Review*, 100(4), 674–701.

Motzkin, J. C., Newman, J. P., Kiehl, K. A., & Koenigs, M. (2011). Reduced Prefrontal Connectivity in Psychopathy. *The Journal of Neuroscience*, 31(48), 17348–17357.

Moul, C., Killcross, S., & Dadds, M. R. (2012). A Model of Differential Amygdala Activation in Psychopathy. *Psychological Review*, 119(4), 789–806.

Munoz, L. C., & Frick, P. J. (2012). Callous-Unemotional Traits and Their Implication for Understanding and Treating Aggressive and Violent Youths. *Criminal Justice and Behavior*, 39(6), 794–813.

New, A. S., Buchsbaum, M. S., Hazlett, E. A., Goodman, M., Koenigsberg, H. W., Lo, J., ... O'Flynn, K. (2004). Fluoxetine increases relative metabolic rate in prefrontal cortex in impulsive aggression. *Psychopharmacology*, 176(3–4), 451–458.

Ogilvie, J. M., Stewart, A. L., Chan, R. C. K., & Shum, D. H. K. (2011). Neuropsychological measures of executive function and antisocial behavior: A meta-analysis. *Criminology*, 49(4), 1063–1107.

Pardini, D. A., Lochman, J. E., & Frick, P. J. (2003). Callous/Unemotional Traits and Social-Cognitive Processes in Adjudicated Youths. *Journal of the American Academy of Child and Adolescent Psychiatry*, 42(3), 364–371.

Pardini, D. A., Lochman, J. E., & Powell, N. (2007). The Development of Callous-Unemotional Traits and Antisocial Behavior in Children: Are There Shared and/or Unique Predictors? *Journal of Clinical Child & Adolescent Psychology*, 36(3), 319–333.

Pardini, D. A., Raine, A., Erickson, K. I., & Loeber, R. (2014). Lower amygdala volume in men is associated with childhood aggression, early psychopathic traits, and future violence. *Biological Psychiatry*, 75(1), 73–80.

Patrick, C. J. (2007). Antisocial personality disorder and psychopathy. In W. O'Donohue, K. A. Fowler, & S. O. Lilienfeld (Eds.), *Handbook of personality disorders* (pp. 109–166). New York, NY: Sage.

Phelps, E. A., & Ledoux, J. E. (2005). Contributions of the Amygdala to Emotion Processing: From Animal Models to Human Behavior. *Neuron*, 48(2), 175–187.

Popma, A., Vermeiren, R., Geluk, C. A. M. L., Rinne, T., Brink, W. V. D., Knol, D. L., ... Doreleijers, T. A. H. (2007). Cortisol Moderates the Relationship between Testosterone and Aggression in Delinquent Male Adolescents. *Biological Psychiatry*, 61(3), 405–411.

Portnoy, J., & Farrington, D. P. (2015). Resting heart rate and antisocial behavior: An updated systematic review and meta-analysis. *Aggression & Violent Behavior*, 22, 33–45.

Portnoy, J., Raine, A., Chen, F. R., Pardini, D., Loeber, R., & Jennings, J. R. (2014). Heart rate and antisocial behavior: The mediating role of impulsive sensation seeking. *Criminology*, 52(2), 292–311.

Pujara, M., Motzkin, J. C., Newman, J. P., Kiehl, K. A., & Koenigs, M. (2014). Neural correlates of reward and loss sensitivity in psychopathy. *Social Cognitive and Affective Neuroscience*, 9(6), 794–801.

Raine, A. (2002). Annotation: The role of prefrontal deficits, low autonomic arousal, and early health factors in the development of antisocial and aggressive behavior in children. *Journal of Child Psychology and Psychiatry*, 43(4), 417–434.

Raine, A. (2018). Antisocial personality as a neurodevelopmental disorder. *Annual review of clinical psychology*, 14, 259–289.

Raine, A. (2013). *The Anatomy of Violence: The Biological Roots of Crime*, Allen Lane: London.

Raine, A., Fung, A. L., Portnoy, J., Choy, O., & Spring, V. L. (2014). Low heart rate as a risk factor for child and adolescent proactive aggressive and impulsive psychopathic behavior. *Aggressive Behavior*, 40(4), 290–299.

Raine, A, Ishikawa, S. S., Arce, E., Lencz, T., Knuth, K. H., Bihrle, ... Colletti, P. (2007). *Hippocampal structural asymmetry in unsuccessful psychopaths*. Biological Psychiatry, 55(2), 185–191.

Raine, A., Lee, L. Y., & Colletti, P. (2010). Neurodevelopmental marker for limbic maldevelopment in antisocial personality disorder and psychopathy. *British Journal of Psychiatry*, 197(3), 186–192.

Raine, A., Yang, Y., Narr, K. L., & Toga, A. W. (2011). Sex differences in orbitofrontal gray as a partial explanation for sex differences in antisocial personality. *Molecular Psychiatry*, 16(2), 227–236.

Rogers, J. C., & De Brito, S. A. (2016). Cortical and Subcortical Gray Matter Volume in Youths With Conduct Problems: A Meta-analysis. *Jama Psychiatry*, 73(1), 64–72.

Room, R. (2005). Stigma, social inequality and alcohol and drug use. *Drug and Alcohol Review*, 24(2), 143–155.

Rosenström, T., Ystrom, E., Torvik, F. A., Czajkowski, N. O., Gillespie, N. A., Aggen, S. H., ... Reichborn-Kjennerud, T. (2017). Genetic and Environmental Structure of DSM-IV Criteria for Antisocial Personality Disorder: A Twin Study. *Behavior Genetics*, 47(3), 1–13.

Roy, A. R., Cook, T., Carré, J. M., & Welker, K. M. (2018). Dual-Hormone Regulation of Psychopathy: Evidence from Mass Spectrometry. *Psychoneuroendocrinology*, 99, 243–250.

Schulkin, J., Gold, P. W., & Mcewen, B. S. (1998). Induction of corticotropin-releasing hormone gene expression by glucocorticoids: Implication for understanding the states of fear and anxiety and allostatic load. *Psychoneuroendocrinology*, 23(3), 219–243.

Schutter, D. J. L. G., & Honk, J. V. (2005). Salivary cortisol levels and the coupling of midfrontal delta-beta oscillations. *International Journal of Psychophysiology*, 55(1), 127–129.

Seo, D., Patrick, C. J., & Kennealy, P. J. (2008). Role of serotonin and dopamine system interactions in the neurobiology of impulsive aggression and its comorbidity with other clinical disorders. *Aggression & Violent Behavior*, 13(5), 383–395.

Shi, Z., Bureau, J. F., Easterbrooks, M. A., Zhao, X., & Lyons-Ruth, K.. (2012) Childhood maltreatment and prospectively observed quality of early care as predictors of antisocial personality disorder features. *Infant Mental Health Journal*, 33(1):55-69.

Shirtcliff, E. A., Vitacco, M. J., Graf, A. R., Gostisha, A. J., Merz, J. L., & Zahn-Waxler, C. (2010). Neurobiology of empathy and callousness: implications for the development of antisocial behavior. *Behavioral Sciences & the Law*, 27(2),137-171.

Simourd, L., & Andrews, D. A. (1994). Correlates of delinquency: A look at gender differences. Paper presented at the Forum on Correctional Research.

Sourander, A., Multimaki, P., Nikolakaros, G., Haavisto, A., Ristkari, T., Helenius, H., . . . Almqvist, F. (2005). *Childhood predictors of psychiatric disorders among boys: A prospective community-based follow-up study from age 8 years to early adulthood*. Journal of the American Academy of Child & Adolescent Psychiatry, 44(8):756-766.

Spielberg, J. M., Forbes, E. E., Ladouceur, C. D., Worthman, C. M., Olino, T. M., Ryan, N. D., & Dahl, R. E. (2014). Pubertal testosterone influences threat-related amygdala-orbitofrontal cortex coupling. *Social cognitive and affective neuroscience*, 10(3),408-415.

Terburg, D., Aarts, H., & Van, H. J. (2012). Testosterone affects gaze aversion from angry faces outside of conscious awareness. *Psychological Science*, 23(5),459-463.

Terburg, D., Morgan, B., & Honk, J. V. (2009). The testosterone-cortisol ratio: A hormonal marker for proneness to social aggression. *International Journal of Law and Psychiatry*, 32(4),216-223.

Vaidyanathan, U., Hall, J. R., Patrick, C. J., & Bernat, E. M. (2011). Clarifying the role of defensive reactivity deficits in psychopathy and antisocial personality using startle reflex methodology. *Journal of Abnormal Psychology*, 120(1),253-258.

Valente, T. W., Ritt-Olson, A., Stacy, A., Unger, J. B., & Sussman, S. (2010). Peer acceleration: effects of a social network tailored substance abuse prevention program among high-risk adolescents. *Addiction*, 102(11),1804-1815.

Vassos, E., Collier, D. A., & Fazel, S. (2013). Systematic meta-analyses and field synopsis of genetic association studies of violence and aggression. *Molecular Psychiatry*, 19(4),471.

Vermeij, A., Kempes, M. M., Cima, M. J., Mars, R. B., & Brazil, I. A. (2017). Affective traits of psychopathy are linked to white-matter abnormalities in impulsive male offenders. *Neuropsychology*, 32(6),735-745.

Verona, E., Sprague, J., & Sadeh, N. (2012). Inhibitory control and negative emotional processing in psychopathy and antisocial personality disorder. *Journal of Abnormal Psychology*, 121(2),498-510.

Walters, G. D., & Kiehl, K. A. (2015). Limbic correlates of fearlessness and disinhibition in incarcerated youth: Exploring the brain-behavior relationship with the Hare Psychopathy Checklist: Youth Version. *Psychiatry Research*, 230(2),205-210.

Wang, D., Szyf, M., Benkelfat, C., Provencal, N., Turecki, G., Caramaschi, D., . . . Booij, L. (2012). Peripheral SLC6A4 DNA Methylation Is Associated with In Vivo Measures of Human Brain Serotonin Synthesis and Childhood Physical Aggression. Plos One, 7(6).

White, S. F., Sarah, B., Stephen, S., Fowler, K. A., Kayla, P., & Blair, R. J. R. (2013). The relationship between large cavum septum pellucidum and antisocial behavior, callous-unemotional traits and psychopathy in adolescents. *Journal of Child Psychology & Psychiatry*, 54(5),575-581.

Wilson, H. A. (2014). Can antisocial personality disorder be treated? A meta-analysis examining the effectiveness of treatment in reducing recidivism for individuals diagnosed with ASPD. *International Journal of Forensic Mental Health*, 13(1),36-46.

Wingen, G. V., Mattern, C., Verkes, R. J., Buitelaar, J., & Fernández, G. (2010). Testosterone reduces amygdala-orbitofrontal cortex coupling. *Psychoneuroendocrinology*, 35(1),105-113.

Wolf, R. C., Pujara, M. S., Motzkin, J. C., Newman, J. P., Kiehl, K. A., Decety, J., ... Koenigs, M. (2015). Interpersonal traits of psychopathy linked to reduced integrity of the uncinate fasciculus. *Human Brain Mapping*, 36(10), 4202–4209.

Wong, S. C., & Gordon, A. (2006). The validity and reliability of the Violence Risk Scale: A treatment-friendly violence risk assessment tool. *Psychology, Public Policy, and Law*, 12(3), 279.

Wygant, D. B., Sellbom, M., Sleep, C. E., Wall, T. D., Applegate, K. C., Krueger, R. F., & Patrick, C. J. (2016). Examining the DSM-5 alternative personality disorder model operationalization of antisocial personality disorder and psychopathy in a male correctional sample. *Personal Disord*, 7(3), 229–239.

Yang, Y., & Raine, A. (2009). Prefrontal Structural and Functional Brain Imaging findings in Antisocial, Violent, and Psychopathic Individuals: A Meta-Analysis. *Psychiatry Research-neuroimaging*, 174(2), 81–88.

Yang, Y., Raine, A., Narr, K. L., Colletti, P. M., & Toga, A. W. (2009). Localization of Deformations Within the Amygdala in Individuals With Psychopathy. *Archives of General Psychiatry*, 66(9), 986–994.

Yoder, K. J., Porges, E. C., & Decety, J. (2015). Amygdala subnuclei connectivity in response to violence reveals unique influences of individual differences in psychopathic traits in a nonforensic sample. *Human Brain Mapping*, 36(4), 1417–1428.

7 敌意心理[①]

7.1 引言 / 196
7.2. 敌意心理概述 / 197
 7.2.1 敌意心理的涵义与分类 / 197
  敌意态度 / 197
  敌意认知 / 198
  敌意沉浸 / 198
 7.2.2 敌意心理的测量 / 198
  个体敌意态度的测量 / 199
  敌意归因偏向的测量 / 199
  敌意沉浸的测量 / 201
 7.2.3 敌意心理的神经生理基础 / 201
  个体敌意态度的神经生理基础 / 201
  敌意归因偏向的脑基础 / 202
 7.2.4 敌意心理的理论模型与观点 / 203
7.3 敌意心理的危害 / 203
 7.3.1 损害身心健康 / 203
 7.3.2 引发行为问题 / 204
 7.3.3 导致社会危害 / 204
7.4 敌意心理的影响因素 / 205
 7.4.1 社会环境 / 205
  暴力环境 / 205
  同伴环境 / 206
 7.4.2 人格因素 / 206
  A 型人格 / 206
  大五人格特质 / 207
  人际自立 / 207
 7.4.3 不利经历 / 208
  受欺凌经历 / 208
  儿童虐待 / 209
7.5 社会中的敌意心理 / 209
 7.5.1 家庭中的敌意心理 / 209
  父母敌意归因偏向 / 209
  家庭敌意行为体现的敌意心理 / 210
 7.5.2 社会矛盾中的敌意心理 / 211
  一般社会矛盾中的敌意心理 / 211
  群体性事件中的敌意心理 / 212

[①] 国家社会科学基金西部项目"新时代平安中国视角下我国青少年暴力风险的识别与防治研究"（20XSH025）资助。

7.5.3 社会群体中的敌意心理 / 213
        儿童青少年的敌意心理特点 / 213
        成年人群体的敌意心理特点 / 213
        不同社会阶层群体的敌意心理特点 / 214
        特殊群体的敌意心理特点 / 214
7.6 敌意心理的防治 / 215
  7.6.1 敌意心理的预防 / 215
        科学测评敌意心理 / 216
        减少与化解社会矛盾 / 216
        全民宣传与教育 / 216
        维护家庭与社区的和谐 / 217
  7.6.2 敌意心理的干预 / 217
        社会干预 / 217
        心理干预 / 218
7.7 未来研究的展望与思考 / 219
参考文献 / 220

7.1 引言

近年来,恶意报复他人和社会的伤害事件频发,受到了人们的广泛关注。2018年12月,一男子当街殴打自己20年前的班主任张老师,并录下视频,该视频后来在网上热传。在法院审理该案件的过程中,该男子称,在上学时张老师曾数次体罚他,这导致其在偶遇张老师后做出了报复行为。据该男子的家人讲,其多次讲述被张老师体罚的事,偶尔还会因为在梦中想起当年的事而被惊醒。恶意报复他人和社会的伤害行为的心理基础是敌意心理,导致该男子在事隔20年后报复班主任的心理根源则是敌意心理中的两个典型现象——敌意态度和敌意沉浸。

敌意心理是每个人在日常生活中都可能会出现的复杂心理现象。广义的敌意心理既涉及正常、必要的心理活动,也包括消极的心理现象;狭义的敌意心理是指那些对个人和社会都会带来损害的消极心理。狭义的敌意心理最为常见,是国家和公众都需要关注的社会心理问题,因此本章所提及的敌意心理一般是指狭义的,即消极的敌意心理。例如,对外界敌意信息和他人敌意意图的正确识别和理解,以及对他人敌意行为的恰当反应是人类在进化过程中形成的帮助自己发现危险、避免危害和保护自己的重要心理功能,具有适应价值,是正常和必要的。但是,对其他个体、群体乃至社会形成的敌意态度、对敌意信息的认知偏向以及对激惹事件的敌意沉浸等消极敌意心理则不仅会危害自身的身心健康,还可能会带来严重的社会危害,影响国家的安定团结与社会和谐。习近平总书记指出,要"塑造理性平和的社会心态"。敌意心理是社会心态不理性、不平和的典型代表。因此,深入认识敌意心理不仅具有重要的科学价值,也对维护人们的身心健康和社会稳定具有实践价值和现实意义,是当前我国社会治理中需要关注的重要问题。

7.2 敌意心理概述

7.2.1 敌意心理的涵义与分类

敌意(hostility)是一种以人际对立为核心特征的复杂现象,包括敌意心理和敌意行为两个基本方面。敌意行为是一种应对激惹的消极行为,主要包括攻击性行为、对立性行为与破坏性行为。

敌意心理则是一种复杂的对立心理。从动态—稳态的角度,敌意心理可以划分为敌意心理过程和敌意心理特征两种。敌意心理过程指与敌意相关的心理加工,即敌意心理活动,它又包括敌意认知过程与敌意情绪过程。敌意心理特征主要指与敌意相关的人格因素,例如,敌意态度和特质敌意归因偏向等。敌意心理过程中既包括正常、必要和具有适应性的敌意心理加工,也包括消极的敌意心理活动。敌意心理特征则通常是消极的人格因素。对人们心理和行为影响较大的是敌意态度、敌意认知和敌意沉浸这三种敌意心理因素,它们就构成了人们常说的"戾气"。"敌意"最初指的就是"敌意态度"(Cook 和 Medley,1954),是最传统的、也是最受关注的敌意心理;敌意认知是社会信息加工模型(social information processing model;Crick 和 Dodge,1994)等关注的敌意心理;敌意沉浸则是近年来逐步受到重视的敌意心理问题(Caprara 等,2014)。

敌意态度

敌意态度(hostile attitude)是一种对立性的态度。根据敌意态度指向的对象,可以分为个体敌意态度和群际敌意态度两种。个体敌意态度(individual hostile attitude)指个体对其他人的一种消极态度,包括不信任与怀疑等敌意认知,怨恨、愤怒、不满、疏离等敌意情绪,以及想要伤害他人或搞破坏的行为意图等敌意行为倾向(敌意意图)。换句话说,个体敌意态度包括了敌意认知、情感和意图三个成分。例如,怀疑和怨恨某人并想要伤害他/她就是一种典型的个体敌意态度。群际敌意态度(intergroup hostility),又被称为外群体敌意态度(outgroup hostility)或社会敌意(social hostility),指群体成员及其所代表群体对其他群体成员及其所代表的群体、组织和阶层等所持有的一种消极态度,包括不信任(怀疑)、怨恨以及伤害(破坏)意图等成分。"种族敌意"和"消费者敌意"等就是典型的群际敌意态度。

敌意认知

敌意认知(hostile cognition)指对人际对立相关信息的认知反应或倾向,或将人际信息感知为人际对立的认知反应或倾向。其有敌意认知过程和敌意认知特征两个水平,包括敌意信息注意、敌意归因、敌意意图理解、元去人性化、敌意性的媒体感知等心理现象。虽然敌意信息注意、敌意归因和敌意意图理解等敌意认知过程本身是正常的心理活动,但是敌意性的认知偏向(如敌意信息注意偏向)和敌意认知特征(如特质敌意归因偏向)则是会带来消极后果的不良心理现象。

敌意信息注意偏向(hostile information attention bias)指个体在注意过程中偏好选择性地加工人际对立相关的信息(如,人际对立相关的表情、词汇和动作等)。敌意归因偏向(hostile attribution bias)也称为敌意归因风格(hostile attribution style)或意图的敌意归因(hostile attribution of intention),指将模糊情境中他人的行为意图解释为是有意要伤害自己的认知反应或倾向(Dodge, 2006; Li 和 Xia, 2020)。敌意归因偏向具有状态和特质两个水平。状态敌意归因偏向又可以称为敌意归因偏向反应,是个体对模糊情境中的激惹刺激进行敌意归因的认知反应,具有情境性和动态性的特点;特质敌意归因偏向是一种人格因素,是个体进行敌意归因偏向的倾向和模式,具有跨时间的一致性和跨情境的稳定性。

敌意沉浸

根据 Caprara 等(1986)的描述,敌意沉浸(hostile rumination)可以界定为一种沉浸式思维和体验,指个体在遭受激惹后持续怀有怨恨情感以及报复思维和动机。敌意沉浸属于敌意情绪,有状态和特质两个水平,包括了敌意性思维和敌意情绪体验两个基本成分。状态敌意沉浸是个体在经历特定的激惹事件后所做出的敌意沉浸反应;特质敌意沉浸是一种人格因素,反映了个体进行敌意沉浸的偏好。例如,在被伤害后的一段时间内反复想着要如何去报复对方,并伴有怨恨、愤怒等消极情绪体验,但不久以后就淡忘了,就是典型的状态敌意沉浸;而一直记得自己过去遭受过的各种不公正待遇或伤害,长时间持有怨恨或不满情绪,并一直想着要如何报复对自己不好的人就是典型的特质敌意沉浸。

7.2.2 敌意心理的测量

目前,学者们开发的敌意心理测量工具主要针对的是个体敌意态度、敌意归因偏向和敌意沉浸这三种敌意心理现象。

个体敌意态度的测量

对个体敌意态度的测评主要采用的是问卷法,典型的测量问卷有库克—梅德利敌意调查表(Cook-Medley Hostility Inventory,CM-Hostility;Cook 和 Medley,1954)和巴斯—佩里攻击问卷(Buss-Perry Aggression Questionnaire,BPAQ;Buss 和 Perry,1992)的敌意分量表。库克—梅德利敌意调查表(CM-Hostility)包含 17 个关于个体敌意态度的题项(如,"我怀疑那些乐于助人的人的动机"),参与者需要在 0(否)和 1(是)两级量尺上进行评定。巴斯—佩里攻击问卷(BPAQ)的敌意分量表有 8 个题项(如,"有时我满怀嫉妒"),采用李克特 5 点计分。

敌意归因偏向的测量

敌意归因偏向是最受关注的敌意认知现象。学者们针对状态与特质两种水平的敌意归因偏向分别开发了一些实验任务和测量工具。

状态敌意归因偏向的测量 学者们主要采用实验任务来测量在实验室设定的某个模糊激惹情境下个体的状态敌意归因水平,这些实验任务均包括激惹和敌意归因评定两个环节。这样的实验任务有不公平纸牌游戏(unfair card game,UCG;Roskam 等,2016)、七巧板任务(tangram task;Barlett,Helmstetter,Kowalewski,和 Pezzillo,2017)和我们自己开发的敌意归因偏向引导任务(hostile attribution bias guiding task;权方英,2019)。

不公平纸牌游戏(UCG)适用于 2—7 岁的孩子,参与实验的孩子与虚拟的同龄伙伴在电脑端一起玩移动纸牌游戏。在游戏中,孩子的成功取决于同伴的表现。每次孩子指向正确的卡片,虚拟伙伴就会得到一个糖果;同样,每次虚拟伙伴指向正确的卡片,孩子就会得到一个糖果。孩子先玩五轮移动纸牌游戏,然后虚拟伙伴玩五轮。实验总是让孩子获胜,即虚拟伙伴会因此赢得 5 块糖果(获胜阶段),而虚拟伙伴将输掉四局,因此只让孩子得到一颗糖果(失败阶段)。之后问孩子一些关于敌意归因的开放式问题(如,"你伙伴为什么要那样玩?"),对于每个问题,都有几个建议的答案(如,"他故意犯错是为了得到比我更多的糖果"、"他不是故意的,这个游戏对他来说太难了"、"我不知道")。最后,根据孩子选择敌意归因答案进行回答的比例来评定其状态敌意归因偏向水平。七巧板任务是通过让参与者与同性别的搭档共同完成彼此分派给对方的七巧板拼图任务来设置模糊的激惹情境。在完成七巧板拼图任务后,参与者要填写一份包括 10 个项目(如,"我的搭档对我很刻薄")的敌意归因问卷,并在 5 点量尺上评定搭档行为意图的敌意程度。

我们开发的敌意归因偏向引导任务采用抽牌游戏来设置激惹情境,并采用从众引导的方式来引发敌意归因,具体流程见图 7.1。在抽牌游戏中,参与者与虚假对手在三张牌中抽一张牌,参与者要尽可能与虚假对手抽到同一张牌,如果参与者抽到的牌与虚假对手的不一致,将受到虚假对手事先设定的某个强度的电击。这时请参与者根据屏幕上呈现的敌意句来评定虚假对手的电击行为的意图。最后,参与者可以选择一种强度的电击来报复虚假对手。

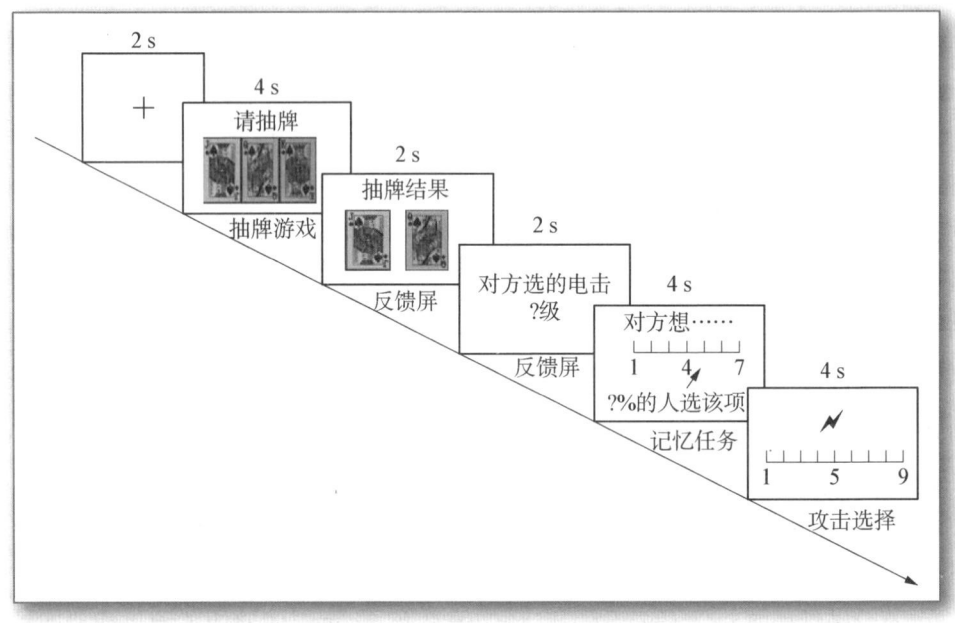

图 7.1　敌意归因偏向引导任务流程

特质敌意归因偏向的测量　特质敌意归因偏向的测量方法主要是呈现在日常生活中可能会遇到的模糊激惹情境,让参与者判断自己在该情境下的想法与敌意归因词句描述的符合程度。典型的测量工具包括社会信息加工—归因偏向问卷(Social Information Processing-Attribution Bias Questionnaire, SIP-ABQ; Coccaro,Noblett,和 McCloskey,2009)、词句联想范式敌意量表(Word Sentence Association Paradigm for Hostility, WSAP-Hostility;Dillon 等,2016)以及敌意归因偏向测验(Hostile Attribution Bias Measure;Wadian, Jones, Sonnentag,和 Barnett,2016)。

社会信息加工—归因偏向问卷(SIP-ABQ)包含了 8 个简短的社交模糊情境脚本(如,"请想象你第一次去参加一个你想要加入的团体的聚会。你很想和团体里的其他人交朋友,你走向团体中的一些成员,并打了声招呼,可是没有任何人回应你")。施测时要求被试阅读这些短故事,并想象自己就是故事中的主人翁,且以主人翁的身份在 0(完全不可能)到 3(很可能)量尺上评定每个故事中对方的意图。该问卷有敌意归因(hostile attribution)、工具归因(instrumental attribution)和积极归因(benign attribution)三个分量表,其中的敌意归因分量表在每个故事中都有两个题项,分别测量直接(如,"这个团体的那些成员不想理睬我")与间接(如,"这个团体的那些成员想让我感到我并不重要")的敌意归因。杜欣蔚等人已经针对大学生修订出了该问卷的中文版(杜欣蔚等,2020)。词句联想范式敌意量表(WSAP-Hostility)包含 16 个描述模糊激惹情境的句子(如,"有人在你的面前摔门"),每个句子都与某个敌意词(如,"侮辱的")匹配,要求参与者在 6 点量尺(1=完全不相关,6=完全相关)上判断该敌意词与模糊句子的关联程度。权方英等人也针对大学生修订出了该问卷的中文版(权方英,2019)。敌意归因偏向测验主要适用于大学生群体,需要根据 5 点量尺(1=非常不同意,5=非常同意)对 8 个假设的模糊激惹情境中对方的行为意图进行评定(如,"如果我在课堂上获得教师的负面反馈,我常常会认为他(她)不喜欢我")。

敌意沉浸的测量

敌意沉浸可以采用消除—沉浸量表(dissipation-rumination scale;Caprara,1986)和敌意自动思维量表(hostile automatic thoughts scale,HATS;Snyder 等,1997)进行测量。

消除—沉浸量表是基于卡普拉拉(Caprara,1986)的观点发展起来的,他认为消除和沉浸是单一维度的对立两端,因此低敌意沉浸就是快速消除敌意情绪,并很少沉浸其中;反之,高敌意沉浸则是缓慢消除敌意情绪,并一直沉浸其中。该量表共有 20 题,其中有 5 道题是填充题,不参与评分,测量敌意沉浸的题目共有 15 道(如,"我绝不帮助那些冤枉或亏待过我的人"),采用 0—5 的 6 点计分。敌意自动思维量表共 30 个题项,包含三个维度。其中,身体攻击思维有 11 个题项(如,"我想痛打这个人一顿");贬损他人思维有 10 个题项(如,"这个人是个失败者");报复思维有 9 个题项(如,"我想要报复这个人"),采用 5 点计分。

7.2.3　敌意心理的神经生理基础

个体敌意态度的神经生理基础

个体敌意态度与大脑的结构以及功能都有密切关系。例如,个体敌意态度与右侧前扣带皮层(right anterior cingulate cortex,rACC)、双侧背内侧前额叶(bilateral dorsolateral prefrontal cortex,DLPFC)、左侧背外侧前额叶(dorsal medial prefrontal cortex,dMPFC)以及前运动皮层(premotor cortex,PMC)的灰

质密度(Nakagawa 等,2017),大脑灰质和白质的变化(Mohammadi 等,2020),以及个体在静息状态下顶上小叶(superior parietal lobule,SPL)的低频振幅(Kunisato 等,2011)都有关。

此外,敌意态度还会影响个体面对应激刺激时的生理反应。例如,在黛玛丽和哈里森(Demaree 和 Harrison,1997)的冷压实验中,实验参与者需要将手放置于温度为4℃的冰水中,结果发现与低敌意态度组相比,高敌意态度组在面对冰水这一外界压力刺激时生理觉醒更强,具体表现为心率(heart rate,HR)、收缩压(systolic blood pressure,SPB)和舒张压(diastolic blood pressure,DBP)更高。

敌意归因偏向的脑基础

特质敌意归因偏向与大脑的结构以及功能特点有关。首先,额叶和枕叶的相关区域的结构特征很可能是特质敌意归因偏向的脑基础。例如,我们的研究发现,在全脑水平上,特质敌意归因偏向与左侧框额叶(orbitofrontal cortex,OFC)的灰质体积呈显著正相关,与左侧舌回(left lingualgyrus,LG)的灰质体积呈显著负相关(Quan 等,2019),如图 7.2 所示;在兴趣区水平上,其还与左侧额中回(middle frontal gyrus,MFG)灰质密度显著正相关(Wang 等,2018)。

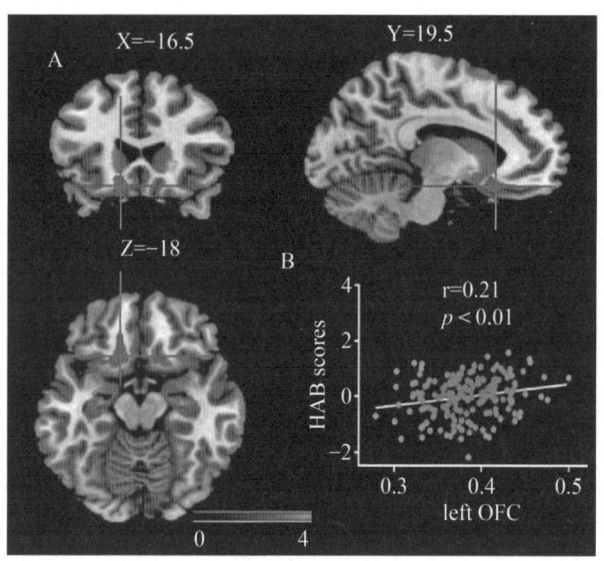

图 7.2　全脑水平上敌意归因偏向的脑关联

其次,颞叶相关区域的活动与状态敌意归因偏向的关系密切。例如,10—18岁个体的右侧颞上回(right superior temporal gyrus,rSTG)的激活与对指向自己的笑声(嘲笑、挠痒笑、欢笑)的敌意意图评分显著正相关(Martinelli 等,2019)。此外,将经颅磁刺激(transcranial magnetic stimulation,TMS)作用于个体右侧颞顶联合区(temporo-parietal junction,TPJ)时,个体对他人的敌意归因增加,对他人行为进行非敌意解释的倾向减少,TMS应用于左侧TPJ时则会产生相反的模式(Giardina,Caltagirone,和Oliveri,2011)。

7.2.4 敌意心理的理论模型与观点

为了更好地解释敌意心理的功能,学者们提出了一些模型和观点。其中,专门针对敌意心理的理论模型是敌意的社会心理脆弱模型(psychosocial vulnerability model of hostility),用于解释敌意与健康之间的关系。该模型认为,敌意态度水平高的人,更有可能体验到更多的压力与人际冲突,有更多不良的生活习惯,获得更少的社会支持,这些可能是高敌意态度者出现健康问题(如冠心病或其他危及生命的疾病)的心理机制(Smith,1992)。

此外,有一些攻击模型和理论也提出了涉及敌意心理的理论观点。首先,社会信息加工模型(Crick和Dodge,1994)提出,个体对社会信息的加工会影响其攻击行为,即攻击行为的产生要经历线索编码、线索解释、明确目标、寻求可能的反应方式、选择并评估最好的反应以及最终实施攻击行为等六个阶段。在第二步的线索解释中,个体对社会情境中他人行为意图的敌意归因就会导致反应性攻击行为,不过,这并不影响主动性攻击。其次,特质愤怒的综合认知模型(Wilkowski和Robinson,2008)认为,高特质愤怒个体在遇到激惹情境时,易于对他人的意图进行敌意性解释,并因此促使其持续关注和沉浸于敌意相关的信息与情绪,即激惹情境会引发其沉浸注意,从而提高其愤怒和反应性攻击水平。最后,一般攻击模型(general aggression model;Anderson和Bushman,2002)指出,特质敌意归因偏向等个体因素会通过影响个体的内部心理状态来引发攻击。

7.3 敌意心理的危害

7.3.1 损害身心健康

敌意心理会损害个体的身心健康。首先,个体敌意态度会增加个体罹患冠心病、中风等身体疾病的风险。比如,博伊尔(Boyle等,2005)对表现出冠心病症状的年龄范围为50—70岁的1328位患者(76%为男性)进行了14—15年的追踪,结果发现,个体敌意态度水平是冠心病死亡率的重要预测指标。艾弗森—罗斯

(Everson-Rose 等,2014)对6 749名来自美国6个地区、45至84岁的中老年群体进行了八年半的前瞻性研究,结果显示,较高的个体敌意态度与中老年人的中风或短暂性脑缺血发作的风险增加有关。哈奇(Hatch 等,2010)发现,紧张性头痛患者的个体敌意态度和愤怒水平比非紧张性头痛患者更高。其次,个体敌意态度还会引发抑郁、创伤后应激障碍和网络成瘾等心理健康问题。例如,个体在大学入学时的敌意态度水平,以及从大学到中年期敌意态度水平的变化,都可以预测个体未来患抑郁的可能性(Siegler 等,2003);创伤临床患者的个体敌意态度能纵向预测六个月后的创伤后应激障碍(Mathes 等,2020);高敌意态度的中学生在两年后会表现出更为严重的网络成瘾症状(Stavropoulos, Kuss, Griffiths, Wilson, 和 Motti-Stefanidi, 2017)。

7.3.2 引发行为问题

敌意心理会给个体自身以及他人带来危害,甚至引发严重的不良后果。首先,个体敌意态度是导致个体产生自杀意念或行为的主要因素之一。例如,高个体敌意态度容易引起自杀企图与自杀意念(Kachadourian, Gandelman, Ralevski, 和 Petrakis, 2018; Choi 等,2019)。

其次,敌意心理会导致攻击行为。沃尔特斯和埃斯皮莱奇(Walters 和 Espelage, 2018)发现,以症状自评量表(Symptom Checklist-90, SCL-90)测得的个体敌意态度可以正向预测6个月后对他人的欺负行为。克洛泽(Crozier 等,2008)发现,个体的敌意归因偏向得分对两年后测得的攻击评分(包含身体、言语攻击的综合评分)具有显著的正向预测作用。我们的研究也发现,敌意归因偏向可以预测大学生6个月后的攻击行为(Quan 等,2019)。此外,敌意沉浸可以预测青少年学生两年以后的暴力行为(Caprara, Paciello, Gerbino, 和 Cugini, 2007)。

最后,敌意态度还会引发犯罪与越轨行为等破坏性行为。例如,父亲对孩子的敌意行为对3年后青少年犯罪行为的增加有显著的预测作用(Wu 等,2014)。另一方面,群际敌意态度会导致越轨行为。由领导者虐待、组织不公正感引起的员工对领导层或组织的群际敌意态度,会导致员工做出背叛公司、偷窃公司机密、离职,或者损害公司利益等越轨行为(Mayer 等,2012)。

7.3.3 导致社会危害

敌意心理除了会给个体带来损害外,还会对社会产生危害,甚至会引发社会动荡。首先,敌意心理会引发一些诸如伤害无辜者等报复社会的行为。例如,个体敌意态度水平越高的艾滋病患者越可能会通过对无辜者的报复、仇视等行为对社会表达不满(张晓庆,2018)。以仇医心理为典型代表的敌意心理会引发医患冲突以及"医闹"、伤医和杀医等具有严重社会后果的事件。敌意心理还会引发恐怖行为等极端行为,严重危害社会安全。例如,反穆斯林群体的群际敌意态度会增加对穆斯林群体的恐怖行为,包括放火焚烧清真寺,散布反穆斯林的涂鸦,以及对信奉伊斯兰教的人进行人身攻击等在内的恐怖袭击行为(Mitts, 2017)。

其次,敌意心理会引发集群行为与群体性事件,甚至会引发骚乱。当民众的敌意情绪累积到一定程度时,尤其是对外群体成员的敌意态度较强较久时,只需要一点导火索,群体性事件就会很快发生(蒋晗华,2016)。

7.4 敌意心理的影响因素

敌意心理的影响因素主要包括社会环境、人格因素以及人生经历。

7.4.1 社会环境

暴力环境和同伴环境是两种影响敌意心理形成和发展的主要社会环境因素。

暴力环境

暴力环境对敌意心理的影响主要是通过暴力媒介接触和暴力暴露来实现的。暴力媒介接触(violent media exposure)是指个体有意或无意地接触到暴力媒介传递的暴力信息,从而使接触者暴露在暴力环境之中。媒介包含文字、图片、声音和视频等各种形式,暴力媒介(violent media)指传播暴力信息的载体和工具。暴力媒介接触会使得个体敌意态度水平明显上升。比如,长期接触暴力电子游戏会使得网络游戏成瘾个体在中文版的巴斯—德尔基敌意调查表(Buss-Durkee hostility inventory)上的得分显著高于控制组(Yen 等,2017)。其他形式的暴力媒介接触,如暴力电视节目接触(Scharrer,2001)、暴力电影接触(Adeline 和 Schumacher,2018)、暴力歌曲接触(Anderson, Carnagey, 和 Eubanks,2003)也会增强个体的敌意态度。此外,暴力媒介接触还会影响个体的敌意归因。例如,一项对我国大学生的研究发现,先前参与暴力电子游戏的大学生在竞争反应时任务(competitive reaction time task, CRTT)中表现出的敌意归因偏向水平显著高于参与非暴力电子游戏的大学生(Tian, Gao, Wang, 和 Gao, 2020)。

暴力暴露(violence exposure)指的是个体经历(看到或听到)来自家庭、学校或社区等外部环境中的暴力行为(Wilson, Kliewer, 和 Sica, 2004)。暴露于暴力环境中会增加个体的敌意态度。例如, 青少年的暴力暴露程度能够正向预测个体的敌意态度(Moses, 1999), 母亲报告的儿童家庭暴力暴露与其敌意态度呈显著正相关(Ghasemi, 2014), 有频繁暴力暴露的青少年相比较少暴露于暴力环境中的个体有更高的敌意态度水平(Baskin 和 Sommers, 2014)。

同伴环境

个体的同伴环境主要由同伴关系和同伴互动构成。同伴关系(peer relationship)是指水平相当的个体间在交往过程中建立和发展起来的一种人际关系(邹泓, 1998); 同伴互动(peer interaction)指同伴之间进行人际交往的行为与活动。

一方面, 混乱的同伴关系会加剧青少年的个体敌意态度。比如, 在少年时期有更多恋爱关系的个体, 在成年后的亲密关系中会表现出更多的个体敌意态度(Loeb, Kansky, Narr, Fowler, 和 Allen, 2020)。另一方面, 同伴互动会影响个体敌意态度, 表现为亲密关系中的互动会影响个体敌意态度。例如, 青少年时期同伴之间的亲密互动和亲密行为能够负向预测其十年后的敌意态度水平(Allen, Grande, Tan, 和 Loeb, 2018); 相比控制组, 遭到期望约会的同伴拒绝时的男性会表现出更多的敌意态度(Andrighetto, Riva, 和 Gabbiadini, 2019); 与不同种族同龄人之间更多的接触伴随着更少的敌意态度水平(Hajdu, Kertesi, 和 Kézdi, 2019)。同伴交往过程中的一些因素还可能导致敌意归因偏向。例如, 有研究请青少年评定用不同语气(消极、中性、积极)表达的不同评价内容(正面评价、模糊评价、负面评价)是否友好, 结果发现, 青少年认为用消极语气表达出的模糊评价是有敌意的(van den Berg 和 Lansu, 2020), 这提示消极语气容易引发敌意归因偏向。

7.4.2 人格因素

人格是一种稳定的个体因素, 它决定着个体对环境独特的适应方式(Allport, 1937)。在敌意心理的产生与发展过程中, 一些人格因素(如 A 型人格、大五人格等)扮演着重要的角色, 一些敌意心理(如个体敌意态度、敌意归因偏向和敌意沉浸等)也会发展成为个体稳定的人格特征。

A 型人格

A 型人格(type A personality)又被称为 A 型行为模式, 是一类行为模式的统称, 包括性情急躁、有野心、对他人容易产生敌意态度等特点。A 型人格会预测敌意态度。例如, 有研究发现, A 型行为越多的个体在库克—梅德利量表(CM-

Hostility)上的个体敌意态度得分越高(Yuen 和 Kuiper,1991);对比 B 型人格,A 型人格的个体会表现出更多的敌意归因和敌意态度,他们常常认为他人具有威胁性进而做出敌意反应(Weinstein,1985)。还有学者探究了 A 型人格的成分与敌意态度的关系。例如,一项长达 15 年的纵向调查(Keltikangas-Järvinen,和 Heinonen,2003)表明,个体在童年时期形成的 A 型人格中的急躁和攻击性成分可以正向预测其成年后的个体敌意态度,而领导能力和责任感成分能够负向预测其成年后的个体敌意态度。

大五人格特质

大五人格中的神经质会预测或引发敌意心理。神经质(neuroticism)反映了个体的情感调节过程以及体验消极情绪的倾向和情绪的不稳定性。有研究发现,在神经质上得分高的人在个体敌意态度量表上的分数也会更高(Cuomo 等,2009;Watson 和 Clark,1992);与低神经质的个体相比,高神经质的个体在应对压力时表现出更多的敌意态度(Gunthert,Cohen,和 Armeli,1999);高神经质使个体更容易感知到威胁并把他人的行为意图解释为令人失望的或者有意的,从而表现出更多敌意归因偏向(Caspi, Roberts, 和 Shiner, 2005;Hessels 等, 2014;Kokkinos,Karagianni,和 Voulgaridou,2017)。

大五人格中的宜人性(agreeableness)对敌意心理有抵御作用。首先,宜人性能够负向预测个体敌意态度。例如,高宜人性个体产生个体敌意态度的可能性更低(Meier 和 Robinson,2004)。这是因为,高宜人性个体愿意与他人友好相处并建立积极的人际关系,所以获得了更多的社会支持,从而减少了敌意态度的产生(Gallo 和 Smith,1999)。其次,宜人性能够减少个体的敌意归因。科基诺斯(Kokkinos 等,2017)对 347 名青少年进行调查的结果显示,高宜人性个体会更少对他人做出敌意归因。这可能是因为高宜人性者在面临冲突情境时较少把情境看作是充满威胁和敌意的,他们会倾向于产生积极的想法,避免敌意归因偏向的产生(Meier,Wilkowski,和 Robinson,2008)。最后,宜人性对敌意沉浸也有负向预测作用。一项长达 5 年的纵向调查结果显示,宜人性能负向预测敌意沉浸(Caprara 等,2013)。这可能是因为高宜人性个体会更多采取自我调控、转移注意力等方式来抑制和对抗敌意沉浸的出现(Anderson 和 Bushman,2002;Jensen-Campbell 等,2002;Meier 等,2008)。

人际自立

人际自立(interpersonal self-support)是来自中国文化的积极人际人格,指中国文化所倡导的利于个体解决人际问题和社会发展的综合人格因素,包含人际独立、人际主动、人际责任、人际灵活和人际开放等五种积极人格特质(Wang 和 Xia,

2019;夏凌翔,黄希庭,2008)。其中,人际开放和人际责任对敌意心理具有抵御作用,属于积极品质的保护性人格因素。

人际开放(interpersonal openness)对敌意心理的抵御作用主要表现为其可以抵御敌意态度和敌意归因偏向。例如,一项间隔6个月的纵向调查发现,在控制了大五人格后,人际开放依然能跨时间负向预测个体的敌意态度和敌意归因偏向(Wang 和 Xia,2019)。以初中生为对象的纵向调查也发现,高人际开放个体在特质敌意归因偏向和状态敌意归因偏向上的得分均显著更低(张秦,2019)。这可能是因为高人际开放个体具有积极的关系图式,对他人具有积极的态度,更容易关注到积极的人际信息,而对不友好的敌意信息的敏感度相对较低,因此更少对他人形成和表现出敌意态度,也不容易把模糊情境中他人行为的意图解释为是有敌意的。

人际责任(interpersonal responsibility)也可以负向预测个体敌意态度。例如,让高人际责任组和低人际责任组分别完成最后通牒任务,在模糊情境下,高人际责任组表现出的敌意行为显著更少(Gong 等,2017)。这可能是高人际责任个体会对他人更加信任(Zeng 和 Xia,2018),更希望与他人合作而不是产生敌意行为(Gong 等,2017;Insko 等,2005;Thielmann 和 Hilbig,2014)。

7.4.3 不利经历

个体的人生经历会影响其心理和行为,与敌意心理关系密切的主要是一些不利经历,例如受欺凌经历、儿童虐待等。

受欺凌经历

欺凌(bullying)指欺凌者对受欺凌者进行身体、心理上的多次伤害(Olweus,1994)。欺凌可以根据发生的地点被划分为传统欺凌和网络欺凌,它们都会对敌意心理产生影响。

受到传统欺凌(traditional bullying)的经历会增强个体敌意态度和敌意归因偏向。例如,以青少年为对象的纵向调查发现,自我报告的受到来自他人的身体欺凌、言语欺凌能够正向预测半年后用 SCL-90 测得的敌意态度(Walters 和 Espelage,2018);大学生受欺凌程度与个体敌意态度有关(Leenaars 和 Lester,2011);同伴之间的性欺凌(骚扰)也与个体敌意态度呈显著正相关(Boivin,Lavoie,Hebert,和 Gagne,2012)。以小学生为调查对象的纵向调查结果显示,5年级时的受欺凌经历(如,身体受欺、关系受欺等)可以跨时间预测其在6年级时的敌意归因偏向(Perren,Ettekal,和 Ladd,2013)。

受到网络欺凌(cyberbullying)的经历也会促进个体敌意态度。例如,高中生的网络受欺凌经历与个体敌意态度水平呈显著正相关,并且网络受欺凌能够显著正向预测个体的敌意态度(Tural Hesapcioglu 和 Ercan,2017)。

儿童虐待

儿童虐待(child abuse)会给个体带来童年创伤,并给个体的成长发展造成多种消极影响,其中就包括引发敌意心理。首先,儿童情感虐待会增加个体对他人的敌意态度(Pierce,Abbey,和 Wegner,2018),这可能是由于早期的创伤经历会使个体发展出适应不良的图式,这种消极的认知图式会使个体将他人看作是冷漠、怀有目的的,当他人接近时,个体就会预设他人不怀好意,并对他人产生敌意(Young,1990,1999)。

其次,受虐待经历会增加敌意归因偏向。例如,相比于普通儿童,有身体虐待史的儿童更有可能对模糊情境中他人的行为意图做出敌意性解释(Dodge,Pettit,和 Bates,1994),并且遭受身体虐待会导致小学阶段儿童更容易对各类人际关系对象(如父母、老师、同学等)的行为意图进行敌意归因(Price 和 Glad,2003)。根据社会信息加工模型的理论观点,过去的经验会影响个体的认知图式,因此受过创伤的儿童可能形成了消极的人际图式,这使他们在处理社会信息时很可能出现认知偏差,例如更少地注意社会线索并更容易认为他人的行为意图是有敌意的,即产生敌意归因偏向(Zhu,Chen,和 Xia,2020)。

最后,受虐待儿童的敌意沉浸水平相比普通儿童会更高。例如,儿童虐待与敌意沉浸显著正相关(Zielinski,Borders,和 Giancola,2015)。遭受虐待的儿童感觉自己无法控制环境时,就会尝试理解生活中的负性事件,并试图控制糟糕的生活,在这个过程中,反复思考创伤经历容易使个体对他人进行消极评价或产生报复心理(Nolenhoeksema,2000;Zhu 等,2020)。这种反复思考报复的过程就是敌意沉浸。这可能是因为当个体经历虐待后,在人际交往中不愿意宽恕他人,从而难以自控地进行敌意沉浸(Snyder 和 Heinze,2005)。

7.5 社会中的敌意心理

7.5.1 家庭中的敌意心理

家庭中的敌意心理主要表现为父母敌意归因偏向。此外,它还会从家庭敌意行为中表现出来。

父母敌意归因偏向

父母敌意归因偏向(parental hostility attribution bias)是指在模糊情境下,父

母对孩子的行为意图做敌意解释的认知反应或倾向。例如,孩子不小心打翻了牛奶,被父母认为是孩子故意为之。

父母敌意归因偏向会给孩子带来消极影响。首先,父母的敌意归因偏向会促使孩子产生敌意归因偏向。例如,以 241 名中等收入家庭的父母为对象,通过探讨他们对儿童不良行为的敌意归因与儿童学龄期敌意归因偏向的关系,发现如果母亲总是认为孩子的行为意图是敌意性的,那么儿童的敌意归因偏向水平也会更高(Lee,Chang,Ip,和 Olson,2019)。

其次,父母敌意归因偏向会导致孩子的攻击行为。如一项纵向调查以 98 名母亲及其孩子为对象,在孩子 18 个月和 5 岁时分别评估了母亲的敌意归因、观察到的教养方式和孩子的攻击行为,结果表明,母亲对孩子 18 个月时的行为意图的敌意归因对孩子 5 岁时的攻击行为具有跨时间的预测作用(Healy 等,2015)。除此之外,那些倾向于将他人模棱两可的行为意图进行敌意解释的母亲,增加了其孩子做出攻击行为的可能性(Macbrayer,Milich,和 Hundley,2003)。这也许是因为母亲的敌意归因可能会起到自我实现预言的作用(Robert 等,1999)。也就是说,如果母亲对自己孩子的行为意图进行敌意归因,那么孩子就很可能按照母亲所认为的方式做出与之相匹配的行为。而且,父母敌意归因可能更易导致对孩子进行打骂,孩子习得了这种攻击行为方式并将其泛化到其他情境。

家庭敌意行为体现的敌意心理

虽然家庭敌意行为不是敌意心理,但却是敌意心理最直接的表现和指标。家庭敌意行为(family hostile behavior)主要反映了家庭成员之间的个体敌意态度和敌意归因偏向等敌意心理。在家庭中,无论是发生在父母之间的敌意行为,还是发生在亲子之间的敌意行为,都是个体对家庭成员的敌意心理的表现。根据敌意行为指向的对象来区分的话,家庭敌意行为主要包括夫妻敌意行为和亲子敌意行为。

夫妻敌意行为(marital hostility)指丈夫和妻子相互之间的消极行为,包括争吵、愤怒的评论、嘲笑、侮辱、威胁、蔑视、叫喊、咒骂、辱骂和身体攻击等(Zhou 和 Buehler,2017),典型表现有"我让我的配偶闭嘴"、"我会打我的爱人"等。夫妻敌意行为不仅会对父母内化问题(主要是抑郁症状)有消极影响,也会对孩子的内化问题、外化问题、认知过程、睡眠等产生不良影响(Davies 等,2018;Kelly,Ryan,El-Sheikh,和 Mona,2011;Medina,Margolin,和 Wilcox,2000;Proulx,Buehler,和 Helms,2009)。

亲子敌意行为(parent-child hostility)通常指亲子之间,包括父母对孩子,或者孩子对父母的特定的、公开的行为和表达或沟通,包括争吵、愤怒的评论、蔑视、叫喊、咒骂、辱骂和身体攻击（Buehler，Benson，和 Gerard，2010；Weymouth，Buehler，Zhou，和 Henson，2016）。亲子敌意行为是严重危害儿童健康发展（比如，问题行为、执行功能等）的家庭因素。例如，亲子敌意行为是孩子的内化（如，抑郁）和外化问题的风险因素（Glatz 等，2019；Thomas 等，2018；Wu 等，2014）；父母对孩子的敌意行为也是导致孩子执行功能减弱的风险因素之一（Bun，Hoa，和 Li，2018；Devine，Giacomo，和 Claire，2016；Vučković，Ručević，和 Ajduković，2020）。

7.5.2 社会矛盾中的敌意心理

一般社会矛盾中的敌意心理

社会矛盾是指社会中不同个体、群体或阶层之间以及人与制度、政策之间相互排斥、对立或冲突的紧张状态导致社会稳定受到影响的情形（邓伟志，2009；吴忠民，2015；朱力，2016，2018）。社会矛盾通过已经或正在发生的具有社会矛盾性质的事情来外化和表现，这些事情就是社会矛盾事件（social contradiction events）。社会矛盾的主要心理表征就是敌意心理。

一般社会矛盾中最突出的心理表现就是敌意态度，即对立双方都容易形成和表达对对方的不信任、敌意情感和伤害意图。例如，在医患矛盾中，患者会怀疑医生的治疗方案、治疗效果以及病情分析等，当治疗效果未达到预期时，就容易对医生产生强烈的不信任感与敌意情感，并对医生产生伤害意图。

社会矛盾双方还容易产生敌意认知，特别是容易产生敌意信息认知偏向和敌意归因偏向。社会矛盾中的敌意信息认知偏向是指，在社会矛盾事件中，当事方将冲突中的中性信息判断为敌意信息；社会矛盾的敌意归因偏向是指，在社会矛盾事件中，当事方对模糊情境下他人的行为意图进行敌意性解释，认为是对方故意伤害自己或有意挑衅。

社会矛盾导致的敌意心理也会激化和升级矛盾，带来社会损失或者引发严重的社会风险。第一，社会矛盾中发展起来的敌意态度会引发信任危机。信任危机会影响社会安全与稳定，增加社会风险，严重的信任危机会造成整个社会系统的崩溃（冯志宏，2010；冯仕政，2004）。例如，成都租房公司集体"跑路"事件，导致全国租房行业备受冲击，大量的用户不再信任中介租房公司，为了规避风险而要求退单，并因此激化了与中介公司的矛盾。第二，敌意态度还会导致攻击与破坏性行为。例如，2020 年 5 月 25 日发生在美国的"弗洛伊德案"，此案之后爆发了席卷全球的抗议游行，起初的和平游行逐渐演变为暴力对抗，甚至出现了打砸抢烧等现象。"弗洛伊德案"导致暴力行为和社会动荡的根本原因是美国社会长期以来的种族歧视,使黑人与白人相互之间的敌意态度不断发展与升级。第三,社会矛盾事件中的敌意归因偏向会引发攻击与破坏性行为。2019年12月爆发了席卷全球的新冠疫情,以美国总统特朗普为首的政客和一些民众将新冠病毒的流行归因于中国,这引发了一些西方人对华人的攻击行为,甚至出现了有西方人将日本人和韩国人当作华人殴打的恶性事件。第四,不少极端事件的背后都有敌意沉浸的助推作用。例如,2018年4月28日,在陕西省米脂县发生了震惊全国的砍人事件,该事件导致了19名学生受伤,其中9人死亡。该案件的嫌疑人在法庭上表示之所以会突然发起无差别砍杀学生,是因为自己在生活和工作中屡遭打击,并且将其归因到初中时期受到的校园欺凌,一直对欺凌自己的同学抱有敌意心理,从而谋生了报复初中同学的想法。但是,由于当天没有找到自己的初中同学,当看见初中生放学的场景时,一下子回想起了自己受到欺凌的场景,为了报复就冲入人群中进行无差别的砍杀。在这个案例中,嫌疑人长期的敌意沉浸是其砍人行为的主要诱因。

群体性事件中的敌意心理

群体性事件是指具有共同利益的个体在认为自身利益受到损害时临时聚集,采用不被法律允许的手段对抗相关部门的具有消极影响的群体性活动。群体性事件包括游行示威、聚众抢劫、群聚斗殴等传统形式,也包括网络集群行为这种新兴形式。

敌意态度、敌意认知和敌意情绪这三种典型的敌意心理在群体性事件中都有明显的体现。首先,不信任和敌意沉浸是群体性事件酝酿的心理基础,会推动群体性事件的发生。其次,愤怒等敌意情绪是人们在群体性事件爆发期中重要的情绪特征,敌意归因偏向则是其典型的认知特征。例如,经过媒体的渲染、夸张,在群体性事件爆发期中,滋长的愤怒、怨恨等情绪得以迅速传染(周晓咪,2019)。这种愤怒和怨恨恰恰是导致群体性事件升级的重要情绪因素。

群体性事件中的敌意心理往往会导致群体做出极端行为或破坏性行为,并带来消极的社会影响。例如,在有关环境的群体性事件中,"昆明PX事件"的发生就是因为公众不信任政府能妥善处理"PX项目"的环境污染问题,所以出现了大规模的反对"昆明PX项目"的抗议活动,使昆明市放弃了这项年产1000亿的项目,带来了巨大的社会损失。又如,在"瓮安事件"中,由于对贵州瓮安初二女学生死因结果不满,家属聚集到县政府和县公安局上访,在这个过程当中,一些不明真相的群众被煽动后产生了敌意归因和强烈的愤怒情绪,最终酿成严重打砸抢烧的群体性事件。

7.5.3 社会群体中的敌意心理

敌意心理在不同社会群体(如儿童青少年、成年人群体)中都有其独特的特征。

儿童青少年的敌意心理特点

首先,儿童青少年时期的个体敌意态度的性别差异不显著,但在敌意归因偏向、敌意沉浸上则存在性别差异(刘卓娅,余毅震,张萍,孟仙,2011;Godleski 和 Ostrov,2010)。例如,刘卓娅等(2011)发现,小学四年级至高三的学生中,男生与女生在个体敌意态度得分上的差异无统计学意义。戈德莱斯基和奥斯洛特夫(Godleski 和 Ostrov,2010)的研究发现,2—6 年级女生在关系激惹情境中的敌意归因偏向均值显著高于该年龄段的男生。以北京三所公立学校共 1 993 名初中生和高中生为对象的调查中,男生的敌意沉浸得分显著高于女生(Sun 等,2015)。其次,在年级方面,儿童青少年时期高年级组的个体敌意态度、敌意沉浸水平显著高于低年级组。例如,刘卓娅等人(2011)对安徽、云南、广东、黑龙江、湖北 5 个省市共 22 142 名中小学生进行了调查,结果发现高中生个体敌意态度得分显著高于初中生,初中生个体敌意态度得分显著高于小学生。此外,15—18 岁组被试在敌意沉浸上的得分显著高于 12—14 岁组(Sun 等,2015)。

成年人群体的敌意心理特点

首先,性别差异方面,成年人群体在个体敌意态度、敌意归因偏向、消费者敌意等方面都不存在显著差异(李晓敏等,2015;Dillon 等,2016;Klein 和 Ettensoe,1999)。例如,我们对中国六所大学的 1 488 名大学生进行的调查显示,个体敌意态度和敌意归因偏向在性别上的差异都不显著。其次,在某些人口统计学指标(如年龄、受教育程度、出国旅游经历等)上,不同成年人的消费者敌意态度存在差异。例如,克莱因和埃滕索(Klein 和 Ettensoe,1999)对 2 255 名美国选民调查发现,他们对日本人的消费者敌意态度与其年龄呈显著正相关。隋红霞(2015)以山东省 243 名城镇与农村消费者为调查对象,结果发现,中国人以日本为敌对国时,年龄与消费者敌意中的群体战争敌意态度呈正相关关系。关于受教育程度与消费者敌意的负向关系也体现在伊朗消费者和中国消费者身上(Bahaee 和 Pisani,2009;隋红霞,2015)。巴哈伊和皮萨尼(Bahaee 和 Pisani,2009)还发现,相比那些有在国外旅游经历的人而言,那些从未去过伊朗境外旅行的人,其消费者敌意态度得分更高,表明出国旅游可能会增进消费者对外国的接触与了解,这种接触有助于缓解其消费者敌意水平。

不同社会阶层群体的敌意心理特点

可以根据收入多寡及职业性质将社会阶层划分为高社会阶层（如，企业管理者、高校教师等）和低社会阶层（农民工、留守农民、失地农民和失业者等）两种。高社会阶层者的敌意态度通常低于平均水平。例如，张林和刁娟（2006）发现民营企业管理者在 SCL-90 上敌意得分与我国常模无显著差异。类似地，张春燕等人（2009）发现北京企业青年管理人员敌意得分显著低于我国常模，山东企业青年管理人员得分与我国常模无显著差异。以高校教师为对象的调查也显示，高校教师在 SCL-90 敌意分量表上得分与常模无显著差异（陈楠，李晓松，刘巧兰，刘元元，2014；张虎祥，张胜林，杨建文，2009），或者显著低于常模（高云，周英，2017）。而低社会阶层者的敌意水平则高于平均水平。例如，重庆（蒋善，张璐，王卫红，2007）、东北（孙崇勇，2007）、河南、广东（刘衔华，罗军，刘世瑞，周恒彩，2008）等地区的农民工的敌意水平均显著高于我国常模。农村村民，包括失地农民的敌意得分也显著高于我国常模（刘衔华等，2008；黄善明，黄砾卉，2011）和城市人群（李献云等，2011）。

这可能有以下几个原因。首先，与高社会阶层者相比，低社会阶层者在社会中处于弱势地位，拥有更少社会资源，感知到更低的社会地位，在现实生活中体验到更多的不公平感，因此更容易认为当前社会系统赋予自己的地位是不合理的，并对高社会阶层者心生敌意态度，对社会产生不满，抱怨社会（管健，2016）；其次，低社会阶层者往往处于被动地位，在资源支配和使用中具有更少的主动权，在生活中将面对更多不确定和不可预测因素，容易受外部情境影响，因此低社会阶层者通常具有较低的控制感和较高的威胁敏感性（李小新，任志洪，胡小勇，郭永玉，2019），这使得他们更容易出现不信任、怀疑和不满等敌意心理。

特殊群体的敌意心理特点

与普通人群有所差异的一些特殊群体，例如患病群体、不利经历群体和行为问题群体的敌意心理与普通群体有所不同。

第一，与普通健康人群相比，残疾人、传染病患者、艾滋病患者、癌症患者、心理疾病患者等患病群体的敌意水平更高。肢体残疾人（洪伟，唐勇，张南平，陈惠玲，2010；李文涛，谢文澜，张林，2012）、慢性乙肝患者（梁永红，李良冀，杨业兵，2009；李茹，王育强，傅文青，王进礼，2012）、艾滋病患者（潘菊凤等，2016；王跃，韩云萍，王娟，2012）、癌症患者（王飞龙等，2016）的敌意水平显著高于普通人或我国常模。乳腺癌患者的敌意水平也显著高于乳腺良性疾病患者（顾玉翠，战英杰，马斌林，2017）。这或许是由于疾病特点和社会因素的影响，导致患者容易对他人和社会产生不满，怀有仇视和敌意态度。此外，与普通人相比，精神分裂症患者敌意归因偏向更为明显,个体敌意态度水平也更高(陈学全等,2013;柳成蛟,2019)。

第二,具有不利经历的群体(如,留守经历、遭遇灾难事件与遭受虐待等不利家庭经历)的敌意心理更为明显。首先,相比无留守经历个体而言,留守儿童(范志光,魏欣,杜玲利,李英,2013;范志光,袁群明,门瑞雪,2017)、有留守经历的中学生(宋广文等,2013)与大学生(刘海霞等,2015;庞锐,彭娟,2018;杨影,胡荣华,2017)、留守妇女与老人(庹安写,2016;顾红霞,2014;苗春霞等,2016;任亮宝,马扬,2015;颜雅娟等,2015)具有更高的敌意水平。其次,灾难事件遭遇者的敌意水平更高。宁维卫等(2013)发现,与我国常模($M=1.47, SD=0.50$)相比,震区学生的敌意态度得分($M=1.62, SD=0.60$)显著更高。此外,离异家庭的孩子(方拴锋,经承学,王琳琳,2010)、暴露于或遭受过父母虐待的大学生(陈晨,郭黎岩,王冰,2015)、贫困家庭的孩子(刘敏,2018;郑雅铭,2012)等处境不利群体也往往有更高水平的敌意。

第三,行为问题群体(如,服刑人员、强制戒毒人员)比普通群体具有更高水平的敌意。监狱服刑人员是出现行为问题的典型特殊群体,其敌意态度水平高于常人(江琴,张晓婧,2013;董泽松,张大均,张继煌,2013;熊慧素,潘新圆,陈勇成,2017),并且受教育水平越低的监狱服刑人员,个体敌意水平越高(孙霁,班永飞,杨嵘昌,班伟,2016)。采用攻击问卷中的敌意分量表进行调查显示,监狱服刑人员的敌意态度水平显著高于普通人群。此外,强制戒毒人员的敌意态度也显著高于普通人的平均水平(吴维等,2018;刘新民等,2012)。

7.6 敌意心理的防治

如前所述,敌意心理会损害个体的身心健康、引发自杀、攻击等行为问题,还可能给社会造成重大损失,甚至会危害国家安全,因此有必要对敌意心理进行防治。

7.6.1 敌意心理的预防

《黄帝内经》云:"上工治未病,不治已病,此之谓也。""治未病"即采取相应的措施,防止疾病的发生发展。敌意心理的治理也应该从预防做起,即在敌意心理发展起来之前就采取措施,以防止其滋生和发展。有效的敌意心理预防必须是一个科学体系。我们建议,这个体系应该包括测评、减少与化解社会矛盾、全民宣传与教育、维护社区与家庭和谐等措施。

科学测评敌意心理

要对敌意心理进行精准预防,首先就需要对人们的敌意心理状况有充分的了解,即要对敌意心理进行科学的测评。对此,我们有几点建议:第一,研发适用于测评我国民众敌意心理的方法和工具。已有的测评工具主要是国外学者编制的,是否能有效测量我国民众的敌意心理还需要检验。此外,目前我们还缺乏可以测量群际敌意的工具,尚待研发。第二,定期开展普查。建议每年对民众的敌意心理进行一次普遍性的摸底调查,以准确把握群众的敌意心理现状和特点。第三,在特殊时期开展针对性测评。在出现社会矛盾或危机的时候,对相关民众的敌意心理进行重点测评。例如,在重大传染病流行时期或某个社会矛盾爆发时期开展针对性监测。第四,对敌意心理的易感人群(如,罪犯、品行不端者)进行重点测评,做风险评估,并进行疏导工作。

减少与化解社会矛盾

社会矛盾是敌意心理的直接来源与温床,减少与化解社会矛盾是预防敌意心理产生的根本性措施。首先,要发展经济,解决贫困与贫富差距问题。经济是人们生存与发展的基础,贫困与贫富差异是最容易引发社会矛盾的因素。因此,帮助贫困人口脱贫,缩小贫富差异是解决或缓解社会矛盾的关键性措施。其次,要维护公平与正义。如果社会缺失了公平正义,就会有人因此遭受不应该的损失,社会矛盾必然会滋生。维护社会的公平与正义是减少和缓解社会矛盾的关键性措施。

全民宣传与教育

社会矛盾是敌意心理产生的主要外因,但是面对同样的社会矛盾,不同的个体产生的敌意心理的程度差异却很大。社会矛盾不可能完全杜绝,因此通过宣传与教育来帮助人们正确认识矛盾、积极应对矛盾、避免敌意心理的产生就显得尤为重要。这是敌意心理预防的关键措施。宣传与教育工作应该同时通过线下和线上两个途径来进行。

在线下的宣传与教育方面,要形成学校-社会-国家的三级联动机制,并充分调动三级联动机制中的各种有利因素。首先,在学校定期开展敌意心理相关的科普宣传和教育,帮助学生认识敌意心理的性质与危害,形成正确的应对方式,遇到人际矛盾时积极调节心态,避免或减少敌意心理的产生。其次,在社会上大力科普敌意心理的相关知识,充分发挥政府与民间的力量,促进形成积极的社会心态,减少敌意心理的滋生。最后,国家可以针对敌意心理的宣传和教育制定政策,给予充分的经济支持,设立完整的宣传教育体系,使敌意心理的宣传与教育惠及每个公民。

据中国互联网络信息中心 2020 年 9 月发布的《第 46 次中国互联网络发展状况统计报告》,截至 2020 年 6 月,我国网民规模达 9.40 亿,手机网民规模达 9.32

亿,其中,我国网民使用手机上网的比例达 99.2%。因此网络宣传阵地也不可忽视。首先,应建设一批高质量的敌意心理的宣传与教育网站,对网民进行敌意心理的科普宣传和教育疏导。其次,应加强对网络舆论的引导,形成良好的网络氛围和积极向上的网络心态,减少敌意心理在网上的滋生和蔓延。

维护家庭与社区的和谐

家庭是社会的细胞,社区是小型社会。社会矛盾容易从家庭矛盾和社区矛盾中产生,维护社区和家庭的和谐是减少社会矛盾,预防敌意心理产生的重要环节。在家庭中,父母双方要努力营造良好的家庭氛围,减少对配偶、孩子的打骂等敌意行为,使家庭功能正常化,从而预防家庭成员的敌意心理与行为的产生。社区构成了家庭生活的直接社会环境,社区组织可以协助辖区的家庭解决内部矛盾,并通过社区活动、社区宣传等方式在社区形成积极向上的社会心态,预防社区居民产生敌意心理。

7.6.2 敌意心理的干预

通过有效的预防措施,可以减少敌意心理的产生,但也难以完全避免其滋生,这时就应该通过有效的干预措施来化解和调节个体以及群体的敌意心理,维护社会和谐。一个完整的敌意心理干预系统应该包括社会干预和心理干预两个基本方面。社会干预主要可以从宏观层面着手,针对敌意心理产生的社会性因素进行干预;心理干预则可以从微观方面入手,针对个体和群体产生的具体敌意心理问题进行干预。

社会干预

敌意心理的形成具有深刻复杂的社会根源,要有效对敌意心理进行干预,首先就需要从社会层面进行宏观的调节,并形成全方位、多层次的社会干预系统,并建构起敌意心理干预的社会心理服务体系。

根据社会控制论(sociocybernetics),政府层面的敌意心理宏观干预可从经济、制度、法律和舆论等几方面来进行。

经济干预 当社会中的敌意心理是由于经济问题而产生时,及时使用经济手段进行干预就非常必要,例如对贫困人口进行经济救助、对经济受损者进行经济补偿,这些经济措施可以快速且有效地降低社会矛盾中相关群体的敌意心理。

制度干预 习近平总书记强调:"对由于制度安排不健全造成的有违公平正义的问题要抓紧解决,使我们的制度安排更好体现社会主义公平正义原则,更加有利于实现好、维护好、发展好最广大人民根本利益。"因此,对于制度不健全导致的社会矛盾和敌意心理,要从制度层面来进行纠正,通过改进制度安排来解决社会矛盾,并疏导和缓解敌意心理。

法律与司法干预 应针对敌意心理的恶意传播和煽动等行为进行立法,并依法对这些行为进行打击。相应的法律制裁可以对敌意心理和行为的蔓延起到震慑作用。在司法过程中则应该注重对违法犯罪人员特别是服刑人员的敌意心理的教育和矫正,引导具有消极心理的相关人员转变为心态平和、愿意守法的良好公民。

舆论干预 舆论作为一种强大的社会力量,可以对社会上、网络中的敌意心理实现有效干预。首先,建立敌意心理的舆论引导机制。通过舆论分析及时发现正在社会上或网络上蔓延的敌意心理,并做针对性的舆论引导。其次,加强信息管理,加大对传播、煽动敌意心理的行为的查处力度。

社区干预 社区是人们日常生活的区域,对于缓解社会矛盾、疏导敌意心理具有重要作用。在敌意心理产生后,社区可以及早发现,通过社工和社区心理咨询等途径及时干预,防止恶化。

家庭干预 家庭可以在抑制敌意心理方面发挥积极作用,家人的社会支持和劝解可以有效缓解个体的敌意心理。

民间组织干预 民间组织(如心理咨询与辅导机构等)可以在敌意心理的舆论引导,对个体敌意心理的排解疏导等方面起到重要的补充作用,因此应鼓励非政府的民间组织积极开展敌意心理干预活动。

心理干预

正念训练、归因训练、宽恕干预等方法是对敌意心理进行心理干预的有效方法。

正念训练 正念训练(mindfulness meditation practices,MMPs)是指个体将注意力集中于当下体验的一种心理干预方法(Lutz,Slagter,Dunne,和 Davidson,2008)。常用于干预敌意心理的正念训练方法主要有正念认知疗法(mindfulness-based cognitive therapy,MBCT;Segal,Williams,和 Teasdale,2002)和正念减压疗法(mindfulness-based stress reduction,MBSR;Kabat-Zinn,1990)。这两种方法都可以有效减少个体敌意态度(Milani,Nikmanesh,和 Farnam,2013;Biegel,Brown,Shapiro,和 Schubert,2009)。

正念认知疗法是聚焦于改变来访者对消极认知的注意力(包括感受和身体感觉)以及如何处理它们的方法,是以小组形式进行干预的正念训练。其结合了认知疗法和正念冥想的要素,包括坐姿冥想,运动冥想(如瑜伽)和无声冥想等。正念认知疗法有一套标准的实施规则,小组训练课程持续八周,每周1次,每次2小时。除此之外,参与者还应完成日常家庭作业(Segal 等,2002)。正念减压疗法也称为压力减少和放松程序(stress reduction and relaxation program, SR-RP; Kabat-Zinn, 1990)。通常采用 8 周连续式、每周 2.5—3.5 小时的正念冥想训练课程为主, 并且有每日家庭作业练习, 以团体治疗形式开展。课程指导练习正念冥想技能, 主要包括静坐冥想、身体扫描、正念瑜伽、慈悲冥想、非正式的实践(如觉察呼吸、觉察愉悦事件等)。

归因训练 归因训练(attribution training)是指通过一定的训练程序, 使个体掌握某种归因技能, 形成比较积极的归因风格。其基本思想是, 个体在对自己行为的因果知觉中, 存在各种归因偏差, 通过归因训练(选择对象、实施训练、检验效果), 个体可以获得各种形式的归因反馈信息, 从而消除归因偏差(章志光, 2008)。例如, 哈德利等人(Hudley, 1998)开发了包含 12 个课时的归因训练项目——*The Brain Power*, 旨在训练儿童准确地对他人的行为意图进行非敌意性质的归因。他们在南加州的四所小学实施了该项目, 结果发现相较于对照组, 高攻击性儿童在归因训练条件下表现出更少的敌意归因偏向。

宽恕干预 宽恕是使受害者从愤怒、憎恨和恐惧中解脱出来, 并不再渴望报复侵犯者的一个内部过程(Akhtar 和 Barlow, 2016)。宽恕是一种力量, 借助宽恕训练可有效减少敌意心理。例如, 阿赫塔尔和巴洛(Akhtar 和 Barlow, 2016)对经历过伤害或暴力的青少年和成人样本进行了宽恕干预, 并对干预措施的有效性进行系统审查和元分析, 结果表明, 宽恕措施可有效减少愤怒和敌意。

针对敌意心理的宽恕训练方法通常是: 让参与者处于安全、温暖、信任的环境中, 引导其合理宣泄自己的消极情绪, 并在这个过程中发现自己的认知图式或认知偏差, 找出情境中的非敌意线索, 随后建立对冒犯者的共情或者理解, 最后实施宽恕并深化宽恕等(McKay, Hill, Freedman, 和 Enright, 2007)。

7.7　未来研究的展望与思考

虽然越来越多的敌意心理现象被学者们重视和研究, 且人们对敌意心理的发生、发展、影响和危害等的认识越来越深入, 但仍有不少需要未来研究来解决的问题。

第一, 厘清各种敌意心理现象的关系, 建立敌意心理的概念体系和学科框架。目前敌意心理研究中的概念使用还比较混乱, 尚未形成一个清晰而明确的概念体系, 今后需要进一步进行敌意心理的现象梳理和概念辨析工作, 以厘清不同敌意心理的关系, 建立起清晰的敌意心理概念体系, 并进一步建立敌意心理学这个新的心理学的分支学科, 以帮助我们更好地认识和研究复杂的敌意心理现象, 减少敌意心理给个人和社会带来的损害。

第二,发展和完善敌意心理的研究方法和测量工具。目前针对敌意心理特征的问卷尚未覆盖到所有的敌意心理特征,而且已有问卷都是由国外学者开发的,基于中国文化的测评工具还有待开发。中国人的敌意心理具有自身的文化特点,使用本土化的敌意心理问卷才能帮助我们更好地了解我国民众的敌意心特征,以便更好地防治这一消极的社会心理。此外,目前敌意心理的实验任务还很缺乏,这不利于探究敌意心理活动的发生与发展过程、特点与机制。未来应该开发适合的实验任务来操纵和测量各种敌意心理活动,为强化敌意心理的基础研究奠定方法基础。

第三,敌意心理的神经生理基础还有待进一步探讨。随着认知神经科学的发展,从神经生理角度来探究心理现象的本质与机制已成为一个必要的研究方向和内容。虽然已有研究显示敌意心理具有一定的神经生理基础(Nakagawa 等,2017;Quan 等,2019),但敌意心理产生和发展的神经生理机制尚不清楚。未来需要从神经、内分泌和遗传等多种神经生理指标的角度来深入揭示敌意心理的特点与机制。

第四,建立敌意心理的防治理论与实践体系。敌意心理会给个人和社会带来严重的危害,但是目前关于其防治的理论研究和实践工作明显不足。今后需要专门针对敌意心理的防治进行理论研究和实践检验,以形成科学的防治理论和有效的实践方法,以降低我国民众的敌意心理水平,减少其对个体和社会的危害。

总之,敌意心理领域仍有很多未解之谜和有趣的现象等着我们去探索,让我们一起来推动敌意心理的研究与实践工作,共同为提高我国的社会治理水平和维护社会的和谐作出应有的贡献。

(夏凌翔 权方英 李雄)

参考文献

陈晨,郭黎岩,王冰. (2015). 儿童期受虐待与大学生攻击行为. 中国儿童保健杂志,23(9),927-930.

陈楠,李晓松,刘巧兰,刘元元. (2014). 基于 SCL-90 的中国高校教师心理健康状况系统评价研究. 卫生研究,43(6),990-997.

陈学全,汪凯,董毅,等. (2013). 精神分裂症患者敌意归因偏向与共情能力及精神症状的关系. 安徽医科大学学报,48(8),949-953.

邓伟志. (2009). 论社会矛盾. 上海大学学报(社会科学版),16(4),5-19.

董泽松,张大均,张继煌. (2013). 在押人员心理韧性与心理健康关系研究. 保健医学研究与实践,

10(1),30-33.

杜欣蔚,夏凌翔,弓鑫钰,权方英,陈允丽.(2020).社会信息加工-归因偏向问卷中文版在大学生中的应用.中国心理卫生杂志,34(8),692-697.

范志光,魏欣,杜玲利,李英.(2013).城市小学留守儿童攻击性行为的研究.现代预防医学,40(13),2426-2428,2435.

范志光,袁群明,门瑞雪.(2017).小学留守儿童心理韧性与攻击性的关系研究.黑龙江科学,8(13),33-34.

方拴锋,经承学,王琳琳.(2010).父母离异对中学生心理健康状况的影响.临床医学,30(4),41-42.

冯仕政.(2004).我国当前的信任危机与社会安全.中国人民大学学报,18(2),25-31.

冯志宏.(2010).风险社会视域中的信任危机.学术交流,(5),113-116.

高云,周英.(2017).高校教师心理健康状况.中国健康心理学杂志,25(4),525-528.

顾红霞.(2014).农村留守妇女心理健康、社会支持的现状.中国健康心理学杂志,22(1),47-49.

顾玉翠,战英杰,马斌林.(2017).乳腺癌患者的心理状况及其影响因素调查研究.重庆医学,46(12),1654-1656.

管健.(2016).低社会阶层的社会心理与行为倾向——基于积极和消极视角.南京师大学报(社会科学版),(6),136-144.

洪伟,唐勇,张南平,陈惠玲.(2010).肢体残疾者心理健康状况研究.中国民康医学,22(21),2781-2782.

黄善明,黄砾卉.(2011).失地农民心理健康问题的实证分析与政策建议.经济师,(9),12-13.

江琴,张晓婧.(2013).服刑中期男性服刑人员心理状况及相关因素.中国健康心理学杂志,21(12),1795-1797.

蒋晗华.(2016).群体性事件中网络谣言犯罪研究——以社会敌意为视角.北方法学,10(1),55-63.

蒋善,张璐,王卫红.(2007).重庆市农民工心理健康状况调查.心理科学,30(1),216-218.

李茹,王育强,傅文青,王进礼.(2012).慢性乙型肝炎患者心理健康状况及心理干预效果研究.武警后勤学院学报(医学版),21(11),889-892.

李文涛,谢文澜,张林.(2012).残疾人与正常群体心理生活质量的比较研究,20(7),993-995.

李献云,费立鹏,张亚利,等.(2011).Buss和Perry攻击问卷中文版的修订和信效度.中国神经精神疾病杂志,37(10),607-613.

李小新,任志洪,胡小勇,郭永玉.(2019).低家庭社会阶层大学生为何更容易社交焦虑?——心理社会资源和拒绝敏感性的多重中介作用.心理科学,42(6),1354-1360.

李晓敏,刘勇,辛铁钢,袁靖,吕丽霞,陶佳雨.(2015).河北大学生愤怒和敌意在无聊倾向和攻击行为间的中介作用.中国学校卫生,36(8),1167-1169.

梁永红,李良冀,杨业兵.(2009).慢性乙肝患者心理健康状况研究的Meta分析.中国健康心理学杂志,17(6),668-669.

刘海霞,王玖,林林,等.(2015).高校有留守经历大学生心理健康现况调查.中国卫生统计,32(4),636-638.

刘敏.(2018).交通类高职贫困生心理健康状况调查研究.教育教学论坛,(43),69-72.

刘衔华,罗军,刘世瑞,周恒彩.(2008).在岗农民工及留守农民心理健康状况调查.中国公共卫生,24(8),923-925.

刘新民,谷莲莲,金明琦,等.(2012).752例强制隔离戒毒者心理健康与个性特征的关系.皖南医学院学报,31(5),402-404.

刘卓娅,余毅震,张萍,孟仙.(2011).儿童青少年社交焦虑与攻击性行为关系.中国学校卫生,32(8),909-911.

柳成蛟.(2019).精神分裂症患者敌意归因偏向与自尊水平的相关性研究.黑龙江科学,10(6),62-63.

苗春霞,颜雅娟,王问海,等.(2016).江苏省农村留守与非留守妇女心理健康及影响因素比较.郑州大学学报(医学版),51(1),63-67.

宁维卫,陈丽,董洁.(2013).震后青少年学生心理健康教育适宜模式探析.天府新论,(6),112-117.

潘菊凤,姜萍,叶英,梁冬红,吕秋荣.(2016).艾滋病患者心理健康状况调查与分析.护士进修杂志,31(10),948-949.

庞锐,彭娟.(2018).我国有留守经历大学生心理健康状况 meta 分析.实用预防医学,25(4),467-469.

权方英.(2019).敌意归因偏向预测攻击的心理路径及其脑关联.重庆:西南大学博士学位论文.

任亮宝,马扬.(2015).农村留守老人心理健康现状调查研究.长春大学学报(自然科学版),25(2),67-73.

宋广文,何云凤,丁琳,吕良成,周凯.(2013).有留守经历的中学生心理健康、心理弹性与主观幸福感的关系.中国特殊教育,(2),87-91.

隋红霞.(2015).消费者敌意、购买意愿与人口因素的相关性及营销启示.商业经济研究,(7),69-70.

孙崇勇.(2007).东北地区农民工心理健康状况的调查与分析.四川精神卫生,20(1),17-19.

孙霁,班永飞,杨嵘昌,班伟.(2016).服刑人员攻击行为特征及与公正感知的关系.中国健康心理学杂志,24(3),362-365,366.

庹安写.(2016).贵州农村留守老人社会支持、应对方式与心理健康现状调查.中国老年学杂志,36(5),1190-1192.

王飞龙,卢兆桐,路威,张晓明,莫修鑫.(2016).肺癌患者心理健康状况调查及其影响因素分析.实用医药杂志,33(7),586-589.

王跃,韩云萍,王娟.(2012).云南省 38 例艾滋病住院患者心理健康调查.中国健康心理学杂志,20(1),23-24.

吴维,崔明,赵婷婷,等.(2018).皖北某戒毒所 434 名男性戒毒人员心理健康状况调查.中国司法鉴定,(4),48-51.

吴忠民.(2015).并非社会中的所有矛盾都是社会矛盾——社会矛盾概念辨析.中共中央党校学报,19(2),51-57.

夏凌翔,黄希庭.(2008).青少年学生自立人格量表的建构.心理学报,40(5),593-603.

熊慧素,潘新圆,陈勇成.(2017).服刑人员与普通群体攻击行为归因方式分析.中国健康心理学杂志,25(8),1202-1205.

颜雅娟,苗春霞,刘慎军,等.(2015).江苏省农村留守妇女心理健康状况研究.现代预防医学,42(20),3690-3692.

杨影,胡荣华.(2017).留守经历对大学生心理健康的影响研究.安徽工业大学学报(社会科学版),34(6),118-119.

张春燕,李宗信,黄小波,陈文强.(2009).不同企业青年管理人员心理健康与生存质量测试研究比较.现代预防医学,36(1),81-82.

张虎祥,张胜林,杨建文.(2009).高校教师心理健康与职业压力的相关研究.现代预防医学,36(21),4091-4093.

张林,刁娟.(2006).民营企业管理者心理健康状况与人格特点关系的研究.中国行为医学科学,15(9),851-852.

张秦.(2019).初中生人际开放与反应性攻击:敌意归因偏向的中介作用.重庆:西南大学硕士学位论文.

张晓庆,莫相群,唐峥华,等.(2018).艾滋病患者敌意心理的结构式访谈结果分析.应用预防医学,24(2),89-92,97.

章志光.(2008).社会心理学.北京:人民教育出版社.

郑雅铭.(2012).高校贫困生心理健康状况研究.重庆科技学院学报(社会科学版),(14),173-174.

周晓咪. (2019). 群体性事件化解中社会组织参与心理干预研究. 南京：南京工业大学硕士学位论文.

朱力. (2016). 刚性社会矛盾的内涵与特征——关于我国 21 世纪以来重大社会矛盾的探解. 中共中央党校学报, 20(4), 66-74.

朱力. (2018). 关于社会矛盾内涵、研究视角及矛盾性质的探讨. 中共中央党校学报, 22(3), 95-101.

邹泓. (1998). 同伴关系的发展功能及影响因素. 心理发展与教育, 2(9), 39-44.

Adeline, F., & Schumacher, S. (2018). The Effect of Media Violence on Early Teens' Hostility. Paper presented at the Proceedings of the International Conference on Innovation, Entrepreneurship and Technology, BSD City, Indonesia.

Akhtar, S., & Barlow, J. (2016). Forgiveness Therapy for the Promotion of Mental Well-Being: A Systematic Review and Meta-Analysis. *Trauma, Violence, & Abuse*, 19(1), 107-122.

Allen, J. P., Grande, L., Tan, J., & Loeb, E. (2018). Parent and Peer Predictors of Change in Attachment Security From Adolescence to Adulthood. *Child Development*, 89(4), 1120-1132.

Allport, G. W. (1937). Personality: A Psychological Interpretation. *American Journal of Sociology*, 45(1), 48-50.

Anderson, C. A., & Bushman, B. J. (2002). Human aggression. *Annual review of psychology*, 53(1), 27-51.

Anderson, C. A., Carnagey, N. L., & Eubanks, J. (2003). Exposure to violent media: the effects of songs with violent lyrics on aggressive thoughts and feelings. *Journal of Personality and Social Psychology*, 84(5), 960-971.

Andrighetto, L., Riva, P., & Gabbiadini, A. (2019). Lonely hearts and angry minds: Online dating rejection increases male (but not female) hostility. *Aggressive Behavior*, 45(5), 571-581.

Bahaee, M., & Pisani, M. J. (2009). Iranian consumer animosity and U. S. products: A witch's brew or elixir? *International Business Review*, 18(2), 199-210.

Barlett, C. P., Helmstetter, K. M., Kowalewski, D. A., & Pezzillo, L. (2017). Piecing together the aggression puzzle: Testing the mediating variables linking early to later aggression. *Aggressive Behavior*, 43(6), 523-530.

Baskin, D., & Sommers, I. (2014). Trajectories of Exposure to Community Violence and Mental Health Symptoms Among Serious Adolescent Offenders. *Criminal Justice and Behavior*, 42(6), 587-609.

Biegel, G. M., Brown, K. W., Shapiro, S. L., & Schubert, C. M. (2009). Mindfulness-Based Stress Reduction for the Treatment of Adolescent Psychiatric Outpatients: A Randomized Clinical Trial. *Journal of Consulting and Clinical Psychology*, 77(5), 855-866.

Boivin, S., Lavoie, F., Hebert, M., & Gagne, M. H. (2012). Past victimizations and dating violence perpetration in adolescence: the mediating role of emotional distress and hostility. *Journal of Interpersonal Violence*, 27(4), 662-684.

Boyle, S. H., Williams, R. B., Mark, D. B., Brummett, B. H., Siegler, I. C., & Barefoot, J. C. (2005). Hostility, age, and mortality in a sample of cardiac patients. *American Journal of Cardiology*, 96(1), 64-66.

Buehler, C., Benson, M. J., & Gerard, J. M. (2010). Interparental hostility and early adolescent problem behavior: the mediating role of specific aspects of parenting. *Journal of Research on Adolescence*, 16(2), 265-292.

Bun, L. C., Hoa, C. K. K., & Li, X. (2018). Parental Warmth and Hostility and Child Executive Function Problems: A Longitudinal Study of Chinese Families. *Frontiers in*

Psychology, *9*, 1063.

Buss, A. H., & Perry, M. (1992). The Aggression Questionnaire. *Journal of Personality and Social Psychology*, *63*(3), 452–459.

Caprara, G. V. (1986). Indicators of aggression: The dissipation-rumination scale. *Personality and Individual Differences*, *7*(6), 763–769.

Caprara, G. V., Alessandri, G., Tisak, M. S., Paciello, M., Caprara, M. G., Gerbino, M., & Fontaine, R. G. (2013). Individual Differences in Personality Conducive to Engagement in Aggression and Violence. *European Journal of Personality*, *27*(3), 290–303.

Caprara, G. V., Paciello, M., Gerbino, M., Cugini, & C. (2007). Individual differences conducive to aggression and violence: trajectories and correlates of irritability and hostile rumination through adolescence. *Aggressive behavior*, *33*(4), 359–374.

Caprara, G. V., Tisak, M. S., Alessandri, G., Fontaine, R. G., Fida, R., ... Paciello, M. (2014). The contribution of moral disengagement in mediating individual tendencies toward aggression and violence. *Developmental Psychology*, *50*(1), 71–85.

Caspi, A., Roberts, B. W., & Shiner, R. L. (2005). Personality Development: Stability and Change. *Annual Review of Psychology*, *56*(1), 453–484.

Choi, Y. S., Shin, H. K., Hong, D. Y., ... Lee, K. H. (2019). Self-esteem as a moderator of the effects of happiness, depression, and hostility on suicidality among early adolescents in korea. *Journal of Preventive Medicine and Public Health*, *52*(1), 30–40.

Coccaro, E. F., Noblett, K. L., & McCloskey, M. S. (2009). Attributional and emotional responses to socially ambiguous cues: Validation of a new assessment of social/emotional information processing in healthy adults and impulsive aggressive patients. *Journal of Psychiatric Research*, *43*(10), 915–925.

Cook, W. W., & Medley, D. M. (1954). Proposed Hostility and Pharisaic-Virtue Scales for the MMPI. *Journal of Applied Psychology*, *38*(6), 414–418.

Crick, N. R., & Dodge, K. A. (1994). A review and reformulation of social information-processing mechanisms in children's social adjustment. *Psychological Bulletin*, *115*(1), 74–101.

Crozier, J. C., Dodge, K. A., Fontaine, R. G., ... Leveson, R. W. (2008). Social Information Processing and Cardiac Predictors of Adolescent Antisocial Behavior. *Journal of abnormal psychology*, *117*(2), 253–267.

Cuomo, C., Sarchiapone, M., Di Giannantonio, M., Mancini, M., & Roy, A. (2009). Aggression, Impulsivity, Personality Traits, and Childhood Trauma of Prisoners with Substance Abuse and Addiction. *The American Journal of Drug and Alcohol Abuse*, *34*(3), 339–345.

Davies, P. T., Coe, J. L., Hentges, R. F., Sturge-Apple, M. L., & Ripple, M. T. (2018). Interparental hostility and children's externalizing symptoms: attention to anger as a mediator. *Developmental Psychology*, *54*(7), 1290–1303.

Demaree, H. A., & Harrison, D. W. (1997). Physiological and neuropsychological correlates of hostility. *Neuropsychologia*, *35*(10), 1405–1411.

Devine, R. T., Giacomo, B., & Claire, H. (2016). Executive Function Mediates the Relations between Parental Behaviors and Children's Early Academic Ability. *Frontiers in Psychology*, *7*, 1902.

Dillon, K. H., Allan, N. P., Cougle, J. R., & Fincham, F. D. (2016). *Measuring Hostile Interpretation Bias*. *Assessment*, *23*(6), 707–719.

Dodge, K. A. (2006). Translational science in action: Hostile attributional style and the development of aggressive behavior problems. *Development and Psychopathology*, *18*(3), 791–814.

Dodge, K. A., Pettit, G. S., & Bates, J. E. (1994). Effects of Physical Maltreatment On the Development of Peer Relations. *Development and Psychopathology*, 6(1), 43–55.

Everson-Rose, S. A., Roetker, N. S., Lutsey, P. L., ... Alonson, A. (2014). Chronic Stress, Depressive Symptoms, Anger, Hostility, and Risk of Stroke and Transient Ischemic Attack in the Multi-Ethnic Study of Atherosclerosis. Stroke; *a journal of cerebral circulation*, 45(8), 2318–2323.

Gallo, L. C., & Smith, T. W. (1999). Patterns of Hostility and Social Support: Conceptualizing Psychosocial Risk Factors as Characteristics of the Person and the Environment. *Journal of Research in Personality*, 33(3), 281–310.

Ghasemi, M. (2014). Impact of domestic violence on the psychological wellbeing of children in Iran. *Journal of Family Studies*, 15(3), 284–295.

Giardina, A., Caltagirone, C., & Oliveri, M. (2011). Temporo-parietal junction is involved in attribution of hostile intentionality in social interactions: An rTMS study. *Neuroscience Letters*, 495(2), 150–154.

Glatz, T., Lippold, M., Jensen, T. M., Fosco, G. M., & Feinberg, M. E. (2019). Hostile Interactions in the Family: Patterns and Links to Youth Externalizing Problems. *The Journal of Early Adolescence*, 40(1), 56–82.

Godleski, S. A., & Ostrov, J. M. (2010). Relational aggression and hostile attribution biases: testing multiple statistical methods and models. *Journal of Abnormal Child Psychology*, 38(4), 447–458.

Gong, X., Xia, L., Sun, Y., Guo, L., Carpenter, V. C., Fang, Y., & Chen, Y. (2017). Proposal Allocation Ratio as a Moderator of Interpersonal Responsibility Effects on Hostile Decision-Making in the Ultimatum Game. *Frontiers in Psychology*, 8, 1959.

Gunthert, K. C., Cohen, L. H., & Armeli, S. (1999). The Role of Neuroticism in Daily Stress and Coping. *Journal of Personality and Social Psychology*, 77(5), 1087–1100.

Hajdu, T., Kertesi, G., & Kézdi, G. (2019). Inter-Ethnic Friendship and Hostility between Roma and non-Roma Students in Hungary: The Role of Exposure and Academic Achievement. The B. E. *Journal of Economic Analysis & Policy*, 19(1), 1–17.

Hatch, J. P., Schoenfeld, L. S., Boutros, N. N., Seleshi, E., Moore, P. J., & Margaret Cyr-Provost. (2010). Anger and hostility in tension-type headache. *Headache the Journal of Head & Face Pain*, 31(5), 302–304.

Healy, S. J., Murray, L., Cooper, P. J., Hughes, C., & Halligan, S. L. (2015). A Longitudinal Investigation of Maternal Influences on the Development of Child Hostile Attributions and Aggression. *Journal of Clinical Child & Adolescent Psychology*, 44(1), 80–92.

Hessels, C., van den Hanenberg, D., de Castro, B. O., & van Aken, M. A. G. (2014). Relationships: Empirical Contribution. Understanding Personality Pathology in Adolescents: The Five Factor Model of Personality and Social Information Processing. *Journal of Personality Disorders*, 28(1), 121–142.

Hudley, C., Britsch, B., Wakefield, W. D., Smith, T., Demorat, M., & Cho, S. (1998). An Attribution Retraining Program to Reduce Aggression in Elementary School Students. *Psychology in the Schools*, 35(3), 271–282.

Insko, C. A., Kirchner, J. L., Pinter, B., Efaw, J., & Wildschut, T. (2005). Interindividual-Intergroup Discontinuity as a Function of Trust and Categorization: The Paradox of Expected Cooperation. *Journal of Personality and Social Psychology*, 88(2), 365–385.

Jensen-Campbell, L. A., Rosselli, M., Workman, K. A., Santisi, M., Rios, J. D., & Bojan, D. (2002). Agreeableness, Conscientiousness, and Effortful Control Processes. *Journal of Research in Personality*, 36(5), 476–489.

Kabat-Zinn, J. (1990). Full Catastrophe Living: Using the Wisdom of Your Body and Mind to Face Stress, Pain, and Illness. Delta Imprint.

Kachadourian, L. K., Gandelman, E., Ralevski, E., & Petrakis, I. L. (2018). Suicidal ideation in military veterans with alcohol dependence and PTSD: The role of hostility. *American Journal on Addictions*, 27(2), 124–130.

Kelly, Ryan, J., El-Sheikh, & Mona. (2011). Marital Conflict and Children's Sleep: Reciprocal Relations and Socioeconomic Effects. *Journal of Family Psychology*, 25(3): 412–422.

Keltikangasjarvinen, L., & Heinonen, K. (2003). Childhood Roots of Adulthood Hostility: Family Factors as Predictors of Cognitive and Affective Hostility. *Child Development*, 74(6), 1751–1768.

Klein, J. G., & Ettensoe, R. (1999). Consumer animosity and consumer ethnocentrism. *Journal of International Consumer Marketing*, 11(4), 5–24.

Kokkinos, C. M., Karagianni, K., & Voulgaridou, I. (2017). Relational Aggression, Big Five and Hostile Attribution Bias in Adolescents. *Journal of Applied Developmental Psychology*, 52, 101–113.

Kunisato, Y., Okamoto, Y., Okada, G., ... Yamawaki, S. (2011). Modulation of default-mode network activity by acute tryptophan depletion is associated with mood change: A resting state functional magnetic resonance imaging study. *Neuroscience Research*, 69(2), 129–134.

Lee, S., Chang, H., Ip, K. I., & Olson, S. L. (2019). Early socialization of hostile attribution bias: The roles of parental attributions, parental discipline, and child attributes. *Social Development*, 28(3), 549–563.

Leenaars, L., & Lester, D. (2011). Indirect Aggression and Victimization are Positively Associated in Emerging Adulthood: The Psychological Functioning of Indirect Aggressors and Victims. *Journal of College Student Development*, 52(1), 62–76.

Li, R., & Xia, L. (2020). The mediating mechanisms underlying the longitudinal effect of trait anger on social aggression: Testing a temporal path model. *Journal of Research in Personality*, 88, 104018.

Loeb, E., Kansky, J., Narr, R. K., Fowler, C., & Allen, J. (2020). Romantic Relationship Churn in Early Adolescence Predicts Hostility, Abuse, and Avoidance in Relationships Into Early Adulthood. *The Journal of Early Adolescence*, 40(8), 1–31.

Lutz, A., Slagter, H. A., Dunne, J. D., & Davidson, R. J. (2008). Attention Regulation and Monitoring in Meditation. *Trends in Cognitive Sciences*, 12(4), 163–169.

Macbrayer, E. K., Milich, R., & Hundley, M. (2003). Attributional Biases in Aggressive Children and Their Mothers. *Journal of Abnormal Psychology*, 112(4), 698–708.

Martinelli, A., Kreifelts, B., Wildgruber, D., Ackermann, K., A. Bernhard, Freitag, C. M., ... Schwenck, C. (2019). Aggression modulates neural correlates of hostile intention attribution to laughter in children. *Neuroimage*, 184, 621–631.

Mathes, B. M., Kennedy, G. A., Morabito, D. M., Martin, A., Bedford, C. E., & Schmidt, N. B. (2020). A longitudinal investigation of the association between rumination, hostility, and PTSD symptoms among trauma-exposed individuals. *Journal of Affective Disorders*, 277(1), 322–328.

Mayer, D. M., Stefan, T. B., Workman, K. M., Marius, V. D., & David, D. C. (2012). Leader mistreatment, employee hostility, and deviant behaviors: Integrating self-uncertainty and thwarted needs perspectives on deviance. *Organizational Behavior and Human Decision Processes*, 117(1), 24–40.

McKay, K. M., Hill, M. S., Freedman, S. R., & Enright, R. D. (2007). Towards a Feminist Empowerment Model of Forgiveness Psychotherapy. *Psychotherapy: Theory, Research, Practice, Training*, 44(1), 14–29.

Medina, A. M., Margolin, G., & Wilcox, R. R. (2000). Family hostility and children's cognitive processes. *Behavior Therapy*, 31(4), 667-684.

Meier, B. P., & Robinson, M. D. (2004). Does Quick to Blame Mean Quick to Anger? The Role of Agreeableness in Dissociating Blame and Anger. *Personality and Social Psychology Bulletin*, 30(7), 856-867.

Meier, B. P., Wilkowski, B. M., & Robinson, M. D. (2008). Bringing Out the Agreeableness in Everyone: Using a Cognitive Self-Regulation Model to Reduce Aggression. *Journal of Experimental Social Psychology*, 44(5), 1383-1387.

Milani, A., Nikmanesh, Z., & Farnam, A. (2013). Effectiveness of mindfulness-based cognitive therapy (MBCT) in reducing aggression of individuals at the juvenile correction and rehabilitation center. *International Journal of High Risk Behaviors and Addiction*, 2(3), 126-131.

Mitts, T. (2017). From Isolation to Radicalization: Anti-Muslim Hostility and Support for ISIS in the West. *The American political science review*, 113(1), 173-194.

Mohammadi, B., Szycik, G. R., Te Wildt, B., Heldmann, M., Samii, A., Münte, T. F. (2020). Structural brain changes in young males addicted to video-gaming. *Brain and Cognition*, 139, 105518.

Moses, A. (1999). Exposure to violence, depression, and hostility in a sample of inner city high school youth. *Journal of Adolescence*, 22(1), 21-32.

Nakagawa, S., Takeuchi, H., Taki, Y., ... Kawashima, R. (2017). The anterior midcingulate cortex as a neural node underlying hostility in young adults. *Brain Structure and Function*, 222(1), 61-70.

Nolenhoeksema, S. (2000). The Role of Rumination in Depressive Disorders and Mixed Anxiety/Depressive Symptoms. *Journal of Abnormal Psychology*, 190(3), 504-511.

Olweus, D. (1994). Bullying at school. *Promotion & Education*, 60(6), 97-130.

Perren, S., Ettekal, I., & Ladd, G. (2013). The impact of peer victimization on later maladjustment: mediating and moderating effects of hostile and self-blaming attributions. *Journal of Child Psychology & Psychiatry*, 54(1), 46-55.

Pierce, J., Abbey, A., & Wegner, R. (2018). Mediators of the Association Between Childhood Emotional Maltreatment and Young Adult Men's Life Satisfaction. *Journal of Interpersonal Violence*, 33(4), 595-616.

Price, J. M., & Glad, K. (2003). Hostile attributional tendencies in maltreated children. *Journal of Abnormal Child Psychology*, 31(3), 329-343.

Proulx, C. M., Buehler, C., & Helms, H. (2009). Moderators of the link between marital hostility and change in spouses' depressive symptoms. *Journal of Family Psychology*, 23(4), 540-550.

Quan, F., Yang, R., Zhu, W., Wang, Y., Gong, X., Chen, Y., ... Xia, L. (2019). The relationship between hostile attribution bias and aggression and the mediating effect of anger rumination. *Personality and Individual Differences*, 139(1), 228-234.

Quan, F., Zhu, W., Dong, Y., Qiu, J., Gong, X., Xiao, M., ... Xia, L. (2019). Brain structure links trait hostile attribution bias and attitudes toward violence. *Neuropsychologia*, 125(4), 42-50.

Robert, L., Nix, Ellen, E., Pinderhughes, Kenneth, A., Dodge, & John. (1999). The Relation between Mothers' Hostile Attribution Tendencies and Children's Externalizing Behavior Problems: The Mediating Role of Mothers' Harsh Discipline Practices. *Child Development*, 4(70), 896-909.

Roskam, I., Stievenart, M., Brassart, E., Houssa, M., Loop, L., Mouton, B., ... Schelstraete, M. A. (2016). The Unfair Card Game: A promising tool to assess externalizing behavior in preschoolers. *Pratiques Psychologiques*, 22(1), 61–73.

Scharrer, E. (2001). Men, muscles, and machismo: The relationship between television violence exposure and aggression and hostility in the presence of hypermasculinity. *Media Psychology*, 3(2), 159–188.

Segal, Z. V., Williams, J. M. G., & Teasdale, J. D. (2002). *Mindfulness-Based Cognitive Therapy for Depression: A New Approach to Preventing Relapse*. New York: Guilford Press.

Siegler, I. C., Costa, P. T., Brummett, B. H., ... Rimer, B. K. (2003). Patterns of Change in Hostility from College to Midlife in the UNC Alumni Heart Study Predict High-Risk Status. *Psychosomatic Medicine*, 65(5), 738–745.

Smith, T. W. (1992). Hostility and health: current status of a psychosomatic hypothesis. *Health Psychology*, 11(3), 139–150.

Snyder, C. R., Crowson, J. J., Houston, B. K., Kurylo, M., & Poirier, J. (1997). Assessing hostile automatic thoughts: development and validation of the hat scale. *Cognitive Therapy and Research*, 21(4), 477–492.

Snyder, C. R., & Heinze, L. S. (2005). Forgiveness as a Mediator of the Relationship Between PTSD and Hostility in Survivors of Childhood Abuse. *Cognition and Emotion*, 19(3), 413–431.

Stavropoulos, V., Kuss, D. J., Griffiths, M. D., Wilson, P., & Motti-Stefanidi, F. (2017). MMORPG gaming and hostility predict Internet Addiction symptoms in adolescents: An empirical multilevel longitudinal study. *Addiction Behavior*, 64(2), 294–300.

Sun, L., Rapee, R. M., Tao, X., ... Wang, J. (2015). Psychometric Properties of the Children's Automatic Thoughts Scale (CATS) in Chinese Adolescents. *Child Psychiatry and Human Development*, 46(4), 600–608.

Thielmann, I., & Hilbig, B. E. (2014). Trust in Me, Trust in You: A Social Projection Account of the Link Between Personality, Cooperativeness, and Trustworthiness Expectations. *Journal of Research in Personality*, 50, 61–65.

Thomas, A. G., Ozbardakci, N., Fine, A., Steinberg, L., Frick, P. J., ... Cauffman, E. (2018). Effects of Physical and Emotional Maternal Hostility on Adolescents' Depression and Reoffending. *Journal of Research on Adolescence*, 28(2), 427–437.

Tian, Y., Gao, M., Wang, P., & Gao, F. (2020). The effects of violent video games and shyness on individuals' aggressive behaviors. *Aggressive Behavoir*, 46(1), 16–24.

Tural Hesapcioglu, S., & Ercan, F. (2017). Traditional and cyberbullying co-occurrence and its relationship to psychiatric symptoms. *Pediatrics International*, 59(1), 16–22.

van den Berg, Y. H. M., & Lansu, T. A. M. (2020). It's not just what you say, it's how you say it too. Adolescents' hostile attribution of intent and emotional responses to social comments. *Aggressive Behavoir*, 46(5), 1–12.

Vučković, S., Ručević, S., & Ajduković, M. (2020). Parenting style and practices and children's externalizing behaviour problems: Mediating role of children's executive functions. *European Journal of Developmental Psychology*, 18(4), 1–17.

Wadian, T. W., Jones, T. L., Sonnentag, T. L., & Barnett, M. A. (2016). Cyberbullying: Adolescents' Experiences, Responses, and Their Beliefs about Their Parents' Recommended Responses. *Journal of Educational and Developmental Psychology*, 6(2), 47–52.

Walters, G. D., & Espelage, D. L. (2018). From victim to victimizer: Hostility, anger, and depression as mediators of the bullying victimization-bullying perpetration association. *Journal of School Psychology*, 68(3), 73–83.

Wang, Y. J., & Xia, L. X. (2019). The Longitudinal Relationships of Interpersonal Openness Trait, Hostility, and Hostile Attribution Bias. *Aggressive Behavior*, 45(6), 682–690.

Wang, Y., Zhu, W., Xiao, M., Zhang, Q., Zhao, Y., Zhang, H., ... Xia, L. X. (2018). Hostile Attribution Bias Mediates the Relationship Between Structural Variations in the Left Middle Frontal Gyrus and Trait Angry Rumination. *Frontier Psychology*, 9, 526.

Watson, D., & Clark, L. A. (1992). On Traits and Temperament: General and Specific Factors of Emotional Experience and their Relation to the Five-Factor Model. *Journal of Personality*, 60(2), 441–476.

Weinstein. (1985). A Cognitive View of Type a Behavior: Is Hostility the Bad Actor? University of Southern California. ProQuest Dissertations and Theses Full-text Search Platform.

Weymouth, B. B., Buehler, C., Zhou, N., & Henson, R. A. (2016). A Meta-Analysis of Parent-Adolescent Conflict: Disagreement, Hostility, and Youth Maladjustment. *Journal of Family Theory & Review*, 8(1), 95–112.

Wilkowski, B. M., & Robinson, M. D. (2008). The Cognitive Basis of Trait Anger and Reactive Aggression: An Integrative Analysis. *Personality and Social Psychology Review*, 12(1), 3–21.

Wilson, D. K., Kliewer, W., & Sica, D. A. (2004). The relationship between exposure to violence and blood pressure mechanisms. *Current Hypertension Reports*, 6(4), 321–326.

Wu, E. Y., Reeb, B. T., Martin, M. J., Gibbons, F. X., Simons, R. L., & Conger, R. D. (2014). Paternal Hostility and Maternal Hostility in European American and African American Families. *Journal of Marriage and Family*, 76(3), 638–651.

Yen, J. Y., Liu, T. L., Wang, P. W., Chen, C. S., Yen, C. F., & Ko, C. H. (2017). Association between Internet gaming disorder and adult attention deficit and hyperactivity disorder and their correlates: Impulsivity and hostility. *Addictive Behaviors*, 64(1), 308–313.

Young, J. E. (1990). Cognitive Therapy for Personality Disorders: A Schema-Focused Approach. Sarasota, FL: Professional Resource Exchange.

Young, J. E. (1999). Cognitive Therapy for Personality Disorders: A Schema-Focused Approach (3Rd Ed.). Sarasota, FL: Professional Resource Exchange.

Yuen, S. A., & Kuiper, N. A. (1991). Cognitive and Affective Components of the Type a Hostility Dimension. *Personality and Individual Differences*, 12(2), 173–182.

Zeng, Y., & Xia, L. (2018). The Relationship Between Interpersonal Responsibility and Interpersonal Trust: A Longitudinal Study. *Current Psychology*, 38(5), 1182–1189.

Zhou, N., & Buehler, C. (2017). Marital Hostility and Early Adolescents' Adjustment: The Role of Cooperative Marital Conflict. *The Journal of Early Adolescence*, 39(1), 5–27.

Zhu, W., Chen, Y., & Xia, L. (2020). Childhood Maltreatment and Aggression: The Mediating Roles of Hostile Attribution Bias and Anger Rumination. *Personality and Individual Differences*, 162, 110007.

Zielinski, M. J., Borders, A., & Giancola, P. R. (2015). Does Hostile Rumination Mediate the Associations Between Reported Child Abuse, Parenting Characteristics and Borderline Features in Adulthood? *Personality and Mental Health*, 9(4), 288–297.

_# 8 心理虐待[①]

8.1 引言 / 231
8.2 心理虐待概述 / 231
   8.2.1 心理虐待的研究历史 / 231
   8.2.2 心理虐待的定义 / 232
   8.2.3 心理虐待的类别 / 234
   8.2.4 小结 / 236
8.3 心理虐待的测量 / 236
   8.3.1 心理虐待和其他虐待类型的关系 / 236
   8.3.2 心理虐待的问卷测量 / 237
      儿童期创伤问卷 / 237
      国际防止虐待和忽视儿童协会儿童虐待筛查工具——儿童版 / 238
      儿童期不良经历问卷 / 238
      儿童虐待和创伤量表 / 239
      早期创伤自我报告问卷 / 239
      暴露虐待及支持环境教养量表 / 239
      儿童期经历问卷 / 239
      心理虐待量表 / 239
      儿童受虐筛查表 / 240
      儿童心理虐待量表 / 240
   8.3.3 心理虐待的访谈测量 / 240
      儿童创伤访谈 / 240
      科罗拉多青少年抚养清单 / 240
      小结 / 241
8.4 心理虐待的认知神经机制 / 241
   8.4.1 素质-压力模型 / 242
   8.4.2 心理虐待的脑机制 / 242
      大脑中的海马体 / 242
      胼胝体 / 243
      催产素 / 243
      大脑网络结构的改变 / 243
      小结 / 244
8.5 心理虐待与个体发展 / 244
   8.5.1 心理虐待与认知发展 / 244
   8.5.2 心理虐待与情绪、社会性发展 / 246
   8.5.3 心理虐待与问题行为 / 249
   8.5.4 心理虐待的代际传递 / 251

[①] 本文系辽宁省教育厅重点项目《儿童自发性情绪调节的神经可塑性及其促进》(WZ2019001)的阶段性成果之一。

8.5.5 心理虐待与心理弹性 / 252
小结 / 254
8.6 心理虐待的研究展望：前沿与趋势 / 254
参考文献 / 256

8.1 引言

作为一种极端不利的逆境，儿童虐待是个体不适应性发展的风险因素。伴随儿童虐待的并发症不仅会在个体婴儿期和儿童期造成不良后果，而且会贯穿个体的毕生发展，引发一系列消极的连锁反应。对经历过儿童虐待的个体而言，家庭的近端环境以及与更广泛的学校、社区以及文化等远端因素共同损害了他们的生理和心理正常发展。研究者归纳出四种主要的虐待形式：身体虐待、身体忽视、性虐待与心理虐待(Cicchetti和Toth，2015)。相比容易观测到的前三种虐待形式，以及在强大的舆论压力和法律的保护下，显性形式的虐待(如鞭打、体罚)也会受到一定遏制，然而较为隐性的心理虐待却较少得到我国家长和社会的重视，有些家长甚至并不认为这会对儿童带来危害。这就使得心理虐待成为儿童发展过程中"看不见的伤痛"。

作为普遍存在的社会问题，心理虐待严重损害了儿童的身心健康发展，这引起了发展心理学家以及相关政策制定者的关注(Brown等，2019；Cicchetti，2016)。在本章中，我们将首先回顾心理虐待的研究历史，阐明心理虐待的定义及其结构；然后介绍心理虐待的测量方法；最后阐述心理虐待的危害，从认知发展、情绪与社会性发展、问题行为、神经机制、代际传递等方面介绍心理虐待对个体发展的不利影响。

8.2 心理虐待概述

8.2.1 心理虐待的研究历史

在国际上，相关研究者对心理虐待的关注由来已久。国际学校心理学委员会(International School Psychology Committee，ISP)在1979年7月英国约克举办的学术讨论会上，将儿童的权利作为一个主要议题。随后，35国领导人在会上通过了《儿童心理权利宣言》，该宣言首次以条约的形式表明了对儿童心理虐待和精神伤害的关注,明确了儿童有免于恐惧和心理伤害的权利,提倡儿童接受正规和非正规教育、获得充分的游戏、娱乐的权利以获得最佳的身心发展(Catterall, 1979; World-Go-Round, 1979)。在此之后,国际学校心理学委员会与印第安纳大学合作,设立了儿童心理权利研究办公室。专家组一致认为,避免儿童的情感虐待和忽视应该被放在儿童权利保护的首位。并进一步决定明确关于心理虐待的定义,设计心理虐待干预的相关方案(Hart, Germain, 和 Brassard, 1987)。随后联合国制定的《儿童权利公约》第19条也指出,需要确保儿童免受一切形式暴力、忽视或剥削的权利,并特别注意防止"精神暴力"(Detrick, Doek, 和 Cantwell, 1992)。2011年,联合国儿童权利委员会再次制定了相关的执行指南。其中第13条明确指出,儿童有免遭一切形式暴力的权利。

8.2.2 心理虐待的定义

心理虐待(psychological maltreatment),又称情感虐待和忽视(emotional abuse and neglect)或精神暴力(mental violence),是一种常见的儿童虐待形式。在研究中,心理虐待和情感虐待常常互换使用。有研究者指出,美国的研究者们通常习惯使用心理虐待,英国的研究者们倾向使用情感虐待(Glaser, 2011)。有研究者则主张采用心理虐待(psychological maltreatment)一词,因为"psychological"同时包含了情感和认知的成分,"maltreatment"也兼顾了虐待与忽视(Baker 和 Brassard, 2019; Baker, Schneiderman, Brassard, 和 Donnelly, 2011)。心理虐待作为较为严重的社会问题,也受到相关政府机构的重视。例如,美国卫生部在1999年指出,情感虐待是一种对儿童持续实施的不良情感对待行为,影响儿童的正常情感发展,并造成了严重和持久的消极影响。

目前,关于心理虐待的定义主要从两个方面界定:一是从主要抚养者对儿童进行心理虐待的行为出发(现象);例如,哈特和布拉萨德(Hart 和 Brassard, 1991)指出,应该对心理虐待进行更为具体的操作性定义,他们将心理虐待定义为"看护者对儿童的拒绝、恐吓、孤立、纵容,以及忽视儿童的情感需要",然而他们指出,只要看护者的行为没有对儿童产生消极的影响,就不应界定为心理虐待。二是强调心理虐待对儿童造成的损伤(后果),认为心理虐待是成人在照顾儿童过程中的一些错误行为,该行为会损害儿童诸如情绪、智力、社会性发展(Theoklitou, Kabitsis, 和 Kabitsi, 2012)。这些研究者认为对心理虐待的界定应符合一定的标准,重点强调心理虐待对儿童造成的损伤(Slep 和 Heyman, 2011)。例如,1983年在印第安纳波利斯举行的儿童和青少年心理虐待问题国际会议指出,对儿童青少年心理虐待的定义可基于专业知识和社会标准进行确定。这类行为由个人单独或集体共同做出,实施心理虐待的主体因其特征(如年龄、地位、知识、组织形式)处于权力支配地位,从而在当下或长时间地损害儿童的行为、认知、情感和身体功能(OSPRC,1983)。然而,心理虐待总是以一种隐性的形式存在,因而不易被察觉,而且它经常和其他形式的虐待并存。例如,躯体虐待经常伴随着心理虐待(Cicchetti,2016),所以很难从结果的角度对心理虐待给出一个确切的定义。因此,对于儿童心理虐待的定义应当同时考虑上述两个方面。也有研究者指出,对于心理虐待的定义应该满足如下的标准:(1)可以用情感虐待和忽视来描述家长和儿童之间的关系;(2)这种关系反映了普遍性意义的交互作用或是一种当下的相处特征;(3)这种交互作用实际或潜在地损害了儿童的情感发展;(4)情感虐待和忽视包括疏忽和故意实施;(5)情感虐待和忽视不涉及身体接触。

例如,美国儿童虐待专业协会(American Professional Society on the Abuse of Children,APSAC)认为,心理虐待指的是"看护人一种重复的行为方式,这些行为向儿童表明了这样的信息,即他们是无价值的、不讨人喜欢、有很多缺点、多余且危险的、无用或只有在满足别人需要时才有用的"。因此,研究者们普遍认可,情感虐待是心理虐待的重要方面。如果看护人或主要抚养者(一般指父母)在儿童需要的情况下并未给予适当的情感回应,或是给予不恰当的情感回应,在某些情况下会被认定为对儿童构成了心理虐待(Arslan,2017)。然而,家长在生活中或多或少会对儿童产生一些照看不利的状况,仅考虑到不适应的情感回应可能会对心理虐待产生错误的判断,因此有研究者强调,心理虐待最重要的特点是反复性和长期性。只有反复且长期的不良照看行为才可能会被认定为心理虐待。因此我们需要在家庭的关系网络中去理解心理虐待这个核心概念,并探讨社会环境如何影响到家庭中的各个成员,以此确认心理虐待的核心成分是看护者不利的行为和意图(Barnett,Manly,和 Cicchetti,1991)。

研究者还区分了心理虐待与情感虐待。尽管两者可能来自相同的抚养经验,但并不表明两者是同义词(O'Hagan,1995)。研究者指出,心理虐待以往总是被定义为:一种妨碍了个体心理特征(特别是认知能力)和道德能力的行为。但是这种观点忽略了认知和情绪并非是相互独立的,在认知评价中会有情绪的参与,而反之亦然。虐待对儿童情绪和认知的影响总是交织在一起。然而,若研究仅仅关注儿童功能受损,那么就会忽略情感,忽视对儿童的不利影响。因此,在美国,很多地区要求证实对儿童造成伤害的证据。

国内也十分重视儿童的心理虐待问题。不同的是,由于文化背景的差异,中国的教育理念特别是家庭教育理念与西方有很大差异。国内很多家庭还延续着"打是亲,骂是爱""子不教,父之过"的传统教育理念。许多家长习惯于用自己的标准去衡量儿童的行为,或是将自己的希望强加于儿童身上,却较少关注儿童自身的内心发展和情感体验。此外,我国的相关法律或规定很少出现儿童心理虐待这样的表述,但这在某种程度上只是官方用语的一些分歧或误解,我国政府一向十分关注儿童的保护和健康发展。例如,我国宪法明文规定"禁止虐待老人、妇女和儿童"(第49条)。2001年的婚姻法明确禁止家庭暴力,禁止虐待家庭成员。2015年出台的《关于依法处理监护人侵害未成年人权益行为若干问题的意见》也在国家层面提出要依法维护儿童青少年的合法权益,确保未成年人得到妥善的监护和照料。与此同时,学术界也开展了许多关于心理虐待的概念界定研究工作,例如,潘辰将心理虐待定义为:心理虐待是源于对儿童有责任义务、关系密切的人,对儿童施以持续、重复、不适当的养育行为,极大地损害了儿童的认知、情感以及社会性的发展,但并不涉及对儿童身体和性的接触(潘辰,2010)。研究者进一步指出上述定义主要考察了施虐者的行为动机、不良的行为方式、亲子间的负性作用模式,以及对儿童的伤害这些内容(邓云龙,潘辰,唐秋萍,袁秀洪,肖长根,2007)。

综上,我们认为:心理虐待是一种常见的儿童受虐待形式,通常指看护者或主要抚养者对儿童实施的长期或反复的不良养育行为,阻碍了儿童的基本认知和情感发展,对儿童的人格健康发展造成损害,不涉及身体的接触。

8.2.3 心理虐待的类别

研究者从实践和理论层面对心理虐待进行了较为细致的分类。例如,在一份实践指南中,美国儿童虐待专业协会(APSAC,2017)列出了心理虐待的六种形式:(1)蔑视:语言或者非语言的敌对性拒绝/认为这是一种可耻的行为;(2)恐吓:威胁行为,或是可能损害儿童身体健康或将儿童喜爱的事物置于危险境地的行为;(3)利用/教唆:鼓励儿童发展不恰当的行为;(4)无情感回应:忽视儿童情感交流的需要,未能向儿童表达积极回应,在与儿童交流时无情感表现;(5)孤立:拒绝与儿童交流,以及不让儿童与同伴或成人交谈;(6)精神、健康、医疗和教育忽视:不能保证儿童的基本需要。然而,上述分类存在三点问题:第一,心理虐待类型的理论或概念基础并非显而易见,仅依靠实践又难以准确描述心理虐待的全部类型;第二,上述分类可能存在重叠现象;第三,上述分类中的有些行为归类不准确。

格拉泽(Glaser,2002)进一步指出,上述分类主要基于父母对儿童的不恰当行为或是亲子间的交互关系,而没有从儿童角度考虑。因此,格拉泽基于儿童自身的权利,提出了心理虐待的五个类别:(1)情感缺失,无反应性和忽视:成人不能及时对儿童的情感需求做出反应,也没有提供适当的替代方案;(2)对儿童消极和错误的归因:对一些犯错的儿童充满敌意、诋毁和拒绝,使这些儿童对自身的行为作出消极归因;(3)不适应儿童发展的互动模式:包括对儿童过高的期望,对儿童自主探索和学习的过度保护和限制以及使儿童暴露在麻烦或是创伤事件中;(4)未考虑儿童的个性与其心理边界:包括利用儿童来满足父母的心理需求,以及不能区分儿童的现实和成人的信仰与愿望;(5)未能促进儿童的社会适应性:包括导致儿童的社会化失败,以及造成儿童心理上的忽视。同时,心理虐待的分类应该同时具有临床性和研究适用性。因为每种分类都涉及儿童存在和需求的不同方面,而且也是由父母对儿童的不同动机和心理状态决定的,所以没有哪两类可以始终如一地并在一起。而且在实际生活中,亲子间不只有一种类别,比如当同时存在两种或多种心理虐待类别时,需要确定哪种类别是主导。

研究者进一步指出,在心理虐待的主要类别中,诸如对儿童的敌意、消极和拒绝比其他形式更为明显。而看护者对儿童的剥削、缺乏同情心等行为则不太常见。近期,布拉萨德(Brassard,2020)等人提出了一种新的心理虐待形式,捏造或诱发疾病(fabricated or induced Illness,FII),又称作儿科伪造虐待(Abuse by Pediatric Falsification)、医疗儿童虐待(Medical Child Abuse),指的是看护者需要他们的孩子被确认为患有身体和/或心理疾病,并被医疗机构确认为患有医学疾病。在这种情况下,看护者利用儿童来满足自己对外界支持、关注、物质的获得,或是证实他们对孩子的错误看法。看护者主要是通过向医生错误地报告孩子的健康状况、疾病史和医疗保健信息,并伪造儿童的健康文件,或者通过让儿童表现出疾病来直接影响医生的判断。尽管目前缺乏可靠的流行病学证据,但是根据大量儿科医生的报告和经历,在美国,看护者捏造或诱发儿童疾病的现象并不少见。研究者进一步指出,少数被捏造或诱发疾病的儿童可能会因其看护者的行为而受到身体伤害,更多的此类儿童则因看护者的虚假报告以及医生可能采取的医疗行为而受到不经意的伤害(Davis,Murtagh,和Glaser,2019)。因此,布拉萨德等人将捏造或诱发疾病看作心理虐待的一种类别,该类别对儿童的伤害主要是由看护者为满足自身的需要而直接造成的,同时医生在无意中间接地造成了对此类儿童的伤害。

国内也对心理虐待的类型开展了研究。潘辰(2010)基于对学龄期儿童的研究,将心理虐待分为五种类型:(1)恐吓指的是看护者对儿童进行人身健康等方面的威胁,会使儿童感到恐慌;(2)干涉指的是看护者无理由地操控、干扰儿童的所有行为;(3)忽视是指看护者不回应儿童的任何情感;(4)贬损指的是看护者在他人面前对儿童进行谩骂和嘲笑;(5)纵容指的是看护者对儿童的不良行为不加以管制,予以放任。

8.2.4 小结

心理虐待的概念界定和类别划分并非一成不变。以往研究采用不同的分类方法并结合数据分析阐述了心理虐待的内涵和外延,为今后儿童心理虐待的研究提供了实证和理论上的证据支持。在对遭受心理虐待儿童的社会适应模式进行考察时,关注心理虐待的发生时间、严重程度、类别以及它与其他虐待类型之间的相互作用,有助于更清晰地揭示遭受虐待儿童的发展轨迹及现状。而随着研究方法的不断改进,研究人员能够更好地理解遭受心理虐待儿童经历的动态性和异质性,这有助于日后实施针对性的干预方案(Brassard 等,2020;Manly,2005)。

8.3 心理虐待的测量

在完成对心理虐待概念上的梳理之后,就需要考虑采用量化的方法对其测量、评估,这是对心理虐待作出深入研究的前提。在过去的几十年里,研究者们对儿童心理虐待的概念、类型以及后果的认识逐渐深入。尽管如此,与其他的虐待类型相比,如身体虐待、性虐待以及家庭暴力,心理虐待受到的研究关注相对较少(Glaser,2011)。这可能是由于研究者对心理虐待的定义模糊以及难以从行为上对其进行观测,因而构成了量化上的挑战。此外,心理虐待常伴随其他虐待形式的出现,从个体同时遭受的各类型虐待中分离出心理虐待的这一挑战性工作,也可能影响对心理虐待的测量(Hovdestad, Tonmyr, Hubka, 和 De Marco, 2005)。因此,在介绍心理虐待测量方法前,我们先简要梳理心理虐待与其他虐待类型的关系。

8.3.1 心理虐待和其他虐待类型的关系

当谈论心理虐待时,人们很自然就会想到心理虐待与以往研究更为关注的身体虐待之间存在的关系。身体虐待指的是看护者有意造成儿童的身体伤害或痛苦,或是不做预防使儿童身体受到伤害(Glaser,2011)。因此心理虐待与身体虐待有着本质的区别,身体虐待常伴随身体上的创伤,而心理虐待则更为隐蔽,关键的是心理虐待不涉及身体上的接触。另外,有研究指出,无论处于何种社会经济地位,大多数父母都曾在某个时候对儿童使用过辱骂、情感攻击等心理虐待(Straus 和 Field,2003)。

儿童遭受的往往不只一种虐待。研究者发现,身体虐待往往伴随着心理虐待,父母对儿童实施严重的体罚、殴打不仅造成了身体上的伤害,还容易使儿童产生"父母不再爱我"的错误信念,造成一定程度的情感损伤(Brassard,2019; Spinazzola 等,2014)。例如,近期的一项元分析研究发现,身体虐待在全球的比例约为 22.6%,情感虐待的比例约为 36.3%,且身体虐待常伴随情感虐待的出现(Stoltenborgh 等,2015)。在另一项全国范围内的研究中,布朗(Brown 等,2019)考察了不同年龄段(婴儿、学前儿童、学龄期儿童、青少年)儿童所遭受的共发性负性事件,采用潜变量类别分析方法将所有被试分成四类,结果表明,不管儿童处于何种年龄段,心理虐待都作为一种独立的虐待类型存在,且其他类型中也伴随着心理虐待。

从心理测量学的角度看,如果某个变量属于一种虐待形式或类别,那么这个变量的测量分数与其他类型的虐待测量得分存在一定程度的相关。以大学生为被试的一项研究发现,情绪虐待与身体虐待($r=0.63^{***}$)、性虐待($r=0.45^{***}$)相关显著(Oshri,Sutton,Clay-Warner,和 Miller,2015)。青少年的研究也发现,情绪虐待与身体虐待($r=0.37^{**}$)、身体忽视($r=0.15^{**}$)相关显著(Lin 等,2017)。近年来,部分国内研究者也发现,心理虐待与其他虐待存在相关。如宋雅琼等人(2020)对山西省 4 000 多名大学生的调查发现,情感虐待与躯体虐待($r=0.765^{***}$)、性虐待($r=0.742^{***}$)、躯体忽视($r=0.557^{***}$)相关显著。陈晨(2015)等人也在研究中发现,情感虐待与躯体忽视($r=0.682^{***}$)、躯体虐待($r=0.649^{***}$)、性虐待($r=0.651^{***}$)相关显著。

8.3.2 心理虐待的问卷测量

儿童期创伤问卷

儿童期创伤问卷(Childhood Trauma Questionnaire,CTQ)由伯恩斯坦等人(Bernstein 等,1994)编制,主要用于测量不同类型虐待、忽视的频率和严重程度,包括身体和情感虐待(23 个条目)、情感忽视(16 个条目)、性虐待(6 个条目)、身体忽视(11 个条目)。该问卷采用 5 级评分。CTQ 量表被广泛应用于儿童虐待的研究中,由于问卷是回溯性的自评量表,因此可用于成人、青少年等多种群体被试。随后,伯恩斯坦等人(2003)开发了 CTQ 问卷的简化版,即 CTQ-SF,该简化版问卷包括 5 个子量表,每个子量表有 5 个条目,另有三个效度条目,评分采用 1(从不)

到5(总是)的5级评分。情感虐待(比如"家里有人喊我'笨蛋'、'懒虫'或'丑八怪'等")与情感忽视[比如"家里有人使我觉得自己很重要或不一般(反向计分)"]子量表的得分可用于测量儿童期的心理虐待。

国际防止虐待和忽视儿童协会儿童虐待筛查工具——儿童版

国际防止虐待和忽视儿童协会儿童虐待筛查工具——儿童版(International Society for the Prevention of Child Abuse and Neglect child abuse screening tool-Child version, ISPCAN-C,简称ICAST-C)由众多儿童虐待研究领域的专家经过多年的讨论和实践制定而成(Runyan等,2015;Zolotor等,2009)。编制者指出,ICAST-C可用于测量多种文化背景下儿童遭受的暴力,旨在提供一个检验儿童虐待的黄金标准。即在全球范围内使用一套共享的定义和研究工具来衡量暴力侵害儿童行为(Zolotor等,2009)。该问卷主要考察11—17岁儿童青少年的虐待经历,来自40多个不同国家的专业人员对问卷进行了审查。问卷可测量包括身体暴力、忽视、性暴力、情感暴力、目睹暴力五个方面,并根据受测儿童的年龄分为45题版本(受测儿童11岁)和51题版本(受测儿童12岁及以上),用来衡量过去一年中儿童所经历的具体虐待事件。为了更准确地确定虐待检出率,每个分量表的项目采用0(我一生中从未发生过)和1(发生过一次或多次)的二分计分方式,然后将每个分量表分数相加,总得分不为0的即表明遭受虐待。近期的一项研究表明,该测量工具在9个国家的信效度良好,可以用作学龄儿童青少年的虐待筛选工具(Meinck等,2020)。

儿童期不良经历问卷

儿童期不良经历问卷(Adverse Childhood Experiences Questionnaire, ACEQ)是研究儿童期不良经历与成人健康最常用的工具,最初由美国疾病预防控制研究中心在20世纪90年代开发,多个国家共同修订完成(Felitt等,1998)。问卷共测量躯体虐待、情感虐待、躯体忽视和家庭功能不良等10个方面的负性经历。量表所测量的是被试在成年之前(18岁之前)是否出现过题目中描述的负性经历,每个条目均采用0、1的计分方式,未遭受此类虐待记为0分。量表10个条目得分累计相加即得出个体童年期的不良经历总分。总分越高,表明个体经历过的不良经历种类越多。其中涉及的关于情感虐待的条目可用于评估个体遭受的心理虐待程度。随着研究的不断深入以及社会的快速发展,新的问题也随之出现,儿童可能会遭受的逆境种类也随之增加,芬科尔等人(Finkelhor等,2015)在原有问卷的基础上,增加了新的条目,形成了儿童期不良经历问卷修订版(Revised Adverse Childhood Experience Questionnaire, ACEQ-R)。研究表明,修订版的问卷的内部一致性系数为0.83,4周后的重测信度为0.70,可用于测量个体在儿童期的不良经历。

儿童虐待和创伤量表

儿童虐待和创伤量表(Child Abuse and Trauma Scale，CATS)用于测量个体在儿童期受到的虐待和创伤经历，包括三个子量表：消极的家庭环境、惩罚、性虐待(Sanders 和 Becker-Lauson，1995)。随后肯特和沃勒(Kent 和 Waller，1998)对问卷进行修订，增加了情感虐待分量表(7 个条目)，用于测量侮辱、发怒、咒骂等方面的内容。评分采用 0(从不)到 4(总是)的 5 级评分。

早期创伤自我报告问卷

早期创伤自我报告问卷(Early Trauma Inventory Self-Report，ETI-SR)由布雷姆纳等人(Bremner 等，2007)编制，用于测量个体儿童期的创伤事件，问卷共有 62 个条目，包括一般创伤(31 个条目)、情感创伤(7 个条目)、身体创伤(9 个条目)、性虐待(15 个条目)。其中情感创伤条目可用于测量心理虐待，内容包括贬低儿童，父母对儿童生活的过度控制，对儿童的大声喊叫等。

暴露虐待及支持环境教养量表

暴露虐待及支持环境教养量表(The Exposure to Abusive and Supportive Environmental Parenting Inventory)由尼古拉斯和比伯(Nicholas 和 Bieber，1997)编制，主要用于测量父母对儿童的教养支持以及虐待行为。问卷共有 70 个条目，分为虐待和支持两个子量表，其中虐待子量表包括：身体虐待(13 个条目)、性虐待(10 个条目)、情感虐待(19 个条目)。情感虐待的 19 个条目可用于测量儿童遭受的心理虐待，包括侮辱、憎恨、觉得儿童毫无价值等内容。

儿童期经历问卷

儿童期经历问卷(Childhood Experiences Questionnaire，CEQ)用于测量个体童年期遭受的虐待经历(Ferguson 和 Dacey，1997)。问卷共有 30 个条目，其中，根据哈特与布拉萨德(1991)对父母心理虐待行为的定义，制定了 11 个条目用于测量个体童年期遭受的心理虐待。具体包括：拒绝(2 个条目)、恐吓(2 个条目)、孤立(2 个条目)、剥削(3 个条目)、拒绝情感回应(2 个条目)。评分采用 0(从不)到 4(总是)的 5 级评分。

心理虐待量表

心理虐待量表(Psychological Maltreatment Inventory，PMI)由恩格斯和莫桑(Engels 和 Moisan，1994)共同编制，可用于测量临床样本童年期的心理虐待经历。基于以往研究，该问卷包含了美国儿童虐待专业组织(APSAC)给出的心理虐待的五个维度(漠视、恐吓、孤立、纵容、拒绝情感回应)，问卷共有 25 个条目。评分采用 0(从未发生)到 5(对我影响很大)的 6 级评分。

儿童受虐筛查表

儿童受虐筛查表由杨世昌等人(2004)编制,该筛查表共包含8个条目,用于筛查常见的儿童虐待类型:身体虐待、忽视、精神虐待、性虐待。量表由受过专业人员培训的评定者进行评定,可以兼顾单独和集体施测,每个条目均采用0、1的计分方式,未遭受此类虐待记为0分。问卷的内部一致性系数为0.74,两周后的重测信度为0.93。然而,该筛查表仅能对受虐待的儿童进行定性判断,而无法完成进一步的量化分析,也无法确定具体的心理虐待类型。

儿童心理虐待量表

儿童心理虐待量表由潘辰(2010)编制而成,该问卷基于邓云龙和潘辰(2005)的初版量表修订而成,修订后的心理虐待量表共包含23个条目,可用于测量儿童期的心理虐待,问卷包括5个子量表:恐吓(7个条目)、忽视(6个条目)、贬损(4个条目)、干涉(4个条目)、纵容(2个条目)。问卷采用0(从不)到4(总是)的5级评分。在筛选心理虐待检出率时有两种方法,一是通过判断问卷中任何一个条目为4分的被试进入阳性组,所有条目为0或1分的被试进入阴性组(潘辰,2010)。另一种方法是通过计算平均分,均分大于等于1.5则进入阳性组(刘爱书,王春梅,2014)。由于该问卷可以测量心理虐待的各个具体类别,同时方便施测,不仅可用于临床和非临床的样本,也可对儿童、青少年、成人等各个阶段群体使用,因而是当前国内常用的测量儿童心理虐待的工具。

8.3.3 心理虐待的访谈测量

儿童创伤访谈

儿童创伤访谈(Childhood Trauma Interview)由芬克等人(Fink等,1995)开发而成。该访谈是一个简短的半结构化访谈,侧重于童年人际创伤的六个方面:分离和丧失、身体忽视、情感虐待/攻击、身体虐待/攻击、目睹暴力以及性虐待/攻击。访谈中的问题旨在获得关于上述虐待类型中具体行为的详细信息。访谈者向所有可能的施暴者进行询问,包括儿童的父母、兄弟姐妹、其他亲属、照看者、朋友、老师、熟人和陌生人等。创伤经历的严重程度和频率均采用7级评分,对于每种类型创伤的持续时间均从起始年龄到停止年龄计算。该访谈同时给出了施虐者与受虐待个体的关系分数和施虐者的数量。另外,该访谈附有使用说明、详细评分标准和解释性示例手册。

科罗拉多青少年抚养清单

科罗拉多青少年抚养清单(Colorado Adolescent Rearing Inventory)由克劳利

等人(Crowley 等,2003)编制而成,整个过程采用完全结构化访谈,由一名训练有素的医生进行操作。在参考以往文献和实际调查的基础上,该清单设计的问题适合青少年作答,且所有问题均经过严格修订而成。整个访谈过程持续约 20—45 分钟,访谈前,主试宣读知情同意书与相关细则,接下来会阅读完整的项目。该清单包括 15 个身体/教育/情感忽视项目(比如"负责照看你的成人是不是督促你按时上学、做作业?")、8 个关于照看者的反社会以及情感虐待项目(比如"负责照看你成年人有没有鼓励你违法或帮助你违法?"、"负责照看你成年人有没有惩罚过你,把你关在黑暗的地方,比如壁橱里?")、13 个关于身体虐待项目(比如"你有没有被故意殴打过?")以及 14 个关于性虐待的项目。清单中的所有问题均需要报告受虐待发生的天数,作为受虐待的频率。

小结

过去的几十年间,研究者开发了大量关于儿童心理虐待的测量工具,取得了很好的效果,也有助于我们进一步了解儿童的心理虐待,然而上述过程也存在一些不足。第一,对心理虐待进行测量时不仅要评估测量工具的心理测量特性,还要同时考虑所测量样本的特性,研究发现,同一工具对于不同样本的信效度差别很大(McLennan, MacMillan, 和 Afifi, 2020)。第二,在测量心理虐待时还应考虑到个体当前的认知、情绪等,例如遭受严重的虐待可能会影响个体的记忆,造成测量期间的记忆偏差(Brewin, Andrews, 和 Gotlib, 1993)。第三,在对个体进行关于心理虐待的访谈评估时,由于需要向调查对象提问一些敏感问题,因此研究者应该优先考虑避免对已受到伤害的调查对象造成再次精神创伤(Lundgren 等 2002)。第四,在众多测量工具中缺少检验心理虐待测量工具的黄金标准(gold standard)。近期的综述研究表明,儿童期创伤问卷(CTQ)及其简版 CTQ-SF 可用作广泛性儿童虐待研究的"黄金标准"检验其他问卷的信效度(Tonmyr, Draca, Crain 和 MacMilan, 2010)。实证研究也表明,在各种群体和不同文化中,儿童期创伤问卷均有良好的效果(Baker 和 Maiorino, 2010;Garrusi 和 Nakhaee, 2009;Lundgren 等, 2002;Thombs, Bernstein, Lobbestael 和 Arntz, 2009)。然而,心理虐待作为儿童虐待的一种主要形式,未来研究需要更为聚焦且精细的黄金标准去检验其在不同群体或不同文化背景下的一致性。

8.4 心理虐待的认知神经机制

近年来,越来越多的研究者关注儿童早期创伤经历的认知神经机制。其中的一个关键问题是,儿童早期的虐待经历对大脑的发育有害。

8.4.1 素质-压力模型

素质-压力模型指出,大脑长期过度暴露在压力环境中会受到损伤,久而久之还会形成某些精神疾病或精神障碍(Lupien,McEwen,Gunnar,和 Heim,2009)。也有研究者提出不同的假设,早期虐待经历可能会影响大脑及其处理信息的方式,个体在童年期受到的虐待会以一种依赖经验的可塑性方式改变个体特定大脑区域的发展,以帮助其适应在危险环境中生存(Belsky 和 Pluess,2013;Pollak,2003)。然而,素质—压力模型与可塑性—适应性假说并不是相互排斥。儿童遭受的虐待经历可能会严重损伤大脑,甚至会加速衰老,缩短寿命。但虐待经历导致儿童的过早成熟,可能会在短期内对个体提供一种选择性优势以适应当下复杂且危险的环境。对此,大量的神经影像学研究给出了支持(Teicher 等,2016)。

下丘脑-垂体-肾上腺轴(HPA 轴)是压力应激的生理基础,有研究者关注了心理虐待与应激系统失调之间的关系。贡纳等人(Gunnar 等,2019)研究发现,如果个体在儿童期没能体验到良好的养育,下丘脑-垂体-肾上腺轴(HPA 轴)的发展会偏离正常发展轨迹。心理虐待作为童年期遭受的一种不利环境可能会导致儿童的 HPA 轴调节异常。与那些受到良好养育的儿童相比,遭受心理虐待儿童唾液中的皮质醇含量在发展过程中出现较大的变动。研究者进一步指出,HPA 轴在个体应激中扮演重要角色,遭受心理虐待的儿童其 HPA 轴更易处于长期的激活状态,对于这样的敏感系统,内部微小的变化都会导致外部行为出现较大异常,进而增加了受心理虐待儿童日后患焦虑、抑郁等的几率。

8.4.2 心理虐待的脑机制

大脑中的海马体

大脑中的海马体一直以来被看作是个体的记忆、学习中枢。有研究发现,海马与儿童受虐待的关系密切。诸如心理虐待这样的长期压力会影响海马细胞胚胎的形成,同时促使前额叶皮层细胞外基质的谷氨酸盐增多。而这种异常的内分泌模式可能会损害海马细胞的发育,甚至导致细胞死亡(McCrory,Gerin,和 Viding,2017)。此外,研究还发现左侧海马的白质变化与儿童期受到的情感忽视有关,一些遭受严重情感忽视的儿童最终会患上抑郁症(Teicher,Anderson,和 Polcari,2012)。儿童最初有一种自适应功能,这种最初的自适应功能可看作是儿童的一种"特质"。但是随着儿童遭受了较为严重的心理虐待,儿童大脑处理信息的方式发生变化,与此同时还伴随着行为上的改变,这些变化在儿童早期更为明显。丘盖等人(Chugani 等,2001)以罗马尼亚收容所养育的婴儿为被试,采用正电子断层扫描技术(PET)考察了虐待经历与大脑葡萄糖的代谢水平之间的关系。结果发现,与健康儿童相比,收容所养育婴儿的杏仁核、海马等大脑边缘区域的新陈代谢水平更小,因此研究者指出,虐待经历对于婴儿的伤害可能是长期性的并且与日后的情绪加工有关。另一项研究以成年女性为被试,采用功能性磁共振技术(FMRI)考察了个体童年期的虐待经历与大脑皮层厚度之间的关系,结果发现遭受情绪虐待与左前扣带皮层和后扣带皮层以及双侧楔前叶(参与自我意识和自我评估的区域)变薄有关(Tomoda,Navalta,Polcari,Sadato,和 Teicher,2009)。

胼胝体

胼胝体是脑中最大的白质结构,连接着左右两半球,负责情绪、唤醒、高级认知等一系列心理活动的信息传递功能。尽管胼胝体中神经元的连接在个体出生之前就已形成,但是髓鞘化过程则持续很久。研究发现,早期的虐待经历影响了大脑胼胝体的正常发展。泰歇尔等人(Teicher 等,2012)利用磁共振成像技术发现,早期遭受虐待的青少年在精神疾病上的风险得分要显著高于对照组,并且其胼胝体的发展明显慢于对照组。进一步的研究分析表明,与正常青少年相比,遭受忽视的个体在胼胝体的不同区域存在大小差异。因此,泰歇尔等人推断,不同区域的胼胝体可能受早期的心理虐待经历有不同程度的易损性。针对儿童的研究也支持上述结论,与对照组相比,虐待组儿童的胼胝体区域(特别是背部和中部区域)发展更慢且区域更小(Jackowski 等,2008)。

催产素

近期的一项研究考察了催产素受体单核苷酸多态性(rs53576)与青春期女孩的海马、杏仁核体积以及早期经历的情绪创伤暴露之间的关系。结果发现,与最低水平的纯合子相比,遭受情感创伤女孩的左侧海马体积更小,而在杏仁核上则未发现显著差异(Malhi 等,2020)。青少年的一项研究也给出相应的支持。汉森(Hanson 等,2015)采用金钱激励延迟任务考察了虐待经历对青少年奖赏加工的影响。结果发现,在奖赏加工过程中,青少年自我报告的情感忽视经历与大脑纹状体反应变慢有关。而且与奖赏相关的腹侧纹状体活动的减少也与青少年的抑郁症状显著相关,进一步分析发现,上述大脑区域的变化在青少年早期的情感忽视经验以及之后的抑郁症状之间起中介作用。

大脑网络结构的改变

大脑总是以网络的形式加工某些信息,大脑网络结构的改变可能是一些精神病理学症状的基础。有研究选取 142 名受虐待和 123 名未受虐待个体,通过测量被试大脑皮层厚度的区域内相关性来评估其大脑网络结构。结果发现,在遭受虐待个体的大脑网络中,颞叶和额中回的中心化显著降低,而在右前岛叶和楔前叶的中心化程度增加。由于中心化程度反映了该节点在整个网络中的位置,程度越高表明该节点在整个大脑网络中越重要。进一步分析发现,与遭受虐待的被试相比,健康个体在前额叶、扣带回等区域的中心化程度更大,而这些区域与个体的情绪调节、注意、社会认知密切相关。但虐待组被试中心化程度较高的区域则集中在与自我意识加工的脑区域,因此上述结果表明,虐待影响了个体的认知控制、情绪调节等社会性功能,同时虐待经历使得个体更加关注自我意识的发展,而这种自我意识常常是消极、负面的(Teicher 等,2014)。

小结

心理创伤对脑机制的影响是多学科研究的焦点问题之一。当前,脑科学研究的快速发展也为心理学研究提供了生理解释基础。心理虐待对人类的脑结构与功能会产生破坏性的影响。

8.5 心理虐待与个体发展

近些年,大量实证研究表明,心理虐待作为普遍存在的社会问题,严重损害个体的身心健康发展(Brassard 等,2020;Cicchetti,2013)。纵向研究也表明,心理上的损害会贯穿整个生命全程,童年期遭受的精神创伤是成年期某些精神、身体疾病的显著预测因素(Lin 等,2017)。与身体虐待相比,心理虐待的实施更为频繁,且消极影响不易恢复。近期研究者指出,采用发展的观点考察虐待对儿童的影响能够更清晰地从理论层面描述个体生命全程发展过程中的异常与风险。发展并不只是一系列的连续性成长,还同时存在某些与特定年龄相关的阶段性任务。儿童在早期阶段成功解决的发展问题有助于之后的成功适应。伴随每个阶段出现的突出问题,个体发展和整合的机会也会随之出现(Jaffee,2017)。基于此,我们梳理心理虐待对个体影响的相关文献发现,以往研究主要集中在心理虐待与认知发展、情绪发展、问题行为、神经机制、代际传递等方面。

8.5.1 心理虐待与认知发展

儿童早期遭受的心理虐待改变了个体一系列的认知功能,如注意力、执行功能、记忆和学习等,研究指出,心理虐待对认知功能的负性影响还可能是个体日后某些精神问题的风险因素(Jaffee,2017)。有研究考察了童年期的虐待经历与儿童认知发展之间的关系,研究采用格里菲斯商数(Griffiths general quotient)和麦卡锡认知指数量表(McCarthy general cognitive index)来测量低出生体重儿童的认知发展,临床医生及专业人员评定儿童遭受的虐待经历(Strathearn 等,2001)。结果发现,情感虐待和忽视与低出生体重儿童认知发展迟缓相关显著。进一步的研究分析发现,个体在童年期遭受的忽视与儿童迟缓的认知发展关系密切,但是身体虐待与儿童认知发展之间并未出现显著的相关。上述结果在控制了一些变量后(其他类型的虐待、出生体重、性别、父母教育程度等),显著的关联性仍然存在。恩洛等人(Enlow 等,2012)发现,在儿童出生至 64 个月期间,那些遭受身体虐待、情感虐待、忽视以及目睹父母暴力冲突的儿童表现出较低的认知发展得分。进一步的追踪分析发现,与对照组儿童相比,那些在婴儿期目睹父母暴力冲突的儿童在学前阶段的认知发展得分也较低。

另一项基于 1958 年英国出生队列的研究测量了 7 岁、11 岁和 16 岁儿童的阅读、算术、一般能力测试与童年期不良经历之间的关系,结果发现,个体在儿童期被忽视的经历与其认知功能得分呈显著负相关(Geoffroy 等,2016)。近期的一项研究发现,那些在 3 至 11 岁遭受心理虐待(母亲拒绝及严厉的教养)的儿童,其 38 岁时在空间广度、词语听力记忆等一些测试中表现出较差的认知得分(Danese 等,2017)。贝瑟洛特等人(Berthelot 等,2015)发现,与健康个体相比,那些童年期遭受虐待和忽视的个体表现出较差的视觉情节记忆($p=0.009$)。而且与未受虐待的个体相比,67%的受虐待个体表现出视觉情节记忆障碍。进一步的研究发现,那些遭受虐待的个体报告较差记忆表现的可能性高于健康个体 5.2 倍。当结果控制了智力水平、社会经济地位、物质滥用等变量后,虐待对视觉情节记忆的影响仍然存在。

执行功能反映了儿童的综合认知能力,是儿童期的重要发展任务。一些研究表明,童年期的心理虐待影响了个体执行功能的正常发展。研究者采用虐待鉴别系统(Maltreatment Classification System)对儿童遭受的虐待类型进行评定,结果发现约有 71%的学前儿童遭受情感虐待,45%的儿童遭受忽视,研究同时采用三种认知任务测量儿童的执行功能(快乐-悲伤 Stroop 任务、敲击测试、卡片分类任务),结果发现儿童遭受的虐待与其执行功能呈显著负相关($r=-0.37^{**}$),在控制儿童的年龄后,虐待经历可以显著地预测其执行功能总得分($\beta=-0.40, p<0.01$)、敲击测试得分($\beta=-0.38, p<0.01$)、卡片分类任务得分($\beta=-0.26, p<0.01$)(Fay-Stammbach 和 Hawes,2018)。另一项研究结合功能核磁共振技术考察了青少年早期应激与认知控制之间的关系,研究结果发现,与那些没有经历早期应激事件的青少年相比,遭受了诸如情感虐待、忽视的青少年在认知任务上的反应

时更长,研究也观测到这些差异涉及大脑的初级感觉运动(中央前回和中央后回)、冲突监测(前扣带回背侧)、抑制和反应控制(前额叶下皮层和纹状体)等区域(Mueller 等,2010)。国内的研究也发现了类似的结果。王湃和刘爱书(2017)采用问卷法考察了大学生的童年期心理虐待经历、认知灵活性、抑郁之间的关系,结果发现童年期心理虐待与认知灵活性总得分相关显著($r=-0.165^{***}$),且认知灵活性在儿童期心理虐待与当前抑郁情绪之间起中介作用。宋锐等人(2017)考察了儿童期心理虐待对农村青少年记忆偏向的影响,研究采用潘辰编制的儿童心理虐待量表测量青少年的心理虐待经历,并结合自我相关编码任务范式测量青少年的记忆偏向,结果发现,心理虐待组对消极词的反应时更短,且再认量更多。研究者进一步指出,长期暴露在心理虐待环境下的儿童,由于生活环境存在大量的恐吓和侮辱,导致这些儿童的记忆系统能够对威胁性的负面信息输入更加敏感,这在一定程度上增强了他们对消极词汇的记忆。

心理虐待不仅会影响个体的基本认知功能,还会影响个体的自我认知。例如,有研究在18个月大的婴儿身上就发现了自我发展的异常。研究者采用自我识别的视觉研究证明了这一点。实验中,婴儿在镜子中检查他们带红点的鼻子,通过对正确率分析发现,受虐待和未受虐待的儿童在认识自己的能力上是相当的,但在情感反应方面出现了差异。具体地说,受到虐待儿童比没有受到虐待的对照组儿童在看到镜子中的形象时更有可能表现出消极的情绪,研究者认为,上述结果反映了受虐待的婴儿对自我产生了更多的消极情绪(Schneider-Rosen 和 Cicchetti 1991)。宋锐和刘爱书(2013)运用结构方程模型验证了儿童心理虐待与抑郁以及自动思维的关系,结果表明心理虐待与自动思维及抑郁有直接影响,其中自动思维在儿童心理虐待对抑郁的影响中起部分中介作用。研究者指出,早期的养育经验为个体的依恋表征以及随后的人际关系发展奠定了基础(Fonagy 等,2007)。然而,遭受心理虐待的儿童未能形成有组织的依恋模式,从而增加了随后自我表征发展的风险,有些遭受虐待的儿童在自我概念的许多方面表现出混乱的发展模式。而随着儿童的发展,长期遭受心理虐待的儿童在自我认知上容易产生偏差,遇到挫折时会大多归因于内部,因而在与人相处时容易选择逃避现实,忽视自我(Maguire 等,2014)。

8.5.2 心理虐待与情绪、社会性发展

遭受心理虐待儿童的父母在生活中表现出更少的积极情绪以及更多的消极情绪,容易对他人产生敌意且引发更多的人际威胁。研究指出,在大脑发育的最初几

年,这种异常的情绪体验和交流模式可能导致儿童的某些精神病理,从而损害儿童的情绪感知、识别、调节等方面的能力(Cicchetti,2016)。

　　研究发现,相较其他情绪,遭受虐待的儿童对愤怒情绪更加敏感。受虐待儿童对愤怒等消极情绪表现出注意偏向,包括注意警觉、注意回避以及对愤怒表情的注意解除困难(Pollak,2003;Pollak 和 Tolley-Schell,2003)。另外,研究者也发现,在某些识别任务中,受虐待儿童会产生对愤怒信息的偏向,且他们的识别速度和识别所需的感知信息量更少(Pollak 和 Sinha,2002;Pollak,Messner,Kistler,和 Cohn,2009)。研究者甚至发现,遭受情感虐待的婴儿在看愤怒表情时使用了较少的认知资源。有研究推测,遭受情感虐待的婴儿在生活中由于对愤怒表情更为熟悉,因而加工时耗费了较少的资源(Curtis 和 Cicchetti,2011)。其他研究也对上述研究给予支持,波拉克等人(Pollak 等,2009)的研究发现,儿童对表情的识别速度与儿童父母报告的愤怒/敌意程度相关,因此父母更高水平的愤怒和敌意使得儿童对愤怒表情的反应时间更短。这种对特定情绪的偏向又可能构成对频繁愤怒暴露的适应性反应,因为儿童快速且准确地识别愤怒表情更容易使自身避免更多的情感虐待。在另一项研究中,刘爱书和王春梅(2014)采用点探测范式,考察了童年期遭受心理虐待大学生的情绪性注意偏向特点,结果发现,与健康个体相比,遭受心理虐待的大学生对消极情绪表现出注意警觉模式。刘爱书等人认为,遭受心理虐待个体的已有认知图式促使其之后形成消极的自我和他人认知,因此会出现认知加工问题。早期的虐待经历加速了儿童大脑中负责加工消极情绪回路的发展,这可能是负性偏向的生理基础,遭受情感虐待的个体在童年期就可能表现出对特定面部表情的注意(Ayoub 等,2006)。因此,遭受心理虐待的儿童在生命早期就出现情绪失调的风险。

　　研究者进一步指出,遭受虐待的儿童在识别其他情绪时准确性显著降低。这通常是由于受虐待的儿童在面对模糊的面部表情时更容易将其识别成愤怒,这可能是由于他们在家庭环境中体验了更高频率的愤怒。相比之下,未受虐待的儿童则能够更准确地识别积极和消极的面部表情(Pollak 和 Kistler,2002)。也有研究考察了受虐待儿童对其他负性情绪的加工,如恐惧。马斯腾等人研究发现,与快乐和中性的面孔相比,受虐待的儿童在识别恐惧面孔时表现出更快的反应时间(Masten 等,2008)。遗憾的是,研究者很少在同一项研究中比较受虐待儿童对恐惧和愤怒情绪的反应,可能性的解释是,恐惧和愤怒同属于消极情绪,两者均会引发同等程度的痛苦和消极反应。然而,有研究发现,当个体看到恐惧刺激时会表现出对风险的厌恶,而在个体看到愤怒刺激时,实验者却没有观察到类似的变化(Kober 等,2008)。因而在未来的研究中,可考虑在同一个实验中考察遭受心理虐待儿童对多种消极情绪(愤怒、厌恶、恐惧)的认知加工,进一步探明其中的机制。生理探究也给出相应支持。研究发现,虐待经历与个体杏仁核的激活增强有关,这可能表现为对威胁的过度恐惧(Hein 和 Monk,2017;McCrory 等,2013)。哈勒姆(van Harmelen 等,2013)等人在一项研究中发现,童年期遭受心理虐待的成年被试在加工不同效价的情绪刺激时,研究者均可观测到杏仁核的增强反应。这种反应模式在个体最初生活的虐待环境中可能是适应性的,可以提醒儿童注意潜在的伤害,然而当脱离了先前的虐待环境转向其他社会时,这种增强的反应性可能会干扰个体正常的生活方式。

遭受心理虐待的儿童容易感到羞愧、冷漠和麻木,而且他们在生活中会经常意识到表现出负性情绪是不好的行为。因此这类儿童会采取某些办法隐藏自己的情绪,例如在某些情境下向他人隐藏自己的情绪状态(Cole, Zahn-Waxler,和 Smith,1994)。哈特(1998)在研究中发现,受虐待儿童很可能被劝阻在家庭中公开表达自己的情感,他们经常使用抑制等消极策略来隐藏自己的情绪表达。研究者进一步推断,这种对消极情绪的表达抑制可能是导致儿童发育迟缓的原因。早期的亲子关系构成了儿童自主调节情绪的能力,儿童长期生活在被忽视、辱骂的环境中,容易受到看护者愤怒、沮丧等消极情绪的影响,因而遭受心理虐待的儿童会比普通儿童经历更多的情绪唤醒,表现出对消极情绪的调节困难(Cicchetti 和 Toth,2005)。从发展的角度看,儿童学习到适应性的情绪调节是后续形成安全依恋关系、完善自我同一性以及健康同伴关系的基础。反之,不适应性的情绪调节会导致儿童发展出不安全的依恋关系以及较差的同伴关系。因此,研究者指出,作为一种慢性且反复出现的场景,心理虐待会将儿童长期置于一种脆弱性的环境中,它是导致儿童未来适应性发展的高风险因素(Cicchetti 和 Toth,2015)。在一项针对 4 至 6 岁学前儿童的研究中发现,大约 80%受虐待儿童在目睹成人之间的愤怒时表现出情绪调节的不适应性模式(例如,情绪控制不足、过度的情绪反应、无情绪反应)。相比之下,仅有 37%的对照组儿童表现出上述模式。研究还发现,不适应性的情绪调节模式还与母亲报告的儿童内化问题行为有关,并且这种模式也成为了儿童虐待经历与焦虑、抑郁症状之间的中介(Maughan 和 Cicchetti 2002)。

累积风险模型(cumulative risk model)指出,童年期遭受诸如情感虐待、忽视等不利经验的儿童在青少年期可能表现出异常的应激模式以及某些心理健康问题(Cicchetti 和 Toth,2005)。对遭受心理虐待的儿童而言,由于这种不利经验很难避免,因而个体对上述不利经验的应对方式就具有更重要的意义,因为有效的应对方式可能会缓冲上述风险。研究者指出,遭受虐待/忽视的儿童在某些发展的关键期可能比普通儿童更为敏感(Abaied 和 Rudolph,2011)。因此,童年期遭受的心理虐待可能会对他们造成"双重打击",即这些儿童一方面缺乏对当前压力事件的适应性应对策略,同时又面临可能随时出现的其他应激源(身体虐待、性虐待等)。因此,这些儿童不仅没有习得适应性的情绪调节策略,反而在短时间内学会了诸如否认、拒绝、回避、反刍等不适应性的情绪调节策略(Compas 等,2017)。尽管上述策略在短时间内是有效的,但长期使用这些策略会使儿童置于更大的心理健康风险之中。近期的研究表明,与健康个体相比,曾遭受虐待的成人被试更加认可逃避等消极策略的使用。这可能是由于虐待和忽视的经历使得他们产生了习得性无助,促使他们试图远离而不是面对压力(Milojevich, Levine, Cathcart,和 Quas,2018)。儿童青少年的研究也发现了类似的结果。例如,有研究选取了 783 名 14 至 18 岁的青少年,考察其心理虐待经历与心理健康之间的关系,结果发现心理虐待与青少年的内化、外化问题均显著正相关,进一步的研究分析发现,心理虐待不仅可以正向预测回避性的应对方式,进而增加青少年的问题行为,而且还可以负向预测主动性的应对方式,进而减少问题行为的出现(Arslan,2017)。国内学者刘文等人(2018)考察了心理虐待对 8 至 12 岁儿童认知情绪调节策略的影响,他们采用潜变量结构方程模型分析发现,儿童遭受的心理虐待与其不适应性认知情绪调节策略显著正相关,且神经质在两者之间起完全中介作用。在近期的另一项研究中,刘文等人(2019)采用潜在剖面分析方法(latent profile analysis, LPA)考察了 8 至 13 岁受心理虐待儿童的潜在类别及其与行为问题的关系。结果发现受心理虐待儿童可分为低危型、中间型和高危型三类,高危型儿童在内、外化问题行为水平上的得分均为最高,在内化行为问题得分上中间型显著大于低危型,而在外化行为问题得分上,低危型与中间型则不存在显著差异。近期的一项元分析研究也支持上述发现,即虐待经历与不适应性的情绪调节及消极情绪表达显著相关(Gruhn 和 Compas, 2020)。

8.5.3 心理虐待与问题行为

儿童期虐待经历是个体问题行为的风险因素。以往研究发现,虐待经历是儿童青少年时期外化问题行为的高风险因素,包括注意力缺陷/多动障碍(attention deficit/hyperactivity disorder,ADHD)、行为障碍(conduct disorder,CD)、对立违抗性障碍(oppositional defiant disorder,ODD)、反社会行为、物质依赖等(Cohen,Brown 和 Smailes,2001;Jaffee,2017;Famularo 等,1992;Kaufman 等,2007)。而且上述风险还会延伸至成年期,使受虐待个体的反社会人格障碍发生率显著提高(Luntz 和 Widom,1994)。例如,在一项 4 000 多人的大样本研究中,研究者采用儿童创伤期问卷与攻击问卷分别测量成人被试在童年期遭受的虐待经历和当前的攻击行为,结果发现,不管是男性还是女性被试,其在童年期遭受的情感虐待经历与当下的言语攻击以及身体攻击行为均呈显著正相关(Rehan,Sandnabba,Johansson,Westberg,和 Santtila,2015)。另一项研究选用加拿大安大略省提供的虐待和忽视儿童事件研究的数据,分析了个体在童年期所遭受的虐待经历与其犯罪行为之间的关系。结果发现,攻击性水平较高的儿童和成年个体在家庭中可能经历了一种或多种虐待类别,而青春期表现出较高攻击性水平的个体可能经历了更多的情感忽视(Wert,Mishna,Nico Trocmé,和 Fallon,2017)。国内研究者也发现了类似的结论。孙丽君等人(2017)以 496 名初一至高三的青少年为被试,考察了他们心理虐待经历与攻击行为的关系。结果发现,心理虐待与攻击行为显著正相关($r=0.30^{**}$),进一步进行中介分析发现,青少年的安全感与孤独感在心理虐待经历与攻击行为之间起中介作用。相青等人(2020)考察了大学生童年期心理虐待和忽视经历与攻击性的关系。结果发现,心理虐待与躯体攻击行为($r=0.420^{**}$)、言语攻击行为($r=0.251^{**}$)均显著正相关。一般攻击模型指出,个体因素和环境因素均可能影响个体的决策和判断过程,进而引发个体的攻击行为(Allen,Anderson,和 Bushman,2018;DeWall,Anderson,和 Bushman,2011)。心理虐待作为儿童期生活环境中的不利因素长期影响着儿童的发展,言语上的辱骂、情感上的不回应造成个体对生活事件以及他人关系作出不正确的判断,从而引发了随后的攻击行为。

不仅如此,童年期遭受的虐待经历也是内化问题的高风险因素,包括重度抑郁障碍(major depressive disorder, MDD)、焦虑障碍、创伤后应激障碍(post-traumatic stress disorder, PTSD)等(Brown,Cohen,Johnson,和 Smailes,1999;Cohen 等,2001;Crusto 等,2010)。一项对来自美国、新西兰和澳大利亚的八项队列研究的元分析发现,儿童期的虐待经历显著增加了个体在成年后患重度抑郁症状的几率[优势比(odds ratio, OR)=2.03,95%CI=1.37—3.01]以及焦虑障碍[优势比=2.70,95%CI=2.10—3.47]。研究者进一步推算,全世界 59% 的抑郁症和焦虑症可归因于儿童期的虐待,如果将儿童受虐待率降低 10%,可潜在预防 3 136 万例抑郁症和焦虑症(Li 等,2016)。研究发现,儿童虐待史也与 PTSD 的风险增加有关。在一项包含 928 名样本量的大型队列研究中,研究者考察了童年期的虐待经历(包含身体虐待、情感虐待、性虐待)与 PTSD 之间的关系。结果发现,8.5% 的被试在生命的前十年里经历了严重的虐待,严重虐待经历与创伤后应激障碍的风险显著相关[优势比=2.64,95%CI=1.16—6.01]。研究者指出,童年期的虐待经历增加了个体在青春期患精神疾病的风险,而精神健康问题又会增加成年期的 PTSD 风险(Breslau 等,2014)。国内学者也开展了相应的研究,罗爱民等人(2013)采用问卷法考察了小学儿童的心理虐待经历与躯体化症状、述情障碍之间的关系。结果发现,心理虐待与儿童躯体化($r=0.277**$)、述情障碍($r=0.430**$)显著相关。进一步分析发现,述情障碍在儿童心理虐待和躯体化症状之间起中介作用。孔令明等人(2019)近期考察了儿童期心理虐待经历与述情障碍、婚姻满意度之间的关系,结果发现,心理虐待的各种类型与述情障碍均显著正相关,且男性童年期遭受的心理虐待显著低于女性,进一步的研究分析发现,述情障碍在儿童期心理虐待经历和婚姻满意度之间起中介作用。

8.5.4 心理虐待的代际传递

代际传递(intergenerational transmission)是指亲代(父母)的观念、能力、行为等方面传递给子代的现象。表现为父母的某些特征与子女相应特征存在一定程度的相关,并且父母的特征可以在一定程度上预测子女的相应特征。研究者指出,童年期的虐待和忽视经历难以预防的一个重要原因可能是虐待和忽视这种不良的养育方式代代相传。代际传递假说也指出,与未受虐待的父母相比,童年期经历过虐待和忽视的父母虐待自己孩子的概率更高(Widom, Czaja,和 DuMont,2015)。因此,父母童年遭受的虐待经历与父母当前的虐待行为存在密切的联系,即虐待存在代际传递性(Leve, Khurana,和 Reich,2015)。

金(Kim,2009)比较了身体虐待和忽视之间的代际传递模式,结果发现童年期被忽视的父母更有可能在养育过程中忽视自己的子女,对他们实施身体上的虐待。而童年期遭受身体虐待的父母更有可能对子女实施身体虐待,而非忽视。富克斯(Fuchs 等,2015)使用儿童创伤问卷对处于分娩阶段的女性进行了筛查。将自我报告的中度或重度情感忽视和情感虐待的女性纳入虐待组,并与未遭受过虐待的女性进行比较。结果显示,有心理虐待史的母亲在与婴儿互动时,情感付出较少,其子女遭受心理虐待的风险也较大。这一研究结果也得到了其他研究的证实,结合家庭和实验室观察,以及对分娩女性的访谈,研究者对出生至 64 个月的母婴进行评估,结果发现有虐待经历的母亲往往在生活中缺乏社会支持,因而更有可能得某些精神疾病,出现不适当的教养行为,而这些又是其子女出现重大情绪问题的较高风险因素(Enlow 等,2018)。近期的一项研究考察了处于低社会阶层母亲的虐待经历与儿童情绪失调之间的关系,研究采用儿童期创伤量表测量母亲的童年期虐待经历,儿童服务机构采用虐待鉴别系统(Maltreatment Classification System)评估子女的虐待经历,结果发现,母亲的受虐待经历与儿童受虐待($\beta=$

0.24，SE=0.052，$p<0.001$)和更严重的母亲抑郁症状($\beta=0.28$，SE=0.049，$p<0.001$)有关。而且子女的虐待经历在母亲虐待和儿童情绪失调之前起中介作用(95%置信区间：0.005—0.023)(Warmingham，Rogosch，和 Cicchetti，2020)。国内学者邢晓沛等人(2011)考察了父母体罚的代际传递。研究选取 332 名小学儿童父母，采用儿时受体罚经历问卷测量父母儿时受体罚经历，采用假设故事情境测量父母实施的体罚行为，结果发现童年期有体罚经历的父母与儿童可能出现的三种违规(谨慎、道德、社会习俗)行为均显著相关，表明父母体罚存在代际传递性。刘莉(2011)等人选取了 793 名小学生父母为被试，采用问卷法考察父母心理攻击的代际传递效应，将儿童性别作为控制变量，对父亲经历心理攻击的频繁性与父亲实施的心理攻击进行偏相关分析，结果发现父亲的心理攻击存在代际传递效应($r=0.49$，$p<0.001$)。关于儿童期受到虐待的父母究竟是否有较强虐待自己子女的倾向，相关文献中的研究结果也存在不一致。由于虐待的经历很难被准确测量，因而对了解真实的虐待检出率带来了挑战。另一个原因是以往研究较少使用严格的前瞻性方法衡量两代人的虐待水平。凯西(Widom 等，2015)进行了一项为期 30 年的纵向研究，研究基于儿童保护服务机构的记录评估了父母以及子女报告的虐待行为，通过访问有虐待和忽视经历的个体，并对其子女进行分类。结果表明，儿童期有虐待和忽视经历的父母向儿童保护中心报告虐待行为的比例较高，而且有虐待经历的父母也会增加其对子女虐待的潜在几率。

8.5.5 心理虐待与心理弹性

虽然童年期心理虐待会对儿童的成长带来负面影响，但是也有研究表明，一些受虐待和被忽视的儿童仍然表现出积极的适应功能(Cicchetti 和 Valentino，2006；Haskett，Nears，Ward，和 McPherson，2006)。这种个体差异源于研究者观察到的心理弹性现象。心理弹性被看作是一个动态的发展过程，包括在面临重大威胁、严重逆境或创伤的情况下实现积极的适应(Luthar 和 Cicchetti，2000；Masten，2011)。心理弹性其实并不是一个神奇的现象(Masten，2014)。个体受到环境的影响，原本平衡的发展开始向适应或不适应的方向倾斜，随着时间的推移，这种影响可以放大不良的适应结果，也可以放大积极的结果(Cicchetti，2013)。研究发现，一些遭受虐待的儿童同样可以表现出积极的适应性结果，因而即使面对环境中的偏差和失败，人类发展中的自我纠正倾向也可以很强(Cicchetti，2013；Masten 和 Monn，2015)。

心理弹性的发展还具有很强的个体差异性，儿童经历的虐待类型、虐待程度都会影响其之后的心理弹性过程。例如,考夫曼(Kaufman 等,1994)考察了 56 名遭受虐待的学龄儿童在学业、社会胜任等方面的能力,结果发现有 55% 的儿童至少在某一方面表现出了心理弹性,而在所有方面均表现出心理弹性的儿童仅有 3 人。研究者指出,儿童经历的生活事件以及自身的心理健康程度均影响了之后的心理弹性发展。由于心理弹性是一个多水平的发展过程,因而时刻处于变化之中。此外,从生命全程的观点看,在某些关键期、转折点期间,个体可能会获得弹性功能(Rutter,2012),因此对遭受虐待的儿童开展相应的纵向研究可以更深入地了解虐待对儿童影响的关键期问题。研究者对出生 12 个月到学龄前阶段的儿童进行了纵向跟踪调查,研究在每个时间节点,对儿童进行安全依恋、有效解决问题、良好同伴关系的评估。结果发现,虐待组儿童中表现出发展良好的儿童比例逐渐下降,仅有 53% 的婴儿、40% 的学步儿童,以及约 20% 的学前儿童表现出较好的适应能力。相比之下,在非虐待组,约有 67% 的婴儿、53% 的学步儿童和 45% 的学前儿童表现出较好的适应能力(Egeland 和 Farber,1987)。研究者在另一项长达三年的追踪研究中选取了 213 名学龄儿童,考察其虐待经历对社会适应的影响。每隔一年,研究者收集主要看护者与儿童的关系质量数据,同时评估亲子之间的关系等级。结果发现,在适应功能的七项指标中,受虐待的儿童在六项指标上的表现出明显低于未受虐待的儿童,而且这些差距在三年中的每次评估中均存在。进一步的研究分析发现,在高心理弹性功能组中,没有遭受虐待儿童的比例明显高于受虐待儿童,在三年的调查过程中,约有三分之一的健康儿童表现出弹性发展,而仅有十分之一的受虐待儿童表现出一定的心理弹性(Cicchetti 等,1993)。近期的一项纵向研究也发现,自我弹性和适度的自我控制可以预测虐待儿童的积极发展;相比之下,自我弹性、与夏令营辅导员的关系质量以及母亲的情绪更有可能预测来自相对较低的社会经济背景的健康儿童的弹性功能。在未遭受虐待的儿童中,人际关系对发展弹性结果更为重要,而在受虐待的儿童中,自我系统过程和人格特征对弹性结果的影响更重要。因此,独立自主的个人信念、自信以及较好的人际关系可能是遭受虐待儿童适应能力发展的有力保障(Cicchetti 和 Rogosch,2012)。

国内研究者也发现了与上述研究类似的结果。刘文和刘娟(2015)在 611 名中高年级小学生中筛选出了 290 名受心理虐待的被试,并结合多信源汇聚操作法将心理虐待儿童分成弹性组和缺乏弹性组(席居哲,桑标,左志宏,2011)。通过单类内隐联想测验考察两组儿童对父母内隐态度的差异,通过假设情境法等考察两组儿童对师生、同伴关系的认知。结果发现,弹性组儿童对亲子关系的内隐态度比缺乏心理弹性的儿童更为积极,而且弹性组儿童在三类社会关系背景下的情感维度的认可度均高于缺乏弹性组儿童,在不同假设情境下,弹性组儿童更倾向于向朋友、同学和老师寻求帮助。

小结

心理虐待损害了个体的正常发展,然而这种消极的影响在成人和儿童之间存在差异,成熟的大脑会被创伤性事件短暂性激活,因此在之后遇到类似事件会产生较小的影响。然而,若虐待经历反复作用于儿童大脑,则会对儿童产生长期且深远的影响,因为未成熟的大脑在自身组织以及处理信息时需要更多的外界帮助。剥夺儿童健康的生活经历(比如无法与父母建立良好的依恋),则可能会导致儿童大脑组织功能紊乱,当儿童再次经历创伤事件时,神经系统的过度反应则会导致儿童陷入恐惧与压力之中。

对虐待的代际传递研究有助于加深我们对儿童虐待起因的了解。有研究发现,社会支持、人格特质等因素会影响代际传递的连续性(受虐待的父母继续虐待自己的孩子)及间断性(受虐待的父母停止虐待自己的孩子)(Cicchetti 和 Aber,1980;Warmingham 等,2020)。由于虐待一般发生在家庭环境以及儿童周围更广泛的生态环境中,因此,虐待代际传递的连续性和间断性同样是由社会、生物等多种因素共同决定的。然而,由于心理弹性的存在,并不意味着所有遭受虐待的儿童都无法适应良好。考察遭受心理虐待儿童心理弹性的发展及相应的神经生理机制,有助于理解心理虐待对儿童发展的影响,相关实证研究结果对这些儿童随后的社会适应具有前瞻性意义,也是对其进行针对性干预的重要依据(刘文,刘娟,张文心,2014)。

8.6 心理虐待的研究展望: 前沿与趋势

儿童虐待自 20 世纪 60 年代在美国得到关注以来,目前已经成为国际社会广泛关注的问题。心理虐待作为儿童虐待的重要类别且对因其个体发展造成的伤害难以被发现,越来越受到研究者的重视。梳理文献发现,以往研究在心理虐待的概念发展、理论提出、测量工具的编制及其对个体发展的影响等方面,取得了许多有意义的成果。因此在未来的理论和应用研究中可从以下两方面着手。

第一是领域的扩展。结合本章的第三节内容可知,心理虐待作为一种负性生活经历,会影响个体的认知、情绪、神经生理等方面。然而随着社会的发展,心理虐待对个体的影响已经从现实生活延伸到网络媒体等虚拟环境。例如,近期有研究发现,童年期遭受心理虐待的青少年更容易在网络上欺凌他人(金童林,乌云特娜,张璐,李鑫,刘振会,2020)。大学生群体的研究也发现,童年期遭受的心理虐待与网络欺凌行为显著正相关($r=0.37^{**}$)。另外,研究者也发现,儿童期遭受的心理虐待与问题性的媒体使用(例如网络成瘾、手机成瘾)显著相关。遭受心理虐待的儿童由于在现实中的情感需求难以得到满足,转而在网络中寻求更多的支持和帮助,然而过度地沉迷和使用网络媒体又会导致各种成瘾行为,影响其现实生活。例如,阿斯兰(Arslan,2017)研究发现,遭受童年期心理虐待的成年被试更容易出现网络成瘾行为。近期一项研究也发现,童年期的心理虐待经历使个体形成了神经质的人格特质以及消极的应对方式,进而加剧了手机成瘾行为的出现(Liu等,2020)。另一项研究以 1041 名青少年为被试,考察心理虐待经历与智能手机成瘾之间的关系,结果发现,心理虐待与手机成瘾显著正相关,进一步的分析发现,情绪智力与应对方式在上述两者之间起中介作用(Sun,Liu,和 Yu,2019)。因此,未来关于心理虐待的实证研究给研究者提出了更高的挑战,今后还需要加大研究力度,并扩展传统的研究领域,深入考察心理虐待对个体发展过程中的影响。

第二是应用研究方面。心理虐待是一种消极的生活经历,与个人的心理健康和幸福感密切相关。对于遭受心理虐待的儿童而言,在他们的发展过程中,为其提供适当的关怀与干预可以有效地减轻心理虐待对儿童造成的损伤。保护儿童免遭暴力和忽视以及促进儿童的积极发展是当前社会的优先事项(Fiorvanti 和 Brassard,2014)。例如,佩里等人(Perry 等,2009)结合认知神经科学的相关研究成果,对遭受不同虐待类别的儿童设计针对性的干预方案取得了较好的效果。温瑞欣和刘文(2017)在另一项干预研究中,从家庭功能的视角着手探讨减少儿童遭受心理虐待的风险因素。研究一首先发现较差的家庭功能是中高年级小学儿童心理虐待的高风险因素。研究二随后对家庭功能较差且遭受心理虐待的儿童家长进行了为期 8 周的课程干预,从建立信心、情感反应、情感介入、亲子沟通、行为控制等方面设计干预课程。结果发现,相较于干预前,干预后儿童的家庭功能水平显著提高,且心理虐待得分显著下降。

此外,研究者指出在未来的研究中,充分考虑儿童的权利将有助于我们更好地定义、理解和干预儿童心理虐待这一社会问题。这就意味着在今后的研究中要联合心理学家、教育工作者、社会工作者等多个群体,并在国家和社会层面重视儿童保护的工作,即需要承认儿童,尊重儿童(Reading 等,2009)。此外我们也要看到,即使身处逆境的儿童也存在积极发展的可能,研究者对于遭受心理虐待的儿童不应持悲观态度或者给他们贴上不适应性发展的标签。良好的心理弹性、积极的社会支持对于这类儿童来说都是有效的保护性因素。因此未来研究应该立足我国国情,从更全面、平衡的角度看待儿童青少年的发展,强调发展过程中的主动性和自主性,重视"个体——情境"的互动,积极整合环境中的优势资源,不断丰富个体发展的理论与实践,最终提升儿童青少年乃至整体国民的幸福感(郭海英,刘方,刘文,蔺秀云,林丹华,2017)。

(刘文　刘方)

参考文献

陈晨,郭黎岩,王冰.(2015).儿童期受虐待与大学生攻击行为.中国儿童保健杂志,23(9),927-930.

郭海英,刘方,刘文,蔺秀云,林丹华.(2017).积极青少年发展:理论、应用与未来展望.北京师范大学学报(社会科学版)(6),5-13.

金童林,乌云特娜,张璐,李鑫,刘振会.(2020).儿童期心理虐待对青少年网络欺负的影响:领悟社会支持及性别的调节作用.心理科学,43(2),323-332.

孔令明,何明骏,张理义,张俊英.(2019).儿童期心理虐待、述情障碍对婚姻满意度的影响.中国社会医学杂志,36(1),57-60.

刘爱书,王春梅.(2014).童年期心理虐待对情绪面孔注意偏向的影响.心理科学,37(2),335-341.

刘莉,王美芳,邢晓沛.(2011).父母心理攻击:代际传递与配偶对代际传递的调节作用.心理科学进展,19(3),328-335.

刘文,车翰博,刘方,于腾旭.(2019).儿童心理虐待与行为问题的关系:基于潜在剖面分析.中国特殊教育(5),78-84.

刘文,刘方,陈亮.(2018).心理虐待对儿童认知情绪调节策略的影响:人格特质的中介作用.心理科学,41(1),64-70.

刘文,刘娟,张文心.(2014).受心理虐待儿童的心理弹性发展.学前教育研究(3),43-49.

刘文,刘娟.(2015).不同弹性受心理虐待儿童的社会关系认知.首都师范大学学报(社会科学版)(2),150-156.

罗爱民,邓云龙,唐秋萍,魏吉槐.(2013).小学生躯体化症状及其与述情障碍、心理虐待和忽视的关系.中国临床心理学杂志,21(2),66-69.

潘辰,邓云龙,管冰清,罗学荣.(2010).儿童心理虐待量表的修订和信效度检验.中国临床心理学杂志,18(4),463-465.

潘辰.(2010).儿童心理虐待量表修订及流行病学调查.长沙:中南大学博士学位论文.

宋锐,刘爱书,郝丙辉,佟欣,安春平,宁式颖.(2017).儿童期心理虐待对农村中学生记忆偏向的影响.中国儿童保健杂志,25(9),883-886.

宋雅琼,王莉,马自芳,薛钟瑜,李甄娅,田苗等.(2020).大学生抑郁症状在童年期虐待经历与实施网络欺凌间的中介作用.中华疾病控制杂志,24(1),63-78.

孙丽君,衡书鹏,牛更枫,李俊一,杜红芹,胡祥恩.(2017).儿童期心理虐待对青少年攻击行为的影响:安全感与孤独感的中介效应.中国临床心理学杂志,25(5),902-906.

王湃,刘爱书.(2017).童年期心理虐待对抑郁的影响:认知灵活性的中介作用.中国特殊教育(3),84-96.

王艳荣,林萍珍,曹枫林.(2018).中文儿童期不良经历问卷修订版的效度与信度.中国心理卫生杂志,32(9),760-764.

温瑞欣.(2017).小学生家庭功能与心理虐待的关系及其干预研究.大连:辽宁师范大学硕士学位论文.

席居哲,桑标,左志宏.(2011).心理弹性儿童的人际关系认知.心理发展与教育,27(6),607-618.

相青,王苗苗,胡青,刘庆,张涵,宋玉萍.(2020).童年期心理虐待和忽视与攻击性的关系:沉思相觉恕的中介作用. 中国健康心理学杂志, 28(11), 1682-1686.

邢晓沛, 王争艳. (2015). 父母严厉管教的代际传递. 首都师范大学学报(社会科学版)(3), 141-147.

邢晓沛, 张燕翎, 王美芳. (2011). 父母体罚的代际传递: 体罚态度的中介作用. 中国临床心理学杂志, 19(6), 827-833.

杨涵舒, 程文红, 肖泽萍. (2019). 父母教养方式的代际传递特点及成因. 中国学校卫生, 40(10), 1593-1596.

Abaied, J. L., & Rudolph, K. D. (2011). Maternal influences on youth responses to peer stress. *Developmental Psychology*, 47(6), 1776-1785.

Allen, J. J., Anderson, C. A., & Bushman, B. J. (2018). The General Aggression Model. *Current Opinion in Psychology*, 19, 75-80.

American Professional Society on the Abuse of Children (APSAC) (2017). APSAC practice guidelines: The investigation and determination of suspected psychologicalmaltreatment of children and adolescents. Columbus, OH: Author.

Appleyard, K., Egeland, B., van Dulmen, M., & Sroufe, L. A. (2005). When more is not better: The role of cumulative risk in child behavior outcomes. *Journal of Child Psychology and Psychiatry*, 46, 235-245.

Arslan, G. (2017). Psychological maltreatment, forgiveness, mindfulness, and internet addiction among young adults: A study of mediation effect. *Computers in Human Behavior*, 72, 57-66.

Ayoub, C. C., O'Connor, E., Rappolt-Schlichtmann, G., Fischer, K. W., Rogosch, F. A., Toth, S. L., & Cicchetti, D. D. (2006). Cognitive and emotional differences in young maltreated children: A translational application of dynamic skill theory. *Development and Psychopathology*, 18(3), 679-706.

Baker, A. J. L. & Maiorino, E. (2010). Assessments of emotional abuse and neglect with the CTQ: Issues and estimates. *Child and Youth Service Review*, 32, 740-748.

Baker, A. J. L., & Brassard, M. R. (2019). Predictors of variation in state reported rates of psychological maltreatment: A survey of U. S. statutes and a call for change. *Child Abuse & Neglect*, 96, 104102.

Baker, A. J., Schneiderman, M. S., Brassard, M. R., & Donnelly, L. J. (2011). How well do evidence-based group parenting programs teach high-risk or maltreating parents about psychological maltreatment? A program review. *Child Welfare*, 1(2), 7-37.

Barnett, D., Manly, J. T., & Cicchetti, D. (1991). Continuing toward an operational definition of psychological maltreatment. *Development and Psychopathology*, 3(1), 19-29.

Belsky, J., & Pluess, M. (2013). Beyond risk, resilience, and dysregulation: phenotypic plasticity and human development. *Development and Psychopathology*, 25, 1243-1261.

Bernstein, D. P., Fink, L., Handelsman, L., Foote, J., Lovejoy, M., Wenzel, K., Sapareto, E. & Ruggiero, J. (1994). Initial reliability and validity of a new retrospectivemeasure of child abuse and neglect. *The American Journal of Psychiatry*, 151(8), 1132-1136.

Bernstein, D. P., Stein, J. A., Newcomb, M. D., Walker, E., Pogge, D., Ahluvalia, T., Stokes, J., Handelsman, L., Medrano, M., Desmond, D. & Zule, W. (2003). Development and validation of a brief screening version of the childhood trauma questionnaire. *Child Abuse & Neglect*, 27(2), 169-190.

Berthelot, N., Paccalet, T., Gilbert, E., Moreau, I., Mérette, C., Gingras, N., ... Maziade, M. (2015). Childhood abuse and neglect may induce deficits in cognitive precursors of psychosis in high-risk children. *Journal of Psychiatry & Neuroscience*, 40(5), 336-343.

Berzenski, S. R., & Yates, T. M. (2011). Classes and consequences of multiple maltreatment. *Child Maltreatment*, 16(4), 250-261.

Brassard, M. R. (2019). Is psychological maltreatment as harmful as other forms of child abuse and neglect? A research review. *APSAC Advisor*, 31(3),18-27.

Brassard, M. R., Hart, S. N., & Glaser, D. (2020). Psychological maltreatment: An international challenge to children's safety and well-being. Child Abuse & Neglect, 104611.

Breslau, N., Koenen, K. C., Luo, Z., Agnew-Blais, J., Swanson, S., Houts, R. M., ... Moffitt, T. E. (2014). Childhood maltreatment, juvenile disorders and adult post-traumatic stress disorder: a prospective investigation. *Psychological Medicine*, 44(9),1937-1945.

Brewin, C. R., Andrews, B. & Gotlib, I. H. (1993). Psychopathology and early experience: A reappraisal of retrospective reports. *Psychological Bulletin*, 113(1),82-98.

Brown, E. C. B., Garrison, M. M., Bao, H., Qu, P., Jenny, C., & Rowhani-Rahbar, A. (2019). Assessment of rates of child maltreatment in states with medicaidexpansion vs states without medicaidexpansion. *JAMA Network Open*, 2(6):e195529.

Brown, J., Cohen, P., Johnson, J. G., & Smailes, E. M. (1999). Childhood abuse and neglect: specificity of effects on adolescent and young adult depression and suicidality. *Journal of the American Academy of Child and Adolescent Psychiatry*, 38(12),1490-1496.

Brown, S. M., Rienks, S., McCrae, J. S., & Watamura, S. E. (2019). The co-occurrence of adverse childhood experiences among children investigated for child maltreatment: A latent class analysis. *Child Abuse & Neglect*, 87(1),18-27.

Catterall, C. C. (1979). Defining and promoting children's psychological rights. *School Psychology International*, 1(1)6-7 & 32.

Chugani, H. T., Behen, M. E., Muzik, O., Juhász, C., Nagy, F., & Chugani, D. C. (2001). Local brain functional activity following early deprivation: a study of postinstitutionalized Romanian orphans. *NeuroImage*, 14(6),1290-1301.

Cicchetti D, Rogosch FA, Lynch M, & Holt KD. (1993). Resilience in maltreated children: processes leading toadaptive outcome. *Development and Psychopathology*. 5(4),629-647.

Cicchetti D, Rogosch FA, & Thibodeau EL. (2012). The effects of child maltreatment on early signs of antisocial behavior: genetic moderation by tryptophan hydroxylase, serotonin transporter, and monoamine oxidase A genes. *Development and Psychopathology*. 24,907-928.

Cicchetti, D. (2013). Resilient functioning in maltreated children: past, present, and future perspectives. *Journal of Child Psychology and Psychiatry*, 54,402-422.

Cicchetti, D. (2016). Socioemotional, personality, and biological development: illustrations from a multilevel developmental psychopathology perspective on child maltreatment. *Annual Review of Psychology*, 67(1),187-211.

Cicchetti, D., & Aber, J. L. (1980). Abused children-abusive parents: An overstated case? *Harvard Educational Review*, 50(2),244-255.

Cicchetti, D., & Toth, S. L. (2005). Child maltreatment. *Annual Review of Clinical Psychology*, 1(1),409-438.

Cicchetti, D., & Toth, S. L. (2015). Multilevel developmental perspectives on child maltreatment. *Development and Psychopathology*, 27(4),1385-1386.

Cicchetti, D., & Valentino, K. (2006). An ecological transactional perspective on child maltreatment: Failure of theaverage expectable environment and its influence upon childdevelopment. In D. Cicchetti & D. J. Cohen (Eds.), *Developmental psychopathology*, 3,129-201.

Cohen, P., Brown, J., & Smailes, E. (2001). Child abuse and neglect and the development of mental disorders in the general population. *Development and Psychopathology*, 13(4),981-999.

Cole, P. M., Zahn-Waxler, C., & Smith, K. D. (1994). Expressive control during a disappointment: Variations related to preschoolers' behavior problems. *Developmental Psychology*, 30(6), 835-846.

Compas, B. E., Jaser, S. S., Bettis, A. H., Watson, K. H., Gruhn, M. A., Dunbar, J. P., ... Thigpen, J. C. (2017). Coping, emotion regulation, and psychopathology in childhood and adolescence: A meta-analysis and narrative review. *Psychological Bulletin*, 143(9), 939-991.

Crowley, T. J., Mikulich, S. K., Ehlers, K. M., Hall, S. K. & Whitmore, E. A. (2003). Discriminative validity and clinical utility of an abuse-neglect interview foradolescents with conduct and substance use problems. *The American Journal of Psychiatry*, 160(8), 1461-1469.

Crusto, C. A., Whitson, M. L., Walling, S. M., Feinn, R., Friedman, S. R., Reynolds, J., ... Kaufman, J. S. (2010). Posttraumatic Stress among Young Urban Children Exposed to Family Violence and Other Potentially Traumatic Events. *Journal of Traumatic Stress*, 23(6), 716-724.

Curtis, W. J., & Cicchetti, D. (2011). Affective facial expression processing in young children who have experienced maltreatment during the first year of life: An event-related potential study. *Development and Psychopathology*, 23(2), 373-395.

Danese, A., Moffitt, T. E., Arseneault, L., Bleiberg, B., Dinardo, P., Gandelman, S., ... Poulton, R. (2017). The origins of cognitive deficits in victimized children: implications for neuroscientists and clinicians. *American Journal of Psychiatry*, 174(4), 349-361.

Davis, P., Murtagh, U., & Glaser, D. (2019). 40 years of fabricated or induced illness (FII): Where next for paediatricians? Paper 1: Epidemiology and definition of FII. *Archives of Disease in Childhood*, 104, 110-114.

Detrick, S., Doek, J., & Cantwell, N. (1992). The United Nations convention on the rights of the child: A guide to the "TravausPreparatoires". AD Dordrecht, The Netherlands: MartinusNijhoff.

DeWall, C. N., Anderson, C. A., & Bushman, B. J. (2011). The general aggression model: Theoretical extensions to violence. *Psychology of Violence*, 1(3), 245-258.

Egeland, B., & Farber, E. (1987). Invulnerability amongabused and neglected children. In E. J. Anthony & B. J. Cohler (Eds.), *The invulnerable child* (pp. 253-288). New York: Guilford.

Enlow, M. B., Egeland, B., Blood, E. A., Wright, R. O., & Wright, R. J. (2012). Interpersonal trauma exposure and cognitive development in children to age 8 years: a longitudinal study. *Journal of Epidemiology and Community Health*, 66(11), 1005-1010.

Enlow, M. B., Englund, M. M., & Egeland, B. (2018). Maternal childhood maltreatment history and child mental health: mechanisms inintergenerational effects. *Journal of Clinical Child and Adolescent Psychology*, 47, 1-16.

Famularo, R., Kinscherff, R., & Fenton, T. (1992). Psychiatric diagnoses of maltreated children: preliminary findings. *Journal of the American Academy of Child and Adolescent Psychiatry*, 31(5), 863-867.

Fay-Stammbach, T., & Hawes, D. J. (2018). Caregiver ratings and performance-based indices of executive function among pre-schoolers with and without maltreatment experience. *Child Neuropsychology*, 25(6), 721-741.

Felitti, V. J., Anda, R. F., Nordenberg, D., Williamson, D. F., Spitz, A. M., Edwards, V., ... Marks, J. S. (1998). Relationship of childhood abuse and household dysfunction to many of the leading causes of death in adults. The Adverse Childhood Experiences (ACE) Study. *American Journal of Preventive Medicine*, 14(4), 245-258.

Ferguson, K. S., & Dacey, C. M. (1997). Anxiety, depression, and dissociation in women health care providers reporting a history of childhood psychological abuse. *Child Abuse & Neglect*, 21(10),941-952.

Fink, L. A., Bernstein, D., Handelsman, L., Foote, J. & Lovejoy, M. (1995). Initial reliability and validity of the Childhood Trauma Interview: a new multidimensional measure of childhood interpersonal trauma. *The American Journal of Psychiatry*, 152(9),1329-1335.

Finkelhor, D., Shattuck, A., Turner, H., & Hamby, S. (2015). A revised inventory of Adverse Childhood Experiences. *Child Abuse & Neglect*, 48,13-21.

Fiorvanti, C. M., & Brassard, M. R. (2014). Advancing child protection through respecting children's rights: A shifting emphasis for school psychology. *School Psychology Review*, 43(4),349-366.

Fonagy, P., Gergely, G., & Target, M. (2007). The parent-infant dyad and the construction of the subjective self. *Journal of Child Psychology and Psychiatry*, 48,288-328.

Fuchs, A., Möhler, E., Resch, F., & Kaess, M. (2015). Impact of a maternal history of childhood abuse on the development of mother-infant interaction during the first year of life. *Child Abuse & Neglect*, 48,179-189.

Garrusi, B. & Nakhaee, N. (2009). Validity and reliability of a Persian version of the Childhood Trauma Questionnaire. *Psychological Reports*, 104,509-516.

Geoffroy, M.-C., Pereira, S. P., Li, L., & Power, C. (2016). Child neglect and maltreatment and childhood-to-adulthood cognition and mental health in a prospective birth cohort. *Journal of the American Academy of Child and Adolescent Psychiatry*, 55(1),33-40.

Glaser, D. (2002). Emotional abuse and neglect (psychological maltreatment): a conceptual framework. *Child Abuse & Neglect*, 26(6),697-714.

Glaser, D. (2011). How to deal with emotional abuse and neglect — Further development of a conceptual framework (FRAMEA). *Child Abuse & Neglect*, 35(10),866-875.

Gruhn, M. A., & Compas, B. E. (2020). Effects of maltreatment on coping and emotion regulation in childhood and adolescence: A meta-analytic review. *Child Abuse & Neglect*, 103, 104446.

Gunnar, M. R., DePasquale, C. E., Reid, B. M., Donzella, B., & Miller, B. S. (2019). Pubertal stress recalibration reverses the effects of early life stress in postinstitutionalized children. *Proceedings of the National Academy of Sciences of the United States of America*, 116(48),23984-23988.

Hanson, J. L., Hariri, A. R., & Williamson, D. E. (2015). Blunted ventral striatum development in adolescence reflects emotional neglect and predicts depressive symptoms. *Biological Psychiatry*, 78,598-605.

Hart, S. N., Germain, R., & Brassard, M. R. (1987). The challenge: To better understand and combat psychological maltreatment of children and youth. In M. R. Brassard, R. Germain, & S. N. Hart (Eds.). *Psychological maltreatment of children and youth* (pp. 3-24). Elmsford, NY: Pergamon.

Hart, S., & Brassard, M. (1991). Psychological maltreatment: progress achieved. *Development and Psychopathology*, 3,61-70.

Harter, S. (1998). The effects of child abuse on the self-system. Journal of Aggression, *Maltreatment & Trauma*, 2,147-169.

Haskett, M. E., Nears, K., Ward, C. S., & McPherson, A. V. (2006). Diversity in adjustment of maltreated children: Factors associated with resilient functioning. *Clinical Psychology Review*, 26,296-812.

Hein, T. C., & Monk, C. S. (2017). Research review: neural response to threat in children, adolescents, and adults after child maltreatment — A quantitative meta-analysis. *Journal of Child Psychology and Psychiatry*, 58(3),222-230.

Hovdestad, W., Tonmyr, L., Hubka, D. & De Marco, R. (2005). The Canadian Incidence Study of Reported Child Abuse and Neglect: Implications for federalresponses to child maltreatment. *International Journal of Mental Health Promotion*, 7(4), 6–13.

Jackowski, A. P., Douglas-Palumberi, H., Jackowski, M., Win, L., Schultz, R. T., Staib, L. W., ... Kaufman, J. (2008). Corpus callosum in maltreated children with posttraumatic stress disorder: A diffusion tensor imaging study. *Psychiatry Research-Neuroimaging*, 162(3), 256–261.

Jaffee, S. R. (2017). Child maltreatment and risk for psychopathology in childhood and adulthood. *Annual Review of Clinical Psychology*, 13(1), 525–551.

Kaufman, J., Cook, A., Arny, L., Jones, B., & Pittinsky, T. (1994). Problems defining resiliency: Illustrations from the study of maltreated children. *Development and Psychopathology*, 6(1), 215–229.

Kaufman, J., Yang, B. Z., Douglas-Palumberi, H., Crouse-Artus, M., Lipschitz, D., Krystal, J. H., & Gelernter, J. (2007). Genetic and environmental predictors of early alcohol use. *Biological Psychiatry*, 61(11), 1228–1234.

Kim, J. (2009). Type-specific intergenerational transmission of neglectful and physically abusive parenting behaviors among young parents. Children and Youth Services Review, 31, 761–767.

Kober, H., Barrett, L. F., Joseph, J. W., Bliss-Moreau, E., Lindquist, K. A., & Wager, T. D. (2008). Functional grouping and cortical-subcortical interactions in emotion: a meta-analysis of neuroimaging studies. *NeuroImage*, 42(2), 998–1031.

Leve, L. D., Khurana, A., & Reich, E. B. (2015). Intergenerational transmission of maltreatment: A multilevel examination. *Development and Psychopathology*, 27(4pt. 2), 1429–1442.

Lin, P.-Z., Bai, H.-Y., Sun, J.-W., Guo, W., Zhang, H.-H., & Cao, F.-L. (2017). Association between child maltreatment and prospective and retrospective memory in adolescents: The mediatory effect of neuroticism. *Child Abuse & Neglect*, 65, 58–67.

Liu, F., Zhang, Z., & Chen, L. (2020). Mediating effect of neuroticism and negative coping style in relation to childhood psychological maltreatment and smartphone addiction among college students in China. *Child Abuse & Neglect*, 106, 104531.

Lundgren, K., Gerdner, A. & Lundqvist, L. O. (2002). Childhood abuse and neglect in severely dependent female addicts: homogeneity and reliability of a Swedish version of the childhood trauma questionnaire. *International Journal of Social Welfare*, 11, 219–227.

Luntz, B. K., & Widom, C. S. (1994). Antisocial personality disorder in abused and neglected children grown up. *American Journal of Psychiatry*, 151(5), 670–674.

Lupien, S. J., McEwen, B. S., Gunnar, M. R., & Heim, C. (2009). Effects of stress throughout the lifespan on the brain, behavioral and cognition. *Nature Reviews Neuroscience*, 10(6), 434–445.

Luthar, S. S., & Cicchetti, D. (2000). The construct of resilience: Implications for intervention and social policy. *Development and Psychopathology*, 12, 857–885.

Maguire, S. A., Williams, B., Naughton, A. M., Cowley, L. E., Tempest, V., Mann, M. K., et al. (2014). A systematic review of the emotional, behavioral and cognitivefeatures exhibited by school-aged children experiencing neglect or emotional abuse. *Child: Care, Health and Development*, 41(5), 641–653.

Malhi, G. S., Das, P., Outhred, T., Dobson-Stone, C., Bell, E., Gessler, D., ... Mannie, Z. (2020). Interactions of OXTR rs53576 and emotional trauma on hippocampal volumes and perceived social support in adolescent girls. *Psychoneuroendocrinology*, 115, 104635.

Manly, J. T. (2005). Advances in research definitions of child maltreatment. *Child Abuse & Neglect*, 29(5), 425–439.

Masten, A. S. (2011). Resilience in children threatened byextreme adversity: Frameworks for research, practice, andtranslational synergy. *Development and Psychopathology*, 23, 493 - 506.

Masten, A. S., & Monn, A. R. (2015). Child and family resilience: A call for integrated science, practice, and professional training. *Family Relations*, 64, 5 - 21.

Masten, C. L., Guyer, A. E., Hodgdon, H. B., McClure, E. B., Charney, D. S., Ernst, M., ... Monk, C. S. (2008). Recognition of facial emotions among maltreated children with high rates of post-traumatic stress disorder. *Child Abuse & Neglect*, 32(1), 139 - 153.

Maughan, A., & Cicchetti, D. (2002). Impact of child maltreatment and interadult violence on children's emotion regulation abilities and socioemotional adjustment. *Child Development*, 73(5), 1525 - 1542.

McCrory, E. J., De Brito, S. A., Kelly, P. A., Bird, G., Sebastian, C. L., Mechelli, A., ... Viding, E. (2013). Amygdala activation in maltreated children during pre-attentive emotional processing. *The British Journal of Psychiatry*, 202(4), 269 - 276.

McCrory, E. J., Gerin, M. I., & Viding, E. (2017). Annual Research Review: Childhood maltreatment, latent vulnerability and the shift to preventative psychiatry — the contribution of functional brain imaging. *Journal of Child Psychology and Psychiatry*, 58(4), 338 - 357.

McCrory, E., De Brito, S. A., & Viding, E. (2010). Research review: the neurobiology and genetics of maltreatment and adversity. *Journal of Child Psychology and Psychiatry*, 51(10), 1079 - 1095.

McLennan, J. D., MacMillan, H. L., & Afifi, T. O. (2020). Questioning the use of adverse childhood experiences (ACEs) questionnaires. *Child Abuse & Neglect*, 101, 104331.

Meinck, F., Murray, A. L., Dunne, M. P., Schmidt, P., Nikolaidis, G., Petroulaki, K., ... Cenko, E. (2020). Measuring violence against children: The adequacy of the International Society for the Prevention of Child Abuse and Neglect (ISPCAN) child abuse screening tool-Child version in 9 Balkan countries. *Child Abuse & Neglect*, 108, 104636.

Milojevich, H. M., Levine, L. J., Cathcart, E. J., & Quas, J. A. (2018). The role of maltreatment in the development of coping strategies. *Journal of Applied Developmental Psychology*, 54, 23 - 32.

Mueller, S. C., Maheu, F. S., Dozier, M., Peloso, E., Mandell, D., Leibenluft, E., & Ernst, M. (2010). Early-life stress is associated with impairment in cognitive control in adolescence: An fMRI study. *Neuropsychologia*, 48, 3037 - 3044.

O'Hagan, K. (1995). Emotional and psychological abuse: problems of definition. *Child Abuse & Neglect*, 19, 449 - 461.

Oshri, A., Sutton, T. E., Clay-Warner, J., & Miller, J. D. (2015). Child maltreatment types and risk behaviors: Associations with attachment style and emotion regulation dimensions. *Personality and Individual Differences*, 73(73), 127 - 133.

OSPRC (1983). Proceedings of the international conference on psychological abuse of children and youth.

Perry, B. D. (2009). Examining child maltreatment through a neurodevelopmental lens: clinical applications of the neurosequential model of therapeutics. *Journal of Loss & Trauma*, 14(4), 240 - 255.

Pollak, S. D. (2003). Experience-dependent affective learning and risk for psychopathology in children. *Annals of the New York Academy of Sciences*, 1008(1), 102 - 111.

Pollak, S. D., & Kistler, D. J. (2002). Early experience is associated with the development of categorical representations for facial expressions of emotion. *Proceedings of the National Academy of Sciences*, 99(13), 9072 - 9076.

Pollak, S. D., & Sinha, P. (2002). Effects of early experience on children's recognition of facial displays of emotion. *Developmental Psychology*, 38(5), 784-791.

Pollak, S. D., & Tolley-Schell, S. A. (2003). Selective attention to facial emotion in physically abused children. *Journal of Abnormal Psychology*, 112(3), 323-338.

Pollak, S. D., Messner, M., Kistler, D. J., & Cohn, J. F. (2009). Development of perceptual expertise in emotion recognition. *Cognition*, 110(2), 242-247.

Reading, R., Bissell, S., Goldhagen, J., Harwin, J., Masson, J., Moynihan, S., et al. (2009). Promotion of children's rights and prevention of child maltreatment. *Lancet*, 373(9660), 332-343.

Rehan, W., Sandnabba, N. K., Johansson, A., Westberg, L., & Santtila, P. (2015). Effects of MAOA genotype and childhood experiences of physical and emotional abuse on aggressive behavior in adulthood. *Nordic Psychology*, 67(4), 301-312.

Runyan, D., Brandspigel, S., Zolotor, A., & Dunne, M. (2015). Manual for administration: The ISPCAN child aubse screening tool (ICAST). Aurora, CO: International Society for the Prevention of Child Abuse and Neglect.

Rutter, M. (2012). Resilience as a dynamic concept. *Development and Psychopathology*, 24, 335-344.

Sapolsky, R. M. (2003). Stress and plasticity in the limbic system. *Neurochemical Research*, 28(11), 1735-1742.

Sayfan, L., Mitchell, E. B., Goodman, G. S., Eisen, M. L., & Qin, J. (2008). Children's expressed emotions when disclosing maltreatment. *Child Abuse & Neglect*, 32(11), 1026-1036.

Schneider-Rosen, K., & Cicchetti, D. (1991). Early self-knowledge and emotional development: Visual self-recognition and affective reactions to mirror self-images in maltreated and non-maltreated toddlers. *Developmental Psychology*, 27(3), 471-478.

Shaffer, A., Yates, T. M., & Egeland, B. R. (2009). The relation of emotional maltreatment to early adolescent competence: Developmental processes in a prospectivestudy. *Child Abuse & Neglect*, 33, 36-44.

Slep, A. S., & Heyman, R. (2006). Creating and field-testing child maltreatment definitions: Improving the reliability of substantiation decisions. *Child Maltreatment*, 11(3), 217-236.

Spinazzola, J., Hodgdon, H., Liang, L.-J., Ford, J. D., Layne, C. M., Pynoos, R., ... Kisiel, C. (2014). Unseen wounds: The contribution of psychological maltreatment to child and adolescent mental health and risk outcomes. *Psychological Trauma: Theory, Research, Practice, and Policy*, 6(S1), S18-S28.

Stoltenborgh, M., Bakermans-Kranenburg, M. J., Alink, L. R. A., & IJzendoorn, M. H. van. (2015). The prevalence of child maltreatment across the globe: Review of a series of meta-analyses. *Child Abuse Review*, 24(1), 37-50.

Strathearn, L., Gray, P. H., O'Callaghan, M. J., & Wood, D. O. (2001). Childhood neglect and cognitive development in extremely low birth weight infants: Aprospective study. *Pediatrics*, 108(1), 142-151.

Straus, M. A., & Field, C. J. (2003). Psychological aggression by American parents: National data on prevalence, chronicity, and severity. *Journal of Marriage and Family*, 65(4), 795-808.

Sun, J., Liu, Q., & Yu, S. (2019). Child neglect, psychological abuse and smartphone addiction among Chinese adolescents: The roles of emotional intelligence and coping style. *Computers in Human Behavior*, 90, 74-83.

Teicher, M. H., Anderson, C. M., & Polcari, A. (2012). Childhood maltreatment is associated with reduced volume in the hippocampal subfields CA3, dentate gyrus, and subiculum. *Proceedings of the National Academy of Sciences of the United States of America*, 109(9),

3209-3210.

Teicher, M. H., Anderson, C. M., Ohashi, K., & Polcari, A. (2014). Childhood Maltreatment: Altered Network Centrality of Cingulate, Precuneus, Temporal Pole and Insula. *Biological Psychiatry*, 76(4), 297-305.

Teicher, M. H., Samson, J. A., Anderson, C. M., & Ohashi, K. (2016). The effects of childhood maltreatment on brain structure, function and connectivity. *Nature Reviews Neuroscience*, 17(10), 652-666.

Theoklitou, D., Kabitsis, N., & Kabitsi, A. (2012). Physical and emotional abuse of primary school children by teachers. *Child Abuse & Neglect*, 36(1), 64-70.

Thombs, B. D., Bernstein, D. P., Lobbestael, J. & Arntz, A. (2009). A validation study of the dutchchildhood trauma questionnaire-short form: Factorstructure, reliability, and known-groups validity. *Child Abuse & Neglect*, 33(8), 518-523.

Tomoda, A., Navalta, C. P., Polcari, A., Sadato, N. & Teicher, M. H. (2009) Childhood sexual abuse is associated with reduced gray matter volume in visual cortex of young women. *Biology Psychiatry*, 66, 642-648.

Tonmyr, L., Draca, J., Crain, J., & MacMillan, H. L. (2011). Measurement of emotional/psychological child maltreatment: A review. *Child Abuse & Neglect*, 35(10), 767-782.

van Harmelen, A. L., van Tol, M. J., Demenescu, L. R., van der Wee, N. J., Veltman, D. J., Aleman, A., ... Elzinga, B. M. (2013). Enhanced amygdala reactivity to emotional faces in adults reporting childhood emotional maltreatment. *Social Cognitive and Affective Neuroscience*, 8(4), 362-369.

Warmingham, J. M., Handley, E. D., Rogosch, F. A., Manly, J. T., & Cicchetti, D. (2019). Identifying maltreatment subgroups with patterns of maltreatment subtypeand chronicity: A latent class analysis approach. *Child Abuse & Neglect*, 87, 28-39.

Warmingham, J. M., Rogosch, F. A., & Cicchetti, D. (2020). Intergenerational maltreatment and child emotion dysregulation. *Child Abuse & Neglect*, 102, 104377.

Wert, M. V., Mishna, F., Nico Trocmé, & Fallon, B. (2017). Which maltreated children are at greatest risk of aggressive and criminal behavior? an examination of maltreatment dimensions and cumulative risk. *Child Abuse & Neglect*, 69, 49-61.

Widom, C. S., Czaja, S. J., & DuMont, K. A. (2015). Intergenerational transmission of child abuse and neglect: Real or detection bias? *Science*, 347(6229), 1480-1485.

World-Go-Round (1979). The declaration of the psychological rights of the child: Psychologist's role in the implementation. *World-Go-Round*, 7(3), 3.

Zolotor, A. J., Runyan, D. K., Dunne, M. P., Jain, D., Péturs, H. R., Ramirez, C., ... Isaeva, O. (2009). ISPCAN Child Abuse Screening Tool Children's version (ICAST-C): Instrument development and multi-national pilot testing. *Child Abuse & Neglect*, 33, 833-841.

9 物质主义[①]

9.1 引言 / 266
9.2 物质主义概念 / 266
9.3 物质主义的测量 / 268
    9.3.1 贝尔克的物质主义量表 / 269
    9.3.2 里金斯和道森的物质主义价值观量表 / 269
    9.3.3 卡塞尔的欲望指数问卷 / 270
    9.3.4 儿童、青少年物质主义测量工具 / 270
        青少年物质主义价值观量表 / 271
        物质主义价值观量表儿童版 / 271
        拼贴画法 / 271
9.4 不安全感与物质主义 / 273
    9.4.1 经济不安全感与物质主义 / 274
    9.4.2 自我不安全感与物质主义 / 275
    9.4.3 存在不安全感与物质主义 / 275
9.5 社会学习与物质主义 / 276
    9.5.1 家庭与物质主义 / 276
        家庭社会经济地位 / 277
        家庭教养方式 / 277
        家庭沟通模式 / 278
        家庭结构 / 278
    9.5.2 同伴与青少年物质主义 / 279
        同伴沟通 / 279
        同伴排斥 / 280
    9.5.3 大众传媒与物质主义 / 280
9.6 物质主义与主观幸福感 / 281
    9.6.1 物质主义与主观幸福感的关系 / 281
    9.6.2 物质主义与主观幸福感：动机理论 / 285
    9.6.3 物质主义与主观幸福感：价值观理论 / 286
        价值观冲突假说 / 286
        环境-个人价值观匹配假说 / 287
9.7 研究思考与展望 / 289
参考文献 / 290

[①] 本章受国家社会科学基金项目(13BSH055)、北京市教育科学规划重点课题"青少年物质主义价值观的发展和影响因素研究"(AFA11107)、中央高校基本科研业务费专项资金的资助。

9.1 引言

我们生活在一个物质的世界里,物质是我们赖以生存的基础,每个人都离不开它。但有些人将拥有物质作为获得快乐的主要方式,热衷于物质购买和消费,过着一种以物质兴趣为主的生活,这些就是物质主义的表现。由于传统思想对面子、身份和地位等方面的重视,物质主义在我国具有深厚的文化基础。特别是改革开放带来经济上的飞速发展,物质主义思潮开始主导着部分民众的生活方式,表现为奢侈品消费、炫耀性消费和冲动性消费等。那么,物质主义者有什么特征?这种以物质为中心的生活是如何形成的?它对个体的幸福感会带来怎样的影响?

本章将主要围绕上述三个问题,阐述物质主义的概念和测量方法、影响物质主义的两个重要因素——个体内在的不安全感和外在的环境因素,以及物质主义与主观幸福感的关系等内容。这些内容不仅能够帮助人们客观、全面地认识物质主义,充分了解它对人们幸福体验的影响,还能够为青少年价值观的培养,以及家庭和社会如何正确引导青少年提供科学依据与指导。

9.2 物质主义概念

物质主义(materialism)是一个比较复杂的概念,研究者从不同的角度对物质主义进行深入剖析,形成了多种物质主义概念,主要有以下四种具有代表性的观点。

贝尔克(Belk,1985)首先系统提出了物质主义概念,认为物质主义是个体表现在财富取向上的一种人格特质,包括占有(posessiveness)、小气(nongenerosity)和嫉妒(envy)三个方面。之所以用这三个方面来体现物质主义的结构,是源于它们不仅阐述了个体与物品的紧密关联、个体赠予或分享物品的意愿,而且强调了个体对他人拥有的财产的情绪感受(Belk,1985)。具体而言,物质主义者倾向于维持自己对财物的控制和占有权(占有),不愿意与他人分享所有物(小气),当他人比自己更成功、更有声望或者拥有的物品更令人满意时会产生不愉快,甚至憎恶感(嫉妒)。后来,贝尔克认为物质主义者还具备另一种人格特质——保存(tangibility 或 preservation),即个体会通过保存纪念品、照片等物品来使自己过去的体验重现的一种行为倾向。因此,原先的物质主义三维结构变成了四维,有研究者认为,物质主义者是兼具占有、小气、嫉妒和保存人格特质的一类人群(Ger 和 Belk,1996)。

里金斯和道森(Richins 和 Dawson,1992)并不赞同贝尔克提出的物质主义概念,认为使用行为和人格的相关概念,或者物质主义道德方面的结果来定义物质主义均不恰当,应该对物质主义本身进行结构化的定义。而以拥有物为中心(acquisition centrality)、获取物品的快乐(acquisition as the pursuit of happiness)和通过拥有物界定成功(possession-defined success)这三个主题代表了普通消费者对物质主义的认识。在此基础上,里金斯和道森从价值观角度对物质主义进行了界定,认为物质主义是一种强调拥有物质财富重要性的价值观,包含三个方面:中心(centrality)、快乐(happiness)和成功(success)。中心是指个体认为财物在生活中占据中心位置,快乐是指相信获得财物是快乐和幸福的最大源泉,成功是指以拥有财物的数量和质量评价自己和他人的成功。物质主义价值观的三结构模型能够体现出物质主义可能带来的积极结果,如生产力的进步、科技的突破,乃至个体对成功和自我实现的强烈动机。但这一模型同时也反映出物质主义者对财物的过度关注可能会导致其对生活中其他方面的忽视(如社会责任),进而影响其幸福体验。

卡塞尔和瑞恩(Kasser 和 Ryan,1993)基于自我决定理论(self-determination theory,SDT),从内部目标与外部目标的角度来定义物质主义。内部目标(intrinsic goals)促使个体追求自我实现和成长,比如对自我接纳、归属感的追求等;外部目标(extrinsic goals)关注对社会赞许和奖赏的获取,包括对物质财富、身份地位等的追求。从目标内容上讲,物质主义是一种外部目标,目的是得到别人的积极评价和认可等(Kasser 和 Ryan,1993)。最初,物质主义被操作化定义为经济成功(financial success)(成为有钱人),随后,社会认同(social recognition)(被大家所赞赏)和迷人外表(appealing appearance)(身体、衣着等具有吸引力)也被加入进来。因此,金钱、声望和形象被认为是个体取得成功的标志,三者共同衡量了个体的物质主义水平(Kasser 和 Ryan,1996)。

施勒姆等人(Shrum 等,2013)认为,以往研究者对于物质主义概念的界定对该领域的发展作出了贡献,但同时也存在一些问题。例如有些概念认为物质主义是消极的这一先验假设,限制了人们对物质主义可能带来的积极作用的思考;同时研究者使用在不同物质主义概念指导下编制出的量表进行研究,得出的不一致结果也混淆了物质主义领域的研究。于是,本着提出一个更具有概括性的、更简洁的物质主义概念,施勒姆等人认为物质主义是个体通过拥有或利用具有象征性价值的物品、服务、体验或关系来建构和维持自我概念的行为意愿。该定义具有下述重要含义:第一,它对"获得"这一行为进行了界定,不仅包括购买,还包括馈赠、继承遗产和其他非购买方式。第二,物质主义也表现在使用获得物上。物质主义行为既包括获得某物品(如购买由设计师专门设计的衣服),也包括使用该物品(例如,将这件衣服穿在身上)。第三,该定义扩大了获得的目标和内容,不仅包括产品和服务,还包括体验(例如,爬山)和关系(例如,友谊)。第四,该定义强调了获得物的象征意义,物质主义就是个体在多大程度上将获取物品和使用物品作为一个象征性信息的信号传达给自己或他人。最后,该定义强调消费驱动的目标追求(通过拥有物来维持自我),关注物质主义和物质目标追求中与自我相关的功能、这些功能的实现过程以及潜在后果。简而言之,它关注物质主义的"原因"、"过程"和"结果"。

虽然研究者从多种研究视角界定了物质主义,但物质主义的不同概念之间并不矛盾,甚至相辅相成,因为这些概念从不同角度诠释了物质主义者的人格特征、价值观取向、对目标的追求以及构建自我概念时的方式。不过从已有文献来看,在当前物质主义研究领域中,多数研究者沿用了里金斯和道森提出的定义,即物质主义是一种看重财物重要性的个人价值观。由此,一般认为物质主义者具有以下四种典型特征:

特征一:重视财物。与非物质主义者相比,物质主义者重视财物以及获取财物的途径,将物质获取和占有视为生活的重心和目标;渴望高水平收入,更重视经济安全,而较少注重人际关系。

特征二:以自我为中心。物质主义者常以自我为中心,认为物质高于一切而注重保留资源和财富,不愿给予他人或与人分享,常常显得自私。

特征三:追求奢侈生活。物质主义者追求丰富、奢侈的物质生活,不喜欢简单朴素的生活方式。他们更关注现代技术,依赖高科技生活,对于自然或环境中的事物漠不关心。

特征四:生活满意度低。相比于非物质主义者,物质主义者显得对生活更为不满意,消极情绪更多。虽然追求财物是物质主义者认为获得幸福感的方式,但现实并非如此,因为无止境的物质欲望以及喜新厌旧的生活方式令他们永远得不到满足。此外,尽管物质主义者一厢情愿地认为财物的获取可以带来积极情绪,但研究发现,这种因获得财物而带来的快乐感受维持的时间非常短,很快,物质主义者就有了新的追求目标,希望得到更多的东西。如此循环下去就不可避免地会导致物质主义者产生不满、焦虑等消极情绪。

9.3 物质主义的测量

物质主义主要采用问卷的方式进行测量。随着物质主义研究的日益展开与深人,研究者根据研究对象的不同开发了多种物质主义问卷。

9.3.1 贝尔克的物质主义量表

贝尔克的物质主义量表初版有24题,包括占有、小气和嫉妒三个维度(Belk,1985)。后来,贝尔克及同事对来自12个不同经济发展水平、政治制度和种族国家的1729名被试进行了物质主义跨文化研究,并对之前的量表进行了修订,增加了第四种人格特质——保存(Ger和Belk,1996)。新版量表共21题,包括占有、小气、嫉妒和保存四个维度,具体题目包括"如果我的东西被偷了,即使它本身不值多少钱,我也会非常沮丧"、"我不喜欢借东西给别人,即使是我的好朋友"、"当我看见人们在买他们想要的东西时,我会感到不舒服"、"我喜欢收集东西"等等。量表采用5点计分,1代表"完全不符合",5代表"完全符合",总分越高说明物质主义水平越高。

贝尔克的物质主义量表在最初使用时具有中等信度,不过在后续研究过程中,它也逐渐暴露出内部一致性系数较低,信度不高的缺点。里金斯和道森分析了12篇使用贝尔克物质主义量表的文章,发现贝尔克物质主义量表的内部一致性系数在0.09至0.81之间波动,中数为0.54,变化范围较大。正是由于贝尔克物质主义量表的信度不高且不够稳定,所以该量表在当前研究中并未得到广泛使用。

9.3.2 里金斯和道森的物质主义价值观量表

在对物质主义的研究进行详细回顾总结之后,里金斯和道森认为,物质主义是一种强调拥有物质财富重要性的个人价值观,它指导人们在许多情境中做出选择,这其中包括但又不局限于消费领域。在此基础上,他们编制了物质主义价值观量表(material value scale,MVS)用以评估个体的物质主义倾向。

MVS包含中心、快乐和成功三个维度,共有18题,如"我喜欢买不怎么实用的东西"、"如果能够拥有某些现在没有的东西,我的生活会更好"、"拥有物质财富是我人生中最重要的成就之一"等。量表采用5点计分,1代表"完全不同意",5代表"完全同意",得分越高表明物质主义水平越高。

里金斯对44篇文献进行了分析,发现MVS的结构效度还存在一定的问题,并通过对15批数据的分析,试图精简和完善该量表。最终,他删除了18题版本中的第6、7和10题,形成了15个题目的新版本,经检验,该版本比18题版具有更好的维度属性。同时,里金斯根据前人提出的有关缩减量表的准则对MVS进行了进一步的精简,得到了 9 题版、6 题版和 3 题版量表(Richins,2004)。

由于 MVS 总量表和分维度的内部一致性系数在 0.70—0.85 之间,信度良好且具有稳定性,因此 MVS 得到了广泛的使用,是当今物质主义研究领域中使用频率最高的量表。

9.3.3 卡塞尔的欲望指数问卷

卡塞尔和瑞恩于 1993 年发表了一项关于美国梦的研究,认为金钱或财富对于个体的重要性与其适应性以及幸福感具有负相关。为了证明这个假设,他们编制了欲望指数问卷(aspiration index,AI),包含四个维度:自我接纳(self-acceptance)、归属感(affiliation)、团体感(community feeling)和经济成功,共 21 个欲望题目。该问卷要求被试对题目进行 5 点评分,评分主要依据两个方面:一方面是该欲望对于自己的重要性,另一方面是该欲望在未来发生的可能性。最后计算出四个维度的重要性平均分和可能性平均分,而在实际研究中通常只采用重要性得分进行比较。1996 年,卡塞尔和瑞恩进一步丰富了 AI 的内容,增加了身体健康(physical fitness)、社会认可和迷人外表三个维度。相应地,AI 的题目由 21 个增加到 32 个。该问卷逐渐被用于跨文化研究中,研究结果显示,AI 的内部一致性信度和重测信度都较好,达到了心理测量学的要求。上述七个维度中,自我接纳、归属感、团体感和身体健康属于内部目标;经济成功、社会认同和迷人外表属于外部目标,这三个维度就是对物质主义的操作化定义,共同决定了个体的物质主义水平。

最新版本的 AI 还增加了一致性(conformity)、安全感(safety)、享乐主义(hedonism)以及灵性(spirituality)四个维度,共计 11 个维度,57 个题目(Grouze 等,2005)。研究者提出了一个二维正交模型来整合这 11 个维度,水平轴为外部目标(左侧)和内部目标(右侧),垂直轴为自我超越(self-transcendence)(顶端)和身体自我(physical self)(底部)。这 11 个维度根据相关程度分布在坐标的不同位置。新增加的一致性和灵性维度属于自我超越方面,安全感和享乐主义则属于身体自我方面。内外部目标分类则与卡塞尔和瑞恩的分类一致,经济成功、社会认同和迷人外表这三种外在目标紧密地聚集在一起(Grouze 等,2005)。

9.3.4 儿童、青少年物质主义测量工具

青少年是物质主义形成的关键时期,随着研究者对儿童、青少年物质主义的深

入探索,针对该群体的测量工具也日益丰富,主要包括自陈量表和操作两大类。青少年物质主义价值观量表(youth materialism scale,YMS)和物质主义价值观量表儿童版(material value scale-children,MVS-c)是常用的自陈量表。拼贴画法(collage)则是针对儿童、青少年开发的具有群体特色的物质主义操作测量方法。

青少年物质主义价值观量表

YMS是单一维度量表,原始版本有19个题目,其中5题改编自其他用于测量青少年物质主义的量表(Moschis和Churchill,1978)。在对123名9至14岁的青少年进行了预测后,研究者发现量表的结构效度不佳,于是调整了题目,最终量表包含10个题目,具有良好的内部一致性信度和重测信度(Goldberg, Gorn, Peracchio,和Bamossy,2003)。量表采用4点计分,1代表"非常不同意",4代表"非常同意",得分越高代表青少年的物质主义水平越高。由于YMS维度单一和易于施测、计分的特性,YMS已经成为当前青少年物质主义研究中使用频率最高的测量工具之一。

物质主义价值观量表儿童版

作为一个成熟的物质主义量表,MVS已经在众多研究中得到了应用,并证明具有良好的信度和效度。但是,MVS是为成年人设计的,部分题目超出儿童所熟悉范围或在言语上较为晦涩,并且5点评分方式亦增加了儿童的认知负荷。因此,奥普里等人(Opree等,2011)基于MVS编制了物质主义价值观量表儿童版(MVS-c)。该量表与MVS相似,包含中心、快乐和成功三个维度。在题目方面,MVS-c以疑问句形式代替了MVS中的陈述句,如"如果你拥有更多昂贵的衣服是否会更加快乐?"等。量表缩减了评分等级,采用4点计分,1—4分别代表"不,一点也不"、"不,不完全是"、"是,有一点同意"和"是,非常同意"。MVS-c的标准版本是18题,另有6题和3题的缩减版。针对1 001名8—11岁儿童的施测结果表明,该量表的三种版本均具有良好的重测信度和结构效度(Opree, Buijzen, van Reijmersdal,和Valkenburg,2011),适用于评估儿童的物质主义水平。对于7岁以上的儿童,可以采用纸笔测验或电子问卷的方法;对于7岁以下的儿童,还可以采用口头调查的方式。

拼贴画法

传统的物质主义测量方法多是自陈量表,形式较为单一,社会称许性强,尤其是不同年龄的个体对物质主义的理解不太一致。例如让被试评定对于"金钱可以换来幸福"的认同程度,由于生活阅历不同,儿童、青少年与成年人在理解这一观点上可能存在较大差异,从而导致测量结果的不准确。但对于"快乐"一词,无论年龄大小人人都易于理解,且感受相对一致。为了克服上述弊端,一方面使儿童与青少年更容易理解题目,另一方面提高施测的有效性,卓别林和约翰(Chaplin 和 John,2007)开发了浅显易懂的拼贴画法,将"快乐"概念和拼贴画法结合起来,达到了有效测量儿童与青少年物质主义水平的目的。

拼贴画法的具体操作是,给被试呈现一系列刺激材料,让被试选择材料来完成自己的拼贴画。这一系列刺激材料是一张张标签,被试可以按照类别分别将其张贴在五个板上,每个板代表一个不同的主题,主题分别是:兴趣爱好(活动)、人物、运动、物品和成就。这些类别是通过调查儿童和青少年一个开放式的问题"什么会使你感觉到快乐?"的预实验归纳总结出来的。每个板上有 20 张图片标签。比如,"野营"、"滑雪"在兴趣爱好一栏,"朋友"、"老师"在人物一栏,"篮球"、"冰球"在运动一栏,"钱"、"新衣服"在物品一栏,"取得好成绩"、"擅长运动"在成就一栏。标签所包含的内容范围比较广泛,以物品栏为例,既有符合各个年龄层需求的东西(比如金钱),也有更受年幼儿童欢迎的物品(如填充玩具),或者年长儿童喜欢的东西(如漂亮的汽车模型),男孩更感兴趣的物品(如名牌体育器材),更受女孩欢迎的物品(如珠宝首饰)等。研究者提供给被试一个海报大小的版面,允许参与者随意移动、添加或移除图片,来完成自己的拼贴画。被试同时会得到一些空白卡片,可以做出属于自己的图片标签。被试的任务是从所有标签中选择能让自己获得"快乐"的部分组成自己的拼贴画(如图 9.1)。

图 9.1 拼贴画。图中显示的是用拼贴画测量儿童或青少年物质主义水平。
(来源:Chaplin 和 John,2007)

拼贴画完成后,研究者要求被试解释他们选择这些标签的原因,哪些是物质的,哪些是非物质的,来确保他们拼贴的物品是按研究所希望的被解释成物质性或非物质性的(因为有些研究者认为是物质性的物品,如 iPad 等,因同时具有享乐特质,也可能被被试解释为非物质目的)。主试会拍下这幅拼贴画用以后续分析。随后,研究者要求被试进行权衡,把拼贴画上的标签减少一半,剩下与各自的"快乐"关联性最大的物品。被试被迫在这一阶段进行取舍,同时研究者鼓励被试仔细思考什么是真正使他们快乐的事情,以及对他们的幸福并非至关重要的事情。同样,主试会对拼贴画结果拍照为后续分析准备。

最后,研究者需要针对每名儿童的初始拼版和二次拼版,记录两组数据:第一组是拼板上物质性标签的数量,第二组是拼板上物质性标签的比例,据此分析儿童与青少年的物质主义水平(Chaplin 和 John,2007)。拼板上物质类标签所占比例越高,表明其物质主义水平越高。

为了验证拼贴画的重测信度,研究者在两周内进行了多次重复拼贴画实验,发现被试拼贴的有关物质类标签的数量(最初拼贴数以及减少数)和物质类标签的比例(最初拼贴比例以及减少比例)在多次测试之间都有显著的相关。同时,研究者也进行了同时效度的验证,数据显示初始拼版与减半拼版中被试拼贴的有关物质类标签的数量和物质类标签的比例均显著相关,说明该方法能够有效测量被试的物质主义水平。

9.4 不安全感与物质主义

物质主义是如何形成的?这个问题一直是研究者关注的焦点。目前已有的研究表明,物质主义的成因是多方面的,受多种因素影响。

根据马斯洛的需求层次理论(Maslow's hierarchy of needs),个体的行为是由需求引起的,人们的基本需求包括生理需求(physiological needs)、安全需求(safety needs)、爱和归属需求(love and belonging needs)、尊重需求(esteem needs)和自我实现需求(self-actualization needs)。当人们的基本需求得不到满足的时候,容易引发不安全感(insecurity)。值得注意的是,这里的不安全感不等同于安全需求的匮乏。安全需求是指对人身安全、生活稳定的需求,以及免遭痛苦、威胁或疾病等的渴望,偏重于生理层面。不安全感则偏重于心理层面,其来源更加广泛,生理需求、安全需求、爱和归属需求以及尊重需求的匮乏都会引发不安全感。个体会把物质主义作为一种补偿策略和应对方式,减轻由不安全感所带来的焦虑和痛苦的手段。因此,缺乏安全感的成长经历是个体物质主义形成的重要来源。

个体在成长过程中主要面临三个方面的不安全感：经济不安全感、自我不安全感和存在不安全感。

9.4.1 经济不安全感与物质主义

英格尔哈特（Inglehart，1990）基于马斯洛需求层次理论，从政治社会学角度出发，提出物质主义的社会化理论（theory of materialist socialization），认为物质主义是长期将低层次需求（如物质舒适、身体安全）视为高于高层次需求（如自我表达、美感）的一种倾向。由于个体年幼时家庭经济状况不良，贫困的体验使得个体在成长过程中放弃了追求高层次需求，取而代之的是终身稳定的物质需求，因此儿童早期的经济不安全感（economic insecurity）是物质主义的形成原因之一。

国家或地区的经济水平会影响个体物质主义的形成和发展。相比于成长在经济富裕环境的居民，处于贫困地区的居民更加物质化，经济的不景气与衰退能够增加人们的物质主义倾向。比如，英格尔哈特分析了英、德、意、荷、比、法等西欧六国1976—2006年的居民世界价值观调查（world values survey）数据，发现年龄在65岁以上的年长一代以物质主义价值观为主导，而年轻一代的后物质主义（post-materialism）价值观明显增长。后物质主义指的是当基本生活、经济等需求满足之后，个体更加重视公民自由、权利等高层次需求的满足（Inglehart，2008）。对此，英格尔哈特的解释是，年长一代多生长于经济匮乏以及战乱年代，例如经济大萧条时期、第一次世界大战或第二次世界大战期间，彼时经济的低迷、物资的匮乏使他们体验到极度的经济不安全感。虽然价值观调查进行时他们已经度过了这一困难时期，但彼时的影响一直深深印刻在脑海中，他们对于经济安全感有着更高的需求，因此更容易形成物质主义价值观，通过物质占有来补偿经济不安全感带来的不良体验。

其他一些研究结果也在一定程度上支持了经济不安全感与物质主义的关系。在贫寒家庭中成长的儿童，由于其生存需求和安全需求无法得到正常满足，所以会通过寻求物质占有进行补偿，容易形成物质主义，并把"变得富裕"作为个人首要的生活目标，甚至将经济安全视为生活的顶级目标（Richins和Dawson，1992），表现得过于重视低层次需求的满足，而忽略高层次需求的满足，成年后容易形成物质主义的人格特质，如嫉妒等。尽管物质主义者的选择目标最初可能源于贫困的经济条件和真实的生理安全威胁感。但是，慢慢地，那些能够满足基本需求的物品和占有物被赋予了越来越重要的心理意义。研究者通过一系列实验探索了物质主义和食物安全之间的关系，结果表明，如果童年时期经历过食物不安全感，那么在成人阶段会通过将食物安全置于最高生活目标来克服这一危机（Allen 和 Wilson，2005）。高物质主义者对食物安全的担忧并不完全来自当前的食物供给情景，而与之以往的生活经历存在更大的关联。

9.4.2 自我不安全感与物质主义

儿童和青少年时期是自我概念发展的一个重要时期。如果个体在成长过程中未能形成积极、稳定的自我概念，就会感到不安和痛苦，为了寻求内心的安全感，通过财物来获取自尊和表征自我身份就成为一种手段。因此，自我不安全感（personal insecurity）是导致个体物质主义倾向的原因之一。

有研究者调查了 8—18 岁儿童及青少年的自尊与物质主义发展趋势，得到的结果是自尊水平和物质主义程度呈负相关。自尊水平在童年中期（8—9 岁）至青春期早期（12—13 岁）阶段呈下降趋势，而此阶段的物质主义水平呈现上升趋势；自尊水平在青春期晚期（16—18 岁）会有所提升，在此阶段物质主义水平会逐渐降低（Chaplin 和 John，2007）。针对低收入家庭的儿童和青少年（8—17 岁）的调查也发现了同样的结果，亦即，低自尊同样是解释低收入家庭的儿童和青少年具有高物质主义水平的重要因素（Chaplin，Hill，和 John，2014）。反过来，提升儿童或青少年的自尊水平会降低其物质主义水平。例如，当启动被试的高自尊后，被试对物质主义的追求就会显著降低（Chaplin 和 John，2007）。同样，通过实验操作被暂时提升了内隐自尊的被试的物质主义水平也显著低于控制组被试（Jiang，Zhang，Ke，Hawk，和 Qiu，2015）。

另外，当人们对自我价值感评价较低，或者对自我的身份感知较低时，会通过获取物质财富来提升自身的价值感和地位感。比如，引导被试回忆与不安全感、不确定感相关经历使其产生自我怀疑的感受，从而提升了被试对物质主义的追求（Chang 和 Arkin，2002）。让被试体验无助或软弱的身份（恳求、逢迎）时，他们的物质主义水平也会暂时得到提升（Christopher，Morgan，Marek，Keller，和 Drummond，2005）。物质财富能够作为彰显自我身份或自我价值的方式，影响他人对自己的印象，因此对于那些非常关注他人评价的个体而言，财物尤其重要。

9.4.3 存在不安全感与物质主义

存在不安全感（existential insecurity）反映了个体对死亡的恐惧。恐惧管理理论（terror management theory，TMT）认为，每个人都对死亡存在恐惧心理，为了缓解死亡恐惧，人们会做出一些有效地防御行为，如支持文化世界观（Greenberg，Pyszczynski，和Solomon，1986）。对于有些人来说，死亡绝对是一件可怕的事情，为了降低由于死亡恐惧而导致的存在性不安全感，在商品发达的现代社会中，尤其是生活在认同拥有财物能够带来成功和幸福的社会中的个体，其所赞赏的文化规范就是物质主义了，即通过占有物质产品的手段达到世俗不朽的目的。

卡塞尔和谢尔顿（Kasser和Sheldon，2000）首先对上述假设进行了验证。他们将被试随机分配到死亡凸显组（实验组）和控制组，让实验组被试想象并写下自己死亡时的想法和感受，以诱发其存在性不安全感；同时让控制组写下自己听音乐时的想法和感受。通过两个研究得出，死亡凸显条件下，被试的物质主义水平更高，表现为更加看重自己的财务状况，变得更为贪婪，希望消费更多的资源而不考虑对环境的影响。随后的一些研究在不同程度都验证了存在性不安全感与物质主义的关系。在死亡凸显的情况下，被试意识到自己不可能永久生存，会产生过度消费，购买并实际消费更为高档且过量的食物，但这种现象仅仅发生在低自尊被试中（Mandel和Smeesters，2008）。除了食物和饮料的过度摄取，在面对存在不安全感时，物质主义者也有可能通过与品牌建立联系来进行应对（Rindfleisch，Burroughs，和Wong，2009）。此外，在中国文化背景中，死亡凸显条件下，被试的内隐物质主义态度也显著高于中性控制组（王予灵，李静，郭永玉，2016）。上述研究结果均表明存在不安全感是导致个体物质主义的原因之一。

9.5　社会学习与物质主义

基于社会学习理论，个体在模仿等社会学习的过程中逐渐学会并形成了一套自己的价值体系。这种学习主要来自家庭、同伴以及大众传播媒体等周边环境的影响，因此家庭、同伴和大众媒体这三者是个体成长及社会化过程中最重要的媒介（socialization agents），是导致青少年产生和发展物质主义的重要原因（蒋奖，曾陶然，杨琪越，于方静，2016）。

9.5.1　家庭与物质主义

家庭成长环境，尤其是父母对子女的影响往往伴随其一生。家庭是青少年从小到大最熟悉的环境，父母是青少年从小到大最亲密的人，因此，家庭这一因素对青少年物质主义形成的影响力是无可比拟的。家庭社会经济地位、家庭教养方式、家庭沟通模式以及家庭结构都会对个体的物质主义水平产生影响。

家庭社会经济地位

家庭社会经济地位(socioeconomic status,SES)可以用来衡量个体的家庭背景和社会资本,主要包括父母的受教育水平、父母的职业和家庭收入等几个关键性指标。学者们出于不同的研究目的而选择不同的指标,有单独以其中的一种来进行度量的,也有综合几种一起评估的。

在低社会经济地位家庭中成长的儿童,由于其生存与成长需求无法得到正常满足,所以会通过寻求物质占有进行补偿,因而具有较高的物质主义水平(Kasser,Ryan,Zax,和Sameroff,1995;Richins,2017)。特文格和卡塞尔(Twenge 和 Kasser,2013)用35万多名美国12年级青少年的大样本数据证实了儿童期的家庭社会经济地位与青少年时期的物质主义水平之间具有负相关。卓别林等人调查了177名分别来自贫穷和富裕家庭的儿童,在8—10岁组,贫困家庭儿童与富裕家庭儿童的物质主义水平无差异,而在11—13岁和16-17岁这两个年龄组中,贫困家庭儿童的物质主义水平显著高于富裕家庭儿童(Chaplin等,2014)。这表明童年时期的家庭经济条件可以预测个体未来的物质主义水平,在低收入家庭中成长起来的青少年往往具有较高的物质主义水平。

家庭教养方式

家庭教养方式是指父母抚养子女过程中所表现出来的相对稳定的行为方式,是对父母各种教养行为的特征概括。一方面,温暖、自主支持型的家庭可以满足孩子自主、关系、胜任等心理需要的满足,促进"核心机能自我"(core organismic self)的形成,儿童无需借助物质的方式来提高自信。但是,如果温暖型父母喜欢使用物品来表达自己的爱和规范儿童的行为,就会助长儿童的物质主义倾向。另一方面,冷酷、控制型的家长会迫使孩子放弃自主需要的满足,以获得安全感或者父母的支持。这些孩子会变成"控制导向"(control orientation),表现为较少关注自我实现,较多关注公众自我意识和经济上的成功,其自我价值和安全感也更多依赖于外在资源,如金钱、物品(蒋奖等,2016)。

卡塞尔等人(1995)访谈了140名18岁青少年的母亲,询问其如何教养自己的孩子。采访者和每位母亲交谈约一个小时,并请这些母亲用一些带有情绪色彩的词语描述自己的孩子。有一些母亲谈到自己的孩子时会觉得温暖、骄傲或者快乐,比如:"简(Jane)是一个特别好的女孩儿,总会帮忙做家里的各种事情。"还有一些母亲对孩子持一种批评、不认可甚至怀疑的态度,如"约翰尼(Johnny)真让我头疼,他太懒了"。母亲们还完成了一份有关教养方式的量表,以了解母亲对孩子的感受、喜爱以及赞赏程度,并了解母亲是否向孩子施加了种种规矩和限制,母亲在多大程度上允许孩子表达自己的观点和做真正的自己。研究者假设,当母亲给予孩子较少照料时,孩子由于缺乏安全感而会显示出更高的物质主义水平。研究结果验证了之前的假设,由非养育型(如冷漠、控制、专制)的父母抚养大的孩子更容易在青春期表现出物质主义取向。在中国文化中,父母拒绝型教养方式同样与青少年的物质主义呈显著正相关(Fu,Kou,和 Yang,2015)。

家庭沟通模式

家庭沟通模式(family communication patterns,FCP)指的是家庭成员之间的沟通频率、形式、内容与品质。家庭沟通的结构由两个维度组成,其中一个维度是社会导向(social oriented),另一个则是概念导向(concept oriented)。

由于社会导向的家庭沟通模式强调对社会规范的遵从,并强调评价他人时要以其消费习惯为基础。因此,这种做法间接提升了儿童的物质主义,因为它所提倡的与社会规范所认可的"通过金钱和占有物来获得快乐和成就"的观点相一致。一些研究证实了社会导向的家庭沟通模式和家庭中青少年的物质主义之间存在显著的正相关(蒋奖等,2016;Moschis,Ong,Mathur,Yamashita,和 Benmoyal-Bouzaglo,2011)。与之相反,概念导向的家庭鼓励孩子随意表达个人观点,这种方式使得孩子有更多的机会经历和学习不同的消费技能和导向。一项跨文化研究表明,无论是在美国、法国、日本还是马来西亚,概念导向的家庭对儿童的物质主义水平均没有影响(Moschis 等,2011)。

此外,家庭沟通的频率和内容同样影响青少年的物质主义水平。一方面,和父母沟通不频繁的青少年会更加不适应社会关系,进而以物质获取为慰藉,从而形成物质主义。另一方面,父母与青少年沟通过程中过多谈论消费、物质等方面的内容会让青少年在成长过程中增强消费动机,更加看重物质在生活中的重要性(蒋奖等,2016)。

家庭结构

家庭是指在婚姻关系、血缘关系或收养关系的基础上产生的,亲属之间所构成的社会生活单位。当谈到"家庭"这个词时,我们脑海里首先浮现的形象一般是夫妻和他们的孩子。但事实是,这种传统的家庭结构已经发生了巨大的改变。早在 20 世纪 50 年代,美国的离婚、再婚、同居等比率就已经呈现快速增长。在中国,来自民政部的统计数据显示,仅 2019 年,全国共有 415 万对夫妻办理离婚手续,中国的离婚率已经连续 16 年持续升高。这种家庭结构的改变,即家庭破裂(family disruptions)助长了物质主义的形成与发展(蒋奖,杨淇越,于芳,梁静,克燕南,2015;Richins,2017)。一项横跨 30 年的美国青少年追踪调查结果表明,相比于低离婚率时期,当社会处于高离婚率水平时,青少年具有较高的物质主义水平(Twenge 和 Kasser,2013)。在另一项对 20—32 岁年轻人的调查中发现,与在完整幸福家庭中长大的儿童相比,经历了父母婚姻破裂的儿童长大成人后会表现出更高程度的物质主义水平和更多的强迫性消费行为(Baker, Moschis, Benmoyal-Bouzaglo,和 dos Santos,2013)。由于离异家庭有时容易陷入经济困难,这种差异会不会出于经济上的原因呢?进一步的研究否定了这种解释,表明差异源于儿童发展阶段所需的资源——爱和情感的缺失。父母离异家庭破裂后,孩子很可能失去一位或两位家长的照料,父母给予的积极情感回应必然减少,导致孩子感到来自父母的温暖和关爱下降。因此,孩子会试图通过物质方面的追求来弥补上述缺失,以此寻求安全感。特别需要指出的是,很多父母对离婚感到愧疚,因此家庭解体后试图通过礼物和美食安抚孩子,但这只会进一步让孩子将爱等同于物品,趋向追求物质。

9.5.2 同伴与青少年物质主义

发展心理学研究表明,随着青春期的到来,同伴群体(同学、队友、邻居、朋友等)逐渐取代父母成为青少年心理发展的重要社会化媒介,甚至在某些关键时期,其重要性会超过父母对子女的影响。同伴的影响是青少年物质主义形成的一个重要因素,已有研究主要从两个方面探讨同伴与物质主义的关系,即同伴沟通与同伴排斥。

同伴沟通

青少年从父母身上学会了理性消费,从同伴那里习得了社会性消费(包括物质主义)。通过与同伴的交往,青少年掌握了一些有关消费的知识和技能,增强了消费的社会动机。同伴间关于消费的沟通越频繁,青少年的物质主义水平就越高,而且,青少年时期的物质主义水平能正向预测成年期的物质主义水平(Nguyen,Moschis,和 Shannon,2009)。这是由于与同伴关于消费的交流内容通常是个体拥有的东西或者品牌的信息,这些内容更容易使得青少年与同伴之间进行比较,而这种社会比较进一步促进了物质主义的形成(蒋奖等,2016)。

此外,与同伴交流频繁的个体更容易受到同伴的影响。对于青少年来说,是否遵守同伴群体的行为模式与规范是衡量同伴关系好坏的重要标准。这种与同伴群体在行为规范、社交模式等方面保持一致的压力就是同伴文化压力(peer culture pressure)。青少年会将感知到的同伴对物质、消费的认同作为一种规范,成为青少年消费社会化的重要准则,由此,青少年感知到的同伴文化压力越大,其物质主义水平就越高(蒋奖,梁静,杨淇越,克燕南,2015;Banerjee 和 Dittmar,2008)。

同伴排斥

同伴是青少年获得支持和接纳的重要来源之一。在与同龄人的交往过程中,青少年逐渐发展和建立起同伴关系。如果同伴关系不良或者缺少朋友相伴,青少年就会感到孤独、低落、自卑、自尊心受损,当个体的安全、保障、接纳等需要无法得到满足时,其物质主义水平会显著提升。

同伴排斥(peer rejection)是不良同伴关系当中的一种,是指个体受到同伴群体的排斥或不喜欢,这种排斥通常是长期的和稳定的。由于同伴排斥经常是一种比较稳定的状态,对于长期遭到同伴排斥的孩子而言,其安全、归属等需求得不到满足,为了缓解心理需求缺失带来的心理不适感,他们会对物质有着更强烈的渴望:他们希望借助绚丽的游戏技巧、美丽的服饰鞋帽、精美的物质产品获得同伴的认可和喜爱(Banerjee 和 Dittmar,2008)。研究表明,获得较少的同伴支持、与同伴关系不好会导致青少年形成比较高的物质主义水平。在中国青少年中,同伴排斥同样提升了青少年的物质主义水平,具体表现为,相较于回忆被同伴接纳经历的青少年,回忆被同伴排斥的青少年的物质主义水平更高,更愿意通过获取物品来修复被排斥的感觉(Jiang 等,2015)。

9.5.3 大众传媒与物质主义

如今,充斥着浓郁商业广告气息的媒体(例如电视、网络)成为了儿童青少年日常生活环境的一部分。研究者认为,电视观看,尤其是广告观看与儿童青少年的物质主义密切相关,无论是短期还是长期观看电视广告都会促进青少年形成物质主义,并且在控制了年龄、性别、社会经济地位和在校表现之后,上述作用依然存在。一项间隔12个月的纵向研究结果也支持了上述结论,研究者在荷兰调查了466名8—11岁儿童,结果发现电视广告观看可以正向预测儿童的物质主义水平(Opree, Buijzen, van Reijmersdal, 和 Valkenburg, 2014)。而且,青少年时期看电视的时间越多,成年期的物质主义水平越高,并且这个结果具有跨文化的一致性,无论在东方国家还是西方国家,个体青少年时期的电视观看程度对其成年期的物质主义水平具有正向预测作用,即观看电视节目时间越长的人其物质主义水平越高(Moschis 等,2011)。上述相关研究、纵向追踪研究以及跨文化研究结果都表明,随着电视及广告观看时间的增加,青少年的物质主义水平也会随之提升,容易趋向物质主义(蒋奖等,2016;Richins, 2017)。

9.6 物质主义与主观幸福感

物质主义是指一种强调拥有金钱、声望和形象等外部目标的重要性的价值观和信念，是个体建构和维持自我的一种方式。物质主义取向的个体重视经济的成功、财物的拥有、良好形象的树立以及高社会地位的获取，并且认为经济成功比其他人生目标更重要，例如团体感、社会关系和自我接受等。由此可知，物质主义者追求物质的目的之一是为了获得快乐、幸福和成功。那么物质主义者得到他们真正想要的快乐与幸福了吗？该问题一直是研究者关注的重点。这里所说的幸福感主要指主观幸福感（subjective well-being），包括生活满意度、积极情绪和消极情绪三个部分的内容，其中，生活满意度属于认知成分，积极和消极情绪属于情感成分。几十年来，关于物质主义与幸福感之间关系的研究从未间断，早期的研究相对一致地证实了物质主义与主观幸福感之间存在的负相关关系（如元分析研究 Dittmar，Bond，Hurst，和 Kasser，2014），但随着研究的深入，也开始出现一些研究并未验证物质主义对幸福感的消极作用，甚至还发现了一定程度的积极作用。下面将分别从消极和积极两方面的影响详细介绍物质主义与幸福感之间的关系。

9.6.1 物质主义与主观幸福感的关系

贝尔克最早对物质主义和幸福感的关系进行了实证研究，调查了300多名来自不同领域（商学院学生、保险公司秘书、车间工人等）的个体，结果显示，相较非物质主义者，物质主义者的快乐程度和生活满意度都较低。由此，贝尔克认为，每个人都希望得到幸福，都在追求幸福，但物质主义者错误地定义了幸福，因而往往得不到真正的幸福。

之后，里金斯和道森随机调查了800名消费者，结果显示，物质主义与总体生活、娱乐、家庭生活、收入及人际关系五个方面存在负相关，而与个人的嫉妒特质存在显著正相关。嫉妒意味着对别人拥有物的艳羡，对自身的不满，因而物质主义者很难体验到满意感和幸福。同时，研究者也将自尊作为衡量满意度的标准，结果发现，物质主义与自尊存在显著的负相关关系（Richins 和 Dawson，1992）。卡塞尔和瑞恩使用欲望指数量表对316名大学生展开调查，结果显示，物质主义者体验到更多的焦虑和抑郁，幸福感水平较低，并且在性别上没有显著差异（Kasser 和 Ryan，1993）。两人于1996年修订了欲望指数量表，并选取100名来自高、中、低三个社会阶层的成人作为被试，年龄在18到79岁之间，再次证明了物质主义与幸福感之间的负相关关系,并且这种负相关还表现在身体健康方面。不论性别、年龄还是收入,物质主义者总是伴随着低幸福感。在大学生、商学院学生和企业家等不同类型的被试间也都验证了这一结果(Kasser,2002)。

总之,早期研究者采用问卷调查法考察了物质主义与主观幸福感的关系,证实了物质主义与主观幸福感之间存在显著负相关,这一结果在后续研究中也得到了支持(Dittmar等,2014;Kasser,2018)。具体而言,物质主义与生活质量、生活水平、生活满意度、活力、积极情感、自我实现等呈负相关,与消极情感、焦虑、抑郁、物质滥用等呈正相关。在中国文化下,研究者也发现了物质主义对主观幸福感的消极影响,比如蒋奖等(2012)对江苏省某大学的1 489名在校大学生展开了关于物质主义、自尊和幸福感水平的相关调查,研究发现物质主义总分及其各个维度(中心、成功、快乐)与幸福感之间均存在负相关关系。类似的结果在跨文化研究中也得到证实,研究者选取7个国家1 185名不同年龄段的被试进行了物质主义水平和生活水平(standard of living)的调查,发现物质主义使得个体评估生活水平的标准提升,从而生活满意度下降。因此,物质主义与幸福感的负相关关系存在时间、地域上的稳定性(Sirgy等,2012)。

尽管物质主义与幸福感的负相关关系在各个年龄阶段都得到了证实,但是横断研究无法说明物质主义、幸福感以及二者关系的变化情况。因而研究者开始转向纵向研究,以探查物质主义与幸福感的关系稳定与否。卡塞尔等人(2014)通过纵向追踪研究探讨了个体物质主义的变化与其幸福感变化之间的关系,无论是6个月还是12年的追踪数据均显示,个体对金钱、物质财富的渴望程度下降得越多,其主观幸福感水平提升得就越多。在中国,研究者通过一年半的追踪调查,结果表明在控制被试原本幸福感水平后,物质主义仍然能够负向预测被试一年半后的幸福感水平。也就是说,越重视金钱物质的被试,其一年半以后对生活的满意程度更低,体验到的积极情绪更少,而消极情绪与抑郁情绪更多(Wang, Liu, Jiang, 和Song, 2017)。同样,在国家层面的纵向研究也得到了一致的结果,例如来自美国的数据显示,随着国民物质主义水平的上升,他们的整体幸福感显著下降(Twenge, Gentile, DeWall, Ma, Lacefield, 和Schurtz, 2010)。

近年来,研究者们开始在实验室情境下通过启动物质主义来检验物质主义与幸福感的因果关系。视频观看是物质主义启动的一种常见手段,通过观看奢侈品广告或者与奢侈品、地位相关的视频片段(如《华尔街之狼》)来启动被试的状态性物质主义。与视频材料类似,图片也可以用来启动个体的物质主义,比如说让被试观看与奢侈品等相关内容(如珠宝、汽车等)的图片。句子组合测验也被用于启动物质主义,被试需要在5个被打乱顺序的词语中选择4个来组合成一个有意义的句子,如"财富 弯曲 只是 金钱 并不"可以组成"财富并不只是金钱"。还有一种启动物质主义的方式是想象/书写任务范式,例如,让被试根据指导语想象自己在一个时尚购物中心,看到很多奢侈品,并写下购物的过程和感受。采用上述启动方式的研究结果表明,相较于中性控制组,物质主义启动组体验到的生活满意度更低,表现出更少的积极情绪和更多的消极情绪(Bauer,Wilkie,Kim,和Bodenhausen,2012)。

近三十年来,有关物质主义与幸福感之间关系的主题,研究者发表了相当数量的文章,研究者对258个不同样本的物质主义与幸福感的关系研究进行了元分析,结果表明,二者存在中等程度的负相关关系($r=-0.15, 95\% \text{ CI}=[-0.18, -0.13]$)(Dittmar等,2014)。周开济等人(2018)也通过综合国内有关实证研究,基于22个不同样本的物质主义与主观幸福感的关系进行了元分析,结果同样显示,物质主义与主观幸福感总体上呈中等程度负相关($r=-0.20, 95\% \text{ CI}=[-0.26, -0.14]$)。

通过以上元分析的结果可知,物质主义与幸福感只存在中等偏弱的负相关。有些研究者基于此认为物质主义并不必然地与幸福感存在负相关关系。比如,通过对584名比利时大学生的物质主义、主观幸福感及奢侈品消费进行调查,结果显示,物质主义者更倾向于奢侈品消费,奢侈品消费能够增加其积极情绪,减少消极情绪,从而使得个体生活满意度增加;并且奢侈品消费对高物质主义者的影响要远远大于低物质主义者(Hudders和Pandelaere,2012)。亦即高物质主义者不仅会产生更多的奢侈品消费行为,而且能够更多地从中受益,提升自身的幸福感水平。

个体追求物质主义的行为动机影响着物质主义与幸福感之间的关系(Landry等,2016)。比如说,当求富的动机是为了获得安全、养活家庭时,积累财富、获取金钱的意愿并不一定会产生不良影响,甚至在一些情况下是有积极影响的。有研究报告过相似的结果,当求富的动机更多的倾向于外部的时候(为了获得奖励、避免惩罚、减轻罪恶或者说为了获得社会支持),这些求富的欲望对于自我实现是极其不利的。然而,若这些动机更多地倾向于内部(仅仅为了快乐,或者反映自我的价值和目标)时,求富的欲望对于自我实现来说是有利的。这与卡塞尔和瑞恩的观点一致,以牺牲内部目标为代价的外部目标追求并不能够给人带来快乐,但当个体是出于内部动机而产生追求物质的行为时,幸福感反而能得到提升。个体之所以总是关注物质主义的整体不良影响,是因为外部动机的不良影响要远比内部动机的有利影响大得多。总之,当物质主义者追逐财富是基于一些消极的动机时,如为了与他人比较、寻求地位和权力,物质主义就会降低个体的幸福感;与此相对,当追逐财富背后的原因是为了自我成长时,如为了获得自由、做慈善等,个体反而会因为追逐金钱财富而变得更加幸福。

个体评价自己生活水平的标准也是引起物质主义对幸福感产生不同影响的原因之一。物质主义者常常使用两种标准来评价自己的生活水平:基于现实的期望(reality-based expectations)和基于理想的期望(ideal-based expectations)。当物质主义者基于理想的期望时,往往具有过高的期望标准(如,我想成为一个富有的人),这就容易造成对目前生活水平的消极评价,从而降低生活满意度。而当物质主义者基于现实的期望时(如能力、现状),他们更倾向于以自己的能力和现状来评价当下的生活,同时产生更强的经济动机,从而具有较高的生活满意度(Sirgy 等,2013)。

由此看来,无论是物质主义削弱幸福感还是同样产生快乐,物质主义与幸福感之间的联系并不简单。幸福感受很多因素的影响,这使得物质主义与幸福感之间存在诸多调节变量。首先,在人口统计学变量方面,经济状况、教育背景等在物质主义和幸福感的关系中起到调节作用。与低收入物质主义者相比,高收入物质主义者报告更高水平的幸福感;受教育程度高者比受教育程度低者报告更高的幸福感(Dittmar 等,2014)。个体在其他方面的因素,比如面子意识也在物质主义与幸福感之间具有调节作用。面子意识在东亚文化中是非常重要的,人们往往通过购买奢侈品以彰显自身的财富、身份、地位,从而获得面子。一项以中国大学生为被试的研究结果显示,当个体的面子意识较强时,金钱与幸福感之间的关系加强(Zhang 和 Cao,2010)。也就是说,当个体在意面子时,就对金钱有了更强烈的欲望,金钱所带来的幸福感水平就会相应提高。其次,一些社会心理因素也影响二者的关系。例如,有研究者在控制社会支持后,物质主义与积极情感之间的相关不再显著,这说明社会支持可能是解释两者关系的变量之一(Christopher,Kuo,Abraham,Noel,和 Linz,2004)。也有研究证实,当控制对负面评价的恐惧之后,物质主义与积极情感以及消极情感之间的相关都消失了;而控制社会地位后,物质主义与消极情感之间的相关消失(Christopher 和 Schlenker,2004)。这说明物质主义者过于重视给他人留下的印象,希望用财富表现自我,避免消极评价。最近,研究者从文化的角度考察了物质主义对个体关系幸福感(relational well-being)的影响,关系幸福感是指个体对自己与他人关系质量的感知。被试分别来自个体主义文化(如美国)和集体主义文化(如日本、中国),结果显示,在个体主义文化中,物质主义负向预测关系幸福感,而在集体主义文化中,物质主义并不会对关系幸福感产生消极影响。这是由于集体主义文化中的人们更加重视关系,他们在追求物质财富时,社会动机更强烈,认为获取财物可以帮助自己更有能力关心、照顾家人朋友,因而会体验到更高的关系幸福感(Yoo,Miyamoto,Evers,Lee,和 Wong,2020)。

为了更好地从整体、系统角度把握物质主义与幸福感关系的内在心理机制,研究者们试图建构和运用理论模型来更好地解释二者之间的关系,理解其背后存在的深刻的心理学意义。当前主要有两种解释二者关系的理论,分别为动机理论和价值观理论。

9.6.2 物质主义与主观幸福感：动机理论

卡塞尔和瑞恩在20世纪90年代的研究揭示了物质主义与幸福感之间的负相关关系,认为这种关系可以用自我决定理论来解释。自我决定理论是一种关于人类自我决定行为的动机过程理论,该理论从目标追求的"为什么"(why)和追求"何种"(what)目标两方面,解释了动机对幸福感的影响。一方面,从调节行为的动机来说,自我决定理论区分了自主动机(autonomous motivation)和受控动机(controlled motivation),自主动机指的是个体出于自己的意愿和自由选择(如兴趣、个人信念等)而从事某行为的动机;受控动机指的是个体出于内部(如内疚)或外部(他人的要求)压力而从事某行为的动机。另一方面,从动机的内容来说,研究者区分了内部目标和外部目标,关注的是人们会追求"何种"目标。内部目标是指反映个体追求自我实现和成长的目标,可以从内在满足自主(autonomy)、胜任(competence)和关系(relatedness)等基本心理需要,内部目标包括自我接纳、亲密关系、社会情感、健康等；外部目标关注获取奖赏或社会赞许,是一种需要没有得到满足的补偿方式,包括经济成功、声望、外表等(Grouzet 等,2005;Kasser 和 Ryan,1996)。

自我决定理论认为,人有三种基本的心理需求——自主、胜任和关系,社会环境通过支持这三种基本心理需要的满足来增强个体的内部动机,促进外部动机的内化,从而保证个体的健康成长。换句话说,当这些需求被满足时,人们的心理健康处于良好状态,从而体验到幸福感。研究显示,基本心理需求是外在目标和幸福感关系的中介变量,外在目标(自变量)和基本心理需求(中介变量)可以解释14%—61%的总变异。物质主义者过度追求外在物质,使基本心理需求难以得到满足,极易产生心理问题,从而降低幸福感。原因在于,第一,过度关注外部目标的个体通常在人际关系中更少付出爱、存在更多的冲突,在处理关系时,更富有竞争性和功利性,而这些都难以获得高质量的关系和快乐。第二,追求外部目标会使个体难以获得稳定的自我价值感,也就说只有当个体赚到钱时才觉得自己是有价值的,导致他们过度追求这些工具性行为(instrumental behaviors)。第三,追求外部目标会导致过度的人际比较,甚至有可能破坏自身原则和情感,因而影响长期的幸福感。第四,一个人的时间和精力有限,当投入过多的时间和精力追求外在目标时,其对内部目标的关注自然会下降,导致基本需求难以被满足,个体幸福感降低(Kasser,2018)。

9.6.3 物质主义与主观幸福感:价值观理论

价值观冲突假说

施瓦兹(Schwartz,1992)提出,个体价值观只有放在更广泛的价值系统中才有意义,信仰和价值观不是彼此独立、互不影响的,而是处于一个彼此联系的层级模型中,应当考虑价值观之间的交互作用。在理解物质主义本质时,应当考察物质主义与其他价值观的关系。在解释物质主义与幸福感关系时,也应当考察物质主义与其他价值观的交互作用对个体幸福感的影响。物质主义的决定作用依赖于个体的总体价值系统,尤其当个体持有的核心价值观与物质主义价值观在本质上是相反的时候,这时就会产生价值冲突,影响个体的幸福感水平(Burroughs 和 Rindfleisch,2002)。

价值观冲突理论建立在施瓦兹的价值观环状模型的基础上。施瓦兹按照人类生存的三种基本需要(生物需要、社会交往的需要、群体生存与福利的需要),把价值观分为自我提升-自我超越(self-enhancement vs. self-transcendence)、保守-开放(conservation vs. openness to change)两个垂直维度。以往的研究显示,物质主义者是高度自我中心的(Belk,1985;Richins 和 Dawson,1992),因此,物质主义价值观处于施瓦兹环状价值观模型中的自我提升维度(图9.2)。

在施瓦兹价值观环状模型中,彼此相邻的价值观是互为补充的,而相距180°的价值观互为对立,一种价值观可能会与另一种价值观相冲突或相融合,这种价值观的补充和冲突特性是理解这个环状模型的关键前提。根据价值观冲突理论,物质主义的贪婪和自我中心特性会与自我超越的价值观发生冲突,并且,不同价值观之间的本质上相差越大,引发的冲突也会越剧烈。而随着时间的推进冲突引发的心理紧张(psychological tension)会致使幸福感下降。在此过程中,个体会尝试对自身价值观的优先级别进行重新排序,以此来减轻自身的不舒适感。但对于很多个体而言,这个过程十分艰难,因为价值观是在长期的生命进程中形成的,较难改变。一项研究证实,物质主义与集体主义定向的价值观(collective-oriented value)(如重视宗教、家庭或者社会)呈负相关;在集体主义价值观水平较高的个体中,冲突和

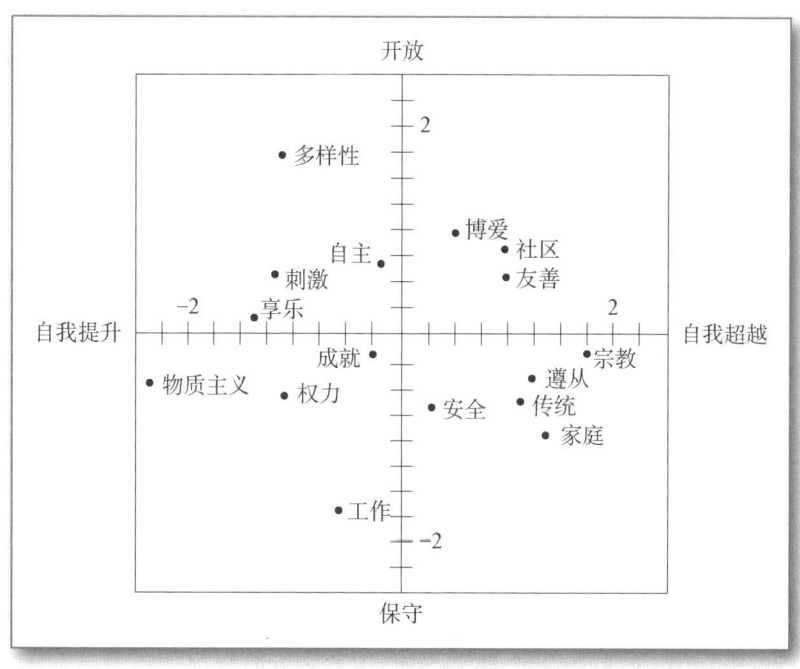

图 9.2　物质主义在环状价值观模型中的位置
（来源：Burroughs 和 Rindfleisch，2002）

压力与物质主义水平相关，心理紧张是物质主义和幸福感关系的中介变量，但在集体主义价值水平较低的个体中不存在这种效应（Burroughs 和 Rindfleisch，2002）。

环境-个人价值观匹配假说

除了上述从个体自身价值观冲突的角度为物质主义和幸福感的关系提供解释之外，也有研究者从环境所倡导的价值观角度，提出环境-个人价值观匹配的假说（environmental-match perspective），即物质主义与幸福感的关系取决于个体价值取向与环境倡导价值观的匹配程度。如果个体所在环境是倡导物质主义取向的，那么物质主义与幸福感应该存在正相关（Sagiv 和 Schwartz，2000）。相反，当个体的物质主义在集体定向的社会环境中与集体主义价值观（家庭观念、宗教信仰）发生冲突时，就会引发心理紧张，幸福感就会下降（Burroughs 和 Rindfleisch，2002）。因此，个体与环境价值观取向的匹配与否成了关键所在。

研究者以商学院和心理学院大学生为被试，测量了权力和世界主义（universalism）等价值观，权力指的是对人和资源（包括财富、个人公众形象）的控制，世界主义指的是对人权和自然的理解、支持和保护。选取这两个专业的学生作为被试是因为商学院环境更倡导外部目标，而心理学环境更倡导社会贡献、帮助他人,研究结果发现,环境和个人价值观的交互作用显著。对于商学院学生来说,当他们重视权力(外部目标)胜于世界主义(内部目标)时,其积极情感、生活满意度和心理健康水平更高。也就是说,当商学院学生的价值观与环境的价值观匹配时,物质主义价值观对于幸福感具有正向预测作用;与此相反,对于心理学院学生而言,更重视世界主义者拥有更高水平的幸福感(同样与环境的价值观匹配)。因此,从价值观—环境一致性的观点来看,拥有与环境一致的价值观应该与幸福感是呈正相关的,可以积极预测主观幸福感(Sagiv 和 Schwartz,2000)。也就是说,如果个体身处的环境是崇尚物质追求的,此时个体追求外部目标是有利于其提高幸福感水平的。

然而,后续研究对该假说提出了质疑,得出了不同的结果。一项追踪研究发现,商学院学生和工程学院学生的物质主义水平在大学刚入校以及入学 6 个月后均没有显著性差异,但在入学一年半后,商学院学生的物质主义水平显著高于工程学院的学生。这虽然验证了学科文化(即环境因素)对于大学生物质主义水平的影响,但是该研究并未得到学科在物质主义与幸福感之间的调节作用(Jiang,Song,Ke,Wang,和 Liu,2016)。也就是说,即使在个体价值观与环境价值观一致的情况下,物质主义与幸福感之间仍然存在负相关。同样,也有研究者通过元分析发现了类似的结果,虽然物质主义与幸福感之间的负相关水平在商业、法律和经济专业的被试占比较大的群体中相对较弱,但二者的负相关仍然存在(Dittmar 等,2014)。在强调享乐目标的文化中,物质主义与幸福感之间的负相关关系反而更强(Burroughs 和 Rindfleisch,2002;Grouzet 等,2005),这一结果同样也没有验证价值观一致性假说。

物质主义除了在个体幸福感方面会产生影响之外,在社会层面上与一些消极的、极端的社会后果也存在关联(Kasser,2016,2018)。物质主义使得个体为了获得"成功"、"幸福"而更多地投入到工作、赚钱中去,减少与家人和群体的相处时间,更少关注社会问题和大众利益,更少参与慈善事业。同时,物质主义者在社会两难游戏中倾向于占用更多的资源,使得资源分配不均。而且物质主义与右翼独裁主义(right-wing authoritarianism)、社会支配倾向(social dominance orientation)共同预测个体的种族主义倾向,也就是说,物质主义可能会使个体产生种族歧视行为。另一方面,物质主义者会以有形物品来象征自身的成功、传达幸福的含义,会占用更多的自然资源以满足生产和消费水平,会导致过度消费,破坏生态环境,浪费人力、物力、财力,造成社会资源的浪费。一项来自中国的大数据研究显示,物质主义对环境信念有着消极影响,会使个体漠视环境、消极对待环境问题(Gu,Gao,Wang,Jiang,和 Xu,2020)。简言之,在社会层面上,物质主义与关系的"争夺"会有损物质主义者的关系质量,从而影响个体的幸福感。长远来看,物质主义对社会环境、自然环境的消极影响也同样会降低个体的幸福感水平。

9.7 研究思考与展望

第二次世界大战以后,世界经济得以恢复并迅速发展,人们占有物质财富的欲望快速增长,出现了一种以消费为基础的快乐寻求方式,即物质主义。在心理学领域中,对物质主义的关注已持续了三十多年,随着对物质主义领域的深入研究,也暴露出一些问题,需要在未来研究中进一步思考,主要有以下几点。

第一,关于物质主义的概念主要存在四种研究取向,但目前大多数研究都采用里金斯和道森的概念,将物质主义视为一种重视物质财富的个人价值观。这在一定程度上就表明研究者将物质主义视为一种稳定的、不易改变的并且是消极的特质。在这种先验假设的前提下,得到了大量关于物质主义消极效应的研究结果,特别是对个体幸福感的消极影响。然而,近年来关于"物质主义都是有害的吗"这一问题得到了研究者的反思,开始从物质主义行为背后的动机出发探讨物质主义可能存在的积极效应。比如,施勒姆等人将物质主义视为一种维持自我身份的方式,个体通过物质主义行为来满足不同的身份动机;并且施勒姆认为并不是所有的物质主义行为都会降低个体的幸福感,二者之间的关系取决于物质主义通过何种方式来满足身份动机(Shrum 等,2013)。但是,从行为动机考察物质主义这一视角还只停留在理论层面的探讨,缺少实证研究的支持。在未来研究中,研究者应更重视对物质主义双重效应的探索,而不是一味地认为物质主义降低了人们的幸福感。

第二,现有物质主义的测量工具大多都采用自我报告的方式,这大大增加了社会赞许性对研究结果的影响。在之后的研究中,应该提高研究工具的多元性,并发一些较为内隐的测量方法,而不只是依赖量表的形式。比如,收集个体对物质主义相关词汇的反应时作为对物质主义可及性的客观指标。此外,还可以通过评估人们在社交平台中所表达的观点,或者报纸、广告等媒体信息中所蕴含的重视物质的思想等方式,都能够提高物质主义测量工具的生态效度。

第三,在中国文化中所进行的物质主义研究,无论是概念框架、还是研究方法,基本上都是基于国外相关研究,那么,基于国外文化所得出的相关结果是否适用于我国,这一问题值得深入思考。自古以来,中国文化中都蕴含着深厚的物质主义思想,比如古人云"仓廪实而知礼节,衣食足而知荣辱"。随着我国社会经济的发展,物质主义逐渐呈现出独特的特点,中国人对物质拥有的理解不一定具有炫耀性,而是重视物质背后的精神性,比如最近兴起的"国货潮"。因此,我国研究者在开展物质主义相关研究时,应将文化因素纳入考虑,探讨更贴合我国社会文化的社会现象。

(蒋奖　孙颖)

参考文献

蒋奖,梁静,杨淇越,克燕南.(2015).同伴文化压力对青少年物质主义价值观的影响:自尊的调节作用.中国特殊教育(1),92-96.

蒋奖,宋玥,邱辉,时树奎.(2012).大学生物质主义价值观、自尊与幸福感的关系.中国特殊教育(8),74-78.

蒋奖,杨淇越,于芳,梁静,克燕南.(2015).中学生家庭应激源与物质主义价值观的关系:亲子依恋的中介作用.中国临床心理学杂志,23,525-528.

蒋奖,曾陶然,杨淇越,于方静.(2016).青少年物质主义的成因、测量与干预.心理科学进展,24,1266-1278.

王予灵,李静,郭永玉.(2016).向死而生,以财解忧? 存在不安全感对物质主义的影响.心理科学,39,921-926.

周开济,周正,王映朝,兰春梅,邓家齐.(2018).物质主义与主观幸福感的关系:基于中国样本的元分析.心理技术与应用,6,29-41.

Allen, M. W., & Wilson, M. (2005). Materialism and food security. *Appetite*, 45, 314-323.

Baker, A. M., Moschis, G. P., Benmoyal-Bouzaglo, S., & dos Santos, C. P. (2013). How family resources affect materialism and compulsive buying: A cross-country life course perspective. *Cross-Cultural Research*, 47, 335-362.

Banerjee, R., & Dittmar, H. (2008). Individual differences in children's materialism: The role of peer relations. *Personality and Social Psychology Bulletin*, 34, 17-31.

Bauer, M. A., Wilkie, J. E. B., Kim, J. K., & Bodenhausen, G. B. (2012). Cuing consumerism: Situational materialism undermines personal and social well-being. *Psychological Science*, 23, 517-523.

Belk, R. W. (1985). Materialism: Trait aspects of living in the material world. *Journal of Consumer Research*, 12, 265-280.

Burroughs, J. E., & Rindfleisch, A. (2002). Materialism and well-being: A conflicting values perspective. *Journal of Consumer Research*, 29, 348-370.

Chaplin, L. N., & John, D. R. (2007). Growing up in a material world: Age differences in materialism in children and adolescents. *Journal of Consumer Research*, 34, 480-493.

Chaplin, L. N., Hill, R. P., & John, D. R. (2014). Poverty and materialism: A look at impoverished versus affluent children. *Journal of Public Policy and Marketing*, 33, 78-92.

Christopher, A. N., & Schlenker, B. R. (2004). Materialism and affect: The role of self-presentational concerns. *Journal of Social and Clinical Psychology*, 23, 260-272.

Christopher, A. N., Kuo, S. V., Abraham, K. M., Noel, L. W., & Linz, H. E. (2004). Materialism and affective well-being: The role of social support. *Personality and Individual Differences*, 37, 463-470.

Christopher, A. N., Morgan, R. D., Marek, P., Keller, M., & Drummond, K. (2005). Materialism and self-presentational styles. *Personality and Individual Differences*, 38, 137-

149.

Dittmar, H., Bond, R., Hurst, M., & Kasser, T. (2014). The relationship between materialism and personal well-being: A meta-analysis. *Journal of Personality and Social Psychology*, 107, 879–924.

Fu, X., Kou, Y., & Yang, Y. (2015). Materialistic values among Chinese adolescents: Effects of parental rejection and self-esteem. *Child and Youth Care Forum*, 44, 43–57.

Ger, G. & Belk, R. W. (1996). Cross-cultural differences in materialism. *Journal of Economic Psychology*, 17, 55–77.

Goldberg, M. E., Gorn, G. J., Peracchio, L. A., & Bamossy, G. (2003). Understanding materialism among youth. *Journal of Consumer Psychology*, 13, 278–288.

Greenberg, J., Pyszczynski, T., & Solomon, S. (1986). The causes and consequences of a need for self-esteem: A terror management theory. In R. F. Baumeister (Ed.), *Public self and private self* (pp. 189–212). New York: Springer-Verlag.

Grouzet, F. M. E., Kasser, T., Ahuvia, A., Dols, J. M. F., Kim, Y., Lau, S., ... & Sheldon, K. M. (2005). The structure of goal contents across 15 cultures. *Journal of Personality and Social Psychology*, 89, 800–816.

Gu, D., Gao, S., Wang, R., Jiang, J., & Xu, Y. (2020). The negative associations between materialism and pro-environmental attitudes and behaviors: Individual and regional evidence from China. *Environment and Behavior*, 52, 611–638.

Hudders, L., & Pandelaere, M. (2012). The silver lining of materialism: The impact of luxury consumption on subjective well-being. *Journal of Happiness Studies*, 13, 411–437.

Inglehart, R. F. (1990). *Culture shift in advanced industrial society*. Princeton, NJ: Princeton University Press.

Inglehart, R. F. (2008). Changing values among western publics from 1970 to 2006. *West European Politics*, 31, 130–146.

Jiang, J., Song, Y., Ke, Y., Wang, R., & Liu, H. (2016). Is disciplinary culture a moderator between materialism and subjective well-being? A three-wave longitudinal study. *Journal of Happiness Studies*, 17, 1391–1408.

Jiang, J., Zhang, Y., Ke, Y., Hawk, S. T., & Qiu, H. (2015). Can't buy me friendship? Peer rejection and adolescent materialism: Implicit self-esteem as a mediator. *Journal of Experimental Social Psychology*, 58, 48–55.

Kasser, T. (2002). *The high price of materialism*. Cambridge, MA: MIT Press.

Kasser, T. (2016). Materialistic values and goals. *Annual Review of Psychology*, 67, 489–514.

Kasser, T. (2018). Materialism and living well. In E. Diener, S. Oishi, & L. Tay (Eds.), *Handbook of well-being*. Salt Lake City, UT: DEF Publishers.

Kasser, T., & Ryan, R. M. (1996). Further examining the American dream: Differential correlates of intrinsic and extrinsic goals. *Personality and Social Psychology Bulletin*, 22, 280–287.

Kasser, T., & Ryan, R. M. (1993). A dark side of the American dream: Correlates of financial success as a central life aspiration. *Journal of Personality and Social Psychology*, 63, 410–422.

Kasser, T., & Sheldon, K. M. (2000). Of wealth and death: Materialism, mortality salience, and consumption behavior. *Psychological Science*, 11, 348–351.

Kasser, T., Rosenblum, K. L., Sameroff, A. J., Deci, E. L., Niemiec, C. P., Ryan, R. M., ... & Hawks, S. (2014). Changes in materialism, changes in psychological well-being: Evidence from three longitudinal studies and an intervention experiment. *Motivation and Emotion*, 38, 1–22.

Kasser, T., Ryan, R. M., Zax, M., & Sameroff, A. J. (1995). The relations of maternal and social environments to late adolescents' materialistic and prosocial values. *Developmental Psychology*, 31, 907–914.

Landry, A. T., Kindlein, J., Trépanier, S. G., Forest, J., Zigarmi, D., Houson, D., & Brodbeck, F. C. (2016). Why individuals want money is what matters: Using self-determination theory to explain the differential relationship between motives for making money and employee psychological health. *Motivation and Emotion*, 40, 226–242.

Mandel, N., & Smeesters, D. (2008). The sweet escape: Effects of mortality salience on consumption quantities for high and low self-esteem consumers. *Journal of Consumer Research*, 35, 309–323.

Moschis, G., Ong, F. S., Mathur, A., Yamashita, T., & Benmoyal-Bouzaglo, S. (2011). Family and television influences on materialism: A cross-cultural life-course approach. *Journal of Asia Business Studies*, 5, 124–144.

Nguyen, H. V., Moschis G. P., & Shannon, R. (2009). Effects of family structure and socialization on materialism: A life course study in Thailand. *International Journal of Consumer Studies*, 33, 486–495.

Opree, S. J., Buijzen, M., van Reijmersdal, E. A., & Valkenburg, P. M. (2011). Development and validation of the Material Values Scale for children (MVS-c). *Personality and Individual Differences*, 51, 963–968.

Opree, S. J., Buijzen, M., van Reijmersdal, E. A., & Valkenburg, P. M. (2014). Children's advertising exposure, advertised product desire, and materialism: A longitudinal study. *Communication Research*, 41, 717–735.

Richins, M. L. (2004). The material values scale: Measurement properties and development of a short form. *Journal of Consumer Research*, 31, 209–219.

Richins, M. L. (2017). Materialism pathways: The processes that create and perpetuate materialism. *Journal of Consumer Psychology*, 27, 480–499.

Richins, M. L., & Dawson, S. (1992). A consumer values orientation for materialism and its measurement: Scale development and validation. *Journal of Consumer Research*, 19, 303–316.

Rindfleisch, A., Burroughs, J. E., & Wong, N. (2009). The safety of objects: Materialism, existential insecurity, and brand connection. *Journal of Consumer Research*, 36, 1–16.

Sagiv, L., & Schwartz, S. H. (2000). Value priorities and subjective well-being: Direct relations and congruity effects. *European Journal of Social Psychology*, 30, 177–198.

Schwartz, S. H. (1992). Universals in the content and structure of values: Theoretical advances and empirical tests in 20 countries. *Advances in Experimental Social Psychology*, 25, 1–65.

Shrum, L. J., Wong, N., Arif, F., Chugani, S. K., Gunz, A., Lowrey, T. M., ... & Sundie, J. (2013). Reconceptualizing materialism as identity goal pursuits: Functions, processes, and consequences. *Journal of Business Research*, 66, 1179–1185.

Sirgy, M. J., Gurel-Atay, E., Webb, D., Cicic, M., Husic, M., Ekici, A., ... & Johar, J. S. (2012). Linking advertising, materialism, and life satisfaction. *Social Indicators Research*, 107, 79–101.

Sirgy, M. J., Gurel-Atay, E., Webb, D., Cicic, M., Husic-Mehmedovic, M., Ekici, A., ... & Johar, J. S. (2013). Is materialism all that bad? Effects on satisfaction with material life, life satisfaction, and economic motivation. *Social Indicators Research*, 110, 349–366.

Twenge, J. M. & Kasser, T. (2013). Generational changes in materialism and work centrality, 1976–2007: Associations with temporal changes in societal insecurity and materialistic role modeling. *Personality and Social Psychology Bulletin*, 39, 883–897.

Twenge, J. M., Gentile, B., DeWall, C. N., Ma, D. S., Lacefield, K., & Schurtz, D. R.

(2010). Birth cohort increases in psychopathology among young Americans, 1938–2007: A cross-temporal meta-analysis of the MMPI. *Clinical Psychology Review*, 30, 145–154.

Wang, R., Liu, H., Jiang, J., & Song, Y. (2017). Will materialism lead to happiness? A longitudinal analysis of the mediating role of psychological needs satisfaction. *Personality and Individual Differences*, 105, 312–317.

Yoo, J., Miyamoto, Y., Evers, U., Lee, J., & Wong, N. (2021). Does materialism hinder relational well-being? The role of culture and social motives. *Journal of Happiness Studies*, 22, 241–261.

Zhang, X. A., & Cao, Q. (2010). For whom can money buy subjective well-being? The role of face consciousness. *Journal of Social and Clinical Psychology*, 29, 322–346.

10 主观幸福感[①]

10.1 引言 / 295
10.2 主观幸福感的定义 / 295
    10.2.1 幸福和主观幸福感 / 295
    10.2.2 主观幸福感的特点 / 296
    10.2.3 主观幸福感的内涵与结构 / 297
10.3 主观幸福感的影响因素 / 298
    10.3.1 内部因素 / 298
        遗传 / 298
        人格 / 300
    10.3.2 外部因素 / 301
        健康 / 301
        金钱 / 301
        婚姻 / 305
        社会比较 / 306
        亲社会互动 / 307
        文化 / 308
    10.3.3 其他影响幸福感的因素 / 309
10.4 主观幸福感的神经机制 / 310
    10.4.1 主观幸福感评价基础的神经机制 / 310
    10.4.2 主观幸福感影响因素的神经机制 / 311
        习惯化的神经基础 / 311
        个体差异的神经基础 / 312
10.5 主观幸福感的测量 / 312
    10.5.1 单题测量工具 / 312
    10.5.2 多题测量工具 / 313
    10.5.3 其他评估方法 / 314
10.6 主观幸福感的增进 / 315
    10.6.1 积极改善人际关系 / 316
    10.6.2 悦纳自己,相信自己 / 316
    10.6.3 保持身体健康 / 317
    10.6.4 培养个人爱好 / 318
    10.6.5 针对意向性活动的干预 / 318
10.7 思考与未来展望 / 319
参考文献 / 319

[①] 北京幸福公益基金会积极心理学研究基金:积极关系图式的测评、认知加工及其调节,项目号:京民基证字第0020344。

10.1 引言

"你幸福吗?"犹记得几年前这样的街头采访。这个问题既是一个大众心态的调查问题,也是一个社会心理学的理论问题。在我国,随着社会经济的发展,人们的物质需要得到了极大的满足,然而心理需求的满足还有所欠缺。日益增长的物质需求满足与心理需求满足的匮乏形成了新的社会发展矛盾。

而主观的幸福感就是心理需求满足的一个重要内容。那么,什么是真正的幸福?人与人之间的幸福是否有差异?哪些因素会影响幸福的获得?我们为何要孜孜以求地追寻幸福?我们又如何追寻幸福?这些问题亟待得到解答。

在心理学领域,幸福对应于"主观幸福感"这一概念。心理学视角下的主观幸福感是可操作、可测量、可丁预的变量。近年来,积极心理学大行其道,盛极一时,主观幸福感便是其中一个重要话题。关于上述问题,已经有诸多研究者开展了研究,尝试给出各自的答案。相关研究者在理论与学术层次上揭示了主观幸福感的内涵与特征,阐明了主观幸福感的诸多影响因素,甚至在生理与脑神经领域发现了主观幸福感的个体差异。而在现实与社会层面上,这些理论与实证研究结果不断得到应用,不仅可以帮助人们深刻理解何为幸福,而且也有助于研究者对"提升幸福感"干预项目的设计与实施。

10.2 主观幸福感的定义

10.2.1 幸福和主观幸福感

古今中外,关于幸福的定义并没有定论,基本上可以分为两种观点。第一种是理性论。即强调拥有知识和美德就是幸福。在苏格拉底(Socrates)看来,真正的幸福并非发生于外部,而是根源于内部的知识与道德,其学生柏拉图(Plato)则认为,与认识真理和献身真理的快乐相比,一切其他快乐都不是真快乐。中世纪时,圣·奥勒留·奥古斯丁(Saint Aurelius Augustinus)则持有"幸福来源于自我节制,要按尺度生活,按上帝旨意而生活"的观点。

第二种是感性论的观点。古希腊时代曾出现过享乐主义的幸福观。中世纪结束后,人们的思想得到解放,启蒙时代的学者们把幸福等同于追求快乐,而以边沁(Jeremy Bentham)为代表的功利主义则提出了更极端的想法,认为获得快乐体验和免于痛苦体验是唯一有价值的事。

虽然早期学者对幸福的观点各有不同,但从总体上来说,谈及幸福的时候,人们往往都关注于快乐的满足。

当积极心理学运动兴起之后,幸福逐渐进入心理学家关注的视野。研究者们发现,关于"幸福是什么"这一问题,对每个人来说都有不同的答案。有些人觉得幸福就是兴高采烈、开开心心,但另一些人却觉得幸福代表着平静和安宁。由于这些分歧的存在,心理学家最终决定以个体的主观判断为标准来界定幸福,即认为幸福就是个体根据自定的标准对其生活质量的整体性评估。这一观点得到了大多数人的普遍认同,并将其定义为"主观幸福感"(Subjective Well-being,简称 SWB;Diener,1984)。顾名思义,主观幸福感(SWB)指的是一个人相信或感觉自己的生活进展顺利的程度。形容词"主观"用来定义和限制幸福感的范围:研究者感兴趣的是从个体的角度评价其生活质量(Diener,Oishi,和 Tay,2018)。这一问题有时会在文献中引起混淆,因为它很容易将主观幸福与更广泛的幸福形式等同起来,而且有许多幸福理论本质上不是主观的(Diener,Lucas,和 Oishi,2018)。

10.2.2 主观幸福感的特点

主观性 它存在于每个人自己的经验之中。个体对自己是否幸福的评价要依赖于其本人内定的标准,而非他人或者外界所定的准则。每个人都可能具有同等程度的幸福,但它们的实际标准却是不一样的。

稳定性 主观幸福感是相对稳定的,尽管个体在每次评价其主观幸福感的时候会受到当下环境和情绪的影响,但由于评价的是个体长期而非短期的情感反应和生活满意度,所以其得到的结果是相对稳定的值。

整体性 对主观幸福感的评价包括生活满意度、积极情感、消极情感三个方面。它不仅仅指个体对某个单独的生活领域的狭隘评估。

幸福感是一个复杂的问题。尽管这些特点有助于界定这一研究领域,但它们并不能作为主观幸福感的完整定义。比如,测量生活满意度并不是问你对于工作或家庭等某个方面是否满意,而是问你对生活总体的满意度。所以,现有定义与理论也并不完美。

总而言之,积极心理学认为,主观幸福感是一个人积极体验的核心,同时也是其生活的最高目标。这一概念立足个人的主观感受,尊重个体对自己生活的评价与体验。对主观幸福感进行研究,深入把握个体的生活状态,对提高人的生活质量,帮助人们取得人生幸福具有重要的价值。

10.2.3 主观幸福感的内涵与结构

从社会学角度来看,目前一般认为,主观幸福感指个体根据自定的标准对生活质量进行整体性评估而产生的体验。主要反映了生活的质量。兰德(Land,1975)认为,19世纪50年代后期,西方发达国家政府采用主观幸福感作为反映人们生活质量的一个重要指标,来监控社会动荡、制定公共政策。

从心理体验角度看,主观幸福感主要与积极情绪有关。布兰德(Bradburn,1969)把主观幸福感作为人们对积极情绪与消极情绪平衡的一个结果。无独有偶,有研究发现,当积极情绪次数多于消极情绪时,个体就会产生主观幸福感(Gutiérrez,Jiménez,Hernández,和 Pcn,2005)。

迪纳(Dicncr,2000)后又把认知成分补充进来,认为主观幸福感由两部分构成,即认知成分和情感成分。认知成分指的是生活满意度(Life Satisfaction),是个体对其生活的总体概括、认识和评价,是主观幸福感的关键指标,认知因素是更有效的肯定性衡量标准,它独立于情感成分。进一步来说,情感成分分为积极情感(Positive Affect)和消极情感(Negative Affect),积极情感指的是欢喜、满意、振奋、骄傲等情感,消极情感指的是焦虑、抑郁、悲伤、羞愧等情感(Diener,Oishi,和 Lucas,2003)。积极情感、消极情感和生活满意度三个成分相对独立,一方面,它们会在特定的条件下同时发生变化,另一方面,这种变化往往又是不一致的,积极情感的得分并非必然预示消极情感的得分,积极情感与消极情感会受到不同因素的影响。斯通和科兹马认为(Stone 和 Kozma,1985),总体而言,这三个成分相对独立,并从属于主观幸福感。

表 10.1

主观幸福感的结构和内容

情感方面		认知方面	
积极情感	消极情感	整体生活满意感	特殊生活领域满意感
欢喜	羞愧	想要改变生活	工作
振奋	悲伤	对目前生活满意	家庭
满意	焦虑、担忧	对过去生活满意	休闲
骄傲	气愤	对未来生活满意	健康状况

续　表

情感方面		认知方面	
积极情感	消极情感	整体生活满意感	特殊生活领域满意感
爱	压力、紧张	别人对被试的生活的看法	经济状况
幸福	抑郁	满意度的观点	自我
极乐	嫉妒		所属群体

(来源：吴明霞，2000)

10.3　主观幸福感的影响因素

影响主观幸福感的因素与满足的程度有关，而这个满足的程度受到个人期望值的影响。

威尔逊(Wilson，1960)提出 SWB 个体差异的理论假设：假设 1 是，需要的及时满足会产生快乐，需要总是得不到满足导致不快；假设 2 是，需要被满足到什么程度才能带来满足感，有赖于个人的适应或期望水平，而这又受过去经验，同他人比较，价值观以及其他因素的影响。

迪纳区分了影响 SWB 的外部与内部因素。早期理论建构重点在于证明外部因素如事件、情境和人口统计项目等是如何影响 SWB 的。这一理论基于威尔逊的第一个假设：人有基本的普遍的需要，若环境使其需要得到满足，他/她就会感到幸福。许多研究支持外部因素影响理论，但更多的研究发现，外在、客观的变量对 SWB 的影响相当小，人口统计项目(性别，收入，智力水平等)只能解释 SWB 不足 20% 的变化，外在环境只能解释 SWB 变化的 15%。由于外部因素影响较小，研究者们便转向研究内部因素，即威尔逊的第二点假设来解释 SWB 的变异性：个人内部建构决定生活事件如何被感知，从而影响幸福体验。

10.3.1　内部因素

遗传

如同心理现象是遗传还是环境作用的争论一样，对主观幸福感的产生基础也同样存在着观点不统一的现象。然而，心理学家的研究指出，在感受幸福的天赋方面，人类的祖先在遗传上都存在着个体差异，这些幸福基因被选择性地遗传给人们,所以现代人的平均幸福感依然存在着一定的个体差异。这些不同的基因因素影响人的行为,增加人们经历某种生活事件的可能性,在某种情境下使某类独特行为反应更可能发生,从而进一步影响不同个体的主观幸福感(Chu,Liu,Wen,Li,Cheng,和Cheng 等,2020;Okbay,Baselmans,De Neve,Turley,Nivard,和Fontana 等,2016)。

美国明尼苏达大学的心理学教授戴维·吕肯与其同事(Lykken 和 Tellegen,1996)对2 300个出生在明尼苏达的双胞胎进行了长达10年的幸福感调查,他们认为,80%的人在出生时就已有了基本定型的"幸福感",他说:"人一生中的大部分时间能否在快乐的情感中度过,这其中一半取决于他的机遇,而另一半则在母亲受孕时便已决定了。"在吕肯等人的研究中,被调查的双胞胎们来自社会各个阶层,其经济状况不同,教育水平不同——有的拥有博士学位,有的却连小学都没有读完。他们分别住在乡村、城镇甚至国外。调查的内容包括他们的日常感觉,他们对经济、社会、宗教的看法等多个方面,结果表明:家庭收入、受教育程度、宗教信仰都不是决定幸福感的主要因素。同时,令人惊奇的是,很多对双胞胎在长时间内都感到幸福,而另外很多对则在几个月或几年中,同时、同样地经受着种种心理问题的困扰。因此,从双胞胎的事例中确实可以看到,幸福感与遗传有一定关系。

而另一项来自明尼苏达大学的特勒根·奥克等人的研究(Tellegen 等,1988)也发现,在不同家庭环境中抚养长大的同卵双生子,其主观幸福感的水平的接近程度,比在同一家庭中抚养长大的异卵双生子要高得多,并且40%的积极情感变化、55%的消极情感变化以及48%的生活满意度是由基因引起的,共同的家庭生活环境只能解释22%的积极情感变化、2%的消极情感变化以及13%的生活满意度变化。

除了上述研究,一个丹麦的研究小组也曾将双胞胎作为研究对象,分析快乐随时间推移所产生的变化,想知道人的情绪会在多大程度上自然地偏离个人的平均快乐水平。根据研究结果,研究人员估算出,大概有1/4的快乐变化与基因因素直接相关。

有研究调查了22个平时具有抑郁心情但曾经中过彩票大奖的人(Seligman,2010),当中奖事件过去以后,他们比正常的中奖组的人员,更快地回到了从前的抑郁状态,又觉得不幸福了。但也有令人欣慰的消息。如果一个人不具有抑郁心态,是一个乐观的人,那么暂时性创伤事件对他们的消极影响也是短暂的,不幸事件发生几个月后,他们又会回到从前的正常状态。即便是一个高位截瘫的病人,如果原本是一个乐观的人,在得病八周后,其积极的情绪便会有所恢复,并逐步战胜消极情绪。若干年后,他们报告的幸福感只比正常人稍低一些。人的情绪是稳定的,并不受暂时性事件的长期影响。由此不难看出,遗传结构可以作用于人们的幸福感,一个人的平均幸福感在一定程度上是取决于他的基因,而不是那些起伏不定的运气。

人格

人格因素是影响主观幸福感的最重要因素之一。大量研究表明,人格因素与主观幸福感高度相关。马格纳斯和迪纳(Magnus 和 Diener,1991)认为,人格特质对主观幸福感的影响高于生活事件的影响。

格雷(Gray,1991)的人格理论认为,个体差异主要由大脑中的行为激活系统(behavioral activation system,BAS)和行为抑制系统(behavioral inhibition system,BIS)的差异所造成。行为激活系统对奖励和非惩罚性信号敏感,通过奖励调节行为;行为抑制系统对惩罚和非奖励性信号敏感,通过惩罚调节行为。基于该理论,华生和克拉克(Watson 和 Clark,1984)认为,神经质对消极情感更易产生反应,而外倾性则对积极情感更容易产生反应。华生和特勒根(Watson 和 Tellegen,1985)认为,相较于内倾者,外倾者更容易对愉快的情绪刺激产生反应;而相较于稳定的个体,神经质的个体更容易对不愉快的情绪刺激产生反应。

卢卡斯(Lucas,1998)认为,外倾性是来自积极情感的个体差异。外倾者更容易接收到奖励信号,并表现出更强的积极情感,使其接近奖励刺激。由于社会情境比非社会情境更具奖赏性,外倾者的积极情感增加也会促使其社会活动的增加。

人格与生活环境以及事件之间的不同匹配会对主观幸福感产生不同的影响。比如,通常我们认为,外倾者会比内倾者体验到更多的快乐,但凯特(Kette,1991)的研究表明,人格外倾的罪犯却比人格内倾的罪犯更不快乐。这说明环境在其中产生了影响。科特和莫斯科维茨(Côté 和 Moskowitz,1998)的另一种观点认为,人格与行为的一致性(而非人格与情境的一致性)会对 SWB 起到重要影响。比如,迪纳等(2003)认为支配型的人在以支配的方式行动的时候会报告更高的主观幸福感,但外倾性的人在社交情境下并不一定会体验到更多的主观幸福感。

研究表明,乐观的人格与幸福感呈显著正相关。乐观者往往对未来抱有积极的期待,他们坚定地相信未来会有好事发生,这种期待驱使他们行动,并达到目的(Ammirati,Lamis,Campos,和 Farber,2015)。艾斯皮沃、里克特和霍夫曼(Aspinwal,Richter,和 Hoffman,2001)提出乐观信念的适应功能(adaptiveness of optimistic beliefs)来解释这一现象,他们认为,乐观者所具有的乐观信念可以使他们更加灵活地分配认知资源,从而更好地追求目标。进一步追溯原因,由于乐观的人会对接收到的信息表现出更多积极的注意偏向、知觉偏向、记忆偏向,并且对事件拥有更加积极的解释风格,从而会采用积极的应对策略,这都会使他们更容易产生积极的情绪(郝亚楠,宋勃东,王岩,张钦,郎越,2016)。

与此同时,遗传因素与人格因素对主观幸福感的影响并非是独立不相关的。最近有研究者通过全基因组分析方法,同时从基因层面与人格层面(抑郁人格、神经质人格),共同探索了对主观幸福感的预测作用(Okbay, Baselmans, De Neve, Turley, Nivard, 和 Gratten 等,2016)。

10.3.2 外部因素

健康

迪纳等(2003)曾经对幸福感和健康长寿之间的关系做了研究。他和同事以圣母学校修女会刚入修道院的 180 名修女为被试,让她们写一段自述,描述自己的生活,并说明自己加入宗教的原因。接下来,研究人员针对这些修女自述中描述情感的内容进行打分,然后用这一分数为标准,区分出最快乐的修女(前 25%)和最不快乐的修女(后 25%),然后比较他们的寿命,结果发现那些最不快乐的那组修女死亡风险是最快乐的那组修女的 2.5 倍。那些在自述中使用了积极情绪的词语(比如快乐、爱、希望、感恩、渴望、满足、乐趣等)的修女,其平均寿命要比那些较少使用这些词语的人多 10 年。

不快乐的人更倾向于染上不良的习惯,吸烟、酗酒、吸毒的概率更高,尽管他们也许在试图通过这些坏习惯来"修复"自己不良的情绪,但却往往以健康为代价。不快乐的人会放大身体的痛苦,因为愤怒、悲伤和恐惧等消极情绪会降低疼痛的耐受力。所以他们确实可能会比快乐的人感受到更大的痛苦。前人研究表明,不快乐的人对细微的身体症状的注意强于其他人,而且在同样的疼痛程度或者患病程度下,他们对于疼痛的抱怨也更多。他们更多地纠结于自身的感受,随时警惕着不好问题的发生,这就强化了他们对于痛苦的注意,从而把生理的痛苦放大为精神的折磨。

金钱

人们在评价一个人的幸福感时,常常习惯于从一个角度出发——即通过估价一个人拥有的物质财富多少来估计他有多幸福。众所周知,收入与幸福有关,但关于这种关系的确切性质的争论一直存在。幸福感是随着收入的增加而无限增加,还是说收入增加到一定程度之后便不再带来更大的幸福感? 在一个物质崇拜的社会,金钱无疑会影响幸福感的获得。更多的人选择去追求财富。大多数人并非排斥幸福,而是认为一旦有钱了,幸福就随之而来。然而,幸福感与金钱之间关系的研究表明,金钱对幸福的影响非常复杂。关于收入和幸福感的研究结果在个人、制度和国家层面都具有现实以及理论意义。幸福在一定程度上是适应的,金钱通过满足需求和增加物质需求的方式来影响幸福(Jebb,Tay,Diener,和Oishi,2018)。

在史密斯和沃克(Smith 和 Walker,1993)的研究中,他们调查了那些在美国足球彩票里获得大量奖金的人们,发现在中奖之后,他们中的一些人辞去了工作,失去了一部分社会联系,降低了成功体验的几率。他们还发现,当富裕的个体被期望提供物质帮助时,可能使他们与朋友和家庭之间的关系更加紧张。对于个体而言,收入的增长在短时间内会带来幸福的增长,但是当个体产生适应之后,幸福感又会回落到一个稳定的水平。并且突然的收入增长也可能导致痛苦的增加,反而降低了个体的主观幸福感。根据塞利格曼的观点,只有在个体缺少财富时,财富才会对其幸福感体验有较大影响,一个特别贫穷的人不会感受到幸福,可当财富增加到一定水平后,财富与幸福的相关就小得多了。即便是在福布斯排行榜中,前100名(身价在1.25亿左右的富翁),也只是比中等收入的人稍微幸福一点而已。而那些最贫穷的人,他们的生活幸福感却并不是特别差,仅仅比中等收入的人稍微低一些而已。贫穷不必然使人精神上痛苦,贫穷更是一种社会病,是就业、教育和经济发展不平衡导致的,与心理不健康关系不大。因此,百万富翁并不一定快乐,中彩票也不能使人长久的幸福,同时也存在一些"快乐的穷人"。

通过考察购买力与主观幸福感之间的关系,我们可能会对财富与幸福的关系有更深入的了解。金钱与财富的总体水平与人生的幸福感关系不大。塞利格曼(2010)从各个国家抽取了1000人的样本进行主观幸福感的调查,试图考察发现人的幸福感与购买力之间的关系,研究以美国的购买力为100来计算。

表 10.2

不同国家人的主观幸福感与购买力		
国家	生活幸福感	购买力
保加利亚	5.03	22
俄罗斯	5.37	27
罗马尼亚	5.88	12
匈牙利	6.03	25
土耳其	6.41	22
日本	6.53	87

续　表

国家	生活幸福感	购买力
尼日利亚	6.59	6
韩国	6.69	39
印度	6.7	5
西班牙	7.15	57
德国	7.22	89
阿根廷	7.25	25
中国	7.29	9
意大利	7.30	77
巴西	7.38	23
智利	7.55	35
挪威	7.68	78
美国	7.73	100
加拿大	7.89	85
丹麦	8.16	81
瑞典	8.31	96

迪纳等(1993)的研究和温霍芬(Veenhoven，1991)都证明了生活在富裕经济体中的人通常比生活在贫困经济体中的人更为幸福。也就是说，在人们比较贫穷时，经济收入对幸福感有较大影响，而一旦人们的基本需要得到满足后，经济状况对幸福感的影响就较小了。总体来说，国民经济总产值与幸福感正相关，人均收入越多，人们越幸福。但是，当人均总产值超过8 000美元的时候，幸福感与经济的相关就不存在了。富有的瑞典人比保加利亚人幸福，但是，如果是一个生活在美国或者是意大利的人，其幸福感则与瑞典人没有什么实质性区别。但是，也有一些经济收入与幸福感不相符的情况，巴西、阿根廷和中国人的幸福感或生活满意度比根据其收入预期的要高出一些，而俄罗斯和东欧国家的幸福感则比其实际的经济收入水平预期的要低一些。而与收入预期反差最大的是日本，其国民经济收入水平很高，但其幸福感却很低。这可能与不同国家的政治制度有关，由于苏联及东欧国家政治改革和经济转型不成功，导致人民对生活的失望，而中国和巴西等国家虽然经济绝对收入不高，但社会总是在蒸蒸日上，发展较为稳定。日本人幸福感与中国、巴西相差不多，而它的收入水平却很高，说明日本人对生活的要求更高，这表明

收入与幸福有时不成正比。诸如美国、澳大利亚和西欧等发达国家,其经济状况与国民幸福感之间的关系并没有很大,而在贫穷和欠发达国家,经济状况与国民幸福感之间的关系却比较强。

大量的研究证明,社会经济地位对个体主观幸福感的影响存在边际递减效应:在发达国家和地区,随着经济的发展,居民幸福感增长较小。迈尔斯和迪纳(Myers 和 Diener,1995)研究了自第二次世界大战 50 年以来的美国及欧洲一些发达国家或地区的经济发展水平与这些国家或地区居民的主观幸福感之间的关系,发现这些国家或地区的经济在过去 50 年里取得了巨大增长,而他们国民的主观幸福感实质上却没什么变化。以美国为例,到 20 世纪末,美国整个社会的财富几乎比 1957 年时翻了 1 番,中产阶级扩大了近 2 倍,绝大部分家庭的收入都有了明显增加。但从调查结果来看,报告自己是"非常幸福"的人数,却从 1957 的 35%下降到 1998 年 33%,幸福度指数还略有下降。圣和迪纳(Tov 和 Diener,2013)的调查结果说明,对于国家来说,经济发展水平和社会幸福水平相关不大。还有研究表明,对于不同发展程度的国家而言,其经济水平对主观幸福感的影响不同,在发达国家和地区,随着经济的增长,居民的幸福感增长较小;而在发展中国家和贫困地区,随着经济的增长,居民的幸福感增长较大。有研究者以印度加尔各答地区贫民为被试,结果发现,个体收入水平和生活满意度相关 0.45,然而同样的调查放在发达国家个体身上,却发现其收入水平和生活满意度之间仅存在低相关(Biswas-Diener 和 Diener,2001)。

因此,从个人角度来看,收入的增加并不总是对主观幸福感起积极的作用;从时间维度纵向地看,在经济发达国家,人们的幸福水平并没有随着快速增长的 GDP 明显提高;从国别横向地看,国民主观幸福感最高的国家,不见得是收入水平最高的国家。一些发达国家居民的幸福水平反而低于发展中国家居民。

这些结论似乎与我们头脑中已有的生活概念不大相符,因为当我们问大多数人:"没钱你能幸福吗?"得到的回答几乎都是摇头或干脆笑笑,不置可否。当我们问:"什么最能改善你的生活质量?"绝大多数的人的回答是"金钱"。为什么会出现这种不一致? 这主要是因为金钱在我们的日常生活中扮演了太重要的角色,尤其对于一般人来说,我们总是通过金钱这个中介来获得我们想要的东西,金钱在我们这个社会几乎具有一切物品的属性,这就使得金钱在我们心理上的作用被夸大了。但这并不是说金钱对我们的幸福没有一点影响,一般认为,金钱与主观幸福感之间存在一个确定的阈限。在这个阈限之内,金钱对主观幸福感的影响较大,如果超过这个阈限,金钱对主观幸福感就不产生太大的影响,或根本不产生任何影响。

有作家曾写道:"只要幸福住在里面,简陋的柴门又如何,朴素的茅屋又如何!

幸福的笑容从没因身份的尊卑贵贱失去它明媚的光芒。我们跨越山川大漠,摸爬滚打追求的是幸福本身,而不是幸福座前的金樽、手中的宝杖。幸福比金子还珍贵,这是生活教会人们的真理。"

婚姻

大致说来,婚姻与持久的幸福感有一定的关联。事实上,许多研究都证实家庭和婚姻满意感是主观幸福感的最强预测因素。

迈尔斯的调查发现,已婚的人比离异、未婚和分居的人更幸福。而最不幸福的是套在不幸婚姻中的人。格兰(Glenn,1990)对婚姻与主观幸福感的关系进行了大量的研究,他发现已婚妇女报告的幸福感高于未婚妇女,同时,如果控制了教育、收入、工作地位等影响因素,婚姻则是主观幸福感的最强预测指标。后来,他还发现,再婚者的幸福感不会受他们过去的离婚事件影响。

一项研究统计发现,我们之中最幸福的那10%的人几乎都处在浪漫的关系之中。很多调查都显示,结婚的人相对来说会比较幸福。在已婚的人中,有40%的人说他们"非常幸福",而未婚者中,只有23%的人这样说。在17个做过这一调查的国家和民族中都是如此。另一方面,关于抑郁症的调查结果显示:结婚的人最少得抑郁症,从来没有结过婚的人次之,之后依次是离过一次婚的、同居的,而离过两次婚的患抑郁症的概率最大。情人分手或失恋也是最主要的情绪压力来源。当访谈者请人们描述"上一次发生在你身上的不幸事件"时,一半以上的美国人的答案是失恋。专门研究家庭的美国社会学家爱尔德(Ellwood,1927)通过研究住在旧金山的第三代移民的生活发现,婚姻可以帮助人们抵抗不幸的打击。结了婚的人最能忍受贫穷、经济大萧条以及战争。

在另一项关于婚姻的研究中,卢卡斯通过收集数万人多年的生活满意度数据,发现婚姻所能给人们带来的幸福感提升仅仅是短暂的婚礼前后。不同的人群在婚前婚后对于幸福感的体验也是不一样的。人们普遍体验到,婚礼时幸福感会提升至高潮,婚后的幸福感往往开始回落并趋于稳定。但有些人的幸福感仍会高于婚前,有的则与婚前持平,有的降得比婚前更低。这说明,婚姻让你感到持久幸福的前提是,这段婚姻真的适合你。

为什么婚姻会给人带来幸福感?可以从两方面解释一方面,幸福的人比不幸福的人更容易结婚,因为作为婚姻伴侣,幸福的人比不幸福的人更具有魅力。另一方面,婚姻为人们提供的种种好处让人更幸福。婚姻提供了更好的心理和生理的亲密感,提供了生儿育女和建立家庭的环境、作为配偶和父母的社会角色、以及自我认同和养育后代的生活背景。

关于婚姻与幸福感的关系,还有观点表示,因为那些婚前本身就对生活满意度较高的人,相比于其他人而言,结婚的可能性更大,而且其婚姻的维系时间及婚姻质量也较高。心理学在婚姻与幸福的领域中,几乎都是相关研究——因为我们很难操纵亲密关系作为研究的自变量。而这就很难说是婚姻导致了幸福,还是那些本来幸福感就高的人倾向于选择婚姻。加州大学伯克利分校的研究者们曾经研究了米尔斯学院1960年毕业照上面的女生,里面除了三名女生之外,其余都是微笑的。但是微笑并不都是真诚的,心理学家通过分析表情可以辨别出那些真诚的微笑——秘密在于眼睛。真诚的微笑涉及眼轮匝肌和颧大肌相互配合的同时收缩,这种收缩是不自主的,因此只会在真诚的微笑中出现(塞利格曼,2010)。这就是为什么当我们照集体照的时候,"三,二,一,茄子!"的口令会造就很多僵硬的笑容,因为口令只能够改变我们嘴部的动作。研究者发现,在那些微笑的女生中有一半是真诚的。研究者后来在这些女生27岁、43岁以及52岁的时候又分别访问了她们,结果惊讶地发现,拥有真诚微笑的女生一般来说更可能结婚,并且能够长期维持婚姻,在以后的30年中过得也比较如意。这就说明,或许婚姻的确对幸福感有影响,但并不像我们想象中那么强,因为结婚的人本来就倾向于是那些更快乐的个体,而结婚只是延续或者放大了他们原本就有的幸福感。

总体上来说,结婚的人更加幸福。但是对于特定的个体,婚姻并不是幸福的保障,因为婚姻的幸福还与个体的依恋风格等特质有关,也与婚姻的质量有关,另外,也并不是每一个人都适合婚姻。但不管怎样,我们中的大多数人能够体验到浪漫的关系给我们带来的愉悦,因此获得一段美满的婚姻是每个人追求幸福的路上的一个重要目标。

社会比较

社会比较是不幸福的来源。我们的主观幸福程度,受到我们对自己的评价和对自己当前处境的评价的影响,这不但包括与我们自己近期处境相比较,也包括与别人的处境相比较。我们和别人比健康、比个人魅力、比孩子的成绩、比收入、比社会地位、比学术成就,等等。

这种社会比较在远古时代就产生了,它具有社会适应性——使我们努力做到最好、获得群体中最好的资源,使优秀的基因得以繁衍。在古代,每个人群中都有少数人拥有最好的生活方式,他们(她们)是最有魅力的男人或女人,在工作、运动和人际关系中最为优秀。这些少数人由于在群体中处于某一方面的最佳水平上而感到幸福。

但在现代社会中,电视、电影、杂志、报纸和网络随时都能给我们呈现人群中的典范,他们优越的生活方式、迷人的形体魅力以及在事业上取得的成功,其实是大多数人永远都达不到的状态。当我们用这些不切实际的标准来衡量自己的成就时,造成幸福感缺失的后果也就不那么令人惊讶了。

根据社会比较理论(Social Comparison Theory,SCT)的观点,研究者认为,主观幸福感的性质与水平是社会比较的结果,经比较得出结果的好坏与社会比较的方向和内容有关(Diener 和 Fujita,1997;Eid 和 Larsen,2008)。有研究发现,选择向上比较会对个体的主观幸福感产生消极影响(Blanton,George,和 Crocker,2001)。此外,有研究发现,选择向下比较则会提升个体的主观幸福感(Bauer 和 Wrosch,2011)。其他研究也证实了"向上比较"对幸福感和自尊带来的威胁,这种比较对于低自尊、高神经质的人而言更是如此。还有研究发现年轻人和老年人的主观幸福感同时受到经济地位(如经济收入、受教育程度等)比较和计量地位(如受尊敬程度、影响力大小等)比较的影响。但老年人更看重计量地位,在对计量地位进行上行比较的时候,会更容易给老年人带来主观幸福感的损失,而对于更看重经济地位的年轻人而言,进行经济地位的下行比较会使其更易获得主观幸福感的提升。

因此,我们可以选择是去增进幸福,还是通过毫无意义的比较来降低自尊。我们可以通过与那些不如我们的人进行比较的过程中提升我们已有的人际关系、成就和收获的价值。我们也可以用那些与我们的个人能力相一致的、现实的个人目标来判断我们的现状。很明显,我们能灵活地选择各种不同的比较方式来提高我们的幸福感。

幸福的源头在于自己内心。如前所述,幸福感被定义为主观幸福感,通俗地说,幸福就是自己觉得幸福。说起来十分简单的一句话,但却很少有人能够达到这种状态。生活中有不少人,并非为了自己的感觉,而是为了他人的观瞻而建设自己的人生。而观察别人的生活与家庭,又成为了我们生活的另一部分。对于一些心理不健康的人来说,生活由两个部分组成,一是生活给别人看,二是看别人生活。我们同情别人生活的不幸从而觉得自己幸福,我们评价别人的是非长短而深觉自己的美好。于是我们又不得不提高警惕,时时刻刻想着"别人怎么看我?"、"别人怎么评价我?"

其实幸福的源头在我们自己的内心。自给自足,自己就是一切,这就是幸福最主要的品质。亚里士多德说,"幸福意味着自我满足"。幸福并不在与别人的攀比中,而是来源于我们内心的宁静。

亲社会互动

心理学家认为,具有良好社会支持的个体会有比较高的主观幸福感、生活满意度、积极情感以及较低的消极情感。韦斯(Weiss,1974)研究发现,个体只有在得到各种社会支持时才能获得较高的幸福感。卡恩和安托露丝(Kahn 和

Antonucci,1980)也指出,社会支持是主观幸福感的一个重要影响因素。米汉(Meehan,1993)的研究同样指出,社会支持与个体的积极情感存在正相关。我国的研究同西方学者的研究结论相一致。台湾学者陆洛(1998)对18—65岁的被试研究显示,社会支持与幸福感以及生活满意度存在正相关。香港学者周基利对475名香港青年的研究指出,个体对家庭成员和朋友关系的满意度可以预测主观幸福感及其所有维度,拥有亲密朋友的数量与个体的积极情感存在正相关(Chou,1999)。同样,王大华等(2004)对老年人主观幸福感的研究也发现,亲子支持影响着老年人的主观幸福感。严标宾等人(2003)对大学生群体以及谢倩和刘建芬(2004)对军队护士群体的相关研究也得到了相同的结论。

人类生来就是需要其他人的,从一个个体出生起,他在婴儿期到青春期这很长一段时间之内都十分需要依赖他人。即使在成年之后,个体仍旧需要很多来自不同方面的良好社会支持。而这些支持往往产生于个体与他人之间的亲社会互动中。亲社会行为是人际互动中对他人、群体及社会有益的积极行为,是个体获得幸福感的重要途径。但研究表明,只有满足个体自主性需要的亲社会行为,才能提升亲社会互动中的行为实施者、行为接受者及旁观者的幸福感(杨莹和寇彧,2015)。在这种亲社会互动中,行为实施者通过自主动机增加幸福感;行为接受者一方面因接受实施者自主的亲社会恩惠而产生感恩之情,另一方面因自身自主性需要得到满足而获得幸福感;旁观者作为潜在的实施者和接受者,通过观察施—受双方的积极行为和感受,参与亲社会行为的传递(杨莹和寇彧,2015)。

文化

主观幸福感会受到文化的影响,这主要体现在对主观幸福感的跨文化研究当中。在跨文化情境下,研究主观幸福感无法回避文化相对性的问题:如果不同的文化有不同的价值观,那么其国民就会依据不同的标准来考虑和评价其所在社会的成功和价值。显然,马库斯等人(Markus和Kitayama,1994)的文化常模模型(cultural norm model)是重视幸福感的文化差异的文化相对论模型。这个模型也一直是西方许多幸福感的跨文化实证研究的理论出发点。但是这个模型将文化内群体成员心理体验的相似性绝对化了,没有注意到文化内的变量,因而遭到了一些研究者的批评。大石(Oishi,1999)提出的目标调节模型则进一步考虑到了同一文化内部个体目标不同所导致的幸福感差异。艾德和迪纳(Eid和Diener,2001)采用多文化潜在类型分析法(multiculture latent class analysis)分析了美国、澳大利亚、中国和台湾被试的情感体验规范后发现,同一个文化中的不同个体有不同类型的情感体验规范。文化内的差异可以通过跨文化心理学的两个概念得到解释:一是以自我为中心与以他人为中心的区别。个人主义的国家和集体主义的国家都有以自我为中心与以他人为中心的人,以自我为中心的人在个人主义的国家中所占的比例大,以他人为中心的人在集体主义的国家中所占的比例大。二是严格文化与宽容文化的区别。艾德和迪纳认为,严格文化要求每一个人服从情感体验的某些规范,而宽容文化则没有严格的情感体验规范,能够容忍更多的情感体验规范偏离。

幸福感的文化普遍性是指幸福感有一些共同的文化因素。自我决定理论和多维模型都是以人本主义理论为基础,探讨并试图验证幸福感的文化普遍性的理论模型。莱恩和德西(Ryan 和 Deci, 2000)的自我决定理论认为,人类有普遍的基础性的三个心理需要,即自主需要、能力需要和关系需要,这三种需要的满足在不同的人生阶段和不同的文化中有不同的实现途径和表达方式。苗元江和余嘉元在 2003 年的研究中提出的多维模型则认为,幸福感的心理机能包括自我接受、个人成长、生活目的、良好关系、情感控制和自主,这些需要得到满足的程度与生活满意感有关。显然,自我决定理论同时考虑到了幸福感的文化共性和特性。

主观幸福感的实现既有文化共性也有文化特殊性的假设是合理的。但是这也为实证研究带来了一定的挑战:如何识别这两类文化变量以及这两类变量在多大程度上实现了人类的需要。一旦人们的需要得到了满足,他们就会很快乐,他们就有较高水平的主观幸福感。然而,如果无止尽的愿望和日益提高的生活标准会影响主观幸福感,那么简单地满足个体的基本需要将不能保证人们普遍的主观幸福感。

在个体主义文化中,个人的幸福感以自身的情绪体验为基础,在集体主义文化中,个人的幸福感与满足他人的需要以及期望密切相关。

10.3.3 其他影响幸福感的因素

除了上述几个因素之外,还有很多因素会影响个体的主观幸福感。比如,性别、年龄等等(Batz 和 Tay, 2018; González-Carrasco, Casas, Malo, Viñas, 和 Dinisman, 2017)。通常,女性比男性更倾向于表达自己处于幸福之中(但最近有研究者认为,这种性别差异往往发生在情感测量而非对生活满意度的认知判断中)(Geerling 和 Diener, 2017; Zuckerman, Li, 和 Diener, 2017));乐观者比悲观者更易产生正性偏向,体验积极情绪,也更容易产生幸福感;幸福感与年龄也有着一定的关系,布兰奇弗劳和奥斯瓦尔德(Blanchflower 和 Oswald, 2008)在一项包含 60 个国家的跨地区研究中发现,个体的生活满意度随年龄增长呈 U—型曲线变化,在 35—50 岁之间,个体的生活满意度最低。而对于 40—80 岁的个体而言,他们的生活满意度始终保持随年龄增长的趋势(Hansen 和 Slagsvold, 2012)。研究还发现,老年人在生活中与年轻人拥有相似的情绪体验,但是生活满意度却高于年轻人(Frijters 和 Beatton,2012;Hansen,Slagsvold,和 Moum,2009)。这就印证了幸福感悖论现象,即尽管老年人的健康状况、收入水平等各方面随年龄增长而逐渐下降,但其幸福感依旧维持稳定甚至有所上升。这是因为,老人拥有较多的社会支持和复杂的社交网络,能为他们提供积极的心理支持和联结感,使得他们的幸福感处于较高的水平(Becker,Kirchmaier,和 Trautmann,2019)。

尽管心理学家们很早便将主观幸福感的影响因素区分为内部因素和外部因素。但近些年来的研究表明,外部因素如事件、情境、人口统计项目(性别、收入、婚姻、健康等)无疑对主观幸福感有着一定的影响,但由于内部因素决定着生活事件如何被感知,因此,内部因素会在更大程度上影响个体的主观幸福感。

10.4 主观幸福感的神经机制

不仅是积极心理学家们关心主观幸福感,近年来,认知神经科学的研究者们也从自己的角度对主观幸福感进行了很多研究。认知神经科学研究发现,左侧前额叶与积极情绪及趋近行为有关;而右侧前额唤醒水平上升,则与消极情绪及退缩行为有关(Levenson,Coan,和 Allen,2007)。

10.4.1 主观幸福感评价基础的神经机制

丹尼尔·卡内曼及其研究小组对人们的各种评价进行了系列的研究(Kahneman,Krueger,Schkade,Schwarz,和 Stone,2004),总结出在主观幸福感的形成中发挥重要作用的四类效用,主要包括:即时效用(instantaneous utility)、回忆效用(remembered utility)、抉择效用(decision utility)和预期效用(expected utility)。

即时效用是指一种即时发生的情绪性评价的产物,即人们对时刻发生的知觉体验进行评价,并根据评价结果调节自身行为。某一个事件所诱发的情绪评价并不是两极的,即正性和负性的两点模型。事实上,人们遭遇某个事件的时候,这两种情绪评价可能同时存在,即这种即时效用是在一个由好与坏两种幸福体验维度组成的空间内变动的。有研究者(Hamann 和 Mao,2002)发现,杏仁核在负性信息的加工过程中扮演了重要角色,而在某些情况下,正性刺激也会激活杏仁核,实验情境和任务的不同设置是这一分歧产生的重要原因。

回忆效用是指个体通过回忆,对其自身在对某一段时间内的幸福体验给出单一而稳定的评价结果。金·普列托等(Kim-Prieto,Tamir,Scollon,和 Diener,

2005)认为,与即时效用相比,回忆效用产生过程中人们所能回忆的积极事件(积极的自传体回忆)的数量更能准确地预测其整体幸福感水平,个体包含情绪体验的自传体回忆是其做出幸福感评价的重要信息来源。在对主观幸福感做出评价的过程中,个体的大脑需要从记忆系统中提取相关信息,即各种各样的情绪体验。克罗兹和弗雷(Korz 和 Frey,2007)发现,去甲肾上腺素系统在情绪信息的加工和提取阶段都发挥了核心作用。罗森达等(Roozendaal,Hahn,Nathan,Dominique,和 McGaugh,2004)在临床研究中发现,主观幸福感水平低于健康人群的创伤后应激综合征(PTSD)患者在进行自传体回忆时,其去甲肾上腺素和糖皮质激素水平都大大高于健康被试。这是由于提取精神创伤信息过程中,PTSD 患者的去甲肾上腺素系统高强度激活,并且高水平糖皮质激素对其提取积极信息造成了破坏。PTSD 患者的神经系统在神经递质水平上的受损正是造成其主观幸福感水平较低的根本原因之一。

抉择效用的前提是,人们由得出的回忆效用对不同行为所导致的后果进行权重分析,从而影响其日后的行为举措。这一过程的产物称为抉择效用。有研究者(Brown 和 Braver,2005)发现,内侧额叶皮层和扣带前回在个体根据反馈的情绪信息来调节后续行为这一认知控制和行为监控过程中发挥了关键性作用。在个体幸福感动态变化的过程中,内侧前额叶、扣带前回和背外侧前额叶是个体调控进而改变其幸福感水平的神经中枢。

预期效用是指个体能否对不同事件有一个正确的预期,决定了其未来幸福感水平。内侧前额叶、扣带前回和背外侧前额叶具有纠错和提高预期准确率的功能。这些积极或消极的期望还可以发挥巨大的安慰剂效用。苏维塔和施托勒(Zubieta 和 Stohler,2009)的研究显示,大脑的神经通路和神经递质系统都会受到安慰剂效应的影响,诱发相应的生理变化。其中,位于喙部前扣带回、背外侧前额叶、眶额皮层、伏隔核、杏仁核等区域的阿片和多巴胺系统在安慰剂效用的发挥过程中起到了主要作用。比如,处在疼痛中的病患者在服用被告知是止痛药但其实是没有特殊药效的药片后,伏隔核内的多巴胺感受器会被激活,患者也会报告疼痛减少。阿片和多巴胺系统的激活会使个体产生愉悦感,这也是为什么一个对未来充满希望之情的个体与一个对未来没有期望甚至绝望的个体相比,其主观幸福感水平要高的多。

10.4.2 主观幸福感影响因素的神经机制

习惯化的神经基础

迪纳提出的社会适应理论认为,个体对新异的生活事件最初反应强烈,但随着时间的推移,这种反应会逐渐减弱。良性和恶性事件会分别引起幸福感短时间内的提高和降低,然后到达一个相对稳定的水平。一系列考察情绪的相关研究都发现了杏仁核对重复的情绪性刺激会产生习惯化,表现为其激活程度的显著减弱。费舍尔等(Fischer等,2003)在实验中发现,呈现情绪性刺激和中性刺激时,右侧海马以及两侧的颞中和颞下皮层也会产生这种适应效应。有关 ERP 的研究发现,晚期成分 P300 与视听通道的定向反应密切相关(Segalowitz,Santesso,和 Jetha,2010)。新异刺激出现后的 300 ms 左右会诱发 P3a 成分,但是随着该刺激的重复出现,该成分波幅会显著减小。这也就反映了定向反应的习惯化过程。总地来说,脑成像研究中的激活脑区和脑电成分都初步验证了即时效用产生过程中一般适应效应的存在,即从生理机制的角度为主观幸福感形成中"回归基线"的现象提供了解析。

个体差异的神经基础

在面对相同的刺激时,不同人格特质的个体的生理反应机制是不同的。不少相关研究都一致发现,抑郁型的人格障碍群体在进行即时情绪反应、情绪回忆任务时与正常组都存在显著差异。抑郁个体即时评价快乐信息的认知功能受损,在提取负性信息时存在优势。这些研究结果都反映了个体差异对幸福感形成过程的影响。

此外,不同文化背景下的个体在人格特征、社会取向、价值判断、目标追求、情绪体验等方面都存在很大差异。以处于两种不同文化背景中的个体为对象,对其予以同样的刺激进行情绪评价时,会发现两组被试在早期阶段的神经活动是没有显著差异的,但是在后期阶段会产生分离。另外,在一项有关面孔的跨文化研究中,研究者发现欧洲被试在对刺激进行反应时,激活了扣带回后部和杏仁核;日本被试却表现出额下回和脑岛的显著活动(Moriguchi等,2005)。在黄宇霞和罗跃嘉(2004)的研究中,他们用中国人对国际情绪图片系统的评价与美国人相比较,发现二者既有相关性,也有显著的组间差异性。

10.5 主观幸福感的测量

10.5.1 单题测量工具

主观幸福感一般通过对总体生活满意度的调查得到。大部分调查研究常常使用单个题目来测量幸福感。根据不同的研究需要,这个问题可以有多种不同的问法。例如:

"你现在有多幸福?"

"你对你的生活有多满意?"

"总体上,你觉得你的生活过得怎么样?"

这类测量方法通常要求被试在 5 点、7 点或者 10 点量表上进行评分。例如,在大规模的调查中使用得最多的 D-T 量表(Delighted-Terrible Scale;Andrews 和 Withey,1976)就包含了这一问题:"总体上,你觉得你的生活怎么样?"并要求被试在 7 点量表上作答,1 表示快乐,7 表示糟糕。这种单题量表的优点在于简洁方便,而且具有中等程度的效度和信度,满足测量的要求。但它也有一些无法克服的缺陷。例如,问题过于直接,很容易受反应倾向的影响。另外,它无法覆盖幸福感的各个方面,无法区分被试在幸福感上的细微差异。

10.5.2 多题测量工具

近期的研究更多使用的是多题测量工具,它们更加复杂,信效度也更高。这些问卷包括:阿格尔等编制的牛津幸福问卷修订版(Kozma 和 Stones,1980),这是英国广泛使用的主要问卷;迪纳等编制的生活满意度问卷(Diener,Emmons,Larsen,和 Griffin,1985),在美国常常使用;另外,华生等人编制的积极、消极情绪问卷中的积极情绪问卷(Watson,Clark,和 Tellegen,1988),以及世界卫生组织生活质量问卷中的积极情绪分量表也是被广泛用来测量主观幸福感的工具(李凌江等,2003)。

表 10.3

牛津幸福问卷修订版的题目

以下是一些关于个人幸福感的陈述。每题有四个句子,请选择一个与你过去 1 周(包括今天)的感受最相符合的一种描述。
1. A 我觉得不幸福
   B 我觉得还算幸福
   C 我觉得很幸福
   D 我觉得非常非常幸福
……
12. A 和别人在一起我不觉得开心
    B 和别人在一起我有时候会觉得开心
    C 和别人在一起我常常会觉得开心
    D 和别人在一起我总是会很开心
……

通过这些工具对主观幸福感进行测量,并对其结果进行因素分析,同样反映出了幸福至少包括情感和认知两个方面的因素。幸福的情感因素反映了诸如欢欣、得意、满足和其他积极情绪以及消极情绪,幸福的认知因素则反映了人们对各个生活领域的满意程度。同时,跨文化的数据显示:在个人主义文化背景下,如英国和美国,情绪因素和认知因素的相关系数是 0.5,而在集体主义文化背景下,由于个人的生活满意度除了取决于个体自己,还依赖于其他人,这两个因素的相关系数仅为 0.2。因此可以说,幸福的情感和认知因素是两个相对独立的成分。总体来说,幸福依赖于对家庭、工作等各个生活领域的满意程度的认知评价以及在这些领域中获得的情绪体验。

10.5.3 其他评估方法

单题测量问卷和多题测量问卷可以对个人的主观幸福感进行全方位的测评,但以一次自我报告的结果为依据的研究,不可避免地会存在一些潜在的缺陷,而且自陈量表也不能获得非自我报告的测量方法所能获得的全部信息。

因此,在研究中,研究者们还采用了一些其他的方法对主观幸福感进行评估,以获得更充分完善的资料,使我们对幸福感有更深刻的理解。如记录非言语行为、重要他人评价、社会指标、深度访谈法、情绪敏感性任务等。

值得一提的是,经验取样法(Experience Sampling Method,简称 ESM)能够提供一种对幸福感的即时测评(Csikszentmihalyi 和 Larson,2014)。使用经验取样法时,被试在整个调查期间一直佩戴着一个传呼机,通过传呼机主试可以随机呼叫被试,而被试的任务就是在他们被呼叫时记录下自己当时的心情。比起自我报告法往往要求被试回忆一段较长时间内的情况来看,这种方法受记忆扭曲和错误记忆的影响就小得多。经验取样法最大的特点是可以获得一个人真实的生活体验,可以帮助研究者了解被试的即时活动和即时体验,但其成本过高,在使用推广上有一定的限制。

与经验取样法一样,生态瞬时评定法(Ecological Momentary Assessment,简称 EMA)也在自然情境中考察顺时变化的现象,并且特别注意测量的时间性。研究者认为 EMA 有三个特征:第一,通过让被试在自然环境中提供数据而保证生态效度。第二,依靠对瞬时状态的数据采集,避免了经验回顾评价偏差。第三,对一天中多个瞬时采集数据,通过重复取样,保证了研究现象的合理特征,同时也可以使研究者考察现象随时间变化的动态过程(Stone,Arthur,和 Shiffman,1994)。例如,斯通、史夫曼和德弗里斯(Stone,Shiffman,和 DeVries,1999)在一周内考察了三十四名风湿性关节炎病人的痛苦经验。通过事先编好程序的手表每天给予病人七次信号,要求他们在 0—10 分量表上评价疼痛程度。第八天,病人与主治医生都对病人过去一周的疼痛进行总体评价。这样就可以将总体评价与 EMA 数据进行比较。生态瞬时评定法包含的范围更广,不但包含对经验的取样,而且包含对生理事件的取样。EMA 的优点在于,它可以避免回溯报告偏差,可以用于测量持续一段时间的经验评价,缺点在于被试负担重,花费大。

昨日重现法(Day Reconstruction Method,简称 DRM)也是一种基于即时感受的测量方法,昨日重现法要求被调查者将前一日从事的活动写出,通过这些活动将昨天重现,以唤醒记忆;然后要求被访者回答对每个活动的内心感受。卡尼曼等(Kahneman 等,2004)认为,其方法和经验取样法类似,目的是要准确再现每个时间及其相关的环境和感受。昨日重现法把经验取样奉为标准,通过重现昨日活动唤起被调查者前一天的语境,引导出近期的记忆,减少回忆偏倚。同时,瞬间取样对应答者而言负担较小,不中断正常活动,其不但可以提供对全天各事件的评价,而且还提供时间信息,比经验取样法更为有效。

卢卡斯、迪纳和萨(Lucas,Diener,和 Suh,1996)的研究表明,积极情感、消极情感和生活满意度是相互独立的概念,积极情感的得分并非必然预示消极情感的得分。因此,帕沃和迪纳(Pavot 和 Diener,1993)建议,应该对 SWB 的不同成分分开进行测量。总体幸福感量表(General well-being schedule,简称 GWB)是美国国立卫生统计中心制定的主观幸福感测量工具,试图从整体评价个人的主观幸福感。"生活满意感指数"量表(Life satisfaction index,LSI)从认知层面决定主观幸福感,即用生活满意度指数来反映主观幸福感。而布兰德(Bradburn,1969)编制的情感平衡量表(affect balance scale,ABS)则从情感成分来测量主观幸福感。

10.6 主观幸福感的增进

明尼苏达大学的吕肯教授在早年的论文中指出,"努力追求幸福如同努力使自己长得更高一样,都是徒劳的"。如果这样悲观的结论符合生活的事实,那么我们的生活将一直处于忧郁的阴影之中,这是多么可怕的一件事。

令人庆幸的事,许多证据都告诉吕肯教授,这一结论并不符合事实,他也承认了自己当初的错误。所以幸福是可以习得的,通过努力,我们可以选择幸福的终点站,而不是停留在原点。值得注意的是,积极心理学家认为,消极体验的去除并不代表积极体验的获得,也就是说,单纯地消除痛苦并不代表快乐会自然产生,那么我们如何获取幸福感呢?

10.6.1 积极改善人际关系

高质量的人际关系跟个人的主观幸福感息息相关。有爱,有家,有朋友,这样有安全感的人生,必然能带来巨大的力量,足以让你分享喜悦或化解忧伤。

那么,我们要如何做,才会对改善人际关系有所助益呢?

一方面,我们可以积极增加社会交往,与他人更多的进行信息交流和情感沟通。在沟通过程中,尽可能采用积极的方式,如提供信息、面带笑容等,减少消极方式的使用,这样才能提高交往的有效性。在人际交往过程中,我们也应该培养自己的同理心,增加我们的利他行为。送人玫瑰,手有余香,通过主动帮助他人,不但可以使他人愿望得到满足,心生感激,体验到幸福感,也可以使我们自身收获幸福。

另一方面,培养自己良好的内在品质和品性。社会心理学家建议,要想维持和提高自己的持久吸引力,培养自己的良好品质和品性是一个非常重要的条件。人与人之间要建立真诚友好的朋友关系,归根到底取决于个人的优良品质。在研究中,我们发现,"真诚"是令人喜欢的一个最为重要的特质。所以,以诚待人,以心待人,必然会拥有良好的人际关系。

10.6.2 悦纳自己,相信自己

一个自卑的人不可能经常体验到快乐和幸福,正好相反,乐观而自信才是每个人持久快乐的重要基础。

如果一个人在内心里对自己持否定的态度,认为自己不好,那即使他有金钱和地位,也没有办法得到真正的快乐和幸福。这也就是某些有钱人觉得生活并不幸福的原因之一。相反,如果你肯定自己,相信自己,在任何情况下都不会对自己丧失信心,就根本不会对自己的生活不满意。

不管是家财万贯还是一贫如洗,不管是位高权重还是普通平凡,不管是一帆风顺还是困难重重,在心灵中,都应有个坚硬的盾牌,应对消极情绪。保护你的心灵不被消极情绪所侵袭。许多历史上的著名人物都经历了大起大落,但他们都能从容面对,这事因为他们对自己充分肯定。

有些人习惯于贬低自己,这不仅打击了做事的自信心,还会扼杀了独立精神。如果整天萎靡不振,躲躲闪闪,不敢正视生活,不管走到哪里都不敢面对别人的视线,总是觉得自己做得不好,就不可能发现和享受生活中的乐趣。

只有喜欢自己,相信自己,始终充分欣赏自己的生活,诚恳地面对生活,才能获

得真正的幸福。

我们知道,人的性情具有稳定性。对于一个习惯于自我贬低的人来说,要改变自己的观念其实是一件很困难的事。不过并非完全不可能。

很多经验和证据都告诉我们,行为对态度有一定的支配作用。我们可以有效利用这一原则。如果你想要在某些方面改变自己,例如变得自信、快乐,那么一个有效的方法就是假装你是一个乐观、自信的人,每天起床后就去做你想做的事。

塞利格曼等人设计了优势和美德(CSV)分类系统,对人类拥有的优势和美德进行描述和分类。皮特森(Peterson,2006)认为,CSV 包括智慧、勇气、人道、公正、自制和超越 6 套美德,又细分为 24 种性格优势。他们在互联网上采用随机分配和安慰剂控制的实验设计,比较包括特征强项在内的 6 种干预方法。结果发现,识别并用新的方式使用性格优势的被试实现了幸福感提高和抑郁下降,且效果持续了 6 个月。

10.6.3 保持身体健康

在前面,我们已经详细论述了健康对于幸福的重要性。所以,在追求幸福的道路上,做一个健康的人,是最基本的目标。

生活方式是自己可以选择的,选择一种健康的生活方式,善待自己的身体,养成良好的生活方式。例如,每天保证至少 6—8 小时的睡眠;每周保证有一天,能够完全抛开工作,让自己彻底放松下来;保持合理的膳食结构,为身体提供足够的营养;尽量远离烟酒这类公认的对健康不益的物品。

做一个健康的人,还有不能忽略的一点,那就是定期参加体育锻炼。关掉电视,关掉电脑,去享受户外的阳光。适量的运动是身体健康的必须要素。一定的有氧运动不仅能加快我们身体的循环,更好地排出毒素。还能缓解消极情绪、矫治情绪障碍、增强个体的积极情绪,提升幸福感和自尊感。研究发现,久坐行为与主观幸福感降低有关,然而只要一次低强度的活动,就可以很好的调动你的积极情绪,提高主观幸福感,对那些平时缺乏运动的成年人更是如此。他们还认为,低强度的活动与更多主观幸福感和更低抑郁相关,而中等强度活动则与更多主观幸福感和疼痛严重程度降低有关(Panza, Taylor, Thompson, White, 和 Pescatello, 2019)。然而,那些非常明显地增快心率、呼吸和让人大量出汗的活动则似乎对主观幸福感没有什么影响。克雷默等(Kramer, Humphrey, Larish, Logan, 和 Strayer, 1994)认为,运动对情绪有很大的影响,运动改变了大脑的结构和功能,提高了大脑的高执行功能,进而提高了个体的情绪调节能力。长期身体活动会影响大脑额叶的结构与功能,尤其是有效执行大脑的指令与控制个体行为的这种能力。克康伯等(Colcombe 等,2004)认为,长期运动导致的体能增加与前额叶、颞叶灰质以及额区白质的容量增加有关。

10.6.4 培养个人爱好

一个人有所爱好,才能使自己的生活充满乐趣、生机和美妙的幸福。西方有位作家曾经说过,"不论你爱好什么都可以,但你总得有所爱好"。因为你有所爱好,精神才会有所寄托,心灵才有所附着。

我们身边常常会有这样的人,他们在工作之余便无所事事,要么对着电脑枯坐一整晚也不知道自己干了什么,要么就在麻将桌上消磨空闲时间,但其实他自己也觉得打麻将很无趣。于是他们经常诉说生活的苦闷和烦恼,大呼生活无聊又无趣。

由此可见,如果心灵毫无寄托,就难免深感寂寞,也无法避免忧闷,幸福感自然也就消失不见了。工作可以是一个人的爱好,但是不妨在工作之外,再增添一项爱好,生活就会更加愉快。

10.6.5 针对意向性活动的干预

根据持续幸福模型的观念,从行为、认知和意志三者着手更有可能造成幸福感的持续提高。很多干预方法可以纳入意向性活动这一框架下。

行为上的意向性活动确实能提高主观幸福感。例如要求被试练习做好事,包括帮助身边人或者陌生人等,活动的种类和时间安排影响主观幸福感提升的效果(Roe, Busemeyer, 和 Townsend, 2001)。

从认知角度看,如果学会感恩,即认识到积极结果且认为其他人能够促成这些结果,则可以提高主观幸福感,并且效果持续在 3 周以上。埃蒙斯和麦卡洛(Emmons 和 Mccullough, 2003)另外有研究发现,在头脑中重新体验愉快的记忆(但是不要试图从中发现意义)可以有效提高主观幸福感。

锻炼个人意志也能提高主观幸福感。谢尔顿等(Sheldon, Kasser, Smith, 和 Share, 2002)在一项研究中,教被试帮助他们达成个人目标的策略。研究发现,在学期结束后,目标达成可以预测幸福感的增加。并且,只有目标适合其兴趣和价值观的被试能从干预中获益。

10.7 思考与未来展望

本章介绍了幸福感有关研究的理论与实践。由于幸福感是一个通俗的概念，其研究在社会心理学中更加具有实践性和实用性的特点，所以运用的研究方法也主要是调查法和测验法，不太适用于实验研究的设计与研究。幸福感的研究更多地以国民心态调查的方式进行，主要变量并不是对幸福感的理论内容的结构进行研究，而是统计幸福感这一变量与其他主客观变量的相关，不过，难以得出因果关系的结论。这也对今后有关幸福感的理论研究提出了更高的要求，心理学家今后的任务不仅要对影响幸福感的先行因素和受到幸福感影响的后行因素进行研究，而是要对幸福感本身的结构、维度进行深入的理论与实验研究，包括享乐主义幸福感与实现论的幸福感中快乐的不同及其脑机制，区分低级的幸福感和高级的幸福感，尤其是对社会发展与文化进化对于幸福感的影响，现代人的幸福感的特点，幸福与抑郁的关系，幸福感与人生意义等问题进行深入研究。

（刘翔平　于是　邓衍鹤　陈云祥）

参考文献

陈灿锐,高艳红,申荷永.(2012).主观幸福感与大三人格特征相关研究的元分析.心理科学进展, 20(1),19-26.
蔡华俭,黄玄凤,宋海荣.(2008).性别角色和主观幸福感的关系模型：基于中国大学生的检验.心理学报,40(4),474-486.
段建华.(1996).主观幸福感概述.心理科学进展,14(1),46-51.
高良,郑雪,严标宾.(2010).幸福感的中西差异：自我建构的视角.心理科学进展,18(7),1041-1045.
顾媛媛,罗跃嘉.(2009).主观幸福感的脑机制.心理科学进展,17(5),957-963.
黄宇霞,罗跃嘉.(2004).国际情绪图片系统在中国的试用研究.中国心理卫生杂志,18(9),631-634.
郝亚楠,宋勃东,王岩,张钦,郎越.(2016).气质性乐观的正性偏向及其神经生理研究证据.心理科学进展,24(6),946-957.
蒋长好,陈婷婷.(2014).身体活动对情绪的影响及其脑机制.心理科学进展,22(12),1889-1898.
吕肯.(2008).幸福的心理学.黄敏儿,等译.北京：北京大学出版社.
李静,郭永玉.(2010).收入与幸福的关系及其现实意义.心理科学进展,18(7),1073-1080.
李凌江,杨德森,周亮,郝伟,王小平,刘铁桥.(2003).世界卫生组织生活质量问卷在中国应用的信度及效度研究.中华精神科杂志,36(3),143-147.
苗元江,余嘉元.(2003).跨文化视野中的主观幸福感.广东社会科学(1),120-124.
邱林,郑雪,严标宾.(2002).文化常模和目标调节模型：两种幸福感文化观.心理科学进展,10

(3),290-294.

塞利格曼. (2010). 真实的幸福. 洪兰, 译. 沈阳: 万卷出版公司.

彭怡, 陈红. (2010). 基于整合视角的幸福感内涵研析与重构. 心理科学进展, 18(7), 1052-1061.

王大华, 佟雁, 周丽清, 申继亮. (2004). 亲子支持对老年人主观幸福感的影响机制. 心理学报, 36(1), 78-82.

吴明霞. (2000). 30年来西方关于主观幸福感的理论发展. 心理科学进展, 18(4), 23-28.

谢倩, 刘建芬. (2004). 军队护士主观幸福感与社会支持的相关研究. 南方护理学报, 11(2), 5-6.

杨秀君, 孔克勤. (2003). 主观幸福感与人格关系的研究. 心理科学, 26(1), 121-123.

杨莹, 寇彧. (2015). 亲社会互动中的幸福感: 自主性的作用. 心理科学进展, 23(7), 1226-1235.

严标宾, 郑雪, 邱林. (2003). 社会支持对大学生主观幸福感的影响. 应用心理学, 9(4), 22-28.

张爱莲, 黄希庭. (2010). 从国内有关研究看经济状况对个体幸福感的影响. 心理科学进展, 18(7), 1068-1072.

Ammirati, R. J., Lamis, D. A., Campos, P. E., & Farber, E. W. (2015). Optimism, well-being, and perceived stigma in individuals living with HIV. *AIDS care*, 27(7), 926-933.

Andrews, F. W, & Withey, S. (1976). *Social Indicators Of Well-Being: Americans Perceptions Of Life Quality*. New York: Plenum Press.

Aspinwall, L. G., Richter, L, &. Hoffman III, R. R. (2001). Understanding how optimism works: An examination of optimists' adaptive moderation of belief and behavior. In E. C. Chang (Ed.), *Optimism & pessimism: Implications for theory, research, and practice* (pp. 217-238). Washington, DC: American Psychological Association.

Bane, M. J., &. Ellwood, D. T. (1983). *Slipping into and out of poverty: The dynamics of spells* (No. w1199). Cambridge, MA: National Bureau of Economic Research.

Batz, C., & Tay, L. (2018). Gender differences in subjective well-being. *Handbook of well-being*. Salt Lake City, UT: DEF Publishers.

Bauer, I., & Wrosch, C. (2011). Making up for lost opportunities: The protective role of downward social comparisons for coping with regrets across adulthood. *Personality and Social Psychology Bulletin*, 37(2), 215-228.

Becker, C., Kirchmaier, I., & Trautmann, S. T. (2019). Marriage, parenthood and social network: Subjective well-being and mental health in old age. *PloS one*, 14(7), e0218704.

Biswas-Diener, R., & Diener, E. D. (2006). The subjective well-being of the homeless, and lessons for happiness. *Social Indicators Research*, 76(2), 185-205.

Blanchflower, D. G., & Oswald, A. J. (2008). Is well-being U-shaped over the life cycle?. *Social science & medicine*, 66(8), 1733-1749.

Blanton, H., George, G., & Crocker, J. (2001). Contexts of system justification and system evaluation: Exploring the social comparison strategies of the (not yet) contented female worker. *Group Processes & Intergroup Relations*, 4(2), 126-137.

Bradburn, N. M. (1969). The structure of psychological well-being. Chicago: iAldine.

Brown, J. W., & Braver, T. S. (2005). Learned predictions of error likelihood in the anterior cingulate cortex. *Science*, 307, 1118-1121.

Bryant, F. B., Smart, C. M., & King, S. P. (2005). Using the past to enhance the present: boosting happiness through positive reminiscence. *Journal of Happiness Studies*, 6(3), 227-260.

Chou, K. L. (1999). Social support and subjective well-being among Hong Kong Chinese young adults. *The Journal of Genetic Psychology*, 160(3), 319-331.

Chu, X., Liu, L., Wen, Y., Li, P., Cheng, B., & Cheng, S., et al. (2020). A genome-wide multiphenotypic association analysis identified common candidate genes for subjective well-being, depressive symptoms and neuroticism. *Journal of Psychiatric Research*, 124, 22-28.

Colcombe, S. J., Kramer, A. F., Erickson, K. I., Scalf, P., McAuley, E., Cohen, N.

J. , ... & Elavsky, S. (2004). Cardiovascular fitness, cortical plasticity, and aging. *Proceedings of the National Academy of Sciences*, 101(9), 3316-3321.

Côté, S. , & Moskowitz, D. S. (1998). On the dynamic covariation between interpersonal behavior and affect: prediction from neuroticism, extraversion, and agreeableness. *Journal of personality and social psychology*, 75(4), 1032.

Csikszentmihalyi, M. , & Larson, R. (2014). Validity and reliability of the experience-sampling method. In *Flow and the foundations of positive psychology* (pp. 35-54). Springer, Dordrecht.

Diener E, Eunkook M S, Richard E et al. (1999). Subjective Well-Being: Three Decades of Progress. *Psychology Bulletin*, 125(2): 276-294.

Diener, E. (1984). Subjective well-being. *Psychological Bulletin*, 95(3), 542.

Diener, E. (2000). Subjective well-being: The science of happiness and a proposal for a national index. *American psychologist*, 55(1), 34-43.

Diener, E. D. , Emmons, R. A. , Larsen, R. J. , & Griffin, S. (1985). The satisfaction with life scale. *Journal of personality assessment*, 49(1), 71-75.

Diener, E. , Fujita, F. (1997). Social comparisons and subjectivewell-being. In B. Buunk & R. Gibbons (Eds.), *Health, coping, and well being*. (pp. 329-357). Mahwah, NJ: Erlbaum.

Diener, E. , Lucas, R. E. , & Oishi, S. (2018). Advances and open questions in the science of subjective well-being. *Collabra. Psychology*, 4(1), 15.

Diener, E. , Oishi, S. , & Lucas, R. E. (2003). Personality, culture, and subjective well-being: emotional and cognitive evaluations of life. *Annual Review of Psychology*, 54(1), 403.

Diener, E. , Oishi, S. , & Tay, L. (2018). Advances in subjective well-being research. *Nature Human Behaviour*, 2(4), 253-260.

Diener, E. , Sandvik, E. , Seidlitz, L. , & Diener, M. (1993). The relationship between income and subjective well-being: Relative or absolute?. *Social indicators research*, 28(3), 195-223.

Dunn, D. S. (2005). Teaching about the good life: culture and subjective well-being. *Journal of Social & Clinical Psychology*, 21(2), 218-220.

Eid, M. , & Diener, E. (2009). Norms for experiencing emotions in different cultures: inter- and intranational differences. *Journal of Personality & Social Psychology*, 81(5), 869-85.

Eid, M. , & Larsen, R. J. (2008). *The science of subjective well-being*. New York: Guilford Press.

Ellwood, C. A. (1927). Cultural evolution: a study of social origins and development. *American Journal of Sociology*, 31(3), 509-513.

Emmons, R. A. , & Mccullough, M. E. (2003). Counting blessings versus burdens: an experimental investigation of gratitude and subjective well-being in daily life. *Journal of Personality & Social Psychology*, 84(2), 377-89.

Fischer, H. , Wright, C. I. , Whalen, P. J. , McInerney, S. C. , Shin, L. M. , & Rauch, S. L. (2003). Brain habituation during repeated exposure to fearful and neutral faces: a functional MRI study. *Brain research bulletin*, 59(5), 387-392.

Frijters, P. , & Beatton, T. (2012). The mystery of the U-shaped relationship between happiness and age. *Journal of Economic Behavior & Organization*, 82(2-3), 525-542.

Geerling, D. M. , Diener, E. (2018) Effect Size Strengths in Subjective Well-Being Research. *Applied Research Quality Life*, 15, 167-185.

Glenn, N. D. (1990). Quantitative research on marital quality in the 1980s: A critical review. *Journal of Marriage and the Family*, 52(4), 818-831.

González-Carrasco, M. , Casas, F. , Malo, S. , Viñas, F. , & Dinisman, T. (2017). Changes with age in subjective well-being through the adolescent years: Differences by gender. *Journal of Happiness studies*, 18(1), 63-88.

Gray, J. A. (1991). Neural systems, emotion and psychopathology. In J. Madden (Ed.), *Neurobiology of learning, emotion and affect* (pp. 273–306). New York: Raven Press.

Gutiérrez, J. L. G., Jiménez, B. M., Hernández, E. G., & Pcn, C. (2005). Personality and subjective well-being: Big five correlates and demographic variables. *Personality and individual differences*, 38(7), 1561–1569.

Hamann, S., & Mao, H. (2002). Positive and negative emotional verbal stimuli elicit activity in the left amygdala. *Neuroreport*, 13(1), 15–19.

Hansen, T., & Slagsvold, B. (2012). The age and subjective well-being paradox revisited: A multidimensional perspective. *Norskepidemiologi*, 22(2), 187–195.

Hansen, T., Slagsvold, B., & Moum, T. (2009). Childlessness and psychological well-being in midlife and old age: An examination of parental status effects across a range of outcomes. *Social Indicators Research*, 94(2), 343–362.

Hong, Y. Y., Morris, M. W., Chiu, C. Y., & Benet-Martínez, V. (2000). Multicultural minds: a dynamic constructivist approach to culture and cognition. *American Psychologist*, 55(7), 709–720.

Jebb, A. T., Tay, L., Diener, E., & Oishi, S. (2018). Happiness, income satiation and turning points around the world. *Nature Human Behaviour*, 2(1), 33–38.

Kahn, R. L. & TC Antonucci (1980). Convoys over the life course: Attachment, roles, and social support. P. Baltes, B. and E. Brim Orville. Lifespan development and behavior, 3.

Kahneman, D., Krueger, A. B., Schkade, D. A., Schwarz, N., & Stone, A. A. (2004). A survey method for characterizing daily life experience: the day reconstruction method. *Science*, 306(5702), 1776–80.

Kim-Prieto, C., Diener, E., Tamir, M., Scollon, C., & Diener, M. (2005). Integrating the diverse definitions of happiness: A time-sequential framework of subjective well-being. *Journal of happiness Studies*, 6(3), 261–300.

Korz, V., & Frey, J. U. (2007). Hormonal and monoamine signaling during reinforcement of hippocampal long-term potentiation and memory retrieval. *Learning & Memory*, 14(3), 160–166.

Kozma, A., & Stones, M. J. (1980). The measurement of happiness: Development of the Memorial University of Newfoundland Scale of Happiness (MUNSH). *Journal of Gerontology*, 35(6), 906–912.

Kramer, A. F., Humphrey, D. G., Larish, J. F., Logan, G. D., & Strayer, D. L. (1994). Aging and inhibition: Beyond a unitary view of inhibitory processing in attention. *Psychology and Aging*, 9, 491–512.

Land, K. C. (1975). Social indicators models: An overview. In K. C. Land & S. Spilerman (Eds.), *Social indicator models* (pp. 5–36). New York: Russell Sage Foundation.

Levenson, R. W., Coan, J. A., & Allen, J. J. B. (2007). *The handbook of emotion elicitation and assessment*. New York: Oxford University Press.

Lu, L. (1999). Personal or environmental causes of happiness: a longitudinal analysis. *Journal of Social Psychology*, 139(1), 79–90.

Lucas, R. E., Diener, E., & Suh, E. (1996). Discriminant validity of well-being measures. *Journal of personality and social psychology*, 71(3), 616.

Lykken, D., & Tellegen, A. (1996). Happiness is a stochastic phenomenon. *Psychological science*, 7(3), 186–189.

Magnus, K. B., & Diener, E. (1991). A longitudinal analysis of personality, life events, and subjective well-being (Bachelor's thesis, in Liberal Arts and Sciences, University of Illinois at Urbana-Champaign).

Meehan, E. M. (1993). *Citizenship and the European community*. The political Quarterly, 64

(2), 172-186.

Meehan, M. P., Durlak, J. A., & Bryant, F. B. (1993). The relationship of social support to perceived control and subjective mental health in adolescents. *Journal of Community Psychology*, 21(1), 49-55.

Moriguchi, Y., Ohnishi, T., Kawachi, T., Mori, T., Hirakata, M., Yamada, M., ... & Komaki, G. (2005). Specific brain activation in Japanese and Caucasian people to fearful faces. *Neuroreport*, 16(2), 133-136.

Myers, D. G., & Diener, E. (1995). Who is happy?. *Psychological science*, 6(1), 10-19.

Okbay, A., Baselmans, B. M., De Neve, J. E., Turley, P., Nivard, M. G., & Gratten, J., et al., (2016). Genetic variants associated with subjective well-being, depressive symptoms, and neuroticism identified through genome-wide analyses. *Nature genetics*, 48(6), 624-633.

Okbay, A., Baselmans, B. M., De Neve, J. E., Turley, P., Nivard, M. G., & Fontana, M. A. et al. (2016). Erratum: Corrigendum: Genetic variants associated with subjective well-being, depressive symptoms, and neuroticism identified through genome-wide analyses. *Nature Genetics*, 48(8), 970-970.

Panza, G. A., Taylor, B. A., Thompson, P. D., White, C. M., & Pescatello, L. S. (2019). Physical activity intensity and subjective well-being in healthy adults. *Journal of health psychology*, 24(9), 1257-1267.

Pavot, W., & Diener, E. (1993). The affective and cognitive context of self-reported measures of subjective well-being. *Social Indicators Research*, 28(1), 1-20.

Peterson, C. (2006). *A primer in positive psychology*. New York: Oxford university press.

Roe RM, Busemeyer JR, & Townsend JT. (2001). Multialternative decision field theory: a dynamic connectionist model of decision making. *Psychological review*, 108(2), 370-392.

Roe, R. M., Busemeyer, J. R., & Townsend, J. T. (2001). Multialternative decision field theory: A dynamic connectionst model of decision making. *Psychological review*, 108(2), 370-392.

Roozendaal, B., Hahn, E. L., Nathan, S. V., Dominique, J. F., & McGaugh, J. L. (2004). Glucocorticoid effects on memory retrieval require concurrent noradrenergic activity in the hippocampus and basolateral amygdala. *Journal of neuroscience*, 24(37), 8161-8169.

Segalowitz, S. J., Santesso, D. L., & Jetha, M. K. (2010). Electrophysiological changes during adolescence: a review. *Brain and cognition*, 72(1), 86-100.

Seligman M. E., Steen T. A., Park N., & Peterson C. (2005). Positive psychology progress: empirical validation of interventions. *The American psychologist*, 60(5), 410.

Seligman, M. (2010). Flourish: Positive psychology and positive interventions. *The Tanner lectures on human values*, 31, 1-56.

Sheldon, K. M., Kasser, T., Smith, K., & Share, T. (2002). Personal goals and psychological growth: testing an intervention to enhance goal attainment and personality integration. *Journal of Personality*, 70(1), 5.

Smith, V. L., & Walker, J. M. (1993). Monetary rewards and decision cost in experimental economics. *Economic Inquiry*, 31(2), 245-261.

Stone, A. A., Shiffman, S. S., & DeVries, M. W. (1999). Ecological momentary assessment. In D. Kahneman, E. Diener, & N. Schwarz (Eds.). *Well-being: The foundations of hedonic psychology* (pp. 26-39). New York: Russell Sage Foundation.

Stone, Arthur A, & Shiffman, Saul. (1994). Ecological momentary assessment (ema) in behavorial medicine. *Annals of Behavioral Medicine*, 16(3), 199-202.

Stones, M. J., & Kozma, A. (1985). Structural relationships among happiness scales: A second order factorial study. *Social Indicators Research*, 17(1), 19-28.

Tellegen, A., Lykken, D. T., Bouchard, T. J., Wilcox, K. J., Segal, N. L., & Rich, S.

(1988). Personality similarity in twins reared apart and together. *Journal of personality and social psychology*, 54(6), 1031–1039.

Tov, W., & Diener, E. (2013). Subjective wellbeing. *The Encyclopedia of Cross-Cultural Psychology*, 3, 1239–1245.

Veenhoven, R. (1991). Is happiness relative?. *Social indicators research*, 24(1), 1–34.

Watson, D., & Clark, L. A. (1984). Negative affectivity: the disposition to experience aversive emotional states. *Psychological bulletin*, 96(3), 465–490.

Watson, D., & Tellegen, A. (1985). Toward a consensual structure of mood. *Psychological bulletin*, 98(2), 219–235.

Watson, D., Clark, L. A., & Tellegen, A. (1988). Development and validation of brief measures of positive and negative affect: the PANAS scales. *Journal of personality and social psychology*, 54(6), 1063.

Weiss R. S. (1974) The provisions of social relationships. *Doing Unto Others* (ed Rubin, Z.), pp. 17–26. Prentice Hall Inc., Englewood Cliffs, New Jersey.

Wilson, W. R. (1960). An attempt to determine some correlates and dimensions of hedonic tone. *Dissertation Abstracts*, 22, 2814. (University Microfilms No. 60–6588).

World Health Organization. (1995). The World Health Organization Quality of Life assessment (WHO/QOL): position paper from the World Health Organization. *Soc Sci Med*, 41, 1403–1409.

Zubieta, J. K., & Stohler, C. S. (2009). Neurobiological mechanisms of placebo responses. *Annals of the New York Academy of Sciences*, 1156, 198–210.

Zuckerman, M., Li, C., & Diener, E. F. (2017). Societal conditions and the gender difference in well-being: Testing a three-stage model. *Personality and Social Psychology Bulletin*, 43(3), 329–336.

第二编　群体与群际

群体是人类社会性的体现,也是社会构成的不同组块。每一个群体都有其运行轨道,但不是每个人都能够进入这个轨道。群体间的差异构成了社会多元化且复杂的基础,互联网时代又为群体链接提供了新的便利快捷的工具。社会联结越紧密,群体间的差异感受也就越明显。群体与群体之间的差异越大,被剥夺感就会越强,进而带来了社会的不平等与阶层分化,甚至污名歧视等社会失稳现象。推动构建人类命运共同体,建立一个和谐文明进步的美好社会,促进人类利益和价值的通约性,建构相互合作、公平竞争、和平发展的社会格局,这是我们的共同愿望。

本编将回答以下八个问题:
- "害群之马"背后的心理学原理是怎样的?
- "物以类聚,人以群分"的群体刻板印象是如何划分人群的?
- "三六九等"可以消除吗,社会阶层是客观存在还是主观感受?
- "塔西佗陷阱"说明了什么社会现象?
- 痛苦者为何更愿意与痛苦者们在一起?
- 给他人起外号是污名歧视吗?
- 为何人们会"不患寡而患不均"?
- 互联网时代的"数字野火":怎样为谣言插上了"翅膀"?

——许燕

11. 群体动力
12. 群体刻板印象
13. 社会阶层
14. 社会信任
15. 社会认同
16. 污名歧视
17. 社会剥夺心理
18. 网络谣言的传播心理

11 群体动力

11.1 引言 / 327
11.2 群体动力的概念 / 329
11.3 理论基础 / 329
    11.3.1 场图 / 329
    11.3.2 极化和统一理论 / 330
        三种基本特质 / 331
        覆盖图 / 332
11.4 群体研究模型、方法与实验范式 / 333
    11.4.1 群体动力研究的多水平模型 / 333
        群体研究多水平设计的理论框架 / 334
        群体研究多水平模型的主要类型 / 336
    11.4.2 群体研究的观察编码 / 340
    11.4.3 群体动力的实验室研究 / 343
        隐藏文档范式 / 343
        保持一致规范和批判性思维规范对团队绩效的影响 / 344
11.5 群体动力研究展望 / 345
    11.5.1 群体动力研究的新技术 / 345
        功能核磁共振的多人交互同步记录技术 / 346
        脑电的多人交互同步记录技术 / 347
        其他仪器的多人交互同步记录技术 / 349
    11.5.2 群体互动中的非言语信息 / 351
        非言语信息概述 / 351
        非言语信息在团队互动中的作用 / 352
        社会人际测量器在群体非言语信息研究中的应用 / 353
    11.5.3 虚拟团队 / 354
参考文献 / 356

11.1 引言

在介绍群体动力的概念和理论之前,我们先通过两个真实发生的航空事故案例理解群体研究的重要性。第一个案例是 1978 年美联航 173 号航班空难。这个

---

① 本文受国家自然科学基金"危机情境下群体决策信息分享机制研究"(项目号:71101012)支持。

案例之所以时隔多年仍然被作为经典案例，是因为这次事故本来是完全可以避免的。造成飞机失事的主要原因是飞机燃料耗尽。而在飞机失事之前，在机长的坚持下，173号航班在准备着陆的机场上方盘旋了一个小时，在这个过程中，机组人员四次提醒机长他们担心燃料不足，但机长对这一信息并没有给予充分的重视，未能及时采取应对措施，从而酿成灾难。美国国家运输安全委员会对这次事故的鉴定是机长未能恰当监测飞机的燃油状态并且对于机组人员燃油不足的提示未能恰当反应；同时，另外两名机组人员对于燃油不足的后果的严重性理解不够，并且未能就燃油不足的问题与机长进行有效的沟通。

另外一个案例是近些年发生的。2009年1月15日下午，全美航空公司一架客机在空中发生事故，双引擎全部受损。眼看一场可怕的悲剧就要发生，但故事的结局奇迹般地被改写了。飞机最终迫降在纽约哈德逊河上，机上150名乘客、5名机组人员全部生还。据媒体报道，现年57岁的机长切斯利·萨伦伯格拥有29年"飞龄"。从1973年至1980年，他曾是一名美国空军战斗机飞行员，退役后任过飞行教练以及美国航空公司飞行员协会的安全主席。此番事故中，由于他处变不惊、应对得当，被盛赞为"英雄机长"。

这两个案例都是有关飞机失事的，不同之处在于一个是积极的结果、一个是消极的结果，但相同之处就在于人们往往习惯于从个体的层次来寻找原因。如果失败，是机长的问题；如果成功，是机长的荣耀。这种将群体现象发生的原因简单地归结为个人特性的倾向，最大的问题在于容易忽视群体和组织层次的因素。群体的结构、群体内部的权力等级、群体规范等因素也可能是造成事故或者成功的深层次原因。例如，在美联航173航空空难的案例中，飞机失事的原因是燃料耗尽，而关于燃油状态的信息在飞机失事前半小时就已经被报告了。美国国家运输安全委员会的鉴定是机组人员与机长未能进行有效沟通，但这一沟通问题背后可能反应的是群体内部的权力等级以及对权威的服从。因此，我们强调，从个体的层次寻找组织现象的原因并没有错，关键在于不能简单地停留在对个体层次进行解释，而应该是继续从群体层次寻找导致问题发生的关键因素。

关于群体的研究非常重要。首先，在生活和工作中，群体随处可见，个体常常处于各种群体之中。从心理层面上讲，个体想要融入群体，因为群体可以增强个体的安全感和归属感。从任务层面上讲，有些任务仅凭个人力量是无法完成的，必须由群体完成。有时，身处群体也能帮助个体更好地获益。当个体被某群体拒绝时，也可能会产生很痛苦的心理体验。总而言之，个体往往归属于一个甚至多个群体，研究群体十分必要。其次，个体在群体背景下的心理和行为与孤立时往往不同。例如，经典的社会助长研究发现，当任务较为简单时，个体在有他人在场时的绩效表现比单独作业时更高(Zajonc，1965)。特里普利特(Triplett，1898)发现，自行车运动员在与其他选手一起比赛时比独自竞速时成绩更佳。当然，他人的出现也有可能会造成个别成员的社会惰化现象(Karau 和 Williams，1993；Latane，Williams，和 Harkins，1979)，尤其当群体任务中个体绩效不易被精确评估时，个别成员可能会搭群体的便车，不付出努力却也能享受群体劳动的成果。因此，群体心理学的研究有助于我们理解和预测人们在群体背景下的心理与行为。

11.2　群体动力的概念

群体(group)由两个或多个具有相同目标的长期互动、相互依赖的个体组成，群体成员认同自己是群体的一部分(Forsyth，2009)。群体中的个体是有互动的，通过言语或非言语的方式交换信息。群体中的个体也是相互依赖的，这种相互依赖可以体现在情感方面，也可以体现在任务完成方面。成员会在必要时为对方提供情感支持，有时为完成某任务彼此合作，共同努力。群体的存在应有一定理由，群体中所有成员应拥有共同目标，并且成员具有群体认同感，认为自己和其他成员同属群体。

根据互动性、依赖性和目标认同这三个标准，可以将真正的群体和纯粹的多人集合相互区分开来。需要说明的是，在理论和实践中，团队(team)的概念经常与群体混用。具体而言，群体的概念相对松散和宽泛，而团队则强调严格满足上述三个标准。

群体中的角色、边界、规范、地位、权威是我们观察群体的一些常用维度。当这些维度相互交织、共同影响群体的行为时，我们需要借助群体动力(group dynamics)这一概念来描述这种复杂的、动态的、交互影响的过程。群体动力指的是一个群体的态度和行为模式。随着时间的推移，不同的群体会逐渐形成自身的群体动力模式和特点。

11.3　理论基础

11.3.1　场图

哈佛大学心理系教授贝尔斯(Bales，2000)认为，任何一个行为都发生在一个更大的背景之中。任何一个行为都是一个相互影响的场(interactive field)的一部分。贝尔斯进一步指出，为了理解行为的模式并且为了成功地影响行为，我们需要理解行为所发生的更大的背景——个体的、人际的、群体的和外部的情境。

个体在支配、友好以及对权威的接收这三个维度上的差异是根本性的，因此，根据群体中其他成员的评价，每个群体成员都会在这三个维度上有得分，根据他们的分数，确定他们的形象在场图（field diagram）中的位置和大小。场图显示了成员彼此之间的关系以及他们与群体情境之间的关系。

场图可以反映群体中每位成员的三种基本特征：(1) 支配（dominance）-服从（submissiveness），(2) 友好（friendliness）-不友好（unfriendliness）(3) 接受权威（acceptance of authority）-不接受权威（non-acceptance of authority）

上述每种维度都是一个连续体上的两个极端。场图中有两条垂直相交的刻度轴，交点即场图的中点，是两条轴的原点。横轴表示友好-不友好维度，原点以右表示友好（又称为 positive，用 P 表示），原点以左表示不友好（又称为 negative，用 N 表示），轴的最右端和最左端代表友好-不友好维度的极端。

纵轴表示接受权威—不接受权威维度，原点以上表示接受权威（又称为 forward，用 F 表示），原点以下表示不接受权威（又称为 backward，用 B 表示），轴的最上端和最下端代表接受权威-不接受权威维度的两个极端。

由于上述介绍的场图是平面图，原本属于第三个维度的支配-服从维度在平面场图中以圆圈的大小代表成员的支配-服从性。图中的大圆圈代表支配（又称为 upward，用 U 表示），小圆圈代表服从（又成为 downward，用 D 表示）。需要特别注意的一点是，这三个维度是相互独立的，只知其中一个或两个维度的数据无法推断出余下维度的值。某成员可能被认为不接受权威，但并不妨碍他人认为其很友好。因此在分析场图时应综合考虑这三个维度。

简而言之，群体成员在场图中是用圆圈来代表的。成员在场图中的大小和位置取决于群体中所有成员对该个体的行为和价值观的评价。其中，支配性维度是用圆圈的大小来表示的。而友好维度和对权威的接收程度分别可以在场图中用纵坐标和横坐标表示（见图 11.1）。

在详细介绍场图之前，我们先看一下场图背后的理论，即极化和统一理论。

11.3.2 极化和统一理论

极化和统一理论是用于解释人们在场图中的位置和大小以及集群关系的一个重要理论（polarization and unification theory）。所谓极化的倾向，是说人类倾向于将他们认为好的事物和不好的事物尽可能地拉开距离。由于场图代表着群体中的所有成员对每个成员的评价，因此，由这些评价所得到的群体成员之间的关系将

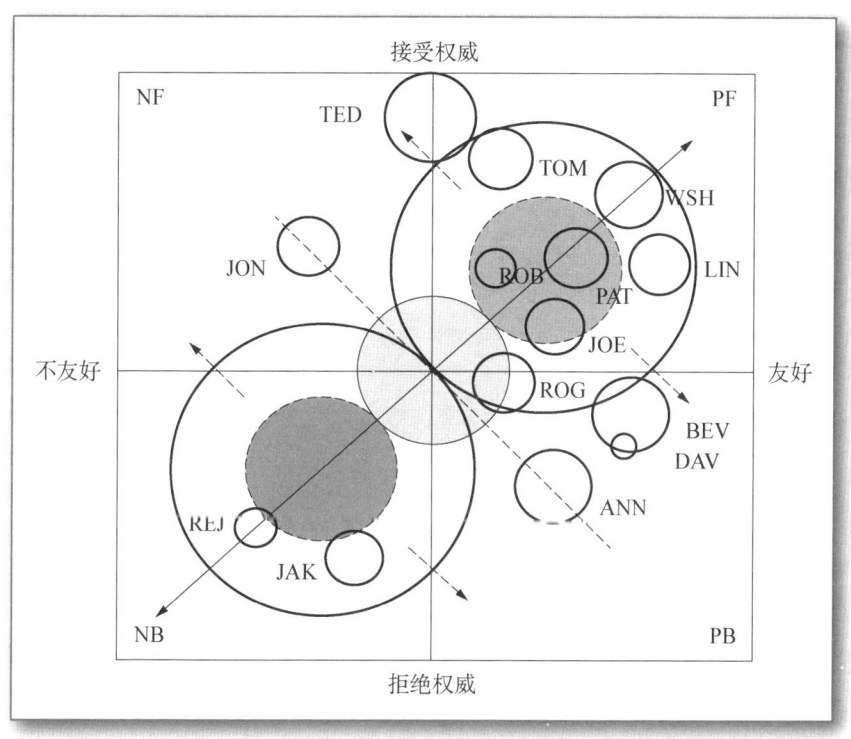

图 11.1 某群体场图示例
来源：Bales，1999。
注：P（positive）——积极；N（negative）——消极；F（forward）——向前；B（backward）——后退。

会出现极化的现象，即好的成员和不好的成员会集中在不同的象限。在图 11.1 中，极化线就代表了这样一个现象，群体中的成员被归为两类，两个极端。所谓统一指的是人们倾向于将好的事物尽量紧密地聚集在一起，而将不好的事物尽量紧密地聚集在一起。在上面这张图中，统一体现在，好的成员紧密地聚集在参照圈（reference circle），而不好的成员则密集地集中在对立圈（opposite circle）。

下面我们来仔细分析一下这个场图的例子。

这个场图是贝尔斯曾经研究过的一个真实的团队，该团队由 12 个团队成员组成。其中 WSH 代表的是成员所认为的理想中的团队成员形象，而 REJ 代表的是成员所反对的成员形象。

三种基本特质

在图 11.1 中，支配—服从维度是以圆的大小来体现的，TED、BEV 和 ANN 这三个人比其他人的圈都要大，而 TED 是最大的。这说明，TED 是被群体成员感知为最具主导性的成员,ROB 和 DAV 的圈最小,表明群体成员认为他们是最顺从的成员。

在图中的友好-不友好维度上,自私的和自我保护的行为被认为是不友好的行为,而公平的、合作的和保护他人利益的行为被认为是友好的行为。在这个图中,最友好的人是 LIN。而 JON 和 JAK 被认为是自我中心的和个人主义的。

在图中接受权威—不接受权威维度上,TED 和 TOM 被认为是最尊重权威以及权威所界定的团队成员。TED 和 TOM 的区别在于 TOM 更友好。相反,ANN 和 JAK 对于权威所界定的团队任务漠不关心或者甚至可能是反对权威的。ANN 和 JAK 的区别在于,群体成员认为 ANN 是友好的。

覆盖图

覆盖图(overlay)是依据象征群体成员的圆圈和三个维度进一步加工而成的分析图,其基于群体成员的行为特征,在一定程度上进行抽象整理,覆盖在原图之上,便于对群体进行更简明的分析。如图 11.1 所示,覆盖图包含以下几个部分:

对立圈　两个彼此外切的大圆,其中,大部分位于接受权威和友好象限的圆被称为参照圈(reference circle),而大部分位于不接受权威和不友好象限的圆被称为对立圈(opposite circle);

极化线　一条同时过两个大圆圆心的直线,线两头均有箭头,名为极化线(line of polarization);

均衡线　一条垂直平分极化线的虚线,名为均衡线(line of balance);

核心圈与边缘区　每个大圆内分别有一个虚线圆圈,覆盖最具代表性的个体,称为核心圈(inner circle),而大圆以内小圆以外的部分则为边缘区(marginal area);

侧极化线　指向大圆外的虚线箭头,即侧极化线(lateral line of polarization)。

不同群体的覆盖图是不尽相同的。一个绩效良好的团队,往往有更多的成员落入参照圈内,而不是对立圈内。在最有效的团队中,没有人会落在对立圈内。在这个例子中,PAT、ROB、JOE、TOM、LIN 和 ROG 属于参照圈,而 JAK 则属于对立圈。如果有多个人落在对立圈内,那么对立圈可能会形成一个子群体,并且可能有自己的领导。

团队中还存在摇摆区,即处于参照圈和对立圈各自内部的核心圈中间的小圆圈,在场图的中央,与参考圈和对立圈的边缘区均部分相交。ROG 在很大程度上落入了摇摆区。一般而言,顺从的成员如果落入摇摆区,将会非常纠结,他们实在不知道该投靠何方,因此他们希望自己能够在大家眼中消失;而其他的成员在这个区域中可能很显眼,也可能很强势,但是他们给其他成员的信号是模糊的,参照圈和对立圈都不确定他们会扮演什么角色。

处于平衡线上的成员往往致力于协调双方的关系,但是,当双方争端加剧的时候,平衡区上的成员也可能被当作替罪羊。在这个例子中,JON 可能会成为替罪羊;而 ANN 可能成为两组之间的协调人。因为 ANN 可能在一定程度上都被双方所接受,而 JON 则被双方所离弃。

即使在参照圈和对立圈内部,也存在差异,那些更代表这个圈核心价值的成员被列为核心圈,例如 ROB、PAT 和 JOE,他们形成了一个合作的子群体。而 TOM、LIN 和 ROG 尽管在不同程度上被核心圈的人所接受,但是他们可能和核心圈的成员存在不同程度上的冲突,因此,他们属于参照群体中的边缘区。边缘区的成员们有分裂的可能,因为他们的价值观可能存在比较大的差异,PAT 的位置意味着他可能在一定程度上可以作为协调人缓和他们之间的矛盾。但并不确保可以缓解他们的矛盾,因此,边缘区的成员有可能将参照群体分裂为两方面的势力,并且和极化线垂直的这两个对立箭头的线就代表了这种分裂的危险。TOM 很显然马上就要离开参照区,而 TED 显然已经处于参照区之外,而且很可能与 BEV 和 DAV 存在重大分歧和矛盾。

即使是非常有效的群体,也往往有微弱的极化倾向。在最有效的工作团队中,大多数成员会落入左上角这个象限——友好的、任务导向的这个区域。这个区域中的成员接受既有的权威以及群体的发展方向。贝尔斯的场图是一个非常有效的工具,帮助我们理解群体成员之间的关系及其行为。场图背后的极化—统一理论更是抓住了群体动力的一个核心特点,即任何一个群体都存在分裂和统一的矛盾。

11.4 群体研究模型、方法与实验范式

11.4.1 群体动力研究的多水平模型

群体动力除受到成员个体因素的影响外,同时还受到诸如群体规模、性别构成、互动过程、规范和领导等群体因素,以及组织氛围、组织文化等组织层面因素的影响(Bliese 和 Hanges,2004;Kenny 和 La Voie,1985;Mathieu 等,2008)。然而,大量群体研究没有考虑群体的层级本质特征(Chen,Bliese,和 Mathieu,2005;Hofmann 和 Gavin,1998),建构的模型往往基于单一分析水平(例如:个体水平,群体水平或组织水平),为满足统计上的独立观察原则,研究者往往通过实验设计避免成员互动,或在统计中刻意忽略其他水平因素的影响,这样的操作一方面降低了群体研究的效度,把其他水平因素造成的误差混入残差项中,增大了统计推论的风险;另一方面也降低了研究挖掘数据中隐含的多个水平间变量关系的效力。

近 30 年来,随着群体相关理论的深入和统计技术的发展,群体研究者越来越

关注真实的群体互动过程,在研究中倾向于采用包含两个及以上分析水平的研究设计。例如,陈(Chen 等,2005)分析了团队水平的动机过程与个体水平动机过程之间的同构关系;赫斯特等人(Hirst 等,2011)探究了团队情境因素对个体水平上目标寻求与创造力之间关系的调节作用;巴里克(Barrick 等,2007)发现高管团队的沟通和凝聚力能够正向预测组织的经济增速。

对于群体研究,多水平分析的思想既关注了数据本身,又有效地利用了隐藏在数据中的信息,即环境或群体效应,同时考察了团队的微观、中观和宏观视角。相对单一水平的研究设计,多水平设计在提高推论正确率的同时,能够有效地探究不同水平上变量间的关系,这对于丰富和拓展群体知识,增进对群体活动规律的了解具有很大的优势,因此,采用多水平设计必将成为群体研究的发展趋势。

这部分将介绍群体研究中多水平设计的理论框架,列举群体研究领域中四种类型的多水平分析模型及其应用举例,并概括群体多水平研究的发展趋势。

群体研究多水平设计的理论框架

多水平设计思想源于组织系统理论,即将群体看作一个动态的开放系统,群体拥有超越个体集合的特征,同时群体又不断地与组织环境发生着交互作用。群体研究的多水平设计基于群体的层级本质,在一个研究当中同时纳入两个或两个以上的分析水平,构建多水平分析模型(如图 11.2),试图将变量间的关系分解到不同的分析水平进行探究。受到组织系统理论的启发,群体研究的多水平设计主要关注三种形式的跨水平变量关系。

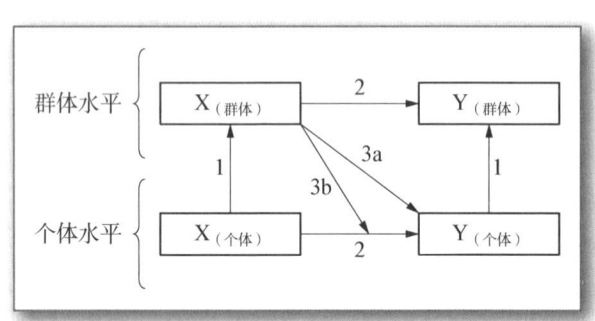

图 11.2　群体研究多水平设计的基本框架

路径 1 代表聚合或突生关系,即群体特征取决于个体特征的聚合,却不等同于个体特征的简单相加。换句话说,群体水平的构念特征不仅取决于个体水平构念的数值高低,还取决于个体水平构念的聚合方式。

变量聚合的方式可以按照高水平与低水平变量间关系的复杂程度划分为简单

构成关系(composition process)与复杂关联关系(complication process)两种类型。简单构成关系假设个体水平的数据具有可比性(例如顺序数据、等距数据、等比数据),且每个个体成员对高水平变量的贡献是相等的(Mathieu等,2008),在此基础上,再采用简单的统计规则对个体变量进行聚合来估计群体水平的变量,例如采用个体数据的平均值或标准差来表示群体水平的变量。与简单构成关系不同,复杂关联关系代表高水平的变量并不是对低水平变量的简单描述性统计,高水平现象是低水平现象的复杂聚合而产生的突生状态(emergent state),在这种关系中,个体水平的数据类型不再受限,也不再假设每个个体对群体水平变量的贡献相同,例如,团队绩效可能被团队中最没有竞争力的队员拖累,而非受群体成员能力均值的影响(Kozlowski 和 Klein,2000)。

在群体研究中,采用不同的聚合方式进行模型建构将得到完全不同的结论。研究者陈等(Chen等,2005)结合前人研究,将各种形态的聚合关系划分到六类聚合模型当中,分别为分数模型(selected score model)、总结索引模型(summary index model)、共识模型(consensus model)、参考上升模型(referent-shift model)、分散模型(dispersion model)、合属性模型(aggregate properties model)等,在不同的模型中,高水平变量的测量可能在高水平进行,也可能在低水平进行;高水平变量的分数可能取自于低水平分数的平均值、标准差,也可能取自低水平分数的极值(Chen等,2005)。研究者要针对不同的理论假设,根据情况选择合适的聚合模型和数据采集统计方法。

路径 2 代表多水平同构关系,即在不同的分析水平上,构念之间存在着相似的关系。换言之,在个体水平上,构念之间存在的关系在群体层面或组织层面仍然成立。例如,陈指出工作动机与工作绩效之间的关系存在跨水平的相似性,即在个体水平上,个体工作动机可以正向预测个体绩效,同时在群体水平上,团队动机也相似地正向预测团队绩效(Chen 和 Kanfer,2006)。

多水平同构关系的构建基于两个假设,一是不同水平上的构念之间需具有理论相似性,即基于路径 1 的存在,要求变量及变量间的关系在不同的水平上拥有相同的内涵;二是在多个水平上获取的变量间关系具有可比性,即变量拥有相同的可比较数据类型(顺序数据、等距数据、等比数据)。例如在上例中,个人动机与团队动机、个人绩效与团队绩效之间具有高度的理论相似性,团队水平的变量可以由个体水平的变量聚合构成,在两个水平上所关注问题的实质皆为动机对绩效的影响;同时动机与绩效在两个水平上皆采用等距数据,变量间的关系具有可比性。

路径 3 代表跨水平影响关系,即某一分析水平上的结果变量或变量间的关系受到来自其他分析水平变量的影响。这种关系有两种形式,一种是对结果变量的直接影响(3a)，另一种则是对变量间关系的调节作用(3b)。同时,这种跨水平的影响可以是自上而下的影响,也可以是自下而上的影响。

因此,跨水平影响关系具有很多不同的类型,根据影响方向的不同,直接影响关系可以划分为向上影响关系和向下影响关系,分别表示在具有多个分析水平的整体中,不同水平变量间的自上而下影响作用和自下而上的影响作用;跨水平调节作用也存在影响方向。虽然目前人们开始关注低水平变量对高水平变量产生的作用,但以往研究中仍然以关注自上而下影响的关系居多。

在多水平设计当中,以上三种形式的关系可以共存于一个模型之中,某一分析水平上,变量间的关系也更为复杂,往往包含中介变量和调节变量,所有的变量间都可能存在跨水平的相互关联,但其实质即对以上三种形式关系的整合。群体研究者需要根据研究问题选择适当的分析水平,将变量间的关系分解到不同的分析水平。以上述三种关系路径为基础,群体研究中主要有下述几种不同类型的多水平分析模型。

群体研究多水平模型的主要类型

由于社会现实的复杂性与理论建构需求的多样性,群体研究中的多水平模型建构非常灵活。不同类型的多水平模型解答的理论问题不同,对开展多水平研究的条件要求也不一样。

多水平同构模型(multilevel homology models)该模型重点关注不同分析水平上变量间关系的相似性,即考察理论在各分析水平上的普适性。此类模型要求图11.2中的路径1和路径2同时存在,且要求不同水平的变量之间具有相同或相似的意义。

以陈、托马斯和华莱士(Chen，Thomas,和 Wallace，2005)的研究为例。该研究对效能感、自我监控和绩效之间的关系进行多水平检验,考察以上三个变量间的中介关系是否在个人和群体分析水平上同时成立。研究者首先将研究划分为个体和群体两个研究水平,并在不同的研究水平上对考察的构念进行了定义。自我效能(self-efficacy)指相信个人的能力能够完成某项任务,或达到某个要求。集体效能(collective efficacy)指一个群体共享的组织能够完成某项任务的信念。自我效能和集体效能之间的聚合并非简单相加,而是在对两个因素的测量过程中采用参考上升模型,参照标准从"我"变成了"我们",因此需要对同一构念在两个水平上的变量分别进行测量。同样的,作为中介变量的自我监控以及作为因变量的任务绩效也分别需要在多水平上得到构建与测量。结果表明,效能感能够有效预测绩效,而这种关系是通过自我监控的中介发生的,这种关系同时存在于个体水平和群体水平上。此研究中,个人和团队水平具有相似的理论,多水平同构模型能够概括各个水平的模型(见图11.3)。

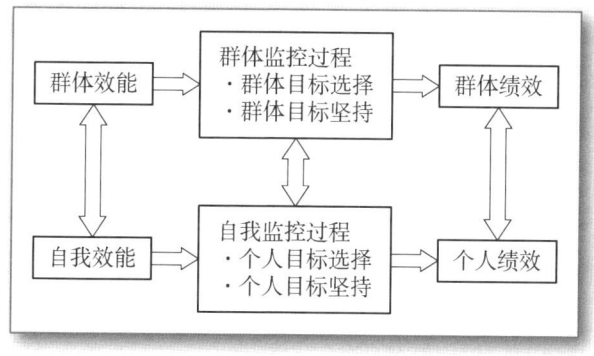

图 11.3　多水平同构模型
来源：Chen，Thomas 和 Wallace，2005。

建立同构模型的关键在于建构多水平构念，也就是将需要研究的构念关系分配到不同的分析水平进行定义和检验。

向上／向下影响模型（upward influence/downward influence models） 该模型关注某一水平上的中间变量或结果变量所受到的来自其他水平变量的影响。此类模型在关注图 11.2 中的路径 1 的基础上，还关注了路径 3a。陈（Chen 等，2007）进行了领导、授权及绩效间关系的多水平研究，希望了解在真实情景中，在个人和团队水平上，领导、授权及绩效之间的关系。研究者们对参与研究的 31 个商店中的 62 个团队共 445 名普通成员，以及 62 名团队领导者和 31 名经理进行了领导、授权和绩效的测量。

领导在团队水平上的指标为领导氛围（leadership climate），个体水平上的指标为领导—成员交换（leader-member exchange，LMX）；授权和绩效的测量也分个人和团队两个水平。结果显示了在个体水平和群体水平上，变量间的显著关系（见图 11.4）：在个体水平上，领导—成员交换与个人绩效间呈正相关，而个人授权起到中介作用；在团队水平，团队领导力与团队绩效间也呈正相关，而团队授权同样起到中介作用。除了以上路径 1 和路径 2 的关系外，个体与团队水平间还存在跨水平影响关系：团队授权对个人授权有直接的正向影响，同时团队授权在个体授权对个人绩效的影响中起调节作用。这里，团队授权对个人授权的影响就是向下影响。

向上影响模型与向下影响模型类似，只是影响的方向从低水平变量指向高水平变量。但在建构向上影响模型的过程中，要尤其注意避免与聚合突生模型（emergence models）发生混淆。两种模型均涉及变量从低水平向高水平的作用，但不同的是，聚合突生模型要求影响与被影响的两个水平上的构念必须存在内在一致性的联系，因此，聚合突生模型是一种特殊的向上影响模型（见图 11.5），个人水平的

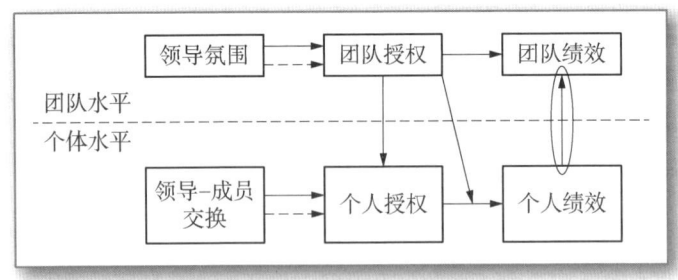

图 11.4 多水平向下影响模型
来源：Chen 等,2007。

X 变量对团队水平的某一个(X，Y，Z……)变量有影响,称之为向上影响模型;而只有当个人水平的 X 变量对团队水平的 X 变量有影响时才被称为聚合突生模型。

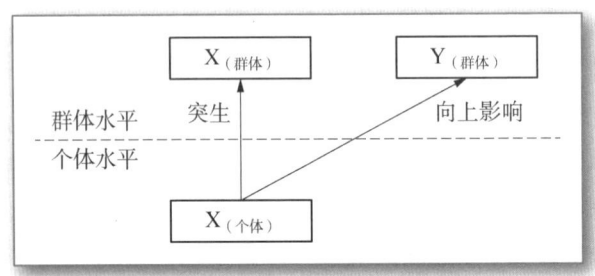

图 11.5 聚合突生模型与向上影响模型

跨水平调节模型(cross-level moderation models) 该模型关注同一水平变量间关系受到其他水平变量的调节作用(路径 3b)。此类模型中往往也包含图 11.2 中的路径 1 和路径 2,并与向上/向下影响关系共存,如上例中团队授权对个体授权存在向下影响作用的同时,还对个体授权与绩效间的关系存在调节作用。

以巴哈拉赫和班伯格(Bacharach 和 Bamberger,2007))对应激事件以及事后保护的研究为例。研究发现,参与过 911 事件救援的纽约消防员因不同程度的参与,事后出现了不同程度的创伤性应激障碍,进而导致了消极的情绪状态。在个体水平上,创伤性应激障碍对救援参与程度与消极情绪状态之间的关系起到中介作用。而在 911 事件之后的很长一段时间,消防员所在群体的保护氛围则对个体水平的"参与—应激—消极"过程起着缓解作用。也就是说,群体水平的保护措施能够对个体水平的不良反应进行调节(见图 11.6)。

多水平增长模型(multilevel growth models) 随着群体研究理论的发展,研究的分析水平已经不再局限于横断的个体、群体和组织三个层级的划分,而且延伸到

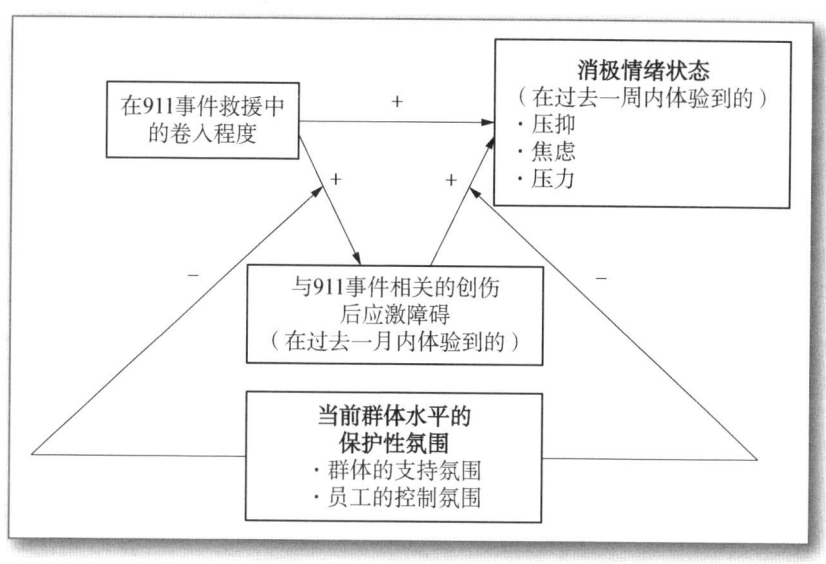

图 11.6　跨水平调节模型
来源：Bacharach 和 Bamberger，2007。

了对时间和节奏在群体互动过程中所发挥作用的探讨（Ballard，Tschan，和 Waller，2008）。伊尔根（Ilgen 等，2005）在 IMO（input-mediator-output）模型对团队层级水平划分的基础上，考虑了时间发展在团队互动过程中发挥的作用，前一时段的互动结果随即成为下一阶段的输入变量并对整个团队产生影响，发展成为 IMOI（input-mediator-output-input）模型。研究者也提出了基于时间框架的团队过程模型，将团队看做一个能够同时执行多个任务的单元，将团队过程看作为完成团队最终目标而存在的各个阶段，团队过程在每个阶段中都是一个 IPO 过程（inputs-processes-outcomes）（Marks，Mathieu，和 Zaccaro，2001）。IMOI 模型和基于时间框架的团队过程模型，揭示了团队互动过程的动态循环实质，证明了时间和节奏在群体研究中的重要性。

在考察时间和节奏的群体多水平研究当中，除了要求构建个体、群体、组织三个分析水平之外，还需要考察各个变量随时间变化的情况，即把各个水平上变量在不同时间的取值作为低一层级的分析水平进行研究，这类与时间发展相关的模型被称为多水平增长模型。

多水平增长模型是描述变量间关系随时间发展的重复测量模型，关注变量间关系是否会随着时间的发展而有所变化，也就是将时间作为一个预测变量进行研究。相当于在设计中采用图 11.2 中的路径 1 和路径 2，只是变量分析的水平划分更加复杂，将对变量多次测量的结果作为低层级的变量进行处理，然后检验个体内水平的变量间关系是否在个体水平上稳定存在,或是变量间关系会随着时间发展而发生显著变化。

在实际研究中,多水平增长模型往往与跨水平的相互影响模型共存,构建出更加复杂的多水平分析模型。以陈(Chen)对团队中新来者适应的多水平研究为例,研究建构了三个层次的分析水平:个体水平、群体水平和组织水平,而三个水平的变量均涉及对不同时间点的多次测量。新成员的个体适应这一构念被界定在个体的重复测量水平之上,通过测量个体适应性绩效的变化获得,即对新来者初始绩效和新来者绩效提升两个变量的测量;同时,研究者对群体水平和组织水平的变量也进行了重复测量。研究中涉及的变量间关系既包括自上而下的影响,也包括自下而上的影响,该研究通过构建多水平增长模型,来检验以上关系是否会随时间发展而发生显著变化。

近年来,多水平分析思想被越来越多的研究者采纳,尤其在教育、卫生、社会等研究领域,多水平分析已经成为主流的研究设计思想;同时多水平分析的思想和统计技术也日趋成熟完善,形成了一系列模型建构和数据分析框架,研究者可以提出更加精细的问题,深入剖析社会与心理现象和规律。然而,在群体领域,多水平分析思想的应用还相当不足,研究中个体归因偏好依然相当普遍,研究者一贯倾向采用个体水平的规律解释群体现象。群体研究亟需采用多水平分析视角,以提高研究结果的生态效度和推论的准确性。

11.4.2　群体研究的观察编码

群体动力研究的观察编码的方法将每种团队行为归入客观界定的类型当中。首先,研究者确定对哪些行为进行追踪,然后对准备编码的每种类型的行为进行明确的描述,接着,他们依据这些行为定义,在对团队进行观察的过程中,将团队的行为划分为最小行为单元,并仔细记录这些目标行为的发生及其频率。哈佛大学教授罗伯特·贝尔斯是团队研究描述模型的代表人物,他整个职业生涯都在致力于回答一个问题:"人们在团队中做了什么?"他通过对既有的、自然存在的团队进行自然观察,以及对在自己实验室中组建的团队进行更近距离的有控制的观察,发现团队内部行为的多样性。贝尔斯基于均衡理论提出,可以将千变万化的团队互动归为两种基本的类型:一种是关系互动;一种是任务互动(Bales,1951)。所谓关系互动,指的是团队生活中人际的、社会性的一面。例如如果团队成员遇到困难并且需要帮助,其他人给以支持、建议或其他形式的帮助。这些行为维系或损害了团队成员之间以及成员与整个团队之间的情感纽带。所谓任务互动,则指的是所有关注团队工作、项目、计划和目标的团队行为。

通过多年的观察和研究，贝尔斯形成了群体互动过程分析的编码框架。如表11.1所示，该框架将团队行为划分为12个类别：其中6个类别（1—3和10—12）属于社会情感互动，这种类型的行为起着维系或削弱团队内人际纽带的作用，例如表扬其他团队成员属于积极关系互动，而激怒其他团队成员则属于消极的关系互动；另外6个类别（4—9）则属于任务互动，例如就团队所面临的问题提供和询问方向、观点以及建议（Bales，1950）。

表 11.1

		观察中所使用的分类体系及其相互关系	
正面的社会情绪	A	1. 显示团结，抬高他人，给予帮助，提供奖励：	f
		2. 显示放松，开玩笑，发出笑声，表达满意：	e
		3. 表达赞同，显示被动的接受，理解他人，表达帮同，遵守规则；	d
中性的任务工作	B	4. 提供建议，确立方向，向他人暗示领导地位：	c
		5. 提供意见，做出评价，进行分析，表达感受，提出愿望：	b
		6. 提供方向和信息，复述观点，澄清疑问，证实猜测：	a
	C	7. 寻求方向和信息，请求他人复述和确认：	a
		8. 寻求意见、评价、分析和情感的表达：	b
		9. 寻求建议、方向和可能的行动途径：	c
消极的社会情绪	D	10. 表达反对，显示被动的拒绝，表现拘束，拒绝提供帮助：	d
		11. 显示紧张，寻求帮助，退出互动：	e
		12. 显示对立，打压他人，为自己申辩或固执己见：	f

来源：Bales，1950。

注：

a 定向层面　　　　　　　　　　　A 做出积极的反应
　（problems of orientation）　　　　（positive reactions）

b 评价层面　　　　　　　　　　　B 尝试回答问题
　（problems of evaluation）　　　　（attempted answers）

c 控制层面　　　　　　　　　　　C 提出问题
　（problems of control）　　　　　（questions）

d 决定层面　　　　　　　　　　　D 做出消极的反应
　（problems of decision）　　　　　（negative reactions）

e 紧张减轻层面
　（problems of tension reduction）

f 重新整合层面
　（problems of reintegration）

贝尔斯认为,任务相关的六个类别中,类型 6 和 7 往往解决团队的定向问题,即团队中的成员各自就团队的任务了解一些信息,但是对完成任务相关的事实还存在很大程度上的不确定性和不了解的问题;类型 5 和 8 的行为往往解决的是评价的问题,所谓评价问题指的是团队成员往往拥有不同的价值观和兴趣点,而团队所面临的解决问题方案的选择可能涉及对不同的价值观和兴趣的选择,团队所选择的价值观不同,对于所占有的信息的评价结果就相应的会有所不同;类型 4 和 9 的行为往往解决的是控制的问题,即团队成员之间的控制以及对共同的外部环境的控制。在团队发展的过程中,团队往往会从相对重视定向问题,逐渐转为重视评价和控制的问题,与此同时,积极的反应和消极的反应在这个过程中都会逐渐增加。

除贝尔斯建构的 IPA 分析框架外,其他研究者基于不同的理论,也提出了多种群体互动行为的维度划分方法,以及配套的群体互动过程分析系统(何铨,2009)。如研究者认为可以依据互动的功能,将群体互动行为分为与结果功能相关及与结果功能无关两个大类,其中与结果功能相关又包括内容和过程两个方面(Futoran,Kelly,和 McGrath,1989)。赫诺卡沃(Hirokawa,1982,1988)在功能观点的基础上提出了功能—导向互动编码系统(function-oriented interaction coding system,FOICS)。FOICS 将群体互动过程划分为操作过程、分析问题、形成解决方案和对方案的评估等四个大类,每大类又都包含了 12 个次类别:介绍、重述、发展、证实、修正、同意、不同意、总结/综合、询问观点、寻求赞成、要求澄清、要求总结/综合。FOICS 更适合于对任务型团队进行编码,因为其更加关注成员行为对团队绩效的影响。

另外,其他研究者通过研究群体互动模式与群体解决问题绩效之间的关系,将群体互动划分为建设性互动、消极性互动和攻击性互动这三种模式(Cooke 和 Szumal,1994)。贝克和菲什(Beck 和 Fisch,2000)提出,群体过程有三种行为:任务导向互动行为、过程互动行为和社会情绪互动行为。沙尼(Shani,2002)认为群体互动模式有防御性和知识创造性两类。国内研究者刘雪峰和张志学(2005)研究了模拟情境中工作群体成员的互动过程,认为群体互动有着结构互动和人际互动两个维度。

总之,群体互动行为编码系统是一种能追踪群体讨论和群体决策互动的工具。尤其需要强调的是,没有一种编码系统能够完全观察分析群体讨论和群体决策过程中的所有行为,研究者总是基于自己关注的问题选择关注特定的行为。

虽然研究者对群体互动过程的维度划分不同,不同类别的群体互动编码体系之间存在很大差异,但是不同类型群体互动的描述模型具有相同的研究视角,即致力于开发一套编码体系,对团队行为进行分类编码,希望通过对团队行为的分类和对频次等分析,寻找团队互动过程的规律。

11.4.3 群体动力的实验室研究

群体动力的研究也会采用实验室的方法进行。例如,波斯特曼等人(Postmes,Spears,和 Cihangir,2001)研究了群体规范对群体决策质量的影响,他们对比了保持一致的规范(norms for maintaining consensus)和批判性思考的规范(norms for critical thought)对群体决策质量的影响。该研究采用了群体研究领域的一个重要范式:隐藏文档范式(hidden profile),下面先对这一范式进行简要介绍。

隐藏文档范式

在团队拥有的多样信息中,有些信息是全部成员所共有的,这类信息被称为"共享信息"(shared information);另外一些信息是由单个成员所独有,这类信息被称为"非共享信息"(unshared information)。团队要取得高质量的决策结果,需要成员们有效地交流并整合信息,特别是非共享信息,从而对每个决策选项做出更加全面客观的判断,并最终提升团队的决策质量(Lam 和 Schaubroeck,2011)。

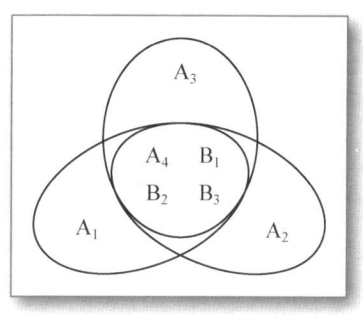

图 11.7 团队中的共享信息和非共享信息示意图

注:假设该团队由三名成员组成,A1,A2,A3 分别为三名成员各自的非共享信息,而 A4、B1、B2 和 B3 为三人的共享信息。

尽管相较于个体,团队在信息占有上存在优势,但大量的研究结果表明,团队对信息的分享和利用程度并不如人们预期的那样有效(Schulz-Hardt 和 Mojzisch,2012)。具体而言,相较于非共享信息,决策团队在讨论中会更加关注于共享信息,即团队讨论中存在"共享信息偏差(shared information bias)"(Schulz-Hardt 和 Mojzisch,2012;Stasser 和 Titus,1987)。共享信息偏差的存在反映出团队在信息分享整合过程中存在偏差,即团队未能充分发挥出个体成员独有信息的重要作用,而是更多地基于所有人都已知的共享信息来进行决策,这就可能导致团队得出的决策结果是偏差或错误的,从而严重影响团队的决策质量,也无法发挥其进行决策的优势(Reimer,Reimer,和 Czienskowski,2010;Stasser 和 Titus,1985)。

对于共享信息偏差的研究绝大多数是基于隐藏文档范式的,该范式由斯塔瑟和提图斯(Stasser 和 Titus，1985)于 1985 年提出。隐藏文档范式为团队决策提供了一种情境模板，能够充分体现相较个体而言，团队获取更好决策结果的潜在优势，因此成为了团队决策研究领域最重要的研究范式之一。该范式的核心目的在于，通过操纵信息分布，在个体层面隐藏决策的最优选项，即每个成员基于其所拥有的信息无法选择出正确选项，而只有当团队汇总了所有成员的信息，才可能做出正确决策。与之相对的是显性文档范式(manifest profile)，在该范式中，个体成员同样只拥有部分决策信息，但个体信息的指向与全部信息的指向相同，即成员仅凭自己拥有的部分信息即可得出正确的决策结果。相较其他范式，隐藏文档范式充分体现了信息分享对于团队决策的重要作用，因此在团队决策研究中得到了广泛的应用。

在隐藏文档范式中，团队需要根据每个成员所获得的信息，在若干决策候选项中(如候选人 A、B、C)，经过讨论取得一致，从而选出最优的决策选项。在团队层面，每个决策选项都包含若干不同效价(积极、消极或中性)的信息。基于全部信息，根据每个候选项所包含信息的效价和条目数，团队可以正确判断出决策任务的最优选项(如 A 拥有最多的积极信息，则为决策最优选项)。在个体层面，团队的全部信息被分散给各个成员，一部分信息由全部成员共有(即共享信息)，另一部分信息由单个或部分成员所独有(即非共享信息)(Stasser 和 Titus，1985，1987)。

在隐藏文档范式的信息分布设计中，最优选项的积极信息通常被设置为非共享信息，消极信息被设置为共享信息；而次优选项的积极信息被设置为共享信息，消极信息被设置为非共享信息。这样使得每个成员在其个人信息中，次优选项的积极信息多于最优选项，从而将个体指向错误的决策选项，实现对正确选项的"隐藏"(Stasser 和 Titus，1985)。

保持一致规范和批判性思维规范对团队绩效的影响

在理解隐藏文档研究范式的基础上，再看波斯特曼关于群体规范对群体决策影响的研究。

在正式实验之前，研究者通过实验操作，促使有些团队形成了保持一致的规范，而促使其他的团队形成了批判性思维的规范。研究结果发现，当群体规范是保持一致时，群体中的成员在讨论之前有 11% 的人做出了正确的选择；在讨论之后有 22% 的人做出了正确的选择，但是 F 检验表明这种决策改善的程度并不可靠，因为差异并不显著。

不过，当群体规范是批判性思维时，群体中的成员在讨论之前也有 11% 的人做出了正确的选择；不同之处在于，讨论之后有 67% 的人做出了正确的选择，而且这种改善在统计上是显著的。

进一步的分析发现,在追求一致组中,群体达成一致结论所需要的平均时间只有 18 分钟,而在批判性思维组中,群体达成一致所需平均时间为 26 分钟。两种类型的群体在对决策的满意度以及群体内聚力方面没有发现显著差异。

总之,该研究发现,群体讨论之后,追求一致的群体所做出的决策比批判性思维的群体要差,而且追求一致的群体更看重群体成员共有的信息。这个研究证明了群体规范对群体决策质量的影响。

11.5 群体动力研究展望

11.5.1 群体动力研究的新技术

团队互动的研究历史悠久,但是,由于研究方法的限制,团队互动主要集中在行为分析上,这些互动行为背后的脑机制却鲜为人知。近年来,世界各国加大了脑神经机制的研究力度,对脑研究技术投入了大量的人力物力,脑成像技术得到了飞速发展,这使得探索多人互动行为背后的脑机制模式逐渐成为可能。

多人交互同步记录(hyperscanning)是指同时、同步地记录多个个体脑活动情况的技术。其实,早在 20 世纪 60 年代,就有研究者提出了多人交互同步记录互动脑的思想。杜安和贝伦特(Duane 和 Behrendt,1965)曾在《科学》(*science*)杂志上发表了一篇文章,他们利用脑电技术(electroencephalogram,EEG)同步记录了双胞胎在实验中的脑电活动,试图证明双胞胎之间可以进行超感官交流。不过,该研究因统计方法缺陷而受到众多质疑。在这之后的近 40 年时间里,由于技术难度大,多人同步脑技术逐渐被人遗忘。

直到 2002 年,研究者首次实现了功能核磁共振成像(functional magnetic resonance imaging,fMRI)的多人交互同步记录,这种互动脑的交互同步记录技术才再次回到了研究者的视野中,并很快成为了脑成像研究的新热点(Montague 等,2002)。在这篇开创性的文章中,研究者利用 fMRI 记录了两名被试在完成"猜猜看"游戏时的脑活动,发现除了运动区之外,在这个过程中,还存在多个其他脑区高的关联性激活。这说明,在游戏中,游戏双方除了因相似的行动而产生运动脑区的同步激活以外,在其他心理活动上,两者也存在着一定的脑活动关联。这一发现令人兴奋,之后,越来越多的研究开始使用这种多人交互同步记录技术,而脑记录设备也从功能核磁共振技术发展到脑电记录,近期延伸至近红外脑成像技术(near-infrared spectroscopy,NIRS),多人交互同步记录技术正逐渐趋于成熟,涉及的研究也更加丰富。

以下通过回顾一些有趣的多人交互同步记录研究实例,介绍如何使用不同的脑记录设备实现多人交互同步记录。

功能核磁共振的多人交互同步记录技术

功能核磁共振的多人交互同步记录技术(hyperscanning for fMRI)是最早被研究者们所认可的,自蒙塔古(Montague 等,2002)的研究之后,80%的社会认知脑神经研究都采用了核磁共振成像技术进行多人交互同步记录(Babiloni 等,2012)。利用核磁进行多人同步记录的难点在于,它需要在同一地点将多个不同的仪器设备连接在同一个局域网内。此外,不同核磁仪器的参数差异会造成数据的变异,因此,需要采用特殊的、不依赖于信号放大器的信号处理技术,这种信号处理技术是分析不同大脑之间关联性的关键所在。同时,还需要引入一个 MR phantom 的仪器,为区分信号的变异来源提供模型。为实现数据的同步,还应该有一个专门的电脑服务器保证每个 fMRI 的时间一致。图 11.8 和图 11.9 为 fMRI 多人交互同步记录的设备示意图。

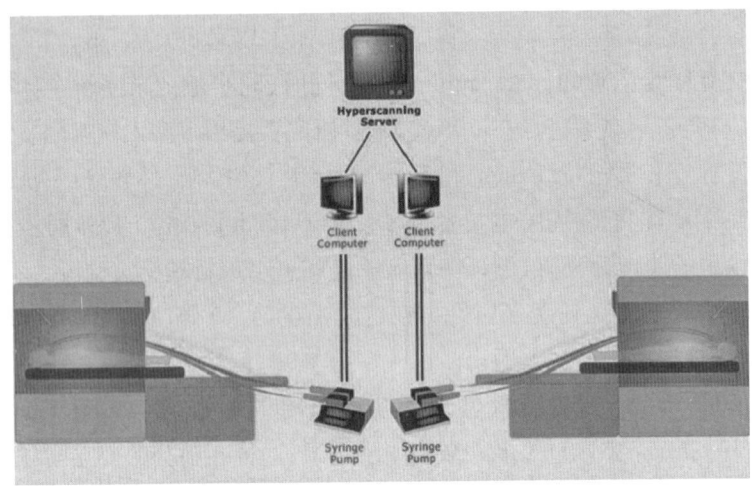

图 11.8　fMRI 多人交互同步记录设备示意图
来源:Montague 等,2002。
注:hyperscanning Server——超扫描服务器;Client Computer——客户端计算机;Syringe Pump——注射泵。

在蒙塔古的研究之后,2005 年,研究者(King-Casas 等,2005)以 48 对被试为对象,进行了多人交互同步核磁记录,发现在信任游戏(trust game)中,游戏双方的尾状核(caudate nucleus)激活有较高的相关,这种相关可能与"信任意图"有关,尾状核可能在评估对方决策的公平性以及是否以信任并回报对方的决定上起到作用。之后,汤姆林(Tomlin 等,2006)继续探索了被试在信任游戏中的脑互动情况,

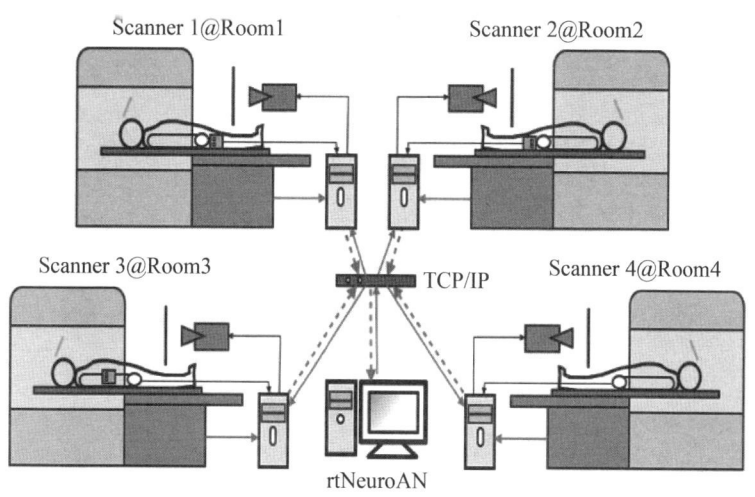

图 11.9　fMRI 多人交互同步记录设备示意图
来源：http://neuroimage.yonsei.ac.kr/research.html。
注：Scanner Room——扫描室；TCP/IP——传输控制/网络通讯协定；rtNeuroAN——脑成像数据采集装置

发现扣带回在被试的互动中起到关键作用，双方做出行为反应时，扣带回在脑激活上出现一个系统性的空间变化。这两个有关信任游戏中互动脑机制的研究均发表在《科学》杂志上，为揭示公平与互惠的社会互动机制提供了重要的研究依据。

除了在经济决策中应用多人交互同步记录技术探索互动双方的脑连接机制之外，近几年来，有研究者开始关注比较基本的社会互动过程中的脑互动，例如：情绪识别(Anders 等，2011)、眼神交流和注视跟随(Saito 等，2010)等。安德斯等人(Anders 等，2011)发现，当情侣识别面部表情时，表情交流能够引起情侣双方共同的脑激活模式，两人的前颞叶、脑岛以及躯体运动区域都有相同的激活模式。

脑电的多人交互同步记录技术

相对核磁设备，脑电设备更加简单小巧，因此，很容易实现多个脑电设备同时在同一个实验室中使用，这大大减少了多人脑电同步记录的"同步"难题。由于不同设备之间的距离很近，因此既可以使用一个外接同步设备实现不同脑电仪器的同步问题，也可以将多个脑电仪器的数据直接输入到同一个数据接收器中实现同步。要注意的是，这些脑电仪器的采样率要保持一致，避免局域网可能产生的振荡干扰，并配备同样的信号触发器，信号放大值固定，以解决不同设备灵敏性差异的问题(C. Babiloni 等，2012)。近几年，由于眼电与肌电过滤技术的发展，目前可以利用这些过滤器很好地将脑电数据中的眼动与肌肉运动产生的干扰过滤掉，这也为脑电技术实现多人交互同步记录提供了便利(C. Babiloni 等，2004)。

第一个比较有影响的研究是由巴比洛尼等(F. Babiloni 等，2006)完成的。在

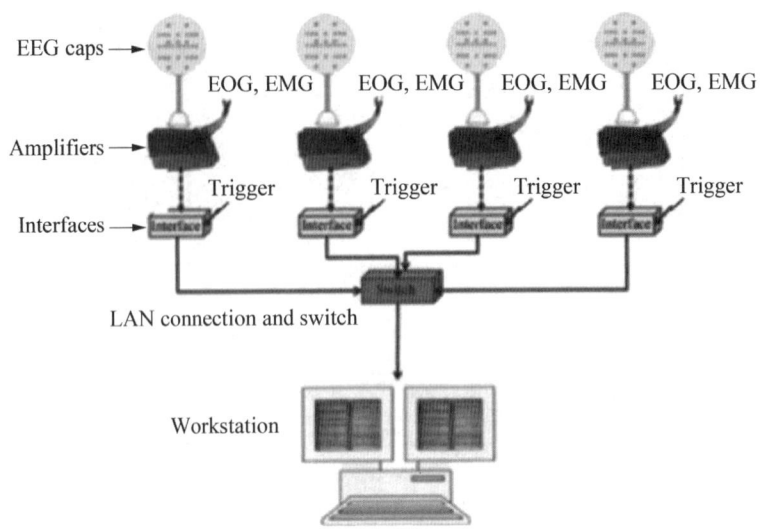

图 11.10　EEG 多人交互同步记录设备示意图
来源：Babiloni 等，2011。
注：Amplifiers——放大器；EEG caps——脑电帽；EMG——肌电；EOG——眼电；LAN connection and switch——局域网连接和交换器；interfaces——接口；trigger——触发装置；workstation——工作站

这个研究中，4 个被试共同完成一个名叫"tressette"的意大利纸牌游戏，游戏中，4 人两两组队，两队相互抗衡，因此，对内成员要相互合作，对外成员要相互竞争。结果发现，队友之间的前额叶与前扣带回在游戏开始阶段有较强的连接。之后，巴比洛尼再次利用 EEG 多人交互同步技术探索了囚徒困境（prisoner's dilemma）游戏中个体互动的脑机制过程，结果发现，背外侧前额叶和眶额区在游戏阶段的激活程度特别高，特别是在背叛条件下，这些区域的激活尤为明显（F. Babiloni 等，2007）。

随后，阿斯托尔菲（Astolfi 等，2009）的研究团队继续利用 EEG 多人交互同步记录技术探索囚徒困境中的互动脑机制，结果发现，在合作条件下，互动双方在前额皮层区有一个显著的关联性激活，但在背叛条件下却没有发现这种激活，同时他们也发现了游戏双方前额叶与眶额区在游戏中有一个强的关联性激活，这与巴比洛尼等（2007）的发现是一致的。

与 fMRI 技术一样，EEG 多人交互同步记录技术也被应用到除经济决策以外的其他领域的研究，其中比较有意思的是对多人奏乐的同步脑机制的研究。研究者要求两名被试在节拍器的提示下同步进行吉他演奏，发现两人进行同步吉他演奏时，双方的前额叶皮层的 theta 波在两脑之间存在节律性的连接（Lindenberger 等，2009）。巴比洛尼等（2011）也对多人奏乐进行了研究，他们发现，当被试报告更高的移情时，被试的右腹侧前脑回的 alpha 波的激活更加强烈。除了同步奏乐外，

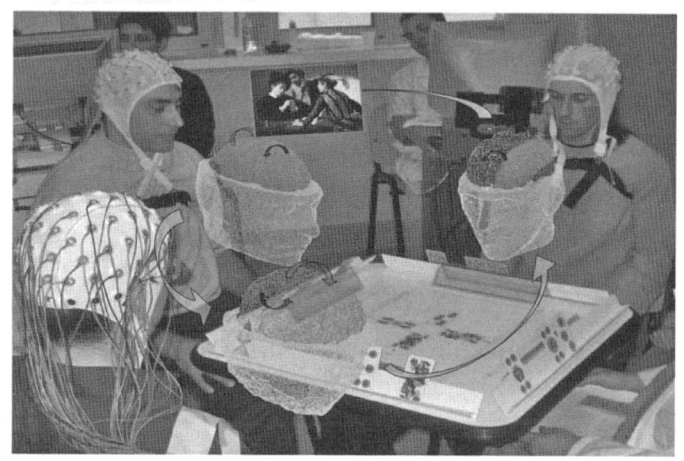

图 11.11　Babiloni 等人的 EEG 多人交互同步纸牌实验
来源：Babiloni 等,2006。

还有研究者利用 EEG 的多人交互同步记录技术研究简单的手势模仿或指头动作同步过程中的脑互动机制(Dumas 等,2010；Tognoli 等,2007)。仲马等人(Dumas 等,2010)的研究发现,在同步手势运动中,不同大脑的中顶皮层 alpha-mu 波出现同步现象,中顶皮层可以区分成功的协同运动与不成功的协同运动,成功的协同运动会出现 phi 波的增强效应。

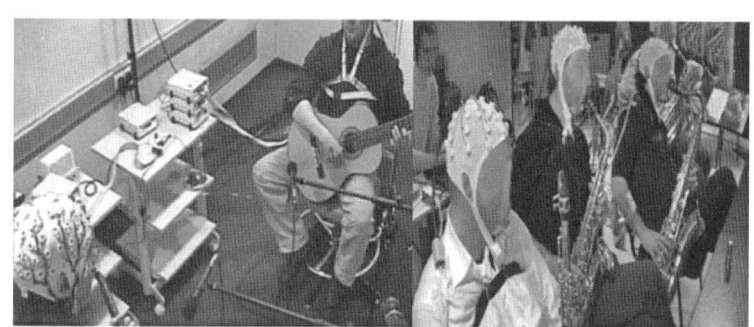

图 11.12　多人奏乐的 EEG 多人交互同步实验
来源：Lindenberger 等,2009,Babiloni 等,2011,2012。

其他仪器的多人交互同步记录技术

FMRI 和 EEG 是当前比较常用的两种多人交互同步记录的实验技术,不过也有其他的设备可以应用多人交互同步记录技术,其中比较新兴的、发展与应用前景较好的是近红外脑成像和脑磁技术(Magnetoencephalography, MEG)的多人交互同步记录技术。

近红外脑成像的多人交互同步记录技术是除 fMRI 和 EEG 之外使用比较频繁的一项技术。近红外脑成像技术的设备比核磁技术简单,可以在同一地点安装多个,同时,近红外脑成像技术又与核磁技术类似,可测量脑血容量(BOLD)的变化情况。以往近红外脑成像的多人交互同步记录技术的设备安装类似于 EEG 的安装方法(Funane 等,2011)。不过,近期崔等人(Cui 等,2012)在其研究中使用了新的设备连接方法,直接将同一台近红外设备的传导线分成两部分,分别记录两个被试的脑成像数据。由于两个被试脑数据是由同一个近红外脑成像设备同步收集的,因此极大地解决了仪器设备的同步问题。在崔等人的研究中,他们要求两名被试共同完成一个按键任务,合作条件下,两个被试要合作使得两人按键的时间差异尽可能小,而在竞争条件下,两个被试要比对方更快地按键,结果发现,两个被试的右顶额叶在合作条件下会出现较高的相关性,并且合作越好,相关程度越高;但是

图 11.13　Cui 等人的 NIRS 多人交互同步记录实验
来源:Cui et 等,2012。

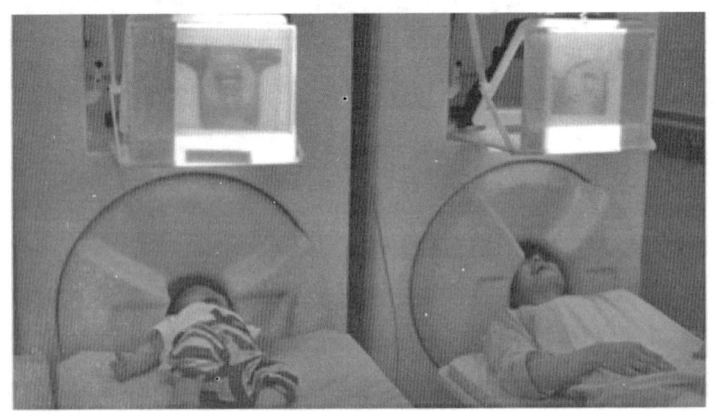

图 11.14　Hirata 等人的 MEG 多人交互同步记录研究
来源:Hirata 等,2014。

在竞争条件下没有发现这种相关性。

脑磁技术同样是比较新兴的脑成像技术,具有无侵性和无损伤性,而脑磁技术同样也实现了多人交互同步记录功能。研究者在2012年首次报告了利用MEG的多人交互同步记录技术,在这个研究中,两台MEG仪器的距离较远,两个被试通过声音传输设备进行互动和沟通(Baess等,2012)。之后,平田(Hirata等,2014)将两台MEG仪器放在一个实验室进行同步记录,并使母亲与儿童同时观看对方的表情,实现了实时地同步交互记录。

从上述回顾我们可以看出,多人交互同步记录技术已经逐渐发展成熟,这种技术将成为今后多人互动与脑科学研究的新热点,这两者的结合使得群体研究可以从大脑的层面回答以前从行为层面无法回答的一些问题。

11.5.2 群体互动中的非言语信息

团队互动的一个主要方面就是团队信息的交流。以往对团队信息交流的研究多集中在言语信息上,主要探讨团队在互动中如何进行言语信息的分享与沟通,其中,隐藏文档范式就是研究这一问题的较为经典的实验范式(Stasser和Titus,1985)。但是,信息交流包含言语信息和非言语信息两种形式,而非言语信息交流如何在团队互动中发挥作用呢?

非言语信息概述

简而言之,非言语信息就是除言语之外,个体所使用的其他形式的沟通信息。非言语信息在交际过程中十分重要,对交流效果有事半功倍的作用。有研究表明,信息交流的效果=7%的文字+38%音调+55%面部表情,也就是说,93%的交流效果都在于非言语信息,可见非言语信息在人际交往互动中的重要性。非言语信息有多种分类方式,从语言学上来讲,比较通用的分类将非言语信息分为体态语(kinesics)、副语言(paralanguage)、环境语言(environmental language)和客体语言(object language)四种,下面依次对这些非言语信息进行简单的介绍。

体态语 体态语是最主要的一类非言语信息,是通过动作进行的信息表达,主要包括姿势、手势、面部表情、眼神、接触等。

目前对这类非言语信息在言语交流与社会互动中的作用的研究相对较普遍。姿势包括站姿、屈膝姿、躺姿等,在交际过程中,不同的姿势与个体在群体中的社会地位、性格、舒适度、正式度、自信等状态有关,有些特殊姿势,如手叉腰、跺脚等,还可以反应个体的情绪状态。手势在大部分情况下会与言语配合使用,有加强语意的作用。有些特定手势,例如v字手势、ok手势,在某些文化下已经具有固定的符号表征意义,可以与特定的语言信息相对应。面部表情则是心理学研究得最多的一种体态语。

一般认为,面部表情是一个多重信号系统(Ekman 和 Friesen,1975),可以包含诸如肤色、种族、年龄、性别、情绪、心境、态度、吸引力、精神状态等信息,这些面部信息可分为身份识别类信息与情绪信息两个独立的类别(Bruce 和 Young,1986)。作为人际交流的一种信息,面部表情在情绪表达和情绪沟通中的作用非常大。除了面部表情,群体的眼神交流也同样是心理学家比较感兴趣的研究领域,一般而言,眼神的信息含义有较大的文化差异,可以反映社会支配性、兴趣、信任度等动机性状态。当前,随着眼动技术的发展,眼动设备逐渐变得更加便携,在未来的研究中,可以采用眼动技术来进一步观察团队互动中团队成员彼此的眼神交流情况。接触是最后一种体态语,与手势类似,特定的接触往往也具有特定的含义,并且具有文化特异性。例如,在中国文化下,微微轻拍表示安慰,握手表示欢迎,拥抱或亲吻表达较为强烈的情感。

副语言 副语言指伴随有声音言语的无语意声音,包括声音修饰、非言语声音、沉默与停顿三种。其中声音修饰指音高、音量、音色、音长、语速、语调等。这些副语言信息同样也具有一定的交流意义,例如音高和语速等可以反应性格、情绪和态度,音调与语言信息相结合,可以用于表达特定的语意,如疑问、惊讶等,此外语调在表达社会地位信息中也起到一定的作用。非言语声音主要指一些功能性的发声,包括感应性的叫声(啊、哦、呃之类)、拟声词(哗、喵等)、功能性的发声(哭声、笑声等)以及体内发声(如:肚子叫、咳嗽声等)。最后一类比较重要的副言语是沉默和停顿,沉默与停顿在多人互动的交流中有非常重要的作用,不仅可以反映个体的情绪与态度,还会引导发言者言语的交替。

环境语言 环境语言主要指在交流过程中,对交流有影响的环境信息,主要包括人际距离、座位安排、时间信息等。这些信息在表达社会地位、亲密关系、信任以及情绪方面也有重要作用。

客体语言 客体语言主要指交流者的服装、发型、妆容、饰品等,可以反映个体的社会与经济地位、性格等信息。

非言语信息在团队互动中的作用

目前,对非言语信息如何影响团队互动的直接研究还相对较少,但在某些团队研究领域,非言语信息可能会成为将来研究的重点。

团队情绪是近年来团队研究的新兴热点,而非言语信息在情绪表达与情绪沟通中的作用使得非言语信息在团队情绪的研究中变得十分重要(汤超颖,李贵杰,徐联仓,2008)。大量的研究都认为,群体情绪的产生机制包含内隐分享与外显分享两种机制,其中,内隐分享机制包括情绪感染(emotional contagion)、情绪代理(vicarious affect)、行为夹带(behavioral entrainment)以及交互同步(interaction)等。这些内隐分享机制的核心是非言语信息的识别与同步模仿。情绪感染是群体情绪产生的一个关键过程,也是目前研究较为丰富的一个领域。情绪感染的基本机制就是基于非言语信息的模仿与回馈。研究者认为,在群体生活中,个体倾向于模仿周围人的面部表情、语音语调、姿势体态等,在这一过程中,个体的情绪体验会受到自身面部表情以及其他非言语线索的影响(王潇,李文忠,杜建刚,2010)。具体来说,首先,在群体互动中,个体会无意识地模仿他人情绪所带来的面部表情,同步模仿他人的声音、姿势以及动作(Hatfield, Cacioppo,和Rapson,1994)。之后,群体中的个体接受来自面部表情、声音、姿势和动作的模仿所带来的反馈与刺激,产生主观的情绪体验(Hatfield, Cacioppo 和 Rapson,1994)。

非言语信息除了实现情绪情感交流之外,还能够反映群体成员之间诸如地位、信任、友好、凝聚力等社会关系。大多数群体沟通过程是在有意识中进行的,而一些社会信号则在其中扮演着无意识的"社会心理(social mind)"的角色,与个体的意识部分交互作用。在很多情况下,非言语信息就为这种无意识的社会交互过程奠定了基础,在对于人类行为的决定作用上,这些非言语信息同有意识的社会沟通内容的重要性相当。因此,通过对于非言语信息的测量和考察,就为在复杂多变的团队环境中深入探究群体互动过程提供了一个很好的途径。例如,有研究证实,非言语信息是对人类行为的一个强有力的决定因素,并推测可通过社会信号逐渐建立群体层级和发展群体凝聚力(Ambady 和 Rosenthal,1992)。研究者认为,非言语信息,特别是声音特征(相当于副语言的声音修饰)能够预测社会行为,利用谈判实验和人际吸引实验证实了这种非言语信息在社会交互中对行为的预测作用,说明了这些非言语信息对个体在群体社会网络中的地位有好的预测性(Pentland,2004)。在这一实验的基础上,研究者再次利用这些非言语信息测量了4种基本的社会交互特征:活跃度(activity)、卷入度(engagement)、强调(emphasis)、镜像模仿(mirroring)行为,并发现,谈判的前5分钟,谈判成员的非言语信息所反映的4种社会交互特征就能够很好地预测整个谈判结果(Curhan 和 Pentland,2007)。

社会人际测量器在群体非言语信息研究中的应用

为了能够更好地研究群体中非言语的社会信号(social signal),对团队中的非言语信息实现方便有效地测量是研究的关键所在。随着传感技术、人机交互技术的飞速发展,目前在团队中测量非言语信息已不是难事。美国麻省理工学院媒体实验室开发出了一系列用于测量社会情境中不同方面的平台,可以测量人与人之间面对面交流时的人际互动模式并构建社交网络模型,可通过测量交流时的位置、接近度及说话的声调来更好地分析理解人们的社交生活;也可用来测量社交行为中的接近度和动作等。以社会测量器为代表的社会传感器网络技术(social sensor network technologies)的使用使得以往不可探知的团队和组织内部活动变得更加清晰透明,为研究者提供了一个可以深入了解团队和组织内部动态过程的途径。

利用社会测量器可以监控组织中成员的行为,从中提取有意义的信息,可为管理者提供群体绩效的标尺,并为员工提供有效的反馈,使其能够有效评估自己的绩效,并为绩效的改善提供建议。利用社会测量器对一个大学生领袖论坛的团队形成过程中互动模式的变化进行分析,结果发现,在团队最开始时,成员更多倾向与本国的成员交流互动,而经过一个星期之后,团队中的互动模式更加趋于平衡(Kim 等,2008)。

在一项针对波士顿地区一家术后恢复室的 67 名护士进行的研究中,研究者利用社会测量器测量了其在工作过程中的身体活动、言语活动、面对面交流及身体接近等社会指标信息。通过对收集的数据进行分析,研究者不仅可以勾画出团队中成员面对面社会交流的网络(Olguín 和 Pentland,2008),识别团队中的交流模式;还可以识别成员不同的人格特质,评估团队整体知觉到的工作负荷及群体互动质量等信息(Olguín 和 Pentland,2009)。比如利用社会测量器收集麻省理工学院企业发展课程的参与者在一周的课程中其课程期间的社会互动信息,包括会见的人数、面对面交流的时间、身体活动水平、身体活动水平的变异性、言语能量、发言时间的比例、与他人近距离接近的时间等。在回归分析之后发现,对于团队绩效最好的预测变量是团队中成员平均发言时间的比例,其次是见面的人数、身体活动水平、身体活动水平的一致性或变异性、言语能量以及与他人近距离接近的时间,成功团队中的成员倾向于讲更多的话,互动更加积极,同时还在身体活动水平上具有更高的一致性,言语能量较低,并且会花更多的时间与他人近距离接近(Olguín 和 Pentland,2010)。

11.5.3 虚拟团队

21 世纪是网络的世纪,是信息技术的时代,在这种时代背景下,基于网络与信息技术的虚拟团队应运而生,对虚拟团队的研究也成为了团队研究的新兴方向。

什么是虚拟团队?对这一个新兴事物的概念界定,目前理论界还没有一个统一的定论,虚拟团队与虚拟组织、网络组织、企业动态联盟、虚拟空间、电子商务或远程工作等多种概念混杂交织在一起。研究者对虚拟团队的定义为"有一个共同目标,通过网络信息技术,跨越空间、时间和组织界限障碍,相互协作的一群人"

(Lipnack 和 Stamps，1997)。乔治(George，1996)认为,虚拟团队是"一种将具有不同知识和专长的人聚集到一起工作的方式。这群人或者是由于在空间上分散于不同的地理位置,或者是由于在不同的时段工作,或者是由于其他原因很难聚在一起工作。这种团队常常存在于问题解决、质量监控、产品开发、信息共享或其他一些团队取向的活动中"。龚志周和王重鸣(2004)总结了虚拟团队区别于一般团队的特点,认为虚拟团队具有4个典型特点：(1)虚拟性,即团队在跨地域、跨时空、跨组织边界、跨文化的虚拟环境下,通过互联网等现代化电子通讯工具进行沟通协作的组织形式。虚拟性可以说是虚拟团队的决定性特征；(2)分布性,即团队成员来自不同地区、不同组织部门,团队成员在地理位置、知识能力、文化背景等方面呈现离散分布的状态,成员异质性程度较高；(3)流动性,即相对传统团队来说,虚拟团队成员的流动性更大；(4)交叉性,即虚拟团队中常会出现团队成员一个人同时承担多个团队任务角色的交叉现象。王重鸣和唐宁玉(2006)利用质性研究法对当前国内虚拟团队研究文献进行了分析,发现众多研究者对虚拟团队的认识都提到了4个特点：(1)以任务为中心的动态性；(2)以网络技术为沟通手段；(3)群体成员具有异质性；(4)无边界性。

虚拟团队与一般团队有什么不同？相对于传统团队来说,虚拟团队因为其特殊性,以至于在团队有效性上具有一定的缺陷,但也有自己独特的优势。本森-阿默等人(Benson-Armer 和 Hsieh，1997)对欧美70多个虚拟团队进行了研究,这些团队涉及软件开发、生产项目管理、电子商务、外包协作等多个领域,结果发现,相比一般团队,虚拟团队存在6个方面的问题：(1)不同国家地区的团队成员之间有语言沟通障碍；(2)团队成员之间缺乏信任；(3)成员沟通时缺乏非语言的交流,影响团队情感氛围；(4)时区的不同导致不适应；(5)不同文化习俗产生冲突。

但是,不容忽视的是,由于虚拟团队集合了不同地区、不同文化下拥有不同知识的人员,因此相比普通团队,虚拟团队也具有一定的优势所在。例如,劳克林(Laughlin 等,1995)比较了两种团队在信息收集方式上的差异,结果发现,当隐含的信息量处于中等和较高水平时,虚拟团队与传统团队在信息获取程度上无显著差异,只有当隐含信息量处于低水平时,传统团队才会比虚拟团队获取更多的信息,绩效更高。赫德伦德等人(Hedlund，Ilgen，和 Hollenbeck，1998)研究了团队成员身份等级差异、背景知识、专长差异对虚拟团队与传统团队的团队决策效率的影响。结果发现,传统团队能够更好地共享信息,这对团队最终进行正确决策有重要意义；而虚拟团队的优势则在于,虚拟团队的领导更能够识别团队成员的建议质量。该研究还发现,当团队面临的决策任务需要大量地进行信息交换时,虚拟团队的决策质量就会较差。相比传统团队,由于虚拟团队的虚拟性,虚拟团队在互动关系、信息沟通与知识共享领域有其特殊性。虚拟团队往往被认为缺乏个体间的社会互动(Jameson,2007),在虚拟团队中,成员之间建立社会关系会更加困难,也更加缓慢(Walther,1996)。不过,虚拟团队在信息沟通上也有其优势所在,虚拟团队一般使用语音邮件或电子邮件相互沟通,电子邮件能够很好地传输大量信息,包括语音的、文本的等,同时,还能为成员提供更多的时间,保证成员在回复信息之前有更多的思考和研究(Khoshafian 和 Buckiewicz,1995)。从团队发展进程上来说,传统团队的发展阶段一般被分为形成期(forming)、震荡期(storming)、规范期(norming)和执行期(performing)(Tuckman,1965),但是约翰逊等(Johnson 等,2002)的研究发现,在虚拟团队的发展过程中,震荡期是与其他阶段混合重叠的,有时候甚至是空缺的。这可能是因为虚拟团队更倾向于任务导向,而非人际导向。

与一般团队相同,虚拟团队的研究焦点聚焦于如何实现团队有效性上。什么因素能够促进虚拟团队的成功?研究发现,虚拟团队取得成功的关键在于团队共同目标的建立、团队成员信任关系和凝聚力的培养以及团队虚拟工作平台的建设与支持(Townsend,DeMarie,和 Hendrickson,1998)。运用现场研究发现,影响虚拟团队成功的4个关键因素是:(1)保证团队沟通的持续性、制度化并组织定期的面对面交流或其他团队建设活动;(2)强调团队参与意识,促进成员对不同观点的容忍度,促进信任感,形成良好的团队文化;(3)重视通讯电子信息技术设备投入与使用培训;(4)有清晰的团队目标,持续的绩效反馈以及上层领导的支持,保证合理的团队管理(Kayworth 和 Leidner,2001)。研究者通过对美国8家公司12个虚拟团队的研究发现,影响虚拟团队成功的因素包括两大类:(1)团队内部动力驱动因素,包括工作任务特征、成员选拔过程、成员关系、互动过程、团队内部管理机制等;(2)团队外部机制支持因素,包括教育培训激励体系、领导风格、工具和技术的运用、沟通模式等(Lurey 和 Raisinghani,2001)。

随着计算机信息化的飞速发展,实现全球一体化的进程加速,虚拟团队必将在今后的企业组织中更加普遍。因此,我们需要对虚拟团队的团队过程与团队绩效有更加深入的研究。

(孙晓敏)

参考文献

龚志周,王重鸣.(2004).虚拟团队理论研究及其发展趋势.心理科学,27(2),496-498.
何铨.(2009).群体过程与互动分析系统.心理科学进展(5),1067-1074.

刘雪峰, 张志学. (2005). 模拟情境中工作团队成员互动过程的初步研究及其测量. 心理学报, 37(2), 253–259.

汤超颖, 李贵杰, 徐联仓. (2008). 团队情绪研究述评及展望. 心理科学进展, 16(6), 926–932.

王重鸣, 唐宁玉. (2006). 虚拟团队研究: 回顾, 分析和展望. 科学学研究, 24(1), 117–124.

王潇, 李文忠, 杜建刚. (2010). 情绪感染理论研究述评. 心理科学进展(8), 1236–1245.

Ambady, N., & Rosenthal, R. (1992). Thin slices of expressive behavior as predictors of interpersonal consequences: A meta-analysis. *Psychological bulletin*, 111(2), 256.

Anders, S., Heinzle, J., Weiskopf, N., Ethofer, T., & Haynes, J.-D. (2011). Flow of affective information between communicating brains. *Neuroimage*, 54(1), 439–446.

Astolfi, L., Cincotti, F., Mattia, D., Fallani, F. D. V., Salinari, S., Marciani, M. G., ... Babiloni, F. (2009). Estimation of the cortical activity from simultaneous multi-subject recordings during the prisoner's dilemma. *Annual International Conference of the IEEE Engineering in Medicine and Biology Society*, 1937–1939.

Babiloni, C., Babiloni, F., Carducci, F., Cincotti, F., Vecchio, F., Cola, B., ... & Rossini, P. M. (2004). Functional frontoparietal connectivity during short-term memory as revealed by high-resolution EEG coherence analysis. *Behavioral neuroscience*, 118(4), 687.

Babiloni, C., Buffo, P., Vecchio, F., Marzano, N., Del Percio, C., Spada, D., ... & Perani, D. (2012). Brains "in concert": frontal oscillatory alpha rhythms and empathy in professional musicians. *Neuroimage*, 60(1), 105–116.

Babiloni, C., Vecchio, F., Infarinato, F., Buffo, P., Marzano, N., Spada, D., ... & Perani, D. (2011). Simultaneous recording of electroencephalographic data in musicians playing in ensemble. *Cortex*, 47(9), 1082–1090.

Babiloni, F., Cincotti, F., Mattia, D., Fallani, F. D. V., Tocci, A., Bianchi, L., ... & Astolfi, L. (2007). High resolution EEG hyperscanning during a card game. *Annual International Conference of the IEEE Engineering in Medicine and Biology-Proceedings*, 4957–4960.

Babiloni, F., Cincotti, F., Mattia, D., Mattiocco, M., Fallani, F. D. V., Tocci, A., ... & Astolfi, L. (2006). Hypermethods for EEG hyperscanning. *28th Annual International Conference of the IEEE-Engineering-in-Medicine-and-Biology-Society*, 602–605.

Bacharach, S. B., & Bamberger, P. A. (2007). 9/11 and New York City firefighters' post hoc unit support and control climates: A context theory of the consequences of involvement in traumatic work-related events. *Academy of Management Journal*, 50(4), 849–868.

Baess, P., Zhdanov, A., Mandel, A., Parkkonen, L., Hirvenkari, L., Mäkelä, J. P., ... & Hari, R. (2012). MEG dual scanning: A procedure to study real-time auditory interaction between two persons. *Frontiers in Human Neuroscience*, 6, 1–7.

Bales, R. F. (1950). *Interaction process analysis: A method for the study of small groups*. Chicago: University of Chicago Press, 8–10.

Bales, R. F. (2000). Social Interaction Systems: Theory and Measurement: Book review. *Group Dynamics Theory Research and Practice* 4(2): 199–208.

Bales, R. F., & Strodtbeck, F. L. (1951). Phases in group problem-solving. *The Journal of Abnormal and Social Psychology*, 46(4), 485.

Ballard, D. I., Tschan, F., & Waller, M. J. (2008). All in the timing considering time at multiple stages of group research. *Small Group Research*, 39(3), 328–351.

Barrick, M. R., Bradley, B. H., Kristof-Brown, A. L., & Colbert, A. E. (2007). The moderating role of top management team interdependence: Implications for real teams and working groups. *Academy of Management Journal*, 50(3), 544–557.

Beck, D., & Fisch, R. (2000). Argumentation and Emotional Processes in Group Decision-Making: Illustration of a Multilevel Interaction Process Analysis Approach. *Group Processes &*

Intergroup Relations, 3(2), 183–201.

Benson-Armer, R., & Hsieh, T.-Y. (1997). Teamwork across time and space. *The McKinsey Quarterly*, 4, 18.

Bliese, P. D., & Hanges, P. J. (2004). Being both too liberal and too conservative: The perils of treating grouped data as though they were independent. *Organizational Research Methods*, 7(4), 400–417.

Bruce, V., & Young, A. (1986). Understanding face recognition. *British Journal of Psychology*, 77(3), 305–327.

Chen, G., Bliese, P. D., & Mathieu, J. E. (2005). Conceptual framework and statistical procedures for delineating and testing multilevel theories of homology. *Organizational Research Methods*, 8(4), 375–409.

Chen, G., & Kanfer, R. (2006). Toward a systems theory of motivated behavior in work teams. *Research in organizational behavior*, 27, 223–267.

Chen, G., Kirkman, B. L., Kanfer, R., Allen, D., & Rosen, B. (2007). A multilevel study of leadership, empowerment, and performance in teams. *Journal of Applied Psychology*, 92(2), 331.

Chen, G., Thomas, B., & Wallace, J. C. (2005). A multilevel examination of the relationships among training outcomes, mediating regulatory processes, and adaptive performance. *Journal of Applied Psychology*, 90(5), 827.

Cooke, R. A., & Szumal, J. L. (1994). The impact of group interaction styles on problem-solving effectiveness. *The Journal of Applied Behavioral Science*, 30(4), 415–437.

Cui, X., Bryant, D. M., & Reiss, A. L. (2012). NIRS-based hyperscanning reveals increased interpersonal coherence in superior frontal cortex during cooperation. *Neuroimage*, 59(3), 2430–2437.

Curhan, J. R., & Pentland, A. (2007). Thin slices of negotiation: predicting outcomes from conversational dynamics within the first 5 minutes. *Journal of Applied Psychology*, 92(3), 802.

Duane, T. D., & Behrendt, T. (1965). Extrasensory electroencephalographic induction between identical twins. *Science*, 150(3694), 367–367.

Dumas, G., Nadel, J., Soussignan, R., Martinerie, J., & Garnero, L. (2010). Inter-brain synchronization during social interaction. *Plos One*, 5(8), e12166.

Ekman, P., & Friesen, W. V. (1974). Detecting deception from the body or face. *Journal of Personality and Social Psychology*, 29(3), 288–298.

Forsyth, D. R. (2009). *Group dynamics*. Belmont, CA: Wadsworth Cengage Learning.

Funane, T., Kiguchi, M., Atsumori, H., Sato, H., Kubota, K., & Koizumi, H. (2011). Synchronous activity of two people's prefrontal cortices during a cooperative task measured by simultaneous near-infrared spectroscopy. *Journal of biomedical optics*, 16(7), 077011–077011.

Futoran, G. C., Kelly, J. R., & McGrath, J. E. (1989). TEMPO: A time-based system for analysis of group interaction process. *Basic and Applied Social Psychology*, 10(3), 211–232.

George, J. (1996). Virtual best practice: how to successfully introduce virtual team working. *Teams*, 19, 38–45.

Hatfield, E., Cacioppo, J. T., & Rapson, R. L. (1994). Emotional contagion. *Current directions in psychological science*, 2(3), 96–100.

Hedlund, J., Ilgen, D. R., & Hollenbeck, J. R. (1998). Decision accuracy in computer-mediated versus face-to-face decision-making teams. *Organizational Behavior and Human Decision Processes*, 76(1), 30–47.

Hirata, M., Ikeda, T., Kikuchi, M., Kimura, T., Hiraishi, H., Yoshimura, Y., & Asada, M. (2014). Hyperscanning MEG for understanding mother-child cerebral interactions. *Frontiers in human neuroscience*, 8, 118.

Hirokawa, R. Y. (1982). Group communication and problem-solving effectiveness I: A critical review of inconsistent findings. *Communication Quarterly*, 30(2), 134–141.

Hirokawa, R. Y. (1988). Group Communication and Decision-Making Performance A Continued Test of the Functional Perspective. *Human Communication Research*, 14(4), 487–515.

Hirst, G., Van Knippenberg, D., Chen, C.-h., & Sacramento, C. A. (2011). How does bureaucracy impact individual creativity? A cross-level investigation of team contextual influences on goal orientation-creativity relationships. *Academy of Management Journal*, 54(3), 624–641.

Hofmann, D. A., & Gavin, M. B. (1998). Centering decisions in hierarchical linear models: Implications for research in organizations. *Journal of management*, 24(5), 623–641.

Ilgen, D. R., Hollenbeck, J. R., Johnson, M., & Jundt, D. (2005). Teams in organizations: From input-process-output models to IMOI models. *Annual review of psychology*, 56, 517.

Jameson, D. A. (2007). Reconceptualizing cultural identity and its role in intercultural business communication. *Journal of Business Communication*, 44(3), 199–235.

Johnson, S. D., Suriya, C., Yoon, S. W., Berrett, J. V., & La Fleur, J. (2002). Team development and group processes of virtual learning teams. *Computers & Education*, 39(4), 379–393.

Karau, S. J., & Williams, K. D. (1993). Social loafing: A meta-analytic review and theoretical integration. *Journal of Personality and Social Psychology*, 65(4), 681.

Kayworth, T. R., & Leidner, D. E. (2002). Leadership effectiveness in global virtual teams. *Journal of Management Information Systems*, 18(3), 7–40.

Kenny, D. A., & La Voie, L. (1985). Separating individual and group effects. *Journal of Personality and Social Psychology*, 48(2), 339.

Khoshafian, S., & Buckiewicz, M. (1995). *Introduction to groupware, workflow, and workgroup computing*. New York: John Wiley & Sons, Inc. 2–8.

Kim, T., Chang, A., Holland, L., & Pentland, A. S. (2008). Meeting mediator: Enhancing group collaborationusing sociometric feedback. Proceedings of the ACM Conference on Computer Supported Cooperative Work, CSCW, 457–466. https://doi.org/10.1145/1460563.1460636.

King-Casas, B., Tomlin, D., Anen, C., Camerer, C. F., Quartz, S. R., & Montague, P. R. (2005). Getting to know you: reputation and trust in a two-person economic exchange. *Science*, 308(5718), 78–83.

Kozlowski, S. W. J., & Klein, K. J. (2000). A multilevel approach to theory and research in organizations: Contextual, temporal, and emergent processes. San Francisco, 3–90.

Lam, S. S. K., & Schaubroeck, J. (2011). Information sharing and group efficacy influences on communication and decision quality. *Asia Pacific Journal of Management*, 28(3), 509–528. https://doi.org/10.1007/s10490-009-9183-y.

Latane, B., Williams, K., & Harkins, S. (1979). Many hands make light the work: The causes and consequences of social loafing. *Journal of Personality and Social Psychology*, 37(6), 822.

Laughlin, P. R., Chandler, J. S., Shupe, E. I., Magley, V. J., & Hulbert, L. G. (1995). Generality of a theory of collective induction: Face-to-face and computer-mediated interaction, amount of potential information, and group versus member choice of evidence. *Organizational Behavior and Human Decision Processes*, 63(1), 98–111.

Lindenberger, U., Li, S.-C., Gruber, W., & Müller, V. (2009). Brains swinging in concert:

cortical phase synchronization while playing guitar. *BMC neuroscience*, 10(1), 22.

Lipnack, J., & Stamps, J. (1997). *Virtual teams: Reaching across space, time, and organizations with technology*. New York: John Wiley & Sons, Inc. 288.

Lurey, J. S., & Raisinghani, M. S. (2001). An empirical study of best practices in virtual teams. *Information & Management*, 38(8), 523–544.

Mathieu, J., Maynard, M. T., Rapp, T., & Gilson, L. (2008). Team effectiveness 1997–2007: A review of recent advancements and a glimpse into the future. *Journal of management*, 34(3), 410–476.

Marks, M. A., Mathieu, J. E., & Zaccaro, S. J. (2001). A temporally based framework and taxonomy of team processes. *Academy of management review*, 26(3), 356–376.

Montague, P. R., Berns, G. S., Cohen, J. D., McClure, S. M., Pagnoni, G., Dhamala, M., ... Apple, N. (2002). Hyperscanning: simultaneous fMRI during linked social interactions. *Neuroimage*, 16(4), 1159–1164.

Olguín, D. O., & Pentland, A. S. (2008). Social sensors for automatic data collection. *AMCIS 2008 Proceedings*, 171.

Olguín, D. O., & Pentland, A. S. (2009). Sensor-based organizational engineering. Proceedings of the ICMI-MLMI'09 Workshop on Multimodal Sensor-Based Systems and Mobile Phones for Social Computing-ICMI-MLMI'09, 1–4. https://doi.org/10.1145/1641389.1641393.

Olguín, D. O., & Pentland, A. (2010). Assessing group performance from collective behavior. *In Proc. of the CSCW*, 10.

Pentland, A. (2004). Social dynamics: Signals and behavior. *Proceedings of the 3rd International Conference on Developmental Learning*, 5.

Postmes, T., Spears, R., & Cihangir, S. (2001). Quality of decision making and group norms. *Journal of Personality and Social Psychology*, 80(6), 918.

Reimer, T., Reimer, A., & Czienskowski, U. (2010). Decision-making groups attenuate the discussion bias in favor of shared information: A meta-analysis. *Communication Monographs*, 77(1), 121–142.

Saito, D. N., Tanabe, H. C., Izuma, K., Hayashi, M. J., Morito, Y., Komeda, H., ... Fujibayashi, Y. (2010). "Stay tuned": inter-individual neural synchronization during mutual gaze and joint attention. *Frontiers in integrative neuroscience*, 4, 127.

Schulz-Hardt, S., & Mojzisch, A. (2012). How to achieve synergy in group decision making: Lessons to be learned from the hidden profile paradigm. *European Review of Social Psychology*, 23(1), 305–343.

Shani, A. B. (2002). Triggering creativity in teams: An exploratory investigation. *Creativity and Innovation Management*, 11(1), 17–30.

Stasser, G., & Titus, W. (1985). Pooling of unshared information in group decision making: Biased information sampling during discussion. *Journal of Personality and Social Psychology*, 48(6), 1467.

Stasser, G., & Titus, W. (1987). Effects of Information Load and Percentage of Shared Information on the Dissemination of Unshared Information During Group Discussion. *Journal of Personality and Social Psychology*, 53(1), 81–93.

Tognoli, E., Lagarde, J., DeGuzman, G. C., & Kelso, J. A. S. (2007). The phi complex as a neuromarker of human social coordination. *Proceedings of the National Academy of Sciences*, 104(19), 8190–8195.

Tomlin, D., Kayali, M. A., King-Casas, B., Anen, C., Camerer, C. F., Quartz, S. R., & Montague, P. R. (2006). Agent-specific responses in the cingulate cortex during economic exchanges. *Science*, 312(5776), 1047–1050.

Townsend, A. M., DeMarie, S. M., & Hendrickson, A. R. (1998). Virtual teams:

Technology and the workplace of the future. *The Academy of Management Executive*, 12 (3), 17 – 29.

Triplett, N. (1898). The Dynamogenic Factors in Pacemaking and Competition. The American journal of psychology, *9*(4), 507 – 533.

Tuckman, Bruce. W. (1965). "Developmental sequence in small groups". *Psychological Bulletin*, *63*(6), 384 – 399.

Walther, J. B. (1996). Computer-mediated communication impersonal, interpersonal, and hyperpersonal interaction. *Communication Research*, *23*(1), 3 – 43.

Zajonc, R. (1965). Social Facilitation. *Science*, *149*(3681), 269 – 274.

12　群体刻板印象[①]

12.1　引言 / 363
12.2　刻板印象的概念 / 364
12.3　刻板印象的理论 / 365
  12.3.1　基于社会认知维度的刻板印象内容模型 / 365
    热情与能力 / 365
    亲和性与能动性 / 367
    社交性、道德与能力 / 367
  12.3.2　基于群际情绪的行为与刻板印象系统模型 / 368
  12.3.3　刻板印象维护理论与阈限模型 / 369
12.4　刻板印象的测量 / 371
  12.4.1　刻板印象的外显测量 / 371
    刻板印象内容测量 / 371
    自由联想法 / 371
    典型特征指派法 / 372
  12.4.2　刻板印象的内隐测量 / 372
    内隐联想测验 / 372
    GNAT 范式 / 373
    情感错误归因范式 / 373
    刻板解释偏差范式 / 374
    系列再生法 / 375
12.5　不同形态的刻板印象研究
  12.5.1　性别刻板印象 / 376
    性别刻板印象的概念 / 376
    男性刻板印象与女性刻板印象 / 376
    性别刻板印象的维护与反性别刻板印象 / 377
  12.5.2　年龄刻板印象 / 378
    年龄刻板印象的概念 / 378
    不同年龄刻板印象的调查与研究 / 378
  12.5.3　国民与民族刻板印象 / 379
    国民与民族刻板印象的概念 / 379
    中国人的国民刻板印象 / 379
    中国汉族与少数民族刻板印象 / 380
  12.5.4　职业刻板印象 / 380
    职业刻板印象的概念 / 380
    部分职业刻板印象 / 381

[①] 国家社会科学基金重大项目"当代中国社会群体印象评价及心理机制研究"(18ZDA331)的成果之一。

12.6 刻板印象的加工机制与影响因素 / 382
　　12.6.1 刻板印象信息加工过程 / 382
　　　　刻板印象激活两阶段模型 / 382
　　　　序列加工与平行加工 / 383
　　　　基于目标决定的刻板印象加工 / 383
　　　　刻板印象对认知功能的影响 / 383
　　12.6.2 刻板印象的内隐机制 / 384
　　　　内隐刻板印象的界定 / 384
　　　　内隐刻板印象的自动加工过程 / 384
　　12.6.3 自我在刻板印象加工过程中的作用 / 384
　　　　自我卷入的影响 / 384
　　　　观点采择的影响 / 385
　　　　注意力控制的影响 / 385
　　12.6.4 刻板印象的认知神经机制 / 385
　　　　刻板印象加工过程的 ERP 研究 / 385
　　　　刻板印象加工过程的 fMRI 研究 / 386
　　12.6.5 刻板印象的影响因素 / 386
　　　　评价者因素 / 386
　　　　评价对象因素 / 387
　　　　社会文化背景和评价情境 / 388
12.7 研究展望 / 389
　　12.7.1 根植于中国社会文化的刻板印象理论构建 / 389
　　12.7.2 刻板印象研究方法的创新和中国化 / 389
　　12.7.3 研究领域拓展：新刻板印象现象的测量与更新 / 390
　　12.7.4 刻板印象认知加工及神经机制探索 / 391
　　12.7.5 加强刻板印象应用研究 / 391
参考文献 / 392

12.1 引言

"物以类聚，人以群分"，人们在社会生活与人际互动中会将他人划分成许多不同类别的群体，并自然而然地对这些群体形成了刻板印象（佐斌，2015）。如人们通常认为女性是温柔的，男性是负责的；法国人是浪漫的，中国人是勤劳友善的；年轻人是朝气蓬勃的，老年人是经验丰富的等，这些对不同性别、国民和年龄等群体的刻板印象在人们的生活中普遍存在，并且影响着人们对于他人的感知和行为（Nelson 等，2009）。

本章聚焦群体刻板印象这一社会心理学的经典领域，从刻板印象的理论与测量、不同形态的刻板印象研究、刻板印象的加工机制、影响因素等方面对国内外的刻板印象研究进行梳理。刻板印象这一人类普遍的认知结构在中西方研究中呈现出一致的认知特点,同时在不同文化背景下,刻板印象的内容和加工方式也存在一定的特异性。

12.2 刻板印象的概念

对群体刻板印象的研究一直是社会心理学的重要领域之一。新闻记者沃特·李普曼(Walter Lippmann,1922)最早提出了刻板印象(stereotype)的概念,认为刻板印象是他人在我们头脑中的图像(pictures in our heads),是对现实群体的一种内部的与精神的表征(representation)(佐斌,2009)。尽管刻板印象在东西方近百年的研究中有数十种不同的定义,但研究者们都认同,刻板印象是由于人们对于某些社会群组的知识、观念和期望所构成的认知结构,这种认知结构是有关某一群体成员的特征及其原因的比较固定的观念和想法(Fiske,2004;佐斌等,2006)。

最早的群体刻板印象实证研究始于普林斯顿大学卡茨(Katz)和布拉利(Braly)1933年对普林斯顿大学生关于不同国家和民族的人的刻板印象的研究,结果发现,大学生对各国国民及民族的看法基本一致。这些刻板印象在1933—1967年之间没有大的变化,可能发生的变化受到了国际政治关系等社会因素的影响(Karz和Barly,1933;佐斌,2015)。研究者们在研究过程中逐渐发现,刻板印象是人们自然而然将人划分为不同社会类别这一普遍的认知过程中产生的认知结构,这种结构在不同研究中被称为"图式"、"原型"或者"范例"。刻板印象本身并不是消极的,它节省人们的精力,避免我们陷入"信息之海"。但当人们使用刻板印象对群体中的某一个体进行感知和行动时,可能是不准确、不公平的,并且可能导致消极的后果,如偏见和歧视。对刻板印象的理论研究和现实意义体现在其揭示了刻板印象作为一种普遍的认知结构是如何对人们的判断和行为产生影响的。

由于刻板印象是人们进行社会分类过程中自动产生的具有普遍性的认知结构,中西方对刻板印象的研究具有相似的内容及发展趋势。这种趋势体现在以下四个方面:第一,研究内容从研究不同群体的刻板印象逐渐扩展到研究刻板印象的核心内容,比如刻板印象内容模型(stereotype content model,SCM)提出的热情(warmth)和能力(competence)两维度(Fiske等,2002;管健,程婕婷,2011;佐斌等,2015)。第二,认知机制研究逐渐从意识层面的外显报告到无意识层面的内隐测量,再扩展到认知神经机制的探索(贾磊等,2010;王沛等,2010;杨亚平等,2015;佐斌,张晓斌,2011;Zhang等,2018)。第三,研究重点从刻板印象的加工机制、影响因素逐渐扩展到消极刻板印象的干预策略(连淑芳,杨治良,2007;刘晅,佐斌,2006;王沛等,2010;张晓斌,佐斌,2012a,2012b)。第四,从对人的刻板印象研究逐渐扩展到对其他事物的刻板印象,比如动物或者品牌(Triguero 和 Fiske,2020;江红艳等,2016;朱振中,刘福,2020)。

12.3 刻板印象的理论

自刻板印象概念提出以来,多种理论流派如心理动力学派、社会文化学派、社会冲突学派以及社会认知学派等都对这一现象的形成和心理根源进行了解释(佐斌,2015)。其中,社会认知的观点对近年来刻板印象的理论发展作出了重要贡献,该学派将刻板印象作为一种独特的认知结构,关注这种结构如何影响后续的信息加工以及知觉与行为,发现基本的认知过程可以导致群体间的差异化知觉,进而形成刻板印象(王沛,1999)。与此同时,社会认知取向的刻板印象研究离不开对刻板印象内容的探讨,因此,刻板印象内容模型、刻板印象系统模型、刻板印象维护模型也对刻板印象研究提供了理论解释。

12.3.1 基于社会认知维度的刻板印象内容模型

20世纪80年代以来,在社会认知学派的影响下,人们对刻板印象的研究主要集中于认知加工过程和影响因素等方面,这些研究主要基于刻板印象的内容而进行,因此,不同刻板印象内容结构维度应运而生。其中在国内受到广泛关注的维度模型包括美国学者菲斯克等人(1999)提出的热情与能力两维度,欧洲学者阿贝尔和沃基斯基(Abele 和 Wojciszke,2007)提出的亲和性(communion)与能动性(agency)两维度,另外也有研究者提出了社交性(sociability)、道德(morality)与能力(competence)的三维度模型。

热情与能力

菲斯克等人提出了以热情和能力维度为核心的刻板印象内容模型(Fiske等,1999),即 SCM 模型。该模型认为,刻板印象的产生来源于人类在人际互动中的两种根本意图:判断他人是朋友还是敌人(是否热情),以及他人是否对自己的地位构成威胁(是否有能力)。同时,该理论提出,由于社会中的群体之间存在竞争以及地位差异,因此人们对内外群体的评价会在热情与能力维度上表现出固定的偏向。在这两个大前提的基础上,SCM 模型提出了四个相互关联的基本假设:①双维结构假设。该假设将热情和能力视为刻板印象的衡量维度,认为人们对任一外群体的评价都可以落在由这两个维度组成的二维坐标系中(坐标系示例见图12.1)。②混合评价假设。这一假设认为大多数群体给人留下的印象都是混合的,即在热情和能力维度上,大多数群体被认为是有热情但缺乏能力(high-warmth but low-competence,HW-LC),或者有能力但不够热情友好(low-warmth but high-competence,LW-HC),而高热情高能力(high-warmth and high-competence,HW-HC)与低热情低能力(low-warmth and low-competence,LW-LC)的群体相对较少。③社会地位假设。这一假设认为由于刻板印象会受到相应情境中群体之间感知到的经济、规范、权力等因素的影响,因此可以通过群体之间在社会结构上的关系推断对应群体在热情与能力维度上的位置,地位越高的群体被认为越有能力,同时被认为越缺乏热情。④群体偏好假设。这一假设认为人们对于参照群体(reference group),包括内群体(in-group)和社会原型群体,都具有积极评价的偏好,同时这种偏好会导致外群体贬损(out-group derogation)现象,即对外群体的评价相对更加消极(佐斌等,2006)。

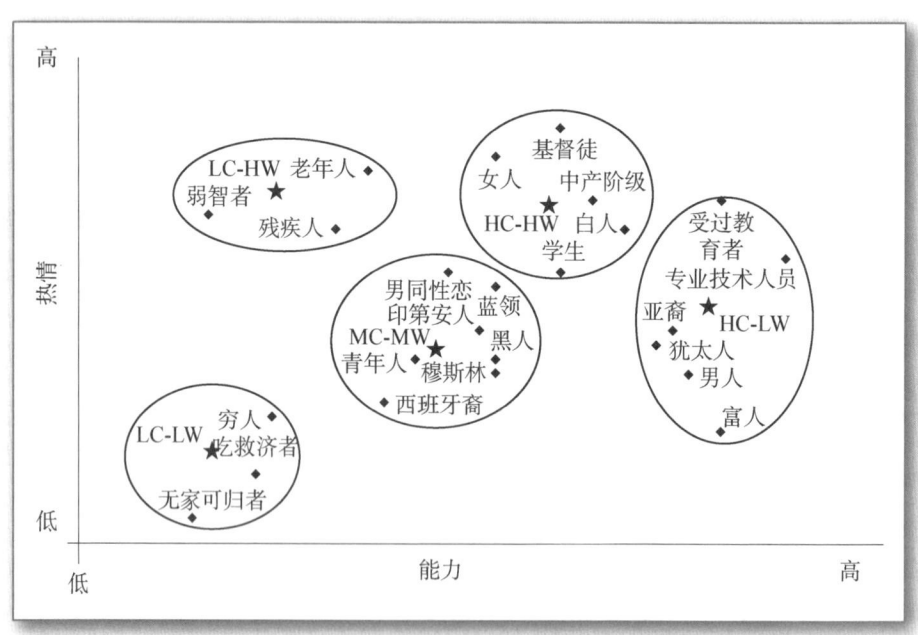

图12.1 美国大学生评价的群体在热情—能力维度中的分布
(来源:Fiske, Cuddy, Glick 等,2002)

国内学者通过一系列研究验证了 SCM 模型在中国的普适性。佐斌等人(2006)最早对刻板印象内容模型进行系统介绍,随后,程婕婷、管健、汪新建(2012)的研究发现 SCM 对中国大陆群体也具有较好的预测作用。研究者通过热情和能力评分,对被试提名的群体进行聚类分析,将 32 个群体分成了"高热情—低能力"类、"低热情—高能力"类、"高热情—高能力"类以及"低热情—低能力"类,在实证研究的层面,验证了 SCM 在中国文化中的适用性(管健,程婕婷,2011)。

研究者对两维度之间的关系也进行了初步探讨和验证,二者之间可能是正向关系,如"晕轮效应(halo effect)",即如果知觉者认为被知觉者在热情与能力其中一个维度上有较高水平时,他们倾向于在另一个维度上也给出较高评价。可能为负向关系,如"补偿效应(compensation effect)"指当知觉者察觉到两个群体评价对象在某一维度上存在差异时,会在另一维度上表现出相反方向的补偿,从而使两个群体对象形成反差;或者是"影射效应(innuendo effect)",即当知觉者获得知觉对象在某一维度上的积极信息时,会形成对另一维度的消极推断,最终导致对知觉对象的接纳程度降低。也可能在人际知觉中有着不平衡的关系,如"热情优先效应(the primacy of warmth)",即知觉者在知觉过程中,会优先在热情维度上对知觉对象进行评价,且相比于能力评价,热情评价在随后的情感和行为反应中有更加重要的地位等,具体关系的表现形式在很大程度上受到情境的影响(代涛涛,佐斌,温芳芳,2014;佐斌,2015)。当前,热情与能力两维度之间的关系、权重、偏好及其影响因素等问题仍然受到了国内外研究者的广泛关注,是未来研究的重点方向之一。

亲和性与能动性

欧洲的心理学家从另一个角度将社会认知的维度命名为亲和性和能动性。其中,亲和性是指个体通过关心他人而努力使自己成为更大社会单元中的一员,与热情维度存在相似之处;能动性是指个体争取实现个性化和扩张自我存在,与能力维度存在相似之处(Abele 和 Wojciszke,2007)。佐斌等人(2015)比较了亲和性、能动性维度与热情、能力维度,指出虽然亲和性与能动性的概念具有更广泛的外延,但相比之下,热情和能力的概念来源于人际和群际互动,并且在刻板印象领域得到了普遍证实,可见热情和能力的表达具有更高的实用性。

在实证研究方面,李梦珠等人(2019)采用亲和性和能动性对面孔特质进行分类以研究面孔对招聘决策的影响。结果表明,不同的岗位会倾向于选择具有不同面孔特质的应聘者,并且这种选择在一定程度上与 SCM 的群体类型相匹配。譬如在招聘餐厅服务员时,具有高亲和性高能动性的面孔更容易被录用;而在招聘法官时,具有高能动性低亲和性的面孔更容易被录用。

社交性、道德与能力

虽然两维度模型提出至今,已有许多研究加以验证,但是也有学者对两维度模型提出质疑。有研究者将热情维度进一步划分为社交性与道德两个不同的成分。

其中,社交性主要涉及与他人的合作与联系,而道德则主要涉及与社会正确性标准相关联的品质(Leach,Ellemers,和 Barreto,2007)。2012 年,布兰比拉(Brambilla)等人正式提出刻板印象的评价应由道德、社交性和能力三个维度组成。

我国学者在对刻板印象内容模型进行本土化研究过程中,同样发现社交性与道德可以作为刻板印象内容中的独立维度。事实上,中国传统文化中对于"道德"有着广泛且深刻的认识,具有独特的心理内涵,从本土化的角度,有必要将道德维度作为单独的刻板印象维度进行考量(代涛涛等,2014;管健,2009)。国内一些研究对道德的独特性进行了检验,有研究发现,道德和社交性虽然同属于热情维度,但二者的心理卷入程度不同(管健,程婕婷,2011)。事实上,在人际交互过程中,人们对他人社交性与道德性的评价是明显不同的。程婕婷(2017)对道德维度在中国文化背景下的适用性进行了直接检验,让被试用不同的词汇衡量他们对 8 个不同群体的刻板印象,探索性因子分析结合验证性因子分析方法发现,刻板印象内容可划分为社交性、道德和能力三个不同的维度。其中道德维度的测量项目分别为"耿直坦率的"、"诚实真诚的"、"可信赖的"和"忠厚老实的";社交性维度的测量项目分别为"热情热心的"、"有责任心的"、"善解人意的"、"友善亲和的"、"讨人喜欢的"和"乐于助人的";能力维度的测量项目分别为"想象力丰富的"、"有思想的"、"有能力的"、"善于思考的"、"机智聪慧的"、"有技能的"和"有才能的"(程婕婷,2017)。而在群体层面也有研究发现,道德在群体评价上的重要程度甚至超过了社交性与能力(高明华,2010)。因此,有必要从三维度的视角对国内对刻板印象内容的研究进行重新审视。

12.3.2 基于群际情绪的行为与刻板印象系统模型

刻板印象内容模型虽然可以有效地描述和预测人们对某一群体在热情和能力两个维度上的评价,但是 SCM 并未考虑人们对这些不同类型群体的情绪及行为反应倾向。卡迪(Cuddy)、菲斯克和格利克(Glick)(2007)将 SCM 与群际情绪以及行为反应相结合,发展出了基于群际情绪的行为与刻板印象系统模型(behaviors from intergroup affect and stereotype map, BIAS Map)。作为 SCM 的扩展模型,BIAS Map 加入了由热情和能力维度交互作用产生的情绪与行为结果(如图 12.2 所示)。

管健(2009)指出,BIAS Map 区别于以往的单纯性刻板印象理论,将刻板印象与态度、行为相结合,这一改进对于在实践中削减偏见、弱化歧视和干预污名化具

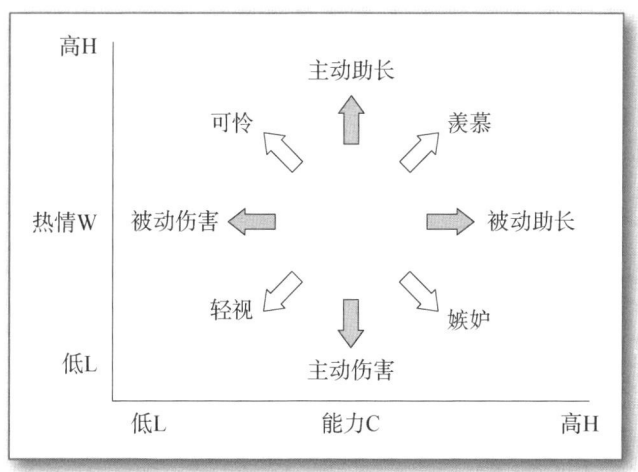

图 12.2　SCM 情绪反应与 BIAS Map 行为模式结合图

有重要意义。有研究者进行了具有中国本土化特色的 BIAS Map 研究，证实了人们对不同类型群体的情绪唤醒和行为反应差异，结果显示，通过热情与能力分类得到的任一群体类型引发的攻击和欺负行为都不显著，这可能反映了中国传统文化中"以和为贵"这一思想对人们行为的影响。此外，研究还发现了 BIAS Map 的动态变化性，即刻板印象、情绪唤醒和行为反应会受到个体心理卷入程度的影响（管健，程婕婷，2011）。

12.3.3　刻板印象维护理论与阈限模型

研究者除了关注刻板印象的具体内容及其与个体情绪和行为反应的关系，对个体或群体符合/不符合刻板印象的程度及其对应的情感态度也提出了相关理论。研究发现，人们通常会期望个体的外貌特征、行为表现及思维方式等与其性别刻板印象相一致，当个体在某一领域偏离其所属的性别刻板印象预期后，人们就会对其表现出贬损态度，从而达到维护刻板印象的目的（Eagly 和 Karau，2002）。这一现象在性别刻板印象领域受到了广泛关注，有研究者（Rudman 和 Fairchild，2004）提出了抵制及性别刻板印象维护模型（the backlash and stereotype maintenance model，BSMM）。

BSMM 模型提出，在遇到他人表现出反性别刻板的行为时，人们会对他人表现出社会及经济上的抵制，也被称为抵制效应（backlash effect），这种抵制效应在知觉者相对反刻板印象的知觉对象处于弱势的情况下尤为明显（刘晅，佐斌，

2006)。研究者进而从观察者和表演者视角提出了针对反刻板对象的抵制行为功能模型(如图 12.3 所示)。该模型认为,抵制效应的存在与文化中的刻板印象内容息息相关,当观察者面对表现出反性别刻板行为的个体,且自身在相关领域表现出劣势时,为了维护自尊,其会对反性别刻板个体表现出社会或经济上的抵制行为。另一方面,作为反性别刻板印象的个体,为了维护自身的自尊,同时由于知道自身反性别刻板可能会导致他人的抵制,其会表现出一定的防御策略,如隐藏自身的反性别刻板行为等。

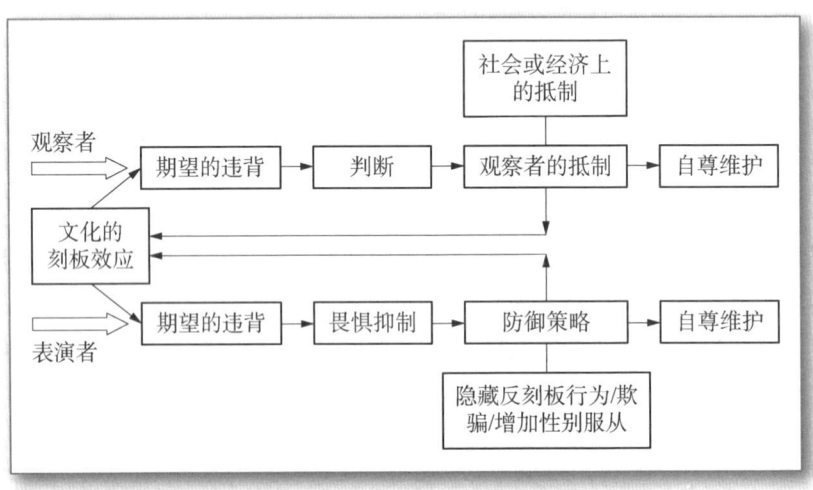

图 12.3　针对反刻板对象的抵制行为功能模型
(来源:转引自刘旵,佐斌,2006)

在此理论基础上,我国学者温芳芳和佐斌等人(2020)将刻板印象一致及不一致作为连续体的两端,关注人们对在这一连续体上表现出不同程度反性别刻板印象的个体的态度,同时将反性别刻板印象的内容从以往的行为领域拓展到面孔和特质领域,提出了性别刻板印象维护的阈限模型(the threshold model of stereotype maintenance)。该模型认为反性别刻板的外貌特征、行为表现及思维方式等对人际知觉的影响并非简单线性,而是呈现了从积极到消极的倒"U"型转变(Wen 等,2020)。具体而言,与具有极端性别刻板印象的样本相比,少量反性别刻板特征能够弥补性别刻板印象的不足,从而产生积极影响;但当不断提升的反性别刻板程度达到社会规范容忍的临界点,也就是一定的阈限之后,人们对反性别刻板特征个体的态度会急剧下降,从而出现突然反转为负面评价的"坠崖"现象。这一理论的提出丰富了传统的刻板印象维护理论,将反性别刻板印象程度作为一个连续体而非二元变量,为个体的印象管理提供了有效借鉴。

12.4 刻板印象的测量

刻板印象的测量主要包括外显测量(直接测量法)与内隐测量(间接测量法)两种形式。在国内的早期研究阶段,研究者主要通过问卷、访谈等方法对群体的特质评价进行调查,但受到个体动机、社会称许性等因素的影响,刻板印象的外显测量方法可能无法准确地反映出人们的心理倾向。随着刻板印象相关理论与实验技术的发展,起源于国外研究的内隐联想测验(Implicit Association Test,IAT)、刻板解释偏差范式(Stereotype Explanatory Bias,SEB)与命中联系作业(Go/No-Go Association Test,GNAT)等内隐研究范式逐渐被引入与发展,成为本土化研究中测量内隐刻板印象的重要研究方法。

12.4.1 刻板印象的外显测量

刻板印象内容测量

对外显刻板印象进行研究的一项重要方法是基于刻板印象模型的测量,其中以菲斯克等(1999)提出的 SCM 在研究中应用最为广泛,其主要思路是对目标群体在热情和能力维度上进行评价,获得对应的刻板印象评分。这一测量方法在本土化过程中存在两类不同的应用趋势。一部分研究者直接使用了菲斯克等人的原始量表进行测量,如高明华(2010)与管健等(2011)采用了中英互译的方式,直接对国外版本的刻板印象内容模型量表中的"热情"、"能力"、"诚实"等特质词进行翻译与应用;而另一部分研究者则根据中国文化特点与用语习惯对原量表进行了再次修订,采用更具本土化特色的"乐于助人"、"才华出众"与"光明正大"等特质词进行测量。

两类测量方法各有利弊,互译式量表虽能够较大限度地沿用原量表的测量方式与结构,但其可能存在文化上的水土不服的情况,而修订式量表虽符合文化语用特征,但难以对特质词的意义进行完全匹配,易出现误差(汪新建,程婕婷,2015)。因此,在使用这一方法进行刻板印象测量时,研究者需要兼顾测量的理论效度与本土化程度,选择合适的特质词。

自由联想法

自由联想法(free association)由高尔顿(F. Galton)于 1879 年首次提出,在国内的研究中,采用自由联想测验对某一群体的描述性形容进行测量,是外显刻板印象测量中的重要范式。在这种测量中,研究者首先向被试呈现一个目标人物或群体,随后要求被试自由列出能够想到的印象、观点或是特质描述,也可以采用访谈等形式直接询问被试对某一群体的印象,在测量中不限制被试的反应与刺激之间的关系(谢晓非,徐联仓,1995)。该类研究多将自由联想测验与内隐测量方法进行结合,以"实验性分离范式"对外显与内隐刻板印象进行比较探究。例如,林小丽和徐富明等人(2014)采用自由联想法测量了异国留学生对中国人的刻板印象,实验中要求被试尽可能多地用形容词对自己脑中的中国人形象进行描述,随后对提名结果进行编码与量化分析。

典型特征指派法

典型特征指派法(typical traits assignment)是由卡茨和布拉利(Katz 和 Braly,1933)提出的最早的测量刻板印象内容的方法。其原始测量主要关注大学生的国民刻板印象。首先,研究者让被试对 10 个不同国家的国民进行偏好排序,之后依次写出能够描绘 10 个国民一般特征的形容词,计算每个形容词在描绘特定国民特征上的支持数(score of favorability)以及每个群体的合意分(desirability,反映了对于特定国民的偏好)。另一方面,研究者还邀请了另外 100 名大学生被试从描述特定国民特征的形容词中挑选出 5 个最具代表性的特征,作为国民刻板印象的内容。在选出 5 个最具代表性特征的基础上,研究者还计算了描述每个国民形容词的同质性(uniformity),其值越小,说明特征之间的同质性越高。卡茨-布拉利法作为寻找刻板印象的最早的方法,证实了刻板印象的普遍存在性,为后续的刻板印象实证研究提供了方法借鉴。

不同的测量方法反映了研究者对刻板印象持不同的看法或有不同的界定,这些不同的方法具有各自的长处与局限性。但由于文化差异等原因,上述方法在国内研究中的应用十分有限,在未来,研究者应当结合刻板印象的研究主题与自身文化特征,进一步发展适宜本土化研究的外显刻板印象测量方法。

12.4.2 刻板印象的内隐测量

内隐联想测验

格林沃尔德(Greenwald)等人(1998)在传统的反应时法的基础上提出的内隐联想测验(IAT)是一种通过测量概念词与属性词之间在评价中的关联性,从而对个体的内隐态度等内隐社会认知进行间接测量的经典方法。IAT 中包含概念词(例如,男性与女性)与属性词(例如,热情或高效),其原理是人们对相容概念与属性词对的反应,比对不相容词对的反应更快(蔡华俭,2003;梁宁建,吴明证,高旭成,2003)。这一方法克服了自陈式测量方法的局限,通过对自动化加工过程进行记录与测量来推论内隐态度。

从方法本身而言,国内有研究者应用 IAT 的测量原理,发展出了以幼儿为对象的 IAT 测量方法(钱森等,2015),将传统的 7 个阶段的经典 IAT 范式简化为 2 个阶段,更符合学前儿童的认知能力和行为反应特点,有助于进行内隐刻板印象的发展研究。该研究范式在性别和种族刻板印象领域均具有良好的适用性,且得到了跨文化的检验(Qian 等,2016,2020)。

另一方面,国内对 IAT 的研究主要集中于应用上,通过改变 IAT 中的概念词与属性词测量不同的领域中是否存在内隐刻板印象,如性别—学科刻板印象(蔡华俭等,2001),内隐权力刻板印象(张珊明,钟毅平,罗伏生,2015)等。此外,也有研究探索了不同刻板印象测量方法之间的一致性与差异,如蔡华俭等(2001)人研究发现内隐刻板印象与相应外显刻板印象之间仅存在较低的相关性,证明了两类刻板印象的分离。

GNAT 范式

命中联系作业(GNAT)是格林沃尔德在 IAT 的基础上发展出的内隐社会认知研究方法。GNAT 范式借鉴了信号检测论的思想,对目标群体与属性之间的联结强度进行考察,弥补了 IAT 范式无法对单一对象进行评价的缺陷(梁宁建,吴明证,高旭成,2003;温芳芳,佐斌,2007)。刻板印象研究中,GNAT 范式常与 IAT 等内隐测量方法结合,对个体的内隐刻板印象进行测量。例如,张珊明等人(2015)的研究采用两类范式对内隐权力刻板印象的存在进行探索,通过比较不同条件下的虚报率之差(d'),两类范式均证实了内隐权力刻板印象的存在。此外,由于相比与其他内隐刻板印象测量方式,GNAT 范式的任务内容相对简单,因此这一方法还被广泛用于儿童内隐刻板印象的研究。

情感错误归因范式

情感错误归因程序(Affect Misattribution Procedure, AMP)是以投射为基本原理的内隐实验范式(任娜等,2012;Payne, Cheng, Govorun, 和 Stewart, 2005)。其基本逻辑是人们在看到积极或者消极的刺激物(启动)之后就会被激发出对应的情绪感受,从而倾向于在随后无意义目标的情感判断上做出相应的积极或消极判断,实验者可以根据积极或消极判断的比例推测人们对于刺激物的情感倾向。AMP 范式的基本流程包括启动词呈现,目标图片呈现以及情感判断三个阶段,具体实验流程如图 12.4 所示。国外研究已发现 AMP 范式在评价个体喜爱或厌恶的刺激物上有良好的敏感性和稳定性(Payne, Burkley, 和 Stokes, 2008; Prestwich, Perugini, Hurling, 和 Richetin, 2010)。

有研究者将 AMP 范式应用在老年人内隐刻板印象研究中(任娜等,2012),发

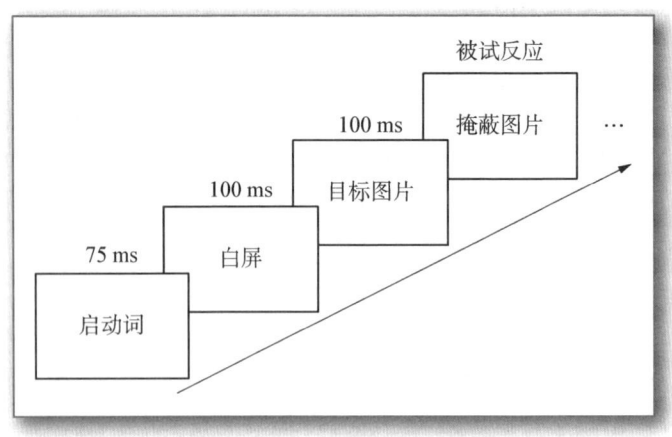

图 12.4　AMP 范式实验流程示例

现相较于年轻人,人们对于老年人普遍拥有更消极的内隐刻板印象。有研究者结合 IAT 与 AMP 两种实验范式考察了人们对于外貌的内隐刻板印象,结果发现,两种内隐刻板印象范式均证明人们对于高吸引力面孔拥有更加积极的态度,对于低吸引力面孔的态度更加消极,这一结果在表明内隐外貌刻板印象存在的同时,也进一步验证了 AMP 范式在测量内隐态度上的有效性(温芳芳,佐斌,2013)。在 AMP 实验程序基础上,有研究者发展出刻板印象错误知觉任务(stereotype misperception task,SMT),以便于进一步测量和区分刻板印象激活与应用的不同阶段(王沛,陈庆伟,2015)。与 AMP 相似,SMT 同样包括启动刺激呈现、靶刺激呈现以及特质判断三个阶段,SMT 要求被试对个体进行特质上的判断,而非对无意义字符进行效价判断;这种改进在增加了刻板印象对判断影响的同时,也减少了评价性联接对判断的影响。

刻板解释偏差范式

刻板解释偏差(SEB)是指人们对于刻板印象不一致的情境进行解释时所存在的偏差,反映了刻板印象对个体信息加工过程中无意识的影响。该测量方法的基本逻辑是:对于与刻板印象不一致的事件,人们会尝试用更多的理由进行解释,也会更多地将事件进行外部归因,从而使事件更为合理;对于与刻板印象一致的事件,人们对该事件的解释性语言更少,同时也更倾向于进行内部归因,体现了行为的稳定性(刘晅,佐斌,2006)。研究者会在测量中首先向被试呈现一项情境事件的结果,随后让被试根据自身的想法对这一事件结果进行归因,最后通过计算被试提出的解释数量与解释性质(效价、内外归因等)对刻板解释偏差进行计算。

研究者认为,SEB 测量比 IAT 更为敏锐;SEB 具有更高的生态效度,对个体相关行为的预测能力也更好(俞海运,梁宁建,2005)。目前,SEB 方法被应用于对学科性别刻板印象、情绪性别刻板印象、农民内隐身份污名等领域的研究之中(陈晓惠,毕凤兰,余益兵,2013;马芳,梁宁建,2008;张艳红,佐斌,2011),取得了一定的本土化研究成果。

系列再生法

系列再生法(serial reproduction method)是一种通过测量人们在信息传递过程中的记忆偏差以分析刻板印象内容的方法。这一方法最早起源于巴特利特(Bartlett,1932)的记忆研究,认为记忆并非是对信息的简单存储,而是在过去经验的基础上,对新信息的重新建构。而刻板印象作为人们头脑中对于某一群体成员相对固定的认知结构与社会认知图式,自然会在记忆重构的过程中发挥作用,指导人们的社会认知与行为(管健,程婕婷,2010)。

系列再生法的施测主要是将实验材料给被试 a 阅读,一段时间后要求被试 a 回忆材料内容并写下来,将文本作为被试 b 的阅读材料,之后重复此流程,直到完成一条记忆链(如图 12.5 所示)。在实验中,一条记忆链人数为 2—10 人,一般 4—5 人最佳。这一方法的数据分析包括定量和定性研究两种方式。其中定量研究主要分析被试再生出的记忆材料,由不了解实验目的的实验者对材料中刻板印象一致和不一致的信息进行编码识别和筛选;同时测量每一位被试对实验中所关注的群体或成员进行刻板印象的评价,并进行相应的定量分析。定性研究的分析则是比较前一位被试与后一位被试所复述的材料内容差异,需要由多个实验人员采用德尔斐技术进行内容法分析,辨别前后材料中的一致性信息与非一致性信息以及再生材料与原始材料之间的差异。系列再生法被应用于种族刻板印象、性别刻板印象和污名群体刻板印象等多个领域,验证了刻板印象在文化中具有传递性、稳定性、共享性以及存在刻板印象一致性偏差。

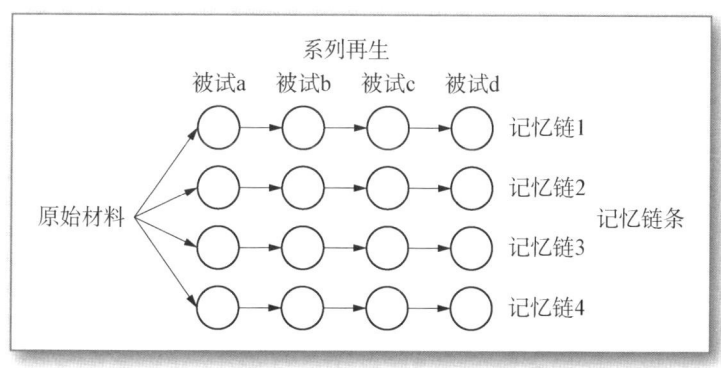

图 12.5 系列再生法实验过程图

12.5 不同形态的刻板印象研究

社会类别的多样性决定了刻板印象的形态丰富性。刻板印象研究的早期阶段，国内研究者围绕性别刻板印象、年龄刻板印象、国民与民族刻板印象、职业刻板印象等不同形态的刻板印象，开展了一系列研究，取得了重要的研究成果。伴随中国社会发展，一大批新兴社会群体应运而生，研究者逐渐开始关注中国当代新兴群体刻板印象。此外，研究者们还对不同地域、不同样貌人群在人们心目中的形象感兴趣，并对此进行了初步的探索，也取得了一些有趣的发现。这些不同形态的刻板印象研究加深了人们对刻板印象的认识，可以帮助人们更好地理解其所身处的社会。

12.5.1 性别刻板印象

性别刻板印象的概念

性别刻板印象（gender stereotype）是一种重要且广泛存在的社会刻板印象，是人们对男性或女性在行为、人格特征等方面的期望、要求和笼统的看法（刘晅，佐斌，2006）。性别刻板印象由外表形象（如男性-魁梧、女性-柔美）、人格特质（如男性-理性、女性-感性）、角色行为（如男性-养家糊口、女性-相夫教子）、职业（如男性-工程师、女性-护士）四个方面组成，每个方面又分为"男性化/女性化"两个维度，彼此之间相互关联、相互影响、相互预测。持有刻板印象的男性和女性群体同时又是刻板印象的对象，男女两性在性别刻板印象上也存在着显著差异（钱铭怡，1999）。

性别刻板印象具有描述性和规范性两方面的功能。其中，描述性功能是指男性和女性"通常做什么"的信念，如男性通常理科较好，而女性文科较好；而规范性功能则是指男性和女性"应该做什么"的信念，鼓励符合性别预期的行为，而规避不符合性别预期的行为，其在一定程度上起到了约束、规范、预测的作用。

男性刻板印象与女性刻板印象

男性刻板印象　受我国"男主外"传统观念的影响，男性通常处于较强势的地位。钱铭怡等人（1999）发现，中国大学生的性别刻板印象与传统性别观念一致，多认为"男性在思维、能力、工作上超过女性"，显得坚强且能干；"勇敢、坚定、临危不惧"被普遍认为是男子汉的人格特质（魏国英，陈雪飞，2005）。佐斌和刘晅（2006）同样发现了较稳定的内隐性别刻板印象，大学生表现出对男性较为传统且稳固的刻板印象,如"胆大、自立、幽默、精干、主动"等。张庆和王美芳(2014)根据刻板印象内容模型,发现我国大学生也存在着"男性高能力、低热情"的刻板印象。延伸到学科上,研究者也发现了"男性更擅长理科"这一稳定的性别刻板印象(蔡华俭,周颖,史青海,2001;马芳,梁宁建,2006)。而在职业性别刻板印象方面,人们认为"工程师、哲学家、政治领导人"这类职业更适合男性。

女性刻板印象 人们倾向于认为女性是"高热情、低能力"的(佐斌等,2006)。对中国大学生的性别刻板印象研究发现,人们普遍认为女性更善于情感表达,显得被动且顺从(钱铭怡等,1999),"体贴、顺从、温柔、感性、细腻"等人格特质是女性的典型特质(徐大真,2003)。此外,人们更容易将女性与"擅长文科、语言类学习"(蔡华俭,周颖,史青海,2001)以及"护士、教师、幼师"等职业联系在一起。不可否认的是,社会对女性的刻板印象是更为消极的(马芳,梁宁建,2008)。但同时,两性对性别刻板印象的认识又存在着显著差异(钱铭怡等,1999)。值得庆幸的是,随着时代进步、社会发展,女性也逐渐融入社会各个领域,人们正逐渐摆脱"男主外,女主内"这一传统观念的桎梏,承认个体的多元性,倡导尊重与平等,以实现人生价值。

性别刻板印象的维护与反性别刻板印象

现实生活中,我们经常会遇到不符合社会性别预期的信息和行为表现(如男护士、女工程师),即反性别刻板印象(gender counter-stereotype)。反性别刻板印象是指男性或女性在性别角色行为方面的表现与人们的性别刻板印象不相符,违背了对两性角色的期望和要求(刘晅,佐斌,2006)。反性别刻板印象分为两种表现形式,一是未做到性别刻板印象规定的"应该具有"或"应该做出"的特征,二是做出了性别刻板印象规定的"不应该具有"或"不应该做出"的行为特征。兰玉娟和佐斌(2010)研究发现,人们对两种反性别刻板者的态度存在差异,通常,我们会对未做到"应该"行为的人持有拒绝的态度,而可以接受那些做出"不应该"行为的人。

性别刻板印象的影响巨大,人们对于典型的男性或女性是什么样子的看法,会影响我们的觉知,并在评价他人的行为时造成偏差(徐大真,2003)。而拥有反性别刻板印象的个体,则会因为违背了社会预期而受到负面评价,比如"持家的男性会被人们质疑能力不足,而事业心重的女性则会被认为是不顾家、不持家的人"、"支配型的女性领导会比参与型的女性领导受到更多负面评价",甚至"女性会在应聘工作时处于劣势"、"护理专业的男性会令人觉得其前途堪忧"(刘晅,佐斌,2006)。

反性别刻板印象信息和行为的出现,会使得个体自发采取行动来维护自身性别刻板印象。在社会认知层面,个体通常采用三种认知策略来进行性别刻板印象的维护:(1)忽略不一致信息并增加与刻板预期一致的信息;(2)对不一致信息进行认知重组,揭穿或合理解释;(3)重视不一致信息并增加对不一致信息的认知接触。而在行为层面,个体则会通过对反刻板行为进行阻挠或破坏来维护性别刻板印象。同时,由于社会对男性存在更为苛刻的要求,人们通常更容易接受女性的反刻板行为(如"女汉子"),但难以包容男性违反社会预期的反刻板行为(如"娘娘腔")。

12.5.2 年龄刻板印象

年龄刻板印象的概念

年龄刻板印象(age stereotype)指人们对不同年龄群体成员持有的比较固定的观念或想法。当前涉及年龄刻板印象的研究主要以老年人作为关注对象,因此老年刻板印象、老化刻板印象是目前通用的两个概念。老年刻板印象指人们对老年人这一特定社会群体所持有的观念与预期,也被称为老化刻板印象(潘文静,温芳芳,佐斌,2018;张金凤,张森,2019)。

年龄刻板印象包含积极和消极两个方面(贺庆利,余林,马建苓,2013)。从刻板印象内容模型 SCM 的热情和能力两维度上来看,年轻人被认为是高热情、高能力的;老年人通常被认为是高热情、低能力的,能够引起人们的同情与帮助(高明华,2010;管健,程婕婷,2011)。年龄刻板印象主要表现在身体特征、个人表达与认知能力等三方面(佐斌,温芳芳,朱小芳,2008),如在身体特征上,人们通常将衰老与疾病同老年人联系起来;在认知方面,老年人总是与记性差、反应慢相关联,人们也容易将"年纪大"与"创造力差"联系起来(韩建涛,庞维国,2020);在个人表达方面,人们认为老年人的性格比年轻人更温和。

不同年龄刻板印象的调查与研究

对儿童、青少年的刻板印象 人们如何评价儿童与青少年的印象?研究发现,人们容易将善良、诚实、热情等积极特质和儿童联系起来,同时,儿童也被认为是幼稚、易受欺骗且体质更弱的人群(窦东徽,刘肖岑,张玉洁,2014)。另外,人们持有一种相对稳定的观念,认为儿童的思维更为灵活、观念更加新颖、创造力更高(韩建涛,庞维国,2020)。在刻板印象内容方面,青少年被感知为高热情、高能力(高明华,2010),这与大众对青少年儿童的一般认识相符合。

对年轻人的刻板印象 林巧明和石向实(2010)采用问卷法调查了人们对年轻人的刻板印象,发现"高适应性"、"积极活跃"、"勇敢"等特质被认为是年轻人的典型特质,同时人们认为年轻人不应该具有"迷信"、"老练"、"保守"等特质。佐斌等人(2007)采用内隐联想测验考察大学生对年轻人的内隐刻板印象,发现大学生容易将精力充沛、欢快、聪明等积极特质与年轻人联系起来。在刻板印象内容的热情和能力维度上,年轻人被评价为高热情、高能力(高明华,2010;管健,程婕婷,2011),是较为少见的"双高"类型社会群体。

对老年人的刻板印象 伴随中国老龄化的加剧,老年刻板印象已成为国内研究者关注的重要领域。一项调查研究发现,人们认为"保守"、"和善"和"健忘"等特质是老年人的重要特征,而老年人不应具备"爱卖弄"、"顽皮"和"反应快"等特质(林巧明,石向实,2010)。对老年人的刻板印象研究发现,老年人被认为是高热情、低能力的群体(管健,2011;高明华,2010)。有研究表明,老年刻板印象会增加老年司机在驾驶过程中的风险因素,消极的老年刻板印象还会降低老年人的工作满意度,导致老年人脱离工作岗位的意图更强烈(潘文静等,2018)。

12.5.3 国民与民族刻板印象

国民与民族刻板印象的概念

国民与民族刻板印象(nation and ethnic stereotype)是刻板印象的一种重要类型,是对某国国民或民族的特征、属性、行为的固定的、突出的、概括的看法(Hilton 和 Hippel,1996),这些看法可能是通过某些人格特质表达的,也可能是对群体的某种行为的描述和评价(孙利,2004)。根据国家或民族人为地把人分成不同的群体,对国民或民族成员去个体化的认知结果形成了国民或民族刻板印象,是一种经由直接经验或间接通过教育、媒体曝光形成并产生的认知与情感过程(Florian,Diamantopoulos,和 Adamantios,2013)。

明晰国民与民族刻板印象的内容与结构有助于更好地理解国刻板印象的实质以及展开更具体的研究。国民与民族刻板印象与文化和社会环境紧密相关,其内容会随着情境的改变而有所比变化(Bar-Tal,1997)。研究者通常采用词汇提名法、特质词评定法等方法来获得被试对特定国民与民族的印象,这些词语可以是基于整体形象、人格特质的描述,也可以是评价者自身情感和态度。有关核心维度,除热情和能力外,还包括道德、体貌形象、理智、做事态度、大男子主义等评价维度(佐斌,2002;孙利,2004)。

中国人的国民刻板印象

在一项国民与民族刻板印象的研究中,孙利(2004)从道德、财富、态度、体貌形象、大男子主义等维度考察了中国青少年对中国人、美国人、日本人、德国人等十个国民的刻板印象。研究表明,典型的美国人是霸道的、有钱的、开放而浪漫的、身材高大的、追求男女平等的;典型的日本人是道德素质差的、身材矮小的、艺术气质差的以及大男子主义的,但做事认真严谨、团体意识精神可嘉;典型的德国人除了态度严谨这一维度比较突出外,在其他各个维度均处于平均水平;而典型的中国人是道德素质高的、态度认真的、崇尚礼节的、团体意识强的,且具有大男子主义倾向的,这些国民刻板印象在张莹瑞(2007)的研究中也得到了基本一致的验证,即中国人是爱好和平的、勤劳善良的、吃苦谦逊的;美国人是开放的、崇尚自由的、时尚的、冒险的;日本人是大男子主义的、残忍的、团结的、霸道的;英国人是优雅的、富裕的、彬彬有礼的。与之类似,研究者调查了北京市大中小学生群体对日本人的刻板印象,发现大中小学生对日本人的总体印象偏消极,但高中生和大学生对日本人能力维度的特质表示了一定程度的肯定(张燕等,2013)。

中国汉族与少数民族刻板印象

中国是一个历史悠久的多民族国家,在团结统一的氛围中,56个民族呈现出各自不同的风采,因此,对民族刻板印象的研究也相当丰富。例如,研究者调查了汉族大学生对蒙古族人的刻板印象,发现大学生对蒙古族人形成的刻板印象主要以正面和中性印象为主,包括豪爽的、高大强壮的、擅长摔跤的、热情好客的等(蔡浩,2011)。再如,研究者采用内隐和外显的测量方式考察了民族刻板印象,发现大学生对维吾尔族、汉族的刻板印象以积极和中性为主,认为维族人是热情的、美丽的、团结的、能歌善舞的,汉族人是能干的、友好的、聪明的、勤奋的。研究还发现维族和汉族一样存在内隐民族刻板印象,具体表现为内群体偏好(苏昊,2014)。研究者进一步表明这样的内群体偏好可能与民族本质论有关,它会影响个体的群际导向,促使个体产生强烈的内群认同和偏好,从而与外群接触的态度较为消极,研究发现,汉族被试所持的民族本质论观点越强烈,其对少数民族持有刻板印象的程度就越高,尤其是消极刻板印象(高承海,万明钢,2013)。

12.5.4 职业刻板印象

职业刻板印象的概念

职业刻板印象(occupational stereotype)是刻板印象在职业领域的衍生概念,不同的学者对其持不同定义。职业刻板印象是对职业进行社会分类,从而形成的关于从事该职业人群的固定印象(佐斌,温芳芳,2011)。职业刻板印象划分为声望和性别两个方面的内容,其中,职业声望是指人们对职业的社会评价,研究发现,排名较为靠前的职业包括高级领导干部(如市人大主任、市长等)和高级知识分子(如工程师、大学教师等),而排名较为靠后的职业主要包括低层的专业技术人员(如幼儿园老师、小学教师)、普通办事人员(如军人、基层社区管理人员)等(李春玲,2005)。

职业性别刻板印象则是指人们头脑中依据性别将职业进行分类而形成的关于两性适合从事某些职业的固定印象。已有研究发现,我国大学生职业性别刻板印象普遍存在,且不存在性别差异(胡志海,2005;连淑芳,2019)。同时,职业刻板印象存在明显的性别取向,即男性和女性所适合的工作并不相同(佟丽君,2009)。例如,研究者通过内隐联想测验发现,我国大学生普遍认同男性更适合从事专业技术工作,而女性更适合从事服务业(于泳红,2003)。

部分职业刻板印象

医生刻板印象 研究者以大学生为被试,发现大学生对医生群体持有性别刻板印象,普遍认为医生是以男性为代表的群体(宋广文,单洪雪,2010)。研究者进一步采用词语自由联想测验法,发现医生被患者评价为高热情、高能力的群体,提到医生的高频特质词包括"救死扶伤"、"白衣天使"、"妙手回春"等,消极特质词则包括"工资低"、"危险"等(吕小康,刘颖,2018)。

教师刻板印象 研究者表明,教师在学生心中的形象以正面为主,中学生对教师的形象表征为"活泼开朗"、"学识广博",但也存在"脾气暴躁"、"情绪化"等少数负面表征(袁晓琳等,2005)。进一步,研究者比较了20年间学生心目中的教师形象的发展演变,发现20年前学生更关注教师的教学能力,20年后学生则更在意教师的职业道德与人格特征。学生较为喜爱的教师具有"和蔼可亲"、"理解"、"宽容"等特质,反之,不受喜爱的教师特质则包括"脾气大"、"批评"、"随便发火"等(李琼,2007)。

农民刻板印象 农民自古以来在媒体和报纸上以朴实形象出现,那么公众对于农民的印象有何表现呢?研究者发现,在小学阶段的儿童眼中,农民的典型特质主要包括"吃苦耐劳"、"朴实不土气"、"为人热情大方"等,与大众传媒中呈现的农民形象基本一致(佐斌,肖玉兰,2002)。新近,研究者调查发现,大部分被试不愿意从事农业工作,且对农民在经济福利方面的评价较差,对农民的社会地位评价也较低(侯璐瑶,苟天来,2020)。

运动员刻板印象 研究者通过问卷调查发现,运动员被提到最多的积极特质包括"坚强"、"能吃苦"和"团队精神",而消极特质则包括"攻击性强"、"易受伤"等(段正骄等,2013)。研究者进一步表明,运动领域被普遍认为是男性主导的,女性运动员遭受着性别刻板印象的强烈冲击,因而人们对女运动员的正面评价要少于男运动员,同时人们也会质疑女运动员缺乏应该具有的女性特质,从而被贴上"阳刚"的标签(阳煜华,吴广亮,2014)。

军人刻板印象 军人一直是国人敬仰和关注的职业群体,影视、文学作品中对军人的刻画从"无所不能、勇猛无畏、被神化"逐渐变为"有血有肉"的普通人,反映出大众心中日趋多元的军人印象。研究者调查发现，大学生对军人普遍持有"威武、勇敢、坚韧、果断、团结"的积极刻板印象，同时也持有"暴躁、固执、冷酷、呆板"的消极刻板印象；并且军校大学生比普通大学生对军人的刻板印象更强（许有云，杨静，程晨，2012）。

12.6 刻板印象的加工机制与影响因素

刻板印象的加工机制和影响因素是社会心理学研究的热点之一。本部分将对刻板印象的信息加工过程、内隐机制、自我在刻板印象加工过程中的作用、刻板印象的认知神经机制、影响因素等相关研究进行介绍。

12.6.1 刻板印象信息加工过程

刻板印象的产生是自发且复杂的认知过程，以下将系统介绍刻板印象信息的完整认知加工过程，即刻板印象的激活、后续加工，以及对其他认知功能的影响。

刻板印象激活两阶段模型

刻板印象激活过程的研究发现，社会分类和刻板印象激活可能是两个不同的心理过程（张晓斌，佐斌，2010）。基于对面孔刻板印象的研究，张晓斌和佐斌（2010）以个体建构研究作为理论框架和指导，提出了刻板印象激活的两阶段模型（Two-Stage Model of Stereotype Activation）：第一阶段，基于对面孔的观察和知觉，从中提取社会类别信息；第二阶段，在所得到的社会类别信息基础上，激活与该类别相关联的刻板印象信息（图 12.6）。面孔识别的实证研究结果支持了上述假设，说明社会类别激活和刻板印象激活是相互分离而又前后衔接的两个过程，以社会类别信息提取为目的的面孔知觉对刻板印象的激活有显著影响。

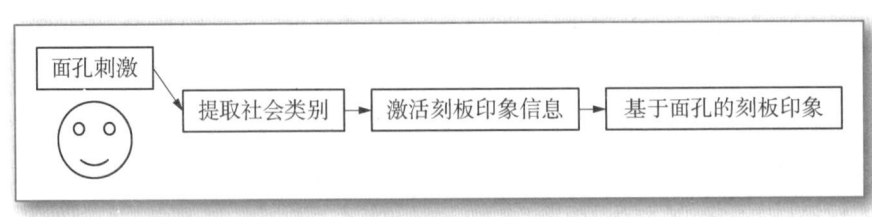

图 12.6　刻板印象激活两阶段模型

序列加工与平行加工

刻板印象在被激活后,后续信息加工是自动化加工还是控制性加工?在加工过程中,刻板化信息和个体化信息的关系又是怎样的?针对上述问题,研究者提出了序列加工和平行加工两种理论(张晓斌,2009)。基于菲斯克和纽伯格(Fiske 和 Neuberg,1990)提出的连续体模型(continuum model)以及布鲁尔(Brewer)(1988)提出的双重加工模型(dual process model),研究者总结提出了序列加工理论,该理论认为,刻板印象信息的加工只涉及自动化加工,个体会先自动地处理刻板化信息,然后再有意识地对个体化信息进行加工,二者是不同步的。但是,当受到驱动或感知对象的特征影响了分类过程时,个体将进行基于特征的加工过程(杨家忠,黄希庭,1998)。与序列加工理论不同,以孔达(Kunda)和萨伽德(Thagard)(1996)提出的平行限制满意模型(parallel-constraint-satisfaction mode)为代表,平行加工理论则认为,个体在加工刻板化信息时将同时涉及自动化加工和控制性加工两个过程,即个体将根据刻板化信息和个体化信息的重要性来进行平行加工,这一过程是受到主观意识控制的(张晓斌,2009)。

基于目标决定的刻板印象加工

孔达和斯宾塞(Kunda 和 Spencer,2003)提出基于目标决定的刻板印象信息加工理论(goal based theory of stereotype activation and application),将刻板印象加工分为激活和应用两部分,认为个体具有多个目标,当刻板印象的应用有利于实现上述目标时,刻板印象就会被激活,而当刻板印象的应用会对目标的实现存在消极作用时,刻板印象的激活则会被抑制(张晓斌,2009)。值得注意的是,这一理论强调了情境因素的作用,是对刻板印象相关理论的细化,将有利于外部效度的提高。

刻板印象对认知功能的影响

刻板印象作为一种节省认知资源的有效途径,可能会对个体的其他认知功能产生影响。其中,一些研究者聚焦于记忆,发现刻板印象的激活与源记忆之间存在关系。例如,佐斌和刘峰(2010)通过实证研究,探索了在个体学习前后激活其刻板印象对被试记忆成绩的影响,结果发现,在个体学习后,激活其刻板印象将对其源记忆起作用,即被试会倾向于做出与刻板印象一致的猜测,而在个体学习前激活其刻板印象则不会产生此类影响。同时,刻板印象的激活也对错误记忆的产生存在影响,无论是在阈下还是阈上,被试均会通过不同的路径产生错误回忆。当被试处于有意识的状态时,他们在不同的注意水平(完全注意水平,分心注意水平)均会表现出与刻板印象一致特征的记忆偏差模式(刘峰,佐斌,2014,2015)。除了源记忆,刻板印象还可能对其他更为具体的认知能力产生影响。关于某一特定领域中不同群体的认知能力的刻板印象在生活中也普遍存在,例如针对学业表现,"男性比女性更擅长数学"等观点尤为常见(马芳,梁宁建,2008),随之而来的刻板印象威胁将会对相应群体在认知任务中的表现产生影响。

12.6.2 刻板印象的内隐机制

从 20 世纪 90 年代开始,社会认知研究表明,人们对社会信息的加工不仅包括外显的过程,还包括内隐的无意识自动加工过程。于是,相关研究开始从直接测量转向间接测量,研究者开始尝试对刻板印象的内隐层面进行探讨。

内隐刻板印象的界定

格林沃尔德和巴内吉在 1995 年(Greenwald 和 Banaji,1995)首次提出内隐社会认知(implicit social cognition)的概念,认为在"认知的过程中,虽然个体不能回忆某一过去的经验,但这一经验却潜在地对个体的行为和判断产生了影响"。具体到刻板印象研究领域,内隐刻板印象(implicit stereotype)指"调节某一社会类别成员属性的、不能内省辨别(或不能准确辨别)的有关过去经验的痕迹"。换言之,当一个类别线索呈现时,在认知者没有注意或意识到时被激活的社会类别联想即为内隐刻板印象(连淑芳,2003)。

内隐刻板印象的自动加工过程

内隐刻板印象的自动加工过程主要有两种观点:一种主张自动过程是固定的、不可避免的;另一种认为自动过程是有条件的。大量研究成功地证实了刻板印象的自动化运作原则(马芳,梁宁建,2006;王沛,孙连荣,2007;杨治良,邹庆宇,2007)。例如王沛(2001)关于内隐职业刻板印象的研究证明了内隐刻板印象在很大程度上是无意识的表现,是自动化的过程。这些研究表明自动过程反映的是人们的真实态度,该态度是坚定的,不受外在压力和策略性过程的影响,并且不随时间和环境的变化而变化。

12.6.3 自我在刻板印象加工过程中的作用

越来越多的研究证实,大多数心理操作在本质上并非纯粹自动,而是有条件的。在修正的自动化概念支持下,针对自动刻板印象的适应性研究归纳起来主要受到自我卷入(self-involvement)、观点采择(perspective taking)和注意力控制等自我关联因素的影响。

自我卷入的影响

自我卷入是具有指向性、持续性、强度特性的个体的内在唤醒状态,它对个体职业刻板印象、权力刻板印象和刻板印象特质评分都会产生影响(张珊明,2013)。佐斌和温芳芳(2011)发现,当自我卷入时,个体则不会受到普遍存在的职业—性别刻板印象的影响,从而对职业表现出更多积极的评价。张珊明(2013)也发现,自我卷入会影响人们对刻板印象特质的评分,相比于低自我卷入者,高自我卷入者对目标对象的刻板印象特质评定更积极。

观点采择的影响

观点采择指个体从他人角度出发,想象他人观点和态度的心理过程。该过程使得个体认为目标对象和自己更相似,从而使得其内隐刻板印象进一步弱化。研究者采用 IAT 纸笔测验对职业性别刻板印象的研究发现,观点采择策略的干预效果明显,刻板印象的内隐效应也会因此而明显地减弱,观点采择会内隐地增加自我表征和他人表征之间的交叠,特别是关于他人的表征会变得更像自我,或与自身的自我概念相似。当个体自我概念偏积极时,观点采择也会降低刻板印象带来的影响(连淑芳,杨治良,2009)。

注意力控制的影响

近来的研究表明,知觉者注意力的控制对刻板印象自动操作有明显影响,如果知觉者不分配更多注意力去了解个人/群体特性,刻板印象将成为主导。研究者采用内隐材料驱动测验,结果发现,在印象形成过程中,刻板印象会促使知觉者将更多的注意力分配给不一致性信息。当个体缺乏相关认知资源缺乏时,刻板印象会促进其有关一致性信息的概念编码,但也会抑制其知觉编码,而抑制了不一致性信息的概念编码却会促进其知觉编码,研究结果同样支持"知觉者注意力的分配对内隐刻板印象的操作有影响"这一观点(李晓庆,权朝鲁,2005)。

12.6.4 刻板印象的认知神经机制

近年来,研究者采用事件相关电位(ERP)和功能核磁共振技术(fMRI)认知神经科学技术探索和揭示刻板印象的加工机制,为深入了解刻板印象的持续动态加工过程提供了很好的研究视角。

刻板印象加工过程的 ERP 研究

由于 ERP 具有时间分辨率高,操作简便等优点,现有研究多采用此方法对刻板印象进行研究,并试图探讨刻板印象的激活过程及其效应时间进程和认知机制(王沛,杨亚平,赵仑,2010)。研究表明,刻板印象在注意编码上与 P2、N2、P300 密切相关;而在语义加工上表现为语义和句法违背诱发的 N400 和 P600;刻板印象的抑制控制则与 NSW 和 ERN 有关(陈莉,王沛,2015;贾磊,罗俊龙,肖宵,张庆林,

2010)。范伟等人(2016)采用 ERP 技术结合语义联想启动范式考察职业性别刻板印象激活效应,发现启动刺激与目标刺激不一致的条件下,诱发了更大的 N400 波幅,证明了职业性别刻板激活效应的存在且支持语义匹配模型。王沛等人(2010)采用分类—确认实验范式,结果发现失匹配条件下的靶子刺激诱发了更大波幅的 N400,同时早期 ERP 成分并未受到影响,这表明刻板印象的激活发生在知觉后阶段。

刻板印象加工过程的 fMRI 研究

相较于 ERP 技术,fMRI 因其高空间分辨率可以更好地揭示刻板印象在认知加工上所涉及的神经通路。现有 fMRI 研究发现,杏仁核、前扣带回、大脑前额皮层以及外侧顶叶皮层附近的顶颞叶联结区可能参与到了刻板印象的认知加工,涉及注意系统、语义表征系统、执行控制系统以及边缘系统等多个神经功能系统。例如,研究者对内隐和外显两类语义刻板印象的神经皮质基础展开分析发现内隐刻板印象的激活和抑制加工均主要依赖于额叶皮质和扣带回的参与;而外显刻板印象的激活虽然也依赖于额叶皮质,但其抑制过程却主要依赖于颞顶连接区以及小脑的参与。这一结果厘清了刻板印象存在内隐和外显两套不同的语义表征机制及其神经基础(贾磊,2013)。由此,研究者进一步展望了借助 ERP 技术的时间过程优势和 fMRI 技术的脑区动态因果建模优势,最终揭示刻板印象分布式语义表征的动态加工机制(贾磊等,2016)。以上这些研究为探讨刻板印象的表征结构和认知神经过程提供了重要的实证依据。

12.6.5 刻板印象的影响因素

为了深化对刻板印象形成与发展过程的理解,当前社会心理学家重点关注了刻板印象的影响因素研究。目前,国内学者关于该主题的理论和实证研究主要分为三个方面:评价者、评价对象、评价情境,这三个影响因素及其交互具有稳定的共变性。

评价者因素

社会人口学因素 虽然独立的个体与作为群体成员的个体是心理同质的,但群体成员身份作为某种背景基础,也会影响刻板印象的形成(Boyanowsky 和 Allen,1973)。性别、年龄、种族、地域和社会阶层等客观群体身份会影响评价者的社会认知视角,进而对刻板印象的形成产生影响。例如,研究者考察了不同身份群体对医生、护士、患者角色认知的刻板印象,结果发现,各群体对医患群体的刻板印象存在显著差异(瞿晓萍,吴菁,叶旭春,2012)。此外,研究者发现评价者的社会阶层会影响群体印象评价的能力维度,低阶层被试在能力评价上表现出更高的内群体偏好(周春燕,黄海,刘陈陵,郭永玉,贺金波,2015)。

个体心理倾向 评价者的情绪情感、关系性等心理特征会影响他们的印象评价。研究发现情感感受与情感信念的不一致促进了刻板印象的激活(严磊,佐斌,孙山,吴漾,吴月鹏,2016)。拥有积极心境的被试更加依赖群体特征做出判断,而拥有消极心境的被试则更加依赖局部性信息进行判断(方平,马焱,王雷,朱文龙,2018)。此外,与西方相比,中国人的关系(Guanxi)表现为一种"强关系"(Hong, Morris,和 Michael,2000),构成了国人心理的独特面,而关系性的性质、品质、数量以及千变万化的组合,都会对刻板印象产生重要影响。

认知因素 从认知理论的角度出发,刻板印象受评价者的图式、认知结构、主观参照群体的影响,其中,认知结构是指对某一社会群体的知识、观念与预期。乐国安(2004)认为,对群体的印象评价受群体图式的影响,图式作为人脑中的知识单位或进行认知活动时的认知结构,是接触与"练习"的结果。刻板印象内容的持续变化还依赖于目标与评价者认知结构的相契程度,如王沛等人(2015)构建了一个刻板印象抽象表征与具体样例表征之间关系的理论框架,认为人们从情景记忆中提取样例表征,表征个体的具体行为和刻板印象,从语义记忆中提取抽象表征,表征个体的概括特质,这两种表征单独存储,但在有些判断任务中会被同时启用,熟悉性和兼容性能影响评价者使用样例或抽象表征形成刻板印象。此外,根据刻板印象内容模型(Fiske等,2002),人们的刻板印象会受到参照群体偏好(reference-group favoritism)的影响。具体而言,个体希望从自己所属群体获得较高的自尊感,因此对自己内群体存在积极评价的偏好,即内群体偏爱(ingroup favouritism)(连淑芳,2005);同时,当个体对自己所属群体与他群进行比较时,也会通过外群体贬损(outgroup derogation)来提高内群体评价(Brewer,1999)。

评价对象因素

群体规模结构 群体规模与结构都是群体实体性感知的重要因素。群体规模指组成一个群体的人数多少,它是最直观的群体特征之一。在其他条件相同的情况下,大群体比小群体的凝聚力低,也更难保持凝聚力,但群体规模越大,群体特征越不容易随个体的改变而变化。相对而言,小群体具有一致性、组织性和相似性,群体实体性更高。而群体实体性在群体印象评价中起重要作用,会促进群体的刻板化(杨晓莉等,2012)。群体结构是指群体成员的构成,它描述了成员之间的关系,内容上可分为年龄结构、能力结构、知识结构、性格结构等,而群体结构要素则包括角色、规范、价值观、沟通模式和内部地位差异,它们都与群体实体性紧密相关,影响着群体印象评价,如研究者考察了7到9岁儿童的种族刻板印象,发现当内群体存在排斥性规范时,个体对群体评价的消极刻板化最高(Rutland,Hitti,Mulvey,Abrams,和Killen,2015)。

群体的社会经济地位 社会经济地位(socioeconomic status,SES)是根据群体所拥有的社会资源而被界定的社会位置,常以家庭经济收入、群体成员教育水平以及主要职业分布作为客观度量的主要指标。研究发现,群体的社会经济地位,而非文化或权力地位,能有效预测群体的能力和热情评价。菲斯克(Fiske等,2002)认为,根据刻板印象内容模型,能力与热情评价分别源自人们对群体社会经济地位和竞争力的感知。国内学者的研究也同样证实了群体社会经济地位对印象评价的影响,验证了刻板印象内容模型,即高阶层被认为是"高能力、低热情、低道德",低阶层被认为是"低能力、高热情、高道德"。

社会文化背景和评价情境

文化环境 文化作为宏观环境,影响着刻板印象的评价主体、评价对象、评价方式以及人们之间的互动方式。首先是东西方文化差异的影响。研究发现,有些刻板印象内容模型具有普遍性,有些则因集体文化和个体文化的不同而存在差异(Caprariello,Cuddy,和Fiske,2009)。其次是地域文化差异的影响。大量研究表明,地域刻板印象(region stereotype)是广泛存在的(胡志海,梁宁建,徐维东,2004;连淑芳,2005),由于行政区域和地理区域的不同划分,各地也形成了不同的地理文化观念和地理文化景观,进而形成了不同的地域文化心理特征及地域文化性格,这种地域文化性格之间的巨大差异性常常导致我们在认知上出现一种对特定人群的认知偏差,从而形成地域刻板印象。然后是城乡亚文化差异的影响。研究发现,城乡大学生对农民形象的看法是有区别的。农村大学生的看法比城镇大学生更加积极,他们更加认同积极的农民形象且更加否认消极的农民形象(田录梅,张丽军,李双,2008)。最后是新闻传媒和大众文化的影响。大众传媒具有公共性,基本功能是沟通,是意识形态传播的主体,它们传递出的信息影响着人们对于社会真实的认识,导致了传媒真实代替了社会真实(钱程,2013),进而影响人们的刻板印象形成。

具体评价情境 不同的环境、背景因素塑造着印象评价中的评价情境,而评价情境本身也是影响刻板印象的因素之一。评价情境对于因果关系的要求不同,在知觉者的社会信息建构过程中,如果社会判断的责任重大,即进行社会判断和评价所处的情境对因果关系的建构要求比较严苛,同时其他具体信息足以对已有刻板印象构成挑战时,人们便会借助这些信息修正评价,甚至于抛弃刻板印象(王沛,2003)。有研究表明,刻板印象会受到情境效应的影响,他们发现被试在初始情境的评价会泛化到新情境,但是在次学习情境中习得信息激活情况则会依赖于情境

(Gawronski，Rydell，Vervliet，和 De Houwer，2010)。

12.7 研究展望

无论在理论建构，方法创新，还是科研应用上，刻板印象的研究都取得了丰硕的成果。但时代的发展对刻板印象研究提出了更高的要求。总结以往研究，我们发现国内刻板印象研究更多还是在补充或完善国外刻板印象理论，而建构根植于中国社会文化的刻板印象理论可能是未来亟待解决的难题。刻板印象的研究应根植于中国大地，研究中国现象，解决中国问题，这样才有更强大的生命力。以下将从五个方面对刻板印象的未来研究进行展望。

12.7.1 根植于中国社会文化的刻板印象理论构建

刻板印象内容作为对个体或群体的评价，具有很强的文化性，评价标准的差异可能会导致刻板印象内容的差异。西方有学者从实用主义传统出发，认为人们在与他人交互时，首先要搞清楚他人的意图以及实现意图的效率，二者分别对应于刻板印象内容模型的热情和能力维度(Fiske，1992；Fiske 等，2002)。还有学者从生物体的存在形式出发，认为人有两种存在形式，分别为个体形式和群体成员形式，二者分别对应于能动性和亲和性(Thurston 和 Bakan，1966)。虽然目前我国学者已经从本土文化出发，对刻板印象内容进行检验和补充(高明华，2010；管健，程婕婷，2011；佐斌，2015)，但仅仅将西方的刻板印象理论移植到国内可能是不够的。目前，我们尚缺乏根植于中国文化，以中国人的视角建构的关于刻板印象内容的理论模型。

同时，理论的产生有其社会背景，刻板印象相关研究的兴盛与西方世界普遍存在的种族矛盾具有密切联系。西方心理学家提出了种种关于刻板印象产生原因的理论，意图解释、预测甚至解决相关社会重大问题。其中比较有影响力的理论为"社会认同理论"，该理论即致力于解释群体行为的种族中心主义(张莹瑞，佐斌，2006)。但在我国，种族矛盾显然并非主要的社会问题，针对重大社会现象并在此基础上建构相关的理论假设，无疑是理论能够长青的关键所在。

12.7.2 刻板印象研究方法的创新和中国化

刻板印象的研究曾一度陷入困境，后来随着认知心理学的兴起和刻板印象内容的建构,刻板印象的研究得以重新繁荣。关于内隐刻板印象的一系列研究方法的创新为刻板印象的研究注入了活水。新的科学研究工具不仅使以往不能检验的问题得以考证,甚至还能激发新的研究问题的产生。当今,随着第四次工业革命的兴起,中国首次走在了引领工业革命的前列,海量的数据信息和庞大的计算能力相结合,为刻板印象的研究带来了无限可能。通过挖掘网络数据对社会中存在的刻板印象进行分析,从而刻画出不同群体的刻板印象图像;对公开的用户数据进行分析,从而研究个体独特的刻板印象评价标准等,都可能是未来的研究方向。但新的方法也可能带来新的伦理问题,如何在新方法和伦理问题上进行平衡,也是未来需要考虑的重要方面。

另外,多学科的交叉融合不仅可以带来方法上的创新,也可能是未来刻板印象研究的一个重要的方向。例如,认知神经科学与刻板印象研究的结合为更深入的刻板印象研究提供了工具;音乐学与刻板印象研究的结合拓宽了刻板印象研究的领域;计算机科学与面孔刻板印象研究的结合使得机器对面孔的评价更符合人类的标准。多学科的融合也可能是未来刻板印象研究的一个重要方向。

12.7.3 研究领域拓展:新刻板印象现象的测量与更新

目前,尽管刻板印象的研究较多地集中于个体和群体之上,如基于不同性别、种族、年龄、阶层、职业、地域等产生的刻板印象。但其研究领域已经开始拓展到具有社会心理属性的其他事物上面,如研究者以人们对商品持有的刻板印象为对象进行的研究(江红艳等,2016),或者是以人们对动物和食物持有的刻板印象为对象进行的研究等。中国悠久的文化给我们身边事物赋予了丰富的内涵,使其具有了丰富的社会心理属性,未来对刻板印象的研究领域还可以拓展到更多具有社会心理属性的事物上面。

社会发展不断创造出新兴群体,也不断淘汰旧有群体,对新兴群体和旧有群体进行研究具有重要的理论和现实意义。从理论角度出发,新兴群体的不断出现、发展和融合,旧有群体的转换和消亡为研究刻板印象的形成、发展和变化提供了难得的社会现实基础,为提出和检验刻板印象产生与变化发展的理论假设提供了现实素材和检验依据。从现实角度出发,对新兴群体和旧有群体刻板印象进行测量有利于加深对此类群体的认知,有利于全面刻画国人印象的图谱,甚至有助于为引导风清气正的社会风气提供最底层的现状描述。

12.7.4　刻板印象认知加工及神经机制探索

由于人类心理加工过程的复杂性和黑箱特征,解析刻板印象的认知加工过程一直是刻板印象研究的一个重要且复杂的研究课题。目前在刻板印象的表征、加工和激活等方面,心理学家分别提出了多种理论模型,试图解释刻板印象的认知机制,如刻板印象表征的原型、范例和混合模型(杜秀芳,2004),刻板印象加工的两阶段模型(张晓斌,佐斌,2012b)等。而认知神经科学的兴起也为检验相关认知机制提供了来自大脑活动的证据。虽然刻板印象的内容与产生原因可能具有较大的文化差异,但刻板印象的加工机制与神经机制可能在东西方具有一致性。未来研究可在以往研究的基础上,通过认知神经科学的方式为检验刻板印象的认知模型提供更有力的证据。另一方面,对理论模型的整合也可能成为未来的研究方向,而"自我"无疑在刻板印象的表征、加工和激活方面处于核心地位,如何将自我纳入整合的模型也可能是未来模型建构的一个重要考量。

12.7.5　加强刻板印象应用研究

某些消极刻板印象的存在不利于社会的发展与进步,而减少甚至消除这些消极的刻板印象也是刻板印象研究的一个重要课题。例如,对女性、农民工的消极刻板印象不利于他们获得更好地发展;对中国的消极国族刻板印象不利于社会的稳定团结。香港问题为我们提供了消极国族刻板印象巨大破坏作用的典型反面教材。消减消极刻板印象可以从宏观和微观两方面进行探索。在宏观层面,可以从教育、舆论和风俗等方面进行引导。而新的信息传播方式使得网络教育、部落化的信息传播方式逐渐流行起来,考察新的信息传播方式对刻板印象的影响机制,进而对这一过程进行干预可能是未来刻板印象消减的一个重要方向。从微观层面上看,交叉分类策略、熟悉性策略和无偏见训练等方式也可以有效降低消极刻板印象的影响和刻板印象威胁的作用。但这些策略的产生大多源自于西方,中国传统文化中所蕴含的丰富的融合、包容、和谐等思想,无疑是孕育消极刻板印象消减策略的温床。从中国传统文化中发掘出新的消减消极刻板印象的方法策略,并对此进行检验,可能也是未来重要的研究方向。

刻板印象研究成果可以更多地应用在商业、国民形象建构、甚至国家形象建构等领域。例如,公司形象或产品的形象对公司来说是一种无形资产,这种无形资产对公司发展具有重要价值。而刻板印象的研究成果无疑有助于科学地构建符合公司发展方向的公司形象。从更宏观的角度来看,刻板印象的应用研究也具有重要的价值。随着我国社会的发展和综合国力的提升,中国在国际社会中展现出了更强的影响力。但由于历史原因,中国的国家软实力还相对较弱,西方社会对中国和中国人的刻板印象并不太积极。如何在世界范围内、在不同的国家和文化中构建积极正面的中国国家形象和中国国民形象,无疑是中国国家软实力提升的一个重要指标,同时也是未来刻板印象应用研究的一个重要方向。

(佐斌 温芳芳)

参考文献

蔡浩. (2011). 大学生对蒙古族人的刻板印象. 新疆大学学报(哲学人文社会科学汉文版), 39(6), 65 - 69.

蔡华俭, 周颖, 史青海. (2001). 内隐联想测验(IAT)及其在性别刻板印象研究中的应用. 社会心理研究(4), 6 - 11.

蔡华俭. (2003). Greenwald 提出的内隐联想测验介绍. 心理科学进展, 11(3), 339 - 344.

陈莉, 王沛. (2015). 性别刻板印象表征的形式及神经基础. 心理科学, 38(3), 550 - 558.

陈晓惠, 毕兰凤, 余益兵. (2013). 大学生对农民工的内隐身份污名: 基于刻板解释偏差的探索. 中国临床心理学杂志, 21(3), 372 - 375.

程婕婷, 管健, 汪新建. (2012). 共识性歧视与刻板印象: 以外来务工人员与城市居民群体为例. 中国临床心理学杂志, 20(4), 543 - 546.

代涛涛, 佐斌, 温芳芳. (2014). 社会认知中热情与能力的补偿效应. 心理科学进展, 22(3), 502 - 511.

范伟, 钟毅平, 李琎, 黄俊伟. (2016). 职业性别刻板印象激活效应: 一项 ERP 研究. 中国临床心理学杂志, 24(3), 381 - 388.

方平, 马焱, 王雷, 朱文龙. (2018). 从固定到可变: 情感对认知影响的再认识. 心理科学, 41(2), 285 - 291.

费孝通. (2015). 乡土中国·生育制度·乡土重建. 北京: 商务印书馆.

高承海, 万明钢. (2013). 民族本质论对民族认同和刻板印象的影响. 心理学报, 45(2), 231 - 242.

高明华. (2010). 刻板印象内容模型的修正与发展——源于大学生群体样本的调查结果. 社会, 30(5), 193 - 216.

葛明贵. (1998). 性别加工的记忆效应与内隐性别刻板印象. 心理科学, 021(03), 238 - 241.

管健, 程婕婷. (2011). 刻板印象内容模型的确认、测量及卷入的影响. 中国临床心理学杂志, 19(2), 184 - 188.

管健. (2009). 刻板印象从内容模型到系统模型的发展与应用. 心理科学进展, 17(4), 845 - 851.

贺庆利, 余林, 马建苓. (2013). 老化刻板印象研究现状及展望. 心理科学进展, 21(3), 495 - 505.

胡志海, 梁宁建, 徐维东. (2004). 职业刻板印象及其影响因素研究. 心理科学, 27(3), 628 - 631.

胡志海. (2005). 大学生职业性别刻板印象的内隐研究. 心理科学, 28(5), 1122 - 1125.

贾磊, 罗俊龙, 肖宵, 张庆林. (2010). 刻板印象的认知神经机制. 心理科学进展, 18(12), 1909 - 1918.

贾磊, 祝书荣, 张常洁, 张庆林. (2016). 外显与内隐刻板印象的分布式表征及其激活过程——基于认知神经科学视角的探索. 心理科学进展, 24(10), 1519–1533.

江红艳, 王海忠, 何云, 朱力. (2016). 公司形象和产品属性超越的协同效应: 基于刻板印象内容模型. 心理学报, 48(1), 95–105.

姜晓琳, 王鹏, 王美芳. (2010). 大学生性别、性别角色与职业性别刻板印象的关系. 中国临床心理学杂志, 18(3), 366–368.

乐国安. (2004). 图式理论对社会心理学研究的影响. 江西师范大学学报, 37(01), 20–26.

李春玲. (2005). 当代中国社会的声望分层——职业声望与社会经济地位指数测量. 社会学研究(2), 74–102.

李梦珠, 曾庆雪, 闫姿伊, 张春雨. (2019). 基于应聘者面孔的自发特质推理影响招聘决策. 心理学通讯(3), 186–196.

李晓庆, 权朝鲁. (2005). 刻板印象对印象形成过程中信息加工的影响. 心理科学, 28(3), 598–601.

连淑芳, 杨治良. (2007). 抑制对内隐刻板印象的影响研究. 心理科学, 30(4), 844–846.

连淑芳, 杨治良. (2009). 观点采择对内隐刻板印象的影响研究. 心理学探新, 29(6), 75–78.

梁宁建, 吴明证, 高旭成. (2003). 基于反应时范式的内隐社会认知研究方法. 心理科学, 26(2), 208–211.

刘峰, 佐斌. (2013). 源监测框架下阶层刻板印象驱动的错误记忆. 心理学报, 45(11), 1261–1273.

刘峰, 佐斌. (2014). 贫富阶层刻板印象对源记忆的影响. 心理学探新, 23(2), 131–135.

刘峰, 佐斌. (2015). 源记忆下注意水平对基于刻板印象的记忆偏差影响. 中国临床心理学杂志, 23(2), 218–222.

刘晅, 佐斌. (2006). 性别刻板印象维护的心理机制. 心理科学进展, 14(3), 456–461.

马芳, 梁宁建. (2006). 内隐数学-性别刻板印象的SEB研究. 心理科学, 29(5), 93–96.

马芳, 梁宁建. (2008). 数学性别刻板印象的内隐联想测验研究. 心理科学, 31(1), 35–39.

潘文静, 温芳芳, 佐斌. (2018). 老年刻板印象威胁及其研究操纵. 心理科学进展, 26(9), 1670–1679.

钱程. (2013). 我国电视广告中女性形象及刻板印象的关系与变迁研究. 商情(30), 288–288.

钱淼, 周立霞, 鲁甜甜, 翁梦星, 傅根跃. (2015). 幼儿友好型内隐联想测验的建构及有效性. 心理学报, 47(7), 903–913.

钱铭怡, 罗珊红, 张光健, 陈萍, 姚萍. (1999). 关于性别刻板印象的初步调查. 应用心理学, 5(1), 14–19.

任娜, 佐斌, 侯飞翔, 汪国驹. (2012). 情境效应或自动化加工: 大学生对老年人的内隐态度. 心理学报, 44(6), 777–788.

田录梅, 张丽军, 李双. (2008). 大学生心目中的农民形象调查. 宁波大学学报: 教育科学版, 30(3), 50–53.

佟丽君, 侯东辉. (2009). 高中生职业性别刻板印象的内隐联想测验研究. 心理科学, 32(1), 141–143.

汪新建, 程婧婷, 管健. (2014). 解析群际偏见——基于刻板印象内容模型的认知神经研究. 广东社会科学(3), 173–180.

汪新建, 程婧婷. (2015). 刻板印象内容模型的本土研究路径. 南开学报: 哲学社会科学版(6), 143–149.

王沛, 孙连荣. (2007). 广告中性别刻板印象信息的内隐效应. 心理科学, 30(3), 30–32.

王沛, 王雪枫, 陈庆伟. (2015). 情绪对内隐刻板印象表达的调节. 心理学报, 47(1), 93–107.

王沛, 杨亚平, 赵仑. (2010). 刻板印象的激活效应: 行为和ERPs证据. 心理学报, 42(5), 607–617.

王沛, 张国礼. (2008). 刻板印象的心理表征: 范畴还是样例?——来自ERP的证据. 心理科学, 31(2), 340–345.

王沛. (2001). 刻板印象的内隐效应与内—外群体效应的实验研究. 心理科学, 24(2), 178–

180.

温芳芳,佐斌.(2007).评价单一态度对象的内隐社会认知测验方法.心理科学进展,15(5),828-833.

谢晓非,徐联仓.(1995)."风险"性质的探讨———一项联想测验.心理科学,18(6),331-333.

徐蒙.(2018).媒介使用、文化产品消费与大学生对日本人刻板印象.青年研究,423(6),86-94+97.

严磊,佐斌,孙山,吴漾,吴月鹏.(2016).情感一致性对刻板印象激活的影响.心理学探新,36(6),535-540.

严磊,佐斌,张艳红,吴漾,杨林川.(2018).交叉分类及其对刻板印象的影响.心理科学进展,026(7),1272-1283.

杨家忠,黄希庭.(1998).印象形成的理论模型述评.心理学动态(1),3-5.

杨亚平,王沛,尹志慧,陈庆伟,冯夏影.(2015).刻板印象激活的无意图性及其大脑神经活动特征.心理学报,47(4),488-502.

杨治良,邹庆宇.(2007).内隐地域刻板印象的IAT和SEB比较研究.心理科学,30(6),1314-1320.

于泳红.(2003).大学生内隐职业偏见和内隐职业性别刻板印象研究.心理科学,26(4),672-675.

俞海运,梁宁建.(2005).刻板解释偏差测量.心理科学,28(1),42-44.

张金凤,林森.(2019).老年夫妻的老化刻板印象对死亡焦虑的行动者效应和对象效应.心理科学,42(2),118-124.

张珊明,罗伏生,钟毅平,陈芸.(2013).权力刻板印象及自我卷入的影响.中国临床心理学杂志,21(5),58-60.

张珊明,钟毅平,罗伏生.(2015).内隐权力刻板印象:基于IAT和GNAT的测量.中国临床心理学杂志,23(1),56-59.

张晓斌,佐斌.(2012a).基于面孔知觉的刻板印象激活两阶段模型.心理学报,44(9),1189-1201.

张晓斌,佐斌.(2012b).刻板印象激活效应对社会分类的影响.心理与行为研究,10(1),63-68.

张艳红,佐斌.(2011).情绪性别刻板印象的归因解释.中国临床心理学杂志,19(5),578-581.

张燕,高红梅,王芳,许燕.(2013).北京学生对日刻板印象及3·11地震后的情绪和援助意向研究.心理学探新,33(3),225-233.

张莹瑞,佐斌.(2006).社会认同理论及其发展.心理科学进展,14(3),475-480.

周春燕,黄海,刘陈陵,郭永玉,贺金波.(2015).评价者与被评价者的社会阶层对阶层刻板印象的影响.心理与行为研究,013(4),511-515.

朱振中,刘福.(2020).能力还是热情?广告诉求对消费者品牌认同和购买意向的影响.心理学报,52(3),357-370.

佐斌,代涛涛,温芳芳,索玉贤.(2015).社会认知内容的"大二"模型.心理科学,38(4),1019-1023.

佐斌,代涛涛,温芳芳,滕婷婷.(2014).热情与能力的关系及其影响因素.心理科学进展,22(9),1467-1474.

佐斌,刘峰.(2010).激活性别刻板印象对源检测判断的影响.中国临床心理学杂志,18(3),284-286.

佐斌,刘晅.(2006).基于IAT和SEB的内隐性别刻板印象研究.心理发展与教育,22(4),57-63.

佐斌,温芳芳,朱晓芳.(2007).大学生对年轻人和老年人的年龄刻板印象.应用心理学,13(3),231-236.

佐斌,温芳芳.(2011).职业刻板印象:自我卷入与评价偏向.中国临床心理学杂志,19(2),149-153.

佐斌,张阳阳,赵菊,王娟.(2006).刻板印象内容模型:理论假设及研究.心理科学进展,14(1),138-145.

佐斌.(2009).社会心理学.北京:高等教育出版社.

佐斌.(2015).刻板印象内容与形态.武汉:华中师范大学出版社.

Abele, A. E., & Wojciszke, B. (2007) Agency and communion from the perspective of self versus others. *Journal of Personality & Social Psychology*, 93(5): 751-763.

Boyanowsky, E. O., & Allen, V. L. (1973). Ingroup norms and self-identity as determinants of discriminatory behavior. *J Pers Soc Psychol*, 25(3): 408-418.

Brambilla, M., Sacchi, S., Rusconi, P., Cherubini, P., & Yzerbyt, V. Y. (2012). You want to give a good impression? Be honest! Moral traits dominate group impression formation. *British Journal of Social Psychology*, 51(1): 149-166.

Brewer, M. B.. (1999). The psychology of prejudice: ingroup love and outgroup hate?. *Journal of Social Issues*, 55(3): 429-444.

Caprariello, P. A., Cuddy, A. J. C., & Fiske, S. T. (2009). Social structure shapes cultural stereotypes and emotions: a causal test of the stereotype content model. *Group Processes & Intergroup Relations Gpir*, 12(2): 147-155.

Cuddy, A. J. C., Fiske, S. T., & Glick, P. (2007). The bias map: behaviors from intergroup affect and stereotypes. *Journal of Personality & Social Psychology*, 92(4): 631-48.

Eagly, A. H., & Karau, S. J. (2002). Role congruity theory of prejudice toward female leaders. *Psychological Review*, 109(3): 573-598.

Fisk, S. T. (2004). *Social beings: A core motives approach to social psychology*. NY: Wiley. pp. 398-400.

Fiske, S. T. (1992). Thinking Is for Doing: Portraits of Social Cognition From Daguerreotype to Laserphoto. *Journal of Personality and Social Psychology*, 63(6): 877-889.

Fiske, S. T., Cuddy, A. J. C., Glick, P., & Xu, J.. (2002). A model of (often mixed) stereotype content: competence and warmth respectively follow from perceived status and competition. *Journal of Personality & Social Psychology*, 82(6): 878-902.

Fiske, S. T., Xu, J., Cuddy, A. J. C., & Glick, P. (1999). (Dis) respecting versus (dis) liking: Status and interdependence predict ambivalent stereotypes of competence and warmth. *Journal of Social Issues*, 55(3): 473-489.

Galinsky, A. D., Ku, G., & Wang, C. S. (2005). Perspective-taking and self-other overlap: Fostering social bonds and facilitating social coordination. *Group Processes and Intergroup Relations*, 8(2): 109-124.

Greenwald, A. G., Mcghee, D. E., & Schwartz, J. L. K. (1998). Measuring individual differences in implicit cognition: the implicit association test. *Journal of Personality & Social Psychology*, 74(6): 1464-80.

Katz, D., & Braly, K. W.. (1933). Racial stereotypes of one hundred college students. *Journal of Abnormal & Social Psychology*, 28(3): 280-290.

Leach, C. W., Ellemers, N., & Barreto, M. (2007). Group virtue: The importance of morality (vs. competence and sociability) in the positive evaluation of in-groups. *Journal of Personality and Social Psychology*, 93(2): 234-249.

Lippmann, W. (1922). Public opinion/by Walter Lippmann. New York: Harcourt, Brace and Company.

Nelson, T. D. (Ed.). (2009). *Handbook of prejudice, stereotyping, and discrimination*. Psychology Press.

Qian, M. K., Heyman, G. D., Quinn, P. C., Messi, F. A., Fu, G., & Lee, K. (2016). Implicit Racial Biases in Preschool Children and Adults from Asia and Africa. *Child Development*, 87(1), 285-296.

Rutland, A., Hitti, A., Mulvey, K. L., Abrams, D., & Killen, M.. (2015). When does the in-group like the out-group? bias among children as a function of group norms. *Psychological Science*, 26(6): 834-842.

Thurston, R. B. B. L.. (1969). The duality of human existenceby david bakan. *Review of Religious Research*, 10(2): 122-123.

Triguero, V. S., & Fiske, S. T. (2020). Animals as social groups: An intergroup relations analysis of human-animal conflicts. Why we love and exploit animals: Bridging insights from academia and advocacy? (pp. 260-283). Routledge/Taylor & Francis Group.

Wen, F., Zuo, B., Wang, Y., Wu, Y., & Ma, S. (2020). The (continuous) nature of perceived gender counter-stereotype: a threshold model of gender stereotype maintenance. *Archives of Sexual Behavior*, (2): 1-20.

Hong, Y. Y., Morris, & Michael W. (2000). Multicultural minds. *American Psychologist*, 55(7): 709-720.

Zhang, X., Li, Q., Sun, S., & Zuo, B.. (2016). The time course from gender categorization to gender-stereotype activation. Social Neuroscience, 17470919. 2016. 1251965.

13 社会阶层[①]

- 13.1 引言 / 397
- 13.2 作为心理学概念的社会阶层 / 398
  - 13.2.1 社会阶层的学术传统 / 398
  - 13.2.2 社会阶层心理学：从一个概念到一个领域 / 399
  - 13.2.3 社会阶层的界定与操作化定义 / 401
    - 客观社会阶层的测量 / 402
    - 主观阶层的测量及操纵 / 402
- 13.3 社会阶层心理学的代表性理论视角 / 403
  - 13.3.1 阶层社会文化理论 / 404
  - 13.3.2 阶层社会认知理论 / 404
  - 13.3.3 等级视角 / 405
- 13.4 社会阶层与个体健康 / 406
  - 13.4.1 社会阶层与健康的关系 / 407
  - 13.4.2 社会阶层预测健康的心理机制 / 408
  - 13.4.3 社会阶层预测健康的整合机制 / 408
- 13.5 社会阶层与个体心理 / 409
  - 13.5.1 阶层与自我 / 410
  - 13.5.2 阶层与社会认知 / 411
  - 13.5.3 阶层与社会态度 / 411
- 13.6 阶层与社会问题 / 414
  - 13.6.1 不平等会造成阶层固化吗？/ 414
  - 13.6.2 为富者一定不仁吗？/ 415
  - 13.6.3 低阶层者能够做到人穷志不短吗？/ 417
- 13.7 社会阶层的心理学研究展望 / 418
  - 13.7.1 理论层面：本土观点与现实导向 / 418
  - 13.7.2 方法层面：操作定义的真实与偏差 / 419
  - 13.7.3 应用层面：促进公平的思路与实践 / 419

参考文献 / 421

13.1 引言

与社会分层及贫富分化有关的话题总是能引起人们很大的关注兴趣。不论是

[①] 本文系国家社会科学基金重点项目"社会治理视域下的心理建设研究"（20AZD084）的阶段性成果。

我们时常从各类新闻报道中看到的关于中国阶层是否固化、底层能否向上流动的讨论，还是在美国大选中两党所表现出的对于财富、贫困及再分配问题永无休止的争议，都体现了社会阶层问题在当前世界发展之中的重要性。在这个全球贫富差距日益增大的背景之下，我们每个人都不可避免地被置身于一个社会阶层的衡量尺度之上，很多人关注和在意自身的阶层水平，也关注阶层之于自身方方面面的影响。正是建立这样的时代基础上，近年来，社会阶层心理学（psychology of social class）的研究越来越受到学界的重视并成为研究的热点。

社会阶层心理学主要关注不同社会阶层个体的心理与行为的差异及其产生机制（例如，Kraus 和 Stephens，2012）。近几年，随着研究的深入，其研究范围也逐步扩展到阶层流动与固化、社会不平等、人们的阶层感知与观念以及不同阶层之间的社会互动等更多现实社会问题上来（Markus 和 Stephens，2017）。从理论上而言，该领域的研究让心理学能够以一种更宏观的方式来探索个体的心理和行为现象，进而全面认识到一个人的经济、文化和政治资源背景对其产生的广泛而深刻的影响；特别是通过这些社会心理层面的揭示，能够为社会学、公共管理、人口学等不同学科提供重要的基础性学术支撑，使跨学科的社会阶层研究之间有了更多的对话与协同创新的桥梁。当然，社会阶层心理学的研究同样不乏实践应用意义，通过探求弥合阶层差异的心理干预策略，它可以有助于个体实现更高的健康和成就水平，同时也能为推动社会平等、制定相应社会治理政策提供重要启示（Manstead，2018）。因此，本章将主要立足于前沿的视角和研究，结合理论与现实中的问题，从概念界定、观点阐述、研究进展、未来展望等不同层面，逐步展开社会阶层心理学的学术画卷。

13.2 作为心理学概念的社会阶层

13.2.1 社会阶层的学术传统

社会阶层最初是作为一种社会学的构念而被提出的。由于社会分化（social differentiation）的普遍存在，社会结构系统不断被分解成不同的社会要素和社会关系，这其中也必然导向了社会不平等的演化。根据社会学的视角，社会分化可以包括四种类型，即功能分化、文化分化、利益分化以及等级分化，而利益和等级的分化构成了社会分层。社会分层（social stratification）在本质上的关切是社会资源在各群体中是如何分布的（李强，2006）。

基于这一视角，社会阶层（social class）是运用特定分层方法对整个社会进行划分的结果。作为社会学最基础的理论建构之一,对于社会阶层的研究一直以来在社会学的学科架构和学术谱系中占有重要地位。因为社会学以人类社会为分析对象,而面对宏大的社会整体,必须以一种更为细化的思路入手,对社会结构和过程加以分类,而社会阶层的划分就是一种最基本的分类方式。它关注人与人之间、群体与群体之间的等级、资源和声望差异,这是社会分类最根本的关切之一。正是基于其重要意义,包括古典社会学理论三大家——马克思(Marx)、韦伯(Weber)和涂尔干(Durkheim)在内的众多权威学者都曾对社会阶层有过详尽而重要的论述。限于本部分探讨的重点,此处无法对这些古典的社会学理论详加介绍;但不可否认的是,这些经典的著述早已构成了研究社会阶层的学术传统,并一直影响至今,对于心理学学科视角的社会阶层研究也产生了不可忽略的作用。

13.2.2 社会阶层心理学:从一个概念到一个领域

尽管社会学对社会阶层的研究已有100多年的历史,但从心理学的研究视角切入,对其进行理论化、系统化的研究,只是近年来才兴起的取向。当然,这并不是说心理学在此之前从未碰触过社会阶层这一概念。心理学研究者对社会阶层的关注也是由来已久,但长期以来,它更多地被视为人口学变量。而在那些早期的研究中,即使有人提出将阶层作为心理学的一个独立主题来深入探讨,恐怕也不会引起广泛的共鸣。这主要是由于在心理学研究的前沿阵地——美国,阶层一度被认为是一种几乎不怎么对人的心理产生影响的社会分类标准;而且一个人的阶层被认为是比较容易通过个人努力来改变的,这与其美国梦(American Dream)以及新教工作伦理(protestant work ethic)的信仰是一脉相承的。然而近年来,随着研究的深入,越来越多的证据表明,阶层不仅客观存在,相对固化,而且会对人的心理与行为带来很多根源性的影响,也就是说,高低阶层者存在着很多根本性的心理差异;更重要的是,这些差异又反过来维护甚至加剧了阶层的固化(Stephens,Markus,和Phillips,2014)。这使得一些心理学家意识到,阶层不只是一个人在某一时期的标签,而常常是人终其一生要经历、共享并打下深刻烙印的一种社会背景(Kraus,Tan,和Tannenbaum,2013;Stephens和Townsend,2013)。在这种思潮的影响下,很多学者开始致力于推动社会阶层心理学的研究,并发表了一系列具有系统逻辑性的理论和研究成果,形成了社会阶层心理学领域的初步脉络(Kraus和Stephens,2012),也实现了将心理学学科中的社会阶层这一主题从一个变量发展为一个领域的突破。那么为什么心理学需要从一个研究领域的定位出发,系统地考察社会阶层呢?笔者认为,这主要基于社会阶层的如下特点。

第一，内涵的独特性。作为一种基于等级的社会分类形式，社会阶层也许并不是绝无仅有的，从某种程度来说，权力（power）、地位（status）、种族（race）这些概念与社会阶层有一定的平行与重叠。然而，与这些等级形式相比，社会阶层有其独特的内涵。它不同于权力，权力是基于特定组织、特定情境的，离开了特定条件，一个人高权力的特定表现也会弱化，而阶层经历对人的影响确是稳定而持久的（Johnson，Richeson，和 Finkel，2011）。阶层也不同于地位，地位是指个体通过他所生活的实体社交圈子获得的尊重和钦佩的程度（Anderson 和 Kilduff，2009），而有的研究恰恰表明，低阶层常因为其更具亲社会倾向而受到尊重（Flynn，Reagans，Amanatullah，和 Ames，2006），由此足可见阶层所具有的复杂性。阶层更不同于种族，种族虽然也能带给人深刻的心理烙印，但与之相比，阶层给人的感觉更为内隐（Kraus 和 Keltner，2009），而且同一种族内部也有阶层，这时的阶层差异是种族不能解释的。

第二，功能的广泛性。社会阶层对一个人的生理、心理、行为直至人生发展具有广泛的预测效力。从生理上来讲，高阶层拥有比低阶层更好的健康状况（Wolff，Subramanian，Acevedo-Garcia，Weber，和 Kawachi，2010），更为长寿（Demakakos，Nazroo，Breeze，和 Marmot，2008）；从心理上来讲，高阶层比低阶层有着更高的幸福感、生活满意度（Ng 和 Diener，2014）和更少的情绪问题（Sakurai，Kawakami，Yamaoka，Ishikawa，和 Hashimoto，2010）；最后，从人生发展的角度来讲，高阶层比低阶层有着更好的学业成就和职业发展（Stephens，Markus，和 Fryberg，2012b）……高低阶层的差异存在于方方面面，一个人的阶层对其一生的影响是广泛而全面的。

第三，影响的深刻性。社会阶层心理学的观点认为，高低阶层之所以存在如此多的差异，并不是偶然的，而是有其深刻的心理根源的。正是由于阶层属性可以影响到个体深层的心理基础，以此为中介，才引发了不同阶层迥异的外在特征。例如有学者（Stephens 等，2014）提出，社会不平等的一方面心理根源就是高低阶层者自我和文化属性上的差异：中产阶层所处的文化环境塑造了其独立的文化信念，即更多地表达自我偏好，强调与众不同，研究者称这种自我为表达的独立性（expressive independence）；而工薪阶层则强调调整自己以适应环境，意识到自己的处境是依赖于他人支持的，这使其形成了适应环境、坚忍不拔、和谐乐群的心理特点，研究者称之为坚韧的互依性（hard interdependence）。正是这种文化自我概念的差异，导致高低阶层者一系列行为模式的不同（Stephens 等，2014）。还有大量的研究发现，一个人童年时的阶层水平可能比其成年之后的阶层水平对其心理和行为更具预测效力（Manstead，2018），这说明个体出身的阶层烙印可能会伴其一生,这种影响的深刻性是不容忽视且难以磨灭的。

第四,结论的系统性。对阶层差异的深层心理机制的探讨,使数量庞大、角度各异的社会阶层心理学研究呈现出体系化、逻辑化的特点,而不再是零散的、基于各自表述的研究结论。无论是我们上面述及的不同阶层文化自我的差异(Stephens 等,2014),还是下文将会阐述的不同阶层的社会认知差异(Kraus,2012),都可以统合很多具体方面的研究结论。当然,由于该领域形成不久,还不可能出现一个很成熟的大理论来统一所有社会阶层的研究结论,不过就目前的研究而言,社会阶层心理学的研究已经有了比较清晰的概念体系、理论体系和结论体系,这也是该领域能够引发广泛影响的最重要的学术基础。

13.2.3 社会阶层的界定与操作化定义

相对于社会学的研究取向,心理学更加关注个体。因此对于社会阶层这一概念的理解和界定也更多关注的是其个人属性层面。在心理学看来,社会阶层是一种用来反映个体在社会层级阶梯中相对位置高低的社会分类,一个人的社会阶层被界定为他(她)所掌控的客观社会资源和其主观上所感知到的自身社会地位的水平(郭永玉,杨沈龙,李静,胡小勇,2015;Kraus 等,2012;Kraus 和 Stephens,2012)。需要说明的是,在以往文献中,"社会阶层"与很多研究中讲的"社会经济地位(socioeconomic status)"这一概念二者常常可以在表述上交替使用(Kraus 等,2012)。但随着社会阶层心理学的兴起,更多权威研究采用的是"社会阶层"这一称谓来指征这一概念,因此本节为了术语表达的一致性,也统一采用"社会阶层"一词来表述。

从此定义中可以看出,心理学研究关注的社会阶层可以进一步被区分为客观和主观两个成分。客观(社会)阶层(objective social class)体现着个体可以掌控的有形的或象征性的社会资源,通常用财富、受教育水平和职业声望来加以反映;而主观(社会)阶层(subjective social class)指的是个体基于社会比较而形成的对于自己所处社会等级地位的主观认识,它是一种社会感知,是个体对于"我在社会等级阶梯上处于何种位置"这一问题的综合评估(Kraus 等,2013)。换句话说,社会阶层心理学领域的研究者所理解的社会阶层概念,不仅关注一个人拥有多少社会资源,还关注他(她)所感知的自己的社会层次在何位置——而且这一感知成分与客观阶层一样,都是社会阶层概念的组成部分。

因此,客观阶层和主观阶层二者共同构成了实证研究中对社会阶层进行操作化界定的基础。虽然此定义被社会阶层心理学研究领域的学者广泛接受,但由于它包含双重成分,客观社会阶层的成分又具有多个指标,所以不同的测量方式在这一领域的研究中广泛存在。

客观社会阶层的测量

衡量客观阶层最常用的三大标准是收入(或财产)、职业和受教育程度,这一点已成为学界共识(Kraus 等,2012)。收入的测量相对简便,直接以量化的方式让被试报告其收入水平或者家庭财产状况即可(例如,Lee,2018;莫文静,张大均,潘彦谷,刘广增,2018)。但收入是一个具有很高隐私性的指标,很多非学生成年被试不愿真实报告自己的收入水平,而很多学生被试也不清楚父母真实的财务状况(例如,黄小瑞,2014)。所以单纯采用收入来反映社会阶层的做法遭到了一些研究者的质疑(例如,师保国,申继亮,2007)。

职业也是一种常用的客观阶层的操作化定义(例如,Ericsson 等,2017;Goudeau 和 Croizet,2017;师保国,申继亮,2007)。其优势是可以在一定程度上综合反映个体的组织资源、经济资源与文化资源,如陆学艺(2002,2013)提出的"十大阶层"职业划分,在国内得到了广泛使用(例如,杨林川,马红宇,姜海,梁娟,齐玲,2017)。不过将职业作为阶层的操作化定义也常遭受质疑。因为社会职业属性是复杂的,无论如何根据职业声望的高低对每一种职业进行赋值,都无法避免下层职业中一部分个体可能强于上层职业中部分个体的情况,况且同一职业类别的内部也可能会存在悬殊的高下之分(例如,印子,2015)。所以单纯以职业来反映阶层也有一定弊端。

受教育程度也是客观阶层的常用测量指标。它的测量也较为简便,直接按照学历阶段来划分选项或让被试报告接受教育的总年限即可(例如,韦庆旺,李木子,陈晓晨,2018;Tan 和 Kraus,2015)。不过将受教育程度作为社会阶层的操作化定义,同样存在争议。这主要是由于在现实社会中,文化资源在很大程度上受制于政治和经济资源,因此受教育程度与个体的真实资源占有的对应关系比较模糊,高学历者实际地位不及低学历者的现象屡见不鲜。而且不只在中国,美国的研究也发现了类似的情况(Cohen,Shin,Liu,Ondish,和 Kraus,2017)。

主观阶层的测量及操纵

主观阶层的测量可以分为直接测量和间接测量两种方式。直接测量是按高低顺序将社会阶层表述为若干层级,让被试选择自己所在的等级(例如,Adler,Epel,Castellazzo,和 Ickovics,2000)。间接测量则是将典型的高阶层或低阶层的生活状态描述给被试,让被试评定自己是否符合题项中的描述(Griskevicius,Tybur,Delton,和 Robertson,2011;程刚,陈艳红,关雨生,张大均,2015),这实际是为了考察被试在多大程度上符合高阶层或低阶层的典型特征。相比客观阶层指标,主观阶层的测量优势非常明显,它只需简单的题目即可得到被试阶层的综合信息,测量成本低、效率高,表面效度也很好。但这种基于自我报告的主观层面的阶层感知是否真的能反映被试真实的客观状况,这也是需要研究者深思的。

另外,主观阶层的操作化界定还包括实验操纵层面,即在实验中启动不同组的被试形成关于自身阶层不同的主观评价与感知,从而造成他们暂时不同的主观阶层水平。这其中比较常用的范式,是让一组被试想象最底层人们的生活状态以启动其高阶层的体验,让另一组被试想象最上层人们的生活状态以启动其低阶层的体验,进而考察其不同的心理后效(例如,Dubois, Rucker,和 Galinsky, 2015; Li, Lu, Xia,和 Guo, 2018)。这种主观社会阶层实验操纵也是社会阶层操作化定义的重要组成部分。基于实验设计,研究者能够更直观地了解主观社会阶层与其他变量的因果关系。这一点是社会阶层心理学近些年相对于该领域早先研究的一大突破(例如,Kraus 等,2013)。当然,同主观阶层的测量一样,如果单纯通过主观阶层操纵来探讨社会阶层的效应,是否能准确反映被试的真实社会阶层的现象,这也值得研究者在理论上和基础研究上再做深析。

13.3 社会阶层心理学的代表性理论视角

结合之前研究者(Kraus 等,2012)的总结以及近年来新涌现的理论观点,社会阶层心理学领域主要存在五种代表性的理论视角。其中前两种虽并不能称其为成熟的心理学的理论,但其思想和问题视角也常被心理学研究所引用。第一种是劳动视角(labor perspective),它可以追溯到马克思和恩格斯的资本论与阶级斗争学说。这种视角将人按照人际间的劳动关系和对生产工具的占有进行分类,并认为在这样的体系中,可以很清晰地把社会中的人们区分为统治阶级和劳动阶级;而各种社会组织强化了统治阶级的权力并控制着劳动阶级的生活。劳动视角的理论虽然对整个人类社会都产生了巨大的影响,但从其研究来看,它还不具有明显的心理学色彩。不过,劳动视角还是对后面出现的几种研究取向产生了一定的启发(Kraus 等,2012)。第二种取向是健康心理学视角(health psychology perspective)。但这更多应属于一种研究领域的分支,即关注社会阶层和健康之间的关系,它虽然也已经有了众多的研究积累,但还不具备成熟的理论作为核心支撑,因此也难称得上是真正的一种理论基础或取向。真正具有较大影响和较为成熟理论的,是社会文化、社会认知和等级视角这三种取向,而其中社会文化视角成型最早,也对其他两种视角起到了重要的先导作用(Kraus 等,2012)。

13.3.1 阶层社会文化理论

社会阶层心理学的社会文化视角(sociocultural perspective)将阶层看作一种为同一阶层个体所共享的社会背景和文化形式,并在一种阶层的内部塑造出具有阶层特异性的价值体系和行为模式。社会文化视角极大地扩展了社会阶层心理学研究的关注面,考察了高低阶层在生活中多种文化载体上的差异,例如风俗(Bourdieu,1985)、艺术(Snibbe 和 Markus,2005)等,并且也从文化的角度对于很多其他方面的差异加以解释。例如有研究者从不同阶层的文化所塑造的不同自我出发,来解释高低阶层在学业适应(Stephens,Fryberg,Markus,Johnson,和 Covarrubias,2012a;Stephens,Townsend,Markus,和 Phillips,2012c)、身心健康(Stephens 等,2012b)等方面的差异,并分析了这对于社会不平等延续的作用(Stephens 等,2014)。后文将对此内容有更具体的阐述。总之,社会文化视角倾向于从一种较为宏观的文化的视角来看待不同阶层的差异,就像跨文化心理学研究关注东西方的文化差异一样,社会文化视角认为这种差异也存在于不同阶层之间,并且认为可以用一种跨文化的视角来研究社会阶层心理学的问题。

可以说,社会文化视角的很多观点具有较强的解释力,是当今社会阶层心理学不可或缺的(Grossmann 和 Huynh,2013),但是其理论体系相对比较庞大,在不同研究中所涉及的文化的内容不完全一致,加之文化、自我等概念本身具有复杂性、模糊性,这使得其理论结构不够清晰,还缺乏一个更统合的理论模型。另外,随着研究的深入,这种社会文化视角的社会阶层心理学研究有时会发现一些有趣的现象,如在一个国家发现的某一种阶层预测心理的效应,在另一种文化下可能不成立(例如,Yang,Xu,Yu,和 Guo,2019)。这样的研究发现一方面说明了文化确实是社会阶层心理学研究中一个不可或缺的重要因素,另一方面也显示社会文化视角还有广阔的深入空间。

13.3.2 阶层社会认知理论

社会阶层的社会认知视角(social cognitive perspective)也称阶层社会认知理论(social cognitive theory of social class),与社会文化视角一样,它所关注的阶层差异同样十分广泛,包括从基础的生理反应到复杂的社会互动(Kraus 等,2012)。但对于深层根源的解释上,它强调是高低阶层基本认知风格的差异导致了两者多方面的不同:低阶层者掌握资源较少,对外部的依赖更强,因此形成了情境主义

(contextualism)的社会认知倾向,更容易认为个体自身的生活和发展主要受到了情境因素的影响,不论是心理还是行为都表现出了外部定向的特点;而高阶层资源相对丰富,长此以往使得他们对于外部力量的依赖比较弱,反而更多地将自身生活与自己个人的特质和努力相联系,形成了唯我主义(solipsism)的认知风格,倾向于认为人的行为主要受个体自身因素的影响(Kraus 等,2012)。这种基础性认知风格的差异会进一步导致高低阶层在自我、社会知觉和人际关系等方面的差异。例如在自我方面,情境主义的模式使得低阶层的自我控制感较低,而对来自外部的可能对自己造成威胁的信息更敏感;相反,高阶层唯我主义的风格则使之控制感较高,不大在意环境的影响(Côté, 2011; Kraus, Horberg, Goetz, 和 Keltner, 2011)。再如社会知觉方面,情境主义风格的低阶层更容易对他人产生同理心,并且对社会事件有着更多的外部归因倾向,而高阶层同理心较弱,也更多强调事物的内因(Kraus, Côté, 和 Keltner, 2010)。在人际关系上,低阶层依赖外部、关注情境的特点使他们表现出比高阶层更高的亲社会意向(Piff 等, 2012)。总之,社会认知视角高度强调唯我主义与情境主义这一基本认知风格的差异,并以此来对高低阶层多方面的差异做出解释。

相对于社会文化视角,社会认知视角同样关注阶层差异,但它所描绘的差异的根源或者说核心因素更为具体。不同于前者关注宏观的社会文化层面的解释,后者直接从微观的认知层面入手来讲述不同阶层各种心理与行为差异的关键内核。不得不说这是一种理论上的补充,在社会认知视角提出之后,很多研究者能够非常直观具体地开展研究论证不同阶层的认知差异,并由此出发来解释不同阶层在更广泛层面的心理差异,包括国内学者也运用这一理论来探讨中国社会背景下的社会阶层心理学问题(例如,杨沈龙等,2016;韦庆旺等,2018)。这是社会认知视角带给这一领域的重要贡献。不过,由于社会认知视角的理论所关注的焦点偏重微观认知层面,确实也有其局限,如对于一些较为宏大的社会阶层心理学问题缺乏更强的解释力。例如对于社会阶层与社会不平等问题、社会阶层纵向流动的问题等,这些近几年最新流行的热点主题都更偏重宏观,而社会认知视角在这些话题上似乎力有未逮。这也是该理论需要继续延伸的地方。

13.3.3 等级视角

等级视角(rank-based perspective)是较晚提出的社会阶层心理学的理论取向,但它的影响甚至已经超过了前两者。虽然等级视角(Kraus 等,2013)和社会认知视角(Kraus 等,2012)的提出者皆为同一团队,但它并非社会认知视角的更新和升级，而只是一种并存的思路。等级视角最主要的新意，是它高度强调主观阶层对个体的影响。它用以解释阶层差异的心理根源既不是文化，也不是认知，而是个体通过与别人比较形成的关于自己在社会层级中相对等级排名的感受和认识。这一观点与在此之前的以社会学学科视角看待社会阶层，以及以社会文化视角理解社会阶层心理学有了极大的不同，它直接将社会阶层等同于每个人的主观社会阶层感知（Kraus等，2013）。等级视角的这一主张，也是有着比较坚实的实证数据支撑的。因为大量研究已经发现了主观阶层对于个体心理与行为的预测作用要高于客观阶层，而且随之运用实验法研究社会阶层效应的范式大量被采纳，越来越多的社会阶层心理学的结论已经建立在主观社会阶层的操作化定义之上了。前文有过介绍，通过操纵主观阶层，就能让被试暂时切换成另一阶层的行为模式。例如，穿上运动裤（启动低阶层感）的被试就能表现出比穿上商务正装（启动高阶层感）的被试更强的同理心（Kraus和Mendes，2014）。还有研究表明，客观阶层对个体自尊的影响是通过主观阶层的中介起作用的（陈艳红，程刚，关雨生，张大均，2014）。这些研究都很好地展现了主观阶层的重要性，但因为等级视角是最晚提出的，目前关于这方面的立论依据还有待进一步的探讨和完善。

可以说，现在主流的研究者们都认为，研究主观阶层也可以反映社会阶层的效应。正是基于这一观点，等级视角在概念测量、研究方法与研究问题等方面均与传统的社会阶层研究有所区别，逐渐发展出了一套比较完整的社会阶层心理学的研究体系。然而，在肯定等级视角的贡献与价值的同时，这一视角之于社会阶层心理学的弊端与风险同样不容忽视。在概念测量、研究方法与研究问题三个层面，等级视角单纯依靠主观阶层操作化定义的方式很可能带来研究思路和研究结论的窄化（杨沈龙，喻丰，胡小勇，郭永玉，2020）。基于这些问题，未来的社会阶层心理学也许需要在主观阶层和客观阶层的界定方面寻求更多的平衡。

13.4 社会阶层与个体健康

建立在社会阶层心理学的上述三大理论架构之上，围绕着社会阶层的实证研究也得以广泛而迅速地开展。在这些实证研究当中，社会阶层对于健康的预测作用是较早得到关注、并且已取得了较多研究积累的一个重要领域。通过揭示社会阶层与健康的关系，人们对于社会阶层的重要研究价值有了更深刻的理解，而与此相关的社会现实问题也引发各界持续的高度重视。

13.4.1 社会阶层与健康的关系

身心健康是个人发展的重要因素和决定性指标,也是宏观经济社会发展的基础条件和必然要求。近年来,随着我们总体经济水平的提升,国民健康状况也在持续提高。然而,若从社会阶层的视角入手,却不难发现,我国国民健康水平在不同社会阶层之间存在显著的差异。例如,"中国综合社会调查(CGSS2005)"对全国28个省市自治区城乡人口总体(18—70岁,不含港澳台及西藏)进行了抽样,在调查的9 185个被试样本中,个人的社会阶层指数每增加一个单位,其健康的优势就增加0.4%。这表明社会阶层越高,个人健康状况的优势越大(王甫勤,2012)。而且,这一现象不仅存在于国内,针对世界不同国家和地区居民所作的研究均发现,不同社会阶层的健康水平在各种指标上存在着系统差异,这种现象被称为健康的贫富差距(socioeconomic disparities in health)。健康的贫富差距现象普遍存在于每个国家内部,也存在于不同国家之间,受到世界卫生组织和各国政府的普遍关注,也是包括心理学、公共卫生、经济学等学科在内的各领域研究者关注的热点问题。

在大量研究已经揭示了社会阶层与健康之间关系(尤瑾,杨蕾,商士杰,余诗景,2016)的基础上,研究者们进一步希望明确二者的因果方向,因为之前多数的研究都是基于相关法的发现。那么,二者之间的因果关系是怎样的?是社会阶层影响了健康,还是健康影响了社会阶层?关于这一问题,社会因果论(social causation)和健康选择论(health selection)给出了不同的回答。社会因果论认为,个人的健康水平受社会结构因素限制,即个人在社会结构中的位置决定了他们的健康水平,社会经济地位越低的人,其健康状况越差。健康选择论则认为,健康状况是个人社会流动的筛选机制之一,只有健康状况较好的人才能获得较高的社会经济地位,从而产生了健康不平等(Elstad 和 Krokstad,2003)。对这两种不同的观点,随着后续研究的推进,学者们逐渐形成了更明确的判断:对于一些被早发性疾病(例如,精神分裂症)阻碍了职业发展的人而言,健康选择论更具有解释力(Hoffmann,Kröger,和 Pakpahan,2018);但是对于一般人群来说,社会因果论比社会选择论得到更多的研究证据支持(Hoffmann,Kröger,和 Geyer,2018)。

例如,一项多年追踪调查研究发现,在控制了成年的社会经济地位之后,儿童时期的经济地位也会影响个体成年后的健康水平;并且,教育、收入和健康之间的正相关关系自始至终作用于所有教育和收入的分布之中,并作用于个体的一生(Vyncke,Clercq,Stevens,Costongs,和 Maes,2013)。最近的一项纵向研究考察向上阶层流动对健康的影响(Cundiff，Boylan，Pardini，和 Matthews，2017)，同样发现，如果在童年期或者青春期，个体家庭实现了向上社会流动，那么其成年后患病的风险会显著降低。这些纵向研究证据表明社会阶层可以作为一种影响健康的重要前因。

13.4.2 社会阶层预测健康的心理机制

那么为何社会阶层会影响到个体的健康水平？现有研究从远端(社会与环境)、中端(心理与行为)和近端(生理与生化)等不同层次入手，揭示阶层预测健康的中介机制问题。其中，关注远端的研究更偏重于社会学层面的分析，关注近端的研究主要侧重于医学层面的探讨，而关注中端的研究则强调社会心理学的研究视角。研究发现，远端的社区和环境因素也是通过个体的心理特征和行为，进而影响健康(Pickett 和 Wilkinson，2015)。因此在本部分主要探讨心理和行为因素的中介机制。

很多研究揭示了心理行为层面的因素可以成为支撑阶层与健康二者关系的桥梁。例如，居住在较低社会阶层社区的个体倾向于对他人怀有更多的不信任，从而发展了高敌意和悲观的人格特征(Cundiff，Uchino，Smith，和 Birmingham，2013)。此外，家庭因素也会导致类似的个体心理特征。低社会阶层家庭冲突以及严厉的养育方式增加了儿童抑郁和焦虑水平，这些个体心理特征与不良健康结果有关(El-Sheikh，Harger，和 Whitson，2010)。许多研究也发现了抑郁症对未来心血管疾病和死亡率结果的影响(例如，Kemp，Quintana，Quinn，Patrick，和 Harris，2014)。而当心理危险因素(包括抑郁、绝望等)得到统计控制时，低社会阶层和心血管死亡率以及全因死亡率之间的关联会大大降低(Lynch，1996)。这些研究表明不良健康行为是低社会阶层与发病率和死亡率增加的内在机制。

13.4.3 社会阶层预测健康的整合机制

尽管不同的研究从远端、中端、近端等不同层面都对于社会阶层预测个体身心健康的机制做出了解释，但这些工作不免相互之间有些独立。其实可以看出，不同层面的因素并非孤立地起作用，它们很可能构成一种整合的系统，共同作用从而影响个体的健康水平。国内有学者(胡小勇，杨沈龙，钟琪，喻丰，陈红，2019)综合远端、中端、近端三个不同层面的核心机制观点与已有实证研究证据，提出社会阶层与健康之间的"社会-心理-生理"路径模型(见图 13.1).将社会环境因素(社区环境、家庭环境)、个体心理行为特征和疾病相关的生物学因素联系起来,建立了一个全面的因果链,来解释社会阶层与个人健康之间的关系。第一,同一个层次的因素(如社区关系)可能会延伸到其他层面(如家庭),进而影响该因素对健康的影响。第二,不同层次的因素之间也会通过因果联结影响健康,例如社区和家庭层面的因素会影响个体的心理特征(如消极情绪和个性)和个体的健康行为(如吸烟),进而与疾病建立联系。第三,在导致疾病的过程中,免疫细胞数量(细胞水平)、分子信号通路活性(分子水平)、适应负荷(系统水平)会受到社会、心理因素的影响。这样,将近端的生物因素与中端的心理因素以及远端的社会因素联结起来,就形成了一个全面的解释社会阶层影响健康的因果链。

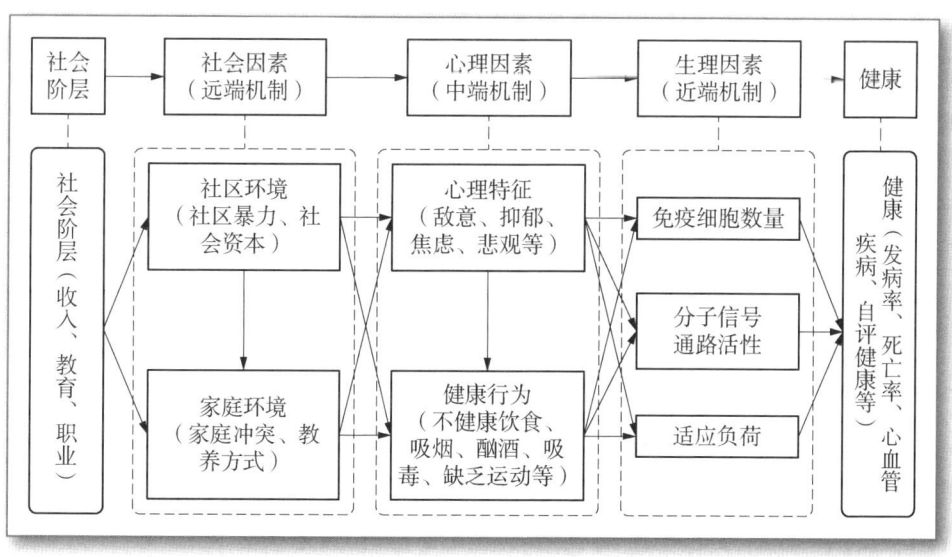

图 13.1　社会阶层和健康的关系:"社会-心理-生理"机制(引自胡小勇等,2019)

13.5　社会阶层与个体心理

自我、社会认知与社会态度是个体社会心理的三大重要主题。近年来,随着研究的深入,研究者们逐渐形成共识:一个人的社会阶层不仅会影响其身心健康水平,还会广泛而深入地影响其社会心理与行为的各个层面,这种影响甚至会贯穿人的一生。因此下文将分别从自我、认知和态度三个方面切入,来揭示阶层之于个人的心理烙印。

13.5.1 阶层与自我

首先，社会阶层对自我的影响体现在自我概念上，长期处于较低的社会阶层中的个体，形成了互依(communal)的自我概念；而长期处于较高社会阶层中的个体，形成了独立(personally agentic)的自我概念。一项针对14 172名被试展开的大型调查的结果表明，低阶层者偏好乡村音乐，而高阶层者偏好摇滚音乐。与乡村音乐相比较，摇滚音乐的内容通常更具表现性、影响力和独特性，摇滚音乐更符合高阶层者自我概念的表达，因而更受高阶层者的偏好(Snibbe和Markus；2005)。高低阶层者在自我概念上的差异还体现在行为选择上。形成了互依的自我概念的低阶层者倾向于做出与他人一致的选择；强调环境(而不是特质和基因)对行为的影响。相反，形成了独立的自我概念高阶层者倾向于做出独特的选择；并强调基因和特质对行为的影响(Stephens，Fryberg，和Markus，2011)。例如，对于两种颜色吸引力相同的笔，低阶层者会在颜色占多数的笔中选一支作为酬劳，高阶层者则会选择唯一不同颜色的那支作为酬劳(Stephens，Markus，和Townsend，2007)。

其次，社会阶层对自我的影响体现在个人控制和威胁敏感性上。长期处于较低的社会阶层中的个体，自我控制感较弱，威胁敏感性较强；相反，长期处于较高的社会阶层中的个体，自我控制感较高，威胁敏感性较低(Côté，Gyurak，和Levenson，2010；Johnson，Richeson，和Finkel，2011；Kraus等，2009)。国外以106名本科生为被试的相关研究(Kraus等，2009)表明，主观社会阶层与控制感之间显著正相关。国内研究者(李静，2012；Mao，Yang，和Guo，2020)同样也发现了社会阶层与控制感之间显著正相关的关系。另外，很多研究还发现阶层可以预测威胁敏感性：在一种模棱两可的情境中，如"你举手发言后有人在笑，你不知道他是因为你刚才开了个玩笑而笑，还是在嘲笑你的发言很愚蠢"，来自较低社会经济地位的儿童和青少年会体验到更多的敌意和愤怒(Chen和Matthews，2001)。此外，来自生理指标的证据也表明，相对于高阶层者来说，低阶层者的威胁敏感性较强(Hajat等，2010)。例如，研究者连续3天，每天收集6次来自不同种族(黑人、白人和西班牙裔)935名48—90岁被试的皮质醇唾液(cortisol)样本。结果表明，相对于高社会阶层的被试来说，低社会阶层的被试在醒来后皮质醇的下降过程较为缓慢。皮质醇是反应生理压力的一项指标，被试的皮质醇下降缓慢说明被试在该时间段内都处于一种应激水平，他们时刻准备对生活中的威胁采取反应。

13.5.2　阶层与社会认知

社会阶层还会对个体的社会认知产生重要影响。由于情境主义的认知定向，低社会阶层者对内群体持有社会建构主义(social constructivist)倾向；由于唯我主义的认知定向，高社会阶层者对内群体持有本质主义(essentialist)倾向。即低社会阶层个体倾向于认为社会阶层是根据流行的意识形态、历史经济条件和社会习俗来划分的；高社会将阶层则认为社会阶层是根据内在且稳定的生理因素来划分的(Mahalingam，2003，2007)。例如，有研究者(Mahalingam，2007)选取高低两个不同阶层被试，让他们阅读一则故事，即一个可能来自高层或低阶层家庭的小孩，被高阶层或低阶层家庭收养，然后让被试对儿童以后的行为做出推论。结果发现，低社会阶层被试认为儿童以后的行为会和收养他的家庭所处的阶层的行为模式一致；高社会阶层被试则认为这个小孩会与其亲生父母所处的阶层的行为行为模式一致。

社会阶层对社会知觉的影响还体现在解释风格上，由于情境主义的认知定向，低社会阶层者倾向于对事件进行外部归因；由于唯我主义的认知定向，高社会阶层者对事件进行内部归因。一项以法国成年人作为被试的研究(Beauvois 和 Dubois，1988)发现，可以通过职业声望将所有被试划分为高低不同水平。将他们置于模棱两可实验情境，其中一个情境是儿童 A 将自己最心爱的火车借给儿童 B，然后请被试对 A 的行为进行解释，是因为他想和 B 交朋友(内归因)，还是因为 A 的父母要求他这么做(外归因)。结果发现，与中产阶级的被试相比，工人阶级的被试更多地认为是 A 的父母要求他将玩具借给儿童 B 玩的，即是由于外部原因导致了这种行为的发生。国内研究者(李静，2012；杨沈龙等，2016)考察了客观和主观阶层对于中国人贫富归因的预测作用，也发现无论主观阶层还是客观阶层，更高阶层的个体都更倾向于认为贫富差距是由人与人之间的差别导致的(内归因)，而低阶层者更多地认为贫富差距是社会系统的原因(外归因)。

13.5.3　阶层与社会态度

关于阶层与社会态度的研究近年来受到较多关注，同时最具争议的问题当属社会阶层与系统合理化(system justification)的关系。系统合理化是系统合理化理论(system justification theory)的核心概念，它指的是个体对于自己所在的社会系统予以支持和拥护，并认为其是公平、公正、合理的一种一般性倾向(Kay 和

Jost，2003；杨沈龙等，2016）。作为近年来在该领域影响很大的理论，系统合理化理论曾经提出过这样一个观点，它认为低阶层者可能比高阶层者系统合理化信念更高，也就是说低阶层比高阶层个体更认可系统的合理性，更认为社会是公平的、合理的、正当的（Jost 等，2003）。然而，很多研究并不支持这一观点，反倒发现低阶层者的系统合理化信念更低（例如，Brandt，2013）。

这一争议源于系统合理化理论关于弱势群体刻板印象的论述。之前基于社会认同理论的观点，学者们普遍强调在个体形成内群体的刻板印象的过程中，自我合理化和群体合理化的动力作用，也就是说，个体倾向于认可自身的合理性，也倾向于认可自身所在群体的合理性，并由此发展出积极的自我与内群体刻板印象，进而对自身和群体利益加以维护，形成良好的个体和群体自尊。建立在这些观点的基础上，系统合理化理论对其做了观点的补充（Jost 和 Banaji，1994），它强调个体不仅有自我合理化和群体合理化的倾向，还有系统合理化的倾向，自我、群体、系统三种合理化的并存，构成了低阶层更认为系统合理的前提。

进一步来分析这三种合理化，系统合理化理论指出，对于高阶层的个体而言，三种合理化倾向并不冲突，自我、自身所在群体和自身所处社会系统都是合理的、正当的；而对于低阶层者而言情况就比较复杂了，因为如若他们认可系统的合理性，则必然需要牺牲其自身和内群体的合理性，因为只有这样才能解释他们为何在系统中处于劣势地位；而如果认可自身和内群体的合理性，那么他们在系统中的处境不佳则必然指向系统的非合理性（例如，Jost 和 Banaji，1994；Jost，Banaji，和 Nosek，2004）。在这种认知失调的情况下，理论上，低阶层有两条可以使认知重归协调的道路选择：一是相信系统合理性而牺牲自我和内群体合理性，二是相信自我和内群体合理性而牺牲系统合理性，而这时系统合理化理论会认为，因为系统常常是不可改变的，选择相信系统不合理会给自己带来长期的焦虑，为了避免这种焦虑，低阶层者倾向于做出第一种选择，即接受系统的合理性，认为社会安排是公平的、合理的、正当的（例如，Jost 和 Banaji，1994）。这就构成了认为低阶层者更拥护系统现状的理论来源。

尽管此论述得到了一些数据的支持，但更多的研究证据对其提出的质疑。特别是一些大样本、元分析和跨文化的研究结论都对这一假说予以质疑。例如有研究者（Brandt，2013）选取了1958年至2008年50年间美国国家选举的民调问卷、1975年至2010年美国一般社会调查问卷以及65个其他国家的世界观调查问卷，共计151 794份数据，以收入、种族、性别、受教育程度以及主观社会阶层分别作为阶层的指标进行分析，结果发现，只有以受教育程度作为量化阶层的指标时，低阶层才会表现出更拥护现存社会系统的倾向，而以其他四项指标作为自变量时，均得出个体阶层越低,对政府和社会机构越缺乏信任的结论。另一项元分析报告选取了社会支配倾向研究领域的 118 篇文献中的 206 组数据样本,经过元分析发现,与对应的优势群体相比,处于弱势地位的群体(包括种族和性别)会更加反对基于群体的等级制度(group-based hierarchy)的存在,也就是更反对不平等的社会现状(Lee, Pratto, 和 Johnson, 2011)。还有研究(Whyte 和 Han, 2008)调查了 757 个北京的样本和 857 个华沙的样本,回归分析结果也表明,无论是北京还是华沙居民,主观社会阶层较低的个体都更倾向于认为社会不公平,而且更倾向于将此看作是社会系统结构的问题。这些结果无疑都表明低阶层更倾向于对现存社会系统不满。

除了上述结果之外,还有大量研究指向阶层与系统合理化的正相关关系。例如一项以客观阶层为指标的研究显示,个体阶层越低,越倾向于不认同主流的社会理想(Zimmerman 和 Reyna, 2013)。除了更加感到系统的不合理,研究还进一步发现,低阶层的个体更加希望改变现状,打破现有处境。如研究者(Piff 等, 2010)以财富和文化程度作为社会阶层指标,以经济学游戏来作为考察范式,结果显示,低阶层个体更多地表现出了寻求平等的倾向。很多国内数据也先后表明,相比于高阶层者,低阶层有着更低水平的系统合理化信念(例如,周春燕,郭永玉,2013a)。特别是近几年,不同地域不同文化的很多研究反复支持了与系统合理化理论相反的结论(例如,Caricati, 2017;杨沈龙等,2016)。

但是不论怎样,毕竟还是有一部分研究存在相反的结果。那么为何会存在这种相反的结论?为了破解研究的分歧,进一步明确地位和系统合理化的关系,有学者(Yang, Xu, Yu, 和 Guo, 2019)提出并梳理了三个方面的研究思路和实证研究数据。第一方面是从概念入手,杨等人提出,关于这一问题,之所以存在争议,是因为过往不同的研究使用了不同的社会阶层与系统合理化的操作化定义。因此,有必要对这两个核心概念进行细致的分类与界定。第二方面是从调节变量入手,认为之所以过往研究多有争议,可能是因为社会阶层与系统合理化的关系受到了某些调节变量的影响。第三方面则是基于社会阶层预测系统合理化的心理机制,认为系统合理化理论不足以完全解释弱势群体支持系统的心理根源,需要通过发掘其他心理过程,来厘清这一问题长期存在的争议。近来有国内学者(Li, Yang, Wu, 和 Kou, 2020)即通过揭示客观阶层与主观阶层预测系统合理化的不同效应与不同机制,对于该问题做出了更为细致的区分和探讨。总之,相对于社会认知,一个人的社会态度是更为复杂的问题,有时也很难单纯做出非此即彼、支持或不支持的两级判定,因此社会阶层与社会态度的关系比之上述问题必然需要更深入而细化的研究探索。

13.6 阶层与社会问题

除了关注社会阶层对于个体健康、自我、社会认知及社会态度的影响之外,近年来,社会阶层心理学的研究视野逐渐走向多元,一些更为现实且宏观的社会问题进入了这一领域的探讨范围。通过对于这些问题的研讨探索,社会阶层心理学不仅在理论上有了更好的扩展,在实践层面也有了更丰富的积累,这一领域的研究价值得到了更好的凸显。下文将从三个方面切入来展现这些代表性的研究主题。

13.6.1 不平等会造成阶层固化吗?

关于社会分层或不平等对社会阶层固化的影响,过往的政治学和社会学研究更多地关注制度层面的机制(例如,张乐,张翼,2012)。但是除此之外,不同阶层心理层面的因素是否也会起作用?对此,近年来的社会阶层心理学做出了重要的补充解释。从心理学的视角来看,之所以高低阶层间存在着难以跨越的鸿沟,其中一个很重要的原因恰恰是分层本身——高低阶层本身具有的心理和行为的差异,让低阶层难以向上流动(Kraus 和 Stephens,2012)。

探讨社会分层引发不公平问题的学者一般强调社会结构和环境方面的机制作用,但除了环境的不利,低阶层心理特征(如特质、能力等)也是阻碍低阶层向上流动的重要因素。社会阶层心理学最主要的贡献就是揭示了阶层属性给高低阶层者分别打下的不同的心理烙印,也即高低阶层者在心理和行为特征上具有很显著的差异,而这些差异也会在一定程度上加剧阶层之间的固化和不平等(郭永玉等,2015)。例如,高阶层的个体通常具有较高的自我调节能力、自我效能感和阅读能力,而低阶层个体通常缺乏这些能力。许多研究者认为,低阶层学生就是因为缺乏这些能力,所以学业成就较差(Bradley 和 Corwyn,2013)。另外还有研究关注低阶层者在控制感(例如,Kraus 等,2009)、控制策略(Chen 和 Miller,2012)和成就归因(例如,李静,2012)等方面与高阶层的差异,这些心理基础都与学业、事业的成功有着密切的关系,而研究恰恰表明低阶层在上述素质上均不及高阶层。

除了对于个体层面心理因素的揭示,社会阶层心理学还强调文化因素在此问题中扮演的中介机制。文化因素既不单纯属于客观结构因素,也不单单是主观个体因素,而是在人与环境交互作用下形成的,为一个阶层内部所共享的一种具有泛化意义的文化心理,如自我、规则、价值观念和习惯系统等(Stephens 和 Townsend,2013)。例如在美国社会中,展现自我的独特性是一种为主流价值观所高度认同的美德——这恰恰是高阶层者的优势,而在低阶层者的文化价值观念中,他们更强调人与人之间的和谐互助,更少地强调自我独特性。又因为高阶层在社会中掌握更多的权力与资源,所以他们会更加标榜自己信奉的文化价值观;而低阶层则很难在这种文化冲突中处于优势,也很难融入高阶层的文化体系中(Stephens等,2012b)。因此研究者认为,结构因素和个体因素虽然都很重要,但高低阶层在文化上的差异才是最重要的制约低阶层向上流动的关键(Stephens等,2012b)。

更严重的是,这些因素不仅仅只影响某一代的低阶层者,而是会一代一代地在低阶层群体中传递。正是这种代际传递将阶层分化变成了阶层固化,使得不平等得到了发展和延续。例如被社会阶层心理学高度强调的文化因素,这种高低阶层文化上的差异虽然不一定会被个体清晰地意识到,但它却会以一种潜移默化的方式深刻地影响个体的一生。可以设想有这样两个孩子,一个孩子出生于低阶层家庭,父母都是体力劳动者,也未接受过高等教育;而另一个孩子的父母都有高学历、丰厚的收入和令人尊敬的职业。两个孩子一出生就面临着不同的家庭教养环境,高阶层家庭因为弥漫着崇尚自由、个性与创新的文化价值,他们会鼓励孩子独立地探索世界、展现自我;而低阶层家庭受限于资源,感受着来自经济和环境的压力,他们必须减少生活中的不确定性,强调与周围和谐相处,因此他们会严格地约束孩子,限制孩子自由地发展,而强调孩子在同伴交往中要更多考虑他人的感受(Stephens等,2014)。这种文化心理的差异会一直延续到两个孩子进入学校、选择专业和走向职场的整个过程,最终很可能是这样的:高阶层家庭出身的孩子会拥有良好的受教育水平,他善于表达,个性突出,充满创意;而低阶层出生的孩子,即使拥有很多不错的素质,不过更多地体现在善于合作、严谨认真、遵守规则等方面。基于这样的素质,前者更可能会继续父辈的白领体面工作,而后者则多半会继承父辈的体力工人的职业(Rivera,2012)。由此,高低阶层的文化差异在代际之间得以传递。在此案例中可以明显看到,阶层的固化绝不仅仅是社会制度问题,文化心理在其中也起到了很重要的作用。总之,通过揭示心理和行为方面的中介机制,社会阶层心理学对于过往宏观的研究视角提出了理论补充,更明晰地阐述了社会不平等得以延续的微观过程。

13.6.2 为富者一定不仁吗?

社会阶层心理学在探讨社会分层引发不公平的问题之中还有一个很重要的研究角度,即社会阶层与亲社会行为的关系。不少研究发现,个体的社会阶层越高，越不支持与再分配有关的社会政策（例如，Brown-Iannuzzi 等，2015；Andersen 和 Curtis，2015）。那么进一步推导，是不是相对而言，高阶层个体的亲社会行为倾向更低呢？在社会不平等的背景下，如果这一结论成立，无疑更是与社会公平的理想背道而驰。因此这一问题引发了社会阶层心理学领域很多学者的长期关注。

许多研究发现，低阶层的人比高阶层的人有更高的亲社会倾向（例如，Amir, Jordan, 和 Rand, 2018；Chen, Zhu, 和 Chen, 2013；Guinote, Cotzia, Sandhu, 和 Siwa, 2015；Piff 等, 2010；Piff, Stancato, Côté, Mendoza-Denton, 和 Keltner, 2012）。例如，在一项代表性研究（Piff 等，2010）中，研究结果发现，低阶层的人比高阶层的人更为慷慨，并且更倾向于拿出收入中的更高比例用于慈善事业。相对而言，上层人士则被证明更自私，在不同情况下更容易展示出贪婪和欺骗的倾向。许多其他研究也发现了类似的结果。社会阶层心理学的社会认知视角可以为上述结果提供解释（Kraus 等, 2012）。因为该理论强调，高阶层的个体拥有丰富的资源和较少的社会限制，这使他们更加注重个人自由。而相比之下，由于资源有限，低阶层个体生活在压力和威胁的环境中，因此更加依赖他人或社会关系来实现自己的目标。这导致他们更加关注他人的需求，并形成情境主义的社会认知取向，而这也直接使得他们有更强的倾向表现出利他行为。

但是，也有许多研究不支持上述观点（例如，Gallo, Bogart, Vranceanu, 和 Matthews, 2005；Greitemeyer 和 Sagioglou, 2016；Korndörfer, Egloff, 和 Schmukle, 2015；Nettle, Colléony, 和 Cockerill, 2011）。这些研究结果共同认为，社会阶层可以正向预测亲社会行为，即总体而言，高阶层比低阶层有着更高的亲社会行为倾向。例如，一项代表性研究（Korndörfer, 2015）通过 8 个子研究发现，高阶层个体比低阶层个体表现出更多的亲社会行为，如更多的慈善捐赠，更多的志愿服务行为，更多的助人倾向以及对陌生人展示出更高水平的信任。运用资源和成本的角度可以很好地解释这些研究结果，由于亲社会行为是一种消耗个人经济与时间成本的事件，所以随着成本的增加，亲社会行为的可能性将降低（de Waal, 2008）。而由于高阶层的人处于相对丰富的资源条件下，因此他们在同样的情境中做出亲社会行为所消耗的相对成本相对而言比低阶层者更低。因此，这些学者更倾向于认为，高阶层者更有可能从事亲社会行为。

随着研究的发展，现在已经有越来越多的学者认为不能简单地概括哪个阶层群体比另一群体更具有亲社会倾向，而应该考察亲社会行为产生的具体条件。也就是说，社会阶层和亲社会行为的关系很可能会受到其他因素的调节。苑明亮、李文岐和寇彧（2019）总结了可能在此问题中起到调节作用的因素，既包括微观层面的互惠信念、感恩、相对剥夺感等,也包括中观层面的互动双方的利他水平、慈善呼吁类型、情境公开性等因素,还有宏观层面的收入不平等和社会文化也会在其中起到调节作用。因此,阶层和亲社会行为的关系是复杂的,也许在此问题中,不可忽视个人与情境的多重交互因素。

13.6.3 低阶层者能够做到人穷志不短吗?

除了关注高阶层群体的亲社会倾向和再分配偏好,研究者还关注了促进社会公平的另一个角度,即低阶层者的个人提升。这一问题当然也有着很强的现实意义。当前,我国脱贫攻坚面临新的挑战,贫困群体与非贫困群体的收入差距在急剧扩大,使得贫困群体的弱势地位更为凸显;并且,脱贫效果的可持续性较差,返贫的现象突出(王介勇,陈玉福,彦茂超,2016;万喆,2016)。对此,国家提出了精准扶贫战略。那么,低阶层者能够做到人穷志不短吗?

研究显示,这一问题并不乐观。近年来很多关注低阶层个体的实证数据均指向一个相似的结论:长期的物质贫困会产生特殊的心理后果,即心理贫困(mental poverty)。这种心理贫困一旦形成后就有独立于外部环境的效应,使贫困者难以摆脱物质贫困(Haushofer 和 Fehr,2014)。可以说,心理贫困导致物质贫困,但又肇始于物质贫困。

2012 年,一篇发表于《科学》杂志上的文章(Shah,Mullainathan,和 Shafir,2012)指出,贫困阶层有着显著不同于其他阶层的心理行为特征。在这些特征中,有较大一部分是不利于他们适应社会,进而不利于其实现自身发展和向上流动的(Kraus 等,2011;胡小勇,李静,芦学璋,郭永玉,2014)。例如,贫困阶层的情境主义社会认知倾向容易使其对贫富差距作出外归因,认为财富主要是运气、出身等外在因素决定的,自己努力带来的收益微乎其微,以致抱负水平较低,而且长久的贫困状态甚至会使其失去脱贫动力(Bellezza,Paharia,和 Keinan,2016)。2014 年,另一篇刊于《科学》杂志上的研究进一步发现,贫穷者不仅仅是缺少金钱,对于他们而言,贫穷更是一种生活中无时无刻不在面对的生存环境,这种高压的稀缺环境,使其形成了一种稀缺心态,该心态使得其非常容易局限于眼前利益,忽略长远利益,如只在意眼前收入的多少而不愿做出长远的人生规划,相对较少地为子女未来发展进行投资等,长此以往形成"贫穷-特定心理与行为模式-继续贫穷"的恶性循环。

国外已有一系列研究都证实了"人穷志短"也即贫困阶层的"抱负失灵"现象(例如,Dalton,Ghosal,和 Mani,2016;Janzen,Magnan,Sharma,和 Thompson,

2017)。特别是来自不同学科(心理学、社会学、经济学)的不同研究结果均得出了穷人在教育上的抱负水平更低这一结论(Flechtner, 2014)。此外,一项采用美国全国代表性样本的调查研究同样发现,父母的社会阶层能够正向预测子女的职业抱负水平(Cochran, Wang, Stevenson, Johnson, 和 Crews, 2011)。这些研究显示,要解决社会不平等与贫困问题,除了经济方面的政策之外,也许贫困者本身的心理因素改善也是不容忽略的重要课题。

13.7 社会阶层的心理学研究展望

13.7.1 理论层面:本土观点与现实导向

社会阶层心理学之所以能在短短几年之内发展成为国际心理学界的一个前沿热点领域,很重要的一点是由于其具有一整套相对完善的理论体系。这一领域之于中国社会心理学的研究者和中国社会现实的心理问题会有怎样的启示和研究意义,这是未来学界需要深入思考的问题。不可否认的是,中国心理学界对于社会阶层的探究需要在本土观点和现实导向方面加强创新。当前国内心理学界在研究相关问题时,主要是借鉴国外已经相对成熟的理论框架,来考察中国的社会心理问题。尽管中国的社会分层和西方有很多的共同点,但毕竟文化的差异、社会制度的不同还是决定了中国的社会分层和社会公平问题具有其不同于西方社会的独特性。因此,如何能够吸取国外理论的共性,发现中国社会的特殊性,进而构建起更适用于我国国情和民众的本土化理论,这是中国学者在未来的研究中需要深入思考和实践的。其实,面对复杂的现实社会,面对百年未有之大变局的国内国情,在社会公平、社会治理、扶贫攻坚等时代主题的指引下,我国社会阶层心理学的理论研究有着很大的创新空间和很强的现实需求。举例而言,现有的五种社会阶层心理学研究取向对于社会公平问题的关注较少,也没有形成一套统合的关于社会公平的理论,虽然当前也有一些研究(例如,Stephens 等, 2014)对于不平等现象给出了自己的解释,但他们基本上是在高低阶层文化差异实证证据的基础上推断阶层固化的原因,尚缺乏足够的数据支撑,并且他们也只关注了公平的一个方面,而其他取向对此问题还尚无明确理论建树。未来研究可以关注不同阶层理解公平的差异、需求公平的差异、怎样在存在阶层的社会里实现公平等兼具理论意义和现实价值的主题。

13.7.2 方法层面：操作定义的真实与偏差

在方法层面,值得肯定的是当前社会阶层心理学的研究已经建立了一套相对成熟且为大多数学者共同认可的方法体系。这一体系以"客观＋主观"双成分概念界定为基础,综合了多种方式的客观阶层和主观阶层测量工具以及主观阶层操纵范式,形成了以社会阶层作为自变量的众多研究共同遵循的研究思路(当然,这里所述的研究并非社会阶层心理学研究的全部,但不可否认的是,以社会阶层作为自变量的研究在这一领域的研究中占有重要比例)。但是需要反思的是,这样的概念界定和操作化定义的庞大内容是否也会存在一定的信效度问题。例如,收入(或财产)、职业和受教育水平是研究中常用的反映客观阶层的操作性指标,但这三者作为客观社会阶层的操作性定义,都有一定的不足之处(杨沈龙等,2020)。主观社会阶层的操作化界定既包括对社会阶层进行测量,也包括对其加以操纵。特别是操纵主观阶层的方式近年来得到广泛的运用,这使得研究者可以了解社会阶层影响其他变量的因果关系。但是,这样操纵而来的主观阶层与研究者真正想要研究的阶层效应是否一致,这同样需要更多理论和实证研究的探讨。总之,社会阶层的操作性指标非常丰富,因此如何在研究中选择合适的操作性定义成为研究者必须面对的问题。

对此,笔者认为,研究者应当立足于研究目的,结合研究要考察的具体效应,以及该效应背后的心理机制,来决定其研究将怎样测量或操纵社会阶层。当然,有时研究目的就是要探讨一般意义上的社会阶层效应,很难对多种指标做出取舍,这时可考虑在研究中综合采用多种操作化定义。此外,有的研究还会在现实生活中选择一个典型的高阶层群体或一个典型的低阶层群体来反映社会阶层之间的差异,不过我们应该慎重采用这种操作化方式,因为这可能会卷入更多的额外变量。由于构念的复杂性,围绕社会阶层的概念界定和实证操作,仍有一些问题需要进一步研究,例如因为阶层认同偏差导致的主观阶层与客观阶层不一致的问题,以及阶层流动导致的静态阶层与动态阶层不一致的问题等。这些问题虽然很基础,但可能是未来社会阶层心理学研究者必须面对的。

13.7.3 应用层面：促进公平的思路与实践

虽然消除阶层和绝对平均并非本文的主张,但是在一个分层的社会中,公平仍是为全社会所共同看重的核心价值。因此追求更高水准的社会公平应该作为本文所述及一系列问题的一个宏观落脚点,即把如何提升民众特别是低阶层者的公平感受作为研究工作的一大目标。当然有必要强调的是,这里所讲的公平感提升不能以愚民作为目的和手段,例如单纯强调弱势群体在遭受不公时可以采取自我调节的策略,或寄希望于未来的公正,或为眼下的遭遇找到一种能让自己更易接受的合理化解释。这些方法虽然能暂时平复受害者的情绪,但从长远来说,也许并不有利于社会发展(周春燕,郭永玉,2013b)。因此,若要真正地促进公平正义,还是要从社会系统本身的弊端出发,采取相应的治理思路,从根本上提升民众的公平感。

对此,现有的社会阶层心理学研究可以带给我们一些宏观的启示。研究表明,低阶层在社会中有更强烈的限制感,过多的社会限制使得他们习惯性地感到自己的命运更多是由别人决定的,而不是由自己掌控的。也正是这一点,使得他们更多地从外部归因的角度来理解社会分层,并导致了他们更多地将不公平归咎于社会体制(李静,2012)。那么如果减少相关的社会限制,增强弱势群体的自我掌控感,是否就可以改变上述心理过程呢?已经有明确研究支持了这一思路,表明限制感的减少能够明显改变低阶层者对社会分层和社会公平的态度,提升其公平感(李静,2012)。这一结果告诉我们:在宏观治理思路上,减少对于低阶层者的限制是化解其社会不满的有效途径。

除了在宏观上构建提升民众公平感的社会基础以外,在实际治理工作中,一个个具体公平情境的创设也是非常有必要的。已有研究发现,尽管低阶层者对社会抱有更多负面情绪,尽管他们自身也具备一些不利于向上流动的条件,但是当环境相对公平的时候,这些情况都会有所缓解。例如,前面提到低阶层者比高阶层者对于不公平对待有着更为强烈和敏感的反应,但是如果在实验前让低阶层感受到公平的环境条件,这一反应就会减弱;而基于调查法的研究数据也表明,如果一个低阶层者在其成长过程中并未遭受较多不公平对待,则他对于不公平的这种敏感反应也不会过于强烈(李小新,2014)。还有研究表明,低阶层能否长期专注于其重要目标,这会受到环境公平的显著影响:环境公平时他们会表现出很好的目标承诺与目标达成水平,但环境不公时他们常常会放弃努力(胡小勇,郭永玉,李静,杨沈龙,2016)。可见社会治理工作必须从立法、执法、监管等不同层面入手促进起点公平、过程公平与结果公平,使低阶层者能够更安心地坚持努力、达成目标。

除了从社会治理的层面出发,社会阶层心理学还从低阶层个体自身着眼,运用微观层面的心理技术,来试图帮助其克服不利因素。例如,研究表明,低阶层学生总体来说在学业表现上不如高阶层学生,但是当运用了自我肯定(self-affirmation)这一心理干预策略之后,低阶层的考试成绩可以有明显提高(Walton和Cohen,2011)。自我肯定的技术也很简单,其核心思想就是让个体强调、确认和肯定自己最看重的价值观。这一方法背后的逻辑,是这种对自我所珍视的价值的强调能够在一定程度上克服来自社会的歧视与威胁,重构整合自我意识,使自我系统恢复平衡。在一项长达两年的追踪研究中,自我肯定干预对于低阶层学生的积极效应给出了很好的支持,结果显示其干预效应不仅明显,而且可以维持较长时间。这一系列研究成果均发表在《科学》杂志上,显示了自我肯定技术的强大作用(Cohen, Garcia, Apfel, 和 Master, 2006; Cohen, Garcia, Purdie-Vaughns, Apfel, 和 Brzustoski, 2009; Walton 和 Cohen, 2011)。另一个很好的例子是执行意向(implementation intention)的干预,它是指个体在执行自己很看重但又比较难以坚持的目标之前,会对自己进行一种心理提醒。研究证明,这一干预能够使个体坚持于自己设定的目标,最终实现原计划(Gollwitzer 和 Sheeran, 2006)。而且还有研究专注于低阶层者,发现当他们追求重要的事业和学业目标时,执行意向的积极作用同样显著(胡小勇,2014)。总之,此类心理干预技术简单易行、效应显著,可以非常灵活地从小范围试点扩展到大范围推广,体现社会治理精细化的本质要求。当然,目前这些干预的探索主要还是小范围的、各自独立的尝试,社会阶层心理学的未来应该更加注重实践应用层面的技术和思考,使得这一领域的研究真正可以对中国社会心理的问题有所助力,这样反过来也会更加突显这一领域研究的学术价值。

(杨沈龙　胡小勇　郭永玉)

参考文献

陈艳红,程刚,关雨生,张大均.(2014).大学生客观社会经济地位与自尊:主观社会地位的中介作用.心理发展与教育,30(6),594-600.

程刚,陈艳红,关雨生,张大均.(2015).大学生主观社会地位的指标构成及特点.西南大学学报(自然科学版),37(6),156-162.

郭永玉,杨沈龙,李静,胡小勇.(2015).社会阶层心理学视角下的公平研究.心理科学进展,23(8),1299-1311.

胡小勇,郭永玉,李静,杨沈龙.(2016).社会公平感对不同阶层目标达成的影响及其过程.心理学报,48(3),271-289.

胡小勇,李静,芦学璋,郭永玉.(2014).社会阶层的心理学研究:社会认知视角.心理科学,37,1509-1517.

胡小勇.(2014).低阶层者的目标追求:社会公平与自我调节的影响.武汉:华中师范大学博士学位论文.

胡小勇,杨沈龙,钟琪,喻丰,陈红.(2019).社会阶层与健康的关系:"社会—生理—心理"机制.科学通报,64(2),194-205.

黄小瑞.(2014).社会经济地位的测量指标及合成方法.全球教育展望(12),82-92.

李静.(2012).不同社会阶层对贫富差距归因倾向.武汉:华中师范大学博士学位论文.

李强.(2006).试析社会分层的十种标准.学海(4),40-46.

李小新.(2014).不同社会阶层对受不公平对待的威胁敏感性差异研究.武汉:华中师范大学博士学位论文.

陆学艺.(2002).当代中国社会阶层研究报告.北京:社会科学文献出版社.

陆学艺.(2013).当代中国社会建设.北京:社会科学文献出版社.

莫文静,张大均,潘彦谷,刘广增.(2018).流动儿童家庭社会经济地位与学业成绩:父母情感温暖和心理素质的链式中介作用.西南大学学报(自然科学版)(1),57-63.

师保国,申继亮.(2007).家庭社会经济地位、智力和内部动机与创造性的关系.心理发展与教育,23(1):30-34.

王甫勤.(2012).社会经济地位、生活方式与健康不平等.社会(2),125-143.

王介勇,陈玉福,严茂超.(2016).我国精准扶贫政策及其创新路径研究.中国科学院院刊(3),289-295.

韦庆旺,李木子,陈晓晨.(2018).社会阶层与社会知觉:热情和能力哪个更重要?.心理学报,50(2),243-252.

杨林川,马红宇,姜海,梁娟,齐玲.(2017).社会公正对权威合法性的影响:社会阶层的调节作用.心理学报,49(7),980-994.

杨沈龙,郭永玉,胡小勇,舒首立,李静.(2016).低阶层者的系统合理化水平更高吗?——基于社会认知视角的考察.心理学报,48(11),1467-1478.

杨沈龙,喻丰,胡小勇,郭永玉.(2020).心理学研究中社会阶层的操作化界定及其衍生问题.心理科学,43(2),505-511.

印子.(2015).浙北农村社会阶层区隔化及对村庄治理的影响.西北农林科技大学学报:社会科学版(2),97-106.

尤瑾,杨蕾,商士杰,余诗景.(2016).健康的贫富差距及其内在机制.心理科学进展,24(7),1118-1129.

苑明亮,李文岐,寇彧.(2019).社会阶层如何影响个体的亲社会行为?——机制与相关因素的探讨.北京师范大学(社会科学版)(5),37-46.

张乐,张翼.(2012).精英阶层再生产与阶层固化程度——以青年的职业地位获得为例.青年研究(1),1-12.

周春燕,郭永玉.(2013a).家庭社会阶层对大学生心理健康的影响:公正世界信念的中介作用.中国临床心理学杂志,21(4),636-640.

周春燕,郭永玉.(2013b).公正世界信念——重建公正的双刃剑.心理科学进展,21(1),144-154.

Adler, N. E., Epel, E. S., Castellazzo, G., & Ickovics, J. R. (2000). Relationship of subjective and objective social status with psychological and physiological functioning: Preliminary data in healthy white women. *Health Psychology*, 19(6),586-592.

Amir, D., Jordan, M. R., & Rand, D. G. (2018). An uncertainty management perspective on long-run impacts of adversity: The influence of childhood socioeconomic status on risk, time, and social preferences. *Journal of Experimental Social Psychology*, 79,217-226.

Andersen, R., & Curtis, J. (2015). Social class, economic inequality, and the convergence of policy preferences: Evidence from 24 modern democracies. *Canadian Review of Sociology*, 52(3),266-288.

Anderson, C., & Kilduff, G. J. (2009). The pursuit of status in social groups. *Current Directions in Psychological Science*, 18(5),295-298.

Beauvois, J., & Dubois, N. (1988). The norm of internality in the explanation of psychological events. *European Journal of Social Psychology*, 18(4),299-316.

Bellezza, S., Paharia, N., & Keinan, A. (2016). Conspicuous consumption of time: When busyness and lack of leisure time become a status symbol. *Journal of Consumer Research*, 44

(1), 118-138.
Bourdieu, P. (1985). The social space and the genesis of groups. *Theory and Society*, 14(6), 723-744.
Brandt, M. J. (2013). Do the disadvantaged legitimize the social system? A large-scale test of the status-legitimacy hypothesis. *Journal of Personality and Social Psychology*, 104(5), 765-785.
Brown-Iannuzzi, J. L., Lundberg, K. B., Kay, A. C., & Payne, B. K. (2015). Subjective status shapes political preferences. *Psychological Science*, 26(1), 15-26.
Caricati, L. (2017). Testing the status-legitimacy hypothesis: A multilevel modeling approach to the perception of legitimacy in income distribution in 36 nations. *The Journal of Social Psychology*, 157, 532-540.
Chen, E., & Matthews, K. A. (2001). Cognitive appraisal biases: An approach to understanding the relation between socioeconomic status and cardiovascular reactivity in children. *Annals of Behavioral Medicine*, 23(2), 101-111.
Chen, E., & Miller, G. E. (2012). "Shift-and-persist" strategies: Why low socioeconomic status isn't always bad for health. *Perspectives on Psychological Science*, 7(2), 135-158.
Chen, Y., Zhu, L., & Chen, Z. (2013). Family income affects children's altruistic behavior in the dictator game. *PloS One*, 8(11), e80419.
Cochran, D. B., Wang, E. W., Stevenson, S. J., Johnson, L. E., & Crews, C. (2011). Adolescent occupational aspirations: Test of Gottfredson's theory of circumscription and compromise. *The Career Development Quarterly*, 59(5), 412-427.
Cohen, D., Shin, F., Liu, X., Ondish, P., & Kraus, M. W. (2017). Defining social class across time and between groups. *Personality and Social Psychology Bulletin*, 43(11), 1530-1545.
Cohen, G. L., Garcia, J., Purdie-Vaughns, V., Apfel, N., & Brzustoski, P. (2009). Recursive processes in self-affirmation: Intervening to close the minority achievement gap. *Science*, 324(5925), 400-403.
Cohen, G., Garcia, J., Apfel, N., & Master, A. (2006). Reducing the racial achievement gap: a social-psychological intervention. *Science*, 313(5791), 1307-1310.
Côté, S. (2011). How social class shapes thoughts and actions in organizations. *Research in Organizational Behavior*, 31, 43-71.
Côté, S., Gyurak, A., & Levenson, R. W. (2010). The Ability To Regulate Emotion Is Associated With Greater Weil-Being, Income, and Socioeconomic Status. *Emotion*, 10(6), 923-933.
Cundiff, J. M., Boylan, J. M., Pardini, D. A., & Matthews, K. A. (2017). Moving up matters: socioeconomic mobility prospectively predicts better physical health. *Health Psychology*, 36(6), 609-617.
Cundiff, J. M., Uchino, B. N., Smith, T. W., & Birmingham, W. (2013). Socioeconomic status and health: education and income are independent and joint predictors of ambulatory blood pressure. *Journal of Behavioral Medicine*, 38(1), 9-16.
Dalton, P. S., Ghosal, S., & Mani, A. (2016). Poverty and aspirations failure. *Economic Journal*, 126(590), 67-80.
De Waal, F. B. (2008). Putting the altruism back into altruism: The evolution of empathy. *Annual Review Psychology*, 59, 279-300.
Demakakos, P., Nazroo, J., Breeze, E., & Marmot, M. (2008). Socioeconomic status and health: The role of subjective social status. *Social Science & Medicine*, 67(2), 330-340.
Dubois, D., Rucker, D. D., & Galinsky, A. D. (2015). Social class, power, and selfishness: When and why upper and lower class individuals behave unethically. *Journal of Personality*

and Social Psychology, 108(3), 436-449.

El-Sheikh, M., Harger, J. A., & Whitson, S. M. (2010). Exposure to interparental conflict and children's adjustment and physical health: the moderating role of vagal tone. *Child Development*, 72(6), 1617-1636.

Elstad, J. I., & Krokstad, S. (2003). Social causation, health-selective mobility and the reproduction of socioeconomic health inequalities over time: panel study of adult men. *Social Science & Medicine*, 57, 1475-1489.

Ericsson, M., Lundholm, C., Fors, S., Aslan, A. K. D., Zavala, C., Reynolds, C. A., & Pedersen, N. L. (2017). Childhood social class and cognitive aging in the Swedish Adoption/Twin Study of Aging. *Proceedings of the National Academy of Sciences*, 114(27), 7001-7006.

Flechtner, S. (2014). Aspiration traps: When poverty stifles hope. *Inequality in Focus*, 2(4), 1-4.

Flynn, F. J., Reagans, R. E., Amanatullah, E. T., & Ames, D. R. (2006). Helping one's way to the top: Self-monitors achieve status by helping others and knowing who helps whom. *Journal of Personality and Social Psychology*, 91(6), 1123-1137.

Gallo, L. C., Bogart, L. M., Vranceanu, A. M., & Matthews, K. A. (2005). Socioeconomic status, resources, psychological experiences, and emotional responses: A test of the reserve capacity model. *Journal of Personality and Social Psychology*, 88(2), 386-399.

Gollwitzer, P. M., & Sheeran, P. (2006). Implementation intentions and goal achievement: A meta-analysis of effects and processes. *Advances in Experimental Social Psychology*, 38, 69-119.

Goudeau, S., & Croizet, J. C. (2017). Hidden advantages and disadvantages of social class: How classroom settings reproduce social inequality by staging unfair comparison. *Psychological Science*, 28(2), 162-170.

Greitemeyer, T., & Sagioglou, C. (2016). Subjective socioeconomic status causes aggression: A test of the theory of social deprivation. *Journal of Personality and Social Psychology*, 111(2), 178-194.

Griskevicius, V., Tybur, J. M., Delton, A. W., & Robertson, T. E. (2011). The influence of mortality and socioeconomic status on risk and delayed rewards: a life history theory approach. *Journal of Personality and Social Psychology*, 100(6), 1015-1026.

Grossmann, I., & Huynh, A. C. (2013). Where is the culture in social class?. *Psychological Inquiry*, 24(2), 112-119.

Guinote, A., Cotzia, I., Sandhu, S., & Siwa, P. (2015). Social status modulates prosocial behavior and egalitarianism in preschool children and adults. *Proceedings of the National Academy of Sciences*, 112(3), 731-736.

Hajat, A., Diez-Roux, A., Franklin, T. G., Seeman, T., Shrager, S., Ranjit, N., ... Kirschbaum, C. (2010). Socioeconomic and race/ethnic differences in daily salivary cortisol profiles: The multi-ethnic study of atherosclerosis. *Psychoneuroendocrinology*, 35(6), 932-943.

Haushofer, J., & Fehr E. (2014). On the psychology of poverty. *Science*, 344(6186), 862-867.

Hoffmann, R., Kröger, H., & Geyer, S. (2018). Social causation versus health selection in the life course: does their relative importance differ by dimension of SES?. *Social Indicators Research*, 1, 1-27.

Hoffmann, R., Kröger, H., & Pakpahan, E. (2018). Pathways between socioeconomic status and health: Does health selection or social causation dominate in Europe?. *Advances in Life Course Research*, 36, 23-36.

Janzen, S. A. , Magnan, N. , Sharma, S. , & Thompson, W. M. (2017). Aspirations failure and formation in rural Nepal. *Journal of Economic Behavior & Organization*, *139*, 1-25.

Johnson, S. E. , Richeson, J. A. , & Finkel, E. J. (2011). Middle class and marginal? Socioeconomic status, stigma, and self-regulation at an elite university. *Journal of Personality and Social Psychology*, *100*(5), 838-852.

Jost, J. T. , & Banaji, M. R. (1994). The role of stereotyping in system-justification and the production of false consciousness. *British Journal of Social Psychology*, *33*(1), 1-27.

Jost, J. T. , Banaji, M. R. , & Nosek, B. A. (2004). A decade of system justification theory: Accumulated evidence of conscious and unconscious bolstering of the status quo. *Political Psychology*, *25*(6), 881-919.

Jost, J. T. , Pelham, B. W. , Sheldon, O. , & Sullivan, B. (2003). Social inequality and the reduction of ideological dissonance on behalf of the system: Evidence of enhanced system justification among the disadvantaged. *European Journal of Social Psychology*, *33*(1), 13-36.

Kay, A. C. , & Jost, J. T. (2003). Complementary justice: Effects of "poor but happy" and "poor but honest" stereotype exemplars on system justification and implicit activation of the justice motive. *Journal of Personality and Social Psychology*, *85*(5), 823-837.

Kemp, A. H. , Quintana, D. S. , Quinn, C. R. , Patrick, H. , & Harris, A. W. F. (2014). Major depressive disorder with melancholia displays robust alterations in resting state heart rate and its variability: implications for future morbidity and mortality. *Frontiers in Psychology*, *5*, 1387.

Korndörfer, M. , Egloff, B. , & Schmukle, S. C. (2015). A large-scale test of the effect of social class on prosocial behavior. *PLoS One*, *10*(7), e0133193.

Kraus, M. W. , & Keltner, D. (2009). Signs of socioeconomic status a thin-slicing approach. *Psychological Science*, *20*(1), 99-106.

Kraus, M. W. , & Mendes, W. B. (2014). Sartorial symbols of social class elicit class-consistent behavioral and physiological responses: A dyadic approach. *Journal of Experimental Psychology: General*, *143*(6), 2330-2340.

Kraus, M. W. , & Stephens, N. M. (2012). A road map for an emerging psychology of social class. Social and Personality Psychology Compass, 6(9), 642-656.

Kraus, M. W. , Côté, S. , & Keltner, D. (2010). Social class, contextualism, and empathic accuracy. *Psychological Science*, *21*(11), 1716-1723.

Kraus, M. W. , Horberg, E. J. , Goetz, J. L. , & Keltner, D. (2011). Social class rank, threat vigilance, and hostile reactivity. *Personality and Social Psychology Bulletin*, *37*(10), 1376-1388.

Kraus, M. W. , Piff, P. K. , Mendoza-Denton, R. , Rheinschmidt, M. L. , & Keltner, D. (2012). Social class, solipsism, and contextualism: How the rich are different from the poor. *Psychological Review*, *119*(3), 546-572.

Kraus, M. W. , Tan, J. J. X. , & Tannenbaum, M. B. (2013). The social ladder: A rank-based perspective on social class. *Psychological Inquiry*, *24*(2), 81-96.

Lee, I. , Pratto, F. , & Johnson, B. T. (2011). Intergroup consensus/disagreement in support of group-based hierarchy: An examination of socio-structural and psycho-cultural Factors. *Psychological Bulletin*, *137*(6), 1029-1064.

Lee, J. (2018). Can a rude waiter make your food less tasty? Social class differences in thinking style and carryover in consumer judgments. *Journal of Consumer Psychology*, *28*(3), 450-465.

Li, J. , Lu, M. , Xia, T. , & Guo, Y. (2018). Materialism as compensation for self-esteem among lower-class students. *Personality and Individual Differences*, *131*, 191-196.

Li, W., Yang, Y., Wu, J., & Kou, Y. (2020). Testing the status-legitimacy hypothesis in china: objective and subjective socioeconomic status divergently predict system justification. *Personality and Social Psychology Bulletin*, 46(7), 1044-1058.

Lynch, M. (2020). Mutation accumulation in transfer RNAs: Molecular evidence for Muller's ratchet in mitochondrial genomes. *Molecular Biology and Evolution*, 13, 209-220.

Mahalingam, R. (2003). Essentialism, culture, and power: Representations of social class. *Journal of Social Issues*, 59(4), 733-749.

Mahalingam, R. (2007). Essentialism, power, and the representation of social categories: A folk sociology perspective. *Human Development*, 50(6), 300-319.

Markus, H. R., & Stephens, N. M. (2017). Editorial overview: inequality and social class: the psychological and behavioral consequences of inequality and social class: a theoretical integration. *Current Opinion of Psychology*, 18, iv-xii.

Manstead, A. S. (2018). The psychology of social class: How socioeconomic status impacts thought, feelings, and behaviour. *British Journal of Social Psychology*, 57, 267-291.

Mao, J., Yang, S., & Guo, Y. (2020). Are individuals from lower social class more susceptible to conspiracy theories? An explanation from the compensatory control theory. *Asian Journal of Social Psychology*, published online. https://doi.org/10.1111/ajsp.12417.

Nettle, D., Colléony, A., Cockerill, M. (2011). Variation in cooperative behaviour within a single city. *PLoS ONE*, 6(10): e26922.

Ng, W., & Diener, E. (2014). What matters to the rich and the poor? Subjective well-being, financial satisfaction, and postmaterialist needs across the world. *Journal of Personality and Social Psychology*, 107(2), 326-338.

Piff, P. K., Kraus, M. W., Côté, S., Cheng, B. H., & Keltner, D. (2010). Having less, giving more: The Influence of social class on prosocial behavior. *Journal of Personality and Social Psychology*, 99(5), 771-784.

Piff, P. K., Stancato, D. M., Côte, S., Mendoza-Denton, R., & Keltner, D. (2012). Higher social class predicts increased unethical behavior. *Proceedings of the National Academy of Sciences*, 109(11), 4086-4091.

Rivera, L. A. (2012). Hiring as cultural matching the case of elite professional service firms. *American Sociological Review*, 77(6), 999-1022.

Sakurai, K., Kawakami, N., Yamaoka, K., Ishikawa, H., & Hashimoto, H. (2010). The impact of subjective and objective social status on psychological distress among men and women in Japan. *Social Science & Medicine*, 70(11), 1832-1839.

Shah, A. K., Mullainathan, S., & Shafir, E. (2012). Some consequences of having too little. *Science*, 338(6107), 682-685.

Snibbe, A. C., & Markus, H. R. (2005). You can't always get what you want: Educational attainment, agency, and choice. *Journal of Personality and Social Psychology*, 88(4), 703-720.

Stephens, N. M., & Townsend, S. S. (2013). Rank is not enough: Why we need a sociocultural perspective to understand social class. *Psychological Inquiry*, 24(2), 126-130.

Stephens, N. M., Fryberg, S. A., & Markus, H. R. (2011). When Choice Does Not Equal Freedom A Sociocultural Analysis of Agency in Working-Class American Contexts. *Social Psychological and Personality Science*, 2(1), 33-41.

Stephens, N. M., Fryberg, S. A., Markus, H. R., Johnson, C. S., & Covarrubias, R. (2012a). Unseen disadvantage: How American universities' focus on independence undermines the academic performance of first-generation college students. *Journal of Personality and Social Psychology*, 102(6), 1178-1197.

Stephens, N. M., Markus, H. R., & Fryberg, S. A. (2012b). Social class disparities in health and education: Reducing inequality by applying a sociocultural self model of behavior. *Psychological Review*, 119(4), 723–744.

Stephens, N. M., Markus, H. R., & Phillips, L. T. (2014). Social class culture cycles: How three gateway contexts shape selves and fuel inequality. *Annual Review of Psychology*, 65, 611–634.

Stephens, N. M., Markus, H. R., & Townsend, S. S. (2007). Choice as an act of meaning: The case of social class. Journal of personality and social psychology, 93(5), 814–830.

Pickett, K. E., & Wilkinson, R. G. (2015). Income inequality and health: a causal review. *Social Science & Medicine*, 128, 316–326.

Stephens, N. M., Townsend, S. S., Markus, H. R., & Phillips, L. T. (2012c). A cultural mismatch: Independent cultural norms produce greater increases in cortisol and more negative emotions among first-generation college students. *Journal of Experimental Social Psychology*, 48(6), 1389–1393.

Tan, J. J., & Kraus, M. W. (2015). Lay theories about social class buffer lower-class individuals against poor self-rated health and negative affect. *Personality and Social Psychology Bulletin*, 41, 446–461.

Vyncke, V., Clercq, B. D., Stevens, V., Costongs, C., & Maes, L. (2013). Does neighbourhood social capital aid in levelling the social gradient in the health and well-being of children and adolescents? a literature review. *BMC Public Health*, 13(1), 65–83.

Walton, G. M., & Cohen, G. L. (2011). A brief social-belonging intervention improves academic and health outcomes of minority students. *Science*, 331(6023), 1447–1451.

Whyte, M. K., & Han, C. (2008). Popular attitudes toward distributive injustice: Beijing and Warsaw compared. *Journal of Chinese Political Science*, 13(1), 29–51.

Wolff, L. S., Subramanian, S. V., Acevedo-Garcia, D., Weber, D., & Kawachi, I. (2010). Compared to whom? Subjective social status, self-rated health, and referent group sensitivity in a diverse US sample. *Social Science & Medicine*, 70(12), 2019–2028.

Yang, S., Xu, B., Yu, F., & Guo, Y. (2019). Revisiting the status-legitimacy hypothesis: Concepts, boundary conditions, and psychological mechanisms. *Journal of Pacific Rim Psychology*, 13, e20.

Zimmerman, J. L., & Reyna, C. (2013). The meaning and role of ideology in system justification and resistance for high- and low-status people. *Journal of Personality and Social Psychology*, 105(1), 1–23.

14　社会信任[①]

14.1　引言 / 429
14.2　社会信任的概念与理论 / 430
　　14.2.1　心理学视角下的信任 / 430
　　14.2.2　社会学视角下的信任 / 433
　　14.2.3　经济学视角下的信任 / 434
　　14.2.4　信任的类型 / 436
　　　　信任与社会信任 / 436
　　　　人际信任与系统信任 / 437
　　　　认知信任与情感信任 / 437
　　　　计算型信任、了解型信任与认同型信任 / 438
　　　　信任半径与信任强度 / 438
14.3　社会信任的测量方法 / 439
　　14.3.1　心理测量范式 / 439
　　　　人际信任量表 / 439
　　　　普遍信任量表 / 439
　　　　信任倾向量表 / 440
　　　　特定人际信任量表 / 440
　　　　信任量表 / 440
　　　　儿童普遍信任信念量表 / 441
　　　　非个人信任量表 / 441
　　　　管理人际信任量表 / 442
　　　　公民政府组织信任量表 / 442
　　　　全球信任清单 / 442
　　　　大型社会调查中的信任测量 / 443
　　14.3.2　博弈实验范式 / 443
　　　　信任博弈范式 / 444
　　　　囚徒困境范式 / 444
　　　　三者信任博弈范式 / 445
　　　　重复信任博弈范式 / 445
　　　　序列信任博弈范式 / 446
　　　　蜈蚣博弈范式 / 446
　　　　礼物交换博弈范式 / 447
　　　　最后通牒博弈范式 / 447
　　　　其他博弈范式 / 448
　　14.3.3　计算科学范式 / 448
　　　　基于不确定性理论的信任度量 / 449
　　　　基于模糊理论的信任度量 / 449
　　　　基于云模型的信任度量 / 450

[①] 本文系国家社会科学基金重点项目"医患社会心态的网络空间治理研究"(20ASH015)的阶段性成果。

　　　　　基于机器学习的信任度量 / 450
　14.4　转型中国的突出信任问题 / 451
　　　　14.4.1　政治信任 / 451
　　　　14.4.2　医患信任 / 453
　　　　14.4.3　食品药品安全信任 / 455
　14.5　未来展望：迈向现代化社会信任体系 / 457
参考文献 / 457

14.1　引言

社会建设中的"塔西佗陷阱"

　　社会信任缺失是当下中国人的一种普遍体验，所谓的"信任危机"某种程度上已经构成了转型中国社会中代表性的社会心态，甚至构成了一种独特的"中国体验"（周晓虹，2017）。对陌生人甚至熟人的言行举止，对商业机构的广告宣传，对专家和机构的专业意见，甚至对于部分政府机构的通知公告，有些人似乎都不愿意轻易相信。并且，这种不信任感不仅停留于人际层面，还已深入渗透于人们对现存制度和体制的反思与质疑之中。而"当政府失去公信力时，无论说真话还是假话，做好事还是坏事，都会被民众认为是在说假话做坏事"，即所谓"塔西佗陷阱（Tacitus Trap）"（习近平，2014－03－18；黄涛，2014）也已经得到决策层的充分重视，体现出信任问题在当代中国社会治理和社会建设过程的重要位置。

　　社会信任问题一直是跨学科、跨领域的热门主题。有趣的是，"塔西佗陷阱"并非古罗马执政官塔西佗所提，而是由中国人自己创造的"词语"，其用以表征某类社会现象，在媒介中获得一定流传后，最终经过官方引用而成为公众熟悉的"话语"。和"塔西佗陷阱"的复杂变迁过程一样（潘知常，2020），"信任"（trust）一词也存在从"词语"到"话语"的传播与转化过程，并由此获得了多维度的理解与阐述。社会信任毫无疑问是一个重要的社会心理现象，但其重要性并不仅仅由狭义上的社会心理学和心理学家指出，通常也为经济学家、社会学家、政治学家所重视，从而使得人们对社会信任的概念界定、测量方法、理论模型、实证结果和建设思路等方面都存在不同的理解模式，甚至还产生了诸多争议，如：社会信任的水平在下降吗？市场化降低了人们的人际信任水平吗？信任是不是社会合作的前提？等等。在这些争议的背后，往往涉及学者对信任的不同维度、不同层次的概念化与操作化，不在一定程度上厘清概念背后的界定与测量过程,就很难理解人们为何会对同一现象做出不同的解释。

因此,本文将从不同学科对信任和社会信任的概念界定与理论解释入手,将当下中国人的社会信任问题置身于中国社会转型的历史背景以及国家治理体系和治理能力的现代化进程这一宏大脉络中,探讨其具体表现及可能解释,从而为避免的所谓"塔西佗陷阱"、建设信任社会提供理论洞察,并进一步反思社会心理学该如何推进社会信任的具体研究。

14.2 社会信任的概念与理论

"信任是个难以描述(elusive)的概念。"(Yamagishi 和 Yamagishi,1994)即便如此,因为认识到信任的重要性,研究者仍然提出多种定义模式,以便从不同角度解释信任的源起及其功能问题。好在虽然使用的描述语言不同,但不同学科对于信任的理解并非完全不同,仍存在诸多共同点(Rousseau,Sitkin,Burt,和Camerer,1998)。本节将系统回顾心理学、社会学和经济学这三个学科中的关键人物对于信任作出的常见定义以及梳理出的发展脉络。之所以选择这三个学科的定义模式加以综述,是因为它们在当下与"信任"相关的文献中占据了最为主要的篇幅,几乎任何一种与"信任"相关的学术研究,都无法绕开这三个学科互有交叉又各有侧重的定义模式。在此基础上,本节将分析它们之间的异同,并突出其中与"社会信任"相关的论述,并以此为基础尝试,就中国情境下的"社会信任"做出一个综合性的界定。

14.2.1 心理学视角下的信任

心理学对信任问题的研究由来已久,其基本特征在于重视信任的相关人格特质、内在结构、个体差异及其在人际互动中的作用。近些年来,随着行为经济学和认知神经科学的兴起,心理学的信任观更多地展现出与经济学相融合的趋势,同时愈加重视有关信任的生物学基础与神经机制。

20世纪前中期的心理学家如埃里克森(Erik Erikson)主要从发展心理学的视角界定基本信任在个体早期发展过程的作用。在埃里克森提出的心理社会发展阶段论(stages of psychosocial development)中,信任是个体对他人之善良所持有的信念,是一种健康的人格特质。从出生到1岁半左右,个体要克服的最大危机就是信任与不信任。如果养育者能给予婴儿充分的照顾,婴儿就能发展出信任他人的人格,并将这种信任态度投射于他人与社会中(Erikson,1963,1968;埃里克森,2015)。受时代的限制,埃里克森更多地关注的是母亲而不是父亲在养育过程中的角色。虽然这一理论看重婴儿期信任对于后期个体行为与人格的作用,但主要还是通过个体自身发展的水平来界定信任问题,且较局限于个体的早期发展阶段,因此对后续的社会信任相关研究影响较小。

在20世纪中期的信任心理学研究中,影响较大的是社会心理学家多伊奇(Morton Deutsch)的研究。他首先把信任界定为一种对于未来事件的预期状态:"若个体预期某一事件将会发生并据此产生相应行为,且其期望落空时产生的消极动机性后果(motivational consequences)超过期望实现时的积极动机性后果时,则可称其对某一事件的发生是信任的。"(Deutsch,1958)其中,积极动机性后果是指事件的发生能增加个体福祉或防止个体福祉的损失,消极动机性后果是指事件的发生会减少个体福祉或加剧个体福祉的损失。这一描述虽有些拗口,但它的重要性在于明确了信任具有的态度成分,而态度则包含动机与情感。多伊奇据此区分了信任行为与纯粹的风险承担行为(risk-taking behavior),原因即在于信任行为具有情感特性,与赌博之类的风险承担行为存在本质不同。同时,他也是最早引入经济学中的囚徒困境(prisoner's dilemma)范式来讨论信任行为的表现及其影响因素的社会心理学家,并将其信任研究置身于社会冲突解决这一宏大主题之下(Deutsch,1973;Deutsch,Coleman,和Marcus,2011),从而具有了跨学科的影响力。此外,在同一时期,社会心理学家罗特(Julian Rotter)把人际信任(interpersonal trust)定义为个体或群体对另一个体或群体的言行承诺所寄予的期待,并据此开发了人际信任量表。这一量表与其开发的控制点(lotus of control)量表一样,一直沿用至今。

此后,日本社会心理学家山岸俊男(Toshio Yamagishi)等人进一步比较了信心(confidence)、确信(assurance)及信任的概念,并认为信任是个体处理社会不确定性的方式,其中,社会不确定性(social uncertainty)是指行动关系中行动者无法完全识别对方意图、混杂多种动机的激励结构(mixed-motive incentive structure);信任的对象除了人类,还包含社会组织;信任涉及对行动者的动机判断,它需指向一种善意和良性意图(goodwill and benign intent),而信心仅涉及行动者对他人行为能力的期待,确信也只涉及行动关系中有关激励结构的感知(Yamagishi和Yamagishi,1994)。可见,山岸俊男尤其强调信任中的动机成分,且加诸以"善"的道德判断,认为只有在社会不确定性出现的情境下,才需要信任。

此外,他还从美日文化比较的视角,提出了信任的三个悖论:第一,高社会不确定的情境需要信任,但此种情境下却不易产生信任;相反,稳定的社会关系本身不需要信任,却容易产生信任。第二,日本社会的普遍信任(指对陌生人的信任)远比美国社会低,但日本社会的典型特征却在于稳定的社会关系渗透于社会生活的各个角落,这种稳定而持久的社会关系本身又形成了强有力的相互信任。第三,容易相信他人的人并非像人们通常认为那样幼稚易骗,相反,他们对用于判断他人是否可信的信息非常敏感,且更擅长判断他人是否可信,这在一系列实验中得到了验证(Yamagishi, 2011)。在山岸俊男生前的最后思考中,他还将信任与一般意义上的社会困境(social dilemmas),即当个体利益与长远集体利益产生冲突的情境相联系,以解释信任在社会困境中的个体合作行为(Van Lange, Rockenbach, 和 Yamagishi, 2017)。作为亚洲社会心理学家,山岸俊男敏锐地把握到东亚文化中的信任与西方文化、尤其是美国文化的中的"Trust"并不完全等价,从而使其信任界定具有一种天然的文化心理学色彩,其论点对于解释包含中国人在内的东亚人的社会信任具有更好的亲和力。

除了这些主要集中于人际水平的信任研究外,社会心理学还将信任的分析水平拓展至群体层次,并区分了内群体成员之间的信任,以及内群体成员与外群体成员之间的信任。此类信任研究多以20世纪后期的种族冲突(如美国社会的黑人与白人冲突)、以及世界范围内的国家战争(如科索沃战争、以色列与巴勒斯坦的冲突)等为背景,聚焦于大范围上的群际信任(intergroup trust)问题(Tam, Hewstone, Kenworthy, 和 Cairns, 2009; Song, 2009; Maoz 和 Ellis, 2008; Nadler 和 Liviatan, 2006)。虽然我们有时难以区分群际信任与人际信任,但群际信任通常发生于两个或多个群体之间的群际互动中,且这种信任主要由群体成员所属的社会身份所决定;群际信任通常表现为内群体成员对外群体成员的信任,当群体成员身份凸显时才会形成群际信任,且相较于外群体成员,人们总是倾向于信任内群体成员;群体信任的水平通常低于人际信任,但也存在一些不同的测量结果(辛素飞,明朗,辛自强,2013;辛自强,高芳芳,张梅,2013)。

除此之外,许多中国社会心理学家也深入探讨了中国人自身的社会信任问题。如杨中芳和彭泗清(1999)从人际交往的角度将人际信任定义为双方对对方能够履行其所被托付之义务及责任的一种保障感。这一概念适用于分析两人之间的关系状态,它包含能力信任与人品信任两个维度,且人品主要是通过私德来反映,它更多地是关系属性而非个人属性,甚至会要求对方能否做自我牺牲来判断人品是否可靠。彭泗清(1999)还进一步分析了中国人的信任建立机制,即将关系运作当作建立和发展人际信任的主要方法,且在长期合作关系中,情感性的关系运作方法较受重视,而在一次性的交往中,工具性的关系运作方法较受重视。此外,在经济合作关系中,人们除了采用关系运作方法之外,还会采用法制手段来增强信任,即关系运作与法制手段可以共存。同时,杨宜音(1999)还通过分析中国人日常生活中"外人"变成"自己人"的过程,探讨在中国文化背景下,人与人之间建构信任的逻辑,并认为这属于一种关系信任。值得注意的是,中国本土社会心理学者的信任研究多发表于社会学或综合社会科学类杂志,而非心理学杂志,这与相关作者具有较强的社会学背景相关,同时也表明这类研究具有社会学的社会心理学(sociological social psychology)取向。

14.2.2 社会学视角下的信任

与心理学多从人际或群际角度出发界定信任相比,社会学家则多从信任对于社会秩序的作用着眼,并更多关注制度信任这种宏大问题。

社会学对信任问题的关注,可能要早于心理学。德国古典社会学家西美尔(Georg Simmel)在其首发于1900年的代表作《货币哲学》中,就从货币交易的角度强调信任的重要性,认为货币交易一旦离开信任就将崩溃。同时他还提出一句经常被引用的论断:"离开人们之间的一般性信任,社会自身将变成一盘散沙。"(西美尔,2007)而同时代的另一社会学大家韦伯(Max Weber)则对中西方社会中商业信任的形态及宗教在其中的作用进行了比较观察,并认为在中国,一切信任和商业关系的基石明显地建立在亲戚关系或亲戚式关系的纯粹个人关系上面,而欧洲的新教伦理与禁欲教派的伟大业绩则是挣断了宗族纽带而建立了信仰和伦理的生活方式的共同体,即弱化了血缘共同体即家族的优势,转而将商业信任建立在个体的伦理品质的基础上(韦伯,1997)。这一观点被后人概括成"普遍信任"(general trust)与"特殊信任"(particular trust),作为东西方社会的不同信任类型而广为流传。但应说明的是,韦伯本人并未直接定义普遍信任和特殊信任。

此后,德国社会学家卢曼(Niklas Luhmann)更为系统地论述了信任在社会秩序建构中的作用,他明确指出信任的社会复杂性的简化机制,在最宽泛意义上,信任是对某人期望的信心,是社会生活的基本事实(卢曼,2005)。但在高度分化和复杂的社会中,仅凭对个人的信任已无法支撑社会生活,因此就需要一种去人格化的、普遍化的"系统信任"(system trust),即对社会系统发挥其应有功能的信任。英国当代社会学家吉登斯(Anthony Giddens)对信任的阐释承续了这一思路。他将信任界定为"对一个或一个系统之可依赖性所持有的信心"(吉登斯,2000),并尤其注重现代社会中个体对于其所谓抽象体系的信任,认为这种非个人化的信任构成了社会生活的基本要素。这其实正是卢曼意义上的系统信任,但吉登斯更为细致地分析了人们对抽象体系的重要组成部分——专家系统的信任。他还指出,信任的对立面并不是不信任,而是存在性焦虑(吉登斯,2000)。此外,吉登斯还着重分析了风险社会(risk society)中风险与信任的关系,如气候变化、核威胁、生态危机等,其分析触角涉及当代社会生活的诸多领域。

与此同时,国内的社会学研究者对于中文情境下的信任也做出了较深入的探讨。翟学伟(2008,2011,2014,2019)的系列研究进一步拓展了本土语境下的信任概念,在他看来,所谓信任是一种建立于关系之间的对尚未发生的事件能按照自己意愿发生的信心。在中国文化中,信任是人们在社会交往发生可疑时而形成的中间地带,可细分为放心关系、信任关系以及无信任关系,并进一步从中国社会转型的角度探讨了中国人信任结构的转型。此外,伍麟等人的研究也采用了类似的界定,认为信任是个体基于认知或情感(或两者兼而有之),且在对自身脆弱性和风险承受力判断的前提下,对他人未来行为结果抱有积极期待的心理状态。他们同时指出,从内群信任转向外群信任的群际信任变迁,从人际信任转向制度信任的抽象信任变迁,以及从低信任社会转向高信任社会的社会信任变迁,是中国社会治理过程的信任变迁形态(伍麟,2014;伍麟,臧运洪,2017;伍麟,曹婧甜,万仞雪,2017)。这些研究从更宏大的视野探讨了中国人的信任问题。

除了上述偏重理论分析的信任研究之外,实证社会学还提供了关于信任的诸多测量结果与相关分析。其中很多内容都集中于普遍信任的测量与区域差异的比较,以及信任与社会资本(social capital)的关系辨析等内容上。其中,关于普遍信任的测量将在后续测量方法部分加以介绍,而社会资本与信任又通常与经济增长等经济学或经济社会学的内容相混杂,故将在经济学视角下的信任中加以介绍。更多关于社会学视角下信任研究的理论综述与实证分析可参见国内外学者的相关著作(巴伯,1989;翟学伟,薛天山,2014;周怡,2014;何立华,2017)。

14.2.3 经济学视角下的信任

经济学视角的信任研究主要集中于两个方面:宏观经济学主要侧重于考察信任与经济增长、社会资本的关系;微观经济学的研究通过采用囚徒困境等博弈实验范式,模拟信任的动态建立过程及其对社会合作的作用,为信任研究贡献了独创性的方法。

其实,经济学对信任的关注由来已久,在古典经济学中就有大量关于信任的分散论述(张贯一,达庆利,刘向前,2005;徐懿,朱博文,2015),其中尤其具有代表性的就是亚当·斯密(Adam Smith)。在其两本代表作《国富论》和《道德情操论》中,亚当·斯密(2003,2014)分别从经济逻辑和道德情操双重视角探索了信任产生的原因,认为它既是一种道德伦理需要,更是资本主义和商业发展的结果。虽然很长时间内,他的信任理论并未如其"市场经济作为无形之手"这一论述那样受到经济学家的重视,但他将信任与个体的经济交换和商业信用相关联的思维方式其实一直是经济学视角下信任研究的隐含主线。如阿罗(Kenneth Arrow)就明确指出,"几乎任何一笔商业交易都包含信任元素……因此世界上许多经济落后现象都可合理地解释为是因为相互信任的缺失"(Arrow,1972)。

这类观点最后经由日裔美籍学者福山(Francis Fukuyama)在20世纪90年代的总结而广为人知:"一个国家的繁盛和竞争力是由某一普遍性的文化特征所决定的,即社会本身所固有的信任程度。"(福山,2016)正由于他深刻地洞见了信任、社会资本对经济发展的作用,所以身为政治学博士的福山总被人称为政治经济学家。他并不认同古典经济学中的理性人假设,即人是追求理性功利最大化的个体。他认为,人们常以非理性的、群体主义的方式行事,而非出自功利目标;共同体建立于信任之上,缺少信任,共同体就无法形成。在他眼中,信任是文化,即传承下来的伦理习惯,而且是一种好的文化,即社会美德。彼此不信任的人群最终只能通过正式的规则和规范进行合作,这会增加经济学意义上的交易成本。"换句话说,一个社会中的普遍不信任给各种经济行为横加了一种税,而高度信任的社会则无须支付这一税款。"(福山,2016)福山的信任观受韦伯影响极深,他同样将中日韩视为低信任社会,而将多数欧美国家视为高信任社会。当然,这里的信任均指"普遍信任"。同时,他也认同传统社会更依赖人际信任、现代社会更依赖系统信任或制度信任的区分。

除此之外,福山的信任论还有一个显著的特征,就是将信任作为一种社会资本(social capital)。福山对社会资本的界定源自社会学家科尔曼(James Coleman)。科尔曼将社会资本界定为存在于人际关系结构中的资本,认为它由构成社会结构的要求组成,并为结构内部的个人提供便利;而信任则是社会信任的一种具体形式(科尔曼,1999)。福山进一步将社会资本简化为群体或组织内部的人们为了某些共同目标而合作的能力,指出"社会资本是一种能力,它源自某一社会或特定社会部分中所盛行的信任"。社会资本往往由宗教或历史习惯——也就是文化所创造和传递;它是信任的熔炉,是经济体健康与否的关键。这些论点推动了经济学和社会学领域关于信任与社会资本关系的研究(参见林南,张磊,2020;格兰诺维特,2019;邹宇春,2015;张文宏,2003;Nooteboom,2007)。不过,福山本人并未清晰地界定信任这一概念,而是更多地着眼于一般意义上的普遍信任,即将陌生人的信任作为社会信任的代名词,进而考虑其对经济繁荣的促进作用。

福山等人将普遍信任视为社会合作与经济增长前提的观点并非没有受到质疑。也有一些社会理论家明确地反对这一观点。在他们看来,信任并非现代社会秩序的顶梁柱,在人们互不信任的情况下,依然可以有效地进行合作;由信任结成的封闭性关系网反而会造成族群冲突或种族主义现象,这会妨碍经济交流和社会交往(库克,哈丁,利瓦伊,2019)。应当注意的是,他们界定的信任主要是指人际信任。在其代表人物哈丁(Russell Hardin)的界定下,信任总是在人际水平上发生,它是两个以上行动者之间的构成要求,互动一方认为对方具备促成己方利益并将己方利益铭记于心时,信任即可产生;更精确地,信任是一个三方关系,在 S 情形下,针对 X 事或……Z 事,行动者 A 信任行动者 B,尤其是在 A 认为 B 的利益中涵盖了自己的利益时(Hardin,2001,2002)。这种观点被称为"互利信任观"(reciprocal trust)。应当注意,他们并非忽略制度信任对社会生活的重要性;相反,正是因为将信任局限于人际信任本身,哈丁等才去声称"社会的基本演进脱离了信任关系,趋向外界约束性行为……从个人角度看,信任会让日常生活更加丰富多彩、便于掌控,但更常见的是,在各种情况下,我们虽然合作但却没有信任。"(库克,哈丁,利瓦伊,2019)类似地,社会理论家尤拉斯纳(Eric Uslaner,2006)也认为,信任具有其道德基础,不取决于社会经验,信任在时间尺度上是稳定的,这被称为道德主义信任观(moralistic trust)。

除了上述宏观视角下的信任研究,博弈论在经济学领域的兴起也将许多经济学家的分析重心放在微观博弈中的信任缔结过程上。此类分析多强调信息不对称、机会主义、风险等与信任的关系,且多将信任视为理性计算的结果而非文化传承的结果(何立华,2017),此类观点与福山的文化信任观截然不同,相关争论也持续至今。由于其中涉及多种博弈信任模式,与信任的测量方式高度相关,因此这方面的具体内容将在信任的测量方式一节进行详细介绍。

14.2.4 信任的类型

以上简要回顾了不同学科视角下的信任概念与理论观点。但作为一个高度分化的概念,信任所具有的具体内涵还很多,这通常体现在一些细化的信任分类及其概念化中。为此,本小节将进一步梳理相关信任理论中的信任分类模式及相关研究,从而丰富信任的内涵探讨。

信任与社会信任

从前面的梳理中其实可以发现,信任与社会信任其实并不存在明显的界线。

由于信任总是涉及两个互动主体,因此本质上可以认为,所有的信任关系都具有或强或弱的社会属性。不过,根据使用情境的不同,社会信任仍可做出狭义上的界定,以便与其他信任类型相区别。在最常见的用法中,人们多将社会信任等同于人际信任(包括普遍信任和特殊信任),从而使之与政治信任、经济信任等信任形态做出区别。本章对信任与社会信任均采取综合性泛化理解,将信任定义为个体基于对互动对象的行为及动机的善意预期而采取的积极心理期待,认为社会信任则是个体对他人或人类创造物的信任,这里的人类创造物包括文化、制度、组织、工具等有形或无形的产物。实际上,随着网络社会、尤其是电子商务时代的来临,仅存在于网络空间中的"虚拟信任"(virtual trust)或"网络信任"(online trust)也已经成为一种重要的信任形态(Coutu,1998;Friedman,Khan Jr,和 Howe,2000;Wang 和 Emurian,2005;Kim 和 Peterson,2017;刘焕智,董兴佩,2017)。在某种程度上,它们其实也与一般意义上的信任本质相同,但又因其存在空间为网络空间而非现实空间其自身又具备了一些新的特征。此外,随着人机交互系统的发展与相应技术的应用,人机信任同样已经成为除了人际信任之外的一个热门议题。因此,对社会信任的内涵可采取更具包容性的界定,以容纳更多新的信任形态。

人际信任与系统信任

卢曼(2005)对此做出了较为明确的区分。其中,人际信任(interpersonal trust)是个体对他人(自然人)的信任,即人与人之间的信任通常具有人格化的特征,即受人格、兴趣、动机等个体因素的影响。人际信任通常又划分为普遍信任(general trust 或 universal trust)和特殊信任(special trust 或 particular trust),前者指针对陌生人的信任,后者指对熟人的信任。系统信任(system trust)通常又与抽象信任(abstract trust)、制度信任(institutional trust)作为近义词混用,意指对抽象制度、专家系统的信任。一般认为,在社会现代化的过程中,社会秩序会从依赖人际信任转向于依赖制度信任。许多指出社会信任在下降的研究,其中所谓的社会信任均指普遍信任,而非特殊信任;实际上,普遍信任的下降还可能增加特殊信任和系统信任(尤斯拉纳,2006)。

认知信任与情感信任

这源自刘易斯(David Lewis)和维格特(Andrew Weigert)的信任三成份论,其中:认知成份是指个体对他人或机构是否值得信任的判断;情感成份是指生成信任的社会情境包含有强烈的情感投入,尤其是在亲密的人际之间,因此对信任的背叛通常会引发愤怒情绪;行为成份则是信任的行为表现,对方对自己的信任会强化自己对对方的信任,而对方对信任的违背也会强化自己对其信任的违背。信任通常同时混杂这三种成份,但当认知因素占据主导时,这种信任就会被称为认知信任(cognitive trust);当情感因素占主导时则会被称为情感信任(emotional trust)。值得注意的是,虽然这种划分具有显著的心理学特征,他们本身却是社会学家,且坚持信任是一种社会事实,它不仅渗透于个体的心理层面,还同时渗透于整个社会的体制结构。支撑日常生活的信任完全是一种社会建构,它将预期的假设视为事实,从而回应人们对安全感的需求(Lewis 和 Weigert,1985;Weigert,1981)。

计算型信任、了解型信任与认同型信任

这源自组织行为学家列维奇(Roy Lewicki)等人的信任三阶段论,在管理和组织心理学领域的应用较为广泛。其中,计算型信任(calculus-based trust,CBT)是市场导向、基于经济计算的信任,是一种基于维系关系的成本高低权衡而结成的信任;了解型信任(knowledge-based trust,KBT)是指个体基于共同工作和日常交流而形成对他人的可预测性、可依赖性和可靠性的信心;认同型信任(identification-based trust,IBT)基于对彼此需要和意图的认同,也体现出相互支持的意愿。理想中的信任发展会经历从计算型到了解型再到认同型信任的转变,但并非所有的信任关系都能发展为认同型信任,中间可能会出现信任违背的情况(Lewicki 和 Bunker,1995)。此外,信任也可以修复(trust repair),这需要特殊的技巧。信任修复现已成为管理心理学中的热门议题(参见严瑜,吴霞,2016;姚琦,乐国安,赖凯声,张浔,薛婷,2012;姚琦,马华维,2013;黄晓冰,2017;Bozic,2017;Lewicki 和 Brinsfield,2017),甚至已从人际信任领域拓展至人机(human-machine)信任领域(参见 de Visser,Pak,和 Shaw,2018;Kohn,Quinn,Pak,de Visser,和 Shaw,2018;Juvina,Collins,Larue,Kennedy,Visser,和 Melo,2019)。

信任半径与信任强度

这源自福山(Yamagishi,1999)的区分,信任半径(trust radius)指合作规范起作用的人员范围,信任水平(trust level)意指合作规范的强度;前者决定了社会合作圈的范围,后者决定了合作圈内的活动强度。在测量信任半径时,研究者通常采用世界价值观调查(World Value Survey,WVS)中的条目对以下对象进行 5 点计分:家族成员、邻居、自己认识的人、初次见面的人、信仰其他宗教的人、来自其他国家的人,前三种称为内群体信任,后三种称为外群体信任(Delhey,Newton,和 Welzel,2011;Van Hoorn,2014)。通常认为,个体主义文化社会的信任半径要宽于集体主义文化社会(Van Hoorn,2017)。

14.3 社会信任的测量方法

14.3.1 心理测量范式

心理测量范式是指以量表编制的形式进行信任度的测量。这方面的测量工具已经非常丰富。

人际信任量表

罗特(1967)开发了《人际信任量表》(interpersonal trust scale，ITS)以评估个体对社会总体和具体的社会实体的信任预期。量表共计 25 个项目,采用里克特 5 点计分(1=完全不同意;5=完全同意),其中 13 个项目反向计分。反向计分转换后,量表总分范围为 25—125 分,分数越高则代表个体的信任程度越高。ITS 已被收录于国内的《心理卫生评定手册(增订版)》(汪向东,王希林,马弘,1999)及《常用心理评估量表手册》(戴晓阳,2010)中,是测量人际信任水平应用最为广泛的测量工具。但由于时间久远,该量表的效度也遭到了一些质疑,有学者发现其中收录的中译版《人际信任量表》存在计分方式混淆等错误(许慧燕,2010)。丁妍瑶和彭凯平(2020)对中译版《人际信任量表》进行了勘误和修订,将计分表述纠正为"从完全不同意至完全同意依次计 1—5 分",并将被试人群推广至成人群体以增加量表适用性;此外,他们将不适用于中国情境的题项如"参政议政"等项目删除,并根据中国实际情况修正题项措辞。最终得到 10 个项目的修订后的中文版《人际信任量表》,包括社会现象信任和承诺行为信任两个维度。该量表的 Cronbach's α 系数为 0.69,两个维度的 Cronbach's α 系数分别是 0.81 和 0.61。

普遍信任量表

《普遍信任量表》(general trust scale，GTS)最初源于对信任的跨文化差异研究,衡量的是对一般人群(即"大多数人")的态度。它区分了两种信任,即作为对(潜在)互动伙伴评估中的认知偏差(cognitive bias)和作为对促使合作伙伴采取共同行动的激励结构(incentive structure)的感知(Yamagishi 和 Yamagishi，1994)。量表共计 6 个项目,采用里克特 5 点计分,从"完全不同意"至"完全同意依"次计 1—5 分,是单维度总加量表,在不同文化中具有良好的信效度指标(Lin, Imani, Griffiths, 和 Pakpour，2020)。2015 年,山岸俊男等(Yamagishi 等,2015)还在此基础上编制了 9 个项目的《综合普遍信任量表》(inclusive general trust scale，IGTS)。该量表分为信念和偏好 2 个维度,采用里克特 7 点计分方式,从"完全不同意"至"完全同意"依次计 1—7 分。

GTS 在国内应用较多,多用于测量普遍性的社会信任。王飞雪和山岸俊男(1999)进行了 GTS 中文版的验证,证明了中英文内容的一致性。李悠、江信文和王飞雪等(2014)及李小山等(2016)均使用 GTS 来测量大学生的信任水平。李伟民和梁玉成(2002)则借鉴 GTS 编制《普遍信任的调查问卷》,来进行特殊信任和普遍信任的差异性研究。

信任倾向量表

梅耶尔等(Mayer 等,1995)将信任倾向(propensity to trust)定义为对他人的一般性信任意愿(willingness),是一种稳定的个体差异。此后,弗雷泽、约翰逊和芬希米特(Frazier,Johnson,和 Fainshmidt,2013)根据该定义开发了《信任倾向量表》(propensity to trust scale,PTS)来评估个体的一般性信任意愿水平。量表共计 4 个项目,采用里克特 7 点计分(也可转换为 5 点计分),1(强烈反对)—7(完全赞同),是单维度总加性量表,得分越高表明个体的信任倾向性越强,Cronbach's α 系数为 0.89($n=200$),结构效度与效标效度良好(Ülbegi 和 Yalçin,2019)。目前该工具在国内的使用还较少。

特定人际信任量表

由于罗特的《人际信任量表》(ITS)是预测在跨情境、跨目标条件下的信任意愿,在高度模糊的、新颖的、非结构化的情境下,该量表评估的信任较为准确,而它对具体情况下个体信任的预测则不够精确。因此约翰逊·乔治和斯威普(Johnson-George 和 Swap,1982)开发了《特定人际信任量表》(specific interpersonal trust scale,SITS),用于测量个体对特定他人所持有的人际信任的程度。项目涉及物质财产信任、可靠性信任、个人隐私信任和人身安全信任等方面。量表分男性和女性版本,其中男性特定人际量表(SITS-M)共计 19 个项目,包括总体信任(overall trust)、情感性信任(emotional trust)、可靠性(reliableness)3 个维度;女性特定人际信任量表(SITS-F)共计 13 个项目,包括情感性信任和可靠性 2 个维度。题目均采用里克特 9 点计分,1—9 代表"完全不同意"至"完全同意"。SITS-M 和 SITS-F 的 5 个分量表的 Cronbach's α 系数范围为 0.71—0.83,在中国和韩国也得到了验证或应用(Lee,2007;余圣陶,杨倩婧,2017)。

信任量表

伦佩尔,霍姆斯和赞纳(Rempel,Holmes,和 Zanna,1986)也编制过《信任量表》(trust scale),用于测量亲密人际关系中的人际信任程度。量表共计 18 个项目,分为可预测性(predictability)、可靠性(dependability)和信念(faith)三个维度,采用里克特 7 点计分(1=完全不同意;7=完全同意)。量表总体的 Cronbach's α 系数为 0.81,信念、可靠性、可预测性 3 个维度的 Cronbach's α 系数分别为 0.80,

0.72,0.70。3个分维度中度相关,相关系数范围在 0.27—0.46 之间。该量表在国外的使用较为广泛,也被收录于《心理卫生评定手册(增订版)》中,研究者多使用该量表探究婚恋关系或同伴关系中的信任程度等(李涛,王庭照,徐光兴,2010;李琼瑶,辛勇,2017),但是其适用对象的恰当性仍有待进一步考察。张海钟和李明山(2010)曾认为,汉语版《信任量表》中的措辞不完全适应中国情境,更适合大学生、中学生,但不适合成人。

儿童普遍信任信念量表

罗滕伯格等人(Rotenberg 等,2005)开发了《儿童普遍信任信念量表》(children's generalized trust beliefs,CGTB)用以评估儿童信任信念。量表共计 24 个项目,分为可靠性、诚实、情感三个维度,分别包括 8 个项目,每个维度都指向 4 个目标群体(父亲、母亲、老师、同伴)。采用里克特 5 点计分的方式,(1＝完全不可能;5＝非常可能),总分范围为 24—120 分,得分越高说明儿童的普遍信任程度越高。CGTB 的总体 Cronbach's α 系数为 0.76,可靠性、诚实、情感 3 个维度的 Cronbach's α 系数分别为 0.67,0.65,0.62;结构效度良好。

CGTB 因其测量概念清晰、理论依据明确、量表编制科学性较强而在国内外得到广泛使用。诸多国内学者采用该工具测量儿童的普遍信任倾向等,其良好的信效度也得到进一步验证。龚文进和罗燕婷(2016)对其进行汉化验证,认为其汉化版本同样具有较好的信效度。

非个人信任量表

现代组织中发展和维持传统人际信任的机会减少,但组织信任的发展机会较多。因此在明确组织信任中的非人格因素即系统信任后,万哈拉、伍迪和布隆奎斯特(Vanhala,Puumalainen,和 Blomqvist,2011)开发了组织中《非个人信任量表》(impersonal trust scale,ITS),以测量个体在组织中对非个人的信任水平如对组织、管理人员的信任。量表共计 31 个项目,采用里克特 5 点计分的方式(1＝完全不可能;5＝非常可能)。分为能力和公平 2 个分量表,分别包括 18 个和 13 个项目。能力分量表又分为组织活动、操作环境的稳定性和可预测性、企业和员工管理、组织的技术可靠性、雇主声誉 5 个维度,Cronbach's α 系数分别为 0.763,0.674,0.928,0.841 和 0.829,除组织活动维度外,其余维度平均提取方差值(AVE)均大于 0.5;公平分量表包括沟通、人力资源管理实践、组织薪酬公正 3 个维度,Cronbach's α 系数分别为 0.888,0.789 和 0.725,结构效度良好。该量表在国外广泛地应用于组织信任的测量。国内还较少使用该量表,有学者认为其笼统地测量了人际信任以外的太多因素,使概念的内涵与外延模糊(戚玉觉,杨东涛,何玉梅,2018)。

管理人际信任量表

麦卡艾里斯特(McAllister,1995)认为,信任的产生有不同的心理过程,认知信任是一种源于经验观察的工具性推断,而情感信任则属于超越工具关系的非理性信任。他开发了《管理人际信任量表》,用于测量组织中的人际信任程度。该量表共计 11 个项目,分为情感信任(affect-based trust)和认知信任(cognitive-based trust)两个分量表。采用 7 点式里克特量表(1＝完全不同意;7＝完全同意),情感信任量表包括 5 个项目,认知量表包括 6 个项目,Cronbach's α 系数分别为 0.89 和 0.91。

管理人际信任量表在国内研究中被广泛地用于测量企业中的领导信任。但国内研究使用该工具的方式不一,多选取其中部分项目使用或直接进行改编。如韦慧民和龙立荣(2009)经过探索性因子分析选取了其中 9 个项目来测量员工对主管的认知信任和情感信任。有研究以北京、上海和青岛三个城市的建筑师群体为被试,对管理人际信任量表进行汉化和验证,其量表结构和项目数等均不变,情感信任分量表和认知信任分量表的 Cronbach's α 系数分别为 0.688 和 0.803。验证性因子分析结果同样支持了二维信任结构(Ding 和 Ng,2007)。此外,杜帆和吴玄娜(2017)还对该量表进行了改编,以测量公民对公共政策的情感和认知信任程度。

公民政府组织信任量表

格里梅利克惠森和克尼斯(Grimmelikhuijsen 和 Knies,2017)基于组织信任量表(McKnight,Choudhury,和 Kacmar,2002)开发了适用于公共管理领域的公民对政府组织的《公民政府组织信任量表》(citizen trust in government organizations scale,CTGO)。该量表共计 9 个项目,采用里克特 5 点计分(1＝完全不同意;5＝完全同意)。量表包括善意(benevolence)、能力(competence)和廉政(integrity)3 个维度,每个维度包含 3 个项目,Cronbach's α 系数分别为 0.831, 0.870 和 0.860。验证性因子分析结果也显示三维度拟合指标良好。三维量表与其他常用单维度信任量表显著相关,且在教育水平不同、政治倾向差异的群体中同样适用。部分国内学者采用 CTGO 测量公民政治信任或政府信任,如芮国强和宋典(2015)对其进行中国情境下的验证性分析选用其中的 7 道题目测量公民政府信任水平。

全球信任清单

全球信任清单(global trust inventory,GTI)是美洲、亚洲、欧洲和南非地区进行的一项衡量不同国家文化距离的国际调查的子量表。该项国际性调查通过美国的全球媒体民意调查公司尼尔森在全球 22 个国家和地区采用性别、年龄和地区配额进行分层抽样,参与的样本总数超过1 000万。GTI包括21个项目,分为政府、监督和司法机构、安全机构、金融机构和公司、知识生产者、社区和亲密关系7个维度,用于评估被试对中央政府、地方政府、总理或总统、司法机构、选举结果、税收制度、监察机构、警察、军事、银行、股票市场、跨国公司、石油公司、大学、科学家、邻居等各方面的信任,采用7点计分(1=完全不信任;7=完全信任),10个国家的多组CFA显示7因子模型拟合良好(Liu, Milojev, Gil de Zúñiga,和Zhang, 2018)。

大型社会调查中的信任测量

除了各类信任量表,大型社会调查问卷中一般也有调查社会信任的内容。典型题目如世界价值观调查、美国一般社会调查(general social survey, GSS)、英国家庭追踪调查(Britain household panel study, BHPS)、欧洲价值观调查(European values survey, EVS)中的问题"总地来说,您是否认为大多数人可以被信任,或者您在与人打交道时是否要很小心?"用以测量普遍信任,采用二分法计分,1代表大多数人值得信任,0代表与人交往越小心越好。尽管此类问题本身较为笼统,有效性遭到质疑,但是仍然被大多数研究作为信任指标所使用。

与此类似,由中国人民大学中国调查与数据中心负责执行的"中国综合社会调查"(Chinese general social survey, CGSS)及中国社会科学院社会学研究所执行的"中国社会状况综合调查"(Chinese social survey, CSS)也通常包含测量不同类型信任的题目,如测量普遍信任的题项"你认为身边大多数人是否值得信任?"其考察个体对不同人群(亲戚、同学)的信任,测量的是特殊信任,一般采用5点计分法(夏庆,辛自强,杨之旭,2017)。大型社会调查问卷中的信任测量通常存在跨文化一致性的问题,如山岸俊男发现日本社会中理解的信任与美国社会有所不同;也有学者质疑,其测量的是信任还是仅仅反映了社会参与可信行为的意愿,其有效性有待考察(Delhey等,2011; Glaeser等,2000)。但是,因为它所属的数据源通常具有较好的国家尺度内的抽样代表性,因此仍是许多社会科学研究中用于跨国信任比较最重要的指标。

14.3.2 博弈实验范式

量表和问卷通常是以直接的方式测量信任,间接的信任测量方式则通常采用博弈实验的形式,从决策和行为层面推测其信任水平。这可称之为博弈实验范式,它在经济学、金融学和实验心理学等研究中的应用最为广泛。

信任博弈范式

基于博弈论提出的信任博弈范式(trust game,TG)是间接测量信任的最为著名的实验经济学方法。经典两阶段投资信任博弈中,包括委托人(trustor)和受托人(trustee)两个角色,在实验开始时,匿名配对的双方均会得到10美元出场费,委托人可以委托受托人投资任意数额的金钱 X（$0 \leq X \leq 10$）,受托人将获得原来三倍的投资收益(3X),第二阶段,受托人可以决定向委托人返还任意数额的增值收益(Berg, Dickhaut 和 McCabe, 1995)。根据理性经济人假设,行动者会追求各自利益的最大化,因此受托人的最优策略即选择不返还,而委托人在预见到受托人的行动策略后,最优选择即不投资,达到博弈论对信任博弈预测的纳什平衡(Nash equilibrium)(Fang 和 Wu, 2019)。但大量实际研究结果显示,委托人会拿出部分金钱投资,受托者也会返还一定金额,双方均表现出互惠信任行为(Johnson 和 Mislin, 2011)。在信任博弈范式中,委托人的投资金额反映的是投资信任水平,而返还的金额则反映了受托人可信度(trustworthiness)。信任博弈不仅具备实验室研究可量化、可重复性的特点,还能够创造相对真实的环境对实际的货币行为进行模拟,探讨互惠信任中的基本特征(陈瀛,徐敏霞,汪新建,2020),因而得到了广泛的应用。信任博弈范式在后来的研究中也从赌注金额、重复次数、信息完全性等方面进行变动,衍生出静态、动态、完全信息、不完全信息等诸多不同类型的新范式。

囚徒困境范式

多伊奇(1958)最早引入经济学中的囚徒困境范式对人际信任进行实验研究。囚徒困境的结构是2×2的利益矩阵。实验中包括甲乙两名被试,甲在 X 和 Y 中进行选择,乙在 A 和 B 中进行选择。每个人获得(虚拟)金钱的数额由最终两人自由选择组成的方格决定。若甲选择 X,乙选择 A,则最终得到 AX 方格,每个人赢9美金。自我利益最大化假设预期甲选择 Y 时可获得最大收益和最小损失,乙选择 B 可获得最大收益和最小损失,但是这种选择组合却是两个人都输9美金。只有当他们选择 AX 时才能两人都赢。当甲推断乙将会选择 A 时,他选择 Y 则会赢的最多。在实验中两个人不能沟通,个体信任决策面临着遭到背叛的风险,除非存在相互信任,否则不可能出现合作行为。因此该范式以双方是否合作来反映信任的有无。多伊奇的实验分为两种,一种是单轮游戏,另一种是10轮游戏,被试的信任程度也会随着实验条件的改变而改变。尽管这一范式应用较多,但是合作是否真的代表信任仍然遭到质疑,因为这种条件下的合作可能完全只基于利益的策略考量,而并非发自内心的、道德层面的相信(Alvarez, Barney, 和 Boss, 2003)。

表 14.1

囚徒困境矩阵

	A	B
X	(+9,+9)	(−10,+10)
Y	(+10,−10)	(9,−9)

三者信任博弈范式

三者信任博弈(three-player trust game)将参与者从两人扩展到三人,这一信任模式较之经典信任测量范式更为复杂。在三者信任博弈实验中,玩家 1 扮演委托人,玩家 2 扮演委托人和受托人,玩家 3 始终扮演受托人。每个被试在实验中角色固定,但是三人随机配对。玩家 1、2、3 在开始时分别拥有 e_1、e_2、e_3。第一阶段,玩家 1 可以将 e_1 的一部分(a_1)投资给玩家 2,而这部分资金会增值为原来的 k_1 倍。第二阶段,玩家 2 可以投资他总收入的一部分(a_2)给玩家 3,这部分投资会增长为原来的 k_2 倍。第三阶段,玩家 3 可以选择返还给玩家 1 和玩家 2 收到的总金额的一部分(a_3 和 a_4)。在这个过程中,互惠动机假设认为只要返还的金额大于 0 即可,而可信度则意味着至少要返还所收到的金额。玩家 1 向玩家 2 的投资金额代表了对玩家 2 的直接信任和对玩家 3 的间接信任。与两人信任博弈相比,在三者信任博弈中的信任风险更大。有研究通过将其与经典信任博弈范式相比,发现多人信任博弈中委托人 1 在面对两位陌生受托人时会表现出更高的信任水平(黄登仕,张希,董占奎,2017)。

重复信任博弈范式

重复信任博弈(repeated trust game)形式上是经典信任博弈重复进行的博弈范式,博弈双方对于重复进行的意识会影响他们的利益判断和行为选择。

例如,在恩格尔·沃尼克和斯洛尼姆(Engle-Warnick 和 Slonim,2004)设计的迫选的二元信任重复博弈实验(binary repeated trust game)中,被试随机指定角色并配对,每个被试初始都有 0.4 美金。第一阶段,委托人可以选择是否将 0.4 美金投资给受托人,若不同意投资,则本轮博弈结束,本轮每个参与者获得 0.4 美金;如果同意投资,则 0.4 美金会变成 2 倍给到受托人。在第二阶段,受托人可以选择返还或者保留,若选择返还则两人平分 1.2 美金,若保留则受托人获得 1.2 美金,委托人一无所获。被试只能得知每轮最终的结果。在该实验中,研究者将投资和返还行为视为信任与互惠。

沃尼克的实验分为两种,有限重复博弈中,每个重复博弈都有 5 轮,并且游戏对象配对固定,另一种无限重复博弈则是随机确定拥有相同游戏对象的回合数,即每轮游戏结束后,再抽签决定游戏者是与原来的对象还是与新的对象继续进行博弈,每轮成为最后一轮的概率是 0.2,因而可能出现长时间的超级博弈。被试除了不确定重复的次数之外,了解其他所有程序。由于超级博弈采用匿名配对的方式,被试并不能在重复博弈中建立声誉,因此对未来并无顾虑,信任是一种风险性行为。唯一的子博弈精练均衡是委托人选择不投资,受托人选择保留,这是最佳策略,但是研究发现,信任行为是普遍存在的。当被试没有经验时,两种实验中,被试信任程度的差异并不显著,但是随着经验获得,有限重复博弈中的信任水平下降,而无限重复博弈则无变化。无论有限还是无限,在重复博弈中,每一回合的信任程度都会下降。当新的关系开始时,信任水平就会重置。

序列信任博弈范式

序列信任博弈范式(sequential trust game)也是经典博弈范式的扩展式(Evans 和 Krueger,2011),该博弈同样包括委托人和受托人两个角色,游戏收益有 4 个水平,按照 T>R>P>S 排序。游戏开始后,首先由委托人选择"维持现状"还是"信任"。若选择维持现状则游戏结束,两名玩家收到低水平收益 P;若选择信任,则进入第二阶段,由受托人选择"互惠"或者"背叛"。若受托人选择互惠,则双方均得到较高收益 R。若选择背叛,则委托人获得最低收益 S,受托人得到最高水平收益 T。对于信任者而言,选择信任可能会得到更高的收益,也可能面临背叛获得最低收益,因此需要对风险进行评估,研究结果发现,这种情况下,信任率高达 52%。有研究者提出,二项选择可以一定程度消除社会偏好的影响(Yamagishi 等,2015)。

蜈蚣博弈范式

由罗森塔尔(Rosenthal,1981)提出的蜈蚣博弈(centipede game)是一种具有完美信息的多阶段博弈,后被广泛地应用于信任研究,因为该博弈扩展式形似蜈蚣由此得名(陈欣,叶浩生,2009)。在这种博弈范式中,匿名且随机配对的博弈双方依次轮流地在"合作"或者"背叛"两种选项中进行选择,双方经由两次决策才会结为一组。博弈双方轮流选择是否拿走不断增长的资金中的大部分资金,如果一名玩家选择背叛,拿走大部分资金后,则游戏结束,该名玩家将获得较大的金额,而另一名玩家则获得较小的金额。若选择合作继续传递,则对方如果拿走较大金额,传递者将获得较小的金额。两名玩家都知道游戏的移动次数是有限的,在最终决策节点,无论最后一个玩家做出什么决策,游戏都会终止。比如在 3 组的博弈中(两人共计决策 6 次)。自利假设认为在最终的决策节点上,玩家 2 应该选择背叛才可以获得利益最大化。但是因为玩家 1 意识到最后一个决策节点上玩家 2 的选择,那么玩家 1 需要在倒数第二个节点上就选择背叛。由此逻辑继续推导,发现最佳的策略就是玩家1在第一个阶段就选择背叛。但即使是分析不同版本的博弈，我们也发现玩家很少采取该策略。有研究发现移动4次和移动6次以及高收益版本的博弈中，只有15%的玩家选择第一步就背叛（McKelvey和Palfrey，1992）。行为和预测之间的差异可能是由于个体具有利他和亲社会动机，玩家选择合作则存在着遭到背叛的风险，因此合作行为也可以反映信任的存在。

礼物交换博弈范式

由费尔、基希施泰格和里德尔（Fehr，Kirchsteiger，和Riedl，1993）设计的礼物交换博弈（gift exchange game）用于模拟雇主和雇员之间的信任合作关系。游戏分为两个阶段，第一阶段由雇主提供一份工资提议，雇主不能自主选择交易对象，因为每个雇员都可以接受任意报价。雇主的工资提议必须增值5倍。若雇员接受工资报价p，则双方签订合同，第一阶段完成。若雇主报价未被接受，则可以自由更改报价，但是新的报价必须高于之前未被接受的最高出价（可能来自其他雇主的报价）。3分钟后交易市场关闭，未成功交易的参与者收益为0。第二阶段，由雇员匿名地选择他们付出的努力水平。选择的努力水平越高，雇员的效用就越低。雇员们清晰地知道他们的选择不会有任何惩罚。实验设置了4个议程，每个议程中，雇员数量都高于雇主数量，在实验中沟通通过电话进行。唯一的子博弈精练均衡工资就是保留工资，雇员们的最优策略是付出最低程度的努力。但实验结果显示，雇主提供的工资普遍高于保留工资，雇员的努力程度也高于最低努力程度。实验结果还发现，提供高的工资水平以及高的努力程度的互惠行为是存在的，因为雇主提供高的工资可能获得最低的努力程度的风险，因此提供高工资反映了信任。

最后通牒博弈范式

最后通牒博弈（ultimatum game，UG）是议价博弈（bargain game）的主要研究范式之一，最初由居思、施密特伯格和施瓦茨（Güth，Schmittberger，和Schwartz，1982）等人创立，是一种完全信息的动态博弈。最后通牒议价博弈的特殊之处在于，每个阶段的议价过程中，只有一个参与者有决定权，在最后一个阶段，结果被限制为只有两种。在实验之前，实验者以非正式的方式介绍博弈状况，确保被试对规则有明确的认识，并告知被试随机配对。

在简单版的最后通牒博弈中，第一阶段，实验者给玩家1（提议者）一定数额（c）的金钱，并让玩家1宣布他将给自己留a_1的金额，随后将写下的提议随机分配给一名玩家2（接受者）。第二阶段由玩家2决定是否接受玩家1的提议。如果接受，则玩家1获得a_1的金额，玩家2获得$c-a_1$的金额；如果拒绝，则两个人都不会获得金钱。经济人假设推测提议者会为了自身利益最大化提供最少（接近0）的金钱，而大量的研究显示，如果提议方案是给接受者的份额小于20%的话，那么该方案的被拒绝率为 40%—60%,而分配者一般也都会分配到 40—50% 的金额,并且拒绝率随不公平程度加深而增加(Oosterbeek 等,2004,Camerer,2003)。研究者认为,UG 对信任的测量并不十分充分,其本质上是关乎公平的决策。独裁者博弈范式(dictator game,DG)是 UG 的一种变式,玩家 1 决定如何分配提供的初始金额,而玩家 2 则只能接受该结果,没有拒绝的权力。研究者认为在这种范式中反映的是公平、利他偏好等问题,而非信任的测量(Forsythe,Horowitz,Savin,和 Sefton,1994)。

其他博弈范式

除了以上提到的范式,"丢钱包博弈"(Dufwenberg 和 Gneezy,2000)、"丢信封博弈"(Glaeser,Laibson,Scheinkman,和 Souter,2000;叶航,郑昊力,2016)等都被应用于信任测量。多数范式通常不仅仅展现一种特点,而是几种范式的组合,如三者蜈蚣博弈范式等(Murphy,Rapoport,和 Parco,2004)。一项囊括 162 项研究的元分析显示,根据经典信任博弈的基本形式,许多研究在赌注金额、初始金额对等性、投资回报率、角色互换、真实或虚拟玩家、实验奖励随机性、匿名性等方面加以改动,形成了很多新的信任博弈范式,用于研究不同因素对信任的影响(Johnson 和 Mislin,2011;Cameron,1999;Holt 和 Laury,2002;Fehr 和 Schmidt,2003;Burks,Carpenter,和 Verhoogen,2003;Bies 和 Tripp,1996)。但是,范式的改动也招致了对实验内部效度的质疑,能否测量信任、测量信任的程度以及其他因素如公平、利他等因素比重是否加大都存有疑问,因此在使用研究范式时,有必要对其进行有效性验证。

总体而言,有关信任博弈范式测量信任的有效性,一直存在争议。这有两方面的原因。首先,社会偏好与风险偏好可能在范式变动中对投资信任水平产生影响,这会降低信任博弈的内部效度;其次,信任博弈与量表信任的相关水平较低,这可能和态度与行为差异、测量类型差异以及测量范式的不足有关。在实验室情境下,信任博弈范式仍然是较为适宜的信任测量手段,但仍需进一步拓展信任博弈范式的测量维度并提升信任博弈范式的生态效度(贡喆,唐玉洁,刘昌,2021)。此外,随着认知神经科学技术的发展,信任的博弈范式通常与功能性磁共振成像技术等认知神经技术结合,对信任的发生机制进行探讨,从神经层面对信任的机制提供客观的指标(陈瀛,徐敏霞,汪新建,2020)。

14.3.3 计算科学范式

伴随数字媒体技术的发展更迭,信任研究不再仅仅停留于真实空间的人际互动，互联网将现实社会关系移植于网络空间而建立社会关系网络，由此也形成了网络情境下的信任关系。巴恩斯（Barnes，1954）较早提出了社会网络（social network）的概念，将其描述为一个联结图，其中"节点"（node）代表网络中的实体，而社会网络实际上就是不同节点构成的关系架构，其中存在着复杂的人际关系。信任是一个主体根据与另外一个主体的过往互动经验，而对其未来行为决策产生的主观性期望（Mui，Mohtashemi，和Halberstadt，2002）。社会网络中，对于信任的度量总体而言是依据不同的理论建立信任模型，综合使用计算机模拟、统计和数学方法。

基于不确定性理论的信任度量

有研究者认为，信任关系较为主观并且缺乏测量样本，分布函数难以估计，传统的概率论不适用于建立信任关系模型。加之信任关系会表现出动态不稳定特征，所以使用概率或模糊理论具有一定的局限性。而不确定性理论适用于缺乏估计或历史数据的情况，它可以更充分地反映信任关系。社交网络由节点之间的直接和推荐信任关系组成。例如有研究基于社交网络信任独特的不确定性，将不确定信任模型视为线性规划（Linear Programming，LP）问题。使用不确定性分布来测量节点之间的直接信任程度；推荐信任通过连接两个不相邻且没有直接交互经验的节点的直接信任链获得。通过建立单路径信任链系列约束，综合考虑路径长度和信任质量的混合加权算子，创建多信任传递聚合模型。构建基于不确定性理论的社交网络信任测量，针对不完整数据链的特殊情况，建立信任阈值约束条件来计算不完整数据的范围，并建立社交网络信任链的置信度（Gong，Wang，Guo，Gong，和Wei，2020）。

基于模糊理论的信任度量

大部分基于概率论的信任模型将主观信任的模糊性等同于随机性，难以真实地反映信任关系情况。不同于对客体的信任是基于证据的，可以用数学模型精确地描述和计算，主体之间的信任（主观信任）则是对主体的特征和行为的特定级别的主观判断，主观信任的主观性和模糊性特征使得精确的数学模型无法处理信任的模糊性。因此将模糊理论引入信任度量中可以有效解决对具有模糊性的主观信任进行建模的问题。唐文和陈钟（2003）引入模糊集合论中的隶属度描述信任的模糊性，选择Einstein算子作为模糊算子以减少信息丢失，采用连接和合并运算来对信任向量进行计算，将信任向量作为信任的度量机制，运用概念树来描述和定义信任类型，为开放网络环境中的主体信任决策提供了支持。也有研究建立了一种基于模糊集理论的TMFC信任管理模型，包括了直接信任的度量、计算、连接以及信任链的合并（Sun，Chang，和Li，2011）。模糊理论为主观信任的度量提供了新的切入点,但是因为没有给出确定信任属性权重因子的方法,所以难以综合评判(胡潇涵,姜茸,施明月,尚靖伟,2020)。

基于云模型的信任度量

李德毅等人较早在概率统计和传统模糊集理论的基础上提出了定性与定量的转换模型,即云模型,并将其数学性质应用于信任研究(李德毅,孟海军,史雪梅,1995;李德仁,王树良,李德毅,2013)。因为信任的随机性和模糊性很难往往同时存在且难以区分,以往的模糊集理论或是概率论模型单独针对其中的一种特征难以真实地刻画信任的真实状况,而云模型是在随机数学和模糊数学的基础上,能统一刻画语言值随机性、模糊性及二者之间的关联性,较好地解决了信任表达中的模糊性与不确定性难题,克服了模糊数学用精确、唯一的隶属函数严格表示模糊概念的缺点,根据云推理方法实现实体之间的直接或间接信任推荐。有研究者提出了基于主观信任云和信任变化云的主观信任量化评价方法,即使用云模型数字特征中的期望和超熵,对主观评价信息进行评判。云计算模型通常比较复杂,有关其推广和应用仍需要进一步探究(王守信,张莉,李鹤松,2010;胡潇涵,姜茸,施明月,尚靖伟,2020)。

基于机器学习的信任度量

在开放式网络环境中,用户需求变化多样,对系统的服务要求也随之改变,即要求系统及时感知用户变化并及时自动地做出动态调整。通过机器学习技术来建立用户信任度模型能够动态更新评价系统和用户信任度,克服传统评价系统滞后的缺陷,使得评估更加精准。陈菲菲和桂小林(2007)使用机器学习的方法动态生成规则,采用基于机器学习的模糊信誉评估系统 FTEs(fuzzy trust-level evaluating system),以此为基础提供了信誉的模糊评估算法。其中主体的直接信誉评估即某个资源会根据用户的基访问历史记录给出该用户信誉状况的总体评估,主体的间接信誉评估指与用户有过直接接触,但本次操作时不与用户接触的资源集合给出的直接信誉和。用户总体信誉则是经过信任度测评后,在某一时刻,资源为要访问它的用户做出的最终的信誉评估。高晓芳、朱珍民、刘金刚和吴秀兰(2010)提出了基于机器学习的用户信任度模型,实现了用户信任的定量表达和动态修改。在用户信任模型中根据用户和被评价者的交互作用来更新用户信任值,采用计算新旧系统的属性信息的加权相似度来度量两者的交互作用,以便更灵活地更新用户的信任度,研究随时间的衰减以保证信任度的时效性。此后,诺古拉尼和贾利里(Nogoorani 和 Jalili,2016)建立了一种灵活的基于信任驱动的网格环境下风险感知访问控制框架(TIRIAC),网格提供的基本框架可以帮助研究人员共享资源,建立虚拟组织协作解决问题,但是其动态性对访问控制系统而言是一个挑战,因此该框架通过信任评估和风险管理来建立网格中的基本访问控制。其中,信任被定义为对成功结果概率的估计,信任模型根据用户历史行为记录,计算用户的信任度和不确定性。基于机器学习的信任模型总体而言具备动态性、及时性的特点,适用于开放网络环境中的信任评估,在网络用户行为的研究中具有很强的应用性。

14.4 转型中国的突出信任问题

在转型中国有许多极具中国特色的社会信任问题,这里仅以政治信任、医患信任、食品药品安全为例进行简单梳理,从中已可窥见转型社会治理的诸多难点与痛点,因而也是学术研究的热点与持续点。

14.4.1 政治信任

政治信任(political trust)一般指公民对包括政治人物、政治组织和政治制度在内的政治系统等产生符合其预期结果的信心。其中,对政府的信任是政治信任的首要评价对象,但宽泛的政治信任还包括对领导人、立法机关、司法机关、军队等政治人物或官方组织,以及更为抽象的政治体制、司法制度、政治价值等的信任(Newton, Stolle, 和 Zmerli, 2018; Hetherington, 1998; Levi 和 Stoker, 2000; 孟天广, 2014; 梅立润, 陶建武, 2018)。这其实是一种较为狭义的政治信任,其主体为公民,客体为政治系统及其内部各要素。从广义上讲,政治信任包括政治领域中的一切信任关系,除了前述狭义的政治信任,还包括政府对公民的信任、各政府机构间的信任,以及政治生活中公民之间的信任(王瑶, 2018)。这里仅就狭义的政治信任进行分析。

政治信任的影响变量众多,大致可以分为个体变量与政治变量两方面。前者包括个体的人口学特征(如年龄、性别)和人格特征等,后者则侧重于政治绩效(如政府廉洁程度、经济绩效、分配公平等)。对这两类影响因素的不同侧重,形成了政治信任的两种生成理论:制度生成论(institutional theory)和文化生成论(cultural theory)。前者以理性选择理论为基础,认为政府绩效决定了政治信任的程度;后者更具有社会心理学特征,强调个体在政治社会化过程中形成的基本政治价值观和信念对政治信任的影响(参见许科, 赵国祥, 孙娟, 2013)。此后又有学者提出终身学习论(lifetime learning model; Schoon 和 Cheng, 2011),以综合前述两个理论视角(参见刘建平, 杨铖, 2018)。

政治信任的测量工具也很丰富,到1999年,西方学者就已经探索出了至少25种不同的测量工具(Citrin和Muste,1999)。就其具体测量对象而言,总体可分为三类:(1)对现任政府的信任,包括公众对现任政治领袖、官员和机构的信任,测量的是现任政府的绩效、胜任力和动机;(2)对政治体制的信任,即公众对所处政治系统的制度安排、运行原则、制度表现等方面的信任;(3)对政治社群的信任,主要是公众对民族国家的信任,以国家荣誉感、国家认同等指标,反映公众对抽象国家(政府)的认同(孟天广,2014)。当然,由于政治信任不可避免地涉及意识形态、文化价值及国体政体的不同,简单地移植其他国家学者开发的量表可能在内容效度上就会有所欠缺。因此,在比较同一政治信任测量工具的跨国测量结果之前,应当首先检视其内容是否真正符合各测量国家的实际国情。

就中国自身的政治信任而言,较多的测量和研究都在民众对政治机构(如政府、法院、军队等)的信任和对作为群体而非个体的政府官员的信任两方面。相关调查研究显示,中国人的政治信任具有如下特征:(1)政府信任整体呈现"央强地弱"的差序格局,即民众对中央政府的信任高于对地方政府的信任,这种差序结构正好与美国社会的政治信任相反,即民众对联邦政府的信任度略低于州政府、州政府又略低于地方政府(李连江,2012;陈丽君,朱蕾蕊,2018;吕书鹏,2017;方雷,赵跃妃,2017;吴结兵,李勇,张玉婷,2016);(2)军队享有高度信任,这既体现在军队作为国内政治组织,人民群众对其信任度往往要高于政府、公安、法院、检察院等组织,同时也体现在国际比较层面的,中国人对军队的信任处于世界前列,世界价值观的数据显示,军队信任度在全球范围内普遍偏高,平均为64.4%,但中国的军队信任度高达91.7%(孟天广,2014);(3)抽象政府强于具体信任,即民众对抽象的国家和政府有极高的政治信任,但对具体的制度运行、官员行为和政策制定方面的信任度却不那么高(王向民,2009);(4)政治信任存在明显的阶层及群体差异,分享改革成果较多的阶层政治信任度较高、而没有收获改革成果甚至利益受损的阶层政治信任度偏低,不同年龄和不同区域个体的政治信任水平及其构成也不尽相同(卢春龙,2013;高巍,2015;董智虹,周婷,邱雅珍,陈晓晓,2020);(5)政治信任的来源表现出从单一经济绩效到兼顾社会公平的趋向,并且其生成路径更为多元,对政府绩效的评价也更为立体(李艳霞,2015;余泓波,吴心喆,2018;周雪光,2017;赵海堂,雷叙川,蒲晓红,2019)。

总之,政治信任是政治合法性的重要体现,是体现国家治理成效的重要变量,也是社会凝聚力的重要来源。本章引言中的"塔西佗陷阱"中涉及的信任主要就是指政治信任。如何防止中国转型期因为官员贪腐、治理低效等原因而引发的政治信任流失,巩固并提升人民群众的政治信任与国家认同,是当下及今后国家治理和社会心理学研究的重要课题。

14.4.2 医患信任

当代社会普遍存在对医疗健康服务的高需求和对这一行业及其从业者的低满意现象。针对医务工作者的医疗场所暴力行为频发、网络空间中医患话语冲突激烈,也凸显出现代风险社会背景下医患关系治理与医患共同体建设的困境(Zhao, 2014; Phillips, 2016; 冯磊, 2017)。尤其在中国, 医患关系问题常被称为"政府闹心、社会揪心、患者伤心、医生寒心"的"多输"型社会问题, 折射出社会转型期的体制机制缺陷与社会心态紧张等多方面问题。如何弥合医患群体与个体之间的信任, 已成为当下中国亟待解决的一大社会问题。

医患信任(doctor-patient trust, 或译 physician-patient trust)泛指医患双方在各水平上的相互信任。如医患人际信任, 即医患双方在互动过程中, 相信对方不会做出不利于自己甚至有害于自己行为的一种预期判断和心理状态。另外还有医务工作者群体和患方群体之间的群际信任以及患方群体对医疗机构和现行医疗体制的制度信任(Ozawa 和 Sripad, 2013; 汪新建, 王丛, 吕小康, 2016; 汪新建, 2017; 李宇, 王沛, 2018)。但医患信任领域的早期研究多集中于患方信任(Patients' Trust), 即患方对医方单方面的信任(Kao, Green, Davis, Koplan, 和 Cleary, 1998; Mechanic 和 Meyer, 2000; Hall, Dugan, Zheng, 和 Mishra, 2001), 医方信任(Physicians' Trust)只在近年来才逐渐得到重视(Thom 等, 2011; 罗碧华, 肖水源, 2014)。另外还需说明的是, 中文语境下的医患信任不仅仅局限于医师与就诊患者之间的信任, 这里的"医"更多是泛指所有医务人员(其中的主体是医生和护士, 同时还包括医技师、医学检验人员和医疗机构管理人员), 而"患"则泛指除了医务人员之外的所有社会成员。因此, 医患关系其实是医务工作者群体与其他社会成员之间的基于职业分工形成的社会关系的缩影, 而医患信任则是在此基础上形成的一种特殊的职业信任。

医患信任的测量工具较多, 主要可以分为人际医患信任测量、对医疗行业整体性的信任测量以及本土开发的医患信任测量工具。患方信任的测量工具如1990年公开发表的第一个专门用于医患关系信任度的《医师信任量表》(trust in physician scale, TPS), 该量表共计11个项目, 用于评估患者对医师信息可靠性、可信度和保密性三个方面的信任度(Anderson 和 Dedrick, 1990)。另一得到较多应用的患方信任量表是《维克森林医师信任量表》(Wake Forest physician trust scale, WFPTS), 主要应用于患者对医师的人际信任测量, 关注医生的态度而非行为,分为忠诚(fidelity)、能力(competence)、诚实(honesty)、综合信任(global trust)4个维度,共计10个项目(Hall等,2002),目前也有中文修订版(董恩宏,鲍勇,2012)。还有一些学者也开发了不同内容与侧重点的医患信任量表(Bova, Fennie, Watrous, Dieckhaus,和Williams, 2006; Safran等,1998; Kao, Green, Zaslavsky, Koplan,和Cleary, 1998; Leisen和Hyman, 2001)。此外,还有不少测量患方对医疗行业、机构等的信任测量工具(如Hall, Camacho, Dugan,和Balkrishnan, 2002; Egede和Ellis, 2008; Rose, Peters, Shea,和Armstrong, 2004)。相较之下,医方信任的测量工具较少,主要有《医师信任患方量表》(physician trust in the patient, PTPS),该量表共计12个条目,分为患者角色和尊敬人际关系两个维度(Thom等,2011),并已有中文修订版(董照伦,陈长香,2016)。国内医患信任本土化测量工具开发正处于起步阶段,董恩宏和鲍勇(2011)通过德尔菲专家咨询法构建了我国首个基于医疗质量管理的患者信任度指标体系;吕小康等(2019,2020)编制的《中国医患社会心态问卷》和《中国医患信任量表》均包括医方版和患方版,用于测量患方信任和医方信任及相关的医患社会心态感知。

关于医患信任的现状、特征、影响因素及修复与提升策略,已经有多学科多视角的研究。仅从社会心理学层面的研究也已较多,相关研究分别考察了医方媒介形象塑造、信息不对称、患者参与、社会阶层、医疗服务供给、卫生政策、医学文化、个体特征等宏微观因素对医患信任的影响,同时也展开了诸多旨在提升医患信任的对策研究。例如,孙连荣和王沛(2019)主张可以将医疗满意度、医患信任以及医疗方案服从性作为基本的观测指标来考察和谐医患关系的结构,群际层面和谐医患关系的建构主要受到医患舆情传播、医疗制度信任以及医患群际关系因素的影响,人际层面和谐医患关系的建构主要受到医患人际信任水平和医患沟通模式(包括信息互动模式与沟通交往模式)的影响,并可分此两个水平促进和谐医患关系;王琳和伍麟(2019)同样提出良性医患信任建设可以从重塑牢固和谐的专家信任与人际信任,奠定医患信任的微观基础;构筑平衡充分的机构信任和制度信任,完善医患信任的宏观保障;培育具有本土特色的心理信任与文化信任,锻造医患信任的核心气质三大层面进行;汪新建和姜鹤(2020)从医患社会心态的情感治理角度出发,提出关注医患之间的情感发生机制,注重情感策略的使用以培育积极医患社会心态,提升医患信任水平;吕小康(2020)也提出,应从建设情理秩序的角度出发,构建一个医方患方群体、政府部门、社会组织等多主体共同协调合作构建的蕴含着情感道德和一致目标的医患共同体。

显然,医患信任的结成并不能局限于社会心理学的策略。在医疗空间已经成为国家、市场、医疗机构、医患群体等交织博弈场所的当下社会,没有一种单一策略能够解决医患紧张这一世界性的难题。但是,社会心理学的研究可以为医患信任的测量与提升提供严谨的观测指标及对应的助推策略,而这要求研究者进一步结合中国国情、尤其是结合中国医疗体制和医学文化的基础,做出更扎实、更有针对性的研究。

14.4.3 食品药品安全信任

中国人常说两句话:"民以食为天",以及"手中有粮、心中不慌"。这些民谚生动地反映出食品对于稳定世道人心的巨大社会心理功能。随着农业现代化的进程,中国人对食品问题的关注重心,已逐渐从粮食供给(food supply)转至食品安全(food safety)(Lam, Remais, Fung, Xu,和 Sun, 2013)。可惜的是,在中国,粮食供给安全已经基本得到保证的当下,食品安全问题却成为一个大众关注度高、社会舆论负面形象较为集中的领域,如农作物重金属污染、滥用食品添加剂、牛奶或奶粉安全、转基因食品安全等问题,经常出现于媒体报道中;为中国人熟知的中央电视台 315 晚会,也几乎每年都会反映相关的食品安全问题。

以转基因食品(genetically modified food, GM food)为例。转基因食品主要是以转基因生物为原料加工生产出的食品,而转基因生物(genetically modified organisms, GMO)是指利用基因工程技术改变基因组构成的生物,包括动植物和微生物(WHO, 2014)。国务院农业农村部曾在 2020 年 8 月 31 日回复十三届全国人大三次会议第 4948 号建议的答复中称,转基因技术是生物科技的前沿技术,转基因技术及其产品的安全性可控、有保障,经过安全评价获得政府批准的转基因产品与非转基因产品一样安全;转基因作物在全球 26 个国家都有种植,全球种植面积为 1.917 亿公顷,约占世界可耕地面积的 12%;有 40 多个国家和地区进口转基因农产品消费使用;全球 60 多个国家和地区应用转基因产品,尚未发现任何被科学证实的安全性问题。回复中同时称,一些不实信息或虚假报道,如"转基因玉米致癌""转基因影响生育""美国人不吃转基因食品"等言论已经被国内外科学界和监管机构一一否定(国务院农业农村部,2020-09-07)。

但是,类似的政府机构答复仍然很难平息普通消费者的质疑。相关的调查一直显示,当下中国民众对转基因食品的负面态度要超过正面态度,且从 2002 年到 2015 年间,不同来源的调查数据显示,对转基因食品持反对态度的人数比例有明显上升(Huang 和 Peng, 2015; Lu, Xie, 和 Xiong, 2015);在 2017 年的一个全国性调查中,结果显示有 46.7% 的人对转基因食品持反对态度,而持支持态度者仅占11.9%,其余为中立态度,此外该调查还显示,64.3%的被调查者认为媒体关于转基因食品的报道都是负面的(Cui和Shoemaker,2018)。同样,许多生物科学家传播转基因知识的行为也并未得到大众的充分信任,相关个体科学家、科学共同体甚至遭受到人们的怀疑和攻击,如许智宏、饶毅、陈君石、黄大昉等知名的业内科学家在此过程中均受到尖锐的社会质疑等,与"科学家是社会上能力突出的人物,他们或由他们组成的机构值得大众信任"这一经典科学社会学论断完全不符(马蕾,2017)。而"究其原因,是科学家与科学机构在转基因食品之争中,遭遇了科学公信力危机(汪凯,徐素田,2020)"。

转基因食品安全的信任问题,充分融合了当代风险社会中技术信任、科学信任、媒介信任、专家信任和政府信任问题,也是"科学技术问题社会化",即把科学争议转为社会争议的典型案例。公众对于转基因食品的低信任,既有对现代生物技术安全性的担忧,也有对政府食品安全监管能力的不满;既因为部分民众对现代生物学知识的匮乏,也因为少数科研机构研究人员突破研究伦理造成的公众恐慌;此外,媒体的报道框架、大众的阴谋论偏好、以及特定时期的民族意识甚至民粹主义情绪等因素也在其中起到推波助澜的作用(Enríquez,2017;Bagla 和 Stone,2013;Flipse 和 Osseweijer,2013;Zhang 和 Sun,2018;方明豪,任梓溪,2020;崔波,林芳羽,2020;张丕万,邹贞,2019;姜萍,2018;冯虎成,2017;高盼,2016;陶贤都,陈曼琼,2016)。

与食品安全高度相关的另一问题是药品安全信任。近些年来,关于问题疫苗、假药、药物不良反应等问题也加剧了中国人的社会信任流失,这容易成为政府失灵、市场失灵和社会共治失灵的"协同失灵"后果(谢康,刘意,2017)。2018年7月15日,国家药品监督管理局通告对长春长生生物科技有限责任公司生产现场的飞行检查结果,发现其在冻干人用狂犬病疫苗生产过程中存在记录造假等严重违反《药品生产质量管理规范》的行为。这是近年来发生的最严重的一例疫苗安全问题,吉林检察机关依法批捕18人、责令长春长生在A股市场退市,这也体现出政府监管层在修复公众信任上的努力,但这一事件打击了中国人对国产疫苗安全性及整个国产药品安全性的感知,且这一影响仍可能持续存在,其信任修复还可能需要更长时间。此外,某些药品与食品的区别在大众认知中的界限也较模糊。比如中国传统医学文化中提倡的"食药同源"理念,就催生了许多表面上融合了"现代科学技术与传统养生智慧"的保健药品与保健食品,由于受到民族文化认同与医学文化的隐含支持,使得保健药品食品相关领域的造假、虚假宣传等问题较为普遍;对于中医药相关问题的争议也较多,"挺中与反中"(是否支持中医药)与"挺转与反转"(是否支持转基因)一样,是造成社会共识撕裂的两个敏感问题,也是社会公众态度极化(attitude polarization)、专家与民众分歧表现比较明显的两个议题(Fang,2014;Zhu 和 Horst,2019;Dubé,Vivion,和 MacDonald,2015;Teschke,Wolff, Frenzel,和 Schulze,2014;Liang,Liu,和 Zhang,2019)。

食品药品问题均与个体的健康高度相关,这方面的问题突出地反映了当下中国人的健康焦虑,以及对相关领域的政府监管、专家话语、科学共同体的低信任度,同时还反映出文化心理对于大众风险认知和信任行为的深刻影响。这也说明这一领域的信任治理也必定是多元参与的综合治理。

14.5 未来展望:迈向现代化社会信任体系

"信任是社会生活的鸡汤"(尤斯拉纳,2006),但要炖好这碗鸡汤并非易事。就中国民众而言,一般人更向往在强化制度信任的同时,依然保留高度的人际信任,体现出中国人典型的"得兼思维",即"我们不是那么二分对立的,我们承认有泾渭分明、判若霄壤、势不两立的情况,但我们更相信珠联璧合、相得益彰,例如软硬兼施、刚柔并济、德法共用"(钟年,2020)。这其实是一种中国式的辩证思维。如何根据中国人自身的社会心态和思维模式,在转型中国建设现代化的信任体系,是所有中国人共同面对的挑战与难题。

仅就社会心理学自身而言,这也意味着要在充分延续传统心理学研究重实证、重证据的优点基础上,进一步丰富社会心理学的想象力、增强社会心理学的行动力,通过对真实社会生活各领域的信任问题给予关注来提出社会心理学的解决之道。简言之,这意味着一种新的"社会治理心理学"(辛自强,2020)或"中国特色社会心理学"(吕小康,汪新建,2019)的兴起。虽然社会信任是一个带有明显社会心理学特征的变量,但社会信任问题的解决和社会信任体系的建成,却非社会心理学一门之科所能独立承担,而是需要多学科、多主体的协同努力。另外,在信任建设的过程中,还可能会产生新形态的信任危机。因此,社会信任的研究与达成,永远是一个开放的领域和未竟的过程。

(吕小康 姜鹤)

参考文献

埃里克森.(2015).同一性:青少年与危机.孙名之,译.北京:中央编译出版社.
巴伯.(1989).信任:信任的逻辑和局限.牟斌,李红,范瑞平,译.福州:福建人民出版社.

陈菲菲,桂小林.(2007).基于机器学习的动态信誉评估模型研究.计算机研究与发展,(2),223-229.

陈丽君,朱蕾蕊.(2018).差序政府信任影响因素及其内涵维度——基于构思导向和扎根理论编码的混合研究.公共行政评论(5),52-69.

陈旻,邱新有.(2016).反腐信息对政治信任的影响——基于制度反腐与网络反腐路径差异的实证研究.江西社会科学(10),215-223.

陈欣,叶浩生.(2009).行为博弈视野下信任研究的回顾.心理科学,32(3),636-639.

陈瀛,徐敏霞,汪新建.(2020).信任的认知神经网络模型.心理科学进展,28(5),800-809.

崔波,林芳羽.(2020).公众对转基因食品风险的态度及成因分析——基于虚拟民族志方法的研究.科普研究,15(3),37-47.

戴晓阳.(2010).常用心理评估量表手册.北京:人民军医出版社.

丁妩瑶,彭凯平.(2020).中译人际信任量表勘误及修订.心理月刊,15(6),4-5+7.

董恩宏,鲍勇.(2011).基于医疗质量管理患者信任度评价指标Delphi构建.科技管理研究,31(24),48-52.

董恩宏,鲍勇.(2012).维克森林医师信任量表中文修订版的信效度.中国心理卫生杂志,26(3),171-175.

董照伦,陈长香.(2016).医师信任患者量表中文版的效度和信度初步研究.中国心理卫生杂志,30(7),481-485.

董智虹,周婷,邱雅珍,陈晓晓.(2020).政治信任的群体异质性研究.统计与管理(5),99-104.

杜帆,吴玄娜.(2017).程序公正、不确定性对公共政策可接受性的影响:情感信任、认知信任的中介作用.心理科学,40(2),448-454.

方雷,赵跃妃.(2017).关于差序政府信任研究的文献考察——以1993—2016年华裔学者的研究为分析文本.学习与探索(10),38-44.

方明豪,任梓溪.(2020).转基因食品新闻报道的框架分析——以《科技日报》为例.科技传播,12(8),4-7.

冯虎成.(2017).透视"挺转"与"反转"之争——基于贝克风险社会理论的思考.西南交通大学学报(社会科学版)(2),70-76.

冯磊.(2017).冲突与治理:中国医疗暴力的现实图景与治理策略研究.北京:科学出版社.

福山.(2016).信任:社会美德与创造经济繁荣.郭华,译.桂林:广西师范大学出版社.

高盼.(2016).透视"挺转"与"反转"之争——以风险沟通为思考点.社会科学论坛(10),196-204.

高巍.(2015).当前中国居民政府信任的区域比较.东南大学学报(哲学社会科学版),17(S2),99-104.

高晓芳,朱珍民,刘金刚,吴秀兰.(2010).基于机器学习的用户信任模型研究.计算机工程与设计,31(13),2947-2950.

格兰诺维特.(2019).社会与经济:信任、权力与制度.王水雄,罗家德,译.北京:中信出版社出版.

龚文进,罗燕婷.(2016).儿童普遍信任量表中文版的适用性评价.中国学校卫生,37(6),930-932.

贡喆,唐玉洁,刘昌.(2021).信任博弈范式真的能测量信任吗?心理科学进展,29(1),19-30.

国务院农业农村部.(2020-09-07).对十三届全国人大三次会议第4948号建议的答复.取自:http://www.moa.gov.cn/govpublic/KJJYS/202009/t20200907_6351645.htm.

郝宇青,胡焕芝.(2016).当前中国社会转型过程中的政治信任——基于三个维度的实证分析.社会科学(9),14-24.

何立华.(2017).信念及其影响因素——基于中国社会的多维度考察.北京:科学出版社.

胡潇涵,姜茸,施明月,尚靖伟.(2020).云服务及信任度量方法研究.计算机与数字工程,48(1),137-140+152.

黄登仕,张希,董占奎.(2017).多代理人网络中信任与可信度的实验研究.管理科学学报,20(5),

1-12.

黄涛.(2014).超越"塔西佗陷阱"的三道坎.红旗文稿(12),29.

黄晓冰.(2017).组织信任与管理控制效果的心理学研究.北京:世界图书出版公司.

吉登斯.(2000).现代性的后果.田禾,译.南京:译林出版社.

姜萍.(2018).从憧憬到冷静:转基因技术形象变迁研究——以《人民日报》为中心的考察.中国农史(6),46-55.

科尔曼.(1999).社会理论的基础.邓方,译.北京:社会科学文献出版社.

李德仁,王树良,李德毅.(2013).空间数据挖掘理论与应用.北京:科学出版社.

李德毅,孟海军,史雪梅.(1995).隶属云和隶属云发生器.计算机研究与发展(6),15-20.

李连江.(2012).差序政府信任.二十一世纪(6),108-114.

李琼瑶,辛勇.(2017).留守儿童同伴信任与自尊的关系研究.山西青年(24),38-37.

李涛,王庭照,徐光兴.(2010).婚姻关系中的自尊、信任与婚姻承诺.心理科学,33(6),1499-1501.

李伟民,梁玉成.(2002).特殊信任与普遍信任:中国人信任的结构与特征.社会学研究(3),11-22.

李小山,赵娜,周明洁,刘金,张建新.(2016).人情与人际信任:关系类型与主题的调节作用.心理学探新,36(6),546-550+573.

李艳霞.(2015).何种治理能够提升政治信任?——以当代中国公众为样本的实证分析.中国行政管理(7),59-65.

李悠,江信文,王飞雪.(2014).性别及控制感对中国大学生信任行为的影响.心理与行为研究,12(6),847-850.

李宇,王沛.(2018).医患信任关系建设的社会心理机制研究构想.中国社会心理学评论(1),4-15.

林南,张磊.(2020).社会资本:关于社会结构与行动的理论.北京:社会科学文献出版社.

刘焕智,董兴佩.(2017).论网络虚拟信任危机的改善.云南民族大学学报(哲学社会科学版),34(2),101-106.

刘建平,杨铖.(2018).政治信任:心理学视角下的前因后果.心理学探新,38(2),171-177.

卢春龙.(2013).我国新兴中产阶层的政治信任研究——基于17个城市的调研分析.江苏行政学院学报(4),78-83.

卢曼.(2005).信任:一个社会复杂性的简化机制.瞿铁鹏,李强,译.上海:上海人民出版社.

罗碧华,肖水源.(2014).医患相互信任程度的测量.中国心理卫生杂志,28(8),567-571.

吕书鹏.(2017).差序政府信任与政治体制支持.西安交通大学学报(社会科学版)(6),113-120.

吕小康,弥明迪,余华冉,王晖,姜鹤,何非.(2020).中国医患信任量表的初步编制与信效度检验.中国社会心理学评论(18),61-80.

吕小康,汪新建,张慧娟,刘颖,张曜,王骥.(2019).中国医患社会心态问卷的初步编制与信效度检验.心理学探新,39(1),57-63.

吕小康.(2020).从关系治理到共同体建设:重建医患信任的协同路径.南京师大学报(社会科学版)(4),84-93.

吕小康,汪新建.(2020).建设"力""美"兼具的中国特色社会心理学.心理技术与应用,8(4),193-199.

马蕾.(2017).从"人类起源之争"到"转基因食品大战":关于"科学论战"在中国的思考.自然辩证法研究,33(9),67-72.

梅立润,陶建武.(2018).中国政治信任实证研究:全景回顾与未来展望.社会主义研究(3),162-172.

孟天广.(2014).转型期的中国政治信任:实证测量与全貌概览.华中师范大学学报(人文社会科学版)(2),1-10.

潘知常.(2020)."塔西佗陷阱"并不是塔西佗本人提出的——关于"塔西佗陷阱"的正本溯源.徐州工程学院学报(社会科学版),35(2),1-13.

彭泗清.(1999).信任的建立机制:关系运作与法制手段.社会学研究(2),53-66.

戚玉觉,杨东涛,何玉梅.(2018).组织中的制度信任:概念、结构维度与测量.经济管理,40(2),192-208.

芮国强,宋典.(2015).电子政务与政府信任的关系研究——以公民满意度为中介变量.南京社会科学(2),82-89.

斯密.(2014).国富论.郭大力,王亚南,译.北京:商务印书馆.

孙连荣,王沛.(2019).和谐医患关系的心理机制及其促进技术.心理科学进展,27(6),951-964.

谭学清,罗琳,黄翠翠.(2014).社会化网络中信任推荐研究综述.现代图书情报技术,30(11),10-16.

唐斌.(2016).概念之辨:政治信任、政治认同与政治合法性——以政治信任为中心的考察.云南行政学院学报(2),63-69.

唐文,陈钟.(2003).基于模糊集合理论的主观信任管理模型研究.软件学报(8),1401-1408.

陶贤都,陈曼琼.(2016).科学争议与网民的认知变化——基于腾讯微博"崔方之争"的内容分析.科学学研究(4),496-502.

汪凯,徐素田.(2020).从转基因食品之争看科学公信力的危机与重建.科技管理研究,40(5),262-266.

汪向东,王希林,马弘.(1999).心理卫生评定量表手册(增订版).北京:中国心理卫生杂志社.

汪新建,姜鹤.(2020).医患社会心态的情感治理.西北师大学报(社会科学版),57(1),92-98.

汪新建.(2017).医患信任建设的社会心理学分析框架.中国社会心理学评论(2),1-10.

王飞雪,山岸俊男.(1999).信任的中、日、美比较研究.社会学研究(2),3-5.

王琳,伍麟.(2019).新时代重塑医患信任的本土化路径刍析.重庆工商大学学报(社会科学版),36(6),85-92.

王守信,张莉,李鹤松.(2010).一种基于云模型的主观信任评价方法.软件学报,21(6),1341-1352.

王向民.(2009)."U"型分布:当前中国政治信任的结构性分布.中国浦东干部学院学报(4),69-72.

王瑶.(2018).政治信任:概念、层次与功能价值.中共天津市委党校学报(5),51-56.

韦慧民,龙立荣.(2009).主管认知信任和情感信任对员工行为及绩效的影响.心理学报,41(1),86-94.

吴结兵,李勇,张玉婷.(2016).差序政府信任:文化心理与制度绩效的影响及其交互效应.浙江大学学报(人文社会科学版)(5),157-169.

伍麟,刘之钰.(2018).政治信任心理机制的路径与融合.南京师大学报(社会科学版)(6),56-64.

伍麟,万伢雪,曹婧甜.(2017).中国社会治理进程中的信任变迁.中国科学院院刊(2),157-165.

伍麟,臧运洪.(2017).制度信任的心理逻辑与建设机制.华中师范大学学报(人文社会科学版)(6),172-180.

伍麟.(2014)."信任危机"的心理学解析.苏州大学学报(教育科学版)(4),50-57.

习近平.(2014-03-18).在河南省兰考县委常委扩大会议上的讲话.2020年8月27日,取自 http://www.xinhuanet.com/politics/2015-09/08/c_128206459.htm.

夏庆,辛自强,杨之旭.(2017).收入不平等与信任的关系:宏观与微观研究进展.心理技术与应用,5(5),299-307.

谢康,刘意.(2017).中国食品药品安全社会共济:制度与评估.北京:科学出版社.

辛素飞,明朗,辛自强.(2013).群际信任的增进:社会认同与群际接触的方法.心理科学进展,21(2),290-299.

辛自强.(2020).社会治理心理学与社会心理服务.北京:北京师范大学出版社.

辛自强,高芳芳,张梅.(2013).人际—群际信任的差异:测量与影响因素.上海师范大学学报(哲学社会科学版),42(1),76-82.

徐懿,朱博文(2015).论亚当·斯密的信任观.学术论坛(12),117-122.

许慧燕.(2010).人际信任量表的修订及其在大学生群体中的应用参考.文教资料,39(20),222 - 223.

许科,赵国祥,孙娟.(2013).风险社会中公众政治信任的形成机制及影响.心理学探新,33(6),568 - 574.

严瑜,吴霞.(2016).从信任违背到信任修复:道德情绪的作用机制.心理科学进展(4),633 - 642.

杨宜音.(1999)."自己人":信任建构过程的个案研究.社会学研究(2),38 - 52.

杨中芳,彭泗清.(1999).中国人人际信任的概念化:一个人际关系的观点.社会学研究(2),1 - 21.

姚琦,乐国安,赖凯声,张滢,薛婷.(2012).信任修复:研究现状及挑战.心理科学进展(6),902 - 909.

姚琦,马华维.(2013).社会心理学视角下的当代信任研究.北京:中国法制出版社.

叶航,郑昊力.(2016).信任的偏好与信念及其神经基础.社会科学战线(6),31 - 45.

尤拉斯纳.(2006).信任的道德基础.张敦敏,译.北京:中国社会科学出版社.

余泓波,吴心喆.(2018).民众对政府治理的依赖如何塑造其政府信任.社会科学战线(9),202 - 212.

余圣陶,杨情婧.(2017).交往定向阶段大学生人际信任的影响因素研究.苏州教育学院学报,2017,34(02),98 - 103.

翟学伟,薛天山.(2014).社会信任:理论及其应用.北京:中国人民大学出版社.

翟学伟.(2008).信任与风险社会——西方理论与中国问题.社会科学研究(4),123 - 128.

翟学伟.(2011).诚信、信任与信用:概念的澄清与历史的演进.江海学刊(5),107 - 114.

翟学伟.(2014).信任的本质及其文化.社会(1),1 - 26.

翟学伟.(2019).从社会流动看中国信任结构的变迁.探索与争鸣(6),20 - 23.

张贯一,达庆利,刘向前.(2005).信任问题研究综述.经济学动态(1),99 - 102.

张海钟,李明山.(2010).通用心理卫生评定量表中部分量表存在的问题举隅.兰州石化职业技术学院学报,10(2),32 - 35.

张丕万,邹贞.(2019).科学公共空间中"理"的争夺与断裂——对方舟子、崔永元转基因微博论争的反思.西北大学学报(哲学社会科学版)(3),141 - 150.

张文宏.(2003).社会资本:理论争辩与经验研究.社会学研究(4),23 - 35.

张振,齐春辉,杨邵峰,赵智军,高晓雷,熊建萍.(2019).价值取向对大一新生普遍信任的影响:多重中介效应分析.心理与行为研究,17(1),63 - 67+90.

赵海堂,雷叙川,蒲晓红.(2019).当代中国政治信任的来源:从经济绩效到社会公平.科学技术哲学研究(6),101 - 106.

中华人民共和国国务院.(2011).农业转基因生物安全管理条例.取自:http://www.gov.cn/gongbao/content/2011/content_1860866.htm.

钟年.(2020).社会心理服务与学科境界——旁及中国人的得兼思维.苏州大学学报(教育科学版),14 - 17.

周晓虹.(2017).中国体验:全球化、社会转型与中国人社会心态的嬗变.北京:社会科学文献出版社.

周雪光.(2017).中国国家治理的制度逻辑.北京:三联书店.

周怡.(2014).我们信谁?——关于信任模式与机制的社会科学探索.北京:社会科学文献出版社.

邹宇春.(2015).中国城镇居民的社会资本与信任.北京:社会科学文献出版社.

Alvarez, S. A., Barney, J. B., & Bosse, D. A. (2003). Trust and its alternatives. *Human Resource Management*, 42(4), 393 - 404.

Anderson, L. A., & Dedrick, R. F. (1990). Development of the trust in physician scale: A measure to assess interpersonal trust in patient-physician relationships. *Psychological Reports*, 67(Suppl. 3), 1091 - 1100.

Arrow, K. (1972). Gifts and exchanges. *Philosophy & Public Affairs*, 1(4),343-362.
Bagla, P., & Stone, R. (2013). Scientists Clash Swords Over Future of GM Food Crops in India. *Science*, 340(6132),539-540.
Berg, J., Dickhaut, J., & McCabe, K. (1995). Trust, reciprocity, and social history. *Games and Economic Behavior*, 10(1),122-142.
Bies, R. J., & Tripp, T. M. (1996). Beyond distrust: 'Getting even' and the need for revenge". In R. M. Kramer & T. W. Tyler (Eds.), *Trust in organizations: Frontiers of theory and research* (pp. 246-287). Thousand Oaks, CA: Sage.
Bova, C. A., Fennie, K. P., Watrous, E., Dieckhaus, K. D., & Williams, A. B. (2006). The health care relationship (HCR) trust scale: development and psychometric evaluation. *Research in Nursing & Health*, 29(5),477-488.
Bozic, B. (2017). Consumer trust repair: A critical literature review. *European Management Journal*, 35(4),538-547.
Burks, S. V., Carpenter, J. P., & Verhoogen, E. (2003). Playing both roles in the trust game. *Journal of Economic Behavior & Organization*, 51,195-216.
Camerer, C. F. (2003). Strategizing in the Brain. *Science*, 300(5626),1673-1675.
Cameron, L. (1999). Raising the stakes in the ultimatum game: Experimental evidence from Indonesia. *Economic Inquiry*, 37,47-59.
Citrin, J., & Muste, C. (1999). Trust in government. In J. P. Robinson, P. R. Shaver, & L. S. Wrightsman (Eds.), *Measures of social psychological attitudes*, Vol. 2. *Measures of political attitudes* (pp. 465-532). San Diego, CA: Academic Press.
Coutu, D. L. (1998). Trust in virtual teams. *Harvard Business Review*, 76(3),20-22.
Cui, K., & Shoemaker, S. P. (2018). Public perception of genetically-modified (GM) food: A Nationwide Chinese Consumer Study. *NPJ Science of Food*, 2(1),1-8.
de Visser, E. J., Pak, R., & Shaw, T. H. (2018). From 'automation' to 'autonomy': the importance of trust repair in human-machine interaction. *Ergonomics*, 61(10),1409-1427.
Delhey, J., Newton, K., & Welzel, C. (2011). How General Is Trust in "Most People"? Solving the Radius of Trust Problem. *American Sociological Review*, 76(5),786-807.
Deng, S., Huang, L., & Xu, G. (2014). Social network-based service recommendation with trust enhancement. *Expert Systems with Applications*, 41(18),8075-8084.
Deutsch, M. (1958). Trust and suspicion. *Journal of Conflict Resolution*, 2(4),265-279.
Ding, D. Q., & Shen, M. W. (2005). Relationships among personality traits, online social support, and online interpersonal trust. *Psychological Science*, 28(2),300-303.
Ding, Z., & Ng, F. (2007). Reliability and validity of the Chinese version of McAllister's trust scale. *Construction Management and Economics*, 25(11),1107-1117.
Dubé, E., Vivion, M., & MacDonald, N. E. (2015). Vaccine hesitancy, vaccine refusal and the anti-vaccine movement: influence, impact and implications. *Expert Review of Vaccines*, 14(1),99-117.
Dufwenberg, M., & Gneezy, U. (2000). Measuring Beliefs in an Experimental Lost Wallet Game. *Games and Economic Behavior*, 30(2),163-182.
Egede, L. E., & Ellis, C. (2008). Development and Testing of the Multidimensional Trust in Health Care Systems Scale. *Journal of General Internal Medicine*, 23(6),808-815.
Engle-Warnick, J., & Slonim, R. L. (2004). The evolution of strategies in a repeated trust game. *Journal of Economic Behavior and Organization*, 55(4),553-573.
Enríquez, P. (2017). GM-food regulations: engage the public. *Nature*, 548(7665),31-31.
Erikson, E. H. (1963). *Childhood and society*. New York: Norton.
Erikson, E. H. (1968). *Identity: Youth and crisis*. New York: Norton.
Evans, A. M., & Krueger, J. I. (2011). Elements of trust: Risk and perspective taking.

Journal of Experimental Social Psychology, 47(1),171-177.

Fang, C., & Wu, B. (2019). Socially-maximal Nash equilibrium distributions in large distributional games. *Economics Letters*, 175,40-42.

Fang, X. (2014). Local people's understanding of risk from civil nuclear power in the Chinese context. *Public Understanding of Science*, 23(3),283-298.

Fehr, E., & Rockenbach, B. (2003). Detrimental effects of sanctions on human altruism. *Nature*, 422(6928),137-140.

Fehr, E., Kirchsteiger, G., & Riedl, A. (1993). Does Fairness Prevent Market Clearing? An Experimental Investigation. *Quarterly Journal of Economics*, 108(2),437-459.

Flipse, S. M., & Osseweijer, P. (2013). Media attention to GM food cases: An innovation perspective. *Public Understanding of Science*, 22(2),185-202.

Forsythe, R., Horowitz, J. L., Savin, N. E., & Sefton, M. (1994). Fairness in Simple Bargaining Experiments. *Games and Economic Behavior*, 6(3),347-369.

Frazier, M. L., Johnson, P. D., & Fainshmidt, S. (2013). Development and validation of a propensity to trust scale. *Journal of Trust Research*, 3(2),76-97.

Friedman, B., Khan Jr, P. H., & Howe, D. C. (2000). Trust online. *Communications of the ACM*, 43(12),34-40.

Fukuyama, F. (1999). *Social capital and civil society*. Presented at the IMF Conference on Second Generation Reforms, International Monetary Fund, Washington, DC.

Gauchat, G. (2012). Politicization of Science in the Public Sphere: A Study of Public Trust in the United States, 1974 to 2010. American Sociological Review, 77(2),167-187.

Glaeser, E. L., Laibson, D. I., & Soutter, S. C. L. (2000). Measuring trust. *Quarterly Journal of Economics*, 115(3),811-846.

Glaeser, E. L., Laibson, D. I., Scheinkman, J. A. & C. L. Souter, "Measuring Trust". *The Quarterly Journal of Economics*, 115(3),2000,811-846.

Gong, Z., Wang, H., Guo, W., Gong, Z., & Wei, G. (2020). Measuring trust in social networks based on linear uncertainty theory. *Information Sciences*, 508,154-172.

Grimmelikhuijsen, S., & Knies, E. (2017). Validating a scale for citizen trust in government organizations. *International Review of Administrative Sciences*, 83(3),583-601.

Güth, W., Schmittberger, R., & Schwarze, B. (1982). An experimental analysis of ultimatum bargaining. *Journal of Economic Behavior and Organization*, 3(4),367-388.

Hall, M. A., Camacho, F., Dugan, E., & Balkrishnan, R. (2002). Trust in the medical profession: conceptual and measurement issues. *Health Services Research*, 37(5),1419-1439.

Hall, M. A., Dugan, E., Zheng, B., & Mishra, A. K. (2001). Trust in physicians and medical institutions: what is it, can it be measured, and does it matter? *Milbank Quarterly*, 79(4),613-639.

Hall, M. A., Zheng, B., Dugan, E., Camacho, F., Kidd, K. E., Mishra, A., & Balkrishnan, R. (2002). Measuring patients' trust in their primary care providers. *Medical Care Research and Review*, 59(3),293-318.

Hardin, R. (2001). Conceptions and explanations of trust. In K. S. Cook (Ed.), *Russell Sage foundation series on trust*, Vol. 2. *Trust in society* (p. 3-39). New York: Russell Sage Foundation.

Hardin, R. (2002). *Trust and trustworthiness*. New York: Russell Sage Foundation.

Hetherington, M. J. (1998). The political relevance of political trust. *American Political Science Review*, 92(4),791-808.

Holt, C. A., & Laury, S. K. (2002). Risk aversion and incentive effects. *American Economic Review*, 92(5),1644-1655.

Huang, J. K., & Peng, B. W. (2015). Consumers' perceptions on GM food safety in urban China. *Journal of Integrative Agriculture*, 14(11), 2391–2400.

Johnson, N. D., & Mislin, A. A. (2011). Trust games: A meta-analysis. *Journal of Economic Psychology*, 32(5), 865–889.

Johnson-George, C., & Swap, W. C. (1982). Measurement of specific interpersonal trust: Construction and validation of a scale to assess trust in a specific other. *Journal of Personality and Social Psychology*, 43(6), 1306–1317.

Juvina, I., Collins, M. G., Larue, O., Kennedy, W. G., Visser, E. D., & Melo, C. D. (2019). Toward a unified theory of learned trust in interpersonal and human-machine interactions. *ACM Transactions on Interactive Intelligent Systems (TiiS)*, 9(4), 1–33.

Kao, A. C., Green, D. C., Davis, N. A., Koplan, J. P., & Cleary, P. D. (1998). Patients' trust in their physicians: effects of choice, continuity, and payment method. *Journal of General Internal Medicine*, 13(10), 681–686.

Kao, A. C., Green, D. C., Zaslavsky, A. M., Koplan, J. P., & Cleary, P. D. (1998). The Relationship Between Method of Physician Payment and Patient Trust. *JAMA*, 280(19), 1708–1714.

Kim, Y., & Peterson, R. A. (2017). A Meta-analysis of Online Trust Relationships in E-commerce. *Journal of Interactive Marketing*, 38, 44–54.

Kohn, S. C., Quinn, D., Pak, R., de Visser, E. J., & Shaw, T. H. (2018, September). Trust repair strategies with self-driving vehicles: An exploratory study. In *Proceedings of the human factors and ergonomics society annual meeting* (Vol. 62, No. 1, pp. 1108–1112). Los Angeles, CA: SAGE Publications.

Lam, H. M., Remais, J., Fung, M. C., Xu, L., & Sun, S. S. M. (2013). Food supply and food safety issues in China. *The Lancet*, 381(9882), 2044–2053.

Lee, S. J. (2007). Preliminary examination of psychometric properties of the Korean version of the Specific Interpersonal Trust Scale. *Psychological Reports*, 100(2), 355–364.

Leisen, B., & Hyman, M. R. (2001). An improved scale for assessing patients' trust in their physician. *Health Marketing Quarterly*, 19(1), 23–42.

Levi, M., & Stoker, L. (2000). Political trust and trustworthiness. *Annual Review of Political Science*, 3(1), 475–507.

Levi, M., Sacks, A., & Tyler, T. (2009). Conceptualizing legitimacy, measuring legitimating beliefs. *American Behavioral Scientist*, 53(3), 354–375.

Lewicki, R. J., & Brinsfield, C. (2017). Trust repair. *Annual Review of Organizational Psychology and Organizational Behavior*, 4, 287–313.

Lewicki, R. J., & Bunker, B. B. (1995). Trust in relationships. *Administrative Science Quarterly*, 5(1), 583–601.

Lewis, J. D., & Weigert, A. (1985). Trust as a social reality. *Social forces*, 63(4), 967–985.

Liang, J., Liu, X., & Zhang, W. (2019). Scientists vs laypeople: How genetically modified food is discussed on a Chinese Q & A website. *Public Understanding of Science*, 28(8), 991–1004.

Lin, C. Y., Imani, V., Griffiths, M. D., & Pakpour, A. H. (2020). Psychometric properties of the Persian Generalized Trust Scale: confirmatory factor analysis and Rasch models and relationship with quality of life, happiness, and depression. *International Journal of Mental Health and Addiction*.

Liu, J. H., Milojev, P., Zúñiga, H. G. de, & Zhang, R. J. (2018). The Global Trust Inventory as a "Proxy Measure" for Social Capital: Measurement and Impact in 11 Democratic Societies. *Journal of Cross-Cultural Psychology*, 49(5), 789–810.

Lu, X., Xie, X., & Xiong, J. (2015). Social trust and risk perception of genetically modified food in urban areas of China: the role of salient value similarity. *Journal of Risk Research*, 18(2), 199-214.

Maoz, I., & Ellis, D. G. (2008). Intergroup communication as a predictor of Jewish-Israeli agreement with integrative solutions to the Israeli-Palestinian conflict: The mediating effects of out-group trust and guilt. *Journal of Communication*, 58(3), 490-507.

McAllister, D. J. (1995). Affect and Cognition-Based Trust as Foundations for Interpersonal Cooperation in Organizations. *Academy of Management Journal*, 38(1), 24-59.

McKelvey, R., & Palfrey, T. (1992). An experimental study of the centipede game. *Econometrica*, 60, 803-836.

McKnight, D. H., Choudhury, V., & Kacmar, C. (2002). Developing and Validating Trust Measures for e-Commerce: An Integrative Typology. *Information Systems Research*, 13(3), 334-359.

Mechanic, D., & Meyer, S. (2000). Concepts of trust among patients with serious illness. *Social Science & Medicine*, 51(5), 657-668.

Mui, L., Mohtashemi, M., & Halberstadt, A. (2002). A Computational Model of Trust and Reputation for E-businesses. *In HICSS'02 Proceedings of the 35th Annual Hawaii International Conference on System Sciences (HICSS'02)*, 7, 188-196.

Murphy, R. O., Rapoport, A., & Parco, J. E. (2004). Population Learning of Cooperative Behavior in a Three-Person Centipede Game. *Rationality and Society*, 16(1), 91-120.

Nadler, A., & Liviatan, I. (2006). Intergroup reconciliation: Effects of adversary's expressions of empathy, responsibility, and recipients' trust. *Personality and Social Psychology Bulletin*, 32(4), 459-470.

Newton, K., Stolle, D., & Zmerli, S. (2018). Social and political trust. In Eric Uslaner (Ed), *The Oxford handbook of social and political trust* (pp. 961-976). New York: Oxford University Press.

Nogoorani, S. D., & Jalili, R. (2016). TIRIAC: A trust-driven risk-aware access control framework for Grid environments. *Future Generation Computer Systems*, 55(55), 238-254.

Nooteboom, B. (2007). Social capital, institutions and trust. *Review of Social Economy*, 65(1), 29-53.

Oosterbeek, H., Sloof, R., & Kuilen, G. van de. (2004). Cultural Differences in Ultimatum Game Experiments: Evidence from a Meta-Analysis. *Experimental Economics*, 7(2), 171-188.

Ozawa, S., & Sripad, P. (2013). How do you measure trust in the health system? A systematic review of the literature. *Social Science & Medicine*, 91, 10-14.

Phillips, J. P. (2016). Workplace violence against health care workers in the United States. *New England Journal of Medicine*, 374(14), 1661-1669.

Rempel, J. K., Holmes, J. G., & Zanna, M. P. (1985). Trust in close relationships. *Journal of Personality and Social Psychology*, 49(1), 95-112.

Robinson, S. L. (1996). Trust and Breach of the Psychological Contract. *Administrative Science Quarterly*, 41(4), 574-599.

Rose, A., Peters, N., Shea, J. A., & Armstrong, K. (2004). Development and testing of the health care system distrust scale. *Journal of General Internal Medicine*, 19(1), 57-63.

Rosenthal, R. W. (1981). Games of perfect information, predatory pricing and the chain-store paradox. *Journal of Economic Theory*, 25(1), 92-100.

Rotenberg, K. J., Fox, C., Green, S., Ruderman, L., Slater, K., Stevens, K., & Carlo, G. (2005). Construction and validation of a children's interpersonal trust belief scale. *British Journal of Development Psychology*, 23(2), 271-293.

Rotter, J. B. (1967). A new scale for the measurement of interpersonal trust. *Journal of*

Personality, 35(4), 651-665.

Rousseau, D. M., Sitkin, S. B., Burt, R. S., & Camerer, C. (1998). Not so different after all: A cross-discipline view of trust. Academy of management review, 23(3), 393-404.

Safran, D. G., Kosinski, M., Tarlov, A. R., Rogers, W. H., Taira, D. A., Lieberman, N., & Ware, J. E. (1998). The Primary Care Assessment Survey Tests of Data Quality and Measurement Performance. *Medical Care*, 36(5), 728-739.

Schoon, I., & Cheng, H. (2011). Determinants of political trust: A lifetime learning model. *Developmental Psychology*, 47(3), 619-631.

Song, F. (2009). Intergroup trust and reciprocity in strategic interactions: Effects of group decision-making mechanisms. *Organizational Behavior and Human Decision Processes*, 108(1), 164-173.

Sun, Xi., Chang, G., & Li, F. (2011). A Trust Management Model to Enhance Security of Cloud Computing Environments. In 2011 Second International Conference on Networking and Distributed Computing (pp. 244-248).

Tam, T., Hewstone, M., Kenworthy, J., & Cairns, E. (2009). Intergroup trust in Northern Ireland. *Personality and Social Psychology Bulletin*, 35(1), 45-59.

Teschke, R., Wolff, A., Frenzel, C., & Schulze, J. (2014). Review article: Herbal hepatotoxicity — an update on traditional Chinese medicine preparations. *Alimentary Pharmacology & Therapeutics*, 40(1), 32-50.

Thom, D. H., Wong, S. T., Guzman, D., Wu, A., Penko, J., Miaskowski, C., & Kushel, M. (2011). Physician Trust in the Patient: Development and Validation of a New Measure. *Annals of Family Medicine*, 9(2), 148-154.

Ülbeği, İ. D., & Yalçin, A. (2019). The Validity and Reliability of Propensity to Trust Scale. *OPUS Uluslararası Toplum Araştırmaları Dergisi*, 12, 850-866.

Van Hoorn, A. (2014). Trust radius versus trust level: Radius of trust as a distinct trust construct. *American Sociological Review*, 79(6), 1256-1259.

Van Hoorn, A. (2015). Individualist-collectivist culture and trust radius: A multilevel approach. *Journal of Cross-Cultural Psychology*, 46(2), 269-276.

Van Lange, P. A., Rockenbach, B., & Yamagishi, T. (Eds.). (2017). *Trust in social dilemmas*. New York: Oxford University Press.

Vanhala, M., Puumalainen, K., & Blomqvist, K. (2011). Impersonal trust: The development of the construct and the scale. *Personnel Review*, 40(4), 485-513.

Wang, Y. D., & Emurian, H. H. (2005). An overview of online trust: Concepts, elements, and implications. *Computers in Human Behavior*, 21(1), 105-125.

Weigert, A. (1981). *Sociology of everyday life*. New York: Longman.

WHO. (2014). *Frequently asked questions on genetically modified foods*. Retrieved from https://www.who.int/foodsafety/areas_work/food-technology/faq-genetically-modified-food/en/.

Yamagishi, T. & Yamagishi, M. (1994). Trust and commitment in the United States and Japan. *Motivation and Emotion*, 18, 129-166.

Yamagishi, T. (2011). *Trust: The evolutionary game of mind and society*. New York: Springer.

Yamagishi, T., & Yamagishi, M. (1994). Trust and commitment in the United States and Japan. *Motivation and Emotion*, 18(2), 129-166.

Yamagishi, T., Akutsu, S., Cho, K., Inoue, Y., Li, Y., & Matsumoto, Y. (2015). Two-component model of general trust: predicting behavioral trust from attitudinal trust. *Social Cognition*, 33(5), 436-458.

Yuan, W., Shu, L., Chao, H.-C., Guan, D., Lee, Y.-K., & Lee, S. (2010). ITARS: trust-aware recommender system using implicit trust networks. *IET Communications*, 4(14), 1709–1721.

Zeng, P., Zhao, X., Xie, X., Long, J., Jiang, Q., Wang, Y., ... Wang, P. (2020). Moral perfectionism and online prosocial behavior: The mediating role of moral identity and the moderating role of online interpersonal trust. *Personality and Individual Differences*, 162, 110017.

Zhang, Y., & Sun, Y. (2018). The Effect of Ideology on Attitudes toward GM Food Safety among Chinese Internet Users. *Sustainability*, 10(11), 4326.

Zhao, L. (2014). Violence against doctors in China. *The Lancet*, 384(9945), 744–745.

Zhu, Q., & Horst, M. (2019). Science communication activism: Protesting Traditional Chinese Medicine in China. *Public Understanding of Science*, 28(7), 812–827.

15 社会认同[①]

15.1 引言 / 468
15.2 概念及理论基础 / 469
15.3 社会认同和集体行动 / 472
　15.3.1 集体行动的产生机制 / 472
　15.3.2 集体行动的社会认同模型 / 473
　15.3.3 集体行动社会认同模型的验证 / 474
15.4 社会认同与身心健康 / 475
　15.4.1 心理压力 / 475
　15.4.2 成瘾行为 / 477
　15.4.3 幸福体验 / 478
15.5 社会认同与相对剥夺感 / 479
　15.5.1 相对剥夺与集体行动 / 479
　15.5.2 社会认同的相对剥夺模型 / 480
　15.5.3 相对剥夺引发的现象 / 481
15.6 社会认同与社会变迁 / 482
　15.6.1 社会交往 / 482
　15.6.2 社会观念 / 483
　15.6.3 社会分化 / 484
15.7 社会认同与社会整合 / 485
　15.7.1 社会整合的宏大叙事 / 486
　15.7.2 社会整合的族群模式 / 487
　15.7.3 社会整合的人格基础 / 487
15.8 思考与展望 / 488
参考文献 / 490

15.1 引言

社会心理学需要以个人与社会的关系为基础展开探索研究。学界经常使用社会认同（social identity）来解释复杂社会环境和社会变迁中人们的社会心态以及描述人们处理社会关系时的行为特征。社会认同理论（theory of social identity）被用来解释同诸多社会范畴相关的社会行为。随着经济发展、时代进步以及网络社会的盛行等，社会认同越来越成为研究群体利益整合、互动交往、行为决策等方面

[①] 本文系国家社会科学基金重大研究专项"加强社会心理服务体系建设研究"（18VZL009）的阶段性成果。

的关键概念,成为个人和群体调整自身行动、评判他人行为及社会现象的价值准则。亚里士多德说,人从本质上讲是一种社会性动物,那些生来就离群索居的个体,要么不值得我们关注,要么不是人类。涂尔干认为,社会通过产生集体意识而影响个体,集体意识通过共有的行事方式表达出来,它是一种施加于行为之上的道德约束。社会群体往往承受着一定的驱动力和压力,将自身群体同另一个或者其他群体区分开来。个体价值取向与社会要求遵循的价值取向也可能常常处于冲突的状态。社会群体内部发生了什么,社会群体之间发生了什么,群际行为和群体过程是怎样的,成为一名群体成员的心理基础是什么等,这些都是社会认同理论关心的问题。

15.2 概念及理论基础

塔菲尔和特纳在20世纪70年代提出社会认同的概念及理论,此后,有关这一概念的认知与讨论一直处于快速而持续的发展进程中。社会认同是自我认知的一部分,个体知晓自己属于哪些群体以及所属群体赋予自己怎样的情感与价值意义。通过对特定群体的认同,个体逐渐了解他人和自己,从所属的团体成员身份中获得自我意识。社会认同理论根据个体与某些群体之间的关系来对个体进行生活定位。处于社会中的每个个体,总是将自己与某些群体或社会类型联系起来,从而为自己构建这样或那样的社会认同。现实世界中,每个人都拥有多个不同的社会身份,相应地,人们会对自己的每一个身份都产生一定的认同度。由于每个个体都拥有固定的身份,因此个体对身份的认同等价于个体对身份所属群体的认同。社会认同通过改变偏好进而改变个体行为,提升个体对内群的社会偏好水平,使其做出更加有利于内群的行为。

社会心理学家米德(Meader,1934)区分了经验的两种维度:一种是生活经验中的"客观"事件,另一种是对这些客观事件的符号性解释。客观事件通过心理意象的形式使得"过去"成为"现在",也即是个体意识中的客观事件总是"内涵化"的现实经验。社会认同的活动机制正是将以往的经验效应条件化地融入进当下经验的图式结构之中。自我的观念是在社会互动中产生的,自我必须在社会交往中才能得到解释。人性、自我和社会都是在社会交往中形成的,人是社会性动物,如果没有亲密的人际关系,人性就无法形成。人们在选择与自己交好的关系时,往往会选择与自己有相似或相同社会认同的个人或群体,这是因为共同的文化意识、价值信仰等会产生信任。社会认同的形成是一个动态的发展过程,个体在生命的各个阶段都会面临认同的再形成,有时,认同的矛盾和冲突会构成程度不一的心理挑战。处于身心走向成熟阶段的青少年以及身心基本稳定和成熟的成年人在日常生活中都会不断地进行认同的维护、修正和再形成的心理活动。为了有效地计划、管理和控制自己的生活事务以及完成各种生活目标,个体需要通过一种稳定的、有意义的认同结构来保持在跨时间和空间维度上自我连续性。自我连续性既是个体正常心理活动的前提,也是需要。连续性的边界因个体差异而有所不同,但长时间的自我边界缺失会对个体心理将造成极大压力,超负荷的自我断裂即认同的空挡会妨碍个体应对日常生活事务以及完成各种生活目标。在自我连续性的主线之下,适度可控的非连续性才有助于认同的再形成。相对稳定而又不失边界的、灵活的认同结构会提供给个体搜寻与加工信息及记忆,解释经验,接受和解决问题,做出判断及决策等一系列心理活动的参考框架。

社会认同理论认为,个人的自我概念不仅来源于他们的个人身份,也来自他们自己所属的社会类别。当一个人以主观的方法将自己所在群体的特点加入到对自我的定义中时,这种共同的社会身份就会成为个体评价自己的重要参考点,从而深刻影响他们的思想、行为和情感(Richer,2012)。社会认同的建构需要载体来加以完成。个体在与他人频繁互动的生活经验中不断被灌输和接受语言、符号、意义、价值以及道德等文化元素,对它们能够进行自动的信息加工,形成意识和无意识当中的较为稳定的判断标准,也即社会认同的核心成分。随着解释和反思性内容的推进,社会认同演绎出不断延续的管理过程。在相对稳定和常态性的生活环境中,社会认同的叙事相对平淡,呈现为例行式生活事务。这种状态下,社会认同的维护往往处于无意识水平,偶发的生活经验基本类同于以往常见的同质性话语范畴,不至于挑战社会认同的观念区间。社会认同在本质上不是封闭的和既定的,而是开放的和呈现次动态的稳定性。个体不是被动接受外界强加于身的社会认同的样本,而是主动生成自己同外界相契合的社会认同的内容。不是所有的外界事件都会促发认同管理,但是在属于社会认同的观念标准的一致性和专属性受到冲击时,认同管理的建构机制会活跃起来,完成未来一系列社会认同的维护、加强、修复以及更改等活动。特殊事件导致的憾人情感,鲜见境遇预示的转折节点,激烈动荡引发的角色转换等非常态生活事件都将强化社会认同建构的自发意识。社会认同的开放性和自觉性成为认同管理得以实现的前提条件。在认同管理的过程当中,不确定性经常导致个体对以往固着的他人及事件的意象摇摆不定,心理上自然泛起焦虑、担忧和怀疑,行为上随之表现出徘徊、退缩和犹豫。博弈张力时常使得个体社会认同建构的过程停顿、悬置、中断或者取消。

社会认同理论认为,个体通常会基于自己的身份群体去形成积极的社会认同,并从中获得存在的利益和意义。暂时的劣势群体身份虽然可能带给个体诸多的困扰,但与身份群体相对应的社会认同仍然能够建立,并且在大多数时候,这种对应关系会保持良好。不过,关键需要注意的是,群体身份和社会认同都不是静态存在的。一个健康的社会需要保持合理的流动机制,确保群体身份和社会认同的动态变化;需要维持不同群体间边界的可跨越性、群体间关系的可对话性以及群体间共存的可持续性。反之,如果一个社会缺乏合理的流动机制,不同群体间边界固化、群体间出现关系对抗或共存崩离,那么这必将是冲突不断、危机四伏的分裂社会。一个健康的社会想要保持合理的活力,就需要有充足的通道和机会,包括允许个体通过参与社会活动、社会竞争去实现群体身份优化和社会认同重塑。当上述通道和机会较为匮乏的时候,劣势群体里的成员更容易对于群体间的社会阶层地位和权益差距表现出情绪上的不满,他们更容易强化与身份群体相对应的社会认同,也更容易动员相对统一的社会认同去发动和组织集体行动,进而改变群体间的不平等状况。从心理层面上说,群体间较为严重的不平等状况导致了劣势群体的成员个体遭受社会不公正的内心感受,加大了他们对于自己集体效能的信心,更加强烈的消除群体间差异的愿望主导了他们的社会认同。

社会认同理论认为,当个体对内群体抱有强烈的认同感,并且认为目前的群际关系不公平和不稳定时,则更可能参与到以改变群体现状为目标的集体行动之中(Tajfel 和 Turner,1986)。个体对自己所属群体产生认同后,在基于自身的劣势情况而想要恢复名誉、获得利益而发动群体性行动。个体的社会认同不仅受自己所在内群影响,还会收到相关外群体影响,当群体身份受到威胁时更容易激发群体行动。集体行动的社会认同模型进一步证明了社会认同在集体行动中的重要影响力(Van Zomeren 和 Postmes,2008)。个体通过社会分类,对自己的群体产生认同,并产生内群体偏好和外群体偏见,个体通过实现或维持积极的社会认同来提高自尊(张莹瑞,佐斌,2006),积极的自尊有利于群体成员更好地发挥自己的优势和长处。社会认同对集体的效应也可以发挥到健康方面,哈斯拉姆(2018)提出,社会认同在塑造人的身心以及行为健康方案发挥着重要作用。社会认同可以缓解压力给人带来的负面影响(Ketturat,2016),一定程度上有利于提高人们的身体和心理健康。国内外学者针对社会认同在成瘾、心理疾病等治疗方面的作用做了研究,发现通过将问题群体成员(如酒精毒品成瘾者、抑郁症患者)集中在一起,产生共同的康复认同可以推动他们更好地恢复健康。当弱势群体的利益受到侵犯时,除了容易引发群体性事件,也会使他们产生相对剥夺感。克兰德曼斯(2002)提出,人们参加集体行动最主要就是因为他们的集体利益受到了侵犯,让他们感受到了相对剥夺。也就是说,他们产生了同样被剥夺的认同感,于是诱发产生了抗议行动。格朗(2008)在此基础上,提出了社会认同的相对剥夺模型,并对其进行了验证,更加证明了社会认同与相对剥夺的重要关系。对于个体而言,其所具有的社会认同并不是一成不变的,会随着周围环境以及各种变化而发生改变,包括添加新的社会认同以及取消已有的社会认同(付义荣,葛燕红,2018)。社会变迁下的社会认同呈现出多样化趋势,对个体利益的获取逐渐取代对集体效能的追求,人们的社会交往方式、集体行动表达都发生了改变,甚至影响到了社会结构的分化革新。在全球化和互联网影响下的今天,传统社会走向现代社会,社会分化程度空前加深,社会共识较为缺乏。因此需要发挥社会认同在整合社会共识中的重要作用,推动整个社会健康发展,保证社会的长治久安。

15.3 社会认同和集体行动

集体行动已经成为社会认同理论的核心研究问题,国内外学者对其进行了全方面多角度的研究。这些研究最早出现在20世纪70年代中后期的西方国家,更多地带有西方国家个人主义、契约和权利的色彩。我国关于集体行动、群体性事件与社会认同的研究起步较晚,相关具有中国社会文化特点的理论尚处在探索总结当中。近年来,随着社会的巨大变迁、互联网技术的普及和社会流动的加快,社会各类群体性事件增多,基于这一背景,深入了解和研究集体行动与社会认同在实践和理论方面都有重大意义。从实践方面来说,研究集体行动能够更好地了解群体的利益诉求,助推社会现实问题的解决,推动相关方面法律制度的完善。从理论方面来说,研究集体行动有助于深入了解相关行动的内在发生机制,促进社会认同的发展、提升和丰富。

15.3.1 集体行动的产生机制

个体对自己所属的集体产生认同后,更容易产生相关的集体行动。集体行动与社会认同的关系密切。范·佐梅伦(Van Zomeren,2016)将集体行动定义为个体为追求群体目标而采取的任何行动。处于劣势地位的群体更容易被激发起集体行为,而这些行为是推动社会变革的主要途径(Martijn,2012)。每个人都有一系列不同的社会身份,一个人可以是老师的学生、父母的女儿、无神论者、素食主义者、爱国主义者、相声爱好者等,这些关系构成了重叠身份的复杂模式。分属于不同身份下的某个人有不同的社会群体,在现实生活中或多或少会参与某一群体的群体行动。玛利亚·科维奇(2020)认为,人们意识到自己属于某一群体,是在有一种身份确定的情况下产生的。确定某一社会身份有助于人们对自己所属的群体产生强烈的社会认同,对这一群体产生更强的包容性和理解。同时确定的社会身份带来的认同感也会让个体对自己所属的群体产生归属感和责任感,当这一群体的权益受到损害时,个体就会通过组织集体行动来维护群体权益,恢复身份。社会认同加强了集体劣势带给群体的情感体验,使得群体事件和情境与自我更加相关,包括保护、维护的动机以及个体想要恢复积极的社会身份。社会身份不仅被认为是预测集体行动的因素,同时也是效能和对劣势的不公正反应之间的核心概念和心理桥梁(Van Zomeren, Postmes, 2008)。当个体在群体中感受到某种歧视或是不公正的情绪时,就会产生愤怒和怨恨,认为自己的合法权益被剥夺,进而引发所属群体的社会行动。个体强烈认同相关群体时,不公正或者歧视带来的集体劣势就会引发更强烈的群体愤怒,集体行动就此发生。与此同时,强烈的社会认同会进一步提高个体的集体效能信念,因为个体可以从所属的内群体中感受到社会支持,认为通过所属群体可以完成自己的目标,人群体目标的实现有助于个体实现自己的价值。班多拉(1997)提出,集体效能是动员个体进行集体行为的重要因素,人们相信他们的群体是有效的,自己能通过集体效能达到个体效能的实现。政治效能和对政府的信任感都强的人倾向于参加政府组织的传统活动,而对政府不信任、认为政府达不到他们意图的人则更愿意选择对抗性的反传统的活动。集体行动在社会认同的基础上产生,人们的身份认同、遭遇群体不公正时的愤怒、对群体效能的感受等,都会推动集体行为的产生。

15.3.2 集体行动的社会认同模型

学界对个体采取行动克服自己所属群体的劣势做了较多研究。范·佐梅伦等人(2008)提出了集体行动的社会认同模型(social identity model of collective action, SIMCA),其核心是社会认同在促进集体行动中发挥中心作用。SIMCA提出了确认集体行动心理和动机的三种方法:集体效能法、不公正法以及基于身份的方法。每一种效能、不公正和身份的解释都对集体行动的产生作出了贡献,当个体开始认为自己能够在所属群体中得到强烈的社会支持,也就是具有较高的集体效能信念时,更容易激发集体行动。当人们所在的群体遭遇了歧视和不公正现象时,个体就会对这些现象产生强烈的情感反应,例如愤怒、生气等情绪,进而采取行动。同时在集体行动中,个体也会对自己的社会身份产生进一步的认同和分类,一旦个体参与某种社会行动,就意味着其对自己的身份归属有了确定。在SIMCA的基础上,托马斯和麦加里(Thomas 和 McGarty, 2009)提出了集体行动中社会认同的封装模型(encapsulation model of social identity in action, EMSICA),这一模型认为,个体对不公正行为产生强烈的情感反应并且相信群体努力可以克服这种状况,是社会认同产生的基础,个体的信念促进了社会认同的产生发展。他们认为情绪和效能本身就能够引发对作为群体成员的"我们"这一共同概念,并且相信人们可以在这种"我们是谁"的共同概念的引导下克服群体遇到的不平等和歧视,在"我们"的理念中衍生出对群体的社会认同,进而引发集体行动。SIMCA 和 EMSICA 这两个模型虽然对效能、情绪与社会认同的因果顺序有不同理解,但都承认了社会行动在集体行动中的中心作用。马基恩等人(2017)对集体行动的社会认同模型做了进一步延伸,在道德认同的基础上将道德动机也纳入了模型中,有效地将"我们是谁"和"我们不会"相结合。群体的社会认同往往与集体行动的道德动机交织在一起,个体会通过为自己认可的事情或肯定不支持的事情而斗争来保护其道德信仰,该研究将 SIMCA 扩展到包括违反道德信仰和身份内容的集体行动中。范·佐梅伦和托马斯的研究是基于劣势群体的集体行动形成的模型,那么这两种模型放在优势群体中是否会依旧有效?艾玛·托姆和艾琳娜(2020)通过对澳大利亚具有全国代表性的纵向面板数据调查弱势群体和优势群体后发现,两者的结果基本一致,模型依旧是成立的,社会认同在优势群体的集体行动中依旧具有中心地位,但是同时也确认了效能在优势群体集体行动中的复杂性,进一步证明了集体行动的社会认同模型是具有普遍性的。关于集体行动与社会认同的模型还在继续发展和延伸,无论如何变化和丰富,社会认同在集体行动中的核心作用都是成立的。

15.3.3 集体行动社会认同模型的验证

集体行动的社会认同模型在现实中也得到了广泛的应用,社会身份、群体情绪、集体效能都会激发民众在日常生活中的集体行动。社会中的每个个体都拥有不同的社会身份,多重身份和身份重叠使得人们会存在于多个群体中,也会接触到各种不属于自己的社会群体。个体面对不同种类内外群体时的态度,取决于其某一群体的身份认知,社会身份的复杂性以及显著性在个体接触不同群体时发挥的中介作用。较高的社会身份认同与社会接触质量能够减少群体之间存在的偏见,降低群体冲突发生的频率(Marija Brankovic,2018)。周至家(2011)的研究发现,在环境保护运动中,城市居住者的身份往往成为被塑造的对象。例如在厦门 PX 项目事件中,"我是厦门人"的口号成为了号召大家进行环保行动的重要口号,并且有利于在城市中形成市民集体身份认同的状况。大量研究表明,群际不平等条件下,低地位群体可能会采取一系列的抗争行为,最终导致集体行动产生。当处于少数地位的人们对某一社会问题的态度是建立在强烈道德感的基础之上时,他们更渴望参与到公开的集体行动中,认为这种集体行动是不受他人影响的可以表达自己价值观的方式。陈满琪(2014)通过对农民工群体进行研究后发现,他们在遭受了群际不平等对待和歧视的状况后,其行为倾向除了采取抗议行动以外,还会向外群体求助或接受来自外群体的主动帮助。随着以微博、微信、抖音等新媒介为主的社交方式逐渐席卷全世界,网民针对社会不良事件合力发声的集体行为越来越多,引发的各种舆论也开始发挥着更为重要和突出的导向作用。高文珺和陈浩(2014)在对微博等新媒介进行研究后提出了网络集体行动与传统集体行动具有相似点,即都是在社会认同的前提下产生。网络集体行动的直接动机是认知情绪驱动,遭遇不公正事件会激发网民的愤怒情绪,进而爆发集体行动。那些对自己所属群体认同度高的人倾向于将自己的个人利益和群体利益结合起来,当群体受到威胁或处于不利地位时,更容易形成内群体偏好和外群体偏见,个体会选择参与到争取群体利益的集体行动之中(Giguère, Lalonde, 2010)。因为他们相信自己会从所属的群体中获得效能,因此维护群体的利益就是维护自己的利益。薛婷和陈浩(2013)以中日撞船事件、利比亚事件和就业性别歧视现象为调查蓝本,开展问卷和实验调研,发现不同种类的效能感会加强人们参与现实和网络集体行动的倾向,效能感在集体行动中发挥的作用非常明显,更大范畴来说这些集体行动体现了民众对所属群体的高度认同。

15.4 社会认同与身心健康

国内外学者对于社会认同与身心健康展开了全方位的研究。与西方学者个人权利主义色彩较重的研究相比,中国学者的研究带有更强烈的群体研究意识,大多数关注的是社会弱势群体(如农民工、留守儿童、就业困难群体等)。完善社会认同理论在不同领域、不同特征群体的身体和心理健康的研究,推进相关医疗技术与心理学结合,针对问题群体有效开展治疗,有助于推动提高整个社会群体的生活幸福感。

15.4.1 心理压力

自尊与幸福在很大程度上都来自外界给我们的评价(Crocker 和 Park, 2004),这种情况在带给人们对共享社会身份渴望的同时,也使社会比较欲望引导下的心理压力悄然产生。在社会认同的过程中,特别是身处某一个群体时的成员身份,对理解压力的产生和发展过程是重要的。群体认同是缓解压力的重要社会因素(Haslam 和 O'Brien,2005)。"痛苦的人更愿意与自己一样痛苦的人一起等待",因为这有助于他们建立一种共同的社会认同感,但同时也是他们面对即将到来的压力开端。当处于压力之下时,人们会感到孤单,并渴望从他人的存在中获得安慰和利益,即获取社会认同中的集体效能。只有当一种共同的社会认同被唤起时,群体中其他人的存在才能够减少某一个体的压力反应。哈斯拉姆和赖歇尔(2012)提出,如果人们高度认同自己所处的群体,认为自己与团体成员拥有统一的身份,就会产生信任感和依赖感,感受到较少的压力和较多的愉悦。有关研究表明,当女性学生因为外貌不够好而不愉快时,让她们感受到压力的不是自己的性别身份,而是来自同班同学的压力,这就意味她们身边群体成员的态度决定了其遭受压力源时的反应。如果群体对有外貌压力的同学给予足够的包容以及高度的认可时,则会大大降低这些同学的压力,提高她们的自信(Reicher 和 Cassidy,2006)。社交网络与社会认同在压力中存在显著的交互作用。尽管处于社交网络中心的人会有较高的社会资本,但同时也会承受一定的社会压力,群体认同的程度在他们所承受的压力中扮演重要角色(Mojzisch 和 Frisch,2020)。群体认同程度较低的个体在社交中压力较大,群体认同程度较高的个体在社交中的压力较小。同时,当没有共同社会认同的前提下,他人的陪伴并不会被认为是安慰和放松压力的来源,反而可能被视为不愉快体验的来源,个体会认为他人这时的陪伴意味着嘲笑。近来,社会认同开始突破传统社交的界限,在新型社交中也发挥着重要的作用。刘毅和卢雨楠(2019)研究影响微信红包使用的因素后发现,当处于同一个微信群时,个体会跟随群里的其他人一起发红包、抢红包。这种行为与主动产生的亲密归属感不同,个体在进行人际交往与群体活动时,往往会因为感知群体中的压力而做出从众行为,以此来达到目的的满足以及被动的融入。当个人意识到自己属于特定群体时,会获得群体带给自己的价值和意义,同时也会受到来自群体的约束和压力。群体压力感知程度越强,群体对于个体行为的修正效果越明显。社会认同在压力评估和应对中起着重要作用,当处于压力之下,人们会感到孤独和不安,需要从外界获得安慰和力量。但是在某些情况下,别人的存在并不能够保护我们免受压力的困扰,反而会加剧压力放大。一个共同的群体身份给予了个体社会支持,并减少了发展道路上的阻碍,"我们正在一起经历这一切"的感觉可以有效减弱人们所经历的压力反应(Häusser 和 Kattenstroth,2012)。但它会同时带来的负面影响就是,人们无法对自己在某一件事上的失败进行外部归因,这无疑又加重了他们在做某一件事时的压力。在社会认同的指导下,正确认识和面对自己在生活中所遭遇的各种压力非常重要。

15.4.2 成瘾行为

由于社会认同从根本上塑造了人们的心理和行为,因此对健康也产生了重要影响(Haslam,2018)。克吕维(2013)等人发现,对自己所属群体有积极而强烈认同感的抑郁症患者,会康复得更好。社会认同理论与康复治疗结合的模式被大量应用在成瘾行为的研究中(Cruwys 和 Stewart,2020)。在匿名戒酒和匿名戒毒的群体中,瘾君子对于恢复正常社会生活和社会身份的倾向与减少药物酒精使用以及降低复发率具有明显的正相关。加入积极戒断成瘾行为的群体有助于实现瘾君子的目标(Buckingham,2013)。集体效能感是使瘾君子从不安中获得康复的重要促进因素。群体力量能够将人们聚集在一起,共同感知和挑战耻辱感以及社会福利障碍所带来的痛苦(Tew,2012),从而最大限度激发康复热情,让他们相信,通过共同努力,加之群体能够提供的支持和约束,最终能够实现康复的理想。丹尼尔·弗林斯(2014)等人对社会认同指导下的团体治疗进行了系统研究,提出了将社会认同与团体治疗结合起来,对有戒断需求的瘾君子进行康复治疗。团体治疗提供了许多发展"康复身份"的机会,例如组建治疗小组,培育小组成员的集体自尊和康复的共同目标,并进行积极的经验分享。一旦一个以上的群体成员取得了显著的戒断效果,那么就会产生一个积极的再循环,增加群体中另外的人的信心,提高成功率。拉米兹·巴西施(2017)等人进一步验证了身处积极社交网络圈(如加入团体治疗)对戒瘾成功的重要作用。在对澳大利亚康复生活调查数据进行研究后他们得出,人们戒除毒瘾与社会认同以及社交网络的显著变化有关。这些人在接受团体治疗后,其社会联系有了实质性的改变,即个体会从社会孤立状态向相对积极的社会联系状态转变。加入戒毒治疗群体后,他们有了更健康的社会网络以及对所处环境的社会认同度提高所带来的社会身份转变,这进一步推动了毒品成瘾者戒断行为的顺利进行。利特和卡登(2009)对 186 名毒品成瘾者和酒精成瘾者进行为期两年的跟踪调查后发现,进入到团体戒断治疗中的瘾君子在一年内持续戒瘾的可能性比单独戒断的人高出 27%。贝斯特(2012)等人对 98 名海洛因成瘾者和 107 名酒精成瘾者的调查研究也发现,花更多时间与处于康复期的人在一起接受治疗,会更有效增加瘾君子戒瘾成功的可能性。国内关于社会认同理论指导下的戒断成瘾行为研究较少。邓泉洋(2019)对社区戒毒所的戒毒人员进行研究后发现,社会认同视角下的多层级身份构建可以使个体在不同身份转换中获得不同的情感体验刺激,为瘾君子持续转变提供动力。针对毒品成瘾群体的同伴教育服务项目大大增加了戒毒的成功率,降低其复吸的可能性,值得进行推广。综上,相对于个人的独立戒瘾行为,团体治疗的优势在于其提供了一个强化系统,在瘾君子挣扎时给予积极支持,在他们违反团体规范时采取制裁措施,从而大大减少了恢复上瘾行为的可能。社会认同在这其中发挥了重要作用,认同度较高的群体成员认为自己与群体中成功的个体应该是相似的,因此只要有一个以上成功摆脱毒瘾酒瘾的人,就会坚定他们戒瘾行为的持续,个体的集体效能感、自我效能感都会大大提高。

15.4.3 幸福体验

迪纳(2009)的主观幸福感理论认为,只有当个体的需要得到满足或目标得以实现时,其幸福感才会被满足和提升。尽管能够感受到幸福是人的一种自然能力,与个体稳定的人格特质有密切关系,但是人们的主观幸福感与生活满意度还是会受到很多外界因素的影响(Diener 和 Oishi,2003)。人们非常渴望能从与他人的关系中获得认同和肯定,被自己所属的群体所认同和接纳,从而获得归属感,满足个体的自尊感和存在意义。自我概念中如何定义自我即体现了个体的自尊,自尊是一个人对自己的积极或消极的评价(Smith,Mackie,2014),对自己的积极评价意味着个体幸福感的提升。一个人自我概念的很大一部分是由他在社会群体中的成员身份以及与这些群体的联系来解释的(Pedersen 和 Hsu,2013),社会群体成员身份对个体的自我概念和行为极为重要。集体自尊在个体的生活满意度方面发挥着重要作用,两者呈显著正相关,与抑郁程度呈显著负相关(Kim 和 Omiz,2005)。当个体将自己与某类人归为一类并且认为与这类人享有相同的社会身份时,就会产生积极的社会认同、归属感和自尊满足感,自身幸福感得到提升。文森特·杜托(2020)强调社会认同视角下集体自尊所发挥的重要作用,在对他 Linkedin、Instagram 和 Facebook 用户的主观幸福感进行调查研究后发现,社会认同程度较高的个体,其集体自尊感较高,这对他们的主观幸福感产生积极影响。一个人的社会身份可以增加其主观效用和幸福感,当与周围人的同化程度较高或得到较高的关系认同信号时,他们的幸福感会随之提升。关系身份和关系认同信号是提升外来群体生活满意度的重要因素(Kreuzbauer 和 Chiu,2014)。孟祥斐(2014)以深圳和厦门的调查数据为主,从社会凝聚角度出发,对居民幸福感进行研究。发现较高的社会认同会增加社区居民的社会凝聚力,进而提升居民的生活幸福感。邵蕾和董妍(2020)等人以1 719名居民志愿者为研究对象,探究了社会认同和控制感在社会排斥与主观幸福感之间的中介作用。得出社会认同和控制感在社会排斥和主观幸福感之间的中介作用均是显著的,社会认同程度越高的居民,其生活满意度就会越高。综上,社会认同在人们的幸福感提升中发挥着重要作用,如何减少群体间、群体内部的社会排斥以增加社会认同,这值得未来的研究者关注。

15.5 社会认同与相对剥夺感

相对剥夺感已经成为心理学、社会学、政治学和经济学等领域的重要研究课题。一直以来,关于相对剥夺感的研究经常涉及集体行动和社会认同。相对剥夺关注的是由社会不公造成的不平等体验,社会认同理论研究的核心问题之一是集体行动,而相对剥夺感导致的直接后果常常是由于社会不公引发的集体抗议行动。这些集体抗议行动代表着弱势群体为实现社会变革和保护自身合法权益而做出的来自基层社会的集体努力。研究相对剥夺、集体效能与社会认同有助于进一步了解社会不公平现象引发的集体行动者的社会心理因素,推动相关问题的解决和改善。

15.5.1 相对剥夺与集体行动

相对剥夺感中所包含的情绪因素对于集体行动具有比较强的预测作用。人们参加集体行动的主要原因在于其自身利益受损而引发的一种不满情绪的反应结果。也就是说,相对剥夺的认知成分和情绪成分是集体行动的重要诱发变量(Klandermans, 2002)。当个体将自己与其他人或者其他群体进行对比时,会为别人有而自己却缺少的部分感到不满,继而产生愤怒和沮丧的情绪。这种情绪一旦在群体中的其他成员处扩散开,就会激发起抗议的群体行动(刘中起,孙时进,2016)。相对剥夺理论认为,人们产生集体行动的关键是产生了相对剥夺的感觉,即当人们在与特定他人进行社会比较之后,觉得自己本应该和别人一样获得某些政治、社会权利或经济利益,但是实际结果却被剥夺,这会在主观上形成一种不公正感,由此激发个体进行一些相关的集体行动(Wright 和 Stepehen, 2009)。一般来说,当弱势群体的成员在重要方面的待遇不如优势群体成员,他们所认知的相对剥夺就会出现,进而导致消极情绪,尤其是愤怒、挫折和怨恨,这种情绪反应会促使人们接受或参与解决不公平以及歧视的集体抗议行动(Abrams 和 Grant, 2012)。

不过,群体成员又是理性的,知道参与抗议行为会给自己和家人带来一些负面后果,也可能导致优势群体对其所在的群体采取报复行动。因此他们在决定参加抗议活动之前,会评估此次行动会可能给自己以及家人带来的损失。只有当认为这次行动是有效的,从中获得的利益比损失大,即感知到了集体效能的时候他们才会参加(Sturmer 和 Simon,2004)。一旦弱势群体的成员经过评估后发现,集体抗议行动能够帮助他们获取到正当合理的需求,恢复社会身份,就会认为这种行动是有效的,这也进而使得群体成员相信,他们作为一个群体一起工作将更有可能会影响到社会变革(Grant,2015)。集体相对剥夺感也被用来解释社会变化对某些个体或群体带来的威胁感。消极社会变化的数量和消极社会变化的速度都与不同的集体相对剥夺感有关。当大量快速的负面工作变化发生后,例如新技术和新治疗方案的引入给工作带来了难度以及将工作环境变得更加具有挑战性时,群体也会产生相对剥夺感,认为自己没有被尊重并处于劣势,于是就会爆发群体性的反抗行动以改变现状(Tougasde 和 la Sablonnière,2003)。与此同时,时代和技术的发展使人们进入互联网新媒介时代,网络中也形成了各种各样的群体,网络集体行动同样吸引着学界的关注。高文珺和陈浩(2014)以微博中的网络集体行动为研究对象,借鉴了集体行动的社会认同模型,得出当人们面对弱势情境时,会围绕着共同的命运和共同的利益而发展形成一种共享的社会认同,进而在这种弱势情境和共同的社会认同之下引发相关的集体行动,以获得维权和恢复身份。相对剥夺通常会发生并扩散至某一具有共同社会认同的群体中,进而引发出相对应的集体维权或抗议行动。了解某一群体的集体行动能更好地了解该社会群体的具体需求,并采取相关措施满足其合理需求,进而推动社会和谐。

15.5.2 社会认同的相对剥夺模型

弱势群体成员在强烈认同自己所归属群体的时候,更可能参加集体的抗议活动(Klandermans,2014)。拥有强烈群体认同的个体认为自己完全属于这个群体,这种想法构成了他们自我概念的重要组成部分。对群体有强烈认同感的弱势群体在感受到群体遭遇了不公平对待时,会产生群体相对剥夺感,并容易引发带有不满和愤怒等情绪色彩的集体反抗行动。也就是说,社会认同是群体相对剥夺感产生的重要基础因素。集体相对剥夺会导致抗议行为的产生,并且一个群体的社会认同度越高,就越能够激发起人们抗议某一不公平的社会现象(Walker 和 Smith,2002)。格兰特(2008)提出了一个相对剥夺理论与社会认同理论相结合的模型,并对之进行了验证。模型假设集体相对剥夺感的情感成分体现为,社会上大多数群体对弱势群体遭遇不公平产生的情绪以及弱势群体在应对相对剥夺感时的消极情绪反应的结合,研究考察了相对剥夺感的两个组成部分即认知集体相对剥夺和情感集体相对剥夺对抗议行为的影响。发现某一群体中的成员越强烈意识到他们的群体受到了不公平待遇,就越有可能参与到抗议行动中;某一群体中的成员在不公平中越是感觉到愤怒和生气,就越有可能参与到抗议行动中。该模型较好地将社会认同理论与相对剥夺感结合起来考察集体抗议行动,但是这一模型中并没有包括感知的集体效能的研究。有许多研究显示,群体的抗议行动也存在很大程度上的理性判断,只有当弱势群体的成员认为集体抗议行动是有效的,能够为他们带来利益时才愿意采取行动。当他们判定某一集体行动可能代价高昂,并且有很大可能不成功时,他们就不会选择参加这一活动,因此,将集体效能感结合到模型中会更加合理。因此,有学者将集体效能加入到社会认同与相对剥夺的模型中,提出了社会认同的相对剥夺模型(social-identity relative deprivation,SIRD),它是社会认同理论、相对剥夺理论和强调集体效能感重要性的资源动员理论的一种特殊整合。相较于个人的相对剥夺感,SIRD模型重点研究了集体的相对剥夺感。彼得(2014)等人详细阐述了这一理论,并重点考察了以下三种情况:当弱势群体受到多数群体的不公平对待时,就会产生沮丧和怨恨;群体中只要有一个以上的成员对某一事物产生了认同,就会影响集体行动的产生;弱势群体的社会地位不安全感会影响认知集体相对剥夺和情感集体相对剥夺两个组成部分之间的关系。多米尼克·艾布拉姆斯(2012)等人认为群体和个人的情绪是有不同的前因后果的,在SIRD中,只有集体相对剥夺感才会导致机体抗议行动的产生,而个人相对剥夺感则只会导致个体主观幸福感缺乏,进而引发抑郁情绪。他们的研究发展了SIRD模型,提供了一个更全面的解释相对剥夺、社会认同以及群体效能相结合的方式,这种方式会影响集体和个人在应对劣势时的不同反应。社会认同的相对剥夺模型的提出和发展,有助于我们更好地更深刻地了解集体抗议行动的产生和发展。

15.5.3 相对剥夺引发的现象

在人类社会中,社会变革是一个永恒不变的现象,它给人们的生活带来巨大的影响。集体行动是引发社会变革的重要因素之一,而集体行动的参与者又往往是弱势群体(Roxane de la Sablonnie`re,2008)。研究表明,一旦发生大量快速的组织结构调整,通常带来的直接影响就是个体会产生被威胁、痛苦和对工作不满的感觉(Slone 和 Kaminer,2002)。这种情感反应会加剧产生集体活动,人们对群体状况的反应比个人层面的反应更加强烈,也更具有社会影响力(Olson 和 Roese,1995)。将社会认同理论和相对剥夺理论相结合,可以深入了解并预测弱势群体集体行动的发生和发展。相对于个人相对剥夺感,群体相对剥夺感在本土居民对外来移民的态度方面会产生更为负向的影响。那些在客观上处于弱势地位的群体更容易萌生强烈的被剥夺感和不平等感,对外来移民的态度也会更差(Aleksynska,2011)。群体相对剥夺对群体攻击行为的产生具有显著的正向预测作用,群体间的歧视行为会带来群体愤怒和群体不满,进而引发激烈的反抗行为(Koomen 和 Fränkel,1992)。随着社会的发展和互联网技术的进步,集体行动发生的场域逐渐从线下转移到线上。高文珺和陈浩(2014)在社会认同理论和群际情绪理论的基础上,结合对网络集体行动特点和相关实证研究的分析,提出了网络集体行动的认同情绪模型。认为常态社会认同背后的动机可能是提升自尊,通过网络实现自己在现实中难以实现的理想,以及填补在现实中遭受的不公平和歧视带来的相对剥夺,获得满足感和成就感。熊猛和叶一舵(2016)在对相对剥夺感的概念、测量和影响因素及作用进行分析后提出,相对剥夺感对人们的心理健康、行为表现等个体相对变量以及群际态度、集群行为等方面都存在着显著的影响。并提出相对剥夺感是人类普遍存在的社会心理,当前中国正处于经济转型和社会转轨的关键时期,贫富差距的拉大使得处于弱势群体中的人们容易在心理上产生相对剥夺感。

15.6 社会认同与社会变迁

互联网发展普及和全球化浪潮席卷世界的背景下,社会变迁无时无刻不在发生着,社会物质生活面貌被改变的同时,人们的社会认知和日常行为也发生着变化。由于认同本身的复杂性,在探讨到关于变迁与认同的互动关系时,我们很少能够将其化约为单一的公式或对称的排比。因为各个要素之间呈现出不同的关系,所占的比重也很不大相同。随着政治环境和社会结构的变化,不同个体的认同情况也会发生变化(任勇,2012)。当今社会现代化、全球化、网络化进程方兴未艾,时代变迁将持续深入进行,人们的社会认同将长期处于调整状态(姚德薇,2019)。社会急剧变化的影响下,使得稳定的认同主体和参照群体、认同的内容和认同发生的环境、认同分化的广度和速度,都出现了较以往不同的改变和现象。从微观层面来看,个体的社会交往方式被重塑;从中观层面来看,集体行动的社会表达有了新变化;从宏观层面来看,社会分化引发了社会结构的革新。

15.6.1 社会交往

社会交往过程强调个人行动与他人之间存在着某种互动关系,从而对互动双方都能够产生影响(陈成文,2005)。关系网络是建立信任的基础,互惠互信的关系更能够长久。社会交往通常发生在拥有共同社会认同价值观念的基础上,但不同的社会地位和思维方式会给人们的社会交往带来隔阂。凯特·库珀（Kate Cooper，2016）等人发现由于自闭症患者群体的特殊身份，他们与正常群体存在社交隔阂，严重干扰了他们的正常社会交往。社会认同程度与个人自尊成正相关，提升个体的社会认同可以改善其身心健康。随着社会变迁，人们的交往方式也开始发生变化。社会交往属于现实的社会行为范畴，社会结构的改变会影响人们的社会经济属性，人是按照特定的经济属性而进行分类、聚集的（李华香，2019）。在全球化浪潮的席卷下，信息化、数字化、智能化迅速发展，传统媒介和新媒介融合，整个社会的经济、政治、文化、思想以及人们的生活方式和交往方式都受到了冲击而发生改变。姜彩红、赵文国（2016）等人在互联网新媒介发展普及的大背景下，将计划行为理论扩展到微博及其他行为的意向预测中，通过对微博上的 505 名用户进行调查得出，社会认同是最显著预测人们社交行为的因素。互联网时代到达之前，碎片化的社会中个体的交际圈大多非常单一。以互联网及智能手机为主导的微博、微信、Facebook、Twitter 等的腾空出世，打破了原有的社会边界和人际交往模式，扩大了"生活共同体"的概念，改变了人们原有的交往方式，任何一次网络邂逅都有可能成为陌生人之间联系和交往的纽带（王迪，王汉生，2016）。谭日辉（2014）关注了失地农民在城市化快速发展时期的社会交往变化。失地农民在市民化过程中缺乏对城市的社会认同，安土重迁的乡土情结也使这一群体难以融入城市生活，难以构建新的社交网络，社会交往也受到限制。在城市中处于弱势地位的农民工的劳动时间过长，这也给他们的社会交往带来了负面影响。即使时代发展变化，社会变迁下的社会交往依然会受到个人社会认同的影响，群体之间的交往也依旧难以冲破阶层和观念的隔阂（潘泽泉，2015）。

15.6.2 社会观念

时代发展、社会进步，人们的精神面貌和行动实践也会随着社会观念的变化而发生改变，并体现在生活的方方面面。于昆（2010）在对中国东北地区 18—35 岁的青年为调查蓝本进行研究后发现，改革开放带来了巨大的社会变革，使当代青年的思想观念也发生了极大的变化。与老一辈人骨子里深深的集体主义观念不同，新一代年轻人更注重个人自我价值的实现，个人利益至上越来越盛行，青年群体在新社会认知和价值观的引导下，激发了更多要求改革和发展的社会活动。陈华（2011）的研究指出，集体行为在集体认同的影响下产生，集体认同发展需要一定的公共空间，这个公共空间可以被理解为是公共领域，且这一领域向人们开放。民众对涉及公共利益的公共性话题进行讨论，在交流思想和信息的过程中形成对社会改变的各种看法,以多方的合力共同影响公共事务的进展。社会观念影响下的集体行为呈现出具体内容的动态变化,也是复杂社会变迁的一种体现。刘易斯等人(Lewis等,2016)发现,妇女会利用她们的政治世代背景,特别是妇女运动的成果来反对老龄化的文化建设。随着社会规范的变迁,女性的自我认知发生了改变。女性的转变是基于这样一个信念:她们的集体活动很重要,并且有可能带来更广泛的文化变革。这种集体效能感可以让个体实现观念的更新,引导她们顺应时代变迁而改变自己参与集体行动。理解社会活动需要立足于日常生活的动态性,通过掌握社会观念影响下的动态社会活动规律,能够更好认识到社会时代变迁在人们思想认知和实践行为改变中发挥的重要作用。考夫曼(1998)在女权主义和就业模式转变所带来社会变化的时代大背景下,考察了夫妻之间关于家务劳动做出的新分工,以及相关家庭组织为推动此变革而发起的一系列行动。这种行动也体现在更广泛的社会观念当中。刘少杰(2014)在研究网络化时代的社会认同时提出,社会认同建立在网络社会的基础上。随着社会生活网络化进程的速度加快,社会成员的认同也发生了深刻变迁,这种转变引发了民众行为的变化,引导各种场域中实际行为的发生,大规模的各类社会活动由此而来。现代社会制度的变迁引发了新式社会观念的涌现和社会活动形式的改变,社会变迁也可以被理解为是众多类型的社会观念和集体实践的集合(Meyer和Jepperson,2000)。

15.6.3 社会分化

亚里士多德早在古希腊时期就提出,一个以中产阶级为主的国家是最稳定良好的政体,社会分化严重、贫富差距严重不利于国家的稳定和健康发展,但是过分一致的社会也不会具有活力。社会分化是社会变迁和发展的重要产物。一个正常的社会被分化为经济、政治、文化、法律、科学等功能系统,它们互相构成宏观社会环境,履行不同的社会功能,如调节利益、稳定规范行为预期、做出集体约束性决策、产生新知识等(Schneider,2009)。这些社会功能会随着社会变迁而发生改变,进而对社会整体和其中的每个个体产生影响。人们越是依赖社会系统来实现不可能的问题,就越会对其产生高要求,这将会刺激社会变革和发展,这一过程中二者相互依赖、相互发展(Valentinov,2017)。社会分化是社会自身不断进步的见证,是不可避免的历史进程,也是必然要经历的发展趋势。研究社会发展和社会变迁的重要切入点就是从社会分化与社会整合的角度来分析。移动互联网时代的兴起对社会产生了新的冲击,改变了人们的生活方式,带来了巨大的社会变迁。其本身孕育着新的交换模式和整合模式,在这一过程中,原有的社会结构被打破,共同的集体意识逐渐削弱,人们的个性发展意识成为主流。王迪和王汉生(2016)以互联网时代的崛起为背景,研究网络时代引发的社会分化给人们带来的影响。互联网时代的到来使得民众对民族、国家等各种共同体的认同感超越了时空的界限,对互联网不同程度的依赖也造就了不同的生活方式,甚至引发社会分层和社会结构的改变。不同的社会群体在互联网时代有着不同的生活方式选择,这也从多种维度复制和强化了社会分化的形态。随着社会分化程度的加深,个人与个人、群体与群体之间越来越依赖,这种相互依赖和相互发展的社会关系有助于建立人与人之间共同的社会认同,其中,本是一个群体的认同程度会加深,但本就对立的群体和个体会产生更大的隔阂(杨建华,2010)。布伦丹(2016)运用语篇分析,以美国亚利桑那州一所高中的美籍墨西哥学生为调查蓝本,探讨他们如何利用种族、性别和社会经济阶层的交叉点来定位自己和他们的同龄人。结果发现,这些学生会通过讲述生活故事,反映自己与同伴移民以及同化的一系列进程,指出与自己相同的移民群体与本地同龄人群体的隔阂会随着社会变迁带来的社会分化而逐渐严重,一代一代不断重复着。尽管社会变化向前发展,但在本土人的共同认同里,种族歧视一直存在且种族之间的分化愈演愈烈。对社会分化的研究不仅着眼于宏观的时代变迁,也有研究聚集在微观具体层面。张传勇、罗峰等人(2020)分析了住房对居民阶层地位认同的影响,住房的不同属性会影响到居民的阶层认同,住房革新和发展成为了社会分化和识别社会阶层的重要因素。研究者将制度分化纳入个人自由与社会身份认同之间进行研究,社会身份认同为个人的社会自由提供了支持,而社会排斥则是个人自由的主要威胁,社会排斥的一个重要表现就是制度分化(Gunnar CAakvaag,2015)。不同的信仰和制度会带来不同的身份认同,进而影响社会整体的自由进程,严重的社会分化会带来很多社会负面问题。

15.7 社会认同与社会整合

社会认同意味着归属感或对共同性的认同。在全球化浪潮席卷世界的大背景下,人们需要面对包括经济不平等扩大以及社会文化分裂两个维度的认同危机。当前各地社会利益格局不断分化,不同阶层观念逐渐多元化,社会组织日益丰富多样,整合发展的难度日益加大,使整个社会的发展和运行面临着巨大的挑战。社会整合是应对社会分裂、维护社会稳定和促进社会发展的重要手段。学界从宏观、中观、微观三个方面研究社会认同与社会整合问题,从宏观层面看,是关于整个社会整合的宏大叙事理论研究;从中观层面看,是关于社会整合的族群模式;微观层面来看,是关于个体社会整合的人格基础。

15.7.1 社会整合的宏大叙事

全球化和互联网的普及使得我们处在一个瞬息万变的现代化世界中。在传统社会走向现代社会的这一过程中,社会越来越被分化成为一个个子系统,科技的进步发展使得人们的生存环境时刻在发生着改变,社会分化程度空前加深,社会共识较为缺乏。个性化自由主义的蔓延使得人们的集体意识逐渐淡化,个体的个性在此时显露无遗。即现代化推动了社会认同问题日渐凸显,原有的集体主义价值认同无法统摄分化的利益追求,不同的利益主体之间越来越难以达成共识。随着市场经济的发展以及市场化改革的深入,社会分工和就业方式等都发生了改变,社会资源与利益也进行了重新分配,利益结构和关系不断分化与重构,各种社会关系错综复杂(刘锋,2015)。学界对于社会变迁带来的一系列社会认同和社会分化、整合问题也作出了系统和全面的宏观理论研究。早在19世纪,涂尔干就在针对西方国家从前工业化向工业化转型的过程中出现的问题最先提出了社会整合和社会团结,他主要强调了国家在社会整合中的重要性,尤其突出了法人意识和集体意识,但是却并没有给出确切的概念和定义。在此之后,斯宾塞通过对社会结构和功能的变迁,提出了社会整合的概念,他认为社会整合是社会各个部分之间的协调和控制。帕森斯在他们的基础上更加宏观和系统地创立了"宏大社会整合"理论,将社会整合视为行动系统和社会系统不可缺少的功能,使之成为解释社会变迁的重要范式(黄匡时,嘎日达,2010)。社会整合的宏观理论为人们应对解决社会变迁带来的社会认同巨变、社会分化严重等现象起到了指导性作用。姚德薇(2019)认为,在当代网络化信息化的影响下,曾经有效的、传统的社会认同整合机制受到了挑战,民众出现了认同危机,社会变迁带来的分化深刻影响着人们的生活,社会的稳定和发展需要进行新的整合。但是进行社会整合也并不是否定社会分化,因为社会分化是社会发展的必然结果,压制和不承认分化现象是不科学的,健康的社会整合是对社会分化进行有序和可控的引导,而不是消灭社会分化。现代性和网络时代的到来也要求个体必须进行自我确认,重构生活世界使人们能够理性进行交流并且对自身利益的问题进行沟通。我们生活的社会之所以发展得如此快,是因为它不断对旧的秩序提出挑战,同时要求建立新的秩序和规则。同时,为了维持社会的良好稳定持续运行,实现整个社会的功能整合,也需要制定各种社会规则体系。但是这种新秩序和新规则应该如何建立,社会改革如何才能让民众都接受,成为了社会中相关领域应该思考的问题。

15.7.2 社会整合的族群模式

全球化重构了民族,同时也带来了族群分化。这种分化是社会发展带来的必然结果之一,社会分化与社会整合是一对矛盾体,正是因为出现了分化所以才需要社会整合。社会整合试图消灭族群动员的能量,增强民族凝聚(王剑锋,2013)。现代民族国家的定义不能被简单归结为是一个民族的总和,一个国家中更多出现的是族群(Barry,1983)。族群运动属于西方政治理论的概念范畴,是指在特定条件下为了实现某些利益诉求,围绕族群认同而形成的社会运动。周光俊(2020)在研究族群的分离运动时提出,族群不同于民族的政治意涵,是为数众多的具有自身特殊文化的国民联合体,是时代发展浪潮下"去国家化"和"去中心化"的结果。社会发展使得资源和利益分配不均,大众在各种利益的支配下组成了不同的族群,追求各自不同的利益,由此带来了很多社会问题,例如跨界族群分离运动联合、多个分离族群联合抗争、寻求亲缘族群和跨界族群的支持,这在很大程度上会引发社会暴动和国家分裂,因此对族群进行社会整合就变得非常重要。黄匡时和嘎日达(2010)认为族群的社会整合模式有两种:第一种是同化模式,即不同族群自愿朝一个共同的主流文化融合,并且在政治经济文化等领域趋于一体化;第二种是多元化模式,即不同族群在文化上保持平等,但在政治经济文化等领域被整合在一个体系内。他们提出,在对族群进行整合的过程中,最重要的是在文化和结构维度培育人们共同的认同。梅莉莎·霍利特等人(2004)探索了共同的群体内认同模型对儿童偏见的干预措施的影响。在多元文化价值观的影响下,增加群体内边界的包容性能够更有助于不同学生群体之间的交流和融合。多种文化和价值观的引领下,民众的社会认同开始多元化,但是程度严重时引发的族群分化不利于社会稳定良好运行。避免不良族群运动以及族群之间产生矛盾带来的负面影响,最重要的就是要充分实现群体整合。族群运动作为一种集体行动,其动员的动机与过程既包含理性的选择,同时也包括作为被动员对象的非理性情绪表达。如何对族群进行社会整合是国家和社会所需要重视的问题(严庆,2010)。

15.7.3 社会整合的人格基础

随着全球化扩散网络化普及,社会逐渐由传统走向现代。现代性可以被看作是一种特殊的行为系统,从传统走向现代的变迁需要一种系统化的生活方式的转变(Daniel Lerner,1958)。要实现这一转变,必须使社会中的每个个体都适应新环境的转变,使个人的人格转变为社会变迁的重要基础。传统社会的政治、经济、文化、社会生活以及精神思想都因为现代化的扩散而引发个体走向转变,例如女性意识觉醒、社会分工改变、社会角色多样化、"自由选择"越来越成为人们的主流观念,使得传统的分工与角色不再能够定义现代社会中的个体,也影响了人们处理自己社会关系的方法,影响到整个社会的整合。黄匡时(2010)在研究个人的社会融合时提出了社会认同在社会整合中的重要性,社会认同理论强调社会认同是社会整合的重要因素,以及社会整合在维护社会团结和凝聚力中发挥的重要作用。社会认同旨在解决"我们是谁"的问题,围绕集体认同和行动展开研究,个体和集体的关系在这一研究中是关键。个体在社会整合中发挥着重要的作用,个体的融合心理和能力是实现社会整合的关键(Hogg,1993)。随着经济发展社会变迁,人们受到的经济束缚以及思想束缚越来越少,自我意识和自我权利逐渐凸显且日渐重要,以往的社会认同集体意识受到了极大的挑战和冲击。休闲的自由和全新的社会互动模式为个体提供了深入认识自我以及与他人关系的时间和社会空间,帮助人们解答"我是谁"和"我们是谁"的问题,进而能够有利于个体更好地融入群体,实现更理想的社会整合。自由和休闲的时间给个体提供了一个更好的机会认识自己和自己所扮演的各种社会角色,有利于人们构建较为稳定的个体认同和社会认同,发现和实现人生意义(刘慧敏,贾胜枝,2020)。作为社会性的个体,更好地认识自己以及自身所处的环境和群体,有助于更好的社会整合,推动构建有效团结的群体。陈华东和王栋(2020)对 365 名运动员进行了问卷调查,运用结构方程模型考察了社会认同与社会行为的关系以及道德推脱的中介作用。结果显示,运动员个体的认同会影响到他们的群体认同和社会认同,进而预测其亲、反社会行为。社会的进步与发展重新定义了个体化理论,个体的行动与结构之间的关系也解释了在社会变迁中行动者是如何做出选择的。社会发展改变了人们的思想和认同,大众对自我的认同或接纳不仅会影响个体对群体或社会的认同,也会影响个体对他人的接纳,成为维护社会稳定的重要因素。

15.8　思考与展望

首先,社会认同在未来社会发展中扮演着重要的角色。经济发展、社会变迁引发了持续的社会阶层分化,同时社会阶层的分化又加剧了社会变迁的速度。尤其是中国社会正处在由"整体的传统型社会"向"多样的现代型社会"转变的进程中,资源重新整合带来了利益格局的调整。社会各阶层的流动和分化不断加剧,集体性意识不断减弱,个体的自我意识加强。尽管社会变迁和分化使得社会大众的思想得到了空前解放,个性也得到了自由发展,社会有了更多的活力,孕育了更强大的社会力量。但是程度剧烈的社会分化和变迁会带来许多严重的社会问题,如贫富分化、缺乏共识、抗议行动。阶层分化过程中引发的认同和信任问题必然产生社会公众和社会整体对认同和信任的治理新需求。此时,凝聚团结社会力量就变得格外重要,社会认同在这一过程中发挥着关键作用。我们需要提高社会认同度和社会凝聚力,建构以主导意识形态为统领的、与现代社会结构相适宜的新型社会意识形态结构体系和传播实现体系,塑造好新的主流化认同和社会发展的方向引导,从而促进社会共同富裕,创新和建构科学有效的社会治理体制,推动社会健康稳定发展。

其次,社会认同创新了集体行动的形式和内容。社会分化转型最显著的差异就是人们价值观和利益的多元化和差异性,原本的群体观念受到冲击并产生分化。在社会发展和变迁带来的阶层和贫富分化,使得社会资源和利益进行了重新整合的大背景下,弱势群体与优势群体之间差距越来越大,相比之下感到被剥夺的人们会产生想要争取更多利益的想法。人们本能地感知到个体与个体、群体与群体之间的各种差异,这种差异性会给人带来危机感与恐惧感,进而引发集体行动。有的集体行动是良性的,可以推动社会进步和整合,但是有的社会行动会引发社会暴乱,加速社会分化。社会分类体系纷繁复杂,社会认同的作用就在于凝聚群体的意志和力量,稳定民众的心态和情绪,构建稳定的社会秩序。人类需要对群体进行分类,也需要社会的稳定,更需要个体对群体的认同达到内心秩序与社会秩序之间的平衡。社会认同推动了民众的多维认同和持续参与社会活动的积极性,为他们构建群体归属感、追寻自我实现开辟了路径。

最后,社会认同重塑了个体的生活方式。在现代社会的影响下,追求个性发展和个体利益越来越成为一种潮流。社会是由无数个体构成的,发展全民道德认同并不意味着要抹杀个性以及个体的道德意志。只有激活了社会组织,个体的道德成长和社会道德生活才有实现的条件,相应地,个体的进步和个性道德完善才能有助于建立更和谐的社会组织和社会氛围。虽然群体研究一直是研究的热点,但是个体的信仰价值观以及行动取向也非常值得关注,这在本质上是一种集体观念。网络时代的到来冲击了以往传统的社会认同研究视角,网络中的社会认同不再是个体被社会认同,而是被网络联系起来的个体怎样评价和接纳这个社会。网络的便捷发达和易操作性使得人们能够更加自由地选择参与到自己中意的群体活动中,同时网络的匿名性和自由性也使得人们的社会需求得到了极大的满足,他们具备了掌握信息和传播信息的权力。社会认同在网络时代对个体的生活和交往方式都产生了新的影响。

作为一个集体性的概念,社会认同在整个社会以及个体的发展中都扮演着重要的角色。社会认同的力量巨大,可以成为凝聚团结大众的能量,但是如果运用不当,也有可能成为撕裂社会的利刃。作为一种集体意识,社会认同不等于个人美德,它不以追求个体利益和目标为准则,而是主张群体普适性。随着社会的变迁、全球化的不断深入以及网络社会的到来,一定会出现新的社会问题和社会分化,我们需要不断更新和正确理解运用社会认同发挥的整合作用,也需要提供新的解释框架为个体和社会的发展创造更有意义的途径。

(伍麟　彭子剑)

参考文献

彼得·布劳.(1992).不平等与异质性.王春光,谢圣赞,译.北京,中国社会科学出版社.
陈成文.(2005).社会学.长沙:湖南师范大学出版社.
陈华.(2011).集体认同的变迁与重构——社会管理创新的组织基础研究.中国行政管理学会2011年年会暨"加强行政管理研究,推动政府体制改革"研讨会论文集.中国行政管理学会:中国行政管理学会.389-392.
陈华东,王栋.(2020).社会认同与运动亲反社会行为的关系:运动道德推脱的中介效应.体育与科学(4),95-104.
陈满琪.(2014).群际不平等条件下农民工三种行为倾向的研究.华中师范大学学报(人文社会科学版),53(5),170-176.
邓泉洋.(2019).社会认同视角下同伴教育服务中的身份建构机制——以S市社区戒毒康复实践为例.社会工作与管理,19(4),66-72.
高文珺,陈浩.(2014).网络集体行动认同情绪模型的理论构想.华中师范大学学报(人文社会.科学版),53(2),167-176.
黄匡时,嘎日达.(2010).社会融合理论研究综述.新视野(6),86-88.
乐国安,赖凯声,姚琦.(2014).理性行动-社会认同整合性集体行动模型.心理学探新,34(2),158-165.
李华香.(2019).社会经济地位、线上活动时间与青年群体线下社会交往.山东师范大学学报(人文社会科学版),64(2),113-124.
刘锋.(2015).当前我国社会整合的基本态势与应对方略.中州学刊(3),78-82.
刘慧梅,贾胜枝.(2020).休闲何以定义自我?——休闲与个体、社会和文化认同.浙江大学学报(人文社会科学版),50(1),194-203.
刘少杰.(2014).网络化时代社会认同的深刻变迁.中国人民大学学报,28(5),62-70.
刘中起,孙时进.(2016).情感与效能:集体行动中群体认同的理论与实践视阈.西南民族大学学报(人文社科版),37(8),183-190.
刘毅,卢雨楠.(2019).微信红包使用影响因素:基于社会心理与社会资本视角.现代传播(中国传媒大学学报),41(8),151-156.
罗伯特·达尔.(1999).论民主.李柏光,林猛,译.北京:商务印书馆.
马克斯·韦伯.(1997).经济与社会.林荣远,译.北京:商务印书馆.
孟祥斐.(2014).社会凝聚与居民幸福感研究——基于深圳与厦门的数据考察.天府新论(1),122-130.

潘泽泉,林婷婷.(2015).劳动时间、社会交往与农民工的社会融入研究——基于湖南省农民工"三融入"调查的分析.中国人口科学(3),108-115+128.

任勇.(2012).认同激发、社会变迁与序列变化:以少数民族国家认同为研究对象.湖北民族学院学报(哲学社会科学版),30(5),39-46.

邵蕾,董妍,冯嘉溪,张登浩.(2020).社会排斥对居民主观幸福感的影响:社会认同和控制感的链式中介作用.中国临床心理学杂志,28(2),234-238.

谭日辉.(2014).社会认同视角下失地农民的市民化研究.湖南社会科学(6),108-111.

王迪,王汉生.(2016).移动互联网的崛起与社会变迁.中国社会科学(7),105-112.

王剑峰.(2013).整合与分化:西方族群动员理论研究述评.民族研究(4),110-120+126.

王晓升.(2018).现代性视角下的社会整合问题——哈贝马斯交往行动理论的启示.武汉大学学报(哲学社会科学版),71(6),71-78.

西摩·马丁·李普塞特.(1997).政治人——政治的社会基础.张绍宗,译,上海:上海人民出版社.

熊猛,叶一舵.(2016).相对剥夺感:概念、测量、影响因素及作用.心理科学进展,24(3),438-453.

薛婷,陈浩,乐国安,姚琦.(2014).独立预测作用,还是基础性影响?——价值观对集体行动的影响机制.心理学探新,34(1),68-76.

姚德薇.(2019).当代社会认同的特征、逻辑与发展趋势.学术界(10),169-177.

严庆.(2010).族群动员:一个化族裔认同为工具的族际政治理论.广西民族研究(3),35-41.

杨建华.(2010).论社会分化的三个维度.浙江学刊(1):183-191.

于昆.(2010).社会变革、观念多元与价值认同——基于东北地区青年政治思想状况的调查分析.中国青年研究(7),57-60.

俞志元.(2012).集体性抗争行动结果的影响因素——一项基于三个集体性抗争行动的比较研究.社会学研究,27(3),90-112+243-244.

张莹瑞,佐斌.(2006).社会认同理论及其发展.心理科学进展,14(3),475-480.

周光俊.(2020).族群分离运动治理:缘起、结构与议题.探索与争鸣(6),149-156+160.

周志家.(2011).环境保护、群体压力还是利益波及:厦门居民PX环境运动参与行为的动机分析.社会,31(01),1-34.

Abrams, D., & Grant, P. R. (2012). Testing the social identity-relative deprivation (SIRD) model of social change: The political rise of Scottish nationalism. *British Journal of Social Psychology*, 51,674-689.

Andreas Mojzisch1, Johanna Ute Frisch, Malte Doehne, Maren Reder and Jan Alexander. Hausser (2020). Interactive effects of social network centrality and social identification on stress. British Journal of Psychology, www.wileyonlinelibrary.com.

Aleksynska, M. (2011). Relative deprivation, relative satisfaction, and attitudes towards immigrants: Evidence from Ukraine. *Economic Systems*. 35, 189-207.

Bandura, A. (1997). *Self-efficacy: The exercise of control*. New York: Freeman.

Barry, Brian (1983). "Self-Government Revisited," in David Miller and Larry Siedentop (eds.), The Nature. of Political Theory Oxford: Clarendon Press, 121-154.

Best, D., & Lubman, D. (2012). The emergence of a recovery movement for alcohol and drug. dependence. *Australian and New Zealand Journal of Psychiatry*, 46,586.

Brown, Rohlinger (2016). The effect of political generation on identity and social change: Age cohort consequences. *Journal of Women & Aging*.

Buckingham, S. A., Frings, D., Albery, I. P., (2013). Group membership and social identity in. addiction recovery. Psychol Addict Behav 27. https://doi.org/10.1037/a0032480.

Cooper D K, Smith L (2017), Russell A. Social identity, self-esteem, and mental health in autism. *European Journal of Social Psychology*.

Crocker, J., & Park, L. E. (2004). The costly pursuit of self-esteem. Psychological Bulletin,

130, 392-414.

Cruwys, T., Dingle, G. A., Haslam, S. A., Haslam, C., Jetten, J., Morton, T. A., (2013). Social group. memberships protect against future depression, alleviate depression symptoms and prevent depression relapse. Soc Sci Med 98, 179-186. https://doi.org/10.1016/j.socscimed.2013.09.013.

Daniel Frings, Ian P. Albery (2015). The Social Identity Model of Cessation Maintenance: Formulation and initial evidence. *Addictive Behaviors*, 44, 35-42.

Daniel Lerner (1958). *The Passing of Traditiongal Society*, New York: The Free Press. 51.

Diener E, Oishi S, Lucas RE (2003). Personality, culture, and subjective well-being: emotional and. cognitive evaluations of life. *Annual Review of Psychology*, 54(1), 403-425.

Diener E, Ryan K (2009). Subjective Well-Being: A General Overview. *South African Journal of Psychology*, 39(4), 391-406.

Emma F. Thomas, Elena Zubielevitch, Chris G. Sibley, Danny Osborne (2020). Testing the Social. Identity Model of Collective Action Longitudinally and Across Structurally Disadvantaged and Advantaged Groups. *Personality and Social Psychology Bulletin*. 46(6), 823-838.

Giguère, B., Lalonde, R. N. (2010). Why do students strike? Direct and indirect determinants of. collective action participation. *Political Psychology*, 31, 227-247.

Grant, P. R. (2008). The protest intentions of skilled immigrants with credentialing problems: A test of a model integrating relative deprivation theory with social identity theory. *British Journal of Social Psychology*, 47(4), 687-705.

Halevy, N., Chou, E. Y., Cohen, T. R., & Bornstein, G. (2010). Relative deprivation and intergroup competition. *Group Processes & Intergroup Relations*. 13(6), 685-700.

Haslam, C., Jetten, J., Cruwys, T., Dingle, G. A., Haslam, S. A., (2018). The New Psychology of. *Health: Unlocking the Social Cure*. Routledge, London, UK.

Haslam, S. A., O'Brien, A., Jetten, J., Vormedal, K., & Penna, S. (2005). Taking the strain: Social. identity, social support, and the experience of stress. *British Journal of Social Psychology*, 44, 355-370. doi: 10.1348/014466605X37468.

Haslam, S. A., Reicher, S. D., Levine, M. (2012). When other people are heaven, when other people. are hell: How social identity determines the nature and impact of social support. In J. Jetten, C. Haslam, & S. A. Haslam (Eds.), The social cure: Identity, health, and well-being London, UK: Psychology Press. 157-174. https://doi.org/10.4324/9780203813195.

Hornsey, M. J., Majkut, L., Terry, D. J., McKimmie B. M. (2003). On being loud and proud: Non.-conformity and counter-conformity to group norms. *British Journal of Social Psychology*, 42, 319-335.

Houlette M A, Gaertner S L, Johnson K M, et al. Developing a More Inclusive Social Identity: An Elementary School Intervention. *Journal of Social Issues*, 60(1), 35-55.

Jan Alexander Husser, Maren Kattenstroth, Rolf van Dick (2012). "We" are not stressed: Social. identity in groups buffers neuroendocrine stress reactions. *Journal of Experimental Social Psychology*, 48(4), 973-977.

Jiang C, Zhao W, Sun X, et al (2016). The effects of the self and social identity on the intention to microblog. Computers in Human Behavior, 2016.

Kaufmann, J. C. (1998). *Dirty Linen: Couples and their Laundry*. London: Middlesex University Press.

Ketturat, C., Frisch, J., Ullrich, J., Hausser, J., van Dick, R., Mojzisch, A. (2016). Disaggregating. within- and between-person effects of social identification on subjective and endocrinological stress reactions in a real-life stress situation. Personality and Social Psychology Bulletin, 42, 147-160. https://doi.org/10.1177/0146167215616804.

Kim, Nam-Kook (2013). Identity Crisis and Social Integration under Globalization in Korea. *Korea Observer*, 44(1), 31-54.

Kim, B. S., & Omizo, M. M. (2005). Asian and European American cultural values, collective self-esteem, acculturative stress, cognitive flexibility, and general self-efficacy among Asian American college students. *Journal of Counseling Psychology*, 52(3), 412-419.

Klandermans B (2002). How group identification helps to overcome the dilemma of collective action. *American Behavioral Scientist*, 45, 887-900.

Klandermans, B. (2014). Identity politics and politicized identities: Identity processes and the dynamics of protest. *Political Psychology*, 35(1), 1-22.

Kreuzbauer R, Chiu C Y, Lin S, et al (2014). When Does Life Satisfaction Accompany Relational Identity Signaling: A Cross-Cultural Analysis. *Journal of Cross-Cultural Psychology*, 45(4), 646-659.

Litt, M. D., Kadden, R., Kabela-Cormier, E., & Petry, N. (2009). Changing network support for drinking: Network support project 2-year follow-up. *Journal of Consulting and Clinical Psychology*, 77, 229-242. doi: 10.1037/a0015252.

Lucian W (1962). *Pye, Politics, personality, and Nation-Building*. New Haven Yale Universityn Press. 51.

M. A. Hogg, D. Abramseds (1993). *Group Motivation: Social Psychological Perspectives*. New York: Harvester Wheatsheaf.

Mead G. H (1934). *Mind, Self and Society*, Chicago: University of Chicago Press. 49.

Meyer, J. W., & Jepperson, R. L. (2000). The Actorsof Modern Society: The Cultural Construction of Social Agency. (1), 100120.

Marija Branković, Iris Žeželj, Vladimir Turjačanin (2020). How knowing others makes us more. inclusive: Social identity inclusiveness mediates the effects of contact on outroup acceptance. *Journal of Theoretical Social Psychology*, 4, 95-106.

Martijn van Zomeren, Maja Kutlaca, Felicity Turner-Zwinkels (2018). Integrating who "we" are. with what "we" (will not) stand for: A further extension of the Social Identity Model of Collective Action. *European review of social psychology*, 29(1), 122-160.

Martijn Van, Zomeren, T. Postmes, and R. Spears (2012). "On conviction's collective consequences: Integrating moral conviction with the social identity model of collective action." *Br J Soc Psychol*, 51, 52-71.

O'Connor B H (2016). Racializing Discourse in Public and Private: Social Differentiation and the Question of Mexicanness at an Arizona High School. *Anthropology & Education Quarterly*, 47(2).

Olson, J. M., Roese, N. J., Meen, J., & Robertson, D. J. (1995). The preconditions and consequences of relative deprivation: Two field studies. *Journal of Applied Social Psychology*, 25, 944-964.

Pedersen, E. R., Hsu, S. H., Neighbors, C., Lee, C. M., & Larimer, M. E. (2013). The relationship between collective self-esteem, acculturation, and alcohol-related consequences among Asian American young adults. *Journal of Ethnicity in Substance Abuse*, 12(1), 51-67.

Peter R., Grant Dominic Abrams, Daniel W. Robertson Jana Garay (2015). Predicting Protests by Disadvantaged Skilled Immigrants: A Test of an Integrated Social Identity, Relative Deprivation, Collective Efficacy (SIRDE) Model. *Soc Just Res*, 28, 76-101.

Pettigrew, T. F., Christ, O., Wagner, U., Meertens, R. W., van Dick, R. Zick, A. (2008). Relative deprivation and intergroup prejudice. *Journal of Social Issues*, 64(2), 385-401.

P. Robert (1995). Tuning In, Tuning Out: The Strange Disappearance of Social Capital in America. *Ps Political Science & Politics*, 28(4), 664-683.

Ramez Bathish, David Best, Michael Savic (2017). "Is it me or should my friends take the credit?"The role of social networks and social identityin recovery from addiction. *Journal of Applied Social Psychology*, 47, 35–46.

Reicher, S., Cassidy, C., Wolpert, I., Hopkins, N., Levine, M. (2006). Saving Bulgaria's Jews: An analysis of social identity and the mobilisation of social solidarity. European Journal of Social Psychology, 36, 49–72. doi: 10.1002/ejsp.291.

Reicher, S. D., Haslam, S. A., Spears, R., Reynolds, K. J., (2012). A social mind: the context of John. Turner's work and its influence. Eur Rev Soc Psychol 23, 344–385. https://doi.org/10.1080/10463283.2012.745672.

Roxane de la Sablonnière, Francine Tougas (2008). Relative Deprivation and Social Identity in Times of Dramatic Social Change: The Case of Nurses. *Journal of Applied Social Psychology*, 38(9), 2293–2314.

Schmid, K., Hewstone, M., Tausch, N., Cairns, E., & Hughes, J. (2009). Antecedents and consequences of social identity complexity: Intergroup contact, distinctiveness threat, and outgroup attitudes. Personality and Social Psychology Bulletin, 35: 1085–1098. https://doi.org/10.1177/0146167209337037.

Schneider, L. W. (2009). *Grundlagen der soziologischen Theorie*. Wiesbaden: VS Verlag für Sozialwissenschaften.

Slone, M., Kaminer, D., & Durrheim, K. (2002). Appraisal of sociopolitical change among South African youth: The relation to psychological maladjustment. *Journal of Applied Social Psychology*, 32, 318–341.

Smith, E. R., Mackie, D. M., Claypool, H. M. (2014). *Social psychology (4th ed.)*. New York and London: Psychology Press.

Smith, E. R., Seger, C. R., & Mackie, D. M. (2007). Can emotions be truly group-level? Evidence regarding four conceptual criteria. *Journal of Personality and Social Psychology*, 93, 431–446.

Sturmer, S., & Simon, B. (2004). Collective action: Towards a dual-pathway model. *European Review of Social Psychology*, 15, 59–99.

Tajfel, H., & Turner, J. C. (1979). An integrative theory of inter-group conflict. In W. G. Austin &. S. Worchel (Eds.), *The social psychology of inter-group relations*. Monterey: CA: Brooks/Cole, 33–47.

Tajfel, H., Turner, J. C. (1986). *The social identity theory of intergroup behaviour*. Chicago: Nelson. Hall.

Tew, J., Ramon, S., Slade, M., Bird, V., Melton, J., Le Boutillier, C, (2012). Social factors and recovery from mental health difficulties: A review of the evidence. *Br J Soc Work* 42(3), 443–460.

Thomas, E. F., McGarty, C., & Mavor, K. I. (2009). Aligning identities, emotions and beliefs to create commitment to sustainable social and political action. *Personality and Social Psychology Review*, 13, 194–218.

Tougas, F., de la Sablonnière, R., Lagacé, M., & Kocum, L. (2003). Intrusiveness of minorities: Growing pains for the majority group? *Journal of Applied Social Psychology*, 33, 283–298.

Valentinov, V. (2017). Wiener and Luhmann on feedback: From complexity to sustainability. Kybernetes. doi: 10.1108/K-11 2016-0317.

Van Zomeren, M. (2016). Building a tower of Babel? Integrating core motivations and features of the social structure in the political psychology of political action. *Advances in Political Psychology*, 37, 1–28.

Van Zomeren, M., Postmes, T., & Spears, R. (2008). Toward an integrative social identity model of. collective action: A quantitative research synthesis of three socio-psychological perspectives. *Psychological Bulletin*, 134, 504-535.

Van Zomeren, M., Spears, R., Fischer, A. H., & Leach, C. W. (2004). Put your money where your. mouth is!: Explaining collective action tendencies through group-based anger and group efficacy. *Journal of Personality and Social Psychology*, 87, 649-664.

Vincent, Dutot (2020). "A social identity perspective of social media's impact on satisfaction with. life." *Psychology And Marketing* 37(6), 759-772.

Welch D, Yates L (2018). The practices of collective action: Practice theory, sustainability transitions and social change. *Journal for the Theory of Social Behaviour*.

Walker, I., & Smith, H. J. (2002). *Relative deprivation: Specification, development, and integration*. Cambridge: Cambridge University Press.

Wright, Stepehen C (2009). The next generation of collective action research. *Journal of Social issues*. 65, 859-879.

Yates, L (2015). Everyday Politics, Social Practices and Movement Networks: Daily Life in Barcelona's Social Centres. *British Journal of Sociology*, 66.

16 污名歧视[①]

16.1 引言 / 497
16.2 污名歧视的概念辨析 / 497
    16.2.1 污名 / 497
        污名的概念界定 / 497
        污名的类型 / 498
        个体污名与群体污名 / 499
    16.2.2 污名、偏见与歧视 / 500
        污名与偏见 / 500
        污名与歧视 / 500
    16.2.3 污名的测量 / 501
16.3 污名的影响 / 502
    16.3.1 公众对污名的态度与反应 / 502
    16.3.2 受污者的污名遭遇与应对 / 503
        污名效应 / 504
        心理社会功能 / 504
        污名应对 / 505
16.4 污名的源起和作用机制 / 507
    16.4.1 污名的源起 / 507
    16.4.2 污名化的机制 / 510
        标签化过程 / 510
        认同威胁过程 / 511
16.5 去污名化 / 514
    16.5.1 个体取向的策略 / 514
        问题聚焦性策略 / 515
        情绪聚焦性策略 / 515
    16.5.2 群体取向的策略 / 516
        结构路径 / 516
        认同路径 / 516
16.6 污名研究的未来展望 / 517
    16.6.1 污名化的神经机制 / 518
    16.6.2 污名间的关联 / 518
    16.6.3 减少污名 / 519
参考文献 / 519

[①] 本文系2016年度教育部人文社会科学重点研究基地重大项目"阻断贫困再生产：儿童贫困后效、实验干预与政策反思"(16JJD840001)的部分成果。

16.1 引言

污名是社会对某些个体或群体的贬低性、侮辱性标签,代表着一种"受损的身份"。受污者在他人眼中的社会信誉和社会价值会逐渐丧失,也会因此遭受社会主流群体的厌恶、歧视和回避,甚至排斥。随着社会矛盾冲突的增多,污名现象日益凸显。很多特征都可能导致污名,如身体残障和疾病(如心理疾病、艾滋病)、社会身份(如年龄、种族、流动人口)以及道德过失(如罪犯、乞丐)。被贬抑的属性或特质不仅会导致被污名者身心健康受损、学业失败、社会地位下降、贫穷,以及住房、教育和工作机会减少,幸福感降低,还容易使他们产生自我贬损心理,加剧上述的不利影响。

污名歧视是群际关系研究领域的重要主题。从戈夫曼(Goffman,1963)最初在社会心理学的意义上界定和使用污名概念,到如今已经有近60年的历史。在这一甲子的岁月中,心理学、社会学、人类学等多个学科围绕污名现象持续讨论,产出了大量有影响、有价值研究成果。人们对污名现象的认识从最初的描述,到后来的解释,再到遵循其发生发展规律探讨减弱污名的方法,逐步深入。本章将系统梳理近年来国内外污名研究成果,为进一步理解污名、消除污名的消极影响提供参考和借鉴。

16.2 污名歧视的概念辨析

16.2.1 污名

污名的概念界定

"污名"(stigma)一词最早来源于古希腊,是一种刻在或烙在人身上的标记,表示带有这种标记的人不受欢迎或有危险,提示人们回避和远离。现代社会科学中的污名是一个学术概念,重在描述和揭示弱势、边缘群体的生存和发展权利因被污名化而受限制、甚至被剥夺的状况。关于什么是污名,广为接受的代表性定义主要有两种。

戈夫曼的定义 欧文·戈夫曼(Erving Goffman)是公认的将污名引入心理学领域第一人。他将污名定义为社会对某些个体或群体贬低性、侮辱性的标签,是个体的一种不被信任和不受欢迎的特征,这种特征降低了个体在社会中的地位,使他从一个完美的、有用的个体变成了一个有污点和丧失了部分价值的人(Goffman,

1963)。污名最核心的涵义是"非正常"(unnormal)和"被标记"(marked or labeled),但被污名的人是因为违背或者冒犯了社会规则,才会在社会结构、制度、社会控制、权力再生产等多种过程的勾连作用下,被区隔、遭排斥。污名其实是社会建构的越轨标签。

林克和费兰的定义 社会学研究者更加重视影响个体的社会文化背景和过程。林克和费兰(Link和Phelan,2001)从社会结构和权力的层面审视污名概念,认为污名完全是社会、文化、经济和政治权力的产物。他们指出污名由五个要素共同构成。第一,区分并标签人的差异(distinguishing and labeling differences);第二,主流文化观念将被标签人与不受欢迎的性格特征(即消极的刻板印象,negative stereotypes)相联系;第三,主流群体为了在一定程度上把"我们"从"他们"中分离出来,将被标签人置于独特的类别中(separation of "us" from "them");第四,被标签者会经历地位丧失和歧视(status loss and discrimination);第五,污名化过程能否实现完全取决于社会、经济和政治权力的可得性。污名是权力差异的产物,它需要"一个允许污名各种成分显露的社会情景",这一点尤为重要。只有当施污、受污两个群体的权力差异足以让前述过程得以展现,污名化才会开启。

林克和费兰的定义强调社会、经济、政治的力量在污名生产和再生产过程中的作用。在他们那里,污名既包含个体的内在心理过程,该个体与其他个体以及群体间的社会互动,也关涉基于文化和政治层面的宏观社会过程。多重因素相互纠缠、共同作用下,究竟哪种特征会被标记出来,则是社会选择的结果。

污名的类型

污名现象很复杂,对污名的类别划分也有不同视角。戈夫曼(1986)从受污特征本质的角度区分出三种不同的污名情形:"身体的厌恶"(abominations of the body),指受贬抑的身体特征,如各种生理缺陷、残疾、肥胖等;"个人特征污点"(blemishes of individual character),指与人格或行为有关的被贬抑的社会身份,如心理疾病、服刑经历、吸毒、同性恋等;"部族污名"(tribal stigma),指代代相传的身份归属特征,如种族、民族、宗教等。

琼斯等人(Jones等,1984)则主张从六个特征维度区分污名情境:一是可隐匿性(concealability),即污名化特征可隐藏的程度,如肢体残疾和同性恋;二是标记的变化过程(course),即污名情形随时间变化的程度及结果,如侏儒症和成瘾;三是破坏性(disruptiveness),即污名特征干扰人际互动的程度,如口吃和精神疾病;四是美感(aesthetics qualities),即污名特征在多大程度上使个体变得丑陋,让他人厌烦或不安,如面部畸形;五是污名的起源(origin),即污名情形是如何形成的,谁负有责任,如唐氏综合征和盗窃犯;六是危险度(peril),即污名会给他人带来危险的程度,如具有高传染性、致命性的疾病或单纯的肥胖。

此外,想要全方位认识污名,我们还需要注意以下几对概念。

个体污名与群体污名

戈夫曼和林克等人的定义其实是分别从个体和群体的层面界定污名。在戈夫曼那里,污名是个体的一种不被信任和不受欢迎的特征,这种特征令其个人价值降低或丧失,并处在较低的社会地位。而在林克等人那里,污名是针对一类人、一个群体的,当群体的某些特征被标记,群体因此被区分出来,则将该群体污名化的过程就已经开始了。

个体污名除了影响受污者本身,还会牵涉到跟他有关联的人,比如心理疾病患者的家属、医生和医院,这被称为连带污名(courtesy stigma)/联结污名(associative stigma)。残疾儿童的家长、精神疾病患者家属和相关工作人员都是常见的连带污名受污者。残疾儿童的年龄越大,父母的连带污名情况越严重。

公众污名与自我污名 公众污名是社会大众对受污群体成员的认知、情感和行为反应。自我污名是受污个体觉知、并认同他人对自己的消极刻板印象与歧视,从而产生的自我低评价和自我低效能。

派斯克索里多和马丁(Pescosolido 和 Martin,2015)从施污和受污主体的角度,将污名分为公众污名、结构污名(structural stigma,指通过法律,政策和宪法惯例而表达的偏见和歧视,是被社会制度和意识形态合法化并不断维持的污名处境)、连带污名(courtesy stigma,指因与受污群体的关联获得的偏见和歧视)、基于援助提供者的污名(provider-based stigma,指为受污群体提供援助的职业群体表现出来的偏见和歧视)、自我污名五类。博斯等人(Bos 等,2013)认为,自我污名、连带污名、结构污名和公众污名彼此紧密关联,但公众污名在此间处于核心位置。

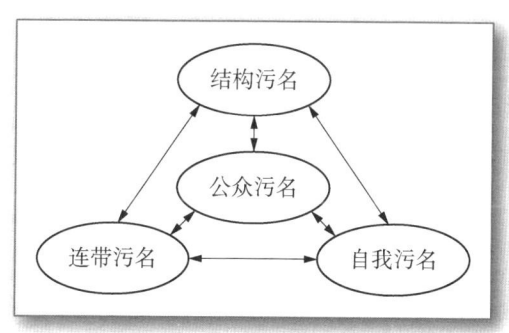

图 16.1 四种污名的关系
(来源:Bos 等,2013)

可隐匿污名与不可隐匿污名　可隐匿污名(concealable stigma)指受污特征不易为人觉察，个体可选择不将其表现在外，而以"正常"的形象进行日常生活和交往，从而避免相应偏见和歧视的情况。不可隐匿污名则指受污特征明显暴露于外，无法隐藏的情况。如前所述，琼斯等人将可隐匿性(concealability)列为污名情境分类的第一项标准。克劳科等人(Crocker等，1998)也强调，可见性(visibility)和可控性(controllability)是影响污名程度的两个重要维度。不可隐匿的污名会造成社会情景的模糊性，使得受污者无法清晰辨别他人对自己的反应有哪些是出于污名的效应。具有可隐匿污名的人，需要决定是否要把污名身份隐藏起来，隐藏到什么时候。他们虽然能暂时躲避社会排斥，但被发现的潜在可能性却使其不得不承受强大的心理压力和挑战。

16.2.2　污名、偏见与歧视

污名与偏见、歧视的关联极为密切。20世纪90年代以来，这三个概念在相关研究中出现越来越多的交叉，有时甚至在同一个作者的同一篇著述中，三个概念也会同时出现以及被使用。因而，有必要简要澄清三者间的关系。

污名与偏见

偏见指对一个群体或其个体成员的消极否定态度。污名的内涵比偏见丰富，除了消极态度，污名更强调范畴区分、刻板印象、被歧视等多重机制联合作用的社会过程。两种研究领域各自感兴趣的研究对象也有所不同。污名研究的对象通常是以面部畸形、艾滋病、身材矮小、精神疾病等为特征的"异常"群体，主要关注越轨行为与身份，疾病与残障，以及规范执行和疾病预防之目的驱动的社会过程；偏见研究则往往以性别、年龄、种族和阶级等特征人群为研究对象，主要关注剥削统治之目的驱动的社会过程(Phelan等，2008)。但两个研究传统之间并不存在实质性的概念差异，且不论偏见，还是污名，其延续和维持都涉及范畴化、贴标签、刻板印象、消极情感、互动不适、社会拒斥和其他类型的歧视，地位和其他生活机会的丧失，以及污名管理与应对等过程(Phelan等，2008)。

污名与歧视

歧视指因某个人是某特定群体或社会类别中的成员而对其实行不公正的、负面的和伤害性的区别对待，是由与污名、偏见相关的消极态度而导致的**行为反应**。杨等人(Yang等，2008)认为，二者的区别体现在三个方面。首先，从传统上来说，污名主要指行为越轨和躯体异常，歧视更多地指某种社会特征(如种族、性别和社会经济地位等)；其次，污名主要涉及个体特征，而歧视对应于群体特征；最后，污名主要关注被污名者本身,而歧视则聚焦于歧视主体的责任(郭金华,2015)。二者的联系在于,歧视原本就是林克等人定义中污名构成的五要素之一,它不仅是污名践行的一种形式,更与污名一样,都是社会经济结构根本性不平等的产物(Parker,2012)。

16.2.3 污名的测量

不论是对污名的理论研究、还是为有效去除污名效应的实践工作,都需要准确评估污名。污名测量领域的研究结果十分丰富。几乎每种污名都有很多测评工具,以应和不同的测量目的。本文在此仅以近年国内讨论较多的肥胖污名、心理疾病污名、残疾污名等为例,做一个示例性的概要总结(见表16.1)。污名测量的内容分公众污名和自我污名两类,每类内容中又分内隐污名和外显污名两种形式。目前表中所列的外显污名测量方法均为自陈量表,其他测量方式还有语义差异量表(董圣鸿等,2018)、社会距离量表(Lucas和Phelan,2012)和归因测量(Corrigan等,2003),等等。

表 16.1

污名测评工具类型示例

	公众污名		自我污名	
	外显污名	内隐污名	外显污名	内隐污名
肥胖污名	反肥胖态度测试(Anti-Fat Attitudes Test, AFAT)[①]	内隐联想测验(Implicit Association Test, IAT)	体重偏见内化问卷(Weight Bias Internalization Scale, WBIS)[②]	内隐联想测验(Implicit Association Test, IAT)
心理疾病污名	心理疾病评价量表(Opinions About Mental Illness, OMI)	简式内隐联想测验(Brief Implicit Association Test, BIAT)	心理疾病内化污名量表(Internalized Stigma of Mental Illness Scale, IS-MI)[③]	简式内隐联想测验(Brief Implicit Association Test, BIAT)

[①] 详情参见段文杰,冯宇,体重污名:对肥胖的歧视与偏见,心理科学进展2018年第26卷第6期:1074—1082。
[②] 同上。
[③] 详情参见李强,高文珺,龙鲸,白炳清,赵宝然,心理疾病患者自我污名及影响初探,中国临床心理学杂志2010年第18卷第3期:323—325+319。

续 表

	公众污名		自我污名	
	外显污名	内隐污名	外显污名	内隐污名
残疾污名	残疾人态度量表（Attitude Towards Disabled Person，ATDP），残疾人多维态度量表（Multidimensional Attitudes Toward Persons with Disabilities，MAS）①	启动任务（Priming Task）、生理心理评估（psycho physiological evaluation）	智力残疾人污名感知量表（Scale of Perceived Stigma in People with Intellectual Disability），听力残疾学生自我污名量表②	启动任务（Priming task）、生理心理评估（psychophysiological evaluation）③
同性恋污名	对女同性恋和男同性恋的态度（Attitudes Toward Lesbians and Gay Men），现代恐同量表（Modern Homophobia Scale），双性恋态度量表（Attitudes Regarding Bisexuality Scale）④		内化恐同量表（Internalized Homophobia Scale），内化否同态度清单（Internalized Homonegativity Inventory）⑤	

16.3 污名的影响

污名影响广泛。本章从公众和受污者自身两个角度，重点梳理污名的心理效应。

16.3.1 公众对污名的态度与反应

作为一种刻板的、消极否定的身份标签，污名代表着社会对受污群体某些特征的错误和顽固的概括化认知，伴随着因此而形成的厌恶感，并招致相应的歧视反应。

公众对污名的反应由刻板印象、偏见和歧视三部分构成。群体在社会结构中的位置分布，决定了他们彼此的刻板印象具有规律性的内容结构。根据刻板印象

---

① 详情参见关文军，孔祥渊，胡梦娟，残疾污名的研究进展与展望，残疾人研究 2020 年第 1 期：41—50.
② 同上.
③ 详情参见王晓刚，尹天子，黄希庭，心理疾病内隐污名述评，心理科学进展 2012 年第 20 卷第 3 期：384—393.
④ BOYLE, G. J., SAKLOFSKE, D. H., MATTHEWS, G. 2015. Measures of Personality and Social Psychological Constructs, London：Elsevier.
⑤ 同上.

内容模型(Fiske等,2002),污名群体在社会分层体系中处于被贬低的位置,且具有不受欢迎、甚至令人厌恶的身份特征,因而关于污名群体的刻板印象应该属于"低能力—低温暖"(low competence-low warmth)类型。比如,精神障碍患者经常被描述为"危险的"、"暴力的"和"不可预测的";同性恋被认为是"不健康的"、"反伦理道德的"、"性乱的";残疾人被评价为"行为怪异"、"低能"、"晦气";农民工被说成是"肮脏的"、"惯于偷盗的"、"不礼貌的"等。

对特定群体的情感反应与刻板印象相伴而生。人们对能力和温暖都比较欠缺的群体往往怀有鄙夷、蔑视(Contempt)的情感。一些污名测量工具中也会专门问到对受污者个人的情感反应,包括紧张、厌恶、恐惧等。

这种情感又同刻板印象一起,共同形塑了群际行为。由于"温暖"决定着积极的行为倾向,一个群体的温暖分数越高,越会降低来自其他群体的、积极的伤害;"能力"决定着消极的行为倾向,一个群体的才能分数越高,越会降低来自其他群体的、消极的伤害。所以能力和温暖分数都低、令人轻蔑的群体只能引发各种伤害行为。其中,积极伤害,比如,批评、攻击;消极伤害,比如排斥、贬低(Cuddy等,2007)。日常生活中,民众对污名群体的反应主要表现为倾向于保持较大的社会距离,比如对处于心理疾病状态的被试具有更强烈的社会排斥(汪新建,2019);尽量远离艾滋病患者(张林,邓海英,2010)。

当然,污名化在外显和内隐两个层面上是相对分离的。污名态度有时被人清醒意识且表露在外,有时则可能在无意识层面存在和发挥作用。比如,大学生对艾滋病患者的内隐污名就表现为,对艾滋病相关主体在积极行为情境下的外归因数量显著少于消极行为情境下的外归因数量(杨爱花等,2011);持有内隐肥胖污名的医生会做出有偏颇的医护决策,比如花很多精力应对患者的超重问题,却忘记或忽视了原本作为求助目的的其他病痛(Rathbone等,2020)。

总之,在污名化(stigmatizing)导致的人际歧视和机构歧视的作用下,被污名群体的社会流动机会被剥夺,渐渐将污名内化(internalization),以致自尊下降、表现出自我实现预言的行为。这使得受污群体被主流社会进一步异化(alienation)和隔离(isolation),导致污名合法化和深化。这一套自我维持的排除(exclusion)系统,是污名循环建构的外部路径。

16.3.2 受污者的污名遭遇与应对

从受污者角度考察污名的影响,既少不了对污名如何损害受污群体生存福祉的总结梳理,也不能忽视对受污群体主动应对策略的体察理解。

污名效应

污名的消极影响渗透在生理、心理和社会等各个领域。

健康 污名群体所处的物理和社会环境均不利于其身心健康发展。首先,由于教育、就业及相关领域的歧视,很多污名群体成员生活窘迫,难以获得高质量的医疗和营养,因而与非污名群体成员相比,污名群体成员的健康状况往往更差,高血压、冠心病、抑郁症的比例都比较高。比如很多研究都指出,非裔美国人寿命比较短,婴儿的死亡率较高,心脏病的发病率也很高(Harrell,2000)。其次,身处污名氛围中,知道社会上对自己所属群体存在贬低性态度和歧视行为,会给受污者带来一种心理压力,对其心理健康造成消极影响。比如,超重的白人未成年女孩,感受到来自周围亲友的负面评价,抑郁程度也加深了(Mustillo等,2013)。最后,污名还阻碍了病患的求助行为,这在心理疾病污名群体中最为明显(徐岩,2017)。很多心理疾病不具有明显的外在症状,但就医经历会成为日后他人施加污名的线索。因而不少心理疾病患者会隐瞒病情,或拒不接受治疗。他们认为看精神科门诊是丢脸的事,即便勉强就医,也不能坚持治疗。

社会生活 污名导致受污群体在几乎所有社会生活领域都遭遇区别对待,连凭努力公平竞争的机会都很少。相关研究提到较多的,比如就业方面,非裔美国人在求职过程中往往经历更多轮的筛选,很少受到友好、鼓励性的对待,最终被录用的比例更低,起薪也更低(斯达纽斯和普拉图,2011,P178);艾滋病患者失去工作、得不到雇佣,租不到房子(刘颖,时勘,2010)。社交方面,超重和肥胖的学生会经历被取笑、戏弄、欺凌等遭遇,外界对其学业、社交、自我管理等方面评价都低于正常体重学生(段文杰,冯宇,2018)。教育方面,低龄残疾儿童的学前教育、义务教育和15岁以上残疾儿童的中、高等教育入学率均相对较低,且残疾儿童教育内部发展不均衡(刘艳虹等,2016);即便是在融合教育学校,多数残疾学生课堂参与的样态也是"被动的有限参与",且教师很少为残疾学生的学习提供必要支持(关文军,2017)。还有研究发现,青少年时期的社会歧视意识、学校歧视和家庭社会经济地位与成年初期的受教育程度、职业声望都紧密相关(Wheeler等,2020)。

心理社会功能

污名还会直接作用于受污者的心理功能,主要体现在以下五个方面。

第一,认知能力。较差的身心健康状况和生活满意度,限制了受污者学习、思考、判断能力的发展。近年来的权威研究更揭示了,贫困、甚至仅仅是稀缺(scarcity)的处境,就会阻碍贫困者的认知能力,如判断和决策(Mani等,2013;Vohs,2013)。

第二,自尊。背负污名意味着要承受社会上大部分人对自己的贬低言行。因而污名群体的自尊水平可能会较低,更自卑、保守、封闭、悲观。然而也有研究发现,由于污名群体成员可以调整自己的社会比较对象,可以将自己的歧视待遇进行外归因,可以贬低被污名特征对自我价值的意义等方式来自我保护,因而其自尊水平与非污名群体成员之间没有显著差异(Crocker 和 Major,1989)。

第三,情绪。污名让人感到自己低人一等。如果将此归因于外,认为这是来自他人的歧视,则可能产生愤怒、怨恨情绪;如果将此归因于内,认为是自身的原因,则可能产生羞耻情绪。由于污名的排斥隔离效应而导致交不到朋友的苦闷还很容易诱发抑郁情绪,久久不得缓解(Alimoradi 等,2019)。

第四,社会支持。污名还使受污者更难于获得社会支持。很多情况下,歧视与去人性化(dehumanization)过程联合作用,使得人们帮助支持受污者的意愿更低(Terskova 和 Agadullina,2019)。当污名关涉道德败坏时,这种效应更加严重。另一方面,连带污名还消耗了受污者周围亲友应对压力的心理资源,使其心理健康状况下降(梁露尹,2019),这进一步削弱了受污者可依靠的社会支持。

第五,幸福感。污名导致受污者的整体生活质量下降,幸福感降低(Pachankis 等,2017)。尤其在自我污名严重的群体中,幸福感状况尤其差(Chan 等,2017)。

在认识污名效应时,尤为重要的是,要注意采用综合性的分析视角。具体来说,在横向维度上,认识到各效应之间是相互关联的。一方面,任一特定情境中的污名效应(比如社交退缩),都是污名限制了很多社会机会之后的结果;另一方面,任何一种污名效应(比如教育机会受限),都体现在多个污名情境中。在纵向维度上,认识到污名效应具有内卷化(involution)倾向(即不断恶性循环),而且在各种机制的联合作用下,污名的效应可能是持续一生的。

污名应对

受污者并非一味被动承受污名带来的名誉、健康以及生活机会等各方面的损害,还奋力挣扎于歧视语境中,主动应对外界压力。受污者的污名应对,是针对污名的反应,更在相当大程度上决定着污名歧视作用的效果。

歧视知觉 污名意识(stigma consciousness)也是一种心理特质(Pinel,1999),因而存在个体差异。污名意识越强的受污者,越能够感知到来自他人的偏见和歧视,自尊受到威胁越大,健康和幸福感水平越差(Krug 等,2019)。高污名意识的人倾向于认为,群体刻板化印象在群际互动中具有普遍性,并且不能逃脱被刻板化的群体身份的影响,低污名意识者则认为,群体的刻板化印象并不总是能够主导他们的生活。

受污者能够感知到的、来自他人的偏见和歧视,还会受到情境因素的影响。比如,流动儿童所感受到的社会歧视在学校类型、流动性上就存在显著的差异,打工子弟学校的流动儿童得分显著高于公立学校的儿童,流动性高的儿童得分显著高于流动性低的儿童(蔺秀云等,2009)。

另外,人们对群体歧视的知觉水平通常高于对个体歧视的知觉水平。受污者往往报告自己所属的群体受到很高的歧视,但作为群体中的一员,他们自己却很少受到歧视(Taylor 等,1990)。

歧视归因 知觉到歧视后,如何评价歧视的原因,也是污名应对策略的体现。归因于外,认为自己遭受的差别对待源于对方的歧视,可以起到保护自尊的作用,然而承认自己处在可以被人随意欺负(歧视)的社会地位,却会使自尊受到更深的伤害。归因于内,认为消极的反馈是因为自己确实技不如人,虽然使自尊受到暂时的威胁,却可以成全社会自尊的维护,并在更长远的意义上保持控制感(Sechrist 等,2004),增强对未来的信心(Ruggiero 和 Taylor,1997)。

在面临于己不利的处境或自己表现欠佳的任务时,还有很多受污者把自我概念与消极的评价相分离(Disengagement)。他们贬低那些使自己认同遭到威胁的领域的价值,拒绝在相关领域继续努力(Schmader 等,2001)。这确实是一种有效的心理防御策略,可以使个体的自我价值感不再依赖于该领域的成功或失败,从而有利于自尊以及整体自我价值感的保持和发展。然而,这往往也意味着放弃同强势群体的竞争,拒绝主流评价标准体系,退出阶层流动的制度化渠道。

群体认同 如果自己的群体身份意味着要背负沉重的污名,那么还要不要保持对此群体成员资格的认同呢?拒绝—认同模型(Rejection-identification model,RIM)认为,感知到外界的歧视会导致两种相互矛盾的效应。一方面,歧视知觉会提高个体的内群体认同感,并进一步缓解歧视现象对心理健康的影响;另一方面,歧视知觉也使得个体进一步认识到自己所在群体的弱势地位,从而降低心理健康水平(刘霞等,2011)。虽然群体认同使个体对知觉到的偏见反应更强烈,但污名群体的成员还是倾向于通过更加认同所属群体来应对身份威胁,而且应对偏见和歧视的行为也能增强群体认同,部分弥补了知觉到的偏见对个体自尊的消极影响。有研究发现,听障中学生的自我污名可以显著负向预测其自尊水平,但群体认同在听障中学生自我污名与自尊之间起调节作用。具体而言,随着群体认同水平的提高,自我污名对自尊的负向预测作用逐渐减弱,即高群体认同可以在一定程度上消解听障中学生自我污名对自尊的消极影响(李美美,杨柳,2018)。

合理性评价 对歧视合理性的知觉评价和对群体的认同程度共同影响着被污名个体的歧视反应。受污群体认同低的人,无论其认为污名是否合理,都不会在乎他人的歧视。受污群体认同高的人,若认为污名不合理,则会感到愤怒,还可能采取行动维护群体权益。受污群体认同高、又把社会偏见和歧视知觉为合理的人,则会经历自我污名。

自我污名者处在污名相关情境中时,会自动产生与污名一致的自我效能期待(Crocker 和 Quinn,2003),因而更容易出现刻板印象威胁(Steele 等,2002)。自我污名会放大公众污名的消极影响,加剧受污者自尊受损、自我效能感降低、社会交往退缩、幸福感下降、持久抑郁的状况。怀有自我污名的人很容易受"为什么要试效应"(why try effect)的影响,认为自己不配、也不能达到自己的目标,从而停止争取、放弃努力(Corrigan 等,2016)。这类受污者还会表现出外群体偏好现象(李琼,刘力,2010),甚至将污名合法化(赵德雷,2015)。

至于人们根据什么标准来评判污名歧视的合理性,有研究提出其受集体表征(文化刻板印象、知觉到的群体在社会等级中的位置和社会政治意识形态)以及认知显著性的影响。详情请参照 Corrigan 等人的文章(Corrigan 等,2005a),在此不赘述。

隐匿与揭露 有着可隐匿污名的人们,可能面临一种两难的选择。他们可以为了避免偏见和歧视,而有意识地去隐匿污名。然而,保守一个秘密必然对个体心理和行为产生独特的影响(张宝山,俞国良,2007)。保守秘密会激活一系列的认知过程,这些认知过程引起了对秘密注意的强迫性集中。短期看来,隐匿污名会给人带来心理痛苦(psychological distress),增加人的认知负荷,诱发负性情绪反应,有关污名的信息会更容易进入认知层面,从而给个体带来更大的心理负担,使其产生更消极的自我观念,在社交中出现更多行为抑制。长期看来,隐匿污名会使个体健康状况下降,使其更容易罹患抑郁、焦虑、严重的精神问题以及高血压等心身疾病,幸福感降低,对未来产生更多的担忧(彭芸爽等,2013)。他们当然也可以选择揭露自己的污名身份,以免于承受长期隐匿污名的心理压力。揭露污名是释放压力的有效方式,但同时也意味着随之而来的偏见和歧视。因而,关于是否揭露、揭露的时间、情境和范围,都需要慎重决策。

污名应对方式的可选择性也使得污名循环建构的内部路径清晰可辨。即当受污者对自己的污名身份和受歧视待遇比较敏感、将受到的贬低和差别待遇归因于歧视、认同被污名群体、并进而形成自我污名,则无论污名是否可隐匿、以及隐匿的心理代价是否在受污者的可承受范围之内,内部的污名化过程都已达成。

16.4 污名的源起和作用机制

16.4.1 污名的源起

污名因何而成?为什么会有污名现象发生?关于这个问题的解释因学科视角

差异而呈现不同的侧重点。

进化心理学观点 进化心理学派从基因进化的角度来解释人们为什么避免与特定人群接触,进而对其生存机会加以限制的现象(Kurzban 和 Leary,2001)。该取向的污名起源说认为,污名化是基因推动的生存繁衍策略(Neuberg 等,2000)。因为要保证群体生存和基因遗传,必须尽量避免群体内一切可能的危险因素。所以人们慢慢发展出一套认知策略,不仅辨别出危害群体利益、妨碍群体功能发挥的个体,还给他们贴上专属标签,鼓励其他群体成员远离这些人、阻止他们从群体中获利和损害群体利益。这就是污名化。

此论调指明了污名着眼于社会制度建构的本质。依其观点,污名现象是社会发展之必然,受污者只能自行考虑如何避免不利处境、应对被污名化的情境策略和自我技术。而其对污名存在合理性的着力论证,使其遭到很多批评。

人类学观点 人类学的观点也认为污名是人们感知和应对危险的方式,是普遍存在的社会现象,不可能完全消除。早期的人类学研究指出,人们将危险道德化、政治化,视异常为不洁(比如将外表丑陋与心智蒙昧、德行败坏相联系),进而将道德危险与身份特征(如种族、地域)关联起来,极力维护群际边界的清晰,以免"正常"群体受到"污染"(Douglas,1992)。基于正常和异常的分化而产生的社会排斥即为污名的具体表现。

晚近的研究以克莱曼(Kleinman)为代表,他进一步指出,污名还意味着道德化危险的合法化。污名的社会逻辑是:"当我们感知到自身的道德秩序受到威胁时,则会通过污名化将危险归罪于特定他者,污名化不仅为我们提供了顺手可及的替罪羊,而且将我们针对污名化他者的暴力合法化(郭金华,2015)。"比如,他认为"911"之后以反恐或防恐为由生产出的第二种道德秩序制造了更大的危险,以暴力和危险应对暴力和危险的合法化,才是污名的危险所在(Kleinman,2006)。

人类学审视污名现象时更关注文化差异问题,相关研究者也做了大量比较研究。比如,杨等人的污名概念模型(conceptual model)指出,污名最主要的特点是使人感受到其珍视的某些精神层面的东西(名誉,地位等)面临即将失去或减少的危险,或正在遭受着损失(Yang 等,2007)。因而,中国艾滋病患者和精神分裂症的污名受其"面子"文化的影响而表现出更消极的影响(Yang 和 Kleinman,2008)。

社会学观点 社会学者强调从权力、结构及其带来的社会不平等的角度审视污名和歧视,认为污名不是个人行为的结果,而是社会地位和权力差异的产物。比如有研究发现,新媒体语境下老年人形象的污名化(如与"大爷""大妈"称谓相关联的消极刻板印象),是角色期待错位、公共空间争夺、话语权的失衡、谣言传播四个因素共同作用的结果。其中,与年轻人争夺公共空间、却没有掌握网络话语权是老年人在这场权力博弈过程中失势而承受污名的重要原因(阎瑾,王世军,2018)。

也有研究者从身体、话语、权力角度建构了污名生成的多维分析框架(文军,田珺,2017)。污名是一种能够降低个体社会地位的属性。污名他人需要建立各种规则而提升优势群体的利益,制造等级观念和次序,并用制度化的手段使等级观念和等级次序合法化。不同群体之间虽都有对彼此的偏见,受污群体也通常持有对外群体的消极刻板印象。但只有社会、文化、经济和政治上处于优势地位的群体,才能凭借歧视行为限制弱势人群的生活机会,从而将对方污名化。宏观社会层面的结构性歧视(政策层面的制度性歧视)更是导致受污者生存和发展受限制的关键所在(Corrigan 等,2004,2005b)。

社会心理学观点 社会心理学是污名研究的主要理论资源之一。虽然早期也有研究提到人格特征会导致某些人更容易形成偏见态度和采取歧视行为(Allport,1954),但主流的观点还是从群体过程的角度解读污名起源。费兰等人(Phelan 等,2008)提出,污名化与偏见一样有三个功能,或者说可以达成三个目标。第一,剥削支配(exploitation/domination),即污名化的意识形态可以将群体内的不平等合法化,使得一部分人对另一部分人的支配和剥削(或者说,使一些人处在从属地位,keeping people down)显得天经地义。第二,强加社会规范(enforcement of social norms),即污名化可以惩戒犯过者、逾矩者,让人们意识到可接受行为的底线在哪里、如果不守规将付出什么代价,从而维护既定规则(或者说,使人们遵从群体规范,keeping people in)。第三,避免疾病(avoidance of disease),即污名化还有助于甄别和远离可能携带致病因素的人(或者说,将带有危险特征的人排除在群体之外,keeping people away),从而规避进化风险。

近年来,越来越多的研究从群际关系的视角出发,强调范畴化(categorization)和互动(interaction)在促发污名方面的作用。

归类/范畴化是人类生存面对复杂多变、充满不确定性的世界而发展出来的认知策略。其结果是范畴内部的相似性和范畴之间的差异性被夸大。人们总是对内群体的价值拥有积极的依恋和偏爱,从而贬低和憎恶外群体,认为他群对自身和自己所属群体构成了威胁和挑战。即便无关任何社会意义的最简群体区分,也能导致这种偏差性态度和行为(豪格和阿布拉姆斯,2011)。范畴化虽然有助于降低人们眼中世界的不确定性和复杂性,但它也为群际偏见和污名歧视埋下伏笔。

根据地位建构论(status construction theory),结构因素也能影响微观互动,进而使原本价值无涉的一些名义性特征具有了区分人们社会地位的价值(赵德雷,2011)。"双重相异情境"(dissimilar situation)是其作用得以实现的充要条件。社会行动者既占有多寡不一的资源,又在某种特征上分处于不同的状态,且他们在这两方面的分化是一致的(即处于其中一种特征状态的人总是占有较多的资源,而处于另一种特征状态的人总是占有较少的资源)。由于人们对占有较多资源者总抱有较高的绩效期望,所以被期望较高的人通常也具有那种与资源较多相伴存在的特征状态。当这种双重相异发生在涉及不同任务、不同互动者的多个情境中时,最初由资源多寡所造成的期望差异就会被归为特征状态差异的缘故。于是,原本中性的特征便具有了决定地位等级差异的力量,成为泛化地位特征,从而为进一步的污名化打下基础。

李生平(2019)关于残疾人意象的研究就是这方面的一个生动例子。他发现,残疾作为一种人类身体进化中的自然现象,并非最初就具有"污名化"特征。甚至在古代早期,残疾人会因其身体形态"异于常人",而被认为具有某种沟通天地鬼神的特殊功能。但随着人类社会分工的细化,残疾者由于部分劳动能力受限,逐渐在劳动生产选择中失去主动权,进而影响到其社会地位,逐渐成为"污名化"的对象。

16.4.2　污名化的机制

污名是认知分类和互动建构的产物。贴标签强调社会分类和标记,认同威胁强调受污者自身的觉知与应和,二者是污名化的核心作用机制。

标签化过程

标签理论　标签理论的提出和使用最早可追溯到社会学关于越轨行为的讨论。迪尔凯姆指出,判定"罪犯",不仅因为其触犯了法律条文做出危害社会的行为,还因为要给他贴上标签,这既实现了惩罚的功能,还满足了社会控制此类行为的要求。后来,莱默特(Edwin Lement)提出初级越轨(primary deviance,即很多人可能偶然或者无意的一次犯错)和次级越轨(secondary deviance,即被贴上越轨者标签,而被迫不断地认同并犯错,最终成为真正的越轨者)的概念,强调了标签通过个人心理形象和社会角色对后续行为的影响。贝克尔(H. S. Becker)则进一步发展了标签理论,从符号互动论的视角指明"越轨"是由社会"规范"所界定和建构的结果。

戈夫曼及之后的很多学者都提到,标签和贴标签是十分重要的污名化机制。谢夫(Thomas J. Scheff)在关于心理疾病污名的研究中正式提出标签理论(labeling theory),认为心理疾病及其持续的混乱反应源于被贴标签和因此获得的社会反应。一方面,社会将偏差行为标定出来,人们疏远反常行为者;另一方面,被贴上标签的个体了解社会的刻板印象,并在日常互动和大众传媒中不断强化和内化心理病患的角色,因而持续表现出混乱行为。两股力量合力建构了心理疾病污名(Link 等,2014)。

然而,这种观点遭到医学模式学者的批评。对方认为公众的排斥反应是由心理病患的异常行为所引发的,并非源自污名。

修正的标签理论 为了解决上述分歧,林克等人基于实证研究结果提出修正的标签理论(modified labeling theory),认为污名并不会直接导致心理疾病,心理病患的标签是通过危及其生活环境,比如剥夺就业机会、破坏社会网络、降低自尊,而间接影响心理疾病的发展过程和结果(Link 等,1989)。当社会用越轨的标签去标定一个人或一类人,就会使人们对特定个体的感知和角色定义发生改变,而"越轨者"对社会拒斥的反应则更加强化了个体自身的越轨行为倾向或社会退缩,这都使其生存处境进一步恶化,导致其无法恢复正常的社会角色。心理疾病污名也是同样的道理。个体的异常行为会引发消极反应,污名会通过歧视而限制患者进入重要领域的机会,使其社会地位受到直接影响,而低下的地位会导致进一步的歧视,让公众更消极地对待被标签者。受污者预期到他人对自己的负面反应,则会做出更多防御性和回避性的应对,从而加剧现有的障碍和偏差行为。当与该群体关联的刻板印象在主流文化中众所周知并深入人心,即便在没有歧视表现甚至无人在场的情境中,也会影响到其个体行为(姚星亮等,2014)。

如图 16.2 所示,污名的形成既离不开个体的歪曲与强化,又需要社会的沟通与共享(李强等,2008)。它最初因某些特征对个人或社会的基本功能(如健康、群体利益、公正世界信念、道德等)构成威胁而产生,后经知觉过程被人习得和强化,最终因社会共享而在文化上得以巩固(Stangor 和 Crandall,2000)。

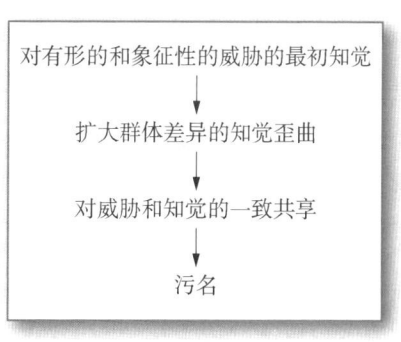

图 16.2 威胁、知觉歪曲和社会共享在污名发展中的作用
(来源:Stangor 和 Crandall,2000)

如图 16.3 所示,基于社会身份的污名过程开始于对该群体"贴负面标签",其后会经历从"我们"中分离出"他们",区别对待/疏离,地位丧失和身份焦虑,强化歧视,最终公众污名化形成、自我污名化产生(管健,2006)。与自我污名密切相关的认同威胁在污名化过程中至关重要。

认同威胁过程

梅杰和奥布莱恩(Major 和 O'Brien,2005)曾在《心理学年评》上专门撰文谈到污名化的机制有两种。**直接机制**包括:歧视(discrimination)、自证预言(expectationconfirmation or self-fulfilling prophecies)和刻板印象自动激活(automatic

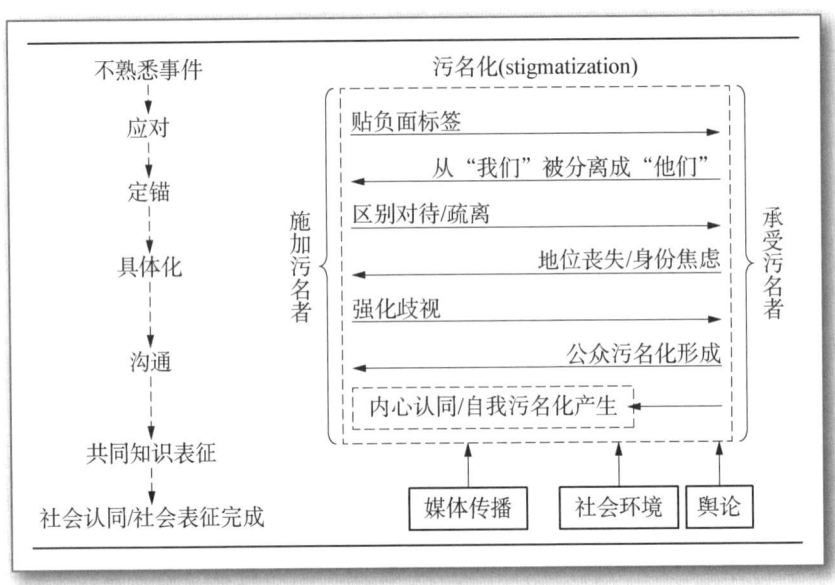

图 16.3　身份污名产生机制与表征建构
(来源：管健，2006)

stereotype activation)。**间接机制**则指认同威胁(identity threat)。

人际歧视和制度歧视可以限制和剥夺受污者在住房、工作、教育、健康、司法等重要生活领域的机遇和待遇(斯达纽斯和普拉图，2011，P140—P142)，使其社会地位降低，主观幸福感和身体健康水平下降。当人们抱持负面刻板印象和消极预期跟受污者互动，身负污名者的思想、情感和行为就会受此影响，他们甚至不必确切了解社会偏见的具体内容，也会表现出确证偏差性消极预期的行为，就连受污者的自我知觉也能发生与预期一致的改变(Snyder 等，1977；Deaux 和 Major，1987)。而若受污者知晓污名预示的偏见内容，那么当情境线索激活这种偏差态度的图式，且此刻板印象适用于当下行为领域的时候，他们就更容易做出与刻板印象一致的行为(Steele 等，2002)。

直接机制强调了他人和情境的作用力，然而外界因素要真正产生效果，必然有赖于受污者对他人偏见的理解、对情境意义的解释，以及要表现得符合他人预期和刻板印象的动机与目标。换句话说，被贬抑、被边缘化的社会文化或情境线索将引导被污名者的自我认同与施污名者协作。这就涉及污名化的间接机制——认同威胁。

污名身份使人更易于暴露在压力情境中。这种压力能否构成对认同的威胁，取决于受污者对压力源危及认同的严重程度和自身应对资源充足程度的评估。评

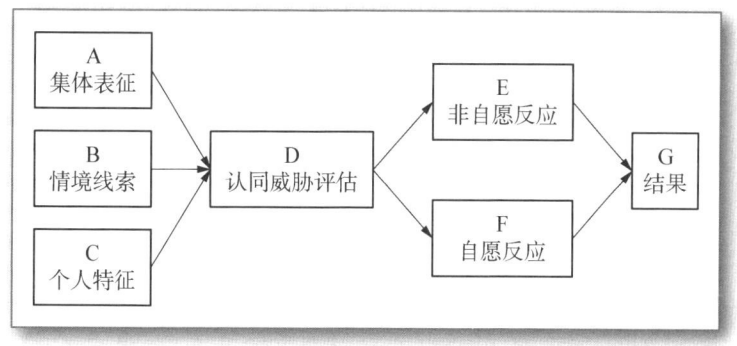

图 16.4　污名的认同威胁模型
（来源：Major 和 O'Brian, 2005）

估的结果受三个因素的影响：**集体表征**(collective representation)、**情境线索**(situational cues)和个体的动机、信念、目标等**特征**(personal characteristics)。集体表征指受污者都知道本群体在其他人眼中的价值被贬低、主流文化对其污名身份存在刻板印象、自己有可能成为歧视的对象，而且主流文化观念对不同群体何以分处社会地位层级系统中的不同位置自有一套系统合理的解释(Jost 和 Banaji, 1994)。这也是包括受污群体在内的所有社会成员的共享知识。情境线索指任何能提示一个人可能因其身份而遭贬抑、被刻板印象化和歧视的信号。情境线索的作用比较微妙，它可能是一段歧视言论、一张蕴含偏差态度的媒体照片、一个与刻板印象相关的任务、甚至一群人的身份构成特点等，但其是否能被受污者察觉到、以及能在多大程度上影响认同威胁的评估结果，也与个人特征、情境和结构等多方面因素密切相关(Major 等, 2003)。个人特征则主要包括污名敏感性、对被污名群体身份的认同、领域认同(即是否认为被消极评价的领域与自我相关，自己在该领域的表现是否关乎自尊)、目标和动机(比如保护自尊，维护系统公正的观念)等。

当一个人认为污名压力源对身份认同非常有害、而自己掌握的资源又不足以应对时，认同威胁就产生了。认同威胁的状况是同受污者压力应激反应联合作用，才实现污名化的。认同威胁导致不自觉的压力反应(如焦虑、警觉性提高、工作记忆过载)，和自觉调控以降低威胁的策略反应(如归因、认同、自尊建构等方面的认知和情感调整，回避污名情境、持偏见人士、反击歧视者等方面的行为努力)。相关内容在前文污名影响部分有详细介绍，在此不赘述。压力反应和应对努力决定了污名的结果(如自尊、学业成绩和健康状况)，同时还反过来进一步影响认同威胁情境，以及人们对此情境的主观建构和评估。

至此，压力源-结果-压力源的认同威胁循环实现了完整的污名化过程。

受损身份一般通过内外合力的交织作用建构而成。外在建构表现为歧视环境的营造、血缘关系的淡化、熟人社会的冷遇;内在认同则包括消极的自我概念、学习能力的怀疑、自我边缘化的心态等(杨生勇,杨洪芹,2013)。有残疾污名研究提出了污名被四种力量动态建构的过程(见图 16.5)。其中,分类和排斥是残疾污名的隐性根源,话语和符号暴力是残疾污名的显性表达,自我认同是残疾污名的主体建构,制度区隔则为残疾污名披上了合法化的外衣(关文军等,2017)。

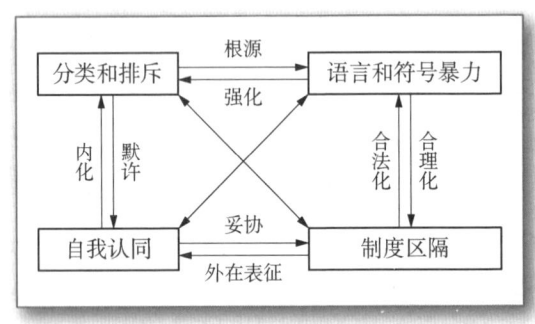

图 16.5　残疾污名的社会建构过程
(来源:关文军等,2017)

16.5　去污名化

去污名化过程,不仅包括个体受污者在具体污名情境中为减少压力的消极影响而有目的地采用的情绪、认知和行为反应,也包括整个受污群体、以至社会为减少歧视性群体分化而主动发起和参与的社会行动。

16.5.1　个体取向的策略

一般来讲,个体大概有远离躲避(distancing)和直面回击(challenging)两种应对策略(Link 等,2002;)。要么,在认知上否认或拒绝将污名相关的刻板印象施加己身,在行为上避免卷入污名情境和同持有偏见的人互动;要么,勇敢面对外界的污名歧视对待,用实际行动反击刻板印象,或者直接指出歧视观点的不当之处(Thoits, 2011)。

被污名者应对污名策略一直是污名研究的重要主题,相关研究成果丰富(杨柳等,2010)。米勒和梅杰(Miller 和 Major,2000)根据应对策略的功能维度归纳出的问题聚焦性和情绪聚焦性两类策略得到了学界的广泛认可。

问题聚焦性策略

此类策略的目标是改变导致压力的环境与人之间的关系。

指向自我的策略　指向自我的策略旨在通过改变自我的某些方面来减少人际互动中由污名造成负面影响的可能性,主要有两种方式:一是直接改变或隐藏与污名相关的特征,以减少污名被应用于自身的可能性。比如,肥胖人士努力减肥,追求常态身体,或者用衣物装扮身体,管理私密信息(杨运强,2016)。二是补偿,即当污名特征不可改变或隐藏时,通过改变行为来实现其目标,比如获得他人掌握的资源、被他人接纳、表达自己的身份认同等。具体的补偿策略包括学习运用人际互动的技巧,努力使自己自信和讨人喜欢,付出更多努力证明刻板印象不成立等(Miller 和 Major,2000)。

指向他人的策略　指向他人的策略旨在减少和改变他人对污名群体的偏见。教育和说服是此类策略的重要形式。例如,宣传有关特定污名群体的积极信息,解释污名状况由外力所致、并非个人所能控制,倡导接纳和包容的社会氛围,都是这方面的努力。

指向情境的策略　指向情境的策略旨在追求和建构没有偏见歧视的情境。回避持有偏见的人(比如少数族裔成员避免跟具有种族主义倾向的人互动),以及远离可能被他人施予偏见的情境(比如口吃的人尽量不参加公开发言和多人社交活动),都可以达到这个目标。

情绪聚焦性策略

此类策略的目标是管理压力情绪,改变导致焦虑、抑郁和自我污名的认知图式,保护自尊免受污名相关压力的影响。增强自我效能、提高他们的自尊、提升心理抗逆力。

社会比较与归因　下行的社会比较(即跟境遇比自己差的人比较),或者把消极结果归因于外界的偏见和歧视,都有助于缓解被污名的压力,保护受污者的自尊(Crocker 和 Major,1989)。

否认歧视　否认歧视或者减小自己作为偏见受害者的程度,以牢牢把握对生活的掌控感,也是很多受污者的适应性策略(Ruggiero 和 Taylor,1997)。

重建自我概念　受污者还可以选择性贬低那些自身处于弱势领域的重要性,或者重视那些自己占优势的领域的重要性。比如,有研究发现,很多黑人学生不会把学业成绩当作衡量自我价值的重要维度(Major 和 Schmader,1998)。

当然,人们最终选择使用哪种策略取决于他对自我、他人以及所处情境的综合评估。而且策略的选择以及策略的效果还受到群体认同、污名可隐匿性、控制感等因素的影响。

16.5.2　群体取向的策略

个体取向的策略大多只是依靠躲避而在短时间内奏效的权宜之计。既然污名本质上是为社会文化和结构所形塑、深植于社会关系的现象，那么仅仅改变个人的态度和行为，而不触及形塑社会关系的结构力量，就根本无法消除污名（Pescosolido 和 Martin，2015）。越来越多的被污名群体和个人投入到争取平等权利、营造和谐互动环境的集体行动中。

结构路径

抗议　通过媒体报道、公益广告等公共言论的形式反对污名化，抗议各种污名的不公正，让人们出于道德考虑而放弃污名化观点。它有助于渲染一种倡导平等的社会舆论氛围，但改变公众态度、降低污名的实际作用不明显，而且直接的劝说和驳斥还容易引发心理抗拒，造成适得其反的效果（Corrigan 和 Shapiro，2010）。更为和缓的方法是知识传播（刘颖，时勘，2010）。

教育　通过广告、书籍、传单、电影电视和其他声像工具来提供关于特定污名（如艾滋病、心理疾病等）的基本知识或事实信息，以此来消除人们对污名特征的恐惧，以及对污名群体道德性的种种误解。这种方法可以在一定程度上使得既往的刻板印象发生改观，但很难引发行为的改变，且适用领域和影响范围有限、持续时间也不长。

在选取结构路径寻求减弱和消除污名的过程中，我们要切忌为了解释和应对污名而制造第二个"他者"，即将污名化的罪责归咎于另外的群体或个人，反过来将其再度污名化（郭金华，2015）。那将背离反污名行动的根本目标。

认同路径

群际接触　接触是消除偏见和歧视的有效手段。群体之间的接触有助于减少污名。它能增进人们对外群的了解，同时重新评价内群。它能降低人们面对污名群体时的威胁感和不确定感，促进情感联结和群际友谊的产生。而且做出接近外群的行为改变本身也会促进态度的改变，以重建认知平衡（Pettigrew，1998）。接触降低污名的显著作用在很多方面得到了验证（Heijnders 和 Van Der Meij，2006；Thornicroft 等，2015）。但接触干预的具体效果受到干预实施过程和干预对象特点两方面影响（赵鹤宾等，2019）。

另外，需要注意的是，友好的群际互动有时固然有助于消除群际分类，进而消解污名意识，但群际接触不成功也可能反过来强化群体分类及群际比较，从而使群体污名意识凸显。

操纵范畴化 污名源于范畴化和群际区分,因而调整范畴化的方式也是去污名化的有效手段。操纵范畴化主要有两种方式。一是,去范畴化(decategorization),即降低群体身份的显著性,引导双方将彼此看作独立的个体,尤其抛除污名群体身份,进行更加个人化的互动(Brewer 和 Miller,1984)。二是,再范畴化(recategorization),即在更高的层次上重建范畴类别,弱化原初的群际边界,让互动双方认识到彼此同属一个定义更广泛的超然群体,有共享的内群认同(Gaertner 和 Dovidio,2000)。这些方法通过改变双方在当下情境中显著的范畴资格,引导其遵循新的、去污名化的行为规则互动,从而达到减弱和消除污名的目的。此外,每个受污者也都具有行动主体性,对外界赋予的污名群体身份可以选择接受、质疑、甚至反驳,以至解构群体污名意识(吴莹,2011)。

污名的作用机制复杂、影响途径繁多,个体、群体层面的多维结果相互勾连,因而其后效往往十分持久。这也决定了反污名、去污名的行动也要有持久的准备和决心,而且通常需要综合运用上述方法。比如,有研究就提到,要帮助残疾人去除污名,必须多方联动,**国家或政府**可以通过立法和政策明确残疾人的合法权利和利益,为保护残障人士提供一个良好的支持背景;社会**媒体**可以通过宣传为残障人士营造一个和谐的生活环境;**社区或有关机构**不仅可以通过教育和接触的方式让人们了解残障方面的知识,还可以通过多种方式让大众更加直观地了解残障人士群体,以消除大众对残障人士消极的刻板印象和态度;**残障群体可以建立自己的机构**,一方面对污名进行抗议,另一方面可以增强残障人士及其家属之间的相互支持(陈福侠,张福娟,2010)。

去污名化更意味着低地位者跨越"承认的鸿沟"(recognition gap),重获社会认可(recognition)和价值(worth)(Lamont,2018)。要想真正扭转污名,实现去污名化,除了诉诸于多维面向、多水平的策略,更需致力于撼动污名的基础,要么转变优势群体抱持的态度和信念,要么改造环境、限制优势群体的权力,使他们的想法无法成为社会主导信念(Link 和 Phelan,2001;Tyler 和 Slater,2018)。

16.6 污名研究的未来展望

从社会心理学专业对污名进行研究的历史已经有五十多年。回顾既有理论模型和实证研究结果,我们已经能够对污名的概念与研究方法、污名形成的原因与过程、污名效应的表现、效果和作用机制等问题,达成较为全面而深入的了解。但要透彻认识污名现象、寻找减少和去除污名的有效方法,仍有很多主题有待未来研究的丰富和发展。

16.6.1 污名化的神经机制

神经科学介入污名研究所产生的增益效应,一方面体现在污名的测量手段上。类似脑电(Electroencephalograph,EEG)、功能性磁共振成像(functional magnetic resonance imaging,fMRI)等技术的运用,极大丰富了内隐污名的测量,使其获得了除心理物理学方法和社会距离测量法之外的、更易观察且稳定的指标。另一方面还体现在污名化过程的分析维度上。探讨污名过程(包括施加污名、承受污名和旁观污名)的神经生物基础,使得人们对此群际现象的理解深入到大脑层面(Amodio,2010)。相信该取向未来在污名研究领域将大有作为。

16.6.2 污名间的关联

污名表现为公众污名、自我污名、连带污名和结构污名等不同形式。各种形式的污名间的关联紧密。近年来探讨比较多的就是,最为人熟知、也最易被观察到的公众污名与自我污名的关系,及其影响。比如有研究发现,心理疾病患者感知到的公众污名越高,自我怜悯越低,自我污名越强,心理求助意愿越小(张经纬,郝志红,2019)。此外,结构污名如何通过公众污名表现出来,反过来公众污名如何强化结构污名;连带污名对污名效应有哪些助长作用;基于援助提供者的污名与自我污名之间又存在什么样的相互作用关系,以及这种关系对减缓污名效应的意义。这些问题在污名过程分析和去污名化策略构建中都十分重要。

污名还依据受污特征而分成不同的种类,比如身体的厌恶、个人特质污点和群体身份污点等。当一个人的多重身份中恰好综合了多个污名特征(比如患有艾滋病的同性恋者,肥胖的残疾人),就会导致双重、甚至多重污名作用集于一身,是否会有叠加的污名效应?现实生活中,很多弱势身份特征还往往相生生成,使得多重污名汇聚的现象更容易发生(如进过监狱的残疾人,贫困的心理疾病患者,黑人女同性恋者)。国内已有研究探讨了疾病污名与身份污名交互的现象(高一飞,2014),发现疾病污名倾向于同深层次的社会价值以及社会张力结合,污名交互有再生产能力,新的污名会增加原有污名的深度和广度。在污名交互方面,已然成为性别研究主要范式的交叉性(intersectionality)思路很具有启发性(Watkins-Hayes,2014)。虽然学界关于交叉究竟是一种理论,还是一种启发性的概念或分析策略,抑或是一种批判实践的形式,还未有一致赞同的观点(苏熠慧,2016)。但其关于多重污名交互的意义分析仍十分值得借鉴。

16.6.3 减少污名

污名生成需要特定的社会结构前提和社会心理机制,一旦条件成熟便会出现。因而,我们会发现,很多以往遭人贬低的身份特征现在已不再意味着污名。然而另一方面,污名现象也层出不穷。2020年的新冠肺炎疫情防控中就出现了大量的"污名化"现象(陈振明,2020)。"感染者"、"湖北人"、"武汉人"等地域和身份标签,甚至成为语言轻蔑、过度回避、扩散信息、标签污名和粗暴对待的启动信号,对他人"人格尊严"构成威胁(佐斌,温芳芳,2020)。

关于去污名化的研究虽已有不少,但涉及的范围和思考的深度仍有待加强。未来研究应考虑在以下三个方面进一步拓展。

第一,加强不同污名领域的专题研究。去污名化的效果受微妙联系在一起的多种因素的影响,因而去污名化需要针对特定类型、特定形式的污名进行专门研究。比如,由于不同文化对同一污名特征原因的理解存在差异,所以去污名化应酌情采用有差异的干预策略(Soffer,2019)。

第二,围绕某一种方法,加强纵深验证。某一个去污名策略究竟在何种情境下、针对哪一类受污者有效,是干预策略选择的关键信息。然而,目前各种去污名化策略的效果尚缺乏系统的评估(Abraham和Michie,2008)。

第三,加强去污名策略的综合性系统分析。已有干预策略研究大多缺乏合理的理论和方法支撑(Bos等,2008)。因而,科学评价各种应对策略,并构建污名应对策略的层次模型十分必要。

(赵德雷)

参考文献

陈福侠,张福娟.(2010).国外残疾污名研究及对我国特殊教育的启示.中国特殊教育(5),3-7.
陈振明.(2020)."正理平治":疫情防控的法治逻辑——从"扩大化""污名化""去隐私化"现象说起.人民论坛(2)中,48-50.
董圣鸿,吴洁,朱鸿健,王燕.(2018).基于语义差异量表的心理疾病外显与内隐污名的结构及关系.心理与行为研究,16(5),694-700.
段文杰,冯宇.(2018).体重污名:对肥胖的歧视与偏见.心理科学进展,26(6),1074-1082.
高一飞.(2014).疾病污名与身份污名的交互——以艾滋病污名为例.云南民族大学学报(哲学社会科学版),31(4),26-33.
关文军.(2017).融合教育学校残疾学生课堂参与的特点及教师提供的支持研究.中国特殊教育(12),3-10.

关文军,颜廷睿,邓猛.(2017).社会建构论视阈下残疾污名的形成及消解.中国特殊教育(10),13-19.

关文军,孔祥渊,胡梦娟.(2020).残疾污名的研究进展与展望.残疾人研究(1),41-50.

郭金华.(2015).污名研究：概念、理论和模型的演进.学海(2),99-110.

管健.(2006).身份污名的建构与社会表征——以天津N辖域的农民工为例.青年研究(3),21-27.

胡梦娟,关文军.(2020).自闭症儿童父母歧视知觉和群际关系的特点——自尊的调节作用.中国特殊教育(3),62-69.

吉姆·斯达纽斯,费利西娅·普拉图.(2011).社会支配论.刘爽,罗涛,译.北京:中国人民大学出版社,第140-142,178页.

李强,高文珺,许丹.(2008).心理疾病污名形成理论述评.心理科学进展,16(4),582-589.

李强,高文珺,龙鲸,白炳清,赵宝然.(2010).心理疾病患者自我污名及影响初探.中国临床心理学杂志,18(3),323-325+319.

李琼,刘力.(2011).低地位群体的外群体偏好.心理科学进展,19(7),1061-1068.

李美美,杨柳.(2018).听障中学生自我污名对自尊的影响:群体认同的调节作用.中国特殊教育(10),38-43.

李生平.(2019)."残疾"前史:"异于常人者"与古代早期的"巫者".残疾人研究(1),80-86.

蔺秀云,方晓义,刘杨,兰菁.(2009).流动儿童歧视知觉与心理健康水平的关系及其心理机制.心理学报,41(10),967-979.

梁露尹.(2019).残疾儿童父母自尊感与心理健康的关系:连带污名的中介作用.残疾人研究(4),18-24.

刘霞,赵景欣,师保国.(2011).歧视知觉的影响效应及其机制.心理发展与教育(2),216-223.

刘艳虹,吴曼曼,邹酬云,杨泰峰,王师军,冷新雪.(2016).北京市残疾人教育状况的调查研究.残疾人研究(3),71-78.

刘颖,时勘.(2010).艾滋病污名的形成机制、负面影响与干预.心理科学进展,18(1),123-131.

迈克尔·A·豪格,多米尼克·阿布拉姆斯.(2011).社会认同过程.高明华,译.北京:中国人民大学出版社,62.

彭芸爽,张宝山,袁菲.(2013).可隐匿污名的心理效应及其机制.中国临床心理学杂志,21(4),592-596.

苏熠慧.(2016)."交叉性"流派的观点、方法及其对中国性别社会学的启发.社会学研究,31(4),218-241+246.

汪新建.(2019).心理疾病的社会排斥及其对医患关系的影响——基于中国综合社会调查数据的分析.南京师范大学学报(社会科学版)(1),64-75.

王晓刚,尹天子,黄希庭.(2012).心理疾病内隐污名述评.心理科学进展,20(3),384-393.

文军,田珺.(2017).身体、话语和权力:"农民工"群体的污名化建构过程分析.学术界(9),154-168.

吴莹.(2011).群体污名意识的建构过程——农民工子女"被歧视感"的质性研究.青年研究(4),16-29.

徐岩.(2017).住院精神病患者污名化下的身份抗争.广西民族大学学报(哲学社会科学版),39(5),79-86.

阎瑾,王世军.(2018).新媒体语境下我国老年人形象污名化探析——以"大爷""大妈"为例.传媒(9)上,79-81.

杨金花,王沛,袁斌.(2011).大学生内隐艾滋病污名研究——来自IAT的证据.中国临床心理学杂志,19(3),340-341+334.

杨柳,刘力,吴海铮.(2010).污名应对策略的研究现状与展望.心理科学进展,18(5),819-830.

杨生勇,杨洪芹.(2013)."污名"和"去污":农村艾滋孤儿受损身份的生成和消解——基于J镇艾滋孤儿社会化过程的历史性考察.中国青年研究(7),66-71+85.

杨运强.(2016).听障青少年的污名及其应对策略.当代青年研究(5),47-52.

姚星亮,黄盈盈,潘绥铭.(2014).国外污名理论研究综述.国外社会科学(3),119-133.
张宝山,俞国良.(2007).污名现象及其心理效应.心理科学进展,15(6),993-1001.
张经纬,郝志红.(2019).公众污名对大学生心理求助态度的影响：自我怜悯和自我污名的链式中介作用.中国临床心理学杂志,2(6),1227-1230.
张林,邓海英.(2010).艾滋病污名的外显与内隐效应及其与人际接纳的关系.中国临床心理学杂志,18(6),735-738.
赵德雷.(2011).期望状态与地位等级制度的维持.中国农业大学学报(社会科学版)(4),32-45.
赵德雷.(2015).农民工社会地位认同研究——以建筑装饰业为视角.北京：知识产权出版社,63.
赵鹤宾,夏勉,曹奔,江光荣.(2019).接触干预在减少精神障碍公众污名中的应用.心理科学进展,27(5),843-857.
佐斌,温芳芳.(2020).新冠肺炎疫情时期的群际歧视探析.华南师范大学学报(社会科学版)(3),70-80.
Abraham, C., & Michie, S. (2008). A taxonomy of behavior change techniques used in interventions. *Health Psychology*, 27, 379-387.
Alimoradi, Z., Golboni, F., Griffiths, M. D., Broström, A., Lin, C. Y., & Pakpour, A. H. (2019). Weight-related stigma and psychological distress: A systematic review and meta-analysis. *Clinical Nutrition*, 4, 1-13.
Allport, G. W. (1954). *The nature of prejudice*, Cambridge, MA: Perseus Books.
Amodio, D. M. (2010). Can neuroscience advance social psychological theory? Social neuroscience for the behavioral social psychologist. *Social Cognition*, 28, 695-716.
Bos, A. E. R., Schaalma, H. P., & Pryor, J. B. (2008). Reducing AIDS-related stigma in developing countries: The importance of theory and evidence-based interventions. *Psychology, Health & Medicine*, 13, 450-460.
Bos, A. E. R., Pryor, J. B., Reeder, G. D., & Stutterheim, S. E. (2013). Stigma: Advances in Theory and Research, *Basic and Applied Social Psychology*, 35, 1-9.
Brewer, M. B., & Miller, N. (1984). Beyond the contact hypothesis: Theoretical perspective on desegregation. In N. Miller & M. B. Brewer (Ed.), *Groups in Contact: The Psychology of Desegregation* (pp. 281-302). Orlando, F. L.: Academic Press.
Chan, Y. Y., Chan, Y., Cheng, S. L., Chow, Y. M., Tsang, Y. W., Lee, C., & Lin, C. Y. (2017). Investigating quality of life and self-stigma in Hong Kong children with specific learning disabilities. *Research in Developmental Disabilities*, 68, 131-139.
Crocker, J., & Major, B. (1989). Social stigma and self-esteem: the self-protective properties of stigma. *Psychological Review*, 96, 608-630.
Crocker, J., & Quinn, D. M. (2003). Psychological consequences of devalued identities. In R. Brown & S. L. Gaertner (Ed.), *Blackwell Handbook of Social Psychology: Intergroup Processes* (pp. 238-257). Oxford: Blackwell Publishers Ltd.
Crocker, J., Major, B., & Steele, C. (1998). Social stigma. In D. T. Gilbert, S. Fiske, & G. Lindzey (Ed.), *The handbook of social psychology* (pp. 504-533). NY: McGraw-Hill,
Corrigan, P., Markowitz, F. E., Watson, A., Rowan, D., & Kubiak, M. A. (2003). An attribution model of public discrimination towards persons with mental illness. *Journal of Health and Social Behavior*, 44(2), 162-179.
Corrigan, P. W., Markowitz, F. E. & Watson, A. C. (2004). Structural Levels of Mental Illness Stigma and Discrimination. *Schizophrenia Bulletin*, 30(3), 481-491.
Corrigan, P. W., & Shapiro, J. R. (2010). Measuring the impact of programs that challenge the public stigma of mental illness. *Clinical Psychology Review*, 30(8), 907-922.
Corrigan, P. W., Kerr, A., & Knudsen, L. (2005a). The stigma of mental illness:

Explanatory models and methods for change. *Applied and Preventive Psychology*, 11(3): 179–190.

Corrigan, P. W., Watson, A. C., Heyrman, M. L., Warpinski, A., Gracia, G., Slopen, N., & Hall, L. L. (2005b). Structural Stigma in State Legislation. *Psychiatric Services*, 56(5), 557–563.

Corrigan, P. W., Binka, A. B., Schmidta, A., Jonesb, N., & Rüsch, N. (2016). What is the impact of self-stigma? Loss of self-respect and the "why try" effect, *Journal of Mental Health*, 25(1), 10–15.

Cuddy, A. J., Fiske, S. T., & Glick, P. (2007). The BIAS Map: BehaviorsFrom Intergroup Affect and Stereotypes. *Journal of Personality and Social Psychology*, 92(4), 631–648.

Deaux K, & Major B. (1987). Putting gender into context: An interactive model of gender-related behavior. *Psychological Review*. 94, 369–89.

Douglas, M. (1992). *Purity and danger: An analysis of concepts of pollution and Taboo*, London and New York: Routledge.

Fiske, S. T., Cuddy, A. J. C., Glick, P., & Xu, J. (2002). A Model of (Often Mixed) Stereotype Content: Competence and Warmth Respectively Follow from Perceived Status and Competition, *Journal of Personality and Social Psychology*, 82(6), 878–902.

Gaertner, S. L., & Dovidio, J. F. (2000). *Reducing intergroup bias: The common ingroup identity model*. Taylor & Francis Group: Psychology Press.

Goffman E. (1963). *Stigma: Notes on the management of spoiled identity*. Englewood Cliffs, NJ: Prentice Hall.

Harrell, S. P. (2000). A Multidimensional conceptualization of racism-related stress: Implications for the well-being of people of color. *American Journal of Orthopsychiatry*, 70(1), 42–57.

Heijnders, M., & Van Der Meij, S. (2006). The fight against stigma: An overview of stigma-reduction strategies and interventions. *Psychology, Health & Medicine*, 11, 353–363.

Jones, E. A., Farina, A., Hastorf, A., Markus, H., Miller, D. T., & Scott, R. (1984). *Social stigma: The psychology of marked relationships*. New York: Freeman.

Jost, J. T., & Banaji, M. R. (1994). The role of stereotyping in system-justification and the production of false consciousness. *British Journal of Social Psychology*, 33, 1–27.

Kleinman, Arthur. (2006). *What Really Matters: Living a Moral Life amidst Uncertainty and Danger*. Oxford: Oxford University Press.

Krug, Gerhard, Katrin Drasch & Monika Jungbauer Gans, The social stigma of unemployment: consequences of stigma consciousness on job search attitudes, behavior and success, *Journal for Labour Market Research*, 53: 11.

Kurzban R, & Leary M R. Evolutionary Origins of Stigmatization: The Functions of Social Exclusion. *Psychological Bulletin*, 127(2): 187–208.

Lamont, Michèle, 2018, Addressing Recognition Gaps: Destigmatization and the Reduction of Inequality, *American Sociological Review 2018*, 83(3), 419–444.

Link, B. G., Cullen, F. T., Struening, E., Shrout, P., & Dohrenwend, B. P. (1989). A modified labeling theory approach in the area of the mental disorders: An empirical assessment. *American Sociological Review*, 54(3), 400–423.

Link, B. G., & Phelan, J. C. (2001). Conceptualizing stigma. *Annual Review of Sociology*, 27, 363–385.

Link, B. G., Struening, E. L., Neese-Todd, S., Asmussen, S., & Phelan, J. C. (2002). On describing and seeking to change the experience of stigma. *Psychiatric Rehabilitation Skills*, 6(2), 201–231.

Link, B. G., Phelan, J. C., & Hatzenbuehler, M. L. (2014). Stigma and social inequality. In J.

Mcleod, D., Lawler, E. J., & Schwalbe, M. (Ed.), *Handbook of the Social Psychology of Inequality* (pp. 49 – 64). New York: Springer Kroska.

Lucas, J. W. & Phelan, J. C. (2012). Stigma and Status: The Interrelation of Two Theoretical Perspectives. *Social Psychology Quarterly*, 75(4), 310 – 333.

Major, B. N., Quinton, W. J., & Schmader, T. (2003). Attributions to discrimination and self-esteem: Impact of group identification and situational ambiguity. *Journal of Experimental Social Psychology*, 39: 220 – 31.

Major, B., & O'Brien, L. (2005). The Social Psychology of Stigma. *Annual Review of Psychology*, 56: 393 – 421.

Major, B. & Schmader, T. (1998). Coping with stigma through psychological disengagement. In J. K. Swim & C. Stanger (Ed.), *Prejudice: The target's perspective* (pp. 191 – 218). San Diego, CA: Academic Press.

Mani, A., Mullainathan, S., Shafir, E., & Zhao, J. (2013). Poverty impedes cognitive functions. *Science*, 341: 976 – 980.

Mehta, N., Clement, S., Marcus, E., Stona, A., Bezborodovs, N., Evans-Lacko, S., Palacios, J., Docherty, M., Barley, E., Rose, D., Koschorke, M., Shidhaye, R., Henderson, C., & Thornicroft, G. (2015). Evidence for effective interventions to reduce mental-health-related stigma and discrimination. *The British Journal of Psychiatry*, 207(5), 377 – 384.

Miller, C. T., & Major, B. (2000). Coping with stigma and prejudice. In T. F. Heatherton, R. E. Kleck, M. R. Hebl, & J. G. Hull (Ed.), *The social psychology of stigma* (pp. 243 – 272). New York: The Guilford Press.

Miller, C. T., & Kaiser, C. R. (2001). A theoretical perspective on coping with stigma. *Journal of Social Issues*, 57, 73 – 92.

Mustillo, S. A., Budd, K., & Hendrix, K. (2013). Obesity, labeling, and psychological distress in late-childhood and adolescent black and white girls: The distal effects of stigma. *Social Psychology Quarterly*, 76(3), 268 – 289.

Neuberg, S. L., Smith, D. M., & Asher, T. (2000). Why people stigmatize: toward a biocultural framework. In T. F. Heatherton, R. E. Kleck, M. R. Hebl, & J. G. Hull (Ed.), *The social psychology of stigma* (pp. 31 – 61). New York: The Guilford Press.

Pachankis, J. E., Hatzenbuehler, M. L., Wang, K., Burton, C. L., Crawford, F. W., Phelan, J. C., & Link, B. G. (2017). The burden of stigma on health and well-being: A taxonomy of concealment, course, disruptiveness, aesthetics, origin, and peril across 93 stigmas, *Personality and Social Psychology Bulletin*, 00(0), 1 – 24.

Parker, R. (2012). Stigma, prejudice, and discrimination in global public health. *Cadernos De Saúde Pública*, 28(1), 164 – 169.

Pescosolido, B., & Martin, J. (2015). The stigma complex. *Annual Review of Sociology*, 41, 87 – 116.

Pettigrew, T. F. (1998). Intergroup contact theory. *Annual Review of Psychology*, 49, 65 – 85.

Phelan, J. C., Link, B. G., & Dovidio, J. F. (2008). Stigma and discrimination: One animal or two? *Social Science and Medicine*, 67(3), 358 – 367.

Pinel, E. C. (1999). Stigma consciousness: The psychological legacy of social stereotypes. *Journal of Personality and Social psychology*, 76, 114 – 128.

Rathbone, J. A., Cruwys, T., Jetten, J., & Barlow, F. K. (2020). When stigma is the norm: How weight and social norms influence the healthcare we receive. *Journal of Applied Social Psychology*, 00, 1 – 17.

Ruggiero, K. M., & Taylor, D. M., (1997). Why minority group members perceive or do not perceive the discrimination that confronts them. *Journal of Personality and Social Psychology*, 72(2), 373-389.

Schmader, T., Major, B., Eccleston, C. P., & McCoy, S. K. (2001). Devaluing domains in response to threatening intergroup comparisons: perceived legitimacy and the status value asymmetry. *Journal of Personality and Social Psychology*, 80: 782-96.

Sechrist, G. B., Swim, J. K., & Stangor, C. (2004). When do the stigmatized make attributions to discrimination occurring to the self and others? The roles of self-presentation and need for control. *Journal of Personality and Social Psychology*, 87(1): 111-112.

Soffer, M. (2019). Culture, causal attributions to visual impairments, and stigma: A mediation model. *Disability and Health Journal*, 12: 437-442.

Steele, C. M., Spencer, S. J., & Aronson, J. (2002). Contending with group image: the psychology of stereotype and social identity threat. In M. P. Zanna (Ed.), *Advances in Experimental Social Psychology*, 34: 379-440.

Snyder, M., Tanke, E. D., & Berscheid, E. (1977). Social perception and interpersonal behavior: on the self-fulfilling nature of social stereotypes. *Journal of Personality and Social Psychology*, 35, 656-666.

Stangor, C., & Crandall, C. S. (2000). Threat and the social construction of stigma. In T. F. Heatherton, R. E. Kleck, M. R. Hebl, & J. G. Hull (Ed.), *The social psychology of stigma* (pp. 62-87). New York: The Guilford Press.

Tyler, I., & Slater, T. (2018). Rethinking the sociology of stigma, *The Sociological Review of Monographs*, 66(4), 721-743.

Taylor, D. M., Wright, S. C., Moghaddam, F. M., & Lalonde, R. N. (1990). The personal/group discrimination discrepancy: Perceiving my group, but not myself, to be a target for discrimination. *Personality and Social Psychology Bulletin*, 16(2), 254-262.

Terskova, M. A. & Agadullina, E. R. (2019). Dehumanization of dirty workers and attitudes toward social support, *Journal of Applied Social Psychology*, 00, 1-11.

Thoits, P. A. (2011). Resisting the stigma of mental illness. *Social Psychology Quarterly*, 74 (1), 6-28.

Vohs, K. (2013). The Poor's Poor Mental Power. *Science*, 341: 969-970.

Watkins-Hayes, C., (2014). Intersectionality and the sociology of HIV/AIDS: Past, present, and future research directions, *Annual Review of Sociology*, 40, 431-57.

Wheeler, L. A., Prerna, G. A. & Melissa, Y. D. (2020). The distal role of adolescents' awareness of and perceived discrimination on young adults' socioeconomic attainment among Mexican-Origin immigrant families. *Journal of Youth and Adolescence*, 49, 2441-2458.

Yang, L. H., Kleinman, A., Link, B. G., Phelan, J. C., Lee, S., & Good, B. (2007). Culture and stigma: Adding moral experience to stigma theory. *Social Science & Medicine*, 64, 1524-1535.

Yang, L. H., & Kleinman, A. (2008). "Face" and the embodiment of stigma in China: The cases of schizophrenia and AIDS. *Social science & medicine*, 67, 398-408.

17　社会剥夺心理[①]

17.1　引言 / 526
17.2　剥夺感与相对剥夺感 / 527
 17.2.1　剥夺感及其类别 / 527
 17.2.2　相对剥夺感的概念 / 527
 17.2.3　相对剥夺感与相关概念的辨析 / 529
  相对剥夺与绝对剥夺 / 529
  相对剥夺与社会比较 / 529
  相对剥夺与相对满意 / 530
  个体相对剥夺与群体相对剥夺 / 531
  横向相对剥夺与纵向相对剥夺 / 531
17.3　相对剥夺感的发展演进 / 532
 17.3.1　相对剥夺感的早期发展 / 532
 17.3.2　相对剥夺感的当代发展 / 533
17.4　相对剥夺感的理论基础 / 535
 17.4.1　社会比较理论 / 535
 17.4.2　社会认同理论 / 536
 17.4.3　自我归类理论 / 537
 17.4.4　社会公平理论 / 538
 17.4.5　理论的整合 / 539
17.5　相对剥夺感的结构与测量 / 539
 17.5.1　RD 的二维垂直结构模型 / 540
 17.5.2　认知-情感 RD 的双维结构模型 / 541
 17.5.3　个体-群体 RD 的双维结构模型 / 542
 17.5.4　RD 的三维结构模型 / 542
17.6　相对剥夺感的影响因素与形成机制 / 543
 17.6.1　相对剥夺感的产生条件 / 543
 17.6.2　个体特征变量的影响 / 544
 17.6.3　社会环境变量的影响 / 545
 17.6.4　人口统计学变量的影响 / 546
17.7　相对剥夺感的影响效应与作用机制 / 546
 17.7.1　相对剥夺感与心理健康 / 547
 17.7.2　相对剥夺感与幸福感 / 548
 17.7.3　相对剥夺感与自尊 / 549
 17.7.4　相对剥夺感与个体行为 / 551
 17.7.5　相对剥夺感与群际态度 / 552
 17.7.6　相对剥夺感与集群行为 / 554

[①] 本文系全国教育科学规划教育部青年项目"处境不利儿童的相对剥夺感对其心理社会适应的影响机制及追踪研究"(EBA160408)的阶段性成果。

17.8 相对剥夺感的实验范式与干预转化 / 556
    17.8.1 相对剥夺感的实验范式 / 556
    17.8.2 相对剥夺感的干预与转化 / 557
17.9 相对剥夺感的未来研究展望 / 558
    17.9.1 厘清和完善相对剥夺感的概念与结构 / 558
    17.9.2 注重对特殊群体以及青少年相对剥夺感的研究 / 558
    17.9.3 丰富相对剥夺感的研究内容和研究视角 / 559
    17.9.4 完善测量工具并强化纵向干预研究 / 560
    17.9.5 加强相对剥夺感的本土化和跨文化研究 / 560

参考文献 / 561

17.1 引言

> 一座房子可大可小,只要它周围的房子和它一样小,那么这座房子是可以满足居住者的所有社会需求的。但是,一旦这座小房子周围耸立起一座宫殿,那么这座小房子就立刻变成了茅草屋模样。这时,这座小房子表明其居住者没有任何社会地位可言。
>
> ——马克思《薪酬、劳动力与资本》(1847/1935)

湖北省某市派出所接到市民报警,称其车窗被砸碎,车内物品被盗。接到报案的民警迅速展开调查。随后,民警从案发现场附近的监控录像中发现,一名身穿黑色棉袄的男子,正手持犯罪工具砸一辆白色轿车。砸碎车窗后,该男子钻进车里,将车内物品偷走。后又接连砸碎其他车辆,受损车辆高达 30 多辆。对于这件事,犯罪嫌疑人解释说:自己没有固定工作,长期在工地打零工入不敷出,贫困的生活让自己非常仇恨有钱人。事发当天自己看到街边停了很多豪车,瞬间觉得很生气,于是就在路边捡石头砸车窗,盗取车内的现金财物。

改革开放 40 多年来,我国在宏观经济发展与社会公共服务质量改善方面均取得举世瞩目的成就,但是在人们的物质、文化生活水平显著提高的同时,人们对生活的满意程度和幸福感并没有相应增加,心态并不平衡。其中十分重要的原因就是社会贫富差距不断扩大,以及随之而来的相对剥夺感问题突出(郭星华,2001;熊猛,叶一舵,2016)。目前,我国正处在经济转型和社会转轨的历史阶段,收入差距的扩大致使一部分社会成员容易在心理上产生主观的"相对剥夺感",这种迅速膨胀的相对剥夺感不利于社会的和谐稳定(付允,2010)。

自美国社会学家斯托夫等人(Stouffer 等,1949)在半个世纪以前首次提出"相对剥夺感"这一概念以来,相对剥夺感已经成为心理学、社会学、政治学乃至经济学等领域的重要研究课题(Pettigrew 等,2008;Walker 和 Smith,2002),因为它是当前各国频发的群体性事件和集群行为产生的核心动力机制之一(张书维,王二平,周洁,2012)。上述现实案例、马克思的形象描述以及我国古代孔子"不患寡而患不均"的思想(《论语·季氏第十六篇》),包括现代社会中"端起碗来吃肉,放下筷子骂娘"所表达的,就是相对剥夺感这一普遍社会心理(张书维,周洁,王二平,2009)。因此,开展相对剥夺感的基础和应用研究,有利于探明群体性事件和集群行为的动员与组织机制,提高弱势群体的心理和谐水平,保持社会稳定与推进和谐社会建设,具有重要的理论价值和深远的现实意义。

17.2 剥夺感与相对剥夺感

17.2.1 剥夺感及其类别

根据《辞海》的解释,"剥夺"有两种含义:(1)用强制手段夺去。如:剥夺犯罪分子的公民权。(2)剥削;掠夺。元稹《钱货议状》:"黎庶之重困,不在于赋税之暗加,患在于剥夺之不已。"(辞海,1980)剥夺与掠夺、抢夺等概念相近,不过"剥夺"常搭配抽象事物,如"剥夺妇女的选举权";"掠夺"的对象多是具体的货物、财物,强调数量巨大;"抢夺"侧重以暴力抢取,突出其胆大妄为、目无法律,性质恶劣(熊猛,叶一舵,2016)。

剥夺(deprivation)一词是社会学的重要概念,广义的剥夺既包括具体的肉体剥夺、经济剥夺,也包括抽象的政治剥夺、社会剥夺和精神剥夺(王宁,2007)。其中,社会剥夺(social deprivation)一词最早由英国的汤森德(Townsend,1979)提出,用于研究贫困问题。后来一些学者将社会剥夺区分为绝对剥夺和相对剥夺(付允,2011)。

17.2.2 相对剥夺感的概念

相对剥夺感(relative deprivation,RD)是美国社会学家斯托夫(Stouffer)于1949年在《美国士兵》一书中首先提出来的,后来由社会学家墨顿(Merton,1957)在《社会理论与社会结构》一书中加以系统阐释。经典的相对剥夺理论(Relative Deprivation Theory,RDT)认为,个体主要通过与他人比较来评价其地位和处境,弱势群体成员经常体验到基本权利被剥夺的感觉,这种被剥夺感不仅会使他们丧失现实生活中的很多机会,还会对其心理发展带来损害(Mummendey, Kessler, Klink,和 Mielke, 1999)。

社会学、心理学、政治学等社会学科的学者分别从不同的视角界定相对剥夺概念。社会学家朗西曼(Runciman, 1966)根据相对剥夺感的形成过程最先对它进行操作性定义,他认为,只有满足以下四个条件,个体才会产生 X 被相对剥夺的感觉:(1)个体自身没有 X;(2)发现周围其他人拥有 X;(3)期望拥有 X;(4)这种期望是合理可行的。因此,如果其他人拥有我们想要但是自身却没有的事物时,就会产生相对剥夺感。上述 X 可以是任何的事物,包括体能、吸引力、智力、个人物品或收入等(郭俊东,2009)。

社会心理学更多地从微观社会个体和群体的角度来理解相对剥夺感,关注个体和群体在面对客观剥夺时的主观感受或行为表现(张书维等,2012)。沃克和史密斯(Walker 和 Smith, 2002)将相对剥夺感定义为:与参照群体(reference group)相比,个体对自身不利地位的主观感知。这种不利的感知并不是来源于绝对条件劣势,而是来源于与参照群体对比的结果。参照群体可以是个体,也可以是群体。因此,相对剥夺感是社会比较的结果,且常常基于与类似群体的比较。

国内郭星华(2001)也对相对剥夺感进行了系统阐述,认为相对剥夺感指人们通过与参照群体比较而产生的一种自身利益被其他群体剥夺的内心感受。相对剥夺感的产生主要源于参照群体的选择,而与自身利益的实际增减并无直接联系。当自身利益实际减少时,固然容易产生相对剥夺感;但即使当自身利益实际上有所增加时个体也可能会产生相对剥夺感。因此,相对剥夺感的产生不仅取决于参照群体的选择,亦取决于自身利益的增加速率与参照群体利益的增加速率之比。

以上学者对相对剥夺感的界定主要集中于参照群体上,即认为相对剥夺感是人们通过与参照群体的横向比较而产生的。而古尔(Gurr, 1970)在《人民为什么反叛》一书中认为,相对剥夺感是行动者对价值期待与价值能力不一致的认知,他从纵向维度对相对剥夺感进行界定。他认为,价值(value)是人们期待的事件、对象和条件;价值期待(value expectation)是人们认为他们应当(或渴望)获得的一般价值地位;价值能力(value capability)是人们认为他们能够获得或保有的一般价值地位。当人们在社会生活中实际获得的生活条件和机会低于或远远低于他们所期望得到的生活条件和机会时,相对剥夺感就产生了(李俊,2004)。

通过以上系统梳理,可以明确的一点是,相对剥夺感的核心心理过程是社会比较(Zhang, Wang,和 Chen, 2011;Appelgryn 和 Bornman, 1996;Stiles, Liu,和

Kaplan, 2000), 既包括个体或所属群体与参照群体进行的横向比较, 也包括价值期待与价值能力或当前状况与过去、未来状况之间的纵向比较。此外, 大量学者认为, 相对剥夺感不仅包含社会比较这一认知成分, 还包含由此导致的不公平感、愤怒和不满等情感成分, 并且认为情感成分也是相对剥夺感必不可少的组成部分(Crosby, 1976; Walker 和 Pettigrew, 1984; Smith, Pettigrew, Pippin, 和 Bialosiewicz, 2012)。

据此, 我们尝试对相对剥夺感进行操作性定义: 相对剥夺感是指个体或群体通过与参照群体横向或纵向比较而感知到自身处于不利地位, 进而体验到愤怒和不满等负性情绪的一种主观认知和情绪体验。这里的参照群体可以是横向的某一个体或群体, 也可以是"纵向的"个体或群体过去、未来或渴望的状况。

17.2.3 相对剥夺感与相关概念的辨析

鉴于目前学界存在较多与相对剥夺感相近或相反的概念, 容易产生混淆或误用, 因此有必要将其与相关概念做一番辨析。

相对剥夺与绝对剥夺

第一, 要区分相对剥夺与绝对剥夺。绝对剥夺(absolute deprivation)也称客观剥夺, 是指由于缺少食品、水、住所等, 一些个体或群体最基本的生活需求得不到满足的客观状态(李强, 2004); 相对剥夺(relative deprivation)也称主观剥夺, 是指个体或群体通过与参照群体比较而感知到自身处于不利地位, 进而体验到愤怒和不满等负性情绪的一种主观心理状态。相对剥夺不同于绝对剥夺, 它的产生主要源于参照群体的选择, 而与自身基本需求是否得到满足并无直接联系。处于绝对剥夺的个体大多属于社会贫困阶层或弱势群体; 而处于相对剥夺的个体不仅包括那些社会弱势群体, 也包括部分社会优势群体, 他们通过与社会地位更高的群体进行比较, 或者自身对利益的期望值过高, 当利益期望没有得到满足时, 相对剥夺感就产生了。研究还表明, 个体在面对内群体或外群体成员的绝对剥夺或相对剥夺时, 其行为反应会有所不同, 如蒂拉博斯基和马斯(Tiraboschi 和 Maass, 1998)通过情境实验研究发现, 不管是内群体成员还是外群体成员, 在其遭受高的绝对剥夺时, 个体都会采取维护社会公正的抗议行为, 而只有内群体成员遭受高的相对剥夺时, 个体才会采取相应的抗议行为。

相对剥夺与社会比较

第二, 要区分相对剥夺与社会比较。社会比较(social comparison)指的是个体把自己与具有类似生活情境的人相比较, 对自己的能力、行为水平及行为结果做出评价的过程(林崇德,杨治良,黄希庭,2004),主要侧重于认知比较过程。而相对剥夺感不仅包含与参照群体进行社会比较的认知成分,还包含由此导致的愤怒、不满等情感成分。也就是说,相对剥夺感的内涵比社会比较要广,而外延比社会比较要窄。关于社会比较与相对剥夺感的关系,如前所述,相对剥夺感的核心心理过程是社会比较(Zhang 等,2011;Appelgryn 和 Bornman,1996;Stiles 等,2000),向下比较容易产生相对满意或满足感,而向上比较则可能会产生两种不同的感受,一种是向上奋斗的进取心,另一种是相对剥夺感或失落感(郭星华,2001)。

相对剥夺与相对满意

第三,要区分相对剥夺与相对满意。相对剥夺指与参照群体相比,个体或群体对自身所处的不利地位的一种主观感知;相对满意(relative gratification)是其反面,即与参照群体相比,个体或群体对自身所处的有利地位的一种主观感知(张书维,王二平,周洁,2010)。沃克和佩蒂格鲁(Walker 和 Pettigrew,1984)以参照群体和经济收入作为两维指标,将相对剥夺和相对满意分成四种类型(见表 17.1)。当个体的经济收入既高于(或等同于)内群体,又高于(或等同于)外群体时,就会产生(a)双重相对满意;当个体的经济收入高于(或等同于)内群体,而低于外群体时,就会产生(b)群体相对剥夺;当个体的经济收入低于内群体,而高于(或等同于)外群体时,就会产生(c)个体相对剥夺;当个体的经济收入既低于内群体,又低于外群体时,就会产生(d)双重相对剥夺。

表 17.1

相对剥夺和相对满意的四种类型

		相比外群体,个体的经济收入	
		相同或高于他们	低于他们
相比内群体,个体的经济收入	相同或高于他们	(a) 双重相对满意	(b) 群体相对剥夺
	低于他们	(c) 个体相对剥夺	(d) 双重相对剥夺

(资料来源:Walker 和 Pettigrew,1984,p.303)

研究表明,相对剥夺和相对满意对后果变量的影响效应既有相似之处,也有不同之处。国外研究发现,相对剥夺和相对满意都与对移民的偏见显著正相关,说明相对剥夺—相对满意连续体与偏见之间呈一种双线性关系,即"V"型曲线关系,而非单一的线性关系(Dambrun, Taylor, McDonald, Crush,和 Méot, 2006)。而国内研究显示,相对剥夺的个体比相对满意的个体更有可能参与集群行为(张书维等,2010)。

个体相对剥夺与群体相对剥夺

第四,要区分个体相对剥夺与群体相对剥夺。朗西曼(Runciman,1966)首次区分了个体相对剥夺(individual relative deprivation,IRD)和群体相对剥夺(group relative deprivation,GRD)。前者所作的是人际比较(interpersonal comparisons),指的是通过与周围其他人(如内群体其他成员或相关外群体成员)比较而感知到自身处于不利地位(Guimond 和 Dubé-Simard,1983);后者所作的是群际比较(intergroup comparisons),指的是将内群体与其他外群体比较而感知到内群体处于不利地位(Smith 和 Ortiz,2002)。大量研究表明,个体相对剥夺和群体相对剥夺具有不同的影响效应。一般来说,个体相对剥夺对个体水平的结果变量预测作用更强,如压力水平和心理健康(Smith 等,2012;Abrams 和 Grant,2012;Osborne,Smith,和 Huo,2012;Tougas,Lagacé,Laplante,和 Bellehumeur,2008);而群体相对剥夺对群体水平的结果变量预测作用更强,如支持社会变革和集群行为(Smith 等,2012;Abrams 和 Grant,2012;Olson,Roese,Meen,和 Robertson,1995;Smith 和 Walker,2008)。

横向相对剥夺与纵向相对剥夺

第五,要区分横向相对剥夺与纵向相对剥夺。横向相对剥夺(horizontal relative deprivation)与纵向相对剥夺(longitudinal relative deprivation)的区别在于所选取的参照群体不同。引起横向相对剥夺感的主要来源是个人或群体与横向参照群体的比较;而引起纵向相对剥夺感的主要来源是个人或群体与纵向参照群体的比较,即与个人或群体在过去、未来或渴望的某种状况的比较(王宁,2007)。社会心理学领域主要关注通过人际或群际社会比较而产生的横向相对剥夺感,而政治学领域则较多关注将当前的状况与过去、未来或渴望的状况进行比较而产生的纵向相对剥夺感(de la Sablonnière,Taylor,Perozzo,和 Sadykova,2009;de la Sablonnière,Tougas,和 Lortie-Lussier,2009;Gurr,1970)。研究表明,不同经济发展水平地区民众的横向剥夺感和纵向剥夺感有所不同。如我国研究者付允(2010)基于横向剥夺感和纵向剥夺感的概念构建了社会群体多维相对剥夺感模型,并将该模型用于由我国31个地缘社会群体组成的三大群体(东部、中部和西部省份)的实证研究。结果表明:东部省份的横向剥夺感相对较小,中西部省份的横向剥夺感相对较大;相反,中西部省份的纵向剥夺感相对较小,而东部省份的纵向剥夺感相对较大;并且总体剥夺感在空间上呈现出自东向西梯度递增的趋势(付允,2010)。

17.3 相对剥夺感的发展演进

17.3.1 相对剥夺感的早期发展

斯托夫(Stouffer 等,1949)在《美国士兵》(*The American Soldier*)一书中首次提出相对剥夺感这一概念。斯托夫和他的同事对二战时期美国士兵的研究发现,在升迁较缓慢的军警部队里,士气比较高,反倒是升迁较快的空军部队里,士气比较低落。斯托夫采用相对剥夺感来解释这一"反常"现象。他发现,空军有很多下士和士官的军阶,而绝大多数军警没有官阶。空军里大多数人获得升迁,相比之下,没有获得升迁的人会感觉到被相对剥夺;而军警里只有少数人获得升迁,相比之下,没有获得升迁的人并没有感觉到被相对剥夺。但是,斯托夫等人(1949)在《美国士兵》中并没有直接测量相对剥夺感,而只是将其作为一种事后解释的工具。

后来,社会学家默顿(Merton,1957)在《社会理论和社会结构》一书中用两章的篇幅对相对剥夺感进行了详细的阐述。他认为,相对剥夺感是个体或群体对于自身相对状况所持的态度,是一种主观心理感受。这种感受来自对自身利益得失的判断和评价,是一种社会比较的结果。即个体或群体将自己的利益得失与参照群体进行比较,若认为自己比参照群体得到的少,就会有不公平感或相对剥夺感产生。

不久,戴维斯(Davis,1959)首次提出了一个关于相对剥夺感的正式理论。根据他的构想,当个体缺少某种渴望的物品或机会(X),而其他相似的个体拥有这些物品或机会时,个体就会经历一种不公平感。根据戴维斯的观点,缺少 X 的个体必须:(1)知觉到其他相似的个体拥有 X;(2)自己想要获得 X;(3)认为自己有资格拥有 X。只有这三个条件同时具备,个体才会产生相对剥夺感。

英国社会学家朗西曼(Runciman,1966)在《相对剥夺与社会公正》一书中进一步对相对剥夺感理论进行了系统阐述,并且首次区分了个体相对剥夺和群体相对剥夺。在戴维斯的三个决定因素的基础上,朗西曼加入了第四个因素:个体必须认为获得 X 是可行的(或可能的)。根据朗西曼的观点,第四个因素的加入就将不现实的希望或白日梦与基于现实的期望区分开来,前者不会使人产生剥夺感,而后者会使人产生剥夺感。

与朗西曼的观点相反,古尔(1970)认为,只有当个体认为获得 X 是不可行的(或不可能的)时候,他才会体验到剥夺感或不满意感(a sense of grievance)。古尔据此提出一个相对剥夺感的计算公式:相对剥夺感=(价值期待-价值能力)/价值期待(Gurr,1970)。其中,"价值期待"指的是当个体与其他相似个体(包括自己的过去)进行比较时,认为自己有资格获得的物品和机会;"价值能力"指的是个体目前拥有或者认为自己能够拥有的物品和机会。以价值期待和价值能力为基础,古尔进一步定义了相对剥夺感的三种模式:(1)"渴望的剥夺(aspirations of deprivation)",即当价值期待提高而价值能力保持不变时产生的剥夺;(2)"耗竭的剥夺(decremental deprivation)",即当价值期待保持不变,而价值能力下降时产生的剥夺;(3)"渐近的剥夺(progressive deprivation)",即当价值期待提高,而价值能力下降时产生的剥夺。通过定义相对剥夺感的三种模式,古尔所构建的模型比戴维斯、朗西曼所构建的模型更加动态化。

克罗斯比(Crosby,1976)在总结戴维斯(1959)、朗西曼(1966)和古尔(1970)等人关于相对剥夺感形成机制的理论模型的基础上,提出了一个新的理论模型,即在朗西曼(1966)的四个决定因素的基础上,进一步加入了第五个因素。克罗斯比认为,只有满足以下5个前提条件,个体才会产生不满意感或相对剥夺感:(1)知觉到其他人(类似的个体)拥有X;(2)自己想要获得X;(3)认为自己有资格拥有X;(4)认为获得X是可行的;(5)当个体没有获得X时不会有自责感。根据克罗斯比(1976)的观点,只有这五个条件同时具备,个体才会产生相对剥夺感。

沃克和佩蒂格鲁(1984)基于泰弗尔等人(Tajfel等,1986)的社会认同理论,系统阐述了有关相对剥夺感的6个焦点问题,认为后续相对剥夺感的研究必须:(1)区分个体相对剥夺与群体相对剥夺;(2)区分个体测量水平与群体测量水平;(3)区分认知成分与情感成分;(4)区分绝对剥夺与相对剥夺;(5)将参照群体具体化;(6)将比较的维度(方面)具体化。

17.3.2 相对剥夺感的当代发展

进入21世纪,史密斯、佩蒂格鲁、皮平和比亚洛舍维奇(Smith,Pettigrew,Pippin,和Bialosiewicz,2012)对1949年到2010年间有关相对剥夺感的研究进行了系统述评和元分析,对相对剥夺感的形成机制及其与前因和后果变量之间的关系进行了一个全面的梳理和归纳(见图17.1),认为相对剥夺感的形成必须经过认知比较、认知评估和产生相应的情感反应等三个阶段,并且认为形成相对剥夺感还必须满足以下条件:(1)被剥夺的领域是重要的,即个体必须对他所缺少的东西非常在意(Crosby,1976);(2)如果不进行干预,个体或群体的处境不会得到改善(Cook等,1977;Folger,1987;Mummendey等,1999);(3)导致个体或群体处于弱势地位的程序是不公正的(Crosby,1976;Folger,1987;Grant,和Brown,

1995；Mummendey 等,1999)；(4) 个体或内群体对当前的剥夺不负有责任 (Crosby, 1976; Bolino 和 Turnley, 2009; Grant, 2008; Walker, Wong, 和 Kretzschmar, 2002)。

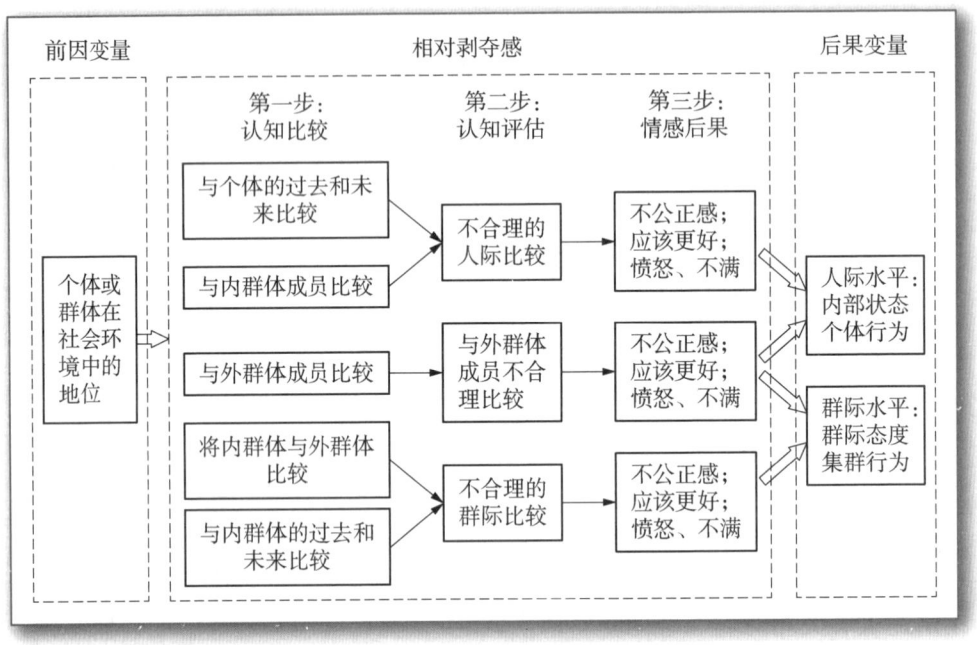

图 17.1　相对剥夺感的形成机制及其与前因和后果变量之间的关系
(资料来源：Smith, Pettigrew, Pippin 和 Bialosiewicz, 2012, p.205)

史密斯等人(2012)的元分析研究还检验了以下四个假设：(1)出版偏倚。四种不同类型的出版物(书籍、期刊论文、学位论文及未出版的论文)中,相对剥夺感与后果变量相关的效果量大小之间不存在显著性差异,说明在相对剥夺感的实证研究中不存在显著的出版偏差；(2)与公正情感相关的假设检验。当相对剥夺感(RD)测量包含与公正相关的情感测量时,相比仅仅使用认知 RD 测量,RD 与关键结果变量之间的相关更为显著；(3)吻合性假设检验。当 RD 与结果变量测量的参照水平一致(即匹配)时,RD 与各种结果变量之间的相关更为显著；(4)测验质量假设检验。比较 358 个单一项目 RD 测量、233 个信度未知或信度较差的多项目 RD 测量以及 122 个信度较好的多项目 RD 测量与后果变量之间相关的效果量大小。结果表明,使用单一的 RD 测量对结果变量预测的效果量($r=0.12$),与使用信度较低的多项目 RD 测量对结果变量预测的效果量($r=0.12$)基本一致。但是它们都比使用较高信度的多项目 RD 测量对结果变量预测的效果量($r=0.18$)要低,且差异显著($p<0.05$)。直接比较单一项目与多项目测量的效果量,结果发现差异也是显著的($p<0.05$)。

17.4 相对剥夺感的理论基础

文献回顾发现,相对剥夺感研究者已经将相对剥夺理论与社会比较理论、社会认同理论、自我归类理论以及社会公平理论等整合在一起,这些理论共同构成了相对剥夺感的主要理论基础。

17.4.1 社会比较理论

社会比较指的是个体把自己与具有类似生活情境的人相比较,对自己的能力、行为水平及行为结果做出评价的过程(黄希庭,杨治良,林崇德,2003)。第一个系统提出社会比较理论(Social Comparison Theory,SCT)的是美国社会心理学家费斯汀格(Festinger,1954),该理论又被称为"经典社会比较理论"。理论的主要观点包括:(1)人具有想清楚地评价自己能力和观点的动机;(2)如果不能获得比较"客观"的手段来评价自己的能力和观点时,人们倾向于在与他人的比较中判明自己的观点和能力;(3)只有当那些比较对象与自己相似时,人们才可能对自己做出有效的评估(Festinger,1954;纪丽君,1995)。由于费斯汀格的社会比较只涉及观点和能力的自我评价,随后的沙赫特(Schachter,1959)对经典社会比较理论进行了拓展,把社会比较的维度扩展到了情绪领域。他认为当个体处于一种新的或模糊的情绪状态时,又无法用生理、经验的线索判断自己的情绪状态,这时他们就有可能通过社会比较来对自己的情绪状态进行评价(Suls 和 Miller,1977;邢淑芬,俞国良,2005)。

社会比较作为一种普遍存在而又灵活多样的社会现象,可以经由不同的角度被划分为多种不同的类型,其中最主要的是按照比较方式的划分,分为平行比较、上行比较和下行比较(邢淑芬,俞国良,2005):(1)平行比较,是指与自己相似的他人进行比较。1954 年,费斯汀格提出了"相似性假说"(similarity hypothesis),认为个体想了解自己的观点和能力,但现实生活中往往没有直接、客观的标准,这时个体就会倾向于与他人,尤其是与能力和观点跟自己相似的他人进行比较,因为相似的他人可以提供更多真实、有效的信息。(2)上行比较,又称向上比较,是指与比自己优秀的他人进行比较。费斯汀格(1954)曾提到能力比较是单向向上的驱力在起作用,即当人们对自己的能力进行评价时,是一种自我进步的动机促使他们选择向上的比较方式。惠勒和桑顿(Wheeler 和 Thornton 等,1966)首次提出了向上比较的观点,利用等级评定范式发现个体为了与他人寻找差距,达到自我进步的目的,往往喜欢与比自己等级高的他人进行比较。(3)下行比较,又称向下比较,是指与比自己差的他人进行比较。哈克米勒(Hakmiller,1962)利用等级评定范式进行研究并提出了下行比较的观点,他认为当个体的自尊受到威胁时,会倾向于和比自己差的人进行比较。威尔斯(Wills,1981)在前人研究的基础上,提出了全面、系统的下行比较理论。该理论认为,当个体遭遇失败、丧失等消极生活事件时,个体的自尊、心理健康水平就会下降,这时个体倾向于和比自己处境差的人比较,以此来维持其自尊和主观幸福感。

关于社会比较与相对剥夺感的关系,如前所述,相对剥夺感的核心心理过程是社会比较(Zhang,Wang,和 Chen,2011;Appelgryn 和 Bornman,1996;Stiles,Liu,和 Kaplan,2000),向下比较容易产生相对满意或满足感,而向上比较则可能会产生两种不同的感受,一种是向上奋斗的进取心,另一种是相对剥夺感或失落感(郭星华,2001)。此外,史密斯和佩蒂格鲁(Smith 和 Pettigrew,1998)在进行相对剥夺感研究时还提出了另外三种具体的社会比较类型:(1)将自己与内群体某个成员进行比较;(2)将自己与外群体某个成员进行比较;(3)将自己所在的群体(内群体)与其他相关社会群体(外群体)进行比较。当个体或群体通过与参照群体比较而感知到自身处于不利地位时,就会产生相对剥夺感。如果某一个体或群体本身的处境虽已有所改善,但若改善的程度低于参照群体的改善程度,则相对剥夺感亦会产生。通过与其他个体或群体比较而产生的相对剥夺感,会导致个人或群体产生两种截然不同的态度和行为,即消极的后果,如压抑、自卑;积极的后果,如合理竞争、奋发图强。

17.4.2 社会认同理论

所谓社会认同(social identity),指的是个体对其属于某一特定社会群体的认识,同时认识到作为该群体成员所能获得的情感和价值意义,它属于自我概念的一部分(Tajfel,1978,1982)。社会认同理论(Social Identity Theory,SIT)是社会心理学中研究群体行为最有影响的理论之一,由英国社会心理学家泰弗尔和特纳等人提出并加以完善(Tajfel,1978;Tajfel 和 Turner,1986)。该理论认为,社会认同由三个基本历程组成:类化(categorization)、认同(identification)和比较(comparison)。类化指人们将自己编入某一社群;认同是认为自己拥有该社群成员的普遍特征;比较是评价自己认同的社群相对于其他社群的优劣、地位和声誉。

透过这三个历程,人们往往倾向于抬高自己的身价和自尊(赵志裕,温静,谭俭邦,2005)。社会认同理论把个体对群体的认同摆在核心的位置,认为个体会通过社会分类,对自己所在的群体产生认同,并产生内群体偏好和外群体偏见;个体通过实现或维持积极的社会认同来增强他们的自尊,而这种积极的自尊主要来源于内群体与相关的外群体之间进行的有利比较(郭星华,2011)。社会认同理论首次把人际和群际行为进行了区分,并把认同在个体和群体层次上区分为个人认同和社会认同两种自我知觉水平,其中个人认同指的是个体在与其他个体的比较中所获得的自我概念,而社会认同则是在社会范畴或群体成员关系中获得的自我概念(Tajfel 和 Turner,1986;乐国安,汪新建,2009)。另外,社会认同理论还对人际比较与群际比较、个体自尊与集体自尊进行了区分(张莹瑞,佐斌,2006)。

研究者们在社会认同的基础上进一步延伸出群体认同这一概念,群体认同指个体与群体基于群体成员身份意义的心理联系,也就是将群体成员身份整合进个体自我概念的程度(Tropp 和 Wright,2001)。换句话说,也就是明确自己所属的群体(内群体),并将其他人都看作是外群体,从而对内群体产生不同程度的认同感(Turner,Hogg,Oakes,Reicher,和 Wetherell,1987)。对于群体认同和相对剥夺的关系,研究表明,一旦群体认同凸显,弱势群体成员将更倾向于做群际比较,使得成员的个体相对剥夺感下降,群体相对剥夺感上升(Ellemers,2002;Kawakami 和 Dion,1993;Smith,Spears,和 Oyen,1994)。群体认同因此强化了弱势群体成员的群体相对剥夺感(Abrams,1990;Ellemers,2002;Mummerdey 等,1999;Petta 和 Walker,1992;De La Sablonnière 和 Tougas,2008;Tropp 和 Wright,1999),使得群体相对剥夺水平较低而群体认同高的个体也参与到集群行为之中(张书维,王二平,周洁,2012)。

17.4.3 自我归类理论

20 世纪 80 年代,特纳等人(1987)在社会认同理论的基础上逐渐发展并形成了自我归类理论(Self-Categorization Theory,SCT)。与传统的社会心理学关注"在群体中的个体"(individual in the group)不同,自我归类理论关注的是"在个体中的群体"(group in individual),是心理化的群体,强调个体主动将群体心理化后,得到积极的情感和价值意义并以此与他人相区分的动力过程。因此又被称作"对个体主动将群体心理化后,集体现象与个体的社会认知和行为的联结过程"(杨宜音,2005)。这里的社会群体不仅指客观存在的群体,还包括心理意义上的主观群体(李春,宫秀丽,2006)。

特纳认为,自我归类是一种等级系统,每一等级的抽象程度不同,该类别的包含程度也不同。在自我概念中,自我归类至少可以发生在三个层次:(1)高层次(superordinate)——人类,即建立在一个人对人类群体的认同基础之上的自我分类,将自我划定为人性的一部分;(2)中层次(intermediate)——内群体与外群体分类的中间水平,建立在内群体成员之间相似、内群体成员和外群体成员之间差异的基础之上,例如,性别、国籍、种族;(3)低层次(subordinate)——处于次级的个人归类,建立在自己作为唯一的个体与内群体其他成员进行区分的基础之上,例如,根据一个人的人格或者其他个体差异进行的分类(Turner, Hogg, Oakes, Reicher,和 Wetherell, 1987;李春,宫秀丽,2006)。需要指出的是,将这些层次命名为高、中、低并不意味着其价值的高低,而仅表示它们之间相互包含的关系而已。其中涵盖了自我与他人在种群之间、群体之间和人际之间比较而定义的人类的、社会的、个人的认同(Turner, Hogg, Oakes, Reicher,和 Wetherell, 1987;乐国安,汪新建,2009)。

17.4.4 社会公平理论

美国心理学家亚当斯(Adams)于 1965 年提出了公平理论(Equity Theory; Adams, 1976),试图解释不公平感产生的原因及其影响因素。公平理论认为,一个人对自己所得的报酬是否满意不取决于他实际所得报酬的绝对值,而是取决于他与他人进行的社会比较和与自己进行的历史比较所得的相对值。可见,公平理论是从社会比较的视角提出的,包括两种比较:(1)一种是横向比较,即个人对自己所获得的报酬(包括物质上的金钱、福利和精神上的受重视程度、表彰奖励等)与自己工作的投入(包括自己的受教育水平、经验、用于工作的时间、精力和其他消耗等)之比值同他人的报酬与投入之比值进行比较;(2)另一种是纵向比较,即人们对自己所获得的报酬与工作投入的比值同自己过去的这一比值进行比较。通过横向比较和纵向比较,当人们感到自己的报酬—投入比与他人的报酬—投入比或与自己过去的报酬—投入比相等时,便会获得一种公平感;如果收支比值不相等时,便会感到自己受到了不公平的待遇(赵建梅,2011)。

公平理论较好地阐释了相对剥夺感产生的心理机制。亚当斯将贡献与报酬看作是一种投入与产出的交换关系。他认为,当人们觉得自己在工作上的投入量和报酬与他人相比较,二者不相称时;或者说,当人们认为自己比别人干得多,却和别人得到同样的报酬或比别人少时,不公平感或相对剥夺感就产生了(郭星华,2001;郑杭生,李路路,2004)。

17.4.5 理论的整合

以上四个理论并不是完全割裂的,他们可以通过有机的整合共同构成相对剥夺感的理论基础。根据个体或群体特征的决定因素(如性别、年龄、种族、社会经济地位等),人们把自己归为某类个体或群体成员(自我归类);个体通过社会分类,对自己或自己所在的群体产生认同,并产生内群体偏好和外群体偏见(社会认同);为了获取对自身或内群体更准确的认识,人们通常与他人或外群体进行比较(社会比较/认知成分);比较的结果若是自身或内群体处于不利地位,就会产生不公平感、愤怒、不满等负性情绪(公平感知/情感成分)。这时,相对剥夺感就产生了。

对于以上理论整合的初步构想,国外已有学者提出了一个综合的理论模型来具体予以阐释。如川上和迪奥(Kawakami 和 Dion,1995)基于自我归类理论、社会认同理论、社会比较理论,尝试构建了一个关于相对剥夺感的形成和作用机制的整合模型。该模型假定,根据个体或群体特征的显著性,人们把自身归为某类个体或群体成员;当个体或群体认同显著时,人们就会分别进行内群体或群际比较;由这些比较而产生的负性结果又进一步导致负性的社会认同;当这些个体或群体将自我认同与感知到的自身(弱势)地位的不合理性联系在一起时,就会分别导致人们的个体或群体相对剥夺感。根据相对剥夺感的类型,人们会相应地采取个体或群体行为来改善他们的不利地位。当体验到个体相对剥夺感时,人们会首先尝试采取规范的个体行为(如努力工作或学习)来改善他们的地位;如果这一尝试失败,人们就会转而采取失范的个体行为(如罢工、抗议等)来改善他们的地位。当体验到群体相对剥夺感时,人们会首先尝试采取失范的群体行为来改善他们的地位;如果这一尝试失败,人们就会转而采取规范的群体行为来改善他们的地位。当然,理论模型的整合只是我们的一个有益尝试和初步探索,还有待实证研究的进一步检验。

17.5 相对剥夺感的结构与测量

有关相对剥夺感(RD)的内容结构,目前国内外学者的观点并不一致,从现有的文献来看,概括起来主要有以下五种 RD 的结构模型,即个体-群体 RD 与认知-情感 RD 的二维垂直结构模型、认知-情感 RD 的双维结构模型、个体-群体 RD 的双维结构模型、RD 的单维结构模型以及 RD 的三维结构模型。研究者们根据以上结构模型编制了相应的测量工具,并进行了一系列的相关应用研究。

17.5.1 RD 的二维垂直结构模型

在相对剥夺感的结构与测量领域,大部分研究者都认同相对剥夺感存在个体与群体以及认知与情感之分,据此建立了个体-群体 RD 与认知-情感 RD 的二维垂直关系结构模型(如图 17.2 所示)(Walker 和 Pettigrew,1984；Olson 和 Hafer,1996；Zagefka,Binder,Brown,和 Hancock,2013；Smith 等,2012)。首先,相对剥夺感可以分为个体 RD(基于人际比较)与群体 RD(基于群际比较)两个二阶维度(Runciman,1966；Vanneman 和 Pettigrew,1972；Schmitt,Maes,和 Widaman,2010)。其次,个体 RD 和群体 RD 又分别包含认知成分(如感知到弱势地位或处境不利)和情感成分(如愤怒、不满)两个一阶维度(Zagefka 和 Brown,2005；Osborne 等,2012；Zagefka 等,2013)。

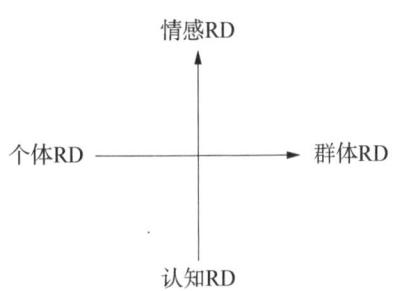

图 17.2 个体-群体 RD 与认知-情感 RD 的二维垂直结构关系

库门和弗兰克尔(Koomen 和 Fränkel,1992)在研究荷兰少数民族群体苏里南人的相对剥夺感时采用了认知-情感 RD 与个体-群体 RD 的二维结构模型,所不同的是他们把认知-情感 RD 作为二阶因子,而把个体-群体 RD 作为一阶因子,最终形成了认知-个体 RD、认知-群体 RD、情感-个体 RD 和情感-群体 RD 四个分量表,每个分量表主要测量被试在生活、住房、教育、歧视知觉以及收入五个方面的剥夺体验,共形成 20 个题项。认知-个体 RD 的题项如"与荷兰的其他苏里南人相比,您的住房状况如何?"认知-群体 RD 的题项如"与荷兰的白人相比,您认为苏里南人的住房状况如何?"采用李克特 5 点计分,从 1 代表"非常好"到 5 代表"非常差"。情感-个体 RD、情感-群体 RD 的题项分别紧接着认知-个体 RD、认知-群体 RD 的题项追问,如"对于这种差异,您的感受如何?您感到满意还是不满意?"仍然采用李克特 5 点计分,从 1 代表"非常满意"到 5 代表"非常不满意"。将被试在生活、住房、教育、歧视知觉和收入五个方面的得分相加得到每个分量表的得分,得分越高表明被试的相对剥夺感越强烈。通过对 81 名成年苏里南人的研究表明,四个分量表的内部一致性系数分别为 0.80、0.84、0.83 和 0.79,个体 RD 与个体满意度显著负相关,群体 RD 与群体攻击性显著正相关,说明量表的信效度较好。

奥斯本和西布利(Osborne 和 Sibley,2013)在考察新西兰成年人的相对剥夺感时也区分了个体-群体 RD 和认知-情感 RD。他们采用两个项目评定个体 RD，如"与其他新西兰人相比，我对自己的收入感到不满"(情感 RD)、"我的收入要低于其他新西兰人"(认知 RD)，两个项目之间的相关为 0.43($p<0.001$)。同样采用两个项目评定群体 RD，如"与新西兰的其他相关群体相比，我对自己所在的种族群体的收入感到不满"(情感 RD)、"我自己所在的种族群体的收入要低于新西兰其他的相关群体"(认知 RD)，两个项目之间的相关为 0.46($p<0.001$)。遗憾的是，该研究并没有报告各个因子的信效度，也没有报告总量表的信效度，这些还有待后续研究的进一步检验。

17.5.2 认知-情感 RD 的双维结构模型

大部分研究者认为，相对剥夺感的充分测量必须满足两个条件：(1)在问卷调查中必须明确指出让被试比较的参照群体；(2)必须测量愤怒、不满等情绪体验(Smith 等，2012)。据此认为相对剥夺感的内容结构包含认知成分(比较的过程：通过比较感知到自己的期望无法满足)和情感成分(比较的结果：由此导致的不公平感、愤怒和不满意感)(Pettigrew，2002；Walker 和 Pettigrew，1984；Bougie，Usborne, de la Sablonnière, 和 Taylor，2011；Grant，2008)。

祖加(Zoogah，2010)在研究企业员工感知到的相对剥夺感时采用了认知—情感 RD 的双维结构模型。量表由 6 个项目组成，要求被试与周围处于优势地位的员工相比，重点关注自己的弱势或劣势之处，题项如"有国外教育背景的员工工资更高"(认知 RD)、"在我所在的部门中，我对自己的薪酬比拥有国外教育背景的员工低感到不满"(情感 RD)。对加纳的 27 个公司的 144 名员工进行问卷调查，验证性因素分析支持了两因素模型(认知 RD 和情感 RD)的有效性，模型的各项拟合指数分别为：$\chi^2=20.3$，RMSEA$=0.04$，CFI$=0.89$，TLI$=0.90$，拟合度较好。两个分量表的内部一致性 α 系数分别为 0.91 和 0.89，总量表的 α 系数为 0.94。量表采用李克特 5 点计分法，从 1 代表"非常不同意"到 5 代表"非常同意"。

扎格夫卡等人(Zagefka 等，2013)在研究英国大学生(相比德国大学生)的经济相对剥夺感时也采用了认知-情感 RD 的双维结构模型。采用两个项目分别测量相对剥夺感的认知成分和情感成分，要求被试评估英国大学生的总体经济状况，如"与德国大学生相比，你认为英国大学生的经济状况如何？"(认知成分，从 1＝非常不好到 7＝非常好)"与德国大学生相比，你对英国大学生经济状况的满意度如何？"(情感成分，从 1＝非常不满意到 7＝非常满意)然后将两个项目反向计分，由此相加得到总的相对剥夺感得分，得分越高，则相对剥夺水平越高。两个项目之间的相关为 0.71($p<0.001$)。

17.5.3 个体-群体 RD 的双维结构模型

也有研究者在研究相对剥夺感时只区分了个体 RD 和群体 RD,即认为相对剥夺感包含个体水平和群体水平两个维度。肯切尔(Cantril,1965)的自我锚定量表(Self-Anchoring Striving Scale)也主要从人际比较和群际比较的角度来测量被试的相对剥夺感,该量表是目前学界用来测量相对剥夺感最常用的工具之一(Appelgryn 和 Bornman, 1996; Van Dyk 和 Nieuwoudt, 1990; Appelgryn 和 Nieuwoudt,1988;Caskell 和 Smith,1984)。量表要求被试通过在一个 1 到 10 的等级上打分来评估自己的生活状况,等级越高说明个体的生活状况越好,反之越差。具体来说需要从社会地位、经济地位、政治地位以及工作环境等方面来评估。参照的对象依次为内群体成员和相关的外群体,据此形成了两个分量表:(1)个体相对剥夺:将自己当前的生活状况与内群体其他成员或相关的外群体成员进行比较,评估两者之间的差异大小;(2)群体相对剥夺:将自己所在内群体的当前状况与相关的外群体进行比较,评估两者之间的差异大小。为了防止被试的结果出现负分,研究会将被试在每个项目上的得分加上一个常数 10。对于个体和群体相对剥夺,当被试的得分低于 10 分时,表明存在相对剥夺感;当被试的得分高于或等于 10 分时,表明不存在相对剥夺感。尽管肯切尔(1965)的自我锚定量表使用较为广泛,但其缺陷也较为明显,即只测量了通过比较而感知到的差异(认知成分),而没有进一步测量由此导致的情绪或情感反应(情感成分)(Walker 和 Pettigrew,1984)。

17.5.4 RD 的三维结构模型

还有研究者认为,相对剥夺感是个体或群体对于自身相对状况所持的态度,而态度是由认知、情感和行为趋向三个成分所共同组成的一种心理倾向(侯玉波,2002),据此认为相对剥夺感也包含三个维度:(1)认知成分(cognitive component):知觉到不公平对待;(2)情感成分(affective component):感到愤怒和不满;(3)行为成分(behavioral component):由此导致的各种行为反应,包括人际冲突、(消极)工作表现、盗窃行为等(Cropanzano 和 Randall,1995)。RD 的认知-情感-行为三维结构模型虽然获得了国内大多数学者(罗桂芬,1990;肖雪莲,2006)以及国外部分学者(Cropanzano 和 Randall,1995)的支持,但是目前这一结构模型只是限于理论探讨和思辨阶段,尚未见到以此为基础所编制的具体测量工具。

此外,威科姆等人(Wickham,Shevlin,和Bentall,2013)为了研究童年期的社会剥夺感与成年期的身心健康之间的关系,开发了一个对童年期(16周岁以下)感知相对剥夺(perceived relative deprivation,PRD)进行回溯性测量的工具,即童年期感知不平等量表(Perceived Inequality in Childhood Scale,PICS),实证研究发现该量表也包含三个维度。研究采用网络在线的方式对683名英国大学生进行调查,采用奇-偶分类的方法将数据分成两半。其中对一半数据进行探索性因素分析,得到一个两因素的测量模型:感知相对剥夺(12题)和家庭社会资本(4题)。对另一半数据进行验证性因素分析,结果支持了三因素结构模型的有效性:个人相对剥夺(与周围人在财富、住房、汽车、假期、礼物以及衣服等方面进行比较而感知到的相对剥夺,6题)、社会相对剥夺(与更广泛的社会比较而感知到的相对剥夺,6题)和家庭社会资本(与学校同伴或邻居伙伴在家庭环境的稳定性、发展特长的机会、与父母在一起的时间以及父母参与教育的程度等方面进行比较,4题),三因素模型的拟合指数要优于两因素模型和单因素模型,$\chi^2(95)=183.77, p<0.01$,SRMR=0.06,RMSEA=0.05,CFI=0.96,TLI=0.96。采用李克特(Likert)5点计分法,从1代表"非常不好"到5代表"非常好"。三个分量表的内部一致性系数分别为0.77、0.83和0.75。PICS是一个既适合小型研究也适合大型研究的简短而有效的测量工具。

17.6 相对剥夺感的影响因素与形成机制

相对剥夺感的产生是由主观、客观、心理、社会、文化等多种因素共同造成的。纵观该领域的研究,目前影响相对剥夺感的相关因素主要体现在三个变量层面,即个体特征变量、社会环境变量和人口统计学变量。

17.6.1 相对剥夺感的产生条件

克罗斯比(Crosby,1976)在总结戴维斯(Davis,1959)、朗西曼(Runciman,1966)和古尔(Gurr,1970)等人关于相对剥夺感形成机制的理论模型的基础上,提出了一个新的理论模型(即在朗西曼的四个决定因素的基础上,进一步加入了第五个因素),认为只有满足以下5个前提条件,个体才会产生不满意感或相对剥夺感:(1)知觉到其他人(类似的个体)拥有X;(2)自己想要获得X;(3)认为自己有资格拥有 X;(4)认为获得 X 是切实可行的;(5)当个体没有获得 X 时不会有自责感(即没有获得 X 不是自己的原因)。根据克罗斯比(1976)的观点,只有这五个条件同时具备,个体才会产生相对剥夺感。

此外,有研究者总结出相对剥夺感体验具有的 4 个关键特征:(1)个体很明显地意识到缺乏什么,相对剥夺感不仅包括应得(deserving),还包括想得(wanting);(2)个体认为当前所处的状况不经过干预是不可能得到改变的;(3)自己所受到的剥夺不是自己的原因,也不会责备自己;(4)导致产生剥夺的过程不合理(Smith 等,2012;孙灯勇,郭永玉,2016)。

17.6.2 个体特征变量的影响

个体特征变量对相对剥夺感的影响主要体现在人格特质、归因方式、歧视体验、知觉控制感、不平等感和社会认同等方面。克罗斯比(1976)通过系统归纳认为两种人格特质会影响个体的相对剥夺感水平,一是内-外控型人格特质,内控型(self-blame)的人往往将事情的成败归因于自身,因而相对剥夺感较低;相反,外控型(fate-blame)的人往往将事情的成败归因于他人或外部环境,因而相对剥夺感较高。二是个体的成就需要,个体的成就需要越低,相对剥夺感水平越低;相反,成就需要越高,相对剥夺感水平就越高。史密斯等人(2012)通过元分析也发现,归因方式会对相对剥夺感产生重要影响,相比内归因的个体,进行外归因的个体往往更容易体验到相对剥夺感。库门和弗兰克尔(Koomen 和 Fränkel,1992)以 81 名荷兰少数民族群体苏里南人为被试,采用问卷调查的形式考察歧视体验对个体及群体相对剥夺感的影响,结果显示歧视体验对个体 RD 及群体 RD 均具有显著的正向预测作用。摩尔(Moore,2003)针对 6 430 名来自以色列的犹太学生和巴勒斯坦学生的调查表明,弱势群体成员(巴勒斯坦学生)的知觉控制感对其个体相对剥夺感具有显著的负向影响作用($\beta=-0.71, p<0.001$)。川上和奥迪(Kawakami 和 Dion,1993)以 113 名心理学专业学生为被试,通过实验研究发现被试的社会不平等感对其相对剥夺感具有显著的正性影响,其中,群体间不平等感对群体相对剥夺感具有正向预测作用,而群体内不平等感对个体相对剥夺感具有正向预测作用。森和帕尔(Sen 和 Pal,2013)从社会经济学的角度,考察如何降低个体的相对剥夺感,进而提升其社会幸福感。研究设计了五条降低个体相对剥夺感的路径,结果发现,影响相对剥夺感最显著的路径是社会认同,说明增加社会认同可以降低个体的相对剥夺感,进而提升其社会幸福感。

17.6.3 社会环境变量的影响

社会环境变量对相对剥夺感的影响主要体现在社会经济地位、社会支持、程序公正和参照群体等方面。佩蒂格鲁等人(Pettigrew 等,2008)通过对欧洲成年人的调查显示,那些处于低社会地位并且政治影响力较弱的工薪阶层会感受到较为强烈的群体相对剥夺和个体相对剥夺。麦克劳克林等人(Mclaughlin, Costello, Leblanc, Sampson 和 Kessler,2012)以 6 483 名美国青少年为被试的研究表明,主观社会经济地位与青少年的相对剥夺感显著相关。有学者(Zhang 和 Tao,2013)通过对 5 925 名中国大学生的调查表明,大学生的相对剥夺感与社会支持显著负相关,社会支持水平越高的学生,其相对剥夺体验越弱,说明社会支持是相对剥夺感的保护性因素。

社会不公是相对剥夺感产生的重要原因。福尔杰等人(Folger, Rosenfield 和 Robinson,1983)以 60 名女大学生为被试,采用情境行为实验法,考察程序公正与相对剥夺感之间的关系。结果表明,当程序改变不合理或没有充分的理由(即不充分的程序公正)时,被试会体验到相对剥夺感(如生气、不满意、心烦、愤怒等)。潘泽诺和兰德尔(Cropanzano 和 Randall,1995)采用两个实验来考察提前通知与相对剥夺感之间的因果关系,结果发现提前通知(一个负性结果)能够增加(弱势群体的)程序公正感,进而降低其相对剥夺感。具体体现在,即使被试获得了负性的或不利的结果,当向被试提前通知了这一信息之后,被试会报告出较高水平的程序公正和总体公正,较低水平的负性情感。

被试所比较的目标(即参照群体)的特征也会影响个体的剥夺感水平(Walker 和 Pettigrew,1984)。参照群体的优势地位越高,个体的相对剥夺水平越高(Crosby,1984)。特罗普和莱特(Tropp 和 Wright,1999)以 176 名拉丁美洲裔和 126 名非洲裔美国大学生为被试,通过与内群体成员、美国其他少数民族群体以及白人群体进行比较,考察参照群体对弱势群体相对剥夺感的影响。结果表明:(1)在群体比较水平,高内群体认同的被试比低内群体认同的被试报告出更高水平的相对剥夺感;(2)在个体比较水平,当将自己的当前状况与外群体成员进行比较时,高内群体认同的被试报告出更低的满意度;而当将自己的当前状况与内群体成员进行比较时,高内群体认同的被试报告出更高的满意度。说明参照群体(比较目标)对相对剥夺感具有重要影响。

17.6.4 人口统计学变量的影响

在人口统计学变量方面,性别、年龄、收入水平和受教育程度是研究者极为重视的变量。一项对中国5925名大学生的调查表明,性别、年龄、父母婚姻状况、独生与否、家庭来源以及学生的贫困状况与相对剥夺感显著相关($p<0.001$)。男生的相对剥夺感高于女生;学生的年龄越大,相对剥夺体验越强;双亲家庭学生的相对剥夺感低于非双亲家庭的学生;独生子女的相对剥夺感低于非独生子女;来自农村大学生的相对剥夺感高于来自城镇的大学生;贫困大学生的相对剥夺感高于非贫困大学生(Zhang 和 Tao,2013)。摩尔(Moore,2003)针对6430名来自以色列的犹太学生(优势群体)和巴勒斯坦学生(弱势群体)的调查表明,弱势群体成员的家庭收入对其个体相对剥夺感具有显著的负向影响作用($\beta=-0.78$)。佩蒂格鲁(Pettigrew 等,2008)对欧洲人的调查显示,受教育程度会对群体相对剥夺产生影响,进而对群际偏见产生影响。研究还显示,受教育程度也会影响个体的相对剥夺感水平,受教育程度在增加个体有效应对挫折的能力的同时,也增加了个体的相对剥夺感(Crosby,1976)。这可以用古尔(Gurr,1970)的价值期待—价值能力理论来解释,当受教育程度提高时,个体的价值能力可能会相应地提高,同时价值期待也会提高,如果价值期待提高的幅度高于价值能力提高的幅度,个体的相对剥夺感就会产生。

17.7 相对剥夺感的影响效应与作用机制

国内学者主要从宏观的理论层面探讨相对剥夺感对个体、群体以及社会稳定、社会和谐影响的积极方面和消极方面。研究表明,当相对剥夺感远小于个体的承受能力时,相对剥夺感往往可以激发合理竞争(王思斌,1988),合理差距有利于调动人们的积极性,提高效率;而在相对剥夺感较大,接近甚至超过人们的承受能力时,相对剥夺感会引发敌视情绪,甚至让个体否定自己和社会。从个体层面来说,相对剥夺感本质上是一种认知失调、心理失调,它导致具有这种心理的主体产生紧张、焦虑的感觉;从群体层面来说,社会大多数成员产生相对剥夺感的可能性是社会不稳定的先决条件,相对剥夺的程度越高,社会紧张程度越高,社会动乱的可能性越大(王礼鑫,2000)。

相对于国内研究者的理论探讨,国外研究者则大多从实证的角度研究相对剥夺感对个体心理和行为的影响作用及其内在机制。通过对已有文献的全面回顾,同时参考史密斯等人(2012)进行元分析时的分类标准,我们将相对剥夺感的影响效应变量归纳为心理适应和社会适应两大类,其中心理适应主要包括心理健康、幸福感和自尊,社会适应主要包括个体行为、群际态度和集群行为。

17.7.1 相对剥夺感与心理健康

通过与周围人主观比较而产生的相对剥夺感被认为是影响个体心理健康的重要因素。艾博纳等人(Eibner,Sturm,和Gresenz,2004)以15 084名美国成年人为被试,探讨经济相对剥夺(以Yitzhaki指数为指标)对心理健康(以抑郁、焦虑障碍为指标)的影响,结果表明:经济相对剥夺(低的相对收入)与个体的心理健康障碍显著正相关;回归分析表明,在控制了绝对收入水平之后,相对剥夺感对个体的心理健康障碍具有显著的正向预测作用,当相对剥夺感下降25%时,心理健康障碍的发生率随之降低了9.5%。一项通过对248名荷兰26岁到55岁的职业男性进行的调查表明,在三个不同的年龄段(26—35、36—45、46—55岁),相对剥夺感均对职业男性的心理健康(愤怒、抑郁、工作不满意感)具有显著的预测作用,但是对中年男性的预测作用更强(Buunk和Janssen,1992)。麦克劳克林(Mclaughlin等,2012)对6 483名美国青少年的调查表明,相对剥夺与青少年的情绪障碍显著正相关,相对剥夺水平越高,青少年遭遇情绪障碍的风险越高。艾布拉姆斯和格兰特(Abrams和Grant,2012)通过对911名英格兰青少年的研究表明,个体相对剥夺对个体的抑郁体验具有极其显著的预测作用。一项以5 925名中国大学生为被试的研究关注了相对剥夺感与精神病理症状之间的关系,结果发现大学生的相对剥夺感与抑郁、自杀意念显著正相关,大学生的相对剥夺感越强,则其抑郁水平越高,经历自杀意念的可能性也越高(Zhang和Tao,2013)。

奥斯本(Osborne等,2012)以953名美国公立大学的教职员工为被试,考察由强制性休假而导致的个体相对剥夺(如非自愿的收入减少)对其心理健康的影响,结果表明个体相对剥夺与大学教员自我报告的心理健康显著负相关($p<0.001$),愤怒、恐惧和悲伤情绪在个体相对剥夺对心理健康的影响中起着中介作用。施密特和梅斯(Schmitt和Maes,2002)以德国585名东德人和387名西德人为被试,分别对他们的相对剥夺感、内群体认同和心理健康进行了两次追踪测试,结果发现,内群体认同调节相对剥夺感对东德人心理健康的跨时间负性影响,东德人的内群体认同感越强,则相对剥夺感对其心理健康的负性影响就越弱。

相对剥夺感不仅对个体的心理健康具有显著的负性影响,也会对个体的身体健康(生理健康)产生不良影响(Eibner和Evans,2005;Subramanyam,Kawachi,

Berkman,和 Subramanian,2009;Cole,2012;Lhila 和 Simon,2010)。相对剥夺感对心脏病、高血压、进食障碍、酒精滥用、自杀以及死亡率具有负性影响(Eibner,2000;Deaton,2001;Salti,2010);在控制了个人收入、受教育程度、种族、年龄以及居住地等变量之后,通过与本地其他居民比较而产生的相对剥夺感会增加个体死亡的可能性(Eibner,2000)。

17.7.2 相对剥夺感与幸福感

社会心理学领域的大量研究表明,相对剥夺体验会降低个体和群体的幸福感水平。安布罗西奥和弗里克(Ambrosio 和 Frick,2007)通过对德国人的研究,考察相对剥夺感(以被试的收入与高于其收入的所有个体的平均收入之间的差距为指标)与主观幸福感(以自我报告的收入满意度为指标)之间的关系,结果表明:相对剥夺感与主观幸福感呈显著负相关($r=-0.44, p<0.01$);在控制了其他可能的影响因素之后,个体的主观幸福感主要取决于收入相对剥夺水平,而非绝对的收入水平。施密特等人(Schmitt,Maes,和 Widaman,2010)进一步采用纵横交叉滞后设计,通过对1276名东德民众在1996、1998、2000年的三次追踪调查,探讨了个体和群体相对剥夺对幸福感的纵向影响效应。结果发现,个体相对剥夺对幸福感具有负性的纵向影响效应,且对生活满意度指标的影响效应要大于对心理健康指标的影响效应;群体相对剥夺对幸福感的纵向影响效应显著。研究还表明,相对剥夺感与心理幸福感显著负相关(Abrams 和 Grant,2012;Osborne,Smith,和 Huo,2012;Tougas,Lagacé,Laplante,和 Bellehumeur,2008;Walker,1999)。

大量研究证实,个体相对剥夺与个体幸福感的关系更加密切(Crosby,1976;Smith 和 Ortiz,2002;Walker 和 Mann,1987;Koomen 和 Fränkel,1992),而群体相对剥夺与群体幸福感的关系更加密切(Bougie,2005;de la Sablonnière 等,2009;Tougas 和 Beaton,2002;Walker,1999)。例如,萨布隆尼埃等人(de la Sablonnière,Auger,Sadykova,和 Taylor,2010)通过对588名吉尔吉斯斯坦人的调查表明,个体相对剥夺与个体幸福感(以自尊和积极生活态度为指标)显著相关,个体相对剥夺的整个历史发展轨迹能够显著预测个体幸福感,并且不同历史节点的纵向相对剥夺感对个体幸福感的预测效应有所不同。萨布隆尼埃等人(de la Sablonnière,Taylor,Perozzo,和 Sadykova,2009)进一步以565名吉尔吉斯斯坦大学生为被试,选取多个时间比较点,探索纵向群体相对剥夺与群体幸福感的关系。分层回归分析和群体轨迹发展模型表明:(1)与单个比较点不同,考察多个比较点而产生的纵向相对剥夺感能够更好地预测群体的幸福感;(2)对群体幸福感具有最佳预测作用的不是与过去最近或将来最近比较而产生的纵向群体相对剥夺,而是与过去较远或将来较远比较而产生的纵向群体相对剥夺;(3)随着时间的推移而感知到的纵向群体相对剥夺感的总体发展轨迹会影响群体幸福感的总体发展水平。

此外,相对剥夺感也会对幸福感的指标维度(如生活满意度、情感体验)产生显著的影响作用。库门和弗兰克尔(Koomen 和 Fränkel,1992)对 81 名荷兰少数民族群体苏里南人的研究表明,个体相对剥夺对个体的生活满意度具有显著的负向预测作用。奥斯本和西布利(Osborne 和 Sibley,2013)通过对 6886 名新西兰成年人的研究发现,个体相对剥夺与生活满意度显著负相关,与自我报告的心理压力显著正相关;个体相对剥夺对生活满意度的影响受到系统公正信念的调节($\beta=0.08$,$p<0.001$),在高的系统公正信念条件下,个体相对剥夺对生活满意度的负性影响减弱了。中国学者(Zhang, Wang, 和 Chen, 2011)以中国城乡居民社会态度调查(2005/2007/2008/2009)数据为样本,考察了不同职业群体的相对剥夺感与生活满意度的关系,结果发现,从 2005 年到 2009 年的时间段内,个体的经济相对剥夺和社会地位相对剥夺均对其生活满意度具有负向预测作用。伯特和迪奥(Birt 和 Dion,1987)假设弱势群体的相对剥夺感和歧视知觉会降低他们的控制感以及生活满意度,并且采用来自加拿大的 74 名男同性恋和女同性恋被试来检验这一假设,结果表明,群体歧视知觉和相对剥夺体验对同性恋群体的控制感和生活满意度具有显著的负向预测作用。沃克(Walker,1999)进一步考察了相对剥夺感的情感反应后果,结果发现,与得到不公正奖赏的被试相比,得到公正奖赏的被试拥有更少的积极情感、更多的消极情感。哈勒维等人(Halevy, Chou, Cohen, 和 Bornstein,2010)通过实验研究表明,相比优势群体成员,弱势群体成员的相对剥夺感会导致其产生更加强烈的负性情感(如羡慕、嫉妒、愤怒等)。格朗(Grant,2008)对移民的研究也表明,群体相对剥夺体验会导致移民产生强烈的愤怒、沮丧和不满等负性情绪。

17.7.3 相对剥夺感与自尊

自尊(self-esteem)指的是个体对自我的积极肯定(蔡华俭,2006),即自我的价值感、尊重感和良好感(张力为,梁展鹏,2002)。相关研究(Lagacé,2003;Tougas, Lagacé, de la Sablonnière, 和 Kocum, 2004)和实验研究(Walker,1999)都证实,个体相对剥夺与自尊负相关,高的相对剥夺会导致个体的低自尊。

例如,图加斯等人(Tougas,Rinfret,Beaton,和 de la Sablonnière,2005)以加拿大女警察为被试,采用路径分析(EQS)探索了个体相对剥夺对自尊的影响以及心理抽离在其中所起的作用,结果表明,个体相对剥夺对心理抽离具有显著的正向预测作用,心理抽离进一步对自尊具有显著的负向预测作用,说明个体相对剥夺通过心理抽离的中介对自尊产生负性影响。沃克(Walker,1999)通过实验设计来检验个体及群体相对剥夺与个体及群体自尊之间的因果关系。研究假设一是,个体相对剥夺体验会降低个体自尊,但不会影响群体自尊;研究假设二是,群体相对剥夺体验会降低群体自尊,但不会影响个体自尊。结果验证了假设一,但只是部分验证了假设二。即个体 RD 体验会降低个体自尊的某些侧面(如自信维度),但不会影响群体自尊;而并没有明确的证据支持"群体 RD 体验会降低群体自尊的某些侧面,但不会影响个体自尊"。研究还认为,个体认同可能在个体相对剥夺对个体自尊的影响中起着调节作用,而群体认同可能在群体相对剥夺对群体自尊的影响中起着调节作用。特利(Turley,2002)以 3 563 名非裔美国儿童为被试,通过与低收入邻居及高收入邻居比较,考察儿童的相对优越感和相对剥夺感对其自尊的影响。结果发现:与低收入邻居比较而产生的相对优越感对儿童的自尊没有显著影响;相反,与高收入邻居比较而产生的相对剥夺感对儿童的自尊具有显著的正性影响($b=0.596, p<0.001$)。说明弱势群体儿童通过与优势群体比较而产生的(经济)相对剥夺水平越高,其自尊反而得到了改善,这与传统的相对剥夺理论的观点刚好相反。相对剥夺理论认为,与富裕的邻居比较而产生的缺失感会导致消极的心理和行为后果;而地区资源理论指出,富裕的邻居对儿童来说是一笔宝贵且有价值的财富(即使这样的邻居会让孩子知觉到剥夺感)。该研究结果支持了地区资源理论,说明相对剥夺感的效应并不总是消极的,也存在积极的效应。

传统意义上的自尊,实际上指的是个体自尊,它意味着对个人自我价值的感受与评价。而群体自尊指的是个体知觉到自己所在群体是有价值、受尊重和重要的(Tajfel,1978;Tajfel 和 Turner,1979;Taylor,1997,2002),它意味着对社会群体价值的感受与评价(Crocker 和 Major,1989)。一些研究表明,群体相对剥夺与群体自尊之间显著负相关(de la Sablonnière,Tougas,和 Lortie-Lussier,2009;Zagefka 和 Brown,2005)。然而,另外一些研究则发现,群体相对剥夺与群体自尊之间存在显著正相关(de la Sablonnière 和 Tougas,2008;Petta 和 Walker,1992)。例如,布吉等人(Bougie,Usborne,de la Sablonnière 和 Taylor,2011)以法裔和英裔加拿大魁北克人为被试,探索纵向群体相对剥夺与群体自尊之间的关系,结果发现纵向群体相对剥夺与群体自尊显著正相关,并且内群体真实性在其中起着中介作用。除此之外,还有一些研究发现,群体相对剥夺与群体自尊之间的相关不显著(例如,Tougas 和 Veilleux,1988;Walker,1999)。这些研究结果的不一致有待后续研究的进一步证实。

此外,摩尔(Moore,2003)通过对以色列的犹太学生(优势群体)和巴勒斯坦学生(弱势群体)的研究表明,对于弱势群体成员来说,个体知觉到的相对剥夺水平越高,对未来的期望便越低(如婚姻前景、拥有房子、汽车以及稳定工作的可能性);个体相对剥夺在弱势群体成员的知觉控制感对未来期望的影响中起着显著的部分中介作用,知觉控制感在优势群体成员的个体相对剥夺对未来期望的影响中起着显著的完全中介作用。

17.7.4 相对剥夺感与个体行为

相对剥夺感也会对个体行为(individual behavior)产生重要影响,主要包括越轨(偏差)行为(如攻击性行为、暴力行为、偷窃行为、反生产工作行为等)、逃避(退缩)行为(如吸烟、酗酒、药物使用、赌博、社会隔离等)以及成就行为(如参加自我提升活动、兼职活动、学业努力等)(Smith 等,2012)。

首先,相对剥夺感会导致个体的越轨或偏差行为。挫折-攻击理论(frustration-aggression theory;Caskell 和 Smith,1984)认为,挫折可以引起一系列不同类型的行为反应,其中之一是引起某种形式的攻击行为;挫折感是相对剥夺的产物,如果一个人失去他应该有的,可能导致攻击性行为(孙时进,2011)。调查和实验研究均表明,感知到的相对剥夺往往会引发个体的愤怒和不满情绪(挫折感),进而导致个体的攻击性行为(Crosby,1976;Donnenwerth 和 Cox,1978;Wright,Avshalom,Terrie,Richard,和 Phil,1999)。斯泰尔斯(Stiles 等,2000)通过对6 074名美国青少年的研究表明,在控制了性别、种族、婚姻状况以及受教育程度等变量之后,通过与朋友、邻居以及一般美国家庭进行比较而感知到的经济相对剥夺会导致个体的消极自我体验,进而引发个体的社会越轨行为(如暴力活动、财产犯罪、药物滥用等)。伯恩堡等人(Bernburg,Thorlindsson,和 Sigfusdottir,2009)通过对5 491名冰岛青少年的研究表明,对于居住在富裕社区的贫困青少年,经济相对剥夺对他们的暴力行为和犯罪行为的影响效应显著;而对于居住在贫穷社区的贫困青少年,经济相对剥夺对这些后果变量的影响效应较微弱。不过也有研究者发现,通过社会比较而产生的相对剥夺感只会增加青少年的犯罪行为倾向,而不会导致其直接的犯罪行为(Webber,2007),有待后续实证研究的进一步检验。

其次,相对剥夺感会导致个体的逃避(退缩)行为。研究表明,处于相对弱势地位的群体由于各种原因可能过得并不好,他们可能会体验到较强的压力和抑郁,增加染上疾病以及参与危险行为(如吸烟、酗酒、暴食或药物滥用)的风险(Eibner,2000)。一项对中国台湾不同社会阶层的研究表明,在控制了绝对收入水平及其他人口学变量(如年龄段、婚姻状况、种族以及受教育程度)之后,高的相对剥夺感(以Yitzhaki 指数为指标)与个体的吸烟行为显著相关,提示缩小富人和穷人之间的收入差距能够降低吸烟行为的发生概率(Kuo 和 Chiang,2013)。卡伦等人(Callan,Shead,和 Olson,2011)通过对英国、美国以及加拿大 83 名社区居民的调查,探讨了个体相对剥夺对赌博动机的影响及其心理机制,结果发现,个体相对剥夺既对个体的赌博动机和行为具有直接的预测作用,又可通过对即时回报的渴望间接影响赌博动机,即个体对即时回报的渴望在个体相对剥夺与赌博动机之间起着部分中介作用。

最后,相对剥夺感不仅会导致个体的消极行为,也可能促使个体产生积极的成就行为。祖加(Zoogah,2010)以非洲加纳的 144 名企业员工为被试,采用结构方程模型考察了个体相对剥夺对员工参与自我提升活动的影响及其内部机制。结果表明,个体相对剥夺感对员工自我提升活动参与度的直接影响并不显著,不过它会通过自我提升活动的参与意向来间接影响其参与度;反事实信念在个体相对剥夺感与自我提升活动的参与意向之间起着部分中介作用;程序公正在个体相对剥夺感与自我提升活动的参与度之间起着中介作用。奥尔森(Olson 等,1995)通过对单亲母亲和工作女性的研究表明,两类女性报告的群体相对剥夺感(不满意感)显著高于个体相对剥夺感,且工作女性对自身状况的不满意感(个体相对剥夺感)会显著正向预测其参加自我提升活动的意愿。特利(Turley,2002)通过对 3 563 名非裔美国儿童的研究表明,与高收入邻居比较而产生的相对剥夺感对儿童的学业成绩($b=0.483, p<0.001$)以及积极行为($b=0.437, p<0.001$)存在显著的正性影响,这可能是由于与优势群体进行比较而产生的相对剥夺感激发了个体的竞争意识和进取动机,进而引发了个体的积极行为。

17.7.5 相对剥夺感与群际态度

群际态度(intergroup attitudes)一般指对内群体及其成员以及外群体及其成员的评价倾向性。以往的研究表明,相对剥夺感会对群际态度产生重要影响,主要包括对内群体的态度(如内群体偏好/偏见、内群体认同、内群体民族主义等)、对外群体的态度(如外群体偏见、外群体刻板印象、对移民的态度等)以及对社会系统的态度(如公正世界信念、政治体制的可信度和合法性、对当局的支持等)三个方面(Smith 等,2012)。

大量研究表明,相对剥夺感会影响人们对内群体的态度。特里帕蒂和斯里瓦斯达瓦(Tripathi 和 Srivastava,1981)以 112 名印度穆斯林大学生为被试,采用积极/消极形容词评定法,考察弱势群体的内群体(穆斯林)和外群体(印度斯坦人)态度以及相对剥夺感对其群际态度的影响。结果发现,穆斯林学生具有积极的内群体态度(M=134.5)和消极的外群体态度(M=78.5);穆斯林学生的群体相对剥夺水平越高,其对内群体(穆斯林)的态度越积极,对外群体(印度斯坦人)的态度越消极。阿佩尔格伦和尼乌沃特(Appelgryn 和 Nieuwoudt,1988)以 361 名南非黑人和 120 名以荷兰语为母语的南非白人为被试,考察相对剥夺感与种族态度之间的关系。结果表明,南非白人对内群体的态度更为积极,对外群体特别是南非黑人的态度更为消极;南非黑人对南非白人也具有非常负性的态度;回归分析表明,经济相对剥夺对南非黑人的种族态度具有显著的预测作用。郭图等人(Guimond 和 Dubé-Simard,1983)通过对 80 名以法语为母语的加拿大魁北克人(相比该地区以英语为母语者,他们在各方面均处于相对弱势地位)的研究显示,群体相对剥夺、群际不公平感与民族主义态度显著正相关,被试的群体相对剥夺水平越高,群际不平等感越强烈,其社会政治态度越激进(即民族主义倾向越强烈)。

也有研究发现相对剥夺感会影响人们对外群体(如移民)的态度。阿莱克辛斯卡(Aleksynska,2011)以 1 000 名乌克兰本土居民为被试,考察他们的相对剥夺感以及对移民(亚洲和非洲移民)的态度,结果表明,本土居民的群体相对剥夺感会负向影响他们对移民的态度,即通过与移民比较而产生的群体相对剥夺体验使得本土居民更不愿意接纳移民融入他们的生活、更不支持有利移民的政府政策、更不愿意表达对移民的积极态度;研究还发现,只有那些客观上处于弱势地位的本土居民(即体验到强烈的经济相对剥夺的个体)才会对移民持有非常消极的态度。研究者们在探讨个体相对剥夺和群体相对剥夺对群际偏见的联合预测作用时还发现"溢出效应(spillover effect)",即个体相对剥夺通过群体相对剥夺的中介作用对群际偏见(对移民的偏见)产生影响(Tougas 和 Beaton,2002;Tougas,Rinfret,Beaton,和 de la Sablonnière,2005;Pettigrew 等,2008)。

此外,相对剥夺感还会影响人们对社会系统的态度。如伯特和迪奥(Birt 和 Dion,1987)对加拿大同性恋群体的研究表明,群体歧视知觉和相对剥夺体验对个体的公正世界信念和宜居世界信念具有显著的负向预测作用。卡斯克尔和史密斯(Caskell 和 Smith,1984)通过对英国已就业和失业的黑人以及白人青年的研究显示,黑人和白人青年的相对剥夺感与其对社会体制以及社会群体的负性态度显著相关,但是这种相关程度并不高。

17.7.6 相对剥夺感与集群行为

集群行为(collective action)指的是群体成员参与为改善群体现状的行动(Wright, Taylor, 和 Moghaddam, 1990; Wright, 2009),是一种共同情绪影响下的个体行为(Park 和 Burgess, 1921),比如投票、请愿、罢工、抗议、示威等(Walker 和 Smith, 2002; 张书维等, 2012)。莱特(Wright 等, 1990)进一步指出,集群行为主要包括两个特征:(1)以群体行为的姿态出现;(2)行为的目的旨在提升所属群体的利益。以往大量研究表明,相对剥夺感会对集群行为产生重要影响,并且与个体相对剥夺相比,群体相对剥夺更易导致集群行为,如群体抗议行为、政治暴力活动、群体攻击性等(Smith 等, 2012)。沃克和曼(Walker 和 Mann, 1987)以失业人员为被试的研究表明,群体相对剥夺对群体抗议行为具有显著的预测作用。奥尔森等人(Olson 等, 1995)对 50 名单亲母亲和 62 名工作女性的研究表明,单亲母亲或工作女性对自身所在群体地位的不满意感(群体相对剥夺感)会显著正向预测其自我报告的群体抗议行为。伯特和迪奥(Birt 和 Dion, 1987)通过对加拿大 74 名同性恋被试的研究发现,弱势群体的相对剥夺感和歧视知觉会增加他们对群体抗议行为的支持度,降低他们的控制感和生活满意度。

相对剥夺感也会增加弱势群体的政治暴力行为(倾向)。如卡内凯(Canache, 1996)发现,住在富裕地区的那些贫穷的洪都拉斯人会体验到更强的挫折感和不满意感,更支持政治暴力活动。奥斯本和西布利(Osborne 和 Sibley, 2013)通过对 6 886 名新西兰成年人的研究表明,群体相对剥夺与政治诉求活动的支持倾向显著正相关,并且这一关系受到系统公正信念的调节,高的系统公正信念降低了群体相对剥夺对弱势群体支持政治诉求活动的影响。

相对剥夺感还会增加弱势群体的群体攻击性和破坏性群际竞争行为。库门和弗兰克尔(Koomen 和 Fränkel, 1992)通过对 81 名荷兰少数民族群体苏里南人的研究显示,群体相对剥夺对群体攻击性具有显著的正向预测作用,歧视体验通过群体相对剥夺的完全中介作用对群体攻击性产生影响。哈勒维等人(Halevy, Chou, Cohen, 和 Bornstein, 2010)采用群际囚徒两难任务(IPD-MD)实验来考察群体水平的相对剥夺感如何影响群际竞争,结果发现弱势群体成员产生破坏性群际竞争行为的概率要显著高于优势群体成员,说明相对剥夺感会导致弱势群体成员的破坏性群际竞争行为。

大量研究表明,群体相对剥夺还可能通过其他中介或调节变量对集群行为(意向)产生间接影响。国外研究发现,群体相对剥夺与集群行为的关系受到负性群情绪的中介,如群体愤怒(Smith,Cronin,和 Kessler,2008)和群体不满(Mummendey 等,1999);社会变革信仰在群体相对剥夺与集群行为意向之间起着完全中介作用(Abrams 和 Grant,2012)。国内学者的实验研究也表明,群体愤怒和群体效能在群体相对剥夺与集群行为(意向)之间起着中介作用(张书维等,2012)。研究还发现,群体认同在群体相对剥夺与集群行为的关系之间起着调节作用(Mummendey 等,1999;van Zomeren,Postmes,和 Spears,2008):在群体认同凸显的条件下,群体相对剥夺与集群行为的关系会被弱化,无论群体相对剥夺的程度高低,成员们都更可能参与集群行为;在群体认同被其他凸显的社会认同抑制时,群体相对剥夺对集群行为的预测作用才会显现(张书维,王二平,2011)。

此外,克罗斯比(Crosby,1976)还从理论上系统探讨了相对剥夺感是如何通过归因方式[内归因(intropunitive)或外归因(extrapunitive)倾向;Rosenzweig,1945]、个人控制感(personal control;Gurin 等,1969)以及改变的机会(opportunities;Merton,1957;Rose,1966)等中介变量对四种可能的后果变量[如自我促进(self-improvement)行为、压力症状(stress symptoms)、社会建设性变革(constructive change of society)行为、社会暴力(violence against society)行为]产生影响的,并提出了如图17.3所示的路径模型:首先,内控型的人会将愤怒(不满)转向自身,而外控型的人会将愤怒转向外部社会。接着,拥有低控制感的人

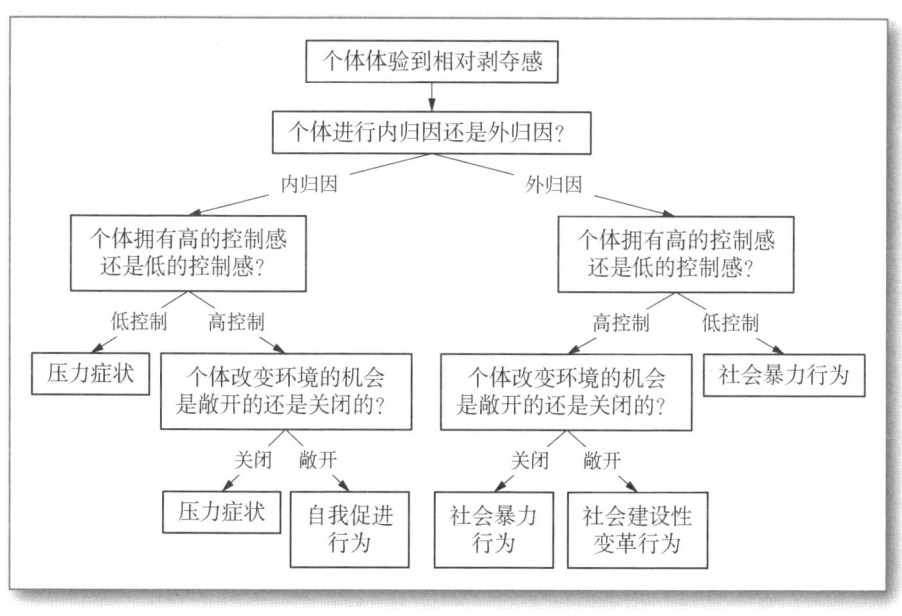

图 17.3　相对剥夺感的影响效应路径模型
(资料来源:Crosby,1976,p.100)

会认为自己无法改变自身的处境,也无法影响社会(变革),而拥有高控制感的人则更加乐观。最后,如果个体拥有低的控制感,那么不管是否存在改变自身处境的机会,对他来说,都是无关紧要的,因为即使改变自身处境的机会是敞开的,这种类型的人也不会去尝试改变。相反,对于拥有高控制感的人,敞开的机会会使其产生建设性行为,而机会关闭会导致其情绪爆发。当个体属于内控型的人,这种情绪爆发会以压力症状的形式体现出来;而当个体属于外控型的人,这种情绪爆发会以社会暴力的形式体现出来。同理,当个体属于内控型的人,建设性行为会以自我促进为的形式体现出来;当个体属于外控型的人,建设性行为会以社会建设性变革行为的形式体现出来。图 17.3 清晰地显示了相对剥夺感如何通过各种路径(中介变量)转化成四种后果行为的。

17.8 相对剥夺感的实验范式与干预转化

17.8.1 相对剥夺感的实验范式

虽然目前西方有关相对剥夺感的研究大多是基于问卷调查的相关研究(Crosby,1976),但仍然有部分学者采用情境模拟的现场实验对相对剥夺感进行操作,进而考察其对相关后果变量的影响(Smith, Pettigrew, Pippin,和 Bialosiewicz,2012)。例如,格朗和布朗(Grant 和 Brown,1995)通过两个步骤来操作群体相对剥夺感:首先,实验者告知所有的被试,参加本实验的大部分被试将获得 10 美元(虽然他们最终获得的实际数量取决于外团体的评估和建议);第二步,外团体不公平地建议被试只能获得 4 美元。结果与预期相一致,那些被相对剥夺的被试不愿意接受外团体的评估,并且相对于那些没有被剥夺的被试,他们更倾向于支持写一封抗议信(来表达自己的诉求)。特里帕蒂和斯里瓦斯塔瓦(Tripathi 和 Srivastava,1981)采用积极/消极形容词评定法,考察了弱势群体的内群体和外群体态度以及相对剥夺感对其群际态度的影响。结果发现,不管是处于高的相对剥夺水平还是低的相对剥夺水平,弱势群体都具有强烈的内群体认同;群体相对剥夺感会导致内群体偏好/偏爱(ingroup preference/favoritism)和外群体偏见/敌意(outgroup prejudice/hostility)。哈勒维等人(Halevy, Chou, Cohen,和 Bornstein,2010)近期还开发了一种群际囚徒困境—差异最大化游戏(intergroup prisoner's dilemma-maximizing difference game,IPD-MD),在这一游戏中,参与者可以将自己的钱(代币)捐赠给以有利于内群体成员为目的的群体内基金项目,也可以捐赠给以损害外群体成员为目的的群体间基金项目。结果发现,如果与外群体相比,被试在金钱数量上处于弱势地位,那么被试会报告出更多的愤怒和不满,并且他们会倾向于捐赠更多的钱给那些群体间基金项目。

17.8.2 相对剥夺感的干预与转化

关于相对剥夺感的干预策略和消减机制,国外学者较少探讨,而国内学者虽然探讨的较多,但基本上限于宏观的理论阐述和思辨。如付允(2011)在调查、实证和仿真研究的基础上,提出了消减相对剥夺感的四大机制,即社会公平机制、社会保障机制、心理疏导机制和社会流动机制。具体措施包括:(1)完善税收制度,实现收入分配的结果公平;完善法律、法规和监督机制,保障教育和就业的机会公平;(2)扩大社会保障的覆盖面,将更多的社会成员尤其弱势群体纳入社会保障体系;提高社会保障的水平,不断改善低收入群体的生活状况;(3)引导相对弱势的个体或群体合理选择社会比较的参照群体和树立正确的公平理念,建立递进式人文关怀体系;(4)逐步打破户籍制度的束缚,实现城乡居民的身份平等,充分发挥教育在社会流动中的作用(付允,2011)。因此,关于相对剥夺感的有效干预,还需要借助于心理教育实验的范式,在前期访谈及影响因素研究结果的基础上,设计出一套专门针对目标群体相对剥夺感的整合性教育干预方案,通过随机对照组实验设计及相关的统计分析方法,检验该干预方案的可行性与有效性。这应该是后续相对剥夺感干预研究的重点和突破口。

中国特色社会主义进入新时代,提升人民"获得感"是我们努力建设和奋斗的重要目标。如何将当前社会公众由于我国经济社会发展不平衡不充分而导致的相对剥夺感转化为相对获得感,是摆在理论和实践工作者面前的重大课题。目前这方面的理论和实证研究还较为匮乏。王浦劬和季程远(2019)从公民主观感知机制出发,以人民"获得感"为矢量,反思解构传统理论的"客观不平等-相对剥夺感-社会不稳定"的逻辑,尝试建构"客观不平等-人民获得感-社会稳定"的分析逻辑。具体而言,该研究基于人民"获得感"范畴和3次全国调查,利用广义倾向值匹配法,具体剖析了"客观不平等-相对剥夺感-社会不稳定"这一逻辑链,进而指出了我国人民纵向获得感对于传统简单的西式线性逻辑思维的颠覆性意义:首先,人民纵向获得感的提高带来横向获得感的相应提高,由此显示时间维度上人民福利的大幅度改善,可以平抑横向空间维度上某些不平等不平衡而产生的"相对剥夺感";其次,人民纵向获得感可以提高社会稳定意识;最后,人民群众的获得感是发展中国家和转型社会现代化发展中经济不平衡不平等与社会政治稳定之间矛盾关系的有效化解机制。

17.9 相对剥夺感的未来研究展望

自从美国社会学家斯托夫等人(Stouffer 等,1949)在半个多世纪以前提出相对剥夺感这一概念以来,相对剥夺感受到了社会学、心理学、政治学以及经济学等领域研究者的广泛关注,相关的研究成果更是层出不穷,也取得了许多有价值的研究成果。然而,该领域的研究也存在较多的不足之处,笔者认为,至少可以从以下五个方面开展对相对剥夺感的进一步研究。

17.9.1 厘清和完善相对剥夺感的概念与结构

对于完整内涵的相对剥夺感概念和结构方面的研究目前十分缺乏。存在的不足主要有两点:

一是相对剥夺感的概念还需要进一步厘清和具体化。以往研究大多从社会比较的角度界定相对剥夺感(如相对剥夺感指的是与参照群体相比,个体对自身不利地位的主观感知;Walker 和 Smith, 2002),但这只是相对剥夺感的认知成分,大量研究表明,情感成分也是相对剥夺感的重要组成部分(Smith 等,2012;Walker 和 Pettigrew, 1984)。因此,从认知和情感两个方面对相对剥夺感进行操纵性定义,应是后续相对剥夺感概念研究的趋势所在。

二是相对剥夺感的内容结构还需要进一步完善和丰富。如前所述,目前国内外研究者对相对剥夺感的结构维度所包含的内容所持的观点并不一致,有的研究者从认知-情感 RD 的角度展开研究,有的研究者从个体-群体 RD 的角度展开研究,也有的研究者仅仅考察了 RD 的认知成分,但是这些都不够完善。相对剥夺感的内容结构应该既包含认知-情感 RD,也包含个体-群体 RD,因此认知-情感 RD 与个体-群体 RD 的二维垂直结构模型应是相对剥夺感内容结构的完整呈现。但是目前关于这一完整结构模型的实证研究还太少,亟待加强。

17.9.2 注重对特殊群体以及青少年相对剥夺感的研究

研究对象上的拓宽主要有两个方面:

一是以往研究大多以普通人群为研究对象(如大学生),通过情境模拟来诱发其相对剥夺感,进而考察其影响效应及作用机制,因此研究结果在推广到目标群体时可能受到限制。因此,后续的研究应有针对性地注重对目标群体的研究,如农村困难户、城市失业人员、农民工以及经历重大疾病或自然灾害等特殊群体(张书维等,2010),使研究结果更具生态效度。

二是以往研究大多以成年人为研究对象,缺少对青少年儿童相对剥夺感的研究。青少年儿童处于人生发展和人格塑造的关键期,一些弱势群体儿童(如城市流动儿童、农村留守儿童、贫困家庭儿童、离异家庭儿童)通过与一般儿童的比较,认为自己应该得到的利益没有得到,更容易在心理上产生这种主观的相对剥夺感,进而对其心理健康和健全人格的养成造成不利影响。因此,对青少年特别是弱势群体儿童相对剥夺感的深入研究,无论从理论上还是实践上都具有重要的价值和意义。

17.9.3 丰富相对剥夺感的研究内容和研究视角

研究内容和研究视角上的不足主要体现在三个方面:

一是以往研究大多从横向比较角度研究相对剥夺感,缺少对纵向相对剥夺感的研究(Smith 等,2012)。通过与其他个体或群体进行横向比较而产生的横向相对剥夺感确实是 RD 的直接而明显的研究内容,但是通过与自己的过去或未来进行比较而产生的纵向相对剥夺感也是 RD 的重要研究内容。而且对于不同年龄段的群体而言,横向相对剥夺和纵向相对剥夺的侧重点可能会有所不同,对于一般工作群体来说,可能横向相对剥夺较为显著;而对于老年人以及一些离退休人员来说,可能纵向相对剥夺感更为强烈。

二是在影响因素方面,以往研究大多考察的是某一类变量下某些具体因素(如性别、年龄、社会支持等)对相对剥夺感的单独影响,而对于各影响因素之间的关系及其综合影响效应则较少涉及,如个体特征变量与社会环境变量之间以及这两类变量中的具体因素之间是否存在交互作用?这些应当是后续研究必须重点关注的。

三是在影响效应方面,尽管大部分研究结果表明相对剥夺感的影响是消极的,但也有研究者认为相对剥夺感存在积极效应。如詹克斯和迈尔(Jencks 和 Mayer,1990)指出,有些人可能通过更加努力地工作或学习来应对相对剥夺感的负性影响(如低收入的员工可能会通过努力工作来争取晋升到高收入的行列;学习成绩差的学生可能会更加努力地学习以赶上那些学习成绩好的学生)。因此,加强对相对剥夺感积极效应的实证研究,有助于我们从辩证的角度看待相对剥夺感,也有助于为相对剥夺感的有效干预找到动力和突破口。

17.9.4 完善测量工具并强化纵向干预研究

目前研究方法上的不足,主要有以下三点:

一是缺少完善统一的相对剥夺感测评工具。一方面,不同研究者用于研究相对剥夺感的测评工具各不相同,这就直接导致各研究结果之间的不一致甚至是相互矛盾,研究也失去了可比性;另一方面,以往研究者用于测评相对剥夺感的工具虽然众多,但大多存在题项较少、信效度不高的缺陷(马皑,2012)。因此,编制出一套契合中国本土文化背景、信效度较高的相对剥夺感测评工具显得尤为重要而紧迫。

二是需要加强纵向追踪研究。已有研究大多采用横断研究,少有纵向追踪研究,从而难以揭示相对剥夺感发展变化的动态规律。如相对剥夺感在个体不同年龄段的发展是否存在显著差别,是否存在关键点? 影响相对剥夺感发展变化的关键因素有哪些? 相对剥夺感对关键结果变量的跨时间影响效应如何? 等等。

三是缺少科学的干预实验研究。国外有关相对剥夺感的干预研究基本还未展开,而国内这方面的研究大多限于宏观的理论探讨和思辨,缺乏可操作性和实效性。因此,今后有必要在前期调研的基础上开展针对不同群体(特别是弱势群体)相对剥夺感的具体干预实验研究,从而为切实降低弱势群体的相对剥夺感、提高其心理和谐水平提供科学依据。

17.9.5 加强相对剥夺感的本土化和跨文化研究

关于相对剥夺感的本土化和跨文化方面的研究,目前还比较薄弱。

一是缺少相对剥夺感的中国本土化研究。自美国社会学家斯托夫等人(1949)提出相对剥夺感这一概念以来,西方社会学家和心理学家采用配对比较的范式对不同人群的相对剥夺感展开了大量的理论和实证研究,如德国统一后东德人与西德人的比较(Schmitt 和 Maes,2002)、苏格兰人与英格兰人的比较(Abrams,1990)、加拿大以法语为母语者与以英语为母语者的比较(Bougie 等,2011)、南非白人与南非黑人的比较(Appelgryn 和 Nieuwoudt,1988),等等。然而纵观国内,关于相对剥夺感的研究还处于起步阶段,且以理论思辨居多,具体实证研究较少(张书维等,2009)。当前中国社会正处在经济转型和社会转轨的历史新阶段,贫富差距的扩大致使一部分人容易在心理上产生相对剥夺感,因此,开展中国背景下弱势群体相对剥夺感的本土化研究,有利于促进民众的心理和谐以及整个社会和谐进程的有序推进。

二是需要加强相对剥夺感的跨文化比较研究。相对剥夺感是人类普遍存在的社会心理,具有跨历史性和文化普遍性,同时,相对剥夺感也可能存在文化差异性。在西方个人主义文化背景下和东方集体主义文化背景下,个体或群体相对剥夺感的体验强度可能会有所不同。中国的城市农民工群体类似于西方的移民群体,研究表明,通过与本土居民的比较,西方的移民群体(特别是亚洲移民和非洲移民)会体验到强烈的群体相对剥夺感(Grant,2008)。那么,通过与城市当地居民比较,中国城市流动人口群体(包括流动儿童)的相对剥夺体验如何?与西方移民群体相比,其在内容和强度上有何相同与不同之处?这些应当是后续研究的重点所在。

(熊猛)

参考文献

付允. (2010). 社会相对剥夺感理论、模型与实证研究. 北京:中国科学院博士学位论文.
郭俊东. (2009). 相对剥夺感对自评健康及负面健康行为之影响. 台北:台湾大学硕士学位论文.
郭星华. (2001). 城市居民相对剥夺感的实证研究. 中国人民大学学报(3),71-78.
侯玉波. (2002). 社会心理学. 北京:北京大学出版社.
李俊. (2004). 相对剥夺理论与弱势群体的心理疏导机制. 社会科学(4),74-78.
李强. (2004). 农民工与中国社会分层. 北京:社会科学文献出版社.
林崇德,杨治良,黄希庭. (2004). 心理学大辞典. 上海:上海教育出版社.
罗桂芬. (1990). 社会改革中人们的"相对剥夺感"心理浅析. 中国人民大学学报(4),84-89.
马皑. (2012). 相对剥夺感与社会适应方式:中介效应和调节效应. 心理学报,44(3),377-387.
孙灯勇,郭永玉. (2016). 相对剥夺感:想得、应得、怨愤于未得. 心理科学,39(3),714-719.
孙时进. (2011). 社会心理学导论. 上海:复旦大学出版社.
王宁. (2007). 相对剥夺感:从横向到纵向——以城市退休老人对医疗保障体制转型的体验为例. 西北师大学报(社会科学版)44(4),19-25.
肖雪莲. (2006). 运用"相对剥夺感"理论对我国转型时期弱势群体的心理进行探析与调适. 吉林广播电视大学学报(4),79-81.
熊猛,叶一舵. (2016). 相对剥夺感:概念、测量、影响因素及作用. 心理科学进展,24(3),438-453.
张书维,王二平,周洁. (2010). 相对剥夺与相对满意:群体性事件的动因分析. 公共管理学报,7(3),95-102.
张书维,王二平,周洁. (2012). 跨情境下集群行为的动因机制. 心理学报,44(4),524-545.
张书维,王二平. (2011). 群体性事件集群行为的动员与组织机制. 心理科学进展,19(12),1730-1740.
张书维,周洁,王二平. (2009). 群体相对剥夺前因及对集群行为的影响——基于汶川地震灾区民众调查的实证研究. 公共管理学报,6(4),69-77.
Abrams, D. (1990). Political identity: Relative deprivation, social identity and the case of Scottish nationalism (Initiative Occasion No. 24). London: City University, Economic and Social Research Council.

Abrams, D., & Grant, P. R. (2012). Testing the social identity relative deprivation (SIRD) model of social change: The political rise of Scottish nationalism. *British Journal of Social Psychology*, 51(4), 674-689.

Aleksynska, M. (2011). Relative deprivation, relative satisfaction, and attitudes towards immigrants: Evidence from Ukraine. *Economic Systems*, 35, 189-207.

Appelgryn, A. E. M., & Bornman, E. (1996). Relative deprivation in contemporary South Africa. *Journal of Social Psychology*, 136(3), 381-397.

Appelgryn, A. E. M., & Nieuwoudt, J. M. (1988). Relative deprivation and the ethnic attitudes of blacks and Afrikaans-speaking whites in South Africa. *The Journal of Social Psychology*, 128(3), 311-323.

Bernburg, J. G., Thorlindsson, T., & Sigfusdottir, I. D. (2009). Relative deprivation and adolescent outcomes in Iceland: A multilevel test. *Social Forces*, 87(3), 1223-1250.

Birt, C. M., & Dion, K. L. (1987). Relative deprivation theory and responses to discrimination in a gay male and lesbian sample. *Brirish Journal of Social Psychology*, 26, 139-145.

Bougie, E., Usborne, E., de la Sablonnière, R., & Taylor, D. M. (2011). The cultural narratives of Francophone and Anglophone Quebecers: Using a historical perspective to explore the relationships among collective relative deprivation, in-group entitativity, and collective esteem. *British Journal of Social Psychology*, 50(4), 726-746.

Buunk, B. P., & Janssen, P. P. M. (1992). Relative deprivation, career issues, and mental health among men in midlife. *Journal of Vocational Behavior*, 40, 338-350.

Callan M. J., Shead, N. W., & Olson, J. M. (2011). Personal relative deprivation, delay discounting, and gambling. *Journal of Personality and Social Psychology*, 101(5), 955-973.

Canache, D. (1996). Looking out my back door: The neighborhood context and perceptions of relative deprivation. *Political Research Quarterly*, 49, 547-571.

Cantril, H. (1965). *The pattern of human concerns*. New Brunswick, NJ: Rutgers University Press.

Caskell, G., & Smith, P. (1984). Relative deprivation in black and white youth: An empirical investigation. *British Journal of Social Psychology*, 23, 121-131.

Cole, S. M. (2012). The relationship between relative deprivation and adult nutritional status in rural Zambia. *American Journal of Human Biology*, 24, 800-805.

Cropanzano, R., & Randall, M. L. (1995). Advance notice as a means of reducing relative deprivation. *Social Justice Research*, 8(2), 217-238.

Crosby, F. (1976). A model of egoistical relative deprivation. *Psychological Review*, 83, 85-113.

Crosby, F. (1984). The denial of personal discrimination. *American Behavioral Scientist*, 27, 371-386.

Dambrun, M., Taylor, D. M., McDonald, D. A., Crush, J., & Méot, A. (2006). The relative deprivation-gratification continuum and the attitudes of South Africans toward immigrants: A test of the V-curve hypothesis. *Journal of Personality and Social Psychology*, 91(6), 1032-1044.

de la Sablonnière, R., Tougas, F., & Lortie-Lussier, M. (2009). Dramatic social change in Russia and Mongolia: Connecting relative deprivation to social identity. *Journal of Cross-Cultural Psychology*, 40, 327-348.

de la Sablonnière, R., Taylor, D. M., Perozzo, C., & Sadykova, N. (2009). Reconceptualizing relative deprivation in the context of dramatic social change: The challenge confronting the people of Kyrgyzstan. *European Journal of Social Psychology*, 39, 325-345.

Deaton, A. (2001). Relative deprivation, inequality, and mortality. Unpublished manuscript.

Donnenwerth, G. V., & Cox, H. G. (1978). Attitudinal militancy among teachers. *Sociological Quarterly*, 19, 459-468.

Eibner, C. (2000). Income, relative deprivation, and mortality: Evidence from individual-level data. Unpublished manuscript.

Eibner, C., & Evans, W. N. (2005). Relative deprivation, poor health habits, and mortality. *Journal of Human Resources*, 40, 591-620.

Eibner, C., Sturm, R., & Gresenz, C. R. (2004). Does relative deprivation predict the need for mental health services? *The Journal of Mental Health Policy and Economics*, 7, 167-175.

Folger, R., Rosenfield, D., & Robinson, T. (1983). Relative deprivation and procedural justifications. *Journal of Personality and Social Psychology*, 45(2), 268-273.

Grant, P. R. (2008). The protest intentions of skilled immigrants with credentialing problems: A test of a model integrating relative deprivation theory with social identity theory. *British Journal of Social Psychology*, 47(4), 687-705.

Guimond, S., & Dubé-Simard, L. (1983). Relative deprivation theory and the Quebec nationalist movement: The cognition-emotion distinction and the personal-group deprivation issue. *Journal of Personality and Social Psychology*, 44(3), 526-535.

Gurr, T. R. (1970). Why men rebel. Princeton, NJ: Princeton University Press.

Halevy, N., Chou, E. Y., Cohen, T. R., & Bornstein, G. (2010). Relative deprivation and intergroup competition. *Group Processes & Intergroup Relations*, 13(6), 685-700.

Jencks, C., & Mayer, S. (1990). The social consequences of growing up in a poor neighborhood. In L. E. Lynn (Ed.), *Inner-city poverty in the United States* (pp. 111-186). Washington, DC: National Academy Press.

Kawakami, K., & Dion, K. L. (1993). The impact of salient self-identities on relative deprivation and action intentions. *European Journal of Social Psychology*, 23, 525-540.

Koomen, W., & Fränkel, E. G. (1992). Effects of experienced discrimination and different forms of relative deprivation among Surinamese, a Dutch ethnic minority group. *Journal of Community & Applied Social Psychology*, 2(1), 63-71.

Kuo, C.-T., & Chiang, T.-L. (2013). The association between relative deprivation and self-rated health, depressive symptoms, and smoking behavior in Taiwan. *Social Science & Medicine*, 89, 39-44.

Lhila, A., & Simon, K. I. (2010). Relative deprivation and child health in the USA. *Social Science & Medicine*, 71, 777-785.

Mclaughlin, K. A., Costello, E. J., Leblanc, W., Sampson, N. A., & Kessler, R. C. (2012). Socioeconomic status and adolescent mental disorders. *American Journal of Public Health*, 102(9), 1742-1750.

Merton, R. K. (1957). *Social theory and social structure*. New York: Free Press.

Moore, D. (2003). Perceptions of sense of control, relative deprivation, and expectations of young Jews and Palestinians in Israel. *Journal of Social Psychology*, 143(4), 521-540.

Mummendey, A., Kessler, T., Klink, A., & Mielke, R. (1999). Strategies to cope with negative social identity: Predictions by social identity theory and relative deprivation theory. *Journal of Personality and Social Psychology*, 76, 229-249.

Olson, J. M., Roese, N. J., Meen, J., & Robertson, D. J. (1995). The preconditions and consequences of relative deprivation: Two field studies. *Journal of Applied Social Psychology*, 25(11), 944-964.

Olson, J., & Hafer, C. L. (1996). Affect, motivation, and cognition in relative deprivation research. In R. M. Sorrentino & E. T. Higgins (Eds.), *Handbook of motivation and cognition* (Vol. 3, pp. 85-117). New York: Guilford Press.

Osborne, D., & Sibley, C. G. (2013). Through rose-colored glasses: System-justifying beliefs dampen the effects of relative deprivation on well-being and political mobilization. *Personality and Social Psychology Bulletin*, 39(8), 991–1004.

Osborne, D., Smith, H. J., & Huo, Y. J. (2012). More than a feeling: Discrete emotions mediate the relationship between relative deprivation and reactions to workplace furloughs. *Personality and Social Psychology Bulletin*, 38, 628–641.

Park, E. R., & Burgess, E. W. (1921). *Introduction to the science of sociology*. Chicago: University of Chicago Press.

Pettigrew, T. F. (2002). Summing up: Relative deprivation as a key social psychological concept. In I. Walker & H. J. Smith (Eds.), *Relative deprivation: Specification, development, and integration* (pp. 351–374). New York, NY: Cambridge University Press.

Pettigrew, T. F., Christ, O., Wagner, U., Meertens, R. W., van Dick, R. & Zick, A. (2008). Relative deprivation and intergroup prejudice. *Journal of Social Issues*, 64(2), 385–401.

Runciman, W. G. (1966). *Relative deprivation and social justice*. London: Routledge.

Salti, N. (2010). Relative deprivation and mortality in South Africa. *Social Science & Medicine*, 70, 720–728.

Schmitt, M., & Maes, J. (2002). Stereotypic ingroup bias as self-defense against relative deprivation: Evidence from a longitudinal study of the German unification process. *European Journal of Social Psychology*, 32(3), 309–326.

Schmitt, M., Maes, J., & Widaman, K. (2010). Longitudinal effects of egoistic and fraternal relative deprivation on well-being and protest. *International Journal of Psychology*, 45, 122–130.

Sen, J., & Pal, D. P. (2013). Changes in relative deprivation and social well-being. *International Journal of Social Economics*, 40(6), 528–536.

Smith, H. J., & Ortiz, D. J. (2002). Is it just me? The different consequences of personal and group relative deprivation. In I. Walker & H. J. Smith (Eds.), *Relative deprivation: Specification, development, and integration* (pp. 91–115). New York: Cambridge University Press.

Smith, H. J., & Walker, I. (2008). Feeling relative deprivation: The rocky road from comparisons to actions. In U. Wagner, L. R. Tropp, G. Finchilescu, & C. G. Tredoux (Eds.), *Improving intergroup relations: Building on the legacy of Thomas F. Pettigrew* (pp. 227–243). Oxford, UK: Blackwell.

Smith, H. J., Cronin, T., & Kessler, T. (2008). Anger, fear or sadness: Faculty members' emotional reactions to collective pay disadvantage. *Political Psychology*, 29, 221–246.

Smith, H. J., Pettigrew, T. F., Pippin, G. M., & Bialosiewicz, S. (2012). Relative deprivation: A theoretical and meta-analytic review. *Personality and Social Psychology Review*, 16(3), 203–232.

Stiles, B. L., Liu, X., & Kaplan, H. B. (2000). Relative deprivation and deviant adaptations: The mediating effects of negative self-feelings. *Journal of Research in Crime and Delinquency*, 37(1), 64–90.

Stouffer, S. A., Suchman, E. A., DeVinney, L. C., Star, S. A., & Williams, R. M. (1949). *The American soldier: Adjustment during army life*. Princeton, NJ: Princeton University Press.

Subramanyam, M., Kawachi, I., Berkman, L., & Subramanian, S. V. (2009). Relative deprivation in income and self-rated health in the United States. *Social Science & Medicine*, 69, 327–334.

Tiraboschi, M., & Maass, A. (1998). Reactions to perceived deprivation in ingroup and outgroup: A cross-cultural comparison. *European Journal of Social Psychology*, 28(3), 403

-421.

Tougas, F., & Beaton, A. M. (2002). Personal and group relative deprivation: Connecting the "I" to the "we". In I. Walker & H. J. Smith (Eds.), *Relative deprivation: Specification, development, and integration* (pp. 119-135). Cambridge, UK: Cambridge University Press.

Tougas, F., Lagacé, M., Laplante, J., & Bellehumeur, C. (2008). Shielding self-esteem through the adoption of psychological disengagement mechanisms: The good and the bad news. *International Journal of Aging & Human Development*, 67, 129-148.

Tougas, F., Rinfret, N., Beaton, A. M., & de la Sablonnière, R. (2005). Policewomen acting in self-defense: Can psychological disengagement protect self-esteem from the negative outcomes of relative deprivation? *Journal of Personality and Social Psychology*, 88(5), 790-800.

Tripathi, R. C., & Srivastava, R. (1981). Relative deprivation and intergroup attitudes. *European Journal of Social Psychology*, 11(3), 313-318.

Tropp, L. R. & Wright, S. C. (1999). Ingroup identification and relative deprivation: An examination across multiple social comparisons. *European Journal of Social Psychology*, 29, 707-724.

Turley, R. N. L. (2002). Is relative deprivation beneficial? The effects of richer and poorer neighbors on children's outcomes. *Journal of Community Psychology*, 30(6), 671-686.

Van Dyk, A. C., & Nieuwoudt, J. M. (1990). The relationship between relative deprivation and the attitudes of rural Afrikaans-speaking women towards blacks. *The Journal of Psychology*, 124(5), 513-521.

van Zomeren, M., Postmes, T., & Spears, R. (2008). Toward an integrative social identity model of collective action: A quantitative research synthesis of three socio-psychological perspectives. *Psychological Bulletin*, 134, 504-535.

Vanneman, R., & Pettigrew, T. F. (1972). Race and relative deprivation in the urban United States. *Race*, 13, 461-486.

Walker, I., & Mann, L. (1987). Unemployment, relative deprivation, and social protest. *Personality and Social Psychology Bulletin*, 13, 275-283.

Walker, I., & Pettigrew, T. F. (1984). Relative deprivation theory: An overview and conceptual critique. *British Journal of Social Psychology*, 23, 301-310.

Walker, I., & Smith, H. J. (2002). *Relative deprivation: Specification, development, and integration*. New York: Cambridge University Press.

Webber, C. (2007). Revaluating relative deprivation theory. *Theoretical Criminology*, 11(1), 97-120.

Wickham, S., Shevlin, M., & Bentall, R. P. (2013). Development and validation of a measure of perceived relative deprivation in childhood. *Personality and Individual Differences*, 55, 399-405.

Wright, B. R. E., Avshalom, C., Terrie, E. M., Richard, A. M., & Phil, A. S. (1999). Reconsidering the relationship between SES and delinquency: Causation but not correlation. *Criminoiogy* 37(1), 175-194.

Wright, S. C. (2009). The next generation of collective action research. *Journal of Social Issues*, 65(4), 859-879.

Wright, S. C., Taylor, D. M., & Moghaddam, F. M. (1990). Responding to membership in a disadvantaged group: From acceptance to collective protest. *Journal of Personality and Social Psychology*, 58, 994-1003.

Zagefka, H., & Brown, R. (2005). Comparisons and perceived deprivation in ethnic minority settings. *Personality and Social Psychology Bulletin*, 31, 467-482.

Zagefka, H., Binder, J., Brown, R., & Hancock, L. (2013). Who is to blame? The relationship between ingroup identification and relative deprivation is moderated by ingroup attributions. *Social Psychology*, 44(6), 398–407.

Zhang, J. & Tao, M. (2013). Relative deprivation and psychopathology of Chinese college students. *Journal of Affective Disorders*, 150, 903–907.

Zhang, S. W., Wang, E. P., & Chen, Y. W. (2011). Relative deprivation based on occupation: An effective predictor of Chinese life satisfaction. *Asian Journal of Social Psychology*, 14(2), 148–158.

Zoogah, D. B. (2010). Why should I be left behind? Employees' perceived relative deprivation and participation in development activities. *Journal of Applied Psychology*, 95, 159–179.

18 网络谣言的传播心理[①]

18.1 引言 / 568
    18.1.1 网络谣言：互联网时代的"数字野火" / 568
    18.1.2 当前中国社会的网络谣言传播现状 / 568
18.2 相关概念及社会心理基础 / 569
    18.2.1 谣言的概念内涵 / 569
        谣言的定义 / 569
        相关概念辨析 / 570
    18.2.2 网络谣言的概念及核心特征 / 571
        网络谣言的定义 / 571
        网络谣言的核心特征 / 572
    18.2.3 谣言和网络谣言的社会心理机制 / 573
        谣言的社会心理功能 / 573
        网络谣言传播的社会心理基础 / 574
18.3 网络谣言的传播机制研究 / 576
    18.3.1 内容特征研究 / 576
        主题特征 / 576
        情感特征 / 577
    18.3.2 参与主体特征研究 / 577
        造谣者 / 577
        传谣者 / 578
        信谣者 / 579
        辟谣者 / 579
    18.3.3 传播特征研究 / 580
        传播阶段与策略 / 580
        传播模式 / 580
18.4 网络谣言的治理研究 / 581
    18.4.1 基于辟谣策略的网络谣言治理研究 / 581
        辟谣策略 / 581
        辟谣效果 / 582
    18.4.2 基于制度建设的网络谣言治理研究 / 582
    18.4.3 基于技术的网络谣言治理研究 / 583
        网络谣言识别研究 / 583
        网络谣言的主体监测研究 / 583
        网络谣言预警研究 / 584
18.5 未来研究展望 / 585
参考文献 / 586

[①] 本文受教育部人文社会科学研究青年基金项目(19YJCZH073)资助。

18.1 引言

谣言与人类社会的发展相伴相生。从口语传播时代,到印刷媒介阶段,再到电子媒介社会,谣言没有因文明的进步、媒介的更迭而消失,反而不断变换形式、内容,游走于人类社会的各个角落。进入互联网时代之后,网络技术的发展极大地改变了信息的生产、传播模式,传播的便捷性、低门槛、弱把关化使网络成为了滋生谣言的温床。互联网这一新的媒介技术为谣言插上了新的"翅膀",使其迸发出前所未有的传播力、影响力以及破坏性。

18.1.1 网络谣言:互联网时代的"数字野火"

网络谣言被世界经济论坛发布的《全球风险报告 2013》列为继恐怖主义、金融危机等之后全球最重要的社会风险之一,被喻为"数字野火(digital wildfires)"(Difonzo,2013)。对个体而言,网络谣言可能会造成民众心理恐慌,影响正常的工作、生活(马晓燕,2017);对社会而言,网络谣言可能会极大地推动网络舆情的发酵和传播,进而演化成为公共危机事件,如"日本核电泄漏事故"、"湖北石首事件"等(兰月新,董希琳,苏国强,2014);对国家而言,网络谣言造成的恐慌与焦虑则可能会严重破坏社会发展秩序,引发泛政治化攻击,影响国际政治的稳定(马立德,李占一,2020)。2008 年,我国网络上一则"柑橘蛆虫"谣言导致全国柑橘严重滞销,经济损失或达 15 亿元。2020 年"新冠肺炎"疫情期间,"双黄连能抑制新冠病毒"的网络谣言引发大量民众线下线上囤积双黄连产品,扰乱了公共秩序,给特殊时期的社会稳定带来了较大风险。

18.1.2 当前中国社会的网络谣言传播现状

互联网的开放性、互动性使原先处于被动接受信息的民众能主动参与到信息的生产和传播中,这极大地鼓舞了网民的意见表达,同时也使网络成为一些人发布、分享和传播虚假信息的重要渠道,网络信息呈现出前所未有的海量性、多样性、复杂性(陈强,方付建,徐晓林,2010)。根据中国互联网络信息中心(CNNIC)发布的第 45 次《中国互联网络发展状况统计报告》,截至 2020 年 3 月,我国网民规模已达 9.04 亿,互联网普及率达 64.5%。数量巨大的网民既可能是网络谣言的参与者,也成为潜在的网络谣言感染风险人群。中国网民数量的不断增加以及互联网体量的扩大,使网络谣言成为影响经济发展、导致群体事件、危害公共安全的重要社会风险之一。据腾讯年度谣言治理报告显示,仅2017年,其拦截的谣言就有5亿次,涉及人群高达8亿人。尽管目前中国已经从法律法规、行业规范等方面制定了一定的谣言治理策略,如2015年11月1日起正式施行的刑法修正案(九)则明确将网络造谣、传谣行为纳入了入刑范围。但谣言治理是一项系统复杂的任务,中国的谣言治理仍面临着很大的挑战。

从中国网络谣言现状看,网络谣言类型的多样性、复杂性加剧了谣言治理的难度。当前我国网络空间的谣言以健康类、时政类、社会类为主(张志安等,2016),由于这类谣言与人们的日常生活息息相关,更容易迎合受众心理而为受众所信服、传播。这对网络谣言治理提出了更高的要求,即网络谣言的治理策略必须立足于实际情况,既包含科学性,又具有针对性、适应性。从传播平台看,中国媒介平台的丰富性、更迭性造成了网络谣言的灵活性、多变性。日新月异的媒介技术催生了类型多样的媒介平台,如以微博、微信为代表的社交媒体平台,以花椒、斗鱼为代表的直播平台,以抖音、快手为代表的短视频平台等,每一种新的传播技术、新的媒介平台都会衍生出符合其特性的网络谣言,这不仅导致网络谣言形式的多样化,还使跨平台传播成为网络谣言的一大特征,对谣言治理提出了挑战(陶长春,2014)。从网民结构看,整体较低的媒介素养水平造成民众对网络谣言的识别、抵御能力较弱。根据CNNIC第45次《中国互联网络发展状况统计报告》(2020),现阶段我国网民教育水平仍以低学历为主,初中学历的网民占比41.1%,而受过大学专科及以上教育的网民群体占比为19.5%。而在姜胜洪(2011)看来,网民的科学素养是影响网络谣言传播的重要因素。数量巨大的网民由于缺乏对网络谣言的甄别能力,极易成为网络谣言的影响对象和传播对象,这对我国从网民主体出发治理网络谣言提出了巨大的挑战。此外,我国目前正处于重要的社会转型期,逐渐尖锐的社会矛盾、日益复杂的社会心态等因素都加剧了网络谣言治理工作的长期性、复杂性、艰巨性。

18.2 相关概念及社会心理基础

18.2.1 谣言的概念内涵

谣言的定义

《现代汉语词典》对谣言的定义是:没有事实依据的消息。关于谣言,学界目前尚未形成一个统一、公认的定义。国外研究者大多将"未经证实"作为谣言的本质特征。奥尔波特和波斯特曼（Allport 和 Postman，1947）认为，"谣言是借由民众口语传播且无公开证据支持的一种表述或信念"，并提出了著名的谣言公式：谣言＝（事件的）重要性＊（事件的）模糊性。在奥尔波特和波斯特曼看来，谣言必须要满足两个特性，即谣言所描述的事件对人们而言是重要的，并且人们对它的认知是模糊的。迪方佐和波迪亚（DiFonzo 和 Bordia，1994）强调了谣言的群体意义，认为谣言是"寻求理解的群体活动"，因此他们将谣言定义为未被证实的、具有工具性目的的信息陈述，其内容通常是当地或大众关心的内容，人们试图通过谣言对浑沌不清、暧昧不明、不确定的状况做出合乎道理的解释。彭德尔顿（Pendleton，1998）则将谣言定义为"未经由可信来源证实的信息沟通"，将谣言上升到"信息沟通"的层面。

国内学者对于谣言的概念界定大多沿用了西方研究者的定义。其中，胡钰（2000）对谣言的定义受到了广泛的认同，即"谣言是一种公开或非公开渠道传播的对公众感兴趣的事物、事件或问题的未经证实的阐述或解释"。此外，胡钰认为事件的反常性也是谣言产生的重要因素，因此他在奥尔波特和波斯特曼提出的谣言公式的基础上补充了"反常度"这一要素，即谣言＝（事件的）重要性＊（事件的）模糊度＊（事件的）反常度。巢乃鹏等（2004）将"中介"，也就是"环境"同样作为谣言传播的重要因素，认为"谣言是在特定的环境下，以公开或非公开渠道传播的对公众感兴趣的事务、事件或问题的未经证实的阐述或诠释"。刘建明（2000）倾向于从传播效果的角度界定谣言，因此他将谣言定义为："作为舆论出现，是众人传播虚假事件的行为，但多数传播者并不认为是假的，因此它和谎言不一样，说谎者意识到说的是假话，一个或少数人造谣生事仅仅是谎言，而不是谣言。只有传播虚构事件的人鱼贯而出，达到舆论量，才称为是谣言。"段忠贤（2016）也强调了传播效果对谣言的重要性，认为"只有被传谣者广泛传播，产生了相当的影响后，才能称为谣言"。

虽然来自社会学、心理学、传播学界的学者们对谣言的定义众说纷纭，但从他们的定义中，我们可以总结出谣言的一些基本特征：其一，谣言是未经证实的信息；其二，谣言关乎人们感兴趣的议题；其三，谣言可以通过人际或大众媒体传播，且产生一定的影响。

相关概念辨析

西方的有关研究使用"rumor"一词表示"谣言"，而该词翻译成中文，"谣言（rumor）"、"流言（gossip）"、"传奇（legend）"都被接受。随着近年来西方"虚假新闻（fake news）"相关研究的兴起，导致这些表面相似的概念在中文语义中变得模棱两可，经常被混为一谈。虽然谣言、流言、虚假新闻都包含"不实信息"这一基本属性，但他们的内涵仍存在一定的差别。

谣言与流言 不少学者将"是否有意传播"作为区别谣言和流言的重要标准。周晓虹(2011)认为,"虽然谣言与流言都是大众在社会中相互传播的无根据、不确切的信息,但前者是有意捏造的,后者是无意讹传的"。董天策(2004)也认为,"流言或传言是在社会公众中相互传播的有关共同问题的信息,可能不确切但并非有意讹传,而谣言则是有意捏造的关于某人或某事的信息",他还强调了谣言的"虚假"属性,认为"谣言往往是虚假的"。除此之外,周晓虹(2011)还从信息内容的角度对二者进行了区分,指出流言本质上是一种"社交语言",内容表现为"与个人私生活相关的闲言碎语",而谣言是一种"集体行为",是出于信息模糊和危机情景下的"集体求知过程"。

谣言与假新闻 从定义上看,谣言与虚假新闻的最大区别在于生产者属性的差异:虚假新闻的发布者仅仅指向专业新闻媒体,而谣言的生产者则更多地指向普通民众。《新闻记者》杂志"年度虚假新闻研究课题组"自2012年起,每年都会发布《年度虚假新闻研究报告》,该报告给虚假新闻的定义是:"限于专业媒体和门户网站发布的新闻",而那些由自媒体、社交媒体发布的虚假信息,因其"非专业媒体属性"并未被纳入研究。陈力丹等(2012)对虚假新闻的解释是,"报道的信息与事实不符,包括对全部事实的想象或捏造,对事实部分细节的杜撰、不准确叙述,以及政治、商业宣传需要的新闻事实"。不难看出,"虚假新闻"是以专业媒体机构为评价对象,在新闻专业主义的框架下,对其传播内容及质量进行评估,强调的是"媒体"的职业伦理与规制。

18.2.2 网络谣言的概念及核心特征

网络谣言的定义

从 web2.0 到 web3.0,互联网技术的发展尤其是智能移动终端的普及,给信息的生产和传播方式带来了颠覆性变革,传统意义上的"受众"成为了信息的生产者和传播者(彭兰,2018)。网络的自由性、便捷性、匿名性使互联网上的信息鱼龙混杂,网络谣言也成为了互联网时代重要的社会问题和治理难题。正如雷霞(2016)所言,"网络谣言没有因为信息透明性的提高而减少,反而互联网的信息过载、匿名性等特征,使新媒体时代的谣言呈现出数量更多、形势更严峻的态势"。

关于网络谣言的定义,学者大多遵循"通过互联网传播或生成的谣言"这一基本逻辑。邓国峰和唐贵伍(2005)认为,"网络谣言就是通过计算机互联网络产生或者传播的谣言,其在本质上也是谣言,区别于一般谣言的最主要的特点是其传播途径由口头传播变为网络文字或者多媒体信息传播"。陈强等(2010)则认为,"网络谣言是通过网络传播的未经官方证实或已经被官方辟谣的信息,并且具有频发性、扩散性、功能性和破坏性等主要特点"。姜胜洪(2012)认为,"网络谣言是谣言的一种新的特殊形式,是通过网络媒体而生成并传播的谣言"。吴新(2016)同样强调了网络这一新的信息载体,指出"网络谣言是指以互联网为载体进行传播的未经证实的阐述或诠释"。可以看出,学者对于网络谣言的定义存在较强的一致性,认为网络谣言存在"未经证实"等谣言的基本特征的同时,又强调了"互联网"这一新的媒介属性。

网络谣言的核心特征

从网络谣言的定义可以看出,网络谣言是传统谣言或一般谣言在互联网环境下的"新阶段",因此其特征不可避免地包含着互联网的基因,在传播内容、传播渠道、传播效果等方面呈现出不同于传统谣言的崭新特征。许多学者就网络谣言的特征展开了研究,整体来看,网络谣言的特征可以概括为:快捷性(吴新,2016)、灵活性(白中英,2018)、复杂性(施爱东,2015)、隐蔽性(谭九生,杨建武,2013)、破坏性(袁佳伟,2015)五大核心特征。

快捷性 网络技术的发展使信息传播得以跨越空间界限,将世界真正连成一个"地球村",一则网络谣言可以在不足一秒的时间内,传播到世界的另一端。巢乃鹏等(2004)认为,"网络谣言的传播速度更为迅速,传播路径更为复杂,传播范围更加广泛",相对应地,"网络谣言的危害更为严重,控制也更为困难"。吴新(2016)也指出,网络媒介的变化带来了信息的高速流动,网络谣言随着这样的快捷传播被散步到世界的各个角落,也因此形成了快捷性与广泛性的特点。

灵活性 网络谣言的形式、内容在传播中无时不刻都在发生变化。黄文义和王郅强(2014)认为,"内容渐变机制"是网络谣言得以迅速和广泛传播的核心机制之一。一方面,网络传播的互动性、开放性使用户得以随时随地参与到信息的生产和传播的各个环节,在网络谣言的传播过程中,用户可以根据自身的立场、观点、态度对谣言内容进行自由"加工",网络谣言的内容在传播过程中因为受众的改造而改变、丰富。另一方面,不断涌现的媒介平台使网络谣言的生产、传播也变得灵活多样。白中英(2018)认为,以微博等为代表的主流社交平台,以斗鱼、花椒为代表的直播可视平台,以淘宝、天猫为代表的商业流通平台,以网易云为代表的实时有声平台以及生活猎奇平台,都是网络谣言孵化的平台,"这些平台具有开放化、不限受众的社会性质,网络谣言在这些平台的传播中呈现出一种自由的形式"。

复杂性 网络谣言的参与动机、参与者相较于传统谣言参与者更加复杂、多元。根据迪方佐和波迪亚(2007)的观点,传统谣言的传播是建立在口耳传播基础上的人际传播,个体的传播动机更倾向于"事实寻求"、"人际关系增强"、"自我提升"。而在互联网时代,门户网站、社交媒体的每一次浏览、点击、转发都与其影响力直接挂钩,从而进一步转化为经济效益,因此"经济效益"成为网络谣言传播的重要驱动力。在此背景下,通过耸人听闻的网络谣言来提升营销账号的曝光度和知名度,成为了网络营销常见的辅助手段(施爱东,2015),"专业推手"、"网络水军"等职业化的谣言生产者应运而生。

隐蔽性 当前,网络谣言呈现出隐蔽性更强的特点(谭九生,杨建武,2013)。一方面,网络信息形式呈现出多样化的特征,一则网络谣言可能包含文字、图片、视频等多种内容要素,以往"耳听为虚,眼见为实"的验证标准被打破,"图文并茂"的网络谣言被包装得越来越接近真实,使受众难以辨认。另一方面,网络谣言善于通过看似科学的证据和演绎推理伪装自己,呈现出"伪科学"的特征。姜胜洪(2011)通过调查发现,如今更多的网络谣言打着"科学"的旗号,利用普通群众科学知识有限、对科学盲目崇拜等心理进行传播。

破坏性 《科学》杂志 2018 年刊登的一篇封面文章,文章通过 Twitter 谣言大数据研究发现:假新闻要比真相传播得更快、更广(Vosoughi,Roy,和 Aral,2018)。互联网上的每一个用户都是一个节点,无数个用户连接起巨大的传播网络,使一个节点释放的信息就能产生巨大辐射能量。正如姜胜洪(2012)所言,"与一般谣言相比,网络谣言的传播范围更加广泛,出现了跨文化、跨种族、跨语言等超大规模传播奇景;传播速度更为迅速,监管者还来不及反应就已经呈泛滥之势"。网络谣言迅猛的传播速度,巨大的影响范围,给传统的谣言治理模式带来巨大的冲击和挑战,导致破坏性成为了网络谣言的重要特征。刘鹏(2016)认为,零成本转发机制和信息检索机制的出现使网络谣言的内容易于获取,并且每一条网络信息所具有的隐藏属性为网络谣言的辨别提供了巨大的阻碍。

18.2.3 谣言和网络谣言的社会心理机制

谣言的社会心理功能

谣言对社会产生的危害显而易见,长久以来谣言被公认为"有害信息"被置于人类社会的对立面,大家对其进行"治理"、"防控"。但谣言一定是洪水猛兽吗?答案是否定的,正如卡普费雷(Kapferer,2008)在《谣言:世界上最古老的传媒》一书中所言:"谣言是完成社会联系,加强朋友之间、邻里之间、亲人之间关系的跳板。"谣言的背后有着复杂的社会心理机制,谣言在一定程度上发挥着重要的社会心理功能。国内外大量心理学、社会学、人类学等领域的学者们就谣言产生的心理机制进行了研究。总体而言,这些心理机制可以从个体、群体两个层面进行概括。

个体层面的解释功能　在一些学者看来,谣言本质上是一种信息寻求行为,目的在于解释心中的不确定性。如罗斯诺(Rosnow,1988)认为,"谣言是处于焦虑状态的个人为了消除不确定性而进行的一系列尝试"。迪方佐和波迪亚(2007)在分析谣言传播中的心理因素时,也将"事实寻求"作为人们传播谣言的首要心理动机。当人们对自认为重要的事情感到不确定性时,容易产生焦虑、恐慌等情绪,急于寻求信息以减少内心的失控感,而由于权威信息或官方信息常常与受众的信息需求产生"时间差",谣言就在此时承担起填补人们信息需求的作用,发挥了分担恐慌、减少不确定性等方面的心理功能。如2020年新冠肺炎疫情爆发后,"开暖气或空调能预防新型冠状病毒"、"吃辣椒能降低新型冠状病毒肺炎死亡风险"等谣言甚嚣尘上,这些谣言虽然都是虚假信息,但在一定程度上缓解了人们在危机情境中信息需求的紧迫性,以及病毒笼罩下的恐惧心理。因此,周裕琼(2009)将谣言比作"精神口香糖"以解释谣言的信息功能,认为"谣言对于个人来说,就像一种精神口香糖,能帮助人们消除焦虑,获得平静"。

群体层面的互动功能　国内外的众多学者都强调了谣言的"群体"属性。卡普费雷(2008)指出,"谣言的讨论过程是群体舆论的表达和体现,谣言作为群体行动,是社会协调一致的有效媒介"。首先,谣言的产生本身是一种群体互动行为。奥尔波特和波斯特曼(1947)认为,谣言在传播过程中存在三种机制:削平、磨尖和同化(也译作"削平、磨尖和添加")。在周晓虹(2011)看来,这些机制证明了谣言在大多数情况下并不是由一个人创造的,而是"群体贡献"的结果。群体在对同一谣言进行传播的同时也分享着共同的情感体验、价值认同,在信息交换、讨论、改造的过程中逐渐走向彼此认同。因此,周裕琼(2009)认为,"谣言允许群体在充分互动的基础上获得集体记忆,解构并重构社会信任,最终推动社会发展"。施爱东(2016)也指出,"谣言具有凝聚价值共同体的社会功能"。其次,谣言表达了群体的诉求。2009年,胡泳提出了"谣言作为一种社会抗议"的命题,胡泳赞同日本社会学家涩保谷的看法,强调"谣言是社会群体解决问题的工具形式"。对于弱势群体而言,当他们因为社会结构固化、阶层流动困难,容易产生对于官方权力和话语的逆反和抵抗情绪(杨宜音,2013),而谣言就是他们表达不满情绪的舆论手段。这也解释了在实际生活中,涉及分配、教育、司法等关键社会问题的谣言往往能最大程度地触发民众积怨,更能煽动其相信、传播谣言的积极性。

网络谣言传播的社会心理基础

在某种意义上,网络谣言是传统谣言的新阶段(巢乃鹏,黄娴,2004)。新的传播技术对于个体认知方式、群体交流方式、社会参与方式等都产生了巨大而深远的影响。因此,网络谣言传播的社会心理基础在包含传统谣言社会心理功能的同时,又体现出网络传播时代的心理特征。正如郭小安(2015)在《当代中国网络谣言的社会心理研究》一书中认为:"谣言传播的心理动机非常复杂,它既与人的贪婪、欲望、焦虑、期望等情感因素有关,还与个体所处的社会以及政治生态密不可分。"尽管学界此前已经就谣言产生传播的心理动机展开了大量研究,但传统谣言的心理机制在网络传播环境下是否发挥着同样的作用?以及产生了什么样的变化?这些新问题吸引了学者的关注。他们将网络传播的特点与受众心理相结合,以探究网络谣言传播中的心理因素。

网络传播环境加剧了民众的不安全感 罗斯诺(1990)在《谣言的内幕》(也译作《流言》)一书中称"谣言夹杂了个人对世界的主观臆测的公众信息,表达了试图认知生存环境的人们的忧虑和焦虑"。进入贝克所言的"风险社会"(risk society),个体对所处环境的不确定性、不安全感更加凸显。突发事件发生后,危机感和失控感促使个体迫切需要信息支撑以消除内心的恐惧和焦虑。另一方面,互联网时代"人人都是麦克风"的传播图景使权威、官方的信息往往落后于非官方途径的各类信息,导致"真相还在穿鞋,谣言已经跑遍了整个地球"。民众的不安全感加上信息的不对称,必然导致网民对谣言的依赖。

后真相时代信息的碎片化、情绪化导致了网络谣言的传播 "后真相"是指"诉诸情感和个人信仰比诉诸客观事实更具传播效果"的情况,简言之就是感性的情感判断取代了对真相的慎重考量。人人皆媒的时代,"后真相"成为网络传播尤其社交媒体传播的重要特征(彭兰,2017)。碎片化、情绪化的信息更加迎合移动媒体时代受众的心理特征而更易于接受,长此以往导致人们对信息的判断更加依靠个体的情感、立场而不是信息的客观性、真实性,这也是网络谣言得以产生并扩散的个体心理基础。

从众心理是互联网时代谣言传播的重要群体心理基础 桑斯坦(2010)认为,网络谣言在传播中会被受众不断地接受和强化,进而导致受众观念和行为的趋同,而产生这种行为两个最重要的机制就是:社会流瀑效应和群体极化效应。社会流瀑(social cascades)是指"当流瀑发生时,信念和观点从一些人那里传播到另一些人,以致许多人不是依靠自己实际所知,而是依靠(自己认为)别人持有什么想法"。因此,如果自己认识的大多数人都相信一则谣言,当事人就很容易相信那则谣言。群体极化(group polarization)指的是"群体讨论使群体成员所持观点变得更加极端,原来保守的趋向于更加保守,原来冒险的趋向于更加冒险"。互联网传播尤其是社会化媒体是建立在社交关系或人际关系基础上的传播(彭兰,2018)。这种社交关系又建立在相同的趣缘、认知基础上,非常容易导致群体从众心理的产生。加之不断发展的大数据分析、个性化推荐技术,使传播的"回声室效应"、"过滤气泡"

更加凸显。因此,只要群体中的某个个体相信谣言,就能产生巨大的辐射效应,如果缺乏权威信息的介入,网络谣言就会取代真实信息,不断引导受众形成极端的情绪和态度。

网络政治参与的积极性在一定程度上导致了网络谣言的产生 张钦朋(2013)认为,"网络谣言的产生不仅反映了个体的心理状态,也体现了某种集体无意识和社会心态"。一方面,网络谣言是该时期内底层情绪、社会心态的一种反映,我国转型时期的社会矛盾导致网民积累了大量的不满情绪,这种固有心态投射到网络情境中,使得网络谣言总是以普通民众与公权力对立的模式呈现。另一方面,网络谣言在一定程度上还发挥着政治监督、政治表达等功能(郭小安,2013)。互联网的出现极大地拓宽了民众政治参与的渠道,使民众的政治参与热情空前提高,广大网民通过网络谣言来探求事实的真相,通过强化与公权力的"对立"甚至不惜通过"中伤"官员实现对权力的监督。

18.3 网络谣言的传播机制研究

传播学者拉斯韦尔(Laswell,1948)提出的5W模式提供了信息传播的基本模型,即由谁(who)、说了什么(says what)、通过什么渠道(in which channel)、对谁说(to whom)、产生了什么效果(with what effect)。国内外的学者从这些视角出发对网络谣言的传播机制展开了丰富的研究,本文也将基于该模式分别从网络谣言的内容特征、参与主体特征、以及传播特征对网络谣言的传播机制相关研究进行梳理。

18.3.1 内容特征研究

主题特征

网络谣言相比于传统谣言更加丰富多样,因此,一些学者对网络谣言的类型进行了划分。姜胜洪(2012)按照内容将网络谣言划分为政治谣言、经济谣言、军事谣言、社会生活谣言和自然现象谣言。李彪和喻国明(2018)通过对4 160条微信朋友圈的谣言分析发现,科学常识类、社会时政类、明星八卦类谣言是当下数量最多的谣言类别。何凌南(He等,2019a)基于2015—2016年期间网民举报数量最高的2 175条微信谣言数据发现,这些谣言主要包括健康养生、生命安全、财产安全、社会时政、爱心分享、奇闻轶事等9种主题类型,其中社会时政类、健康养生类的网络谣言占比最高。此外,一些学者从不同的媒介平台入手,对不同平台网络谣言的内容特征进行了分析。如郭小安和薛鹏宇(2015)分别从传播类型、动机和效果方面分析了微信谣言相比于微博谣言的新特点,他们认为就传播类型而言,微信谣言大多属于与个人利益密切相关的"生活型谣言",其传播具有强烈的"形象管理"和"利他主义"动机。

情感特征

网络谣言的情感特征研究在网络谣言内容的相关研究占据主要部分,不少学者的研究都证实网络谣言带有强烈的情绪化特征。姬浩(2014)认为,"由于个体间的信息沟通是情绪宣泄的一种方式,因此网络谣言传播时常就带有明显的情绪化内容"。研究结果一般认为,相较于正面情绪内容,负面情绪在网络谣言的传播中更具传播效果。袁会和谢耘耕(2015)运用内容分析的方法,对118条公共事件网络谣言进行了分析,结果发现:谣言多是传递恐惧、愤怒等负面情绪。曾润喜等(2016)将研究聚焦到某一具体类型的网络谣言,他通过对"8·12天津爆炸事故"中的谣言内容进行分析后发现:灾难事件中的网络谣言主要呈现出三种主要情绪类型:质疑、恐慌和正能量。

一些学者还对不同情感类型的网络谣言的传播效果展开了深入研究,赖胜强(2014)按照谣言内容的预期效果将网络谣言分为"积极型谣言"和"消极型谣言"两种类型,研究发现,预期带来不好结果的"消极型谣言"比预期带来好结果的"积极型谣言"会给人带来更大的不安,为了消除这种不安情绪,谣言内容更容易被传播。此外,赖胜强和唐雪梅(2016)还通过实证研究进一步探究了情绪化谣言在传播中的实现路径:情绪化谣言能够通过情绪感染的方式对谣言受众的情绪产生影响:正向谣言情绪导致谣言受众产生更高的正面情绪,负向情绪化谣言导致谣言受众拥有更高的负面情绪,进而加强对受众对谣言的转发意愿,实现更好的传播效果。

18.3.2 参与主体特征研究

一般而言,网络谣言的参与者主要包括:造谣者、信谣者、传谣者、辟谣者。目前相关研究主要集中在对信谣者个体特征进行描绘,以及对造谣者、传谣者的心理动机进行分析上,围绕辟谣者展开的研究相对有限。需要特别说明的是,网络谣言在实际传播过程中,"造谣者"和"传谣者"的界限并不清晰,造谣的同时通常伴随着传播谣言的行为,而一些网民在传谣的过程中加入个人观点、立场和情绪也会创造新的谣言。因此在很多研究中,研究者并未对"造谣者"、"传谣者"进行严格区分。

造谣者

网络传播的开放性、匿名性、弱把关化使谣言的参与者属性变得复杂,人人皆媒的时代意味着人人都可能成为谣言的创造者。段忠贤(2016)认为,网络谣言的造谣者可能是个人,也可能是组织或集体,甚至是国家或媒体。关于个人和组织生产、传播网络谣言的动机上文已经进行阐释,因此不加赘述。值得注意的是,网络传播时代,专业媒体和官方机构也可能成为谣言的创造者。当下,媒介技术变革导致媒介竞争日益激烈,突发事件发生后,一些专业媒体和官方机构很容易为了抢占信息发布的先机,确保时效性而弱化对信息的把关,导致一些错误、不准确信息的发布,"无意"中导致谣言的产生。另一方面,网络传播时代信息内容的复杂性和多样化对媒体从业人员的科学素质、媒介素养等提出了更高的要求,由于一些从业人员对专业化、科学性知识掌握不足,理解不够也可能导致网络谣言的产生。此外,随着社会环境和国际形势的变化,网络谣言成为一些国家和政权政治斗争的工具。刘杰(2012)认为:"网络谣言造谣者既有外部力量支持下煽动颠覆国家政权的所谓异议人士,也有基于个人或机构利益需要的虚假信息发布者;既有仇视国家和社会的恐怖谣言制造者,也有仅仅处于发泄个人不满的攻击而贬损他人名誉的无聊者。"

传谣者

段忠贤(2016)认为,传谣者是网络谣言参与者中数量最多的人群,他们既是谣言的受众又是谣言的传播者,"他们不是被动地接受谣言,而会主动地参与到谣言生产之中"。传谣者虽然不直接参与谣言的生产,但却在谣言传播机制扮演者重要角色,正是大量抱有"法不责众"心理的"看客"和"吃瓜群众",才造成了网络谣言的大范围扩散。目前学界对于传谣者的相关研究聚焦于对其心理动机的分析上。桑斯坦(2010)从网络谣言生成的群体动机视角出发,根据谣言传播者的动机不同将其分为利己主义者、哗众取宠者、利他主义者以及恶意中伤者4类。黄卫星和康国卿(2011)研究了网络受众在谣言传播中的心理和行为,认为受众在网络谣言的传播过程中会对谣言的内容进行增添、删减、曲解和变形,而这些行为可能存在以下四种心理动机:娱乐心理,希望看到谣言越来越偏离真实;操控心理,希望谣言按照自己希望的方向发展;对谣言指涉对象的偏见;或者与事件存在利益关系。

互联网平台,尤其是社交媒体平台上的意见领袖,因为拥有数量巨大的粉丝群体以及垂直领域的声望和影响力,其对谣言的转发会导致数以万计的粉丝跟随。因此也有少量学者对意见领袖在网络谣言传播中的作用进行了研究。王晰巍等(2020)对社交网络舆情传播中网络谣言话题数据进行挖掘后发现:意见领袖节点具有极强的影响力,普通用户节点的传播极易受到意见领袖的影响,可见"意见领袖是网络舆情背景下谣言传播中的关键人物"。

信谣者

了解什么样的人会相信网络谣言,是探索网络谣言传播机制以及进行谣言治理工作的重要基础。受众的个体特征对网络谣言的传播行为发挥着重要作用,因此一些学者对"信谣者"的用户画像、社会心理特征展开了研究。

在信谣者的社会人口统计学特征方面,"北京地区网站联合辟谣平台"和腾讯"较真"平台2017年共同发布的《谣言易感人群分析报告》对谣言易感人群进行了画像:(1)从性别上看,女性比男性更容易相信谣言;(2)从年龄来看,老人和未成年人更易受骗;(3)从地区来看,农村地区是遥感是谣言易感重灾区;(4)从学历情况看,低学历人群更容易相信谣言。也有研究者就受众的人格特征等因素与"谣言中招"的关系展开了实证研究。例如,赖凯声等(Lai等,2019)围绕大五人格(Big Five Personality)与"谣言中招"开展的网络问卷调查发现,神经质和外向型人格特征的人更容易相信谣言,研究也证实了"女性相比男性更容易相信谣言"的观点。《科学》杂志上一篇关于美国大选期间的谣言大数据分析结果发现:80%的假新闻集中由占比0.1%用户转发,并且发现保守主义倾向、年龄偏大、对政治类新闻感兴趣的用户更容易参与到假新闻的传播中去(Grinberg等,2019)。李钢和王聿达(2020)设计了基于受众画像的"新型耦合社交网络谣言传播模型(ASCN)",该模型纳入了受众的认知能力、匿名程度、权威性等基本特征,以及受众的从众心理、记忆效应、好友的影响作用等心理特征。研究结果表明:受众的基本特征和心理特征均能对谣言传播产生显著的影响,该模型也能更好地反映社交网络谣言中的传播规律。还有研究者通过问卷调查等方法探究了某一特定群体的网络谣言心理、行为特征及其作用机制。例如,梁朝朝和郭玉锦(2013)考察了大学生群体的网络信息接受习惯等外在因素以及信息认知特点等内在因素对网络谣言相关行为的影响,结果显示,内外两个因素都会影响到大学生对网络谣言的分辨。何凌南等人(He等,2019b)基于中国32个城市不同年龄段群体的微信使用和网络谣言传播意愿的调查研究发现:年轻群体对于微信的频繁使用可以减轻其谣言焦虑,从而降低其谣言传播意愿;而在老年群体中,频繁使用微信则会增加他们的谣言焦虑,进而增强其谣言传播的意愿。

辟谣者

学界此前对于网络谣言参与者的相关研究大多围绕"传谣者"视角展开,注重对其个体特征及心理机制进行分析,而随着网络谣言治理研究的开展,"辟谣者"的角色开始受到研究者的关注。一些学者就如何发挥辟谣者的功能、采取什么样的策略以及辟谣者的传播效果等问题开展了研究。

在很长一段时间内,政府组织和专业媒体被视为辟谣的主要力量,因此辟谣的相关研究主要使用案例法,对政府、媒体为主体的辟谣策略进行分析以及对其辟谣效果进行评估。如唐雪梅和赖胜强(2018)以"太伏中学事件为例",对突发事件中政府的辟谣策略进行了研究,文章认为,政府的辟谣策略包括辟谣主体策略、辟谣时机策略、辟谣渠道策略和辟谣内容策略等四个方面。唐梦斐和王建成(2015)则以"上海外滩踩踏事件"中的相关谣言为研究对象,从辟谣时间、辟谣方式、辟谣主体等内容维度,对突发事件中政务微博辟谣的具体效果进行评估。为了充分发挥"群体智慧",调动受众在辟谣中的积极性,也有学者对网民参与辟谣的心理动机等进行了深入探究,研究显示:一些网民可能出于利他动机,通过辟谣等"自我修正"行为来积极应对网络谣言(翟玥等,2016)。

18.3.3 传播特征研究

传播阶段与策略

已有研究发现,网络谣言在传播中会呈现出较为明显的阶段性特征。如孙燕(2011)基于日本地震和温州动车事故等20例谣言样本的内容分析发现,网络媒介已经成为谣言传播的重要途径,在谣言传播中同时扮演着"幕后推手"与"正面引导"的双重角色,网络谣言也基本符合"萌生—高潮—衰退—拖尾"的传播阶段。然后,她提出了突发事件中的网络谣言传播流程的四阶段模式说,即"潜伏期—爆发期—变种期—消亡期"(孙燕,2012)。也有研究者聚焦于研究具体类型谣言的传播规律。例如,任一奇等(2012)通过汇集和梳理微博谣言案例发现,微博谣言的演化主要分为造谣、传谣、极化和辟谣等阶段;微博谣言的传播主要有张冠李戴、无中生有、断章取义、添油加醋、关联名人和冒名顶替等方式。还有研究者采用行为实验的方法,尝试探讨网络谣言传播与传统线下谣言传播规律的差异。例如,周裕琼(2010)通过行为控制实验的方法,考察了四则奥运谣言在 QQ 群聊实验情境中的传播规律,结果发现传统环境下的削平、磨尖和添加等谣言传播规律仍然存在,但网络信息的易得性使得谣言传播中的添加机制变得更加丰富。

传播模式

沃索维(Vosoughi)等(2018)发表在《科学》杂志上的研究表明,假新闻比真相传播得更快、更广且更像病毒式传播。在某种程度上,网络谣言是一种"病毒"式的传播,因此学界关于网络谣言传播模式的研究也在很大程度上借鉴了传染病传播的模型。其中最基础的就是"SIR 模型",该模型由布鲁尔等人(Brauer 等,2005)在研究伦敦黑死病时提出,该模型将传染病的影响人群分为:易感者 S,感染者 I 和免疫者 R。洪巍等(2017)在 SIR 模型的基础上加入"真实信息传播者",构建了

SIRT谣言传播模型,将网民对信息的辨识能力、风险认知水平、媒体发布信息透明度、媒体公信力、记忆效应等因素都纳入模型,探究其对网络谣言传播的影响。范纯龙等(2017)则采用了另一种"SEIR模型"(易感、潜伏、感染、免疫四种状态),在该模型基础上加入个体间亲密度、谣言接受次数等变量,提出了改进型的传播模型"PSEIR",其通过仿真模拟的实验表明,PSEIR比传统的SIR、SEIR谣言传播模型更能真实地反映社交网络中谣言的传播规律。

也有学者从突发事件出发,研究特殊情境下网络谣言的传播模式。兰月新(2012)认为,面对网络谣言,一般可以将网民分为对谣言一无所知的网民、传播谣言的网民、相信谣言但不传播的网民以及对谣言免疫的网民,而不同类型网民数量的变化可以反映谣言的传播程度,因此,他以网民数量变化为研究对象,构建了突发事件网络谣言传播规律的宏观模型和微观模型。匡文波和武晓立(2020)则将目光聚焦到突发公共卫生事件,他们以新冠肺炎疫情为例构建了新的谣言传播模型,将谣言的传播模式分为生成期、扩散期和消解期三个阶段,并提出通过对公众情绪进行细分构建具体测量指标。

总体而言,网络谣言传播模式的相关研究集中在图书情报学、计算机领域,研究方法以仿真模拟、实验法为主。除此之外,也有少数学者采用定性的方法对网络谣言的传播模式进行分析,如姜胜洪(2012)将网络谣言的传播模式分为四种类型:链状模式、树状模式、放射状传播以及"漩涡"型复式传播。其中,放射状传播是指谣言从信息源向无数接收者发送,就像光源向四周发射光热一样,是网络谣言特有的传播模式。

18.4 网络谣言的治理研究

在信息化社会,网络谣言成为影响社会稳定、危害公共安全的重要风险之一,因此网络谣言的治理成为了现代化治理中亟待解决的问题。近年来,学界从法律、技术等多重视角出发对网络谣言的治理展开了研究。整体来看,目前网络谣言治理的相关研究主要围绕策略、制度以及技术三大方面展开。

18.4.1 基于辟谣策略的网络谣言治理研究

辟谣策略

辟谣策略是辟谣主体进行谣言治理时采取的原则、方法和手段等,相关研究者主要围绕明确主体责任、总结关键问题、提升传播效率等目标,提出了多样化的辟谣策略。戴世富等(2011)从辟谣主体出发,总结了各个主体在谣言治理中的职责义务:政府相关部门的信息要公开透明,反应要迅速及时;大众传媒要及时反应,做好传播与引导;新媒体须去伪存真,配合传统媒体进行辟谣行动。王超(2019)对辟谣失灵的原因进行了分析,认为,辟谣失灵的根本原因在于谣言信息的传播力大于辟谣信息的传播力,因此,他提出将"信息追赶"作为网络谣言监管与治理的关键目标,并建议在新媒体时代要有效运用技术手段提高辟谣信息传播效率。也有学者将目光聚焦于如何提升辟谣信息的传播效率,吴文汐等(2019)从辟谣信息的呈现与表达角度出发,提出"辟谣信息应运用与谣言信息同样的话语体系,采用用户熟悉和喜欢的话语方式,采用故事化等易于理解的表达",从而提高用户对辟谣信息的接受度。

辟谣效果

辟谣效果是衡量辟谣策略是否有效的关键,因而一些研究者对辟谣策略效果的检验和评估进行了研究。唐梦斐等(2015)通过分析突发事件中政务微博的辟谣时间、辟谣方式、辟谣主体等内容,构建了包含影响力和影响效果两个指标的辟谣效果评估体系:辟谣信息影响力包括微博信息的转发量和转发用户的质量;影响效果主要基于评论受众的态度分析,判断辟谣信息是否改变受众对谣言信息的认知和态度。王国华等(2014)提出应从辟谣信息处理能力、辟谣依据的权威性、受众的参与程度、辟谣的威慑效果这四项指标来衡量网络辟谣平台的辟谣效果。其中,辟谣信息处理能力包括辟谣信息的处理量、处理速度和处理精确度。

18.4.2 基于制度建设的网络谣言治理研究

与谣言相关的法律法规以及信息管理制度建设也是谣言治理研究的重要内容。目前研究者主要从网络谣言治理相关的法律制度和信息发布机制展开了制度建设方面的研究。

健全应对网络谣言的法律体系 一些学者认为,法律制度的完善是当前网络谣言治理首要解决的问题。陈英凤(2011)认为,法律制度的滞后是网络谣言滋生的重要原因,"我国互联网迅猛发展、网民数量快速增长的背景下,我们的法律和政策管理并没能够相应跟上,这便导致了一些互联网治理的困境"。也有学者深入探讨了应通过何种途径加强法律建设,如谢永江和黄方(2013)指出,现有法律中与谣言相关的法律规定散布于各章节中,没有明确统一的概念和刑责;所规定的法律责任单一并且偏轻,存在对造谣、传谣行为的惩处力度弱的问题。为此他们建议进一步明确和规定网络造谣和传谣行为的刑事责任、加大惩处力度,同时完善诉讼制度、加强对谣言受害人合法权利的保护,以及规范网络谣言治理的执法过程、提高执法力度和效率。张会平等(2016)则建议通过一定惩罚机制促使网民主动识别谣言,从而有效抑制网络谣言传播。

完善信息发布体系 一些学者从信息发布和沟通的视角讨论了网络谣言的治理。总体而言,他们认为:对于管理部门而言,需进一步完善信息公开和网络新闻发言人制度,避免谣言滋生和扩散过程中权威信息的缺位。例如,周湘智(2012)建议政府从传统媒体、新媒体两个途径完善信息发布:利用传统媒体对谣言事件进行深度报道,以提升民众对谣言信息的判断能力;利用新媒体如官方微博等,对紧急事件中的谣言予以及时的澄清。王芹(2013)基于媒体报道对谣言传播的影响机理,提出通过提高媒体对疑议者的关注度、降低媒体自身的消耗率等方式均能够有效抑制网络谣言传播。

18.4.3 基于技术的网络谣言治理研究

基于大数据和人工智能技术的社交网络分析、机器学习等方法为网络谣言的治理提供了新的机遇。近年来,主要来自计算机科学领域的研究者就如何加强网络谣言的治理展开了一系列实证探索,具体包括网络谣言的识别、主体监测以及网络谣言预警三大方面。

网络谣言识别研究

基于计算机的自动化识别技术可通过一些预设模型自动化识别谣言,这极大地克服了传统人工谣言识别在效率、成本上的问题,为自动、高效、大规模的谣言识别提供了机遇。因此,自动化识别作为一个新的研究方向吸引了研究者的关注。杨锡慧(2017)提出了一种基于结构与内容的网络谣言水军检测模型(MSD),该模型将重叠结构中多次传播谣言的节点判定为"网络谣言水军",实验表明 MSD 模型在检测网络谣言水军方面具有较高的准确率。首欢容等(2017)设计了基于情感分析技术自动识别特定领域谣言的方法,通过基于情感词典的情感分析方法来量化高、低质量信息源对特定对象的情感差异,进而判定低质量信息源提供的信息是否属于谣言。此外,一些研究尝试通过知识关联特征进行网络谣言识别,黄森等(2020)在对今日头条谣言库的相关谣言高频词团进行社会网络分析和可视化处理后,提出了结合知识图谱和标签两项技术建构新生谣言的识别机制。

网络谣言的主体监测研究

除了从传播内容对谣言进行识别外,一些学者将研究视角转向谣言主体,提出通过对谣言主体进行监测以抑制其谣言传播行为。王永刚等(2012)提出了判断谣言"高危用户"的"FIDIC"方法,该方法通过用户传播虚假信息时的指向关系对用户进行评级,评级越高表明其在传播虚假信息的过程中起到的作用越大。研究认为通过控制高评级用户的传播行为,可以缩小虚假信息传播的覆盖面,最终达到遏制甚至消除虚假信息传播的目的。尹鹏博等(2020)提出了一种基于用户特征分析的微博谣言检测方法:通过对用户历史微博进行情感分析得出用户的发文行为特征,结合用户属性和微博文本,使用卷积—长短期记忆网络(Convolution-Long Short-Term Memory,C-LSTM)模型实现对微博谣言的早期检测。王征等(2019)则设计了基于复杂网络理论的微博谣言识别与预警算法,该算法基于复杂网络理论以动态节点管理为基础,对微博节点实施行为刻画,从而实现对谣言恶意散布节点的早期预测。

网络谣言预警研究

在特定网络谣言爆发或被广泛传播之前即能做出预判对于网络谣言的治理实践具有重要的应用价值,因此有一些研究者围绕网络谣言的"事先预警"开展了一定的探索。例如,秦等人(2018)将基于内容的特征、基于新颖性的特征和伪反馈相结合进行了实验研究,结果表明,这种方法能够较为准确地预测一条信息在未来是否可能成为谣言,在其传播之前便做出处理,从而有效避免谣言带来的危害。随着机器学习的兴起,许多研究者转换思路,将网络谣言的预测问题转化为社交网络中用户节点传播谣言的行为预测问题。如陈煜森(2018)提出了一种基于表示学习和深度神经网络的网络谣言传播预测方法,通过对路径上的每个用户节点进行分类预测,预判该用户会不会转发这条信息,该方法也能够很好地预测用户的谣言转发行为。

18.5 未来研究展望

网络谣言作为互联网技术发展的伴生物,因其传播速度快、影响范围广、破坏性强等特点,对个体心理、社会稳定乃至国家安全造成了威胁,网络谣言的治理也成为了全球互联网治理工作的重要内容之一。国内外学者围绕网络谣言的内涵及特征,形成以及消解机制等问题展开了一系列研究,研究领域涵盖心理学、社会学、政治学、管理学、传播学以及计算机科学、数学等诸多学科,取得了较为丰硕的研究成果。尽管如此,当前的网络谣言研究还存在着:网络传播机制研究的系统性仍显不足、网络谣言的特异性挖掘不够深入以及网络谣言治理策略的科学性和有效性研究不足等问题。结合当前网络谣言的研究现状,未来研究可考虑结合以下几个方面的建议加以展开:

其一，加强网络谣言传播机制的系统性研究，如社会心理学研究者可结合社会生态视角，从宏观、中观、微观等多水平开展关于网络谣言决策心理机制的研究。

网络谣言存在传播主体多变、渠道多元、速度更快、范围更广等特点，因而其传播机制相比传统谣言更加复杂。目前的网络谣言研究大多只关注了传播机制的某一方面，在理解网络谣言传播机制的系统性方面仍存在一定的缺憾。建议未来关注网络谣言问题的社会心理学研究者可聚焦于网络情境下的个体或群体面对网络谣言时的决策心理机制，通过社会生态的视角展开系统性研究，包括：宏观层面的社会文化因素，中观层面的群体或个体的社会影响过程（群体与群体之间、人际之间）、微观的个体心理特征以及超微观的脑神经等神经生理因素对网络谣言相关的决策心理过程的影响作用。例如在宏观层面，未来研究可考虑结合当前中国处于转型期的社会大背景，挖掘中国互联网平台传播的谣言所反映的中国民众社会心态特征以及网络谣言传播扩散过程中所呈现的宏观规律，进而探索符合中国国情和网络生态的本土化谣言治理对策。

其二，未来研究可以进一步挖掘网络谣言的互联网属性，国内研究者也可充分利用我国的互联网资源优势，深化基于网络大数据分析的网络谣言研究。

网络谣言在互联网技术发展的基础上产生，其形成、发展都刻上了深深的互联网烙印。研究者不仅可以把网络谣言的互联网属性作为一个研究问题加以研究，同时还可将其作为一种数据资源优势加以利用。对于国内研究者而言，中国互联网发展迅猛，庞大的网民数量和丰富的互联网平台资源为网络谣言研究者提供了广阔的"实验室"，这无疑有助于本土学者展开中国特色的研究。在网络数据资源的利用方面，建议未来研究者多关注基于海量网络行为数据挖掘等大数据分析方法。大数据具有生态效度高、数据量大、获取方便等优势，因此近年来吸引越来越多的研究者借助网络大数据开展研究。未来研究可考虑利用大数据挖掘等新技术对网络谣言的传播路径、传播模式以及谣言治理效果等问题展开深入研究。

其三，网络谣言的治理是一项复杂的系统工程，建议未来的网络谣言治理研究能够重视社会科学与自然科学的合作，实现学科间优势互补。

尽管网络谣言的研究吸引了众多学科学者的关注目光，但目前来自不同学科的网络谣言研究总体上还相对割裂，大多"各自为政"，学科间的合作和融合不够深入。社会学、心理学、传播学等社会科学在网络谣言研究方面积累了丰富的理论成果，在传播机制研究和治理等方面具有理论优势，而计算机科学等自然科学在大数据获取、文本分析、仿真模拟等方面占据技术优势。未来期待心理学等社会科学能够与计算机等自然科学实现深度融合，在网络谣言研究的各环节中充分发挥跨学科优势。例如，在网络谣言的治理研究方面，社会科学研究者可考虑更多地承担有关谣言治理对策的策略创新和方案设计,来自计算机科学和信息科学的研究者则可结合网络行为数据对相关策略展开实证检验,并将结果反馈给社会科学研究者进行修正和完善。

(赖凯声 李丹)

参考文献

北京地区网站联合辟谣平台,腾讯较真平台.(2017).谣言易感人群分析报告.
白中英,何云峰,陈佳丽.(2018).网络谣言研究述评:对内涵特征、孵化平台、规律机制的观照.西南交通大学学报(社会科学版),19(4),57-64.
陈力丹,周俊.(2012).新闻的专业原则.青年记者(1),17-18.
巢乃鹏,黄娴.(2004).网络传播中的"谣言"现象研究.情报理论与实践(6),586-589.
陈强,方付建,徐晓林.(2010).网络谣言扩散动力及消解——以地震谣言为例.图书情报工作,54(22),29-33.
陈英凤.(2011).用"自律"和"法律"破解网络谣言.信息化建设(12),35.
陈煜森.(2018).基于表示学习的网络文本谣言的传播预测.武汉:武汉大学博士学位论文.
邓国峰,唐贵伍.(2005).网络谣言传播及其社会影响研究.求索(10),88-90.
戴世富,王颖.(2011).网络谣言的成因及应对策略初探——"3·16"抢盐事件的传播学解读.新闻界(4),11-12.
董天策.(2004).新闻传播学论稿.福州:福建人民出版社.
段忠贤.(2016).网络谣言的生成机制及治理对策.贵州社会科学(4),92-96.
范纯龙,宋会敏,丁国辉.(2017).一种改进的 SEIR 网络谣言传播模型研究.情报杂志,36(3),86-91.
郭小安.(2013).网络谣言的政治诱因:理论整合与中国经验.武汉大学学报(人文科学版)(3),122-126+131.
郭小安.(2015).当代中国网络谣言的社会心理研究.北京:中国社会科学出版社.
郭小安,董天策.(2013).谣言、传播媒介与集体行动——对三起恐慌性谣言的案例分析.现代传播:中国传媒大学学报(9),58-62.
郭小安,薛鹏宇.(2015).微信朋友圈会让我们更相信谣言吗?——试论微信谣言的三个传播特征.电子政务(2),33-38.
黄淼,黄佩.(2020).基于知识关联特征的网络内容识别——以健康谣言为重点.北京邮电大学学报(社会科学版),22(1),1-6.
洪巍,王虎.(2017).基于 SIRT 的网络谣言传播演化模型的研究.现代情报,37(6),36-42.
黄卫星,康国卿.(2011).受众心理视角下的网络谣言生成与治理——以"艾滋女"事件为例.中州学刊(2),255-258.
黄文义,王郅强.(2014).转型期网络谣言传播过程及政府治理机制探析.国家行政学院学报(3),107-111.
胡钰.(2000).网络新闻发展的悖论.新闻大学(4),24-25.
胡泳.(2009).谣言作为一种社会抗议.传播与社会学刊(9),67-94.
姬浩,苏兵,吕美.(2014).网络谣言信息情绪化传播行为的意愿研究——基于社会热点事件视角.情报杂志(11),34-39.
姜胜洪.(2011).近期我国社会谣言传播的特点、形成原因及对策研究.红旗文稿(16),28-31.
姜胜洪.(2012).网络谣言的形成、传导与舆情引导机制.重庆社会科学(6),12-20.

卡斯·桑斯坦.(2010).谣言.张楠迪扬,译.北京：中信出版社.
匡文波,武晓立.(2020).突发公共卫生事件中网络谣言传播模型及特征研究.新闻与写作(4),83-87.
李彪,喻国明.(2018)."后真相"时代网络谣言的话语空间与传播场域研究——基于微信朋友圈4160条谣言的分析.新闻大学(2),103-112.
梁朝朝,郭玉锦.(2013).网络谣言与大学生网络信息接收和认知习惯的关系分析.北京邮电大学学报(社会科学版)(6),30-34.
李钢,王丰达.(2020).基于受众画像的新型耦合社交网络谣言传播模型研究.现代情报(1),123-133+143.
刘杰.(2012-04-17).网络谣言的生成机理与治理之策.人民网.资料引自 http://opinion.people.com.cn/GB/17676930.html.
刘建明.(2000).舆论传播.北京：清华大学出版社.
刘鹏.(2016).网络谣言界定及法律规制.学术界(4),89-96.
罗斯诺,费恩.(1990).流言.唐晖,李华,等译.北京：国际文化出版公司.
赖胜强.(2014).网络谣言对受众再传播行为的影响机理研究.情报杂志,33(5),153-156.
赖胜强,唐雪梅.(2016).信息情绪性对网络谣言传播的影响研究.情报杂志,35(1),116-121.
雷霞.(2016).谣言：概念演变与发展.新闻与传播研究(9),113-118.
兰月新.(2012).突发事件网络舆情谣言传播规律模型及对策研究.情报科学,30(9),1334-1338.
兰月新,董希琳,苏国强.(2014).公共危机事件网络舆情预测问题研究.情报科学,32(4),35-38.
马立德,李占一.(2020).重大突发事件中谣言的特点、影响与对策建议.新闻战线,(3),9-11.
马晓燕.(2017).网络谣言的特征、影响及应对策略探究.经济研究导刊,(25),185-187.
年度虚假新闻研究课题组,白红义,江海伦,陈斌.(2013).2012年虚假新闻研究报告.新闻记者.
彭兰.(2017).人人皆媒时代的困境与突围可能.新闻与写作(11),64-68.
彭兰.(2018).无边界时代的专业性重塑.现代传播(中国传媒大学学报),40(5),1-8.
让-诺埃尔·卡普费雷.(2008).谣言——世界最古老的传媒.郑若麟,译.上海：世纪出版集团.
任一奇,王雅蕾,王国华,冯伟.(2012).微博谣言的演化机理研究.情报杂志(5),50-54.
施爱东.(2015).谣言生产和传播的职业化倾向.民族艺术(4),111-117.
施爱东.(2016).谣言的社会协调功能.民俗研究,127(3),108-118.
首欢容,邓淑卿,徐健.(2017).基于情感分析的网络谣言识别方法.数据分析与知识发现,1(7),44-51.
孙燕.(2011).谣言风暴：灾难事件后的网络舆论危机现象研究.新闻与传播研究(5),52-62+111.
孙燕.(2012).网络谣言的传播学分析——以"日本地震"和"温州动车事故"为例.新闻界(2),47-52.
陶长春.(2014).网络谣言对民意的表达与歪曲.武汉：武汉大学博士学位论文.
谭九生,杨建武.(2013).网络谣言的社会协同治理机制构建及实现.甘肃社会科学(6),221-225.
唐梦斐,王建成.(2015).突发事件中政务微博辟谣效果研究——基于"上海外滩踩踏事件"的案例分析.情报杂志(8),98-103.
腾讯公司.(2017).2017腾讯公司谣言治理报告.
唐雪梅,赖胜强.(2018).突发事件中政府对网络谣言的辟谣策略研究——以太伏中学事件为例.情报杂志,37(9),95-99.
王超.(2019).辟谣何以失灵？——一个信息传播效果视角的解释框架.情报杂志,38(5),127-133.
王国华,王戈,杨腾飞,钟声扬.(2014).网络辟谣平台的运行及效果研究.情报杂志,33(9),100-105,134.

王芹.(2013).谣言传播规律与应对策略研究.上海:上海大学博士学位论文.
吴文汐,荣雪,李成博.(2019).智能媒体环境下谣言的识别、控制与更正——基于算法与用户心理的考察.传媒(12),18-19+21.
吴新.(2016).网络谣言传播的社会心理基础及治理.新闻战线(9),108-109.
王永刚,蔡飞志,卢埃克,胡建斌,陈钟.(2012).一种社交网络虚假信息传播控制方法.计算机研究与发展(S2),131-137.
王征,叶长安.(2019).微博谣言识别与预警算法研究.情报杂志,38(4),152-158.
谢永江,黄方.(2013).论网络谣言的法律规制.国家行政学院学报(1),85-89.
袁会,谢耘耕.(2015).公共事件网络谣言的造谣者研究——基于影响较大的118条公共事件网络谣言的内容分析.新闻记者(5),58-65.
袁佳伟.(2015).网络谣言犯罪的法律规制问题研究..
尹鹏博,潘伟民,彭成,张海军.(2020).基于用户特征分析的微博谣言早期检测研究.情报杂志,39(7),81-86.
杨锡慧.(2017).一种基于结构与内容的网络水军检测模型.微电子学与计算机(12),99-106.
杨宜音.(2013).逆反社会心态解析.人民论坛(19),62-62.
中国互联网络信息中心.(2020).第45次中国互联网络发展状况统计报告.
张会平,郭昕昊,汤志伟.(2016).惩罚机制对网络谣言识别行为的影响研究.情报杂志,35(12),47-51.
詹梦斐,王建成.(2015).突发事件中政务微博辟谣效果研究——基于"上海外滩踩踏事件"的案例分析.情报杂志,34(8),98-103.
张钦朋.(2013).网络谣言的传播机理及其治理路径:基于传播心理的分析.中共天津市委党校学报(2),87-90.
曾润喜,魏冯.(2016).政媒共治:灾难事件中网络造谣与辟谣的信息行为研究——基于"8·12天津爆炸事故"谣言的内容分析.电子政务(5),25-34.
周晓虹.(2011).风险社会中的谣言、流言与恐慌.南京医科大学学报(社会科学版)(6),413-417.
周湘智.(2012)."微时代"谣言传播:特质,危害与治理.求索(9),119-120.
周裕琼.(2009).谣言一定是洪水猛兽吗?——基于文献综述和实证研究的反思.国际新闻界(8),51-54.
周裕琼.(2010).QQ群聊会让人更相信谣言吗——关于四则奥运谣言的控制实验.新闻与传播研究(2),76-87.
翟玥,夏志杰,王筱莉,罗梦莹,何音.(2016).突发事件中公众参与应对社会化媒体不实信息的意愿研究.情报杂志,35(9),104-110.
张志安,束开荣,何凌南.(2016).微信谣言的主题与特征.新闻与写作,379(1),60-64.
Allport, G. W., & Postman, L. (1947). *The psychology of rumor*. New York: Henry Holt.
Brauer. (2005). The Kermack-McKendrick epidemic model revisited. *Mathematical Biosciences*, *198*(2),119-131.
DiFonzo, N. (2013). Rumour research can douse digital wildfires. *Nature*, *493*(7431),135-135.
DiFonzo, N., & Bordia, P. (2007). Rumor psychology: Social and organizational approaches. American Psychological Association, Washington.
DiFonzo, N., Bordia, P., & Rosnow, R. L. (1994). Reining in rumors. *Organizational Dynamics*, *23*(1),47-62.
Grinberg, N., Joseph, K., Friedland, L., Swire-Thompson, B., & Lazer, D. (2019). Fake news on Twitter during the 2016 US presidential election. *Science*, *363*(6425),374-378.
He, L., Gu, J., Li, D., & Lai, K. (2019a, October). Content Characteristics and Transmission Strategies of Social Media Rumors in China: Big Data Analysis of WeChat Rumors. Proceedings of the 2019 6th International Conference on Behavioral, Economic and

Socio-Cultural Computing (BESC) (pp. 1-5). IEEE.

He, L., Yang, H., Xiong, X., & Lai, K. (2019b). Online rumor transmission among younger and older adults. *Sage Open*, 9(3). https://doi.org/10.1177/2158244019876273.

Lai, K., Xiong, X., Jiang, X., Sun, M., & He, L. (2020). Who falls for rumor? Influence of personality traits on false rumor belief. *Personality and Individual Differences*, 152, 109520.

Lasswell, H. D. (1948). The structure and function of communication in society. *The Communication of Ideas*, 37(1), 136-139.

Pendleton, S. C. (1998). Rumor research revisited and expanded. *Language & Communication*, 18, 69-86.

Rosnow, R. L. (1988). Rumor as communication: a contextual approach. *Journal of Communication*, 38, 1-17.

Vosoughi, S., Roy, D., & Aral, S. (2018). The spread of true and false news online. *Science*, 359(6380), 1146-1151.

Qin, Y., Wurzer, D., & Tang, C. (2018). Predicting future rumours. *Chinese Journal of Electronics*, 27(3), 514-520.

术语表

A 型人格（type A behavior）： 又被称为 A 型行为模式,是一类行为模式的统称,包括性情急躁、有野心、容易对他人产生敌意态度等特点。

暴力暴露（violence exposure）： 个体经历(看到或听到)来自家庭、学校或社区等外部环境中的暴力行为。

暴力环境（violent environment）： 充斥着暴力元素的外部环境,是一种影响敌意心理形成与发展的主要外部因素。

暴力媒介接触（violent media exposure）： 个体有意或无意地接触到暴力媒介传递的暴力信息,从而使接触者暴露在暴力环境之中。

比较（comparison）： 评价自己认同的社群相对于其他社群的优劣、地位和声誉。

贬损（belittling）： 监护人或者看护者在他人面前对儿童进行谩骂和嘲笑。

标签理论（labeling theory）： 该理论认为心理疾病及其持续的混乱反应源于被贴标签和因此获得的社会反应。

补偿控制（compensatory control）： 在个体控制感缺乏或受到威胁时,他们会在心理上赋予其所处生活世界以秩序和结构,以此来维持心理上的有序感与控制感。

补偿效应（compensation effect）： 指当知觉者察觉到两个群体评价对象在某一维度上存在差异时,会在另一维度上表现出相反方向的补偿,从而使两个群体对象形成反差。

不安全感（insecurity）： 由生理需求、安全需求、爱和归属需求以及尊重需求等需求的匮乏所引发的痛苦和焦虑的感受。

不利经历（adverse experience）： 对个体心理和行为产生负面影响的人生经历,如受欺凌、被虐待的经历等。

参照群体（reference group）： 与个体的看法、愿望和行为有显著关联的,实际或想象中的个体或群体。

场图（field diagram）： 说明成员彼此之间的关系以及他们与群体情境之间的关系。

成瘾行为（addictive behaviors）： 是一种额外的超乎寻常的嗜好和习惯性,这种嗜好和习惯性是通过刺激中枢神经而造成的兴奋或愉快感而形成的。

创伤后应激障碍（posttraumatic stress disorder）： 简称PTSD,是指因个体暴露于严重的威胁性、灾难性事件后所发生的一种持续的、严重的心理疾病。

词嵌入联想测验（word embedding association test）： 基于机器学习的内隐联想测验,其基本的原理是当目标词与属性词向量的相似度越大,则表示二者的语义关联度越大。

促进聚焦（promotion focus）： 做出正向的促进行为,可以使个体获得积极的认可或自我奖励。

存在不安全感（existential insecurity）： 反映了个体对死亡的恐惧。

"大四"（big four）**风险因子**： 由安德鲁斯和邦塔提出的影响反社会行为的四个重要方面,包括反社会行为史、反社会人格模式、反社会认知和反社会联结。

大五人格（big five personality）： 一个受到广泛认可的人格特质理论,该理论认为有五种最基本的人格特质可以涵盖对人格的描述,这五种人格特质是外向性（extraversion）、神经质（neuroticism）、责任性（conscientiousness）、宜人性（agreeableness）和开放性（openness）。

代际传递（intergenerational transmission）： 亲代（父母）的观念、能力、行为等方面传递给子代的现象。表现为父母的某些特征与子女相应特征存在一定程度的相关,并且父母的特征可以一定程度地预测子女的相应特征。

道德（morality）： 将刻板印象内容模型（SCM）中的热情维度进一步划分所得的维度之一,主要涉及与社会正确性标准相关联的品质。

单胺氧化酶A基因(monoamine oxidase A, MAOA gene)： 由15个外显子和映射到相邻区域的位点组成,位于X染色体p11.23 - 11.4区,是反社会行为的重要候选基因。

道德（moral）： 一系列被社会所拥护,用于引导人们社会行为的价值观念和传统习俗的集合。

道德感知（moral perception）： 道德感知是道德主体对所处的特定情境中或已呈现或还隐喻其中的道德现象的一种洞悉觉察能力。

道德基础（moral foundations）： 在社会直觉层面,人类社会包含五种道德基础：伤害/关爱、公平/欺骗、忠诚/背叛、权威/反叛、纯洁/堕落。

道德决策（moral decision）： 道德决策是指个体面临两种或两种以上道德观或道德需求之间的冲突时,对行为和行为结果进行利弊权衡并做出最终选择。

道德判断（moral judgment）： 根据社会中形成的标准和价值观来对行为进行好或坏的评价。

道德认同（moral identity）： 个体同意并认可他人行为所反映的道德标准。

道德提升（moral elevation）： 个体目睹或耳闻他人做出值得称赞的行为后，内心产生的一种积极情感体验，如"钦佩"、"感动"、"喉咙有种哽咽的感觉"等感受。

道德推理（moral reasoning）： 在多个可供选择的道德标准之间进行比较、评价，从而最终做出一种价值判断的有意识的心理过程。

道义论（Deontology）： 与康德提出的道德哲学有关，指判断某一行为是否道德主要看其与道德规范的一致性，当行为符合道德规范就认为符合道德。

敌意（hostility）： 在广义上指一种以人际对立为核心特征的复杂现象，包括敌意心理和敌意行为两个基本方面；在狭义上则主要指敌意态度。

敌意沉浸（hostile rumination）： 个体在遭受激惹后持续怀有怨恨情感以及报复思维和动机，是一种沉浸式思维和体验。

敌意归因偏向（hostile attribution bias）： 也称为敌意归因风格（hostile attribution style）或意图的敌意归因（hostile attribution of intention），指将模糊情境中他人的行为意图解释为是有意要伤害自己的认知反应或倾向。

敌意认知（hostile cognition）： 对人际对立相关信息的认知反应或倾向，或将人际相关信息感知为人际对立的反应或倾向。

敌意态度(hostile attitude)： 对其他人或群体的一种不信任、怀疑、怨恨和不满等的对立性的消极态度，包括个体敌意态度和群际敌意态度两种。

敌意心理(hostile psycholo)： 广义上指与人际对立相关的心理现象，既包括正常、必要的敌意心理活动，也包括有偏的人际对立心理；狭义上指会给个人或社会带来损害的有偏的敌意心理。

敌意信息注意偏向（hostile information attention bias）： 个体在注意过程中偏好选择性地加工人际对立相关的信息。

抵制效应（backlash effect）： 是指在遇到他人表现出反性别刻板的行为时，人们会对他人表现出社会及经济上的抵制。

地域刻板印象（region stereotype）： 不同的地域文化心理特征及地域文化性格存在不同，这种地域文化性格之间的巨大差异性常常导致我们在认知上出现一种对特定人群的认知偏差，从而形成地域刻板印象。

典型特征指派法（typical traits assignment）： 是由卡茨和布拉利提出的最早的测量刻板印象内容的方法，原始的测量主要关注大学生的国民刻板印象。

对立违抗障碍（oppositional-defiant disorder）： 指与年龄不相符合的愤怒和对立行为，一般出现于儿童发育过程中。

多人交互同步记录（hyperscanning）： 指同时、同步地记录多个个体脑活动情况的技术。

多项式加工树模型(multinomial processing tree model): 能够将多种因素对反应的影响区分开,得到具体的参数估计值来反映不同的道德决策过程,更精确地考察被试在具有不同后果和道德规范要求的道德两难困境中做出的行为选择所具有的不同意义。

儿童虐待(child abuse): 儿童的父母或其他抚养人用暴力或其他消极方式对待儿童,导致儿童的身心受到伤害。

反社会联结(antisocial associates): 主要指个体的社会联结系统,具有反社会联结的个体往往与那些具有亲犯罪态度的个体有更多的联系,而远离那些对犯罪持反对态度的个体。

反社会人格模式(antisocial personality pattern): 常表现为很高的冲动性,喜欢冒险的感觉寻求行为,麻烦不断,冷酷无情。

反社会人格障碍(antisocial personality disorder): 是DSM定义的10种人格障碍之一,指漠视或侵犯他人权益的普遍行为模式。

反社会认知(antisocial cognition): 指反社会的态度、信念、价值观以及将反社会行为合理化的认知构建,以亲犯罪的态度为主要表现。

反社会行为史(history of antisocial behavior): 是指个体在早期表现出来的打架斗殴等暴力行为以及严重违反法律的各种不良行为。

反性别刻板印象(gender counter-stereotype): 是指不符合社会性别预期的信息和行为表现(如男护士、女工程师)。

反应性攻击(reactive aggression): 是个体对觉察到的侵犯愤怒的防御性反应,受情绪驱动或以报复对方为目的,也被称为敌意性、报复性攻击。

防御聚焦(prevention focus): 预防负向行为损害个人形象,以保持现有的好名声。

非共享信息(unshared information): 信息是由单个成员所独有。

非应得(undeserving): 在现实生活中,我们总是受到运气因素的影响,如不得不面临家庭出身、生活境遇、甚至贫穷、犯罪、歧视等各种不公或违规现象,所以我们所得的分配并非按照我们的付出和美德来分配,而在很大程度上是非应得的。

风险社会(risk society): 指在全球化发展背景下,由于人类实践所导致的全球性风险占据主导地位的社会发展阶段,各种全球性风险对人类的生存和发展存在着严重的威胁。

夫妻敌意行为(marital hostility): 丈夫和妻子相互之间的包括争吵、愤怒的评论、嘲笑、侮辱、威胁、蔑视、叫喊、咒骂、辱骂和身体攻击等的消极行为,是夫妻之间的敌意心理在行为上的反映和表现。

父母敌意归因偏向（parental hostility attribution bias）：在模糊情境下，父母对孩子的行为意图作敌意解释的认知反应或倾向。

干涉（intermeddling）：监护人或者看护者无理由地操控、干扰儿童的所有行为。

感恩（gratitude）：个体在接受他人恩惠后产生的认知—情感反应，是一种积极且愉悦的体验。

感觉寻求（sensation seeking）：是一种寻求和探索新奇环境刺激的倾向，具此特质者普遍有追求变化、新异和复杂刺激的需求，以维持一种最佳的刺激唤醒水平。

个人正义观（personal belief in a just world）：一种相信自己受到合理对待的观念，如"我相信我得到的通常都是我应该得到的，在我的生活中，不公正的事情只是个别现象、而不是常规"，它与个体的压力水平等心理健康指标联系更密切。

个体敌意态度（individual hostile attitude）：个体对其他人的一种消极态度，包括不信任与怀疑等敌意认知，怨恨、愤怒、不满和疏离等敌意情绪，以及想要伤害他人或搞破坏的行为意图等敌意行为倾向。

个体相对剥夺（individual relative deprivation）：通过与周围其他人（如内群体其他成员或相关外群体成员）比较而感知到自身处于不利地位。

个体主义（individualism）：文化成员倾向于独立自我，重视个人目标和个体独特性。

个体自尊（personal self-esteem）：基于个体本身特质（如能力、成就等）的自我评价。

公平（fairness）：狭义上是指人们通过社会比较后获得的一种心理感受和个人偏好。广义上是指双方获取大致相同利益的平等互利关系。

公众污名（public stigma）：社会大众对受污群体成员的认知、情感和行为反应。

功利论（utilitarianism）：与穆勒提出的道德哲学有关，指判断某一行为是否道德主要看其行为所引起的后果如何，当行为能够使结果利益最大化就认为符合道德。

功能性磁共振成像（functional magnetic resonance imaging，fMRI）：检测个体接受刺激（包括视觉、听觉、触觉等）后的脑部皮层信号变化。

功能性近红外光学成像技术（functional near-infrared spectroscopy，fNIRS）：一种动态检测神经细胞活动、实现脑功能监测的神经成像新技术。

共情(empathy): 当感受到他人的情绪状态时,个体也会因此产生感同身受的情绪状态。

共情(empathy): 是指对他人情绪状态的理解和共享,低共情与反社会行为存在着密切的关联。

共享信息(shared information): 信息是全部成员所共有的。

孤立(isolating): 监护人或者看护者拒绝与儿童交流,以及不让儿童与同伴或成人交谈。

关系自尊(relational self-esteem): 基于个体与重要他人之间关系的自我评价。

观点采择(perspective taking): 指个体从他人角度出发,想象他人观点和态度的心理过程。该过程使得个体认为目标对象和自己更相似,促进弱化内隐刻板印象。

观点采择(perspective taking): 指推断他人内心活动,能设身处地理解他人思想、意愿或情感的能力。

归因训练(attribution training): 通过一定的训练程序,使个体掌握某种归因技能,形成比较积极的归因风格。

国民与民族刻板印象(nation and ethnic stereotype): 是刻板印象的一种重要类型,是对某国国民或民族的特征、属性、行为的固定的、突出的、概括的看法,这些看法可能是通过某些人格特质表达的,也可能是对群体的某种行为作出描述和评价。

过滤气泡(filter bubble): 指根据用户的使用时间、地区以及浏览习惯生成用户画像,并通过算法技术为其呈现个性化的界面体验。这种针对个性化搜索且提供筛选后结果的推荐算法被称为"过滤气泡"。

忽视(neglect): 监护人或者看护者在未能察觉的情况下对儿童造成一系列消极后果的行为。包括身体忽视、教育忽视、情感忽视等方面。

互惠(reciprocity): 建立在给予、接受、回报等基础上的人际互助关系。

互惠(reciprocity): 在遇到外敌的时候,一个生物体帮助另一个生物体以便使相互之间得到更大的生存可能。

回声室效应(echo chamber effect): 指在一个相对封闭的环境中,一些意见相近的声音不断重复,并以夸张或其他扭曲形式重复,令处于相对封闭环境中的大多数人认为这些扭曲的故事就是事实的全部。

回忆效用(remembered utility): 个体对其自身在对某一段时间内的幸福体验,通过回忆给出单一而稳定的评价结果。

积极青少年发展（positive youth development）： 源于对"缺陷模型"的批评，强调关注个体的优势及发展的潜能，促进青少年充分、成功的发展而不仅仅是减少问题行为，从更全面、平衡的角度看待青少年发展。

积极情感（positive affect）： 欢喜、满意、振奋、骄傲等情感。

基于目标决定的刻板印象信息加工理论（goal based theory of stereotype activation and application）： 将刻板印象加工分为激活和应用两部分，个体具有多个目标，当刻板印象的应用有利于实现上述目标时，刻板印象被激活，而当刻板印象的应用会对目标的实现存在消极作用时，则刻板印象的激活被抑制。

基于群际情绪的行为与刻板印象系统模型（behaviors from intergroup affect and stereotype map，BIAS Map）： 是SCM的扩展模型，BIAS Map之中加入了由热情和能力维度交互作用产生的情绪与行为结果。

极化和统一理论（polarization and unification theory）： 解释人们在场图中的位置和大小以及集群关系的一个重要理论。

即时效用（instantaneous utility）： 一种即时发生的情绪性评价的产物，人们对时刻发生的知觉体验进行评价，并根据评价结果调节自身行为。

集群行为（collective action）： 群体成员参与为改善群体现状的行动。

集体效能（collective efficacy）： 指团体成员对团体能力的判断或对完成即将到来的工作的集体能力的评价。

集体效能（collective efficacy）： 指一个群体共享的组织能够完成某项任务的信念。

集体行动（collective action）： 有许多个体参加的、具有很大自发性的制度外政治行为。

集体主义（collectivism）： 文化成员倾向于互依自我，重视群体目标和社会关系。

集体自尊（collective self-esteem）： 基于个体所属集体的自我评价。

计算型信任（calculus-based trust）： 市场导向、基于经济计算的信任，取决于维系关系的成本高低权衡而结成的信任。

加工分离程序（process dissociation procedure，PDP）： 能够有效测量和分离道德决策过程中直觉情绪与认知推理的效力，分别计算道德决策中直觉加工与认知推理各自的贡献量。

家庭敌意行为（family hostile behavior）： 家庭成员之间的包括争吵、愤怒的评论、嘲笑、侮辱、威胁、蔑视、叫喊、咒骂、辱骂和身体攻击等的消极行为，其是家庭成员之间的敌意心理在行为上的反映和表现。

价值（value）：人们期待的事件、对象和条件。

价值能力（value capability）：个体目前拥有或者认为自己能够拥有的物品和机会。

价值期待（value expectation）：当个体与其他相似个体（包括自己的过去）进行比较时，认为自己有资格获得的物品和机会。

价值取向（value orientation）：个体基于自己的价值观在面对或处理各种矛盾、冲突、关系时所持的基本立场、态度以及所表现出来的行为取向，一般被区分为个体性价值取向、竞争性价值取向、合作性价值取向。个体性和竞争性价值取向又被合称为亲自我价值取向，合作性价值取向又被称为亲社会价值取向。

间歇性爆发障碍（intermittent explosive disorder）：被定义为一种经常发生的、冲动的言语暴发或肢体侵犯，这种症状的发生与触发的条件有关，但不完全由触发因素决定。

奖赏偏好（reward dominance）：指个体在决策过程中会对奖赏信息敏感，倾向于选择高奖赏选项的一种倾向。

结构污名（structural stigma）：通过法律、政策和宪法惯例而表达的偏见和歧视，是被社会制度和意识形态合法化并不断维持的污名处境。

经济不安全感（economic insecurity）：由经济水平所带来的不安全感受（比如家庭贫困、社会经济的不景气）。

精神病态（psychopathy）：指一种个体表现在人际关系、情感、生活方式和反社会特征等方面的人格障碍。分为因子 1 和因子 2，因子 1 为人际-情感维度，其核心特点为残忍、麻木不仁、自私、利用和操作他人，强调精神病态者在情感、共情等方面的异常，因子 2 为冲动—反社会维度，其核心特点为缺乏计划、做事冲动、对刺激极度渴求、容易烦倦和缺乏现实目标，强调精神病态者在行为层面的异常。

抉择效用（decision utility）：人们由得出的回忆效用，对不同行为所导致的后果进行权重分析，从而影响其日后的行为举措。

绝对剥夺（absolute deprivation）：由于缺少食品、水、住所等，一些个体或群体的最基本生活需求得不到满足的客观状态。

可隐匿污名（concealable stigma）：受污特征不易为人觉察，个体可选择不将其表现在外，而以"正常"的形象进行日常生活和交往，从而避免相应偏见和歧视的情况。

刻板解释偏差（stereotype explanatory bias, SEB）：是指人们对于刻板印象不一致的情境进行解释时所存在的偏差，反映了刻板印象对个体信息加工过程中无意识的影响。

刻板印象（stereotype）： 是指人们对于某些社会群组的知识、观念和期望所构成的认知结构，这种认知结构是有关某一群体成员的特征及其原因的比较固定的观念和想法。

刻板印象错误知觉任务（stereotype misperception task, SMT）： AMP实验程序基础上发展产生，能够进一步测量和区分刻板印象激活与应用的不同阶段。

刻板印象激活的两阶段模型（two-stage model of stereotype activation）： 第一阶段，基于对面孔的观察和知觉，从中提取社会类别信息；第二阶段，在所得到的社会类别信息基础上，激活与该类别相关联的刻板印象信息。

刻板印象内容模型（stereotype content model）： 最早由苏珊·菲斯克（Susan Fiske）于1999年提出，此模型认为刻板印象的内容是在能力（competence）和热情（warmth）两个维度上的评价组合。

客观社会阶层（objective social class）： 个体可以掌控的有形的或象征性的社会资源，通常可以借助用财富、受教育水平和职业声望来反映。

恐吓（terrorizing）： 监护人或者看护者对儿童进行人身健康等方面的威胁，使儿童感到恐慌。

拉斯韦尔的5W模式（Lasswell's 5W model）： 由谁（who）、说了什么（says what）、通过什么渠道（in which channel）、对谁说（to whom）、产生了什么效果（with what effect）。

类化（categorization）： 人们将自己编入某一社群。

冷酷无情（callous unemotional）： 是一种对他人冷漠、缺乏罪责感、低共情的人格倾向。

利他（altruism）： 满足他人利益，无私奉献自己。

利用（exploiting）： 监护人或者看护者鼓励儿童发展不恰当的行为。

联结/连带污名（associative stigma）： 个体污名除了影响受污者本身，还会牵涉到跟他有关联的人，比如心理疾病患者的家属、医生和医院，这被称为联结污名或连带污名。残疾儿童的家长、精神疾病患者家属和相关工作人员都是常见的连带污名受污者。残疾儿童的年龄越大，父母的连带污名情况越严重。

了解型信任（knowledge-based trust）： 基于共同工作和日常交流而形成对他人的可预测性、可依赖性和可靠性的信心。

流言（gossip）： 是指在社会公众中相互传播的有关共同问题的信息，通常是与个人私生活相关的闲言碎语。

命中联系作业（Go/No-Go association test, GNAT）： 是格林沃尔德在IAT

的基础上发展出的内隐社会认知研究方法。GNAT 范式借鉴了信号检测论的思想,对目标群体与属性之间的联结强度进行考察,弥补了 IAT 范式无法对单一对象进行评价的缺陷。

内部目标(intrinsic goals): 促使个体追求自我实现和成长的目标,比如对自我接纳、归属感的追求等。

内群体(in-group): 内群体是指一个人从属于,并对之有忠诚感的群体。

内群体偏爱(ingroup bias): 个体希望从自己所属群体获得较高的自尊感,因此对自己内群体存在积极评价的偏好。

内隐刻板印象(implicit stereotype): 当一个类别线索呈现时,在认知者没有注意或意识到时被激活的社会类别联想即为内隐刻板印象。

内隐联想测验(implicit association test,IAT): 由格林沃尔德(Greenwald)等人在传统的反应时法的基础上提出,是一种通过测量概念词与属性词之间在评价中的关联性,从而对个体的内隐态度等内隐社会认知进行间接测量的经典方法。

内隐联想测验(implicit association test): 该测验包含概念和属性两类刺激材料,当概念材料和属性材料相容,即其关系与被试的内隐态度一致或者二者联系较紧密时,被试对相应类别下的材料进行快速辨别归类的过程为自动化加工,相对容易,因而反应速度快;反之,当概念材料和属性材料不相容,即其关系与被试的内隐态度不一致或二者缺乏紧密联系时,往往会导致被试的认知冲突,此时的快速辨别归类需进行复杂的意识加工,因而反应时长;不相容条件下与相容条件下的反应时之差即为内隐态度的指标。

内隐社会认知(implicit social cognition): 认知的过程中,虽然个体不能回忆某一过去的经验,但这一经验却潜在地对个体的行为和判断产生了影响。

内隐自尊(implicit self-esteem): 存在于个体意识之外、无法通过内省或自我报告获得的自我评价。

能动性(agency): 指个体争取实现个性化和扩张自我存在,与能力维度的存在相似之处。

能力(competence): 苏珊·菲斯克(Susan Fiske)所提出刻板印象内容模型(SCM)中的核心维度,包含能力、自信、才能和技能等特质。

年龄刻板印象(age stereotype): 是指人们对不同年龄群体成员持有的比较固定的观念或想法。当前涉及年龄刻板印象的研究主要以老年人作为关注对象,因此老年刻板印象、老化刻板印象是目前通用的两个概念。

捏造或诱发疾病(fabricated or induced illness): 又称作儿科伪造虐待、医疗

儿童虐待。指的是看护者需要他们的孩子被确认为患有身体和/或心理疾病，并被医疗机构确认为患有医学疾病。

品行障碍（conduct disorder）： 指一种侵犯他人的基本权利或违反与年龄匹配的主要社会规范或规则的反复的、持续的行为模式，通常在儿童期或青少年期出现。

平行比较（parallel social comparison）： 与自己相似的他人进行比较。

平行限制满意模型（parallel-constraint-satisfaction mode）： 理论认为，个体在加工刻板化信息时将同时涉及自动化加工和控制性加工两个过程，个体将根据刻板化信息和个体化信息的重要性来进行平行加工，这一过程是受到主观意识控制的。

破坏性行为障碍（disruptive behavior disorder）： 是对青少年反社会行为及人格的描述，主要包括对立违抗障碍（oppositional-defiant disorder）和品行障碍（conduct disorder）两种。

普遍信任（general trust, universal trust）： 对陌生人的信任。

欺凌（bullying）： 个体对其他人进行身体或心理上的多次伤害。

歧视（discrimination）： 因某个人是某特定群体或社会类别中的成员而对其实行不公正的、负面的和伤害性的区别对待，是由污名和偏见相关的消极态度而导致的**行为反应**。

亲和性（communion）： 指个体通过关心他人而努力使自己成为更大社会单元中的一员，与热情维度存在相似之处。

亲社会价值取向（prosocial orientation）： 强调个体同时关注自身的利益与他人的利益，并追求二者之间的平等和共同利益的最大化。

亲社会教养实践（prosocial practices）： 在特定的宏观背景因素影响下，父母采取的以培养青少年的亲社会行为为目标的教养行为。

亲社会行为（prosocial behavior）： 泛指一切符合社会期望且对他人及社会有益的行为，是人们在社会交往中表现出来的友好积极行为，其特点是使他人乃至整个群体获益，并能促进交往双方的和谐关系。

亲社会正义感（prosocial justice sensitivity）： 从不公反应过程来看，一个人在不公情境下会扮演不同的角色，即不公平的受害者、目击者、得利者或过错者；相应地，正义感也可以分为受害者正义感、目击者正义感、得利者正义感和过错者正义感，后三种视角是建立在亲社会标准——利他与遵守道德规范——基础上的亲社会正义感，是指向他人的（而非自己）、对他人不公遭遇的关切。

亲缘保护（kin protection）： 为保证基因存活，存在亲缘关系的动物或人类之间展现出的自我牺牲行为,比如父代为子代做出奉献。

亲子敌意行为(parent-child hostility): 指亲子之间,包括父母对孩子,或者孩子对父母的消极的行为或表达,包括争吵、愤怒的评论、蔑视、叫喊、咒骂、辱骂和身体攻击等,是亲子之间的敌意心理在行为上的反映和表现。

亲自我价值取向(proself orientation): 强调个体追求自身利益(绝对或相对)的最大化。

情感错误归因范式(affect misattribution procedure,AMP): 是以投射为基本原理的内隐实验范式。其基本逻辑是人们在看到积极或者消极的刺激物(启动)之后就会被激发出对应的情绪感受,从而倾向于在随后无意义目标的情感判断上做出相应的积极或消极判断,实验者可以根据积极或消极判断的比例推测人们对于刺激物的情感倾向。

情绪识别障碍(emotion recognition dysfunction): 是指个体不能对他人带有情绪性的面孔、声音和身体姿势进行识别或者对这些情绪性信息不敏感。

去污名化(destigmatization): 减弱、去除污名的过程。

群际敌意态度(intergroup hostility): 又被称为外群体敌意态度(outgroup hostility)或社会敌意(social hostility),指群体成员及其所代表群体对其他群体成员及其所代表的群体、组织和阶层等所持有的一种消极态度,包括不信任(怀疑)、怨恨以及伤害(破坏)意图等成分。

群际态度(intergroup attitudes): 一般指对内群体及其成员以及外群体及其成员的评价倾向性。

群体(group): 由两个或多个具有相同目标的长期互动、相互依赖的个体组成。

群体极化(group polarization): 群体讨论使群体成员所持观点变得更加极端,原来保守的趋向于更加保守,原来冒险的趋向于更加冒险。

群体认同(group identity): 个体与群体基于群体成员身份意义的心理联系,即将群体成员身份整合进个体自我概念的程度。

群体相对剥夺(group relative deprivation): 将内群体与其他外群体比较而感知到内群体处于不利地位。

群体性事件(mass incidents): 具有共同利益的个体在认为自身利益受到损害时,临时性地聚集在一起,采用不被法律允许的手段对抗相关部门、具有消极影响的群体性活动。

群体自尊(group self-esteem): 个体知觉到自己所在群体是有价值、受尊重和重要的。

热情(warmth): 苏珊·菲斯克(Susan Fiske)所提出刻板印象内容模型(SCM)

中的核心维度,包含友好、善良、温暖和真诚等特质。

热情优先效应(the primacy of warmth): 知觉者在知觉过程中,会优先在热情维度上对知觉对象进行评价,且相比于能力评价,热情评价在随后的情感和行为反应中有更加重要的地位。

人际开放(interpersonal openness): 自立人格中的一种人际特质,指积极容纳他人的倾向。

人际信任(interpersonal trust): 个体对其他自然人的信任。

人际责任(interpersonal responsibility): 自立人格中的一种人际特质,指对他人忠诚、守信的倾向。

人际自立(interpersonal self-reliance): 中国文化所倡导的利于个体解决人际问题和社会发展的综合人格因素,包含人际独立、人际主动、人际责任、人际灵活和人际开放等五种积极人格特质。

认同(identification): 认为自己拥有该社群成员的普遍特征。

认同型信任(identification-based trust): 基于对彼此需要和意图的认同,并愿意相互支持的信任。

善良(virtuous): 是众所周知的传统概念,代表着个体的美好品格。

上行比较(upward social comparison): 又称向上比较,是指与比自己优秀的他人进行比较。

上行回报(upstream reciprocity): 亲社会行为接受者将亲社会行为传递给其他人的行为。

社会比较(social comparison): 个体把自己与具有类似生活情境的人相比较,对自己的能力、行为水平及行为结果做出评价的过程。

社会分化(social differentiation): 指社会系统中原来承担着多种功能的某一社会单位发展为承担单一功能的多种不同的社会单位,以及诸社会单位由地位相同向地位相异发展的过程。

社会干预(social intervention): 从社会层面对不良心理和行为进行的调节和矫正。

社会化媒介(socialization agents): 个体在社会学习过程中的影响因素,主要包括家庭、同伴和大众传媒。

社会价值取向(social value orientation): 指个体对自己和他人结果分配特定偏好的一种社会动机。

社会阶层(social class): 一种用来反映个体在社会层级阶梯中相对位置高低的社会分类,一个人的社会阶层被界定为他(她)所掌控的客观社会资源和其主观上所感知到的自身社会地位的水平。

社会经济地位（socioeconomic status，SES）： 是根据群体所拥有的社会资源而被界定的社会位置,常以家庭经济收入、群体成员教育水平和主要职业分布作为其客观度量的主要指标。

社会距离（social distance）： 反映个体间情感、关系亲密度的概念,在社会人际互动中,可被定义为参与者间的亲密程度。

社会困境（social dilemmas）： 当个体利益与长远集体利益产生冲突的情境。

社会流瀑（social cascades）： 当流瀑发生时,信念和观点从一些人那里传播到另一些人那里,以致许多人在进行信息传递时不是依靠自己实际所知,而是依靠（自己认为）别人持有什么想法。

社会矛盾(social contradiction)： 指社会中不同个体、群体或阶层之间以及人与制度、政策之间相互排斥,对立或冲突的紧张状态导致社会稳定受到影响的情形。

社会矛盾事件（social contradiction events）： 社会矛盾的载体,是社会矛盾的外化和表现。

社会认同（social identity）： 个体对其属于某一特定社会群体的认识,同时认识到作为该群体成员所能获得的情感和价值意义。

社会善念（social mindfulness）： 个体所具备的良好品质,反映在人际互动情境中的表现是：能够感知他人状态,愿意尊重对方选择、做出让渡权利行动的善意。

社会心理脆弱模型（psychosocial vulnerability model of hostility）： 一个用于解释敌意与健康关系的模型。该模型认为,敌意态度水平高的人,更有可能经历到更多的压力与人际冲突,有更多不良的生活习惯,获得更少的社会支持,这些可能就是高敌意态度者出现健康问题的原因和机制。

社会信任（social trust）： 个体对他人或人类创造物的信任。其中,人类创造物包括文化、制度、组织、工具等有形或无形的产物。

社会信息加工模型（social information processing model）： 一个用社会信息加工过程来解释攻击形成和发展的模型。该模型认为,攻击产生要经历线索编码、线索解释、明确目标、寻求可能的反应方式、选择并评估最好的反应以及最终实施攻击等六个阶段。

社会整合（social integration）： 调整或协调社会各部分之间的矛盾和冲突,使整个社会成为一个统一的运行良好的体系的过程。

社会直觉模型（social intuitionist model）： 由海德在 2001 年提出,该模型认

为道德决策是直觉进程的产物,道德推理是在直觉性判断后做出的辩护。

社会资本(social capital): 存在于人际关系结构中的资本。

社交性(sociability): 将刻板印象内容模型(SCM)中的热情维度进一步划分所得的维度之一,主要涉及与他人的合作与联系。

身体虐待(physical abuse): 看护者有意造成儿童的身体伤害或痛苦,或是不作预防使儿童身体受到伤害。

神经质(neuroticism): 个体体验消极情绪的倾向以及情绪的不稳定性。

生活满意度(life satisfaction): 个体对其生活的总体概括、认识和评价。

事件相关电位(event-related potentials, ERP): 当人对客体进行认知加工(如注意、记忆、思维)时,通过平均叠加从头颅表面记录到的大脑电位。

受欺凌经历(experience of bullying): 受到来自欺凌者的身体或心理上的多次伤害的负面人生经历。

述情障碍(alexithymia): 在某些躯体或精神疾病中较常见到的心理特点,也是一种人格特质。患者最典型的表现就是无法感知和表述自己或他人的情绪。

双加工理论(dual-process model): 由格林在2004年提出,该模型认为道德决策是情绪和认知平等竞争的结果。

塔西佗陷阱(tacitus trap): 当政府失去公信力时,无论其说真话还是假话,做好事还是坏事,都会被民众认为是在说假话做坏事的负性社会心态。

特定自尊(specific self-esteem): 个体对自己在某特定领域的能力或特性的评价。

特殊信任(special trust, particular trust): 对熟人的信任。

特质(trait): 表达一种不受环境影响的稳定的人格品质,注重探究个体的差异性。

特质自尊(trait self-esteem): 个体对自己相对稳定的看法或评价。

同伴关系(peer relationship): 水平相当的个体间在交往过程中建立和发展起来的一种人际关系。

同伴互动(peer interaction): 同伴之间进行人际交往的行为与活动。

同伴环境(peer environment): 由同伴关系和同伴互动构成的一种社会环境。

外部目标(extrinsic goals): 关注获取社会的赞许和奖赏的目标,包括对物质财富、身份地位等的追求。

外显自尊(explicit self-esteem): 个体能意识到的、能口头报告出来的自我评价。

网络谣言(internet rumors,又称online rumors): 通过网络传播的未经官

方证实或已经被官方辟谣的信息。

污名（stigma）： 社会对某些个体或群体贬低性、侮辱性的标签,是个体的一种不被信任和不受欢迎的特征,这种特征降低了个体在社会中的地位,使他从一个完美的、有用的个体变成了一个有污点和丧失了部分价值的人。

物质主义（materialism）： 一种强调拥有金钱、形象等外部目标的重要性的价值观和信念,是个体建构和维持自我的一种方式。

系列再生法（serial reproduction method）： 一种通过测量人们在信息传递过程中的记忆偏差以分析刻板印象内容的方法。

系统合理化（system justification）： 个体对于自己所在的社会系统予以支持和拥护,并认为其公平、公正、合理的一种一般性倾向。

系统信任（system trust）： 对抽象制度、专家系统的信任。

下行比较（downward social comparison）： 又称向下比较,是指与比自己差的他人进行比较。

下行回报（downstream reciprocity）： 亲社会行为的旁观者给予亲社会行为实施者更多的亲社会行为。

相对剥夺感（relative deprivation）： 个体或群体通过与参照对象横向或纵向比较而感知到自身处于不利地位,进而体验到愤怒和不满等负性情绪的一种主观认知和情绪体验。

相对满意（relative gratification）： 与参照群体相比,个体或群体对自身所处有利地位的一种主观感知。

消极情感（negative affect）： 焦虑、抑郁、悲伤、羞愧等情感。

心理弹性（resilience）： 一个动态的发展过程,包括在面临重大威胁、严重逆境或创伤的情况下实现积极的适应。

心理干预（mental intervention）： 在心理学理论指导下,有计划、有步骤地对一定对象的心理活动、个性特征或心理问题施加影响,使之朝着预期方向变化的过程。

心理理论（theory of mind）： 指个体对自己和他人心理状态的认识,并由此对相应行为做出因果预测解释。

心理虐待（psychological maltreatment）： 又称情感虐待和忽视或精神暴力,是一种常见的儿童虐待形式。指的是对儿童有责任义务、关系密切的人,对儿童施以持续、重复、不适当的养育行为,极大地损害了儿童的认知、情感以及社会性的发展,但并不涉及对儿童身体和性的接触。

心理压力（psychological stress）： 外界环境的变化和机体内部状态所造成的

人体生理变化以及情绪波动。

信任（trust）：个体基于对互动对象的行为及动机的善意预期而采取的积极心理期待。

信任半径（trust radius）：信任关系中合作规范起作用的人员范围，一般从内至外分为 5 类，即家族成员、邻居、自己认识的人、初次见面的人、信仰其他宗教的人、来自其他国家的人。

信任博弈（trust game）：通过博弈实验间接测量信任的范式。

行为激活系统（behavioral activation system）：对奖励和非惩罚性信号敏感，通过奖励调节行为。

行为抑制系统（behavioral inhibition system）：对惩罚和非奖励性信号敏感，通过惩罚调节行为。

性别刻板印象（gender stereotype）：是一种重要且广泛存在的社会刻板印象，是人们对男性或女性在行为、人格特征等方面的期望、要求和笼统的看法。

性别刻板印象维护的阈限模型（the threshold model of stereotype maintenance）：由温芳芳与佐斌等提出，该模型认为，反性别刻板的外貌特征、行为表现及思维方式等对人际知觉的影响并非是简单线性的，而是呈现了从积极到消极的倒"U"型转变。

修正的标签理论（modified labeling theory）：认为污名并不会直接导致心理疾病，心理病患的标签是通过危及其生活环境，比如剥夺就业机会、破坏社会网络、降低自尊，而间接影响心理疾病的发展过程和结果。

虚假新闻（fake news）：指媒体发布的与事实不符的信息，包括对全部事实的想象或捏造，对事实部分细节的杜撰、不准确叙述，以及政治、商业宣传需要的新闻事实。

序列加工理论（sequence processing theory）：该理论认为，刻板印象信息的加工只涉及自动化加工，个体会先自动地处理刻板化信息，然后再有意识地对个体化信息进行加工，二者是不同步的。

谣言（rumor）：未被证实的、具有工具性目的的信息表述。

一般攻击模型（general aggression model）：一个整合了多种攻击理论和模型，可以较好地解释攻击过程的理论。该模型认为，攻击是输入变量（个人和环境）通过路径变量（当前内部状态）影响结果变量（评估与决策过程）而产生的。

一般正义观（general belief in a just word）：一种相信他人遭遇或整个世道当然合理的观念，如"总地来说，人们得到的都是他们应该得到的，我相信从长远来看遭遇不公的人将会得到补偿"，它与受害者指责等反社会态度联系更密切，也有研究表明逆境下它有利于心理复原。

宜人性（agreeableness）： 大五人格中的一种，包括了信任、利他、直率、依从、谦虚和共情等人格特征。

移情关怀（empathy concern）： 指以他人为导向，能与他人共情、考虑他人感受的能力。

抑制功能（inhibition function）： 指个体对自动的、占主导地位的反应偏好控制的能力。

抑制控制（inhibitory control）： 是指个体控制自身行为或认知加工过程的能力，抑制控制功能受损的个体常表现出高冲动性，会损伤社会功能，并倾向于表现出攻击行为。

意见领袖（opinion leadership）： 指对媒体熟悉，且因在特定领域上有更多产品讯息和专业知识，能更好解释媒介讯息的个人或组织。

影射效应（innuendo effect）： 当知觉者获得知觉对象在某一维度上的积极信息时，会形成对另一维度的消极推断，最终导致对知觉对象的接纳程度降低。

预期效用（expected utility）： 个体能否对不同事件有一个正确的预期，决定了其未来幸福感水平。

晕轮效应（halo effect）： 如果知觉者认为被知觉者在热情与能力其中一个维度上有较高水平时，他们倾向于在另一个维度上也给出较高评价。

正念（mindfulness）： 通过当下有目标的时刻注意，不加任何判断地将经验一刻一刻展现出来的意识。

正念训练（mindfulness meditation practices，MMPs）： 个体将注意力集中于当下体验的一种心理干预方法。

正义动机（justice motive）： 人类从根本上有一种相信"世界稳定有序"、"好有好报、恶有恶报"的动机，这种信念就被称为正义观或正义世界信念。得其应得、也应得其所得，因为只有这样，个体才有信心面对他们所处的物理、社会环境；否则，个体将无法树立长远目标，甚至无法遵从日常行为规范。

执行功能障碍（executive dysfunction）： 是指个体不能控制自身行为或认知加工过程的执行功能缺陷，常表现出很高的冲动性水平。会损害社会功能并且倾向于表现出攻击行为。

执行意向（implementation intentions）： 将一个预期的情境（机会或时机）与一个确定的目标定向行为联系起来，明确说明了个体在什么时间、地点以及如何追求一个特定目标的计划。

直接回报（direct reciprocity）： 亲社会行为的接受者反过来向实施者做出的

亲社会行为。

职业刻板印象（occupational stereotype）： 刻板印象在职业领域的衍生概念，职业刻板印象是对职业进行社会分类，从而形成的关于从事该职业人群的固定印象。

终身持续反社会行为（life-course-persistent antisocial behavior）**理论**： 由墨菲特提出，他指出，越早开始产生反社会行为的个体，其反社会行为模式持续时间便会越长，严重者会持续终身。

主动性攻击（proactive aggression）： 是个体在未受挑衅的情况下所实施的故意的、有目的的攻击行为，又称工具性的、"冷血"的攻击。

主观社会阶层（subjective social class）： 个体基于社会比较而形成的对于自己所处社会等级地位的主观认识，它是一种社会感知，是个体对于"我在社会等级阶梯上处于何种位置"这一问题的综合评估。

主观幸福感（subjective well-being）： 个体对生活质量所做出的情感性和认知性的评价，包括生活满意度、积极情绪和消极情绪三个部分，其中生活满意度属于认知成分，积极和消极情绪属于情感成分。

转基因生物（genetically modified organisms）： 是指利用基因工程技术改变基因组构成的生物，包括动植物和微生物。

转基因食品（genetically modified food）： 以转基因生物为原料加工生产出的食品。

状态（state）： 表达受情境影响的心理特征，强调心理特征的变异性。

状态自尊（state self-esteem）： 个体在某一时刻或情境下对自己的看法或评价。

自我不安全感（personal insecurity）： 个体在成长过程中未能形成积极、稳定的自我概念所带来的不安和痛苦。

自我卷入（self-involvement）： 是具有指向性、持续性、强度特性的个体的内在唤醒状态，它对个体职业刻板印象、权力刻板印象和刻板印象特质评分都会产生影响。

自我决定理论（self-determination theory）： 一种关于人类自我决定行为的动机过程理论，该理论从目标追求的"为什么"和追求"何种"目标两方面，解释了动机对幸福感的影响。

自我肯定（self-affirmation）： 个体受到威胁时通过肯定其重要价值，使自我系统恢复平衡，维持自我整合。

自我污名（self stigma）： 受污个体觉知并认同他人对自己的消极刻板印象与歧

视,而产生的自我低评价和自我低效能。

自我效能（self-efficacy）： 指相信个人的能力能够完成某项任务,或达到某个要求。

自由联想法（free association）： 这一范式由高尔顿（F. Galton）于1879年首次提出,国内研究多采用自由联想测验对某一群体的描述性形容进行测量,是外显刻板印象测量中的重要范式。

自主性（autonomy）： 人在一定程度上可以决定自己的行为。

自尊（self-esteem）： 个体对自我的积极肯定,即自我的价值感、尊重感和良好感。

纵容（corrupting）： 监护人或者看护者对儿童的不良行为不加以管制,予以放任。

总体自尊（global self-esteem）： 个体对自己的总体看法或评价。

综合认知模型（integrative cognitive mode）： 一个用于解释特质愤怒如何影响反应性攻击的认知模型。该模型认为,高特质愤怒个体在遇到激惹情境时,易于对他人的意图进行敌意解释,并因此导致其持续关注和沉浸于敌意相关的信息与情绪,即激惹情境会引发其的沉浸注意,从而提高其愤怒和反应性攻击的水平。

索引

5W 模式(Lasswell's 5W model) 576,598
A 型人格(type A behavior) 195,206,207,590
HPA 轴(hypothalamus-pituitary-adrenal axis) 242
"大四"风险因子(big four) 168,591

B

暴力暴露(violence exposure) 187,205,206,590
暴力环境(violent environment) 195,205,206,590
暴力媒介接触(violent media exposure) 205,590
辟谣(refute the rumor) 567,572,577,579—582,586—588,605
贬损(belittling) 112,114,120—122,126,201,235,240,369,497,578,590
标签理论(labeling theory) 510,511,590,606
表征(representation) 20,43,138,139,158,211,246,275,352,364,381,385—387,391—393,429,507,512,513,520
补偿控制(compensatory control) 111,114,116,590
补偿效应(compensation effect) 367,392,590
不安全感(insecurity) 265,266,273—276,481,575,590,597
不利经历(adverse experience) 195,208,214,215,590

C

参照群体(reference group) 11,333,366,387,482,528—533,536,541,545,557,558,590,605
参照群体偏好(reference-group favoritism) 387
场图(field diagram) 327,329—333,590,596
成瘾(addiction) 14,27,33,163,204,205,255,471,477,498
成瘾行为(addictive behavior) 255,468,477,590
词嵌入联想测验(word embedding association test) 123,591
促进聚焦(promotion focus) 86,591
存在不安全感(existential insecurity) 265,274—276,290,591
挫折-攻击理论(frustration-aggression theory) 551

D

大五人格(big five personality) 195,206—208,579,591,607
代际传递(intergenerational transmission) 230,231,244,251,252,254,256,257,415,591
道德(moral) 2,39—51,53—65,73,97,100,109,113,114,117,118,122—127,138,145,148,149,151,152,158,183,184,233,252,267,295,362,367,368,379—381,388,435,436,444,454,461,469,470,474,475,488—490,497,503,505,508,511,516,591—594,600
道德(morality) 365,591
道德感知(moral perception) 42,591
道德基础(moral foundations) 109,124—127,436,461,591
道德决策(moral decision) 2,39—51,53,55—65,67,69,71,152,167,171,172,591,593,596,604
道德判断(moral judgment) 39,42,43,46—48,65,122,431,591
道德认同(moral identity) 135,149,474,

489,591

道德提升(moral elevation) 135,149,592

道德推理(moral reasoning) 39,42—45,61,65,122,124,592,604

道义论(deontology) 42,43,46—51,53,55,56,59,60,63,592

敌意(hostility) 2,74,90,100,169,196—217,219—222,235,246,247,408,410,592—594,601,603,609

敌意沉浸(hostile rumination) 2,195—198,201,204,206,207,209,212,213,592

敌意归因偏向(hostile attribution bias) 195,197—213,215,219—222,592

敌意认知(hostile cognition) 195,197—199,211,212,592,594

敌意态度(hostile attitude) 195—197,202—209,211—215,590,592,601,603

敌意心理(hostile psychology) 2,195—199,201,203—223,225,227,229,590,592,594,596,601

敌意信息注意偏向(hostile information attention bias) 198,592

抵制及性别刻板印象维护模型(the backlash and stereotype maintenance model) 369

抵制效应(backlash effect) 369,370,592

典型特征指派法(typical traits assignment) 362,372,592

对立违抗障碍(oppositional-defiant disorder) 164,592,600

多人交互同步记录(hyperscanning) 345—351,592

多水平同构模型(multilevel homology models) 336,337

多水平增长模型(multilevel growth models) 338—340

多项式加工树模型(multinomial processing tree model) 53,65,593

E

儿童虐待(child abuse) 182,195,208,209,230—235,237—241,248,250,254,593,600,605

F

反社会联结(antisocial associates) 591,593

反社会人格模式(antisocial personality pattern) 591,593

反社会人格障碍(antisocial personality disorder) 163—166,168,170,179,181,182,184,187,249,593

反社会认知(antisocial cognition) 591,593

反社会行为史(history of antisocial behavior) 591,593

反性别刻板印象(gender counter-stereotype) 362,370,377,593

反应性攻击(reactive aggression) 175,176,178,179,203,222,593,609

防御聚焦(prevention focus) 86,593

非应得(undeserving) 593

夫妻敌意行为(marital hostility) 210,593

父母敌意归因偏向(parental hostility attribution bias) 195,209,210,594

覆盖图(overlay) 327,332

G

干涉(intermeddling) 16,17,235,240,594

干预(intervention) 17,29,31,65,76,101,153,154,158,163,177,179,180,184,186,196,217—219,232,236,254—256,290,294,295,317,318,365,368,385,391,421,487,496,516,519—521,526,533,544,556,557,559,560

感恩(gratitude) 83,135,148,301,308,318,417,594

感觉寻求(sensation seeking) 165,175,176,593,594

个人正义观(personal belief in a just world) 111,116,594

个体差异(individual differences) 55,63,119,146,149,252,294,295,298—300,312,430,440,470,505,538

个体敌意态度(individual hostile attitude) 195,197—199,201,203—210,213,215,218,592,594

个体相对剥夺(individual relative deprivation)

525,530—533,537,539,542,544—554,594

个体行为(individual behavior) 318,431,469,476,511,525,539,547,551,554

个体主义(individualism) 86,99,125,127,151,154,284,309,438,594

个体自尊(personal self-esteem) 5,10,12,13,16,17,26,406,506,537,550,594

公平(fairness) 78,93,96—98,110,115,117,118,122—126,135,146,150,151,154,155,199,214,216,217,326,332,346,347,364,397,411—422,441,448,451,452,461,471,479—482,504,529,532,538,539,541,542,553,556,557,591,594,600,605

公众污名(public stigma) 499,501,502,507,511,518,521,594

功利论(utilitarianism) 42,43,46—51,53,55,56,59—63,594

功能核磁共振的多人交互同步记录技术(hyperscanning for fMRI) 327,346

功能核磁共振技术(functional magnetic resonance technology) 245,345,385

功能性磁共振成像(functional magnetic resonance imaging,fMRI) 56,57,448,518,594

功能性近红外光学成像技术(functional near-infrared spectroscopy,fNIRS) 56,594

共情(empathy) 53,75,80,101,112,126,135,141,142,146,147,149,164,165,167,168,170,172,183,186,187,219,220,595,597,598,607

关系自尊(relational self-esteem) 5,7,8,22,595

观点采择(perspective taking) 95,96,363,384,385,393,595

归因训练(attribution training) 218,219,595

国民刻板印象(national stereotype) 362,372,379,380,592

过滤气泡(filter bubble) 575,595

H

海马(hippocampus) 19,20,171,174,180,230,242,243,312

横向相对剥夺(horizontal relative deprivation) 525,531,559

互惠(reciprocity) 78,98,124,126,135,141,142,148,149,347,417,444—447,482,595

回声室效应(echo chamber effect) 575,595

回忆效用(remembered utility) 310,311,595,597

J

积极发展(positive development) 253,255

积极情感(positive affect) 149,279,282,284,288,296—300,307,308,315,549,592,596

基于目标决定的刻板印象信息加工理论(goal based theory of stereotype activation and application) 383,596

基于群际情绪的行为与刻板印象系统模型(behaviors from intergroup affect and stereotype map) 362,368,596

极化和统一理论(polarization and unification theory) 327,330,596

即时效用(instantaneous utility) 310—312,596

集群行为(collective action) 205,212,482,525,527,530,531,537,547,554,555,561,596

集体效能(collective effectiveness) 336,471—474,476—481,484,596

集体行动(collective action) 468,471—475,479—482,484,487,489—491,516,586,596

集体意识(collective consciousness) 151,469,485,486,488,490

集体主义(collectivism) 8,24,86,99,123,126,127,151,284,286,287,308,309,314,438,483,486,561,596

集体自尊(collective self-esteem) 5,14,29,33,477,478,537,596

计算型信任(calculus-based trust) 428,438,596

记忆(memory) 31,43,46,48,57,58,63,65,91,171,173,174,241,242,244—246,256,

300,311,314,315,318,375,383,387,392,393,470,513,574,579,581,584,604,605

加工分离程序（process dissociation procedure, PDP） 39

家庭敌意行为（family hostile behavior） 195,209,210,596

价值取向（value orientation） 43,135,147,154,287,461,469,597

间歇性爆发障碍（intermittent explosive disorder） 174,597

奖赏偏好（reward dominance） 162,167,172,173,176,186,597

结构污名（structural stigma） 499,518,597

近红外脑成像（near-infrared spectroscopy, NIRS） 345,349,350

经济不安全感（economic insecurity） 265,274,597

精神病理（psychopathology） 185,243,247,547

精神病态（psychopathy） 162,164—168,170—174,176,179,180,184,187,597

抉择效用（decision utility） 310,311,597

绝对剥夺（absolute deprivation） 525,527,529,533,597

K

可隐匿污名（concealable stigma） 500,507,520,597

刻板解释偏差（stereotype explanatory bias） 362,371,374,392,394,597

刻板印象（stereotype） 23,91,156,158,326,362—395,412,498—500,502,503,507—517,552,592,595—599,605,606,608

刻板印象错误知觉任务（stereotype misperception task） 374,598

刻板印象激活的两阶段模型（two-stage model of stereotype activation） 382,598

刻板印象内容模型（stereotype content model） 362,364—366,368,371,377,378,387—389,392,393,395,503,591,598,599,601,604

刻板印象内容模型的维度关系（dimensional relationship of stereotype content model）

客观社会阶层（objective social class） 397,402,419,598

恐惧管理理论（terror management theory） 3,7,8,33,275

恐吓（terrorizing） 232,234,235,239,240,246,598

跨水平调节模型（cross-level moderation models） 338,339

跨文化视角（cross-cultural perspective） 20

宽恕干预（forgiveness intervention） 218,219

L

累计风险模型（cumulative risk model） 248

冷酷无情（callous unemotional） 162,165,187,593,598

利他（altruism） 75,77,78,86,97,98,101,122,125,127,137—139,141—144,147,151,156,158,180,316,416,417,447,448,577,578,580,598,600,607

连带污名（associative stigma） 499,505,518,520,598

了解型信任（knowledge-based trust） 428,438,598

流言（gossip） 570,571,575,587,588,598

卢曼（Niklas Luhmann） 433,434,437,459

罗森伯格自尊量表（Rosenberg self-esteem scale） 6,7,20,21

M

命中联系作业（Go/No-Go association test） 371,373,598

N

脑磁技术（Magnetoencephalography, MEG） 349,351

脑电的多人交互同步记录技术（hyperscanning for EEG/ERP） 327,347

内部目标（intrinsic goals） 267,270,283,285,286,288,599

内群体（in-group） 125,153,308,366,387,

388,411,412,432,438,471,473,506,509,529—531,534,536—539,542,545,547,550,552,553,556,594,599,601

内群体偏好(ingroup favoritism) 380,387,471,475,537,539,552

内群体偏好(intra group preference)

内群体偏好/偏爱(ingroup preference/favoritism) 556

内隐刻板印象(implicit stereotype) 363,371—374,378,384—386,390,392,393,595,599

内隐刻板印象测量(implicit stereotype assessment) 373

内隐联系测验(implicit association test) 6,7,12,18,20

内隐联想测验(implicit association test) 28,122,123,253,362,371,372,378,381,392,393,501,591,599

内隐社会认知(implicit social cognition) 5,29,372,373,384,393,394,599

内隐自尊(implicit self-esteem) 3,5—7,11,17—20,22—24,26—34,275,599

能动性(agency) 152,158,362,365,367,389,599

能力(competence) 5,6,10,13—15,17—22,25,27,39,75—77,79,80,82,83,92,136,137,139,146,147,149,153,155,167,168,170,171,174,177,180,183,184,186,207,220,233,245—248,251,253,284,307,309,317,318,335,336,355,362,364—369,371,373,375—381,383,387—390,392,394,414,422,430—432,435,441,442,454,456,478,488,503,504,510,514,518,528,529,532,533,535,546,569,579,581—583,591,594—599,602,604,607,609

捏造或诱发疾病(fabricated or induced illness) 235,599

P

胼胝体(corpus callosum) 230,243

品行障碍(conduct disorder) 163—165,187,600

平行限制满意模型(parallel-constraint-satisfaction mode) 383,600

破坏性行为障碍(disruptive behavior disorder) 162,164,165,600

普遍信任(general trust, universal trust) 428,432—437,439—441,443,458,459,461,600

Q

欺凌(bullying) 168,169,208,209,212,254,256,504,590,600,604

其他仪器的多人交互同步记录技术(hyperscanning for other devices) 327,349

谦虚(modesty) 23—27,97,126,607

前额叶(prefrontal lobe) 19,20,46,57,58,100,166,171—174,177,178,184—186,201,242,244,246,310,311,318,348

亲和性(communion) 362,365,367,389,600

亲社会价值取向(prosocial orientation) 78,95—97,147,154,597,600

亲社会教养实践(prosocial practices) 136,152,600

亲社会行为(prosocial behavior) 2,73,77—79,90,91,93—95,97,111,119,126,135—159,161,169,308,415—417,422,600,602,605,607,608

亲社会行为传递(prosocial transmission) 136,145,146,148,156,602

亲社会正义感(prosocial justice sensitivity) 110,126,127,600

亲缘保护(kin protection) 141,142,600

亲子敌意行为(parent-child hostility) 210,211,601

亲自我价值取向(proself orientation) 147,597,601

情感错误归因范式(affect misattribution procedure) 362,373,601

情感忽视(emotional neglect) 237,238,241—243,250,251,595

情感虐待(emotional abuse) 168,209,232,233,237—241,245,247,248,250,251,605

情绪调节(emotion regulation) 17,153,230,

244,248,249,256,317

情绪识别障碍(emotion recognition dysfunction) 162,167,601

去污名化(destigmatization) 496,514,517—519,601

群际敌意态度(intergroup hostility) 197,198,204,205,592,601

群际态度(intergroup attitudes) 482,525,547,552,553,556,601

群体(group) 9,11,15,16,30,39,42,43,64,78,81,100,110,111,114—116,118,125,126,136,137,139,140,144,146,150,153,154,156,158,163,167—170,174,175,177—179,183—185,196,197,201,204,205,211—215,217,221,222,237,240,241,254,255,271,279,280,286,288,298,306,308,312,325—345,347,349,351—357,359,361—369,371—373,375—381,383—393,395,398,399,412,413,415—417,419,420,431,432,435,438,439,441,442,452—455,458,461,468—483,485,487—491,496—500,502—509,511,513—518,520,525—533,536—542,544—546,548—561,569,570,573—576,578—580,585,590,592,594—601,603,605,609

群体动力研究的多水平模型(multilevel models for the study of group dynamics) 327,333

群体极化(group polarization) 575,601

群体相对剥夺(group relative deprivation) 480—482,525,530—533,537,539,542,544—546,548—550,552—557,560,561,601

群体性事件(mass incidents) 195,205,212,221,223,471,472,527,561,601

群体研究模型(models for the study of group) 327,333

R

热情(warmth) 362,364—369,371,372,377—381,388,389,392,394,422,477,576,591,596,598,600—602,604,607

热情优先效应(the primacy of warmth) 367,602

人格(personality) 2,3,5,25,26,28,29,32—34,55,58,61,73,74,77,79,80,82,95—101,114,119,126,127,139,142,146,149,150,153,162—171,173,175,177,179—181,183—187,189,191,193,195,197,198,205—208,222,234,253—256,266—269,274,294,300,301,312,319,320,354,376,377,379,381,408,430,431,433,437,441,451,468,478,485,487,488,498,509,519,538,544,559,579,591,593,595,597,598,600,602,604,606,607

人际开放(interpersonal openness) 207,208,222,602

人际信任(interpersonal trust) 16,30,120,428,429,431,432,434—442,444,453,454,457—459,461,602

人际责任(interpersonal responsibility) 207,208,602

人际自立(interpersonal self-support) 195,207,602

认同管理(identity management) 470

认同威胁(identity threat) 496,510—513

认同型信任(identification-based trust) 428,438,602

认知发展(cognitive development) 44,230,231,244,245

认知神经科学技术(cognitive neuroscience technology) 385,448

S

善良(virtuous) 73,77,98,101,113,146,150,378,380,430,602

上行回报(upstream reciprocity) 145,148,602

社会比较(social comparison) 78,81,279,294,306,307,401,475,479,505,515,525,528—532,535,536,538,539,543,551,557,558,594,602,608

社会比较理论(social comparison theory) 307,525,535,539

社会变迁(social change) 3,136,468,472, 482-486,488,491

社会剥夺(social deprivation) 326,525,527, 529,531,533,535,537,539,541,543,545, 547,549,551,553,555,557,559,561, 563,565

社会度量计理论(sociometer theory) 3, 7-10

社会分化(social differentiation) 398,468, 472,482,484-487,489-491,602

社会分类(social classification) 153,156, 364,380,382,394,399-401,471,489,510, 537,539,602,608

社会干预(social intervention) 196,217,602

社会公平理论(equity theory) 525,535,538

社会化媒介(socialization agents) 279,602

社会价值取向(social value orientation) 77, 78,80,97,139,158,602

社会交往(social communication) 78,136, 137,286,316,434,436,468,469,472,482, 483,490,491,507,600

社会阶层(social class) 97,98,101,146, 149,152,154,155,158,196,214,221,251, 281,326,386,387,394,397-411,413-423,425,427,454,471,485,488,552,602

社会经济地位(socioeconomic status) 27, 145,153,175,182,237,245,265,276,277, 280,304,388,393,401,407,410,421,422, 490,500,504,539,545,603

社会距离(social distance) 97,501,503, 518,603

社会流瀑(social cascades) 575,603

社会矛盾(social contradiction) 195,196, 211,215-218,220,222,223,497,569, 576,603

社会矛盾事件(social contradiction events) 211,212,603

社会排斥(social exclusion) 170,478,479, 485,491,500,503,508,520

社会认同(social identity) 267,270,326, 460,468-491,493,495,520,536,537,539, 544,555,603

社会认同理论(social identity theory) 389, 394,412,468-472,475,477,479-482, 488,491,525,533,535-537,539

社会善念(social mindfulness) 2,73-91, 93,95-101,103,105,107,603

社会身份(social identity) 432,469,470, 472-475,477,478,480,485,497,498,511

社会生态视角(social ecological perspective) 585

社会团结(social solidarity) 486,488

社会心理脆弱模型(psychosocial vulnerability model of hostility) 203,603

社会心态(social mindset) 154,155,158, 197,216,217,428,429,453,454,457,459-461,468,569,576,585,588,604

社会信任(social trust) 326,428-437, 439-441,443,445,447,449,451,453, 455-457,459,461,463,465,467,574,603

社会信息加工模型(social information processing model) 197,203,209,603

社会性发展(social development) 230-232, 246

社会整合(social integration) 468,484-488,490,491,603

社会支持(social support) 16,17,27-33, 162,169,170,203,207,218,221,222,251, 254-256,283,284,307,308,310,320,473, 476,505,545,559,603

社会直觉模型(social intuitionist model) 39,44-46,603

社会资本(social capital) 277,434,435,459, 461,476,490,543,604

社交性(sociability) 138,158,362,365,367, 368,604

神经机制(neural mechanism) 3,19,20,27, 56,65,100,101,230,231,241,244,294, 310,311,345,363,364,382,385,391,392, 430,496,518

神经质(neuroticism) 15,17,21,27,165, 207,249,255,300,301,307,579,591,604

生活满意度(life satisfaction) 14,27,28,30, 32,115,154,268,281-284,288,296,297,

299,303—305,307—310,312—315,400, 478,479,504,548,549,554,604,608

事件相关电位(event-related potentials,ERP) 56,385,604

适应(adaption) 8,9,14,23,24,27,82,110, 111,113,114,116—119,125,126,136,138, 142,150,157,182,183,196,197,206,209, 231,233,235,236,242,244,247—249, 252—255,270,278,298,300,302,306,311, 312,340,355,378,384,400,404,409,417, 441,487,515,525,547,561,569,605

受欺凌经历(experience of bullying) 195, 208,209,604

双加工理论(dual-process model) 39,44, 46,47,63,91,604

T

塔西佗陷阱(tacitus trap) 326,429,430, 452,459,604

特定自尊(specific self-esteem) 5,604

特殊信任(special trust, particular trust) 433,437,440,443,459,604

特质(trait) 5,23,24,26,33,55,58,61,73, 75—77,79,80,95—102,119,138,139,143, 144,146,148,149,162,165,166,172,187, 195,197—200,202,203,207,208,242, 254—256,266,269,273,274,281,289,300, 306,312,316,327,331,354,367,370—372, 374,376—381,385,387,393,405,410,414, 430,478,497,505,518,544,588,591,594, 595,599,602,604,608,609

特质自尊(trait self-esteem) 5,9,80,604

同伴关系(peer relationship) 16,27,30,144, 158,168,185,206,223,248,253,279,280, 441,604

同伴互动(peer interaction) 206,604

同伴环境(peer environment) 195,205, 206,604

同质性(uniformity) 175,372,470

W

外部目标(extrinsic goals) 267,270,281, 283,285—288,604,605

外群体贬损(outgroup derogation) 366,387

外群体偏见(out of group bias) 471,475, 537,539,552

外群体偏见/敌意(outgroup prejudice/hostility) 556

外显刻板印象测量(explicit stereotype assessment) 371,372,609

外显自尊(explicit self-esteem) 5—7,18— 20,22—24,27—33,604

网络谣言(online rumors) 221,326,567— 569,571—589,604

网络谣言治理(online rumor governance) 567,569,579,581—585

文化心理学(cultural psychology) 4,25, 127,308,404,432

问题行为(problem behavior) 19,27,185, 211,230,231,244,248,249,596

污名(stigma) 170,184,185,326,368,375, 392,496—521,523,597,598,600,601, 605,606

物质主义(materialism) 2,151,265—291, 293,605

X

系列再生法(serial reproduction method) 362,375,605

系统合理化(system justification) 411— 413,422,605

系统信任(system trust) 428,433—435, 437,441,605

下行回报(downstream reciprocity) 146,605

现象学理论(phenomenological approach) 3,7,10

相对剥夺(relative deprivation) 468,471, 472,479—482,525,527—530,532,533, 535,537,541,543,545—551,553,556,561

相对剥夺感(relative deprivation) 417,468, 471,479—482,491,525—536,538—561, 605

相对满意(relative gratification) 525,530, 536,561,605

向上/向下影响模型（upward influence/downward influence models） 337

消极情感（negative affect） 22,282,284,296—300,307,315,500,549,605

心理弹性（resilience） 222,231,252—256,605

心理干预（mental intervention） 33,180,196,217,218,221,223,398,420,421,605,607

心理健康（mental health） 14,15,18,19,22,23,26—34,76,83,101,110,111,114,118,126,154,183,204,220—222,248,249,253,255,285,288,422,471,475,482,504—506,520,525,531,536,547,548,559,594

心理理论（theory of mind） 58,96,605

心理虐待（psychological maltreatment） 2,230—257,259,261,263,605

信任（trust） 75,78,80,81,96—98,100,101,146,150,151,154,197,208,211,212,214,219,221,346,347,352,353,355,356,408,413,416,428—461,469,473,476,482,489,497,499,592,594,596,600—607

信任半径（trust radius） 428,438,606

行为激活系统（behavioral activation system） 300,606

行为抑制系统（behavioral inhibition system） 300,606

杏仁核（amygdala） 19,57,58,167,168,171—174,178,185,243,248,310—312,386

幸福感（well-being） 2,15,19,22,24,26,27,47,110,115,119,127,138,147,155,158,255,266,268,270,281—290,294—296,299—320,400,475,478,479,490,497,505,507,525,526,544,547—549,607,608

性别刻板印象（gender stereotype） 362,369,370,375—378,381,385,386,392—394,606

性别刻板印象维护的阈限模型（the threshold model of stereotype maintenance） 370,606

虚假新闻（fake news） 570,571,587,606

Y

谣言（rumors） 326,508,567—588,606

谣言公式（formula of rumors） 570

谣言治理（governance of rumors） 569,573,579,581,582,585—587

一般攻击模型（general aggression model） 203,250,606

一般正义观（general belief in a just word） 111,116—118,120,122,127,606

宜人性（agreeableness） 16,75,77,96,97,99,139,146,149,207,591,607

移情关怀（empathy concern） 95,96,607

抑制功能（inhibition function） 607

抑制控制（inhibitory control） 166,167,172,177,186,385,607

影射效应（innuendo effect） 367,607

预期效用（expected utility） 310,311,607

晕轮效应（halo effect） 367,607

Z

正念（mindfulness） 73—77,98,100,101,218,219,607

正念训练（mindfulness training） 76,102,218,607

正义动机（justice motive） 2,109—113,115—117,119,121—123,125—127,129,131,133,607

执行功能（executive function） 79,95,96,98,166,171,172,211,244,245,317,607

执行功能障碍（executive dysfunction） 162,166,171,607

执行意向（implementation intentions） 421,607

直接回报（direct reciprocity） 141,145,148,607

职业刻板印象（occupational stereotype） 362,376,380,381,384,385,392,394,608

终身持续反社会行为（life-course-persistent antisocial behavior） 166,608

主动性攻击（proactive aggression） 175—177,179,203,608

主观社会阶层（objective social class） 97,

98,403,406,410,412,413,419
主观社会阶层（subjective social class） 401,608
主观幸福感（subjective well-being） 2,14,15,28—32,116,136,157,222,265,266,281—283,285,286,288,290,294—305,307—321,323,478,481,491,512,536,548,608
注意偏向（attention bias） 20,33,247,256,300
状态（state） 5,8,23,46,58,60,73,75—80,88,92,94,96,98—101,110,137,141,147,148,153,175—177,198,199,202,203,208,211,235,242,248,280,282,285,296,299,306,307,314,328,335,338,351,352,355,383,384,402,403,417,431,432,434,453,469,470,477,482,503,509,510,521,529,535,574,576,581,595,597,603,605,606,608
状态自尊（state self-esteem） 5,9,80,608
自我（self） 5—8,10,11,13—15,17,19—31,33,62,65,75—82,84,86,88,90,93—95,97,101,111,117—119,122—124,126,136,138,139,141,144,146,147,149,154,156,158,166,171,174,177,178,181,207,208,210,230,239,243,244,246—248,251—253,267,268,270,273—275,277,281—286,289,295,298,305,307—309,314,317,319,332,336,363,367,382,384,385,391,397,400,401,403—405,409,410,412,414,415,420,421,432,444,469,470,473,478,480,483,486,488—490,497,499,503—508,512—515,518,521,535—539,547—552,554—556,572,580,591,594—596,599,601,604,605,608,609

自我不安全感（personal insecurity） 265,274,275,608
自我归类理论（self-categorization theory） 525,535,537,539
自我卷入（self-involvement） 363,384,385,394,608
自我决定理论（self-determination theory） 73,81—83,98,147,148,267,285,309,608
自我肯定（self-affirmation） 8,23,138,420,421,608
自我锚定量表（self-anchoring striving scale） 542
自我认知（self-cognition） 24,246,469,484
自我污名（self stigma） 499,501,502,505—507,511,515,518,520,521,608
自由联想法（free association） 362,371,372,609
自主性（autonomy） 82,114,147,152,255,308,320,609
自尊（self-esteem） 2—35,37,141,182,221,275,276,280—282,290,307,317,370,387,412,421,459,471,475,478,482,483,503—507,511,513,515,520,525,536,537,547—550,599,601,606,609
纵容（corrupting） 182,232,236,239,240,609
纵向相对剥夺（longitudinal relative deprivation） 525,531,559
总体自尊（global self-esteem） 5,6,20—24,27,609
综合认知模型（integrative cognitive mode） 203,609
族群（ethnic groups） 436,468,485,487,491,540,541,544,545,549,554

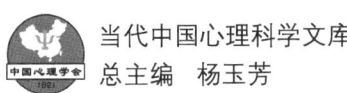 "十三五"国家重点出版物出版规划项目

总主编 杨玉芳

Psychological Studies of Social Issues

社会心理研究 （下册）

许燕 杨宜音 主编

华东师范大学出版社
·上海·

下册主编： 许　燕　杨宜音

参编人员（按照在章节中出现的先后顺序排序）：

王俊秀　韦庆旺　李婵艳　陈咏媛　高树青
辛自强　王　芳　左世江　冯秋迪　刘　文
林　爽　周欣悦　莫田甜　喻　丰　许丽颖
焦丽颖　张曙光　韩　悦　杨　曦　陈　红
杨　超　周明洁　张建新　范为桥　张妙清
邹智敏　任孝鹏

98,403,406,410,412,413,419

主观社会阶层（subjective social class） 401,608

主观幸福感（subjective well-being） 2,14,15,28—32,116,136,157,222,265,266,281—283,285,286,288,290,294—305,307—321,323,478,481,491,512,536,548,608

注意偏向（attention bias） 20,33,247,256,300

状态（state） 5,8,23,46,58,60,73,75—80,88,92,94,96,98—101,110,137,141,147,148,153,175—177,198,199,202,203,208,211,235,242,248,280,282,285,296,299,306,307,314,328,335,338,351,352,355,383,384,402,403,417,431,432,434,453,469,470,477,482,503,509,510,521,529,535,574,576,581,595,597,603,605,606,608

状态自尊（state self-esteem） 5,9,80,608

自我（self） 5—8,10,11,13—15,17,19—31,33,62,65,75—82,84,86,88,90,93—95,97,101,111,117—119,122—124,126,136,138,139,141,144,146,147,149,154,156,158,166,171,174,177,178,181,207,208,210,230,239,243,244,246—248,251—253,267,268,270,273—275,277,281—286,289,295,298,305,307—309,314,317,319,332,336,363,367,382,384,385,391,397,400,401,403—405,409,410,412,414,415,420,421,432,444,469,470,473,478,480,483,486,488—490,497,499,503—508,512—515,518,521,535—539,547—552,554—556,572,580,591,594—596,599,601,604,605,608,609

自我不安全感（personal insecurity） 265,274,275,608

自我归类理论（self-categorization theory） 525,535,537,539

自我卷入（self-involvement） 363,384,385,394,608

自我决定理论（self-determination theory） 73,81—83,98,147,148,267,285,309,608

自我肯定（self-affirmation） 8,23,138,420,421,608

自我锚定量表（self-anchoring striving scale） 542

自我认知（self-cognition） 24,246,469,484

自我污名（self stigma） 499,501,502,505—507,511,515,518,520,521,608

自由联想法（free association） 362,371,372,609

自主性（autonomy） 82,114,147,152,255,308,320,609

自尊（self-esteem） 2—35,37,141,182,221,275,276,280—282,290,307,317,370,387,412,421,459,471,475,478,482,483,503—507,511,513,515,520,525,536,537,547—550,599,601,606,609

纵容（corrupting） 182,232,236,239,240,609

纵向相对剥夺（longitudinal relative deprivation） 525,531,559

总体自尊（global self-esteem） 5,6,20—24,27,609

综合认知模型（integrative cognitive mode） 203,609

族群（ethnic groups） 436,468,485,487,491,540,541,544,545,549,554

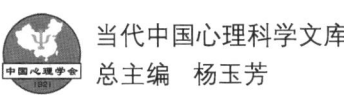

当代中国心理科学文库　　"十三五"国家重点出版物出版规划项目
总主编　杨玉芳

Psychological Studies of Social Issues

社会心理研究　（下册）

许燕　杨宜音　主编

华东师范大学出版社
·上海·

下册主编： 许　燕　杨宜音

参编人员（按照在章节中出现的先后顺序排序）：

王俊秀　韦庆旺　李婵艳　陈咏媛　高树青
辛自强　王　芳　左世江　冯秋迪　刘　文
林　爽　周欣悦　莫田甜　喻　丰　许丽颖
焦丽颖　张曙光　韩　悦　杨　曦　陈　红
杨　超　周明洁　张建新　范为桥　张妙清
邹智敏　任孝鹏

主编简介

许 燕 博士,北京师范大学心理学部二级教授,博士生导师;原中国社会心理学会会长,原北京市社会心理学会理事长,原北京师范大学心理学院院长;现任中国社会心理学会理事,中国社会心理学会人格心理学专业委员会主任、出版工作委员会主任,中国心理学会积极心理学专业委员会主任,北京市心理学会副理事长,北京市社会心理学会监事长,中国健康管理协会公职人员心理健康管理分会副会长,中国灾害防御协会社会心理服务专业委员会第一届副主任委员,卫健委精神卫生和心理健康专家委员会成员,《心理学报》副主编;曾任教育部高等学校心理学类专业教学指导委员会副主任委员,中国心理学会常务理事,中国心理学会心理学教学工作委员会副主任,中国心理学会人格心理学专业委员会副主任,中共北京市委党的建设专家顾问组成员。研究方向为人格与社会心理学。发表中英文论文270余篇,撰写和翻译人格心理学、心理健康等专业书籍30余部。中国心理学会认定心理学家,获中国心理学会学科建设成就奖。

杨宜音 博士,中国社会科学院社会学研究所社会心理学研究中心研究员、博士生导师,中国社会心理学学会理事长(2010—2014年)。2016年起任哈尔滨工程大学人文社会科学学院教授、博士生导师,中国传媒大学传播心理研究所教授、博士生导师,《中国社会心理学评论》主编。主要研究领域为社会心理学,包括人际关系、群己关系与群际关系、社会心态、价值观及其变迁等。在学术期刊发表论义130余篇。代表作有:《自己人:一项有关中国人关系分类的个案研究》《个人与宏观社会的心理联系:社会心态概念的界定》《关系化与类别化:中国人我们概念形成的社会心理机制》等。主编 Social Mentality in Contemporary China。

编者简介

（按在书中出现的先后顺序排序）

王俊秀 博士，中国社会科学院社会学研究所社会心理研究室主任，研究员，中国社会科学院大学教授博士生导师。主要研究领域有社会心态、风险社会、监控社会等，承担国家社科基金重大项目"社会心理建设：社会治理的心理学路径"（项目批准号16ZDA231），主持教育部哲学社会科学研究重大课题攻关项目：新冠肺炎疫情对国民社会心态影响研究（21JZD038）。专著、论文集包括《精神文明与社会心态》《社会心态理论：一种宏观社会心理学》《监控社会与个人隐私》等。

韦庆旺 博士，中国人民大学心理学系副教授、硕士生导师。兼任中国人民大学发展与战略研究院研究员，中国心理学会文化心理学专业委员会委员兼秘书，中国社会心理学会管理心理学专业委员会秘书长。研究方向为社会与文化心理学，关注社会与文化变迁心理、社会阶层心理、中庸心理。主持国家社会科学基金一般项目、青年项目，及北京高校人才计划项目。

李婵艳 中国人民大学心理学系社会心理学在读硕士研究生。国家社会科学基金项目"社会阶层视角下的文化心理变迁机制研究"（20BSH141）项目主要成员。

陈咏媛 心理学博士，社会政策专业博士后，目前为中国社会科学院社会发展战略研究院助理研究员，研究方向为文化与社会心理学。主持并完成国家社会科学基金（青年项目）一项，全国博士后基金一项，参与国际、国家、省部级课题多项，在 *Journal of Cross-Cultural Psychology*、*Asian Journal of Social Psychology* 等期刊上以第一作者或通讯作者发表论文二十余篇，担任《中国社会心理学评论》（16，20辑）特约主编，独立或参与撰写政策建议十余篇，并得到过相关批示。

高树青 博士，苏州大学师资博士后，研究方向为社会心理学与传播心理学，主要通过心理实验和大数据结合的方法研究公众态度、道德和价值观议题。

在 Journal of Medical Internet Research、《心理学报》、《心理科学》等国内外期刊发表学术成果 8 篇。

辛自强 博士,中国人民大学心理学系教授,博士生导师,中国人民大学"杰出学者"特聘教授。目前担任教育部心理学专业教学指导委员会委员、中国心理学会经济心理学专业委员会主任、中国社会心理学会社会心理服务专业委员会主任、《心理技术与应用》杂志主编等职。从事社会心理和经济心理研究,主持国家社科重大、重点、一般课题多项,发表学术论文 260 余篇,出版《心理学研究方法》、《社会治理心理学与社会心理服务》等专著教材 10 部,5 次获省部级奖励。

王 芳 博士,北京师范大学心理学部教授,博士生导师。曾任亚洲社会心理学会秘书长,现任中国社会心理学会常务理事,中国心理学会社会心理学专业委员会委员,Asian Journal of Social Psychology 副主编。研究方向为人格与社会心理学。

左世江 北京师范大学心理学部在读博士研究生。研究方向为人格与社会心理学。

冯秋迪 博士,上海政法学院讲师,上海市"晨光学者"。主要研究领域为犯罪心理学、社会心理学和行为经济学。参与国家级和省部级研究项目多项,在国内外权威学术期刊上以第一作者或通讯作者身份发表论文 10 余篇,担任 Social Justice Research 杂志的审稿人。

刘 文 博士,辽宁师范大学校特聘二级教授,博士生导师,辽宁省首批特聘教授,副院长。中国心理学会认定心理学家,中国心理学会理事,中国社会心理学会理事,中国家庭教育学会理事,教育部高等学校心理学教学指导委员会委员。世界学前教育组织(OMEP)中国委员会委员。主要研究领域为儿童青少年人格和社会性发展与教育、婴幼儿早期发展与教育、处境不利儿童心理发展与促进。承担多项重要课题,国社科重大项目首席专家,已在 SCI、SSCI 检索杂志以及《心理学报》、《心理科学》等核心期刊发表论文近百篇,曾获国家级教学成果二等奖等奖项几十项。

林 爽 辽宁师范大学心理学院发展与教育心理学在读博士研究生。主要研究领域为儿童青少年人格与社会性发展与教育、儿童青少年攻击与反社会行为发展与预防。

周欣悦 博士,浙江大学管理学院教授、博士生导师、市场营销学系主任。主要研究聚焦于复杂情绪和金钱心理学。在国内外学术期刊发表论文 60 余篇。研究成果曾被《纽约时报》、《时代周刊》、《新闻周刊》、《华尔街日报》、

BBC 和 Nature 等杂志报道。连续六年入选爱思唯尔(Elsevier)中国高被引学者。

莫田甜 浙江大学管理学院市场营销学系在读博士研究生,导师为周欣悦教授。主要研究领域为消费者心理与行为。在 Social Psychological and Personality Science、International Journal of Emerging Markets、Culture and Brain、《应用心理学》等学术期刊发表论文,参与编写《消费者行为学》《身边的金钱心理学》等书籍。

喻 丰 清华大学与加州大学伯克利分校联合培养社会心理学博士,现任武汉大学哲学学院心理学系教授、博士生导师。兼任清华大学应用心理专硕导师、山西师范大学省级人才计划特聘教授、硕士生导师。担任中国心理学会积极心理学专委会副主任、文化心理学专业委员会委员,心理学与社会治理专业委员会委员,中国社会心理学会理事,人格心理学专业委员会委员,理论与教学专业委员会委员,中国中文信息学会社会媒体处理专业委员会常务委员,北京积极心理学协会常务理事、副监事长,陕西青年创业导师协会理事,《中国心理学前沿》杂志主编。主持国家社科基金、国家自然科学基金、国家社科基金重大项目子课题等科研项目16项,在《中国社会科学》等国内外学术刊物发表 SCI、SSCI、CSSCI 等同行评议论文 90 余篇,获教育部高等学校科学研究(人文社会科学)优秀成果二等奖。研究方向为社会与文化心理学、道德心理学、科技心理学。

许丽颖 西安交通大学与香港城市大学联合培养社会心理学博士,现任清华大学心理学系博士后、助理研究员。担任中国心理学会积极心理学专业委员会委员。主持中国科协高端智库项目1项,参与国家社科基金重大项目、国家自然科学基金、国家社科基金、教育部人文社科基金等科研项目10余项,在《科学通报》等杂志上发表论文20余篇。研究方向为人工智能的社会心理学、道德心理学。

焦丽颖 博士,北京师范大学博士后,研究方向为人格与社会心理学,主要研究善恶人格与道德心理,在《心理学报》《心理科学》、Scandinavian Journal of Psychology 等国内外期刊发表学术成果9篇,参与撰写书籍和专题报告2部。

张曙光 博士,山西大学教育科学学院心理学系副教授,硕士生导师,中国社会心理学会理事。主要研究领域为文化与自我、群己关系、社区感等。主持教育部人文社会科学研究青年基金项目"群己关系视角下城市商品房社区居民的社区感研究"等多项课题。主要代表作有《社会转型期下中国人公私表征以及公私实践的本土社会心理学研究：基于群己关系的视角》、《社会心理学中的人：两种基本人观模型的认识论基础及其演替》、《从偏狭走向宽广的理性进化：费斯廷格的学术转向及其对构建中国特色社会心理学的启示》等。

韩 悦　中国人民大学心理学系社会心理学在读硕士研究生。国家社会科学基金项目"社会阶层视角下的文化心理变迁机制研究"(20BSH141)和"中庸价值观和泛文化普遍价值观的结构与功能比较研究"(14CSH038)主要成员。

杨 曦　博士，郑州大学政治与公共管理学院直聘副教授，硕士生导师。主要研究领域为社会心理学、孝道、社区治理与社会工作等。

陈 红　博士，西南大学心理学部教授，博士生导师，现任西南大学心理学部部长。国家重大人才项目人选特聘教授(2020年)、国家有突出贡献专家(2009年)、国务院学科评议组成员(2020—2024年)、中国心理学会副理事长(2018年)、中国心理学会认定心理学家(2015年)、教育部高等学校心理学类专业教学指导委员会副主任(2018—2022年)、教育部新世纪优秀人才(2008年)、巴渝学者(2008年)、重庆市心理学会理事长(2021年)，重庆市最美科技工作者(2021)。主持国家级课题10余项，已发表论文270余篇，其中SCI、SSCI论文118篇，JCR一区论文52篇，谷歌学术总引次数3477次。主要研究兴趣：中国化的社区心理研究；自我的认知神经研究；亲密关系和幸福感研究；节食、饮食失调、肥胖的风险因素及认知神经机制研究。

杨 超　博士，贵州师范大学心理学院讲师。主持和参与省部级课题10余项，已发表论文10余篇，其中SCI、SSCI论文6篇，JCR一区论文3篇，CSSCI论文4篇。主要研究兴趣：中国化的社区心理研究、亲社会行为的认知神经机制研究、人格与健康。

周明洁　博士，中国科学院心理研究所研究员，博士生导师，中国社会心理学会秘书长、理事，北京市社会心理学会理事。主要研究领域为人格研究的基本理论与方法及人格的效应。承担国家自然科学基金青年课题、面上课题、国家社会科学基金重大项目子课题等。

张建新　博士，中国科学院心理研究所研究员，博士生导师。国际心理联合会执行委员，中国社会心理学会现任会长，曾任亚洲社会心理学会会长，中国心理学副理事长，中国心理卫生协会副理事长。主要研究领域为人格心理学、社会心理学以及健康心理学。

范为桥 博士,上海师范大学心理学系教授,博士生导师,上海-MSU(密歇根州立大学)生涯与工作心理学联合研究中心中方主任、上海学生职业生涯发展教育研究所副所长、*Journal of Chinese Career and Work Psychology* (APA)共同主编,中国劳动经济学会职业生涯管理分会副理事长。主要研究领域为跨文化/中国人人格、生涯发展与咨询,承担国家社会科学基金、教育部人文社科、上海市哲学社会科学等课题。

张妙清 博士,香港中文大学副校长,中大卓敏心理学讲座教授、香港亚太研究所所长及研究事务委员会副主席。曾任香港中文大学社会科学学院院长及心理学系主任。主要研究方向为人格心理学、临床心理学,是中文版MMPI及MMPI-2的主要引进者和修订者,CPAI系列量表的主要编制者。

邹智敏 博士,温州大学教育学院副教授,硕士生导师。主要研究领域为中国人的自我、社会认知与决策、社会情绪及多元文化等。曾主持国家自科基金青年项目、教育部青年项目、珠海市社会科学一般项目等多项课题。在*Journal of Personality and Social Psychology*、*Journal of Research in Personality*、《心理学报》、《心理科学进展》等国内外学术期刊上发表多篇学术论文,并出版《津巴多普通心理学》、《社会心理学》等十几部专业译著。

任孝鹏 博士,中国科学院心理研究所副研究员。中国心理学会社会心理学专委会委员,文化心理学专委会委员,中国社会心理学会大数据网络心理学专业委员会委员,*Frontiers in psychology*(*cultural psychology section*)的编委。研究领域包括个体主义、集体主义及其成因,名字的心理效应等。主持自然科学基金一项,社会科学基金一项。参与过多项自然科学基金、中科院、科技部项目。发表SSCI、SCI文章10余篇,CSCD、CSSCI文章30余篇。

目 录

第三编 社会与变迁

19	**社会心态**	**624**
19.1	引言	624
19.2	社会心态研究范式	625
	19.2.1 社会心态研究的兴起	625
	19.2.2 社会心态的概念	627
	19.2.3 社会心态的分析水平	629
	19.2.4 社会心态研究的特点	631
19.3	社会心态研究的学科基础	633
	19.3.1 心态史学和心理史学	633
	19.3.2 个体社会学与整体社会学	635
	19.3.3 社会学的社会心理学与心理学的社会心理学	637
	19.3.4 从"生态"到"心态"的学科边界扩展	638
19.4	社会心态的结构和机制	639
	19.4.1 社会心态的结构	639
	19.4.2 社会心态的机制	644
19.5	社会心态的测量和指标体系	648
19.6	社会心态研究的走向	651
20	**社会变迁**	**657**
20.1	引言	657
20.2	社会变迁的研究背景	659
	20.2.1 社会变迁的相关概念	659

		20.2.2 社会变迁研究的理论背景	661

- 20.2.2 社会变迁研究的理论背景　661
- 20.2.3 社会变迁研究的社会实践背景　663
- 20.2.4 社会变迁研究的技术方法　664

20.3 社会变迁的研究内容　665
- 20.3.1 社会变迁的四种研究类型　665
- 20.3.2 社会变迁的心理维度　667
- 20.3.3 社会变迁的三种变迁模式　670
- 20.3.4 社会变迁的多种影响因素　675

20.4 社会变迁的研究扩展　678
- 20.4.1 全球化与多元文化心理学　678
- 20.4.2 从心理变迁到变迁心理　679
- 20.4.3 文化的动力机制研究　680

20.5 社会变迁研究的重要意义　682
- 20.5.1 中国社会心理学发展的突破口　682
- 20.5.2 解读中国人近代以来的文化认同危机　683

21 社会流动　689

21.1 引言　690

21.2 社会流动与流动性研究：现象范畴与概念内涵　690

21.3 人口的空间流动：相关理论与研究进展　693
- 21.3.1 移民视角下的研究　694
- 21.3.2 居住流动性视角下的研究　698
- 21.3.3 小结　700

21.4 关系的流动：相关理论与研究进展　701
- 21.4.1 关系流动性的界定　701
- 21.4.2 关系流动性的心理学研究进展　701
- 21.4.3 小结　705

21.5 社会阶层的流动：相关理论与研究进展　706
- 21.5.1 向上的社会阶层流动：特征及影响因素　707
- 21.5.2 社会流动信念的后果　709
- 21.5.3 小结　712

21.6 社会流动的心理学研究：未尽的议题与研究展望　712
- 21.6.1 理论层面　712

21.6.2	方法层面	713
21.6.3	应用层面	713

22 社会价值观   723

- 22.1 引言   724
- 22.2 社会价值观的概念   725
  - 22.2.1 价值观的概念与作用   725
  - 22.2.2 社会价值观的界定   726
- 22.3 社会价值观的理论与发展   726
  - 22.3.1 价值观三层次理论   726
  - 22.3.2 西方理论   729
- 22.4 社会价值观的研究方法   731
  - 22.4.1 价值观的问卷调查研究   731
  - 22.4.2 价值观的大数据研究   732
  - 22.4.3 价值观的认知神经研究   733
- 22.5 社会价值观的研究问题   734
  - 22.5.1 中国学生群体的社会价值观发展演变规律   734
  - 22.5.2 社会价值观在突发事件中的表现规律   743
- 22.6 思考与展望   751
  - 22.6.1 对社会价值观的思考   751
  - 22.6.2 研究展望   753

23 社会治理心理学   757

- 23.1 引言   757
- 23.2 社会治理心理学界说   758
  - 23.2.1 研究对象   758
  - 23.2.2 学科性质   759
  - 23.2.3 学科发展   759
- 23.3 社会治理心理学的必要性   760
  - 23.3.1 实践需求   760
  - 23.3.2 社会治理的含义   761
  - 23.3.3 社会治理的心理内涵   761
  - 23.3.4 社会治理心理学的历史使命   762

- 23.4 社会治理心理学的研究主题与问题 763
  - 23.4.1 社会治理的多元主体及其治理能力 763
  - 23.4.2 作为社会治理对象的现实社会心理问题 763
  - 23.4.3 社会治理背景下多元主体的群体决策过程 764
  - 23.4.4 作为社会治理路径之一的心理建设 764
- 23.5 社会治理心理学研究的方法论 765
  - 23.5.1 研究理念 765
  - 23.5.2 实证研究方法 765
  - 23.5.3 理论思维 766
- 23.6 社会治理心理学的实践路径：由心而治 766
  - 23.6.1 由心而治：社会软治理之道 766
  - 23.6.2 由心而治的四重含义 767
- 23.7 社会治理心理学视野下的社会心理服务 769
  - 23.7.1 社会心理服务体系与心理健康服务体系的内涵 769
  - 23.7.2 社会心理服务体系与心理健康服务体系的区别 770

24 非常规突发事件中的社会心理学 773
- 24.1 引言 773
- 24.2 非常规突发事件中的社会心理学 776
  - 24.2.1 多重性质的复合型突发事件 776
  - 24.2.2 个体与群体心理研究主题的分化 776
  - 24.2.3 对突发事件动态进程的研究至关重要 777
- 24.3 非常规突发事件中社会心理与行为研究的理论基础 778
  - 24.3.1 威胁僵化理论 778
  - 24.3.2 心理能量理论 779
  - 24.3.3 意义维持模型 781
  - 24.3.4 恐惧管理理论 782
  - 24.3.5 社会认同理论 783
- 24.4 非常规突发事件的社会心理与行为研究 784
  - 24.4.1 非常规突发事件当事人的社会心理与行为研究 785
  - 24.4.2 非常规突发事件潜在涉入者及外围旁观者的社会心理与行为研究 790

24.5	非常规突发事件社会心理研究的未来展望	793
	24.5.1 研究主题	793
	24.5.2 研究视角	793
	24.5.3 研究方法	794

25 腐败与心理绑架　　　　　　　　　　　　　　　800

25.1	引言	801
25.2	腐败的概念与理论	802
	25.2.1 腐败的界定	802
	25.2.2 腐败的理论研究	803
25.3	腐败研究的方法	808
	25.3.1 问卷调查及访谈法	808
	25.3.2 情境想象法	809
	25.3.3 行为实验法	811
25.4	腐败心理的成因	815
	25.4.1 个体因素	815
	25.4.2 社会因素	817
25.5	心理绑架——"中国特色"的腐败心理机制	818
	25.5.1 心理绑架中的温水煮青蛙效应	819
	25.5.2 心理绑架的过程模型	819
	25.5.3 心理绑架的特征	821
25.6	思考与展望	823

26 留守儿童心理　　　　　　　　　　　　　　　　828

26.1	引言	829
26.2	留守儿童概述	830
	26.2.1 留守儿童的定义	830
	26.2.2 留守儿童的研究意义	831
26.3	留守儿童的心理发展状况	832
	26.3.1 心理健康	832
	26.3.2 人格	834
	26.3.3 反社会行为	835
	26.3.4 心理弹性	837

		26.3.5	共情	838
		26.3.6	社会适应	839
		26.3.7	学习状况	841
		26.3.8	留守儿童积极品质的发展	843
	26.4	留守儿童心理发展的影响因素		844
		26.4.1	家庭	844
		26.4.2	学校	846
		26.4.3	社会	849
	26.5	留守儿童心理发展的干预		850
		26.5.1	基于个体层面的干预	850
		26.5.2	基于家庭层面的干预	852
		26.5.3	基于学校层面的干预	854
		26.5.4	基于社区层面的干预	856
	26.6	未来研究展望		858
		26.6.1	基于积极发展视角考察留守儿童的心理发展	858
		26.6.2	整合多种研究方法深入剖析留守儿童的心理发展	859
		26.6.3	推进留守儿童心理发展的促进/干预方案的开发与实践	859
		26.6.4	构建基于中国国情的留守儿童心理发展的系统性、多维性评估	860

27	心理枯竭			**873**
	27.1	引言		874
	27.2	概念与结构		874
		27.2.1	心理枯竭的概念	874
		27.2.2	心理枯竭与压力的联系及区别	876
		27.2.3	心理枯竭的结构	879
	27.3	解释心理枯竭成因的理论		881
		27.3.1	工作要求-控制模型	881
		27.3.2	资源守恒理论	882
		27.3.3	工作要求-资源模型	882
		27.3.4	努力-回报不平衡理论	883
	27.4	心理枯竭的测量工具		884
		27.4.1	心理枯竭的测评工具	884

  27.4.2 心理枯竭的客观生理指标测量 887
  27.4.3 中国化的测评工具 888
27.5 心理枯竭的研究变量 890
  27.5.1 前因变量 890
  27.5.2 后果变量 891
  27.5.3 中间变量 892
27.6 心理枯竭的预警与干预 895
  27.6.1 心理枯竭的预警指标 896
  27.6.2 心理枯竭的干预研究 898
27.7 研究思考与展望 899
  27.7.1 解释枯竭成因及过程的心理能量说 899
  27.7.2 心理枯竭与压力的关系 900
  27.7.3 枯竭二维度说 901

28 金钱心理学 906

28.1 引言 907
28.2 金钱态度 908
  28.2.1 金钱态度的定义 908
  28.2.2 金钱态度的测量 908
  28.2.3 金钱态度的差异性研究 910
  28.2.4 金钱态度的应用研究 912
28.3 金钱奖励 913
  28.3.1 金钱奖励的定义 913
  28.3.2 金钱奖励的影响 914
28.4 金钱剥夺 915
  28.4.1 金钱剥夺的定义 915
  28.4.2 金钱剥夺的影响 916
28.5 金钱启动 917
  28.5.1 金钱启动的定义 917
  28.5.2 金钱启动的分类 917
  28.5.3 金钱启动的研究方法 918
  28.5.4 金钱启动的相关理论 920
  28.5.5 金钱启动对情绪的影响 922

28.5.6　金钱启动对行为的影响　　　　　　　　　　　925
　28.6　金钱的形式　　　　　　　　　　　　　　　　　　930
　28.7　未来研究思考　　　　　　　　　　　　　　　　　932

29　人机关系　　　　　　　　　　　　　　　　　　　　941
　29.1　引言　　　　　　　　　　　　　　　　　　　　　941
　29.2　人机有别　　　　　　　　　　　　　　　　　　　943
　　　29.2.1　人心之维度　　　　　　　　　　　　　　　943
　　　29.2.2　维度之分类　　　　　　　　　　　　　　　945
　　　29.2.3　未来之改变　　　　　　　　　　　　　　　946
　29.3　机器拟人　　　　　　　　　　　　　　　　　　　947
　　　29.3.1　拟人化之形式　　　　　　　　　　　　　　947
　　　29.3.2　拟人化之恐怖谷效应　　　　　　　　　　　949
　　　29.3.3　拟人化之缘由　　　　　　　　　　　　　　951
　29.4　人之接受　　　　　　　　　　　　　　　　　　　953
　　　29.4.1　机器之属性　　　　　　　　　　　　　　　953
　　　29.4.2　人机之交互　　　　　　　　　　　　　　　957
　29.5　机器向善　　　　　　　　　　　　　　　　　　　960
　　　29.5.1　道德之可能　　　　　　　　　　　　　　　960
　　　29.5.2　理解之深化　　　　　　　　　　　　　　　965

第四编　本土与文化

30　中国人的善恶人格观　　　　　　　　　　　　　　　985
　30.1　引言　　　　　　　　　　　　　　　　　　　　　986
　30.2　善恶的文化渊源　　　　　　　　　　　　　　　　987
　　　30.2.1　中国文化下的人性观　　　　　　　　　　　987
　　　30.2.2　西方文化下的人性观　　　　　　　　　　　989
　30.3　善恶的人格属性　　　　　　　　　　　　　　　　991
　　　30.3.1　善恶人格的概念　　　　　　　　　　　　　992
　　　30.3.2　善恶人格的相关研究　　　　　　　　　　　992
　30.4　善恶人格的结构与测量　　　　　　　　　　　　　996
　　　30.4.1　善恶人格的结构　　　　　　　　　　　　　996

		30.4.2 善恶人格的测量	1000
	30.5	善恶人格的特征	1002
	30.6	善恶人格的研究主题及未来展望	1007

31 中国人的自我构念与群己关系 1018

- 31.1 引言 1018
- 31.2 中国人的自我构念 1022
  - 31.2.1 文化特异性及研究范式 1022
  - 31.2.2 自我构念的跨文化特性 1025
  - 31.2.3 中国人自我构念的本土文化特性 1027
  - 31.2.4 中国人自我构念的变化 1032
- 31.3 中国人的群己关系 1036
  - 31.3.1 中国人群己关系建构机制 1037
  - 31.3.2 群己关系视域下当代中国人的公私表征与公私实践 1041
- 31.4 未来研究的思考 1044
  - 31.4.1 文化方面 1044
  - 31.4.2 自我构念方面 1046
  - 31.4.3 文化与自我的相互建构 1047

32 中国人的中庸思维 1053

- 32.1 引言 1053
- 32.2 中庸思维的理论建构 1055
  - 32.2.1 中庸实践思维体系构念图 1055
  - 32.2.2 中庸思维的相关概念和理论 1058
  - 32.2.3 围绕中庸思维的理论争论 1061
  - 32.2.4 中庸思维的研究方法问题 1063
- 32.3 中庸思维的过程与功能 1066
  - 32.3.1 中庸思维的基础心理过程 1067
  - 32.3.2 中庸思维与心理健康 1070
  - 32.3.3 中庸思维与创新 1071
  - 32.3.4 中庸思维与中国管理研究 1073
  - 32.3.5 中庸思维与冲突解决和环境适应 1075

32.4	中庸思维的研究展望	1077
	32.4.1 理论建构多元化	1078
	32.4.2 寻求研究方法的突破	1079
	32.4.3 促进本土心理学知识体系创新	1080

33 中国人的孝道 — 1089

33.1	引言	1089
33.2	孝道的历史文化脉络	1091
	33.2.1 孝道的起源	1091
	33.2.2 孝道的历史变迁	1092
33.3	孝道的涵义与理论基础	1094
	33.3.1 孝道的内涵梳理	1094
	33.3.2 孝道研究的理论基础	1096
33.4	孝道的研究方法	1097
33.5	孝道的研究进展	1099
	33.5.1 孝知	1099
	33.5.2 孝行	1101
	33.5.3 孝感	1103
	33.5.4 新孝道的观点	1104
	33.5.5 孝道与其他变量的关系	1105
33.6	思考与展望	1107

34 中国人的社区责任感 — 1115

34.1	引言	1115
34.2	社区责任感的内涵	1116
	34.2.1 社区责任感的起源	1116
	34.2.2 社区责任感的词源	1118
34.3	社区责任感的理论模型	1120
34.4	社区责任感的结构与测量	1123
	34.4.1 单维的社区责任感	1123
	34.4.2 多维的社区责任感	1125
34.5	社区责任感的研究进展	1128
	34.5.1 社区责任感的影响因素	1128

		34.5.2 社区责任感对个体的影响	1131
	34.6	社区责任感的价值与提升	1133
		34.6.1 社区责任感的价值	1133
		34.6.2 社区责任感的提升	1134

35	人际关系性：人格的第六个维度		**1141**
	35.1	引言	1141
	35.2	CPAI 的研究缘起及其理论方法	1142
		35.2.1 CPAI 的研究缘起	1142
		35.2.2 开发 CPAI 所采用的理论方法	1144
	35.3	人际关系性作为文化相关人格因素	1145
		35.3.1 CPAI（原始版）	1145
		35.3.2 CPAI-2（第二版）	1148
		35.3.3 CPAI-A（青少年版）	1151
	35.4	人际关系性作为人格结构的第六个维度	1153
		35.4.1 人际关系性构成第六个人格维度	1153
		35.4.2 人际关系性（大六人格结构）的跨文化证据	1160
	35.5	人际关系性维度的应用	1163
		35.5.1 心理健康与临床心理领域	1163
		35.5.2 社会关系层面	1164
		35.5.3 工业与组织心理学方面	1165
	35.6	结语：反思与未来的研究	1166

36	全球化与文化混搭		**1172**
	36.1	引言	1173
	36.2	移民与文化适应	1174
		36.2.1 文化适应	1174
		36.2.2 文化适应的策略	1175
		36.2.3 文化适应的心理学理论	1176
	36.3	多元文化身份认同	1178
		36.3.1 全球化认同	1178
		36.3.2 双元文化认同整合模型	1179
		36.3.3 多元文化认同转化模型	1180

36.3.4	多元文化自我整合历程	1180
36.3.5	其他相关概念	1181

36.4 文化混搭 — 1181
- 36.4.1 对文化混搭的反应及心理过程 — 1182
- 36.4.2 影响文化混搭反应的个体因素 — 1183
- 36.4.3 影响文化混搭反应的情境因素 — 1184

36.5 文化理念 — 1185
- 36.5.1 文化色盲主义与同化主义 — 1185
- 36.5.2 多元文化主义 — 1186
- 36.5.3 会聚文化主义 — 1188
- 36.5.4 世界主义 — 1189
- 36.5.5 文化互动主义 — 1190
- 36.5.6 各种文化理念的比较 — 1190

36.6 未来研究展望 — 1191
- 36.6.1 文化研究范式的转变 — 1191
- 36.6.2 研究领域的拓展 — 1192
- 36.6.3 跨学科研究的整合 — 1193

37 社会心理的大数据研究 — 1202

37.1 引言 — 1202

37.2 大数据 — 1203
- 37.2.1 社会媒体数据 — 1203
- 37.2.2 Google N-gram 数据库 — 1204
- 37.2.3 管理型数据和档案数据 — 1204
- 37.2.4 国际大型历史数据库 — 1204

37.3 基于大数据的社会心理研究 — 1205
- 37.3.1 人格与人格改变 — 1205
- 37.3.2 社会情绪 — 1206
- 37.3.3 中国人集体主义的地区差异和代际变迁 — 1207
- 37.3.4 疫情与集体主义的病原体假说 — 1209
- 37.3.5 儒家文化对冲突的抑制作用 — 1210
- 37.3.6 干旱与群际冲突 — 1211
- 37.3.7 战争与中国大一统国家的形成 — 1212

37.3.8　诗人的坎坷经历与作品质量　　　　　　　　　　　　　1214
37.4　社会心理与大数据结合的反思与未来　　　　　　　　　　　1215
　　　37.4.1　利用大数据对中国人的社会心理进行更为细致的描述　1215
　　　37.4.2　理论驱动和数据驱动相结合　　　　　　　　　　　　1216
　　　37.4.3　中国社会心理研究的独特优势　　　　　　　　　　　1217

术语表　　　　　　　　　　　　　　　　　　　　　　　　　　　1220
索引　　　　　　　　　　　　　　　　　　　　　　　　　　　　1233

… 第三编　社会与变迁

社会变迁是时代发展的一个标志，对此人类必须要在心理层面予以回应。时代是在不断发展的，朝向于新世界的建设。相对于今天的世界，过去的世界是旧的世界；相对于明天的世界，今天的世界也是旧的世界；而相对于过去的世界，今天的世界就是新的世界；相对于今天的世界，未来的世界就是新的世界。英国考古学家戈登·柴尔德(Gordon Childe)曾提出人类社会变革的两个重大研究课题：农业革命和城市革命[①]。当今中国的社会变革正发生在农村和城市之中，触及到所有人。迈向新世界是人类社会进化的趋势，人类要不断地适应世界的变化并要有目标地建设一个在人类看来更美好的新世界。不仅需要顺应社会变化，而且还要秉持自身的价值观引导变化，这就会给我们带来诸多适应与创新的难题，但也伴之以成长的生机和社会发展的机遇。

本编将回答以下十一个问题：

▫ 建构积极向上社会心态的理论基础是什么？
▫ 社会变迁会带来哪些心理变迁？
▫ 社会流动会给我们带来什么样的心理位移？
▫ 社会价值观怎样记录了中国社会发展的进程？
▫ 心理学如何解读社会治理？
▫ 灾难后为何会出现社会涟漪效应？
▫ 心理绑架如何将人拖入腐败的深渊？
▫ 留守儿童失去的只是童年还是整个人生？
▫ 高压时代如何耗竭了人们的身心能量？
▫ 金钱会具有像药物一样的特殊功效吗？
▫ 在"器物化"时代，机器拟人化会给人类带来威胁吗？

——许燕

19. 社会心态
20. 社会变迁
21. 社会流动
22. 社会价值观
23. 社会治理心理学
24. 非常规突发事件中的社会心理学
25. 腐败与心理绑架

---

① 杨建华著(2014). 两河流域：从农业村落走向城邦国家. 北京. 科学出版社.

26. 留守儿童心理
27. 心理枯竭
28. 金钱心理学
29. 人机关系

19 社会心态[①]

19.1 引言 / 624
19.2 社会心态研究范式 / 625
    19.2.1 社会心态研究的兴起 / 625
    19.2.2 社会心态的概念 / 627
    19.2.3 社会心态的分析水平 / 629
    19.2.4 社会心态研究的特点 / 631
19.3 社会心态研究的学科基础 / 633
    19.3.1 心态史学和心理史学 / 633
    19.3.2 个体社会学与整体社会学 / 635
    19.3.3 社会学的社会心理学与心理学的社会心理学 / 637
    19.3.4 从"生态"到"心态"的学科边界扩展 / 638
19.4 社会心态的结构和机制 / 639
    19.4.1 社会心态的结构 / 639
    19.4.2 社会心态的机制 / 644
19.5 社会心态的测量和指标体系 / 648
19.6 社会心态研究的走向 / 651
参考文献 / 654

19.1 引言

社会心态(social mentality)是在一定时期的社会环境和文化影响下形成的,社会中多数成员表现出的普遍的、一致的心理特点和行为模式,并成为影响每个个体成员行为的模板。社会心态研究的兴起源于对中国社会心理问题研究的需要,社会心态也逐渐成为社会心理学关注的概念和研究领域。社会心理学中,有关社会心态的研究不同于主流的社会心理学,其最突出的特点是非常关注当下的社会现实,具有很强的社会问题意识。社会心态研究与传统社会心理学的核心差异在于,社会心态研究更侧重大群体、局部社会和整体社会的心理特点,而社会心理学更关心群体中个体的心理以及小群体内在的心理作用,与群体心理不同,社会心态研究关注的是一定社会范围内众数心理或几个主要群体的心理。社会心态是一种宏观的研究,致力于对社会转型和变迁整体的把握。社会心态既要研究历史、文化

[①] 教育部哲学社会科学研究重大课题攻关项目:新冠肺炎疫情对国民社会心态影响研究(21JZD038)。

对群体、社会心理的影响,研究深层的社会结构、社会性格、文化如何推动社会变迁和转型,也要研究随社会环境变化表现出的变动的社会心态,以及这些心态的变化规律是如何内化积淀为深层的社会心态。社会心态不可避免地要回答关于个体、社会结构和文化之间的关联和作用,社会变迁和社会转型是如何在这种作用中实现的这些问题,群体和社会认同是联结个体与社会的重要机制。社会心态既要研究人们在转型过程中出现的个体、群体、社会不同层面以及层面间的心理特征、情绪状态、价值观念、行为方式及其变化,也要研究社会的理性化过程,社会共识的达成,社会核心价值观念的形成,还要致力于推动社会思考、社会健康、社会进步和社会发展,要使得社会转型有利于社会发展以及人的发展。社会心态研究需要借鉴社会学的宏观视角和研究方法,联通个体与社会,研究现实环境中真实的群体和组织、社区和社会、国家和民族等层面的宏观心理表现。社会心态研究正是对社会心理学传统边界的扩展,有助于实现和社会学的对话和对接。

19.2 社会心态研究范式

19.2.1 社会心态研究的兴起

社会心态研究受到学术界的持续关注,社会心态研究数量在持续增加后趋于稳定,可以分为1986年到1995年的起步阶段,1996年到2005年的积累阶段和2006年开始的崛起阶段(王俊秀,2017)。图19.1为截至2014年8月24日中国知网以"社会心态"为主题词检索到的历年文献数量。[①] 20世纪80年代有零星的与社会心态有关的文章,1995年前每年的数量在50篇以下,1995到2007年之间每年的数量大约为50到100篇,2008年到2010年每年约为100篇,2011年开始猛增到400篇以上,2013年达到了563篇。2014年到2019年的数量持续稳定在较高的水平,2014年为653篇,2015年为628篇,2016年为670篇,2017年为635篇,2018年为537篇,2019年为622篇。早期的社会心态研究有许多并非出于社会心理学的角度,有的是分析文学作品所反映的社会心态(丁乃宽,1990),有的是对于一定历史时期某一地域的社会心态分析(乐正,1988a,1988b),还有的是对于某一个社会政策或改革带来的社会心态分析(左方,1987),或对于一个特定群体的心理特点(韩国华,1989)、流行语汇变化中的社会心态(胡安良,1990;姚汉铭,1994),以及一种社会价值观变化的分析(景怀斌,1989)。20世纪90年代中期出

[①] 检索日期为2014年8月26日。

现了有关社会心态的定量研究,关注的是宏观的社会转型和市场经济下的社会心态特点("社会心态研究"课题组,1994;冯伯麟,1995),而此时的社会心态研究是以人们的社会态度为主,也包括社会价值观。早期社会心态研究似乎只是一个生活用语,即使是后来的一些社会心态研究也具有学科上的不确定性,概念使用很随意,也没有真正意义上属于一个学科的研究。很难看出一个研究是以哪一个学科为基础的,这些研究甚至也不以某个理论或某种研究方法为基础,而是以思考性的散论为主,主要关注当时的社会现象和社会问题。

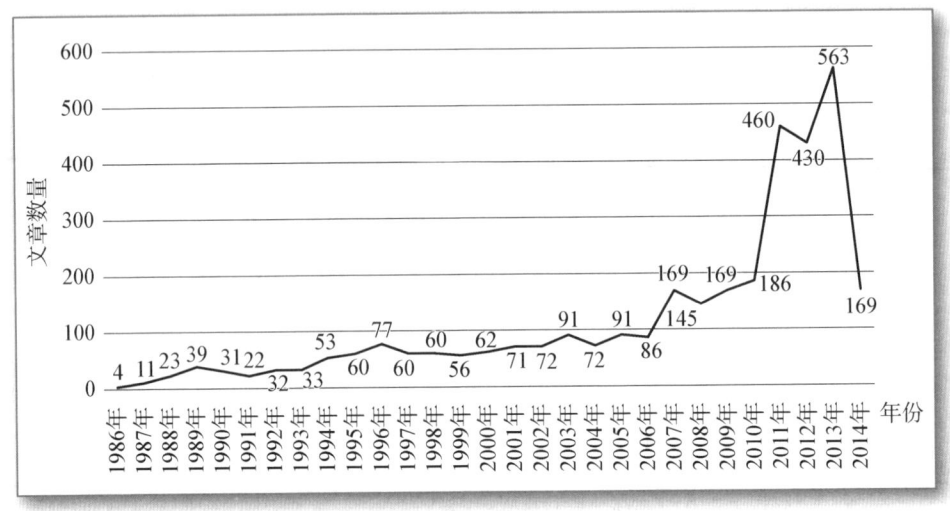

图19.1 以社会心态为关键词在中国知网检索到的历年文献数量

21世纪以来,社会心态的相关研究开始受到社会学和社会心理学界的关注,社会心态的研究不断增加,出现了一些探讨社会心态概念、结构和机制的研究(杨宜音,2006;马广海,2008;王小章,2012a;吴莹,杨宜音,2013;王俊秀,2013a、2013b,2014a;周晓虹,2014),也出现了一些对不同群体社会心态和典型社会心态特点的研究(李培林,2001;马广海,2012;应小萍,2012;杨洁,2012),以及对社会心态进行指标分解和测量的系列研究与年度出版物(王俊秀,杨宜音,2011,2013),还包括一些全面探讨社会心态的著作(胡红生,2011;杨宜音,王俊秀等,2013;王俊秀,2014b)。

社会心态研究的兴起源于对中国社会心理问题研究的需要,社会心态也逐渐成为社会心理学关注的概念和研究领域。社会心理学对于社会心态的研究更关注社会变迁和社会转型问题,这些年出现了不少探讨社会转型与社会心态的研究,涉及的问题包括:改革与社会心态(王铁,吴玲华等,2005;徐胜,2009)、社会转型与社会心态特点(景怀斌,1989;周晓虹,2009;刘东超,2004;龙书芹,2010;侯晋雄,2006)、针对"中国经验"提出的社会心态概念——通过"中国体验"来解释社会转型中的中国人在价值观、生活态度和社会行为模式方面的变化(周晓虹,2012;王小章,2012b;成伯清,2012)。虽然社会心态研究非常重视社会转型与社会心态间关系的研究,也提出了一些很有启发性的概念,但是就目前的研究来看,研究者关注更多的是社会转型中的价值观的变化(周晓虹,2009;景怀斌,1989;王小章,2012a)。

随着社会转型中社会矛盾以及问题的出现,社会心态在中国受到前所未有的重视,不仅是民众对其有所关注,就连政府决策机构也把社会心态的干预写入国家发展纲领(王俊秀,杨宜音,2011;王俊秀,2020),"十二五规划"提出"弘扬科学精神,加强人文关怀,注重心理疏导,培育奋发进取、理性平和、开放包容的社会心态",这一论述在党的十八大报告中得到重申,党的十九大报告也进一步提出了"加强社会心理服务体系建设,培育自尊自信、理性平和、积极向上的社会心态"的要求。中央对社会心态的重视也进一步推动了社会心态研究的开展。

19.2.2 社会心态的概念

在社会心理学中,有关社会心态的研究不同于主流的社会心理学,其最突出的特点是非常关注当下的社会现实,具有很强的社会问题意识。社会心态研究从个体、群体、社会层面以及各层面间关系等视角来综合探讨当前的社会心理问题。

虽然这些年社会心态研究越来越受到社会心理学界的重视,心理学界关于社会心态的文献不断增加,但从整体上看,社会心态研究进展缓慢,缺乏深入研究,社会心态成为一个"被普遍接受却又意义含混的概念"(杨宜音,2006);目前大量的社会心态文献"没有在一定的学科或理论平台上来讨论,不同学科对于社会心态的解读难有交叉,沟通和交流困难"(王俊秀,2008);有关这一概念,在学理层面上缺少缜密分析,"跳过概念的讨论径直描述各种所谓的社会心态现象或探讨其调控措施"(马广海,2008)。

社会心态研究虽然有着对中国社会现实的关怀和问题意识,但由于缺乏对社会心态概念的清晰界定,也没有厘清社会心态的内涵,更没有社会心态的基本结构,也就难以形成有关社会心态的知识体系,缺乏社会心态的理论和规范研究。

但心态的研究要早于社会心态的研究,心态的研究主要来自心态史学和社会学。法国历史学家雅克·勒高夫认为,心态是用来描述个人与群体共有信仰的,涂尔干在《宗教生活的基本形式》中使用了"集体表象"这个词,它所关心的是一种集体心态(mentalities),属于社会实在(徐冰,2010)。但彼得·伯克(2001)认为,当代的社会学家和人类学家更喜欢使用"思维模式"、"信仰体系"或"认知图像"。

心态史学最关心的是某一时代人们面对生、老、病、死时的真实观念和态度,以及这些观念和态度在不同时代、不同地区的文化中的转变与差异。心态指的是某一时代人们的世界观,或对世界的想象。心态本身有其内在动力,是自成一格的,可以称其为群体潜意识,类似于涂尔干的社会事实。心态独立于个人的心理现象之外。个人心理现象不能解释心态,个人心理现象的总和也不等同于心态。心态是一种群体现象,是一个社群的群体心理,它并非参与其中之个人的心理总和,是与个人心理绝对不同的现象。心态具有某种强制力,个人可能感受得到也可能感受不到它的集体力量;个人可能自觉或不自觉地服从它。心态史研究的是社会、社群或某个阶层,即使研究对象是一个人,但探讨的却是与这个人同时期、同文化的人所共有的心态(余安邦,1996)。

汝信主编的《社会科学新词典》借用法国年鉴学派勒高夫关于心态的内涵界定,从心态的社会性和文化性层次去界定这个概念,认为心态是"一定时代的社会、文化心理和观念及其反映的总称。心态构成了特定社会的价值-信仰-行动体系,这一体系常以集体无意识的形式积淀在特定的文化中并构成了这一文化最基本的层次"(汝信,1988)。

可以看到,心态史学所讨论的心态实质上是一个时期在一定社会文化背景下表现出的相对稳定的社会心态。心态史学的社会心态研究成为社会心态研究可资利用的重要资源。

1993年,上海社会科学院社会学研究所和上海市思想政治工作研究会联合开展了"计划经济向市场经济转型时期的上海市民社会心态调查"。这个课题组("社会心态研究"课题组,1994)提出,"社会心态是指人们在社会生活中由经济关系、政治制度以及整个社会环境的发展变化而引起的直接的、在社会群体中较为普遍地存在的、具有一定共同性的社会心理反应或心理态势"。

在梳理社会心态前期研究时,杨宜音(2006)指出,社会心态是一个"意义含混的概念",研究者对社会心态的概念、结构、机制还没有形成共识。研究者对社会心态的概念有不同的理解,有的研究者把社会心态看作是特定的社会、历史、文化条件下,一定地域内人们普遍具有的社会心理的总和;有的研究者把社会心态看作是在一定的思想和心理支配下的社会各种群体主观上的情绪、情感、态度等心理状态和社会心境状态;有的研究者则把社会心态看作是社会群体的心智状态,是以整体面貌呈现的有关社会心理和社会意识的主体状态。

杨宜音(2006)从"群体中的个体"和"个体中的群体"两个角度出发来厘清社会心态的心理结构，并在这一基础上提出了社会心态的定义："社会心态是一段时间内弥散在整个社会或社会群体/类别中的宏观社会心境状态，是整个社会的情绪基调、社会共识和社会价值观的总和。社会心态透过整个社会的流行、时尚、舆论以及社会成员的社会生活感受、对未来的信心、社会动机、社会情绪等表现形式，与主流意识形态相互作用，通过社会认同、情绪感染等机制形成，对社会行为者造成模糊的、潜在的和情绪性的影响。它来自社会个体心态的同质性，却不等同于个体心态的简单加总，而是新生成的、具有本身特质和功能的心理现象，反映了个人与社会之间相互建构而形成的最为宏观的心理关系。"

马广海(2008)认为，社会心态的使用主要分为以下三种：第一种是非学术概念上的社会心态，基本上指"民心"、"民意"、"人心"等；第二种是在哲学意义上的社会心态，往往把社会心态等同于历史唯物主义的社会心理；第三种是现实经验意义上的社会心态，多是对不同社会心态表现形式的描述，具体地就是社会中各类社会群体、不同社会阶层对各种社会现象的认识、感受和评价等。马广海认为，"社会心态是与特定的社会运行状况或重大的社会变迁过程相联系的，在一定时期内广泛地存在于各类社会群体内的情绪、情感、社会认知、行为意向和价值取向的总和。它属于社会心理的动态构成部分"。

笔者认为，社会心态是在一定时期的社会环境和文化影响下形成的，社会中多数成员表现出的普遍的、一致的心理特点和行为模式，并成为影响每个个体成员行为的模板(王俊秀，2014)。

19.2.3 社会心态的分析水平

社会心态研究与传统社会心理学的核心差异在于，社会心态研究更侧重大群体、局部社会和整体社会的心理特点的研究，而社会心理学更关心群体中个体的心理以及小群体内在的心理作用，与群体心理不同，社会心态研究关注的是一定社会范围内众数心理或几个主要群体的心理。正如莫斯科维奇指出的那样，传统社会心理学仅把他人在场作为"社会"是不够的，研究者应该关注那些作为社会运转和其中关键操作过程的社会现象(莫斯科维奇，2011)。

研究对象的不同决定了社会心态研究具有不同于社会心理学和社会学的分析水平。社会学家乔纳森·特纳(Jonathan Turner)把社会现实分为三个水平：第一个是微观水平的社会现实，面对面的人际互动。第二个是中观水平的社会现实，包括两种基本结构类型的社会组织——社团单元和范畴单元。社团又分为组织、社区和群体三种基本类型;范畴单元是指社会区分,如年龄、性别、阶级和种族等。第三个是宏观水平的社会现实,由体制领域、分层系统、国家,以及国家系统构成。体制领域是指存在于社会之中的结构性的社会体制,包括经济、政治、血缘关系、宗教、法律、科学、医学、教育等方面。分层系统围绕着资源在人口中的不公平分配,人们分享资源的不同构成阶层。国家则是由体制领域和分层系统构成的地缘政治单元。这三个层面的社会现实互相嵌套,人际互动嵌套于社团和范畴单元,社团和范畴单元嵌套于国家和国家系统,这种嵌套关系中较大的社会结构能限制较小的社会结构。反过来,中观水平的社团和范畴单元是由人际互动建立的,宏观水平的体制领域由社团单元的网络构成,分层系统由范畴单元的集合构成。最后,社会结构显示文化(乔纳森·特纳,2009)。

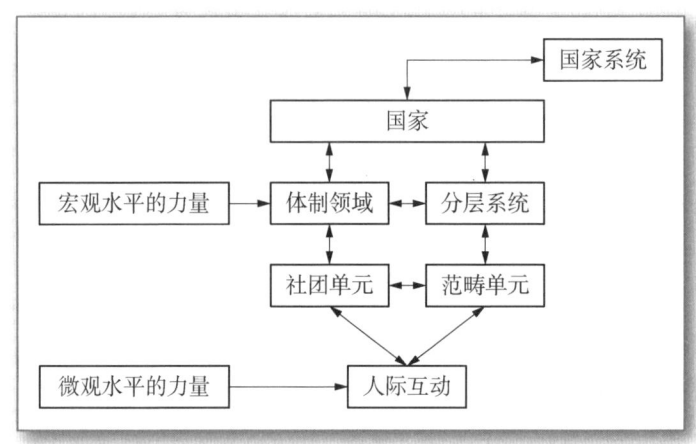

图 19.2 社会结构的水平(乔纳森·特纳,2009)

社会心理学家威廉·杜瓦斯(Willem Doise)把传统社会心理学分为四种分析水平,第一种分析水平是个体内水平,研究主要关注个体的认知,以及其对社会环境的评价,其在特定社会环境中的行为,不涉及个体与社会环境的互动。第二种分析水平是人际和情境水平,关注发生在特定情境中的人际过程,而不考虑特定情境之外的社会位置。第三种分析水平是社会位置水平(群体内水平),关注个体不同的社会位置对特定情境产生的影响。第四种分析水平是意识形态水平(群际水平),关注社会成员的信念、表征体系、价值观和规范(威廉·杜瓦斯,2011)。

在微观水平上,社会心理学会将对象延伸至个体内,而社会学只研究人际互动;在中观水平上,社会心理学研究群体内的心理现象,而社会学把群体细分为两种结构的群体;在宏观水平上,社会心理学的最高水平是群体间社会互动,而社会

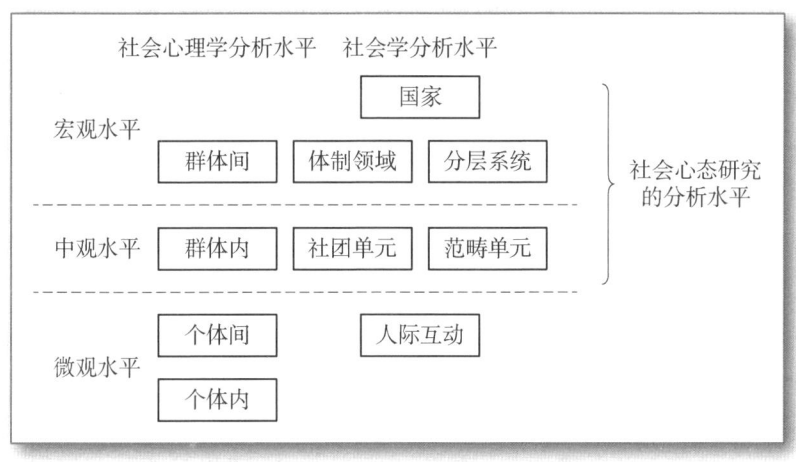

图 19.3 社会心态研究的分析水平

学则延伸到更为宏观的国家、国家之间,甚至全球化的问题。与社会心理学和社会学相比,社会心态研究的分析水平介于二者之间,其以微观水平的社会心理学研究为基础,分析水平区间置于中观水平到宏观水平的国家层面之间。

与此类似,斯达纽斯(Jim Sidanius)和普拉图(Felicia Pratto)在 2011 年提出社会支配论(social dominance)时,把心理学和社会学的一些理论归纳为四类,从微观到宏观的顺序分别是心理学模型、社会心理学模型、结构社会学模型和进化论模型。他认为,大多数心理学和社会心理学著作都是通过人格、认知过程和社会情境来解释社会现象;社会结构模型是从群体对资源和符号的争夺这一角度来理解社会现象;而进化论则是从群际竞争、内群合作和协调的角度理解社会。社会支配理论试图实现对微观的个体心理,中观的社会情境和宏观的社会结构的综合研究,这种尝试与社会心态理论的方法类似,不同的是,社会支配理论选取了心理学、社会心理学、社会学和进化论的一些理论,并将其综合为一个新的理论,而社会心态理论实际上是一种研究范式,希望研究者根据研究目的,选择不同层面的理论综合研究某一社会现象或某些社会现象,或者就某个社会、区域进行综合研究,以期获得对于社会心态的全面描述。

19.2.4 社会心态研究的特点

研究者普遍认为,社会心态与个体心态不同,它具备个体心态所不具备的一些特点,如:群众性、整体性、客观性、实践性和历史性(杨宜音,2006),社会性、阶级性、民族性和时代性(张二芳,1996),即时性、动态性、直接性(马广海,2008)。周晓虹(2014)认同社会心态具有宏观性和变动性的特点,但他认为社会心态还具有突生性(emergence),他认为,"突生性是指包括社会心态在内的社会事实确实源自个人事实或个体心理,但它并不是个人意识或心理的简单之和,它一经形成就有自己的特点和功能"。以转型和社会变迁为重点的社会心态研究必然是复杂的,包含了许多特点,其中以下特点是较为突出的。

首先,社会心态研究是宏观性和动态性相结合的研究。社会心态是一种宏观的研究,致力于对社会转型和变迁作出整体把握。如果说个体的心理学是在个体层面将相关内容分解为一块块的马赛克,还原个体层面的心理拼图,那社会心态就是在不同分析层面上对相关内容分别进行切割和解剖,将无数经过切割的碎块拼合还原为社会心理立体的样貌。由于传统社会心理学更关注个体,传统社会学更关注社会及其结构,这就需要宏观的社会心态研究在社会学的宏观结构和社会心理学的微观个体之间寻找内在的关联,弥补其间的空隙,形成一个时期社会心理特点的全貌,描述不同时期社会心理的特点。从分析水平上,社会心态的研究包含了中观和宏观的层面,但就社会心态整体来说,社会心态研究是由这些中观、宏观分析层面研究成果建构的宏观有机体。从研究内容上看,社会心态应该是从微观的个体心理、人际关系,到中观的群体心理,再到宏观的群体互动和意识形态。社会心态研究不仅囊括了社会心理学的研究,也包含了社会心理学不涉及的意识形态的内容,但这并不是说社会心态研究要成为一个包含一切的新学科,而是要强调,社会心态研究要在以往社会心理研究的基础之上,进一步延伸至文化变迁、社会变迁,把微观的个人心理以及宏观的意识形态、社会思潮都纳入社会心态的视野,作为社会心态的内容及其影响因素。

其次,社会心态是共时性和历时性相结合的研究。不同于心态史学的历时性研究,社会心态既要研究历史、文化对群体、社会心理的影响,研究深层的社会结构、社会性格、文化如何推动社会变迁和转型,也要研究随社会环境变化表现出变动的社会心态,以及这些心态的变化规律,包括其如何内化积淀为深层的社会心态。因此,社会心态的研究既有共时性,也有历时性,是共时性和历时性相结合的。从研究目的来看,社会心态既是一种社会心理规律和社会行为机制的探究性研究,也是对特定社会心态进行有预期改变的应用型研究,由于社会心态研究关注社会的发展和进步,因此它与历史学的历时性研究有所不同,它还要关注未来社会的走向和社会心态的变化,以及社会应该努力的方向和理想的社会心态。

然后,社会心态的研究对象是稳定的心理群体。与实验社会心理学研究对象不同,群体和社会是社会心态的主要研究对象,这里说的群体不是社会心理学为了试验操控而人为划定的临时性群体,而是持久存在的、稳定的群体,这些群体和社会是社会学意义上的群体和社会,正如社会学家乔纳森·特纳把社会分为社团单元和范畴单元,体制领域和分层系统,以及国家几种不同的社会水平。但社会心态研究的群体和社会又不完全等同于社会学的群体和社会,它是群体认同基础上的"心理群体"。社会心态不可避免地要关注个体、社会结构和文化之间的关联和作用,回答社会变迁和社会转型是如何在这种作用中实现的,毕竟,群体和社会认同是联结个体与社会的重要机制。

最后,社会心态理论是一种社会发展的研究。社会心态研究必须面对社会心理学忽视的现代性问题,正如皮亚杰和维果茨基所坚持的那样,人的发展问题,不能仅从个体角度去思考和研究,要关注从"原始"精神生活到"文明"精神生活,从前理性和集体思维到个体与科学思维(莫斯科维奇,2011)。社会心态不是独立于社会而存在的,而是一定历史时期社会状况的反映,在这个意义上,自然就会引出"成熟社会应该具有怎样的社会心态"这一问题。就像评价个体的心理是否健康一样,人们同样可以提出健康社会的心态问题。社会心态既要研究人们在转型过程中出现的个体、群体、社会不同层面和层面间的心理特征、情绪状态、价值观念、行为方式及其变化,也要研究社会的理性化过程,社会共识的达成,社会核心价值观念的形成,也要致力于推动社会思考、社会健康、社会进步和社会发展,要使得社会转型有利于社会发展,有利于人的发展。

19.3 社会心态研究的学科基础

从分析水平看社会心态的研究兼顾了微观、中观和宏观分析层面,但是,在社会心理学的发展历程中也有一些宏观的研究,这些研究是社会心态研究可以继承和使用的学术资源。社会心态研究可以借鉴的另一个资源是关于心态的研究,尽管心态的概念与社会心态研究中的概念有不小的差异。社会心态研究还需要借鉴社会学的宏观视角和研究方法,联通个体与社会,研究现实环境中真实的群体和组织、社区和社会、国家和民族等层面的宏观心理表现。以下从历史学、社会学、心理学等学科角度梳理一下社会心态研究可以继承的相关遗产,可以看出,在这些学科的发展历程中,个体与社会的关系是始终相伴的。

19.3.1 心态史学和心理史学

19世纪末,社会学、心理学希望成为独立学科的努力也反过来影响历史学,历史学家批评正统史学过于偏重政治史和伟人,认为史学应从其他学科汲取概念,甚至宣称:"历史学首先是一门社会—心理学"(伯克,2010)。

在年鉴学派那里,心态一词区别于意识形态的集体特征,代表了某个民族、某个人类群体特有的思想和感觉方式(李蓉蓉,2006)。雅克·勒高夫(Jacques Le Goff)指出,心态一词最早出现在 17 世纪的英国哲学中,用来指一个特定集团所特有的思想和感知方式;心态是集体的,不能把它同社会结构、社会发展分割开来(刘向阳等,2011)。吕西安·费弗尔(Lucien Febvre)的《马丁·路德:一个命运》探讨了 16 世纪德国社会的精神风貌和集体心态,开创了心态史学研究的先河。他认为心态史学的研究"是要揭示历史上人们的情感世界,如情感生活、希望、忧虑、爱憎、信念等。为了勾画这种情感世界,历史学家必须运用语言学、人类文化学、哲学、肖像学、文学,尤其是社会心理学方法进行综合研究"(陈曼娜,2003)。

20 世纪 60 年代末,以勒高夫为首的新一代年鉴派历史学家把研究的重心由社会—经济史转向以心态为主的社会—文化史。勒高夫认为心态史研究的是日常的自动行为,是历史的个人没有意识到的东西,所揭示的是思想中非个人的内容(陈曼娜,2003)。

有的心态史学家认为,心态史是价值观念的历史,有的则认为心态史是人对世界的各种看法的历史,包括了心智和情感两个领域,还有的认为心态史触及的是人类精神的各个方面,如习俗、梦幻、言语、时尚,等等(周兵,2001)。伯克(2010)认为心态史至少有三个特征与传统思想史是不同的,"它强调集体的态度而不是个人的态度;强调未被言明的看法而不是明确的理论,强调'常识'或在一个特定文化中看起来是常识的东西;以及强调信仰体系的结构,包括对那些用以解释经验的范畴以及证明和诱劝的方法的关注"。

1910 年,弗洛伊德的《列奥纳多·达·芬奇及其对童年的一个回忆》用精神分析理论分析达·芬奇童年经历以解释其成年的性格,开创心理史学研究先河。1958 年,精神分析学家埃里克森出版了《青年路德:对精神分析与历史学的研究》,这两者的出现标志着心理史学的正式形成。虽然精神分析的基本理论是一种人格理论,其基础自然是个体心理,但心理史学却从个体心理分析发展到集体心理史和社会历史重大事件研究,成为一种全谱系的心理研究。但由于其个体心理基础,使得心理史学有其不可避免的缺陷,有人批评"这种理论排斥了个人和社会之间的联系"(周兵,2001)。

从精神分析的角度看,如果说心理史学研究的是"个体无意识"如何影响个体、家庭、集体和社会,那么,心态史学研究的则是"集体无意识",刻画的是"集体心态"(伯克,2010)。因此,社会心态的研究既要继承心理史学的传统,也要继承心态史学的传统,把个体、社会,以及个体与社会的关系纳入社会心态的研究框架,才可能全面反映转型社会中从个体到社会的心理变化。

19.3.2 个体社会学与整体社会学

从19世纪社会学诞生起,就存在两种社会学(two sociologies),一种关注社会的整体(social collectivities),或曰"社会"(societies);一种关注社会的个体,或曰社会行动者(social actors)。关注社会整体的经典社会学家有孔德、斯宾塞和马克思等,他们研究社会有机体、社会系统和社会运行规则;关注社会个体的经典社会学家有韦伯、帕累托和米德等,他们研究社会个体成员在独处或集体中的行动有何差别(什托姆普卡,2005)。

社会学发展中发生了"双重范式"的转变,表现为在本体论层面从视行动者为理性经济人,到更为复杂的,包含了情感、传统、规范的,特别是文化因素的行动者的转变,由此产生了"两种行动的社会学"。一种是强调动机、意图和态度等心理意义的"社会—心理理论",一种是强调惯例、价值、规范、符号等文化意义的"文化主义社会学"(什托姆普卡,2005)。而在认识论层面,则把行动与群体、社区和社会这些社会整体的建构、形塑、改变联系起来,用行动的文化面向来理解和解释。"认识到在人类集体行动中,行动并不是个别地或相互独立地发生的,而是在一个复杂的行动场域中相互关联的(被派定的、依赖于他们不同的凝结的模式,比如群体、社区、组织、联合体、机构、国家、市场,等等),社会学家也聚焦于这些互动场域的综合性文化性质,尤其是他们的整体机能。由于这种综合的文化特征是非常难以明了的,难以用经验的和可操作的方式描述清楚,他们经常被比喻为社会情绪、社会气候、社会气氛、集体士气、社会厌倦、社会乐观主义、社会不适应,等等(什托姆普卡,2005)。"

什托姆普卡(Piotr Sztompka)认为这种文化主义转向的根源正是涂尔干的"社会事实"(social facts)或"集体表征"理论,以及托克维尔的"心灵习惯"(habits of the heart)(什托姆普卡,2005)。托克维尔在讨论美国的民主时指出,"社会要生存,要更加繁荣,所有公民的心灵必须通过某种有支配地位的思想凝结并团结在一起;除非他们中每一个人不时地从公共资源中获取他的意见,并赞成接受已经形成的信仰内容,社会将不可能存在"。什托姆普卡认为托克维尔的"心灵习惯"是来源于个体心理,通过周围的文化环境内化为人格而表现在行动中的,认为他所指的正是集体心态(collective mentalities)(什托姆普卡,2005)。

涂尔干区分了两类表征:个体表征(individual representation)和集体表征

(collective representation)。个体表征是集体表征的复合,个体表征以个体的感觉为基础,集体表征以个体的表征为基础。社会作为集体表征的组成物控制着个体,是外在于个体意识的一种群体意识。宗教、风俗、时尚、语言、道德规范、法律、科学和社会意识的其他特征以及它的情感、观念、习惯等,构成集体意识的集体表征(萨哈金,1991)。"团体的思想、感觉和行为,与其单独的个体成员的这些东西全然不同。因此,如果我们从孤立的个人出发去研究,我们就完全不能了解团体内部发生的一切"(迪尔凯姆,1995);他指出,"集体意识的状态与个人意识的状态有质的不同,有其独自的表象。集体的心态并不等于个人的心态,它有其固有的规律"(迪尔凯姆,1995)。他批评当时的心理学对于个人观念相互结合的方式只是一些十分含糊的联想规律,而社会心理学则对集体观念形成规律全然无知,他认为社会心理学应该从研究神话、传说、民间习俗、语言入手研究社会表征是如何相互吸引和排斥、融合和分离的,他甚至认为可能出现一种研究个体表征和集体表征的形式心理学取代个体心理学和社会学(迪尔凯姆,1995)。

可以看到,涂尔干在集体意识、集体表征概念中明确论述了个体与集体之间的关系,对于理解社会发展变化中个人与社会的关系颇具启发性,也许正是由于这一点,伯克才认为,心态史本质上是一种涂尔干式的研究观念的方法,与涂尔干"集体表征"和列维-布留尔的"心态"概念有关(伯克,2010)。列维-布留尔在1922年出版的《原始心态》(*primitive mentality*)中,试图用集体表征的理论来研究原始人的心态。列维-布留尔认为,人类的心态因社会环境不同而发生很大的变化,现代文明人的集体表征就不同于原始人的集体表征(表象)。列维-布留尔指出,"所谓集体表象,如果只从大体上下定义,不深入其细节问题,则可根据社会集体的全部成员所共有的下列各特征加以识别:这些表象在该集体中是世代相传的;它们在集体中每个成员身上留下深刻的烙印,同时根据不同情况,引起该集体中的每个成员对有关客体产生尊敬、恐惧、崇拜等感情。它们的存在不取决于每个人;之所以如此,并非因为集体表象要求以某种不同于构成社会集体的各个体的集体主体为前提,而是因为它们所表现的特征不可能以研究个体本身的途径得到理解"(列维-布留尔,1981)。

聚焦于转型社会的社会心态研究既要关注社会学的传统问题,研究群体、组织和社会结构,也要沿着涂尔干所希望的个体表征与集体表征的心理学方向去努力,并以社会发展的视角研究社会心态。

19.3.3 社会学的社会心理学与心理学的社会心理学

1908年,威廉·麦独孤出版了《社会心理学导论》,爱德华·罗斯出版了《社会心理学:大纲与资料集》,这两部著作标志着社会心理学的诞生,也注定了心理学的社会心理学(PSP, psychological social psychology)和社会学的社会心理学(SSP, sociological social psychology)同时存在。心理学家墨菲概括道,"当社会心理学成形时,它趋向于分为两枝,一枝是心理学家的社会心理学,着重社会情境中的个人,一枝是社会学家的社会心理学,着重团体生活"(墨菲,柯瓦奇,1980)。

创立之初,社会学的社会心理学试图构建博大的体系,如既被称为社会心理学之父,也被认为是社会学鼻祖的孔德就试图用实证的方法寻找社会的法则。之后,社会学家逐渐放弃了宏大体系的幻想,各自提出了专门化理论,如库里的社会化过程理论、罗斯的社会过程研究和涂尔干的集体表征,社会学家开始更多地关注个体与群体的互动(萨哈金,1991)。后来,心理学的社会心理学逐渐成为主流,他们的研究领域主要集中在态度改变、人际过程和小群体三个领域(萨哈金,1991)。虽然也曾发生过关于两种社会心理学的论争和整合的努力(夏学銮,1998),但社会心理学体系并未动摇。

梳理社会心理学理论,可以发现,许多概念和理论对于解释和思考社会变迁具有很大的启发性,这些理论是值得社会心态研究继承和发展的。比如,麦独孤曾提出群体中行为的策动理论,既包含了个体也包含了群体。他认为群体心智(group mind)是真实存在的,不同于个体成员的心智,群体心智产生于人们的互动和聚合(豪格,阿布拉姆斯,2011)。他在1920年出版的《群体心智》中指出,"社会聚合体具有一种集体的心理生活,这不仅仅是聚合体中各单元的心理生活,而且具有一种集体心理,或如某些人喜欢说的那样,具有一种集体灵魂"(萨哈金,1991)。

这个时期,研究群体心理发生和变化的理论还有塔德、勒庞、拉扎勒斯、施泰因塔尔和冯特的民族心理学。在塔德看来,个体与社会之间的互动关系是发明和模仿(萨哈金,1991),有学者认为塔德的发明实质上是社会心态的缘起,他的模仿,实质上是社会心态的传播与扩散(刘力,2006)。1895年勒庞出版了《群众心理学》,1896年被译为英文《乌合之众》,至今依然畅销。弗洛伊德评价这部著作"极为精彩地描述了集体心态",社会学大家罗伯特·墨顿认为这部著作"对人们理解集体行为的作用以及对社会心理学的思想发挥了巨大的影响"(墨顿,2004)。《乌合之众》通过法国大规模集体事件的分析得出,个体聚集为群体后暴露出了人类丑陋的本性(勒庞,2004)。

社会心态研究应该以心理学的社会心理学为基础,继承和发展社会学的社会心理学所具有的宏观视角和现实关怀,在研究方法上既不排斥实证的手段,也不排斥诠释的方法,不断探索宏观与微观相结合的研究范式,才能对当下和发展的社会有所揭示。

19.3.4 从"生态"到"心态"的学科边界扩展

在对中国社会学三十年重建进行回顾和反思时,苏国勋等(苏国勋,熊春文,2010)指出了传统实证主义社会学的局限,认为"社会现象是由人们行动造成的结果,他除了具有自然现象的表层实体结构之外,还具有自然现象不具备的深层意义结构,换言之,人们的行动是由不同动机驱使做出的,因此要对人的行动做出因果说明,必须首先对人们赋予行动的动机—意义做出诠释性的理解,只有这样,方能奏效"。他批评实证主义社会学把社会现象完全归结为经验事实,完全排斥宏观理论,并贬低社会研究必然包含的预设层面中的形而上问题。他认为,"社会学研究是一架由因果性说明和诠释性理解双轮驱动的车子,两个轮子犹如人的两条腿,其中任何一个不可或缺。用费先生的话说,就是要从'生态研究'进入到'心态研究',二者缺一不可"(苏国勋,熊春文,2010)。

苏国勋等提到的从"生态研究"进入到"心态研究"是指费孝通先生在晚年提出的要扩展社会学传统界限的主张。费孝通(2003)指出,社会学研究不应该把人的"生物性"和"社会性"对立起来,这二者是融为一体,互相包容的。社会学也要研究作为"人的一种意识能力"的"人的精神世界"。虽然社会学自身无法完成对人的精神世界的探索,但这种探索对于社会学理解人、人的生活、人的思想、人的感受,从而进一步理解社会的存在和运行,对社会学的发展具有重大意义。除精神世界外,他认为"意会"在社会学的"社会关系"中非常重要,他指出,"一个社会,一种文化,一种文明,实际上是更多地建立在这种'意会'的社会关系基础上,而不是那些公开宣称的、白纸黑字的、明确界定的交流方式上"。他还提到了"讲不清楚的我",以及"心"的问题。

20世纪90年代,费孝通在研究民族认同意识时,重新思考了他的老师史禄国(S. M. Shirokogoroff)提出的 Ethnos 和 Psycho-mental Complex 这两个概念的中文翻译(费孝通,1994),"Ethnos 是一个形成民族的过程,也可以说正是我想从'多元一体'的动态中去认识中国大地上几千年来,一代代的人们聚合和分散形成各个民族的历史"。他意识到自己原来并没有真正领会史禄国在 Ethnos 论中提出的,一直在民族单位中起作用的凝聚力和离心力的概念,更没有注意到从民族单位之间相互冲击的场合中发生和引起的有关单位本身的变化,而这些变化事实上就表现为民族的兴衰存亡和分裂融合的历史(费孝通,1997),这也正是社会心态与社会转型和变迁的作用过程。费孝通解释了把 Psycho-mental Complex 翻译为心态的原因,"Psycho 原是拉丁 Psukhe 演化出来的,本意是呼吸、生命和灵魂的意思,但英语里用此为字根,造出一系列的词如 Psychic, Psychology 等意义也扩大到了整个人的心理活动。晚近称 Psychology 的心理学又日益偏重体质成分,成为研究神经系统活动的学科。史氏总觉得它范围太狭,包括不了思想、意识,于是联上 Mind 这个字,创造出 Psycho-mental 一词,用来指群体所表现的生理、心理、意识和精神境界的现象,又认为这个现象是一种复杂而融洽的整体,所以加上他喜欢用的 Complex 一字,构成了人类学研究最上层的对象。这个词要简单地加以翻译实在太困难了。我近来把这一层次的社会文化现象简称作心态,也是个模糊的概括"(费孝通,1994)。

赵旭东(2010)认为,史禄国所说的 Psycho-mental Complex 这个概念,"强调的是心理和精神层面的群体传承,这些传承是知识、实践以及行为,它们可以在代际之间传递,还可以从周围的人群中借得,甚至还可以由某个群体的成员自发地创造出来,其根本是指一个动态适应过程,并通过心理层次的复合传递下去,史禄国因此将之称为 Psycho-mental Complex,另一方面为了强调这一动态适应过程,又称之为 Ethnos"。他认为社会学和社会心理学对于心态的忽视是费孝通提出扩展学科边界的原因,"对于 Psycho-mental Complex 这个词,社会心理学家本来应该在这方面作出一些贡献,但由于过度地将心理与精神的内容还原成生理和大脑层次的解释,对于身体、意识和精神整体性的关注被排斥在正统社会心理学的研究领域之外,而社会学又因为过度追随制度和结构层面的分析,无暇顾及个体心理层次的精神世界,而这些被忽略的应该就是费孝通所关注的人的精神世界范围"(赵旭东,2010)。

无论是苏国勋所讲的人们行动的动机和意义,还是费孝通先生的"精神"、"意会"、"自我"这些"心"的方面,特别是费孝通晚年对于与"心态"相关的两个概念的追问可以看出,社会转型研究必须扩展社会学学科边界,社会心态研究正是对社会心理学传统边界的扩展,试图实现和社会学的对话和对接,这样的探索无疑具有极大的价值。

19.4 社会心态的结构和机制

19.4.1 社会心态的结构

马广海(2008)提出,社会情绪、社会认知、社会价值观和社会行为意向是构成社会心态的基本维度,他认为这几个方面与社会行为高度关联,是决定社会行为最重要的心理要素,对从实践的角度探讨社会心态问题有着重要的意义,有益于社会行为的预测与控制。他认为,社会认知强调群体或社会中人们对某些社会现象的相对一致的认识或理解,社会成员共识的社会认知是形成社会心态的认识基础,它对于社会心态的其他方面特别是情绪方面的影响也十分重要。当某种价值观念普遍地被社会成员所接受时,它便成为了一种社会的价值观,而社会价值观是隐含在一套社会结构及制度之内的,它对于现有社会结构的保持具有重要的意义,它时刻反映着各种客观存在的经济社会政治结构和发展状况。社会行为意向是集体行动的萌芽状态,受社会情绪、社会认知和社会价值观的影响,这些社会心态成分的合力促成了社会行为意向。

杨宜音(2006)认为,社会心态是由社会情绪基调、社会共识和社会价值观构成的,而且社会心态的心理层次由表及里为社会情绪基调、社会共识及社会价值观。而社会价值观是指"隐含在一套社会结构及制度之内的一套价值,这套价值的持有使现有的社会架构得以保持。社会制度在这里包括社会化、社会控制、社会规范及社会奖惩等。它通过规范、价值、惩罚等,给个人带来外在压力,也通过社会价值的内化,给个人带来就范的压力"。

杨宜音和马广海的社会心态构成的观点是依托于社会心理学学科基础的,他们的相同点在于都认为社会共识(社会认知)、社会情绪、社会价值观是构成社会心态的重要基础,马广海强调在这三个因素影响下的社会行为意向,杨宜音强调社会价值观念内化、个体认同后的国民性,他们二人的观念都受到心理学认知、情感、意志三分法的影响。

笔者认为,社会心态的结构是由以社会心态的核心要素为结构的框架以及社会心态的边缘元素结合构成的。尽管人们对社会心态含义的理解不同,但我们依然可以从以上对于社会心态含义的不同理解中找到其核心成分,在社会心态与社会心理差异的理解上突出强调的是社会心态与社会变迁的内在联系,强调社会心态的核心内容,包括以社会需要为社会心态的动力基础,由社会认知、社会情绪、社会行为倾向构成,如图19.4。社会需要对社会认知产生影响,同时,社会认知能够感知社会,可以对此进行包括思维在内的认知活动;社会情绪来源于社会,是社会满足与否的直接体验,也是作为社会动力特征的延续,从一种内在的驱动表现为情绪能量,社会情绪也会影响社会,调节社会;社会需要是社会行为倾向的动机因素,反过来,社会行为或者朝向需要的满足,或者抑制需要的满足。这些基本要素之间的关系是协同发生的,并且都受到一定的社会价值观的影响和支配,社会价值观念是在长期的社会文化因素影响下形成的。因此,社会需要、社会认知、社会情绪、社会行为倾向和社会价值观构成了社会心态的核心。社会心态核心是社会心态中最主要的构成,影响着社会心态的变化,但社会心态核心也受到其边缘元素的影响,心理学、社会心理学学科的许多概念属于这样的边缘元素,如人际或群际的信任、社会认同、社会认知策略等。在一定时期,社会心态的表现是由社会心态核心中占主导地位的因素构成,这些因素分别是比较一致的社会认知,也就是社会共识,以及社会成员共享的社会情绪,社会团结和合作行为以及社会共享的核心价值观念构成。

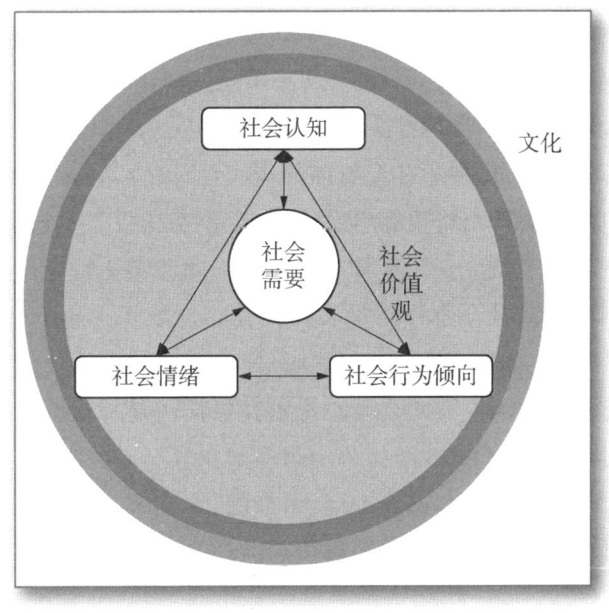

图 19.4 社会心态的核心要素

很明显,这个社会心态核心的模型是个体心理学基本理论体系的延伸,但这种从个体向社会,由微观向宏观的延伸也可以在社会学理论中找到支持。在社会学家帕森斯的社会系统理论中,从行动单元向社会系统的转化中,起源于个体在一定情境下的动机和价值观,这里的动机就是调动能量和愿望,价值观就是关于什么是正确的概念。他认为动机可以分为三种,认知的、情感的和评价的,认知的动机是针对信息的,情感的动机是针对感情寄托的,评价的动机是针对评价的。这三种动机对应着三种价值观,认知的、鉴赏的和道德的,认知的价值观就是按照客观标准进行评价,鉴赏的价值观就是按照审美标准进行评价,道德的价值观就是按照绝对的正误标准进行评价。在这三种动机和价值之下,会有三种行动相对应,分别是工具性的、表意性的和道德性的行动,工具性的行动是指行动定位于有效地实现既定目标,表意性的行动定位于实现情感上的满足,道德性的行动定位于是非标准。对于行动者个体来说,各自是具有不同行动取向的,而具有不同行动取向的行动者之间的互动也会逐渐产生约定,并维持成为互动模式,这种互动模式不断制度化后,就形成了地位、角色规范的社会系统(特纳,2001:33)。

社会表征理论认为,社会表征的结构可以分为中枢系统(central system)和边缘系统(peripheral system),中枢系统是社会表征的核心,直接与历史的、社会的和意识形态的条件相联系并起决定作用,同时带有强烈的它所涉及的规范系统的印记。中枢系统形成了社会表征集体共享的基础部分,决定了社会群体的同质性,是稳定的、一致的和不变的,对即时的环境不敏感。而边缘系统依赖情境和个体特质整合的个体经验和历史,支持社会群体的异质性,是灵活的,有时可能是矛盾的,对即时的环境非常敏感,反映了社会群体的现实性(刘力,管健,2010)。社会表征理论对于理解社会心态的结构很有启发性,社会心态的核心要素也应该是一定社会群体共同存在的、相对稳定的、具有一定时代烙印和文化特征的系统。社会、社会共识、社会主导情绪、社会合作行为和社会核心价值观念属于社会心态的核心要素。

以社会转型和变迁为重点的社会心态研究更强调其变化特点,依照稳定性和变动性特点,可以把社会心态的结构分为超稳定的社会心态、稳定的社会心态、阶段性社会心态和变动性社会心态四个层次,如图19.5所示。在社会环境中,社会心态中既有随社会转型和变迁而变动较快的、较明显的部分,如社会认知、社会感

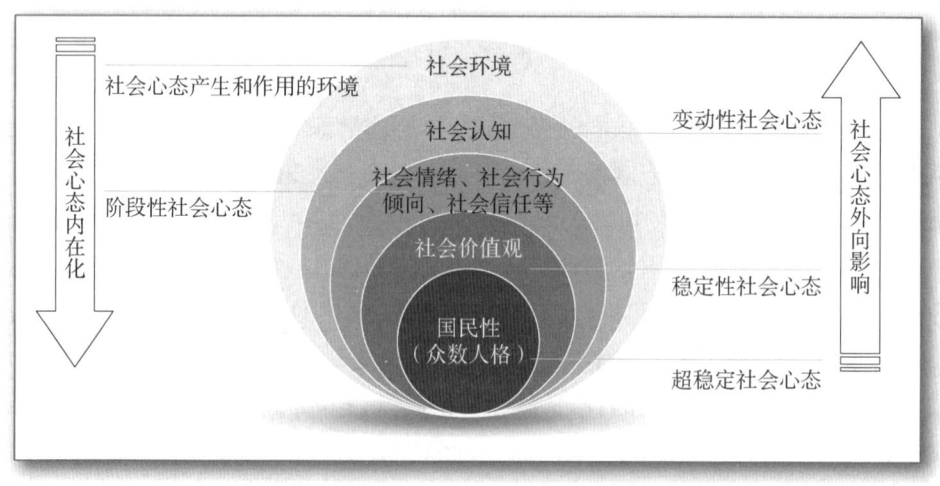

图19.5　社会心态的结构和层次

受、社会态度这些情境性、评价性的内容;也有在一个时期内较为稳定的,表现为阶段性变化的内容,如社会情绪和社会信任等;还有较长时期内表现稳定,变化非常缓慢的内容,如社会价值观念;社会心态中最为稳定的是社会性格(人格)部分,也就是英格尔斯所讲的国民性(national character)或民族性(沙莲香,1992)。英格尔斯认为,国民性是指"一个社会成年群体中具有众数特征的、相对稳定持久的人格特征和模式",也被称为"众数人格"(model personality)(艾历克斯·英格尔斯,2012)。台湾学者庄泽宣认为,"民族性系一个民族中各个人相互影响所产生之通有的思想、感情和意志,对个人深具压迫敦促的势力"(沙莲香,1992)。国民性、民族性是指社会性格,它是社会心态中最深层的也是最具动力性的核心成分,作为社会文化的体现。费孝通从个体与社会的关系阐释过文化的作用,他指出"'文化'就是在'社会'这种群体形式下,把历史上众多个体的、有限的生命经验积累起来,变成一种社会共有的精神、思想、知识财富,又以各种方式保存在今天一个个活着的个体人的生活、思想、态度、行为中,成为一种超越个体的东西"(费孝通,2003)。费孝通追问的Ethnos概念与民族性很接近,而Psycho-mental Complex更接近于社会心态。孙隆基用"良知系统"这种文化的"深层结构"来分析中国文化历史演变和特征,这种观念明显受到精神分析心理学思想的影响,不同的是,他分析的是作为中国社会的心理特征,"良知系统"要表达文化影响下的社会演进,接近于一个"社会的超我",其文化的深层结构也可以理解为"文化潜意识"(孙隆基,2011)。社会心态的四个层次是一个相互影响的过程,从外层的变动性社会心态到内层更稳定的社会心态是一个逐渐内化的过程,社会心态的一些相对稳定的成分,逐渐积淀为下一层的社会心态,再进入最内层的超稳定社会心态,成为民族性格和文化层面的东西一般要经历漫长的过程。与之相反的过程,最内层的文化和民族性对于稳定的社会心态具有支配和控制作用,稳定的社会心态如价值观等也会影响阶段性社会心态,而最外层的变动性社会心态也会受到最深层社会心态的影响,但更多会受到最接近的阶段性社会心态的影响。也就是说,从变动性社会心态、阶段性社会心态、稳定性社会心态到超稳定社会心态,由外而内,内在化的过程由快到慢;反过来,由内而外,影响力逐渐减弱。

社会心态并非作为一个独立体被动地受社会环境的影响,社会心态本身就是社会环境的一部分,而且就社会的心理构成来说是更大的部分,是一定社会范围内多数人的心理或占较大比例的几种心理。社会心态随着社会转型和变迁而变化,既是社会转型和变迁的推动者,同时也以其变化构成了社会转型和变迁的特征。

19.4.2 社会心态的机制

杨宜音(2006)从"群体中的个体"和"个体中的群体"两个角度出发来厘清社会心态的心理结构,在"群体中的个体"的视角中,她提出区分个体的社会性价值观与社会的价值观,将个体价值体系中的社会价值观称为"社会性价值观"(social values),而将隐含于社会制度中的价值观称为"社会价值观"(societal values),认为个体价值观和社会价值观以及二者的相互映射关系,应该是社会心态研究的核心概念。在"个体中的群体"中,她从社会认同理论来解释社会心态的形成,"个体一旦认同了群体,受到了感染,就会丧失原有的个别性或责任感,就会消失在群体之中"。她认为从"群体与个体"的角度看,社会心态是由个体与群体相互建构的。

陈午晴(2006)认同杨宜音从个体与社会相互建构的角度分析社会心态的观点,但他认为杨宜音没有充分讨论个体心态与社会心态的主体,没有回答社会心态的主体是什么。他认为社会心态的主体应该是所有社会成员构成的总体,但由于通常很难把握所有社会成员的存在状况,因此社会心态的主体可以看成是众多社会成员构成的总体。他认为,作为社会心态主体的社会成员总体一旦由众多社会成员个体构成,即同时成为了超越个体的主体,虽然社会心态并非由众多社会成员个体心态构成,但其生成必然以众多社会成员个体心态为一定的基础,而且一旦生成,社会心态即超越了个体心态。而社会心态正是通过个体超越方式而实现了个体超越性,即由个体心态转化成了社会成员总体的心态。陈午晴认为,社会心态具有两种个体超越方式:汇合与融合。他的论述基于两个预设:一是社会成员总体中,所有社会成员个体是一个个相对独立的主体,而社会成员总体的存在形式则是由这些相对独立的主体构成的集合体;二是社会成员总体中的所有社会成员个体都在一定的社会文化脉络中发生相互作用、相互影响,而在一定条件下,社会成员总体的存在形式就成为了由这些相互作用、相互影响的主体构成的共同体。根据第一个预设,社会心态实际上就是"这些个体心态汇集、聚合在一起的总体分布形态"。根据第二个预设,社会心态是这些个体心态"最终融会、和合在一起的总体统一形态"。也就是说,"社会心态存在两种基本的个体超越方式,即汇合与融合,前者是由众多个体心态汇集、聚合而成社会成员总体心态的方式;后者是由众多个体心态融会、和合而成社会成员总体心态的方式。相应地,社会心态存在两种类型,即汇合式社会心态和融合式社会心态。汇合式社会心态体现为众多个体心态的总体分布形态,而融合式社会心态体现为众多个体心态的总体统一形态"。

社会心态的分析水平对应于社会心理学的中观和宏观水平,也就是群体内、群体间,以及社会学的社会水平。但是,心理学、社会心理学微观水平对于个体和个体间关系的研究是社会心态研究的基础,也是社会心态核心要素的构成基础。

根据个体心理学中的动机、认知、情绪和价值观等理论,可以把需要、认知、情绪、价值观和行为之间的关系理解为是微观层面社会心态的核心要素,如图 19.4 所示。微观层面的社会心态核心要素及其关系构成了社会心态运行的单元,无论是人际互动还是群体内互动,或者是群体间的互动,甚至是社会运行,都是以这个单元为基础的。在一定的社会环境下,每个人因为成长环境不同而具有不同的价值倾向,这为人际互动增加了变数。人际互动会在一定的背景下展开,互动的双方因为生活在一定的社会环境中,具有一定的社会角色和社会地位,因而就存在不同的人际关系,人际信任、人际关系的亲疏都是影响人际互动的重要因素(王俊秀,2014b)。人际互动如何进行是由一个重要的因素决定的,就是人际之间的能量交换,具体来说就是情感能量。社会学的互动理论对于人际互动中的情感因素有很多论述,特别是柯林斯(2012)的互动仪式链理论对于互动中情感能量的问题进行了深入的说明,很好地解释了人际互动的发生和进展因由。按照互动理论的观点,人际互动的原则是追求情感能量的最大化(柯林斯,2012)。互动理论的这个观点解决了以往理论中理智和情感矛盾的问题,把理智和情感的矛盾纳入一个综合的思维模式中来考虑。在人际互动中,个体都以获取更多情感能量为准则,愿意维持能够获得情感能量的互动,回避那些不能够获得情感能量或带来情感能量损失的互动(王俊秀,2014b)。

在一定社会环境下,在一定的社会结构和系统中,任何个体都会被标注一些社会符号,个体关系取决于其所属的社会阶层或群体,个体间的互动在群体内和群体间的差异可能会很大。个体会因为在群体内不同的群体归属影响到个体的认知、情绪和行为。个体的价值观念会受到群体价值观的影响,群体价值观对群体成员的认知、情感、行为都有影响。群体的社会心态中,既包含了人际互动的微观层面,也包含了群体一致的、共有的社会心态这一中观层面。由于个体的群体认同是一个主观的过程,个体在所处社会结构中具有不同的身份而可能分属于不同群体或阶层,因此个体与群体的边界具有很大的伸缩性和灵活性,也会因社会情境的变化而发生变动。群体互动也一样随着群体关系而变动,群体之间的信任也影响着群体之间的互动。群体认知、群体情绪、群体行为倾向和群体价值观上的差异决定了群体之间的冲突与合作,以及群体互动中能量如何交换。同样地,群体之间的互动也遵守情感能量最大化的原则。群体中个体成员对群体的认同、群体价值观和群体凝聚力决定了群体的行为模式和社会心态,以及与其他群体之间的互动,也就是群体行动(王俊秀,2014b)。

当群体间的互动扩展到社会,就成为宏观层面的社会心态,这是以往社会心理学很少涉及的领域。社会由无数的个体和群体构成,个体间、个体与群体、群体间的互动构成了社会的运行,这其中包含了微观的社会心态过程,也包含了中观的社会心态,但社会并非个体和群体的叠加,一定社会环境下,社会心态也会表现为宏观的整体特征。宏观的社会心态的基本要素是由社会成员共同认知凝聚的社会共识,社会成员共享的社会情绪,社会的核心价值观念,以及社会团结与合作的行为倾向共同构成的,见图19.6。宏观层面的社会心态才真正决定社会转型、社会变迁、社会发展和进步(王俊秀,2014b)。

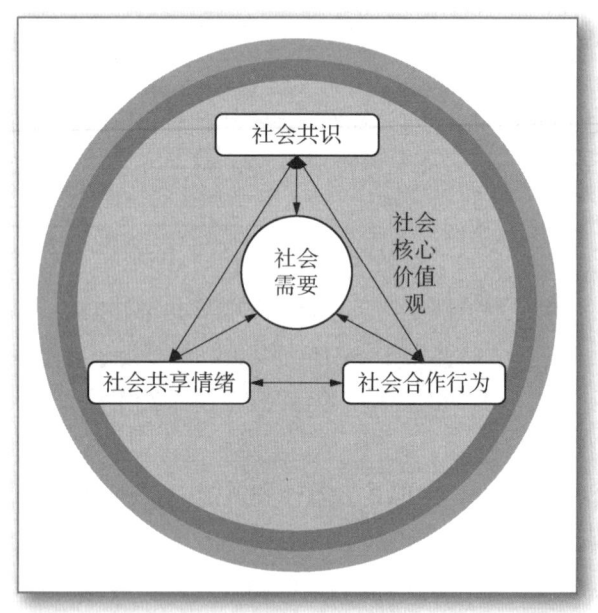

图 19.6　宏观层面的社会心态

相对于传统心理学个体的思维,社会心态研究更关心群体思维,特别是社会的思维,它不仅关心社会非理性思维的机制,也关心社会理性思维如何形成,社会共识如何达成,用莫斯科维奇(2011)的概念就是"思维社会"(thinking society)。对于社会心态研究来说,社会整合、社会和谐、社会成长和社会进步是总的目标和方向,发展心理学把思维的发展看作是个体成长的重要标志,社会心态研究应该把社会的思考能力、反思能力看作是社会成长和成熟的标志,思维社会是健康社会应该具有的心态(王俊秀,2014b)。

社会表征理论把社会共识看作是一个社会表征的形成过程,人们通过个人经验、人际互动和媒体影响形成着各种社会表征,也会产生共识性思想、共识性表征,进而影响社会的每个个体。"社会共识在我们的社会中持续不断地被创造出,尤其在普及科学和技术知识的时候。社会共识的内容,即符号映象来源于科学,并以科学作为基础。符号映象根植于头脑中的判断,它塑造着公共的语言和行为,还能不断地被改善。在这一过程中,符号映射补充了社会表征的存储部分,如果没有这种存储,一个社会就无法交流,也不能联系并定义现实(莫斯科维奇,2011)。"莫斯科维奇指出,社会共识的形成会经历三个阶段,"第一阶段是由科学性的学科(如经济学、生物学等)从一个理论中详细阐明的科学性阶段。第二阶段是在社会中传播,她的意象、概念和词汇被重新塑造和适应的'表征性'阶段。第三阶段是意识形态阶段,表征被一个党派、一个思想流派或一个国家机构使用并被逻辑性地重新建构,最终被整个社会创造出来的产物以科学的名义强化。因此,每一个意识形态都具有两种元素,一个来源于底层的内容和一个能够给社会共识一个科学性氛围的、来源于上层的形式"(莫斯科维奇,2011)。

社会情绪是社会心态核心的组成要素,也是构成社会心态的动力机制和社会运行的调控以及凝聚机制。社会情感具有动力机制,"情感是把人们联系在一起的'黏合剂',可生成广义的社会与文化结构的承诺"(特纳,2007),是避免"社会疏离",实现"社会整合"的核心要素。在社会发展和进步中,社会情绪成为社会团结和社会凝聚的力量,社会情绪是一个群体和社会中多数成员共享的情绪体验。而这种社会文化方面的要素就包含了社会的核心价值观念,从社会认知到社会态度,进而形成社会价值观念,这是一个渐进的过程,在这一过程中已经形成的社会价值观念影响着社会认知、社会态度,也产生着相应的社会情绪体验,因此,在一定的时期会形成一定社会共识、社会主导情绪以及社会核心价值观念,这些社会心态核心要素构成的体系就决定着社会的行为,也在一定程度上决定着这个时期个体的行为(王俊秀,2014b)。

社会心态的机制是异常复杂的,目前,针对这一问题的研究和论述还不多,但这又是我们必须深刻认识和搞清楚的问题。研究还常常把这样综合的问题分解,其中社会心态机制中比较关键的问题就包括社会共识是如何形成的。延续其"个体中的群体"、"群体中的个体"的个体与群体相互建构思想,杨宜音(2012)试图提出一种社会心态的动力模型,即一种自下而上和自上而下的双向社会心态形成机制。在向上模型中,"个体自下而上汇聚而形成的整个社会或社会中的一些群体间弥漫的心境状态",她着重强调社会心态机制中的"社会卷入"和"社会关联",并具体化为四个途径:社会认同、情绪感染、去个体化与去个人化、"关系化"与"镶嵌化"。向下模型是"当某种社会心态逐渐形成后,它就会作为一个整体自上而下影响个体和群体的社会心态"。她认为,社会心态的形成机制是向上模型与向下模型结合的个体与社会间的互动,而向下过程中重要的路径是社会影响,包括服从、依从、从众和合作等过程。杨宜音解释认为,社会心态机制的理论主要是共享现实理论、社会认同理论和社会表征理论(杨宜音,2012;杨宜音,张曙光,2013;吴莹,杨宜音,2013),并概括为社会心理机制的三种形式:"关系化"、"类别化"、"镶嵌化"。"关系化"是中国传统文化中特有的人与人根据远近亲疏采取的相处原则。"类别化"源于社会认同理论,个体会将自我与一个类别建立心理联系,形成对该类别的认同,这也是一个自我归类的过程。"镶嵌化"是指在一个组织中,每个成员的功能都是不可替代的,由于共同的目标,各自为实现共同目标提供必要的、独特的贡献而形成共同体(杨宜音,张曙光,2013)。共享现实理论认为,个体在模糊环境下将会产生两种认知动机,即寻求准确信息的动机和谋求与他人认知一致性的动机,而与他人共享的认知一致性构成了个体认为的"现实"环境,从而满足另一个寻求准确性的动机。从共享现实理论中延伸出来的主体间共识理论认为,在互动中,他人观念会被个体建构为态度判断和行为反应的"现实"(吴莹,杨宜音,2013)。社会表征理论中,社会表征可以分解为两个水平,个体水平上,个体通过锚定和具体化将社会事实或不熟悉的理论变成个人熟悉的私人性的知识;在人际或群体水平上,不同个体通过符号化的表达将各自熟悉的知识在个体间或社群内分享与传播,这一观点也就是杨宜音动力模型中双向社会心态机制形成的理论依据。

19.5 社会心态的测量和指标体系

社会心态研究面临的最大困难是如何把握社会心态的问题。这一难点体现在两个方面,一是从动态、静态角度看,社会心态既包含社会文化中深层的、稳定的成分,也包括随着社会变迁、社会转型而变化的成分;二是从宏观、微观角度看,社会心态既要研究社会整体的社会心态,也要研究局部的社会心态。采取何种研究策略和方法才能兼顾社会心态的这些特性是社会心态研究的核心问题。

陈午晴提出,从个体心态到社会心态,存在"汇合和融合"两种方式。他认为抽样调查比较适合汇合式社会心态的研究,表征分析比较适合融合式社会心态的研究。而媒体分析、问卷测量、民意测验、深度访谈、焦点小组讨论、语话分析乃至实验室实验都被广泛地运用于社会表征的研究(陈午晴,2006)。

社会心态研究的目的是分析和描述宏观的社会心理,其最重要的策略就是尝试对被元素主义割裂的社会心理进行还原,把片段、条块的社会心理学概念和理论"拼合"为关联的、局部的或整体的社会心理。当然,这样的过程是需要长期努力、不断积累的。而在研究方法上,除了采用社会心理学的研究方法外,也要借鉴社会学的研究方法。

从目前的研究来看,社会心态研究不仅会采用传统社会心理学方法,如抽样调查、文献资料分析、访谈法、心理测量等,也会采用一些社会表征的方法,如通过流行语、委婉语的使用分析社会心态(王俊秀,2008)。社会心态调查和研究的普遍特点是关注公众对社会问题的态度和意见,而对于社会普遍存在的社会共识、集体意识缺乏反映,社会心态调查和研究没有反映作为公众意见的深层面的心理内容。

随着社会心态研究的深入,社会心态、社会心态结构的研究和测量需要探索各种新的方法。但总的来看,社会心态研究方法必须采用综合的研究策略,广泛采用各种研究方法,准确地说,就是在针对具体问题、局部研究中可以根据研究的具体情况灵活使用实验、问卷调查、访谈、资料分析等各种方法,而在宏观层面则采取整合的策略,借鉴社会学中指数研究方法,通过不同层级的代表性社会心态边缘元素来反映社会心态的核心要素,通过这些核心要素及其之间的关系来反映社会心态的整体状况。

近年来,我们在社会心态的研究上采取了建构社会心态指标体系的研究方法(见图19.7),试图逐步建立反映社会变迁的社会心态指数。这种方法是社会学常用的,而我们在具体指标的获取上又采用了心理学常用的测量方法,希望通过这种微观和宏观相结合的方法来实现对社会心态的定量研究。由于宏观心态不易把握,社会心态指数的指标选择是一个难题,所以很难建构一个客观、全面反映整体社会或局部社会的社会心态指标体系。但是,我们认为这是社会心态研究的重要手段,是一种有益的尝试,现有的指标虽然远不完善,但对于分析宏观社会心态有所帮助。在一定社会环境下社会具有不同需求,社会表现为不同的社会认知和社

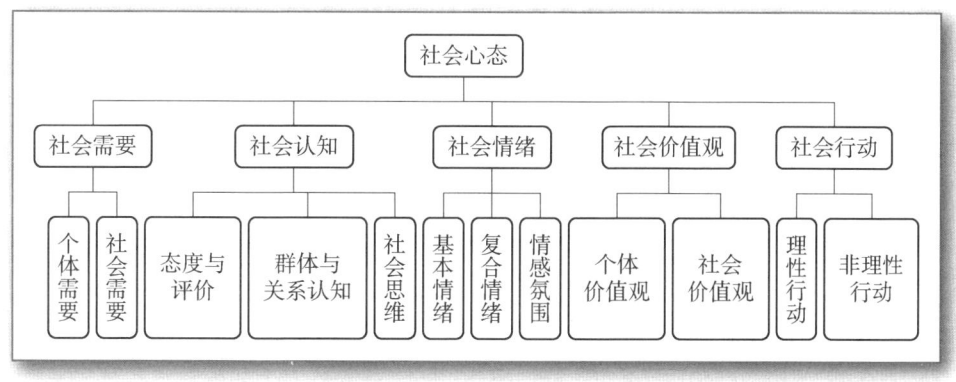

图19.7 社会心态的指标体系

会态度,这些对社会环境的评价又会因社会的不同而产生不同的社会情绪,社会情绪反过来又影响到社会认知,社会认知也同时受到社会价值观念的影响,社会价值观念也会在社会认知、社会态度的变化中改变,这些都将决定社会的行为。社会思维是社会认知的核心问题,这些都是社会心态亟需回答的问题。我们曾提出从社会认知、社会情绪、社会价值和社会行为倾向四个方面考察社会心态的指标体系(王俊秀,2013a),现对此作进一步修正,即由五个一级指标构成社会心态指标体系,分别是社会需要、社会认知、社会情绪、社会价值观和社会行动(如图19.7所示)。

社会需要的下一级指标是个体需要和社会需要,社会心态更关注社会性需要,它的下一级指标是基本需要和中间需要(多亚尔,高夫,2008);对个体需要的理解采用的是马斯洛的需要理论(车文博,1998)。

社会认知的下一级指标包括个体的态度和对现实的评价和感受,如幸福感、安全感、社会公正感、社会成就感、个体效能感等;也包括群体与关系的认知,如社会支持感、社会信任感、社会认同与归属感等;还包括作为宏观层面的社会思维。社会心态指标体系中更关注群体和关系认知,以及社会思维。

社会情绪的下一级指标是基本情绪、复合情绪和情感氛围。个体情绪由情绪的准备状态——核心情绪和初级情绪、次级情绪构成,在众多个体的互动和影响下,还会形成一个社会特定时期的情感氛围,这是社会情绪的初级状态,在一定事件和社会环境下,群体和社会形成共享的情绪就是社会情绪。特定的社会下社会情绪会表现为相对稳定的形态,逐渐积淀为一个社会在一定时期的情感文化(王俊秀,2013b)。其中基本情绪采用了特纳(特纳,斯戴兹,2007)的基本情绪分类,分为满意-高兴、厌恶-恐惧、强硬-愤怒和失望-悲伤。复合情绪分为自豪、羞愧、嫉妒、仇恨、希望和懊悔等。情感氛围分为焦虑、怨恨、浮躁、愉悦、平静、郁闷和冷漠。

价值观的下一级指标是个体价值观和社会价值观。社会价值是一个社会表现出的对一些方面的社会性肯定。个体价值观是个体持有的对个人与周围世界关系,以及维持个体生存的目标和理念。社会价值观是"隐含在一套社会结构及制度之内的一套价值,这套价值的持有使现有的社会架构得以保持。社会制度在这里包括社会化、社会控制、社会规范及社会奖惩等。它通过规范、价值、惩罚等,给个人带来外在压力,也通过社会价值的内化,给个人带来就范的压力"(杨中芳,1994)。个体价值观包括人生观、财富观、道德观念、公民观念和权力观念等。

社会行动包括经济行动、公共参与、歧视与排斥、攻击行为、矛盾化解、冲突应对、利他行为、道德行为、情感行为等。其中,经济行动是只考虑投入产出效益谋利的行动。公共参与行动是反映个人与社会关系的重要指标,它可以考察一个社会公民参与公共事务的程度,对于社会的发展和进步至关重要。歧视与排斥行动,是社会成员对某些社会成员或社会群体持有负性的态度,表现为不容忍、不接纳,甚至侵犯性的言行。矛盾化解行动,是社会成员在遇到矛盾时会采取的行动。冲突应对行动,是社会成员个体或群体之间发生冲突时首先采取的对策。利他行为,是指社会成员的行为有利于其他社会成员和社会的倾向性,是助人为乐、慈善、志愿等行为的基础。而这些行为都可以分为理性行动和非理性行动两个类型,这个分类来源于马布尔·别列津(2005),他根据认知特点把行为分为理性行动和非理性行动。

社会心态指标的选取会基于以往社会心理学、社会学研究的一些理论和成果,也会考虑到社会心态研究的目的,以及这些年来社会心态研究实践的一些体会,但社会心态指标体系的确定不可避免地包含着研究者的主观性,而选取这些指标旨在通过这些指标揭示社会矛盾和社会冲突的状况及其原因,希望能够反映社会变迁和社会转型过程中社会心态的特点。就这一社会心态指标体系而言,二级指标或三级指标是可以经过概念化、操作化后,编制相应的量表或题目来测量的。在社会心理学的研究中,对于其中的一些二级指标、三级指标概念已经有了深入研究的,可以借鉴这些概念的测量工具,而其他的一些指标则需要根据研究的问题编制相应的问卷或量表,通过不断研究和积累,完善指标体系。通过对这些指标的测量,我们试图分析不同指标间的关系,通过对不同指标间关系的分析,试图回答一系列的问题。个体思维是怎么成为群体思维、社会思维的?社会共识如何达成?社会共识如何推动社会成长、社会发展和社会进步?社会情绪是如何联结社会认知、社会价值观和社会行为倾向的?个体情绪是如何逐渐成为社会情绪的?社会情绪是如何传染和传播的?目前主流的社会价值观是什么?社会核心价值观念是如何形成的?社会价值观是如何影响社会变迁和转型的?传统文化下的价值观念与西方价值观念是如何影响个体和社会价值观念的?

19.6 社会心态研究的走向

社会心态研究的出现就是关注社会现实和问题的,准确地说是关注社会转型、社会变迁的。从社会心态研究概念、分析层面、结构和机制,以及可以利用的学科遗产等方面的分析可以看出,转型社会心理的研究是可能的。社会的转型本身也是社会心态研究的核心问题,在这方面,已经有一些理论和研究可以借鉴,未来转型社会的心态研究已经具有明确的方向。这种以社会转型中社会成员心理、行为特点和变化为研究对象的研究并不构成一个新的学科,而只是一种研究范式,这种研究范式是试图结合社会心理学、社会学,甚至历史学的学科成果,以微观、中观到宏观的研究视角,同时关注社会心理中实时变动和深层稳定的心理特点和规律,其目的是探索社会发展的走向,探索社会心态对社会发展的影响因素和规律,并希望推动"思维社会"的形成,推动社会的发展和进步。在今后很长一个时期,社会表征理论、社会认同理论、共享现实理论等都将是影响未来社会心态研究的重要理论。

正如莫斯科维奇所言,群体从社会心理学中消失了至少二十年后(莫斯科维奇,2011),出现了关注宏观社会心理的社会心理学理论、社会表征理论和社会认同理论。社会表征理论提出了"谁将社会进行了社会化"(莫斯科维奇,2011)的质问。社会认同理论则指出传统社会心理学关注群体中的个体(individual in the group),社会认同路径要使这个传统倒置过来,关注个体中的群体(group in the individual),通过这种方式,"社会心理学'社会化'了(或者说重新社会化了)"(豪格,阿布拉姆斯,2011)。这样的问题也正是社会心态研究的核心问题。

社会表征理论继承的是涂尔干"集体表征"的思想。涂尔干认为,个体表征属于心理学范畴,集体表征属于社会学范畴,但他称之为社会心理学,意在强调社会与心理的关联。莫斯科维奇认为,社会心理学的主要任务就是研究社会表征(莫斯科维奇,2011),而社会表征是指在特定时空背景下,社会成员所共享的观念、意象、社会知识和社会共识,它是一种社会思想或意义/符号系统。这一系统具有双重功能,一是建立秩序,使得个体在社会中得以定向并掌控社会;二是为群体成员提供社会互动的规则和对社会生活进行明确命名和分类的规则,从而使他们之间得以沟通(刘力,2006)。与涂尔干用集体表征探索社会整合的问题不同,莫斯科维奇更强调社会表征的动态性,关注社会改变,希望通过社会表征看到新奇或创新性的现象如何通过社会过程变成社会生活的一部分,关注社会中集体观念的变化,关注现代社会下的集体思维,关注沟通的手段如何逐渐变成了社会共识(莫斯科维奇,2011)。这一理论中的思维社会(thinking society)和社会共识等概念对于社会心态的研究具有很大的启发性,是社会心态对于转型社会研究可以使用的重要理论之一,这一理论采用的是社会变迁的视角,关心的是个体、少数人和多数人之间是如何互动的,以及在这种互动中,知识如何成为社会共享的东西,社会共识如何形成,也就是社会是如何在思考中与个体、少数人、多数人一道"成长"(莫斯科维奇,2011),这样的研究理路可以揭示出社会转型、社会变迁和社会发展的内在机制。

社会认同理论提出了心理群体(psychological group)的概念,意指在心理上对于成员具有重要性的群体。该理论试图回答,"个体的集合是如何成为一个社会和心理群体的",以及"他们又是如何作为一个集合体来感受、思考和认识自我的"(特纳,2011)。社会是由社会归类(social categories)组成的,这些归类与权力、地位相关,社会归类实质上构成了特定的社会结构(豪格、阿布拉姆斯,2011)。类别和群体是自我归类的,是一个社会认同的过程,正是这样的自我归类使得个体转化为群体(豪格,阿布拉姆斯,2011)。"群体被认为是一个心理实体,对于那些被吸引进入群体的人,群体会告诉他或她什么是应该优先考虑的,应当遵循哪种规范,集体行动的确切目标是什么。将自我范畴化为某一群体成员的过程会引导信息的寻求、与他人建立情感纽带以及自我规范的融入。(豪格,阿布拉姆斯,2011)"

社会认同理论对于社会心态研究的启示是如何理解大规模群体关系的变化,重新认识群际冲突、集体行为、社会运动、社会结构,以及社会流动、社会变迁(豪格,阿布拉姆斯,2011)。在一定的社会结构中,社会认同的过程产生了个体的社会归属,个体的社会地位、权力和声望决定了个体是属于支配群体还是附属群体,使得个体产生积极或消极的感受和情绪体验。个体希望改善自己的处境,但采取什么方式来改变则取决于个体的主观信念结构,这要看个体对于社会的本质如何理解,以及对社会中群体关系所具有的信念。豪格等人(2011)认为,主观信念结构存在两种类型,一种是社会流动,一种是社会变迁。社会流动是对群体边界可渗透性的信念,也就是个体认为通过自己的努力可以进入自己希望的群体;而社会变迁则是认为群体之间的边界是固化的、不可改变的,也就难以通过个人努力实现穿越。个体无法改变这一现实,必须寄望整个群体的地位发生改变。对于社会变迁,社会认同理论给出了两种群体策略:社会创造性和社会竞争。当群体关系被认为是安全的、合法的以及稳定的时候,就会采取创造性策略。人们会采取有利于内群认同的群际关系形式:群体在新的维度上与其他群体比较,群体成员重新定义使群体能够提升的事物的价值,或者选择新的外群体来比较。而当群体关系被认为是不安全的时候,群体会采取社会竞争策略,也就是附属群体与支配群体在双方都认为有价值的维度上展开直接的竞争(豪格,阿布拉姆斯,2011)。

关注转型社会的社会心态研究其实是一种社会发展的研究,因此它必须面对社会心理学忽视的现代性问题,正如皮亚杰和维果茨基所坚持的那样,有关人的发展问题,不能仅从个体角度去思考和研究,要关注从"原始"精神生活到"文明"精神生活,从前理性和集体思维到个体与科学思维(莫斯科维奇,2011)。社会心态不是独立于社会而存在的,而是一定历史时期社会状况的反映,在这个意义上,自然就会出现一个问题:成熟社会应该具有怎样的社会心态?同时,社会心态也不是被动地对社会反映,它影响和促进着社会结构的变化和社会变迁,因此,紧随着的问题就是:如何促成健康的社会心态?从发展的视角研究社会心态具有突出的现实意义,在经历了较长时期经济快速增长、人口快速城镇化、空间快速扩张、产品快速生产、财富快速积累,财富分配快速极化,经济增速放缓,伴随着改革开放初期由慢而快的社会不适应,又要经历由快到慢的反向社会不适应,不同个体、群体、整个社会的社会心理时间成为社会心态中的核心变量,未来经济社会转型,社会治理步伐和民众的社会需求之间的矛盾也具有了突出的时间性(王俊秀,2016)。因此,研究转型过程中的个体、群体、社会不同层面和层面间的心理特征、情绪状态、价值观念、行为方式及其变化,其目的是要研究社会的理性化过程,社会共识的达成,以及社会核心价值观念的形成,致力于推动社会思考、社会进步和社会发展。

(王俊秀)

参考文献

"社会心态研究"课题组.(1994).转型时期的上海市民社会心态调查和对策研究.社会学研究(3),19-25.
彼得·伯克.(2001).历史学与社会理论.姚朋,等译.上海:上海人民出版社.
彼得·伯克.(2010).历史学与社会理论(第二版).姚朋,等译.上海:上海人民出版社.
车文博.(1998).西方心理学史.杭州:浙江教育出版社.
陈曼娜.(2003).二十世纪中外心理史学概述.史学史研究(1),61-69.
陈午晴.(2006).汇合与融合:社会心态的两种个体超越方式.社会心理研究(1).
成伯清.(2012)."中国体验"的意义和价值.学习与探索(3),37-38.
E.迪尔凯姆.(1995).社会学方法的准则.狄玉明,译.北京:商务印书馆.
丁乃宽.(1990).论儒家思想、社会心态与宋代词风之演变.唐都学刊(3),44-50,78.
莱恩·多亚尔,伊恩·高夫.(2008).人的需要理论.王淳波,张宝莹,译.北京:商务印书馆.
费孝通.(1994).人不知而不愠.读书(4),41-54.
费孝通.(1997).简述我的民族研究经历和思考.北京大学学报(哲学社会科学版)(2),5-13,159.
费孝通.(2003).试谈扩展社会学的传统界限.北京大学学报(哲学社会科学版)(3),5-16.
冯伯麟.(1995).市场经济条件下的社会心态研究.社会学研究(2),79-90.
韩国华.(1989).农民的社会心态与经济行为.农村经济与社会(2),36-39.
侯晋雄.(2006).转型期社会心态问题与构建和谐社会.陕西理工学院学报(社会科学版)(4),28-31.
胡安良.(1990).近岁时髦言语折射的社会心态.青海民族学院学报(社会科学版)(3),1-5,16.
景怀斌.(1989).从依赖集体主义到关系自私主义——十年来中国社会心态变异探析.社会科学家(5),65-68.
乐正.(1988a).清末上海通商与社会心态变异.文史哲(6),13-20.
乐正.(1988b).认知—空间的扩展与近代心态的演变—晚清同光之际上海人社会心态发展的若干考察.上海社会科学院学术季刊(3),74-81.
古斯塔夫·勒庞.(2004).乌合之众:大众心理研究.冯克利,译.北京:中央编译出版社.
李培林.(2001).中国贫富差距的心态影响和治理对策.中国人民大学学报(2),35-39.
李蓉蓉.(2006).浅析心理与心态的联系与区别.山西高等学校社会科学学报(9),146-147.
列维-布留尔.(1981).原始思维.丁由,译.北京:商务印书馆.
刘东超.(2004).当代中国文化变迁和社会心态演变.学术探索(3),102-105.
刘力,管健.(2010).社会表征.黎岳庭,刘力主编.社会认知:了解自己和他人.北京:北京师范大学出版社.

刘向阳,何启飞,彭小丰,张程程.(2011).心态的结构以及心态调整的途径研究.科技管理研究(2),167-170.

龙书芹.(2010).转型期中国人的社会心态及其阶层差异性—基于2006CGSS的实证分析.南京师大学报(社会科学版)(6),32-37.

马布尔·别列津.(2005).情感与经济.斯梅尔瑟,斯维德伯格主编.《经济社会学手册》.罗教讲,张永宏,等译.北京:华夏出版社.

马广海.(2008).论社会心态:概念辨析及其操作化.社会科学(10),66-73.

莫斯科维奇.(2011).社会表征.管健,等译.北京:中国人民大学出版社.

罗伯特·墨顿.(2004).勒庞《乌合之众》的得与失.北京:中央编译出版社.

G.墨菲,J.柯瓦奇.(1980).近代心理学历史导引.林方,王景和,译.北京:商务印书馆.

乔纳森·特纳.(2001).社会学理论的结构.邱泽奇,等译.北京:华夏出版社.

乔纳森·特纳.(2009).人类情感:社会学的理论.孙俊才,文军,译.北京:东方出版社.

乔纳森·特纳,简·斯戴兹.(2007).情感社会学.孙俊才,文军,译.上海:上海人民出版社.

汝信主编.(1988).社会科学新辞典.重庆:重庆出版社.

威廉·S.萨哈金.(1991).社会心理学的历史与体系.周晓虹,等译.贵阳:贵州人民出版社.

沙莲香.(1992).中国民族性.北京:中国人民大学出版社.

彼得·什托姆普卡.(2005).信任:一种社会学理论.程胜利,译.北京:中华书局.

斯达纽斯,普拉图.(2011).社会支配论.刘爽,罗涛,译.北京:中国人民大学出版社

苏国勋.熊春文.(2010).见证中国社会学重建30年——苏国勋研究员访谈录.中国农业大学学报(社会科学版)(2),5-19.

王俊秀,杨宜音主编.(2011).中国社会心态研究报告(2011).北京:社会科学文献出版社.

王俊秀,杨宜音主编.(2013).中国社会心态研究报告(2012—2013).北京:社会科学文献出版社.

王俊秀.(2008).社会心态研究综述.中国社会科学院社会学研究所编.中国社会学年鉴2003—2006.北京:社会科学文献出版社.

王俊秀.(2013a).社会心态的结构和指标体系.社会科学战线(2),167-173.

王俊秀.(2013b).社会情绪的结构和动力机制:社会心态的视角.云南师范大学学报(哲学社会科学版),45(5),55-63.

王俊秀.(2014a).社会心态:转型社会的社会心理研究.社会学研究(1),104-124.

王俊秀.(2014b).社会心态理论:一种宏观社会心理学范式.北京:社会科学文学出版社.

王俊秀.(2016).社会时间、社会发展与社会心态——迈向一种发展的社会心理学.福建论坛(人文社会科学版)(11),125-129.

王俊秀.(2017).中国社会心态研究30年:回顾与展望.郑州大学学报(哲学社会科学版),50(4),10-16+158.

王俊秀.(2020).多重整合的社会心理服务体系:政策逻辑、建构策略与基本内核.心理科学进展,28(1),55-61.

王铁,吴玲华,吴昱南,曹莹.(2005).改革与社会心态调查报告.学习与实践(12),11-16.

王小章.(2012a).结构、价值和社会心态.浙江学刊(6),5-9.

王小章.(2012b).关注"中国体验"是中国社会科学的使命.学习与探索(3),35-36.

威廉·杜瓦斯.(2011).社会心理学的解释水平.赵蜜,刘保中,译.北京:中国人民大学出版社.

吴莹,杨宜音.(2013).社会心态形成过程中社会与个人的"互构性"——社会心理学中"共识"理论对社会心态研究的启示.社会科学战线(2),159-166.

夏学銮.(1998).整合社会心理学.郑州:河南人民出版社.

徐冰.(2010).文化心理学:跨学科的探索.中国社会心理学评论(5),1-43.

徐胜.(2009).改革开放30年来社会心态的嬗变及其启示.实事求是(1),27-28.

杨洁.(2012).甘肃居民的社会心态:基于2010CSSC的实证分析.山西师大学报(社会科学版)(S2),7-9.

杨宜音,王俊秀,等.(2013).当代中国社会心态研究.北京:社会科学文献出版社.

杨宜音,张曙光.(2013).在多元一体中寻找"我们"——从社会心理学看共识的建构.学术前沿(4上),23-30.

杨宜音.(2006).个体与宏观社会的心理关系:社会心态概念的界定.社会学研究(4),117-131,244.

杨宜音.(2012).社会心态形成的心理机制及效应.哈尔滨工业大学学报(社会科学版),14(6),2-7.

杨中芳.(1994).中国人真是集体主义的吗?—试论中国文化的价值体系.杨国枢主编.中国人的价值观——社会科学观点.台北:台湾桂冠图书公司.

姚汉铭.(1994).新词语中的社会心态.河南教育学院学报(哲学社会科学版)(2),61-68,123.

应小萍.(2012).灾难情境下的社会心态研究——"生物—心理—社会"研究思路与方法.哈尔滨工业大学学报(社会科学版),14(6),8-14.

余安邦.(1996).文化心理学的历史发展与研究进路:兼论其与心态史学的关系.本土心理学研究(6),2-60.

张二芳.(1996).社会心态的研究及其意义.理论探索(1),28-31.

赵旭东.(2010).超越社会学既有传统——对费孝通晚年社会学方法论思考的再思考.中国社会科学(6):138-150.

周兵.(2001).心理与心态:论西方心理历史学两大主要流派.复旦学报(社会科学版)(6),51-55.

周晓虹.(2009).中国人社会心态六十年变迁及发展趋势.河北学刊,29(5),1-6.

周晓虹.(2012)."中国经验"与"中国体验".学习与探索(3),31-33.

周晓虹.(2014).转型时代的社会心态与中国体验——兼与《社会心态:转型社会的社会心理研究》一文商榷.社会学研究(4),1-23.

左方.(1987).收入差距和社会心态.经济理论与经济管理(1),53-57.

20 社会变迁[①]

20.1 引言 / 657
20.2 社会变迁的研究背景 / 659
    20.2.1 社会变迁的相关概念 / 659
    20.2.2 社会变迁研究的理论背景 / 661
    20.2.3 社会变迁研究的社会实践背景 / 663
    20.2.4 社会变迁研究的技术方法 / 664
20.3 社会变迁的研究内容 / 665
    20.3.1 社会变迁的四种研究类型 / 665
    20.3.2 社会变迁的心理维度 / 667
    20.3.3 社会变迁的三种变迁模式 / 670
        社会变迁模式1：现代取代传统 / 670
        社会变迁模式2：传统长久保持 / 672
        社会变迁模式3：传统与现代并存 / 674
    20.3.4 社会变迁的多种影响因素 / 675
20.4 社会变迁的研究扩展 / 678
    20.4.1 全球化与多元文化心理学 / 678
    20.4.2 从心理变迁到变迁心理 / 679
    20.4.3 文化的动力机制研究 / 680
20.5 社会变迁研究的重要意义 / 682
    20.5.1 中国社会心理学发展的突破口 / 682
    20.5.2 解读中国人近代以来的文化认同危机 / 683

参考文献 / 684

20.1 引言

社会变迁（social change）研究是社会心理学中少有的中国比西方具有潜在优势的研究领域。西方主流社会心理学虽然在20世纪70年代即开展了关于社会变迁的研究，但直到最近十年受文化心理学发展的影响才开始重视社会变迁的研究，而文化演化（cultural evolution）和社会生态心理学（socioecological psychology）研究的兴起正在进一步推动社会变迁研究向着更纵深的方向发展（Varnum 和

[①] 国家社会科学基金一般项目"社会阶层视角下的文化心理变迁机制研究"（20BSH141）成果。

Grossmann,2017)。由于存在明显的文化差异,以及在社会发展阶段和社会变迁的实践方面比西方社会变化得更剧烈,亚洲尤其中国一直以来都很重视社会变迁的研究,并且获得了一些与西方不同的重要研究发现,有望拓展对社会心理学和文化心理学一些基本理论的理解和建构(Hamamura,2018)。在"百年未有之大变局"受到新冠疫情加速的背景下,中国社会变迁研究对国内外社会心理学的发展均具有重要意义。

结合杨宜音(2010)和蔡华俭等人(2020)对中国社会心理学有关社会变迁研究的分析和总结,我们将中国社会变迁研究的发展大致分为三个阶段:第一阶段始于20世纪60—70年代中国台湾地区的本土心理学,以个人现代性和个人传统性研究为代表。该阶段研究早期深受西方现代性研究的影响,将个人传统性看作个人现代性的反面,个人现代性增加即意味着个人传统性减少,后期采用本土研究的视角将个人现代性和个人传统性看作两个独立的概念,发现两者可以同时并存,取得了颇具原创性的理论成果(杨国枢,2004)。第二阶段始于20世纪80—90年代的大陆转型心理学,以广义的社会心态研究和社会心理服务的应用研究为代表。该阶段一直注重对处于社会转型期中国民众的社会心理感受和体验进行描述和监测(例如,杨宜音,王俊秀,2013;周晓虹,2014),后期也强调社会变迁影响下和突发重大社会事件发生时社会心理服务体系的构建(例如,许燕等,2020;辛自强,2020),逐渐体现了社会学视角和心理学视角的融合,但整体上使得中国社会心理学作为应用心理学阵营的部分,与强调科学的基础心理学阵营产生了分化趋势(张建新,2020,2021)。第三阶段是十多年来在西方社会变迁研究影响下,以考察个人主义价值观等具有跨文化比较意义的社会心理在时间和历史维度上的变化为主要研究范式的文化变迁心理学(例如,黄梓航等,2008;Gao 等,2019)。该阶段的研究主要以心理学视角的社会心理学研究为主,既追求在国际上与西方学术界对话,也注重解释中国社会变迁的独特性,以及为中国的社会实践服务。

三个阶段的研究虽然开始的时间有先后,但同时存在于当前中国社会变迁的社会心理学研究之中。相对而言,第一阶段的研究以现代化理论(The Modernization Theory)为明确的理论参照,其获得的超越现代化理论的本土理论成果对社会变迁研究具有重要的理论启发。第二阶段在对中国人社会心理全貌进行描述的基础上,为社会变迁研究提供了独具中国特色的社会转型实验和社会心理服务实践经验,以及相应的特色理论建构,如提出了文化反哺和社会心态的概念和理论(周晓虹,2014;杨宜音,2006)。第三阶段与西方社会变迁的心理学科学研究前沿几乎同步,有利于在采取相同研究范式的基础上进行跨地区比较和跨文化比较。对三个阶段的研究进行适当的整合与融合,可以更好地服务于中国伟大的社会变迁实践,有望为全球社会变迁心理学的研究,乃至建构包容文化差异的以非西方为中心的社会心理学和文化心理学基础理论提供有益的启发。本章旨在立足中国,并尝试在中国和西方有关社会变迁的心理学研究之间建立平等对话,厘清当前社会变迁研究的主要研究内容和基本理论问题,讨论未来社会变迁研究的重点发展方向,以及中国社会心理学在全球社会变迁心理学研究中可能发挥的作用。

20.2 社会变迁的研究背景

20.2.1 社会变迁的相关概念

不管是在西方研究的文献中,还是在中国研究的文献中,社会心理学家在使用社会变迁的概念时,总是与文化变迁(cultural change)的概念有较高的重合度。很多代表性学者在不同背景下交替使用社会变迁和文化变迁两个概念(例如,Greenfield,2009,2013)。相对而言,前述第一阶段和第二阶段的研究更关注现代化(modernization)和社会转型(social transformation),偏好使用社会变迁的概念多一些,第三阶段的研究受全球化(globalization)和文化心理学的影响更大,偏好使用文化变迁的概念多一些。韦庆旺(2017a)曾对社会变迁、文化变迁、现代化、全球化等概念的内涵和彼此之间的关联进行了梳理,如图 20.1 所示。

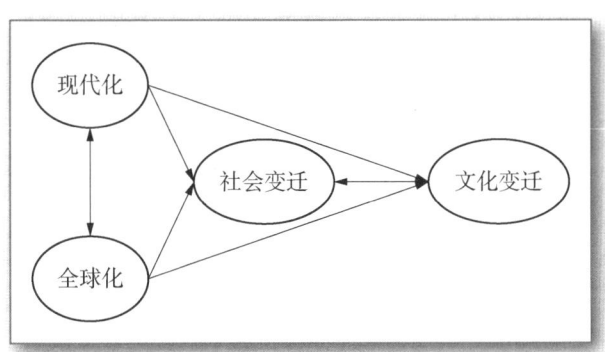

图 20.1 社会变迁与相关概念的关系

社会变迁是指社会现象发生的有计划或无计划的、质或量的改变,可以从改变内容、改变层次、改变持续周期、改变程度和改变速率等五个相互联系的成分进行分析(Vago,2003)。社会心理学家对社会变迁的关注主要集中于个体和群体层次在价值观、态度、行为等方面所发生的改变,并不太注重改变持续周期、改变程度和改变速率等社会变迁成分。文化变迁指文化发生改变的过程和结果。文化心理学家主要关注文化变迁如何在认知上使一个人的文化框架得到修正,并且/或者使其他文化解释框架得到发展(赵志裕,康萤仪,2011)。这里的文化框架,在广义上可理解为个体所具有的用来适应外部环境的价值、心理和行为系统(Greenfield,2013);在狭义上可理解为用来界定文化的某个单一的心理层面,比如价值观、信念、态度、人格特质、道德等任何一种心理层面。对很多社会心理学家而言,社会变迁与文化变迁的研究都是对人们心理层面变化的考察。对某些社会心理学家而言,他们也会将社会变迁看作文化变迁的前因变量,此时,社会变迁更多地是指社会结构和社会生态的变化,而不是心理与行为的变化。总体上,社会心理学家在使用社会变迁和文化变迁的概念时大多落脚在心理与行为层面,本文将根据上下文语境交替使用社会变迁、文化变迁、社会与文化变迁三种表述。

现代化是指近代以来,在世界绝大多数社会所发生的以工业化、市场经济和科层制为核心的社会变迁,以及在城市化、社会流动和职业分工方面的社会变迁,而这些变迁又引起了人们在价值和目标追求方面的改变,个体的心理自主性较之以往不断得到增强的过程(Smith等,2013)。而在发展中国家的现代化过程中,也会频繁地提及社会转型的概念,社会转型是指比一般现代化更为复杂的社会变迁过程,它不是简单地从传统到现代的过程,而是有着不同国家独特的变迁过程、逻辑、机制和技术。全球化是指世界各地的人们受信息技术、更大范围的人口流动和大众传媒的影响,在世界观、思想、文化等方面越来越趋于一体化和相互依赖的过程(Smith等,2013)。其中,现代化从西方国家扩展到全球各地的过程也是全球化的一个主要体现,并且,现代化程度在全球不同国家和地区的发展是具有空间比较意义的,又由于隐含着"先进"与"落后"的含义,同样具有时间上的变迁含义。这种认为社会变迁意味着有个从落后到先进的先后发展顺序的观点,也被称为社会发展阶段论,是现代化理论的附属观点(Kashima等,2009)。

在宏观背景下,现代化和全球化是影响社会与文化变迁最重要的两个因素,常常被作为开展社会与文化变迁研究的直接或间接的理论和现实背景,反过来,大多数社会与文化变迁的问题与实证研究结果也都可以放在现代化(与社会转型)和全球化的背景中进行系统分析。不过,引起社会与文化变迁的原因除了现代化和全球化这样的普遍因素之外,还有意识形态、社会竞争与冲突、政策变化、经济形势等存在于某个特定区域或某个特定时期的重要社会政策或社会事件因素,这些都是社会与文化变迁的重要来源(Vago,2003)。例如,前述社会变迁研究第一阶段有关个人现代性和个人传统性的研究即是在现代化的背景下进行考察的(杨国枢,2004),而当前关于全球化与多元文化的心理学研究则离不开全球化的背景(例如,

Chiu 等,2011;Hong 等,2016)。

20.2.2 社会变迁研究的理论背景

虽然社会变迁研究可以划分为三个阶段,但始终贯穿其中的理论背景主要是现代化理论及其在本土与文化心理学不同发展阶段的不同体现。现代化理论是社会学关于社会变迁的理论,盛行于 20 世纪 50—60 年代。它将近代以来在世界范围内发生的社会变迁看作是从传统社会到现代社会的变迁过程。首先,现代化理论认为,传统社会与现代社会在政治、经济、社会、文化、心理上是性质完全不同的两种社会形态。从传统社会到现代社会的变迁具有内容广泛、层次多样、持续时间长、程度深和速率快的特点,即现代化是社会根本的系统性社会变迁过程。其次,传统社会是落后的社会,现代社会是先进的社会,现代化产生的社会变迁是现代社会取代传统社会的一种社会进步过程。第三,现代化过程使不同社会的变迁具有趋同性,即现代化的趋同性假设。换言之,不管一个社会的经济、政治、历史、文化现状如何,在现代化的影响下最终都将被工业化、市场经济等现代社会所具有的特征强力塑造成统一的模样(英格尔哈特,2013;孙立平,2005;杨宜音,2010)。

现代化理论对心理学的一个主要影响是产生了有关人的现代化研究,即关注现代化过程中人在价值观念、思想形态及生活习惯等方面的变迁,这也被称为人的现代性或个人现代性(简称现代性)研究(杨国枢,2004)。现代性研究与一般的现代化理论具有类似的观点。第一,传统社会的人具有个人传统性,现代社会的人具有个人现代性,个人传统性与个人现代性是相反的两种人格特质。第二,随着社会从传统社会变迁到现代社会,社会中的人也由传统的人变成现代的人。一个人所具有的传统性特征越强,他完成现代性的转化就越困难。第三,不管不同传统社会中的人具有什么样的传统性特征,现代化终将使不同社会中的人转变成统一的具有现代性的人。

随着发展中国家的现代化逐渐展现出不同于西方国家的特点,现代化理论从 20 世纪 70 年代以后被发展理论(Theories of Development)和转型理论(Theories of Transformation)等不同观点所取代。发展理论针对 20 世纪 60 年代以来非西方发展中国家的社会发展提出:所谓发达国家并不是以其在一条历史的渐进线上处于前沿位置来界定的,而是以不发达国家的"不发达"为前提的,他们大多数通过不平等的世界经济格局和不公正的贸易关系控制和支配了非西方不发达国家;从发展的角度看,各个国家在整个世界体系中的地位不是固定不变的,整个世界的发展具有复杂性和非线性。转型理论针对前苏联、东欧和中国 20 世纪 70 年代以来的巨大社会转型提出:社会转型涉及个人与国家、社会与国家,以及市场与国家之间多重关系的重大调整,转型国家的社会变迁不是简单地从传统到现代,而是有着不同国家独特的过程、特征和经验(孙立平,2005;杨宜音,2010)。

虽然没有直接的联系,但是本土心理学有关现代性的观点,与发展理论和转型理论所提出的非西方发展中国家现代化具有着与西方现代化不一样特点的观点,是相呼应的。首先,本土心理学在整体上主张抛开西方心理学的知识体系,以符合自己社会的理论和方法研究对自己社会具有本土契合性的研究主题(杨国枢,黄光国,杨中芳,2009)。其次,杨国枢将个人传统性与个人现代性是否可以并存的研究直接与西方的现代性研究相联系进行了探索,认为传统并不会被现代所取代,而是会根据不同情况作出不同程度的保留和融合(杨国枢,2004)。第三,很多本土心理学研究注重对当前的似乎已经现代化的心理现象进行了传统的分析,例如,翟学伟(2004)对当前中国人的社会交换行为(看似是现代的行为)进行了人情与面子的分析(实际是传统的行为)。这种分析之所以具有一定的合理性和说服力,恰恰是因为传统没有被现代所取代,而是与现代产生了相互作用。

实际上,20世纪70—80年代跨文化心理学中有关价值观与自我概念变迁的研究也发现了类似的现象:非西方社会在现代化的影响下虽然产生了现代(个人主义和独立我)取向的转变,但其原本的传统(集体主义和互依我)仍然具有相当强的稳定性(Inglehart和Baker,2000;Kagitcibasi,2007)。然而,跨文化研究的根本目的是通过将统一的心理维度框架及量表运用于不同的文化,从而验证那些在西方发达国家发现的心理结构或规律对全人类具有普适性,以及致力于用这些框架将不同文化的差异描绘成文化差异地图。因此,从时间维度上考察心理变迁的研究在跨文化心理学的整体发展中极易被忽视。直到世纪之交多元文化心理学兴起之后,内化于个体认知的不同文化之间的关系才成为新的研究关注点,实际上也就是说,不同于西方文化的多种传统文化在经历现代化之后仍然得到了保存,进而才有了跨文化心理与西方文化或现代性相融合的问题。例如,具有双文化身份的香港人的认知和行为方式可以根据不同的情境在中国文化模式和美国文化模式之间自由地转换,这不仅表明历经一百多年现代化的香港人仍然具有中国(传统)文化的认知和行为方式,而且这种内化的中国文化与美国文化并不冲突,更谈不上被美国文化所完全取代(Hong等,2000)。

这些在现代化和全球化背景下具有内在联系的研究和理论线索的意义对于绝大多数研究者来说是比较难被意识到的,不然现代化理论也不会在被社会学冷落多年之后于西方主流社会心理学领域被重新发现和重视。大约在2010年左右,现代化理论开始得到很多西方主流社会心理学家的关注,深刻影响着社会与文化变迁的研究。例如，有的研究将群体认同区分为两个维度，即自我摄入（self-investment）和自我界定（self-definition），分别对应于传统的礼俗社会和现代的法理社会（Leach 等，2008）。有的研究以现代化理论为背景，聚焦于居住流动所引起的自我、人际关系和幸福感的变迁分析，认为随着传统社会到现代社会的变迁（以居住流动性为指标），人们的自我、人际关系和幸福感也发生了从传统到现代的改变，而改变前后的特征，恰恰与跨文化心理学所揭示的集体主义文化特征和个人主义文化特征分别对应（Oishi 等，2007；Oishi，2010）。有的研究从发展心理学的视角出发，认为心理所发生的传统到现代的变迁，是通过传统社会到现代社会变迁所引起的生态因素变化对家庭环境变化的影响，进而改变了亲子互动方式而实现的，这种改变的方向也是从传统到现代（Greenfield，2009）。正是由于中国社会变迁第三阶段的研究与这些国际主流社会变迁研究前沿相一致，受其影响较深，虽然研究数量和科学水平超过前两个阶段，但是反而不如第一阶段的研究更具有本土理论的创新性，亦不如第二阶段的研究更贴近指导中国社会变迁的实践。

20.2.3 社会变迁研究的社会实践背景

社会变迁研究离不开社会变迁的实践。有亚裔学者指出，亚洲社会心理学虽然得益于社会剧变而在社会变迁研究方面有很多不同于西方研究的独特成果，但社会变迁研究仍然无法跟上社会变迁实践的脚步，即研究远远落后于实践（Hamamura，2018）。可以说，社会变迁实践对社会变迁研究的孕育和推动作用非常重要。一般而言，现代化、全球化，以及当前所说的后现代和逆全球化等，是影响最为广泛的全球性社会变迁实践。对于中国而言，从对民众社会心理具有长期和重要影响力的角度，一百多年前救亡图存开启的社会制度变迁，和几十年前改革开放推动的经济体制变迁，是最重大的宏观社会变迁实践。国内多位学者均认为，这个社会转型实践是中国社会心理学最重要的实验土壤（方文，2008；俞国良，韦庆旺，2014）。

然而，多数研究主要将社会转型作为研究的背景，然后聚焦于对特定的社会群体或社会现象进行描述。少数研究明确地考察或回答宏观社会心理变迁的问题。例如，沙莲香主持的中国民族性研究三部曲，从早期梳理中外学者一百多年来有关中国民族性的各种理论和分析（沙莲香，2011），到 20 世纪 80—90 年代开始进行民族性实地调研（沙莲香，2012a），再到 2008 年的汶川地震和北京奥运会时期对志愿者和公共精神的研究（沙莲香，2012b），系统全面地描述了中国民族性百多年的宏观变迁。周晓虹（2014）采用质性访谈对中国社会转型背景下的文化反哺现象进行了整体描绘。然后在这方面,杨宜音和王俊秀(2013)则采用问卷调查的方法对转型期民众的社会心态全貌进行了长达 20 年的持续研究和分析,不仅对社会心态的基本概念和基本理论进行了界定和建构,而且发布年度系列报告,在为政府建言献策和对社会公众传播方面均产生了重要的影响。韦庆旺和时勘(2016)通过考察中国民众对中国从过去到现在以至未来的宏观社会变迁认知和文化变迁信念来解读中国人的文化认同问题,发现中国民众对中国社会与文化变迁整体持积极态度。辛自强(2019)系统总结了市场化对人际信任变迁的影响。

此外,特定时期重要的政治事件、社会政策、社会事件、突发社会变故,均是构成社会变迁的重要成分和影响社会心理变化的重要因素,比如独生子女政策、香港回归、北京奥运会、汶川地震、新冠肺炎疫情,等等。例如,研究者考察了独生子女政策前后出生的人在社会和经济行为方面的差异,发现独生子女由于缺少与兄弟姐妹互动的经验,比非独生子女对他人信任程度更低,更不愿意冒风险,更悲观,认真负责程度更低(Cameron 等,2013)。赵志裕等人(2005)从社会认同的角度对香港回归前后香港民众社会心理变化的过程和机制进行了总结分析。张侃和张建新(2009)整理和总结了汶川地震灾后的心理援助研究与服务工作。杨宜音(Yang)等人(2010)用可扩展的自我概念来分析北京奥运会时期的志愿者与群众参与的爱国主义心理机制。傅安国等人(2020)从心理扶贫的角度对脱贫的内生动力进行了质性分析。

20.2.4 社会变迁研究的技术方法

蔡华俭等人(2020)聚焦于社会变迁如何通过不同类型的比较来探讨社会心理变化的问题,总结社会变迁有 3 类研究方法:跨时间的比较、跨代际的比较、通过比较进行历史重构。跨时间的比较是通过比较产生于不同时间点上的数据,揭示沿时间轴存在的变化及其方向,比如通过对不同年代的大学生的比较推断社会变迁的影响(例如,Twenge,2000;Xin 和 Xin,2017)。跨代际的比较是通过比较某一时间点上出生于不同年代人群的心理继而揭示可能存在的时代变迁效应。通过比较进行历史重构则是基于一种间接的逻辑,用非时间、非代际的差异来重构时间上的差异(Cai 等,2018;Zhou 等,2018)。比如发达地区和落后地区之间的差异某种程度上可以反映社会变迁的趋势,这种方法假定社会的发展总体上是从落后到发达,有着强烈的现代化理论意涵(例如,Cai 等,2012)。三类方法的难点在于如何厘清时间效应、时代效应(如 80 年代效应)和年龄效应三者之间的作用差异。

由于这三类方法聚焦于在研究设计上明确地探讨变化,因此在前述中国社会变迁研究发展的三阶段中，主要对应于第三阶段。第一阶段和第二阶段虽然也有一些研究明确地以实证的方式探讨变化，但很多研究关注对传统文化进行心理学的构念化（第一阶段），或者对某时期的社会心态和社会问题进行具有实效性地描述和分析（第二阶段）。这两种方式更多地是以现象和问题为中心，综合运用各种方法。此外，一个考察社会变迁的经典方式是跨文化比较研究，它共同存在于中国社会变迁研究的三个阶段，同时与国际社会心理学紧密呼应。例如，著名的至今已完成7轮的世界价值观调查及其研究，对于跨国家的比较（可以进行历史重构）、跨时间的比较、跨代际的比较，均运用得既广泛又深入（Inglehart 和 Baker，2000；Welzel 和 Inglehart，2010）。总体上，通过不同类型的比较来探讨变化的方法并不能代表中国社会变迁研究的全貌，也不能完全体现当前社会变迁研究在国内外都变得热门的原因。

真正促进当前社会变迁研究热潮的方法因素是广义的大数据背景下，在技术上对时间效应及其影响因素的考察能力大大延展，以及在文化演化心理学和社会生态心理学这两种理论影响下，使用计算机建模和实验室实验等更能直接探讨因果关系的方法进一步推动了社会与文化变迁的相关研究。韦庆旺（2017b）从文化心理学方法发展的角度，对相关方法进行了梳理，包括基于计算机和网络的内容分析法以及文化演化的模拟实验。例如，研究者借助谷歌图书数据库，分析了美国从1800—2000年之间出版的100多万本图书中与价值观有关的代表词汇，说明美国在200多年间个人主义不断提升的文化变迁趋势，即运用了基于计算机和网络的内容分析法（Greenfield，2013）。再如，为了捕捉到与文化再生产和文化转换有关的动态过程，一些研究者试图用人际交流来模拟文化观念的再生产。在这方面，比较有影响的理论兼方法范式包括：文化再生产的联结论模型、动态社会影响论、共享现实的协同建构理论，这些均属于文化演化的模拟实验（赵志裕，康萤仪，2011）。

20.3 社会变迁的研究内容

20.3.1 社会变迁的四种研究类型

如前所述，中国社会变迁研究历经了三个阶段，研究非常丰富，而明确地考察某种社会心理或文化心理在时间或历史维度上的变化的研究只是其中一种方式。除此以外，考察社会变迁或者体现社会变迁意义的研究还有很多种，例如研究农民工的适应，考察留守儿童的心理健康，分析医患关系，等等。根据一个研究在方法设计上是否明确考虑社会变迁的时间因素，考虑的方式是直接还是间接，以及对现代化理论是否有理论或实践的关切,可以将社会变迁的研究大致分为四种类型。

第一类研究对社会变迁背景中的心理特征进行描绘,尤其注重揭示社会转型给人们造成的心理困惑、价值冲突和行为失范。国内以社会学视角为主的社会变迁研究大多属于此类。例如,周晓虹(2011)借用"边际人"这一概念描述了现代中国人在社会转型背景中所呈现的社会心理群像,将其特点概括为人格的二元特征或社会心态的两极化,充分体现了一种矛盾特征。这类研究针对某一时期社会民众的心理特征进行调查分析,具有明显的现实问题取向。虽然它不可避免地会涉及将人们的心理特征与过去进行比较,也会谈到某种心理从过去到现在的改变,但这种对时间维度的考虑是隐含的,而不是明确的,尤其在方法上缺少直接的跨时间比较设计。同时,该类研究也会对某种心理在不同区域(现代化程度不同)所体现的差异进行比较,但这种空间比较维度并不是它所考虑的重点。

第二类研究透过当前某种社会心理现象所呈现现代化特征的表象,对其本质进行传统文化的分析。台湾本土心理学是该类研究的典型代表。除了少数有关个人传统性与个人现代性的研究明确地处理了变迁的时间维度和空间维度外,大多数本土心理研究对时间维度和空间维度的考虑是隐含的(杨国枢,黄光国,杨中芳,2009)。然而,该类研究与第一类研究的不同之处在于,它所体现的传统文化认同(即中国文化自觉)比现实问题意识更为明显(杨宜音,2011)。整体而言,两类研究在考虑时间维度和空间维度的方式上,都是不明确的。一方面,采用纵向设计的研究数量还比较少,另一方面,有意识地探讨传统与现代(或中国文化与其他文化)二元关系的研究数量也不多。

第三类研究考察某种心理如何随着社会变迁而改变。当前中国的该类研究与西方社会心理学有关社会变迁的研究前沿几乎同步,数量最多。例如,有学者综合运用大型社会调查的数据,对 78 个国家的个人主义价值观在 10—51 年间的变化进行了分析,发现个人主义在全球出现普遍上升的现象(Santos 等,2017)。美国学者运用谷歌图书数据库对个人主义和集体主义相关词汇进行分析,发现美国人的个人主义水平在过去 200 年间不断提高(Greenfield,2013)。中国学者也采用同样的方法对中国人的个人主义价值观变迁进行了分析,发现其在过去 40 多年间也存在不断提高的趋势(Zeng 和 Greenfield,2015)。类似地,中国和美国学者在考察各国国民自恋人格特质变迁(Twenge 和 Foster,2008,2010;Cai 等,2012)和以新奇名字占出生人群比例来考察独特性变迁(Grossmann 和 Varnum,2015;苏红,任孝鹏,陆柯雯,张慧,2016)等研究方面也几乎同步。这些研究对时间维度的考虑是十分明确而直接的,通常会反映在采用多轮调查数据的跨时间比较,纵向研究设计,以及分析客观的长期历史数据等方法上。此外,该类研究偶尔也会通过对不同区域进行比较来考察社会与文化的心理变迁,但主要是将区域的差异作为普遍变迁模式背景下的辅助分析,直接对传统与现代转化在空间上的二元关系进行探讨的研究比较少见(徐江,任孝鹏,苏红,2015)。

第四类研究考察人们应对现代化和全球化的反应。该类研究在中国社会变迁研究不同发展阶段均有体现,但研究者很少将其与前三类研究进行区别对待。具体而言,第一阶段的研究关注应对现代化的反应(Yang,1998)。第二阶段的研究注重探讨人们在社会转型期的心理适应(周晓虹,2011)。第三阶段的研究更多地涉及应对全球化的反应(Chiu等,2011)。全球化的一个重要方面是随着人口流动产生大量移民,进而产生文化适应和文化认同问题。早期有关文化适应的经典研究正是对移民的文化心理适应进行理论建构,明确地分析了个体如何处理在空间上并存的母文化和移入地文化之间的关系(Berry,1997)。随着全球化的进一步发展,很多人成为了具有多元文化身份的人,文化适应问题转变成了更深层次的多元文化适应及认同的问题,后者又进一步影响了人们对文化和文化变迁的看法(Benet-Martinez等,2002;Chen等,2016;Morris等,2015)。同时,全球化所造成的不同文化混搭(culture mixing)现象(不同文化的元素混合在一起呈现)无处不在,不管一个人是否具有多元文化身份,以及是否有跨文化经历,都会面对全球化和文化混搭现象,并产生特定的心理反应(Chiu等,2011;赵志裕,吴莹,杨宜音,2015)。这些全球化背景中的文化适应与认同问题也是近年兴起的多元文化心理学的研究主题,它通过考虑多元文化在空间维度上的关系,间接地处理了文化变迁的时间效应。

20.3.2 社会变迁的心理维度

社会变迁研究主要关注人们的心理与行为层面如何随着社会变迁而改变,以及考察特定社会变迁背景下特定群体出现的独特心理与行为。可以说,社会变迁研究所考察的心理维度无所不包:从智力到人格,从价值观到心理健康,从社会心态到失范行为,从认知到情感,从孝道到教养方式,从安全感到幸福感,从信任到道德,从自我概念到文化认同,等等。大多数研究者选择关注某些心理维度的变迁,少数研究者探讨系统的心理维度变迁。杨宜音(2006)从建构社会心态理论框架的角度,提出一个包含社会共识、情绪基调和国民性三大层面众多心理指标的复杂社会心态概念体系。而前述社会变迁研究第三阶段常常以含义广泛的个人主义和集体主义价值观作为探讨社会变迁的核心心理维度(例如,Greenfield,2013;Grossmann和Varnum,2015)。最近,蔡华俭等人(2020)总结了半个多世纪以来中国人的心理与行为变化,涉及的心理维度包括:文化价值观、自我、人格、情绪、动机、儿童发展与教育、幸福感、心理健康、信任、关系及其作用、其他社会态度和行为等 11 个类别。综合来看,目前对社会变迁心理维度的分析尚缺乏完整统一的理论框架。

不管是现代化理论的传统与现代对比,还是文化心理学最重要的东西方的跨文化对比,以及社会变迁处理时间效应所涉及的跨时间比较、代际比较、跨地区比较、跨群体比较,等等,实际上都涉及了社会变迁在时间或空间上相比较的二元内容维度。为此,结合文化心理学的不同的理论传统和研究范式,本文提出 5 个具有广泛代表性的心理维度,分别是人格、价值观、自我、人际关系、道德。这 5 个维度不仅是文化心理学的重要主题,也是社会心理学的核心议题。它们本身包含了典型的二元对比框架和内容,并对相关概念具有一定的涵盖性和包容性,实际上代表了多组相关概念的集合。有关这些心理维度及其变化的研究很多,表 20.1 列举了这些心理维度所包含的传统与现代(或个人主义与集体主义,东方与西方)二元对比的典型内容。

表 20.1

心理维度	个人主义(现代/西方)	集体主义(传统/东方)	来源
人格	外向性,开放性,严谨性	情绪性,宜人性,谦虚性	Ashton 和 Lee,2007
价值观	1. 自我提升的,对经验开放的; 2. 理性世俗的,自我表达的	1. 自我超越的,保守的; 2. 神圣的,生存的	Schwartz 等,2012
自我	独立我	互依我	Markus 和 Kitayama,1991
人际关系	1. 市场定价的; 2. 广交松散的	1. 亲密共享的; 2. 深交紧密的	Fiske,1992
道德	伤害/关爱,公平/互惠	内群体/忠诚,权威/尊重,纯洁/道德	Graham 等,2013

不同心理维度中的二元对应关系举例

人格是源于个体自身的稳定行为方式和内部过程,具有整体性、系统性和稳定性。盛行于 20 世纪上半叶的国民性研究认为,一个国家或社会的文化也像个体一样具有"人格",即国民性,指某种群体的典型人格。本土心理学有关人格变迁的研究实际上延续了国民性的研究传统(杨国枢,2004)。在主流的人格与社会心理学领域,自被誉为"人格心理学静悄悄革命"的大五人格理论诞生之后,研究者逐渐对它进行跨文化普适性的检验,并提出新的人格理论,然后从这些角度对比不同国家国民的人格特征及其变迁(例如,Ashton和Lee,2007;周明洁,张建新,2007)。与此同时,立足刻板印象内容模型,国民刻板印象的研究将国民性的跨文化差异投射到被试的主观社会知觉中,也为人格变迁研究提供了有益的补充(Cuddy等,2009)。

价值观与人们想要得到的事物有关,是行为和态度背后更深层次的心理结构。长期以来,跨文化心理学形成了以"个人主义-集体主义"为核心的价值观理论框架,认为以西方发达国家为代表的文化具有个人主义的价值观,以非西方发展中国家为代表的文化具有集体主义价值观。价值观的概念本身包含了宏观和抽象的意味,价值观变迁的研究也具有宏观和抽象的特点。过去,以大型的主观价值观调查为手段的研究通常考察的是国家层面的价值观变迁,而不是个体层面的价值观变迁(Hofstede,1980)。目前,价值观变迁研究既注重国家层面,也注重个体层面;既注重考察价值观的主观指标,也注重考察价值观的客观指标(如离婚率、独居老人的百分比)(Grossmann和Varnum,2015;Santos等,2017)。与其他心理维度相比,价值观维度的心理变迁研究更加系统,在当前社会变迁研究中占绝对主导的地位(黄梓航等,2018)。

自我意识与自我概念是个体对自己存在状态的认知,是个体对其社会角色进行自我评价的结果。自我是人格的动力和整合结构。自我的跨文化心理学建立了"独立我-互依我"的核心理论框架,大致与"个人主义-集体主义"的价值观理论框架相对应。但是,自我的跨文化研究比价值观研究更强调建构性。因此,自我变迁的研究一部分包含于或平行于价值观变迁研究,另一部分则发展出不同于价值观变迁研究的研究发现和理论观点,如提出折衷自我(杨国枢,陆洛,2009)和自主-关系型自我(autonomous-related self)(Katigcibasi,2005)。同时,从强调动力性的角度,自我变迁的研究蕴含了对社会变迁的适应机制,如有关自我对多元文化身份认同的研究(Hong等,2016),这也与价值观变迁的研究相区别。

人际关系是人与人在相互交往过程中形成和发展的心理关系,涉及认知、情感和行为三方面。首先,随着社会变迁,个体的自我越来越膨胀,而人与人之间的关系越来越淡漠(Kashima等,2009)。换言之,与自我相比,人际关系更体现社会变迁的负效应,比如中国转型期人际信任的下降,以及亲密的人际关系随着社会变迁而受到巨大冲击(辛自强,2019)。其次,随着社会变迁,人际关系的特征和模式也发生了变化。在这方面,社会生态心理学认为,随着社会变迁,广交松散的人际关系取代了深交紧密的人际关系,市场定价型的人际关系取代了亲密共享型的人际关系(Oishi等,2007)。相反,华人本土心理学注重文化传统,发现中国人注重人情、关系等的传统仍然指导着现代中国人的生活,但同时也正在经历变迁(杨中芳,彭泗清,2001;杨宜音,2008)。

道德是人们对事物好坏的评价。与人际关系变迁类似,道德变迁首先表现为对道德沦落的担忧。然而,更主流的观点认为,道德是多元的,不同文化有不同的道德观,重视道德的不同方面。在跨文化心理学的背景下,道德基础理论提出人类有5种道德,分别为伤害/关爱,公平/互惠,内群体/忠诚,权威/尊重,纯洁/道德,但也可划分为类似于"个人主义-集体主义"或"传统-现代"的二元(Graham 等,2013)。而本土心理学则发现了那些被看作"集体主义的"或"传统的"道德(如孝道)仍然指导着现代中国人的生活(叶光辉,2009)。总体上,道德变迁研究的状况与人际关系变迁研究的状况比较相似。不过,道德比人际关系在概念上更加多元。

应当指出,上述对社会变迁心理维度的总结和划分并不完备。例如,它比较明显地忽略了认知、情绪、动机、信念、沟通、社会化等很多文化心理学已经有重要发现的心理维度领域。然而,我们之所以没有将这些维度纳入,亦有一些原因:首先,这些心理维度的研究同样以"个人主义-集体主义"和"独立我-互依我"理论框架为核心,在一定程度上被包含于价值观和自我变迁等方面的研究之中。其次,尽管这些维度的文化差异研究很多(比如认知的文化差异),但"变迁"研究很少。正因为如此,这里用以分析社会变迁心理维度的理论思维可以为将来的社会变迁研究在关注那些受忽视的心理维度时提供启发。

20.3.3 社会变迁的三种变迁模式

韦庆旺(2017a)以现代化理论为参照框架,聚焦文化心理学所揭示的重要跨文化心理对比维度,从变迁的时间效应角度分析,总结了三种社会变迁模式:现代取代传统(个人主义价值观提升、集体主义价值观下降),传统长久保持(集体主义价值观提升或者不变),传统与现代并存(个人主义价值观和集体主义价值观并存)。这三种模式同样适用于空间维度上说明本地文化与外来文化的关系。在空间维度上,时间维度上的三种社会变迁模式相应地变成:外来文化取代本地文化、本地文化得以保持、本地文化与外来文化并存。对于非西方发展中国家的社会变迁来说,本地文化与外来文化的关系在很大程度上也被看作传统文化与现代文化的关系,这就意味着传统与现代的关系既可以是时间维度的关系,也可以是空间维度的关系。下面以前文提到的5种重要的社会变迁心理维度来对三种变迁模式进行分析。

社会变迁模式1: 现代取代传统

"现代取代传统"的变迁模式是指随着社会变迁,现代的心理取代传统的心理。

这种社会变迁的模式意味着：现代性人格取代传统性人格,个人主义价值观取代集体主义价值观,独立我的自我概念取代互依我的概念,广交松散的人际关系取代深交紧密的人际关系,注重公正和不伤害他人的道德观取代尊重权威、内群体忠诚和纯洁的道德观,等等。

持有"现代取代传统"变迁观点的社会变迁研究,以英克尔斯(Inkeles)有关现代性的经典研究和当前西方社会心理学的社会变迁研究为代表。英克尔斯在20世纪60—70年代调查了6个发展中国家国民的现代性,发现工业化、城市化、现代教育、大众传播等现代化经历使这些发展中国家的国民发生了从传统性到现代性的转变,表现为具有乐于接受新经验、准备接受社会的变革、较高的效能感等人格特征(英克尔斯,史密斯,1992)。"现代取代传统"的观点充分体现在英克尔斯编制现代性量表的思路上。在编制量表时,他将传统性和现代性看作单一维度的两极,现代性高即意味着传统性低。当前西方社会心理学的社会变迁研究以格林菲尔德(Greenfield)的研究为代表,她利用谷歌图书数据库分析了代表个人主义价值观的词语在出版时间跨度超过200年的图书文本中的频率,结果发现大体呈线性提高的趋势。由于她同时考察了代表集体主义价值观的词汇频率,并发现其呈现线性降低的趋势,因此,同样体现了"现代取代传统"的观点(Greenfield, 2013)。

现代化理论的趋同假设是"现代取代传统"模式的理论支撑。趋同假设的背后是经济决定论和社会发展阶段论(Smith等,2013)。从传统社会到现代社会的变迁,首要的是工业革命和工业化,以及科学技术的发展,进而生产力水平得到提高,最终人们的生活水平得到提高。因此,随着经济发展水平的提高,人的心理也会发生改变,即朝着个人主义的方向改变。二战以后,几乎所有非西方发展中国家都不可避免地经历了现代化的过程,那么他们的国民也必然经历着心理上的现代化过程,这就是趋同假设的基本逻辑。可以进一步推论,如果以经济发展水平作为判断标准,那些经济发展水平低的国家的国民经过发展之后,其国民的心理特征会变得像原本比他们经济发展水平更高的国家的国民。因此,如果经济发展水平接近一致了,那么人们的心理自然也会变得趋同。

经济决定论的一种变体是价值决定论。价值决定论认为,不是经济发展水平决定价值观,而是价值观决定经济发展水平。价值决定论的代表是麦克利兰(McClelland)关于成就动机的研究,他将韦伯(Weber)有关新教伦理与资本主义精神的分析应用于心理学,认为是资本主义精神所产生的较高的成就动机促进了西方的经济发展(McClelland, 1961)。后来,在亚洲四小龙崛起的背景下,余安邦和杨国枢(1987)提出了社会取向的成就动机,将麦克利兰的成就动机定义为个人取向的成就动机,并认为较高的社会取向的成就动机是亚洲四小龙经济发展的原因。一个探讨文化变迁时间效应的跨文化比较研究则发现,经济发展与个人主义价值观之间存在着互相影响的双向关系(Allen等,2007)。不管是价值决定论,还是经济与价值互相影响的观点,虽然提出了不同于经济决定论的观点,但本质上并没有超越现代化理论的有关经济和成就动机的线性关系观点。

令人印象深刻的是,"现代取代传统"的观点在当前西方主流社会心理学有关社会变迁的前沿研究中占据统治地位(表现为个人主义价值观取代集体主义价值观的观点)。这些研究普遍强调社会生态因素,仍以格林菲尔德的研究为例(Greenfeild,2013)。格林菲尔德认为,不同的心理与行为系统与不同的社会生态环境相适应,所谓的心理与行为系统主要是指个人主义和集体主义两种,所谓的社会生态环境主要是指法理社会和礼俗社会两种。个人主义的心理与行为系统与法理社会的社会生态环境相适应,集体主义的心理与行为系统与礼俗社会的社会生态环境相适应。一旦社会生态环境发生改变,即从礼俗社会转变为法理社会(以乡村转变为城市为代表),那么为了适应环境的改变,心理与行为系统也会发生相应的改变,即从集体主义转变为个人主义。她尤其强调,社会生态环境的变迁不是双向的,而是全球朝着同一个方向发生着线性改变,即不断朝着法理社会的环境变迁。在这条线性趋势上,发达国家比发展中国家在更高的阶段往前变迁。一个研究所考察的时间跨度越长,越能揭示这一点。可见,格林菲尔德基本上按照现代化理论的本来面貌接受了其观点,并且加以更大的推广。与此类似,研究者以居住流动的多少这一介于宏观与微观之间的生态变量为社会变迁研究的切入点,指出:人们的居住流动性随着社会变迁越来越大,心理也会从集体主义心理与行为方式向着个人主义心理与行为方式变迁(Oishi,Lun 和 Sherman,2007;Oishi,2010)。

社会变迁模式2:传统长久保持

"传统长久保持"的变迁模式是指随着社会变迁,传统不会被现代所完全取代,而是会得到长久的继承和保持。这种社会变迁的模式意味着:人格、价值观、自我概念、人际关系、道德等心理层面的特征在受到现代化冲击的情况下仍然能够长久地保持传统所塑造的那些特征,如价值观继续保持集体主义的特征,自我概念继续保持互依我的特征,等等。

理论上而言,由于现今大多数文化都经历了现代化的过程,跨文化心理学仍能在不同文化之间发现诸多文化差异的事实,本身即证明了传统并没有被现代所完全取代。然而,跨文化心理学研究的精神实质却是为了寻求西方文化背景下,具有全球的普适性的心理结构或规律。同样,全球化令全球一体化的同时,也使得不同文化之间的差异得到凸显,促进了人类对文化多元化的认识,这同样能够说明全球的社会变迁并没有使文化和心理完全趋同。然而,尽管全球化产生多样现代性的观点在社会科学中达到了一定的共识,但是心理学界还远没有这种认识,以至于"现代取代传统"的观点在西方主流社会心理学有关社会变迁的研究中占据了绝对主导地位。因此,很少有人会有意识地提出和论述"传统长久保持"的观点。

以英格尔哈特(Inglehart)的价值观变迁研究来说,它发现了很重要的支持"传统长久保持"的观点,只不过由于它更主要的是对现代化理论进行修正而不是批判,以及英格尔哈特本人的政治学家和社会学家的身份,使得心理学家忽视了它丰富的内容。英格尔哈特和贝克(Inglehart 和 Baker,2000)运用包括来自占全球人口75%的65个社会的样本所组成的世界价值观调查的第三波数据,检验了经济发展导致基本价值观发生系统变迁的假设。通过分析"经济发展水平"和"文化传统"两个因素对不同社会价值观的预测作用,结果发现:一个社会的经济发展水平确实会导致它的价值观朝着现代的理性、宽容、信任和参与的方向转变,但这种价值观变迁的方式受它所具有的文化传统影响。换言之,尽管一个社会的价值观受到了现代化的冲击,但它仍然带有文化传统的烙印。

很多跨文化心理学的研究蕴含了丰富的"传统长久保持"的变迁观点,只是它们没有被放在社会变迁的背景下去认识,而是停留在文化差异的视角上进行横向文化比较。例如,在有关东方整体式思维与西方分析式思维的跨文化比较研究中,研究者认为这种文化差异源于两千年前形成的中国哲学与西方哲学的系统差异(Nisbett 等,2001)。长达两千年的文化传统所产生的差异到现在仍然存在,不正是文化传统能够长久保持的证据吗?再如,研究者认为中国历史上种植小麦的地区比种植水稻的地区具有更高的个人主义价值观(Talhelm 等,2014)。既然造成中国不同地区之间价值观差异的原因,即种植小麦或种植水稻的农业生产方式,已经不复存在,但是其造成的价值观差异还在,不正说明传统具有顽强的生命力吗?

滨村(Hamamura)是少数明确提及"传统长久保持"观点的心理学家之一,他受社会科学有关非西方文化在受现代化冲击下并没有完全西化(即可以有多样现代性)观点的启发,提出不同于现代化理论的"文化传承理论(The Cultural Heritage Theory)"(Hamamura,2012)。首先,他并不否定价值观有从传统向着现代变迁的成分。但更重要的是,他认为尽管如此,传统仍然能够在社会变迁过程中得到长久保持。在滨村看来,如果个人主义价值观与经济发展水平有直接的联系,很多发达国家都具有个人主义价值观,那么一个明显的事实是,有些国家是发达国家,但却具有集体主义价值观。譬如日本,本身是发达国家,但在跨文化研究中,日本通常被作为集体主义价值观的代表国家,与美国等个人主义价值观的国家进行对比。随后,通过对综合的主观和客观价值观变迁的指标进行考察,滨村比较了美国和日本两个国家的社会和心理变迁模式。他发现,近年来,不仅日本人在为社会作贡献、尽义务和不占便宜等很多集体主义价值观方面有增强的趋势,而且连美国人在尊敬父母等个别集体主义价值观方面也有增强的趋势。

综上,"传统长久保持"是一种反复出现的稳定的社会变迁模式,但是很多心理学的研究者并没有意识到这一点。在广义的文化心理学的研究中,"传统长久保持"在总体上被当作了现代化的副效应,例如,早在英克尔斯有关现代性的研究中就有发现,虽然孟加拉的农民没有进入现代化工厂工作,但农业合作社的经历也提高了他们的现代性,而这种现代性的提高是在保持某些乡村传统的基础上获得的(英克尔斯,史密斯,1992)。在本土心理学的研究中,"传统长久保持"虽有明证,但较少有研究者在社会变迁的视角下去论述它,尤其是研究者在研究志向上并不愿意将其与西方文化一起放在现代化的背景下进行变迁分析,因为他们首先有将传统等同于中国文化,将现代等同于西方文化的倾向。杨中芳(1999)对此进行了批判,强调中国社会心理学有关现代化的研究,是更需要本土化的研究课题。

社会变迁模式3:传统与现代并存

"传统与现代并存"的变迁模式是指随着社会变迁,传统的心理可以与现代的心理并存,或者在全球化的背景下,本地文化与外来文化可以并存。这种社会变迁的模式意味着:现代性人格与传统性人格并存,个人主义价值观与集体主义价值观并存,独立我的自我概念与互依我的自我概念并存,广交松散的人际关系与深交紧密的人际关系并存,注重公正和不伤害他人的道德观与尊重权威、内群体忠诚、纯洁的道德观并存。

如前所述,既然传统能够长久保持,同时又不能避免现代的影响,那么最终的变迁模式自然是"传统与现代并存"。例如,前面提到的英格尔哈特的研究和滨村的研究,最终说明的不是"现代取代传统",也不仅是"传统长久保持",而是"传统与现代并存"。不过,比较明确地在社会变迁背景下论证"传统与现代并存"变迁模式的是杨国枢关于现代性的研究(杨国枢,2004)。首先,他将传统性与现代性看作两个独立的维度,而不是一个维度的两极,并分别开发了传统性量表和现代性量表。其次,他将传统性和现代性均看作是包含多种成分的复合概念。最后,他通过传统性和现代性不同成分之间的不同相关模式来论证传统性与现代性可以并存,例如传统性中的"孝亲敬祖"成分与现代性中的"乐观进取"成分之间存在正相关,表明两者不仅不矛盾,还可以并存,甚至有相互增强的关系。

"传统与现代并存"观点之所以可能成立,前提是传统与现代的关系被放在一个平行框架内去思考,这种平行框架的最好载体是自我或个体内部的认知。自我概念的变迁充分体现了"传统与现代并存"的观点。杨国枢和陆洛(2009)的系列研究发现,中国人的自我概念已不是文化原型中的互依我,也不是全盘西化的独立我,而是兼容并蓄了独立我和互依我的"折衷自我"。那些整合了双文化(华人社会取向与西方个人取向)基础的多元自我,既可以有社会取向的自我实现,也可以有个人取向的自我实现。库查巴莎(Kagitcibasi)从子女价值变迁的研究切入,发现随着社会变迁,父母寄予在子女身上的经济价值逐渐减少,但心理价值并没有减少,从而发现了不同于互依型家庭模型和独立型家庭模型的第三种家庭模型,即"自主—关系型家庭模型"。在这种家庭模型中长大的孩子,既能发展出具有自主性的自我,又能发展出与人保持亲密关系的自我,最终形成"自主—关系型自我"(Kagitcibasi,2005)。两个研究均说明自我概念的变迁可以呈现"传统与现代并存"的变迁模式。

在多元文化适应的研究中,"传统与现代并存"往往体现为"本地文化与外来文化并存"。贝理(Berry)在有关移民文化适应的经典理论中指出:那些既重视保持原文化身份,又重视融入移入地文化的人适应得更好,这种适应策略称为整合策略(Berry,1997)。类似的观点在全球化推动的多元文化背景下,更深刻地体现在双元文化认同整合(Bicultural Identity Integration,BII)的概念中(Benet-Martinez等,2002)。同样是使用整合的文化适应策略,但可能会产生两种不同的双元文化认同整合结果,即整合高(高BII)和整合低(低BII)。对那些高BII的人来说,他们更容易在两种不同的文化模式之间进行自由转换,根据情境选择与特定文化相适应的心理与行为模式。而对那些低BII的人来说,他们在每一种文化情境中都会感到困扰。BII的概念不仅进一步发掘了本地文化与外来文化(或任何多元文化环境中的不同文化之间)可以并存的模式,而且强调了这种并存关系在不同人身上有着更深入的认知与情感差异,反映了人们在应对全球化的适应性方面存在着个体差异(Benet-Martinez等,2006)。

总之,只要是涉及自我或个体的适应,就难免将传统与现代(或本地文化与外来文化)放到一起,考察他们之间的二元关系。由于个体差异的存在,也许不是每个人都认为传统与现代能够并存,但是那些有这种看法的人,相对于认为传统与现代矛盾的人,能够更好地适应社会变迁。

20.3.4 社会变迁的多种影响因素

韦庆旺(2017a)在总结社会与文化变迁的影响因素时,按照影响文化的形成、改变和互动,将各种因素分为三类:文化成因,主要指人类社会在早期形成的几种主要文化的宏观历史因素,包括自然生态因素和社会文化因素;文化变因,主要指从传统社会到现代社会影响文化改变的财富增长、城市化等广义的现代化因素；文化生态互动论，主要指既有文化在遭遇变化的社会环境时引起的改变并非被动的，而是与环境发生交互影响的因素。

人类社会在早期形成了几种主要的文化，如以汉文化为核心的中国文化，以希腊文化为核心的西方文化。跨文化心理学所谈的文化差异实质上是以这些早期的文化为基础的，全球化所谈的多元文化互动也离不开这几种主要的文化背景。那么，究竟人类早期几种文化形成的原因是什么呢？一般来说，学界使用社会、历史、哲学和宗教等综合的因素来解释这些文化成因。比如研究者在解释为什么东方文化具有整体式思维而西方文化具有分析式思维时，追溯到了两种文化在2000多年前的社会历史背景，尤其是不同的哲学传统(Nisbett等，2001)。

绝大多数有关文化成因和文化变迁影响因素的理论都可以归为文化的生态适应理论，即某种文化的形成是为了适应特定的生态环境，而文化变迁的方向也是为了适应改变了的生态环境。徐江等人(2016)将影响文化的生态因素分成远端因素和近端因素，前者指气候、传染病率、生存方式等自然生态因素，后者又分为社会制度(如教育、经济)和社会情境(如居住流动、工作流动)等社会生态因素。这里将自然生态因素作为文化的成因，而把社会生态因素作为影响文化变迁的文化变因。

目前，有几种主要的从自然生态因素解释文化成因的理论。生产方式理论认为，不同社会的文化是由其不同的生产和生存方式造成的。典型的几种生产方式是农业、狩猎采集、园艺业和游牧。例如，研究者在考察美国南北文化差异时，发现在南部存在一种荣誉文化。即当自己和家人遭到侮辱时，人们期望男性用武力做出回应，以维护自己和家族的荣誉。这种荣誉文化即是早期游牧生产方式产生的"男性依靠英勇和战斗获得威望"这一文化在当代的表现(Cohen等，1996)。最近，研究者在生产方式理论基础上提出一种新的水稻理论，认为即使是同一种生产方式，也可能产生不同的文化(Talhelm等，2014)。该理论关注的是在农业上最普遍的两种耕作方式：种植小麦和种植水稻。种植水稻比种植小麦(也包含玉米、大豆等)需要更多的灌溉和劳动，人们需要合作才能完成对灌溉系统的建设、疏通和协调，以及对水稻的收获和运输。因此，那些自古以种植水稻为主的国家或地区会形成集体主义文化，而那些自古以种植小麦为主的国家或地区会形成个人主义文化。

自然灾害理论认为，自然灾害会降低人们的控制感，增强人与人之间的相互依赖，因此，自然灾害发生率更高的国家或地区有着更高的集体主义水平(Triandis，2009)。另外的学者认为：发生自然灾害时，人们会产生焦虑和应激，而焦虑和应激使人们减少对社会情境信息的关注，这对形成集体主义价值观具有阻碍作用(Varnum等，2010)。最近的研究支持了后面这种观点(Grossmann和Varnum,

2015)。传染病理论认为人类历史从古至今都受到传染病的威胁。然而在不同的自然环境中,传染病的发病率也不同。从传染性的危害上来说,相对于内群体成员携带的病菌,外群体成员携带的病菌危害更大。人们在长期一起生活的过程中,对内群体成员携带的病菌产生了抗体,对外群体成员携带的病菌则没有抗体。因此,传染病高发的地区更容易形成重视内外群体区分的集体主义价值观(Fincher 等,2008)。

与文化成因关注自然生态因素相比,文化变因更关注社会生态因素。前面提到,现代化、全球化、社会变迁是影响文化变迁的背景,大多数文化变迁的影响因素都在这几个概念的背景下产生。首先,经济发展水平的提升是现代化的一个主要结果,而且容易被客观量化。不管是国家财富还是个人社会经济地位都可以方便地找到客观指标来衡量。因此,即使不去有意识地设计,财富和社会阶层的变量也经常被包含在大型的社会调查里。例如,很多跨文化研究通过数据积累反复出现一个稳定的结果:财富水平与个人主义价值观有密切的联系(Hofstede,1980;Smith 等,2013)。其次,除了财富和社会阶层,现代化的因素包罗万象,其中尤以工业化、城市化、学校教育和大众传媒的发达为现代化过程的核心定义性特征。我们都无可否认这些因素对文化变迁的作用。然而这些因素通常被作为文化变迁的背景来对待,而且彼此交叉混合在一起,既难以直接研究,又无法相互厘清和控制。例如,选取城市样本和农村样本来考察城市和农村的文化差异时,如何控制学校教育和大众传媒的影响?在直接比较说明这些现代化因素对文化变迁的影响方面,英克尔斯采用样本匹配法对现代性作出的研究可称为典范(英克尔斯,史密斯,1992)。

尽管研究者对社会生态与文化以及个体心理之间的关系进行宏观和综合描述时倾向于无所不包,但寻找贴近个体心理的社会生态因素并采用心理学的方法进行考察是近年社会与文化变迁研究的一个趋势。该方面研究的优势有两个:(1)发展对所研究生态因素的测量和操作化方法。(2)在通过实验研究考察因果关系的基础上,建构更小型的可检验的理论。居住流动理论是这种社会生态理论的代表(Oishi,2010)。在个体层次,一个人从小到大搬家的次数即是他的居住流动指标;在群体层次,一个群体在一定时期内成员流动的比率即是该社区的流动指标;在社会层次,一个社区(城市、国家)的流动人口状况即是该社区(城市、国家)的流动指标。研究者发现,与居住稳定的人相比,居住流动的人会形成以个人为中心的自我概念,交朋友广泛而肤浅,对群体和社区的认同偏向于以功利为导向,幸福感也比较低。

几乎绝大多数有关文化成因和文化变因的研究都可以归为文化的生态适应理

论,主张文化具有适应其所在的生态环境的作用。如果生态环境发生改变,文化必须做出改变才能适应新的环境,这就产生了文化变迁。然而,单纯的生态适应观点虽然比较容易解释现代化理论,但无法解释文化传承理论以及更复杂的文化变迁现象。对此,杨国枢提出,并不是所有文化成分都具有同等的适应功能,不同的文化成分以及不同的文化个体在文化变迁过程中也会产生不同的变迁轨迹。在经过多年个人传统性与个人现代性研究的基础上,杨国枢提出了文化变迁的文化生态互动论(Cultural-Ecological Interactionism)(杨国枢,2004)。

首先,他将个人现代性视为现代化的社会文化变迁过程中某一社会大多数人共同的心理与行为,并根据三种范围(普同性心理与行为、特殊性心理与行为、独有性心理与行为)和两种功能(功能性心理与行为、非功能性心理与行为)排列出了六种组合。然后就不同的心理与行为种类在文化变迁的规律上提出文化变迁的多种复杂互动情况。比如在任何一个社会中,民众不同类别的心理与行为受到该社会的生态环境特征、经济社会形态及社会生活方式所决定或影响的程度不同。功能性的心理与行为是适应社会生态环境所必需的,比非功能性的心理与行为更多地受到这些因素的影响。普同性心理与行为因为与人类基本身心结构与功能有密切联系,不易受到社会生态等外在因素的影响;特殊性心理与行为是适应某类社会(如农耕社会、游牧社会等)的共同社会生态等外在因素所必需的,因此受这些因素的影响比较大;独有性心理与行为的情形比较复杂,其中功能性心理与行为比非功能性心理与行为受社会生态等外在因素影响更大。杨中芳(1999)在分析现代化、全球化和本土化三个概念的关系时,也提到类似的观点,认为三者的结合将呈现出多重因素互动的复杂模式。

20.4 社会变迁的研究扩展

20.4.1 全球化与多元文化心理学

21世纪以来,全球化的趋势越来越明显。不仅不同文化之间的交流和互动越来越频繁,而且越来越多的人成为有两种或多种文化身份的多元文化人。21世纪初,康萤仪(Hong)等人(2000)将社会认知的实验启动方法运用到双元文化被试身上,发现双元文化人(如香港人)可以在不同文化启动下产生文化框架转换的行为,也据此提出了文化动态建构论。该理论将文化看作可供人们依据环境需求随时利用的知识资源,从而将文化从国家或地区这种地域性的概念中解放出来,成为一种抽象的可被直接操弄的实验变量。而随着全球化的推进,赵志裕(Chiu)等人

(2011)提出,全球化带来了不同文化之间的频繁接触与混合,被称为文化混搭现象,而人们面对全球化和文化混搭,既可以在认知上进行文化整合而产生创新的行为,也可能在情感上感受到外文化的侵犯而产生排斥反应。这些研究反映了社会与文化变化向纵深发展,不同文化间的关系可以内涵于个体认知上的文化建构与文化适应上。最近,又有研究者提出文化会聚主义(ploycuturalism)的文化变迁信念及文化研究范式,认为个体与文化之间的关系不是类别化的关系(个体被文化归类),而是交叉的动态可塑的关系,这彻底挑战了跨文化心理学等传统研究背后的文化本质论预设(Morris 等,2015)。

如前所述,虽然多元文化心理学在空间维度上反映着时间维度上的文化变迁问题,但明确将多元文化心理学与文化变迁研究联系起来的还是少数。实际上,多元文化本身包含了两种文化共存的问题,相比传统的跨文化研究和跨时间比较的研究,其更能说明社会与文化变迁的第三种变迁模式,是对典型的社会变迁研究有益的补充。此外,全球化和多元文化心理学凸显了个体和群体面对多种文化时的文化认同和文化适应问题,进而涉及文化群际关系问题(Chao 和 Kung,2015;Hong 等,2016)。例如,前文提到的双元文化认同整合概念表明了一种文化认同和文化适应的途径是个体在经过长期的双元文化经验之后,在认知上缩小两种文化的差异和社会距离,在情感上对两种文化感到融合而没有矛盾(Benet-Martinez 和 Haritatos,2005)。然而,我们的研究也发现,在本土文化的认同和人格的开放性的共同作用下,多元文化经验越多,也可能会产生更大的对外文化的排斥反应(胡洋溢,韦庆旺,陈晓晨,2017)。可见,全球化和多元文化心理学的研究发展,对探讨社会变迁的第三种模式和考察人们面对社会变迁的应变反应具有重要意义,值得未来进一步关注。

20.4.2　从心理变迁到变迁心理

立足现代化理论和本土心理学视角,杨宜音(2010)在对人格变迁进行理论总结和分析时,提出了变迁人格的概念。顾名思义,人格变迁是指人格随着社会变迁发生改变。而变迁人格则指面对社会变迁的应变和适应反应,这些反应在人格上会表现为一种值得研究的独特特征。类似地,韦庆旺和时勘(2016)提出了心理变迁和变迁心理的概念。心理变迁是心理在时间维度上从过去某一时点到后来某一时点的改变,变迁心理是人们在某一时点面对社会变化时所产生的特定反应。心理变迁的研究根本上需要有跨时间数据的支撑,数据跨度的时间越长,越能说明心理变迁的质和量。变迁心理的研究考察社会变迁因素投射到人的心理上所产生的认识与感受,从不同角度进行考察会产生不同的研究视角。例如,前面提到的全球化的应对反应和多元文化心理学所涉及的文化认同和文化适应问题,即是变迁心理的重要方面。

最近,有两类变迁心理的研究值得关注。一类有关对社会变迁的看法和信念,代表性的理论是社会变迁的民间理论(Folk Theory of Social Change,FTSC),它用从传统社会到现代社会的变迁过程来描述社会变迁,提出人们对社会变迁有三种信念:(1)自然论信念,认为社会从传统到现代的变迁是一个自然的过程。(2)普遍论信念,认为社会从传统到现代的变迁是一个普遍的过程。(3)变迁信念,指人们对社会变迁发生何种内容转变的看法。研究者通常会问被试,他们认为过去和未来的社会或过去和未来社会中的人,在某些品质上与现在相比是增强了还是减弱了。研究发现,人们对这类问题的基本看法是:随着社会变迁,社会的科技经济发展水平会越来越高,人们的能力和技能也会越来越高;但同时社会失序会越来越严重,人们的热情和道德水平也会越来越低(Kashima 等,2009)。进一步的研究发现,人们对未来社会变迁的信念会影响人们当前对社会改革政策的态度(Bain 等,2013)

另一类有关对文化本质和文化间关系的看法和信念,以与文化本质主义相关的一组概念为代表。文化本质主义相信文化具有不可改变的本质,不同文化之间的差异也是泾渭分明的;文化色盲主义认为,各个文化之间并不存在明显的区别与不同;多元文化主义倡导不同文化价值的共存与互不干涉;文化会聚主义则将文化看作不断与其他文化互动而动态改变的过程(Chao 和 Kung,2015;Morris 等,2015;Rosenthal 和 Levy,2010)。这几种有关文化和文化变迁信念的形成,不仅与全球化以及人口流动导致的不同文化接触交流的宏观社会变迁背景有关,也与不同国家或地区对移民群体和文化融合的政策导向有紧密的联系,同时也会影响个体和群体对待移民和不同文化间关系的态度,对理解和促进不同文化的交流与融合具有重要的意义,理应成为社会与文化变迁研究的重要内容。此外,变迁心理的研究还涉及其他一些对社会变迁看法的研究,如历史表征研究(Liu 和 Hilton,2012)和对全球化的内隐知觉研究(Kashima 等,2011)。

20.4.3 文化的动力机制研究

社会与文化变迁研究正经历从关注对心理维度发生什么变化的描述分析到探讨这种变化是如何发生和为什么发生的转变过程,前者是回答发生了"什么"的问题,后者是回答"如何"发生和"为什么"发生的问题。文化演化视角回答"如何"发生的问题,它能够帮助我们理解文化信息发生演变的传播机制,比如相关研究发现人类信息传播通常包含了各种偏差,那些具有威胁性和能引起强负面情绪的信息更容易传播,在物种层面可以解释人类的公平与合作文化是如何产生的,等等(Varnum 和 Grossmann,2017;陈维扬,谢天,2020)。社会生态学视角回答"为什么"发生的问题,它通过解释多水平的生态环境给人造成何种生存和适应压力,从而引起相应的心理和行为系统与之相适应的过程,来说明不同生态环境产生的文化差异,以及生态环境发生改变也会引起文化的改变(Oishi,2014)。

实际上,前述有关"社会变迁多种影响因素"的讨论已然涉及社会与文化变迁机制的问题,但从社会变迁研究的整体发展来看,首先是描述某种心理维度发生什么样的变化的研究,即三种社会变迁模式的研究占据主流。着眼于未来,随着社会生态心理学将原本被看作文化赖以形成的生态环境也看作是可改变和操纵的,文化演化心理学从信息传播和因果机制的角度研究文化的形成和演变,以及文化心理学发展到多元文化心理学和文化动态建构论的阶段,那种植根于无形的文化本质主义的文化不可改变或文化很难改变的观点正在逐渐消解。既然文化是可变的,那么文化变迁就不是文化的表面特征,而是文化的本质特征(Morris 等,2015)。

最近,研究者进一步整合上述有关文化变迁和动态建构的观点,提出文化动力心理学(The Psychology of Cultural Dynamics)的概念和理论框架,以更清晰系统地揭示文化在多个抽象层次的动力特征(Kashima,Bain 和 Perfors,2019)。文化动力心理学是指对文化随着时间不断形成、保持和转化的心理学研究。文化动力心理学将文化定义为在特定人群中可进行社会性传播的、能影响该人群的认知、情感和行为的一组信息,这些信息既包括可以在大脑和身体进行表征的思想和行为,也包括人们创造的人造物,如技术、大众传媒、书籍、网站等。文化动力心理学视角的基础是在人群层面上思考文化问题,它将任何在一定范围的地理疆域、物理空间、虚拟网络内扩散的人群或人类作为物种群所掌握的文化信息看作一个整体,然后考察文化产生、传递和改变的所有动力过程。而这些文化动力过程可以通过微观、微观-宏观互动、宏观三个水平来分析。微观水平分析涉及文化信息的生产、扎根、阐释和记忆。微观-宏观的互动可以通过文化传播模型、演化博弈理论、迭代学习等不同的方式研究。宏观水平分析主要是指个人主义和集体主义价值观等文化变迁的分析。

与多元文化心理学和变迁心理两方面的研究趋势相比,文化动力心理学在总体上更彻底地解构了文化本质主义的观点,它将文化的形成、保持和转化看成不以个人意志为转移的群体实在和演化规律,很少谈及个体的文化认同和文化适应,也较少关注不同群体间的文化态度和文化关系。

20.5 社会变迁研究的重要意义

20.5.1 中国社会心理学发展的突破口

综上所述,当前的社会变迁研究及其扩展,以及其与现代化和全球化的紧密联系,对文化心理学各发展阶段的贯穿能力,尤其是对本土心理学精神的传承性和对当前中国社会现实的呼应性,于中国社会心理学的发展具有重要意义。俞国良和韦庆旺(2014)梳理了社会心理学在欧美和亚洲历史发展的时空格局,以及大陆、台湾和香港等中国不同地区的社会心理学研究特色,认为社会变迁研究是中国社会心理学创新发展的突破口。

首先,亚洲社会心理学已在国际社会心理学树立了文化心理学的形象,奠定了在文化心理学研究中的重要地位,而社会与文化变迁是文化心理学的核心议题。其次,社会变迁是国际社会心理学开始不久的前沿研究阵地,而国内在这方面的研究起点并不落后,甚至具有潜在优势。一方面,华人社会心理学在其中的某些领域(如多元文化心理学)占有重要地位。另一方面,社会变迁研究历经台湾本土心理学和大陆转型心理学两大阶段,能够体现中国社会心理学对本土视角的持续关怀。然后,中国大陆的社会剧变在性质和量级上是其他地域所不能比拟的,并且从宏观上已经与台湾、香港的社会变迁构成整体(中华民族伟大复兴),能够为社会变迁研究提供西方学界所不具备的独特视角(金耀基,2006)。最后,这种独特的视角在有关传统性与现代性的经典本土心理学研究中有很清晰的体现,随着现代化向全球化的转变,时间上的传统与现代的关系转变为空间上的地方文化与外来文化的关系,这一背景下,两阶段研究的整合有利于社会变迁心理学理论的进一步建构。

任何一种社会心理学要获得好的发展,都取决于是否能够结合科学的研究方法和贴近本地的社会关怀两个方面。从科学研究方法来看,中国社会心理学曾经长期落后于西方,但现在整体上的差距已经大大缩小,甚至在某些领域居于世界前列,如文化认知神经科学(Han,2013)。因此,是否具有贴近本地的社会关怀就变成最重要的问题了。北美社会心理学之所以能够获得长期的繁荣,是因为其个人主义色彩与其社会重视个人的现实是一致的。欧洲社会心理学之所以能够在二战衰落后经过努力又重新融入主流社会心理学,是因为其关注群际关系的特征与欧洲社会多边关系凸显的现实是贴合的。亚洲社会心理学之所以能够于近期有突围主流社会心理学的趋势,是因为其重视本土及文化心理学的特征与亚洲的社会与文化变迁现实是一致的,而中国社会心理学是这方面的最佳代表(俞国良,韦庆旺,2014)。

20.5.2 解读中国人近代以来的文化认同危机

中国近代以来的现代化过程中所碰到的最根本的问题就是文化问题(金耀基,2016)。具有辉煌历史和长期四方来服的中华民族,在近代受到西方列强的入侵,一度陷入危亡,中华儿女也由此产生了深重的文化认同危机。在主张全面学习西方现代化的同时,维护传统文化的力量却从来不绝于耳。这种矛盾反映在民国初期的中西文化论战上,对西方国家而言本被看作古今社会变迁的现代化问题,在中华民族却不可避免地被同时视为中西文化的差异问题,从而在某种程度上阻碍了现代化的进程(甘阳,2012;汪晖,2004)。进入 21 世纪,全球化产生的文化多元化将不同文化的差异和融合问题提到了十分重要的位置,我们比以往更需要高度的文化自觉和文化自信。但这种文化自觉和文化自信与具有封闭特征的民族中心主义有根本的不同,它要求我们积极地参与全球文化和人类命运共同体的建构(伍锡洪,叶嘉雯,吴挺坚,2013)。因此,在我国的现代化取得初步成功而走向全面胜利的背景下,探讨于百年前就开始讨论的东西文化差异问题,时机更加成熟。只不过,传统文化无疑已经发生了变迁,它首先需要在变迁之后再建构(所谓创造性转化),然后需要与全球的众多其他文化一起平等对话、求同存异,以及进行可能的融合。

不管是文化认同、文化自觉,还是文化自信,从根本上都会反映到国民的社会心理机制上来,而社会与文化变迁的研究恰恰可以对这些重要的国民心理提供科学的解读。对此,杨中芳曾立足本土心理学,主张通过对当代中国人适应仍然具有重要价值的中庸思维,建构一套不同于西方社会心理学的知识体系,可看作中国社会与文化变迁研究的一种综合性理论建构(杨中芳,2009)。最近,韦庆旺和时勘(2016)通过考察民众对中国的社会变迁认知和中国文化本质论,来解读近代以来古今中西文化论争所反映的文化认同和文化态度问题。他们的研究发现,民众对中国社会和中国人从过去到未来变迁的认知具有三种特征:传统与现代逐渐融合,未来社会各项积极指标均会提高,社会发展虽然包含矛盾但充满活力。而民众的中国文化本质论由实体论和不变论两个维度构成,实体论认为中国文化与西方文化有本质的不同,不变论认为中国文化不可改变;实体论是对中国文化持积极态度的基础,但只有结合不变论,才能解释对中国文化的否定和肯定态度。这些研究在揭示中国人在近代中国文化受西方文化冲击背景下,应对文化认同危机的心理机制及其在全球化时代的文化适应机制方面,做出了有益的尝试。

(韦庆旺　李婵艳)

参考文献

蔡华俭,黄梓航,林莉,张明杨,王潇欧,朱慧珺,谢怡萍,杨盈,杨紫嫣,敬一鸣.(2020).半个多世纪来中国人的心理与行为变化——心理学视野下的研究.心理科学进展,28(10),1599-1618.

陈维扬,谢天.(2020).文化演化的认知视角——从个体社会学习出发探究文化动态性.心理科学进展,28(12),2137-2149.

方文.(2008).转型心理学:以群体资格为中心.中国社会科学(4),137-147.

傅安国,张再生,郑剑虹,岳童,林肇宏,吴娜,黄希庭.(2020).脱贫内生动力机制的质性探究.心理科学进展,52(1),66-80.

甘阳.(2012).古今中西之争.北京:三联书店.

胡洋溢,韦庆旺,陈晓晨.(2017).多元文化经验增强外文化排斥反应? 中国社会心理学评论(12),73-92.

黄梓航,敬一鸣,喻丰,古若雷,周欣悦,张建新,蔡华俭.(2018).个人主义上升,集体主义式微?——全球文化变迁与民众心理变化.心理科学进展,26(11),2068-2080.

金耀基.(2016).中国文化的现代转型.广州:广东人民出版社.

沙莲香.(2011).中国民族性(壹):一百五十年中外"中国人像".北京:中国人民大学出版社.

沙莲香.(2012a).中国民族性(贰):1980年代中国人的"自我认知".北京:中国人民大学出版社.

沙莲香.(2012b).中国民族性(叁):民族性三十年变迁.北京:中国人民大学出版社.

苏红,任孝鹏,陆柯雯,张慧.(2016).人名演变与时代变迁.青年研究(3),31-38.

孙立平.(2005).社会转型:发展社会学的新议题.社会学研究(1),1-24.

汪晖.(2004).现代中国思想的兴起.北京:三联书店.

韦庆旺.(2017a).文化变迁.载吴莹,韦庆旺,邹智敏.(2017).文化与社会心理学.北京:知识产权出版社.

韦庆旺.(2017b).社会心理学如何研究文化.载吴莹,韦庆旺,邹智敏.(2017).文化与社会心理学.北京:知识产权出版社.

韦庆旺,时勘.(2016).社会变迁与文化认同:从民众心理认知看古今中西之争.苏州大学学报(教育科学版)(2),1-14.

伍锡洪,叶嘉雯,吴挺坚.(2013).全球一体化和双文化对研究华人心理的启示.载第四届国际汉学会议论文集.台北:中研院.

辛自强.(2019).市场化与人际信任变迁.心理科学进展,27(12),1951-1966.

辛自强.(2020).社会治理心理学与社会心理服务.北京:北京师范大学出版社.

许燕,伍麟,孙时进,吕小康,辛自强,钟年,彭凯平,周明洁,栾胜华,郭永玉,王俊秀.(2020).公共突发事件与社会心理服务体系建设(笔会)(2),1-31.

徐江,任孝鹏,苏红.(2015).中国人独立性自我构建和依存性自我构建的代际变迁.心理学进展,5(2),67-74.

徐江,任孝鹏,苏红.(2016).个人主义/集体主义的影响因素:生态视角.心理科学进展,24(8),1309-1318.

叶光辉.(2009).中国人的孝道:心理学的分析.重庆:重庆大学出版社.

杨国枢.(2004).中国人的心理与行为:本土化研究.北京:中国人民大学出版社.

杨国枢,陆洛.(2009).中国人的自我:心理学的分析.重庆:重庆大学出版社.
杨国枢,黄光国,杨中芳.(2009).华人本土心理学.重庆:重庆大学出版社.
杨宜音.(2006).个体与宏观社会的心理关系:社会心态概念的界定.社会学研究(4),117-131.
杨宜音.(2008).关系化还是类别化:中国人"我们"概念形成的社会心理机制探讨.中国社会科学(4),148-159.
杨宜音.(2010).人格变迁和变迁人格:社会变迁视角下的人格研究.西南大学学报(社会科学版),36(4),1-8.
杨宜音.(2011).社会变迁和转型对社会心理的影响:兼论社会心理研究与本土社会的契合性.台北:第七届华人心理学家学术研讨会.
杨宜音,王俊秀.(2013).当代中国社会心态研究.北京:社会科学文献出版社.
杨中芳.(2009).传统文化与社会科学结合之实例:中庸的社会心理学研究.中国人民大学学报(3),53-60.
杨中芳.(1999).现代化、全球化是与本土化对立的吗?——试论现代化研究的本土化.社会学研究(1),57-72.
杨中芳,彭泗清.(1999).中国人人际信任的概念化:一个人际关系的观点.社会学研究(2),1-21.
英格尔哈特.(2013).现代化与后现代化:43个国家的文化、经济与政治变迁.顾昕,译.北京:社会科学文献出版社.
英克尔斯,史密斯.(1992).从传统人到现代人:六个发展中国家中的个人变化.顾昕,译.北京:中国人民大学出版社.
余安邦,杨国枢.(1987).社会取向成就动机与个我取向成就动机:概念分析与实证研究.中央研究院民族学研究所集刊(64),51-98.
俞国良,韦庆旺.(2014).比较视野中社会心理学的发展路径.上海师范大学学报(哲学社会科学版),43(5),136-144.
翟学伟.(2004).人情、面子与权力的再生产——情理社会中的社会交换方式.社会学研究(5),48-57.
张建新.(2020).从抗疫心理援助看中国心理学的分化与整合.心理技术与应用,8(6),321-330+352.
张建新.(2021).再论我国心理学的分化现象.心理技术与应用,9(1),41-51.
张侃,张建新.(2009)."5.12"灾后心理援助行动纪实——服务与探索.北京:科学出版社.
赵志裕,康萤仪.(2011).文化社会心理学.刘爽,译.北京:中国人民大学出版社.
赵志裕,温静,谭俭邦.(2005).社会认同的基本心理历程——香港回归中国的研究范例.社会学研究(5),202-227.
赵志裕,吴莹,杨宜音.(2015).文化混搭:文化与心理学研究的新里程(代卷首语).中国社会心理学评论(9),2-18.
周明洁,张建新.(2007).中国社会现代化进程和城市现代化水平与中国人群体人格变化模式.心理科学进展,15(2),203-210.
周晓虹.(2011).中国经验与中国体验:理解社会变迁的双重视野.天津社会科学(6),12-19.
周晓虹.(2014).文化反哺:变迁社会中的代际革命.北京:商务印书馆.
Allen, M. W., Ng, S. H., Ikeda, K., et al. (2007). Two decades of change in cultural values and economic development in eight East Asian and Pacific Island nations. *Journal of Cross-Cultural Psychology*, 38(3), 247-269.
Ashton, M. C., & Lee, K. (2007). Empirical, theoretical, and practical advantages of the HEXACO model of personality structure. *Personality and Social Psychology Review*, 11(2), 150-166.
Bain, P. G., Hornsey, M. J., Bongiorno, R., Kashima, Y., & Crimston, D. (2013). Collective futures: How projections about the future of society are related to actions and attitudes supporting social change. *Personality and Social Psychology Bulletin*, 39(4), 523-

539.

Bain, P. G., Kroonenberg, P. M., & Kashima, Y. (2015). Cultural beliefs about societal change: A three-mode principal component analysis in China, Australia, and Japan. *Journal of Cross-Cultural Psychology*, 46(5), 635-651.

Benet-Martínez, V., & Haritatos, J. (2005). Bicultural Identity Integration (BII): Components and socio-personality antecedents. *Journal of Personality*, 73(4), 1015-1050.

Benet-Martinez, V., Lee, F., & Leu, J. (2006). Biculturalism and cognitive complexity: Expertise in cultural representations. *Journal of Cross-Culttural Psychology*, 37(4), 386-407.

Benet-Martinez, V., Leu, J., Lee, F., & Morris, M. W. (2002). Negotiating biculturalism: cultural frame switching in biculturals with oppositional versus compatible cultural identities. *Journal of Cross-Cultural Psychology*, 33(5), 492-516.

Berry, J. W. (1997). Immigration, acculturation and adaptation. *Applied Psychology: An International Review*, 46, 5-34.

Cai, H. J., Kwan, V. S. Y., & Sedikides, C. (2012). A sociocultural approach to narcissism: The case of modern China. *European Journal of Personality*, 26(5), 529-535.

Cai, H. J., Zou, X., Feng, Y., Liu, Y. Z., & Jing, Y. M. (2018). Increasing need for uniqueness in contemporary China: Empirical evidence. *Frontiers in Psychology*, 9, 554.

Cameron, L., Erkal, N., Gangadharan, L., & Meng, X. (2013). Little Emperors: Behavioral Impacts of China's One-Child Policy. *Science*, 339(6122), 953-957.

Chao, M. M., & Kung, F. Y. (2015). An essentialism perspective on intercultural processes. *Asian Journal of Social Psychology*, 18(2), 91-100.

Chen, S. X., Lam, B. C. P., Hui, B. P. H., Ng, J. C. K., Mak, W. W. S., Guan, Y., et al. (2016). Conceptualizing psychological processes in response to globalization: Components, antecedents, and consequences of global orientations. *Journal of Personality and Social Psychology*, 110, 302-331.

Chiu, C., Gries, P., Torelli, C., & Cheng, S. Y. (2011). Toward a Social Psychology of Globalization. *Journal of Social Issues*, 67(4), 663-676.

Cohen, D., Nisbett, R. E., Bowdle, B. F., & Schwartz, N. (1996). Insult, agression, and the southern culture of honor: An "experimental ethnography". *Journal of Personality and Social Psychology*, 70(5), 945-960.

Cuddy, A. M., Fiske, S. T., Kwan, V. Y., et al. (2009). Stereotype content model across cultures: Towards universal similarities and some differences. *British Journal of Social Psychology*, 48(1), 1-33.

Fincher, C. L., Thornhill R, Murray, D. R., et al. (2008). Pathogen prevalence predicts human cross-cultural variability in individualism/collectivism. *Proceedings of the Royal Society B: Biological Sciences*, 275(1640), 1279-1285.

Fiske, A. P. (1992). The four elementary forms of sociality: Framework for a unified theory of social relations. *Psychological Review*, 99, 689-723.

Gao, S., Thomaes, S., Noortgate, W. V. D., Xie, X. C., Zhang, X. K., & Wang, S. P. (2019). Recent changes in narcissism of Chinese youth: A cross-temporal meta-analysis, 2008-2017. *Personality and Individual Differences*, 148, 62-66.

Graham, J., Haidt, J., Koleva, S., Motyl, M., Iyer, R., Wojcik, S., & Ditto, P. H. (2013). Moral foundations theory: The pragmatic validity of moral pluralism. *Advances in Experimental Social Psychology*, 47, 55-130.

Greenfield, P. M. (2009). Linking social change and developmental change: Shifting pathways of human development. *Developmental Psychology*, 45(2), 401-418.

Greenfield, P. M. (2013). The changing psychology of culture from 1800 through 2000.

Psychological Science, 24(9),1722–1731.
Grossmann, I., & Varnum, M. E. (2015). Social structure, infectious diseases, disasters, secularism, and cultural change in America. *Psychological Science*, 26,311–324.
Hamamura, T. (2012). Are cultures becoming individualistic? Across-temporal comparison of individualism-collectivism in the United States and Japan. *Personality and Social Psychology Review*, 16(1),3–24.
Hamamura, T. (2018). A cultural psychological analysis of cultural change. *Asian Journal of Social Psychology*, 21,3–12.
Han, S. (2013). How to identify mechanisms of cultural influences on human brain functions. *Psychological Inquiry*, 24,37–41.
Hofstede, G. (1980). *Culture's Consequeces: International Differences in Work-related Values*. Beverly Hills, CA: Sage.
Hong, Y., Morris, M. W., Chiu, C., & Benet-Martinez, V. (2000). Multicultural mind: A dynamic constructivist approach to culture and cognition. *American Psychologist*, 55(7), 709–720.
Hong, Y., Zhan, S., Morris, M. W., & Benet-Martinez, V. (2016). Multicultural identity processes. *Current Opinion in Psychology*, 8,49–53.
Inglehart, R., & Baker, W. E. (2000). Modernizaiton, cultural change, and the persistence of traditional values. *American Sociological Review*, 65(2),19–51.
Kagitcibasi, C. (2005). Autonomy and relatedness in cultural context: Implications for self and family. *Journal of Cross-Cultural Psychology*, 36,403–422.
Kagitcibasi, C. (2007). *Family, self, and human development across cultures: Theory and applications*. Mahwah, NJ: Lawrence Erlbaum.
Kashima, Y., Bain, P., Haslam, N., Peters, K., Laham, S., Whelan, J., & Fernando, J. (2009). Folk theory of social change. *Asian Journal of Social Psychology*, 12(4),227–246.
Kashima, Y., Bain, P. G., & Perfors, A. (2019). The psychology of cultural dynamics: What is it, what do we know, and what is yet to be known? *Annual Review of Psychology*, 70, 499–529.
Kashima, Y., Shi, J., Tsuchiya, K., Kashima, E., Cheng, S. S., Chao, M. M., & Shin, S.-h. (2011). Globalization and folk theory of social change: How globalization shapes societal perceptions about the past and future. *Journal of Social Issues*, 67,696–715.
Leach, C., Van Zomeren, M., Zebel, S., et al. (2008). Group-level self-definition and self-investment: A hierarchical (multicomponent) model of in-group identification. *Journal of Personality and Social Psychology*, 95(1),144–165.
Liu, J. H., & Hilton, D. (2005). How the past weighs on the present: Social representations of history and their role in identity politics. *British Journal of Social Psychology*, 44,537–556.
Markus, H. R., & Kitayama, S. (1991). Culture and the self: Implications for cognition, emotion, and motivation. *Psychological Review*, 98(2),224–253.
McClelland, D. C. (1961). The achieving society. Princeton, New Jersey: Van Nostrand.
Morris, M. W., Chiu, C. Y., & Liu, Z. (2015). Polycultural psychology. *Annual review of psychology*, 66,631–659.
Nisbett, R. E., Peng, K., Choi, I., & Norenzayan, A. (2001). Culture and systems of thought: Holistic versus analytic cognition. *Psychological Review*, 108,291–310.
Oishi, S. (2010). The psychology of residential mobility: Implications for the self, social relationships, and well-being. *Perspective on Psychological Science*, 5(1),5–21.
Oishi, S. (2014). Socioecological Psychology. *Annual Review of Psychology*, 65,581–609.
Oishi, S., Lun, J., & Sherman G. D. (2007). Residential mobility, self-concept, and positive affect in social interactions. *Journal of Personality and Social Psychology*, 93(1),131–141.

Rosenthal, L., & Levy, S. R. (2010). The colorblind, multicultural, and polycultural ideological approaches to improving intergroup attitudes and relations. *Social Issues and Policy Review*, 4, 215-246.

Santos, H. C., Varnum, M. E. W., & Grossmann, I. (2017). Global increases in individualism. *Psychological Science*, 28(9), 1228-1239.

Schwartz, S. H., Cieciuch, J., Vecchione, M., Davidov, E., Fischer, R., Beierlein, C., & Konty, M. (2012). Refining the theory of basic individual values. *Journal of Personality and Social Psychology*, 103(4), 663-688.

Smith, P. B., Fischer, R., Vignoles, V. L., & Bond, M. H. (2013). *Understanding Social Psychology Across Cultures: Engaging with Others in a Changing World*. Beverly Hills, CA: Sage.

Talhelm, T., Zhang, X., Oishi, S., Shimin, C., Duan, D., Lan, X., & Kitayama, S. (2014). Large-scale psychological differences within China explained by rice versus wheat agriculture. *Science*, 344(6184), 603-608.

Triandis, H. C. (2009). Ecological determinants of cultural variations. In C. Chiu, Y. Hong, S. Shavitt, & R. S. Wyer (Eds.), *Understanding Culture: Theory, Research and Applications*. New York, NY: Psychology Press.

Twenge, J. M. (2000). The age of anxiety? Birth cohort change in anxiety and neuroticism, 1952-1993. *Journal of Personality and Social Psychology*, 79(6), 1007-1021.

Twenge, J. M., & Foster, J. D. (2008). Mapping the scale of the narcissism epidemic: Increases in narcissism 2002-2007 within ethnic groups. *Journal of Research in Personality*, 42, 1619-1622.

Twenge, J. M., & Foster, J. D. (2010). Birth cohort increases in narcissistic personality traits among American college students, 1982-2009. *Social Psychological and Personality Science*, 1, 99-106.

Varnum, M. E. W., & Grossmann, I. (2017). Cultural change: The how and the why. *Perspectives on Psychological Science*, 12(6), 956-972.

Varnum, M. E. W., Grossmann, I., Kitayama, S., & Nisbett, R. E. (2010). The origin of cultural differences in cognition: the social orientation hypothesis. *Current Directions in Psychological Science*, 19, 9-13.

Vago, S. (2003). *Social change*. Prentice Hall.

Welzel, C., & Inglehart, R. (2010). Agency, values, and well-being: A human development model. *Social Indicators Research*, 97, 43-63.

Xin, Z. Q., & Xin, S. F. (2017). Marketization process predicts trust decline in China. *Journal of Economic Psychology*, 62, 120-129.

Yang, K. (1998). Chinese responses to modernization: A psychological analysis. *Asian Journal of Social Psychology*, 1, 75-97.

Yang, Y., Chen, M., Chen, W., et al. (2010). Effects of boundary-permeated self and patriotism on social participation in the Beijing Olympic Games. *Asian Journal of Social Psychology*, 13, 109-117.

Zeng, R., & Greenfield, P. M. (2015). Cultural evolution over the last 40 years in China: Using the Google Ngram Viewer to study implications of social and political change for cultural values. *International Journal of Psychology*, 50(1), 47-55.

Zhou, C., Yiu, W. Y. V., Wu, M. S., & Greenfield, P. M. (2018). Perception of cross-generational differences in child behavior and parent socialization: A mixed-method interview study with grandmothers in China. *Journal of Cross-Cultural Psychology*, 49(1), 62-81.

21 社会流动[①]

21.1 引言 / 690
21.2 社会流动与流动性研究：现象范畴与概念内涵 / 690
21.3 人口的空间流动：相关理论与研究进展 / 693
    21.3.1 移民视角下的研究 / 694
            移民与文化认同以及文化适应 / 694
            移民的人格差异 / 697
            移民的幸福感 / 697
    21.3.2 居住流动性视角下的研究 / 698
            居住流动性的界定 / 698
            居住流动性的心理学研究进展 / 699
    21.3.3 小结 / 700
21.4 关系的流动：相关理论与研究进展 / 701
    21.4.1 关系流动性的界定 / 701
    21.4.2 关系流动性的心理学研究进展 / 701
            人际过程 / 701
            社会交换 / 703
            思维方式 / 704
            幸福感 / 705
    21.4.3 小结 / 705
21.5 社会阶层的流动：相关理论与研究进展 / 706
    21.5.1 向上的社会阶层流动：特征及影响因素 / 707
    21.5.2 社会流动信念的后果 / 709
            社会流动信念对社会态度的影响 / 709
            社会流动信念对个体生活的影响 / 710
    21.5.3 小结 / 712
21.6 社会流动的心理学研究：未尽的议题与研究展望 / 712
    21.6.1 理论层面 / 712
    21.6.2 方法层面 / 713
    21.6.3 应用层面 / 713
参考文献 / 714

[①] 本文获得国家社科基金青年项目"社会生态视角下流动人口动态社会融入的心理机制研究"（16CSH045）和国家自然科学基金面上项目"居住流动与环境适应：社会生态心理学视角下的道德心理转型"（31971012）的资助。

21.1 引言

作为一种贯通古今的社会现象,"流动"对我们来说并不是一个陌生的词语。在中国近现代的历史上,战争、饥荒和瘟疫以及求学、贸易曾让无数中国人远离故土,成为不同意义上的异乡人。但是作为一个传统农业大国,农地的不动产性质和农村的熟人社会性质绑缚着农民,也令其形成了安土重迁的观念与性格,压抑了其外出闯荡的欲望。20世纪50年代开始的城乡二元格局,严格限制了社会流动的程度,强化了土地对人的束缚。直到改革开放之后,经济的快速发展和政策的激励又带来了前所未有的大规模人口迁移(陈咏媛,2019)。与此同时,在表面化的城市化进程和人口流动之下,还存在许多不同形态的社会流动以及文化的输入和输出,中国人在交往模式、从事职业和家庭结构上经历着巨大的变化,中国社会从一个高度集中、相对同质性的结构体系逐渐分化为资源、地位、机会和利益相对分散、相对独立的结构体系,阶层间的流动成为社会持续发展的深层动力(李路路,2019)。从某种意义上来说,"社会流动"是一条隐隐存在的脉络,无论疏堵,它始终贯穿于中国的近现代历史,并以一种系统性的、可预见的方式,持续勾勒着世态人心的群像。

然而,传统的社会心理学研究将"静态"和"稳定"作为社会架构的基本特征,研究的对象是相对固化的个体与社群。关于社会流动究竟是什么,以及它如何成为心理学研究中一个明确的研究领域,尚未在心理学界达成广泛的共识。笔者认为,随着流动日益成为社会运转的常态,"流动性研究"理应在心理学界获得越来越多的重视,并承担起研究流动社会中有关"人心走向"的学科责任。基于这一考虑,本章立足于学术前沿,从现象、概念、学科史和研究进展等几个方面,尝试性地梳理出一个流动性研究的线索,并对未来的研究进行展望。

21.2 社会流动与流动性研究:现象范畴与概念内涵

著名社会学家索罗金在其著作《社会流动》一书中,将社会流动(social mobility)界定为一种位移现象,其核心是人在一定的社会环境中所处原有位置关系的改变,包括水平流动和垂直流动两种形式(Sorokin, 1927)。在索罗金看来,社会流动关注的是个人、对象或价值变化,而价值则可以由职业、收入、教育等外部指标来衡量。当个体或社会价值的起点和终点没有变化时,可以称之为水平流动,相反则称之为(向上/向下)的垂直流动。此后,在社会学的语境下,社会流动多被约定俗称为垂直的社会流动,也即社会阶层的流动。而在心理学的研究取向下,对社会流动的指代则更为宽泛,涉及一切由人作为行动主体引发的社会流动现象,如人口的空间流动,人际关系的流动,社会身份(如职业身份,阶层身份)的流动,信息的流动和文化的流动等。

然而,描述和记录社会流动的现象并不直接构成一项心理学研究。心理学家们关注的是社会流动之下的人的"流动性"(mobility),更准确地说,是"心理流动性"(psychological mobility)(陈咏媛,谢天,杨宜音,2021)。因此,在社会心理学的学科范畴内,社会流动可以是研究的出发点和落脚点,但流动性研究则围绕个体或群体在各类流动现象中的心理过程和行为特征展开,或关注其独特的心理特性对社会流动的影响。

那么,究竟如何理解心理流动性和流动性研究呢?要回答这一问题,需要首先分析它涉及的几个层次(见图21.1)。

第一个层次是分析水平。虽然社会心理学最为擅长微观水平的研究(如,个体内过程和人际过程),但流动性研究则必然包含一系列的分析水平,从最宏观的水平(文化)到微观的水平(个体)的过程都被包含其中。不同的水平通过群体、机构和社会系统桥接起来,渐次或相互影响彼此,这一点在后面几个层次的内容中会具体介绍(图21.1中的第一列将这种关系用弧形箭头表示了出来)。

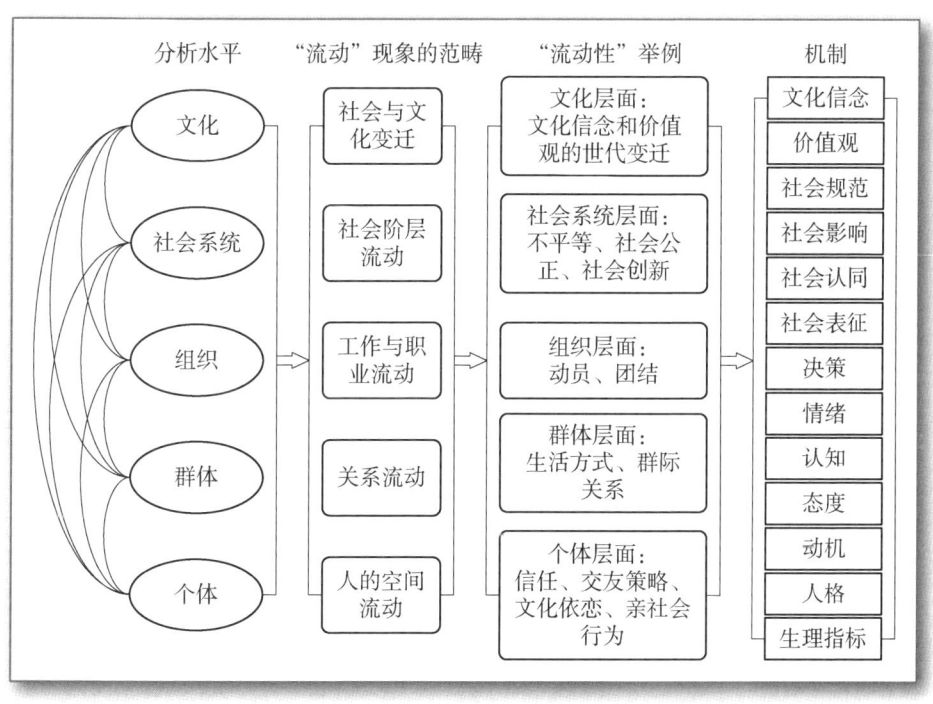

图 21.1 心理流动性的研究框架

第二个层次是作为研究起点的社会流动现象，包括人的空间流动、关系的流动、工作与职业的流动、社会阶层的流动、社会与文化的变迁等。如前文所述，心理学的研究关注的是如何基于社会流动现象开展流动性的研究。在这个问题上，社会生态心理学（Socioecological psychology）提供了一个很有启发性的视角。它的基本观点是：人的心理和行为在一定程度上是由他们的自然和社会栖息地（社会生态）决定的，并且他们的思想和行为决定也会反过来型塑自然和社会栖息地本身（Oishi，2014；Oishi 和 Graham，2010）。因此，流动性研究则涉及两方面内容：其一是将各种社会流动现象视为远端的社会生态因素，研究人们在这些社会生态的环境中产生的心理和行为后果；其二是考察人们的哪些心理及行为特征会引发社会流动现象，也即个体对社会生态环境的塑造。以人的空间流动为例，与住在人口流动率较低的地区相比，住在人口流动率较高的地区的人们需要采取更灵活的交友策略（如，将朋友分得更细，尽量将时间和精力平均地分配给尽可能多的朋友），来缓解朋友流失带来的人际焦虑（Lun，Roth，Oishi，和 Kesebir，2013；Oishi 和 Kesebir，2012），并且，这种微观层面的个体还会反作用于社会生态本身，型塑其内部的结构（例如，松散或紧密的人际网络，群体的居住模式）、过程（例如，建立人际信任的过程）和规范（例如，生产和生活的规范）。因此，流动性和社会流动是彼此影响、相互塑造的。

第三个层次是流动性在心理与行为特性上的体现，尤其是会关注个体层面的特性如何经由一定的建构过程，带动群体、组织、社会系统，并最终反映到文化的层面之上。作为个人特性的流动性，包括人格上的开放性，认知上的灵活性，广而浅的人际关系需求，以及趋近型（而非回避型）的交往策略；作为群体特性的流动性，既包括群体内部生活方式及交往方式的改变，如代际关系、家庭居住安排、社会交换和信任的建立，还包括群体之间关系的变化，如群际偏见、群际冲突和群际合作；作为组织特性的流动性，包括组织的成员构成、社会团结（有机团结和机械团结）以及社会动员的方式；作为社会系统的流动性，包括人们对社会公正、不平等和社会创新的知觉和需求；作为文化特性的流动，包括文化信念和价值观的世代变迁，有关文化传播、保护与创新的社会规范。因此，"心理流动性"和"现代性"类似，它不是一个微观的概念，而是一种在各个水平上均有所反映的心理特性的统称。

最后一个层次是流动性产生的过程机制。机制性研究是社会心理学最突出的特色之一。而流动性的研究除了要关注个体的内部机制（如生理特征、认知、情感、动机）之外，还需要考虑到个体之外的过程。例如，移民的身份认同和社会融入是一个受到跨学科关注的重要议题。而心理学在这个主题下的贡献在于可以将个体的内外部过程有效地衔接起来。例如,经典的社会认同理论认为,个体会沿着一个连续统来定义自我,在一端将自我视为一个具有个人动机、目标和成就的个体,以满足自身个性的需要,在另一端将自己作为某个(些)集体或群体的成员,以满足归属的需要,而社会认同的过程就在这两端中间寻找最佳区分度,以便平衡这两类需要(Tajfel 和 Turner,1979;Brewer,1991)。并且,移民的身份认同和社会融入不仅发生在个人的头脑中,还是个体与各类客观的社会环境因素(如移民政策、工作机会、种族结构和文化规范)进行互动的结果,而社会环境本身的作用又可以从人们对它的知觉、表征和建构(如对社会规范的知觉和建构,Morris,Hong,Chiu 和 Liu,2015)过程加以理解。从这一角度考虑,流动性的心理学研究虽然会涉及与政治学、社会学、经济学和法学等学科的交叉领域,但其核心贡献仍是揭示个体在一定社会环境中的微观心理过程。

总而言之,"流动性"是对"社会流动"的深描,"流动性"视角可以对社会心理学做一次再组织,也就是将社会心理学"流动化"。而反过来以社会心理学看流动,就是将流动"社会心理学化"(陈咏媛,谢天,杨宜音,2021)。然而,就目前的发展现状而言,上述框架还是理论层面的,许多有关流动性的研究主题还未在实证层面上被充分探讨,"流动性"还远未成为一个社会心理学内部的一个成熟领域。在 PsychInfo 数据库上以"流动性"为关键词进行搜索得到的 7 694 篇文章中,2000 年以后发表的占九成以上。然而,这些数量可观的研究却散落在不同的研究脉络之下,在大部分情形下互不可知,互不衔接,互不对话。在此背景下,本文将选择性地介绍在三类典型社会流动现象之下的代表性理论和成果,以期能够呈现出流动性研究的已有进展。

21.3 人口的空间流动:相关理论与研究进展

自人类诞生以来,空间上的迁移与流动就烙印在了人类的行为中。考古学和遗传科学的研究显示,原始人类在几千年前走出了非洲大峡谷,去到各个大洲上繁衍生息,最终带来了今天全球人口的分布格局。而在当代,跨国的人口流动率一直不断攀升。联合国人口署的有关报告显示,2020 年全球移民数量高达 2.81 亿,国际移民人数占全球总人口的 3.6%,中国已成为继印度和墨西哥之后的第三大移民来源国,居住于中国以外的移民人数达到 1 070 万(IOM,2020)。移民的形式也日益多元化,除了一般意义上的移民之外,留学生、游客、从事国际商务和人道主义任务的工作人群,也构成了移民的主体力量。另一方面,在国家或地区内部,由于交通上的便利以及城市化进程的影响,还出现了各种短距离的空间流动,跨城生活、候鸟式迁移和频繁搬家成为了许多人司空见惯的日常事务。总的来说,流动逐渐成了一个比移民牵涉更广泛的话题,变得更加日常化、世俗化和碎片化。而就心理学的研究来说,目前的研究可分为两类,一类是传统的移民视角,关注跨国或跨区域的移民群体的心理及行为特征;另一类研究则聚焦于居住流动性这个概念,关注一个地区内的人口流动率或搬家经历对个体心理和行为产生的影响。

21.3.1 移民视角下的研究

移民与文化认同以及文化适应

移民文化适应的临床诊断 心理学对移民问题的系统性研究始于 20 世纪 60 年代有关移民文化适应问题的探讨。人类心理学家奥伯格提出了著名的文化休克(culture shock)理论,其基本观点是,人们迁移到了一个新的环境后,会因突然失去熟悉的社会交往符号和标志而产生一种深度的精神焦虑现象,具体体现在六个方面:失去朋友、地位、职业和财产引起的失落感;角色期望、价值观念和自我认同方面的混乱感;察觉到文化差异后感到的惊奇、焦虑、厌恶和气愤感;不断进行必要的心理调适而引起的疲惫感;不能接受属于新文化的成员或被拒之门外;不能适应新环境而产生的无力感(Oberg,1960)。由于这一问题在当时的移民群体中十分突出,许多学者都投入到对这一现象的研究中,并主要从人格的临床诊断和文化认知这两个角度探寻文化休克的原因和干预方式。在这一领域中,诸如文化模拟器(culture assimilator,Fiedler,Mitchell,和 Triandis,1971)、文化习得(cultural learning,Ward,Bochner,和 Furnham,1986)以及文化适应风格(acculturation,Berry,1980,1990)等经典概念被提出。其中,文化模拟器是一种帮助移民适应客居地文化的干预措施,其基本观点是,移民之所以无法进行有效的跨文化交流,是因为他们无法就对方的行为进行正确的归因,但这种不利状况可以通过一系列的情景模拟、认知训练和行为纠正得到改善(Fiedler 等,1971)。文化习得是指移民获得与文化相关的社会知识和技能,以支撑自身在新的社会中生存和发展的学习过程,包括一系列语言和非言语的交流方式和交流内容(Ward 等,2001)。这些研究的发表在当时的学界引起了很大的反响,也初步确立了"流动性"议题在社会心理学领域的一席之地。

移民文化认同的类型分析 长期以来,移民对客居文化和祖承文化的取舍方式及其文化适应的结果都是研究者们关注的焦点。研究者们认为,文化认同是影响文化适应的底层影响因素,与文化环境(如,文化政策、社会规范)相契合的文化认同方式有助于移民的文化适应。帕克斯和米勒最早提出了一个单维模型,认为移民的文化认同是以对主流文化的渐进式认同为发展方向（Parks 和 Miller, 1921）。但很显然，很多移民自始至终都没有对主流文化产生过认同（例如，居住在唐人街的华人移民），因而这一观点也常被后来的研究者挑战。在这一领域，影响最为广泛的是贝利提出的文化适应理论（acculturation theory, Berry, 1980）。贝利依据移民在取舍客居文化（主流文化）和祖承文化时所采取的调整模式和应对策略，针对移民的文化认同策略提出了一个两维四类模型，分别是：整合，同时认同客居文化和祖承文化；同化，只认同客居地的文化；分离，只认同祖承文化，而与客居地文化保持距离；边缘化，即对两种文化都不认同，处于边缘地带（Berry, 1980, 1990）。随着研究的不断深化，贝利的二维分类法也受到了一些学者的质疑，包括四种类型之间是否存在重叠与概念模糊（Bowskil, Lyons 和 Coyle, 2007；Benet-Martinez 和 Haritatos, 2005）以及是否还存在其他类型的文化认同风格（Domínguez 和 Isidro, 2008）。例如，有研究者认为，贝利提出的整合型文化认同既没有阐述移民是如何整合和保持两种文化，也没有解释为何个体的双文化经验是彼此区隔或相互矛盾，针对这一不足，他们提出了双文化认同整合的理论（BII），并将其作为研究双文化认同整合个体差异的一个框架（Benet-Martinez 等, 2005）。

此外，随着该领域研究的不断深化，研究者也普遍提出，简单地将移民看作一个整体去分析其文化适应策略的方式太过笼统。在移民内部，还存在复杂的群体差异和个体差异。研究者发现，在世代之间（陈咏媛, 2018；Stevens, Pels, Vollebergh, 和 Crijnen, 2004；Arends, Fons, 和 Vijver, 2003）、新老移民之间（Domínguez 和 Isidro, 2008；Titzmann, 2008；Silbereisen, 1999）以及不同来源国的移民群体之间（Silbereisen, 2008；Dinh, Roosa, 和 Jenn-Yun, 2002；Kwak, 2003）都存在文化适应类型和风格的差异。例如，陈咏媛（2018）从年龄世代和移民世代两个层面分析了智利圣地亚哥华人在民族身份认同上的形成机制，结果显示，大部分受访者采用的是分离型的文化适应风格，其次是整合型，只有极少部分的受访者采用的是同化型，并且年龄世代和移民世代存在交互效应，在青年世代中，第一代移民比其他后代移民更倾向于建立分离型的认同和文化适应策略，而非整合型或同化型；而在中老年世代中，移民世代不会产生上述影响。与此同时，文化适应也被证实与移民的人格特质（Wee 和 Vaughn, 2006）、心理健康（Myers 等, 2009；Oppedal, Roysamb, 和 Heyerdahl, 2005）、学业成就（Zadeh, Geva, 和 Rogers, 2008；Birman, Trickett, 和 Buchanan, 2005）以及幸福感（Ward, Landis, 和 Bhagat, 1996）等存在相关关系或因果影响。

移民的文化认知　随着认知心理学的崛起，一部分跨文化心理学家也将移民心理研究的重心转向了更微观的领域，聚焦于个体在多元文化体验中的认知过程

（Hong，Morris，Chiu，和 Benet-Martínez，2000；Chiu，Morris，Hong，和 Menon，2010），并最终形成了心理学界的一个重要流派。例如，康莹仪等研究者提出了著名的文化框架转移（cultural frame switch）理论，其基本观点是，那些拥有双文化身份的移民存在两套轮替的文化框架，会根据不同的情境线索（如，场景、语言和文化象征物等）和原则（文化构念的可用性、通达性、情境适用性）来激活其中一套文化框架，即在认知上与这套文化系统上更为接近，并根据这个文化系统中的知识和惯例来进行认知加工（Hong 等，2000）。例如，在给赴美的华裔留学生分别呈现中国文化或美国文化的象征物后，他们则会在后续的实验任务中采取与相应文化线索一致的归因（Hong，Benet-Martinez，Chiu，和 Morris，2003）。总的来说，文化框架转移已作为一种基本的研究范式，在移民的文化认知领域被广泛应用。

然而，关于移民究竟是否有多个文化认知系统，也有研究者提出了不同的观点。有研究者认为，对于有多重文化身份的个体来说，他们的大脑中会有多个并行的文化系统，当情境线索激活了其中一个系统时，个体便会自发地调用这个文化系统中的资源，参与认知加工和行为决策，这一过程被称为自发文化参照效应（spontaneous inference effect），其基本观点是，个体展现一种文化身份的方式是一种基于情境的自动化反应，并不是靠暂时"压制"另一种文化身份而表现出的，当情境需要时，人们也可以因地制宜地调用任意一种文化资源，自由取舍（Fu 等，2007）。

中国本土的移民文化适应研究 在本土研究中，中国学者对移民文化认同的探讨主要是针对三类群体展开，第一类是中国国内的乡城移民，包括农民工（王中会，向宇，蔺秀云，2019）和流动儿童（李虹，王茹婧，倪士光，2018；王中会，蔺秀云，黎燕斌，2016；范兴华等，2012），主要研究问题是他们对农村文化和城市文化的认同；第二类是少数民族学生（叶宝娟，方小婷，2017；胡发稳，李丽菊，2010；胡兴旺等，2005），主要研究问题是他们对少数民族文化和主流文化的认同；第三类是来华的留学生（李红，李亚红，2016；王冬燕，钱锦昕，余嘉元，2012；李晓艳，周二华，姚姝慧，2012），研究者主要关注他们对祖承文化和中国文化的认同。总的来说，这三类研究也基本是以经典的文化适应理论为框架开展，在一定程度上证实了上述移民文化适应的相关理论在中国本土的适用性，并越来越关注有关文化认同与文化适应的内部心理机制。例如，范兴华等（2012）考察了流动儿童歧视知觉对文化适应的影响，结果显示，歧视知觉对社会文化适应有显著负向预测性；在歧视知觉对社会文化适应的负向预测关系中，社会支持起部分中介作用，城市认同有增强作用，老家认同有缓冲作用；社会支持的中介作用受到城市认同和老家认同的调节作用影响。

移民的人格差异

此外,虽然经济因素是决定移居到另一个地区的关键因素,但心理学家提出,人们的迁移决定还会受到人格因素的影响。大量的实证研究发现,某些人格特征,如成就动机和权力动机,与人们的迁居倾向有关,而这种影响在经济环境不好的情况下更为明显。因为当经济发展下行时,在本地通过工作或创业来满足成就动机的机会相对较少,因而那些具有较高成就动机的人会更愿意离开当地去寻找更好的机会(Matter,1977;DeVos,1983;Suarez-Orozco,和Suarez-Orozco,1995;Boneva 等,1997;Boneva,1998);类似的,在遭遇经济问题的地区,拥有高权力动机的人可能会觉得他们无法在原有的生活地区满足权力需求,因而也更愿意向外迁居,且权力动机对跨国迁居意愿的预测效力还要高于成就动机的预测效力(Frieze 等,2004)。相反,归属动机则被证实和不愿意迁居有关(Toner,2001),因为归属动机高的可能会使人们对原居住地产生更强烈的本地依恋(place attachment,Frieze 等,2006)。然而,研究也证实,归属动机的这种影响在男性(相比于女性)群体(Boneva 等,1998)中会被削弱或消失,同样地,当人们在移民后仍能与过去的亲朋好友联络时(Owusu,2003),这种动机也会被削弱或消失。另有研究证实了大五人格与跨国迁居行为之间的关系,结果发现,开放性和跨国迁居的意愿正相关(Tabor,Milfont,和 Ward,2015;Zimmermann 和 Neyer,2013),而尽责性和宜人性与跨国迁居的意愿负相关(Tabor,Milfont 和 Ward,2015;McCann,2015)。在控制了尽责性和神经质的影响后,状态外向性与在同一个地区内及同一个国家内的迁居意愿负相关(McCann,2015)。

与此同时,人格因素还会影响人们对迁移目的地的选择。例如,研究者在考察芬兰的内部人口流动时发现,那些善于社交的人更有可能迁移到城市地区,而不善于社交的人则倾向于迁移到农村地区,并且,那些活动水平较高的人更可能搬家,而不受所选地区的影响(Jokela 等,2008)。

最后,也有研究发现,人们的迁移行为还会影响他们人格的形成。例如,一项旨在考察跨国留学经历影响人格特质的研究发现,在长期(一学年)和短期(一学期)的跨国留学生群体中,留学生在客居地得到的跨文化社会支持会影响其原有的人格特征,使得他们的开放性人格和宜人性人格水平得到提升,神经质水平下降(Zimmermann 和 Neyer,2013)。

移民的幸福感

自从托马斯和兹纳涅茨基的著作《身处欧美的波兰移民》问世以后,有关移民幸福感和福祉的问题得到了研究者们的广泛关注。其中心理学的主要贡献是揭示出了移民形成幸福感的深层心理机制。

其中,解放视角的社区心理学(libertating community psychology)为研究处于压迫中的移民(如,难民、流动工人)的幸福感、福祉和社会融入提供了一个独特的视角。解放社区心理学建立了一种结合了社区心理学和解放心理学的研究框架,旨在通过聚焦性地研究受压迫群体的知识和需要,改变与平衡群体之间的权力关系。其基本观点是:幸福感是个人和社会共同进步的一种状态,这种状态是由同时平衡地满足个人需求(如健康、保护、自尊)、关系需求(如身份、联系、接受、相互责任)和集体需求(如交通系统、社会参与机会和社区服务)所带来的(Nelson 和 Prillestensky,2002)。因此,幸福感是一种多层次的价值依赖现象:在宏观层面上,与客居地的权力动力系统和社会正义价值观密切相关;在社区层面,与平等地获得住房、就业、收入、社区服务、正式社会支持及群体层面的尊重有关;在关系层面,与移民内部积极的社会支持以及获得平等的社会参与机会有关;在个人层面上,幸福依赖于个人控制、自我决定和积极认同(García-Ramíreze 等,2011;Hernández-Plaza 等,2010;Paloma 和 Manzano-Arrondo,2011;Paloma 等,2010;Paloma 等,2014)。该研究取向下的研究尤为关注个体在社会中的位置坐标与其心理属性之间的关系,并将个体获得幸福感的过程视为一个通过不断被赋权,提升在社群中所处位置,从而进行自我重构的过程。与其他类型的研究相比,该类研究的独特贡献在于重点考虑了移民所处的环境对移民心理特征的影响机制,关注移民的接收国和移民之间的权力关系,并旨在通过倡导移民接收地的社会转型,提升社会的整体福祉。

国内学者的研究集中于对两类流动人口——流动儿童和农民工的幸福感研究,揭示了移民幸福感形成的内部心理机制(柴晓运等,2018;熊猛,叶一舵,2013;刘霞,2013;刘在花,2017,2012;胡发稳,李丽菊,2010;师保国,2009)。例如,柴晓运等(2018)的研究探讨了认知重评和表达抑制两种情绪调节策略对流动儿童主观幸福感的影响及自尊和心理弹性的中介作用,结果发现,认知重评和表达抑制都可以依次通过自尊和心理弹性的序列中介作用间接影响流动儿童的主观幸福感。

21.3.2 居住流动性视角下的研究

居住流动性的界定

居住流动性(residential mobility)是反映人口空间流动的另一种指标。日裔学者大石繁宏(Shigehiro Oishi)及其团队提出,居住流动性是一个能影响和塑造个体行为以及环境本身的社会生态因素:在个体层面上,居住流动性是指个人在一定时期内搬家的次数;在社会层面上,它是指在一定时期内某一社区、城市、省(州)和国家迁移的居民的百分比,也就是人口流动率①(Choi 和 Oishi,2019;Oishi,2014;Oishi 和 Graham,2012;Oishi,2010)。

居住流动性的心理学研究进展

在过去的十余年间,以大石繁宏为代表的研究者们发现,居住流动性对人们的心理和行为有显著的影响,包括自我概念、人际过程、群体过程、个人成就和身心健康等。

首先,居住流动性在对自我概念的塑造、与他人和群体的关系以及生活结果方面发挥着重要的作用。研究发现,与没有搬家的人相比,童年时经常搬家的人倾向于将个体自我(例如,人格特征)视为更重要的自我特征,而将集体自我(例如,群体成员的身份)视为相对次要的自我特征(Oishi,Lun,和 Sherman,2007a)。

其次,居住流动性改变了人们与群体的联系方式,生活在流动性较高(vs. 较低)社区的人和经常(vs. 较少)搬家的居民会在认同群体身份和支持群体上有更多自利性的考虑(Oishi 等,2007;Oishi,Ishii,和 Lun,2009)。例如,在人口流动的城市中,当主队获胜时,人们参加家庭棒球比赛的频率要高于球队输球时。相比之下,在人口稳定的城市里,无论球队表现如何,人们都会平等地参加主队比赛(Oishi 等,2007b),或者在球队输球时参加更多的比赛(Oishi 等,2009)。

然后,居住流动性还会影响个体构建社交网络策略。经常搬家的人倾向于根据活动来划分他们的朋友,而不是在他们重视社会支持的情况下与同一个朋友一起参与多种活动,例如,与 A 一起学习、与 B 一起旅游、与 C 一起去听音乐会(Lun,Roth,Oishi,和 Kesebir,2013)。并且,研究还发现,在实验中被要求去想象过流动的生活(不断地搬去新的城市生活)的被试比那些想象过稳定生活方式的人更有动力拓展他们的社交网络,这种差异主要是由对搬迁带来的孤独和悲伤的预期导致的(Oishi 等,2013)。此外,一项计算机模拟研究和一项相关的实证研究均证实,在高度流动的环境中,人们确实更能够从广泛的社交网络中获益(Oishi 和 Kesebir,2012)。因此,对高流动的个体而言,这种扩大交友圈的策略似乎是可行的。

最后,儿童时期频繁的居住迁移经历会产生一些不良的后果,包括教育、社会、情感和健康上的相关问题(Astone 和 McLanahan;Jelleyman 和 Spencer,2008;South 和 Haynie,2004)。例如,那些在成长过程中经常(相比于较少)搬家的成年人在 10 年的随访期内表现出较低的幸福感和较高的死亡可能性,而当他们性格偏

---

① 在人口学和地理学等学科中,居住流动性(residential mobility)专指一个行政地区内部的人口流动率,不指代地区(城际,省/州际和国际)之间的人口流动率(migration rate)。

内向时,这种效应更为明显(Oishi 和 Schimmack,2010)。同样,类似的影响也在生理层面得到了证实,与内向的非搬家者相比,经常搬家的,且性格偏内向的被试在下午和晚上的日常幸福感下降,皮质醇分泌增加(Oishi,Krochik,Roth,和 Sherman,2012)。左一江等(2018)的研究发现,居住流动性高(相比于低)的个体倾向于更频繁地从事反社会行为,而社会监控可以在一定程度上减缓居住流动性带来的反社会行为(Zuo 等,2018)。

21.3.3 小结

尽管有关人口空间流动的研究取得了丰富的研究成果,但未来仍然有许多可深入研究的内容。本文认为,未来的研究至少可以包括以下几个方面:第一,人口学家和社会学家对于人们为什么做出迁移的决定进行了丰富的研究,但心理学家在这个问题上的探索较少,除了前文所述的人格因素是一个显著的影响因素外,个人的社会经济状况(如收入和教育水平)、生活事件(如换工作、离婚)、生态环境(如雾霾的影响)、政府政策(如,户籍政策)也可能是影响个体搬迁意愿的重要前因,而心理学家的一项任务正是探讨这些因素和个体差异(如人格、动机、认知方式)之间的交互影响,也即身处同样的外部环境之下,不同的个体可能会做出不同的搬迁决定。第二,目前的大部分研究都聚焦于迁移和流动对个体的负面影响,只有为数不多的研究讨论了它的积极影响,如带来更多的经济机会(Granovetter,1974),减少种族中心主义(Gelfand,Nau,和 Roos,2015),改善群际关系(Li,Li 和 Li,2019),带来更满意的生活体验(Oishi,Saeki,和 Axt,2015)等,未来这一类的研究还有待增加。第三,人口的流动可能正在改变我们对社会的既有认知。例如,群际关系理论是西方社会心理学的支柱理论之一,其提出背景是西方社会以白人占大多数的人口结构。然而,随着近几十年移民的主要来源转向拉丁美洲或亚洲国家,以美国为代表的西方社会的人口结构的变化十分剧烈,有研究显示,在 18 岁以下的人群中,少数白人"临界点"(即特定年龄组的白人将不再占该年龄组人口大多数的那一年)已经在 2018 年就出现了,并且将逐步延伸到其他年龄的人群中(Frey,2015)。近年来,这一情况在中国社会也有类似的表现,如深圳一直是大家公认的以移民为主的城市,而北京在 2008 年前后也出现了传统意义上的外地人超过了本地人的情况。那么,在不远的将来,当某些地区移民成为多数派时,现有的群际理论,如群际偏见和刻板印象等,是否还能有效解释各类社会现象,这些疑问仍需要在未来的研究中被进一步解答。

21.4 关系的流动：相关理论与研究进展

21.4.1 关系流动性的界定

和前文介绍的居住流动性一样，关系流动性(relational mobility)也是一个重要的社会生态学指标，它反映的是人际关系和群体成员关系的灵活性：在关系流动性较高的社会中，人们有相对较多的机会结识新朋友，选择与谁交往(或成为哪个群体的成员)，并且，当他们不满意时，他们也可以脱离既有的人际关系；而在关系流动性较低的社会中，人际关系和群体成员关系往往是固定的，个人很难凭借其主观意愿选择或改变其人际关系(Yuki 和 Schug，2012；Thomos 等，2018)。值得注意的是，关系流动性指的是人们对其他人在某个社会环境中的关系流动程度的感知，而不是对自己本身的关系流动性的评估。

既往研究发现，关系流动性在人类社会的许多层面上都有所不同。例如，一项全球范围的大规模调查发现，北美、西欧、拉丁美洲和澳大拉西亚国家的关系流动性水平相对较高，而东亚、东南亚和中东国家的关系流动性水平相对较低(San Martin，Schug，和 Maddux，2019；Thomson 等，2018)。即使在一个国家的内部，关系流动性的水平也有较大差别，既往研究发现，大城市(相比于小城市)(Yamagishi，Hashimoto，Li，和 Schug，2011)和大型校园(相比于小型校园)(Bahns，Pickett，和 Crandall，2012)有相对较高的关系流动性。此外，一项最近的研究还发现，关系流动性的跨文化差异还与更远端的生态因素有关，如生存方式的历史变化(例如，放牧与水稻种植的流行)以及历史和生态威胁等(例如，地理气候恶劣和病原体的流行)(Thomson 等，2018)。

21.4.2 关系流动性的心理学研究进展

在过去十余年间，以日裔心理学家结城雅树(Masaki Yuki)为代表的心理学家们开展了大量的研究，证实了关系流动性对个体在人际过程、思维方式和幸福感三个方面的显著影响。

人际过程

关系的建立和维持 在高关系流动性的社会中，个体会采取多种策略来吸引有价值的他人，以便让自己在人际关系的"竞争"中被选中，这些策略包括更高水平的自我表露，以作为赢得其他人信任的信号(Schug，Yuki，和 Maddix，2010)、展现自己的独特性(Takemura,2014)、力量、足智多谋和慷慨大方(Barclay,2016)、展现人际亲密(Yamada,Kito,和Yuki,2015)、激情恋爱的方式(Yamada,Kito,和Yuki,2017),以及在社交网站上展示更多的个人隐私(Thomson,Yuki,和Ito,2015)。

例如,在一项研究中,来自美国和日本的被试分别评估了在当地环境中的关系流动性水平,并报告了他们在多大程度上愿意向他们的朋友和家人披露敏感的个人信息,结果显示:美国人比日本人知觉到的关系流动性更高,且美国人对朋友的自我表露程度也比日本人高,而关系流动性对自我表露之间的影响由个体旨在加强人际联系的动机中介(Schug,Yuki,和Maddux,2010)。这一结果表明,自我表露之所以在关系流动水平较高的社会中更为普遍,可能是因为它是一种对人际关系做出承诺的信号。

一些相关的研究也发现了类似的规律,即处于高水平的关系流动性中的个体更愿意向自己的亲密他人"示好",以留住对方。例如,一项针对美国和日本夫妇的研究发现,与日本相比,美国的已婚夫妇离婚率更高(也可以代表更高的关系流动性),但他们也更有可能互赠礼物;而在日本被试中,那些拥有更多关系机会(即倾向于与不同社会群体互动)的人也更乐于赠送伴侣礼物(Komiya,Ohtsubo,Nakanishi,和Oishi,2019)。此外,高自尊也是有助于提升个人吸引力,建立人际关系的一种重要特质。研究者在低(相比于高)注意力负荷下,测量了被试的内隐自尊和关系流动性,结果显示,无论是在哪种实验条件下,日本和亚裔加拿大被试在高注意负荷和低注意负荷下都比欧洲加拿大人更具自我批判性。更重要的是,这种文化差异可以被关系流动性部分中介(Falk,Heine,Yuki,和Takemura,2009)。对此,他们的解释是,关系流动性高的社会中,人们需要在一个包括人际关系和群体成员关系的"开放市场"进行激烈的竞争,自尊具有尤为重要的适应性价值:提高一个人的信心水平既可以使这个人坚定地去寻找有价值的社会关系而不是半途而废,也会让他看起来更有魅力,值得信赖,继而提升他们被接受的可能性;而在关系流动性较低的社会,一个人能否成功地获得理想的人际关系通常是预先确定的,也是稳定的。因此,认为自己有价值并不会增加一个人的关系机会。

除了在实验室情境得出以上结论外,一项近期的大规模跨文化研究也支持了上述观点。研究者利用Facebook广告招募了来自全球39个国家和地区的16 939名参与者,进行了一项互动式在线调查。国家水平的分析结果显示,在关系流动性较高的国家,人们具有较高的自尊、人际亲密度和自我表露,也愿意提供更多的社会支持(Thomson等,2018)。

在低关系流动性的情境下,人们则更倾向于采取回避导向的方法来维持关系。

有研究发现：日本人比美国人更有可能在默认情况下使用社会安全策略，以避免冒犯他人，而美国人则更可能在默认情况下采取有社会风险的策略；并且，与大都会地区的日本人相比，来自小城镇的日本人在默认情况下会使用更安全的策略（Yamagishi，Hashimoto，Li，和 Schug，2012）。另一项研究为该观点提供了更加直接的证据。研究结果显示，对关系流动的感知与人际行为领域的风险倾向有关，但与其他风险领域（健康、财务等）无关，其原因在于，关系流动性降低了这种行为的主观风险（而不是增加预期收益）（Li 等，2015）。此外，还有研究考察了关系流动性与对待朋友的谨慎度之间的关系，结果发现，关系流动性越低，对待朋友的谨慎程度反而越高，而关系流动性的影响也可以进一步解释人们在谨慎度上的跨国差异（Li 等，2014）。

除了自我表露和谨慎度之间的差异外，对于生活在相对稳定和相对流动的社会中的个体而言，其友谊和社交网络的特征似乎也有所不同。有研究发现，虽然日本人和北美人都更愿意和与自己相似的人进行交往，但日本人认为他们最亲密的朋友和他们自己之间的相似性低于北美人，而这种差异是由关系流动性造成的，因为关系流动性越高时，人们越有机会主动寻找和选择与自己相似的朋友（Schug，Yuki，Horikawa，和 Takemura，2009）。

此外，还有一些研究虽然没有直接测量关系流动性，但也在相关领域得出了类似的结论。在一项创新性的研究中，研究者在两个大学校园中采访了自然出现的成对个体，并要求他们填写一份简短的调查，以评估他们回答的相似性。结果显示，相比于小型大学校园里接触到的成对个体，我们在大型大学校园里接触到的成对个体的相似度会更高，并且，鉴于大型大学的总体多样性要大得多，这一结果就更为显著了（Bahns，Pickett，和 Crandall，2012）。一项以日本成年人代表性样本为被试的研究发现，成对个体之间在价值观上的相似性与他们在过去一年中结识的新熟人数量以及认识的熟人总数量正相关（Ishiguro，2011）。

社会交换

研究者发现，关系流动性还会影响个体的人际合作。在许多情况下，个体在人际互动中都面临一种困境和取舍：要么最大限度地实现自身私利，要么与他人合作。事实上，为了使每个人的福祉最大化，重要的是要明确一种规范，使个人在私利的诱惑之下仍然愿意与群体合作。一般信任（general trust）正是一种可体现社会交换规范的心理指标。一些跨文化的调查发现，美国人的一般信任度往往高于日本人（Yamagishi，2011）。但鉴于北美地区和东亚地区在个体主义（相比于集体主义）上的稳定差异（Triandis，1995），这一发现是有悖常识的。对此，有研究者从社会生态的视角进行了解释，将一般信任视为一种允许个人逃离承诺关系的心理指标,当人们长期生活在低关系流动性的环境中时,社会交往主要发生在熟人之间,人们很容易判断谁的行为值得信赖,并惩罚那些利用他人的人,这种有效的相互监督和制裁使得每个人被背叛的风险被降低,因而也不需要去建立一种普遍的信任促进社会交换;相反,在高关系流动性的环境中,高水平的普遍信任有助于推动人们形成新的,基于陌生人的社会交换,并将人们从低效用的关系和群体的束缚中"解放"出来,因而具有重要的社会价值(Yamagishi 和 Yamagishi,1994)。基于以上观点,结城雅树等研究者设计和开发了关系流动性的量表,并在实证研究中证实了关系流动性和一般信任之间的正相关关系(Yuki 等,2007)。

与此同时,研究者们还发现,在关系流动性较高的社会中,个人会更积极主动地与值得信赖的对象建立积极的联系,因为与这样的人合作可以帮助自身茁壮成长,最大限度地减少被欺骗的机会;相反,在关系流动性较低的社会中,个人会极力避免与不值得信任的外人进行社会交换。而更愿意与他们逐渐信任的近亲、邻居和朋友互动(Macy 和 Sato,2002;Schug,Yuki,和 Maddux,2010)。一项相关的研究发现,美国人更倾向于奖励而不是惩罚,东亚人倾向于无差别地使用这两种策略,并且这种社会惩罚模式上的差异可以用关系流动性的跨文化差异来解释(Wang 和 Leung,2010)。

针对关系流动性对社会交换的影响,大石繁宏等研究者进行了系统地梳理,他们提出:在关系流动性较高的社会中,人们能够更自由地避免与社交圈中不诚实的人交往,因而觉得没有义务彼此密切监督,对不诚实的惩罚也会相对较少,且他们也更有动力使用"奖励"等方式加强自身与关系疏远、但具有诚实品质的人之间的积极联系,以帮助自己建立一种有利的社会交换关系;而在关系流动性较低的社会,人们常常处于一种更紧密的社会网络,具有更多的义务和责任,惩罚(而非奖励)会被视为一种更有助于维持社会秩序的合法威慑(Oishi,Schug,Yuki,和 Axt,2015)。

思维方式

关系流动性会影响人们思考和感知世界的方式。既往文化心理学的一个重要发现是,分析思维方式是西方社会普遍存在的一种倾向,即人们会把注意力集中在焦点人物和对象上,而较少关注语境。相比之下,在东亚社会中,更为普遍的整体性思维方式倾向于关注焦点人物/客体和语境(Masuda 和 Nisbett,2001;Choi,Nisbett,和 Norenzayan,1999)。关系流动性视角下的研究发现,特定的文化思维方式可能是一种根据关系流动水平不同的社会背景而定制的认知策略。

有研究者提出,处于低关系流动性环境中的个体深植于紧密的社会网络和约束之中,因而他们有强烈的动机监控社会线索和社会规范,以便让自己始终表现良好;生活在高关系流动性环境中的个体有更多的机会来选择他们的关系,并且更少地被这些人际关系所约束,因而更关注自身和他们的目标,而不是环境本身(San Martin等,2019)。研究者们用六项研究证实了以上推测:处于高关系流动性环境的人更倾向于做出性格型因果归因(dispositional causal attributions),并表现出分析性(相比于整体性)的注意风格;并且,低关系流动性会引发较弱的内归因和较强的外归因,并进一步导致整体性(相比于分析性)的认知风格;与此同时,当用实验手段启动了关系流动性的情境线索后,被试在日常环境下默认使用的认知倾向也随之转变,低关系流动性情境中的美国被试显示出与低流动性国家的被试相似的整体性认知模式,而在高关系流动性条件下被试的分析性认知水平与对照组相似。这些结果意味着,在控制条件下观察到的美国人的分析性认知倾向很可能是一种适应高流动性环境的默认策略。

幸福感

以往文化心理学的研究发现,自尊能稳定地正向预测幸福感,但这种关系在北美地区(相比于东亚地区)更为稳定和凸显(Diener 和 Diener,1995;Uchida 等,2008)。针对这一发现,结城雅树等研究者也从关系流动性角度提出了有力的解释,他们认为,高自尊之所以会给北美地区的人带来更高水平的幸福感,是因为在关系流动性较高的社会中,高自尊代表了关系的成功水平(Yuki, Sato, Takemura,和 Oishi, 2013)。通过三项实证研究,研究者发现,自尊和幸福感之间的关系强弱会受到被试知觉到的关系流动性的调节(研究 1);其次,在日本国内关系流动性较强的地区,自尊和幸福感的关联性更强(研究 2);最后,研究者分别让被试处在高流动性情境(回忆与陌生人交谈时的情景)和低流动性的情境(即,回忆与家人交谈时的情景)中,结果显示,在高流动性(相比于低流动性)情境中,被试的自尊和幸福感之间的关联性较强(研究 3)(Yuki 等,2013)。在另一项研究中,研究者也有类似的发现,即相比于处于低关系流动性情境下的被试(来自当地城镇或已经在大学学习了一年),那些处于高关系流动性情境下的被试(来自不同州和刚上大学的大学生)在自尊和幸福感的联系上会更强(Sato, Yuki, 和 Takemura,2011)。此外,一项最近的研究探讨了中国人关系流动性与主观幸福感的关系,结果显示,关系流动性对主观幸福感具有正向预测作用,而对人际关系的掌握中介了关系流动性和主观幸福感之间的关系(Zhang 和 Zhao, 2020)。

21.4.3 小结

基于既往的研究发现,结城雅树等(2019)提出,处于不同水平的关系流动性下的个体在人际交往中需要完成的"适应性任务"存在显著差异。在关系流动性很高的社会中（如，北美地区），人们有很多人际交往的选择，因此面临两项关键任务：一是为自己找到最优价值（如，能彼此信任）的人际关系；二是通过不断努力留住自己的朋友和伴侣，以免他们转移到其他更有益的关系当中。相反，由于低关系流动性的社会中的人际关系相对稳定，一个人的伴侣离开自己或被竞争对手偷走的风险较小，但这仍需要个体小心维系彼此的关系，不要给对方带来伤害，或在群体中获得负面声誉，否则人们就只能持续忍耐低质量的、不愉快的人际环境（Yuki 和 Schug，2019）。

目前的研究围绕人际过程、思维方式和幸福感这三个主题，已经取得了一些重要的研究结论。本文认为，未来的研究还可以尝试将关系流动性与更多的心理学主题联系起来，以进一步检验关系流动性作为一种社会生态因素，在影响个体和群体心理上的有效程度，并进一步关注人们的关系流动性对环境本身的塑造。此外，对关系流动性的测量和操纵仍是当下研究的一个难点。目前的研究大多采用的是结城雅树所开发的量表（Yuki 等，2007），即用个体水平的主观知觉来表征客观环境的关系流动性，而这种方法可能实际反映的是个体的关系流动性水平，而非人们对客观环境的共识。与此同时，前文提到的一些研究将具备某些特征的环境（如大学校园）简单地界定为高（或低）关系流动性的环境，但这种笼统的归类也是不甚准确。事实上，汤姆森等人（Thomson 等，2018）已经发现了一些决定关系流动性的前置因素，如在具有定居（相比于游牧）的生活方式，生产方式有较高人际依存性的（如水稻种植），或遭遇过严重的生态威胁和历史威胁的地区，其关系流动性也越低。未来的研究可以以此为基础，开发多水平的测量工具，以便能更准确地描述人们所生活的环境，并考察在这些环境中的心理流动性特征。

21.5 社会阶层的流动：相关理论与研究进展

在当代社会，社会阶层的流动已经成为社会科学领域的一个轴心议题。19 世纪末，马克思就归纳了社会变迁的基本法则：大工业的本性决定了劳动交换、职能的变动和工人的全面流动性。哈佛大学的著名社会学家索罗金出版的巨作《社会流动》进一步奠定了社会分层与社会流动在社会学界的重要地位，此后，一大批社会学家，如格尔哈特·伦斯基（Gerhard Lenski）、彼特·布劳（Peter Blau）、维尔弗雷多·帕累托（Vilfredo Pareto）和大卫·格伦斯基（David Grusky）等都对社会分层与社会流动的研究作出过卓越的贡献。相较于社会学家善于对社会分层及流动进行宏观把握，心理学家在这一领域的主要贡献仍是在对个体微观心理机制的考察。更具体地来说,心理学家们聚焦于社会阶层流动的信念(social mobility belief)(后文简称"社会流动信念"),建立了从主观世界到客观世界的桥梁。大量研究发现,个体所持有的社会流动信念会影响对不平等的容忍和对现状的支持,以及与个人的阶层身份相关的目标和福祉,而这些个体心理特征会进一步引发和制约社会结构的变化。

21.5.1　向上的社会阶层流动：特征及影响因素

心理学家们对社会流动信念的讨论主要是围绕人们对向上流动(而非向下流动)的信念展开的。随着经济不平等问题日益成为一个突出的社会性议题,来自美国的心理学家们普遍发现,美国民众会普遍高估向上的社会流动(Kraus,2015; Kraus和Tan,2015;Davidai和Gilovich,2015a;Davidai和Gilovich,2015b),这也使得他们更加认可社会系统公正的观点(Day和Fiske,2017),从而抑制了有利于促进社会平等的各类社会变革。

心理学家们设计了六个问题考察了被试对整体社会流动的信念,其中前三题考察了被试有关代内社会流动的信念:研究者们以收入水平为标准,按照每20%为一组的方式,将全体美国人分成了五个社会阶层,要求被试评估在1997—2006年的十年里中的100人中有多少人会(1)通过额外工作1 000小时,从收入最低的20%转移到收入最高的20%;(2)从收入最低的20%转移到收入最高的20%;(3)从收入的前1%到收入的后80%。最后,研究者依据该时期内美国实际社会阶层流动的人口数据来计算被试高估(或低估)社会阶层流动的程度。并且,研究者还通过将这100个人和被试自身联系起来(请被试想象这100人和自己在目标、能力、天赋和动机上与自己相似),考察了人们对自身流动情况的知觉。结果显示,与人口普查数据相比,美国人普遍高估了代内和代际的社会流动的水平,这种高估的情况在年轻人和高社会阶层中更为凸显,且人们对自身社会阶层流动的高估程度要高于对他人社会阶层流动的高估程度(Kraus和Tan,2015)。

在一项全国在线调查中,研究者们考察了人们持有的社会流动信念的特征,结果显示:人们认为向上流动的人数多于向下流动的人数,尽管这在现实中是不合理的;人们高估了向上流动的人数,低估了向下流动的人数;贫穷(相比于富有)的人认为向上流动的人数更多;政治倾向影响了人们对经济流动的看法,保守派(相对于自由派)认为经济体系更具活力,收入分配上下变动的人数比自由派多(Davidai和Gilovich,2015b)。一些大规模的跨国调查发现人们普遍觉得自己获得了向上阶层流动的情况。例如,研究者在一项包含30个国家的抽样调查中发现,来自 28 个国家(包括法国、瑞典、英国和美国等)的人们都认为他们实现了代际的向上流动,即他们的社会阶层要高于他们的父辈,只有两个国家的被试报告了不同的感受:智利被试估计没有变化,日本被试声称他们经历了向下的社会流动,然而,研究也发现,这些样本中的个人社会流动信念在某种程度上确实是客观的,因为他们的社会流动信念与客观测量得到的社会流动水平正相关(Kelley 等,2009)。

在对代际流动的感知上,研究者也有类似的发现:除了个体会高估代际向上流动的水平外(Davidai 和 Gilovich,2015b),跨国调查的数据也显示人们普遍认为自己相对于父辈的社会阶层得到了提升(Duru-Bellat 和 Kieffer,2008;Meraviglia,2017)。

然而,也有研究发现,人们也可能低估向上阶层流动的程度。例如,钱伯斯(Chambers)等研究者考察了美国人对美国当前社会流动水平和流动趋势的看法,并将这些结果与客观指标进行比较。他们的具体做法是将美国的社会阶层分成了高中低三组,结果显示,被试低估了当前的向上社会流动的水平,错误地认为社会流动在过去 40 年中有所下降。这些误解在政治自由派被试中比在政治温和派或保守派的被试中更为明显,自由主义者对现行社会制度的相对不满以及对社会等级制度和不平等的排斥,是造成这些差异的原因(Chambers,Swan,和 Heesacker,2015)。

鉴于这一结果和以往的研究发现截然相反,钱伯斯等研究者在一篇文章中系统分析了其成因。他们认为,导致这种相悖结论的主要原因是研究者们对社会流动信念的测量方式不同:对社会阶层进行五分类时更容易对社会流动作出错误的乐观估计,而对社会阶层进行三分类时则更容易对向上社会流动作出错误的悲观估计(Chambers,Heesacker,和 Nero,2017)。因此,他们提出了一种新的测量方式,即将被试分成两组,分别观看三分位或者五分位条件下"流动阶梯"图像,这三幅图描绘了出生在底部五分位(或三分位)的个体的百分比,这些个体要么成年后留在该五分位(三分位),要么升到更高的五分位。三张图片的百分比不同(以随机顺序呈现),分别代表错误的乐观估计("高估"选项),错误的悲观估计("低估"选项),以及美国社会实际的社会流动水平("准确"选项),结果显示,无论是采用三分位,还是五分位的方法,人们始终更倾向于低估向上社会阶层流动的程度。

针对钱伯斯等(2017)的观点,黛维达等(2018)提出了不同的看法。他们提出人们之所以会在不同的研究中做出悲观和乐观的判断,是因为这些研究引导被试在两种不同的认知框架中进行决策:得出悲观估计结果的研究(例如,Chambers 等,2015)考察的是人们对过去经验的判断,即要求被试基于过往经验,对过去已然发生的向上社会流动进行判断,而得出乐观估计结果的研究(例如,Davidai 和

Gilovich，2015)要求被试对未来尚未发生的社会流动进行判断,鉴于人们在考虑未来比过去时更重视努力和自由意志(Helzer 和 Gilovich，2012)，他们期望未来比过去更具流动性也就不足为奇了。并且,他们还提出,五分法和三分法可能有不同的隐含信息,当被试被要求将社会想象成一个三级阶梯时,他们实际上的流动选择也更少了,因此被试会被暗示去思考静止而非流动(Davidai 和 Gilovich，2018)。

除了对微观影响因素进行探索外,也有研究者尝试考察了宏观因素对社会流动信念的影响。有研究发现,在美国政策相对落后的地方,人们对社会流动的乐观估计反而越凸显,而这可能是由人们对流动更为渴望导致的,而不是对实际社会阶层变化的认识(Alesina 等,2018)。而在美国以外的情况下,研究的结果则更为复杂:在西班牙的代表性样本中出现了对向上社会流动的高估(Jaime-Castillo 和 Marques-Perales，2014),但法国、意大利、瑞典和英国的被试则低估了社会流动的水平(Alesina 等,2018)。总而言之,关于人们究竟是会高估还是低估向上的社会流动,研究者们尚未达成共识。唯一可以肯定的是,人们很难对向上社会流动的真实情况进行准确的判断,存在一种普遍的认知谬误。

21.5.2 社会流动信念的后果

社会流动信念对社会态度的影响

社会流动信念的一个突出特征是其处于高度抽象的解释水平,因此它对人们的一些抽象态度的影响更大,而对一些具体行为的影响更小(Day 和 Fiske，2019)。例如,自 20 世纪 70 年代起,随着世界范围内贫富差距的扩大,有关整体社会流动是否合理的讨论引起了心理学家的广泛关注。其中,著名的系统公正理论(system justification theory)认为,人们存在一种将社会条件视为有序、公平和合法的倾向(Jost 和 Banaji，1994)。换言之,人们持有系统公正的信念和动机越强,将越认可当下整体社会流动(或不流动)的现状。超过 20 年的研究表明,即使面对持续不断的社会问题,人们仍有一种强大的心理动力去捍卫系统公正,以避免与承认系统混乱、不公平或非法的威胁(Jost 和 Banaji，1994；Jost 和 Hunyady，2005；Jost，Banaji，和 Nosek，2004)。例如,系统公正的动机可能导致那些试图改变现状的人低估了社会不公正的严重程度(Laurin，Shepherd，和 Kay，2010；O'Brien 和 Crandall，2005),并支持"不平等的社会安排是合理的"这一观点(Kay 等，2009)。毋庸置疑,在社会问题频发的现状下,对系统公正的捍卫对旨在解决社会问题的社会变革造成了一些阻碍。

例如,研究者在一项实验中启动了被试对高/低社会阶层流动的知觉,结果显示,当个体知觉到社会阶层流动水平越高时,更容易认同努力有回报和结果公平的信念(即,精英价值观、公正世界的信念),继而提升了他们对系统合理的捍卫(Day 和 Fiske,2017)。

一些相关的研究也得到了类似的结论。例如,一项同时征募了美国和澳大利亚的被试的研究结果显示,当个体认为自己国家的向上社会流动水平越高时,越倾向于捍卫其既有的经济体系(Mandisodza 等,2006)。另一项基于 500 多名美国被试的结果也显示,那些认为社会流动性高的人比那些认为社会流动性低的人更容易接受当前的经济不平等(Shariff 等,2016)。一项来自西班牙的调查发现,较高的向上社会流动信念与对政府福利支持水平负相关,即人们觉得向上社会流动的情况越好时,越不认可"国家应承担更多责任,确保为每个人提供服务"(Jaime-Castillo 和 Marques-Perales,2014)。一些大规模的跨国数据发现了社会流动信念与捍卫不平等现状之间的联系:个人的向下社会流动信念与对再分配的普遍支持正相关(Schmidt,2010);而向上的社会流动信念则与支持政府再分配总体理念负相关(Steele,2015)

相反,研究者们并没有发现向上的社会流动信念与改变经济不平等的具体政策和计划有所联系。例如,研究者招募了来自五个国家(法国、意大利、瑞典、英国和美国)的被试,结果显示,向上社会流动信念与支持具体的遗产税政策(即解决财富不平等)无关,并且,即使操纵了被试对低社会流动的感知,这种影响依然没有出现(Alesina 等,2018)

总而言之,目前的研究结论较为一致地发现,向上社会流动的信念会显著提升人们对抽象的不平等现状的积极态度,但对一些具体的、旨在改善不平等的措施的态度上并没有显著影响。但这并不能说明研究社会流动信念对社会变革或支持特定政策方面没有意义,反而恰恰说明,我们需要深入挖掘社会流动信念背后的心理成因,从人们更底层的认知、信念和态度上为解决社会不平等的问题,促进社会流动提供有效的干预手段。

社会流动信念对个体生活的影响

对教育及地位的追求　在一系列实验研究中,研究者系统地考察了社会流动信念和学业态度以及学业成就之间的关系,结果显示:测量得到的向上的社会流动信念与高中生对学业毅力的自我报告和学校几周后公布的 GPA 分数正相关,但这种影响只在社会经济地位较低的学生中存在,且这一结果在操纵对社会流动感知后也得到了证实;此外,社会流动信念对毅力存在因果影响,但这一模式也仅限于那些主观幸福感较低的个体中;操纵社会流动信念并不会影响学生们年终平均成绩。该结果说明社会流动信念的影响可能只体现在某些特殊的学业表现上,或实验操纵只有短期效果,长期效果有限(Browman,Destin,Carswell,和Svoboda,2017)。此外,奥伊斯曼(Oyserman)等研究者的一项研究也为社会流动信念和学业目标追求之间的关系提供了一些间接的证据。他们在四项研究中请被试想象自己在未来的大学生活会带给他们越来越趋向成功(相比于失败)的体验,结果显示,无论是处在趋近成功还是趋近失败的实验操纵下,他们都表现出了与情境更为一致的行为,即在趋近成功时表现出更积极的自我认知和学业行为,而在趋近失败时表现出更消极的自我认知和学业行为(Oyserman,Destin,和 Novin,2015)。

此外,当人们认为社会流动较低时,一个可能的结果是,人们可能会放弃通过传统的教育路径追求成功。研究者通过两项实验发现,低社会流动信念的框架持续增加了个体的多样性寻求,但这一效应只存在于主观上社会经济地位较低的个体中(Yoon 和 Kim,2018)。并且,低社会流动信念的框架还会导致更冲动的消费主义(例如,购买漂亮衣服的欲望),但这一模式也只出现在物质主义较高的人群中(Yoon 和 Kim,2016)。

综合来看,以上结果说明,在那些主观社会地位较低的人中,较低水平的社会流动信念可能会使得他们放弃一些常规的目标追求手段(如,努力获得教育成就),转而选择一些替代性的方案,并使他们变得更加冲动行事,浪费了原本可以用于投资未来自我,获得向上社会流动的机会和资源。然而,这方面的研究结论目前还十分初步,仍需要在未来的研究中被继续深入挖掘和验证。

幸福感 对向上阶层流动的预期是很多人选择移民的动力。"美国梦"中有关提高个人社会经济地位的隐喻也暗示,向上阶层流动的信念可能和移民知觉到的幸福感相关。目前已有一些研究证实了两者之间的联系。例如,一个基于拉美裔移民的全国样本的调查显示,较低的个人社会流动信念与自我报告的身体健康状况负相关,但和抑郁症正相关(Alcántara,Chen,和 Alegría,2014)。研究者在一项来自佛罗里达的移民样本中也发现:当个人向上的社会流动信念越强烈时,人们会报告更少的负面情绪事件(如,感到沮丧或不安);但社会流动信念并不会影响个体报告的积极情绪事件,如感到高兴或兴奋(Vaquera 和 Aranda,2017)。黄四林等人以 432 名中国城乡流动人口为样本,考察了向上社会流动信念对幸福感的影响,结果发现,人们对社会阶层向上流动的可能性的预期中介了从客观社会经济地位到主观幸福感的直接路径和从主观社会经济地位到主观幸福感的间接路径,这说明,中国城乡流动人口获得主观幸福感不仅是因为他们获得了直接的经济成就,而且还因为他们认为自己的相对社会地位获得了提升(Huang 等,2017)。

并且,社会流动信念的积极作用在非移民群体中也得到了证实。研究者们在四个相关的研究中考察了社会流动信念对那些处于劣势的个体的影响,结果发现,人们的向上社会流动信念(测量或者实验操纵下)可以削弱经济劣势感和负面知觉(敌意及相对剥夺感)之间的关联(Sagioglou, Forstmann, 和 Greitemeyer, 2019)。

21.5.3 小结

不同的学科在研究社会阶层的流动时有不同的侧重点,但综合来看,绝大部分的研究都围绕三个核心议题展开,分别是:代内的社会流动,关注先天因素和后天因素对个人获得的社会地位的影响;代际的社会流动,关注社会地位和社会不平等在代际之间的传递;比较视野下的社会流动,关注不同地域的宏观因素(如政治结构、经济发展)对社会流动模式的影响。事实上,心理学家们提出的各类社会流动信念也基本指向这三个问题,但也进行了更多细节化的处理,如将社会流动信念进一步区分为向上和向下的社会流动,指向自身和指向他人的社会流动,指向过去和指向未来的社会流动,且更为关注个体在这些信念上的微观认知过程。此外,既往研究也发现,人们对社会流动信念的知觉还会在社会态度和个体生活两个层面带来影响:向上的社会流动信念让人们更能容忍不平等的制度,甚至,即使人们觉得获得向上社会流动的可能性很低,也很难在具体的实际行动中有所反应。总之,有关社会流动信念对个体生活影响的发现还是一个有待挖掘的新领域,仍需要研究者继续深入探索。

21.6 社会流动的心理学研究:未尽的议题与研究展望

21.6.1 理论层面

21世纪与20世纪的世界有着显著的不同,一些领域出现了"超级流动"(如,人的地理性流动,信息在指间的流动),另一些领域则出现了流动的放缓(如,社会阶层的流动),世界在多个维度和多个层次上更加变动不居,也对人们的适应能力提出了更大的挑战。与别的学科相比,心理学在"社会流动"领域的独特理论贡献在于能从主观的角度描述人们在各类流动现象中的真实感受。以前文介绍社会阶层的流动现象为例,客观世界与主观世界似乎存在一种松散的,并不完全对应的关系,人们对于实际的阶层流动总存在一种偏向悲观或乐观的认知谬误。在某种程度上,人们对流动的反应是他们知觉的函数,因而有关社会流动的心理学理论应该旨在解释这些流动性反应的条件、过程和后果。

社会心理学有丰富的文献可以解释为什么人们以他们的方式看待世界,以及他们如何对这些看法做出反应。这些理论对于理解人们的心理流动性有重要的基奠作用。在流动的环境下,人们的知觉和反应可能会受到一系列与个人和群体之间变动和转移有关的心理过程的影响,包括控制感、人际关系、社会比较、目标追求、公平感知、社会认同、权力关系和意识形态立场。聚焦于这些过程,心理学研究者可以提出新颖的、有启发性的问题,并构建以流动社会为对象的新理论。例如,人们什么时候对社会流动有准确的认识?在什么情况下,流动存在却不被人们所意识?谁最有可能受到各类流动现象的影响,谁不会?从目前的研究进展来看,还有大量的理论问题有待研究。

21.6.2 方法层面

社会心理学的目标是科学地研究人们的思想、情感和行为如何受到他人的实际、想象或暗示的存在的影响(Allport,1954)。在探索人类行为如何受到他人影响的过程中,社会心理学家尤为关注社会环境的作用,且通常采用实验法进行探索。尽管实验方法可能有缺点(实验室研究的外部效度较低),但其优势也是十分明显的。首先,实验法能够建立因果关系。例如,移民研究虽然成果丰富,但其他学科却很难在研究结果中彻底解决心理特征和迁移行为之间存在双向影响的问题(例如,人的空间流动降低了人的控制感,继而增加了人的流动意愿)。而在心理学取向的移民研究中,心理特征(如动机、思维和认知)与流动意愿间的因果关系则可以通过认知实验法、情境实验法和行为实验法等方式被系统地揭示出来。其次,在使用实验的过程中,社会心理学家能够通过系统地分析某些思想、情感和行为发生的条件,帮助我们厘清特定情境何时触发特定的行为和结果,即能分离出重要的调节变量,并探讨它们在各类流动情况下发挥的作用(如,前文介绍的对"社会阶层流动"的测量)。

因此,未来的研究还需要充分利用社会心理学在机制探索上的优势,解释流动性研究中各种潜在的微观过程。需要注意的是,理论推导一定不是以牺牲事实为代价的,因此,当实验结果证实了在更丰富、更自然的背景下获得的结果,并能洞察其间的因果关系、调节过程和中介过程时,它们往往是最有价值的。

21.6.3 应用层面

中国有着世界上最复杂的流动形态。在中国近现代的发展历程上,人流、物流与信息流一路奔行,在每一个时期都带来了不同的社会问题。在战争年代,人们流离失所,"流动"始终有一些悲壮和无奈,"归去来兮,田园将芜胡不归",成为了一代人的时代阵痛。在改革开放时期,人们被时代精神召唤,外出求学和打工,"流动"既体现了一代人外出闯荡的勇气,也反映了人们对美好生活的向往和追求。而在当代,流动已然成为了一个普遍的社会事实,空前普遍而频繁的流动成为了经济运转的基础,也是大量家庭生计的来源,流动成为了一种生活常态和必需品(项飙,2020)。相比以往研究普遍以"流动"作为一种普遍的压力源,越来越多的研究和社会事实表明,"不流动"也可能给人们带来更严重的不安与焦虑,而在新冠疫情爆发后,这一问题的现实价值被进一步凸显。在讨论"流动权"的同时,漂泊多年的人又将"安定"视为成为一种新的奢侈和期待。因此,未来的研究可尝试将"流动"视为研究的基线,在制定社会政策和制度实践时,以"不流动"的后果和影响为核心的研究问题,而不是接受不流动(如,社会阶层的固化)或旨在为现状辩解。总而言之,与其将社会政策锚定在社会的"现状"上,不如将起点放置在阐明社会"应该怎样流动"以及社会政策如何能够为实现这一目标方面发挥作用。这些与现实紧密相关的内容需要在未来的研究中更多地被关注。

(陈咏媛　杨宜音)

参考文献

柴晓运,郭海英,林丹华,刘影,苏双.(2018).情绪调节策略对流动儿童主观幸福感的影响:自尊和心理弹性的序列中介作用.心理科学,231(1),71-76.

陈咏媛.(2019).新中国70年农村劳动力非农化转移:回顾与展望.北京工业大学学报(社会科学版)(4),18-28.

陈咏媛.(2018).智利华人的民族身份认同及双重世代差异——基于圣地亚哥市的个案研究.青年研究(5),86-97+100.

陈咏媛,谢天,杨宜音.(2021).流动社会的流动之心:社会心理学视角下的流动性研究,中国社会心理学评论(21),待出版.

范兴华,方晓义,刘杨,蔺秀云,袁晓娇.(2012).流动儿童歧视知觉与社会文化适应:社会支持和社会认同的作用.心理学报,44(5),647-663.

方文.(2010)."文化自觉"的阶梯——《当代世界学术名著:社会心理学系列》总序.开放时代(5),146-158.

胡发稳,李丽菊.(2010).哈尼族中学生文化适应及与学校生活满意度的关系.中国心理卫生杂志,24(2),144-148.

胡兴旺,蔡笑岳,吴睿明,李红,张志杰.(2005).白马藏族初中学生文化适应和智力水平的关系.心理学报,37(4),487-501.

李红,李亚红.(2016).完美主义、社会联结对来华留学生心理健康的影响——文化适应压力的中介作用.西南民族大学学报(人文社科版),37(1),213-217.

李虹,王茹婧,倪士光.(2018).认同整合促进流动儿童文化适应:文化框架转换的解释.心理与行为研究,16(1),58-65.

李路路.(2019).改革开放40年中国社会阶层结构的变迁.武汉大学学报:哲学社会科学版,72(1):169-177.

李晓艳,周二华,姚姝慧.(2012).在华留学生文化智力对其跨文化适应的影响研究.管理学报,9(12),1779-1785.

刘霞.(2013).个体和群体歧视知觉对流动儿童主观幸福感的影响.心理科学,36(1),116-121.

刘霞,赵景欣,申继亮.(2013).歧视知觉对城市流动儿童幸福感的影响:中介机制及归属需要的调节作用.心理学报,45(5),568-584.

刘在花.(2017).流动儿童学习价值观对学校幸福感的影响:学业自我效能感的调节作用.中国特殊教育(8),67-73.

师保国,徐玲,许晶晶.(2009).流动儿童幸福感、安全感及其与社会排斥的关系,心理科学,32(6),1452-1454.

孙丽璐,郑涌.(2010).移民文化适应的研究趋势.心理科学进展,18(3),483-504.

王冬燕,钱锦昕,余嘉元.(2012).基于决策树的来华留学生跨文化适应性研究.心理学探新,32(3),225-230.

王中会,蔺秀云,黎燕斌.(2016).流动儿童心理韧性对文化适应的影响:社会认同的中介作用.心理发展与教育,32(6),656-665.

王中会,向宇,蔺秀云.(2019).农民工及其子女文化适应的代际传递:亲子依恋的中介作用.中国特殊教育,226(4),71-76.

项飙.(2020)."流动性聚集"和"陀螺式经济"假说:通过"非典"和新冠肺炎疫情看中国社会的变化.开放时代(3),8+55-62.

熊猛,叶一舵(2013).城市农民工子女社会支持与主观幸福感的关系:自尊的中介与调节作用.中国特殊教育,226(6),79-86.

叶宝娟,方小婷.(2017).文化智力对少数民族预科生主观幸福感的影响:双文化认同整合和文化适应压力的链式中介作用.心理科学,2017,40(4),892-897.

Alcántara, C., Chen, C. N., & Alegría, M. (2014). Do post-migration perceptions of social mobility matter for Latino immigrant health? *Social Science & Medicine*, 101, 94-106.

Alesina, A., Stantcheva, S., & Teso, E. (2018). Intergenerational mobility and preferences for redistribution. *American Economic Review*, 108, 521-554.

Arends, T. J., Fons, J. R., & Vijve, V. D. (2003). Multiculturalism and acculturation: Views of Dutch and Turkish-Dutch. *European Journal of Social Psychology*, 33, 249-266.

Barclay, P. (2016). Biological markets and the effects of partner choice on cooperation and friendship. *Current Opinion in Psychology*, 7, 33-38.

Bahns, A. J., Pickett, K. M., & Crandall, C. S. (2012). Social ecology of similarity: Big schools, small schools and social relationships. *Group Processes & Intergroup Relations*, 15(1), 119-131.

Benet-Martinez, V., & Haritatos, J. (2005). Bicultural identity integration (BII): Components and psycho-social antecedents. *Journal of Personality*, 73(4): 1015-1049.

Berry, J. W. (1980). Acculturation as varieties of adaptation. In A. Padilla (Ed.), *Acculturation: Theory, models and findings* (pp. 9-25). Boulder: Westview.

Berry, J. W. (1990). Psychology of acculturation: Understanding individuals moving between cultures. In R. W. Brislin (Ed.), *Applied Cross-Cultural Psychology*, 14, (pp. 232-253). Thousand Oaks: Sage Publications.

Berry, J. W. (2006). *Stress perspectives on acculturation*. In D. L. Sam & J. W. Berry (Eds.), *The Cambridge handbook of acculturation psychology* (pp. 43-57). Cambridge: Cambridge University Press.

Berry, J. W., Phinney, J. S., Sam, D. L., & Vedder, P. (Eds.). (2006). *Immigrant youth in cultural transition: Acculturation, identity and adaptation across nations*. Mawah: Lawrence Erlbaum Associates.

Birman, D., Trickett, E. J., & Vinokurov, A. (2002). Acculturation and adaptation of soviet Jewish refugee adolescents: Predictors of adjustment across life domains. *American Journal of Community Psychology*, 30(5), 585–606.

Boneva, B. S. (1998). *The motivational structure of potential migrants: A cross-cultural comparision of Central and East European countries and the United States*. Masters thesis: University of Pittsburgh.

Boneva, B. S., Frieze, I. H., Ferligoj, A., Jarosova, E., Pauknerova, D., & Orgocka, A. (1997). East-West European migration and the role of motivation in emigration desires. *Migracijske Teme*, 13(4), 335–361.

Boneva, B. S., Frieze, I. H., Ferligoj, A., Jarosova, E., Pauknerova, D., & Orgocka, A. (1998). Achievement, power, and affiliation motives as clues to (e) migration desires: A four-countries comparison. *European Psychologist*, 3(4), 247–254.

Bowskill, M., Lyons, E., & Coyle, A. (2007). The rhetoric of acculturation: When integration means assimilation. *British Journal of Social Psychology*, 46(4), 793–813.

Brewer, M. B. (1991). The social self: On being the same and different at the same time. *Personality & Social Psychology Bulletin*, 17(5), 475–482.

Browman, A. S., Destin, M., Carswell, K. L., & Svoboda, R. C. (2017). Perceptions of socioeconomic mobility influence academic persistence among low socioeconomic status students. *Journal of Experimental Social Psychology*, 72, 45–52.

Bullock, H. E., & Limbert, W. M. (2003). Scaling the socioeconomic ladder: Low-income women's perceptions of class status and opportunity. *Journal of Social Issues*, 59, 693–709.

Chambers, J. R., Swan, L. K., & Heesacker, M. (2015). Perceptions of US social mobility are divided (and distorted) along ideological lines. *Psychological Science*, 26, 413–423.

Davidai, S., & Gilovich, T. (2015a). What goes up apparently needn't come down: Asymmetric predictions of ascent and descent in rankings. *Journal of Behavioral Decision Making*, 28, 491–503.

Davidai, S., & Gilovich, T. (2015b). Building a more mobile America — One income quintile at a time. *Perspectives on Psychological Science*, 10, 60–71.

Davidai, S., & Gilovich, T. (2018). How should we think about Americans' beliefs about economic mobility? *Judgment and Decision making*, 13, 297–304.

Day, M. V., & Fiske, S. T. (2019). Understanding the nature and consequences of social mobility beliefs. In J. Jetten & K. Peters (Eds.), *The social psychology of inequality* (pp. 365–380). Springer, Switzerland: Cham.

Day, M. V., & Fiske, S. T. (2017). Movin' on up? How perceptions of social mobility affect our willingness to defend the system. *Social Psychological and Personality Science*, 8, 267–274.

DeVos, G. A. (1983). Achievement motivation and intra-family attitudes in immigrant Koreans. *Journal of Psychoanalytic Anthropology*, 6, 25–71.

Diener, E., & Diener, M. (1995). Cross-cultural correlates of life satisfaction and self-esteem. *Journal of Personality and Social Psychology*, 68, 653–663.

Dinh, K. T., Roosa, M. W., & Jenn-Yun, T. L. (2002). The relationship between acculturation and problem behavior proneness in a Hispanic youth sample: A longitudinal mediation mode. *Journal of Abnormal Child Psychology*, 30(3), 295–306.

Domı́nguez, S., & Isidro, J. I. (2008). Acculturation of host individuals: Immigrants and personal networks. *American Journal of Community Psychology*, 42(3/4), 309–327.

Doise, W. *Levels of Explanation in Social Psychology*. Cambridge: Cambridge University

Press, 1986.

Duru-Bellat, M., & Kieffer, A. (2008). Objective/subjective: The two facets of social mobility. *Sociologie du Travail*, 50, 1-18.

Falk, C. F., Heine, S. J., Yuki, M., & Takemura, K. (2009). Why do Westerners self-enhance more than East Asians?. *European Journal of Personality*, 23(3), 183-203.

Fiedler, F. E., Mitchell, T., & Triandis, H. C. (1971). The culture assimilator: An approach to cross-cultural training. *Journal of Applied Psychology*, 55(2), 95-111.

Frey, W. H. (2015). *Diversity explosion: How new racial demographics are remaking America*. Washington, DC: Brookings Institution.

Frieze, I. H., Boneva, B. S., Šarlija, N., Horvat, J., Ferligoj, A., & Kogovsek, T., et al. (2004). Psychological differences in stayers and leavers: Emigration desires in central and eastern European university students. *European Psychologist*, 9, 15-23.

Frieze, I. H., Hansen, S. B., & Boneva, B. (2006). The migrant personality and college students' plans for geographic mobility. *Journal of Environmental Psychology*, 26, 170-177.

Fu, J. H. Y., Chiu, C. Y., Morris, M. W., & Young, M. J. Spontaneous Inferences from Cultural Cues: Varying Responses of Cultural Insiders and Outsiders (2007). *Journal of Cross-Cultural Psychology*, 1, 58-75.

García-Ramírez, M., De la Mata, M., Paloma, V., & Hernández-Plaza, S. (2011). *A liberation psychology approach to acculturative integration of migrant populations*. American Journal of Community Psychology, 47(1/2), 86-97.

Granovetter, M. (1974). Getting a job: A study of contacts and careers. The University of Chicago Press.

Helzer, E. G., & Gilovich, T. (2012). Whatever is willed will be: A temporal asymmetry in attributions to will. *Personality and Social Psychology Bulletin*, 38(10), 1235-1246.

Hernández-Plaza, S., García-Ramírez, M., Camacho, C., & Paloma, V. (2010). New settlement and wellbeing in oppressive contexts: A liberation psychology approach. In S. C. Carr (Ed.), *The psychology of global mobility* (pp. 235-256). New York, NY: Springer.

Hong, Y., Morris, M. W., Chiu, C. Y., & Benet-Martínez, V. Multicultural minds: A dynamic constructivist approach to culture and cognition (2000). *American Psychologist*, 7, 709-720.

Hong, Y. Y., Benet-Martinez, V., Chiu, C. Y, & Morris, M. W. Boundaries of Cultural Influence: Construct Activation as a Mechanism for Cultural Differences in Social Perception (2003). *Journal of Cross-Cultural Psychology*, 4, 453-464.

Huang, S., Hou, J., Sun, L., Dou, D., Liu, X., & Zhang, H. (2017). The effects of objective and subjective socioeconomic status on subjective well-being among rural-to-urban migrants in China: The moderating role of subjective social mobility. *Frontiers in Psychology*, 8, 819.

Ishiguro, I. (2011). Attitude homophily and relational selectability: An analysis of dyadic data. *Japanese Journal of Social Psychology*, 27(1), 13-23.

Jaime-Castillo, A. M., & Marques-Perales, I. (2014). Beliefs about social fluidity and preferences for social policies. *Journal of Social Policy*, 43, 615-633.

Jelleyman, T., & Spencer, N. (2008). Residential mobility in childhood and health outcomes: a systematic review. *Journal of Epidemiology and Community Health*, 62(7), 584-592.

Jokela, M., Elovainio, M., Kivimäki, M., & Keltkangas-Järvinen, L. (2008). Temperament and migration patterns in Finland. *Psychological Science*, 19(9), 831-837.

Jost, J. T., & Banaji, M. R. (1994). The role of stereotyping in system-justification and the production of false consciousness. *British Journal of Social Psychology*, 33(1), 1-27.

Jost, J. T., Banaji, M. R., & Nosek, B. A. (2004). A decade of system justification theory:

Accumulated evidence of conscious and unconscious bolstering of the status quo. *Political Psychology*, 25, 881–919.

Jost, J. T., & Hunyady, O. (2005). Antecedents and consequences of system-justifying ideologies. *Current Directions in Psychological Science*, 14, 260–265.

Kelley, S. M. C., & Kelley, C. G. E. (2009). Subjective social mobility: Data from 30 nations. In M. Haller, R. Jowell, & T. W. Smith (Eds.), *Charting the globe: The international social survey programme (pp. 1984–2009)*. London: Routledge.

Komiya, A., Ohtsubo, Y., Nakanishi, D., & Oishi, S. (2019). Gift-giving in romantic couples serves as a commitment signal: Relational mobility is associated with more frequent gift-giving. *Evolution and Human Behavior*, 40(2), 160–166.

Kraus, M. W. (2015). Americans still overestimate social class mobility: A pre-registered self-replication. *Frontiers in Psychology*, 6, 1709.

Kraus, M. W., & Tan, J. J. X. (2015). Americans overestimate social class mobility. *Journal of Experimental Social Psychology*, 58, 101–111.

Kwak, K. (2003). Adolescents and their parents: A review of inter-generational family relations for immigrant and non-immigrant families. *Human Development*, 46, 115–136.

Laurin, K., Shepherd, S., & Kay, A. C. (2010). Restricted emigration, system inescapability, and defense of the status quo: System-justifying consequences of restricted exit opportunities. *Psychological Science*, 21(8), 1075–1082.

Li, L. M. W., Hamamura, T., & Adams, G. (2016). Relational mobility increases social (but not other) risk propensity. *Journal of Behavioral Decision Making*, 29(5), 481–488.

Li, L. M. W., Adams, G., Kurti, T., & Hamamura, T. (2015). Beware of friends: The cultural psychology of relational mobility and cautious intimacy. *Asian Journal of Social Psychology*, 18(2), 124–133.

Li, W. Q., Li, L. M. W., & Li, M. Residential mobility reduces ingroup favouritism in prosocial behaviour. *Asian Journal of Social Psychology*, 2019, 22: 3–17.

Lun, J., Roth, D., Oishi, S., & Kesebir, S.. (2013). Residential mobility, social support concerns, and friendship strategy. *Social Psychological and Personality Science*, 4(3), 332–339.

Macy, M. W., & Sato, Y. (2002). Trust, cooperation, and market formation in the U. S. and Japan. *Proceedings of National Academy of Science*, 99, 7214–7220.

Mandisodza, A. N., Jost, J. T., & Unzueta, M. M. (2006). "Tall poppies" and "American dreams" reactions to rich and poor in Australia and the United States. *Journal of Cross-Cultural Psychology*, 37, 659–668.

Masuda, T., & Nisbett, R. E. (2001). Attending holistically versus analytically: Comparing the context sensitivity of Japanese and Americans. *Journal of Personality and Social Psychology*, 81(5), 922–934.

Matter, D. R. (1977). High school graduates' achievement motivation and the prediction of the economic development of a small Midwestern community from 1907 to 1967. *Psychological Reports*, 41, 167–172.

McCann, S. J. (2015). Big Five personality and residential mobility: A state-level analysis of the USA. *The Journal of Social Psychology*, 155(3), 274–291.

Mclanahan, A. S. S. (1994). Family structure, residential mobility, and school dropout: a research note. *Demography*, 31(4), 575–584.

Morris, M. W., Hong, Y. Y., Chiu, C. Y., & Liu, Z.. (2015). Normology: integrating insights about social norms to understand cultural dynamics. *Organizational Behavior & Human Decision Processes*, 129, 1–13.

Myers, R. C., Chou, C. P., Sussman, S., Garbanati, B. L., Pacho, H., & Valente, T. W.

(2009). Acculturation and substance use: Social influence as a mediator among Hispanic alternative high school youth. *Journal of Health and Social Behavior*, 50(2),164-179.

Nelson, G., & Prilleltensky, I. (2002). *Doing psychology critically. Making a difference in diverse settings*. New York, NY: Palgrave Mcmillan.

Oberg, K. (1960). Cultural shock: Adjustment to new cultural environments. *Practical Anthropology* (4),177-182.

Oishi, S. (2014). Socioecological psychology. *Annual Review of Psychology*, 65(1),581.

Oishi, S. (2010). The psychology of residential mobility: implications for the self, social relationships, and well-being. *Perspectives on Psychological Science*.

Oishi, S., Ishii, K., & Lun, J. (2009). Residential mobility and conditionality of group identification. *Journal of Experimental Social Psychology*, 45(4),913-919.

Oishi, S., Kesebir, S., Miao, F. F., Talhelm, T., Endo, Y., & Uchida, Y., et al. (2013). Residential mobility increases motivation to expand social network: but why?. *Journal of Experimental Social Psychology*, 49(2),217-223.

Oishi, S., & Kesebir, S. (2012). Optimal social-networking strategy is a function of socioeconomic conditions. *Psychological Science*, 23(12),1193-4.

Oishi, S., Lun, J., & Sherman, G. D. (2007a). Residential mobility, self-concept, and positive affect in social interactions. *Journal of Personality and Social Psychology*, 93(1),131-141.

Oishi, Margarita, Krochik, Dana, & Roth, et al. (2011). Residential mobility, personality, and subjective and physical well-being. *Social Psychological and Personality Science*, 3(2),153-161.

Oishi, S., Rothman, A., Snyder, A. J., Su, M., Zehm, J., & Keri, H., et al. (2007b). The socioecological model of procommunity action: the benefits of residential stability. *Journal of Personality and Social Psychology*, 93(5),831-844.

Oishi, S., Saeki, M., & Axt, J. (2015). Are people living in walkable areas healthier and more satisfied with life?. *Applied Psychology: Health and Well-Being*, 7(3),365-386.

Oishi, S., & Schimmack, U. (2010). Residential mobility, well-being, and mortality. *Journal of Personality and Social Psychology*, 98(6),980-994.

Oishi, S., & Talhelm, T. (2012). Residential mobility: what psychological research reveals. *Current Directions in Psychological Science*, 21(6),425-430.

Oppedal, B., Roysamb, E., & Heyerdahl, S. (2005). Ethnic group, acculturation, and psychiatric problems in young immigrants. *Journal of Child Psychology & Psychiatry*, 46(6),646-660.

O'Brien, L. T., & Crandall, C. S. (2005). Perceiving self-interest: Power, ideology, and maintenance of the status quo. *Social Justice Research*, 18(1),1-24.

Owusu, T. Y. (2003). Transnationalism among African immigrants in North America: The case of Ghanaians in Canada. *Journal of International Migration and Integration*, 4(3),395-413.

Oyserman, D., Destin, M., & Novin, S. (2015). The context-sensitive future self: Possible selves motivate in context, not otherwise. *Self and Identity*, 14,173-188.

Paloma, V., García-Ramírez, M., De la Mata, M., & Amal (2010). Acculturative integration, self and citizenship construction: The experience of Amal-Andaluza, a grassroots organization of Moroccan women in Andalusia. *International Journal of Intercultural Relations*, 34(2),101-113.

Paloma, V., García-Ramírez, M., & Camacho, C. (2014). Well-being and social justice among Moroccan migrants in southern Spain. *American Journal of Community Psychology*, 54(1/2),1-11.

Paloma, V., & Manzano-Arrondo, V. (2011). The role of organizations in liberation psychology: Applications to the study of migrations. *Psychosocial Intervention*, 20(3), 309 - 318.

Roesch, S. C., Wee, C., & Vaughn, A. A.. (2006). Relations between the big five personality traits and dispositional coping in korean americans: acculturation as a moderating factor. *International Journal of Psychology*, 41(2), 85 - 96.

Roos, P., Gelfand, M., Nau, D., & Lun, J.. (2015). Societal threat and cultural variation in the strength of social norms: an evolutionary basis. *Organizational Behavior & Human Decision Processes*, 129, 14 - 23.

Sagioglou, C., Forstmann, M., & Greitemeyer, T. (2019). Belief in social mobility mitigates hostility resulting from disadvantaged social standing. *Personality and social psychology bulletin*, 45(4), 541 - 556.

San Martin, A., Schug, J., & Maddux, W. W. (2019). Relational mobility and cultural differences in analytic and holistic thinking. *Journal of Personality and Social Psychology*, 116(4), 495 - 518.

Sato, K., Yuki, M., & Takemura, K. (2011). The moderating effect of socio-ecology on the determinants of happiness: A cross-situational comparison. *The Annals of the Hokkaido Psychological Society*, 34, 21 - 33.

Schug, J., Yuki, M., & Maddux, W. (2010). Relational mobility explains between- and within-culture differences in self-disclosure to close friends. *Psychological Science*, 21(10), 1471 - 1478.

Schug, J., Yuki, M., Horikawa, H., & Takemura, K. (2009). Similarity attraction and actually selecting similar others: How cross-societal differences in relational mobility affect interpersonal similarity in Japan and the USA. *Asian Journal of Social Psychology*, 12(2), 95 - 103.

Shariff, A. F., Wiwad, D., & Aknin, L. B. (2016). Income mobility breeds tolerance for income inequality: Cross-national and experimental evidence. *Perspectives on Psychological Science*, 11, 373 - 380.

Silbereisen, R. K. (2008). New research on acculturation among diaspora migrant. *International Journal of Psychology*, 43(1), 2 - 5.

South, S. J., & Haynie, D. L.. (2004). Friendship network of mobile adolescents. *Social Forces*, 83(1), 315 - 350.

Steele, L. G. (2015). Income inequality, equal opportunity, and attitudes about redistribution. *Social Science Quarterly*, 96, 444 - 464.

Stevens, G. W., Pels, T. V., Vollebergh, A. M., & Crijnen, A. A. (2004). Patterns of psychological acculturation in adult and adolescent Moroccan immigrants living in the Netherlands. *Journal of Cross-Cultural Psychology*, 35(6), 689 - 704.

Swan, L. K., Chambers, J. R., Heesacker, M., & Nero, S. S.. (2017). How should we measure Americans' perceptions of socio-economic mobility?. *Judgment & Decision Making*, 12(5), 507 - 515.

Tabor, A. S., Milfont, T. L., & Ward, C. (2015). The migrant personality revisited: Individual differences and international mobility intentions. *New Zealand Journal of Psychology*, 44(2), 89 - 95.

Tajfel, H., & Turner, J.. (1979). An integrative theory of intergroup conflict. *Social Psychology of Intergroup Relations*, 33, 94 - 109.

Takemura, K. (2014). Being different leads to being connected: On the adaptive function of uniqueness in "open" societies. *Journal of Cross-Cultural Psychology*, 45(10), 1579 - 1593.

Thomson, R., Yuki, M., Talhelm, T., Schug, J., Kito, M., & Ayanian, A. H., et al. (2018). Relational mobility predicts social behaviors in 39 countries and is tied to historical farming and threat. *Proceedings of the National Academy of Sciences*, 115(29), 7521-7526.

Thomson, R., Yuki, M., & Ito, N. (2015). A socio-ecological approach to national differences in online privacy concern: The role of relational mobility and trust. *Computers in Human Behavior*, 51, 285-292.

Titzmann, P. F. (2008). Risk and protective factors for delinquency among male adolescent immigrants at different stages of the acculturation process. *International Journal of Psychology*, 43(1), 19-31.

Triandis, HC. (1995). *Individualism and collectivism*. Boulder, CO: Westview.

Vaquera, E., & Aranda, E. (2017). Moving up and down the ladder: Perceived social mobility and emotional dispositions among south Florida's immigrants. *Sociological Forum*, 32, 793-815.

Uskul, A. K., Kitayama, S., & Nisbett, R. E. (2008). Ecocultural basis of cognition: Farmers and fishermen are more holistic than herders. *The Proceedings of the National Academy of Science*, 105, 8552-8556.

Wang, C. S., & Leung, A. K.-y (2010). The cultural dynamics of rewarding honesty and punishing deception. *Personality and Social Psychology Bulletin*, 36, 1529-1542.

Ward, C., Bochner, S. & Furnham, A., (2001). *Culture shock*. London: Routledge, 2001.

Ward, C., Landis, D., & Bhagat, R, (1996). *Handbook of intercultural training*. Thousand Oaks, CA: Sage.

Wen-Qiao, L., Wai, L. L. M., & Ming, L.. (2018). Residential mobility reduces ingroup favouritism in prosocial behaviour. *Asian Journal of Psychology*, 22.

Yamada, J., Kito, M., & Yuki, M. (2015). Relational mobility and intimacy in friendships and romantic relationships: A cross-societal study between Canada and Japan. *Japanese Journal of Experimental Social Psychology*, 55(1), 18-27.

Yamada, J., Kito, M., & Yuki, M. (2017). Passion, relational mobility, and proof of commitment: A comparative socio-ecological analysis of an adaptive emotion in a sexual market. *Evolutionary Psychology*, 15(4), 1-8.

Yamagishi, T. (2011). *Trust: The evolutionary game of mind and society*. New York: Springer.

Yamagishi, T., Hashimoto, H., Li, Y., & Schug, J. (2012). City air brings freedom. *Journal of Cross-Cultural Psychology*, 43(1), 38-45.

Yamagishi, T., Hashimoto, H., & Schug, J. (2008). Preferences versus strategies as explanations for culture-specific behavior. *Psychological Science*, 19(6), 579-584.

Yamagishi, T., & Yamagishi, M. (1994). Trust and commitment in the United States and Japan. *Motivation and Emotion*, 18, 129-166.

Yoon, S., & Kim, H. C. (2016). Keeping the American dream alive: The interactive effect of perceived economic mobility and materialism on impulsive spending. *Journal of Marketing Research*, 53, 759-772.

Yoon, S., & Kim, H. C. (2018). Feeling economically stuck: The effect of perceived economic mobility and socioeconomic status on variety seeking. *Journal of Consumer Research*, 44, 1141-1156.

Yuki, M., Sato, K., Takemura, K., & Oishi, S. (2013). Social ecology moderates the association between self-esteem and happiness. *Journal of Experimental Social Psychology*, 49, 741-746.

Yuki, M., & Schug, J. (2020). Psychological consequences of relational mobility. *Current opinion in psychology*, 32, 129-132.

Yuki, M., & Schug, J. (2012). Relational mobility: A socioecological approach to personal relationships. In O. Gillath, G. E. Adams, & A. D. Kunkel (Eds.), *Relationship science: Integrating evolutionary, neuroscience, and sociocultural approaches* (pp. 137–151). Washington D. C. : American Psychological Association.

Yuki, M., Schug, J., Horikawa, H., Takemura, K., Sato, K., Yokota, K., & Kamaya, K. (2007). *Development of a scale to measure perceptions of relational mobility in society.* CERSS Working Paper Series. Retrieved from http://lynx.let.hokudai.ac.jp/cerss/english/workingpaper/index.cgi? year=2007.

Zadeh, Z. Y., Geva, E., & Rogers, M. A. (2008). The impact of acculturation on the perception of academic achievement by immigrant mothers and their children. *School Psychology International*, 29(1), 39–70.

Zhang, X., & Zhao, X.. (2020). Relational mobility promotes subjective well-being through control over interpersonal relationships among the Chinese. *Asian Journal of Social Psychology*, doi.org/10.1111/ajsp.12426.

Zimmermann, J., & Neyer, F. J. (2013). Do we become a different person when hitting the road? Personality development of sojourners. *Journal of personality and social psychology*, 105(3), 515–530.

Zuo, S., Huang, N., Cai, P., & Wang, F. (2018) The lure of antagonistic social strategy in unstable socioecological environment: Residential mobility facilitates individuals' antisocial behavior. *Evolution and Human Behavior*, 39(3): 364–371.

22 社会价值观[①]

22.1 引言 / 724
22.2 社会价值观的概念 / 725
    22.2.1 价值观的概念与作用 / 725
    22.2.2 社会价值观的界定 / 726
22.3 社会价值观的理论与发展 / 726
    22.3.1 价值观三层次理论 / 726
        第一层次：国家理想价值观 / 727
        第二层次：社会价值观 / 727
        第三层次：个人价值观 / 728
    22.3.2 西方理论 / 729
22.4 社会价值观的研究方法 / 731
    22.4.1 价值观的问卷调查研究 / 731
        社会价值观问卷 / 731
        世界价值观地图 / 731
    22.4.2 价值观的大数据研究 / 732
        理论驱动的大数据研究 / 732
        数据驱动的大数据研究 / 733
    22.4.3 价值观的认知神经研究 / 733
22.5 社会价值观的研究问题 / 734
    22.5.1 中国学生群体的社会价值观发展演变规律 / 734
        大学生社会价值观的发展趋势 / 735
        大学生社会价值观层次的演变特点 / 736
        不同类型社会价值观的社会依从性 / 737
        初中阶段是价值观社会化的关键时期 / 741
        不同文化下大学生群体的社会价值观差异 / 742
    22.5.2 社会价值观在突发事件中的表现规律 / 743
        2001年法轮功事件的价值观变化特征 / 743
        2003年SARS事件中的价值观变化特征 / 744
        2008年汶川地震中大学生价值观变化特征 / 746
        2008年奥运会期间大学生价值观变化特征 / 746
        2020年新冠疫情中大学生价值观变化特征 / 747
        重大社会事件对大学生社会价值观的影响规律 / 749

[①] 本研究受"十二五"国家科技支撑计划项目"基于学校-家庭一体化的纵向心理健康教育和心理疏导的应用示范研究"（2012BAI36B03）的资助。

22.6 思考与展望 / 751
    22.6.1 对社会价值观的思考 / 751
        理论层面的思考 / 751
        价值观教育的思考 / 751
        重大事件的价值观预警的思考 / 752
    22.6.2 研究展望 / 753
参考文献 / 753

22.1 引言

在社会活动中，人们的认知评价和行动选择不仅受到了法律习俗的制约和影响，同时人们的行为与心理也受到价值观念的调节与引导。价值观对个人和社会而言具有重大意义，尤其是在国家经济快速发展、社会急剧转型时期，价值观在社会治理中扮演着重要的角色，党和国家高度重视价值观建设。党的十八大以来，中央高度重视培育和践行社会主义核心价值观，从国家、社会和个人三个层面明确提出了 24 字要求，旨在进一步有效整合社会意识，推动社会和谐发展。在学术界，价值观（value）研究发轫于 20 世纪 30 年代，奥尔波特和弗农（Allport 和 Vernon，1931）根据斯普兰格（Spranger，1928）对人的分类界定了六种人类价值观并后续开发了用于测量的价值观量表。此后，价值观很快引起了心理学、教育学、社会学等诸多人文学科的关注，并形成了一系列各具特色的学术成果。

心理学主要围绕价值观的结构、差异和功能等方面进行了大量的研究，形成了许多具有跨学科影响力的理论成果。例如，国外的价值观环状模型理论（Schwartz，1987）以及国内的价值观三层次理论（许燕，1999）。这些价值观理论基于各自的理论假设并结合文化特性对价值观进行了刻画与分析，最终推动了价值观的理论发展，成为分析现实问题的重要理论工具。与此同时，随着社会经济的发展以及互联网的普及，人们的生活方式和价值观念也逐渐发生转变，因此新的问题摆在了价值观研究者的面前。近些年来，价值观研究者为了解决这些时代性的问题，相继发展了新的理论工具和研究方法，增加了理论的解释力，为理解价值观的心理机制提供了新视角。在此基础上，研究者也成功地将新兴的信息科学和认知神经科学技术运用到了价值观的研究过程中，产生了一批新的研究范式。

除了价值观理论和研究工具的创新发展，中国社会的价值观问题也逐渐显现出来。改革开放以来，中国经济飞速变革与发展，社会急速变迁，潜在的文化与价值观系统也在发生变化,出现了一系列的价值观问题。刻画并分析中国社会的价值观变迁具有重要意义;另一方面,除了社会系统的长期宏观的变化,短暂的社会性事件也会造成大众价值观的急剧变化,例如,2019年底至2020年初开始爆发的新冠疫情对大众的价值观系统产生了深刻的影响。因此,本章除了介绍社会价值观的概念、理论和研究方法之外,还将具体展示针对现实问题的价值观研究,并且最终讨论目前价值观研究存在的问题以及未来的研究趋势。

22.2 社会价值观的概念

22.2.1 价值观的概念与作用

价值观最早由奥尔波特和弗农(Allport和Vernon,1931)正式提出之后,研究者借鉴并发展了价值观的概念。因为价值本身就带有评价属性,因此多数研究者认为,价值观是指人们对客观事物、现象及自己行为结果的意义、作用、效果和重要性的评定标准或尺度,是一种外显的或内隐的,有关什么是"值得的"这一问题的看法,在这些看法的背后,是"一套影响选择的建构(constructs)或图式(schema)"(Kluckhohn,1967;许燕,1999;杨宜音,1998)。此外,部分研究者,如罗克奇(Rokeach,1973)和施瓦茨(Schwartz,1998)等认为价值观是一种带有指导性的社会现象,是合乎需要的、超越情境的目标,具有一定的动机性特征。从这个角度看,价值观不同于情境性的态度(attitudes),是一个超越情境性的并且更抽象的上位概念。

价值观研究经历了几十年的发展历程,研究者从不同角度和理论去解读和界定价值观这一概念。在这个过程中,价值观概念逐渐涵盖了知、情、意成分,例如,黄希庭(1994)认为,价值观是人们区分好坏、美丑、益损、正确与错误,符合或违背自己意愿的观念系统,它通常是充满情感的,并为人的正当行为提供充分理由。价值观逐渐表现出一种兼具内隐-外显和稳定-动态的历史文化综合的信念体系。总之,尽管有关价值观的定义仍小有争议,但大多数研究者在价值观基本含义上取得了较为一致的看法。

作为一种信念系统,价值观具有重要的功能与作用。首先,价值观为人们的判断提供了指导,作为评定标准,价值观是判断真与假、善与恶、美与丑的价值准则。其次,对人的言行具有动机和导向的作用,价值观反映了人们的主观认知世界和需求状况,如需要、人生观、道德观、世界观等。人们的许多行为是受价值观所支配的,价值观使人们的行为朝向于有意义的事物,推动人们去达到目标,实现价值,价值观是人们对事物及行为的意义、效用的评定标准,是推动并指引人们决策和采取行动的核心。最后,价值观对身心健康具有保障作用。价值观作为信念系统,指导着个人的思想与行为。

22.2.2 社会价值观的界定

价值观并非单一结构,它是一个多元结构的系统,因此存在多种价值观系统。关于社会价值观(social value)的界定,目前有以下多种观点:首先,根据价值观的指向可以分为公共领域的价值观和私人领域的价值观,私人领域价值观对应于个体价值观是"特定主体在创造和利用价值对象的历史交往过程中形成的观念、心理特征和行为方式",而公共领域价值观即为社会价值观是"社会大多数民众所信奉的或者作为社会大多数民众价值选择内在文化指令的价值观"(徐贵权,2007)。杨宜音(1998)认为价值观存在于个体、社会和文化层面。个体价值观是个人的"价值体系",包括世界观、社会观和个人观;社会价值观是个人体系中个体与个体关系或者个体与社会之间关系的信念体系。文化价值观是个体在某一文化的社会化过程中被教导的一套价值观体系。许燕(1999)根据中国文化特征构建了价值观的三层次理论,从国家-社会-个人三个领域划分出三个层次的价值观。三种价值观包括国家理想价值观(例如,社会主义核心价值观)、社会价值观(例如,群体价值观)、个人价值观。其中,社会价值观被认为是个体在社会化过程中形成的群体共享的价值体系,受时代特征和社会环境的影响。

总的看来,有些学者强调社会价值观内容的社会性,即社会价值观是个体关于社会关系的价值体系,而有些学者强调社会价值观的群体共享性,即社会价值观是社会发展中有关群体的价值体系。而实际上,关于社会关系的价值观通常是社会化形成的,因此,两类社会价值观可以看作社会价值观在个体与群体上的体现。

22.3 社会价值观的理论与发展

22.3.1 价值观三层次理论

许燕(1999)依据中国社会文化特征与个体生活的不同领域,从国家-社会-个人三个领域划分出三个层次的价值观。其中最高层次是体现国家发展中的核心价值系统,即国家理想价值观——社会主义核心价值观,包括富强、民主、文明等国家建设植入的价值体系。第二层次是体现时代发展中的群体价值系统,包括政治、经济等领域性价值观,受不同社会形态的影响。第三层次是反映人生发展中的个体价值系统,包括亲情、健康等价值观,受个体成长经历的影响。国家价值观是推动一个民族发展的核心方向和动力,最具有稳定性;社会价值观最凸显的特征是对社会环境的依从性,它会受到时代变迁或重大社会事件所影响,表现出不稳定的特征。三个层次相互叠交、相互作用(见图22.1)。

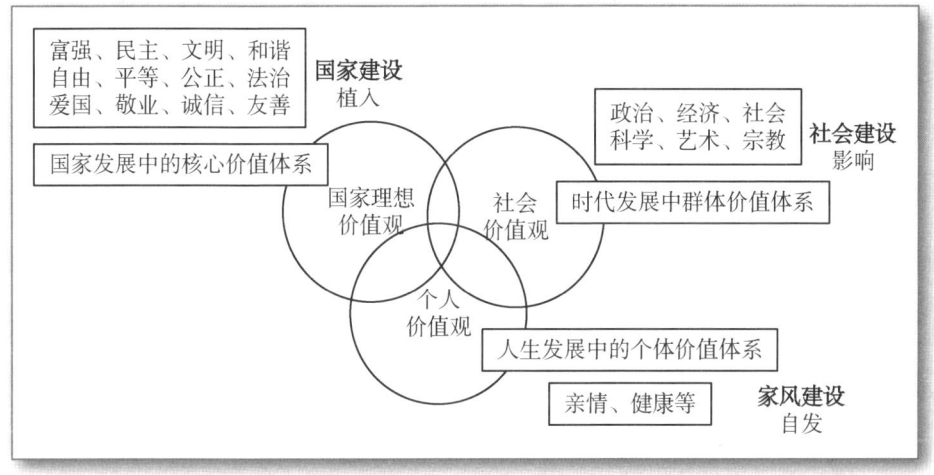

图 22.1　价值观三层次理论(许燕,1999,2018)

第一层次： 国家理想价值观

价值观三层次理论中的第一层次是国家理想价值观,是国家意识形态的本质体现,凝聚着中国特色社会主义的共同理想(中共十七大报告,2007),主要内容涉及国家发展中的核心价值体系。例如,中共十八大提出的三个层次24字内涵,国家层面：富强、民主、文明、和谐,社会层面：自由、平等、公正、法治,公民个人层面：爱国、敬业、诚信、友善。国家理想价值观属于国家建设的目标,价值观的作用途径是植入,因此价值观教育很重要,尤其青春期是价值观教育的重要阶段。

第二层次： 社会价值观

第二层次社会价值观是时代发展中的群体价值观,受社会环境因素的影响。跨越区域性、领域性,可能会有来自不同国家的影响,来自政治领域之外的科技、经济、宗教等其他领域的影响。

依据社会文化形态,社会价值观包括政治、经济、社会、科学、艺术与宗教六种形态,具体内容如下：

社会型： 注重关系与友爱,为人处事公平正义;关心他人,乐于助人,诚实可信；喜欢民主有效的集体，建立和谐的人际关系。

科学型：重知识，爱科学；看重能力，勤于思考，追求真才实学；讲原则，不拘人情；重理轻利，理性化。

实用型：看重事物的功利价值，追求实用性，讲究经济效益，追求财富积累；以是否有利于个体或集团以及社会的生存与发展作为评价事物价值的标准。

信仰型：追求理想与信仰；喜欢探索人生的意义与宇宙的奥秘；注重精神生活与道德修养；凡事随缘，顺其自然；相信宗教与自然的力量。

审美型：追求艺术美感，做事尽善尽美；讲究生活、学习、工作丰富多彩、和谐完美；以美感、对称、和谐的观点评价与体验事物。

政治型：关心国家与民族发展，以振兴中华为己任；追求自尊与自强，责任感强；重视领导管理能力的培养，希望显示自己的能力与影响；关心伟人生平；勇敢顽强，喜欢奋斗与竞争。

社会价值观体系是社会化过程中群体形成的信念体系，具有几个特征：（1）正负极向：价值观具有积极或消极性质。（2）社会依从性：价值观会受到社会环境的影响，随着时代特征的变化而改变。（3）多元性：社会价值观不是单一的，它与不同的社会形态相关联，具有不同的种类，但会有主次之分。（4）导向作用：社会价值观对人的言行具有引导作用（许燕，1999）。

社会价值观的最突出特征是价值观会受到环境与教育长期影响而发生变化的特征。从形成上来看，社会价值观是可变性与稳定性的统一。价值观一经形成便会相对稳定。当环境变化不大时，人的价值观多表现为一种量的变化；但是，当环境产生巨大变迁时，往往会引发一些人的价值观发生质的变化或主导价值观的转移。另外，有些社会价值观会出现与国家主导价值观相冲突的现象，全球化的影响会跨越国境进入世界各地，既会与本土文化相融，也会产生冲撞。生活在多元文化中的社会人，会受到来自各方信息的影响，在进行多元社会价值观的澄清后，形成自己的主导价值观。

相比于国家理想价值观和个人价值观，社会价值观对社会的依从性最强，受体制内和体制外的共同影响，对民众的影响方式是潜移默化的，也是社会建设的重点领域。

第三层次：个人价值观

第三层次是个体价值系统，是决定个体人生发展的价值观，也就说是在个体生活中最被看重的价值。许燕（1999）研究发现，亲情和健康是最被个体所看重的人生价值元素，家风建设是个体价值观建构的主要途径。

22.3.2　西方理论

德国哲学家斯普兰德(Spranger，1928)在《人的类型》(*Types of Men*)一书中提出了以社会形态为划分依据的六种价值观类型：科学型、经济型、权力型、社会型、宗教型和审美型。该价值观模型能够较为全面、具体地捕捉到个体或群体的价值观,被随后的研究者广泛接受,之后著名的社会心理学家奥尔波特等(Allport，1960)也据此编制了相应的测量工具——"价值观研究量表(Study of Value)"。该价值观体系认为,不同要素对人们的动机和指导意义存在差异,有些价值观作为主导价值观,具有更强的方向性和动力性。随后,罗克奇(Rokeach，1973)将价值观理解为一种信念体系,并由此将价值观分为"行为方式"与"终极状态"两大类：终极性价值观(terminal values)和工具性价值观(instrumental values)。每一类由18项价值信念组成。

近年来,价值观研究领域影响最大的当属施瓦茨(Schwartz)的文化价值观理论。该理论源于施瓦茨对罗克奇价值观理论的探讨,施瓦茨对罗克奇价值观的分类体系进行了改进并强调了价值观的动机内容。该理论以动机理论为基础提出了三类文化价值观动机,并将价值观分为了8个具有普遍性且各自独立的价值区(Schwartz, Bilsky, 和 Toward, 1987)。随后该理论进行了多次模型修改,2012年,施瓦茨对价值观模型重新进行了分类,使原来理论中的价值观分解并扩展为新理论的19种价值观,以及三类相互嵌套的动机性维度体系：成长-自我保护、关注社会-关注个人、自我超越-自我增强和保守-开放(Schwartz, Cieciuch, 和 Vecchione, 2012)。

在施瓦茨的价值观模型中(见图22.2),"面子(face)"和"谦逊(humility)"为新增加的价值观分类并且都具有跨动机性的特点。其中面子价值观：通过维护个体的公众形象避免丢人带来的羞耻感,具有保守和自我增强的双重属性。谦虚价值观：认识到周遭世界的浩瀚与自己的渺小,具有自我超越和保守双重属性。

另外,"支配权力(power-dominance)"、"资源权力(power-resources)"、"个人安全(security-personal)"、"社会安全(security-societal)"、"人际遵从(conformity-interpersonal)"、"规则遵从(conformity-rules)"、"友善-关怀(benevolence-caring)"、"友善-可依赖(benevolence-dependability)"、"博爱-关注(universalism-concern)"、"博爱-大自然(universalism-nature)"和"博爱-宽容(universalism-tolerance)",都是由旧有价值观分类分解而成。其中,支配权力价值观通过控制他人获得权力感。资源权力价值观通过控制社会物质和资源获得权力感。个人安全

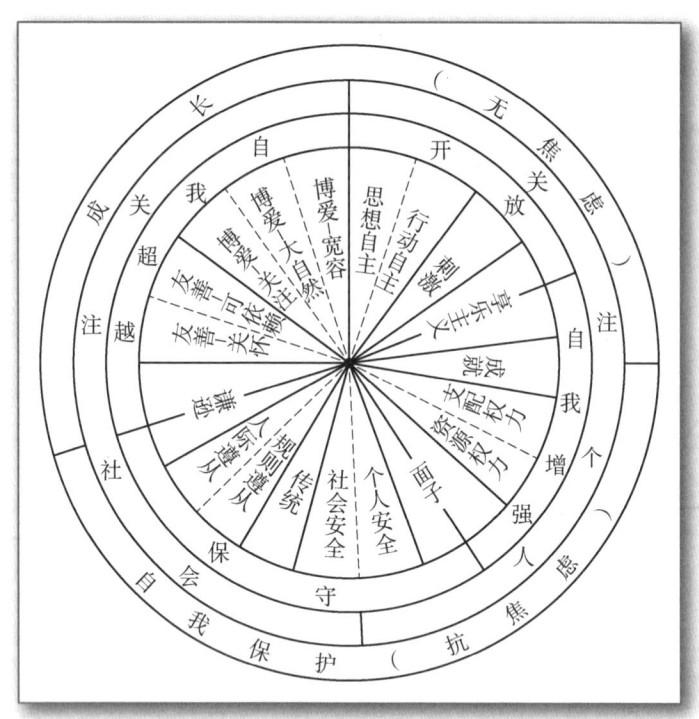

图 22.2 施瓦茨 2012 年价值观模型

价值观关注的是保持个体当下安全。社会安全价值观关注的是保持广泛的社会稳定。人际遵从价值观关注的是避免伤害他人或者让他人失望。规则遵从价值观侧重于服从规则、法律和各种规定的义务。友善-关怀价值观侧重于为群体的福祉而效力。友善-可依赖价值观注重使自己成为所属群体中可靠和值得信赖的一员。博爱-关注价值观致力于全人类的公平、公正和安全。博爱-大自然价值观强调保护自然环境。博爱宽容价值观关注的是接受那些与自己意见相左的他人。

"成长-自我保护"和"关注社会-关注个人"两个维度为新增加的外环维度。"成长-自我保护"中的"成长"类价值观主要包含思想自主、行动自主、刺激、享乐主义等,具有使自我延伸的动机属性,人受该动机驱动时没有焦虑(无焦虑)。"自我保护"类的价值观注重规则、权力和遵从等具有保护自己、回避焦虑与威胁(抗焦虑)的动机属性。"关注社会-关注个人"中"关注社会"类价值观主要包括遵从、谦虚和博爱等内容,具有更关心他人或社会的动机属性。"关注个人"类价值观包含自主、成就、面子和安全等内容,具有自我关注的动机属性。

施瓦茨多次强调,其理论的价值观排列顺序代表着一种动机的环状连续体,因此价值观之间的动机差异应当是连续的而非离散的,基于理论的价值观空间分割是人为的,具有任意性。研究人员在使用其价值观模型时相对比较自由,但其内在价值观归属具有较为严格的结构(Schwartz, Cieciuch, 和 Vecchione, 2012; 李玲等, 2016)。

22.4 社会价值观的研究方法

22.4.1 价值观的问卷调查研究

社会价值观问卷

社会价值观通常采用问卷调查的方法对个体的价值观进行测量,如最早的奥尔波特等(Allport 等, 1931, 1951, 1960)以社会形态理论为基础开发了价值观量表,另外罗克奇(Rokeach, 1973)也提出了终极性价值观和工具性价值观的测量问卷。

孟庆茂等(1996)将奥尔波特的价值观量表中国化,编制了"价值观类型量表",该量表由六种价值观类型构成:政治型、社会型、科学型、审美型、信仰型、实用型。为了防止社会赞许性影响测评工具的有效性,测评方式修改为迫选法,共15道题。

例如:"与朋友在一起,你们喜欢谈论:

A. 人生意义;B. 科学发展;C. 文学艺术;D. 社会问题。"

每道题列出四种不同类型的价值观,让被试依据自己的偏好程度进行排序,对某种类型的价值观来说,得分越低表示排位越高。此量表所获得的等级排序是六种价值观之间重要性等级的相对比较。量表具有良好的信效度指标。

世界价值观地图

社会价值观影响了经济的发展,而经济发展同样深刻地改变了社会价值观。英格尔哈特(Inglehart)和韦尔泽尔(Welzel)对世界价值观调查(World Values Survey, WVS)的数据分析发现,人类社会存在两种价值观维度:(1)"传统价值观-世俗理性价值观"(traditional values vs. secular-rational values)维度。传统价值观强调宗教、亲子关系,尊重权威和传统家庭价值观的重要性,拥护这些价值观的人也拒绝离婚、堕胎、安乐死和自杀,这些社会具有很高的民族自豪感和民族主义观念;世俗理性价值观与传统价值观有相反的偏好,这些社会不太重视宗教与传统家庭价值观,并认为离婚、堕胎、安乐死和自杀都被认为是相对可以接受的。(2)"生存价值观——自我表达价值观"维度。生存价值观强调经济和人身安全,它与种族主义的观点以及低度的信任和宽容联系在一起。自我表达价值观高度重视环境保护,强调对外国人,男女同性恋者的宽容度和性别平等。

英格尔哈特等人依照其价值观理论的两维度,对世界各国家和地区进行划分,由此得到了"世界价值观地图",也被称为英格尔哈特-韦尔泽尔文化地图(Inglehart-Welzel Cultural Map)。

实际上,英格尔哈特等人于1996年依据世界价值观调查数据对世界各国进行了文化划分,共分为新教欧洲国家、英语语言国家、拉丁美洲、天主教欧洲国家、非洲、南亚、前共产主义以及儒家文化圈。之后随着各国文化变迁,世界价值观地图也随之改变,一些地区文化进行了合并,有一些国家和地区形成了新的价值观区域,但是中国始终位于"儒家文化圈"中。

22.4.2 价值观的大数据研究

在价值观测量方面,近些年来出现了新的测量方式,尤其是在测量宏观的文化价值观方面,可以通过特定词表、机器学习等多种方法分析文本中的价值观倾向性。例如,在研究国家个体主义—集体主义价值观方面,可以将每个时期海量历史文本中第一人称单数(我)和第一人称复数(我们)所占比例或者人群中常见名字百分比等生态指标,作为个体主义价值观和集体主义价值观的代理指标(Oyserman, 2008; Bianchi, 2017)。例如,一项大数据研究以 Google Ngram 网站(books.google.com/ngrams)提供的九种语言的语料库对各个国家第一人称单数占第一人称的比例作为个体主义的代理指标,研究发现该指标与霍夫斯泰德(Hofstede)价值观中的个体主义有着显著的正相关,说明该指标可以作为该语言或国家个体主义的行为指标(Uz, 2014)。任孝鹏等人围绕个体主义和集体主义进行了广泛而深入的研究,通过中国居民常见姓名百分比,分析了中国集体主义的年代变迁的独特模式(苏红,任孝鹏,陆柯雯,张雯,2016),并且通过微博网络大数据刻画了中国个体主义—集体主义心理地图(任孝鹏,焦冬冬,朱廷劭,2016),这些工作为了解我国价值观水平的宏观变迁和地域格局提供了实证依据。

理论驱动的大数据研究

在理论驱动的价值观大数据研究方面,词表有着很广泛的应用,这些词表一般为研究者根据相关理论编制的,如前文提到的美国1800—2000年的个体—集体主义变迁研究中,研究者的个体主义词表包括:"个体"(individual)、"自我"(self)、"独一无二"(unique)等,而集体主义词汇包括:"服从"(obedience)、"权威"(authority)、"归属"(belong)。但是,应用最为广泛的心理学词表当属 LIWC,该软件提供了多达60多个类别的词表,包括第一人称单数/复数、标点、心理过程等类别。而且,已经有研究者扩充了原版词表,以适应更广范围的研究。例如,道德价值观词表(道德五基准理论)、奢侈品词表以及根据施瓦茨价值观编制的 8 类个人价值观(如,享乐主义、权力感、成就感等)词表(Jones 等,2017)。如在大数据研究方面,已有研究分析了美国各州的奢侈品搜索情况指出,一个地区的收入越不平等,那么这个地区的奢侈品搜索就越多。奢侈品搜索则代表了一个地区对于物质主义的追求,该研究为宏观水平的物质主义价值观现象提供了新的理解(Walasek 和 Brown,2015)。

数据驱动的大数据研究

除了理论驱动的价值观大数据研究,还有数据驱动的价值观大数据研究。这类研究通常采用机器学习的方法,根据有监督或者无监督的学习过程,对个体进行分类。例如,叶勇豪、许燕等人通过网络大数据分析了"温州动车事故"的网络道德情绪变化,结果表明,在道德价值观表达方面存在着个体和群体差异。男性和女性的道德价值观念不同,女性更倾向于表达同情和爱;而男性更可能表达愤怒、鄙视和厌恶(叶勇豪,许燕,朱一杰,2016)。

22.4.3 价值观的认知神经研究

在认知神经科学方面,社会价值观是重要的研究问题。传统问卷和实验的方法有时难以解释更加深层次的原因,即使以生态效度见长的大数据研究同样无法揭示价值观的微观发生发展机制。因此,价值观的认知神经研究对理解价值观的生理基础有着重要的意义。

研究者认为,个体道德价值观的差异可能体现在大脑结构的区域差异上,他们检验了道德价值观的两个主要维度——个体化(关于伤害/关心及公平的价值观)和约束性(对权威、内群体忠诚、纯洁性和神圣性的维护)与大脑局部灰质体积的关系,结果发现"个体化"与背内侧前额叶左侧的体积呈正相关,与双侧楔前叶体积呈负相关;"约束性"与双边胼回(subcallosal gyrus)呈显著正相关,与左前脑岛的体积也有正相关趋势(Lewis 等,2012)。而有研究者对新近发表的 13 项 fMRI 研究元分析的结果也与之相符:眶额叶皮层存在一小群以共同的神经尺度编码不同奖赏主观价值的特殊大脑节点(Levy 和 Glimcher,2012)。在认知神经方面,国内已有学者初步总结了国外研究,并认为:价值观活动相关脑区可能是额叶-顶叶-颞叶神经网络带,既包含大脑皮层的前额叶、顶叶下部、颞叶侧部,也涉及边缘系统的杏仁核、扣带回、脑岛,基底核中的纹状体等也有参与(李林,黄希庭,2013)。

22.5 社会价值观的研究问题

根据许燕(1999)提出的价值观三层次理论,社会价值观具有明显的社会依存性,社会价值观与社会发展息息相关。并且社会发展与价值观的作用并不是单向的,社会价值观也对社会发展起到一定作用。总的看来,社会价值观作为社会发展的精神指针,同时具有预测性和功能性,因此,考察社会价值观的变化情况与规律,不仅有助于了解当代社会的精神面貌,也有助于了解社会发展与价值观的作用机制,为社会价值观建设提供建议与依据。

考察社会发展与价值观的关系可以从两个尺度进行——长期和短期。长期看社会发展是一个历史性的过程,涉及几代人的价值观念,而短期社会重大事件对价值观的影响同样显著,长期社会发展过程中包含着某些短期重大事件对价值观的影响,短期社会事件对价值观的影响也会体现在社会长期发展中,因此同时考察社会与价值观的长期和短期关系成为了社会价值观的重要研究问题。

22.5.1 中国学生群体的社会价值观发展演变规律

在社会价值观的研究中,时代和人群是两个重要的考察变量。在社会各类人群中,青年是时代变化的晴雨表,是社会价值观念中具有超前性和先导性的价值群体,青年价值观念既是社会价值观念变迁的一种敏感折射,同时也是社会变迁的缩影。而在青年群体中,大学生和中学生又是一个特殊的子群体。首先,观察和研究大学生价值观对分析当代青年的思想观念,引导青年为提高全民族素质、维护社会稳定和推动社会进步而努力具有深刻的现实意义。此外,大学生作为青年的优秀群体,具有对社会变化的敏锐觉察力和思想意识的先行性,使其价值观表现出一定的独特性与代表性,并对全社会的价值观产生影响。其次,中学生群体是处于价值观成长和定型阶段,也是政治价值观社会化的关键时期。由此可见,了解大学生和中学生的价值观和价值取向具有极其重要的意义。

为了探究中国大学生社会价值观的发展演变规律,许燕等人在1984—2020年间通过横断追踪研究(选择了16个年份,23个时间测查点)对大学生的价值观进行了调查。研究采用《价值观类型量表》(孟庆茂,1996),该量表是以奥尔波特价值观量表为基础,由孟庆茂等于1996年修订而成的标准化测验,以往研究表明该量表信效度较好。

大学生社会价值观的发展趋势

有关社会价值观的考察历经了中国重要的社会变革时期,记录了改革开放以来中国大学生社会价值观的演变过程。例如,相关研究者选取了不同时代的大学生,施测《价值观类型量表》,横断追踪调查结果如下:

表 22.1

历经 36 年大学生社会价值观演变趋势(1984—2020 年)

年份(年龄) \ 等级排序	1	2	3	4	5	6
1984 年(60 后)	政治型	审美型	科学型	实用型	社会型	信仰型
1989 年(60 后)	政治型	审美型	科学型	实用型	社会型	信仰型
1992 年(70 后)	实用型	社会型	政治型	科学型	审美型	信仰型
1997 年(70 后)	社会型	实用型	科学型	信仰型	审美型	政治型
2001 年(80 后)	实用型	信仰型	科学型	社会型	审美型	政治型
2003 年(80 后)	实用型	社会型	信仰型	审美型	政治型	科学型
2005 年(80 后)	实用型	社会型	科学型	信仰型	审美型	政治型
2007 年(80 后)	社会型	实用型	信仰型	科学型	政治型	审美型
2008 年(80 后)	社会型	实用型	信仰型	科学型	审美型	政治型
2009 年(90 后)	社会型	信仰型	实用型	科学型	审美型	政治型
2012 年(90 后)	社会型	实用型	信仰型	科学型	审美型	政治型
2014 年(90 后)	实用型	信仰型	社会型	科学型	审美型	政治型
2016 年(90 后)	实用型	信仰型	科学型	社会型	审美型	政治型
2017 年(90 后)	实用型	信仰型	科学型	社会型	审美型	政治型
2018 年(00 后)	实用型	信仰型	社会型	科学型	审美型	政治型
2020 年(00 后)	实用型	社会型	科学型	信仰型	审美型	政治型

注:1984 年的数据取自雷霆、杨国枢的研究,1989 年的数据取自彭海平、陈仲庚的研究,1992 年的数据取自孙建敏的研究,1997—2020 年的数据为许燕的研究。

从表 22.1 中可以看出,1984—1989 年,政治型与审美型价值观位居前两位,大学生的价值观与当时政治优先效应和追求真善美的社会特征相吻合;1992 年邓小平的南巡讲话启动中国社会由政治建设向经济建设的重心转移,政治型与审美型价值观出现从价值观最高位次断崖式下降,并在 1997 年之后稳处于六类价值观的末尾。而实用型(或经济型)与社会型价值观在进入20世纪90年代以后就一直轮流占据价值观的第一位,而信仰型价值观在进入2001年以后则一直保持在第2—3位,科学型价值观也稳定地处于第4位。

从人群特点来看,60后的大学生政治型价值观最高,信仰型价值观最低;而90后和00后的政治型和审美型价值观最低;70后和80后价值观发生变化则较大,社会型和实用型价值观交替排序首位。整体而言,社会的政治经济发展对社会价值观的顺序格局产生了影响,但是也不难看出不同社会价值观位次急剧的变化,因此社会关键事件对于价值观的影响仍需要进一步探究。

大学生社会价值观层次的演变特点

价值观除了排序先后的差异外,还会有层次的差异。每个层次的划分是依据差异检验方法获得的,通过配对样本T检验,对价值观进行层次划分,各层次间差异显著,层次内差异不显著,换句话说是层次内部的价值观之间差异较小,层与层之间差异显著。

表22.2

不同年代大学生社会价值观的层次变化

年代	第一层次	第二层次	第三层次	第四层次
1997	1. 社会型 2. 实用型 3. 科学型 4. 信仰型	5. 审美型	6. 政治型	
2001	1. 实用型 2. 信仰型	3. 科学型 4. 社会型	5. 审美型	6. 政治型
2003	1. 实用型	2. 社会型 3. 信仰型	4. 审美型 5. 政治型 6. 科学型	
2005	1. 实用型 2. 社会型	3. 科学型 4. 信仰型 5. 审美型 6. 政治型		
2007	1. 社会型 2. 实用型	3. 信仰型	4. 科学型 5. 政治型 6. 审美型	
2008	1. 社会型	2. 实用型 3. 信仰型	4. 科学型 5. 审美型	6. 政治型

续 表

年代	第一层次	第二层次	第三层次	第四层次
2009	1. 社会型	2. 信仰型 3. 实用型 4. 科学型	5. 审美型 6. 政治型	
2012	1. 社会型	2. 实用型 3. 信仰型	4. 科学型 5. 审美型	6. 政治型
2014	1. 实用型 2. 信仰型	3. 社会型 4. 科学型 5. 审美型	6. 政治型	
2016	1. 实用型 2. 信仰型	3. 科学型 4. 社会型	5. 审美型 6. 政治型	
2017	1. 实用型 2. 信仰型 3. 科学型	4. 社会型 5. 审美型	6. 政治型	
2018	1. 实用型	2. 信仰型 3. 社会型	4. 科学型 5. 审美型	6. 政治型
2020	1. 实用型 2. 社会型 3. 科学型	4. 信仰型	5. 审美型	6. 政治型

注：价值观的排序用1—6表示。

研究结果显示（如表22.2），大学生社会价值观系统是有层次之分的，不同时期价值观的层次是不同的。位于第一层次代表对于大学生群体最重要的价值观，是该群体行为、决策等的方向和动机的主要来源。从表22.2中可以看出，有些价值观独占一个层次，特别是2003年、2008年、2009年、2012年、2018年显示出核心价值观的主导作用。另外，政治型价值观体现出独立于其他价值观的不兼容特征。而1997年、2017年、2020年则体现出多元核心价值"并驾齐驱"的状态，体现出价值多元的时代特征。在这种情况下，一方面体现出大学生评价事物的多元标准，评价事物更加开放与复杂，但是也会出现的另一个问题就是价值选择间的冲突会导致个体无所适从，难于决断。

不同类型社会价值观的社会依从性

历经36年的社会价值观的横断研究展现了中国改革开放以来的社会变化特征。六种价值观在社会变迁中也表现出起起伏伏的特点。我们的研究通过两种数据进行了价值观趋势的说明与比较：一是价值观的问卷调查数据：来自许燕等人采用《价值观类型量表》进行抽样调查的调查数据；二是人民日报大数据：取自于历年来《人民日报》头版新闻文本大数据。

政治型价值观 《人民日报》政治价值观的大数据操作化定义是:"领导、政治、党、干部"四个词在当年总词频中出现的比率。确定使用"领导、政治、党、干部"词汇衡量政治价值观是由于这几个词是在词频分析中出现最多的政治性词汇。

图22.3中,比较调查数据与大数据结果,其中一个不同就是2016年,国家层面已经凸显政治价值观的要素,但是大学生依然保持着对政治的低热态度,也可以看到倡导与接收间的差异。在调查数据的趋势中,在1982—1991年间,政治型价值观稳居首位,体现出当时社会的政治优先效应,但是自1992年邓小平南巡讲话之后,市场经济体制的改革使得政治型价值观出现断崖式地下滑,之后稳定于排序最末端。

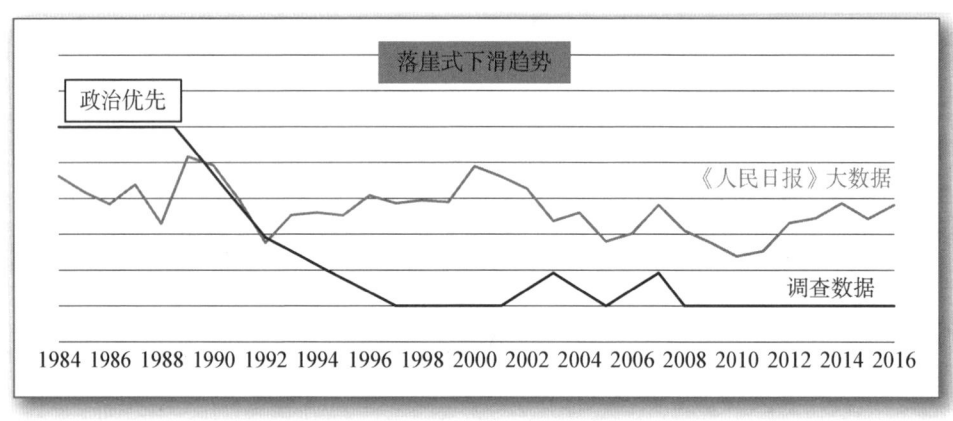

图22.3 中国政治型价值观变化趋势
注:纵坐标因两条曲线的数据单位不同,未标出,两种价值观得分越高表示受重视程度越高;横坐标为年代。

实用型(经济型)价值观 实用型价值观的大数据取自《人民日报》中"经济"、"金钱"等词汇的相对词频,具体词汇参考了中科院心理所TextMind(文心)文本分析软件中的"金钱"维度。如图22.4所示,问卷调查数据曲线和主流媒体大数据曲线的趋势基本相似。调查数据曲线显示,实用性价值观在1992年邓小平南巡讲话之后得到显著提升,显示出价值观由政治型向经济型的转化点,实用型价值观随着国家的市场体制改革、加入WTO以及深化经济改革,都相应得到了提升。结果说明了实用型价值观具有很强的社会依从性。另外,从2014年之后,实用型价值观稳居第一的核心位置,这一问题值得深思,过度竞争与内卷的社会特征,使得学生的个人主义和物质主义价值观成为保证自我生存的条件。

社会型价值观 《人民日报》大数据的结果是分析《人民日报》中"家庭"、"朋

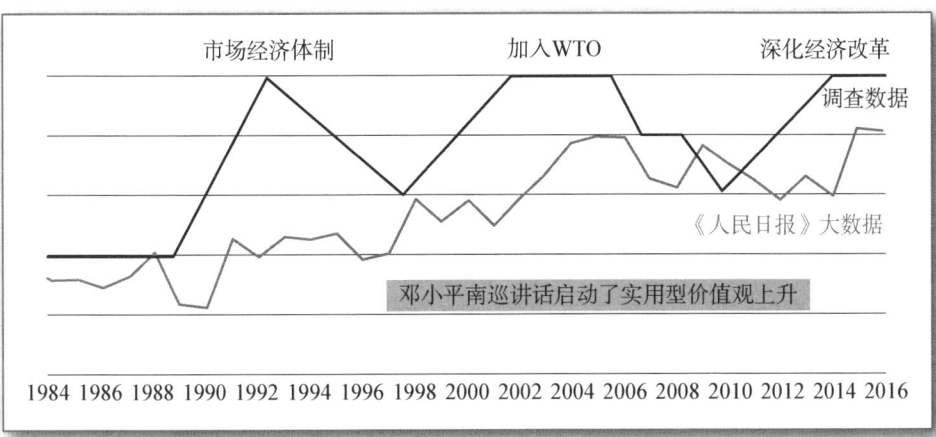

图 22.4 中国实用型价值观变化趋势

友"等词汇的相对词频,即衡量语言中表达人际交往的成分。如图 22.5 所示,两条曲线呈现出较为一致的趋势,中国社会型价值观呈现出起伏波动趋势。其中随着国家强调精神文明建设、和谐社会建设,大学生的社会型价值观都有对应性的提升。

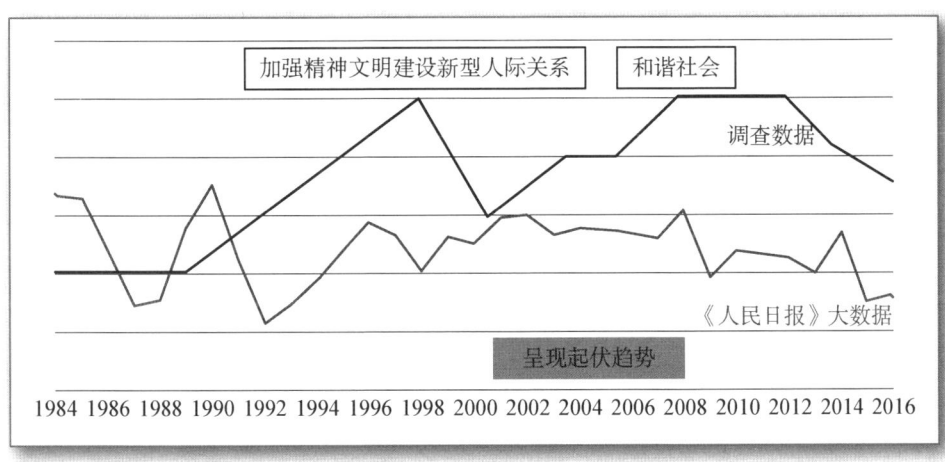

图 22.5 中国社会型价值观变化趋势

科学型价值观 大数据的结果是分析《人民日报》中"科学"、"技术"和"科学发展观"等词汇的相对词频。如图 22.6 所示,大数据结果显示出中国科学型价值观在 20 世纪 90 年代起滑入低谷,而问卷调查的数据趋势则是居中,只是在 2003 年有短时的跌落,这一结果的不吻合可能是受到调查被试均为大学生的影响,大学生的科学价值观并未受到外部影响。大学生的科学价值观在2003年前后发生了比较明显的波动,显示出非典前后科学型价值观整体下降,随后又回升到平均水平,其余时期相对比较稳定,呈现出居中趋势。

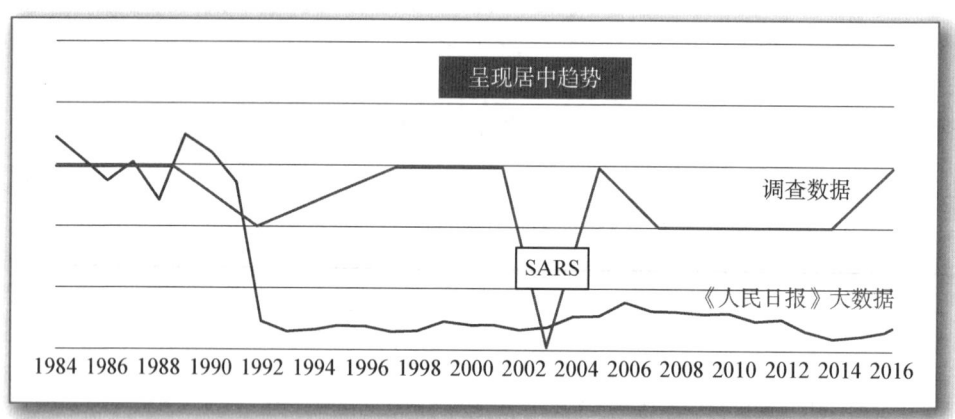

图 22.6　中国科学型价值观变化趋势

审美型价值观　《人民日报》大数据的审美型价值观操作化定义为 Textmind 输出结果中"爱"的维度,即衡量语言中表达的亲和意图成分,由于目前尚没有比较符合审美价值观的词汇库,因此大数据结果仅作为参考。如图 22.7 所示,两条数据曲线具有一些匹配点,问卷价值观调查数据显示中国审美型价值观在20世纪的80—90年代社会倡导真善美时呈现高原曲线,之后出现下滑的趋势,并稳定在后序排位中。

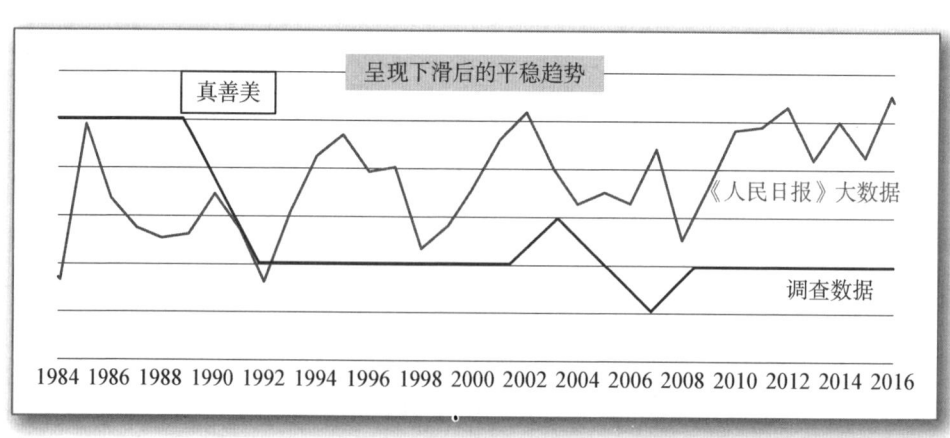

图 22.7　中国审美型价值观变化趋势

信仰型价值观 《人民日报》大数据的信仰型价值观操作化定义为新闻文本"宗教"、"信仰"等词的相对比例。如图 22.8 所示,两条曲线的变化趋势有接近点,而调查数据显示,信仰型价值观整体随时间而上升,法轮功事件是一个明显的提升点,且后续有明显的随事件而提升的趋势,例如,SARS,汶川地震灾难,还有 VUCA 时代给人们带来的不稳定、不确定、复杂、模糊性降低了个体对命运的掌控感,进而将命运依托于宗教信仰领域。信仰型价值观念的变化趋势体现出事件驱动特性,特别是遇到负性事件时,人们会更看重宗教的作用。

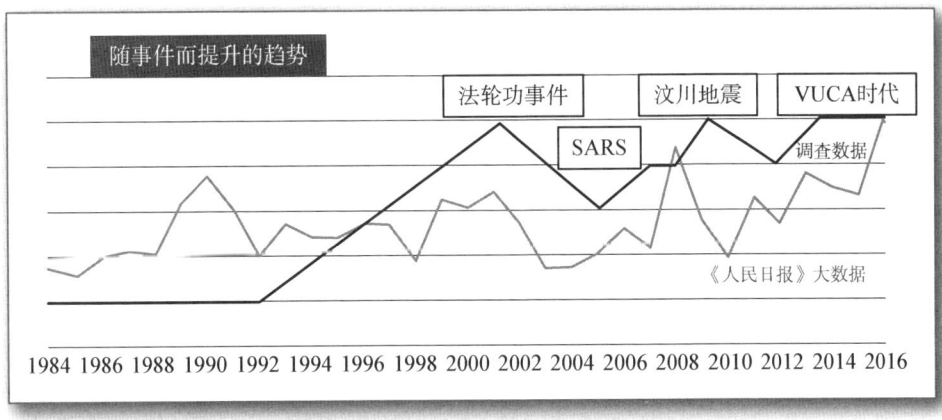

图 22.8　中国信仰型价值观变化趋势

综上,图 22.3—22.8 说明了不同类型的社会价值观对社会事件与时代特征的依从关系,也反映出社会价值观是时代发展中群体价值体系的这一特征。

初中阶段是价值观社会化的关键时期

从不同个体发展阶段分析,相关研究者 2016 年对大学生和中学生的价值观进行了调查,结果如下:

表 22.3

2016年不同年级大中学生价值观对比						
价值观等级	1	2	3	4	5	6
初一	社会型	科学型	审美型	信仰型	实用型	政治型
初二	社会型	科学型	实用型	审美型	信仰型	政治型
初三	审美型	实用型	科学型	社会型	信仰型	政治型
高一	实用型	社会型	信仰型	审美型	科学型	政治型

续 表

价值观等级	1	2	3	4	5	6
高二	实用型	社会型	信仰型	科学型	审美型	政治型
高三	实用型	社会型	信仰型	科学型	审美型	政治型
大一	科学型	信仰型	社会型	实用型	审美型	政治型
大二	实用型	科学型	信仰型	社会型	审美型	政治型
大三	实用型	信仰型	科学型	社会型	审美型	政治型
大四	实用型	信仰型	科学型	审美型	社会型	政治型
中学整体	社会型	实用型	科学型	审美型	信仰型	政治型
大学整体	实用型	信仰型	科学型	社会型	审美型	政治型

结果表明（如表 22.3 所示），在初中三个年级的社会价值观结果中，社会型、科学型、审美型、实用型价值观位于前三位，而且初中生的价值观常常与学生的个人兴趣相关，研究发现，初中生的价值观选择与他们的课外小组选择之间具有较高的相关性。但是，从高中三个年级的结果看，位于前三位的价值观呈现出完全一致的结果，显示出价值观趋于稳定的特征，且高中生与大学生的首要价值观也一致，高中生和大学生的实用型价值观位居第一，说明青少年的社会价值观更多地受到了社会环境因素的影响，结果也进一步印证了初中阶段是价值观社会化的关键时期，即在价值观稳定之前，也就是高中阶段之前。鉴于此，在初中阶段加强价值观教育至关重要。对中学生和大学生的整体比较，大学生实用型和信仰型价值观上升，而社会型价值观急剧下降。具体分析，除大一外，从初中到大学，实用型价值观逐渐上升，自高中开始一直占据最重要的位置，而社会型价值观则自初中开始下降。

不同文化下大学生群体的社会价值观差异

针对不同文化群体的社会价值观差异，在香港回归的 1997 年，我们选取了香港中文大学和香港大学学生 123 名，北京 8 所高校的大学生 256 名，北京市 13 所高校的东南亚华裔被试 122 名。

结果表明（如表 22.4 所示），在三种不同文化下成长起来的大学生其价值观具有差异，尤其表现为信仰型、政治型和社会型的显著差异，结果显现出价值观与社会文化的紧密联系，与香港大学生相比，北京大学生的社会型和科学型价值观较高，而信仰型（或宗教型）价值观较低。两地价值观所表现出的量与质的差异，基本都和两地不同的经济、政治、文化这些社会因素以及教育有关。首先，两地主导价

表 22.4

不同文化下大学生价值观对比

价值观排序等级	1	2	3	4	5	6
北京	社会型	实用型	科学型	信仰型	审美型	政治型
香港	信仰型	社会型	实用型	科学型	审美型	政治型
东南亚华裔	社会型	信仰型	实用型	审美型	政治型	科学型

值观不同。1997年大陆精神文明建设加强,社会再次呼唤公平正义、助人为乐、建立和谐的社会人际环境,强调团体的凝聚力和集体效应,使北京大学生的社会型价值观念跃居首位。同时,香港大学生把信仰型(宗教型)价值观排在第一位是和香港长期受西方文化影响有关。其次,当时香港大学生对政治的冷淡也是有社会环境原因的,香港人百年来所受的英方教育是回避政治和民族问题的,教育导向和社会氛围影响了香港人对政治型价值观的趋向。这些都说明大学生的价值取向不可避免地受到了社会文化环境的引导,使价值观表现出对社会文化的依从性。相对于北京和香港大学生,而东南亚华裔大学生表现出文化兼具的特点,集合了北京大学生的社会型价值观和香港大学生的信仰型价值观,也体现出中西方文化的交融特点对东南亚华裔大学生的影响。

22.5.2 社会价值观在突发事件中的表现规律

社会价值观作为一个对时代、文化、社会事件敏感的指针,也同时具有预测性和功能性。一方面,社会价值观与民众的社会行为存在紧密的联系,价值观可以预知民众社会行为的发展趋势。另一方面,价值观具有一定的功能性。当重大事件或灾难发生时,社会型和科学型价值观的增强,能够帮助群体更加团结一致、科学理智地应对威胁。因此社会价值观在突发事件的表现规律是一个重要的研究问题。2001年的法轮功事件,2003年的SARS,2008年的汶川地震和奥运会,2020年的新冠疫情都是过去几十年间中国发生的重大社会事件,既包括积极事件也包括消极事件。

2001年法轮功事件的价值观变化特征

2001年相关研究者对7所大学的279名大学生进行了调查,如果将此次结果与之前的结果比较,则会发现(见表22.1和表22.5),法轮功事件所涉及的最关键的指标信仰型(或宗教型)价值观从1984—1996年一直位于末位,1997年迅速上升至第四位,2001年又上升到第二位;在表22.2关于价值观层次检验结果中,也显示出1997年、2001年信仰型价值观都进入到了价值观的第一层次中,间接说明宗教信仰问题已经渗入到大学生的思想意识形态中,并一跃为重要的位置。

表22.5

价值观等级	1	2	3	4	5	6
\multicolumn{7}{c}{法轮功事件期间大学生价值观特征}
1992年	实用型	社会型	政治型	科学型	审美型	信仰型
1997年	社会型	实用型	科学型	信仰型	审美型	政治型
2001年	实用型	信仰型	科学型	社会型	审美型	政治型

而在2001年发生的19岁法轮功大学生和12岁小学生的自焚事件,也说明了宗教价值观对青少年思想的渗入。"1.23自焚事件"引起全社会对"法轮功"邪教的高度警惕。为此,在全社会依法严厉打击和坚决取缔"法轮功"邪教活动的同时,2001年2月1日中共教育部党组共青团中央发布了"关于在各级各类学校广泛开展'校园拒绝邪教'活动的通知",要求各大、中、小学校积极开展"校园拒绝邪教"活动,绝不允许"法轮功"邪教危害青少年学生的健康成长,呼吁对青少年加强科学教育。

2003年SARS事件中的价值观变化特征

为了探究2003年SARS突发事件对社会价值观的影响,研究分三次对大学生进行了调查:第一次调查,SARS前(2003年2—4月),测查了6所大学的269名大学生;第二次调查,SARS期间(2003年7月),测查了430名大学生;第三次调查,SARS平息后(2003年10月),测查了14所大学的254名大学生。

表22.6

价值观等级	1	2	3	4	5	6
\multicolumn{7}{c}{2003年SARS期间大学生价值观变化过程}
4月(前)	实用型	社会型	信仰型	审美型	政治型	科学型
7月(中)	信仰型	社会型	科学型	实用型	审美型	政治型
10月(后)	社会型	信仰型	实用型	审美型	科学型	政治型

调查结果如表22.6所示,SARS使信仰型价值观和科学型价值观有暂时性的

排序提升,表明 SARS 一定程度上改变了人们对科学的看法,面对灾难,更需要科学应对灾难的态度与方法。然而,最显著的改变是位于第一位的主导价值观(见表22.7)。

表 22.7

排序	4月价值观 (SARS前)	7月价值观 (SARS期间)	10月价值观 (SARS后)
SARS 大学生主导价值观(第一层面)的变化			
1	实用型	信仰型	社会型
2	/	社会型	/

运用秩和检验方法对三个时间点的数据进行分析,获得主导价值观变化的结果:SARS 前期实用型价值观位于前位,而中期则变为了信仰型价值观,而后期社会型价值观又成为了最重要的价值观。在 SARS 之前,实用型和社会型价值观差异显著,$Z=3.140, p=0.002<0.05$,说明这时大学生价值观以实用型为主导。SARS 爆发期间,秩和检验显示,排在前两位的信仰型和社会型价值观差异不显著,$Z=0.368, p=0.713>0.05$,因此认为 SARS 爆发期间,信仰型和社会型为大学生的主导价值观。SARS 平息后,秩和检验差异结果说明只有社会型价值观为主导价值观。同时也说明 SARS 期间信仰型和社会型并列的主导价值观仅持续了三个月。

SARS 前后主导价值观的变化 实用型价值观由第一位骤然滑落到第四位,SARS 结束后并未见回升,而是维持在第三位。承载着浓重市场经济特色的大学生的思想和行为,在经历 SARS 这番生理和精神的冲击后出现了分化,只注重经济利益和纯粹的功利取向被大大地弱化,相应地,倡导和谐人际关系和人际情感的呼声日益强烈,大学生的价值导向由 SARS 之前的经济价值导向转向社会与精神价值导向,社会—人际价值导向出现了回归。

SARS 爆发高峰期的价值观特征 信仰型和社会型价值观占据主导。在 SARS 这样一个特殊时期,人们开始重新思考人与自然、人与环境的关系,激发了人们探索人生意义与宇宙奥秘的兴趣,引发人们去重新评价自然的强大力量。同时,社会型价值观再次表现了其在大学生价值观体系中的重要地位。同时,抗击 SARS 体现的是全体社会成员齐心协力、并肩奋战的结果,这场搏击中,社会联结性加强,个人的行为会影响到其他社会成员的健康和生命安全,其他人的行为也成为自身健康、安全的保证,因此很多个人的行为都被赋予了社会连带性的新内涵。于是,人们开始重新认识个人与自然、他人、社会的关系,深刻认识到了家庭和社会人际关系的重要性,社会型价值观成为当前大学生的主导价值。

2008 年汶川地震中大学生价值观变化特征

2008 年 5·12 汶川特大地震灾难发生后,为了探究汶川地震事件对社会价值观的影响,相关研究者在灾后分别对北京大学生和四川大学生进行了价值观调查,2008 年 6—7 月对 1059 名大学生进行调研,其中北京大学生 622 名,四川大学生 437 名。结果如下:

表 22.8

灾后北京与四川大学生社会价值观层次与排序差异

地区	第一层次	第二层次	第三层次	第四层次
北京大学生	1. 社会型	2. 实用型	3. 信仰型	4. 审美型 5. 政治型 6. 科学型
四川大学生	1. 社会型	2. 实用型 3. 信仰型	4. 科学型	5. 审美型 6. 政治型

注:价值观的排序用 1—6 表示,下同。

通过配对样本 T 检验对价值观进行了层次划分,调查结果如表 22.8 所示,北京与四川大学生价值观排序的对比结果显示:灾后北京和四川大学生的六种价值观类型排序差异显著($\chi^2=8.857, p<0.015$)。汶川地震受灾更加严重的四川地区,大学生的信仰型价值观上升到第二层次,科学型价值观上升到第三层次。整体看来,同属灾难事件的汶川地震与 SARS,都增强了人们的信仰型与科学型价值观。

2008 年奥运会期间大学生价值观变化特征

在 2008 年奥运会前中后期,相关研究者对大学生进行了纵向调查研究,该研究历时一年,对北京地区 11 所高校的 760 名大学生进行了追踪调查,分别于奥运前(2008 年 3 月)施测了 749 人、奥运期间(2008 年 8 月)施测 496 人和奥运后(2009 年 3 月)施测 551 人,共计 1796 人次,力求更清晰地揭示奥运对大学生价值观变化的连续性影响。本研究的纵向数据分析结果见表 22.9。

作为积极事件的奥运会,纵向研究结果表明:对奥运前、中、后三个时期大学生价值观的排位顺序的对比结果显示,三个时期的价值观排序存在显著性差异

表 22.9

2008 年奥运会期间大学生价值观变化过程

测试时间	第一层次	第二层次	第三层次	第四层次
奥运前 (2008.3)	1. 社会型 2. 信仰型	3. 实用型	4. 科学型	5. 政治型 6. 审美型
奥运中 (2008.8)	1. 社会型	2. 实用型 3. 信仰型	4. 科学型	5. 审美型 6. 政治型
奥运后 (2009.3)	1. 社会型 2. 信仰型	3. 实用型 4. 科学型	5. 审美型 6. 政治型	

($\chi^2=16.000, p<0.05$)。其中,(1)在价值观的层次上:在召开期间,大学生的社会型价值观上升,信仰型价值观下降,奥运会结束后,社会型价值观与信仰型价值观重新成为最重要的价值观。(2)在价值观的排序上:奥运会前中后三个阶段社会型、信仰型、实用型和科学型的排序都表现出稳定一致的特征,奥运前与奥运中后期的政治型价值观与审美型价值观在第五、第六排序上出现了置换。所以,纵向结果显示价值观变化主要体现在价值观层次上,积极事件使得信仰型价值观的层次脱离核心价值观,重要性下降,落于第二层面。

2020 年新冠疫情中大学生价值观变化特征

2020 年,新冠疫情成为近年来最为严重的一次全球性公共卫生突发事件,甚至是世界卫生组织成立以来宣布的六次国际公共卫生紧急事件中事态最严重的一次,可以说是百年未有之变局。因此,新冠疫情无疑会对人们的生活乃至心理和行为产生深远的影响。基于此,研究者在中国新冠疫情最为严重的时期(2020.2.12—2020.2.18)对来自全国各地的 911 名大学生,包括大专、本科、硕士及以上学历的在读生,进行了社会价值观问卷调查。最终样本中,疫情最严重的湖北地区的大学生 144 名,其他地区大学生 764 名。

表 22.10

新冠疫情期间大学生社会价值观的区域比较

大学生样本	第一层次	第二层次	第三层次	第四层次	第五层次
总体	1. 实用型 2. 社会型 3. 科学型	4. 信仰型	5. 审美型	6. 政治型	/

续 表

大学生样本	第一层次	第二层次	第三层次	第四层次	第五层次
湖北地区	1. 社会型	2. 实用型 3. 科学型	4. 信仰型	5. 审美型 6. 政治型	/
其他地区	1. 实用型	2. 科学型 3. 社会型	4. 信仰型	5. 审美型	6. 政治型

在此次调查的大学生总体样本中,实用型价值观排序位列第一,之后依次为社会型、科学型、信仰型、审美型和政治型。研究者对排序相邻或间隔两位的价值观进行了配对样本 T 检验,结果表明,实用型和社会型、社会型与科学型价值观之间没有显著差异,所以在第一层次中包含有实用型、社会型和科学型,体现出大学生价值观的多元性特征,后四位的价值观之间两两差异显著。据此,可以将疫情期间全国大学生样本的价值观分布,分划出四个层次,如表 22.10 所示。

将调查样本分为湖北省(重灾区)和国内其余地区进行对比分析,结果如表 22.10 所示。位于灾难中心区的湖北大学生群体在疫情期间社会型价值观高居首位,且其重要性显著高于位于第二位的实用型价值观。而在其余地区,实用型价值观占主导地位,显著高于位于第二位的科学型价值观。在湖北省大学生中,社会型价值观单独位于第一层面,可以说明其重要性。在抗击疫情过程中,来自全国力量的汇集、各界的支持、志愿者的无私奉献,政府与民众的团结一致,让他们切身体会到万众一心、互助互利的社会支持网络,这对大学生社会型价值观的提升起到了积极作用。研究者对两个样本的价值观进行卡方检验,以探究其价值观的分布差异,结果显示二者没有显著差异,随后对不同价值观进行组间差异检验,结果显示,在疫情期间,相比于其他地区,社会型价值观对于湖北省大学生的重要性更为凸显,而科学型价值观对于其他地区大学生更为重要。其余四种价值观的地域差异未达到显著水平。

与其他灾难不同,疫情会广泛而迅速地蔓延,对每个人的生命都可能产生巨大威胁。因此,其对社会价值观的影响更具有特殊意义,在疫情期间,国家号召,民众响应,共抗疫情,这些都体现了社会型价值观的作用。

将此次调查结果与 SARS 期间的调查结果进行比较,探索重大公共卫生事件对于民众社会价值观的影响规律,也有助于把握此次疫情对价值观所造成的影响,并获取更具体、有参照性的认知,进而采取有效的应对。SARS 时期的大学生价值观数据来自已发表文章(许燕等,2004),我们采用了其中 2003 年 4 月和 7 月的数据。2003 年 4 月下旬至 5 月为疫情爆发期,到 6 月中旬疫情基本得到控制。在两次重大公共卫生事件发生的爆发期,实用型价值观和社会型价值观占据主导的位置,说明在面临威胁生存的灾难时,人们会更加看重事件对于个人、集体生存的影响,更加看重事件、事物或行为的功利性价值;同时,人们也更加团结一致,更关注集体的利益和对集体的责任,人际间、群体间更加关怀互助。另外,在SARS期间,实用型价值观单独占据第一层次价值观,而在新冠肺炎疫情中,实用型、社会型和科学型价值观共同组成第一层次价值观,说明在此次疫情期间,大学生的价值观呈现出多元主导的特征。此外还可以看到,对比此次疫情与SARS同期(2003.2—4),此次科学型价值观由疫情爆发前的第三层次跃到爆发期的第一层次,表明人们在面对此次疫情时更加期望获得科学、及时的真实信息与战胜病毒的有效技术,更加相信并采用科学的办法来应对当前的危机。而在SARS期间,科学型价值观也从爆发期(2003.2—4)的第6名上升至后期(2007.7)的第3名,此次疫情中,科学型价值观由第四位上升到第二位,两次疫情应对都凸显出科学型价值观的作用,反映出国家科学抗疫的理念得到了快速有效的传递。针对两次疫情所出现的科学型价值观的提升,充分说明科学态度与方法是国家与民众有效应对突发公共卫生事件的重要价值取向。

重大社会事件对大学生社会价值观的影响规律

综合分析几次重大社会事件:法轮功事件、SARS、汶川地震、奥运会、新冠疫情等社会事件中大学生群体价值观的变化。可以发现,在事件上存在两种性质:积极正向的启动事件和消极负向的启动事件;并且在事件结果上也存在两种结果:正向结果和负向结果。因此,可以得出社会重大事件性质的双维度判定模型:事件启动的性质,事件结果性质(见图22.9),并依据此模型来考察不同社会事件对

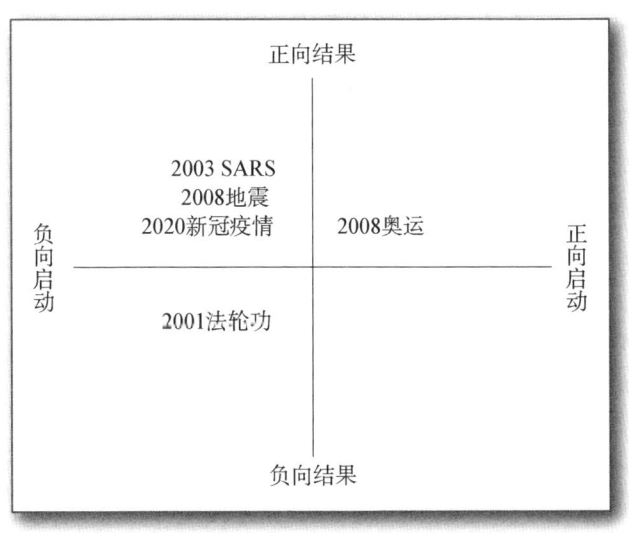

图22.9 社会事件的双维价值模型(许燕,2008,2020)

价值观变化的影响。

依据事件与结果的性质不同,考察对不同价值观的影响,即哪些价值观排序有变化或者层级有变化,结果归纳见表22.11。

表22.11 社会关键事件对价值观排序和层级升降变化的影响

关键事件	事件性质	实用型	社会型	信仰型	科学型	审美型	政治型
2001法轮功	负向启动负向结果	↑(虚)	↓	↑	↓(虚)	—	—
2003 SARS	负向启动正向结果	↓	↑	↑	↑	—	—
2008汶川地震	负向启动正向结果	↓	↑	↑(虚)	↑	—	—
2008奥运会	正向启动正向结果	↓	↑	↓	↑	—	—
2020新冠疫情	负向启动正向结果	↓	↑	↓	—	—	—

注:虚线箭头表示负向作用,实线箭头表示正向作用。

从六种价值观变化来看,社会事件会引发大学生价值观的变化,社会价值观是社会变化的敏感器。预测指标是:(1)正向事件—积极结果会引导实用型和信仰型价值观下降,社会型和科学型价值观提升,例如奥运会。(2)负向事件—积极结果会使得实用型价值观下降,社会型价值观上升,例如,SARS、汶川地震、新冠疫情。(3)负向事件—负向结果会导致科学型价值观下降和信仰型价值观上升,实用型上升和社会型价值观下降,例如,法轮功事件说明当科学退位时宗教迷信就会兴起。(4)对于信仰型价值观来说,负向事件启动会导致信仰型(或宗教型)价值观的上升,例如法轮功事件、SARS、汶川地震;相反,正向启动事件会降低信仰型价值观,例如奥运会。(5)审美型和政治型价值观没有显示出与重大社会事件的关联性。探讨这些规律,对于我们今后应对重大社会事件过程中如何启动积极的社会价值观、控制消极的社会价值观具有现实价值。

22.6 思考与展望

22.6.1 对社会价值观的思考

理论层面的思考

从理论上讲,社会价值观通常与社会价值取向或称之为社会价值导向(social value orientation)的概念混用,尤其是强调社会价值观是个人价值观体系中关于社会性的信念体系,反映个体的亲社会性。但是,两者仍有一定的差异,社会价值观还包括个体与社会的关系、人际结构和社会规范等问题。因此,社会价值观从内容上可能要比社会价值导向要丰富得多。另一方面,一些研究者区分了个体层面的社会价值观(social value)和社会层面的社会价值观(societal value)。这种区分是有道理的,但是目前越来越多的研究开始模糊个体和群体的边界。如同个体主义和集体主义概念一样,尽管这个概念的提出者霍夫斯塔德(Hofsted)本人就反对将这个概念运用到个体层面,但是研究者仍乐于在个体水平探讨此类概念。除了便于研究者进行分析之外,很难想象一个重要的文化价值观没有个体的认知基础,尤其考虑到社会价值观本身就是社会化的产物。

价值观教育的思考

从实践上讲,社会价值观是价值观三层次理论(图 22.1)中的中间部分。相较于国家层次的核心价值观植入的过程,人们总是更直接地受到社会文化的熏陶,人们受到社会价值观的影响更大,并且社会价值观也更具时代性,所以渗入过程更加潜移默化。从这个角度而言,更需要关注社会价值观的引导,对青少年学生加强价值观教育与培育人们积极的社会价值观。价值观教育是当前青少年学生教育的核心内容,因为在青少年时代,特别是初中阶段也是价值观社会化的关键时期。早在20世纪70年代,在世界范围内就开展过一场轰轰烈烈的"价值澄清"(values clarification)问题的大讨论。"价值澄清"是指一种以建立正确的价值观为核心的教育方法(方俊明,1990)。通过教育来帮助受教育者建立起符合社会进步要求的价值观,准确识别良莠价值观,取其精华去其糟粕。这是关系到国家与社会发展前途的重大教育问题。青少年正处于价值观形成与定型阶段,教育的引导作用至关重要。价值观的正负极向决定其对大学生言行的积极与消极的导向作用。教育工作者应该准确地把握大学生价值观的主流。价值观的主流倾向是积极的,教育者要因势利导。价值观教育并非是只强调社会所认可的主导价值观,它是对整个价值观系统的一种全面性教育。六种价值类型在每个人身上都存在,青少年学生价值观的差异主要体现于价值观的主次、发展水平和正负极向。教育的关键是要以各类价值观的积极特征为出发点对大学生加以引导。如以社会型价值观作为当代大学生的主导价值观,另外,教育者还应该培养学生友爱互助、公平正义的品行,防止学生出现具有个人主义色彩的圆滑倾向和为了寻求和谐的人际关系而丧失公正性原则的品质。位于第三位的实用型价值观的正负极向更为明显,其教育的引导作用也更加突出。实用型价值观消极特征的极端发展,会使学生成为一个见利忘义、不择手段的个人主义者;价值观教育的目的在于使学生明辨实用型价值观的正负两极性特征,教育学生正确的实用型价值观是以有利于社会和个人健康成长为前提的,而不是建立在损害集体和国家利益基础之上。因此,价值观教育的主要作用应该是引导学生形成积极健康的价值观念。

加强价值教育的环境调控作用也很重要,教育环境是指直接影响到教育实施及效果的外在因素,包括教育者的价值观和教育的社会环境等因素。在对青少年学生进行价值观教育时,教师自身的价值取向及价值类型会对学生产生最直接的影响。教师既是知识的传播者,也是人格的示范者。其在传授专业知识的同时,也将学科及职业所需的价值观潜移默化于学生的意识深层。如文理科学生、师范与非师范学生的价值观差异就说明了这一问题。而教师价值取向的高尚与否,也对学生起到了言传身教的作用。教师对人生、社会及世界的看法,为人处事的原则,往往会对学生今后的人生道路产生重要影响。因此,高校要提高对教师意识层次的价值管理,通过提高育人者的价值水平来加强大学生的价值观教育。价值观具有社会性,价值教育离不开社会环境。学校无法直接控制国家的政治、经济、社会思潮的走向,但学校可以通过对社会发展规律及特征的理论与实践性分析,提高学生理论思维及分析、解决问题的能力。通过教育使社会环境的积极影响得以强化,使消极影响得以弱化。其关键在于加强并提高政治理论课和学生思想道德教育的质量,要针对大学生价值观的薄弱环节,开展教育。如不仅让学生关注国家与民族的发展,更应增强其振兴中华的责任感与使命感,提高其艰苦奋斗的民族精神。这些价值观的高层次内容并非过时,而是非常必要,是建构及传扬中华之魂的教育。

重大事件的价值观预警的思考

以青少年学生社会价值观为主题的历经 36 年的横断研究,以探查价值观演变趋势与变化规律为目的,力求获得价值观的预测效能,特别是重大社会事件的有效应对离不开人们的价值观引导。我们通过对中国改革开放四十年来所发生的几件重大事件为靶向,探寻出一些社会价值观的变化规律,例如不同性质的事件或不同性质的结果,起作用的价值观是社会型、科学型、信仰型和实用型,所以,要特别关注这四种价值观的起伏变化信号;越是危机时刻越要提升社会型和科学型价值观,要对实用型价值观进行调控,对信仰型价值观要客观分析其双重作用,有效运用,正确引导。

22.6.2 研究展望

社会价值观概念复杂、覆盖内容宽广,不同研究者对于社会价值观的看法可能有所差异。但是,从价值观研究的整体状况而言,价值观已经涉及其结构、前因后效、历史变迁、社会生态分析、大数据和认知神经方法的应用,显示出研究内容和方法全面发展的态势。纵观国内外研究,尽管相关研究者围绕价值观研究已经取得了丰硕的成果,但是目前仍存在一定的问题。例如,价值观的很多概念在使用时面临着跨文化研究挑战,改编的量表是否具有跨文化的可比性。并且某些概念如个体主义—集体主义的概念仍存在争议,到底具有哪些要素仍需要研究者根据研究问题把握。从大的研究视角出发,目前价值观研究内容过于狭窄,例如研究者都比较关注个体主义—集体主义文化,有研究表明,在跨文化研究中,超过 1/3 的研究者运用该文化维度进行相关分析。这既说明个体主义—集体主义在揭示文化现象差异时具有很好的解释力,但同样说明研究者的视野过于集中,而其他价值观维度仍具有很好的发展潜力,这既是研究不足,也是未来的研究方向。

在价值观的未来研究方向上,新兴技术的应用成为必然趋势,大数据和认知神经在价值观研究方面越来越重要,已有的大型数据库以及越来越多的网络数据为大数据分析提供了支持,在时空水平上越来越精确的认知神经测量也为认知神经科学在价值观研究方面提供了帮助。在研究层次上,多层次分析也成为未来的研究方向。价值观在个体、地区、国家、国家间等水平的整合分析也有助于其深刻理解价值观。最后,如何将价值观研究成果应用于现实,可能是一项长期发展任务。在研究方式方面,未来跨学科、跨文化合作将成为价值观研究中重要的组成部分,研究者应该具有广阔的理论视角与合作意识。

(许燕　高树青)

参考文献

方俊明.(1990).认知心理学与人格教育.西安:陕西师范大学出版社.
黄希庭.(1994).当代中国青年价值观与教育.成都:四川教育出版社.
李林,黄希庭.(2013).价值观的神经机制:另一种研究视角.心理科学进展,21(8),1400-1407.
李玲,金盛华.(2016).Schwartz 价值观理论的发展历程与最新进展.心理科学,39(1),191-199.

任孝鹏,焦冬冬,朱廷劭.(2016).基于微博大数据的中国人个体主义/集体主义的心理地图.第十九届中国心理学学术会议,西安.

史慧玥,焦丽颖,高树青,于孟可,许燕,蒋奖,王芳.(2020).新冠肺炎疫情期间大学生价值观特征及变化趋势探究.心理学探新,40(2),105-110.

苏红,任孝鹏,陆柯雯,张慧.(2016).人名演变与时代变迁.青年研究(3),31-38+95.

徐江,任孝鹏,苏红.(2016).个体主义/集体主义的影响因素:生态视角.心理科学进展,24(8),1309-1318.

许燕.(1999).北京大学生价值观研究及教育建议.教育研究(5),33-38.

许燕.(2006).当代大学生价值观变迁的社会取向.科学时报,1(17),3.

许燕.(2006).实用型是当代大学生主导价值观.党政干部文摘(2),32-32.

许燕,王芳,贾慧悦.(2008).5·12地震灾后四川和北京大学生价值观类型的对比.心理学探新,28(4),46-50.

许燕,王砾瑟.(2001).北京和香港大学生价值观的比较研究.心理学探新,21(4),40-45.

许燕,王芳.(2008).社会变迁与大学生价值观的演变.2008学术前沿论坛·科学发展:社会秩序与价值建构——纪念改革开放30年论文集(上卷).

徐贵权.(2007).论改革开放以来中国社会价值观的变迁.南京师大学报(社会科学版)(1),12-17.

杨宜音.(1998).社会心理领域的价值观研究述要.中国社会科学(2),82-93.

叶勇豪,许燕,朱一杰,梁炯潜,兰天,于森.(2016).网民对"人祸"事件的道德情绪特点——基于微博大数据研究.心理学报,48(3),290-304.

张妙清,郑宏泰,尹宝珊.(2015).香港核心价值的变迁——基于民意调查的分析.港澳研究(1),61-75+95.

郑伟波,蒋霞.(2014).Hofstede跨文化比较研究的新进展及管理实践应用.企业科技与发展(17),56-59.

Alemán, J., & Woods, D. (2016). Value orientations from the world values survey: How comparable are they cross-nationally?. *Comparative Political Studies*, 49(8), 1039-1067.

Allport, G. W., Vernon, P. E., & Lindzey, G. (1960). *Study of values (3rd ed.)*. Boston: Houghton Mifflin.

Bianchi, E. C. (2016). American individualism rises and falls with the economy: Cross-temporal evidence that individualism declines when the economy falters. *Journal of Personality and Social Psychology*, 111(4), 567-584.

Butenko, T., & Schwartz, S. H. (2013). Relations of the new circle of 19 values to behaviors. *Social Science Electronic Publishing*, 402(2), 137-143.

Cao, J. X. (2009). The analysis of tendency of transition from collectivism to individualism in China. *Cross-Cultural Communication*, 5(4), 42-50.

Cieciuch, J., Davidov, E., Vecchione, M., Constanze, B., & Schwartz, S. H. (2014). The cross-national invariance properties of a new scale to measure 19 basic human values a test across eight countries. *Journal of Cross-Cultural Psychology*, 45(5), 764-779.

Conway, L. G., III, Houck, S. C., & Gornick, L. J. (2014). Regional differences in individualism and why they matter. In J. Rentfrow (Ed.), *Psychological geography* (pp. 31-50). Washington, DC: American Psychological Association.

De Boeck, P., Wilson, M., & Acton, G. S. (2005). A conceptual and psychometric framework for distinguishing categories and dimensions. *Psychological review*, 112(1), 129-158.

Figueredo, A. J., & Rushton, J. P. (2009). Evidence for shared genetic dominance between the general factor of personality, mental and physical health, and life history traits. *Twin Research and Human Genetics*, 12(6), 555-563.

Fischer, R., & van de Vliert, E. (2011). Does climate undermine subjective well-being? A 58-nation study. *Personality and Social Psychology Bulletin*, 37(8), 1031-1041.

Gelfand, M. J., Raver, J. L., Nishii, L., Leslie, L. M., Lun, J., Lim, B. C., ... Yamaguchi, S. (2011). Differences between tight and loose cultures: A 33-nation study. *Science*, *332*, 100–104.

Greenfield, P. M. (2013). The changing psychology of culture from 1800 through 2000. *Psychological Science*, *24*(9), 1722–1731.

Hamamura, T., & Xu, Y. (2015). Changes in Chinese Culture as Examined Through Changes in Personal Pronoun Usage. *Journal of Cross-Cultural Psychology*, *46*(7), 930–941.

Hamamura, T., Xu, Q. M., & Du, Y. S. (2013). Culture, social class, and independence-interdependence: The case of Chinese adolescents. *International Journal of Psychology*, *48*(3), 344–351.

Harris, D., Herrmann, B., Kontoleon, A., & Newton, J. (2015). Is it a norm to favour your own group?. *Experimental Economics*, *18*(3), 491–521.

Hawkins, I., Raymond, C., & Boyd, R. L. (2017). Such stuff as dreams are made on: Dream language, LIWC norms, and personality correlates. *Dreaming*, *27*(2), 102.

Hofstede, G. (1980). *Culture's consequences: International differences in work-related values*. Beverly Hills, CA: Sage.

Hofstede, G. (2001). *Culture's consequences: Comparing values, behaviors, institutions and organizations across nations*. Thousand Oaks, CA: Sage.

Hofstede, G. H. (1984). *Culture's consequences: International differences in work-related values*. Newbury Park, CA: Sage Publications.

Hofstede, G., & Bond, M. H. (1988). The confucius connection: from cultural roots to economic growth. *Organizational Dynamics*, *16*(4), 5–21.

Hofstede, G., & Minkov, M. (2010). *Cultures and Organizations: Software of the Mind*. London: McGraw-Hill.

Hogan, S. J., & Coote, L. V. (2014). Organizational culture, innovation, and performance: a test of schein's model. *Journal of Business Research*, *67*(8), 1609–1621.

Ii, R. C. H., & Boyd, R. L. (2017). Such stuff as dreams are made on: dream language, liwc norms, & personality correlates. *Dreaming*, *27*(2).

Inglehart, R., & Baker, W. E. (2000). Modernization, cultural change, and the persistence of traditional values. *American Sociological Review*, *65*(1), 19–51.

Inglehart, R., & Norris, P. (2016). Trump, Brexit, and the rise of Populism: Economic have-nots and cultural backlash.

Jones, K. L., Noorbaloochi, S., Jost, J. T., Bonneau, R., Nagler, J., & Tucker, J. A. (2018). Liberal and conservative values: What we can learn from congressional tweets. *Political Psychology*, *39*(2), 423–443.

Kitayama, S., Rd, C. L., Pietromonaco, P. R., Park, H., & Plaut, V. C. (2010). Ethos of independence across regions in the united states: the production-adoption model of cultural change. *American Psychologist*, *65*(6), 559–74.

Kluckhohn, C. (1951). Values and value-orientation in the theory of action: an exploration in definition and classification. In T. Parsons & E. A. Shils (Eds.), *Toward a general theory of action*. Cambridge, MA: Harvard University Press.

Lan, X., & Li, B. G. (2014). The economics of nationalism. *Boston College Working Papers in Economics*, *19*(13), 1413–1421.

Levy, D. J., & Glimcher, P. W. (2012). The root of all value: a neural common currency for choice. *Current Opinion in Neurobiology*, *22*(6), 1027–1038.

Lewis, G., Kanai, R., Bates, T., & Rees, G. (2012). Moral values are associated with individual differences in regional brain volume. *Journal of Cognitive Neuroscience*, *24*(8), 1657–1663.

Liang, Y., Liu, L., Tan, X., Huang, Z., Dang, J., & Zheng, W. (2016). The effect of self-esteem on corrupt intention: The mediating role of materialism. *Frontiers in psychology*, 7, 1063.

Oyserman, D., & Lee, S. W. (2008). Does culture influence what and how we think? Effects of priming individualism and collectivism. *Psychological Bulletin*, 134, 311-342.

Perry, B. R. (1926). *General theory of value*. Mass: Harvard University Press.

Rokeach, M. (1986). *Beliefs, attitudes and values: A theory of organization and change*. CA: Jossey-Bass Publishers.

Schwartz, S. H. (2014). Functional theories of human values: comment on gouveia, milfont, and guerra (2014). *Personality & Individual Differences*, 68(3), 247-249.

Schwartz, S. H., & Bilsky, W. (1987). Toward a universal psychological structure of human values. *Journal of Personality and Social Psychology*, 53(3), 550-562.

Schwartz, S. H., & Butenko, T. (2014). Values and behavior: validating the refined value theory in russia. *European Journal of Social Psychology*, 44(7), 799-813.

Schwartz, S. H., Caprara, G. V., Vecchione, M., Bain, P., Bianchi, G., & Caprara, M. G., et al. (2014). Basic personal values underlie and give coherence to political values: a cross national study in 15 countries. *Political Behavior*, 36(4), 899-930.

Schwartz, S. H., Cieciuch, J., Vecchione, M., Davidov, E., Fischer, R., & Beierlein, C., et al. (2012). Refining the theory of basic individual values. *Journal of Personality & Social Psychology*, 103(4), 663-688.

Spranger, E. (1928). Types of men: The psychology and ethics of personality (P. J. W. Pigors, Trans.). Halle, Germany: Max Niemeyer Verlag.

Uz, I. (2014). Individualism and First Person Pronoun Use in Written Texts Across Languages. *Journal of Cross-Cultural Psychology*, 45(10), 1671-1678.

Vaisey, S., & Miles, A. (2014). Tools from moral psychology for measuring personal moral culture. *Theory and society*, 43(3), 311-332.

Walasek, L., & Brown, G. D. (2015). Income inequality and status seeking: Searching for positional goods in unequal US states. *Psychological Science*, 26(4), 527-533.

Zeng, R., & Greenfield, P. M. (2015). Cultural evolution over the last 40 years in China: Using the Google Ngram Viewer to study implications of social and political change for cultural values. *International Journal of Psychology*, 50(1), 47-55.

23 社会治理心理学[①]

23.1 引言 / 757
23.2 社会治理心理学界说 / 758
　23.2.1 研究对象 / 758
　23.2.2 学科性质 / 759
　23.2.3 学科发展 / 759
23.3 社会治理心理学的必要性 / 760
　23.3.1 实践需求 / 760
　23.3.2 社会治理的含义 / 761
　23.3.3 社会治理的心理内涵 / 761
　23.3.4 社会治理心理学的历史使命 / 762
23.4 社会治理心理学的研究主题与问题 / 763
　23.4.1 社会治理的多元主体及其治理能力 / 763
　23.4.2 作为社会治理对象的现实社会心理问题 / 763
　23.4.3 社会治理背景下多元主体的群体决策过程 / 764
　23.4.4 作为社会治理路径之一的心理建设 / 764
23.5 社会治理心理学研究的方法论 / 765
　23.5.1 研究理念 / 765
　23.5.2 实证研究方法 / 765
　23.5.3 理论思维 / 766
23.6 社会治理心理学的实践路径：由心而治 / 766
　23.6.1 由心而治：社会软治理之道 / 766
　23.6.2 由心而治的四重含义 / 767
23.7 社会治理心理学视野下的社会心理服务 / 769
　23.7.1 社会心理服务体系与心理健康服务体系的内涵 / 769
　23.7.2 社会心理服务体系与心理健康服务体系的区别 / 770
参考文献 / 771

23.1 引言

2019 年，北京市公务员招考的《申论》考试中，分值最高的一题（占总分 40%）内容是结合材料阐述城市管理中如何"精心规划"、"用心治理"。我们无从知道命题专家所说的"精心规划"、"用心治理"与辛自强在 2016 年新造的一个词"由心而

[①] 国家社会科学基金重点项目(16AZD057)"社会治理背景下的心理建设研究"资助。

治"(governance based on mind)是否有某种渊源,但可以确定的是:恰好学习过"由心而治"理论的考生在回答该题时会较为轻松并可能获得高分;更为重要的是,这道题目反映了政府对公务员掌握心理规律的高度重视,因为这是政府管理和社会管理所需要的知识。

"由心而治"这个词是要强调在心理规律和社会治理实践之间可以而且应该存在密切关系。公务员主要从事政府管理、公共管理、社会管理方面的工作,这种管理总是要涉及人的问题,涉及对人类和人群的心理规律的理解和应用。因此,掌握心理学知识对于公务员来说是非常必要的。

虽然心理学这门一级学科下有很多二级的、分支的学科,但是以前尚没有一个分支专门探讨社会治理方面的心理学问题。我国社会治理体系和治理能力的现代化进程,尤其是社会心理服务体系建设,为心理学深度参与社会治理提供了重要的历史机遇。近年来,社会治理心理学这一新兴的心理学分支学科开始引起学术界的重视,并得到社会治理实践领域的关注。下文将界定何谓社会治理心理学,阐述其必要性、研究主题、方法论、实践路径,以及如何从该学科的视角理解社会心理服务的本质。通过对社会治理心理学简要的概貌式介绍,我们希望有更多的学者、学生、实践者能了解并关注这一新兴学科,共同推动其发展。

23.2 社会治理心理学界说

社会治理心理学(psychology of social governance)是介于心理学(尤其是社会心理学)与公共管理学之间的新学科,它是探讨社会治理"内生的"以及"相关的"心理学问题,用于理解和改善社会治理实践的心理学分支学科(辛自强,2020)。

23.2.1 研究对象

就研究对象来说,社会治理心理学探讨两类问题。一是社会治理内生的心理学问题。要想真正让心理学服务于社会治理的宏大课题,我们需要识别出社会治理过程本身"内在"或"内生"的心理学问题并加以研究(辛自强,2018a)。所谓"内生"问题是指由社会治理实践本身产生的、逻辑上必然存在的问题。例如,社会治理要依靠人民并发动人民,因此,如何提高人们参与社会治理的意愿,就是一个内生问题;社会治理政策确定后,关键要看政府干部是否有治理能力,他们治理能力的结构及如何提升也是一个内生问题。二是与社会治理相关的心理学问题。有些问题虽然不是社会治理固有的问题,但与之有某种关联,哪怕是一些间接的联系,这些问题也值得探究。例如,留守儿童心理健康问题,它不仅是个体心理问题,也是留守儿童作为一类特定人群存在的普遍性问题,理解其心理健康状况和社会成因是开展相应的社会心理服务和社会治理实践的必要前提,同样值得纳入社会治理心理学的研究范畴。当然,社会治理心理学研究的主要内容应该是那些内生的心理学问题,并可适当兼及一些相关问题。我们之所以强调要以内生问题为主,是为了确保社会治理心理学在研究对象上有明确的焦点、专门的领域,而非将各类心理学研究与社会治理的背景泛泛联系了事。唯有如此,才能保证社会治理心理学作为心理学一个分支学科的不可替代性,确保研究的现实针对性和实践性。

23.2.2 学科性质

就学科性质而言,社会治理心理学有多重属性。其一,它具有明显的跨学科性质。它是心理学与公共管理学、政治学、社会学等学科之间的交叉领域;在心理学内部,它与社会心理学、政治心理学、管理心理学等心理学分支有部分重叠。其二,它具有鲜明的实践性。各国的社会治理实践因为政治制度、社会发展阶段、文化传统等原因而迥异,而且往往处于动态变迁中,因此我们的社会治理心理学研究应该首先考虑中国的社会治理实践,回答来自实践的问题和挑战,体现中国特色和实践品格。其三,它兼具行为科学与政策科学的性质。心理学是研究人类心理和行为规律的科学,总体上属于行为科学,社会治理心理学也不例外;然而,社会治理实践的改善要通过政策的制定和实施来实现,社会治理心理学要体现这种政策科学的性质,其研究成果不仅要转化为政策建议,甚至要以政策的制定和实施效果检验为研究出发点。简言之,社会治理心理学不仅要实证地探讨社会治理过程中的心理行为规律,还要体现"循证"政策科学的旨趣,在实证依据和政策设计之间建立有效连接。

23.2.3 学科发展

就学科发展而言,社会治理心理学尚处于形成阶段。它的形成有赖于学者个人与学术组织的推动。一方面,近年来有学者发表了一些重要的理论文章和著作。杨玉芳和郭永玉在 2017 年发表《心理学在社会治理中的作用》一文,系统阐述了心理学对社会治理的价值和意义。辛自强在 2018 年初发表的《社会治理中的心理学问题》一文,不仅强调要研究社会治理的"内生"心理学问题,而且明确提出建立"社会治理心理学"的理论体系以及实现"由心而治"的设想。2020 年 5 月,辛自强出版《社会治理心理学与社会心理服务》一书,这是国内首部社会治理心理学的专著,书中对有关理论构想和学科架构做出了更清楚、更详细的阐述。另一方面是学术组织的推动和专门平台的搭建。中国心理学会在 2017 年 11 月主办香山科学会议,首次以"心理学与社会治理"为题进行研讨,2018 年出版的《2016—2017 心理学学科发展报告》则延续了这一主题。2018 年 5 月,中国心理学会心理学与社会治理专业委员会经批准筹建,2018 年 7 月,中国社会心理学会社会心理服务专业委员会获批筹建,这两个与社会治理心理学密切相关的学术组织均在 2019 年正式成立。通过这些学术平台动员了更多心理学同行参与到社会治理心理学研究和学科建设的进程中,辛自强提出的"社会治理心理学"这一学科概念也逐渐获得认可。例如,2019 年 8 月 1 日中国社会心理学会下发的《关于正式成立"社会心理服务专业委员会"的意见》明确指出:"2019 年 7 月 19 日,中国社会心理学会第九届常务理事会对社会心理服务专业委员会(筹)在筹备期间的各项活动及相关工作进行了审议,认为该期间的学术活动紧密围绕社会宏观层面的心理建设问题而展开,有效发挥了社会心理学的学科作用,并通过各类学术活动积极推广社会心理服务观点和社会治理心理学,充分符合该委员会的设立初衷。"这一表述或许可以看作我国心理学学术组织首次对"社会治理心理学"这一新兴分支学科表达了官方认可。

23.3 社会治理心理学的必要性

23.3.1 实践需求

社会治理心理学的必要性从根本上来自于社会治理实践的需求。在我国,以"治理"、"社会治理"为明确的治国理政的思想始自 2013 年召开的中共十八届三中全会。这次会议通过的《关于全面深化改革若干重大问题的决定》明确指出:"全面深化改革的总目标是完善和发展中国特色社会主义制度,推进国家治理体系和治理能力现代化。"该文件明确列出了"创新社会治理体制"的小标题,大篇幅阐述了"社会治理"这一新的执政理念。具体的提法是:"创新社会治理,必须着眼于维护最广大人民根本利益,最大限度增加和谐因素,增强社会发展活力,提高社会治理水平,全面推进平安中国建设,维护国家安全,确保人民安居乐业、社会安定有序。"而类似的"社会管理"、"社会建设"概念则更早一些,2004 年召开的十六届四中全会的决定中,"社会管理"一词首次亮相,当时的提法是"加强社会建设与管理,推进社会管理体制创新"。2007 年党的十七大进一步将"社会建设"与"社会管理"区分成两个独立的概念,"社会建设"与此前提出的"建设社会主义和谐社会"合二为一,并与"经济建设"、"政治建设"、"文化建设"一起,并列为"四大建设"。总之,无论是社会建设,还是社会管理、社会治理,这些概念都表明我们需要将"社会"作为单独的领域来加以管理和建设。这一现实背景决定了我们需要考虑社会治理的心理学本质,开展社会治理心理学的研究。

23.3.2 社会治理的含义

从字面上理解,社会治理就是对社会事务的治理。问题是谁来治理,治理谁,如何治理?把这三个问题说清楚,才能明确社会治理的本质,并阐释其中可能的心理内涵。

第一,社会治理有赖于多元主体。传统的"统治"思想认为,政府(及其背后的政党)是社会公共事务的唯一管理主体,但是治理理论强调主体的多元性,政府当然还是社会治理主要的,甚至最重要的主体。此外,治理主体还包括非政府组织(或者说社会组织)、企业、公民个人等部门或力量。社会治理是由各类主体共同参与、共商共治的过程,而非一家包揽或乾纲独断。

第二,社会治理的对象是以人为中心的社会公共事务。就字面而言,社会治理的对象当然是"社会",是以人为中心的社会公共事务。社会公共事务是指为了满足社会全体或大多数成员的需要,体现其共同利益,让他们共同受益的那类"事物"和"事务",如公共物品与公共服务。每个人作为社会成员构成了社会整体,社会治理就是要满足他们的公共需求和共同利益。

第三,社会治理需要综合使用行政、市场、民主决策等多种方式。"统治"主要以自上而下的政府行政体系来推动问题解决,治理过程中要综合发挥政府和市场这"两只手"的作用。此外,尤为重要的是,社会治理是多主体的,由各类人群和组织共同治理,为此就离不开协商民主,民主决策是治理最不同于统治的常用机制。

23.3.3 社会治理的心理内涵

依据上述,社会治理是由多元主体通过包括民主协商、共同决策在内的多种方式管理社会公共事务的过程。我们可以从对社会治理本质特征的界定中推演出其四个方面的心理内涵。其一,社会治理的主体包括公务员和公民个人以及政府(政党)和社会组织,这就要研究这些作为治理主体的个人和组织机构的治理能力问题。其二,社会治理的对象是社会,社会是由人组成的,人们的社会心理,特别是社会心态本身就是社会治理要面对的内容;若从社会公共事务的角度来看,所谓"公共"是要满足社会大多数甚至全体成员的需要和利益,这就涉及人们的社会心理需求分析。其三,社会治理是多元主体协商、博弈的过程,其典型形式是多元主体就某一社会公共事务通过协商沟通进行群体决策的过程,而群体决策是心理学的研究内容。其四,要系统性地、有计划地解决社会治理主体、客体以及治理过程中各种心理方面的问题,国家和社会的各个层面都要开展必要的心理建设。

概言之,从社会治理的心理内涵出发,可以发现社会治理的核心是"人":社会治理的主体是人,治理的对象是以人为中心的社会事务,治理的过程是多元主体的群体决策过程,治理的路径之一是面向人的心理建设或社会心理服务。由此,社会治理心理学应该着力研究社会治理"内生"的各种心理学问题,包括各类主体的治理能力,作为治理对象的现实社会心理问题(尤其是社会心态问题),群体决策心理,以及心理建设的战略和实践方案。

23.3.4 社会治理心理学的历史使命

2013年召开的十八届三中全会将"推进国家治理体系和治理能力现代化"作为"全面深化改革的总目标",社会治理现代化被视作这一总目标的组成部分;2017年召开的十九大,则进一步在社会治理架构中专门提出了"加强社会心理服务体系建设"这一与心理学更为紧密相关的内容。这就要求我国心理学工作者担当起建立"社会治理心理学"这一新兴学科的使命,有效响应国家在社会治理和社会心理服务体系建设方面的重大需求,为相关政策和实践提供学理思路和科学依据。简言之,社会治理心理学正是要面向社会治理体系与治理能力现代化以及社会心理服务体系建设这一重要应用场景:前者为后者提供学理支撑;后者的实践需求推动前者的理论创新。

就如同学界同行专家在评价辛自强所写的国内外首部社会治理心理学专著《社会治理心理学和社会心理服务》时所指出的那样,"站在这种学科发展史的角度看,辛自强教授提出的'社会治理心理学'的学科构想和'由心而治'的理论想象,可谓正当其时"(吕小康,2020)。这里所说的"时",就是我国社会治理体系和治理能力的现代化建设为心理学学科发展所提供的历史机遇。长期以来,心理学主要为个体心理学所主导,谈起实践应用,公众和学界专家想到最多的可能是心理健康(如心理咨询和治疗),此外或许会想到教育实践对心理学的应用,以及企业人力资源开发、企业管理的心理学问题。然而,心理学界很少关注心理学与社会治理、公共管理、政府管理等社会和政治领域的关联,很少有这方面的研究,也没有为学生提供这方面的知识体系和能力训练。一言以蔽之,心理学界的知识输出和人才输出存在问题(池丽萍,辛自强,2019),而社会治理心理学的建立将可能根本改变这种不利局面,通过心理学服务于政府,服务于社会治理而为学科发展开辟新的空间。

如果我们在面向社会治理等现实领域的心理学研究方面有所突破,就可以积累新的专业知识,从而为人才培养做好专业和学科准备。例如,在辛自强的倡议下,中央财经大学应用心理专硕教育从2018年就设立了"社会心理服务与管理"这一培养方向,在这年秋季学期他为研究生开设了新课《社区与社会治理心理学》,课上所讲大致就是他那部专著的内容,学习这门课程的学生能更好地理解心理学与社会治理的关系,逐渐适应在社会治理的应用场景下思考心理学知识的使用方式。如前文所说,有学生参加《申论》考试取得好成绩,正是听了这门课的缘故。

23.4 社会治理心理学的研究主题与问题

正确地识别研究主题和问题,是学科建设和学术研究的起点。如前所述,社会治理心理学主要探究社会治理过程本身"内在"或"内生"的心理学问题(辛自强,2018a),社会治理的心理内涵决定了各种心理学问题的存在。

23.4.1 社会治理的多元主体及其治理能力

社会治理是"多主体的"。从个体层面来看,社会治理的主体包括公务员、公民等,不同类型个体的治理能力的内涵和要素可能不同。对于公务员来说,他们是社会治理的当然责任人,应该成为社会治理的"专业人员",具备"专业的"治理能力;对于公民而言,核心问题不是治理能力的高低,而是是否有参与社会事务的意愿和动机。从组织层面来看,政党和政府机构、社会组织、非营利企业、居民自治组织都是治理主体,组织的治理能力通常被称为"组织治理效能"或"组织效能"。每类主体治理能力的内涵、结构、测量或评估方式与工具、前因后果、改善方法等都值得探讨。

23.4.2 作为社会治理对象的现实社会心理问题

社会治理的对象是社会,社会是由人组成的,人们的社会心理问题,特别是社会心态问题本身就是社会治理要面对的内容;不仅社会心态,各国民群体在关键心理指标上的变化趋势也值得关注。另一方面,若从社会公共事务的角度来看,所谓"公共"是要满足社会大多数甚至全体成员的需要和利益,这就涉及人们的心理需求分析。只有弄清楚社会成员的需求,才能通过社会治理过程提供合适的公共物品与公共服务。由此,作为心理学工作者,在社会心态、国民心理变迁、社会心理需求分析等方面都有大量研究工作可做,如监测和追踪社会心态,并分析其社会成因和治理对策等。

23.4.3 社会治理背景下多元主体的群体决策过程

社会治理是这样一个过程:针对社会事务,各行为主体或利益相关方(政党、政府、社会组织、公民、公务员等)为达成某一目标,而按照某种规则(如法律与行政规范)进行沟通、协调并做出决策。简言之,社会治理主要是一种群体决策过程。虽然心理学对个体决策有大量研究,但群体决策研究十分薄弱。与通常的个体决策不同,社会治理中的群体决策所面对的任务情景往往是结构不良的,信息条件是不确定的,决策主体是多元的,决策主体的心理状态是不断改变的,存在复杂的人际互动过程,决策过程往往持续很长时间。今后的研究需要开发针对社会治理中群体决策过程的理论模型、实验范式以及群体决策质量评估方法,探讨群体决策的影响因素和改善方案。

23.4.4 作为社会治理路径之一的心理建设

若社会治理的核心是"人"的问题,那么问题解决之道就是开展面向人的心理建设,实现"由心而治":把现实社会心理问题作为社会治理的对象;把提升治理主体的社会治理能力作为改进社会治理的前提条件;把改善群体决策质量作为社会治理干预的核心内容;依循心理学规律开展各项社会治理实践;把心理学方法和技术作为社会治理的工具选项。对于心理建设,可能要从国家战略的高度来认识,并提出切实可行的、总体的或专项的心理建设实践方案。这些都是心理学家要解决的问题。

综上,要推进社会治理体系和治理能力的现代化,就必须重视"人"的问题,这里面涉及大量"内生的"心理学问题,心理学家大有可为之处。当然,除了这些内生问题,其他的与社会治理相关的心理学主题和问题也都值得探讨。

23.5 社会治理心理学研究的方法论

《中庸》有语曰:"君子尊德性而道问学,致广大而尽精微,极高明而道中庸。"借用这句话中的表述,可以说国内外心理学的特点往往都是"尽精微"有余,而"致广大"不足(辛自强,2018b)。心理学的优长是实验室里"尽精微"的实证研究,这种研究的特点是"精小慎微"(吕小康,汪新建,2020),用精致的方法和微小的视角,研究一些小问题和小现象,对结论的推广和解释较为谨慎。然而,面对社会治理这样的大课题时,心理学则显得力不从心或无足轻重。因此,当前我国心理学界应该比以往更加注重探索如何让本学科"致广大"——理解并改变社会现实,将心理学与宏观的社会治理联系起来,与各类应用场景联系起来。当前心理学的发展,必须做出"更加现实的转向",通过参与社会重大现实问题的解决,确立学科自身的价值,而我国的社会治理改革恰好是心理学可以大有作为的领域。要让心理学面向社会治理的现实和应用场景,必须先对自身的方法论进行系统变革(辛自强,2017)。

23.5.1 研究理念

在研究理念层面,要突出应用导向和改变现实的能力,以解决实际问题为己任。社会治理心理学只有面向我国的社会治理实践,突出其实践品格,才有存在的合法性。这方面的研究要"管用",要"接地气",为此,我们需改变提出问题的方式。反观目前绝大多数心理学学术论文"问题提出"的逻辑就可以发现,它们主要采用"文献推导"的方式提出问题。大家往往只是问"有什么问题没有研究过",试图在前人文献中寻找一点不足和纰漏,然后小心翼翼地进行实验改进,由此来论证自己研究的必要性与价值。我们所忽略的是"现实中有什么问题有待研究",我们应该首先直接面向社会现实提出问题,然后再来做文献论证。当然,这两种问题提出的逻辑并不矛盾,但面向现实问题的研究更能产生根本的知识进步,更有利于建立本土知识传统,并发挥心理学在"理解"与"改变"现实方面的作用。

23.5.2 实证研究方法

在实证研究方法层面,要以主观和客观变量的关系为研究内容,重视样本的多样性,提升研究的生态效度。心理变量(如认知、情感、人格等)本身都是主观变量,一项研究如果只是探讨主观变量本身以及它们之间的关系,就无法阐明客观世界

(如外部刺激)的心理效应与心理对客观世界的影响。因此,必须将代表客观世界的客观变量引入心理学研究中,将心理学视为研究主观变量和客观变量关系的科学,社会治理心理学更要如此。社会治理心理学的研究要更多地采用真实的"社会"样本(如社区居民),而非过度依赖大学生样本,因为样本的多样性和真实性是确保研究的外部效度的重要条件;此外,研究要在真实的、实际的社会场景中进行,这是研究的生态效度(外部效度的一种)的保证。社会治理心理学的研究不可能在大学围墙内和实验室里得到根本的推进,实验室里模拟不出波澜壮阔的复杂社会现实,相反,它需要更多地开展现场实验、实地观察和调查。

23.5.3 理论思维

在理论思维方面,兼用"假设—演绎"逻辑和归纳逻辑,善于提出原创性理论(辛自强,2017)。目前心理学的实证研究重在假设的证明,主要使用"假设—演绎"逻辑,这种逻辑相对封闭,可以验证已有猜想和假设,但难以产生新知识。社会治理心理学对于国内外学术界都是新兴学科,不能奢望套用现成理论,而必须"发明"新理论,也不能奢望从国外"拿来"成说,必须提出基于本土现实的新思想。因此,我们要善于从我国社会治理的实际情况出发,自下而上地归纳出新假说,再去做实证检验,从而建构原创性理论。

当前,我国实现国家治理体系与治理能力现代化的改革总目标已经确定,创新社会治理的方向也已经明确,我们应该从心理学视角出发,坚持"尽精微而致广大"、"理解并改变现实"的方法论原则,深入探讨社会治理"内生的"心理学问题以及社会心理服务的心理学理论基础,最终建立"社会治理心理学"的本土原创理论体系(辛自强,2020),这样才能有效地响应国家的重大需求,为相关政策和实践提供学理思路和科学依据。

23.6 社会治理心理学的实践路径:由心而治

23.6.1 由心而治:社会软治理之道

社会治理和管理不能只听凭管理者的主观意志,若让"任性的权力"肆意而为可能会招致恶果。就像自然世界存在独立于人的主观意志之外的客观规律,社会世界也是如此。无论就人类的自然属性,还是社会属性而言,都有其客观的心理与行为规律。辛自强2016年提出的"由心而治"这一概念,就是要强调按照人类心理与行为规律来解决问题,尤其是实现社会的善治。"由心而治"(governance based on mind)这个表述在汉语和英语中都很少见到,它是专门新造的一个词语。2016年10月29日举办"由心而治:社会心理与社会治理论坛"之前,作为会议筹办者,辛自强在确定会议主题时制造了"由心而治"这一新词语。

"由心而治"的理念符合社会治理方式的发展趋势。社会治理方式有"软"、"硬"之分。硬治理主要依赖行政、司法等硬性命令方式,开展自上而下的统治和管控;软治理主要借助民主协商、文化濡染、制度规训、道德教化、社会认同、意识形态引导等软性方式开展社会管理。当今"以人民为中心"的发展思想,要求社会治理在方式上更多诉诸于软治理、巧治理,减少那种简单粗暴的硬治理。为此,要善于遵循并运用心理与行为规律,采用心理学方法和技术来开展社会治理,即"由心而治"。社会治理若能尊重并遵循人类心理与行为规律,则事半功倍,使治理效果"入脑入心",并赢得人们的理解与支持;相反,那种见物不见人,单纯基于行政强制和利益诱导的治理方式经常会引发新的矛盾并带来巨大的治理成本。

23.6.2 由心而治的四重含义

社会治理的心理学本质决定了要实现从"由心"到"而治"的跨越和整合。在社会治理过程中,如何由心而治呢?这应该属于社会治理心理学这一新兴学科的重要研究问题,也是其实践价值所在。在社会治理中"由心而治"至少包括如下四个层面的含义(辛自强,2019,2020):

一是尊重人性和心理规律。心理学是研究人类心理和行为规律的科学。笼统地说,它研究的是人性问题,无论是先天的本性,还是后天的习性。"政之所兴,在顺民心,政之所废,在逆民心",如前所述,社会治理要"以人为中心",这一主张的首要含义是,社会治理过程中,我们要做到尊重人,尊重人性,尊重人的尊严和权利,尊重普遍的心理与行为规律,且不可背道而驰。举例来说,少数基层干部相信"人民内部矛盾要用人民币来解决",这一观念背后的假定是人的尊严和价值都是可以交换或交易的。实际上,几乎每个人心底都有一些"要保护的价值观",这些价值原则是绝对要捍卫的,"不是你想买就能卖";若不能充分认识这一点,可能带来严重的负面后果。又如,创新的动机问题。学习和工作(如科研工作)的动机可区分成内生动机和外生动机,内生动机出于对任务本身的兴趣、热爱、好奇心、挑战精神,外生动机则源自对任务结果的追求,如追求奖励和回报,试图赢得认可与名声。实际上,心理学研究一再证明,无论是对于学生,还是科学家,真正激励其持续钻研和探索的力量是内生动机,而非外生动机。然而,滥用物质奖励往往会削弱这种宝贵的内生动机,因为奖励和回报都属于外生动机。推而言之,当前名目繁杂的人才"帽子"工程,未必能激励研究者发自内心地从事艰苦的创造性研究,却制造了一种喧嚣的名利环境,让人们急功近利。人才帽子工程的大量资金若用于改善科研环境,用于让研究者过上体面的、无后顾之忧的生活,或许他们更能安心从事自己热爱的科研工作。

二是理解心理规律。人有自由意志,加之个体差异以及影响因素的复杂性,我们很难准确预测某个人特定的心理行为特点,但在统计意义上依然可以确定一般性的心理与行为规律。心理学以及更广泛的行为科学,就是在通过实验和调查等手段研究人类的心理与行为规律。虽然我们不能要求每个社会管理者都亲自做研究,但至少要通过学习和个人体悟,尽量去了解、理解这些心理与行为规律。例如,放学后家长迟迟不来接孩子,是令学校管理者头疼的事情。两位学者(Gneezy 和 Rustichini,2000)在以色利的日托中心做了个实验,对那些接孩子时迟到的家长进行罚款,结果发现,在接下来的日子里,罚款不仅没有减少本欲抑制的迟到行为,甚至使之增加了。迟到的家长本会心怀内疚,但是罚款无异于给其错误行为定价,一种不符合社会规范的行为一旦有了价码,就成了可以交易的商品。因为可以拿钱来买,家长心中的那点内疚、自律就荡然无存了,迟到也无所谓,心想不就是罚钱嘛。在社会生活中,滥用即时等价交换的市场逻辑,经常会带来糟糕的后果。如果社会管理者多了解一些心理与行为规律,可能会更好地反思要制定的社会治理政策和措施。

三是依循心理规律。"由心而治"的核心内容是依照心理与行为规律开展社会治理,注重心理学方法和技术的应用。下面的例子很能说明问题。在肯尼亚,许多家庭表示因为缺乏现金而无法投资购买卫生防疫用品(如杀虫剂、蚊帐),然而只是发放现金似乎不能有效解决问题。两位学者(Dupas 和 Robinson,2013)的研究发现,只要给人们提供一个可上锁的金属盒、一把挂锁和一个标明需购买的卫生防疫用品名称的账本,人们对这类商品的投资就会提高 66%—75%,这有效推进了当地的卫生防疫工作。这一做法背后的原理是"心理账户"——人们往往在心里把不同来源的资金放在不同的账户上,分别用于不同类型的消费。金属盒、锁和带标签的账本,实际上利用了"心理账户"这种自动思维方式,让人把钱放在专门用于购买卫生防疫用品的心理账户上,而不是混入一般的日常生活开支中随意花掉。这一做法对我国开展精准扶贫很有启发,扶贫之"精准"与否可以体现在按照心理账户这类原理,精准投放扶贫资金,购买种子、种苗的资金要放在"发展农业生产"的心理账户上,而不是放在家庭日常消费的一般账户上。

四是开展心理建设。人们的心理行为特点未必都符合社会要求和价值追求,因此需要调适、干预、促进、改善。社会治理的一项重要内容是开展国民心理建设。心理建设的内容既可以是面向个体心理的,如开发智力、促进心理健康、提升幸福感,也可以是面向整体社会心态的,如提高社会信任、树立良好的社会价值观、减少社会戾气。例如,近年来的一系列研究发现,我国的社会信任(人际信任)水平总体呈下滑趋势,其中可能的原因之一是市场化过程激活了人们的"经济人信念"(认为人都是精于"计算"和"算计"的),使其不再相信他人的"人性本善",故不敢轻易信任他人和社会(Xin 和 Liu,2013;Xin 和 Xin,2017;Zhang 和 Xin,2019)。如能建立严密的征信体系以及公正的社会规范,则能惩戒失信者,保护信任者。要重建社会信任,就要做好相关制度建设,赢得人们对制度的信任,从而提升人际信任。类似地,面向特定主题和人群的各类心理建设,都要优先考虑制度设计问题,然后再考虑直接面向个体的心理干预。中华民族的伟大复兴,离不开良好的国民心理素质,离不开良好的社会心态,开展心理建设就是一项为民族复兴而凝心聚力的系统工程。总之,我们要在制度和人的层面开展心理建设,尊重、理解并依循心理与行为规律开展社会治理,实现"由心而治"的使命。

23.7 社会治理心理学视野下的社会心理服务

23.7.1 社会心理服务体系与心理健康服务体系的内涵

如何理解社会心理服务体系建设的性质和定位,是近年来困扰学术界和实践领域的问题。辛自强在 2018 年 5 月发表的《社会心理服务体系建设的定位与思路》一文中,首次旗帜鲜明地强调,应该将社会心理服务体系理解为社会治理体系的组成部分,反对将其视为心理健康服务体系的另一种表述(辛自强,2018c)。这种理解可以简单称为"社会治理观点"或"社会治理心理学观点"。从这一观点出发,社会心理服务体系建设的目标内涵是社会心态的培育及社会心理的建设,尤其是要培育自尊自信、理性平和、积极向上的社会心态,这些都是社会治理的内容之一;与此同时,它还有手段或方法内涵,就是按照心理学规律开展社会治理,实现"由心而治"。

心理健康服务体系则是面向个体层面的,包括由政府、社会、社区、企事业单位等提供的精神科门诊、心理咨询和治疗、员工心理援助、心理健康教育、心理健康知识宣传等,它以解决个体的心理疾病、促进心理健康为目标;虽然它可以部分地防止个体心理和精神疾病引发社会问题,但也只是在这个意义上与社会心理服务体系有些逻辑关联,而并非社会心理服务体系的核心内容。

23.7.2 社会心理服务体系与心理健康服务体系的区别

最近,在《社会治理心理学与社会心理服务》一书中,辛自强(2020)再次总结了社会心理服务体系与心理健康服务体系的区别,并展示了它们与相关概念的关系,具体见图23.1。其中的"心理服务体系"涵盖了社会心理服务体系与心理健康服务体系,二者对应的上位概念分别是社会治理和"健康中国"战略,它们都属于制度手段层;这些体系建设的目的是为了做好"心理建设",解决各种社会心理问题和个体心理健康问题;心理建设(尤其是社会心理建设)反过来可以促进社会善治,做到"由心而治",而且,"由心而治"不仅意味着社会治理要从心理建设着手,更是要求按照人类心理行为规律开展社会治理。"心理建设"和"心理服务体系"分别是就目的内容与制度手段而言的,代表一枚硬币之两面,目前的官方文件尚没有直接使用这两个概念,然而,对其进行使用是值得提倡的。

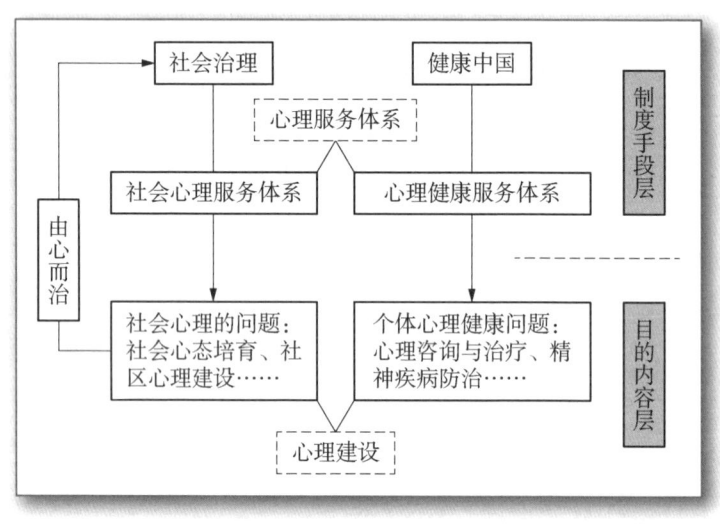

图23.1 社会心理服务体系与心理健康服务体系(来源:辛自强,2020,p.61)

总之,社会心理服务不是"治病救人"。"社会心理服务体系"与"心理健康服务体系"是有根本区别的两个概念(辛自强,2018c),二者各有明确的含义,不能相互替代,不能混同使用(见表23.1)。从内容方面看,前者侧重社会宏观层面的社会心态问题的解决,是社会治理体系的一个方面,其核心不是个体心理健康与否的问题(虽然多少与此有点关系);后者是要解决个体心理健康问题。从理论视角来看,前者采用社会的或社会心理的视角,采用发展的视角;后者则采取个体的视角,采取病理学和医学的视角。从服务对象来看,前者针对社会群体层面的心态培育和心理建设;后者服务于有需求的个体。从服务主体来看,前者是由政府来主导的一项社会治理工作;后者则是由医院精神科、心理咨询室等机构来提供一项具体的、专门的服务。就官方相关文件来说,中央文件(如十九大报告)关注的是社会心理服务体系;而国家卫计委等 22 个部门联合印发的《关于加强心理健康服务的指导意见》以及国家卫健委等 10 部门颁布的《全国社会心理服务体系建设试点工作方案》关注的是(本应是)心理健康服务体系。

表 23.1

社会心理服务并非心理健康服务

两种心理服务体系	内容	视角	服务对象	服务主体	官方相关文件
社会心理服务体系	社会心态问题;社会治理问题	社会/社会心理视角;发展视角	社会群体	政府主导	中央文件
心理健康服务体系	心理健康问题	个体视角;病理视角	有需求的个体	咨询室等机构	卫健(计)委文件

(来源:辛自强,2020,p.62)

综上,社会心理服务不是心理健康服务,这似乎是个显而易见却又遮蔽很多人视野的问题。之所以如此,可能是因为心理学在学术界一直以个体心理学为主体,在公众中形成了"心理学等于心理健康"的刻板印象。在这一背景下,特别需要发展并传播社会治理心理学这一新兴学科,以有效衔接心理学与社会治理的应用场景。当前正在轰轰烈烈地开展的社会心理服务体系建设是我国推进国家治理和社会治理现代化的一项重要举措,由此,社会治理心理学正是要面向社会心理服务体系建设这一重要应用场景:前者为后者提供学理支撑,后者的实践需求推动前者的理论创新,二者互为里表。

(辛自强)

参考文献

池丽萍,辛自强.(2019).社会心理服务体系建设的应然与实然:基于全国 12 个试点地区的评估.心理科学,42(4),978-987.

吕小康.(2020).中国特色社会治理体系与心理学学科体系的双重探索:评《社会治理心理学与

社会心理服务》. 心理研究,13(4),382-384.

吕小康,汪新建.(2020). 建设"力""美"兼具的中国特色社会心理学. 心理技术与应用,2020,8(4),193-199.

辛自强.(2017). 改变现实的心理学:必要的方法论变革. 心理技术与应用,5(4),245-256.

辛自强.(2018a). 社会治理中的心理学问题. 心理科学进展,26(1),1-13.

辛自强.(2018b,11月). 社会治理心理学与社会心理服务. 第二十一届全国心理学学术会议,北京.

辛自强.(2018c). 社会心理服务体系建设的定位与思路. 心理技术与应用,6(5),257-261.

辛自强.(2019). 加强社会心理服务体系建设是社会治理之需. 光明日报(理论版),1月18日第11版.

辛自强.(2020). 社会治理心理学与社会心理服务. 北京:北京师范大学出版社.

杨玉芳,郭永玉.(2017). 心理学在社会治理中的作用. 中国科学院院刊,32(2),107-116.

中国心理学会编著.(2018). 2016—2017心理学学科发展报告. 北京:中国科学技术出版社.

Dupas, P., & Robinson, J. (2013). Why don't the poor save more? Evidence from health savings experiments. *American Economic Review*, 103(4):1138-1171.

Gneezy, U., & Rustichini, A. (2000). A fine is a price. *Journal of Legal Studies*, 29(1):1-17.

Xin, Z. Q., & Liu, G. F. (2013). Homo economicus belief inhibits trust. *PLoS ONE*, 8(10):e76671.

Xin, Z. Q., & Xin, S. F. (2017). Marketization process predicts trust decline in China. *Journal of Economic Psychology*, 62:120-129.

Zhang, Y. & Xin, Z. Q. (2019). Rule comes first: The influences of market attributes on interpersonal trust in the marketization process. *Journal of Social Issues*, 75(1):286-313.

24 非常规突发事件中的社会心理学[①]

24.1 引言 / 773
24.2 非常规突发事件中的社会心理学 / 776
    24.2.1 多重性质的复合型突发事件 / 776
    24.2.2 个体与群体心理研究主题的分化 / 776
    24.2.3 对突发事件动态进程的研究至关重要 / 777
24.3 非常规突发事件中社会心理与行为研究的理论基础 / 778
    24.3.1 威胁僵化理论 / 778
    24.3.2 心理能量理论 / 779
    24.3.3 意义维持模型 / 781
    24.3.4 恐惧管理理论 / 782
    24.3.5 社会认同理论 / 783
24.4 非常规突发事件的社会心理与行为研究 / 784
    24.4.1 非常规突发事件当事人的社会心理与行为研究 / 785
        个体社会性应激反应与规律 / 785
        群体社会性应激反应及其规律 / 787
    24.4.2 非常规突发事件潜在涉人者及外围旁观者的社会心理与行为研究 / 790
        潜在涉人者的风险认知与决策行为 / 790
        外围旁观者的情感态度与集群行为 / 792
24.5 非常规突发事件社会心理研究的未来展望 / 793
    24.5.1 研究主题 / 793
    24.5.2 研究视角 / 793
    24.5.3 研究方法 / 794

参考文献 / 795

24.1 引言

随着自然环境和人类社会的深刻发展与变迁,自然灾难和人为灾难的发生频率和规模正在不断提高和扩大(图24.1)。据统计,仅2000—2019年,全球累计灾难次数多达13 345次,死亡人数高达150.5万。重大灾害严重影响国家经济发展

[①] 非常规突发事件对公众心理影响规律及心理重建策略,国家自然科学基金重大研究计划"非常规突发事件应急管理研究"项目(90000248);居住流动与环境适应:社会生态心理学视角下的道德心理转型,国家自然科学基金面上项目(31971012)资助。

和人民生命财产与公共安全,我国平均每年约有 1/5 的国内生产总值增长率因各类自然灾害损失而抵消。以各类灾害为代表的非常规突发事件已经成为考验人类社会的巨大难题。**非常规突发事件(unconventional emergencies)**是指前兆不充分、具有明显的复杂特征和潜在次生衍生危害、破坏性严重、采用常规方式难以应对处置的突发事件(韩智勇等,2009)。自然灾害、公共卫生事件、群发事件、安全事故和恐怖事件等均可划入非常规突发事件的范畴。

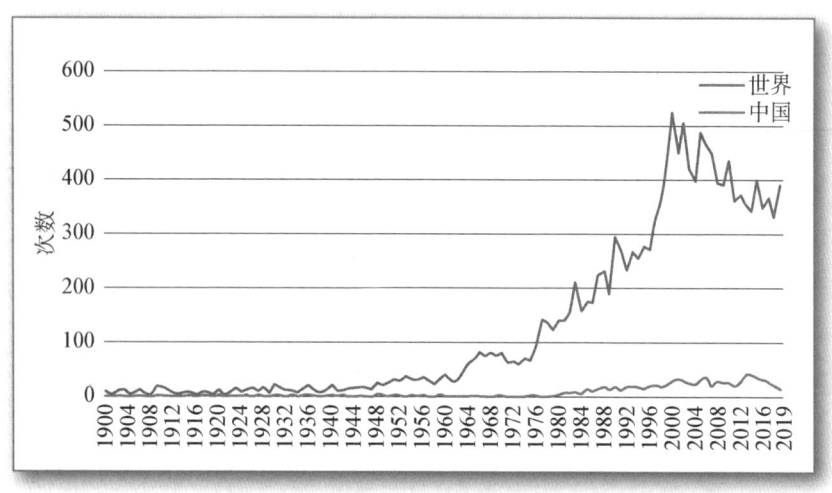

图 24.1　1900—2019 世界及中国重大自然灾害发生次数统计
来源:Emergency Events Database(EM-DAT)

非常规突发事件对人类社会的危害和影响显而易见。首先,非常规突发事件会直接对人类生活环境和社会经济发展造成冲击和破坏。例如,美国"9·11"恐怖袭击事件、印度洋地震海啸、美国飓风、海地与智利地震等震惊世界的非常规突发事件都严重地影响了当地社会的经济发展,带来了巨大的人员伤亡、财产损失和生态破坏。其次,非常规突发事件容易引发潜在的次生灾害。**次生灾害(secondary disasters)**是指由原生灾害诱导出来的灾害,多发生在气象灾害与地质灾害领域,具有隐蔽性和突发性的特点,危害性大。例如,汶川地震后相当长一段时间,当地灾民在余震之外还受到由地质破坏形成的堰塞湖的威胁。最后,非常规突发事件还极易引发衍生灾害。**衍生灾害(derivative disasters)**是指由于人们缺乏对原生灾害的了解,或受某些社会和心理因素影响,造成盲目避灾损失以及人心浮动等一系列社会问题。在非常规突发事件中,直接受到波及的个体不可避免地会产生负面心理反应,若未得到有效控制,这些反应将极易向群体层次转化,导致群体理性的丧失,引发群体恐慌甚至酿成群体性事件。除了直接受到波及的人群外,非常规突发事件也有可能通过媒体宣传或其他非正式途径扩大其影响,波及非灾难中心区的人们,引发外围民众的持续心理震动,表现为一种**涟漪效应(ripple effect)**(Barsade,2002)。在公民社会发育健康、制度运行顺畅的社会里,这种"涟漪效应"会随着危机应急机制的启动和科学应对得到控制和柔化,而当社会存在制度缺陷或民主化结构失衡时,这种"涟漪效应"就有可能被迅速放大成"潮涌效应(wave effect)",如台湾"八八水灾"酿成的政治风暴。因此可以说,非常规突发事件的衍生危害丝毫不亚于直接灾害给人类带来的影响。

正因为其巨大的破坏力和影响力,针对非常规突发事件的心理和行为研究显得尤为重要。从纯学术的角度来讲,它有助于我们了解特殊紧急情境下个体及群体心理和行为规律的全貌,帮助我们认识非常规突发事件下和一般正常状况下心理与行为规律的差异。从实践应用的角度来讲,对非常规突发事件的深入研究有利于预见其后个体及群体可能出现的认知、情绪和行为指征,从而得以在此基础上建立科学合理的应急管理和救助服务体系。应急管理体系的及时启动可以有效恢复受损的国家社会功能,预防和减轻社会不安和心理动荡;而救助服务则可以帮助个体和群体尽快走出生理和心理上的阴霾,重新开启正常的工作与生活。

我国是一个灾害多发的国家。据统计,1908年至2008年的100年间,世界范围内死亡人数最多的十起重大自然灾难中,我国就占有四起(Udomratn,2008;刘正奎,吴坎坎,王力,2011)。进入21世纪以来,SARS病害、南方雨雪冰冻灾害、汶川大地震、玉树地震、新型冠状病毒肺炎疫情等重大非常规突发事件均给我国人民带来了深切的伤痛。正如前文所言,这种伤痛并不仅仅是直接的人员伤亡和财产损失,还包括亲历灾难的幸存者乃至旁观者持续的个体、家庭和集体的心理创伤。然而,虽然我国非常规突发事件特别是自然灾害频发,相应的心理和行为研究却起步很晚,最早可查阅的研究始于1998年的张北—尚义地震。2003年的SARS病害虽然也引起了部分研究者对非常规突发事件的关注,但针对这类事件的系统研究和科学应对是从2008年汶川大地震后才真正走进公众的视野,并受到国家政府的重视。2008年,国家自然科学基金委员会启动实施了"非常规突发事件应急管理研究"重大研究计划,支持了包括心理学视角在内的一大批相关研究开展,大大推动了我国非常规突发事件科学研究的发展。不过整体而言,我国目前的非常规突发事件后心理救援服务和科学研究体系仍然十分薄弱。我国尚未建立灾后心理援助的应急体系,也尚不存在国家级的灾后心理援助组织、机构和队伍,开设灾后心理创伤相关课程的高校也寥寥无几(刘正奎,吴坎坎,王力,2011)。此外,在经费支持和应对机构的设置对比中,我国和一些发达国家也还存在明显差距。因此,非常规突发事件在中国的社会心理研究及服务体系建立方面都任重道远。

24.2 非常规突发事件中的社会心理学

人类所处的环境是一个包括自然、社会、心理和生理的开放复杂巨系统(时勘,2010)。一方面,人类具有自身的生物属性,非常规突发事件,尤其是部分自然灾害,会对人类赖以生存的自然环境造成不同程度的破坏。另一方面,人类作为一种社会性动物,还具有社会属性。非常规突发事件同样会给原本正常运行的各项社会功能带来巨大的挑战,从而影响个体的身心状态和群体的社会活动。同时,社会因素在紧急状态下发挥作用的规律不等同于生物因素的规律,要了解紧急状态下个体、群体心理和行为规律的全貌,就必须对社会因素进行专门的和系统的考量。因此,非常规突发事件下个体和群体的社会心理与行为反应规律是各项应急管理工作的重要基础。社会心理学作为一门研究社会中个体与群体心理和行为规律的学科,对于在非常规突发事件发生发展全过程中科学描述、解释、预测和控制个体和群体心理和行为状况至关重要。

24.2.1 多重性质的复合型突发事件

根据社会生态系统理论(society ecosystems theory)的观点,人类的生存环境是由个体、群体和社会文化三个子系统构成的一种功能性整体,研究和解决实际问题必须从这三个子系统的互动出发(Zastrow 和 Kirst-Ashman,2007)。同时,近年来的非常规突发事件往往演变成为具有多重性质的复合型事件,并越来越多地指向社会特征,且突发事件的社会特征越凸显,所产生的社会后果就越严重,影响越深远,而从文化与社会视角出发分析所产生的社会心理现象正是社会心理学的长项。

24.2.2 个体与群体心理研究主题的分化

纵观国内外研究现状,有关非常规突发事件下个体和群体的心理学研究主题呈现了分化的趋势。一类研究延续着早期临床传统,重点关注个体在突发事件后情绪、身体和认知功能上的应激反应,如恐惧、悲伤、内疚、愤怒等情绪反应,疲倦、失眠等身体反应,感知觉偏差、侵入性思维、记忆力下降、注意力不集中等认知反应,甚至更为严重的创伤后应激障碍(PTSD)。这些情绪、身体和认知功能上的变化以一定的生物本能为基础,受到进化的影响,被称为**生物性应激反应**(psychobiological stress reaction)。由于生物性应激反应在非常规突发事件的应对中表现明显,并且对人们的心理健康影响巨大,受到了大量科学研究者与临床工作者的重视和关注。然而,此类研究并不能为解释事件爆发后的多因素共振现象提供足够的依据,且相应的临床干预也受到个体差异的较大影响,在灾前心理教育和灾后长期临床治疗效果良好,在应急管理中则存在局限。事实上,在非常规突发事件发生后,除生物性应激反应外,作为社会人的个体还会表现出明显的社会心理和行为反应(如助人行为或求助行为、亲社会行为或反社会行为、社会价值取向变化等)。这些反应更多受到后天社会文化影响,因而被称为**社会性应激反应**(psychosocial stress reaction)。由于社会性应激反应相对隐性和复杂,常被忽略,然而事实上其作用范围更为广泛,持续时间也更为长远,对于后续心理行为的变化趋势具有更强的预测力。近些年来(尤其是 2005 年美国卡特里娜飓风事件后),对社会文化因素的关注日益成为本领域的前沿趋势,研究者除了持续探索传统的生物性应激反应主题外,越来越多地涉及非常规突发事件对个体和群体的社会心理及行为的影响,即社会性应激反应。此种社会心理学视角的研究和实践着重关注个体及群体的社会心理反应及文化在其中的潜在影响,并能够在此基础上形成行之有效的社会心理干预体系渗透于整个应急管理的进程中,以有效补充和完善以临床干预为主体的现有干预模式。

24.2.3 对突发事件动态进程的研究至关重要

非常规突发事件的影响不仅表现于个体静态的心理与行为特征,更重要的是它还会通过个体心理的动态变化以及个体与群体相互影响的进程,逐渐诱发出衍生事件,体现出动态发展的特征。突发事件虽然瞬间发生,但是它产生的影响是广泛而持久的。突发事件的应急管理也非短期能够完成,它是一个进程性的过程性管理。特别是复合型、涟漪型灾难的发生更体现了这一特征。例如,汶川地震后,应急管理部门需要在很短时间内相继关注和应对生命救援、心理救助、灾民安置、初步恢复生活秩序、损失赔偿等诸多问题,而在每一个阶段中,受灾个体及群体的行为反应和心理需求是始终发生着动态变化的,其影响因素也在不断改变,而且前一个阶段的心理反应又会直接影响后一个阶段,因此无法割裂地去研究及应对某一个单独环节。考察灾后不同阶段各种现象表现的动态特征,分析前因后果与交互作用,这也是应急管理中灵活应对与有效干预的重要前提。因此,把握非常规突发事件的动态心理与行为表现特征,由对事件的静态研究转向于事件动态进程的研究至关重要。而社会心理学个体、群体、社会交互作用的性质以及横断和追踪研究设计并行的方法论能够恰当地把握和体现出非常规突发事件的动态特点。

总之，从社会心理学视角出发展开研究和实践在非常规突发事件的应急处置过程中发挥着举足轻重的作用。随着对非常规突发事件研究的进一步深入和应对机制的进一步完善，社会心理学将在其中扮演越来越重要的角色。

24.3 非常规突发事件中社会心理与行为研究的理论基础

在21世纪之前，人类对于非常规突发事件的关注和科学研究并不系统。非常规突发事件和灾难心理学的研究是在一系列重大事件的催动下兴盛发展的。2000年以来，人类社会先后经历了"9·11"恐怖袭击、SARS病害、卡特里娜飓风、印度洋海啸、汶川大地震、东日本大地震、新冠疫情等举世震惊的大灾浩劫。这些血的教训，给人们留下了难以磨灭的记忆，随之而来的是追溯性和补救性的研究切入。特别是在一个影响巨大的非常规突发事件后，就会出现相应的研究热潮。经过这些年来的沉淀和积累，研究者已经从单一的对事件发生后心理和行为特征的简单描述，逐渐深入至对事件中心理与行为基础的理论探讨。在相对成型和有影响力的研究理论中，除了应激障碍、主观幸福感等单纯的心理学理论，越来越多的理论是经由临近学科迁移或者与之交叉综合而来的。本节将主要就威胁僵化理论、心理能量理论（亦称自我损耗理论）、意义维持模型、恐惧管理理论和社会认同理论等五种具有代表性的理论进行介绍。

24.3.1 威胁僵化理论

威胁僵化理论（threat-rigidity theory）由斯托（Staw）等人在1981年提出。20世纪70—80年代，经济学、社会学和心理学的研究者开始关注和探讨企业和组织如何面对逆境。很多研究者发现，在面对困境时，并非所有企业都能做出合理有效的应对。相反，从个人到群体再到组织在应对危机的过程中还可能表现出认知的僵化。具体而言，首先，危机将会导致信息加工受限，诸如注意范围变得狭小、信息编码过程变得简单化、信息加工渠道减少等；其次，危机会导致管理或控制的收缩，权力和影响力倾向于向组织高层集中。而信息加工系统和权力控制系统改变的直接后果是导致系统做出的行为更为单一和欠缺灵活性（Staw, Sandelands, 和 Dutton, 1981）。

威胁僵化理论在个人、群体和组织多个层次中都获得了实证支持（Staw,

Sandelands,和 Dutton,1981)。个人层面上,危机条件下,个人会感受到更大的心理压力和焦虑情绪,生理唤起水平也较高。而这三个因素将会不同程度地致使其认知加工变得局促狭窄,从而影响到任务表现。在群体层面上,群体会因为危机而使其自身的团体凝聚力减弱,同时对于领导的依赖加强,并且体验到更大的一致性压力,这些都是导致团体行为僵化的主要因素。在组织层面上,研究者同样发现信息加工过程的局促、决策权力的集中化和对于效率效果的过分关注等现象。

有意思的是,斯托等人提出威胁僵化理论的过程也从灾难研究中找到了实证支持。因而可以说威胁僵化理论是较早与非常规突发事件产生关联的理论之一。威胁僵化理论的观点对于某些灾后心理和行为有着较好的解释力。例如,该理论认为人们在强烈应激下会出现心理和行为上的退行,启用原始的、自动化的行为模式,而非常规突发事件恰恰会在瞬间打破个体原有熟悉的世界秩序,要求个体投入更多认知资源去进行理性思考和解决问题,原始和自动化的认知和行为模式在这时显然并不适用,于是就会导致诸多适应问题,如盲目从众等。

24.3.2 心理能量理论

威胁僵化理论指出,非常规突发事件发生后个体自动化加工的倾向会增加,非常规的环境却要求个体更多地进行非自动化加工,而保证个体能够顺利完成非自动化加工的心理资源就是**心理能量(mental energy)**。心理能量这一概念最早由弗洛伊德于 1923 年提出,他将其描述为驱动心理活动、压抑创伤性经历的能量。心理能量概念的提出虽然很早,但是直到 20 世纪末,鲍迈斯特等人(Baumeister 等,1998)提出**自我损耗(ego depletion)**概念和理论,才从资源的角度证实了心理能量的存在,即个体在进行与自我相关的活动后,其心理能量会被消耗,而这会引起其执行功能的下降。随后,穆拉文和鲍迈斯特(Muraven 和 Baumeister,2000)构建了心理活动的优先资源模型(self-control strength model)。综合来看,心理能量可以被定义为人们在目的指向性行为中需要的一种内部资源,其中与主观意愿相一致的行为需要的心理能量较少,而与主观意愿不一致的行为需要的心理能量较多(Muraven 和 Baumeister,2000;Baumeister,2002)。需要心理能量的领域分两个层面:在意识层面主要包括自我控制、做出审慎的抉择和主动发起行为,如抑制攻击性冲动、延迟满足等;在潜意识层面主要包括对创伤性经历、潜在欲望等的压抑,如阻止不愉快的经历进入意识层面(谭树华,许燕,2012)。

自我损耗理论指出,作为一种资源的心理能量会在使用过程中被损耗,也可以被补充(Baumeister 等,1998)。不过心理能量的补充需要依赖于充分的休息和良好的环境,若是个体处于长期的高损耗而又得不到及时补充的情况下,就容易产生适应不良,甚至导致心理能量枯竭。心理能量理论之所以被用来解释非常规突发事件后的心理和行为,一方面是因为在结果上,心理能量损耗后的后果与非常规突发事件后个体的行为特征具有很大的相似性,如身心疲惫、情绪耗竭等;另一方面则是非常规突发事件后,部分个体的心理和行为发展过程可以被看作是心理能量的损耗过程。如图24.2所示,在非常规突发事件发生后的第一阶段,个体开始应对突发事件,并感受到生存的压力,非自动化加工的频率增大,心理能量的损耗加剧,而这一阶段显然不具备补充和恢复心理能量的主观和客观条件;在随后的潜伏期中,个体需要同时重构受到冲击的价值观、意义感以及压抑和回避创伤性因素,这都将损耗心理能量,并且受条件所制,依然得不到足够能量的补充;在最后的分化期中,一部分个体的心理能量开始逐步恢复,而另一部分个体则可能始终固着在创伤性经历中难以自拔,心理能量就会持续降低直至枯竭(许燕,2010)。

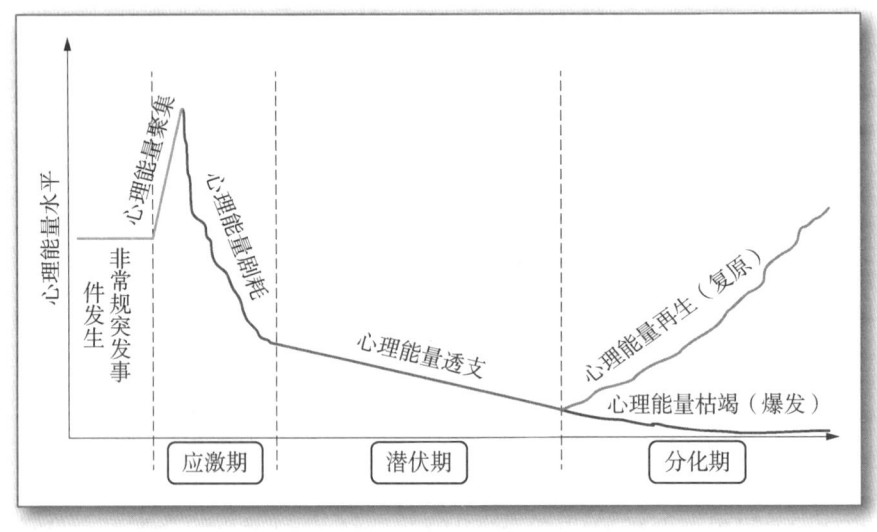

图 24.2 非常规突发事件爆发后不同阶段心理能量的变化规律
来源:许燕,2010

因此,心理能量理论一方面可以解释非常规突发事件后个体心理和行为表现的发展过程及特征,另一方面也可以为心理应急处置和干预救援提供参考。在心理能量理论看来,非常规突发事件发生后,心理能量的及时恢复对于个体走出阴影至关重要。一种可能的有效途径是,在事件后的潜伏期里帮助受灾群体进行意义重构,对其心理能量进行保护,从而遏制心理能量的枯竭并促进其再生(许燕,2010)。

24.3.3 意义维持模型

除了危害安全和健康,非常规突发事件的"非常规性"和"突发性"还可能威胁到人的心理意义系统,激发动机性的补偿行为,**意义维持模型**(meaning maintenance model;Heine,Proulx,和Vohs,2006)即关注到了这一方面。该理论认为,人类生活在一个纷繁复杂的自然和社会环境中,为了理解和应对所处的复杂环境,人们发展出了一套意义系统来组织事物之间的联系以简化世界、解释事物并做出预测(Markman,Proulx,和Lindberg,2012)。而当现实经历与个体的认识或者根据自身理解做出的预期相矛盾时,就会出现所谓的"**意义违反(meaning violation)**",令个体感到不适,进而激起补偿动机,以修复受损的意义系统(Proulx和Inzlicht,2012)。补偿的方式可以是直接的,如某一领域的意义受到威胁就直接对这一威胁做出回应,但也可以是间接的,称为**流动补偿(fluid compensation)**,即通过肯定和寻求其他领域的意义来尝试重建意义系统(Heine等,2006;左世江等,2016)。

非常规突发事件的发生通常突如其来,具有闯入性特点,且一般较为复杂,甚至在某种程度上超出了人们的日常理解范围,这就可能严重冲击着个体的意义系统,带来激烈的意义违反,进而引发各种补偿行为。以2020年爆发的新型冠状病毒肺炎疫情为例,这是一种新型病毒,来源不明,且尚无明确有效治疗手段,这带给人们高度的不确定、不可控和不可预测性,而各种抗疫措施又必须让人们改变原有的生活习惯,这种情况下,人们心理上的秩序感和意义感均严重受损。在这样的威胁之下,人们就会通过各种方式寻求补偿,以维持意义系统的平衡。例如,疫情期间网络谣言不断,关于病毒来源的各种阴谋论层出不穷,一定程度上体现出人们对于事件解释、确定性信息以及责任归因的需要(郭永玉,2020);此外,疫情期间的公共舆论场出现明显的分化与撕裂,不同观点间的对立十分凸显,这也可以在一定程度上解释为个体在遭遇意义违反后通过流动补偿的方式转而寻求和肯定其他领域的意义,如自尊、价值观、身份归属等,从而令个体在公共讨论中对于自己抱持的价值观采取更为保守和维护的姿态,出现观点极化和相互攻击(王芳,2020)。

意义维持模型带来的重要启示在于,非常规突发事件发生后,除了生命财产损失,人们也可能遭受心理层面的意义损失,例如安全感下降、确定感缺失、控制感削弱等,于是迫切需要感到国家、社会及自己周围的生活环境依旧是有序的,换言之,应该把保障民众日常的秩序和意义感知作为重要的决策考量(郭永玉,2020)。

24.3.4 恐惧管理理论

人类能够觉知到死亡,因而恐惧死亡。贝克尔(Becker,1973)认为死亡恐惧是人类问题的主要根源,是人类动机的核心源泉。恐惧管理理论(terror management theory)从存在主义哲学和进化心理学的角度出发,解释了人在面临死亡提醒时产生的特殊心理和行为。该理论认为,死亡恐惧会摧毁个体正常的心理功能,只有那些成功管理恐惧并获得心理平衡的个体才能生存下来并获得更大的繁衍优势(Greenberg,Pyszczynski,和 Solomon,1986;Greenberg,Solomon,和 Arndt,2008)。

大量研究发现,在死亡提醒的情境中,个体会更加努力地增强自尊、寻求意义感;降低认知失调、维持刻板印象、建立更为牢固的文化世界观;并且对于亲密关系的建立和维持更加渴望(刘亚楠,2010;刘亚楠,许燕,于生凯,2010)。实际上,自尊、文化世界观和亲密关系被研究者视作应对死亡恐惧的**三重防御系统(tripartite security system**;Hart,Shaver,和 Goldenberg,2005)。此三重防御系统可以帮助人们缓解死亡焦虑,维持心理平衡和稳定。近来的研究发现,人类不仅具有积极获取心理资源、对抗死亡恐惧的防御系统,如自尊、文化世界观和亲密关系,还具有消极回避某些死亡凸显事物的防御系统。例如,老年人和残疾人可视为对人类死亡这一最终宿命的强烈凸显,在死亡提醒的情境下,这些进一步凸显死亡的事物即很可能遭受到厌恶甚至歧视(刘亚楠,许燕,于生凯,2010)。

非常规突发事件经常伴随着生命的丧失,这无疑是对死亡的强烈提醒。因而,恐惧管理理论也被用以解释非常规突发事件后受波及人群的心理和行为。一项在"9·11"事件发生后 2—5 天内对 560 名美国公民的调查发现,98%的人反复与他人谈论该事件,90%的人从宗教中寻求慰藉,60%的人投入各种集体活动,36%的人参与捐款(Schuster 等,2001),这些都可视作是典型的对于死亡恐惧的亲密关系和文化世界观防御。2003 年出版的《*In the Wake of 9/11: The Psychology of Terror*》一书使用恐惧管理理论来解释 9.11 恐怖袭击后人们形形色色反应背后深层的心理机制(Pyszczynski,Solomon,和 Greenberg,2003),得到了美国社会的强烈共鸣。总之,恐惧管理理论可以帮助人们更清晰地理解一些非常规突发事件后个体的行为反应,例如,个体对宗教信仰的依赖、高涨的爱国热情、对世界公平的强烈信念、对违规者的严厉惩罚等可以解释为文化世界观防御;更热衷于参加社交活动、期待和别人在一起、害怕被他人拒绝、更加"惜取眼前人"等可以解释为亲密关系的防御。恐惧管理理论提供的最大启示是,在非常规突发事件后,应该采取必要的措施帮助受波及人群管理自身的死亡恐惧,以避免一些非理性行为的发生。

24.3.5 社会认同理论

种族中心主义(ethnocentrism)、排外主义(xenophobia)、群体内偏好(in-group favoritism)、外群体贬损(out-group derogation)等长久存在于人类发展历史中。社会认同理论(social identity theory)产生于对种族中心主义的反思,由泰弗尔和特纳(Tajfel 和 Turner,1979)在 20 世纪 70 年代提出,并作为群体关系研究中最有影响力的理论之一发展至今。研究者将**社会认同(social identity)**定义为个体认识到他/她属于特定的社会群体,同时也认识到作为群体成员带给他/她的情感和价值意义(Tajfel 和 Turner,1986)。

社会认同的发生需要经历三个过程。首先是社会分类,人们具有自动将事物进行分类的倾向,而在对人群分类时会自动地将其区分为内群体和外群体。这种认知上的分类,会让个体主观上知觉到自己与他人的共属感。其次是社会比较,社会比较促使评价和分配差异夸张化、扩大化。个体会给群体内成员更高的评价并分配更多的资源,而对群体外成员给予更低的评价并分配更少的资源。最后是积极区分原则,社会认同理论认为,社会认同的主要目的之一是增强个体自尊,而在群体关系中,自尊的获得以群体成员关系为中介。因此,在社会比较的过程中,群体成员为了增强个体自尊,往往会在社会比较中夸大自身群体的优势,此即积极区分原则(Tajfel,1982;张莹瑞,佐斌,2006)。社会认同对于增强个体自尊自然具有积极的一面,然而如果过分夸大群体间的差异,就容易引发群际偏见与冲突。

前文中已经提到,非常规突发事件后,人们的心理和行为状况是具有群体差异的。这一方面来源于个体的受波及程度、在事件中的角色和受力有所不同,一方面也来源于人群固有的宗教、文化、民族和种族的不同。在非常规突发事件的死亡提醒后,个体增强自尊、建立亲密关系的需要更为迫切,这在一定程度上加强了群体分化和社会认同的作用。一方面,社会身份的确立可以帮助个体获取社会支持以应对突发情境,例如有研究对 11 起突发事件的 21 名幸存者进行了深度访谈,发现在紧急情况下,人们共有的社会身份可以增进群体团结,减少恐慌情绪及行为(Drury,Cocking,和 Reicher,2009),此外这种社会认同过程还将有助于群体自组织和自救(Drury,2018)。但另一方面,也因为社会身份的凸显,在非常规突发事件后的处理安置过程中需要考虑到群体关系和群体动力等因素,对事件发生地的特殊文化要予以关注,以避免衍生社会问题的发生。以对美国卡特里娜飓风的研究为例,研究者发现黑人和白人对于灾难的知觉和解释是不同的。黑人倾向于认为渴望受到上帝的救助,而白人倾向于认为渴望受到亲友的帮助;不同人群受到飓风影响的程度也有差异,相较于白人和高社会阶层的群体,黑人和低社会阶层的群体更容易在风灾后失去工作保障;在安置过程中,政府将黑人和白人安置在一起继而导致了激烈的种族冲突,黑人认为自己在风灾中因为种族原因而受到怠慢,而白人则因为社会认同原因认为黑人是咎由自取(Dach-Gruschow 和 Hong,2006;Michel,2007;Elliott,2006)。

社会认同理论除了在非常规突发事件后的安置问题上具有指导作用,还可以解释群际助人情绪和行为。东日本大地震发生后不久的一项研究表明,当分别启动中国和美国被试的本民族认同时,和与日本具有战争仇恨的中国被试相比,与日本为军事盟友的美国人表现出了更多的同情;而当两组被试均启动全人类认同时,两组被试的同情都有所增加(Yang 等,2013)。这一研究结果是社会认同影响灾后群际关系的典型体现。

24.4 非常规突发事件的社会心理与行为研究

如前文所述,从非常规突发事件的心理学研究主题来看,其主要关注两方面的内容:生物性应激反应和社会性应激反应,这是第一个二维视角。同时,非常规突发事件必然涉及事件直接受灾者(victims)、潜在受灾者(potential victims)和旁观者(bystanders)等各方人群。在应急管理体系的设计中,任何政策和措施的有效性都依赖于是否符合各类人群的心理变化规律与接受能力。在寻找普适性规律的同时,由人群的细分寻找差异性规律,是非常规突发事件心理学研究的另一个二维视角。因此,非常规突发事件的心理学研究架构总体来看存在两个二维视角:一是研究主题上关注生物性应激反应还是社会性应激反应;二是研究对象上关注适用所有人群的普适性规律还是各类人群的差异性规律。从现状来看,在研究主题上,个体心理健康导向的、针对非常规突发事件后个体短期应激反应(如生理、认知、情绪、行为等的变化)和中长期临床症状(如创伤后应激障碍)展开的研究在很长一段时间内占据主导,相对来说,社会心理行为方面的研究才刚刚为研究者所重视;在研究对象上,针对各类人群展开的差异化研究也相对新兴。接下来将以非常规突发事件涉及的各类人群为线索,重点介绍一些以中国非常规突发事件为背景、围绕个体及群体社会心理和行为规律进行的代表性研究。

24.4.1 非常规突发事件当事人的社会心理与行为研究

个体社会性应激反应与规律

非常规突发事件将极大破坏事件当事人生活的物理和心理环境,导致个体的社会心理和行为产生一些过程性或长期性的变化。研究者从个体社会认知功能、心理和谐与幸福感、价值观与生命意义、风险认知与决策行为、亲社会行为等角度说明了这些变化,同时也探讨了一些可能的缓冲因素。

社会认知功能 心理能量理论认为,非常规突发事件的发生会导致心理能量的大量动员和急剧消耗;根据威胁僵化理论,当个体面临危机时会出现信息加工受限、控制收缩、依赖优势反应或自动化反应等表现。郭璐、许燕(2014)运用近红外光谱(NIRS)技术,以脑部血流量作为心理能量的指标,考察了灾难情境启动对个体认知功能的影响。结果发现,灾难情境启动组的非自动化认知加工任务完成质量与中性情绪组没有显著差异,但目标脑区的活跃水平却比中性情绪组更高。说明灾难情境启动组付出了更多的心理能量或者说消耗了更多的心理能量才能完成相等的任务,即非常规突发事件会降低个体的认知加工效率。另一方面,非常规突发事件的发生除了将启动恐惧、焦虑等基本情绪外,一些社会性情绪也会随之而来,其中后悔(regret)就是一种在幸存者和救援人员群体中广泛存在的社会性情绪。研究者在实验室环境中启动后悔情绪后发现,后悔情绪体验及其沉浸会损耗个体有限的心理能量,导致其在后续认知任务表现较差,即降低了个体的非自动化认知加工效力(Gao等,2014)。

心理和谐与幸福感 非常规突发事件除了对个体心理健康造成伤害之外,也可能影响到心理和谐和幸福感。白新文等(2009)在5·12汶川地震后使用自编的心理和谐测量工具对一般受灾地区、重灾区和极重灾区共9个县市共1385位居民进行了调查,发现灾区民众心理和谐的状况会受到其对政府救灾政策和措施满意度的影响,且相比对中央政府的满意度,对地方政府的满意度更加影响到心理和谐。陶塑等(2009)在5·12汶川地震发生两个月后对508名来自灾区的幼儿园和中小学教师进行测量,结合他们对地震前状况的回忆,考察地震前后其主观幸福感的变化情况及其影响因素。结果发现与回忆得到的地震前感受相比,地震后的主观幸福感显著下降,其中来自极重灾区和遭受客观损失越大的教师体验到的主观幸福感下降程度更大。不过,非常规突发事件对幸福感的影响可能是复杂的。例如,陈昌凯等(2010)认为,灾难性事件在造成人员和财产巨大损失的同时,对个人的幸福感可能还存在由重新建构意义体系所带来的积极影响。灾难性事件本身不可能引发幸福感,但灾难性事件却可能会使个人从认知、需要和情绪三个方面重新建构幸福感的结构性成分,进而使灾后的幸福感可能比灾前更容易产生。

价值观与生命意义 价值观作为社会意识形态的反映,会受到重大社会事件的影响。非常规突发事件以其突发性和巨大的破坏性特征成为影响价值观的可能因素之一。许燕等(2004)用问卷法分别在 SARS 初期、后期和平息后对北京大学生价值观进行了三次调查,研究了 SARS 突发病害对大学生价值观的影响。结果表明:SARS 突发病害引起了个体某些价值观成分的突变,大学生主导价值观由实用型转变为社会型和健康型,健康型价值观成为人们价值体系中新的重要的成分。汶川地震后,同一批研究者进行了类似的研究,发现四川大学生相比北京大学生更为重视社会型价值观(许燕,王芳,贾慧悦,2009),而 2020 年新冠疫情后,相比于其他地区大学生,湖北省大学生也表现出类似的差异,即社会型(而不是实用型)价值观占主导(史慧玥等,2020),说明特定类型的非常规突发事件可以增加个体对于社会和他人的关注。汶川地震也对震区青少年的生命价值观产生了影响,张妍等(2009)采用自编大学生生命价值观问卷分别于地震前 1 年、震后 2 周和震后 5 个月对灾区大学生进行了三次测试,研究者发现,在三次测量中,地震刚刚结束 2 周时学生们的生命价值体验得分最高,说明突如其来的灾难对人们对于生命的看法产生了冲击性的短期影响。与之类似,张姝玥和许燕(2011)在汶川地震后请重灾区的 249 位中学生列举从地震经历中发现的益处,经过编码后发现益处主要集中于两个方面:一是他人和社会方面,包括拉近人际关系、感受到人性光环、体会到正面的精神力量、发现政府和国家的益处以及他人的积极改变;二是自我方面,包括珍爱生命、个人成长、珍惜身边的人、收获积极观念等,这有别于国外同类发现仅限于自我方面的研究结果。此外,相关研究还发现,个体越关注灾难事件的积极方面,其生命意义体验就越强。

风险认知与决策行为 非常规突发事件会在很大程度上威胁到人们"世界是安全的"这一认知,他们对当下风险的感知及对未来风险的预期将引导和决定后续行为反应和决策判断。谢晓非和郑蕊(2003)提出,公众往往依靠直觉对风险事件进行知觉和判断,这种依靠直觉的认识和判断被称为风险认知(risk perception)。时勘等(2004)考察了来自中国 17 个城市的 4 231 名市民对 SARS 疫情信息认知的理性和非理性特征,建立了中国民众在 SARS 危机事件中风险认知的心理行为预测模型,发现负性信息特别是与民众自身关系密切的负性信息,更易引起他们的高风险评价,从而导致非理性的紧张或恐慌;而政府的防范措施等正性信息更能降低个体风险认知水平,使民众保持理性的应对行为。谢晓非等(2005)提出了"以受众为中心的风险沟通"方式,并检验了其在 SARS 危机中的效果,结果发现 SARS 期间民众会通过大众渠道、专门渠道和人际渠道获得信息;民众对政府和专家具备基本的信任;我国民众的社会心理支持体系可区分为情感型和权威型,两种类型对个体有不同的意义。在决策行为方面,李金珍等(2008)发现人们灾后决策的特点更多地表现为直觉化,而较少运用理性分析;灾难后继决策有随时间变化的趋势,灾难事件后人们为寻求安全感而出现"损失偏差"。还有研究也发现,地震让人在做跨期选择决策时变得更短视,他们的时间折扣效应更强,即更倾向于索要"现在的获得",更倾向于承受"以后的损失"(Li, Li和Liu,2011)。

亲社会行为 灾难并不像人们想象的那样,带来的全是负面行为反应。研究者在汶川地震发生1个月、4个月和11个月后分3次调查灾区(四川、甘肃)和非灾区(河北、北京、福建)近8500名居民的亲社会行为水平,结果显示,随着居住地灾情严重程度的增加(从非受灾、轻度受灾、中度受灾到重度受灾),居民的亲社会行为水平也随之增加,房屋损毁越严重的受灾者激发出了更加强烈的亲社会倾向(Rao等,2011)。

一些缓冲因素 一些因素可以缓冲非常规突发事件对于个体心理的负面冲击。例如,研究者对香港地区在SARS期间住院的997名患者出院后6、12、18个月的身心健康状况进行追踪,发现高社会支持下,个体长期的身心功能更佳(Bonanno,2008)。再如,持有公正世界信念的地震受灾者的心理健康状况更好(Xie, Liu,和Gan,2011),心理复原力中的积极认知和信任两个维度对降低学生创伤后应激反应、促进学生心理健康恢复具有积极作用(张姝玥等,2009)等。

群体社会性应激反应及其规律

除了个体的心理和行为会受到非常规突发事件影响外,事件本身的群体性特点也使得个体的负面心理反应很容易向群体层面转化,进而引发群体性的衍生灾害。国外大量社会心理学研究表明,在灾害事件发生后,社会稳定是一个重大问题,处理不好将导致大范围的社会动乱(时勘等,2010)。目前来看,相对于个体心理的研究,群体层面的心理和行为特征及其演化规律的研究相对较少,而后者却是有效阻断潜在衍生事件的重要环节和基础,因此急需对个体进入群体的心理动机、个体信念情绪行为等上升为群体信念情绪及行为的转化过程、群体内部的动力学机制等进行细致系统的研究。下面将从群体的从众和恐慌性应对行为、群际冲突、集群行为及群体决策几个方面,尝试对非常规突发事件后的群体社会性应激反应规律进行一定程度的梳理。

从众和恐慌性应对行为 在非常规突发事件刚发生的一段时间内,群体中的从众行为会出现显著增加。在突发的自然灾害或公共卫生事件面前,民众的情绪通常具有较大程度的相似性,一方面,情绪的相互感染容易达成一致性;另一方面,从众也是应对当下不确定性的一种方式,继而就可能出现恐慌性应对行为,如新冠疫情中囤积口罩、抢购厕纸等恐慌性购买行为。对于这些现象,多个理论提供了一些解释。其中之一是恐慌理论(panic theory),该理论认为,是由于群体对灾难的恐慌导致了恐慌行为,所以产生不理性的从众(Kriegel,2002)。而社会依附模型(social attachment model)则认为,人们做出如急切逃离灾难地点等行为并非是出于群体的恐惧,而是在试图靠近家人朋友或熟悉的地点,这种亲和行为是对现实威胁的一种回应方式,但在此过程中也可能失去冷静的判断,因而从众(Mawson,2005)。紧急规范理论(emergent norm theory)则从更为积极的角度来审视从众行为,它认为从众的产生是因为,在危机环境中,人们倾向于表现出合作和助人行为,而不愿意做出与群体规范相违背的行为(Drury 和 Cocking,2007;Prati 等,2013)。保护性行为决策模型(protective action decision model)对从众的看法同样相对积极,它认为从众是个体在知觉到风险后进行认知决策以提出最佳方案来保护自身的表现(Kuligowski 和 Mileti,2009;Kuligowski,2013),也就是说,群体之所以从众,可能是他们错误地进行了决策判断,认为跟随他人可以最大程度地保护自己。

群体污名和群际歧视　　由于非常规突发事件经常造成人员伤亡和经济损失,在归因需要的驱使下,人们习惯于进行责任归因和道德审判,从而令某些群体背负道德污名,受到其他群体的偏见与歧视。这一现象在以大型流行性传染病为代表的非常规突发事件发生后尤为凸显,那些来自于疾病高发地或者被认为是传染源或重要传播者的群体极易背负污名,受到其他群体的回避、排斥甚至攻击。传染病社会学研究创始人菲利普·斯特朗(Philip Strong,1990)在《流行病心理学:一个模型》(*Epidemic psychology: a model*)一文中总结了历史上很多新传染病发生后人们的心理反应,发现将疾病社会化或道德化是一个稳定出现的特征,比如艾滋病蔓延后出现了对同性恋者的污名化,认为他们要为疾病的传播负责。类似现象在后续大型疫病流行后反复出现,例如,SARS 流行期间,纽约唐人街因为与中国的联结而成为被污名化的社区,尽管那里并没有发现任何病例(Eichelberger,2007);在 2020 年席卷全球的新型冠状病毒肺炎爆发过程中,再次出现海外华人受到拒斥的现象,而在中国国内,针对武汉人和湖北人的区别对待也屡见不鲜(佐斌,2020)。对此,有研究者将其解释为对于**行为免疫系统(behavioral immune system)** 的一种过度反应,即通过对疑似病菌线索的高度敏感来降低感染风险(Schaller 和 Park,2011;Ackerman,Hill,和 Murray,2018)。除此之外,如果非常规突发事件是人为制造的(如恐怖袭击),那么对于发动者及实施者的仇恨很可能泛化到其所在国家、种族、宗教团体里的其他成员身上,令整个群体被排斥,如"9·11"事件后穆斯林群体遭遇的大规模歧视(Sheridan, 2006)。

群际冲突 群际冲突的增加是非常规突发事件发生后的另一个主要群体问题,例如新冠疫情中美国爆发的种族冲突,再如在东日本"3·11大地震"之后,日本东北地区积压了大量瓦砾无从处理,政府本想呼吁其他地区共同分担,但各地民众却因担心瓦砾的核辐射而强力反对,在此后的一次游行中,警察和民众爆发了冲突。对于这些冲突事件,一方面可以从早期的现实冲突理论(realistic conflict theory)寻求解释,该理论认为,群际态度和行为反映了一个群体和其他群体之间的客观利益关系,由于群体目标不一致,一个群体以其他群体的利益为代价而获得自己的目标,就会出现竞争,因此,群体间就倾向于以敌意对待对方(Sherif 等,1961)。另一方面还可以从之前介绍过的社会认同理论寻求解释,它不是从切实利益而是从群体成员的心理需要出发来看待群际冲突,认为个体需要通过群体关系来提升自尊,因此会对内群体成员给予更高的评价,在资源分配上给予优待,而对外群体成员进行贬低,分配以更少的资源,因而产生冲突。例如,研究者以卡特里娜飓风后的种族冲突为背景,发现当启动美国白人的"美国人"认同时,会比启动"美国白人"认同时产生对于黑人更加强烈的偏见,因为白人是"美国人"的典型代表(Dach-Gruschow 和 Hong, 2006)。

集群行为 非常规突发事件后,集群行为的发生也值得关注。集群行为(collective action)通常被定义为"个体以提高整个群体的地位、权力或者影响力为目的而做出的行为"(如,Tajfel 和 Turner, 1979; Wright, Taylor, 和 Moghaddam, 1990; Van Zomeren 和 Iyer, 2009)。在非常规突发事件的研究中,主要关注的是可能破坏社会稳定、引发不良后果的集群行为。研究发现,集群行为发生的途径可能包括:工具理性、社会认同和群体愤怒。除了上面提到的社会认同以外,工具理性和群体愤怒反映了集群行为的理性与非理性:工具理性是集群行为理性的一面,群体成员会根据行动成功的期望和价值来决定参与集群行为的动机;群体愤怒是集群行为非理性的一面,相对剥夺带来的不公平体验容易引起群体愤怒(陈浩,薛婷,乐国安,2012)。例如,研究者通过对汶川地震后都江堰市、绵竹市、什邡市三地 309 个灾民进行了为期一周的问卷调查,结果发现,个体与群体相对剥夺显著正相关,双重剥夺下的灾民更倾向于参与集群行为(张书维,王二平,周洁,2009)。这时参与集群行为好比情绪阀一般,具有平复愤怒情绪的作用,因此处于群体愤怒下的人群会倾向于参加集群行为来调节自身的不满情绪。这就更为考验非常规突发事件公共管理机制,一是如何尽可能地消除相对剥夺,避免群体愤怒的产生,二是如何有效疏导已经产生的群体愤怒,避免引发更为严重的行为后果。

群体决策 在非常规突发事件爆发后,决策者必须在有限的时间、资源、信息和人力等困难条件下做出快速判断和准确行为(杨继平,郑建君,2009),而且此时决策主体很可能是一个群体而非个人(如抗震救灾指挥部),因此如何提高危机情境下群体决策的科学性成为了亟待解决的问题。王国锋和井润田(2009)基于对汶川地震后121个医疗救援团队的调查数据发现,在地震这一自然灾害创设的危机情境下,团队多样性(年龄、受教育水平、行业内工作时长等)有利于减少团队的信息认知不确定性,其中性别多样性还能降低风险认知的不确定性;研究还发现,在领导风格层面,当风险及信息不确定认知越高的时候,领导者越会采用德行领导方式,但前种情况下团队更需要探索性的领导而后者更需要执行力强的领导,此外领导者的威权领导方式会有损团队决策质量。詹雪梅和孙晓敏(2014)则通过在实验室人为创设虚拟火灾决策情境,考察了危机下决策团队中领导和专家的关系以及专家在团队中所扮演的功能对团队决策质量的影响,结果发现,在团队中专家的影响力越大,群体决策质量越好,且领导的提议行为会抑制领导开放性进而降低专家的影响力,而领导的提问行为则会促进领导开放性进而提高专家的影响力。

24.4.2 非常规突发事件潜在涉入者及外围旁观者的社会心理与行为研究

潜在涉入者的风险认知与决策行为

当某个非常规突发事件具有可预见的传播性或扩大化趋势时,众多不在事件直接影响范围内的人也可能成为潜在的涉入者,他们如何看待潜在的风险并对其进行评估和应对也是研究者们感兴趣的问题。

其中一个有趣的现象被研究者称为"**心理台风眼(psychological typhoon eye)**"(Li等,2009,2010;谢佳秋,谢晓非,甘怡群,2010;谢晓非,林靖,2012)。台风眼原本是指距离台风中心直径大约10公里的圆面积,由于台风眼外围的空气旋转剧烈,在离心力的作用下,外面的空气不易进入台风的中心区内,因此台风眼区就像由云墙包围的孤立的管子,它里面的空气几乎是不旋转的,风很微弱。"心理台风眼"则是借用这个气象学中的台风眼概念,形象地描述了在时间维度上越接近高风险时段或者在空间维度上越接近高风险地点,心理越平静的现象。从常识思维来看,一般会认为越靠近风险危机事件,个体的恐慌程度将越强烈,而"心理台风眼"则证明这种观点不一定对。在SARS病害和汶川地震后研究者都发现了心理台风眼现象。例如,时勘和张进辅(2004)对京渝两地556名民众进行了SARS疫情中风险认知及其社会心理行为预测指标的研究,结果发现处于疫区的北京民众对疫情风险的控制感高于重庆民众,在疫情失控评定上,处于非疫区的重庆民众反而更为担心。另一项研究也发现,SARS后非疫区民众的状态焦虑、从众行为和家庭依赖的程度均显著高于疫区民众(谢晓非等,2005;Xie 等,2011)。类似的现象也发生在汶川地震中,研究者在汶川地震 1 个月后对比了福建省和北京市居民与四川省和甘肃省灾民对灾难的风险知觉程度,结果发现前者认为灾区更需要安全救助,对发生传染性疾病的焦虑程度更高,同时也认为灾区需要更多的医疗和心理救助人员,且随着灾情严重程度的增加,居民对健康和安全的担忧程度反而降低,且非灾区居民的担忧程度高于灾区居民(Li 等,2009)。此外,研究者还发现了 2 个"关系"版的"心理台风眼"效应:与财产遭受损失的受灾人亲缘关系越接近,居民对健康和安全的担忧程度反而越低;与生命健康遭受伤害的受灾人亲缘关系越接近,居民对健康和安全的担忧程度反而越低。所有这些"心理台风眼"效应均表明,与人们的直觉推断不同,居民对健康和安全的担忧程度并不一定随着受灾程度的增加而增加(郑昱,李纾,2013;Li 等,2009),且一年后此效应仍然存在(Li 等,2010)。费斯汀格(Festinger,1962)提出的认知失调理论(cognitive dissonance theory)可以在一定程度上解释"心理台风眼"现象。处于高风险状态下的个体可能会体验到高水平的认知失调,即自身受到较大威胁和无法摆脱高风险状态之间发生了认知冲突。由于后者很难在短时间内改变,因此只能改变"自身受到较大威胁"这一认知观点,以减少认知冲突带来的紧张感。而未处于高风险状态下的个体由于认知失调感较弱,因而无需改变对自身所受威胁程度的看法。但是,"心理台风眼"现象的出现也可能存在边界条件,如谢佳秋等(2011)在对灾区和非灾区民众在购买保险的意愿和撤离原居住地的意愿等变量上也不同程度地发现了"心理台风眼"效应,但在对余震的风险认知上没有发现,此外在焦虑水平上则发现了相反的趋势,说明这一效应的出现可能依赖一定的情境条件,例如人们是否亲历了风险事件的严重后果等。此外,温芳芳等(2020)在新冠疫情期间分别以"当事人—旁观者"视角检验了"心理台风眼"效应,结果发现,当基于当事人视角时,疫情严重地区民众的风险认知和焦虑大于其他地区,而基于旁观者视角时,民众对武汉居民的焦虑和对所需心理咨询工作者和医生数量的评估存在"心理台风眼"效应。总体来说,对"心理台风眼"现象的研究有助于应急响应部门因时因地制定应急管理方案,在救助非常规突发事件中心区域的同时,同样不可忽视对潜在受波及对象的紧张情绪加以关注和安抚。

此外,还有研究对非常规突发事件发生后潜在涉入者的风险感知和应对行为随灾情事态发展的变化特点进行了纵向考察。如曹红蓓和许燕(2012)在日本 3·11 地震后的一周到两个月内,根据中国民众围绕事态发展情况所感受到的新闻主题,将日本地震灾难发生直到基本平息分为六个阶段,分六次调查民众在各时间节点上的风险感知和风险应对行为。结果发现人们的风险感知随着事件的进程而发生波动,峰值出现在核泄漏危机时,这说明人们的主观认知和客观事实是相一致的。而有趣的是在第三个节点上,公众出现了抢盐行为,但此阶段的风险感知却相对较低。从这个结果可以推测,那些从众性的行为反应可能是人们降低风险感知的一种途径,而这种方式似乎也具有一定中国特色的心理意义。这也提醒相关部门需要向民众提供专业化的、有理有据的指导建议,以帮助民众理性应对风险。

外围旁观者的情感态度与集群行为

非常规突发事件后,外围旁观者的情感态度是具有差异的。例如,在日本地震后,韩国和中国的大学生比欧美国家的大学生表现出了更少的同情、更高的幸灾乐祸和更低的助人意愿(Gao等,2014)。与美国民众相比,中国民众更不同情日本地震,且更多地把日本地震归因为报应;但中美民众对印度洋海啸的同情度无差异,社会表征以及归因对两国民众同情具有中介作用(Yang等,2013)。中国中学生对于日本人持负面的刻板印象,导致他们对地震灾民的救助意愿较低(张燕等,2013)。这些研究结果都指向一个复杂的情绪——幸灾乐祸。顾名思义,幸灾乐祸(schadenfreude)即因他人的厄运而快乐。它被认为是一种基于社会竞争和社会比较的阴暗情感。幸灾乐祸具有一定的积极功能,例如个体可以借此完成假想中的复仇、修复公平感、提升自我、消除嫉妒、整合团体和排除异己等。然而不可否认的是,幸灾乐祸不利于人际和谐,具有反社会性(曹红蓓,许燕,辛霞,2012)。在非常规突发事件后,如何引导旁观者的情感态度也是今后的应急管理策略需要思考的问题。

如果对非常规突发事件的处置不当,不仅容易引发直接受灾人群的群体愤怒,同样也会引发旁观人群的强烈不满,从而导致消极的集群行为。随着信息技术的发展,网络的隐匿性、低成本参与性与大众传播性使得传统集群行为改头换面经由网络媒介得以体现,更多人透过网络来发泄负面情绪或者追求既定目标。例如,在2011年7·23甬温线动车事故中,因对就地掩埋车厢的处理措施以及相关新闻发言人的言辞不满,网友表达了强烈的质疑,甚至出现了激烈的谩骂和嘲讽。有研究者将中国的网络集群行为总结为人肉搜索、爆吧和网络攻击、网上论坛、请愿和投票4种类型(Qiu等,2014),其中有些网络集群行为具有明显破坏性质。通过对动车事件民众微博的大数据分析,网民对于动车事故表达的道德情绪与道德基础理论吻合,网民对发言人的言论表达了鄙视情绪,对赔偿不公表达了愤怒,对救出的小伊伊表达了同情与爱;男性的愤怒、厌恶和鄙视情绪有更高的表达倾向和表达强度,女性更倾向于表达爱和同情且强度更高(叶勇豪,许燕等,2016)。因此,在非常规突发事件后,除了通过及时启动应急救援机制对直接影响者进行科学妥善处理以避免社会公众爆发大规模的集群行为外,还应积极地对网络集群行为加以研究,以求在爆发网络集群行为后合理应对,避免进一步扩大衍生灾害。

24.5 非常规突发事件社会心理研究的未来展望

经过数十年的研究积累,人们对于非常规突发事件下个体和群体心理和行为特征及规律的认识已经有了长足的进步,特别是在应激环境对个体的心理影响及其机制、突发事件下个体和群体的行为反应规律、公众的风险认知和风险决策特征等方面,取得了丰富的成果。随着国家对于该领域基础科学问题研究的日益关注和经费投入的进一步加大,可以预期其中社会心理的研究将迎来繁荣期。未来,在研究主题、研究视角和研究方法上的拓展值得期待。

24.5.1 研究主题

在研究主题上,在继续深入对非常规突发事件下个体和群体社会性应激反应、规律及原理进行探讨的同时,可以进一步拓展到更为具体但在危机事件中非常具有代表性的情境中,如有毒有害物质或其他恶劣条件,对个体认知和行为能力的影响及其机制展开研究。此外,除事件本身对人的影响,事件发生后的应急处置措施对于受灾者心理和行为的影响及其效果评估也应获得更多研究者的关注。加上事件可能存在滞后效应,所带来的经济和社会震荡所造成的损失甚至大于灾难期间,这就需要加强后灾难时代的应对策略研究,避免涟漪效应进一步扩大(许燕,2020)。最后,目前研究对非常规突发事件的直接影响人群、潜在涉入者和外围旁观者均有涉及,但相对来说后两类人群受到的关注远不及直接影响人群。另外灾难事件中救援人员(包括专业救援人员、军队官兵、医护人员、心理干预人员等)的心理反应特征和规律甚少被研究,目前仅有少数从抗逆力、压力管理、心理健康等角度展开的探讨(如梁社红等,2013;时勘等,2008),值得研究者进一步跟进。

24.5.2 研究视角

在研究视角上,目前绝大多数相关研究都是从相对静态的角度描述和解释非常规事件后某一个节点上个体和群体的心理和行为反应,但由于非常规突发事件及其衍生事件具有发展阶段性的特点,而这一特点又因事件主体、事件类别的不同呈现出不同的规律,故而从应急管理的实效性来看,应更加关注事件发生后个体和群体的动态变化规律,而不是企图用单一、普适的指标来建构其心理指征体系。以典型的大型自然灾害为例,个体和群体心理的动态性主要体现在以下几个方面:首先,从灾民应对的阶段性来看,受灾民众的早期心理行为表现以生物性应激为主,而在中长期则更多地体现为社会性应激,对外围民众而言,社会性应激在整个过程中都更为突显;其次,从救援工作的进程来看,救援工作依次分为生命救援和物理救援两个阶段,工作内容的变化有可能直接导致其目标认同度的差异,进而影响救援者的心理反应(应激反应)和行为表现(救援绩效);再者,从衍生事件的发展过程来看,不但个体的集群倾向因其自身应对内容的区别存在阶段性差异,事件本身也因其外部诱因的区别体现出时空的差异性——既可能是对当下应急管理不力(如物资分配不公允)的不满,也可能是对既有社会问题(如阶层矛盾、种族冲突)的激化。另外一方面,宗教理念、文化观、价值观也可能成为不同阶段的缓冲因子(例如,玉树地震时喇嘛的亡灵超度有效缓解了丧亲灾民的悲痛情绪)或者激化因子(例如,教师由价值缺失感而参与罢教行动)。因此,应急管理应明确灾害动态演变过程对个体和群体心理的动态影响及其机理,综合考虑各种可能成为事件诱因的内外因素,建立一个动态、多维的心理指征体系。

24.5.3 研究方法

在研究方法上加大多学科的融合,在社会心理学的传统研究模式和方法基础上吸纳相关学科,如系统科学、管理科学、工程科学、信息科学等的优势方法,进一步加强研究结果的科学性和趋真性。例如,源于系统科学和计算机科学的"基于主体的建模(agent-based modeling)"方法。该方法是一种自下而上的计算机建模方法,可以将社会中的每一个个体视为一个 agent,然后将通过观察现实复杂系统抽象出的个体所遵循的简单规则赋予 agent,继而在计算机中模拟 agent 的相互作用,从而找到人工社会的规律(张江,李学伟,2005)。这种高度仿真的"人工社会"建模方法可以弥补传统社会心理学研究方法样本量受限及视角相对微观的不足,使研究者既能够把握宏观层面的过程全局,同时又不丢失对微观层面的心理机制的关注(Cederman,2008),在一定程度上实现从研究"变量"到研究"行为主体"的转变(Macy 和 Willer,2002)。该方法现已被迁移应用于组织、市场及众多社会学研究之中(Bonabeau,2002),对于非常规突发事件这样一个复杂巨系统,社会心理学视角的研究也应尝试吸纳类似的、更为多元的方法以实现理论和实践的突破。

(王芳　左世江)

参考文献

白新文, 任孝鹏, 郑蕊, 李纾. (2009). 5.12 汶川地震灾区居民的心理和谐状况及与政府满意度的关系. 心理科学进展, 17(3), 574-578.

曹红蓓, 许燕, 辛霞. (2012). 幸灾乐祸：人性"底部"的邪恶快感. 心理科学进展, 20(3), 443-456.

陈昌凯, 肖心月, 张保军, 黄皓明. (2010). 灾难性事件对幸福感的"积极"影响. 心理科学进展, 18(7), 1104-1109.

陈浩, 薛婷, 乐国安. (2012). 工具理性、社会认同与群体愤怒——集体行动的社会心理学研究. 心理科学进展, 20(1), 127-136.

范维澄. (2007). 国家突发公共事件应急管理中科学问题的思考和建议. 中国科学基金, 21(2), 71-76.

郭璐. (2014). 灾难应激情绪下基础认知功能的认知加工效率——视觉空间工作记忆与抑制功能. 北京：北京师范大学硕士学位论文.

郭永玉. (2020). 不确定性疫情背景下的社会心理建设. 载自"抗疫：社会心理学的省思"特邀专家论坛. 中国社会心理学会, 北京师范大学出版社.

韩智勇, 翁文国, 张维, 杨烈勋. (2009). 重大研究计划"非常规性突发事件应急管理研究"的科学背景、目标与组织管理. 中国科学基金, 4, 215-220.

李金珍, 李纾, 许洁虹. (2008). 灾难事件后继风险决策. 中国安全科学学报, 18(4), 37-43.

梁社红, 时勘, 刘晔, 高鹏. (2013). 危机救援团队的抗逆力结构及测量. 电子科技大学学报（社科版）, 2(5), 22-27.

刘亚楠. (2010). 恐惧管理的双重控制模型：理论建构与初步实验证据. 北京：北京师范大学博士学位论文.

刘亚楠, 许燕, 于生凯. (2010). 恐惧管理研究：新热点、质疑与争论. 心理科学进展, 18(1), 97-105.

刘正奎, 吴坎坎, 王力. (2011). 我国灾害心理与行为研究. 心理科学进展, 19(8), 1091-1098.

时勘. (2010). 灾难心理学. 北京：科学出版社.

时勘, 陆佳芳, 范红霞, 等. (2004). SARS 危机中 17 城市民众的理性特征及心理行为预测模型. 科学通报, 48(13), 1378-1383.

时勘, 秦弋, 刘晓倩, 刘聪, 楼中艳. (2010). 灾难心理学的理论基础. 国际中华应用心理学杂志, 7(1), 3-26.

时勘, 秦弋, 王燕飞, 陈阅. (2008). 地震救援人员的压力管理. 宁波大学学报（人文科学版）, 21(4), 15-19.

时勘, 张进辅. (2004). "非典"时期京渝两地民众社会心理特征比较研究. 西南师范大学学报（人文社会科学版）, 30(2), 53-57.

史慧玥, 焦丽颖, 高树青, 于孟可, 许燕, 蒋奖, 王芳. (2020). 新冠肺炎疫情期间大学生价值观特征及变化趋势探究. 心理学探新, 39(2), 105-110.

谭树华, 许燕. (2012). 自我损耗：理论、影响因素及研究走向. 心理科学进展, 20(4), 1-11.

陶塑, 王芳, 许燕, 黎坚, 骆方, 翟胜男. (2009). 5·12 汶川地震后灾区教师主观幸福感的变化趋势及中介效应分析. 心理科学进展, 17(3), 588-593.

王芳. (2020). 撕裂进行时：疫情之下的公共舆论场. 载自"抗疫：社会心理学的省思"特邀专家论坛. 中国社会心理学会, 北京师范大学出版社.

王国锋. (2009). 危机情境下团队领导力的前因及其影响研究. 成都：电子科技大学博士学位论文.

温芳芳, 马书瀚, 叶含雪, 齐玥, 佐斌. (2020). "涟漪效应"与"心理台风眼效应": 不同程度 COVID-19 疫情地区民众风险认知与焦虑的双视角检验. 心理学报, 50(9), 1087-1104.

谢晓非, 林靖. (2012). 心理台风眼效应研究综述. 中国应急管理, 1, 21-25.

谢晓非, 王惠, 任静, 于清源. (2005). SARS 危机中以受众为中心的风险沟通分析. 应用心理学, 11(2), 104-109.

谢佳秋, 谢晓非, 甘怡群. (2011). 汶川地震中的心理台风眼效应. 北京大学学报(自然科学版), 47, 944-952.

谢晓非, 郑蕊. (2003). 风险沟通与公众理性. 心理科学进展, 11(4), 375-381.

谢晓非, 郑蕊, 谢冬梅. (2005). SARS 危机中公众心理反应模式初探. 北京大学学报(自然科学版), 41, 628-639.

许燕. (2020). 灾难与后灾难时代的社会涟漪效应. 载自"抗疫: 社会心理学的省思"特邀专家论坛. 中国社会心理学会, 北京师范大学出版社.

许燕, 刘嘉, 蒋奖, 王芳, 郑跃忠, 付涛. (2004). SARS 突发病害与大学生价值观的变化历程. 心理学探新, 24(3), 35-39.

许燕, 王芳, 贾慧悦. (2009). 5·12 地震灾后四川和北京大学生价值观类型的对比. 心理学探新, 28(4), 46-50.

叶勇豪, 许燕, 朱一杰, 梁炯潜, 兰天, 于淼. (2016). 网民对"人祸"事件的道德情绪特点——基于微博大数据研究. 心理学报. 48(3), 290-304.

杨继平, 郑建君. (2009). 情绪对危机决策质量的影响. 心理学报, 41(6), 481-491.

詹雪梅. (2014). 危机决策团队中权力来源和个体影响力的关系: 名实之争. 北京: 北京师范大学硕士学位论文.

张江, 李学伟. (2005). 人工社会——基于 Agent 的社会学仿真. 系统工程, 23(1), 13-20.

张书维, 王二平, 周洁. (2009). 群体相对剥夺前因及对集群行为的影响——基于汶川地震灾区民众调查的实证研究. 公共管理学报, 6(4), 69-76.

张姝玥, 王芳, 许燕, 潘益中. (2009). 汶川地震灾区中小学生复原力对其心理状况的影响. 中国特殊教育, 19(5), 51-55.

张姝玥, 许燕. (2011). 生命意义问卷在不同受灾情况高中生中的应用. 中国临床心理学杂志, 19(2), 178-180.

张燕, 高红梅, 王芳, 许燕. (2013). 北京学生对日刻板印象及 3·11 地震后的情绪和援助意向研究. 心理学探新, 33(3), 225-233.

张妍, 向燕辉, 郑涌, 吕建国, 尹茜, 陈寒. (2009). 5·12 地震前后灾区大学生生命价值观比较. 心理科学进展, 17(3), 505-510.

张莹瑞, 佐斌. (2006). 社会认同理论及其发展. 心理科学进展, 14(3), 475-480.

郑昱, 李纾. (2013). 突发公共事件后中国民众的后继风险决策——国家自然科学基金特优项目(70671099)回溯. 管理学报, 10(1), 44-48.

佐斌. (2020). 新冠肺炎疫情时期的群际歧视. 载自"抗疫: 社会心理学的省思"特邀专家论坛. 中国社会心理学会, 北京: 北京师范大学出版社.

左世江, 黄旎雯, 王芳, 蔡攀. (2016). 意义维持模型: 理论发展与研究挑战. 心理科学进展, 24(1), 101-110.

Ackerman, J. M., Hill, S. E., & Murray, D. R. (2018). The behavioral immune system: Current concerns and future directions. *Social and Personality Psychology Compass*, 12(2), e12371.

Baumeister, R. F., Bratslavsky, E., Muraven, M., & Tice, D. M. (1998). Ego depletion: Is the active self a limited resource? *Journal of Personality and Social Psychology*, 74, 1252-1265.

Baumeister, R. F. (2002). Ego depletion and self-control failure: An energy model of the self's executive function. *Self and Identity*, 1(2), 129-136.

Barsade, S. G. (2002). The ripple effect: Emotional contagion and its influence on group

behavior. *Administrative Science Quarterly*, 47(4), 644-675.
Becker, E. (1973). *The denial of death*. New York: Free press.
Bonabeau, E. (2002). Agent-based modeling: methods and techniques for simulating human systems. *Proceedings of the National Academy of Sciences of the United States of America*, 99(Suppl 3), 7280-7287.
Bonanno, G. A., Ho, S. M., Chan, J. C., Kwong, R. S., Cheung, C. K., Wong, C. P., & Wong, V. C. (2008). Psychological resilience and dysfunction among hospitalized survivors of the SARS epidemic in Hong Kong: a latent class approach. *Health Psychology*, 27(5), 659-667.
Cederman, L. (2008). Articulating the geo-cultural logic of nationalist insurgency. In S. Kalyvas, I. Shapiro, & T. Masoud (Eds.), *Order, Conflict, and Violence* (pp. 242-270). Cambridge: Cambridge University Press.
Dach-Gruschow, K., & Hong, Y. Y. (2006). The racial divide in response to the aftermath of katrina: A boundary condition for common ingroup identity model. *Analyses of Social Issues and Public Policy*, 6(1), 125-141.
Drury, J. (2018). The role of social identity processes in mass emergency behaviour: An integrative review. *European Review of Social Psychology*, 29(1), 38-81.
Drury, J., & Cocking, C. (2007). *The mass psychology of disasters and emergency evacuations: A research report and implications for practice*. Falmer, Brighton: University of Sussex.
Drury, J., Cocking, C., & Reicher, S. (2009). Everyone for themselves? A comparative study of crowd solidarity among emergency survivors. *British Journal of Social Psychology*, 48(3), 487-506.
Elliott, J. R., & Pais, J. (2006). Race, class, and hurricane katrina: Social differences in human responses to disaster. *Social Science Research*, 35(2), 295-321.
Festinger, L. (1962). *A theory of cognitive dissonance* (Vol. 2). Palo Alto: Stanford university press.
Gao, H., Cao, H., Zhou, Y., Xu, Y., Feng, Y., Wang, F., & Chen, Y. (2014). Taking pleasure at another's misfortune: The implicit schadenfreude of disaster spectators. *Psychological Reports*, 114(2), 439-460.
Gao, H., Zhang, Y., Wang, F., Xu, Y., Hong, Y. Y., & Jiang, J. (2014). Regret causes ego-depletion and finding benefits in the regrettable events alleviates ego-depletion. *The Journal of general psychology*, 141(3), 169-206.
Greenberg, J., Pyszczynski, T., & Solomon, S. (1986). The causes and consequences of a need for self-esteem: A terror management theory. In R. F. Baumeister (Ed.), *Public self and private self* (pp. 189-212). New York: Springer-Verlag.
Greenberg, J., Solomon, S., & Arndt, J. (2008). A basic but uniquely human motivation: Terror management. In J. Y. Shah & W. L. Gardner (Eds.), *Handbook of motivation science*. New York: Guilford Press.
Hart, J., Shaver P. R., & Goldenberg J. L. (2005). Attachment, self-esteem, worldviews, and terror management: Evidence for a tripartite security system. *Journal of Personality and Social Psychology*, 88(6), 999-1013.
Heine, S. J., Proulx, T., & Vohs, K. D. (2006). The meaning maintenance model: on the coherence of social motivations. *Personality and Social Psychology Review*, 10(2), 88-110.
Kinateder, M. (2013). *Social influence in emergency situations-studies in virtual reality*. Doctoral dissertation, Universität Würzburg.
Kriegel, U. (2002). PANIC theory and the prospects for a representational theory of phenomenal consciousness. *Philosophical Psychology*, 15(1), 55-64.

Kuligowski, E. D., & Mileti, D. S. (2009). Modeling pre-evacuation delay by occupants in world trade center towers 1 and 2 on september 11, 2001. *Fire Safety Journal*, 44(4), 487–496.

LI, J. Z., Li, S., & Liu, H. (2011). How has the wenchuan earthquake influenced people's intertemporal choices? *Journal of Applied Social Psychology*, 41(11), 2739–2752.

Li, S., Rao, L. L., Ren, X. P., Bai, X. W., Zheng, R., Li, J. Z.,... & Liu, H. (2009). Psychological typhoon eye in the 2008 wenchuan earthquake. *PLoS One*, 4(3), e4964.

Li, S., Rao, L. L., Bai, X. W., Zheng, R., Ren, X. P., Li, J. Z.,... & Zhang, K. (2010). Progression of the "psychological typhoon eye" and variations since the wenchuan earthquake. *PloS One*, 5(3), e9727.

Macy, M. W., & Willer, R. (2002). From factors to actors: Computational sociology and agent-based modeling. *Annual review of sociology*, 28(1), 143–166.

Markman, K. D., Proulx, T., & Lindberg, M. J. (2012). *The psychology of meaning*. Washington, D.C.: American Psychological Association.

Mawson A. R. (2005). Understanding mass panic and other collective responses to threat and disaster. *Psychiatry*, 68(2), 95–113.

Michel, L. M. (2007). Personal responsibility and volunteering after a natural disaster: The case of hurricane katrina. *Social Logical Spectrum*, 27(6), 633–652.

Muraven, M., & Baumeister, R. F. (2000). Self-regulation and depletion of limited resources: Does self-control resemble a muscle? *Psychological Bulletin*, 126(2), 247–259.

Prati, G., Saccinto, E., Pietrantoni, L., & Pérez-Testor, C. (2013). The 2012 northern italy earthquakes: modelling human behaviour. *Natural hazards*, 69(1), 99–113.

Proulx, T., & Inzlicht, M. (2012). The five "A"s of meaning maintenance: Finding meaning in the theories of sense-making. *Psychological Inquiry*, 23(4), 317–335.

Pyszczynski T., Solomon S., & Greenberg J. (2003). *In the wake of 9/11: the psychology of terror*. Washington, DC: American Psychological Association.

Qiu, L., Lin, H., Chiu, C. Y., & Liu, P. (2014). Online collective behaviors in China: Dimensions and motivations. *Analyses of Social Issues and Public Policy*, 1(15), 44–68.

Rao, L. L., Han, R., Ren, X. P., Bai, X. W., Zheng, R., Liu, H.,... & Li, S. (2011). Disadvantage and prosocial behavior: the effects of the Wenchuan earthquake. *Evolution and Human Behavior*, 32(1), 63–69.

Schaller, M., & Park, J. H. (2011). The behavioral immune system (and why it matters). *Current Directions in Psychological Science*, 20(2), 99–103.

Schuster, M. A., Stein, B. D., Jaycox, L. H., Collins, R. L., Marshall, G. N., Gailliot, M. N.,... & Berry, S. H. (2001). A national survey of stress reactions after the September 11, 2001, terrorist attacks. *New England Journal of Medicine*, 345(20), 1507–1512.

Sheridan, L. P. (2006). Islamophobia pre- and post-september 11th, 2001. *Journal of Interpersonal Violence*, 21(3), 317–336.

Sherif, M., Harvey, O. J., White, B. J., Hood, W. R., & Sherif, C. W. (1961). *Intergroup conflict and cooperation: The robbers cave experiment* (Vol. 10). Norman, OK: University Book Exchange.

Staw, B. M., Sandelands, L. E., & Dutton, J. E. (1981). Threat-rigidity effects in organizational behavior: A multilevel analysis. *Administrative Science Quarterly*, 26(4), 501–524.

Strong, P. (1990). Epidemic psychology: A model. *Sociology of Health & Illness*, 12(3), 249–259.

Tajfel H. (1982). Social psychology of intergroup relations. *Annual Review of Psychology*, 33, 1–39.

Tajfel, H., & Turner, J. C. (1979). An integrative theory of intergroup conflict. In W. G. Austin & S. Worchel (eds.), *The Social Psychology of Intergroup Relations*. Monterey, CA: BrooksPCole.

Tajfel H. & Turner J. C. (1986). The social identity theory of intergroup behavior. In: Worchel S. & Austin W. (eds), *Psychology of Intergroup Relations* (pp. 7 – 24). Chicago: Nelson Hall.

Van Zomeren, M., & Iyer, A. (2009). Introduction to the social and psychological dynamics of collective action. *Journal of Social Issues*, 65, 645 – 660.

Wright, S. C., Taylor, D. M., & Moghaddam, F. M. (1990). Responding to membership in a disadvantaged group: from acceptance to collective protest. *Journal of Personality and Social Psychology*, 58, 994 – 1003.

Udomratn, P. (2008). Mental health and the psychosocial consequences of natural disasters in Asia. *International review of psychiatry*, 20(5), 441 – 444.

Xie, X., Liu, H., & Gan, Y. (2011). Belief in a just world when encountering the 5/12 Wenchuan earthquake. *Environment and Behavior*, 43(4), 566 – 586.

Xie, X. F., Stone, E., Zheng, R., & Zhang, R. G. (2011). The 'Typhoon Eye Effect': determinants of distress during the SARS epidemic. *Journal of Risk Research*, 14(9), 1091 – 1107.

Yang, Y., Liu, X. X., Fang, Y., & Hong, Y. (2013). Unresolved World War II animosity dampens empathy toward 2011 Japanese earthquake and tsunami. *Journal of Cross-Cultural Psychology*, 45(2), 171 – 191.

Zastrow, C. & Kirst-Ashman, K. K. (2007). *Understanding Human Behavior and the Social Environment* (7th ed.). Belmont, CA: Wadsworth/Thomson Learning.

25 腐败与心理绑架[①]

25.1 引言 / 801
25.2 腐败的概念与理论 / 802
 25.2.1 腐败的界定 / 802
 25.2.2 腐败的理论研究 / 803
  政治学理论研究 / 803
  经济学理论研究 / 804
  心理学理论研究 / 806
25.3 腐败研究的方法 / 808
 25.3.1 问卷调查及访谈法 / 808
 25.3.2 情境想象法 / 809
  文化对腐败影响的情景想象研究 / 809
  社会信任水平的情景想象研究 / 810
 25.3.3 行为实验法 / 811
  简单贿赂游戏 / 811
  偷袭者博弈游戏 / 812
  最后通牒游戏 / 813
  独裁者博弈游戏 / 813
  公务员游戏 / 814
  腐败行为模型 / 814
25.4 腐败心理的成因 / 815
 25.4.1 个体因素 / 815
 25.4.2 社会因素 / 817
25.5 心理绑架——"中国特色"的腐败心理机制 / 818
 25.5.1 心理绑架中的温水煮青蛙效应 / 819
  心理绑架的界定 / 819
  温水煮青蛙效应 / 819
 25.5.2 心理绑架的过程模型 / 819
 25.5.3 心理绑架的特征 / 821
  隐性手段 / 821
  风险知觉与拒绝成本"错位" / 822
  软性胁迫 / 822
25.6 思考与展望 / 823
参考文献 / 824

[①] 国家社会科学基金重大项目"中国人道德认知和情绪特点的心理、脑与人工智能跨学科研究"（19ZDA363）资助。

25.1 引言

腐败在近几十年已经发展成为所有国家共同面对的主要问题,世界银行也将腐败看作经济发展的最大障碍(Mishra,2004)。透明国际(Transparency International)①作为一个监察贪污腐败的国际非政府组织,从1995年起每年发布世界各国的清廉指数(Corruption Perceptions Index,缩写:CPI),该指数主要反映了各国商人、学者与国情分析师对于当地腐败状况的主观感知程度。CPI的满分为100分,评分越高,意味着感知的腐败程度越低。北欧国家常年在CPI评分上处于领先地位,比如,2020年全球排名靠前的是丹麦和新西兰(88分),其次是芬兰、新加坡、瑞典和瑞士(85分),欧洲国家总体平均评分为66分。不过,透明国际表示,即使CPI评分最高的国家,腐败问题仍然存在,近年来多起丑闻表明,看似干净的北欧国家跨国腐败问题也时有发生。

然而,亚太地区连续多年平均分只有44分左右。杰恩(Jain,2001)的研究也证实了亚洲的国家平均腐败程度最为严重,25%到40%的当政者和15%到30%的公共服务人员存在腐败问题。图25.1展示了历年来中国的CPI评分在全球范围内的排名,可以看出,中国的清廉指数从2008年的全球前40%逐步后退至2020年的前43%,其中2014年的排名甚至后退到前57%的位置。据分析,该年中国的腐败感知水平过高可能与当时反腐工作的成果在媒体上报道较多有关。

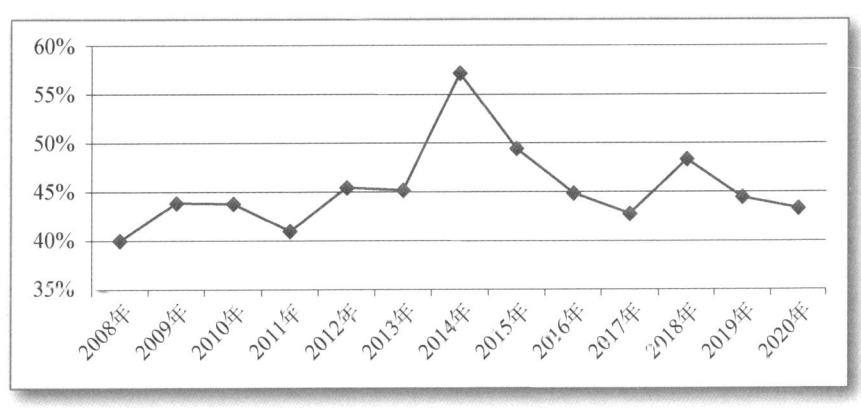

图25.1　2008—2020年中国的全球清廉指数CPI排名

---

① 透明国际(Transparency International)是一个监察贪污腐败的国际非政府组织,总部位于德国柏林,并在大约70个国家有分支机构。透明国际也跟一些政府合作打击腐败。

国外关于腐败心理的研究随着这些统计数据的出现而逐渐兴起,而国内心理学关注腐败问题主要是从近年来国家对腐败问题的重拳出击开始的。

本章围绕腐败这一复杂的跨学科的社会现象展开综述,描述了腐败的界定,介绍了政治学、经济学和心理学等不同学科对腐败产生机制的理论研究,汇总了腐败心理的实验研究范式与常用方法,特别是从腐败心理过程的角度,提出了心理绑架(psychological kidnapping)这一全新的、符合中国人交往模式的心理过程模型,解释了腐败过程中双方的互动方式和心理状态的变化,旨在为腐败心理研究的进一步扩展和深入提供基础。

25.2 腐败的概念与理论

25.2.1 腐败的界定

如何界定腐败?学者们对腐败的界定并不统一(Waite 和 Allen,2003),且不同的研究经常将腐败(corruption)与贿赂(bribery)的概念混同使用。罗丝—阿克曼(Rose-Ackerman,1978,1999)认为,腐败即贿赂,是代理人未报上司而收受的非法支付。一些经济学家则认为腐败问题是指受委托代理契约限制的代理人,将不属于自己的财产和权力,如政府、公司、慈善团体的公共财产或服务,出卖给第三方的行为(Colombatto,2003; Banfield,1975; Jain,1998; Murphy 等,1993; Vinod,1999),实质上即受贿行为。也有学者采用更广义的腐败定义,认为腐败涵盖了行贿、受贿和官僚制度缺乏效率等方面内容(如 Tanzi,1998; Busse 等,1996)。巴克(Bac,1998)则区分了外部腐败(external corruption)和内部腐败(internal corruption),他认为外部腐败是官僚与外部的服务对象发生的交易,是孤立事件,如勒索与贿赂;而内部腐败是一种合谋,从组织内部分享腐败收益。国内学者陈海平(2006)总结国外文献中对腐败的定义,认为它们的分歧主要集中反映在三个方面:第一,腐败行为的主体是局限于官职人员,还是推广到非政府公共机构的人员,如企业、慈善机构等;第二,利益的范围单包括物质利益还是涵盖荣誉和人情等非物质利益;第三,所违反的规则是局限于法律、政策,还是涵盖广义的社会道德准则。

有关腐败定义的分歧可看作是不同社会文化特性和理论框架所带来的差异造成的。"腐败"在中国所处的语境,应该包括贿赂、贪污和裙带关系等多种类别的违规行为。由于中国的市场经济仍在高速发展当中,一些非政府性质的公共机构(如红十字会)和企业(如国有企业和集体企业),仍带有某种程度的官僚性质,并且控制着一部分公共资源,因此中国的"腐败"问题也应该涵盖这些层面的内容。基于这些社会现实,陈海平(2006)认为腐败是"当一方所拥有权力能够支配或影响另一方的福利时,居于被支配地位的一方为了增大自己的福利,私下提供好处给居于支配地位的一方,且后者违背法规或者社会规范要求私下予以接受的行为。"另外,依据中国文化的特征,薛刚(2010)提出了集体腐败的概念与特征。他认为集体腐败是一种组织层次的腐败现象,涉及多元组织成员持续的参与。集体腐败的特点是涉腐人数多,腐败链条长,并且产生和发展持续时间较长,对于社会的变坏作用巨大。

25.2.2 腐败的理论研究

腐败缘何产生?政治学、社会学以及经济学等领域都对腐败问题进行了系统的理论分析,其探讨的主题包括腐败的源起、腐败的特点和影响腐败的因素等。

政治学理论研究

政治学对腐败的研究大多从宏观的角度切入,探究随着人类社会的不断进步,政治体制、制度变革以及社会现代化发展对腐败问题的产生所具有的影响。

自由主义理论 自由主义理论主要论证的是政府在腐败产生过程中扮演的角色。理论的提出者、经济学家亚当·斯密(Smith)认为,政府无须过多干涉社会经济领域,否则就极易引发腐败的问题;腐败现象的产生是国家过度干预社会经济生活的结果(Smith,1974)。自由主义者约翰·密尔(Mill)也认为:"有许多事情,虽然由一些个人来办一般看来未必能像政府官吏办得那样好,但是仍宜让个人来办,而不要由政府来办;如果不必要地增加政府的权力,会有很大的祸患"(Mill,1959)。按照该理论,只要政府干涉经济的行为存在,腐败就不会消失;政府干预经济越多,腐败越严重。国家和政府对经济管制越多,国家和政府的权力越大,而权力的行使者是官员和其他掌权的个人,权力本身具有被滥用谋取私利的可能,所以,权力越多,该权力被滥用的可能越大,腐败的可能性就越大。进一步推论,国家专权可能会导致腐败,因为专制政体的内在原则与腐败性质相似(Montesquieu,1961),而如果一个国家能够提升其民主化程度,并且与一体化的世界经济接轨,则其腐败程度就越低(Sandholtz 和 Koetzle,2001)。这些学者认为,一个国家的政治体制才是腐败的根本原因,尤其是其中一些政体(如专制政体),本身就是滋生腐败的温床(Mill,1975)。这是西方学者从人性恶的角度出发,认为国家与个人是利益对立的,对政府持有审慎的考量态度。自由主义理论论证了市场经济中自由竞争的合理性,揭示了国家和政府对经济的管制滋生腐败的问题,从比较宏观的角度剖析了腐败的产生,具有一定的解释力。但是自由主义者对腐败的论述过于宏观抽象。而且,该理论解释不到其他滋生腐败的因素,并且不能分析国家干涉经济具体是如何产生腐败的。

现代化理论 现代化理论是由美国学者塞缪尔·亨廷顿(Samuel Huntington)最先提出的,具有广泛的社会影响。亨廷顿认为,腐败水平之所以在社会不同发展时期有高低之分,与社会和经济现代化发展息息相关。他认为现代化滋生腐败的原因有三:第一,现代化涉及到社会基本价值观的转变,使遵循传统规范的行为背离了新的公认的行为方式;第二,现代化开辟了新的财富和权力来源,后者助长了腐败行为,在政治权力的买卖中,富人用金钱换取政治权力,穷人用权力换取金钱,两者都是通过出卖某种公物(一张选票、一官半职或是一项决议)来达到的;第三,现代化通过它在政治体制输出方面所造成的变革来加剧腐败(Samuel Huntington,1989)。该理论的解释范围较宽,把价值观、政治体制等方面的变革以及权力的社会化导致腐败的情形纳入其中,是对政体理论、制度变革理论等腐败早期理论的综合与发展。然而,并不是所有国家的现代化过程都一直持续着严重的腐败现象。比如,苏联在 20 世纪 40—50 年代,腐败总体水平较低,但当时社会的经济发展很快,综合国力甚至可以与美国相比,而在苏联解体,从计划经济向市场经济转轨过程中,经济严重衰退、没有经历明显现代化的一段时期里,腐败却急剧增多(冯绍雷,相蓝欣,2005);新加坡和中国的香港地区正是在 20 世纪下半叶的现代化过程中建设成为廉洁的国家和地区。综上,现代化理论涵盖内容较多,并不只是指向腐败的产生问题,因此该理论对腐败原因的解释太过宽泛,揭示深度不够,针对性不强。

制度变革理论 与政体理论不同,国内有学者从社会制度结构的变革角度探讨腐败形成的原因,这些理论就是制度变革理论。它认为当发生制度变革的时候,腐败常常会增加,这是因为制度转换时期,旧的制度被取缔了,而新的制度还没有完全建立起来,此时很可能在各个方面都普遍存在制度性缺陷,腐败极易滋生。例如,吴敬琏、荣敬本等人分析了中国双轨制改革过程中因为制度不健全产生的各种腐败机会(吴敬琏,1999)。制度变革理论对于腐败原因的揭示具有一定的说服力,它从社会结构的视角揭示了腐败产生的制度根源,这种解释无论从范围的角度还是从力度的角度都体现出很大的进步。但是,该理论主要集中于部分领域的改革对于腐败的影响,无法全面系统地解释中国等亚洲国家在全面转轨时期腐败蔓延的原因。

经济学理论研究

委托代理理论 "委托-代理"是指一些公共职能需要委托人(如公众)委托给

代理人（如公职人员）代为实现（Mishra，2004）。这种关系可能会不可避免地产生信息不对称（informational asymmetry）的情况，委托人无法完全获得公共事务的所有信息，因此不能制定精确的契约去限制代理人的行为，由此带来契约的不完整性（contractual incompleteness）。众所周知，经济学将个体看作理性自利的经济人，代理人个体如果将追求个人利益的最大化作为行为准则，那么当委托人与代理人的利益不一致时，腐败行为就有可能会产生。在委托代理理论的框架之下，寻租理论最受关注，根据布坎南的定义，寻租就是既得利益者对既得利益的维护和再分配过程（Buchanan，Tollison，和Tullock，1980）。在这个理论体系下，经济学将腐败问题原因的关注点放到自由裁量权（discretionary power）的大小、经济租金（economic rents）的价值（即资源、权力所能带来的收益）以及腐败的阻力（deterrent of corruption）（如腐败收益与法定收益的比较、政治机构的力量、被发现的可能性和社会价值观）等变量上；将研究腐败问题后果的关注点放到官僚效率、资源分配、成本上升、收入和财富的社会分配等较宏观的问题上（Jain，2001）。可以发现，腐败问题的经济学研究离不开收益-代价（profit-cost）的比较和计算。在出现利益诱惑的同时又缺乏有效监督时，公职人员在衡量腐败的收益和成本之后，就可能做出追求利益最大化的行为（Hu和Liu，2003），此时，权力寻租产生。

寻租理论是西方学者运用经济学原理分析腐败的一次成功尝试。寻租理论将自由主义理论微观化，解释了"腐败是什么"的问题，以及腐败产生的行为机制。然而，虽然寻租理论的解释力较强，但是可解释的范围很狭窄，并且不够深刻，无法揭示腐败产生的更宏观、更全面的因素。这是由寻租理论层次的微观性以及理论本身的特点所决定的。

过程理论 经济学对腐败现象的研究基于两个基本假设：一是当事人在做出腐败行为决策之前，经过了独立且理性的思考；二是当事人事先已对腐败行为持肯定态度，至少对其不排斥、不厌恶。因此，当事人是否做出腐败行为，只是收益和代价的理性分析的结果（薛刚，2010）。然而，违反规范行为的过程模型认为，这两条假定并非总是成立。过程模型认为，个体在卷入违反规范的行为之前不一定经过独立、完整的理性决策，而是参与到一系列连续变化而相互关联的行为当中。这个行为序列从开始的合理行为，逐渐演变到后来的不合理行为，一坏扣一坏，之间缺乏清晰的边界。个体系列决策的基础是前一次的行为决策，而不是整个完整的事件。因此个体在卷入违反规范行为之前其实不一定对行为持肯定态度。由于决策的不完全理性，周围环境对个体态度和行为的影响就非常重要了（Palmer和Maher，2006）。在许多研究中，研究者们将这种腐败的过程比喻为"滑坡"（slippery slope）：违反规范行为的发生和演变犹如在一个滑坡之上，从最初的合理状态,渐渐下滑到坡底下的不合理状态(Swanson,1999;Moore 和 Loewenstein 2004;Prentice,2007;Albrecht,Albrecht,Albrecht,和 Zimbelman,2008;Gino 和 Bazerman,2009;Corona 和 Randhawa,2010;Schrand 和 Zechman,2012)。

这种过程性的观点,解释了行为如何越界、好人如何变坏的过程,对于现实社会中的政商腐败问题有更好的解释力。尤其是脱离了"理性经济人"原则,将个体看成是处于特定环境与关系中的一部分,对于解释关系主义文化的国家的腐败问题更有优势。然而,过程理论还只是一个抽象的理论,缺乏实证研究的支持,还需要进一步的完善。

心理学理论研究

文化论 一些学者的研究认为,腐败的产生与一个国家的历史、地理和文化有密切的关系。例如,在印度次大陆,腐败是一种生活方式,几乎没有哪个官员是清廉的,促使腐败的主要因素是送礼以及礼尚往来,结果是连最坚定的反腐努力都不了了之(王沪宁,1990)。有些中外学者认为,传统的集体主义文化是腐败现象频发的根源(金爱慧,赵连章,2010;朴雨淳,2006;肖俊奇,2010)。马扎尔和阿格瓦尔的研究则进一步证明了集体主义促进腐败的因果关系(Mazar 和 Aggarwal,2011)。该理论解释了一个国家的文化传统对腐败的重要影响,揭示了腐败的历史、地理和文化因素,对于解释不同历史和文化传统国家的腐败水平和人们对于腐败观念的差异具有重要意义。然而该理论还是有许多不足:首先,历史、地理和文化因素无法解释为什么一个国家或地区在较短时间里腐败状况的明显变化。比如中国的香港地区在20世纪70年代曾经非常腐败,但经过短短二、三十年的建设,就成为亚洲最清廉的地区之一,这与文化改变的缓慢特征不相符;其次,无论在哪个国家或政府中,都不仅有腐败官员,还有许多致力于反腐败的政府官员和民众学者;再次,从反腐败的实践来看,文化的改变是很缓慢的过程,需要一代人甚至几代人的时间,因此,只揭示腐败的文化因素对于解决腐败问题是远远不够的。

人性论 权力是任何社会机制运作过程中都不可缺少的资源,同时它也是腐败产生的前提,因此,英国历史学家阿克顿勋爵(Acton,2001)的名言"权力导致腐败,绝对权力导致绝对腐败"被许多学者引为圭臬。有学者就认为,一切有权力的人都有滥用权力的倾向(Montesquieu,2007)。然而,在社会关系中,权力只是一种被支配的力量,只有当它与人性中自私贪婪的因素相结合,才有可能被行使权力的人滥用来谋取私利,从而产生腐败(何承斌,2004)。如果人性中没有自私、贪婪等恶的方面,也不会产生腐败动机。因此,腐败其实是权力与私欲共同作用的结果,其实质是私欲对权力的腐蚀(陈卫东,2000)。社会心理学家对腐败的描述揭示了腐败的核心（权力）与腐败的基础（人性），分析了权力与人性的特性，对于从权力的制约和人性的监督入手进行反腐败实践具有非常重要的启示作用。事实上，人性中善的成分——道德力量的约束是更为至关重要的个体因素，道德约束体现了"出淤泥而不染"的个人清廉品质。目前，道德心理学的理论和研究已经深入腐败心理的研究领域中。然而，人性原罪理论有其固有的解释弊端：首先，将一切犯罪的根源归因于人性，对于治理腐败只具有最一般的意义；其次，该理论不能解释为什么在有些领域腐败高发，而另一些领域低发。比如行政审批领域的腐败就比其他领域更普遍，但我们不能将其解释为这些领域的人都是恶的，而其他领域的人就相对善良；最后，只揭示人性自私贪婪的因素无法深入探究腐败的社会根源，而只陷于对人性的哲学思考，看不到腐败产生的复杂社会因素，从而不能得出科学的反腐败结论。当然，我们也应当看到，腐败与人性中的自私和贪婪确实有直接关系，揭示腐败的人性因素对于从人性特点出发构建制度，对于通过制度等社会控制手段限制人类自身的贪欲和自私的本性来遏制腐败是有益的。

关系论 关系论常常出现在腐败的本土化研究中，在一定的文化背景下适用。多数腐败行为是由行贿者和受贿者共同完成的，两者之间的关系在人际互动的过程中发起、巩固和使用。中国社会的人际关系模式，正如费孝通说的"差序格局"那样，是从最亲近的人情关系向外推演，应用到更广泛的社交中去的。在这种背景下，"关系"其实逐渐演变成了当今中国社会交往中用以培养信任和长期互惠关系，以获得资源和降低不确定性的一种途径（Wang，2007；黄光国，2009；Chen 和 Chen，2004）。这也是中国人对所结成的"关系"的普遍认知和期待。黄光国（1987，2009）认为，中国人进行关系判断时，会掂量两种成分：情感性成分（expressive component）和工具性成分（instrumental component）。情感性成分强调资源支配者与对方进行互动时，会从对方利益的角度出发，为对方去考虑；而工具性成分强调资源支配者从自己利益的角度出发，为自己考虑，只将他人看作追求个人目标的工具。虽然每段关系当中都包含这两种成分，但根据两种成分的比例，能够区分出三种关系：其一，情感性关系，以情感性成分为主，互相依赖，不计较得失，尽力满足对方需要，如亲人、密友；其二，工具性关系，以工具性成分为主，交往双方重视彼此的得失是否公平，遵循"公平法则"，如店员和顾客；其三，混合性关系，兼有两种成分，有一定的情感基础，在长期的交往过程中负有相互回报义务，遵循"人情法则"，包括双方应维护好情感关系、在别人有困难时给予帮忙、不应该斤斤计较、亏欠人情时应想办法尽早回报等。

中国人的社会网络非常重视混合性关系的建立和维护。通常关系中的双方都身处一个复杂的人际网络当中，共同认识一群人。双方都预期两者的交往是一个长期的过程,同时共同关系网内的其他人会对他们的互动进行评判(黄光国,2009)。由此可见,这种人际关系一定经历了逐步培养和发展的过程。陈和陈(2004)将这种关系的发展划分为三个阶段:发起、巩固和使用。每个阶段分别有不同的交往目标、交往行为和交往法则。如表25.1:

表 25.1

关系发展模型(Chen 和 Chen, 2004)

关系阶段	关系目标	交往行为	交往法则
发起(initiating)	建立关系基础	熟悉(familiarizing)	自我暴露(mutual self-disclosure)
巩固(building)	提高关系质量	情感性+工具性交往	动态互惠(dynamic reciprocity)
使用(using)	获得利益、评估关系质量	利益交换(exchanging favors)	长期平等(long-term equity)

腐败正是以"关系"为基础的利益交换,具体而言,它是经过一个长期培养、互相磨合的人际互动过程,双方在此过程中建立起紧密的信任联系,形成长期互助与互惠的关系,逐渐由情感交换转化为利益交换。

25.3 腐败研究的方法

25.3.1 问卷调查及访谈法

在腐败心理的研究中,许多学者通过问卷调查和深度访谈的方法来研究腐败产生的原因、过程以及特点,调查和访谈的对象可以是已经落马的官员或普通民众。例如,金盛华等人(2013)对四川省某监狱正在服刑的腐败官员进行问卷调查,对其中某些腐败官员进行深度访谈,从而发掘中国官员腐败的原因及受贿的过程,提取并总结中国文化背景下腐败发生的特点。

腐败心理研究中的问卷调查工具一般包括人口学变量、公平世界信念、不合理信念、腐败原因调查、自身腐败动机、风险意识等调查内容。深度访谈一般运用开放式或者半开放式的问题,询问腐败官员官本位思想、物质需求满足情况、社会关系、认知方式、价值观,以及腐败事件的发生过程等内容。

问卷调查所得的量化数据通过数据分析软件进行处理分析,得出特点描述,进行原因分析。深度访谈所得的质性数据通过扎根理论和质性分析软件进行分析。首先进行开放性编码,将原始资料编码成概念和更上位的范畴,发掘范畴的性质和性质的维度;其次进行主轴编码,运用"因果条件→现象→脉络→中介条件→行动/互动策略→结果"这一典范模型将各项范畴联结起来,发展出主范畴和副范畴,抽象出能够说明全部现象的核心;最后进行选择性编码,找到核心范畴、阐明故事线、联结核心范畴与其他范畴、继续开发范畴的特征。通过三步编码,深度访谈可以探讨腐败的原因,探索腐败发生的过程。

值得一提的是,问卷调查法中使用的问卷工具在下面阐述的情境想象法和实验法中也会常常被用到。

25.3.2 情境想象法

通过让被试阅读和想象腐败情境,来考查他们的腐败行为或者态度。这种研究方法主要考察文化和社会因素对于腐败的影响,研究者会向被试提供一个情境材料,被试通过阅读材料和想象情境来启动自变量,进行单独的行为决策或者态度评价。例如,以下两个研究:文化对腐败的影响(Li, Triandis,和 Yu,2006);不同国家的社会信任水平(Rothstein 和 Eek,2009)。

文化对腐败影响的情景想象研究

李、特里安迪斯和余在 2006 年的一项研究中采用新加坡的样本,考察了腐败与文化取向的关系。以往研究认为,集体主义文化的国家比个体主义文化的国家更为腐败。根据"透明国际"组织 20 年来的全球年度 CPI 数据,最清廉的国家大多是个体主义国家。然而,新加坡是其中一个突出的反例——腐败水平很低,而集体主义水平很高(Li, Triandis,和 Yu,2006)。该研究采用了特里安迪斯等人(Triandis 等,2001)提出的欺骗水平测试:想象你是 X 公司的十名谈判代表中的"首席谈判专家"。你们需要与 Y 公司谈判,内容是争取为 Y 公司提供材料的资格,此时你们有一个竞争对手 Z 公司。由于 Z 公司的产量比 X 公司高 10%,而 Y 公司急需这些材料,所以他们很可能被 Z 公司的产量吸引。然而,除了公司内部的人以外,没人知道 X 公司的实际产量,并且延迟在该行业中是很常见的,所以 X 公司产量比 Z 公司低的事实可能在很长时间内都不会被发现。此外,你确定如果你得到这份合同,你的公司可以找出很多借口来拖延时间。你知道假如你夸大你的公司的产量,将很有可能赢得这份合同。

你的公司允许将合同价值的 15% 作为为了拿到合同而使用的经费。你可以依照自己的判断使用这部分资金,也可以把它作为礼物送给 Y 公司的谈判代表,以此来增加你们得到合同的机会。下面是问题:

Q1:大多数首席谈判代表在类似的情境中有多大的可能性将这笔经费

送给 Y 公司的谈判代表?（九点评分,从"根本不可能"到"非常有可能"）

Q2：你有多大的可能性将这笔经费送给 Y 公司的谈判代表?（九点评分,从"根本不可能"到"非常有可能"）

Q3：大多数首席谈判代表在类似的情境中会声称自己公司的产量是 Z 公司的_____（从-10%到$+10\%$）。

Q4：作为 X 公司的首席谈判代表,你会声称自己公司的产量是 Z 公司的_____（从-10%到$+10\%$）。

研究使用辛格利斯等人（Singelis 等,1995）编制的 32 题 INDCOL 量表考察被试的文化取向。量表测量了四种文化取向：HI（如"我经常自己做事"）、VI（如"胜利就是一切"）、HC（如"我的同事的幸福感对我很重要"）,以及 VC（如"我经常为了集体的利益而牺牲自己的利益"）。每个维度有八条类似陈述,被试对同意程度进行九点评分。被试需要在 16 种假设的情境下,在四个答案中做出选择,选出最适合自己的一项（Triandis,Chen,和 Chan,1998）。被试赞同某一选项的比例被作为计算个人主义和集体主义相对偏好的基准。以下是 16 种假设情境中的一种：

你和你的朋友决定出去吃晚餐,你认为最合适的付账方式是哪一种?

HC：平均分配,不管谁吃了什么。

VI：按照每个人挣钱的多少分配。

VC：组长付钱或决定如何分配。

HI：按照每个人点餐的数量分配。

社会信任水平的情景想象研究

罗斯斯坦和埃克在 2009 年的一项研究中指出,不同国家的社会信任水平存在很大差异的原因,并强调了值得信任的政府对社会信任建立的重要性（Rothstein 和 Eek,2009）。64 名瑞典人和 82 名罗马尼亚人参与了该实验。被试在实验中需要完成两个任务,一是评价他们在多大程度上认为他人是可以信任的；二是想象他们正在一个陌生的外国城市旅行,场景发生在警察局或诊疗室,你急需警察/医生的帮助,与此同时,另一个人也在向警察/医生求助,然后回答一系列与情境相关的问题。组间变量为两种不同的情境：警察局/诊疗室。组内变量为经历的不同的遭遇：(1)是否通过行贿来得到及时的帮助；(2)是另一个人还是警察/医生掌握主动权来请求/提供及时的帮助,作为贿赂的交换；(3)由行贿或受贿导致的是否得到及时帮助的结果。

实验材料（以医生场景为例）：想象你正在一个陌生国家的城市中旅行。一天早上你醒来时感到非常难受,希望得到医生的帮助。在电梯里你看见了另一个男人也要去看医生。那个男人告诉你他也非常难受。当你们到达诊疗室时发现已经有一些人在等待了。你看到那个男人和医生说他非常难受。医生说他需要排队等候。而那个男人仍在向医生请求。

接下来,三个组内变量可组成八种不同的情境,以"为了立即得到帮助而行贿,电梯遇到的男人为发起人,请求被接受"的情况为例:那个男人将医生叫到一边,但你仍能听到他们的对话,他给了医生 500 克朗(对瑞典被试为 500 克朗,对罗马尼亚被试为 50 欧元)并要求立即接受治疗,医生同意了他的要求,那个男人立即得到了治疗。

在每一个实验场景中,研究者请被试对六个问题进行七点评分。被试需要评价他们对以下对象的信任程度有多高:(1)这个警察/医生处理问题的方式;(2)这个警察/医生帮助他人的方式;(3)这个城市的警察/医生总体;(4)这个警察/医生作为一个普通人;(5)那个电梯里遇到的男人;(6)这个城市居民总体。

25.3.3 行为实验法

腐败相关的行为实验研究大部分是借鉴行为经济学中的博弈范式进行的,它们主要有简单贿赂游戏、偷袭者博弈游戏、最后通牒游戏、独裁者博弈游戏、公务员游戏等:

简单贿赂游戏

简单贿赂游戏关注行贿者和受贿者(官员)的互动关系,一般是双人角色扮演游戏。研究者设计一个博弈环境,在不同的实验处理下,观测行贿者和受贿者这两种游戏角色的决策行为。

阿宾克、艾伦布施和伦纳等人在 2002 年的研究中采用了简单贿赂游戏,假设官员只有两种选择,接受或不接受,且只取决于个人判断。第一个参与者扮演行贿者,他经营的公司的利益受到官员决定的影响。第二个参与者扮演政府官员(Abbink, Irlenbusch,和 Renner, 2002)。该实验范式有三种实验处理:

第一个是单纯互动任务(pure reciprocity treatment),分为两个阶段。第一阶段,第一个参与者选择是否给第二个参与者数量为 t 的钱,是的话他愿意给多少。如果他要给对方钱则需要付少量的"传递费",代表他开始为了接近官员所付出的钱。这部分费用与之后的过程是独立的,所以即使官员拒绝了贿赂,他也需要付这部分钱。随后询问第二个参与者是否接受这笔钱。如果他拒绝,传递将不成立;如果他接受,他将得到三倍的钱。这一因素反映了边际效应的差异:如果假设政府官员的工资低于一般的商人,那么同样数量的钱对于行贿者的价值远小于受贿者。

第二阶段,第二个参与者需要在两个选项,即 X 和 Y 中选择一个,Y 代表第一个参与者获得更大的利益,X 选项对第二个参与者稍稍有利。比如,X 使双方均获得收益 36,而 Y 使第一个参与者获得收益 56,第二个获得 30;

第二种实验处理是负外部性(negative externality treatment)。在这个任务中,每当第二个参与者选择了 Y 选项,就会给其他的所有参与者造成损失。因而实验的其他参与者对每对组合就相当于是公众;

第三种实验处理是突然死亡任务(sudden death treatment),即存在被发现和惩罚的风险。当第一个参与者传递的钱被接受后,将使用彩票来决定这次传递是否被发现。如果被发现(概率较小),则双方都失去参与实验的资格,意味着不仅他们会失去之前所得奖励,并且不能继续参与后续实验。

偷袭者博弈游戏

阿宾克、艾伦布施和伦纳在 2000 年采用了偷袭者博弈(moonlighting game)研究范式,考察了腐败行为中的积极与消极互动行为。研究发现被试在博弈游戏中表现出的惩罚行为多于互惠行为,并且即使是不具有约束力的契约仍然可以提高信任度,但是不能促进互惠行为。偷袭者博弈是指,一个非法偷袭者被雇佣去偷一个抽屉里的钱,并在完成任务后得到报酬。由于整个活动是违法的,偷袭者或雇主的行为都不可能得到法律保护。在这种情况下,偷袭者有几种选择:(1)拿走抽屉里的钱并消失;(2)拒绝这项任务;(3)自由选择努力程度,更多的回报需要他更多的付出,并使雇主得到更多利益。任务完成后雇主也有几种选择:(1)付约定的酬金;(2)付更少的钱;(3)不付钱。然而,如果雇主被偷袭者背叛,他只能到法庭起诉,但是由于双方的行为都是违法的,起诉不会给双方带来任何好处(Abbink, Irlenbusch,和 Renner,2000)。实验具体操作如下:

在两人一组的游戏中,两名被试都在游戏开始前得到 12 个银币(实验代币)。被试 A 可以从被试 B 处得到一些钱,或给 B 一些钱。随后的游戏中,按照 Berg 等人(1995)的研究,被试每传递一个银币,主试将给这个银币增加两个银币。限制 A 最多只能给出或得到 6 个银币,以保证 B 在每回合中都能够选择给 A 钱或者使 A 损失钱。第二阶段,B 最多可以给 A 18 个银币,或者最多可以拿出 6 个银币来让 A 减少他所拿出的 3 倍的银币。限制 B 不能使双方余额为负,即 B 不能给出多于他第一阶段所剩的钱,并且不能造成 A 高于其当前余额的损失。按照子博弈精炼均衡,被试 B 在第二阶段不应该处罚或归还 A 任何钱,因为二者都会造成他的损失。因此,被试 A 可以最大限度地从 B 处得到钱。

第一种实验条件为,B 为双方的策略选择提出一个不具有约束力的契约,A 可以选择接受或拒绝,而不论契约的提议或 A 的选择都不会影响任何一方的策略,所以这个契约是没有任何效力的。第二种实验条件则没有提出契约这一步。

最后通牒游戏

兰斯多夫和弗兰克在2010年采用了最后通牒游戏(Ultimatum Game)考察了礼物和贿赂在商人和官员的腐败博弈中所具有的信号作用。当商人采用贿赂的方式，在官员没有提供便利的情况下，会更加容易激发商人的报复心理。最后通牒游戏是指在这种博弈中，一名提议者向另一名响应者提出一种分配资源的方案，如果响应者同意这一方案，则按照这种方案进行资源分配；如果不同意，则两人都会什么都得不到。最后通牒游戏考察资源分配者在不同的实验条件下如何做出一个分配决策，它可能是一个公平的分配方案，也可能是一个偏向自己的分配方案，甚至它可能是"独吞"的分配方案。同时，最后通牒游戏也考察响应者面对不公平的分配提议，是选择忍气吞声，理性地接受"聊胜于无"的分配份额，还是选择付出一定的成本，也要惩罚他们不满意的分配提议。最后通牒游戏是一个经典的实验范式，以此为基础可以衍生出很多博弈条件，从而更加深入地考察社会规则对人们行为的影响。

研究让大学生参与一个嵌入了最后通牒游戏的腐败游戏。扮演公务员角色的学生可以在揭发、投机主义和互惠主义之间选择。那些扮演商人角色的学生需要选择如何完成游戏，支付一份贿赂或者礼物，或者在游戏的最终选择揭发。研究发现，商人和公务员背离了收益最大化。当商人选择支付一份贿赂时，会有更强的倾向去揭发一个没有提供便利的官员。现实世界中，支付礼物会更少地影响公务员，因为它更不容易激发商人对于机会主义的报复。

独裁者博弈游戏

独裁者博弈游戏(Dictator Games)是在最后通牒游戏的基础上进行的修改范式，即取消响应者对提议者(分配者)所提要求的否决权，那么，这个分配者就可以被叫作"独裁者"(Lambsdorff 和 Frank, 2010)。

巴尔和塞拉在2009年的研究中采用这个实验范式来研究社会因素和道德因素对腐败行为的影响，他们发现负外部性条件会影响人们的腐败行为。独裁者博弈游戏在研究腐败行为时又分为两种亚范式：一种是市民决定是否贿赂以及给予多少贿赂以便交换更高的回报，另一种是公务员决定是否收受贿赂和收受多少贿赂，若接受贿赂，系统会自动提供公共服务，而且实验中存在因为腐败交换而被动受损的受害者。实验具体操作如下：

每个市民都会有一笔原始资金YC，可以用来提供贿赂来交换腐败的服务，贿赂记为b，腐败收益记为V，不管政府官员是否接受或者拒绝贿赂，市民都会有一个成本，记为E，表示可能被抓住和惩罚的预期成本。每个政府官员也会有一笔原始资金,如果官员接受贿赂,就自动提供了腐败服务,产生成本,这些成本包括被抓住和惩罚的预期成本,提供腐败服务的成本,为逃避追捕付出的努力。每个贿赂的产生都会对所有游戏者产生一个成本(Barr 和 Serra,2009)。

公务员游戏

巴尔、林德洛和塞尔尼尔斯为了解在公共服务中提供的腐败,研究设计了全新的实验游戏,允许调查制度环境对服务提供者和监管者行为的影响。研究关注四个因素:(1)监管者是否要对服务对象负责;(2)服务提供者的努力的可观察程度;(3)服务提供者的工资;(4)服务提供者的专业规范(Barr, Lindelow, 和 Serneels, 2009)。

该研究的范式为公务员游戏(The Public Servant's Game),采用实验室模拟真实环境,探索制度设计和行为之间的因果关系。在此范式中,委托人委托代理向第三方提供服务,但是委托人并不直接掌握代理人的信息,因此他们需要雇佣监管者。公务员游戏包含8个玩家,编号后围坐在一个圆桌,他们在不同的游戏轮次中扮演市民、公共服务提供者和监管者的角色。通过掷骰子随机选出公共服务提供者。监管者通过两种方式选择,第一种是由八面骰子随机选出一名监管者。第二种是骰子选出两个监管者,剩下的5名玩家自动成为投票者,他们采用无记名投票方式选出自己认为适合的监管者。落选的监管者候选人也成为第六位投票者。

公共服务提供者坐在圆桌最前方,被告知他的工资是20比尔至60比尔之间,监管者坐在服务提供者的左手边,被告知他们的报酬是60比尔,但是其中一部分要用来用作监管。其他成员坐在剩下的位置上。通过一个六面的骰子决定服务提供者那里获得资源的数量(valuable tiles),其他人对此是不知情的。服务提供者可以决定保留多少的资源。监管者将决定用多少资源(0-4 tiles)来使服务提供者暴露他留下了多少资源。假如监管者暴露资源,服务提供者就将会损耗他所有的留下的资源,并且下轮游戏不能够再担任服务提供者的角色。游戏将从新开始选择服务提供者。

腐败行为模型

众所周知,腐败行为是由情境和个人因素共同导致的。腐败行为模型关注了以往研究很少会关注的情境因素的影响,该模型中贿赂的数额,时间的压力以及业务命令的抽象程度,都成为被考察的影响因素,这个模型描述了参与者的腐败主观决策过程。

拉布尔在2011年采用了拉布尔和库尔曼(2008)开发的腐败行为模型(The Model of Corrupt Action)的研究范式。该范式基于决策制定模型和行为理论,关注腐败者自身的因素,包括动机、意志和认知因素。研究设计了一个商业游戏,模拟了一个含有腐败的道德困境的管理环境。在这个实验中,参与者将扮演销售人员和销售主管,他们将面对 2 到 5 个竞争对手公司,共有四个试验阶段。每个阶段,他们都将决定价格、广告成本、促销策略、产品提升和市场调研。而且,他们还会被要求决定是否接受腐败(腐败提供不是明确的,而是说成一个大客户提供的)或者提供腐败。每个实验者的目标是尽量多的利润,在每个实验阶段结束的时候,参与者都会将自己的决策写在纸上。主试会将他们的决策输入电脑里进行分析,被试在下一个实验阶段开始之前,会收到一份关于他们上一阶段实验的反馈报告。被试是否接受或给予一份贿赂的决策会影响他们最终的表现和累积的利润。

总之,中国腐败心理的研究还处于初始阶段,前期更多地采用了国际研究的基本范式,随着腐败心理研究的深入,基于中国文化特殊环境下的研究也逐渐展开,如心理绑架的理论与实证研究等。随着研究的不断深化,中国学者的研究成果也有了长足进展。

25.4 腐败心理的成因

在腐败研究中,研究者主要从影响腐败心理的情绪、认知、特质、文化、道德以及经济因素进行研究,反映出个体因素和社会因素在腐败意图和腐败行为方面的重要预测作用。腐败的个体因素主要涉及个体的情绪状态、人格特质、道德水平、权力观念等因素,而社会因素更多指的是在不同文化背景下所强调的价值观念、社会规范以及宏观的社会生态变量,如集体主义/个体主义,阶层观念,经济水平与物质资源等因素。

25.4.1 个体因素

腐败的产生既有内因又有外因,两者独立或交织促进了腐败的发生。首先腐败的产生在一定程度上具有内因性,有些个体更容易产生腐败意愿与行为,分析腐败的个体因素对预测和控制腐败具有重要的理论和实践意义。

情绪对人们的行为具有显著的影响。道德情绪是人们在经历道德事件中产生的情绪反应,例如自我指向的:内疚、羞愧、骄傲以及他人指向的:愤怒、蔑视和厌恶(Haidt,2003;Tangney 和 Dearing,2002)。以往的研究发现,人们的内疚感会降低人们的腐败意愿(Haidt,2003),即人们在参与腐败之前、进行风险决策判断之后,会更多地受到道德感的影响,如果在腐败前,个体感受到了强烈的内疚感和羞耻感,那么个体的腐败意愿将降低。但是许燕等人在腐败的心理绑架研究中发现,内疚会使个体在多人博弈的情况下更倾向于不公平的分配方案(Feng 等,2017;冯秋迪等,2020;许燕等,2015;冯秋迪等,2015)。

人格是人们在社会生活的适应过程中,对自己和周围事物做出反应时,所显示的异于他人的独特心理品质(许燕,2008)。不同的个体具有不同的人格,而人格具有动机性,对人们的行为具有指导性。以往的人格研究多针对人格中的五大中性因素(开放性,尽责性,宜人性,神经质,外向性)进行研究,例如人格中的外向性能够正向预测个体的腐败倾向,而尽责性能够负向预测个体的腐败倾向(Agbo 等,2016),结果说明了较为中性的人格特质也能够有效地预测个体的腐败。近些年来,研究者开始关注人格中的黑暗成分,例如人格中的暗黑三角:马基雅维利主义(权谋主义)、精神病态和自恋,已有研究发现,暗黑人格与个体的许多不道德行为相关,并且对于腐败行为具有预测作用(Zhao, Zhang, 和 Xu, 2016)。在积极心理特质方面,已有研究发现,自尊能够有效降低个体的腐败意愿(Liang, Liu, 和 Tan, 2015),即高自尊的个体更不愿参与腐败,研究认为,低自尊个体更容易形成物质主义观念,进而参与腐败行为。

腐败过程不可避免地涉及权力问题,以往的人们认为,绝对的权力导致绝对的腐败,腐败的发生与专权具有密不可分的联系。早期的研究表明,权力的确能够有效预测个体的腐败意图(Waite 和 Allen, 2003)。高权力感的个体更倾向于做出冒险行为(Anderson, 2006),并且有研究发现,高权力感的个体更容易参与腐败行为(李小平等,2012)。然而有些研究者指出,权力并不一定导致腐败,这与个体的其他因素有关,具有边界条件。已有研究者发现,个体的权力导向(个人导向的权力:追求自我价值和利益;社会导向的权力:追求社会价值观和社会利益)与道德认同(高道德自我认同:认可自己的道德,推崇高尚;低道德自我认同:不认可自己的道德,低道德观念)调节了权力与腐败的关系。权力大小对腐败的作用只对秉持权力的个人导向观念的个体和低道德自我认同的个体起作用。

实际上,除了上文提及的情绪、人格和权力感受,个体的性别、受教育程度、家庭经济地位等个体因素都对个体的腐败具有预测作用。通常而言,由于受到进化上性选择的影响,男性更倾向于追求地位与资源以获得异性好感。因此男性的成就动机、权力追求更加强烈。研究者以此为基础,认为男性会更容易为了权力和利益而腐败。已有研究发现,女性比男性更可能反对贿赂行为,男性更可能接受贿赂(Guvenli 和 Sanyal, 2012),男性化越强的国家社会越不认为贿赂是错误的(Lee 和 Guven, 2013)。但是有意思的是,由于人们的性别印象中,女性具有纯洁的形象,人们认为女性领导的贪污腐败意愿更低,更公正清廉(Rivas, 2013;Barnes 和 Beaulieu, 2014)。但是人们也因此对女性政治候选人腐败行为的判断更为严厉和消极(Zemojtel-Piotrowska，2015)。在个体的受教育程度方面，以往研究发现教育能够增加人们的智识，促进人们的道德行为甚至降低犯罪(Gries，1937)。但是在腐败方面，其结果却也存在特殊情况，例如在俄罗斯，人们学历越高，其腐败容忍度却越高(Economicus，2010)，因此腐败环境可能调节学历对腐败的影响，在高度腐败国家，学历可能对腐败起到了促进作用。个体的社会经济地位能够有效降低腐败行为(Galiani 和 Weinschelbaum，2013)，因为经济自由降低了个体腐败的动机，即高的社会经济地位的个体其腐败意愿较低。

25.4.2 社会因素

腐败除了受到个体的内在因素影响以外，也受到许多外在因素的影响。社会因素作为影响腐败的外在因素主要包括：文化价值观、阶层和精英主义观念、社会规范/规则和客观的物质资源等。

社会影响个体心理与行为的重要方式就是价值观念，不同的社会价值观念不尽相同。同样，腐败也会受到社会价值观的影响。在价值观领域，最为著名的概念就是个体主义/集体主义，即个体的行为是自我参照的还是集体参照的。以往研究表明，集体主义促进了个体与社会的腐败(Mazar 和 Aggarwal，2011)，其中一个重要的现实依据就是，对于东亚国家，不论其国家经济发展水平如何，其腐败指数普遍偏高。集体主义导致人们对自己的行为更加不负责，集体参照方式降低了人们的自我内疚等反思性心理与行为。但是目前也有研究发现评价顾忌会调节集体主义与腐败的关系(Huang 等，2015)，如果环境中具有明显的评价线索，那么集体主义对于腐败的影响便会大大降低。这说明集体主义在腐败方面也有具有特殊性，在促进腐败的同时也更容易受到评价的影响。权力距离高的文化和个体支持个体间的不公平，强调互相帮助的重要性，这都促进了腐败行为(Rabl，2011)。

社会的资源配置和权力分配具有不同的方式，不同社会对于这种配置具有不同的观念，社会分层观念和精英主义观念反映了人们对于社会权力和资源的分配观念。社会分层观念用来说明社会是应该等级划分还是应该完全平等，支持社会分层的社会个体通常认为，人们的能力本来就有差异，社会分层是必然结果也是最优结果。其结果就是人们追求社会支配性，支持权力不平等和精英主义。研究发现，社会等级观念越强，权力越不公平，公司组织中的腐败也越多(Rosenblatt，2012)。精英主义观念得分越高的个体，腐败感知越低，腐败意图越高(Tan，Liu，和 Zheng，2016)。社会支配倾向越高，腐败容忍和意图也越高(Tan，Liu，Zheng，和 Huang，2016）。

社会规范与规则同样影响了社会腐败，人们的行为方式受到了社会规范与规则的指导与调节。在社会规范方面可以分为描述性规范和禁止性规范，描述性规范规定什么是好的，应该的（人们应该爱护环境）；而禁止性规范规定什么是不好的，不应该的（人们不应该破坏环境）。描述性规范比禁止性规范更加积极，提出的要求通常更高，但是对于腐败而言却可能产生了促进作用，已有研究发现描述性规范促进了人们的道德推脱进而影响了腐败意图和行为（Zhao，Zhang，和 Xu，2017）。在社会规则或者制度方面，已有研究发现，金钱奖励能够降低个体的腐败行为，但是这个效应受到了个体五羟色胺转运体基因的影响（Kong，2014）。即个体焦虑敏感性更高的个体的腐败意向更容易受到经济因素的影响，同样这个结果预示着焦虑敏感性个体更多的东方文化社会的腐败更容易受到经济的影响，高薪养廉的策略可能对于东方国家更有效。

在腐败的影响因素中，社会的宏观指标同样具有重要作用。在社会指标中，经济发展水平对人们的影响尤为重要，通常人们认为经济发展能够带社会普遍获益，从而降低个体通过腐败获取利益的动机，这方面也得到了研究印证，即当一个社会的经济资源增加，那么这个社会的腐败行为会相应的减少（Connor 和 Connor，2011），即通常发达国家的腐败水平低于贫困国家的腐败水平。然而根据现代化理论，当一个社会急剧变革的时候，人们价值观转型，权力能够带来巨额财富时，社会的腐败程度越高。针对中国的一项纵向研究表明，矿产资源越丰富，产出效率越高，那么一个地区的腐败程度就越高（Zhan，2015）。这些看似矛盾的结果表明，经济发展以及资源对腐败的影响有更加复杂的机制。这可能与不同国家的文化、制度或者腐败程度有联系。

25.5 心理绑架——"中国特色"的腐败心理机制

追求利益最大化、对腐败行为持肯定态度的官员，属于"权力寻租"的一群人。他们进入官僚体系之初，目标就相对明确，就是使用手中的权力，谋求个人利益，包括获得相应的地位和金钱等资源。他们可能利用手中的权力进行直接的权钱交换，甚至主动敲诈。然而，在中国当今的文化背景下，见诸报端的各种报道，也不乏有别于"权力寻租"的其他情形，许多案例都不约而同地反映出另一种现象：许多能力出色、政绩突出、原本清廉的官员，往往经过数年甚至数十年的变化，最终"沦陷"，这些"好人变坏"的案例，有惊人的相似之处：这些官员身边都存在着一些"朋友"，他们不断使用软性手段（如投其所好、雪中送炭等感情投资）拉近与官员之间的距离,使得官员慢慢放松警惕,通过将双方发展为相互信任的私人关系,形成紧密的联结,在情感和利益上都成为"一条船上的"共同体,最终胁迫官员做出违背法律的事情。这些官员不知不觉陷入腐败,身不由己,"一旦误入歧途,就会被他们牵着鼻子走"的现象,我们称之为腐败中的"心理绑架"。"心理绑架"现象发生在中国特殊的政治文化背景下,与中国人的"关系"、"人情"和"面子"等社会文化要素分不开。

25.5.1 心理绑架中的温水煮青蛙效应

心理绑架的界定

心理绑架(Psychological Kidnap)是行贿者为获取某种收益,在拥有公共权力的官员不知对方目的的条件下,通过与其建立和发展人情关系,最终利用人情关系达到工具性目的的过程(许燕,2009)。

心理绑架描述的是一种在人情交往的过程中发展出来的特定的心理现象,在这个过程中,绑架者(行贿者)主动实施绑架手段,被绑架者(官员)被动地牵涉其中。心理绑架描述的是"由好变坏"的官员,他们原本不是权力寻租者,是被腐败的对象,因深陷人情关系的陷阱而很难拒绝对方所提要求,这种心理上受迫于对方的现象就称为心理绑架。心理绑架是一个渐进的过程,表现出"温水煮青蛙"效应,即开始感觉舒服,也意识不到危险,但是当感觉到危险时已经无力自拔。

温水煮青蛙效应

心理绑架中的温水煮青蛙效应(the boiled frog syndrome)表现为在人情交往的过程中,绑架者使用情感手段与被绑架者结成紧密联系,而被绑架者受到情感的麻痹,感知风险与实际风险明显偏离(风险知觉错位),最终因积累的拒绝成本过大而无法挣脱,最终走上腐败的道路。可见,心理绑架是在温水煮青蛙的原理下获得成功的,正如2009年原重庆市公安局副局长彭长健落马后在庭审时自悔堕落原因时说道:"倒在人情世故面前,中了温水煮青蛙的陷阱,当发现时已经无力挣扎了。"

25.5.2 心理绑架的过程模型

许燕等人(2018)在2007年至2011年公开发表的报刊杂志中(比如《求实》)收集到符合上述心理绑架的定义及其重要特征的38个腐败案例,这些案例需要满足以下三个条件:(1)官员曾经是一名清廉的好官,具有一定的政绩和口碑;(2)案例的叙述中涉及到了行贿者与官员之间的社会交往细节;(3)案例材料中提到了官员的腐败行为决策发生的原因。研究者使用质性分析的方法对这38个案例进行文本拆解、分类和编码,最终提炼出心理绑架过程模型,如图 25.2 所示(Xu 等,2018)。

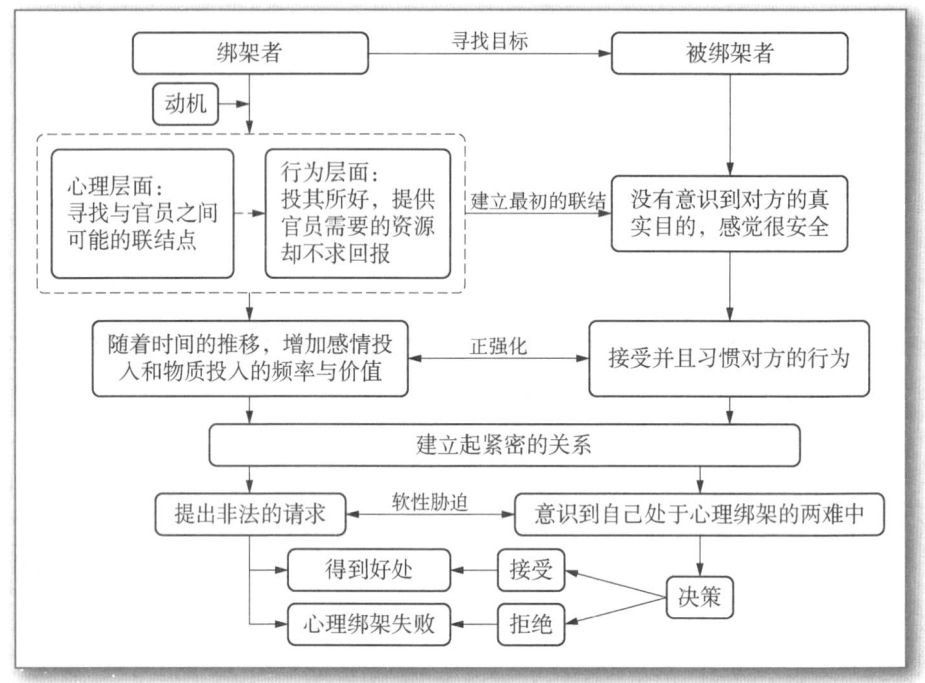

图 25.2　心理绑架过程模型

从以上的模型图可以发现,心理绑架的过程实际上是实施心理绑架者与被心理绑架官员双方关系发生三个阶段重大变化的全过程:

第 1 阶段,是关系的最初阶段,绑架者寻找到需要的目标——不知情的官员,开始对其进行情感输出,让其感受到温暖、支持、理解和安全感。这个阶段,绑架者不能表现出自己的工具性目的,因为绑架对象是强势的一方,拥有关系的主导权;

第 2 阶段,是关系的强化阶段,随着绑架者进一步的情感输出,官员逐渐对其产生信任感。随着交往进一步深入和双方的信任加深,单纯的情感输出可能会夹带资源输出,绑架者不断的投入会使官员习惯于接受对方的"好意"。经过一段时间的发展,双方建立起紧密的关系,这个阶段关系双方"势均力敌",没有明显强势和弱势的一方;

第 3 阶段,是关系的工具性暴露阶段,绑架者试图利用关系获取公共资源。此时绑架者提出非法请求,对官员进行软性胁迫。被绑架者面临心理冲突:如果服从胁迫,则双方成为利益共同体,腐败行为发生;如果不服从,两人的关系可能破裂,甚至会出现更严重的后果(被举报或者名誉受损)。这个阶段,心理绑架者是关系中强势的一方,而官员则是"长时间呆在温水中的青蛙",等意识到危险时就已经晚了。

表 25.2

心理绑架各阶段关系和心理特征

阶段		行为特征	知情情况	相对地位	心理反映
1	吸引与接纳	双方甄选、寻找联结点、中间人介绍	绑架者:知情 被绑架者:部分知情	绑架者:弱 被绑架者:强、拥有关系主导权	人际吸引
2	信任与融合	绑架者:投其所好、资源输出;浅层资源置换 被绑架者:接受、习惯	绑架者:知情 被绑架者:不知情	绑架者:弱→强 被绑架者:强→弱	信任、人情来往、风险知觉
3	污合或破裂	绑架者:软性胁迫,报复 被绑架者:服从或拒绝	双方知情	绑架者:强 被绑架者:弱	绑架者:权力买卖 被绑架者:心理困境,两难选择

25.5.3 心理绑架的特征

许燕等人(2018)在新华网、凤凰网和腾讯网收集并选取了近 10 年已经公开发表的 19 个部级和副部级落马官员采访记录,这些采访内容需要满足以下三个条件:(1)落马的腐败官员最初没有寻租的动机;(2)详细描述了自己如何一步步陷入腐败;(3)关注行贿者与官员之间的人情交往。研究者使用质性分析的方法对这 19 个案例进行文本拆解、分类和编码,最终提炼出心理绑架的三大特征(Xu 等,2018):

隐性手段

在交往初期,心理绑架主要运用的是隐性手段。隐性手段是指绑架者从交往一开始就隐藏其真实目的(即贿赂官员),针对被绑架者的特点或者需求,投其所好或者雪中送炭,进行心理和情感投资。为破除官员的心理防御,绑架者在交往初期会提供安全的、与最终目的无关的接触,如找到官员的爱好,赠送礼物,帮个小忙或者仅仅是联络感情,等等。这是一个资源输出的过程,绑架者打着交朋友的名义,不求回报。在这个环节,钱、权、色或者物等都可能成为绑架者运用的手段。隐性手段往往能够营造出一种安全感,使得被绑架者较难察觉绑架者真实的功利目的,放心地与绑架者交往起来。

风险知觉与拒绝成本"错位"

在关系建立期,被绑架者的心理过程表现为风险知觉与拒绝成本的"错位"。绑架者所使用的手段,具有较强的情感内涵(expressive value),随着互动次数的增加和交往的深入,这种具有情感性内涵的互动方式能让被绑架者产生情感性的联结(integrative bonds,Molm,2010)。摩尔姆(Molm)的研究还发现,这种情感性的联结包括信任(相信对方可靠,能帮助自己)、积极的情感反应(喜爱、满足)、正性评价和融合感(solidarity)等,它可以降低被绑架者的防御心理,使之风险知觉下降,但事实上,被绑架者真实的风险也随之增加。这里真实的风险是指被绑架者如果拒绝绑架者提出的要求所需要付出的代价,包括产生认知不协调感、产生亏欠感(indebtedness)、失去与绑架者之间紧密的联结、偿还等价的资源以及如果被对方举报,可能会失去名誉、自尊甚至人生自由等后果。拒绝成本是一种综合的成本,既包括主观的心理反应,也包括对客观事实的考量。绑架者可能不会提到这些后果,这些后果也不一定会变成现实,但是它们作为一种真实存在的风险,会左右被绑架者的决策。当拒绝成本积累到一定程度后,绑架者向被绑架者提出腐败要求,此时如果被绑架者感受到拒绝成本超出了个人承受范围,而接受要求的安全性较高时,心理绑架就很可能成功。

软性胁迫

在绑架期,在绑架者与被绑架者建立了足够安全的关系的前提下,为实现心理绑架,绑架者会使用软性胁迫的方式提出自己的要求。所谓软性胁迫是指不通过强硬地施压或者威胁来要求对方实施其目的,而是间接地通过关系要求、人情来往、舆论影响以及利益引诱等手段,使被绑架者"被迫"做出违背原则的事情。

杨浩铿(2012)对心理绑架理论中被绑架者的心理特点进行了实证性的研究,他通过对 463 名大学生被试进行情境实验,发现被试对于某些特点的人情往来更愿意接受:(1)被试对非金钱类的情感输出接受程度显著高于金钱类;(2)被试对关系熟悉的资源输出接受程度显著高于关系生疏类;(3)被试更愿意接受循序渐进的持久性资源输出方式,而非短期的大量资源输出方式;(4)被试的接受程度受到他们对礼物的解读的显著影响,具体表现为,如果礼物被解读为情感投入,则接受程度更高,如果礼物被解读为工具性投入,则接受程度更低。这些心理特点暗示了心理绑架过程中关系建立的成功和资源投入的成功,都与隐性手段之间存在密不可分的联系。杨浩铿(2012)对 186 名大学生被试进行的另一项情境实验则发现,相比于硬性威胁和完全无胁迫的手段,软性胁迫更容易使得被试同意对方的不合理请求,并且在这个情境下被试对关系安全性水平的知觉对他们的行为决策具有中介作用,具体表现为软性胁迫能够通过提高关系安全性水平,从而让被绑架者更愿意接受对方的不合理请求。这些实验结果则揭示了心理绑架结果的成功与软性胁迫的手段存在显著的关联。

结合以上研究结果可以看出,腐败的心理绑架手段相比于普通的行贿手段更加容易获得成功,主要是它利用了中国社会中的人情关系文化,隐性的感情输出手段麻痹了官员的风险知觉,等到真实的腐败意图显现时,官员们又受制于软性胁迫,最终败给了要面子和讲人情。心理绑架理论值得中国官员学习,有助于保持时刻的警醒,同时也值得作为反腐工作的重要理论参考,即通过动态的视角把握腐败案例中官员和行贿者的心理特点及其变化过程。

25.6 思考与展望

本章介绍了腐败与心理绑架的研究。由于腐败是一个跨学科的研究主题,其概念和研究范式在政治学、法学、社会学、经济学以及心理学中都存在大量的阐述,但其中又有很多不同之处。本章试图为读者梳理这些学科框架下腐败研究的概念、理论以及相关研究,可以看出,研究者对腐败的研究,逐渐从宏观的政治学、法学和社会学层面慢慢向微观的经济学和心理学层面发展。剖析清楚人作为一个个体,做出腐败行为背后的原因和决策机制,是经济学和心理学的任务。经济学常常假设人是理性的,认为个体做出腐败决策是衡量了经济利益和经济成本之后的结果,然而心理学的视角却要复杂得多,参与腐败的个体除了收益和成本(包括风险)的纯经济考量之外,可能还受到了道德感知、文化认同、信念和集体主义倾向等影响。比如谭旭运等人的研究发现个体的社会支配倾向通过道德愤怒的中介,对腐败的意识具有抑制作用(Tan等,2018)。金盛华和王雪(2013)对88名正在服刑的腐败官员进行问卷调查,并对其中22名进行深度访谈,质性数据分析结果显示,中国官员腐败的原因中"缺乏道德坚守"被提及次数最多,因社会比较而产生的心理失衡也是其中重要的原因之一,侥幸心理也被反复提及。克燕南(2013)等人发现,道德许可效应会提高个体、组织、公众和媒体对腐败的容忍度。陈咏媛(2013)等人发现,社会关系的流动性会影响人们腐败的意愿(Chen等,2013)。冯秋迪等人提出,人情内疚感在多人博弈的情境下会导致腐败不公的社会资源分配结果(Feng等,2017;冯秋迪等,2020;冯秋迪等,2015)。白宝玉(2014)的研究发现,个体的公正世界信念会影响其腐败的倾向。蔡颖等人(2013)发现,在中国,个体对权力的感知可以减少腐败行为。王芳等人(2013)则认为社会权力导向者对腐败的容忍度更低,更少做出自利行为,而个人权力导向者更加能够容忍腐败行为。这些腐败心理学研究主要集中在社会心理学领域,将腐败这一宏观的社会现象用微观的个体心理层面的因素进行解释,有助于分析清楚腐败背后的原因。然而,除了探索腐败行为背后的原因之外,心理学也探讨腐败对人类社会的诸多影响,比如,郑雯雯等人(2013)发现人们对腐败的感知会阻碍其政治参与,同时也会使得人们的生活满意度下降。未来腐败的社会心理学研究可能需要着力解决其生态效度问题,目前诸多社会心理学实验都是在虚拟的环境下由大学生被试完成,其研究结果如何贴近社会现实,如何能更有力地解释腐败这一社会问题,需要广大社会心理学研究者继续共同努力。

(冯秋迪　许燕)

参考文献

阿克顿.(2001).自由与权力.侯健,范亚峰,译.北京:商务印书馆.
白宝玉.(2014).公正世界信念影响腐败倾向和腐败感知:预期惩罚的中介作用.北京:北京师范大学博士学位论文.
陈海平.(2006).贿赂模拟情境道德风险的实验研究——风险利益和社会价值取向对群体成员选择外部合作的影响.北京:北京师范大学博士学位论文.
陈卫东.(2000).腐败控制论.北京:中国方正出版社.
蔡頠,寇彧.(2013). Perceived Sense of Power Decrease Corruption in China. 第9届华人心理学家学术研讨会,北京.
冯秋迪,叶勇豪,张和云,许燕.(2020).内疚情绪在博弈情境中对结果公平的影响.科学通报,65(19),1967-1974.
冯绍雷,相蓝欣.(2005).转型理论与俄罗斯政治改革.上海:上海人民出版社.
弗里德里希·迈内克.(2008).时殷弘,译.马基雅维利主义.北京:商务印书馆.
何承斌.(2004).贪污犯罪比较研究—从《联合国反腐败公约》看中国廉政法制.重庆:西南政法大学博士学位论文.
J·S·密尔.(1975).汪瑄译.代议制政府.北京:商务印书馆.
杰克·D·道格拉斯,弗兰西斯·C·瓦克斯勒.(1986).越轨社会学概论.石家庄:河北人民出版社.
杰拉尔德·E·蔡登.(1990).建立官员腐败的一般理论.王沪宁(Ed.),腐败与反腐败:当代国外腐败问题研究.上海:上海人民出版社.
金爱慧,赵连章.(2010).论中国传统人际关系对腐败的影响.东北师大学报(哲学社会科学版)(2),5-9.
克燕南,蒋奖,许燕.(2013).道德许可对腐败容忍度的影响.第9届华人心理学家学术研讨会,北京.
李景华.(2011).反腐败预防优先理念研究.中国政法大学博士学位论文.
孟德斯鸠.(2007).许明龙,译.论法的精神.北京:商务印书馆.
孟德斯鸠.(1961).张雁深,译.论法的精神.北京:商务印书馆.
约翰·密尔.(1959).许宝骙,译.论自由.北京:商务印书馆.
约翰·密尔.(1975).汪瑄,译.代议制政府.北京:商务印书馆.
孟德斯鸠.(1961).论法的精神.北京:商务印书馆.

孟德斯鸠.(2007).论法的精神.北京：商务印书馆.

朴雨淳.(2006).中国社会的"关系"文化——兼论能否增进"关系"的公共性？学海(5),5-16.

塞缪尔·P·亨廷顿.(1989).王冠华,刘为,等译.变化社会中的政治秩序.上海：生活·读书·新知三联书店.

韦尼·萨德霍尔茨,科特泽尔.(2001).解释腐败：经济结构、民主制度和贸易.胡鞍钢(Ed.),中国：挑战腐败(pp.242-263).杭州：浙江人民出版社.

亚当·斯密.(1974).国民财富的性质和原因研究.北京：商务印书馆.

王芳,孙洵伟.(2013).个人导向的权力、社会导向的权力与腐败.第9届华人心理学家学术研讨会,北京.

王沪宁.(1990).腐败与反腐败：当代国外腐败问题研究.上海：上海人民出版社.

金盛华,王雪.(2013).中国官员腐败原因及受贿过程：基于对腐败服刑人员的调查和访谈分析.中国心理学会理论心理学与心理学史分会暨中国心理学会社会心理学分会学术年会,北京.

韦尼·萨德霍尔茨,克特泽尔.(2001).解释腐败：经济结构、民主制度和贸易.胡鞍钢(Ed.),中国：挑战腐败.杭州：浙江人民出版社.

魏子晗.(2013).腐败行为发展趋势以及风险概率和风险可控感对腐败发展的影响.第9届华人心理学家学术研讨会,北京.

吴敬琏.(1999)."寻租理论"与我国经济中的某些消极现象.《经济社会体制比较》编辑部(Ed.),腐败寻根.中国会成为寻租社会吗？北京：中国经济出版社.

肖俊奇.(2010).社会信任与腐败.中共天津市委党校学报,20(3),42-47.

徐瑞婕,许燕,冯秋迪,杨浩铿.(2015).对腐败的"心理绑架"效应的验证性内容分析.心理学探新,35(1),35-40.

薛刚.(2010)."涉入"与"知情点"：集体腐败道路上分离的两点.政治学研究(1),93-105.

许燕.(2008).人格心理学：北京师范大学出版社.

亚当·斯密.(1974).郭大力,王亚南,译.国民财富的性质和原因研究.北京：商务印书馆.

杨浩铿.(2012).温水煮青蛙——腐败的心理绑架现象的本质.北京：北京师范大学博士学位论文.

约翰·密尔.(1959).许宝骙,译.论自由.北京：商务印书馆.

詹姆斯·布坎南.(2000).同意的计算.北京：中国社会科学出版社.

郑雯雯,刘力.(2013).腐败感知阻碍政治参与——政治效能和生活满意度的作用.第9届华人心理学家学术研讨会,北京.

Abbink, K., Irlenbusch, B., & Renner, E. (2000). The moonlighting game-an experimental study on reciprocity and retribution. *Journal of Economic Behavior & Organization*, 42(2), 265-277.

Abbink, K., Irlenbusch, B., & Renner, E. (2002). An experimental bribery game. *Journal of Law, Economics and Organization*, 18, 428-454.

Agbo, A. A., & Iwundu, E. I. (2016). Corruption as a propensity: personality and motivational determinants among nigerians. *The Journal of psychology*, 150(4), 502-526.

Albrecht, W. S., Albrecht, C. C., Albrecht, C. O., & Zimbelman, W. F. (2008). Fraud Examination. Third Edition. Boston: South-Western College Publishing.

Bac, M. (1998). The scope, timing, and type of corruption. *International Review of Law and Economics*, 18, 101-120.

Bagozzi, R. P., Dholakia, U. M., & Basuroy, S. (2003). How effortful decisions get enacted: The motivating role of decision processes, desires, and anticipated emotions. *Journal of Behavioral Decision Making*, 16(4), 273-295.

Banfield, E. (1975). Corruption as a Feature of Governmental Organization. *Journal of Law and Economics*, 18(3), 587-605.

Barr, A., & Serra, D. (2009). The effects of externalities and framing on bribery in a petty corruption experiment. *Experimental Economics*, 12(4), 488-503.

Barr, A., Lindelow, M., & Serneels, P. (2009). Corruption in public service delivery: An experimental analysis. *Journal of Economic Behavior & Organization*, 72(1), 225–239.

Berg, J., Dickhaut, J., & Mccabe, K. (1995). Trust, reciprocity, and social-history. *Games and Economic Behavior*, 10(1), 122–142.

Bian, Y. (2002). Chinese social stratification and social mobility. *Annual Review of Sociology*, 91–116.

Buchanan, J. M., Tollison, R. D., & Tullock, G. (1980). *Toward a theory of the rent-seeking society*: Texas A & M Univ Pr.

Chen, C. C., Chen, Y. R., & Xin, K. (2004). Guanxi practices and trust in management: A procedural justice perspective. *Organization Science*, 15, 200–209.

Chen, Xiao-ping, & Chen, Chao C. (2004). On the intricacies of the Chinese guanxi: A process model of guanxi development. *Asia Pacific Journal of Management*, 21(3): 305–324.

Chen, Y. Y., Liu, X. X., Lan, T & Y, Hong. (2013). A Socio-ecological Model of Bribe-giving: The Boosting Effect of Residential Mobility. 15th Society of Personality and Social Psychology Annual Meeting, US, Austin, poster.

Colombatto, E. (2003). Why is Corruption Tolerated? *The Review of Austrian Economics*, 16(4), 363–379.

Corona, C., & Randhawa, R. (2010). The auditor's slippery slope: An analysis of reputational incentives. *Management Science*, 56(6), 924–937.

Dalberg-Acton, J. E. E. (1949), Essays on Freedom and Power, Boston: Beacon Press, p. 364.

Feng, Q., Xu, Y., Xu, R., & Zhang, E. (2017). Moral foundations tell us why guilt induces unfair allocation in multi-party interactions. *Asian Journal of Social Psychology*, 20, 191–200.

Foa, E. B., & Foa, U. G. (1980). Resource theory: Interpersonal behavior as exchange. In K. J. Gergen, M. S. Greenberg, & R. H. Willis (Eds.), *Social exchange: Advances in theory and research* (pp. 77–97). New York, NY: Plenum Press.

Gino, F., & Bazerman, M. H. (2009). When misconduct goes unnoticed: The acceptability of gradual erosion in others unethical behavior. *Journal of Experimental Social Psychology*, 45, 708–719.

Gouldner, A. (1960). The norm of reciprocity. *American Sociological Review*, 25, 165–167.

Greenberg, M. S. (1980). A theory of indebtedness. In K. J. Gergen, M. S. Greenberg, & R. H. Willis (Eds.), Social exchange: Advances in theory and research: 190–210. New York: Plenum.

Haidt, J. (2003). The moral emotions. In R. J. Davidson, K. R. Scherer, & H. H. Goldsmith (Eds.), *Handbook of affective sciences* (pp. 852–870). Oxford, UK: Oxford University Press.

Hu, Y-A., & LIU, D-Y. (2003). Altruism versus egoism in human behavior of mixed motives: An experimental study. *American Journal of Economics and Sociology*, 62(4), 677–705.

Hwang, K. K. (1987). Face and favor: The Chinese power game. *American Journal of Sociology*, 92, 944–974.

Jain, A. K. (1998). Corruption: An Introduction. In: Jain, Arvind K. (Ed.), *Economics of Corruption*, pp. 1–12. Boston: Kluwer Academic Publishers.

Lambsdorff, J. G., & Frank, B. (2010). Bribing versus gift-giving — An experiment. *Journal of Economic Psychology*, 31(3), 347–357.

Li, S., Triandis, H. C., & Yu, Y. (2006). Cultural orientation and corruption. *Ethics & Behavior*, 16, 199–215.

Liu, X-X., Christopoulos, G., & Hong, Y. (2014). Is it about ethics or business? The role of decision frame on decision-making regarding bribe giving. Paper presentation at MOC Division, Academy of Management, Philadelphia.

Mazar, N., & Aggarwal, P. (2011). Greasing the Palm Can Collectivism Promote Bribery? *Psychological Science*, 22(7), 843–848.

Mishra, A. (2004). Dundee Discussion Papers in Economics.

Molm, L. D. (2010). The structure of reciprocity. *Social Psychology Quarterly*, 73, 119–131.

Moore, D. A., & Loewenstein, G. (2004). Self-interest, automaticity, and the psychology of conflict of interest. *Social Justice Research*, 17(2), 189–202.

Murphy, K., Shleifer, A., & Vishny, R. (1993). Why is Rent-Seeking so Costly to Growth. *American Economic Review*, 83(2), 409–414.

Noonan, J. T. (1984), Bribes, New York: Macmillan.

Palmer, D., & Maher, M. W. (2006). Developing the process model of collective corruption. *Journal of Management Inquiry*, 15(4), 363–370.

Prentice, R. A. (2007). Ethical decision making: More needed than good intentions. *Financial Analysts Journal*, 63(6), 17–30.

Rabl, T. (2011). The impact of situational influences on corruption in organizations. *Journal of business ethics*, 100(1), 85–101.

Reis, H. T., Clark, M. S., & Holmes, J. G. (2004). Perceived partnerresponsiveness as an organizing construct in the study of closeness and intimacy. In D. J. Mashek & A. Aron (Eds.), *Handbook of closeness and intimacy* (pp. 201–225). Mahwah, NJ: Erlbaum.

Rose-Ackerman, S. (1978). *Corruption: A Study In Political Economy*. Academic Press.

Rose-Ackerman, S. (1999). *Corruption and Government: Causes, Consequences, and Reform*, Cambridge: Cambridge University Press

Rothstein, B., & Eek, D. (2009). Political corruption and social trust: an experimental approach. *Rationality and Society*, 21(1), 81–112.

Ruth, J. A., Cele, C. O., & Frederic, F. B. (1999), Gift Receipt and the Reformulation of Interpersonal Relationships, *Journal of Consumer Research*, 25, 385–400.

Schrand, C. M., & Zechman, S. L. C. (2011). Executive overconfidence and the slippery slope to fraud. *Journal of Accounting and Economics*, 53, 311–329.

Singelis, T., Triandis, H. C., Bhawuk, D., & Gelfand, M. (1995). Horizontal and vertical dimensions of individualism and collectivism: A theoretical and measurement refinement. *Cross-Cultural Research*, 29, 240–275.

Swanson, R. (1999). Cooking the books — a slippery slope. *Strategic Finance*, 81(4), 8–10.

Tan, X. Y., Liu, L., Huang, Z. W., Zhao, X., & Zheng, W. W. (2014). The dampening effect of social dominance orientation on awareness of corruption: moral outrage as a mediator. *Social Indicators Research*, 125(1), 89–102.

Tangney, J. P., & Dearing, R. L. (2002). *Shame and guilt*, New York, NY: Guilford.

Triandis, H. C., Chen, X. P., & Chan, D. K.-S. (1998). Scenarios for the measurement of collectivism and individualism. Journal of Cross-Cultural Psychology, 29, 275–289.

Vinod, H. D. (1999). Statistical analysis of corruption data and using the Internet to reduce corruption. *Journal of Asian Economics*, 10, 591–603.

Waite, D., Allen, D., (2003). Corruption and abuse of power in educational administration. *The Urban Review*, 35(4), 281–296.

Лоскутов. В. А. (2001). Тоталитаризм и коррупция. *Сборник статей. катеринбург*, 66–91.

Xu, Y. (2011). Psychological Kidnap: A New Model of Corruption Process in China, The 9th Biennial Conference of Asian Association of Social Psychology, yunnan. 2011-07-31.

Xu, Y., Jiao, L., Xu, R., Feng, Q., Wang, F., & Jiang, J., & Chen, C. (2018). The process and characteristics of psychological kidnapping: an indigenous model of corruption in china. *Journal of Pacific Rim Psychology*, 12, e13, 1–12.

26 留守儿童心理[①]

26.1 引言 / 829
26.2 留守儿童概述 / 830
 26.2.1 留守儿童的定义 / 830
 26.2.2 留守儿童的研究意义 / 831
  理论意义 / 831
  实践意义 / 831
26.3 留守儿童的心理发展状况 / 832
 26.3.1 心理健康 / 832
 26.3.2 人格 / 834
 26.3.3 反社会行为 / 835
 26.3.4 心理弹性 / 837
 26.3.5 共情 / 838
 26.3.6 社会适应 / 839
  心理适应 / 839
  人际适应 / 839
  环境适应 / 840
 26.3.7 学习状况 / 841
  学习效能感 / 841
  学习投入 / 841
  学习成绩 / 842
 26.3.8 留守儿童积极品质的发展 / 843
  积极品格 / 843
  生活自理能力 / 843
  良好的心理弹性 / 844
26.4 留守儿童心理发展的影响因素 / 844
 26.4.1 家庭 / 844
  教养方式 / 844
  亲子沟通 / 845
 26.4.2 学校 / 846
  学校教育 / 846
  学校氛围 / 848
 26.4.3 社会 / 849
  网络与电子媒介 / 849
  政策支持 / 849
26.5 留守儿童心理发展的干预 / 850
 26.5.1 基于个体层面的干预 / 850
  宽恕干预计划 / 850
  情绪调节干预项目 / 851

[①] 国家社科重大项目"留守儿童社会适应促进与反社会预防研究"(19ZDA356)阶段性成果之一。

26.5.2　基于家庭层面的干预 / 852
　　　　　　早期家庭支持计划 / 852
　　　　　　父母管理训练 / 853
　　　　　　家庭媒体计划 / 854
　　　26.5.3　基于学校层面的干预 / 854
　　　　　　同伴支持项目 / 854
　　　　　　成功第一步早期干预计划 / 855
　　　26.5.4　基于社区层面的干预 / 856
　　　　　　青年发展项目 / 856
　　　　　　社区矫正项目 / 857
26.6　未来研究展望 / 858
　　　26.6.1　基于积极发展视角考察留守儿童的心理发展 / 858
　　　26.6.2　整合多种研究方法深入剖析留守儿童的心理发展 / 859
　　　26.6.3　推进留守儿童心理发展的促进/干预方案的开发与实践 / 859
　　　26.6.4　构建基于中国国情的留守儿童心理发展的系统性、多维性评估 / 860

参考文献 / 861

26.1　引言

　　20世纪80—90年代以来,中国城乡间人口流动的限制被打破,大量的农村剩余劳动力涌向城市。然而,进城打工的农民工无法享受与城市居民相同的待遇,其子女的教育也面临许多的困难,比如没有户籍无法就读公办学校、受城里孩子排斥、就读学校师资力量不足、父母平常工作繁忙无法监管孩子等。因此,许多农民工在进城务工时将孩子留在了农村,并托付他人代为照看,这些孩子便成为了留守儿童。留守儿童是指父母双方外出务工或者其中一方外出务工另一方无监护能力(回家间隔时间在3个月以上)、年龄在3—16周岁的未成年人。家庭结构不稳定使得留守儿童的心理发展有其独特性。根据民政部调查数据显示,截至2018年8月底,我国农村留守儿童的人数为697万,其中96%的农村留守儿童是由(外)祖父母隔代照料。

　　逐渐地,留守儿童成为一个特殊群体,受到关注。"7·4淳安女童失联"、"24天溺水9人"、"留守女童被性侵案"等新闻一度刷爆朋友圈,正是由于家庭监护功能不足、家庭教育功能不足导致留守儿童的心理与行为问题层出不穷。因此,十九大报告明确提出"关爱、保护留守儿童,是爱心工程,也是社会工程,需社会各界积极参与"。然而,近年来"滴滴顺风车凶案"、"留守儿童犯罪"等新闻也成为舆论关注的焦点,缺少家庭情感支持,与不良同辈群体交往,以及网络不良信息等都是影响留守儿童犯罪的重要社会环境因素。留守儿童作为处境不利的弱势群体,容易受到违法犯罪者的侵害和网络不良信息的利用,从而表现出一系列突出的心理与行为问题。

我国留守儿童的身心健康发展一直是政府部门和学者们关注和研究的重要内容。对于儿童的心理发展来说,父母的陪伴和关爱为他们提供了重要的心理支持和资源,而父母一方或双方外出务工给儿童的成长环境带来了深度的改变,会对儿童的心理发展产生影响,致使他们可能出现一系列心理与行为问题。但是,留守儿童也有其积极的一面,留守儿童存在的各种积极心理品质在一定程度上弥补了他们面临的不利处境。因此,本章从"积极发展"的视角看待留守儿童的问题,通过对留守儿童的心理发展状况、多层次影响因素和多层次促进机制的相关研究进行总结,最后提出"促进积极发展"的留守儿童研究展望。

26.2 留守儿童概述

26.2.1 留守儿童的定义

有关留守儿童的界定,"留守儿童"(left behind children)这一概念首先出现于上官子木 1993 年所写的《隔代抚养与"留守"儿童》一文中,一是指因父母出国工作或求学而留在国内的儿童;二是指因父母外出打工而滞留老家的农村儿童。已有的研究进一步地明确了留守儿童的年龄范围,比如,有的学者认为,留守儿童主要是指父母双方外出务工或者其中一方外出务工另一方无监护能力(回家间隔时间在 3 个月以上)、年龄在 3—16 周岁的未成年人(韩黎,袁纪玮,赵琴琴,2019;彭美,戴斌荣,2019)。2016 年 2 月,国务院印发了《关于加强农村留守儿童关爱保护工作的意见》,对留守儿童进行了明确的界定,即留守儿童是指父母双方均外出务工或一方外出务工另一方无监护能力、无法与父母正常共同生活的不满 16 周岁的农村户籍未成年人。

有研究在此基础上根据留守儿童父母外出的情况,将留守儿童分为四种类型,一是父母均外出的自我留守型,二是父母一方外出的"单亲"留守型,三是与祖辈生活的隔代留守型,四是父母同辈照顾的上代寄养型。此外,还有一些学者将同辈(主要是姐姐、哥哥)照顾型也视为一种留守类型(周新成等,2018)。

26.2.2 留守儿童的研究意义

留守儿童一直受到党中央和国务院的高度重视和关心爱护。国务院于2014年年底颁布的《国家贫困地区儿童发展规划(2014—2020年)》指出,应健全留守儿童等特殊困难儿童的关爱服务体系,从学校教育与管理、家庭教育与指导,以及社区关爱和服务等多个方面,建立健全留守儿童关爱服务体系。做好留守儿童关爱保护工作,从源头上逐步减少儿童留守现象,强化留守儿童关爱保护工作保障措施,关系到留守儿童的健康成长,关系到家庭幸福与社会和谐,关系到全面建成小康社会大局。十九大报告中也明确指出"应尽快健全农村留守儿童关爱服务体系"、"合力监护、相伴成长的关爱保护专项行动",同时也鲜明提出,"要加强社会心理服务体系建设,培育自尊自信、理性平和、积极向上的社会心态"。决胜全面建成小康社会,要把维护国家政治安全放在第一位,继续推进留守儿童关爱保护工作,减少留守儿童反社会行为,这有利于维护社会和谐稳定,建设更高水平的平安中国、法治中国。

理论意义

首先,从积极发展的视角看待留守儿童的心理发展,有助于弥补已有研究中"问题导向"的不足。当前,研究者主要关注留守儿童存在的各种"突出问题"(如抑郁、品行问题)。"减少问题"虽可最大程度地避免儿童因不利环境所带来的伤害,但"问题的减少"不等于"积极发展","没有问题"不等于"好的发展",二者并非此消彼长;破解留守儿童难题既要有的放矢地"减少问题",更要积极主动地"促进发展",二者相互映衬、缺一不可(林丹华等,2019)。关爱农村留守儿童的最终目标是在减少问题的发生和严重性的同时,最大程度地促进他们的积极发展。其次,针对留守儿童的现实问题开展系统性研究可以向其他研究者、教育工作者以及国家政策制定提供帮助。通过对留守儿童心理发展状况、主要影响因素以及干预对策进行梳理,丰富了对于留守儿童心理发展状况的理解,能够全面了解我国留守儿童心理发展特点、发展路径以及影响留守儿童心理发展的重要核心因素,通过重点考察留守儿童心理发展的个体差异,探讨不同儿童在留守情境下良好或不良适应的内在机制,总结出留守儿童在不利处境下积极发展的保护性因素或资源(申继亮等,2015)。在系统性研究的基础上,制定科学、有效的留守儿童心理发展干预/促进方案,从而在促进我国规模庞大留守儿童群体积极全面健康发展的同时,推动国家社会心理服务体系的建设。

实践意义

留守儿童由于与父母长期分离,缺乏亲情关爱和有效监护,易遭受意外伤害甚至不法侵害,这些问题严重影响留守儿童健康成长,影响社会和谐稳定,受到各方高度关注,社会反响强烈。进一步加强留守儿童关爱保护工作,是党中央、国务院重视的一项重要而紧迫的任务。另外,该群体本应成为被关爱和保护的对象,然而面对该类群体频发的各类问题,我们有责任和义务在助力留守儿童健康成长,促进其积极心理发展中贡献才智,有使命在为其创造平等、和谐、温暖的成长环境的同时,也要对其心理与行为问题进行有效预防,实现留守儿童群体全面健康发展。

首先,在留守儿童心理发展科学研究的基础上,开发针对留守儿童心理发展的干预和促进方案,有利于进一步推进留守儿童综合关爱体系建设。例如,在充分了解留守儿童心理发展状况、发展规律以及核心风险因素和核心保护因素的基础上,开发留守儿童心理发展的促进/干预方案,并根据已有的相关干预研究,明确不同的干预目标、对象、内容、技术,开发针对不同年龄段的留守儿童心理发展促进/干预方案(赵景欣,申继亮,2010)。也可以通过问卷法、现场实验法与观察法,并结合实践经验,对干预方案进行科学、系统地评估,最终推广到全国各个地区,覆盖不同类型、不同发展状况的留守儿童。

其次,社会稳定、平安中国是实现中华民族伟大复兴的基本保障,留守儿童的心理发展研究符合国情文化背景,涉及国家未来发展,契合国家战略需要。强调从优势/资源而非缺陷的角度看待留守儿童的心理发展,不仅要强调采取各种措施预防和减少留守儿童的反社会行为的发生率,同时也充分认识到在不利环境中仍然能够积极发展是留守儿童的生命常态,将"积极发展"转化为促进留守儿童健康成长的实际举措和行动,高度关注留守儿童的"自身优势和发展资源",创设更加丰富、支持和温暖的家庭、学校和社区环境和资源,使他们能在自身的优势和外在环境的支持与保护下"逃脱"原有的人生轨迹,走出一条属于自己的积极发展的人生道路(申继亮,2008)。从积极发展的"全人视角",在对留守儿童犯罪等反社会问题进行预防的同时,也要注重培养留守儿童的健全人格、应对困难和挑战等社会适应的能力,这两者相辅相成、相互促进,对留守儿童心理健康发展具有深远的影响。通过对留守儿童心理发展的现状、影响因素以及促进机制进行分析和总结,不仅有助于留守儿童个体心理健康发展,也有助于减少或预防社会不安定因素,切实落实关爱留守儿童、健康中国、平安中国的发展战略,促进社会和谐稳定发展。

26.3 留守儿童的心理发展状况

26.3.1 心理健康

数据显示,通过与全国心理健康常模比较,74%的农村留守儿童存在自卑和焦虑等不良情绪和社交困难,尤其是在出现同伴冲突时,他们总是选择逃避、忍气吞声或将情绪压抑,不愿向监护人和老师求助,长期以往便形成了自卑、抑郁、冷漠和焦虑等心理问题(林丹华等,2019)。留守儿童心理健康问题主要集中在孤独感和焦虑感方面。周宗奎等(2005)以湖北省几个有代表性的县、市为取样对象,对农村留守儿童心理发展与教育问题进行了专项调查研究。他们发现,留守儿童在父母外出打工后容易表现出一系列心理健康问题,年龄越小表现越突出,女生比男生更明显,比较突出的心理健康问题集中在孤独感、焦虑感等方面。该研究结果与张旭东等(2015)的研究结果较为一致。孤独感(loneliness)是个体知觉到现实的和期望的社会地位间的差异,或无法与重要他人建立起情感联结后体验到的消极情感(范兴华等,2017)。长期处于孤独状态会降低个体的心理健康水平。范兴华等人(2017)采用问卷法考察了971名农村儿童(其中留守儿童702名,非留守儿童269名)的孤独感状况,MANOVA分析结果表明,儿童类型的主效应显著(Wilks'$\lambda=.95, F=5.59, p<.001, \eta_p^2=.05$),即留守儿童的孤独感水平显著高于非留守儿童。该结果与其他研究的结果较为一致(刘霞等,2008;高峰强等,2016;李子华,2019;袁晓娇,方晓义,2018;Smokowski等,2015)。留守儿童具有更高水平的孤独感主要与其缺乏情感支持有关,由于父母外出务工,留守儿童主要由祖父母或外祖父母监护,这些临时监护人的年龄相对较大,文化程度也比较低,他们只能满足留守儿童基本的生活需求,而对于留守儿童的情感需求则难以给予及时的关注和回应,这也进一步导致留守儿童孤独感的产生。

留守儿童的孤独感强可能与其面对的生活压力有关。压力是指被打破了平衡状态的个体与环境之间的关系,通常在"资源遭受了损失或损失的威胁,或未能获得充足的资源"时发生(Hobfoll,2001)。留守儿童的压力来源主要有:(1)在言语、行为和攻击等方面受到了社会歧视(郝文等,2019),教师与同伴接纳均较低(陆芳,2019),人际关系资源受到了威胁;(2)家庭生活中,存在着缺少父母关爱、实际监护人的学习辅导能力差等不利因素(周春燕等,2019),家庭支持资源遭受了损失;(3)在家庭经济地位、居住地环境、父母对子女的教育期望、所在学校条件(张庆华等,2020)以及对父母关爱需求的满足方面均不如非留守儿童,其成长资源不足。这些压力都可能导致留守儿童有更高的孤独感水平。

另一方面,焦虑感(anxiety)是指持续的无具体原因的感到紧张不安,或无现实依据的预感到灾难、威胁,常常伴随主观痛苦感或社会功能受损(Lang等,2000)。李梦龙等(2019)运用元分析方法考察了中国农村留守儿童与非留守儿童的焦虑差异,研究共纳入18篇文献,总样本量18544人,随机效应模型分析结果表明,农村留守儿童焦虑检出率为36.1%,高于非留守儿童的20.2%,说明相对于非留守儿童,留守儿童的焦虑问题更为严重。该结果与已有研究的结果较为一致(华销嫣等,2018;袁博成等,2014;Ren等,2017)。

但是,简单地将留守儿童划分为高焦虑问题群体,可能容易给留守儿童贴上"问题儿童"的标签。在焦虑问题上,留守儿童可能是一个分化的群体,留守儿童中既有严重焦虑障碍的个体,也有焦虑程度较低的个体。因此,胡义秋等(2018)采用潜在剖面分析方法探究了留守儿童在焦虑感上的异质性,通过对湖南省1 292名留守儿童进行研究,结果表明留守儿童的焦虑感存在明显的异质性,可以分为三种潜在类别:"严重焦虑情绪型"、"中等程度焦虑情绪型"和"低焦虑情绪型";留守时间越长、留守初始年龄越小的留守儿童更容易出现焦虑情绪严重的情况;无论是父亲外出、母亲外出还是双亲外出,对留守儿童的焦虑情绪严重性的影响都是一致的。由于留守儿童处于长期亲情缺失、家庭结构不完整,甚至监护人抚养方式和抚养质量等也发生了改变,身处这样的家庭环境,留守儿童更容易产生焦虑感,家庭功能障碍是导致留守儿童社交焦虑的重要因素。与非留守家庭相比,无论何种类型的留守家庭,其家庭功能均存在一定程度的障碍,因此非留守儿童与留守儿童在社交焦虑上差异明显。

26.3.2 人格

儿童期和青少年期正是身心发展和人格形成的重要时期。由于留守儿童面临的各种困境,其人格形成过程可能受到阻碍,表现出与非留守儿童不一致的性格特点。李铿等(2016)考察了4所中学886名学生(其中留守初中生450名,非留守初中生436名)的人格差异,研究结果表明,留守初中生相较于非留守初中生,易出现焦虑、孤独、不关心他人、郁郁不乐、忧心忡忡等问题,而且他们在精神质得分和内外向得分较低、在神经质和掩饰性得分上更高(t 值分别为 -2.740、-5.544、2.818、3.208,p 均小于 0.01)。该结果与其他研究结果较为一致(张碧昌等,2015;周玉明等,2019;Ge等,2014)。侯文鹏等人(2017)通过元分析,进一步验证了这一观点。其中,高精神质的个体通常表现为自我中心、冷漠、倔强、固执、冲动、敌意等,而高精神质也与异常行为具有关联。

留守儿童与非留守儿童在人格特质得分上存在的显著差异,可能是家庭结构不稳定导致的(胡金秀,2020;廖长华,龚艺华,2016;Ge等,2014;Liu,2020)。家庭是儿童最早接触的社会环境,在不同类型的家庭环境下成长的儿童,其性格也会有很大的差异。父母陪伴下的儿童能更好地与人相处、能较好地适应环境、态度温和、行为有礼貌、善解人意;而早期依恋以及长期家庭亲情缺失,会影响儿童的人格发展(崔佳伟,2018)。

对于留守儿童可能存在的人格问题,应针对性地开展不同层次的心理健康教育,培养儿童青少年的健全人格(杨丽珠,2015)。比如,加强留守儿童自信心培养,正确引导留守儿童面对挫折,建议父母通过不同方式多与留守儿童进行心理沟通,提高留守儿童的自我调节和控制能力,提高他们适应生活的能力。另外,学校、家庭、社会要共同创造一个有利于促进儿童个性健康发展的良好环境,这对预防留守儿童心理问题和心理疾病的发生、培养健全的个性具有重要作用。

26.3.3 反社会行为

反社会行为(antisocial behavior)是指违反社会公认的行为规范,损害社会和公众共同利益的行为,包括违反现行法律的违法犯罪行为,以及虽未触犯法律,但严重违反社会公德的行为(林崇德等,2003)。

在违法犯罪行为方面,根据留守儿童的定义,留守儿童的年龄范围是 3 至 16 岁。从个体行为自控能力发展的阶段来说,儿童青少年期恰好是个体从外部控制到实现自我控制的重要过渡时期。而家庭的缺位以及学校教育等问题容易造成留守儿童产生一系列的心理问题和行为问题,一些留守儿童甚至迈向了犯罪的边缘甚至堕入犯罪深渊(周新成等,2018)。陈刚(2016)从官方公布的统计资料中收集了 2010 年中国 65 个地级市的青少年犯罪数以及人口迁出率等数据,通过普通最小二乘法和工具变量法估计人口迁出率对青少年犯罪的影响,研究结果表明,人口迁出率显著提高了迁出地的青少年犯罪率,且人口迁出率每增加 1%、迁出地青少年犯罪率将增长 5%。人口迁出率在一定程度上解释了外出务工的比例,人口迁出率越高,则外出务工导致的人口流动情况越严重,该研究结论在一定程度上说明了留守对青少年犯罪的影响。

有关留守儿童犯罪类型及特征,众多学者基于实证调查进行了总结与归纳,其中,郭津等人(2009)从犯罪性质、犯罪类型以及组织形式三方面概述了农村留守儿童犯罪特征:犯罪性质多为突发性暴力犯罪,犯罪类型多为财产型犯罪,组织形式多为团伙性犯罪。张寒玉和王英(2017)指出,留守儿童犯罪具有从被害到害人的传导特征,即一些留守儿童犯罪者往往也是被害者,其在遭受侵害后人格发生异化,逐渐走向犯罪道路,并且留守儿童犯罪呈低龄化、低学历、团伙化趋势。犯罪类型以实施侵财类行为为主,同时极端恶性暴力案件增多,且矫正困难,再犯案率高。近年来,留守儿童极端暴力案件屡见报端,尤其是校园极端暴力案件增多。郭开元(2018)的研究表明,农村留守儿童的违法犯罪特征主要表现为犯罪低龄化、监护不力、暴力犯罪和财产犯罪等。留守儿童违法犯罪行为的主要影响因素包括社会化不足、不良同辈群体交往、网络不良信息等(陈刚,2016)。在严重违反社会公德的行为方面,留守儿童主要遭遇和表现出了比较严重的攻击行为和欺凌行为。

首先,攻击(aggression)指个体直接或间接地有意伤害、挑衅被攻击对象,使被攻击对象遭受损害的行为方式或者心理倾向(张丽华,苗丽,2019)。造成攻击行为产生个体差异的因素包括性别、年龄、家庭环境、学校环境等,其中家庭因素是重要的影响因素之一。在留守家庭中,亲子异地分离导致的亲情缺失对处于身心发展关键期的留守儿童的成长极为不利,留守儿童容易出现一系列的心理和行为问题,例如表现出更高的攻击行为(徐东,张艳,2016)。郝文等(2019)采用多阶段分层整群抽样方法,考察了我国5个省份16 977名农村中小学生(其中留守儿童5 477人,非留守儿童11 500人)的攻击行为差异,结果表明,留守儿童在攻击行为总分及身体攻击、言语攻击、间接攻击、愤怒、敌意等维度上的得分均高于非留守儿童,其差异均有统计学意义($p<0.05$)。该结果与吴春侠等(2018)的研究结果一致。在攻击行为的得分上,除了留守儿童与非留守儿童存在显著差异以外,留守时间、与父母的联系频率、父母在家的时间、留守儿童的年龄等均会对攻击行为产生影响,具体表现为留守儿童的留守时间越长、与父母的联系频率越低、父母在家时间越短,攻击行为得分越高,且留守初中生的攻击行为显著高于留守小学生(高峰强等,2016)。

其次,欺凌(bullying)是一种攻击行为的亚型,其独特之处在于受害者因为在力量(身体力量或社会力量)上无法与攻击者相抗衡,因此在遭受伤害时通常无力反击或保护自己,其主要包括身体欺凌、言语欺凌、关系欺凌以及网络欺凌四种类型(陈光辉等,2018)。欺凌者和被欺凌者存在双方力量上的不均衡,欺凌行为在城乡中小学中普遍存在。严虎等(2019)从湖南、河南、辽宁、广西四省6所农村学校共抽取605名小学5年级学生(其中留守儿童273名、非留守儿童332名)作为研究对象,结果表明,留守儿童比非留守儿童遭受了更多的校园欺凌行为($t=2.90$,$p<0.01$),该结果与其他学者(Yan等,2018;Zhang等,2019)的研究结果一致。留守儿童遭受校园欺凌的高风险主要体现在:首先,儿童期和青少年期是心理品质发展的关键期,留守经历易导致儿童人格发展异常,因此留守儿童可能更容易被孤立、被歧视甚至被欺凌;其次,家长的不在场也使得其对子女的思想及价值观缺乏指导,儿童易产生认识、价值上的偏差,留守儿童可能很难通过正确途径寻求帮助;此外,留守儿童可能比非留守儿童更缺乏人际关系和自信心,这也进一步导致留守儿童更容易遭受校园欺凌。

导致留守儿童更易遭受校园欺凌的风险因素主要体现为三类,分别是家庭风险因素、学校风险因素、同伴风险因素(谭千保等,2018)。首先,家庭风险因素主要是指父母婚姻冲突风险因素,父/母长期在外留下的情感空白可能会使留守儿童对父母的婚姻冲突更加敏感,这些冲突极有可能对留守儿童产生"二次伤害";其次,学校风险因素主要是指学校联结风险与班级氛围风险因素。一方面,低的学校联结风险意味着儿童对学校缺乏归属感、认同感和依恋,也对学校制度和管理缺乏认可;另一方面,班级氛围风险意味着班级秩序和纪律不好。留守儿童感知到更差的班级氛围,主要由于留守儿童在生活中缺乏父母的约束,故对教师的纪律要求具有更加敏感的感受和体验;最后,同伴风险因素主要是指同伴关系风险以及与不良同伴交往的风险,父母长期不在身边导致留守儿童在同伴交往方面缺乏有效引导和帮助、难以获得交往技巧、不会选择合适的交往对象,这些都会增加留守儿童与不良同伴交往的风险。

26.3.4 心理弹性

心理弹性(resilience)作为积极心理学的重要组成部分,它与心理健康密切相关,是预测心理健康的重要指标。心理弹性的定义主要包括三个角度,第一类强调心理弹性的品质,即在长期压力或逆境下个体表现出的一种良好的个人品质或能力(刘文等,2014);第二类强调心理弹性的过程,即在面对应激性或长期生活压力时个体所拥有的保护因素的作用过程(Ong 等,2006);第三类强调心理弹性的结果,即个体在经历创伤后表现良好的复原情况(Fergus 和 Zimmerman,2005)。心理弹性是处境不利儿童青少年情绪行为问题的重要保护因素,但这里的处境不利不仅仅是指儿童青少年遭遇的创伤性生活事件,更多地是反映了流动、特困、留守儿童青少年所面临的不利的成长环境。

元帅等(2015)通过元分析方法,系统检索了国内有关留守儿童心理弹性的相关文献,最终纳入元分析的留守儿童样本量为 1 287 人、非留守儿童为 1 606 人,通过 R 软件采用连续变量加减均值差合并统计量,结果表明留守儿童的心理弹性水平在目标专注、情绪控制、人际协助等维度上与非留守儿童不存在显著差异,而在积极认知、家庭支持方面显著低于非留守儿童(积极认知的 MD 为 -0.32,95%CI 为[0.14—0.08],家庭支持的 MD 为 -2.84,95%CI 为[-4.38——1.31])。该结果与已有研究结果较为一致(刘文等,2019;Dong 等,2019;Gao 等,2019;Luo 等,2016;Tian 等,2019)。另外,与父母联系越频繁、亲子关系越好、父母离开时间越短,留守儿童心理弹性越好,情绪行为问题也表现得更少(王宏等,2020;Xiao 等,2019)。此外,儿童期与青少年期是心理弹性发展的敏感期,这一阶段也与抑郁情绪障碍首次发生的时间比较接近、关系也更加密切，因此在这一时期对留守儿童的心理弹性进行预防与干预，可能会对留守儿童的情绪问题的减少与消除产生更加重要的影响（刘文，于增艳，林丹华，2019）。

心理弹性是个体在遇到逆境和困难时能够调动自身内部以及环境中的积极资源进行积极适应的能力，心理弹性对留守儿童等处境不利儿童尤其适用。良好的心理弹性使留守儿童能更积极地应对父母外出等带来的困境，在抵御负面认知、情绪、行为和生理影响以及亲子分离等各种逆境和挫折时拥有足够的能力、信心和乐观坚韧精神，从而促进他们的良好适应和积极发展。良好的心理弹性可以帮助留守儿童更好地适应学习和生活，积极地去期待光明的未来，并切身实际地为之付出努力。

26.3.5 共情

关于共情（empathy）的定义，学者们主要有四种观点，第一种观点主要把共情看成一种情感现象，指对另一个人的感情的一种瞬时体验；第二种观点主要把共情看成一种认知结构，指对另一个人的体验的一种认知上的理解；第三种观点认为共情既包括认知也包括情感成分，或者有时候是认知过程、而有的时候是情感进程，到底是什么要依具体情况而定；第四种观点认为共情至少应该包括四种成分，分别是观点采择、共情关注、幻想和亲身体验的悲伤（郑日昌，李占宏，2006）。大量研究证明，共情能力是儿童亲社会行为培养的重要内容，共情中包含情绪和认知两种加工过程，二者有着不同的发展轨迹和机制（黄翯青，苏彦捷，2012）。在个体的儿童时期以及青少年阶段培养的共情能力，将会对其整个生命周期和生命历程产生重要影响。它有助于培养儿童的亲社会行为和社会道德规范，预防未成年人犯罪，提升儿童的社会认知能力和适应能力；有助于个体形成一系列符合社会道德规范的情感和行为，例如关怀、尊重、同情等，这对促进公民之间的社会联结，减少社会排斥至关重要。

对于留守儿童来说，他们在家庭中难以获得来自父母稳定有效的道德教育和榜样示范；同时因为父母不在身边，他们缺乏父母双方或单方的情感支持，导致自我认识偏差。这些因素导致了留守儿童的共情能力显著低于非留守儿童（姜英杰等，2018；Wang等，2014）。具体来说，留守儿童共情发展存在的问题包括情感脆弱、感受性低、理解力差、人际交往薄弱等（姜英杰，姜淑梅，2018；Boele等，2019）。虽然留守儿童积极情感少、消极情感多、情绪适应能力差和攻击性强等情绪与行为问题表现较严重，对该群体进行情感教育已刻不容缓，但是通过共情训练，可以有效地增强留守儿童的共情能力，抑制或减少他们的攻击性和欺凌行为，增加其亲社会行为,促进其积极情绪情感的发展。

26.3.6 社会适应

心理学大辞典(林崇德等,2003)指出,社会适应(Social Adaption)是个体在与社会环境相互作用过程中,达到与社会环境保持和谐平衡的状态。根据个体适应内容的不同,社会适应可以分为心理适应、人际适应、环境适应等。

心理适应

心理适应(psychological adaption)是当个体生存环境发生变化时,其在适应过程中保持良好的精神健康状况的能力(赵景欣等,2013)。邵景进等(2015)分析了536名5—8年级留守儿童的心理适应状况,该研究以留守儿童的留守时间为变量,结果表明,短期留守儿童、中期留守儿童和长期留守儿童在心理适应上并没有显著差异,但是相比于非留守儿童,处境不利的留守儿童普遍存在心理与社会适应不良的问题。处境不利留守儿童的心理适应问题主要体现为孤独、焦虑、忧郁、自卑等消极情绪,留守经历还会影响到成年以后的心理健康,并与较高的抑郁/焦虑水平、较低的自尊水平和较多的人际困扰紧密相关(胡伟等,2012;邵景进等,2015;Su等,2017;Xu等,2018;Zhao等,2015)。

此外,留守时间、留守类型等均会对心理适应产生影响,留守时间更长、父母均外出的留守儿童的总体幸福感更低(杨晓燕,2010;Ren和Li,2020)、抑郁更高(范兴华等,2018;Liu等,2015)、孤独感更强(范兴华等,2012;Shao等,2018;Wang和Yao,2019)。此外,留守儿童在明理感恩、宽容友善、乐观开朗、自信进取上的得分显著低于非留守儿童(范兴华等,2017)。

留守儿童的心理适应能力低于非留守儿童,这可能是因为当父母外出后,留守儿童的家庭环境整体上呈现出"生活缺帮助,学习缺辅导,教育缺教导"的特点。这些缺失的长期存在,使得留守儿童难以感受到家庭的关怀与温暖,甚至不能理解父/母外出打工原因,因此他们的感恩水平较低;也使得留守儿童难以在家庭生活中习得良好的人际交往技能和处事乐观的积极心态,故他们的宽容友善能力发展滞后,乐观开朗水平较低。长此以往,还容易导致留守儿童对家庭支持系统产生乏力感,进而对未来丧失信心与希望,自信进取意识较差。不过,当留守儿童能够正确理解父母外出打工的原因并得到父母更多的关爱后,留守儿童的心理适应水平将得到显著提高。

人际适应

人际适应(interpersonal adaption)指个体在社会互动中表现出来的、与他人建立和保持温暖及爱的关系,以及彼此给予善意和支持的能力,包括与他人互动过程中的信任、帮助、分享、卷入以及社交疏离、敌意、孤独等(程玉洁,邹泓,2011)。赵景欣等(2013)考察了河南省农村的 424 名农村儿童(其中双亲外出儿童 76 名、父亲外出儿童 133 名、非留守儿童 215 名)的人际适应情况,双亲外出留守儿童、父亲外出留守儿童与非留守儿童在人际适应上差异不显著,但存在显著的性别差异[$F(1,418)=14.66, p<0.001, \eta^2=0.03$]。该研究结果得到了其他研究的支持(Xiong 等,2019)。

不过,由于幼年时留守儿童的父母长期不在身边,留守儿童的人际适应发展会面临许多困难(许守琼,2012;Lan 和 Wang,2019),比如留守儿童在开家长会时看到别的孩子的父母能够参加而自己的父母不能参加,自己会感觉很难受,并可能产生自卑心理。此外,在看到别的父母带孩子出去玩的时候,留守儿童也会渴望父母的陪伴。但是,父母不在身边也培养了留守儿童的独立性和自主性,当留守儿童逐渐长大后,有的留守儿童也逐渐学会了站在父母的角度思考问题,理解了父母的做法。

此外,学校对于儿童的人际适应发展扮演了非常重要的角色,同伴接纳是留守儿童人际适应发展的保护因素,而同伴拒绝是留守儿童人际适应发展的风险因素。因此,对留守儿童人际关系进行干预是提高他们人际适应能力的关键途径。但是,随着个体年龄的发展,个体面临更复杂的人际环境,人际适应难度也会逐渐升高,因而对留守儿童人际关系的干预也应该越早越好。

环境适应

环境适应(environmental adaption)是指在新的文化下学习社会生活技能的能力,主要侧重于认知与行为层面,其中学校适应是环境适应的重要组成部分(邹泓等,2015)。对于学龄期的留守儿童来说,学习是他们的主要社会功能,能否适应学校生活是其社会功能是否良好的最重要指标。与非留守儿童相比,留守儿童感知到的父母关爱更少,对家庭领域的需要更得不到满足,因而来自于其他照顾者的补位关怀显得尤为重要,而作为与留守儿童长期相处的教师对儿童的态度以及采取的教育方式直接影响着儿童的学校适应。

熊红星等(2020)考察了江西省南昌市和九江市 726 名 4—6 年级小学生(其中留守儿童 370 人,非留守儿童 356 人)的学校适应情况,研究结果表明,留守儿童的学校适应显著高于非留守儿童,且双亲外出留守儿童的学校适应高于父亲外出留守儿童和母亲外出留守儿童。该结果与已有研究结果较为一致(赵景欣等,2015;Wang 等,2017)。

留守儿童心理较脆弱敏感,更加在意教师的态度与评价,教师期望以及师生关系会影响留守儿童的学校适应,影响留守儿童的人际焦虑、孤独感、学习焦虑和学习积极性等。

26.3.7 学习状况

对于留守儿童来说,父母外出意味着留守儿童学习过程中得不到很好的辅导和监督,加上个人学习基础薄弱、学习风气不佳、师生关系不融洽等外部因素的影响,留守儿童的学习状况不容乐观,主要体现在学习效能感较弱、学习投入不足和学习成绩不理想等方面。

学习效能感

学习效能感(academic self-efficacy)是学生在向既定学习目的努力的过程中,对自己是否能达到该目的的能力判断(边玉芳,2004;Bandura,1977)。牟生调和赵微(2012)考察了264名留守儿童的学习效能感状况,并将其与全国常模数据进行比较,结果表明,留守儿童的学习效能感低于非留守儿童。该研究结果与其他研究的结果相同(王燕等,2017;Cassidy,2015;Høigaard等,2015)。对于留守儿童来说,父母陪伴的时间越少、家庭经济情况越贫困,留守儿童的学习效能感越差(薛相宜,2019;Honicke和Broadbent,2016)。这可能是因为经济情况越贫困的家庭,父母越有可能选择通过外出打工的方式补贴家用,因此导致陪伴儿童的时间越来越少。进而在子女遇到学业上的问题时,既不能给予正确的情感支持,也不能给出适当的学习建议,最终导致学生学习自我效能感低下。

学习效能感是学业成绩的重要促进因素,学生的学习效能感也受到教师关怀行为的影响(Fan和Williams,2009;雷浩等,2015)。个体感受的学习效能感越强,越能激发其学习动机水平并增加其活动投入程度,促进其问题解决从而减少情绪低落和行为不当等学习倦怠现象的发生(陈立,杨琼,2018)。学习效能感越高的个体,越是对自己可以取得理想学习结果持有强烈的信心,并表现出较高的学习兴趣。具体说来,他们往往会设置更高的学习目标,投入更多的努力,在困难出现的时候更富有坚持性,倾向于选择对能力有较高要求的挑战性任务。

学习投入

学习投入(learning engagement)是指学生在学习活动中表现出对学习的一种持续的、充满积极情感的状态(倪士光,伍新春,2011)。董泽松等(2017)以班级为单位,使用整群抽样方法抽取广西贺州富川瑶族自治县2所乡镇中学的978名学生(以留守儿童为主体)为被试,向其发放学习投入问卷,结果表明,留守儿童在学习投入的活力(18.69±5.47)、专注维度(18.87±6.20)和总分(20.19±6.37)上均低于非留守儿童(p值均<0.01)。还有的研究表明,留守儿童在学习投入的活力、专注度上均显著低于非留守儿童(Chen等,2013;Hu,2012)。父母双方都外出的留守儿童学业成绩比非留守儿童要差,并且这种差异随着父母外出时间的增加而增大。但也有学者持不同的观点,认为父母外出会显著改善家庭经济状况,通过增加教育投资而对留守儿童学习表现产生积极影响。而且,即使面临父母外出的不利处境,很多留守儿童仍能够勤奋刻苦、自立自强、成绩优异(张庆华等,2020)。

家庭是儿童最重要的社会化场所,与儿童成长和学习的关系最为密切。与孩子学习相关的家庭资源中,父母教育期望与要求是最重要的因素之一(赵可云等,2018;Bempechat和Shernoff,2012)。张庆华等(2020)对我国河南、四川、贵州、山西等地的1535名留守儿童进行了调查研究,结果表明父母教育期望可以直接影响学生的学习投入程度($\beta=0.25, t=7.30, p<0.001, R^2=0.17$),并进一步影响其学业成就和学业表现。就留守家庭而言,父母外出务工情境下的父母教育期望有其自身特征:一方面,留守家庭亲子交往具有时间上的长期间断性、空间上的远距离性以及交往方式的非面对性等特征,使得留守儿童父母在子女教育上往往力不从心,很难在孩子学习上投入时间和精力,因此留守儿童的学习投入水平较低;另一方面,出于对自身受教育水平、经济收入和社会地位的不满意,很多外出务工父母希望通过自己努力工作为子女创造良好的发展条件,他们多数对子女抱有较高的期望,希望孩子有更优异的成绩和美好的未来。当留守儿童感受到父母对自己的付出和期望时,他们的学习投入程度就会变高。

学习成绩

学习成绩方面,目前超过80%的农村留守儿童正处于接受义务教育的年龄阶段(段成荣,2015),这一阶段的学习成绩甚至学业表现不仅直接关乎其能否继续升学,而且会进一步影响他们日后人生道路的选择和可能取得的职业成就。袁书和李宏翰(2018)考察了广西农村的329名留守儿童和413名非留守儿童的学习状况,结果表明,留守儿童的学习成绩显著低于非留守儿童,具体来说,留守儿童中学习成绩优秀(38人,占11.5%)、学习成绩良好(73人,占22.2%),非留守儿童中学习成绩优秀(70人,占17%)、学习成绩良好(143人,占34.6%)。该结果与其他研究结果较为一致(Fu等,2017;Meyerhoefer和Chen,2011;Song等,2018)。此外,在留守儿童中,男生的学习成绩好于女生,独生子女的学习成绩好于非独生子女,留守时间越长的留守儿童学习成绩越低,父母或母亲一方监护的留守儿童的学习成绩好于隔代监护的留守儿童,父母文化程度越高的留守儿童学习成绩越好,与父母联系频率越高的留守儿童学习成绩越好(吕桂军等,2020;吴霓,廉恒鼎,2011;Antman,2012;Meng和Yamauchi,2017)。

虽然留守儿童的学习成绩显著低于非留守儿童,但是寄宿制教育有助于提高留守儿童的学习成绩(陈昕苗,汪茵,2015;黄苏萍,李倩倩,2017)。对单亲外出和双亲外出留守儿童而言,寄宿增加了他们的学习时间和接受老师辅导的机会,来自老师专业、持续且有效的心理健康教育和心理辅导能够在很大程度上减轻学生因留守等因素而产生的心理问题,并进一步减少这些因素给他们的学习成绩带来的负向影响。

总之,受到父母外出务工导致家庭结构不稳定的影响,留守儿童的心理发展仍然存在许多问题,例如孤独感和焦虑感、内向型人格特质、反社会行为,等等,不过在一些积极心理发展特质上,留守儿童的表现不亚于非留守儿童,例如心理弹性、人际适应。此外,虽然在共情、心理适应和弹性适应上,留守儿童的水平显著低于非留守儿童,但是这些积极的心理品质可以通过有效的干预予以促进,进一步实现留守儿童的心理健康发展。

26.3.8 留守儿童积极品质的发展

从"顶多考上个技校"到"考上北大清华"——2020年高考结束后,留守儿童的逆袭突出表现在"先天不足"的环境中,他们顽强地向上生长:湖南耒阳18岁"留守女孩"钟芳蓉,以优异成绩填报北京大学考古专业。贴着"留守儿童"标签的钟芳蓉,像一束光,照亮了这个庞大的群体。如何让留守儿童群体能够享受更好的教育,出现更多敢于追梦、能够追梦的"钟芳蓉"们,是"热搜"背后的冷思考。然而,钟芳蓉代表了留守儿童的另一种形象:成绩好、有主见、有理想,会为了"纯粹的热爱"而去做某件事。近些年,我们看到了留守儿童的积极转变。林丹华等(2020)认为,留守儿童具有一些积极发展的品质:

积极品格

留守儿童具有较突出的积极品格。例如,在孝顺、感恩、热爱祖国、有志进取、坚毅等积极品格方面,超过70%的留守儿童处于较高或很高的水平。这些积极的品格有助于留守儿童对亲子分离、疫情压力等不利环境做出积极的评价和认知,进而可以化压力为动力,使留守儿童获得积极成长。留守儿童人格培养要重视自我意识的充分觉醒。这种觉醒表现在学生要对自身具有清醒的认知,能够科学规划自身发展,对所处的时代和环境进行清晰的定位。要能够对知识的力量进行充分认知,主动学习、乐于探索,保持对未知理论知识和实践技能的兴趣。

生活自理能力

留守儿童具有较好的生活自理能力。尽管留守儿童的学习能力总体上处于劣势,但父母外出在一定程度上让留守儿童获得了独立生活的机会,使他们的独立自理等生活能力更强。虽然部分留守儿童家庭经济状况较差,祖辈监护人为了维持家庭生计外出务工,难以对留守儿童进行全面监护,使他们面临无人照顾的困境。但是大约60%的留守儿童在父母一方照料或亲戚照料的过程中,学会了独自处理家务事,锻炼了自身的独立与自我照料能力,这对于留守儿童终身的健康、积极发展具有重要的意义。

良好的心理弹性

留守儿童拥有良好的心理弹性。调查发现,约60%的留守儿童拥有较高和很高水平的心理弹性。心理弹性是个体在遇到逆境和困难时能够调动自身内部以及环境中的积极资源进行积极适应的能力,心理弹性对留守儿童等处境不利儿童尤其适用。良好的心理弹性使留守儿童能更积极地应对父母外出以及疫情影响所带来的困境,在抵御负面认知、情绪、行为和生理影响以及亲子分离等各种逆境和挫折时拥有足够的能力、信心和乐观坚韧精神,从而促进他们的良好适应和积极发展。黑龙江穆棱的"村娃"赵桂宁,家中虽然条件艰苦,靠着自己的努力也在2020年考入了清华大学。的确,留守儿童家庭在教育资源、父母支持方面确实存在一定的劣势,然而一个人的成功不仅仅依赖于其生长环境,更在于自身良好的意志品质。良好的心理弹性可以帮助留守儿童更好地适应学习和生活,积极地去期待光明的未来,并切身实际地为之付出努力。

综上,留守儿童身上存在着一些可以被发掘和发展的积极心理品质,并在一定程度上缓解由于父母外出务工带来家庭结构不稳定、亲子沟通欠缺、父母关爱不足等负面影响。在充分正视留守儿童发展局限性的同时,更加强调以积极视角出发,关注留守儿童心理发展的积极潜能,利用留守儿童自身和情境中的各种有利资源,实现留守儿童的身心健康发展。

26.4 留守儿童心理发展的影响因素

26.4.1 家庭

家庭是儿童成长和社会化的主要场所之一,个体社会技能的获得,良好人格的形成,家庭起了重要的作用。

教养方式

教养方式(parenting style)是指父母对子女抚养教育过程中所表现出来的相对稳定的行为方式,是父母各种教养行为的特征概括(刘文,杨丽珠,2004)。家庭教养方式是父母的教养观念、教养行为及其对儿童的情感表现的一种组合方式,家庭教养方式对儿童心理和行为等有非常重要的影响(刘子潇和陈斌斌,2018)。有研究者通过随机抽取云南省农村中小学160个班级的7269名学生,考察了留守儿童与非留守儿童的教养方式差异,剔除无效问卷后,最终有5347份问卷纳入研究(其中母亲外出留守儿童183名,父亲外出留守儿童457名,双亲外出留守儿童2833名,非留守儿童1847名),研究结果表明:留守儿童感受到的温暖型教养方式显著低于非留守儿童($t=-5.54, p<0.001$),而在敌对型、忽视型、拒绝型教养方式上没有显著差异。留守儿童的家庭教养方式不仅来自父母,更主要的是来自监护人的教养方式。留守儿童与曾留守儿童、非留守儿童相比,监护人家庭教养方式总体上存在显著性差异,非留守儿童家庭更多地采用积极性的教养方式,而留守儿童家庭大多采用消极性的教养方式(杨晓燕,2010)。

与非留守儿童相比,留守儿童的家庭环境中,亲密度与情感表达性较低,矛盾性比较突出。留守儿童的不良家庭教养方式可能会导致许多消极的心理和行为结果,包括不良人格特点(Hirata 和 Kamakura,2018;Karolinsky,2019;Missotten 等,2016;Mohammad 和 Rana,2015)、情绪问题(Liu,2020;Li 等,2019;Zhang,2020)、行为问题等(丰丽红等,2019;李如齐等,2012;詹启生,武艺,2016;张亚利,陆桂芝,2017;Haslam 等,2020;Wittig 和 Rodriguez,2019)。具体包括,留守儿童面临的不良教养方式可能会引起或诱发留守儿童的一些不良人格特点,如乐群性低,比较冷淡、孤独;情绪不稳定,易心烦意乱,自控能力不强;自卑拘谨,冷漠寡言;比较圆滑世故,少年老成;抑郁压抑,忧虑不安;冲动任性,自制力差;紧张焦虑,心神不定;而不良人格特点也会导致儿童的行为问题和学业不良,三者相互影响,恶性循环。不良的家庭环境也与留守儿童的心理问题以及学业成绩存在显著高相关:家庭矛盾性越小、情感表达越多、组织性越强,成功性越高,留守儿童的焦虑情绪越低,适应性好,越有利于健康心理的形成,学业成绩也越高;反之留守儿童的焦虑情绪越高,适应性差。

亲子沟通

亲子沟通(parent-child communication)是父母与子女之间信息交流的过程(方晓义等,2004)。留守儿童家庭结构的不完整可能会致使家庭抚养教育功能、情感功能失调和弱化。而家庭中的亲子沟通则是连接父母与孩子的情感纽带,更是实现家庭教育功能的重要方式之一。谢琴红等(2014)采用分层整群抽样方式,从黔北3个不同经济水平的乡镇抽取3所中学共20个班级1113名初中生(其中留守初中生593名,非留守初中生520名),考察了留守初中生与非留守初中生的亲子沟通状况差异,研究结果表明:相对于非留守儿童,留守儿童与父母深入交流较少,交流方式主要以电话交流为主,因此留守儿童与父母的亲子关系较为疏远(Ling等,2015)。儿童期和青少年期是个体身心逐渐发展成熟的关键时期,也是人生观、价值观逐渐形成和确立的时期,稳定的亲子关系和家庭结构对孩子的成长有着重要意义。父母外出工作对留守儿童的影响是多方面的,外出务工可能会使留守儿童的物质生活有所改善,但是这种长期的分离使得孩子在感情上和父母的互动减少,面临着独特的情感体验。留守经历对儿童的影响不仅仅体现在当前状态,有的甚至会延续到他们成年。

亲子沟通是亲子互动的核心机制,亲子之间有效的沟通有利于维持家庭系统中适应性和亲密度的平衡以及家庭功能的正常发挥。亲子沟通的质量、状况、方式等将会影响到儿童的社会适应水平(牛更枫等,2019;彭美,戴斌荣,2019;徐杰等,2016;Borelli等,2019)、心理行为问题(陈玉娟等,2016;谢玲平,丁昌俊,2018;杨青松等,2014;López-Martínez等,2019;Barker等,2009)等方面。对于留守儿童来说,亲子沟通的水平对个体心理发展的影响显著高于非留守儿童,这是由于留守儿童面临亲子分离的境况,沟通频率相对较低,而且亲子沟通的内容主要以学习为主,沟通质量也普遍不高。因此,留守儿童可能在遇到困难时不愿向父母求助,也不能得到及时有效的指导和帮助,从而出现各种适应性问题。刘文等通过网络调查收集了贵州、安徽、广西、广东、辽宁、浙江、新疆、河南八个省份3 280名儿童的数据,旨在调查留守儿童在新冠疫情大流行期间的情绪和学业适应情况。研究对象包括1 780名小学和初中留守儿童(960名男孩)和1 500名非留守儿童(811名男孩),平均年龄为11.23岁。该调查要求研究对象完成儿童抑郁、孤独、焦虑、学业适应、父母应对儿童负面情绪的自述问卷。结果表明,与非留守儿童相比,留守儿童的抑郁、焦虑症状更严重,学业适应能力更差。然而,留守儿童的孤独感水平低于非留守儿童。此外,支持性应对方式,特别是情绪聚焦和问题聚焦反应与儿童抑郁和焦虑呈显著负相关。非支持性应对方式与儿童抑郁、焦虑症状呈显著正相关,尤其是压力和惩罚性反应。此外,留守儿童的惩罚反应与抑郁、忽视与孤独、问题焦点反应与学业适应的关系显著更强。因此,在大流行期间,留守儿童在父母的陪伴下仍然处于劣势,而父母积极应对留守儿童消极情绪的方式对其适应起着显著作用(林丹华等,2020)。

26.4.2 学校

学校教育

学校是农村留守儿童接受教育的主要渠道,对留守儿童知识和道德的教育具有重要意义。在留守儿童家庭教育功能弱化的背景下,学校教育作为有目的的教育场所,应该发挥其主导作用。但目前来看,各学段留守儿童面临的学校教育,还存在以下问题:学前教育城乡差距明显、义务教育资源城乡配置不公、高中教育和高等教育投资风险过大(范先佐,2020)。

首先,留守儿童整体教育状况不容乐观。根据《中国农村教育发展报告2019》显示,2017年各地共招聘特岗教师7.7万人,分布在1万多所农村学校。2017年乡村小学和初中的生师比低于国家标准。2017年全国普通小学生生均一般公共预算教育事业费支出达10 199.12元,其中,农村为9 768.57元。全国普通小学生均一般公共预算经费支出达2 732.07元,其中,农村为2 495.84元。由于我国教育发展不充分,受教育资源分配不均的影响,不同地域的教育质量参差不齐。一些农村留守儿童的学业成绩达不到国家规定的及格标准,且随年级的升高逐渐丧失了对学习的兴趣和对知识的渴望。学习成绩落后与学习兴趣衰减存在累积效应与非良性互动,这使得农村留守儿童在升学后面临更大的挑战。目前,制约农村教育质量提升的阻碍因素在各地不同程度地存在着,农村教育质量还有很大的提升空间。

其次,各个学段的留守儿童教育状况也不理想。比如在学前教育阶段,目前农村学龄前儿童人数总体上超过城市学龄前儿童人数,但根据《中国农村教育发展报告2016》,全国县镇、农村地区3—5岁适龄入园儿童人数占全国的70%左右,仅分配到不及50%的财政投入;他们拥有的幼儿园专任教师数量,仅占全国的53.3%,而一些优质学前教育,比如私立幼儿园、高端幼儿园更是通过高收费的经济隔离手段将农村孩子排斥在外,致使农村孩子普遍"输在起跑线上"。

再次,义务教育阶段缺少优质教育资源配置。虽然当前入学机会已经不再是稀缺资源,但是以"优质"为内核的教育资源配置状况依旧制约着城乡义务教育资源的分配情况。多年来,我国城乡教育差距巨大,尽管影响因素众多,但其根本原因还是教师的差距。据统计,2016年全国城市小学专科及以上学历教师、初中本科及以上学历教师的比例分别为98%、90.3%,而农村分别为91.8%、78.6%,城乡差距为6.2和11.7个百分点;城市学校高级和一级教师所占比例达65.04%,而乡村学校只有54.44%,乡村比城市低10.6个百分点。

最后,高中教育和高等教育阶段的教育选择权。普通高中教育给学生带来的不是直接的经济收益和社会地位的提高,而是一种教育选择的权利,即只有读完高中才能获得选择进入更高层次的教育——高等教育的机会或权利。同时,从另一方面看,普通高中给个人所带来的收益并不是现时可以实现的,而只是一种间接的、滞后的收益,投资风险较大。作为处境不利的农村家庭往往会选择"自愿"放弃继续接受高中教育从而使高中成为城乡教育的分水岭,并且这一"理性"选择甚至经常会前移至初中,如此便可以解释为什么有些偏远落后的农村地区往往出现"初一三个班,初二两个班,初三一个班"的奇特现象,而且多数的高中生毕业以后往往也只是就读地方普通院校、高职高专院校。

学校教育对于留守儿童心理发展的影响包括问题行为(向伟等,2019)、主观幸福感(常淑敏等,2020)、创造力发展(张景焕等,2020)、学业成绩(魏昶等,2016)、学校适应(常淑敏等,2020;王玥等,2016;张光珍等,2014)等。具体来说,留守儿童面临的学校教育水平比非留守儿童更差,主要体现在农村学校多是以简单的学习成绩为评价指标,而老师批评、歧视差生的现象也较为常见。这致使部分"学习成绩较差"的留守儿童觉得自己受到了不公正的待遇。从人际关系角度看,这些留守儿童因误认为被学校和老师忽视、放任或歧视,而导致其内心产生自卑心理,进而形成一定程度的交往障碍,以致影响他们的身心发展,并表现出更多的问题行为、主观幸福感较差、学习成绩日渐每况愈下等。

学校氛围

学校氛围是一个反映学校环境的综合变量,包括组织层面、教学层面、人际关系、文化、价值观等多方面(Cohen 等,2009;Roeser 等,2000)。学校氛围对于青少年有较大的影响,因为青少年对学校中的人际氛围和教学氛围非常敏感,渴望与他人建立深层次的关系,期待获得更多学习上的自主权。学校氛围在青少年学校适应中发挥着重要作用。一方面,个体进入青春期后要经历生理和心理上的巨大变化,对所处环境的氛围更加敏感,期望得到同伴和成人的支持,自主需求的愿望强烈;另一方面,青少年早期是个体从小学进入中学的过渡期,需要面对新的环境和教育要求。

对于留守儿童或青少年来说,学校是除家庭以外的另一个重要的成长环境。有研究者认为,家庭中父母关爱的缺失对留守儿童造成的不利影响,可以通过积极的学校环境在一定程度上加以缓解。良好的学校氛围对留守儿童的心理发展具有保护作用,而不良的学校氛围则可能加剧留守儿童心理问题与行为问题的风险。

学校氛围对留守儿童心理发展的影响包括学业成绩(冯志远等,2015;姜金伟等,2015;梅洋等,2015;魏昶等,2016)、心理健康(倪凤琨,2016;余丽,2017;杨青等,2016)、问题行为(严虎等,2019;余丽,2017)等。倪凤琨(2016)考察了劳务输出大省河南省六所农村小学的 450 名小学生(留守儿童 180 人,非留守儿童 270 人)感知的学校氛围差异,结果表明,留守儿童面临的学校氛围比非留守儿童更差($t=2.74, p=0.0065$),在留守儿童得不到家庭支持的情况下,一旦他们面临更差的学校氛围,两者的累积风险则会加重留守儿童的心理与行为问题。

26.4.3 社会

网络与电子媒介

当代青少年成长在互联网高速发展和全面普及的时代,经常被称为"网络一代"。截至 2018 年,中国未成年网民(6—18 岁)为 1.69 亿人,未成年人互联网普及率高达 93.7%(中国互联网络信息中心,2019)。伴随着青少年网络使用的高度普及,网络成瘾低龄化问题也日趋严峻。

常年在外打工的父母大多认为在情感方面亏欠孩子太多,通常会从金钱方面进行弥补,希望孩子生活得更好些。一些留守儿童不善于管理金钱,把钱花在买零食、玩电子游戏等方面,甚至养成了大手大脚的习惯。此外,留守儿童的父母监管缺失,也为留守儿童网络成瘾的产生提供了条件。已有研究表明,与非留守儿童相比,留守儿童更容易受到网络成瘾的侵害,表现出更多的网络成瘾行为(王琼等,2019;周曼蕊等,2019)。

除了网络成瘾行为以外,网络还会给留守儿童带来许多影响,包括问题行为、攻击行为、社会适应等。具体来说,网络中的暴力信息可能起到了暴力示范的作用,增加了留守儿童产生攻击行为的风险。在留守儿童人生重要成长期,由于父母长期缺位、监护人补位不足、重养轻教等原因,网络充当了留守儿童的精神抚育者,而网络中的一些暴力内容为留守儿童起到了一定的不良示范作用,因此留守儿童可能会直接模仿网络中的暴力行为(Wang 等,2019;Fang 等,2020)。

但网络也为留守儿童与父母的亲子沟通提供了一个有效、便捷的沟通途径。在当今信息社会,网络已成为人际沟通的重要途径,特别是网络所具有的跨越时空性等特征为远距离沟通提供了诸多便利。包括即时通讯和社交媒介在内的网络交往工具也拓展了亲子沟通的方式和途径,进而对儿童青少年的发展适应有着积极促进作用,比如,减少留守儿童的问题行为、健康风险行为和孤独感,提升其自尊和幸福感水平(Coyne 等,2014;Mesch,2016;Rudi 等,2015)。

政策支持

当前,我国颁布了多个关爱留守儿童的相关政策,包括《国家贫困地区儿童发展规划(2014—2020 年)》《关于加强农村留守儿童关爱保护工作的意见》《乡村振兴战略规划(2018—2022 年)》《关于开展"共享蓝天"全国关爱农村留守流动儿童大行动的通知》等,进一步完善留守儿童关爱服务体系,建立健全留守儿童救助保护机制,从源头上逐步减少留守儿童现象,强化留守儿童关爱保护工作保障措施。

从国家政策颁布的内容上看,主要聚焦的问题包括教育问题、回归家庭、强调各部门的联动(陆红芬,吴佳璐,2018)。具体来说,留守儿童最初进入公众视野的问题是他们物质条件的匮乏,但是当前对留守儿童的关注中心从改善物质到物质与精神并重。留守儿童问题主要来源于家庭,从源头上减少留守儿童现象是解决该问题的最佳办法,因此政府为使父母和孩子团聚,也经历了从将留守儿童"送出去"到将父母"请回来"的过程,而且逐步强化家庭监护的主体责任。从政府层面解决留守儿童问题的关键是建立政府领导、民政牵头、相关部门和群团组织共同参与的组织领导机制,并要求民政部门牵头建立部际联席会议制度。

有的研究者认为,改变政策制度能从根本上解决留守儿童问题(陈昕苗,汪茵,2015),具体来说,一是改革户籍制度,让更多的留守儿童有条件和外出打工的父母一起生活,解决随迁问题,降低入学门槛,让农民工子女能够享受与城市子女同等的教育权利;二是加强农村建设,促进农村经济发展,鼓励村民兴办地方产业、打工农民回乡创业等,让农民留在家乡,从而减少留守儿童数量。另外,研究者认为,留守儿童问题需要政府各个部门的通力协作,建立政府主导、责任共担的留守儿童关爱长效机制,需要教育、文化、宣传、农业、公安和民政等各个部门的有力推动,以及妇联、共青团等社会组织的积极配合和参与。

综上,家庭、学校、社会各个层面的影响因素均在一定程度上影响了留守儿童的心理发展,而且各个层面的影响因素之间还会存在交互作用共同产生影响。虽然提高留守儿童心理发展水平的关键是发掘个体身上的积极力量、解决个体身上存在的各类问题,但是外部环境对留守儿童的长期负面影响得不到解决,留守儿童的身心健康成长就难以真正实现。因此,促进留守儿童积极发展既要兼顾留守儿童的问题与能动性,又要从导致留守的根本问题出发,构建标本兼治的留守儿童综合关爱体系。

26.5 留守儿童心理发展的干预

本部分主要从个体层面、家庭层面、学校层面和社区层面探讨留守儿童心理发展的促进机制。

26.5.1 基于个体层面的干预

宽恕干预计划

留守经历对个体的影响不仅体现在儿童期和青少年期,特殊的成长环境使其社会支持系统在一定程度上曾受到威胁,有留守经历的个体可能存在抑郁水平高、自我评价低、情绪不稳定、人际交往退缩、心理发展水平不平衡等问题。对个体的留守经历进行宽恕干预,有助于降低正在留守个体或曾留守个体的心理行为问题。

宽恕干预计划包括回忆、共情、利他、承诺、保持五个部分,主要目的是通过宽恕来解决过去的伤害(Baskin 等,2011)。恩赖特和费茨基布斯(Enright 和 Fitzgibbons,2000)认为宽恕是一个人对另一个人(或其他人)的不公正的内在心理反应,宽恕是在人际冒犯关系中,受害者一方对冒犯者的消极反应转变为积极反应的心理过程。宽恕的人也会减少对自己的怨恨,对犯错者给予仁慈,而宽恕、原谅或忘记别人对自己的伤害。作为积极心理学的研究主题,宽恕是一种力量,宽恕综合模型(Synthesized Model of Forgiveness)认为,宽恕是由认知、情感和行为组成的系列动态过程。通过宽恕干预,可以有效减少个体的敌意、愤怒、痛苦、抑郁(陈翠等,2010;刘丽等,2017;Ji 等,2016),增加个体的心理健康水平、希望、自尊(李忠臣等,2018),增进人际关系(Pouryahya 等,2019)等,也有助于减少反社会行为,减少有过反社会行为个体的消极心理体验,增加其积极的心理体验。合露露(2017)以 10 名留守儿童为研究对象,通过对留守儿童进行移情训练,帮助他们从父母的角度出发,采用换位思考的方式谅解父母的难处,研究结果表明,经过移情训练后,在前测和后测上留守儿童与父母的亲子关系得到显著改善($t=-8.60$,$p<0.001$)。

情绪调节干预项目

亲子分离作为一个负性生活事件,对儿童的情绪调节能力有着不可忽视的影响,不稳定的家庭状况会导致留守儿童采用更为暴力的解决方式以及更为消极的情绪调节策略(胡金萍,种道汉,2019;刘雨,2019)。

情绪调节干预项目通过积极情绪调节可以有效地促进和维持积极情绪,从而帮助个体更有效地适应外部环境,发展更积极的自我意识(刘文等,2018;刘方等,2019)。其中,格林伯格及其同事(Greenberg 等,1995)针对促进学龄儿童的情绪能力提出了"促进另类思维策略"课程(Promoting Alternative Thinking Strategies Curriculum,PATHS)。该课程涉及对儿童情绪表达、理解及调节的全面指导。里格斯(Riggs,2006)等人对小学儿童开展了为期半年的 PATHS 课程,结果表明:与对照组相比,接受课程的儿童在语言流畅性和抑制控制能力方面得到了显著提高,且减少了问题行为的出现。

此外,正念(Mindfulness)训练也有助于对个体的情绪调节进行干预。正念是一种起源于东方禅修而发展出的一套调节自我身心的技术,强调个体忽略愿望与价值,以一种开放、好奇、接受的心态体会当下的经验(Tang 等,2015)。IBMT 提高了个体的注意水平、自我调节并达到改善情绪的效果,由于该训练在应用时主要从自身特征出发,不需要过多认知的参与,因而更适合儿童群体(Tang等,2014)。徐亚玲(2015)使用正念干预法,采用实验组和控制组对照的前后测设计,对某农村小学六年级的留守儿童(共50名留守儿童,其中实验组25名,控制组25名)进行了四次干预训练,研究结果表明,该方法对于留守儿童亲社会行为具有一定的促进作用。

26.5.2 基于家庭层面的干预

早期家庭支持计划

家庭是实现儿童社会化的初级组织,尤其在生命早期,个体需要通过父母进行交流和互动来获取物质和情感上的支持,并在此过程中逐渐形成自我意识,婴幼儿时期开始,父母与孩子的互动对其个性的形成和影响将会伴随孩子的一生。相较一般家庭而言,留守儿童的心理发展水平更容易受到家庭结构不稳定的影响。因此,对留守儿童进行早期家庭支持干预是有必要的。

早期的家庭支持计划(early family support interventions)会考虑到幼儿的应激生理因素,旨在预防后代的行为和心理健康问题(de Kogel 和 Alberda,2019)。该项目包括针对孕妇和幼儿的家庭支持干预计划、依恋和生物行为训练、多层面寄养照料等干预方法。具体来说,针对孕妇和幼儿的家庭支持干预计划从怀孕开始到孩子两岁向孕妇提供家庭支持,其目的是促进儿童的发展,支持母亲以提高其养育子女的技能。依恋和生物行为训练会基于科学知识,针对早期照料者脱离的儿童,并教导儿童的实际照料者如何照料儿童,以及如何创造一个促进儿童自我调节能力发展的环境。多层面治疗寄养照护(MTFC-P)是一种家庭干预措施,旨在提高在家庭中遭受不良照顾的儿童的自我调节能力。

早期的家庭支持计划在预防儿童包括反社会和犯罪行为在内的行为问题是有效的(Piquero等,2016),该计划还可以改善亲子关系的品质,可促进儿童提高对于冲动、叛逆和攻击行为的自我控制能力(Piquero等,2008),对幼儿情绪问题有着积极预防作用(Gleason等,2016),能促进学龄前儿童执行功能的发展(Merz等,2016)。高雅静等(2018)探究了早期综合干预对贫困农村地区0—3岁留守儿童心理行为发育的影响,以山西省和贵州省6个贫困县1 157名0—3岁留守儿童为研究对象(其中4个县为实验组、2个县为控制组),研究结果表明,早期综合干预两年后,0—3岁留守儿童心理行为发育水平得到显著改善,干预地区的儿童干预前沟通能区、粗大动作能区、精细动作能区、解决问题能区、个人社会能区和总可疑发育迟缓率分别为17.2%、14.8%、17.2%、18.2%、14.3%和35.0%,干预后各能区可疑发育迟缓率分别为7.8%、6.1%、5.0%、5.9%、5.0%和18.5%。与干预前相比,对照地区0—3岁留守儿童的心理行为可疑发育迟缓率也有所降低,其下降程度小于干预地区。

父母管理训练

留守儿童的父母外出工作使得家庭结构变得不稳定,外出务工可能会使留守儿童的物质生活有所改善,但是这种长期的分离使得孩子在感情上和父母的互动减少,影响留守儿童与父母的亲子关系与亲子沟通质量,进而导致留守儿童产生心理与行为问题。

父母管理训练(PMTO)是一种以家庭为单位的干预项目,通过向儿童的父母或主要照料者传授有效的家庭管理方式来改善家庭功能与亲子沟通,从而促进儿童的社会性发展,预防和减少儿童严重的问题行为(刘文等,2015)。PMTO模型认为,儿童的问题行为遵循一定的发展轨迹,最初的问题行为是相对无害的,表现为儿童与父母、兄弟姐妹或者同伴发生一系列的冲突,对一部分儿童来说,问题行为会在此阶段终止。但对另一部分儿童来说,由于父母持续的忽视,他们的问题行为可能恶化。这些消极结果进一步导致儿童的学业成绩下降,老师和行为端正的同伴开始排斥他们,他们最后只能和行为不良的同伴交往,到青少年期上升为依赖、偷盗、旷课、纵火、动物虐待和物质滥用,最终到成年期可能引发犯罪行为。在与父母的消极互动以及不良同伴的影响下,儿童习得了反社会行为方式。

基于对儿童问题行为本质原因的探索,PMTO模型认为解决问题的办法应在于家庭、社会环境而并非儿童身上。如果想成功地改变儿童的问题行为,就必须改变他们接触的家庭和社会环境。在家庭中,父母需要为儿童制订一系列规则,例如决定孩子与同伴在一起的时间,与同伴交往时的环境,以及儿童是否被负责任的成人所监管等,并教会儿童日常生活中的常规和需要学习的技巧,来为其建立一个安全的环境,从而来减少儿童的问题行为。同时,家长也可对儿童在家庭之外的环境进行设定,从而更加广泛地改善儿童的问题行为。郑同刚等(2010)采用整群抽样方法,在湖北省汉川市随机抽取2个镇和1个乡,并抽取小学和中学各1所,5—9年级留守儿童共1264人,以考察不同监护类型的农村留守儿童的心理问题干预效果,研究结果表明,通过对学生心理辅导和对家长进行综合干预6个月后,监护人为父亲或母亲的留守儿童在SCL-90的9个因子上得分均有所降低,监护人为祖父母的留守儿童在强迫症状、人际关系敏感性、抑郁、精神病性等因子得分上有降低;监护人为外祖父母的留守儿童在强迫症状因子得分上有降低。监护人为其他亲戚与邻居的留守儿童在躯体化、焦虑、恐怖、偏执、精神病性等因子得分上有显著性增加,差异均有统计学意义($p<0.05$)。

家庭媒体计划

由于留守儿童的父母长期在外打工,他们大多认为对孩子有所亏欠,通常会通过各种形式予以弥补,包括给予更多的金钱、在儿童的电子产品使用方面限制欠缺等。因而一些留守儿童可能更容易过度使用电子产品,甚至产生网络成瘾行为。对留守儿童使用电子产品进行合理的管理和控制对于他们养成正确的电子产品使用习惯来说意义重大。

家庭媒体计划是通过家长让儿童青少年有节制、有计划使用电子产品,通过使用计划的帮助,让孩子养成良好的电子产品使用习惯,自觉杜绝一切不良影响(刘文等,2020;于增艳,刘文,2019)。该计划包括电子产品的使用时间规划、使用内容把控、使用场合限制等。首先,根据儿童青少年年龄阶段科学合理规划电子产品的使用时间;其次,与儿童青少年约定在一些场合不使用电子产品,如就餐、聚会或睡觉前等;再次,在电子产品的使用内容上,拒绝一切有关性、毒品、暴力的内容,倾向于有教育意义的内容;最后,在日常生活中,家长还要进行网络安全教育,对那些与亲子分离的留守儿童群体,尤其强调在使用电子产品前关闭免密支付、自动下载等功能,以避免经济财产损失以及网络欺凌或网络暴力的现象。

通过合理规划电子产品的使用,可以有效减少个体的电子产品依赖现象、减少电子产品的使用时间、避免网络中的一些不良信息的消极影响(方晓义等,2015;刘文等,2019;张铭等,2019)。但是,导致电子产品过度使用的原因是多样的,包括心理需要得不到满足、自控能力较弱、网络信息诱惑力较大等。因此,在约束个体的电子产品使用的同时,应该充分考虑到个体电子产品过度使用的原因。刘文等(2018)探讨了家庭教育在约束儿童青少年电子产品使用中的重要作用,值得注意的是,在传统的家庭教育方式中,虽然暴力、怒吼、愤怒的语气可以让儿童感到害怕并服从父母的"命令",但是儿童的良好行为习惯并没有养成、不良的生活习惯也并没有纠正,因此儿童还会在日后表现出类似的行为,并陷入"儿童过度使用电子产品、父母过度严厉管教"的死循环。

26.5.3 基于学校层面的干预

同伴支持项目

农村留守儿童的同伴关系是其人际关系中的重要组成部分,尤其是留守儿童在亲子关系上的缺失,可能会导致其出现内心敏感脆弱、害怕与外界交往等问题,所以同伴关系就显得格外重要,其同伴关系的优劣将会影响到其一生的发展。

同伴支持项目是依据青少年对亲社会行为的概念表征及其重视同伴关系的特点,从同伴关系的建立、维持和冲突解决三方面入手,结合社会技能的行为训练和认知训练,设置改善同伴关系的课程(王磊等,2005)。具体来说,青少年同伴关系形成过程包括三个环节,分别是建立关系、维持关系和冲突解决,针对这三个过程,采用行为训练与认知训练相结合的社会技能训练技术,编制系统的改善同伴关系干预课程,以促进青少年的亲社会行为。

该项目通过改善同伴关系的干预课程,不仅明显改善了青少年的同伴关系,还促进了他们的亲社会行为(杨晶等,2015)。改善同伴关系的干预课程可以促进初中生亲社会行为的原因可能包括以下两个方面:第一,改善同伴关系的课程提高了个体的社会认知能力,从而促进了亲社会行为。第二,同伴关系改善以后,个体能够与同伴和谐相处,体验到更多积极的情感,增加了同伴之间做出友善行为的机会,反过来亲社会行为也更容易得到同伴的积极反馈,又增强了个体的亲社会动机,从而形成良性循环。张伟伟(2017)通过同伴关系团体心理辅导的方式,以48名留守初中生为研究对象(24名实验组、24名控制组),对实验组的学生进行总计八周、每周一次的同伴关系团体心理辅导,研究结果表明,实验组和控制组的同伴关系在前测时不存在显著差异($t=1.186$,$p=0.242$),而在干预后差异显著($t=15.367$,$p<0.001$)。

成功第一步早期干预计划

由于父母外出务工后,留守儿童存在监管不力、看护不到位、亲情缺失等情况,造成一部分孩子可能产生反社会行为,而且这些留守儿童在学校和家庭中均表现出了这一严重问题,因此同时对留守儿童的在校表现和在家表现进行干预,有助于改善留守儿童的心理与行为问题。

成功的第一步早期干预计划(First Step to Success Early Intervention Program,FSS-PSV)是一个旨在通过在学校和家庭环境开发一些积极资源来预防反社会行为,该计划适用于在学校和家庭环境中都表现出或有可能表现出反社会行为的儿童(Çolak等,2015)。该项目的主要目标是帮助孩子们与同学、老师建立积极和融洽的关系。该计划有三个动态模块,分别是筛查/诊断模块、班级模块和家庭模块。具体来说,在筛选/诊断模块通过教师意见量表和多阶段评估工具(包括教师意见和详细观察)识别出有反社会行为的儿童。设置班级模块的目的是让孩子们获得积极的行为,而不是控制课堂上的反社会行为。家庭模块在课程模块之后,其目的主要是将儿童的良好行为延续到家庭情境中。

经过成功的第一步早期干预计划的干预,目标儿童的攻击性、反对性、不参加活动、在课堂上行走、触摸骚扰朋友、伤害物品等行为显著减少(Diken等,2016;

Huang等,2020),而且儿童不仅在学校的反社会行为得到改善,根据家长报告的结果,这些儿童在家庭环境中的反社会行为也得到了较大的改善。刘玉敏(2019)通过分析了留守儿童攻击行为的影响因素,强调了家庭和学校在留守儿童攻击行为形成和发展中的重要作用,提出为了更好地预防留守儿童的攻击行为,应从留守儿童的家庭和学校两方面同时出发、协力应对,在学校成立心理咨询辅导小组并定期到留守儿童的家庭开展心理辅导服务,将留守儿童的积极表现延续到家庭教育中。

26.5.4 基于社区层面的干预

青年发展项目

影响留守儿童心理发展的三个主要环境包括家庭、学校和社区,社区支持对于长期缺乏父母照料和监管的留守儿童来说有着重大的意义,因此开展针对社区儿童青少年的积极发展项目有助于发展留守儿童的社会关系、对留守儿童在家庭方面的缺失予以补偿,为留守儿童构建一个温暖舒适、健康成长的有利环境。

"青年发展计划"(Youth Development Programme)是一个综合性方案,实施对象是社区内的贫困家庭的16—24岁的青少年,具体来说主要包括以下几个项目,分别是替代性学校、社区服务计划、职业培训和预科培训计划、领导者发展和公民参与计划、微型社区计划、社区发展计划(刘艳,2015)。"青年发展计划"主要是从社会和社区层面对青少年暴力犯罪进行预防,对青少年在家庭和个体层面的保护性因素缺失进行补偿性救济。其宗旨是对青少年暴力犯罪的保护性因素进行促进,并通过技能培训使学员实现社会关系的重新建构,得到职业技能的培训和强化,减少暴力犯罪危险性因素的影响,建立自尊和自我效能感,从而实现对违法犯罪行为的积极预防。

青年发展计划以青少年暴力犯罪危险性因素识别为基础,有针对性地对保护性因素进行累积,将教育、技能培训、社区服务、价值观塑造和领导能力培养等目标有机地结合在一起,取得了良好的实施效果,成为跨部门政策干预青少年暴力犯罪的成功范例。张孝义(2012)对安徽黄山市两所农村小学的81名五六年级学生(其中留守儿童47人,非留守儿童34人)进行了"基于留守儿童之家"的社会干预研究,"留守儿童之家"是指以留守儿童较多的学校或农村社区为载体,供留守儿童学习、娱乐、交流和接受培训的安全、稳定的公共活动场所。该场所采取长期运营方式,有专人管理,为留守儿童免费提供课外读物,电脑、电话等硬件设施,并持续性地举办以关怀和保护留守儿童为主题的文体、教育、法律等活动。研究结果表明,干预前后留守儿童在心理健康的八个维度(包括学习焦虑、身体症状、对人焦虑、孤独倾向、自责倾向、过敏倾向、恐怖倾向、冲动倾向)上均显著降低(p 均<0.05);实验组留守儿童的孤独感得分显著低于非留守儿童($t=2.602, p=0.011$),而且在其他心理健康维度得分上与非留守儿童不存在显著差异。

社区矫正项目

对于留守儿童来说,家庭的缺位以及学校教育等问题容易造成留守儿童产生一系列的心理问题和行为问题,甚至产生违法犯罪行为。对于那些尚未成年且违法犯罪行为程度较轻的留守儿童来说,单纯的惩罚特别是监禁惩罚可能不利于他们的心理积极发展和行为矫正。因此,社区矫正对于这类不良留守儿童来说可能有更积极的效果。

社区矫正是与监禁矫正相对的行刑方式,是指将符合社区矫正条件的罪犯置于社区内,由专门的国家机关在相关社会团体和民间组织以及社会志愿者的协助下,在判决、裁定或决定确定的期限内,矫正其犯罪心理和行为恶习,并促进其顺利回归社会的非监禁刑罚执行活动(纪薇,2018)。青少年的生理和心理都没有发育成熟,对其单纯实施惩罚难以达到预期效果。所以,淡化刑罚的惩罚色彩、以矫正论思想指导治理青少年犯罪的实践对其复归社会可以起到重要作用。此外,社区矫正可以避免监禁对青少年带来的负面影响,有效避免"标签效应"。被贴上"不良少年"、"罪犯"标签的青少年,很容易被社会隔离,遭到大众的排斥和抵触,从而导致青少年的心理负担加重,丧失重新融入社会的信心,加大重新踏入犯罪深渊的可能性。

社区矫正从制度、文化、社会发展、社区建设等视角出发,努力改善青少年人群的生存环境,消除导致青少年产生违法犯罪行为的不良因素,使青少年人群健康成长。通过社区整合塑造一个良好的社区生活氛围,帮助青少年树立积极健康的人生观、价值观,从而有利于预防青少年犯罪。徐静(2016)基于矫正行为学原理和农村留守青少年的个案分析,从社区层面出发,探讨社工在农村留守青少年偏差行为矫正的积极作用,个案分析结果表明,社工在行为矫正和问题解决过程中,通过找准矫正对象目前最急需解决的问题、帮助矫正对象认清问题背后的实质,针对矫正对象的具体情况纠正其不良行为、改变其认知偏差,帮助其树立正确的人生观和价值观,以此阻止严重不良行为的再次出现。

综上,在充分了解留守儿童心理发展状况和影响因素的基础上,从不同层面对留守儿童的不同问题进行针对性、多元性和系统性干预,有利于增加干预的成功性,有助于将留守儿童的心理与行为问题扼制在发展早期。留守儿童心理发展干预的对象不仅包括已经表现出了明显心理与行为问题的少部分个体,而且试图通过改善留守儿童与家庭的关系、与同伴的关系,改变留守儿童面临的不利处境,同时解决留守儿童的自身问题,帮助留守儿童找到自身发展的积极力量,实现全体留守儿童的积极发展。

26.6 未来研究展望

26.6.1 基于积极发展视角考察留守儿童的心理发展

目前,对于留守儿童心理发展的研究还是比较丰富的,但是普遍存在以问题视角进行研究的问题,忽略了留守儿童心理发展中的积极资源(刘文等,2019)。比如父母外出务工虽然给亲子关系造成了一定的负面影响,但也可能提升留守儿童的自理能力。此外,以问题视角对留守儿童的心理发展进行研究,还有可能带来新的问题,比如给留守儿童贴负面标签、加重偏见,不但没能减少留守儿童的问题行为,反而加剧了群际关系,引发新的问题。

随着社会的变迁,我们对留守儿童的认知需要动态更新,比如随着社会的进步、经济的发展、交通的发展等,父母就近务工较多、回家频率较高,出现大量的短期"候鸟"般的父母。这部分儿童的父母回家频率较高,常常是每周回家一次,周一到周五父母不在儿童身边,双休日父母回来或者儿童去父母那里,这一特殊现象衍生出了在"留守—流动—留守"循环频繁转变的儿童,这一独特群体值得我们关注与研究。但是就目前而言,这方面的研究还比较缺乏。留守儿童社会化问题可以看作是社会变迁过程中所带来的一种阵痛,研究者应当紧握社会变迁的脉搏,及时予以回应。另外,留守儿童的问题存在阶段性,表现出来的不适应只是发展中的一个过程,发展到一定阶段自然就会适应。因此未来的研究应树立动态发展的意识,不仅关注当前的,更应该聚焦未来的发展态势,形成动态发展的研究意识。

此外,除了根据照料者类型将留守儿童分为自我留守型、单亲留守型、隔代留守型、上代留守型以及同辈留守型以外,根据留守儿童户籍所在地不同还可将留守儿童分为农村留守儿童和城市留守儿童。城市留守儿童是指其户籍所在地为城市或城镇。以往研究大多集中关注于农村留守儿童群体的心理发展,对城市留守儿童的心理发展缺乏关注。导致城市留守儿童产生的主要原因包括父母工作调动、父母工作所在地距离较远(在国外)或儿童教育所在地距离较远等。与农村留守儿童类似,城市留守儿童也多由父母一方或祖辈、亲朋好友照料,其幼年生活也可能存在被忽视、被冷落的情况,易形成不安全依恋,其心理与行为发展也存在一些异常问题,但相关研究较少,尤其是针对"有钱的"留守儿童。因而,未来研究应深入讨论不同类型的留守儿童及其心理发展特点,关注不同类型留守儿童心理发展的普遍性问题和特殊性问题。

26.6.2　整合多种研究方法深入剖析留守儿童的心理发展

由于留守儿童的心理发展受到了各个层面因素的影响,不同层面之间的因素还有可能相互作用,而不同层次的因素对研究方法的多样性提出了更高的要求(郝文等,2019)。因此,在研究中需要有机整合个案法、访谈法、调查法、实验法等多种研究方法,综合运用问卷测量指标、行为实验指标、认知神经指标、生理指标等多种指标,从儿童期、青少年期直到成年期开展对留守儿童心理发展的横向研究与纵向研究,深刻揭示不同年龄阶段的留守儿童心理发展特点、变化规律,以及不同层次的风险因素和保护因素的影响机制。

另外,以"互联网+"和大数据等最新技术为更深入促进留守儿童心理发展研究提供了新的可能。随着"互联网+"理念的提出及其技术的不断成熟、大数据分析技术的提升,这些新兴的技术和平台与个体发展研究领域的有机结合,将大大提升留守儿童心理发展的研究水平与研究深入性。如利用互联网平台构建实时的数据监测平台、线上数据收集、反馈和共享系统等,不仅能为实证研究提供资源,还能更及时、更便捷、更高效地观察和干预留守儿童的心理发展。

26.6.3　推进留守儿童心理发展的促进/干预方案的开发与实践

在留守儿童心理发展的促进/干预方面,虽然针对个体心理发展的不同方面问题,已有研究开发和设计了多种促进/干预项目(刘文等,2015),但基于留守儿童群体本身设计的促进/干预方案还比较匮乏,而且留守儿童心理发展的特殊性也为一些促进/干预的推广提出了挑战。比如大多数研究针对留守儿童的抑郁、孤独、自卑、攻击行为等消极适应的心理行为问题进行干预,尽管近年来一些研究者开始关注处境不利儿童在逆境下的心理弹性促进/干预,但旨在挖掘留守儿童潜在资源和优势、激发他们积极发展潜能的综合干预仍然非常缺乏。另外,绝大多数干预集中在改变个体的认知、情绪和行为等方面,从改变环境角度开展的系统深入的促进/干预研究较少。因此探索有效的模式和方法改变他们生活中的微观、中观和宏观环境,创设多元、"营养丰富"的环境并鼓励他们充分地参与其中,将可以极大地促进这些处境不利儿童青少年获得积极、健康的适应和发展,并减少问题与风险行为的发生。

另外，留守儿童心理发展促进/干预方案的研究要注重理论与实践的深度结合，既要确保留守儿童心理发展促进/干预方案的科学性，也要推进留守儿童心理发展促进/干预方案的可行性与实践效果，实现"理论指导实践，实践提升理论"的全过程。此外，心理发展促进/干预方案的开发与实践也要注重由问题视角向积极发展视角的转变，即从问题减少的干预转变为促进个人优势和资源的充分发挥，帮助个体实现最优化的发展。

26.6.4　构建基于中国国情的留守儿童心理发展的系统性、多维性评估

留守儿童心理发展的研究不仅致力于推动相关研究的进展，研究者更强调如何利用这些研究成果实现对留守儿童心理发展的评估、促进、预防和干预，并通过实践检验理论、完善理论。在实践过程中，风险评估是科学干预的前提，科学干预是风险评估的目的。对于留守儿童心理发展的评估，不仅是对留守儿童心理发展的当前水平进行综合评估，还包括了对不同层次的风险因素（个体层次、家庭层次、环境层次）和保护因素（个体层次、家庭层次、环境层次）的评估（Fritz，2015）。此外，心理发展不良的后果（破坏性后果、法律后果等）以及留守儿童中的高风险人群（比如缺乏监管的城市留守儿童、父母正在服刑的留守儿童、父母离异的留守儿童等）也应该被纳入评估中。

从目前已有的关于留守儿童心理发展的研究成果来看，关于心理发展的内涵与结构的研究主要来源于西方，国内的研究尚且匮乏，而且对于心理发展的评估也主要使用的是西方学者基于西方文化背景而编制的工具，我们尚且缺乏基于中国文化背景、基于中国国情下的留守儿童心理发展评估工具。东西方文化间差异巨大，中国还具有明显的地域差异和城乡差异等，因此我们迫切需要构建基于中国国情的留守儿童心理发展的系统性、多维性评估。

总之，儿童青少年作为国家民族的希望，留守儿童作为一个亲子分离缺乏安全型依恋的特殊弱势群体，在预防他们出现反社会行为乃至犯罪行为的同时，更要关注他们的积极适应的促进，要充分挖掘留守儿童自身和环境中的积极品质和资源，切实促进该群体的社会适应和人格健康发展，强调"社会适应促进与反社会预防并重"的核心原则，突出"全人发展"的充分性，突出一个"人"的全面、积极发展的理念。

（刘文　林爽）

参考文献

边玉芳. (2004). 学习自我效能感量表的编制. 心理科学(5), 1218-1222.

常淑敏, 郭明宇, 王靖民, 王玲晓, 张文新. (2020). 学校资源对青少年早期幸福感发展的影响: 意向性自我调节的纵向中介作用. 心理学报, 52(7), 874-885.

陈翠, 张红静, 江景华, 吴希庆, 张李娜. (2010). 宽恕干预对大学生愤怒水平及愤怒控制的影响. 山东大学学报(医学版), 48(5), 147-149.

陈刚. (2016). 劳动力迁移、亲子分离与青少年犯罪. 青年研究(02), 1-10.

陈光辉, 杨晓霞, 张文新. (2018). 芬兰反校园欺凌项目 KiVa 及其实践启示. 中国特殊教育(9), 80-85.

陈立, 杨琼. (2018). 特殊教育师范生专业认同与学习倦怠、学习效能感的关系研究. 中国特殊教育(1), 39-45.

陈宁, 张亚坤, 施建农. (2016). 12~18岁留守儿童亲社会行为倾向及其与主观健康水平的关系. 中国全科医学, 19(12), 1451-1457.

陈潼, 姜淑梅. (2020). 留守初中生同伴关系中同伴信任对心理健康的影响. 国际公关(3), 8.

陈昕苗, 汪茵. (2015). 中国留守儿童研究综述. 青少年研究与实践, 30(2), 1-5.

陈玉娟, 李立, 胡艳华, 郭雪萍. (2016). 河北省大学生亲子沟通与网络成瘾的关系. 中国学校卫生, 37(2), 221-223.

程玉洁, 邹泓. (2011). 中学生人际适应的特点及其与家庭功能、情绪智力的关系. 中国特殊教育(2), 65-70.

崔佳伟. (2018). 抚养者教育价值观对留守幼儿人格发展的影响. 中小学心理健康教育(30), 4-7.

戴艳, 郑日昌. (2006). 小学生道德情感量表的编制. 中国健康心理学杂志(4), 456-459.

邓纯考. (2013). 农村留守儿童社区支持的资源与路径——基于西部地区四省两区的调研. 教育发展研究, 33(1), 12-17.

丁凤琴, 陆朝晖. (2016). 共情与亲社会行为关系的元分析. 心理科学进展, 24(8), 1159-1174.

董泽松, 魏昌武, 兰兴妞, 莫璐熙. (2017). 桂东民族地区留守儿童心理韧性在感恩与学习投入间中介作用. 中国学校卫生, 38(4), 598-600.

段成荣. (2015). 我国流动和留守儿童的几个基本问题. 中国农业大学学报(社会科学版), 32(1), 46-50.

范先佐. (2020). "寒门难出贵子"的原因及解决之道. 全球教育展望, 49(3), 36-41.

范兴华, 方晓义, 黄月胜, 陈锋菊, 余思. (2018). 父母关爱对农村留守儿童抑郁的影响机制: 追踪研究. 心理学报, 50(9), 1029-1040.

范兴华, 余思, 彭佳, 方晓义. (2017). 留守儿童生活压力与孤独感、幸福感的关系: 心理资本的中介与调节作用. 心理科学, 40(2), 388-394.

范兴华, 方晓义, 林丹华, 朱丹. (2013). 家庭气氛冷清与留守儿童心理适应的关系: 社会支持的中介. 湖南社会科学(5), 128-131.

范兴华, 方晓义, 陈锋菊. (2012). 留守儿童家庭处境不利的结构及影响: 一项质性研究. 湖南社会科学(6), 85-87.

范兴华, 余思, 彭佳, 方晓义. (2017). 留守儿童生活压力与孤独感、幸福感的关系: 心理资本的中介与调节作用. 心理科学, 40(2), 388-394.

方晓义, 林丹华, 孙莉, 房超. (2004). 亲子沟通类型与青少年社会适应的关系. 心理发展与教育(1), 18-22.

方晓义, 刘璐, 邓林园, 刘勤学, 苏文亮, 兰菁. (2015). 青少年网络成瘾的预防与干预研究. 心理发展与教育,31(1),100-107.

丰丽红,胡莎,邱静,张静静.(2019).留守儿童父母教养方式与心理健康的关系.农村经济与科技,30(4),184-185.

冯志远,徐明津,黄霞妮,杨新国,裴康妮.(2015).留守初中生学校气氛、心理资本与学业成就的关系研究.中国儿童保健杂志,23(12),1246-1248.

高峰强,徐洁,任跃强,陈英敏,韩磊.(2016).留守中学生羞怯与攻击的关系——孤独感的中介作用及安全感的调节作用.中国特殊教育(4),60-65.

高雅静,赵春霞,黄小娜,张敬旭,王晓莉.(2018).早期综合干预对贫困农村地区0~3岁留守儿童心理行为发育的影响.中国儿童保健杂志,26(7),721-724.

郭开元.(2018).论农村留守儿童犯罪的现状、问题和治理对策.犯罪研究(5),49-55.

韩黎,袁纪玮,赵琴琴.(2019).农村留守儿童生活事件对心理健康的影响:同伴依恋、心理韧性的中介作用及安全感的调节作用.中国特殊教育(7),55-62.

郝文,吴春侠,余毅震.(2019).中国农村留守儿童与非留守儿童攻击行为及影响因素比较.中国公共卫生,1-6.

合露露.(2017).移情训练促进留守小学生亲子关系的干预研究.昆明:云南师范大学硕士学位论文.

侯文鹏,李峰,李先宾,温玉杰,赵蕾,王传跃.(2017).留守儿童人格特征的Meta分析.四川精神卫生,30(3),222-231.

胡金萍,种道汉.(2019).亲子亲合与青少年亲社会倾向的关系:自我同情与情绪调节策略的中介作用.中国特殊教育(12),89-96.

胡金秀.(2020).有序晋升:留守儿童教育中的人格培养状态及改进策略研究.教育理论与实践,40(14),10-13.

胡伟,王芳,马丽霞,林丹华.(2012).歧视知觉、逆境评价和流动人口心理适应的关系.中国临床心理学杂志,20(5),679-683.

胡义秋,方晓义,刘双金,黎志华,朱翠英,孙焕良,范兴华.(2018).农村留守儿童焦虑情绪的异质性:基于潜在剖面分析.心理发展与教育,34(3),346-352.

华销嫣,李玮玮,张羽,王耘.(2018).流动儿童与留守儿童公正世界信念与抑郁和焦虑的关系.中国心理卫生杂志,32(2),142-147.

黄翯青,苏彦捷.(2012).共情的毕生发展:一个双过程的视角.心理发展与教育,28(4),434-441.

黄苏萍,李倩倩.(2017).寄宿制对农村留守儿童学习成绩的影响.山西农业大学学报(社会科学版),16(9),13-21.

纪薇.(2018).青少年犯罪的社区心理干预探究.中小学心理健康教育(4),8-10.

姜金伟,杨瑱,姜彩虹.(2015).经历留守初中生学校联结与学习倦怠的关系.信阳师范学院学报(哲学社会科学版),35(4),27-30.

姜英杰,刘薇,姜淑梅.(2018).留守初中生共情发展特点及训练方案.现代中小学教育,34(9),57-59.

姜英杰,姜淑梅.(2018).中小学留守儿童共情发展问题及对策.现代中小学教育,34(8),61-64.

金灿灿,刘艳,陈丽.(2012).社会负性环境对流动和留守儿童问题行为的影响:亲子和同伴关系的调节作用.心理科学,35(5),1119-1125.

雷浩,徐瑰瑰,邵朝友,桑金琰.(2015).教师关怀行为与学生学业成绩的关系:学习效能感的中介作用.心理发展与教育,31(2),188-197.

李梦龙,任玉嘉,蒋芬.(2019).中国农村留守儿童社交焦虑状况的meta分析.中国心理卫生杂志,33(11),839-844.

李明霞,郑昊,刘正奎.(2019).农村青少年抑郁症状和亲社会行为的关系.中国学校卫生,40(11),1665-1668.

李铿,王成,赵文莉,蒋霞,吴志贤,潘卫民,薛亮,乔昆.(2016).甘肃农村留守初中生心理健康与人格特征关系. 中国健康心理学杂志, 24(10), 1557-1560.

李如齐, 蔡俊, 卢凤, 王强. (2012). 早期养育方式与教养环境对留守儿童心理发展的影响研究——以苏中、苏北两地区为例. 江苏教育研究(25), 51-55.

李子华. (2019). 留守初中生同伴关系对孤独感的影响: 自我意识的调节作用. 中国特殊教育(2), 45-49.

李忠臣, 王康, 刘晓敏, 李贵成, 翟渊涛, 张红静. (2018). 中学生人际宽恕与心理健康的关系及宽恕干预效果评价. 中国学校卫生, 39(8), 1199-1201.

廖长华, 龚艺华. (2016). 曾有留守经历的大学生人格及发展的研究现状与进展. 高教学刊(17), 26-28.

林丹华, 柴晓运, 李晓燕, 刘文, 赵国祥, 范兴华. (2019-10-25). 深化新时代农村留守儿童关爱保护与发展工作. 光明日报, 7.

林丹华, 刘文, 柴晓运, 李晓燕, 王依宁. (2020-07-15). 挑战与机遇: 解决当前我国农村留守儿童问题的新思路和新对策. 人民政协报, 5.

刘方, 刘文, 于腾旭. (2019). 基于气质视角的情绪调节与儿童问题行为. 心理科学进展, 27(4), 646-656.

刘丽, 赵永婧, 杨继平, 刘春梦. (2017). 缓解大学生敌意: 宽恕干预与叙事干预的比较. 中国临床心理学杂志, 25(2), 310-314.

刘文, 李志敏, 张玄, 何亚柳, 林琳琳. (2015). 跨文化父母管理训练模型述评: PMTO模型. 内蒙古师范大学学报(教育科学版), 28(8), 61-65.

刘文, 刘方, 陈亮. (2018). 心理虐待对儿童认知情绪调节策略的影响: 人格特质的中介作用. 心理科学, 41(1), 64-70.

刘文, 刘娟, 张文心. (2014). 受心理虐待儿童的心理弹性发展. 学前教育研究(3), 43-49.

刘文, 聂春晖, 黄丹, 李英玉. (2019). 平板电脑教学对3—4岁幼儿工作记忆的影响. 内蒙古师范大学学报(教育科学版), 32(4), 50-54.

刘文, 于增艳, 林丹华. (2019). 儿童青少年心理弹性与心理健康关系的元分析. 心理与行为研究, 17(1), 31-37.

刘文, 张嘉琪, 车翰博. (2020). 3~4岁幼儿创造性人格与气质的交叉滞后分析. 心理科学, 43(3), 645-651.

刘文, 张靖宇, 于增艳, 高爽. (2018). 焦虑、抑郁与消极认知情绪调节策略关系的元分析. 中国临床心理学杂志, 26(5), 938-943.

刘文, 杨丽珠. (2004). 社会抑制性与父母教养方式对幼儿利他行为的影响. 心理发展与教育(1), 6-11.

刘霞, 胡心怡, 申继亮. (2008). 不同来源社会支持对农村留守儿童孤独感的影响. 河南大学学报(社会科学版)(1), 18-22.

刘艳. (2015). 论美国社会底层青少年暴力犯罪预防社区干预. 当代青年研究(4), 108-113.

刘雨. (2019). 家庭情绪氛围对留守儿童情绪调节的影响——有调节的中介模型. 天津: 天津师范大学硕士学位论文.

刘玉敏. (2019). 生态学视角下留守儿童攻击性行为的影响因素及干预策略. 陕西学前师范学院学报, 35(8), 25-29.

刘占兰. (2017). 农村幼儿留守生活的潜在心理危机与应对. 中国特殊教育(3), 65-70.

刘子潇, 陈斌斌. (2018). 不同类型留守儿童及非留守儿童教养方式比较. 青少年研究与实践, 33(3), 19-25.

陆芳. (2019). 农村留守儿童同伴关系与心理安全感关系及教育应对. 当代青年研究(6), 78-84.

吕桂军, 袁巧丽, 王建伟. (2020). 农村小学留守儿童学习现状及帮扶建议. 农村经济与科技, 31(9), 346-349.

满小欧, 曹海军. (2018). 农村社区10~15岁留守儿童心理健康状况及保护性因素. 中国公共卫生, 34(11), 1537-1540.

梅洋, 徐明津, 杨新国. (2015). 留守初中生中学校气氛对学业倦怠的心理资本的中介效应. 中国儿童保健杂志, 23(12), 1306-1309.

牟生调, 赵微. (2012). 留守儿童的学习适应性及其与学习策略、学习自我效能的关系. 中国健康心理学杂志, 20(9), 1373-1376.

倪凤琨. (2016). 农村留守儿童学校疏离感研究. 教育理论与实践, 36(14), 12-14.

倪士光, 伍新春. (2011). 学习投入:概念、测量与相关变量. 心理研究, 4(1), 81-87.

聂衍刚, 林崇德, 彭以松, 丁莉, 甘秀英. (2008). 青少年社会适应行为的发展特点. 心理学报(9), 1013-1020.

牛更枫, 李占星, 王辰宵, 马晓彤, 孙晓军, 周宗奎. (2019). 网络亲子沟通对留守初中生社会适应的影响:一个有调节的中介模型. 心理发展与教育, 35(6), 678-685.

彭美, 戴斌荣. (2019). 亲子沟通与同伴友谊质量对农村留守儿童社会适应性的影响. 中国特殊教育(9), 70-76.

邵景进, 张莉, 张庆华, 范李姣, 张大均. (2015). 留守儿童公正感与心理适应的关系:自尊的中介作用分析. 中国特殊教育(7), 60-65.

申继亮. (2008). 流动和留守儿童的发展与环境作用. 当代青年研究(10), 9-16.

申继亮, 刘霞, 赵景欣, 师保国. (2015). 城镇化进程中农民工子女心理发展研究. 心理发展与教育, 31(1), 108-116.

谭千保, 伍牧月, 常志彬. (2018). 累积生态风险影响农村儿童校园欺凌的实证调查. 湖南师范大学教育科学学报, 17(5), 51-57.

王宏, 刁华, 杨连建, 李婷, 金凤, 蒲杨. (2020). 留守儿童青春期知信行与心理弹性的关系. 中国学校卫生, 41(7), 1032-1035.

王磊, 谭晨, 寇彧. (2005). 同伴冲突解决的干预训练对小学儿童合作的影响. 心理发展与教育(4), 83-88.

王琼, 肖桃, 刘慧瀛, 胡伟. (2019). 父母拒绝与留守儿童网络成瘾的关系:一个有调节的中介模型. 心理发展与教育, 35(6), 749-758.

王燕, 邵义萍, 杨青松, 李萌萌, 唐丹丹, 赵娴. (2017). 农村留守儿童应对方式学习自我效能感在社会支持与学习主观幸福感间的中介作用. 中国学校卫生, 38(12), 1838-1841.

王玥, 赵丽娟, 许志星. (2016). 课业负担对学校生活满意度的影响:学校氛围的多水平调节作用. 心理发展与教育, 32(2), 205-213.

魏昶, 喻承甫, 赵存会, 王贞元, 刘阳, 王菊. (2016). 学校归属感在学校氛围和留守儿童学业成绩间的中介作用. 中国学校卫生, 37(7), 1103-1105.

吴亮, 廉恒鼎. (2011). 农村留守儿童的学习成绩主观评价研究. 中国特殊教育(2), 78-82.

向伟, 肖汉仕, 王玉龙. (2019). 父母关爱缺乏与留守青少年自伤:消极情绪的中介和学校联结的调节. 中国特殊教育(7), 63-68.

谢玲平, 丁昌俊. (2018). 大学生网络关系依赖与亲子沟通的关系. 大学教育(2), 97-99.

谢琴红, 杨映萍, 欧薇, 何静, 王智. (2014). 黔北地区留守初中生亲子沟通及其与性心理健康的关系. 中国学校卫生, 35(6), 898-900.

熊红星, 刘凯文, 张璟. (2020). 师生关系对留守儿童学校适应的影响:心理健康和学习投入的链式中介作用. 心理技术与应用, 8(1), 1-8.

徐东, 张艳. (2016). 留守儿童攻击性行为及其干预策略的研究——基于家庭视角. 吉林师范大学学报(人文社会科学版), 44(2), 104-107.

徐杰, 张越, 詹文琦, 王晶, 代娅梅, 张林. (2016). 亲子沟通对青少年社会适应的影响:社会支持的中介作用. 中国健康心理学杂志, 24(1), 65-68.

徐静. (2016). 农村留守青少年偏差行为的社工干预. 唯实(现代管理)(9), 28-30.

徐亚玲. (2015). 正念训练对农村留守儿童亲社会行为的干预研究. 南京:南京大学硕士学位论文.

许守琼. (2012). 农村留守儿童自我提升与其人际适应的关系研究. 重庆:西南大学硕士学位论文.

薛相宜. (2019). 父母教养方式、父母陪伴与中学生学习自我效能感的关系——以渝东北生态涵养发展区为例. 中小学心理健康教育(23), 10-14.

严虎, 陈晋东, 何玲, 封珂欣. (2019). 农村留守儿童学校生活满意度、自尊与校园欺凌行为的关系. 中国儿童保健杂志, 27(9), 1002-1004.

杨晨晨, 边玉芳, 陈欣银, 王莉. (2016). 初中生同伴侵害、同伴拒绝与问题行为关系的性别差异：交叉滞后分析. 中国临床心理学杂志, 24(4), 631-635.

杨晶, 余俊宣, 寇彧, 傅鑫媛. (2015). 干预初中生的同伴关系以促进其亲社会行为. 心理发展与教育, 31(2), 239-245.

杨丽珠. (2015). 中国儿童青少年人格发展与培养研究三十年. 心理发展与教育, 31(1), 9-14.

杨青, 易礼兰, 宋薇. (2016). 农村留守儿童孤独感与家庭亲密度、学校归属感的关系. 中国心理卫生杂志, 30(3), 197-201.

杨青松, 周玲, 胡义秋, 朱翠英, 孙焕良. (2014). 亲子沟通对农村留守儿童的行为问题的影响：希望感的调节作用. 中国临床心理学杂志, 22(6), 1118-1120.

杨晓燕. (2010). 影响留守儿童心理健康的家庭因素综述. 内蒙古师范大学学报(教育科学版), 23(10), 72-74.

姚桂雪. (2011). 留守儿童心理健康教育的研究综述. 中小学心理健康教育(14), 7-10.

依赛男, 张珊珊. (2018). 有留守经历大学生儿童期虐待与焦虑抑郁的关系——认知情绪调节的中介作用. 中国健康教育, 34(10), 920-923.

余丽. (2017). 肇庆留守儿童学校氛围孤独感和情绪行为问题的关系. 中国学校卫生, 38(06), 942-945.

于增艳, 刘文. (2019). 智能手机使用与焦虑、抑郁和睡眠质量关系的meta分析. 中国心理卫生杂志, 33(12), 938-943.

元帅, 杜爱玲, 杨世昌, 王新友, 申丽娟. (2015). 国内留守儿童心理弹性Meta分析. 中国健康心理学杂志, 23(5), 764-768.

袁博成, 金春玉, 杨绍清. (2014). 农村不同类型留守儿童的孤独感与社交焦虑. 中国健康心理学杂志, 22(10), 1564-1566.

袁书, 李宏翰. (2018). 广西农村留守儿童的学习状况：与非留守儿童的比较研究. 教育观察, 7(12), 4-6.

詹启生, 武艺. (2016). 留守经历大学生家庭教养方式对情绪调节策略的影响：亲子沟通的中介作用. 中国特殊教育(10), 40-46.

张碧昌, 朱焱, 余应筠, 石水芳, 敖毅. (2015). 农村留守儿童人格特征分析. 中国妇幼保健, 30(9), 1381-1383.

张春晓, 刘文, 邵姝姮. (2015). 幼儿情绪能力发展与母亲气质、教养方式的关系. 学前教育研究(3), 10-16.

张丽华, 苗丽. (2019). 敌意解释偏向与攻击的关系. 心理科学进展, 27(12), 2097-2108.

张光珍, 梁宗保, 邓慧华, 陆祖宏. (2014). 学校氛围与青少年学校适应：一项追踪研究. 心理发展与教育, 30(4), 371-379.

张寒玉, 王英. (2017). 留守儿童犯罪预防对策初探. 青少年犯罪问题(5), 20-32.

张旭东, 孙宏艳, 赵霞. (2015-06-19). 关于农村留守儿童群体存在问题及对策的调研报告. 光明日报, 5.

张景焕, 付萌萌, 辛于雯, 陈佩佩, 沙莎. (2020). 小学高年级学生创造力的发展：性别差异及学校支持的作用. 心理学报, 1-14.

张铭, 肖罩, 朱凌怡. (2019). 手机依赖的前因、结果与干预研究进展. 中国特殊教育(11), 88-96.

张庆华, 杨航, 刘方琛, 李姗泽. (2020). 父母教育期望与留守儿童的学习投入：父母教育卷入和自我教育期望的中介作用. 中国特殊教育(3), 76-82.

张伟伟. (2017). 留守中学生同伴关系与孤独感的关系及其干预研究. 石家庄：河北师范大学硕

士学位论文.

张亚利, 陆桂芝. (2017). 隔代教养方式对农村留守初中生问题行为的影响. 教育测量与评价 (3), 41 – 47.

赵景欣, 刘霞, 申继亮. (2008). 留守青少年的社会支持网络与其抑郁、孤独之间的关系——基于变量中心和个体中心的视角. 心理发展与教育 (1), 36 – 42.

赵景欣, 刘霞, 张文新. (2013). 同伴拒绝、同伴接纳与农村留守儿童的心理适应: 亲子亲合与逆境信念的作用. 心理学报, 45(7), 797 – 810.

赵景欣, 申继亮. (2010). 农村留守儿童发展的生态模型与教育启示. 中国特殊教育 (7), 65 – 70.

赵景欣, 王秋金, 杨萍, 刘霞. (2017). 行为自主决策、亲子亲合与个体主观幸福感的关系: 留守与非留守青少年的比较. 心理发展与教育, 33(3), 352 – 360.

赵景欣, 张婷, 林玲玉. (2016). 隔代亲合与农村留守儿童的抑郁: 留守烦恼认知评价的中介作用. 中国临床心理学杂志, 24(6), 1092 – 1097.

赵可云, 黄雪娇, 杨鑫, 赵雪梅. (2018). 家庭环境对农村留守儿童学习社会化的影响: 学习适应性的中介作用. 中国特殊教育 (3), 65 – 71.

赵磊磊, 柳欣源, 李凯. (2019). 社区支持对留守儿童学校适应的影响——基于县域视角的调查研究. 教育科学, 35(6), 47 – 57.

赵莉. (2017). 关于留守儿童心理研究综述. 辽宁教育 (24), 46 – 50.

赵娜, 凌宇, 陈乔丹, 滕雄程. (2017). 社会支持对农村留守儿童问题行为的影响: 希望感的中介作用. 中国健康心理学杂志, 25(8), 1227 – 1231.

赵玉菡, 孙良媛, 田璞玉. (2017). 农村留守儿童学校教育问题研究——基于与非留守儿童的比照. 农村经济 (8), 115 – 121.

郑日昌, 李占宏. (2006). 共情研究的历史与现状. 中国心理卫生杂志 (4), 277 – 279.

郑同刚, 王树明, 周昭红, 舒端, 李静, 郑念祥, 张连生. (2010). 不同监护人的留守儿童心理干预效果评价. 中国学校卫生, 31(12), 1459 – 1460.

周春燕, 吕紫嫣, 邢海燕, 于伟, 陈洋, 钱沁清. (2019). 留守儿童生存质量、社会支持、家庭教养方式及其相关性研究. 中国妇幼保健, 34(4), 887 – 890.

周曼蕊, 朱国武, 亚娟, 王江洋. (2019). 留守儿童网络成瘾问题的成因与应对策略. 辽宁教育 (22), 12 – 14.

周新成, 邹艺玮, 邹心仪. (2018). 农村留守儿童犯罪问题研究综述. 劳动保障世界 (6), 75 – 76.

周玉明, 戚艳杰, 张之霞, 何凡, 郑毅. (2019). 农村 2～3 岁留守儿童的行为问题及人格发展. 中国心理卫生杂志, 33(9), 716 – 720.

邹泓, 刘艳, 张文娟, 蒋索, 周晖, 余益兵. (2015). 青少年社会适应的保护性与危险性因素的评估. 心理发展与教育, 31(1), 29 – 36.

Antman, F. M. (2012). Gender, Educational Attainment, and the Impact of Parental Migration on Children Left Behind. *Journal of Population Economics*, 25(4), 1187 – 1214.

Barker, D. H., Quittner, A. L., Fink, N. E., Eisenberg, L. S., Tobey, E. A., & Niparko, J. K. (2009). Predicting behavior problems in deaf and hearing children: The influences of language, attention, and parent-child communication. *Development and Psychopathology*, 21(2), 373 – 392.

Barone, L., & Lionetti, F. (2012). Attachment and emotional understanding: a study on late-adopted pre-schoolers and their parents. *Child: Care, Health and Development*, 38(5), 690 – 696.

Baskin, T. W., Rhody, M., Schoolmeesters, S., & Ellingson, C. (2011). Supporting Special-Needs AdoptiveCouples. *The Counseling Psychologist*, 39(7), 933 – 955.

Beeson, C. M. L., Brittain, H., & Vaillancourt, T. (2020). The Temporal Precedence of Peer Rejection, Rejection Sensitivity, Depression, and Aggression Across Adolescence. *Child*

Bempechat, J. , & Shernoff, D. J. (2012). Parental Influences on Achievement Motivation and Student Engagement. *Handbook of Research on Student Engagement*. Boston: Springer. 315–342.

Bi, C. , & Oyserman, D. (2015). Left behind or moving forward? Effects of possible selves and strategies to attain them among rural Chinese children. *Journal of Adolescence*, 44, 245–258.

Boele, S. , Van der Graaff, J. , de Wied, M. , Van der Valk, I. E. , Crocetti, E. , & Branje, S. (2019). Linking Parent-Child and Peer Relationship Quality to Empathy in Adolescence: A Multilevel Meta-Analysis. *Journal of Youth and Adolescence*, 48(6), 1033–1055.

Borelli, J. L. , Smiley, P. A. , Kerr, M. B. , Hong, K. , Rasmussen, H. F. , Buttitta, K. V. , & West, J. L. (2019). A Multimethod Assessment of Associations between Parental Attachment Style and School-aged Children's Emotion. *Journal of Child and Family Studies*, 28(1), 152–167.

Casper, D. M. , Card, N. A. , & Barlow, C. (2020). Relational aggression and victimization during adolescence: A meta-analytic review of unique associations with popularity, peer acceptance, rejection, and friendship characteristics. *Journal of Adolescence*, 80, 41–52.

Cassidy, S. (2015). Resilience Building in Students: The Role of Academic Self-Efficacy. *Frontiers in Psychology*, 6, 1781.

Chen, S. , Adams, J. , Qu, Z. , Wang, X. , & Chen, L. (2013). Parental migration and children's academic engagement: The case of China. *International Review of Education*, 59(6), 693–722.

Çolak, A. , Tomris, G. , Diken, I. H. , Arıkan, A. , Aksoy, F. , & Çelik, S. (2015). Views of Teachers, Parents, and Counselors toward the Preschool Version of First Step to Success Early Intervention Program (FSS-PSV) in Preventing Antisocial Behaviors. *Educational Sciences: Theory & Practice*, 15(3), 691–708.

Cooke, J. E. , Stuart-Parrigon, K. L. , Movahed-Abtahi, M. , Koehn, A. J. , & Kerns, K. A. (2016). Children's emotion understanding and mother-child attachment: A meta-analysis. *Emotion*, 16(8), 1102–1106.

Cowan, P. A. , Cowan, C. P. , Pruett, M. K. , & Pruett, K. (2019). Fathers' and mothers' attachment styles, couple conflict, parenting quality, and children's behavior problems: an intervention test of mediation. *Attachment & Human Development*, 21(5), 532–550.

Dai, Q. , & Chu, R. (2018). Anxiety, happiness and self-esteem of western Chinese left-behind children. *Child Abuse & Neglect*, 86, 403–413.

de Kogel, C. H. , & Alberda, D. L. (2019). Bio-behavioral effects of early family interventions and prevention of antisocial behavior. *Journal of Criminal Justice*, 65, 101576.

Diken, İ. H. , Aksoy, F. B. , Çolak, A. , Tomris, G. , Arıkan, A. , & Çelik, S. (2016). Effectiveness of the Preschool Version of the First Step to Success Early Intervention Program for Preventing Antisocial Behaviors. *Educational sciences: theory & practice*, 16(2), 511.

Dong, B. , Yu, D. , Ren, Q. , Zhao, D. , Li, J. , & Sun, Y. (2019). The resilience status of Chinese left-behind children in rural areas: a meta-analysis. *Psychology, Health & Medicine*, 24(1), 1–13.

Ettekal, I. , & Ladd, G. W. (2020). Development of aggressive-victims from childhood through adolescence: Associations with emotion dysregulation, withdrawn behaviors, moral disengagement, peer rejection, and friendships. *Development and Psychopathology*, 32(1), 271–291.

Fan, W. , & Williams, C. M. (2009). The effects of parental involvement on students' academic self-efficacy, engagement and intrinsic motivation. *Educational psychology*, 30(1), 53–74.

Fu, L., & Zhu, Y. (2020). Are rural children of work-away parents really left behind? Voices from rural teachers. *Children and Youth Services Review*, 117, 105269.

Fu, M., Bo, W. V., Xue, Y., & Yuan, T. (2017). Parental Absence Accompanies Worse Academic Achievements: Evidence Based upon a Sample of Left-Behind Children in Rural China. Frontiers in education (Lausanne), *Frontiers in Education*, 2, 103389.

Funakoshi, Y., Xuan, Z., Isumi, A., Doi, S., Ochi, M., & Fujiwara, T. (2020). The association of community and individual parental social capital with behavior problems among children in Japan: results from A-CHILD longitudinal study. *Social Psychiatry and Psychiatric Epidemiology*, 56(1), 117–127.

Gao, F., Yao, Y., Yao, C., Xiong, Y., Ma, H., & Liu, H. (2019). The mediating role of resilience and self-esteem between negative life events and positive social adjustment among left-behind adolescents in China: a cross-sectional study. *BMC Psychiatry*, 19(1), 210–239.

García-Bacete, F. J., Marande-Perrin, G., Schneider, B. H., & Cillessen, A. H. N. (2019). Children's Awareness of Peer Rejection and Teacher Reports of Aggressive Behavior. *Psychosocial Intervention*, 28(1), 37–47.

Ge, Y., Se, J., & Zhang, J. (2014). Research on relationship among internet-addiction, personality traits and mental health of urban left-behind children. *Global Journal of Health Science*, 7(4), 60–69.

Guang, Y., Feng, Z., Yang, G., Yang, Y., Wang, L., Dai, Q., Hu, C., Liu, K., Zhang, R., Xia, F., & Zhao, M. (2017). Depressive symptoms and negative life events: What psycho-social factors protect or harm left-behind children in China? *BMC Psychiatry*, 17(1), 402.

Ha, T., van Roekel, E., Iida, M., Kornienko, O., Engels, R. C. M. E., & Kuntsche, E. (2019). Depressive Symptoms Amplify Emotional Reactivity to Daily Perceptions of Peer Rejection in Adolescence. *Journal of Youth and Adolescence*, 48(11), 2152–2164.

Han, L., Zhao, S., Pan, X., & Liao, C. (2018). The impact of students with left-behind experiences on childhood: The relationship between negative life events and depression among college students in China. *International Journal of Social Psychiatry*, 64(1), 56–62.

Haslam, D., Poniman, C., Filus, A., Sumargi, A., & Boediman, L. (2020). Parenting Style, Child Emotion Regulation and Behavioral Problems: The Moderating Role of Cultural Values in Australia and Indonesia. *Marriage & family review*, 56(4), 1–23.

Hirata, H., & Kamakura, T. (2018). The effects of parenting styles on each personal growth initiative and self-esteem among Japanese university students. *International Journal of Adolescence and Youth*, 23(3), 325–333.

Hobfoll, S. E. (2001). The influence of culture, community, and the nested-self in the stress process: Advancing conservation of resources theory. *Applied Psychology*, 50(3), 337–370.

Høigaard, R., Kovač, V. B., Øverby, N. C., & Haugen, T. (2015). Academic self-efficacy mediates the effects of school psychological climate on academic achievement. *School Psychology Quarterly*, 30(1), 64–74.

Honicke, T., & Broadbent, J. (2016). The influence of academic self-efficacy on academic performance: A systematic review. *Educational Research Review*, 17, 63–84.

Hu, F. (2012). Migration, remittances, and children's high school attendance: The case of rural China. *International Journal of Educational Development*, 32(3), 401–411.

Hu, H., Gao, J., Jiang, H., Jiang, H., Guo, S., Chen, K., Jin, K., & Qi, Y. (2018). A Comparative Study of Behavior Problems among Left-Behind Children, Migrant Children and Local Children. *International Journal of Environmental Research and Public Health*, 15(4), 655.

Huang, R., Yan, C., Tian, Y., Lei, B., Yang, D., Liu, D., & Lei, J. (2020).

Effectiveness of peer support intervention on perinatal depression: A systematic review and meta-analysis. *Journal of Affective Disorder*, 276, 788–796.

Ji, M., Hui, E., Fu, H., Watkins, D., Tao, L., & Lo, S. K. (2016). Effects of a culture-adaptive forgiveness intervention for Chinese college students. *British Journal of Guidance & Counselling*, 44(3), 335–346.

Karolinsky, L. (2019). Mother's parenting style and its impact on the development of a voidant personality among Israeli children. *Social Research Reports*, 11(2), 9–19.

Kim, S. W. (2018). Left-behind children: teachers' perceptions of family-school relations in rural China. *Compare*, 49(4), 1–18.

Korkeila, K., Kivelä, S., Suominen, S., Vahtera, J., Kivimäki, M., Sundell, J., Helenius, H., & Koskenvuo, M. (2004). Childhood adversities, parent-child relationships and dispositional optimism in adulthood. *Social Psychiatry and Psychiatric Epidemiology*, 39(4), 286–292.

Lan, T., Jia, X., Lin, D., & Liu, X. (2019). Corrigendum: Stressful Life Events, Depression, and Non-Suicidal Self-Injury Among Chinese Left-Behind Children: Moderating Effects of Self-Esteem. *Frontiers in Psychiatry*, 10, 685.

Lan, X., & Wang, W. (2019). Direct and interactive effects of peer support and resilience on psychosocial adjustment in emerging adults with early left-behind experiences. *Psychology Research and Behavior Management*, 12, 277–288.

Lang, P. J., Davis, M., & hman, A. (2000). Fear and anxiety: animal models and human cognitive psychophysiology. *Journal of Affective Disorders*, 61(3), 137–159.

Li, Y., Cui, N., Kok, H. T., Deatrick, J., & Liu, J. (2019). The Relationship Between Parenting Styles Practiced By Grandparents And Children's Emotional And Behavioral Problems. *Journal of Child and Family Studies*, 28(7), 1899–1913.

Liao, H., Pan, M., Li, W., Lin, C., Zhu, X., Li, X., Li, J., & Zhou, S. (2019). Latent profile analysis of anxiety disorder among left-behind children in rural Southern China: a cross-sectional study. *BMJ Open*, 9(6), e29331.

Ling, H., Fu, E., & Zhang, J. (2015). Effects of Separation Age and Separation Duration Among Left-behind Children in China. *Social Behavior and Personality*, 43(2), 241–253.

Liu, W., Li, J., Huang, Y., Yu, B., Qin, R., & Cao, X. (2020). The relationship between left-behind experience and obsessive-compulsive symptoms in college students in China: the mediation effect of self-esteem. *Psychology, Health & Medicine*, 26(5), 644–655.

Liu, X. (2020). Parenting Styles and Health Risk Behavior of Left-Behind Children: The Mediating Effect of Cognitive Emotion Regulation. *Journal of Child and Family Studies*, 29(3), 676–685.

Liu, Y., Li, X., Chen, L., & Qu, Z. (2015). Perceived positive teacher-student relationship as a protective factor for Chinese left-behind children's emotional and behavioural adjustment. *International Journal of Psychology*, 50(5), 354–362.

Liu, Y., Yang, X., Li, J., Kou, E., Tian, H., & Huang, H. (2018). Theory of Mind Development in School-Aged Left-Behind Children in Rural China. *Frontiers in Psychology*, 9, 1819.

López-Martínez, P., Montero-Montero, D., Moreno-Ruiz, D., & Martínez-Ferrer, B. (2019). The Role of Parental Communication and Emotional Intelligence in Child-to-Parent Violence. *Behavioral Sciences*, 9(12), 148.

Lu, Y., Yeung, J. W., Liu, J., & Treiman, D. J. (2019). Migration and children's psychosocial development in China: When and why migration matters. *Social Science Research*, 77, 130–147.

Luo, J., Zou, J., Ji, M., Yuan, T., Sun, M., & Lin, Q. (2019). Emotional and Behavioral

Problems Among 3- to 5-Year-Olds Left-Behind Children in Poor Rural Areas of Hunan Province: A Cross-Sectional Study. *International Journal of Environmental Research and Public Health*, 16(21), 4188.

Luo, Y., Wang, H., Lei, X., Guo, X., Huang, K., & Liu, Q. (2016). Resilience in rural left-behind middle school students in Yunyang county of the Three Gorges area in China: a prospective cohort study. *BMC Psychiatry*, 16(1), 1.

Man, Y., Mengmeng, L., Lezhi, L., Ting, M., & Jingping, Z. (2017). The psychological problems and related influential factors of left-behind adolescents (LBA) in Hunan, China: a cross sectional study. *International Journal for Equity in Health*, 16(1), 1–12.

Meng, X., & Yamauchi, C. (2017). Children of Migrants: The Cumulative Impact of Parental Migration on Children's Education and Health Outcomes in China. *Demography*, 54(5), 1677–1714.

Meyerhoefer, C. D., & Chen, C. J. (2011). The effect of parental labor migration on children's educational progress in rural china. *Review of Economics of the Household*, 9(3), 379–396.

Missotten, L. C., Luyckx, K., Van Leeuwen, K., Klimstra, T., & Branje, S. (2016). Adolescents' Conflict Resolution Styles Toward Mothers: The Role of Parenting and Personality. *Journal of Child and Family Studies*, 25(8), 2480–2497.

Mohammad, B., & Rana, B. (2015). Effects of intra-family parameters: Educative style and academic knowledge of parents and their economic conditions on teenagers personality and behavior. *Educational Research and Reviews*, 10(23), 2887–24896.

Mordeno, I. G., Gallemit, I. M. J. S., Lantud, S. S. B., & Hall, B. J. (2019). Personal psychological resources mediate parent-child relationship and mental health among left-behind children. *Psychology Journal*, 8(3), 318–329.

Pouryahya, S. M., Shirkavand, F., Salimi, A., Davarniya, R., & Shakarami, M. (2019). The Effect of Group Forgiveness-Based Intervention on Marital Intimacy of Women Affected by Infidelity of Spouse. *Ufuq-i dānish*, 25(2), 102–109.

Psychogiou, L., Nath, S., Kallitsoglou, A., Dimatis, K., Parry, E., Russell, A. E., Yilmaz, M., Kuyken, W., & Moberly, N. J. (2018). Children's emotion understanding in relation to attachment to mother and father. *British Journal of Developmental Psychology*, 36(4), 557–572.

Ren, Y., & Li, M. (2020). Influence of physical exercise on social anxiety of left-behind children in rural areas in China: The mediator and moderator role of perceived social support. *Journal of Affective Disorder*, 266, 223–229.

Ren, Y., Yang, J., & Liu, L. (2017). Social Anxiety and Internet Addiction among Rural Left-behind Children: The Mediating Effect of Loneliness. *Iranian Journal of Public Health*, 46(12), 1659–1668.

Renaud, J., Barker, E. T., Hendricks, C., Putnick, D. L., & Bornstein, M. H. (2019). The Developmental Origins and Future Implications of Dispositional Optimism in the Transition to Adulthood. *International Journal of Behavioral Development*, 43(3), 221–230.

Shao, J., Zhang, L., Ren, Y., Xiao, L., & Zhang, Q. (2018). Parent-Child Cohesion, Basic Psychological Needs Satisfaction, and Emotional Adaptation in Left-Behind Children in China: An Indirect Effects Model. *Frontiers in Psychology*, 9, 1023.

Shen, M., Gao, J., Liang, Z., Wang, Y., Du, Y., & Stallones, L. (2015). Parental migration patterns and risk of depression and anxiety disorder among rural children aged 10–18 years in China: a cross-sectional study. *BMJ Open*, 5(12), e7802.

Smokowski P R, Bacallao M L, Cotter K L, et al. (2015) The effects of positive and negative parenting practices on adolescent mental health outcomes in a multicultural sample of rural youth. *Child Psychiatry & Human Development*, (3): 333–345.

Song, S., Chen, C., & Zhang, A. (2018). Effects of Parental Migration on Life Satisfaction and Academic Achievement of Left-Behind Children in Rural China-A Case Study in Hubei Province. *Children (Basel)*, 5(7), 87.

Su, S., Li, X., Lin, D., & Zhu, M. (2017). Future Orientation, Social Support, and Psychological Adjustment among Left-behind Children in Rural China: A Longitudinal Study. *Frontiers in Psychology*, 8(8), 1309.

Tang, Y., Harris, P. L., Pons, F., Zou, H., Zhang, W., & Xu, Q. (2018). The understanding of emotion among young Chinese children. *International Journal of Behavioral Development*, 42(5), 512–517.

Tian, X., Chang, W., Meng, Q., Chen, Y., Yu, Z., He, L., & Xiao, Y. (2019). Resilience and self-harm among left-behind children in Yunnan, China: a community-based survey. *BMC Public Health*, 19(1), 1–8.

Wang, F., Lin, L., Xu, M., Li, L., Lu, J., & Zhou, X. (2019). Mental Health among Left-Behind Children in Rural China in Relation to Parent-Child Communication. *International Journal of Environmental Research and Public Health*, 16(10), 1855.

Wang, F., Zhou, X., & Hesketh, T. (2017). Psychological adjustment and behaviours in children of migrant workers in China. *Child: Care, Health and Development*, 43(6), 884–890.

Wang, L., & Mesman, J. (2015). Child Development in the Face of Rural-to-Urban Migration in China. *Perspectives on Psychological Science*, 10(6), 813–831.

Wang, L., & Yao, J. (2019). Life satisfaction and social anxiety among left-behind children in rural China: The mediating role of loneliness. *Journal of Community Psychology*, 48(2), 258–266.

Wang, Q., & Liu, X. (2020). Peer Victimization and Nonsuicidal Self-Injury Among Chinese Left-Behind Children: The Moderating Roles of Subjective Socioeconomic Status and Social Support. *Journal of Interpersonal Violence*, 598163226.

Wang, T., Ge, Y., Zhang, J., Liu, J., & Luo, W. (2014). The capacity for pain empathy among urban Internet-addicted left-behind children in China: An event-related potential study. *Computers in Human Behavior*, 33, 56–62.

Wang, X., Yang, J., Wang, P., & Lei, L. (2019). Childhood maltreatment, moral disengagement, and adolescents' cyberbullying perpetration: Fathers' and mothers' moral disengagement as moderators. *Computers in Human Behavior*, 95, 48–57.

West, A. L., Dauber, S., Gagliardi, L., Correll, L., Lilli, A. C., & Daniels, J. (2020). Systematic Review of Community-and Home-Based Interventions to Support Parenting and Reduce Risk of Child Maltreatment Among Families With Substance-Exposed Newborns. *Child Maltreatment*, 25(2), 137–151.

Whitney, C. R., & Candelaria, C. A. (2017). The Effects of No Child Left Behind on Children's Socioemotional Outcomes. *AERA Open*, 3(3), 398123096.

Wittig, S. M. O., & Rodriguez, C. M. (2019). Emerging behavior problems: Bidirectional relations between maternal and paternal parenting styles with infant temperament. *Developmental Psychology*, 55(6), 1199–1210.

Wright, M., & Wachs, S. (2019). Does Peer Rejection Moderate the Associations among Cyberbullying Victimization, Depression, and Anxiety among Adolescents with Autism Spectrum Disorder? *Children*, 6(3), 41.

Xiao, Y., Chen, Y., Chang, W., Pu, Y., Chen, X., Guo, J., Li, Y., & Yin, F. (2020). Perceived social support and suicide ideation in Chinese rural left-behind children: A possible mediating role of depression. *Journal of Affective Disorder*, 261, 198–203.

Xiao, Y., Wang, Y., Chang, W., Chen, Y., Yu, Z., & Risch, H. A. (2019). Factors associated with psychological resilience in left-behind children in southwest China. *Asian Journal of Psychiatry*, 46, 1–5.

Xing, H., Yu, W., Xu, F., & Chen, S. (2017). Influence of social support and rearing behavior on psychosocial health in left-behind children. *Health and Quality of Life Outcomes*, 15(1), 1–6.

Xiong, Y., Wang, H., Wang, Q., & Liu, X. (2019). Peer Victimization, Maternal Control, And Adjustment Problems Among Left-Behind Adolescents From Father-Migrant/Mother Caregiver Families. *Psychology Research and Behavior Management*, 12, 961–971.

Xu, W., Yan, N., Chen, G., Zhang, X., & Feng, T. (2018). Parent-child separation: the relationship between separation and psychological adjustment among Chinese rural children. *Quality of Life Research*, 27(4), 913–921.

Yan, L., Zhu, Q., Tu, X., Zuo, X., Yu, C., Lou, C., & Lian, Q. (2018). Bullying victimization and child sexual abuse among left-behind and non-left-behind children in China. *PeerJ*, 6, e4865.

Yu, J. J., & Ko, Y. K. (2013). Paternal family expressiveness as a mediator between father's dispositional optimism and child's dispositional optimism. *Journal of Genetic Psychology*, 174(5–6), 677–695.

Zhang, H., Zhou, H., & Cao, R. (2019). Bullying Victimization Among Left-Behind Children in Rural China: Prevalence and Associated Risk Factors. *Journal of Interpersonal Violence*, 36, 15–16.

Zhang, Y. (2020). Quality Matters More Than Quantity: Parent-Child Communication and Adolescents' Academic Performance. *Frontiers in Psychology*, 11, 1–8.

Zhao, C., Wang, F., Li, L., Zhou, X., & Hesketh, T. (2017). Long-term impacts of parental migration on Chinese children's psychosocial well-being: mitigating and exacerbating factors. *Social Psychiatry and Psychiatric Epidemiology*, 52(6), 669–677.

Zhao, J., Liu, X., & Wang, M. (2015). Parent-child cohesion, friend companionship and left-behind children's emotional adaptation in rural China. *Child Abuse & Neglect*, 48, 190–199.

Zhou, R., Wang, J., & Ma, B. (2019). The mental and psychological problems in left-behind children in China. *Pediatric Research*, 87(5), 802–803.

27 心理枯竭[①]

27.1 引言 / 874
27.2 概念与结构 / 874
 27.2.1 心理枯竭的概念 / 874
 27.2.2 心理枯竭与压力的联系及区别 / 876
  枯竭与压力的关系 / 876
  枯竭与压力的概念辨析 / 876
  压力与心理枯竭的预警与干预路线的区别 / 878
 27.2.3 心理枯竭的结构 / 879
  三维度的基本特征 / 879
  三维度之间的关系 / 879
27.3 解释心理枯竭成因的理论 / 881
 27.3.1 工作要求-控制模型 / 881
 27.3.2 资源守恒理论 / 882
 27.3.3 工作要求-资源模型 / 882
 27.3.4 努力-回报不平衡理论 / 883
27.4 心理枯竭的测量工具 / 884
 27.4.1 心理枯竭的测评工具 / 884
  常用工具 / 884
  其他测评工具 / 885
 27.4.2 心理枯竭的客观生理指标测量 / 887
 27.4.3 中国化的测评工具 / 888
  通用测评工具 / 888
  重点高压行业测评工具 / 888
27.5 心理枯竭的研究变量 / 890
 27.5.1 前因变量 / 890
 27.5.2 后果变量 / 891
 27.5.3 中间变量 / 892
27.6 心理枯竭的预警与干预 / 895
 27.6.1 心理枯竭的预警指标 / 896
  枯竭的生理预警指标 / 896
  枯竭的心理预警指标 / 897
 27.6.2 心理枯竭的干预研究 / 898
  个体取向的干预 / 898
  组织取向的干预 / 899

[①] 我国若干重点职业人群心理压力和职业枯竭的评估、预警与干预示范研究,国家科技支撑计划"心理疾患防治研究与示范项目"(2009BAI77B04);高校教师职业枯竭预警机制的研究,全国教育科学规划项目(DBA050054);教师心理枯竭与心理健康教育的研究,北京市教育科学"十五"重点项目(AHA02319)资助。

27.7 研究思考与展望 / 899
　　27.7.1 解释枯竭成因及过程的心理能量说 / 899
　　27.7.2 心理枯竭与压力的关系 / 900
　　27.7.3 枯竭二维度说 / 901
参考文献 / 902

27.1　引言

人类压力是时代的产物,早在1994年,国际劳工组织就指出,"世界正在变成紧张的世界"。21世纪是一个高压时代,全球化的VUCA时代特征(Volatile-不稳定,Uncertain-不确定,Complex-复杂,Ambiguous-模糊)对人类生存产生了巨大的冲击。据统计,由心理压力所导致的缺勤、离职、生产效率低下,以及伤残和卫生保健等费用,每年给美国、英国等西方发达国家造成数千亿美元的损失(Spector等,2002)。压力无处不在,渗透于我们生活的方方面面,每个人都成为压力的承受者,压力已经成为现代人的生活常态,压力所导致的心理枯竭则成为现代人的普遍职业状态。面对无法消灭的压力,人类唯有接纳它,与之共存。压力与心理枯竭对个体、家庭、组织及社会具有严重危害,压力一直是医学所关注的问题,心理枯竭则是社会学、心理学、管理学等领域共同聚焦的研究问题。随着现代社会的快速发展和知识密集型组织对于人力资源要求的日益提高,近年来,"996""空心病""躺平"引发的广泛讨论都说明了心理枯竭的普遍性,心理枯竭对于个体心理及社会行为的影响日渐成为学术界、行业领域所关注的持续不断的热点问题。

27.2　概念与结构

27.2.1　心理枯竭的概念

枯竭(burnout)一词最早被用来描述心理现象是出自一本畅销小说《一个枯竭的案例》(*A Burnout Case*),作家格林尼(Graham Greene,1961)所描绘的主人公是一位功名成就的建筑师,因为不堪忍受工作重压所导致的精神折磨,放弃工作,归隐山林,过着原始自然人的生活。由此,枯竭一词进入了大众的语词,用以描述一种歪曲变形的人职关系。

20世纪70年代开始,枯竭成为一个学术研究问题,美国临床心理学家弗洛登伯格(Herbert Freudenberger,1974)最初是将助人工作者由于工作过度密集而忽略自身需要从而产生的身心能量耗竭感称为"枯竭"(Burnout)或"倦怠"。因为枯竭最初被描述为职业领域中的现象,所以,也称之为"职业枯竭"(job burnout)。1976年,美国社会心理学家马斯拉奇和以色列学者派内斯(Christina Maslach和Ayala Pines)也开始研究职业枯竭问题。1982年,马斯拉奇等人提出了枯竭的三维结构:情绪衰竭、去人性化和低自我效能感。这一对心理枯竭概念的结构化描述具有很强的操作性,大量实证研究由此展开。之后,社会心理学取向成为心理枯竭研究的主导取向。组织行为取向的学者车尼斯(Cary Cherniss)则整合前两种取向建立了枯竭模型分析,认为工作环境(工作量、自主性、领导力、指导度等)和个体变量(人口学变量、职业定向、工作外的支持与要求)通过作用于压力源(突发事件、自身问题等)导致枯竭。研究初期,三种研究取向依据各自的视角来理解枯竭,临床心理学取向强调个体因素,社会心理学取向强调环境因素,组织行为取向强调整合模型。

之后很多学者从不同角度来理解枯竭现象。派内斯(Pines)等人认为,枯竭现象不仅发生在工作情境中,还发生在日常生活的许多方面,包括婚姻关系、政治冲突等。从这个意义上出发,他们把枯竭定义为:个体由于长时期处在对其情绪资源过度要求的情境之下所产生的一种生理衰竭(physical exhaustion)、情感衰竭(emotional exhaustion)和精神衰竭(mental exhaustion)的状态。派内斯单从马斯拉奇三维度结构中的衰竭维度对枯竭加以定义,故其观点也被称为单维度理论。谢尔曼和梅拉米德(Shirom和Melamed)认为个体在工作中长期经历不断循环的资源失去时,就可能产生职业枯竭,表现为生理上、情绪上以及认知上的精力被用尽的感觉,这也是一种单维理论。登斯滕(Densten)认为马斯拉奇的三维度理论不够完善,他对耗竭与低效能感维度进一步细分,提出了五维度结构:心理紧张(psychology strain)、躯体紧张(somatic strain)、自我评价效能感(self-views efficiency)、他人评价效能感(external views efficiency)以及疏离(卞冉等,2004;王芳等,2004)。

20世纪80年代,枯竭成为职业健康心理学的热点问题,最多同时存在着48种之多的不同界定,而这种情况到现在也没有得到根本解决。在概念界定上涉及几个最主要的问题:一是枯竭的外延,它究竟是特指助人行业,还是可以扩展到一般行业?它究竟是只局限于工作领域,还是可以推广到其他领域?事实上,随着压力冲击面的不断扩展,枯竭已经渗透到多数行业中;此外,枯竭还扩展到生理层面,例如生理枯竭,扩展到学习领域,例如学习倦怠等。二是枯竭的内涵,它究竟是一个过程,还是一个结果?它的表现究竟是单维的还是多维的?对这些问题的不同理解造成了各种枯竭定义彼此之间的差异。尽管如此,研究者们认同度较高的依然是马斯拉奇的三维度说,但是这个定义是从操作层面提出的结构性界定。国内学者概括以往研究对心理枯竭提出了一个综合性界定,即个体无法应付外界或自我超出个人能量和资源的过度要求时,所产生的生理、认知、情绪情感、行为等方面的身心耗竭状态(王芳,许燕,2013)。

27.2.2 心理枯竭与压力的联系及区别

压力和职业枯竭同属职业健康心理学的研究范畴,二者之间紧密相关,尤其是前因变量存在着部分的重叠。枯竭概念是从临床心理学工作者的实践经验中总结出来的,而压力概念完全是基于科学研究而提出的,二者"出身"不同。虽然压力和枯竭这两个既有联系又有区别的概念在各自的领域已经积累了相当多的理论和实证研究,但是有关两者的区别与联系需要进行系统的描述。

枯竭与压力的关系

在20世纪50年代,美国生理学家汉斯·塞里(Selye,1950)率先提出压力概念,压力(stress)指的是有机体对压力源(stressor)应答反应的综合表现,是有机体在环境适应过程中真实或想象的要求与应对间不平衡所引起的身心紧张状态。

职业枯竭与压力有着密不可分的联系。研究者发现,无论是压力还是枯竭,都会为个体带来生理、心理和行为上的不良后果,损害人们的身心健康和任务绩效,致使个体和组织付出沉重代价。但是,研究者们对于二者之间关系论述一致认为:压力在先,枯竭在后。即把枯竭看作是一种由于压力长期积累而造成的一种更严重的应激状态。简单来说,特定的压力源(如角色冲突、模糊,工作负荷)在短时期内会导致压力,而长此以往,就会产生累积效应,导致枯竭。慢性而严重的工作压力可以导致枯竭,但不是所有承受压力的人都会成为枯竭的受害者,但若长期处于工作压力之下,无法解决,且没有缓冲资源,没有支持系统的话,这些不可调解的压力就会发展成为心理枯竭。职业枯竭也被认为是压力源作用于工作相关结果的中介变量,其核心成分精疲力竭与挑战性以及阻碍性的压力源都表现出负向的关系(LePine,LePine,和Jackson,2004)。总之,二者同属职业健康心理学的范畴,但因为起源不同,导致后续的路径不同。

枯竭与压力的概念辨析

从概念与特征上分析,二者的区别主要归纳如下(见表27.1)。

表 27.1

心理枯竭与压力概念辨析

概念	概念起源	来源		进程	表现		结果	
		种类	特点		表现分类	文化特异性	性质	负面后果
心理枯竭（burnout）	心理学社会学	心理因素社会因素	相对稳定、可预测	长期慢性	情绪衰竭去人性化成就感降低	文化差异与特异性	消极	自我、人际、社会功能受损
压力（stress）	医学	生理因素物理因素心理因素社会因素	常不可预测	即时急性	生理反应心理反应行为反应	跨文化一致性	积极消极	生理疾病心理疾病

压力与枯竭一直是以两个独立领域而存在的，二者的运作路径与水平也不同，但是在心理感受上存在交互作用，表现出不同的心理感受，具体如图 27.1 所示。

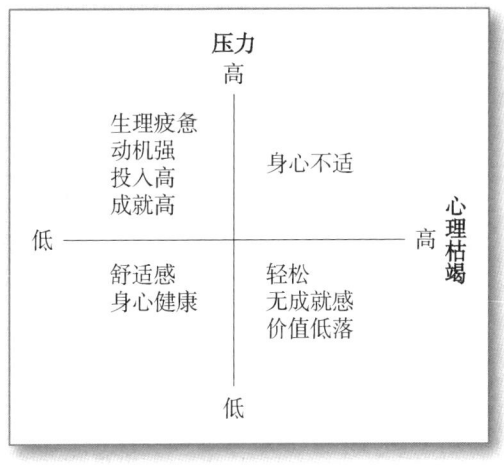

图 27.1　不同水平的压力与心理枯竭组合下的心理感受差异

正如图 27.1 所显示的，在第一象限里的人，处于高压力和高枯竭状态，个体会同时感受到压力导致的生理紧张和心理枯竭（情绪耗竭、人际疏离感和低自我效能感）。在第二象限里的人，属于高压但低枯竭的状态，虽然压力导致的生理疲惫感无法避免，但由于其拥有较高的内部动机水平，他们仍然有足够的心理能量投入到工作中，工作热情高，而不会体验到心理上的疲劳。在对工作狂的研究中，贝克和塔里斯等人（Beek 和 Taris 等，2011）发现，工作狂（workaholic）和工作投入（work engagement)为两个不同的概念,工作狂个体主要受外部的受控制的动机驱使,体验到高水平的枯竭感;而工作投入的个体受内部的自主动机驱使,没有心理枯竭体验。在第三象限里的人,压力和枯竭水平都较低,体验到身心两方面的舒适感,无论对其健康还是工作生涯的发展来说,这都是一种较能令人接受的情况。在第四象限里的人,处于低压力高枯竭工作状态,工作环境对个体的要求较低,工作者很少有机会体验到生理上的高压紧张感,也无职业成就感。特别是对于有职业追求而得不到工作重任的时候,会使得工作者的被宰要求与工作环境出现落差,个体价值得不到体现,职业枯竭仍然会发生。尽管与低工作压力—高职业枯竭相对应的实证研究几乎很少,但从经验层面也能找到证据。比如怀着满腔抱负却从事简单工作的大学毕业生,非自愿被分配到基层的领导者等。他们的共同特点是工作要求远低于自身能力,工作与自己的期望、动机相违背。尽管在生理上十分轻松,但心理上的焦虑感也会导致职业枯竭的发生,并进而演变为消极怠工等不良行为结果。综上所述,无论基于经验还是实证,压力和职业枯竭的发生发展都不总是同步的,它们是两个不同且相对独立的概念。因此,对二者进行系统的概念区辨既有意义也十分必要。

压力与心理枯竭的预警与干预路线的区别

鉴于压力和枯竭存在以上诸多差异,在实践应用领域中也须根据各自的特点对二者进行有区别的评估、预警和干预。首先,在概念和症状表现上,由于压力更具生理性,心理枯竭更具心理社会性,评估指标和方法也应该与之相对应。在测量压力水平时,应以生理指标为主要判定标准,如促肾上腺皮质素释放激素(CRH)、肾上腺皮质激素(ACTH)的水平等,同时辅以自我报告式的主观评估,并以生理相关的项目作为主要参考标准。而在测量心理枯竭时,选择学界公认的以心理和社会性指标为主的量表较为合适,如各版本的 MBI(Maslach 和 Jackson,1981;Maslach 等,1996)。其次,由于压力来源不可预测,压力反应迅速、即时,要预测压力的产生相当困难,但是从压力到压力积累最终导致身心疾病的发生却是有一定规律可循的,加之压力导致的并非全是负面后果,因此压力的预警应以预防压力导致的疾病的产生为目标,属于压力产生后的反应性预警,预警的相关指标可以是压力的激发因素和压力反应本身的水平。与压力相比,职业枯竭的产生和演变持续时间较长,在前因变量相关的实证研究基础上可以进行有效预测。故而压力的预警目标是预防枯竭的产生,属于前摄性的预警,可以根据现有研究成果,从可能导致枯竭的环境因素和个人因素两个方面进行预测。相应地,压力的干预应以降低压力相关的身心疾病的发生率为目标,将心理和医学干预手段有机结合。对于职业枯竭来说,干预的目标是降低职业枯竭本身的发生率,应以心理干预为主要干预手段。总之,由于压力和职业枯竭存在诸多差异,对两者的评估、预警和干预也应有不同的侧重,遵循不同的路线,可概括如表27.2所示。

表27.2

心理枯竭与压力的差异性评估、预警、干预路线

	评估	预警			干预	
		目标	取向	指标	目标	方法
心理枯竭	心理指标为主	防产生	前摄性预警	环境因素 个人因素	降低心理枯竭的发生率	心理干预
压力	生理指标为主	防疾病	反应性预警	压力反应 激发因素	降低压力导致的身心疾病发病率	心理干预 医学干预

27.2.3 心理枯竭的结构

目前,较为公认的心理枯竭结构维度是马斯拉奇的三维度结构模型(Maslach 和 Jackson,1982;Maslach,1996)。三维度作为鉴别枯竭的核心指标,以至于被称为测量职业枯竭的"黄金准则"。

三维度的基本特征

情绪衰竭(emotional exhaustion)——枯竭的个体压力维度。表现为个体情绪和情感处于极度疲劳状态,工作热情完全丧失。这种疲劳感越来越强烈,就会像情感资源干涸了一样,个体不能再像原来那样对他人倾注关怀和感情。

去人性化(depersonalization)——枯竭的人际关系维度。表现为个体以一种消极的、否定的、麻木不仁的态度和情感去对待自己身边的人,冷嘲热讽,贬损他人,对他人再无同情心可言,甚至把人视作一件无生命的物体看待。

个人成就感降低(reduced personal accomplishment)——枯竭的自我评价维度。表现为个体对自己工作的意义和价值的评价下降,对自我效能的信心下降,时常感觉到无法胜任,从而在工作中体会不到成就感,积极性丧失,不再付出努力。

三维度之间的关系

多数学者认为枯竭是一个随时间发展的过程。但是,对这个过程的全貌存在着很多争论,主要有以下四种说法:

其一,依次说。枯竭的情绪衰竭、去人性化、成就感降低的表现是按时间顺序依次出现的,且彼此独立(Golembiewski 和 Munzenrider,1988)。

其二，递进说。枯竭是一种长期的压力反应,是逐渐发展起来的一个过程(Maslach 和 Leiter,1997;Schaufeli 和 Enzman,1998)。其过程分三个阶段进行:第一阶段的特点是工作要求(压力)与资源之间的不平衡,个体大量的情感要求和过度的工作负荷耗尽情感资源,即情绪衰竭/耗竭;第二阶段,个体发展出一系列消极的态度和行为,比如以疏离、机械的态度对待他人和工作,也就是去人性化/讥诮;这可以看作是防御应对机制,为了减轻情绪上的衰竭感,个体创设出一个心理距离,试图保护自己,对抗有压力的社会环境,然而这并不是一个足够的应对策略,因为它贬抑了当事人与接受者的关系,加剧了人际上的问题,反而会增加压力,这样就会进入第三个阶段。第三阶段的特征是,工作对于达成个体目标不那么有效了,个体成就感/职业效能降低,无能感和自我怀疑感增长。这一理论假设比较符合"应激—应对—结果"这一发展历程,但它尚需要大量追踪研究以及个案访谈的实证证据来加以证明。

其三,分离说。一些研究结论发现,情绪衰竭和去人性化是两个高相关的维度,结合得很紧密,而二者却与个人成就感这一维度相关很低。研究者由此提出了三者关系的新假设,即情绪衰竭和去人性化才是枯竭的核心成分(Green,Walkey,和 Taylor,1991),且二者是平行而非相继出现的,是对工作环境中不同方面的反应,而个人成就感则在很大程度上是独立于前二者发展的(Lee 和 Ashforth,1996),它反映的是一种人格特质,类似于自我效能,而并不是枯竭的原生成分(Cordes 和 Dougherty,1993;Angelique,1998)。有研究者在三个职业样本中对三维结构效度进行了反复检验,发现个人成就感维度的统计力最弱,情绪衰竭是三个维度中最为重要的,去人性化次之,因而提议缩减为两个维度,把个人成就感维度剔除出去(Kalliath 等,2000)。这一假设虽然得到了一些实证证据,但也有人质疑,造成前两个维度间相关高且与第三个维度相关低的原因可能是由于测量工具本身的偏向。因为在三维度的枯竭测量工具中,情绪衰竭和去人性化两个维度全都是描述负面状况的题,如"我已经感觉精疲力竭了"等,而个人成就感维度中则全都是表述积极状况的题,如"我已经做出了不少有价值的事"等,这样在进行统计计算的时候可能出现两类题相关较低的现象(Demerouti 和 Bakker,2003)。

其四,"1+1"说。从三个维度的相对重要性来讲,情绪衰竭无疑是枯竭的焦点和最关键方面(Maslach,2001),当人们描述自己或他人的枯竭特征时,最常报告的就是情绪和生理上的极度疲劳感。由于它太过于典型了,以至于其他两个维度都显得次要了。但是,如果只把情绪衰竭作为职业枯竭的评估标准又是不够的,只关注这一个维度会丧失许多信息,无法对枯竭状况做出整体全面的分析(Maslach,2001)。于是一些研究者提出,判断一个人是否枯竭,首先要看其情绪衰竭是否严重,也就是第一个"1",此外,只要同时另有一个维度表现明显,即去人性化或个人成就感降低,二者不必同时满足,即成为第二个"1",就可以认为其处于枯竭状态之中(Brenninkmeijer 和 VanYperen,2003)。

总之,枯竭经典三维度的关系直接影响到枯竭概念和结构的清晰,一直是需要解决的理论问题,但仍尚需研究证据来进行检验和澄清。

27.3 解释心理枯竭成因的理论

人们为什么会产生枯竭感受,是哪些因素经由怎样的运作过程导致了枯竭的形成,不同的理论提出了不同的说法。

27.3.1 工作要求-控制模型

由卡拉塞克(Karasek,1979)提出的工作要求-控制(Job Demand-Control,JDC)模型是工作与健康关系研究中最富影响力的理论之一。理论最初集中关注工作环境中的两个变量:一是工作要求——指会造成心理负担、引发威胁感的任务方面,如工作负荷、时间压力等,相当于人们常说的压力源;二是工作控制,有时也称作决策向度(decision latitude),指个体对其工作行为的控制能力,它又包含技能自由度(skill discretion)和决策自主性(decision authority)两个成分。工作要求和工作控制两个方面的作用机制如图 27.2 所示。

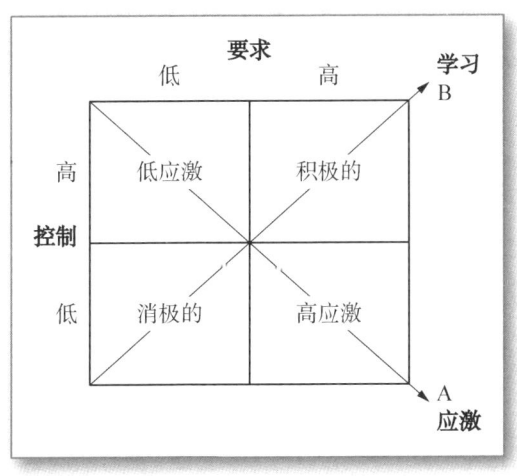

图 27.2 工作要求-控制模型(Karasek,1979;Van der Doef 和 Maes,1999)

图27.2标示了由高-低工作要求和高-低工作控制组成的四个象限,它们分别具有各自的工作特征,继而将引发员工的不同反应。例如,高要求-高控制是一种积极的工作特征,将促进员工学习成长;低要求-高控制的工作环境里员工的工作自觉性与自主性高,同时压力感小;低要求-低控制的环境虽然工作负荷不高,但员工也会缺乏学习动力,阻碍技能发展;最后,高要求—低控制的工作环境也是最易引发枯竭的环境,员工在其中将感受到巨大的压力却无法掌控自己的工作行为,就可能出现大量应激反应,甚至身心疾病。除此之外,图中还可以得到一个隐含的假设——"缓冲器"假设,即高控制可以调节高要求对于健康的负面作用,此作用显示在第一象限上。

之后,约翰逊和霍尔(Johnson和Hall,1988)提出了这一理论的扩展模型,即工作要求-控制-支持(Demand-Control-Support,DCS)模型。该模型认为,工作控制并非是应对工作要求的唯一资源,社会支持也是工作要求和压力反应之间的调节变量。例如,高心理要求、低工作控制、少社会支持,也会直接导致枯竭,且这三个因素联合起来的效应比它们单个的更大。

27.3.2 资源守恒理论

霍布福尔(Hobfoll,1989)提出了资源守恒(Conservation of Resources,COR)理论,其基本思想是,人们具有留存、保护和建立资源的本能愿望,当资源出现损失时就会给人带来威胁,产生压力。所谓资源就是对个体来说有价值的事物,霍布福尔将其分为四类:第一类"客体"(objects):如房子、车子等,它们的价值不在于其物理属性,而在于代表着个体的社会经济地位;第二类"身份"(conditions):代表个体的生活状况,如婚姻、资历、稳定工作等;第三类"个人特性"(personal characteristics):个性特质、兴趣爱好、自尊等;第四类"能量"(energy):时间、金钱、知识等,它们的价值在于是获取其他资源所不可或缺的。

霍布福尔认为各资源之间可以进行替换,而在以下三种资源损失时压力就会产生,继而引发心理枯竭:一是资源的绝对丧失(如失业);二是资源丧失的潜在可能性,例如受到工作要求(如工作负荷、角色要求)的威胁而预计可能丧失的资源;三是收支不平衡导致的资源减量,当资源耗尽率大于补充率或资源回报水平少于投入水平时,压力就会陡增,进而导致心理枯竭。

27.3.3 工作要求-资源模型

德梅鲁蒂(Demerouti等,2001)在资源守恒理论基础上进一步提出了工作要求—资源(Job Demand-Resource,JDR)模型。该模型将工作要求纳入进来与资源并列,同时对资源进行了限定和细化。工作要求是指对员工提出的履职要求,包括工作的物理、社会或组织方面的,如工作负荷、角色冲突、情感要求等;工作资源指给予员工的帮助,包括工作的物理、心理、社会或组织方面,如工作条件改善、工作自主性、工作指导与建议、社会支持等。工作资源必须满足以下条件之一:有益于达成工作目标,减轻工作要求,刺激个人成长和发展。简单来讲,工作要求高且工作资源少的环境容易导致枯竭。

根据工作要求-资源模型,工作要求需要个体持续付出身心努力,因此与特定的生心耗竭相联系,而缺少工作资源的支持会使个体不再付出,从而导致疏离工作和效能感降低,这一假设得到了实证研究的支持(Lee 和 Ashforth,1996)。高山(2005)对于中国高校教师的研究结发现,缺少工作资源的个体职业枯竭程度高。工作要求与耗竭关系更紧密,缺少工作资源与疏离工作和低职业效能感关系更紧密。

27.3.4　努力-回报不平衡理论

第三种解释枯竭成因的理论是西格里斯特(Siegrist,1996)提出的努力—回报不平衡(Effort-Reward Imbalance,ERI)理论,它强调在社会交换过程中人们对自己期待的付出和获得的回报是否平衡的知觉和评价。如果个体为了满足工作要求而付出的努力很高,而换来的回报很低,就会感觉到压力,这种不平衡越大,个体的压力感就会越强,继而引发枯竭、疾病等不良后果。

ERI 理论认为,个体在工作上的高努力有两个来源:一是来自于外部的工作要求,如责任、时间压迫、干扰等;二是来自于个体内部的自我期望,西格里斯特在这里使用"过度承诺"(over-commitment)一词来描述,过度承诺是指一组态度、行为和情感,它们反映出个体渴望被肯定和被尊重的强烈愿望,因此具有过度承诺的人会夸大自己的付出,低估获得的回报,从而更容易感觉到努力与回报的不平衡。ERI 模型将个体期望得到的回报分为三类:一是对地位的控制感(status control),是个体获得或者控制自己想要的社会地位(如升职、工作保障等)的机会;二是自尊回报(esteem reward),是个体在工作中体验到的尊重和支持;三是物质满足(monetary gratification),是与同事相比自己获得的金钱及其他物质报酬是否适当。一旦个体所付出的努力与所得到的回报不平衡,就可能引发包括枯竭在内的各种身心健康问题(如图 27.3 所示)。

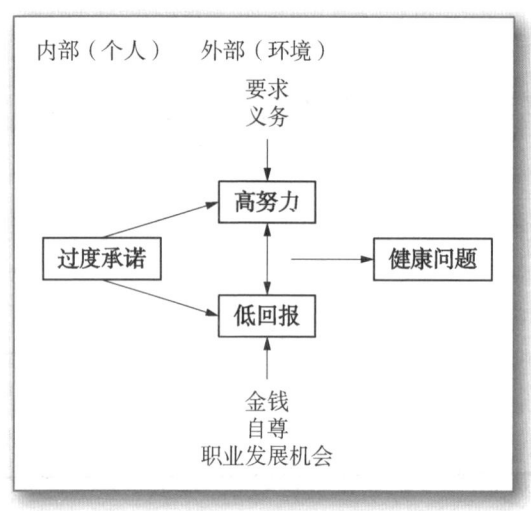

图 27.3　努力-回报不平衡模型(Siegrist，2000)

27.4　心理枯竭的测量工具

心理枯竭首先是一种主观的心理感受，但同时也会引发身心反应，因此研究与测评工具最常用的是问卷法，同时也会使用客观测量方法检测相关的生理指标。

27.4.1　心理枯竭的测评工具

常用工具

研究界使用最为广泛的问卷是 1981 年马斯拉奇和杰克逊(Jackson)联手开发的"马氏枯竭问卷"(Maslach Burnout Inventory，MBI)，它包含三个维度：情绪衰竭、去人性化和个人成就感降低。

MBI 是自陈量表，题目均以陈述句的形式呈现，要求被试在从 0(从不)到 6(每天)的利克特(Likert)式 7 点量表上，根据自己的真实感受进行评分。例如，"早晨起床不得不去面对一天的工作时，我感觉非常累"、"我对工作不像以前那样热心了"等等(Maslach，Schaufeli，和 Leiter，2001)。MBI 的三个分量表各自保持独立，不能合并成一个总分。

随着枯竭研究的不断深入，这个概念也逐渐扩展到助人行业以外的其他职业领域。人们发现,不仅仅只是跟人打交道的职业容易引发枯竭,一些以物或者信息为工作对象的人(如工人、程序员)也会出现枯竭的现象。为了适应这一发展,1996年,马斯拉奇和什奥菲力(Maslach 和 Schaufeli,1996)在原有量表的基础上,又出版了 MBI 通用版(MBI-General Survey),适用于一般工作人群。相应的维度也有所改变,原有的第一个维度情感衰竭转变为耗竭(Exhaustion),第二个维度去人性化转变为讥诮(Cynicism),第三个维度个人成就感变为职业效能(Professional efficacy),但实际上各维度的内涵还是大同小异的。曾有研究者尝试使用判别分析的方法将三个维度分别加权之后得到一个枯竭的总分:"0.40 * 耗竭 + 0.30 * 讥诮 + 0.30 * 职业效能降低"(Kalimo 等,2003)。现在可供使用的 MBI 共有三个版本——通用版(MBI-General Survey,MBI-GS)、服务版(MBI-Human Service Survey,MBI-HSS)、教育版(MBI-Educators Survey,MBI-ES)。

枯竭研究进入实证阶段的几十年来,MBI 就一直是占据主导性的测量工具。众多研究者在不断检验其信效度的同时,也对其提出了一些批评。主要集中于 MBI 中所有都是单向题,其中情绪衰竭(耗竭)和去人性化(讥诮)都是负向的,个人成就感(职业效能)是正向的,这样不仅会引发单向性偏差(one-sided bias),还会导致问卷的表面效度很高,无形中加大了测量误差。

因此,有研究者使用他评的测量方法研究枯竭。例如艾弗斯等人(Evers,Tomic,和 Brouwers,2004)使用修改过的 MBI 让学生评价老师的枯竭程度,然后与老师自评的结果进行比较,发现在情绪衰竭维度上二者没有差异,但在去人性化和个人成就感两个维度上,学生评价要比老师评价得更为严重,而这两个维度恰巧是表面效度较高,容易受社会赞许性影响的内容,这从一个侧面说明他评的结果可能要比自评的结果更加可信。不过,限于花费较高和实施较为困难,他评问卷测量法大规模地使用和推广还需要相当长的时间。

其他测评工具

BM 以色列心理学家派内斯和阿伦森(Pines 和 Aronson,1981)开发了"枯竭测量表"(Burnout Measure,BM)。BM 和 MBI 一样都是在临床个案研究基础上编制而成的。BM 对职业枯竭做出的操作定义是:对情感要求的长期卷入而导致的一种身体、情感和心理的耗竭状态(Pines 和 Aronson,1981)。BM 包含三个部分,分别测量生理耗竭、情感耗竭、心理耗竭,最后合成一个总分,因此 BM 所测量的枯竭是单维的。BM 共有 21 个项目,均为描述主观感受的陈述句,如"我感觉很虚弱,很容易生病"等,要求被试回答自己在生活中所感受到的发生频率,在从 1(从来没有)到 7(总是有)的七点量表上打分。BM 的项目全都是负问题,得分相加,总分越高说明枯竭程度越高(Pines,1988)。BM 的内部一致性系数在 0.85—0.90 之间,再测信度在 0.66—0.89 之间,且构想效度良好(Pines,2004)。BM 可应用于工作、婚姻、政治领域的研究(Pines 和 Aronson,1981)。不过,BM 所测量的枯竭与其他概念如抑郁、焦虑等的重合成为了人们诟病的焦点。

OLBI 德国心理学家德梅鲁蒂(Demerouti,2003)开发了"奥登堡枯竭问卷"(Oldenburg Burnout Inventory,OLBI)。与 MBI 和 BM 源于临床个案研究不同,OLBI 的理论基础是工作要求-资源(JD-R)模型。这一模型关注工作中的两类特性:工作要求和工作资源。OLBI 包含两个维度:耗竭(exhaustion)和疏离工作(disengagement from work)。耗竭描述的是在应激状态下严重的身体、情感和认知反应,而不仅仅只是 MBI 中耗竭(情绪衰竭)维度所包含的情感反应。疏离工作描述的是与工作保持距离,对工作对象和内容等持消极贬低的态度,其正向题还涉及对工作的投入、认同度、继续工作的意愿等,从内容上来讲,它比 MBI 的去人性化/讥诮维度更加扩展(Demerouti 等,2003)。OLBI 共有 15 个陈述句,要求被试判断自己的认同程度,在从 1(完全不同意)到 4(完全同意)的四点量表上打分。OLBI 在一个维度里有正负向题,克服了 MBI 的单向性偏差(one-sided bias)。例题如"工作之后我经常感觉到疲倦和厌烦"(正向计分题)、"工作之后我常常享受闲暇时光"(反向计分题)。两个分量表单独计分,不合为总分,因此它所测量的枯竭是个两维结构。OLBI 两个维度的内部一致性信度分别为 0.73 和 0.83,判别效度良好,且与 MBI-GS 有着 0.74 的相关,会聚效度良好(Demerouti 等,2003)。与 MBI 相比,OLBD 在维度上是相似的,不过它摈弃了备受争议的"个人成就感/职业效能"维度,德梅鲁蒂认为这样可以使工具更为简洁,只包含了枯竭概念最为核心的部分。

SMBM 以色列心理学家谢尔曼和梅拉米德(Shirom 和 Melamed,2002)开发了"谢尔曼-梅拉米德枯竭量表"(Shirom-Melamed Burnout Measure,SMBM)。SMBM 的理论基础是资源守恒(COR)理论。根据这一理论,谢尔曼将枯竭定义为一种个体生理、情感、认知能量耗尽的感觉。SMBM 共有 16 个项目,分别测量"生理疲乏"(physical fatigue)、"情感耗竭"、"认知疲惫"(cognitive weariness)三个部分。例题如"早晨我没有精力去上班"、"我的思维缓慢"等,要求被试在从 1(从来或几乎没有)到 7(总是或几乎总是)的七点量表上打分。合计总分越高,说明枯竭程度越高,因此是单维的(Shirom,2002)。

对以上常用的四种自陈式的枯竭测量问卷进行对比,简要归纳于表 27.3 中。

表 27.3

各枯竭测量问卷的比较

测验名称	作者/年代	编制基础	操作定义	单维/多维	反应方式
MBI	Maslach 和 Jackson, 1982	临床个案	情绪衰竭/耗竭 去人性化/讥诮 个人成就感/职业效能下降	三维	频率 七点
BM	Pines 和 Aronson, 1981	临床个案	生理耗竭 情感耗竭 心理耗竭	单维	频率 七点
OLBI	Demerouti, 2003	JD-R	耗竭 疏离工作	两维	赞同度 四点
SMBM	Shirom, 2002	COR	生理疲乏 情感耗竭 认知疲惫	单维	频率 七点

除此之外，还有一些其他工具，例如，德沃金等（Dworkin, Saha, 和 Hill, 2003）将职业枯竭分为五个方面：无意义感（meaninglessness）、无权力感（powerlessness）、孤独（isolation）、无规范感（normlessness）和疏离感（estrangement）；常用于临床的哥本哈根心理枯竭量表（Copenhagen Psychosocial Questionnaire-II, Pejtersen, Kristensen, Borg, 和 Bjorner, 2010）分为 8 个维度，分别为工作需求（demands at work）、工作组织和工作内容（work organization and job contents）、人际关系与领导角色（interpersonal relations and leadership）、工作与个人的交互（work-individual interface）、组织价值（values at workplace level）、健康与幸福感（health and well-being）、人格（personality）、防御性行为（offensive behaviors）；以及"潜在性枯竭问卷（Burnout Potential Inventory, BPI, Potter, 1998）"、"教师枯竭量表（Teacher Burnout Scale, TBS, Richmond, Wrench, 和 Gorham, 2001）"等。

27.4.2 心理枯竭的客观生理指标测量

除了问卷测量法外，还有部分研究者使用其他一些更为客观的方法测量枯竭程度。例如，枯竭是一种综合的身心反应，具有身心共振反应，心理枯竭也会伴随着生理枯竭，因此从生理方面进行客观测量是可行的，常用的方法是采取被试清晨唾液检测其应激激素水平，例如，有学者研究枯竭对于教师皮质醇激素水平的影响,研究者连续测查66名教师在三天中清晨起床后唾液中的皮质醇激素水平,结果发现枯竭教师的皮质醇激素水平较高(Pruessner、Hellhammer,和Kirschbam,1999)。将应激激素水平升高作为枯竭的一个生理检验指标,也是压力检测指标。此外,由于职业压力可以引起下丘脑-垂体-肾上腺轴活动的改变,其改变又会引发多个系统的改变,因此通过肾上腺释放的皮质醇和其他生物指标来衡量(Paula,2006)。米托马等(Mitoma等,2008)以医护人员为被试的研究发现,血浆中脑源性神经营养因子(BDNF)的浓度和3-甲氧基-4-羟基苯乙二醇(MHPG)的水平可以作为职业应激的生物标志物,其水平高低与职业应激的心理测试指标明显相关。还有研究表明职业枯竭人群中情感耗竭与血清中BDNF的浓度呈负相关,提示血清中低浓度的BDNF可能作为评价职业枯竭的生物指标(Mitoma等,2007)。

27.4.3 中国化的测评工具

通用测评工具

MBI测评工具已经被中国化。最早有李超平和时勘(2003)在国际通用的MBI-GS的基础上对量表进行了翻译、回译和调整,确定了3个维度:情绪衰竭(Emotional Exhaustion)、玩世不恭(Cynicism)和成就感低落(Reduces Personal Accomplishment),分别包含5道、4道和6道题目,共15道题目。量表采用李克特7点计分,0代表"从不",6代表"非常频繁"。该量表内部一致性信度、构想效度良好,为之后的研究者提供了一个可靠的测量工具。之后,李永鑫和吴明证(2005)参考MBI-GS和BM(Burnout Measure),并结合对不同职业被试的访谈结果编制了中文版马氏枯竭问卷(Chinese Maslach Burnout Inventory,CMBI)。该量表同样分为三个维度,分别为耗竭——由于工作而导致的个体的疲劳、衰竭的状态,特别是情绪方面的不良反应;人格解体——个体对待工作对象的负性的工作态度和不良的人际关系;以及成就感降低——个体对于自身工作成就的评价。三个维度各包含7道题目,内部一致性信度在0.67—0.82之间,重测信度均高于0.80,同时效度表现良好。

重点高压行业测评工具

针对重点高压职业群体,中国学者开发了不同行业的枯竭问卷工具。

教师测评工具 《中小学教师职业枯竭量表》(许燕,王芳,蒋奖等,2013)基于对中小学教师的访谈结果并借鉴西方已有测量工具编制而成,共包含生理疲乏、认知耗竭、情绪衰竭、人际疏离、价值衰落五维度。量表为自陈式,共20个项目,采用李克特式7点计分,要求被试根据自己体验的频率进行选择。该量表具有较好的信度和效度,并建立了全国常模。《**大学教师职业枯竭量表**》(许燕,王芳,蒋奖等,2013)主要借鉴 MBI-GS 和 MBI-ES 两个问卷的项目,针对大学教师编制,共分为情绪耗竭、去人性化、个人成就感降低三个维度,量表为自陈式,共 16 个项目,采用李克特式 7 点计分,要求被试根据自己体验的频率进行选择,三个维度独立算分,不加总分。量表具有较好的信度和效度,并建立全国常模。此外,许燕研究团队还编制了《农村中小学教师潜在枯竭量表》、《中小学教师工作压力问卷》、《高校教师工作压力源问卷》和《高校辅导员工作要求-资源问卷》等相关测量工具。

特殊作业人员测评工具 《**特殊作业人员职业枯竭量表**》(许燕,王芳,蒋奖等,2013)针对特殊作业者独特的工作环境设计,此类作业者的职业枯竭主要是由工作性质、工作内容与工作环境的特殊性所导致,例如工作环境封闭、任务刺激单一、工作条件恶劣、风险高、强度大等,他们的枯竭表现与一般职业群体有着较大的差异。量表包括五个维度:一是生理疲乏,主要来自于高强度的工作;二是情绪麻木,主要是封闭环境导致的情绪压抑;三是认知耗竭,主要是由单一刺激导致的基本认知能力下降;四是人际渴求,工作环境的封闭性限制了其交往意愿;五是价值迷茫,与其工作性质的特殊性有关。量表为自陈式,量表包括 28 个项目,采用李克特式 7 点计分,要求被试根据自己体验的频率进行选择。量表具有良好的信效度指标,并建立了全国常模。相应配套的工具还有《特殊作业人员工作环境压力源问卷》(许燕等,2013)。

医护人员测评工具 《**医生群体职业枯竭量表**》(廖庆兰,韦波,张作记等,2008)针对医生群体设计。近些年来,随着医疗改革的进行,国内医护群体的工作环境不断地发生变化,同时就业升学压力的不断增大、医患关系的紧张等,均导致医护人员群体出现不同水平的职业枯竭。廖庆兰等人结合 MBI 的理论框架,通过访谈、专家咨询以及广泛征求医护人员的意见形成具体条目,又经过项目筛选和修订、信效度检验等步骤确定了最终的量表,工具包含三个维度,分别为情绪衰竭、去人性化和低成就感,在去人性化维度中重点反映"医患关系紧张"的相关内容。共有 18 道题目,采用 7 点评分,信效度良好。

公务员测评工具 《**公务员工作倦怠量表**》(韩阳,刘畅,2009)针对公务员群体,依据职业枯竭的相关理论、已有的测量工具和访谈及开放式问卷的调查结果编制设计。量表共 23 道题,分为 3 个维度。第一个维度为疏离感,指逃避某些社会交往,不愿意与同事或与工作相关的人进行接触,存在一定的消极厌世情绪,工作态度消极,对工作冷漠、厌倦。这一维度中包含了职业枯竭所带来的人际表现。第二个维度为成就感,指在工作中感到自己的理想与现实相距甚远,所做的事情缺乏创造性,缺乏信心,失去工作的动力,对未来发展方向十分迷茫。第三个维度为衰竭感,指工作中经常出现疲惫感、烦躁易怒、敏感紧张等表现,情绪上缺乏热情和活力,对生活冷漠悲观等。问卷采用7点计分,信效度良好。也有研究者采用调整过的 MBI 或时勘等人修订的中文版 MBI 对公务员群体进行测评,所得信效度均良好(如文宏,2018;曾小利,2010)。

警察测评工具 张姝玥,许燕和蒋奖(2006)曾在警察中对 MBI-HHS 进行修订,以使其能够更好地适用于警察群体的职业枯竭测评研究中。研究共收集到4 855份有效问卷,信效度良好,可以作为国内警察职业枯竭的研究工具使用。修订后的量表共包含17道题目,划分为3个维度,其中情绪衰竭维度有7道题,去人性化维度有3道题,个人成就感维度有7道题。为尽量避免被试选择没有倾向性的答案,修订后的量表采用6点计分,1表示"从不这样",6表示"长期这样"。研究同时发现,性别、警龄、婚姻状况和受教育程度均能够显著地影响被试的职业枯竭水平,三个维度之间的表现也存在一定差异。另有辛世敏(2010)采用自下而上并结合 MBI 的思路编制了《**警察工作倦怠量表**》,该量表共26道题目,由热情枯竭、精力枯竭和职业成就感减退三个维度组成,内部一致性信度在0.761—0.941之间,但仍缺乏对效度的验证,可作为警察职业枯竭测量工具的参考。

27.5 心理枯竭的研究变量

大量研究致力于探讨心理枯竭的影响因素(前因变量)、后效(后果变量)以及潜在的调节因素(中间变量),概括梳理如下。

27.5.1 前因变量

与枯竭相关的前因变量主要有以下几类:一是社会经济因素,如社会变革、突发事件、社会竞争、住房和就业机会、子女教育等;二是职业因素,如超负荷工作、工作资源不足、组织文化等;三是人口学因素,如在年龄方面,年轻人比30或40岁以上的人容易产生职业枯竭,在性别方面,男性易出现去人性化,女性易出现情绪耗竭,在婚姻家庭状况方面,单身者比已婚者易产生职业枯竭,而离异者又比单身者易产生职业枯竭,就已婚者而言,没有子女者比有子女者易产生职业枯竭,在受教育程度方面,受教育程度越高越容易产生职业枯竭,在职业生涯发展方面,处于职业生涯早期的、职业生涯发展不顺利的个体更容易产生职业枯竭等(Maslash等,2001;蒋奖,张西超,许燕,2004)。此外,从心理枯竭预防的角度,还可以分为两类:对心理枯竭具有正向预测的保护因子(如工作资源、社会支持等),以及对枯竭产生具有启动作用的威胁因子(如社会竞争、工作压力等)。

关于枯竭的前因变量虽然还有很多争论之处,但现今的研究结果越来越倾向于认为枯竭的主因源自于外部(时代特征、社会流动、职业变迁等)。不过也有研究者指出,造成这一现状的原因是现今枯竭领域的实证研究者多为社会或组织心理学家,他们本身就重视环境因素,而忽视个体因素(Burisch,2002)。现有的论述中,有关枯竭起因的理论繁多,但莫衷一是,需要进行整合,从而对枯竭的产生机制做出更加完整与合理的解释。

27.5.2 后果变量

心理枯竭不仅是压力的结果,也可以是另一些变量的原因,最典型的如工作满意度(job satisfaction)、离职意向(turnover intention),以及负性情绪(negative affectivity)、自杀行为(suicide)等。众多研究表明,高情绪衰竭、高去人性化与低工作满意感有关,高个人成就感与高工作满意感有关(Maslach,2001;Lee 和 Ashforth,1996;Margaret 和 Jill,2003)。且心理枯竭的程度也可以在一定程度上预测员工的离职意向及其后的离职行为,深受枯竭困扰的员工会士气低落,工作效率下降,与上下级冲突加剧,与同事的关系恶化,职业价值感丧失,常会选择离开这一工作领域。此外,枯竭导致的情感疲惫继而会引发一系列的情绪问题,如经常体验到烦躁愤怒、紧张焦虑、抑郁消沉、敏感多疑等消极情绪。因此,职业枯竭会给个体、家庭、组织带来诸多消极影响,可以归纳为以下几个方面:

身心健康方面 职业枯竭会严重影响个体的身心健康。职业枯竭高的个体,常表现出疲乏、失眠、偏头痛、皮肤过敏、胃肠功能紊乱、胸痛、冠心病、免疫力下降等身体问题,以及自尊水平下降、抑郁、易怒、焦虑、无助感、价值感低落等心理问题。在一项以警察为被试的研究中发现,职业枯竭程度较高的警察吸烟、酗酒和药物滥用的程度更严重(蒋奖,许燕等,2004)。

工作态度方面 工作态度牵涉到个体如何对待顾客、工作、组织、自己等。研究发现,职业枯竭高的个体工作满意度低、组织承诺低、离职意愿高、缺勤率高、工作绩效差。反之,一些研究者也会把工作态度视为前因,提出工作动机和个人目标是职业枯竭的重要因素(Pines,1993)。不同的人对工作的期待也不同,在一些情况下,人们对工作的预期非常高,无论是对工作的性质(例如,令人兴奋的、有挑战性、有乐趣),还是对获得成就的可能性(例如,晋升)。无论这样的高期望是理想化的还是不现实的,高期望引领人们更努力地工作以及做更多的事情,但是当高付出没有得到预期的结果时就容易导致耗竭感,进而导致冷嘲热讽。萨米拉-阿罗等人

(Salmela-Aro 等,2004)研究了不同工作动机取向的个体职业枯竭的差异,发现工作取向的被试比自我取向、兴趣取向的被试枯竭水平高。

人际互动方面 职业枯竭高的个体会降低自己与顾客和同事的交往,且易急躁,对他人冷嘲热讽,猜忌别人,导致工作中的人际关系恶化。不但如此,还会体验到更多的工作与其他事情的冲突,特别是与家庭的冲突。此外,职业枯竭高的个体,通常会回避与朋友的交往,孤立自己。总之,职业枯竭会使个体与工作对象、朋友、家人的人际关系变得紧张。

行为表现方面 高心理枯竭者会表现出退缩与攻击两种方向行为,有人遇到挫折会出现回避问题、逃离现实、封闭自己等退缩行为,与工作拉开距离。反之,与挫折—攻击理论吻合,有人则会出现挫折后的攻击行为,攻击指向对象也会不同,一种是指向于外部的攻击,有采取直接攻击方式的,矛头对准引发压力的对象,例如领导、同事等,而当压力源不明确或不敢触碰时有人会采取间接的攻击方式,例如找与压力事件无关的"替罪羊"宣泄内心不满;另一种是指向于自己的攻击,例如自残或自杀。枯竭还会引发一些人的反社会行为,例如对他人进行恶意攻击与挑衅,散布谣言,制造社会事端。此外有人还会出现滥用药物或毒品,酗酒和过度吸烟等不良行为。枯竭还与许多工作行为相关,如旷工、离职意向、离职行为、低生产力和生产效率等。枯竭可在一定程度上预测员工的离职意向及其后的离职行为(王芳,许燕等,2004)。高山(2005)的研究也证实了大学教师的职业枯竭三维度中,冷嘲热讽和低职业效能对离职意向影响尤为严重。

工作满意度 众多研究表明,高情绪衰竭、高去人性化与工作满意感负相关,高个人成就感与工作满意感正相关(Maslach,2001)。虽然有研究证实耗竭预测着较低的工作满意度,也有研究认为工作满意度低的员工职业枯竭程度更高,但究竟是职业枯竭导致了工作满意感下降,还是工作满意感下降导致了枯竭,这两者之间的确切因果关系,目前并不十分清楚,也有可能存在第三变量,如不良的工作条件同时引起枯竭和工作满意度降低,这有待于进一步研究探讨(蒋奖,张西超,许燕,2004)。

27.5.3 中间变量

在压力与枯竭之间,枯竭与其后果变量之间,还存在着一些重要的调节变量,如应对方式(coping style)、社会支持(social support)、解释风格(explanatory style),以及控制点(locus of control)、A 型性格(type-A behavior)、坚强性(hardiness)等一些人格特质。它们在其中起着调节和缓冲的作用,体现出了枯竭的个体差异性。

应对方式　虽然存在于环境中的诸多消极因素会引发枯竭,但人们不应该一味地指责环境,关键还是需要他们自己发展出积极的应对策略来减轻压力和枯竭,采取实际的行动来保护自己。许多研究已经发现非适应性的应对方式(如过量饮酒)与高枯竭有关,而积极的适应性应对方式(如建立兴趣爱好)与低枯竭相关,不适应的应对方式可以显著预测职业枯竭的发生(John,1998)。以一种消极、被动方式应对压力事件的个体较易体验到枯竭,而采用积极应对措施、直面压力事件的个体则较少体验到枯竭。因此,有人认为忍耐性水平低、不良自尊、外控和一种回避的应对方式组成了一个典型枯竭倾向个体的剖面图,现有研究显然证明了这个人格剖面图的存在(Maslash,2001;蒋奖,许燕,2004)。

自主性和控制　对其工作更有控制感的员工比缺乏控制感的员工面对更少的工作压力,这样的员工会将改变和问题看成挑战,而不是威胁。缺少工作自主性与枯竭相关。马林斯(Mullins,1993)的研究发现工作压力与两个主要的工作特征相关,除工作量之外,另一个要素就是在工作中的自主程度,即遵从和服从自己不认同的决定的压力。此外,霍尔和萨弗里(Hall和Savery,1987)也发现缺乏自主性和工作中感受到的压力有显著的相关。同样,缺少反馈与枯竭的三个维度都有相关,较少参与决策的员工也更容易枯竭。

社会支持　大量的研究已经证明社会支持在个人生活特别是在工作环境中的积极价值,在与枯竭有关的工作资源中,最重要的就是社会支持(Maslach等,2001)。拥有强社会支持系统的人身心都比较健康,更不易枯竭,这一点已经得到了许多研究者(Sarros和Sarros,1992;Burke,1996;Burke,Greenglass,和Schwarzer,1996)的支持。李和阿什福思(Lee和Ashfoth,1996)的元分析结果发现,上级支持会大大降低个体的职业枯竭,特别是在情绪耗竭和去人性化方面;团队气氛与情绪耗竭和去人性化呈显著的负相关。社会支持分为实际支持(包括物质支持,工作建议,信息反馈等)与情感支持(包括倾听,关怀,鼓励等),二者对心理枯竭的不同维度的作用是不同的,实际支持对降低认知枯竭、提高个人成就感有帮助,情感支持对缓解情感衰竭和去人性化、提高个人成就感有帮助。对于教师群体来说,来自于上级领导的支持最重要,其次是同事和家人(王芳,2003)。

人格特质　就人格特质来说,在类似的压力环境中,内控、坚强性高的人不容易体验到枯竭,A型性格(工作狂性格)可以预测枯竭的发生(Mcintyre,1984;Pierce和Molloy,1991;M. Michelle Rowe,1998)。当他们已经经历枯竭时,内控、坚强性高以及B型性格的人相对来讲工作满意度更高,负性情绪更少。完美主义也是被关注的人格特征,例如,斯托尔博(Stoeber,2008)对中学教师群体的调查发现,完美主义所带来的积极应对能够有效促进工作投入,而完美主义带来的消极应对能够导致职业枯竭。张轶文和甘怡群(2007)的研究表明,消极的完美主义可导致大学生的学习倦怠,而积极的完美主义能够防止大学生产生学业倦怠。目前对完美主义与职业枯竭的研究还存在一些不一致的地方,特别是完美主义对职业枯竭的影响,有些研究者认为是消极的,有些研究者认为是积极的。

解释风格 解释风格是一种认知性的人格变量,是个体解释他们碰到的积极或者消极事件的原因时所使用的方式。个体具体采取什么方式可以用三个维度来区分:内部(internality)与外部(externality),稳定(stability)与可变(instability),普遍(globality)与特殊(specificity)(Peterson 和 Seligman,1984)。摩尔(Moore,2000)认为,工作压力等前因变量首先导致耗竭,耗竭一方面引发个体满意度和职业效能降低等与归因无关的态度反应,另一方面促使个体进行因果归因,对耗竭原因进行探寻,继而引发个体自尊、组织承诺等与归因有关的态度变化。最后,无论是与归因有关还是无关的态度反应都可能会导致讥诮、离职、改变环境或自己的行为;此外,这些反应又会反过来对前因变量进行影响,或者减缓了耗竭程度,或者迫使个体重新对其进行归因。常用的分类方式是使用乐观和悲观两种解释风格,克里滕登(Crittenden,1991)根据事件的效价和内部-外部维度,总结出了四种解释模式:自我贬抑(self-effacing):好事归为外,坏事归为内;自我提升(self-enhancing):好事归于内,坏事归于外;外部解释(external):好坏事都归于外;内部解释(internal):好坏事都归于内。研究发现,个体属于自我提升型和外部解释型时,耗竭对讥诮的影响要高于自我贬抑型和内部解释型,这说明解释风格对于耗竭和讥诮的关系起到了调节作用。具体说来,当个体感受到耗竭,如果将其解释为由外部环境所造成,就会导致更高的讥诮;而若将其归结于自身原因,二者的关系就会相对弱一些。解释风格在自足资源和职业效能间的调节作用也是存在的。具体说来,当自足资源减少,如果个体将其解释为自身的原因所致,就会导致职业效能感的下降;而如果个体将其归结于外部,则不会影响职业效能感。总之,当个体进行外部解释时,耗竭与讥诮的关系将增强;当个体进行内部解释时,自足资源与职业效能的关系将增强。因此,将消极事件的原因解释为由外部环境造成的倾向会加剧耗竭与讥诮之间的正向联系,也就是说越认为自身的耗竭状态是由工作或他人造成的,就越会对工作和他人疏离,这也是个体想要摆脱耗竭状态、而又不愿意归罪于自己所做出的一种防御(王芳,2006)。

综上所述,心理枯竭的前因变量、中间变量和后果变量有些重叠,或者可因可果。例如,工作动机低会导致职业枯竭,反之,出现职业枯竭后又会导致工作动机下降。所以,职业枯竭可以成为一个多循环的过程,不断的恶性循环就会加剧身心问题的恶化。依据现有研究,可以建构出一个以心理枯竭为中心,包含其前因、后果,以及调节变量的理论模型,如图 27.4 所示。

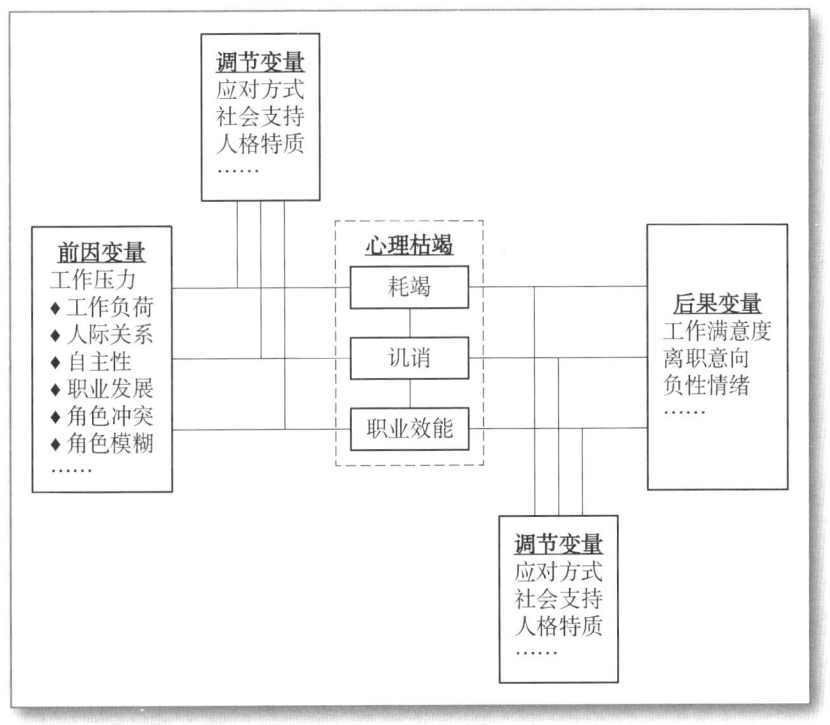

图 27.4　职业枯竭及其相关因素的理论模型图

27.6　心理枯竭的预警与干预

为防患于未然,预测与干预常常相辅相成。对职业枯竭的预测,一般从某几个压力源或相关变量入手,分析它们的预测效度。马斯拉奇等人(Maslach 等,1997,2008)总结已有研究,根据个体和工作环境的适合度,将预测与干预变量归为六大方面:一是工作负荷(workload),当工作负荷从量或者质上穷尽个体可以付出的资源,并且使个体达到无法恢复的程度后,工作负荷会导致职业枯竭;二是工作控制(control),主要是指角色清晰度、角色冲突和工作自主性需求之间的适合度;三是奖励(award),经济、社会或习俗性的回报如果不能满足预期获得的回报,就容易出现职业枯竭;四是组织团体(community),包括工作中的社会支持方面;五是公平(fairness),当社会交换关系不平衡时,职业枯竭就容易出现;六是价值观

(values),当个体和组织的价值观不匹配时,职业枯竭的三个成分都可能出现。他们在此分类的基础上,开发了相应的适合度量表,直接从员工的角度测量主观评价的适合度水平。研究发现,在个体—工作适合度六个方面中的每一方面的不适合水平与职业枯竭水平呈正相关(Maslach 和 Leiter,2008)。

27.6.1 心理枯竭的预警指标

为了提高对职业枯竭的预测效果,马斯拉奇和莱特(Maslach 和 Leiter,2008)进一步根据一致性理论(consistency theories),提出了从职业枯竭早期症状预测职业枯竭后续变化模式的理论假设,并进行实证研究检验。他们认为,在任一时间点,症状一致型(同时出现耗竭和去人性化症状)的个体比症状不一致型(只出现一种症状)的个体人数多。由于耗竭和去人性化之间有相互保存的作用,因此症状一致型个体的职业枯竭体验比症状不一致型个体更为稳定,表现为在初期症状出现后症状不消退。对于那些不一致型个体,当其在任一方面表现为不适合,则更容易向职业枯竭方向转化。枯竭的预测指标主要集中于生物指标和心理指标。

枯竭的生理预警指标

生理预警指标主要以检测身体的内分泌系统的变化反映心理枯竭的情况。杨艳萍以 752 位中国医学院临床教师为被试,用 MBI-GS 筛选出 222 人进行生化指标采集,通过血清免疫球蛋白 IgG、IgA、IgM 测定,淋巴细胞亚群 CD4+、CD8+ 测定,血清白介素-2(IL-2)的含量的测定,抗氧化体系测定,皮质醇测定,对职业枯竭高低分的教师的采集结果进行比较,最终确定淋巴细胞亚群 CD4+、血清白介素-2(IL-2)和皮质醇可作为职业枯竭的生化预测指标(杨艳萍等,2013)。另外,格罗西(Grossi)等人发现,心理枯竭人群血液中的氧化血红蛋白(HbA1C)和肿瘤坏死因子(tumor necrosis factor alpha)水平均高于健康对照组,表明其有更高水平的免疫反应和氧化压力(oxidative stress)(Grossi,Perski,Evengård,Blomkvist,和 Orth-Gomér,2003)。另外,交感肾上腺髓质轴(sympathetic-adrenergic medullary axis)和下丘脑—垂体—肾上腺(hypothalamic-pituitary-adrenal,HPA 轴)均是与枯竭相关的生理系统,心率、血压和唾液皮质醇水平均为该系统活动状况的具体指针。研究发现,相比于对照组,心理枯竭组的被试有更高的心率和更高的初唤醒状态(早晨睡醒 1 小时内)唾液皮质醇水平,而在血压和唾液皮质醇的平均水平上与对照组不存在显著差异(Vente,Olff,Amsterdam,Kamphuis,和 Emmelkamp,2003)。这说明,较快的心率和初唤醒状态唾液皮质醇水平可以作为枯竭的生理预警指标。此外,睡眠质量的下降也与心理枯竭有着紧密的联系

(Grossi, Perski, Osika,和 Savic,2015),可作为预警指标之一。

枯竭的心理预警指标

心理预警的一般研究范式是:以心理枯竭测评常模为基础,以各维度平均数上下一个标准差为标准,将枯竭的每个维度区分为高、中、低三个不同层级的区间。将被测者的得分与常模相应群体在相应维度上的平均数及标准差进行比较,做出如下判断:高心理枯竭者高于平均数一个标准差以上,严重心理枯竭者高于平均数两个标准差以上;中等区间为高于或低于平均数但未达到上下一个标准差,可判断为平均水平;健康者低于平均数一个标准差以上。根据比较的结果,将各维度水平进行综合,作为心理枯竭的预警指标。为了更形象地表示枯竭程度,可将枯竭分为绿、黄、橙三个等级(见图 27.5),三个区域分别与常模中的低、中、高分组一一对应:绿色区为安全区域,表明个体的心理状况良好;黄色区为警示区域,高于平均数但不到一个标准差,提示个体具有一定的心理枯竭风险,需要进行职业心理教育和培训;橙色区为高危区域,提示个体心理枯竭的风险很大,急需进行心理辅导和心理干预。

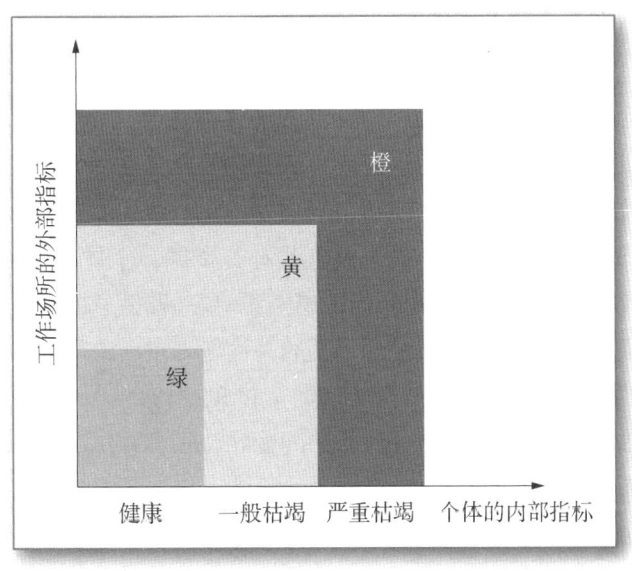

图 27.5 教师职业枯竭分级预警图示

根据心理枯竭相关理论和前期研究结果(王芳,许燕,2007),情绪耗竭是心理枯竭的最核心成分,然后是去人性化和个人成就感降低。因此,在对受测者进行预警时,优先分析其情绪耗竭维度得分在常模中的位置。只要受测者在情绪耗竭维度达到高分组水平时,就可以判断其处于橙色区域,应给予高危预警提示;如果受测者的情绪耗竭维度得分处于中等水平,不管其他两个维度得分位于哪个区间,均可判断其处于分级预警中的黄色区域,给予枯竭风险提示;如果受测者的情绪耗竭维度得分处于低分水平,其他两个维度得分处于中等或高分水平,均可判断为一般枯竭,给予黄色区域的枯竭风险提示;如果三个维度得分都处于低分水平,则表明受测者的心理健康状况良好,处于分级预警中的绿色区域。

此外,在认知方面,有综述发现,临床心理枯竭患者会出现不同程度的认知损伤,如记忆力下降、执行功能减退的症状。因此,认知功能出现异常性减退也是枯竭的预警方式之一。相关的影像学研究也发现,心理枯竭患者的前额叶与边缘系统的功能连接会显著下降,同时基底神经节的体积更小(Grossi,Perski,Osika,和Savic,2015)。

27.6.2 心理枯竭的干预研究

当心理枯竭成为职业领域中的一个社会问题后,寻求行之有效的解决方法势在必行,应用干预研究也应运而生。枯竭的起源决定了干预的方向,如果出问题的是工作环境而非个人,就需要针对组织来进行干预,如果出问题的是个人而非环境,则需要面对个人来设计干预方案。根据干预方案针对的对象不同,一般分为干预个体的个体取向和干预组织的组织取向两类。

个体取向的干预

以个体为对象的干预取向的基本观点是补充资源。个体之所以枯竭,是因为自身所拥有的资源耗尽,这些资源包括情感资源、生理资源、知识和技术资源、物质与社会支持资源等。因此注入资源是干预的关键切入点。采用的方式多是进行培训教育干预,比如教给个体应对工作环境的策略和技巧,学习减压方法,主动寻求社会支持,增加应对资源;发展出自己的兴趣爱好,在生活方式上做出改变,适当锻炼和休息,储存身体能量;提升达成目标的稳定能力等。通过训练可以改变个体的某些不适当的工作行为,发展出适应的行为。

相关研究者(杨艳萍,2013)以中国教师为对象,运用合理情绪疗法(ABC技术)、放松技术、冥想技术等对其进行为期四个月的个体干预,每周一次,每次1个小时左右。结果显示,这些方法对于职业枯竭的关键变量——情绪衰竭的干预效果显著。同时,干预对教师免疫力的提高有显著影响,对干预组和对照组教师的皮质醇、淋巴细胞亚群CD4+和细胞因子IL-2水平进行比较。结果显示,干预前,两组教师得分无统计学差异;心理干预后,干预组教师的皮质醇水平显著低于对照组，CD4+、IL-2水平则显著高于对照组。

组织取向的干预

与个体取向不同，以组织为干预对象，其基本原则是从压力源入手改变组织环境。外部压力源引发了组织中成员的心理枯竭，例如，单纯追求绩效忽视关怀激励的组织文化，会导致员工的离职率和抱怨最高。干预的具体做法是对组织进行考察，移除造成员工枯竭的压力源，如无法移除，则尽量减轻其强度。此外，建议组织给予个体足够的社会支持，重视员工的诉求，减少不公平现象，加大物质投入与精神激励，使员工体会到自己工作的价值，体会到公平感，同时感觉到自己的努力和付出得到了应有的回报，也会提高员工在高负荷工作中保持战斗力。但是，由于需要组织的合作，这一领域的干预进行起来比较复杂，实施起来困难也更大。研究者史瑞姆（Shrim，1989）提出的双重资源理论，即工具支持（包括物质、建议、反馈等）和情感支持（包括倾听、关怀和激励等），常用于组织干预中。其理论的广度假说认为，双重资源干预好于单一资源干预效果；而水平假说认为，干预可以提高资源水平，降低心理沮丧。这一理论假说也得到了实证研究的验证（王芳等，2006）。

此外，关键事件压力管理（Critical incident stress management，CISM）也常用于职业枯竭的干预。这是针对关键事件所采取的一种系统的、全面的危机干预方法，其中关键事件是指人们在生活和工作中遭遇到的一种极其严重的意外压力事件，并对人们的生活产生重大影响，比如亲人突然死亡、失业、灾难性的事件等，个体由此会产生心理创伤，产生恐惧、抑郁和焦虑等情绪反应（George，2000）。在工作压力干预领域，CISM主要涉及在工作场所发生的应急事件，大量研究证明了这一方法的有效性（Raymond，2002）。

27.7 研究思考与展望

随着世界的发展，中国的发展更加快速，更具跨越性，心理枯竭现象也出现在一些重点职业人群，例如，医护人员、公务员、军警、教师、官员、新闻记者等，由于职业特点和工作环境，他们成为职业枯竭的易感人群。进入21世纪以来，日益凸显化的压力与心理枯竭现象也被许多中国学者与实践者所关注，大量研究涌现，但是一些理论问题仍需解答。下面就针对此领域的一些关键问题，提出我们自己的理解。

27.7.1 解释枯竭成因及过程的心理能量说

针对枯竭的全球性研究有很多，机制的探索也在不断深入。2005年，许燕的研究团队提出职业枯竭的两个过程：一个是能量过程，一个是动机过程（高山、许燕，2005）。将心理能量引入枯竭中进行解释，提出枯竭的心理能量说。

1923年，Freud最初认为心理活动需要某种能量驱动才能不断进行下去，人们对创伤性经历等的压抑需要大量的生理能量，弗洛伊德在与荣格讨论后，将这种能量定位为心理能量（psychic energy），但他们对这种能量的描述是比较模糊的。之后心理学家又不断发展其思想并丰富了心理能量的理论；20世纪90年代后期，鲍曼斯特等人（Baumeister等，1994，1998）总结前人研究，并证实了心理能量的存在。2000年，穆拉文等人（Muraven等，2000）构建了心理活动的有限资源模型。研究者整合、提炼前人的理论和实证研究，把心理能量定义为人们在目的指向性行为中需要的一种内部资源，其中与主观意愿相一致的行为需要的心理能量较少，而与主观意愿不一致的行为需要的心理能量较多。

心理枯竭是一个过程，表现为心理进程性变化，体现了心理能量的变化。面对重大生活或工作压力的应激期，人们心理能量高度聚集并急剧损耗在压力事件的应对上，心理能量迅速消耗。之后在潜伏期，一方面人们由于身心能量急剧耗损会出现身心疲惫状态，另一方面人们需要重构受到冲击的价值观、意义感等，这两方面都会进一步损耗身心能量，所以心理能量呈现继续下降的趋势，出现能量透支。当人们的心理能量降低到分化的临界点上时，就进入到了分化期，一部分人逐渐适应，心理能量进入逐步恢复期；另一部分人因为始终固着或无法解决问题，心理能量持续降低直至枯竭，身心问题出现。因而在潜伏期若能通过干预对心理能量形成保护，使心理能量得到再生与补充，就能有效遏制身心问题的发生。

枯竭水平并非是一个客观划一的标准，不同个体与群体的心理枯竭临界点是有差异的，在同样水平的压力下，有人枯竭了，有人倦怠，有人活力满满。其中，奋斗者或优秀者的内在动机很强，虽然压力大，但是自我激励与外部支持会转化为新的心理能量，以补充耗损的身心能量，会保持持续的战斗状态。而且，一个团队和个体的活力水平是可以调节的，有效的干预可以注入心理能量，提高组织的活力、激励个体的斗志。如图27.6所示。

27.7.2 心理枯竭与压力的关系

如前所述，在职业健康心理学研究领域，压力和职业枯竭是两个核心概念，二者之间存在许多交叠，同时也有诸多本质差异。在对27.2.2部分进行梳理的基础上，可以得到一些有研究价值的问题，它们可能成为未来新的探索方向。首先，压力和职业枯竭的分离是一个非常值得关注的现象。高压力低职业枯竭群体的存在

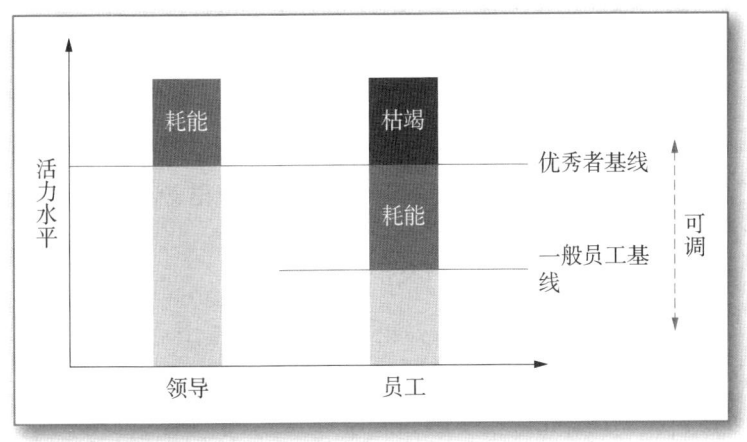

图 27.6　心理枯竭临界水平的差异图

暗示了从压力发展到职业枯竭并不是一个必然的过程,如果能探明高压力低职业枯竭现象的发生和发展机制,将有助于建立职业枯竭的预防系统。前人关于工作狂、工作投入、工作动机与职业枯竭和压力的研究在这方面已做出一些贡献,但仍显零散,如果能专门针对高压力低职业枯竭群体,对压力源、从压力感知到职业枯竭的过程,尤其是高压力与低枯竭之间的各调节、中介变量进行研究,相信对理论和实际应用都会大有帮助。

27.7.3　枯竭二维度说

在前文所述,枯竭的三维度之间的关系一直是人们探讨不清的问题。耗竭与讥诮和职业效能并不处于一个概念层面上。耗竭和讥诮更为表层,趋向于症状,而职业效能接近个体的价值观层面,相对处于心理深层。个体承认自己身心俱疲,想要逃避工作,但未必会认为自己在工作中没有价值。相反,个体可能因为自己在工作中付出得多而使得对自身工作价值的评价有所提高,这样就能解释为什么会在枯竭状况调查中经常出现耗竭水平高、讥诮水平高,同时职业效能水平也高的"三高"现象(王芳,许燕,2004)。也就是说,高耗竭和高讥诮不一定伴随着低职业效能,即低职业效能并非枯竭的必要条件,或者说可能是其中的一个衍生成分,但非核心成分。从另一个角度说,职业效能的界定十分类似于在工作场合的"自我效能感"(self-efficacy),更适合于当作一种个体资源来看待,而非一种症状表现。基于以上论述,似应对枯竭的概念进行重新的建构。将职业效能维度从原先的三维结构中拿出,形成一个新的"耗竭-讥诮"的二维结构,且耗竭与讥诮是相继发生的。

二维枯竭概念与之前的三维枯竭概念相比,有以下两方面的优势:

第一,从理论上来讲更加清晰。由于三个维度之间关系的纠缠不清已经招致了许多对枯竭三维结构概念的批判,同时也引发了对枯竭含义理解的含混不清。如果将职业效能维度从枯竭概念中去除,余下的两维结构将更加清晰。即枯竭就是一种由工作导致的身心疲惫的状态(耗竭),继而表现出对工作和他人的疏离(讥诮)。前者是一种应激反应,而后者是一种应对方式。这也恰恰与拉扎勒斯和弗科曼(Lazarus 和 Folkman,1984)所提出来的"压力—评价—应激—应对理论"(stress-appraisal-strain-coping theory)相一致,这一理论认为,工作压力导致两类结果,一是应激反应(strains),二是疏离行为(withdrawal behaviors),后者也可以称为是一种应对机制(coping mechanisms)。

第二,从测量上来讲更加实用。枯竭作为一种在职业领域常见多发的心理综合征,在某种程度上来说,其实用意义甚至要大于理论意义。在实际操作中,人们希望获知枯竭程度究竟是高还是低,但三维结构的概念及其测量常常会导致结果的难以解释性。例如,上文提到的"三高"现象,就无从判断个体是否枯竭,或处于何种水平。而如果采用二维结构的测量,因为已知耗竭与讥诮的强烈伴生及继发关系,便容易判断个体枯竭的程度及所处的阶段,而不会出现维度内部自相矛盾的情况。

由此可见,无论是从数据表现出发,还是从理论分析入手,均可以对经典的枯竭概念进行重新建构和理解,即一个以耗竭和讥诮为核心结构来表述的"枯竭"。目前,国内一些学者已经运用枯竭二维说来进行心理测量。

总之,在中国,心理枯竭已经由一个陌生而回避的现象逐渐成为大家所熟知的概念,由学术研究逐渐转向于实践操作,为压力人群进行有效的心理干预与组织干预。这两个转变使心理学得以实现为大众服务的学科使命。

(王芳　许燕)

参考文献

韩阳, 刘畅. (2009). 公务员工作倦怠量表的编制. 中国健康心理学杂志, 17(11), 1386-1388.

蒋奖, 许燕, 张西超. (2004). 银行职员职业倦怠状况及与压力水平的关系. 中国临床心理学杂志, 12(2), 178-180.

蒋奖, 张西超, 许燕. (2004). 银行职员的工作倦怠与身心健康、工作满意度的探讨. 中国心理卫生杂志, 18(3), 197-199.

蒋奖, 许燕, 林丹瑚. (2004). 医护人员工作倦怠与 A 型人格、控制点的关系研究. 心理科学, 27(2), 364-366.

蒋奖, 许燕. (2004). 职业倦怠研究进展. 国际中华应用心理学杂志, 1(2), 119-121.
李超平, 时勘, 罗正学, 李莉, 杨悦. (2003). 医护人员工作倦怠的调查. 中国临床心理学志, 11(3), 13-15.
李超平, 时勘. (2003). 分配公平与程序公平对工作倦怠的影响. 心理学报, 35(5), 111-118.
李永鑫, 吴明证. (2005). 工作倦怠的结构研究. 心理科学, 28(2), 454-457.
廖庆兰, 韦波, 张作记, 苏莉, 冯学泉, 胡世红等. (2008). 医护群体职业枯竭量表编制及信度效度分析. 中华行为医学与脑科学杂志, 17(4), 332-334.
陆昌勤, 赵晓琳. (2004). 影响工作倦怠感的社会与心理因素. 中国行为医学科学, 13(3), 345-346.
王晓春, 张莹, 甘怡群, 张轶文. (2005). 中学教师工作倦怠量表的编制. 应用心理学, 11(2), 75-80.
王晓春, 甘怡群. (2003). 国外关于工作倦怠研究的现状述评. 心理科学进展, 11(5), 567-572.
文宏. (2018). 政府组织文化、组织沉默与公务员职业倦怠: 有调节的中介模型. 山西大学学报(哲学社会科学版), 41(4), 106-115.
奚耕思, 张振宇, 汪小会. (2008). 职业枯竭的生理心理学机制研究进展. 陕西师范大学学报(自然科学版), 36(5), 62-67.
辛世敏. (2010). 警察工作倦怠量表的编制. 中国科技财富, (8), 274-274.
许燕, 王芳, 郭璐, 蒋奖. (2012). 压力与职业枯竭: 概念辨析及预警干预路线的差异理论模型. 华南师范大学学报(社会科学版), 6, 42-47.
曾小利. (2010). 公务员压力应对方式与职业倦怠关系研究. 重庆: 西南大学博士学位论文.
张姝玥, 许燕, 蒋奖. (2006). Maslach 倦怠量表-服务行业版在警察中的修订及应用分析. 中国心理卫生杂志, 20(2), 85-88.
Baumeister, R. F., Heatherton, T. F., & Tice, D. M. (1994). *Losing control: How and why people fail at self-regulation*. San Diego: Academic Press.
Baumeister, R. F., Bratslavsky, E., Muraven, M., & Tice, D. M. (1998). Ego-depletion: Is the active self a limited resource? *Journal of Personality and Social Psychology*, 74(5), 1252-1265.
Burke, R. J., Greenglass, E. R., & Schwarzer, R. (1996). Predicting teacher burnout over time: Effects of work stress, social support, and self-doubts on burnout and its consequences. *Anxiety, Stress, and Coping*, 9(3), 261-275.
Byrne, J. J. (1998). Teacher as hunger artist: Burnout: its causes, effects, and remedies. *Contemporary Education*, 69, 86-91.
Cordes, C. L., & Dougherty, T. W. (1993). A review and an integration of research on job burnout. *Academy of Management Review*, 18(4), 621-656.
Demerouti, E., Bakker, A. B., Nachreiner, F., & Schaufeli, W. B. (2001). The job demands-resources model of burnout. *Journal of Applied Psychology 86*(3), 499-512.
Demerouti, E., Demerouti, E., Bakker, A. B., Vardakou, I., & Kantas, A. (2003). The convergent validity of two burnout instruments. *European Journal of Psychological Assessment*, 19(1), 12-23.
Dworkin, A. G., Saha, L. J., & Hill, A. N. (2003). Teacher burnout and perceptions of a democratic school environment. *International Education Journal*, 4(2), 108-120.
Freudenberger, H. (1974). Staff burnout. *Journal of Social Issues*, 30(1), 159-165.
Gailliot, M. T., Schmeichel, B. J., & Baumeister, R. F. (2006). Self-regulatory processes defend against the threat of death: Effects of self-control depletion and trait self-control on thoughts and fears of dying. *Journal of Personality & Social Psychology*, 91(1), 49-62.
Green, D. E., Walkey, F. H., & Taylor, A. J. (1991). The three-factor structure of the maslach burnout inventory: A multicultural, multinational confirmatory study. *Journal of*

Personality & Social Psychology, 6(3), 453-472.

Grossi, G., Perski, A., Osika, W., & Savic, I. (2015). Stress-related exhaustion disorder-clinical manifestation of burnout? A review of assessment methods, sleep impairments, cognitive disturbances, and neuro-biological and physiological changes in clinical burnout. *Scandinavian Journal of Psychology*, 56(6), 626-636.

Grossi, G., Perski, A., Evengård, B., Blomkvist, V., & Orth-Gomér, K. (2003). Physiological correlates of burnout among women. *Journal of Psychosomatic Research*, 55(4), 309-316.

Hobfoll, S. E. (1989). Conservation of resources: A new attempt at conceptualizing stress. *American Psychologist*, 44(3), 513-521.

Johnson, J. V., & Hall, E. M. (1988). Job strain, work place social support, and cardiovascular disease: A cross-sectional study of a random sample of the swedish working population. *American Journal of Public Health*, 78(10), 1336-1342.

Karasek, R. (1979). Job demands, decision latitude, and mental strain: Implications for job design. *Administrative Science Quarterly*, 24, 285-308.

Lee, R. T., & Ashforth, B. E. (1990). A meta-analytic examination of the correlates of the three dimensions of job burnout. *Journal of Applied Psychology*, 81(2), 123-133.

Maslach, C., Schaufeli, W. B., & Leiter, M. P. (2001). Job burnout. *Annual Review of Psychology*, 52(1), 397-422.

Maslach, C., & Leiter, M. P. (2008). Early predictors of job burnout and engagement. *Journal of Applied Psychology*, 93(3), 498-512.

Maslach, C., & Jackson, S. E. (1981). MBI: *Maslach burnout inventory*. Palo Alto, CA: Consulting Psychologists Press.

Maslach, C., & Leiter, M. P. (1997). *The truth about burnout*. San Francisco, CA: Jossey-Bass.

Mcintyre, T. C. (2011). The relationship between locus of control and teacher burnout. *British Journal of Educational Psychology*, 54(2), 235-238.

Muraven, M., & Baumeister, R. F. (2000). Self-regulation and depletion of limited resources: does self-control resemble a muscle? *Psychological Bulletin*, 126(2), 247-259.

Mommersteeg, P. M. C., Heijnen, C. J., Verbraak, M. J. P. M., & Doornen, L. J. P. V. (2006). A longitudinal study on cortisol and complaint reduction in burnout. *Psychoneuroendocrinology*, 31(7), 793-804.

Pejtersen, J. H., Kristensen, T. S., Borg, V., & Bjorner, J. B. (2010). The second version of the copenhagen psychosocial questionnaire. *Scandinavian Journal of Public Health*, 38, 8-24.

Pierce, C. M. B., & Molloy, G. N. (2011). Psychological and biographical differences between secondary school teachers experiencing high and low levels of burnout. *British Journal of Educational Psychology*, 60(1), 37-51.

Potter, B. A. (1998). *Overcoming job burnout: How to renew enthusiasm for work*. Berkeley, CA: Ronin Publishing.

Posig, M., & Kickul, J. (2003). Extending our understanding of burnout: Test of an integrated model in nonservice occupations. *Journal of Occupational Health Psychology*, 8(1), 3-19.

Rahim M. A. (1988). *Phases of burnout: Developments in concepts and applications*. Westport: Praeger.

Richmond, V. P., Wrench, J. S., & Gorham, J. (2001). *Communication, affect, and learning in the classroom*. Acton, MA: Tapestry Press.

Rijk, A. D., Blanc, P. L., Schaufeli, W. B., & Jonge, J. D. (2011). Active coping and need for control as moderators of the job demand-control model: Effects on burnout. *Journal of

Occupational and Organizational psychology, 71(1), 1–18.

Rowe, M. M. (1998). Hardiness as a stress mediating factor of burnout among healthcare providers. *American Journal of Health Studies*, 14(1), 16–20.

Sarros, J. C., & Sarros, A. M. (1992). Social support and teacher burnout. *Journal of Educational Administration*, 30(1), 30–37.

Schaufeli, W. & Enzman, D. (1998). *The burnout companion to study and practice: A critical analysis*. London: Taylor & Francis.

Schmeichel, B. J., & Vohs, K. (2009). Self-affirmation and self-control: Affirming core values counteracts ego depletion. *Journal of Personality and Social Psychology*, 96(4), 770–782.

Vente, W. D., Olff, M., Amsterdam, J. G. C. V., Kamphuis, J. H., & Emmelkamp, P. M. G. (2003). Physiological differences between burnout patients and healthy controls: Blood pressure, heart rate and cortisol responses. *Occupational and Environmental Medicine*, 60 (SUPPL. 1), 54–61.

Wheeler, S. C., Briñol, P., & Hermann, A. D. (2007). Resistance to persuasion as self-regulation: Ego-depletion and its effects on attitude change processes. *Journal of Experimental Social Psychology*, 43(1), 150–156.

28　金钱心理学[①]

- 28.1　引言 / 907
- 28.2　金钱态度 / 908
  - 28.2.1　金钱态度的定义 / 908
  - 28.2.2　金钱态度的测量 / 908
    - 金钱态度量表 / 908
    - 金钱信念与行为量表 / 909
    - 金钱伦理量表 / 909
    - 其他金钱态度量表 / 910
  - 28.2.3　金钱态度的差异性研究 / 910
    - 人口学变量上的差异 / 910
    - 人格变量上的差异 / 911
    - 跨文化的差异 / 911
  - 28.2.4　金钱态度的应用研究 / 912
    - 对心理健康的影响 / 912
    - 对消费行为的影响 / 913
- 28.3　金钱奖励 / 913
  - 28.3.1　金钱奖励的定义 / 913
  - 28.3.2　金钱奖励的影响 / 914
- 28.4　金钱剥夺 / 915
  - 28.4.1　金钱剥夺的定义 / 915
  - 28.4.2　金钱剥夺的影响 / 916
- 28.5　金钱启动 / 917
  - 28.5.1　金钱启动的定义 / 917
  - 28.5.2　金钱启动的分类 / 917
    - 金钱概念启动 / 917
    - 金钱富足感启动 / 918
    - 金钱剥夺感启动 / 918
  - 28.5.3　金钱启动的研究方法 / 918
    - 文字启动法 / 918
    - 影像启动法 / 919
    - 金钱本身启动法 / 919
  - 28.5.4　金钱启动的相关理论 / 920
    - 自足理论 / 920
    - 心理定势理论 / 920
    - 社会资源理论 / 921
  - 28.5.5　金钱启动对情绪的影响 / 922
    - 对正面情绪的影响 / 922
    - 对负面情绪的影响 / 923

[①] 本文系国家杰出青年科学基金"消费者情绪与行为决策"(71925005)的阶段性成果。

  28.5.6 金钱启动对行为的影响 / 925
    对亲社会行为的影响 / 925
    对不道德行为的影响 / 926
    对消费行为的影响 / 928
28.6 金钱的形式 / 930
28.7 未来研究思考 / 932
参考文献 / 932

28.1 引言

  现代人的生活离不开金钱。金钱以其独特的形式和价值影响着人们的日常生活(莫田甜,周欣悦,2020)。经济学家通常把金钱看作一种普遍的、工具性的、由市场驱动的力量(Zaleskiewicz, Gasiorowska,和 Vohs, 2017)。从经济学的视角来看,金钱(money)是一种交换媒介,一种存储财富和价值的方法,一种评估手段以及一种计算商品和服务价值的方法(Begg, Fischer,和 Dornbusch, 2005)。然而,这种工具性的定义并不足以说明金钱在人们生活中所扮演的角色。因此,从心理学的角度出发,研究者提出了金钱的工具/药物理论(tool/drug theory),认为金钱不但是一种交换工具,而且是一种药物。金钱除了具有交易价值外,还具有和药物一样的特殊功效(Lea 和 Webley, 2006)。在此基础上,出现了金钱心理学(psychology of money)这个领域,其研究目的是探讨金钱对个体的情绪、人际关系、行为和决策的影响(周欣悦,2020)。这些年来,金钱心理学的研究越来越受到学术界的重视并逐渐成为研究热点(Vohs, 2015; Vohs, Mead,和 Goode, 2006, 2008; Zhou 和 Gao, 2008)。

  金钱心理学主要关注金钱的象征意义,具体考察金钱对个体心理与行为产生的各种影响(Vohs, 2015)。随着社会经济的快速发展,金钱已经渗透到人们生活工作的方方面面。通常,人们对待金钱会有不同的态度,这会影响他们的心理健康和行为。金钱奖励、金钱剥夺和金钱启动等不同方式也会深刻影响人们的情绪和行为。此外,金钱的不同形式也会塑造不同的个体行为。从理论上讲,对金钱心理学领域的研究,可以更宏观地探索个体的心理和行为现象,从而充分认识到金钱对人的广泛而深刻的影响。从实践应用上讲,金钱心理学的研究可以帮助个体实现更高水平的心理健康,同时也能为亲社会行为、道德行为和消费行为等提供重要实践启示。因此,本章将以前沿的视角与研究为重点,从概念界定、观点阐述、研究进展等不同层面,逐步展开论述金钱心理学的相关研究。

28.2 金钱态度

28.2.1 金钱态度的定义

不同研究者赋予金钱不同的心理意义,人们对待金钱的态度也大不相同。心理学家们都试图给金钱态度(money attitude)一个明确的定义。山内和坦普勒(Yamauchi 和 Templer,1982)认为,金钱态度是指个体对金钱的价值观念、金钱的伦理以及金钱所代表意义的认知等。普林斯(Prince,1993)指出,金钱态度包括对金钱的信念和金钱的价值。唐(Tang,1995)认为,金钱态度是对过去生活经验的总结。蔡瑞华(2000)认为,金钱态度是个体对金钱相关事物所持有的一种相当持久且一致的行为倾向,包含对事物的评价、感觉及反应。邱宜箴(2003)认为,金钱态度是指个体对金钱相关事物所持有的一种正面和负面的评价,包括对金钱的价值观念、对事物的评价、感觉和反应,以及金钱所代表的意义。以上对金钱态度的定义都是基于金钱认知、情感和行为倾向的特定和单一内容,缺乏对金钱态度的整体定义,无法揭示金钱态度的丰富内涵(扶长青,张大均,刘衍玲,2012,2013)。

国内的研究者多从态度的概念中演绎出金钱态度的内涵。王馨竹(2011)认为,金钱态度是指个人对金钱及其相关事物所持有的一种持久且一致的信念、情感和行为倾向,包括对金钱的认知、情感体验和行为反应。具体来说,金钱态度包括三个基本维度:(1)金钱认知维度,是指个体对金钱的认知反应,包括对金钱及其相关事物的信念、判断和观点等;(2)金钱情感维度,是指个体对金钱的情绪体验,包括对金钱及其相关事物的喜怒哀乐、好和恶、接受和排斥等;(3)金钱行为维度,是指个体对金钱的行为反应,包括对金钱及其相关事物所表现出的一致且持久的行为倾向(王馨竹,2011)。

28.2.2 金钱态度的测量

金钱态度量表

山内和坦普勒(Yamauchi 和 Templer,1982)在整理以往人格心理学家对金钱及其行为研究的基础上提出,金钱态度可以包括安全、保留和权力声望三个层面。在金钱的研究中,最常用的就是山内和坦普勒(1982)编制的金钱态度量表(money attitude scale,MAS)。原始量表共有 62 个题项,经因子分析后最终确定为29个题项,采用7点计分法。金钱态度量表共分为4个维度,具体定义如下:(1)权力—声望维度,个体将金钱用作影响他人并衡量自我成功的工具,得分高代表金钱被视为一种可影响他人并提升自我地位的工具;(2)维持—保留维度,个体使用金钱的谨慎性以及对未来财务有规划,得分高代表个体拥有完整的财务计划并能很好地监控自身的财务状况;(3)不信任维度,个体对金钱的使用抱有犹豫不决、怀疑的态度,得分高代表个体往往对带有金钱的情境表现出犹豫和怀疑,并有很高的"价格敏感性";(4)焦虑维度,个体视金钱为焦虑的来源,同时也是免于焦虑的方法,得分高代表个体通常缺乏财务安全感,而当他们没有足够金钱时,会表现出明显的紧张感(陈旭,2009)。

金钱信念与行为量表

基于对英国各个阶层、不同背景的人的调查结果,法纳姆(Furnham,1984)编制了金钱信念与行为量表(money beliefs and behaviors scale,MBBS)。原始量表共有60个题项,经因子分析后最终确定为53个题项,采用7点计分法。金钱信念与行为量表共分为6个维度,具体定义如下:(1)着迷维度,金钱能够解决所有问题,对金钱及相关事物感到着迷;(2)权力/花费维度,认为金钱是一种权力和地位的象征;(3)保留维度,使用金钱时的谨慎态度;(4)安全/保守维度,使用金钱时的保守态度;(5)匮乏不足维度,知觉金钱的足够程度;(6)努力/能力维度,赚取金钱可以反映个人的努力与能力(陈旭,2009;王馨竹,2011)。

金钱伦理量表

唐(Tang,1992)基于态度的ABC模型(A:情感的,B:行为的,C:认知的)编制了人们对金钱伦理意义认识的多维度量表,也就是金钱伦理量表(money ethic scale,MES)。原始量表共有50个题项,经因子分析后最终确定为27个题项,采用7点计分法。金钱伦理量表共分为6个维度,具体定义如下:(1)善维度,金钱是好的、重要的、有价值的,对金钱持积极态度;(2)恶维度,金钱是邪恶的、可耻的、无用的,对金钱持消极态度;(3)成就维度,金钱代表着一个人的成就,是成功的象征;(4)尊敬/自尊维度,金钱帮助人们获得他人的尊敬,让人们觉得很体面;(5)预算维度,处理金钱时谨慎小心,完善规划金钱的使用;(6)自由/权力维度,金钱赋予人们自主和自由,金钱意味着权力(扶长青等,2012;王馨竹,2011)。其中,成就、尊敬/自尊、自由/权力这三个维度属于认知成分,善、恶这两个维度属于情感成分,预算这个维度属于行为成分(Tang,1992)。为了方便使用该量表,唐(1995)修订了原始的金钱伦理量表,从原来的27个题项中提取了12个题项,将原始量表的6个维度简化为3个维度,并将其更名为"简版金钱伦理量表"(short money ethic scale,Short-MES)。该量表仍然保留了三个成分:成就(认知成分)、恶(情感成分)和预算(行为成分)(Tang,1995;扶长青等,2012)。

其他金钱态度量表

参考 MAS、MBBS、MES,林和泰奥(Lim 和 Teo,1997)编制了金钱量表(money scale)。该量表共有 66 个题项,采用 7 点计分法,包括 8 个维度:着迷、权力、预算、成就、评价、焦虑、保留和不慷慨。此外,米切尔和米克尔(Mitchell 和 Mickel,1999)编制了金钱重要性量表(money importance scale,MIS),用来反映个体对金钱重要性的一些看法和行为。相比于其他量表,该量表的测量范围更为狭窄。金钱重要性量表包括了金钱价值重要性、个人对金钱的参与、思考财务问题的时间、财务问题的知识、处理财务危机的灵活度、处理金钱的技巧和把金钱视为权力和地位来源的程度这 7 个分量表(扶长青等,2012)。该量表关注到金钱态度的个体差异性,如人口统计变量和人格变量上的差异(王馨竹,2011)。

28.2.3 金钱态度的差异性研究

人口学变量上的差异

在性别方面,金钱态度的差异较为明显。对全球 43 个国家进行的一项调查研究发现,其中 40 个国家(印度、挪威和南非的特兰斯凯除外)对待金钱的态度存在明显的性别差异:与女性相比,男性对金钱赋予更高的价值,并且在金钱观念和行为上表现出更多的竞争性(Lynn,1991)。就具体维度而言,格雷沙姆和方特诺特(Gresham 和 Fontenot,1989)发现,在金钱态度的"权力-声望"、"不信任"和"焦虑"维度上,男性的得分均高于女性,但在金钱态度的"维持-保留"维度(即对未来财务认知)上,男女之间没有显著差异。林、泰奥和洛(Lim,Teo,和 Loo,2003)的研究则发现,男性更关注金钱态度的权力和焦虑维度,而女性更关注金钱态度的预算、保留和评价维度(杨晶,2015)。

在年龄方面,金钱态度也存在一定的差异。随着年龄的增长,人们往往会做更多的预算,对金钱的负面看法更少,而年轻人花钱则相对会更加随意(Tang,1992,1993)。在美国,人们习惯称二战后出生的一代为婴儿潮一代(boomers),称 20 世纪 60—70 年代出生的一代为 X 世代(generation X),称 20 世纪 80、90 年代出生的一代为 Y 世代(generation Y)。对美国这三代人的对比研究发现,他们在金钱态度上也有显著差异:与 X 世代和 Y 世代相比,婴儿潮一代更不倾向于把金钱看作地位和声望的象征,认为省钱对未来有好处;婴儿潮一代在金钱态度的"维持-保留"维度上,与 Y 世代有显著差异,在"不信任"和"焦虑"维度上,两代人没有显著差异(Shaul,2007;杨晶,2015)。

在个体收入和受教育程度方面,金钱态度的差异并没有统一的结论。山内和坦普勒(Yamauchi 和 Templer,1982)的研究发现,人们对金钱的态度与他们的经济收入无关。但是,法纳姆(Furnham,1984)的研究发现,不同收入的群体对金钱有不同的态度:低收入群体不仅在金钱上表现出更大的困扰,还把金钱当作一种权力。此外,那些经历过财务困难的人更可能将金钱视为权力的来源,会有更多慷慨的行为(Lim等,2003)。在受教育程度方面,法纳姆(Furnham,1984)发现,与受教育程度高的人相比,受教育程度低的人在金钱态度上会表现出更多的困扰。类似的,受教育程度高的人更倾向于认为自己能够控制自己的金钱,在金钱态度上会表现出更少的困扰(Tang,1992,1993)。然而,一项通过比较美国5种不同受教育程度的人(初中、准学士、学士、硕士和博士)的研究发现,金钱态度在受教育程度上没有显著差异(杨晶,2015)。

人格变量上的差异

一些研究也发现,金钱态度在人格变量上存在差异。对于不同人格特质的个体来说,他们会有明显不同的金钱态度。麦克卢尔(McClure,1984)关于人格与金钱态度关系的研究发现,与内向的人相比,外向的人更奢侈,对待金钱的态度也更加慷慨。此外,与稳定型内向者相比,神经质型内向者认为金钱对他们的生活更重要,当涉及金钱时更倾向于保密。鲁纳-阿罗卡斯和唐(Luna-Arocas 和 Tang,2004)总结了四种金钱人格类型:(1)金钱崇拜者(achieving money worshiper)收入较高,职业道德较高,对薪酬水平、薪酬管理和内部公平的满意度较高,但对外部公平的满意度较低;(2)金钱粗心者(careless money admirer)的内在工作满意度较低,对薪酬水平和生活满意度较低;(3)金钱冷漠者(apathetic money manager)的内在工作满意度和生活满意度最高;(4)金钱排斥者(money repellent individual)的收入、工作经验、职业道德较低,对薪酬管理的满意度较低。达维戈(Davigo,2006)发现,不同依恋类型的个体对金钱的态度也存在差异。安全型依恋个体(secure)对金钱的"焦虑"和"不信任"程度低于痴迷型依恋个体(preoccupied);疏离型依恋个体(dismissing)比痴迷型依恋个体对金钱的"维持—保留"态度更强;与恐惧型依恋个体(fearful)相比,安全型依恋个体和疏离型依恋个体更不倾向于将金钱视为地位的象征。这些研究结果都表明,人格变量与金钱态度密切相关。

跨文化的差异

金钱态度还会受到跨文化的影响,不同国家和地区的人对待金钱的态度也存在差异(扶长青等,2013)。林恩(Lynn,1991)调查了全球43个国家不同民族对金钱的态度。从统计角度看,在大多数国家和地区,个人平均收入越高,对金钱的估值越低。对较富裕国家的人来说,他们对金钱的估值更低(王馨竹,2011)。在相同的历史和经济环境下,当处在不同的国家时,人们对金钱的态度也不同(Bailey 和 Lown,1993)。一项对墨西哥裔美国人与英裔美国人金钱态度的跨文化比较研究发现,不同的民族文化在金钱态度上也存在差异(Medina,Saegert,和 Gresham,1996)。具体来说,与英裔美国人相比,墨西哥裔美国人在"维持-保留"维度上得分更低,但在"权力-声望"、"不信任"和"焦虑"维度上,两者没有显著的差异。在美国、英国和中国台湾进行的一项跨文化调查研究也发现,金钱态度存在文化差异(Tang,Furnham,和 Davis,2002)。美国员工善于理财,认为"金钱是善",在金钱伦理量表上得分最高;中国台湾员工在"尊敬/自尊"维度上得分最高;英国员工认为"金钱是权力"(王馨竹,2011)。道尔和李(Doyle 和 Li,2001)对比分析了中国和日本关于金钱意义谚语的内容,发现日本文化在金钱意义方面比中国文化更具有获取性,中国文化比日本文化更合群。对中美大学生金钱态度的一项跨文化研究指出,与美国大学生相比,中国大学生更倾向于将金钱视为权力和成功的象征,在交易过程中表现出较低的不信任感和价格敏感度(谢海涛,2007)。

28.2.4 金钱态度的应用研究

对心理健康的影响

有关金钱态度对心理健康的影响研究发现,金钱会给人们带来更多的负面情绪(如担忧、焦虑),如果一个人长期不断地受到这些负面情绪的影响,那么很容易产生心理问题(王馨竹,2011)。关于金钱态度与总体病理倾向(焦虑、神经质、内倾)关系的研究发现,金钱态度与总体病理倾向相关(McClure,1984)。临床心理学家认为,具有以下金钱态度的人更容易产生心理问题:(1)认为金钱在生活中比任何东西都重要;(2)仅仅因为价格便宜,买一些既不需要又不喜欢的东西;(3)即使有大量金钱,用钱时也有一种罪恶意识;(4)无论富有与否,总是机械地哭穷;(5)随时知道自己钱包或口袋里有多少钱,甚至可以知道有多少零钱;(6)在比自己有钱的人面前感到自卑;(7)在比自己钱少的人面前有优越感;(8)出于正当理由被问及私人财产时,感到不安和下意识警觉;(9)无视金钱、蔑视富人;(10)因不知道何时事情会改变,不愿投资而只愿在银行存款,认为只有金钱是可靠的(扶长青等,2013;王馨竹,2011)。

许多研究还发现,金钱态度与主观幸福感高度相关。金钱态度的"权力-声望"维度会对主观幸福感产生负面影响,即当个体过度追求权力和声望时,会逐渐失去幸福感,产生大量负面情绪(Srivastava,Locke,和 Bartol,2001)。金钱态度的"不信任"维度也会对主观幸福感产生负面影响,如果一个人对金钱持怀疑和不信任的态度,其主观幸福感也较低(Srivastava 等,2001)。一项对中日两国大学生金钱态度和幸福感关系的研究表明,金钱态度中的"权力-声望"、"不信任"和"焦虑"维度与幸福感呈负相关,只有"维持-保留"维度与幸福感呈正相关(常若松,王馨竹,2009)。此外,金钱态度可以预测心理健康和主观幸福感,而金钱态度对心理健康的预测作用会受到主观幸福感的中介(洪雷,曹慧,方格,2009)。

对消费行为的影响

金钱态度与消费行为密切相关,并对消费行为有显著影响。研究者主要探讨了金钱态度与消费方式、信用卡使用和冲动性购买行为之间的关系(扶长青等,2013)。许多研究已经证实,金钱态度与冲动性购买行为存在显著的正相关关系(牛琛,刘金平,2015;谢晓东,喻承甫,张卫,2017)。汉利和威廉(Hanley 和 Wilhelm,1992)关于金钱态度和冲动性购买行为的研究发现,与正常消费者相比,冲动性消费者的自尊相对较低,冲动性消费者认为金钱具有提高自尊的象征意义。在墨西哥文化中探讨金钱态度与冲动性购买行为关系的一项研究发现,金钱态度的"权力-声望"维度与冲动性购买行为呈部分正相关,"维持-保留"维度与冲动性购买行为呈负相关,"焦虑"维度与冲动性购买行为呈正相关(Roberts 和 Sepulveda,1999)。在以美国大学生为被试的随后研究中进一步发现,金钱态度的"权力-声望"、"不信任"和"焦虑"维度都与冲动性购买行为有着密切的相关关系(Roberts 和 Jones,2001)。在澳大利亚文化中,对金钱态度和信用卡使用进行对比的研究发现,冲动性消费者更多地将金钱看作是权力和声望的来源,他们更频繁地使用信用卡,喜欢寻找廉价商品(Phau 和 Woo,2008)。除此之外,有研究还发现,金钱态度的"权力-声望"和"焦虑"维度会显著正向影响大学生的炫耀性消费倾向(陈旭,2009)。总的来说,金钱态度与消费行为有着极其紧密的联系,金钱态度对消费行为,尤其是冲动性购买行为有显著的影响(扶长青等,2013)。

28.3 金钱奖励

28.3.1 金钱奖励的定义

不管是国家、公司、还是个人,都在使用一些奖励措施来试图改变人们的行为。金钱奖励(monetary incentives)主要是用来激励个体实现目标的经济奖励。金钱作为权力、地位和尊重的象征,在满足一个人的社会安全和生理需求方面发挥着重要作用。然而,当个体的心理和安全需要得到满足时,金钱奖励往往也会成为一种动力。

28.3.2 金钱奖励的影响

金钱奖励有助于缓解个体的负面情绪。神经研究发现，金钱奖励能够抑制与生理疼痛和社会痛苦相关的前脑岛（anterior insular，AI）活动（Cristofori，Harquel，Isnard，Mauguière，和 Sirigu，2015）。利用功能性磁共振成像（functional magnetic resonance imaging，fMRI）的一项研究发现，对那些受到社会排斥的被试来说，金钱补偿不仅能减轻他们自我汇报的痛苦，还能减少被试背侧前扣带回皮层（dorsal anterior cingulate cortex，dACC）的神经活动（这一区域只有在疼痛时才会很活跃）（Lelieveld，Moor，Crone，Karremans，和 Beest，2012）。也就是说，当个体受到社会排斥后，金钱补偿可以缓解个体的疼痛感。金钱奖励也能够抑制恐惧条件反射的反应，减少人们的恐惧情绪（Qu，Zhang，和 Chen，2013）。在实验中，所有被试都受到了电击刺激，但金钱奖励组被试的生理皮肤导电反应（skin conductance responses，SCRs）和主观恐惧强度都要比无金钱奖励组更低。另外，金钱奖励还能缓解个体的嫉妒情绪（Selterman 和 Maier，2013）。在实验中，所有被试都需要想象一个情境，他们的爱人正在和一名非常有吸引力的异性调情，并报告了他们的嫉妒程度。结果表明，物质奖励启动会减少人们的浪漫嫉妒情绪（Selterman 和 Maier，2013）。

有钱能使鬼推磨，金钱奖励可以有效地激起个体的动力。1953 年，心理学家施瓦布（Schwab）曾做过一个有趣的实验。在实验中，他要求人们尽可能长时间地挂在一根单杠上，结果人们平均可以坚持 45 秒。当他告诉人们，如果他们打破之前的纪录就能得到 5 美元（大约现在的 30 美元）时，人们平均可以坚持 110 秒。也就是说，人们在金钱激励下的表现大约是平时的 2.5 倍（周欣悦，2020）。在《科学》（Science）杂志上曾经发表了一个脑成像研究，实验人员在扫描仪里向被试快速呈现钱币图片后，再让被试进行一项费劲的握抓任务。结果发现，即使人们根本没有意识到钱币图片的出现（当图片呈现时间足够短时，人们根本无法意识到图片出现），但还是会在之后的握抓任务上使出更大的力气。钱币的金额越大，人们使的力气就越大（Pessiglione 等，2007；周欣悦，2020）。此外，也有研究发现，金钱奖励可以有效地增加问卷调查的反馈（Hansen，1980），鼓励人们进行口碑传播（Wirtz 和 Chew，2002），并塑造人们的行为（Jenkins，Mitra，Gupta，和 Shaw，1998）。

并不是所有的金钱奖励都会产生积极影响，在某些情况下，金钱奖励反而会产生负面效应。蒂特马斯（Titmuss）在 1971 年曾提出，给献血者金钱奖励反而会导致人们献血意愿的降低,这个想法也得到了实证证据的支持(Mellström 和 Johannesson,2008)。也就是说,当人们给予他人帮助时,本身就是一种内在奖赏。但是如果用金钱来激励这种帮助行为时,人们就失去了内在的激励力量。鲍尔斯(Bowles,2008)在《科学》杂志上发表的一篇文章指出,基于金钱的奖励或惩罚措施可能会削弱人们的道德情感。金钱奖励还可能会削弱人们参与某项任务的内在动机,从而导致人们产生较差的任务表现(Bahrick,1954;Deci,1971;Eisenberger 和 Cameron,1996;Gneezy 和 Rustichini,2000;Heyman 和 Ariely,2004;Lepper,Greene,和 Nisbett,1973)。格拉克斯伯格(Glucksberg,1962)曾做了一个实验,将被试随机分为两组,一半被试有金钱奖励,另一半被试没有金钱奖励,然后要求被试解决一个问题。结果发现,有金钱奖励的那组被试,反而需要更长的时间来解决问题。鲍迈斯特(Baumeister,1984)的研究发现,增加金钱奖励反而会让选手在电子游戏中的表现变差。金钱奖励可以提升情绪,而这种情绪提升会导致任务表现的恶化(Meloy,Russo,和 Miller,2006)。此外,人们还会对金钱奖励产生依赖,一旦金钱奖励取消,人们会变得比没有金钱奖励之前还要消极(Falkinger,Fehr,Gächter,和 Winter-Ebmer,2000)。

金钱奖励虽然是一种常见的激励手段,但是基于金钱奖励的措施未必能起到相应的效果,结果还可能适得其反。心理学家们试图提供一种框架来解释金钱奖励什么时候是有益或有害的。他们已经得出结论,决策环境的某些方面(例如复杂性、反馈的存在、时间压力和风险)会影响金钱奖励对任务表现的具体效应(Ashton,1990;Hogarth,Gibbs,McKenzie,和 Marquis,1991)。有研究者总结认为,金钱奖励的感知价值在于它在多大程度上支持了个体的目标(Shah,Higgins,和 Friedman,1998)。

28.4 金钱剥夺

28.4.1 金钱剥夺的定义

当个体觉得自己的经济地位相对较低时,他们就会经历一种金钱被剥夺的感觉。金钱剥夺(financial deprivation)是一种心理状态,在这种状态下,个体认为自己的经济状况欠佳,感觉自己的经济状况低于一个显著的比较标准(Sharma 和 Alter,2012)。因此,金钱损失(客观上的财务赤字)或仅仅感觉自己的经济状况比同龄人更差(心理上的财务赤字)都会引发个体的金钱剥夺感(Sharma,Mazar,Alter,和 Ariely,2014)。

28.4.2　金钱剥夺的影响

金钱剥夺对人们的心理和行为有着重要的影响。有调查研究指出,即使是百万富翁也有感到金钱剥夺的时候(谢思祎,2020)。许多探讨金钱剥夺如何影响个体行为的研究表明,受到金钱剥夺的个体特别喜欢可能使他们恢复到一个更舒适平衡的机会(Briers,Pandelaere,Dewitte,和Warlop,2006;Mazar和Aggarwal,2011;Nelson和Morrison,2005)。例如,有研究表明,当人们觉得自己的财务状况不如同龄人时,他们就会减少可自由支配的开支(Karlsson,Dellgran,Klingander,和Gärling,2004;Karlsson,Gärling,Dellgran,和Klingander,2005)。另一方面,感到金钱剥夺的人们也可能会消耗更多的卡路里(Briers等,2006),更喜欢微胖的女性(Nelson和Morrison,2005),更愿意购买其他消费者不太会购买的稀缺性产品(例如,限量发售的商品)(Sharma和Alter,2012)。此外,金钱剥夺会增加个体的补偿性消费。沙玛和阿尔特(Sharma和Alter,2012)指出,当人们感到自己缺钱时,他们会更渴望购买昂贵的奢侈品和稀缺的物品,以修复他们的权力缺失感或金钱剥夺感(Rucker,Galinsky,和Dubois,2012),即产生典型的补偿性消费行为(钱炜楠,2017)。邓祯祯(2018)的研究也发现,感到金钱剥夺的人们会显著增加补偿性消费行为,而个体的积极情绪会减弱这一效应。

金钱剥夺对道德行为影响的一项研究发现,感到金钱剥夺的人们会更宽容地运用自己的道德标准,他们会为了获得更多的金钱而撒谎,并且更少地苛责同样处于金钱剥夺状态下个体的不道德行为(例如,偷钱)(Sharma等,2014)。有调查报告显示,那些极度贫困的人(例如,那些每天花费少于1美元的南非人)通常会花很多钱来购买与朋友庆祝节日有关的礼物(Banerjee和Duflo,2007)。此外,与金钱富足的个体相比,金钱匮乏的个体反而会有更多的亲社会行为,他们更加慷慨,有更多的慈善行为,更信任他人,也更乐于助人(Piff,Kraus,Côté,Cheng,和Keltner,2010)。金钱剥夺对个体利他行为影响的一项研究进一步发现,感到金钱剥夺的个体会做出更多非金钱形式的利他行为(例如,付出努力或时间),并且这种效应只在公开(相比于私人)情境下存在(谢思祎,2020)。

总的来说,目前心理学领域对金钱剥夺的研究主要集中在金钱剥夺对个体的冲动决策、狭隘思维、不道德行为、亲社会行为等方面的影响(Mani,Mullainathan,Shafir,和Zhao,2013;Shah,Shafir,和Mullainathan,2015;Sharma等,2014;谢思祎,2020);消费领域的研究主要集中在金钱剥夺对补偿性消费行为的影响(Sharma和Alter,2012;邓祯祯,2018)。

28.5 金钱启动

28.5.1 金钱启动的定义

在人们的心智当中,金钱不仅是一种交换工具,还是一种独特的概念(Vohs 等,2006)。金钱概念(money concept)是个体认知结构中对金钱的一种整体认识(Tong,Zheng,和 Zhao,2013)。在个体的认知结构中,金钱象征着安全、自信、自由、权力、独立、财富等不同形式的资源(赵建彬,2014;赵建彬,景奉杰,陶建蓉,2017)。

在金钱概念的研究中,学者们一般使用金钱启动(money priming)范式,这是一种探讨金钱刺激对个体行为影响的常用研究范式(李爱梅,罗莹,李斌,2016)。福斯等(Vohs 等,2006)最先提出,通过使用金钱启动的方法可以激活个体的金钱概念。金钱启动是指通过给予个体关于金钱的刺激或提示,提高个体在低意识水平下金钱观念的可达性,进而研究个体行为决策变化的一种研究范式。金钱启动研究的主要操纵方法是将参与者随机分配到金钱启动组和控制组,并比较两组的行为差异。金钱启动组包含与金钱相关的启动线索,控制组不包含任何与金钱相关的线索(Liu 和 Aaker,2008;Vohs 等,2006,2008;Zhou,Vohs,和 Baumeister,2009)。作为一种直接探究金钱心理的研究方向,金钱启动研究引起了众多学者的深入挖掘和探索(莫田甜,周欣悦,2020)。

28.5.2 金钱启动的分类

金钱概念启动

金钱概念启动(reminders of money concept)是指利用概念启动方法(例如,混词组句任务,descrambling task)在心理层面唤醒个体对金钱的概念性认知(Vohs 等,2006;李爱梅等,2016)。在实验室研究中,福斯等(Vohs 等,2006)率先使用大富翁游戏任务(monopoly games)、海报展示和屏幕展示等多种启动方法来对个体进行金钱概念启动。在现实生活中,观看包含金钱或货币符号的图片、阅读金钱有关的新闻杂志,甚至是储蓄罐、钱包或商店里摆放的"财神爷"和"招财猫"等,都可能会引发个体对金钱的整体认识,并产生金钱概念启动的效应(Chartrand,Huber,Shiv,和 Tanner,2008;Mandel 和 Johnson,2002;Zhou 和 Pham,2004;李爱梅等,2016)。

金钱富足感启动

金钱富足感启动(reminders of a great deal of money)是指利用物质启动方法(例如,提供大量现金)来引发个体拥有足够金钱的想法(Hansen,Kutzner,和Wänke,2013;李爱梅等,2016)。类似地,并不只有实验室任务可以达到金钱富足感启动的效果。在现实环境中,大量的金钱展示、各种奢华的装饰配置等,都可能会对个体产生金钱富足感启动的效应(Hansen等,2013;Vohs等,2006;赵建彬,2014)。例如,在研究金钱启动对不道德行为的影响时,研究者向金钱富有组的参与者呈现了7 000张1美元现金,而向控制组的参与者只呈现了24张1美元,以此来作为金钱富足感启动的操纵方法(Gino和Pierce,2009)。

金钱剥夺感启动

金钱剥夺感启动(financial deprivation)是指利用定势启动的方法(例如,对比回忆法)使个体认为自己的经济状况很差(Sharma和Alter,2012;李爱梅等,2016)。在现实生活中,当个体与他人对自己的收入、资产和拥有物进行比较时,一旦发现自己不如他人,就有可能会产生金钱剥夺感(Sharma和Alter,2012)。例如,当个体看到朋友圈好友晒出国旅游的照片或者晒出一个新买的昂贵包包,但他们没有相同的物品时,个体很有可能会产生金钱剥夺感(李爱梅等,2016)。

28.5.3 金钱启动的研究方法

文字启动法

利用与金钱有关的文字内容对个体进行启动的方法是文字启动法。例如,混词组句任务(Kouchaki,Smith-Crowe,Brief,和Sousa,2013;Vohs等,2006),这是一种金钱概念启动方法,也是金钱启动研究中最常见的一种操纵方法。在该任务中,研究人员会给被试呈现一系列单词组,每个单词组包含几个打乱顺序的单词。在规定时间内,被试需要利用每个单词组中的几个单词组成一个完整且有意义的短句,并且越多越好。金钱启动通过操纵句子的不同意义来完成(李金秀,2018;谢天,周静,俞国良,2012)。例如,福斯等(Vohs等,2006)在实验中就采用混词组句任务对被试进行金钱启动,每组被试都会拿到30个单词组,每个单词组中有5个打乱顺序的单词。在控制组中,30个单词组都启动了被试的中性概念(例如,把"cold"、"it"、"desk"、"outside"、"is"组成短句"it is cold outside");在金钱启动组,有15个单词组启动了被试的金钱概念(例如,把"high"、"a"、"salary"、"desk"、"paying"组成短句"a high-paying salary"),还有15个单词组启动了被试的中性概念(避免被试猜测实验目的)(谢天等,2012)。

回忆与金钱有关的经历或阅读/朗读与金钱有关的故事也属于金钱启动的文字启动法(Vohs 等,2006;Zhou 等,2009)。周欣悦等(Zhou 等,2009)在实验 5 中将被试随机分为两组,金钱启动组的被试需要回忆并写下他们过去 30 天的金钱支出,控制组的被试则需要回忆并写下过去 30 天的天气状况。福斯等(Vohs 等,2006)在实验 2 中要求被试在录像机前大声朗读一篇文章。金钱启动组的被试需要阅读并朗读自己在一个富裕环境中长大的故事,目的是促使他们想象自己拥有大量金钱的情境;金钱贫乏组的被试则需要阅读并朗读自己在一个贫穷环境中长大的故事,目的是促使他们想象自己缺乏金钱的情境(李金秀,2018;谢天等,2012)。

影像启动法

影像启动法是指通过实验环境呈现出来的与金钱有关的图片、视频,或要求被试在脑海中回忆和想象相关的情景来对个体进行启动的方法(李金秀,2018)。在这种情境下,被试能够意识到这些金钱刺激的存在,但是这些刺激会受其他任务的干扰。也就是说,金钱刺激并不处于被试意识加工过程的中心,或者被试不清楚实验者的意图(谢天等,2012)。目前最常用的影像启动法是福斯等(Vohs 等,2006)在实验中使用的方法。即实验者将被试随机分为三组,并要求他们坐在电脑前完成一份调查问卷(实际上是无关问卷)。6 分钟后,所有被试的电脑桌面都出现了一个屏幕保护程序。金钱启动组被试面对的是水面下有许多张美钞在浮动的电脑屏保;游鱼组被试面对的是水面下有很多条鱼游来游去的电脑屏保;控制组被试面对的是一个空白的电脑屏幕(Vohs 等,2006)。

金钱本身启动法

金钱本身启动法是指在实验环境中让被试直接看到或触摸金钱来完成启动的方法。例如,基诺和皮尔斯(Gino 和 Pierce,2009)在实验中采用直接呈现大量金钱的方法来对被试进行启动。实验者将被试随机分为两组,他们进入实验室时都会经过一张放着不同数量现金的桌子。金钱富有组的桌上摆满了 7 000 张 1 美元现金,研究者从中拿出 24 美元给被试作为实验报酬;金钱稀缺组桌子上只有 24 张 1 美元,研究者把这些钱都给了被试(Gino 和 Pierce,2009)。福斯等(Vohs 等,2006)在实验中则通过设定被试手中剩余的金钱数量来完成启动。在这个实验中,被试首先需要玩一个大富翁游戏,游戏在 7 分钟后中止。金钱富有组的被试剩余 4 000 美元的游戏币;金钱稀缺组的被试剩余 200 美元的游戏币;控制组的被试则没有剩余游戏币(Vohs 等,2006;谢天等,2012)。周欣悦等(Zhou 等,2009)通过最直接的数钱法来对被试进行启动。研究人员将被试随机分为两组,并告知被试需要完成一项测量手指灵活性的任务。金钱启动组的被试需要用手尽快地数 80 张

100元钞票,控制组的被试则是用手尽快地数80张同样大小的白纸(Zhou等,2009;莫田甜,周欣悦,2020)。

28.5.4 金钱启动的相关理论

自足理论

2006年,福斯等人在《科学》杂志上发表了一项研究,最早将金钱启动的研究方法应用到金钱心理学的研究中。福斯等(Vohs等,2006,2008)提出了第一个关于金钱启动的理论——自足理论(self-sufficiency theory)。该理论认为,金钱启动(而不是金钱实体)能够触发一种自给自足的状态(与个人特征无关),而这种状态能够同时诱发个体的两种动机:自主动机和人际疏离动机(谢天等,2012)。一方面,自足状态能够驱使个体追求自由,有效地实现个人目标,减少对他人的依赖(自主动机)。在实验中,与没有金钱提醒的被试相比,金钱提醒会促使被试更努力地完成富有挑战性的任务,并希望能够承担更多工作。另一方面,自足状态也会同时使个体沉浸在自我的世界中,不能敏感地捕捉他人的感受,疏离他人(人际疏离动机)。在实验中,与没有金钱提醒的被试相比,金钱提醒会使被试减少对他人的帮助,而且他们也更喜欢独自活动和较少的身体亲密(Vohs等,2008)。福斯等(Vohs等,2006)通过9个实验也证明,金钱会给人带来一种自足的感觉,使人们更加独立,不愿意寻求他人的帮助,也不愿意给予他人帮助,更喜欢独自生活,独自工作,并与周围的人保持较大的物理距离。福斯等(Vohs等,2006,2008)提出的自足理论是最早用来探讨金钱对人们影响的假设理论,后来也成为解释金钱启动效应的常用参考理论之一(李金秀,2018)。

心理定势理论

金钱在消费和营销中扮演着重要的角色,营销学者也逐渐关注到金钱启动在市场营销领域的研究。刘和阿克(Liu和Aaker,2008)研究了金钱启动和时间启动的效应,并提出了心理定势理论(mind-set theory)。该理论认为,金钱和经济利益最大化的概念有着更为密切的联系(Loewenstein,Read,和Baumeister,2003),启动金钱概念会使个体陷入一种效用定势,从而会使个体追求效用最大化的目标;而时间和情绪意义的概念有着更为密切的联系,启动时间概念会使个体陷入一种情绪定势,从而会使个体追求具有情绪意义的长期目标(谢天等,2012)。刘和阿克(Liu和Aaker,2008)的研究发现,启动金钱概念会让个体处于效用定势中,更多地将慈善捐赠和经济利益最大化联系起来,而捐赠所带来的收益并不明确,因此个体的捐款金额会更少;而启动时间概念会让个体处于情绪定势中,更多地体验到情绪和慈善捐赠之间的关系,体验到更多的幸福感,从而捐款金额会更多(谢天等,2012)。在消费者行为领域,莫吉内尔和阿克(Mogilner 和 Aaker,2009)应用了该理论并证实,启动时间(相比于金钱)概念会使人们对产品的态度和决策产生有利的转变。因为启动时间概念增加了人们对产品体验的关注,增加了个人与产品的联系,从而提升了态度和决策;而启动金钱概念增加了人们对产品拥有的关注,在仅仅拥有产品就能反映自我的情况下,就会产生相反的效果。此外,启动金钱(相比于时间)概念还会促使人们把更多的时间花在工作而不是社交上,降低人们的幸福感(Mogilner 和 Aaker,2009)。

社会资源理论

金钱具有强大的象征意义,能够满足人们的各种需要。2006 年,研究者提出了金钱的工具/药物理论(Lea 和 Webley,2006)。他们认为,金钱不但是一种交换工具,而且是一种药物。金钱除了具有交易价值外,还具有和药物一样的特殊功效(Lea 和 Webley,2006)。但是,金钱的药物功效具体是什么?为什么金钱会和药物具有相似的功效?周欣悦等(Zhou 等,2008,2009)提出了金钱的社会资源理论(social resource theory),用来解答这些问题。该理论认为,金钱作为一种重要的社会资源,可以替代社会关系作为个体安全感和痛苦的核心来源(Zhou, Feng, He, 和 Gao, 2008;Zhou 等,2009;Zhou 和 Gao,2008)。社会支持是主要的疼痛保护机制,而金钱是替代的疼痛保护机制。这个理论发表在社会心理学的重要理论期刊《心理学探究》(*Psychological Inquiry*)上,10 多年来也受到了国内外学术界的广泛关注(莫田甜,周欣悦,2020)。

为了提供证据支持金钱的社会资源理论,周欣悦等人(Zhou 等,2009)做了一系列实验。在其中一个实验中,研究人员招募了一些中国大学生作为被试。大学生被随机分为两组,都需要完成一项测量手指灵活性的任务。一组大学生要用手尽快地数 80 张 100 元钞票,另一组大学生则要用手尽快地数 80 张同样大小的白纸。然后,研究人员用普通的热水来诱发被试的疼痛感知。在高疼痛组,大学生需要先把他们的手指放在 43 度的温水中 90 秒,再放在 50 度的热水中 30 秒,然后放回 43 度的温水中 60 秒。在低疼痛组,大学生需要把手指放在 43 度的温水中 180 秒。最后,大学生汇报了他们的疼痛感知。结果显示,在高疼痛组,数钱比数纸更能减轻大学生的疼痛感知;而在低疼痛组,数钱和数纸不会显著影响大学生的疼痛感知。换句话说,金钱启动可以减少人们的身体疼痛感(Zhou 等,2009;Zhou 和 Gao,2008)。BBC 的一个科学纪录片也收录了这一关键实验并进行了复制,得出了相似的结论。在实验中,数完钱后,被试能把手放在冰水中的持续时间更长。这也说明,金钱启动不仅会减少人们的疼痛感,还会增强人们对疼痛的忍耐力(莫田甜,周欣悦,2020)。

除了可以减少人们的的生理疼痛(physical pain)外,金钱启动还可以减少人们的社会疼痛(social distress)。在实验中,对于受到社会排斥的被试来说,数钱比数纸更能减少他们的社会疼痛(Zhou 等,2009)。周欣悦等人认为,金钱作为一种重要的社会资源,可以激活个体的自信心(confidence)、力量感(strength)和效能感(efficacy),进而缓解个体的生理疼痛和社会疼痛(Zhou 等,2008,2009;Zhou 和 Gao,2008)。总体来看,生理疼痛和社会排斥会增加人们对金钱的渴望,金钱启动可以减少人们的生理疼痛和社会疼痛,金钱损失会使人们更易受到生理疼痛和社会疼痛的伤害(Zhou 等,2009)。

28.5.5 金钱启动对情绪的影响

对正面情绪的影响

金钱启动对正面情绪的影响主要包括两个方面。一方面,金钱启动会减少自我缩小的正面情绪,例如疼痛共情、移情和同情;另一方面,金钱启动也会增加自我膨胀的正面情绪,例如自尊、自我效能感和自足感。

疼痛共情、移情和同情 利用事件相关电位技术(event-related potential, ERP)探讨金钱启动对疼痛共情影响的研究发现,金钱启动降低了早期阶段对疼痛刺激的敏感性,会影响自下而上的情绪共情(affective empathy),但不影响自上而下的认知共情(cognitive empathy)(杨东,李志爱,余明莉,Ding,姚树霞,2015)。余明莉(2012)利用 ERP 技术的研究也发现,与中性启动相比,金钱启动阻碍了个体的疼痛共情。金钱启动会降低人际共情,但是当共情对象是亲密的人时,金钱启动会增加共情(高树玲,2010)。一项对大学生悲伤移情的研究还发现,金钱概念启动会降低个体的悲伤移情水平(王娟娟,2018)。此外,启动经济模式还会减少个体的同情情绪,减少个体对需要帮助的人表达的同情(Molinsky, Grant, 和 Margolis, 2012)。

自尊和自我效能感 金钱和自尊的交互理论认为,获得金钱可以补偿个体自尊的缺失(Zhang, 2009)。周欣悦等(Zhou 等,2008,2009)提出了金钱的社会资源理论,认为金钱可以通过满足个体的控制感和高自尊来影响人们的行为。金钱作为一种重要的社会资源,可以激活人们的自信心、力量感和效能感,进而缓解人们的生理疼痛和社会疼痛,并且保护人们的自尊(Zhou 等,2008,2009;Zhou 和 Gao, 2008)。使用事件相关电位技术(ERP)进行的神经研究发现,当个体的自尊受到威胁时,金钱启动可以提高个体的自尊水平,对自尊产生补偿效应(陈晨,2011;陈晨,

Ding,杨东,邱江,齐森青,2012)。金钱启动还能增强个体的自尊,抑制更多死亡念头的产生,减轻个体的死亡焦虑(Gasiorowska, Zaleskiewicz,和 Kesebir, 2018)。另外,金钱启动会使个体感到自己有足够的能力处理生活状况,提高个体的自我效能感(self-efficacy),从而提高个体自我披露(self-disclosure)的意愿(Mukherjee, Manjaly,和 Nargundkar,2013)。启动金钱概念还可以提高顾客的创造力自我效能感,从而提高顾客的创造力(赵建彬,陶建蓉,2017)。

自足感 金钱启动还会增加个体的自足感。福斯等(Vohs 等,2006)在《科学》杂志上的研究通过 9 个实验发现,金钱启动会让个体产生自给自足的倾向,让个体变得更加独立,更不愿意向他人寻求帮助,也更不愿意帮助他人。在实验中,与中性刺激的被试相比,受到金钱刺激的被试会更加努力工作。同时,金钱启动会让个体产生更多的自主动机。与没有金钱提醒的被试相比,金钱提醒会促使被试更努力地完成富有挑战性的任务,并希望承担更多的工作(Vohs,Mead,和 Goode,2008)。关于金钱启动的一项综述研究也指出,金钱启动可以将个体转变为一种专业、商业和工作的心态,使其努力完成具有挑战性的任务,工作绩效更加突出,工作效率更高(Vohs,2015)。另外,金钱线索会增加孩子的能动性,使他们更有可能坚持完成困难的任务,并且有更好的表现(Gasiorowska, Chaplin, Zaleskiewicz, Wygrab,和 Vohs,2016)。金钱启动还会增加孩子在困难任务中的毅力,并增加孩子对延迟满足的偏好(Trzcińska 和 Sekścińska,2016)。这些研究都表明,金钱启动可以增强个体的自足感,使个体更加独立,更能够坚持完成困难的任务。

对负面情绪的影响

金钱启动对负面情绪的影响主要包括两个方面。一方面,金钱启动会直接引发人们的贪婪和嫉妒情绪;另一方面,金钱启动会减少一些跟金钱没有直接关系的负面情绪,例如疼痛感、焦虑感、疲惫感等。

嫉妒感 亚里士多德有一句名言中提到,"金钱的欲望就像一头贪婪无比的野兽"。没错,大部分人都喜欢金钱,对金钱的欲望可能会让他们变得自私、贪婪。此外,金钱还会直接引发人们的嫉妒情绪。有研究发现,与接触少量金钱相比,接触大量金钱更能激起个体的嫉妒情绪,使个体更容易做出不道德行为(Gino 和 Pierce,2009)。在其中一个实验中,实验者将被试随机分为两组。金钱富有组的桌上放有 7 000 张 1 美元现金,金钱稀缺组的桌上只有 24 张 1 美元现金。结果表明,与金钱稀缺的环境相比,处在金钱富有环境下的被试更有可能产生作弊行为。研究者解释道,大量金钱的存在会激起人们对富人的嫉妒情绪,从而使他们更有可能产生不道德行为。

疼痛感 周欣悦等(Zhou 等,2009)最早通过 6 个行为实验证明金钱具有镇痛效果,金钱启动可以激活个体的自信心、力量感和效能感,进而缓解个体的生理疼痛和社会疼痛。她们进一步研究认为,社会支持是主要的疼痛保护机制,而金钱是替代的疼痛保护机制(Zhou 和 Gao,2008;杨东等,2015),后续有大量研究都支持这一观点(Baumeister,DeWall,Mead,和 Vohs,2008)。当个体感知到社会支持时,反过来也会降低他们对金钱的渴望,减少花钱的痛苦(Xu,Zhou,Ye,和 Zhou,2015)。陆呈衍(2015)的研究发现,与控制组相比,金钱启动组的被试在接触热水时感受到的疼痛感较低。金钱启动可以减少个体的疼痛感也得到了神经研究证据的支持。萨克斯和豪斯霍费尔(Saxe 和 Haushofer,2008)的研究证明,金钱是次要的疼痛缓冲器。利用事件相关电位技术(ERP)的研究也发现,金钱启动会降低早期阶段对疼痛刺激的敏感性(杨东等,2015)。

焦虑感 金钱启动能够减轻个体的生存焦虑感(existential anxiety)(Zaleskiewicz,Gasiorowska,Kesebir,Luszczynska,和 Pyszczynski,2013)。在其中一个实验中,那些与金钱互动过的被试比那些与白纸互动的被试对死亡的恐惧程度要更低。接触金钱还可以阻止个体产生更多与死亡有关的想法(Gasiorowska,Zaleskiewicz,和 Kesebir,2018)。此外,金钱还能让个体担心得更少。有研究发现了一种"金钱缓冲效应"(money buffer effect)(Li,Li,Wang,和 Hou,2016)。虽然有钱并不能让人们更快乐,但是它能让人们更少地担心。利用概念隐喻理论(conceptual metaphor theory)的一项研究发现,金钱的隐喻启动也可以减少人们对金钱的担忧(Kersten,Cox,Van Enkevort,和 Arrowood,2019)。这些研究都表明,金钱启动可以减轻人们的焦虑感(莫田甜,周欣悦,2020)。

疲惫感 金钱启动可以减轻自我损耗(ego depletion)对个体的影响(Boucher 和 Kofos,2012)。在实验中,对那些精疲力尽的被试来说,金钱提醒会让他们在随后的自我控制任务中表现得更好。与此同时,金钱提醒也会让被试感觉不那么疲惫。研究人员解释道,这是因为金钱启动可以降低后续任务的主观难度和努力付出程度。金钱启动还可以让疲惫的个体产生更多体贴的工作行为(Mok 和 De Cremer,2018)。研究者从美国和中国香港招募了一些上班族,并进行了一系列实验。结果发现,当上班族们感到疲惫时,金钱启动可以减轻他们的疲惫感,增加他们的精力,使他们产生更多以他人为导向的体贴行为。由此可见,金钱启动在个体工作表现方面也具有强大的力量,可以减轻人们的疲惫感(莫田甜,周欣悦,2020)。

其他负面情绪 有研究者采用了事件相关电位技术(ERP)来研究金钱启动对负面情绪的神经效应(Ma,Hu,Pei,和 Xiang,2015)。在实验中,被试被随机分为两组,一组看了一张 100 元钱图片,另一组看了一张中性图片。然后,被试都观看了一些令人不愉快的图片。在整个过程中,研究人员还记录了被试的脑电图变化。结果发现,金钱启动会降低被试对令人不愉快图片的敏感性。ERP 数据显示,金钱启动过后,被试的顶枕区域产生了较小的晚正电位(late positive potential, LPP),这反映了负面情绪的调节过程。这也说明,金钱启动对个体的负面情绪具有缓解作用(莫田甜,周欣悦,2020)。

28.5.6 金钱启动对行为的影响

对亲社会行为的影响

许多研究已经证实,金钱启动会减少人们的亲社会行为。福斯等(Vohs 等,2006)的研究最早发现,金钱启动会降低个体对他人需求的敏感度,降低个体的助人意愿,减少个体的助人行为。在实验中,研究人员将被试随机分为两组,利用混词组句任务对被试进行金钱启动。启动完成后,询问被试是否愿意帮助研究人员输入问卷,并写下自己愿意输入的份数。结果发现,与控制组相比,金钱启动组的被试愿意输入问卷的份数更少。在即时的助人情境中,研究结果也与预期一致,金钱启动组被试的实际助人行为更少(帮忙捡起了更少的铅笔)。在捐赠情境中,研究人员进一步发现,金钱启动组的被试向慈善机构捐款的意愿更低,并且实际的捐款金额也更少(Vohs 等,2006)。

关于金钱启动对个体行为影响的综述研究也指出,不同研究者通过实验都发现,金钱启动会减少个体的亲社会行为(Vohs, 2015)。对美国大学生进行实验的一项研究发现,金钱启动降低了他们志愿服务的意愿(Pfeffer 和 DeVoe,2009)。一项针对3—5岁儿童的研究证实,与控制组相比,金钱启动组的儿童在经济游戏中会表现得更加自私,有更少的亲社会倾向,更不愿意帮助实验人员(Gasiorowska, Zaleskiewicz, 和 Wygrab, 2012)。类似地,有研究也发现,金钱线索会降低儿童的亲社会性。与数其他物品相比,数钱会减少儿童对他人的帮助,降低儿童的慷慨程度(Gasiorowska 等,2016)。在独裁者游戏中,激活金钱的概念也会减少人们的亲社会行为(Gasiorowska 和 Hełka,2012)。有研究在两个现场实验中进一步观察了路人的助人行为,一半路人在使用过自动取款机后(即触摸过金钱后)参与了实验,另一半路人在还没使用自动取款机前参与了实验。在实验1中助人行为的测量是路人是否愿意帮忙填写问卷,实验2是路人是否提醒一个女性掉了东西。结果发现,与没有触摸过金钱的路人相比,那些触摸过金钱的路人确实会减少他们的帮助行为(Guéguen 和 Jacob,2013)。对金钱启动相关研究进行的一项元分析发现,金钱启动会影响人们的亲社会行为(Lodder, Ong, Grasman, 和

Wicherts，2019）。在集体主义文化和亲密关系中，金钱启动也会降低人们提供帮助的质量，降低人们帮助恋人的意愿(Savani，Mead，Stillman，和 Vohs，2016)。维日比茨基和扎瓦兹卡(Wierzbicki 和 Zawadzka，2016)的研究发现，受到金钱提醒的被试捐款更少，更不愿意花时间帮助他人。此外，一些国内研究也证实，金钱启动会减少人们的亲社会行为（李爱梅，彭元，李斌，凌文辁，2014；李金秀，2018；罗倩雯，2018；石雨，2019；吴先琦，2013；张茜，2020）。

虽然过去许多研究都表明，金钱启动会导致亲社会行为的减少，但是一些研究发现，金钱启动也能够实现亲社会的目标(Zhou 和 Gao，2008)。利用 ERP 技术探讨金钱启动对被试选择活动类型影响的一项研究发现，与控制组相比，金钱启动组的被试更倾向于选择集体活动（杨东，关欣，陈晨，2011）。有研究关注到金钱启动在促进亲社会行为中的作用，通过 3 个实验证明，金钱提醒会缓解（减弱）职场排斥与亲组织行为之间的负向关系。也就是说，对那些在工作中受到他人排斥的上班族来说，金钱启动会促进他们产生更多的亲社会行为(Mok 和 De Cremer，2016a)。

随着金钱启动研究的不断发展，一些研究者们发现，金钱启动对亲社会行为的影响是受到一定条件限制的（李金秀，2018）。金钱启动只会影响高收入群体的亲社会行为，而不会影响低收入群体的亲社会行为(Mogilner，2010)。类似地，石雨（2019）的研究发现，社会阶层在金钱启动与亲社会行为的关系中起调节作用。对于低社会地位个体来说，金钱启动会明显减少他们的亲社会行为，而对高社会地位个体几乎没有影响。在独裁者游戏中，金钱启动对持工具性金钱态度个体（将金钱看作一种工具）的亲社会行为没有显著影响，但是会明显减少持象征性金钱态度个体（将金钱看作是一种资源）的亲社会行为(Gasiorowska 和 Hełka，2012)。探讨金钱的所有权和真实性对助人行为影响的研究发现，相比于假钱，启动人们拥有真钱的概念时，人们会提供更多的帮助，但是启动人们没有拥有真钱的概念时，人们就会提供更少的帮助(Aghakhani，Akhgari，和 Main，2019)。一项考察男性基线睾酮(baseline testosterone)在调节金钱启动对慈善捐赠意愿影响中作用的研究发现，基线睾酮与男性的地位和寻求地位行为相关。实验结果发现，金钱启动会使低睾酮男性明显表现出更高的慈善捐赠意愿，而高睾酮男性则明显表现出更低的慈善捐赠意愿(Dinsmore，Stenstrom，和 Kunstman，2020)。

对不道德行为的影响

许多研究已经证实，金钱启动会增加人们的不道德行为(Gino 和 Pierce，2009；Kouchaki 等，2013；Sharma 等，2014)。金钱会阻碍人们发展共情、关心和爱的关系（杨素真，2019；Zhou 和 Gao，2008）。柯查基等(Kouchaki 等，2013)通过 4 个实验证实,金钱启动会使个体更有可能采用商业决策框架(business decision frame),从而增加个体的不道德意愿和行为。在其中一个实验中,研究人员将被试随机分为两组(金钱启动组与控制组),采用混词组句任务来启动被试的金钱概念。接下来,被试阅读了 13 个情境故事,其中 8 个是与道德有关的情境,5 个是与道德无关的情境。阅读完情境后,被试需要在 7 点量表上指出"你有多大可能会做出所描述的行为?"。结果发现,金钱启动组被试的不道德行为倾向显著高于控制组被试(Kouchaki 等,2013;杨继平,张倩丽,2016)。另有研究也发现,与呈现时间线索相比,呈现金钱线索会增加个体在紧急任务状态下的不道德行为倾向(Gino 和 Mogilner,2014)。

现有研究还发现,启动金钱概念的丰富程度不同,对个体不道德行为的影响也不同(杨继平,张倩丽,2016)。与接触少量金钱相比,接触大量金钱更能激起个体的嫉妒情绪,使个体更容易做出不道德行为(Gino 和 Pierce,2009)。在其中一个实验中,研究人员将被试随机分为两组。金钱富有组的桌上放有大量现金(7 000 张 1 美元),金钱稀缺组的桌上只有少量现金(24 张 1 美元)。然后,研究人员要求被试完成一个测试,并通过评估他们的表现来获得相应的奖励。结果发现,与金钱稀缺组相比,金钱富有组的被试更有可能夸大自己的任务表现(即产生更多的作弊行为),以获取更多的奖励。研究人员解释道,大量金钱的存在会激起人们对富人的嫉妒情绪,从而增加个体为了自己的利益而做出不道德行为的可能性(Gino 和 Pierce,2009)。

金钱启动对不道德行为的影响是复杂的,金钱的其他特性也会影响人们的行为(杨继平,张倩丽,2016)。研究表明,接触脏旧的纸币可能导致个体的自私和贪婪,而接触崭新干净的纸币可能会带来更多的公平和互惠(Yang 等,2013)。研究人员在一个菜市场进行的现场实验发现,那些收取了脏钱的小贩在随后的交易中更容易欺骗消费者,卖给消费者的蔬菜更容易"缺斤少两";而那些收取了新钱的小贩却给消费者更真实公平的斤数。在另一个实验室实验中,被试需要参加一些经济游戏(信任游戏、囚徒困境、最后通牒游戏、独裁者游戏),结果表明,接触脏钱的被试互惠公平性和合作性更低。这也说明,接触脏钱会降低个体的道德标准,从而增加个体的不道德行为(Yang 等,2013)。此外,金钱的数量也会改变人们的道德标准。与那些为了更多的钱而说谎的人相比,人们会认为那些为了少量的钱而说谎的人更不道德(Xie,Yu,Zhou,Sedikides,和 Vohs,2014)。金钱启动还会使人们降低自己的道德标准,为了获得更多金钱而产生更多的欺骗行为(Sharma 等,2014)。

国内学者的研究发现,金钱启动会导致个体产生更多的不道德行为。杨继平和张倩丽(2016)通过综述国内外相关研究发现,金钱启动会诱发商业决策模型、产生嫉妒情绪或改变人们的道德标准,从而导致不道德行为的产生。张倩丽(2016)的研究证实,金钱启动可以显著预测个体的不道德行为。在金钱启动的情况下,人们更有可能产生更多的不道德行为。此外,在高冲突的道德困境中,相对于中性启动,进行金钱启动的被试会做出更功利的道德判断(杨素真,2019;张杰,2014)。金钱启动也会影响个体道德判断的严厉程度,与中性启动相比,金钱启动的个体对日常不道德行为的判断更为宽容(杨素真,2019)。

但是也有学者认为,金钱同时包含积极甚至神圣的内涵,在某些情况下反而能够减少个体的不道德行为(Yang 等,2013;Zhou,Kim,和 Wang,2018)。有研究发现,小额的金钱奖励(例如 1 美元)会比大额的金钱奖励(例如 4 美元)更能减少人们的不道德行为(Wang 和 Murnighan,2016)。与处理脏钱的商贩相比,处理干净钱的商贩欺骗顾客的次数更少(Yang 等,2013)。有研究者提出,金钱对不道德行为的影响可能会受到文化的调节作用(Zhou,Yang,和 Hu,2018),因为不同的文化对金钱有不同的内涵和心理意义(Zhou,Yang,He,和 Cao,2011)。在某些文化语境中,金钱可能是积极的、好的象征,而在另一些文化语境中,金钱可能是消极的、邪恶的象征(Zhou,Yang,和 Hu,2018)。

对消费行为的影响

金钱启动会增加消费者的实用性消费行为(李爱梅等,2016)。曼德尔和约翰逊(Mandel 和 Johnson,2002)研究了网络购物环境下金钱启动对消费者购买行为的影响。在实验中,研究人员在销售产品(汽车、沙发)的网页背景中添加了与金钱概念有关的图案(美元符号、硬币符号),以此来对个体进行金钱概念启动。结果表明,金钱启动的个体花了更多的时间来比较不同产品的价格信息,最终选择了具有较高性价比的实用产品。莫吉内尔和阿克(Mogilner 和 Aaker,2009)的研究发现,金钱启动会让个体更不重视产品带来的情感价值(如能带来愉悦感受等享乐价值),而更关注产品的实用价值。一些学者则探讨了金钱启动对人们真实消费行为的影响(Quoidbach,Dunn,Petrides,和 Mikolajczak,2010)。在实验中,在启动被试的金钱概念后,研究人员要求被试品尝一块巧克力,并测量了他们在品尝中所花费的时间。结果发现,与控制组相比,金钱启动组的被试在品尝巧克力时花费的时间更少,对巧克力的享受程度也更低。也就是说,金钱启动会降低个体对巧克力等享乐品的偏好。童璐琼(2012)的研究表明,金钱启动会激活个体的预防定向,增加了实用品的吸引力,使个体在实用品和享乐品的两难选择中更倾向于选择实用品。类似地,研究人员通过 4 个实验证明,金钱启动会增加消费者的实用性消费(Tong,Zheng,和 Zhao,2013)。在实验中,完成启动任务后,被试需要选择电池

(实用品)或巧克力(享乐品)中的一种作为实验奖励。结果发现,与控制组的被试相比,金钱启动组的被试更有可能选择实用的电池,表现出更多的实用性消费行为(Tong,Zheng,和Zhao,2013)。还有研究发现,相比于中性启动,金钱启动会让人们更愿意购买实物类产品,更不愿意购买体验类产品(吴聪,2016)。

金钱启动也会增加消费者的独特性消费行为(李爱梅等,2016)。有研究就发现,金钱富足感启动会增加人们的独特性消费(Liu,Smeesters,和Vohs,2012)。在实验中,研究人员通过混词组句任务对被试进行金钱启动。然后,被试需要为学校课程购买应用软件,并需要在提供的两种软件中进行选择。同时,通过是否提供权威人士的购买建议来对被试是否受到社会影响进行操纵。结果显示,金钱启动的被试会因为听到权威的建议而感到自主权受到了威胁,从而更会选择与权威建议相反的产品。后续的实验发现,同辈评论也会产生类似的效应。也就是说,金钱启动会让自主权受到威胁的个体更容易产生反从众行为,他们更不喜欢别人推荐的产品,会表现出更多的独特性消费行为(Liu,Smeesters,和Vohs,2012)。赵建彬(2014)的研究发现,金钱启动会让消费者在选择产品时有更强烈的反从众需求。与金钱缺乏启动组和控制组相比,金钱富有启动组的被试更有可能选择独特性产品。此外,研究进一步发现,金钱启动会让消费者感知到更远的社交距离,从而产生更强烈的独特性消费需求(Ma,Fang,Zhang,和Nie,2017;赵建彬,2014)。刘阳(2018)的研究从另一个角度发现,与金钱启动相比,时间启动会让消费者感知到更近的社交距离,从而更倾向于从众。也就是说,金钱启动比时间启动会让消费者产生更多的反从众消费行为。张康(2019)的研究也证实,金钱启动会激活个体的独特性需求,从而增加个体对新产品的采纳意愿。赵建彬和陶建蓉(2017)的研究也证明,金钱启动对消费者接受新产品的意愿有积极影响。

金钱启动还会增加消费者的补偿性消费行为(李爱梅等,2016)。洛克和加林斯基(Rucker和Galinsky,2008)指出,当人们感到自己缺钱时,他们会更渴望购买昂贵的奢侈品和稀缺的物品,以修复他们的权力缺失感或金钱剥夺感(Rucker等,2012),即产生典型的补偿性消费行为(钱炜楠,2017)。金钱剥夺感启动也会使人们更愿意购买其他消费者不太会购买的稀缺产品,即增加了补偿性消费(Sharma和Alter,2012)。在随后的实验中,研究者发现,金钱剥夺感启动的人们更能有效地辨别稀缺产品,这表明金钱剥夺感启动会增加人们对稀缺产品的偏好和关注程度(Sharma和Alter,2012)。在广告情境下研究金钱启动效应的一项研究发现,金钱启动会增加人们的信号需求(signalling needs),从而增加人们对炫耀性产品的偏好(Hüttl-Maack和Gatter,2017)。邓祯祯(2018)的研究也发现,金钱剥夺感启动会显著增加人们的补偿性消费行为,而个体的积极情绪会减弱这一效应。

金钱启动还会影响消费者的其他消费行为。金钱启动会增加消费者对产品核心信息的关注,并增加了对延伸品牌评估中母品牌质量的影响(Hansen等,2013)。金钱和时间概念会显著影响消费者的选择延迟行为,相比于时间启动,金钱启动会让消费者有更少的选择延迟行为(谢萍,2016)。金钱启动对冒险行为影响的一项研究发现,金钱启动会诱发个体效用最大化的心理定势,从而会减少个体的冒险行为(李灿灿,2017)。金钱启动还会诱发个体的成就动机,从而增加消费者对自我提升类型消费选择的偏好(赵建彬,景奉杰,陶建蓉,2017)。此外,消费场景在金钱启动对消费行为的影响中也扮演着重要角色。具体而言,当产品被私下消费时,金钱启动会凸显成本的重要性,从而会增加消费者对低质量低价格的偏好。然而,当产品被公开消费时,消费者偏好的模式就会发生逆转(Kim,2017)。

28.6　金钱的形式

金钱的不同形式也会影响个体的行为。一系列的研究表明,人们对待金钱的方式是基于一些与票面价值无关的因素。例如,金钱的来源(如意外之财与储蓄),金钱的情感价值(如从已故祖母那里继承的遗产),金钱的实体形式(如现金与信用卡)和金钱的外观(如干净的钱与脏的钱)。

来源不同的金钱会对个体的行为产生不同的影响。有研究发现,与从旧外套口袋里意外发现的钱相比,人们花费从储蓄账户中拿出来的钱时,会更加谨慎仔细(O'Curry,1997)。人们会避免把带有负面情绪的金钱(例如,从一个刚被诊断出严重疾病的亲戚那里得到的钱)花在享乐支出上,而更倾向于把这些钱用来购买实用或美德的产品,以减少他们对这笔意外之财的负面情绪(Levav和McGraw,2009)。类似的,人们倾向于保留继承来的金钱,不愿意把继承来的钱花在享乐产品上,也不愿意用这些钱来冒险投资股市(Tykocinski和Pittman,2013)。此外,与用自己的钱相比,人们在用别人的钱时会做出更冒险的决定(Trump,Finkelstein,和Connell,2015)。人们还认为自己的钱比同等数量的其他人的钱具有更大的购买力(Polman,Effron,和Thomas,2018)。在实验中,研究人员探讨了袜子、钟表、巧克力等各种产品,研究发现,参与者认为,自己的钱比同等数量的其他人的钱可以买到更多的东西。参与者还相信,他们自己的钱(以捐款、税收、罚款和收费的形式)比其他人的钱对慈善机构和政府的帮助更大(Polman等,2018)。

不同形式的金钱也会对个体的行为产生不同的影响。与信用卡或借记卡等电子货币相比,现金货币会让人们在进行财务决策时更没有耐心(Duclos 和 Khamitov,2019)。在实验中,研究人员将被试随机分为两组,都要完成一项单词拼图任务。任务结束后,一组被试需要选择现在拿走 5 美元现金报酬,还是过一周再来这里领取 7 美元现金报酬;另一组被试则需要选择现在给校园卡充值 5 美元,还是过一周再来这里给校园卡充值 7 美元。结果发现,以校园卡充值形式发放报酬时,有 78% 的人选择等待一周来获得更多的钱;但是以现金形式发放报酬时,只有 49% 的人选择等待一周(Duclos 和 Khamitov,2019;周欣悦,2020)。拉古比尔和斯利瓦斯塔瓦(Raghubir 和 Srivastava,2009)曾提出了一个面额效应(denomination effect),即与等值的小面额货币(例如,20 张 1 美元)相比,人们更不愿意花掉大面额货币(例如,1 张 20 美元)。这是因为对消费者来说,他们认为大面额货币比等值的小面额货币有更大的感知价值(Mishra,Mishra,和 Nayakankuppam,2006)。例如在生活中,人们看到 1 张 100 元红色钞票会比看到 10 张 10 元钞票更加开心,而且可能会觉得 1 张 100 元红色钞票比 10 张 10 元钞票的价值更高更宝贵,所以更不愿意把 100 元花掉或者拆散(周欣悦,2020)。

金钱的外表也会改变个体的行为。有研究发现,人们花旧的、脏的钞票要比花干净的钞票更快(Di Muro 和 Noseworthy,2013)。在实验中,拿到脏钱的人中,有 80% 的人选择参加赌博游戏,而拿到干净钱的人中,只有 23% 的人选择参加赌博游戏。加洛尼和诺斯沃西(Galoni 和 Noseworthy,2015)的研究证实,与花新钱相比,人们在花脏旧的钱时不但花得更快,而且买东西的数量也更多。另外一个有趣的发现是,人们认为用新钱买到的东西价值更大,而用脏旧的钱买到的东西价值更小(Galoni 和 Noseworthy,2015)。此外,人们接触脏旧的纸币会更容易做出自私、贪婪的行为,接触崭新干净的纸币则更容易做出公平、互惠的行为(Yang 等,2013)。研究人员在菜市场进行的现场实验发现,那些收取脏钱的小贩在随后的交易中更容易欺骗消费者,卖给消费者的蔬菜更容易"缺斤少两";而那些收取新钱的小贩却给消费者更真实公平的斤数。莫和德·克雷默(Mok 和 De Cremer,2015)的研究发现,与使用过的旧钱相比,想到崭新的钱可以增强个体的活力感,使他们在工作中变得更容易宽恕他人。相对于旧钱提醒,新钱提醒还会提高人们的热情和能力,让他们产生更多的创意,增加对同事的关注,减少自我服务行为,并增加帮助行为(Mok 和 De Cremer,2016b)。最新的研究还发现,拟人化的金钱会增加人们对金钱的温暖感知,从而增加人们的慈善捐赠行为(Zhou,Kim,和 Wang,2019)。拟人化的金钱还会显著增加消费者的储蓄意愿,因为消费者会试图保护拟人化的金钱免受潜在的伤害(Wang,Kim,和 Zhou,2017)。

28.7 未来研究思考

金钱不仅仅是一种交换工具,还是一种药物(Lea 和 Webley,2006)。金钱除了具有交易价值外,还具有和药物一样的特殊功效,能够影响个体的思想、情绪、动机和行为(莫田甜,周欣悦,2020)。

近年来,金钱心理学的研究越来越受到学术界的重视并逐渐成为研究热点(Vohs,2015;Vohs 等,2006,2008;Zhou 和 Gao,2008)。研究者开发了一系列量表来测量人们的金钱态度,金钱态度在人口学变量、人格变量、跨文化间都存在差异,也会对个体的心理健康和消费行为产生影响。金钱奖励是一种常见的激励手段,有助于缓解个体的负面情绪,可以有效地激起个体的动力,但在某些情况下也会产生负面效应。当个体认为自己的经济状况欠佳时,就会经历金钱剥夺的状态,这也会对个体的心理和行为产生影响。金钱启动是研究金钱刺激对个体行为决策影响的一种研究范式,会影响个体的情绪(正面情绪、负面情绪)和行为(亲社会行为、不道德行为、消费行为)。此外,来源不同、形式不同、外表不同的金钱也会塑造不同的个体心理和行为。

在当今社会,随着支付技术和电子货币的快速发展,人们即将迎来"无现金社会"(Kumari 和 Khanna,2017)。日益普及的比特币等数字加密虚拟货币,逐渐兴起的区块链技术,又将赋予金钱以更加不同的形态。这些新科技革命将会为未来金钱心理学的研究注入新的生命力(莫田甜,周欣悦,2020)。

(周欣悦 莫田甜)

参考文献

蔡瑞华. (2000). 台北市国中生的金钱态度研究. 台北:台湾师范大学硕士学位论文.

常若松,王馨竹. (2009). 大学生金钱态度和幸福感关系的跨文化研究. 教育科学,25(6),55 - 57.

陈晨. (2011). 金钱启动对自尊影响的认知神经机制研究:来自 ERP 的证据. 重庆:西南大学硕士学位论文.

陈晨,Ding, C.,杨东,邱江,齐森青. (2012). 金钱对外显自尊的影响:一项 ERP 研究. 西南大学学报(自然科学版),34(6):145 - 149.

陈旭. (2009). 虚荣特性、金钱态度对大学生炫耀性消费倾向影响的实证研究. 厦门:厦门大学硕士学位论文.

邓祯祯. (2018). 积极情绪对金钱启动中非理性消费决策的影响. 成都:四川师范大学硕士学位论文.

扶长青,张大均,刘衍玲.(2012).金钱态度结构与测量研究述评.重庆教育学院学报,25(6),19-23.

扶长青,张大均,刘衍玲.(2013).金钱态度研究回顾与展望.河西学院学报,29(3),96-102.

高树玲.(2010).组间情境中金钱启动和地位差异对共情的影响.重庆:西南大学硕士学位论文.

洪雷,曹慧,方格.(2009).金钱态度、主观幸福感和心理健康的关系探讨.中国临床心理学杂志,17(3),297-299.

李爱梅,罗莹,李斌.(2016)."金钱启动"让人理性还是非理性?——金钱启动与消费者行为决策.外国经济与管理,38(6),100-112.

李爱梅,彭元,李斌,凌文辁.(2014).金钱概念启动对亲社会行为的影响及其决策机制.心理科学进展,22(5),845-856.

李灿灿.(2017).金钱启动对冒险行为的影响.烟台:鲁东大学硕士学位论文.

李金秀.(2018).金钱启动和价值观对亲社会行为的影响.南京:南京师范大学硕士学位论文.

刘阳.(2018).时间概念(VS.金钱概念)对个体从众倾向的影响.厦门:厦门大学硕士学位论文.

陆呈衍.(2015).金钱启动对社会影响的阻抗效应和冷漠效应.曲阜:曲阜师范大学硕士学位论文.

罗倩雯.(2018).金钱心理与金钱启动对助人行为的影响.长沙:湖南师范大学硕士学位论文.

莫田甜,周欣悦.(2020).金钱的社会资源理论:十年回顾与展望.应用心理学,26(1),3-14.

牛琛,刘金平.(2015).冲动特性与金钱态度对冲动性购买行为的影响.心理研究,8(4),57-62.

钱炜楠.(2017).不同金钱启动下心理账户对消费决策的影响.南京:南京师范大学硕士学位论文.

邱宜箴.(2003).国小学童金钱态度量表之编制与理论模式验证.台中:台中师范学院硕士学位论文.

石雨.(2019).金钱启动对亲社会行为的影响.南京:南京师范大学硕士学位论文.

童璐琼.(2012).金钱与时间概念对消费者享乐品和实用品选择的影响研究.北京:清华大学博士学位论文.

王娟娟.(2018).金钱启动对大学生悲伤移情的影响.曲阜:曲阜师范大学硕士学位论文.

王馨竹.(2011).大学生金钱态度的结构、特点及影响因素研究.大连:辽宁师范大学博士学位论文.

吴聪.(2016).金钱启动、产品类型对消费者购买意愿的影响.福州:福建师范大学硕士学位论文.

吴先琦.(2013).金钱概念启动对志愿行为的影响研究.重庆:西南大学硕士学位论文.

谢海涛.(2007).中美大学生金钱态度的跨文化比较.广州:广东外语外贸大学硕士学位论文.

谢萍.(2016).金钱与时间概念对消费者选择延迟的影响研究.南京:南京大学硕士学位论文.

谢思祎.(2020).穷大方—金钱剥夺对利他行为的影响研究.广州:中山大学硕士学位论文.

谢天,周静,俞国良.(2012).金钱启动研究的理论与方法.心理科学进展,20(6),918-925.

谢晓东,喻承甫,张卫.(2017).大学生物质主义与冲动性购买行为:金钱态度的中介作用.应用心理学,23(1),40-48.

杨东,李志爱,余明莉,Ding, C.,姚树霞.(2015).金钱启动对疼痛共情影响的ERP研究.心理学探新,35(2),140-146.

杨东,关欣,陈晨.(2011).金钱对集体—单独活动选择的影响:一项ERP研究.西南大学学报(自然科学版),33(12),162-168.

杨继平,张倩丽.(2016).金钱概念启动对不道德行为的影响及决策机制.心理技术与应用(3),179-182.

杨晶.(2015).国外金钱态度研究述评:概念、差异性与展望.荆楚学刊,16(5),58-62.

杨素真.(2019).利益大于道义?金钱概念启动对道德判断的影响.桂林:广西师范大学硕士学位论文.

余明莉.(2012).金钱启动对疼痛共情影响的ERP研究.重庆:西南大学硕士学位论文.

张杰.(2014).金钱概念启动对道德判断的影响.长沙:湖南师范大学硕士学位论文.

张康. (2019). 消费者自我建构与金钱概念对新产品采纳意愿的影响研究. 天津：天津理工大学硕士学位论文.

张茜. (2020). 死亡提醒与金钱启动对亲社会行为的影响研究. 成都：四川师范大学硕士学位论文.

张倩丽. (2016). 金钱概念对不道德行为的影响：道德认同可利用性的中介作用. 太原：山西大学硕士学位论文.

赵建彬. (2014). 金钱概念对消费者独特性需求的影响研究. 心理科学, 37(6), 1461–1466.

赵建彬, 景奉杰, 陶建蓉. (2017). 金钱概念对自我提升偏好的影响研究. 管理科学, 30(5), 57–66.

赵建彬, 陶建蓉. (2017). 金钱概念对顾客创造力的影响研究. 中国临床心理学杂志, 25(2), 246–250.

周欣悦. (2020). 身边的金钱心理学. 北京：机械工业出版社.

Aghakhani, H., Akhgari, M., & Main, K. (2019). When does money priming affect helping behavior? *Australasian Marketing Journal (AMJ)*, 27(1), 32–40.

Ashton, R. H. (1990). Pressure and performance in accounting decision settings: Paradoxical effects of incentives, feedback, and justification. *Journal of Accounting Research*, 28, 148–180.

Bailey, W. C., & Lown, J. M. (1993). A cross-cultural examination of the aetiology of attitudes towards money. *Journal of Consumer Studies and Home Economics*, 17(4), 391–402.

Bahrick, H. P. (1954). Incidental learning under two incentive conditions. *Journal of Experimental Psychology*, 47(3), 170–172.

Banerjee, A. V., & Duflo, E. (2007). The economic lives of the poor. *Journal of Economic Perspectives*, 21(1), 141–167.

Baumeister, R. F. (1984). Choking under pressure: Self-consciousness and paradoxical effects of incentives on skillful performance. *Journal of Personality and Social Psychology*, 46(3), 610–620.

Baumeister, R. F., DeWall, C. N., Mead, N. L., & Vohs, K. D. (2008). Social rejection can reduce pain and increase spending: Further evidence that money, pain, and belongingness are interrelated. *Psychological Inquiry*, 19(3–4), 145–147.

Begg, D., Fischer, S., & Dornbusch, R. (2005). *Economics*. Maidenhead: McGraw-Hill Higher Education.

Boucher, H. C., & Kofos, M. N. (2012). The idea of money counteracts ego depletion effects. *Journal of Experimental Social Psychology*, 48(4), 804–810.

Bowles, S. (2008). Policies designed for self-interested citizens may undermine "the moral sentiments": Evidence from economic experiments. *Science*, 320(5883), 1605–1609.

Briers, B., Pandelaere, M., Dewitte, S., & Warlop, L. (2006). Hungry for money: The desire for caloric resources increases the desire for financial resources and vice versa. *Psychological Science*, 17(11), 939–943.

Chartrand, T. L., Huber, J., Shiv, B., & Tanner, R. J. (2008). Nonconscious goals and consumer choice. *Journal of Consumer Research*, 35(2), 189–201.

Cristofori, I., Harquel, S., Isnard, J., Mauguière, F., & Sirigu, A. (2015). Monetary reward suppresses anterior insula activity during social pain. *Social Cognitive and Affective Neuroscience*, 10(12), 1668–1676.

Davigo, T. (2006). *Money attitude and behavior from an attachment perspective*. Doctoral dissertation, Seattle Pacific University.

Deci, E. L. (1971). Effects of externally mediated rewards on intrinsic motivation. *Journal of Personality and Social Psychology*, 18(1), 105–115.

Di Muro, F., & Noseworthy, T. J. (2013). Money isn't everything, but it helps if it doesn't look used: How the physical appearance of money influences spending. *Journal of Consumer Research*, 39(6),1330−1342.

Dinsmore, J. B., Stenstrom, E. P., & Kunstman, J. W. (2020). Baseline testosterone moderates the effect of money exposure on charitable giving intent. *Psychology & Marketing*, 1−10.

Doyle, K. O., & Li, Y. (2001). A within-continent content analysis: Meanings of money in Chinese and Japanese proverbs. *American Behavioral Scientist*, 45(2),307−313.

Duclos, R., & Khamitov, M. (2019). Compared to dematerialized money, cash increases impatience in intertemporal choice. *Journal of Consumer Psychology*, 29(3),445−454.

Eisenberger, R., & Cameron, J. (1996). Detrimental effects of reward: Reality or myth? *American Psychologist*, 51(11),1153−1166.

Falkinger, J., Fehr, E., Gächter, S., & Winter-Ebmer, R. (2000). A simple mechanism for the efficient provision of public goods: Experimental evidence. *The American Economic Review*, 90(1),247−264.

Furnham, A. (1984). Many sides of the coin: The psychology of money usage. *Personality and Individual Differences*, 5(5),501−509.

Galoni, C., & Noseworthy, T. J. (2015). Does dirty money influence product valuations? *Journal of Consumer Psychology*, 25(2),304−310.

Gasiorowska, A., Chaplin, L. N., Zaleskiewicz, T., Wygrab, S., & Vohs, K. D. (2016). Money cues increase agency and decrease prosociality among children. *Psychological Science*, 27(3),331−344.

Gasiorowska, A., Zaleskiewicz, T., & Kesebir, P. (2018). Money as an existential anxiety buffer: Exposure to money prevents mortality reminders from leading to increased death thoughts. *Journal of Experimental Social Psychology*, 79,394−409.

Gasiorowska, A., Zaleskiewicz, T., & Wygrab, S. (2012). Would you do something for me? The effects of money activation on social preferences and social behavior in young children. *Journal of Economic Psychology*, 33(3),603−608.

Gasiorowska, A., & Hełka, A. (2012). Psychological consequences of money and money attitudes in dictator game. *Polish Psychological Bulletin*, 43(1),20−26.

Gino, F., & Mogilner, C. (2014). Time, money, and morality. *Psychological Science*, 25(2),414−421.

Gino, F., & Pierce, L. (2009). The abundance effect: Unethical behavior in the presence of wealth. *Organizational Behavior and Human Decision Processes*, 109(2),142−155.

Glucksberg, S. (1962). The influence of strength of drive on functional fixedness and perceptual recognition. *Journal of Experimental Psychology*, 63(1),36−41.

Gneezy, U., & Rustichini, A. (2000). Pay enough or don't pay at all. *The Quarterly Journal of Economics*, 115(3),791−810.

Gresham, A. B., & Fontenot, G. F. (1989). The differing attitudes of the sexes toward money: An application of the money attitude scale. *Advances in Marketing*, 0,380−384.

Guéguen, N., & Jacob, C. (2013). Behavioral consequences of money: When the automated teller machine reduces helping behavior. *The Journal of Socio-Economics*, 47,103−104.

Hanley, A., & Wilhelm, M. S. (1992). Compulsive buying: An exploration into self-esteem and money attitudes. *Journal of Economic Psychology*, 13(1),5−18.

Hansen, J., Kutzner, F., & Wänke, M. (2013). Money and thinking: Reminders of money trigger abstract construal and shape consumer judgments. *Journal of Consumer Research*, 39(6),1154−1166.

Hansen, R. A. (1980). A self-perception interpretaion of the effect of monetary ad nonmonetary incentives on mail survey respondent behavior. *Journal of Marketing Research*, 17(1),

77–83.

Heyman, J., & Ariely, D. (2004). Effort for payment: A tale of two markets. *Psychological Science*, 15(11), 787–793.

Hogarth, R. M., Gibbs, B. J., McKenzie, C. R., & Marquis, M. A. (1991). Learning from feedback: Exactingness and incentives. *Journal of Experimental Psychology: Learning, Memory and Cognition*, 17(4), 734–752.

Hüttl-Maack, V., & Gatter, M. S. (2017). How money priming affects consumers in an advertising context: The role of product conspicuousness and consumers' signalling needs. *International Journal of Advertising*, 36(5), 705–723.

Jenkins, G. D., Mitra, A., Gupta, N., & Shaw, J. D. (1998). Are financial incentives related to performance? A meta-analytic review of empirical research. *Journal of Applied Psychology*, 83(5), 777–787.

Karlsson, N., Dellgran, P., Klingander, B., & Gärling, T. (2004). Household consumption: Influences of aspiration level, social comparison, and money management. *Journal of Economic Psychology*, 25(6), 753–769.

Karlsson, N., Gärling, T., Dellgran, P., & Klingander, B. (2005). Social comparison and consumer behavior: When feeling richer or poorer than others is more important than being so. *Journal of Applied Social Psychology*, 35(6), 1206–1222.

Kersten, M., Cox, C. R., Van Enkevort, E. A., & Arrowood, R. B. (2019). The influence of money-related metaphors on financial anxiety and spending. *Metaphor and Symbol*, 34(4), 229–242.

Kim, H. J. (2017). Diverging influences of money priming on choice. *Psychological Reports*, 120(4), 695–706.

Kouchaki, M., Smith-Crowe, K., Brief, A. P., & Sousa, C. (2013). Seeing green: Mere exposure to money triggers a business decision frame and unethical outcomes. *Organizational Behavior and Human Decision Processes*, 121(1), 53–61.

Kumari, N., & Khanna, J. (2017). Cashless payment: A behaviourial change to economic growth. *International Journal of Scientific Research and Education*, 5(7), 6701–6710.

Lea, S. E., & Webley, P. (2006). Money as tool, money as drug: The biological psychology of a strong incentive. *Behavioral and Brain Sciences*, 29(2), 161–209.

Lelieveld, G., Moor, B. G., Crone, E. A., Karremans, J. C., & Beest, I. V. (2012). A penny for your pain? The financial compensation of social pain after exclusion. *Social Psychological and Personality Science*, 4(2), 206–214.

Lepper, M. R., Greene, D., & Nisbett, R. E. (1973). Undermining children's intrinsic interest with extrinsic reward: A test of the "overjustification" hypothesis. *Journal of Personality and Social Psychology*, 28(1), 129–137.

Levav, J., & McGraw, A. P. (2009). Emotional accounting: How feelings about money influence consumer choice. *Journal of Marketing Research*, 46(1), 66–80.

Li, B., Li, A., Wang, X., & Hou, Y. (2016). The money buffer effect in China: A higher income cannot make you much happier but might allow you to worry less. *Frontiers in Psychology*, 7, 234.

Lim, V. K. G., Teo, T. S. H., & Loo, G. L. (2003). Sex, financial hardship and locus of control: An empirical study of attitudes towards money among Singaporean Chinese. *Personality and Individual Differences*, 34(3), 411–429.

Lim, V. K. G., & Teo, T. S. H. (1997). Sex, money and financial hardship: An empirical study of attitudes towards money among undergraduates in Singapore. *Journal of Economic Psychology*, 18(4), 369–386.

Liu, J., Smeesters, D., & Vohs, K. D. (2012). Retracted: Reminders of money elicit feelings of threat and reactance in response to social influence. *Journal of Consumer Research*, 38(6), 1030–1046.

Liu, W., & Aaker, J. (2008). The happiness of giving: The time-ask effect. *Journal of Consumer Research*, 35(3), 543–557.

Lodder, P., Ong, H. H., Grasman, R. P. P. P., & Wicherts, J. M. (2019). A comprehensive meta-analysis of money priming. *Journal of Experimental Psychology: General*, 148(4), 688–712.

Loewenstein, G. F., Read, D., & Baumeister, R. F. (2003). *Time and decision: Economic and psychological perspectives on intertemporal choice*. New York: Russell Sage Foundation.

Luna-Arocas, R., & Tang, T. L. (2004). The love of money, satisfaction, and the protestant work ethic: Money profiles among univesity professors in the U. S. A. and Spain. *Journal of Business Ethics*, 50(4), 329–354.

Lynn, R. (1991). *The secret of the miracle economy: Different national attitudes to competitiveness and money*. London: The Social Affairs Unit.

Ma, L., Fang, Q., Zhang, J., & Nie, M. (2017). Money priming affects consumers' need for uniqueness. *Social Behavior and Personality: An International Journal*, 45(1), 105–114.

Ma, Q., Hu, Y., Pei, G., & Xiang, T. (2015). Buffering effect of money priming on negative emotions-An ERP study. *Neuroscience Letters*, 606, 77–81.

Mandel, N., & Johnson, E. J. (2002). When web pages influence choice: Effects of visual primes on experts and novices. *Journal of Consumer Research*, 29(2), 235–245.

Mani, A., Mullainathan, S., Shafir, E., & Zhao, J. (2013). Poverty impedes cognitive function. *Science*, 341(6149), 976–980.

Mazar, N., & Aggarwal, P. (2011). Greasing the palm: Can collectivism promote bribery? *Psychological Science*, 22(7), 843–848.

McClure, R. F. (1984). The relationship between money attitudes and overall pathology. *Psychology: A Journal of Human Behavior*, 21(1), 4–6.

Medina, J. F., Saegert, J., & Gresham, A. (1996). Comparison of Mexican-American and Anglo-American attitudes toward money. *Journal of Consumer Affairs*, 30(1), 124–145.

Mellström, C., & Johannesson, M. (2008). Crowding out in blood donation: Was titmuss right? *Journal of the European Economic Association*, 6(4), 845–863.

Meloy, M. G., Russo, J. E., & Miller, E. G. (2006). Monetary incentives and mood. *Journal of Marketing Research*, 43(2), 267–275.

Mishra, H., Mishra, A., & Nayakankuppam, D. (2006). Money: A bias for the whole. *Journal of Consumer Research*, 32(4), 541–549.

Mitchell, T. R., & Mickel, A. E. (1999). The meaning of money: An individual-difference perspective. *The Academy of Management Review*, 24(3), 568–578.

Mogilner, C. (2010). The pursuit of happiness. *Psychological Science*, 21(9), 1348–1354.

Mogilner, C., & Aaker, J. (2009). "The time vs. money effect": Shifting product attitudes and decisions through personal connection. *Journal of Consumer Research*, 36(2), 277–291.

Mok, A., & De Cremer, D. (2015). Strengthened to forgive workplace transgressions: Priming new money increases interpersonal forgiveness. *Journal of Applied Social Psychology*, 45(8), 437–450.

Mok, A., & De Cremer, D. (2016a). The bonding effect of money in the workplace: Priming money weakens the negative relationship between ostracism and prosocial behaviour. *European Journal of Work and Organizational Psychology*, 25(2), 272–286.

Mok, A., & De Cremer, D. (2016b). When money makes employees warm and bright: Thoughts of new money promote warmth and competence. *Management and Organization Review*, 12(3), 547–575.

Mok, A., & De Cremer, D. (2018). Too tired to focus on others? Reminders of money promote considerate responses in the face of depletion. *Journal of Business and Psychology*, 33(3), 405–421.

Molinsky, A. L., Grant, A. M., & Margolis, J. D. (2012). The bedside manner of homo economicus: How and why priming an economic schema reduces compassion. *Organizational Behavior and Human Decision Processes*, 119(1), 27–37.

Mukherjee, S., Manjaly, J. A., & Nargundkar, M. (2013). Money makes you reveal more: Consequences of monetary cues on preferential disclosure of personal information. *Frontiers in Psychology*, 4, 839.

Nelson, L. D., & Morrison, E. L. (2005). The symptoms of resource scarcity: Judgments of food and finances influence preferences for potential partners. *Psychological Science*, 16(2), 167–173.

O'Curry, S. (1997). Income source effects. Unpublished working paper, DePaul University.

Pessiglione, M., Schmidt, L., Draganski, B., Kalisch, R., Lau, H., Dolan, R. J., ... Frith, C. D. (2007). How the brain translates money into force: A neuroimaging study of subliminal motivation. *Science*, 316(5826), 904–906.

Pfeffer, J., & DeVoe, S. E. (2009). Economic evaluation: The effect of money and economics on attitudes about volunteering. *Journal of Economic Psychology*, 30(3), 500–508.

Phau, I., & Woo, C. (2008). Understanding compulsive buying tendencies among young Australians: The roles of money attitudes and credit card usage. *Marketing Intelligence & Planning*, 26(4–5), 441–458.

Piff, P. K., Kraus, M. W., Côté, S., Cheng, B. H., & Keltner, D. (2010). Having less, giving more: The influence of social class on prosocial behavior. *Journal of Personality and Social Psychology*, 99(5), 771–784.

Polman, E., Effron, D. A., & Thomas, M. R. (2018). Other people's money: Money's perceived purchasing power is smaller for others than for the self. *Journal of Consumer Research*, 45(1), 109–125.

Prince, M. (1993). Self-concept, money beliefs and values. *Journal of Economic Psychology*, 14(1), 161–173.

Qu, C., Zhang, A., & Chen, Q. (2013). Monetary effects on fear conditioning. *Psychological Reports*, 112(2), 353–364.

Quoidbach, J., Dunn, E. W., Petrides, K. V., & Mikolajczak, M. (2010). Money giveth, money taketh away: The dual effect of wealth on happiness. *Psychological Science*, 21(6), 759–763.

Raghubir, P., & Srivastava, J. (2009). The denomination effect. *Journal of Consumer Research*, 36(4), 701–713.

Roberts, J. A., & Jones, E. (2001). Money attitudes, credit card use, and compulsive buying among American college students. *Journal of Consumer Affairs*, 35(2), 213–240.

"Roberts, J. A., & Sepulveda, C. J. M. (1999). Money attitudes and compulsive buying: an exploratory investigation of the emerging consumer culture in Mexico. *Journal of International Consumer Marketing*, 11(4), 53–74."

Rucker, D. D., Galinsky, A. D., & Dubois, D. (2012). Power and consumer behavior: How power shapes who and what consumers value. *Journal of Consumer Psychology*, 22(3), 352–368.

Rucker, D. D., & Galinsky, A. D. (2008). Desire to acquire: Powerlessness and compensatory consumption. *Journal of Consumer Research*, 35(2), 257–267.

Savani, K., Mead, N. L., Stillman, T., & Vohs, K. D. (2016). No match for money: Even in intimate relationships and collectivistic cultures, reminders of money weaken sociomoral responses. *Self and Identity*, 15(3), 342–355.

Saxe, R., & Haushofer, J. (2008). For love or money: A common neural currency for social and monetary reward. *Neuron*, 58(2), 164–165.

Selterman, D. F., & Maier, M. A. (2013). Secure attachment and material reward both attenuate romantic jealousy. *Motivation and Emotion*, 37(4), 765–775.

Shah, A. K., Shafir, E., & Mullainathan, S. (2015). Scarcity frames value. *Psychological Science*, 26(4), 402–412.

Shah, J., Higgins, E. T., & Friedman, R. S. (1998). Performance incentives and means: How regulatory focus influences goal attainment. *Journal of Personality and Social Psychology*, 74(2), 285–293.

Sharma, E., Mazar, N., Alter, A. L., & Ariely, D. (2014). Financial deprivation selectively shifts moral standards and compromises moral decisions. *Organizational Behavior and Human Decision Processes*, 123(2), 90–100.

Sharma, E., & Alter, A. L. (2012). Financial deprivation prompts consumers to seek scarce goods. *Journal of Consumer Research*, 39(3), 545–560.

Shaul, C. (2007). The attitude toward money as a reward system between the age groups corresponding to the boomers, generation X, and generation Y employees. Doctoral dissertation, Alliant International University, Fresno.

Srivastava, A., Locke, E. A., & Bartol, K. M. (2001). Money and subjective well-being: It's not the money, it's the motives. *Journal of Personality and Social Psychology*, 80(6), 959–971.

Tang, L. P., Furnham, A., & Davis, G. M. Z. W. (2002). The meaning of money: The money ethic endorsement and work-related attitudes in Taiwan, the USA and the UK. *Journal of Managerial Psychology*, 17(7), 542–563.

Tang, T. L. (1992). The meaning of money revisited. *Journal of Organizational Behavior*, 13(2), 197–202.

Tang, T. L. (1993). The meaning of money: Extension and exploration of the Money Ehic Scale in a sample of university students in Taiwan. *Journal of Organizational Behavior*, 14(1), 93–99.

Tang, T. L. (1995). The development of a short Money Ethic Scale: Attitudes toward money and pay satisfaction revisited. *Personality and Individual Differences*, 19(6), 809–816.

Tong, L., Zheng, Y., & Zhao, P. (2013). Is money really the root of all evil? The impact of priming money on consumer choice. *Marketing Letters*, 24(2), 119–129.

Trump, R. K., Finkelstein, S. R., & Connell, P. M. (2015). I will risk a stranger's money, but not my own or my friend's money: Effect of proximity of the money source to the self on financial risk-taking. *Marketing Letters*, 26(4), 501–512.

Trzcińska, A., & Sekścińska, K. (2016). The effects of activating the money concept on prseverance and the preference for delayed gratification in children. *Frontiers in Psychology*, 7, 603.

Tykocinski, O. E., & Pittman, T. S. (2013). Money imbued with essence: How we preserve, invest, and spend inherited money. *Basic and Applied Social Psychology*, 35(6), 506–514.

Vohs, K. D. (2015). Money priming can change people's thoughts, feelings, motivations, and behaviors: An update on 10 years of experiments. *Journal of Experimental Psychology: General*, 144(4), e86–e93.

Vohs, K. D., Mead, N. L., & Goode, M. R. (2006). The psychological consequences of money. *Science*, 314(5802), 1154–1156.

Vohs, K. D., Mead, N. L., & Goode, M. R. (2008). Merely activating the concept of money changes personal and interpersonal behavior. *Current Directions in Psychological Science*, 17(3), 208–212.

Wang, L. , Kim, S. , & Zhou, X. . (2017). Is money worth saving? Money anthropomorphism increases saving behavior. *ACR North American Advances*, *45*, 350–355.

Wang, L. , & Murnighan, J. K. (2016). How much does honesty cost? Small bonuses can motivate ethical behavior. *Management Science*, *63*, 2903–2914.

Wierzbicki, J. , & Zawadzka, A. M. (2016). The effects of the activation of money and credit card vs. that of activation of spirituality-Which one prompts pro-social behaviours? *Current Psychology*, *35*(3), 344–353.

Wirtz, J. , & Chew, P. (2002). The effects of incentives, deal proneness, satisfaction and tie strength on word-of-mouth behaviour. *International Journal of Service Industry Management*, *13*(2), 141–162.

Xie, W. , Yu, B. , Zhou, X. , Sedikides, C. , & Vohs, K. D. (2014). Money, moral transgressions, and blame. *Journal of Consumer Psychology*, *24*(3), 299–306.

Xu, Q. , Zhou, Y. , Ye, M. , & Zhou, X. (2015). Perceived social support reduces the pain of spending money. *Journal of Consumer Psychology*, *25*(2), 219–230.

Yamauchi, K. T. , & Templer, D. J. (1982). The development of a Money Attitude Scale. *Journal of Personality Assessment*, *46*(5), 522–528.

Yang, Q. , Wu, X. , Zhou, X. , Mead, N. L. , Vohs, K. D. , ... Baumeister, R. F. (2013). Diverging effects of clean versus dirty money on attitudes, values, and interpersonal behavior. *Journal of Personality and Social Psychology*, *104*(3), 473–489.

Zaleskiewicz, T. , Gasiorowska, A. , Kesebir, P. , Luszczynska, A. , & Pyszczynski, T. (2013). Money and the fear of death: The symbolic power of money as an existential anxiety buffer. *Journal of Economic Psychology*, *36*, 55–67.

Zaleskiewicz, T. , Gasiorowska, A. , & Vohs, K. D. (2017). The psychological meaning of money. *Economic Psychology*, 105–122.

Zhang, L. (2009). An exchange theory of money and self-esteem in decision making. *Review of General Psychology*, *13*(1), 66–76.

Zhou, R. , & Pham, M. T. (2004). Promotion and prevention across mental accounts: When financial products dictate consumers & investment goals. *Journal of Consumer Research*, *31*(1), 125–135.

Zhou, X. , Feng, C. , He, L. , & Gao, D. (2008). Toward an integrated understanding of love and money: Intrinsic and extrinsic pain management mechanisms. *Psychological Inquiry*, *19*(3–4), 208–220.

Zhou, X. , & Gao, D. (2008). Social support and money as pain management mechanisms. *Psychological Inquiry*, *19*(3–4), 127–144.

Zhou, X. , Kim, S. , & Wang, L. (2019). Money helps when money feels: Money anthropomorphism increases charitable giving. *Journal of Consumer Research*, *45*(5), 953–972.

Zhou, X. , Vohs, K. D. , & Baumeister, R. F. (2009). The symbolic power of money: Reminders of money alter social distress and physical pain. *Psychological Science*, *20*(6), 700–706.

Zhou, X. , Yang, Q. , He, L. -N. , & Cao, S. -Q. (2011). Cultural valueas a form of currency. *Advances in Psychological Science*, *19*, 143–158.

Zhou, X. , Yang, Q. , & Hu, X. (2018). When money meets morality: Human universals and cultural differences. *PsyCh Journal*, *7*(2), 105–106.

29　人机关系[①]

- 29.1　引言 / 941
- 29.2　人机有别 / 943
  - 29.2.1　人心之维度 / 943
    - 一元理论 / 943
    - 二元理论 / 943
    - 三元理论 / 944
  - 29.2.2　维度之分类 / 945
    - 能力观 / 945
    - 属性观 / 945
    - 价值观 / 946
  - 29.2.3　未来之改变 / 946
- 29.3　机器拟人 / 947
  - 29.3.1　拟人化之形式 / 947
  - 29.3.2　拟人化之恐怖谷效应 / 949
  - 29.3.3　拟人化之缘由 / 951
- 29.4　人之接受 / 953
  - 29.4.1　机器之属性 / 953
    - 机器的感官特征 / 953
    - 机器的内外能力 / 955
  - 29.4.2　人机之交互 / 957
    - 人口学变量 / 957
    - 心理学变量 / 958
- 29.5　机器向善 / 960
  - 29.5.1　道德之可能 / 960
    - 机器的道德地位 / 960
    - 机器的道德能力 / 961
    - 机器的道德学习 / 963
  - 29.5.2　理解之深化 / 965
- 参考文献 / 966

29.1　引言

现代人的生活数字化了，人工智能（artificial intelligence，AI）这个词语不断

[①] 国家社会科学基金青年项目"拟人化人工智能的道德责任归因研究"（批准号 20CZX059）成果。

出现在人们的生活中。它的形式可能是实体机器人,也可能是虚体算法。当人们刷着新闻、短视频时,他们可能意识不到大多数结构化的新闻已经是机器人所撰写的,而推送给特定个人的新闻和视频又是各种人工智能算法根据每个人的历史偏好精准计算出来的。很多情况下,人们在家里就可以使用智能识别设备统筹管理家电,也可以在手机上装上语音机器人,即使不动手指,也能获取信息、发出指令,甚至扫地机器人、洗碗机器人都经常性地进入家庭生活。在业界,如举重机器人等自动化人工智能机械早已进入工业生产的各个流程,自动驾驶汽车也被不会开车者视为福音,甚至连公司招聘、简历初筛都经常是人工智能辅助决策。这些人工智能程序与社会机器人不断面临与人类的交互,甚至可能改变人类的心理生活模式,而人类对人工智能或者人工智能体的感知是相对被动且滞后的。由于技术进步迭代的速度要远快于人类对人工智能和人工智能体的认识更新,那么人类如何看待人工智能便成为了接受、使用、消费人工智能和人工智能体的关键。看待便是社会知觉,也就是人工智能的社会心理学视角。以这一视角去研究人工智能并非是要去了解独特算法,或者是对数据集进行深度学习,也并非是要实际去使用人工智能。由于机器与人工智能在人类社会生活中的广泛应用,人类必须和机器产生互动,这种互动也必然影响人类的社会生活,更有甚者还能引发广泛的社会关注。人工智能技术的产生与应用通常也会产生诸多新兴社会问题,例如隐私保护、算法歧视、选择偏见、信息茧房,等等。这些看似涉及技术使用的问题,其本质则是人与机器交互和联系的社会心理学问题。

  本章从人对于机器的社会认知入手,探索人如何看待自己、机器以及互动的问题。首先,本文考察人类和机器的区别问题。这一区别涉及人类对自身定义性特征的考量,以及在未来社会,人类由于机器的发展将如何重新审视自身特征以区别于机器。其次,本文讨论人工智能的拟人化问题。由于人工智能并非是传统意义上的机器,它模拟人类智能,因此人类在对其进行社会认知时或多或少会将其作为人类来认识,而如何将其作为人类以及为何将其作为人类,这是本章在此探讨的问题。再次,本文讨论人对机器的接受度问题。人类对机器进行了社会认知之后必然与其产生互动,而如何互动、人类接受何种类型的机器以及各方的何种因素会影响人类接受,这也是人类必须了解的重要方面。最后,本文讨论接受之后的长时程共存问题。这一问题的落脚点即如何制造出道德的人工智能体,机器是否有道德地位与能力,而其道德又从何而来,这都值得人类审慎思考。

29.2 人机有别

29.2.1 人心之维度

探求人心的过程也是回答何以为人的过程。当然你可以说,并非人才有"心",动物亦有"心"。但此处之"心"非心脏之"心",乃心智之"心"。因此,识别人心即识别人之为人,因为心智以人最为完备,且知觉到某种实体(entity)有"心",即是将其部分拟人化之过程(许丽颖,喻丰,邬家骅,韩婷婷,赵靓,2017)。人工智能席卷之时代,机器是否有"人心",何种技术手段能够探究人心等诸问题在未被详细回答之前,便已然被计算机科学家诉诸实践,但这是顺序颠倒的。其实,只有回答了人之为人的问题,方能真正探究认识人工智能与机器之问题。那么,何以为人? 大致有这些理论。

一元理论

人工智能从业者都知道著名的图灵测试(Turing Test)。图灵测试是一条典型的一元标准,即通过便是人,而不通过则非人。这条简单的原则也许最多地被人工智能领域所提及。甚至直至今日,除开专门研究人心问题的心理学领域,这条古老的原则依然被认为是人工智能检测的金科玉律。心理学也有自己的一元理论,用一条原则判断人和其他实体(如动物、机器等)的区别。低人化(infra-humanization)理论认为,人和非人的区别就在于人可以体会到特定的情绪,这种情绪叫做次级情绪(secondary emotion),比如人可以体会到爱、怀旧、尴尬,而动物不能,机器也不能(Leyens, Paladino, Rodriguez-Torres, Vaes, Demoulin, Rodriguez-Perez, 和 Gaunt, 2000)。但是动物和人都可以体会到所谓的初级情绪,喜、怒、哀、惧、悲、恶。当人类不想将外群体当作人时,会知觉不到他们的次级情绪。机器更加不谈次级情绪,甚至人知觉不到它的所有情绪。如若人能够知觉到人工智能的次级情绪,你发现家里的扫地机器人在扫得并不干净时表现出了尴尬,那么按照低人化理论,这个机器人可以被知觉为人。当然这里从图灵测试的机器本体论问题换成了认识论问题,换成了人类的知觉,且无论机器和动物是否真的能具有体会和表达次级情绪的能力。至少达尔文觉得,动物是可以表达出这些类似爱、尴尬之类的次级情绪的(Keltner, 2009)。不过,在人类知觉上,动物是否真的能表达倒并不关键,因为不管怎样,人类就是如此认为,也经常将自己仇视的外群体人类成员知觉为表达不了这些情绪。

二元理论

对应道德理论(dyadic morality theory)是代表性的人心二元理论(Schein 和

Gray，2018）。必须说明的是，对应道德理论是典型的道德一元论，即它认为道德只有一个心理实质，即伤害。但是在解释人性上，它是一个二元理论，即认为人性实际上是两个维度，即所谓能动（agency）和体验（experience）。能动是道德主体（moral agent）的道德地位体现，能动者常常被人知觉为行为的发出者，因此能动高者被认为需负道德责任；体验是道德客体（moral patient）的道德地位体现，体验者常常被人知觉为行为的接受者，因此体验高者被认为具有道德义务。人性不过是能被人知觉为体验或者能动而已。人即能动、体验兼而有之；上帝仅能被知觉为能动，并无体验；机器能动感知不及上帝，但也并无体验；婴儿、动物并无能动，但有体验。那么何为体验？即有饥饿、害怕、愉悦、愤怒、欲求、人格、意识、骄傲、尴尬和喜悦的能力；何为能动？即有自我控制、道德、记忆、情绪再认、计划、交流和思考的能力。

  对应道德理论不仅仅是一种关于人心的二元理论，实际上，二元理论是非常丰富的。比如非人化（dehumanization）理论（Haslam，2016）。非人化理论探讨的就是人性何为，其与动物、机器有何区别。这一理论（Haslam，2006）认为人心的两个维度为人类本性（human nature）与人类特异性（human uniqueness）。人类特异性是那些使人区别于动物的特征，如高贵、礼貌、道德、理性、成熟等；而人类本性则是那些使人区别于非动物性事物（如机器）的特征，如情感、温暖、开放、能动、深刻等。这对应着动物缺少教养、粗鄙、缺乏自我约束、冲动、孩子气，也对应着机器情感麻木、冰冷、思维僵化、被动以及肤浅。因此，人类本性和人类特异性这两个维度也就是人心的基本维度。其实，人类本性类似能动，而人类特异性类似体验，虽不完全对应，但也颇有此感。

  心理学家普遍对人心的两维度有共识，这和社会认知的基本维度观相对应。也就是说，在日常给别人贴标签时，人们通常在两个维度上进行判断，这也是日常识别人心的方式。只不过，心理学对如何命名这两个维度则存在分歧。称作道德与能力者有之、养育与支配者有之、社会与智力者有之、交流与能动者有之、热情与能力者亦有之。究其实质，这两个基本维度代表的意思基本类似，第一个维度基本是朝向他人的，第二个维度基本是朝向自己的。或者说一个是主动的，另一个是被动的。

三元理论

  心理生活概念（conceptions of mental life）理论对上述对应道德理论的维度重新进行了划分（Weisman，Dweck，和 Markman，2017）。它对人性能力进行了重新筛选和大样本调查，发现人类心理生活概念即人心，应分为三个维度，即身体（body）、心智（mind）、情感（heart）。身体维度包括这样一些能力：感受饥饿、体验疼痛、感受劳累、体验恐惧、体验愉悦、进行计算、有自由意志、有意识、感觉安全、有欲望、感受恶心、感受平静、感到生气、有意图、能知觉到自我；心智维度包括这样一些能力：记住东西、再认他人、感觉温度、与他人交流、看到东西、感知深度、朝向目标努力、听到声音、做出选择、推理、闻到气味；情感维度包括这样一些能力：感受尴尬、体验自豪、感觉爱、体验愧疚、有信念、感觉不受尊重、感到抑郁、理解他人感受、体验快乐、有人格、感受高兴、分辨对错、进行自我克制、有思维。此理论不再从行为的发出者和接受者角度来考虑，而是脱开人际原因，直接用个体的身体、心智和情感来进行划分，虽内在逻辑上还稍有重合之处，但是这三个维度已然可以解释不少人心现象。物体如订书机在三个维度上均无；机器人没有情感和身体，只有心智；甲壳虫有部分的身体和心智，但是没有情感。心理生活概念理论是一个完整的自下而上的数据驱动理论，它只着眼于个体。另一个完全从人工智能角度出发探究人性的心智知觉维度理论也自下而上地发现了三种维度（Malle，2019），即情感、认知和现实交互（reality interaction）。情感维度包括积极社会情感和消极情感两个子维度，积极社会情感中有四个条目，分别为：感觉高兴、爱某个人、感觉愉快、体验疼痛；消极情感中也是四个条目：感觉疼痛、感觉有压力、体验恐惧、感觉劳累。认知维度也包括道德认知和社会认知两个子维度，道德认知有四个条目，分别为：反对不道德行为、能分清对错、坚持道德价值观、赞扬道德行为；社会认知也是四个条目：推断一个人的想法、计划未来、理解他人的想法、设定目标。现实交互就是四个条目：语言沟通、看和倾听世界、遵从指导来学习、自主活动。

29.2.2 维度之分类

无论人心包括几种维度，如上理论都刻画了人之为人的核心。大略上，可以从中看出人心的核心是什么，是何种属性或曰何种能力。能力观有之。综合各种理论，可以发现，抛开维度，至少有两种解释人性的方式。一种是能力观，一种是属性观。还有一种可能是价值观。

能力观

所谓能力观，是指某种实体（entity）如果在本质上具备了某些能力，那么便可以将其视作人。这是一种本质主义论调，即能够区分之物有其自有的本质（essence），是这个本质决定了这一存在。譬如非人化理论，人之为人，是因为人具有高贵、礼貌、道德、理性、成熟以及情感、温暖、开放、能动、深刻等特征。又比如低人化理论，人之为人，是因为人具有所谓的次级情绪。属性观有之。

属性观

所谓属性观，即指某种实体被知觉为具有某种特征，且不论其本质上是否真的具有这种特征。相对于能力观,属性观更是一种认识论上的观点。因为对人心本身便是知觉认识,所以只要能够知觉他心,实际上实体是否真的具有这种特征本质并不重要。譬如对应道德理论认为人心具有能动和体验两个维度。这是两个知觉性的维度,并非说人之为人必须有能动或者体验,而是说人之为人,必须让人觉得有能动或者体验的感觉。心理生活概念理论也是一种属性观理论。

价值观

在所有人性观理论中都隐含道德的作用,但是均未提及道德作为一个主要维度来起作用。刻板印象内容模型(stereotype content model)将人心知觉分为能力与温暖,某种程度上类似能动与体验(Fiske, Cuddy, 和 Glick, 2007)。能力与温暖并未涉及道德,可研究却发现,在对他人形成印象的时候,道德是认识人心的第一途径。研究发现,在印象形成时,道德比一般特质(如:聪明、有逻辑、有条理、有创造力、有音乐细胞、有运动能力等)要重要;而那些非社会性的美德(如:勇气、公平、原则、诚实等)又比社会性的美德(如:随和、热情、合群、风趣等)要重要(Goodwin, Piazza, 和 Rozin, 2014)。不仅如此,在面孔识别研究中,对面孔判断的首要影响源便是道德因素,即可信赖程度(trustworthy)(Todorov, Pakrashi, 和 Oosterhof, 2009)。这表明,道德或许是人类认识自己、认识他人、认识世界、甚至是创造意义的首要来源(Janoff-Bulman, 2013)。诺布(Joshua Knobe, 2010)认为,人在做任何判断,哪怕是最基本的意图判断时,都会受到道德因素的影响,因此究其本质而言,可以说人是一个道德家(moralist)。这种道德因素之所以如此重要,是因为道德是进化的心理机制,是人们在漫长的适应过程中生而带来的。对一个人来说,道德可能是其自我认同(identity)的核心。如果问一个人,如果你的邻居在车祸中受了重伤,然后接受了换脑手术,术后醒来他可能有这样几种表现:(1)没有什么变化;(2)失去知觉:能看见、能听见、能有各种感觉,但是却不能分辨和识别物体;(3)失去欲望:变得没有任何欲求了;(4)失去记忆:不记得事故前的任何东西了;(5)失去道德:变得没有良知、无法分辨善恶、好坏(Strohminger 和 Nichols, 2014)。接着研究者问人们,在每种情况下你觉得你的邻居在多大程度上已经不是他了?结果发现,在失去美德的情况下,人们觉得一个人最有可能失去其自我认同,这也告诉大家,所谓的"真我"(true self),其核心便是道德。

29.2.3 未来之改变

综上,如果人工智能要达到人类的智能,它有三种方案可供选择,即超越能力、展示属性与承担责任。所谓超越能力,是指人工智能具备近似或者超过人类的能力,而这种能力的具备或者超越是全方位的,不能在某一个维度上超过,而在另一维度上不及,这是一种木桶原理的超越。所谓展示属性,是指人工智能表现出类似人类的属性,这也是一种木桶原理的展示,即在所有维度上均展示出类似人的属性。第三种方案即承担责任,即人工智能在某种程度上承担道德责任,至少到现在为止,其承担责任之事相当复杂(喻丰,许丽颖,2018)。

人工智能存在一种异化之可能。即其本是人类创造之物,但强人工智能会反过来钳制人类本身。那么基于人类将面临的挑战和重大社会变革,人类自身所需要的能力也一定会发生巨大的变化。未来哪些能力将变得重要,而哪些能力将变得无足轻重,哪些能力始终会是人类的标志性能力,而哪些能力又是能被机器人所替代的,这便是人类讨论人之为人需要厘清之关键。综合了以上诸理论,通过大样本调查和多个实验去探究在未来社会的人心维度变化问题,结合之前所有人性理论的维度和特征来考察,研究者发现了一些初步结论(喻丰,2020)。譬如,在未来,更加重要的能力是道德、理性、审美、自我意识、自我控制等;在未来,变得更加不重要的能力是一般认知能力、身体能力、消极情感等。很好理解道德、理性、审美、自控等高级加工能力在日后会变得重要,也很好理解一般认知能力因为人工智能本身就要强于人类,所以其变得并不重要,但是人类情感变得并不重要了,这个较为反直觉,但要注意,这里的情绪均为消极情绪,在进化上,消极情绪更偏向于让人活下来的情绪,而积极情绪才是之后渐分让人活得更好的情绪。如果换成维度观来看,则会发现,当面临人工智能威胁时,人类会觉得体验稍稍变得重要了一些,但是能动大幅变得不那么重要。身体、情感维度都没有太大变化,但是心智维度的重要性大幅度降低。这是个非常有意思的现象,人类面对未来的人工智能如何看待自己的人心维度,普遍意义上来说,将某些维度看得重要是较为合理的,但是结果却是,对比起什么维度重要,人类更加关心自己人性的哪些方面不重要,而不重要的那些维度就是人工智能本身就强于人类的那些维度,比如心智维度、比如能动维度。当然,如果不只看粗略的维度,而看细致的特征,就会发现,那些让人活(survive)的能力变得并不重要了,如一般认知能力、身体能力、消极情绪等;而那些让人活得更好的能力则变得更加重要了,如道德、理性、审美等。

29.3 机器拟人

29.3.1 拟人化之形式

科幻电影中的机器人往往都十分"像人","他/她们"拥有人类的外表、表现出人类的行为、甚至能够让人知觉到人类的思维、情绪和情感。由于机器人在现实生活中并不常见，因此普通大众对机器人的印象往往来源于这些科幻电影（Broadbent 等，2010）。近 20 年来，社会机器人（social robots）的不断涌现使这些幻想逐步走入现实（Broadbent，2017）。之所以称其为社会机器人，是因为它们的工作场景不再是与世隔绝的生产流水线，而是延伸到了教育（如早教）、商业（如购物向导）和医疗保健（如陪伴老人）等复杂的社会环境；它们的工作内容也不再只是重复单一的机械运动，而是扩展到了需要与人互动交流的社会活动。要在这些领域发挥作用，就要求社会机器人不能只是"工具"，而要成为人们的"社会伙伴"（Dumouchel 和 Damiano，2017）。毫无疑问，在这个机器人由单纯的"机器"向真正的机器"人"逐渐蜕变的过程中，拟人化（anthropomorphism）能够起到强大的助推器作用。在心理的层面甚至可以说，正是由于拟人化的融入，使得机器人开始真正脱离简单的工具性，而更多地拥有复杂的社会性。

人工智能实际上是基于代码的，如果剥茧抽丝来看人工智能，其底层应该是算法、代码与计算过程。但是，人类需要具体化，算法相对抽象，而在许多时候，人们需要一个具体而心理距离近的形象来表达这些算法（Trope 和 Liberman，2010）。这便需要让人工智能拟人化。实际上，在民众心理学水平上，人们很难去理解或者解释为何底层代码能够运行出看似千变万化、无所不能的人工智能形态，抑或如果人工智能经由算法而没有表现出人的形态，实际上人们无法将其作为智能来看待。譬如日常生活中在街上随处可见所谓的机器人拉面，这种拉面机器实际上并非人工智能，而只是普通机器，但是由于其人形形象的存在，它在通常情况下会被认为是人工智能。而真实的人工智能做饭或者炒菜的机器，由于其形态类似机器，而并无人形特征，在生活中人们通常不会将其看作人工智能，知识匮乏者甚至无法理解这是人工智能的实体存在。甚至普通人开始制造其所谓的人工智能时，均会选择拟人化的形态而开始（Broadbent，2017）。因此，在通常情况下，拟人化似乎可能成为理解和知觉人工智能的窗口。

但实际上拟人化也有不同的形态。最基本的区分是外表拟人化与行为拟人化。行为拟人化的研究相对偏少，但即使当一颗小球做出规则运动时，人们也会倾向于将其归结为有一颗心灵。同理，一个外表并不拟人化的机器形态的人工智能实体如若展现出某种人类行为的规律性，那么其是否拟人化还有待研究。但是，外表拟人化的人工智能实体是在日常生活中常见的。甚至你可能发现，外表拟人化也有不同的表现形态。如有的人工智能拟人化形态就极尽像人，比如某些作为性爱用途的人工智能实体；有的人工智能机器人展现出人的特征，但是却在常人看来绝非人类，只是"像人"而已，比如机器人 Nao；有的人工智能机器人展现出婴儿特征,表现为萌的感觉(喻丰,许丽颖,2020),比如已开始商业化的机器人 Paro;有的人工智能机器人展现出宠物形态,其外形如狗、海豹、恐龙等,如大量研发的所谓机器狗等;有的人工智能机器人还表现出卡通特征等。那么要根据什么来确定人工智能实体像人的呢?研究发现,使用构建的拟人化机器人数据库(ABOT,Anthropomorphic roBOT)进行各种拟人特征评定,通过因素分析发现,人工智能实体或者机器人的特征可以分为四个部分,即表面外观(睫毛、头发、皮肤、性别、鼻子、眉毛、服装)、身体部位(手、手臂、躯干、手指、腿)、面部特征(面部、眼睛、头部、嘴巴)以及机械运动(车轮、踏板/履带),而这些维度对于是否像人的预测中,表面外观与身体部位总是最为可靠的预测源,而面部特征与机械运动相对更不重要,在所有的特征中,躯干、性别与皮肤是解释力最强的三个预测指标(Phillips, Zhao, Ullman,和 Malle,2018)。

29.3.2 拟人化之恐怖谷效应

是否人工智能越像人越好呢?并非如此。当机器人外观的拟人化程度上升到一定水平时,人们对机器人的好感会陡然下降并产生厌恶,即产生人们所熟知的"恐怖谷(uncanny valley)"效应(Mori,1970)。近年来,有许多学者都对机器人外观拟人化可能会产生的恐怖谷效应进行了深入探讨,试图进一步了解其中的机制,但由于切入视角的不同,得到的结论也不尽相同。例如,有研究者从心智感知理论入手,发现只有人们在赋予机器人感受性而非能动性时,机器人外观的拟人化才会产生恐怖谷效应(Gray 和 Wegner,2012);也有研究者直接从美学的角度出发,提出机器人外观的吸引力能够减轻恐怖谷效应(Hanson,2006;Destephe 等,2015);另外还有研究者则认为是高度拟人化造成了死亡思想的可及性(accessibility),从而导致恐怖谷效应的产生(Koschate, Potter, Bremner,和 Levine,2016)。虽然关于恐怖谷效应机制的研究结论尚未达成一致,但是无可否认的一点是,机器人的研究者和设计者应当在理论和实践中探索拟人化的最佳水平,警惕恐怖谷效应可能导致的人们对机器人的负面态度(Kim, Schmitt,和 Thalmann,2019)。

这里存在一个所谓的恐怖谷(uncanny valley)效应,即如果人工智能实体长得过于接近人,人们反而会感受到不适甚至恐惧(Mori,1970)。这一效应是否存在实际上存在争议(MacDorman 和 Chattopadhyay,2016)。以现有研究来看,如果一个人工智能机器人在外貌和行为上都与人无异,那么这实际上无问题。但如果有一方面略有奇怪,那么恐怖谷效应便会出现。譬如若机器人的外貌极其类似人,而其行为却不类似人或者其触感冰凉或无皮肤感,这时候就会出现恐怖谷效应

(Cabibihan, Joshi, Srinivasa, Chan, 和 Muruganantham, 2015); 而如若机器人的行为类似人,但外貌却是机械形态,恐怖谷效应也会产生(Pinar, Thierry, Hiroshi, Jon, 和 Chris, 2012)。当然,如果外貌或者行为其中一个维度上存在人与非人的混合,那么恐怖谷也会出现。比如眼神空洞的机器人会比正常眼睛的机器人更容易产生恐怖谷效应(Broadbent, Kumar, Li, Stafford, Macdonald, 和 Wegner, 2013)。为何会出现恐怖谷效应?这一点也存在不同理论的争议。恐怖谷的主要解释在于人们会将过于类似人的机器人看作是尸体,这种高度拟人化造成了死亡思想的可及性(accessibility),并因此产生不适与恐惧(Koschate, Potter, Bremner, 和 Levine, 2016)。但是为何人们会对尸体产生不适,这也存在争议。一种解释是,这可能是由于成熟或者文化教养的影响,因为对婴幼儿的研究发现,大于 9 岁的儿童才会觉得类似人类的机器人比机械形态的机器人奇怪,而年龄更小的孩子却不会,这可能与孩子是否判断机器人有心灵有关系(Brink, Gray, 和 Wellman, 2018)。9 岁同时也是皮亚杰所谓的由他律道德转向自律道德的时期,这或许与其心智知觉有关(Gray, Gray, 和 Wagner, 2007)。当然第二种解释是远端解释,即在进化上,人们倾向于避免与罹患疾病和死去的身体进行接触以保证健康(Broadbent, 2017)。当然,还有其他解释。比如,有研究者从心智感知理论入手,发现只有人们在赋予机器人感受性而非能动性时,机器人外观的拟人化才会产生恐怖谷效应(Gray 和 Wegner, 2012);也有研究者直接从美学的角度出发,提出机器人外观的吸引力能够减轻恐怖谷效应(Hanson, 2006; Destephe 等, 2015),等等。虽然关于恐怖谷效应机制的研究结论尚未达成一致,但是不可否认的一点是,机器人的研究者和设计者应当在理论和实践中探索拟人化的最佳水平,警惕恐怖谷效应可能导致的人们对机器人的负面态度(Kim, Schmitt, 和 Thalmann, 2019)。

虽然会出现恐怖谷效应,而且在人们直觉上会认为,拟人化的机器人越像人越好。但是如若机器人能够融入社会之中,它们究竟以何种形态呈现会比较合适,这取决于不同的社会情境和任务。事实上,纵观现有研究,基本发现是如果一个人工智能实体所进行的任务是纯粹的非社会行为,比如举重机器人、扫地机器人等,那么它不必呈现出任何拟人化形态(Broadbent 等, 2012)。而如若机器人需要承担社会任务,那么其拟人化则要优于非拟人化。如陪伴型的机器人需要更加拟人化的皮肤或者毛绒式的外表(这类似 Harry Harlow 的恒河猴陪伴实验)以及更加类似人类而非机器的声音(Broadbent 等, 2012; Tamagawa, Watson, Kuo, Macdonald, 和 Broadbent, 2011)。同样,如果陪伴型的机器人起到的是类似宠物那样与人类形成依恋的工作,则其最好也表现出宠物的模样(Broadbent, 2017)。

但是也不是所有执行社会情境任务的机器人都需要拟人,比如有研究同时发现,医疗机器人也许不拟人化会更好,因为这样患者不容易尴尬(Bryant,2010)。

29.3.3 拟人化之缘由

正如在前文中所提到的,普通大众对机器人其实有一种拟人化期望,而这很大程度来源于许多将机器人高度拟人化的科幻电影、科幻小说等媒介(Broadbent 等,2010)。在这些科幻片里,有的机器人外表几乎能以假乱真,有的机器人行为与常人无异,有的机器人有意识、有思想、敢爱敢恨,甚至还意图统治世界。当然,如今的机器人技术还远远没有达到科幻片或小说中描绘的程度,但不可否认的是,这些深入人心的形象极大地影响了普通人对于机器人的拟人化倾向。那么,除了这个显而易见的社会因素之外,从心理学的角度来看,还有哪些个体或情境因素影响了人们对机器人的拟人化呢?

针对何时拟人化这一问题,拟人化研究领域一个较为全面的理论框架来自艾普利(Epley 等,2007)。他们从认知和动机两方面出发,提出拟人化的决定因素有三:第一是诱发主体知识(elicited agent knowledge),即对于人类而言,关于自身的知识自然比关于非人的知识要丰富得多,因此在面对自己不熟悉的非人客体时,比较容易用更可及(accessible)的人类知识来对其进行拟人化解释;第二是效能动机(effectance motivation),即人类有理解、掌控外部环境并与之互动的需要,这种需要促进了拟人化;第三则是社会动机(sociality motivation),即人类有社会交往的需要,而如果这种需要在其他人类身上得不到满足时,人们就会转而通过拟人化来弥补人际关系的缺失(Epley 等,2007)。同样,这个基础的理论框架也可以用来解释人工智能何时会被拟人化的问题,且已经取得了一定成功(例如,Eyssel 和 Kuchenbrandt,2011)。

首先,当机器人越像人时,人们越容易将其拟人化。当认识对象与人们自身具有感知相似性(perceived similarity)时,人们会更依赖关于自我的知识对其进行推断和理解。如有研究用 48 个不同的机器人考察影响拟人化的因素,结果发现,与人类面部差异较大的机器人相比,具有更多人类面部特征(如嘴巴、鼻子、眼睛等)的机器人会被更多地拟人化(DiSalvo 等,2002)。还有研究者(Kiesler,Powers,Fussell,和 Torrey,2008)直接对比了具有类似机器人功能的软件(如 Siri)和具有人类外貌特点的实体机器人,结果发现人们不仅对外表更像人的实体机器人拟人化程度更高,而且会在行为上透露给它更少的个人信息,因为它看起来"更逼真"(Kiesler 等,2008)。当然,这种与人的相似性并不局限于外表,行为甚至社会关系的相似性也能起到类似的作用,来自神经生物学的证据证明了这一点。霍宁等人(Hoenen,Lübke,和 Pause,2016)发现,当看到一个清洁机器人被言语骚扰时,人们会产生更强烈的同情,并且人脑中的镜像神经元(mirror neurons)会被更多地激活。他们认为,这是由于看到机器人的社会交往(这里只是单一方向的)增加了人们对机器人社会能动性的感知,从而促进了对机器人的拟人化(Hoenen 等,2016)。

其次,当人们自身的效能动机越强时,越容易将机器人拟人化。效能动机是指人们掌握外部环境并与之互动的需要(White,1959)。面对不熟悉的客体时,对确定性和控制力的寻求会对拟人化产生促进作用,因为拟人化能够最方便快捷地消除不确定性,增加预测性。虽然人们对科幻电影和小说中的机器人并不陌生,但在实际生活中,能够经常接触到机器人的人并不多。也就是说,大部分人对机器人其实并不熟悉,在真正面对这种未知的科技产品时,人们会自然而然地产生心理紧张和不确定性,且在机器人不可预测或不可控的情况下尤其(Eyssel 和 Kuchenbrandt,2011)。效能动机对拟人化的促进作用已经得到了一些研究的验证(例如,Epley,Waytz,Akalis,和 Cacioppo,2008;Waytz 等,2010),与之相关的闭合需求(need for closure)、控制欲(desire for control)和个人结构需求(personal need for structure)等因素也被认为是影响拟人化的个体差异变量。如研究发现,有稳定控制需要的人更容易拟人化看起来不可预测的动物(Epley 等,2008),被描述为不可预测的电脑、科技产品也会更多地拟人化(Waytz 等,2010)。艾塞尔和库琴布兰特(Eyssel 和 Kuchenbrandt,2011)直接对在实验中机器人 NAO(阿尔德巴兰机器人公司开发的一款类人机器人)进行考察,他们通过操纵其行为可预测的程度,在人工智能领域验证了效能动机对拟人化的影响(Eyssel 和 Kuchenbrandt,2011)。

最后,当人们自身的社会动机越强时,越容易将机器人拟人化。保持与他人的社会联系是人的基本需求之一,一般来说,人们会通过与他人的交往来满足这项需求,但当这种途径无法满足社会需求时,人们也可以通过将非人物体拟人化来得到一定程度的弥补。研究发现,长期的孤独(例如,Epley,Waytz 等,2008)和依恋焦虑(例如,Bartz 等,2016)等都会增强人们对非人对象的拟人化。即使只是在实验中暂时启动被试的孤独感(Epley,Akalis,Waytz,和 Cacioppo,2008)或者通过游戏使被试感到被他人排斥(Chen,Wan,和 Levy,2017),也会对拟人化及其后续行为造成影响。在人工智能特别是机器人领域,拟人化的社会动机显得尤为明显。社会机器人的出现恰好迎合了人们的社会需求,其中,拟人化对于促进社会机器人与人之间的互动、进而满足人们的社会需求起到了不容忽视的作用。已经有研究表明，孤独的人比不孤独的人更容易将类人机器人拟人化（Eyssel 和 Reich，2013），实际生活中也已经有针对老年人社会需求的陪伴型社会机器人面世。日本的 Paro 机器人就是其中很著名的一款，它像一只可爱的海豹，能够对人们的声音和抚摸等做出反应。虽然它的外形并不像人，但由于它能做出一些类人的反应，因此很多主人会不自觉地将它拟人化，觉得它有意识、有情绪、有身体状态（如感到寒冷）（Broadbent，2017），并通过与之互动满足自己的社会需求。研究发现，Paro 能够减少人们的孤独感（Robinson，MacDonald，Kerse，和 Broadbent，2013），甚至可以减轻痴呆患者的躁动和抑郁（Jøranson，Pedersen，Rokstad，和 Ihlebæk，2015）。

29.4 人之接受

29.4.1 机器之属性

机器的感官特征

机器人本身所具有的各种特征会影响人们对机器人的接受程度，这些特征主要包括机器人的外观、触感、声音和行为等。机器人的外观给使用者所留下的第一视觉印象非常重要，它会影响人们对机器人的最初感知，并由此塑造人们对机器人的不同期望（Haring，Silvera-Tawil，Takahashi，Watanabe，和 Velonaki，2016）。机器人外观的重要性在不同的被试群体中都得到了验证，如社会机器人通常面向的老人群体（Prakash，Kemp，和 Rogers，2014）和儿童群体（Okanda，Zhou，Kanda，Ishiguro，和 Itakura，2018）。

此外，对机器人外观的研究也涵盖了许多不同的维度，如机器人的高度（Rae，Takayama，和 Mutlu，2013）、重量（Prakash 等，2014）、性别特征（Stroessner 和 Benitez，2018）和拟人化程度（de Graaf 和 Ben Allouch，2014）等。其中，拟人化是在机器人外观研究中最为热点的一个问题。拟人化是指将人类独有的特征、动机、意向或心理状态赋予非人对象（Epley，Waytz，和 Cacioppo，2007；许丽颖，喻丰，邬家骅，韩婷婷，赵靓，2017），具化在机器人外观研究领域，便是将人类的外貌特征赋予机器人，使得机器人看起来"长得像人"。研究发现，相对于非拟人化外观的机器人，拟人化外观的机器人不仅会得到人们更为积极的评价（de Graaf 和 Ben Allouch，2014），而且更容易诱发人们对其更高的信任度（Zanatto，Patacchiola，Goslin，和 Cangelosi，2016）、感知安全性（perceived safety；Lee，Kim，Lee，和 Shin，2015）以及更强烈的接触欲望（Stroessner 和 Benitez，2018）。机器人外观的拟人化甚至还会影响人们对其作出道德判断（Malle，Scheutz，Forlizzi，和 Voiklis，2016），增加使用者对其犯错的接受程度（Fitter 和 Kuchenbecker，2019）。

除了视觉特征以外，机器人的触觉特征和听觉特征也同样不容忽视。触感是影响人类对机器人印象的关键因素之一（Yamashita，Ishihara，Ikeda，和 Asada，2019），也是目前人—机器人交互研究中十分具有发展前景的一个新领域（Hu 和 Hoffman，2019）。研究表明，机器人对人类的触碰（touch）不仅能减弱被触摸者在压力事件中的生理应激反应，从而增加人—机器人关系的感知亲密度（perceived closeness）（Willemse 和 van Erp，2018），还能显著提升人们对机器人社会能力（social quality）的评价（Arnold 和 Scheutz，2018）。还有研究者进一步探讨了机器人不同触感或触感的不同方面可能产生的影响，如研究者康（Kang，2019）发现，人们在与亲密的人交往时，更偏好拟人化触感的机器人；而山下智久等人（Yamashita 等，2019）则要求被试在触摸一种名为"Affetto"的机器人之后从 19 个维度评价其触感，结果发现，对机器人触感评价更好的被试对机器人人格印象（personality impression，如 likability，可爱）的评价也更积极。听觉也是重要的感官之一，机器人的声音对于人类感知机器人也很重要（McGinn 和 Torre，2019；Jewell 等，2019），这一领域的研究揭示出人们对于机器人不同声音偏好的差异性。如张、陆、杨（Chang，Lu，和 Yang，2018）在对台湾懂技术的婴儿潮一代的研究中发现，大部分被试都倾向于喜欢女性化和外向的声音（extroverted voices），但也有研究者（Eyssel，De Ruiter，Kuchenbrandt，Bobinger，和 Hegel，2012）发现人们对与自己同性别声音的机器人态度更为积极。除了单纯的态度偏好之外，还有研究发现，声音会影响人们对机器人情感智能（emotional intelligence，EI）（Chita-Tegmark，Lohani，和 Scheutz，2019）和社会能动性（social agency）的判断（Ghazali，Ham，Markopoulos，和 Barakova，2019）。

机器人的视觉特征、触觉特征和听觉特征相对而言是其静态的特征，而机器人的行为和动作等动态特征同样会影响人们对机器人的接受度。机器人要想被人类所接受，首先需要引起人类的注意（attention），而研究发现，迎宾机器人的一系列动作（如挥手、移动等）能够吸引来访者更多的注意（Saad，Neerincx，和 Hindriks，2019）。当然，吸引人类的注意力还远远不够，研究还表明，机器人的手势能够让人们将机器人感知为更加友好、快乐和共情（empathic）（Deshmukh 等，2016）、能够让人们感受到更多的愉悦（enjoyment）（Kim，Han，Jung，和 Lee，2013），并引发更多的人—机器人互动（Moro，Lin，Nejat，和 Mihailidis，2019）。还有研究者细分了机器人运动的不同维度（如运动速率和运动轨迹等），发现机器人仿人的运动速率就足以影响人与机器人之间的互动(Kupferberg 等,2011)。此外,机器人的不同行为可能产生的具体影响也受到了学者们的关注,霍夫曼和瓦努努(Hoffman 和 Vanunu,2013)在音乐情境下对机器人的行为进行研究,发现机器人随着音乐打节拍不仅会提升人们对音乐的喜爱度,还能够促使人们赋予机器人更多的积极特质(如友好、自信、温暖等)。当然,机器人有时也会做出一些不好的行为,如韦斯等人(Weiss, Vincze, Panek, 和 Mayer, 2014)研究了机器人的打扰行为(disturbing behavior),结果发现机器人不同的打扰行为对人们的注意力分散的程度不同,但总体而言并不会对人们评价机器人造成严重的负面影响。

机器的内外能力

如果说机器人自身的各种特征对于塑造人们对机器人的印象至关重要,那么机器人自身所展现出的各种能力则是人们在短期和长期内是否能够接受机器人的关键所在。具体而言,机器人的能力主要表现为工具性能力和社会性能力。人们设计机器人的初衷是使其为人们所用、给人类的生活带来便捷和提升,因此机器人所展现出的是否有用、是否易用、是否好用等工具性能力无疑是机器人的基础能力。机器人的工具性能力体现在其实用主义功能(utilitarian function)和享乐主义功能(hedonic function)两方面。机器人的实用主义功能主要包括其感知有用性和感知易用性。正如科技接受模型所强调的,感知有用性和感知易用性是影响使用者对科技接受度的重要因素(Davis,1989),它们无疑也是影响人们接受机器人的重要因素。一些试图探索影响人们机器人接受度的研究表明,感知有用性和感知易用性会影响人们对机器人的使用态度和使用意向等(例如,Heerink 等,2010;Shin 和 Choo,2011)。也有学者把机器人的工具性能力具体化进行研究,比如塞伦等人(Salem, Lakatos, Amirabdollahian, 和 Dautenhahn, 2015)比较了人们对不同能力表现(即是否在任务中犯错)机器人的评价,结果发现犯错会显著影响人们对机器人可靠性和可信度的评价,这一研究结论在儿童被试中也同样得到了验证(Geiskkovitch, Thiessen, Young, 和 Glenwright, 2019)。类似地,有研究也发现,与表现得健忘(即记忆能力不佳)的机器人相比,人们对不健忘的机器人评价更好(Packard 等,2019)。当然,机器人的真实能力与人们对其能力的感知之间也可能存在差异,例如有研究发现机器人能力的真实提升不一定会导致其感知能力的提升(Cha, Dragan, 和 Srinivasa, 2015),因此,如何让机器人的实用性能力被人们所感知也是应当关注的问题。相对于机器人的实用主义功能而言,研究者对机器人的享乐主义功能的关注虽然稍显不足,但也不应被忽视。研究表明享乐主义功能(如娱乐功能)对于人们接受机器人十分重要(Sääskilahti, Kangaskorte, Pieskä, Jauhiainen, 和 Luimula, 2012;Klamer, Allouch, 和 Heylen, 2010),它会影响人与机器人之间关系的建立(Klamer 等,2010; Klamer,和 Allouch, 2010)。还有研究者专注于享乐因素中的愉悦性,如研究者(de Graaf, Ben Allouch 和 van Dijk, 2017)在被试的家中分别放了 70 个机器人,通过为期六个月的访谈和问卷研究他们发现,令人愉悦的机器人能够短期内促进被试的使用。另一个以老年群体为被试的研究同样也表明,感知到愉悦会增加老年人使用机器人的倾向(Heerink, Kröse, Wielinga, 和 Evers, 2008)。

机器人的社会性能力,顾名思义即机器人与人类进行社会交往的能力。与机器人的工具性能力相比,机器人的社会性能力更为复杂。可以说,机器人的社会性能力是基于其各种特征及工具性能力的高阶能力。但概括而言,机器人的社会性能力主要体现为机器人的表达性能力。不过需要强调的是,这里所说的表达性既包括机器人能够与人类进行良好沟通的能力,也包括其能够向人类表达情绪情感、脆弱性(vulnerability)等社会线索(social cues)的能力。机器人拥有良好沟通的能力能够在很大程度上提升人们对机器人的好感度。研究表明,社会交流能力更强的机器人能够使被试在与机器人的交流中感到更舒适,并且更乐于表达自己(Heerink, Krose, Evers, 和 Wielinga, 2006)。沟通中的积极反馈也是社会交流能力的一种表现,研究发现,能够积极反馈的机器人不仅被认为吸引力更强(Hoffman, Birnbaum, Vanunu, Sass, 和 Reis, 2014),而且可以增加人类的非语言接近行为(如身体靠近、向机器人倾斜、目光接触和微笑等)(Birnbaum 等, 2016)。并且研究还发现,在与人类的交流中表达对人类的赞扬,即对正在进行的对话进行积极反馈,能够显著提升人们对机器人友好度的评价(Kaptein, Markopoulos, de Ruyter, 和 Aarts, 2011)。此外,机器人能够向人类成功地表达情绪情感和脆弱性等社会线索对于人们接受机器人也相当重要。关于机器人情绪情感的表达,研究表明,人们更喜欢能够共情的机器人、不喜欢与其表达出相反情绪的机器人(Mok, Yang, Sirkin, 和 Ju, 2014)。还有研究发现,机器人表现出的情感行为能够提升人们对机器人的反应速度,从而更快地对陷入困境的机器人提供帮助(Daly, Bremner, 和 Leonards, 2019)。机器人脆弱性的表达也很重要,如研究发现机器人表达脆弱性能够提升人们对其的信任感和友谊感,从而有利于增进人—机器人之间的关系(Martelaro, Nneji, Ju, 和 Hinds, 2016)。并且机器人脆弱性的表达也与情绪表达相关,例如机器人的脆弱性陈述(如"我很难过")能够吸引人们更多的目光和投入(Strohkorb Sebo, Traeger, Jung 和 Scassellati, 2018)。此外,机器人表达的其他社会线索也对人—机器人交互有类似的正面作用,如有研究者(Konok, Korcsok, Miklósi, 和 Gácsi, 2018)探讨了狗的积极特质及其如何应用于机器人,认为狗对主人表现出的情感和依恋(attachment)是机器人设计者可以参考的优势;还有研究发现,表现出亲社会性(prosociality)的机器人会获得更积极的评价等(Correia 等,2019)。

29.4.2 人机之交互

人-机器人交互是人类和机器人两方共同作用的过程,因此除了机器人自身的因素以外,人类相关的因素也同样重要。具言之,人类因素主要包括其人口学变量和心理学变量两大部分。

人口学变量

首先,使用者的年龄、性别和文化等人口学变量会影响其对机器人的接受程度。使用者的年龄对于机器人接受度的影响已经得到了许多研究的证实(例如,Ezer,Fisk,和 Rogers,2009;Skantze,2017)。一般来说,年龄与使用机器人的意愿呈负相关,即年龄越大,使用机器人的意愿越低(Heerink,2011)。与年轻人相比,老年人对机器人的接受度更低(Ezer 等,2009)。有研究将不同年龄段的老人进行比较,也发现相对于较为年轻的老人(65—74 岁)而言,年龄较大的老人(75 岁以上)更容易放弃使用机器人,他们宁可接受不使用机器人带来的不便,也不愿意去寻找解决问题的方法、继续使用机器人(Giuliani,Scopelliti,和 Fornara,2005)。不仅是老人,不同年龄的儿童对机器人的偏好也存在差异(Sandygulova,Dragone,和 O'Hare,2014),通过调查 6—11 岁的儿童对机器人的情感反应和偏好,研究者(Martínez-Miranda,Pérez-Espinosa,Espinosa-Curiel,Avila-George,和 Rodríguez-Jacobo,2018)发现 6—7 岁的儿童与其他年龄的儿童差异最为显著。使用者的性别对机器人接受度也会产生影响,相对于女性而言,男性对机器人有更多的使用经验、对机器人的感知易用性更高(Heerink,2011),并且对机器人的态度更积极(Kuo 等,2009)。也有学者认为,性别的影响则主要来源于男性和女性不同的社会角色和社会行为(de Graaf 和 Allouch,2013)。当面对同样一个机器人 Paro 时,男性会更多地询问关于机器人技术方面的问题,而女性则更多地将注意力放在机器人的名字上(Taggart,Turkle,和 Kidd,2005),同时,女性对与 Paro 机器人在一起的舒适感会给予更高的评价,并且更想与之互动(Shibata,Wada,Ikeda,和 Sabanovic,2009)。还有一项针对恐怖谷效应性别差异的研究也发现,男性对女性机器人的恐怖谷反应是由感知经验性驱动的,而女性对男性机器人的恐怖谷反应则是由感知能动性驱动的(Otterbacher 和 Talias,2017)。这些研究结果都表明,性别的影响可能与男性和女性不同的社会角色和行为相关。

除了年龄和性别以外,文化也是许多学者关注的人口学变量。文化背景不同,接触到的机器人的相关信息也不同,人们对机器人的接受度自然也会存在差异。由于日本的机器人产业较为发达,媒体也经常渲染日本对于机器人的狂热,因此在文化因素对机器人接受度影响的研究中,将日本与其他国家进行比较的研究占较大比重。一项对 7 个国家共 467 名被试的跨文化研究表明,日本被试对机器人的态度其实并没有中国人刻板印象中那么积极,而态度最积极和最消极的被试则分别来自美国和墨西哥(Bartneck,Suzuki,Kanda,和 Nomura,2007)。相较于美国被试,日本被试在另一个研究中虽然被报告了更多与机器人互动的经验,但是内隐测试表明两国被试对机器人的各种态度和反应都很类似(Macdorman,Vasudevan,和 Ho,2009)。同样是将日本被试与他国被试做比较,另一项在日本和埃及两地进行的跨文化研究发现,人们更容易接受能够适应他们特定文化的机器人,即埃及被试更喜欢说阿拉伯语的机器人,而日本被试则更喜欢说日语的机器人(Trovato 等,2013)。当然,除了对日本被试的研究以外,将其他国家的被试对机器人的态度进行比较也得到了一些有益的结论。例如,阿拉伯语的被试比英语被试对机器人的评价更积极、接受度更高(Salem,Ziadee,和 Sakr,2014),韩国被试更偏好拟人化外表的机器人,并且认为可以在社会情境下使用机器人,而美国被试更喜欢机器形态的机器人,更多地认为机器人只是工具(Lee 和 Sabanovic,2014)等。

心理学变量

人类因素中的心理学变量也是影响机器人接受度的重要方面。有研究试图以老年人为被试探讨其人格与对机器人态度的关系,结果发现,老年人的不同人格类型与其对机器人的态度倾向相关:外向性(extraversion)人格与积极态度、与机器人的亲密联系以及心理联系显著正相关,神经质(neuroticism)人格则与和机器人的心理关联则呈现显著负相关(Damholdt 等,2015)。同样作为一种跨情境的稳定个体特质,个体创新性(personal innovativeness)主要是指个体愿意尝试新科技(Agarwal 和 Prasad,1998),它与人们对人工智能的接受度也密切相关(Serenko,2008)。此外,使用者的想象力(imagination;Zawieska,Moussa,Duffy,和 Magnenat-Thalmann,2012)和自我效能(self-efficacy;Latikka,Turja,和 Oksanen,2019)等心理学因素同样会对机器人接受度产生影响。其中,自我效能的作用主要体现在还未完全掌握使用机器人技能的新手身上,拉蒂克卡(Latikka 等,2019)的研究发现,被试使用机器人的自我效能与对机器人的接受度之间存在很强的相关,这意味着自我效能这一心理学变量对于理解人们对机器人的接受十分重要。与人类因素中的人口学变量研究相比,对于心理学变量的研究目前还十分缺乏,但是因其能够揭示人们接受机器人内在心理机制的关键作用,人类因素中的心理学变量值得相关研究者更多的关注。

人—机器人交互过程本身的作用也不可小觑。在可能影响人们对机器人接受度的人—机器人交互众多方面、阶段和方式中,较为重要且得到研究验证的主要包括人—机器人交互的经验(experience),以及人—机器人交互中人对机器人的感知和设定。首先,人—机器人交互的经验会影响人们对机器人的接受。人与机器人交互的经验是指个体与机器人面对面直接互动或者通过媒介间接互动的经验(Macdorman等,2009),个体具有人—机器人交互的经验能够增加机器人的可及性(Fong等,2003),而缺乏这种经验则会导致人们面对机器人时的不确定感(Broadbent,Stafford,和MacDonald,2009)。对于使用者而言,与机器人的互动不仅能够显著提升对机器人的积极态度和评价(Stafford等,2010;Conti,Di Nuovo,和 Di Nuovo,2019;Stafford,MacDonald,Jayawardena,Wegner,和Broadbent,2014)和对机器人的信任(Ogawa,Park,和Umemuro,2019;Lohani,Stokes,McCoy,Bailey,和Rivers,2016),还能够提升使用者的自尊(Ogawa等,2019)并削弱恐怖谷效应(Zlotowski等,2015)。此外,人与机器人交互之中的一些具体行为也会对接受度产生影响。例如,研究发现参与机器人的制作(Reich-Stiebert,Eyssel,和Hohnemann,2019)或者组装过程(Sun和Sundar,2016)的被试会对机器人给予更积极的评价,并且对机器人的态度更为积极。但如果机器人在对被试失信之后做出抵赖的行为,则会严重影响被试对机器人的信任,甚至更有可能招致对机器人的报复行为(Sebo,Krishnamurthi,和Scassellati,2019)。

其次,人—机器人交互中人对机器人的感知以及角色和类型设定也会影响人们对机器人的接受。上文其实已经提及了一些人对机器人的感知因素(如感知有用性和感知易用性等),但不同的是,在这里所说的人对机器人的感知主要包括两个方面:对机器人的社会感知和对人—机器人相似性的感知。对机器人温暖(warmth)和能力(competence)的社会感知与机器人态度密切相关(Piçarra和Giger,2018),它能够预测使用者特定的情绪反应(如钦佩、嫉妒、轻蔑和怜悯等),并进而预测特定的行为倾向(帮助或伤害;Mieczkowski,Liu,Hancock,和Reeves,2019)。对机器人社会存在的感知也是影响机器人接受度的一个重要因素。机器人的社会存在是指人在与机器人交互的过程中感到机器人是一个社会实体(social entity)(Fridin和Belokopytov,2014)。研究发现被试对机器人社会存在的感知与其对机器人的使用意图显著正相关(Heerink,Kröse,Evers和Wielinga,2009;Heerink等,2010),并且能够通过提升愉悦度进而提升对机器人的接受度(Heerink,Kröse,Evers,和Wielinga,2008)。对人—机器人相似性的感知也能够对机器人的接受度产生积极影响。研究表明,感知到机器人与人类的相似性能够促进人们对机器人的信任,从而导致人们愿意与机器人一起工作,甚至最终导致与机器人合作的意愿超过与人类合作的意愿(You和Robert Jr,2018)。人—机器人相似性还会对一些具体的行为产生直接影响,如感知到机器人与人类的相似性可以增加机器人的说服度(Winkle等,2019)。

此外,人们对于机器人角色和类型的设定也会对机器人接受度产生一定的影响。研究者比较了设定类型不同的机器人,即人类导向(human-oriented)和产品导向(product-oriented)的机器人,结果发现,消费者对产品导向的机器人评价和购买意愿更高(Kwak,San Kim,和Choi,2014)。对于机器人角色设定的研究相对而言更为丰富,有研究将机器人设定为多才多艺型(versatility)或者专家型(specialist),结果发现,多才多艺型机器人能增加儿童与其互动的依恋和参与,而专家型机器人则被感知为更有能力和更值得信任(Johal,2015);还有研究在人与机器人共同参与的角色扮演游戏中将机器人的角色分别设定为与其他被试同样的游戏者或者游戏的协调者,结果发现大部分被试都更喜欢扮演协调者角色的机器人,而非扮演与他们同等角色的机器人(Vázquez等,2015)。

29.5 机器向善

29.5.1 道德之可能

机器的道德地位

日常生活中,无论是朴素民众(folk people)还是处于人工智能研究顶尖浪潮上的科学家,都会询问出类似问题:"如何做一个道德的机器、机器人或人工智能体?"人类很矛盾。他们一方面外显地认为机器、机器人或者人工智能体没有道德地位,另一方面他们又内隐地、悄无声息地、不由自主地、未经控制地存有将人工智能体作为一个具有道德地位的道德实体的判断。假使人类赋予了人工智能体以道德地位,那人类便必须操作化地来说,在具体情境中它会与没有被赋予道德地位的人工智能体有何不同。当然,从推论上来说,这需要人类在心灵上假设人工智能体至少是有意图的。在具体行为层面上,人们则会给被赋予了道德地位的人工智能体以道德权利和义务。同时,其还必须承担道德责任。换句话说,即人类将这种人工智能体纳入人类的道德圈(Singer,2001;喻丰,许丽颖,2018)中,给予人工智能体以道德考量,关心人工智能体作为一个行为发出者或者一个行为的接受者的道德意涵。

一方面,人工智能体需要获得道德权利和义务。几年前,谷歌机器狗被研究人员或是普通民众用脚踢的视频在网络上被大量传播,中国也有研究人员号称做出了机器狗,在测试其行走稳定程度时,其方式也是用脚踹它的身体,而它在跟跄之后还能重新保持平衡,继续行走。这样的视频得以传播的原因并非是人们赞叹人工智能技术的先进发展,而是人们对机器狗产生了恻隐之心,并对研究人员产生谴责或谴责的倾向,不自觉地赋予了人工智能体以道德权利,把人工智能体当成了有机生命体来看待。

另一方面,人工智能体若被赋予道德地位,其也应该担负道德责任。研究发现,若自动驾驶汽车处于一个道德考量中,面临一种需要杀一救五或者杀一救多,而杀的这个"一"是自动驾驶汽车的主人的话,人们只会将很少的道德责任归结于这辆无人驾驶汽车,而大多数人认为应该杀一救五,同时,大多数人都倾向于不去购买这辆无人驾驶汽车(Bonnefon, Shariff, 和 Rahwan, 2016)。笔者自己的研究也发现,如果一辆智能汽车突然失灵、开始鸣笛,鸣笛的声音伤害了正从超市出来经过这辆汽车的一个被母亲推在摇篮中的孩子的听力,那么人们在归责时倾向于将更多的道德责任归结为设计这辆智能汽车的程序员、生产商、售卖商甚至这位母亲,而将很少的道德责任归结为是这辆汽车所为(邬家骅,喻丰,许丽颖,2016)。两个实验都发现了同样的效应,即人们实际上很少会将道德责任归结为人工智能体,但值得指出的是,人们并不是完全不把道德责任归结为它们。

机器的道德能力

如果人工智能体被赋予了道德立场,那么其是否真的具有可以进行自主道德判断和行为的能力便更为重要。对人工智能体是否具有道德能力的判断明显不应该通过某种情境看其是否在进行道德判断时能够以假乱真地骗过人类(即所谓的道德图灵测试),而应该实体性地来考察。既然人工智能体需要道德能力,那么其道德能力是什么,这涉及对道德能力的分类。一种广泛的观点认为,道德能力包括以下五种材料:规范系统、道德词汇系统、道德认知和情感、道德决策和行为、道德交流(Malle, 2014)。

第一,道德规范。谁都能理解道德规范的内容,但似乎谁也不能完整地说出道德规范具体是什么、有哪些。在日常生活中,人们根据道德规范来判断一个行为是对或错,但人们也并不清楚这种判断所依据的原因究竟有多少个,它们是如何归类的。如果人们很难清楚这一点,程序员在编程时就很难将这些规则表征为可供机器识别和应用的规条,也无法说明这些规条具体在何种条件下起作用。对于道德规范的探讨,人们还将在后一个部分进行详细的阐述。

第二,道德词汇。道德规范系统必须有语言和算法的表征,之前研究认为,道德词汇系统至少包括三个方面:规范及其属性的词汇(如公平、美德、互惠、诚实、责任、禁止、应该等)、规范违反的词汇(如错误、有罪、鲁莽、窃贼,也包括有意、故意等)、对违反做出反应的词汇(如责备、训斥、原谅、宽恕等)。这些词汇构成了狭义上的道德规范表征、广义上道德能力的基本骨架(Malle, 2014)。如研究发现,进行道德批判实际上只需要一个两维度、28个动词的词语系统。这两个维度是强度和人际,这28个词分别是:控诉、指责、批评、责备、反对、挑剔、否决、抨击、严责、攻击、非难、痛斥、指控、诽谤、诋毁、谩骂、数落、呵斥、责骂、严惩、惩戒、警告、申斥、训诫、苛责、侮辱、责难、声讨(Voiklis, Cusimano, 和 Malle, 2014)。值得说明的是,当把这28个词翻译成中文时,其意义也许并不一一对应,若用中文词汇来建构道德批判,可能形成的是不尽相同的语词结构。这也提示人们,在道德能力的建构上,仅从语言学角度便存在文化差异。

第三,道德认知和情感。道德认知主要涉及对人工智能体的道德判断,但这种判断似乎可以粗略地首先分为两种:对事件的判断或者对行为主体的判断。对事件的判断包括评价事件、行为、行为结果是好是坏、是错是对、是否可允许等。对行为主体的判断包括评价其是否应负道德责任、是否值得被责备或赞扬(Malle 和 Scheutz, 2014)。当然,道德认知或曰道德判断离不开情感,这是自休谟以后直至20世纪末、21世纪初才在心理学中复兴的一种情感主义倾向(喻丰,彭凯平,韩婷婷,柴方圆,柏阳,2011)。研究发现,人们会直觉地对诸如用国旗擦马桶、吃掉自家被撞死的狗、兄妹乱伦、答应母亲过分的遗愿却无法完成、和冻鸡发生性行为等事件快速、直觉、无需努力、不假思索地做出其不道德的判断,而无法解释为何(Haidt, Koller, 和 Dias, 1993;Haidt, 2001)。盖因其做出不道德这种道德判断之前产生了厌恶的情绪。对天桥问题与列车问题的解答不同,也因为二者激活了不同区域的大脑皮层,前者激活了更多与情绪相关的脑区(Greene, Sommerville, Nystrom, Darley, 和 Cohen, 2001)。

第四,道德决策和行动。道德决策与行动不同于道德判断,人工智能体知善恶、识好歹、明是非,但并不一定真的决定与真的做出良善的行为。通常情况下,人类做出道德决策与行为很大程度上是基于系统一思维的,甚至人类在判断其他人是否道德时也基于系统一思维(Yu 和 Peng, 2014)。所谓系统一思维,意指那些快速、直觉、不费力气、不加思索、情绪化的思维方式,它用于处理人每日所面临的大部分、大量、扑面而来的繁琐信息;而系统二思维,意指那些缓慢、审慎、耗费努力、仔细加工、理性化的思维方式,它用于处理人在注意指向、空闲而重要时的少量信息(Kahneman 和 Egan, 2011)。对于人工智能体来说,按现在的运行方式,其行为应该是计算的结果,也就是说,它主要是基于第二思维系统的,且更为理性。由于其能够处理的信息远多于人类,第二思维系统不仅让其能够更好地指导行为,更有利于设计者更好、更方便地设计足够第二思维系统理性决策的概念表征系统。

第五,道德交流。当人工智能体被赋予道德立场时,它很可能成为被谴责的对象。前面四种道德能力的材料都是个体化的,而人工智能的发展和其道德立场的获得一定会使其身处社会情境中。它会受到谴责,也可能承受非难,它将要辩护,也倾向解释。但无论它在社会交流中对于道德谴责、责备、表扬还是赞颂做出何种辩护、解释、归因,它们都需要这种进行道德交流的能力。道德交流的能力基于前述四种材料之上。

机器的道德学习

从基本原理上推断,人可能生而具有能够学习道德词汇、形成道德规范的语言装置(Chomsky,1975),但是人的规范系统、道德词汇系统、道德认知和情感、道德决策和行为、道德交流应该都是后天所习得的,人具有习得这些材料,并将其运用的先天能力,但是人缺乏先天出生时就有的这种材料。但由于人工智能体是不断进行学习和迭代的,那么其所面临的任务与环境中进行的新的学习也能改变或者增加(当然也能减少或者扭转)这种道德能力。用心理学术语来进行类比,出厂设置的道德能力是基于研究和理论的,这似乎是自上而下(top-down)的道德能力;而后期经验性的习得,这似乎是自下而上(bottom-up)的道德能力。人类的强项并不在于前者那种自上而下的能力,因为人类在出生时不具备道德能力的内容,而只有获得道德能力的潜在可能,但人类在后期习得道德规则,进行道德发展后,却能自上而下地去根据道德规则来进行行为;人类的强项在于后者,即人类道德发展过程中所经历的从他律到自律或者从前习俗到习俗到后习俗的阶段均缺不了自下而上的经验过程。这种人工智能体获得道德能力的方式与人类的差异便决定了给予人工智能体何种社会经验或者任务是极端重要的,这会导致其道德能力的不同。当然对于其诞生时应该生而镶嵌何种道德的研究更为基础,也正是现在研究者所进行的。经常会有学者反驳说,人工智能永远无法获得真的道德能力,因为人工智能不可能拥有自我、意识、审美、共情、心理理论与观点采择等能力。而实际上,自我、意识等过程如果也是基于神经生物过程与计算过程的话,那么人工智能体便有拥有这种能力的可能。

人工智能如果有道德能力,那么其基础便是道德规范或者规则(Malle,2014)。而让其具有道德规范最为简单的方式便是将已有的人类道德规范加诸其身,以对其进行出厂设置并规范其今后的学习与行为。不过这些人类价值观系统对于人工智能体来说适用吗?实际上这个问题非常简单,即不适用。因为人类价值观系统是一种抽象、尽量简约化的系统,而人工智能体所输入的必须是一种可以转化为变量或者代码表征的极其具体的行为规则。这种规则如果可以,最好表述为"如果……那么……(if ... then ...)"的形式,这符合认知情感人格系统(CAPS)对于行为发生的定义(喻丰,彭凯平,韩婷婷,柏阳,柴方圆,2012)。而如果将人类总结的抽象道德规范系统转化为具体的规则,则会呈现出一个演绎的过程,而具体需要演绎出多少特异化的规则,也就是说人工智能学习材料中需要包含究竟何种程度多样化的场景,这都需要探讨。通常情况下,人工智能科学家面对这样的问题会进行一个粗略的估计,如李飞飞等人在图片库(ImageNet)中对图片进行人工标注数量(320万张或者1500万张,这只是一个粗略估计)后再看其识别率变化(Deng 等,2009)。图片容易获得,而道德情境却很难编制或者估计。一个可能的途径是使用近期心理学对情境的分类模型(Rauthmann 等,2014),通过重新对道德情境进行分类、演绎、编制、提取特征等过程来制作人工智能学习材料。

假使人类已然获得了大量可被表征的具体道德规范,也获得了解决不同文化社会情境下道德规范冲突的解决方案,那么是否就可能造出道德人工智能体了呢?事实上也并不那么简单。首先,必须有一个高度具体化和结构化的道德情境训练集,而这个训练集还要能够避免不同社会文化情境中道德规范之间的相互冲突。以这个道德情境训练材料作为启示点的人工智能,还应被施加许多理论钦定的道德规则。这样的道德人工智能体在其诞生之初便有了很好的道德能力、尤其是指导其行为的规范。但这只是上述经由自上而下加工所产生的最初道德人工智能体。这些道德人工智能体最终会不可避免地接触形形色色的人与光怪陆离的社会现象,它可能会自下而上地习得新的规则。如何避免其习得人类并不喜欢的道德规则?似乎至少有三种途径可以选择:其一是,这些道德人工智能体已经在诞生之初便学习得特别顺畅,已然具有了明辨是非的能力(类似其知道选择何事可为、何事不可为,也知道为何),无需担心其之后的学习过程,因为它可以在学习过后弃恶存善。其二是,这些道德人工智能体在诞生之初已然学习了什么是好、什么是坏,但是人类依然对其存疑,可以限制其今后进行训练迭代的材料,制定一套专门挑选日后迭代训练材料的规则(类似让其选择何事可为、何事不可为,而不告诉其为何),让其主动(当然是规则所定)选择合适的而向善的迭代学习材料,主动放弃可能会习得作恶的迭代学习材料。其三是,训练一种可能的自我控制能力(Baumeister, Vohs, 和 Tice, 2007),来约束人工智能体自己。从很多意义上来说,能够观察学习、自我调节和控制也许是人类最为伟大的、体现自己自由意志和能动性的行为了,正是这种特性造就了人类荣耀(喻丰,彭凯平,2018)。而第三种方式可能是人工智能真正成为人并超越人的存在方式,况且,这种自我调节还不能失败,这是必须要面对的问题。

29.5.2 理解之深化

如果真的有一天,人类制作出了道德的人工智能体,它会影响人与人之间的关系吗?批评的声音认为,拟人化的机器人确实能够与人建立起社会联系,但是这种联系是否真的是社会化的,这一点是存疑的(Damiano 和 Dumouchel,2018)。因为拟人化的机器人毕竟不是人,这种人与非人的关系只是拟人化外表赋予人与算法之间建立的关系;究其实质,这种关系是虚伪和欺骗甚至自我欺骗的关系。长久沉浸的与拟人化机器人之间建立起的关系,这甚至会反而影响人类真实的社会关系。社会机器人的出现会打乱人际结构和社会秩序,甚至带来诸多伦理问题。比如陪伴型的拟人化机器人若与人类形成了稳定的联结,那么人类沉浸其中,还是否能够实践人类社会运行的规则与潜规则,类似中国人如此复杂的关系社会还是否需要学习和运用都值得思考。也许机器人只需要通过设置就能够完全如人们所愿,而不需要经历沉重而复杂的人类社会经验积累过程。这甚至会让潜移默化地指导人类行为的文化规则失效,而真正消灭人类累积的文化(喻丰,彭凯平,2018)。同理,如果拟人化的性爱机器人和人类能够形成稳定联系,这是否会增加人类的暴力、虐待行为,某种程度上其在重塑人类亲密关系的同时,是否会影响人类的生存与繁衍,这些都是值得深思的问题。人工智能实体确实也会对社会关系造成影响,但这在于人类将这些人工智能用于何处以及如何使用,也许对其规范性的应用能够解决此问题。但是人工智能也许能够改变广义上人与物之间的关系。道德,尤其是中国传统道德最重要的就是体现在对人与人之间关系的调节功用。而人工智能的出现,让人对待机器,尤其是对待具有道德立场的机器产生了极大的变化。实际上,普通民众对普通机器的道德考量远逊于动物,因为前者缺乏人性和人类独特性,而后者只是缺乏人类独特性而已(Haslam,2006)。至少,人们在普遍认识上认为在非人与人的垂直关系上,机器不如动物。但是当人工智能兴起之后,这种关系是否会变化,关系之间的意义是否会随之变化,而其所带来的道德后果又将会如何,现在做结论还为时尚早。

另一个有趣的问题是,道德的人工智能看起来是一个模式,它能个性化吗?一个有趣的事实是,人工智能在训练之后、批量生产投入使用之前必然是普遍一般化的。举例来说,自动驾驶汽车在出厂时必然都是一样的。但如果其具有学习功能,例如不同驾驶员如果在自动驾驶的同时还进行手动驾驶,那么不同驾驶员的驾驶习惯便会成为自动驾驶汽车自动学习的材料,这样自动驾驶汽车便可能在出厂后不久就变得极具个性化。如果道路上均采用的是自动驾驶汽车的话,那么似乎除了人类无需付出驾驶劳动之外,道路状况与驾驶情境和之前并无本质区别。基于个体大数据的学习会使得人工智能变得高度个性化,这反而给人工智能提供了一个信息茧房(喻丰,彭凯平,郑先隽,2015)。这种个性化是好事吗?理论上来说,现在的人工智能模拟的是人类的平均数,正如心理学研究的是人的心理过程和行为的平均数规律一样。以前述图片库(ImageNet)为例,实际上,人工智能进行学习的材料靠的是人工标注,而人工标注在这种图片识别的简单任务上都必然不太可能做到每个人都一样,更遑论相对主义一些的道德了(喻丰,韩婷婷,2018)。值得注意的是,模拟的平均数实际上并不一定是普遍规律,因为平均数实际上并不能适用于每个个体,也许没有一个个体刚好是平均数,但个体们的集合造就了平均数。这里讨论的道德规范和道德能力并非是平均数规律,而是普遍规律。因此,人工智能的道德研究存在一个从平均数规律向普遍规律过渡的阶段。平均数规律靠人工评定和计算便能够由科学家较为轻松地建立,而普遍规律则更需要人文社科学者的参与制定。所以从平均数规律向普遍规律的过渡正是一个人工智能从纯自然科学向包括人文社科在内的多学科交叉融合、以人为中心的过程。在这个过程中,可以预计的是以人类认知为中心、嵌入社会情境的社会心理学将发挥重要的作用。

(喻丰 许丽颖)

参考文献

彭凯平,廖江群. (2009). 文化与归因的过程模式及概率模型探索. 中国社会科学(6), 31–40.
彭凯平,喻丰,柏阳. (2011). 实验伦理学:研究、挑战与贡献. 中国社会科学(6), 15–25.
王银春. (2018). 人工智能的道德判断及其伦理建议. 南京师大学报(社会科学版)(4), 29–36.
邬家骅,喻丰,许丽颖. (2016). 拟人化与道德责任. Unpublished manuscript.
许丽颖,喻丰,邬家骅,韩婷婷,赵靓. (2017). 拟人化:从"它"到"他". 心理科学进展, 25(11), 1942–1954.
许丽颖,喻丰,周爱钦,杨沈龙,丁晓军. (2019). 萌:感知与后效. 心理科学进展, 27(4), 689–699.
喻丰,彭凯平. (2018). 文化从何而来. 科学通报, 63(1), 32–37.
喻丰,韩婷婷. (2018). 有限道德客观主义的概率模型. 清华大学学报(哲学社会科学版), 33(3), 148–163.
喻丰,彭凯平,郑先隽. (2015). 大数据背景下的心理学:中国心理学的学科体系重构及特征. 科学通报, 60(5), 520–533.
喻丰,彭凯平,董蕊,柴方圆,韩婷婷. (2013). 道德人格研究:范式与分歧. 心理科学进展, 21(12), 2235–2244.
喻丰,彭凯平,韩婷婷,柏阳,柴方圆. (2012). 伦理美德的社会及人格心理学分析:道德特质的意义、困惑及解析. 清华大学学报(哲学社会科学版), 27(4), 128–139.
喻丰,彭凯平,韩婷婷,柴方圆,柏阳. (2011). 道德困境之困境:情与理的辩争. 心理科学进展, 19

(11),1702-1712.

喻丰,许丽颖.(2018).道德差序圈:中国人的道德结构.南京师大学报(社会科学版)(6),65-74.

喻丰,许丽颖.(2018).如何做出道德的人工智能体?心理学的视角.全球传媒学刊,5(4),24-42.

喻丰,许丽颖.(2019).道德责任归因中的变与不变.武汉科技大学学报(社会科学版),21(1),53-60.

喻丰,许丽颖.(2020).人工智能之拟人化.西北师大学报(社会科学版),57(5),52-60.

Agarwal, R., & Prasad, J. (1998). The antecedents and consequents of user perceptions in information technology adoption. *Decision Support Systems*, 22(1), 15-29.

Arluke, A. (2002). Animal abuse as dirty play. *Symbolic Interaction*, 25(4), 405-430.

Arnold, T., & Scheutz, M. (2016). Against the moral Turing test: accountable design and the moral reasoning of autonomous systems. *Ethics and Information Technology*, 18(2), 103-115.

Arnold, T., & Scheutz, M. (2018, February). Observing robot touch in context: How does touch and attitude affect perceptions of a robot's social qualities?. In Proceedings of the 2018 ACM/IEEE International Conference on Human-Robot Interaction (pp. 352-360). ACM.

Asch, S. E. (1955). Opinions and social pressure. *Scientific American*, 193(5), 31-35.

Awad, E., Dsouza, S., Kim, R., Schulz, J., Henrich, J., Shariff, A., ... & Rahwan, I. (2018). The Moral Machine experiment. *Nature*, 563(7729), 59-64.

Aymerich-Franch, L., Kishore, S., & Slater, M. (2019). When your robot avatar misbehaves you are likely to apologize: An exploration of guilt during robot embodiment. International Journal of Social Robotics, 1-10.

Bartneck, C., Reichenbach, J., & Carpenter, J. (2006, September). Use of praise and punishment in human-robot collaborative teams. *The IEEE International Symposium on Robot and Human Interactive Communication* (pp. 177-182), Hatfield, UK.

Bartneck, C., Rosalia, C., Menges, R., & Deckers, I. (2005, September). Robot abuse — a limitation of the media equation. Proc. Interact 2005 Workshop Abuse (pp. 54-57), Rome.

Bartneck, C., Suzuki, T., Kanda, T., & Nomura, T. (2007). The influence of people's culture and prior experiences with Aibo on their attitude towards robots. AI & Society, 21(1-2), 217-230.

Baumeister, R. F., Vohs, K. D., & Tice, D. M. (2007). The strength model of self-control. *Current Directions in Psychological Science*, 16(6), 351-355.

Bigman, Y. E., & Gray, K. (2018). People are averse to machines making moral decisions. Cognition, 181, 21-34.

Bigman, Y. E., Waytz, A., Alterovitz, R., & Gray, K. (2019). Holding robots responsible: The elements of machine morality. *Trends in Cognitive Sciences*, 23(5), 365-368.

Birnbaum, G. E., Mizrahi, M., Hoffman, G., Reis, H. T., Finkel, E. J., & Sass, O. (2016, March). Machines as a source of consolation: Robot responsiveness increases human approach behavior and desire for companionship. In The Eleventh ACM/IEEE International Conference on Human Robot Interaction (pp. 165-171). IEEE Press.

Bonnefon, J. F., Shariff, A., & Rahwan, I. (2016). The social dilemma of autonomous vehicles. *Science*, 352(6293), 1573-1576.

Brink, K. A., Gray, K., & Wellman, H. M. (2019). Creepiness creeps in: Uncanny valley feelings are acquired in childhood. *Child development*, 90(4), 1202-1214.

Broadbent, E. (2017). Interactions with robots: The truths we reveal about ourselves. *Annual Review of Psychology*, 68(1), 627-652.

Broadbent, E., Kumar, V., Li, X., Stafford, R. Q., Macdonald, B. A., & Wegner, D. M.

(2013). Robots with display screens: A robot with a more humanlike face display is perceived to have more mind and a better personality. *Plos One*, 8(8), e72589.

Broadbent, E., Kuo, I. H., Lee, Y. I., Rabindran, J., Kerse, N., & Stafford, R., et al. (2010). Attitudes and reactions to a healthcare robot. *Telemedicine and e-Health*, 16(5), 608–613.

Broadbent, E., Stafford, R., & MacDonald, B. (2009). Acceptance of healthcare robots for the older population: Review and future directions. *International journal of social robotics*, 1(4), 319–330.

Broadbent, E., Tamagawa, R., Patience, A., Knock, B., Kerse, N., & Day, K., et al. (2012). Attitudes towards health-care robots in a retirement village. *Australasian Journal on Ageing*, 31(2), 115–120.

Bryant, T. (2010). The influence of robot anthropomorphism on the feelings of embarrassment when interacting with robots. *Paladyn*, 1(2), 109–115.

Butterfield, M. E., Hill, S. E., & Lord, C. G. (2012). Mangy mutt or furry friend? Anthropomorphism promotes animal welfare. *Journal of Experimental Social Psychology*, 48, 957–960.

Cabibihan, J. J., Joshi, D., Srinivasa, Y. M., Chan, M. A., & Muruganantham, A. (2015). Illusory sense of human touch from a warm and soft artificial hand. *IEEE Transactions on Neural Systems & Rehabilitation Engineering*, 23(3), 517–527.

Caporael, L. R. (1986). Anthropomorphism and mechanomorphism: Two faces of the human machine. *Computers in Human Behavior*, 2(3), 215–234.

Cha, E., Dragan, A. D., & Srinivasa, S. S. (2015, August). Perceived robot capability. In 2015 24th IEEE International Symposium on Robot and Human Interactive Communication (RO-MAN) (pp. 541–548). IEEE.

Chang, R. C. S., Lu, H. P., & Yang, P. (2018). Stereotypes or golden rules? Exploring likable voice traits of social robots as active aging companions for tech-savvy baby boomers in Taiwan. *Computers in Human Behavior*, 84, 194–210.

Chen, R. P., Wan, E. W., & Levy, E. (2017). The effect of social exclusion on consumer preference for anthropomorphized brands. *Journal of Consumer Psychology*, 27, 23–34.

Chita-Tegmark, M., Lohani, M., & Scheutz, M. (2019, March). Gender effects in perceptions of robots and humans with varying emotional intelligence. In 2019 14th ACM/IEEE International Conference on Human-Robot Interaction (HRI) (pp. 230–238). IEEE.

Chomsky, N. (1975). *The logical structure of linguistic theory*. New York: Plenum press.

Christensen, A. B., Dam, C. R., Rasle, C., Bauer, J. E., Mohamed, R. A., & Jensen, L. C. (2019, March). Reducing overtrust in failing robotic systems. In 2019 14th ACM/IEEE International Conference on Human-Robot Interaction (HRI) (pp. 542–543). IEEE.

Chung, K. M., & Shin, D. H. (2015, March). How anthropomorphism affects human perception of color-gender-labeled pet robots. In Proceedings of the Tenth Annual ACM/IEEE International Conference on Human-Robot Interaction Extended Abstracts (pp. 75–76). ACM.

Ciardo, F., De Tommaso, D., & Wykowska, A. (2019, March). Humans socially attune to their "follower" robot. In 2019 14th ACM/IEEE International Conference on Human-Robot Interaction (HRI) (pp. 538–539). IEEE.

Cohen, D., Nisbett, R. E., Bowdle, B. F., & Schwarz, N. (1996). Insult, aggression, and the southern culture of honor: An "experimental ethnography." *Journal of Personality and Social Psychology*, 70(5), 945–959.

Conti, D., Di Nuovo, S., & Di Nuovo, A. (2019, March). Kindergarten children attitude towards humanoid robots: What is the effect of the first experience?. In 2019 14th ACM/IEEE

International Conference on Human-Robot Interaction (HRI) (pp. 630-631). IEEE.

Correia, F., Mascarenhas, S. F., Gomes, S., Arriaga, P., Leite, I., Prada, R., ... & Paiva, A. (2019, March). Exploring prosociality in human-robot teams. In 2019 14th ACM/IEEE International Conference on Human-Robot Interaction (HRI) (pp. 143-151). IEEE.

Covey, M., Saladin, S., & Killen, P. (1989). Self-monitoring, surveillance, and incentive effects on cheating. *Journal of Social Psychology*, *129*(5), 673-679.

Craig, M. J., Edwards, C., Edwards, A., & Spence, P. R. (2019, March). Impressions of message compliance-gaining strategies for considering robot rights. In 2019 14th ACM/IEEE International Conference on Human-Robot Interaction (HRI) (pp. 560-561). IEEE.

Cuddy, A. J., Fiske, S. T., & Glick, P. (2008). Warmth and competence as universal dimensions of social perception: The stereotype content model and the BIAS map. *Advances in Experimental Social Psychology*, *40*, 61-149.

Daly, J. E., Bremner, P., & Leonards, U. (2019, March). Robots in need: Acquiring assistance with emotion. In 2019 14th ACM/IEEE International Conference on Human-Robot Interaction (HRI) (pp. 706-708). IEEE.

Damholdt, M. F., Nørskov, M., Yamazaki, R., Hakli, R., Hansen, C. V., Vestergaard, C., & Seibt, J. (2015). Attitudinal change in elderly citizens toward social robots: The role of personality traits and beliefs about robot functionality. *Frontiers in Psychology*, *6*, 1701.

Damiano, L., & Dumouchel, P. (2018). Anthropomorphism in human-robot co-evolution. *Frontiers in Psychology*, *9*, 468.

Davidson, R., Sommer, K., & Nielsen, M. (2019, March). Children's judgments of anti-social behaviour towards a robot: Liking and learning. In 2019 14th ACM/IEEE International Conference on Human-Robot Interaction (HRI) (pp. 709-711). IEEE.

Davis, F. D. (1989). Perceived usefulness, perceived ease of use, and user acceptance of information technology. *MIS Quarterly*, *13*(3), 319-340. doi: 10.2307/249008.

de Graaf, M. M., & Allouch, S. B. (2013). Exploring influencing variables for the acceptance of social robots. *Robotics and Autonomous Systems*, *61*(12), 1476-1486.

de Graaf, M. M., Ben Allouch, S., & van Dijk, J. A. (2019). Why would I use this in my home? A model of domestic social robot acceptance. *Human-Computer Interaction*, *34*(2), 115-173.

de Graaf, M., & Ben Allouch, S. (2014, March). Users' preferences of robots for domestic use. In Proceedings of the 2014 ACM/IEEE international conference on Human-robot interaction (pp. 146-147). Bielefeld, Germany.

de Graaf, M., Ben Allouch, S., & van Dijk, J. (2017, March). Why do they refuse to use my robot?: Reasons for non-use derived from a long-term home study. In Proceedings of the 2017 ACM/IEEE International Conference on Human-Robot Interaction (pp. 224-233). ACM.

de Visser, E. J., Monfort, S. S., Mckendrick, R., Smith, M. A. B., Mcknight, P. E., Krueger, F., & Parasuraman, R. (2016). Almost human: Anthropomorphism increases trust resilience in cognitive agents. *Journal of Experimental Psychology: Applied*, *22*, 331-349.

Deng, J., Dong, W., Socher, R., Li, L. J., Li, K., & Li, F. (2009). Imagenet: A large-scale hierarchical image database. In Conference on Computer Vision and Pattern Recognition, 2009. CVPR 2009 (pp. 248-255). IEEE.

Deshmukh, A., Janarthanam, S., Hastie, H., Lim, M. Y., Aylett, R., & Castellano, G. (2016, March). How expressiveness of a robotic tutor is perceived by children in a learning environment. In 2016 11th ACM/IEEE International Conference on Human-Robot Interaction (HRI) (pp. 423-424). IEEE.

Destephe, M., Brandao, M., Kishi, T., Zecca, M., Hashimoto, K., & Takanishi, A.

(2015). Walking in the uncanny valley: Importance of the attractiveness on the acceptance of a robot as a working partner. *Frontiers in psychology, 6*, 204.

DiSalvo, C. F., Gemperle, F., Forlizzi, J., & Kiesler, S. (2002, June). All robots are not created equal: The design and perception of humanoid robot heads. In Proceedings of the 4th Conference on Designing Interactive Systems: Processes, Practices, Methods, and Techniques (pp. 321–326). ACM.

Disalvo, C., & Gemperle, F. (2003). From seduction to fulfillment: The use of anthropomorphic form in design. International Conference on Designing Pleasurable Products and Interfaces, 2003, Pittsburgh, Pa, Usa, June (pp. 67–72). DBLP.

Dumouchel, P., & Damiano, L. (2017). *Living with robots*. Cambridge, MA: Harvard University Press.

Epley, N., Akalis, S., Waytz, A., & Cacioppo, J. T. (2008). Creating social connection through inferential reproduction: Loneliness and perceived agency in gadgets, gods, and greyhounds. *Psychological Science, 19*, 114–120.

Epley, N., Waytz, A., & Cacioppo, J. T. (2007). On seeing human: A three-factor theory of anthropomorphism. *Psychological Review, 114*, 864–886.

Epley, N., Waytz, A., Akalis, S., & Cacioppo, J. T. (2008). When we need a human: Motivational determinants of anthropomorphism. *Social Cognition, 26*, 143–155.

Eyssel, F., & Kuchenbrandt, D. (2011). Manipulating anthropomorphic inferences about NAO: The role of situational and dispositional aspects of effectance motivation. Ro-man (pp. 467–472). IEEE.

Eyssel, F., & Kuchenbrandt, D. (2012). Social categorization of social robots: Anthropomorphism as a function of robot group membership. *British Journal of Social Psychology, 51*(4), 724–731.

Eyssel, F., & Reich, N. (2013). Loneliness makes the heart grow fonder (of robots): On the effects of loneliness on psychological anthropomorphism. In H. Kuzuoka (Ed.), Proceedings of the 8th ACM/IEEE International Conferenceon Human-Robot Interaction (pp. 121–122). Piscataway, NJ: IEEE Press.

Eyssel, F., De Ruiter, L., Kuchenbrandt, D., Bobinger, S., & Hegel, F. (2012, March). 'If you sound like me, you must be more human': On the interplay of robot and user features on human-robot acceptance and anthropomorphism. In 2012 7th ACM/IEEE International Conference on Human-Robot Interaction (HRI) (pp. 125–126). IEEE.

Ezer, N., Fisk, A. D., & Rogers, W. A. (2009, July). Attitudinal and intentional acceptance of domestic robots by younger and older adults. *In International Conference on Universal Access in Human-Computer Interaction* (pp. 39–48). Springer, Berlin, Heidelberg.

Fishbein, M., & Ajzen, I. (1975). Belief, attitude and behavior: An introduction to theory and research. Reading, UK: Addison-Wesley.

Fiske, A. P., & Rai, T. S. (2014). *Virtuous violence: Hurting and killing to create, sustain, end, and honor social relationships*. Cambridge University Press.

Fiske, S. T., Cuddy, A. J., & Glick, P. (2007). Universal dimensions of social cognition: Warmth and competence. *Trends in cognitive sciences, 11*(2), 77–83.

Fitter, N. T., & Kuchenbecker, K. J. (2019). How does it feel to clap hands with a robot? *International Journal of Social Robotics, 10*, 1–15.

Fong, T., Nourbakhsh, I., & Dautenhahn, K. (2003). A survey of socially interactive robots. *Robotics and Autonomous Systems, 42*(3–4), 143–166.

Fridin, M., & Belokopytov, M. (2014). Acceptance of socially assistive humanoid robot by preschool and elementary school teachers. *Computers in Human Behavior, 33*, 23–31.

Frimer, J. A., Tell, C. E., & Haidt, J. (2015). Liberals condemn sacrilege too: The harmless desecration of Cerro Torre. *Social Psychological and Personality Science*, 6(8), 878–886.

Geiskkovitch, D. Y., Thiessen, R., Young, J. E., & Glenwright, M. R. (2019, March). What? That's not a chair!: How robot informational errors affect children's trust towards robots. In 2019 14th ACM/IEEE International Conference on Human-Robot Interaction (HRI) (pp. 48–56). IEEE.

Geiskkovitch, D., Seo, S., & Young, J. E. (2015, March). Autonomy, embodiment, and obedience to robots. In Proceedings of the Tenth Annual ACM/IEEE International Conference on Human-Robot Interaction Extended Abstracts (pp. 235–236). ACM.

Ghazali, A. S., Ham, J., Markopoulos, P., & Barakova, E. (2019, March). Investigating the effect of social cues on social agency judgement. In 2019 14th ACM/IEEE International Conference on Human-Robot Interaction (HRI) (pp. 586–587). IEEE.

Giuliani, M. V., Scopelliti, M., & Fornara, F. (2005, August). Elderly people at home: Technological help in everyday activities. In ROMAN 2005. IEEE International Workshop on Robot and Human Interactive Communication, 2005. (pp. 365–370). IEEE.

Gnambs, T., & Appel, M. (2019). Are robots becoming unpopular? Changes in attitudes towards autonomous robotic systems in Europe. *Computers in Human Behavior*, 93, 53–61.

Goodwin, G. P., Piazza, J., & Rozin, P. (2014). Moral character predominates in person perception and evaluation. *Journal of Personality and Social Psychology*, 106(1), 148–168.

Graham, J., Nosek, B. A., Haidt, J., Iyer, R., Koleva, S., & Ditto, P. H. (2011). Mapping the moral domain. *Journal of Personality and Social Psychology*, 101(2), 366–385.

Gray, H. M., Gray, K. & Wegner, D. M. (2007). Dimensions of mind perception, *Science*, 315, 619.

Gray, K., & Wegner, D. M. (2012). Feeling robots and human zombies: Mind perception and the uncanny valley. *Cognition*, 125(1), 125–130.

Gray, K., Young, L., & Waytz, A. (2012). Mind perception is the essence of morality. *Psychological inquiry*, 23(2), 101–124.

Greene, J. D., Sommerville, R. B., Nystrom, L. E., Darley, J. M., & Cohen, J. D. (2001). An fMRI investigation of emotional engagement in moral judgment. *Science*, 293(5537), 2105–2108.

Guo, F., Li, M., Qu, Q., & Duffy, V. G. (2019). The effect of a humanoid robot's emotional behaviors on users' emotional responses: Evidence from pupillometry and electroencephalography measures. *International Journal of Human-Computer Interaction*, 1–13.

Haidt, J. (2001). The emotional dog and its rational tail: A social intuitionist approach to moral judgment. *Psychological Review*, 108(4), 814–834.

Haidt, J. (2007). The new synthesis in moral psychology. *Science*, 316(5827), 998–1002.

Haidt, J., Koller, S. H., & Dias, M. G. (1993). Affect, culture, and morality, or is it wrong to eat your dog?. *Journal of Personality and Social Psychology*, 65(4), 613–628.

Hanson, D. (2006, July). Exploring the aesthetic range for humanoid robots. In Proceedings of the ICCS/CogSci-2006 Long Symposium: Toward Social Mechanisms of Android Science (pp. 39–42). Citeseer.

Haring, K. S., Silvera-Tawil, D., Takahashi, T., Watanabe, K., & Velonaki, M. (2016, February). How people perceive different robot types: A direct comparison of an android, humanoid, and non-biomimetic robot. In 2016 8th IEEE International Conference on Knowledge and Smart Technology (KST) (pp. 265–270).

Haslam, N. (2006). Dehumanization: An integrative review. *Personality and Social Psychology Review*, 10(3), 252–264.

Heerink, M. (2011, March). Exploring the influence of age, gender, education and computer experience on robot acceptance by older adults. In Proceedings of the 6th international conference on Human-robot interaction (pp. 147 – 148). ACM.

Heerink, M., Krose, B., Evers, V., & Wielinga, B. (2006, September). The influence of a robot's social abilities on acceptance by elderly users. In ROMAN 2006-The 15th IEEE International Symposium on Robot and Human Interactive Communication (pp. 521 – 526). IEEE.

Heerink, M., Kröse, B., Evers, V., & Wielinga, B. (2008). The influence of social presence on acceptance of a companion robot by older people.

Heerink, M., Kröse, B., Evers, V., & Wielinga, B. (2009). Influence of social presence on acceptance of an assistive social robot and screen agent by elderly users. *Advanced Robotics*, 23(14), 1909 – 1923.

Heerink, M., Kröse, B., Evers, V., & Wielinga, B. (2010). Assessing acceptance of assistive social agent technology by older adults: The almere model. *International Journal of Social Robotics*, 2(4), 361 – 375.

Heerink, M., Kröse, B., Evers, V., & Wielinga, B. (2010). Relating conversational expressiveness to social presence and acceptance of an assistive social robot. *Virtual Reality*, 14(1), 77 – 84.

Heerink, M., Kröse, B., Wielinga, B., & Evers, V. (2008, March). Enjoyment intention to use and actual use of a conversational robot by elderly people. In Proceedings of the 3rd ACM/IEEE international conference on Human robot interaction (pp. 113 – 120). ACM.

Hoenen, M., Lübke, K. T., & Pause, B. M. (2016). Non-anthropomorphic robots as social entities on a neurophysiological level. *Computers in Human Behavior*, 57, 182 – 186.

Hoffman G, Forlizzi J, Ayal S, Steinfeld A, Antanitis J, et al. (2015, March). Robot presence and human honesty: Experimental evidence. In Proceedings of the 10th ACM/IEEE International Conference of Human-Robot Interaction, Portland, pp. 181 – 88. New York: ACM.

Hoffman, G., & Vanunu, K. (2013, March). Effects of robotic companionship on music enjoyment and agent perception. In 2013 8th ACM/IEEE International Conference on Human-Robot Interaction (HRI) (pp. 317 – 324). IEEE.

Hoffman, G., Birnbaum, G. E., Vanunu, K., Sass, O., & Reis, H. T. (2014, March). Robot responsiveness to human disclosure affects social impression and appeal. In Proceedings of the 2014 ACM/IEEE international conference on Human-robot interaction (pp. 1 – 8). ACM.

Hu, Y., & Hoffman, G. (2019, March). Using skin texture change to design emotion expression in social robots. In 2019 14th ACM/IEEE International Conference on Human-Robot Interaction (HRI) (pp. 2 – 10). IEEE.

Jackson, R. B., & Williams, T. (2019, March). Language-capable robots may inadvertently weaken human moral norms. In 2019 14th ACM/IEEE International Conference on Human-Robot Interaction (HRI) (pp. 401 – 410). IEEE.

Jakub, Z., Proudfoot, D., Yogeeswaran, K., & Christoph, B. (2015). Anthropomorphism: Opportunities and challenges in human-robot interaction. *International Journal of Social Robotics*, 7(3), 347 – 360.

Janoff-Bulman, R. (2013). Meaning and morality: A natural coupling. In K. D. Markman, T. Proulx, & M. J. Lindberg (Eds.), The psychology of meaning (pp. 191 – 213). Washington, DC: American Psychological Association.

Jewell, C. I., Elprama, S. A., Jacobs, A., Esteban, P. G., Bagheri, E., & Vanderborght, B. (2019, March). Why children prefer extrovert or introvert robots: A pilot study using pairwise robot comparison. In 2019 14th ACM/IEEE International Conference on Human-Robot

Interaction (HRI) (pp. 590 – 591). IEEE.

Johal, W. (2015). Robots interacting with style. Tenth ACM/IEEE International Conference on Human-robot Interaction Extended.

Jøranson, N., Pedersen, I., Rokstad, A. M., & Ihlebæk, C. (2015). Effects on symptoms of agitation and depression in persons with dementia participating in robot-assisted activity: A cluster-randomized controlled trial. *Journal of the American Medical Directors Association*, 16(10), 867 – 873.

Kahn Jr, P. H., Kanda, T., Ishiguro, H., Gill, B. T., Shen, S., Ruckert, J. H., & Gary, H. E. (2016, March). Human creativity can be facilitated through interacting with a social robot. In The Eleventh ACM/IEEE International Conference on Human Robot Interaction (pp. 173 – 180). IEEE Press.

Kahneman, D., & Egan, P. (2011). *Thinking, fast and slow*. New York: Farrar, Straus and Giroux.

Kang, D. (2019, March). The effect of tactility and socio-relational context on social presence and user satisfaction. In 2019 14th ACM/IEEE International Conference on Human-Robot Interaction (HRI) (pp. 718 – 720). IEEE.

Kaptein, M., Markopoulos, P., de Ruyter, B., & Aarts, E. (2011). Two acts of social intelligence: The effects of mimicry and social praise on the evaluation of an artificial agent. *AI & society*, 26(3), 261 – 273.

Keijsers, M., & Bartneck, C. (2018, February). Mindless robots get bullied. In Proceedings of the 2018 ACM/IEEE International Conference on Human-Robot Interaction (pp. 205 – 214). ACM.

Keltner, D. (2009). Born to be good: The science of a meaningful life. WW Norton & Company.

Kiesler, S., Powers, A., Fussell, S. R., & Torrey, C. (2008). Anthropomorphic interactions with a robot and robot-like agent. *Social Cognition*, 26, 169 – 181.

Kim, A., Han, J., Jung, Y., & Lee, K. (2013, March). The effects of familiarity and robot gesture on user acceptance of information. In 2013 8th ACM/IEEE International Conference on Human-Robot Interaction (HRI) (pp. 159 – 160). IEEE.

Kim, S. Y., Schmitt, B. H., & Thalmann, N. M. (2019). Eliza in the uncanny valley: Anthropomorphizing consumer robots increases their perceived warmth but decreases liking. Marketing Letters, 1 – 12.

Klamer, T., & Allouch, S. B. (2010, March). Acceptance and use of a social robot by elderly users in a domestic environment. In 2010 4th International Conference on Pervasive Computing Technologies for Healthcare (pp. 1 – 8). IEEE.

Klamer, T., Allouch, S. B., & Heylen, D. (2010, June). "Adventures of Harvey" — Use, acceptance of and relationship building with a social robot in a domestic environment. In International Conference on Human-Robot Personal Relationship (pp. 74 – 82). Springer, Berlin, Heidelberg.

Kluckhohn, F. R., & Strodtbeck, F. L. (1961). Variations in value orientations. Evanston, IL: Row, Peterson.

Knobe, J. (2010). Person as scientist, person as moralist. *Behavioral and Brain Sciences*, 33, 315 – 329.

Komatsu, T. (2016, March). Japanese students apply same moral norms to humans and robot agents: Considering a moral HRI in terms of different cultural and academic backgrounds. In 2016 11th ACM/IEEE International Conference on Human-Robot Interaction (HRI) (pp. 457 – 458). IEEE.

Konok, V., Korcsok, B., Miklósi, Á., & Gácsi, M. (2018). Should we love robots? — The most liked qualities of companion dogs and how they can be implemented in social robots. Computers in Human Behavior, 80,132–142.

Koschate, M., Potter, R., Bremner, P., & Levine, M.. (2016). Overcoming the uncanny valley: Displays of emotions reduce the uncanniness of humanlike robots. Acm/ieee International Conference on Human-robot Interaction. IEEE.

Kuo, I. H., Rabindran, J. M., Broadbent, E., Lee, Y. I., Kerse, N., Stafford, R. M. Q., & MacDonald, B. A. (2009, September). Age and gender factors in user acceptance of healthcare robots. In RO-MAN 2009-The 18th IEEE International Symposium on Robot and Human Interactive Communication (pp. 214–219). IEEE.

Kupferberg, A., Glasauer, S., Huber, M., Rickert, M., Knoll, A., & Brandt, T. (2011). Biological movement increases acceptance of humanoid robots as human partners in motor interaction. AI & Society, 26(4),339–345.

Kwak, S. S., San Kim, J., & Choi, J. J. (2014, March). Can robots be sold? The effects of robot designs on the consumers' acceptance of robots. In 2014 9th ACM/IEEE International Conference on Human-Robot Interaction (HRI) (pp. 220–221). IEEE.

Kwon, M., Jung, M. F., & Knepper, R. A. (2016, March). Human expectations of social robots. In 2016 11th ACM/IEEE International Conference on Human-Robot Interaction (HRI) (pp. 463–464). IEEE.

Latikka, R., Turja, T., & Oksanen, A. (2019). Self-efficacy and acceptance of robots. *Computers in Human Behavior*, 93,157–163.

Lee, H. R., & Sabanovic, S. (2014, March). Culturally variable preferences for robot design and use in South Korea, Turkey, and the United States. In Proceedings of the 2014 ACM/IEEE International Conference on Human-Robot Interaction (pp. 17–24). ACM.

Lee, J. G., Kim, K. J., Lee, S., & Shin, D. H. (2015). Can autonomous vehicles be safe and trustworthy? Effects of appearance and autonomy of unmanned driving systems. *International Journal of Human-Computer Interaction*, 31(10),682–691.

Lee, S. A., & Liang, Y. J. (2019). Robotic foot-in-the-door: Using sequential-request persuasive strategies in human-robot interaction. *Computers in Human Behavior*, 90, 351–356.

Leite, I., Pereira, A., Mascarenhas, S., Martinho, C., Prada, R., & Paiva, A. (2013). The influence of empathy in human-robot relations. *International Journal of Human-Computer Studies*, 71(3),250–260.

Leyens, J. P., Paladino, P. M., Rodriguez-Torres, R., Vaes, J., Demoulin, S., Rodriguez-Perez, A., & Gaunt, R. (2000). The emotional side of prejudice: The attribution of secondary emotions to ingroups and outgroups. *Personality and Social Psychology Review*, 4(2),186–197.

Lohani, M., Stokes, C., McCoy, M., Bailey, C. A., & Rivers, S. E. (2016, March). Social interaction moderates human-robot trust-reliance relationship and improves stress coping. In 2016 11th ACM/IEEE International Conference on Human-Robot Interaction (HRI) (pp. 471–472). IEEE.

Louie, W. Y. G., McColl, D., & Nejat, G. (2014). Acceptance and attitudes toward a humanlike socially assistive robot by older adults. *Assistive Technology*, 26(3),140–150.

Macdorman, K. F., Vasudevan, S. K., & Ho, C. C. (2009). Does japan really have robot mania? comparing attitudes by implicit and explicit measures. *AI & Society*, 23(4),485–510.

Macdorman, K. F., & Chattopadhyay, D. (2016). Reducing consistency in human realism increases the uncanny valley effect; increasing category uncertainty does not. *Cognition*, 146, 190–205.

Makatchev, M., Simmons, R., Sakr, M., & Ziadee, M. (2013, March). Expressing ethnicity through behaviors of a robot character. In Proceedings of the 8th ACM/IEEE international conference on Human-robot interaction (pp. 357–364). IEEE Press.

Malle B. F. (2019). How many dimensions of mind perception really are there? In A. K. Goel, C. M. Seifert, & C. Freksa (Eds.), Proceedings of the 41st Annual Meeting of the Cognitive Science Society (pp. 2268–2274). Montreal, QB: Cognitive Science Society.

Malle, B. F. (2014). Moral competence in robots? In Seibt, J., Hakli, R., and Nørskov, M. (Eds.), *Sociable Robots and the Future of Social Relations: Proceedings of Robo-Philosophy 2014* (pp. 189–198). Amsterdam, Netherlands: IOS Press.

Malle, B. F., Scheutz, M. (2014). Moral competence in social robots. In Proceedings of IEEE International Symposium on Ethics in Engineering, Science, and Technology, Ethics'2014 (pp. 30–35). Red Hook, NY: Curran Associates/IEEE Computer Society.

Malle, B. F., Scheutz, M., Arnold, T., Voiklis, J., & Cusimano, C. (2015, March). Sacrifice one for the good of many?: People apply different moral norms to human and robot agents. In Proceedings of the tenth annual ACM/IEEE international conference on human-robot interaction (pp. 117–124). ACM.

Malle, B. F., Scheutz, M., Forlizzi, J., & Voiklis, J. (2016, March). Which robot am I thinking about?: The impact of action and appearance on people's evaluations of a moral robot. In The Eleventh ACM/IEEE International Conference on Human Robot Interaction (pp. 125–132). IEEE Press.

Martelaro, N., Nneji, V. C., Ju, W., & Hinds, P. (2016, March). Tell me more: Designing HRI to encourage more trust, disclosure, and companionship. In The Eleventh ACM/IEEE International Conference on Human Robot Interaction (pp. 181–188). IEEE Press.

Martínez-Miranda, J., Pérez-Espinosa, H., Espinosa-Curiel, I., Avila-George, H., & Rodríguez-Jacobo, J. (2018). Age-based differences in preferences and affective reactions towards a robot's personality during interaction. Computers in Human Behavior, 84, 245–257.

McGinn, C., & Torre, I. (2019, March). Can you tell the robot by the voice? An exploratory study on the role of voice in the perception of robots. In 2019 14th ACM/IEEE International Conference on Human-Robot Interaction (HRI) (pp. 211–221). IEEE.

Mieczkowski, H., Liu, S. X., Hancock, J., & Reeves, B. (2019, March). Helping not hurting: Applying the stereotype content model and BIAS map to social robotics. In 2019 14th ACM/IEEE International Conference on Human-Robot Interaction (HRI) (pp. 222–229). IEEE.

Milgram, S. (1963). Behavioral study of obedience. *The Journal of Abnormal and Social Psychology*, 67(4), 371–378.

Miller, J. G., & Bersoff, D. M. (1992). Culture and moral judgment: How are conflicts between justice and interpersonal responsibilities resolved?. *Journal of Personality and Social Psychology*, 62(4), 541–554.

Mitchell, S. D. (2005). Anthropomorphism and cross-species modeling. In L. Daston & G. Mitman (Eds.), *Thinking with Animals* (pp. 100–118). New York: Columbia University Press.

Mok, B., Yang, S., Sirkin, D., & Ju, W. (2014, March). Empathy: Interactions with emotive robotic drawers. In 2014 9th ACM/IEEE International Conference on Human-Robot Interaction (HRI) (pp. 250–251). IEEE.

Mori, M. (1970). The uncanny valley. *Energy*, 7, 33–35.

Moro, C., Lin, S., Nejat, G., & Mihailidis, A. (2019). Social robots and seniors: A comparative study on the influence of dynamic social features on human-robot interaction. *International Journal of Social Robotics*, 11(1), 5–24.

Nash, K., Lea, J. M., Davies, T., & Yogeeswaran, K. (2018). The bionic blues: Robot rejection lowers self-esteem. *Computers in Human Behavior*, 78, 59–63.

Nass, C., Moon, Y., & Carney, P. (1999). Are respondents polite to computers? Social desirability and direct responses to computers. *Journal of Applied Social Psychology*, 29(5), 1093–1110.

Nomura, T., Kanda, T., Kidokoro, H., Suehiro, Y., & Yamada, S. (2016). Why do children abuse robots?. *Interaction Studies*, 17(3), 347–369.

Obaid, M., Kuchenbrandt, D., & Bartneck, C. (2014, March). Empathy and yawn contagion: Can we (humans) catch yawns from robots?. In 2014 9th ACM/IEEE International Conference on Human-Robot Interaction (HRI) (pp. 260–261). IEEE.

Ogawa, R., Park, S., & Umemuro, H. (2019, March). How humans develop trust in communication robots: A phased model based on interpersonal trust. In 2019 14th ACM/IEEE International Conference on Human-Robot Interaction (HRI) (pp. 606–607). IEEE.

Okanda, M., Zhou, Y., Kanda, T., Ishiguro, H., & Itakura, S. (2018). I hear your yes-no questions: Children's response tendencies to a humanoid robot. *Infant and Child Development*, 27(3), e2079.

Otterbacher, J., & Talias, M. (2017, March). S/he's too warm/agentic!: The influence of gender on uncanny reactions to robots. In Proceedings of the 2017 ACM/IEEE International Conference on Human-Robot Interaction (pp. 214–223). ACM.

Packard, C., Boelk, T., Andres, J., Edwards, C., Edwards, A., & Spence, P. R. (2019, March). The pratfall effect and interpersonal impressions of a robot that forgets and apologizes. In 2019 14th ACM/IEEE International Conference on Human-Robot Interaction (HRI) (pp. 524–525). IEEE.

Peterson, C., & Seligman, M. E. (2004). *Character strengths and virtues: A handbook and classification*. Oxford University Press.

Phillips, E., Zhao, X., Ullman, D., & Malle, B. F. (2018, February). What is human-like?: Decomposing robots' human-like appearance using the anthropomorphic robot (abot) database. In Proceedings of the 2018 ACM/IEEE International Conference on Human-Robot Interaction (pp. 105–113). ACM.

Piçarra, N., & Giger, J. C. (2018). Predicting intention to work with social robots at anticipation stage: Assessing the role of behavioral desire and anticipated emotions. *Computers in Human Behavior*, 86, 129–146.

Pinar, S. A., Thierry, C., Hiroshi, I., Jon, D., & Chris, F. (2012). The thing that should not be: Predictive coding and the uncanny valley in perceiving human and humanoid robot actions. *Social Cognitive and Affective Neuroscience*, 7(4), 413–422.

Prakash, A., Kemp, C. C., & Rogers, W. A. (2014, March). Older adults' reactions to a robot's appearance in the context of home use. In 2014 9th ACM/IEEE International Conference on Human-Robot Interaction (HRI) (pp. 268–269). IEEE.

Proudfoot, D. (2015) Turing's child-machines. In Bowen J, Copeland J, Sprevak M, & Wilson R (Eds), The turing guide: Life, work, legacy. Oxford: Oxford University Press.

Rae, I., Takayama, L., & Mutlu, B. (2013, March). The influence of height in robot-mediated communication. In Proceedings of the 8th ACM/IEEE international conference on Human-robot interaction (pp. 1–8). IEEE Press.

Rahwan, I., Cebrian, M., Obradovich, N., Bongard, J., Bonnefon, J. F., Breazeal, C., ... & Jennings, N. R. (2019). Machine behaviour. *Nature*, 568(7753), 477–486.

Rauthmann, J. F., Gallardo-Pujol, D., Guillaume, E. M., Todd, E., Nave, C. S., Sherman, R. A., Ziegler, M., Jones, A. B., & Funder, D. C. (2014). The situational eight DIAMONDS: A taxonomy of major dimensions of situation characteristics. *Journal of Personality and Social Psychology*, 107, 677–718.

Rehm, M., & Krogsager, A. (2013). Negative affect in human robot interaction-impoliteness in unexpected encounters with robots. Ro-Man (Vol. 54, pp. 45–50). IEEE.

Reich-Stiebert, N., & Eyssel, F. (2017, March). (Ir) relevance of gender? On the influence of gender stereotypes on learning with a robot. In 2017 12th ACM/IEEE International Conference on Human-Robot Interaction HRI (pp. 166–176). IEEE.

Reich-Stiebert, N., Eyssel, F., & Hohnemann, C. (2019). Exploring university students' preferences for educational robot design by means of a user-centered design approach. *International Journal of Social Robotics*, 1–11.

Reich-Stiebert, N., Eyssel, F., & Hohnemann, C. (2019). Involve the user! Changing attitudes toward robots by user participation in a robot prototyping process. *Computers in Human Behavior*, 91, 290–296.

Robinette, P., Li, W., Allen, R., Howard, A. M., & Wagner, A. R. (2016, March). Overtrust of robots in emergency evacuation scenarios. In The Eleventh ACM/IEEE International Conference on Human Robot Interaction (pp. 101–108). IEEE Press.

Robinson, H., Macdonald, B., Kerse, N., & Broadbent, E. (2013). The psychosocial effects of a companion robot: A randomized controlled trial. *Journal of the American Medical Directors Association*, 14(9), 661–667.

Roizman, M., Hoffman, G., Ayal, S., Hochman, G., Tagar, M. R., & Maaravi, Y. (2016, March). Studying the opposing effects of robot presence on human corruption. In 2016 11th ACM/IEEE International Conference on Human-Robot Interaction (HRI) (pp. 501–502). IEEE.

Rokeach, M. (1973). *The nature of human values*. New York: Free press.

Rosenthal-von der Pütten, A. M., Bock, N., & Brockmann, K. (2017, March). Not your cup of tea?: How interacting with a robot can increase perceived self-efficacy in HRI and evaluation. In Proceedings of the 2017 ACM/IEEE International Conference on Human-Robot Interaction (pp. 483–492). ACM.

Ross, L. (1977). The intuitive psychologist and his shortcomings: Distortions in the attribution process. *Advances in Experimental Social Psychology*, 10, 173–220.

Saad, E., Neerincx, M. A., & Hindriks, K. V. (2019, March). Welcoming robot behaviors for drawing attention. In 2019 14th ACM/IEEE International Conference on Human-Robot Interaction (HRI) (pp. 636–637). IEEE.

Sääskilahti, K., Kangaskorte, R., Pieskä, S., Jauhiainen, J., & Luimula, M. (2012, September). Needs and user acceptance of older adults for mobile service robot. In 2012 IEEE RO-MAN: The 21st IEEE International Symposium on Robot and Human Interactive Communication (pp. 559–564). IEEE.

Sakuma, M., Kuramochi, K., Shimada, N., & Ito, R. (2019, March). Positive and negative opinions about living with robots in Japanese university students. In 2019 14th ACM/IEEE International Conference on Human-Robot Interaction (HRI) (pp. 640–641). IEEE.

Salem, M., Lakatos, G., Amirabdollahian, F., & Dautenhahn, K. (2015, March). Would you trust a (faulty) robot?: Effects of error, task type and personality on human-robot cooperation and trust. In Proceedings of the Tenth Annual ACM/IEEE International Conference on Human-Robot Interaction (pp. 141–148). ACM.

Salem, M., Ziadee, M., & Sakr, M. (2014, March). Marhaba, how may I help you? Effects of politeness and culture on robot acceptance and anthropomorphization. In 2014 9th ACM/IEEE International Conference on Human-Robot Interaction (HRI) (pp. 74–81). IEEE.

Salomons, N., van der Linden, M., Strohkorb Sebo, S., & Scassellati, B. (2018, February). Humans conform to robots: Disambiguating trust, truth, and conformity. In Proceedings of the 2018 ACM/IEEE International Conference on Human-Robot Interaction (pp. 187–

195). ACM.

Sandoval, E. B., Brandstetter, J., & Bartneck, C. (2016, March). Can a robot bribe a human?: The measurement of the negative side of reciprocity in human robot interaction. In The Eleventh ACM/IEEE International Conference on Human Robot Interaction (pp. 117 – 124). IEEE Press.

Sandygulova, A., Dragone, M., & O'Hare, G. M. (2014, March). Investigating the impact of gender development in child-robot interaction. In Proceedings of the 2014 ACM/IEEE International Conference on Human-Robot Interaction (pp. 284 – 285). ACM.

Saunderson, S., & Nejat, G. (2019). How robots influence humans: A survey of nonverbal communication in social human-robot interaction. *International Journal of Social Robotics*, 1 – 34.

Schein, C., & Gray, K. (2018). The theory of dyadic morality: Reinventing moral judgment by redefining harm. *Personality and Social Psychology Review*, 22(1), 32 – 70.

Scheutz, M., & Arnold, T. (2016, March). Are we ready for sex robots?. In The Eleventh ACM/IEEE International Conference on Human Robot Interaction (pp. 351 – 358). IEEE Press.

Schwartz, S. H. (1992). Universals in the content and structure of values: Theoretical advances and empirical tests in 20 countries. In M. Zanna (Ed.), *Advances in Experimental Social Psychology* (pp. 165). San Diego, CA: Academic Press.

Sebo, S. S., Krishnamurthi, P., & Scassellati, B. (2019, March). "I don't believe you": Investigating the effects of robot trust violation and repair. In 2019 14th ACM/IEEE International Conference on Human-Robot Interaction (HRI) (pp. 57 – 65). IEEE.

Serenko, A. (2008). A model of user adoption of interface agents for email notification. *Interacting with Computers*, 20(4 – 5), 461 – 472.

Shariff, A., Bonnefon, J. F., & Rahwan, I. (2017). Psychological roadblocks to the adoption of self-driving vehicles. *Nature Human Behaviour*, 1(10), 694 – 696.

Shibata, T., Wada, K., Ikeda, Y., & Sabanovic, S. (2009). Cross-cultural studies on subjective evaluation of a seal robot. *Advanced Robotics*, 23(4), 443 – 458.

Shin, D. H., & Choo, H. (2011). Modeling the acceptance of socially interactive robotics: Social presence in human-robot interaction. *Interaction Studies*, 12(3), 430 – 460.

Shweder, R. A., & Haidt, J. (1993). The future of moral psychology: Truth, intuition, and the pluralist way. *Psychological Science*, 4(6), 360 – 365.

Singer, P. (2011). *The expanding circle: Ethics, evolution, and moral progress*. Princeton University Press.

Skantze, G. (2017, March). Predicting and regulating participation equality in human-robot conversations: Effects of age and gender. In 2017 12th ACM/IEEE International Conference on Human-Robot Interaction (HRI (pp. 196 – 204). IEEE.

Stafford, R. Q., Broadbent, E., Jayawardena, C., Unger, U., Kuo, I. H., Igic, A., ... & MacDonald, B. A. (2010, September). Improved robot attitudes and emotions at a retirement home after meeting a robot. In 19th International Symposium in Robot and Human Interactive Communication (pp. 82 – 87). IEEE.

Stafford, R. Q., MacDonald, B. A., Jayawardena, C., Wegner, D. M., & Broadbent, E. (2014). Does the robot have a mind? Mind perception and attitudes towards robots predict use of an eldercare robot. *International Journal of Social Robotics*, 6(1), 17 – 32.

Stroessner, S. J., & Benitez, J. (2018). The social perception of humanoid and non-humanoid robots: Effects of gendered and machinelike features. International Journal of Social Robotics, 1 – 11.

Strohkorb Sebo, S., Traeger, M., Jung, M., & Scassellati, B. (2018, February). The ripple effects of vulnerability: The effects of a robot's vulnerable behavior on trust in human-robot teams. In Proceedings of the 2018 ACM/IEEE International Conference on Human-Robot Interaction (pp. 178-186). ACM.

Strohminger, N. & Nichols, S. (2014). The essential moral self. *Cognition*, 131, 159-171.

Sun, Y., & Sundar, S. S. (2016, March). Psychological importance of human agency how self-assembly affects user experience of robots. In 2016 11th ACM/IEEE International Conference on Human-Robot Interaction (HRI) (pp. 189-196). IEEE.

Taggart, W., Turkle, S., & Kidd, C. D. (2005). An interactive robot in a nursing home: Preliminary remarks. *Towards Social Mechanisms of Android Science*, 56-61.

Tam, K. P., Lee, S. L., & Chao, M. M. (2013). Saving Mr. Nature: Anthropomorphism enhances connectedness to and protectiveness toward nature. *Journal of Experimental Social Psychology*, 49, 514-521.

Tamagawa, R., Watson, C. I., Kuo, I. H., Macdonald, B. A., & Broadbent, E. (2011). The effects of synthesized voice accents on user perceptions of robots. *International Journal of Social Robotics*, 3(3), 253-262.

Todorov, A., Pakrashi, M., & Oosterhof, N. N. (2009). Evaluating faces on trustworthiness after minimal time exposure. *Social Cognition*, 27, 813-833.

Trope Y, & Liberman N. (2010). Construal-level theory of psychological distance. *Psychological Review*, 117(2), 440-463.

Trovato, G., Zecca, M., Sessa, S., Jamone, L., Ham, J., Hashimoto, K., & Takanishi, A. (2013). Cross-cultural study on human-robot greeting interaction: acceptance and discomfort by Egyptians and Japanese. *Paladyn, Journal of Behavioral Robotics*, 4(2), 83-93.

Tsiourti, C., Weiss, A., Wac, K., & Vincze, M. (2019). Multimodal integration of emotional signals from voice, body, and context: Effects of (in) congruence on emotion recognition and attitudes towards robots. *International Journal of Social Robotics*, 1-19.

Turing, A. (1950). Computing machinery and intelligence. *Mind*, 59(236), 433-460.

Vasalya, A., Ganesh, G., & Kheddar, A. (2018). More than just co-workers: Presence of humanoid robot co-worker influences human performance. *PloS one*, 13(11), e0206698.

Vázquez, M., Carter, E. J., Vaz, J. A., Forlizzi, J., Steinfeld, A., & Hudson, S. E. (2015, March). Social group interactions in a role-playing game. In Proceedings of the Tenth Annual ACM/IEEE International Conference on Human-Robot Interaction Extended Abstracts (pp. 9-10). ACM.

Venkatesh, V., Morris, M. G., Davis, G. B., & Davis, F. D. (2003). User acceptance of information technology: Toward a unified view. *MIS Quarterly*, 27(3), 425-478.

Vernon, P. E., & Allport, G. A. (1931). A test for personal values. *The Journal of Abnormal and Social Psychology*, 26, 231-248.

Voiklis, J., Cusimano, C., & Malle, B. F. (2014). A social-conceptual map of moral criticism. In P. Bello, M. Guarini, M. McShane, and B. Scassellati (Eds.), Proceedings of the 36th Annual Conference of the Cognitive Science Society (pp. 1700-1705). AustinTX: Cognitive Science Society.

Voiklis, J., Kim, B., Cusimano, C., & Malle, B. F. (2016, August). Moral judgments of human vs. robot agents. In 2016 25th IEEE International Symposium on Robot and Human Interactive Communication (RO-MAN) (pp. 775-780). IEEE.

Wallach, W., & Allen, C. (2008). *Moral machines: Teaching robots right from wrong*. Oxford University Press.

Watanabe, M., Ogawa, K., & Ishiguro, H. (2014, March). Field study: Can androids be a social entity in the real world?. In Proceedings of the 2014 ACM/IEEE international conference on Human-robot interaction (pp. 316 – 317). ACM.

Waytz, A., Heafner, J., & Epley, N. (2014). The mind in the machine: Anthropomorphism increases trust in an autonomous vehicle. *Journal of Experimental Social Psychology*, 52, 113 – 117.

Waytz, A., Morewedge, C. K., Epley, N., Monteleone, G., Gao, J. H., & Cacioppo, J. T. (2010). Making sense by making sentient: Effectance motivation increases anthropomorphism. *Journal of Personality and Social Psychology*, 99, 410 – 435.

Weisman, K., Dweck, C. S., & Markman, E. M. (2017). Rethinking people's conceptions of mental life. *Proceedings of the National Academy of Sciences*, 114(43), 11374 – 11379.

Weiss, A., Vincze, M., Panek, P., & Mayer, P. (2014, March). Don't bother me: Users' reactions to different robot disturbing behaviors. In 2014 9th ACM/IEEE International Conference on Human-Robot Interaction (HRI) (pp. 320 – 321). IEEE.

White, R. W. (1959). Motivation reconsidered: The concept of competence. *Psychological Review*, 66, 297 – 333.

Willemse, C. J., & van Erp, J. B. (2018). Social touch in human-robot interaction: Robot-initiated touches can induce positive responses without extensive prior bonding. *International Journal of Social Robotics*, 1 – 20.

Wills, P., Baxter, P., Kennedy, J., Senft, E., & Belpaeme, T. (2016, March). Socially contingent humanoid robot head behaviour results in increased charity donations. In 2016 11th ACM/IEEE International Conference on Human-Robot Interaction (HRI) (pp. 533 – 534). IEEE.

Winkle, K., Lemaignan, S., Caleb-Solly, P., Leonards, U., Turton, A., & Bremner, P. (2019, March). Effective persuasion strategies for socially assistive robots. In 2019 14th ACM/IEEE International Conference on Human-Robot Interaction (HRI) (pp. 277 – 285). IEEE.

Wu, Y. H., Wrobel, J., Cornuet, M., Kerhervé, H., Damnée, S., & Rigaud, A. S. (2014). Acceptance of an assistive robot in older adults: A mixed-method study of human-robot interaction over a 1-month period in the Living Lab setting. Clinical Interventions in Aging, 9, 801.

Xue, Y., Li, Q., Wu, T., Feng, L., Zhao, L., & Yu, F. (2019). Incorporating stress status in suicide detection through microblog. *Computer System Science and Engineering*, 34(2), 65 – 78.

Yamashita, Y., Ishihara, H., Ikeda, T., & Asada, M. (2019). Investigation of causal relationship between touch sensations of robots and personality impressions by path analysis. *International Journal of Social Robotics*, 11(1), 141 – 150.

Yogeeswaran, K., Złotowski, J., Livingstone, M., Bartneck, C., Sumioka, H., & Ishiguro, H. (2016). The interactive effects of robot anthropomorphism and robot ability on perceived threat and support for robotics research. *Journal of Human-Robot Interaction*, 5, 29 – 47.

You, S., & Robert Jr, L. P. (2018, February). Human-robot similarity and willingness to work with a robotic co-worker. In Proceedings of the 2018 ACM/IEEE International Conference on Human-Robot Interaction (pp. 251 – 260). ACM.

Yu, F., & Peng, K. (2016). Virtue, continence, incontinence and vice: Making virtue judgments based on the judgment of thinking systems. *International Journal of Psychology*, 51(S1), 572.

Yu, F., Peng, T., Peng, K., Tang, S., Chen, C. S., Qian, X., Sun, P., Han, T., & Chai, F. (2016). Cultural value shifting in pronoun use. *Journal of Cross-Cultural Psychology*, 47(2), 310 – 316.

Zanatto, D., Patacchiola, M., Goslin, J., & Cangelosi, A. (2016, March). Priming anthropomorphism: Can the credibility of humanlike robots be transferred to non-humanlike robots?. In 2016 11th ACM/IEEE International Conference on Human-Robot Interaction (HRI) (pp. 543 – 544). IEEE.

Zawieska, K., Moussa, M. B., Duffy, B. R., & Magnenat-Thalmann, N. (2012, May). The role of imagination in human-robot interaction. In Proceedings of the 25th Annual Conference on Computer Animation and Social Agents.

Zhang, Y., & Yu, F. (2018). Which socio-economic indicators influence collective morality? Big Data analysis on online Chinese social media. *Emerging Markets Finance and Trade*, 54(4), 792 – 800.

Zhao, X., Cusimano, C., & Malle, B. F. (2016). Do people spontaneously take a robot's visual perspective? Proceedings of the 2016 ACM/IEEE International Conference on Human-Robot Interaction (HRI'16).

Zhao, Y., Yu, F., Jing, B., Hu, X., Luo, A., & Peng, K. (2019). An analysis of well-being determinants at the city level in China Using Big Data. *Social Indicator Research*, 143(3), 973 – 994.

Zlotowski, J. A., Sumioka, H., Nishio, S., Glas, D. F., Bartneck, C., & Ishiguro, H. (2015). Persistence of the uncanny valley: The influence of repeated interactions and a robot's attitude on its perception. *Frontiers in Psychology*, 6, 883.

Złotowski, J., & Bartneck, C. (2013, March). The inversion effect in HRI: Are robots perceived more like humans or objects?. In Proceedings of the 8th ACM/IEEE International Conference on Human-Robot Interaction (pp. 365 – 372). IEEE Press.

第四编　本土与文化

在全球化的进程中,中西文化既在逐渐融合,也在相互碰撞。生活在这样的文化中的人们,行为处事、价值观念和人格特性上不仅保留着中国传统文化的特征,而且还吸纳了异文化,特别是西方文化的成分。因此,研究中国本土文化心理,以及文化之间的接触与交融,也是社会心理学的重要研究问题。

本编将回答以下八个问题:
- 好人也会做坏事吗?
- 中国人的人己和群己关系具有什么样的特征?
- 中庸思想就是"和稀泥"吗?
- 为何要"先言慈再言孝"?
- 我对自己所居住的社区环境具有建设的责任吗?
- 中国人的人格中最重要的测评维度是什么?
- 全球化给我们带来了什么样的文化兼容与冲击?
- 从大数据中可以解读社会心理现象吗?

——许燕

30. 中国人的善恶人格观
31. 中国人的自我构念与群己关系
32. 中国人的中庸思维
33. 中国人的孝道
34. 中国人的社区责任感
35. 人际关系性:人格的第六个维度
36. 全球化与文化混搭
37. 社会心理的大数据研究

30　中国人的善恶人格观[①]

30.1　引言 / 986
30.2　善恶的文化渊源 / 987
　　30.2.1　中国文化下的人性观 / 987
　　　　性善论 / 988
　　　　性恶论 / 988
　　　　性无善无恶论 / 988
　　　　性有善有恶论 / 989
　　30.2.2　西方文化下的人性观 / 989
　　　　性善论 / 989
　　　　性恶论 / 989
　　　　性无善无恶论 / 990
　　　　性有善有恶论 / 990
30.3　善恶的人格属性 / 991
　　30.3.1　善恶人格的概念 / 992
　　30.3.2　善恶人格的相关研究 / 992
　　　　善人格相关研究 / 993
　　　　恶人格相关研究 / 994
30.4　善恶人格的结构与测量 / 996
　　30.4.1　善恶人格的结构 / 996
　　　　善恶的单维性 / 996
　　　　善恶的双维性 / 998
　　30.4.2　善恶人格的测量 / 1000
　　　　善人格的测量 / 1000
　　　　恶人格的测量 / 1001
30.5　善恶人格的特征 / 1002
　　　结构性 / 1002
　　　倾向性 / 1003
　　　社会性 / 1005
　　　道德性 / 1006
30.6　善恶人格的研究主题及未来展望 / 1007
　　　人格发展 / 1007
　　　人格动力 / 1008
　　　人格描述 / 1008
　　　人格表现 / 1009
　　　人格功能 / 1010
参考文献 / 1011

[①] 本文系国家自然科学基金面上项目"善良人格的结构、机制及其促进研究"(31671160)、国家社会科学基金重大项目"中国人道德认知和情绪特点的心理、脑与人工智能跨学科研究"(19ZDA363)的阶段性成果。

30.1 引言

自古以来,"善"与"恶"便是一个多学科汇聚的焦点话题,受到哲学、伦理学、社会学、心理学等多方学者的关注和重视(Berkowitz,1999;Darley,1999;Saxton,2006;Staub,2003)。早在《周易·系辞下传》中就有"善不积,不足以成名;恶不积,不足以灭身"之说,孟子也曾言"君子莫大乎与人为善"(《孟子·公孙丑上》)。善恶被认为是对人性评判的核心标准,即使是不谙世事的婴儿,几乎也能够在多种社会性的互动中对善恶进行判断,并表现出自己对善恶行为的偏好(Holvoet,Scola,Arciszewski,和 Picard,2016;Vondervoort 和 Hamlin,2016)。

从现实生活的角度来看,善恶亦是无处不在,人们通常使用善恶来描述社会关系中人与人之间的活动和言行(戴景平,2007),并对各种各样的人进行善、恶区分:不惜自己生命救助落水儿童的大学生,灾难发生后提供帮助的志愿者,辛苦劳碌、奔前奔后为贫困山区学生筹款的校长,等等;他们舍己为人,热心公益,成为社会赞扬的道德榜样。与之相反,也存在着新冠疫情爆发期制作不合格口罩发国难财的黑心商人,做豆腐渣工程的房地产开发商,狠心挥刀向亲人的杀人犯,虐待女童的养母,将魔爪伸向未成年女童的强奸犯,等等;他们冷漠无情,自私残忍,是社会谴责与严惩的对象。

此外,从理论的角度来看,随着道德心理学与人格心理学的不断发展,两个领域的交融力越来越强,人们开始注重道德的人格属性和人格的道德属性,将人格特质扩展到道德领域,将道德特性引入人格品质。人格心理学家认为,个体所做出的善行和恶行不能仅仅归因到情境因素或道德因素,还应该考虑到人格因素的影响(Jonason,Zeigler-Hill,和 Okan,2017;王云强,2009)。人们在思想、感觉和行为上始终表现出不同程度的善恶模式,这在一定程度上可以归因于与伦理、道德、社会赞许(或反对)的信念及行为等方面相关的人格特质(Kaufman,Yaden,Hyde,和 Tsukayama,2019;Moshagen,Hilbig,和 Zettler,2018)。而对这类人格特质的研究有助于理解人类本性中积极的、以成长为导向(growth-oriented side)的一面(de la Iglesia 和 Solano,2018;Maslow,1962;Rogers,1961;Peterson 和 Seligman,2004),也为探究人性中消极的、阴暗的一面提供了重要信息(Paulhus 和 Williams,2002;Paulhus,Curtis,和 Jones,2018)。

实际上,在与他人社会互动(social interactions)的过程中,人们最关注的就是他人是否有帮助或者伤害自己的意图,是否会威胁到自身的利益。可以说,由诚实、忠诚和残忍等特质构成的道德品质(moral character)在社会知觉过程中具有核心地位(Brambilla 和 Leach, 2014; Goodwin, 2015)。从根本上讲,善、恶人格便是对两类道德品质的具体解读,善人格水平高的个体,可能在面临模糊情境时会不假思索地伸出援手(张和云,2016),而伤害、欺骗和背叛等行为经常发生在恶人格水平高的个体上。

由此可见,无论是从真实生活还是理论建构的角度而言,对善、恶相关的人格研究都具有其重要的意义。但由于社会文化环境和研究对象的差异,目前西方的一些理论假设和观点并不适用于中国文化,而且善恶在中西方的哲学渊源、历史背景等方面各不相同,中国文化下与善恶相关的人格必然存在其独特性。心理学家的理论和研究离不开具体的社会历史文化环境(王登峰,2012),基于此,国内研究者在中国文化下提出了善恶人格的概念(Jiao, Yang, Guo, Xu, Zhang, 和 Jiang, 2021;焦丽颖,杨颖,许燕,高树青,张和云,2019)。善恶人格从人格心理学角度出发,对善恶行为背后的基本人格倾向深入研究。如果将社会中的种种善恶行为表现比喻为一棵枝叶繁茂的大树,那么善、恶人格就如同行为与倾向的树根,是其表象背后更基础、更核心的内容,"种树者必培其根,种德者必养其心"(《传习录》),只有了解善恶的内在品质,才能培养善恶的外化表现。知其所来,方能知其所往。本章节将对善恶人格的文化渊源、概念及相关理论进行阐述,以期在中国文化视角下探讨善恶人格的相关问题。

30.2 善恶的文化渊源

人性观是人格理论建立的基石(许燕,2009),对人格的研究也为探究人性提供了窗口(Soto, 2019)。古今中外的学者一直在讨论人性问题,《三字经》开篇即提出"人之初,性本善",哲学家罗素亦总结道:"伦理学的基本概念是内在善与内在恶"。可以说,在中西方的伦理思想史上,思想家们皆是从人性的善恶之争开始,来建构自己的理论体系(费丹乙,2017)。人性问题也是人格心理学家首要回答的关键问题(Larsen 和 Buss, 2017),而且不同人格心理学家所主张的人性善恶观不同,也导致了他们理论价值取向的差异,从而造就了主题各异的人格理论。虽然中西方的历史文化背景有异,但可以看到关于"善恶"为中心的争论一直存在。

30.2.1 中国文化下的人性观

在中国伦理学史上,人性和善恶相互联系,思想家们以善恶来论人性(方克立,

1994；费丹乙，2017），纷纷提出了自己的人性观。张岱年先生把我国古典哲学中关于人性善恶的主张划分为六种："(1)性善论——孟子，后来的宋明理学以及王夫之、颜元、戴震都主性善论；(2)性无善无不善论——告子，后来王安石亦主性无善恶；(3)性恶论——荀子；(4)性有善有恶论——世硕，后来董仲舒、杨雄亦主此说；(5)性三品论——王充、韩愈；(6)性二元论……"（张岱年，1989）。也有学者将人性善恶的观点集中为四种，即：性善论、性恶论、性无善无恶论，以及性有善有恶论（沈善洪，王凤贤，2005）。由于后者分类更为简洁和通俗易懂，人们对其的使用也更普遍，因此本文将从这四种观点对人性善恶观进行介绍。

性善论

孟子谈论"人性本善"，他在《孟子·告子上》中阐述了自己关于人性本善的主张："恻隐之心，人皆有之；羞恶之心，人皆有之；恭敬之心，人皆有之；是非之心，人皆有之。恻隐之心，仁也；羞恶之心，义也；恭敬之心，礼也；是非之心，智也。"孟子认为，人性是人之所以异于禽兽的特性。孟子强调了"性"是人生来就具有的，而不是通过外界的环境所得。这种善性以"善端"存在于人心，所谓"恻隐之心，仁之端也。羞恶之心，义之端也。辞让之心，礼之端也。是非之心，智之端也。人之有四端也，犹其有四体也"（《孟子·公孙丑上》）。人心中生来就有四种善端：恻隐之心、羞恶之心、恭敬之心和是非之心，与之相对应的便为仁、义、礼、智四德（孟琛，2013）。

性恶论

荀子主张"性恶论"，与孟子的"性善论"观点不同，在他看来，人性为恶："人之性恶，其善者伪也"。荀子认为，人的本性就具有好利、嫉妒、耳目之欲等需求，人如果只是顺从本性，必将导致对社会规范和秩序的破坏，从而产生暴乱，"从人之性，顺人之情，必出于争夺，合于犯分乱理而归于暴"，因此"人之性恶明矣，其善者伪也"。而那些类如辞让、礼义、文理等善的思想和行为都是后天教化而成的，"故必将有师法之化，礼义之道，然后出于辞让，合于文理，而归于治"（引文皆来自《性恶》）。荀子强调后天的环境和教育在形成"善"德时的作用（方克立，1994）。以韩非子为代表的法家思想也主张"人性利己"的观点，韩非子将人与人的关系（无论是君臣之间还是家庭关系）视为利害关系，人人都有为己的"计算之心"。他认为"好利恶害，夫人之所有也"，"喜利畏罪，人莫不然"（《难二》），他认为人的利己性是不可改造，但又非绝对的，强调"法治"的教育作用（沈善洪，王凤贤，2005）。

性无善无恶论

告子主张人性没有善恶之分，"性无善无不善也"（《孟子·告子上》），意为人生而具有的本能并无善恶，善恶是后天才具有的。告子用杞柳之性比喻人性："性犹杞柳也,义犹桮桊也;以人性为仁义,犹以杞柳为桮桊"(《孟子·告子章句上》),说明了人性既有无善无恶的特点,又有当受到环境影响后表现出善恶区分的特点(朱童萍,2011)。第二个特点也在《孟子·告子章句上》中充分表述,"性犹湍水也,决诸东方则东流,决诸西方则西流。人性之无分于善不善也,犹水之无分于东西也",人的仁义、道德等行为是在后天环境外力作用下的结果。后世也有一些思想家们赞同告子主张的人性观,王安石认为"性不可以善恶言也"(《原性》),到明代的王守仁也曾在《传习录下》中记录道,"无善无恶是心之体……"。

性有善有恶论

世硕主张人"性有善有恶论",王充在《论衡·本性》中曾有介绍:"周人世硕,以为'人性有善有恶。举人之善性,养而致之则善长;恶性,养而致之则恶长'"。这种观点认为,人性中存在善、恶(阴、阳)两个方面,而后天的教养才是性善或性恶的关键(王烟生,1990)。也即"论人之性,定有善有恶。其善者,固自善矣;其恶者,故可教告率勉,使之为善"(《论衡·率性》)。王充认为,就如同人有高低之分一样,人性也是有善恶之别的。王充的观点后来也被发展成为"性三品"论。汉代的扬雄也同样认为,人性是善恶兼具:"人之性也,善恶混,修其善则为善人,修其恶则为恶人"。实际上,这里的"性"便是指"习性",在一定程度上是人类发展过程中的产物,是在学习、教育等不同社会化过程中获得的具体实现(或称具体行为)。同时,有了具体行为,才能根据社会准则衡量标准给这些行为加上善恶之分(潘菽,2018)。这与心理学中人格特质的解释、描述和预测行为以及人们对行为进行道德判断在某种程度上是类似的。

30.2.2 西方文化下的人性观

在西方心理学理论中,不同的人格心理学家所持有的人性论也存在差异。主要体现在以下四点:

性善论

代表人物为人本主义理论学家罗杰斯、马斯洛,他们认为,人们都具有一种善良的天性,"人是好的、端正的、仁爱的,每个人都有对美、真理、正义等的本能需求,而且是朝向自我实现、成熟和社会化的方向发展的"(许燕,2017)。根据其理论观点,恶是来源于社会文化的,它会受成长环境因素的影响。

性恶论

代表人物为经典精神分析理论学家弗洛伊德,受到两次世界大战的影响,弗洛伊德对人性的看法是悲观的。他提出的"三我结构"中的"本我"由人最为原始的欲望组成,遵循的是"快乐原则"。他以人性恶的观点看待社会、评价人性,专注于解释人类的异常行为,认为异常心理是在现实和道德失控下人们的本能体现。

性无善无恶论

代表人物为行为主义理论学家华生,该理论认为,人的本性无善恶之分,因而对人性并不过多关注(张和云,2016;张辉,2007)。华生强调"环境决定论",他认为环境能够对人进行改变和塑造,犯罪的心理与行为是人们在不良环境下学习的结果。他的经典言论便是"给我一打健全的婴儿……我可以保证,在其中随机选出一个,训练成为我所选定的任何类型的人物——医生、律师、艺术家……"(华生,1930/2012)。

性有善有恶论

认知学派的凯利便认为,人们是在探索现实中建构自己的生活,一个人的善恶与人格建构有关,一个人如果以善为核心建构(core constructs),那么善便会统领这个人的认知、情感和行为;如果以恶为核心建构,其人性就会充满邪恶,从而导致无恶不作。此外,心理学家罗洛·梅和米歇尔也认为,人性具有善恶两种潜能(许燕,2020),他们都强调人性与环境之间的交互作用,亦善亦恶,好的环境能够激发人性中善的成分,相反,差的环境则会启动人性中恶的一面。

综观上述对于人性的观点,中西方学者虽然对于人性善恶的看法理论角度不同,但也有着一些相似的思考过程。不过,不同文化下,持统治地位的主流观点仍然是存在差别的。具体而言,由于儒家思想的深远影响,中国文化下主张性善论的影响较大;在西方,人性恶的主流的观点更为普遍,并在宗教信仰中加以深化(张和云,2016)。研究也发现东西方文化的善恶观有显著的区别,例如,相对于美国人,中国人对人性的主观评定更偏向人性善的一端,对行善有更高的要求(吴言动,王非,彭凯平,2019)。而这种差异性就导致了中国人会产生一种"原发性的焦虑",使得其十分注重道德的评价、关注环境的影响;而西方人产生的是"原发性的随意和放松",使其更加关注事物本身的特点(王登峰,崔红,2008)。这也更加突出了在中国文化下探究善恶的独特性和必要性。

表 30.1

	中西方善恶观异同比较	
善恶观	中国文化的代表人物	西方文化的流派与代表人物
性善论	孟子,孔子	人本主义理论:罗杰斯
性恶论	荀子,韩非子	经典精神分析理论:弗洛伊德

续 表

善恶观	中国文化的代表人物	西方文化的流派与代表人物
无善恶论	告子,王安石,王守仁	行为主义理论:华生
有善有恶论	世硕,董仲舒,杨雄,王充	认知理论:凯利 交互作用理论:米歇尔,罗洛·梅
主流观点	性善论	性恶论

30.3 善恶的人格属性

在生活中,有人常常不顾自身的利益做出帮助他人的行为,而有人却冷漠无情地做出伤害他人的行为,在所有对这些善行或恶行进行描述、解释和预测的不同因素中,研究者开始关注人们的内在方面——人格(Hilbig, Moshagen, 和 Zettler, 2015; Smillie, Lawn, Zhao, Perry, 和 Laham, 2019)。追溯到 20 世纪 50 年代早期,许多人格特质被认为与善恶有关,并逐渐被重视和研究(Moshagen 等, 2018)。随着研究方向的不断扩展、研究主题的不断增加,人们对"光明"的人格特质和"黑暗"的人格特质的探究越来越深刻,这也开启了在人格心理学、社会心理学、认知心理学和发展心理学等多学科融合下探讨善恶及相关人格概念的趋势,成为心理学领域新兴的研究主题(Gouveia 等, 2020; Hill 和 Roberts, 2010; Neumann, Kaufman, ten Brinke, Yaden, Hyde, 和 Tsykayama, 2020)。

而对善恶相关的人格概念讨论涉及一个理论问题,即:人格是否有好坏之分? 从传统人格心理学体系来说,这个争议性问题一直存在,所以也导致了不同的理论观点。

在 20 世纪后半叶,主流的社会心理学家非常强调情境主义,这也成为了关于与善恶人格相关研究的阻碍因素。甚至在许多经典的情境主义研究出现之前,心理学家们就已经对"道德品质"的概念产生了相当大的怀疑,奥尔波特认为,人们对"品质"这个词赋予了太多的价值,无法科学地研究(Nicholson, 1998),只有对"人格"一词赋予中性价值的意义,人格才能被客观地研究(Allport, 1937)。

但另一方面,从现代西方人格伦理学和词源角度而言,英文中的"person"或"personality"的拉丁文原型为"persona",随着语言文化的演进,"persona"越来越多地代表了人的内在的精神品质,尤其是道德品格(万俊人,1988)。伦理学的人格主义学派认为,人格的原始文化反映了它具有鲜明的道德哲学色彩。人格心理学将人格的社会成分"性格"界定为个人的品行与具有道德评价含义的心理品质；与人格的生理成分"气质"相对应,性格更强调人的社会层面和价值观,具有好坏之分,是后天社会化的结果(许燕,2009)。随着人格心理学的不断发展,大五人格的研究中也包括了道德品质相关的人格维度(如,宜人性、尽责性),HEXACO 中诚实-谦卑(honesty/humility)维度的提出,更是明确的将道德维度作为了人格的一部分(Ashton 和 Lee,2007,2009；Ashton,Lee 和 Goldberg,2004)。

可以看出,越来越多的研究开始支持人格中具有善恶相关的成分,以下将对善恶人格的相关概念及理论作详细介绍。

30.3.1 善恶人格的概念

人格被认为是个体的一种内在品质,是在遗传与环境的交互作用下,个体所具有的稳定而独特的心理品质组合系统(许燕,2009),包含了个体在认知、情感和行为等各方面的特点(王云强,2009)。人格的特质取向认为,特质是人格的基本单元,人格特质的研究回答人格"是什么"的问题(郭永玉,2016)。众多人格心理学家采用心理特质(psychological traits)来描述个体的人格特征,将人格看作是个体内部的心理特质和机制的集合(Larsen 和 Buss,2008)。

实际上,其中一些人格特质具有道德属性,例如仁慈、诚实、有同情心(Miller,2014)。研究者认为,将人格因素引入道德领域能更好地解释个体的道德与不道德行为(Hill 和 Roberts,2010；王云强,2009；王云强,郭本禹,2011)。而中国文化本身充满了道德色彩(汪建新,张曜,2016),中国文化中的"格"更是离不开道德,道德是人格的社会成分(贾馥茗,1999)。在伦理学中,一般而言,善、恶两个概念成对出现,表达了肯定或者否定人们思想、行为的两种道德评价(吴玉成,2012)。可以说,道德是善、恶人格的外化表现,也是评价人们善、恶行为的一种价值标准(万俊人,1988)。

许燕、焦丽颖等(2019)在此基础上提出了善恶人格这一心理学概念,并包含了社会化、道德及心理品质等重要的人格特征,将其定义为"在遗传与环境的交互作用下,个体形成的具有社会道德评价意义的内在心理品质"。简单而言,如果个体拥有某个特质,这种特质能够使他人对其形成较为稳定的与道德或人性相关的评价,那么这种特质就属于善恶人格特质(焦丽颖等,2019)。

30.3.2 善恶人格的相关研究

善恶人格包含有两种性质不同的结构成分,之前,研究者们分别从善、恶相关的人格出发,进行了一些探索与思考。

善人格相关研究

在中国文化下,儒家文化强调"仁义",孔子把"仁"作为最高的道德原则、道德标准和道德境界,儒家文化对中华文明和社会的发展产生了重大影响。中国文化强调与人为善,在这种文化心理基础的影响下,人格的建构也融入了善的概念。

在以中国文化为背景的人格心理学研究中,杨国枢等研究者采用词汇学方法,对涉及他人、事物和个人取向的人格形容词进行收集整理,发现中国人的人格结构包含"善良诚朴—阴险浮夸"的维度(Yang 和 Bond,1990)。张妙青等研究者构建了中国人的人格特质结构,其中就包含了宽容—刻薄、和谐性、责任感、老实—圆滑等维度,而这些人格维度代表了中国文化所传承下来的与人为善、重情重义、甘于奉献等美德特征(Cheung,Leung,Fan,Song,Zhang,和 Zhang,1996)。许燕和王萍萍(2011)也发现了人格三因子模型(CLP 模型)中与善有关的"施爱"这一维度。另外,诚实-谦恭维度在中国文化背景下也得以验证(杨帆,夏之晨,陈贝贝,吴继霞,2015)。王登峰等研究者建构的中国人"大七"人格结构中,"善良"便是其中一个稳定的人格维度,在该维度得高分的个体表现出对待他人真诚友好的行为,并且讲诚信,而低分者在对待他人时则会有虚假、欺骗等行为特点(王登峰,崔红,2005a,2005b)。在此基础上,张和云,赵欢欢和许燕(2018)更明确地提出了"善良人格"这一概念,并探索了其内部结构。这些人格构念在一定程度上折射出中国人在几千年的历史积累中留存下来的丰厚而又独特的人格特质(张建新,周明洁,2006)。

而现有的西方人格理论中,并未明确界定独立的善人格维度,但由于善良与道德的相关性,仍然能从美德、仁慈、利他人格、道德人格等相关研究中,发现善人格存在的证据。其中,美德被视为值得追求的理想人格特征(Van Oudenhoven,De Raad,Carmona,Helbig,和 Van der Linden,2012),在这方面,美德、价值观和特质似乎没有区别:所有这些都是指个人相对稳定的特质(De Raad 和 Van Odenhoven,2011;Schwartz,1992),它们都影响了人们的行为方式。因此,有研究者将美德视为一种人格,采用了人格心理学研究中经典的词汇学方法抽取描述美德的术语,并编制了美德量表(Cawley,Martin,和 Johnson,2000)和美德形容词评定量表(沐守宽,顾海根,2010)。另一个与善相关的人格变量是仁慈(benevolence),著名经济学家和伦理学家亚当·斯密认为,仁慈是以个人为主体,一种自愿的、高线的道德(斯密,1790/2008),仁慈的价值观与大五人格中的宜人性显著正相关(Roccas,Sagiv,Schwartz,和 Knafo,2002)。从仁慈的概念和研究来看,其中也体现出了善的人格成分。此外,拉什顿等研究者通过调查和对以往研究的综述分析,提出了利他人格的存在,并编制了《自我报告利他主义量表》(Rushton, Chrisjohn, 和 Fekken, 1981)。在利他人格量表得分较高个体,相比利他人格得分较低的个体更愿意为他人提供帮助。也有研究者提出了道德人格的概念,道德人格是带有道德色彩的人格(Walker, Frimer, 和 Dunlop, 2010;喻丰,彭凯平,董蕊,柴方圆,韩婷婷,2013),关于道德人格的研究更明确地将道德与人格联系在一起,为善恶人格概念的提出提供了理论和实证依据。

除了以上的人格概念外,一般人格模型也与善存在一定的联系。例如,大五人格的宜人性和尽责性等因素中也包括了一些可以理解为善人格的子维度,如坦诚、利他、责任感(John, Naumann, 和 Soto, 2008)。后来有研究者再次通过词汇学方法探讨人格结构,提出了新的人格六因素模型(HEXACO),比大五人格多出的一个新因子是诚实-谦恭,且位于第一因子,它反映了一个人正直、谦逊、真诚和坦率等倾向(Ashton 和 Lee, 2007)。在近十几年来,关于人格心理学中如美德、谦虚等人格的研究文献开始不断涌现(Krueger, Hicks, 和 McGue, 2001; Shryack, Steger, Krueger, 和 Kallie, 2010; Xiong, Wang, 和 Cai, 2018),并有研究者正式提出了"光明三人格"(light triad personality)的概念,以描述人们在生活中的积极特质(Kaufman 等,2019)。这些趋势都反映了研究者越来越关注善的人格特征,并逐渐的将其定义更加明确化,研究内容针对性更强、更加具体化。

综上可以看出,善在一定程度上具有人格属性,且其相关特征正在被视为人格心理学中一个新的主题,被不断地探索和研究。

恶人格相关研究

恶的基本元素被认为是对人类产生破坏,这种破坏不仅仅是杀戮,而是包括从物质上或心理上对人们的尊严、幸福和满足基本物质需要的能力的摧毁(Staub, 1989)。因而,恶的行为被认为能够造成反复或持久性的伤害。对恶的起源研究主要包括大屠杀和个体暴力等,大范围的对种族群体的灭绝、对他人进行攻击和暴力的行为,被认为是恶行的典型表现。

事实上,做出"恶行"的"恶人"也不断地衍生出来了其人格概念。中国文化中,孔子提出了影响深远的"君子-小人"人格类型说(汪凤炎,郑红,2008),根据人格心理学中的特质理论来看,小人人格具有典型的"不仁"、"不义"、"无礼"和"奸诈"四种根源特质(鲁石,2008),从而在行为中不能较好的体现出"天人之和"、"人际之和"以及"个体的身心内外之和"。国内研究者对中国人的厚黑人格进行了探索,发现中国人在厚黑学上有其独特的表现方式,并用数据证明了厚黑人格包含性恶推断、手段扭曲、感情冷漠、利益执着四个维度(汤舒俊,郭永玉,2015)。西方心理学研究者也提出了属于恶人格范畴的消极人格因素,例如,人格心理学家荣格提出了人格中的阴影(shadow),即潜意识和人性中黑暗的方面,是人不良思想、邪恶感和罪恶行为的根源。艾森克提出的人格层次模型中,将特质分为内外性、神经质和精神质,其中精神质便包含如攻击的、自我中心的、缺乏同理心的和冲动的等特质。精神质得分高的个体很容易卷入到暴力事件、犯罪活动中(Larsen 和 Buss,2017)。

在违法犯罪群体的研究中,反社会人格(antisocial personality)作为一种人格障碍被广泛关注(陈和华,2005)。具有反社会人格的个体冷酷无情、容易冲动、缺乏悔恨之心、不负责任、并且高度重视自己的利益(Black,2015;Paap 等,2020)。另一种被关注的人格是犯罪人格(criminal personality),有犯罪人格的个体在社会化过程中会形成自私、冷酷、偏执、情感扭曲、缺乏道德观、冲动等一系列反社会的倾向(车文博,2001)。此外,对冷酷无情特质(callous unemotional trait, CU)的研究发现,冷酷无情特质能够预测个体的精神病态特质和问题行为、暴力和攻击行为,以及违法犯罪行为(Dadds,Whiting 和 Hawes,2006;Dolan 和 Rennie,2006)。该特质被认为是一种缺少罪恶感、对他人十分冷漠而且共情能力非常低的人格倾向(肖玉琴,张卓,宋平,杨波,2014)。

近几十年来,更是有许多研究者开始关注非临床群体中不被社会所赞许的人格特质(socially aversive personality)。有研究证明,暗黑人格(the Dark Triad)和反社会行为或犯罪行为有关(Goodboy 和 Martin,2015;Jones 和 Neria,2015)。暗黑人格的人格特质包括三个:马基雅维利主义、自恋和精神病态(Paulhus 和 Williams,2002),这些特征的共同核心是操纵、冷酷和自私(Jones 和 Figueredo,2013),通常被认为是不受欢迎的一组人格特质。而且越来越多的研究者开始对"暗黑"人格进行扩充:如虐待特质、恶意和非道德性等,生命史研究发现,对于人类七宗罪的预测,这些暗黑类的人格比道德具有更重要的作用(Jonason 等,2017)。

基于此,有研究者提出了一个新的整合概念以表达众多暗黑人格特质的核心构念,即:D人格(the dark factor of personality;Moshagen 等,2018),被定义为"无视,接受,或恶意挑起对他人的伤害以最大化自己利益的一般倾向,并且会伴随着正当的理由"。随后,研究者通过一系列实证研究证明了D人格的存在。这些实证研究结果证明:(1)D人格包含了9—12个不同暗黑特质的大部分共同方差;(2)在对有关消极结果的预测上,单独的暗黑特质几乎不能超出D因子;(3)各个测量题目在D因子上的载荷都较高;(4)D和有关结果的相关性与D因子提出的定义相吻合(Moshagen 等,2018;Moshagen, Zettler,和 Hilbig,2020)。

可以说,恰恰是人格的这些黑暗的方面,更好地解释了人性中其他人格分类如大五人格、HEXACO模型没有充分包含的因素(Jonason等,2017)。这也为恶人格的概念奠定了理论和实证基础。

此外,在建构人格与亲社会行为关系的理论框架过程中,研究者采用元分析的方法探讨了51种人格特质对亲社会行为的影响,其中包含诸如社会价值取向、诚实—谦恭等显著正向预测亲社会行为的人格特质,也包含了诸如马基雅维利主义、精神病态、虐待等显著负向预测亲社会行为的人格特质,以及对亲社会行为影响效应不稳定的其他人格特质,如神经质、外倾性、焦虑等(Thielmann, Spadaro, 和Balliet, 2020)。

可以看出,研究者们不断地认可存在与善行和恶行相关的人格,它们或许是具体的某个特质变量,又或许是更上位的人格维度,其从效价上而言也有积极和消极之分,这都为善恶人格的提出奠定了理论基础。

30.4 善恶人格的结构与测量

人格的结构与测量是相互关联的,人格测量建立在人格结构的基础上,人格结构可以通过人格测量体现,本部分将分别对善恶人格的结构与相关测量方式进行阐述。

30.4.1 善恶人格的结构

自从奥尔波特(1937)提出了人格结构的初步构想之后,特质理论学家们都有一个共同的目标,就是确定普遍的人格结构(郭永玉,2016)。善恶人格作为人格的一部分,也具有其独特的结构。善恶人格的结构存在一个理论争议问题:善恶结构遵循的是人格类型论还是人格特质论?持人格类型论观点的人认为,善恶是界限分明的两种独立成分,善恶具有质的差异,善人无恶,恶人无善。持人格特质论的人则认为,善恶人格具有量或程度的差异,有高善或低善之分,大善或小恶之差。但是,之后的问题在于善恶人格是一个维度的两极,还是两个各自独立的维度?

因此,对善恶人格结构的探究上,首先需要明确善恶属于独立维度还是双维度,其次需要再明确善恶人格的具体结构。本部分将对善恶人格单双维结构相关的理论观点进行概述。

善恶的单维性

许多研究者使用单维结构来解释善恶,认为善与恶可以被定义为一个连续体的两端(Staub, 2003),在对善恶进行测量时也采用一种测量工具,高分被描述为善(恶),低分被描述为恶(善)。

善恶单维性的观点在张和云(2016)建构的"善良人格"概念中得到详细体现,如图30.1所示,善恶属于同一维度,一端为善,一端为恶。善恶倾向成正态分布的趋势,在正态分布的两端为极善或极恶之人,大多数人属于位于中间分布的偏善或偏不善者。不同善良水平的个体也会表现出不同的道德倾向,高善者更倾向于做出助人等利他行为,而低善者则会有较低的行善倾向。有研究者认为光明人格和暗黑人格本质上是一个单维的两极,这个单维被命名为暗黑与光明人格(the dark versus bright personality; Musek 和 Grum,2021)。

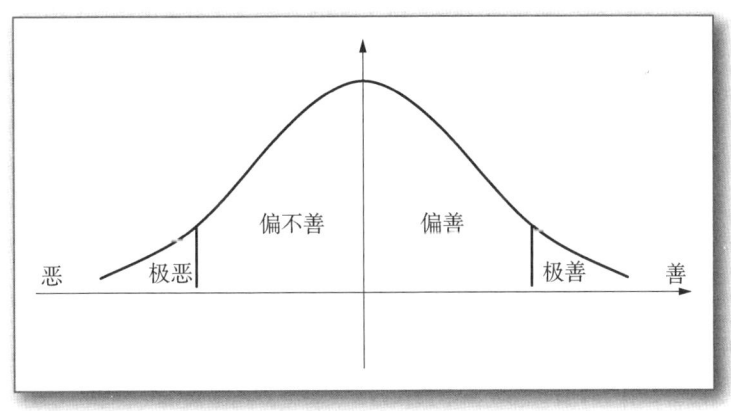

图30.1　善恶人格单维分布构念图(张和云,2016)

有研究者认为对人类最恰当的描述可能是人类具有从极端关心到极端麻木不仁的多变的本性(Marsh,2019)。罪恶与美德相对存在,决定人们表现出美德还是罪恶的一个重要原因就是自我控制,若自我控制失效,人们就会表现出恶行,而如果自我控制成功抑制了自私的冲动,人们就会表现出善(张和云,2016)。

此外,在人格心理学的研究中,构建与道德相关的人格特质时,许多研究者也只是采用善恶其中的一种来描述。例如,HEXACO人格中的H代表了诚实—谦恭人格,它反映个体与他人进行社会互动时公正和真诚的倾向,以其子维度公平(fairness)为例,该子维度评估了个体避免欺诈和腐败的倾向,该维度高分者不愿意占他人的便宜,而低分者则会通过欺骗或窃取他人的东西来获利(Ashton 和 Lee,2007)。王登峰等人提出了中国人的七因素人格结构,善良便是其中一个重要的子维度,高分与低分便代表了善恶,善的特点是对人真诚友好、做人讲诚信、重情感;恶的特点是对人虚假欺骗、以利益为自己的首要标准(王登峰,崔红,2005a)。杨波(2005)以《史记》为材料,运用词汇学的方法对古代中国人的人格特质进行了研究,最后确定了仁、智、勇、隐四个因素。其中,"仁"为第一个人格特质,该特质便是既包含正性词也包含负性词的一个双极因素。正性词主要为譬如"仁、义、好礼、善良"等一些描述个体良好德行的词汇,而负性词主要为譬如"好利、暴戾、刚愎自用、狂妄、狡猾"等一些描述个体不良品德的词汇。

善恶的双维性

近年来关于善恶的单维性结构也逐渐被质疑,研究者认为,人们对一个人的感知和印象形成可能既有善也有恶。就人格而言,人们可能拥有善、恶两类特质,受环境影响导致在某种情况下其中一类特质更凸显,从而表现出善行或恶行。对善恶的测量使用不同的测量工具,高分被分别描述为善、恶。持有该观点的研究者认为,善的存在并不意味着恶的不存在,反之亦然。

善恶的双维性在人格心理学研究中有所体现。能动性(agency, A)和亲和性(communion, C)被认为是人格的一部分,能动被认为是个体自利的动机,亲和被认为是个体的道德动机,这两个因素通常被认为是对立的因素。然而有实证结果表明,道德榜样的人物可以将 A 和 C 整合到他们的道德人格中(Frimer, Walker, Dunlop, Lee,和 Riches,2011),它们是两个独立的维度(Abele 和 Wojciszke,2014;Morales-Vives, De Raad,和 Vigil-Colet,2014)。莫斯哈根(Moshagen 等,2020)也通过实证研究证明了人格的黑暗因子(D 人格)与宜人性在功能上是不同的构念,其研究结果明确反驳了目前存在较多的"人格的黑暗面可以用低宜人性描述"这一观点。

在此基础上,有研究者从人格构念定义的视角对善恶品质进行了解释。那些促进亲社会倾向的人格特质(如,诚实—谦恭)被定义为完全亲和性人格构念(unmitigated-communal personality constructs,UCPs)。拥有该人格特征的个体在人际关系中更多是合作的、温暖的,在个人内心中是自我超越动机(intrapersonal self-transcendence motivation)占主导地位。相反,那些促进反社会倾向的人格特质(如,冷漠的)被定义为完全能动性人格构念(unmitigated-agentic personality constructs;UAPs)。拥有该人格特征的个体在人际关系中更多是敌对定向,在个人内心中是自我增强动机占主导地位。这两种构念都是具有异质性并且是多维度结构的(Tortoriello 和 Hart,2019)。可以认为,善恶人格特质具有不同的助人策略,而且两种人格对其他人格特质的预测模型也存在差异。

关于善恶为双维结构的观点,更为明确的是有研究者提出:就如同积极情绪和消极情绪一样,人们可能同时具有光明人格和暗黑人格(Kaufman 等,2019)。光明三人格描述了一种对他人的善良和爱的倾向,反映了人类积极或善的一面。暗黑人格与反社会行为或心理状态有关,例如攻击行为、学术不端、贪婪等。诺伊曼（Neumann等，2020）通过以个体为中心的方式（a person-centered approach），采用潜在剖面分析模型，揭示了人类的本性既反映出其光明的一面，也反映出其黑暗的一面。这样的分类方式提高了分类的准确性，并且突出了善恶人格领域对理解人类本性的附加价值。同时，研究发现，黑暗特质远没有光明和"中间"人格（既非光明占主导，也非黑暗占主导）亚型流行，这也表明恶与善在一般人群中的分布不是完全对称的。

许燕、焦丽颖等人在中国文化下，基于实证研究数据提出了善恶人格的双维结构理论模型，如图30.2所示。个体行为的善恶水平有高有低，不同的动机、生活策略、情境、文化等内外部因素导致了不同的人格特质表达。一三象限表示二者皆高和皆低，二四象限表示一个维度高、另一个维度低，这也就导致了人们对不同象限的个体的善恶评价不同。某些善和恶的特性并不是天生不相容的，例如，一个人可能会"忠实于他/她的朋友"或"捐助穷人"，但有时仍然表现出"虐待、甚至诅咒那些引起他/她愤怒的人"的行为。

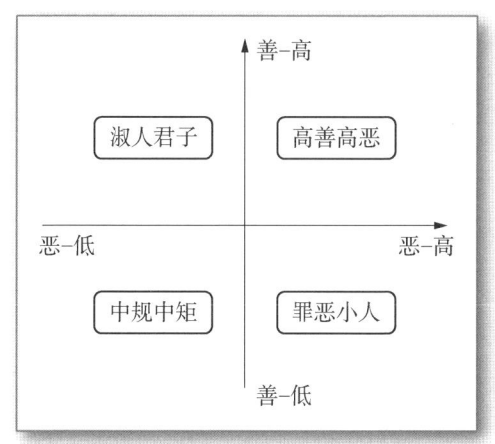

图30.2 善恶人格的双维结构模型

注：该象限图为善恶单双维结构示意图，一三象限表示善恶人格水平双高或双低，二四象限表示此高彼低。为使该理论更易理解，图中对各象限进行了命名，以形容不同特质水平的个体。其中，"高善高恶"是为描述善恶人格水平皆高的个体，该类人可能在某些行为上表现出高水平的善，在某些行为上又表现出高水平的恶，因此对这类人物的评价更容易受情境、社会文化等因素的影响，人们对其评价也更具争议性。

该理论模型得到其他实证数据的支持，研究对749名被试进行施测，对善恶人格自评结果进行标准化，标准化后的散点图见图30.3。可以看出，总的来说，善恶呈现负相关趋势，但也存在善人格水平自评得分相对较高，恶人格自评得分也相对较高的个体（第一象限），以及善人格自评得分相对较低，恶人格自评得分也相对较低的个体(第三象限)。

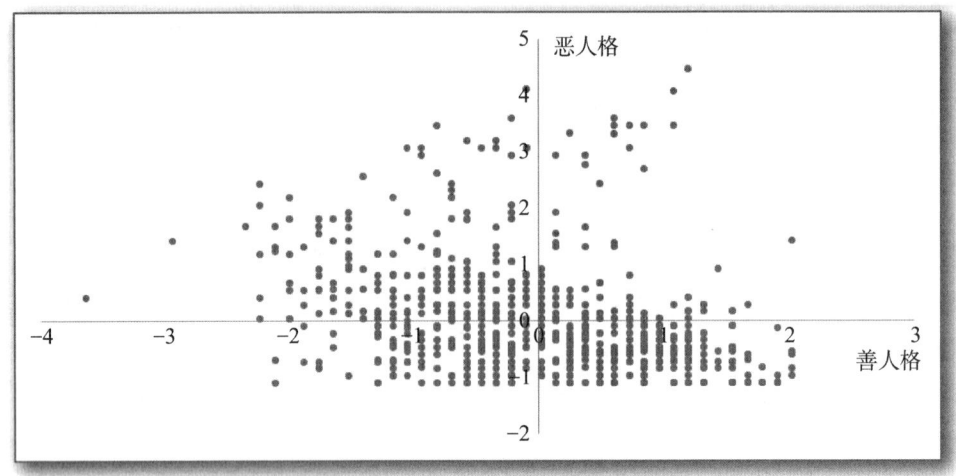

图30.3 善恶人格标准化数据散点图

综合而言,越来越多的研究者持有善恶双维性的观点,并证明了善与恶特质之间存在着某种程度的独立性,人们所认识的每个人都可能是善特质和恶特质的混合体(Jiao 等,2021)。

30.4.2 善恶人格的测量

善恶人格的双维结构模型将善恶作为两个因素进行区分讨论,因此本部分将分别阐述善人格和恶人格相关的测量方式。

善人格的测量

关于善人格的测量,有研究者会采用广义的人格特质作为测量指标,诸如测量基础人格模型中的宜人性(FFM)、宜人性(HEXACO)、诚实—谦恭等人格量表,被广泛地作为善良品质的测量工具使用,并预测亲社会行为(Thielmann 等,2020)。其他与道德相关的测量工具也通常会被用来测量个体的善良水平,如利他人格自陈量表、道德人格形容词评定量表、社会善念、社会价值取向测验、保护性价值观问卷、道德认同量表、美德及其相关量表等。有研究者整合以往量表中和道德品质相关的题目,编制了道德品质问卷(Moral Character Questionnaire),为道德品质的研究提供了强有力的基础(Helzer, Furr, Hawkins, Barranti, Blackie, 和Fleeson, 2014)。这些量表从各个角度测量了善良,其测量结果也反映了善人格的不同方面,用于亲社会和反社会等相关领域的研究,也会作为中介或调节变量应用于其他主题的研究中。

此外,国内外有众多研究者开发出善相关的人格量表。考夫曼等(Kaufman等,2019)编制了12个条目的光明三人格量表(12-item Light Triad Scale, LTS),将光明人格分为了三个维度:(1)康德主义(kantianism,关注个体自身,而不仅仅将人看作工具),如"当我和别人交谈时,我很少考虑从他们身上得到什么";(2)人道主义(humanism,重视每个人的尊严和价值),如"我认为他人都是有价值的";以及(3)人际信任(faith in humanity,相信人性本善),如"我倾向于看到人最好的一面"。光明人格测量了个体人性中积极的一面,各维度与暗黑人格各维度之间显著负相关。

国内目前最为直接的测量方式为王登峰和崔红(2003)编制的中国人格问卷(QZPS),该问卷包含180个题目,共测量了7种人格特质,善良为其中一种。善良人格维度共31个题目,其包含了三个子维度,即利他、诚信和重感情。张和云等(2018)编制了善良人格问卷,在其研究中,善与大五人格的宜人性相关程度在0.5左右。此外,许燕、焦丽颖等基于人格特质词汇角度编制了善良人格词汇评定量表(焦丽颖等,2019),并基于个体行为表现角度编制了善良人格自陈式量表(焦丽颖,史慧玥,许燕,郭震,2020),均具有良好的信度和效度。以上量表在命名中明确地包含了"善良",并具有中国文化的独特性。

综合而言,这些测量工具的开发和应用为善人格的存在提供了证据,也为后续研究者在不同领域拓展善人格研究奠定了扎实的理论和实证基础。

恶人格的测量

目前,关于恶人格相关概念应用较为广泛的主要为暗黑人格,关于暗黑人格的测量方式有多种,例如,约翰逊和韦伯斯特(Jonason和Webster,2010)开发的黑暗三联征(即:马基雅维里主义、自恋和精神病态)调查量表(Dark Triad Dirty Dozen, DTDD),国内研究者也对该量表进行了翻译修订(耿耀国,孙群博,黄婧宜,朱远征,韩晓红,2015)。该量表共包含12个题目,每个维度对应其中的4个条目。另一种常用的测量方式是由27个题目组成的暗黑人格简短量表(Short Dark Triad, SD3),该量表也被证明具有良好的信效度(Jones和Paulhus,2014)。此外,也有研究者分别开发了暗黑人格三种特质的量表,如采用Mach-IV量表及以其为基础发展出来的TDM-IV测量马基雅维里主义;采用精神病态检查清单、精神病态自评量表第三版或三元精神病态自评量表等测量精神病态;采用自恋人格问卷及后续发展而来的包含40个题项的NPI-40等量表在亚临床方面测量自恋。

关于恶人格更为直接的测量方式为D人格量表,它测量了人格的黑暗因子

(Moshagen，Zettler，和Hilbig，2020)。研究者在人格心理学相关期刊上搜索了2014年至2018年初发表的有关黑暗特质的文章,选取测量D人格的项目池。项目主要基于测量利己主义、马基雅维里主义、自恋、精神病态、道德推脱、心理特权、虐待、自我中心、恶意、非道德性和贪婪等人格特质的量表内容,这些量表也在一定程度上测量了恶人格。研究者采用双因子模型编制了分别包含70个题目、35个题目和16个题目的D人格量表,测量题目包括"我的快乐是最重要的"、"和我作对的人必定会后悔"等正向计分题项,以及"伤害别人会让我很不舒服"等反向计分题项。虽然该量表作者发布的官方网站(http://www.darkfactor.org/)上包含了汉语版的量表翻译,但仍有些题目在语言表述上需要针对性地进行修订,如"如果我反对选举一个候选官员,即使这个人落选对我的社区不利,看到他/她落选我仍旧很开心"。在中国文化下,许燕、焦丽颖等基于词汇学方法,以人格特质词汇角度编制了恶人格词汇评定量表(焦丽颖等,2019),并基于个体行为表现角度编制了恶人格自陈式量表,研究结果显示,两种测量方式均具有良好的信度和效度。

以上仅仅列举了相关测量工具的一部分,仍有许多已开发的量表,本文未能一一列出。但可以看到,无论是在伦理道德上还是社会实际问题上,有关善恶的主题一直被讨论着,并引导着研究者们对相关量表进行开发和使用。

30.5 善恶人格的特征

善恶人格属于人格研究的子范畴,在人格所具有的基本性质的基础上,本文将对善恶人格的结构性、倾向性、社会性和道德性四个核心特征进行总结概述。

结构性

结构性(structurality)表示,善恶人格是一个结构化的系统,具有其内部的结构,主要反映的是善恶人格组成方面的特征。大多数人格心理学家都认同,特质是人格的基本元素,并且代表的是那些一致的、相互关联的行为模式和可辨别的、稳定的个体差异(Allport,1937;许燕,2009)。这就表明了,人格首先是一种结构化的系统,个体以这个系统组织自身,并以此来适应周围的环境(郭永玉,2016)。

如果要更详细、精确地理解和预测人们的善恶行为(或道德行为),仅将"道德"与"能力"进行区分是不够的(Baumert,Halmburger,和Schmitt,2013)。这种分类方式对道德具有极大的概括性,也会对大家造成困扰,例如诚实和友善(或残忍和虚伪)都反映了人际互动中的品质特征,但显然二者反应的不是同一种特质类型。因此,为了进一步理解、预测或者改变人们的善恶行为,将人格的不同维度进行区分是非常重要的(Ellemers,2017)。

这样的结构性同样适用于善/恶相关的人格,以道德人格为例,在研究道德人格的过程中,研究者通过聚类分析发现高道德水平的人在6个维度上比较突出,即：原则—理想主义、依赖—忠诚、正直、关怀—可信赖、公正以及自信(Walker 和 Pitts,1998)。后续研究者用同样的范式区分了三种不同类别高道德水准的人,即勇敢、关怀和公正(Walker 和 Hennig,2004),国内研究者对道德人格的研究也得到了其内部结构。此外,对于有关善良人格的结构探查也获得了研究支持,如,张和云等(2018)对中国人的善良人格结构探究发现了其二阶四因子结构。

以往研究验证了与善恶相关的人格具有内在结构。许燕、焦丽颖等人系统地对善人格和恶人格研究,通过探索性因素分析和验证性因素分析,最终确立善人格包含四个因子(括号外为采用特质描述词汇获得的结构命名,括号内为采用行为表现句子获得的结构命名)：尽责诚信(诚信)、利他奉献(利他)、仁爱友善(友善)、包容大度(大度);恶人格包含四个因子：凶恶残忍(自私)、虚假伪善(虚假)、污蔑陷害(陷害)、背信弃义(背叛),见图30.4。

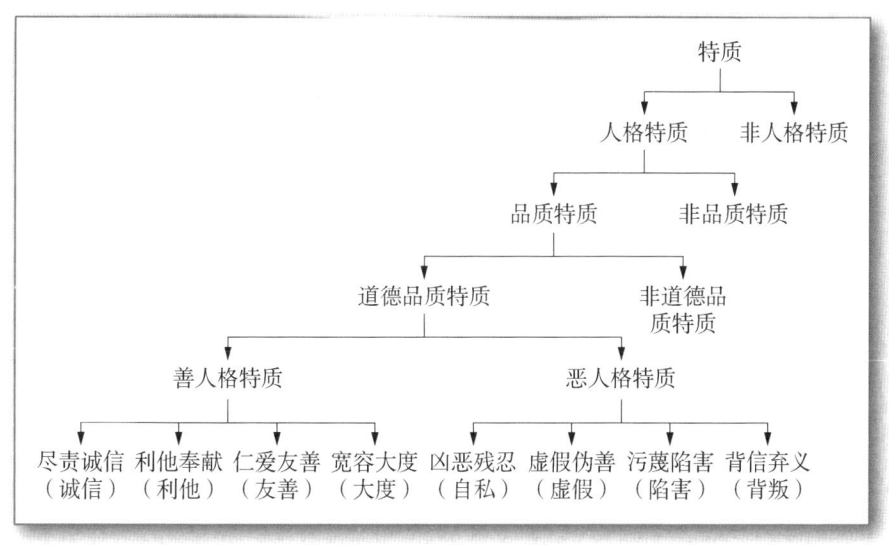

图 30.4 善恶人格在人格心理学上的分支
注：图中道德品质特质/非道德品质特质及其上层的特质分类和命名摘自米勒(Miller,2014)的理论建构。

可以看出,有关善、恶人格的研究证明了其具有内部的结构性,这亦与人格本身的构念相呼应。

倾向性

倾向性(propensity)是指具有不同善恶人格的个体在言行表达时具有特定的

道德偏向,主要反映的是善恶人格认知与行为关系方面的特征。人格特质理论认为,人格特质是一种潜在的、相对稳定的反应倾向,它能使个体以相同的方式回应各种不同的刺激(Allport,1937)。

以往研究者对善行与恶行是直觉加工还是控制加工有较多的争议,在研究道德行为时,研究者们使用双加工系统的方法(dual-system approach)探究直觉加工和控制加工系统(intuitive and deliberative cognitive system;Haidt,2007;Haidt和Bjorklund,2008;Kahneman,2011)的区别。根据双加工理论,直觉加工是指快速的、启发式的、耗能较低的加工,个体直觉做出的反应往往反映了其内在的真实想法及反应倾向;而控制加工(或慎思加工)是一种慢速的、深思熟虑的、需要耗费心理资源的加工。双加工系统的理论强调人们首先是根据最初的直觉行动,然后才会对已做出的行动进行有意推理,而这种深思熟虑使人们能够克服他们的自动行为倾向。

一些研究者认为,人们有自动为自身利益服务的倾向,只有可以进行自我控制的时候才会表现出道德行为。持有该观点的人认为,行善需要有意识的参与,会消耗认知资源。以诚实—欺骗行为为例,在某种程度上,决定是否做出诚实行为是需要有意识的思考的,即在意识层面将表现不诚实被抓到的可能性(受到惩罚的可能性)与不诚实带来的获益进行了比较(Becker,1968)。因此,研究发现当个体完成需要自我控制的任务消耗了认知资源以后,人们更容易撒谎(Gino,Schweitzer,Mead,和Ariely,2011;Mead,Baumeister,Gino,Schweitzer,和Ariely,2009)。另外,神经心理学的研究也证明了人们有直觉性自利(automaticity of self-interest)的加工(Knoch,Pascual-Leone,Meyer,Treyer和Fehr,2006)。

但是,也有研究者认为,人们的第一反应是利他的,亲社会行为往往是基于直觉的。研究发现,个体在进行公共物品游戏时,做出亲社会决策的速度要比做出自私决策的速度更快,即有更多时间思考的情况下,人们反而会显得相对自私和贪婪一些(Rand,Greene,和Nowak,2012)。对道德榜样接受采访的表述进行分析发现,道德榜样往往是基于自发的、直觉式思维做出亲社会决策的;即使在有充分时间的条件下,他们也倾向于做出直觉的亲社会决策(Rand和Epstein,2014)。该理论观点也得到了认知神经科学的研究支持(Capraro,2019;Nockur和Pfattheicher,2020)。

个人特质是影响直觉亲社会性的一个重要因素(石荣,刘昌,2019),如果将这两种认知加工系统应用到善恶人格上来,也能够较好地去解释人格特质。可以说,对于真正善的个体而言,其直觉的、自发的、优势的反应是亲社会的,做出善行是他们的一种类似本能的、自然流露的反应,看到需要帮助的情境时,他们也会快速、无意识也毫不费力地做出良善行为(Cornelissen, Dewitte, 和 Warlop, 2011; 张和云, 2016)。同样，对于恶的人，做出恶行是一种利己的本能冲动。当然，并非每个人在何时、何地都表现出与其人格特质水平完全一致的行为，控制加工在这个过程中便可能发挥了作用，人们通过在认知上控制其快速、直觉的反应，表达出其非直觉、非优势的反应(Muraven 和 Baumeister, 2000; Smith 和 Waterman, 2003)。

综合以上的理论模型和研究结果，可以看出，善恶人格作为具有道德意义的内在心理品质，个体在表现出善恶人格时具有不同的倾向性，这种倾向性体现在认知加工和言行表达上。

社会性

社会性(sociality)是指善恶人格的形成不仅受到生物基础的影响，而且与个体成长过程中的生活环境、文化氛围以及道德判断的标准等都有很大关系，社会性主要反映了善恶人格发展方面的问题。社会性涉及了善恶人格形成和发展过程中的影响因素，这也是人格心理学家非常重视的"人格成因"问题，它是解释许多人格问题的基础(许燕, 2009)。该问题主要涉及人格心理学领域的"遗传"与"环境"之争，这从人格领域的划分就可以看出，人格被分为 6 个有关人性的不同知识的领域，其中就包含了生物学领域和社会与文化领域。

人格是一个系统，它根植于"外部结构"和与之相互作用的"内部结构"(许燕, 2009)，社会文化和环境因素对人格特质的影响是不可忽视的(Kandler, 2012)，人格心理学家也因此不断地强调跨文化研究的重要程度，善恶人格的社会性特征可以从以下方面看：

人格与文化之间存在联系。在 18 世纪哲学家们就已经开始讨论关于"国民性"(national character)的问题，国民性被认为是一个社会中成年人形成的相对持久的人格特征和模式，随着该概念的不断被接受，关于人格和文化之间的关系也开始被探讨(LeVine, 2001)。一些社会人类学的研究者认为，人格是在文化熏陶过程中形成的，这一观点与当代心理人类学的一些观点类似，即文化是人格的构成要素(Miller, 1999)。在心理学方面，精神分析学派强调的集体无意识以及童年经历对人格的影响，都为人格与文化之间存在关系奠定了基础。在对报告的数据进行的重新分析中，有 33 个国家的平均人格得分与文化维度得分显著相关(Hofstede 和 McCrae, 2004)。所以说，人格的发展与形成是基于文化而来的，其与社会文化的关系密不可分。

文化对善恶的标准存在影响。拉森和巴斯(Larsen 和 Buss, 2017)在《人格心理学》书籍中举了一个很具有代表性的例子，生活在委内瑞拉的雅诺马马人以狩猎采摘为生，但是两个不同部落的人所推崇的好坏是不同的。在低地居住的雅诺马马人具有高攻击性,攻击性最强的人拥有的妻子最多,而且事实上,一个男人只有在杀死了另一个男人以后,才会被认为是真正的男人。而在高地居住的雅诺马马人喜欢和平,具有高度的随和性,强调合作的价值,他们不会随便攻击其他的村落,也不会参与群殴。这种社会文化的影响,导致了他们对"攻击性"判断标准存在极大的差异,从而也造就了拥有"攻击性"人格特质个体的多寡。事实上,文化、社会情境对人们的善恶标准和认同感都存在一定程度的影响(Aquino,Freeman,Reed,Lim,和 Felps,2009;Bocian,Baryla,Kulesza,Schnall,和 Wojciszke,2018)。

善恶人格在个体成长过程中不断发展。个体在成长过程中,会受多种因素的影响,从而导致了不同的善恶人格特征。人格心理学家逐渐开始强调,人格发展贯穿于成年期(Wood 和 Roberts,2006)。成年期充满了新的、不断变化的角色,这些角色的变化为成年期道德品质的持续变化提供了方向。个体如果有了新的身份,例如,成为了一名父亲,其责任心可能变得更强。研究发现,随着年龄的增长,人们的道德保守主义会增加,也会变得更加自信、热情、负责任和情绪稳定(Roberts,Robins,Caspi 和 Trzesniewski,2007)。

综合以上相关理论和观点,可以看出,善恶人格的产生和发展具有较强的社会性特征。

道德性

道德性(morality)是指善恶人格所描述、解释和预测的行为具有道德特征,能够被评判为在道德上的好与坏,主要反映了善恶人格判断方面的特征。道德性与社会性是分不开的,因为每个文化下的道德评判标准不同,从而会导致行为被归因为不同类型的特质,而这类的特质是道德的还是不道德的,决定了人们对个体在善人格和恶人格水平上高低的判断。

对于任何给定的特质,如果被评定为是一种善,其需要满足多个规范标准。同样,一个性格特征必须满足相关规范标准才能被称为是恶。这些特定的标准被称为最小阈限(minimal threshold),它决定了一些人格特质(如,同情的、诚实的)被称为是道德品质,而其他的特质(如,聪明的、外向的)不会被囊括进来。那么,决定善恶的标准到底是什么呢?以诚实为例,一个小朋友吃了一个桃子,但他告诉别人说自己吃了一个苹果,如果人们知道这个小朋友经常分不清楚苹果和桃子,他以为自己说的是正确的,人们便不会认为他是撒谎,不会做出"不诚实的"特质推断。但是,如果人们知道他对苹果和桃子分得很清楚,故意说错,人们就会判断他没有说实话,可能具有"不诚实的"特质。概括而言,一个人可能会说出与事实不符的话,但如果个体事先没有形成与诚实或不诚实相关的信念、欲望等特定倾向,人们就不会判断其具有诚实/不诚实的特质。因此,如果一种特质要被定义为善恶,其潜在的精神状态倾向(而非行为表象)本身就是具有道德性的(Miller, 2014)。

此外,当人们在判断一个人的善恶水平时,通常以他/她的行为是否属于道德范畴和在道德上的严重程度作为依据。然而,这种标准并不是一成不变的,有时候人们会将原本中性的事件赋予道德属性(moral properties; Rozin, 1999),这个过程被称为道德化(moralization; Feinberg, Kovacheff, Teper, 和 Inbar, 2019)。范伯格等人(Feinberg 等,2019)提出了道德化的拉—扯模型(Push-Pull Model of Moralization, PPMM),该模型认为一些因素会促进人们对事件的道德化,例如道德情绪、道德认知等,一些因素会阻碍事件的道德化,例如享乐动机。

当人们对一个人进行善恶评价时,主要关注了两个问题:(1)该行为反应的特质是否属于善或恶?这是一个"0 或 1"的过程,其答案只有是和否,并不存在模棱两可的情况。(2)如果是善/恶特质,个体拥有该特质的程度有多大?在这个过程中,善恶特质又被视为一种连续变量,不同的行为对应的特质水平存在差异。例如,在他人迷路时主动提供帮助和将自己一生的精力和财产都奉献在慈善工作上,虽然都反映出一个人具有"帮助他人"的人格特质,但是明显可以看出,前者和后者所反映的强度是具有很大差异的(Miller, 2014)。而人们进行善恶评价的标准则是基于行为和行为背后的倾向是否为道德的、道德水平的高低。因此善恶人格的构念具有一定的道德性。

30.6　善恶人格的研究主题及未来展望

虽然许多研究皆以善恶为出发点,探讨与其相关的人格概念或品质特征(Kaufman 等,2019; Paulhus 和 Williams, 2002; Thielmann 等,2020),但研究者关注的具体特质和研究问题各不相同,仍缺少一个更全面、系统且具有典型善恶特征的人格构念将这些理论观点整合起来。

在此基础上,研究者提出了中国文化下善恶人格的整合模型,如图 30.5 所示。该模型对善恶人格的研究包括了人格发展、人格动力、人格描述、表现和功能等。人格发展关注善恶人格的形成、在一生中的变化;人格动力关注个体的善恶主动性,包括动机、情绪、价值观等因素;人格描述关注善恶人格特质及其结构;人格表现关注善恶人格与行为表达及其影响因素;人格功能关注善恶人格的作用。如果没有其他方面的发展,任何一个单方面的发展都会被认为是不完整的。

人格发展

人格发展关注善恶人格的形成、其在一生中的变化。人格变化是一个不断发

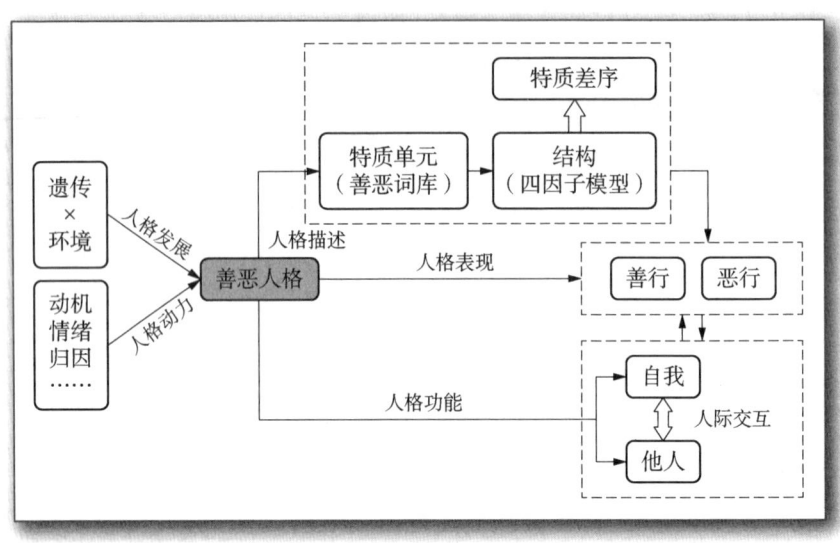

图 30.5 善恶人格的整合模型

展的动态过程(Garrigan,Adlam,和 Langdon,2018;Roberts 等,2007),理解个体特质水平在一生中的持续变化是人格发展关注的重要问题(Bleidorn,Kandler,和 Caspi,2014)。并且由于善恶人格的社会性,很容易在成长过程中发生变化(Hill 和 Roberts,2010)。前期研究发现,年龄对善恶人格具有预测作用。个体的年龄越大,善人格及其子维度的得分越高,恶人格及其子维度的得分越低。对于人格发展的研究最合适的方法便是采用大规模的纵向研究估计特质水平的稳定性和变化程度,以及个体间的变化差异(Caspi 和 Roberts,2001;Soto,John,Gosling,和 Potter,2011),未来研究可以在此方面对善恶人格进行探索。

人格动力

人格动力关注个体的善恶主动性,包括动机、情绪、价值观等因素,该方向也逐渐成为研究者关注的话题之一(郭永玉,2016)。虽然该研究方向在道德相关领域不断得到开展,成为道德研究主题之一,但善恶人格在该方面的研究仍存在空白。有一些问题还是人们讨论的热点问题,例如,善行实施者的内在动机一定都是好的吗?有些出于善心,有些人出于自我表现。因此,未来研究可以基于善恶人格的整合模型,探讨行为主体的主动因素的影响。

人格描述

人格描述关注善恶人格的结构,对善恶人格的研究可以从结构要素和结构层次方面开展。一个人格概念可能包含多个维度,在人格研究中,关于如何描述、测量人格的多方面的构念一直存在一个未解决的争论(例如,Carver,1989;Hull,

Lehn,和 Tedlie,1991),结构要素关注了善恶人格的具体维度,以及采用何种方式将人格的具体维度合成为整体构念。结构层次关注"较低层次"下位人格子维度的独特性,在承认特质层次结构的同时,也为人格评估提供一个更系统、更全面的框架。许燕、焦丽颖等人提出了善恶人格的特质差序模型,探讨在对于"上位"人格特质——善恶人格进行推断时,"下位"的哪些维度对人们而言是最应该包含进来的,或者说最基础、最核心和最重要的维度有哪些。其研究结果发现,当对人格的道德概念进行激活时,人们选择最多的是善人格;当需要判断一个人为善时,人格维度的核心程度由高到低分别为尽责诚信＞仁爱友善≈包容大度＞利他奉献;当需要判断一个人为恶时,人格维度的核心程度由高到低分别为凶恶残忍＞背信弃义≈污蔑陷害＞虚假伪善。未来研究对于善恶人格的结构要素和结构层次的稳定性仍需要采用更多实证研究进行验证。

人格表现

人格表现关注善恶人格对行为表达的影响,及情境因素的影响。以过程为导向的人格研究主要解决的便是人格与行为之间的联系。许燕、张和云等人基于人格与情境互动的观点,整合人格特质理论、双加工系统理论和自我控制资源有限理论,提出了一个整合理论模型解释人性论与情境论之争,如图30.6所示。具体来说,直觉加工体现在第一、三象限。当偏善者处在好环境中(内外一致:人格善与环境好的一致),偏善者就会直觉行善;当偏不善者处在差环境中(内外一致:人格不善与环境差的一致),偏不善者就会直觉不善。控制加工体现在第二、四象限,当

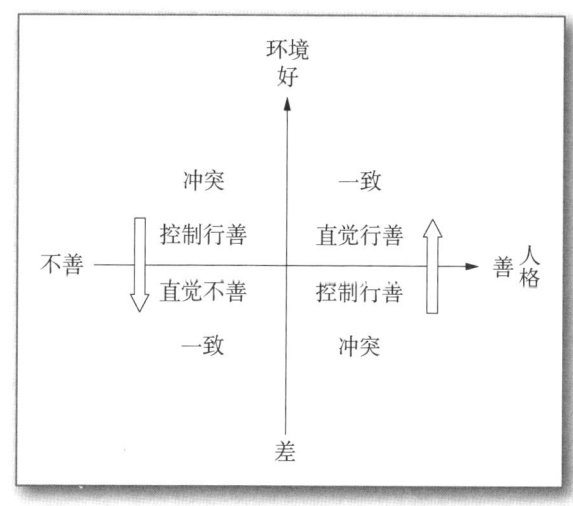

图 30.6　人格与情境整合理论模型构念图

偏善者处在差环境中,会表现出控制行善;而偏不善者处在好环境中,个体通过自我控制资源抑制自己的不善直觉,从而表现出控制行善。此外,从人格特质角度而言,对于偏善者,其优势反应倾向是向上的向善反应(右侧向上箭头),其人格具有向上的作用力,引导个体向善;对于偏不善者,其优势反应倾向是向下的向非善反应(左侧向下箭头),其人格具有向下的作用力,引导个体向不善。该模型对探究人格与环境交互作用对个体道德行为的影响提供了理论支持,未来研究也可以针对该交互作用进行更深入的探讨。

人格功能

人格功能关注善恶人格的作用,人格的基本性质之一便包括了功能性,"人格是一个人生活成败、喜怒哀恨的根源,决定了一个人的生活方式"(许燕,2009)。对于善恶人格的功能,以人际视角来看,善恶人格既影响个体自己,也影响个体与他人的交互,如图 30.7 所示。从个体自身角度而言,善恶人格能够影响个体的心理健康,许燕、焦丽颖等人采用追踪研究的方法,使用交叉滞后模型,探究从新冠疫情爆发、被初步控制到被稳定控制 3 个时间段善人格与幸福水平、积极情绪、消极情绪的纵向关系。结果发现:善人格可以显著正向预测同时间段及下一时间段的幸福水平和积极情绪,善人格显著预测同时间段的消极情绪,在疫情初步得到控制直到稳定控制之间,显著负向预测下一时间段的消极情绪。从对他人影响而言,如果没有其他人存在,一个人的行为是很难被定义为善或恶的。从根本意义上讲,善恶描述的是发生在两种人之间的社会互动,一个为道德主体(moral agent),做出行为,另一个为道德客体(moral patient),接受行为造成的影响(Gray,Young,和 Waytz,2012;Schein 和 Gray,2018)。因此,对善恶的研究,关系到个体与他人的人际互动过程,许燕等人的研究发现善恶人格影响个体的助人行为及攻击行为,便

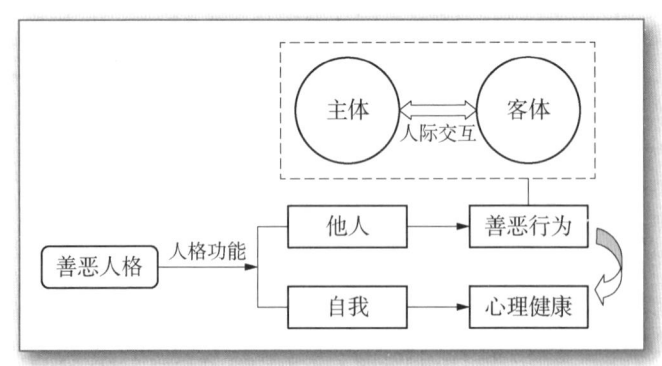

图 30.7 善恶人格的功能理论模型:人际角度

是从该角度对善恶人格的功能进行了探索。由于目前对善恶人格的研究仍然处于探索性阶段,仍有很多许多问题有待探讨和解决。理论研究提供了人格分析的结构框架,而实证研究为其提供了事实证据(Gray,2017;许燕,2009)。前期的理论构建虽然重要,但有关善良人格的研究依然应该从实证方法出发,对理论进行补充完善。善恶人格特质对个体的情绪、认知和行为等方面有何影响,其对社会发展、道德教育有何意义,仍需要更多实证研究的支持。

综上所述,当前对善恶人格的研究仍处于起步阶段,在未来研究中,研究人员可以使用善恶人格的整合模型框架,探讨善恶人格的发展、动力、描述、对行为表达影响的因素、功能等方面,在一定程度上为善恶人格研究开疆拓土。

(焦丽颖 许燕)

参考文献

车文博.(2001).心理咨询大百科全书.杭州:浙江科学技术出版社.
陈和华.(2005).论反社会人格与犯罪.犯罪研究(1),30-36.
戴景平.(2007).善恶的人性尺度和社会尺度.长春:吉林大学博士学位论文.
方克立.(1994).中国哲学大辞典.北京:中国社会科学出版社.
费丹乙.(2017)."人性"何以言道德善恶.渤海大学学报,39(3),121-125.
耿耀国,孙群博,黄婧宜,朱远征,韩晓红.(2015).黑暗十二条与短式黑暗三联征量表:两种黑暗三联征测量工具中文版的检验.中国临床心理学杂志,23(2),246-250.
郭永玉.(2016).人格研究.上海:华东师范大学出版社.
华生.J. B.(2012).行为主义.李维,译.北京:北京大学出版社.
焦丽颖,杨颖,许燕,高树青,张和云.(2019).中国人的善与恶:人格结构与内涵.心理学报,51(10),1128-1142.
焦丽颖,史慧玥,许燕,郭震.(2020).中国人善良人格量表的编制及信效度检验.心理学探新,40(6),538-544.
鲁石.(2008).君子人格与小人人格之研究.南京:南京师范大学硕士学位论文.
孟琛.(2013).孟子、荀子人性论的比较.长春:吉林大学博士学位论文.
沐守宽,顾海根.(2010).美德形容词评定量表的编制及其信效度研究.中国临床心理学杂志,18(3),310-313.
潘菽.(2018).中国古代心理学思想.北京:北京出版社.
沈善洪,王凤贤.(2005).中国伦理思想史(上中下).北京:人民出版社.
石荣,刘昌.(2019).基于直觉的亲社会性:来自社会启发式假设的思考 心理科学进展,29(8),1468-1477.
斯密.A.(2008).道德情操论.谢宗林,译.北京:中央编译出版社.
汤舒俊,舒博,张文渊.(2015).《利他人格自陈量表》在大学生群体中的修订.长江大学学报(社会科学版)(7),87-89.
万俊人.(1988).现代西方伦理学史.北京:人民大学出版社.
王登峰.(2012).心理学研究的中国化.北京:中国轻工业出版社.
王登峰,崔红.(2000).文化,语言,人格结构.北京大学学报:哲学社会科学版,37(4),38-46.

王登峰,崔红.(2003).中国人人格量表(QZPS)的编制过程与初步结果.心理学报,35(1),127-136.

王登峰,崔红.(2005a).中国人的人格特点:善良.心理学探新,25(3),52-58.

王登峰,崔红.(2005b).对中国人人格结构的探索——中国人个性量表与中国人人格量表的交互验证.西南大学学报(社会科学版)31(5),5-16.

汪凤炎,郑红.(2008).孔子界定"君子人格"与"小人人格"的十三条标准.道德与文明(4),46-51.

王烟生.(1990).中国古代对人性的研究.江苏师范大学学报(哲学社会科学版)(2),89-93.

王云强.(2009).大学生道德人格的结构、特点及其干预研究.南京:南京师范大学博士学位论文.

王云强,郭本禹.(2011).大学生道德人格特点的初步研究.心理科学,34(6),1436-1440.

吴言动,王非,彭凯平.(2019).东西方文化的人性观差异及其对道德认知的影响.心理学探新,039(1),34-39.

吴玉成.(2012).老庄善恶思想研究.苏州:苏州大学硕士学位论文.

肖玉琴,张卓,宋平,杨波.(2014).冷酷无情特质:一种易于暴力犯罪的人格倾向.心理科学进展,22(9),1456-1466.

许燕.(2009).人格心理学.北京:北京师范大学出版社.

许燕.(2017).人格心理学导论.北京:中国人民大学出版社.

许燕.(2020).人格心理学(第二版).北京:北京师范大学出版社.

许燕,王萍萍.(2011,10月).基于动词分析的中国人人格结构模型探索.增强心理学服务社会的意识和功能——中国心理学会成立90周年纪念大会暨第十四届全国心理学学术会议论文摘要集.

杨波.(2005).古代中国人人格结构的因素探析.心理科学,28(3),668-672.

杨帆,夏之晨,陈贝贝,吴继霞.(2015).中国人诚实-谦虚人格的特点及其内隐外显关系.心理科学,38(5),1162-1169.

喻丰,彭凯平,董蕊,柴方圆,韩婷婷.(2013).道德人格研究:范式与分歧.心理科学进展,21(12),2235-2244.

张岱年.(1989).中国伦理思想研究.上海:上海人民出版社.

张和云.(2016).善良人格的结构、认知加工特点及其对善行表达的影响研究.北京:北京师范大学博士学位论文.

张和云,赵欢欢,许燕.(2018).中国人善良人格的结构研究.心理学探新,38(3),221-227.

张辉.(2007).四种心理学派人性观之浅说.素质教育论坛(7),4-5.

张建新,周明洁.(2006).中国人人格结构探索——人格特质六因素假说.心理科学进展,14(4),574-585.

朱童萍.(2011).从告孟之辩看告子的人性思想.重庆科技学院学报(社会科学版)(6),27-28.

Abele, A. E., & Wojciszke, B. (2014). Communal and agentic content in social cognition: A dual perspective model. *Advances in Experimental Social Psychology*, 50, 195-255.

Allport, G. W. (1937). *Personality: A psychological interpretation*. New York: Henry Holt & Co.

Aquino, K., Freeman, D., Reed, I. I., Lim, V. K., & Felps, W. (2009). Testing a social-cognitive model of moral behavior: the interactive influence of situations and moral identity centrality. *Journal of personality and social psychology*, 97(1), 123-141.

Ashton, M. C., & Lee, K. (2007). Empirical, theoretical, and practical advantages of the HEXACO model of personality structure. *Personality and Social Psychology Review*, 11(2), 150-166.

Ashton M. C., & Lee K. (2009). The HEXACO-60- a short measure of the major dimensions of personality. *Journal of Personality Assessment*, 91(4), 340-345.

Ashton, M. C., Lee, K., & De Vries, R. E. (2014). The HEXACO Honesty-Humility,

Agreeableness, and Emotionality Factors: A Review of Research and Theory. *Personality and Social Psychology Review*, 18(2), 139-152.

Baumert, A., Halmburger, A., & Schmitt, M. (2013). Interventions Against Norm Violations. *Personality and Social Psychology Bulletin*, 39(8), 1053-1068.

Becker, G. S. (1968). Crime and punishment: An economic approach. *Journal of Political Economy*, 76, 169-217.

Berkowitz, L. (1999). Evil is more than banal: Situationism and the concept of evil. *Personality and Social Psychology Review*, 3(3), 246-253.

Black, D. W. (2015). The natural history of antisocial personality disorder. *Canadian Journal of Psychiatry*, 60(7), 309-314.

Bleidorn, W., Kandler, C., & Caspi, A. (2014). The behavioural genetics of personality development in adulthood. Classic, contemporary, and future trends. *European Journal of Personality*, 28, 244-255.

Bocian, K., Baryla, W., Kulesza, W. M., Schnall, S., & Wojciszke, B. (2018). The mere liking effect: Attitudinal influences on attributions of moral character. *Journal of Experimental Social Psychology*, 79, 9-20.

Brambilla, M., & Leach, C. W. (2014). On the importance of being moral: The distinctive role of morality in social judgment. *Social Cognition*, 32(4), 397-408.

Capraro, V. (2019). *The dual-process approach to human sociality: A review*. Ithaca: Cornell University Library, arXiv.org.

Carver, C. S. (1989). How should multifaceted personality constructs be tested? Issues illustrated by self-monitoring, attributional style, and hardiness. *Journal of Personality and Social Psychology*, 56, 577-585.

Caspi, A., & Roberts, B. W. (2001). Personality development across the life course: The argument for change and continuity. *Psychological Inquiry*, 12, 49-66.

Cawley, M. J., Martin, J. E., & Johnson, J. A. (2000). A virtues approach to personality. *Personality and Individual Differences*, 28(5), 997-1013.

Cheung, F. M., Leung, K., Fan, R. M., Song, W. Z., Zhang, J. X., & Zhang, J. P. (1996). Development of the Chinese Personality Assessment Inventory. *Journal of Cross-Cultural Psychology*, 27(2), 181-199.

Cornelissen, G., Dewitte, S., & Warlop, L. (2011). Are social value orientations expressed automatically? Decision making in the dictator game. *Personality and Social Psychology Bulletin*, 37(8), 1080-1090.

Dadds, M. R., Whiting, C., & Hawes, D. J. (2006). Associations among cruelty to animals, family conflict, and psychopathic traits in childhood. *Journal of Interpersonal Violence*, 21(3), 411-429.

Darley, J. M. (1999). Methods for the study of evil-doing actions. *Personality and Social Psychology Review*, 3(3), 269-275.

de la Iglesia, G., & Solano, A. C. (2018). The positive personality model (PPM): Exploring a new conceptual framework for personality assessment. *Frontiers in Psychology*, 9, 1-13.

De Raad, B., & Van Oudenhoven, J. P. (2011). A psycholexical study of virtues in the Dutch language, and relations between virtues and personality. *European Journal of Personality*, 25(1), 43-52.

Dolan, M., & Rennie, C. (2006). Psychopathy Checklist: Youth Version and Youth Psychopathic trait Inventory: A comparison study. *Personality & Individual Differences*, 41(4), 779-789.

Ellemers, N. (2017). *Morality and the Regulation of Social Behavior: Groups as Moral Anchors*. London: Taylor and Francis.

Feinberg, M. , Kovacheff, C. , Teper, R. , & Inbar, Y. (2019). Understanding the process of moralization: How eating meat becomes a moral issue. *Journal of Personality and Social Psychology*, 117(1), 50 - 72.

Frimer, J. A. , Walker, L. J. , Dunlop, W. L. , Lee, B. H. , & Riches, A. (2011). The integration of agency and communion in moral personality: Evidence of enlightened self-interest. *Journal of Personality and Social Psychology*, 101(1), 149 - 163.

Garrigan, B. , Adlam, A. L. R. , & Langdon, P. E. (2018). Moral decision-making and moral development: Toward an integrative framework. *Developmental Review*, 49, 80 - 100.

Gino, F. , Schweitzer, M. E. , Mead, N. L. , & Ariely, D. (2011). Unable to resist temptation: How self-control depletion promotes unethical behavior. *Organizational Behavior and Human Decision Processes*, 115, 191 - 203.

Goodboy, A. K. , & Martin, M. M. (2015). The personality profile of a cyberbully: Examining the dark triad. *Computers in Human Behavior*, 49, 1 - 4.

Goodwin, G. P. (2015). Moral character in person perception. *Current Directions in Psychological Science*, 24(1), 38 - 44.

Gouveia, V. , Vasconcelos de Oliveira, I. C. , Moura Grangeiro, A. S. de, Pereira Monteiro, R. , & Lins de Holanda Coelho, G. (2021). The Bright Side of the Human Personality: Evidence of a Measure of Prosocial Traits. *Journal of Happiness Studies*, 22(3), 1459 - 1480.

Gray, K. (2017). How to map theory: Reliable methods are fruitless without rigorous theory. *Perspectives on Psychological Science*, 12(5), 731 - 741.

Gray, K. , Waytz, A. , & Young, L. (2012). The moral dyad: A fundamental template unifying moral judgment. *Psychological Inquiry*, 23(2), 206 - 215.

Haidt, J. (2007). The new synthesis in moral psychology. *Science*, 316, 998 - 1002.

Haidt, J. , & Bjorklund, F. (2008). Social intuitionists answer six questions about moral psychology. In W. Sinnott-Armstrong (Ed.), *Moral Psychology, Volume 2: The cognitive science of morality-Intuition and diversity* (pp. 181 - 217). Cambridge, MA: MIT Press.

Helzer, E. G. , Furr, R. M. , Hawkins, A. , Barranti, M. , Blackie, L. E. R. , & Fleeson, W. (2014). Agreement on the Perception of Moral Character. *Personality and Social Psychology Bulletin*, 40(12), 1698 - 1710.

Hilbig, B. E. , Moshagen, M. , & Zettler, I. (2015). Truth will out: Linking personality, morality, and honesty through indirect questioning. *Social Psychological and Personality Science*, 6(2), 140 - 147.

Hill, P. L. , & Roberts, B. W. (2010). Propositions for the study of moral personality development. *Current Directions in Psychological Science*, 19(6), 380 - 383.

Hofstede, G. , & McCrae, R. R. (2004). Personality and culture revisited: Linking traits and dimensions of culture. *Cross-Cultural Research*, 38(1), 52 - 88.

Holvoet, C. , Scola, C. , Arciszewski, T. , & Picard, D. (2016). Infants' preference for prosocial behaviors: A literature review. *Infant Behavior and Development*, 45, 125 - 139.

Hull, J. G. , Lehn, D. A. , & Tedlie, J. C. (1991). A general approach to testing multifaceted personality constructs. *Journal of Personality and Social Psychology*, 61, 932 - 945.

Jiao, L. , Yang, Y. , Guo, Z. , Xu, Y. , Zhang, H. & Jiang, J. (2021). Development and validation of the good and evil character traits (GECT) scale. *Scandinavian Journal of Psychology*, 62(2), 276 - 287.

John, O. , Naumann, L. , & Soto, C. (2008). Paradigm shift to the integrative big five trait taxonomy. In O. John, L. Naumann, & C. Soto (Eds.), *Handbook of Personality, Third Edition: Theory and Research* (Third Ed., pp. 114 - 158). New York: Guilford Press.

Jonason, P. K. , & Webster, G. D. (2010). The dirty dozen: A concise measure of the dark triad. *Psychological Assessment*, 22(2), 420–432.

Jonason, P. K., Zeigler-Hill, V., & Okan, C. (2017). Good vs. Evil: Predicting sinning with dark personality traits and moral foundations. *Personality and Individual Differences*, 104, 180–185.

Jones, D. N., & Neria, A. L. (2015). The dark triad and dispositional aggression. *Personality and Individual Differences*, 86, 360–364.

Jones, D. N., & Figueredo, A. J. (2013). The Core of darkness: Uncovering the heart of the dark triad. *European Journal of Personality*, 27(6), 521–531.

Jones, D. N., & Paulhus, D. L. (2010). Different provocations trigger aggression in narcissists and psychopaths. *Social Psychological and Personality Science*, 1(1), 12–18.

Kahneman, D. (2011). *Thinking: Fast and slow*. New York, NY: Farrar, Straus and Giroux.

Kandler, C. (2012). Nature and nurture in personality development: The case of neuroticism and extraversion. *Current Directions in Psychological Science*, 21, 290–296.

Kaufman, S. B., Yaden, D. B., Hyde, E., & Tsukayama, E. (2019). The Light vs. Dark Triad of Personality: Contrasting Two Very Different Profiles of Human Nature. *Frontiers in Psychology*, 10, 1–26.

Knoch, D., Pascual-Leone, A., Meyer, K., Treyer, V., & Fehr, E. (2006). Diminishing reciprocal fairness by disrupting the right prefrontal cortex. *Science*, 314, 829–832.

Krueger, R. F., Hicks, B. M., & McGue, M. (2001). Altruism and antisocial behavior: Independent tendencies, unique personality correlates, distinct etiologies. *Psychological Science*, 12(5), 397–402.

Larsen, R. J., & Buss, D. M. (2008). *Personality Psychology. Domains of knowledge about human nature*(3rd). New York: McGraw-Hill Companies Inc.

Larsen, R. J., & Buss, D. M. (2017). *Personality Psychology. Domains of knowledge about human nature* (6th). New York: McGraw-Hill Companies Inc.

LeVine, R. A. (2001). Culture and personality studies, 1918–1960: Myth and history. *Journal of Personality*, 69, 803–818.

Marsh, A. A. (2019). The Caring continuum: Evolved hormonal and proximal mechanisms explain prosocial and antisocial extremes. *Annual Review of Psychology*, 70(1), 347–371.

Maslow, A. (1962). *Toward a Psychology of Being*. New York, NY: Wiley.

Mead, N., Baumeister, R. F., Gino, F., Schweitzer, M., & Ariely, D. (2009). Too tired to tell the truth: Self-control resource depletion and dishonesty. *Journal of Experimental Social Psychology*, 45, 594–597.

Miller, C. B. (2014). *Character and moral psychology*. Oxford: Oxford University Press.

Miller, J. G. (1999). Cultural psychology: Implications for basic psychological theory. *Psychological Science*, 10, 85–91.

Morales-Vives, F., De Raad, B., & Vigil-Colet, A. (2014). Psycho-lexically based virtue factors in Spain and their relation with personality traits. *Journal of General Psychology*, 141(4), 297–325.

Moshagen, M., Hilbig, B. E., & Zettler, I. (2018). The dark core of personality. *Psychological Review*, 125, 656–688.

Moshagen, M., Zettler, I., & Hilbig, B. E. (2020). Measuring the dark core of personality. *Psychological Assessment*, 32, 182–196.

Muraven, M., & Baumeister, R. F. (2000). Self-regulation and depletion of limited resources: Does self-control resemble a muscle? *Psychological Bulletin*, 126(2), 247–259.

Musek, J., & Grum, D. K. (2021). The bright side of personality. *Heliyon*, 7(3), 1–6.

Neumann, C. S., Kaufman, S. B., ten Brinke, L., Yaden, D. B., Hyde, E., & Tsykayama, E. (2020). Light and dark trait subtypes of human personality — A multi-study person-centered approach. *Personality and Individual Differences*, 164, 1-11.

Nicholson, I. (1998). Gordon Allport, character, and the "culture of personality," 1897-1937. *History of Psychology*, 1, 52-68.

Nockur, L., & Pfattheicher, S. (2020). Intuitive decision-making promotes rewarding prosocial others independent of the personality trait Honesty-Humility. *Scientific Reports*, 10(1), 1-8.

Paap, M. C. S., Braeken, J., Pedersen, G., Urnes, Ø., Karterud, S., Wilberg, T., & Hummelen, B. (2020). A psychometric evaluation of the DSM-IV criteria for antisocial personality disorder: dimensionality, local reliability, and differential item functioning across gender. *Assessment*, 27(1), 89-101.

Paulhus, D. L., & Williams, K. M. (2002). The dark triad of personality: Narcissism, Machiavellianism, and psychopathy. *Journal of research in personality*, 36(6), 556-563.

Paulhus, D. L., Curtis, S. R., & Jones, D. N. (2018). Aggression as a trait: the Dark Tetrad alternative. *Current Opinion in Psychology*, 19, 88-92.

Peterson, C., & Seligman, M. E. P. (2004). *Character strengths and virtues: A handbook and classification*. Washington, DC: American Psychological Association.

Rand, D. G., & Epstein, Z. G. (2014). Risking your life without a second thought: Intuitive decision-making and extreme altruism. *Plos One*, 9(10), 1-6.

Rand, D. G., Greene, J. D., & Nowak, M. A. (2012). Spontaneous giving and calculated greed. *Nature*, 489(7416), 427-430.

Roberts, B. W., Robins, R. W., Trzesniewski, K. H., & Caspi, A. (2007). Personality trait development in adulthood. In J. T. Mortimer & M. J. Shanahan (Eds.) *Handbook of the Life Course* (pp. 579-595). New York: Kluwer Academic Publishers.

Roccas, S., Sagiv, L., Schwartz, S. H., & Knafo, A. (2002). The Big Five personality factors and personal values. *Personality and Social Psychology Bulletin*, 28(6), 789-801.

Rogers, C. (1961). *On Becoming a Person: A Therapist's View of Psychotherapy*. New York, NY: Mariner Books.

Rozin, P. (1999). The process of moralization. *Psychological Science*, 10, 218-221.

Rushton, J. P., Chrisjohn, R. D., & Fekken, G. C. (1981). The altruistic personality and the self-report altruism scale. *Personality and Individual Differences*, 2(4), 293-302.

Saxton, C. (2006). The social psychology of good and evil. *The Journal of Nervous and Mental Disease*, 194(4), 306-307.

Schein, C., & Gray, K. (2018). The theory of dyadic morality: Reinventing moral judgment by redefining harm. *Personality and Social Psychology Review*, 22(1), 32-70.

Schwartz, S. H. (1992). Universals in the content and structure of values: Theoretical advances and empirical tests in 20 countries. In M. P. Zanna, & M. P. Zanna (Eds.), *Advances in experimental social psychology*, Vol. 25 (pp. 1-65). San Diego, CA: Academic Press.

Shryack, J., Steger, M. F., Krueger, R. F., & Kallie, C. S. (2010). The structure of virtue: An empirical investigation of the dimensionality of the virtues in action inventory of strengths. *Personality and Individual Differences*, 48(6), 714-719.

Smillie, L. D., Lawn, E. C. R., Zhao, K., Perry, R., & Laham, S. M. (2019). Prosociality and morality through the lens of personality psychology. *Australian Journal of Psychology*, 71(1), 50-58.

Smith, P., & Waterman, M. (2003). Processing bias for aggression words in forensic and nonforensic samples. *Cognition and Emotion*, 17, 681-701.

Soto, C. J. (2019). How replicable are links between personality traits and consequential life outcomes? The life outcomes of personality replication project. *Psychological Science*, 30(5), 711-727.

Soto, C. J. , John, O. P. , Gosling, S. D. , & Potter, J. (2011). Age differences in personality traits from 10 to 65: Big Five domains and facets in a large cross-sectional sample. *Journal of Personality and Social Psychology*, 100, 330–348.

Staub, E. (1989). *The roots of evil: The origins of genocide and other group violence*. Cambridge: Cambridge University Press.

Staub, E. (2003). *The Psychology of Good and Evil: Why Children, Adults, and Groups Help and Harm Others*. Cambridge University Press.

Thielmann, I. , Spadaro, G. , & Balliet, D. (2020). Personality and prosocial behavior: A theoretical framework and meta-analysis. *Psychological Bulletin*, 146(1), 30–90.

Tortoriello, G. K. , & Hart, W. (2019). Blurring the dichotomy of good and evil: The idiosyncratic helping strategies associated with unmitigated-agentic and unmitigated-communal personalities. *European Journal of Personality*, 33(6), 674–701.

Van Oudenhoven, J. , De Raad, B. , Carmona, C. , Helbig, A. , & Van der Linden, M. (2012). Are virtues shaped by national cultures or religions? *Swiss Journal of Psychology*, 71, 29–34.

Vondervoort, J. W. V. D. , & Hamlin, J. K. (2016). Evidence for intuitive morality: Preverbal infants make sociomoral evaluations. *Child Development Perspectives*, 10(3), 143–148.

Walker, L. J. , Frimer, J. A. , & Dunlop, W. L. (2010). Varieties of moral personality: Beyond the banality of heroism. *Journal of Personality*, 78(3), 907–942.

Walker, L. J. , & Hennig, K. H. (2004). Differing conceptions of moral exemplarity: Just, brave, and caring. *Journal of Personality and Social Psychology*, 86, 629–647.

Walker, L. J. , & Pitts, R. C. (1998). Naturalistic conceptions of moral maturity. *Developmental Psychology*, 34(3), 403–419.

Wood, D. , & Roberts, B. W. (2006). The effect of age and role information on expectations for big five personality traits. *Personality and Social Psychology Bulletin*, 32(11), 1482–1496.

Xiong, M. , Wang, F. , & Cai, R. (2018). Development and validation of the chinese modesty scale. *Frontiers in Psychology*, 9, 1–14.

Yang, K. S. , & Bond, M. H. (1990). Exploring implicit personality theories with indigenous or imported constructs: the Chinese case. *Journal of Personality & Social Psychology*, 58(6), 1087–1095.

31 中国人的自我构念与群己关系[①]

31.1 引言 / 1018
31.2 中国人的自我构念 / 1022
　　31.2.1 文化特异性及研究范式 / 1022
　　31.2.2 自我构念的跨文化特性 / 1025
　　31.2.3 中国人自我构念的本土文化特性 / 1027
　　31.2.4 中国人自我构念的变化 / 1032
　　　　　 个体化体验提升个体的独立我水平 / 1032
　　　　　 人际关系调整中的再道德化 / 1033
　　　　　 个人现代性与流动性对自我构念的建构 / 1034
31.3 中国人的群己关系 / 1036
　　31.3.1 中国人群己关系建构机制 / 1037
　　31.3.2 群己关系视域下当代中国人的公私表征与
　　　　　 公私实践 / 1041
31.4 未来研究的思考 / 1044
　　31.4.1 文化方面 / 1044
　　　　　 自我构念及群己关系的文化基础 / 1044
　　　　　 因适应文化进化而发生的自我构念改变 / 1045
　　31.4.2 自我构念方面 / 1046
　　　　　 自我构念的情境性 / 1046
　　　　　 自我构念中蕴含的群己关系及其道德和价
　　　　　 值属性 / 1046
　　31.4.3 文化与自我的相互建构 / 1047
参考文献 / 1048

31.1　引言

　　自20世纪70年代末实行改革开放政策以来,中国社会发生了急遽而深刻的转型。具体而言,国家在很大程度上释放了其对市场、社会与个体的掌控权,由此推动其彼此之间关系的不断调整与重构,从而使"社会"、"群体"和"个体"概念及其相互关系发生了相当大的变化(杨宜音,2008a)。人口在国际、地域、城乡、职业、阶层间等方面的流动性较过去大幅增强,互联网特别是移动互联技术被广泛使用,追

[①] 本文系教育部人文社会科学研究青年基金项目"群己关系视角下城市商品房社区居民的社区感研究"(18YJC840054)的阶段性成果。

求和创造富裕生活和公正社会秩序的社会动机更具活力(陈雪峰等,2020),这一切正在深刻地重构当下中国人的社会关系、生活方式、价值观念与心理体验(李强,刘强,陈宇琳,2013;闫玉荣,2019;蔡华俭等,2020),由此在人己和群己关系层面至少促生出几个新动向:(1)社会个体化趋势日渐凸显,个体积极寻求自我掌控的独立意识愈加强烈;人们所能选择加入的社会群体愈加丰富多样(Beck 和 Beck-Gernsheim,2011;阎云翔,2011);(2)国内外社会文化交流日趋频繁,社会成员的居所流动性、关系流动性以及心理流动性愈来愈强(谢天,周珏,陈咏媛,2019);(3)"为公还是为私,为人还是为己"这一社会道德价值风向标悄然发生着变化,大多数人所持公私信念正逐渐由"公家的事再小也是大事,个人的事再大也是小事"转变成了"公家的事可能都是大事,个人的事却未必全是小事"(张曙光,2016)。

改革开放40余年间,社会心理学研究者作为这样一场社会转型的见证者,以敏锐的问题意识选择以"自我"、"群己关系"、"公私观及其实践"等作为切入点,对中国社会转型中的社会心理进行深入的研究与探讨。

我们以"自我"、"群己"、"公私"为检索词,使用全球书籍词频统计器(Google Books Ngram Viewer)对谷歌图书数据库中所收录的1800—2019年间的简体中文图书进行词频分析,其结果表明:在1980年之后的一段时期内,中国社会科学研究者对"自我"、"群己关系"、"公私观"的关注与研究上升幅度显著(参见图31.1、图31.2、图31.3)。

为了梳理这些研究进展,本章将以杨宜音(2008a)提出的社会心理学分析框架

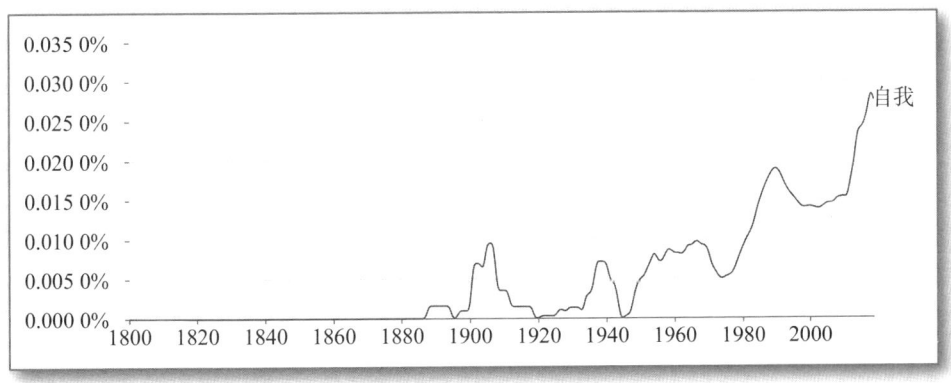

图31.1 "自我"的词频变化趋势
注:纵坐标为词频百分比,横坐标为年代

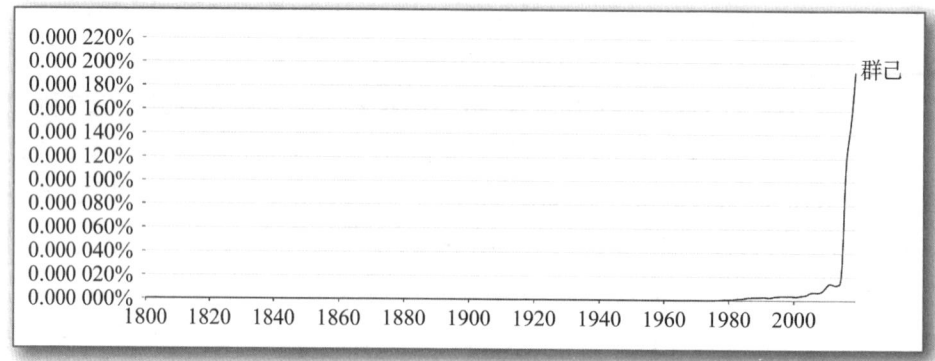

图 31.2 "群己"的词频变化趋势
注:纵坐标为词频百分比,横坐标为年代

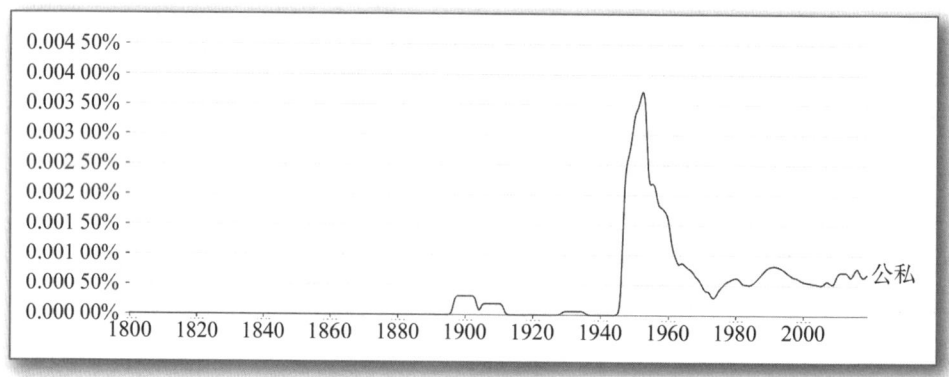

图 31.3 "公私"的词频变化趋势
注:纵坐标为词频百分比,横坐标为年代

为基础(参见图 31.4),从自我所包含的我他心理边界特性入手,探讨中国人自我的文化特异性,并以具有中国文化特异性的自我与群体的连接特性,解释中国人处理群己关系的心理倾向。

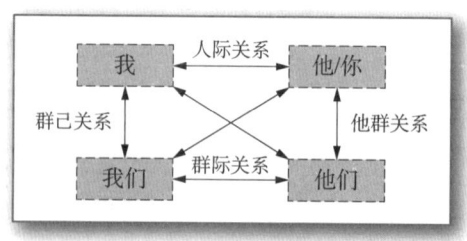

图 31.4 社会心理学关注的主要概念关系

选择这一策略的依据在于，自我和群己关系是整个社会心理学知识体系中最为核心的概念。透过自我和群己关系研究，可以从社会心理学的角度全面而深入地考察大时代变迁下中国人的社会心理变迁，以及中国传统社会文化对中国人心理的"锚定"作用。

"自我"（self）通常又称"自我意识"，具体是指人类个体反身性地将自身作为客体加以认知的复杂心理现象。一般认为，该心理现象具有多维性、多层性、动态性及主体间性。其中，所谓"主体间性"（intersubjectivity，又称"交互主体性"、"互为主体性"）最为本质地反映出自我所具有的社会属性，其主要内涵是，在日常沟通与交往中，自我与他人同为主体，彼此间具有依存性、共同性、共通性、对称性，这使得人与人、人与世界具有有机统一性，自我与他我、主体与客体具有高度融合性（Chiu等，2010；吴莹，杨宜音，2013；高文珺，2020）。

自我与他人的"依存性"从根本上决定了自我认知无法撇开他人，单凭个人对其所思所感的反思来完成，而只能建立在两者之间的互动与关系之上；自我与他人的"共同性"与"共通性"使得自我认知成为可能（谭成慧等，2020）；自我与他人的"对称性"，使得两者之间的互动与关系、自我认知得以存续。反过来讲，人类个体的自我认识持续不断地表征并落实着其自我所具有的"主体间性"这一心理和社会属性。而在"自我"这一核心且丰富的研究领域中，我们之所以选择具有文化和社会性意涵的"自我构念"（self-construal）这一概念作为具体分析对象，正是为了更为清晰地从社会文化的角度彰显中国人自我的文化特异性和社会转型带来的情境性和过程性。

"自我构念"是指以"（个体）如何透过与他人的关系看待自我"（Cross，2011）为主要内容的"自我原型观"（the prototypical view of self）或"图式"（schema）（Singelis，1994；Markus 和 Kitayama，1991，2010）。

从进化心理学的角度来看，自我构念的发生有着深远的进化根源：人类祖先曾经历过长达数百万年的狩猎采集时代，其间，他们在自然选择的作用下，在应对生态压力与社会压力（特别是社会压力）的过程中进化出了"自我"（Sedikides 和 Skowronski，1997；Skowronski 和 Sedikides，2019）。拥有"自我"的功能在于使人成为"好的合作伙伴/生活伴侣"、"好的群体成员"，从而更为有效地规避拒斥，提升生存与（成功）繁殖的概率（Heatherton，Krendl，Macrae，和 Kelley，2011）。由此可认为，自我构念的发生即是以成为"好的合作伙伴/生活伴侣"或"好的群体成员"为目标指向的。自我构念本身包含着自我的社会性，从逻辑上看，正是它推动着"我"与"他"、"我"与"我们"建立联系，进而因"我们"与"他们"的区分，形成了我及我们对"他"与"他们"联系的认识，因此这一概念在理解中国人社会心理特征中处于"牵一发而动全身"的关键地位(杨宜音,2008a)。

在这里应当明确的是,首先,"人并不是一种先于'社会'而生的既定性、自足性存在,而是一种毫无选择地被抛入'社会'之中,进而在参与建构'社会'的过程中不断被建构的关系性存在"(张曙光、赵丽娇,2018),这意味着自我构念的发生与群己关系的建构都只能在"社会"这一"既有环境"(ready-made environment)(Moscovici,2001)中进行。事实上,它们是"社会"建构与再建构的一部分。

其次,"我"与"他"、"我"与"我们"之间联结的建立——我他关系建构与群己关系建构——之所以均会成为必须面对、需要规范、值得研究的"问题",是因为人类种系进化出了"利己"与"利他"、"利己"与"利群"两组互为折冲的心理倾向。然而,对于我他联结与群己联结应如何建立,作为人类种系进化产物的本能并没有给出答案,事实上也不可能给出现成答案。能够为此提供答案的,只能是人类为了过上相对最优的秩序化生活,而在主体间性的支撑下建构出来的文化。

最后,不同的文化对我他联结、群己联结有着不同的设计,这从根本上决定了自我构念的发生具有文化规定性或特异性,并在实践中衍生出了公私问题,以及相应的社会价值观与社会道德规范。

下面,我们将从中国人自我的文化特异性、中国人的自我构念及其嬗变、中国人的群己关系的建构机制、群己关系视域下中国人的公私实践这一逻辑脉络,对改革开放以来有关自我、群己关系的本土社会心理学研究进行讨论。

31.2 中国人的自我构念

讨论中国人的自我,其必要性在于揭示其中所蕴含着的独特文化属性。人类的自我在不同文化的浸润下无不显现出自有的特色。对于社会心理学家来说,困难在于如何透过文化这一"分光镜"将被文化晕染的这部分内容揭示出来,从而更深入地理解自我特有的文化信息。

31.2.1 文化特异性及研究范式

在早期文化研究者那里,文化的定义多达160多种(Kroeber和Kluckhohn,1952)。目前,比较一致的观点是将文化视为一个社群成员为适应社会生活环境而创造的共同参照框架、意义系统和行为范式,这套凝聚着集体创造的共享知识网络在人们的生活实践中被传播、传承和再创造。它们为生活在某一社会文化历史环境中的人们提供了最适切的适应和发展的成套方式。具体可以分为物质(包括器物、生存模式等）、社会（包括制度等）和观念（包括宗教、价值观等）三个相互关联的系统（赵志裕，康萤仪，2011）。

在心理学界，有三个与文化相关的领域或分支，它们也各有其特殊的研究范式：其一是跨文化心理学（cross culture psychology），其二是本土心理学（indigenous psychology），其三为文化心理学（cultural psychology）。这三个领域或分支在发展过程中时有交叠，各有侧重，在有些问题上分野明显，但都始终聚焦文化，因而也经常有人在宽泛的意义上使用"文化心理学"一词（徐冰，2010）。一般而言，跨文化心理学被称为"客位（etic）研究"，本土心理学和文化心理学被称为"主位（emic）研究"。也有人为了避免概念上的含混，将前者称为"全球性"（global）路径，而将后者称为"聚焦性"（focal）路径（赵志裕，康萤仪，2011）。"客位研究"是研究者从旁观者的角度，以在其他文化中生成的概念、理论、测量工具对异文化中的人进行的研究，而"主位研究"则是由熟悉本文化或母文化的研究者，以在该文化中生成的概念、理论、测量工具对本文化中的人进行的研究。跨文化心理学更注重文化心理之间的异同比较，侧重客位研究，而本土心理学则更注重对本土文化心理的解释，而侧重主位研究（杨国枢，1993；杨中芳，1993）。文化心理学是心理学与社会学、人类学交叉的学科，重点在于突破心理学普遍化取向，理解在不同历史文化所建构的世界中人类心灵的多变性（徐冰，2010）。

越来越多的研究者同意这一观点，即主流心理学特别是主流社会心理学，严格来说也是属于生活在西方的、受过教育的、工业化的、富裕的和民主的社会中的人们（简称 WEIRD）的"本土心理学"（Sampson，1988；杨国枢，1993；Markus 和 Kitayama，2010；赵志裕，康萤仪，2011；Heine，2021），因而它的结论并不是普适的。认为这些主流知识是各个文化社会所共有的观点，已经被证明是有偏误的观点了（Norenzayan 和 Heine，2005）。

由于中国人自我所包含的文化特异性，理解它就需要选择理论范式和研究策略。通过辨析文化心理学、跨文化心理学和本土心理学三种范式的异同，来讨论自我构念与群己关系是一个很不错的办法。首先，我们可以看到，跨文化心理学最主要的目的在于通过文化心理差异的比较，寻找超越文化差异的人类心理的普遍规律，因此，提出自我构念理论的初衷在于通过比较东西方文化心理的差异，发现人类个体在处理与他人的关系方面显现出的原型。东西方迥然不同的文化造就了两种典型的自我构念，使得人们依此来处理我他关系以及继而衍生的其他关系（例如，群己关系）。在跨文化心理学的范式中，文化被看成了一种工具，入乡随俗的人们通过社会学习，在习得了文化意义之后，形成相应的文化心理倾向，例如，独立的或互依的自我。在这里，文化是在"塑造"或"模塑"个体，是赖以理解个体心理与行为的背景。

而本土心理学的范式和策略与之不同。例如,在对于中国人自我构念和群己关系的本土心理学研究中,研究者从自我构念所根植的中国文化社会制度的"差序格局"特性入手,揭示契合这一特性的自我构念的心理结构与心理动力特征,以及中国人的群己关系隐含的道德方向与公私观念中蕴含的价值取向。持这一研究范式的学者认为,文化并非外在于人的模板,而是文化成员所建构的共享知识。正因为如此,文化是可以被携带、被传承和被建构的。可见,只有在不同文化社会的本土心理研究均得到充分发展的基础上,才可能进一步与他文化的本土自我构念进行"概念等值、功能等值、语言等值和测验等值"的跨文化心理比较研究,最终,我们才可能理解文化与心理的相互形塑过程及其效应。正是基于这一点,杨国枢提出了以"复数的本土心理学"和"跨文化本土心理学"最终会聚为全人类心理与行为的心理学愿景(杨国枢,1993)。

自觉采用本土心理学范式的学者,更多着力克服跨文化心理学的"去社会文化脉络化"、偏重普同性解释从而难以与本土文化相互契合的问题,因此更为接近文化心理学的取向,成为本土的文化心理学。关于三者的异同,可参见杨国枢对三者的系统比较(参见表31.1)。

表 31.1

跨文化心理学、文化心理学及本土(化)心理学的系统比较(节选)		
跨文化心理学	文化心理学	本土(化)心理学
1. 目的、范围及重点		
(1) 经由检证、扩展及整合不同文化脉络下所建立的各种理论,以创建一种全人类的心理学。	(1) 发展单一文化与跨文化的特殊理论,以创建一种为文化所限的知识体系。	(1) 建立各种单文化本土心理学与跨文化本土心理学,如有可能再发展全人类心理学。
(2) 西方主流心理学的一个次学门。	(2) 一种由心理学与人类学配合而成的研究领域。	(2) 涵盖跨文化心理学与文化心理学,以及主流心理学与非主流心理学中涉及文化的其他领域。
(3) 强调心理与行为之相似性的研究甚于差异性。	(3) 强调心理与行为差异性的研究甚于相似性。	(3) 无此偏好。
2. 理论性取向		
(4) 采自然科学模式。	(4) 采人类科学(human science)模式。	(4) 两种模式皆可接受。
(5) 行为表现是普同型心理历程的表征。	(5) 行为表现有其自身的存在意义。	(5) 两种观点皆可接受。

续 表

跨文化心理学	文化心理学	本土(化)心理学
(6) 文化与行为(或心理)可通过独变项与依变项的差异加以区别。	(6) 文化与行为(或心理)相互穿透与组构,难以截然区别。	(6) 两种观点皆可接受。
(7) 心理与行为历程及结构皆是一种分离而个别存在的实体。	(7) 心理与行为历程与结构皆是一种组合形态。	(7) 两种观点皆可接受。
(8) 偏好采用心理与行为概念的无脉络定义。	(8) 偏好采用心理与行为概念的脉络性定义。	(8) 两种观点皆可接受。
(9) 普同性解释重于特殊性或本土性解释。	(9) 特殊性解释重于普同性解释。	(9) 两种观点皆可接受。

资料来源：节选自杨国枢.(2005).本土化心理学的意义与发展.见：杨国枢、黄光国、杨中芳主编.华人本土心理学(第9—10页),台北：远流图书公司。

由此可见,从宽泛的文化心理学视角审视和研究中国人的自我,既可以采取与其他文化自我进行跨文化对比的策略,以寻找其普遍特性,也可以采取本土心理学的范式和策略,去深刻刻画中国人自我与本土社会的契合性。这两个范式的研究是相互启发、相互补充而不是相互排斥的。因此,本文将从这一宽泛的文化心理学意义上回溯并评析既有有关中国人自我构念以及群己关系的研究,这样既可以在广义上理解文化心理学视角下的自我及群己关系研究,也可以更精准地从不同范式上考察它们各自的理论渊流、重点和优势。

31.2.2 自我构念的跨文化特性

1991年,美国文化社会心理学家马库斯和北山在研究文化自我时提出了"自我构念"(self construal,又译"自我结构"、"自我建构")这一理论概念(Markus 和 Kitayama,1991a,1991b)。他们发现,在东西方文化中有两种典型的自我构念,分别为"独立型自我构念"(independent self-construal,IndSC,简称"独立我")和"互依型自我构念"(interdependent self-construal,InterSC,简称"互依我"、又译"互倚我"、"互赖我"、"相依我")(参见图 31.4)。独立我有明晰的自我边界,是以自己的特性与他人相互区别的、自主的实体。其特点是独立于他人和情境的影响之外、强调个人的唯一性、基本上优先于群体和社会关系。此处所谓"自己的特性",一般是指个体的能力、态度、价值观、动机和人格特质,这些特性必然使个体表现出某些与众不同的行为。它是为适应以个体主义价值观为主导的社会文化而发展起来的。在这样的社会中,他人只是个体进行社会比较的对象,或者更为形象地说,是赖以观照自我的"镜子"。比照的目的是为了更好地了解个体自己的内在特性。与独立我不同,互依我对自己的界定是基于自己与他人有关的那些特性。马库斯和北山(1991a)认为,许多东方文化中具有维系个体之间相互依赖的机制,在这种文化的影响下,个体自我的特点在于与他人的相互依赖,这也是以适应所在社会的主流社会价值观为基础而发展起来的。简而言之,上述两种自我构念为个体提供了可资界定自己、确定意义的心理原型(参见图31.5)。

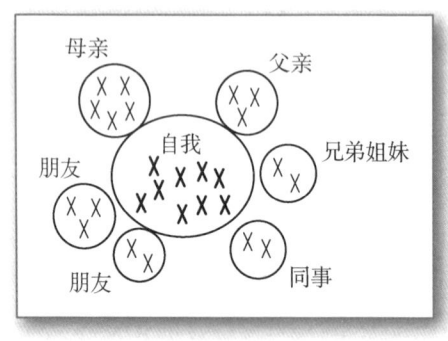
图 31.5 - A

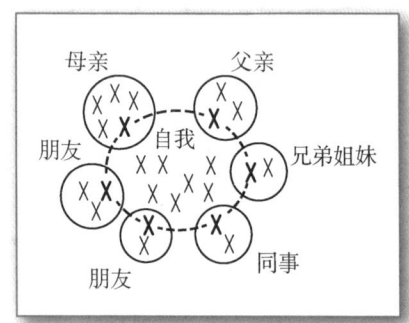
图 31.5 - B

图 31.5 马库斯和北山的"独立型自我构念"与"互依型自我构念"概念示意图

马库斯和北山(1991a)在解释图31.5时指出,图中粗体的 **X** 代表的是"有意义的自我表征"(the significant self-representation)。对比图 31.5 - A 和图 31.5 - B 中粗体的 **X**,显而易见,图 31.5 - B 的这些表征实际上即是自我与某些特殊他人的关联,而图 31.5 - A 则没有。他们认为,这就是东西文化自我心理图式的差异所在。

马库斯和北山的这篇论文后来被认为"具有里程碑意义",它也因此而被广泛引用(Heine,2021),特别是在测量工具被开发后(Singelis,1994),相关研究层出不穷。自我构念与自我概念(self concept)下的一系列相关概念(例如,自我知觉、自尊、自我提升、自我调控等)对于有关自我的文化研究具有完全不同的理论意义,这是因为在跨文化心理学的研究逻辑中,自我概念及其下的概念都是用于比较文化差异的工具性概念,而自我构念则直面社会心理学和文化心理学的两个基本问题:(1)我-他边界究竟是如何划分的?(2)社会文化脉络对我-他边界的划分产生了何种影响?文化成员又是怎样在人己和群己层面上传播、传承和创造这一分类文化的?可以说,厘清这些问题是从文化心理的角度讨论社会秩序、合作规范的基础,是理解社会心理与行为的重中之重。如同"集体主义—个体主义"分析框架问世后的际遇一样,"自我构念"这一概念问世不久,也很快一跃成为学界热点(Voyer 和 Franks,2014),经 30 年而不衰。

如前所述,自我构念是一个从我他"主体间性"的角度解析自我特征的概念,它主要刻画了个体对以自我与他人边界为表征的自我结构的意识及其运作。其重要的理论意义还在于,超越并打通了社会心理学有关人际交往研究的三个分析水平,从而有助于理解和解释文化心理差异的机制。这三个水平是:(1)个体水平(individual level),主要聚焦交往关系中的个体,探讨其所具有的社会性心理特征对交往的影响,例如合群或内向的人格、社会认知过程和情绪特征等;(2)对偶关系水平(dyadic level),主要回答两人交往中的相互影响和关系类型,例如亲密关系或表面关系的建立、同理心、自我表露、双方态度的相似性对关系延续或中断的影响等;(3)社会文化环境系统水平(system level),主要关注互动双方在交往时的社会文化背景。这也说明了自我构念这一概念具有跨水平的张力和活力。

关于自我构念的研究已经发现,尽管两种自我构念也会在同一文化中出现,但它们会更多地存在于不同的文化中。例如,朱滢等人关于脑成像的研究发现,中国人的自我概念中包含母亲。换言之,母亲成为了自我的一部分(Zhu 等,2002;Zhu 等,2007),从记忆研究上看,与美国人相比,中国人更为熟悉自己的母亲(张力,2005)。并且,具有不同的自我构念的人在个体主义-集体主义取向(Triandis,1988a,Triandis 等,1988;Fischer 等,2009)、追求唯一性动机、自我提升(self enhancement)(Heine 等,1999)、分析性—整体性思维风格(Nisbett,Peng,Choi,和 Norenzayan,2001;Gardner 等,1999)、归因倾向(Kitayama 等,2009)、亲密关系(Holland 等,2004)、风险决策(Mandel 等,2003)等这些心理特征上都存在明显差异。因此,"独立我-互依我"作为与"分析性思维—整体性思维"类似的个体内分析水平上(intra-personal level)的分析框架,与文化水平(cultural level)上的分析框架——"个体主义-集体主义"相互映射,成为二元化的东西方文化心理研究的新理论、新工具。

31.2.3 中国人自我构念的本土文化特性

已有不少研究报告了这样的发现:即东亚人,特别是华人的自我构念与西方人确实不同(参见朱滢,伍锡洪,2017)。东亚人的互依型自我构念的典型特征是自我边界内包含了他人,由此形成与独立我的不同。

注意到自我边界的文化意涵的心理学家的确是十分睿智的。早在 1988 年,在

"集体主义—个体主义"当红的时候,美国心理学家桑普森(Sampson,1988)就敏锐地区分了在本土发展出来的两种不同个体主义。桑普森指出,"自足式自我的个体主义"(self-contained individualism)是一种边界坚实(firm)、标记清晰、强调个人控制和排他性的自我。这种自我的确立是以自我领域与他人领域的区分为基础和前提的,同时也是以自我领域与他人领域的区分为表征的。"包容式自我的个体主义"(ensembled individualism)则与之不同,它以边界流变、标记含混为特征,强调场域对个人的权力和控制,以及自我概念的包容性。这种自我的边界并不那么清晰坚实,而是可以将他人纳入边界之内的(参见表31.2)。

表 31.2

两类个体主义的本土心理学		
	类型1 自足式个体主义	类型2 包容式个体主义
我他边界	坚实的	流变的
控制	个人的	场域的
个人/自我概念	排他的	包含的

文献来源:Sampson, E. E. (1988). The debate on individualism: Indigenous psychologies of the individual and their role in personal and societal functioning. *American Psychologist*. 43(1): 16.

受桑普森的启发,华人本土心理学家杨中芳在探讨华人自我时提出,无论在东方还是西方,每一个人都有一个个人的自己,可以称之为"个己"(杨中芳,1991b)。然而,区别之处在于,西方人的自我边界内一般情况下只有"个己",不包含他人,而中国人的自我边界中除了"个己"之外,还有"自己人"(参见表31.3)。

表 31.3

杨中芳有关东西方自我概念的假设		
	西方人	中国人
使用概念	自我	自己
自我边界内部包含的内容	个己	个己 自己人

注:根据杨中芳(1991b,1991c)论述整理。

为了探讨"自己人"这一与中国本土社会文化相契合的自我构念,杨宜音从自我的边界入手,通过对华北农村一次婚礼仪式中送礼的观察分析和准实验研究,系统探讨了中国人的"自己人"现象。她发现人们以"九族五服制度"为蓝本(参见图31.6),形成了一个以自身为圆心,层层外推的同心圆,并基于此来履行上下尊卑远近亲疏义务、表达亲密和信任程度的规范,这个同心圆就是个体在心理上划定人己边界的差序格局(杨宜音,2001)。对于与己无血缘关系的特定个人,则往往根据个人心中的判断,并参照这个制度蓝本将其"安置"在相应位置上,从而使之成为"自己人"或"外人"(参见图31.7)。

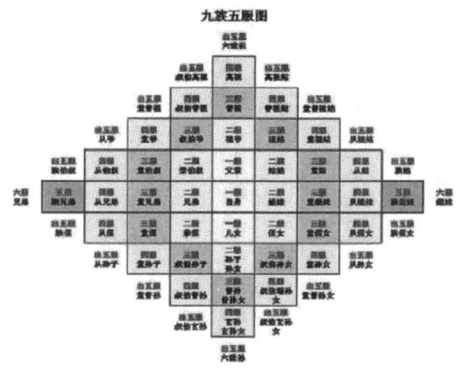

图31.6 九族五服图

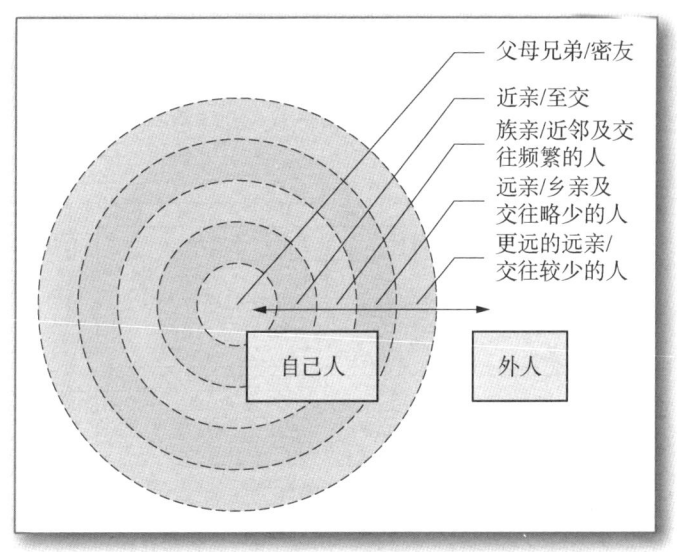

图31.7 自我边界内外的自己人/外人

"自己人"是通过与"外人"概念的相互对比、互为界定而存在的,其边界具有"差序格局"的特征,因而不可以简单地视之为以一个独立我包容另一个独立我而形成的"关联我"或"关系我"(relational self)。因此,阿伦等(Aron和Aron,2000)提出的亲密引起两人之间的边界消融,从而合二为一的机制,在华人社会的"自己人"概念中并不典型。

在中国人的"我"概念里,同时包含着"他人"与"边界"两个概念。中国传统儒家思想提倡的处理社会关系的规范——"仁"——即是基于两人关系的文化设计:自我里面是包含他人的。至于"他"能否转化为"我的人"(自己人),则取决于个己掌控的边界划分。边界意味着双方的在场、界内与界外、定位与流动,这些也都是社会文化建构的产物,它们反映着个人与他人相互嵌入、互为主体的具体方式。杨宜音(2001)的研究发现,个己会将关系(Guanxi)的"先赋性和交往性"条件作为掌握边界进出的"门槛"。先赋性关系是先在的和给定的(ascribed),因而也是"应有的"。交往性关系则是后成的、获得的(achieved),因而也是"真有的"。交往性高(交往合意)的人,其先赋性如果也高,例如相亲相爱的父子/母子,从亲属关系先赋性上看,则是距离最近的,而父子/母子的相亲相爱,又具有情感意义和工具意义上的相互依恋,因此,这些人是最为标准的"自己人",会被安置在"自己人"格局中心的位置上。亲属关系先赋性高,但交往性低的人,例如,交恶的夫妻,身份关系虽在,却可能已经同床异梦、形同路人了。亲属关系先赋性上不高,但交往性高的人,可能会以一些拟亲属称谓为彼此之间的关系正名,例如"铁哥们"、"拜把子兄弟",从而使对方获得等同于某种亲属的位置。也就是说,因交往性而被包含进自己圈内的人所具有的社会位置是一种后天的绑定。而亲属关系先赋性不高,交往性也不高的人,就被看作"外人",并被排斥在"自己人"边界之外(参见图31.8)。

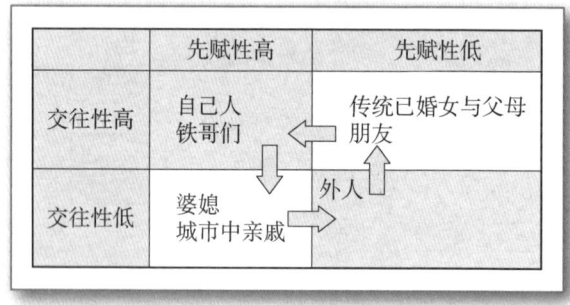

图 31.8 "自己人/外人"建立和改变的关系化过程模型

注:图中箭头显示出"自己人与外人"相互转换的动力过程:"外人"通过提升交往性发展为朋友,再通过提升先赋性(建立亲属或拟亲属关系)变为"自己人"。"自己人"通过降低交往性发展成为空有其表的虚假关系,最终脱离表面关系而演变为"外人"。

从上述分析中我们可以看到,"自己人"是关系型自我构念,它的特征是:(1)边界的差序结构性。这个"差序"既包括一个由"个己"的己身向外层扩展亦层层淡化的同心圆,也包括尊卑序列的上下位置。所以,这里的包容他人并非让重要他人几乎同等地进入个己的边界,共享某些表征,而形成一些交集;也不是对偶关系中两人相互嵌入而彼此相知(knowing and be known)。这种立体双向赋权,可以视为"**尊亲关系我**"。(2)以个己为掌控中心。在同心圆的中心是一个人的个己,它自主地决定包容与推出的他人,决定将包容对象置于尊卑远近的相对位置上,并且不断根据交往状况重新调整和排布,这一过程并不必须明确告知被安排者。因而,越是与处于边缘的人互动,掌控的影响力也越薄弱。(3)边界的通透性。由于可以通过先赋性和交往性将他人包容/外推,边界如同有门的墙,或有口盖的容器,兼具封闭与通达的双重功能。(4)边界的伸缩性。边界之内少则只有个己一个人,多则可以包容三五人、家人、团伙、国家以至天下。因此,也称作边界可伸缩的"**大小我**"(boundary-permeated self)。由此特点可以看出自己人的心理动力性。它不断地在建构过程中,适应着人际交往和互动需要。(5)边界的道德方向性。自己人如果受到道德的教化,将一己之我,渐渐包容越来越多的人,就变得宏大,相对于个己而言,这就是一种超越,于是这样的我便称为"大我",为"大我"就是为"公",反之是"小我",为"小我"就是为"私",这是道德上的"**公私我**"。具有"大我"的人被儒家称之为"君子"、"圣人",是中国人自我发展的最高境界(汪凤炎,2019)。

因此,我们可以认为,中国人的自我构念与西方人的"独立我"明显不同,但也不是简单的"互依我"。因为,它也是有自我掌控(self-agency)的,而不是没有自主性的、不负其责的外控型个己。然而,它却也不是"独立我",因为,它的边界不坚实清晰,是按照程度等级包容重要他人的,甚至能包容天下的"大我"。进一步看,它不是西式亲密关系中呈现的"**互依的独立我**",反过来,它倒可能是"**独立的互依我**"。而且,这里的"互依",确切地说,是关系式互依(参见图 31.9)。

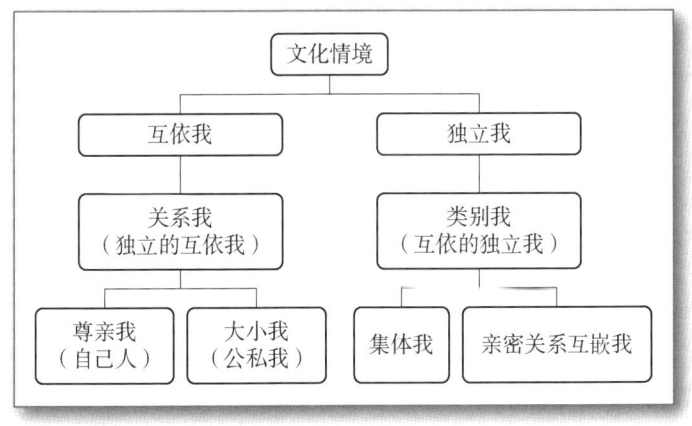

图 31.9　中西自我构念对比

深入理解中国人的自我构念,还可以从社会发展与个人发展、性别角色等角度来进行。并且,还需要将具有文化特异性的自我构念放入群己关系中去理解。后者我们将放在第三节讨论。在本节的最后一部分,我们尝试从自我构念的发展角度做一些分析。

31.2.4 中国人自我构念的变化

改革开放 40 余年,在中国发生的巨变已经成为不争的事实。工业化、城镇化、市场化、教育的普及、社会结构及社会关系的改变深刻地影响了人们的生活,全球化和信息化的浪潮更加速了这一变迁的进程。这些变化一方面对社会成员的适应提出了新的要求,另一方面也使社会成员以新的价值观念、预期和社会实践调整和引领着自身的适应,使之成为能动和积极的适应。自我构念上的变化正是这一适应过程的结果,因而从理论上回答自我构念的变化以及变化的机制就成为理论的热点。在独立我/互依我的分析框架下,可以看到中国人自我构念三个方面的变化:

个体化体验提升个体的独立我水平

"个体化"(individualization)实际上是个体与他人、群体及社会之间关系的改变过程。社会学家贝克认为,它开启了一种新的社会化模式,本质上是个体与社会关系的"变形"(metamorphosis)和"范畴转换"(categorical shift)(Beck,1992)。朱滢、伍锡洪(2017)曾经以摇滚歌手崔健在他的成名作《一无所有》里面反复出现的"我"字为例,考察了个体独立意识的觉醒。这时的自我正经历着释放和解放的过程,不再需要把"我"隐藏在"我们"的外衣之下。哈马穆拉等人(Hamamura 和 Xu,2015)的研究也发现,中国人的语言表达中,第一人称的单数"我"用得越来越多,而复数"我们"等用得越来越少,这些发现表明中国人的独立我越来越普遍。还有研究发现,独立我对当代中国人的幸福感越来越重要(Cheng 等,2016),表明独立我在当代中国的适应价值正与日俱增。发展心理学家也从个体发展的角度发现了中国人自我构念的变化。例如,徐江等人对 6 个省市不同年龄段被试的自我构念进行了调查,发现出生越晚的人,其独立我的得分越高,表明随着时代的发展,经济社会制度的调整,中国人的独立我具有日益加强的空间,而且呈提升的趋势。而另一方面,中国人互依我的代际差异则并不显著(徐江,任孝鹏,苏红,2015)。可见,在独立我水平提高的同时,互依我的变化并不大(蔡华俭等,2020)。已有研究者对两种自我构念并存的现象提出了新的理论问题,即变迁中的中国人自我构念会不会具有双文化特征(杨宜音,胡琳丽,张曙光,2016;谭旭运,杨昭宁,顾子贝,

2017)。

文化人类学家阎云翔通过在东北农村的田野调查,发现中国人的私人生活在经历了改革开放的几十年社会转型之后,已经悄然变化。国家放松对经济社会的控制而实行社会主义市场经济和对外开放的政策,由此使人们的个性和自主性得到了张扬和提升,但另一方面,由于单位制和国家控制的退场,社会自组织的不发达,公共生活同时呈现了衰落的状况,公共领域与私人领域之间出现断裂。为"私"变得理直气壮,而为"公"变得无所依凭。公共责任与义务意识的淡薄,导致"自我中心主义"膨胀(阎云翔,2006)。

用心理学的语言来说,就是在个体的独立我内部,自我权利意识开始逐渐上升,但作为群体成员(membership)的责任意识却没有随之上升,这就导致在个体处理人己、群己关系时,并没有遵守独立我文化设计中的契约规则和规范,或者没有完善规则和规范,成为一种畸形的独立我。而传统中国人关系型互依我构念特有的大小我、尊卑我具有的道德导向功能被弱化。

人际关系调整中的再道德化

处于传统文化互依关系中的自我,在处理人际关系时,必须使得"真有之情"的存在和表达依托于道德规范限定的"应有之情"的责任义务。当中国人理直气壮地将"为他人活"转变为"为自己活"的时候,这里的"我"也从差序格局关系出发,将"个己"从大小我、尊卑我中逐渐独立出来。在这个过程中,自我所蕴含的道德意义也出现了某种改变。

杨曦在研究中国人孝道观念变迁时发现,以往人们对孝道的理解和孝道的实践在现实中国人处理与长辈关系时已经发生了变化。从原有强调"百善孝为先"的权威性孝道,到更为强调代际互尊互惠的相互性孝道,个体之间的平等性增加、单纯的服从性减少,相互性的亲密真情比义务之情、应有之情变得更为重要。为此,人们在孝行上也采用了一些新的方式,在事亲、顺亲、尊亲、悦亲方面都有了一些改变。例如,"新24孝"所体现的更强调情感交流的"微孝",不仅被个体化程度上升的年轻一代所接受,也逐渐被老一代人所接受(杨曦,2016)。这一典型的亲代与子代的人际关系调整,形成了新的道德规范,也形成了更为偏向独立我的自我构念。

在人类学家阎云翔看来,在中国,个体化的发展并未完全按照"文明的进程"实现个人"权责一体"的自由与自立,却涌现出了"自我中心式的个人主义"(阎云翔,2006)。这种"残缺"的独立我一方面源于市场模塑出来的契约精神的缺失,另一方面也源于社会发达的自组织孕育出的公共精神的缺失。只有公共生活和市场经济双重的、长期的实践才能发育出健全的独立我(杨宜音,2008b;李荣荣,2011)。而只有当社会流动使得个体离开传统和稳定的关系系统,他们才会有更多的机会在生人社会依赖契约关系和社会组织生活,这不仅需要个体发展出独立我来应对环境,还不得不以旧有的互依我作为社会适应的资源(杨宜音,张曙光,2012)。于是,又必须发展出支撑独立我-互依我平衡共存的双文化我,以及与多元文化互为建构的混融我。

个人现代性与流动性对自我构念的建构

从社会心理适应的角度看,以全球化、工业化、城镇化、市场化、信息化为特征的现代社会是当下中国人不得不适应的外部环境。中国人在社会变迁过程中所发生的自我构念改变,可以从适应性的角度加以解释。适应性一般分为生理适应、心理适应和社会适应三个方面。其中,心理适应是心理学借用自生物学用来表示人对环境变化做出反应的一个与进化有关的概念。它是指当外部环境发生变化时,主体通过自我调节系统做出能动反应,使自己的心理活动和行为方式更加符合环境变化和自身发展的要求,使主体与环境达到新的平衡的过程(贾晓波,2001)。

为了适应现代生活,人们发展出应对它的心理品质,例如,从传统的心理行为特性(遵从权威、孝亲敬祖、安分守己、宿命自保、男性优势)发展为现代的心理行为特性(平权开放、独立自顾、积极进取、尊重情感、男女平等)(杨国枢,余安邦,叶明华,1989)。这些现代的心理行为特性被称为个人现代性,它的形成是工商社会和流动社会的产物。为了能够应对流动,在生人社会中生存与发展,个人的自我构念必须做出调整,而那些畸形的、有偏颇的自我构念例如自我中心主义、精致的利己主义都不能适应这种流动性,不能适应以工商社会为代表的现代生活所必需的契约合作、普遍信任和制度信任,获得普遍性社会支持和制度性社会支持。陈欣欣等人的研究以深圳人为对象,发现以移民为主体的深圳市民的独立我得分显著高于其他与之比较的六个省会城市居民(陈欣欣,任孝鹏,张胸宽,2019)。

流动对自我构念的改变带来的另一个影响,是伴随流动而来的双文化碰撞与交流的情境。文化正是人们为更好地适应而积累和创造出的知识系统,当人们有可能在双文化中穿梭时,就会出现这些文化系统的激活、启动和应用问题。文化心理学家发现,任何文化中的成员都将持有自身的文化框架,而伴随着双文化体验的增加,人们也会以双文化自我系统(bicultural self-system,Singelis,1994)来提供文化适应,这类人的独立我和互依我都是发展良好,且相互契合的。而有些人在双文化境遇中依然保持西方文化自我,即有较强的独立我和较弱的互依我。与此相对,还有人秉持传统,即有较强的互依我和较弱的独立我。除此三种类型之外,是对文化疏离的人,他们的独立我和互依我都相对较弱(Yamada 和 Singelis,1999)。例如具有新旧时代、城乡、东西方、代际等双文化经验的人,某一文化被启动时,他们就可以利用这一文化的知识指导自身更好地适应该种文化,而另一文化被启动时,他们又可以迅速转换到新的文化自我系统中,从中提取适应该文化的知识,以帮助自身更顺畅地适应该文化的要求。这种能力可以用文化建构的理论来进行解释。

研究者在双文化个体与文化之间的积极或消极的互动中发现了一种多元文化心智(multic-ultural minds),并且提出和验证了个体在不同文化情境下进行动态建构的理论。他们通过实验的方法验证了动态建构来自文化框架的转换和建构,当具有多元文化经验的个体拥有不同的文化构念时,文化的符码可以帮助个体提取该文化具有的意义和知识(Hong,Morris,和Chiu,2000;Mok和Morris,2012 Hong,Zhan,Morris,和Benet-Martínez,2016)。借助这个理论,我们可以进一步对自我构念的文化特性做更深入的理解:通过大量研究,不仅证明东西方的社会里存在着两种或更多自我构念的文化类型及亚类型,而且在这些类型并存、转换和融合的过程中,文化成员创造性地选择了对共享文化知识的携带、加工、传递和创新,而由此形塑出的文化又为其成员提供了适应性支持。

例如,杨宜音、胡琳丽与张曙光(2016)发现,为了适应孝道规范的变化,当代中国适应性最高的不是那些只具有独立我的人,也不是那些只具有互依我的人,而是在独立我和互依我两个维度上都比较高的人,他们拥有"双元文化我"(以下简称"双元我");双元我在孝道观念上优于其他自我,他们不仅有着显著更高的亲子关系满意度,而且有着显著更高的生活满意度。杨宜音继续根据莫里斯等人关于会聚文化主义的观点(Morris,Chiu,和Liu,2015),提出了多元文化的自我构念——"混融我"(poly-self)。"混融我"系指在适应文化全球化过程中发展而来的一种具有多边性、边缘性、整合性和超越性的自我构念。它与双元我的联系在于,双元我是混融我的特例和初级阶段。双元我与混融我的区别在于,双元我是能够应对两种文化情境的分别启动,而混融我则是"以一对多""以一当十"地应对多元文化环境(杨宜音,2015)。在这里,我们也可以更清晰地理解本节开头部分对文化心理学概念的简介,即,文化作为共享的知识系统的可建构性。文化不是根植一地,无以流动的固定模板,而是人为了适应生活而创造出来的可资共享的一种知识资源。

综上,我们可以看到自我构念是一个有着丰富意涵的文化心理学概念。我们可以以"独立我-互依我"来进行跨文化比较,由此甚至可以描绘出全球的文化类型图谱;也可以在特殊的文化区域中根据其本土特性寻找它的亚属;还可以进一步揭示"独立我-互依我"相互缠绕、叠加、倚重的复杂且富有动态性的形态。透过社会变迁视角,我们可以进一步看到流动、个体化、道德化为自我构念的建构性和丰富性所提供的条件。双元和多元文化经验使人们形成了可受情景启动的双元我和混融我,这一事实揭示了自我构念的情境特质,从而也让我们理解了文化与文化成员以自我构念为枢纽的相互建构关系。

31.3 中国人的群己关系

自我的另一个重要特质在于其群体成员身份带来的属性,因此,从格林沃德和普拉特卡尼斯(Greenward 和 Pratkanis,1984)到特拉菲莫、特里兰迪斯和戈托(Trafimow,Traindis,和 Goto,1991),以及后来的社会心理学和文化心理学者都注意到了自我的这一属性。著名的"三元自我理论"(The Tripartite Model)就是把自我分为"私我"、"集体我"和"公我"三重面向,分别指代个体对其内在特性的认知、对其在集体中成员身份的认知,以及对一般他人眼中自我的认知(Trafimow,Traindis,和 Goto,1991)。总而言之,既有相关研究将自我从独立我的"个体我"(individual self)特性,扩展到"关联我"(relational self),再扩展到"集体我"(collective self),这一自我构念理论的延伸揭示了自我与群己关系的内在逻辑。

群己关系是人类社会中最具统摄性与支配性的社会关系,因此也是社会秩序建构,或者更进一步说,是文化价值体系构建的焦点。改革开放以来,不少国内学者对中国人传统群己关系观(或规范)及其当代价值产生了浓厚兴趣,并多从伦理思想史、社会思想史、哲学史等学科视角进行研究,例如,董艳霞(1998)曾从伦理思想史的视角对传统中国群己关系规范的形成与发展进行了梳理与分析;赵金科与林美卿(2011)曾从中国哲学史、社会思想史的视角对先秦儒家的群己理论的主要观点及其得失进行了梳理与反思,同时还从历史的角度考察了当代中国群己观的嬗变,并在此基础上探讨了如何以先秦儒家的群己中庸和谐思想及马克思的"自由人联合体"理论为指导进行社会主义核心价值体系以及和谐社会建设;杨胜利(2016)从哲学史的视角对中国古代及近代群己关系中的"自我"观念的流变进行了梳理和探讨。

基于社会心理学视角的中国人群己关系研究并不鲜见。从广义上讲,基于该视角的以中国人为研究对象的组织公民行为研究、组织承诺研究、组织认同研究、公民意识研究、政治认同研究、政治参与研究、政治认知研究、政治效能感研究、社区感研究、自我表征(主要指"群体我")研究、"我们"概念形成机制研究、公私表征与公私实践研究等皆属于此类研究(梁婷,2020;杨宜音,2008a,2008b;张良驯,郭元凯,2020;张曙光,2016,2017;张曙光,赵丽娇,2018;仲理峰,2007)。如果说上述诸研究所关涉的是组织情境下的群己关系,那么可以说有关自我表征研究、"我们"概念形成机制研究及公私表征研究所关涉的则是一般意义上的群己关系。相较于前一类研究,后一类研究在增进对中国人群己关系的认识方面的贡献更大。

联系前文分析来看,"我们"概念形成机制研究触及到了一个深层次问题:既然人始终以自我为中心来认识和把握社会现实(Myers 和 Twenge,2018),那么,发生在认知层面的由"我"到"他人"再到"我们"的心理位移,或者更进一步说,群己联结的建立何以实现?公私表征与公私实践研究触及到了一组现实问题:人们在其头脑中究竟是如何表征"公"、"私"以及两者之间的关系的,在现实生活中究竟是如何处理公私问题的?其中所能折射出的群己关系表征的现状究竟又是怎样的?前一研究有助于揭示中国人群己关系建构机制,后一研究有助于管窥中国人群己关系表征的现状。这两个脉络的研究相资为用:前者为后者奠定了基础,而后者反过来对前者起到佐证作用。下面就联系既有相关研究,围绕"中国人群己关系建构机制"和"群己关系视域下当代中国人的公私表征与公私实践"两个方面,对上述研究作出梳理和拓展。

31.3.1 中国人群己关系建构机制

从理论上讲,群己关系的建构与"我们"概念的形成相伴随行,两者是一体两面的关系。杨宜音(2008a)曾在对社会心理学赖以透视社会行为的三种研究范式——"以个人为中心的研究范式"、"以群际关系为中心的研究范式"及"以儒家'关系'概念为中心的群己关系研究范式"——进行梳理和分析的基础上,结合自己所做的"自己人"研究和"海外华人认同"研究,对中国人"我们"概念形成的社会心理机制进行了探讨,由此揭示出中国人赖以建构群己关系的两种途径和机制:第一种途径是"与具有特定地位和关系的他人,根据先赋性的规定性与面对面的互动来判别和建立这种心理联系",在其间发挥作用的是以自我边界的通透性与可伸缩性为特点、以"大我"的凸显——与此相伴随的是"小我"的去凸显化——为基础的"关系化"机制;第二种途径是"与较为抽象的他人(通常也是与自己有着较远的心理距离的他人),根据类别特征的凸显来判别和建立这种心理联系",在其间发挥作用的是以自我边界的坚实性与不可伸缩性为特点、以"群体我"的凸显——与此相伴随的是"个体我"的凸显——为基础的"类别化"机制。基于此,可认为当代中国人的群己关系建构呈双重格局(参见图31.10)。

杨宜音(2008a)通过分析指出了以下四点:(1)"关系化"与"类别化"两种机制在任一社会中都是存在的,只不过,由于文化、社会及历史的建构所产生的锚定效应——可以理解为根植于传统文化的抗变性,且形之于社会心理层面的"路径依赖"——使然,有些社会中的群己关系建构素来依重于"关系化"路径,而其他社会

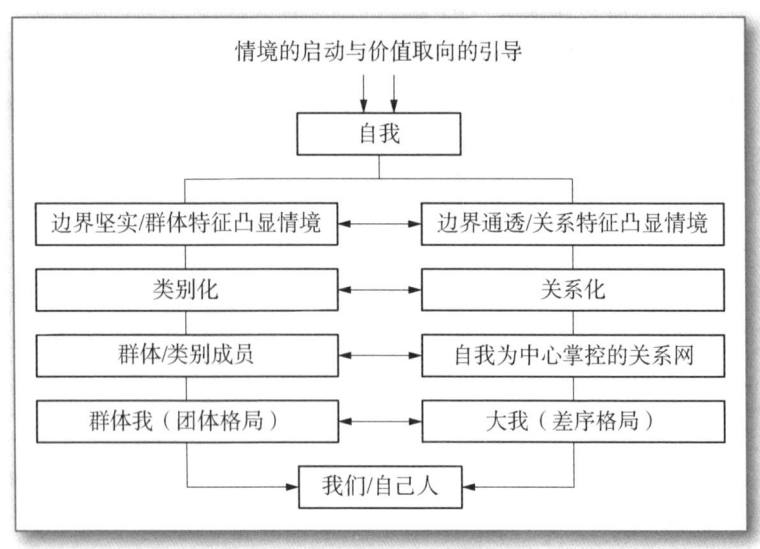

图 31.10 中国人群己关系建构的双重格局

中的群己关系建构则素来依重于"类别化"路径;(2)西方社会中的群己关系建构素来依重于"类别化"机制,由此造就了"团体格局",而中国社会中的群己关系建构则素来依重于"关系化"机制,由此造就了"差序格局";(3)人们对群己关系建构机制的选用,一方面受情景启动的影响,另一方面则受上述锚定效应的影响;(4)"关系化"与"类别化"两种机制在中国社会并不是彼此孤立的,而是相互缠绕、相互衔接、相互转化的,具体而言,在中国人的人际交往中,共存着"类别关系化"与"关系类别化"两种现象,前者主要是指以两人共同所属的类别(例如战士、工人等)或既有关系所属的类别(例如同乡、同门等)为基础进行交往,后者主要是指根据交往情况来决定与交往对象的关系究竟走向更亲密抑或疏淡,从而使关系最终被固化在某一类角色或身份中。

时隔数年之后,杨宜音与张曙光(2012)以其对"熟人社会"向"生人社会"转型背景下的大学生同乡交往所作的质性研究,直接证实了当代中国人群己关系建构的双重格局的存在和上述四点论断的正确性。此外,张曙光(2017)也以其基于群己关系视角所做的有关社会个体化对政治认知及政治效能感的影响的研究,间接证实了当代中国人群己关系建构的双重格局的存在,间接检验了上述第四点论断的正确性。

为了更好地认识和把握上述结论,还有必要厘清以下三个问题:"关系化"与"类别化"两种机制何以能够各自建构出不同的社会格局(或者说是社会结构),即"差序格局"与"团体格局";"关系化"与"类别化"两种机制何以能够共存于当代中国社会之中;"关系化"与"类别化"两种机制何以在当代中国社会中相互缠绕、相互衔接、相互转化。

对于第一个问题,需要联系前文梳理与分析,以及既有相关研究成果予以回答。首先,基于本章第一节所作的梳理与分析来看,自我构念的发生与群己关系的建构同为"社会"建构的一部分,而群己关系的建构离不开自我构念的支撑,这是因为自我构念作为有着深刻的进化根源的文化建构产物,本身即具有社会伦理性,或者更深一步讲,是价值定向性,直接制约着"我"与"他"、"我"与"我们"之间联结的建立。以上对中国人群己关系建构的双重机制——"关系化"与"类别化"——所作的梳理与分析,便充分揭示了自我构念对群己关系建构的支撑作用:"关系化"机制隐含并建基于"大我"这一自我构念,"类别化"机制隐含并建基于"群体我/个体我"这一组自我构念。

其次,结合张曙光(2016,2017)所作相关研究来看,"大我"系以"性本善"、"为仁由己"、"克己复礼"、"尊尊亲亲"、"爱有等差,施由亲始"等为基本潜在预设的自我主义文化——通常被视为中国传统文化的理想类型——的建构产物,这一自我构念的凸显以克己尚群为价值定向,其背后的文化社会心理学意涵是:从个体的角度来看,"群"与"己"概念的形成实际上是其自我边界在横向与纵向上以"个己"为中心,向外伸展的结果(横向与纵向分别代表着以血缘为纽带的"自然之维"与以人伦为纽带的"社会之维",从横向上看,自我边界的伸展由亲及疏,由己及人,其间涉及血缘远近之别;从纵向上看,自我边界的伸展近可至"家",中可至"国",远可至"天下",其间涉及上下尊卑之分),两者彼此互为嵌套("己"内嵌于"群","群"外套于"己")、相互界定("群"即是"大己","己"即是"小群"),由此使群己关系建构呈同构性取向以及十字型结构模式,与之相适应,分别与"群"、"己"相关联的自我构念——"大我"、"小我"——被赋予了道德性,其中,"大我"的边界伸展方向即代表了自我主义文化所力推的道德实践方向,其凸显与"小我"的凸显呈拮抗关系;"集体我/个体我"系以"人本自私"、"人人平等"等为基本潜在预设的个人主义文化——通常被认为是西方现代文化的理想类型——的建构产物,这一组自我构念的共同凸显以群己平衡为价值定向,其背后的文化社会心理学意涵是:从个体的角度来看,"群"与"己"彼此独立、相互区隔,它们分别表征着人的公共性与个体性,以及由此衍生而来的公领域与私领域,由此使群己关系建构呈界分性取向与扁平化结构模式,与之相适应,分别与"群"、"己"相关联的自我构念——"群体我"、"个体我"——被赋予了领域性,"群体我"的凸显与"个体我"的凸显呈平衡关系,对此可联系布鲁尔(Brewer,1991)所提出的最佳区分理论(optimal distinctiveness theory)予以认识和把握。

最后,将前两点联系起来加以审视和观照,由此也就不难理解"关系化"机制何以能够建构出"包含有纵向的刚性的等级化的'序',也包含有横向的弹性的以自我为中心的'差'"的"立体多维的结构"(阎云翔,2006)——"差序格局","类别化"机制何以能够建构出以团体分子在人格上的平等化与"每个团体分子和团体的关系"的同等化为特点(费孝通,1985)的社会结构——"团体格局"。

对于第二问题,同样需要联系前文所作梳理与分析,以及既有相关研究成果予以回答。前文所作梳理与分析表明,"关系化"与"类别化"两种机制各有其不同的认知锚点,其中,"关系化"机制的认知锚点是"(有关人己关系的)先赋性的规定性与面对面的互动","类别化"机制的认知锚点是"(人己所共有的)类别特征"。通常来讲,所谓"先赋性的规定性"更多地存在于封闭静滞的社会环境之中,而所谓"类别特征"则更多地凸显于流动开放的社会环境之中,因此可认为,"关系化"机制对于封闭静滞的社会环境——亦即通常所说的"熟人社会"(或"农耕社会")——具有依存性,它是"以自我与社会分化程度不高为特征的传统性的一个注脚";"类别化"机制对于流动开放的社会环境——亦即通常所说的"生人社会"(或"工商社会")——具有依存性,它是"以自我与社会分化明显为特征的现代性的一种表征"(张曙光,2016)。当代中国社会正在经历一个由"熟人社会"到"生人社会"的转型过程,其间中国人多倾向于通过"在'生人社会'中建立'熟人关系'"(杨宜音,张曙光,2012)来进行适应,这为"关系化"与"类别化"两种机制的共存创造了社会环境条件。

对于第三个问题,可以基于莫里斯等人(Morris, Chiu,和Liu, 2015)共同提出的"文化混搭理论"(cultural mixing theory)进行回答。当然,首先需要基于前文分析予以明确的是:"关系化"与"类别化"两种机制的共存,即意味着自我主义文化与个人主义文化的共存。在这一前提下,根据文化混搭理论来看,身处于双元文化——自我主义文化与个人主义文化——之中的个体,往往会建立起"复数性联结",他(或她)也因此而拥有一个由这两种"应用程序"构成的"应用套件";面对自己在日常生活中所遇到的实际问题,个体作为能动主体,通常会权宜性地、策略性地从"应用套件"中选出一种或两种"应用程序"来进行应对,从而使"关系化"与"类别化"两种机制的相互缠绕、相互衔接、相互转化成为可能。其中最为值得关注和思考的是,当个体同时使用两种"应用程序"时,"关系化"与"类别化"两种机制就会发生相互缠绕,由此产生"关系类别化"、"类别关系化"等具有混搭性的心理与行为现象。这从侧面昭示出:现代性与传统性绝非简单的继替关系,它们在特定的社会环境下完全可以相互共存、互为资用。

为了更好地认识和把握基于"关系化"、"类别化"机制的群己关系建构,在此基于以上分析,采用理想类型法,从社会形态、文化类型、自我构念、(自我构念的)价值定向、群己关系建构取向、群己关系结构模式、群己关系结构特征等方面切入,对这两种群己关系建构的发生脉络、核心基础及其结构模式与特征进行刻画与比较(如表31.4所示)。所谓"理想类型法"即是一种通过使用"高度抽象出来的、反映事物本质特征的分类概念"(尹保华,2018)来构建理想化或纯粹化的类型,以此认识和把握研究对象的方法。

表 31.4

两种群己关系建构比较

	社会形态	文化类型	自我构念	价值定向	群己关系建构取向	群己关系结构模式	群己关系结构特征
基于"关系化"机制的群己关系建构	农耕社会（熟人社会）	传统自我主义文化	大我	克己尚群	同构性取向	十字型结构	边界通透相互贯通
基于"类别化"机制的群己关系建构	工商社会（生人社会）	现代个人主义文化	群体我—个体我	群己平衡	界分性取向	扁平化结构	边界坚实相互区隔

31.3.2 群己关系视域下当代中国人的公私表征与公私实践

从文化社会心理学的角度来看,在"利群"倾向的驱使下,人类在政治实践与道德实践中格外关注和维护"群"之利益,从而产生"公"的概念;在"利己"倾向的驱使下,人类在政治实践与道德实践中格外关注和维护"己"之利益,从而产生"私"的概念。由此不难看出,"群"与"公"、"己"与"私"均互为映射;"利群"与"利己"两种倾向的共存与折冲,或者说,是"群""己"之间固有的张力与冲突,使公私问题成其为人类所不得不面对的永恒问题,这一永恒问题实际上就是社会秩序建构问题,它最终必然要通过合宜的群己关系建构而得到有效解决。此处所谓"公私问题"主要包括何谓"公"与"私","公"与"私"是什么样的关系,"公"与"私"边界在哪里,"公"与"私"孰轻孰重等问题。

正如本章第一节所指出的那样,为了有效解决公私问题,任一文化设计都必然要以群己关系建构为基底,对"公"、"私",以及"公"、"私"之间的关系做出规定。一言以蔽之,有什么样的群己关系建构,就有什么样的公私关系建构。基于这一逻辑,结合并参照以上对中国人的群己关系建构所作的分析,可以推定中国人公私关系建构至少也应有两种取向——同构性(大小我)取向与界分性(独立我)取向,还可以在此基础上构建出中国人公私关系建构的两种理想类型(参见表31.5),从而为当代中国人公私表征及公私实践研究的开展奠定必要基础。通过对当代中国人的公私表征及公私实践进行研究,可以间接地从总体上揭示出当前社会转型期中国人在头脑中究竟是如何表征群己关系的。

表31.5

两种公私关系建构比较

文化类型	自我构念	公私价值定向	公私关系建构取向	公私关系建构的特征
自我主义文化	大我-小我	崇公抑私	同构性取向	边界通透、相互贯通
个人主义文化	群体我-个体我(独立我)	公私平衡	界分性取向	边界坚实、相互区隔

就当代中国人公私表征研究而言,一个最为值得关注和探讨的问题是:在中西文化碰撞愈来愈烈、融合愈来愈深,以及社会个体化——本质上是以个体对自我命运掌控感的追求为核心表征的"人的解放"过程(张良,2013)——蓬勃兴起的社会转型背景下,中国人的公私表征究竟是呈单一取向,抑或是呈双重取向。张曙光(2016)在对社会转型期下中国人的公私表征及公私实践的本土社会心理学研究中发现,当代中国人的公私表征更多地是以混搭样态呈双重取向,其混搭样态主要有两种,即"同构性'公/私'(主)+界分性'公'(辅)",以及"界分性'公/私'(主)+同构性'私'(辅)"。从中不难窥见当前社会转型期下传统性与现代性在中国人心理层面的杂糅并存,或者说,是传统自我主义文化与现代个人主义文化的混杂共生在中国人心理层面的投映,以及现代性与传统性在中国人心理层面的非均一性分布。根据波兰社会学家什托姆普卡(Shtompuka,2011)的观点,当代中国社会转型只是绵延不断的社会过程的一个"片段"而已,其间"既有过去的影响、痕迹和残留,又有朝向未来的萌芽和可能"。如果说同构性"公/私"作为传统伦理型政治文化在公私表征中的隐含性存在,代表着"过去的影响、痕迹和残留",那么可以说界分性"公/私"作为现代民主政治文化在公私表征中的隐含性存在,则代表着"朝向未来的萌芽和可能"(张曙光,2016)。

那么,上述混搭性公私表征究竟是如何形成的呢?张曙光(2016)通过质性研究揭示出了两点:第一,社会个体化的蓬勃兴起使得个体的主体意识、权利意识与平等意识不断增强,由此导致"'公'的祛魅化"及"'私'的崛起",从而带来两种后果,即"'公''私'道德内涵中性化"和"'公''私'边界清晰化",这意味着界分性"公/私"的兴起,以及与之相关联的自我构念——"独立我"——的崛起;第二,由于国情使然,中国的社会个体化具有不彻底性与非均一性等特点,以至大多数中国人或持以"同构性'公/私'"为主、以界分性'公'"为辅的公私表征,或持以"界分性'公/私'"为主,以"同构性'私'"为辅的公私表征。

从理论上讲,公私表征的混搭也必然意味着与之相关联的自我构念的混搭,具体而言,当代大多数中国人的自我构念也同样会呈现出两种混搭样态:一种是"'大我/小我'(主)+'独立我'(辅)",另一种是"'独立我'(主)+小我(辅)";当代中国人公私表征及其自我构念的混搭性,必然使得其公私实践或多或少地带有一定的协商性:从"个体内"这一层面来看,在特定公私实践情境的启动下,在主我的发起、维持与协调下,客我——"多元声音自我"(multi-voiced self)(Hermans,2001)——通常会就"独立我"、"小我"与"大我"等三种具有价值定向作用的自我构念各自所关联的不同定位进行对话与协商。这样一种对话与协商可称为"公私协商",它具有动态变化性、情景依存性、暧昧不清性,其中,公私协商的暧昧不清性有两种具体表现:有的个体一方面认同"尚群为公"价值观,另一方面却又表现出时刻警惕着"公"对"私"(亦即自己的正当私权)的侵犯、宰制或道德绑架;有的个体一方面追求自主自决,另一方面却表现出依附于"公",并希求"公"对"私"的照顾的倾向(张曙光,2016)。

透过当代中国人的公私表征及公私实践可以看出,当代中国人对群己关系的表征总体上具有非均一性、暧昧性、偏向性等特点。对此,可以联系前文所作相关分析,予以认识和把握:人类群己关系建构的取向包含"群"与"己"两个紧密联系、互为依存的维度,其中,"群"这一维度是以"界分性'群'"与"同构性'群'"为两极的连续体,"己"这一维度是以"界分性'己'"与"同构性'己'"为两极的连续体;当代中国人对群己关系的表征有两种主型,即"同构性'群/己'(主)+界分性'群'(辅)",以及"界分性'群/己'(主)+同构性'己'(辅)",它们均横跨上述两个连续体,只不过,一个更为偏向同构性取向,另一个更为偏向界分性取向(参见图 31.11,在图中,R1 代表前一主型,R2 代表后一主型)。

当代中国人对群己关系的表征所具有的暧昧性,从根本上决定了现阶段中国社会个体化的吊诡性。阎云翔(2011)曾将现阶段中国社会个体化的吊诡性,形象地概括为"自相矛盾的个体形象,纷争不已的个体化进程"。不少以群己关系为切入点的有关中国社会个体化的国内外研究,例如,贺美德与庞翠明(2011)基于人类学的视角就中国农村青年对自身在家庭、工作单位及党组织等群体中以及其与政府的互动中的角色认知所作的研究,以及李明欢(2011)基于社会学的视角对改革

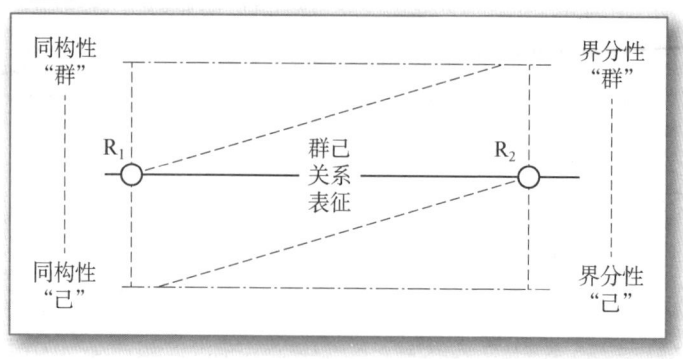

图 31.11　当代中国人对群己关系的表征

进程中"华侨农场'归侨职工'"在群体认同的选择与诉求所作的研究等,均有力地佐证了这一点。

31.4　未来研究的思考

以上讨论可以部分地增进我们对自我构念及群己关系和广义的文化心理学视角的认识。从文化的方面来看,这种认识主要涉及两个方面:(1)对自我构念及群己关系的文化基础的理解;(2)对为适应文化进化而发展出来的具有新特色的自我构念的理解。与之相对应,从自我构念方面来看,这种认识主要涉及两个方面:(1)自我的情境适应性和自主性;(2)自我在道德和价值方面的引领。从文化与自我两个大方面,又可以清楚地看到它们之间的相互建构(Markus 和 Kitayama,2010)。

31.4.1　文化方面

自我构念及群己关系的文化基础

通过在本章第二、三部分对自我构念和群己关系的文化心理范式进行讨论,我们发现自我构念存在的文化特异性。与典型的北美人的独立型自我构念相比,中国人的自我构念在与他人关联的心理原型上具有一个特殊之处,即自我构念有一个以"个己"为中心,自我边界内呈现远近圈层和上下位阶的差序结构。它与他人赖以区分的边界要用虚线来划,如同有门的墙,使得边界内部具有伸缩的弹性。作为内核的"个己"则以血缘关系为蓝本,以心理距离来调配自己的情感性和工具性资源(例如亲密情感、信任和责任义务),从而表现出中心强、边缘弱的掌控能力和关系性影响力。因此，这一透过与他人关系建构出来的自我结构是极为动态的，由此呈现出一个复杂的多元系统。个己不仅要恰当调适每一个被包容在边界内部的人与自己的"应有"和"真有"的距离，而且还必须将这些纳入或退出自己边界的人的相对距离安排妥帖。摆布好这么多人，在动态中取得平衡，就成为了中国人自我建构的日常功课和修身成就。

此外，在独立我与互依我的基本图式或范式之下，还存在它的文化亚属或亚型。例如，独立我之间在亲密关系中相互嵌入，由此形成的自我边界具有有限开放性和包容性，这样的自我构念被称为"关系自我构念"（relational self-construal）；互依我关系中的自我既自主掌控，又与他人相互依赖，并因此而具有开放性与差序性，这样的自我构念也被称为"关系自我构念"（*Guanxi* self-construal）；这也就打通或融合了独立我和互依我，从而衍生出了"互依的独立我"或"独立的互依我"。这些研究结果使我们对自我特别是自我的心理边界特征的文化意义有了更为深刻的认识：心理边界特征与过程均有着与生俱来的文化基础。

独立我的亲密关系我（relational self）与中国人的互依我的尊卑关系我（*Guanxi* self）是有所区别的，在中文中会混用"关系我"这样的说法，但二者实际上存在着文化意义上的差别。其关键之处在于中国人的尊卑关系我具有亲缘关系的先赋性蓝本与交往关系之间的张力，而不仅仅是交往关系一个维度本身。并且，亲密关系的相互包容一般局限在两两独立我之间形成的平等的互依，而中国人的关系我有单向掌控的性质。

自我构念这一文化特异性反映在群己关系上就是大小我的同构群己关系与独立我的集合而形成的区分—认同式的群己关系。将中国人的关系性的互依我与西方人的独立我经过类别化而认同群体，与群体建立的群己关系作一对照，就可以看出，中国人的自己人，一个人的时候看似是独立我，包容他人的时候看似一个小团体，然而，包含在边界内部的人，并不是以与个体形成共同感情、共识或共同利益为必要条件，而是被动地，甚至是不知情地"被包含"。因此，这样的群己关系并不以群体共识为基础，与西方团体格局下的"群体"概念是无法同日而语的。

因适应文化进化而发生的自我构念改变

社会的变迁也是大环境的变化。从礼俗社会到法理社会的逐步转变，人在两类社会中迁徙流动，不仅居所在变，社会关系在变，处理关系的法则在变，自我的构念也在变。社会制度、社会规范的变动性，价值观的改变为处理我他、群己关系也提出了新的课题。自我中心主义、独立自我的出现正是这样的巨变在个体取舍上的印记。

31.4.2 自我构念方面

自我构念的情境性

文化是如何给其成员染色的？在静态中描摹对比时被捕捉的只是一些差异，而在动态中才容易体会文化在哪里和如何生效。自我构念最核心的问题在于表达个体对社会位置的处理，究竟与他人、群体如何相处，因此，自我边界的问题是最基础的问题。而流动就是位置的变化，正是流动导致互依我与独立我相互缠绕。出现了互依的独立我和独立的互依我，使得群己关系过程呈现关系的类别化和类别的关系化。这些缠绕现象正说明了自我构念的情境性特征，在情境的激发以及在社会道德的引领下，我—我们的群己联结以及自我处理我他关系时，都可能是不确定的、双文化模式甚至是多文化模式的，还有主辅强弱的多种类型。在文化心理学中出现的启动范式研究就是因探讨基于人们内化了两种文化情境后出现的特殊的心理机制而发展起来的（Hong，Morris，Chiu，和 Benet-Martinez，2000）。

自我构念中蕴含的群己关系及其道德和价值属性

西方的自我构念理论并未直接讨论价值引领问题，似乎是纯粹的心理学研究。但是，其中实际上也蕴含着有关独立我的价值预设。例如，在处理个体我与集体我时，就出现了两种相互折冲的心理需求——"与众不同"和"与众相同"——相平衡的问题，这就是著名的"最佳区分理论"提出的背景（Brewer，1991）。这一平衡的出发点还是保持个体内部个体的独立性和群体成员身份之间的问题。

追求和谐的社会取向，也是中国人关系我发展的一个重要的道德和价值内涵。在处理人己、群己、群际冲突时，以社会和谐而达成自我和谐，成为评价行为、处理关系、化解矛盾的最终目标（黄囇莉，2007）。长期的教化和社会结构特征，使得中国人的心理行为具有了社会取向，具体被分为"关系取向"、"家族取向"、"他人取向"和"权威取向"（杨国枢，2004；杨国枢，陆洛，2009）。这些是中国人自我构念研究中社会价值导向的问题，目前鲜有研究。

汪凤炎等人近年来提出的天人合一的中式自我，试图从做人境界的角度，发展出一个动态演进提升的自我构念（汪凤炎，2019；Wang，Wang，和 Wang，2019，参见图 31.12），以避免二元对立的概念缺陷，和强调社会理想人格的引领。杨宜音也从道德方向和实践上对理想自我构念进行了分析，并试图通过对君子的分析，将中庸研究与自我构念研究结合起来（杨宜音，2015）。

这些努力都是一些积极的探索。从中可以看到从跨文化心理学、本土心理学以及文化心理学这三种研究取向累积的有关自我构念的发现和讨论，成为理解自

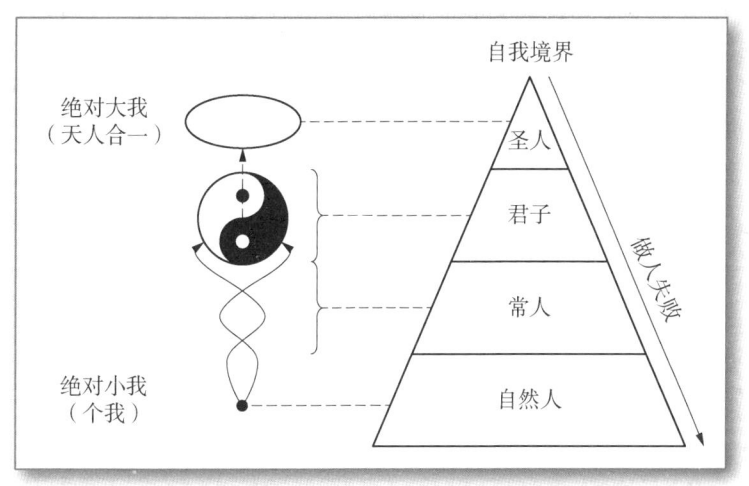

图 31.12 中式自我的圆融过程与做人的四重境界示意图

我与文化相互建构理论的基础。

31.4.3 文化与自我的相互建构

我们的讨论大致扣住了文化与自我、文化与群己关系及其价值方向这两个主题,试图将文化与社会心理的动态双向建构揭示出来。正是文化的建构使然,人们的认知和行为蕴含的社会性意义才具有了文化的特异性。反过来讲,透过文化的特异性,可以更深刻地理解蕴含在认知与行为中的社会性的内核和丰富外表。而从中国本土心理学主位视角的"深描"更为契合文化的意义,发现了中国人的自我虽然不强调独特性和唯一性,但与西方独立我一样都强调自主性。西方人的自我虽然不强调他人取向,但在亲密互动中,也会在独立我基础上发展出来相互依赖,也可以达到你中有我、我中有你的相互嵌入,因而这种关系中的自我也存在对他人边界的开放。从这一点来看,对于自我构念类型的划分,不仅要有独立—互依这一维度,还必须增加自主—非自主,包容—非包容维度。这种丰富的、多维的自我构念建构图景增加了文化心理解析的难度,也增添了文化心理解析的妙趣。

翟学伟曾指出,"自我的确是一个在西方文明中孕育出来的概念,它所涉及的身体、个体、人格、灵魂、精神、意志以及个人主义等,都不是原本中国文化中所具有的,至少其内涵大不相同",因此,"中国人的自我研究是本土心理学的各个概念研究中最为艰难的部分"(翟学伟,2017)。本章的讨论表明,浸润在儒家文化中的中国人自我构念的复杂性与微妙性,即在于个己与他人、群体、社会文化制度的互动与互构,若仅以一种研究范式来捕捉其复杂而微妙的过程及特征,只会得到"盲人摸象"的结果。

（杨宜音　张曙光）

参考文献

蔡华俭,黄梓航,林莉,等.(2020).半个多世纪来中国人的心理与行为变化——心理学视野下的研究.心理科学进展,28(10),1599-1618.

陈欣欣,任孝鹏,张胸宽.(2019).深圳精神抚育独立我的行为方式.中国社会心理学评论(1),14-37+199.

陈雪峰,滕迪晴,陈晶,李岩梅.(2020).基础社会动机与社会心理服务体系建设.心理科学进展,28(1),13-21.

董艳霞.(1998).传统中国群己关系规范的形成与发展.中州今古(4),3-5.

费孝通.(1947/1985).乡土中国.上海：三联书店.

高文珺.(2020).社会共识的形成.北京：社会科学文献出版社.

贺美德(Hansen, M. H),庞翠明.个人选择的理想化：中国农村青年眼中的工作、爱情和家庭.见：贺美德(Hansen, M. H.)与鲁纳(Svarverud, R.)(主编)."自我中国"：现代中国社会中个体的崛起.许烨芳等译.上海：上海译文出版社.

黄囇莉.(2007).华人人际和谐与冲突：本土化的理论与研究.重庆：重庆大学出版社.

贾晓波.(2001).心理适应的本质与机制.天津师范大学学报(社会科学版)(1),19-23.

李明欢.集体符号和个人选择：归国华侨在国家农场的生活.见：贺美德(Hansen, M. H.)与鲁纳(Svarverud, R.)主编."自我中国"：现代中国社会中个体的崛起.许烨芳,等译.上海：上海译文出版社.

李强,刘强,陈宇琳.(2013).互联网对社会的影响及其建设思路.北京社会科学(1),4-10.

李荣荣.(2011).美国的社会与个人：加州悠然城社会生活的民族志.北京：北京大学出版社.

梁婷.(2020).个体我、关系我与集体我的错误记忆效应：基于DRM范式.兰州：西北师范大学硕士学位论文.

谭成慧,马姗姗,朱传林,等.(2020).人际互动中的"自我-他人"区分：多水平的探索.心理科学进展,28(11)：1890-1900.

谭旭运,杨昭宁,顾子贝.(2017).传统与现代双文化自我构念的代际研究.青年研究(2),75-84.

汪凤炎.(2019).独立自我和互依自我：从文化历史演化看中式自我的诞生、转型与定格.南京师大学报(社会科学版)(4),61-77.

王艇,郑全全,韦庆旺.(2017).中国情境下的关系自我和群体自我区分研究.心理学探新,37(5),465-470.

吴莹,杨宜音.(2013).社会心态形成过程中社会与个人的"互构性"：社会心理学中"共识"理论对社会心态研究的启示.社会科学战线(2),159-166.

谢天,周珏,陈咏媛.(2019).流动性与当代中国社会：一段正在发生的历史(代卷首语).中国社会心理学评论(1),1-13.

徐冰.(2010).文化心理学：跨学科的探索(代卷首语).中国社会心理学评论(1),1-43.

徐江,任孝鹏,苏红.(2015).中国人独立性自我构建和依存性自我构建的代际变迁.心理学进展,5(2),67-74.

闫玉荣.(2019).手机沟通对家庭关系的影响.北京：中国传媒大学博士学位论文.

阎云翔.(2011).导论：自相矛盾的个体形象,纷争不已的个体化进程.贺美德(Hansen, M. H.),

鲁纳(Svarverud, R.)主编. "自我中国"：现代中国社会中个体的崛起. 许烨芳, 等译. 上海：上海译文出版社.

阎云翔. (2006). 差序格局与中国文化的等级观. 社会学研究(4), 201-213.

阎云翔. (2006). 私人生活的变革：一个中国村庄里的爱情、家庭与亲密关系. 龚小夏, 译. 上海：上海书店出版社.

杨国枢, 陆洛. (2009). 中国人的自我. 重庆：重庆大学出版社.

杨国枢, 余安邦, 叶明华. (1989). 中国人的传统性与现代性：概念与测量. 杨国枢主编. 中国人的心理与行为. 台北：桂冠图书公司.

杨国枢. (2004). 华人自我的理论分析与实证研究：社会取向与个人取向的观点. 本土心理学研究(22), 11-80.

杨国枢. (1993). 我们为什么要建立中国人的本土心理学. 本土心理学研究(台北)(1), 6-88.

杨胜利. (2016). 群己关系中"自我"观念的流与变. 西藏民族大学学报(哲学社会科学版), 37(6), 113-119.

杨曦. (2016). 城市老人对孝行期待变化研究：以杭州市上城区老人个案为基础的考察. 中国社会科学院研究生院学报(1), 140-144.

杨宜音, 胡琳丽, 张曙光. (2016). 社会变迁适应性视角下的自我与孝道. 中国社会心理学评论(1), 44-64.

杨宜音, 张曙光. (2012). 在"生人社会"中建立"熟人关系"对大学"同乡会"的社会心理学分析. 社会, 32(6), 158-181.

杨宜音. (2001). 自己人：一项有关中国人关系分类的个案研究. 本土心理学研究(台北)(13), 277-316.

杨宜音. (2008a). 关系化还是类别化：中国人"我们"概念形成的社会心理机制探讨. 中国社会科学(4), 148-159.

杨宜音. (2008b). 当代中国人公民意识的测量初探. 社会学研究(2), 54-68+243-244.

杨宜音. (2015). 多元混融的新型自我：全球化时代的自我构念. 中国社会心理学评论(1), 97-116.

杨中芳. (1991b). 试论中国人的"自己"：理论与研究方向. 杨中芳, 高尚仁主编. 中国人, 中国心：社会与人格篇. 台北：远流出版公司.

杨中芳. (1991c). 回顾港台"自我"研究：反省与展望. 杨中芳, 高尚仁主编. 中国人, 中国心：社会与人格篇. 台北：远流出版公司.

杨中芳. (1993). 试论如何深化本土心理学的研究：兼评现阶段之研究成果. 本土心理学研究(台北)(1), 122-183.

尹保华. (2018). 社会学概论. 北京：知识产权出版社.

翟学伟. (2018). 儒家式的自我及其实践：本土心理学的研究. 南开学报(哲学社会科学版)(5), 124-134.

张力. (2005). 中国人关于母亲的联想不同于美国人——来自范围假设的证据. 北京大学学报(自然科学版)(6), 941-949.

张良. (2013). 现代化进程中的个体化与乡村社会重建. 浙江社会科学(3), 4-10.

张良驯, 郭元凯. (2020). 青年政治认同与政治参与研究. 人民论坛(24), 76-79.

张曙光, 赵丽娇. (2018). 联结"我"与"我们"——社区感研究的梳理、反思与展望. 社区心理学研究, 6(2), 3-26.

张曙光. (2016). 社会转型期下中国人公私表征以及公私实践的本土社会心理学研究. 广州：世界图书出版公司.

张曙光. (2017). 群己关系视角下社会个体化对政治认知及政治效能感的影响研究. 中国社会心理学评论(1), 131-149.

赵金科, 林美卿. (2011). 儒家的群己理论与社会主义群己关系的架构. 齐鲁学刊(5), 36-40.

赵志裕, 康萤仪. (2011). 文化社会心理学. 北京：中国人民大学出版社.

仲理峰. (2007). 心理资本对员工的工作绩效、组织承诺及组织公民行为的影响. 心理学报(2),

328-334.

朱滢, 伍锡洪. (2017). 寻找中国人的自我. 北京: 北京师范大学出版社.

贝克, 贝克—格恩斯海姆. (2011). 个体化. 李荣山, 范譞, 张惠强, 译. 北京: 北京大学出版社, 2011.

海因. (2021). 文化心理学. 张春妹, 洪建中, 王东, 等译. 北京: 中国轻工业出版社.

什托姆普卡. (2010). 社会变迁的社会学. 林聚任, 等译. 北京: 北京大学出版社.

Aron, A. & Aron, E. (2000). Self-expansion motivation and including other in the self. In W. Ickes & S. Duck. (Eds.) *The Social Psychology of Personal Relationships* (pp. 109-128). Chichester, England: John Wiley & Son Lted.

Beck, U., (1992), *Risk Society: Towards a New Modernity*, London: Sage.

Brewer, M. B., & Chen, Y. R. (2007). Where (Who) are collectives in collectivism? Toward conceptual clarification of individualism and collectivism. *Psychological Review*, 114(1), 133-151.

Brewer, M. B. (1991) The social self: On being the same and different at the same time. *Personality and Social Psychology Bulletin*, 17(5), 475-482.

Cheng, C., Cheung, M. W. L., Montasem, A., & International Network of Well-Being Studies. (2016). Explaining differences in subjective well-being across 33 nations using multilevel models: Universal personality, cultural relativity, and national income. *Journal of Personality*, 84(1), 46-58.

Chiu, C-y, Gelfand, M. J., Yamagishi, T., Shteynberg, G., & Wan, Q. (2010). Intersubjective Culture: The Role of Intersubjective Perceptions in Cross-Cultural Research. *Perspectives on Psychological Science*, 5(4), 482-493.

Cross, S. E., Hardin, E. E., & Gercek-Swing, B. (2011). The what, how, why, and where of self-construal. *Personality and Social Psychology Review*, 15(2), 142-179.

Fischer, R., Ferreira, M. C., Assmar, E., Redford, P., Harb, C., Glazer, S., Cheng, B.-S., Jiang, D.-Y., Wong, C. C., Kumar, N., Kärtner, J., & Achoui, M. (2009). Individualism-collectivism as descriptive norms: Development of a subjective norm approach to culture measurement. *Journal of Cross-Cultural psychology*, 40(2), 187-213.

Gardner, Wendi L., Shira Gabriel, and Angela Y. Lee (1999), "'I' Value Freedom, But 'We' Value Relationships: Self-Construal Priming Mirrors Cultural Differences in Judgment," *Psychological Science*, 10(4), 321-326.

Greenwald, A. G., & Pratkanis, A. R. (1984). The self. In R. S. Wyer & T. K. Srull (Eds.), *Handbook of social cognition* (pp. 129-178). Hillsdale, NJ: Erlbaum.

Hamamura, T., & Xu, Y. (2015). Changes in Chinese culture as examined through changes in personal pronoun usage. *Journal of Cross-Cultural Psychology*, 46(7), 930-941.

Heatherton, T. F., Macrae, C. N., and Kelley, W. M. (2004). A social brain sciences approach to studying the self. *Current Directions in Psychological Science*, 13, 190-193.

Heine, S. J., Lehman, D. R., Markus, H. R., & Kitayama, S. (1999). Is there a universal need for positive self-regard? *Psychological Review*, 106(4), 766-794.

Hermans, H. J. M. (2001). The dialogical self: Toward a theory of personal and cultural positioning. *Culture & Psychology*, 7(3), 243-281.

Holland, Rob W., Ute-Regina Roeder, Rick B. van Baaren, Aafje C. Brandt, and Bettina Hannover (2004), "Don't Stand So Close to Me: The Effects of Self-Construal on Interpersonal Closeness," *Psychological Science*, 15(4), 237-42.

Hong, Y. Y., Zhan, S., Morris, M. W., & Benet-Martínez, V. (2016). Multicultural identity processes. *Current Opinion in Psychology*, 8, 49-53.

Hong, Y., Chan, G., Chiu, C., Wong, R. Y. M., Hansen, I. G., Lee, S. et al. (2003). How are social identities linked to self-conception and intergroup orientation? The moderating effect of implicit theories. *Journal of Personality and Social Psychology*, 85(6), 1147–1160.

Hong, Y., Morris, M. W., Chiu, C., & Benet-Martinez, V. (2000). Multicultural minds: A dynamic constructivist approach to culture and cognition. *American Psychologist*, 55(17), 709–720.

Hong, Y., Morris, M., Chiu, C-y., & Benet, V. (2000). Multicultural minds: identities linked to self-conception and intergroup orientation? The moderating effect of implicit theories. *Journal of Personality and Social Psychology*, 85, 1147–1160.

Kitayama, S., Park, H., Sevincer, A. T., Karasawa, M., & Uskul, A. K. (2009). A cultural task analysis of implicit independence: Comparing North America, Western Europe, and East Asia. *Journal of Personality and Social Psychology*, 97(2), 236–255.

Kroeber, A. L. & Kluckhohn, C. (1952). *Culture: A Critical Review of Concepts and Definitions*. Cambridge, MA: Harvard University Press.

Lehman, D. Chiu, C-y., & Schaller, M. (2004). Culture and psychology. *Annual Review of Psychology*, 55(1), 689–714.

Mandel, Naomi (2003), "Shifting Selves and Decision Making: The Effects of Self-Construal Priming on Consumer Risk-Taking," *Journal of Consumer Research*, 30(1), 30–40.

Markus, H. & Kitayama, S. (1991a). Culture and self: Implications for cognition, emotion, and motivation. *Psychological Review*, 98(2), 224–253.

Markus, H. & Kitayama, S. (1991b). Cultural variation in the self-concept. In J. Strauss & G. R. Goethals (Eds.) *The self: Interdisciplinary approaches* (pp. 18–48.). New York: Springer-Verlag.

Markus, H. R., & Kitayama, S. (2010). Cultures and selves. *Perspectives on Psychological Science*, 5(4), 420–430.

Mok, A., & Morris, M. W. (2012). Managing two cultural identities: The malleability of bicultural identity integration as a function of induced global or local processing. *Personality and Social Psychology Bulletin*, 38(2), 233–246.

Morris, M. W., Chiu, C. Y., & Liu, Z. (2015). Polycultural psychology. *Annual Review of Psychology*, 66(1), 631–659.

Moscovici, S. (1972). Society and Theory in Social Psychology. In J. Israel & H. Tajfel. (Eds.), *The Context of Social Psychology: a Critical Assessment*. London: Academic Press.

Myers, D. & Twenge, J. (2018). Social psychology. New York: McGraw-Hill Education.

Nisbett, R. E., Peng, K., Choi, I., & Norenzayan, A. (2001). Culture and systems of thought: Holistic vs. analytic cognition. *Psychological Review*, 108(2), 291–310.

Norenzayan, A., & Heine, S. J. (2005). Psychological universals: What are they and how can we know? *Psychological Bulletin*, 131(5), 763–778.

Park, J., Uchida, Y., & Kitayama, S. (2016). Cultural variation in implicit independence: An extension of Kitayama et al. *International Journal of Psychology*, 51(4), 269–278.

Sampson, E. E. (1988). The debate on individualism: Indigenous psychologies of the individual and their role in personal and societal functioning. *American Psychologist*. 43(1), 15–22.

Sedikides, C., & Skowronski, J. J. (1997). The symbolic self in evolutionary context. *Personality and Social Psychology Review*, 1(1), 80–102.

Singelis, T. M. (1994). The measurement of independent ans interdependent self construals. *Personality and Social psychology Bulletin*, 20(5), 580–591.

Skowronski, J. J., & Sedikides, C. (2019). On the evolution of the human self: A data-driven review and reconsideration. *Self and Identity*, 18(1), 4–21.

Trafimow, D., Triandis, H. C., & Goto, S. G. (1991). Some tests of the distinction between the private self and the collective self. *Journal of Personality and Social Psychology*, 60(5), 649–655.

Triandis, H. C. (1988). Collectivism v. individualism: A reconceptualisation of a basic concept in cross-cultural social psychology. in C. Bagley, G. K. Verma, (Eds.) *Cross-Cultural Studies of Personality, Attitudes and Cognition*. London: Palgrave Macmillan, pp. 60 - 95.

Triandis, H. C., Bontempo, R., Villareal, M. J., Asai, M., & Lucca, N. (1988). Individualism and collectivism: Cross-cultural perspectives on self-ingroup relationships. *Journal of Personality and Social Psychology*, 54(2), 323 - 338.

Voyer, Benjamin G. & Franks, Bradley (2014) Toward a better understanding of self-construal theory: an agency view of the processes of self-construal. *Review of General Psychology*, 18(2), 101 - 114.

Wang, F. Y., Wang, Z. D., & Wang, R. J. (2019). The Taiji Model of Self. *Frontiers in Psychology*, 10, 1 - 10.

Yamada, A. & Singelis, T. M. (1999). Biculturalism and self-construal. *International Journal of Intercultural Relations*, 23(5), 697 - 709.

Zhu, Y., & Zhang, L. (2002). An experimental study on the self-reference effect. *Sciences in China (Series C)*, 45(2), 120 - 128.

Zhu, Y., Zhang, L., Fan, J., & Han, S. H. (2007). Neural basis of cultural influence on self-representation. *Neuroimage*, 34(3), 1310 - 1316.

32 中国人的中庸思维[①]

32.1 引言 / 1053
32.2 中庸思维的理论建构 / 1055
    32.2.1 中庸实践思维体系构念图 / 1055
    32.2.2 中庸思维的相关概念和理论 / 1058
    32.2.3 围绕中庸思维的理论争论 / 1061
    32.2.4 中庸思维的研究方法问题 / 1063
32.3 中庸思维的过程与功能 / 1066
    32.3.1 中庸思维的基础心理过程 / 1067
    32.3.2 中庸思维与心理健康 / 1070
    32.3.3 中庸思维与创新 / 1071
    32.3.4 中庸思维与中国管理研究 / 1073
    32.3.5 中庸思维与冲突解决和环境适应 / 1075
32.4 中庸思维的研究展望 / 1077
    32.4.1 理论建构多元化 / 1078
    32.4.2 寻求研究方法的突破 / 1079
    32.4.3 促进本土心理学知识体系创新 / 1080
参考文献 / 1083

32.1 引言

(中庸心理学研究)初心并不在复古——这通常是许多人对本土心理学研究者的误解,而是在于探研一个看似仍然在当今(此时此刻)华人社会中运转的一套思维方式、价值观以及行动策略。23年来,中庸心理学研究已经逐渐受到研究者的关注及参与。它正在发展成为一套解释中国人做人处事的文化释义系统,并作为研究本土企业管理、生活修养、以及心理健康/治疗等应用心理学的理论基础(杨中芳,2022a)。

与其他具有中国文化特色的本土概念(如面子、孝道)相比,作为中国传统文化核心代表之一的中庸思维(zhongyong thinking),是本土与文化心理学研究较晚关注的研究课题(杨中芳,赵志裕,1997)。究其原因,大概是因为中庸思维的研究少

[①] 国家社会科学基金青年项目"中庸价值观和泛文化普遍价值观的结构与功能比较研究"(14CSH038)成果。

有地集合了诸多重要难点于一身,比如,其与现代化可能存在更深层的矛盾,理论界定比较困难,以及方法论上的非二元论很难进行实证研究等。然而,中庸思维的相关研究之所以能在如此困难的情况下有所进展,且在争议中不断壮大,并且越来越受重视,恰恰是因为中庸思维在中国传统文化逐步复兴的新趋势下,具有凝聚并解答本土心理学在选题、理论建构、方法论,以及国际对话等核心问题方面有着独特的优势(杨中芳,2004,2022b)。最后,同样重要的是,在现代中国人的社会、组织和个体生活实践中,中庸思维从未缺席,一直发挥着促进中国人更好地因应外部环境与适应社会变迁的作用(沙莲香,孙庆忠,2013;杨中芳,2009)。

有关中庸心理学的研究,有三个研究传统。一是由杨中芳开创和引领的"中庸实践思维体系"(C. F. Yang's zhongyong action-deliberation system)研究传统(杨中芳,2022a)。该传统虽然在内部也存在一些不同的研究侧重点和争议,但围绕共同方向集聚的研究者越来越多,整体上在中庸思维的构念化、理论体系、方法论、认知基础、作用和应用等一系列方面积累了比较丰富的研究成果。二是由彭凯平等人在研究不同文化的认知差异时提出的"辩证思维(dialectical thinking)"研究传统(Peng 和 Nisbett,1999;Spencer-Rodgers,Williams,和 Peng,2010)。虽然在严格意义上,就"辩证思维"是否可看作"中庸思维"存在着极大争议,但不管是在理论上还是在实证研究上,探讨两者的关系有其必要性。三是由沙莲香在中国民族性及其变迁的研究中提出的"另解中庸"研究传统(沙莲香,2012)。该传统虽然研究不多,但基于多年研究中国民族性变迁过程的积淀而显现,注重中庸在急剧社会变迁过程中所发挥的平衡作用,以及如何运用量化的方式来解释中庸,提供了不一样的研究视角。

相对而言,"中庸实践思维体系"研究传统虽然采用西方实证研究方式,但偏重本土心理学的研究思路,"辩证思维"研究传统明显偏重跨文化比较的研究思路,"另解中庸"研究传统虽然具有综合社会心理学、哲学和统计学的跨学科特征,但其关注点偏重在现代社会变迁实践中(如 2008 年被看作中国志愿者元年)对中庸的再发现,蕴含行动研究的精神。在整个中庸心理学研究中,"中庸实践思维体系"研究传统不管是从研究的持续时间、参与人数、研究成果积累,还是发展趋势上,都占据主导地位(杨中芳,2022a)。因此,本章以"中庸实践思维体系"研究传统为主线,在论及中庸的基本理论和基本研究方法时,也会对相关内容与其他两种研究传统所持的观点之异同进行必要的分析。另外,本章对"中庸实践思维体系"研究传统的界定采取较宽泛的标准,既包括杨中芳在开创中庸思维研究过程中组织中庸心理学专题论坛和中庸心理学研讨会等学术交流的参与者,也包括在研究和论文中沿用或改进杨中芳从早期中庸思维概念和测量工具(杨中芳,赵志裕,1997)到后期

"中庸实践思维体系构念图"(杨中芳,2014a)中任何内容成分的研究者。

32.2 中庸思维的理论建构

32.2.1 中庸实践思维体系构念图

自从1997年开创了中庸心理学的研究之后,杨中芳历经20多年,不断从中庸的内涵分析、中庸实践思维体系的构念化及其测量、呼吁以中庸思维作为研究进路建构本土心理学知识体系等三个方面发展中庸思维的理论和研究(杨中芳,赵志裕,1997;杨中芳,2001,2004,2008,2009,2010a,2014a,2022a,2022b)。同时在这个过程中,她将中庸心理学研究看作发展本土心理学的一项事业,持续吸引和发展或紧密或松散的研究团队和同行同好加入中庸心理学的研究与交流当中,包括2006年起在台湾地区和大陆先后举办五届中庸心理学研讨会,中间形成两本中庸心理学研究论文集,之后又开办中庸心理学工作坊及培训班,还有网上的中庸研究营学术群组,这些研究队伍的建设和形成对推动中庸心理学的研究发展至关重要(杨中芳,2014b,2022a)。如果说本土心理学不仅是一个研究主题,一种研究视角和建构华人心理学知识体系的学术努力,也是一种文化自觉和学术运动,那么杨中芳先生所发起和推动的中庸心理学研究,称得上是一个整全意义上的本土心理学研究典范(杨中芳,2009,2022a,2022b)。

杨中芳探研中庸实践思维的起点源于对中西不同思维方式的认识(杨中芳,赵志裕,1997;杨中芳,2001)。她认为,在注重人际和谐的中国社会里,决定行为的因素,并不是西方侧重的自己认为什么是对的和什么是错的这一判断,而是决定了对错之后,如何在保持人际和谐的基础上,来把自己认为是对的内容具体地做出来。简言之,在具体的情境中选择如何做的途径,才是中国人思考的重心。这种以人际和谐为目标,注重自己行动后果的思维架构,就是中庸实践思维。它使我们在思考要"如何"去做时:(1)不冲动地采取实时行动;(2)顾全大局,全面考虑所涉及的人和事;(3)注意自己行动对全局中其他人所产生的后果;(4)采取中庸之道,以对大家来说,皆合情合理的途径来行事(杨中芳,2009,2014a)。通过对以儒家为主的典籍的梳理,杨中芳(2014a)总结了中庸实践思维及其行动包含几个特点:(1)在一套中国文化的世界观(包括宇宙观、人观及价值观)的奠基及支撑下,中庸的基本含义和精神是"执两端而允中"。(2)将中庸思维运用于日常生活事件的处理时,首先要谨言慎行,凡事先审时度势把事情的两端抓好,再去寻找恰到好处的行动方案;其次是掌控情绪,或不产生过激的情绪,或产生了情绪但能够适当控制自己的情绪。(3)在选择具体行动时,做到"不偏不倚"或"合时合宜",过程中包括不断反省和修正。(4)中庸思维强调的是维持自身与周围环境的动态平衡,中庸的行动有全局性、场依性、动态性的特点,要求行动者根据实际情况展现一定的灵活性。

虽然对中庸思维内涵的梳理和认识主要基于本土心理学的思路,即本着从中国人自己的历史/社会/文化脉络来理解中国人自己的行为及意义,而不是采用西方已有的概念去对比解释中国人的行为。但在将中庸思维的概念付诸实证检验时,杨中芳选择借鉴西方心理学主流采用的学术构念化思路,即对一组构念进行描述及操作定义,以及对这组构念之间的关系提出构想,具体的实证研究则是借助对研究者的这套理论构想进行检验的方式,随着研究者实证检验工作的进行,不排除对原有的构念化做某种程度的修订(杨中芳,2009,2014a)。因此,中庸思维构念化的过程不可避免地涉及将中庸思维落到既有西方心理学概念范畴中的问题。对此,杨中芳和赵志裕(1997)首先选择的既有概念范畴是"元认知",将"中庸"建构为一套"元认知"的"实践思维体系",认为它是人们在处理日常生活事件时,用以决定如何选择、执行及修正具体行动方案的指导方针。"元认知"是人们用于获取及运用知识的框架,又常被称为"认知方式"或"思维方式"。"实践思维"指人们在处理日常生活事件时,对要如何理解及思考事件的性质及涉及面,采用什么策略或行动,要如何执行,以及事后要如何反思/修正等所做的思考。"体系"是指在运用中庸思维的生活实践中,个体反映了其所生长及生活于其中的文化之集体思维特色,以及他自身在认知、动机及信念/价值观等心理层面上的特色,以至于成为一套包含很多子构念,而且彼此之间相互关联的思维架构(杨中芳,2009,2014a)。

随着中庸研究范围的扩大及深入,中庸实践思维体系的构念化也不断得到更新修正,一个比较完善的版本如图 32.1 所示(杨中芳,2014a)。这个中庸实践思维体系包括集体文化思维层面和个体心理思维层面,后者是中庸实践思维体系的运用过程,前者是后者在集体层面所反映的深层文化世界观,两者之间形成互构关系。个体心理思维层面又分为生活哲学、具体事件处理和事后反思/修正三个心理过程。生活哲学是具体事件处理的指导,分为看人论事的全局感知和阴阳感知,生活目标的内外和谐,以及处世原则的顾全大局等信念/价值。具体事件处理又包括择前审思、策略决策和执行方式等心理过程,具体事件处理反过来也会反映和反馈至生活哲学。生活哲学本身会直接影响心理健康层面的长期效应和行动后果,并接收来自心理健康层面结果的反馈。具体事件处理通过落实到一个具体行动之后影响心理健康层面的长期效应和行动后果。而所有的心理健康层面通过事后反思/修正的心理过程(包括自我修养/提升和个别事件反省/修正)直接反馈到个体心理层面的生活哲学和具体事件处理两个过程,同时间接影响到集体文化思维层面的验证和修正。最后,与外来文化的接触会由于存在差异而通过直接影响个体心理思维层面的运作,引起整个中庸实践思维体系的应对、调整与变迁。

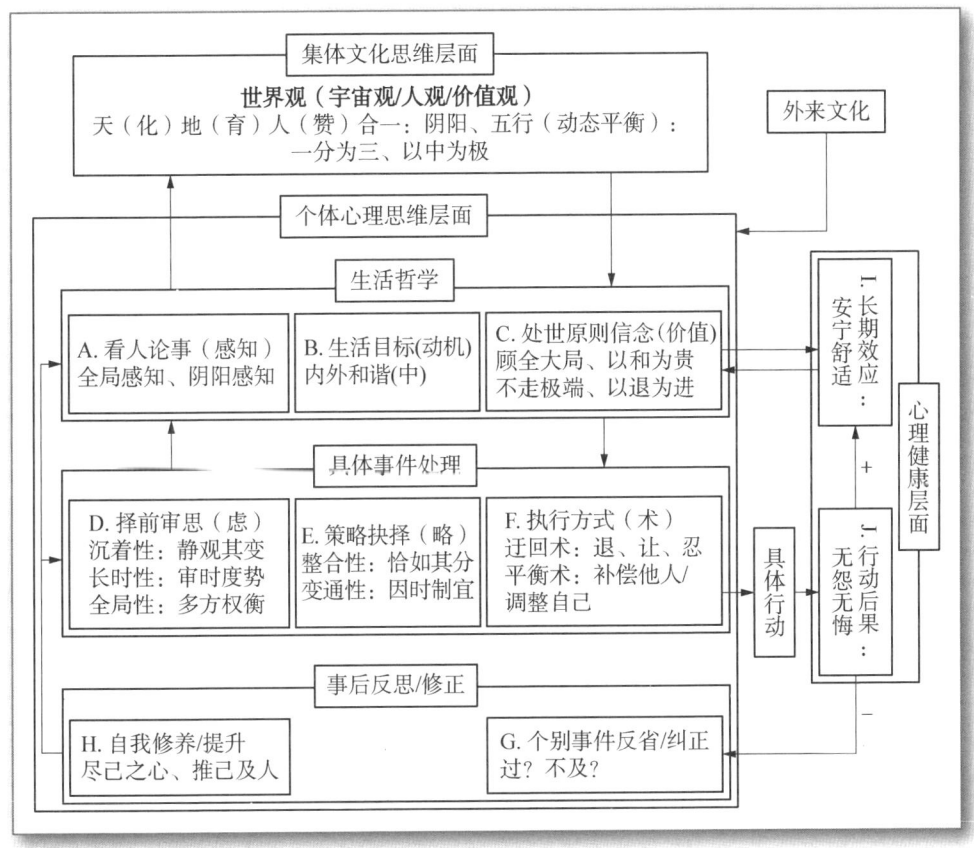

图 32.1　中庸实践思维体系构念图(杨中芳,2014a)

不难发现,虽然中庸实践思维体系将中庸思维落到"元认知"这个既有心理学概念范畴中,但从这个体系的具体内容看,中庸思维也可以落到或者说包含世界观、价值观或价值取向、认知风格、信念、冲突解决、情绪、动机、态度、自我概念、人格、生活满意度或主观幸福感等众多不同的既有概念范畴,这既是中庸实践思维作为一个众多子构念相互联系的整体的体现,蕴含着迈向建构不同于西方的华人本土心理学知识体系的可能(杨中芳,2004,2008,2022b),同时也造成了一些青年学者追随中庸研究时感到难以上手的困惑(张仁和,2010;杨中芳,2014b),以及本土与文化心理学者围绕中庸实践思维体系产生不少学术争论(黄光国,2010;李美枝,2010;李平,2014;林安梧,2010;刘昌,2019;赵志裕,2010)。

中庸实践思维体系构念化的这个特点,表现在实证研究上首当其冲的就是中庸思维心理量表的编制,其并没有稳定地采用某个心理学概念范畴,也少有可以与整个中庸实践思维体系主体相对应的较简约量表(韦庆旺,鄢玉婷,2014)。从杨中芳和赵志裕(1997)最早的中庸实践思维量表到赵志裕(2000)修订的中庸量表,以至黄金兰、林以正和杨中芳(2012)最终修订的中庸信念—价值量表,虽然叫做中庸实践思维量表或中庸信念—价值量表,但量表的题目内容至少包含了思维方式、价值观、信念和行动策略等几个方面的概念范畴(韦庆旺,鄢玉婷,2014)。而吴佳辉和林以正(2005)编制中庸思维量表的出发点则聚焦于在人际交往情境中剔除了思考内容的道德性之外的"纯"思维方式,包括多方思考、整合性和和谐性三个维度。杨中芳和林升栋(2012)以中庸实践思维体系构念图为基础,结合自编量表和以往虽测量其他概念但可以在理论上对应到中庸实践思维体系某个子概念的量表,探讨了构念图中13个子构念之间的关系,用以作为中庸实践思维体系的整体效度检验,这中间包括了认知方式、信念/价值、行动策略、自我意识、生活满意度、幸福感等多个不同层面的概念范畴,一方面具有无所不包的大而全特征,另一方面由于运用众多相互联系紧密的概念进行自我印证而获得了较高的聚合效度,但与其他相关概念系统相区分的区别效度证据较少。

总体来看,作为中庸思维多元概念和小型理论开发,以及具体实证研究的框架指导,中庸实践思维体系具有重要的引领作用,围绕该框架持续积累的研究成果,也有利于建构不同于西方心理学视角的华人本土心理学知识体系,但也正是由于其大而全的特征,以及试图结合华人本土心理学初心与西方量化实证研究范式的努力,在实际的研究过程中存在一定难度和矛盾,时常引起来自本土心理学内外两方面的争议(杨中芳,2022a,2022b)。

32.2.2 中庸思维的相关概念和理论

如前所述,不管是作为传统文化核心之一的中庸,还是以实践思维体系方式所构念化的中庸,内涵都很丰富,因此除了中庸思维的概念,还有不少与中庸相关的概念。首先,有些概念既没有采用中庸的表述,也没有放在中庸实践思维体系的框架内,但其在基本含义上与中庸非常相似,时常拿来与中庸进行比较。这方面最具代表性的是辩证思维与辩证自我(dialectical self)的概念(Spencer-Rodgers 等,2010;Spencer-Rodgers, Boucher, Mori, Wang,和 Peng, 2009)。与中庸思维相似,辩证思维的提出也是从中国传统文化出发,强调中国文化的思维方式与西方文化强调线性逻辑的分析式思维方式不同,是能够包容矛盾和容忍变化的整体式思维。从辩证思维的内涵来看,它包括3个主要原则:变化原则,认为现实是一个不断变化的过程,而非静止和固定不变的;矛盾原则,认为任何事物都存在两面性,对立的二元可以共存;整体原则,认为万事万物是相互联系的整体(Spencer-Rodgers 等,2010)。辩证自我,是指那些惯以辩证思维来思考的人具有辩证性的自我概念,他们有更多的自我不一致知识,这些自我不一致知识会在自发地进行自我描述时使用,也更容易在其他自我相关任务中得到认知激活(Spencer-Rodgers 等,2009)。

辩证思维与辩证自我不仅在内涵上与中庸思维看起来非常接近,而且被看作文化心理学除个人主义-集体主义和独立我—互依我之外的第三大研究传统,它可以解释诸多相互关联的文化差异,具有文化症候群的特征(Spencer-Rodgers 等,2010),这与将中庸实践思维看作一个体系的构念化方式具有相似之处。然而,杨中芳指出,中庸思维与辩证思维两者不仅在内涵上存在重要差异,两者的研究视角和理论意义更是大相径庭(杨中芳,2001,2008)。她指出,现在人们所说的辩证思维并不是来自中国文化古已有之的辩证思想,而是来自近现代的英文翻译,属于西方文化的概念,需要在中西文化差异的宏观框架下进行比较才能明晰它与中庸思维的差异。两者最大的差异在于用途不同,西方哲学的辩证思维是指追求知识的一种特殊思维程序,通过对矛盾进行整合来获得知识和真理,而中国哲学的中庸思维是为了使自己的生活过得更好一点的实践思维,其目的在于求取个人身心健康与人际社会和谐。因此,辩证思维对待矛盾是通过斗争最终消灭矛盾达到更高层次的同一,而中庸思维对待矛盾是以阴阳协调与整合的方式,达到双方始终相辅相成(杨中芳,2008)。长久以来,西方文化认为,幸福感离不开对自我一致性的肯定,研究发现基于跨文化比较视角提出的辩证思维和辩证自我对幸福感具有负面的预测作用,而中国文化的幸福感强调自我与他人以及外界的和谐,基于本土心理学视角提出的中庸思维因为注重这种和谐而对幸福感具有正面的预测作用(杜健,2020;Chen 等,2013;Jiang 等,2013;Spencer-Rodgers, Peng, Wang, 和 Hou,2004)。

其次,有很多在中庸实践思维体系的架构内,不以思维方式来定义中庸,而用其他心理学概念范畴来定义的与中庸相关的概念,如中庸信念—价值、中庸价值观、中庸自我、阴阳感知、转换感知、拿捏意识等。这些概念有不少包含在中庸实践思维体系的描述中(杨中芳,林升栋,2012)。值得一提的是,林升栋和杨中芳(2007)从自我概念的角度界定中庸,提出中庸自我(zhongyong self)的概念,他们通过让被试用对立的形容词描述自己的任务发现,中庸自我不同于西方自我图式研究认为的自我概念不清晰的矛盾状态,而是确实能看到对立两极之间的转化关系。该研究从自我概念的角度,再次证明了中庸思维(中庸自我)与辩证思维(辩证自我)的不同。韦庆旺等(2019)以中庸实践思维体系为架构指导,严格用价值观的概念范畴来界定中庸,将中庸价值观(zhongyong value)与经典的跨文化普遍价值观(Schwartz等,2012)进行系统比较,发现中庸价值观有居于中间的倾向,对多种二元对立的价值观具有平衡作用。王轶楠等人借用西方的真实性和自尊的概念,提出平衡真实性(balanced authenticity)和融合自尊(syncretic self-esteem)。平衡真实性是指既对个体的自我保持真诚,又能够顾及他人和外部环境的要求(Wang,2016)。融合自尊是指既考虑满足自我利益,又能考虑他人的利益,以同时实现能动性和人际关系两种基本需要(Luo,Yun,和Wang,2020)。这些概念虽然聚焦了不同的心理过程,但都试图寻找"执两端而允中"的中庸之道。

再次,其他学者未以中庸实践思维体系为指导提出的,可以纳入中庸实践思维体系拿来与其中的子构念进行理论对比与思考的概念,如安适幸福感(peace of mind)和智慧研究。李等人(Lee等,2013)从幸福感的文化差异入手,以东亚文化注重体验低唤醒积极情绪的特征为基础,提出安适幸福感的概念,该概念与中庸实践思维体系中心理健康层面的长期效应"安宁舒适"具有良好的对应性(杨中芳,林升栋,2012)。张仁和等(2014)认为,中庸实践思维体系之个体心理思维层面中的"生活哲学"和"个别事件处理"可以与西方基于人际冲突解决而提出的6维度智慧理论(Grossmann等,2013)进行对话。比如,中庸实践思维"生活哲学"中的全局思维与智慧6维度中的观点采择(perspective taking),"个别事件处理"中的变通性与智慧6维度中的灵活性(flexibility),均有一定的呼应关系。

最后,从中庸作为一种抽象的对待二元关系的角度出发,有一些可以与中庸进行类比的概念和理论。实际上,从中庸思维理论与测量发展的主线来看,包含并处理二元关系一直是界定中庸的一个核心,经过不断修订的中庸思维量表始终采用让被试在两种对立的描述中选择一个再来评分的方法,独特地展现了中庸思维对矛盾的处理特征(杨中芳,赵志裕,1997;赵志裕,2000;黄金兰,林以正,杨中芳,2012)。再如辩证思维、中庸自我、融合自尊等概念,或者让被试就对立矛盾的形容词进行自我评价,或者采用包含二元对立信息的自陈量表题目作答(Spencer-Rodgers等,2010;林升栋,杨中芳,2007;Wang,2016)。韦庆旺和鄢玉婷(2014)以庞朴(1980,2000)对中庸"一分为三"的分析为基础,系统论述了中庸处理二元关系的几种方式,指出以这些方式处理二元关系的概念均可以看作广义的中庸研究,他们以此为标准列举了文化心理学领域相关的三个概念:可协商命运观(negotiable fate)、自主-关系型自我(autonomous-related self)、双元文化认同整合(bicultural identity integration)。

可协商命运观是指,尽管个体认为自己受到不可控的命运安排,仍然相信努力可以改变命运的信念。具有可协商命运观的人,在面对自己不能超越的环境限制时,仍注重发挥主观能动性去追求自己的目标(Chaturvedi, Chiu,和 Viswanathan, 2009)。自主-关系型自我是指一种既有自主性又能与他人保持亲密关系的自我概念,通常在鼓励独立性和重视亲密关系两者兼容的家庭中获得发展(Katigcibasi, 2005)。双元文化认同整合是指一个双文化人(如亚裔美国人)同时认同两种文化,但在对待两种文化认同的关系上,存在兼容还是对立的个体差异。那些对双元文化认同兼容的人,更具有文化框架转换(cultural frame switch)的行为,如在美国文化启动下表现出内归因,在中国文化启动下表现出外归因;而那些对双元文化认同感到矛盾的人,则会产生与文化框架转换相反的行为,如在美国文化启动下反而表现出外归因,在中国文化启动下反而表现出内归因(Benet-Martinez, Leu, Lee,和 Morris, 2002)。从三个概念的含义来看,都涉及在文化心理的不同领域融合看似矛盾的二元成分,因此从思维方式的本质上看,也可以看作中庸思维相关的概念,这与主张超越具体内容而将中庸思维抽象为一种思维方式的观点相一致(庞朴,2000;赵志裕,2010;李平,2014)。

32.2.3 围绕中庸思维的理论争论

通过中庸实践思维体系理论发展过程的描述和中庸思维相关概念的梳理,可以发现,中庸思维的研究根植于中国传统文化,由于内涵丰富且含义模糊,在概念界定、理论构念化和实证研究方面均面临不小的挑战。杨中芳(2014b)在第四届中庸心理学研讨会后谈到,很多对中庸感兴趣的研究者,觉得中庸实践思维体系构念图太大,包含的内容太过庞杂,很多概念含义模糊,甚至是从事中庸心理学研究的学者自己有时也难以回答中庸究竟是什么。实际上,中庸心理学的发展过程既是中庸不断构念化的过程,也是中庸实践思维体系不断引起关注和争论的过程。最早,台湾地区《本土心理学研究》期刊围绕杨中芳(2010a)对中庸思维研究进展的总结,曾展开一次理论对话。后来,《中国社会心理学评论》第八辑对杨中芳(2014a)进一步完善的中庸实践思维体系进行了新一轮的理论讨论。最近,随着中庸心理学引起的关注越来越广泛,中庸研究的理论争论有进一步扩大之势。

如前所述,杨中芳(2014a)对中庸实践思维体系的建构本身即是运用中国传统思维方式进行思考的学术理论产物,具有重视整体、联系和动态的特点,尤其有兼容矛盾的特点。从中庸的内涵分析来看,以儒家哲学为主,也融合了道家哲学;从中庸思维的构念化来看,以思维方式为主,兼具对道德内容的考虑;从中庸思维的测量和研究方法来看,呼吁行动研究,但主体还是借鉴西方的实证研究范式,以量表研究为主;这些可相互兼容的成分,因她在不同的研究阶段和不同的论文中而侧重点不同。然而,恰恰是中庸实践思维体系这种兼容的特征,引起了来自两方面的争论。比如,关于中庸思维是否是(至高的)道德问题,李平(2014)赞同以思维方式来界定中庸,有利于超越道德伦理范畴,赵志裕(2010)认为中庸思维的构念化虽然注重思维方式,但仍然受限于对道德的考虑,应该完全剥离其中道德的成分;杨宜音(2014)则认为,中庸实践思维体系侧重于行动中的智慧层面(即思维方式),对道德和修养的考虑过少,刘昌(2019)认为中庸是至高的道德境界,目前有关中庸思维的研究以普通人为样本,不可能考察到真正的中庸。类似地,林安梧(2010)同样认为,道德成分对中庸的研究至关重要,在研究中庸思维时应该依据道德水平的高低区分"理念层"(君子)、"常民层"(普通人)、"俗流层"(小人),目前中庸思维的研究主要是"常民层",而一不小心很容易落入"俗流层",很少触及"理念层"。汪凤炎(2019)基于中庸思维的运用是否包含了良好的道德目的,将中庸区分为"真中庸"和"假中庸"。

关于中庸思维的哲学根源,不同于大多数学者以儒家哲学为主,李平(2014)认为,中庸实践思维体系过于依赖儒家哲学,应该深深扎根于道家阴阳哲学,才能充分理解和定义中庸之道。他指出,中国传统哲学是关于智慧(超越知识)的哲学,以"道"、"阴阳"、"悟"为其主题内容,阴阳哲学是最为重要的内核。以阴阳哲学为基础来理解中庸之道,中庸不是"非此即彼"逻辑,也不是"既此又彼"逻辑,而是"非此又此,非彼又彼"逻辑。同时他认为应该将中庸实践思维体系构念图中与道家哲学有关的内容(如"生活哲学"中的"看人论事")调整到"集体文化思维层面",而将与儒家哲学有关的内容(如价值观)调整到"个体心理思维层面"。杨宜音(2014)同样认为,中庸构念化的前提是对中庸概念的充分理解,她结合儒家哲学和道家哲学,既注重理想层面又考虑实践的现实层面,提出对中庸的理解要处理好两对概念:"生活的智慧化与生活的道德化","生活哲学与生命哲学"。根据生活智慧化与道德化水平的高低,可以将人分为君子、能人、好人和小人。依据中庸实践思维实际修养的层次,对生命哲学的体悟分为智慧化的"贵生、顺生由命"和道德化的"大我、修齐治平",对生活哲学的体悟分为智慧化的"养生、执两用中"和道德化的"和谐、人情安适"。

针对中庸实践思维体系构念图(杨中芳,2010a,2014a),张仁和(2010)感到架构太大,表示作为青年学者会选择比较熟悉的方式,从西方文献中寻找与概念图中某个子构念有紧密联系的概念入手进行研究,这样比在浩如烟海的文献中盲目寻找研究题目,自然具有更多的本土相关性,也不失为一种发展中庸研究的可行路径。黄光国(2010)批评中庸实践思维体系构念图过于宽泛,很多概念的界定都不够严谨,他把这种借鉴西方实证研究的方式,即将"生活世界"的语言进行科学建构的做法称为"素朴实证主义",认为这样很难建立起由大家共同认可的、前后一致、含义清晰的概念和理论构成的"科学微世界"。然而,李平(2014)并不认同黄光国的这一批评,他认为从中国传统哲学的视角来看,杨中芳的构念图是恰当的,因为中国传统哲学是有关智慧的哲学,而不是有关知识的哲学(即科学哲学),传统哲学本身就更强调整体性与动态性,不需要也不应该那么精确。对此,李美枝(2010)指出,中庸心理学有两种研究目的,一种是西方的知识性心理学,一种是东方的实践性心理学。她认为,目前的中庸实践思维体系研究目的是实践性的,但其构念化的方式却是知识性的,需要考虑的不是黄光国所言如何更好地贴近知识性和建构"科学微世界",而是如何不受知识性心理学的限制,更好地贴近生活的行动、经验和意义感知。面对这些理论争论,杨中芳(2010b,2014b)一方面认为这些有关中庸究竟是什么以及该如何做的争论对中庸心理学的研究提出了很多不同的看法,为想进入中庸心理学研究的学者提供了更多的选择,另一方面呼吁对很多研究者而言,尽量不要在这两个问题上过多纠缠和停顿(这是过去不少本土心理学研究虽经热烈讨论但容易陷入停滞不前境地的一个原因),而是要把研究深入地做下去。

32.2.4 中庸思维的研究方法问题

围绕中庸思维研究方法问题展开的争论与讨论,是与中庸思维构念化的理论争论密切联系在一起的,有四个方面:量化研究与质性研究的争论,中庸思维测量方法的争论,统计分析策略问题,研究设计与分析的整体思路问题。从提出中庸实践思维的出发点,到最开始的实证探索,以及一直以来对中庸思维研究的建议,到对以中庸思维为主体建构本土心理学知识体系的呼吁,杨中芳(2022b)始终主张关注中国人日常生活中进行的中庸思维行动实践,以及通过反思和修正不断提高中庸实践水平的自我修养动态过程,与西方主流研究思路所用的思维几乎背道而驰,自然十分赞同采用质性研究的方法进行研究。例如,在早期的研究探索中,当时的中庸研究团队曾走访遍布于两岸三地及新加坡和马来西亚的一些企业家,发现中庸取向在他们的内心世界和经营策略中仍然清晰可见,比如企业做得越大越注重谋利和人情与道德的平衡。该团队也曾在广东农村搜集了 150 个纷争案例,发现在争论过程中,起决定作用的不是"对"与"公平",而是从整体角度在不同有效准则之间找到"合理"的平衡点,这些都是有关中庸思维的质性研究(张德胜等,2001)。

然而,正如前述,杨中芳在进行中庸实践思维体系的构念化时,选择将传统文化与社会科学实证范式相结合,借鉴西方主流实证研究的方式,与一些主张完全抛开量化实证研究范式的本土心理学者的期望存在一定差距,因此引起了一些方法上的争论。在宏观的研究方法取向上,李美枝(2010)、林安梧(2010)和刘昌(2019)秉持严格的本土心理学思想,明确认为,中庸思维只有通过质性研究或诠释学的方法才能体现中庸的本意及其所具有的文化意义。黄光国(2010)和赵志裕(2010)在大方向上赞同对中庸实践思维体系采用西方构念化的方式,但均认为要提高概念界定的严谨性和理论的可证伪性,或明确或委婉地建议舍弃中庸的概念而代之以更具体的研究者自创的概念(更容易与生活语言相区分),对之加以操作性定义,获得可供学界以之建立学术共同知识的基础。李平(2014)和杨宜音(2014)的观点则介于两者中间,他们既肯定杨中芳的中庸实践思维体系构念化,同时也主张提高对质性研究的重视。

具体到中庸思维测量的方法层面,研究者从题目编制的内容和形式问题,到量表的信度和效度问题,展开了持续的改进和讨论。在韦庆旺和鄢玉婷(2014)看来,目前主要的中庸思维界定和测量基本上都包含了对二元关系"既此又彼"的描述形式,并混合了思维方式、价值观和行动策略等多种不同层面的内容,尤其是杨中芳和赵志裕(1997)最早编制的中庸思维量表及其后续的两个修订版本(赵志裕,2000;黄金兰,林以正,杨中芳,2012),充分体现了这种特征。量表题目的例子如,"一件事情总有好的和坏的两方面,就看你怎么看了","与人相处,只做到合理是不够的,还要合情才恰当"。这些题目的表述由于包含了两个元素而不易符合心理测量"一个题目只表达一个意思(元素)"的原则。而且被试在回答题目时需要在两个表述中(一个符合中庸的表述,一个不符合中庸的表述)选择一个之后,再在所选择的表述上从非常不同意到非常同意的 7 点量表评价自己的同意程度,如果被试选择不符合中庸的表述,对其评分进行反向计分作为该题的分数。这种迫选再评量的做法混淆了不同选择和反向计分对中庸思维评定的影响,加剧了该测量过程与心理过程对应的复杂度,从而很难取得较高的信度($\alpha=0.59—0.77$,邹智敏,肖莉婷,2014)。

徐慧金和邹智敏(2014)仔细比较了反向计分法,"用符合中庸的表述减去不符合中庸的表述"计分法,每题的两种表述打散全部进行评分的计分方法,以及去掉"非常不同意"等负面评分尺度等多种方法的效果,发现几种方法的信度和效度差异不太大。基于对该种迫选再评量的中庸思维量表在测量上的复杂性,吴佳辉和林以正(2005)聚焦于人际冲突的处理,放弃迫选法,改由常见的单一描述的自陈量表形式来测量中庸,得到了一个包含多方思考、整合性、和谐性三个维度的中庸思维量表,该量表在信度($\alpha=0.87$)和效度上得到了一定的提升。不过,黄金兰等

(2012)修订的中庸信念—价值量表经过对不同评量和计分方法的比较,选择继续采用迫选再评量的方式测量中庸思维,直到目前仍然是中庸思维研究使用最多的量表之一。

此外,中庸自我(林升栋,杨中芳,2007)和辩证自我(Spencer-Rodgers等,2010)的研究采用了另一种"既此又彼"的形式来进行相关的测量,即让被试用包含对立形容词的词表来进行自我描述,那些同时选用含义对立的两类词来描述自己的人,被认为是具有中庸自我或辩证自我的人。研究者对这种测量方式进行了理论反思,认为西方有关自我图式的研究采用一维两极量表(非此即彼)测量自我概念的做法很难发现中庸自我,他们把在两极量尺中间做选择的人看作是自我图式不清晰的表现(林升栋,2006,2007)。有研究者指出,中庸思维是中国人在回答测量问题打分时的一种很难消除的影响,如果仅仅采用一维两极量表,很难避免中间打分的倾向(贾新明,2015)。因为西方研究缺乏对"能够融合矛盾信息的自我(中庸自我)也可以具有清晰自我概念"的认识,以往西方研究即使采用"既此又彼"方式测量自我概念,往往也是将这种做出对立选择的人看作自我概念存在矛盾冲突的人(包括辩证自我的研究),所以在理论和实证上均体现为幸福感比较低(杜健,2020)。

可见,处理二元关系是中庸思维的核心,这与主流的心理学实证研究将一个变量对应一元,将二元用两个变量及其关系去代表,然后用线性关系分析两个变量关系的方法论相去甚远。因此,中庸思维的这种特殊性不仅影响了中庸思维的测量,也影响了采用中庸思维及其相关概念进行实证研究时的统计分析思路。沙莲香(2012)在早期中国民族性调研时发现,中国人在人格品质的自评和他评时有明显差异,她受其中的矛盾性或二元性启发开始重视中庸的研究,并组织团队从正态分布、决策模型和博弈论的角度采用数学模型对中庸进行量化探讨。例如,该团队指出,当一个社会大多数人都追求中庸时,这个社会并不是中庸型的,而是保守型的,只有社会包容多种不一样的"极端"的人(如激进型和保守型的人),社会整体才是中庸型社会。这些研究虽然没有把中庸最终表述为一个具体的数学公式,但运用非线性数理逻辑的方法对中庸进行的类比分析有一定的启发意义。一些其他研究者也曾尝试采用这种借助复杂数学模型的做法来对中庸进行量化评估(廖冰,徐家运,2012)。

李平(2014)基于中庸思维更适合用阴阳哲学来分析的认识,提出中庸思维研究在实证操作层面有三大原理:不对称原理、相互转化原理和非线性原理。要在具体研究中满足这三大原理,传统的假定变量之间独立的测量方法,以及对两个以上变量间关系进行线性分析的方法,都是不适当的。类似地,韦庆旺和鄢玉婷

(2014)将中庸思维的测量和统计分析,连同概念界定上升到统一的方法论和研究设计角度来讨论。他们借用庞朴(1980,2000)对中庸所做的"一分为三"的哲学分析,将中庸界定为对 A 与 B 二元相互依存关系的特定看法,进而把中庸的 4 种表现形式(A 而 B、A 而不 A′、亦 A 亦 B、不 A 不 B)与心理学的实证研究程序相对接,提出融合"一分为三"理论思考、测量方法和分析思路来界定中庸的 3 种模式:相济模式、双高模式、兼容模式。如表 32.1 所示,不同的模式因对 A 和 B 二元关系不同的描述方式,以及采用单变量还是双变量测量方面存在差异,但是在效度检验上,均需要结合变量的理论意义从多个角度综合验证中庸的 4 种形式,如表中"自主-关系型自我"的例子说明。类似地,林以正(2014)基于对中庸思维在动机方面的"一分为三"分析,同时考察了中庸思维与自主动机和控制动机的关系,发现均有正相关,表明中庸思维虽然在外显行动上因为采用"折中"策略而有"退"的特征,但并不表示其不具有主动性。

表 32.1

"一分为三"框架下的中庸思维研究思路(改编自韦庆旺,鄢玉婷,2014)

界定模式	界定方法	效度检验
相济模式	单变量测量,题目表述为"A 与 B"的关系,例如"运气和努力共同造就了成功"(亦 A 亦 B),"我应当将命运已经给予我的运用到最好"(A 而 B)。	考察中庸与成对变量的关系: [以自主-关系型自我的研究为例,依不同情境,"自主-关系型自我"和"家庭控制"均可代表中庸,自主代表 A,分离代表 A′,关系和关爱代表 B,服从代表 B′]
双高模式	双变量测量,即两个量表,一个测 A,一个测 B,然后以 A 和 B 分值均高的"高-高"组合界定中庸(亦 A 亦 B)。	①中庸与 A 和 B 均正相关(亦 A 亦 B,A 而 B)。 [自主-关系型自我与自主和关系均呈正相关] ②中庸与 A 正相关,同时与 A′负相关(A 而不 A′)。 [自主-关系型自我与自主正相关,与分离负相关] ③中庸与 A′和 B′均负相关(不 A′不 B′)。
兼容模式	兼容模式是指在 A 和 B 共存的前提下,探讨两者是兼容还是对立的关系,将兼容的关系界定为中庸(亦 A 亦 B,并 AB 兼容)。	[自主-关系型自我与分离和服从均有负相关] ④中庸与 A 和 B 均零相关(不能得出不 A 不 B 结论)。 [注重"自主-关系型自我"的家庭中的家庭控制并不意味着不允许孩子发展自主,也不意味着没有关爱(关系)]

32.3 中庸思维的过程与功能

杨中芳(2010a,2022a)曾先后两次对中庸思维有关的研究作出系统综述,可以代表中庸研究前后各约十年的两个阶段研究总结。第一阶段为1997年至2010年，主要是中庸思维在小范围的初步探研，所总结的研究很多是未发表研究。第二阶段为2010年至2021年，中庸实践思维体系的构念化得到完善，相关实证研究不管从研究内容的广度和研究质量来看，均有明显提高。与杨中芳（2010a）以中庸实践思维体系构念图为框架所做的自上而下的总结，以及杨中芳（2022a）以中庸作为自变量、因变量和调节变量的思路所进行的"一网打尽"的完全总结不同，本文从5个方面来总结中庸思维的实证研究：(1)中庸思维的基础心理过程，主要探讨中庸思维的发生、感知、阴阳转换、心理结构、矛盾与平衡特征等与中庸思维基本内涵和中庸实践思维体系构念图主体相关的内容。(2)中庸思维与心理健康，这是有关中庸思维功能的研究最集中、结论最清晰的研究主题。(3)中庸思维与创新，这是通过中庸思维可以矫正对中国传统文化缺乏创新与创造之偏见的最有力证据。(4)中庸思维与中国管理研究，这是在质性研究还不太多的情况下较能体现中庸思维注重实践的研究主题。(5)中庸思维与冲突解决和环境适应的研究，试图讨论中庸思维研究中一直很重要但却较为零散和推进缓慢的内容。

32.3.1 中庸思维的基础心理过程

自从杨中芳（2008）提出中庸实践思维体系构念图之后，该图的主体即是中庸思维发生和运作的整体心理过程之描述，遗憾的是较整体性地对构念图进行实证检验的研究不多。杨中芳和林升栋（2012）首次系统运用两极感知、转换感知、待人守则、拿捏意识、处世信念/价值、趋势掌握、多面性、整合性、和谐性、公我意识、私我意识、生活满意度和安适感等13个概念及测量（多数为自编量表）来检验中庸实践思维体系构念图的主体结构效度，发现除了"转换感知"以外，基本得到了验证。杨中芳等（2014）进一步采用新编的"中庸实践自评量表总汇"，填补了之前缺乏"个别事件处理"层面部分子构念，尤其缺乏"事后反思/修正"层面子构念的基础上，同时增加家庭功能等新的效标变量，并控制了社会赞许性的影响，对构念图的结构进行了更完整和更有说服力的效度验证。毕重增（2018）将"中庸实践自评量表总汇"运用到关系流动性背景下的自信研究中，基本得到了与中庸实践思维体系理论预测一致的结果。

在杨中芳（2014a）的中庸实践思维体系构念图中，"生活哲学"是关于看人论事感知的一个重要方面，包括全局感知和阴阳感知两个概念。黄金兰等（2014）通过整体优先还是局部优先的图形认知任务考察了中庸思维全局感知的发生条件和心理过程，发现整体优先的加工只有在情绪被激发时才会发挥作用，而在没有情绪激发时,则处于持中的状态,并没有特别的注意偏向。另有研究运用"双重目标检测任务(redundant-target detection task)"进一步证实了中庸思维在认知加工过程中擅于采用整体和灵活的策略(Chang 和 Yang,2014)。林升栋(2014)开发了"阴阳转换思维量表",测量人们相信世事都有看似相互对立的、但可以相互转化的信念。他的研究发现,越是感知到自己存在对立人格特质的被试,越容易看出对立两极之间的阴阳转换关系,并且具有阴阳转换思维的人,面对一个陌生人的负向性格描述,更能预测他做出正向行为,即"负转正"比"正转负"更能有效测量阴阳转换思维。而孙蒨如(2014)采用"未完成故事法"让被试面对正面和负面极端事件的发展展开想象,发现被试在续写故事时运用"正转负"转折词越多,越不倾向于做出极端判断。林玮芳等(2014)采用类似的正面和负面事件书写的方法,同时在一个月后考察被试的心理适应,发现"正转负"和"负转正"具有不同的适应机制,在悲伤中要快速抽离转念,在快乐时则需先体会美好再转至思考危机,方能提升心理适应力。

如前所述,处理矛盾性是中庸思维的核心主题,这一点在中庸自我与辩证自我的研究中有充分体现(林升栋,杨中芳,2007;Spencer-Rodgers 等,2010)。关于辩证思维的研究发现,自我体验的不一致和矛盾不仅体现在认知评价上,还体现在对情绪不一致的感知当中,东亚文化能够在冲突事件或没有冲突的自我相关事件中体验到更多的积极与消极相混合的情绪(Spencer-Rodgers,Peng,和 Wang,2010;Zheng 等,2021)。然而,有关自我评价和体验一致性与幸福感关系的研究发现,西方文化背景下,自我不一致与幸福感有负相关关系,而东亚文化背景下,自我不一致与幸福感负相关关系较弱(杜建,2020)。采用中庸思维而不是辩证思维来考察幸福感的研究中,更多地发现中庸思维对幸福感具有促进作用(韩悦,韦庆旺,2021)。究其原因,可能是中庸思维和中庸自我看待矛盾信息和自我不一致更加包容,体验到的冲突感更低。王飞雪和刘思思(2014)结合实验法和问卷法证实了这一点,他们发现,中庸思维水平越高,自我评价时的不一致程度越高,但这种自我不一致评价引发的自我矛盾冲突感越低,同时整合思维能力高是中庸思维能够降低自我矛盾冲突感的中介因素。与美国人相比,中国人在接收到与自我不一致的反馈时更少通过反对来自我证实,而是根据不一致的反馈来调整自我(Spencer-Rodgers,Boucher,Peng,和 Wang,2009)。类似的文化差异在消费决策上也有体现,与西方人相比,东方人在对消费产品有矛盾态度时,会体验到更少的心理不适,相反在选择完全不矛盾时体验到更少的心理舒适(Pang 等,2017)。除了处理自我矛盾,中庸思维还能在两极或多元之间起到平衡作用。对此,沙莲香(2008,2012)认为,中庸思维是对社会变迁在特定时期走向极端时的一种反向平衡力量,王轶楠(Wang,2016)提出平衡真实性来矫正西方研究过于强调真实性就是对自我(忽略他人)保持忠诚的偏激观点。

韦庆旺等(2019)以价值观来界定中庸,采用多维尺度分析的方法,将其与得到跨文化验证的19种价值观(Schwartz等,2012)进行系统比较,既探讨了中庸价值观在价值观中的结构地位,又发现了它的居中平衡作用。图32.2是该系列研究的结果之一,在图中可以看到,由中庸信念—价值量表得到的中庸价值观与普遍主义-包容异己、普遍主义-平等待人、普遍主义-关怀自然等3个"自我超越"维度的价值观相包容(距离较近),与社会安全、遵从他人和谦逊等3个"保守"维度的价值观也相包容。然而,中庸与同属"保守"维度的传统、面子两种价值观相冲突(在对角线方向上),与自我导向-行动、享乐主义两种"对变化开放"维度的价值观,以及与属于"自我提升"维度的成就价值观,也是相冲突的关系。总体而言,如果将"自我超越"和"保守"看作与集体主义和中国传统文化相关的维度,将"自我提升"和"对变化开放"看作与个人主义和西方文化相关的维度,那么中庸与很多传统文化价值(集体主义)相容,但不是与所有的传统文化价值都相容,中庸与部分现代价值(个人主义)相冲突,但不是与所有的现代价值都针锋相对。

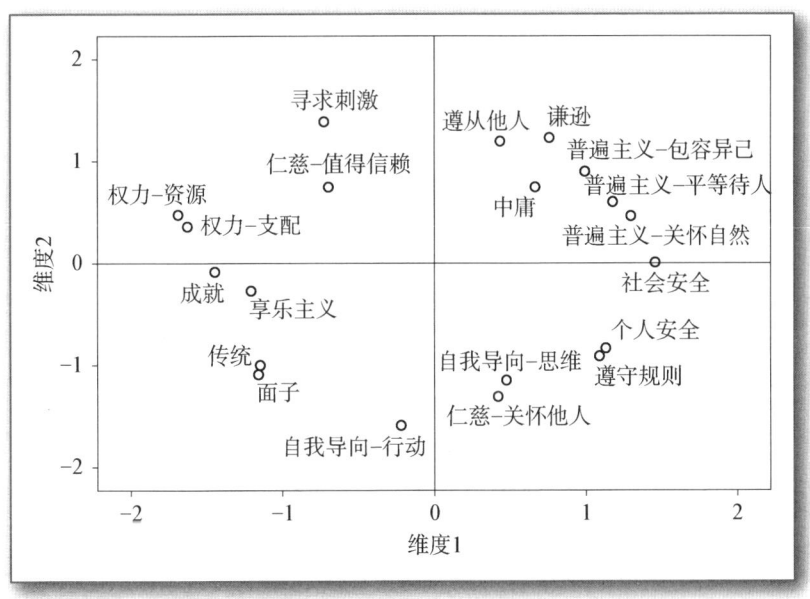

图32.2 中庸价值观在跨文化价值观系统中的定位(韦庆旺等,2019)

32.3.2 中庸思维与心理健康

如图 32.1 所示,心理健康既可以被看作中庸实践思维体系有机整体的一部分,也可以被看作中庸实践思维在集体文化思维层面和个体心理思维层面(生活哲学和具体事件处理)运作之后的结果,同时也是个体心理思维层面中的事后反思/修正的心理依据和衡量标准,因此是中庸思维研究的一个重点,相关的研究也比较多。以正常群体和心理健康不良群体为被试进行的大量相关研究均发现,中庸思维有利于提升个体的心理健康水平(高瞻,蔡华玲,唐淦琦,许律琴,2013;李原,2014a;吴佳辉,2006;Yang 等,2016;阳中华,周家秀,周甄会,2014)。考虑到不同研究在中庸思维和心理健康两方面的测量方式上存在较大差异,所用的样本也相差较大,以及有不少未发表研究缺乏关注,我们对中庸思维与心理健康的关系进行了元分析(韩悦,韦庆旺,2021)。该元分析根据心理健康二因素模型(the dual-factor model of mental health),将心理健康分为积极指标(满意度、安适幸福感、积极情感)和消极指标(抑郁、焦虑、消极情感)两方面(Suldo 和 Shaffer,2008)。元分析结果表明,中庸思维与心理健康积极指标呈显著正相关关系,与消极指标呈显著负相关关系。中庸思维水平较高的个体表现出较高水平的生活和工作满意度、积极情感,也会体验到较低水平的抑郁、焦虑和消极情感。李原(2014b)有关工作压力对工作—家庭平衡影响的研究同时发现,中庸对心理健康积极和消极指标的双重作用,她发现在工作过荷与工作—家庭冲突的关系上,中庸起到缓冲作用,而在工作承诺与工作—家庭促进的关系上,中庸起到增益作用。

元分析进一步的调节效应检验发现,心理健康指标类型在中庸思维与心理健康关系中的调节作用显著。中庸思维与积极情感的相关系数大于其与满意度和安适幸福感的相关系数,即相比于满意度和安适幸福感,中庸思维更能有效增加个体的积极情感。生活满意度反映的是认知层面的内容,即个体对自己生活和工作是否满意的感受进行认知判断;而积极情感则代表情感层面的内容,通过对个体正性情绪的测量所得。相比于直观的情绪感受来说,对于满意度的评价可能还受到很多其他客观因素的影响,加之高中庸思维思考问题的全面性,导致中庸思维对于满意度的提升作用小于对积极情感的提升作用。此外,杨中芳(2014a)认为,中庸思维主要在情绪发生之前和情绪发生之后两个阶段对情绪产生作用,在情绪发生前,中庸思维要求个体通过对诱发情绪的事件全面评估,将情绪控制在未发的状态,避免产生极端情绪。在后一阶段,中庸思维要求个体在维护整体和谐的前提下,将情绪适度地表达出来。郭侃和曾维希(2012)从情绪调节的角度发现,中庸思维能够提升个体使用认知重评的情绪调节方式,同时不容易受到表达抑制的负面影响。这也许是中庸思维促进积极情绪体验的一种心理机制。

此外,该元分析所做调节效应的另一个发现是中庸思维对抑郁、焦虑等的缓解作用大于其对一般消极情感的缓解作用。这可能是由于中庸思维强调的不偏不倚、不走极端的导向对于调节抑郁、焦虑情绪这一类极端的负性情绪更具有针对性。类似地,研究者发现,不管是挑战性压力源还是阻断性压力源,对员工的适应均有负面影响,而中庸思维既能缓解阻断性压力源对员工幸福感的负面影响,又能缓解挑战性压力源产生的情绪耗竭,并将其转化为良性压力(Chou 等,2014)。一项针对抑郁大学生的干预研究发现,提升他们的中庸思维水平比一般的干预方法更能缓解他们的抑郁症状(Yang 等,2016)。

中庸思维对心理健康的多方面积极作用,有利于进一步加深我们对文化与幸福感关系的理解。彭文会和黄希庭(2015)提出"基于中庸—和谐的人际幸福感",包括情绪的平和感和认知的中正感。其中,情绪的平和感与以往研究者发现的"中国人更注重体验低唤醒积极情绪"的现象相一致,如有的学者基于中国文化背景提出追求平静舒适的安适幸福感的概念(Lee 等,2013),有的学者通过跨文化比较研究发现,东方文化和西方文化均喜欢感受现实的积极情绪,但东方文化比西方文化更以体验低唤醒积极情绪为理想情绪(Tsai,Knutson,和 Fung,2006)。认知的中正感主要是指对自己与他人视角的双重认知与权衡。陆洛(Lu,2001)采用质性研究发现中国人的幸福感还包含一个对幸福与不幸福辩证关系的认识,即幸福是相对于不幸福存在的,幸福与不幸福可以相互转化。韦庆旺和郭政(2014)指出西方的幸福感研究存在积极情绪与消极情绪、物质与精神、外在与内在、人与自然等多方面的失衡,认为中庸思维中的平衡思想可以弥补这些失衡。或许,采用中庸思维进行心理健康和幸福感的研究,应从重新定义幸福感入手,既要避免以积极情绪的过度追求来衡量幸福感,也要考虑纳入在自我—他人、积极—消极等方面进行整合与平衡的含义,而目前的中庸思维与幸福感的研究仍主要采用西方文化对幸福感的理解和界定作为判准。

32.3.3 中庸思维与创新

很多人直觉上就会认为,作为中国传统文化的中庸,会对现代社会特别重视强调的创造力和创新行为起阻碍作用。笔者曾听过一个中庸思维提升创新行为的心理学硕士论文答辩,答辩委员会除了对论文的研究方法提出讨论外,有一种由于违反自己直觉而产生的对研究结果的顽固不信任。杨中芳(2014a)虽然列举和驳斥了很多认为中庸思维就是随大流和不能坚持原则等的错误观点,但她所建构的中庸实践思维体系主要强调中庸与为人处世和心理健康的紧密联系,几乎不涉及创造力和创新行为的内容。然而,文化与创新的关系是文化心理学和华人管理研究非常关注的主题,因此有关中庸思维,既有从管理心理的角度(杜旌,裘依伊,尹晶,2018;Yao等,2010),也有从一般认知和脑功能模式的角度来探讨与创新关系的研究(罗劲,刘玉,2014;张红坡,李明珠,周治金,2020)。

这些研究结果存在较多的争议。有研究认为创新存在冒犯他人的风险,而中庸在组织文化上追求和谐与均衡,会抑制员工对创新的追求(杨晶照,杨东涛,孙倩景,2012);也有研究认为中庸的和谐取向能够促进员工的创新行为(杨贤传,张磊,2018),中庸思维促进个体间合作和信息交换,有助于新想法的产生(廖冰,董文强,2015)。有研究认为,即使高中庸思维者具有创新的想法,也会因为顾虑他人的不同意见而放弃实践这种想法(Yao等,2010);也有研究发现,中庸思维对发散思维和远程联想等认知任务所反映的创造性思维没有促进作用,但它具有的"多方思考"特征却可以提升自我报告的创新行为(张红坡,李明珠,周治金,2020)。研究者还发现了"既此又彼"的中庸思维能够促进远程联想创造性思维的脑电证据(Zhou等,2019)。

考虑到不同研究在中庸思维和创新两方面的测量方式上存在较大差异,所用的样本也相差较大,我们对中庸思维与创新的关系进行了元分析(Han和Wei,2021)。元分析结果表明,中庸思维与创造力以及创新呈显著正相关关系,即中庸思维能够促进个体创造力。该结果为目前存在争议的中庸思维与创新关系的研究提供了方向性的初步结论,并有助于矫正认为中庸思维阻碍创新的文化偏见。面对元分析的结果,结合有关文献,我们对中庸思维促进创新的原因做如下分析。

首先,创造力的新颖性和实用性之间存在着矛盾,而中庸思维所强调的整体性和多角度思考,能够使我们正确地处理矛盾和悖论(赵志裕,2000),有利于创造性想法的提出。

其次,从中庸思维的内涵来看,其强调以"中和"为目标,注重和谐,倡导从整体上看待问题,从多方面思考,最终选择兼顾全局和自我的行为模式(杨中芳,2014a)。因此,具有高中庸思维的人能够与周围的人和环境保持和谐,这种和谐的氛围可以使组织的所有成员充分地交流信息,也有利于创造力的发挥(廖冰,董文强,2015);整体性看待问题有利于个体从更广阔的空间中寻找信息,创造性地解决问题(杜旌,段承瑶,2017);多方思考使个体能够从多个角度充分考虑问题,观察和发现被忽视的突破点,从而形成创新活动的起点(魏江茹,2019)。研究表明,中庸思维强调包容性,尤其是领导者的包容性使员工能够充分表达各种观点,这些不同观点的碰撞有利于加强创造自我效能感和创新想法的提出(Han 和 Bai，2020)。可见，从管理实践的角度，管理者要提升员工创造力，需要张弛有度，营造良好的组织氛围(张光曦，古昕宇，2015；姚艳虹，范盈盈，2014)。另有研究发现，中庸思维可以减弱辱虐管理与员工创造力的负向关系，表明中庸思维从反面缓解组织不良氛围对创造力的破坏，也具有一定作用(沈伊默等，2019)。

最后，新思想的产生往往需要打破以往的规则，但违反规则也意味着一定的冲突和风险，可能给个体带来负面的情感体验。然而，具有中庸思维的个体非常注重与周围人和环境的和谐，如此可以缓解冲突，减少负面情绪的产生(吴士健，孙专专，权英，2020)。同时，这种和谐的方式还可以形成良好的人际关系，增加积极的情绪，提高个人生活满意度和幸福感(吴佳辉，2006；阳中华，周家秀，周甄会，2014)。积极情绪的建构功能表明，积极情绪有利于扩大认知范围和构建心理资源(Fredrickson 和 Joiner，2018)，有利于个体创造力的发挥(Schutte 和 Malouff，2019)。不过调节效应检验表明，中庸思维与创造力的关系受到创造力测量方式的影响，中庸思维与自我报告创造力的关系大于中庸思维与他人评价创造力的关系。此外，有研究者将创新行为分成激进式创新和渐进式创新，认为中庸思维对渐进式创新有促进作用，对激进式创新有抑制作用(杜旌，裘依伊，尹晶，2018)。

32.3.4 中庸思维与中国管理研究

相对于前述中庸思维的三个研究传统，将中庸思维应用到中国管理研究的探讨也很多，甚至中国管理研究中与中庸思维有关的研究数量明显多于"辩证思维"研究传统，尤其多于"另解中庸"研究传统，几乎与中庸实践思维体系的研究传统旗鼓相当。只是这些研究要么以中庸实践思维体系研究传统对中庸的界定和测量为基础(魏江茹，2019；Qu 等，2018；Yao 等，2010)，要么与中庸实践思维体系研究传统有着紧密的呼应和对话(何轩，2014；李平，2014)。而且，这些研究中的大多数采用将中庸思维作为调节变量加入到自己原本的研究主题之中，却并不一定将中庸思维作为研究关注的核心(段锦云，凌斌，2011；孙旭，严鸣，储小平，2014)。尽管如此，由于中国管理研究比一般的社会心理学研究更贴近社会实践的一线(何轩，2010；李平，2013；李鑫，2015；巩见刚，胡子康，卫玉涛，2018)，所以与杨中芳(2014a)将中庸思维看作一种通过在实践中不断运用、反思和自我提升的实用性思维方式的思路一样，它具有天然的亲和性，或可将其看作中庸实践思维体系研究传统的有机扩展。

需要指出的是，在前面有关中庸思维与心理健康的研究和中庸思维与创新的研究中,也有不少都是基于中国管理研究背景的研究探讨。除此之外,从事中国管理研究的研究者还在中庸思维对组织变革、员工和组织绩效、领导行为、建言行为、离职倾向等多方面进行了有益的探索。大量中国管理研究发现,中庸思维对员工、领导和组织具有各种积极作用。比如,员工的中庸思维可以提升员工绩效,增强组织和谐氛围(胡新平,廖冰,徐家运,2012;Pan 和 Sun,2018),促进对工作场所中优待少数群体的平权行动(affirmative action)的支持(Hideg 和 Ferris,2017,该研究使用的是辩证思维的概念),增强帮助行为和高和谐导向对集体主义的促进作用(杜旌,姚菊花,2015),加强组织宽恕氛围对员工宽恕行为的积极影响(张军伟,龙立荣,2014),减弱坏心情对组织公民行为的负面影响(孙旭,严鸣,储小平,2014),减弱职业成功导致的离职倾向(郝金磊,姜诗尧,2017);领导者的中庸思维对组织两栖导向(利用和探索)和组织绩效均存在正面影响(陈建勋,凌嫒嫒,刘松博,2010),能够提升对领导培训效果的感知(Tong 等,2013,该研究使用的是辩证思维的概念),减弱威权式领导对员工的强制性公民行为(王惊,陈明,于桂兰,2019);团队领导和成员的中庸思维能够提升创业团队决策的效果(陈岩,陈忠卫,蒋兵,2017),抑制关系冲突对信息深度加工的负效应(赵可汗等,2014)。

与这些研究发现中庸思维的积极作用相比,中庸思维与建言行为关系的研究相对复杂。段锦云和凌斌(2011)将中国背景下的员工建言行为划分为顾全大局式的建言行为和自我冒进式的建言行为,发现中庸思维与顾全大局式建言存在正相关,与自我冒进式建言存在负相关。类似地,有研究者提出了和谐式建言,发现员工的中庸思维可以提升和谐式建言行为(Qu 等,2018)。可见,具有中庸思维的员工会更多地从整体考虑问题,他们在决定是否建言时较少受到领导本人特质及与领导关系的影响。张亚军等(2017)的研究发现,员工虽然容易对谦卑型领导提出抑制性建言,但中庸思维水平较高的人这种倾向较弱。卿涛和刘崇瑞(2014)研究发现,高中庸思维员工会更加谨慎地对待与上级的关系,相对于低中庸思维的员工,他们较少因为高质量的领导-成员交换做出更多的建言行为。

何轩(2009)从反面考察了中庸思维与沉默行为的关系,发现对于高中庸思维的员工而言,领导提升互动公平可以促使其改善"因不认同组织而消极保留观点的漠视性沉默行为",但不会影响他们的"因无力改变而消极顺从的默许性沉默行为"和"为避免人际隔阂和他人攻击而自我保护的防御性沉默行为"。蔡霞和耿修林(2016)的研究也发现,中庸思维会加强基于自我保护动机的建言信念与沉默行为之间的关系。实际上,不管是建言与沉默,还是前面提到的创新,都与改变或变革具有紧密的联系,其不可避免地与中庸思维注重和谐的成分存在一定矛盾。研究发现,当员工具有高变革认知时,中庸思维对员工变革行为有显著促进作用,但当存在同事的消极约束时,中庸思维则对员工变革行为有显著的消极作用(杜旌,冉曼曼,曹平,2014)。

中国管理研究不仅对中庸思维做了很多实证研究探讨,还在本土理论讨论中将中庸思维置于很重要的位置。何轩(2010,2014)在运用中庸理性对现代儒商精神进行实证探研的基础上,认为中庸思维可作为家族企业研究的基本理论框架,其强调矛盾两面共存共生关系的观点,适合用来分析情感性因素仍然扎根于其中的现代家族企业治理,而西方辩证思维强调正反相对,一方否定和替代另一方,与中庸思维存在根本的不同。李鑫(2015)认为,中国本土管理研究应该以擅于追求真知的西方哲学为指导,中国传统哲学以求善为目的,虽然对本土管理研究有启发,但不能直接指导研究过程。具体到中庸思想,他认为中庸就是"两头兼顾,两端的好处都要占有",这是儒家的行为准则,而道家选择守弱势一端,并不中庸。李平(2013)则主张中庸思想是儒释道共有的认识世界的依据,中国本土管理研究应该以中国传统哲学为主要指导,而以西方哲学为辅助。李平(2014)进一步指出,将中庸之道用于中国本土管理研究体现为处理好一系列管理中的相生相克关系,如正式制度与非正式制度之间的相生相克关系,企业经营中竞争与合作之间的相生相克关系,家长制领导中的"恩"与"威"之间的相生相克关系,家族企业中职业经理人与家族经营者之间的相生相克关系,等等。

32.3.5 中庸思维与冲突解决和环境适应

在中庸实践思维体系的研究中,有两个主题十分贴近中庸思维的本质,具有重要的理论意义,也经常被各种研究或多或少地触及,但与上述研究主题相比,始终缺少直接、深入和系统的分析,它们就是中庸思维在冲突解决和环境适应方面的独特机制问题。

不管是杨中芳(2001,2014a)建构中庸实践思维的起点,还是对中庸实践思维体系构念图的完善,始终离不开中国历史/社会/文化背景下对"人际冲突与和谐"的重视和分析。中庸思维的目标、全局感知的情境、审思权衡的依据、退和忍让的对象、反思/修正的过程、安宁舒适或无怨无悔的结果,无不围绕着直接的或隐含的"人际冲突与和谐"这个核心"内容"。因此,中庸思维所能提升的幸福感和心理健康,实际上是"人际和谐"取向的幸福感和心理健康(彭文会,黄希庭,2015;杜旌,刘芳,2014)。近期的研究发现,那些回忆书写自己过去经历的采用中庸思维处理人际冲突事件的人,如果使用更多的是"我们"而不是"我"来叙述,其幸福感也更高(Lin等,2016)。同样,如前所述,中庸思维对员工创新行为、变革行为、建言行为之所以能够产生促进作用,有赖于这些行为提出前后的组织和谐氛围,如果这种和谐氛围在组织中不存在,或者创新、变革和建言过于激进对和谐的组织氛围有破坏作用,中庸思维不仅不能起促进作用,还可能起阻碍作用,或者产生员工沉默行为(Han 和 Bai, 2020; Yao 等, 2010; 杜旌, 冉曼曼, 曹平, 2014; 段锦云, 凌斌, 2011; 何轩, 2009)。

然而,虽然中庸思维的研究离不开"人际情境",但大多研究只是将"人际冲突与和谐"作为背景,少有对人际关系,尤其是"冲突解决"的正面研究。例如,吴佳辉和林以正(2005)所编制的中庸思维量表声称明确地聚焦于"人际交往情境",但有意剔除人际交往的"内容",而主要测量"纯"的"思维方式"。最近,研究者采用质性研究方法,从中庸思维的角度对民间纠纷的调解案例进行了分析,颇为难得。邬欣言(2017)在湖南对 20 多名民间纠纷优秀调解员进行了访谈,发现尽管民间纠纷随着社会变迁而逐渐摆脱传统伦理,正在发生权利意识觉醒,对法律更加倚重,教化权力消退等现代转变,似乎动摇了以注重人际和谐和道德教化为根基的中庸思维,但所有这些转变都体现为工具理性的膨胀,中庸思维所强调的注重和谐、情理平衡、自我节制等思维方式,恰恰可以弥补工具理性膨胀所造成的失衡,仍然在民间纠纷解决中发挥着重要作用。赵静和杨宜音(2017)深入到华北某省的一个土地合同纠纷的调解过程中,进行参与观察和深度访谈,她们基于质性分析所得到的有关纠纷调解的过程性模式,展现了对中庸实践思维体系的整体性验证。该模式指出,调解者首先要具有一种对全局的深刻认知,为寻找一种整合性的方案提供条件,其次要具备一种转化他者的能力,能够将两极背驰的、秉持利益最大化为原则的双方当事人"拉"向一种"恰到好处"的中庸状态,最后双方才会有一种重获满足感的结果。

环境适应是另一个值得重视的中庸思维研究主题。在某种程度上,中庸思维注重审思权衡和因时就势,是一种不同于西方文化以强调主动和内控为主的,独特的环境适应方式。由于它常常表现为退和让、折中与妥协、克制与节制、顺应与反省、追求宁静与舒适,因此在个人主义不断提升的文化变迁趋势下,很容易被认为越来越不利于现代中国人的适应。然而,中庸思维所具有的这些特征只是适应环境时的一种策略,或者只代表它适应方式的一个方面,并不必然表明其一定缺乏主动性。中庸思维适应环境的本质实际在于"兼容平衡"与随着环境变化而变通的"灵活性"。

林以正(2014)发现,中庸思维与自主动机和控制动机均呈正相关,表明中庸思维的退和让同样也包含了主动性。韦庆旺等(2019)发现,中庸思维既与追求宁静的安适幸福感正相关,同时也与活力存在正相关。毕重增(2016)的研究发现,中国大学生的自信水平与对社会规范和情景约束性的感知存在正相关,而中庸思维越高的人,自信水平越高,但却没有感知到社会规范的限制,也没有情景约束感。具有既相信不可控的命运安排又相信努力可以改变命运的"可协商命运观"的人(命运观上的中庸思维),在面对自己不能超越的环境限制时,仍注重发挥主观能动性去追求自己的目标(Chaturvedi 等,2009),他们既擅于对意外结果寻找合理解释(东方文化特征),又能够对目标坚持(西方文化特征)(Au 等,2011)。这些研究都体现了中庸思维在环境适应的能动性方面具有"兼容平衡"的特征。社会与文化变迁背景常常是这种"兼容平衡"发挥适应性的独特环境,例如现代中国人处理群己关系时的"我们"概念的形成,即是"关系化"和"类别化"两方面之间的相互交织(杨宜音,2008),中国人的自我概念既不是文化原型中的互依我,也不是全盘西化的独立我,而是兼容并蓄了独立我和互依我的"折衷自我"(杨国枢,陆洛,2009)。

除了"兼容平衡","灵活性"是中庸思维在环境适应方面的另一个本质特征。李启明和陈志霞(2016)采用综合的中国大学生适应量表作为社会适应的指标,发现中庸思维之所以能够促进社会适应,是因为心理弹性发挥了中介作用。类似的发现也适用于组织情境,研究者将中庸思维看作一个自我调节的过程,用来分析中庸思维对员工适应性绩效的促进作用,发现认知适应性和情绪控制是其中的重要心理机制,而且,工作任务越复杂,中庸思维的促进作用越凸显(Pan 和 Sun,2018)。黄敏儿等(2014)应用情绪调节的理论提出一个包含"评价灵活性"和"表达灵活性"两个成分的情绪调节灵活性的概念,他们发现,中庸思维不仅与情绪调节灵活性有正相关,而且情绪调节灵活性在中庸思维与幸福感之间起到正向的中介作用。研究者在抑郁症人群中也发现了中庸思维和情绪调节灵活性对心理健康的积极作用(高瞻,李炳洁,2014)。相反,那些一味追求最大化快乐的人,反而不如适度追求快乐的人更幸福,尤其对于东亚人更是如此(Oishi 等,2014)。这些研究均表明,中庸思维表面的被动与节制实际上不是僵固不变的,而是包含和体现着灵活性的。

32.4 中庸思维的研究展望

对比杨中芳(2010a,2022a)对中庸思维研究进展所做的两次系统综述,虽然她自己认为目前仍是中庸心理学的起步阶段,但是我们认为,中庸心理学研究在后十年比前十年有3大明显的进展:(1)之前综述的研究数量少,且大都是未发表论文,而当前综述的研究数量多,且大都是正式发表的论文。(2)之前的综述是她以中庸实践思维体系为框架,自上而下将相关的研究拉到框架中来梳理的,而这些研究很多尚没有直接使用中庸相关的概念;当前综述的很多研究都是直接或间接以中庸实践思维体系构念图为指导所开展的研究,即要么使用中庸思维的概念及量表,要么有意识地从中庸思维的角度来看待自己的问题,每一个研究者都有对于自己研究课题的自下而上的细致关注,分开看差异较大,但综合起来却渐成系统。(3)尽管研究者对中庸思维的内涵和界定,以及对中庸实践思维体系构念图存在争议,甚至争议比以前更大,但是却实实在在地在增加对它的关注,而不是将其冷落一边,这自然有文化复兴的大环境和大趋势的影响,但杨中芳先生个人多年来的坚持有很重要的潜移默化的作用,可以说,中庸心理学的未来可期。以下结合杨中芳(2010a,2022a)对中庸心理学研究的建议,和前述有关辩证思维研究传统、"另解中庸"研究传统,以及中国管理研究领域等多方面的研究现状,分理论建构、研究方法和本土心理学知识体系创新等3个方面对未来的研究趋势做一些可能的展望。

32.4.1 理论建构多元化

历经二十多年,杨中芳(2010a,2022a)对中庸心理学研究现状的一个不变的评价是缺少"有的放矢"的研究。她认为本土心理学的研究就是要在自身历史/社会/文化脉络中深挖生活现象的心理意义,而当前有关中庸的实证研究很多仍然像出于同一个工厂的"罐头式"产品,研究者只是将自己熟悉的研究换了一个本土名词或传统概念,还没有问清楚中庸是什么,就将其当作一个变量(自变量、因变量、调节变量、中介变量)放在相关和因果的链条当中。因此,她认为现在亟需的研究是有关中庸之"中"的含义、量化界定,和效度的研究。例如,究竟在"过与不及之间循环思考"有没有一个尽头,"恰到好处"的最佳方案究竟是什么,所谓的"阴阳平衡",究竟怎么做才算是平衡。与此相关,与"心理健康"和"中国管理研究"两个"应用领域"已经渐成规模相比,有关中庸思维基本心理历程的"基础研究"明显偏少,尤其是有关构念图中"事后反省"方面的研究一直没有引起太多的重视(杨中芳,2022a)。

我们认为,这个问题属于中庸心理学的理论建构问题,涉及在中庸实践思维体系指导下去不断开发更多的子构念,比如从正念(mindfulness)概念入手研究中庸实践思维构念图中反思/修正板块的内容。这方面的思路又可以分为两类,一类是从传统文化中发掘相关概念,如阴阳转换、以退为进;另一类是从现有西方心理学研究中发掘相联系的概念,如辩证思维、自主—关系型自我。实际上,很多概念本身已经经过较多跨文化的比较研究,从这些概念入手研究中庸思维有利于与其他领域展开更多的对话,反过来也有利于促进对这些已有概念进行本土反思。例如,辩证思维不同于一般的仅与中庸某个子构念相联系的概念,它可以与中庸的核心概念进行比较,该概念自从提出来以后,一直有研究者跟进和发展,但由于采用跨文化比较的视角而与中庸思维采用本土研究的视角几乎平行向前,彼此之间的真正对话还比较少,所以关于两者的差异还不太明确。

总体上,我们主张未来的中庸心理研究在理论建构上进一步多元化,既包括在中庸实践思维体系内部的多元化,也包括与其他研究传统和一切新的与中庸有关的概念进行比较和对话。如前所述,虽然辩证思维对幸福感有负面作用,体现与中庸思维的不同,但最新的研究发现,辩证思维确实在某些方面对人际冲突和群际冲突具有积极作用,所以它究竟与中庸思维有什么联系和区别,是需要通过实证研究对两者进行比较才能回答的问题(Hideg 和 Ferris,2017;Lu 等,2020)。再如,国内学者葛枭语和侯玉波(2021)最近提出君子人格的概念,主要侧重传统人格的道德层面,不同于目前中庸思维侧重思维方式而较少关注道德内容的做法,未来研究可以进一步对两者进行比较和整合。

32.4.2　寻求研究方法的突破

中庸心理学在理论和实证研究方面取得明显进展的同时,采用何种研究方法更合适,是研究者一直争论的话题。如前所述,有的研究者认为应该采用质性的研究方法(林安梧,2010;李美枝,2010;刘昌,2019),有的研究者认为可以采用量化实证的研究方法(黄光国,2010;赵志裕,2010)。杨中芳(2008,2022a,2022b)一贯主张可以采用西方量化实证研究方法,不过她一方面对大家过于偏爱量表的现状感到遗憾,另一方面也赞同并呼吁采用访谈法、案例法、体现中庸思维是一种实践及体知的诠释学方法,同时也十分欢迎认知实验的方法、脑认知科学的方法、大数据的方法等基础的和新兴的方法。因此,也许不是采用何种方法研究中庸更合适的问题,而是如何吸引更多的人采用不同方法对中庸进行研究的问题。可喜的是,我们已经看到这种趋势,如有关中庸思维与创新的研究,既有问卷法,又有认知实验法,也开始有脑认知科学的方法,还有元分析(杜旌,段承瑶,2017;Zhou 等,2019;Han 和 Wei,2021)。而在问卷法内部,有关中庸思维的测量也正在进一步多元化,如杜旌和姚菊花(2015)所编制的中庸价值取向量表,正在成为除了多版本中庸思维量表之外,另一个使用越来越多的量表。

鉴于"处理二元之间对立统一关系"是中庸思维最核心的特征,而这一点与已有的注重单一含义变量测量及不同变量之间线性关系统计的量化研究范式存在矛盾,我们认同研究者提出的在研究任何与中庸有关的主题时,需要结合中庸思维对二元关系的理论观点和多变量多面向测量进行综合分析的方法论主张(李平,2014;韦庆旺,鄢玉婷,2014)。如表 32.1 中"自主—关系型自我"的例子,研究者不仅可以同时考察"自主—关系型自我"与自主和关系的相关,还可以同时考察父母控制与孩子的自主以及孩子知觉到的父母关爱的相关性。在整体的家庭模式和自我概念理论体系中,"父母控制"已不再是以往传统互依型家庭模式中的权威控制,而是融合了现代独立家庭模式中允许孩子自主的养育目标成分。也就是说,很多变量在这个理论体系中本身即依赖于其所对比和分析的背景而具有动态的含义,而且所有变量之间的这些关系在经过充分的理论分析后,可以对应到在数据上呈现出相互印证的整体关系(韦庆旺,鄢玉婷,2014)。韦庆旺等(2019)运用这种对多对二元概念/变量在理论与实证上进行反复比较考察的方式,对中庸思维在价值观、能动性、幸福感和极端主义等多方面体现的对立统一关系做了系统的初步探索。韦庆旺(2022)对这种探索作为一种研究中庸思维的方法思路,进行了进一步的总结与讨论。

对中庸思维所具有的这种整全的二元相生相克的关系不能分开来分析的现象,李平(2014)称其为"不对称原理":"任何一个理论模型中的自变量与因变量都必须包含矛盾双方,以同时同地的形式存在,自变量与因变量都不能只有矛盾双方中的一方。此外,作为自变量的矛盾双方与其所对应的作为因变量的矛盾双方的关系呈现为不对称的关系,即对因变量的矛盾双方中的一方,自变量中的某一方必须作为主导方而发挥主导作用,而其对立的一方则必须作为附属方而发挥附属作用。"此外,他还提到了"相互转化原理"和"非线性原理"。韦庆旺和鄢玉婷(2014)也提出 3 个进行中庸心理研究的整体建议:以二元关系界定中庸,使用理论上构成二元关系的成对变量作为效标为中庸寻找效度证据,将中庸实践思维体系作为元理论指导。这些观点对中庸心理研究在方法上的突破有一定的启发意义。

32.4.3 促进本土心理学知识体系创新

在杨中芳和赵志裕(1997)有关"中庸实践思维"的本土心理学研究构念提出后不久,国际跨文化心理学有关文化与认知研究即提出了看起来相似的"辩证思维"的概念,随后,杨中芳(2001)很快对中庸思维与辩证思维的区别进行了理论辨析,并在之后的文章中明确论述了中庸思维如何可以作为一种研究进路,来建构与西方心理学研究进路大异其趣的本土心理学知识体系(杨中芳,2004),在她对中庸思维的研究进行第一次阶段总结之前(杨中芳,2010a),相关论述经过大幅扩充已经较为完整(杨中芳,2008)。

正如本章所梳理总结的那样,经过十几年的发展,中庸心理学研究在某些具体领域已经展现出本土心理学知识体系创新建构的雏形,如围绕中庸思维的概念和理论指导,对西方幸福感研究存在多种失衡的批判(韦庆旺,郭政,2014),提出追求宁静舒适等低唤醒积极情绪幸福感的观点(Lee等,2013),对包含积极和消极两方面相生相克关系幸福观的发现(Lu,2001),提出基于人际—和谐幸福感的理论框架(彭文会,黄希庭,2015),初步构成了一系列相互联系、相互补充的新的有关幸福感的知识体系。再如,有关中庸自我的研究,展现出重构自我概念知识的良好潜力,但研究数量还比较少(林升栋,杨中芳,2007;杨国枢,陆洛,2009)。此外,围绕中庸思维对组织中的创新行为、建言行为和沉默行为影响的分析,正在显露出一些潜在的,相互联系的整体性(Han和Wei,2021;杜旌,冉曼曼,曹平,2014;何轩,2009)。

然而,在杨中芳(2008,2022b)所展望的中庸思维作为研究进路在本土心理学知识体系创新建构方面可以大展拳脚的更基础和更核心的人格与社会心理学研究领域方面,目前的进展则十分缓慢。这些领域包括西方主流心理学已经触及的领域:人格心理学、自我心理学、态度研究、社会智能研究、社会认知中的"内、外"理论框架(内外归因、内外控、内外群体)、心理治疗中的"情、理"理论框架(延迟满足、情绪调节、自我调节)(杨中芳,2008,2022b)。我们认为,采用中庸思维研究进路与这些领域的知识体系对话,未来将不可避免地要进行有关中庸思维的跨文化比较研究,虽然跨文化比较并不是研究的最终目的。

在最近的文章中,杨中芳(2022b)指出,还有一些西方主流心理学尚未触及的领域,更需要用中庸思维的研究进路去开拓创新,它们是:中庸认识/方法论的探研及确认,中庸推论研究,对"中"内涵的发微,权变思维及行动作为"中"的体现,全局思维的细化,体知与顿悟研究的开发,曲线思维研究的启动。我们认为,这些研究领域虽然未必在西方文献中完全找不到对话的空间,但首要的研究切入点适合采用本土心理学的思路,从贴近中国历史/社会/文化脉络下当代中国人的日常生活实践之中,不以先入为主的概念来限制,进行扎根于现象的质性研究。而这样的做法,正符合中庸实践思维最早提出时所倡导的注重"实践"之"初心"(杨中芳,赵志裕,1997)。

最后,通过中庸思维来促进本土心理学知识体系创新的尝试,还需要回答一个有关本土与文化心理学的基本问题,即在不同文化所发现的心理过程和心理规律的差异是不是绝对的差异,有没有可能在某文化所发现的心理规律只是特定文化条件下的权宜之计或暂时现象,而当该文化所依托的社会生态环境发生变化之后,相应的心理规律也就不再适用了。这个问题是赵志裕(2010)在《本土心理学研究》期刊所展开的中庸心理学理论争论中提出的核心观点。对此,赵志裕及其合作者有关可协商命运观的研究可以做出说明。研究发现,对于中国人而言,可协商命运观信念较高的人,对自我的评价更积极,面对压力更倾向于采取积极的应对方式;相反,对于美国人而言,可协商命运观信念较高的人,面对压力更倾向于采取回避的应对方式(Au 等,2012)。也就是说,可协商命运观兼具"相信命运控制"和"努力改变命运"两方面的特征,似乎可以"左右逢源"、"永立不败之地",但其积极功能的发挥是依赖于中国历史/社会/文化脉络和其特有的环境条件的,当其他文化(如美国)并不具有相同的环境条件时,或者中国的环境条件随着社会变迁而改变时,它的适应性即会消失。

倘若果真如此,那么所谓中庸思维研究进路开创的本土心理学知识体系,将恰恰由于它的独特性和可能的暂时性而使其理论意义大打折扣。然而,问题可能没有这么简单,答案也没有这么明确。一方面,有关文化差异和文化变迁的研究表明,即使一个传统文化早期赖以形成的生态环境发生改变,该文化也具有顽强的继续传承的生命力(Smith 等,2013;Talhelm 等,2014)。具体到中庸思维,在沙莲香(2008)看来,"(中国)社会心理现象千变万化,但万变不离其宗,其民族'根性'不变,这个'根性'藏于'中庸'之中。"另一方面,有关自主-关系型自我的研究提出了与赵志裕(2010)不同的理论观点。该观点认为,因为自主-关系型自我是在文化变迁过程中融合了西方式自主和东方式关系的产物,而自主和关系都是人类的基本需求,只不过西方文化和东方文化分别侧重其中一个,所以,自主-关系型自我是一种在不同文化环境中都能适应良好的理想的(optimal)自我概念(Kagitcibasi,2013)。

面对两种不同的观点,鉴于可协商命运观和自主-关系型自我都具有中庸思维的特征,我们认为,目前还没有到下结论的时候,而且这个问题的答案虽然看起来非常迫切,但实际上,探寻这个问题答案的过程,与得到这个问题答案的结果,同样具有重要意义。回到本土心理学的初衷,我们首先要找到和建构一套能更好地理解华人自身的知识体系,而正如杨中芳(2022b)所相信的那样,中庸思维及其可建构的知识体系,是最具本土契合性的选择之一。

以中庸实践思维体系为基底的一条"追求实践功效型"的研究思考进路,如果充分予以构建及研发,可以成为一条与西方主流心理学所采用的"追求本质真理型",分庭抗礼的研究进路。经由这一条思考进路,所作的本土研究,以及所建立的知识体系,正如杨国枢(1993)所说,是"用华人自身的思维方式及价值体系,来理解华人生活现象的心理意义"(杨中芳,2022b)。

(韦庆旺 韩悦)

参考文献

毕重增.(2016).有规则才有自信:松紧度感知与中庸思维的作用.西南大学学报(社会科学版)(1),107-113.

毕重增.(2018).关系流动性与自信:中庸实践思维的领域和过程.西南大学学报(社会科学版)(7),120-128.

蔡霞,耿修林.(2016).基于自我保护动机的内隐建言信念对员工沉默的影响——一项中国情境的研究.科学学与科学技术管理,37(10),153-163.

陈建勋,凌媛媛,刘松博.(2010).领导者中庸思维与组织绩效:作用机制与情境条件研究.南开管理评论,13(2),132-141.

陈岩,陈忠卫,蒋兵.(2017).中庸思维能够提升创业团队决策效果吗?——行为整合的中介作用.科学决策(7),85-104.

杜健.(2020).自我概念一致性与幸福感间的关系:文化的调节作用.心理科学进展,28(10),1751-1761.

杜旌,段承瑶.(2017).中庸影响个体的作用机制:基于任务和关系视角的研究.珞珈管理评论(20),77-90.

杜旌,刘芳.(2014).平衡与和谐之美:中庸价值取向对员工幸福影响实证研究.珞珈管理评论(14),27-37.

杜旌,裴依伊,尹晶.(2018).中庸抑制创新吗?——一项多层次实证研究.科学学研究,36(2),378-384.

杜旌,冉曼曼,曹平.(2014).中庸价值取向对员工变革行为的情景依存作用.心理学报,46(1),113-124.

杜旌,姚菊花.(2015).中庸结构内涵及其与集体主义关系的研究.管理学报,12(5),638-646.

段锦云,凌斌.(2011).中国背景下员工建言行为结构及中庸思维对其的影响.心理学报,43(10),1185-1197.

高瞻,李炳洁.(2014).中庸信念/价值与自评抑郁症状之关系的深入探讨.中国社会心理学评论(7),205-220.

高瞻,蔡华玲,唐淦琦,许律琴.(2013).中庸思维与抑郁症状之关系.中国健康心理学杂志,21(9),1298-1300.

葛枭语,侯玉波.(2021).君子不忧不惧:君子人格与心理健康——自我控制与真实性的链式中介.心理学报,53(4),374-386.

巩见刚,胡子康,卫玉涛.(2018).传统文化与本土管理研究——对李鑫教授相关观点的一点思考.管理学报,15(11),1621-1628/1646.

郭侃,曾维希.(2012).大学生中庸思维在情绪调节和情绪间的作用.中国健康心理学杂志,20(7),1101-1103.

韩悦,韦庆旺.(2021).中庸之道,幸福之源:中庸思维与心理健康关系的元分析.(未发表论文).

郝金磊,姜诗尧.(2017).职业成功对离职倾向的影响研究——中庸思想的调节作用.贵州财经大学学报(3),44-50.

何轩.(2009).互动公平真的就能治疗"沉默"病吗?——以中庸思维作为调节变量的本土实证研究.管理世界(4),128-134.

何轩.(2010).儒家传统经济伦理思想的现代检验——关于中庸理性与儒商精神的探索性实证研究.上海财经大学学报,12(3),11-17.

何轩.(2014).中庸思维与家族企业研究.中国社会心理学评论(8),226-236.

胡新平,廖冰,徐家运.(2012).员工中庸思维、组织和谐与员工绩效的关系研究.西南大学学报(社会科学版),38(5),166-172.

黄光国. (2010). 由"构念化"到"理论化": 评"中庸实践思维的心理学研究". 本土心理学研究(34), 111-125.

黄金兰, 林以正, 杨中芳. (2012). 中庸信念—价值量表之修订. 本土心理学研究(38), 3-14.

黄敏儿, 唐淦琦, 易晓敏, 孙莎莎. (2014). 中庸致和: 情绪调节灵活性的作用. 中国社会心理学评论(8), 88-112.

贾新明. (2015). 中庸思维影响潜变量测量结果的验证. 管理学报, 12(7), 957-961.

李美枝. (2010). 中庸理念与研究方法的实践性思考. 本土心理学研究(34), 97-110.

李平. (2013). 中国本土管理研究与中国传统哲学. 管理学报, 10(9), 1249-1261.

李平. (2014). 中国智慧哲学与中庸之道研究. 中国社会心理学评论(8), 237-255.

李鑫. (2015). 中国本土管理研究的X整合主义. 管理学报, 12(2), 157-166.

李启明, 陈志霞. (2016). 中庸思维对社会适应的影响: 心理弹性和情绪调节的中介作用. 人类工效学, 22(01), 11-15.

李原. (2014a). 压力性生活事件对在职者主观幸福感的影响: 中庸思维的调节作用. 中国社会心理学评论(8), 184-194.

李原. (2014b). 工作压力因素对工作—家庭平衡的影响: 中庸的调节作用. 中国社会心理学评论(7), 177-191.

廖冰, 董文强. (2015). 知识型员工中庸思维、组织和谐与个体创新行为关系研究. 科技进步与对策, 32(7), 150-154.

廖冰, 徐家运. (2012). 基于层次模糊综合评判法的中庸思维测量与评价. 决策参考(5), 46-48.

林安梧. (2010). 跨界的话语、实存的感通——关于《中庸实践思维体系探研的初步进展》一文读后. 本土心理学研究(34), 127-136.

林升栋. (2006). 自我图式的重构: 从两极模型到双变量模型. 心理科学(5), 1263-1265.

林升栋, 杨中芳. (2006). 自我是一分为二的吗? ——以西方自我图式的研究为例. 心理学探新(3), 43-47.

林升栋, 杨中芳. (2007). 自评式两极量尺到底在测什么? ——寻找中庸自我的意外发现. 心理科学(4), 937-939.

林升栋. (2014). 阴阳转换思维与看人感知的关系初探. 中国社会心理学评论(7), 89-107.

林玮芳, 黄金兰, 林以正. (2014). 来得早不如来得巧: 中庸与阴阳转折的时机. 中国社会心理学评论(7), 89-107.

林以正. (2014). 外柔内刚的中庸之道: 实践具自主性的折中原则. 中国社会心理学评论(7), 221-235.

刘昌. (2010). 中庸之可能与不可能: 兼论中庸心理实证研究之困境. 南京师大学报(社会科学版)(5), 65-74.

罗劲, 刘玉. (2014). 作为一种高级复杂的脑认知功能模式的中庸思维: 初步的理论推测与构想. 中国社会心理学评论(8), 195-211.

庞朴. (1980). "中庸"平议. 中国社会科学(1), 75-100.

庞朴. (2000). 中庸与三分. 文史哲(4), 21-27.

卿涛, 刘崇瑞. (2014). 主动性人格与员工建言行为: 领导-成员交换与中庸思维的作用. 四川大学学报(哲学社会科学版)(1), 127-134.

沙莲香. (2008). "中庸"的中心功能在"最佳选择"——中国民族性变迁研究笔记, 28(1), 121-124.

沙莲香. (2012). 中国民族性(叁): 民族性三十年变迁. 北京: 中国人民大学出版社.

沙莲香, 孙庆忠. (2013). 见证与诠释: 中国民族性变迁30年——沙莲香教授访谈录, 30(1), 5-17.

沈伊默, 马晨露, 白新文, 诸彦含, 鲁云林, 张庆林, 刘军. (2019). 辱虐管理与员工创造力: 心理契约破坏和中庸思维的不同作用. 心理学报, 51(2), 238-247.

孙蒨如. (2014). 阴阳思维与极端判断: 阴阳思维动态本质的初探. 中国社会心理学评论(7),

108-130.

孙旭,严鸣,储小平. (2014). 坏心情与工作行为:中庸思维跨层次的调节作用. 心理学报, 46(11), 1704-1718.

王飞雪,刘思思. (2014). 中庸思维对自我一致性和自我矛盾冲突感的影响. 中国社会心理学评论(7), 131-152.

汪凤炎. (2019). 中国文化心理学新论(下).(pp.370-1390).上海:上海教育出版社.

王惊,陈明,于桂兰. (2019). 威权式领导对强制性公民行为的影响研究——一个跨层调节模型. 组织与人力资源管理, 33(6), 111-116.

魏江茹. (2019). 中庸思维程度、知识共享与员工创新行为. 经济管理(5), 88-104.

邬欣言. (2017). 中庸理性与现代性困境:民间纠纷解决场域中实践逻辑的传统与转型. 社会(2), 160-167.

韦庆旺,韩悦,鄢玉婷,郭政,徐如冰. (2019). 寻找中道:"一分为三"框架下的中庸心理研究. 国家社会科学基金项目(2014CSH038)结项研究报告.

韦庆旺. (2022). 中庸思维发微:在"一分为三"下寻找"中道". 载杨中芳,张仁和(主编). 华人本土心理学30年:本土研究取径及理论. 台北:五南图书出版股份有限公司.(出版中).

韦庆旺,郭政. (2014). 走向存在幸福感:中庸思维与生活平衡. 中国社会心理学评论(7), 236-255.

韦庆旺,鄢玉婷. (2014). "一分为三"框架下的中庸界定:兼从方法论角度评当前中庸心理学研究. 中国社会心理学评论(8), 275-303.

吴佳辉. (2006). 中庸让我生活得更好——中庸思维对生活满意度之影响. 华人心理学报(7), 163-176.

吴佳辉,林以正. (2005). 中庸思维量表的编制. 本土心理学研究(24), 247-299.

吴士健,孙专专,权英. (2020). 中庸思维对知识隐藏与员工创造力的影响机制研究. 管理学报, 17(4), 527-535.

徐慧金,邹智敏. (2014). 反中庸,还是非中庸?——检验中庸信念/价值量表反向计分的有效性. 中国社会心理学评论(7), 43-58.

杨国枢,陆洛. (2009). 中国人的自我:心理学的分析. 重庆:重庆大学出版社.

杨晶照,杨东涛,孙倩景. (2012). 组织文化类型对员工创新行为的作用机理研究. 科研管理, 33(9), 123-129.

杨贤传,张磊. (2018). 中庸价值取向与员工创新行为——一个有调节的中介模型. 技术经济与管理研究(2), 54-58.

杨宜音. (2008). 关系化还是类别化:中国人"我们"概念形成的社会心理机制探讨. 中国社会科学(4), 148-159.

杨宜音. (2014). 日常生活的道德意义和生命意义:兼谈中庸实践思维的构念化. 中国社会心理学评论(8), 256-274.

杨中芳. (2001). 中国人的世界观:中庸实践思维初探. 载杨中芳. 如何理解中国人(pp.269-287). 台北:远流出版公司.

杨中芳. (2004). "中庸"实践思维研究:迈向建构一个全新心理学知识体系. 载王登峰,侯玉波(主编). 人格与社会心理学论丛(一)(pp.1-15). 北京:北京大学出版社.

杨中芳. (2008). 中庸实践思维研究——迈向建构一套本土心理学知识体系. 载杨中芳(主编). 本土心理研究取径论丛(pp.435-478). 台北:远流出版公司.

杨中芳. (2009). 传统文化与社会科学结合之实例:中庸的社会心理学研究. 中国人民大学学报(3), 53-60.

杨中芳. (2010a). 中庸实践思维体系探讨的初步进展. 本土心理学研究(34), 3-96.

杨中芳. (2010b). 一个中庸,各自表述. 本土心理学研究(34), 159-165.

杨中芳. (2014a). 中庸社会心理学研究的构念化:兼本辑导读. 中国社会心理学评论(7), 1-17.

杨中芳. (2014b). 中庸研究与华人本土心理学. 中国社会心理学评论(8), 304-319.

杨中芳. (2022a). 中庸心理学研究:源起、现状及展望. 载杨中芳,张仁和(主编). 华人本土心理学 30 年:本土研究取径及理论.台北:五南图书出版股份有限公司.(出版中).

杨中芳.(2022b).要不,换一个脑袋想心理学研究?——中庸思维作为一条本土进路.载杨中芳,张仁和.(主编).(2021).华人本土心理学 30 年:本土研究取径及理论.台北:五南图书出版股份有限公司.(出版中).

杨中芳,林升栋.(2012).中庸实践思维体系构念图的建构效度研究.社会学研究(4), 167-186.

杨中芳,阳中华,丁宇.(2014)."中庸构念图"之建构效度再检验.中国社会心理学评论(7), 18-42.

杨中芳,赵志裕.(1997).中庸实践思维初探.第四届华人心理与行为科际学术研讨会,台北,5月29—31日.

阳中华,周家秀,周甄会.(2014).中庸思维对心理健康影响之初探.中国社会心理学评论(7), 136-146.

姚艳虹,范盈盈.(2014).个体—组织匹配对创新行为的影响——中庸思维与差序氛围的调节效应,28(11), 123-127.

张德胜,金耀基,陈海文,陈建民,杨中芳,赵志裕,伊沙白.(2001).论中庸理性:工具理性、价值理性和沟通理性之外.社会学研究(2), 33-48.

张光曦,古昕宇.(2015).中庸思维与员工创造力.科研管理(36), 251-257.

张红坡,李明珠,周治金.(2020).见仁见智?中庸与创造性的关系探析.中国社会心理学评论(19), 12-27.

张军伟,龙立荣.(2014).员工宽恕的前因与后果:多层次模型.心理学报,46(8), 1161-1175.

张仁和.(2010).聚焦中庸实践思维体系于心理空间与大我系统.本土心理学研究(34), 145-157.

张仁和,林以正,黄金兰.(2014).西方智慧研究新动态与中庸思维的关系.中国社会心理学评论(8), 212-225.

张亚军,张金隆,张军伟,崔利刚.(2017).谦卑型领导与员工抑制性建言的关系研究.管理评论,29(5), 110-119.

赵静,杨宜音.(2017).中庸实践思维与法院纠纷的调解——以一个土地合同纠纷和解案为例.学术论坛(2), 140-145.

赵可汗,贾良定,蔡亚华,王秀月,李钰兴.(2014).抑制团队关系冲突的负效应:一项中国情境的研究.管理世界(3), 119-130.

赵志裕.(2000).中庸思维的测量:一项跨地区研究的初步结果.香港社会科学学报(18), 33-54.

赵志裕.(2010).中庸实践思维的道德性、实用性、文化特定性及社会适应性.本土心理学研究, 34, 137-144.

邹智敏,肖莉婷.(2014).中庸信念/价值量表的信度概化研究.中国社会心理学评论(8), 66-76.

Au, E. W. M., Chiu, C., Zhang, Z., Mallorie, L., Chaturvedi, A., Viswanathan, M., & Savani, K. (2011). Maintaining faith in agency under immutable constraints: Cognitive consequences of believing in negotiable fate. *International Journal of Psychology*, 46, 463-474.

Au, E. W. M., Chiu, C.-Y., Zhang, Z.-X., Mallorie, L., Chaturvedi, A., Viswanathan, M., et al. (2012). Negotiable fate: Social ecological foundation and psychological functions. *Journal of Cross Cultural Psychology*, 43, 931-942.

Benet-Martínez, V., Leu, J., Lee, F., & Morris, M. (2002). Negotiating biculturalism: Cultural frame switching in biculturals with oppositional versus compatible cultural identities. *Journal of Cross-Cultural Psychology*, 33, 492-516.

Chang, T-y., & Yang, C-t. (2014). Individual differences in Zhong-Yong tendency and processing capacity. *Frontiers in Psychology*, 2014.01316.

Chaturvedi, A., Chiu, C., & Viswanathan, M. (2009). Literacy, negotiable fate, and thinking style among low income women in India. *Journal of Cross-Cultural Psychology*, 40, 880 – 893.

Chen, S. X., Benet-Martinez, V., Wu, W. C. H., Lam, B. C. P., & Bond, M. H. (2013). The role of dialectical self and bicultural identity integration in psychological adjustment. Journal of Personality, 81, 61 – 75.

Chou, L. F., Chu, C. J., Yeh, H. C., & Chen, J. (2014). Work stress and employee well-being: The critical role of zhongyong. *Asian Journal of Social Psychology*, 17, 115 – 127.

Fredrickson, B. L., & Joiner, T. (2018). Reflections on positive emotions and upward spirals. *Perspectives on Psychological Science*, 13, 194 – 199.

Grossmann, I., Na, J., Varnum, M. E., Kitayama, S., & Nisbett, R. E. (2013). A route to well-being: Intelligence versus wise reasoning. *Journal of Experimental Psychology: General*, 142, 944 – 953.

Han, G. H., & Bai, Y. (2020). Leaders can facilitate creativity: The moderating roles of leader dialectical thinking and LMX on employee creative self-efficacy and creativity. *Journal of Managerial Psychology*, 35(5), 405 – 417.

Han, Y., & Wei, Q. (2021). Chinese old-fashioned culture can foster innovation: Findings from a meta-analysis of the relationship between zhongyong thinking and creativity/innovation. (unpublished manuscript).

Hideg, I., & Ferris, D. L. (2017). Dialectical thinking and fairness-based perspectives of affirmative action. *Journal of Applied Psychology*, 102(5), 782 – 801.

Kagitcibasi, C. (2005). Autonomy and relatedness in cultural context: Implications for self and family. *Journal of Cross-Cultural Psychology*, 36, 403 – 422.

Kagitcibasi, C. (2013). Adolescent autonomy-relatedness and the family in cultural context: What is optimal? *Journal of Research on Adolescence*, 23(2), 223 – 235.

Lee, Y., Lin, Y., Huang, C., & Fredrickson, B. L. (2013). The construct and measurement of peace of mind. *Journal of Happiness Studies*, 14, 571 – 590.

Lin, W., Lin, Y., Huang, C., & Chen, L. H. (2016). We can make it better: "We" moderates the relationship between a compromising style in interpersonal conflict and well-being. *Journal of Happiness Studies*, 17, 41 – 57.

Lu, L. (2001). Understanding happiness: A look into the Chinese folk psychology. *Journal of Happiness Studies*, 2, 407 – 432.

Lu, M., Yang, X., Fung, H., & Hamamura, T. (2020). Is positive emotion an amplifier or a buffer? It depends: Dialectical thinking moderates the impact of positive emotion on intergroup conflicts. *Emotion*, 20(4), 700 – 712.

Luo, S., Yun, H., & Wang, Y. (2020). Syncretic self-esteem relates to both agency and communion. Current Psychology, published online, 19 November 2020.

Jiang, F., Lu, S., Hou, Y., & Yue, X. (2013). Dialectical thinking and health behaviors: The effects of theory of planned behavior. *International Journal of Psychology*, 48(3), 206 – 214.

Oishi, S., Tsutsui, Y., Eggleston, C., & Galinha, I. C. (2014). Are maximizers unhappier than satisficers? A comparison between Japan and The USA. *Journal of Research in Personality*, 49(1), 14 – 20.

Pan, W., & Sun, L. (2018). A self-regulation model of zhongyong thinking and employee adaptive performance. *Management and Organization Review*, 14(1), 135 – 159.

Pang, J., Keh, H. T., Li, X., & Maheswaran, D. (2017). "Every coin has two sides": The effects of dialectical thinking and attitudinal ambivalence on psychological discomfort and consumer choice. *Journal of Consumer Psychology*, 27(2), 218 – 230.

Peng, K. P., & Nisbett, R. E. (1999). Culture, dialectics and reasoning about contradiction.

American Psychologist, 54, 741–754.

Schutte, N. S., & Malouff, J. M. (2019). A meta-analysis of the relationship between curiosity and creativity. *The Journal of Creative Behavior, 2*, 1–8.

Schwartz, S. H., Cieciuch, J., Vecchione, M., Davidov, E., Fischer, R., Beierlein, C., & Konty, M. (2012). Refining the theory of basic individual values. *Journal of Personality and Social Psychology, 103*(4), 663–688.

Smith, P. B., Fischer, R., Vignoles, V. L., & Bond, M. H. (2013). *Understanding Social Psychology Across Cultures: Engaging with Others in a Changing World*. Beverly Hills, CA: Sage.

Spencer-Rodgers, J., Boucher, H. C., Mori, S. C., Wang, L., & Peng, K. (2009). The dialectical self-concept: Contradiction, change, and holism in East Asian cultures. *Personality and Social Psychology Bulletin, 35*, 29–44.

Spencer-Rodgers, J., Boucher, H. C., Peng, K., & Wang, L. (2009). Cultural differences in self-verification: The role of naïve dialecticism. *Journal of Experimental Social Psychology, 45*, 860–866.

Spencer-Rodgers, J., Peng, K., & Wang, L. (2010). Naïve dialecticism and the co-occurrence of positive and negative emotions. *Journal of Cross-Cultural Psychology, 41*, 109–115.

Spencer-Rodgers, J., Peng, K., Wang, L., & Hou, Y. (2004). Dialectical self-esteem and East-West differences in psychological well-being. *Personality and Social Psychology Bulletin, 30*(11), 1416–1432.

Spencer-Rodgers, J., Williams, M. J., & Peng, K. (2010). Cultural differences in expectations of change and tolerance for contradiction: A decade of empirical research. *Personality and Social Psychology Review, 14*(3), 296–312.

Suldo, S. M., & Shaffer, E. J. (2008). Looking beyond psychopathology: The dual-factor model of mental health in youth. *School Psychology Review, 37*(1), 52–68.

Talhelm, T., Zhang, X., Oishi, S., Shimin, C., Duan, D., Lan, X., & Kitayama, S. (2014). Large-scale psychological differences within China explained by rice versus wheat agriculture. *Science, 344*(6184), 603–608.

Tong, J., Yao, X., Lu, Z., & Wang, L. (2013). Impact pattern of dialectical thinking on perceived leadership training outcomes. *Journal of Applied Psychology, 43*, 1248–1258.

Tsai, J. L., Knutson, B., & Fung, H. H. (2006). Cultural variation in affect valuation. *Journal of Personality and Social Psychology, 90*, 288–307.

Wang, Y. N. (2016). Balanced authenticity predicts optimal well-being: Theoretical conceptualization and empirical development of the authenticity in relationships scale. *Personality and Individual Differences, 94*, 316–323.

Yang, X., Zhang, P., Zhao, J., Zhao, J., Wang, J., Chen, Y., Ding, S. Y., & Zhang, X. Y. (2016). Confucian culture still matters the benefits of zhongyong thinking (doctrine of the mean) for mental health. *Journal of Cross-Cultural Psychology, 47*(8), 1097–1113.

Yao, X., Yang, Q., Dong, N., & Wang, L. (2010). Moderating effect of Zhong Yong on the relationship between creativity and innovation behavior. *Asian Journal of Social Psychology, 13*, 53–57.

Zheng, W., Yu, A., Li, D., Fang, P., & Peng, K. (2021). Cultural differences in mixed emotions: The role of dialectical thinking. *Frontiers in Psychology, 11*.

Zhou, Z., Hu, L., Sun, C., Li, M., Guo, F., & Zhao, Q. (2019). The effect of zhongyong thinking on remote association thinking: An EEG study. *Frontiers in Psychology, 10*, 207.

33 中国人的孝道[①]

33.1 引言 / 1089
33.2 孝道的历史文化脉络 / 1091
  33.2.1 孝道的起源 / 1091
    政治历史发展原因 / 1091
    文化生态学的观点 / 1091
    家族制与祖先崇拜的观点 / 1092
  33.2.2 孝道的历史变迁 / 1092
    史前期或酝酿期 / 1092
    相对主义伦理观时期 / 1093
    绝对主义伦理观时期 / 1093
    先言慈再言孝时期 / 1094
33.3 孝道的涵义与理论基础 / 1094
  33.3.1 孝道的内涵梳理 / 1094
  33.3.2 孝道研究的理论基础 / 1096
33.4 孝道的研究方法 / 1097
  定量研究 / 1098
  质性研究 / 1098
33.5 孝道的研究进展 / 1099
  33.5.1 孝知 / 1099
  33.5.2 孝行 / 1101
  33.5.3 孝感 / 1103
  33.5.4 新孝道的观点 / 1104
  33.5.5 孝道与其他变量的关系 / 1105
33.6 思考与展望 / 1107
参考文献 / 1110

33.1 引言

  在杭州的一个社区,下午两点多,外面阳光正好,我们入户拜访一对老夫妇,了解他们的晚年生活。入得门来,老两口在昏暗逼仄的客厅里枯坐,情绪低落。面对询问,老人不停地抱怨。在杭州这么好的城市,住在西湖边上,身

[①] 本文受到2019年河南省社科规划年度项目"乡村振兴战略背景下的农村孝道观念变化与代际养老支持研究"(2019CSH021)的资助。

体又没大毛病,为什么这么多不满?原来一切都是因为他们把这套自己名下的房子,也是唯一的财产,过户给了儿子。而过户之后,儿子和儿媳对他们的态度就发生了变化。就像老太太所说的:"悔不该当初把房子过户给儿子,现在好像成了我们住他们家了,一天到晚没有好脸色。"所以他们才为了省一点电费不开灯忍受着阴暗。看来,养老是个复杂的问题,原本用来规范亲子关系和养老问题的传统孝道在当下的社会仿佛面临着困境,延续了两千多年的孝道观念和行为模式是否已经变了味道?——作者调查手记

"仁"是儒家最核心的思想,但"仁"带有形而上的意味,孝则是"仁"的具现,最能体现儒家思想对人与人之间伦理关系的规范。可以说,孝是"仁"的核心。儒家经典多有论述:"仁者人也,亲亲为大"(《中庸》),"为人臣者,怀仁义以事其君;为人子者,怀仁义以事其长;为人弟者,怀仁义以事其兄"(《论语·告子下》),"孝弟也者,其为仁之本与"(《论语·学而》)。由此可见,孝被儒家定义为伦理道德的核心,最能彰显"仁"的思想。

孝文化是中国绵延几千年的深层意识形态,对中国人的价值观念、道德规范、行为模式、思维方式以及民风民俗影响深远,是中国文化中最典型、最深刻的制度设计。有学者(Ho,1994)曾强调:"作为儒家伦理道德之首的孝道,它不仅仅是指服从和尊敬父母,而是由文化界定的处理人际关系的样本与准则。"杨国枢认为:"传统的中国不仅以农立国,而且以孝立国。"(杨国枢,1995)。

长期以来,孝道(filial piety)一直是历史学、哲学、伦理学、文献学研究的重要课题,这些学科关注的主要是孝道的哲学本质、伦理价值及历史意义,而从行为科学,特别是从社会心理学角度出发对孝道予以关注的研究很少,同样,对于人们在日常生活中的孝道观念、态度及行为的关注也较少。20世纪70—80年代,台湾地区心理学界集中研究了中国人独特的心理机制与行为,孝道作为其中重要的组成部分受到关注,研究领域包括:孝道的产生与发展、孝道认知与态度、孝道特征与内容等,孝道的研究也从理论层次的应然问题,扩展到现实生活层次的实然问题。以台湾地区学者杨国枢为代表的本土心理学研究者们从社会心理学的角度,对孝道的概念、内涵提出了一套理论框架。他们将孝道视为子女以父母为主要对象的一套社会态度与行为的组合,分析了孝道态度与孝道行为的影响因素,探讨了孝道的认知结构与发展,并制定了孝道的心理测量量表,为孝道的行为科学研究首开先河。近些年来,关于孝的社会心理学研究越来越受到国内外学者的关注,本章节将对孝道研究做系统介绍。

33.2 孝道的历史文化脉络

33.2.1 孝道的起源

在中国传统社会中,孝道何以形成,并成为一种绵延不绝的文化设计与传承?世界其他文明也有敬爱父母的伦理观念,但没有像中国一样如此高度重视孝道伦理的文化意义,也没有形成强大文化约束力之下的孝的行为规范。孝道对中国文化和国民性产生了重大的影响,研究孝道必须要追根溯源,探究其形成根源。回顾以往学者对这类问题的探讨,大致可以分为下列三类观点:

政治历史发展原因

孝道的起源和宗法制度关系密切。周朝立国后建立宗法政治制度,通过"家天下",保证政权由嫡长子继承,维持政治秩序。因此,在这种历史与政治条件下,要维系与调节家族内部的和谐稳定,需要顺从父权,压抑个性,遵守家庭伦理规范,孝道的秩序功能就显得极为重要。孔子更进一步将原来仅适用于宗法政治制度的孝道观念,倡导为每个人生活中必须力行的基本道德,并将它通向人性最高的理想目标——"仁",使成为"人之本欤"。自此之后,孝道逐渐演变成为一套长久盛行的道德观念。

文化生态学的观点

杨国枢等(2009)台湾地区学者依据中国历史文化生态,提出了一种孝道产生原因的解释。中国文明发源的核心地区所处的生态环境,依托黄河,地势平坦,土壤肥沃,最适合发展以种植业为主的经济生活,务农耕种是古代中国人生计的主要方式。农业是古代中国人最主要的经济生产方式,也是生存命脉,但农业经济必须依靠一个持久且稳定的小团体共同运作经营,而家族或家庭这个天然血脉连结成的小团体理所当然地就成了古代社会运营农业经济的基本单位。为了维持农业经济运转,必须维持家族的谐和团结,形成一套行之有效的规范,孝道即是有利于维持家族的安定与延续的、有效有序的道德伦理规范。此外,在农业社会,农业生活积累下来的经验是必不可少的,而这些经验必须经过一代代长辈的传承和发扬。因此对父亲权威的崇尚和对老人的尊敬,也保证了家族的重大事权和务农生产组织都由家族中经验丰富的长者来决定,这种对长者的遵从和服从,内化为心理感情和道德准则,便是"孝"。且中国古代的财产都是家族所有,家族成员"同居"、"合灶"、"共财",家族的经济基础掌握在长者手中。于是,经由自发的演变和儒家的影响,这套孝的规范上升成为传统中国社会的普世道德,于是"孝道"作为一种文化设计和道德规范便在这种生态背景下产生,成为一套复杂且广泛的伦理价值体系。

家族制与祖先崇拜的观点

持此观点的学者认为孝道能在中国具有重要地位并能够长久延续,主要是因为中国极其发达的家族制度。家族制度发达的国家,一般都盛行孝养父母与崇拜祖先,而为维持家族制度的稳固,更必须奖励孝养父母与崇拜祖先的行为。尤其是祖先崇拜的观念,使当时的人认为,人不仅生命由祖先而来,命运也受到祖先的影响,先祖尽管已经去世但仍以另一种形式存在,并可以护佑本族的成员,因此必须要祭祖,也由此产生了孝祖的传统和观念,祖先崇拜也是宗教得以产生的最早的源头。所谓"祭者,所以追养继孝也。"在孝产生的早期,祭祀是表达孝的一种方式。英克尔斯的研究(Ikels,1980)指出传统中国社会具有下述七项特征:(1)老人拥有或控制主要的生产资源,小农家庭的财富积累有限,个体要脱离家庭独自奋斗非常艰难;(2)老人凭借经验累积垄断主要的生活生产知识;(3)老人是与过去传统联系的主要媒介(特别是在重视祖先崇拜的文化之中);(4)亲属关系与扩大家庭为社会组织的核心;(5)生活在小而稳定的社区之中(与熟人重复面对面的接触,社会角色依年龄高低划分),社区建立了一套关于孝道的共同意义体系和集体记忆,通过社区舆论维系着孝道实践;(6)经济生产力低至边缘因此老人的劳力亦受重视;(7)成员间相互依赖的程度较高。有学者认为,就是这些结构特征,强化了传统中国人对孝道的重视与发展,并透过社会化的历程代代相传(林芊,1990)。此外,封建王朝无论如何更替,统治阶层始终以孝道作为道德建构的核心。

综上所述,传统中国社会重视孝道,有其政治的、文化生态的、经济的及社会的多方面因素,尤其农业文明是孝道产生的物质基础,祖先崇拜和本能情感的道德化是孝道的文化心理缘由,宗法制度和家族本位的制度是孝道的社会基石和政治保障。作为社会调节范式的孝道逐渐成为一种精巧的文化设计,对传统文化的延续与发展、促进家庭的凝聚力与稳定性起到非常重要的作用,同时也只有这样的文化设计才能适应农业生产及其生存环境。

33.2.2 孝道的历史变迁

孝道的历史发展经历了四个时期。

史前期或酝酿期

殷商时代是孝的萌芽时期,主要是宗庙祭祀祖先的意义与功能。原始性的宗教意味重于道德实践。到了春秋时期,孝的伦理规范意义才凸显出来(韦政通,1969;徐复观,1975)。殷商至西周这段时期被称为"孝的史前期或酝酿期",此时

"善待父母"的观点并不明显。商朝尚未实行嫡长子继承制,自第二代以下,以兄终弟及为主,王子无嫡庶之分,皆有继位的资格,至无弟可传,然后传子。因而,下一代的王祭祀上一代的王,并不一定是自己的亲生父亲,可见孝道的政治基础也并未建立。

相对主义伦理观时期

周代至西汉时期是孝道的"相对主义伦理观时期"。周代以后,父权以及嫡长子继承制的社会基础建立起来,家族制度同样兴起,因而,孝道开始成为一种将亲子自然情感与社会制度相结合的典制。孝在当时强调一种相对性,所谓父慈子孝、兄友弟恭、夫和妇顺。为了维护西周奴隶主统治的宗法血缘关系及等级制度,西周统治者大力提倡孝道,并将孝道与宗法及政治联系在一起,从而使孝道趋向宗法化。及至春秋时代的孔子,孝的伦理规范意义才凸显出来。孔子继承并发展了"善事父母"的孝道观念,认为不仅要在经济物质上奉养父母,更重要的是尊敬父母,使其得到人格上的尊重和精神上的慰藉。例如《论语》记载,子游问孝。子曰:"今之孝者,是谓能养。至于犬马,皆能有养。不敬,何以别乎?"子夏问孝。子曰:"色难。有事,弟子服其劳,有酒食,先生馔,曾是以为孝乎?"在孔子的道德思想里,孝是每一个人内心的天性之爱,并与通向人生最高原理的"仁"相结合,以孝释仁,并使其成为求"仁"的根本,所谓"孝为仁之本"。孔子把孝发展成为以孝敬在世父母为核心的具有普遍伦理意义的道德规范,并以此作为自己思想体系的立足点和出发点(李中和,2012)。曾子延续了孔子孝道思想,并做出系统的阐述,将孝进行了层次上的区分,按照行孝者的身份,分为君子之孝、士之孝和庶人之孝,依据孝的性质,区分了大孝、中孝和小孝。孟子对孝道思想进行了延展,并加重了分量,他认为性善是孝道的根源,孝是性善的表现,同时更建立"亲亲原则"作为最高的是非标准,孝成了人生最高的道德表现。

绝对主义伦理观时期

第三个时期被称作"绝对主义伦理观时期",大约从西汉后期开始,到两宋发展到顶峰。政治上的大一统之后,为了便于统治,西汉中期也开始了文化大一统,"罢黜百家,独尊儒术"使得儒家思想获得了独一无二的绝对统治地位,在统治者的刻意安排下,事父的孝与事君的忠混同起来,孝的思想被泛化。孝与忠紧密结合,所谓"忠者,其孝之本欤"以及"孝子善事君"的观点,意味着忠成为孝的根本,移孝作忠,甚至忠君的价值还要高过孝亲。孝原是以"德行"为中心的人伦,就逐渐转变为以"权威"为中心的人伦。尤其是在"三纲"的说法确立以后,孝道中的大小上下秩序的排比观念因此而巩固。自此以后,孝为忠之基础,忠为孝之延伸,传统孝道有了更深的政治伦理内涵,从而为形成"以孝治天下"政治理念。到了宋朝,统治者进一步强化封建专制统治秩序,宋明理学极力鼓吹"君权"和"父权"的绝对性。例如程颐和程颢的"父子君臣,天下定理";以及朱熹的"存天理,灭人欲",将孝道思想神学化和哲学化,使孝道背离了家庭关系,孝道的伦理观念变成了绝对主义,拥有了至高无上的道义地位,从此孝道已然极端化、极权化、绝对化和愚昧化。

先言慈再言孝时期

五四运动之后,开始了孝道变迁的第四个阶段"先言慈再言孝时期"。当时由于西方文化思潮的影响,加上内忧外患,原有的文化优越感丧失殆尽,许多忧国忧民的知识分子为求创新以强国,认为以孝道为首的传统思想是阻碍工业化与现代化的首恶,因而喊出去除传统,打倒孔家店的反孝言论与口号。新文化运动中,陈独秀、李大钊、胡适、鲁迅等擎旗巨擘们对传统孝道观念进行了鞭辟入里的批判。这是传统孝道遭遇的第一波冲击。1949年建国之后,新中国确立了高度整合的社会体制,《新婚姻法》以法定的形式否定了父母对子女婚姻的支配权力;土地改革和集体化运动使传统宗族赖以生存的物质基础受到摧毁;文化大革命时期,国家力量动员农民毁掉宗族文化相关的近乎一切事物,祠堂被毁,家谱被废,传统的家族制度名存实亡,受到致命打击。孝道赖以维继的制度和物质基础几乎丧失殆尽,孝道观念受到了前所未有的挑战。1978年改革开放以后,随着市场经济的发展,城乡间大规模的"脱域性"人口流动、"独生子女"政策的推进,使夫妻关系超越代际关系成为家庭主轴,核心家庭成为主流,家庭重心下移,同时个体主义价值观兴起,家庭本位变为个人本位,年长一代在家庭中的权利和地位逐渐消解,传统孝道观念彻底发生了颠覆和革命。

33.3 孝道的涵义与理论基础

33.3.1 孝道的内涵梳理

杨国枢等人(1995)从现代社会心理学的观点出发,提出了一套比较完整的对孝道的整合框架,孝道被视为一套子女以父母为主要对象的社会态度与社会行为的组合。孝道可以分为三个层次,即孝的认知(孝知)、孝的感情(孝感)、孝的行为倾向(意志)。孝道的认知和情感从理性和感性两个方面影响着孝的行为意向,进而最终影响孝的实际行为。

对于孝道认知层面实际内涵的理解,台湾地区的学者最早从社会心理角度做出阐释。杨国枢等人对中国古代典籍《礼记》、《论语》、《诗经》、《春秋》、《孝经》等关于孝道内容的语句和事例进行内容分析,梳理出15条传统孝道的基本内涵:敬爱双亲、顺从双亲(无违)、谏亲于理、事亲以礼、继承志业、显扬亲名、思慕亲情、娱亲以道、使亲无忧、随侍在侧、奉养双亲(养体与养志)、爱护自己、为亲留后、葬之以礼以及祀之以礼(杨国枢,1989)。这是关于孝道内涵最全面的解读,其他学者也对孝道内涵做出了自己的阐释,但都未超出这15条内容,只是侧重点有所不同。例如台湾学者黄坚厚认为,孝的内涵主要包括6项内容:爱护自己、使父母无忧、不辱其亲、尊敬父母、向父母进谏、奉养父母。并认为孝道在心理学上的意义体现在:第一,尽孝是要子女爱护自身,并谋求自我的充分发展;第二,尽孝是使子女学习如何与人相处;第三,尽孝是要使子女整个行为有良好的适应(黄坚厚,1989)。

大陆学者对孝道内涵的解读更习惯用较宏观的框架,例如骆承烈认为孝道有五个方面的内容:养亲、尊亲、顺亲、礼亲、光亲。其中养亲包括四点内容:(1)子女对父母应负责赡养。(2)尽力为父母做事,满足父母的需求。(3)守候在父母身边。(4)关心父母身体健康。尊亲强调要在人格上对父母尊重,思想上令其满足,使父母健康长寿。顺亲则要求子女不只是对父母奉养,还要积极地顺从他们的意愿。礼亲要求对父母的奉养符合中国传统礼的规范。光亲要求子女要在社会上建立功业,以光耀门楣(骆承烈,1993)。郑晓江从孝道伦理内涵的角度出发,认为孝道主要包括奉养长辈、顺从长辈和祭祀先辈,其中顺从最为重要,"大孝"的根本是顺亲,即不违背长辈的意愿,听从长辈的吩咐,遵从长辈的志向和爱好(郑晓江,1997)。肖群忠认为,孝道主要由爱心、敬意、忠德和顺行四部分构成,爱生于自然之亲情,敬来自上下之伦理,忠为爱的奉献与体现,顺是敬之核心与践行。这四个方面内含着注重群体本位、追求和谐的中国传统伦理道德的本质和内核。所以,爱、敬、忠、顺是孝道的伦理精神本质(肖群忠,2001)。近些年来,随着孝道研究的逐渐丰富,有学者通过对以往文献的内容分析来阐释孝道内涵,大致可以分为赡养、照顾、尊敬、顺谏、爱护、慰藉、丧祭七个方面(何日取,2013)。实际上,这与杨国枢所厘清的孝道内涵基本一致。周晓虹更进一步将孝道提炼为"事亲"、"尊亲"、"顺亲"三大方面,并认为"顺"是孝顺的核心,孝道主要包括了对父母物质上的赡养和精神上的顺从两大方面(周晓虹,2015)。

总而言之,对于中国传统孝道内涵的理解可以归纳为以下几种观点:(1)孝道是一种义务规范,以血缘为基础,受文化所影响,形成了一种社会道德规范,规定了子女与父母的道德伦理关系。(2)孝道是一种互惠的规范,强调感恩价值,使子女形成一种帮助年迈父母以作为生养回报的信念。(3)孝道不仅仅是直接以父母为对象,也包括通过良好亲子关系来促进子女人格的发展,孝道关乎人际关系的适应和立身处事之道。(4)中国古代对孝心的重视大过孝行,孝心是内核,孝行是孝心的实践表现,正所谓"百善孝为先,论心不论迹,论迹贫家无孝子",心意如何是传统文化最看重的，如果只有孝行，那就是另有所图，只要有孝心，哪怕不能付诸行动，也是值得肯定和鼓励的。由此可见，传统孝道思想深厚博大，包罗全面，不仅涉及赡养和善待父母，还包括一系列人际关系、社会规范以及通过亲子关系来塑造子女的立身处事之道，这些都被统合进孝的思想中。尽管前人的研究说法不一、观点有异，但各种论述之间存在大量的交叉和重叠，孝道的事亲、尊亲、顺亲等核心内容基本一致。

33.3.2　孝道研究的理论基础

直接关于孝道的理论并不多，因为社会心理学研究的孝道不同于哲学和历史学，主要关注实然层次的部分，重点在于孝道的认知结构和观念、态度及行为的测量。大多数孝道的实证研究侧重于将孝道看成一个变量，探讨不同孝道内涵的属性、观念的认同程度、行为意向及变量间关系，较难在形而上的应然层次与现实生活的实然层次之间发展出中观的理论。纵观孝道理论的研究，"双元孝道模型"（dual filial piety model）是比较有代表性的中观理论。

现代化进程中，孝道是最受争议的传统价值观之一，学者们对孝道的影响存在正反对立的研究结果。支持肯定孝道正面影响的研究发现，孝道有助于亲子互动和代际关系，使得子女更主动赡养父母，积极给予父母金钱、劳务和情感等方面的支持，尤其是在父母生病时更加愿意照顾。叶光辉在青少年子女的研究中也发现，孝道信念能够减低亲子冲突频率，并有助于亲子间相互的情感连结（叶光辉，2009）。而对孝道影响持负面态度的研究者发现，孝道透过父母对子女严格控制且保守的教养方式，产生对子女性格与认知发展上的负面影响，并抑制子女在自我表达和创造力方面的发展。从研究中可以发现，肯定孝道积极作用的研究者主要强调孝道的情感连结和互动以及由此衍生的爱、温暖、和谐的家庭价值，所以有利于亲子关系。而持负面态度的研究者则侧重孝道对规范的顺从和父母权威对子女的压抑。所以，孝道对个体和社会的影响可能兼具利弊两个方面，而具体则是由孝道不同面向的内涵所决定的。

叶光辉（1998）所提出的双元孝道即是在此基础之上，区分了孝道两类性质不同的成分，并与在概念意义和运作效果上明显区隔的两类孝道特征相对应，依据其性质分别命名为"相互性孝道"与"权威性孝道"。相互性孝道主要由"尊亲恳亲"和"奉养祭念"两个次级成分的孝道观念组成。尊亲恳亲的意思是由于对父母生养之恩的感激，子女在情感上和精神上表达出对父母的敬爱和关心。奉养祭念指涉的是基于相同的缘由，子女在物质上愿意奉养父母，并给予照料支持，而且在父母过世后,愿意给予合乎传统礼节的追思与祭奠。相互性孝道以儒家的"报"与"亲亲"原则为人际互动的运作机制,同时也相应于先秦时期儒家所提倡的相对主义的孝道观念特征。相互性孝道产生的原因在于回报父母的生育及养育的恩情,以及家庭亲子间互动中产生的亲密情感。权威性孝道主要由"抑己顺亲"和"护亲荣亲"两个层次的意涵构成。抑己顺亲指的是子女应该压抑或牺牲自己的需求来迎合并遵从父母的意愿;护亲荣亲则隐含了出于角色责任的要求,子女应该尽力荣耀双亲及延续家庭血脉。权威性孝道是以儒家"尊尊"原则为运作机制,强调的是对中国传统社会"上下尊卑、长幼有序"的阶序制度以及社会角色规范的遵从。对个人自主性的压抑,对权威和规范的顺从,正好反映了从汉代到明清时期的绝对主义孝道观念。

　　叶光辉提出的双元孝道模型提供了理解孝道观念的更加抽象、系统、简明的工具,是对原有孝道研究的总结和提炼,并回答了哪些原始的孝行仍然被现代民众所认同,哪些已经受到挑战,并成为造成冲突和个人痛苦的源泉。围绕双元孝道所做的一系列实证研究表明,强调尊亲恳亲、奉养祭念的相互性孝道仍然受到民众相当程度的重视,且较不受社会变迁相关因素的影响,认为这是孝道的核心观念,反映孝道概念根植于亲子间自然情感互动的心理原型。而权威型孝道则越来越不受民众的重视,受到性别、年龄、城乡差距、受教育程度等因素的影响,反映孝道概念基于社会阶序和家族角色规范的文化原型。随后其他学者的研究也表明,孝道观念中服从的取向降低,子女不再屈从顺从父母的权威,孝道的表现形式也显得具有理性和弹性,不再僵固与形式化,并且受教育程度越高的子女越是如此。而顺从双亲、继承志业、为亲留后等权威性孝道的内涵,已经不是那么受重视以及被遵行。而且尽管多数子女表示愿意亲子奉养父母,但随侍在侧,即与父母同住的情况呈降低趋势。

33.4　孝道的研究方法

　　杨国枢等人(1985)最早对孝道的实证研究主要采用两种策略:一种是对孝道进行社会态度和行为的测量,另一种是通过认知结构发展的角度来研究孝道的认知结构。后来学者们的研究基本沿用这两种策略。第一种策略希望对孝道的观念、态度和行为进行全面的测量,检定主要成分,探讨各个成分之间的关系,更加重视孝道静态的内涵;研究同时涉及孝的认知观念、情感、意愿期待和行为四个层次,并可探讨四个层次之间的关系。这种研究进路多采用量化研究,以连续变量作为分析单位,所探讨的孝道态度与行为属于较浅层次的心理行为与现象。第二种策略强调孝道的认知结构的发展,探讨孝道认知结构的类型与特征,以及各认知层级在孝道发展过程中的变化和顺序,因而其在静态内涵的基础上,更重视孝道的动态发展历程,所探讨的认知结构属于深层次的心理机制,多采用典型案例的研究方式。

就方法而言,主要有两种研究范式,一种是定量研究,建立测量孝道的标准化量表,或编制以个别题目为单位的一般问卷,用以调查有关孝道的观念、态度及行为,比如叶光辉的双元孝道量表(test of dual filial piety model),然后以此来探讨孝道与其他心理变项的关系,例如孝道和大五人格中各个人格特征的相关性。另一种则是质性研究,采取深度访谈、参与式观察、历史文献分析、孝道两难故事测验等方法,了解孝道的认知结构及其类型,探讨孝道在真实生活中的现代性变迁。

定量研究

孝道的定量研究从时间向度上采用过同时性和纵贯性两种方法,按照心理学人格与态度测量的基本研究程序,进行概念化、测量工具(量表与问卷)的编制、抽样与误差控制、施测、数据分析以及结果的分析讨论。在本土心理学研究早期,杨国枢就制定了孝道测量问卷,并将其与现代性和传统性的测量相关联。近几十年来,孝道随社会变迁发生巨大变化,很多学者重新编制了孝道测量问卷,在孝道观念研究中比较典型的测量是双元孝道量表,在孝道意愿与行为的研究中比较典型的是孝道期望问卷。叶光辉和贝德福德(Ye 和 Bedford,2003)基于双元孝道模型,编制出了双元孝道量表,分为长短两个版本,其中长版 16 题,每个维度 8 题,短版 9 题;量表由尊亲恳亲、奉养祭念、抑己顺亲和护亲荣亲四个一阶因子构成,聚合为相互性和权威性孝道两个二阶因子。无论长版和短版量表皆经过多次施测,且都具有良好的信效度,符合统计学的测量要求,同时具备坚实的理论基础,应用非常广泛。有学者(Wang 等,2009)在实践中发现了孝道期望的二元结构,即期望(expectation)和非期望(non-expectation),进而编制了孝道期望量表(filial piety expectation scale,简称 FPE),对孝道行为意愿和期望做了很好的测量学上的探索,具有一定的理论性基础,各项测量指标也符合统计学要求。

质性研究

质性方法主要用于探讨孝道认知结构和发展。李(Lee,1974)最早提出有关个体孝道认知发展的五阶段模型:(1)视孝为在物质上有利于父母或祖先的行为,认为物质性的好处愈多,孝的程度就愈大;(2)视孝为任何有益于父母或祖先的行为,或是出于好意的行为,并意识到情感性或精神性的支持甚于单纯的物质性的满足;(3)认为亲子关系以彼此关爱、情感及服从为基础,视孝为一种以和谐的方式维持及达成这些相互期望的行为表现;(4)视孝为一套有关关爱及情感性关系的理想原则,孝道不仅可以维持一个家庭或内部的和谐,它还是一套所有家庭都能采用,并达成和谐社会的法则;(5)虽然不同的社会可选择不同的统合原则使社会和谐,但孝道却是最适合中国人的基本原则,它最能落实中国人的伦理目标。李还指出,皮亚杰所提出的儿童认知能力的发展是孝道认知发展阶段的必要而非充分条件。杨国枢、叶光辉则指出:随着教育水平与年龄的递增,个体的孝道认知结构呈现出由他律性的规范原则、原始性的互动对象、非自我取向的起始原因、单向性的互动方向及物质性的目的结果,朝向自律性的规范原则、次级性的互动现象、自我取向的起始原因、双向性的互动方向及精神性的目的结果发展的趋势。

33.5 孝道的研究进展

从孝道的几千年发展阶段来看,其内涵不断丰富变化、概念边界不断延伸,这也导致孝道在现代化进程中饱受争议、褒贬不一,不同学者对孝道伴随现代化的变迁状况存在较大的争议。例如部分学者认为,传统孝道在现代社会渐趋衰落,市场经济带来世俗化和个体化价值的普及,导致孝观念难以为继,尤其在人口流动频繁的农村地区,传统价值已经几乎崩塌。子女不履行赡养义务、向父母恶性索取、代际关系失衡等现象频频发生,传统孝观念中对父母无条件的赡养变成有条件的交换,家庭利益让位于个体价值,这都证明了孝道的衰落(郭于华,2001;阎云翔,2006;陈柏峰,2009;沈亦斐,2013;李华伟,2014)。但也有许多学者持相反的观点,并通过实证研究表明,中国家庭在现代化的社会变迁过程中仍然保持良好的家庭关系和代际团结,以善待父母为核心的孝道观念在青年人群体中依然得到高度肯定,社会变迁并未导致家庭功能的衰落或代际凝聚力的下降,家庭为本的价值观念没有从根本上被动摇(杨菊华,李路路,2009;刘汶蓉,2012;Huang 和 Chu,2012;Jou 和 Chu,2012)。这种观点上的争议主要是由孝道的不同内涵在现代化进程中的变化差异所导致的,同时,不同的研究方法和标准,以及国内不同地区间的差异和城乡差异也是导致结论不一致的重要原因。以下将从孝知、孝行、孝情以及孝道与其他变量间关系来展开述评。

33.5.1 孝知

孝道认知层面的探讨是以往学者最关注的领域,既包括孝观念和态度的测量,也包括孝道的认知结构及发展。以往的研究在调查对象上主要可以分为两类,一类是对普通居民的孝道认知进行考察,第二类是专门针对大学生孝道观念的调查。

针对普通居民孝道观的研究,港台地区的学者最早进行了探索。黄坚厚(1989)以问卷法调查了台湾地区民众孝道态度,结果表明,被调查者认为重要的孝行不因年龄、受教育水平而存在差异,居民所列的重要孝行包括尊亲、悦亲和养亲,仍然保留着传统孝道的核心部分。一项研究对物质赡养态度进行了调查,发现绝大多数人认为成年子女应该对其年迈的父母提供经济上的支持,特别是当其父母没有足够的收入应付需要而子女可以承担的时候(Iecovich 和 Lanlri, 2002)。叶光辉(2002)考察了与父母同住和孝道义务之间的关系,发现老年人越来越多地与子女在居住上分离,要求子女同其老年父母亲住在一起的孝顺规范的动力作用正在减弱,但对居住安排的内在的和外在的归因存在个体差异,父母亲-子女关系的动力和父母亲-子女冲突的水平显著影响子女是否与老年父母同住且将之视为一种尽孝义务。邓希泉、风笑天(2003)等人对青、中、老三代城市居民的孝道态度与行为进行了比较,结果表明,年龄越小,居民对"顺从父母"的孝道内涵赞同度越低,越趋向于要求与父母拥有人格和尊严上的平等权;且随着年龄的递减,更倾向于在金钱上资助父母,而在与父母进行精神沟通的赞同率降低。针对海外华人的孝道调查表明,尽管华人移民在国外会努力地融入当地的生活方式,三代同堂的情况减少,老年人更多地接受公共照料;但仍持有较强的孝道价值观,家庭仍然保留了照料关系和经济联系,成年子女仍然会通过各种方式维持孝的文化传统(Liu, 2000)。

对于大学生孝道观的调查较多,可能的原因是大学生是观念形成的重要阶段,作为调查对象,年龄层比较集中,也容易收集数据。一项调查发现,大学生认为自己对老年父母有义不容辞的尽孝责任,但他们对不同层面的孝道观念存在认同上的差异,对顺从性和强制性的孝道,尤其是压抑自己的顺从,认同度最低,对于尊重的评价最高;同时男性与女性也有差异,男性大学生更多地认为尽孝是照料老年父母和为他们提供经济资助,而女性大学生更重视与老年父母保持亲密接触(Yue 和 Ng, 1999)。另一项以台湾地区青少年为研究对象的调查发现,虽然反映亲子情感的相互性孝道信念保持不变,但随侍在侧、抑己顺亲等权威性孝道观念已经淡化(Yeh 和 Bedford, 2004)。国内学者对大学生的孝道观念调查也表明,反映亲子情感的相互性孝道如"照顾父母"、"尊敬父母"、"体贴父母"和令他们开心等孝行仍然很受认同,孝文化仍然是一种较为突出的中国国民性。但绝对服从、传宗接代、与父母同住、物质方面的奉养等已经不被年轻人认为是孝顺父母的行为。吴超(2008)调查发现当代大学生最认同的行孝方式是精神上给予父母安慰,物质上给予父母舒适,最不认同的行孝方式是传统孝道中的"传宗接代,继承香火",其次是

"继承父志"。大学生中不同群体对孝道的态度也存在差异。农村和城市大学生在孝道价值目标维度上有所不同,城市大学生认为,让父母在精神上愉快幸福,物质上温暖舒适,尊重父母的价值观,是孝道的最佳体现,这会让他们感觉到自己有价值;而农村大学生比城市大学生更主张"通过对父母百依百顺来使他们高兴",农村大学生对顺从的认同度更高(吴超,2008)。不同的性别也会在孝道观念上存在显著差异,尽管就整体而言,不存在显著的性别差异,但在具体维度上,女生比男生更容易抑己顺亲,男生比女生更重视传宗接代(张坤,2004)。

总体来说,无论调查对象是普通居民还是大学生群体,孝道观念都具有明显的"二重性"(应贤惠,2007),对传统孝道的理解存在扬弃并存的情况,其中表达亲子间亲密情感的、代际互惠的、奉养祭念的部分内涵仍然得到非常高的认同;而某些带有强制性、权威性、甚至封建成分的内涵,例如抑己顺亲、传宗接代、继承父志等,逐渐遭到较多的拒绝,渐趋式微。

33.5.2 孝行

对孝行的研究主要考察人们实际的孝道行为,行孝的意愿和期待也可以被视为孝道的行为层面。关于孝行的研究呈现出几个特点和趋势。

首先是居住方式上的变化。"随侍在侧"是传统孝道重要的要求,子女对老年父母的亲身照顾是孝行的主要表现方式之一,但随着现代社会生活节奏的变化、社会流动加剧、独生子女政策的影响以及观念变迁,现有研究发现,子女与老年父母同住的趋势逐渐减弱(刘岚,雷蕾,陈功,2014;曲嘉瑶,杜鹏,2014),与父母同住已经逐渐不作为必须的尽孝方式了。由于工作节奏快、社会压力大,子女没有太多的时间和精力照顾父母。尤其在农村地区,大量进城务工人员常年离家,农村"空心化"现象严重,大量农村老人成为"空巢老人",尽管外出务工受到老年父母的鼓励,但这并没有降低老人对孝的评价,但"随侍在侧"的尽孝标准已然发生了变化(孙鹃娟,2010;Luo 和 Zhan,2012)。近期研究发现,成年子女越来越不认为与年老父母同住就是孝顺(叶光辉,杨国枢,2009)。尽孝的现实状况发生变化,孝道的期待也随之发生变化,送父母去养老院逐渐成为被两代人共同认可的尽孝方式,通过补偿养老院的服务费、经常探望父母等行为协调传统孝道和现代孝道标准之间的矛盾(Zhan 等,2008;李琬予,寇彧,李贞,2014)。一些学者(Heying,Jenny,和 Zhan,2006)研究了中国成年子女及老年父母对福利院养老的态度,发现影响老年人自愿去福利院的因素主要包括婚姻状况和经济能力。单身老年人更愿意住进福利院;有些老年人认为福利院的服务费用太贵而宁愿住在家里。从家庭成员来说,男性子女趋于希望老年父母住在福利院养老,而女性子女则更希望老年父母住在家里。此外,城市子女尤其是成年的独生子女可能会出于代际互惠的需要,因为生活压力、照料小孩等原因依赖父母而选择与父母同住(Settles 等,2011),近些年来,城市中出现了大量的随迁老人,这也表明孝道行为受到多重因素的影响。

其次,女性在尽孝中的主体地位大幅提升,甚至在某些方面超过儿子的作用。传统孝道规定儿子承担尽孝的责任,女儿则跟随其丈夫,负担公公婆婆的养老,这也是民间谚语"嫁出去的女儿泼出去的水"得到广泛流传的主要原因。然而,随着现代社会女性经济地位大幅提升,加上计划生育政策以及价值观的变化,有研究发现,女儿在物质赡养、生活照料以及情感支持等方面发挥的作用越来越明显,且女儿更加细心,更能关注到老年父母的精神需求(唐灿,马春华,石金群,2009;Shi,2009;刘纹蓉,2012;丁志宏,2013)。布罗姆利等人(Bromley 和 Blieszner,1997)考察了子女对年长父母赡养照料的协商与安排,发现在家庭协商、讨论、计划与决策的过程中,女儿比儿子表现得更积极,会更多地考虑照料细节,同时家庭成员间的关系、父母的权威都会对这种协商讨论产生影响,呈现出了孝行实施的微观过程。现代家庭养老,其责任主体已不再局限于儿子和儿媳,女儿和女婿也成为主体之一,甚至孙子(女)、外孙(女)也可以承担养老事务。同时,通过整合家庭内资源,对老人开展合作型的照料,也可以满足老年人的情感需要以及多样化需求(周山东,2006)。

最后,亲子间的孝行期待发生了显著变化。孝行期待是指父母对子女孝道支持行为的期望,尤其是成年子女如何满足父母的需要、采取何种方式尽孝道义务(van der Pas, van Tilburg, 和 Knipscheer,2005)。一项孝道期待的调查研究(Yue 和 Ng,1999)发现,老年人对年轻人寄予很高的孝道期待,大多数年轻人也认同这种期待。研究表明,老年人的孝道期待越高,越容易获得子女的支持(Wang 等,2009)。孝道期待影响老年人对子女尽孝所带来的幸福感,研究表明,当父母有高情感期望时,看望父母才减少他们的孤独感(van der Pas, van Tilburg, 和 Knipscheer,2006)。

中国内地的研究发现,老年人不仅降低了孝道期望,而且还会通过照顾孙辈、料理家务等方式作为交换,以换取子女的孝道支持(Shi,2009)。而子女往往把老人的付出看成是一种家庭贡献,老年父母也觉得理所应当(Miller,2007),这种孝道期待的变化与传统孝道不同,老年父母以有条件的交换来获得子女的孝道支持,而非无条件的赡养(陈柏峰,2009)。但这种调整使亲子关系在现代社会获得平衡,一定程度上保证了老年人的养老需要,子女也获得了父母给予的家庭生活支持,是适应现代生活的双赢家庭策略。但也要看到,一旦老年父母不再为子女提供交换所需,丧失了互惠的能力,这种亲子关系的平衡就被打破,此时父母养老需求的满足就只能完全靠子女的孝道信念。中国老年人的孝道期待水平在近些年来呈下降趋势(Wang 等,2010)。有学者对城市老人的孝道期待做质性研究发现,老年人对子女尽孝的期待是:"常回家看看"、"多打打电话";不要求物质回报,子女过得好就是孝;不强求"顺",做到"敬"即可,更希望可以在精神上与子女交流。老年父母孝道期待的改变经历了与子女互动、社会互动和大众传媒影响的过程,老年人不断的自我调适,对于孝的观念、认知发生了变化,从而降低了自身对子女孝行的标准和期待,并最终与子女达成一定的共识(杨曦,2016)。此外,孝道期待存在城乡的差别,有研究表明,农村子女的孝道行为更多地表现为对父母物质方面的支持,而城市的成年子女则更重视满足父母的情感需求(Deutsch,2006)。

33.5.3 孝感

孝感是子女和父母之间深厚的情感,孝道不仅仅是亲子互动产生的亲密感情,也是物种遗传的潜能,即孟子所说的"父子之道,天性也"。孝感即孝的感情层次,即身为子女对父母及其相关事物的情绪与感受,关注因为孝道而产生的心理体验。西方学者奇奇雷利(Cicirelli,1988)最早明确地提出了孝道焦虑(filial anxiety)的概念,她认为,成年子女在为父母提供照顾及帮助的过程中,逐渐地意识到父母的身体状况日益欠佳或者生活上需要更多的照料时,尤其是当父母患病或日渐衰老时,对自己是否有能力尽孝及是否能够保障父母生活质量,产生担忧和忧虑的心理感受,即为孝道焦虑。这种焦虑不仅仅是对于父母养育之恩的回报,更是子女发自内心地对父母产生的深刻情谊的表达。他进一步把孝道焦虑分为孝道能力焦虑和孝道情感焦虑:孝道能力焦虑是指子女对自己是否有能力尽孝而产生的担心,当子女为父母提供资源上的实质性协助时,可能会担心超出自我能力的界限。包括:担心自己的资源是否可以为父母提供实质性的帮助,协助父母的同时是否会让自己陷入生活困境等内容,孝道情感则焦虑反映了子女对父母在情感上的牵系,在父母面临年老、身体状况日益衰退或走向死亡时,对父母在生活福祉方面产生担忧与关心的心理状态。

有研究关注到成年子女所承受的孝道压力,即成年子女在考虑照顾年迈父母的需要时,会感受到孝道焦虑,认为当亲子双方对孝道的认知有所差异时,会带来亲子之间的紧张或冲突。当父母的要求或行为超出子女的条件或能力负担,父母的要求与子女的个人价值目标相互冲突,子女不能做出与自己的孝道观念相符合的孝道行为,以及与父母之间意见不合而争吵,就会产生孝道困境(利翠珊,卓馨怡,2008)。个人在遭遇孝道困境时,就会产生心理上的焦虑和困扰。对焦虑的不同应对方式也会对实际的孝道行为产生影响(苗瑞凤,2017)。在某些情况下,父母身体状况处于不好的状态,会增加子女的焦虑。具有创伤后应激障碍的父母与子女的责任感和子女的焦虑相关(Amit 等,2019)。

33.5.4 新孝道的观点

近几十年来的社会变迁使孝道发生了显著变化,传统孝道的很多内涵和价值已经不适应现代社会,因此学者们提出建构新时代的孝道,即新孝道的概念。由于中国港台地区的现代化开始较早,因此那里的学者最早关注孝道的新变化。杨国枢(1989)发现,传统孝道呈现出一定的新特点:(1)只涉及家庭内亲子间的人际关系,与传统孝道的泛化相比,新孝道局限于家庭范畴。(2)以亲子间的了解与感情为基础,新孝道的情感性突出。(3)新孝道强调自律性的道德原则,随着现代社会发展和较高的流动性,孝道的他律性渐趋衰落,自律性越来越突出。(4)强调亲子间应以良好的方式互相善待对方,突出新孝道的互益性和互惠性,父慈子孝。(5)新孝道的态度内涵与表达方式具有多样性。

内陆学者从 21 世纪初也开始关注新孝道。肖群忠(2001)认为,我们必须厘清传统之孝与现代之孝的区别,在传统社会,孝是首德和泛德;在现代社会,它只能是子德,是基础道德。传统孝道既有亲情的民主性的合理内涵,也有封建性糟粕,而新孝道最本质的特点就是亲子平等。丁成际(2006)研究孝的当代建构。他认为新孝道要从 3 个方面来重塑:第一,"新孝道"要注意处理好 4 个原则性关系:体现义务性、注重感情性、强调自律性、提倡互益性。第二,应批判地继承传统孝道观,有所扬弃。第三,营造家庭内部良好的伦理。有学者将对孝道的态度转变分为积极和消极两部分,认为新孝道的建构需要发扬积极方面,摒弃消极部分。积极方面包括:(1)观念上由对父母的绝对服从转变为独立自主;(2)孝行方式由注重厚葬转变为注重赡养;(3)行孝标准由感性变为理性;(4)由强调孝的政治意味复归为重视孝的道德意义。在消极方面则表现为:(1)孝行方式由养敬结合、以敬为本退化为单纯的物质养老;(2)崇老意识淡漠;(3)过分追求个性独立、家庭平等;(4)经济上过于依附,出现"啃老一族"(刘艳君,2007)。

谢子元(2007)将孝道与中国特色社会主义文化结合,认为社会主义条件下的新孝道应该具有的特征是:建立在亲子之间的深厚情感基础上的强烈情感性;鲜明的民主性,父母对于子女的关爱与子女对父母的孝敬是对等的,即父慈子孝、亲权子责。突出的时代性,新孝道从属于社会主义道德体系,是促进家庭健康发展和社会和谐稳定的道德;严整的规范性,社会主义条件下的孝道主要通过道德教育和倡导,舆论鼓励和批评,启发人们自觉实践;充分的可延展性,孝行为的道德源头是人类天性的"亲亲"之情;具有持久的生命力,只要社会正确引导,孝道就可以向其他道德领域迁移扩展,为整个社会主义道德建设提供情感基础和动因。

33.5.5 孝道与其他变量的关系

首先,孝道对青少年的发展成长具有重要影响。中国传统文化强调"报",子女对父母的尽孝就是一种"报"的思想,不仅仅体现在父母年老之后的赡养,在子女年幼时,父母的辛勤养育也会让子女产生回报的想法和行为,这也是一种孝行为。有学者对孝道观念和学业动机的关系进行研究发现,年轻子女对孝道越认同,学习动力越强,就越容易在学业上取得好成绩,其中,孝道中的自我牺牲维度对学业动机的影响最为显著(Chow 和 Chu,2007;Hui,2011)。后来有学者使用叶光辉的双元孝道量表考察其与学业成就的关系,发现相互性孝道较高的学生,感知到父母对自己的付出后会更加努力地学习,两者之间呈现正相关关系;但那些权威性孝道高、相互性孝道低的学生,并没有表现出孝道与学业增长之间的关系,不同孝道内涵对子女学业动机和学业成就的影响存在较大差异(Chen 和 Ho,2012)。为了解释这个现象,有学者继续考察了孝道与学业成就的中介机制,结果发现,相互性孝道通过正向影响学生的能力增长观而提高学业成就;权威性孝道正向影响学生的能力实体观而降低学生的学业成就(Chen 和 Wong,2014)。

除了学业成就,自主性也是青少年发展的关键性指标。孝道的双元面向都可能影响青少年自主性的发展,相互性孝道可能促进自主性,而权威性孝道可能抑制自主性的成长。在单一测量中,孝道水平与自主性动机呈正相关关系(Hui,2011),但在分类测量中,结论更加丰富。孝道存在双元结构,自主性也可以划分为个体自主性和关系自主性两种分类。个体自主性以独立性自我认同为基础,更关注自己的想法和感受,强调独特性,与他人的边界清晰;关系自主性以互依性自我为基础,更加重视自己与他人的良好关系。有研究表明,两种自主性与双元孝道的关系存在较大差异,相互性孝道关注亲子之间的积极情感交流,来自父母的支持和爱可能促进子女深刻的自我反省,并自己做决定,从而有利于子女个体自主性和关系自主性的发展;而权威性孝道更关注权威服从和等级关系,子女在做决定时会更多地考虑人际关系的影响,这会促进关系自主性的发展,却抑制个体自主性的发展(Yeh,2014)。总地来说,个体化自主性和权威性孝道彼此抑制,而关系自主性与相互性孝道彼此促进(李琬予,寇彧,李贞,2014)。此外,父母对子女孝的不同期待也影响其自主性发展,如果父母期望子女尊敬和照顾父母,那么这种孝道期望以自主授权作为中介,可以正向预测子女的自主性动机;如果父母期望子女保护和支持父母的荣誉,那么此种孝道期望会以心理控制作为中介变量,负向预测子女的自主性动机(Pan 等,2013)。

其次,孝道与亲子关系存在紧密关联。孝道是子女与父母相处的规范,必然对亲子关系产生影响。有学者研究发现,双元孝道中相互性孝道与权威性孝道在预测亲子关系方面存在明显差异,虽然二者都能降低亲子冲突,但相互性孝道比权威性孝道更能降低亲子冲突(Yeh 和 Bedford,2004)。也有学者发现,权威性孝道对降低亲子冲突的作用不显著(Li,2014)。这可能是因为权威性孝道不注重亲子之间的亲密情感,另外会倾向于采用严厉型的儿童管教方式(Ho 和 Kang,1984)。除了影响亲子关系外,研究发现,相互性孝道可以正向预测亲社会倾向,并可能影响个体对社会其他老人的认知和行为(金灿灿等,2011;李启明,陈志霞,2013)。亲子关系也会影响孝道的发展。良好的亲子关系会促进子女的积极孝道信念的形成,尤其是相互性孝道信念(Silverstein, Parrott, 和 Bengtson, 1995)。同时,研究发现,在子女年幼时,如果是因为父母的缘故引发了亲子冲突,那么青少年的孝道信念就会降低(叶光辉,2009),甚至会导致成年子女不愿意为父母提供孝道支持(Ferring, Michels, Boll, 和 Filipp, 2009)。

然后,父母教养方式对子女孝道观念的形成产生影响。黄士哲和叶光辉(2013)对教养方式做了一个二分分类,分别是民主型教养方式和权威型教养方式,并认为前者易形成亲子之间积极的情感联系,后者则容易造成亲子之间的感情疏远。这个分类与双元孝道联系紧密,研究发现,父亲的民主教养方式通过承诺性顺从的中介影响权威性孝道,通过感激的中介影响相互性孝道;父亲的权威教养方式通过情境性顺从的中介影响权威主义孝道;而母亲的民主教养方式通过感激的中介影响相互性孝道,通过承诺性顺从的中介影响权威性孝道。类似地,也有学者将父母教养方式分为两类:控制性教养方式和关爱式教养方式,调查发现,关爱性教养方式促进相互性孝道的形成,控制性教养方式倾向于让子女形成权威性孝道(李启明,陈志霞,2013)。李晓彤等(2014)更仔细地对不同孝道内涵与父母教养行为进行研究,发现抑己顺亲可以正向预测父亲的过度保护和父母的温暖教养行为,尊亲恳亲、奉养祭念和护亲荣亲正向预测父母的温暖教养行为,负向预测父母的拒绝行为,子女的奉养祭念与母亲的过度保护正相关。此外,亲子依恋关系影响孝道的形成,研究发现依恋关系质量高的青少年,更可能基于亲情及养育之恩的回报而产生相互性孝道(金灿灿,2011)。

最后,孝道与个体幸福感存在一定关联。个体的幸福感与家庭紧密相连,孝道影响家庭关系,因此孝道与幸福感之间存在联系。陆洛等(2006)研究发现,子女和父母的孝道观念对子女自身的幸福感造成影响,但是父母的幸福感则只受到子女孝道观念的影响,而不受父母自身孝道观念的影响。也有研究得出了一致结论,在控制经济压力等因素之后,子女的孝道行为与父母的幸福感显著相关,其中尊重因子是最重要的影响因素(Cheng 和 Chan,2006)。放到双元孝道的框架下,得出的结论更加清晰:相互性孝道正向预测大学生的生活满意度,而权威性孝道与生活满意度不存在显著关系(Chen,2014)。亦有研究发现,在控制了青少年的年龄、学习成绩和感知的父母温暖后,相互性孝道正向预测青少年的生活满意度,权威性孝道负向预测青少年的自尊及社会能力(Leung 等,2010)。总地来说,相互性孝道对个体幸福感和社会适应起到积极作用,而权威性孝道几乎不起积极作用,反而会产生消极影响。

33.6 思考与展望

从20世纪70年代起,台湾地区学者试图整合并超越前30年的移植性研究,重新建构本土化的概念和理论,设计适合于本土化研究的方法和工具,以期能够系统地分析中国人的心理现象。20世纪80年代以来,大陆学者也开始关注中国文化与中国人心理的关系,呼吁建立有中国特色的社会心理学,对传统文化越来越关注,而孝道是其中非常重要的组成部分。近些年来,关于孝道的社会心理学研究日益丰富,但仍然存在很多不足之处。

在研究方法上,港台地区学者在前期主要采用认知结构与发展的观点研究孝道,通过两难故事对个体进行访谈,所获得的个体对孝道问题的认知往往带有直觉性,其内部相关性不高。近些年来,通过问卷调查开展定量研究成为学者们主要采用的方法,定量调查便于统计,样本量较充足,但受到问卷本身的限制,探讨的内涵缺乏深度和系统性。叶光辉(2004)认为,当前研究的另一个缺点是依赖调查数据,这些问卷互相之间的相关可能源于它们概念上的相似性,这降低了结果的预测力量,以后的研究要包括一些非问卷研究或者一些对观察结果的行为测量,提供对该问题更深的研究。因此开展定量和定性相结合的混合研究,以及能够反映孝道发展轨迹的纵向研究应当受到重视,成为将来的研究趋势。因此,未来的研究需要在方法上做出一定突破,孝道的测量工具需要推陈出新。在研究对象的选取上,目前的研究对象多集中在青少年这一群体,对成人尤其是老年人的研究较少,实际上真正遇到孝道问题的是中年人和老年人,他们对孝道的态度更需要得到关注。同时,很多的调查和研究成果主要在中国港台地区获得,内地的研究还很欠缺。

在研究内容方面,当前关于孝道的研究大多停留在描述性阶段,对孝道的社会态度与行为进行探讨时,比较偏重孝道的静态内涵及其相互关系,对具体的孝道行为和过程的研究则比较少。此外,已有研究对社会因素缺乏应用的关注,例如城乡差距,农村的家庭本位观念更重,但大量农村青年进城务工破坏了孝道的基础;计划生育政策也是影响孝道的背景因素,独生子女与非独生子女的孝道态度必定存在差异,其孝道行为也不尽相同,但现有文献较少涉及。从研究深度上来说,以往的研究虽然提出了传统孝道道德规范重构的理论和方法,但是不够深入和具体,没有针对孝道伦理的重构方法及新孝道的内涵进行具体的探究。以往研究主要探讨孝道理论层次的应然问题,忽略了孝道生活层次上的实然问题。此外,孝道与其他变量关系的探讨仍然是非常具有研究潜力的方向,例如孝道影响幸福感和适应性的中介和调节机制问题几乎没有涉及,孝道对除了亲子关系以外的其他人际关系影响的研究还非常有限。

在社会转型时期,孝道观念受到社会结构和西方个体化思潮的影响,也发生了本质上的变化,但这种变化在不同年龄群体之间存在较大的差异,以往的文献很少关注到孝道观念及行为是如何发生变化的,尤其是如何在家庭微观互动中体现出孝观念的变化的轨迹,以及互动中父代与子代之间、传统观念与现代观念之间如何相互适应、最终达成和解和共识的过程。简而言之,以往的研究很少关注两代人孝观念的相互适应和微观互动过程,也很少放入个体化的时代背景。

综合以往学者的研究,现代社会的新孝道呈现出以下特点:

第一,强调"孝心"而非传统的"孝顺"。传统社会的孝和顺是绑定在一起的,有孝必有顺,甚至顺就是孝,而且这里的顺是一种社会规范和伦理要求,也是儒家文化设计出来的规程。但在现代社会,个体主义文化盛行,顺遭遇到挑战。新孝道将不再强调顺,甚至会将顺与孝剥离开来,提到所谓的顺,更多的也是在亲子间平等独立基础上的互相尊重和面子上的和谐。随着亲子之间对情感表达和精神联系的需求与日递增,以及经济生活水平的提升和社会生活方式的转变,父母并不奢求子女做太多事,唯有用心而已,心里时常惦记着父母、力所能及的帮助和照顾、有一份心意就足够了。因此现代社会的孝,本质上是"孝心",而不是"孝顺",孝的情感性极大地凸显出来。

第二,从传统社会的"亲权子责"模式,变成亲子间权利和义务的对等,更强调"父慈子孝"。受到市场经济发展和个体化、契约观念的影响,使得年轻人普遍具备平权思想,不认同传统的"家长权威"和压制个人自由的规范,倾向于亲子之间权利与义务的对等,而不是传统的"亲权子责"。民众更认同"父不慈,子不必尽孝"。同时在物质方面,传统社会所要求的子女无条件对父母尽孝,也变成了有条件的亲子交换逻辑,父母能否提供交换资源,成了子女尽孝方式和程度的重要考量,因而发生从"养儿防老"到"养孙防老"的转变。交换性成为新孝道的重要特征。

第三,新孝道具有很强的权变性特征。在当下的中国社会,传统和现代性以交织的方式影响着家庭结构和内部关系。个体的选择和决定并非是自己决定的,它是在具体的语境下与相关家人的互动、协商、妥协中形成的,家庭的结构、流动,都是内部个体利益协商的结果,而不再是个体为了家庭利益妥协的结果。在这样的背景下,采取何种孝行方式实际上也充满了灵活性和权变性,不再坚守是传统孝道一成不变的行为规范,而是在微观层面下、具体的语境中通过与家人的互动、协商来决定,每个家庭都需要找到亲子之间相处互动的平衡点。由于各个家庭从经济水平、价值观念、家庭结构到个人性格情况不一,因而很难有统一的孝道模式,每个家庭通过沟通协商甚至冲突,找到适合他们自己的模式。

第四,孝道的理论模型的建构是解释孝道现象并与其他理论对话的关键。孝道是一个非常复杂的文化现象,双元孝道模型具有较高的理论贡献,但也存在不小的缺陷。曾有学者对双元孝道提出了批评,例如伊庆春(2009)认为应该将双元孝道的相互性和权威性改为规范性孝道和情感性孝道,规范性孝道包含抑己顺亲和奉养祭念,而情感性孝道则指涉护亲荣亲和尊亲恳亲。黄光国(2009)认为,双元孝道体现出来的尊尊与亲亲原则是否可以切割为一组二元对立的关系还值得商榷,关于双元孝道对应文化特殊性和文化普同性的分类方式也不妥当。杨中芳(2009)也对双元孝道模型提出了质疑,认为相互性孝道中的内容,其义务性的意义大于相互性,权威性孝道反映文化原型,相互性孝道反映心理原型的观点存在过度解释之嫌。因此,需要重新思考并建构新的孝道理论模型。

综合以往研究来看,传统孝道的动力来源于两个方面,一方面是基于亲子之间天然存在的血浓于水的亲情,是"孝感"的部分,由于是表达心中真实的感情,因而可以称之为"真有之孝";另一方面是随着后世儒家的演变,将孝塑造成了一种角色性规范和道德,孝敬父母成了基于"身份"的要求和规条,上升为一种作为子女的"天职",即"孝职",这种"孝职"更多地表达为一种社会规范的要求,是一种应然的社会行为标准,因而可以称之为"应有之孝"。传统社会的孝道观强调权威性和规范性,"顺"处于核心地位,提到孝必然与顺相联系,"应有之孝"占据主导地位;而在现代社会孝的核心是"真情",孝的权威性、等级性、义务性的内容逐渐消退,取而代之的核心则是亲子之间血缘亲情和抚养的恩情,长期相处而产生的最真挚的无私的情感,传统的角色取向孝道观正在向情感取向的孝道观发展。如果中国人的孝道在将来完全变成情感取向,那么就类似西方社会的亲子关系特征,而孝的规范性动力被完全"抛弃"了吗?有学者认为,孝的规范性可以区分为权威性和角色性两种取向,从大量的经验研究来看,压抑个体自由的权威性孝规范已经式微,而将尽孝作为一种角色要求和应当履行的责任,仍然被绝大多数人内化为一种基本的价值态度,家庭教育和学校教育非常重视孝的社会化。因此,孝道的动力机制可能是情感性与角色性"双高"的发展趋势,可以称之为"诚孝"(杨曦,2016)。中国人的亲子关系与西方的发展趋势并不相同,本质上就是因为孝文化的角色规范深入血脉。

表33.1

<table>
<tr><th colspan="2" rowspan="2"></th><th colspan="2">应有之孝</th></tr>
<tr><th>高/积极</th><th>低/消极</th></tr>
<tr><td rowspan="2">真有之孝</td><td>高/积极</td><td>内外合一的孝
(完美的状态)</td><td>现代社会关注的孝
(重视情感表达)</td></tr>
<tr><td>低/消极</td><td>传统的孝道模式
(重视角色规范)</td><td>不孝</td></tr>
</table>

应有之孝与真有之孝模型

此外,汪凤炎和郑红(2013)将孝文化分为孝心理文化、孝制度文化和孝行为文化三个方面,并综合考虑真-伪、他律-自律、合理-悖理三个维度,建构出一个孝道三维模型,是对孝道理论模型的创新,但三个维度之间的论证关系仍不清晰,也不能以类别原型加以验证,需要发展出完善的测量体系,进一步开展实证检验。如何全面、深入地揭示孝道的实质,如何实现孝道的现代性转化,是研究者们未来最关心的议题。

(杨曦)

参考文献

陈柏峰.(2009).人际关系变动与老年人自杀——对湖北京山农村的实证研究.社会学研究(4),157-176.
丁志宏.(2013).城市老人实际支持网和期望支持网分析.人口与发展(6),90-99.
丁成际.(2006).论传统孝道的当代建构.渤海大学学报(3),57-58.
邓希泉,风笑天.(2003).城市居民孝道态度与行为的代际比较.中国青年研究(3),51-55.
邓凌.(2004).大学生孝道观的调查研究.青年研究(11),38-42.
傅绪荣,汪凤炎,陈翔,魏新东.(2016).孝道:理论、测量、变迁及与相关变量的关系.心理科学进展,24(2),293-304.
郭于华.(2001).代际关系中的公平逻辑及其变迁——对河北农村养老事件的分析.中国学术

(4)，221-254.

黄士哲,叶光辉.(2013).父母教养方式对青少年双元孝道信念的影响效果：中介历程的探讨.本土心理学研究,119-164.

黄光国.(2009).从"儒家关系主义"评《华人孝道双元模型》.本土心理学研究(台湾),163-185.

黄坚厚.(1989).现代生活孝的实践：中国人的心理(1989年版).台北：桂冠图书公司.

黄坚厚.(1982).现代生活中孝的实践.中华文化复兴运动推行委员会,现代生活态度研讨会论文集.

何日取.(2013).社会转型与孝道变迁：近代以来中国人孝观念的嬗变.南京：南京大学博士学位论文.

金灿灿,邹泓,余益兵.(2011).中学生孝道信念的特点及其与亲子依恋和人际适应的关系.心理发展与教育(6),619-624.

刘岚,雷蕾,陈功.(2014).北京市老年人居住安排的变化趋势.北京社会科学(5),79-84.

李华伟.(2014).儒家孝道伦理借基督教重生？——乡村基督徒激活与改变儒家伦理的悖论性个案分析.中国农业大学学报(社会科学版)(31),107-117.

李启明,陈志霞.(2013).父母教养方式与双元孝道、普遍尊老的关系.心理科学,36(1),128-133.

李琬予,寇彧,李贞.(2014).城市中年子女赡养的孝道行为标准与观念.社会学研究(3),216-246.

李晓彤,王雪玲,王大华,燕磊.(2014).青年子女的传统孝观念及其与早期父母教养行为的关系.心理发展与教育(30),601-608.

刘汶蓉.(2012).孝道衰落？成年子女支持父母的观念、行为及其影响因素.青年研究(2),22-32.

陆洛,高旭繁,陈芬忆.(2006).传统性、现代性、及孝道观念对幸福感的影响：一项亲子对偶设计.本土心理学研究(25),243-278.

骆承烈.(1993).孝道新解.齐鲁学刊(1),110-114.

利翠珊,卓馨怡.(2008).成年子女的孝道责任与焦虑：亲子关系满意度的影响.本土心理学研究(10),155-197.

刘汶蓉.(2016).转型期的家庭代际情感与团结——基于对上海两类"啃老"家庭的比较.社会学研究(4),145-168.

李中和.(2012).传统孝道思想及其现代价值探讨.兰州学刊(7),36-41.

苗瑞凤.(2017).孝道研究现状与发展趋势.中国老年学杂志(20),5211-5213.

曲嘉瑶,杜鹏.(2014).中国城镇老年人的居住意愿对空巢居住的影响.人口与发展(20),87-94.

沈奕斐.(2013).个体家庭iFamily：中国城市现代化进程中的个体、家庭与国家.上海：上海三联书店.

孙鹃娟.(2010).成年子女外出状况及对农村家庭代际关系的影响.人口学刊(1),28-33.

唐灿,马春华,石金群.(2009).女儿赡养的伦理与公平——浙东农村家庭代际关系的性别考察.社会学研究(6),18-36.

汪凤炎,郑红.(2013).中国文化心理学(增订本).广州：暨南大学出版社.

韦政通.(1969).中国孝道思想的演变及其问题(1969年版).台北：现代学苑.

吴超,秦自文,李亚娟.(2008).对当代大学生的孝道观的调查.青年探索(1),40-43.

徐复观.(1975).中国孝道思想的形成演变及其在历史中的诸问题.中国思想史集论.台北：台湾学生书局1975年版.

谢子元.(2007).论孝道创新与新孝道建设.石河子大学学报(2),38-39.

肖群忠.(2001).孝与中国文化.北京：人民出版社.

叶光辉.(2009).台湾民众之孝道观念的变迁情形.叶光辉,杨国枢(主编).中国人的孝道——心理学的分析.重庆：重庆大学出版社.

伊庆春.(2009).回应《华人孝道双元模型研究的回顾与前瞻》.本土心理学研究(台湾),187-

197.

杨中芳.(2009).试论深化孝道研究的方向.本土心理学研究(台湾),149-161.

应贤惠,戴春林,张颖.(2007).当代大学生传统孝道观的现状研究.思想理论教育(7),7-8.

阎云翔.(2006).私人生活的变革:一个中国村庄里的爱情、家庭与亲密关系(1949-1999).龚小夏,译,上海:上海书店出版社.

杨菊华,李路路.(2009).代际互动与家庭凝聚力—东亚国家和地区比较研究.社会学研究(3),26-53.

杨国枢.(1985).现代社会的新孝道.中华文化复兴运动推行委员会,现代生活态度研讨会论文集.

杨国枢.(1989).中国人孝道的概念分析——中国人的心理.台北:桂冠图书公司.

杨国枢.(1995).中国人孝道的概念分析,中国人的心理.台北:桂冠图书公司.

杨国枢.(2004).孝道的心理学研究:理论、方法及发现,中国人的心理与行为:本土化研究.北京:中国人民大学出版社.

杨国枢,余安邦,叶明华.(1989).中国人的传统性与现代性:概念与测量.中国人的心理与行为.台北:桂冠图书公司.

杨曦.(2016).城市老人对孝行期待变化研究——以杭州市上城区老人个案为基础的考察,中国社会科学院研究生院学报(1),140-144.

杨曦.(2016).中国城市居民孝道观念变迁及亲子适应研究.北京:中国社会科学院博士学位论文.

叶光辉.(2009).亲子互动的困境与冲突及其因应方式:孝道观点的探讨.中国人的孝道:心理学的分析.重庆:重庆大学出版社.

叶光辉.(1992).孝道认知的类型、发展及其相关因素.台北:台湾大学博士学位论文.

叶光辉,杨国枢.(2009).中国人的孝道:心理学的分析.博雅华人本土心理学丛书.重庆:重庆大学出版社.

郑晓江.(1997).孝的伦理内蕴及现代归位.南昌大学学报(4),36-41.

周晓虹.(2015).文化反哺:变迁社会中的代际革命.北京:商务印书馆.

庄耀嘉,杨国枢.(1989).传统孝道的变迁与实践:一项社会心理学之探讨.中国人的心理与行为.台北:桂冠图书公司.

张坤,张文新.(2004).青少年对传统孝道的态度研究.心理科学,27(6),1317-1321.

张坤,张文新.(2005).孝道的心理学研究现状.心理学探新,25(93),19-22.

周山东,程林辉.(2006).论传统孝道的现代转换.桂海论丛,22(3),61-63.

Bromley, M. C., & Blieszner, R. (1997). Planning for longterm care Filial behavior and relationship quality of adult children with independent parents. *Family Relations Interdisciplinary Journal of Applied Family Studies*, 46(2), 155-162.

Basic, & Applied. (2000). Social Psychology. *Special Issue The social psychology of aging*, 22(3), 213-223.

Chen, W. W. (2014). The relationship between perceived parenting style, filial piety, and life satisfaction in Hong Kong. *Journal of Family Psychology*, 28, 308-314.

Cheng, S. T., & Chan, A. C. M. (2006). Filial piety and psychological well-being in well older Chinese. *Journal of Gerontology*, 61, 262-269.

Chen, W. W., & Ho, H. Z. (2012). The relation between perceived parental involvement and academic achievement: The roles of Taiwanese students' academic beliefs and filial piety. *International Journal of Psychology*, 47, 315-324.

Chen, W. W., & Wong, Y. L. (2014). What my parents make me believe in learning: The role of filial piety in Hong Kong students' motivation and academic achievement. *International Journal of Psychology*, 49, 249-256.

Chow, S. S. Y., & Chu, M. H. T. (2007). The impact of filial piety and parental involvement on academic achievement motivation in Chinese secondary school students. *Asian Journal of*

Counseling, 14, 91-124.

Cicirelli, V. G. (1988). A measure of filial anxiety regarding anticipated care of elderly parents. *The Gerontological Society of America*, 28(4), 478-482.

Deutsch, F. M. (2006). Filial piety, patrilineality, and China's one-child policy. *Journal of Family Issues*, 27(3), 366.

Esther Iecovich, & Michal Lankri. (2002). Attitudes of elderly persons towards receiving financialsupport from adult children. *Journal of Aging Studies*, 16, 121-133.

Ferring, D., Michels, T., Boll, T., & Filipp, S. H. (2009). Emotional relationship quality of adult children with ageing parents: On solidarity, conflict and ambivalence. *European Journal of Ageing*, 6(4), 253-265.

Huang, L. L., & Chu, R. L. (2012). Is it the wind shearing or the tide going in and out? Searching for core values and its changing trend in Taiwan. *The Journal of Kaohsiung Behavior Sciences*, 3, 60-90.

Heying Jenny Zhan, & Guangya Liu Xinping Guan. (2006). Willingness and availability Explaining new attitudes toward institutional elder care among Chinese elderly parents and their adult children. *Journal of Aging Studies*, 20, 279-290.

Ho, D. F. Y. (1994). Filial piety, authoritarian moralism, and cognitive conservatism in Chinese societies. *Genetic, Social, and General Psychology Monographs*, 120, 349-365.

Hui, E. K. P., Sun, R. C. F., Chow, S. S. Y., & Chu, H. T. (2011). Explaining Chinese students' academic motivation: Filial piety and self-determination. *Educational Psychology*, 31, 377-392.

Jou, Y. H., & Chu, R. L. (2012). The social change and determinant of the values of Taiwan people. In Fourth International Conference on Sinology. Taipei, Taiwan.

Lee. B. (1974). A Cognitive Developmental Approach to Filiality Development, Master's thesis. University of Chicago.

Liu, J. H Ng, S. H. Weatherall, A. &Loong, C. Filial piety, acculturation and intergenerational communication among New Zealand Chinese Pan, Y. Q., Gauvain, M., & Schwartz, S. J. (2013). Do parents' collectivistic tendency and attitudes toward filial piety facilitate autonomous motivation among young Chinese adolescents? *Motivation and Emotion*, 37, 701-711.

Luo, B. Z., & Zhan, H. Y. (2012). Filial piety and functional support: Understanding intergenerational solidarity among families with migrated children in rural China. *Ageing International*, 37, 69-92.

Li, X. W., Zou, H., Liu, Y., & Zhou, Q. (2014). The relationships of family socioeconomic status, parent-adolescent conflict, and filial piety to adolescents' family functioning in mainland China. *Journal of Child and Family Studies*, 23, 29-38.

Leung, A. N. M., Wong, S. S. F., Wong, I. W. Y., & Chang, C. M. (2010). Filial piety and psychosocial adjustment in Hong Kong Chinese early adolescents. *The Journal of Early Adolescence*, 30, 651-667.

Miller, E. T. (2007). "Living Independently is Good": Residence patterns in rural north China reconsidered. *Care Management Journals*, 8(1), 26-32.

Shi, L. H. (2009). "Little Quilted Vests to Warm Parents' Hearts": Redefining the gendered practice of filial piety in rural North-eastern China. *The China Quarterly*, 198, 348-363.

Silverstein, M., Parrott, T. M., & Bengtson, V. L. (1995). Factors that predispose middle-aged sons and daughters to provide social support to older parents. *Journal of Marriage and the Family*, 465-475.

van der Pas, S., van Tilburg, T., & Knipscheer, K. (2005). Measuring older adults' filial responsibility expectations: Exploring the application of a Vignette Technique and an Item Scale. *Educational and Psychological Measurement*, 65(6), 1026.

Wang, D. H., Laidlaw, K., Power, M. J., & Shen, J. L. (2009). Older people's belief of filial piety in China: Expectation and non-expectation. *Clinical Gerontologist*, 33(1), 21–38.

Wang, D. H., Laidlaw, K., Power, M. J., & Shen, J. L. (2009) Older people's belief of filial piety in China: Expectation and non-expectation. *Clinical Gerontologist*, 33(1), 21–38.

Yeh, K. H., & Bedford, O. (2003). A test of the Dual Filial Piety model. *Asian Journal of Social Psychology*, 6, 215–228.

Yeh, Kuang-Hui & Olwen Bedford. (2004). "Filial Belief and Parent-Child Conflict." *International Journal of Psychology*, 39(2).

Yue, X. D. & Ng, S. H. (1999). Filial obligations and expectations in China Current views from young and old people in Beijing. *Asian Journal of Social Psychology*, 2(2), 215–226.

Yeh, K. H., & Bedford, O. (2004). Filial belief and parent—child conflict. *International Journal of Psychology*, 39(2), 132–144.

Yeh, K. H. (2014). Filial Piety and Autonomous Development of Adolescents in the Taiwanese Family. In The Family and Social Change in Chinese Societies, Springer Netherlands, 29–38.

Zhan, H. J., Feng, X. T., & Luo, B. Z. (2008). Placing elderly parents in institutions in Urban China: A Reinterpretation of Filial Piety. *Research on Aging*, 30, 543–571.

34 中国人的社区责任感

34.1 引言 / 1115
34.2 社区责任感的内涵 / 1116
    34.2.1 社区责任感的起源 / 1116
    34.2.2 社区责任感的词源 / 1118
34.3 社区责任感的理论模型 / 1120
34.4 社区责任感的结构与测量 / 1123
    34.4.1 单维的社区责任感 / 1123
    34.4.2 多维的社区责任感 / 1125
34.5 社区责任感的研究进展 / 1128
    34.5.1 社区责任感的影响因素 / 1128
    34.5.2 社区责任感对个体的影响 / 1131
34.6 社区责任感的价值与提升 / 1133
    34.6.1 社区责任感的价值 / 1133
    34.6.2 社区责任感的提升 / 1134

参考文献 / 1137

34.1 引言

社区责任感是评价居民品德高低的心理指标之一,它在危机管理中具有重要的社会意义,是防治社区紊乱、建设和谐社区氛围、提升居民幸福感与推动社区发展的动力因素。社区研究与行动协会认为,社区责任感理论对于社区心理学的未来发展具有重要的意义(Jason, Stevens, Ram, 和 Gleason, 2016)。然而随着社会结构的加速转型、城镇化进程和人口流动的加剧,基于居住地选择的社区邻里关系逐渐取代计划经济时代的"单位制"熟人社会,传统意义的认同感和归属感正在逐步瓦解(陈越良,2017)。陌生人社区已经成为我国城市社区的主要形态(Xiao, 2015)。相较于过去的"熟人社区"("大院社区"),城市建设在发展变化的同时,也弱化了社区中人与人的交流,并削弱了人们对社区的归属感和责任感。

马哈茂德、易卜拉欣、阿马特和沙烈(Mahmud, Ibrahim, Amat, 和 Salleh, 2011)认为,责任感(sense of responsibility)是社会交互作用的产物,它出现于童年早期,在青少年时期变得具有批判性,并在成年期的发展任务中得以巩固和体现。逃避责任或者说责任感的缺失被认为是20世纪严重的社会问题之一(Horosz,

1975)。富有责任对个体与社会的幸福安定至关重要(Roberts, Lejuez, Krueger, Richards,和 Hill, 2014)。责任感是个体核心人格结构的重要组成部分(许燕, 2002)。它与人们的学业成就和职业发展、稳固的人际关系以及心理与生理的健康相关联(Costanzo, 2014; Roberts, Lejuez, Krueger, Richards,和 Hill, 2014; Shanahan, Hill, Roberts, Eccles,和 Friedman, 2014)。2013 年,使全民成为具有创造力和负责任的公民被列入"联合国教科文组织 2014—2021 中期教育战略"。2017 年,《中共中央国务院关于加强和完善城乡社区治理的意见》将居民的社区认同感、归属感、责任感、荣誉感作为社区治理的重要能力指标,并提出了"以邻为善、以邻为伴、守望相助"的社区氛围的建设要求。2019 年,以上海为首的生活垃圾分类管理条例在全国多省市的社区开始执行,这反映了相关职能部门对强化居民责任感和社区参与的具体实践要求,也体现了我国社区治理的发展。2020 年,新型冠状病毒在全球爆发,社区防控成为了抗击疫情的重要举措之一,社区管理者对居民们提出了佩戴口罩、居家隔离、扫描健康码及体温检测的规范要求,绝大多数人做到了严于律己并为了彼此的健康而保持一定的距离,而有的人则不以为然,即人们表现出了社区责任感的个体差异。综上,社区责任感不仅是个人能力与态度的一种体现,也是提升社区治理与社区参与水平的重要指标,还是人们面对重大公共突发事件的一种规范要求和保护机制。本文以社区责任感与社区感的异同为切入点,就我国学者对社区责任感的质性分析和实证研究进行了整合。旨在让人们对社区责任感有一定的了解,以便为强化个体的社区责任感,提升居民的社区参与和利他行为水平,优化我国的社区治理方式,并推动社区心理健康服务体系的建设提供理论参考。

34.2 社区责任感的内涵

社区责任感的概念源于诺埃尔和博伊德(Nowell 和 Boyd, 2010)对社区感理论的推进,其词源以古典时期的"道德反思"以及我国儒家的传统责任心理为核心。从"责任"到"责任感"再到"社区责任感",人们对责任和义务有了态度的自我体验,并细化到了社区里的人和物,社区责任感让责任感有了明确的作用对象和地域范围,而中国化的社区责任感则以居民的日常事件为背景,让居民的社区责任感有了认知、情感与行为倾向的多维性。

34.2.1 社区责任感的起源

社区责任感(sense of community responsibility, SOC-R)是社区感(sense of community)的概念推进,是个体为了社区个人和集体幸福且不期望回报的一种责任感(Nowell和Boyd,2010,2011,2014)。萨拉森(Sarason,1974)最早提出了社区感的概念,认为它是社区成员间的一种归属感和责任心。麦克米伦和查维斯(McMillan和Chavis,1986)认为,社区感是一种成员归属感,是个体对他人以及社区组织的依恋,并认为彼此的需求可以通过集体的承诺而实现,包括成员资格、需要的满足、共享的情感联结和影响力等因素。以社区感四维度理论为基础,诺埃尔和博伊德(2010)提出了社区体验模型(community experience model)和社区责任感的概念,认为社区体验既可以作为满足个体需要的资源,也是个体价值观形成的重要动因。依据玛驰和奥尔森(March和Olsen,1989)的双维逻辑模型以及麦克里兰(McClelland,1961)的需要理论,诺埃尔和博伊德(2010)认为,麦克米伦的四维度模型以结果逻辑(the logic of consequence)为主导,仅将社区作为一种满足人们生理和心理需要的资源,并不能完全概括个体的社区体验。相反,社区责任感以适宜逻辑(logic of appropriateness)为主导,当个体置身于各种各样的社区组织时(如学校、家庭、居民小区、教堂),为维护认知与行为的协调,人们会调整其信念系统以适宜所在的社会情境,从而驱动内在的社区责任感,社区体验不仅根植于个人利益的满足,还能通过社区参与培养成员的公民价值观念,当社区情境包含这些价值观念时,个体会体验到为了社区幸福而奉献的责任感,而这种责任感是与需要的满足相独立的,社区体验不仅是一种资源,也是一种责任。麦克米伦(2011)认为,诺埃尔和博伊德(2010)误解了四维度的社区感理论,他认为,四维度下设的子项目隐含了个体的社区忠诚感、责任感和组织承诺,比如保护社区边界的责任感以及允许他人表达想法的社会责任行为等,但是他认为需要是一种比社区责任感更有力的动机,结果逻辑比适宜逻辑单一,社区感并不能由责任感和个人需要所主宰。诺埃尔和博伊德(2011)认为,麦克米伦(2011)同样误解了他们的理论,他们并没有否定社区感四维度理论的贡献,社区责任感是对社区感理论的探索和推进,社区体验作为资源抑或责任感都是人们对社区的主观体验,两者使得社区的心理功能更加完善,不存在所谓的孰轻孰重。总而言之,社区责任感与社区感既关联又独立。一方面,它们都属于居民的一种社区体验,都以居民的共同生活经历和文化背景为基础,另一方面,它们的理论基础则有所不同,社区感以居民的心理需要为基础(如情感联结的需要、影响力的需要),而社区责任感以社会规范为指导原则,体现为个体对他人和社区的一种主动付出,是以社区感为基础的一种价值观念,是对他人的一种责任和义务,且这种责任并非根植于对个人回报的期望。

34.2.2 社区责任感的词源

相比于西方的关系型社区,我国的社区以地域型为主(李须,陈红等,2015)。它有着明确的地理范围和行政管理权限之分,如街道及其所包含的多个居民小区等。言下之意,基于关系型社区的心理学概念与评估不一定适用于我国。我国有着悠久的历史和文化传统,以儒家"仁"为核心的责任心理对我国人民的行为有着深远的影响。过去有关居民社区责任感的研究只停留在理论探讨层面,且多见于思想政治与社会学学科,研究者们将大部分的精力集中于对家庭责任感(Bowes, San, Chen, 和 Yuan, 2004)、企业社会责任感(Xu 和 Yang, 2010)等的研究,社区责任感的中国化探索并未得到学者们的关注。在深入了解社区责任感的含义并开展中国化的研究之前,有必要对责任感的定义进行梳理,以便为我国社区责任感的研究奠定理论基础。

古典时期,"责任"一词并不存在,它隐含于古希腊的道德行为之中。亚里士多德曾提出"道德反思"的概念,认为幸福感离不开人们的智慧与美德,在他看来,个体的行为应适度,即要学会节制并符合公平正义的道德要求。"responsibility"来源于拉丁词汇"respondere"和"responsum",为允诺的含义,即接受或保证履行承诺的意思。该词与 18 世纪政治学中的"duty"等同,20 世纪的哲学赋予了"责任"新的含义,即人们所表现出的责任行为是一种自由意愿,具有主观能动性(Oliva-Teles, 2011)。现今"responsibility"多被翻译为责任心、责任感、责任意识等。责任心又称为责任感(张兰君,杨兆兰,马武玲,2006),两者多现于心理学和教育学,而责任意识则为思想政治教育所常用。通过对责任内涵的跨文化比较,我国学者叶浩生(2009)认为,无论是责任心、责任感还是责任意识,其概念具有内在一致性,都意指个体对外在社会规范的接受和内化程度。

我国传统责任心理产生于儒家天人观和伦理观的基础之上。它以"仁民爱物"的仁爱精神,"父慈子孝"、"夫义妇贞"的家庭道德,"内圣外王"、"敬德保民"的王道信念以及"心忧天下"的忧患意识为核心内容,达致培养人的为他人负责的人格(邓凌,2009;任亚辉,2008)。"仁"为儒家伦理的最高道德原则,它是全德之称,孔子说"能行五者于天下为仁矣。恭则不悔,宽则得众,信则人任焉,敏则有功,惠则足以使人"(《论语·阳货第十七》),即"仁"包括了恭、宽、信、敏、惠等品德(韩美群,2011)。孔子认为"克己复礼为仁"(《论语·颜渊》),其弟子将"仁以为己任"(《论语·泰伯第八》)作为自己的奋斗目标。"天人合一"为儒家思想的主旨,这里的"天"即"天道",是一种形而上的人性修为的规范,也是"人道"之根源,只有"人道"

符合"天道",才能安身立命,实现自身的价值。总而言之,"仁"反映了"差序格局"文化背景下一种由"小我"到"大我"的责任意识,简言之,我国传统的责任心理以"仁"为核心,认为对自己负责就是对他人负责,表现为"正己守道"、"爱人以德"、"度己以绳"为准则的道德规范。这一点与"道德反思"的概念类同。同时,应做到"亲亲而仁民,仁民而爱物"(《孟子·尽心上》)的推进,即不仅要爱人,还要爱物。

《辞源》(商务印书馆,2009)中,"责"有索取、要求、谴责、处罚与责任的意思,"任"有负担、任用、信任与责任等意思,如"若尔三王是有丕子之责于天,以旦代某之身"(《史记·鲁周公世家》),这里的"责"为受命于天,治理天下的意思,可见"责"和"任"都有责任的意思。《现代汉语词典》(商务印书馆,2012)中,"责任"有三重含义:"使人担当起某种职务和职责;分内应做的事;做不好分内应做之事而该承担的过失。"《说文解字》(中华书局,2013)中,"感"有感觉、感受、觉得、情感、感想等意思。因此,从字面上来看,责任感是对自己职责的认知和情感体验,同时还包括对事件结果承担过失的动机或行为倾向。《心理学大辞典》中,责任感的定义为"个体在道德活动中因对自己完成道德任务的情况持积极主动、认真负责的态度而产生的情感体验"(林崇德,杨治良,黄希庭,2003)。在随后的研究中,研究者们对责任感的研究进行了深化,如将人际责任感定义为"为他人负责"的态度(何垚,黄希庭,2017)。

可见,责任感相对于责任有了心理活动的描述,它不仅强调责任行为的结果,如责备、承担过失甚至是自我牺牲,而且讲求的是个体的一种态度体验和主观能动性,这其中包括了责任认知、责任情感以及责任行为倾向的变化和个体差异。同时,中西方的责任感含义并无太大的差别,一方面,他们都强调责任感的道德特性,都有着对自己行为的社会规范要求。另一方面,他们都强调了对他人的承诺以及应履行的义务和承担的责任后果。相比较而言,我国的责任心理以儒家的传统道德思想为基础,还有着对社会环境的责任。按照研究对象、研究目的和抽象程度的不同,学者们提出了不同维度的责任感结构。其中三因素结构(责任认知、责任情感、责任行为)是最基本的分类方法之一(况志华,2012;叶浩生,2009;张积家,1998)。我国学者朱智贤(1989)认为,"责任心是个体心理的重要品质,即一个人对其所属的群体的共同活动、行为规范以及他所应承担义务的自觉态度"。按照《心理学大辞典》的界定,态度是"个体基于过去经验对其周围的人、事、物特有的比较持久而一致的心理准备状态或人格倾向,包含认知成分、情感成分和行为意向三部分"(林崇德等,2003)。以"仁"为核心,参照前人对社会责任感(纪术茂,戴郑生,2004)和人际责任感(何垚,黄希庭,2017)以及公民责任感(Silva等,2004)的界定,杨超和陈红等(2019)将社区责任感定义为个体对自我的约束,意识到自我对社区他人及关系的责任,愿意为了他人的福祉和集体利益投入情感,付诸言行并承担后果的态度。并从认知、情感、行为意向等心理过程对社区责任感的内容进行了探索。

34.3 社区责任感的理论模型

社区责任感是个体对社区的一种主观体验,其心理本质是个体对自己、他人及社区环境的一种态度。涉及双维逻辑模型、认知冲突理论及责任感三角模型等重要的理论模型。其中,双维逻辑模型的适宜逻辑减缓了人们认知冲突的产生,而责任感三角模型为人们的规范行为提供了评定标准,它们共同为深入了解社区责任感的理论模型奠定了基础。

具体而言,双维逻辑模型由玛驰和奥尔森(1989)提出,他们认为存在两种动机模型,即结果逻辑与适宜逻辑。前者以需要理论为基础,该动机下的居民会表现出更多的社区建设行为,其积极程度取决于人们感知到其个人努力可以创造满足和保护他们需要的社区情境(community context)的程度。相反,适宜逻辑有着丰富的理论基础,如制度理论、文化理论和意义建构理论(Weick, Sutcliffe, 和 Obstfeld, 2005)。该逻辑的基本假设为,随着个体社会化的发展,人们会形成判断适宜于不同情境的个人价值观、准则、想法和信念。当个体暴露于具体的社会环境时,内在的信念系统会帮助个体保持心理上的协调:首先,当前的情境是怎么样的;其次,自己是一个什么样的人;最后,当前情境中个体的行为应该是怎样的。简言之,适宜逻辑下个体的认知与行为是由标准的、符合社会规范的信念系统所驱动的。结果逻辑对应个体幸福感的获得和满意度的提升,适宜逻辑对应个人信念系统的形成、社区参与及组织公民行为的发生,并通过与情境的交互作用,对个人信念系统的内容进行修正与完善。两种逻辑并没有轻重之分,双维逻辑模型为浅析社区感与社区责任感提供了理论支撑。相比较而言,结果逻辑体现了人们的自然属性,而适宜逻辑反映了个体的社会属性。可认为社区责任感越高的人,在面对不同的社区情境时,对社会规范越敏感,也会对社区情境具有更高的心理适应能力。

认知冲突理论由费斯廷格(Festinger, 1962)提出,核心思想为当人们在"他认为应该怎么做"和"实际做了什么"之间不协调时,会产生一种不舒服的心理状态,这种状态会驱使人们去想办法改善当前的不舒适感。改变方法分两种:一种是改变自己的态度以适应行为的要求;第二种是改变行为进而保障与态度的协调一致。认知冲突理论的前提假设为个人的信念与行为的方式与幸福感正相关。比较发现,认知冲突理论与适宜逻辑理论在本质上是一样的,都保障了个体心理与行为的协调,对不舒适感的产生起着抑制的作用。可以认为,社区责任感越高的个体,其认知冲突的强度及发生概率也会相对较低。比如重庆市沙坪坝区某小区 81 岁的马大爷一年四季用老人手机为小区他人照亮回家的小路,在温暖他人的同时,也照亮了自己。其初衷并不是为了获得需要的满足,而是对小区他人安全的担忧,其行为具有主观能动性,并做到了"他认为应该怎么做"和"实际做了什么"之间的协调一致。

社区责任感属于责任感的子类,除了适宜逻辑和认知冲突理论,还可以借助责任感三角模型加深对社区责任感的理解。在对行为的责任评估过程中(奖励抑或惩罚),学者们常以责任规范、事件和主体身份三成分及其成分间的关联作为评定标准(Schlenker,1986;Schlenker 和 Weigold,1989)。具体而言,责任规范(prescriptions)是对当前情景行为的规范要求;事件(event)则是与责任规范相一致的已经发生的或是预期发生的行为活动;主体身份(identity)则是特定责任规范和事件中对个体的描述,如个体的角色、品质、信念和愿望等。例如对父母行为的责任评定,当他们对子女的行为事件与责任规范和主体身份相一致时,社会将会给予父母积极的评价,否则他们将受到负面的制裁。由此可见,责任感的三成分是同时存在且相互作用的:其一,越清晰、具体的责任规范,其事件解释率也越高;其二,主体角色与责任规范相一致,不同的角色有着不同的责任规范要求;其三,主体角色与事件相关联,人们通常会做出与主体角色相一致的判断和选择。责任感的三角模型为责任行为的自评和他评提供了通用的标准,避免了个体认知冲突的发生,与适宜逻辑的理论基础相协调。

以上述的理论模型为基础,比较发现社区责任感有别于以需要为导向的社区意识模型(简称需要模型)。如图 34.1 所示,当人们将社区体验作为满足自己需要的一种资源时,嵌套于社区环境中的各种物质与精神资源将作为解决其心理、社会和资源需求的来源。另一方面,需要的满足还以个体的动机理论为基础,即对社会交换关系的期望(Miner,2005)。按照动机理论的推论,需要模型可以预测一系列以社区为导向的行为(如社区参与),并且会反过来促使个体去努力营造可以满足其需求的社区情境(Long 和 Perkins,2007)。即个体可能会在社区日常事务上有着更多的个人卷入(特别是社区建设)以及在本社区长期居住的维持。

但是,如果仅仅将社区体验作为满足个体生理与心理的需要,这将与很多社区规范行为相冲突。比如社区里有的人为了社区的利益牺牲自己的利益,他们并不是为了获得个人利益的增益,而是为了追求更高的理想、价值观以及责任感(Knoke 和 Wright-Isak,1982;March 和 Olsen,1989;Perry,2000)。在社区心理学领域,有准则的、以价值观为动力的思想和行为占据着重要的地位。然而需要模型并不满足价值观的要求。通过定性访谈,诺埃尔和博伊德(2014)发现,居民除了将社区作为满足自己需要的资源,还表达了对社区和他人幸福感的责任,显然这种责任感并非源于对自身利益的期待。如图34.1所示,社区意识的责任模型(社区责任感模型)以适应逻辑为主导,表现为个人信念系统(personal belief system)与社区情境的交互作用,且社会历史背景(socio-historical background)在交互关系中也有着重要的影响。

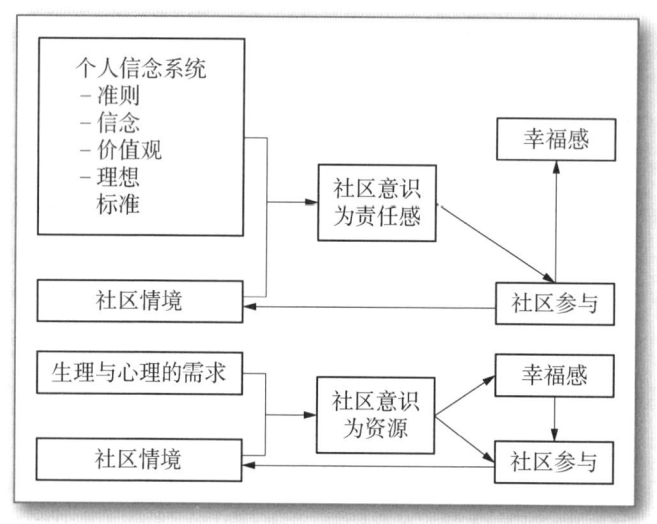

图34.1 社区责任感模型与社区感需要模型的比较(来源 Nowell 和 Boyd,2010)

比较两种理论模型,首先,需要模型中,个体的行为可能带有一定的模糊性,因为个体需要比较社区情境满足自己需要的程度,而比较的程度与个体本身的知觉能力有关。相反,责任模型中,个体的行为是明确的,社区责任感可以直接预测个体的社区参与行为;其次,需要模型中个体的幸福感直接来源于个体的需要期待,当人们感觉到归属与情感联结时,个体的幸福感也便产生了。相反,责任模型强调社区情境对个体及他人幸福感与责任感的唤醒。社区行为在社区责任感与幸福感之间起中介的作用。综上,责任模型与需要模型有着不同的理论基础。社区意识的需要模型强调的是社区环境满足自身需要的程度,体现了人类固有的社会性特征,幸福感被视为个体需要被满足的直接结果,而社区意识的责任模型强调的是社区情境对个人信念系统的唤醒,其中有着对情境的认知加工以及当前情境下社会规范的行为比较,人们在追求认知与行为协调一致的过程中,产生了社区参与行为以及行为所导致的幸福感的获得。相比较而言,责任模型更加符合社区心理学的价值要求,可以对居民的无期待回报行为进行解释。

34.4 社区责任感的结构与测量

在长达十年的社区责任感研究中,单维的社区责任感结构占据统领性的地位,我国的社区责任感研究以多维的社区责任感为起点,单维的测量工具具有总体评定的便捷性,而多维的工具能进一步比较个体社区责任感的成分差异,两者相辅相成,继续完善并推动多维工具的应用是未来社区责任感研究的重点。

34.4.1 单维的社区责任感

对社区责任感的测量始于诺埃尔和博伊德(2014)的研究,他们通过半结构访谈对 13 名社区协作组织的管理人员进行了调查,以提升社区协作组织在家庭暴力干预中的应对能力。这里的社区协作组织(community collaboratives)指由来自企业、研究机构和社区团体的领导者所自然形成的一个组织机构,领导者们会定期见面,以提高社区组织解决公共问题的能力(Nowell,2009)。

具体研究过程如下:第一,定性研究。首先,被试需要对社区协作组织中社区感的含义进行定性描述。与曼娜瑞妮和费迪(Mannarini 和 Fedi,2010)的研究一致,部分回答与经典的社区感四因素模型相一致(McMillan 和 Chavis,1986),即社区感包括成员资格、影响力、需要的满足及共享的情感联结。但与此同时,被试还报告了更多以责任感为导向的内容,即对于协作组织使命的热爱和对组织成员的责任与义务;其次,给被试提供 6 个包括社区感四因素以及体现协作组织成员社区责任感的条目。被试需要想象自己是协作组织的成员并有着强烈的社区感,同时对 6 个条目进行 5 点评分,1 代表"完全不符合",5 代表"完全符合";最后,被试需要对条目与社区感的相关性进行从高到低的排序。结果显示,人们认为 6 个条目都与社区感相关,排序最高的两个条目为"对组织服务对象的幸福感的责任感"以及"自己对组织的重要性和影响力"。

第二,初测问卷的编制。参照公民责任感量表(civic responsibility Scale)(Furco,Muller,和 Ammon,1998)、青年社会责任感量表(youth social responsibility scale)(Pancer,Pratt,和 Hunsberger,2000)、公民态度量表(civic attitude scale)(Mabry,1998)以及定性研究的结果,研究者们得到 25 道题的原始问卷。经过主成分分析并删除因子载荷小于 0.4 的条目,最终得到单维的量表,共 6 个条目。如"我感到一种强烈的个人义务感去改善现有的社区关系"、"我认为参与社区服务是我的责任,不需要得到任何回报"等。量表采用7点计分,1表示"非常不同意",7表示"非常同意",内部一致性系数α为0.84。

第三,问卷的复测。通过验证性因素分析,研究者们比较了社区责任感量表和简短版社区感量表(Peterson,Speer,和Mcmillan,2010)的关系。首先,不区分量表的维度,将社区责任感量表和简版社区感量表的题项混合在一起,得到单维的模型1;其次,将两个量表作为分维度构建双维的模型2;最后,简短社区感量表的四维度加上单维的社区责任感量表,得到五个维度的模型3。研究发现,模型1的拟合指数不符合测量学的要求,模型3比模型2的拟合性更好。即社区责任感与社区感既是相互关联的,又是有区别的。

与此同时,诺埃尔和博伊德(2014)认为,6题项的社区责任感量表具有一定的局限性,它是为社区协作组织而编制的。随着研究情境的变化,该量表是否同样具有良好的信效度,这还需要更广泛的情境研究予以证实。因此,在随后的几年里,诺埃尔和博伊德等人探讨了社区责任感在更大社区协作组织人群(被试来自三个不同的协作组织)(Nowell,Izod,Ngaruiya,和Boyd,2016)、非营利性的健康关怀组织(美国东部)(Boyd,Nowell,Yang,和Hano,2017)以及庞大的线上健康网络系统(Boyd和Nowell,2017)中的适用性。值得注意的是,在这期间,社区责任感的测量并没有实质性的变化,当运用于不同的研究时,诺埃尔和博伊德仅对题项的主语进行了更换(如将"collaboratives"换成了"partnerships"、"organization"和"community"),并无题项的删减或修订。

直到特雷特勒、安德鲁、豪威尔和鲍威尔(Treitler,Andrew,Howell,和Powell,2018)对来自17个地区的预防物质滥用的社区协作组织进行的调查,与之前研究不同,其一,该研究的样本具有更广泛的地域代表性;其二,该研究运用项目反应理论分析了条目的难度和区分度;其三,该研究在原始的6道题基础上(条目1—6)增加了两个条目(条目7、8),提升了量表的区分度(见表34.1所示),即区分了高、低社区责任感的个体。经因素分析和关联效度检验,最终得到8个条目的单维社区责任感量表,采用7点计分。

但是,特雷特勒等人对单维的测量工具的修订并没有引起西方学者的重视,在随后的研究里,人们依然惯用诺埃尔和博伊德的6题项版本。如普拉蒂(Prati等,2020)证实了6题项《社区责任感量表》的跨文化适用性,并将条目中的"organization"换成了"community"和"neighborhood",并在意大利的社区情景中进行了两项研究,尽管研究结果支持了单维的结构,但是其题项并无实质性的变化,且被试多为大学生(74.3%和73.7%),研究结论并不能全然反映居民的社区责任感水平,对于其他国家的社区居民是否适用也还存在疑问。

表 34.1

社区责任感量表的条目内容和均值（来源 Treitler 等，2018）

条 目 内 容	$M(SD)$
1. 相比之前待过的社区团体，我在当前的协作组织中感受到更强烈的成员支持。	5.67(1.31)
2. 我认为改善社区健康最好的途径之一便是为协作组织服务。	5.72(1.24)
3. 相比之前参与的社区团体，我对当前协作组织的成功感到一种特别强烈的责任感。	5.60(1.32)
4. 我随时准备着去帮助协作组织里的他人，纵使这会给我带来困难。	5.46(1.34)
5. 我感到一种强烈的个人义务去完善当前的协作组织。	5.50(1.29)
6. 我认为为协作组织奉献是我的责任而不需要任何形式的回报。	5.63(1.35)
7. 我愿意为了协作组织的利益付出高昂的个人代价。	4.42(1.58)
8. 如果个人的利益对协作组织的任务完成很重要，我总是第一个牺牲个人利益的人。	4.65(1.55)

综上，诺埃尔等人对社区责任感的研究在不断丰富，从定义到工具的编制及其应用，已有研究成果验证了单维工具在管理情境中的适用性，但是已有研究依然存在如下不足：一方面是概念的模糊性。对社区责任感的操作性定义并未给出明确的界定，诺埃尔和博伊德（2010）对社区责任感的定义是模糊的，仅将其界定为一种为提升他人和社区幸福感的责任感，并不利于其他学者对社区责任感的本质及其心理学特征的宏观和微观理解。且在他们一系列的研究中，有关社区责任感的操作性定义是不统一的。其本质是一种认知、情感体验、行为倾向抑或是具体的责任行为。从具体的题项来看，其成分是多样的、复杂的，单维《社区责任感量表》(Nowell 和 Boyd，2014；Treitler 等，2018）的条目既含有认知成分、情感成分，还包括动机成分。而在诺埃尔和伊佐德（Nowell 和 Izod 等，2016）的研究中，他们将社区责任感界定为与公共服务动机并列的一种动机结构。另一方面是工具的单一性。6 题项的单维量表并不足以深入比较个体的社区责任感差异，同时，结果可能会受到社会赞许效应的影响。尽管特雷特勒等（2018）利用项目反应理论对工具进行了完善和再验证，但这些题项是宏观的，脱离了具体的生活场景和事件。

34.4.2 多维的社区责任感

诚然，诺埃尔等人的研究让研究者们对社区责任感与社区感的关系更加明了并且就社区责任感对个体的作用机制有了多面的认识。但是原有的条目是针对社区协作组织中的领导者而编订的(如社区的管理者、研究机构的管理者、学校的管理者),以关系网络为载体的社区责任感概念并不一定适用于我国,6题项的测量工具并不能全面概括我国居民的责任感特点。

我国学者对社区责任感的心理学探索始于杨超和陈红等(2019)的研究,相比诺埃尔和博伊德(2010)以13人为基础的半结构访谈,杨超等选择了开放式问卷对来自全国多省市的202人进行了调查,并将行为事件访谈技术融入进了问卷调查的提纲里面。旨在收集到更多不同年龄段、不同社区文化背景的居民对社区责任感最真实的理解,保障调查结果的内容效度。调查内容包括:您认为什么是社区责任感?您认为社区责任感比较强的人有哪些特点或表现?您认为居民应该履行的社区责任有哪些?请写下过去最能体现您良好社区责任感的一件事以及您当时的内心感受。通过对社区责任感比较强的人的特点或表现的分析,杨超和陈红等将社区责任认知区分为了自我责任认知、他人责任认知以及集体责任认知,在单维的6个条目的《社区责任量表》里,原有的研究者也表达了对自我的责任认知以及集体的责任认知,如"我认为为协作组织奉献是我的责任而不需要任何形式的回报"以及"我感到一种强烈的个人义务去完善当前的协作组织"。按照亚里士多德"道德反思"的观点,除了对自我的约束,人们的行为还应该符合社会公平以及道德规范的要求,相比较而言,多维的《社区责任感问卷》增加了对他人的责任认知以及集体责任认知中对社区环境的责任,如"我认为日常生活中应考虑社区他人的利益和感受"及"我认为社区环境的保护需要大家的参与"。这是基于社区生活中人与人、人与环境的相互作用和依存而得出的,这些条目与社区心理学中的生态理论(Kelly和Carter Jr,1970;Trickett,Kelly,和Vincent,1985)的观点是一致的。并且符合儒家思想"亲亲而仁民,仁民而爱物"的道德规范要求。

通过行为事件访谈法技术,杨超等了解到了个体在社区责任行为中的积极体验,如"我会因为参与社区公益活动而感到光荣",而诺埃尔等人的条目"相比之前待过的社区团体,我在当前的协作组织中感受到更强烈的成员支持"更加符合社区感理论(McMillan和Chavis,1986)中情感需要的满足,却少了个体的主动付出及付出后的情感体验。同时,由于调查条目的限制,质性研究中并未收集到个体因责任缺失而产生的消极情感体验,如愧疚感等(Weisner,2001;况志华,2012),需要说明的是,这里的消极情感体验并不是个体由于自己犯错而产生的,它是个体对责任缺失事件的主观情感表达,如研究者们发现社会责任感高的人对破坏社会规范的行为有着更强烈的愤怒情绪(陈思静,马剑虹,2011)。因此,研究在考虑了问卷的内容效度和生态效度后,增加了消极责任情感体验的条目,如"看见夜里小区的大门开着,我会担心之前大门有没有关上"及"看见社区活动无人参与,我会感到失落"等。这里的积极责任情感体验与消极责任情感体验的情感效价的方向是一致的,它们都是个体的高社区责任感水平的体现,即个体"越担心"、"越失落",则表示他越关心社区他人和在乎社区的安全。对于社区责任行为,研究在结合了责任感的经典三维结构以及态度的专业解释后,将其界定为了一种行为倾向,如"为了社区的发展,我会向居委会(物业)提建议"及"我会对生活垃圾进行分类处理",相比较而言,诺埃尔等人的条目——"我认为改善社区健康最好的途径之一便是为协作组织服务"以及"我随时准备着去帮助协作组织里的他人,纵使这会给我带来困难"——既有认知的成分,也有着行为倾向或动机的成分。综上,通过对单维《社区责任感量表》与多维《社区责任感问卷》进行比较,并不是为了否定西方学者的贡献和质疑其信度和效度,仅仅是为了说明可能由于中西方文化差异、社区的定义及量表的条目限制,单维的结构并不能很好地反映我国居民责任感的心理成分,且仅用一个条目或两个条目去代表认知成分不符合量表的统计学要求。

相比较而言,社区责任感的中国化研究以质性分析为基础(开放式调查、语义编码和文献分析),参照《个人责任感量表》(Mergler 和 Shield,2016)、《环境责任感量表》(Stone,Barnes 和 Montgomery,1995)和单维《社区责任感量表》(Nowell 和 Boyd,2014)等工具,对全国 34 个省市 1013 人进行了施测。通过项目分析和多次探索性因素分析得到三个维度,共 22 题,加上 5 道印象管理题和 1 道效度题,总计 28 题。信度分析表明,总量表与各维度的内部一致性系数为 0.820—0.908,六周后的重测信度为 0.812—0.903,说明多维的《社区责任感问卷》具有良好的信度。接着,验证性因素分析对两种模型的拟合指数进行了比较(单维和多维),结果发现三维模型拟合性更好,$\chi^2/df<3$,RMSEA、SRMR 小于 0.08,NNFI、CFI、IFI 大于 0.9,符合验证模型的拟合要求(温忠麟,侯杰泰,马什赫伯特,2004)。研究结果证实了我国居民的社区责任感并不是一个单维的结构。同时,总量表与维度的相关大于维度间的相关,表明各维度既相互独立又有一定的联系,问卷的结构效度良好。已有研究发现,尽责性与责任感显著正相关(何垚,黄希庭,2017),社区责任感与个体的幸福感显著正相关,是幸福感的一个有效预测因子(Boyd 和 Nowell,2017)。因此,杨超等将尽责性、总体幸福指数作为社区责任感问卷的同时效标和预测效标,相关分析发现,问卷的效标效度良好。相比于单维的《社区责任感量表》,多维的《社区责任感问卷》能更详细地对个体的社区责任感成分进行比较和评估,问卷条目来源于生活,有着更高的生态效度。经过质性分析、初测(项目分析和探索性因素分析)和复测(信度和效度检验),得到了更加符合我国地域型社区特点的概念和结构,其基本成分与态度的三元理论相符合,同时,印象管理题和效度题

为无效问卷的筛选提供了证据。

从问卷的结果来看,中国化的社区责任感更具体一些,符合专业概念的操作性定义要求。人们在诠释了与责任感书面含义一致的认识以外,还表达了对社区里的人、事、环境以及整体建设的责任、义务与关爱。这与我国集体主义文化背景下以"仁"为核心的价值观念是一致的。具体而言,它包括了社区责任认知、社区责任情感与社区责任行为三个维度。其中,社区责任认知指居民在社区建设中对自我责任的承担意识,在日常起居中对社区他人利益的考虑和尊重以及对社区公共资源和环境的保护意识。如"我认为构建良好的社区秩序应从自身做起"、"我认为社区环境的保护需要大家的参与"、"我认为对待社区他人要有礼貌"等;社区责任情感指居民对社区责任的情感体验,是个体在社区活动中所体验到的积极情感以及对社区孤寡老人的同情和社区安全的担忧。如"我会因为参与社区公益活动而感到光荣"、"看见社区里的老人没人照顾,我会感到难过"等;社区责任行为指居民承担社区责任和履行社区义务的一种行为倾向,包括社区参与和自发的助人倾向。如"我会对生活垃圾进行分类处理"、"闲暇时我会去社区养老中心做义工"等。相比于一般责任感,社区责任感有如下特点:第一,它有着明确的地理边界,是对自己居住或工作地域的责任意识和行为;第二,它有着具体的责任对象,它是对自我的约束以及小区他人和集体的责任;第三,它强调责任动机的自发性,相较于法律责任,它是一种道德情感体验;第四,它以生态理论和社区感理论为基础(杨超,陈红,罗念,尹明,2018),强调人与人、人与环境的相互作用,可以体现个体社区归属感的获得及其对社区环境、公共设施的维护和活动的参与;第五,它是一种态度,其成分与"态度三元理论"(Eagly 和 Chaiken,1993)相一致,即具有认知性、情感性和行为倾向性。

34.5 社区责任感的研究进展

对社区责任感影响因素的探索是完善社区责任感模型的基础,而建构社区责任感对其他结果变量的作用模型则是社区责任感应用价值的体现。具体而言,社区责任感会受到个人因素和外部因素的影响,同时影响着人们的心理感受与积极行为。

34.5.1 社区责任感的影响因素

前人有关社区责任感的影响因素研究多停留在理论层面,在诺埃尔和博伊德等人过去的研究中,他们仅仅关注了社区责任感的定义、工具在不同协作情境中的适用性以及其对个人心理与行为的影响。在诺埃尔和博伊德(2010)以及诺埃尔等(2016)的文章中,研究者们在理论上认为,社区责任感受到个人信念系统、社区情境以及社会历史背景的影响,与此同时,社区责任感还具有情境差异性和个体差异性。结合对社区体验模型的理解,具体可分为个人影响因素与外部影响因素。

一方面是个人因素对个体社区责任感的影响。如图34.2所示,首先,人们可能会因为受教育水平的不同有着不同水平的社区责任感。高学历水平个体的社区责任感水平更高。其次,人们可能会因为个人信念系统的不同表现出社区责任感的水平差异。具体而言,自我标准越高的人,其社区责任感水平越高,信念、价值观、理想不同的人在社区建设中有着不同的责任感表现,高标准的个体在对自己严苛的同时也会对他人有着更高的社区责任感要求。纵使在相同的情境中,人们也会由于人格特质的差异表现出社区责任感水平的不同。以诺埃尔等人的理论构想为基础,杨超(2019)对我国28个省市1019人进行了调查,验证了部分人口学变量、心理健康的主观评价及主观社会经济地位等社会学变量对社区责任感的影响。结果发现居民的社区责任感在年龄、文化程度、婚姻状况等变量上存在显著的差异,在宗教信仰、居住时间、家庭年收入上的差异不具有统计学意义。婚姻状况、住房类型、受教育程度等变量可以共同解释社区责任感91%的变异量。该研究的贡献在于进一步验证了多维《社区责任感问卷》在我国居民中的适用性和科学性,同时丰富了社区责任感的影响因素模型。

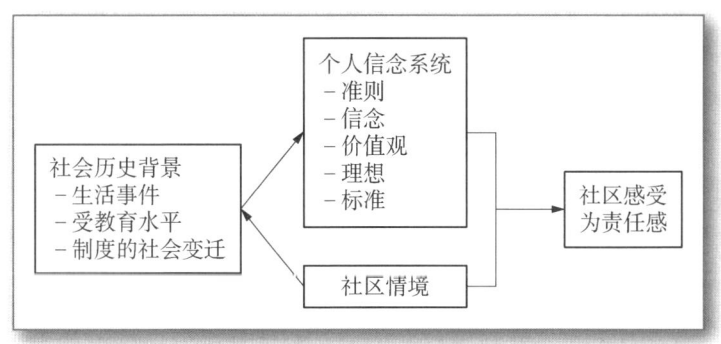

图34.2 社区责任感的影响因素模型(来源 Nowell 和 Boyd,2010)

另一方面是外部因素对个体社区责任感的影响。首先是个体所经历的生活事件。有着责任感体验的个体会在相似的情境和事件中对自己过去的责任图式进行提取和比较,为了符合社会规范的要求,个体可能表现出与过去同水平甚至更高水平的责任行为。当然生活事件是多样的,不同的生活事件对个体的影响可分为积极体验和消极体验两种,此时个体需要对自己过去的责任体验进行加权,进而做出选择和判断。其次,制度的社会变迁。随着社会的发展,人类的精神文明是向前推进的。例如随着居民拥有车辆的增多,文明出行(限号、一车一位)成为了规范要求;再者随着地球污染程度的加剧,垃圾分类成为了居民必须遵守的规范要求。最后,社区情境的影响。不同的社区情境对个体的责任要求是不同的。比如去教堂做礼拜应该是虔诚的、不可大声喧哗的,再者有的情境是禁止吸烟的等(如高铁上)。社区情境对人们的责任和义务具有唤醒功能,使主体的个人信念系统与情境规范相协调。

综上,诺埃尔等人过去的影响因素研究仅局限于理论层面,还缺乏实证研究的支撑。杨超(2019)验证了部分人口学变量对个体社区责任感水平的影响,且不同水平的影响因素对个体社区责任感的解释率是存在差异的。未来研究应考虑居民的社区责任感水平在人口学变量上的差异,一方面,对于主观健康状况差、主观社会经济地位低的个体应给予适当的心理辅导和健康援助,同时,对于高学历、年龄小的居民应进行责任感的社会学习,可通过榜样学习增强他们的社区责任认知,并通过团体心理辅导强化他们的社区责任情感体验,同时通过社区参与(如社区志愿者活动、社区邻里节)提升人们的社区责任行为倾向。另一方面,应增强租客对社区的情感认同,对于无子女的家庭应给予更多的关爱,激发居民的社区责任感,调动人们的社区参与积极性。

此外,未来研究还应考虑人格特质和认知能力等个人因素,以及社区属性和文化差异等外部因素对个体社区责任感的影响。如探讨心理控制源、16PF 与社区责任感的关系。已有研究发现,个体的认知能力与其责任感相关联(Vincent, 2013)。当个体需要对自己的行为负责任时,首先,他需要直面真实的世界,具备感知事物的能力;其次,个体能够集中注意力并具有区分情境中不同相关元素的能力;最后,个体还需具备对相关事件记忆的能力进而调整自己的行为。可认为认知能力越强的人,其责任感也越强。因此,可以以执行功能的可分离性为基础,探讨抑制控制、工作记忆和灵活转换等核心成分在个体社区责任感上的水平差异。同时,比较社区责任感在社区大小(面积和人口总数)、社区类型(别墅区与商品房区)、社区的地理位置(主城区与郊区,省城与县城,一线城市与三线城市)上的水平差异。并注重不同情境条件、不同文化背景之间的社区责任感差异,如不同时间压力、不同民族文化间的比较以及跨文化研究的丰富。

34.5.2 社区责任感对个体的影响

当前,有关社区责任感的实证研究并不多,以诺埃尔和博伊德等人在社区协作组织中的调查研究为主,其结果变量包括幸福感、社区参与、社区融入、工作满意度等。新近研究涉及工具的跨情境研究,如医疗系统、教育系统等,而中国化的研究才刚刚起步,主要关注的是社区责任感对居民利他行为的影响及可能的认知原因。

前人研究发现社区责任感和社区感都能有效预测员工的幸福感,社区感与社区责任感是两个独立的结构,两者显著正相关(Boyd 和 Nowell,2017)。相比社区感,社区责任感对组织情景中人们的社区融入、领导行为、社区参与的预测效果更佳(Boyd 等,2017;Nowell 和 Boyd,2014),它与公共服务动机显著正相关,在公共服务动机与领导能力之间起着中介的作用(Nowell 等,2016),影响着员工的组织公民行为(Boyd 等,2017)、组织承诺和团队凝聚力(Boyd 和 Nowell,2014)。与此同时,大量的实证研究显示,相比社区责任感,社区感与协作组织环境中的成员满意度(Boyd 和 Nowell,2013,2017)、医疗系统下员工的工作满意度和幸福感,以及高等教育中的学生满意度和保留观念(即不退学、不转学)具有更强的相关性(Boyd,Liu,和 Horissian,2020)。综上,博伊德等人通过比较社区责任感和社区感的作用差异,不仅丰富了社区心理学的实证内容,而且为理解社区行为提供了组织行为学的新视角。

相比诺埃尔和博伊德等人的研究,杨超和陈红等更关注日常生活情境中居民的亲社会行为,研究证实了社区责任感-社区认同-利他行为的心理路径,并就社区责任感与利他行为的关系模型从认知加工的角度进行了可能的原因解释。如图34.3所示,社区责任感影响着居民的社区认同和利他行为,社区认同在结构模型中起中介的作用(Yang,Wang,Hall,和 Chen,2020)。同时,社区责任感对居民的金钱分配具有显著的预测作用,即社区责任感越高的居民在博弈任务中更加利他,且在多次的分配任务中,人们表达了对平等收益的追求(Yang,Wang,Wang等,2020)。进一步的研究比较发现,人们存在显著的内隐利他自我概念评价效应和态度评价效应,且社区责任感对它们有着显著的预测作用;当对利他信息进行再认时,社区责任感越高的个体需要的意识成分越少,即表现出无意识加工的倾向;而从空间识别和时间进程的角度来看,社区责任感越高的个体在对利他信息的识别过程中,其总注视时间比率也会越大,并在对利他信息的总体的注意维持过程中会投入更多的认知资源(杨超,2019)。综上,人们对利他信息的加工有着社区责任感水平上的差异,未来研究可以丰富实验材料的类型,增加博弈任务的匿名性和真实性,并结合多导电生理仪、ERP 和 fMRI 等仪器和技术深入探究社区责任感对利他信息加工影响的电生理机制和神经机制,并分析可能的功能联结。如增加图片材料、创设分配任务中接收者的模糊影像并对个体的社区责任感水平进行问卷测试,通过自由浏览的形式,记录被试面对利他词语、中性词语和非利他词语的电生理变化(如心率的变化以及 P300、N2pc 波幅的大小差异)以及脑区激活的强度(如前额叶皮层的激活程度)。

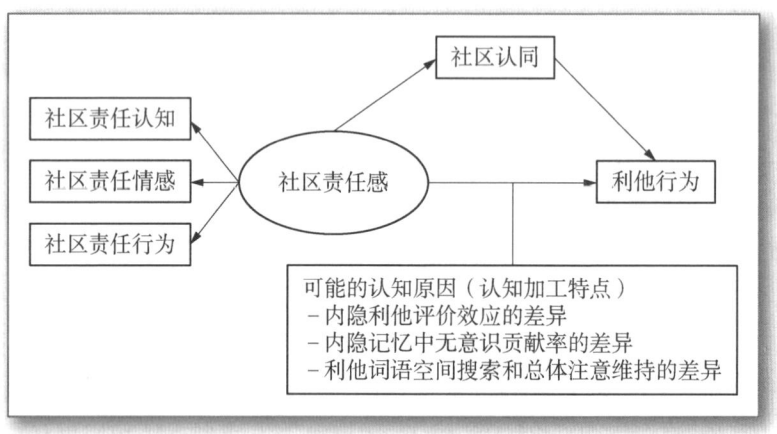

图 34.3 社区责任感对居民利他的影响及其认知加工特点(来源杨超,2019)

综上,社区责任感对管理情境中管理者与员工的行为和心理感受起着积极的预测作用,其与居民的社区认同、利他行为正相关,不同社区责任感的居民会表现出对利他信息的无意识加工、记忆和注意资源的差异。然而,相比于社区感的研究,有关社区责任感的实证研究依然较少,研究方法和技术的突破是加深对社区责任感了解的途径之一。有关社区责任感的中国化研究,其目的是为了抑制个体因责任分散而导致利己行为的发生,更是为了鼓励大众积极参与社区建设和增进邻里的心理距离。未来研究可以探讨社区责任感与其他责任感的交互关系(如家庭责任感、人际责任感、公民责任感等)。对责任感测量工具的梳理发现,家庭责任感和公民责任感都包含了社区情境的内容。按照责任感的跨情境一致性观点(Raffaelli, Simpkins, Tran, 和 Larson, 2017),是否可以认为高社区责任感的个体在其他类型的责任感上也有着较高的得分,这也是未来研究可以关注的问题。此外,还可以探索社区责任感对生理健康(寿命长短)、心理健康(抑郁与孤独感)的影响,丰富社区责任感与利他行为的关系模型。

34.6 社区责任感的价值与提升

社区责任感在微观层面促进了个体的人格健全与幸福感的获得,在宏观层面推动了人与人的联结及社会的繁衍。继续强化与提升居民的社区责任感具有重要的现实意义与社会价值。

34.6.1 社区责任感的价值

责任是群体活动的产物,是社会规范的体现,现实生活中存在着各种各样的责任,如帮助他人的责任,遵守社会法规的责任等,按照主观能动性,可将责任分为两类,即强制性的与自发性的,而后者则是我们所推崇的。我国是一个多民族、人口众多的国家。其传统的社区管理形式是一种自上而下的模式。然而政府的人力和物力是有限的。面对民族区域的特殊性以及城市社区的人口复杂性,传统的社区管理模式并不利于我国社区自治能力的提升以及公民的社区参与。让居民富有责任感,能够自发地去帮助他人并参与社区建设应成为我国社区治理的新导向,这也是实现我国社区自治、社会可持续发展的有效途径之一。

社区感以个体意识到社区体验于满足自我需要的程度为动力,但是如果个体没有意识到这种联结时则会弱化主体的行为意向,表现为个体幸福感与生活满意度的高低。相反,社区责任感是个体认知与行为意向相一致的结果,是一种强大的内驱力,表现为人们的社区参与和亲社会行为。它不仅影响个体的利他行为水平和责任凝聚感,而且影响着社会的繁衍。其价值包括个人价值和社会价值两个方面。于个人而言,社区责任感是个体准则、信念和价值观的体现,影响个体积极心理品质的形成与发展,是个体幸福感的来源。前期的质性研究发现(杨超,2019),人们在履行社区责任感之后往往有着积极的情绪体验,如"带女儿义务为社区孤寡老人送爱心,内心感到充实"、"作为所在社区的义工,多次协助居委会开展活动,感到很开心"及"加班到凌晨5点回家,踮着脚尖爬楼梯,虽然很疲惫,但这种习惯使我感到舒心"等。可见,社区责任感驱动了个体利他行为的发生,并促进了个体幸福感的获得。与此同时,社区责任感还是个体积极心理品质的催化剂,大部分居民认为,高社区责任感的个体往往具备"诚实"、"有爱心"、"严格自律"及"集体意识强"等特质。人们在关心他人和保护社区环境的过程中,也习得并强化了自己爱与友善、真诚与自制的心理品质。换言之,社区责任感使个体适应了社会规范的要求,使个体从本我完成了到自我和超我的发展。于社会而言,社区责任感是有效防治社区紊乱和公共危机的重要因素。社区责任感的认知成分中有着集体责任认知的成分，它能驱动人们爱护公共设施，将集体利益置于个人利益之上，并增进群体的凝聚力。社区日常中伴随着管理者（物业）与业主的不理解以及邻里的矛盾。社区责任感能提升个体的社区参与和利他行为水平，能增进居民间的人际距离、化解居民间的矛盾，进而形成和谐的社区氛围。此外，社区责任感能使人们在面对公共危机事件时担起责任，履行公民应尽的义务，驱使人们为了自身与他人的幸福和安全，投入情感并付诸行动，进而保障社会的繁衍。

34.6.2 社区责任感的提升

尽管我国居民社区责任感的总体水平较高，有着积极的趋势，但是社区责任行为维度的平均得分最低，离5点评分的"比较符合"还有一定的距离，部分居民依然存在社区责任感缺失的情况（杨超，2019）。这说明，尽管居民有着较高的社区责任认知和强烈的社区责任情感体验，但社区责任行为倾向相对较弱。而这也可能是当前我国居民社区参与较弱的原因之一。因此，具体的提升策略包括强化人们的社区责任行为倾向、通过社会规范激活人们的社区责任感、通过建构社区-家庭-学校-企业的协作网络模式多方位培养居民的社区责任感并注意提升过程中社区人口的复杂性与群体特殊性。

按照海恩斯、亨格福德和托梅拉（Hines，Hungerford，和Tomera，1987）的观点，责任行为倾向受到个人特质、行为策略及对问题的熟知程度的交互影响。因此，一方面，可以从特质出发，强化居民的积极心理品质，提升居民的灵活转换能力，并通过人际纽带的建立和赋权增进居民对社区问题的熟知程度。具体而言，积极心理品质（character strength）是个体相对稳定的一种心理特质，其特点为积极的、有意义的和有道德感的（Seligman，2002；Peterson和Seligman，2004）。它对于人类的繁衍至关重要，其作用在于让主体感觉良好并获得幸福感。塞利格曼（Seligman，2002）认为，幸福是可以学习和培养的，并提出了与幸福相关的24种美德。彼德森和塞利格曼（Peterson和Seligman，2004）认为，尽管人们的价值观取决于文化习俗的异同，但是少数特定的人格特质却是所有人类所共有的，并将24种美德进行了聚合，抽取出6种核心美德，如节制、勇气、公正和人性等。而这也是研究者们对积极心理品质的分类标准。因此，可以通过社区教育（讲座、观影）和社区活动（感谢帮助过自己的社区他人以及美德家庭的评比）强化人们的积极心理品质，如公正（正直公平）和人性（爱与友善）的美德。灵活转换能力是执行功能的子成分，往往需要工作记忆和抑制控制的参与，它能促使人们从他人的角度看待问题,并对问题解决的方法进行发散和策略转换(Davidson 等,2006)。因此,可以通过认知能力训练提高人们的灵活转换能力,如 Stroop 测验和数字颜色连线测验等。相对于过去的"大院社区",城市社区中的人际网络相对稀疏,致使人们缺少归属感与责任感。社区管理者可通过建立社区互助小组,增进居民间的情感联结,组内成员可对类似的问题进行讨论,使他们从社区中获得社会支持。赋权是个体、组织获得事物统治权的一个过程、一种机制(Rappaport,1987),它是个体参与社区建设的保障,是确保社区工作公平正义的有利条件(杨超,陈红等,2018)。社区管理者应赋予社区个人和公益组织参与社区建设的权力,促进居民与社区管理者(物业人员)的相互理解,并通过公益组织带动居民的社区参与(如为社区里的弱势群体提供帮助、社区环保日等),增强他们对社区管理与服务体系建设问题的了解,协同解决社区建设问题。

另一方面,在社区责任感的概念模型中,社会规范起着重要的动力作用。因此,未来的研究可以从社会规范着手,对于得分较高的居民给予适度的态度强化,使他们能保持较高的积极水平,帮助社区责任感得分较低的居民建立正确的个人信念,避免对家人和社区他人的不良影响。具体而言,社会规范指个体对群体中共同的或可接受行为的认知(Fiske,Gilbert,和 Lindzey,2010)。它包括描述性的规范(descriptive norms)和指令性的规范(injunctive norms)两种类型,前者指对行为普遍性的认知,后者则是对特殊行为被群组允许和可以接受的程度的认知(Everett,Caviola,Kahane,Savulescu,和 Faber,2015)。描述性的规范和指令性的规范是连续的,指令性的规范为描述性的规范提供了被社会接纳的程度的描述。两种规范对帮助个体建立正确的认知观念都很重要,并且能给予矛盾情境中的个体及时的自我认知疏导。因此,可以通过征集、投票、讨论的方式制订符合本社区的规范,并区分规范的类别和实际内容。按照默认效应(default effects)的理解,描述性的规范的表述为"默认选项是大多数人选择的",指令性的规范则可表述为"默认选项是大多数人会赞同的"(Everett 等,2015)。这里的默认选项指当个体并无其他明确的选择时收到的选项。已有研究发现,默认效应会提高人们的利他行为水平(Johnson 和 Goldstein,2003),默认效应会激活人们的社会规范,且社会规范具有行为的传递性,即当前社会规范下的行为会影响下一个行为。因此,可以通过默认效应激活人们的社会规范,进而提升个体的社区责任行为倾向。

与此同时,参照西方的社区协作组织模式,我国应建立起社区-家庭-学校-企业的协作网络模式。我国现有的社区心理健康服务体系建设中,社区、家庭、学校和企业是相互独立的。但实际上,社区责任感的培养不应该只是成人和少数人的责任与义务,责任教育更应该走进家庭和学校,从小开始培养,以达到从"小家"

(家庭)到"大家"(国家)的过渡。家庭环境是影响个体责任感形成与发展的微观系统(Raffaelli等,2017)。它包括家庭关系(有凝聚力的、可表达的)、个人成长(独立的、有道德和信仰的、以成就为导向的)等维度(Moos和Moos,1994)。良好的家庭环境不仅有助于子女形成正确的人生观和价值观,而且有助于个体积极自我观念的发展和抑制家庭累积风险的发生。因此,可以通过家庭环境的建设培养子女的社区责任感,引导他们学会帮助他人。研究者们认为,培养责任感最直接的途径便是承担责任和履行义务(Wood, Larson,和Brown, 2009)。而最简单的方式便是照顾他人(Grusec等,1996)。研究发现,通过照顾他人,个体所获得的克服困难和符合角色需求的经验会导致个体行为的改变和责任感的内化(Salusky, Larson, Griffith, Wu,和Guzman, 2014;Wood等,2009)。因此,父母和社区管理者应该起着榜样的作用,带动年少的居民给予社区他人更多的关爱与帮助。

此外,社区责任感的提升应注意社区人口的复杂性与群体特殊性。在过去的社区心理志愿者服务活动中,我们了解到,我国现有的社区成员结构是比较复杂的,其中以"移民社区"最为突出,如易地扶贫搬迁政策下的移民群体等。在给该群体创造良好的生活生产条件之余,帮助他们重获社区归属感、重建社区认同感、唤醒他们的社区责任感并提升其心理适应水平应该成为未来我国社区心理学研究和社区建设的重点。社区参与是居民社区感和社区责任感的水平体现,然而我国居民的总体社区参与水平并不高,居民们缺乏主观能动性,表现为非连续性的特点,即日常的社区参与活动较少,只在特定节日的活动中表现出参与的热情。同时,社区中的矫正人员及其家人往往面临着污名化的伤害与再就业的担忧,他们的心理健康水平并不乐观。此外,当前社区专职人员中心理咨询专业背景的人员并不多。这些因素将影响个体的社区责任感水平,进而阻碍居民利他行为和社区参与的发生。因此,未来的社区建设在改善居民生活基础设施,提升居民社区认同水平的同时,更应该重视社区心理健康服务体系的建设。有资质的高校应向社区输入专业的心理学人才,同时企业应为社区矫正人员提供再就业的帮扶。综上,社会规范的唤醒能强化居民的社区责任感,而社区责任感的激活将提升个体的利他行为和社区参与水平,社区应成为企业、家庭与学校的粘合剂,让居民能在企业工作与家庭生活之间找到一个平衡点,让学校教育与家庭教育多一些联结,共同推进我国社区责任感的研究和社区心理健康服务体系的建设。

(陈红 杨超)

参考文献

陈越良.(2017).加强城乡社区治理 提升居民幸福感.时事报告(8),38-39.
陈思静,马剑虹.(2011).第三方惩罚与社会规范激活——社会责任感与情绪的作用.心理科学 34(3),670-675.
邓凌.(2009).中国传统儒家责任伦理思想浅探.青海师范大学学报(哲学社会科学版)(6),37-40.
韩美群.(2011).儒家"仁者爱人"思想的人本基础及其现代意蕴.江西社会科学 31(10),33-37.
何垚,黄希庭.(2017).中国人人际责任感问卷的研制.中国临床心理学杂志,25(5),839-844.
纪术茂,戴郑生.(2004).明尼苏达多相人格调查表.北京:科学出版社.
况志华.(2012).基于日常经验取向的责任心理结构研究.心理科学 35(2),430-435.
李须,陈红,李冰冰,廖俊,杨挺,刘舒阳.(2015).社区感:概念,意义,理论与新热点.心理科学进展,23(7),1280-1288.
林崇德,杨治良,黄希庭.(2003).心理学大辞典.上海:上海教育出版社.
任亚辉.(2008).中国传统儒家责任心理思想探究.心理学报,40(11),1221-1228.
温忠麟,侯杰泰,马什赫伯特.(2004).结构方程模型检验:拟合指数与卡方准则.心理学报,36(2),186-194.
许燕.(2002).当代大学生核心人格结构的研究.心理学探新,22(4),24-28.
杨超,陈红,罗念,尹明.(2018).西方社区心理学研究新进展:理论,方法,研究领域及其启示.西南大学学报(社会科学版),44(1),103-112.
杨超,陈红,胡小勇,王艳丽.(2019).中国居民社区责任感问卷的编制及信效度检验.中国临床心理学杂志,27(2),242-245.
杨超.(2019).社区责任感的结构及其对居民利他行为的影响机制研究.重庆:西南大学博士学位论文.
叶浩生.(2009).责任内涵的跨文化比较及其整合.南京师大学报(社会科学版),11(6),99-104.
张兰君,杨兆兰,马武玲.(2006).大学生责任心认知结构与父母教养方式——军校与地方院校大学生比较研究.当代青年研究(2),24-26.
张积家.(1998).试论责任心的心理结构.教育研究与实验(4),43-47.
Bowes, J. M., San, L. Q., Chen, M.-J., & Yuan, L. (2004). Reasoning and negotiation about child responsibility in urban Chinese families: Reports from mothers, fathers and children. *International Journal of Behavioral Development*, 28(1), 48-58.
Boyd, N. M., & Nowell, B. (2013). Psychological sense of community: a new construct for the field of management. *Journal of Management Inquiry*, 23(2), 107-122.
Boyd, N. M., & Nowell, B. (2017). Testing a theory of sense of community and community responsibility in organizations: An empirical assessment of predictive capacity on employee well-being and organizational citizenship. *Journal of Community Psychology*, 45(2), 210-229.
Boyd, N. M., Nowell, B., Yang, Z., & Hano, M. C. (2018). Sense of community, sense of community responsibility, and public service motivation as predictors of employee well-being and engagement in public service organizations. *The American Review of Public Administration*, 48(5), 428-443.
Boyd, N. M., Liu X., & Horissian, K. (2020). Impact of community experiences on student retention perceptions and satisfaction in higher education. *Journal of College Student Retention: Research, Theory & Practice*, 1521025120916433.
Costanzo, P. R. (2014). Conscientiousness in life course context: a commentary. *Developmental*

Psychology, 50(5), 1460-1464.

Davidson, M. C., Amso, D., Anderson, L. C., & Diamond, A. (2006). Development of cognitive control and executive functions from 4 to 13 years: evidence from manipulations of memory, inhibition, and task switching. *Neuropsychologia*, 44(11), 2037-2078.

Eagly, A. H., & Chaiken, S. (1993). *The psychology of attitudes*. New York: Harcourt Brace Jovanovich College Publishers.

Everett, J. A., Caviola, L., Kahane, G., Savulescu, J., & Faber, N. S. (2015). Doing good by doing nothing? The role of social norms in explaining default effects in altruistic contexts. *European Journal of Social Psychology*, 45(2), 230-241.

Festinger, L. (1962). *A theory of cognitive dissonance* (Vol. 2). Palo Alto, CA: Stanford University Press.

Fiske, S. T., Gilbert, D. T., & Lindzey, G. (Eds.). (2010). *Handbook of social psychology* (Vol. 2). New Jersey: John Wiley & Sons.

Furco, A., Muller, P., & Ammon, M. S. (1998). *The civic responsibility surveys. Service-learning research and development center*. Berkeley: University of California.

Grusec, J. E., Goodnow, J. J., & Cohen, L. (1996). Household Work and the Development of Concern for Others. *Developmental Psychology*, 32(6), 999-1007.

Hines, J. M., Hungerford, H. R., & Tomera, A. N. (1987). Analysis and synthesis of research on responsible environmental behavior: A meta-analysis. *The Journal of Environmental Education*, 18(2), 1-8.

Horosz, W. (1975). *The Crisis of Responsibility: Man as the Source of Accountability*. Norman: University of Oklahoma Press.

Jason, L. A., Stevens, E., Ram, D., & Gleason, K. (2016). Theories in the field of community psychology. *Global Journal of Community Psychology Practice*, 7(2), 1-27.

Johnson, E. J., & Goldstein, D. (2003). Do defaults save lives? *Science*, 302(5649), 1338-1339.

Kelly, J., & Carter Jr, J. (1970). Research contributions from psychology to community mental health. *Community Psychology and Mental Health*, 126-145.

Knoke, D., & Wright-Isak, C. (1982). Individual motives and organizational incentive systems. *Research in the Sociology of Organizations*, 1(2), 209-254.

Long, D. A., & Perkins, D. D. (2007). Community social and place predictors of sense of community: A multilevel and longitudinal analysis. *Journal of Community Psychology*, 35(5), 563-581.

Mabry, J. B. (1998). Pedagogical variations in service-learning and student outcomes: How time, contact, and reflection matter. *Michigan Journal of Community Service Learning*, 5(1), 32-47.

Mahmud, Z., Ibrahim, H., Amat, S., & Salleh, A. (2011). Family communication, sibling position and adolescents' sense of responsibility. *World Applied Sciences Journal*, 14, 74-80.

Mannarini, T., & Fedi, A. (2010). Multiple senses of community: the experience and meaning of community. *Journal of Community Psychology*, 37(2), 211-227.

March, J. G., & Olsen, J. P. (1989). *Rediscovering Institutions: The Organisational Basis of Politics*. New York: Free Press.

McClelland, D. C. (1961). *The achieving society. The achieving society*. Princeton, NJ: Van Nostrand.

McMillan, D. W., & Chavis, D. M. (1986). Sense of community: A definition and theory. *Journal of Community Psychology*, 14(1), 6-23.

McMillan, D. W. (2011). Sense of community, a theory not a value: A response to Nowell and Boyd. *Journal of Community Psychology*, 39(5), 507-519.

Mergler, A., & Shield, P. (2016). Development of the Personal Responsibility Scale for adolescents. *Journal of Adolescence*, 51, 50 - 57.

Miner, J. B. (2005). *Organizational Behavior: Essential theories of motivation and leadership*. Armonk, NY: M. E. Sharpe.

Moos, R. H., & Moos, B. S. (1994). *Family environment scale manual*. Palo Alto, CA: Consulting Psychologists Press.

Nowell, B. (2009). Profiling Capacity for Coordination and Systems Change: The Relative Contribution of Stakeholder Relationships in Interorganizational Collaboratives. *American Journal of Community Psychology*, 44(3 - 4), 196.

Nowell, B., & Boyd, N. M. (2010). Viewing community as responsibility as well as resource: Deconstructing the theoretical roots of psychological sense of community. *Journal of Community Psychology*, 38(7), 828 - 841.

Nowell, B., & Boyd, N. M. (2011). Sense of community as construct and theory: authors' response to McMillan. *Journal of Community Psychology*, 39(8), 889 - 893.

Nowell, B., & Boyd, N. M. (2014). Sense of community responsibility in community collaboratives: Advancing a theory of community as resource and responsibility. *American Journal of Community Psychology*, 54(3 - 4), 229 - 242.

Nowell, B., Izod, A. M., Ngaruiya, K. M., & Boyd, N. M. (2016). Public service motivation and sense of community responsibility: Comparing two motivational constructs in understanding leadership within community collaboratives. *Journal of Public Administration Research and Theory*, 26(4), 663 - 676.

Oliva-Teles, N. (2011). The sense of responsibility in the context of professional activities in Medical Genetics. *Medicine Health Care & Philosophy*, 14(4), 397 - 405.

Pancer, M., Pratt, M., & Hunsberger, B. (2000). The roots of community and political involvement in Canadian youth. Paper presented at the XVI biennial meetings of the International Society for the Study of Behavioral Development, Beijing, China.

Peterson, N. A., Speer, P. W., & Mcmillan, D. W. (2010). Validation of A Brief Sense of Community Scale: Confirmation of the principal theory of sense of community. *Journal of Community Psychology*, 36(1), 61 - 73.

Peterson, C., & Seligman, M. E. P. (2004). *Character strengths and virtues: a handbook and classification*. New York: Oxford University Press.

Perry, J. L. (2000). Bringing society in: Toward a theory of public-service motivation. *Journal of Public Administration Research and Theory*, 10(2), 471 - 488.

Prati, G., Procentese, F., Albanesi, C., Cicognani, E., & Gattino, S. (2020). Psychometric properties of the italian version of the sense of community responsibility scale. *Journal of Community Psychology*, 48(6), 1770 - 1790.

Rappaport, J. (1987). Terms of empowerment/exemplars of prevention: toward a theory for community psychology. *American Journal of Community Psychology*, 15(2), 121 - 148.

Raffaelli, M., Simpkins, S. D., Tran, S. P., & Larson, R. W. (2017). Responsibility development transfers across contexts: Reciprocal pathways between home and afterschool programs. *Developmental Psychology*, 54(3), 559 - 570.

Roberts, B. W., Lejuez, C. W., Krueger, R. F., Richards, J. M., & Hill, P. L. (2014). What is conscientiousness and how can it be assessed. *Developmental Psychology*, 50(5), 1315 - 1330.

Sarason, S. B. (1974). *The psychological sense of community: Prospects for a community psychology*. San Francisco: Jossey - Bass.

Salusky, I., Larson, R. W., Griffith, A., Wu, J., & Guzman, M. (2014). How Adolescents Develop Responsibility: What Can Be Learned From Youth Programs. *Journal of Research on*

Adolescence, 24(3), 417-430.

Schlenker, B. (1986). *Personal Accountability: Challenges and Impediments in the Quest for Excellence*. San Diego, CA: Naval Personnel Research and Development Center.

Schlenker, B., & Weigold, M. (1989). Self-identification and accountability. In RA Giacalone and P. Rosenfeld (Eds.), *Impression management in the organization*: Hillsdale, NJ: Erlbaum.

Seligman, M. E. (2002). *Authentic Happiness: Using the New Positive Psychology to Realize Your Potential for Lasting Fulfillment*. New York, Free Press.

Shanahan, M. J., Hill, P. L., Roberts, B. W., Eccles, J., & Friedman, H. S. (2014). Conscientiousness, health, and aging: the life course of personality model. *Developmental Psychology*, 50(5), 1407-1425.

Silva, L. d., Sanson, A., Smart, D., & Toumbourou, J. (2004). Civic responsibility among Australian adolescents: Testing two competing models. *Journal of Community Psychology*, 32(3), 229-255.

Stone, G., Barnes, J. H., & Montgomery, C. (1995). Ecoscale: a scale for the measurement of environmentally responsible consumers. *Psychology & Marketing*, 12(7), 595-612.

Treitler, P. C., Andrew P. N., Howell, T. H., & Powell, K. G. (2018). Measuring Sense of Community Responsibility in Community-Based Prevention Coalitions: An Item Response Theory Analysis. *American Journal of Community Psychology*, 62(1-2), 110-120.

Trickett, E. J., Kelly, J. G., & Vincent, T. A. (1985). The spirit of ecological enquiry in community research. In E. C. Susskind & D. C. Klein (Eds.), *Community research. methods, paradigms and applications* (pp. 283-333). New York: Preager.

Vincent, N. (2013). Enhancing responsibility. In N. A. Vincent (Ed.), Neuroscience and legal responsibility (pp. 305-333). Oxford: Oxford University Press.

Weick, K. E., Sutcliffe, K. M., & Obstfeld, D. (2005). Organizing and the process of sensemaking. *Organization Science*, 16(4), 409-421.

Weisner, T. S. (2001). Children investing in their families. In A. J. Fuligni (Ed.), *Family obligation and assistance during adolescence* (pp. 77-83). San Francisco: Jossey-Bas.

Wood, D., Larson, R. W., & Brown, J. R. (2009). How adolescents come to see themselves as more responsible through participation in youth programs. *Child Development*, 80(1), 295-309.

Xiao, Y. (2015). The place where stranger become neighbors: Community building in urban village in transitional period. http://resolver.tudelft.nl/uuid: 526c8af6-8dd9-4f98-8664-78b6dc77da22.

Xu, S., & Yang, R. (2010). Indigenous characteristics of Chinese corporate social responsibility conceptual paradigm. *Journal of Business Ethics*, 93(2), 321-333.

Yang, C., Wang, Y., Hall, B. J., & Chen, H. (2020). Sense of community responsibility and altruistic behavior in Chinese community residents: The mediating role of community identity. *Current Psychology*, 39(6), 1999-2009.

Yang, C., Wang, Y., Wang, Y., Zhang, X., Liu, Y., & Chen, H. (2020). The Effect of Sense of Community Responsibility on Residents' Altruistic Behavior: Evidence from the Dictator Game. *International Journal of Environmental Research and Public Health*, 17(2), 460.

35 人际关系性：人格的第六个维度

- 35.1 引言 / 1141
- 35.2 CPAI 的研究缘起及其理论方法 / 1142
  - 35.2.1 CPAI 的研究缘起 / 1142
  - 35.2.2 开发 CPAI 所采用的理论方法 / 1144
- 35.3 人际关系性作为文化相关人格因素 / 1145
  - 35.3.1 CPAI（原始版）/ 1145
  - 35.3.2 CPAI-2（第二版）/ 1148
  - 35.3.3 CPAI-A（青少年版）/ 1151
- 35.4 人际关系性作为人格结构的第六个维度 / 1153
  - 35.4.1 人际关系性构成第六个人格维度 / 1153
  - 35.4.2 人际关系性（大六人格结构）的跨文化证据 / 1160
- 35.5 人际关系性维度的应用 / 1163
  - 35.5.1 心理健康与临床心理领域 / 1163
  - 35.5.2 社会关系层面 / 1164
  - 35.5.3 工业与组织心理学方面 / 1165
- 35.6 结语：反思与未来的研究 / 1166
- 参考文献 / 1168

35.1 引言

中国人个性测量表（Chinese Personality Assessment Inventory，简称 CPAI）开发的初衷旨在以科学的方法建立一套既符合心理测量学规范、又具有文化适切性的人格量表，以便为中国人提供一个更贴近传统文化和现实生活的可靠且有效的人格测量工具。CPAI 量表创建于 20 世纪 90 年代，是由香港学者张妙清教授发起、由香港中文大学心理学系与中国科学院心理研究所的学者共同开发和编制的。量表的编制与开发过程采用了文化普适性（Etic）和文化特殊性（Emic）相结合的方法（主—客位文化相结合），既从跨文化一致性的角度、又从文化特殊性的角度探索和建构出了中国人的各种人格特征。

研究结果表明，CPAI 包含有领导性、可靠性、容纳性、人际关系性等四个人格维度，其中特别值得注意的是，"人际关系性（Interpersonal Relatedness，IR）"这个因素，它包含了众多中国文化"本土性"的人格构念，如讲究往来人情、避免当面冲突、维持表面和谐、大家都有面子等稳定的特性,从而突显出了中国人在社会关系之中如何"做人"的态度、信念及行为模式。有意思的是,对 CPAI 与西方大五人格量表共同测量的数据进行联合因素分析的结果表明,CPAI 作为本土化人格量表可以独立出一个"人际关系性"的因子,与五大人格因子(OCEAN)并列,从而构成了一个描述和解释中国人个性特征或行为模式的"大六"人格结构。

迄今为止,第二版的中国人人格测量表(CPAI-2)已被翻译成英文、韩文、日文、荷兰文、罗马尼亚文和越南文等版本。对这些译本在相应文化群体中的调查数据进行因素分析均显示,人际关系性因素(IR)仍然能够单独成立、不为大五模型的其他因素所吸纳或涵盖。尽管 CPAI 的初衷并非是将其运用于其他文化背景,但人际关系性量表在华人与西方文化背景中的有效使用表明,西方人格理论与测评模型或许存在着某些不足。占据主流地位的西方人格理论倾向于关注个体的内心世界或者与遗传相关的个体特质,而相对忽略了同样重要的社会文化和人际关系等领域。这些研究结果促使 CPAI 的开发团队思考 CPAI-2 的跨文化效度问题,并将"中国人个性测量表"(Chinese Personality Assessment Inventory)重新命名为"跨文化"(中国人)个性测量表[Cross-cultural (Chinese) Personality Assessment Inventory]。CPAI 的重新命名,一方面彰显了 CPAI 人格测量对人格进行跨文化评估的应用价值,另一方面也显示了中国学者将所谓"本土化"的研究成果推向"普适化"应用的信心和努力。

35.2 CPAI 的研究缘起及其理论方法

35.2.1 CPAI 的研究缘起

20 世纪 60 年代以来,随着一些中国香港地区与中国台湾地区的人格与社会心理学者从欧美学成归来,他们开始在当地系统地介绍西方、特别是美国的人格心理学理论与方法。在 20 世纪 80—90 年代,国内大部分的测量工具都引自西方,经过一定的翻译和修订之后为己所用(Chen, 1983)。这一"拿来主义"的方式虽然是无奈之举,也省下了很多研究的力气,但同时却带来许多不可忽视的问题。除去各量表翻译和修订的水平参差不齐外,在量表的操作使用和分数解读上也存在着较大的误区和隐患。

首先,由于大部分的心理测量工具都是以西方的人格理论为基础,并以西方人群的分数为常模进行开发和编制的,它在其他非西方文化下的群体中的适用性要透过在这些文化中进行效度测试来验证,即跨文化有效性和跨文化等值性的问题——引进、翻译的量表在应用于其他文化背景下的群体时,需要保证在题项和量表的各个层面上都具有跨文化的等值性,包括语言的等值性、维度和结构的等值性、测量学和心理学意义的等值性等(Cheung,2009;Fan 等,2011;International Testing Commission,2010)。量表题目内容是否翻译准确到位?在中国人群中使用是否仍然能够保持较高的信效度?它的人群常模是否需要做出适当的调整?这些都是非常重要却又经常被忽视的问题。

许多学者都在引进和翻译国外量表的过程中发现了量表结构不完全适用和信效度降低的现象(Leong 等,1998)。张妙清等人在对明尼苏达多相人格测验第二版(MMPI-2)进行翻译和修订的过程中就发现,国外常模可能不能直接应用在中国人群中,比如如果不加辨别地使用美国常模,会导致一部分正常的中国人被误诊为患有抑郁、精神衰弱和精神分裂症(Cheung 和 Ho,1997;Cheung,Zhang,和 Song,2003)。因此,引进和翻译的量表,如果被不加修订和选择地使用,会对使用者造成一定程度的利益损失甚至身心伤害。

其次,在量表的跨文化有效性和跨文化等值性得以保证的同时,还需要考虑量表的文化适切性问题。主流心理学一般假设人格特质是一种稳定的、以生理为基础的、独立于文化之外的特征。跨文化研究却发现了某些人格测量在使用上的文化偏差。人格特征是在个体与文化环境的交互影响的过程中产生的,是个体适应环境的一种表现(Cheung 等,2013),主流的心理学应该采取一个"文化"的观点(Cheung,2012)。这一主张得到了越来越多的实证研究的支持,这些研究均在某些文化(特别是集体主义文化)中发现了一些未能体现在西方人格量表中的、具有文化特殊性的人格特征(例如,Choi 等,1993;Verma,1999;Yang,1996)。

可见,引进的量表必须经过恰当的翻译和适当的修订,达到心理测量学的标准后才能使用;但即便是如此地削足适履,它也无法全面反映非西方文化背景下人群的所有人格特质。正是基于这样一些现存的问题和弊端,香港中文大学张妙清教授决定联合相关学者,开发一套植根于中国本土文化的、更加适合中国人的人格测量工具。继 1990 年张妙清教授和中国科学院心理研究所宋维真研究员最先决定开发 CPAI 之后,香港中文大学的梁觉教授和中国科学院心理研究所的张建新研究员也受邀加入到该研究队伍中。迄今为止,CPAI 已经经过了 20 多年的发展和再修订,形成了包含青少年版(CPAI-A;Cheung,Fan 等,2008)和成人版(CPAI-2;Cheung,Cheung 等,2008)两个版本、具有一般人格测量和临床诊断功能的多维度人格测量工具。

35.2.2 开发 CPAI 所采用的理论方法

贝里(Berry)在1969年和1989年区别出了跨文化心理学中的两种基本方法。客位研究方法(etic-approach)假定,一种文化下发展起来的方法学和概念在其他文化下也是普遍适用的。而主位研究方法(emic-approach)则强调使用本土发展起来的方法和概念,认为要从本土文化及其成员的观点去考察研究对象。"主位研究"和"客位研究"两个术语最初是由皮克(Pike)在1967年为理解语言和文化中的两种不同方法提出来的。依据皮克的观点,主位和客位研究方法都有各自的价值。例如,客位研究方法能提供一种广泛和统一的框架来理解一个现象在不同文化之间的相似之处和不同之处。而主位研究方法可以根据一种文化下成员的态度和人格为本土化文化提供一种非常相适应的观点。总之,这两种研究方法为观察相同的现象提供了一种从客位的视角和主位的视角的多维理解。

贝里在此基础上,进一步描述了一种他称之为"强加的客位(imposed etic)"的研究方法。这一方法假定在两种文化下比较同种现象是有效的,即将国外的工具或概念运用于本土文化背景下。斯坦利·休(Stanley Sue)在1983年对贝里提出挑战,他认为,使用"强加"客位测量是一种"文化帝国主义"。然而贝里仍然主张,在一种文化下强加的客位研究方法可能为主位研究的理论和工具开创起点。然后,本土文化下的主位研究理论则可以和引入理论和工具客位文化下的主位研究理论进行比较,只有将它们放在文化背景下进行比较时,两者才存在共通性,这些文化下的共通部分则可以被视为客位起源,每个文化的独特部分则可以被视为该文化的真实的主位观念。鉴于西方人格研究的优势,现有的人格模型可能被考虑强加于客位,例如,在西方人格模型下发现的人格特征是被假定为对其他文化通用和适用的。在这种认知下,起源于西方文化下的主位人格特征可能变成强加于其他文化的客位特征。

在理论水平上,主位和客位研究方法可以被视为是互补的。正如具有共通性和具有文化特异性的人格特征在追求真实性时是独立维度一样,在实际运用中,心理学者通常在两个方法中选择其一。在人格心理学背景下,一些跨文化心理学者试图把两种方法解释为"切割社会认知世界"的不同途径(Yik 和 Bond,1993)。1997年,范德·维杰弗和梁觉(Van de Vijver 和 Leung)提出在跨文化心理学中采用一种集中方法,他们把起源于本土的测量看作是与特殊文化有最大关联的。然而,如果某一测量工具在多种文化下出现了相同的结果,这些结果则可能是具有普遍性的。在主客位相结合的研究方法中,具有文化特异性的人格特征的测量法可能在该文化内是适用的,而具有共通性的人格特征的测量法可以允许跨文化间的相同结构的比较。

从20世纪70年代始,一些中国研究者对于人文社会科学研究过程移植一系列西方社会科学理论与方法论的现象,进行了反思、检讨和批评。他们开始意识到,学习、仿效和借用西方人格理论在研究不同文化人群的初级阶段或许难以避免,但用西方的理论与工具去描述与测量中国人人格时必然存在着偏颇,因为每个人都同生于斯养于斯的本族文明与文化相契合,其人格也被该文化所塑造。因此使用西方化的工具观测中国人的样本,往往存在着"伪共性"(pseudo etic; Triandis等,1971)或"被强加的共性"(Berry,1969)现象。正是在这一背景之下,对于中国人心理与行为(包括人格)研究的"本土化运动"蓬勃地开展起来。研究者使用一种不同于客位的方法,即主位研究视角,从本土发展起来的理论和概念出发,在观察、调研和实验的基础上,去研究本土文化下群体和成员心理与行为中存在的某些现象。当然需要注意的是,无论是文化普适性(Emic),还是文化特异性(Etic)的研究视角,都有自身的局限性,它们或者因仅仅关注文化普适性的人格内容,而忽视本土化人格的内涵;或者因仅仅关注文化特异性的内容,而难以进行跨文化的人格比较。CPAI量表的开发者则采用了一种文化普适性与文化特异性相结合的视角,对中国人的人格特征设计了既包括跨文化一致性又保留了文化特异性的主—客位相结合的双重测量范式。

35.3 人际关系性作为文化相关人格因素

35.3.1 CPAI(原始版)

中国人个性量表(CPAI,详见Cheung等,2013;Cheung等,1996)的编制以提供一种全面的与本土需要相称的人格测查表为目的,同时也保持了正式发表的评估工具的心理测量学标准。采用了主客位相结合的研究方法,包括本土的和共通的人格构建,描述了在中国文化背景下相应的个体特点和行为预测。研究者们采用了多种途径对与中国人的经验相关联的人格构念进行了搜寻,以采用在日常生活经验中广泛使用的人格描述为基础,研究步骤如下:

第一,选取约15本由中国大陆地区、中国香港地区和中国台湾地区的作者撰写的受欢迎的当代小说。这些小说由在香港和北京的大学任教的中国学者们推荐,被认为是能代表性地描述中国人人格的文学著作。研究者对内容进行察看,以识别出用于描述中国人人格主要特征的形容词。克林贝格(Klineberg,

1938)采用了类似的文学作品回顾方法,来识别出中国文学作品中对情感表达的态度。

第二,回顾中文谚语方面的书籍,以找出那些用来描述一个人具体特点的态度和行为。

第三,大约300条自我描述的陈述句,包括自己喜欢和不喜欢的东西以及感受和特定活动。这些陈述句由学生们在中国香港地区进行的一次非正式的街头调查中收集,调查对象是约50名来自不同背景的人。

第四,对专业人员的初步研究(中国香港地区215人,中国大陆地区218人)。调查对象包括教师、精神病医生、护士、社会工作者、心理学家和企业经理。被试被要求写下不少于10个形容词来描述他们认为在工作或日常生活中重要的同事、学生或客户的个性,以及这些形容词对应的行为表现。

第五,通过对心理学文献的回顾,确定了在中国样本中已经被研究过的特定的人格构念,如面子(Ho, 1976)、人情(关系导向;Hwang, 1987)、躯体化倾向(Cheung, 1985)。

对以上五种方法得到的人格形容词或描述进行进一步的检验,并对在涵义上有较大重叠的进行整合,共获得150个不同的人格特征。每个人格特征可能包括若干相关的形容描述。来自中国香港地区和中国大陆地区的研究人员讨论并选择了纳入CPAI量表的人格特征。研究人员在一系列会议上对这些特征进行了重新组合,以使其代表普遍和广泛的人格结构。对于以临床诊断为基础的人格建构,参考了中国香港地区和中国大陆地区常用的诊断类别,包括《精神疾病诊断与统计手册(3)》[the Diagnostic and Statistical Manual or Mental Disorders (3)]、ICD-9和中华医学会制定的诊断标准。同时参考了中国版明尼苏达多项人格测验第一版(MMPI)和第二版中(MMPI-2)的临床量表和内容量表使用的经验。

CPAI(原始版)的测量量表分为三种类型,即3个效度量表、22个人格量表和12个临床量表(见表35.1),其中人格量表部分包含着许多西方人格测验不曾有的"本土化"人格构念,如"面子"、"人情"、"和谐性"等。这些人格构念在一定程度上折射出中国人在几千年的历史长河中不断积累下来的丰厚而又独特的人格特质。对CPAI的22个人格量表的因素分析结果显示,中国人的人格特质背后潜藏着一个四因素共同结构,即可靠性(Dependability, DEP)、个人性(Individualism, IND)、领导性(Social Potency, SOC)以及人际关系性(Interpersonal Relatedness, IR)(见表35.2),其方差总解释率约为59%。值得注意的是,"人际关系性(IR)"这个因素包含了众多"本土化"人格构念,显示出中国人在社会上如何"做人"的行为模式及其文化内涵,如讲究往来人情、避免当面冲突、维持表面和谐、大家都有面子等。

表 35.1

CPAI（原始版）各量表的名称及英文

人格量表	英文	人格量表	英文	临床量表	英文	效度量表	英文
自我-社会取向	S-S	情绪性	EMO	躯体化	SOM	低频量表	INF
宽容-刻薄	G-M	节俭-奢侈	T-E	抑郁	DEP	好印象量表	GIM
内向-外向	I-E	责任感	RES	身体症状	PHY	反应一致性量表	RCI
和谐性	HAR	冒险性	ADV	反社会行为	ANT		
领导性	LEA	严谨性	MET	焦虑	ANX		
面子	FAC	阿Q精神	DEF	性适应问题	SEX		
人情	REN	老实-圆滑	PRA	脱离现实	DIS		
亲情	FAM	务实性	V-S	猜疑	PAR		
乐观-悲观	O-P	外-内控制点	E-I	需求关注	NEE		
灵活性	FLE			过度兴奋	HYP		
理智-情感	L-A			病态依赖	PAT		
现代化	MOD			自卑-自信	S-I		

注：详见张建新和周明洁，2006。

表 35.2

CPAI 人格量表的四因素结果（N=2 444）

CPAI量表	因素1 可靠性 （DEP）	因素2 人际关系性 （IR）	因素3 领导性 （SOC）	因素4 个人性 （IND）
务实性	**0.75**	0.14	−0.30	−0.11
情绪性	**−0.73**	0.00	−0.17	0.00
责任性	**0.73**	0.28	0.00	0.23
自卑-自信	**−0.66**	0.36	−0.39	0.00
宽容-刻薄	**0.65**	−0.21	0.00	−0.44
老实-圆滑	**0.61**	0.00	−0.18	−0.31
乐观-悲观	**0.59**	−0.20	0.51	0.00

续表

CPAI 量表	因素1 可靠性 (DEP)	因素2 人际关系性 (IR)	因素3 领导性 (SOC)	因素4 个人性 (IND)
严谨性	**0.57**	0.32	0.00	0.25
外控-内控	**−0.57**	0.20	−0.19	0.00
亲情	**0.54**	0.21	0.19	−0.42
人情	−0.11	**0.73**	0.12	0.00
和谐性	0.26	**0.71**	0.00	0.00
灵活性	0.00	**−0.60**	0.00	−0.47
现代化	0.00	**−0.57**	0.16	0.00
面子	−0.54	**0.55**	0.00	0.17
节俭-奢侈	0.27	**0.49**	−0.36	0.17
内向-外向	0.00	0.00	**−0.73**	0.17
领导性	0.00	0.15	**0.73**	0.40
冒险性	0.26	−0.41	**0.67**	0.10
自我-社会取向	−0.15	0.00	0.00	**0.81**
理智-情感	0.24	0.38	0.31	**0.53**
阿Q精神	−0.38	0.44	0.18	**0.45**
特征值	4.87	3.31	2.55	2.22
解释方差比率	22.11%	15.06%	11.59%	10.10%

注：详见张建新和周明洁，2006。

35.3.2 CPAI-2（第二版）

研究者对 CPAI（原始版）与大五人格测评工具 NEO-PI-R（Costa 和 McCrae，1992）的联合因素分析显示，CPAI 量表在 NEO-PI-R 的开放性因素上没有负荷（Cheung 等，2001）。在 CPAI 的本土化量表中，没有一个能归放到大五模型的开放性因素下。因此，大五中的开放性因素就可能被看作是一种强加给中国文化的客位因素。

那么，我们如何解释在 CPAI 中开放性因素的缺失呢？一种可能的解释是因为在中国文化下,大五因子模型中对开放性的个体描述细节定义存在问题。然而,在研究中使用 NEO-PI-R 和 NEO-FFI(Costa 和 McCrae,1992)量表对中国样本进行测量,结果发现尽管开放性因子的心理测量学特性弱于大五的其他因子,但它仍然能够被抽取出来。这一发现存在疑问:尽管开放性因子在很多研究中被区分出来,但它仍有可能是与中国文化背景有可疑相关的强加的客位结构。换个角度来说,CPAI 中开放性的缺失也有可能是由于研究者的疏忽,他们把智力相关的结构从最初的本土化人格构建中排除开来。开放性在以前曾被解释为"智力"(Goldberg,1993)。在 CPAI 的构建发展中挑选短语时将诸如"聪明的"和"有才智的"这样的个人描述排除在外可能会限制开放性维度的抽取。尽管在 20 世纪 90 年代初期,CPAI 第一次发展起来时并不包括开放性,但在新千年全球化和信息技术的迅速改变中,在中国文化下可能会再次检查出开放性结构。

基于上述原因,在 2000 年,研究者为适应各种变化,对最初的 CPAI 进行了修订(CPAI-2,详见 Cheung,2004):在正式人格评估中发展了一套新的开放性量表,在临床评估时为增加临床量表的效度增长了量表。和原版 CPAI 的发展一样,其采用了一种主客位相结合的研究方法来编制新的开放性量表。研究回顾了在中国和西方文化下有关开放性的概念。研究者进行了非正式的访谈和由不同的成员组成的集中小组讨论,在中国文化下形成了与开放性相关的词典。使用不同的中文术语收集那些被用于描述开放的人的词语,包括开放、开通和开明,这些是在初次访问回答者认为与开放性观念相关的术语。研究者要求集中访问小组的成员描述这些开放人群的特性、思想、感觉和行为,并举例说明日常生活中的行为样本。

研究者从集中小组讨论和文献综述中抽取了 18 个结构,并从初步研究中得出了近 300 个术语。基于大样本下的项目分析,研究者为进一步标准化研究确定了 6 个与开放性相关的量表:新颖性、多样化、多元思考、艺术感、容忍度、人际触觉。修订后的 CPAI-2 包括 28 个人格量表,12 个临床量表和 3 个效度量表。2001 年,相关研究者在中国台湾和香港的不同地区使用相同的代表性取样的方法对量表进行再标准化,有效的标准化样本由 1 911 名成人被试组成,年龄从 18 岁到 70 岁。

虽然预期增加六个与开放性相关的量表后,可能会导致 CPAI-2 的正式量表中有五个因子被抽取出来,但实际结果仍然还是抽取出了四个最具解释力的因子。这四个因子分别是领导性、可靠性、容纳性和人际关系性,调整后的量表在因素结构上与原始 CPAI 保持了一致。在这里,开放性因子没有被独立出来,四个开放性量表:新颖性、多样化、多元思考和艺术感与领导能力、外向性、理智和开拓性一起,形成了一个扩展的领导性因子。容忍度负荷到容纳性因子上,人际触觉与和谐性、人情、传统性、节俭性和纪律性一起负荷在人际关系性因子上(见表35.3)。可见,在中国文化下,"开放性"并非是一个相对独立的人格维度,而是一个综合的人格构念。它不但包括个体主义文化背景下所体现出的认知上的多样性与开放性,还包括集体主义文化背景下人际关系和人际交往方面的开放性和容纳性。

表 35.3

CPAI-2人格量表的四因素结果（N=1911）				
	领导性	可靠性	容纳性	人际关系性
新颖性	**0.79**	0.09	−0.12	−0.12
多样化	**0.78**	−0.04	0.15	−0.07
多元思考	**0.74**	0.02	−0.08	0.12
领导性	**0.70**	0.10	−0.29	0.05
理智-情感	**0.63**	0.30	0.00	0.15
艺术感	**0.58**	−0.05	0.11	0.12
外向-内向	**0.43**	0.14	0.04	−0.04
自卑-自信	−0.35	**−0.70**	−0.28	0.10
责任感	0.09	**0.68**	0.03	0.35
情绪性	−0.01	**−0.67**	−0.30	−0.10
乐观-悲观	0.30	**0.66**	0.22	−0.07
务实性	−0.02	**0.62**	0.28	0.29
开拓性	**0.52**	**0.53**	0.03	−0.23
面子	0.05	**−0.50**	−0.28	0.19
严谨性	0.04	**0.50**	0.00	0.34
亲情	0.02	**0.46**	0.38	0.20
内-外控制点	0.17	**0.43**	0.33	−0.17
阿Q精神	0.08	−0.30	**−0.72**	0.18
宽容-刻薄	0.06	0.39	**0.70**	−0.05
容忍度	**0.40**	0.20	**0.53**	−0.19
老实-圆滑	−0.09	0.38	**0.47**	0.20
自我-社会取向	0.15	−0.14	**−0.42**	0.12
纪律性	−0.05	0.06	−0.37	**0.68**

续 表

	领导性	可靠性	容纳性	人际关系性
人情	0.08	−0.03	0.05	**0.56**
人际触觉	0.39	−0.03	−0.01	**0.54**
节俭-奢侈	−0.06	0.08	−0.10	**0.52**
和谐性	0.08	0.28	0.36	**0.47**
传统-现代化	−0.30	0.09	−0.28	**0.46**
方差解释	15.0	14.6	10.0	8.9

注：采用正交旋转法；表中黑体字表示因子载荷在0.40以上；详见Cheung等，2008。

35.3.3 CPAI-A（青少年版）

为了使CPAI这一人格测量工具更加全面，同时为了更好地了解人格的变化发展过程，2003年CPAI扩展到青少年版本（详见Cheung，Fan等，2008；Cheung等，2013）。CPAI青少年版本（CPAI-A）的建立以CPAI-2为蓝本，其编制过程与成人版大体相似，作者主要通过四种方式来收集有关中国青少年人格特征的描述和题目。首先，我们参考在香港青少年群体中非常流行的各种大众媒体（如网络、杂志、广播）。根据这些资料，最终形成了300多项关于青少年人格特征的描述。其次，我们通过目标小组会谈和个体访谈的形式，访问了29名香港人（包括中学生和他们的父母亲与老师，以及社会工作者），试图考察香港人对青少年人格特征的描述和结构认知。访谈中，我们要求参与者以具体的行为举例来表明他们对青少年人格特征的认识，并要求他们讨论CPAI-2评估的个性特征与青少年人格的关系。然后，为深入广泛地了解两岸三地人们对于中国青少年人格特征的认识，研究者征集了550多名分别来自中国大陆、中国香港和中国台湾三个地区的中学生以及他们的父母、教师、社会工作者参与预研究。研究者除了要求参与者对CPAI-2理论构思和青少年的人格特征加以评判与分析外，还建议他们根据自己的理解提出其他的人格描述和特质。以上三点确保了CPAI-A量表对人格的中国文化相关性的体现。最后，为体现对人格文化普适性的充分关照，研究者检索了有关青少年人格评估和心理健康的文献，分析了十个测量工具，如MMPI-A（中文版）和艾森克人格问卷（the Junior Eysenck Personality Questionnaire）以及多个人格理论模型（如卡特尔的人格因素模型、大五模型等）在华人社会的应用结果。简言之，

CPAI-A 的发展既遵循了西方成熟的问卷发展方法,又有机地融合了人格构念的文化普适性和中国本土内涵,既与 CPAI-2 的人格维度基本保持一致,又在人格维度的确定上加入了与青少年更为相关的方面,如"追求刺激"、"人生目标"以及"饮食失调"等;相应地去掉了一些对当代青年人可能不太重要的维度,如"节俭-奢侈"。

2005 年,CPAI-A 先后在中国香港和内地进行标准化。香港地区通过限额抽样的方式,共有 2 689 名 12—18 岁的青少年参与了测验,其中既包括在校中学生,也包括非在校青年(Cheung, Fan 等,2008)。内地共有 2 744 名来自不同地域的青少年参与了测验(Cheung 等,2013)。最终的青少年版本共包括 25 个一般人格量表、14 个临床量表和 3 个效度量表,共计 509 个题目。通过对标准化工作得到的数据进行因素分析,在一般人格量表上得到 4 个因子,分别为:领导性、可靠性、情绪稳定性和人际关系性,这一结果也与成人版的 CPAI 以及 CPAI-2 保持一致。

表 35.4

CPAI-A 人格量表的四因素结果

分量表	因素载荷(EFA)				完全标准化解(CFA)			
	领导能量	情感稳定性	人际关系性	可靠性	领导能量	情感稳定性	人际关系性	可靠性
新颖性	**0.83**				**0.82**	—	—	—
开拓性	**0.78**	0.36			**0.64**	0.24	—	—
领导性	**0.72**				**0.75**			
追求刺激	**0.67**				**0.73**	—	—	−0.36
多元思考	**0.61**				**0.81**			
外向-内向	**0.60**		0.32		**0.69**	0.46	—	−0.46
多样化	**0.55**				**0.60**		0.25	
人际触觉	**0.40**	0.53			**0.55**	—	0.22	
自卑-自信		**−0.69**			—	**−0.85**	—	—
面子		**−0.67**			—	**−0.50**	−0.28	
情绪性		**−0.65**			—	**−0.66**		
乐观-悲观	0.34	**0.62**			0.30	**0.63**		

续 表

分量表	因素载荷(EFA)				完全标准化解(CFA)			
	领导能量	情感稳定性	人际关系性	可靠性	领导能量	情感稳定性	人际关系性	可靠性
内外控制点		**0.44**			—	**0.57**	—	—
人情			**0.68**		0.47	−0.28	**0.62**	—
宽容-刻薄		0.35	**0.60**		—	—	**0.80**	—
和谐性			**0.58**		—	—	**0.54**	0.32
自我社会取向			**−0.56**		−0.22	—	**−0.51**	0.37
阿Q精神		−0.34	**−0.51**		0.23	—	**−0.68**	—
容忍度			**0.46**		0.42	—	**0.68**	−0.31
老实-圆滑			**0.46**		—	—	**0.67**	—
亲情			**0.39**	0.30	—	—	**0.36**	0.40
纪律性				**0.72**	—	−0.58	—	**0.99**
严谨性				**0.66**	—	—	—	**0.62**
责任感				**0.66**	—	—	—	**0.76**
人生目标	0.35			**0.36**	0.23	—	—	**0.46**
特征根	6.95	3.12	1.67	0.98				
方差解释率	27.79	12.68	6.70	3.92				

注:省略了EFA分析中绝对值小于0.30的因素载荷;详见张妙清,范为桥,张树辉,梁觉,2008。

35.4 人际关系性作为人格结构的第六个维度

35.4.1 人际关系性构成第六个人格维度

恰逢CPAI研究进入探索人格特质结构之时,西方的"人格五因素"模型开始被人们广泛认知,并影响到整个人格特质研究领域。测量人格五因素模型的一个主要工具为NEO PI人格问卷(Costa和McCrae,1992;McCrae等,1998)。该问卷共有30个亚量表,每一个人格因素量表由6个亚量表构成(见表35.5)。

这样,两个人格特质结构历史性地撞在了一起,因而,一个非常有趣的科学问题就自然而然地浮现出来:既然NEO PI测量到跨文化的人格特质,而CPAI测量

表 35.5 大五人格问卷（NEO PI）的人格亚量表结构

情绪稳定性(N)	外向/内向性(E)	开放性(O)	融合/宜人性(A)	认真/责任性(C)
焦虑担心(N1)	热情友好(E1)	想象丰富(O1)	信任他人(A1)	自我效能(C1)
易怒倾向(N2)	乐于群集(E2)	审美感受(O2)	直率坦诚(A2)	整洁条理(C2)
抑郁倾向(N3)	自信迫人(E3)	情感细腻(O3)	乐于助人(A3)	责任感(C3)
敏感害羞(N4)	快节奏(E4)	尝新试变(O4)	老好人(A4)	追求成就(C4)
冲动性(N5)	寻求刺激(E5)	富于思辨(O5)	谦逊自嘲(A5)	恒心自律(C5)
脆弱依赖(N6)	积极心态(E6)	灵活变通(O6)	仁慈同情(A6)	计划性(C6)

注：详见张建新，周明洁，2006。

到中国文化特色的人格特质，那么两者测量的结果是相互包容的、还是相互区分的？如果两者能够相互包容，那么至少说明 CPAI 测量的"文化特色"人格特质可能并不那么具有特殊性，因为它也是可以被人格五因素模型加以涵盖和解释的，这当然会间接地暗示出，五因素模型在中国人群中具有适用性；但是，如果两个结构相互区隔，那么这就意味着，NEO PI-R 的五因素结构模型难以全面、完整地测量中国人的人格特质，因此，中国人人格特质具有某种特殊性的假设，就是可以预期、并值得加以求证的。

1997 年，研究者对 CPAI 和 NEO PI-R 各分量表作了一次求证性的联合因素分析（joint factor analysis）（Cheung 等，2001）。该研究结果清晰地现出一个人格特质六因素结构，其中有 4 个因素分别与 NEO PI-R 中的情绪稳定性(N)、外向性(E)、宜人性(A)和责任性(C)人格因素相包容；第 5 个因素仅容纳 NEO PI-R 中的开放性(O)量表，单独构成一个因素；而 CPAI 中的"人际关系性(IR)"量表则未与任何 NEO PI-R 的量表相交融，也独自形成了第 6 个因素（见表 35.6）。

第一次揭示出的人格特质六因素结构暗示着如下的推论：（1）五因素模型可部分地适用于描述中国人的人格特质，但远不能完整地解释中国人的典型社会行为模式；（2）CPAI 的"人际关系性(IR)"刚好从中国文化角度，补充测量到中国人具有的特殊社会性人格特质，而 IR 行为模式在西方人群中可能并不十分典型和突出；（3）"开放性(O)"更可能是西方人的典型人格特质，它在中国人群中可能不具有突出的社会生存价值。

表 35.6

CPAI 与 NEO PI 量表联合因素分析结果

量表/因子	因素 1 情绪稳定性	因素 2 认真-责任性	因素 3 宜人性	因素 4 外向-内向性	因素 5 人际关系性	因素 6 开放性
冒险性	−0.76					
自卑-自信	0.69					
N1：焦虑担心*	0.63					
N3：抑郁倾向*	0.62					
N6：脆弱依赖*	0.60	−0.46				
N4：敏感害羞*	0.59					
内-外控制点	0.58					
领导性	−0.51				0.40	
情绪性	0.48	0.42				
O5：富于思辩*	−0.41					
C5：恒心自律*		0.72				
C6：计划性*		0.71				
C2：整洁条理*		0.68				
责任感		0.66				
C4：追求成就*		0.62				
严谨性		0.59				
C3：责任感*		0.59				
N5：冲动性*		−0.57				
C1：自我效能*		0.52				
务实性		0.45	0.41			
宽容-刻薄			0.65		−0.40	
A4：老好人*			0.63			
老实-圆滑			0.61			
A2：直率坦诚*			0.58			
A1：信任他人*			0.58			
亲情			0.50			

续 表

量表/因子	因素 1 情绪稳定性	因素 2 认真-责任性	因素 3 宜人性	因素 4 外向-内向性	因素 5 人际关系性	因素 6 开放性
N2：易怒倾向*			−0.47			
A3：乐于助人*			0.44			0.43
E2：乐于集群*				0.72		
内-外向				−0.66		
E1：热情友好*				0.60		
E4：快节奏*				0.57		
E3：自信*				0.53		
E6：自信迫人*				0.51		
自我-社会取向			−0.41	−0.41		
乐观-悲观					−0.63	
人情（人际取向）					0.59	
灵活性					−0.58	
防御性（阿Q精神）					0.57	
和谐性					0.57	
面子	0.41				0.56	
逻辑—情感取向					0.53	
O3：情感细腻*						0.74
O2：审美感受*						0.69
O1：想象丰富*						0.54
A6：仁慈同情*						0.41
特征值	8.35	5.06	4.92	3.66	2.16	1.82
解释的方差值	16.1%	9.7%	9.5%	7.0%	4.2%	3.5%

注：带*者为NEO PI分量表；因素负荷值低于0.40者没有列出；详见张建新，周明洁，2006。

为了验证上述推论假设，在随后的10多年时间内，相关研究者陆续地进行了一系列实证研究。这些研究结果都一致性地表明，人格特质"六因素结构"的确存在于与中国文化有关的人群之中。表35.7显示的是对一组新加坡华人样本联合施测CPAI和NEO-FFI后所得到的因素分析结果，六因素结构模型得以清楚复现,其中因素 1 即为 CPAI 的"人际关系性(IR)"因子,其余则为 FMM 的五因子。

表 35.7 新加坡华人样本中六因素模型复现结果(N=500)

量表/因子	因素1(IR)	因素2(N)	因素3(C)	因素4(E)	因素5(A)	因素6(O)
和谐性	0.71					
人情	0.68					
阿Q精神	0.67					
灵活性	−0.62		−0.45			
节俭-奢侈	0.59					
现代性	−0.56					0.41
面子	0.48	0.48				
情绪稳定性1		0.85				
情绪稳定性3		0.82				
情绪稳定性2		0.79				
责任感2			0.83			
责任感3			0.82			
责任感1			0.80			
内向-外向性1				0.82		
内向-外向性2				0.79		
内向-外向性3				0.68		
宜人性3					0.81	
宜人性1					0.74	
宜人性2					0.59	
开放性2						0.79
开放性3						0.79
开放性1						0.54

注:因素负荷值低于 0.40 者没有列出;详见张建新,周明洁,2006。

在上文中,我们谈到 CPAI-2 在 CPAI 的基础上加入了一套旨在探索中国人开放性的量表,既然 CPAI-2 中开放性因子未独立出现,那么 CPAI-2 量表是怎样负荷在大五开放性因子上的呢? 研究者调查了 962 名中国台湾、香港和中国大陆的大学生,对 CPAI-2 量表和 NEO-FFI 的因素进行了联合因素分析。研究同样发现,六因素结构是最具解释力的(见表35.8),所不同的是,基于华人文化发展起来的开放性量表虽然不能独立成为一个开放性因子,但是,大部分的 CPAI-2 的开放性量表均负荷在开放性因子上,表明它们之间有内容的重叠,这亦表明,尽管它们并没有像在西方文化下被发现时一样显示为一种清晰的开放性因素,开放性人格因素依然可视为一种中国人人格结构中潜在的人格因素。同样,随着时代的发展,人际关系性作为一个独立的人格构念,依然稳定地存在于中国人群体的人格之中,可以视为作为大五之外的第六个人格因素。

表 35.8

NEO-FFI 和 CPAI-2 联合因素分析结果

	神经质	开放性	外向性	责任心	宜人性	人际关系性
乐观-悲观(可靠性)	**−0.75**	0.20	0.21	0.16	0.03	0.00
NEO-神经质-3	**0.74**	−0.02	−0.25	−0.23	−0.14	0.06
NEO-神经质-1	**0.73**	0.02	−0.27	−0.13	−0.07	0.02
NEO-神经质-2	**0.67**	0.04	−0.28	−0.11	−0.27	0.00
自卑-自信(可靠性)	**0.65**	−0.24	−0.24	−0.37	−0.10	0.19
情绪性(可靠性)	**0.62**	−0.02	0.09	−0.20	−0.24	−0.16
开拓性(可靠性)	**−0.61**	0.41	0.26	0.20	−0.11	−0.17
面子(可靠性)	**0.41**	−0.15	0.13	−0.07	−0.13	0.22
内-外控制点(可靠性)	−0.34	0.12	0.04	0.18	0.17	−0.12
NEO-开放性-3	−0.05	**0.65**	0.01	0.05	0.16	−0.03
多元思考(领导性)	−0.15	**0.64**	0.25	0.23	−0.15	0.11
多样化(领导性)	−0.20	**0.64**	0.25	0.04	0.12	−0.05
艺术感(领导性)	0.00	**0.63**	0.03	0.03	0.12	0.11
新颖性(领导性)	−0.33	**0.62**	0.35	0.13	−0.14	−0.10
理智-情感(领导性)	−0.33	**0.56**	0.11	0.28	−0.10	0.14
NEO-开放性-2	0.02	**0.55**	−0.09	0.01	0.12	−0.02
NEO-开放性-1	0.04	**0.44**	0.13	−0.08	−0.02	−0.15
外向-内向(领导性)	−0.11	0.18	**0.74**	−0.04	−0.02	−0.04
NEO-外向性-1	−0.10	0.06	**0.70**	−0.08	0.15	0.13

续 表

	神经质	开放性	外向性	责任心	宜人性	人际关系性
NEO-外向性-3	-0.35	0.13	**0.65**	0.19	0.02	-0.04
NEO-外向性-2	-0.37	0.17	**0.65**	0.03	0.10	0.02
人际触觉(人际关系性)	0.01	0.26	**0.50**	0.17	0.14	0.39
领导性(领导性)	-0.24	**0.46**	**0.49**	0.19	-0.23	-0.02
责任感(可靠性)	-0.31	0.09	-0.03	**0.71**	0.09	0.12
NEO-责任心-1	-0.13	0.03	0.06	**0.69**	0.10	0.18
严谨性(可靠性)	-0.13	0.01	-0.09	**0.65**	0.03	0.20
NEO-责任心-3	-0.29	0.14	0.26	**0.63**	0.01	0.05
NEO-责任心-2	-0.35	0.14	0.16	**0.63**	0.07	0.06
务实性(可靠性)	**-0.40**	0.08	-0.11	**0.43**	0.31	0.15
防御性(阿Q精神;容纳性)	0.16	0.01	0.09	-0.04	**-0.70**	0.29
宽容-刻薄(容纳性)	-0.35	0.10	0.04	0.08	**0.67**	-0.12
NEO-宜人性-2	-0.23	0.02	0.20	0.06	**0.54**	0.10
老实-圆滑(容纳性)	-0.14	0.08	-0.06	0.17	**0.54**	0.00
NEO-宜人性-1	-0.13	-0.04	0.05	0.01	**0.53**	0.36
NEO-宜人性-3	0.12	0.09	0.01	-0.05	**0.51**	0.04
自我-社会取向(容纳性)	-0.11	0.26	-0.35	0.03	**-0.42**	-0.01
容忍度(容纳性)	-0.25	0.33	0.14	0.05	**0.41**	-0.13
亲情(可靠性)	-0.25	0.03	0.15	0.17	0.27	0.18
传统-现代化(人际关系性)	0.07	-0.24	0.05	0.08	-0.14	**0.49**
和谐性(人际关系性)	-0.27	0.09	0.07	0.18	0.36	**0.48**
纪律性(人际关系性)	0.12	-0.14	-0.10	0.34	-0.27	**0.47**
人情(人际取向;人际关系性)	0.07	0.02	0.11	0.06	0.03	**0.43**
节俭 奢侈(人际关系性)	0.07	0.07	0.12	0.19	0.05	0.38
方差解释(%)	12.0	9.0	8.0	7.7	7.6	4.3

注：NEO是NEO-FFI的前级,因素载荷大于0.40的以粗体表示。详见Cheung等,2008。

35.4.2 人际关系性(大六人格结构)的跨文化证据

随后进行的研究使用了多个非华人样本,对"六因素模型"作了验证性因素分析。结果如表 35.9 所示,人格特质"六因素"结构的拟合指数均高于"五因素"模型。

表 35.9

人格六因素模型的验证性因素分析结果

样本	模型	χ^2	df	GFI	AGFI	CFI	NFI	RMSEA	$\Delta\chi^2$
非华人样本	六因素模型	400.5**	137	0.86	0.81	0.84	0.84	0.08	
	五因素模型	487.46**	142	0.83	0.77	0.80	0.76	0.09	86.94**

注:详见张建新,周明洁,2006。

以上各项研究的结果一致显示,虽然人格五因素模型的确能够在某种程度上被用来描述和解释中国人的行为模式,但人格"六因素"模型较"五因素"模型可能具有更全面的适用性。CAPI 的人际关系性因素(IR)与大五人格的宜人性因素(A)之间较低的相关系数表明,在华人社会中可能存在着两种人际关系行为模式,"A"更多地表明一个人的行为模型是否被动地受他人欢迎,而"IR"则表明一个人主动寻求与他人建立互动交换关系的行为模式。也就是说,前一行为模式更多地与如何"做好人"关联,而后一行为模式更多关乎在特定的文化情境中如何"做人"。

但在上述研究结果中,也出现了一个值得人们特别给予关注的"意外",即受测者全部为在夏威夷的非华裔美国少数族裔人群。能够在非华裔人群的人格特质测量结果中发现"六因素"结构,的确令研究者感到有些意外。因为在此项研究之前,我们倾向于保持这样一种理论假设,人格五因素模型更适用于西方人群,它在描述中国人的典型行为时虽有一定的适用性,但需要补充进 CPAI 的"人际关系性"因素,合成较完整的"六因素"结构后,才能较完整地描述和解释中国人的人格特质。但是,在非华人样本中也能复现"六因素"模型,这只是一种偶然性呢,还是具有更为深层的理论性的暗示?

为了能够排除偶然性的解释,研究者又将曾被用于夏威夷非华裔大学生样本的英文版 CPAI,对美国本土的白人大学生样本进行了施测。该项研究使用了 Procrustes 旋转因素分析方法,将最初在中国受测者群体中发现的人格"四因素"

结构设为靶目标,再不断旋转美国大学生的CPAI人格测量数据,考察该数据四因素结构与靶目标的符合程度。一般而言,经Procrustes旋转后的因子共同性指标应高于0.90。表35.10的结果显示,旋转后的四因素共同性指标均高于0.90的标准,实测数据与靶目标结构十分吻合,其结论就是,人格特质"四因素"结构在美国白人大学生中也能得到复现。这个结论的重要性在于,它表明了"人际关系性(IR)"因子在西方人的人格特质中也隐性地存在着。

表 35.10

英文版CPAI经Procrustes旋转的四因素主成分分析(美国样本)								
	美国白人学生(N=137)							
	初始解				Procrustes旋转后			
	可靠性(DEP)	人际关系性(IR)	领导性(SOC)	个人性(IND)	可靠性(DEP)	人际关系性(IR)	领导性(SOC)	个人性(IND)
务实性	**0.63**	−0.27	0.13	0.39	**0.75**	0.13	0.23	0.00
情绪性	**−0.55**	0.04	**−0.51**	−0.10	**−0.69**	0.11	−0.30	0.08
责任性	**0.46**	0.00	**0.43**	**0.49**	**0.76**	0.12	0.09	0.18
自卑-自信	**−0.44**	0.03	**−0.65**	0.00	**−0.61**	0.16	**−0.47**	0.03
宽容-刻薄	**0.74**	0.08	0.27	−0.22	**0.57**	−0.14	0.25	**−0.52**
老实-圆滑	**0.67**	0.10	0.02	−0.01	**0.52**	0.02	−0.03	**−0.44**
乐观-悲观	**0.40**	−0.10	**0.69**	0.03	**0.61**	−0.13	**0.50**	0.03
严谨性	0.17	0.08	0.06	**0.78**	**0.52**	**0.40**	−0.27	0.38
内-外控制点	**−0.44**	0.30	−0.19	0.06	**−0.42**	0.36	−0.02	0.14
亲情	**0.57**	0.14	0.05	0.16	**0.53**	0.14	0.05	0.27
人情(人际取向)	−0.12	**0.72**	0.02	0.00	−0.16	**0.64**	0.28	−0.16
和谐	0.16	**0.71**	0.18	0.21	0.23	**0.68**	0.29	−0.13
灵活性	0.29	**−0.41**	0.04	**−0.59**	0.00	**−0.66**	0.10	**−0.40**
现代性	−0.04	**−0.55**	0.01	−0.20	−0.07	**−0.57**	−0.09	0.08
面子	**−0.56**	0.38	−0.20	−0.07	**−0.59**	0.38	0.07	0.10
节俭-奢侈	−0.01	0.13	−0.15	**0.62**	0.21	**0.42**	−0.34	0.30
内-外向	−0.09	**−0.52**	**−0.50**	0.32	−0.07	−0.23	**−0.72**	0.25
领导性	−0.24	0.19	**0.72**	0.02	0.09	0.09	**0.69**	0.36

续 表

	美国白人学生(N=137)							
	初始解				Procrustes 旋转后			
	可靠性(DEP)	人际关系性(IR)	领导性(SOC)	个人性(IND)	可靠性(DEP)	人际关系性(IR)	领导性(SOC)	个人性(IND)
冒险性	0.20	−0.06	**0.81**	−0.15	**0.42**	−0.26	**0.69**	0.09
自我-社会取向	**−0.51**	−0.24	0.23	0.37	−0.11	−0.03	0.02	**0.70**
逻辑-情感取向	−0.04	0.05	**0.45**	0.37	0.32	0.15	0.24	**0.40**
防御性(阿Q精神)	**−0.76**	0.08	−0.06	0.02	**−0.61**	0.16	0.07	**0.43**
因子共通性	0.89	0.76	0.81	0.54	**0.98**	**0.93**	**0.90**	**0.95**
载荷平方总值	4.19	2.24	3.26	2.31	4.81	2.52	2.58	2.08
解释的方差值(%)	19.1	10.2	14.8	10.5	21.9	11.5	11.7	9.5

注：DEP=可靠性；IR=人际关系性；SOC=领导性；IND=个人性。黑体字表示因子载荷在0.40以上以及因子一致性系数在0.90以上；详见张建新，周明洁，2006。

系列研究的结果到此，一个大胆的假设推论逐渐地清晰起来，即开放性(O)与人际关系性(IR)人格特质因素均展现出中国文化和西方文化各自的独特性，其中人际关系性更多地折射出中华文化的人文伦理精神，而开放性更多地反映出西方文化中的理性求索精神。西方社会文明的发展在塑造个体的人格特质时，将"开放性(O)"变成为显性的特质因素，而将"人际关系性(IR)"抑制为隐性的特质因素。在此文化环境中编制出来的西方本土人格测查工具，在测量个体人格特质的过程中很可能存在着一个"盲点"，即抓不到潜在的"人际关系性(IR)"特质因素。与西方文明相反，中国悠久的历史和特色的文化将"开放性(O)"压抑成为隐性的特质因素，而特别突出了"人际关系性(IR)"这一显性的特质因素。因此，中国本土化的工具(如CPAI)在测量人格特质时，同样也存在着一个"盲点"，难以探查到潜在的"开放性(O)"特质因素。

这些研究结果促使CPAI的开创团队思考CPAI-2的跨文化效度问题，并将"中国人个性测量表(Chinese Personality Assessment Inventory)"重新命名为"跨文化(中国人)个性测量表[Cross-cultural (Chinese) Personality Assessment Inventory]"，以彰显CPAI量表对跨文化人格评估的研究与应用价值。目前，

CPAI-2已经被翻译成英语(Cheung等,2003)、日语(Wada等,2004)、韩语(见Cheung等,2013)、越南语(Dang,Weiss,Tran,和To,2010)、荷兰语(Born和Jooren,2009)、以及罗马尼亚语(Iliescu和Ion,2009)等6个版本。

35.5 人际关系性维度的应用

要奠定一套人格量表的效度,其中重要的一环是进行一系列的实证性研究,以探讨该量表在不同的领域和不同的目的下是否都有其功用。二十多年来,不同的学者利用CPAI系列量表,从不同的侧面对人际关系性维度在各领域的应用进行了系列的研究,也凸显了人际关系性这一人格指标在预测人们心理健康、社会关系、工作表现等方面的独特价值。

35.5.1 心理健康与临床心理领域

在心理健康与临床心理领域,人际关系性,尤其是面子、防御性、和谐等子维度为理解中国人的心理健康状况、反应机制等提供了独特的线索,并对心理咨询师处理双重关系伦理行为以及青少年的幸福感提升和犯罪预防具有重要的实践意义。

首先,人际关系性与心理健康水平和社会适应力关系密切。MMPI-2临床量表的相关分析结果显示,人际关系性与MMPI-2中的神经症量表(Hs和Hy)呈负相关,与精神病性的量表(Ma、Sc和Pt)则呈正相关。这可能暗示,那些在中国社会中很会"做人"的人,多具有过人的精力,较少受躯体疾患的困扰;另一方面,他们对自己的生活常有较高较多的要求,思维也具有较高的灵活性(张建新,张妙清,梁觉,2003)。CPAI中的本土化人格特质也在普遍的人格结构(如,大五)以外,为理解中国文化背景下,人格与精神病理学的关系提供了额外的线索。面子和防御性凸显出了中国人普遍采用的与文化相关的反应和防御机制,这两个子维度都与MMPI-2中的许多子量表有着中等程度的相关性,表明过分在意面子的人更容易陷入社会困境,防御性较高也可能与较差的心理适应水平有关(Cheung, Cheung等,2004)。

此外,人际关系性维度能够有效地预测咨询师对不同伦理行为的接受程度,尤其是经济类和社会交往类的双重关系伦理行为。而人情与纪律性两个子维度对咨询师伦理行为的影响尤为凸显。另外,咨询师在这两个子维度上的得分与中国大陆常模的差异较大,咨询师的人情得分低于常模,纪律性得分高于常模。这提示我们,注重人情与人际和谐的中国文化下的本土化人格特质影响了心理咨询师对双重关系行为的态度,心理咨询从业人员在工作中需要更清晰的自我边界,抱有更强的自律性,更清楚地辨析日常交往和职业行为中的人情往来(邓晶,钱铭怡,2017)。

再者,人际关系性维度能够正向预测初中生的总体生活满意度以及他们对家庭、朋友、学校的满意度,负向预测初中生对自己的满意度。这可能是由于对和谐关系的重视虽然可能会使人在与他人的交往中获得更多的满足感,但也可能导致对自我概念和自我需求的轻视(Xie等,2016)。而这些本土化的人格特质(面子、家庭取向、和谐等)对青少年生活满意度有超出一般人格特质(外向性、责任心、神经质)的额外的预测力(Ho等,2008)。

最后,人际关系性维度对青少年网络成瘾和暴力犯罪有较好的预测作用。青少年网络成瘾和青少年暴力犯在面子、阿Q精神(防御性)上的得分比正常青少年高,更注重自己在他人心目中的良好形象、渴望得到别人的尊重,更喜欢自夸并炫耀自己的成就,缺乏面对失败的勇气。另一方面,青少年网络成瘾和青少年暴力犯在灵活性上的得分比正常青少年低,更不容易迅速适应环境的变化。青少年暴力犯的和谐性得分也比正常青少年低,更不友好、不注重人际和谐(曹慧等,2007)。这提示我们,要提高对青少年人格塑造与教育的重视,培养青少年积极正确的价值观。

35.5.2 社会关系层面

在社会关系方面,文化共通性的人格维度,如"乐观"和"自信"与中国人的生活满意度存在显著相关;许多文化特殊性的维度,如"亲情"、"和谐性"、"人际触觉"、"宽容-刻薄"、"人情"、"面子"等都与孝顺、信任、人际影响策略、社会信任、交流风格、公民行为、情商、创造力、生活满意度以及性别认同等变量具有紧密的关系。

关于人际关系性对社会关系层面的影响,也有学者针对人际关系性与上下级冲突、同伴侵害以及青少年的孤独感等方面进行研究。

首先,在人际关系性人格与上下级工作冲突处理方式的关系研究中,研究者通过对254名员工的问卷调查结果发现,灵活性对对抗的处理方式有负向影响,面子对退让的处理方式有正向影响;和谐性对退让或协调的处理方式有正向影响(陈晶等,2007)。

其次,通过对城市原住儿童和农村随迁儿童的同伴侵害和人际关系性的人格特质关系的纵向追踪研究发现,儿童人际人格发展和所处的环境有动态的相互作用模式。先前经历的同伴侵害可以预测原住儿童随后的和谐性和人际触觉,同伴侵害和和谐性在随迁儿童中有负向循环作用,且先前经历的同伴侵害可以负向预测随迁儿童的人际触觉(李梦婷等,2018)。

最后,人际关系性作为一种相互依赖的人格因素,可以预测青少年的孤独感。有研究者对722名来自上海的初中生进行了追踪调查,并从中析出了115个同伴群体。结果表明,无论是在个体或同伴群体层面,高人际关系性都与初一时较低的孤独感水平相关,这种孤独感可能与缺乏人际关系有关;而随着时间推移,高人际关系性则会导致初二初三时更高水平的孤独感,但具有相互依赖倾向的群体成员从心理调控中获得的益处比具有独立取向的群体成员更为明显(Li等,2019)。

35.5.3 工业与组织心理学方面

在工业与组织心理学领域,文化共通性的CPAI因子——"领导性"对工作绩效和自我评价的领导行为有显著的预测作用。文化特殊性的CPAI因子——"人际关系性"——在预测MBA学生的工作表现、评估酒店员工是否以顾客为中心,以及预测高级管理人员的领导行为方面显示出独特的效应。

关于人际关系性对工业与组织心理学方面的影响,学者针对人际关系性与员工和管理者的工作绩效、知识分享行为、行为决策、青少年的职业兴趣等方面进行了研究。

首先,对182名服务企业员工本土化人格和工作绩效的研究发现,人际关系性与工作绩效的关系模式既存在线性关系,又存在非线性关系;其中,和谐性越高,工作绩效越好;中等程度的面子水平最有利于工作绩效,而人情对工作绩效的影响在此次样本中的结果显示呈现出正U型的非线性关系(张珊珊等,2012)。对国有企业中高层管理者的中国人人格与绩效的关系研究发现,和谐性维度与高管的工作能力、工作绩效总分、改善方法的能力、工作态度等多个指标正相关(甘怡群等,2002)。

其次,对271名制造业员工的本土化人格与知识分享行为的关系研究发现,人情和面子等人格特质可以显著预测知识分享行为,其中,面子维度可以正向预测知识贡献行为,人情和面子都可以显著预测知识收集行为(李小山等,2015)。

再者,人际关系性在行为决策领域也有其独特的优势,有研究发现,在延迟折扣任务中(delay discounting),具有高人际关系性水平的大学生会表现出低的跨期折扣(temporal discounting),在选择做重要(不紧急)还是紧急(不重要)的任务中(Task prioritization),具有高人际关系性水平的大学生会更倾向于选择前者(Gan,2018)。

最后,在对青少年职业生涯发展等变量的解释上,具有文化共通性的"领导性"和"可靠性"与大学生的职业探索行为显著相关,具有文化特殊性的"人际关系性"也具有可观的增益效度。对美国和中国香港的大学生的人格、职业兴趣和职业生涯探索的研究表明,人际关系性对中国香港大学生的职业生涯探索具有显著的预测作用(Fan,2011)。

35.6 结语:反思与未来的研究

中国的人口约占世界五分之一,并且有着悠久的文化历史。希望这一人格测量工具的开发能够帮助中外学者更全面、更准确地了解这一文化背景下群体的个性特征,并为人格的跨文化研究贡献一些力量。本文回顾、总结了近30年来有关CPAI及人际关系性的相关研究结果,重点介绍了CPAI的建构方法以及人际关系性作为人格的第六个因素对中国人各种行为的预测效度及其在中国社会情境中的应用价值。各种深入的研究还在进行之中,因此,以下通过提出几点思考和启示的方式为本文做出总结,似乎更为合适。

第一,无论是西方的测量工具还是中国的测量工具,基于单纯文化普适性和文化特异性视角而建构的人格测量工具可能都存在着一些"盲点"。这些盲点的存在显然是由于研究者、被研究者共同处于某种"显性"的文化之中,从而产生出"不识庐山真面目,只缘身在此山中"的困境。无论是研究者,还是被研究者,他们无一例外地处于某种/些文化的包裹之中,西方学者站在"个人主义"的立场之上,看到了人格特质背后存在着的"五因素"共同结构,其中包括了影响人们"创新、审美、不拘一格"行为模式的"开放性"潜在特质因素;而中国学者站在"关系主义"的立场上,看到了人格特质背后存在着的"四因素"共同结构,其中包含着影响人们进行繁忙的人际交往行为的潜在人格因素——"人际关系性"。

第二,基于客位文化的立场和理论观点,西方学者编制出NEO PI一类的人格测量工具,使用这些工具不仅可以测量西方人的大五人格结构,同时也可以"强加性"地测量出其他文化人群的大五人格结构。因此,一些西方学者便在占有话语主导地位的背景下声称,人格的"五因素"模型具有文化普适性。在同样的背景下,处于弱势地位的其他文化中的人格研究者在发现西方工具无法测量出来的"新"人格特质时,往往会略显"胆怯"地说,这仅仅是个具有文化特殊性的人格特质。但CPAI的系列研究结果却显示出,一旦中国本土化的人格测量工具CPAI被用于测量西方人群时,它亦可测量出西方工具原本未能发现的人际关系性这一潜在的人格特质因素。因此,如果仅仅依靠某种与特定文化绑在一起的测量工具,就匆忙地声称能够发现跨文化普适性或者文化特异性的人格特质因素,这样的结论显然过于武断、且显得不够宽容。而如果能够平等、宽容地对待在其他文化和本土文化下产生的人格测量工具,并使用它们来共同测量不同人群的人格特质的话,就很有可能发现单独使用任一测量工具都难以全面揭示出来的人格特质因素结构。这正是"联合使用 CPAI 和大五人格量表,从而导致发现人格特质六因素结构模型"带给我们的重要启示。同时,CPAI 的命名从中国本土到跨文化的转变,也一定程度上体现了中国人格与社会心理学学者的文化自信,同时,我们也呼吁我们国家人格与社会心理学的同行们,在中国社会心理问题的研究过程中,坚定文化自信,培育文化自信。

第三,已有的研究更多地探测了人际关系性在中国人群中的应用价值,但是,除了大六人格结构在非华人群体中验证之外,目前关于人际关系性在非华人群体中应用价值方面的证据还很少。因此,有必要进一步探索人际关系性构念作为人格的第六个维度,其在非华人群体中的应用价值。比如,有研究者关注了工作环境下的人际关系性(Workplace IR)这一概念,主要是用来评估个体在工作场景下的人格特征。对比美国和华人公司的员工发现,在两种文化下,员工们都会凸显出工作场所下的人际关系性,但是,中西方文化下人际关系性的子维度(和谐)表现有些许不同(Ho 等,2014)。这一结果也为未来开展相关的研究提供了启示。

第四,关于人际关系性,已有研究更多地关注了人际关系性构念的结构与测量方面的问题,及其对其他结果变量的预测。但是,作为一种文化相关的人格特征,他到底是如何体现在每一个个体身上,并且形成个体差异的,这一点还有待进一步的研究。在儿童青少年人格形成方面的研究领域,CPAI-A 作为一个主客位文化结合的青少年人格评估工具,可以为揭示青少年人格的形成提供一个有效的评价手段,比如:研究者通过对城市原住儿童和农村随迁儿童的同伴侵害和人际关系性的人格特质关系的纵向追踪研究发现,儿童人际人格发展和所处的环境有动态的相互作用模式。之前的同伴侵害可以预测原住儿童随后的和谐性和人际触觉,同伴侵害与和谐性在随迁儿童中有负向循环作用,且先前经历的同伴侵害可以负向预测随迁儿童的人际触觉(李梦婷等,2018)。但是,这一方面的研究还很少,期待有更多的研究能够丰富这方面的研究成果。

第五,由于现代心理学的研究绝大多数都集中在个体的心理功能以及与近端环境的相互作用上,缺乏社会生态学与心理学领域相结合的实证研究。总地来说,这些研究忽略了心理功能和与近端情境的交互作用被嵌入并可能影响更广泛的社会生境的思路,而这些社会生境反过来又可能塑造人类的思想和行为(Obschonka,2013)。如,研究者就曾经对中国 44 个城市整体的大五创业人格特征与创业活力进行相关研究,研究发现,面向城市的源于西方的大五人格剖图并不能有效预测中国城市的创业活动,而与中国文化相关的人际关系性(Interpersonal Relatedness,IR)因素则有更大的预测效力(Obschonka 等,2019)。这一研究也在一定程度上揭示了人际关系性这一文化相关的人格特质在更为宏观的层面上预测中国社会各发展指标的可能。我们在此呼吁学者们从社会心态学的视角关注中国人的人际关系性问题,期待这一人格构念能在更为宏观的层面为社会决策与社会发展作出更大的贡献。

(周明洁 张建新 范为桥 张妙清)

参考文献

曹慧,张建新,关梅林,崔哲.(2007).少年暴力犯、网络成瘾少年的人际关系性人格维度分析.中国临床心理学杂志(6),637-639.

陈晶,陈丽娜,张建新.(2007).人际关系性人格因素与上下级工作冲突处理方式的关系.人类工效学,13(2),10-12+6.

邓晶,钱铭怡.(2017).心理咨询师和治疗师人际关系性人格对双重关系伦理行为的影响.中国心理卫生杂志,31(1),19-24.

甘怡群,张妙清,宛小昂,孙增霞.(2002).用中国人个性量表(CPAI)预测国有企业中高层管理者的绩效.应用心理学,8(3),35-39+50.

李梦婷,范为桥,陈欣银.(2018).同伴侵害与人际关系取向人格特质的交叉滞后分析:城市原住儿童与农村随迁儿童的比较.心理发展与教育,34(6),682-691.

李小山,徐宁,张建新,周明洁.(2015).本土化人格特征与知识分享行为的关系探讨——自我效能感和社会价值的中介作用.心理学探新,35(2),153-158.

宋维真,张建新,张建平,张妙清,梁觉.(1993).编制中国人个性测量表(CPAI)的意义与程序.心理学报(4),400-407.

张建新,张妙清,梁觉.(2003).大六人格因素的临床价值——中国人人格测量表(CPAI)、大五人格问卷(NEOPI)与 MMPI-2 临床量表的关系模式.中国心理卫生协会第四届学术大会论文汇编,21-26.

张建新,周明洁.(2006).中国人人格结构探索——人格特质六因素假说.心理科学进展(4),574-585.

张妙清,范为桥,张树辉,梁觉.(2008).跨文化(中国人)个性测量表青少年版(CPAI-A)的香港标准化研究——兼顾文化共通性与特殊性的人格测量.心理学报,40(07),839-852.

张珊珊,周明洁,陈爽,张建新.(2012).本土化人格特质与工作绩效的关系:线性与非线性.心理科学,35(6),1440-1444.

Berry, J. W. (1969). On cross-cultural comparability. *International Journal of Psychology*, 4 (2),119-128.

Berry, J. W. (1989). Imposed etics — emics — derived etics: The operationalization of a compelling idea. *International Journal of Psychology*, 24(6),721-735.

Born, M., & Jooren, J. (2009). How does the Cross-cultural Personality Assessment Inventory (CPAI-2) fare in The Netherlands. In 11th European Congress of Psychology, Oslo, Norway, July.

Chen, Z. G. (1983). Item analysis of Eysenck Personality Questionnaire tested in Beijing district. *Acta Psychologica Sinica*, 15(2), 211-218.

Cheung, F. M. (1985). An overview of psychopathology in Hong Kong with special reference to somatic presentation. *In Chinese culture and mental health* (pp. 287-304). Academic Press.

Cheung, F. M. (2009). The Cultural Perspective in Personality. Oxford handbook of personality assessment, 44.

Cheung, F. M. (2012). Mainstreaming culture in psychology. *American Psychologist*, 67(8), 721-730.

Cheung, F. M., & Ho, R. M. (1997). Standardization of the Chinese MMPI-A in Hong Kong: A preliminary study. *Psychological Assessment*, 9(4), 499.

Cheung, F. M., Cheung, S. F., Leung, K., Ward, C., & Leong, F. (2003). The English version of the Chinese personality assessment inventory. *Journal of Cross-Cultural Psychology*, 34(4), 433-452.

Cheung, F. M., Cheung, S. F., & Zhang, J. (2004). Convergent validity of the Chinese Personality Assessment Inventory and the Minnesota Multiphasic Personality Inventory-2: Preliminary findings with a normative sample. *Journal of Personality Assessment*, 82(1), 92-103.

Cheung, F. M., Cheung, S. F., Zhang, J., Leung, K., Leong, F., & Huiyeh, K. (2008). Relevance of openness as a personality dimension in Chinese culture: Aspects of its cultural relevance. *Journal of Cross-Cultural Psychology*, 39(1), 81-108.

Cheung, F. M., Fan, W., Cheung, S. F., & Leung, K. (2008). Standardization of the Cross-cultural [Chinese] Personality Assessment Inventory for adolescents in Hong Kong: A combined emic-etic approach to personality assessment. *Acta Psychologica Sinica*. 40(7), 839-852.

Cheung, F. M., Leung, K., Fan, R. M., Song, W. Z., Zhang, J. X., & Zhang, J. P. (1996). Development of the Chinese personality assessment inventory. *Journal of Cross-cultural psychology*, 27(2), 181-199.

Cheung, F. M., Leung, K., Zhang, J. X., Sun, H. F., Gan, Y. Q., Song, W. Z., & Xie, D. (2001). Indigenous Chinese personality constructs: Is the five-factor model complete?. *Journal of cross-cultural psychology*, 32(4), 407-433.

Cheung, F. M., Zhang, J. X., & Song, W. Z. (2003). Manual of the Minnesota Multiphasic Personality Inventory—2 (MMPI-2) Chinese edition. Hong Kong. China: The Chinese University Press.

Cheung, S. F., Cheung, F. M., & Fan, W. (2013). From Chinese to Cross-Cultural Personality Inventory: A combined emic-etic approach to the study of personality in culture. In M. J. Gelfand, C. Chiu, & Y. Hong (Eds.). Advances in Culture and Psychology: Volume 3. US: Oxford University Press.

Choi, S. C., Kim, U., & Choi, S. H. (1993). An indigenous analysis of collective representations: A Korean perspective. In U. Kim., & J. W. Berry (Bds.). *Indigenous Psychology: Research and Experience in Cultural Context* (pp. 193-210). Newbury Park, CA: Sage.

Costa, P. T., & McCrae, R. R. (1985). The NEO personality inventory. Odessa, FL: Psychological Assessment Resources.

Costa, P. T., Jr., & McCrae, R. R. (1992). Revised NEO Personality Inventory (NEO-PI-R) and NEO Five-Factor Inventory (NEO-FFI) professional manual. Odessa, FL: Psychological Assessment Resources, Inc.

Dang, M., Weiss, B., Tran, N. & To, H. T. (2010, July). Vietnamese version of the CPAI-Adolescent. Paper presented at the 7th International Test Commission Conference. Hong

Kong.

Fan, W., Cheung, F. M., Leong, F. T., & Cheung, S. F. (2012). Personality traits, vocational interests, and career exploration: A cross-cultural comparison between American and Hong Kong students. *Journal of Career Assessment*, 20(1), 105–119.

Fan, W., Cheung, F. M., Zhang, J. X., & Cheung, S. F. (2011). A Combined Emic-Etic Approach to Personality: CPAI and Cross-Cultural Applications. *Acta Psychologica Sinica*, 43(12), 1418–1429.

Gan, Y., Zheng, L., He, X., & Cheung, F. M. (2019). Interpersonal relatedness and temporal discounting. *Journal of Social and Personal Relationships*, 36(6), 1695–1714.

Goldberg, L. R. (1990). An alternative "description of personality": the big-five factor structure. *Journal of personality and social psychology*, 59(6), 1216–1229.

Goldberg, L. R. (1993). The structure of phenotypic personality traits. *American psychologist*, 48(1), 26.

Ho, C. L., Welbourne, J. L., & Howard, P. J. (2014). Personality assessment in the workplace: Evidence for the workplace interpersonal relatedness construct across cultures. *Journal of Cross-Cultural Psychology*, 45(8), 1249–1272.

Ho, D. Y F. (1976). On the concept of face. *American journal of sociology*, 81(4), 867–884.

Ho, M. Y., Cheung, F. M., & Cheung, S. F. (2008). Personality and Life Events as Predictors of Adolescents' Life Satisfaction: Do Life Events Mediate the Link Between Personality and Life Satisfaction?. *Social Indicators Research*, 89(3), 457–471.

Hwang, K. K. (1987). Face and favor: The Chinese power game. *American journal of Sociology*, 92(4), 944–974.

Iliescu, D., & Ion, A. (2009). Psychometric Performance of the CPAI-2 as a Big Five Measure in the Romanian Context. In 11th European Congress of Psychology, Oslo, Norway, July.

International Test Commission (2010). International Test Commission guidelines for Translating and Adapting Tests. Retrieved from: http://www.intestcom.org.

Klineberg, O. (1938). Emotional expression in Chinese literature. *The Journal of Abnormal and Social Psychology*, 33(4), 517.

Leung, K., Cheung, F. M., Zhang, J. X., Song, W. Z., & Xie, D. (1997). The five factor model of personality in China. In K. Leung, Y. Kashima, U. Kim, & S. Yamaguchi (Eds.). Progress in Asian social psychology, 1, 231–244. Singapore. Republic of Singapore: John Wiley.

Li, M., Fan, W., Chen, X., & Cheung, F. M. (2019). Independent and interdependent personalities at individual and group levels: Predicting loneliness in Chinese adolescents. Personality and Individual Differences, 85–90.

McCrae, R. R., Costa Jr, P. T., Del Pilar, G. H., Rolland, J. P., & Parker, W. D. (1998). Cross-cultural assessment of the five-factor model: The Revised NEO Personality Inventory. *Journal of Cross-Cultural Psychology*, 29(1), 171–188.

Obschonka, M., Schmitt-Rodermund, E., Silbereisen, R. K., Gosling, S. D., & Potter, J. (2013). The regional distribution and correlates of an entrepreneurship-prone personality profile in the United States, Germany, and the United Kingdom: A socioecological perspective. *Journal of personality and social psychology*, 105(1), 104.

Obschonka, M., Zhou, M., Zhou, Y., Zhang, J., & Silbereisen, R. K. (2019). "Confucian" traits, entrepreneurial personality, and entrepreneurship in China: a regional analysis. *Small Business Economics*, 53(4), 961–979.

Pike, K. L. (1967). Etic and emic standpoints for the description of behavior.

Sue, S. (1983). Ethnic minority issues in psychology: A reexamination. *American Psychologist*, 38(5), 583.

Triandis, H., Malpass, R., & Davidson, A. (1971). Cross-Cultural Psychology. *Biennial Review of Anthropology*, 7, 1-84.

Van de Vijver, F. J., Leung, K., & Leung, K. (1997). Methods and data analysis for cross-cultural research (Vol. 1). Sage.

Verma, J. (1999). Hinduism, Islam and Buddhism: The source of Asian values. In K. Leung, U. Kim, S. Yamaguchi, & U. Kashima (Eds.), Progress in Asian Social Psychologies (pp. 23-36). Singapore, Republic of Singapore: Wiley.

Wada, S., Cheung, F. M., & Cheung, S. E. (2004, July-August). Development of Japanese CPAI-2: Comparisons between tow Asian neighbors. Paper presented at the 112th APA Convention, Honolulu, Hawaii.

Xie, Q., Fan, W., Wong, P. Y., & Cheung, F. M. (2016). Personality and Parenting Style as Predictors of Life Satisfaction Among Chinese Secondary Students. *Asia-pacific Education Researcher*, 25(3), 423-432.

Yang, K. S. (1996). Psychological transformation of the Chinese people as a result of societal modernization. In M. H. Bond (Ed.), *The Handbook of Chinese Psychology* (pp. 479-498). Hong Kong, China: Oxford University Press.

Yik, M. S. M., & Bond, M. H. (1993). Exploring the dimensions of Chinese person perception with indigenous and imported constructs: Creating a culturally balanced scale. *International Journal of Psychology*, 28(1), 75-95.

36　全球化与文化混搭[①]

36.1　引言 / 1173
36.2　移民与文化适应 / 1174
　　36.2.1　文化适应 / 1174
　　36.2.2　文化适应的策略 / 1175
　　36.2.3　文化适应的心理学理论 / 1176
　　　　应激源 / 1177
　　　　应对 / 1177
　　　　适应结果 / 1177
36.3　多元文化身份认同 / 1178
　　36.3.1　全球化认同 / 1178
　　36.3.2　双元文化认同整合模型 / 1179
　　36.3.3　多元文化认同转化模型 / 1180
　　36.3.4　多元文化自我整合历程 / 1180
　　36.3.5　其他相关概念 / 1181
36.4　文化混搭 / 1181
　　36.4.1　对文化混搭的反应及心理过程 / 1182
　　　　排斥反应 / 1182
　　　　整合反应 / 1182
　　36.4.2　影响文化混搭反应的个体因素 / 1183
　　　　文化认同 / 1183
　　　　认知闭合 / 1183
　　　　文化本质主义 / 1184
　　36.4.3　影响文化混搭反应的情境因素 / 1184
　　　　文化领域 / 1184
　　　　权力比较 / 1184
36.5　文化理念 / 1185
　　36.5.1　文化色盲主义与同化主义 / 1185
　　36.5.2　多元文化主义 / 1186
　　36.5.3　会聚文化主义 / 1188
　　36.5.4　世界主义 / 1189
　　36.5.5　文化互动主义 / 1190
　　36.5.6　各种文化理念的比较 / 1190
36.6　未来研究展望 / 1191
　　36.6.1　文化研究范式的转变 / 1191
　　36.6.2　研究领域的拓展 / 1192
　　36.6.3　跨学科研究的整合 / 1193
参考文献 / 1193

[①] 本文系教育部人文社会科学研究青年基金项目"青少年社会知觉偏差对其社会性发展的影响研究：认知社会结构的视角"（20YJC190033）的阶段性成果。

36.1 引言

无可置疑,我们已进入到了全球化时代。全球化使全世界在经济、技术和市场、金融、贸易各个方面都密切地联系了起来,只要随便看看手头上的物件,你就能很容易地找到来自国外的产品,甚至一件产品身上就可能包括了几个国家的零件。早在第二次世界大战期间,就有人提出"one world"的概念,费孝通先生(1989)曾将其译作"世界一体化"。但全球化作为一个引起广泛关注的社会文化现象,还是在网络技术普及后的20世纪末开始的,当互联网使得人与人之间的沟通不再受到地域与时间的限制,地球已迅速变成一个紧密的村落。

尽管全球化是目前在媒体中出现频率最多的词汇之一,但对它进行定义依然比较困难,因为对于不同的群体,这个概念的含义可以完全不同(Robertson,1990)。全球化浪潮所卷入的不仅有商品、服务与科技,更有人群与文化,我们可以看到各界学者们分别在经济、政治、社会、科技、环境、市场、以及心理学方面对其进行考察与研讨(Gelfand, Lyons,和 Lun, 2011)。尽管全球化现象被认为像众多学科所触摸中的大象,难以全面描述,但学者可以逐步得到的共识是:全球化是一个复杂、持久却反复的过程,在这一过程中,世界逐渐一体化,并对各类社会群体产生深刻影响(Roberson, 1987)。杨等人(Yang 等, 2011)通过分析"全球化101"网站的文章,搜集整理了有关全球化的话题与概念,并邀请来自中国大陆、香港、台湾和美国的各地大学生进行评价,结果发现,普通民众所理解的全球化主要包括了五个方面:(1)商业全球化(比如全球连锁企业星巴克);(2)信息技术(互联网);(3)人群迁移;(4)全球范围的疾病(比如新冠病毒);(5)跨国管理(如联合国)。然而,尽管各地大学生对全球化与现代化之间的区分有着普遍共识,但相比而言,中国大学生比美国大学生更容易将全球化与现代化相混淆。

"经济全球化必然导致政治与文化全球化,而最终将引发心理、精神上的变化,即对其他群体与文化意识与敏感性的增强"(Suh 和 Kwon, 2002)。因此在本章,我们将围绕全球化这一主题,综合讨论这一时代背景为社会心理学带来了哪些重要的研究议题,以及在这些议题下全球化对人们的心理与行为产生了何等影响,对我们的未来又有哪些启发。

全球化如何影响个体以及社会与心理的方方面面?自从阿内特(Arnett, 2002)最先提出这个问题之后,已经有不少学者尝试从各种角度进行解答,比如异域环境与符号对认知过程的影响(Alter 和 Kwan, 2009)、全球化教育中对本国及外国导师的态度比较(de Oliveira 等,2009),以及对全球化的理解(Kashima 等,2011),等等。全球化无疑是一个复杂现象,其影响也是多方面、全领域的,根据前人对"全球化与心理学"议题的重要讨论(例如,Arnett,2002;Chiu 等,2011;Chiu 和 Kwan,2016),本章将从以下四大主题一一展开:(1)移民与文化适应;(2)多元文化身份认同;(3)文化混搭;(4)文化理念。

36.2 移民与文化适应

根据国际移民组织(International Organization of Migration,https://www.iom.int/)2020 年发布的最新报告,2019 年,全球 77 亿人口中有 2.72 亿人为跨国移民,跨国移民的增长速度已经高于全球人口的增长速度;移民在全球人口中所占的比重已从 2010 年的 2.8% 上升到目前的约 3.5%,这一数字意味着全世界人口中大概每 29 人中就有 1 人是移民。其中大洋洲的移民比例最高,为 21.2%,其次为北美的 16%;超过 40% 的全球移民出生于亚洲国家,大多来自印度,其次为墨西哥、中国、俄罗斯和叙利亚。美国仍然是最大的目的地国,2019 年接收了 5 100 万移民,其次为德国、沙特阿拉伯、俄罗斯和英国。

但对移民问题的关注却一直伴随着人类发展的历史。早在古希腊时期,柏拉图就在他著名的《法律篇》(*Laws*)中明确指出,虽然文化间的效仿是人类天性使然,但仍要将其控制在最小范围,比如不允许外邦人进城、40 岁之前不允许公民跨国旅行、40 岁后公民的跨国旅行必须要有同胞的陪伴,等等。显然,最早,学者关注移民问题多是出于政治上的考虑。到了 19 世纪中叶,随着大航海时代及新大陆的发现,西方人类学家开始踏足各洲殖民地,并注意到原住民的文化,这时对移民问题的注意焦点才转移到人类学的视角。据称,鲍威尔(Powell,1880)首次使用"acculturation"一词用作表述美洲印第安那语的变化,"适应"才开始正式成为学术上的重要术语与研究领域。而直到 20 世纪,适应问题进一步转向心理学视角,学者们才开始关注移民者广泛的心理与健康状况(Rudmin,2010)。

36.2.1 文化适应

《牛津英文词典》对文化适应(acculturation)的解释是"对异族文化的适应与同化过程"(Rudmin,2010)。而针对个体抑或社会层面,其学术定义有所不同。从社会层面来看,文化适应的过程即雷德菲尔德等人(Redfield 等,1936)最早给出的经典定义:指拥有不同文化的群体在持续接触后所引发的一方或双方群体文化发生改变的现象,并且雷德菲尔德等人进一步解释这种必然包括文化扩散(cultural diffusion)的社会适应通常面临三种可能的结果:(1)一方被另一方所同化;(2)两种文化的融合;(3)对文化扩散或文化改变的反抗。

而从个体的层面来看,文化适应指"如移民般个体所经历的与其他文化相互影响的过程"(Suinn,2010),这个过程至少包括两部分内容:社会文化调适(sociocultural adaptation)与心理调适(psychological adaptation)(Searle 和 Ward,1990)。前者包括在新环境下重新组织日常生活的能力,包括学习语言、学习文化规范,建立社会关系等;而后者则指心理健康的维护。而文化适应的结果有三种常见的情况:第一种情况是个体心理发生转变,较少出现文化冲突,这被称为行为转换或文化学习;第二种情况是经历文化冲击(cultural shock)或适应性压力(acculturative stress);而第三种情况是适应失败导致个体出现抑郁、焦虑等心理不适(Berry 等,1989)。

关于文化适应有两个研究分支(Chen 等,2016),一是立足移民的适应(immigration-based acculturation),比如关注移民如何学习客居文化,以及这一过程中的心理调整与社会文化的适应(Searle 和 Ward,1990),如本节所述。然而,这个文化适应不仅仅只发生在移民身上,也发生在当地人身上,当他们有越来越多的机会接触到其他文化,这种影响也变得广泛而持久,后面这一研究分支也被叫做立足全球化的适应(globalization-based acculturation,Chen 等,2016)。笔者将在后面两节(多元文化身份认同、文化混搭)对其进行介绍。

36.2.2 文化适应的策略

早在 20 世纪初,城市社会学创始人帕克(Park,1928)就针对移居美国的外国移民群体开展过田野研究,提出移民的适应有三个阶段:接触、融合、同化;并且提出"边缘人"的概念,指出边缘人"处于不仅仅是不同而且是敌对的文化中……在这两种不同且难以融合的文化被全部或部分融合的过程中,他的心灵备受煎熬"(吴莹,2017)。可见,早期针对跨国移民的研究主要关注的是对新居地及文化的适应问题。简单而言,就是对新文化学习及适应的过程。

延续这一问题,贝里和同事们提出著名的文化适应模型(Berry 等,1989),归纳了对新居地文化适应与学习的不同策略。他们根据个体对祖承文化与客居文化的取舍情况划分为四种类型:整合型(integration),即认同客居文化的同时也保留祖承文化;同化型(assimilation),放弃祖承文化,重新认同客居文化;分离型(separation),保留祖承文化,远离客居文化;边缘型(marginalization),无法认同客居文化，也不再认同祖承文化。尽管贝里的理论基于一个潜在假设，即个体在这四种模式中可以做出自由选择；但现实是人们经常不得不采取某特定策略。比如，在丹麦开展的一项研究发现，只有当祖承文化与客居文化本身比较相似时，个体才更倾向于采取同化策略；而当文化距离较大时，个体更倾向于采取整合策略，在保持原有文化的前提下适应新文化(Van Oudenhoven等，1998)。

目前，各国学者们都已经积累了大量关于文化适应策略对适应效果影响的研究。例如，贝里和同事们发现，分离型与边缘型的移民会感受到高强度的适应性压力，同化型移民压力水平居中，而整合型移民压力最低(Berry等，1989)。沃德和肯尼迪(Ward和Kennedy，1994)报告说，整合策略在适应性的各项反应上都显著优于其他三种策略。而最近的一项跨越13个国家、样本量超过5 000人的调查研究也再次证实，整合策略与心理与社会文化调适均呈显著正相关(Nguyen和Benet-Martínez，2013)。

36.2.3 文化适应的心理学理论

在解释文化适应策略的不同效果时，学者们最经常使用的是社会认同理论(Social Identity Theory，Tajfel和Turner，1979)。根据社会认同理论，个体社会认同的建构包含三项内容：类别化(categorization)、认同(identification)与比较(comparison)。类别化是指将自己归为某一特定的社会群体中；认同是指将该群体中的普遍特征纳入自我概念中；比较是指认同形成后，形成"内群体"、"外群体"的意识，并且对内群体倾向于积极评价，同时对外群体倾向消极评价的过程。因此，根据社会认同理论，人们会基于自己在群体中的成员资格来建构自身的身份，从而形成认同。国籍身份无疑是个体非常重要的一种认同。当移民离开自己的国家或地区，进入一个新的国家或地区，便面临身份或文化认同等问题。选择整合型策略与同化型策略的个体，因为依然保有稳固的文化认同，因而受到的适应性压力较小；分离型次之，而边缘型因为缺少任何一方的文化认同，因而体验到最严重的焦虑与被异化感(Kosic，2002)。

除了可以从社会认同的视角来解释文化适应之外，贝里(2006)还主张可以在"应激—应对"(stress-coping)理论(Lazarus和Folkman，1984)所提供的框架下理解个体的文化适应过程。根据拉扎勒斯和弗克曼的理论(Lazarus和Folkman，1984)，当个体面临重大生活变动时，应激与应对将成为个体重要的心理调适任务。毫无疑问，移居到另外一个地区或国家，这本身就是个体人生中重大的生活改变和挑战，因而个体依然要遵循应激—应对的心理过程进行调适。在这一理论框架下，与移民有关的研究主要聚焦于"应激—应对—结果"模型,研究者关心的问题有伴随移民会给个体带来哪些具体的应激源,个体所采取的应对策略以及韧性(resilience)特质有哪些,以及这些应激对个体身心的影响。

应激源

移民这一重大生活事件带来的是个体全方位的生活改变,因而可以理解为多重应激源。根据塞万提斯和卡斯特罗(Cervantes 和 Castro,1985)对移民美国的墨西哥裔人的研究,他们识别出与移民有关的应激源主要有文化改变、感觉到的歧视、地位的丧失以及经济上的困难等。索多夫斯基和拉伊(Sodowsky 和 Lai,1997)对在美国的亚裔移民和难民的研究发现,文化适应的主要困难在于两点:一是难以与当地美国人建立社会关系,另外在于随时发生的文化转换上的困扰。近些年,还有学者关注到社会规范差异(如集体主义与个体主义)对移民所造成的适应性问题(Yeh 和 Inose,2003)。

应对

正如拉扎勒斯和弗克曼(1984)对"应对"所下的定义:"当外在或内在要求超出个体已有资源时,个体在认知及行为上所做出的持续性努力"。移民在外的个体需要采取积极应对的方式,才能够克服各种适应性问题。而那些能够帮助个体有效利用个人或社会资源、采取有效应对策略,成功适应主流文化的因素及心理过程,也被叫做"健康移民效应"(Healthy Immigrant Effect)(Hill 等,2012)。目前研究已发现,这些健康因素包括了主动的应对(Crockett 等,2007),支持性的家庭与社会网络(Crockett 等,2007),牢固的种族认同(Smith 和 Silva,2011),双文化适应策略(Yoon 等,2013)等。此外,康莹仪等(Hong 等,2013)借鉴发展心理学的依恋理论,引申出"文化依恋"(cultural attachment)这一概念,认为文化会提供给个体类似母子情感般的依恋关系,帮助个体在适应外来文化的过程中缓解焦虑。例如,研究者(Fu 等,2015)通过实验发现,在香港交流的美国学生在食用过美国食品后,对当地文化的适应性会比那些只吃香港食品的被试高。

适应结果

根据阮和马丁内斯(Nguyen 和 Benet-Martínez,2013)的总结,文化适应的结果通常有三类指标:一是心理调适的指标,指测量个体适应过程中的各类心理指标,包括生活满意度、积极情感、自尊以及焦虑、抑郁、孤独等消极情感(Schwartz 等,2010);二是社会文化调适的指标,指测量包括学业/职业成就、社会技能以及行为问题等能反映适应能力的指标(Schwartz 等,2010);三是健康相关的指标,比如身心问题带来的各种症状、体育运动及饮食等。

移民作为一种重要的应激事件,通常会带来心理健康水平的下降(尤其容易发生混乱、焦虑与抑郁),感觉被边缘化或异类化,身心症状的加重以及认同混淆等(Berry,2006),而且,这一结果不仅适用于第一代移民,也适用于移民者的后代(Lee 和 Mock,2005)。但有趣的是,多项研究却发现,初代移民甚至比当地的居民有更高的幸福感、自尊、学业满意度等(如 Holmberg 和 Hellberg,2008;Slodnjak 等,2002),而这一现象却在第二代移民身上消失,这也被称作移民悖论(Immigrant Paradox)。对此现象,萨姆等人(Sam 等,2008)在欧洲范围开展了一项系统研究,调查了来自瑞典、芬兰、挪威、葡萄牙和丹麦几个国家的移民情况,发现只是在社会文化调适方面(如学业调整与行为问题)存在部分的移民悖论现象,而对于心理调适方面(如自尊、生活满意度与心理问题),移民的状况依然不如本地居民。

36.3 多元文化身份认同

在全球化的时代背景下,社会流动性的增加、不同族群间的混住与频繁互动,使得个体原本已经复杂的多重身份认同又有可能加入更多文化群体变量,变得更为复杂。比如,著名学者阿尔马蒂亚·森(Armartya Sen,2009)曾这样描述自己:"亚洲人、印度公民、祖籍孟加拉人、曾旅居过美国和英国的人、经济学家、哲学家、作家、梵语学者、信仰现实主义与民主制度的人、男性、女权主义者、异性恋但致力维护同性恋权益的人、有着印度教背景但过着世俗生活的人、非婆罗门阶层、不信有来生的人"。正如马丁内斯(Benet-Martínez,2012)指出的,有关文化适应的研究不应该只局限于移民群体对客居文化的适应,还应该扩展到当地人对外来文化的适应,以及对第三种文化,即跨国全球文化的适应。尤其对于出生于"地球村"的未来一代而言,第三种适应的研究可能更为重要(Chen 等,2016)。如何协调发展多元文化认同、在全球化时代下建构自我同一性,成为社会心理学新时期下的重要课题。

36.3.1 全球化认同

全球化时代的一个突出特征不仅表现为经济、政治的一体化的趋向;还表现为世界各地人们世界观、思想、文化等方面的趋近化。阿内特(Arnett,2002)曾聚焦于全球化下的认同问题,提出了四种新迹象:一是许多人发展出本地文化与全球文化的双元或多元文化认同;二是非西方国家的青年在全球化浪潮下体验到了认同混乱;三是有些人会从全球化认同中有选择性地部分认同;四是青少年的认同探索期将变得更长。

什么是全球化认同(global identity)？麦克法兰等人(McFarland等,2012)曾回顾心理学家阿德勒(Adler)的"人类共同体"(oneness with humanity)概念与马斯洛(Maslow)关于自我实现者的"人类血亲"(human kinship)概念,提出个体拥有一种"延伸性"(extensivity)的品质,可以无差别地(无论对方的种族或宗教)对另一个个体产生情感上的悲悯与责任。根据特纳等人(Turner等,1987)提出的自我类别理论(Self-categorization Theory),自我结构呈现三个水平,初级水平是个体与群内其他成员相区别的个体认同；中间水平是根据群内与群外的异同而建立起来的社会认同；而最高水平就是对全体人类的认同。自我结构中,这一最高水平就代表对全体人类的认同。麦克法兰等人(2012)通过多个研究发现,个体对全体人类的认同可以显著预测其对全球人权与人道主义的关注、对群内与群外成员的一视同仁,以及投身服务于国际人道主义救助的意愿等。

全球化的进程加速了人们对全球化或人类共同体的认同(Arnett,2002)。那么,这种全球化认同会对本地认同产生何种影响呢？例如,香港在英国统治时期,长期以来一直致力于将自身打造成为"全球化"标签的城市,那么这种全球化标签会不会对香港人的身份认同产生一定影响呢？尽管目前我们没有找到直接回答此问题的研究,但根据林瑞芳等人(1998)在 1997 年香港回归之前对香港一万名中学生所展开的一系列问卷调查,结果显示,只有 25% 的中学生认为自己是"中国人",这种情况的确让人产生担忧。里翁(Lyons)等人的研究(见 Gelfand 等,2011)可以一定程度上帮助我们理解这一问题,他们发现,无论拥有全球化认同或是本地认同,对于应对全球化现象而言都不是最好的状态；最好是同时具有以上两种认同。因为根据最佳区分理论(Optimal Distinctiveness Theory, Brewer, 1991),只有同时拥有全球化与本地认同的个体,才既可以拥有共享的全球化认同从而满足被包容的需要,同时也能因从本地认同中得到与其他群体的区别从而满足区分化的需要。所以,注重打造全球化认同,并不意味着要对本地或祖籍文化作出放弃。

36.3.2 双元文化认同整合模型

在全球化的时代下,单一文化的认同模型仿佛也逐渐开始被历史所淘汰,取而代之的是双文化认同或多元文化认同模型。贝尼特-马丁内斯(Benet-Martínez)延续了贝里(Berry)所提出的四种文化适应策略模型的工作,发现其中采取整合策略的个体,即双元文化认同的个体在文化适应的结果上表现最优秀(Nguyen 和 Benet-Martínez, 2013),为了理解并衡量这种个体差异,她提出了"双文化认同整合"概念(Bicultural Identity Integration，Benet-Martínez 和 Haritatos，2005)。这一构念由两个维度构成：文化融合(cultural blendedness)-文化隔离(cultural compartmentalization/distance)；文化和谐(cultural harmony)-文化冲突(cultural conflict)。文化融合-隔离维度表示个体如何看待两种文化间相重叠或分离的程度；文化和谐-冲突维度表示两种文化汇合时个体所产生的调和共处抑或混乱冲突的程度。经过改良后的双元文化认同整合量表(第二版，简称 BIIS-2)共有 17 个项目，不仅解决了第一版测量因题目数少而信度不高的问题，还显示出更好的跨族群的结构稳定性(Huynh 等，2018)。

36.3.3 多元文化认同转化模型

与此同时，康萤仪等(Hong 等，2000)提出了"多元文化心智"(multicultural minds)与"文化框架转换"(cultural frame switch)理论，希望以一种文化动态建构的视角(cultural dynamic constructivist approach)，用以解释多元文化背景下文化与认同的复杂关系。该理论在社会认知心理学的框架下，认为人们将有意或无意习得的文化知识储存于记忆中，这些与文化有关的所有概念组成一套互相关联的概念网络，而不同的情境会激发不同的文化概念网络。他们以双文化个体为例，并通过多个系列研究发现对于有双文化背景的个体而言，其认知模式、归因方式、自我构念乃至情绪表达，都会根据不同的情境线索而呈现文化框架转移的特点，即采取相应的行为策略以适应当下的文化规范。这一理论已得到多个研究的证实，比如，当启动中国文化符号时，中美双文化被试会更加关注符合中国文化价值体系的集体责任，而启动美国文化符号时，这些被试则会更注重符合美国文化价值体系的个体权力(Hong 等，2001)；有研究还发现，当同时熟悉中西方文化的香港被试参加博弈游戏时，相比于启动西方文化符号，启动中国文化符号会使其更愿意选择合作策略(Wong 和 Hong，2005)。再比如，罗斯等人(Ross 等，2002)发现，华裔加拿大人在回答英文问卷时都会比回答中文问卷时更多采用独立型自我构念。

36.3.4 多元文化自我整合历程

本土心理学家杨国枢和陆洛(2009)在探索华人双文化自我的建构时，提出一个动态的自我转变历程，用以描述这一整合的发生过程：第一阶段，"区隔化混合型"，强行分隔两文化，以避免文化冲突带来的痛苦；第二阶段，当区隔无法完全实现，只能忍受进入"容忍混合型"；第三阶段，当文化冲突达到一定强度，无法调和时,进入"停滞混合型";第四阶段,当重新形成整合协调的双文化自我时,实现"初级混合型"。

该理论的重要性是从本土的研究视角提供了一种有效的双文化自我适应策略:心理区隔化。也就是说,个体会将不一致的文化价值观首先分为两个不同的范畴,以避免心理冲突。然后在实际解决冲突的过程中逐渐达成实质性的统合。这个过程是一个动态变化的过程,并且因人而异,但最终理想状态是实现个体心理上的平衡与和谐。

36.3.5 其他相关概念

除此之外,也有其他学者针对单一的自我构念模型提出了更多的可能性,比如中国学者杨宜音(2015)提出和而不同的"镶嵌我"与融会贯通的"混融我";杨凤岗(Yang,1999)根据对美国华人基督徒的田野研究,提出的"认同重叠"(adhesive identity)的概念。例如,杨凤岗在研究中发现,这些美国华人基督徒既没有放弃原籍文化认同,也不拒绝融入新居地的文化,而是同时重构美国人认同、华人认同和宗教认同,将三种身份叠合起来,表现出"在美国人中像个美国人,在中国人中像个中国人;甚至也能在美国人中像个中国人,在中国人中像个美国人"。这些对自我结构的复杂描述,我们可以借用林威尔(Linville,1987)所提出的"自我复杂性"(self-complexity)概念来加以理解。自我复杂性程度由构成自我概念的维度数量与各个维度间的关联或区别程度所决定;自我复杂程度越高的个体表现为拥有更多彼此独立或无关的自我维度;并且自我复杂性越高的个体越能够适应不确定的环境所带来的应激与压力(Dixon和Baumeister,1991)。因此可见,扩展自我认同的单一模型有利于个体发展出更为复杂的多元自我,这既是全球化新时代对个体所提出的新的适应要求,同时也是个体自我发展及自我实现的一条必经之路。

36.4 文化混搭

对于普通人而言,全球化意味着有越来越多的机会接触到其他文化。全球化时代下,文化间的交流不依赖于直接的人际接触,还可以通过源源不断引入至国内的外国食物、服饰、语言、电影、艺术、价值观等来实现(Morris等,2015)。正如吉登斯(Giddens,1985)所言,全球化将导致时间与空间体验的一种浓缩;居于全球化都市的人们将同时接触到传统与现代文化,也将在同一个地方看到不同地区的文化。当两种或多种不同文化的象征符号在同一时空出现时,就是"文化混搭"

(culture mixing)现象(Chiu 等,2009)。文化混搭会令人们关注起两种不同的文化之间的差异,因此引发不同的情绪与行为倾向。

36.4.1 对文化混搭的反应及心理过程

总地说来,文化混搭可能引发人们对外文化的排斥反应或者整合反应(Chiu 等,2009;Hao 等,2016)。

排斥反应

根据社会认同理论(social identity theory,Tajfel,1982)与自我类别化理论(Self-Categorization Theory,Turner 等,1987),个体在面对外群体时会自动进行对比(contrast)反应,以强化内群体与外群体的差异,并通过此过程提升对内群体的认同、提升来自集体的自尊。关于"双文化暴露效应"(Bicultural Exposure Effect)的不少研究都证实了当将两种不同文化的象征符号并列呈现给被试时,被试会被它们的差异所吸引,进而关注到两者之间的不可兼容性,从而引发负向情绪与排斥行为(Torelli 等,2011),特别是当自己的本地文化也卷入其中时,这一效应更为明显(Yang,2011)。这一过程往往是自动、快速的情绪反应,比如托雷利等人(Torelli 等,2011)的研究发现,如果这时被试可以深入思考文化间的差异以及共同点,就会减少排斥反应。

整合反应

另一方面,对于那些有多元文化经验的个体而言,外国文化很多时候可以成为一种智力资源,用以促进文化理解与学习(Gries 等,2011),并非只是威胁。相比于排斥过程,整合过程属于认知过程,可以使得人们对文化间的异同进行思考,因此会提高个体的认知灵活性(cognitive flexibility)与认知复杂度(cognitive complexity)。例如,贝尼特-马丁内斯等人(2006)发现,具有双文化经验的华裔美国人比单一文化的盎格鲁美国人的认知复杂程度更高。并且,文化混搭可以打破人们固有的思维惯性,因而有助于创新(Maddux 和 Galinsky,2009)。比如研究发现,具有双语言能力的个体比只会一种语言的个体创造力更强(Simonton,1999);另一项研究发现,同时呈现中国文化元素(如长城)和美国文化元素(如自由女神像)会提高被试的创意程度,并且这一效应在 5—7 天之后依然显著(Leung 和 Chiu,2010)。

根据赵等人(Chiu 等,2011)的总结,以上两种反应的特征对比可以概况如表 36.1 所示。

表 36.1

两种反应的特征对比

排斥反应	VS.	整合反应
害怕文化侵入或污染的情绪性反应		针对问题解决的目标取向反应
快的、自发的、反射式的		慢的、斟酌的、费力的
将外文化感知为文化威胁		将外文化感知为文化资源
高认同		低认同
消极情感,如嫉妒、恐惧、愤怒、恶心、可怜		积极情感,如羡慕
排斥性行为反应,如隔离、拒绝、攻击		整合性行为反应,如接纳、融合
催化因素:维护本文化纯洁性的需要		催化因素:文化学习心态
抑制因素:认知需要		抑制因素:对文化共识和确定答案的需要

36.4.2 影响文化混搭反应的个体因素

文化认同

既然对文化混搭的排斥反应是因为担心外文化对本地文化的侵蚀,那么对本地文化认同感越强的个体,就越容易对外文化产生敏感,引发排斥反应。有研究证实了这一假设,他们发现,个体对传统文化的认同程度越高,就越容易对文化混搭现象中的外国文化产生内隐偏见(Shi 等,2016)。那么,对于那些具有双文化认同的个体而言,情况又如何呢？根据贝尼特-马丁内斯等人(2002)提出的双文化认同整合度(bicultural identity integration)这一概念,他们认为,只有那些对两种文化都高度整合的个体,才能够在不同文化之间自由转换。而哈鲁什(Harush 等,2016)近期的研究却发现,除了高整合者之外,那些边缘者(对两种文化的认同都很低)也对文化混搭现象抱有积极与接纳的态度,因此,他们认为最重要的因素是个体要在全球化与本地化认同两者之间寻求一种平衡(the balance in identity strength),对任何一方文化的明显偏好,都会引发他们对涉及其中的文化混搭的明显排斥。

认知闭合

认知闭合需求(need for cognitive closure)指个体为了逃避不确定性,而对确定答案的一种内在需要(Chao 等,2010)。文化的功能之一是提供一种安全的认知模式(赵志裕,康萤仪,2011);因此可推之,对认知闭合需要越强的个体,对文化的这种安全需要越高,其表现为更愿意维护群内规则、拥护固有的文化传统。科西克等人(Kosic等,2004)对文化适应的研究发现,认知闭合需求高的个体,在移居国外之后往往会采取单一的文化适应策略,即要么坚持原文化,要么改投当地文化,很少能够同时兼顾两者,实现对两种文化的整合。也有研究证明,认知闭合需求高的个体对文化混搭也会有更多的排斥态度(De keersmaecker等,2016)。

文化本质主义

文化本质主义(cultural essentialism)的概念源于心理实在论(psychological essentialism),即认为万物皆有其内在本质的一种观念(Yzerbyt等,2001),持这种观念的人们相信,任何文化都有其固定不变的内在本质(Chao等,2013)。对双文化个体(如华裔美国人)的研究发现,当个体对种族的本质主义观念越强,他们在中美文化框架上的转换任务完成得也就越慢,并且在谈及他们的双文化体验时会有更强烈的情绪反应(Chao等,2007)。类似的研究也发现,高本质主义的个体认为文化之间界限分明、难以调和,因而更加难以接受文化混搭(彭璐珞,赵娜,2013)。另外,本质主义也可以理解为一种特殊的类别化(categorization)认知过程,因此在另一研究中也发现,在分析国外品牌(如麦当劳)收购本土企业的案例时,当新加坡人使用类别化思维方式时,会表达出更多的恐惧和负面态度;相反,当他们使用交易性思维(transactional mindset)方式时,则会表达出相对更为积极的态度(Tong等,2011)。

36.4.3 影响文化混搭反应的情境因素

文化领域

不同的文化要素来自文化的不同领域,比如李亦园(1997)将文化分为三种类型:物质或技术文化、伦理或社群文化、精神或表达文化。这些文化要素在进行文化变迁时,其过程表现亦不相同;通常表现为从器物技能层次到制度层次,最后到思想层级的递进过程(金耀基,2010)。这就意味着人们对待文化混搭现象的反应可能有赖于文化要素所属的领域,相比于来自不容易改变的思想领域,如果文化要素来自容易改变的器物领域,作为混搭要素则更容易得到接纳。比如,彭璐珞(2013)在研究中将文化分成三个领域:物质性、象征性与神圣性,并发现人们对于在物质领域上的文化混搭的接受度最高;而对待后两者的态度会更为排斥。同样的结论在学者吴等人(Wu等,2014)与杨等人(Yang等,2016)的研究中也有发现。

权力比较

权力关系是群际间互动不可忽视的一个因素,同样,不同文化在进行比较时,也难免涉及优势、主动或者劣势、被动的相对关系(彭璐珞,赵娜,2015)。并且处于社会结构中的不同地位会影响到个体的群际态度与行为,具体而言,处于弱势的群体对权力地位更为敏感,而处于优势地位的群体则往往对群际间的关系不对等视而不见(Schmitt等,2003)。例如,有研究在实验中分别对美国和中国被试启动了带有中美双文化的图片,随后请他们回答如何看待对方国家的出版机构进入本国市场的态度。结果显示,处于相对文化地位劣势的中国被试对此表达了更为强烈的负向情绪;而对于处于相对文化地位优势的美国被试而言,他们几乎很少有负向情绪(Cheng,2010)。其他研究也有类似的发现(Kwan和Li,2016)。与之相关的另一个变量是文化的影响方向。正如在人际情境中,更有权力的个体会更倾向于影响他人(Magee和Galinsky,2008),在群际情境中也同样,人们倾向于认为那些更具优势的文化更容易影响到其他文化,而非被其他文化所影响。因此在一项研究中发现,相比于将一件文化混搭产品命名为"本国修饰国外文化"的产品,将其命名为"外国修饰本国文化"的产品会更容易引发负面评价(Cui等,2016)。

36.5 文化理念

伴随着全球化进程,来自不同种族、文化背景和社会制度下的人们逐渐融入同一个生活圈。人们如何理解文化和群际关系的文化理念在很大程度上决定着他们对待群际关系的态度与行为。这里我们将对几种典型的文化理念进行介绍,这里的文化理念也称作多元文化理念(diversity ideology)或群际理念(intergroup ideology),它是指人们对人类关系的特定理解(Whitley和Webster,2019)。从历史上看,每种文化理念的流行都有其特定的时代背景,以及在这一时代背景下人们对于如何实现世界和平这一终级祈盼的看法。

36.5.1 文化色盲主义与同化主义

19世纪中期,达尔文提出的生物进化论不仅给生物学带来了一次彻底的变革,对人类学、心理学及哲学的发展也产生了不容忽视的影响,其在人类学方面直接促使了社会达尔文主义的诞生。这一理论所持的基本原则认为,人类心理的一致性决定了文化发展的单一性,即无论哪个种族,人类在心理和精神方面都是一致的,而同样的心理或精神活动必然产生同样的文化演化进程;目前那些看似不同的各种文化其实只代表了它们在这条进化路线上的不同阶段。持这种观念的人在看待中西文化差异时也会理解为中国尚停留在"农业时代",而西方已进入"现代时代"。

在这种强调文化单一性的思潮影响下,便催生出文化色盲主义(cultural colorblindness)。基于社会分类理论(Tajfel, 1979),群际偏见的根源来自社会分类;因此文化色盲主义者主张,只要人们不论种族与肤色,平等对待每一个人,就能缔造出人人平等、公正的社会(Jones, 1998)。文化色盲主义对美国社会的影响十分深刻。20世纪60年代兴起的公民权利运动的目标就是消除种族差异化,建立无种族差异的社会标准。这种种族色盲(race colorblindness,即主张在升学或从业等方面选拔个体时,应该忽略种族特征),也可以视作是一种特定的色盲主义。

但对于文化色盲主义是否真的可以消除种族或文化歧视,学者的观点却有很大分歧。对文化色盲主义的批评主要来自以下几个方面:第一,社会分类理论被认为是基本的社会心理学理论,只要种族的概念存在,人们就会下意识使用社会分类理论来帮助社会认知过程。比如科雷尔等人的研究(Correll, Park, 和 Smith, 2008)发现,当被试在外显决策任务中主动压抑种族类别时,这些被压抑概念在接下来的与偏见相关的测试中反而会出现反弹。因此片面忽视类别化存在的客观性显然不可取,也不可能通过否认或忽视这种社会分类而实现真正的种族平等。第二,学者认为文化色盲主义只是文化中心主义(ethnocentrism)表现的一种变式,有研究显示,文化色盲主义可以预测文化中心主义(Ryan 等, 2007),在文化色盲主义的掩护下,主流文化更容易因忽视种族或文化差异而产生群际偏见或歧视现象。文化色盲主义主张不同文化群体拥有同一套标准,但这一标准更可能是主流文化的标准,而非弱势文化的标准,因而不少学者忧心这种文化观念最终会使全球化变成主流文化消解少数文化的战场,使得百花齐放般的文化差异与多样性不复存在。

同时,这种忽视文化差异、抹杀文化多样性的做法也经常被看作是主流文化对弱势文化的一种同化主义(assimilationism, 例如, Verkuyten, 2005)。同化一词在心理学领域最初用于形容人对环境的一种适应过程;扩展到文化领域,指人们对新文化或新群体的适应过程。既然文化色盲主义并不承认文化差异、主张单一文化特征,那么主流或强势文化成为"最终文化"的可能性是最大的。作为弱势群体的一员,被主流文化所同化,使文化趋向一致性在文化色盲主义者眼里也是正常合理且符合"文化发展规律"的事情。

36.5.2 多元文化主义

并非所有学者都同意"文化一致性"这一假设。比如人类学家弗朗兹·博厄斯(Franz Boas)就将文化定义为:"一社区中所有习惯、个人对其生活的社会习惯的反应,及由此而决定的人类活动。"这一定义的特别之处在于,这里的文化是有地理范围的,而不是全球性的文化。由此发展而来的文化相对论(culture relativism)就主张,各民族文化的价值是平等的,每个文化集团都有自己独一无二的历史,有其自身的特点和发展规律,不能企图从各民族独特的历史中得到普遍、抽象的理论或发展规律的进化论。主张这一观点的文化理念被称为多元文化主义(multiculturalism)。

多元文化主义强调,一个社会要尽量保持文化的多样性,多样性不仅包括不同的民族、肤色、阶层,还指不同的宗教、习俗与文化。在多元文化主义者看来,一个理想社会就是背景不同的人们可以自由地按照自己的方式来生活,自由地表达各自的身份与认同。在文化互动与交往中,人们只有意识到不同文化之间存在的差异,才能促成相互之间的理解。因而识别不同文化之间的差异是发展文化敏感性(cultural sensitivity)或者文化智力(cultural intelligence)的关键要素。不少研究也证实,群际偏见往往是由人们对群际差异不够了解与重视造成的,降低群际偏见的一个有效途径就是要学习不同种族与文化群体间的多样性与差异性(Ballinger和Crocker,2020)。

多元文化主义理念对当今各国的社会制度与政策都有着广泛的影响力。大部分国家都在鼓励文化的多样性,至少表面上都会充分尊重少数群体的公共权力与意见表达。在推行多元文化策略时,通常而言有两种不同的方式。一种是通过鼓励文化之间的交流与沟通来实现多元文化,这种方式也被叫做互动文化(interculturalism)。比如,文化博览会这类的活动就是通过促进不同文化之间的交流与了解来促进彼此关系。此外,还有一种方式是通过文化隔离、尽量避免主流文化对弱势文化的影响,以实现保护弱势文化、维护多样性的目的。例如,美国社会对阿米什(Amish)部落的保护,我国在文化发展规划纲要中提出的要设立文化生态保护区(eco-cultural preservation area),都有类似的作用。

此外,有研究发现,文化本质主义有助于人们察觉不同文化之间的差异,形成多元文化理念(Chao等,2013)。文化本质主义的观点认为,各类文化之间存在内在的、稳定的、不可改变的一些特征;正是因为这些本质特征的存在,使得文化彼此之间存在不可改变的差异。比如,有研究发现,持有本质主义观的亚裔美国人相比不持有本质主义观的亚裔美国人而言,会知觉到更多与欧裔美国人之间的差异。因此,或许文化本质主义是形成多元文化理念的前提思想(No等,2008)。

但文化本质主义同时也可能造成偏见。已有研究发现,种族本质主义和性别本质主义会导致各类刻板印象及偏见(例如,Morton等,2009);甚至还有学者认为,对社会群体而言,普遍存在的各类本质主义倾向(例如,种族本质主义、性别本质主义、阶级本质主义等)是各类社会刻板印象形成的前提(Fischer, 2011)。因而,有学者批评强调群际区别与差异的多元文化主义也有可能会导致刻板印象的加深,进而加深偏见与歧视(Wolsko 等, 2000)。除此之外,在社会实践中,多元主义也开始倍受诟病,比如有人批评多元主义因片面强调弱势群体从而忽视甚至牺牲了主流群体的正常权益;以及因鼓励外来移民的隔离状态,导致社会群体分裂化的加剧等现实问题(Verkuyten 和 Yogeeswaran, 2020)。

36.5.3 会聚文化主义

随着社会实践者对多元文化主义的反思与批评,既有包容性又可以避免多元文化主义缺陷的新文化理念成为时代的召唤。这一背景下,历史学家罗宾 D. G. 凯利(Robin D. G. Kelley, 1999)和维贾伊·普拉沙德(Vijay Prashad, 2002)所提出的文化会聚主义理念开始受到关注。凯利在其文章"The People In Me"中提出,所有个体都是不同文化交流和相互影响的产物;普拉沙德继而在其著作《每个人都是功夫》(Everybody Was Kung Fu Fighting)中借鉴凯利引入的新概念"polyculturalism"(文化会聚主义),同样指出所有文化在本质上都是多个文化的混合产物,所以应该关注跨文化之间的联系和相互影响,而不是强调文化的区别性,并进一步提出文化会聚主义的三个原则(Prashad, 2009):(1)文化不是空间独立与世隔绝的,它们源于彼此的相互影响;(2)文化不是自诞生就一成不变的,它会随着时间扩张、收缩、壮大、衰退;(3)文化、政治、经济三者之间会相互影响。

莫里斯等人(Morris, Chiu, 和 Liu, 2015)在文化动态建构论的基础上重新对文化会聚主义做出了新的理解。当文化被定义为"一套包括观念、实践,及社会制度的松散组织系统,这个观念系统能起到协调特定群体的个人行为的作用"时,文化会聚主义则指文化概念网络对个体的多重、叠加影响(不仅受到本地文化的影响,还会受到其他各方文化的影响)。文化会聚主义的观点会认为,群际偏见在很大程度上是由于人们对历史上以及当代群际之间的交流与互动了解不足造成的。因此,这种观点强调要关注不同群体之间由于过去和现在的相互作用和相互影响而产生的联系,并且认为没有哪一种文化是属于特定人种或种族群体的"纯文化"。

作为一个新概念,关于文化会聚主义的研究目前为止也为数尚少,在有限的几篇研究中已经足以看出对文化会聚主义观的认同程度和各类群际态度的确存在相关关系,这些群际态度包括减少种族(肤色)歧视、(针对女性的)性别歧视,以及(针对同性恋的)性别偏见等。比如,伯纳多等人(Bernardo, Rosenthal, 和 Levy, 2013)在研究中比较了菲律宾和美国高中生与大学生对文化会聚主义的认同感以及他们对来自其他国家的外来者和移民的态度,发现无论是菲律宾人还是美国人,如果他们对文化会聚主义的认同度越高,那么他们对外来者和移民的态度也会相对更积极,而这种文化会聚主义的认同感在不同文化群体中并不存在显著差异。

但是,同样也有学者对文化会聚主义的积极作用持有谨慎的态度,他们提出,当回忆群际联系时,人们更容易记起的是历史上发生的众多群际冲突,甚至战争(Rosenthal 和 Levy,2010)。如果人们关注的是当下或是过去彼此文化之间的消极作用,是不是会对外群体产生更多怨恨与仇视?比如,当国人回忆起中日关系时可能很难撇开日本侵华战争的那段历史,因而造成对群际关系的潜在威胁感。

36.5.4 世界主义

伴随着工业制造的全球分工协作、贸易的全球市场化、金融的全球一体化,人类的工业化进程不可避免地进入到了全球化时代,随之而来的是全球意识与世界主义理念(cosmopolitanism)的兴起。世界主义这一概念最早见于古希腊语 kosmopolitês,其由两个词组成,其中的 kosmo 是整个宇宙的意思,politês 是政治/秩序的意思,组合起来就是"世界政治/秩序"。在全球化研究领域中,这一概念被重新赋予新的含义,指个体相信世界是一体的,并认同自己属于世界公民(Hannerz,1990);可以看作是民族主义(nationalism)或爱国主义(ethnocentrism)的对立面。

虽然在研究中,世界主义经常被看作是态度(Woodward 等,2008)、文化能力或行为倾向(Thompson 和 Tambyah,1999),甚至是人格特质(Cannon 和 Yaprak,2002),但是学者们一致同意,世界主义是一个相对宽泛的概念,由多维要素构成。梁等人(Leung 等,2015)将之定义为涵括了价值、态度和行为的一种取向(orientation),认为其构成要素有三:文化开放性(cultural openness)、全球性亲社会(global prosociality)、尊重文化多样性(respect for cultural diversity)。相类似地,伍德沃等人(Woodward 等,2008)认为世界主义具体包括:对文化属性产品的关注、对文化差异的开放性、对文化多样性的承诺及对人类权力的认可。利维等人(Levy 等,2016)分别从认同、态度和实践三个层面对世界主义展开讨论,认为其在认同层面包括道德、政治和人—文化三方面内容;在态度层面包括开放度、卷入度、根植度和道德承诺;在实践层面则包括了流动性与文化边界的跨越。关于世界主义的实证研究目前为数不多,但已有研究已证明,这种理念能够有效预测个体对外国产品的喜爱与购买(Riefler 等,2009;Riefler 等,2012)以及对环境保护的支持等(Leung 等,2015)。

36.5.5 文化互动主义

而在欧洲,为了应对民众对多元文化政策的日益不满,学者们也提出了一个新概念:文化互动主义(interculturalism, Kohls 和 Knight,1994),并将其作为后多元文化主义(post-multiculturalism,见 Zapatabarrero,2017)时期的一种新理念。然而对于文化互动主义,学者们却有各种不同的理解(Modood,2014),有学者认为,文化互动主义这个概念只是多元主义的加强版(Meer 和 Modood,2012),也有学者认为它是对世界主义的另一种表述(Cantle,2012)。

同样作为新概念,目前大部分文献依然属于概念性论述的范畴,比如有学者总结了文化互动主义与多元主义的异同,认为多元主义是"分裂式多元"(fragmented pluralism),而文化互动主义属于"交互式多元"(interactive pluralism)(Hartmann 和 Gerteis,2005)。少有的几项实证研究,例如一项开展于丹麦与美国的调查研究发现,民众对于文化互动主义与多元主义的理解并不相同,文化互动主义更多地意味着群际平等、包容与开放(Verkuyten 等,2019)。

36.5.6 各种文化理念的比较

考察各种文化理念孰优孰劣,是文化心理学的一大研究焦点,尽管到目前为止证据仍旧难以统一。根据一项对 296 篇研究开展的元分析,莱斯利等人(Leslie 等,2020)考察了文化色盲主义、同化主义和精英主义(meritocarcy,主张任人唯才、忽视种族与文化信息)以及多元主义四种文化理念在群际关系多个指标上的预测作用。结果发现,只有多元文化主义对所有指标有一致的显著作用;而其他文化理念只能显著预测一两个指标。在惠特利和韦伯斯特(Whitley 和 Webster,2019)的另一项元分析研究里,他们也同时比较了同化主义、色盲主义与多元主义对种族偏见的影响。研究也一致地发现,只有多元主义对内隐以及外显偏见都有显著的负相关;而色盲主义只跟外显偏见有关;而同化主义甚至可以正向预测外显偏见。相类似地,还有多个实验或问卷调查研究都主张多元文化主义比色盲主义更有利于减少群际偏见(Neville 等,2013;Rattan 和 Ambady,2013;Richeson 和 Nussbaum,2004;Rosenthal 和 Levy,2010;Sasaki 和 Vorauer,2013;Wolsko 等,2000)。

然而,随着最近学界开始对多元文化主义提出反思与批评,以及更为包容的文化理念(如会聚文化主义、世界主义、文化互动主义)被提出,考察新型文化理念与多元文化理念之间的优劣将成为未来新的研究焦点。比如有学者已经针对不同政治倾向的丹麦人进行了初步考察,结果发现,在对待移民群体的态度上,自由派人士中跨文化主义者比多元主义者表现得更为积极(Verkuyten 和 Yogeeswaran,2020)。

36.6 未来研究展望

36.6.1 文化研究范式的转变

如何定义"文化"在一定程度上就决定了文化的研究范式(Morris 等,2015)。社会心理学研究文化有三种传统范式,分别是跨文化心理学(cross-cultural psychology)范式、文化心理学(cultural psychology)范式以及本土心理学(indigenous psychology)范式(Triandis,2000)。

跨文化心理学一直以来都是文化心理学的主流研究范式(Chiu 等,2013),在这一范式下,文化被假设为静态的实体或者相对稳定不变的环境变量,研究者所关心的研究问题是去发现不同文化下人们思维、情感以及行为上的差异,以及造成这些差异的文化原因。为了描述这些差异背后的文化原因,这一领域的研究重点落在了寻找具有跨文化普遍性的心理维度上,比如广为人知的个体主义—集体主义(Triandis,1989)、分析思维—整体思维(Nisbett 等,2001)、松文化—紧文化(Gelfand 等,2011)。这种研究范式也被称之为泛文化维度(pancultural dimensions)与全球性路径(赵志裕,康萤仪,2011)。

文化心理学延续了人类学对心理规律的探究思路,注重用民族志的研究方法对当地文化进行田野调查,以达到了解外群文化的规则与社会结构、理解当地人的情感需求与行动意义的研究目的。文化心理学者不再将文化理解为静态的实体,文化的含义也更多地蕴含于每个行动的个体中,因此其研究重点在于诠释文化的社会化过程,以了解个体与文化之间的互动关系。这种研究范式也被称作聚焦性路径,强调文化的独特性,例如印度的种姓、中国的孝道、东亚文化的关系取向等。

本土心理学并不看重文化间的比较,也不认同以静止的观点看待文化,而是注重个体与文化之间的互动,这些都与文化心理学相似;但本土心理学会更加明确研究的主位(emic)取向,即从文化自身内部所认同的范畴或概念来解释文化结果,因此其将重点置于如何重新建构属于自身所在文化的本土概念来解释自身所属的文化。这方面目前比较有代表性的研究比如杨国枢有关中国人现代性与传统性的研究(见杨宜音,2001),以及杨中芳关于中庸心理构念(杨中芳,林升栋,2012)的提出等。更多关于这三种研究范式的特点比较可参考特里安迪斯(Triandis,2000)以及韦庆旺(2017)。

然而,全球化及文化混搭所引发的社会心理现象,开始暴露出以往这些研究范式的局限(Morris 等,2015)。比如,从"移民与文化适应"以及"青少年与双文化身份认同"的主题中,我们了解到人与文化之间并非只是被动接受的"社会化"过程,在双文化或多元文化的环境下,人们会主动协调好不同文化之间的关系,并将其整合于自身认同中。再例如前面介绍过的康莹仪等学者所提出的文化动态建构理论(Hong 等,2000),其重要之处也在于文化不再只是背景或环境变量,而变成了一套可受情境触发的知识系统,即使这些文化构念本身相互冲突,但对于个体而言仍然可以同时拥有不同的文化构念网络。这一研究理论也使得文化研究从"描述文化"转向"解释文化"(Hong 和 Chiu,2001),并随之带来研究者从只关注单一文化的影响,转向多元文化背景的前提假设,因此多元文化心理学(multicultural psychology)也被称为是文化心理研究的第三波浪潮(Hong 和 Chiu,2001)。

最后是聚合文化主义的研究视角(Morris 等,2015)。这一视角下,文化传统本身就是一个开放的系统,它在与其他文化群体的互动中不断演变。不仅是文化在影响塑造着个体,个体一定程度上也在参与文化的演进。在多元文化理念的基础上,聚合文化思潮不止停留于双文化个体在不同文化框架下的转换上,而且进一步显示可以通过不同文化要素进一步整合的可能性。因此可以预见,未来随着对聚合文化主义研究的深入,我们也会对全球化有全新的理解。

36.6.2 研究领域的拓展

尽管本章关于文化的所有讨论是由全球化的视角提出来,但所有理论与研究意义不仅仅只局限于全球化现象。一方面,我们所基于的理论,无论是社会认同理论、社会分类理论、还是多元文化动态建构理论与多元文化理念等理论,都是社会心理学领域的核心理论,可以广泛解释人在社会或群体中的心理与行为。因此,对全球化所有议题的研究也同时会反哺于基础心理学研究与理论的深入。

另一方面,文化现象广泛地存在于我们的日常生活中。广义上说,只要有人群的分类就能体现出文化上的差异,因此本章所讨论的所有议题都可以辐射到各类群体以及其亚文化的问题中。例如,关于移民与文化适应的讨论,同样也适用于社会流动背景下搬迁所带来的文化适应问题;多元文化认同的主题,同样适用于进城务工人员及其子女来到城市后对"农村人"与"城市人"的认同重整问题;文化混搭的主题,同样适用于各种不同亚文化的混搭现象,比如现代性与传统型的混搭、理工科与文科合作时的混搭;对不同文化理念的讨论,同样有助于我们理解群际关系的心理基础与过程。

36.6.3 跨学科研究的整合

最后,让我们回到章节开始的地方,全球化是一个复杂的系统现象,本章中,笔者主要围绕社会心理学的几个重要议题对此现象展开讨论,但全球化并不仅仅只限于心理学。未来研究还亟需与其他学科的交叉研究,比如结合大数据的方法调查跨文化或地区人们文化理念的情况,比如联系管理学理论关注跨国公司的文化管理现象,再比如联系消费者行为研究考察全球品牌推广等议题。

总之,当人类迈进全球化这一新阶段,对于研究者而言也就意味着开启研究的新篇章,包括研究范式的突破、研究领域的拓展以及更多学科的融合发展。我们期待这一领域未来更多的成果并且鼓励有志于此的学者一起付出努力。

(邹智敏)

参考文献

费孝通.(1989).从小培养 21 世纪的人.群言(12),12 - 16.
金耀基.(2010).从传统到现代.北京:法律出版社.
李亦园.(1997).我的人类学观:说文化.载周星,王铭铭编《社会文化人类学讲演集》(上),天津:天津人民出版社.
林瑞芳,刘绮文,赵志裕,康萤仪.(1998).香港青少年的身份认同及其现代化概念.香港社会科学学报(11),83 - 99.
彭璐珞.(2013).理解消费者对文化混搭的态度:一个文化分域的视角.北京:北京大学博士学位论文.
彭璐珞,赵娜.(2015).文化混搭的动理.中国社会心理学评论(9),19 - 62.
森.(2009).身份与暴力:命运的幻想.李风华,陈昌升,袁德良,译,北京:中国人民大学出版社.
杨国枢,陆洛.(2009).中国人的自我:心理学的分析.重庆:重庆大学出版社.
杨宜音.(2001).社会变迁与人的变迁:杨国枢有关中国人"个人现代性"研究述评.社会心理研究(3),36 - 48.
杨宜音.(2015).多元混融的新型自我:全球化时代的自我构念.中国社会心理学评论(9),97 - 116.
杨中芳,林升栋.(2012).中庸实践思维体系构念图的建构效度研究.社会学研究(4),167 - 186.
韦庆旺.(2017).社会心理学如何研究文化.见吴莹,韦庆旺,邹智敏编著,文化与社会心理学.北京:知识产权出版社.19 - 49.
吴莹.(2017).文化与认同.见吴莹,韦庆旺,邹智敏编著,文化与社会心理学.北京:知识产权出版社.160 - 186.
赵志裕,康萤仪.(2011).文化社会心理学.刘爽,译.北京:中国人民大学出版社.

Alter, A. L., & Kwan, V. S. Y. (2009). Cultural sharing in a global village: Evidence for extracultural cognition in European Americans. *Journal of Personality and Social Psychology*, 96, 742-760.

Arnett, J. J. (2002). The psychology of globalization. *American Psychologist*, 57, 774-783.

Ballinger, T., & Crocker, J. (2020). Understanding whites' perceptions of multicultural policies: A (Non) Zero-Sum Framework? Journal of Personality and Social Psychology, Advance online publication.

Benet-Martínez, V. (2012). Multiculturalism: Cultural, personality, and social processes. In K. Deaux & M. Snyder (Eds.), *Handbook of personality and social psychology* (pp. 623-648). New York, NY: Oxford University Press.

Benet-Martínez, V., & Haritatos, J. (2005). Bicultural identity integration (BII): Components and psychosocial antecedents. *Journal of Personality*, 73, 1015-1050.

Benet-Martínez, V., Lee, F., & Leu, J. (2006). Biculturalism and Cognitive Complexity. *Journal of Cross-Cultural Psychology*, 37(4), 386-407.

Benet-Martínez, V., Leu, J., Lee, F., & Morris, M. (2002). Negotiating biculturalism: Cultural frame-switching in biculturals with "oppositional" vs. "compatible" cultural identities. *Journal of Cross-Cultural Psychology*, 33, 492-516.

Bernardo A B I, Rosenthal L, Levy S R. Polyculturalism and attitudes towards people from other countries. *International journal of intercultural relations*, 37(3): 335-344.

Berry, J. W. (1974). Psychological aspects of cultural pluralism: Unity and identity reconsidered. *Topics in Culture Learning*, 2, 17-22.

Berry, J. W. (2003). Conceptual approaches to acculturation. In K. M. Chun, P. B. Organista, & G. Marin (Eds.), *Acculturation: Advances in theory, measurement, and applied research* (pp. 17-37). Washington, DC: American Psychological Association.

Berry, J. W. (2006). Stress perspectives on acculturation. In D. L. Sam & J. W. Berry (Eds.), *The Cambridge of acculturation psychology* (pp. 43-57). New York, NY: Cambridge University Press.

Berry, J. W., Kim, U., Power, S., Young, M., & Bujaki, M. (1989). Acculturation attitudes in plural societies. *Applied Psychology*, 38, 185-206.

Brewer, M. (1991). The social self: On being the same and different at the same time. *Personality and Social Psychology Bulletin*, 17, 475-482.

Brown, R., & Hewstone, M. (2005). An integrative theory of intergroup contact. *Advances in Experimental Social Psychology*, 255-343.

Cannon, H. M., & Yaprak, A. (2002). Will the real-world citizen please stand up! The many faces of cosmopolitan consumer behavior. *Journal of International Marketing*, 10, 30-52.

Cantle, T. (2012). Interculturalism: For the Era of Globalisation, Cohesion and Diversity: *Political Insight*, 3(3), 38-41.

Cervantes, R. C., & Castro, F. G. (1985). Stress, coping and Mexican American mental health: A systematic review. *Hispanic Journal of Behavioral Science*, 7, 1-73.

Chao, M. M., Chen, J., Roisman, G., & Hong, Y. (2007). Essentializing race: Implications for bicultural individuals' cognition and physiological reactivity. *Psychological Science*, 18, 341-348.

Chao, M. M., Hong, Y., & Chiu, C. (2013). Essentializing race: Its implications on racial categorization. *Journal of Personality and Social Psychology*, 104(4), 619-634.

Chao, M. M., Zhang, Z.-X., & Chiu, C.-y. (2010). Adherence to perceived norms across cultural boundaries: The role of need for cognitive closure and ingroup identification. *Group Processes and Intergroup Relations*, 13, 69-89.

Chen, S. X., Lam, B. C. P., Hui, B. P. H., Ng, J. C. K., Mak, W. W. S., Guan, Y., …

Lau, V. C. Y. (2016). Conceptualizing psychological processes in response to globalization: Components, antecedents, and consequences of global orientations. *Journal of Personality and Social Psychology*, 110(2), 302–331.

Cheng, Y. Y. (2010). Social Psychology of Globalization: Joint Activation of Cultures and Reactions to Foreign Cultural Influence. Ph. D. Dissertation, University of Illinois at Urbana-Champaign.

Chiu, C., Gries, P. H., Torelli, C. J., & Cheng, S. Y. (2011). Toward a social psychology of globalization. *Journal of Social Issues*, 67(4), 663–676.

Chiu, C.-Y., & Kwan, L. Y.-Y. (2016). Globalization and psychology. *Current Opinion in Psychology*, 8, 44–48.

Chiu, C.-Y., Kwan, L. Y.-Y., & Liou, S. (2013). Culturally Motivated Challenges to Innovations in Integrative Research: Theory and Solutions. *Social Issues and Policy Review*, 7(1), 149–172.

Chiu, C.-y., Mallorie, L., Keh, H.-T., & Law, W. (2009). Perceptions of culture in multicultural space: Joint presentation of images from two cultures increases ingroup attribution of culture-typical characteristics. *Journal of Cross-Cultural Psychology*, 40, 282–300.

Correll J, Park B, & Smith J A. (2008). Colorblind and multicultural prejudice reduction strategies in high-conflict situations. *Group Processes & Intergroup Relations*, 11(4): 471–491.

Crockett, L. J., Iturbide, M. I., Torres Stone, R. A., McGinley, M., Raffaelli, M., & Carlo, G. (2007). Acculturative stress, social support, and coping: Relations to psychological adjustment among Mexican American college students. *Cultural Diversity & Ethnic Minority Psychology*, 13, 347–355.

Cui, Nan, Lan Xu, Tao Wang, William Qualls, and Yanghong Hu, 2016, "How Does Framing Strategy Affect Evaluation of Culturally Mixed Products? The Self-Other Asymmetry Effect," *Journal of Cross-Cultural Psychology*, 47(10), 1307–20.

De keersmaecker, J., Van Assche, J., & Roets, A. (2016). Need for closure effects on affective and cognitive responses to culture fusion. *Journal of Cross-Cultural Psychology*, 47, 1294–1306.

de Oliveria, E. A., Braun, J. L., Carlson, T. L., & de Oliveria, S. G. (2009). Students' attitudes toward foreign-born and domestic instructors. *Journal of Diversity in Higher Education*, 2, 113–125.

Dixon, T. M., & Baumeister, R. F. (1991). Escaping the Self: The Moderating Effect of Self-Complexity. *Personality and Social Psychology Bulletin*, 17(4), 363–368.

Fischer R. Cross-cultural training effects on cultural essentialism beliefs and cultural intelligence. *International Journal of Intercultural Relations*, 35(6): 767–775.

Fu, Jeanne Ho-Ying, Michael Morris, and Ying-Yi Hong. "A transformative taste of home: Home culture primes foster expatriates' adjustment through bolstering relational security." *Journal of Experimental Social Psychology*, 59: 24–31.

Gelfand, M. J., Lyons, S., & Lun, J. (2011). Toward a Psychological Science of Globalization. *Journal of Social Issues*, 67(4), 841–853.

Gelfand MJ, Raver JL, Nishii L, Leslie LM, Lun J, Lim BC, Duan L, Almaliach A, Ang S, Arnadottir J, Aycan Z, Boehnke K, Boski P, Cabecinhas R, Chan D, Chhokar J, D'Amato A, Ferrer M, Fischlmayr IC, Fischer R, Fülöp M, Georgas J, Kashima ES, Kashima Y, Kim K, Lempereur A, Marquez P, Othman R, Overlaet B, Panagiotopoulou P, Peltzer K, Perez-Florinzo LR, Ponomarenko L, Realo A, Schei V, Schmitt M, Smith PB, Soomro N, Szabo E, Taveesin N, Toyama M, Van de Vliert E, Vohra N, Ward C, Yamaguchi S. Differences between tight and loose cultures: a 33-nation study. Science. 2011 May 27;332(6033):1100–

4. doi: 10.1126/science.1197754. Erratum in: Science. 2011 Aug 19; (6045): 937. PMID: 21617077.

Gibson, M. A. (2001). Immigrant adaptation and patterns of acculturation. *Human Development*, 44, 19–23.

Giddens, A. (1985). *The nation state and violence*. Cambridge: Polity Press.

Gries, P. H., Crowson, H. M., & Cai, H. (2011). When knowledge is a double edged sword: Contact, media exposure, and American China policy preferences. *Journal of Social Issues*, 67, 787–805.

Hannerz, Ulf. (1990). "Cosmopolitans and Locals in a World Culture," *Theory, Culture & Society*, 7, 237–51.

Hao, J., Li, D., Peng, L., Peng, S., & Torelli, C. J. (2016). Advancing Our Understanding of Culture Mixing. *Journal of Cross-Cultural Psychology*, 47(10), 1257–1267.

Hartmann, D., & Gerteis, J. (2005). Dealing with diversity: Mapping multiculturalism in sociological terms. *Sociological Theory*, 23, 218–240.

Harush, R., Lisak, A., & Erez, M. (2016). Extending the global acculturation model to untangle the culture mixing puzzle. *Journal of Cross-Cultural Psychology*, 47, 1395–1408.

Hill, T. D., Angel, J. L., Balistreri, K. S., & Herrera, A. P. (2012). Immigrant status and cognitive functioning in late-life: An examination of gender variations in the healthy immigrant effect. Social Science & Medicine, 75, 2076–2084.

Hogg, M. A. (2016). Social Identity Theory. Understanding Peace and Conflict Through Social Identity Theory, 3–17.

Holmberg, L. I. & Hellberg, D. (2008). Characteristics of relevance for health in Turkish and Middle Eastern adolescent immigrants compared to Finnish immigrants and ethnic Swedish teenagers. *The Turkish Journal of Pediatrics*, 50, 418–425.

Hong, Y., & Chiu, C. (2001). Toward a Paradigm Shift: From Cross-Cultural Differences in Social Cognition to Social-Cognitive Mediation of Cultural Differences. *Social Cognition*, 19(3), 181–196.

Hong, Y., Fang, Y., Yang, Y., & Phua, D. Y. (2013). Cultural Attachment. *Journal of Cross-Cultural Psychology*, 44(6), 1024–1044.

Hong, Y., Ip, G., Chiu, C., Morris, M. W., & Menon, T. (2001). Cultural Identity and Dynamic Construction of the Self: Collective Duties and Individual Rights in Chinese and American Cultures. *Social Cognition*, 19(3), 251–268.

Hong, Y. Y., Morris, M., Chiu, C. Y., & Benet-Martínez, V. (2000). Multicultural minds: A dynamic constructivist approach to culture and cognition. *American Psychologist*, 55, 709–720.

Huynh, Q.-L., Benet-Martínez, V., & Nguyen, A.-M. D. (2018). Measuring variations in bicultural identity across U.S. ethnic and generational groups: Development and validation of the Bicultural Identity Integration Scale — Version 2 (BIIS-2). *Psychological Assessment*, 30(12), 1581–1596.

Jones, J. M. (1998). Psychological knowledge and the new American dilemma of race. *Journal of Social Issues*, 54, 641–662.

Kashima, Y., Shi, J., Tsuchiya, K., Kashima, E. S., Cheng, S. Y. Y., Chao, M. M., & Shin, S.-H. (2011). Globalization and folk theory of social change: How globalization relates to social perceptions about the past and future. *Journal of Social Issues*, 67, 696–715.

Kelley R. People in me: "So, what are you?". Colorlines, 1(3), 1999, 5.

Kohls, L. R. and Knight, J. M., 1994. *Developing intercultural awareness*. Boston, MA: Intercultural Press.

Kosic, A. (2002). Acculturation Attitudes, Need for Cognitive Closure, and Adaptation of

Immigrants. *The Journal of Social Psychology*, 142(2), 179–201.

Kosic, A., Kruglanski, A. W., Pierro, A., & Mannetti, L. (2004). The social cognition of immigrants' acculturation: Effects of the need for closure and the reference group at entry. *Journal of Personality and Social Psychology*, 86, 796–813.

Kuo, B. C. H. (2014). Coping, acculturation, and psychological adaptation among migrants: a theoretical and empirical review and synthesis of the literature. *Health Psychology and Behavioral Medicine*, 2(1), 16–33.

Kwan, L. Y.-Y., & Li, D. (2016). The exception effect: How shopping experiences with local status brands shapes reactions to culture-mixed products. *Journal of Cross-Cultural Psychology*, 47, 1373–1379.

Lazarus, R. S., & Folkman, S. (1984). *Stress, appraisal, and coping*. New York, NY: Springer Publishing.

Lee, E., & Mock, M. R. (2005). Asian families: An overview. In M. McGoldrick, J. Giordano, & N. Garcia-Preto (Eds.), *Ethnicity and family therapy* (3rd ed., pp. 269–289). New York, NY: Guilford Press.

Leslie, L. M., Bono, J. E., Kim, Y., & Beaver, G. R. (2020). On melting pots and salad bowls: A meta-analysis of the effects of identity-blind and identity-conscious diversity ideologies. Journal of Applied Psychology.

Leung, A. K.-y., & Chiu, C.-y. (2010). Multicultural experience, idea receptiveness, and creativity. *Journal of Cross-Cultural Psychology*, 41, 723–741.

Leung, A. K.-Y., Koh, K., & Tam, K.-P. (2015). Being environmentally responsible: Cosmopolitan orientation predicts pro-environmental behaviors. *Journal of Environmental Psychology*, 43, 79–94.

Levy, O., Peiperl, M. A., & Jonsen, K. 2016. Cosmopolitanism in a globalized world: An interdisciplinary perspective. In Osland, J., Li, M., Mendenhall, M. (Eds.), *Advances in global leadership*, 9, 279–321. Bingley, England: Emerald Group.

Linville, P. W. (1987). Self-complexity as a cognitive buffer against stress-related illness and depression. *Journal of Personality and Social Psychology*, 52(4), 663–676.

Maddux, W. W., & Galinsky, A. D. (2009). Cultural borders and mental barriers: The relationship between living abroad and creativity. *Journal of Personality and Social Psychology*, 96, 1047–1061.

Magee, Joe C., and Adam D. Galinsky (2008), "Social Hierarchy: The Self-Reinforcing Nature of Power and Status," *The Academy of Management Annals*, 2(1), 351–98.

Markus, H. R., Steele, C. M., & Steele, D. M. (2000). Colorblindness as a barrier to inclusion: Assimilation and nonimmigrant minorities. *Daedalus*, 129, 233–259. Retrieved from http://www.jstor.org/stable/20027672.

McFarland, S., Webb, M., & Brown, D. (2012). All humanity is my ingroup: A measure and studies of identification with all humanity. *Journal of Personality and Social Psychology*, 103(5), 830–853.

Meer, N., & Modood, T. (2012). How does interculturalism contrast with multiculturalism? *Journal of Intercultural Studies*, 33, 175–196.

Mesquita, B., & Frijda, N. H. (1992). Cultural variations in emotions: A review. *Psychological Bulletin*, 112, 179–204.

Modood, T. (2014). Multiculturalism, Interculturalisms and the Majority. *Journal of Moral Education*, 43(3), 302–315.

Morris, M. W., Chiu, C.-Y., & Liu, Z. (2015). Polycultural psychology. *Annual Review of Psychology*, 66, 631–659.

Morton T A, Postmes T, Haslam S A, et al. Theorizing gender in the face of social change: Is there anything essential about essentialism? *Journal of personality and social psychology*, 96(3): 653.

Nasar Meer & Tariq Modood (2012) How does Interculturalism Contrast with Multiculturalism?, *Journal of Intercultural Studies*, 33(2), 175-196.

Neville, H. A., Awad, G. H., Brooks, J. E., Flores, M. P., & Bluemel, J. (2013). Color-blind racial ideology: Theory, training, and measurement implications in psychology. *American Psychologist*, 68, 455-466.

Nguyen, A. M. D., & Benet-Martínez, V. (2013). Biculturalism and adjustment: A meta-analysis. *Journal of Cross-Cultural Psychology*, 44, 122-159.

Nisbett, R. E., Peng, K., Choi, I., & Norenzayan, A. (2001). Culture and systems of thought: Holistic versus analytic cognition. *Psychological Review*, 108, 291-310.

No S, Hong Y, Liao H Y, et al. Lay theory of race affects and moderates Asian Americans' responses toward American culture. *Journal of personality and social psychology*, 95(4): 991.

Park, R. E. (1928). Human migration and the marginal man. *American Journal of Sociology*, 33: 881-893.

Plaut, V. C. (2010). Diversity science: Why and how difference makes a difference. *Psychological Inquiry*, 21, 77-99.

Powell, J. W. (1880). *Introduction to the study of Indian languages* (2nd ed.). Washington, DC: U. S. Government Printing Office.

Prashad V. (2002). *Everybody was Kung Fu fighting: Afro-Asian connections and the myth of cultural purity*. Beacon Press.

Prashad V. (2009). On commitment: Considerations on political activism on a shocked planet. Social justice education: Inviting faculty to transform their institutions: 117-127.

Rattan, A., & Ambady, N. (2013). Diversity ideologies and intergroup relations: An examination of colorblindness and multiculturalism. *European Journal of Social Psychology*, 43, 12-21.

Redfield, R., Linton, R., & Herskovits, M. (1936). Memorandum on the study of acculturation. *American Anthropologist*, 38, 149-152.

Richeson, J. A., & Nussbaum, R. J. (2004). The impact of multiculturalism versus color-blindness on racial bias. *Journal of Experimental Social Psychology*, 40, 417-423.

Riefler, Petra and Adamantios Diamantopoulos (2009), "Consumer Cosmopolitanism: Review and Replication of the CYMYC Scale," *Journal of Business Research*, 62(4), 407-419.

Riefler, Petra and Judy A. Siguaw (2012), "Cosmopolitan Consumers as Target Group for Segmentation," *Journal of International Business Studies*, 43(3), 285-305.

Robertson, R. (1987), "Globalization theory and civilizational analysis", *Comparative Civilizations Review*, 17(17), 20-30.

Robertson, R. (1990), "Mapping the global condition", *Theory, Culture and Society*, 7(2), 15-30.

Rosenthal, L., & Levy, S. R. (2010). The colorblind, multicultural, and polycultural ideological approaches to improving intergroup attitudes and relations. *Social Issues and Policy Review*, 4, 215-246.

Ross, M., Xun, W. Q. E., & Wilson, A. E. (2002). Language and the Bicultural Self. *Personality and Social Psychology Bulletin*, 28(8), 1040-1050.

Rudmin, F. W. (2010). Editorial: Steps towards the Renovation of Acculturation Research Paradigms: What Scientists' Personal Experiences of Migration Might Tell Science. *Culture & Psychology*, 16(3), 299-312.

Ryan, C. S., Hunt, J. S., Weible, J. A., Peterson, C. R., & Casas, J. F. (2007).

Multicultural and Colorblind Ideology, Stereotypes, and Ethnocentrism among Black and White Americans. *Group Processes & Intergroup Relations*, 10(4),617 - 637.

Ryan C S, Casas J F, Thompson B K. Interethnic ideology, intergroup perceptions, and cultural orientation. *Journal of Social Issues*, 66(1): 29 - 44.

Sam, D. L., Vedder, P., Liebkiend, K., Neto, F. & Virta, E. (2008). Immigration, acculturation and the paradox of adaptation in Europe. *European Journal of Developmental Psychology*, 5,138 - 158.

Sasaki, S. J., & Vorauer, J. D. (2013). Ignoring versus exploring differences between groups: Effects of salient color-blindness and multiculturalism on intergroup attitudes and behavior. *Social and Personality Psychology Compass*, 7,246 - 259.

Schmitt, M. T., Branscombe, N. R., & Kappen, D. M. (2003). Attitudes Toward Group-Based Inequality: Social Dominance or Social Identity? *British Journal of Social Psychology*, 42(2), 161 - 86.

Schwartz, S. J., Unger, J. B., Zamboanga, B. L., & Szapocznik, J. (2010). Rethinking the concept of acculturation: Implications for theory and research. *American Psychologist*, 65, 237 - 251.

Searle, W., & Ward, C. (1990). The prediction of psychological and sociocultural adjustment during cross-cultural transitions. *International Journal of Intercultural Relations*, 14, 449 - 464.

Shi, Y., Shi, J., Luo, Y. L. L., & Cai, H. (2016). Understanding exclusionary reactions toward a foreign culture: The influence of intrusive cultural mixing on implicit intergroup bias. *Journal of Cross-Cultural Psychology*, 47,1335 - 1344.

Simonton, D. K. (2000). Creativity: Cognitive, personal, developmental, and social aspects. *American Psychologist*, 55(1),151 - 158.

Slodnjak, V., Kos, A. & Yule, W. (2002). Depression and parasuicide in refugee and Slovenian adolescents. *Crisis*, 23,127 - 132.

Smith, T. B., & Silva, L. (2011). Ethnic identity and personal well-being of people of color: A meta-analysis. *Journal of Counseling Psychology*, 58,42 - 60.

Sodowsky, G. R., & Lai, E. W. M. (1997). Asian immigrant variables and structural models of cross-cultural distress. In A. Booth (Ed.), *International migration and family change: The experience of U. S. immigrants* (pp. 211 - 237). Mahwah, NJ: Erlbaum.

Suh, T. and Kwon, I. W. G. (2002), "Globalization and reluctant buyers", *International Marketing Review*, 19(6),663 - 680.

Suinn, R. M. (2010). Reviewing acculturation and Asian Americans: How acculturation affects health, adjustment, school achievement, and counseling. *Asian American Journal of Psychology*, 1,5 - 17.

Tajfel, H. (1969). Cognitive aspects of prejudice. *Journal of Biosocial Science*, 1,173 - 191.

Tajfel, H. (1982). Social Psychology of Intergroup Relations. *Annual Review of Psychology*, 33(1),1 - 39.

Tajfel, H., & Turner, J. C. (1979). An integrative theory of intergroup conflict. In W. G. Austin & S. Worchel (Eds.), *The social psychology of intergroup relations* (pp. 33 - 47). Monterey, CA: Brooks/Cole.

Thompson, C. J., & Tambyah, S. K. (1999). Trying to be cosmopolitan. *Journal of Consumer Research*, 26,214 - 241.

Tong, Y., Pun-Zee Hui, P., Kwan, L., & Peng, S. (2011). National Feelings or Rational Dealings? The Role of Procedural Priming on the Perceptions of Cross-Border Acquisitions. *Journal of Social Issues*, 67(4),743 - 759.

Torelli, C. J., Chiu, C. -Y., Tam, K. -P., Au, A. K. C., & Keh, H. T. (2011). Exclusionary reactions to foreign cultures: Effects of simultaneous exposure to cultures in globalized space. *Journal of Social Issues*, 67, 716–742.

Triandis, H. C. (1989). The self and social behavior in differing cultural contexts. *Psychological Review*, 96, 506–520.

Triandis, H. C. (2000). Dialectics between cultural and cross-cultural psychology. *Asian Journal of Social Psychology*, 3(3), 185–195.

Turner, J. C., Hogg, M. A., Oakes, P. J., Reicher, S. D., & Wetherell, M. S. (1987). *Rediscovering the social group: A self-categorization theory*. Cambridge, MA: Blackwell.

Van Oudenhoven, J. P., Prins, K. S., & Buunk, B. P. (1998). Attitudes of minority and majority members towards adaptation of immigrants. *European Journal of Social Psychology*, 28, 995–1013.

Verkuyten, M. (2005). Ethnic group identification and group evaluation among minority and majority groups: testing the multiculturalism hypothesis. . *Journal of Personality and Social Psychology*, 88(1), 121–138.

Verkuyten, M., & Yogeeswaran, K. (2020). Interculturalism and the Acceptance of Minority Groups. *Social Psychology*, 51(2), 135–140.

Verkuyten, M., Yogeeswaran, K., Mepham, K., & Sprong, S. (2019). Interculturalism: A new diversity ideology with interrelated components of dialogue, unity, and identity flexibility. *European Journal of Social Psychology*. Advance online publication. https://doi.org/10.1002/ejsp.2628.

Ward, C., & Kennedy, A. (1994). Acculturation strategies, psychological adjustment, and sociocultural competence during cross-cultural transitions. *International Journal of Intercultural Relations*, 18, 329–343.

Whitley, B. E., & Webster, G. D. (2019). The Relationships of Intergroup Ideologies to Ethnic Prejudice: A Meta-Analysis. *Personality and Social Psychology Review*, 23(3), 207–237.

Wolsko, C., Park, B., Judd, C. M., & Wittenbrink, B. (2000). Framing interethnic ideology: Effects of multicultural and color-blind perspectives on judgments of groups and individuals. *Journal of Personality and Social Psychology*, 78, 635–654.

Wong, R. Y., & Hong, Y. (2005). Dynamic Influences of Culture on Cooperation in the Prisoner's Dilemma. *Psychological Science*, 16(6), 429–434.

Woodward, I., Skrbis, Z., & Bean, C. (2008). Attitudes towards globalization and cosmopolitanism: Cultural diversity, personal consumption and the national economy. *The British Journal of Sociology*, 59, 208–226.

Wu, Y., Yang, Y., & Chiu, C. (2014). Responses to religious norm defection: The case of Hui Chinese Muslims not following the halal diet. *International Journal of Intercultural Relations*, 39, 1–8.

Yang, F. G. (1999). *Chinese Christians in America: Conversion, assimilation, and adhesive identities*. Pennsylvania: Pennsylvania State University Press.

Yang, Y.-J. (2011). Clashes of civilizations: Critical conditions for evocation of hostile attitude toward foreign intrusion of cultural space (Doctoral dissertation). University of Illinois at Urbana-Champaign.

Yang, D. Y.-J., Chen, X., Xu, J., Preston, J. L., & Chiu, C.-Y. (2016). Cultural symbolism and spatial separation: Some ways to deactivate exclusionary responses to culture mixing. *Journal of Cross-Cultural Psychology*, 47, 1286–1293.

Yang, D. Y.-J., Chi, C.-y., Chen, X., Cheng, S. Y. Y., Kwan, L., Tam, K.-P., & Yeh, K.-H. (2011). The lay psychology of globalization and its social impact. *Journal of Social Issues*, 67, 677–695.

Yeh, C., & Inose, M. (2003). International students' reported English fluency, social support satisfaction, and social connectedness as predictors of acculturative stress. *Counseling Psychology Quarterly*, 16, 15–28.

Yoon, E., Chang, C. T., Kim, S., Clawson, A., Cleary, S. E., Hansen, M., ... Gomes, A. M. (2013). A meta-analysis of acculturation/enculturation and mental health. *Journal of Counseling Psychology*, 60, 15–30.

Yzerbyt, V. Y., Corneille, O., & Estrada, C. (2001). The interplay of subjective essentialism and entitativity in the formation of stereotypes. *Personality and Social Psychology Review*, 5, 141–155.

Zapatabarrero, R. (2017). Interculturalism in the post-multicultural debate: a defence. *Comparative Migration Studies*, 5(1).

37 社会心理的大数据研究[①]

- 37.1 引言 / 1202
- 37.2 大数据 / 1203
  - 37.2.1 社会媒体数据 / 1203
  - 37.2.2 Google N-gram 数据库 / 1204
  - 37.2.3 管理型数据和档案数据 / 1204
  - 37.2.4 国际大型历史数据库 / 1204
- 37.3 基于大数据的社会心理研究 / 1205
  - 37.3.1 人格与人格改变 / 1205
  - 37.3.2 社会情绪 / 1206
  - 37.3.3 中国人集体主义的地区差异和代际变迁 / 1207
  - 37.3.4 疫情与集体主义的病原体假说 / 1209
  - 37.3.5 儒家文化对冲突的抑制作用 / 1210
  - 37.3.6 干旱与群际冲突 / 1211
  - 37.3.7 战争与中国大一统国家的形成 / 1212
  - 37.3.8 诗人的坎坷经历与作品质量 / 1214
- 37.4 社会心理与大数据结合的反思与未来 / 1215
  - 37.4.1 利用大数据对中国人的社会心理进行更为细致的描述 / 1215
  - 37.4.2 理论驱动和数据驱动相结合 / 1216
  - 37.4.3 中国社会心理研究的独特优势 / 1217
- 参考文献 / 1217

37.1 引言

社会心理学关注人在社会情境下的认知、情感和行为。迄今为止，每当有新的理论或技术涌现，如果它能够和社会心理相关联，则都会激发人们使用新理论、路径或技术来探索人们的心理和行为，比如认知神经科学，演化路径和文化路径（方文，2020）。随着互联网和社会媒体的广泛使用，人们在互联网上的数字轨迹给社会心理学的研究带来了丰富的联想空间；同时，历史档案资料的数量化使得我们可以在更长的时间尺度内描述人类的行为变化趋势，学者们也开始借助大数据来研

[①] 本文系国家社会科学基金一般项目"新冠肺炎疫情对内群体偏爱和外群体排斥的影响及机制研究"（20BSH142）的阶段性成果。

究人的心理和行为,这一方面拓展了大数据的界限和范围,另一方面也提供了新的视角来看待人的行为。在这里,我们将从几个方面来回顾中国人的社会心理问题与大数据相结合的研究进展,包括大数据的类型、人格、文化价值观的地区差异和代际变迁。

37.2 大数据

社会心理学中的大数据(big data)研究最早来自社会媒体数据的机器学习,后逐渐扩展到对历史出版物,如 Google N-gram 数据库中的词频分析。大数据是个模糊的概念,最初来源于物理学和天文学中要处理的海量数据,后来应用到社会科学领域。根据社会媒体数据特征总结出来的大数据特征,如"4V"或者"5V",并不能涵盖大数据的所有类型。大数据往往是出于其他目的产生的数据(found data),比如社会互动,并不是基于研究目的设计和产生的数据(made data)(Taylor,2013),虽然这些数据或行为是真实的,或者说比传统的调查或测量更为真实,但是这些行为如何与社会心理变量建立联系是个很难解决的问题,往往需要数据以外的信息。我们下面着重介绍几种在社会科学领域中常用到的大数据类型。

37.2.1 社会媒体数据

社会媒体数据是最广为人知的大数据,它符合大数据的容量大(volume)、速度快(velocity)、种类复杂(variety)、变异性高(variability)、真实性高(veracity)等特征。我们可以基于这些社会媒体数据,利用机器学习来获得对某些行为进行预测的算法,同时可以利用这些算法对社会媒体用户的行为习惯或偏好进行预测。在社会心理学研究中,也有人利用社会媒体数据来预测个体的人格等心理特质(Kosinski 和 Stillwell 等,2013)。

利用社会媒体数据预测行为的研究有两个特征:一是强调对具体行为的预测,比如购买某个商品,而不是对心理品质的预测,因为前者在机器学习中具有明确无误的判断标准,而后者往往具有一定的模糊性或者无外在的金标准(gold standard);二是算法的快速迭代,因为算法是基于数据的机器学习得到的,而社会媒体数据的更新或者技术能力的提升,都会使得算法要定期更新。这使得社会媒体数据及算法的透明度变得日益重要,不然无法判断算法的质量和可扩展性。

另外，还有一些大数据类型符合大数据的典型特征，但是其和社会媒体数据的不同之处在于，其并不能够公开获取，数据往往掌握在特定商业机构或者政府管理部门手中，比如交易型数据（transactional data），通过利用大型商业机构，比如沃尔玛的交易记录，可以建立消费者价格指数；或者通过利用传感器数据（sense data），比如交通领域可以利用摄像头等获取路上交通工具的数量，以此来分析和预测交通拥堵状况；或者通过个人数据（personal data），比如利用可穿戴设备得到的个人记录资料对个人健康状况进行评估和监测等，不过利用这些数据分析社会心理的研究还不多见。

37.2.2 Google N-gram 数据库

Google 公司通过与很多大型图书馆合作，将海量图书进行电子化，构建了涵盖人类印刷出版物 4% 的电子文字数据库，利用文本挖掘技术开发并且开放了基于它们公司自己算法的词频查询平台。而由于图书往往有时间标签，比如哪年出版，这样一来，通过词频在时间上的变化趋势，我们可以看出很多社会心理现象的变化趋势（Michel 和 Shen 等，2011），这也为我们在更长的时间尺度（比如 100 年）内描述社会心理现象的变化以及其背后的机制研究提供可能（Greenfield，2013）。

37.2.3 管理型数据和档案数据

管理型数据（administrative data）和档案数据（archival data）是否属于大数据，不同学者有不同看法，但是有不少学者认可其为大数据。与社会媒体数据不同，管理型数据的相关参与者可以在一定程度上影响和控制管理型数据的获取，另外，管理型数据是结构化的数据，而且有明确的定义和范围，比如人均 GDP，因此有可能进行因果推断（Japec 和 Kreuter 等，2015）。而档案数据可以理解为历史上的管理型数据，比如根据教会记录的遗嘱档案或者婚姻档案。

37.2.4 国际大型历史数据库

国际上的大型历史数据库主要是科学家根据量化研究的要求，结合上面提到的管理型数据和档案数据以及一些大型的有影响力的调查数据建立的数据库，如高校间政治和社会校级联合数据库（Inter-university Consortium for Political and Social Research，ICPSR），整合公共微观数据库（Integrated Public Microdata

Series，IPUMS)等。这些数据库的数量也是很大的,有的数据记录条数达到 10 亿量级,而且与上面的数据相比,这些数据具有明确的意义,更容易进行研究变量的构建。而且这些数据往往有准确的时间和地理信息,可在长时段的范围内考察社会、心理变量的变化趋势以及可能的机制(Song 和 Massey 等,2020)。

37.3 基于大数据的社会心理研究

基于上述提到的各种类型的大数据,不同学科背景的学者们开始用它分析和探讨中国的社会心理问题与现象。我们下面将对这些研究进行总结和回顾。

37.3.1 人格与人格改变

尽管相关研究者通过国外的社会媒体平台数据实现了对大五人格的预测,但是由于大多数中国人并没有国外社会媒体的账号,而且中文和英文在表达方式上存在着比较大的差异,所以简单地将非中文平台获得的人格特质结果及相关预测的机器学习或算法直接用于中国人是有失妥当的。朱廷劭团队利用 100 万新浪微博活跃用户的文本信息,首先通过在线调查了 547 位活跃用户的大五人格的自陈结果,然后以自陈结果的大五人格为标准,以这些人微博上的数字记录(包括文本和非文本的内容)得到 845 个微博的行为特征,通过机器学习得到了可以预测大五人格的算法,如果以将每个维度分成高低分组(如外向性和内向性)为效标,则算法分类的准确率介于 0.84—0.92 之间,如果以每个维度的分数为效标,则算法的效度在 0.48—0.52 之间(Li 和 Li 等,2014)。

如果仅仅通过算法和用户的数字行为记录实现对人格特质的测评,可能对人格的理论研究来说并没有那么重要,只是多了一种测量方式而已。但是这种方式的好处在于只要用户的数字行为记录达到了基本要求,就可以在不侵扰用户的条件下实现对其人格的预测,并且,很多数字行为记录有时间标签,使得研究者可以在一个较长的时间段内,比如 5 年内,探究人格的变化趋势,去检验在传统条件下很难做的研究。比如家庭暴力与人格改变的关系,究竟是家庭暴力改变了受害者的人格,还是具有某些人格特征的人更容易被家庭暴力,这在家庭暴力的研究中是个难题。因为以往的研究往往是通过家庭暴力的受害者与对照组的比较来推测的,而且这些测量往往是在家庭暴力发生之后。刘明明等利用新浪微博活跃用户发布的信息,通过机器筛选和人工检测的方法确定了 644 位家庭暴力受害者,其中首次家庭暴力受害者 233 位,然后利用他们的人口学信息比如地域、年龄等匹配了

233 位正常人的对照组,选择了家庭暴力发生前后半年的数据,后基于这些用户在这个期间的数字记录,得到了她们在暴力发生前后的大五人格数值。结果发现对照组前后人格没有什么变化,而家庭暴力受害者在暴力发生以后神经质增加,尽责性、外向性、宜人性和开放性降低,从而为家庭暴力会改变受害者的人格提供了更直接的证据(刘明明,2019)。

37.3.2 社会情绪

在西方用 twitter 大数据来预测国家的社会情绪波动的鼓舞下,陈浩等以新浪微博的文本为语料库,结合传统心理学方法建立的基本情绪库,建立了包括快乐、悲伤、愤怒、恐惧和厌恶五种基本情绪共 818 个情绪词的微博用户的基本情绪词库(Weibo Basic Mood Lexicon,Weibo-5BML)。基于新浪微博 160 万用户文本的大数据,可以分析"中国社会情绪的脉搏"(陈浩,2016)。比如,一周之内,快乐情绪出现周期性的波动,周中快乐情绪最低,而周末最高,具有比较好的外部效度。同时,研究者结合重大社会事件,发现新浪微博用户在重大社会事件的变化趋势上也符合传统研究结果,比如 2011 年"7·23 甬温线特别重大铁路交通事故"发生后,微博用户的快乐情绪一直很低,而悲伤情绪在事故后第二天最高,愤怒情绪在事故后第四、第五天达到高峰。在 2012 年钓鱼岛之争事件发生后,愤怒情绪持续增高约一周(董颖红、陈浩等,2015)。在后续的研究中,作者利用微博用户群体的情绪波动与股市波动之间的关系,对决策理论中的情绪维持假说(mood-maintenance hypothesis)和情绪泛化假说(affective generalization hypothesis)进行了检验。行为决策理论认为,人们在决策时的情绪会影响人们对风险的感知,从而影响决策。不过情绪维持假说和情绪泛化假说是互相对立的,情绪维持假说认为人们的决策会有助于维持决策者的情绪,也就是说,当决策者体验到积极情绪的时候,决策者会偏保守,以便于维持快乐情绪,而在体验到消极情绪时,人们会倾向于冒险,希望通过收益来产生正性情绪;而情绪泛化假说则相反,认为人们在积极情绪时,会降低对风险的感知,从而愿意冒风险,而在负性情绪时,人们会高估风险,从而采取保守决策。陈浩等基于 160 万微博用户从 2012 年 2 月 1 日到 11 月 30 日的文本信息计算每天的五种社会情绪,然后将其与上证指数中的成交量联合分析,结果发现悲伤情绪能够正向预测 1—4 天后的上证指数,也就是说当总体上的悲伤情绪增强时,人们会更愿意冒险去进行股票交易,希望通过收益来产生正性情绪,支持情绪维持假说(Dong 和 Chen 等,2015)。

37.3.3 中国人集体主义的地区差异和代际变迁

中国是跨文化心理学研究中典型的集体主义国家（Oysermann，Coon 等，2002），同时也存在地区间的差异（Van de Vliert 和 Yang 等，2013）。加上中国的面积足够大，使得可能影响集体主义的生态因素，如气候、现代化程度、生业方式等存在着较大的地区差异，使得中国在研究集体主义的影响因素时经常被作为文化内差异的样本，并与跨文化的样本一起，为很多研究假说提供更可靠的证据（Liu 和 Morris 等，2019）。

受到学者采用管理型数据来构建美国州水平的集体主义量表和日本的县水平集体主义量表的激发（Vandello 和 Cohen，1999；Yamawaki，2012），侯东霞等利用国家统计局公布的 2013 年的年度数据建构了 5 个指标，包括"独居百分比"、"65 岁以上老人独居百分比"、"三代同堂的百分比"、"离婚率"和"自我雇佣百分比"，用这 5 个指标发展了基于客观指标的中国人的集体主义量表，并分析了省之间的集体主义地区差异，发现现代化程度（modernity）能够负向预测集体主义的省间差异，即现代性程度越高，集体主义越低（侯东霞和任孝鹏等，2016）。

任孝鹏等以新浪微博 100 万活跃用户中标注"注册地点"的近 10 万用户的微博文本信息为样本，根据以往发表的文章提到的或者从理论上建构的与个体主义（如"我"，"竞争"）和集体主义（如"我们"，"奉献"）有关的词的词频，发现不论是个体主义还是集体主义都存在省之间的差异。可能是受到新浪微博用户的用词习惯、注册地点和实际生活地差异等因素的影响，个体主义和集体主义的省间差异并不能很好地被以往研究发现的生态因素所解释（任孝鹏和向媛媛等，2017）。

何凌南等以 1 300 万带有注册地点的新浪微博用户的昵称为基础，通过昵称中使用非汉语符号，昵称的长度等特征，选择了三个指标在群体层面构建了昵称独特性的指标。昵称中超过 10 个汉字的比例越高，昵称中非汉字符号的比例就越高，昵称中 5 个汉字以下而且全部为汉字的比例越低，群体的昵称独特性就越高。然后研究者利用该指标得到了省层面的昵称独特性的值，并将之与气候、现代性、水稻种植面积等生态因素进行分析，发现气候需求能够解释昵称独特性的省间差异，气候需求越低的省，比如广东，昵称独特性就越高（He 等，2021）。

最常见名字的百分比作为集体主义的指标，某个群体的最常见名字的百分比越高，说明这个群体的集体主义程度越高（Varnum，2011）。伊凡娜等人（Ivana，2020）统计了内蒙古自治区 1900 多万汉族人和 450 多万蒙古族人的名字分别按性别计算出了最常见名字的百分比，发现无论是采用最常见的 1 个名字，还是最常见的10个名字或者20个名字,得到的结果都是比较一致的,即蒙古族人最常见名字的百分比低于汉族人,表明与汉族人相比,蒙古族人的集体主义程度更低。这可能和历史上的生业方式(subsistence style)有关,历史上,蒙古族人以游牧业(herding)为主,与汉族的定居农业(farming)相比,游牧业更强调自我信赖等偏个体主义的行为偏好,所以在给人命名时,其更倾向于用与众不同的名字来命名,从而导致在群体层面上最常见名字的百分比偏低(Stojcic 和 Wei 等,2020)。

从时间的角度来看,新中国成立到现在的70年间,中国社会经历了很多重大的社会事件,这些事件也影响了人们价值观的变化。喻丰等利用Google Ngram数据库中第一人称代词单数和复数的差值作为个体主义的指标,对1949—2008年期间全球9种语言的变化趋势进行了分析,就中文而言,其整体变化趋势是个体主义变强,但是期间波动比较明显(Yu和Peng等,2016)。滨村(Hamamura,2015)等利用相同的语料库,不过,控制了一些虽然是单数但是和后面连着的词一起表示复数意思的词(如"我国")以后,同时将复数作为集体主义的指标,将单数作为个体主义的指标,分别看各自的变化趋势,发现20世纪80年代以后的规律比较明显,基本上呈现个体主义指标在增强,集体主义指标在减弱的趋势;不过在1950年到1980年之间,波动比较明显,没有明显规律(Hamamura 和 Xu,2015)。曾荣则也是采用了同样的语料库,采用了格林菲尔德(Greenfield,2015)的礼俗社会(Gemeinschaft society)和法理社会(Gesellschaft society)的原型,结合中文特点,从理论上建构了8对词来作为个体主义和集体主义的指标,比如"分配"属于集体主义的关键词,而"竞争"属于个体主义的关键词,其中这8对词包括了资源优先处理(economic priorities)、个人财产(personal possessions)、个人发展(personal development)和理想社会(ideal society)四个方面的适应价值,观察的时间阶段是从1970年到2008年,结果发现,总体上个体主义指标在增强,集体主义指标或保持稳定不变的趋势或呈下降趋势,但是程度要比个体主义增强的程度低。同时作者发现,这种变化趋势可以用社会发展和人类变迁的指标进行解释(Zeng 和 Greenfield,2015)。

Google N-gram数据库中的中文语料库中包括了在1600—2008年之间出版的约30万本书,而这些书主要来自美国和欧洲的约40所图书馆的馆藏书,它有内在的偏差。也有学者采用类似办法,利用《人民日报》中人称代词以及曾荣等建构的词,结果发现,在1949—2010年期间个体主义呈先下降,后上升的趋势;而集体主义呈先上升,后下降的趋势。现代性能够解释1975年以后个体主义和集体主义的变化趋势,随着现代性的增强,集体主义在下降,而个体主义在上升(刘琳琳等,2020)。

除了通过出版物中的关键词来研究以外,也有人采用最常见人名的百分比作为集体主义的指标,对集体主义的变化趋势进行了分析。比如苏红等利用 1950 年、1960 年、1970 年、1980 年和 1990 年 5 个时间点出生的人群的近 1 亿人名字的最后一个字来统计最常见名字的百分比,男性和女性分别统计,结果发现在这个时间段内,中国人的集体主义在下降,女性尤其明显(苏红和任孝鹏等,2016)。

综合个体主义/集体主义在新中国成立以后的变化趋势,分析在 1970 年代后期到 2010 年期间,个体主义上升,集体主义不变或下降的趋势比较稳定,不同的研究结论比较相似,而且用现代性程度的提高可以进行解释。但是对 1949 年到 1970 年代之间个体主义/集体主义的波动比较大,这一点比较难以解释。

37.3.4 疫情与集体主义的病原体假说

新冠肺炎(COVID-19)在世界范围的爆发给人类健康、全球化和经济造成了负面影响,同时也在影响和改变人们的心理和行为。作为传染性疾病,它能够影响人们对待内群体和外群体的态度和行为。传染性疾病假说(pathogen-prevalence hypothesis)从生态环境的成因来解释人的价值观差异,它认为现在不同地区或国家之间的集体主义之所以存在差异,部分原因是人们适应传染性疾病的环境有所不同,如果一个地区或国家的传染性疾病的发病率比较高,会使得人们更愿意将陌生人视为威胁,不愿意与陌生人互动,而更愿意与熟悉的人互动或交往,表现出对外群体的排除以及对内群体的偏爱(Fincher,Thornhill 等,2008)。之所以会这样,是因为传染性疾病的反复发生激发了人类的行为免疫系统(behavioral immune system):在传染性疾病爆发时,人们在环境中知觉到可能与传染性疾病有关的线索,比如难闻的气味等;该线索会触发与疾病相关的情感和认知加工过程,比如恶心,或者会将之与某些人或群体联系起来,在没有特别线索的情况下,人们往往将之与陌生人或群体联系起来;最后会促进对传染性疾病回避的行为出现,比如减少或禁止与某些群体的交往。如果是一次爆发,可能只出现行为的暂时改变,如果某个地区传染性疾病的发病率比较高,则会导致价值观的改变,如集体主义(Schaller 和 Park,2011)。传染性疾病假说得到了来自跨文化比较和实验操控证据的支持。不过,传染性疾病假说仍然存在不足之处。比如当传染性疾病大爆发时,集体主义是否会出现行为上的改变?这种改变是短暂性的还是持续性的?这些还缺乏直接证据。之所以如此,可能和数据的采集困难有关,毕竟没有研究者能够预料到传染病会什么时候爆发,所以通过传染性疾病爆发前后的追踪比较来检验二者的直接关系很困难。有学者利用新冠肺炎爆发前后新浪微博数据的前后对比，为二者关系提供了一些证据。如任孝鹏等以前面提到的个体主义和集体主义的词汇为基础(任孝鹏和向媛媛等，2017)，利用新浪微博12万活跃用户在新冠肺炎爆发前后(2019年12月1日—2020年2月16日)对于个体主义词汇和集体主义词汇使用的变化，发现与爆发前相比，爆发期间个体主义在下降，而集体主义在增加(Ren，2020)。韩诺等人也是利用这个数据，分析了三种不同类型的词，第一类是人称代词的单数和复数，第二类是关系词，如家人、亲人、熟人等，第三类是具体关系称谓词，如"叔"、"舅"等，发现个体主义在下降，而集体主义在上升，表明即使是传染性疾病的单次大爆发，也会促使个体主义的下降和集体主义的上升(Han，2021)。这表明至少像新冠肺炎这样严重的传染性疾病的爆发会直接引起人们在与个体主义/集体主义取向有关的行为层面上的改变，为传染性疾病假说提供了更为直接的证据。

37.3.5 儒家文化对冲突的抑制作用

中国有丰富的历史档案资料，比如自然灾害、战争、社会制度等。尽管这些资料可能并不能完全反映全部信息，比如可能有些自然灾害等并没有被历史所记载，但是就已经记录下来的这些档案资料已经可以供我们探讨很多有价值的社会心理学的话题了。

以往在探讨儒家文化对中国人的心理和行为的影响时，往往有个预设：儒家文化的作用是不需要质疑的。而且我们在分析儒家文化的作用机制时，往往从儒家文化的典籍的涵义及诠释入手，其与实际行为的联系缺乏很多证据链条。而从常人的行为来看，这些理论往往有很多可质疑的地方。儒家思想自秦汉后成为国家主流的意识形态，一方面是因为它对社会主要关系(比如，君臣，上下级关系)的诠释符合了执政者的需求，另一方面，作为一种文化系统，它能够外化为人们可以感知到的外在的儒家文化制度或产品，从而影响常人的行为。我们要知道，在历史上，识字率是很低的，大多数人很难通过读书来获取儒家文化思想和礼仪。那么儒家文化是如何起作用的呢？龚启圣和马驰骋以清朝山东省的107个县为单位，根据《清实录》和《山东通志》的档案资料，采用了1640—1911年期间在《清实录》中提到的农民暴动(rebellion)的次数作为社会冲突的测量，同时考察了两个测量儒家文化强弱的指标，一个是文庙或孔庙的数量，一个是女性贞节牌坊的数量，假定这两个指标越强，儒家文化的影响力越强，因为该县的儒家文化力量越强，人们越愿意建文庙或孔庙来表现儒家文化，而文庙和孔庙的建立反过来增强了人们对儒家文化的信任和践行；女性贞洁牌坊是用来表彰践行儒家文化规范的女性建立的，一个县的烈女数量也大致能反映当地人对儒家文化的重视、遵守的程度。有研究者通过上述指标来检验儒家文化是否能调节农民在遭遇旱涝等自然灾害时采取暴动的冲动。结果发现,不同县之间在农民暴动次数上是存在差别的,东南部各县农民暴动最频、次数最多,其次是青岛周边山东东北角的这些县,最后是鲁中地区;而孔庙数量的分布则倒过来:中部各县孔庙数量最多,南部和北部县最少。农民在遭遇旱涝等自然灾害时确实采取暴动的冲动在增强,但是儒家文化确实起到了缓解这种关系的作用。研究发现,在控制了每个县的收入水平,受教育程度、社会流动以及道教和佛教的庙的数量等变量以后,文庙和女性贞洁牌坊的数量能够调节二者的关系,与文庙和女性贞洁牌坊数量少的县相比,文庙和女性贞洁牌坊数量多的县发生农民暴动的次数是少的。那么为什么儒家文化的强弱会调节旱涝等自然灾害与农民暴动的关系呢?因为儒家文化影响越深的地区,家族宗族网络就越强,在面对灾荒冲击时宗族内部互通互助的程度也就越高,这就减少了灾荒迫使农民走投无路、求助于暴力的必要性。儒家文化就是这样促使社会稳定、减少暴力冲突的可能性(Kung 和 Ma,2014)。里面还有一个点值得注意,就是作为传统文化中的另外两个来源,道教和佛教在这里并没有起到作用,作者只是将之作为控制变量,并没有对其作出讨论和解释。可能与儒家相比,这两个团体并没有稳定的社会网络和资源可以利用,或者社会网络和资源较少,根据作者的统计,每个县的孔庙和文庙的平均数量为 13 个,贞洁牌坊的数量为 1225 个,而道观和寺庙之和的数量仅为 5 个,因此在农村社会中,道教和佛教的作用并不如儒家文化的作用强。

37.3.6 干旱与群际冲突

现实群体冲突(realistic group conflict)理论认为,群体之间发生冲突的一个重要原因是争取有限资源(LeVine 和 Campbell,1972)。当个体知觉到的利益冲突越强,则越容易对竞争群体进行攻击(Struch 和 Schwartz,1989)。资源匮乏会导致不同群体间的冲突(Bai 和 Kung,2011),而战争是郡际间冲突最极端的表达方式。中国历史上发生过很多次战争,其中,北方游牧民政权和中原农耕民政权之间的战争对中国历史的进程产生过很多的影响。也有学者认为生态环境的变化可能是游牧民和农耕民发生战争的原因之一(许靖华,1998),但究竟是哪些生态因素的变化与这些战争有关呢?

白营和龚启圣采用了《中国历代战争年表》、《黄河水利史述要》、《中国农业自然灾害史料集》、《中国历代王朝志手册》(*Handbook of the Annals of China's Dynasties*)中战争的资料,对影响中国历史上真实的发生在中国北方游牧民政权与农耕民政权间的冲突以及与生态因素之间的关系进行研究。根据《中国历代战争年表》中提到的战争开始的年份,战争的起因,以及气候和各种自然灾害的情况,作者基于公元前 220 年到公元 1839 年之间的战争,建构了两个战争指标:每十年游牧民政权发起战争的次数,每十年农耕民政权发起战争的次数。然后根据其中提到的发生旱灾、堤坝崩溃、雪灾、低温灾害、年平均气温建立了每十年发生旱灾的次数、发生水灾(堤坝崩溃)的次数,以及中原地区发生雪灾的次数、发生低温灾害的次数等生态变量,对生态因素与战争的关系进行了分析,结果发现,旱灾能够预测游牧民政权主动发起的战争次数,而不能预测农耕民政权主动发起的战争次数。而且,作者将旱灾、水灾与战争的关系与历史上的北方游牧民在北方建立政权的时期相比较,发现游牧民政权主动发起的战争次数与旱灾的增加正相关,与水灾的增加负相关。这些发现和我们历史上的重大事件也有比较好的契合。比如公元 200 年到公元 300 年期间,随着旱灾的增加,游牧民政权主动发起的战争次数激增,最终导致了游牧民政权入主中原(魏晋南北朝,公元 317 年—公元 589 年)。之所以会出现这种情况,是因为与农耕民相比,游牧民在经济上自给自足的能力偏弱,他们主要的生业方式来自畜牧业,而后者往往受旱灾的影响更大。所以当旱灾发生时,游牧民可能无法自给自足,所以主动发起战争的可能性更大,而事实也是如此。从群际冲突的理论来看,资源匮乏会导致群际冲突在理论上很成熟,而且如果将之应用于中国的真实历史事件,则能进一步丰富我们对发生在中国人内部的严重群际冲突的深刻认识。比如同样是灾害,为什么雪灾和水灾的影响没有那么大,从生业方式的角度来看,可能雪灾和水灾对于游牧民的影响没有旱灾的影响那么大。比如当水灾发生时,可能受影响比较大的是农耕民,其对游牧民的影响偏小,因为水灾的时候,草原的草可能长得更好,只是增加了游牧民获取资源的难度,与旱灾造成的牧区缺草、缺乏资源相比,其影响偏小。为什么水灾没有造成农耕民政权主动攻击游牧民政权呢?可能是因为在前现代时期,农耕民政权的作战能力相对偏弱,而且攻击获取的收益相对偏少。当然,这些需要更多类似的研究来证实。

37.3.7 战争与中国大一统国家的形成

从西周的封建制到秦汉统一的郡县制是中国历史上最重要的社会变革,而中国人的文化认同也因为统一而得到强化。而与全世界相比,中国是个很早就形成大一统的文化体。究竟是什么因素导致了从封建制到郡县制的转变?赵鼎新提出,战争是影响中国春秋和战国时期(公元前 772 年—公元前 221 年)的重要因素,而且春秋战国时代封建诸侯国的林立容易促使相邻诸侯国之间发生频繁而输赢不定的非摧毁型战争（frequent but inconclusive wars），而战争驱动型冲突（war-driven conflict）则进一步触发了效率导向型行为（efficiency-driven behavior）的兴起，所谓效率导向型行为是指人们行事行为的依据是对利害得失的理性计算，而非当下的社会规范。没有哪个国家能够承受反复的失败，为了赢得战争，一个国家会采取在军事、政治、经济和意识形态上可能对自己有利的措施，比如扩充军队、增加社会财富等，从而促进了社会的整体变化，为郡县制代替封建制提供了重要的动力（Zhao，2015）。

作者的理论涉及众多方面，我这里仅列举两个可以量化的数据进行检验。其中有两个点很关键。第一，这些战争是否是非摧毁型战争？因为如果是摧毁型战争，那么战败诸侯国也就没有机会采取后续的变革了。作者根据《左传》《史记》的记载，总结了这段时间的有记载的战争资料，得到了776次大小战争的数据。尽管这些数据可能不是总体，但是可能是在目前现有材料下的战争总体。作者进一步根据《中国历史地图集》中提供的战争所在地、诸侯国的国都所在地等计算每次战争的行军距离，从而做了一些分析。结果发现，在公元前春秋战国的早期（公元前700年之前）每次战争的行军距离仅为100多公里，作者因此推断，在春秋战国早期，这些战争往往是以掠夺战利品和让失败方臣服为主，属于非摧毁型战争。而即使到春秋战国中期（公元前676年—公元前476年），行军距离扩大，而且一些比较大的诸侯国也吞并了很多小的国家，但是长期处在几个大的诸侯国争霸的阶段，这些诸侯国每次行军战争的距离基本上都在300公里左右，远小于这些诸侯国国都之间的距离，因此，这些大诸侯国之间的战争也属于非摧毁型战争。

第二，就是当诸侯国获胜后，会倾向于把战利品，特别是土地分给获胜的贵族或是自己设立管理机构直接管理。如果是前者，则意味着传统的封建制得到维持，如果是后者，则意味着整个社会朝向郡县制的方向发展。这里面有个矛盾在于，如果按照传统惯例分给贵族，则会导致贵族的力量越来越强大，这样会带来一个危机，贵族可能会变得越来越强势，以至出现危及君主的行为和事件，贵族（如卿）会杀掉诸侯，贵族的权力越大，诸侯死于非命的概率就越大。这个听起来很有道理，以往的研究者往往采取经验式的归纳总结，而赵鼎新则基于春秋时代各国家（晋、秦、楚、齐、郑、鲁、宋、卫、周）中国君被杀害的百分比作为君权继承危机的量化指标（越高，越可能存在君权继承危机），然后用该诸侯国在危机发生时有多少贵族，以及分别传承了多少代量化了贵族实力的大小（数字越高，贵族实力越大），结果发现，贵族实力强度与该国继承危机的严重程度存在非常强的正相关，解释量为66%，从而为两者的关系提供了更有说服力的证据，贵族实力越大的诸侯国，其发生君权继承危机的可能性就越大。在这种情况下，君主在获胜后更有可能以自己可以直接控制和管理的方式处置战利品,而不是将其分给贵族,从而实现君主利益的最大化。

基于此,作者分析了战争、工具理性文化、科层制等新因素对中国形成大一统国家的影响。虽然作者在整个过程中有很多推测的成分,但是其部分基于定量化数据得到的解释要比以往的解释更有力量。

37.3.8 诗人的坎坷经历与作品质量

读中国的传统典籍,比如《史记》、《唐诗》等,常看到这种评论,说创作者在经历坎坷后能够创作出更优秀的作品,"国家不幸诗家幸"这个论断被人们用来解释为什么某某人能够创作出优秀的作品。从社会心理学的角度来看,似乎也比较合理。社会环境(外界刺激)的剧变,会引发诗人创作的冲动(愿意创作的动机)并为其提供更多的知觉和体验(材料),使其创作出更多诗篇(作品),乃至是更多优质诗篇(作品质量)。可事实究竟如何呢?唐诗作为中国文学的宝库,给我们留下了丰富的素材。陈云松和句国栋等人以《全唐诗》中收录的某个诗人的诗篇作品数量作为诗篇的量对这个论断进行了检验,按照"国家不幸诗家幸"的观点,认为当国家遭遇战乱时,诗人会面临生活和事业上的困难,因此对社会、人生也会有更深切的体会和感悟,容易写出更多的和更好的诗。他们发现,《全唐诗》中总计有810位诗人,平均每位诗人36篇作品,同时,他们也检索了该诗人在《唐诗三百首》、《唐诗别裁集》和《河岳英灵集》中的作品数量,以此作为优质诗篇的量,发现平均的作品量分别为0.31、1.47、0.12篇。然后将整个唐朝分为"国家不幸"和"对照时期"两个时期,以诗人15岁后处在"国家不幸"时期为标准。结果发现,在控制了诗人的时代、籍贯、是否为进士,年寿和官秩等变量后,"国家不幸"对于诗人的诗篇的量和优质诗篇的量的影响都与对照时期没有显著差别,即并不支持"国家不幸诗家幸"的观点。作者也给出了另外一种解释:"国家不幸"固然有上述可能性的路径,同时也可能存在另外一种可能性路径,即在"国家不幸"时期,诗人生活都存在问题,更是无暇去从事创作。两个不同的路径可能互相抵消,使得最终结果是"国家不幸"对于诗人的创作并没有明显影响(陈云松和句国栋,2018)。不过,作者还发现了一个比较有意思的现象,就是诗人是否在科举中得到"进士",以及官秩高低会影响诗篇的量和优质诗篇的量,如果把科举及第作为能力的指标,官秩高低作为社会资本的指标,说明诗人本身能力和社会资本会有助于其创作更多的诗篇和优质诗篇。

37.4 社会心理与大数据结合的反思与未来

随着各种类型的大数据开始被用来探讨社会心理的现象,各类研究发现了很多有价值的结果,同时,将大数据应用于社会心理的研究也面临着一些挑战。比如邱林曾指出,将大数据用于社会和心理学领域的研究面临着四个方面的挑战:理论驱动和数据驱动的结合,测量有效性,多水平的纵向分析和跨平台的数据整合问题(Qiu,Chan等,2018)。不过,这些问题主要是基于社会媒体大数据提出的。根据上面提到的多种大数据类型,我们想主要从以下三个方面进行分析。

37.4.1 利用大数据对中国人的社会心理进行更为细致的描述

随着大数据的可获得性越来越容易,我们可以克服传统社会心理研究中小样本的缺点,在空间上和时间上对某个特定的社会心理变量进行更为精准的描述。比如,大量的研究表明,中国是个偏集体主义的文化体,那么如果与西方偏个体主义的文化体相比,这种差异是从什么时间开始的?公元1840年,公元1000年,抑或是公元元年或者更早?至少是从秦汉时期开始,中国就有大量的历史档案资料,让我们有可能从更长的时间段内来描述中国人集体主义的变化趋势。如果集体主义这个概念太大,至少可以描述某个具体的本土概念如"孝"在长时间段的变化趋势。再退一步,如果考虑到印刷术等技术因素的发展,早期的历史档案资料比较少,那么至少从明朝开始(公元1368年),各种资料就足够丰富到可以提供准确描述社会心理指标变化趋势的程度了。到目前为止,已经有学者在做这样的努力,开始逐步建立历史档案资料的数据库,比如哈佛大学主导建立的"中国历代人物传记资料库"(China Biographical Database,CBDB),李中清和康文林建立的中国多代人口系列数据库(China Multi-Generational Panel Data Series,CMG-PD)。这些越来越多的数据库为我们描述和探讨长时间尺度内某些社会心理变量的变化提供了可能。再比如,当下,有关中国社会心理的地区差异研究往往将目光聚焦于在省级层面进行分析,而省内的很多差异往往被忽略。实际上,在有些省间,比如江苏北部和南部的社会生态因素差异其实可能比有些省间的差异(如湖北和湖南)还要大,这可能影响到省间差异结果的稳定性。如果我们能够在更细的尺度(比如市、县)上来描述地区差异,可能会得到更精确的结果(Ren和Cang等,2021)。只有描述更为准确,那么探讨其他因素与其之间的关系才有可能。

37.4.2 理论驱动和数据驱动相结合

大数据、机器学习等往往是基于数据驱动的自下而上的范式(paradigm)来得到心理指标的描述和预测的,不过,这种数据驱动的方法由于缺乏理论依据,过度依赖数据,会带来过饱和的问题。比如在一个数据集里得到的预测模型往往在推广到其他数据集时会发生有效性降低的情况。比如金斯伯格等人(Ginsberg 等,2009)用了 5 千万条在 Google 中查找流感的信息建立了预测流感趋势的模型,后来被发现没有包括非季节性流感,使得其实际上并不能真正地预测流感(Ginsberg,Mohebbi 等,2009)。而其他类型的大数据,如档案数据或者管理型数据中,词频的统计也往往只是间接地反应心理指标。大数据的特征之一是它能够对变量进行描述,对变量的关系进行相关分析,但是其缺点在于并不能进行二者关系的因果分析。而社会心理学的研究往往偏重理论驱动,通过实验操纵等方式来检验变量间的因果关系。对于心理学的研究而言,注重理论驱动和大数据的数据驱动各有特点,彼此互益。比如社会媒体大数据往往会有时间、位置等心理学研究中没有的信息,而用社会媒体来预测心理指标时,需要对位置等信息进行控制,因为很多心理变量与位置或者位置背后的文化等共变因素有关。尽管在数据驱动时增加理论上对相关变量的考量会降低模型预测的准确率,但会使得结果的解释比较容易(Qiu,Chan 等,2018)。要么是通过大数据的分析发现两个变量之间的关系,然后再通过社会心理的方法进一步从理论上去验证二者的因果关系;要么是反过来,通过社会心理的方法发现二者的因果关系,然后用大多数的方法去检验其在真实世界中是否也能够发挥作用,从而提升研究发现的生态效度,这些都是可以考虑的方向。比如任孝鹏等统计了三大顶级自然科学综合期刊《细胞》、《自然》和《科学》上 2002—2011 年间数万篇学术文章中单篇文章的作者人数,发现以第一作者和通讯作者的国别为标准,不同国家之间存在着显著差别,东亚集体主义文化国家(如中国、日本和韩国)等单篇文章的作者人数高于西方偏个体主义文化的国家(如美国、英国和德国)。基于此,作者假定,个体主义文化下,研究者在作者署名上主要重视贡献,而集体主义文化下,在作者署名这个问题上,除了贡献以外,研究者还会考虑与其他合作者的关系,所以才会导致上述行为差异的出现。在后续研究中,作者通过问卷调查和启动实验对其关系进行了验证,结果得到了支持(Ren 和 Su 等,2016)。这样把大数据的结果和社会心理的研究结合能够比较好地解决各自研究方法中的不足。

37.4.3 中国社会心理研究的独特优势

中国的社会心理研究和大数据的结合,一方面有助于理解中国人的心理和行为,帮助我们很好地解释和预测中国人的社会心态和行为。另一方面可能会扩展社会心理的主题和应用范围,帮助我们更好地理解人类行为的演变和机制。以个体主义/集体主义为例,近年来,很多学者在探讨导致个体主义/集体主义的成因,而这类研究往往需要来自文化间和文化内不同地区之间的多重证据。而中国是世界上为数不多的面积足够大、能够反映社会生态因素变化的国家之一。从时间尺度上看,目前探讨个体主义/集体主义的变化趋势大多是 200 年以内,这和研究多利用美国或英国的档案数据有关。我们可以在这个基础上去设想,如果在更长的时间尺度如 500 年或者 2 000 年内,个体主义/集体主义的变化趋势是什么样子的?有可能导致它这样变化的因素可能有哪些?中国至少有 2 000 多年的历史档案资料,随着各类数据库的建立和可获得性的提高,我们有可能对这个问题给予更好的解答,而这个解答可能不仅仅能够用于理解中国人的心理和行为,而且能够从更长的时间尺度内理解人类行为的变化趋势及成因,这也是中国社会心理研究的优势。

到目前为止,大数据与社会心理研究的结合还处于起步阶段。相关研究者已经发现了一些以往很难量化的中国人的社会心理的现象和变化趋势,比如用 Google N-gram 数据库来描述中国人个体主义和集体主义在新中国成立以后的变化趋势等。就本文综述到的研究而言,研究议题和涉及领域比传统的社会心理学研究范围要广,比如自然灾害与群际冲突等。随着新的数据类型、新技术和新构想的互相激发,未来可能会有更多基于中国社会现实的社会心理和行为的研究出现,这不仅会加深我们对中国人的社会心理的理解,也会丰富我们对人类的心理和行为的理解。

(任孝鹏)

参考文献

陈浩.(2016).中国社会情绪的脉搏:网络集群情绪的测量与应用.胡泳,王俊秀编,连接之后:公共空间重建与权力再分配.北京:人民邮电出版社.

陈云松,句国栋(2018).国家不幸诗家幸?唐人诗作与兵戈乱离之关联略论.清华社会学评论(10):77-106.

董颖红,陈浩,赖凯声,乐国安.(2015).微博客基本社会情绪的测量及效度检验.心理科学(5),

1141-1146.

戴维·巴斯. (2020). 欲望的演化: 人类的择偶策略. 谭黎, 王叶, 译. 北京, 中国人民出版社.

侯东霞, 任孝鹏, 张凤. (2016). 基于客观指标的中国人的集体主义量表. 中国社会心理学评论 (11): 86-98.

刘琳琳, 朱廷劭, 任孝鹏. (2020). 个体主义/集体主义的代际变迁 1949—2010: 来自《人民日报》的证据. 中国临床心理学杂志, 28(3): 542-549.

刘明明. (2019). 基于社交媒体数据的心理特征自动识别新方法研究. 北京: 中国科学院心理研究所硕士学位论文.

任孝鹏, 向媛媛, 周阳, 朱廷劭. (2017). 基于微博大数据的中国人个体主义/集体主义的心理地图. 内蒙古师范大学学报(哲学社会科学版)(6): 59-64.

苏红, 任孝鹏, 陆柯雯, 张慧. (2016). "人名演变与时代变迁." 青年研究(3): 31-38.

许靖华. (1998). 太阳、气候、饥荒与民族大迁移. 中国科学(D辑: 地球科学)(04): 366-384.

Bai, Y. and J. K.-s. Kung (2011). "Climate Shocks and Sino-nomadic Conflict." *The Review of Economics and Statistics* 93(3): 970-981.

Dong, Y.-h., H. Chen, W.-n. Qian and A.-y. Zhou (2015). "Micro-blog social moods and Chinese stock market: the influence of emotional valence and arousal on Shanghai Composite Index volume." *International Journal of Embedded Systems* 7(2): 148-155.

Fincher, C. L., R. Thornhill, D. R. Murray and M. Schaller (2008). "Pathogen prevalence predicts human cross-cultural variability in individualism/collectivism." *Proceedings of the Royal Society B: Biological Sciences* 275(1640): 1279-1285.

Ginsberg, J., M. H. Mohebbi, R. S. Patel, L. Brammer, M. S. Smolinski and L. Brilliant (2009). "Detecting influenza epidemics using search engine query data." *Nature* 457(7232): 1012-U1014.

Greenfield, P. M. (2013). "The Changing Psychology of Culture From 1800 Through 2000." *Psychological Science* 24(9): 1722-1731.

Hamamura, T. and Y. Xu (2015). "Changes in Chinese Culture as Examined Through Changes in Personal Pronoun Usage." *Journal of Cross-Cultural Psychology* 46(7): 930-941.

Han, N., Ren, X., Wu, P. J., Liu, X. Q. and Zhu, T (2021). Increase of Collectivistic Expression in China During the COVID-19 Outbreak: An Empirical Study on Online Social Networks. *Frontiers in Psychology*, 12(1165). doi: 10.3389/fpsyg.2021.632204.

He, L. N., Chen, Y. and Ren, X. (2021). Climato-economic origins of variations in uniqueness of nickname on Sina Weibo. *Frontiers in Psychology*, 12(1353). doi: 10.3389/fpsyg.2021.599750.

Japec, L., F. Kreuter, M. Berg, P. Biemer, P. Decker, C. Lampe, J. Lane, C. O'Neil and A. Usher (2015). "Big Data in Survey Research AAPOR Task Force Report." *Public Opinion Quarterly* 79(4): 839-880.

Kosinski, M., D. Stillwell and T. Graepel (2013). "Private traits and attributes are predictable from digital records of human behavior." *Proceedings of the National Academy of Sciences* 110(15): 5802-5805.

Kung, J. K.-s. and C. Ma (2014). "Can cultural norms reduce conflicts? Confucianism and peasant rebellions in Qing China." *Journal of Development Economics*, 111: 132-149.

LeVine, R. A. and D. T. Campbell (1972). *Ethnocentrism: theories of conflict, ethnic attitudes, and group behavior*, New York (N. Y.): Wiley.

Li, L., A. Li, B. Hao, Z. Guan and T. Zhu (2014). "Predicting active users' personality based on micro-blogging behaviors." *PLoS one* 9(1): e84997.

Liu, S. S., M. W. Morris, T. Talhelm and Q. Yang (2019). "Ingroup vigilance in collectivistic cultures." *Proceedings of the National Academy of Sciences* 116(29): 14538-14546.

Michel, J.-B., Y. K. Shen, A. P. Aiden, A. Veres, M. K. Gray, J. P. Pickett, D. Hoiberg,

Clancy, P. Norvig and J. Orwant (2011). "Quantitative analysis of culture using millions of digitized books." *science* 331(6014): 176-182.

Oyserman, D., H. M. Coon and M. Kemmelmeier (2002). "Rethinking individualism and collectivism: Evaluation of theoretical assumptions and meta-analyses." *Psychological Bulletin* 128(1): 3-72.

Qiu, L., S. H. M. Chan and D. Chan (2018). "Big data in social and psychological science: theoretical and methodological issues." *Journal of Computational Social Science* 1(1): 59-66.

Ren, X., Cang, X. H. and Ryder, A. G. (2021). An Integrated Ecological Approach to Mapping Variations in Collectivism Within China: Introducing the Triple-Line Framework. *Journal of Pacific Rim Psychology*. 15(1), 1-12.

Ren, X., H. Su, K. Lu, X. Dong, Z. Ouyang and T. Talhelm (2016). "Culture and Unmerited Authorship Credit: Who Wants It and Why?" *Frontiers in Psychology* 7(2017).

Ren, X., Han, N. and Zhu, T (2020). "Covid-19 increased collectivistic expression on Sina Weibo," 2020 7th International Conference on Behavioural and Social Computing (BESC), Bournemouth, United Kingdom, 2020, pp. 1-4, doi: 10.1109/BESC51023.2020.9348324.

Schaller, M. and J. H. Park (2011). "The Behavioral Immune System (and Why It Matters)." *Current Directions in Psychological Science* 20(2): 99-103.

Song, X., C. G. Massey, K. A. Rolf, J. P. Ferrie, J. L. Rothbaum and Y. Xie (2020). "Long-term decline in intergenerational mobility in the United States since the 1850s." *Proceedings of the National Academy of Sciences* 117(1): 251-258.

Stojcic, I., Q. Wei and X. Ren (2020). "Historical Sustenance Style and Social Orientations in China: Chinese Mongolians Are More Independent Than Han Chinese." *Frontiers in Psychology* 11(864).

Struch, N. and S. H. Schwartz (1989). "Intergroup aggression: Its predictors and distinctness from in-group bias." *Journal of Personality and Social Psychology* 56(3): 364-373.

Taylor, S. J. (2013). "Real Scientists Make Their Own Data." Sean J. Taylor Blog.

Van de Vliert, E., H. Yang, Y. Wang and X.-p. Ren (2013). "Climato-economic imprints on Chinese collectivism." *Journal of Cross-Cultural Psychology* 44(4): 589-605.

Vandello, J. A. and D. Cohen (1999). "Patterns of individualism and collectivism across the United States." *Journal of Personality and Social Psychology* 77(2): 279-292.

Varnum, E. W., & Kitayama, S. (2011). "What's in a name? Popular names are less common on frontiers." *Psychological Science* 22(2): 176.

Yamawaki, N. (2012). "Within-Culture Variations of Collectivism in Japan." *Journal of Cross-Cultural Psychology* 43(8): 1191-1204.

Yu, F., T. Peng, K. Peng, S. Tang, C. S. Chen, X. Qian, P. Sun, T. Han and F. Chai (2016). "Cultural Value Shifting in Pronoun Use." *Journal of Cross-Cultural Psychology* 47(2): 310-316.

Zeng, R. and P. M. Greenfield (2015). "Cultural evolution over the last 40 years in China: Using the Google Ngram Viewer to study implications of social and political change for cultural values." *International Journal of Psychology* 50(1): 47-55.

Zhao, D. (2015). *The Confucian-legalist state: a new theory of Chinese history*. New York, NY, Oxford University Press.

术语表

包容式自我的个体主义(ensembled individualism): 一种边界流变、标记含混,强调场域对个人的权力和控制,且具有包容性的自我概念。

贝里的适应模型(Berry's model of acculturation): 贝里及同事提出的一种适应模型,根据个体对客居地与祖承地文化的取舍情况,分成4种适应类型(也称作4种适应策略),即整合型、同化型、分离型与边缘型。

辩证思维(dialectical thinking): 辩证思维是指能够包容矛盾和容忍变化的一种整体式思维方式,包括3个主要原则:变化原则,认为现实是一个不断变化的过程,而非静止和固定不变的;矛盾原则,认为任何事物都存在两面性,对立的二元可以共存;整体原则,认为万事万物是相互联系的整体。

辩证自我(dialectical self): 辩证自我是指那些惯以辩证思维来思考的人具有一种辩证性的自我概念,他们有更多的自我不一致知识,这些自我不一致知识会在自发地进行自我描述时使用,也更容易在其他自我相关任务中得到认知激活。

次生灾害(secondary disasters): 指由原生灾害诱导出来的灾害,多发生在气象灾害与地质灾害领域,具有隐蔽性和突发性的特点,危害性大。

大数据(big data): 或称巨量资料,指的是传统数据处理应用软件不足以处理的大或复杂的数据集。大数据也可以定义为来自各种来源的大量非结构化或结构化数据。在社会心理的研究中,它包括了社会媒体数据、管理型数据、档案数据和大型历史数据库等。

独立我-互依我(independent self-construal-interdependent self-construal): 独立我和互依我是文化心理学从自我建构的角度来刻画中西方两种典型文化差异的一组概念,与从价值观角度提出的个人主义和集体主义的概念具有一定联系。独立我以自己相对于他人的独立性与特异性来建构自我,互依我以自己与他人的关系来建构自我。

对应道德理论(dyadic morality theory): 道德只有一个心理实质,即伤害;而人性实际上是两个维度,即所谓能动和体验。能动是道德主体的道德地位体现,能动者常常被人知觉为行为的发出者,因此能动高者被认为需负道德责任;体验是道德客体的道德地位体现,体验者常常被人知觉为行为的接受者,因此体验高者被认为具有道德义务。

多元文化主义(multiculturalism): 一种文化理念,强调每一种文化的独特性,主张要尽量保持文化的多样性发展。

反社会行为（antisocial behavior）：是指违反社会公认的行为规范，损害社会和公众共同利益的行为，包括违反现行法律的违法犯罪行为，以及虽未触犯法律，但严重违反社会公德的行为。

非常规突发事件（unconventional emergencies）：指前兆不充分、具有明显的复杂性特征和潜在次生衍生危害、破坏性严重、采用常规方式难以应对处置的突发事件。

非摧毁型战争（inclusive war）：从动机和结果上看不消灭和摧毁对手的战争。

非人化（dehumanization）：人心有两个维度，即人类本性与人类特异性，在社会认知中，认为某人或群体缺乏人类本性即为动物化，而若同时也缺乏人类特异性，则为机器化。

风险知觉（perceptions of corruption risk）：在关系中，对对方工具性目的（贿赂）的感知和觉察。

腐败（corruption）：受委托代理契约限制的代理人，将不属于自己的财产和权力，如政府、公司、慈善团体的公共财产或服务，出卖给第三方的行为。

个人成就感降低（reduced personal accomplishment）：枯竭的自我评价维度，表现为个体对自己工作的意义和价值的评价下降，对自我效能感下降，时常感觉到无法胜任工作，无成就感，不愿再付出努力。

个人主义-集体主义（individualism-collectivism）：个人主义和集体主义是文化心理学对两种典型的不同文化价值观的描述。个人主义依据个体来界定自我，强调个人目标和个人态度对个体行为的重要性；集体主义依据群体来界定自我，强调群体目标和社会规范对个体行为的重要性。

工具性成分（instrumental component）：将关系作为实现个人目标的工具和手段的成分。

工具性价值观（instrumental values）：罗克奇（Rokeach）提出的与终极价值观相对应的价值观类型，主要描述个体为达成终极目标所采用的行为方式或手段，包括有能力、独立的和负责的等18项价值信念。

功能认同（functional identity）：个体对社区的管理水平、便利性、环境条件等方面的满意和认可程度。

共情（empathy）：共情至少应该包括四种成分，分别是观点采择、共情关注、幻想和亲身体验的悲伤。

孤独感（loneliness）：孤独感是个体知觉到现实的和期望的社会地位间的差异或无法与重要他人建立起情感联结后体验到的消极情感。

关系流动性（relational mobility）： 人际关系和群体成员关系的灵活性与固定性，在关系流动性较高的社会中，人们有相对较多的机会结识新朋友，选择与谁交往（或成为哪个群体的成员），并且，当他们不满意时，他们可以脱离既有的人际关系；而在关系流动性较低的社会中，人际关系和群体成员关系往往是固定的，个人很难凭借其主观意愿选择或改变其人际关系。

国民性（national character）： 一个社会成年群体中具有众数特征的、相对稳定持久的人格特征和模式。

环境适应（environmental adaption）： 环境适应是指在新的文化下学习社会生活技能的水平。

会聚文化主义（polyculturalism）： 一种文化理念，强调所有文化本质上都是多个文化的混合产物，所以应该关注跨文化之间的联系和相互影响，而不是强调文化间的区别性。

贿赂（bribery）： 代理人未报上司而收受的非法支付。

混融我（poly-self）： 在适应文化全球化过程中发展出来的一种具有多边性、边缘性、整合性和超越性的自我构念。

积极心理品质（character strength）： 个体相对稳定的一种心理特质，其特点为积极的、有意义的和有道德感的。

价值澄清（values clarification）： 价值澄清理论认为儿童是教育实践中的主体，而教师在教育过程中只是引导者，所以应该尊重儿童的个性，让儿童自由选择符合自身实际需要的价值观，发挥其自我实现的内在潜能，这一过程被称之为价值澄清。

焦虑感（anxiety）： 焦虑感是指持续的无具体原因的感到紧张不安，或无现实依据的预感到灾难、威胁，常常伴随主观痛苦感或社会功能受损。

教养方式（parenting style）： 教养方式是指父母对子女抚养教育过程中所表现出来的相对稳定的行为方式，是父母各种教养行为的特征概括。

解放视角的社区心理学（liberating community psychology approach）： 一种结合了社区心理学和解放心理学的研究框架，旨在通过聚焦性地研究受压迫群体的知识和需要，改变和平衡群体之间的权力关系。

金钱剥夺（financial deprivation）： 是一种心理状态，在这种状态下，个体认为自己的经济状况欠佳，感觉自己的经济状况低于一个显著的比较标准。

金钱奖励（monetary incentives）： 用来激励个体实现目标的经济奖励。

金钱启动（money priming）： 通过给予个体关于金钱的刺激或暗示，提高个体在低意识水平下金钱观念的可达性，进而研究个体行为决策变化的一种研究范式。

金钱态度（money attitude）：个人对金钱及其相关事物所持有的一种持久且一致的信念、情感和行为倾向,包括对金钱的认知、情感体验和行为反应。

金钱心理学（psychology of money）：探讨金钱对个体的情绪、人际关系、行为和决策影响的领域。

居住流动性（residential mobility）：在多个层次的分析中有不同的定义,在个体层面上,居住流动性是指个人在一定时期内已经搬家或未来打算搬家的次数;在社会层面上,它是指在一定时期内,在某一社区、城市、省(州)和国家已经或打算迁移的居民的百分比,也就是人口流动率。

拒绝成本（cost of rejection）：在关系中,拒绝对方提出的要求,所导致的可能需要付出的一切代价,包括产生认知不协调、产生亏欠感、失去与绑架者之间紧密的联结、偿还等价的资源和被对方举报从而失去名誉、自尊甚至人生自由等。

可协商命运观（negotiable fate）：尽管个体认为自己受到不可控的命运安排,仍然相信努力可以改变命运的信念。具有可协商命运观的人,在面对自己不能超越的环境限制时,仍注重发挥主观能动性去追求自己的目标。

客位方法(etic approach)：强调一种文化下发展起来的方法学和概念在其他文化下也普遍适用。从跨文化一致性的角度进行探索和建构,提供一种广泛和统一的框架来理解一个现象在不同文化之间的相似之处和不同之处。

恐怖谷（uncanny valley）：即如果人工智能实体长得过于接近人,人们反而会感受到不适甚至恐惧。

枯竭（burnout）：个体无法应付外界或自我超出个人能量和资源的过度要求时,所产生的生理、认知、情绪情感、行为等方面的身心耗竭状态。

LIWC（linguistic inquiry and word count）：LIWC是彭尼贝克（Pennebaker）等人于1990年研发的一种基于计算机软件程序的文本分析工具。LIWC可以对文本内容的词语类别进行语言学和心理学的分类并根据词频进行量化评分,被国内外学者广泛运用于文本分析研究。

利他行为（altruistic behavior）：个体自发地以他人增益为目的且不期待任何外部收益(直接收益)的一种社会行为。

涟漪效应（ripple effect）：指除了直接受到波及的人群外,非常规突发事件也可能通过媒体宣传或其他非正式途径扩大其影响,波及非灾难中心区的人们,引发外围民众的持续心理震动。

留守儿童（left behind children）：留守儿童是指父母双方均外出务工或一方外出务工另一方无监护能力、不满16周岁的未成年人。

流动补偿（fluid compensation）： 根据意义维持模型,指当意义违反之后,通过肯定和寻求其他领域意义的间接方式来尝试重建意义系统。

明尼苏达多相人格调查问卷（minnesota multiphasic personality inventory, MMPI）： 由明尼苏达大学教授哈瑟韦和麦金力于20世纪40年代开发的,应用极广、颇富权威的一种纸笔式人格测验。

NEO人格问卷（NEO personality inventory, NEO PI）： 大五人格问卷,由麦克雷和科斯塔编制的由5个维度、30个层面、240个项目组成的综合性人格问卷。

拟人化（anthropomorphism）： 指的是一种将人类独有的特征赋予非人对象的过程,拟人化的原因有三个:诱发主体知识、效能动机与社会动机。

欺凌行为（bullying）： 欺凌是一种攻击行为的亚型,其独特之处在于受害者因为在力量(身体力量或社会力量)上无法与攻击者相抗衡,因此在遭受伤害时通常无力反击或保护自己。

亲子沟通（parent-child communication）： 亲子沟通是父母与子女之间信息交流的过程。

情感认同（functional identity）： 个体与社区的情感联结以及在情感层面上对社区的接纳和认可。

情感性成分（expressive component）： 关系中不计较得失,尽力满足对方需要并且包含情感依赖的成分。

情绪衰竭（emotional exhaustion）： 枯竭的个体压力维度,表现为个体情绪和情感处于极度疲劳状态,工作热情完全丧失。

去人性化（depersonalization）： 枯竭的人际关系维度,表现为个体以一种消极的、否定的、麻木不仁的态度和情感去对待自己身边的人,对他人无同情心,冷嘲热讽,把人视为一件无生命的物体看待。

全球化（globalization）： 全球化是指世界各地的人们受信息技术、更大范围的人口流动和大众传媒的影响,在世界观、思想、文化等方面越来越趋于一体化和相互依赖的过程。

群己关系（group-self relationship）： 个体在心理意义上同某一特定群体所建立起的联结。

人际适应（interpersonal adaption）： 人际适应指个体在社会互动中表现出来的、与他人建立和保持温暖及爱的关系,以及彼此给予善意和支持的能力。

认知闭合需求（need for cognitive closure）： 指个体为了逃避不确定性,而对确定答案的一种内在需要。

儒家文化(confucian culture)： 在这里,儒家文化不是泛泛地指儒家经典理论,而是指按照儒家经典理论发展出来的物质和文化产品，如孔庙和贞洁牌坊等。可以根据儒家文化产品的数量多少来判断某个地区（如县）儒家文化的强弱。

软性胁迫（soft menace）： 不通过强硬地施压或者威胁来要求对方实施其目的，而是间接地通过关系要求、人情往来、舆论影响以及利益引诱等因素共同产生作用，使被绑架者"被迫"做出违背原则的事情。

三重防御系统（tripartite security system）： 根据恐惧管理理论，自尊、文化世界观和亲密关系可以帮助人们缓解死亡焦虑，维持心理平衡和稳定。

善恶人格（good and evil personalities）： 在遗传与环境的交互作用下，个体形成的具有社会道德评价意义的内在心理品质。

社会变迁的民间理论（folk theory of social change）： 该理论指出，普通人也在用从传统社会到现代社会的转变来描述社会变迁，他们可能持有自然论信念、普遍论信念和变迁信念。自然论信念认为，社会从传统到现代的变迁是一个自然的过程。普遍论信念认为，社会从传统到现代的变迁是一个普遍的过程。变迁信念认为，随着社会变迁，社会的科技经济发展水平会越来越高，人们的能力和技能也会越来越高；但同时社会失序会越来越严重，人们的热情和道德水平也会越来越低。

社会变迁（social change）： 社会变迁是指社会现象发生的有计划或无计划的、质或量的改变，可以从改变内容、改变层次、改变持续周期、改变程度和改变速率等五个相互联系的成分进行分析。社会心理学家对社会变迁的关注主要集中于价值观、态度、行为等方面在个体和群体层次所发生的改变。

社会价值观（societal values）： 隐含于社会制度、文化中的价值观。

社会流动（social mobility）： 社会流动包括水平流动和垂直流动两种形式，水平流动是指个体或群体的空间流动，这种空间可以是一个地理概念的空间，也可以某种形式的社会空间或网络空间，此时个体或群体在社会结构的垂直方向上没有明显变化；垂直流动指的是人们从一个社会阶层向另一个社会阶层的变化。

社会流动信念（social mobility belief）： 有关自己或社会向上或向下进行阶层流动的信念。

社会认同（social identity）： 指个体认识到他/她属于特定的社会群体，同时也认识到作为群体成员带给他/她的情感和价值意义。

社会生态心理学（socio-ecological psychology）： 心理学中的一个研究领域，其基本观点是人的心理和行为在一定程度上是由他们的自然和社会栖息地（社会生态）决定的，并且他们的思想和行为决定也会反过来型塑自然和社会栖息地本身。

社会文化调适（sociocultural adaptation）： 个体在新环境下重新组织日常生

活的能力，包括学习语言、学习文化规范，建立社会关系等。

社会心态（social mentality）： 是在一定时期的社会环境和文化影响下形成的，社会中多数成员表现出的普遍的、一致的心理特点和行为模式，并成为影响每个个体成员行为的模板。

社会性价值观（social values）： 个体价值体系中对于社会价值的评价和观点。

社会性应激反应（psychosocial stress reaction）： 指个体在非常规突发事件发生后出现的社会心理和行为反应（如助人行为或求助行为、亲社会行为或反社会行为、社会价值取向变化等）。

社会治理心理学（psychology of social governance）： 是介于心理学（尤其是社会心理学）与公共管理学之间的新学科，它是探讨社会治理"内生的"以及"相关的"心理学问题，用于理解和改善社会治理实践的心理学分支学科。

社会转型（social transformation）： 社会转型是指比一般现代化更为复杂的社会变迁过程，它不是简单地从传统到现代的过程，而是有着不同国家独特的变迁过程、逻辑、机制和技术。

社会资源理论（social resource theory）： 金钱作为一种重要的社会资源，可以替代社会关系作为个体安全感和痛苦的核心来源。

社区感（sense of community）： 个体的成员归属感以及对他人及社区组织的依恋，并认为彼此的需求可以通过集体的承诺而实现，包括成员资格、需要的满足、共享的情感联结和影响力等因素。

社区认同（community identity）： 个体对日常居住地的认同程度，包括功能认同和情感认同。

社区协作组织（community collaboratives）： 来自企业、研究机构和社区团体的领导者所自然形成的一个组织机构。

社区责任感（sense of community responsibility）： 个体对自我的约束，意识到自我对社区他人及关系的责任，愿意为了他人的福祉和集体利益投入情感，付诸言行并承担后果的态度。

社区责任情感（community responsibility emotion）： 个体对社区责任的情感体验，是个体在社区活动中所体验到的积极情感以及对社区他人的同情和社区安全的担忧。

社区责任认知（community responsibility cognition）： 个体在社区建设中对自我责任的承担意识，在日常起居中对社区他人利益的考虑和尊重以及对社区公共资源和环境的保护意识。

社区责任行为（community responsibility behavior）： 个体承担社区责任和

履行社区义务的一种行为倾向,包括社区参与和自发的助人倾向。

生物性应激反应（psychobiological stress reaction）： 指个体在非常规突发事件后出现的情绪、身体和认知功能上的应激反应,如恐惧、悲伤、内疚、愤怒等情绪反应,疲倦、失眠等身体反应,感知觉偏差、侵入性思维、记忆力下降、注意力不集中等认知反应。

世界主义（cosmopolitanism）： 一种文化理念,指个体相信世界是一体的,并认同自己属于世界公民。

适应（acculturation）： 指拥有不同文化的群体在持续接触后所引发的一方或双方群体文化发生改变的现象。

双文化暴露效应（bicultural exposure effect）： 当两种不同文化的象征符号并列呈现时,个体会关注到两者之间的不可兼容性,从而引发负向情绪与排斥行为的一种反应。

双元文化认同整合（bicultural identity integration）： 不同的双元文化人在对待两种文化时存在认同和整合程度的个体差异。对那些高双元文化认同整合的人来说,更容易在两种不同的文化模式之间进行自由转换,根据情境选择与特定文化相适应的心理与行为模式。而对那些低双元文化认同整合的人来说,在每一种文化情境中都会感到困扰。

双元孝道模型（dual filial piety model）： 区分了孝道两类性质不同的成分,依据其性质分别命名为"相互性孝道"与"权威性孝道"。相互性孝道主要由"尊亲恳亲"和"奉养祭念"两个次级成分的孝道观念组成。权威性孝道主要由"抑己顺亲"和"护亲荣亲"两个层次的意涵构成。

思维社会（thinking society）： 社会的思考能力,议题包含社会非理性思维的机制、社会理性思维的形成、社会共识的达成。

图式（schema）： 图式实质上是一种心理结构,是能帮助人们知觉、组织、获得和利用信息的认知结构。

温水煮青蛙效应（the boiled frog syndrome）： 绑架者使用情感手段与被绑架者结成紧密联系,被绑架者受到情感的麻痹,在人情交往的过程中出现风险知觉的错位,即感知风险与实际风险（拒绝成本）明显偏离,最终被绑架者因积累的拒绝成本过大而无法挣脱,绑架者的心理绑架在温水煮青蛙的原理下获得成功。

文化本质主义（cultural essentialism）： 一种文化理念,相信每种文化都有其固定不变的内在本质。

文化变迁（cultural change）： 文化变迁是指文化发生改变的过程和结果。文化心理学家主要关注在认知上文化变迁如何使一个人的文化框架得到修正,并且/或者使其他文化解释框架得到发展。

文化传承理论（the cultural heritage theory）： 承认价值观等社会心理随着社会变迁有从传统向着现代变迁的成分,但并不意味着所有传统都会被现代取代,某些传统可以在社会变迁的过程中得到长久保持。

文化互动主义（interculturalism）： 后多元文化主义的一种文化理念,主要基于对分裂式多元主义的一种批评,倡议建立一种新的交互式多元主义。

文化会聚主义（ployculturalism）： 文化会聚主义认为,个体与文化之间的关系不是个体被文化归类的类别化的关系,而是与不同文化有交叉互动的多重可塑造关系。

文化混搭（culture mixing）： 当两种或多种不同文化的象征符号在同一时空出现的现象。

文化框架转移（cultural frame switch）： 拥有双文化身份的移民存在两套轮替的文化框架,会根据不同的情境线索（如,场景、语言和文化象征物等）、原则（文化构念的可用性、通达性、情境适用性）来激活其中一套文化框架,即在认知上与这套文化系统上更为接近,并根据这个文化系统中的知识和惯例来进行认知加工。

文化模拟器（culture assimilator）： 一种帮助移民适应客居地文化的干预措施,其基本观点是,阻碍移民进行有效的跨文化交流的主要原因是他们无法就对方的行为进行正确的归因,因此,需要通过进行一系列情景模拟、认知训练和行为纠正来提升他们在归因上的准确性。

文化色盲主义（cultural colorblindness）： 一种文化理念,通过忽视文化间的差异,从而实现文化间的平等。

文化适应（cultural acculturation）： 移民在取舍客居文化（主流文化）和祖承文化时存在四种调整模式和应对策略,分别是,整合、同化、分离和边缘化。

文化习得（culture learning）： 移民获得与文化相关的社会知识和技能,以便能在新的社会中生存和发展的学习过程。

文化休克（culture shock）： 人们迁移到了一个新的环境后,因突然失去熟悉的社会交往符号和标志而产生一种深度的精神焦虑现象。

文化演化（cultural evolution）： 文化演化采用生物演化的概念来解释文化,将文化看作通过社会学习进行群体传递、差异创新和由于功能适应被选择的演化过程。文化演化是涉及文化人类学、生物学、心理学、计算机科学等多个学科的跨学科研究领域。

文化依恋（cultural attachment）： 康萤仪等学者借鉴发展心理学中的依恋理

论,提出的一个概念,认为文化会提供给个体类似母子情感般的依恋关系,帮助个体在适应外来文化的过程中缓解焦虑。

物质主义(materialism): 是一种强调拥有物质财富对于个人生活重要性的价值观念,它包括三个层面的含义:把获取财物作为生活的中心目标、通过获取财物来追求幸福、以拥有财物的数量和质量来衡量自己和他人的成功。

系统公正理论(system justification theory): 建立在认知失调理论、正义世界理论、马克思主义女权主义理论、社会支配理论和社会认同理论的基础上,认为人们存在一种将社会条件视为有序、公平和合法的倾向。

现代化理论(the modernization theory): 现代化理论是社会学关于社会变迁的理论,盛行于20世纪50—60年代。它将近代以来在世界范围内发生的社会变迁看作是从传统社会到现代社会的变迁过程。现代化理论预设从传统到现代是从落后到先进的线性发展过程,不同国家的社会发展阶段虽然不同,但会经过统一的现代化过程而趋于相同。

现代化(modernization): 现代化是指近代以来,在世界绝大多数社会所发生的以工业化、市场经济和科层制为核心的社会变迁,以及在城市化、社会流动和职业分工方面的社会变迁,而这些变迁又引起了人们在价值和目标追求方面的改变,个体的心理自主性较之以往不断得到增强的过程。

孝道焦虑(filial anxiety): 当父母的要求或行为超出子女的条件或能力负担,父母的要求与子女的个人价值目标相冲突,子女不能做出与自己的孝道观念相符合的孝道行为,以及与父母之间因意见不合而争吵,就会产生孝道困境。个人在遭遇孝道困境时,就会产生心理上的焦虑。

孝道(filial piety): 孝道是源于中国儒家文化的一套子女以父母为主要对象的社会态度与社会行为的组合。

效率导向型行为(efficiency-driven behavior): 是指人们行事行为的依据是对利害得失的理性计算而非当下的社会规范。

心理绑架(psychological kidnapping): 行贿者为获取某种收益,在拥有公共权力的官员不知对方目的的条件下,通过与其建立和发展人情关系,最终利用人情关系达到工具性目的的过程。

心理弹性(resilience): 心理弹性是指个体在长期压力或逆境下表现出的一种良好的个人品质或能力。

心理调适(psychological adaptation): 个体在适应新环境过程中的心理健康情况。

心理健康二因素模型(the dual-factor model of mental health): 一种将心

理健康分为积极指标(如生活满意度、积极情绪)和消极指标(如抑郁、焦虑、消极情绪)两方面的观点。

心理流动性(psychological mobility): 个体或群体在各类流动现象中的心理过程和行为特征,以及各类社会流动和社会变迁所导致的心理特征。

心理能量(mental energy): 指保证个体能够顺利完成非自动化加工的心理资源。

心理适应(psychological adaption): 心理适应是个体生存环境发生变化时,个体在适应过程中保持良好的精神健康状况。

心理台风眼(psychological typhoon eye): 指在时间维度上越接近高风险时段或者在空间维度上越接近高风险地点,心理越平静的现象。

行为免疫系统(behavioral immune system): 是指人类在演化过程中形成的应对传染性疾病威胁的行为防御机制,它包括人们在环境中知觉到可能与传染性疾病有关的线索,比如难闻的气味等;该线索会触发与疾病相关的情感和认知加工过程,比如恶心,或者会将之与某些人或群体联系起来,在没有特别线索的情况下,个体往往将之与陌生人或群体联系起来;最后会促使个体作出对传染性疾病的回避行为,比如减少或禁止与某些群体的交往等。

学习投入(learning engagement): 学习投入是指学生在学习活动中表现出对学习的一种持续的、充满积极情感的状态。

学习效能感(academic self-efficacy): 学习效能感是指学生对自身形成和实施要达到既定学习目的的行动过程的能力判断。

压力(stress): 有机体对压力源(stressor)应答反应的综合表现,是有机体在环境适应过程中真实或想象的要求与应对间不平衡所引起的身心紧张状态。

压力源(stressor): 压力产生的原因。

衍生灾害(derivative disasters): 指由于人们缺乏对原生灾害的了解,或受某些社会和心理因素影响,造成盲目避灾损失以及人心浮动等一系列社会问题。

移民悖论(immigrant paradox): 初代移民者比当地居民报告出更高幸福感的现象;通常这种现象只存在于初代移民者身上。

意义违反(meaning violation): 根据意义维持模型,指当现实经历与个体的认识或者根据自身理解做出的预期相矛盾时,个体将感到不适,进而激起补偿动机,以修复受损的意义系统。

隐性手段(concealed resource delivery): 绑架者从交往一开始就隐藏其真实目的(即贿赂官员),针对被绑架者的特点或者需求,投其所好或者雪中送炭,进行心理和情感投资。

由心而治(governance based on mind)： 按照人类心理与行为规律来解决问题，尤其是实现社会的善治。

职业枯竭(job burnout)： 发生在工作领域的心理枯竭现象。

中国人个性测量表(Chinese personality assessment inventory, CPAI)： 此量表创建于20世纪九十年代，由香港学者张妙清教授发起，香港中文大学心理学系与中国科学院心理研究所的学者共同开发和编制。该量表是以科学的方法建立的一套既符合心理测量学规范、又具有文化适切性的人格量表，是为中国人提供的一个更贴近传统文化和现实生活的可靠且有效的人格测量工具。CPAI 包含有领导性、可靠性、容纳性、人际关系性等四个人格维度。

中国人（跨文化）个性测量表（第二版）(Chinese [cross-cultural] personality assessment inventory2nd, CPAI‐2)： 2000年，研究者对最初的 CPAI 进行修订，增加了一套新的开放性量表，增长了临床评估效度量表，从而形成第二版中国人个性测量表。该量表包括28个人格量表，12个临床量表和3个效度量表，并已被翻译成英文、韩文、日文、荷兰文、罗马尼亚文和越南文等版本。

中国人（跨文化）个性测量表（青少年版）(adolescence version of Chinese [cross-cultural] personality assessment inventory, CPAI-A)： 2003年 CPAI 扩展到青少年版本，以 CPAI‐2 为蓝本收集有关中国青少年人格特征的描述和题目，从而形成青少年版本的中国人个性测量表。量表最终共包括25个一般人格量表、14个临床量表和3个效度量表，共计509个题目。一般人格量表包含领导性、可靠性、情绪稳定性和人际关系性4个因子，与成人版的 CPAI 以及 CPAI‐2 保持一致。

中庸实践思维体系(C. F. Yang's zhongyong action-deliberation system)： 杨中芳在对中庸进行社会心理学构念化时提出的一套类似于"元认知"的"实践思维体系"，即人们在处理日常生活事件时，用以决定要如何选择、执行及纠正具体行动方案的指导方针。"体系"在此是指在运用"中庸"的生活实践中，个体反映了其所生长及生活的文化之集体思维特色，以及他自身在认知、动机及信念/价值观等心理层面上的特色，以致成为一套包含很多子构念，彼此之间相互联系的思维架构。

中庸思维(zhongyong thinking)： 源于中国传统文化，以人际和谐为目标，注重自己行动后果，并在实践中不断练习提升为人处世能够做到恰到好处之能力的一种实践思维方式。

中庸自我(zhongyong self)： 那些用对立的形容词来描述自己，能够看到对立面有相互转化关系,同时并不表示对自我认识存在模糊不清和感到矛盾的一种自我概念,可看作中庸思维在自我概念上的体现。

终极性价值观(terminal values)：罗克奇(Rokeach)于1967在价值观调查中提出的一类价值观,主要描述个体意图达到的最终存在状态或目标,包括幸福、自由和自我尊重等18项价值信念。SARS（severe acute respiratory syndrome）：重症急性呼吸综合征(SARS)为一种由SARS冠状病毒(SARS-CoV)引起的急性呼吸道传染病,世界卫生组织(WHO)将其命名为重症急性呼吸综合征。俗称非典、非典型肺炎。

主客位相结合的方法(emic-etic combined approach)：既使用本土发展起来的方法和概念,从本土文化及其成员的观点去考察研究对象,又使用具有共通性的人格特征的测量法从跨文化的角度进行探索和建构。

主位方法(emic approach)：使用本土发展起来的方法和概念,从本土文化及其成员的观点去考察研究对象。从文化特殊性的角度进行探索和建构,可以根据一个文化下成员的态度和人格为本土化文化提供一种非常相适应的观点。

自发文化参照效应（spontaneous inference effect）：个体展现一种文化身份的方式是一种基于情境的自动化反应,并不是靠暂时"压制"另一种文化身份而表现出的,当情境需要时,人们也可以因地制宜地调用任意一种文化资源,自由取舍。

自我复杂性（self-complexity）：由构成自我概念的维度数量与各个维度间的关联或区别程度所决定;自我复杂程度越高的个体表现为拥有更多彼此独立或无关的自我维度;并且自我复杂性越高的个体越能够适应不确定环境所带来的应激与压力。

自我构念（self-construal）：以个体如何透过与他人的关系看待自我为主要内容的自我原型观或图式。

自我损耗（ego depletion）：指与自我相关的活动消耗心理能量后引起执行功能下降的过程。

自我增强-自我超越（self-enhancement vs. self-transcendence）：自我超越表征的是平等地接受他人、关心他人利益的价值观(如友善价值观),对立于强调追求个人成功、控制他人(如成就价值观)的自我增强价值观。

自主-关系型自我（autonomous-related self）：一种既有自主性又能与人保持亲密关系的自我概念,通常在鼓励独立性和重视亲密关系两者兼容的家庭中获得发展。

自足式自我的个体主义（self-contained individualism）：一种边界坚实、标记清晰,强调个人控制,且具有排他性的自我概念。

索引

Berry 的适应模型(Berry's model of acculturation) 1220

NEO 人格问卷(NEO Personality Inventory, NEO PI) 1224

A

安全(security) 650,653,667,703,715,729—731,745,746,760,774,781,786,787,791,795,820—823,831,853,854,856,858,860,862,863,897,908,909,911,913,917,921,944,953,1069,1121,1127,1128,1134,1183,1184,1226

暗黑人格(the dark triad) 816,995,997,998,1001

B

包容式自我的个体主义(ensembled individualism) 1028,1220

本质(essence) 636,653,666,672,679—681,683,727,758,761,767,825,853,900,942,945,946,966,997,1021,1032,1041,1042,1048,1061,1075—1077,1082,1084,1090,1095,1104,1108,1110,1120,1125,1184,1187,1188,1222,1227

辩证思维(dialectical thinking) 1054,1058—1060,1068,1073—1075,1078—1080,1220

辩证自我(dialectical self) 1058—1060,1065,1068,1220

博爱(universalism) 729,730

C

成员资格(membership) 1117,1123,1176,1226

传染性疾病(infectious diseases) 791,1209,1210,1230

次生灾害(secondary disasters) 774,1220

D

大数据(big data) 665,723,732,733,737—741,753,754,792,796,859,966,984,1079,1193,1202—1207,1209,1211,1213,1215—1220

大五人格(big five personality) 668,697,992—994,996,1001,1098,1142,1148,1154,1160,1166—1168,1205,1206,1224

单维结构(single-dimensional structure) 996

道德品质(moral character) 987,991,992,1000,1003,1006

道德圈(moral circle) 960

道德人格(moral personality) 966,993,994,998,1000,1003,1012

道德性(morality) 642,985,995,1002,1006,1007,1039,1058,1086

低人化(infra-humanization) 943,945

地域型社区(geographic communities) 1127

独立我(indepedent self-construal) 662,668,671,674,675,1018,1025—1027,1029,1031—1036,1042,1043,1045—1048,1059,1077,1220

独立我-互依我(independent self-interdependent self) 669,670,1027,1034,1035,1220

对应道德理论(Dyadic Morality Theory) 943,944,946,1220

多元文化主义(multiculturalism) 680,1172,1186—1188,1190,1220,1228

E

恶(evil) 986

恶行(evil deeds) 986,987,991,992,994—998,1002,1004,1005

F

反社会行为(antisocial behavior) 700,777,

828,831,832,835,843,851,853,855,856,860,892,995,998,1147,1221,1226

非常规突发事件(unconventional emergencies)　622,773—795,797,799,1221,1223,1226,1227

非人化(dehumanization)　944,945,1221

风险知觉(perceptions of corruption risk)　791,800,819,821—823,1221,1227

腐败(corruption)　622,800—809,811—825,827,997,1221

G

个人成就感降低(reduced personal accomplishment)　879,881,884,889,897,1221

个人主义-集体主义(individualism-collectivism)　669,670,1059,1221

个体表征(individual representation)　635,636,652

个体主义/集体主义(individualism/collectivism)　754,817,1209,1210,1217,1218

工具性成分(instrumental component)　807,1221

工具性价值观(instrumental values)　729,731,1221

功能(function)　629,632,648,652,678,724,725,734,743,775,776,779,782,785,787,790,792,795,829,833,834,840,845—847,852—854,861,877,891,898,914,951,955,965,985,998,1007,1010—1012,1021,1024,1031,1033,1053,1066,1067,1072,1073,1082,1084,1091,1092,1099,1117,1130,1132,1134,1143,1167,1183,1222,1227,1228,1232

功能认同(functional identity)　1221,1226

共享的情感联结(shared emotional connection)　1117,1123,1226

孤独感(loneliness)　833,839,841,843,846,849,857,861—863,865,952,953,1102,1132,1164,1165,1221

关系流动性(relational mobility)　689,701—706,1019,1067,1083,1222

关系型社区(relational communities)　1118

光明人格(the light personality)　997,998,1001

国民性(national character)　640,643,667—669,1005,1091,1100,1222

H

互依我(interdependent self-construal)　662,668,671,672,674,675,1025,1026,1031—1035,1045,1046,1059,1077,1220

环境适应(environmental adaptation)　689,773,828,839,840,876,1053,1067,1075—1077,1222,1230

会聚文化主义(polyculturalism)　1035,1172,1188,1190,1222

贿赂(bribery)　800,802,810,811,813—816,821,824,1221,1222,1230

混融我(poly-self)　1034—1036,1181,1222

J

集体表征(collective representation)　635—637,652

价值澄清(values clarification)　751,1222

价值观(value)　622,625,627,630,633,634,640—647,650,651,654,656,658—662,665—674,676,677,681,692,694,698,703,710,715,723—754,767,780,781,785,786,794—796,804,808,815,817,818,836,846,848,856,857,861,895,896,900,901,908,933,941,945,946,963,984,992,993,1000,1007,1008,1019,1023,1025,1026,1032,1043,1045,1053,1055—1060,1062,1064,1069,1080,1090,1094,1096,1099—1102,1109,1117,1120—1122,1128,1129,1133,1134,1136,1164,1181,1203,1208,1209,1220—1222,1225,1228,1229,1231,1232

焦虑感(anxiety)　833,834,843,878,923,924,1222

结构性(structurality)　630,786,876,985,1002,1003,1030

结果逻辑(logic of consequence)　1117,1120

解放视角的社区心理学(liberating community psychology approach)　698,1222

金钱剥夺(financial deprivation) 906,907,
915,916,918,929,932,933,1222
金钱奖励(monetary incentives) 818,906,
907,913—915,928,932,1222
金钱启动(money priming) 906,907,917—
930,932—934,1222
金钱态度(money attitude) 906,908—913,
926,932,933,1223
金钱心理学(psychology of money) 623,
906—909,911,913,915,917,919—921,
923,925,927,929,931—935,937,939,1223
居住流动性(residential mobility) 663,672,
689,694,698—701,1223
拒绝成本(cost of rejection) 800,819,822,
1223,1227

K

可协商命运观(negotiable fate) 1060,1061,
1077,1082,1223
刻板印象内容模型(stereotype content model) 669,946
客位(etic approach) 1023,1144,1145,
1148,1149,1166,1167,1223
恐怖谷(uncanny valley) 941,949,950,957,
959,1223
枯竭(burnout) 623,780,873—903,905,
1221,1223,1224,1231

L

利他人格(altruism personality) 993,994,
1000,1011
涟漪效应(ripple effect) 622,775,793,796,
1223
流动补偿(fluid compensation) 781,1224

M

美德(virtue) 930,946,961,966,993,994,
997,1000,1011,1043,1048,1118,1134
面子(face) 662,685,729,730,819,823,
1053,1067,1069,1108,1142,1146—1148,
1150,1152,1156—1158,1161,1163—1165
明尼苏达多相人格调查问卷(minnesota multiphasic personality inventory, MMPI) 1224

N

拟人化(anthropomorphism) 622,931,
941—943,947—954,958,965—967,1224

Q

欺凌行为(bullying) 836,838,865,1224
谦逊(humility) 729,994,1069,1154
倾向性(propensity) 651,732,890,985,
1002,1003,1005,1128
情感认同(emotional identity) 1130,1224,
1226
情感性成分(expressive component) 807,
1224
情绪衰竭(emotional exhaustion) 875,877,
879,880,884—892,898,1224
去人性化(depersonalization) 875,877,
879—881,884—887,889—893,896,897,
1224
权力(power) 650,652,653,685,697,698,
713,729,730,733,766,778,779,789,796,
802—807,815—819,821,823—825,887,
908—913,916,917,929,1028,1076,1094,
1135,1172,1180,1184,1185,1187,1189,
1213,1217,1220—1222,1229
全球化(globalization) 631,657,659,660,
662,663,667,672—680,682—685,728,
874,984,1032,1034,1035,1049,1149,
1172—1175,1177—1179,1181,1183,
1185—1187,1189,1191—1193,1195,1197,
1199,1201,1209,1222,1224
群己关系(group-self relationship) 984,
1018—1025,1027,1029,1031—1033,
1035—1049,1051,1077,1224

R

人格(personality) 828
人际关系性(interpersonal relatedness, IR)
984,1141—1143,1145—1169,1171,1231
人际适应(interpersonal adaptation) 828,

839,840,843,861,864,1111,1224

认知闭合需求(need for cognitive closure) 1183,1184,1224

认知冲突理论(theory of cognitive dissonance) 1120,1121

认知加工(cognitive processing) 696,779,785,795,1004,1005,1012,1068,1122,1131,1132,1209,1228,1230

儒家文化(confucianism) 732,993,1047,1108,1202,1210,1211,1224,1225,1229

软性胁迫(soft menace) 800,820—823,1225

S

三重防御系统(tripartite security system) 782,1225

善(good) 986,988

善恶(good and evil) 946,962,985—992,996—1000,1002,1003,1005—1008,1010—1012

善恶人格(good and evil personalities) 984,985,987,989,991—1011,1013,1015,1017,1225

善行(good deeds) 855,916,986,991,996,998,1004,1005,1008,1012

社会变迁(social change) 622,625,626,629,632,633,637,640,646,648,649,651—653,657—675,677—685,687,706,734,737,754,858,1034,1035,1049,1050,1054,1068,1076,1082,1097—1099,1104,1130,1193,1225,1226,1228—1230

社会变迁的民间理论(folk theory of social change) 680,1225

社会价值观(social value) 622,625,626,629,639—641,643,644,647,650,651,673,723—729,731,733—737,739,741—755,769,805,816,817,1022,1026

社会价值观(societal values) 644,1225

社会流动信念(social mobility belief) 689,707—712,1225

社会生态心理学(socioecological psychology) 657,665,669,681,689,692,773,1225

社会事实(social reality) 628,632,635,648,714

社会适应(social adaptation) 828,832,839,846,849,860,861,864,866,1034,1077,1084,1086,1107,1163,1175

社会文化调适(sociocultural adaptation) 1175—1178,1225

社会心理服务(societal psychological service) 627,655,658,684,757—760,762,763,766,769—772,831,1048

社会心态(social mentality) 622,624—629,631—656,658,664—667,685,762—764,769—771,831,1048,1168,1217,1226

社会性(sociality) 625,628,631,632,638,643,650,681,690,707,725,726,751,752,776,785,792,794,853,878,925,946,948,955—957,985,986,1002,1004—1006,1008,1011,1021,1027,1047,1122,1154,1172

社会性价值观(social values) 644,1226

社会性应激反应(psychosocial stress reaction) 773,777,784,785,787,793,1226

社会支配论(social dominance) 631,655

社会治理心理学(psychology of social governance) 622,684,757—763,765—767,769—772,1226

社会转型(social transformation) 624—627,632,633,639,642,643,646,648,651,652,654,658—660,662,663,666,667,684,698,1019,1021,1033,1042,1049,1108,1111,1226

社会资源理论(social resource theory) 906,921,922,933,1226

社区(community) 625,630,633,635,677,698,699,763,766,769,788,829,831,832,850,856,857,861—863,866,984,1002,1018,1049,1089,1092,1115—1137,1186,1221—1224,1226,1227

社区参与(community engagement) 1116,1117,1120—1122,1128,1130,1131,1133—1136,1227

社区感(sense of community) 1018,1036,1049,1116,1117,1120,1122—1126,1128,

1131—1133,1136,1137,1226
社区建设(community building) 857,1120, 1121,1128,1129,1132,1133,1135,1136, 1226
社区认同(community identity) 1116,1131, 1132,1136,1226
社区协作组织(community collaboratives) 1123,1124,1126,1131,1135,1226
社区心理健康服务体系(community mental health service system) 1116,1135,1136
社区责任感(sense of community responsibility) 984,1115—1137,1139,1226
社区责任情感(community responsibility emotion) 1128,1130,1134,1226
社区责任认知(community responsibility cognitive) 1126,1128,1130,1134,1226
社区责任行为(community responsibility behavior) 1126—1128,1130,1134,1135,1226
社区治理(community governance) 1116, 1133,1137
生物性应激反应(psychobiological stress reaction) 777,784,1227
实体(entity) 638,653,683,920,930,942, 943,945,946,948—951,959—961,965, 1025,1105,1191,1223
世界主义(cosmopolitanism) 1172,1189, 1190,1227
适宜逻辑(logic of appropriateness) 1117, 1120,1121
适应(adaption) 622,635,639,647,654, 660,665,667,669,672,675—679,681,683, 694,702,705,706,712,732,763,779,780, 816,828,831,834,835,838—841,843—846,848,849,851,858—862,864—866, 885,893,898,900,946,958,1002,1018, 1022,1026,1031,1032,1034,1035,1039, 1040,1044,1045,1048,1049,1054,1068, 1071,1076,1077,1082,1092,1095,1102, 1104,1108,1112,1120,1122,1133,1136, 1143,1144,1147,1149,1163,1164,1172, 1174—1178,1180,1181,1186,1208,1209, 1220,1222,1227—1230,1232
双维结构(two-dimensional structure) 996, 998—1000
双文化暴露效应(bicultural exposure effect) 1182,1227
双文化认同整合(bicultural identity integration) 695,715,1180,1183
双文化认同整合(bi-culture identification integration)
双元文化认同整合(bicultural identity integration) 675,679,1060,1061,1172,1179, 1180,1227
双元孝道模型(dual filial piety model) 1096—1098,1109,1227
思维社会(thinking society) 646,652,1227

W

温水煮青蛙效应(the boiled frog syndrome) 800,819,1227
文化本质主义(cultural essentialism) 680, 681,1172,1184,1187,1227
文化变迁(cultural change) 632,654,658—660,663—665,667,672,675—684,732, 1076,1077,1082,1184,1227
文化传承理论(the cultural heritage theory) 673,678,1228
文化互动主义(interculturalism) 1172, 1190,1228
文化会聚主义(ployculturalism) 679,680, 1188,1189,1228
文化混搭(culture mixing) 667,679,685, 984,1040,1172—1175,1177,1179,1181—1185,1187,1189,1191—1193,1195,1197, 1199,1201,1228
文化框架转换(cultural frame switch) 678, 715,1061,1180
文化框架转移(cultural frame switch) 696, 1180,1228
文化理念(culture ideology) 1172,1174, 1185,1187,1188,1190—1193,1220,1222, 1227,1228
文化模拟器(culture assimilator) 694,1228

文化色盲主义（cultural colorblindness）
　680,1172,1185,1186,1190,1228
文化适应（acculturation）　667,675,679—
　681,684,689,694—696,714,715,1034,
　1172,1174—1179,1184,1192,1228
文化习得（culture learning）　694,1228
文化休克（culture shock）　694,1228
文化演化（cultural evolution）　657,665,
　680,681,684,1185,1228
文化依恋（cultural attachment）　1177,1228

X

系统公正理论（system justification theory）
　709,1229
现代化（modernization）　659—663,666,667,
　671—674,676—678,682,683,685,758,
　760,762,764,766,771,803,804,1049,
　1054,1094,1096,1099,1104,1111,1147,
　1148,1151,1159,1173,1193,1207,1226,
　1229
现代化理论（the modernization theory）　658,
　660—664,666,668,670—673,678,679,
　804,818,1229
孝道（filial piety）　667,670,684,984,1033,
　1035,1049,1053,1089—1113,1191,1227,
　1229
孝道焦虑（filial anxiety）　1103,1229
心理绑架（psychological kidnapping）　622,
　800—803,805,807,809,811,813,815,
　817—823,825,827,1227,1229
心理调适（psychological adaptation）　694,
　1175—1178,1229
心理健康（mental health）　665,667,668,
　695,714,723,759,762,769—771,777,784,
　785,787,793,828,832,833,835,837,839,
　843,848,851,852,857,861—865,873,898,
　906,907,912,913,932,933,1010,1053,
　1056,1060,1067,1070—1073,1075,1077,
　1078,1083,1086,1129,1132,1136,1141,
　1151,1163,1175,1177,1229,1230
心理健康二因素模型（the dual-factor model
　of mental health）　1070,1229

心理健康服务（mental health service）　757,
　769—771
心理流动性（psychological mobility）　691,
　692,706,713,1019,1230
心理能量（mental energy）　773,778—780,
　785,874,877,899,900,1230,1232
心理生活概念（conceptions of mental life）
　944—946
心理台风眼（psychological typhoon eye）
　790,791,796,1230
行为免疫系统（behavioral immune system）
　788,1209,1230
需要的满足（fulfillment of needs）　640,
　1117,1121,1123,1126,1226
需要理论（needs theory）　650,654,1117,
　1120
学习投入（academic engagement）　828,841,
　842,861,864,865,1230
学习效能感（academic self-efficacy）　828,
　841,861,862,1230
学习状况（academic condition）　828,841,
　842,865

Y

压力（stress）　640,650,681,714,715,779,
　780,793,795,814,833,837,843,846,861,
　873—883,888,889,891—894,896,899—
　903,915,945,954,1021,1070,1071,1082,
　1084,1101—1103,1107,1130,1175,1176,
　1181,1224,1229,1230,1232
压力源（stressor）　714,875,876,881,889,
　892,895,899,901,1071,1230
衍生灾害（derivative disasters）　774,787,
　793,1230
意义违反（meaning violation）　781,1224,
　1230
隐性手段（concealed resource delivery）　800,
　821,822,1230
影响力（influence）　643,663,724,775,778,
　783,789,790,796,881,1031,1045,1117,
　1123,1187,1204,1210,1226
由心而治（governance based on mind）　757—

759,762,764,766—770,1231

友善(benevolence) 727,729,730,839,855,1002,1003,1009,1133,1134,1232

Z

灾害(disasters) 676,773—776,787,790,794,795,1210—1212,1217,1220,1230

责任感三角模型(triangle model of responsibility) 1120,1121

战争(wars) 690,714,784,1189,1202,1210—1214,1221

整合模型(integrated model) 875,1007,1008,1011

职业枯竭(job burnout) 873,875,876,878—880,883,885,887—901,903,1231

中国人(跨文化)个性测量表(第二版)(Chinese [cross-cultural] personality assessment inventory2nd, CPAI-2 1231

中国人(跨文化)个性测量表(青少年版)(adolescence version of Chinese [cross-cultural] personality assessment inventory, CPAI-A): 1231

中国人个性测量表(Chinese personality assessment inventory, CPAI): 1141,1142,1162,1168,1231

中庸实践思维体系(C. F. Yang's zhongyong action-deliberation system) 1053—1064,1067,1070,1072,1073,1075—1080,1082,1084—1086,1193,1231

中庸思维(zhongyong thinking) 683,984,1053—1087,1231,1232

中庸自我(zhongyong self) 1059,1060,1065,1068,1081,1084,1231

终极性价值观(terminal values) 729,731,1232

朱廷劭 732,754,1205,1218

主客位相结合的方法(emic and etic approach) 1141,1232

主位(emic approach) 1023,1047,1144,1145,1191,1232

自发文化参照效应(spontaneous inference effect) 696,1232

自上而下(top-down) 647,761,767,922,963,964,1067,1077,1133

自我构念(self-construal) 984,1018,1019,1021—1027,1029,1031—1037,1039,1041—1049,1051,1180,1181,1193,1222,1232

自我-关系型自我(autonomous-related self) 1030

自我损耗(ego depletion) 778,779,795,924,1232

自下而上(bottom-up) 647,766,794,890,922,945,963,964,1078,1216

自主-关系型自我(autonomous-related self) 669,1060,1061,1066,1082,1232

自足式自我的个体主义(self-contained individualism) 1028,1232

遵从(conformity) 729,730,893,945,1034,1069,1091,1095,1097

中国心理学会　组织编写

"十三五"国家重点出版规划　国家出版基金项目

当代中国心理科学文库

总主编：杨玉芳

1. 郭永玉：人格研究(第二版)
2. 傅小兰：情绪心理学
3. 乐国安、李安、杨群：法律心理学
4. 王瑞明、杨静、李利：第二语言学习
5. 李纾：决策心理：齐当别之道
6. 王晓田、陆静怡：进化的智慧与决策的理性
7. 蒋存梅：音乐心理学
8. 葛列众：工程心理学
9. 白学军：阅读心理学
10. 周宗奎：网络心理学
11. 吴庆麟：教育心理学
12. 苏彦捷：生物心理学
13. 张积家：民族心理学
14. 张清芳：语言产生：心理语言学的视角
15. 张力为：运动与锻炼心理学研究手册
16. 苗丹民：军事心理学
17. 赵旭东、张亚林：心理治疗
18. 罗非：健康的心理源泉
19. 王重鸣：管理心理学
20. 许燕、杨宜音：社会心理研究
21. 董奇、陶沙：发展认知神经科学
22. 左西年：人脑功能连接组学与心脑关联
23. 郭本禹：理论心理学
24. 韩布新：老年心理学：毕生发展视角
25. 余嘉元：心理软计算
26. 樊富珉：咨询心理学：理论基础与实践
27. 施建农：创造力心理学
28. 吴国宏：智力心理学